乐安县财政志

LE AN XIAN CAI ZHENG ZHI

乐安县财政志编纂委员会

方志出版社

图书在版编目(CIP)数据

乐安县财政志/乐安县财政志编纂委员会编. —北京:方志出版社. 2015. 5
ISBN 978 -7 -5144 -1606 -0

Ⅰ. ①乐… Ⅱ. ①乐… Ⅲ. ①地方财政—财政史—乐安县 Ⅳ. ①F812. 9

中国版本图书馆 CIP 数据核字(2015)第 087436 号

ISBN 978-7-5144-1606-0

9 787514 416060 >

乐安县财政志

编　　者:乐安县财政志编纂委员会
责任编辑:张昊

出 版 人:冀祥德
出 版 者:方志出版社
地址　北京市朝阳区潘家园东里 9 号(国家方志馆 4 层)
邮编　100021
网址　http://www.fzph.org
发　　行:方志出版社发行中心
电话(010)67110500
经　　销:各地新华书店
印　　刷:南昌市红星印刷有限公司

开　　本:889 × 1194　1/16
印　　张:58.75
字　　数:2350 千字
版　　次:2015 年 5 月第 1 版　2015 年 5 月第 1 次印刷
印　　数:0001 ~ 1000 册

ISBN 978 -7 -5144 -1606 -0　　**定价**:388.00 元

乐安在江西省位置图

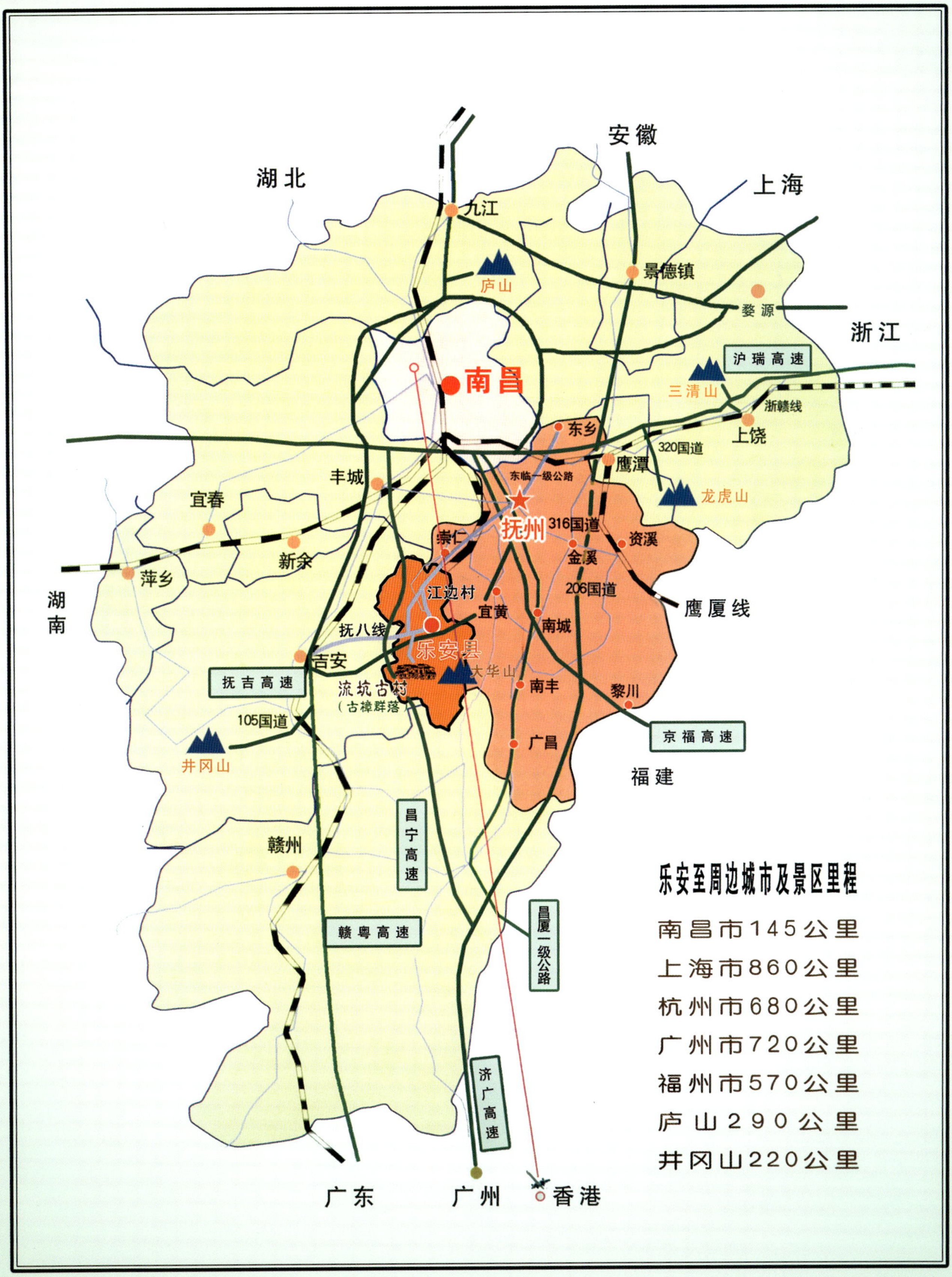

湖北
安徽
上海
浙江
湖南
福建
广东
广州
香港
九江
庐山
景德镇
婺源
南昌
三清山
上饶
浙赣线
沪瑞高速
东乡
鹰潭
320国道
龙虎山
丰城
宜春
新余
萍乡
东临一级公路
抚州
316国道
崇仁
资溪
金溪
江边村
206国道
宜黄
南城
鹰厦线
抚八线
乐安县
吉安
抚吉高速
大华山
流坑古村
（古樟群落）
南丰
黎川
105国道
井冈山
广昌
京福高速
昌宁高速
赣州
赣粤高速
昌厦一级公路
济广高速
乐安至周边城市及景区里程
南昌市145公里
上海市860公里
杭州市680公里
广州市720公里
福州市570公里
庐山290公里
井冈山220公里

心系群众
财政为民

胡强
2014.7.1

江西省财政厅党组书记、厅长胡强 题词

开源节流
服务民生

伍鹏
2014.8.18.

抚州市财政局党组书记、局长伍鹏 题词

培植财源

为民造福

徐建辉

二〇一〇.九

中共乐安县委书记徐建辉 题词

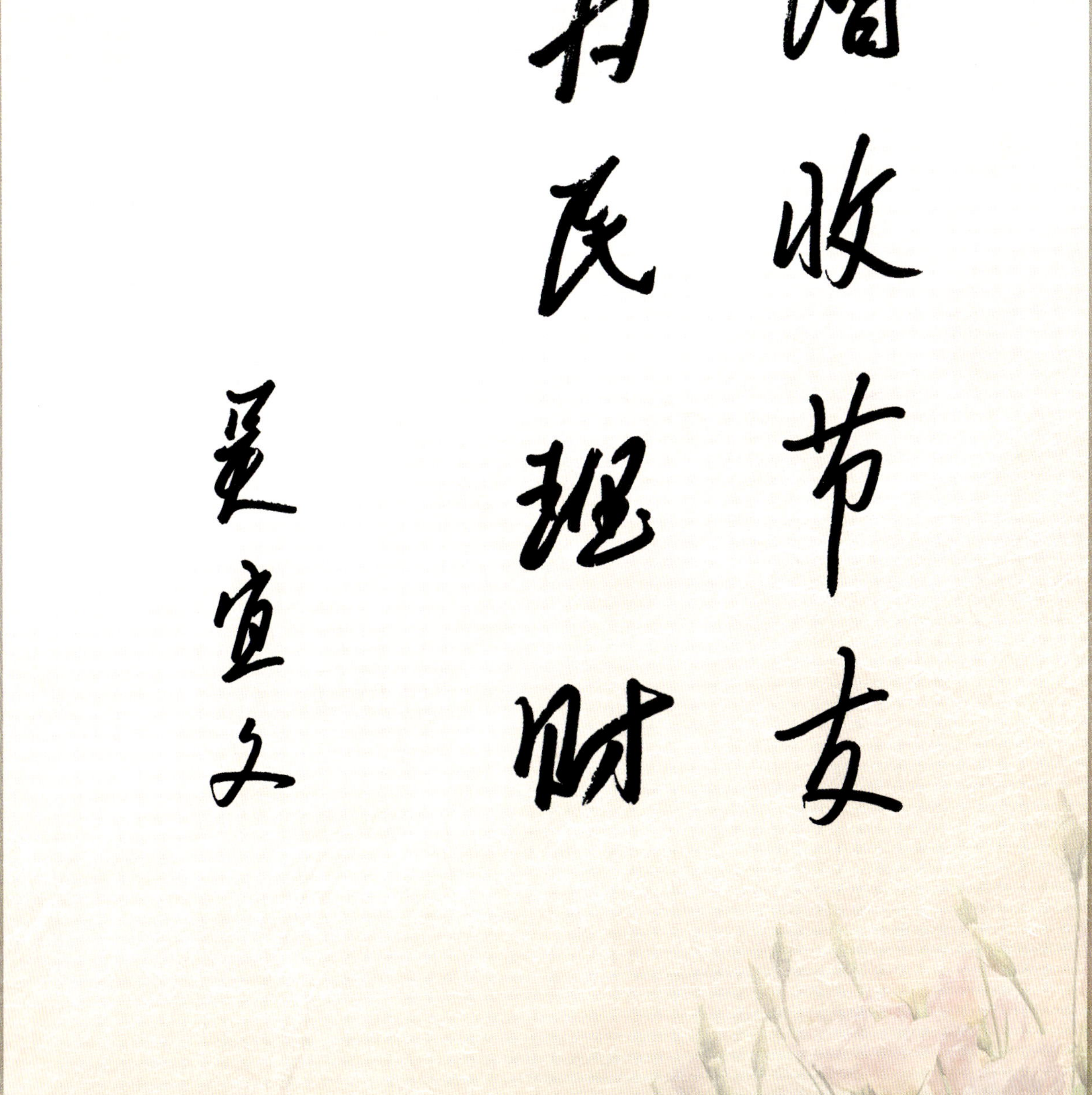

中共乐安县委副书记、县长吴宜文 题词

乐安县财政局工作区生活区平面示意图

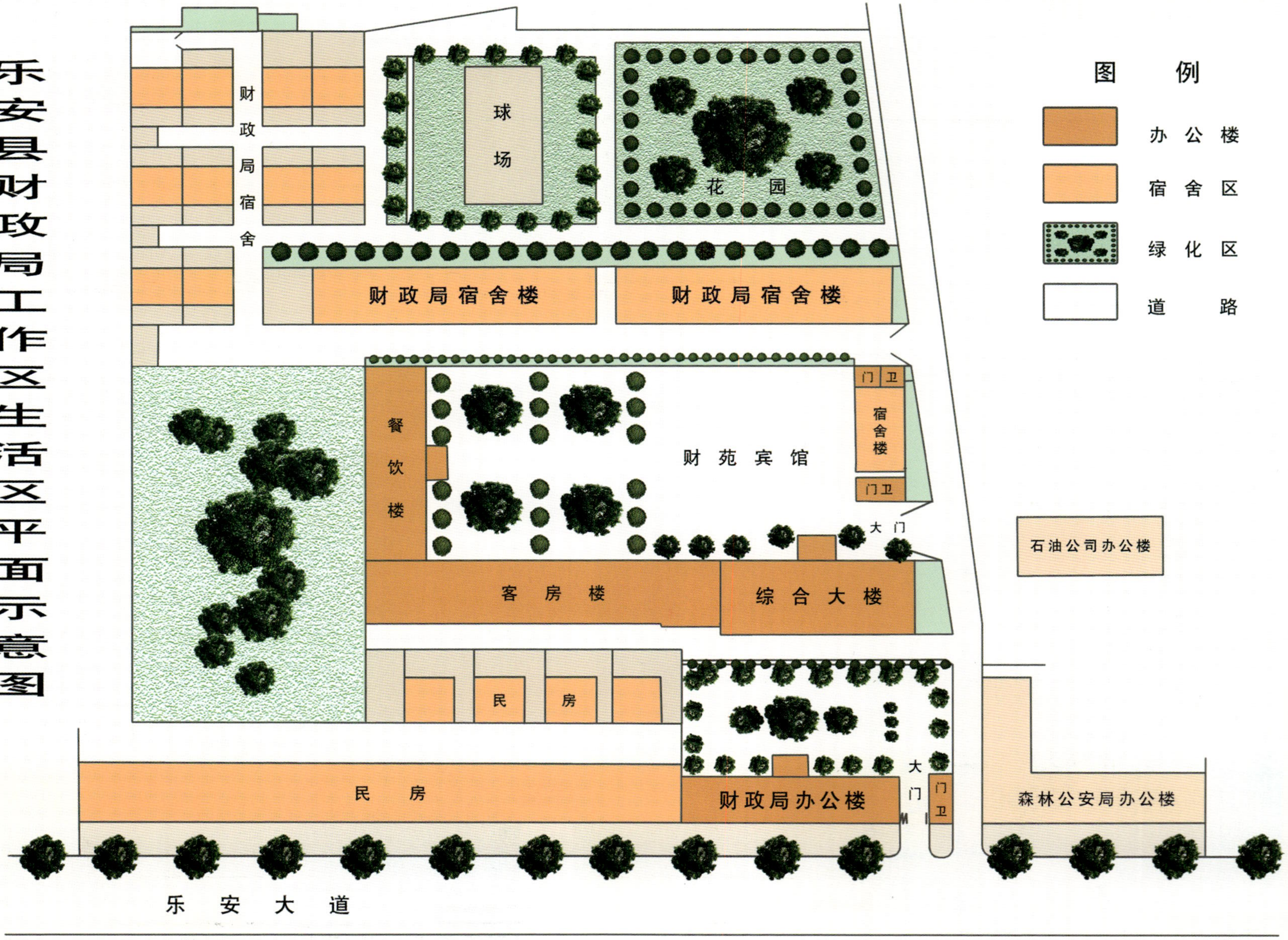

县财政局办公大楼

县财政局办公区大院

县财政局办公大楼夜景

县财政局职工生活区

财苑宾馆综合楼

财苑宾馆大院

戴坊镇财政所

大马头垦殖场财政所

湖溪乡财政所

金竹畲族乡财政所

江西省第十届(2004-2005年度)
文明单位
中共江西省委
江西省人民政府

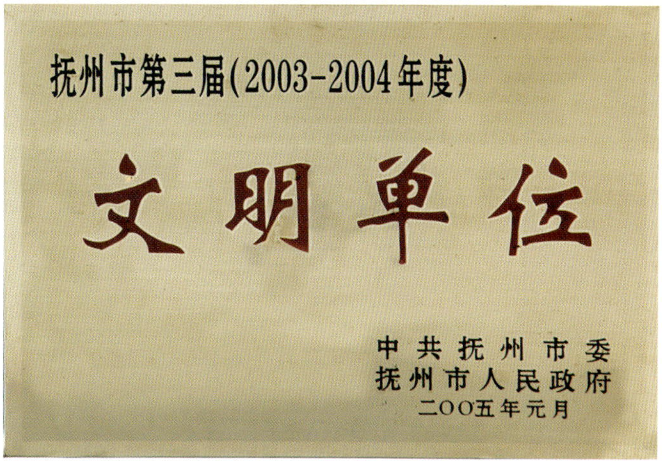
抚州市第三届(2003-2004年度)
文明单位
中共抚州市委
抚州市人民政府
二OO五年元月

江西省第十一届(2006-2007年度)
文明单位
中共江西省委
江西省人民政府

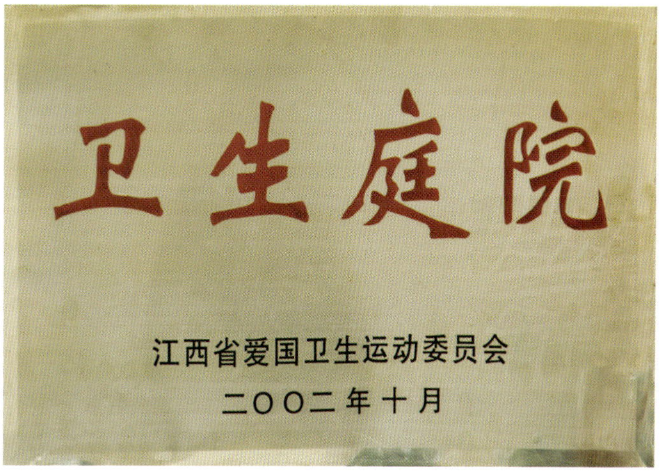
卫生庭院
江西省爱国卫生运动委员会
二OO二年十月

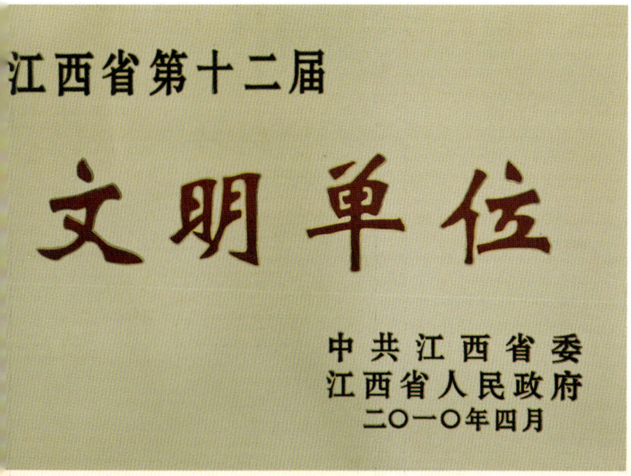
江西省第十二届
文明单位
中共江西省委
江西省人民政府
二O一O年四月

苏　英
1949.10-1951.11
县财粮科科长（兼）

张　敏
1952.11-1953.4
县财政科科长

李慕庚
1953.11-1956.6
县财政科科长
1956.6-1957.10
县财政局局长

孔祥兴
1959.4-1961.12
县财政税务局局长

曹洪祥
1968.10-1969.4
县财政金融站负责人
1969.5-1970.3
县财政税务局
革委会主任
1970.3-1970.10
县财政金融局
革委会主任

过义昌
1970.10-1973.5
县财政金融局
革委会主任
1973.5-1973.8
县财政局局长

王明亮
1973.10-1982.6
县财政局局长

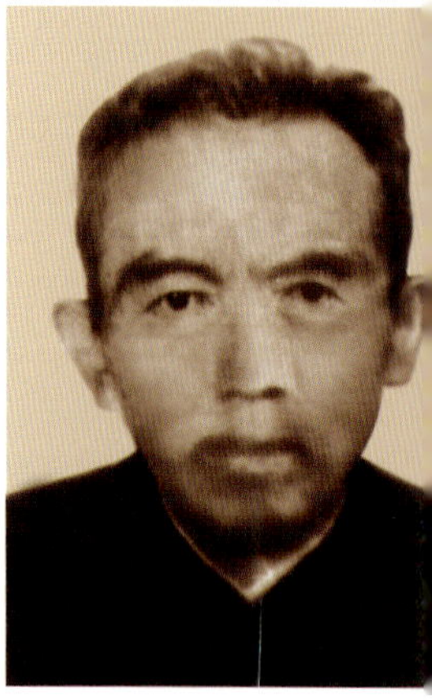

吴汉清
1982.6-1984.5
县财政局局长

周树宗
1984.6－1992.11
县财政局局长

黄凤珍
1992.11－1997.12
县财政局局长
1996.5－1997.12
县财政局党组书记
1997.6－1997.12
县政府副县长

涂继旗
1997.12－2003.4
县财政局党组书记
1997.12－2002.2
县财政局局长

吴信根
2002.4－2003.8
县委副书记
县政府常务副县长
兼县财政局局长

王冬生
2003.4－2004.4
县财政局党组书记

袁国平
2002.3－2003.8
县财政局副局长主持工作
2003.9－2012.12
县财政局局长
2004.4－2012.12
县财政局党组书记
2010.1－2012.12
县政协副主席

县财政局支援烤烟生产点

县财政局招商引资兴建的长明水电站

县财政局招商引资的工业企业

毛泽东旧居（乐安金竹）

毛泽东旧居（乐安鳌溪）

邓小平旧居（乐安南村）

周恩来旧居（乐安鳌溪）

朱德旧居（乐安湖坪）

登仙桥伏击战旧址（乐安谷岗）

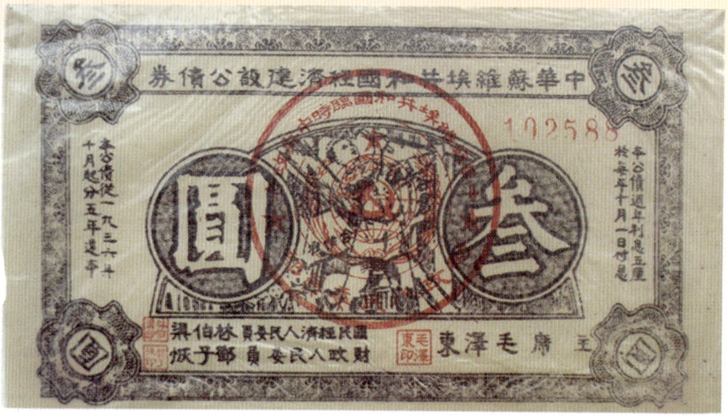
中華蘇維埃共和國經濟建設公債券
叁
圓
主席 毛澤東
國民經濟人民委員 林伯渠
財政人民委員 鄧子恢

中華蘇維埃共和國國家銀行
伍
分

0.1

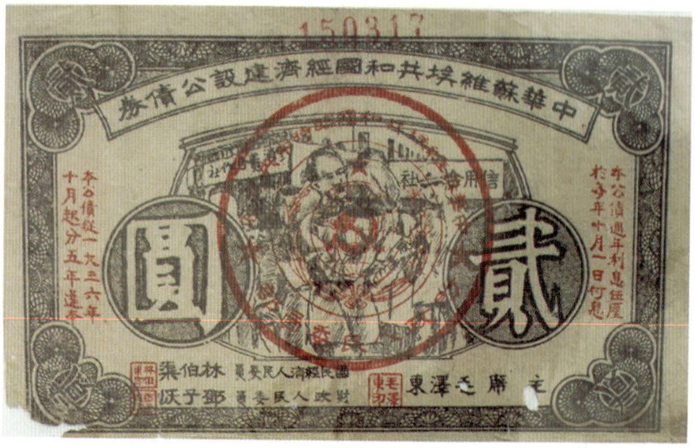
150317
中華蘇維埃共和國經濟建設公債券
貳
圓
主席 毛澤東
國民經濟人民委員 林伯渠
財政人民委員 鄧子恢

中華蘇維埃共和國國家銀行
901606
壹
圓

中華蘇維埃共和國國家銀行
貳
角

中華蘇維埃共和國國家銀行
D276552
伍
角

第二期
壹
圓

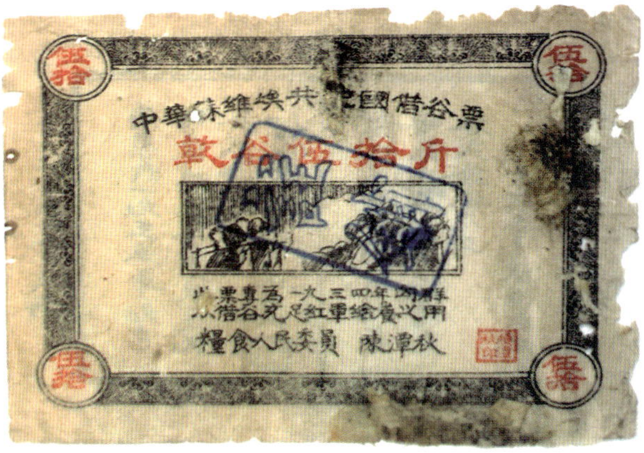

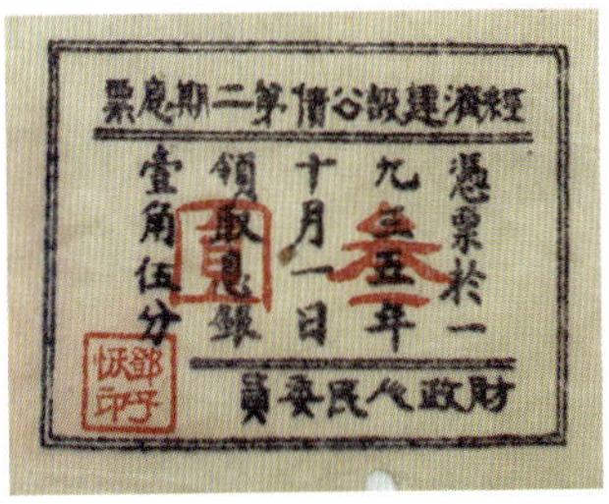

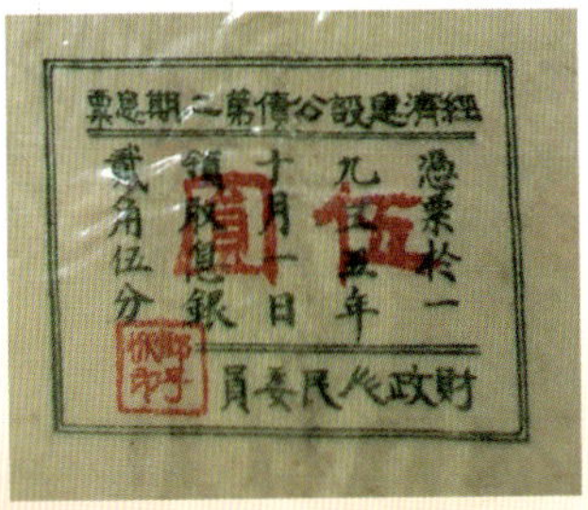

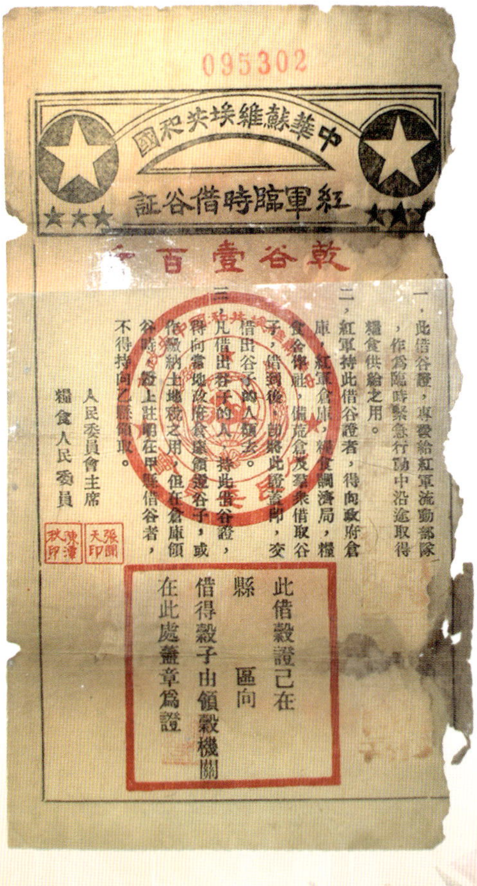

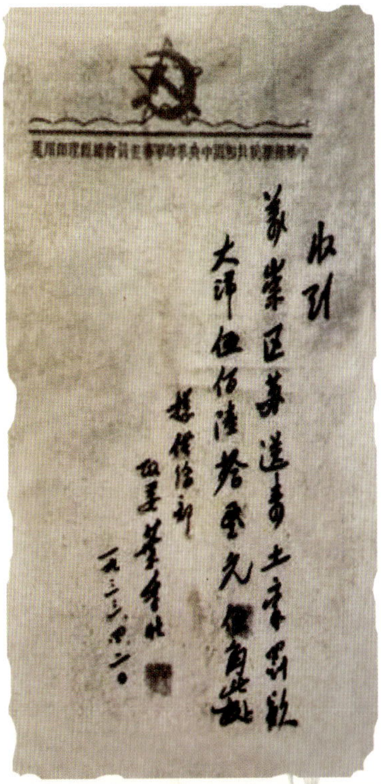

苏区货币、债券、借谷证、收据

县财政局班子成员合影

左起：张永诚　江泉兴　曾金根　涂继玮　郭凌宇　袁国平　黄建华　邹禄龙　李小政　欧阳仁　刘　永

县财政局班子成员与财政志编纂人员合影

前排左起：刘春生　辛光荣　涂继旗　袁国平　缪凤翔　李华东　邱关龙

后排左起：张永诚　曾金根　涂继玮　郭凌宇　黄建华　邹禄龙　李小政　欧阳仁　江泉兴　刘　永

县财政志编纂人员合影

前排左起：辛光荣　涂继旗　邱关龙

后排左起：缪凤翔　李华东　刘春生

《乐安县财政志》编纂委员会

2012 年 7 月成立

主任委员 袁国平

副主任委员 黄建华 邹禄龙 郭凌宇 涂继玮 李小政 曾金根 江泉兴 欧阳仁

委　　员 张永诚 刘　永 杨　兰 黄丽勤 邹辉发 谢菊芬 邹冠兰 陈志争 曾胜华 董晓明 黄莲花 杨毕华 严志雷 冯　秀 何爱琼 黄　荣

主　　编 袁国平

副 主 编 涂继旗（常务） 黄建华 邹禄龙 郭凌宇 涂继玮 李小政 曾金根 江泉兴 欧阳仁

编写组成员 涂继旗 辛光荣 缪凤翔 李华东 邱关龙 刘春生

2014 年 3 月调整

主任委员 袁国平

副主任委员 黄建华 邹禄龙 郭凌宇 涂继玮 李小政 曾金根 江泉兴 欧阳仁 刘　永

委　　员 张永诚 曾海平 罗青军 黄丽勤 邹辉发 谢菊芬 邹冠兰 陈志争 曾胜华 董晓明 袁国祥 杨毕华 严志雷 冯　秀 何爱琼 黄　荣 郭　锋

主　　编 袁国平

副 主 编 涂继旗（常务） 黄建华 邹禄龙 郭凌宇 涂继玮 李小政 曾金根 江泉兴 欧阳仁 刘　永

编写组成员 涂继旗 辛光荣 缪凤翔 李华东 邱关龙 刘春生

序 言

编史修志是中华民族的优良文化传统。《乐安县财政志》的编纂工作从2012年7月开始，抽调财政局在职和退休干部6人，专门从事编纂工作。仅仅用了2年零2个月时间，从海量且零碎、散存、杂乱的财政史料中，挖掘、搜寻、整理、求证、汇集，筚路蓝缕，终于使乐安有史以来第一部财政专志得以出版。

《乐安县财政志》以马克思列宁主义、毛泽东思想、邓小平理论、“三个代表”重要思想和科学发展观为指导，立足当代，详今略古，体例完备，分类科学，结构严谨，表述准确，史料翔实，突出地方特色。系统记述了乐安自南宋绍兴十九年（1149）建县以来至2012年的县级财政发展、演变的历史和现状。期间的兴衰起伏，成败得失，皆据事直书，如实反映，是一幅展示乐安财政发展历史的真实画卷。它填补了乐安史志的一项空白，为今人和后人留下了一部“存史、资治、教化”的专著，是乐安县社会主义文化建设的一个可喜成果。

一县之财政，乃国家财政大树上的一枝一叶。但“一枝一叶总关情”。《乐安县财政志》虽然记述反映的是乐安县八百多年的财政发展历史，且重点放在记述中华人民共和国成立以后，特别是改革开放以后乐安财政发展的曲折历程，同时，单独设立《苏区财政》篇，从财政角度充分展示乐安作为中央苏区县的峥嵘岁月。但同样可折射出国家财政这棵大树的兴衰荣枯。从中可了解到明代洪武至嘉靖年间积弊数十年的乐安“虚税案”，更可看到中共十一届三中全会后中国经过长期的艰苦探索，终于找到一条中国特色社会主义道路。中国经济创造了连续三十多年的高速增长的“世界奇迹”，国家财政这棵大树已经枝繁叶茂。全国人民正在中共十八大和十八届三中全会精神指引下，全面深化改革，为全面建成小康社会，实现中华民族伟大复兴的“中国梦”而奋勇前进！

作为财政人，更要立足本职，借鉴历史经验，不断深化财政改革，更好地履行财政职能，牢固树立为民当家理财的思想，为县域经济的发展，民生的改善，着力建设发展型、公共型、调控型、精细型、效能型财政而不懈努力！

值此《乐安县财政志》出版之际，向为志书编纂出版给予热情指导，鼎力协助，大力支持的各级领导、有关部门和单位，专家学者、有关人士，向辛勤笔耕，默默奉献的全体修志工作人员表示深深的谢意。

袁国平

2014年8月

《乐安县财政志》编纂说明

《乐安县财政志》是乐安县第一部财政专业志书。志书的编写以《江西省财政志》为模式，同时适当吸收了其他县市财政志的编写方法，旨在全面反映乐安县财政历史的真实面貌。

志书依据“详今略古”和“横排竖写”不加评论的要求进行编纂。

据1989年版《乐安县志》第十章财政（196页），民国32年（1943）乐安县经省审批岁出概算中“增”“减”数及合计数有误，给予了纠正；乐安县解放后，1950～1985年财政收入（192页至194页），因统计口径不同，与志书数据不一致，县志按切块的县级收入计算，财政志统一按总收入决算报表数计算（1952年还包括“半级财政”收入）；1957年至1976年、1980年、1982年，乐安县财政总决算报表资料缺失，“款”级收支数字以当年统计年鉴数字为准，部分“项、目”级数字无从考究；1991年乐安县财政决算报表的收支总表中包括了“社会保险基金”的收、支、结余数，为了便于比较，该年的财政收支、结余已将其剔除，并入基金有关章节志述；为适应深化财政改革和加强财政管理与监督的需要，财政部对政府收支分类及科目设置进行了重大改革，报经国务院批准，从2007年1月1日起全面实施。志书中财政收入、财政支出均以改革后的《2012年政府收支分类科目》为主体，按章依节分门别类志述。

中华人民共和国成立后，尤其是改革开放后的乐安县财政，志书则进行了重点记述，直到2012年。

财政收入、支出和管理，都必须严格执行国家的法律、法规和方针、政策及财政部制定的各项规章制度，省地（市）财政部门的各项相关贯彻意见均要遵照执行，因此，在编纂时，无论写古代或现在，通常写法是先写当时的财政政策和相关规章制度，然后再写县本级的具体实施办法及各项收、支、管理情况，做到有根有据，客观真实。对新中国成立后的财政决算中的数据遇有不详或有所疑问的，还重点查阅了当时的会计原始凭证。总之尊重史实，力求具体，首尾联贯，便于阅览。

《乐安县财政志》编纂委员会

2014年8月

凡　例

一、指导思想：《乐安县财政志》以马克思列宁主义、毛泽东思想、邓小平理论、“三个代表”重要思想、科学发展观为指导，求实存真，全面反映乐安县财政工作的历史和现状。

二、编志原则：坚持贯古通今、详今略古、古为今用、实书直叙和“广征、核准、精编”的原则进行编纂。

三、时间断限：上限起于南宋绍兴十九年（1149）乐安建县时，下限于2012年年底止。重点是中华人民共和国成立后的史实。

四、体裁、编目：以述、记、志、表、图、录等6种形式组成，以志为主，分财政收入、财政支出、政府性基金收入和支出、财政管理、苏区财政、财政机构人员编制机关建设中介学会共6编50章221节。横排门类，纵写历史。概述置志书前；大事记、附录资料置志书后，均未列入志书编章节序之中。

五、纪年、地名：中华民国及其以前用农历，括注公元；中华人民共和国成立后用公历。公元纪年均用阿拉伯数字书写。

六、度、量、衡、币：均使用当时的度量衡制，为求简便，亩以下、石以下、两以下、元以下一般以小数点列示。中华人民共和国成立后计量单位，采用法定计量单位。中华民国及其以前的货币均为当时的通用货币；中华人民共和国成立后，为1955年3月中国人民银行发行的人民币新币，原来使用过的人民币旧币已经折合成人民币新币。

七、资料来源：大部分录用江西省档案馆、抚州市档案馆、乐安县档案馆，江西省财政厅和抚州市财政局档案室的藏籍、报刊、史料，乐安县财政局历年预决算报表、账册、资料等，但编纂时一般不注明出处。

目　录

第三编　政府性基金收入和支出

第四编　财政管理

第五编　苏区财政

第六编　财政机构　人员编制　机关建设　中介　学会

大事记

附　录

后　记

概　述

乐安县位于江西省中部，地处乌江和抚河上游。东邻崇仁、宜黄；东南连宁都；西南接永丰；北毗丰城；西北靠新干。界于北纬26°50′至27°45′、东经115°36′至116°10′之间。全境南北长85公里，东西宽47.5公里，总面积2412.59平方公里。乐安地处雩山余脉，境内地形复杂，地貌多样。地形大致是南高北低。南部多山，地势东高西低；北部多丘陵，地势由西南向东北倾斜。地貌类型有山地、高丘和低丘岗地，并以低丘岗地为主。乐安气候温和，日照充足，雨量充沛，无霜期长，属亚热带湿润季风气候区。

乐安建县前境地从属多变。宋绍兴十九年(1149)划崇仁的天授、乐安、忠义三乡和永丰的云盖乡建置乐安县，因境内有一乡名"乐安"，故以此为县名。县治设鳌溪。乐安建县后，属抚州临川郡，元代属抚州路，明、清两代属抚州府。民国3年(1914)，江西全省划为豫章、浔阳、庐陵、赣南四道时，乐安属豫章道。民国15年(1926)废道，全省各县市隶属于省。民国21年(1932)，全省改设行政区分统各县后，全省行政区虽有过几次变动，但乐安一直属于第七行政区管辖，直至建国前夕未变(期间民国18年至24年乐安曾建立过苏区，在崇仁、宜黄、乐安三县联合县苏建立前直属中央苏区；其后，则隶属江西省苏维埃政府)。

中华人民共和国成立后，抚州设专员公署(专区)，乐安属抚州专区管辖；1975年专区改称地区后，仍属抚州地区管辖；2000年撤地建市后，属抚州市管辖至今。县人民政府驻地鳌溪镇。

2012年年末，全县有9个镇(鳌溪镇、公溪镇、山砀镇、龚坊镇、戴坊镇、增田镇、牛田镇、万崇镇、招携镇)、6个乡(南村乡、湖坪乡、罗陂乡、湖溪乡、谷岗乡、金竹畲族乡)、1个场(大马头垦殖场)。总人口371351人。

中华人民共和国成立之前的乐安财政

一、宋代的财政

宋代江西征收的各种赋税，可归纳为5类，即：官田之赋，官田佃给农民耕种所收的租谷，一般每亩收米1斗5升；民田之赋，农民向官府交的"两税"；城郭之赋，包括房屋税、地租税等；丁口之赋，即人头税，百姓每年纳身丁钱米；杂变之赋，如牛皮钱，蚕、盐钱之类。除此之外，还有"支移""折变""和买""和籴"等许多额外负担。

宋代尽管通过"不抑兼并"的手段拉开贫富差距，使生产力有了很大的发展，西方学者也曾认为宋代有了资本主义萌芽。以至即使今人见了宋人张择端所绘的《清明上河图》，也多为当年京师开封的繁华所震惊，但谁又能知道在繁华的背后却是老百姓沉重的赋税负担。历史著名的"熙宁新政"就是当年任宰相的王安石所进行的一系列变法活动。他通过青苗法、募役法、均输法、市易法、农田水利法、保甲法、将兵法以及有关学校和科举制度等一系列改革措施的推行，限制和削弱了豪强商贾兼并土地、经商谋利和高利贷盘剥的权利，开辟了财源，增加了国家财政收入，尤其是一些推动农业进步的措施促进了生产力的发展，在相当程度上缓解了宋王朝因财政困难带来的"积贫"问题，使全国财政收入也从宋初的1600万贯猛增至6000多万贯，各路积钱谷可支用20年，改革成效显而易见。由于没有抓住节流的关键，将裁汰冗员、冗兵和冗费放在改革的首位，反而片面强调开源，使财政支出基数进一步扩大，成为加重老百姓负担的渊薮，从而招致各方面的强烈反对。

绍兴二十年(1150)，县令魏彦林鉴于乐安舟车难通,上书请求获准将59900余石官租(田赋)折交钱币。

二、元代的财政

元代的赋税征收广泛采用名为“扑买”的商包制,即官府将某项税收向社会发包,商人通过竞争中标,并一次性缴足所承诺的税款。然后中标者再以较高数额向纳税户征收税款,其差额即为承包商的利润,其好处是省却了税务征收人员。在此之前,虽有包税性质,但毕竟都是小税种,而且施行地区狭小,为偶然行之,而元代则普遍推行,作为主要征税手段,其弊害极大。

元代田赋亦分官民田而不同,在江南地区,凡民户有田1顷以上,均抽一部入官助役,称“助役田”。将江南税制改为亩税,称秋税夏税,也就是沿用南宋的两税法,主要是“税随地出”,秋税征粮,夏税征木棉、布绢、丝绵等物。每亩税粮从1升到3斗甚至更多,差别很大。元代两税的税额大致比南宋超出50%。元廷还对南方的汉人采取征借数年田赋的办法,以满足财政的需要,元代诗人陈高在《即事漫题》中有:“悍吏登门横索钱,人家供给正忧煎。官粮预借三年后,军食尤居两税先”的诗句,就真实反映了元代江南百姓赋税负担沉重之苦。

科差,亦称差科,相当于唐代的调,以户为课税对象。在江南,科差主要纳户钞与包银。户钞定额是“于一万户田租(税粮)中输百钞(锭),准中原五户丝数,谓之江南户钞”,所以江南户钞相当于北方的五户丝。江南包银,始于元延祐七年(1320),其税率为每户2两,户钞与包银都征银。

元行引盐法,商人欲运盐,先购盐引,每引400斤,须出价银10两,后来不断提高为中统宝钞150贯。换得引票,便取得公开运盐权。专商运盐,各有区域,不可越出规定郡邑运销,凡犯界者以其盐一半没入官府,一半赏给告发有功者。元代茶课,用引岸制,至元十三年(1276),定长引与短引法。长引者,每引茶120斤,取钞5钱4分2厘8毫;短引者,每引茶90斤,收钞4钱2分8毫。至元三十年(1293),茶引之外又设“茶由”。茶由是给予零售商的,每茶由自3斤至30斤不等,分为10等课税。元对酒醋实行官制官卖为主、民制官收官卖为辅的专卖政策。醋课税时有时免,酒则经常有税。酒课的税率寓于价格之中,一般是每石取银10两。

元初商税没有定制,至元七年(1270),对国内贸易“定三十取一之制,以银四万五千锭为额,有溢额者作增余”。至于对外贸易,则“往还互易舶货者,其货以十分取一,粗者十五分取一”。这就是说内贸商税税率为3.3%,外贸税率为6.7%~10%。

元代对天地自然之利课税。凡山林川泽的出产,如竹木(及金银铜铁等)之类皆为课税对象。主要应属于矿税。元代还靠滥发无准备金或实物的钞票作为解决财政困难的手段。

至元四年(1338),田赋以复征实物,乐安县民刘成德自费赴京,请准仍沿用钱币折交。

三、明代的财政

明朝初期为了维护和巩固它的统治,采取了一些客观上顺应生产发展的措施,推动了明初农业生产的恢复和发展。明初行两税法,但由于元末战乱,人户逃亡,田园荒芜,户籍地籍混乱,赋税来源困难,朝廷便着手整顿,并创制黄册和鱼鳞册,扩大和稳定了税源基础,并影响及清代。明开国之初决定以“良民治良民”的“民收民解”办法来解决税收征管问题,即以纳粮万石设一区,推税粮最多者为粮长,次之为副粮长,区内由粮长和副粮长负责向纳税户征收,并按指定时间与地点将税粮运至目的地,这样既具备元代商包法省却专职税务征收人员的优点,也缓解了税务人员与纳税百姓的矛盾,且还降低了国家税收征收成本。但随着岁月的推移,弊端日益显现,以致后来不得不重新走上由税务人员负责征收之路。

明代田制分为官田与民田,官田系宋元以来的官地及原来加入的各种官田,系封建国有制土地。官田之外则为民田。官田分为屯田(民屯与军屯)和百姓佃种的官田,税法上所指的官田即后一种官田。

明代户口分为三种,即民户、军户和匠户。民户是纳税的中坚。为整理赋役,明朝廷“命天下郡县编赋役黄册”,该黄册以户为主,详具旧管、新收、开除、实在之数,即沿用宋、元以来的四柱式。建立黄册是清查户口、掌管纳税户的依据。与此同时,通过土地丈量,质量评定,编造鱼鳞册掌握地籍情况,这样,隐匿人口和土地就反映出来了,国家赋税增加就有了基础。

明代田赋为什一税率,即征收十分之一,税率10%,农民每年分夏秋两季向官府缴纳赋税,夏缴麦,称“夏税”;秋纳米,称“秋粮”。用米、麦缴纳,是为“本色”,用钞绢折价缴纳,是为“折色”,其中间过程以折征金花银为“折色”(米麦1石折银2钱5分)。

明初,经过黄册和鱼鳞册的创制,整顿了户籍和地籍,使两税法的实施井然有序,赋税收入有了保证。但行之既久,流弊显现。豪强逃避赋役,官吏受赌浮征，杂派徒增，赋役失率，税收减少。原定黄册10年一造，但到期改造即被任意窜改；田亩与丁口失实；官田与私田相混淆；私田卖田不卖税；丁口与资产，生没增减，含混不清。对上述流弊稽查十分困难。

"一条鞭"，就是化繁为简，把徭役与地税合并，按亩征纳，将繁复的赋役项目合编为一条，故称为"一条编"，后演变为"一条鞭"。

一条鞭法简化了赋役的名目和征收手续，使官吏不易与豪强勾结通同作弊，松解了农民对封建国家的人身依附关系。从此，历代平行征收的赋役，趋于合一，达到均徭平赋，减轻徭役，增加税收的目的。封建税制由赋役制走向租税制，实物税改为货币税，推动了商品经济的扩大与发展。经过改革"小民得无扰而事亦易集"，赋税增收，财政好转。但是，这一改革的推行也是不平衡的，根据摊丁入亩执行情况的差异，大致可分为三种类型：一种是完全摊丁入亩的一条鞭法；另一种是部分摊丁入亩的一条鞭法，也各有不同，其中江南一些地区按丁征四分之一，按地征四分之三；第三种是除实行并税外，基本上没有摊丁入亩或完全沿袭老办法征收赋税。由此可见，明代的一条鞭法只完成了从实物税向货币税转变，还没有完成人丁税向资产税转变的任务。

明朝廷为解决财政困难，借口边防需要，不久便开始在田赋之外加派，在加派中以明末为抵御满族和镇压农民起义的辽饷、剿饷、练饷三种军费数额最大。一条鞭法改革终于跌进了愈改百姓负担愈重的历史陷阱。

明初，对盐课税，税率二十取一，即从价征收，税率5%，明代盐税及食盐销售因时因地各有不同，税率亦有差异。明代各朝始终遵行茶引制度，但在运用方式上各有不同。明初下诏禁酒，并不准民种糯米，以绝酿酒之原料，至正统七年（1442），始开酒禁，令各地征酒税，其税率每10块酒曲收税钞、牙钱钞、塌房钞各340文或准曲投税，每百分取二，即税率为2%。

明代地方理财机构有省的承宣布政使司，府和县也设官主管财政事宜。地方有主管财政的会计，作为会计核算依据的账簿制度较前更为完善，按"四柱式"制定统一的账簿格式编制赋役黄册和清册。账簿记载以金额为主，即以货币量为主，实物须折算为货币记入账簿，这是会计制度的一大进步。

洪武二年（1369），乐安典史丁与贤上书申奏免征漕税获准。

隆庆四年（1570），知县谢廷策上书请求剔除乐安田赋浮税和清丈全县田亩获准。

万历十六年（1588），患水灾，乐安知县盛世翼带头捐俸赈灾，并劝富户捐资助赈。

四、清代的财政

清初宣布以明代的一条鞭法征派赋役，并免除一切杂派和"三饷"（辽饷、剿饷、练饷）。康熙五十一年（1712），宣布以上一年全国丁银额为准，"滋生人丁，永不加赋"，从而固定了丁额和役银。雍正时，又进一步采取"地丁合一""摊丁入亩"的办法，把全国丁银摊入各地田赋银中，一并征收，称"地丁制"，从而完成了明代推行一条鞭法时尚未完成的人丁税向资产税转变的历史任务。由于各地情况差异很大，分摊办法也有所不同，有按每两田赋银平均分摊丁银计算，也有按土地面积平均分摊。

清后期，一方面是产业革命迅猛发展的欧美资本主义列强的不断入侵，中国在经历两次（1840年和1856年）鸦片战争和中日甲午战争（1894年）以及八国联军的入侵（1900年），连续战败求和，丧权辱国，赔款达白银数亿两之多。帝国主义终于用洋枪大炮打开了中国的国门。另一方面是国内腐朽的清王朝和封建官僚买办势力阻碍着中国资本主义生产方式的正常发展。清后期的中国在政治上、经济上都日益丧失独立性。这一时期的赋税制度反映了中国走向半封建、半殖民地社会的特征。

鸦片战争后，由于大量对外国赔款和镇压农民起义的军费开支，清政府不再履行清初"永不加赋"的诺言，开始征收新税，最为大宗的是厘金和关税。随地设卡征课，随意定物征课，税额可观，税收旺盛，所以太平天国战事结束，亦无法再废除，一直延续到民国中期。

清代，摊丁入亩，全国实行一条鞭法以后，赋税制度进入了货币税时代，拥有土地的老百姓不再受实物税制度指定种植农产品的约束，而无地的农民更由于取消了人头税而获得了自由。

清代，乐安没有独立的地方财政，仅有地丁钱粮及少量捐税。同治二年（1863）乐安的地丁钱粮征额为39352.6395两。又房契税（无定额，沿例尽收尽缴），当税银35两，牛税银19.6两，牙税银35两，茶课税银4.5两，纸价银0.0999两。所征收的银两均由县上缴，县一级无权支配。

清同治二年（1863），乐安的财政支出总共全年开支银1484.9728两（遇闰增加银46.2194两）。

五、中华民国的财政

1911年10月10日，孙中山领导的资产阶级民主革命推翻了清朝统治，结束了两千多年的封建君主专制制度。1912年中华民国宣告成立。

(一)田赋征收的改变

民国元年(1912),对宣统二年(1910)的田赋旧欠一律豁免。对宣统三年所欠的田赋按八成征收。对1912年的田赋,无论丁漕正杂,均改为尽征尽解,每地丁1两,征钱2700文;每漕米1石,征钱3600文,所有亩捐串费,及丁漕项下并征分解各款各目,及解款内向章划分诸名目,一律取消。凡属于地丁的地方称地丁,属于漕米的称米折。其屯余等项,亦仿照丁漕办理。后因滥发官票,银贵钱贱,田赋等项照常征钱,再由官府兑银上解,亏耗很多。因此,从1914年9月起,由征钱改为征收银元。每地丁1两,改征银元2元2角,内以1元8角为国家税,4角为省税;又每两于征价外另征手续料费银元7分。米折1石,改征银元2元9角,内以2元4角为国家税,5角为省税;又于每石征价外另征手续料费银元6分。此外,各县向于丁米正款定价外另收的附加税,仍旧照征:地丁每两收附加税银元1角4分;米折每石收附加税银元2角2分。这些附加税,各提两成为省立中学经费;三成为停办自治节存经费;余五成留为县警察及各小学等项开支之用,如有不敷,经省财政厅详报巡按使核准,酌量增加。1915年7月起,因增加中央专款,于兵米项下,丁每两增附税3角,米每石增附税5角,其中以五成解中央,两成解省为中学、警备经费,三成留县。因从民国建立起,已采用阳历纪元,并无闰月,所以从1917年起取消遇闰加征的规定。1920年,解部的丁米五成附税,改为解省,用于教育、实业开支。1921年,举办金融善后借款,每地丁1两,带征银元3角,每米折1石,带征银元5角,期限自1921年10月6日新漕开征之日起至1927年年底止。不久,金融善后借款停借,丁漕仍按旧制征收。

1941年,田赋征收实物(稻谷)。田赋征收的标准:初时是按正税1元,征实3斗,征购7斗,带征省级公粮1斗。以后在民国33年(1944),改为征实4斗,征借6斗,带征省级公粮2斗。

征收折算方法:1市石折征稻谷108市斤。全县共有正税额银44000余两,按每额银1两折田赋正税3元计算,共计13.2万元。

1945年,抗日战争胜利结束,田赋奉令豁免1年。

1946年,田赋征收标准,原规定征实3斗6升,借征2斗,省级公粮1斗1升。但由于乐安县山岭重叠,交通极为不便,原先征储的存粮无法外调,霉烂变质极多。因此,田赋正税又改收现金,也没有附加征借,只是省级公粮仍带征实物(稻谷),一直到新中国成立前夕为止。

1932~1939年乐安县田赋正税收入

表0-1　　　　单位:元

年度	收入	年度	收入	年度	收入	年度	收入
1932	52540	1934	19701	1936	48500	1938	69558
1933	66381	1935	45969	1937	57500	1939	96412

注:1934年,乐安县苏区革命扩大至全县80%,故田赋正税收入减少

(二)县级财政的建立

民国初期,县地方财政是由省统收统支。县公署设钱谷科(1920年改名叫二科),管理全县的财政收支。征收机构设有"库粮房",是都书承包的合伙组织形式。由于军阀混战,财政收支极为混乱。民国15年(1926),乐安县公署改为县政府,内设财政科,开始实行省、县两级地方财政制度,但县级的财政实际是由省统制(除契税外,其余营业、屠宰、烟酒、硝磺等税,都是由省招商承包)。县财政支出,由省核定拨给。民国22年(1933)12月上级颁发《整理地方财政章程》,成立了"乐安县财务委员会"后,当时的财政大体上是行政经费由省统收统支;县地方的武装军警开支,则由县财务委员会根据规定,在省指定税种中征收。民国28年(1939),实行普通岁入岁出和非常时期的财政收支两种体制。普通岁入,是由省指定的田赋附加及屠宰税、房捐等属县税,后来开辟了新税种,如"营业牌照税""使用牌照税"及"筵席娱乐税"列为县级的独立税;支出为自治、民训、公安、财务、教育、建设、卫生、救济等费。非常时期的财政收入包括"殷户乐捐""增加田赋附加""特产捐"(米谷、竹木);非常时期的财政支出计有:武装自卫经费、难民经费、征集壮丁伙食费等开支。民国30年(1941)江西各县实行新县制,县地方财政改为自治单位,将县地方税收划归县地方财政收入,县地方经费和事业费均列为县地方预算开支,从此,乐安和各地一样,地方财政才有独立的体制。

为加强财政管理，逐步建立各项配套措施。

1. 统一征收机关

(1)田赋征收。田赋是国家的主要收入，自民国元年(1912)乐安县署成立后，即在县署编制之外，设立“库粮房”，以全县原编各都(54个都)，每都设都书一至二人，办理田赋征收及拨解业务。每年先由几个都书将该年的田赋包征包解和溢收数额先行议定，再由县署授以专权行事。其业务费用与工资，则从征额数内附加百分之五开支。然而，各都书都惯常把自己经营的都，作为私产随时转卖或典当。当每一新县长到任，都书们必合以数百两至千两的银子孝敬，反过来其开支仍取之于民膏。同时还有一些圩市的商店，代办田赋完纳，于每年开征后，粮户各按应完之数，将田赋正税、附加税和代征税总额以米折钱，备好现金交给都书或代办商店，取回由县库粮房裁给的缴交串票收执。另外，粮户还应交缴百分之几的手续费(数目临时确定)。

1935年取消都书制，把库粮房裁撤，成立经征处，以接办前项征收业务，设主任一人，组长两人，办事员十二人。都改为义图，由图长代理原来的都书。在田赋外又加征义图经费，作为图长开支。

1941年，田赋改征实物(稻谷)，县成立田赋粮食管理处，处长由县长兼，副处长一人，最初由省派刘俊才充任，后由吴礽之继任，下设科长、科员和事务员等。并在增田、望仙、招携、万崇、水南、戴坊、同富、公溪等处成立八个征收办事处，各设主任、股长、稽征员、保管员等。每赋额一元，折征稻谷三斗六升，另外借征二斗，带征省级公粮一斗一升，合计应完稻谷六斗七升。1942年又将八个办事处改组为五个办事处，编制照旧，即增田、望仙、水南、戴坊、公溪等处。

1946年，田赋除省、县公粮照原征实物外，其余一律折币征收，因此将县田赋粮食管理处及各办事处概行裁撤，另在县政府内增设田粮科，设科长、股长、科员、事务员等。并在县城附设鳌溪田赋粮食办事处。另在水南、公溪成立临时验收所，增设临时保管员，负责办理验收，直至解放。

民国年间乐安县田赋征收税列举表

表0-2

年度	田赋附加税额	实征丁米数(折钱)	田赋新赋数	备注
1933	3312元	—	—	此时苏区占大部分地区。次年国民党占领全县
1934	10048元	27588元	—	包括各年旧欠地丁1462元
1935	—	—	39402元	不包括征到的旧赋数6567元

说明：地丁即人头税，此为按原旧征法每两(“两”为从田地和人口得出的计赋单位)折算为三元，每元(“元”为稻米的抽税值)升为四元，而实行新征收

(2)税捐征收。税收方面，自有民国起，就有屠宰税、契税、营业税、烟酒税、硝磺税、伢行税等。征收方法，是先由私人向省承办税务机关投资包定，然后承包人分赴各市征收；或转包给第三者，而溢收的税额皆由承包商所得。此种征收亦极混乱，大都不按税率计征，流于摊派形式。

1929年，乐安成立靖卫队，曾在航桥、小陂等处，设立了行商收税卡，征收全县进口商品税，直到1934年才撤销。

1932年，又增征保甲经费，分甲、乙、丙三等，按月逐户计征。

1935年，县经征处成立，从次年起，除原牙行税、烟酒税、印花税、硝磺税等，仍由省包给私商征收外，其余如营业税、屠宰税等则由经征处统一征收。1941年后经征处又增收特产捐、殷户乐捐、养猪牌照税等。该处的主任先后由王慕唐、徐宪璋、杨秀三、杨瑞征、唐宝卿、江子森等充任。

1942年，中央财政部直接税局在县设立税务查征所，设主任、会计、税务员等，办理营业税和货物税的征收。

在抗日战争时期，还成立过非常收支经理处，征收出口稻谷、毛边纸、竹、木、毛猪等捐税，并在牛田、公溪、航桥等处设有征收卡。该经理处的主任先是占信斋，后是占传辉。到1942年改由县经征处征收，并入地方税项目。

1947年，经征处改组为税捐稽征处，处长由县长兼，副处长一人，最初由省派王显麟充任。后由何水莲继任，下设股长、办事员等。此时中央税务查征所亦行裁撤，所有一切税收，概由县税捐稽征处接办，并又增加了筵席捐、娱乐税、遗产税、地价税、地价增值税、使用牌照税、人民捐献(由殷户乐捐改名)等捐税名目。

1941年起，在以上所列各种税捐之外，各区署、乡公所和田粮办事处，还有很多敲诈性的临时摊派，如县、乡粮仓积谷和招待费、修理费、购置费、不敷办公费、超支旅费、草鞋费、保长办公费，乡、镇造产经费、夫马费、粮食运输费等，名目繁多，税外有税，不及备载。

繁重的税捐摊派层层压在人民头上，苦难深重，也正是加速了当时腐败贪污政府集团的崩溃。

2. 建立会计制度

江西财政会计年度，1912～1914年采用粮食年度，即从本年7月1日起至翌年6月30日止。1915年4月起，改为历年制，从本年1月1日起至本年12月31日止。1917年起，又改为粮食年度，1938年7月1日起，复又改为历年制。1938年，在县政府内增设了会计助理员一人，办理地方经费的预算和编审。1941年，成立会计室，设主任一人，科员、事务员二人。至1949年5月紧缩编制，会计室分别裁减科员和事务员各一人，当时县内一切政务开支，都要经过会计室主任的手签付。

3. 设立县公库

1938年以前，地方财务的缴拨业务，一直是由钱谷科或财政科授权县库粮房，通过与省财政厅有业务关系的私商“泰隆”号，在向省上缴地方财税的金额中，凭省下拨地方政府经费的支票从中扣除后，再上缴给省。1939年江西裕民银行驻县办事处代理县公库，便转办了此项财务。

4. 确定省县审核制

1933年，成立了“乐安县财务委员会”，设委员长一人，委员六人，事务员二人，对县财务收支实行监察和审核。到1940年时，财务委员长改称为主任委员。先后担任主任委员的有占信斋、占仁山、王慕唐、何占魁、占鸿飞等人。县财务委员会设出纳员一人，由陈宝书充任，负责地方公款的收支和保管。县财务委员会与县长勾结，非但不尽监督之责，反而给贪官污吏披上合法的外衣。1941年撤销财务委员会，新成立县行政会，主任委员是王民磐，副主任委员是邹师孟。1944年复又改组为临时参议会，议长是康作群，副议长是邹师孟。1945年临时参议会正式改为参议会，选举王兆麟为议长，邹师孟为副议长。他们都先后掌握了财政大权，为己所用。

1939年以后，县地方财政很明显分为四个门属：一是县财政科，办理全县财务。二是县会计室，办理概算、预算、决算的编造。三是裕民银行代理的县公库，办理现金的收支。四是县财务委员会，办理地方经费的审核。这便是当时所谓的“财政四权分立”制度。

民国29年（1940）7月，江西省政府颁发省、县地方财政划分办法及乡（镇）财政划分原则，自1941年1月起正式建立县级财政；同年4月起建立乡（镇）财政。1941年6月，第三次全国财政会议决定，将国家财政分为国家财政与自治财政两大系统。江西从1942年1月起，省财政并入中央财政；全省各县实行自治财政，在上年建立一级财政的基础上扩大财权。将屠宰税、房捐、营业牌照税、使用牌照税、筵席及娱乐税，以及印花税30%、遗产税25%、营业税30%～50%划作县级财政收入，将县属行政事业费等划作县财政支出，其余收支按中央有关规定执行，并允许两年内（1942～1943年），按田赋带征30%的县级公粮和按营业税征收30%以下的附加税。

（三）县级预算制度的确立

民国20年（1931）及其以前，乐安县从未编制预算，虽然建立了县财政机构，但不属一级财政。1932年正式成立预算，列入县级财政的收入是田赋附加、契税附加、屠宰税附加、学产收入、公产收入、房铺捐、杂项收入等，列入县级财政的支出有自治费、公安费、财务费、教育费、建设费、卫生费、救济费、杂支费和预备费。1934年，第二次全国财政会议计划建立县级财政，次年，财政部公布《财政收支系统法》，明文规定县财政为一级财政，但江西没有执行，仍将田赋附加等划为县地方财政收入，供预算外区署自治费、公安和小学教育费等项开支，县政府经费支出和各项预算内事业费支出，仍列入省财政预算内。为适应抗战初期财政的需要，民国26年和27年（1937年和1938年），根据省财政厅布置，在普通预算之外，应编制非常概算，乐安县按规定编制报省核定，1939年起，非常概算并入普通预算，不再单独编制非常概算，但另外编制了赋税收入预算（属省财政收入）上报省厅。1942年起，预算收支范围有较大的调整，收支项目陆续增多，同时，在部分年度的预算中还分别列出岁入经常门、岁入临时门和岁出经常门、岁出临时门。

民国28年(1939)乐安县地方收入概算表

表0-3　　　　单位:元

属省:田赋捐税		属县:普通岁入		属县:非常时期临时收入	
项目	金额	项目	金额	项目	金额
田赋地价税	96412	田赋附加	48960	普通预算岁出节减经费	2350
契税	2310	公产收入	380	殷户乐捐	48000
普通营业税	8976	学产收入	180	增加田赋附加	5440
屠宰税	9072	房铺捐	812	特产税(米、谷、纸、木、竹)	2000
牙当税	140	杂收入	12204		
烟酒牌照税	1000	省库补助费	12052		
合计	117910	合计	74588	合计	57790

抗战胜利后,民国35年(1946),国民政府公布的《修正财政收支系统法》,实行中央、省、县三级财政,划分省、县财政收支范围及田赋、营业税等分成标准,并据以编制县财政预算。但是由于通货膨胀无已,所编预算大都有名无实。面对通货恶性膨胀,民国37年(1948)8月20日发布中华民国总统命令,自即日起发行金圆券以代替法币,并限制收兑民众手中的全部黄金、白银、银币及外国币券,有黄金、白银等不去兑换的,一经发现一律没收。江西省各级政府忠实地执行了这一命令,以法币300万元兑换金圆券1元,并在民众中大肆收兑黄金、白银及银元。时隔不久,金圆券也同法币一样,几成废纸。

1937~1948年乐安县岁入岁出预算

表0-4　　　　单位:法币(元)

年度	岁入	岁出
1937	146885	78466
1938	—	—
1939	250288	74588
1940	128829	128829
1941	527111	507930
1942	715432	715432
1943	792809	792809
1944	3884305	3884305
1945	37579722	37046362
1946	—	—
1947	779333160	911643612
1948	5620848680	5620848680

六、苏区财政

在第二次国内革命战争时期,乐安县是中央苏区的主要组成部分,处于重要战略地位。毛泽东、周恩来、朱德、彭德怀、邓小平、陈毅、王稼祥等曾经在乐安县从事革命活动。1928~1934年,全县80%以上的地区,先后建立了党的组织、苏维埃政权,发展地方武装,扩大红色根据地。在配合红军主力粉碎了敌人一至四次"围剿",取得了重大战果的同时,在辖区范围内又实行了土地改革,分配了土地,改变了封建地主土地所有制的生产关系。

自1930年6月起,至1933年7月底全县先后建立了12个区苏维埃政府和2个临时区苏维埃政府,60个乡苏维埃政府,100多个村苏维埃政府。财政是政权建设的重要组成部分。县、区、乡苏维埃政府一般均有财政机构,在行政上隶属于上级财政部,并受同级苏维埃政府指导。各级财政机构设财政部长或财政干事。

1929年10月,在小金竹永福庵正式成立了"乐安县革命委员会"。选举了主席和副主席和各部部长,张老兰为财政部部长。

1930年6月至1933年12月,乐安县先后召开了五次工农兵代表大会,选举产生了乐安县苏维埃政府。邓翔开为第一、二、三届苏维埃政府财政部长,1932年9月,中共乐安中心县委成立后,至第四届苏维埃政府,曾纪盛为财政部部长,侯家标为第五届苏维埃政府和乐(安)、宜(黄)、崇(仁)三县苏维埃联合政府财政部长。

1. 财政收入

(1)向剥削者筹款。没收剥削者财产,在打土豪分田地斗争中,没收豪绅、地主、反动富农、反动商人田地财产。对一般富农,主要采取征集捐款方法筹款。1931年6月至8月,乐安县筹集款项19000银元。另外,在苏区还开展了借款(即征发)工作。

(2)税收。纳税重点对象为剥削阶级和富裕者,而对被剥削阶级则减轻税费,甚至免其纳税义务。

1931年,乐安县苏维埃政府统一执行中华苏维埃共和国临时中央政府公布的《中华苏维埃共和国暂行税则》,废除田赋、丁粮、苛捐杂税、厘金等,对商业、农业实行统一累进税制。1932年,江西省苏维埃政府先后开征农业税(土地税)、山林税、工商税、屠宰税、营业税。

①农业税(土地税)。1932年起,苏区开征土地税。苏区农民纳税,由乡代表发给纳税证明书,免税者填好免税证明书,按照证明书带款,送交各税收委员会。对红军家属、雇农、收入不能维持一家生活的贫农及受灾与新开垦荒山荒地,按规定减免税收。

②商业税。1932年苏区按14等级征收商业税,税率最低6%,最高25%,资本在50万元以上者,税率另定。商税减免:经政府批准登记的消费合作社,资本在100元以下小贩直接出卖剩余农副产品的农民,遇险或遭意外损害商人,经政府查证属实者,均可免税。

③工业税。1931年,苏维埃临时中央政府颁发的《暂行税则》规定,工业所得税按资本大小规定税率征收,其税率较商业税轻。为促进苏区工业发展,暂行免收工业品出厂税。生产合作社经县政府批准,由县苏维埃政府报告省苏维埃政府许可免税。1932年,规定乡村中以盈利为目的的纸槽、木排、樟脑厂,资本在100元(银元)以上,按商业税税率征收营业税。

(3)开展增产节约运动。20世纪30年代,苏区许多青壮年都参加红军或地方武装,农村劳力普遍不足。各中心县委号召群众学习兴国县经验,发动妇女学习耕作技术,担当起生产重任,组织犁田组、耘禾组、刈禾组等帮工组,帮助军属和困难户。还鼓励农民开垦荒地,兴修水利,使苏区农业生产得到较大发展。乐安县善和乡被省苏维埃政府授予"经济建设先锋"称号。

为了促进工农业生产发展,各中心县委发动群众创建合作社。乐安县建立粮食合作社40个,6600余人入股;建立了区、乡消费合作社47个,6000余人入股。

1933年12月,苏区开展大规模的群众性节省运动,提出6项节能规约:每天节省一个铜板;每个机关节省办公费30%;不搞小吃、戒绝浪费;普遍建立节省箱,节省箱的钱物每月清算上缴一次;每个伙食团单位建立一个菜园,做到不要买菜吃;每个军事机关每月节省经费20万元至30万元。据苏区中央财政部统计,4个月中,苏区共节省598.5万元。

(4)公债。1932年,中央苏维埃政府先后发行两期革命战争短期公债。第一期发行公债60万元,乐安县认购0.7万元,第二期发行公债120万元,乐安县认购1万元。1933年8月初,苏维埃临时中央政府为发展苏区经济,发行经济建设公债,乐安县领公债票9万元,收现款22.38万元。

为了扩大红军,苏维埃临时中央政府于1933年至1934年先后3次向群众发行实物公债——借谷,这种实物公债,在中国公债历史上还是第一次。1934年夏,乐安县在第二次借谷中,共借谷10000石,所借粮食均发给"群众借谷证收据",以后以公谷归还,或在土地税中抵还。

(5)关税。为粉碎敌人的经济封锁,保护苏区经济,苏区建立了关税处,对进出口货物征收关税。1933年苏维埃中央政府颁发关税条例,建立关税制度,确立在15个县边境水陆要冲设立24个关税处,其中在江西省境内的11个县设有17个关税处,乐安县的水南、太平寺是其中的两个关税处。苏区关税分为三种,由苏区出口货物征出口税,运入苏区货物征进口税,通过苏区边境的货物征通过税。关税只征1次,不征第2次。关税税率最低3%,最高至100%。

2. 财政支出

苏区财政收入主要用于支持革命战争、军政人员给养、政府经费开支、苏区经济建设、扶持贫困群众。地方财政支出的项目有:党政群团体机关工作人员生活供给费、行政办公费、烈军属优抚费、社会救济费、文教卫生费、生产建设费等。财权集中于中央,党政军机关人员实行战时共产主义供给制,军政人员伙食费、办公费等都有严格的标准,所有经费开支,均向财政部领取,或从税收中抵解。

3. 财政管理

1931 年后，苏区实施统一财政体制、统一收支管理、统一财政政策、制度、统一会计制度，加强财政管理工作。

确定会计制度，以 12 个月为一年度。各机关按照工作计划，造出全年度预算，经中央政府批准，按月开支。确定收支预算，以量入为出，不足则设法补足，收入总数必须打个折扣（以防天灾人祸），各项支出以不超过预算为原则。建立审核制度。中央和省政府以下，建立稽核员，专门负责审核各机关收支预决算，签发发款通知书，国库或分库按照通知书票面额发给。国家银行设国库，省分行设分库，均直接受中央财政部指挥与监督，所收付款项必须每 10 天向中央财政部列表报告，并规定收支手续及抵解办法。

中华人民共和国成立之后的乐安财政

中华人民共和国成立后，乐安财政进入了新的历史时期，在县委、县人民政府的领导下，在上级财政部门的指导下，由于全县人民的共同努力，走发展生产、繁荣经济、涵养财源、增加收入的路子，财政状况不断好转，财政收入逐渐增加，人民生活显著改善。本着取之于民、用之于民和人民财政为人民的理财精神，县级财政部门积极发挥有限的财政分配、调节、监督的职能，坚持量入为出的原则，搞好县级财政的收支平衡，使全县的经济建设和各项事业得到了较快的发展，促进了精神文明和物质文明的建设。

新中国财政体制变迁路径，大致可以如此描绘：从中央集权的“统收统支”体制，到行政性分权的“财政包干”体制，再到经济分权的“分税制”体制，以及目前正在建立的公共财政体制。这些财政体制的改革都是为了适应当时经济发展的需要，把国家财政建立在稳固的、平衡的基础上，确保国民经济持续快速协调健康的发展。

县级财政受国家财政体制的影响，收入和支出随着体制的变化而有所不同，如 20 世纪 60 年代初，商业企业财务体制原由省财政管理改为下放到县财政管理，不久省里又上收，几年后财务体制再次下放；80 年代初，商业企业小部分交县财政，后来又改为全部交县财政。粮食企业的财务体制政策性更强，企业财务管理下放到县以后，上缴利润或财政补亏则由省、地算账后下达通知执行，这种时收时放变动频繁的财政管理体制，直接影响着县级财政收入。

1951 ~ 2012 年，乐安县全县财政收入累计 210641.5 万元（1951 年以前收入全部交省），其中 2012 年收入 38464 万元，为 1952 年 0.4 万元的 96160 倍。中共十一届三中全会后，在改革开放方针指引下，财政收入以较高的速度增长，1979 ~ 2012 年，全县 34 年财政收入 204803 万元，是前 27 年财政收入总额 5838.4 万元的 35 倍。在 61 年的财政收入中，工商税收入 114867 万元，占同期财政收入的 54.53%，2012 年全县工商税收入 26302 万元，为 1953 年 16 万元的 1644 倍。中共十一届三中全会以后，由于生产发展和推行税利制度改革，一部分国营企业利润改作税收上缴，因而税收收入大幅度增长，1979 ~ 2012 年全县工商税收入共计 111911 万元，占同期财政收入 54.64%，成为财政收入的主要来源。农业税一向实行稳定负担，增产不增税的政策，59 年中（1953 年、1954 年农业税上缴）农业税累计完成 37192.2 万元（含农业特产税、耕地占用税、契税），占同期财政收入 17.66%。由于农业生产的发展，亩产量和总产量提高，农业税（公粮）负担由稳定到减少，农业税正税和附加额占农业实产量的比例（实际负担率）已由 1959 年的 18%，下降到 2004 年的 7%，负担率最高为 1959 年的 18%，最低为 2004 年的 7%。61 年中全县企业收入 8124.4 万元（含 1994 年起分税制后各项企业所得税收入），占财政收入 3.85%。1986 年至 2012 年乐安县专项收入和预算调节基金 4470 万元，占同期财政收入 2.2%。

中华人民共和国成立初期，财政收入主要来源是农业税，20 世纪 70 年代工商税收入开始超过农业税收入，第四个五年计划中，工商税收是农业税收入的 1.5 倍，此后一路攀升，第六个五年计划工商税收入占当年财政总收入的 62.2%，而农业税收入的比例则不断下降，只占当年财政总收入的 21.8%。2012 年财政总收入 38464 万元，其中工商税收入 26302 万元，占 68.4%，农业税（耕地占用税、契税）收入 3171 万元，占 8.2%。

中华人民共和国成立以来，乐安每人平均财政收入在抵销了人口增长的因素后，仍有较快的增长。1952 年全县人平财政收入 0.03 元，1978 年为 14.99 元，2012 年达到 1035.79 元，是 1952 年的 34526 倍，1978 年的 69 倍。

随着财政收入的增长，财政支出亦相应增长，1949 年到 1952 年县级财政集中由省管理，实行报账制。1951 ~ 2012 年乐安全县财政支出累计 779908.7 万元。中共十一届三中全会以来，一方面是原有的各项财政支出不断增长(包括工资的增长),另一方面是政策性补贴和社会保障(包括离退休人员经费)支出增加。1979~2012年全县财政支出773715万元,是前27年支出总额6193.7万元的125倍。2012年全县财政支出143201万元,为1952年59.8万元的2395倍。2012年全县人均支出3856.2元,比1952年的4.81元增长800倍。

在财政预算内收入不断增长的同时,全县预算外资金持续增长。但后来随着国家政策的调整,有部分预算外资金被停收,如工商税附加、农业税附加、专控商品附加等。而对行政事业性收费则逐步纳入预算管理。1998~2012年全县行政事业性收费收入(纳入预算收入)26358万元。其中,2012年全县预算外资金收入4728万元,占财政总收入的12.29%,预算外资金收入成为乐安县社会主义建设的另一个重要资金来源。乐安县财政预算内收入和预算外资金收入的增长,使全县综合财力明显增强,为发展乐安经济,进行各项改革提供了物质基础。

乐安除完成本县财政收支任务外,还积极为中央和省财政组织收入。1994~2012年由县国税局直接缴入中央金库的收入42419万元。另外,从1956年到1985年止,推销经济建设公债、国库券等共计419.57万元,均超额完成上级下达的任务。以上这些都是来自乐安人民的贡献。

乐安自解放以来,财政走过了一条光辉而又曲折的道路,大体经过了以下四个历史时期。

一、恢复经济和第一个五年计划时期

这一时期,从1949年10月6日至1957年年底。刚刚解放的乐安,是国民党遗留下来的通货膨胀,物价飞涨,百业凋敝,民不聊生的烂摊子,人民政府首要的任务是稳定政权,安定民心,恢复生产,平抑物价,满足人民群众休养生息的迫切需要。中华人民共和国成立后,仅几个月时间便完全实现了全国财政工作的统一,包括财政收支管理、物资管理、现金管理等。财权主要集中在中央。三年恢复时期,新中国财政根据毛泽东主席“争取财政状况根本好转”的目标,从整顿税收开始,改造农业税制,减轻农民负担,并初创城市税收体系。之后,国家从1953年开始实施国民经济发展第一个五年计划。

(一)建立新的财税机构和执行新的规章制度

1949年10月6日,乐安县人民政府由南村迁入县城办公。阎兴任县长,宣布接管旧政府的各项工作。县人民政府设立财粮科(1951年11月改为财政科)等内设机构,苏英兼任财粮科(财政科)科长,同年10月,乐安县税务局成立。根据全省税务会议的要求,开展税收征管工作。乐安县执行抚州专署的规定,对公产房屋开展接收工作,所有公产房屋进行登记并收取房租,增加财政收入。整顿了国民政府的田赋和税收制度,废除了各项苛征杂敛,实行新的财政、税收政策,并逐步建立预决算、会计、审计等新的财政制度。10月,省人民政府发出通令,禁止各地私自动用税款和不按规定征收上解税款。接着又颁发了《江西省公粮仓库管理暂行规则》,实行粮食等主要农产品的收购统销。财政科组织金融工作队(当时属县人民政府财政科领导)下乡推行人民币,开展打击投机倒把分子在银元、黄金、铜币计价流通中的非法活动。同年12月,成立县金融工作队,1950年1月改为中国人民银行乐安办事处,3月,又改为中国人民银行乐安县支行。1月,全县废除保甲制度,成立191个农民协会和村人民政府,8月,全县完成建乡(镇)工作,共建70个乡、1个镇。

当年,为贯彻中共江西省委开展借粮以支援全国解放,乐安县财政科在科长带领下与全县抽调的干部一道,携带布告下乡,一边协助剿匪,一边筹借粮款,这次筹措的粮食和现金在秋征公粮和此后的应纳税款中分期抵还。

(二)开征农业税和工商各税,贯彻财政经济统一决定

省人民政府于1949年9月颁布《江西省1949年度公粮征收暂行办法》共16条,这是解放后江西省第一个公粮征收法规,不久又发布了该暂行办法的《施行细则》,开始征收公粮,至1950年2月底止,乐安县共征收公粮85672.5万公斤。根据江西解放初期实际情况,省税务局按照“工业税轻于商业税,必需品(工业品)轻于奢侈品,单一税代替复税”的原则,将民国时期20多种工商各税合并为7种,其中:直接税4种,即工商业税(含营业税、所得税)、印花税(只适用于商品凭证)、遗产税、房地产税(房捐、地价、增值与租赁所得合并);间接税3种,即货物产销税(含货物税、烟酒税、矿产税与盐税)、屠宰税、出入口税(仅在赣州接敌区适用)。并对各种税的税率根据情况分别做了具体规定。同年10月起,执行华中税务总局发布的货物税、临时商业税、屠宰税、房地产税、印花税、筵席税、娱乐税等7个税种的征收暂行办法。当年征收工商各税4.5万元。当时的财政体制是收入全部上缴省财政、支出由省财政统一安排。

1950年3月,政务院发布《关于统一国家财政经济工作的决定》,实行高度集中的财政管理体制。同年4月18日,省人民政府发出《关于执行〈财政经

济统一决定〉的决定》,主要内容是:统一财政政策、财政制度和各项供给标准;财政资金由省统一调度,按月或按季按预算拨款;人员按统一编制核实由省财政供给。同时,建立统一于中央的金库、粮库制度和决算制度;统一现金管理;库存物资按照需要统一调配使用和解缴中央。由于认真执行了统一财政经济工作的决定,为控制通货膨胀,稳定市场物价,恢复和发展国民经济,克服财政困难,创造了有利条件。

（三）开展各项运动巩固人民政权,争取财政状况的根本好转

1950年春,全县开展减租减息,退租废债运动。地租、债利一律按原额率减25%,同时,宣布废除高利贷剥削制度,退还一切租债抵押。同年12月,成立县土地改革委员会,开始安排农村土地改革工作。先在鳌溪镇进行土地改革试点工作,后由点到面积极稳妥地分三期进行。到1952年土改结束时,全县依法没收、征收地主、富农和公堂的土地财产,计有:土地9849.47公顷,房屋10523间,耕牛2657头,农具10102件;黄金9.61公斤,白银144公斤,银元25941元;稻谷15.7万公斤,以及其他财物,分配给无地少地、缺乏生产、生活资料的农民,巩固了人民政权。

1951年3月,开展宣传抗美援朝和镇压反革命运动。乐安人民和全国人民一道,积极投入“抗美援朝、保家卫国”的斗争。全县300名青年参加中国人民志愿军,赴朝参战。全县发起了捐献飞机大炮款支援抗美援朝运动,共捐献人民币59800元。既体现了人民群众的爱国热情,又缓解了当时的财政困难。

县人民政府根据上级布置,在1951年和1952年间,整顿财政收入,建立税务部门领导的烟酒专卖机构,控制烟酒专卖权,开征契税,加强税收的征收管理,全面进行税收、金库、粮库的清查工作,建立必要的核算制度,节减支出,集中财力物力支援抗美援朝,支持土地改革。

1951年12月,中共乐安县委部署反贪污、反浪费、反官僚主义的“三反”运动。1952年2月,全县开展反偷税、反漏税、反偷工减料、反盗窃国家资财、反盗窃国家经济情报的“五反”运动。7月,乐安县开展了查田定产工作,先选择一区增田乡进行查田定产试点调查工作,县人民政府财政科派出干部3人,抽调小学教师8人共11人,经过八天时间的调查,确定上等田常年平均产量为200公斤,中等田为125公斤,下等田为75公斤。9月,抽调县、区、乡、村干部1400多人组织工作队开展查田定产工作。全县核定田亩面积为34078.4公顷,并按此计征农业税。同年9月,江西财政部门在“三反”运动取得胜利的基础上,在全省财政系统中开展了增产节约运动,通过这项运动,财政干部提高了思想认识,改正和健全了财政制度,加强了财政管理和财政监督,胜利地完成了各项财政任务。

（四）由收入上缴、支出报账到县级财政的建立

新中国成立初期,江西执行国家高度集中的统收统支的财政体制,县财政收支由省集中管理,收入解缴省金库,支出采取报账制。1951年1月,根据省人民政府《关于1951年县地方财政收支的通令》在全省建立县、市半级财政,主要是将原由省统一管理的乡村财政收支划归县、市管理,县及县以上收支仍由省统一管理。

1953年1月,财政管理机构由中央、大行政区、省三级改为中央、省、县三级,开始建立县一级财政,实行“划分收支、分类分成”的财政体制。

（五）促进社会主义改造和第一个五年计划的完成

根据中国共产党在过渡时期的总路线和发展国民经济第一个五年计划的要求,从1953年起,乐安财政的工作重点,由恢复国民经济转向促进社会主义改造和社会主义建设,逐步实现由供给财政向建设财政的转变。

1. 运用税收政策,促进社会主义改造

乐安财政对农村合作组织,贯彻了轻税和减免税从宽政策。乐安县的农业税收,1949年按土地面积配交公粮,征收办法是采取大户派粮。1950年征收税率是国家公粮13%,地方粮附加1.95%,合计14.95%。1952年开展查田定产运动,农业税平均税率为2%。1954年以户为单位,按农业人口每人平均农业收入金额累进计征。由于党对农村的各项政策和农村举办各项事业都照顾到人民的负担能力,使农民的生活得到改善,因此农民走合作化道路的积极性也空前高涨。1952年3月,在公溪莲塘、招携塅上进行农业生产互助组试点工作,1953年春,转为初级农业生产合作社。至1954年11月底,全县共组织初级农业生产合作社620个,入社农户25676户,占全县总农户的77%。1956年3月,乐安开始有重点地试办11个高级农业生产合作社,到1957年,高级社发展到201个,参加农户33415户,占总农户的98.9%,当年农业生产总值达1692.47万元,是1949年的1.42倍。

为了促进手工业的社会主义改造,1951年10

月，乐安贯彻国家公布的《合作社缴纳工商税暂行办法》，对贫苦艺匠和原不纳税的个体小生产者所组成的手工业合作社，免纳工商税3年。1955年10月，贯彻财政部颁布的《手工业合作社组织缴纳工商税暂行办法》，对于新组织起来的手工业合作社，根据不同情况，在税收给予各种照顾和优待，从经济上调动个体手工业走合作化道路的积极性。1956年对资本主义工商业社会主义改造完成后，掀起了手工业合作化高潮，全县各集镇的个体手工业者都纳入集体性质的合作社或组，全县个体手工业者组成的合作社40个，参加人数达1228人，合作小组2个，组员36人。全县基本上完成了对手工业的社会主义改造。

乐安财政在对资本主义工商业的社会主义改造中，逐步引导他们走上公私合营的道路。在税收上，对公私不同所有制企业执行"区别对待、繁简不同"的原则，对私营企业征收全额累进所得税，以节制资本。对国营企业调拨农产品，国营、合作商业的批发业务，国营工业企业之间互相调拨的原材料，均免征营业税，而对私营工商业的这些业务照征营业税。对公私合营企业和合作小组在税赋上给予必要的照顾。通过税收政策的推动，促进了乐安县公私合营工作的全部完成。

2. 促进国民经济发展第一个五年计划的完成

从1953年起，全国进入发展国民经济的第一个五年计划时期。乐安财政配合有关部门在全县范围内深入开展了增产节约运动和社会主义劳动竞赛，在工业和商业方面，充分发动群众，努力挖掘生产潜力、增加生产、扩大流通、提高质量、节约消耗、降低成本费用、增加收入，努力完成和超额完成年度国民经济计划。在行政、事业方面，提倡艰苦朴素，与群众同甘共苦的作风，厉行节约、反对浪费，严禁用公款请客、送礼、看戏、看电影、发纪念册等，把一切可以节俭的钱节约下来支援建设。

从1953年起，将高度集中统一的供给财政管理体制改为统一领导、划分收支、分级管理的建设财政管理体制，以调动县市增收节支的积极性，有利于集中主要财力完成"一五"计划。1954年9月，粮食、油脂、棉花、生猪等物资，实行统购统销和派购政策。根据国务院《关于发行新的人民币和收回现行人民币的命令》，从1955年3月1日起，全县统一使用新人民币，新人民币1元等于旧人民币1万元。一切财政收支、财务指标、债权债务，自同日起按法定比率折合新人民币计算和清偿。同年7月份起，执行国务院《关于国家机关工作人员全部实行工资制和改行货币工资制的命令》，对区以上国家机关工作人员所实行的包干制待遇一律改为工资制待遇。改行工资制待遇以后，工作人员及其家属的一切生活费用均由个人承担。1955～1957年，执行"收入分类分成"体制，县级收入分固定收入、比例分成收入、调剂收入三块，支出先以固定收入和比例分成收入安排，不足部分以调剂收入抵补，分成和调剂比例一年一变。

"一五"期末的1957年，工商税收占财政收入38.8%，农业税收入占财政收入50.7%，改变了供给制时期全县财政收入主要依靠农业税收入的历史，实现了由供给财政向建设财政的转变。

二、国民经济"大跃进"和调整时期

1958年开始，国家进入国民经济第二个五年计划建设时期。中共中央提出"鼓足干劲、力争上游、多快好省地建设社会主义"的总路线。在急于求成的思想指导下，连续三年掀起国民经济"大跃进"高潮，违背了经济规律，带来了一些较严重的问题，加上发生了严重的自然灾害，使整个经济发展受到影响。为纠正错误，克服困难，1960年起至1965年，对国民经济进行了调整工作。

（一）财政工作"大跃进"

经济决定财政，国民经济"大跃进"要求和带动了财政工作"大跃进"。1958年，中共江西省委根据社会主义建设总路线的精神，向全省人民提出了"快马加鞭，全面跃进，十年计划，争取五年完成"的号召，乐安县坚决响应省委的号召，先后召开了全县"大跃进"誓师大会，会议动员全县人民破除迷信，解放思想，树立雄心壮志，鼓足革命干劲，实现国民经济全面跃进，生产指标一跃再跃。财政在"力争上游，大胆跃进"的基础上制定预算，执行中出现大收大支，收支数均比预算数增长较多，全县财政收入一年比一年大幅猛增，1958年比1957年增长128.6%的基础上，1959年比1958年又增长78.9%，1960年与1957年比较，全县财政收入增长360.7%，全县财政支出也同样是年年攀升，1960年比1957年增长47.6%。其间兴建小(一)型友谊水库，县大礼堂，修县城至招携公路、县境内132.22公里矿区公路和71公里林区公路，上述项目建设为乐安的经济发展打下了良好的物质基础。

1958年，在大破右倾保守思想，大破烦琐哲学等脱离实际的"左"的思想指导下，大破各项财政管理和税收制度，建立和试行新的财政、税收制度。一是改革预算管理体制，下放财权。1958年起，省对县实行"以收定支，五年不变"的预算管理体制，主要内容是:由省划给县一定的收入,解决县的正常支出,省下放到县管理的企业收入由省县比例分成;县收入增长和支出结余部分,留县使用。财政体制改革后,地方财力增加,但相对缩小了中央的财力,因此,1959 年起,根据国家规定,省对县实行“收支下放,计划包干、地区调剂、总额分成、一年一变”的预算管理体制,以适当收缩一部分县的机动财力。二是试行“两放、三统、一包”。1959 年 2 月,中共江西省委、省人民委员会根据国务院的规定发出指示,对农村财贸体制试行“两放三统一包”:“两放”就是把国家在农村的商业、粮食、财政、银行等机构人员下放给人民公社管理,这些单位的固定资产和流动资金,一律转归人民公社管理使用;“三统”就是统一政策,统一计划、统一流动资金管理;“一包”就是包上缴财政任务,把国家在农村的各项税收和企业利润等收入,减去原由国家开支的行政费和事业费等支出的差额,由公社包干上缴国家。由于这种做法与当时农村公社一级的管理水平不相适应,搞乱了原有的经济关系,产生了不讲经济核算、乱拉资金等严重后果,这个不成功的试验到 1959 年 5 月停止执行。三是改进财务管理办法。对国有企业的流动资金过去是由财政、银行“两口供应”,从 1959 年 1 月 1 日起,按国务院《关于人民公社信用部工作中几个问题和国营企业流动资金问题的规定》,国营企业的流动资金,一律改由人民银行统一管理,企业原来的自有流动资金,全部转作人民银行的贷款,计算利息;下放给人民公社的各企业单位的流动资金,也按照这个原则办理。这种“全额信贷”的制度,因在当时矛盾较多,只实行了两年。四是改进税收管理体制,改革税收制度。1958 年 7 月,省财政厅向省人民委员会提出的报告,经批准,将若干税收管理权限,交行(专)署、市、县掌握,扩大了地方对工商税收的管理权限,使一些免征问题能够得到比较及时的处理。但在执行过程中,税收管理权有些分散,有的地方越权办事,任意减免税收以及违反政策的现象。同年 9 月,省人民委员会根据国务院和财政部的有关规定发出《关于全面试行工商统一税的通知》,在全省试行工商统一税,即对工商企业征收的商品流通税、货物税、营业税和印花税合并成为工商统一税。五是撤并财税机构,精简人员。1959 年年初,贯彻省委、省人民委员会关于精简机关编制,开发山区经济,动员干部上山下乡的指示,1 月,县财政局、税务局合并,改称乐安县财政税务局,精简的财税干部下放到农村。1960 年 11 月,公溪镇划属抚州地区直辖,为县级镇,1962 年 6 月划回乐安县管辖。1961 年 7 月至 9 月,全县精简职工和城镇居民共 1875 人(其中职工 1328 人,干部 116 人,居民 38 人,家属 299 人,社会知识青年 94 人),下放农村参加农业生产。1962 年精简干部 446 人,职工 92 人,城镇居民 2534 人,参加农业生产。

(二)“大跃进”中的错误在财政上的反映

“大跃进”中,浮夸风、“共产风”和瞎指挥、强迫命令之风盛行。除了前面提到的收入超速增长,支出猛增,基本建设战线过长以外,1958 年 9 月,乐安县组织 1.2 万多人,搞大炼钢铁运动,创办了乐安钢铁厂,在各地建造了 43 座炼铁土高炉,夜以继日地苦干于炉前和矿山,同时掀起了全民找矿高潮,开展“有钱出钱,有力出力,支援工业大跃进”活动。经过四十多天的苦战,结果只换得 204 公斤劣级钢铁而告终,浪费了巨大的人力、物力,破坏了许多森林资源。当年大办工业,还向人民公社基层单位甚至群众无偿平调了大量的人力、物力和财力,不仅影响了国民经济的正常发展,损害群众利益,而且给财政增加了“包袱”。这种不讲科学,不问技术,不计成本,以致造成产品质量不过关,所炼钢铁大多是废品,生产越多,亏损越多,给财政带来严重后果。“大跃进”中的 1958 ~ 1960 年,财政预算内用于公交部门的事业费达到 68.3 万元,是中华人民共和国成立后 30 年所没有过的高投入。

破立不当,管理混乱。1958 年财政机构撤并,财政监察取消,财政下放过多,税制简化过度。规章制度有些不该破的破了,该立的没有及时建立起来。不少单位搞以表代账,甚至搞“无账会计”,不讲经济核算,不计成本,管理混乱,损失浪费严重。“大跃进”期间,财政在预算执行过程中,受高指标和浮夸风的影响,一方面偷漏税有增无减,另一方面超征多征现象又屡有发生,有些企业上缴收入过头(除商业体制下放给县,收入大增以外),工业企业收入 1960 年比 1959 年增长 18.3%,造成财政虚收实支。

(三)执行八字方针,促进经济调整任务全面完成

1960 年 9 月,中共中央批转了周恩来审定的国家计委党组《关于 1961 年国民经济计划控制数字的报告》,首次提出了“调整、巩固、充实、提高”的方针(简称八字方针),乐安和全省一样,坚决执行了这一方针,并采取了一系列的调增措施。1960 年 12 月,传达中共中央《关于农村人民公社当前政策问题》的紧急指示,要求各地在整风、整社运动中将中央政策原原本本向群众宣传贯彻,并对干部中的“五风”(共产风、命令风、浮夸风、生活特殊风、生产瞎

指挥风)、"四害"(贪污、浪费、官僚主义和私人安排人)进行揭发批判。1960年年底,根据上级指示精神,对各机关、事业单位在银行存款和企业专项存款予以冻结,先冻后清。

1961年年初,认真纠正"大跃进"中的"一平二调"错误,对人民公社化运动以来"平调"社队及社员个人的各种财物和劳动力进行了一次清理,给予适当的补偿。同年7月,召开全国财政厅局长电话会议,要求贯彻中共中央对1961年国家预算的批示,坚决压缩支出,收入必须调低,在提高农副产品收购价格的同时,调减农业税任务,当年财政收入比上年下降37.5%,其中农业税下降7.4%;当年财政支出比上年压缩32.4%,其中经济建设支出比上年下降76.9%。为了贯彻调整方针,同年6月,企业流动资金又改由财政、银行两家供应和管理。1962年1月,乐安县财政税务局分开,分别设立乐安县财政局、乐安县税务局。

经过5年的调整(第二个五年计划的后两年,调整就已经开始),全县较好的克服了国民经济比例严重失调的状况,发展了生产,增加了财政收入。1965年全县工农业总产值2300.72万元。其中:农业产值1816.19万元,比1960年增长41%;工业产值484.53万元,比1960年下降44.7%。在工农业总产值中,农业产值占78.9%,比1960年提高15%,工业产值占21.1%,比1960年下降15%。1965年全县财政收入237.785万元,比开始调整的第一年1961年增长47.6%,全县财政收支平衡,略有结余。

(四)"反瞒产斗争"的"乐安事件"在财政上的反映

1959年冬,在开展所谓"反击右倾机会主义"的斗争中,全县出现了一阵浮夸虚报的"反瞒产"风。提出"向资本主义要粮、要钱","向有严重资本主义思想的富裕中农要粮"等口号,下达各公社反瞒产任务(稻谷)2930万公斤。

从1959年12月至1960年2月,县委连续召开了八次全县性会议全力推进,并组织"贫雇农报告团"和"反面人物报告团",到各地现身说法。县委主要领导亲自带领工作组,到鳌溪公社的潭港、石塘、召尾等大队抓重点,"创造经验",致使反瞒产斗争成为全县性的错误事件——"乐安事件"。

由于压力大,任务重,一些基层干部为了过关,便层层布置任务,甚至布置到户,限期交粮,交不出粮的就交钱,交不出钱粮的就非法斗争,搜仓查户,制造假现场,游街示众,搞得人心惶惶。全县乱关乱斗,非法吊打群众和干部1115人,造成471人非正常死亡,6114人因缺粮患浮肿病,3450人外出逃荒。农业生产遭到严重破坏,全县抛荒土地216.4公顷,据六个公社不完全统计,早稻减产301.5万公斤,晚稻减产95万公斤。死亡耕牛1070头,生猪8318头,家禽20064羽。"乐安事件"给财政带来严重后果。

江西省委、抚州专区及时发现并制止了乐安的反瞒产斗争,对"乐安事件"责任人进行了严肃处理。同时,各级政府对受"乐安事件"影响的困难群众,给予了救济。省民政厅谢象晃厅长、省委黄秘书长亲临乐安检查工作,发现群众患浮肿病急需治疗时,立即写信给省民政厅,建议拨款救治,省民政厅、财政厅及时追加乐安县1960年农村社会救济费预算3万元。抚州专区财政拨款11万元,其中10万元用于扶助生产、1万元用于救济贫困群众。乐安县委、县人民政府拨出专款2万元,由县委委员带队带领医生护士下乡巡回治疗,帮助群众治病3428人,实际用去人民币17910.75元。另外下拨社会救济款21600元,分十四次下拨粮食指标630万公斤,保证每人每月15公斤谷。对被斗受损失的农户进行了抚恤和救济,全县共抚恤13人,发给抚恤金750元,共救济481人,发给救济款5781元,对非法勒索没收群众的财物进行了清退,共退还原物4073件,赔偿损失9830元,退回自留地430亩,向245人进行了赔礼道歉。

三、"文化大革命"和拨乱反正时期

1966年5月开始的"文化大革命",到1976年10月粉碎江青反革命集团终止,持续了10多年的时间,结束内乱后,国家进入了新的历史发展时期,中共中央做了一系列拨乱反正工作,其中财政工作上的拨乱反正也取得了明显的效果。

(一)"文化大革命"中财政遭到严重破坏

乐安的经济经过几年的调整,已经有了一个良好的基础,财政经济形势继续保持着稳步发展的势头,由于"文化大革命",乐安县执行了一条极"左"路线,一些人组织各种"战斗团"(即所谓革命造反派),篡党夺权,引起内乱不止,部分工厂停工,农业减产,对一些领导干部强加罪名,随意揪斗,使绝大部分领导干部"靠边站",一大批干部遭到迫害,有一些干部遭到残酷斗争,无情打击,游街示众,非法监禁和殴打。1968年,乐安县大批干部下放,财政和税务人员也属下放之列,其中财政干部下放近33%,人少事多,该收的没有收上来,各种事务和报表资料一切从简,1968年9月,县财政局、税务局合并,成立乐安县财政税务局革命委员会,1970年3月,财税局又与人民银行乐安县支行合并,改称财政

金融局,1972 年 9 月,税务局分开单设,1973 年 5 月,银行分开单设,此时才恢复乐安县财政局。

“文化大革命”期间财政管理体制变动频繁。先是维持上年省管县的体制,专区只保留本级预算,省对县实行“总额分成加小部分固定收入”的财政体制,即将5种地方税和其他收入划给县做固定收入,省不参与分成,其余各项收入,包括县企业收入、工商统一税、工商所得税、农业税等,省与县进行总额分成,分成比例一年一变。1970 年,江西恢复专区财政管县的体制,财政体制与上年相同,仍实行“收支挂钩,总额分成”。1971 年,省对专区实行“定收定支,总额分成”的体制。超收部分另定分成比例,并将粮食企业下放给专区、市、县分级管理。1974 年,改为“收支挂钩,总额分成”的财政体制,超收部分,省、地按4:6分成。这些频繁变动,都是上级为了应付当时政治上的动乱、经济上的严重困难所采取的一些临时过渡性的办法,其基本精神仍然是集中统一和收支两条线。

“文化大革命”期间财税制度遭到严重破坏。把各项财政、税收制度当作“修正主义”的“烦琐哲学”和“管、卡、压”工具滥加批判,全面否定,把提高经济效益和贯彻按劳分配原则斥之为“利润挂帅”和“物质刺激”,使国民经济调整时期刚刚恢复、建立、健全起来的行之有效的规章制度遭到严重破坏。1968 ~ 1970 年,财政决算不分项目,具体情况无法分析,1971 年虽有改进,仍然不详。在税收方面,1969 年,省税收部门根据“要合并税种,简化征税办法”的要求,推行一个企业一种税一个税率的办法,由于简化过头,出现不少问题。1972 年,在国营企业试行工商税,税制、税率和征收手续进一步简化。对国营企业只征一种工商税。原来行之有效的纳税登记,纳税申报,纳税检查,纳税鉴定,纳税辅导,发票管理,资料管理及护税协税等制度,有的被忽视,有的流于形式,有的被取消。税收法纪遭到破坏,税收的聚财和调节功能大大削弱。

(二)财税干部和人民群众在逆境中坚持工作

在“文化大革命”中,乐安经济和财政遭到了严重的损失。在逆境中,全县一大批财税干部和广大人民群众一道采取各种方式,同极“左”路线,同林彪、江青两个反革命集团进行不懈的斗争,财税工作仍然取得了一定成绩。在 1967 年混乱时期,乐安县税务干部不怕批斗,不怕挨打,坚持依法收税,保护税款、票证和税收资料。1968 年 2 月至 3 月间,财政、金融部门组织人员积极宣传贯彻中共中央、国务院发布的《关于进一步实行节约闹革命、坚决节约开支的紧急通知》,当年财政支出比上年下降 7%,并冻结了各单位在银行的存款余额(此后于 1972 年和 1976 年又两次冻结单位银行存款),先冻后清,该上缴的上缴,该抵支的抵支。在人少事多的情况下,许多财税干部积极工作,一个人顶几个人干,较好地完成了工作任务。

(三)“文化大革命”结束后,财政拨乱反正

1976 年 10 月,中共中央一举粉碎了江青反革命集团,结束了十年内乱。国家开始进入一个新的历史发展时期,乐安县财政工作和其他各项工作一样拨乱反正,开展了扭亏增盈的增产节约运动。1977 年农业总产值比 1976 年增长 0.66%,工业总产值比 1976 年增长 20.8%。财政收入比 1976 年增长 10.1%,企业实现利润比 1976 年增长 214.4%。整顿了财经纪律,1977 年,组织了企业财务互审互查;对支农资金、民政优抚救济款、知青下放安置经费进行了专项检查。开展了资金清理调查,组织全县财政纪律大检查。税务方面重申了纳税纪律,税收征管工作得到了加强,工商税收入 1977 年比 1976 年增长 3.7%,1978 年又比 1977 年增长 19.2%。通过整顿,使过去行之有效的各项财经纪律和规章制度得以恢复,财政工作的拨乱反正取得了明显的效果。1978 年,农业总产值比 1977 年增长 16.62%,工业总产值比 1977 年增长 11.31%,财政收入比 1977 年增长 12.5%。

四、改革开放时期

1978 年 12 月召开的中共十一届三中全会,从根本上纠正了“文化大革命”及其以前的“左”倾错误,实行对内改革,对外开放的方针,确立全党以经济建设为中心的正确路线,对经济管理体制进行全面改革。

(一)改革财税机构

1979 年,乐安县财政局设有人秘股、预算股、企业股和农财股,实有人员 11 人,为了加强财政工作的管理,先后增加内设机构,以适应改革的需要。1981 年 3 月,县人民政府将控制社会集团购买力工作划入县财政局管理,设立控购办。1985 年 3 月,增设综合计划股。1985 年 9 月,为加强监督检查,成立乐安县人民政府税收财务物价大检查领导小组和办公室,该办公室挂靠县财政局。1989 年 6 月,被明确为副科级机构,于 2000 年撤销,设立财检办,2003 年改为财政监督股,2008 年 6 月更名为财政监督局。1988 年 5 月,将企业财务股撤销,分别设立公交企业财务股和商贸企业财务股。1988 年 8 月,增设行政文教财务股。1990 年 12 月,成立乐安县住房资金管

理所，挂靠县财政局。1991年5月，设立农业税征收管理股。1992年5月，成立乐安县国有资产管理局，为副科级机构，1997年机构改革升格为正科级机构，与财政局合署，2003年4月，撤销国资局，设立企业统评股。1997年7月，设立乐安县预算外资金管理局（为副科级机构）。1999年，设立社会保障股。2012年年底，乐安县财政局及其职能部门实有人数88人。

1978年，乐安县各人民公社已设立财政组，办理人民公社的财政财务工作，1982年6月，县人民政府办公室《关于配备公社财政干部的批复》，经过考查，挑选了21名熟悉财会工作的人员安排到21个人民公社担任公社财政干事。1985年7月，省人民政府遵照中共中央、国务院关于“应当建立乡一级财政”的要求和财政部《关于颁发乡（镇）财政管理试行办法的通知》精神，颁发《江西省乡（镇）财政管理实施办法》，乐安县于1986年3月在全县20个乡镇建立了财政所。1987年，在乡镇招聘干部中，通过考试择优录用23人，1988年，20个财政所共有人员48人。1990年又增补4人，1993年，招收全民合同制工人12人。人员逐步到位后，每个财政所有3～5人，确定岗位为所长（副所长）、总预算会计、农业（税）专管员、企财专管员、行政文教财务专管员，20世纪90年代又增加了农税会计，实行分工负责，各司其职，有时还协助乡镇的各项中心工作。1996年1月，乡镇财政所与地税所合署办公。2001年11月，乡镇机构改革，撤乡并镇，财政所随之撤并，由原20个财政所合并为15个。乡镇财政所建立后，财政系统首先在财政所推行政务公开、服务群众的多项便民措施。2012年全县共有财政所16个（含大马头垦殖场财政所），实有人数57人。

1987年2月以前，县税务局属当地政府领导，1987年2月，县税务局实行当地政府和省税务局双重领导，以省税务局领导为主的管理体制。由于1994年国家实行税制改革，为适应分税制，省及省以下税务机构必须分设，因此，同年9月乐安县税务局撤销，分别设立乐安县国家税务局和乐安县地方税务局。乐安县国家税务局实行垂直领导，基层征收网点收缩，仅设有少数分局、所、站；乐安县地方税务局由县人民政府领导，基层按乡镇设立分局、所，经费由县财政负担。

（二）改革预算管理体制

为了克服财政预算管理上“统得过多，管得过细”的弊端，1980年，中央对地方实行“分灶吃饭”的体制，同年2月，省人民政府发出《关于实行“划分收支、分级包干”财政管理体制的暂行规定》，事权和财权统一，权利与责任统一，打破了那种统收统支，吃“大锅饭”的局面。具体办法是按照经济管理体制的隶属关系，划分各级财政的收支范围，按照收支范围和计算基数的原则，用固定收入和固定比例分成收入平衡支出，经过抚州地区测算核定，乐安县1980年包干支出总额为546万元，固定收入为168万元；分成收入17万元；支出大于收入361万元，其中用调剂收入弥补303万元，上级定额补助为58万元。

1981年，抚州地区财政局核定划给乐安县预算收入470万元，其中：固定收入177.6万元，调剂收入279万元，固定比例分成收入13.4万元。核定补助收入58.1万元，按包干体制划给乐安县净收入528.1万元，负担中央借款和上缴省基数67.1万元，乐安县当年可用财力461万元。

1982年，抚州地区财政局核定划给乐安县预算收入476.6万元，其中：固定收入171万元，调剂收入292万元，固定比例分成收入13.6万元。核定定额补助收入58万元，上解支出22.1万元，乐安县当年可用财力512.5万元。

1983年，根据上级文件规定，对乐安县的收入基数，留成比例做了部分调整，如：乐安药厂的收入，从1983年1月1日起列入省财政预算，财政收入包干基数上划；森林工业、医药商业企业，从1983年1月1日起取消二、八分成办法，上划到省，不列入地、县预算；商业、供销、粮食企业收入，下放给各县、市管理，全额计算增加各县市基数，同时将原县市财政款分成20%的部分减少各县市基数；遵照国务院关于改进财政管理体制的通知，从1983年起，县办工业亏损企业的负担比例由原来的二、八负担的办法改为同盈利企业的留成比例相一致，即60%亏损归县财政预算负担；按国务院改革财政管理体制的有关规定，从1983年起卷烟和酒两项工商税收比1982年增长部分的40%上缴中央财政，对这部分收入各县要专项上缴，不能安排支出；从1983年7月1日起，各级财政不再增拨企业流动资金，全部改由银行贷款，将包干流动资金按1979年基数收回一半。按以上规定，当年乐安县上划减少收入基数（原分成20%）9.2万元，其中：商业6.3万元，医药商业0.7万元，供销社2.2万元。下放增加收入基数－13.1万元，其中：商业24.5万元，供销3.4万元，粮食－41万元，中央收回流动资金减少支出基数1.1万元。

1984年，抚州地区财政局按包干体制划给乐安县的预算收入489.7万元,定额补助58万元,其他各项补助17.5万元,上解27.8万元,核定乐安县当年可用财力537.4万元。

1985年,国务院为贯彻落实中共十二届三中全会《关于经济体制改革的决定》,决定从当年起,实行“划分税种、核定收支、分级包干”的财政管理体制。江西省人民政府规定,县财政收入基本上按照利改税第二步改革后的税种设置,其固定收入有:县属国有企业所得税、调节税和承包费、未实行利改税的县属企业收入;县级事业收入,工商所得税,农牧业税,车船使用牌照税,城市房地产税,屠宰税,牲畜交易税,集市交易税,契税,地方经营的粮食供销企业亏损,城市维护建设税和其他收入等。同时列为县财政固定收入的还有营业税(不含石油部、电力部、石化总公司、有色金属总公司四部门所属企业及铁道部、各银行总行、保险公司缴纳的部分)、资源税、建筑税、个人所得税、国营企业奖金税、县合资企业的工商统一税、所得税和石油部、电力部、石化总公司、有色金属总公司四部门所属企业缴纳的产品税、营业税、增值税的30%。除上述四部门所属企业缴纳的产品税、增值税外,则作为省财政和县财政共享收入。

县财政支出:县办企业挖潜改造资金、县农口各部门事业费、支援农村生产支出、工交商部门事业费、城市维护费、知青业务费、文教科学卫生事业费、抚恤和社会救济费、行政管理费、其他部门事业费、环境保护补助资金和其他支出(包括兵役征集费、招收飞行员经费等),列入县财政支出包干范围。不宜实行包干的支出,仍由中央和省财政专案下拨。乐安县属常年补贴县,预算收入100%留成。地区财政对乐安县的定额补助为82万元(从1986年起每年递减10%)。实行“划分税种、核定收支、分级包干”体制后,由于多种因素影响,财政运行出现了一些新问题,所以1988年在原定财政管理体制的基础上,地区对县财政的收入范围和包干办法作了调整,把城乡个体工商户所得税、个体户营业税、个人收入调节税、个人所得税、国营企业工资调节税、契税、农林特产税、屠宰税,牲畜交易税,集市交易税,车船使用税、房产税、国营企事业单位奖金税等13种小税全部划归县财政,不列入收入基数,并以1986年为基数列收列支,增长部分全留地方。调整后改定额补助为定额上解,1988年,定额上解数为24万元,以后逐年增长。这种财政管理体制一直延续到1993年。

行政性分权的“财政包干”,是中国20世纪80年代至90年代初的主要财政模式,其重点是“划分收支,分级包干”。1992年10月,中共十四大首次提出我国经济体制改革的目标是建设社会主义市场经济体制。此后一年多,中国开始酝酿财税、金融等宏观经济体制的重点突破,其中税制改革是重要一环。改革的重点之一,是将地方财政包干制改为划分中央与地方事权基础上的分税制,建立中央税收和地方税收体系。

1994年1月,省人民政府根据国务院税制改革的精神,印发《江西省实行“分税制”财政管理体制办法》,决定从1994年1月1日起,在全省实行统一的“分税制”财政体制。将财政收入税收部分划分为中央收入,中央和地方共享收入,省与地市县共享收入,地方固定收入,实行中央、省、地、县分级管理。(1)中央收入:关税;消费税;营业税(铁道系统、人民银行、工商银行、农业银行、建设银行、中国银行等各银行总行和保险总公司缴纳的营业税,包括城建税、教育附加,下同);海关代征进口商品的消费税和增值税;中央企业所得税;地方和外资银行及非银行金融企业(包括信用社)所得税。(2)中央与地方共享收入:增值税中央分享75%,地方分享25%;证券交易税中央与地方“五五”分享;资源税按品种分享,其中海洋石油资源税归中央,其他资源税归地方。(3)省与地县共享收入:其他资源税;城镇土地使用税;印花税;土地增值税;个人所得税;房产税;遗产税;证券交易税(地方分享50%的部分)共八个税种。省分享40%,地分享60%。(4)县级固定收入:地方营业税;增值税25%;县属企业所得税;固定资产投资方向调节税;城市维护建设税;车船使用税;屠宰税;农业税;农林特产税;耕地占用税;契税;县属企事业单位缴纳的其他收入。实行分税制,消费税、地方金融企业所得税、增值税75%上缴中央后,中央按1993年上述税种的实际收入为基数返还地方,并按1∶0.3递增(省对地县按1∶0.2递增)。如果1994年以后达不到1993年基数的,中央扣减地方税收返还基数。实行分税制后,在不减少各地财力存量的前提下,原体制分配格局暂不改变。抚州地区按分税制体制,从省与县共享收入(八个税种)中的60%,分享10%作为结算上解(县实得50%);核定各县财政固定补助(或上解)基数,乐安县固定补助基数34万元。

1994年《中华人民共和国预算法》出台,财政部门有了真正意义上的法律武器。

(三)改革税收制度

为适应对外开放政策的需要,按照鼓励外商投资,鼓励引进先进技术,发挥税收促进对外经济交流作用的原则,1980年和1981年,公布《中华人民共和国中外合资经营企业所得税法》《中华人民共和国个人所得税法》和《中华人民共和国外国企业所得税法》。1982年试行增值税,开征烧油特别税。1983年,实行第一步利改税改革,开征了国营企业所得税、建筑税和能源交通重点建设基金。1984年,实行第二步利改税和改革工商税制,执行国务院颁发的产品税、营业税、增值税、国营企业调节税、国营企业奖金税等税收条例(草案)或征收办法。1985年开征城市维护建设税、国营企业工资调节税、集体企业调节税、事业单位奖金税。1986年开征车船使用税、城市个体工商业户所得税、房产税、教育费附加。1987年,开征个人收入调节税。1988年恢复印花税,开征城镇土地使用税、筵席税、私营企业所得税。1989年征收国家预算调节基金,征收粮食专项基金(1992年停止)。1991年,开征固定资产投资方向调节税(同时建筑税征收欠税后废止)、外商投资企业和外国企业所得税。1993年3月,全国统一施行《中华人民共和国税收征收管理法》,是新中国成立以来第一部统一的税收征收管理法律。1994年税制改革后的税种有:消费税、增值税、营业税、城市维护建设税、土地增值税、企业所得税、个人所得税、车船使用税、屠宰税、房产税、城镇土地使用税、印花税、投资方向调剂税、外商投资企业和外国企业所得税、资源税、筵席税、证券交易税、遗产和赠与税,共18个税种,其中后两个税种乐安县未开征。

此外,根据经济形势的发展,还建立与健全了集贸税收和个体工商户税收制度,1995年1月1日起,取消城乡集贸市场税收分成,所征税款全额缴入国库。不断改进以税还贷和税收减免办法,支持和促进了乐安县经济体制改革和城乡经济的发展。

(四)改革国有企业利润分配和企业财务会计制度

1979年起,江西执行国务院批转财政部、国家农垦总局制定的《关于农垦企业实行财务包干的暂行规定》,乐安县垦殖场的企业利润不缴财政,留给企业用于发展生产,抚州地区还按规定每年给予补贴包干,以示对农垦企业的照顾。1983年,省委、省人民政府决定,粮食企业财务体制下放给县,以县粮食局为缴库(或退库)单位,财政部门对同级主管部门实行盈亏包干责任制,增盈或减亏的部分分成;县以上供销社财务体制也下放到县,企业收入纳入县级财政预算。同年,改进企业流动资金定额或计划的核定办法,对工业企业流动资金定额,由按储备、生产、成品三个过程和主要物资的合理周转需要核定,改为按平均先进的销售收入资金率核定,并且每年按销售计划调整一次。1984年,国务院颁发《国营企业成本管理条例》,规范了进成本和销售成本的各项费用。1987年,在国营企业实行利改税和盈亏包干的基础上,逐步推行企业承包经营责任制,企业对国家承包的范围,是上缴国家的所得税和调节税,此后,在总结经验的基础上,按国家规定,又进行了3年一期为期6年(1988~1993年)的两轮承包。企业承包经营有利有弊,有利的一面是调动了企业自主经营的积极性,不利的一面是企业拼设备、挖库存。尽管承包项目和指标比较周全,但由于各种因素的影响,有些企业不能完成承包任务。完成或超额完成承包任务的企业,财政要按合同兑现返还企业,没有完成承包任务的承包企业,财政又无可奈何,充其量只能将承包经营者的保证金抵缴任务,不予退还,这种负盈不负亏的现象是企业承包经营的最大弊端。1988年乐安县推行"工资总额同经济效益挂钩",当年参与的企业很少,后来逐年增加。1991年,县人民政府贯彻省人民政府《关于完善粮食财务管理体制和加强粮食财务管理办法》的实施意见:财政部门对粮食企业按照"盈亏分开算、收支两条线"的原则,实行分行业管理。评价商业的亏损补贴由财政按年定额拨补各企业;粮油加价款、预购定金贷款利息补贴等,由财政拨至粮食局;粮油企业和饲料企业按核定基数向税务部门缴纳所得税;粮贸公司的议价企业、运输企业、其他有利润企业分别向财政缴交利润。1993年乐安县执行《关于全省国有小型商业企业实行"国有民营改革试点的意见"》,坚持"国家所有、集体(个人)经营、照章纳税、定额上缴、超收归己"的原则。同年7月1日起,凡设立在我国境内的所有企业,不分经济类型,都必须严格按财政部颁发的《企业财务通则》和《企业会计准则》执行,"两则"共同构成我国财务和会计改革的基本框架和原则,两者关系是各有侧重、目标统一、减少重复、相得益彰,《企业财务通则》主要明确财政、财务政策,《企业会计通则》主要规范会计核算办法。后来,根据各行业的具体情况,又陆续制定了分行业的工业;商品流通(包括商业、粮食、外贸、供销合作社、图书发行、物资供销等企业);旅游、饮食服务;施工、房地产开发;运输;邮电通信;对外经济合作等各项财务制度和企业会计制度。1995年,粮食企业按国务院规定,实行政企分开,划清政策性业务与经营性业务,建立两条线运营机制。

企业是国民经济发展的生力军,是财政收入的主要来源地,是当前国民经济改革开放的中心环节,企业的事情搞好了，我国国民经济上新台阶就有了基础和保证。税制改革后的乐安县1994年企业所得税收入（之前的企业收入有不可比因素）为43万元，2012年达到1706万元，是1994年的39倍。

（五）改革农村税费制度（农村综合改革）

农业、农村和农民问题是关系我国改革开放和社会主义现代化建设全局的重大问题。党和政府历来十分重视正确处理国家、集体和农民的关系，注重保障农民利益，在农村实行休养生息政策。为从根本上减轻农民负担，规范农村税费制度，理顺国家、集体和农民的分配关系，党中央、国务院决定从2000年起进行农村税费改革试点。

2000年3月，中共中央、国务院印发《中共中央、国务院关于进行农村税费改革试点工作的通知》，决定率先在安徽全省开展农村税费改革试点。

2001年，在江苏全省开展试点，推广农村税费改革。

2002年1月，中共中央、国务院发布《关于做好2002年农业和农村工作的意见》，提出要扩大农村税费改革试点范围。3月，国务院办公厅发出《关于做好2002年扩大农村税费改革试点工作的通知》。通知确定了2002年扩大农村税费改革试点的范围，其中：河北、内蒙古、黑龙江、吉林、江西、山东、河南、湖北、湖南、重庆、四川、贵州、陕西、甘肃、青海、宁夏等16省（自治区、直辖市）为国务院确定的试点地区；上海、浙江、广东等沿海经济发达省（市），如果条件基本成熟，可以自费进行扩大改革试点；规定了中央财政专项转移支付资金包干使用的办法。同时，要求在改革中确保农民负担得到明显减轻、不反弹，确保乡镇机构和村级组织正常运转，确保农村义务教育经费正常需要；相应推进乡镇机构改革、农村教育改革和政府公共支出改革等相关配套改革；加强干部教育和培训工作，切实改进工作作风；加强对试点工作的监督检查；做好扩大改革试点地区的有关工作。

根据中共中央、国务院和省、市的部署，乐安县于2002年4月开始启动农村税费改革工作。4月10日，县委、县人民政府召开了全县领导干部会议，会上传达了全省农村税费改革试点工作会议精神，动员全县上下紧急行动起来，全力以赴抓好税改工作。同日，成立了乐安县农村税费改革领导小组。4月11日，举办了为期两天的农村税费改革培训班。4月24日，县农村税费改革领导小组印发《乐安县农村税费改革试点方案》。主要内容是：

1. 税费改革的基本原则

农村税费改革的基本原则是：减轻、规范、稳定。减轻就是把减轻农民负担作为改革的基本出发点，坚决取消对农民的各种收费，从轻确定农民负担水平，并确保乡镇政府、村级组织的正常运转和农村义务教育的必要投入。规范就是采取以农业税收为主的方式，把农民负担纳入规范化、法制化的管理轨道，从制度上规范国家、集体和农民之间的分配关系、分配方式。稳定就是在减轻和规范的基础上使农民的税赋水平在一个较长的时期内保持不变。

2. 税费改革的主要内容

农村税费改革的主要内容是："三取消、两调整、一改革"。"三取消"，即取消乡统筹费、农村教育集资等专门面向农民征收的行政事业性收费和政府性基金、集资；取消屠宰税；取消统一规定的劳动积累工和义务工。"两调整"，即调整农业税政策，调整农业特产税政策。"一改革"，即改革村提留征收使用办法。通过改革，使全县农民减负幅度达到20%以上。

"三取消"是指：(1)取消乡统筹费、农村教育集资等专门面向农民征收的行政事业性收费和政府性基金、集资。这些收费项目取消后，原由乡统筹开支的乡村两级九年制义务教育、计划生育、优抚和民兵训练支出以及中小学危房改造资金由县财政预算安排。乡级道路建设资金由乡镇政府负责安排；村级道路建设资金按村公益事业由村民大会民主协商解决，修建乡村公路所需资金不得再向农民固定收取。农村卫生医疗事业逐步实行有偿服务，乡镇政府适当补助。(2)取消屠宰税。从2002年1月1日起，在全县范围内取消屠宰税，已经征收的，一律退还给农户，或抵顶其应缴纳的农业税。(3)取消劳动积累工和义务工。用3年时间逐步取消统一规定的"两工"。具体安排是每个农村劳动力2002年不得超过15个，2003年、2004年不得超过10个，2005年全部取消。在遇到防洪、抢险、抗旱等紧急任务时，经县级以上政府批准，可临时动用农村劳动力，但要明确动用期限和数量，除此之外，任何地方和部门均不得无偿动用农村劳动力。

"两调整"是指：(1)调整农业税政策。新的农业税实行地区差别比例税率，最高不超过7%。乐安县确定为7%，根据实际情况落实到农户和其他农业税纳税单位、个人。国有农场以及有农业收入的机关、部队、企业、学校等按稳定现有负担水平核定，农业税税率最高不超过4%，新的农业税计税土地面积的核定，应坚持以二轮承包土地面积为依据，按照"总体稳定，个别调整"的原则核定。二轮承包后，经国土资源管理部门批准征占用的计税土地并已缴纳耕地占用税的，不再作为新的农业税计税土地；新开垦并按规定免税到期的耕地应纳入新的农业税计税土地；对因建设占用、灾害损毁等减少的计税土地，按照实际情况及时调整。计税常年产量以1994～1998年五年农作物的实际平均产量据实核定，并张榜公布，保持长期稳定。具体确定村和户的常年产量，要采取自下而上与自上而下相结合的办法，过去村里有统计数据的，应经群众认可；过去村里没有统计数据的，要由农民参加评定。计税价格要综合考虑粮食保护价和市场的因素，以及财政承受能力和周边县计税价格水平，农业税计税价格按省政府确定的全省统一价每50公斤稻谷54元执行。（2）调整农业特产税政策。按照农业税和农业特产税不重复交叉征收的原则，对在非农业税计税土地上生产的农业特产品，继续征收农业特产税；对在农业税计税土地上生产的农业特产品，一般征收农业税；对农业特产品生产相对集中、相对稳定、以农业特产品收入为主的，征收农业特产税。为了有利于农业产业结构的调整，这次税费改革中确定计征农业税的土地，今后改种农业特产品的，一般不再征收农业特产税。要坚持农业特产税据实征收，严禁两税重复交叉征收。征收农业特产税的应税品目和税率，按国家规定执行，除此之外，增设农业特产税品目由省政府决定。全县一律按国家统一规定执行，县人民政府不另行规定。

"一改革"是指：改革村提留征收和使用办法。凡是过去由农民上缴村提留开支的，采取新的农业税附加和农业特产税附加方式统一收取。农业税附加和农业特产税附加均按其正税的20%征收。以农业税附加和农业特产税附加方式收取的村提留属集体资金，附正税一并征收，由乡镇农经站负责监督管理，实行乡管村用、专户储存、专款专用。农村税费改革后，对村干部报酬、村级办公经费、五保户供养经费存在的开支缺口，除由乡镇财政对村级进行适当补助外，主要靠深化改革、发展经济和节减村级开支来解决。乡镇由此形成的经费差额，在上级财政转移支付中予以补助。

经过精心组织，周密部署，大胆探索，艰苦奋斗，乐安县农村税费改革工作，达到了预期目的，取得了阶段性成果。一是计税耕地面积和农业税任务得到落实。全县核实计税面积22626.67公顷；落实农业税任务1821.9万元，其中正税1518.2万元、附加303.65万元。二是农民负担得到减轻。税改前人均负担99.2元，税改后人均负担66.3元；税改前亩均负担80.4元，税改后亩均负担53.7元。全县农民负担平均减轻33.21%，最高减负达51.6%。三是规范了涉农收费。四是推进乡镇机构改革，压缩了行政事业人员。2002年乐安县在撤乡并镇的基础上，下大力气压缩乡镇行政和事业人员编制。清退了各类临时人员。全县行政事业人员轮岗、待岗631人，节约工资性支出255.34万元，节约公务费支出25.42万元，减少福利性支出49.31万元，共计节约支出330.02万元。五是改革农村义务教育体制，合理调整农村教育布局，精简和优化了教职工队伍。到2002年年底，全县共撤销中学1所，21所村完小，2个初小，53个高年级教学点和51个初小教学点。严格核定教师编制和岗位，坚决辞退代课教师，依法辞退不合格教师，压缩非教学人员，清退临时工勤人员，清理在编不在岗教师，共精简教师468人。六是完善了县、乡财政体制，使基层政权和村级组织正常运转得到保障。七是农业税征收工作开局良好。八是党群、干群关系得到改善。

2003年1月，中共中央、国务院发出《关于做好农业和农村工作的意见》，提出要继续推进农村税费改革，切实减轻农民负担。3月，国务院发布《关于全面推进农村税费改革试点工作的意见》。7月，乐安县委办公室、政府办公室联合印发《乐安县乡村财务管理和农税征管体制改革实施方案》，规定：建立集乡镇农业税费管理、乡镇财务管理和村级财务代理"三位一体"的管理体制，坚持村集体资产所有权不变、集体资金使用权不变、集体财务审批权不变的前提下，在乡镇财务核算中心建立村级财务代理专柜。取消村级会计记账、银行账户，改由乡（镇）财务核算中心设立集体资金银行专户，按村设账，审核预算，审查收支。资金管理范围包括农业税附加、农业特产税附加、财政转移支付村级补助、"一事一议"筹资款、村级经营收入以及发包、出租、固定资产盘盈、变卖、其他收入等。严格实行"三统一"，即实行统一财务制度、统一会计制度、统一登记账簿。建立村级民主理财小组，实行财务公开。7月，省财政厅转发财政部《关于进一步规范涉农收费管理做好减轻农民负担工作的通知》，要求：（1）全面清理涉农收费项目和标准。全面清理本行政区域涉农收费项目和标准。在清理的基础上，对涉农收费项目和标准进行逐项审核，提出取消、保留或降低标准的意见，并报同级人民政府批准后施行。在清理过程中，要从严掌握政策界限，取消没有法律、法规依据或未经中央和省两级人民政府及其财政、价格部门会同农民负担监督管理部门批准涉及农民负担的行政事业性收费项目,取消符合国家审批权限规定但属于不合理的涉及农民负担的行政事业性收费项目,取消没有法律法规依据或未经国务院及其财政部门会商农民负担监督管理部门批准涉及农民负担的政府性基金项目,取消1997年以来除国家法律和法规规定之外出台的专门面向农民的行政事业性收费和政府性基金项目,取消农村的各种集资、摊派以及要农民出钱出物出工的达标升级项目。对保留的涉农收费项目,要重新严格核定收费标准。实行农村税费改革地区,涉及农民负担的收费项目除按照上述规定进行清理外,还要严格按照财政部、原国家计委、农业部《关于取消农村税费改革试点地区有关涉及农民负担的收费项目的通知》执行。(2)继续做好农业生产性费用、农民建房收费、农村义务教育收费和农民进城务工收费专项治理工作,农业生产性费用专项治理的重点是农业供水、供电、农机管理和服务中的不合理收费及搭车收费,向农民收取水费、电费要坚持“受益缴费、计量收费”的原则,不得按人头、田亩摊派,严禁在向农民收取水费、电费过程中乱加价和搭车收费。农机服务收费要按照自愿有偿原则收取,不得强制服务、强行收费,农民建房收费要严格执行原国家计委、财政部等六部门《关于开展农民建房收费专项治理工作的通知》的规定,对农民利用农村集体土地建设自用住房,除依法颁发的证照可按规定收取工本费外,一律不得再向农民收取其他行政事业性收费。农村义务教育收费要严格按照规定的项目和标准收取,除国家统一规定的杂费、借读费、代收课本费外,不得再向学生收取其他任何费用,也不得提高收费标准。对国家扶贫开发工作重点县困难家庭的农村中小学生应当免费提供教科书,有条件的地方对农村中小学生实行免收杂费政策,国家扶贫开发工作重点县的农村小学和初中,要严格执行“一费制”收费办法,不得以任何借口推迟执行或拒不执行,有条件的地方要逐步扩大“一费制”实施范围,农民进城务工收费要严格按照《国家计委、财政部关于全面清理整顿外出或外来务工人员收费的通知》的规定执行,除按规定收取证书、工本费外,其他行政事业性收费项目一律取消。(3)切实落实涉农收费公示制度。要在全面清理涉农收费项目和标准的基础上,会同有关部门向社会公布取消、保留、降低标准的行政事业性收费项目,同时,要对农业生产性费用、农民建房收费、农村中小学收费、农民进城务工收费进行重点公示,公示内容包括收费项目、对象、范围、标准及文件依据等。县、乡财政部门要会同有关部门共同做好涉农收费公示制度在基层的落实工作,采取设立公示牌、公示栏、公示墙等方式,向农民公开收费项目和标准、收费对象、批准机关等内容,使涉农收费政策家喻户晓。要加强对公示内容的审核,根据收费政策变化情况,及时调整公示内容,确保收费的合法性。(4)从严审批涉农收费项目和标准。要严格执行《国务院关于全面推进农村税费改革试点工作的意见》的规定,在“十五”期间继续停止审批新的专门面向农民的行政事业性收费项目,过去已经按规定批准并经清理后保留涉及农民的行政事业性收费项目也不得提高征收标准。严禁越权出台政府性基金项目。任何地方和部门均不得出台涉及农民负担的集资、摊派项目,也不得在农村进行要求农民出钱出物出工的各种验收评比和达标升级活动。(5)加强涉农收费“收支两条线”管理。要加强对涉农收费票据管理,收费单位按照国家规定向农民收取的行政事业性收费和政府性基金,必须使用省、自治区、直辖市以上财政部门统一印制的票据。否则,一律视为乱收费处理。向农民收取行政事业性收费和政府性基金收入必须按照财政部门规定金额缴入国库或财政专户,支出通过财政预算安排。要从制度上切断涉农收费支出与收入的联系,防止因利益驱动而引发的向农民乱收费问题,从源头上预防和治理腐败。

2004年4月,财政部、农业部、国家税务总局发出《关于2004年降低农业税税率和在部分粮食主产区进行免征农业税改革试点有关问题的通知》。同月,省财政厅、农业厅发布《关于2004年降低农业税率有关问题的通知》,确定全省2004年降低农业税率3个百分点,并规定:(1)对每个农户,按其《农民负担监督手册》上确定的农业税任务(含附加,下同)调减43%,重新核定任务;(2)对国有农场以及有农业收入的机关、部队、企业、学校,果园场、林场、茶场等,按农村税费改革中确定的农业税任务调减43%,重新核定新的农业税任务。对依法耕种河床、河滩、淌江地、湖洼地等无固定收益土地的,税率由4%下降到2%。同月30日,财政部、国家税务总局发出《关于做好2004年农业税灾歉减免工作的通知》。8月,根据《财政部、国家税务总局关于取消除烟叶外的农业特产税有关问题的通知》精神和江西省实际,经省人民政府同意,取消除烟叶外的农业特产税。(1)从2004年起,对上年在农业税计税土地上生产农业特产品改征的农业税;按农业税相关政策继续征收农业税。对上年在非农业税计税土地上生产农特产品改征农业税的,取消征收农业税;对烟叶仍按规定征收农业特产税。(2)取消农业特产税后减少的实际收入,由省财政按中央政策规定安排转移支付资金予以补助。(3)此规定从2004年1月1日起执行。

2005年1月,江西省财政厅下发《关于暂停征收2005年度农业税有关问题的通知》,先暂停征收2005年度农业税及附加。同时,贯彻中央财政对地方实施"三奖一补"政策,通过继续增加财力性转移支付和不断创新省对县及县对乡财政管理模式,使县乡财政困难状况有明显的缓解。乐安县被列为江西省21个"省直管县"财政改革试点县之一,实行"体制基数、收入计划、基金收入分成、转移支付及专项资金补助、财政结算、资金调度、各项债务、财政工作部署直接到县"的管理模式。2月,江西省财政厅下发《关于免征农业税有关事项的通知》:决定从2005年起在全省范围内免征农业税及附加,并从2005年1月1日起执行。对已征收的2005年度农业税必须退还给纳税人,免征农业税后减少的实际收入,按2002年决算数,一部分由中央财政安排专项转移支付解决,另一部分由省财政安排专项转移支付解决。8月,省委、省人民政府下发《关于做好2005年农村税费改革工作的意见》,要求:(1)全面落实省委、省人民政府从2005年1月1日起免征农业税的决定,继续取消除烟叶之外的农业特产税。(2)确保5年内乡镇财政供养人口只减不增;(3)继续完善"以县为主"的农村义务教育体制和以各级政府投入为主的经费保障机制,并从2005年起提高农村中小学公用经费标准,由小学生均20元、中学生均30元,分别提高到40元、60元;(4)继续完善县乡财政体制,稳妥推进国家扶贫开发工作重点县"省直管县"财政体制试点和"乡财乡用县管"改革试点;(5)继续整治和规范涉农收费;(6)完善和健全防止农民负担反弹的长效机制,继续坚持和完善农民负担的涉农价格、税收、收费公示制、农村义务教育"一费制"、报刊公费订阅限额准入制和责任追究制的四项制度;(7)清理审核乡村债务,坚决制止新债发生;(8)完善村内"一事一议"筹资筹劳管理制度;(9)搞好国有农场深化农村税费改革调查研究;(10)继续稳定和完善农村土地家庭承包经营体制。从2005年起,中央财政另外拿出150亿元对地方实施"三奖一补"政策。通过继续增加财力性转移支付和不断创新省对县及县对乡财政管理模式,使县乡财政困难状况有明显的缓解。

农业税全面取消后,农业税收入至此画上句号,正式退出了县财政的历史舞台。

(六)改革行政、事业单位财务管理制度

1980年8月,中共江西省委、省人民政府发出《关于贯彻执行中央6号文件,节约非生产性开支,反对浪费的通知》,规定各级财政部门对所有行政、事业单位,一律试行"预算包干"办法。乐安县实行"预算包干"后,各单位在完成各项事业计划和工作任务的前提下,有结余的可以从结余中提取一部分奖金。1983年,执行省人民政府颁发的《关于进一步厉行节约反对浪费压缩各项公用经费的通知》,紧缩各项公用经费,制止滥发奖金奖品,严禁用公款请客送礼,严格控制非生产购置和社会集团购买力,清理各类刊物和文件,要求行政机关公用经费在财政包干指标内节减5%以上,事业单位的公务费节减5%。1984年,要求严控编制,加强人员经费的管理,实行定编定员,按定编人数核拨经费。1986年执行省财政厅《关于改革社会文教财务管理办法的若干意见》:改变预算分配方法,加强定员定额管理,逐步实行综合定额加专项的分配方法;鼓励有收入的事业单位合理组织收入,提高经费自给水平;面向社会,多方面筹集资金,发展社会文教事业。同年,省人民政府颁发《关于筹措农村学校办学经费试行办法》,当年乐安县开始征收农村教育事业费附加。

1990年起,乐安县按财政部1989年2号令《关于事业单位财务管理的若干规定》执行,对全额预算单位实行多种形式的预算包干,结余留用,超支不补的办法;凡是有一定收入的全额预算管理单位,县财政局会同单位主管部门对其收入规定一定比例或数额抵顶事业费预算拨款;有一定数量的稳定的经常性业务收入,但还不足以解决本单位的经常性支出,需要财政补助的事业单位实行差额预算管理;有稳定的经常性收入,可以解决本单位经常性支出,但尚未具备企业化管理条件的事业单位,实行自收自支管理。

1992年11月,财政部印发《社会文教事业全额预算管理单位财务管理暂行办法》。指没有稳定的经常性收入或收入较少,一般占单位经常性支出的30%以下(不含本数),各项支出占全部或主要由国家预算拨款供应的预算单位。预算管理:实行预算包干、结余留用、超支不补的管理办法,事业单位预算拨款数与"抵支收入"数之和大于决算支出数部分,为预算结余数,事业单位的年终预算结余,扣除专项资金结余后,按有关规定提取事业发展基金,职工福利基金和职工奖励金,其中事业发展基金一般不低于50%。收入管理原则:事业单位在保质保量完成事业计划和工作任务的前提下,凡是有条件组织收入的,都应在国家法律、法规和政策规定允许的范围内,充分利用单位的人才、技术、设备等条件,积极、合理地组织收入;组织收入必须将社会利益放在首位,有利于事业的发展,有利于丰富人民群众物质文化生活,有利于社会主义精神文明建设,在获得社会利益的同时获得较好的经济效益。支出管理原则:事业单位安排各项支出,必须贯彻勤俭建国、厉行节约和量力而行原则;执行有关方针、政策,遵守财政、财务制度和财经规律;注重经济效益,做到少投入、多产出,促进事业发展。乐安县按上述办法执行。

1997 年 1 月 1 日起,执行财政部颁发的《事业单位财务规则》。事业单位财务管理的基本原则:执行国家有关法律、法规和财务规章制度;坚持勤俭办事业的方针;正确处理事业发展需要和资金供给的关系,社会效益和经济效益的关系,国家、集体和个人三者利益的关系。主要任务是:合理编制单位预算,如实反映单位财务状况;依法组织收入,努力节约支出;建立健全财务制度,加强经济核算,提高资金使用效益;加强国有资产管理,防止国有资产流失;对单位经济活动进行财务控制和监督。新的事业单位财务制度取消"三种预算管理形式"后,应在体现国家现行政策连续性的前提下,结合财政对事业单位的支持强度和事业单位的经费自给率确定。根据《事业单位财务规则》,1997 年财政部和各有关主管部门分别制定了科学、文化、文物、体育、计划生育、高等学校、中小学校、广播电视等事业单位财务制度,并按照各事业单位的不同特点,增加和补充了一些内容。

1998 年 1 月 6 日,财政部发布《行政单位财务规则》,自发布之日起,乐安县遵照执行。行政单位财务管理的基本原则:执行国家有关法律、法规和财务规章制度;厉行节约,制止奢侈浪费;量入为出,保证重点,兼顾一般;注重资金使用效益。基本任务也作出了明确的规定。各级预算单位应当按照预算管理级次报领、核拨经费,并按照批准的预算组织实施,定期将预算执行情况向同级财政部门或者上一级预算单位报告。财政部门对行政单位实行收支统一管理,定额、定项拨款,超支不补,结余留用的预算管理办法。

行政事业单位的公费医疗是改革的重点之一。1993 年 8 月乐安县成立公费医疗办公室,设在县财政局,1995 年 7 月改由县卫生局管理,医疗经费由国家、单位、个人分担。2002 年 1 月成立县城镇职工医疗保险管理中心,划归县人事劳动和社会保障局管理,2006 年 9 月,改名为乐安县医疗保险管理局,负责全县城镇职工医疗保险工作,医疗经费由单位和个人按工资总额的一定比例缴纳医疗保险金,实行个人账户和统筹医疗基金账户相结合的医疗保障制度。

(七)改革预算外资金管理办法

1983 年 2 月,财政部颁发《预算外资金管理试行办法》,明确规定:预算外资金是根据国家财政、财务制度规定,不纳入国家预算,由各地方、各部门、各企事业单位自收自支的财政资金。

1987 年 2 月,乐安县人民政府根据国务院《关于加强预算外资金管理的通知》和省人民政府文件精神,下发《乐安县预算外资金管理实施办法》,决定从当年 1 月起,对全县行政事业单位的预算外资金实行"专户储存,计划管理,财政审批,银行监督"的管理办法。预算外资金收入应按国家有关政策规定收取,所获收入,必须按月向财政交款,绝不允许坐支;支出按财政审批后的计划执行,坚持收支两条线。要加强行政事业性收费收据管理,保障合法收费,取缔非法收费,维护国家法纪,保护企事业单位和人民群众的利益,凡经批准的行政事业性收费,由物价部门核发江西省收费许可证,使用财政部门统一制定的收款收据。

1993 年 2 月,财政部《关于进一步做好预算外资金管理的通知》,根据中央文件精神,结合改革开放和经济发展的形势,调整预算外资金管理政策,进一步转变和健全财政管理职能。对行政事业单位的预算外资金,继续坚持"财政专户储存、计划管理、财政审批、银行监督"的管理方式;对国有企业的预算外资金,随着转换企业经营机制和财务会计制度的改革,其构成会发生新的变化,一部分资金将直接进入成本,不再是预算外资金,因此国有企业退出预算外资金管理,主要实行"宏观调控、政策引导、统计分析、服务监督"的管理形式;预算外资金的各种行政性收费、专项事业收费、各种基金以及乡镇一级的预算外资金,全部纳入财政专户储存管理范围;要在保证存储单位使用资金的前提下,利用财政专户储存的间歇资金,支持地方经济建设和社会事业发展;综合财政计划由综合部门会同有关业务部门共同编制,业务部门负责预算内资金的安排,并与综合部门共同核定单位预算外收入应抵顶财政预算拨款的数额,切实减少财政预算拨款。加强对行政事业性收费、社会集资和各种基金的管理。按照中央国务院的规定,收费项目的审批权集中在中央和省两级,由财政和物价部门共同管理,财政部门侧重于立项审批,物价部门侧重于收费标准的核定。同年,乐安县物价局、财政局根据省和地区物价、财政部门的通知,联合组织力量开展了行政事业性收费年度审验工作,主要审验项目、标准和收费票据的合法性,此项工作坚持一年一度的进行,从未间断。

为加强预算外资金管理,1997年7月,县人民政府在实施县直机关机构改革时,增设乐安县预算外资金管理局,为副科级事业单位,隶属县财政局。该局是县政府管理预算外资金的职能部门,是财政职能的完善和延伸,具体负责本级预算外资金收支管理、监督和预决算编审工作。1998年,县财政局根据上级有关文件精神,对行政事业单位银行账户进行了清理、整顿。

1998年10月,县人民政府印发《乐安县预算外资金管理办法(试行)》,规定,为进一步完善预算外资金管理制度,规范收费行为,强化政府职能,从当年1月1日起,实行县本级执收单位的行政事业性收费全部实行"票款分离"和"银行代收制";县本级的代收银行确立为建行乐安县支行,收费网点由县财政局(预算外资金管理局)与代收银行签订代理收费协议书。同时,县财政局、物价局还编印了具体收费项目、收费标准、收费文件根据等内容的收费手册,发给收费单位执行。对预算外收入较多的实行政府调控,用于平衡财政预算。之后,随着国家政策的调整,很多收费项目被取消,或逐步纳入预算管理。

(八)改革财政管理体制

1. 县级财政管理体制

新中国成立后,随着各个历史时期政治、经济形势的变化,国家财政管理体制经过多次变革,大体经历了以下几个阶段:

(1)高度集中,"统收统支"。1950~1952年,实行高度集中的"统收统支"的财政体制,根据中央的规定,各县的一切财政收入均须上缴中央,机关团体的经费支出,按编制定员定额,实行实报实销制度,全部由中央拨款,县级只管理乡村财政收入。高度集中,"统收统支"的财政管理体制,适应了当时革命任务紧迫,斗争形势复杂的要求,迅速改变了建国初期财力分散的局面,克服了经济困难,平衡了财政收支,稳定了市场物价,安定了社会秩序。

(2)划分收支,分级管理。1953~1957年,实行"划分收支,分级管理"的财政体制。

1953年,国家进入有计划的大规模的经济建设时期,继续实行统收统支的管理办法已不能适应经济建设的客观要求。从1953年1月起,国家财政划分为中央、省(市)、县三级,下放地方财权,建立了县一级财政。按照中央提出的:一是预算归口管理;二是支出包干使用;三是自留预备费,结余不上缴;四是控制人员编制;五是动用预备费要经中央批准(指中央级预备费),地方财政的预备费由地方支配;六是加强财政监督"六条方针",省人民政府对县级财政收支范围作明确划分,根据所划分收支范围,县级财政全部收入如不能抵足其支出,由省核定差额给予补助。

1954年,根据中央六条方针,财政体制实行划分财政收支范围,收入分类分成的办法,把地方收入分为三类:一是地方固定收入;二是固定比例分成收入;三是调剂分成收入。固定收入根据收入的性质和企业的隶属关系划分,地方固定收入全部属于地方所有。财政收入:其时,乐安县预算收入有:①固定收入:印花税、利息所得税、屠宰税、牲畜交易税、城市房地产税、文化娱乐税、车船使用牌照税、地方国营企业收入、公私合营企业收入、事业收入、其他收入等;②固定比例分成收入(中央和地方按固定的比例分成的收入)主要是:农业税、工商营业税、工商所得税,这些收入由中央与地方共享,中央划给地方一定比例;③调剂分成收入(中央用于调剂地方财政的分成收入)主要是:商品流通税和货物税。预算支出:按企业、事业、行政单位的隶属关系和业务范围,划分为中央预算支出和地方预算支出。具体做法是把地方支出分为正常支出与中央专案拨款,以地方经常性支出作为地方正常支出,对于基本建设、重大的灾荒救济等支出,作为中央专案拨款。在平衡地方预算收入时,以地方固定收入与地方正常支出互抵,不足支出时,划给固定比例分成收入,再不足,划给调剂分成收入,如仍不足时,则由中央拨款解决,分成比例一年一变。

1955年,江西省对县级财政收入范围作了调整,县级除原收入外,将工商营业税作为省与县固定比例分成收入,县级财政留成40%,农业税作为各县调剂收入,根据各县收支预算差额具体确定调剂收入比例,如再不足则由省给予补助。

(3)以收定支,五年不变。1958年,国家进入第二个五年计划时期,中央对财政管理体制相应地进行改革,实行"以收定支,五年不变"的财政体制。省划给县级一定收入,解决县级正常支出。划给县固定收入包括:地方税、县企业收入和其他收入,固定比例分成收入为省下放县企业收入20%,如不足正常支出,由省再划给一定的比例调剂收入,以1957年预算数为收支基数,原则上五年不变。由于当时经济比例失调,"大跃进、高指标、瞎指挥"和"刮共产风"的错误影响,合理规章制度受到冲击,造成经济秩序的严重混乱，致使“以收定支，五年不变”财政体制只实行了一年。

(4)总额分成，一年一变。1959～1970年，实行“总额分成，一年一变”的财政体制。

1959年，为正确处理集权与分权相结合，充分发挥地方管理财政的积极性，中央决定对财政体制进行调整，将“以收定支，五年不变”的财政体制改为“总额分成，一年一变”的财政体制。实行省对专区(市)，专区对县的管理办法。1962年，省将各地预算收入划分为分成收入和地方固定收入。1963年又将各项收入合并一起实行总额分成。从1965年起，取消地级管县级办法，改为省管县体制，专区只保留本级预算。体制上实行“总额分成加小部分固定收入”：即将屠宰税、文化娱乐税、车船使用牌照税、牲畜交易税、集市交易税这五种地方税以及饮食服务收入和其他收入作为固定收入，省级不参与分成，其他各项收入均实行“总额分成”，分成比例，一年一变。到1970年，江西恢复专区财政对各县(市)财政直接管理，仍实行“收支挂钩，总额分成”。

总额分成，一年一变的办法，由于一年一变分成比例，执行起来比较灵活，所以维持时间较长。

(5)定收定支、收支包干。1971～1973年，实行“定收定支，收支包干”的财政体制。

1971年，在经济体制“大下放、大包干”的情况下，财政体制改为“定收定支，收支包干，保证上缴(或差额补助)，结余留用，一年一变”简称“收支包干”的体制。即每年核定地方收支总额，实行包干，收入大于支出的地区，由地方包干上缴，支出大于收入的地区，由中央按差额包干补助，超收和支出结余全部留给地方安排使用，短收或超支地方自负。经过一年实践，超收全部归地方支配，短收地区中央补不过来，此办法不利于调剂地区之间余缺。

1972年，在原财政收支包干的基础上作了一些改进，即支出结余仍留地方使用，超收部分上缴中央一部分，用于地区之间调剂，进行必要的平衡。在此期间抚州地区核定乐安县留解比例为100%。

(6)收入按固定比例留成，超收另定分成比例，支出按指标包干。1974～1975年，实行“收入按固定比例留成，超收另定分成比例，支出按指标包干”的体制。

1974年，财政体制改为“收入按固定比例留成，超收另定分成比例，支出按指标包干”的体制，即地方预算收支计划由中央分别核定，收入与支出脱钩，地方收入按固定比例留成作为地方一项比较稳定的机动财力。抚州地区核定乐安留解比例仍为100%，地方收入超过部分另定分成比例，地方预算支出除其基建拨款外，按中央核定指标包干，年终结余留地方继续使用。

(7)定收定支，收支挂钩、总额分成和试行收支挂钩、增收分成。1976～1979年，实行“定收定支，收支挂钩、总额分成和试行收支挂钩、增收分成”的财政体制。

1976年，财政体制改为“定收定支，收支挂钩，总额分成，一年一变”的体制，即每年根据核定的地方财政收支指标，按支出总额占收入总额的百分比，确定地方分成比例，收入超收可以多分成，收入少了要相应紧缩开支，自求平衡。

1978年，财政体制改为“增收分成，收支挂钩”，这种体制是在“收支挂钩，总额分成“的基础上一种改进，主要内容是地方预算支出仍同收入挂钩，实行总额分成，地方预算收支指标以及中央和地方的收入分成比例，仍是一年一变，地方机动财力的提取，按当年实际收入比上年增长部分确定的分成比例计算，实行这种办法地方的正常开支部分仍由总额分成取得，地方的机动财力与地方预算收入增长部分挂起钩来，多增收可以多得机动财力。

1979年，财政体制仍实行“收支挂钩，超收分成”的体制，由按增收分成改为超收分成，规定超收部分，地方总额分成比例在50%以下的，按50%分成；比例在50%以上的再加30%。从1979年起，将县办工业企业收入60%部分列入县财政预算外管理，专用于县办工业企业技术改造。

(8)划分收支，分级包干。1980～1984年，实行“划分收支，分级包干”的财政体制。

1980年，国务院为贯彻“调整、改革、整顿、提高”的方针，巩固中央统一领导和统一计划，在确保中央必不可少的开支前提下，明确各级财政的权利和责任，充分发挥中央和地方两个积极性，决定实行“划分收支，分级包干”的财政管理体制，这是国家财政体制的一次重大改革。根据中国人民银行抚州中心支行、抚州地区财政局的规定，县直属企业收入、农业税、林业税、工商所得税、地方税和其他收入，作为全县的固定收入，100%缴入县金库作为县预算收入。县属商业、供销收入作为省和县固定比例分成收入，80%归省财政，20%归县财政。工商税和盐税作为调剂收入，100%留县，按照划分的收支范围，以1979年财政收支执行数为基础，经过合理调整后，确定计算基数，地区的预算支出，首先用地区的固定收入和固定比例分成收入抵补，不足则用调剂收入弥补，仍不足，则由省给予差额补助。分成比例或补助数额确定以后,5 年不变。1983 年,乐安制药厂财务管理由县上划省财政厅。

(9)划分税种、分级包干。1985～1988 年,实行“划分税种,核定收支,分级包干”的财政管理体制。

从 1985 年开始,为贯彻落实中共十二届三中全会《关于经济体制改革的决定》,适应逐步实现四个现代化的需要,抚州地区对县财政实行“划分税种,核定收支,分级包干”的新财政管理体制。江西省人民政府规定,县财政收入基本上按照利改税第二步改革后的税种设置,其固定收入有:县属国营企业所得税、调节税和承包费、未实行利改税的县属企业收入;县级事业收入;工商所得税;农牧业税;车船使用牌照税;城市房地产税;屠宰税;牲畜交易税;集市交易税;契税;地方经营的粮食供销企业亏损;城市维护建设税和其他收入等。同时列为县财政固定收入的还有营业税(不含石油部、电力部、石化总公司、有色金属总公司四部门所属企业及铁道部、各银行总行、保险公司缴纳的部分)、资源税、建筑税、个人所得税、国营企业奖金税、县合资企业的工商统一税、所得税和石油部、电力部、石化总公司、有色金属总公司四部门所属企业缴纳的产品税、营业税、增值税的 30%。除上述四部门所属企业缴纳的产品税、增值税外,则作为省财政和县财政的共享收入。

县财政支出:县办企业挖潜改造资金、县农口各部门事业费、支援农村生产支出、工交商部门事业费、城市维护费、知青业务费、文教科学卫生事业费、抚恤和社会救济费、行政管理费、其他部门事业费、环境保护补助资金和其他支出(包括兵役征集费、招收飞行员经费等),列入县财政支出包干范围。不宜实行包干的支出,仍由中央和省财政专项下拨。抚州地区财政对乐安财政的年定额补助为 82 万元。

(10)实行“包干”财政管理体制。1988～1993 年,为“包干”财政管理体制。中央对江西为“定额补助”包干方式。实行“划分税种,核定收支,分级包干”体制后,由于各种因素影响,财政运行出现一些新问题,所以在原定财政管理体制的基础上,抚州地区对县财政的收入范围和包干办法做了调整,把城乡个体工商户所得税、个体户营业税、个人收入调节税、个人所得税、国营企业工资调节税、契税、农林特产税、屠宰税、牲畜交易税、集市交易税、车船使用税、房产税、国营企事业单位奖金税等 13 种小税全部划归为县财政,不列入收入基数,并以 1986 年为基数列收列支,增收部分全留地方。调整后,改定额补助为定额上解,1988 年定额上解数为 24 万元,以后逐年增长。县对乡镇财政也作了相应的调整。

(11)实行“分税制”财政管理体制。1994～2012 年,为“分税制”财政管理体制。1994 年开始,江西省人民政府根据《国务院关于实行分税制财政管理体制的决定》,改革现行财政包干体制,实行分税制财政管理。在划分事权的基础上,确定省与县的支出范围;按照财权与事权相结合的原则,划分税种,实行省对地县的税收返还。

①省与地县间的政府职能划分,即:县级财政支出,县自筹的基本建设支出,企业挖潜改造资金,科技三项费用,农、林、水事业费,小型农田水利和水土保持经费(50%),工业、交通、商业部门的事业费、城市维护费、文教科学卫生事业费,其他部门事业费、抚恤和社会福利救济费、行政管理费、公检法支出、价格补贴支出、教育费附加支出、县负担的国外借款及还本付息支出,其他支出等。对特大自然灾害救济款,特大抗旱和防汛经费,支援不发达地区发展资金以及中央和省的其他专项拨款,仍由省财政专项拨款。

②省与地县的收入划分,县固定收入包括:营业税、地方企业所得税、上缴利润、农牧业税、农林特产税、耕地占用税、契税、个人所得税、房产税、车船税、印花税、屠宰税、遗产税、土地增值税、县专项收入、县股份企业所得税、县其他收入等。共享收入包括:增值税按规定中央分享 75%,地方分享 25%;其他资源税、土地使用税、印花税、土地增值税、个人所得税、房产税、遗产税、证券交易税省级分享 40%,地区分享 20%,县分享 40%。

③省对地县税收返还基数的确定,将 1993 年决算收入数按税制改革后的税制变化情况进行转换,转换后的收入作为总收入基数,按地县上划中央和省级收入与省级下划地县收入相抵后,核定中央和省 1993 年从地县的净上划收入,确定省对地县的税收返还数,并以此作为以后年度返还各地收入的基数,如果 1994 年以后上划中央和省级收入达不到 1993 年基数的,相应扣减税收返还数,对税收返还递增部分,中央对省为 1∶0.3,省对地区为 1∶0.2,地区对县(市)为 1∶0.15,。而上划中央收入达不到 1993 年基数或达不到上级下达的“两税”目标的,相应扣除省、地、县的税收返还基数。

④实行分税制后,原实行的总额分成上解地区,以 1993 年实际计算的上解数作为上解基数,按确定比例,递增包干上解。全区递增 5% 上解省财政,地区对县(市)确定了 3 个档次的递增比例,分别为 10%,11%,13%,乐安县为 11%。

为了进一步增强县市活力,推动县市经济发展,中央、省、市对分税制财政体制进行了调整。2000年,国务院决定,从当年起,分三年将证券交易税、印花税分享比例逐步调整到中央97%,地方3%。2002年,所得税分享改革,中央保证各地区2001年地方实际所得税收入基数,实施增量分成,2002年,所得税收入中央与地方各分享50%,2003年以后,中央分享60%,地方分享40%。2003年,城镇土地使用税、土地增值税、房产税、其他资源税和印花税,省级得40%,部分的增量全部下放给县级,增量部分省级不再参与分成,设区市本级原集中部分增量也相应下放;耕地占用税省级不再分成,全部留给县级。

2005年,根据省政府《关于实行省直管县财政体制改革试点的通知》,乐安县为全省21个实行"省直管县"财政体制改革试点县之一,按照保持现行既得利益的原则、共同支持市县发展的原则,坚持权责统一的原则,坚持积极稳妥和循序渐进的原则,实行以"八个到县,二个不变"为主要内容的改革试点,即体制基数直接固定到县,收入计划直接下达到县,基金收入分成直接到县,转移支付及专项资金补助直接下达到县,财政结算直接办理到县,资金调度直接拨付到县,各项债务直接落实到县,财政工作直接部署到县,市对县支持不变,数据报送汇总程序不变。2005年,乐安县财政收支直接归省管。省直管县财政收支后,两税返还由省直接计算到县,递增率为1:0.2。市、县(区)经营城市土地的总收入,集中1%用于社会保障支出。2010年后,资源税、土地使用税、印花税、土地增值税、房产税直接收入市、县(区)国库。个人所得税中央分成60%,地方分成40%,其中地方部分,省分成40%,市、县(区)分成60%。

2. 乡(镇)级财政管理体制

新中国成立后,在乡(镇)政府配备了专职和兼职人员办理乡村财政工作。

1951年,江西省人民政府发布《关于1951年县财政收支的决定》,规定乡村小学应本着乡小乡办、村小村办的方针,经费由乡、村自筹解决。

1952年,省财政厅下发《1952年度乡(镇)财政会计科目》和《关于1952年乡(镇)地方财政支出批准及收支概算》两个文件,规定乡(镇)收入包括:地方附加收入(农业税附加、乡小学教育附加、工商税附加、临商税附加、房地产税附加)、房租收入(不征房地产税的征收房租)、契税收入、投资收入、规费收入、罚没收入、其他收入、上年度结余、调剂收入等。乡(镇)支出包括:行政经费、民兵经费、卫生经费、文化教育经费、经济建设费、市政建设费、社会事业费、生产奖励费、粮政经费、财务费、其他支出等。下半年,对乡财政进行了整顿。

1953年,贯彻中央整顿乡财政"包、筹、禁"方针,县成立一级财政。11月,省人民政府发出《关于加强乡村财政管理工作的通知》,规定,以乡村共有山林、土改留用学田、桥田、公渡田收入和省统一规定的乡自筹粮收入等为乡村财政收入,乡小校舍修缮及教学设备购置费,乡政府必要的修补费、修路筑桥材料费、公渡经费、乡村民校和识字班以及冬学等补助费等项为乡村财政支出。要求县人民政府财政部门加强对乡村财政的领导和监督,为逐步建立乡级财政奠定基础。

1955年开始,乡(镇)收支项目分为属国家预算收支和属乡(镇)自筹收支两部分。同年3月,抚州专区在全区选择了12个乡(镇)为乡预算试办乡,乐安县增田乡为试办乡之一。

1958年下半年,农村人民公社实行政社合一,乡(镇)财政演变公社财政。12月,中共中央、国务院发布《关于改进农村财贸管理体制的决定》,对人民公社实行"两放、三统、一包"的财贸管理办法,即:放人员,放资产,统一政策、统一计划、统一流动资金管理,公社财政收支实行包干。省财政厅与省人民银行联合下发《关于各县(市)对人民公社采取收支包干的具体处理手续的联合通知》,规定农村人民公社管理委员会设财政股,负责管理财政收支,完成包干上缴任务,并对公社内各生产、事业和行政单位的财务,实行"统一领导、分级管理、分别核算、统一盈亏"的办法。公社的财政收支预算和财务总计划,经社员代表大会通过,报县人民委员会,并由县逐级汇总上报,作为各级政府预算的附属组成部分。

1959年,执行财政部对公社财政管理、文教事业费范围的规定原则:国家举办的事业由国家继续负担,公社自己举办的事业由公社自行负担。原属国家举办,现在下放给公社管理的事业,其经费仍列入县级预算。人民公社管理的文教事业,不论由谁出钱,各有关部门都必须满腔热情帮助把事业办好,把财政管理好。

1960年,乐安县人委决定从1月1日起建立人民公社一级财政,实行"收支下放、核定计划,收支相抵,比例分成"的办法。

1962年,中央制定了《农村人民公社工作条例六十条》,将公社财政包干办法改为"统收统支"的管理办法,明确划分国家财政收支与公社财务收支的界限,为国家集中财力,更好的贯彻"八字"方针和促进农村经济发展创造条件。

1966～1975年，“文化大革命”时期，公社财政实际上不复存在。

中共十一届三中全会以后，经过几年对农村进行全面的经济体制改革，农村经济蓬勃发展，为国家提供的财政收入有所增加，乡（镇）财政管理体制逐步完善。

1983年10月，中共中央、国务院发布《关于实行政社分开，建立乡政府的通知》，要求各地随着乡政府的建立，建立乡一级财政和相应的预决算制度，明确收入来源和开支范围。同年11月，全国财政会议上，对乡财政建设的试点工作进行部署。

1986年3月，全县20个乡镇相继建立了财政所，标志着全县所有乡镇建立了乡（镇）级财政，财政所行政上受乡（镇）人民政府领导，业务上接受县财政局指导。从当年1月1日起，县对乡（镇）实行“定收定支，收入上解，支出下拨，超收分成，短收抵支，超支不补，结余留用，收支挂钩，一年一变”的财政管理体制。超收部分，县乡按“5∶5”分成。

1988～1994年，乡镇实行“划分税种，核定基数，收支挂钩，总额分成，比例返还”的财政预算管理体制，并相应建立了乡镇级金库和总预算制度。

1995年11月5日，国务院发布《中华人民共和国预算法实施条例》，规定县级以上地方各级政府应当根据中央和地方税制的原则和上级政府的有关规定，确定本级政府对下级政府的财政管理体制。

1996年，乡镇财政实行“划分收支，核定基数，增长分成，一定三年”分税制财政管理体制，即第一轮乡（镇）分税制财政管理体制。以1995年为基数核定，根据收支基数差额，确定了乡（镇）的固定补助或固定上解，对超收分成，统一规定县集中比例一般在30%～40%，至1998年分税制体制执行期满。

从1999年1月1日起，乐安县决定在全县20个乡镇实施“划分收支，核定基数，递增上解（或递减补助），一定三年”分税制财政管理体制，即第二轮乡（镇）分税制财政管理体制。规定收支范围与上轮体制不变，县对乡（镇）财政不再实行增长分成，而实行定额递增上解或递减补助，递增比例一般控制在10%～15%。

2000年11月，江西省人民政府批转省财政厅《关于改善财政状况加强财政管理若干意见的通知》要求：完善财政管理体制，提高各级理财的积极性。按照分税制财政体制的总体要求，进一步完善全省现行的财政管理体制。贯彻事权与财权相结合的原则，合理调整市、县间的财政管理体制，总的要求是市本级财力集中要适度使县级财政履行其职能有基本的财力保证，把发展的重点放在县域经济上。合理调整县、乡分配关系，综合考虑乡镇的经济基础、发展潜力等因素，分类确定各乡镇的财政体制，给乡镇一级更多的经济发展空间和活力，特别对一些经济欠发达、财政困难的乡，要核定其财政支出的基本需求，主要是解决好工资发放和正常工作运转所需的资金，支出由县级财政核定，缺口由县级财政补足。积极推广乡镇“零户统管”，充分调动乡镇一级生财、聚财、理财的积极性。建立规范科学的转移支付制度，逐步加大转移支付规模，推动困难地方发展经济，培植财源。

2003年，乐安县对乡镇实行第三轮“划分收支、核定基数、定额上解、一定两年”的分税制财政管理体制，第三轮乡镇财政体制在第二轮的基础上进行了大幅度的调整，坚持了“比例适当、集散有度、收支合理、统筹兼顾”的原则。

2003年年底，乐安县开始推行“村财乡代理”财政管理体制，将村级财务收支纳入乡镇财务核算中心统一管理，实行“集中财务核算，村账乡代管”。2004年12月，县人民政府印发《乐安县“乡财县管乡用”改革实施意见》，决定从2005年1月1日起，对全县所有乡镇实行“乡财县管乡用”的财政预算管理方式改革，主要内容是由县财政部门统一编制预算，统一设置账户，统一收付方式，统一办理采购，统一管理票据。实行乡镇财政预算管理权不变，资金所有权和使用权不变，财务审批权不变，独立核算主体不变，债权债务关系不变的原则。2005年7月，县财政局印发《乐安县“乡财县管乡用”实施细则》，规定了“乡财县管乡用”的岗位设置、资金管理等操作流程。乐安县具体管理模式是由县会计管理核算中心管理（其他各县，有的由县乡财局管理，有的由县预算或国库支付中心管理）。

2005年，乐安县结合乡财县管等改革调整了县乡财政管理体制，决定从当年1月1日起，实行第四轮“划分收支，核定基数，定额上解（或补助），一定三年”的分税制财政管理体制。

2008年，实行第五轮乡镇分税制财政管理体制（2011年为续年），其体制形式与第三、四轮完全相同。2012年1月1日起，乡（镇）实行“核定收支、保障运转、以奖代补、自求平衡”的财政管理体制，期限为2年。这一管理体制是在确保乡（镇）财政刚性支出需要的基础上，采取“以奖代补”的方式支持乡（镇）发展经济和培植财源，在体制上做到对乡（镇）财政“管而不死、活而不乱”，建立起“谁发展、谁受益，发展快、收益多，培财源、促增收，保支出、促平衡”的收入分配与激励机制。

乐安县在稳定县本级的基础上，最大限度地照顾乡镇财政利益。第二轮乡镇财政体制确定乡镇上解县1372万元，第三轮体制乡镇上解946万元，乡镇上解减轻了近三分之一；第四轮体制乡镇上解476万元，乡镇上解又减轻了近二分之一。减轻乡镇财政上解，而且在体制期限内乡镇增收节支所得财力全部留给乡镇，增加了乡镇可用财力，加快了乡镇经济和社会事业发展步伐。

（九）改革财政管理模式

1. 实行会计集中核算与国库集中支付制度

为规范财政管理，提高财政资金使用效益和会计信息质量，推进效益财政和公共财政建设，缓解财政严重的收支形势，促进县域经济发展和社会稳定，根据省政府《关于改善财政状况加强财政管理若干意见的通知》，乐安县稳步推行了综合预算，集中支付，政府采购等配套财政综合改革。会计集中核算是财政综合改革的关键环节，根据财政综合改革方案，乐安县制定了《会计管理核算中心管理办法》及实施细则，并于2001年9月成立了县会计管理核算中心。当年，全县89个县直行政事业单位及乡镇40个中小学共129个单位纳入统一核算。2004年，核算中心制定了《乐安县“乡财县管乡用”实施细则》，将乡镇总预算、专项资金、机关及村级财务纳入统一管理。到2005年，全县有158个行政事业单位共228套账纳入统一核算，共注销银行账户230余个，减少会计人员190余名，实现会计服务和会计监督的有机结合，核算中心共纠正和完善各种原始会计资料3963笔，涉及金额达63.5万元，拒付各种不合理支出896笔，拒付业务金额206.9万元，挽回损失48万元，增加税收30余万元。2006年5月，“乐安县会计管理核算中心”更名为“乐安县财政国库支付中心”。

国库是管理国家财政收支的出纳机构。2006年，乐安积极开展国库集中支付制度改革。10月，乐安县人民政府下发《乐安县财政国库管理制度改革实施方案》，对财政内预算资金（包括转移支出、基建支出、各种专项资金、政府采购等）、纳入财政预算管理的政府性基金、纳入财政专户管理的非税收入、其他财政性资金（含各种往来款项和配套资金等）实行有效改革。国库支付中心将所有财政性资金统一纳入国库单一账户体系管理，收入直接缴入国库或财政专户，支出通过国库单一账户直接支付到商品和劳务供应者或用款单位，形成“管钱的不拨钱，拨钱的不花钱，花钱的不见钱”的资金管理模式。在基本不改变预算单位财务管理和会计核算权限的前提下，进一步增强了财政收支活动透明度，实现了对财政资金收付全过程的有效监督管理。

2007年9月，财政部下发《关于深化地方国库集中支付制度改革的指导意见》提出：（1）推进和深化国库集中支付改革。县级国库集中支付制度改革总体要求是，结合本地特点，积极创造条件，稳步推进。鉴于县级的基础条件、管理情况、技术水平差异很大，县级改革不搞统一模式。具备条件的县可加快步伐，按规范化要求尽快实行国库集中支付制度；采用会计集中核算模式或向国库集中支付转轨的县，按照以下三项要求逐步规范。一是坚持以国库单一账户体系为基础，将会计核算中心的财政性资金账户改为零余额账户，实行先支付后清算，不得将资金实拨到会计核算中心账户沉淀。二是对一些具备条件的县，应当加快从会计集中核算向国库集中支付制度转轨；尚不具备条件的县，可因地制宜，采取适当的过渡性措施，做好国库集中支付与会计集中核算的衔接。三是省级财政国库部门要按照积极引导、创造条件、督促推进的要求，制定县级改革规划，明确步骤，加强宣传，做好培训，建立有效的督查机制，促进县级改革健康发展。（2）推进和深化国库集中收缴改革。一是推进财税库银税收收入电子缴库横向联网，二是推进非税收入收缴管理改革。各地财政部门要按照《财政部、国家税务总局、中国人民银行关于印发〈财税库银税收收入电子缴库横向联网实施方案〉的通知》和《财政部、国家税务总局、中国人民银行关于印发〈财税库银税收收入电子缴库横向联网管理暂行办法〉的通知》，抓好横向联网工作。税收收入实行电子缴库，财政、税务、人民银行国库网络实行横向联网，建立联网信息系统，实行税款信息共享。横向联网初期，可暂时采取纳税人应税信息和税款入库信息由人民银行按照规定当日传送财政部门的方式。随着横向联网工作的推进，在办理税收收入电子缴库时，税务部门应将应税信息同时发送人民银行国库和财政部门，人民银行国库应将税款入库信息同时发送税务部门和财政部门。横向联网涉及面广，情况复杂，应当先行试点，分步实施。财政部门是横向联网工作的牵头单位，要与税务部门、人民银行国库分工负责，共同抓好组织实施工作。（3）建立健全预算执行动态监控机制。各地财政国库部门要逐步建立以国库单一账户体系为基础、以信息化技术为支撑的预算执行动态监控机制。要按照完善现代国库管理制度改革和预算执行监控功能的要求，逐步拓展预算执行动态监控范围，建立健全财政国库内部监控机制，保障财政国库体系安全运行；要将外部监控范围逐步扩大到实施财政国库管理制度改革的所有资金和单位，以及上级政府补助下级政府的专项转移支付资金，保障财政资金规范运行。要逐步完善预算执行动态监控运行机制，以实时动态监控为重点，建立起综合核查、动态监控信息披露、监控检查通报、处理整改相配合的监控运行机制，大力提升预算执行动态监控水平，充分发挥预算执行动态监控机制的威慑作用。要建立预算执行动态监控分析报告制度，对财政国库运行进行综合分析，反应预算执行管理存在的问题和成因，为加强和完善预算执行管理提供监督反应机制。(4)研究推进国库现金管理。国库现金管理直接关系到财政资金的安全性、流动性，敏感性强，风险防范及管理要求高，因此，务必稳妥扎实进行。一是抓紧培养人才，为国库现金管理的运作做好人力资源储备。二是研究建立国库现金收支基础数据库，建立资金收支分析预测体系，研究国库现金余额变动规律，对国库现金流量进行准确预测。三是研究建立国库现金管理风险控制和披露机制，按照合理分工和相互制约的原则，建立后台、中台、前台相互监督制约的风险管理体系。(5)进一步规范银行账户管理。财政国库部门作为银行账户的主管机构应当高度重视并切实抓好银行账户规范管理工作。一是确定零余额账户的定位，二是研究将预算单位实有资金账户(住房改革、党费、工会经费专用存款账户除外，下同)纳入国库单一账户体系管理，三是加强和规范财政资金专户管理，按照目前的零余额账户管理方式做好账户管理工作。(6)积极推行公务卡制度。建立公务卡制度，有利于减少现金支付结算、提高支付透明度和加强监控管理，是完善国库集中收付制度的重要措施。一是财政资金在公务消费前应保留在国库单一账户体系之内，不得脱离国库单一账户体系。二是实行公务卡要有利于强化预算执行动态监控，不能削弱监控管理。三是公务卡的使用要方便操作，提高效率，减少预算单位工作量。(7)推进财政直接支付的规范化管理。按照国务院批准的《财政国库管理制度改革方案》规定的支付程序和职责分工，规范财政直接支付业务，坚持财政直接支付业务的规范化操作程序，不得擅自改变财政部门、人民银行、代理银行(商业银行，下同)等相关主体的职责和财政直接支付业务流程。财政部门负责审核财政直接支付申请，并按照规定程序向代理银行签发支付指令，通知代理银行付款；代理银行要按照委托代理协议，根据财政部门签发的支付指令，及时、准确、快捷地办理资金支付，并按规定与中国人民银行及时办理资金清算业务；中国人民银行负责按照财政部门签发的汇总清算通知书，审核代理银行资金清算申请，及时、准确地与代理银行办理资金清算工作，监督代理银行代理财政性资金支付的有关业务。

2008年3月，省财政厅下发《关于进一步加强国库工作组织保障和机构建设的通知》，强调国库工作：(1)统一观念，加强领导，全面强化财政国库组织保障；(2)健全职能，加强管理，加快完善国库管理运行机制；包括健全国库管理职能、强化专户国库归口管理、着力加强预算执行管理、充实队伍，加强培训；(3)深入推进国库干部队伍建设。7月，省财政厅转发财政部《新型农村合作医疗补助资金国库集中支付管理暂行办法》，规定，此项资金预算管理由各级财政社会保障、预算部门负责，国库部门负责新型农合补助资金的支付工作。

2. 实行工资福利统发制度

为了进一步深化财政支出管理改革，适应建立公共财政管理体系的要求，建立人员和工资计划与预算拨款相结合的制约机制，加强人员编制、工资基金管理，减少工资发放中间环节，提高工作效率，保障财政负担人员工资按时足额发放，维护社会稳定和干部职工的切身利益。根据财政部和省财政厅文件精神，乐安县制定了《乐安县县本级行政事业单位人员工资财政统一发放暂行办法》，文件规定：(1)本办法适用于由财政统一发放工资人员的工资发放管理；(2)财政统一发放工资是指用财政性资金安排的工资资金由财政部门委托代发工资银行直接拨付到个人工资账户上的管理方式；(3)统一发放工资实行“编制部门核准编制、人事部门核定人员和工资、财政核拨经费、银行代发到人、及时足额到位”的管理原则；(4)统一发放工资按预算级次分级负担，分级管理。文件还规定了工资统发的范围和项目：(1)财政统发工资范围为行政和全额拨款事业单位的在编在岗人员和离退休人员。(2)财政统发工资的项目为：机关在职人员的基础工资、职务工资、级别工资、工龄工资、见习工资、保留津贴、生活补贴、粮价补贴、警衔津贴等。机关工人为岗位或技术等级工资和国家规定的奖金。事业单位在职人员的职务工资、活工资、教护龄津贴、教师护士提高的10%工资、保留津贴、生活补贴、粮价补贴、见习工资等。机关事业单位离退休人员的离退休金。文件还规定了部门职责，统发工资资金来源，工资统发的管理与监督等。乐安县自2001年8月1日起施行，当年纳入统发工资的单位85个。2002年乡镇教师工资收归县财政统发，2005年又将乡镇干部工资纳入县财政统发，确保了乡镇干部职工、教师工资按月足额发放。

3. 实行强农惠农补贴制度

（1）粮食补贴。自2004年开始，中央决定对种粮农民实行直接补贴，粮食直补是国家的一项重大惠农政策，是调动种粮农民的积极性，保护粮食生产安全的有力措施，对保护国家粮食安全，大力支持农业及强化粮食生产有着积极的促进作用。

粮食直补资金来源于粮食风险基金，把通过流通环节的粮食间接补贴，改为对种粮农民的直接补贴。

补贴范围：当年粮食直补按上年早中晚稻实际播种面积进行补贴，多种多补，不种不补。

补贴标准：全省统一补贴标准，每亩补贴11.8元。

补贴对象：粮食直补资金是直接补贴给承包土地的种粮农户。

资金发放渠道：粮食直补资金通过粮食风险基金专户，由省财政直接拨付到县级财政。县级财政再将补贴资金通过“惠农补贴专户”打入到农户“一卡通”存折。

资金发放时间要求：一般要求在春耕前将补贴资金全部发放到种粮农户手中，省财政在每次下达补贴资金时均有具体时间要求。

2003年12月，中共中央、国务院1号文件《关于促进农民增加收入若干政策意见》指出，为保护种粮农民利益，要建立对农民的直接补贴制度。2004年，国家从粮食风险基金中拿出部分资金，用于主产区种粮农民的直接补贴。

2004年3月，中共江西省委、省人民政府《关于促进粮食生产致农民朋友的公开信》提出：①降低农业税税率3个百分点。②对种粮农民实行直接补贴。2004年凡在计税土地上种植早稻、中稻、晚稻，按实种面积每亩各补10元。早稻种植优良品种的每亩再给良种补贴10元，中稻种植优良品种的每亩再给良种补贴15元，晚稻良种补贴另行制定。③实行粮食最低收购价。如果今年早稻上市价格低于每50公斤70元时，由政府指定国有粮食企业按每50公斤70元的价格敞开收购；市场价格高于每50公斤70元时，粮食经营企业按市场价格收购。同月，省财政厅、农业厅下发《2004年粮食风险基金对种粮农民直接补贴实施办法》，指出：根据全国农业和粮食工作会议精神以及省委、省政府的决定，今年从粮食风险基金中拿出40%约4.8亿元，对种粮农民实行直接补贴。①补贴原则。粮食直补资金以农村税费改革核定每个农户（含农场，下同）的农业税计税面积为基础，按实际种植面积直接补贴给承包土地的种粮农户。②补贴范围及标准。为鼓励农民将一季稻改种双季稻，提高粮食复种指数，粮食直补资金按2004年计税土地上早稻、中稻和晚稻实际播种面积，每亩各补贴10元。5月，国务院颁布《关于进一步深化粮食流通体制改革的意见》，提出：建立直接补贴机制，保护种粮农民利益：①结合农村税费改革，2004年起，全面实行对种粮农民的直接补贴。②尽快建立和完善对种粮农民直接补贴的机制。③粮食风险基金优先用于对种粮农民的直接补贴。④要按照公开、公平、公正的原则，认真做好直接补贴的组织和落实工作，保证种粮农民得到实惠。7月，江西省人民政府《关于进一步深化粮食流通体制改革的实施意见》提出，建立直接补贴机制，切实保护种粮农民利益，要把对种粮农民直接补贴的计算依据、补贴标准、补贴金额逐级落实到每个农户，并张榜公布，接受农民监督。省财政厅要会同有关部门加强对粮食直补资金的监管。严禁任何单位和个人截留、挪用粮食直补资金，确保粮食直补资金真正发到种粮农民手中。

2005年2月，财政部、国家发展改革委、农业部、国家粮食局、中国农业发展银行印发的《关于进一步完善对种粮农民直接补贴政策的意见》强调，进一步完善对种粮农民的直补机制。

2007年4月，省农业厅、财政厅、农村信用社联合社《关于进一步加强粮食补贴政策落实工作的紧急通知》强调：①加强面积核实工作力度。面积核实是落实粮食补贴政策的基础性工作。各级农业部门要加大面积核实力度，落实专人负责，严格按照程序核实补贴面积，确保补贴面积的准确性。②加强补贴资金管理。各级财政部门要按照粮食补贴资金管理要求及时下拨补贴资金，不得拖延。③加强补贴资金发放存折的管理。乡镇农村信用社要强化服务，为农户提供良好的业务信息。保证农户补贴资金的安全。④加强粮食补贴政策落实情况的督查。5月，财政部《关于做好2007年对种粮农民农资综合直补工作的通知》决定：为贯彻落实《中共中央国务院关于积极发展现代农业，扎实推进社会主义新农村建设的若干意见》精神，进一步促进粮食增产、农民增收，经国务院批准，2007年继续稳定和完善农资综合直补政策，并加大对种粮农民的农资综合直补力度。

2011年,粮食直补标准继续按每亩11.8元,农资综合补贴标准提高到每亩53.2元。

几年来,乐安县粮食补贴涉及16个乡镇(场)175个行政村,1875个村民小组,74658户农户,300912个农业人口受益,共补贴资金27970.15万元。

(2)退耕还林补贴。退耕还林是党中央、国务院总揽全局,从可持续发展的战略高度作出的重大决策。按照国家退耕还林"退一还一"政策,要求退耕还林1亩坡耕地或荒山地,必须配套1亩荒山造林,并且要求生态林面积大于80%,经济林面积小于20%。必须严格按国家规定的比例种植生态林、经济林才有补助粮食,所有的补助金全部由中央财政负担。其标准为:种苗造林补助按坡耕地和宜林荒山荒地每亩50元计算,节余部分只能用于造林补助和封育管护。每亩退耕地和宜林荒山地均按每亩75公斤原粮,10元现金(管护费)的原则进行补助。粮食和现金补助年限,还经济林补助按5年计算;还生态林补助按8年计算,粮食折金按1.4元/公斤。乐安县退耕还林补贴自2002年开始,到2012年止,总支出7542万元,其中:退耕还林现金支出1931万元,粮食折现补助3014万元,退耕还林工程建设支出825万元,其他退耕还林支出1772万元。

(3)家电下乡补贴。家电下乡政策是指凡农民或国有农场、林场职工在有效时间内购买补贴类家电产品、提出申请并经审核符合相关条件的,均给予财政资金直接补贴。

在全国推广家电下乡是党中央、国务院启动农村消费、扩大内需的重要举措,是财政和贸易政策的重要突破,也是2009年我国为积极应对国际金融危机所实行的扩大内需一揽子政策中极为重要的一环。

自2007年12月开始,财政部、商务部研究决定在山东、河南、四川、青岛三省一市进行家电下乡试点,在试点的三省一市继续实施的同时,于2008年12月1日将内蒙古、辽宁、大连、黑龙江、安徽、湖北、湖南、广西、重庆、陕西纳入推广地区范围,共计14个省、自治区、直辖市及计划单列市。从2009年2月1日起,包括江西省在内的其余省市开展家电下乡工作,时间暂定为四年。

随着工作的开展,家电下乡的政策实施力度不断加大,补贴程序、标准、范围也在不断变化。其调整情况如下:

①补贴对象及限购数量:政策实施之初,补贴对象只限定为农民,每户每类产品的购买上限也只有1台,随后中央将购买上限扩大至每户每类产品2台。2010年1月1日开始国有农场、林场职工也被纳入了政策实施范围。

②补贴产品类别:政策实施之初,补贴产品只有彩电、冰箱(含冰柜)、洗衣机、手机、电脑、空调六大类。随着政策的不断实施,2009年末补贴产品已扩大至九大类,包括:彩电、冰箱(含冰柜)、手机、洗衣机、电脑、空调、热水器(含储水式电热水器、燃气热水器、太阳能热水器)、微波炉、电磁炉等。2010年全省又将电动自行车作为补贴产品。

③产品限价:家电下乡产品都有最高限价,2009年,各类产品的最高限价为:彩电3500元,冰箱(含冰柜)2500元,手机1000元,洗衣机2000元,壁挂式空调2500元,落地式空调4000元,储水式电热水器1500元,燃气热水器2500元,太阳能热水器4000元,电脑3500元,微波炉1000元,电磁炉600元。由于政策实施力度加大,2010年年初,国家提高了部分产品的最高限价。

④补贴资金:补贴资金由中央财政和省级财政共同负担。其中,中央财政负责80%,省级财政负责20%。

⑤补贴申请流程:有两种方式,在政策实施初期,是由农户在购买家电下乡产品后持相关材料到户口所在地财政所申领,由财政所审核后通过一卡通账户将补贴资金发放到农户手中。

为了方便农户领取补贴,更好的落实惠农政策,在2009年10月份,全省简化了补贴申领流程,实行"销售网点代办申领并垫付补贴"的兑换模式,由销售网点在销售家电下乡产品的时候直接将补贴资金垫付给农户,再定期持相关材料到财政所结算补贴。

家电下乡政策的实施,极大地调动了农民购买家电产品的热情,有力地促进了农村家电产品的销售。

乐安县加强了对家电下乡工作的领导,建立了工作机制,形成了一个有组织结构、有规章制度、有经费保障的家电下乡工作网络,有力地保证了家电下乡工作的顺利开展。家电下乡实施4年来,乐安县销售家电下乡产品75958台,销售金额18942.4万元,发放家电下乡补贴2327.1万元。

(4)汽车摩托车下乡补贴。对农民购买或换购符合条件的汽车摩托车下乡产品,由国家财政给予补贴,以提高农民购买能力,加快农村消费升级,改善农民生产生活条件,促进汽车摩托车产品技术更新换代,实现汽车摩托车产业结构优化升级,实现内外需协调发展。

补贴对象和范围:凡具有江西省户籍的农民购买或换购符合条件的汽车摩托车下乡产品后可由国家财政给予补贴,包括农民所购微型客车、微型载重车、轻型载重车、摩托车的补贴资金和报废三轮汽车、低速货车并换购微型载货车、轻型载货车的补贴资金。

补贴时间:汽车下乡政策的实施时间为2009年3月1日至2010年12月31日,摩托车下乡政策的实施时间为2009年2月1日至2013年1月31日。

补贴条件及标准:

①农民申请补贴资金须满足下列条件之一:

a. 农民车主报废三轮汽车、低速货车后购买微型载货车、轻型载货车;

b. 农民购买微型客车(不含轿车);

c. 农民购买微型载货车、轻型载货车;

d. 农民购买摩托车。

②农民申请汽车、摩托车补贴资金时,须遵守以下规定:

a. 新购或换购微型载货车和轻型载货车,每户不能超过一辆,且报废车辆与新购车辆的车主为同一人;

b. 购买微型客车,每户不得超过1辆;

c. 购买摩托车,每户不得超过2辆;

d. 承诺享受补贴资金的汽车,购买后两年内不得转移所有权。

③农民以购买本方案规定的微型载货车、轻型载货车为目的而报废三轮汽车或低速货车的,按以下标准给予报废补贴:

a. 报废三轮汽车,每辆补贴2000元;

b. 报废低速货车,每辆补贴3000元。

④农民按规定报废三轮汽车或低速货车并换购微型载货车、轻型载货车,以及直接购买微型客车、微型载货车、轻型载货车或摩托车的,按以下标准给予购买补贴:

a. 微型载货车、轻型载货车和微型客车:销售价格每辆5万元及以下的,补贴销售价格的10%;销售价格每辆5万元以上的,定额补贴5000元;

b. 摩托车:销售价格每辆5000元及以下的,补贴销售价格的13%;销售价格每辆5000元以上的,定额补贴650元。

补贴资金:补贴资金实行"分级审核、乡级兑付"或"乡级审核、县级兑付"办法。在确保财政资金安全的情况下,尽量采取"乡级审核、乡级兑付"的方式。审核批准的补贴资金,由乡镇财政所或县级财政部门在15个工作日内将补贴资金拨付到农民的储蓄账户。补贴资金由中央财政和省级财政共同负担。其中,中央财政负担80%,省级财政负担20%。主要做法:

①乡镇财政所通过汽车摩托车下乡补贴信息对农民的申报材料按规定进行审核。对符合要求的,应当场确认补贴资金的数额,留存相关的证明材料复印件,及时建立下乡产品及补贴资金档案,在发票上注明"已补"字样并签字。在汽车摩托车下乡补贴信息系统投入使用前,应当采取纸质审核等办法,及时审核农民申报的补贴资金。

②审核对不符合补贴条件的,由相关人员当场说明原因,退回申请资料,不予支付补贴资金。

③乐安县补贴资金实行"乡级审核、县级兑付"办法,审核批准的补贴资金,由乡镇财政所或县级财政部门在15个工作日内将补贴资金拨付到农民的储蓄账户。

截至2013年1月31日止,乐安县累计发放汽车、摩托车下乡财政补贴资金774.97万元(其中省财政安排了155万元),共补贴车辆9051辆,轻型载货车300辆,微型客车633辆,微型载货车34辆,摩托车8084辆。

(5)农机补贴。农机具购置补贴是国家对农民个人、农场职工、农机专业户,以及直接从事农业生产的农机作业服务组织,购置和更新农业生产急需的农机具给予一定补贴。补助对象包括:纳入实施范围并符合补贴条件的农牧渔民、农场(林场)职工、直接从事农机作业的农业生产经营组织。在申请补贴人数超过计划指标时,按照公平、公正、公开的原则,采取公开摇号等农民易于接受的方式确定补贴对象。

2007年,江西省农业厅、省财政厅发出《关于农机购置补贴工作致农民朋友的一封信》,向全省农民介绍江西省农机购置补贴的有关政策。就"直接补贴、享受补贴机型和数量、差价提机"作出规定:①中央和省财政安排的农机购置补贴资金专项用于对农民(农场职工)和直接从事农业生产的农机服务组织购置农业机械进行补贴。②机具的补贴比例为购机价格的20%到30%不等。③享受补贴机型和数量具体内容为,从今年开始全省享受补贴的机型有动力、耕作、种植、植保和收获机械等。一户农民年度内享受补贴的购机数量原则上不超过一套(4台,即1台主机,3台配套作业机具);具备一定规模的农机服务组织年度内享受补贴的购机数量原则上不超过两套(8台,即2台主机,6台配套作业机具)。

④差价提机是指农户凭购机补贴协议按扣除补贴款后的差价由省农机局向社会公布的补贴机具供货点交款提机，差价外的补贴款由省财政直接支付给农机生产企业和农机销售商。

2005～2012 年乐安县农机补贴情况表

表 0－5

类别 年度	补贴资金(万元)	插秧机(台)	手扶(台)	耕整机(台)	微耕机(台)	收割机(台)	大中拖(台)	培土机(台)	挖掘机(台)	大棚(个)
2005	30	—	—	—	—	50	—	—	—	—
2006	48	4	—	—	—	62	—	—	—	—
2007	47	4	120	—	—	44	—	—	—	—
2008	166	2	276	63	—	66	—	—	—	—
2009	494	12	897	755	—	161	—	—	—	—
2010	589	26	1030	1191	—	161	2	—	2	—
2011	661	19	1405	1153	155	85		163	1	
2012	642	15	1098	291	431	148	7	—	3	277
合计	2677	82	4826	3453	586	777	9	163	6	277

（十）改革政府采购制度

1. 政府采购

政府采购也称公共采购，是指各级国家机关、实行预算管理的事业单位和社会团体，采取竞争、择优、公正、公平、公开的形式使用财政预算内、外资金，以购买、租赁委托或雇佣等方法获取货物、工程和服务的行为。

为了规范政府采购行为，加强财政支出管理，提高财政资金使用效益，促进经济和社会发展，乐安县于 2001 年 7 月成立了县政府采购中心，主要职责是接收财政部门安排的政府采购项目，具体实施政府采购项目的采购工作。

2001 年 7 月，县人民政府制订了《乐安县政府采购暂行办法》，10 月，印发了《乐安县政府采购实施细则》《乐安县政府采购目录》等一系列的制度、规定，从政府采购的申请、公告、招投标、合同签订、履约验收、货款支付等各环节进行了规范。

2002 年 6 月，《中华人民共和国政府采购法》正式颁布，这是政府采购工作中的一件大事，政府采购工作进入了有法可依、依法行政的阶段。乐安县在实际工作中，依法逐步规范政府采购行为，政府采购范围进一步扩大，公务用车维修、加油、资料印刷列入采购范围，政府采购工作健康稳定发展。同时，根据《中华人民共和国政府采购法》的要求，调整了评审委员会，由纪委、审计、财政、采购单位代表及有关专家组成，使评审更为规范。

2005 年 7 月，县财政局、监察局、审计局转发省财政厅、省监察厅、省审计厅《关于进一步加强财政专项补助资金实行政府采购管理的通知》，通知对中央财政专项补助资金和全省各级财政专项补助资金政府采购的管理，采购资金的使用效益作出了规定。

乐安县自 2001 年开展政府采购工作以来，无论是政府采购法规制度体系建设，还是政府采购的范围、规模都在走向完善。

2001～2012 年乐安县政府采购资金和采购规模统计表

表 0－6

单位：万元

年份	采购预算	实际采购总额	节约资金	节约率
2001	84	79	5	5.9
2002	251.85	217.37	34.48	13.7
2003	502.30	444.22	58.07	11.6
2004	546.51	479.60	66.91	12.24
2005	700.72	606.63	94.09	13.42
2006	886.31	758.71	127.6	14.40
2007	1195.91	1041.17	154.74	12.94
2008	1422.46	1232.04	190.42	13.39

续表 0－6

年份	采购预算	实际采购总额	节约资金	节约率
2009	1697.54	1468.36	229.18	13.50
2010	2139.90	1822.44	317.46	14.84
2011	2255	1920	335	14.86
2012	4771.23	4102.52	668.71	14.02

2. 公务消费管理

为了进一步规范和控制公务消费支出，节约行政运行成本，减少现金支付结算，提高公务消费支出的透明度，2009 年 11 月，乐安县先后印发了《乐安县行政事业单位推行公务卡制度实施方案》《乐安县构建公务消费一体化监管体系建设实施方案》，方案规定了公务消费管理的范围及管理内容。

（1）公务消费管理的范围：全县党政机关、行政事业单位及其下属行政事业性单位（含自收自支的事业单位）及具有行政管理职能的经济部门。

（2）公务消费管理的内容：

①公务用车维修（装饰）的管理：做到严把"五关"，即：严把送修申报关、网上价格核算关、验收审核关、结算刷卡关、开支公示关。

②公务接待的管理：各单位公务接待原则上安排在单位食堂，如确需安排在经营性饮食单位接待的，应安排在选定的公务接待饮食单位；特殊情况需在定点饮食单位以外消费的，须说明理由，经县"三公办"审批后方可报销入账。

③公务外出学习、考察、培训的管理：各单位要严格控制外出学习参观考察批次和人数，严禁以开会、学习、考察、培训、学术研讨和交流等活动名义公款旅游或变相公款旅游。对上级单位或业务主管部门组织外出学习参观考察的，执行事先报告审批制度。

④公务用品购买的管理：各单位公务用品的购买须本着节约、实用、规范的原则，由各单位根据内部管理制度和审批程序到定点单位购买；大宗办公用品的采购依据《中华人民共和国政府采购法》和《政府采购运行规程暂行规定》的有关规定组织实施。

⑤会议申报的管理：预算单位需要召开大型会议时，在线登录公务消费监控管理系统，填写申请表，申请表内容包括组织单位、会议主题名称、参会人员、费用预算等，申请表经"三公办"审定方可实施。会议组织部门要严格执行各类会议开支标准，节俭办会，各类会议实行一会一结算制度，不得多会并结或定期结算。

⑥各单位公务消费实行公务消费卡"一卡制"刷卡消费，要求做到日清月结，严禁采用现金结算。结账时消费单位须向公务消费定点单位索要税控机打发票、财务 POS 机转账系统消费凭条和（乐安县公务消费电子化监控管理系统）软件打印出的清单小票即"三票"以备报销入账。截至 2012 年年底，全县共有 204 家纳入改革，发卡 709 张，2012 年刷卡消费金额 1975.18 万元。

（十一）改革社会保障制度

1990 年 10 月，乐安县开始试办企业女职工生育保险，1991 年，试办企业职工工伤保险，1996 年，实施城镇职工基本医疗保险。企业职工基本养老保险基金和企业职工失业保险基金，实行单位和个人均按工资总额分别按不同比例缴纳，财政部门认真会同有关部门测算，根据以支定收，收支平衡，略有结余的原则筹集，因此资金筹集的比例常有变动。按照财政部、劳动部的规定，乐安县社保资金按预算外资金管理，全部纳入单独的社会保障基金财政专户，实行"收支两条线"专项管理，专款专用。财政专户由县财政局社会保障股具体负责管理。社会保障资金的建立是一项大的改革，关系到广大职工的切身利益，党和政府十分重视。2000 年，国务院发文一再强调，确保企业离退休人员基本养老金按时足额发放，确保国有企业下岗职工基本生活，进一步完善城市居民最低生活保障制度。乐安县在执行过程中，基本养老金从 2000 年 8 月起实现了社会化发放，并做到按时足额发给离退休人员，从未发生拖欠现象；国有企业下岗职工生活费，除上级财政补助和本级财政预算安排以外还在职工中筹集；居民最低生活保障也得到了妥善解决。

1. 城镇居民社会养老保险

城镇居民社会养老保险是解决城镇无养老保障居民的老有所养问题，逐步建立覆盖城乡居民的社会保障体系要求的重大举措。

2011 年 7 月，江西省人民政府印发《江西省城镇居民社会养老保险试点实施办法》，决定从 2011 年 7 月 1 日启动城镇居民社会养老保险试点工作，2012 年基本实现城镇居民养老保险制度全覆盖。

2011 年 9 月，乐安县人民政府印发《乐安县城镇居民社会养老保险试点实施方案》，决定从 2011

年7月1日启动试点工作,其实施的主要内容是:(1)年满16周岁(不含在校学生)、不符合职工基本养老保险参保条件的城镇非从业居民,可以在户籍地自愿参加城镇居民养老保险。(2)城镇居民养老保险基金由个人缴费、政府补贴构成。(3)参加城镇居民养老保险的城镇居民,年满60周岁,可按月领取养老金。(4)根据国家、省有关规定,结合乐安县实际,适时调整全县城镇居民养老保险基础养老金的最低标准。

至2012年,乐安县城镇居民社会养老保险参保人员4430人,发放养老金167.52万元。

2. 新型农村社会养老保险

新型农村社会养老保险制度的建立是党中央、国务院深入贯彻科学发展观、加快建设覆盖城乡居民社会保障体系的重大决策,充分调动广大农民的积极性、主动性和创造性,切实促进社会主义新农村建设,是实现广大城乡居民老有所养,促进家庭和睦、社会和谐的重大民生工程,同时也标志着我国城乡社会保险制度体系框架基本健全。

2009年,省人民政府决定在全省11个设区市各选择1个县(市、区)开展新型农村社会养老保险试点,乐安县是抚州市的试点县。

参保对象:年满16周岁(不含在校学生),未参加城镇职工基本养老保险且具有本县农业户籍的居民,可以在户籍地自愿选择缴费档次缴费参加新型农村社会养老保险,分别每人每年100元、200元、300元、400元、500元五个档次。

省、县(市、区)财政对参保人最低档次100元给予的30元基本补贴和为农村重度残疾人代缴最低标准100元的养老保险费,所需资金由省、县(市、区)财政按以下比例分担:全省41个西部政策延伸县,由省、县(市)财政按8:2分担;其他县(市、区),由省、县(市、区)财政按6:4分担。对200元至500元档次的超基本补贴30元的缴费补贴所需资金全部由试点县(市、区)财政负担,其中省、县(市、区)政府对参保农民缴费给予基本补贴每人每年30元,每增加1个缴费档次多补贴5元,最多补贴50元。对农村重度残疾人,政府为其代缴最低标准100元的养老保险费。个人缴费、集体资助和政府补贴记入个人账户,可以依法继承。新农保养老金领取年龄男女均为60岁,领取时间为本人60周岁次月起开始。养老金待遇由基础养老金和个人账户养老金组成,按月发放,支付终身。基础养老金为每月55元,对缴费年限超过15年的,在规定基础养老金的基础上,每超过一年,每月增加1元基础养老金。个人账户养老金为个人账户全部储存额除以139。县政府根据国家相关政策规定,适时调整全县新农保基础养老金的最低标准。

2009年,乐安县参保人数98699人。2012年12月底,参保人数达141193人。2009~2012年新农保基金收入总数11721.02万元,发放养老金合计6126.37万元。

3. 城镇职工和居民医疗保险

1998年12月,国务院颁布《建立城镇职工基本医疗保险制度的决定》。1999年7月,江西省人民政府印发《江西省建立城镇职工基本医疗保险制度总体规划的通知》。对全省城镇所有用人单位,包括企业(国有企业、集体企业、外商投资企业、私营企业等)、机关、事业单位、社会团体、民办非企业单位及其职工,都要参加基本医疗保险。基本医疗保险费由用人单位和职工共同缴纳。用人单位缴费率应控制在职工工资总额的6%左右,职工个人缴费比例为本人工资收入的2%,退休人员个人不缴纳基本医疗保险费。

2006年7月,抚州市人民政府办公室印发《抚州市城镇居民参加医疗保险试点工作方案》,决定选择乐安县为全市城镇居民医疗保险工作先行试点单位,通过试点工作,摸索总结经验,以点带面在全市全面推开。

2006年9月,乐安县人民政府印发《乐安县城镇居民医疗保险暂行规定》。该规定适用范围:凡属本县行政区域内城镇所有居民,包括各类企业、机关、事业单位、社会团体、民办单位的职工,按属地化管理的中央、省属驻县单位的职工,城镇个体经济组织业主及其从业人员,享受最低生活保障的人员以及获得社会救助的残疾人,市级以上劳动模范,国有困难企业退休人员和距退休不足5年的人员,在校的各类学生,城乡居民因投奔子女户口从外地迁入的老人(迁入时间满两年)以及在城区内工作外来务工人员(与用人单位签定一年以上劳动合同),其他持有长期城乡户口的人员等,都可以以单位、家庭为单位参加城镇居民医疗保险。城镇居民医疗保险模式、缴费标准和资金筹集方式详见第一编第五章第七节。

2007年,乐安县城镇居民参加医疗保险52001人,统筹基金299万元。

2010年12月,抚州市人民政府印发《抚州市基本医疗保险市级统筹实施办法》,决定从2011年1月1日起,全市实行基本医疗保险市级统筹。基本医疗保险分为三个档次,分别实行不同的筹资标准。

其中，一档为原城镇职工基本医疗保险，二档为原城镇职工住院医疗保险，三档为原城镇居民基本医疗保险。各档的范围、对象及缴费标准详见第一编第五章第七节。

自2007年省政府决定在全省建立城镇居民基本医疗保险制度以来，各级财政对城镇居民参加基本医疗保险的补助标准逐年提高，2007年财政对成年人补助60元，对未成年人补助20元；2008年财政对成年人补助100元，对未成年人补助60元；2010年，全省将成年人和未成年人的财政补助标准统一提高到120元；2011年起，财政补助标准提高到200元。

2012年年底，乐安县城镇居民参加医疗保险40068人，基金收入1185.31万元，其中财政按人补助的缴费收入1009.1万元。

4. 新型农村合作医疗（以下简称“新农合”）

新农合资金来源主要为中央财政补助、地方财政补助和农民个人缴费，此外还有利息收入、乡村集体经济赞助等。新农合制度实施9年来，人均筹资标准共进行了6次提标，从2004年的30元，通过2006年提至50元，2008年提至95元，2009年增加个人缴费提至100元，2010年提至150元，2011年提至230元。2012年提高到290元。财政补助标准共进行了5次提标，从2004年的20元，通过2006年提至40元，2008年提至80元，2010年提至120元，2011年提至200元，2012年提高到240元。

此外，农村“五保户”和“农村居民低保户”由乡、村申报，经民政部门审核并确认后，其个人缴费部分由民政部门在农村大病救助资金中解决，资金直接拨付到县合作医疗基金财政专户。

2008～2012年乐安县新农合筹资标准及基金筹资总额情况

表0－7

年份	筹资标准（元/人）							参合人数（万人）	财政补助资金（万元）
	中央财政补助	地方财政补助				农民个人缴费	合计		
		省级	设区市级	县级	小计				
2008	40	37	—	3	40	15	95	24.10	1928.68
2009	40	37	—	3	40	20	100	24.46	1956.92
2010	60	57	—	3	60	30	150	25.30	3036.79
2011	108	82.6	—	9.4	92	30	230	25.79	5157.12
2012	132	95.4	—	12.6	108	50	290	26.62	6388.39

经上级批准，乐安县从2008年起开展新型农村合作医疗工作。新农合受到农民普遍欢迎，乐安县的参合率由2008年的90.85%提高到2012年的98.45%，参合人数和参合率逐年增加。新农合制度受到广大人民群众的普遍欢迎和拥护。

5. 城镇职工失业保险

1999年1月，国务院颁布《失业保险条例》规定：(1)城镇企业事业单位职工依照本条例的规定，缴纳失业保险费；城镇企业事业单位失业人员依照本条例的规定，享受失业保险待遇（城镇企业，是指国有企业、城镇集体企业、外商投资企业、城镇私营企业以及其他城镇企业）。(2)失业保险费按照国家有关规定征缴。(3)失业保险基金由下列各项构成：城镇企业事业单位、城镇企业事业单位职工缴纳的失业保险费；失业保险基金的利息；财政补贴；依法纳入失业保险基金的其他资金。(4)城镇企业事业单位按照本单位工资总额的百分之二缴纳失业保险费。城镇企业事业单位职工按照本人工资的百分之一缴纳失业保险费。城镇企业事业单位招用的农民合同制工人本人不缴纳失业保险费。(5)失业保险基金用于下列支出：失业保险金；领取失业保险金期间的医疗补助金；领取失业保险金期间死亡的失业人员的丧葬补助金和其供养的配偶、直系亲属的抚恤金；领取失业保险金期间接受职业培训、职业介绍的补贴，补贴的办法和标准由省、自治区、直辖市人民政府规定；国务院规定或者批准的与失业保险有关的其他费用。(6)失业保险基金必须存入财政部门在国有商业银行开设的社会保障基金财政专户，实行收支两条线管理，由财政部门依法进行监督；存入银行和按照国家规定购买国债的失业保险基金，分别按照城乡居民同期存款利率和国债利息计息。失业保险基金的利息并入失业保险基金；失业保险基金专款专用，不得挪作他用，不得用于平衡财政收支。(7)失业保险基金收支的预算、决算，由统筹地区社会保险经办机构编制，经同级劳动保障行政部门复核、同级财政部门审核，报同级人民政府审批。(8)具备下列条件的失业人员，可以领取失业保险金：按照规定参加失业保险，所在单位和本人已按照规定履行缴费义务满1年的；非因本人意愿中断就业的；已办理失业登记，并有求职要求的。失业人员在领取失业保险金期间，按照规定同时享受其他失业保险待遇。（9）失业人员在领取失业保险金期间有下列情形之一的，停止领取失业保险金，并同时停止享受其他失业保险待遇：重新就业的；应征服兵役的；移居境外的；享受基本养老保险待遇的；被判刑收监执行或者被劳动教养的；无正当理由，拒不接受当地人民政府指定的部门或者机构介绍的工作的；有法律、行政法规规定的其他情形的。（10）领取数额与标准：失业人员失业前所在单位和本人按照规定累计缴费时间满1年不足5年的，领取失业保险金的期限最长为12个月；累计缴费时间满5年不足10年的，领取失业保险金的期限最长为18个月；累计缴费时间10年以上的，领取失业保险金的期限最长为24个月。重新就业后，再次失业的，缴费时间重新计算，领取失业保险金的期限可以与前次失业应领取而尚未领取的失业保险金的期限合并计算，但是最长不得超过24个月；失业保险金的标准，按照低于当地最低工资标准、高于城市居民最低生活保障标准的水平，由省、自治区、直辖市人民政府确定。失业人员在领取失业保险金期间患病就医的，可以按照规定向社会保险经办机构申请领取医疗补助金。医疗补助金的标准由省、自治区、直辖市人民政府规定。失业人员在领取失业保险金期间死亡的，参照当地对在职职工的规定，对其家属一次性发给丧葬补助金和抚恤金；单位招用的农民合同制工人连续工作满1年，本单位并已缴纳失业保险费，劳动合同期满未续订或者提前解除劳动合同的，由社会保险经办机构根据其工作时间长短，对其支付一次性生活补助。补助的办法和标准由省、自治区、直辖市人民政府规定；城镇企业事业单位成建制跨统筹地区转移，失业人员跨统筹地区流动的，失业保险关系随之转迁。失业人员符合城市居民最低生活保障条件的，按照规定享受城市居民最低生活保障待遇。（11）社会保险经办机构所需经费列入预算，由财政拨付。（12）罚则：不符合享受失业保险待遇条件，骗取失业保险金和其他失业保险待遇的，由社会保险经办机构责令退还；情节严重的，由劳动保障行政部门处骗取金额1倍以上3倍以下的罚款；社会保险经办机构工作人员违反规定向失业人员开具领取失业保险金或者享受其他失业保险待遇单证，致使失业保险基金损失的，由劳动保障行政部门责令追回；情节严重的，依法给予行政处分；劳动保障行政部门和社会保险经办机构的工作人员滥用职权、徇私舞弊、玩忽职守，造成失业保险基金损失的，由劳动保障行政部门追回损失的失业保险基金；构成犯罪的，依法追究刑事责任；尚不构成犯罪的，依法给予行政处分；任何单位、个人挪用失业保险基金的，追回挪用的失业保险基金；有违法所得的，没收违法所得，并入失业保险基金；构成犯罪的，依法追究刑事责任；尚不构成犯罪的，对直接负责的主管人员和其他直接责任人员依法给予行政处分。

2000年4月，江西省人民政府根据《中华人民共和国劳动法》《失业保险条例》《社会保险费征缴暂行条例》以及有关法律、法规，结合全省实际，制定《实施〈失业保险条例〉办法》（以下简称《办法》）。《办法》规定：（1）本省行政区域内的城镇企业事业单位及其职工、社会团体及其专职人员（比照公务员制度执行的除外）、党政机关的工勤人员、民办非企业单位及其职工（以下统称缴费单位和缴费个人），依照本办法的规定缴纳失业保险费。（2）失业保险基金由下列各项构成：缴费单位和缴费个人缴纳的失业保险费；失业保险基金的利息；财政补贴；依法纳入失业保险基金的其他资金。（3）财政部门和审计部门依法对失业保险基金的收支、管理情况进行监督。（4）社会保险经办机构所需经费列入同级财政预算，由财政拨付。

2002年11月，县委、县政府下发《关于进一步深化国有企业产权制度改革的通知》，就企业产权制度改革后的职工安置、失业保险作出了明确规定。

2005年6月，乐安县人民政府下发《关于全县事业单位及人员参加失业保险的通知》，决定将失业保险覆盖面扩大到全县所有事业单位人员。事业单位失业保险的实施范围及缴费标准：凡是在本县境内经县政府或机构编制管理部门批准设立的各类事业单位人员（参照公务员管理人员除外），都必须纳入失业保险实施范围。纳入失业保险的事业单位按其单位全部工资总额的2%缴纳失业保险费，其职工本人按工资总额的1%缴纳失业保险费。事业单位纳入失业保险时间应从1999年1月1日起开始执行。鉴于全县实际情况，事业单位纳入失业保险时间从2003年1月1日起开始执行。凡未参保的单位必须从2003年1月1日起开始补交。以后年度批准成立的事业单位其缴费时间从成立当月起开始执行。

截至2012年12月，全县共有参保单位160家，参保人数为16500人，实际缴费人数为6702人。2012年征收失业保险费350.1万元，支出186.9万元。

6. 城市居民最低生活保障

1996年年初，经省政府批准，江西省城市居民低保制度首先在南昌、新余二市城区开展试点。1997年11月，江西省人民政府下发《关于在全省建立城市居民最低生活保障制度的通知》，确定1998年1月制定实施方案，1999年底以前县级市和县政府所在地的镇都要建立起城市居民最低生活保障制度。

1999年，乐安县开始实施城市居民最低生活保障政策。

2003年10月，乐安县人民政府印发《乐安县城市居民最低生活保障工作操作规程》，规定：城市居民最低生活保障范围：凡持有本县非农业户口的居民，共同生活的家庭成员月人均收入和实际生活水平低于城市低保标准的，不论其年龄、职业、健康状况及工作单位性质，应纳入城市低保范围；同一家庭既有非农户口又有农业户口的，其非农业户口人员可申请享受城市低保待遇。城市低保标准：按照当地维持城市居民基本生活所必需的衣、食、住费用，并适当考虑水、电、燃煤费用以及未成年人教育费用确定。按照省、市民政部门要求，乐安县城市低保标准每人每月100元。

2004年起，乐安县城市低保标准逐年提高，2012年保障标准达到350元。2012年全县共有城市低保对象7767人，城市最低生活保障金支出2132万元。

2001～2012年乐安县城市低保状况调整情况

表0－8

项目 年份	低保对象人数(人)	最低生活保障标准(元/人月)	人均月补助水平(元)	总额(万元)
2001	823	90	37	37
2002	13791	85	30	473
2003	13551	100	44	719
2004	10187	100	51.99	766
2005	13727	120	60.53	776
2006	13727	120	75.14	797
2007	13727	120	87.76	1036
2008	7603	140	137.87	1566
2009	8455	180	165.6	1524
2010	8455	245	181	1652
2011	7447	300	200	1770
2012	7767	350	220	2132

乐安县在城市低保工作中，坚持做到公平、公正、公开，确保低保资金真正用于困难群众，有效地保障了城市困难群众的基本生活，为维护社会稳定，促进经济又好又快发展和社会全面进步，构建社会主义和谐社会，发挥了积极作用。

7. 农村居民最低生活保障

2005年8月，为探索建立农村低保制度，江西省开始在新余市分宜县洋江乡等部分县乡进行农村低保工作试点。2005年年底，在新余市全面推开试点工作，并在全省确定了20个试点县。

2006年6月，江西省民政厅、财政厅下发《关于建立农村居民最低生活保障制度的实施意见》，决定从7月1日起，全省所有县(市、区)都要建立农村低保制度，并从第三季度开始发放农村低保金。

2006年9月，乐安县人民政府印发《乐安县农村居民最低生活保障制度实施办法》，规定，农村居民低保对象和范围：凡持有乐安县农业户口的居民，其共同生活的家庭成员年人均收入低于户籍所在地当年农村低保标准的，均属保障范围，实行应保尽保。农村低保标准：按照全县维持农村居民基本生活所必需的衣、食、住等费用，并适当考虑水电、燃煤(柴)及未成年人的义务教育费用确定。全县农村低保标准为每人每年840元，月人均补差不低于25元。资金由省、县两级财政按8:2的比例负担。

2006年，全县农村低保对象2682户，计8474人，月人均补差为26.15元。2011年，农村低保标准达到人均130元，月人均补助99.11元。2012年全县农村居民最低生活保障金支出1769万元。

2008～2012年乐安县农村低保状况调整情况

表0－9

项　目	2008年	2009年	2010年	2011年	2012年
低保对象人数(人)	11753	12466	12583	12711	139188
最低生活保障标准(元/人月)	70	110	110	130	170
人均月补助水平(元)	54.25	72.01	76.71	99.11	123.39
总额(万元)	763	1110	1212	1503	1769

实施农村低保政策是一项政策性强、涉及面广、难度较大的系统工程，在实践中，乐安县通过合理制定保障标准、认真界定保障对象、严格规范审批手续、实施分类分档救助、切实加强动态管理、强化资金管理措施、不断规范操作程序，使农村居民的基本生活得到了切实保障，取得了显著成效。

8. 住房制度改革

1988年，国务院决定在全国城镇分期分批推行住房制度改革，财政部于同年下发《关于财政部门要积极参加住房制度工作改革的通知》。1990年12月，经县人民政府研究决定：(1)同意全县住房制度改革，按一步到位模式开展工作，(2)为适应住房制度改革，同意成立资金管理所、房地产信贷部、房地产交易所，暂定非常设机构。资金管理所设在县财政局。1992年，第一批房改政策出台，推行购买部分产权。到1996年年底共出售公房2288户，建筑面积17.1万平方米，共收回资金738.6万元，收回租赁保证金8.2万元。1997年1月，第二批房改政策出台，推行购买全部产权，全部产权补交款864.3万元，同月，建立住房公积金，由县住房公积金管理中心管理。2000年3月，省人民政府印发了《关于进一步深化城镇住房制度改革加快住房建设的实施方案》，乐安县停止住房实物分配，逐步实行住房分配货币化；建立和完善以经济适用房为主的多层次城镇住房供应体系，发展住房金融，培育和规范住房交易市场。

(十二)与财政相关的其他改革

1. 改革会计事务管理

1985年颁布《中华人民共和国会计法》，同年5月1日起施行，这是新中国成立以来的第一部会计立法，标志着会计工作进入法制建设的新阶段。1993年12月和1999年10月，先后进行了两次修订，修改后的《中华人民共和国会计法》突出了规范会计行为，保证会计资料真实、完整，加强经济管理和财务管理，提高经济效益和维护社会主义市场经济秩序，加大对会计违法违纪行为的惩治力度，维护国家法律尊严。县财政局组织了学习和宣传活动。2000年组队参加抚州地区《中华人民共和国会计法》知识竞赛，获团体一等奖。

1990年4月，省财政厅转发财政部《会计证管理办法(试行)》，会计证是会计人员从事会计工作的资格证书，由财政部统一印制，按财务隶属关系由县以上财政部门负责颁发和管理，从1991年1月起执行。凡是从事财会工作的人员，都必须按规定取得会计证，持证上岗，单位不得任用无会计证人员担任会计工作。为了认真执行此项规定，乐安县开展了经常性的上岗前培训和按照规定组织会计从业资格考试。

1991年9月，省财政厅转发财政部《会计改革纲要(试行)办法》，内容广泛，其指导思想和目标要求是：坚持改革的社会主义方向，强化会计的经济管理职能，促进双增双节，逐步建立以提高经济效益为目标，以强化内部管理为中心，完善各单位经营管理机制的管理型会计，在会计事务的宏观管理中，逐步实现以会计法规为主体，法律、行政、经济手段并用，改善和加强宏观调控，充分发挥地方、部门、基层核算单位积极性和创造性的会计管理体制。基本原则是：会计改革应适应经济体制改革的要求，与财政、财务、税务、金融等有关改革的进程和措施相协调，同时，应当坚持会计工作内部的科学性，注意会计改革本身各项措施的配套；会计改革要满足宏观经济管理信息要求的同时，强化会计的微观经济管理职能；会计改革应当坚持先立后破的原则，维护会计工作的正常秩序，在满足经济管理要求的前提下，力求精简，避免烦琐；会计改革要坚持具有中国特色，有利于强化会计核算和监督职能，并不断有所创造和发展。此后，规范了会计专业技术资格考试制度，用人单位可以根据工作需要和德才兼备的原则，择优聘任；建立了有注册会计师执业资格的乐安县会计师事务所；财政部先后颁发了《企业会计准则》和分行业的企业会计制度；颁发了《财政总预算会计制度》《事业行政单位预算会计制度》和《行政单位会计制度》；还颁发了《事业单位会计准则》和各个不同事业单位的《事业单位会计制度》。会计管理得到了进一步加强和完善。

2. 建立财政周转金

为适应农村经济体制改革，提高财政支农资金的使用效益，首先试行对一部分无偿支援的支农资金实行有偿周转使用，开始实行还本不计息，改革后的效果很好，接受扶助的单位更加注重效益。收回的资金作为扶持穷社穷队办企业的专项资金，继续周转使用，这部分资金名为财政支农周转金，1981年12月，财政部明确财政支农周转金是财政支农资金的一个组成部分，由财政部门主管，收回的资金存入农业银行周转使用。1986年7月，省委、省人民政府制定《关于大力发展乡镇企业若干问题的规定》，进一步明确"各级财政部门用于发展乡镇企业的资金，由乡镇企业主管部门与财政部门共同协商，做到定向投放，有偿扶持，按期收回，周转使用"。此后，省、地财政部门根据以上文件精神，在其他各有关部门相继推行，乐安县财政部门也逐步将有偿使用资金扩大到工业周转金、商贸周转金、社会文教行政事业周转金，单位使用时并收取资金占用费。从此，财政部门从上到下各级都建立了周转金和周转金管理制度。

财政周转金的性质，属财政信用资金，是财政部门为支持生产建设事业发展所设置的专项资金，具有偿还性和期限性。资金来源主要是预算内已安排的经费拨款中可以转为有偿使用资金和预算内外机动财力安排的专项资金以及收取的周转金占用费，并制定了借款的条件、审批程序和担保办法，占用费根据使用对象不同，实行不同的差别利率，参照银行贷款同期利率进行调整，但比银行利率低，体现财政对各项生产事业的支持，对到期不还者，扣抵预算拨款或加收逾期占用费。

财政预算周转金，是利用历年财政结余形成的"财政专项周转金"，属国家政策制度允许的，其目的是解决财政资金调度困难时周转使用，曾重点用于乡镇财政收入上台阶活动，凡财政收入上了台阶的乡镇，除了省地借给生产发展资金以外，县财政用预算周转金配套借给一定数额，免收资金占用费，由乡镇财政使用两年，有偿借给乡镇企业，并收取资金占用费，由乡镇财政所支配使用。

1999年1月1日，国务院办公厅转发财政部《整顿财政周转金方案》：所有财政周转金一律只收不贷，回收的财政周转金由财政部门统一安排使用，重点是弥补历年财政赤字，解决财政挂账，增补预算周转金，安排国有企业下岗职工基本生活保障和再就业以及扶贫、教育等方面。此前，原由各业务股管理的周转金全部转到预算股管理，至2012年年底，乐安县实有财政周转金887.2万元（其中财政预算周转金272.3万元），连同借入上级周转金，年末周转金放款余额848.3万元。

建立财政周转金是改革的需要，通过这些基金的反复融通运用，解决一些单位的急需，尤其是银根紧缩时期，财政周转金发挥了不可忽视的作用，为乐安县的生产建设和各项事业的发展提供了支持并产生了良好的效益。

3. 改革财务税收大检查

改革开放以前，乐安县财务大检查大多数是由各专业口开展单项的不定期的有针对性的检查，税收检查则是经常性的任务，目的都是为了使各行政机关和企事业单位正确地贯彻执行国家财政法规、政策和制度，维护财经纪律的严肃性，做到依法纳税，防止偷漏税行为。财税部门组织的财务检查、税收检查，并对一些违反财经纪律的行为进行查处和纠正，是财税部门应该履行的监督职能。

1985年9月，省人民政府根据国务院批转财政部关于开展税收、财务大检查报告的通知精神，将税收、财务大检查同物价、控购大检查同时进行。根据上级规定成立了乐安县人民政府税收财务物价大检查领导小组和办公室。办公室设在县财政局，1989年6月明确为副科级常设机构。从此，该项工作由领导小组领导，办公室协调，组织一年一度的"三大检查"，税务部门着重检查税收，财政、审计部门分工检查财务，检查对象由两单位交叉轮换，物价部门重点检查物价，办公室也有检查任务。按照上级通知的检查内容和检查重点，每年从第四季度开始，集中时间、集中精力开始检查。先由各单位按检查内容自查，要求自查面达到100%，凡自查自纠的不予追究，自查阶段结束后，再进行重点检查，对违纪部分予以收缴，情节严重的给予处罚，对屡查屡犯的单位，给予重罚，触犯刑律的移交司法机关。最后是协助被查单位进行整章建制、改进工作。通过连续10多年的"三大检查"，被查单位的领导和财会人员增强了法纪观念，遏制了违法乱纪行为，维护了财经纪律。1994～1998年，在"三大检查"工作中，共查出违纪金额652万元，入库467万元。1998年国务院决定取消一年一度的"三大检查"，改为经常性的财政监督检查，全方位把监督机制贯穿于财政资金管理的全过程。1999～2005年，财政监督机构先后对全县362个行政、企事业单位进行了财务检查，共查出应入库金额132万元，其中95%已收缴入库。

4. 改革国有资产管理

在我国，"国有资产"是近些年来在改革与开放的热潮中所提出的一个新概念。"国有资产"，是指全民所有即国家所有的财产，是国家以各种形式投资及收益、接受馈赠形成的，或者凭借国家权力取得的，或者依据法律认定的各种类型的财产和财产权利。国有资产管理具有双重任务：第一，要维护所有者国家的权益，保障国有资产的保值增值，提高国有资产的营运效益，为增加社会财富和国家财政收入作出更大贡献；第二，还要努力使国有经济充满生机和活力，结构合理，素质逐步提高，以利更好地发挥其整体效益和主导作用，促进整个国民经济健康发展。这两项任务是相互联系、相互促进的。

国有资产管理的量是相当巨大的，过去由财政部门各业务股分别管理。为了加强国有资产管理，防止国有资产流失，乐安县于1992年5月成立乐安县国有资产管理局，为副科级机构，挂靠县财政局，1997年机构改革，县国有资产管理局与县财政局合署，国有资产管理局升格为正科级机构。县国有资产管理局成立后，通过逐步完善国有资产管理制度，加强监督管理来促进国有资产使用单位有效地经营和使用国有资产，依法向国家上缴利润和国有资产产权效益，实现资产增值。

国有资产管理局工作主要包括：清产核资、产权界定、产权登记、建立国有资产统计制度、资产评估、产权纠纷的处理、国有资产保值增值指标考核、建立国有资产分析报告制度等内容。县国有资产管理局通过汇总分析国有资产总量、结构、变动、效益、收益、保值增值等情况，定期向县人民政府和上级国有资产管理机构报告。1992年，对全县152个行政事业单位国有资产进行清查，1993年3月至6月，开展国有企业、行政事业单位产权登记，1995年，对全县56户国有企业进行全面清产核资，1997年，对全县集体企业开展清产核资工作。2003年4月，县国有资产管理局撤销，其工作职能并入县财政局。2010年10月，成立“乐安县国有资产监督管理办公室”，为财政局内设机构。2011年1月，县机构“三定方案”明确该办公室主任为副科级。

5. 其他方面的改革内容

基本建设。从1982年起，凡实行独立核算，有还款能力的企事业单位，所需拨款一律改为建设银行贷款。1986年，对于豁免本息的建设项目，不再采取“拨改贷”，恢复拨款办法，即国家预算直接安排的基本建设投资，实行拨款和拨款改贷款双轨并存的管理体制。

国债推销与兑付。国务院决定从1981年起，开始发行国库券，各级政府成立了国库券推销委员会，对单位发行，实行分配任务的办法，按单位可支配资金的比例分配任务，必须保证完成；对个人发行，实行计划分配任务与自愿认购相结合的办法，即由财政部门以政府名义根据职工、居民的收入水平，按一定比例向职工所在单位分配任务，由单位发动职工自愿认购，居民在居委会认购，数额不限。后改为银行系统和财政国债服务部承购包销，向社会公开发行，群众自愿到销售网点购买。1982年，中国人民银行乐安县支行代理国家财政部发行国库券40.94万元。1983～1985年，全县认购国库券351.33万元。到期国债兑付工作在县人民政府领导下，实行银行、财政和邮政部门多渠道办理兑付。乐安县财政部门从1990年开始办理国债兑付，除了每年集中时间兑付以外，为了方便群众，还设置了常年兑付点，财政的常年兑付点由国债服务部办理。1999年起，乐安县财政部门开始退出国债推销领域，完全由商业银行承购包销，国债兑付工作到2001年11月结束。

加强对社会集团购买力的管理。建立控制社会集团购买力办公室，每年各级控购办层层下达控购指标，经常调整专控商品目录和审批权限以及附加费的征收比例。尤其是对购买小汽车的管理更严格，必须符合以下条件：在定编之内，旧车已报废，有上级下达的控购指标，资金来源正当等，才能办理报批手续。企业还应由当地税务机关出具纳税证明。

乐安县财政部门在改革开放时期除了履行以上改革制度和办法的职能以外，还有接管当地彩票市场监督管理的职责。

财政工作事关国民经济和社会事业发展的方方面面，与人民群众的利益息息相关，全社会都比较关注。改革开放以来财政改革取得了突破性进展，奠定了公共财政的基本框架。在这一过程中，乐安财政系统自觉接受县人大、政协、新闻舆论和人民群众的监督，确保财政资金“取之于民，用之于民”，为更好地适应构建社会主义和谐社会的要求做了大量工作，取得了显著成绩。

1951～2012 年乐安县财政总收入、财政总支出决算数

表 0－10　　单位：万元

年度	财政总收入	财政总支出	年度	财政总收入	财政总支出
1951	0.1	8.9	1983	485	828
1952	0.4	59.8	1984	608	866
1953	19	64	1985	803	1124
1954	17	55	1986	978	1358
1955	43	67	1987	1128	1426
1956	62	100	1988	1357	2286
1957	56	105	1989	1587	2447
1958	128	134	1990	1840	2625
1959	229	191	1991	1777	3127
1960	258	155	1992	1936	3132
1961	161	105	1993	2178	3321
1962	190	107	1994	2338	3979
1963	205	149	1995	2875	4029
1964	224	159	1996	3048	4943
1965	238	157	1997	3657	6153
1966	241	165	1998	3775	7320
1967	231	172	1999	3582	7684
1968	259	160	2000	3550	9198
1969	281	357	2001	3972	13316
1970	283	571	2002	3879	18386
1971	229	438	2003	4021	18656
1972	361	278	2004	3359	21816
1973	340	371	2005	3972	26950
1974	334	372	2006	6211	37406
1975	340	398	2007	9336	47376
1976	332	390	2008	12050	63655
1977	366	389	2009	18207	87136
1978	411	516	2010	25889	101128
1979	479	662	2011	36009	126088
1980	482	685	2012	38464	143201
1981	493	608			
1982	478	800	合计	210641.5	779908.7

注：财政收入和财政支出分类、款、项的具体数据，分别列入第一编和第二编

第一编　财政收入

财政收入是国家通过财政环节筹集资金的总称，是发展社会经济的财力保证。财政收入是国家财政的主要方面，它主要来源于经济，经济发展速度决定着财政发展规模和水平。财政收入规模，又影响着国民经济发展速度和人民生活水平的提高。

历代封建王朝，赋役是财政收入的主要形式，虽然各个朝代有所不同，但按土地田亩面积征收田租、按人口征收口赋是田赋征收的主要内容。

宋代淳熙（1174～1190年）、咸淳（1265～1275年）至元代延佑（1314～1321年）间，其征粮的数额增和减与近代记录相同。当时的税法叫"苗"，有"正苗""三分苗""支移苗""军粮苗""州苗""云苗"，钱就有"免役钱""经总制钱""月椿钱""宽剩钱"，当时交税用钱钞。每项税记载为若干文钱。夏税有夏绢、有锦、有布、有麦、有钱。秋粮收粳米及各项苗米。又有茶课、盐课、银课、酒课、醋课，都有一定的规定数额。大概所立的名目虽然多，应当也总归于轻赋税。

明朝从洪武年（1368～1399年）至万历年（1573～1620年）间，所列项目的官与民的所缴粮米、田亩数各有不相同。后奉上司命令，官与民的田、土地、山岭、水塘所征粮米及亩数，都以万历三十八年（1610）为定例，官与民的田、塘、土地、山岭原定额缴官与民的粮米为59951.17石，除掉优待免征粮米外，实编定征59011.5石。累计派征折色银子22013.6267两，全部是秋粮。

清代田赋除征收田租、丁口银外，还征收实物稻米，大部分通过水道北运，故称漕粮。还有一部分原解江南仓米，后改抵本省兵粮，故称南米或兵米，其中七分折银征收，三分仍征收稻米，除征税之外，还加征副米、耗米（乐安漕粮南米免征）。清代的财政收入，主要是地丁钱粮。同治二年（1863），乐安县的地丁粮征收额银为39352.6395两。当税银35两，牛税银19.6两，牙税银355两，茶课税银4.5两，纸价银0.0999两。所征收的银两均全部上解，县一级无支配权。

民国时期，财政收入仍以田赋为主。民国初期，县地方财政尚不健全，县级财政未曾建立。县地方财政收入主要以田赋附加为大宗，其次为杂捐杂税收入、屠宰税附加、公产、学产及房铺捐收入等。

民国26年（1937），乐安县属省的田赋正税收入57500元，契税122元，普通营业税8976元，屠宰税1821元；属县的地方财政收入包括：（1）田赋附加51510元；（2）屠宰税附加1200元；（3）公产收入380元；（4）学产收入1801元；（5）房铺捐912元；（6）杂项收入24284元。合计为78466元。

民国28年（1939），为了适应抗日战争需要，县地方财政，除普通预算收入外，又增加了一种"非常时期临时收入"。当时乐安县财政收入分成三种类型：田赋捐税、普通收入、非常时期临时收入。

民国28年(1939)乐安县地方财政收入概算表

表1-1　　单位:元

属省:田赋捐税		属县:普通收入		属县:非常时期临时收入	
项　目	金额	项　目	金额	项　目	金额
田赋地价税	96412	田赋附加	48960	普遍预算岁出节减经费	2350
契税	2310	公产收入	380	殷富乐捐	48000
普通营业税	8976	学产收入	190	增加田赋附加	5440
屠宰税	9072	房铺捐	812	特产捐(米、谷、纸、木、竹)	2000
牙当税	140	杂收入	12204		
烟酒牌照税	1000	省库补助费	12052		
合　计	117910	合　计	74588	合　计	57790

民国29年(1940),原属省的屠宰税改为省、县分成,即78%留县,22%解省,取消全省殷富乐捐项目。当年,乐安县财政收入129万元(法币)。

民国30年(1941),实行新县制,县地方财政改为自治单位后,乐安县开始建立了独立的财政。乐安县财政收入为税课收入73759元,惩罚及赔偿收入240元,规费收入4032元,代办项下收入6912元,租金使用费及特许费收入1620元,中央及省补助业务教育经费4137元,其他收入15478元,合计106178元,另外省库补助金133000元。

民国31年(1942),县级预算收入范围扩大,项目增多,有课税收入(包括营业税、土地税、印花税、契税、遗产税、土地改良税、屠宰税、营业牌照税、使用牌照税、筵席娱乐税、财产租赁税、行为取缔税)、工程收入、信托管理收入、罚款及赔偿收入、财产销价收入、规费收入、营业盈余及事业收入、遗产收入、特别课税收入、县级公粮收入、财产孳息收入、国关税附加、造产收入、自治税课收入、地方捐赠收入、其他收入、补助收入共17项。但由于物价上涨,财政收入数字也相应增大。

民国34年(1945),中国人民经历八年浴血奋战的抗日战争终于取得胜利,为了庆祝抗日战争的胜利,中央政府决定全国免征田赋一年,乐安县与其他县一样,当年免征田赋。

1942~1945年乐安县地方财政收入表

表1-2　　单位:法币(万元)

年　份	1942	1943	1944	1945
财政收入	725	793	3884	37046

中华人民共和国成立后,乐安县地方财政收入是以农业税及工商税为主,之外尚有企业收入、专项收入和其他收入。乐安县地处江西中部,是个农业县,经济不发达,财政收入与农业息息相关。20世纪50年代乐安县财政收入主要来源于农业税,1955年乐安县农业税收入,占县财政收入53.5%,工商税收入占39.5%,随着国民经济和工商企业逐步发展,以及国家对农业税实行稳定负担,增产不增收的政策,工商税收入比重逐渐上升,农业税逐步下降,2012年工商税收入比重为68.4%,农业税(耕地占用税、契税)收入比重8.2%,专项收入比重2.5%,行政事业收费收入比重12.3%,罚没收入比重1.3%,国有资本经营收入比重5.4%,国有资源有偿使用收入比重1.9%。

1951~2012年,乐安县财政收入累计210641.5万元。其中:工商税收入实现114867万元,占总收入54.53%;农业四税实现37192.2万元,占总收入17.66%;企业收入实现673万元,占总收入0.32%;专项收入实现4465万元,占总收入2.12%;行政事业性收费收入实现26358万元,占总收入12.51%;国有资本经营收入实现9658万元,占总收入4.59%;罚没收入实现12083万元,占总收入5.74%;国有资源有偿使用收入实现2007万元,占总收入0.95%;其他收入实现3338.3万元,占总收入1.58%。

1951~2012年,60余年乐安县财政收入总的情况是好的,呈曲折上升趋势。20世纪70年代之前,财政收入进度均为“上四、下六、七死、八活、九翻身”的现象,到80年代,“改革开放,搞活经济”之后,则达到“时间过半、任务过半”之要求。到2005年,农业税取消,特别是随着改革开放的不断深入,各地大力招商引资,创办工业园区和房地产业兴起,财政收入以各种税收收入为主要收入,专项收入和其他收入的比重随之不断变化。形成“土地是第二财政”之说。财政收入做到“第一季度开门红,第二季度双过半,第三季度攻坚战,第四季度关好门”的格局。该篇主要参照《2012 年政府收支分类科目》,结合乐安事实发生的财政收入,分别志述。

1951 ~2012 年乐安县财政收入分时期汇总表

表 1 -3

单位:万元

时期 \ 项目	财政总收入	农业四税	工商税收入	企业收入	专项收入	行政事业性收费收入	罚没收入	国有资本经营收入	国有资源有偿使用收入	其他收入
合　计	210641.5	37192.2	114867	673	4465	26358	12083	9658	2007	3338.3
经济恢复期间(1951 ~1952)	0.5	0.2	—	—	—	—	—	—	—	0.3
“一五”期间(1953 ~1957)	197	84	88	2	—	—	—	—	—	23
“二五”期间(1958 ~1962)	966	394	334	208	—	—	—	—	—	30
经济调整期间(1963 ~1965)	667	269	335	52	—	—	—	—	—	11
“三五”期间(1966 ~1970)	1295	551	514	222	—	—	—	—	—	8
“四五”期间(1971 ~1975)	1604	558	934	108	—	—	—	—	—	4
“五五”期间(1976 ~1980)	2070	582	1422	48	—	—	3	—	—	15
“六五”期间(1981 ~1985)	2867	679	2093	-26	—	—	17	—	—	104
“七五”期间(1986 ~1990)	6890	1091	5122	114	74	—	184	—	—	305
“八五”期间(1991 ~1995)	11104	2659	6357	57	134		314	—	40	1543
“九五”期间(1996 ~2000)	17612	6292	9471	-52	138	227	651	—	150	735
“十五”期间(2001 ~2005)	19203	6991	9433	-60	385	596	1568	—	—	290
“十一五”期间(2006 ~2010)	71693	11742	33618	—	1669	11716	7901	4118	675	254
“十二五”期间(2011 ~2012)	74473	5300	45146	—	2065	13819	1445	5540	1142	16
占财政总收入比重(%)	100	17.66	54.53	0.32	2.12	12.51	5.74	4.59	0.95	1.58

1951 ~2012 年乐安县财政收入分大类统计表

表 1 -4

单位:万元

年度	财政总收入	农业四税	工商税收入	企业收入	专项收入	行政事业性收费收入	罚没收入	国有资本经营收入	国有资源有偿使用收入	其他收入
1951	0.1	—	—	—	—	—	—	—	—	0.1
1952	0.4	0.2	—	—	—	—	—	—	—	0.2
1953	19	—	16	—	—	—	—	—	—	3
1954	17	—	12	—	—	—	—	—	—	5
1955	43	23	17	—	—	—	—	—	—	3
1956	62	32	21	2	—	—	—	—	—	7
1957	56	29	22	—	—	—	—	—	—	5
1958	128	40	51	29	—	—	—	—	—	8
1959	229	95	74	58	—	—	—	—	—	2
1960	258	93	74	74	—	—	—	—	—	17
1961	161	86	48	26	—	—	—	—	—	1
1962	190	80	87	21	—	—	—	—	—	2
1963	205	84	99	17	—	—	—	—	—	5
1964	224	92	113	16	—	—	—	—	—	3
1965	238	93	123	19	—	—	—	—	—	3
1966	241	109	104	27	—	—	—	—	—	1
1967	231	109	100	20	—	—	—	—	—	2

续表1－4

年度	财政总收入	农业四税	工商税收入	企业收入	专项收入	行政事业性收费收入	罚没收入	国有资本经营收入	国有资源有偿使用收入	其他收入
1968	259	111	106	40	—	—	—	—	—	2
1969	281	110	98	72	—	—	—	—	—	1
1970	283	112	106	63	—	—	—	—	—	2
1971	229	112	138	－21	—	—	—	—	—	—
1972	361	113	170	76	—	—	—	—	—	2
1973	340	111	195	33	—	—	—	—	—	1
1974	334	111	212	11	—	—	—	—	—	—
1975	340	111	219	9	—	—	—	—	—	1
1976	332	113	229	－10	—	—	—	—	—	—
1977	366	113	238	12	—	—	—	—	—	3
1978	411	110	284	14	—	—	3	—	—	—
1979	479	126	346	6	—	—	—	—	—	1
1980	482	120	325	26	—	—	—	—	—	11
1981	493	124	339	19	—	—	—	—	—	11
1982	478	118	338	17	—	—	—	—	—	5
1983	485	142	389	－55	—	—	9	—	—	—
1984	608	146	441	1	—	—	6	—	—	14
1985	803	149	586	－8	—	—	2	—	—	74
1986	978	144	789	－29	2	—	10	—	—	62
1987	1128	171	909	－23	46	—	13	—	—	12
1988	1357	189	1065	62	2	—	18	—	—	21
1989	1587	280	1181	15	2	—	57	—	—	52
1990	1840	307	1178	89	22	—	86	—	—	158
1991	1777	320	1177	－131	23	—	104	—	—	284
1992	1936	365	1240	－67	24	—	69	—	—	305
1993	2178	381	1502	－58	31	—	63	—	—	259
1994	2238	737	1071	160	33	—	24	—	15	298
1995	2875	856	1367	153	23	—	54	—	25	397
1996	3048	1237	1655	－10	25	—	15	—	25	101
1997	3657	1366	2044	－10	—	—	124	—	35	98
1998	3775	1220	2161	－10	33	156	70	—	45	100
1999	3582	1189	1846	－10	37	35	206	—	45	234
2000	3550	1280	1765	－12	43	36	236	—	—	202
2001	3972	1325	1978	－12	43	50	487	—	—	101
2002	3879	1995	1456	－12	53	25	271	—	—	91
2003	4021	1876	1720	－12	64	73	249	—	—	51
2004	3359	1152	1911	－12	101	116	75	—	—	16
2005	3972	643	2368	－12	124	332	486	—	—	31
2006	6211	420	3869	—	173	747	943	—	—	59
2007	9336	1570	5266	—	248	1169	973	—	90	20
2008	12050	2684	6420	—	328	1331	603	571	24	89
2009	18207	2068	7407	—	260	5155	1916	957	422	32
2010	25889	5000	10656	—	660	3314	3476	2590	139	54
2011	36009	2129	18844	—	1096	9091	963	3447	423	16
2012	38464	3171	26302	—	969	4728	482	2093	719	—
合计	210641.5	37192.2	114867	673	4465	26358	12083	9658	2007	3338.3

第一章 税收收入

税收收入是指国家依据其政治权力向纳税人强制征收的收入,它是最古老,也是最主要的一种财政收入形式。国家按照预定标准,向经济组织和居民无偿地征收实物或货币所取得的一种财政收入,是国家预算资金的重要来源。税收具有强制性、无偿性和固定性三大特征。税收对经济社会运行和资源配置都具有重要的调节作用,税收历来是国家财政收入的主要来源,目前我国财政收入中绝大部分都是依靠税收收入而取得的。

第一节 农业税收入

农业税收入,是指农民耕种的田、地、山、塘所取的农作物收入,按照规定,对农民征收部分实物或代金,包括历代的田赋(古代折征铜钱、花银或币值)以及与此引发井田中的公田,需要人力耕作,因而对人丁征力役,对田地征赋税,这是亦赋亦役,就是古代国税的总称。赋是指田赋,役是指力役,历代王朝,都是以此两者,作为征税对象,一是税源稳定,不易断流;二是税额集中,收入固定,不致流失。自虞夏时,贡赋备矣。这种贡赋的输纳,就是当时的最早财政收入形式。尽管朝代更换,赋额多变,田赋收入一直占重要地位,而且沿用时间最长,直至中华人民共和国成立后,1951 年称农业税,群众习惯叫公粮,及至 1983 年 11 月 12 日颁布的农业特产税,1987 年 4 月 1 日开征的耕地占用税和 1951 年 8 月 9 日公布的契税,统称农业四税。2005 年取消农业税,从而结束了农民种田交税历史。至此,农业税(田赋)退出了历史舞台。

1950~2012 年乐安县农业四税分项统计表

表 1-5

单位:万元

年度	农业四税收入合计	其中			
		农业税	农业特产税	耕地占用税	契 税
1950	—	—	—	—	—
1951	—	—	—	—	—
1952	0.2	—	—	—	—
1953	—	—	—	—	—
1954	—	—	—	—	—
1955	23	23	—	—	—
1956	32	32	—	—	—
1957	29	29	—	—	—
1958	40	40	—	—	—
1959	95	95	—	—	—
1960	93	93	—	—	—
1961	86	86	—	—	—
1962	80	80	—	—	—
1963	84	84	—	—	—
1964	92	92	—	—	—
1965	93	93	—	—	—
1966	109	109	—	—	—
1967	109	109	—	—	—
1968	111	111	—	—	—
1969	110	107	3	—	—
1970	112	110	2	—	—
1971	112	109	3	—	—
1972	113	109	4	—	—

续表1-5

年度	农业四税收入合计	农业四税			
		农业税	农业特产税	耕地占用税	契
1973	111	108	3	—	—
1974	111	108	3	—	—
1975	111	108	3	—	—
1976	113	110	3	—	—
1977	113	110	3	—	—
1978	110	107	3	—	—
1979	126	120	6	—	—
1980	120	115	5	—	—
1981	124	117	7	—	—
1982	118	108	10	—	—
1983	142	129	13	—	—
1984	146	134	12	—	—
1985	149	136	13	—	—
1986	144	129	15	—	—
1987	171	144	26	1	—
1988	189	166	20	3	—
1989	280	248	30	2	—
1990	307	254	51	2	—
1991	320	251	66	2	1
1992	365	272	90	2	1
1993	381	249	130	2	—
1994	737	504	223	7	3
1995	856	488	359	6	3
1996	1237	719	501	12	5
1997	1366	723	623	12	8
1998	1220	653	527	12	28
1999	1189	617	526	1	45
2000	1280	594	666	1	19
2001	1325	475	805	3	42
2002	1995	1285	667	—	43
2003	1876	1655	155	—	66
2004	1152	779	156	—	217
2005	643	—	280	33	330
2006	420	—	—	35	385
2007	1570	—	—	215	1355
2008	2684	—	—	305	2379
2009	2068	—	—	280	1788
2010	5000	—	—	520	4480
2011	2129	—	—	706	1423
2012	3171	—	—	1960	1211
合计	37192.2	13226	6012	4122	13832

一、田赋

田赋,也就是农业税,据史料记载,始于春秋时期鲁国的"初税亩",到汉初形成制度。是按农村户籍、人事、土地征收的各种赋税的合称,为新中国成立以前历代王朝和政府财政收入的主要来源。乐安县的田赋,自宋绍兴十九年(1149)建县始,依朝廷(中央政府)法令征收和上解。新中国成立后,按中央人民政府政策法规征缴。

(一)宋代田赋

宋代田赋可分五类:一曰公田之赋(又称官田之赋),即官庄屯田、营田等赋。二曰民田之赋,即百姓所有田之赋。三曰城廓之赋,即宅税、地税之赋。四曰丁口之赋,即百姓岁输之身丁钱米。五曰杂变之赋,牛革蚕盐之类。征税的期间,依照两税法,夏税以正月一日起,秋税以四月一日起,即四十五日完毕。

宋代,初时沿用南唐的赋税制度。田赋额以每亩均在一斗上下,后又改南唐的两税制,并非依据田土户凭证收税赋,而是实行按土地多少及等级缴纳的田赋制。征于国有土地的称"官田之赋"。夏税征钱,秋税征米,反过来将实物折钱纳物。以土地规定税数,只作中、下二等。中田一亩,夏税钱四文四分,秋米八升;下田一亩,钱三文三分,米七升四合。熙宁五年(1072)田赋制度改革,实行"方田均税法",将田分五等,制定田地籍,以此课税。除此之外,还有城廓之赋,即城市店宅和园地的税收,包括房屋税、地基税;丁口之赋,即人头税,百姓每年缴纳的身丁钱米;杂变之赋,即正税之外的苛杂税赋,如牛皮钱、蚕、盐钱等。之外,还有支移、折变、和籴、和买之制。工商税制度也更为复杂,盐法、茶法、酒课、坑冶之课、商税、市易、均输、无名课派等。

南宋,以筹措军费为理由的税目得到恢复和推行,附加税日渐加重。权添酒钱、量添田牙税钱、官员请俸头子钱、楼店增三分钱、无额钱、钞旁定额钱以及月桩钱、版账钱为应纳之税。其时,还沿袭了北宋时期的经总钱征法,即先征头子钱30文,其中15文充经制钱,7文充总制钱,后又征耆户长雇钱、抵当4分息钱、转运司移用钱、勘合朱墨钱、常平司7分钱、人户合零就整二税钱、免役一分宽利钱、官门不减半分钱、民户增三分役钱等等。

两宋期间,百姓日常必须生活资料盐、茶、酒等被垄断。控制生产,实行专卖(在王安石以后改为民贩收税)。南宋景定时(1260~1264年),赋税征收采用"景定推排之法",即以县统都,以都统保,重新确定田亩赋税,名曰"伎民有定产,产有定税,税有定籍",实质寸木皆税。

(二)元代田赋

元朝行于江南的田赋制度基本上沿用了宋朝的旧制征夏、秋两税,称"夏税秋粮"。秋税征粮,夏税按秋税所征粮额,分摊实物或钱钞。而税率,则按"田地有高低,纳粮底则二三十等,不均匀一般",按产量定率。至元时,每户户钞增至中统元宝钞2贯,相当中统交钞2两。至元十六年(1279),全科户每丁粟三石,驱丁粟一石,减半户每丁粟一石。其时,人户又分全科户、减半科户、协济科户(指贫困户),其丁税粟一石;新交参户,即没正式列入户籍的新收户,其丁税第一年纳粟五斗,第二年一石,第三年一石二斗五升,第四年一石一斗,第五年一石七斗五升,第六年纳全科每丁粟二石之税;儒、僧、道户不纳丁税,军、站户免丁税。至元十七年(1280)重定诸科征列时,每亩地税卖三升。至元十九年(1282),秋粮依宋制,夏税钱折输棉绢杂物。元贞二年(1296),粮一石或输钞三贯、二贯、一贯或一贯500文、一贯700文。后每石正税粮,增纳钱三贯。其时,江西行省及湖广行省因大解征秋粮,课税额已足,免征夏粮,但秋粮征率在每石三贯四钱以上。秋粮附加税先是鼠耗每石三升,分例四升,后分例为7升。大德年间(1297~1307年),百亩以上的民户除按率纳赋外,还另加征助役费,即助役粮。至治年间(1321~1323年),斗加2升,并实施"各验其户之上下而科焉"的户税丁,又叫科差制,"每户折支统钞五钱",供诸王、公主、驸马得分地者,谓之"江南户钞"。泰定二年(1325)朝廷诏除江南差科包银。

(三)明代田赋

洪武元年(1368)始著为令,每男丁一丁编银一钱二分六毫四丝六忽一微二纤;每妇女一口,编银六厘五毫六丝二忽六微五纤。优免人丁,每丁编银六分三厘七毫三丝一忽五微八纤,此丁钱之始也。洪武九年(1376),令银一两,钱一千文,钞十贯,皆输米一石,始定以米麦为本色,诸折纳税粮为折色,即缴米的称"本色",折征的称"折色",命民以银、钞、钱、绢代输,愿支粟者亦可,即实物税与货币税并行,田赋之外,课于丁口者曰役,十六岁叫成丁,成丁要服役,六十岁以后免役,也有以官职地位而免役的。役分三种:按户计算的叫"里甲",按丁计算的叫"徭役或均徭",临时差遣的叫"杂泛"。明太祖平江西,定赋役法,以徭役不均,命造黄册,备载各户赋役,每十年调整一次,黄册一式四份,省、府、县各一份,报户部一份,簿册分旧管、新收、开除、实在四栏,称"四柱清册",册面黄纸,故称"黄册"。洪武二十年(1387)

对全国田亩进行丈量，查勘天下土地，而将其田，坐落所在地、形状、丈尺及田主姓名等等，尽编册籍，名为鱼鳞册。鱼鳞册就是土地底册，凡人民买卖土地时必须报告官厅、而行税契过割，以防产生税存之弊，其田赋制，《明史·食货志》记载最详，“明太祖，准黄册以人户为经，以田为纬。鱼鳞册以田为经，以人户为纬。”册之目有丁有田，丁有役，田有租，租曰夏税，曰秋粮，凡二等，夏税无过八月，秋粮无过明年二月，夏税曰米麦，曰钱钞，曰捐。秋粮曰米、曰钱、曰绢。人户之丁粮有消长，而田无消长，按田起赋，按赋著役，自弘治至万历，屡有更易，夏税之米，唯江西两广行之。正统元年(1346)副都御使周铨，请于南畿江浙，湖广不通舟楫，折收布绢白银，解京充俸，于是定折色之制，米麦一石，折银二钱五分，谓之“金花银”是折色之始。

明初，沿用唐、宋两税名称，叫夏税，叫秋粮，一般是“官田亩税五升三合五勺，民田减二升，租田八升五合五勺，芦地五合三勺四抄，草塌地三合一勺，没官田一斗二升”。在实际征收过程有轻重不同之分，如江南地区，收税较重，“每亩四、五斗，七、八斗至一石以上”。都是以征当地所产实物为主，以后丝、麻、绵成为田赋的附纳品目，后又征及绢与麻、帛布。

成化八年(1472)，朝廷定江西为有漕省，将秋中的部分粮食，用船运往京师供官、军等食用，是为“漕粮”，其时全省有61个县，定为有漕县，第二年推广到70多个县。

洪武二年(1369)，典史丁与贤上书申奏免征漕税获准，乐安是免征漕粮的县。

一条鞭法就是化繁为简，把徭役与地税合并，按亩征纳，将繁复的赋役项目合编为一条，故称为“一条编”，后演变为“一条鞭”。此法首创于浙江巡按御史庞尚鹏，其后隆庆二年(1568)，江西巡抚刘光济试行于辖区，为简化税制，推行“一条鞭”法。万历九年(1581)张居正任内阁首辅后，颁布一条鞭法，即把原来按户、丁派役的办法改为按照丁粮派役，或丁六粮四，或粮六丁四，或丁粮各半，然后再与夏秋两税和其他杂税合编为一条，无论粮税差役，一律改为征银，差役统一由政府雇人充当。据明代史记其内容是：总括一县之赋役，量地计丁，丁粮输于官，一岁之役，官为佥募，力差则计其工食之费，量为增减，银差则计其缴纳之费，加以增耗，凡额办派办京库岁需与存留诸费，以及土贡方物，悉并为一条，皆计亩征银，折办于官，故谓之“一条鞭”法，即赋税合一，按亩计税，以银缴纳。一条鞭法，先在南、新两县试行，次年遍及全省。自明万历通行天下，把数十年相传的粟米、帛、力役种种征税，现一律总括而为一项，法简而民便，这就是我国田赋史上一次变革。

嘉靖年间，乐安浮粮虚税自洪武以来，积弊日深。“问乐安钱粮，积欠一十三万有奇。……而所以致此。罪者其弊有二：一曰钱粮虚浮加额；一曰均平加派逾常。”以致“入监联索，几百十人。污秽成疾，死苦百端；痛痡彻髓，正仰哺求活之日也。”形成了严重的社会问题。

万历四十六年(1618)，边防事急，辽兵作乱，军饷加派，亩加三厘五毫，明年复加三厘五毫，明年又再复加二厘，通前后为九厘地亩捐遂为岁额。明赋田、地、山、塘，每亩既征官米，又征民米，亩征折色粮银，又征四差银，里甲(按户服役)均徭(按丁服役)驿传(以驿通讯)和民兵四种，称之四差，均按劳役编成银两计征。

明朝年间，县府是基层税赋征收单位，除知县之外，县丞协助知县管理财政，负责包括田赋在内的商税、房契税、盐课、门摊税、僧道度牌税、酒醋税、罚收入、户口食盐钞及部分渔课等的征收、上解和朝廷规定的开支。

各种摊派标准：夏税麦每石派粮银六钱。农桑柘每根派粮银二厘五忽一微七纤；钞，每贯派银五厘。秋粮官米每石派粮银二钱六分七厘二毫二丝四忽五微四纤。秋粮民米每石派粮银三钱九厘二毫四丝三微九纤；四差班匠银一钱八分二厘九毫七丝七忽七微二纤。优免差米每石派里甲匠班银六分六毫四丝四忽六微。人丁，每丁派四差盐钞班匠银一钱五分四厘三毫三丝六微五纤。优免人丁，每丁派盐钞银六分五厘二毫三丝六忽四纤。妇女，每口派盐钞银四厘五毫九丝一忽四微四纤。

差役征收项目：差役大致分税粮、里甲(按户服役)、均徭(按丁服役)、驿传(以驿通讯)和民兵五种。后四种又称为“四差”。均按劳役编成银两计征。大款套小目，计算项目繁多，单大类就有123种，难以一一详述。

（四）清代田赋

清初，沿用明制，按人丁计算收税，仍收丁税，但是按人丁收税，常有隐瞒现象，不易清查，朝廷原规定五年编审一次，但始终得不到正确人数，康熙二十四年(1686)调查全国人口，总数为二千三百四十一万七千四百四十八人。二十五年后，康熙五十年(1711)再调查时，全国人口总数仍只有二千四百六十二万一千三百二十四人，无甚增加，因此康熙五十一年(1712)下诏各省“续生人丁、永不加赋”，其原诏如下:“奉天承运、皇帝诏曰,朕览多省备查,人丁数目,并未将加增之数,尽行开报,应今直省督抚,将现今钱册内有名丁数,勿增勿减,永为定额,其自后所生人丁,不必征收钱粮,编查时,只将增出实数审明,另造清册题报,朕欲知人丁之实数,不在加增钱粮也。”然九厘银,仍征未改,本图之人,补本图里,谓之“丁不过图”。雍正五年(1727)江西所属丁银,拨入地亩屯银完纳,每年匀摊一次。至乾隆十一年(1746)始停止编审妇女,三十一年(1766)复停止编审人丁,于是丁总于地,每地赋一两,摊入丁银二钱二厘,嗣后逐渐摊行各地,地丁两赋,合而为一。自此以后,历经乾、嘉、道、咸、同以至于宣统等帝,均无甚变更,其漕米正兑粮运,京仓设兑、粮运通州仓,冬兑冬开,江西漕船,限以二月过淮,六月到通,十月回空。自是遂停止漕运,漕粮改折银两,称“米折”,每漕米一石,折银一两三钱解户部,而征收浮数,日益增多。咸丰十一年(1861)奉令地丁一两,定价收钱二千四百文,其时价值为银一两四钱八分三厘。同治元年(1862)奉文地丁一两征银一两五钱,解藩(省)库正银一两,耗银一钱,随解津贴军饷银一钱,其余以一分为藩司办公经费,以五分为本府办公经费,以二钱四分为本县官吏火耗,解兑办公等费,其时两江总督曾国藩、江西巡抚沈葆桢,合疏整顿钱粮,请丁漕两项,一律折收制钱,由官易银解兑。每地丁一两,连加一耗羡,即官府征收赋税时,加征“火耗”手续费、杂费。征粮时,加雀鼠耗米。征银时,加火耗费,将碎银铸成大锭。征铜板时,加绳索费,原定正杂税款抽百分之十,但都超过,火耗之增,日甚一日,官吏加派私征,又名“养廉银”,折收足钱二千四百文,漕米一石,折收足钱三千文,除解部外,悉留充本省及各州县办公之费。尔后,银价渐昂,以钱易银,不敷支解。同治七年(1868),巡抚刘坤一奏请每米一石,改收银一两九钱,仍以一两三钱解部,二钱七分提充本省公费,其余均由各州县留支,行之五、六年,银贵为故。同治十二年(1873)左都御史,以违例加征入告,部议地丁每两,仍照旧制,加钱二百文,计核征收,不准再有浮溢,俟银价平减,仍照原定钱数折征。至光绪二十七年(1901),筹解新定赔款,每地丁一两,加收亩捐钱二百文,漕米一石,加收亩捐钱三百文,兵加屯粮征,如地丁数,兵米征如漕米数,每钱千文,折钱七钱六分,由各州县易银解司,奏解新定赔款之用。光绪三十三年(1907),改为征钱解钱,名曰“粮捐”。

乐安县清朝田赋,仍按明制缴纳,其田赋征收制度,尽管历代王朝诸多更换,但田赋都是由地亩银、丁口钱组成。

同治年间,田地山塘赋税,均按等则征收,每亩计税标准不同,赋税自然各异,田分四则(含新增田),地分三则,山分六则,塘分三则,计开田地山塘赋税。

同治二年(1863),钱粮征额计有:

田:7466 顷 94.74 亩,每亩实征银四分九厘九毫二丝九忽八微二纤,共征银 37272.334 两。

地:281 顷 34.1 亩,每亩征银一分二厘四毫四丝八忽四微四纤,共征银 474.711 两。

山:711 顷 94.1 亩,每亩征银六厘七毫二丝四忽九微三纤,共征银 478.7753 两。

塘:225 顷 68.06 亩,每亩征银四分九厘九毫二丝九忽八微二纤,共征银 1126.8192 两。

以上田、地、山、塘共 8785 顷 91 亩,共征银 39352.6395 两。

丁口银是对人口征收赋税,所谓男丁女口,丁口银之征,起自明朝,初时征收标准规定:每一男丁编银一钱七分四厘七毫七丝一忽二微八纤,每一妇女钱四厘五毫九丝一忽四微四纤。

清承明制,康熙五十一年(1712)诏令以五十年(1711)编审丁册,定为常额,“续生人丁,永不加赋。”康熙五十五年(1716)实行“摊丁入亩、地丁合一”的田赋制度。

清朝,乐安县实编完赋人丁,原额人丁妇女 41874 丁口,内优免人丁 658 丁(各派征不等),新增 100 丁口,实编妇女共 41974 丁口,实编银 2024.7973 两,原额人丁 27618 丁,每丁编银 0.07224456 两,新增人丁 74 丁,实编人丁 27692 丁,共编银 2000.612 两。顺治十四年优免人丁奉文不准优免。雍正初年,全国各地先后推行摊丁入地,江西省采取以全省人丁银总额,均匀摊入地亩银办法,于雍正五年(1727)奉文摊派。

江西地丁正银,系对地粮丁粮而言,清制地分一、二、三、四则,科则各异,丁粮向系按丁征粮,乾隆已停编审人丁,于是地粮丁粮合而为一,既有地丁正银,又有折色物料、本色物料、兵折兵加、随漕等项,折色物料,系颜料改折之款,由各属于批解地丁时,尽先提解司库。本色物料,系指甲子库之银珠、紫草、五倍子,丁字库之桐油是也,自停办后,折价解库,兵折兵加则分济造,济运裁兵余剩三项,每米一石,折银六钱,兵加按照兵折,米每石折银六钱之外,加银二钱,以兵米折色之有余,抵补余租之不足。随漕向分七项一曰三六轻赍,二曰淮安仓二升折银,三曰芦席板片银,四曰过湖银,五曰脚耗银,六曰协济各卫旗军营，七曰剥浅银，原系拨归漕运项下，后又于地丁内并征，悉数解库，又有坐支银、驿站银，均在地丁内并征，起解时，扣除若干存留办公，为支给廉俸役食孤贫口粮等项之用，额征不加，取征额内，此外于地丁正银外，每两另征加一耗羡，于起运项下，又另派随解提补捐款，练兵经费四分，学堂经费四分，府公费五分。火工则随所解之银而定，多寡不一，此则征之于"平馀"也。其征收方法，向系征钱解银，地丁每两征银一两五钱内分正银一两，耗银一钱，提补捐款一钱，藩司公费一分，府公费一分，县公费二钱四分(倾熔火耗在内)，或直接征银或以钱折纳后因剔除藩司公费一分，实收一两四钱九分，定以钱折纳，计地丁一两征钱二千六百八十二文。

清朝顺治七年(1650)，全国岁钱银收入一千四百八十五万九千余两，岁出一千五百七十二万四千余两，出款比入款为多，时至乾隆朝代，是国家鼎盛之时，入多于出，库有余款，虽用兵多次，出款倍增，但收支两抵，还有余裕。乾隆五十六年(1791)，各省实征银四千三百五十九万两，实支银三千一百七十七万两，以收抵支，实余一千一百八十二万两，可见其时，财力之宽裕。道光咸丰以后，清朝由盛转衰，光绪时代海禁大开，外侮入侵，战争赔款，出款更是收不抵支。

(五)民国田赋

民国初期，田赋制度承自前清，田赋所包含的收入与清末相同。民国元年(1912)6月，将地丁、漕粮分别归并，凡属地丁范围的收入，无论正杂都名为地丁。按旧时总额每地丁银一两，折征钱二千七百文。民国3年(1914)遂改征银元，每地丁一两，征银元二元二角，又每两于征价外，另征手续料费银元七分。米折一石，征银元二元九角，又于每石征价外，另征手续料费银元六分。

清制款目繁多，民国当局，决意整顿，虽支离破碎，漫无系统，然而补偏救弊，仍属要务。(1)改用银元征收，前清田赋制度，纳银纳粮错综复杂，迄无标准。地丁银以两、钱、分、厘、毫、丝、忽、微、纤、沙计算，漕粮兵米，以石斗升合勺抄撮圭粟粒计算，勒扣挑剔，徇弊百生，1914年财政部通令各省完纳地丁漕粮，一律以银元计算，在币制未颁行前，所有折合办法，由部确定施行。(2)规范征收费用，前清田赋正供之外，又有"秤余""火耗"，而各县又有"局费""私费"等项，多系额外收取，形成陋规胶削民财。故民国3年(1914)，财政部明文规定，准于正额之外附加10%之征收费，嗣后即形成田赋之一部。(3)减轻偏重赋额，清代赋额，各地相差甚巨，人民困于重税，辄多滞纳，暂定银不得超一钱，米不得逾一斗。(4)取消遇闰加征，前清征收田赋，以闰月之有无，敲定征收之多寡，每逢闰岁，农民收入并未加多，田赋税加闰，增加负担，有失公平。到了民国，改用阳历，因无闰月，遂即取消，以示公平、公正。(5)筹议清丈田地，中国田地，向无正确统计，负担颇欠公平，民国3年(1914)以测量为始基，清丈为中积，登记为结果，嗣后，又有限制附加，豁免旧欠，整顿岁赋，实行土地申报等项，均是民国改革之要项。

民国16年(1927)8月，由省财政厅，划一丁米折价化零为整案，经省务会议决议，通令各县自文到之日起执行，地丁每两改征银元三元，米折每石，改征银元四元，其二、三限加价，催征经费手数料，仍照原定期限数目带任。至于屯粮一项，亦照地丁办理，所有附税串费及兵加兵折，商税等款，一律革除，其应征之地方附税，在正税15%范围内，酌定报厅核准征收，于是全省田赋款目，不致如前繁杂。当年，乐安县丁米额征数丁额银43780两，折合银元131341元，每亩平均税额0.1758元。

屯田缴费给照，免征余租，在未颁布新章以前，暂照旧章，每屯粮地丁一两，改征银元二元，余租照旧额折半征收，每实征银一两，改征银元二元，屯粮、丁米余租及渔课、芦课、湖课、河课、新型课、钞课等项，每两于征价外，另征手续料费，银元一角，此外，各县内于丁米正款定价外，另收的附加税，仍然照征，地丁每两收附加税银元一角四分，米折每石收征附税银元二角二分，后因增加中央专款，于兵杂项下，丁每两征附税三角，米一石征附税五角，这些附加税，以五成解中央，二成为省中学校费，三成留县。民国9年(1920)解部之丁米五成附税，国会决议停征，继因全省教育、实业两费增加预算，恢复丁米五成附税照征。

民国24年(1935)，江西省曾发布各县田赋废除银米两石名目，改称田赋折合银元，其办法共有十五条。(1)各县地丁、米折、屯粮名目，自民国24年(1935)起，一律废除，在未实行地价税以前改称田赋。(2)各种租课，暂照原章征收。(3)各县田赋仍照原来银米，科则折合银元，其正税率丁屯银以每两三元，米折每石四元折算，两数计算，则为全年应征税额。(4)田赋依照会计年度，分第一、第二两期，各半征收，第一期七月一日开征，第二期于十一月一日开征。凡田赋正税额不满一元者，并入第一期征收之。(5)两期田赋均自开征日起，至十二月底止为初限，次年一月为二限，二月为三限，逾期按正税分别加收10%、15%、20%滞纳罚金。(6)各县当年田赋项下附加税率，由省核定。(7)各县向来随银米每两每石为标准带征之附加税均照第一第二两期正税改为按银元带征，其折算办法如后。①附加税向照每银一两带征者，一律用“三”数计算，改照正税每银元一元，另行计算，作为新标准，例如保安附加税，原按正税百分之四十，现按三乘四十，每两征银元一元二角，再又以三除之，即应照正税每元改收银元四角。地方附加税原按正税百分之三十，每两征银元三乘三，每两征银元九角，今又以三除之，应照正税每元改收银元三角。②附加税，向照每米一石带征者，一律用“四”数折算，改照正税每银元一元，另作计算，作为新标准，例如保安附加税，原按正税百分之四十，每石征银元一元六角，今以四除之，应照正税每元改征银元四角。地方附加税原按正税百分之三十，每石征银元一元二角，今又以四除之，应照正税每元改收银元三角。③前项附加税，按两按石折算后，应合并计算，分一、二期随同正税征收之(例如某户全年应完保安附加税，银元二元八角，地方附加税二元一角，共计银元四元九角，则第一、第二两期各应完纳保安附加税银元一元四角，地方附加税银元一元零五分，余类推)。(8)第一、第二两期田赋照原有银米科则，折合银元时，一律暂以分为单位，分以下，四舍五入。(9)民间户粮过割，向皆以两石计算，一旦改照银元计算，为预防偶有错误，应由县政府在于实征册内，列入原征两石数目，俾便查考，惟串票内只需填列银元数目，以求简便。(10)各县田赋改两石为银元后，由省政府订出新串票，颁发刊用。(11)田赋经征费(即手数料)按正税征收3%。(12)串票暂分通知、执照、销照、存根四联，其式样另定之。(13)附加税分保安、地方两种，除保安附加税，因保安队经费由省库统一收支，应专款解省外，至于地方有自治，卫生教育、建设、财政及其他名目，现应化零为整，统称地方附加税，以资划一。(14)原民国23年(1934)以前旧赋，仍照原串票征收，所有规章悉照旧章办理。(15)上述通知文到日起执行。

民国时期，苛捐杂税，比比皆是，危及民生，其时江西国民党省长熊式辉不得不承认“以江西论，过去承军阀之割据，县自为政，即县辖之区，区辖之村，各自独立，政令难以畅通，在上既以敲剥为能事，在下则益肆其掊克，以致县有税、区有捐，甚至小学校长、公安局长亦可以巧立名目，自由勒派，今日一税，明日一捐，结果名繁目杂，莫知所向，致成见物即税，无人不捐之现象”。民国26年(1937)以来，战祸连年，地方不靖，田赋附加，日益增加，如保安经费、剿匪经费、清乡经费、保甲经费、自治经费等等均是为“攘外而安内”专设，均列入附税之内。

民国30年(1941)，田赋改征实物，乐安县成立田赋粮食管理处，属专业征收机构。次年下设五个田粮办事处。

田赋征收标准：初时是按正税一元，征实三斗，征购七斗，带征省级公粮一斗。在民国33年(1944)，改为实征四斗，征借六斗，带征省级公粮二斗。

征收折算方法：一市石折征稻谷108市斤。全县共有正税额银44000余两，按每额银一两折田赋正税三元计算，共计13.2万元。

民国34年(1945)，抗日战争胜利结束，田赋奉令豁免一年。

民国35年(1946)，田赋征收标准，原规定征实三斗六升，借征二斗，省级公粮一斗一升。但由于全县山岭重叠，交通极为不便，原先征储的存粮无法外调，霉烂变质极多。因此，田赋正税改收现金，也没有附加征借，只是省级公粮仍带征实物(稻谷)，一直到新中国成立前夕为止。

1941～1944年乐安县田赋征收稻谷派额与实收数

表1－6　　单位：市石

年份	1941	1942	1943	1944
派额	22456	97780	112700	93200
实收数	17224	86117	95907	53037

田赋与三征、积谷派额

1. 田赋及田赋附加

民国24年(1935)，江西省政府颁布之各县田赋，将原地丁、米折、屯粮、银米等名目，一律废除，统称“田赋”，照原有银米科则，折合银元，合并征收，自民国16年(1927)田赋由中央划归地方管辖，纳入省财政预算。田赋收入一直占地方预算收入重要地位。

1932～1939年乐安县田赋资料表

表1－7　　国币、法币:元

年度	田赋收入	年度	田赋收入
1932	52540	1936	48500
1933	66381	1937	57500
1934	19701	1938	69558
1935	45969	1939	96412

直到民国30年(1941),国民党八中全会决议,又将各地田赋改归中央接收,便于统筹,有利整理。

田赋附加税,起源于东汉灵帝中平二年,咸丰初年尤盛,其办法是按粮随征津贴,所征数目,不过百分之二、三,明朝时代的"火耗",乾隆时代的"平余",嘉庆时代的"漕折"都是附加税发展延伸。

(1)火耗。在明朝已有之,因由本色变成折银,讲求定制,将银熔火之时,必有折耗,因此征收火耗以补银色,折耗的数目,久而久之,顺理成章,一遇公事,加派私征,都以"火耗"为名,大小官吏,明分其款,加一耗羡定为正津,遂变为田赋附加。

(2)平余。始于乾隆除火耗羡余外,竟而百两提解六钱,名曰"平余",将戳头暗中加重,有每两一至一钱,有余者受剥小民,当局为求天平砝码之准确,制成划一之戳,勒属遵行,于是不法的"平余",成为法律上的"平余",成为了正式附加税。

2. 三征派额

国民政府昭示"有力出力、有物出物",于是民国30年(1941)将田赋改为实物征收,并以当年度田赋正税和附加税的合计额,每元折算稻谷二市斗,次年又将田赋每元折算标准提高到四市斗,这就是所谓"田赋征实"。而农民实际负担还不止此,征实之外,还有军粮征购与粮食征借,民国31年(1942)则征三购七,民国32年(1943)则征四购六,民国33年(1944)则征四借六,民国35年(1946)征实三斗六升,征借二斗,公粮一斗五升,民国36年(1947)其征比率,每元征实稻谷三斗、征借二斗,带征公粮一斗五升,民国37年(1948),每元赋额征实三斗,征借二斗二升五合,带征公粮一斗五升。于是粮食实行征实、征借、征购、带征公粮,三征并举,年复一年,从未间断。军粮征购先是按负担能力,派购军粮,以后,改为随田赋摊购,征购价格,低于市价,且不付现款,而以储蓄券或粮食库券支给之。粮食征借,实为当局向农民强行借粮,既无利息,又无还期,仅在交粮票据上加注,作为借粮凭证。征借之粮,全归中央。

3. 积谷派额

积谷之起,始于宋、元,沿革于清代,设有社、济两仓,统为备荒及救济民食之用,多为善举。

二、农业税

农业税(俗称公粮)是国家对一切从事农业生产,有农业收入的单位或个人,所征收的一种税。是国家按照税法规定,取得财政收入一种手段。

中华人民共和国成立之初,面临财政经济困难,首先新生的人民政权,必须巩固;革命战争必须进行到底,人民政府必须保证约占财政收入一半的巨大军费支出,消灭反动派,解放全中国,人民政府要迅速医治战争创伤,国家管理机构必须建立,行政经费相应需要增加,特别是人民政府,对于原国民党的旧职员和旧军队采取包下来的政策,这在财政上无疑是个沉重的负担。加之需要救济失业工人和灾民,以安定民心,同时还要拨出经费,抢修铁路,根治水利,发展农业,因此新中国起步之初,就十分注重财政管理工作,就十分强调税收的重要性,陈云同志在1949年8月8日上海财经会议上指出"目前要紧的有两件事,一是公粮要征得好,二是税收要整顿好"。"我们应该逐渐增加税收比重,努力收税,这是解决财政赤字的一种办法"。据此,安排公粮占概算收入的41.4%,占第一位,这项收入,主要是农民负担,同时安排税收收入,占概算中18.9%,占第二位,这项收入主要是工商业者负担,略低于公粮收入。

(一)农业税政策

江西省人民政府于1949年9月20日颁发《江西省1949年度公粮征收暂行办法》,这就是江西省解放后第一个公粮征收暂行办法,共有16条,其中主要内容公粮征收总额不得超过农民农业总收入的20%,公粮负担面不得超过全部户数80%,除灾区外,不得少于70%;为使各阶层人民负担公平合理,采用按照收入累进征收办法,人平不满稻谷75公斤者免征,75公斤以上,贫农之负担,只能占其农业收入的5%～8%,中农12%～18%;富农20%～30%;地主30%～40%;必要时可达40%以上,但最高不得超过50%;为了鼓励特产发展,对于种植花生、烟叶、苎麻、药材、果园、菜地、甘蔗者,可按种植谷物计征;棉花暂不开征,对经常有收益的茶山、油茶山、桐林、漆林、山岚、林地、蚕坡、竹园、藕地、瓜田、营业性的鱼塘、按其实际收入折粮计征,仅供家庭自用的不征，茶叶山减征1/3。为了奖励开荒、开熟荒免征一年，因遭天灾而外出开荒谋生者，熟地免征二年，开生荒免征三年。兴修水利者，三年以内，按原产量计征。为了照顾受灾人民其收获不足四成者免征；四成至六成者减半征收；收获六成以上者不减征；凡革命烈士及野战军人，均按其在家扣除稻谷150公斤后计征，参加分区基干团者，扣除稻谷125公斤计征；参加县区队者，扣除稻谷100公斤计征；地方干杂人员不扣除；为照顾贫困无劳动力的老弱病残孤寡，其负担经民主评议，经区政府批准，可酌减20%～30%。为了鼓励耕牛发展，对喂养户，可在其收入内，每头耕牛，扣除稻谷125公斤后计征；小牛不能用于生产者，扣除稻谷75公斤计征。合伙喂养者，分开扣除，但牧场或牛贩不扣除。

对租佃负担在未实行减租地区，佃户地主一九、二八、三七分粮，由地主全部负担，对对半和四六分粮者，地主负担七至八成，佃户负担二至三成；对正一九、二八、三七、四六分粮者，对方按收入之比例负担，定租地亦应算出成数按此原则负担，雇用农业雇工者，得在其收入内扣除雇工工资之半数后计征。

逃亡户以一口人计征，其收获粮有人代管者，由代管代交公粮；无人代管者，自耕部分由村公所代管并代交公粮；出租部分由佃户代管并代交公粮。

人口计算时不论男女老幼凡在本家生活者，均在本家扣一口人计算，不在本家生活者不计，常年在外经营工商业，不依靠家庭生活者不计，但雇工工人，教职员及其他雇佣劳动均计入；革命烈士、军人脱离生产的党政民供给制工作人员均应计入，常年寄居亲友家中计人口，但因灾荒出外谋生者，得在其本家计人口，国民党特务及土匪，在外继续祸害人民者，不得在家中计人口，但已经放下武器改过自新回家安业者均计入。

至于县村地方粮（即附加）就所征公粮数目以5%随征之，不足之数由县村公产学户补充，公柴公草另在田赋中附征代金。

1950年8月7日，中央人民政府政务院颁发了《新解放区农业税暂行条例》和《江西省1950年施行细则》。乐安县农业税的执行情况是：凡有农业收入的土地，除中央条例另有规定者外，均由其收入所得人缴纳农业税，凡乐安解放前荒芜及乐安解放后确因不可抗拒的原因而致荒芜者免征。但解放后，因怠于耕作而致荒芜或贪图垦荒免税之利益，而致荒芜的熟田均不免。垦种生荒地（1947年以前荒芜者）分别不同情况在三至五年免征农业税；垦种熟荒地（1947年以后荒芜者）分别不同情况在一至三年内免征农业税；在农业收入和农业人口的计算方面，农业收入的计算，是以土地的常年应产量为标准。凡因兴修水利，或其他方法改良土地因而提高常年应产量的，其常年应产量在三年内不改订；农林及其他特产按省细则规定品种及山货等收入，以产地批发价格折主粮。每户收入不足1000公斤者免征，1000公斤以上者，征6%以示鼓励。

农业人口的计算方法是，不以农业收入为主要生活来源者，不计人口；农户在家人口中有专营其他职业独立为生者，不计农业人口；农户中在外从事其他职业独立为生者，则其本人及随其出外生活之家属，均为非农业人口，以其他职业当作农村副业者，即在农闲时为之，农忙时又从事农业耕作者，其人口均作为农业人口计算；凡因去年及今年灾荒而暂时外出谋生者，在本家计算人口；凡原国民党部队官兵，已投入革命部队有确实证明者，仍按革命军人待遇在家计入人口；自辛亥革命以来凡从事人民革命事业，光荣牺牲确有证明者，均按烈士待遇。在税率与计征办法方面，以户为单位，按农业人口每人全年平均农业收入不超过75公斤稻谷者免征，本年度农业税的税率是采取起征点的全额累进，具体税率规定如附表：即设有40个税级，最高税率为42%，最低税率为3%。

凡是农业收入不能以人口平均计算者，依下列规定计征，学校的耕地收入，用以充作各自机关经费者，雇工经营的按其农业总收入7%计征；出租的则按其租额10%计征；公营农场按农业总收入的10%计征；祠堂、会业、寺庙、教会的耕地，自耕的按农业总收入的14%计征；雇工经营的，按其总收入25%计算；出租的，按其出租的40%计征；如系轮流耕种，或轮流收租者，其收入则与当年轮种户或收租户合并计征；清真寺的土地自耕征10%，出租按其实收租额征15%，出租土地分散几个地区，一般采取以人确定税率以地分头征收，如对于业主散居在各地收入一时不易弄清，则暂由各土地所在地政府按一人立户，依率计征。

1950年农业税率计征表

表1-8　　单位:公斤

税级	全家每人平均全年农业收入	税率(%)	税级	全家每人平均全年农业收入	税率(%)
	75以下	免征	21	615.5~655	23
1	75.5~95	3	22	655.5~695	24
2	95.5~115	4	23	695.5~745	25
3	115.5~135	5	24	745.5~795	26
4	135.5~155	6	25	795.5~845	27
5	155.5~175	7	26	845.5~895	28
6	175.5~195	8	27	895.5~945	29
7	195.5~215	9	28	945.5~995	30
8	215.5~235	10	29	995.5~1055	31
9	235.5~255	11	30	1055.5~1115	32
10	255.5~275	12	31	1115.5~1125	33
11	275.5~305	13	32	1125.5~1235	34
12	305.5~335	14	33	1235.5~1295	35
13	335.5~365	15	34	1295.5~1355	36
14	365.5~395	16	35	1355.5~1425	37
15	395.5~425	17	36	1425.5~1495	38
16	425.5~455	18	37	1495.5~1565	39
17	455.5~495	19	38	1565.5~1635	40
18	495.5~535	20	39	1635.5~1705	41
19	535.5~575	21	40	1705.5以上	42
20	575.5~615	22			

说明:本表起点75公斤依暂行条例第十一条的规定全县纳税户不及农业户90%者,得递降至60公斤,则第一级"75.5公斤~95公斤"应改为60.5公斤~95公斤

为了贯彻奖励劳动及照顾生产的原则,凡自耕地和雇人经营土地的收入为总收入者,每五十公斤作50公斤计算;出租地的收入为纯收入,每五十公斤作60公斤计算,佃耕地的收入为交租后的收入,实际低于总收入每五十公斤作40公斤计算,业主不收租的土地,其应纳税额,于收租前由佃户代交代运者,其义运里程的运费,由业主负担,交租时于租额中一并扣除。在调查征收和减免方面,纳税户的土地亩数,产量和人口,由乡(村)人民政府组织包括各阶层代表在内的,农业税调查评议委员会进行调查评议,并依条例规定计算各户应交税额,填造农业税清册,报县人民政府核定,农业税额全年一次计算、分夏、秋两季征收,为便利人民缴纳公粮,报请上级批准在山区折征一小部分现金。农作物收获后,由乡(村)人民政府根据县人民政府核定的税额,列榜公布,将应交粮食或税款,按期送交指定的收粮仓库,取得正式收据。运送里程,超过规定里程者,按规定补给运费,公粮征收谷价,必须符合干燥、洁净、饱满的条件,为当年所产"中等粮价"。如有调查不实,评议不公可以申诉,受灾经调查确实,依法减免。革命烈士家属、革命军人家属供给制工作人员家属和老弱、孤寡、残废等特别贫困户,经评议会评定,县人民政府批准,也可以减免其税额。

1951年的农业税征收,是根据中南区军政委员会1951年8月16日颁布的《中南区土地改革地区1951年农业税暂行条例》《中南区未土地改革区1951年农业税暂行条例》和江西省人民政府1951年9月15日《江西省人民政府关于土改区与未土改区农业税暂行条例施行细则》的通令,分别在全县土改与未土改地区进行的,在土改地区的税率与计征方法,仍以户为单位,按农业人口每人全年平均农业收入,不超过75公斤稻谷者免征,但它的起征点全额累进税率计算标准,则按如下规定:即有20个税级,最高税率为25%,最低税率为6%。

1952 年农业税税率计征表

表 1－9

单位:公斤

税级	全家每人平均全年农业收入	税率(%)	税级	全家每人平均全年农业收入	税率(%)
	75 以下	免征	11	335 以上不足 37016	16
1	75 以上不足 100	6	12	370 以上不足 405	17
2	100 以上不足 125	7	13	405 以上不足 440	18
3	125 以上不足 150	8	14	440 以上不足 475	19
4	150 以上不足 175	9	15	475 以上不足 525	20
5	175 以上不足 200	10	16	525 以上不足 575	21
6	200 以上不足 225	11	17	575 以上不足 625	22
7	225 以上不足 250	12	18	625 以上不足 675	23
8	250 以上不足 275	13	19	675 以上不足 725	24
9	275 以上不足 300	14	20	725 以上	25
10	300 以上不足 335	15			

生荒熟荒免征之划分,根据当年省细则规定为生荒(系指从垦种及虽经垦种又连续荒芜五年以上的土地)自垦种之年起,五年以内免负担;熟荒(系指虽经垦种,又连续荒芜三年以上五年以内的土地)自垦种之年起,三年以内免负担;除此以外,其他部分以及未土改区本年农业税暂行条例,均与 1950 年政务院颁布的新解放区农业税暂行条例相同。政务院又于 1951 年 6 月 11 日再次下达了关于 1951 年农业税收工作的指示,除重申应沿用《新解放区农业税暂行条例》执行外,又对省作了几点明确指示:(1)全国各地区农业税地方附加,不得超过正税 20%,可随农业税正税附征之。(2)各级人民政府必须严格依照中央人民政府政务院核准的税率计征,不得自由增加或减少。(3)依照土地改革法的规定,一口人或两口人的贫苦农民分得多于一口人或两口人土地,在计算农业税时,一口人的农户,得按两口人计算农业税人口,两口人的农户,得按三口人计算农业人口,以资照顾。

与此同时,江西省人民政府又发出了关于提早征粮的重要指示:(1)各阶层负担率,贫农不得超过其收获量的 6%;中农不得超过 15%;富农不得超过 25%;地主不得超过 40%;最多不得超过 50%。(2)对前颁布之合理负担办法,在实际工作中,执行起来必然会有许多困难,特别是对阶级成分,不易掌握(编者注:指新解放区,尚未土改),地富户约占全户的 8%,人口占 10%;以乡甚至以区为单位计算较为妥当,免征户不得少于全乡户口 20%,也不得多于 30%,其余则为中贫农等,要紧紧掌握这一大原则。若与此有出入,则成分的划分,必然有错误(最好不要另搞一套,应注意统一办法的具体执行),同时指示切实抓紧征粮工作,提早完成。11 月上旬应以征粮为中心工作,不可仍以减租减息或剿匪反霸为中心;11 月中旬将公粮任务分配到保;11 月底将佃户应负担数确定;12 月上旬立即将粮食运送入库;12 月底应将征收与运输工作绝大部分完成。只有少数特殊条件的地方,在一月份内完成。

乐安县人民政府认真贯彻执行了上述中央和省农业税征收政策,基本上胜利地完成了所属时期农业税征收任务。

1952 年,根据中央查田定产试行办法和省、专指示,结合乐安县具体情况,开展了查田定产运动,对全县土地进行了一次全面的清查。在查田定产中,经过丈量计算,全县查田定产结果,共有耕地面积 34078.4 公顷,比查田前 28683.3 公顷,多出 5395.1 公顷,占查田前的 18.8%。

在查田定产的基础上,从 1953 年起,乐安县农业税就一直根据查田定产产量和中南区土改区税率标准依率计征、依法减免,一次计算,按期入库的办法进行,自后农民缴纳农业税,心中有底,交粮米质好,完成任务快,自觉履行了交税的义务,体现了爱国的具体行动。

1956 年,对高级农业生产合作社实行单一比例税制,在征收税率上,则由原以户为单位变为以社为单位,按比例征收(根据查田定产产量,以户归社后,按 18% 的比例征收)手续简便,负担合理,大大地激发了农民生产积极性,促进了农业生产迅速发展。特别是调整农业税负担结果,使农业税税法统一了,尤其是将进行之二千余年的田赋改为按产量征收农业税是一项重大的改革,它对实行合理负担,促进农业生产的恢复和发展,都具有十分重要的意义。

1958年6月3日，毛泽东发布中华人民共和国主席令，公布《中华人民共和国农业税条例》，规定“农业税的征收实行比例税制”，全国平均税率规定为常年产量的15.5%。同日国务院关于各省、自治区、直辖市农业税平均税率的规定中，规定江西省农业税平均税率为15.5%。7日省人民委员会发布关于1958年农业税的征收工作的指示规定：1958年的农业税的税率仍然实行地区差别比例税率制。以行政区、专区、省直辖市为单位的平均税率，一般按1957年平均税率执行，抚州专区平均税率17.9%。

1959年，实行人民公社化以后，农业税改为以生产大队为征收单位，实行地区差别比例税率制，农业税征收是由公社按土地面积和常年产量12%的比率征收。

1961年，中共中央和国务院为了减轻农民负担，鼓励和促进农业生产发展，在提高购粮价格的同时，对全国农民的农业税负担进行了大幅度的调减，税率比过去的规定降低较多。据此，省人民委员会发布指示规定，全省农业税平均税率为11.5%，比1960年实际执行的平均税率下降4.6个百分点。抚州专区11.5%，乐安执行税率为12.5%，此农业税负担一定三年不变。

1963年，中央为了掌握一定数量的全国特大灾害减免机动数，分配给江西省的农业税征收任务在1961年的基础上增加7%。全省平均税率调整为12.31%，比1961年增加0.81个百分点。抚州专区执行12.31%的平均税率。乐安县执行税率为13.2%。

1985年起，农业税的税制税率在以后年份中均是贯彻减轻农民负担的政策，农业税税率也已几经调降。

2002年，农村税费改革执行农业税税率为7%。

2004年，农业税政策调整和中央加大转移支付力度，再次降低农业税税率，将农业税税率调整为4%。

2005年起农业税全面取消，从而实现农业税的“零负担”。

（二）农业税调价

农业税调整价格，是在农业税征收过程中，经常遇到的问题，尤以进入市场经济以后更甚。当着工业产品和农业产品价格发生既不协调又不合理的时候，农用地膜、化肥、种子、农药一味无止境加价，导致农民增产不增收，国家为了使工农业产品趋向合理，国民经济健康发展，给予粮食保护价收购。农业税征收，一贯采取中等粮价下达农业税征收任务，部分少粮地区，需要折征，均以中等粮价结算代金。因此每年农业税征收任务的下达，都是以调整后的粮价为依据，即粮价调增，加大金额任务，粮价调减，减少金额任务。

乐安县解放初期，粮价由1950年每50公斤4.91元，上升到1957年5.41元，1965年达到9.5元，1979年达到11.55元，其中将近三十年粮价调动三次，基本属于粮价稳定，物价平稳状态，紧接着进入市场经济以后，粮价变动比较频繁。

1985年，农业税制改革，由过去征收实物，改按“倒三七”比例价折征代金，即30%按原统购价；70%按原超购价，因国家对粮食取消统购后，改为合同定购，定购粮食数量中的农业税部分，国家按“倒三七”比例价付款给农民，农民向国家缴纳农业税也按同一比例价折付代金。1985年粮价每50公斤15.59元，1987年16.5元，1988年，达到17.09元；1989年每50公斤提价5.01元，达到22.1元；1992年每50公斤粮提价3元，达到25.1元；1994年每50公斤粮提价20.3元，达到45.4元；1996年每50公斤粮提价21.2元，达到66.6元；紧接着1998年物价趋于平稳，粮价反挫，粮价每50公斤下调5.4元，使1998年粮价降到61.2元，为了使粮价更加符合市场经济规律，符合广大人民要求，1999年粮价再次下滑，再次下调6元，从而使粮价每50公斤达到55.2元；国家为了保证军需民食，符合广大群众生活水平，粮食再次降价下调4元，于是2000年粮食价格每50公斤降为51.2元，2002年粮食价格每50公斤为54元。

（三）农业税减免

农业税减免是关系着党和政府在农业税征收过程中，对农业发展和对农民生活“关心和照顾”政策落实的进一步体现，因此减免项目既多且繁，而且政策性强，牵涉面广，计有：（1）生荒、熟荒的减免。（2）兴建农田水利占有土地的减免。（3）计算在家农业人口的减免。（4）遭受水、旱、风、雹、虫灾歉收的减免。（5）革命老根据地和贫困地区，少数民族聚居地区的减免。（6）革命烈士、革命军人家属及供给制工作人员家属和孤寡老弱残废特别困难户的社会减免。（7）以科研为目的农场、林场、苗圃、学校、孤儿院、养老院、医院的自耕土地和机关部队的农业生产收入的减免。（8）从1979年起农业税以生产队为单位，实行起征点减免。（9）从1980年起对老革命根据地县市的减免。（10）从1985年起对特困乡的减免。（11）机动减免。

现在依据历史所属时期，按年度编纂如下：

1. 灾情等项减免

1950年，对遭受水、旱、风、雹、虫灾害的，按其受灾程度减免农业税，其收获量不足三成者，免征农业税；三成以上不足四成者，减征70%；四成以上不足五成者，减征50%；五成以上不足六成者，减征30%；六成以上不足七成者，减征15%；七成以上不予减征。革命烈士家属革命军人家属及供给制工作人员家属和孤寡、老弱、残疾等特别困难者，经乡（村）调查评议，报县批准，可酌情减免。对荒地、以试验为目的农场、林场、苗圃、学校、孤儿院、养老院、医院的自耕地，机关部队的农业生产收入，已向国家缴纳生产任务者，铁路局所有的铁路两旁的土地，以及经特准免税的土地的收入，均免征农业税。对垦殖的生荒地在三至五年以内，熟荒地在一至三年内轮歇的年份，耕地上新栽的果木树，第一年收益或背年无收入或收入不足常年三成者，均在规定期限内免征农业税。1951年7月执行《中南区农业税灾歉减免暂行办法》对农作物遭受水、旱、风、雹、病虫及其他人力不可抗拒的灾害而歉收者，以户为单位，依照农作物因灾歉收的成数，分别减征或免征。(1)歉收成数的计算，按照受灾农户全部土地全年因灾歉收后，低于常年应产量的成数。(2)减免农业税的标准；歉收二成以上不到三成者，减征税额的20%；歉收三成以上不到四成者，减征税额的30%；歉收四成以上不到五成者，减征税额的40%；歉收五成以上不到六成者，减征税额的60%；歉收六成以上不到七成者，减征税额的80%；歉收七成以上者，全部免征。歉收不足二成者，不予减免。连续受灾两年，歉收平均达四成以上者，将减征额提高10%，连续受灾三年以上的，歉收平均四成以上者，将减征额提高20%。(3)在同地区、同等土地、同类作物，遭受同样灾害者，按同一歉收成数计算，因积极抗灾减轻受灾程度者，仍按灾地一般成数减免，不予少减。因怠于抗灾或灾情加重者，亦按灾地一般成数减免，不予多减。(4)夏季作物歉收，待秋征时，按全年产量合并计算减免。(5)灾情减免核定权限，因灾减免农业税额，不超过全省农业税额5%者，报省政府核定；超过5%者，报经中南军政委员会财政部批准。(6)对土地征免范围修订为①种植保安林或以荒山、荒地种植木材林者；无经常收入的宅地、场院、隙地均免征农业税；②属公益性的桥田、义渡、茶亭等土地免纳农业税，但其收入超过正常开支者，超过部分按5%计算农业税；③以试验为目的的农场，其出租土地按租额征收20%；④为奖励育苗，凡以耕地经营的苗圃，自有收益之年起，按耕地种植的主粮常年应产量的三成，合并该户农业收入内，依率计征。

1952年，对歉收成数改按以农作物歉收的面积为单位，按块分别计算减征或免征，灾歉减免标准，仍按上年规定执行。社会减免增加对象，土地改革中新分地户，分得的土地，因缺乏生产资料，在土改当年，应予适当照顾。

1953年10月，对社会减免修订为：烈、军、工属中无劳动力或缺乏劳动力的农户和老、弱、孤、寡、残疾的贫苦农户及遭受意外灾害交粮确有困难者，转业革命军人及经政府组织动员的移民，新安家立业从事农业生产二年以内者；遭受战争创伤特重生产尚未完全恢复的革命老根据地，其缺乏生产资料的贫苦农民，少数民族聚居地区而生活贫苦的农民。均减征应缴税额10%～20%，特殊困难者，可多减或全免。

1954年10月，贯彻上级规定，提高因灾歉收的减免标准。歉收六成以上者，免征全部应交税额；歉收五成以上不到六成者，减征应交税额的七成；歉收四成以上不到五成者，减征应交税额的五成；歉收三成以上不到四成者，减征应交税额的三成半；歉收二成以上不到三成者，减征应交税额的二成半；歉收不到二成者，不予减免。但因积极抗灾而致歉收不到二成者，可按同等土地、同类作物、遭受同等程度的灾害，计算歉收的成数，进行减免。

1956年，为支持农业合作化的发展，对高级农业社的灾歉减免以社为单位计算，歉收在一成以上不到二成者，按灾歉收成数减免；歉收二成以上者，按1954年的减免标准执行。歉收虽在一成以下，而其歉收在六成以上的土地相加达全社总面积2%以上时，这些土地的全部应缴税额可以免征；所得的灾情减免税额，由社处理。对社会减免，则根据高级社内贫苦的烈属、军属、工属户，无劳动力、缺劳动力的贫苦户，移民户和“五保户”的户数和该社的经济情况，参照上年减免总数，以社为单位，进行减免。所减免的税额由社处理。初级社的灾歉和社会减免仍按上年的规定执行。对种植油茶及培育树苗的土地，免征农业税，对新辟、垦复，台刈的农林特产，自有收益之年起免征农业税两年，新建的专、县农场，不论新垦荒地或非新垦荒地，自建场的当年起，一律免征农业税两年。为鼓励繁殖小牛，凡饲养两周岁以下小牛的农场、农业社和农户，在征收农业税时，每头小牛扣除应交税额稻谷11公斤。

1958年，农业税和灾歉减免和社会减免在标准不变的原则下，其具体实施办法由县市人民委员会根据当地实际情况制定。纳税人依法开垦荒地或用其他方法扩大耕地面积所得到的农业收入，从有收入的当年起，免征农业税一至三年，移民开垦荒地所得到的农业收入，从有收入的当年起，免征农业税三至五年；在山地新垦殖或新垦复的桑园、茶园、果园和其他经济林木，从有收入的当年起免征农业税三至七年。纳税人从下列土地所得到的收入，免征农业税：(1)农业科学研究机关和农业学校进行农业试验的土地；(2)零星种植农作物的宅旁隙地。

1959年，人民公社社员在规定的自留地上和屋旁、水旁、路旁的零星土地上所得到的农业收入，及屋前屋后的竹、木、果树的收入免征农业税。因兴修农田水利工程占用的土地所减少的农业税，应相应地增加受益地区负担，受益三年以后，改订常年产量。对于开垦荒地扩大耕地面积，已满免税年限的，评定常年应产量照章征收农业税。

1963年，增加7%的全国特大灾害减免机动数，社员自留地，在规定比例以内的免征农业税，超过规定比例的其超过部分照征农业税。在“六十条”规定的范围内，社员开垦荒地，从有收入的当年起，免征农业税一至三年。

1964年，根据财政部规定，对全民所有制的良种繁殖场，实播良种面积占全场总耕地面积70%以上的，全部免征农业税。实播面积不足70%的，就其繁殖良种面积免征农业税，其他耕地面积仍依率计征农业税。

1974年，国家基本建设批准占用原来负担农业税的土地，相应核减计税土地面积，免征农业税；占地未用，仍有农业收入的，由受益单位继续缴纳农业税。兴修农田水利占用原来负担农业税的耕地，按“谁受益、谁负担”的原则，核减废田单位的计税土地和常年产量，增加受益地区的常年产量；跨县受益的，应经过协商，由地区调整负担。

1978年，农业税减免仍然按“轻灾少减，重灾多减，特重全免”的原则和1954年以来的灾歉减免办法执行，但是，由于计征农业税的常年应产量还是以1952年查田定产的产量为基础，随着农业生产的发展，这个产量仅占1977年粮食总产量的45%。如果按纳税单位的常年应产量和灾后实际产量对比来计算灾歉成数，纳税户很难得到减免，为了更好地体现农业税的减免政策，省革命委员规定，从当年起，参照纳税单位“四五”期间平均农业实际产量和灾后实际产量对比来计算歉收成数，核减农业税。

1978年起，地、县农业税减免机动数，由省收回40%；集中解决用于全省范围内的重大灾歉等，其余60%留县(市)以解决县(市)内一般的灾歉减免和社会减免等问题，并由县(市)集中掌握，各地区不留机动减免数。

1996～2000年乐安县灾情减免农业税情况表

表1－10　　单位：元

年份	1996	1997	1998	1999	2000	合计
灾减农业税	107100	49900	840073	560000	300029	1857102

2. 起征点减免

从1979年起，农业税实行起征点的办法，每人平均口粮在起点以下的生产队(包括大队统一核算的单位)免征农业税，其具体办法是：

(1)农业税起征点的口粮标准，以生产队为单位，单用口粮稻谷200公斤(自产粮)同时参照当地平均分配收入水平(即在粮食调价前人均分配收入四十元，粮食调价后人均分配收入五十元)每人的粮食和分配收入没有达到起征点的，免征农业税。

(2)计算起征点口粮标准，以生产队正常年景的集体粮食总产量扣除种子、必要的饲料和农田基本建设补助粮三项后计算。

(3)经济作物、园艺作物和农林特产产区，凡是收入较高，口粮由国家供应，过去农业税一般征收代金或经济作物的，要继续征收，不实行起征点的办法，如收入低于第一点规定的标准，缴纳农业税确有困难的，可以参照起征点的办法，给予照顾。

(4)种植经济作物、园艺作物、农林特产过去没有评定常年产量，而是按实际收入征收农业税的，由于征收办法不同，不实行起征点办法；国营农场、垦殖场以及机关、部队、学校、团体、企业等全民所有制的纳税单位仍按现行规定征收农业税，一律不实行起征点办法。

(5)口粮在起征点以上而分配收入在起征点以下的生产队，因缴纳农业税使口粮水平下降到起征点以下的，可酌情给予减征的照顾，使减征之后，能够达到起征点的口粮水平，需要减征的税额，一般由各县、市掌握的减免机动数解决。

(6)对起征点以上和不实行起征点办法的生产队，继续执行农业税原有各项优待减免照顾。

(7)实行起征点的办法以后,国家原来确定生产队的计税土地,常年产量,依率计征税额等征收基数不变。需要减免的税额,逐级上报省革命委员会批准后,在农业税征收任务中核减。

1979年,全县享受起征点减免的生产队总数358个,占总队数19.1%,减免稻谷72.27万公斤,折合人民币16.2万元。

3. 特困乡减免

1985年8月,中共江西省委、省人民政府根据中共中央、国务院关于帮助贫困地区尽快改变面貌的指示精神,实行对特困乡减免农业税。期限三年,脱贫解困。

(1)划分特困乡的标准:1981年至1983年农民平均纯收入在120元以下的老区乡为特困乡,人均收入不足150元的乡为贫困乡。经省有关部门批准全省特困乡402个,抚州地区特困乡34个,乐安县的潭港乡、航桥乡、牛田镇、万崇乡、罗陂乡、湖坪乡、招携镇、坪溪乡、金竹乡、谷岗乡等10个乡(镇)列为特困乡。

(2)减免办法:以户为单位,经村民委员会提名,乡政府审查,报县政府批准,特困乡中的农户人均收入不足120元,缴纳农业税有困难,自1985年起三年内减免农业税。免征的税款,除五保户或家庭无劳动力户直接减免外,其余应先交后退,统一退给乡政府掌握,全部用于帮助贫困户发展家庭副业,开展多种经营。

按照省、地规定,为了不影响各县、市财政包干基数,特困乡所减免的税额,归省财政负担,贫困乡所减免的税额由地区财政负担。1988年,原定减免农业税三年期满,但为照顾老区特困乡的困难,仍按原来年减免税额的一半继续减免一年。1985~1988年,全县特困乡共计减免农业税552万公斤(稻谷),折合金额172.68万元,占同期特困乡农业税收入的51.9%。1989年起,特困乡恢复征税,但对少数确实没有解决温饱的农户,经县人民政府决定,可以继续减免农业税的照顾。

乐安县特困乡农业税减免情况表

表1-11

乡别	任务数(实征数)		1985年		1986年		1987年		1988年	
	稻谷(公斤)	金额(万元)	减免稻谷(公斤)	折算金额(万元)	减免稻谷(公斤)	折算金额(万元)	减免稻谷(公斤)	折算金额(万元)	减免稻谷(公斤)	折算金额(万元)
潭港	274650	8.56	162950	4.89	162950	4.89	162900	5.37	81450	2.68
航桥	183550	5.72	108900	3.27	108900	3.27	108850	3.59	54450	1.79
牛田	390150	12.16	231450	6.94	231450	6.94	231450	7.64	115750	3.82
万崇	325250	10.14	192950	5.79	192950	5.79	192950	6.37	96450	3.18
罗陂	319800	9.97	189750	5.69	189750	5.69	189750	6.26	94850	3.13
湖坪	396300	12.36	235100	7.05	235100	7.05	235100	7.76	117550	3.88
招携	221150	6.89	131200	3.94	131200	3.94	131200	4.33	65600	2.17
坪溪	124100	3.87	73600	2.21	73600	2.21	73600	2.43	36800	1.21
金竹	118050	3.68	70050	2.10	70050	2.10	70050	2.31	35000	1.15
谷岗	305500	9.53	181250	5.44	181250	5.44	181250	5.98	90650	2.99
合计	2658500	82.88	1577200	47.32	1577200	47.32	1577100	52.04	788550	26.0

注:1985~1987年三年减免稻谷4731500公斤,1988年一年减免稻谷788550公斤,共计稻谷5520050公斤

(四)农业税附加

从1949年起,按照农业税正税征收一定比例的地方附加,或称自筹。其历年变化及其变化依据如下:

农业税附加征收比例变动情况表

表 1－12

年度	附加比例	备　注
1949	5%	《江西省 1949 年度公粮征收暂行办法》第 13 条，县村地方粮，就所征公粮数目以 5% 随征之。《新中国农业税史资丛编》第四册 203 页
1950	15%	中共江西省委关于 1950 年农业税征收工作的指示。《新中国农业税史资丛编》第 19 册 4 页及第 5 册 91 页
1951	20%	《中南区 1951 年农业税暂行条例》第 13 条，《新中国农业税史资丛编》第 5 册 264 页、273 页
1952	不征	《中南区土地改革地区 1952 年农业税暂行条例》第 14 条，《新中国农业税史资丛编》第 5 册 325 页
1953	7%	政务院关于 1953 年度各级预算草案，编制办法的通知（节录）同上书 366 页
1954	6%	江西省 1954 年农业税征收暂行办法，在农业税实征税额的百分之六范围内确定乡自筹和地方附加，《新中国农业税史资丛编》第 19 册 145 页
1955	8%	中共江西省委江西省人委关于农业税省乡自筹几项规定的通知，省附筹粮 3%，乡自筹粮 5%，《新中国农业税史资丛编》181 页
1956	12%	江西省人委关于 1956 年农业税征收工作的指示，关于地方附筹的计征问题，省掌握 5%，乡自筹 7%《新中国农业税史资丛编》194 页
1957	12%	省人委关于 1957 年农业税征收工作的指示，关于地方附筹的计征问题，省筹 5%，乡附筹 7%（同上书第 19 册 205 页）
1958	15%	省人委关于 1958 年农业税征收工作的指示，农业税的附加可按正税 15% 征收，其中省附加 5%，县乡可在各不超过 5% 的范围内，由县乡人民委员会根据具体情况确定（同上书 19 册 213 页）
1959	12%	省人委关于 1959 年农业税征收工作的指示，省附加 5%，县和人民公社不超过 7%（同上书第 19 册 226 页）
1960	12%	省委、省人委关于 1960 年公粮任务和征收办法的通知，今年的公粮任务和附加比例仍按去年指标不变（同上书 231 页）
1961	5%	省人民委员会关于 1961 年农业税征收工作的指示，地方附加不能超过正税 5%（同上书 233～234 页）
1962	5%	省人委关于 1962 年农业税征收工作的通知（同上书 245 页）
1963	5%	省人委关于农业税征收工作的指示，为了照顾当前农村负担情况，1963 年农业税省附加仍不征收，县乡附加按农业税正税的 5% 计征（同上书 293 页）
1964	10%	省人委关于 1964 年农业税征收工作的通知，农业税附加县乡附加仍按农业税正税 5% 计征，此外，征收社会主义教育经费附加，附加率为农业税正税 5%，两项合计附加为 10%（同上书 307 页）。社教经费附加，全部上解省厅
1966	10%	此后至 2004 年均为 10%，全部留县乡使用

根据 1958 年 6 月 3 日全国人大常委会通过的《中华人民共和国农业税条例》第 3 章第 14 条规定，省、自治区、直辖市人民委员会为了办理地方性的公益事业的需要，经本级人民代表大会通过，可以随同农业税征收地方附加。

地方附加一般不得超过纳税人应纳农业税额的 15%，在种植经济作物、园艺作物比较集中而获利又超过种植粮食作物较多的地区，地方附加的比例，可以高于 15%，但是最高不得超过 30%。江西省财政厅规定：1962 年随农业税征收的地方附加，总的用于农村公益事业，使用的具体范围。

（1）人民公社（乡村）小学所必需的校舍修缮与添置必要的教学设备费用。

（2）公社（乡）房屋必要的修补费用。

（3）在公社（乡）范围内或社与社之间，联合举办必须修筑或修补之道路，桥梁所必需材料费用。

（4）在公社（乡）范围或社与社之间举办的公路经费。

（5）公社（乡）的民校、识字班、冬学及读报组的补助费用。

(6)公社(乡)人民集体文化娱乐活动的必须费用。

江西省财政厅1973农业税征收工作的通知,第四点明确指出,当年农业税附加,仍按农业税正税的百分之十计征,随同农业税一并征收入库,由各县(市)统一掌握,用于农村公益事业,严禁以任何形式增加农业税附加、加重农民负担。嗣后乐安县农业税附加,一直按农业税正税百分之十计征,年年如此,从1949年到2004年以来共56年实征农业税附加1696.33万元,平均每年征收30.29万元。

1949~2004年乐安县农业税附加实征入库表

表1-13

单位:万元

年度	实征附加	年度	实征附加
1949	9.40	1977	11.30
1950	9.60	1978	11.00
1951	9.90	1979	13.40
1952	8.00	1980	11.70
1953	18.10	1981	12.50
1954	11.00	1982	11.80
1955	11.20	1983	13.00
1956	11.10	1984	13.40
1957	10.90	1985	14.60
1958	10.80	1986	1.50
1959	11.10	1987	14.40
1960	4.00	1988	16.60
1961	4.25	1989	25.00
1962	2.40	1990	25.40
1963	10.00	1991	25.10
1964	9.40	1992	27.30
1965	9.60	1993	24.90
1966	9.90	1994	20.00
1967	7.98	1995	66.00
1968	18.10	1996	11.30
1969	10.70	1997	72.30
1970	11.20	1998	65.30
1971	11.10	1999	61.70
1972	10.90	2000	59.40
1973	10.80	2001	47.50
1974	11.10	2002	257.00
1975	12.20	2003	304.00
1976	11.20	2004	173.00
		合计	1696.33

1955～2012 年乐安县农业税收入占财政收入比例

表 1－14　　单位：万元

年度	农业税收入	占县财政收入(%)	年度	农业税收入	占县财政收入(%)	年度	农业税收入	占县财政收入(%)
1955	23	53.5	1975	111	32.6	1995	856	29.8
1956	32	51.6	1976	113	34.0	1996	1237	40.6
1957	29	51.8	1977	113	30.9	1997	1366	37.4
1958	40	31.3	1978	110	26.8	1998	1220	32.3
1959	95	41.5	1979	126	26.3	1999	1189	33.2
1960	93	36.0	1980	120	24.9	2000	1280	36.1
1961	86	53.4	1981	124	25.2	2001	1325	33.4
1962	80	42.1	1982	118	24.3	2002	1995	51.4
1963	84	40.9	1983	142	29.2	2003	1876	46.6
1964	92	41.1	1984	146	24.0	2004	1152	34.3
1965	93	39.1	1985	149	18.6	2005	643	16.2
1966	109	45.2	1986	144	14.7	2006	420	6.8
1967	109	47.2	1987	171	15.2	2007	1570	16.8
1968	111	42.9	1988	189	13.9	2008	2684	22.3
1969	110	39.1	1989	280	17.6	2009	2068	11.4
1970	112	39.6	1990	307	16.7	2010	5000	19.3
1971	112	48.9	1991	320	18.0	2011	2129	5.9
1972	113	31.3	1992	365	18.8	2012	3171	8.2
1973	111	32.6	1993	381	17.5			
1974	111	33.2	1994	737	31.5	合计	37192	17.7

三、农村税费改革

为了适应农村税费改革，完善农业税征管办法，根据中共中央、国务院文件精神和《江西省农村税费改革试点方案》的规定，结合乐安县实际，2002 年 4 月 24 日乐安县农村税费改革领导小组印发了经县党政班子联席会议研究通过，并报省、市农村税费改革领导小组审核的《乐安县农村税费改革试点方案》，方案规定如下：

（一）指导思想和基本原则

1. 指导思想

以“三个代表”重要思想为指针，全面贯彻党中央、国务院关于进行农村税费改革工作的方针、政策，根据发展社会主义市场经济和推进农村民主法制建设的要求，规范农村税费制度，从根本上治理对农民的各种乱收费、乱集资和各种摊派，切实减轻农民负担，进一步巩固农村基层组织，促进农村经济健康发展和农村社会长期稳定。

2. 基本原则

坚持“减轻、规范、稳定”的原则，把减轻农民负担作为农村税费改革的基本出发点，从轻确定农民负担水平，并保持长期稳定。在确保农民负担有明显减轻的前提下，注意兼顾其他方面的承受能力，确保乡镇政府、村级组织的正常运转和农村义务教育的必要经费。采取以农业税收为主的方式，把农民负担纳入规范化、法制化的管理轨道。正确处理改革、发展、稳定的关系，积极稳妥、有序地推进各项配套改革，把改革试点工作与精简乡镇机构、调整乡村规模和农村中小学教育布局、完善县乡财政体制和推进村民自治建设，以及健全农民负担监督机制结合进行。

（二）主要内容

主要内容是：“三取消、两调整、一改革”。即取消乡统筹费、农村教育集资等专门面向农民征收的行政事业性收费和政府性基金、集资，取消屠宰税，取消统一规定的劳动积累工和义务工；调整农业税政策，调整农业特产税政策；改革村提留征收使用办法。通过改革，使全县农民整体减负幅度达到 20% 以上。

1. 取消乡统筹费、农村教育集资等专门面向农民征收的行政事业性收费和政府性基金、集资

取消乡统筹后，原由乡统筹费开支的乡村两级九年制义务教育支出，计划生育、优抚、民兵训练经费，由县乡政府通过财政预算安排。乡级道路建设资金由乡镇政府负责安排。农村医疗事业逐步实行

有偿服务，乡镇政府适当补助。取消在农村进行的教育集资。中小学危房改造资金由财政预算安排。所有专门面向农民征收的行政事业性收费、政府性基金和涉及农民的集资项目，要一律取消。今年1月1日以后收取的乡统筹和其他专门面向农民征收的行政事业性收费、政府性基金及集资，应一律退还给农民或抵顶其应缴纳的农业税。

2. 取消屠宰税

从2002年1月1日起，取消屠宰税，已经收取的，一律退还给农民，或抵顶其应缴纳的农业税。

3. 用3年时间逐步取消统一规定的劳动积累工和义务工

每个农村劳动力每年承担的"两工"，2002年不得超过15个，2003年不得超过10个，2004年不得超过10个，2005年起全部取消。取消"两工"后，各乡镇要积极采取措施，妥善解决农田水利等基本建设和维护所需要的资金投入。农村小型农田水利基础设施建设项目，从地方基本建设计划中安排资金解决，由上级和各乡镇安排的公路建设、农业综合开发、水利设施等基本建设投资，应按照"谁建设谁拿钱"和量力而行的原则进行，不留资金缺口，一律不得要求农民出资出劳进行配套。属于防洪、抗旱、抢险、救灾等紧急任务，经县人民政府批准，可以临时动用农村劳动力，但要明确规定动用期限和数量。除此之外，各乡镇和部门不得无偿动用农村劳动力，确需动用的应坚持自愿有偿的原则。到2005年取消"两工"后，村内进行农田水利基本建设、修建村级道路、植树造林等集体生产和公益事业所需劳务，实行一事一议，由村民大会民主讨论决定。村内用工实行上限控制，每个劳动力每年不得超过10个标准工日。村内一事一议兴办集体生产和公益事业用工不得强行以资代劳。

4. 调整农业税政策

（1）计税土地面积。农民承包土地从事农业生产的，新的农业税计税土地面积的核定，应坚持以二轮承包土地面积为依据。二轮承包后，经国土资源管理部门批准征占用的计税土地并已缴纳耕地占用税的，不再作为新的农业税计税土地；新开垦的并按规定免税到期的耕地应纳入新的农业税计税土地。对因自然灾害、基础设施建设、退耕还林等减少的计税土地，按照实际情况经县人民政府批准作个别调整。其他单位和个人从事农业生产的，计税土地为实际用于农业生产的土地。对新开垦增加的耕地和实有耕地明显大于二轮承包面积的，根据"总体稳定、个别调整"的原则，经过村内多数群众同意后，可对计税面积进行必要调整。计税面积调整结果要向村民公布，接受群众监督。

（2）计税常年产量。①农业税计税常年产量以村或村民小组为单位核算；②农业税计税常年产量以1994～1998年五年农作物的实际平均产量据实核定，并保持长期稳定。农业税计税常年产量以稻谷为计算单位，其他应征农业税的农作物，比照同等耕地种植粮食作物的常年产量折合计算。③确定村和户的常年产量，必须采取自下而上与自上而下相结合的办法进行。过去村里有统计数据的，应经群众认可；过去村里没有统计数据的，要由农民参加评定。④经过核定的计税常年产量要张榜公布，让大多数群众认可。坚决杜绝为增加税收收入，采取高估常年产量、增加农民负担的做法。要防止采取简单确定减负比例，倒算农业税计税常年产量等不规范的做法。

（3）计税税率。新的农业税实行地区差别税率，最高不超过7%，全县行政村农业税税率最高不超过7%，国有农场的农业税税率最高不超过4%，不收取农业税附加；对国有农场等下属的集体性质的村级建制单位，原已负担"三提五统"的，仍按最高不超过7%的税率征收农业税及按正税20%的比例征收附加。

（4）计税价格。根据省里规定，全县农业税计税价格确定为每50公斤稻谷54元。

（5）征收办法。农业税及其附加采取征收代金为主的办法，也可继续实行"实物征收、货币结算"，并在一定时期内保持相对稳定。农业税减免政策基本维持不变。

5. 调整农业特产税政策

按照农业税和农业特产税不重复交叉征收的原则，对在非农业税计税土地上生产的农业特产品，继续征收农业特产税。对在农业税计税土地上生产的农业特产品，一般征收农业税；对农业特产品生产相对集中、相对稳定、以农业特产收入为主的，征收农业特产税。为了有利于农业产业结构的调整，这次税费改革中确定计征农业税的土地，今后改种农业特产品的，一般不再改征农业特产税。严禁两税重复交叉征收。对原部分农业特产品在生产、收购两个环节征收的，合并在一个环节征收。原竹、原木、竹笋在收购环节征收农业特产税，水果、茶叶原则上在生产环节征收。属全国统一征收农业特产税的应征品目和税率，按财政部和国家税务总局的规定执行。要坚持农业特产税据实征收，不能简单化、搞摊派。

6. 改革村提留征收和使用办法

(1)村干部报酬、五保户供养、办公经费,凡由农民上缴村提留开支的,采取新的农业税附加和农业特产税附加方式统一收取。农业税附加和农业特产税附加均按其正税的20%征收。对国有农场以及机关、部队、企业、学校征收的农业税和农业特产税不收取附加,对国有农场等下属集体性质的村级建制单位,原已负担"三提五统"的,照章征收附加。以农业税附加和农业特产税附加方式收取的村提留属于集体资金,随正税一并征收,由乡镇农经站负责监督管理,实行乡管村用、专户储存、专款专用。乡镇不得截留、挪用或"平调"。

(2)村提留改革后,村内兴办集体生产和公益事业所需的资金,不再固定向农民收取,实行一事一议,并对筹资额严格实行上限控制,按人口每人每年不超过15元。一事一议兴办村内集体生产和公益事业所需资金和劳力的筹集,应根据需要,按照"量力而行、群众受益、民主决定、上限控制、使用公开"的原则,年初由村民委员会提出预算,经村民大会或村民代表大会民主讨论通过,报乡镇经营管理部门审核,由乡镇政府批准,并报县农民负担监督管理办公室备案。加强村级财务监督管理,对农业税附加、农业特产税附加和一事一议筹资等集体资金,按村设账,审核预算,审查开支,加强监督管理。成立由村民代表参加的村民理财小组,实行民主管理,财务公开,村民监督和上级审计。

(3)实行公平负担政策,适当均衡农村不同从业人员的负担。原由乡镇集体经济组织负担的有关税费,改革后原则上继续由集体经济负担,不能将负担转嫁给农民。对承包土地面积达到20亩的种粮大户,减免其农业税任务的10%,对承包面积达到30亩以上的种粮大户,减免其农业税任务的15%,切实保护农民的种粮积极性。对没有承包土地的务工经商的农民,可以按照权利义务对等的原则,经村民大会或村民代表会议民主讨论确定,由村委会向其收取人均50元以内的资金,纳入村内一事一议筹资款项统一管理,用于村内集体公益事业。

(三)配套措施

1. 规范农村收费管理,强化农民负担监督机制

在全县范围内,对现行涉及农民负担的各种收费项目进行全面清理整顿。各级各部门均无权设立涉及农民负担的行政事业性收费和政府性基金、集资项目。重点抓好对农村教育、农民建房和结婚登记等收费的管理;规范农村用水用电、为农服务等经营性收费,不得采取行政手段和强制命令,与政府税费搭车征收,不得将一些已经取消的行政事业性收费转为经营性收费;规范报刊发行,减少行政征订,行政村报刊订阅费总额实行上限控制,省里确定的28个贫困村订阅报刊费用总额控制在300元以内,其他村全年订阅报刊费用总额控制在500元以内。以上总额含订阅党报党刊费用。一律取消要农民出钱出物的达标升级活动,一律取消各种不利于控制和减轻农民负担的考核制度和考核指标。凡是涉及农民的合法收费,都要公布项目和标准,让农民明白,接受社会监督。抓紧建立健全农民负担监测、信访举报、检查监督、案件查处等各项制度,加大对违法违纪行为的查处力度,有效地防止农民负担反弹。

2. 推进乡镇机构改革,压缩行政事业人员

精简乡镇党政机构,归并设置过多过散的事业单位,压缩乡镇行政和事业单位人员编制,清退各类临时人员,裁减超编人员。在推进乡镇机构改革过程中,要切实转变乡镇政府职能,把工作重点转到落实政策、行政执法、提供公共服务上来,强化为农业、农村和农民服务的功能。要切实重视人口和计划生育工作,保证必要的经费投入。

3. 改革农村义务教育体制,合理调整农村教育布局,精简和优化教职工队伍

农村税费改革必须相应改革农村义务教育体制,由过去乡级政府和当地农民集资办学改由以县级政府为主举办和管理农村义务教育。教育经费纳入县级财政,并建立和完善农村义务教育经费保障机制,加强县级政府对教师管理和教师工资发放的统筹职能,将农村中小学教师工资的管理上收到县,由县级财政按国家规定的标准及时足额发放。合理安排农村中小学正常运转所需经费。农村中小学公用经费除从学校按规定收取的杂费开支外,其余不足部分由县、乡两级政府予以安排。按照生源数量和分布以及办学条件等实际情况,加大调整和合并现有农村中小学规模的力度,优化配置教育资源。严格核定编制和岗位,坚决辞退代课教师,依法辞退不合格教师,压缩非教学人员,清退临时工勤人员,清理在编不在岗教师。

4. 有条件地进行小村并大村,实行村组干部交叉任职

按照《中华人民共和国村民委员会组织法》的规定,对村级规模偏小的行政村,在征得绝大多数村民同意的前提下,实行并村,并做好相应的清产核资工作,明确债权债务关系。要压缩村组干部人数,实行交叉任职,每个村享受定额补贴的村干部原则上安排2人,误工补贴干部1~3人。组干部由村干部

兼任，减少村组干部的补贴人数，合理确定补贴标准，压缩村级支出。村干部年定额补贴标准，控制在本村前三年农民人均纯收入平均水平的2.5倍以内，误工补贴标准，一般不超过定额补贴标准的70%。

5. 厉行节约，切实加强财务管理

对乡镇编制内人员、车辆和符合规定的会议、电话、招待等费用，根据年度预算按标准和定额编制各项支出计划，实行上限控制，年度内已达到上限额度的不准发生新的开支。实行乡镇综合财政和"零户统管"。村一级不得开支招待费。

6. 把推进农村税费改革与引导农民发展经济、增加收入紧密结合起来

充分调动农民从农村税费改革中激发出来的生产积极性，发挥机构改革中精简分流人员的人才优势，切实转变乡镇政府和村级组织的职能，大力调整农业和农村经济结构，培育新的经济增长点。在发展经济的基础上逐步增强乡镇及村级财力，拓宽农民收入来源，实现农业增产、农民增收和财政增长的良性循环。

7. 完善市、县、乡财政体制，规范县、乡、村之间的分配关系

根据分税制财政体制的要求，结合农村税费改革新的实际，明确划分县、乡政府事权和财权，合理调整县、乡财政体制。新增的农业税收入原则上留给乡镇，中央和地方政府的转移支付要保证专款专用，并落实到基层。建立农业税附加和农业特产税附加的专户存储、乡管村用制度，严禁无偿平调、挪用村级集体财产和收入，保护农民合法权益不受侵犯。强化乡镇财政预算制度，坚持量入为出，严格各项资金收支管理，按照规定的用途和程序使用各项财政资金。

8. 切实做好转移支付工作，保证乡镇政府和村级组织正常运转

严格按规定分配、使用和管理农村税费改革专项转移支付资金。健全转移支付制度，规范转移支付办法，尽最大力量保证乡镇政府、村级组织正常工作和发展的必要经费。建立责任制度，加强对各级转移支付资金使用的管理、监督和检查，严禁截留、挤占和挪用。

9. 规范征收行为，加强农业税收征管

县成立农业税收征收管理局，为副科级单位，人员在财政局内部调剂解决。乡镇成立农业税收征收管理所，与财政所合署办公。两块牌子、一套人马。农村税费改革后，农业税及附加和农业特产税及附加统一由农业税收征收管理局（所）负责征收。乡镇政府要支持征收机关做好农业税收的征收管理工作。通过调整理顺关系，明确执法权限，建立征收机关依法征税，乡镇政府领导和组织乡村干部协税护税的农业税收征收管理体制。征收机关可以委托粮食、林业、供销等部门在收购农副产品时代扣代缴农业税收。根据工作需要，不断加强农业税收征管队伍建设。

10. 做好农村税费尾欠的清理工作

对历年形成的应由农民负担的农业税、农业特产税和"村提留乡统筹"尾欠，要严格按照税法和政策认真审核和清理，具体核实到户，并根据尾欠数额和农户承受能力制定清欠计划，逐步清收，符合减免条件的要予以减免。对清收的税费尾欠款，按原渠道管理和使用。但不得在税费改革前或改革期间突击收费，突击清欠，甚至违反规定乱收费，加重农民负担。

11. 认真研究和妥善处理乡村不良债务

乡村债务应与农村税费改革分开，放到改革告一阶段后，另行研究处理。在弄清债务结构的基础上，有针对性地制定有关政策，并且经过试点，区别情况，分类处理，该清偿的清偿，该剥离的剥离，能核销的核销，能盘活的盘活。乡镇政府的负债和村集体举办企业留下的债务，不能让农民来承担还债任务。对于乡村原来兴办的一些与农民生产直接有关、农民从中受益的项目，而遗留下来的债务，有关方面要专门研究，单独提出解决方案，不能简单地平摊到农民身上。要采取切实措施防止发生新的不良债务。

（四）方法与步骤

根据省、市农村税费改革的总体部署，乐安县农村税费改革工作分三个阶段进行。

第一阶段（3月底~4月20日）：组织发动、宣传培训，上报试点方案阶段。根据省、市农村税费改革要求，成立县、乡农村税费改革试点工作领导小组，在全县进行广泛宣传与发动。召开县六套班子、税费改革领导小组会议和全县税费改革动员大会，学习中央、省、市有关文件，部署乐安县农村税费改革工作，对参会人员进行以会代训。全面启动乐安县农村税费改革试点工作。编印税费改革宣传提纲和学习资料。开展各种形式的农村税费改革宣传工作。将省委、省政府给全省农民的公开信印发到每个农户。准备各种调查摸底表格和有关材料。各乡镇要召开税费改革动员大会，具体布置农村税费改革工作。县税费改革领导小组要制定乐安县的农村

税费改革实施方案，送省、市税费改革领导小组审核，并报省政府批准。

各乡镇根据《乐安县农村税费改革试点方案》，制定符合本乡镇实际的改革方案并报县农村税费改革领导小组办公室审核，报县税费改革领导小组批准。

第二阶段(4月21日～6月30日)：组织实施阶段。各乡镇根据实际情况，按照“三取消、两调整、一改革”的内容，认真核实计税面积、计税常产，以及“三提五统”缴交使用、农业税和农业特产税征收、农村教育、公路建设、民兵训练经费、民政供养人员、计划生育、乡村干部、乡村收支、乡村债务、劳动积累工和义务工用工等各方面的基本情况。

各乡镇根据县农村税费改革领导小组审批的方案，6月下旬前将农业税、农业税附加任务分解到村、组，落实到农户，编制好到户征收清册，并以组为单位张榜公布。在农业税夏征开始时，按新的农业税征收办法运行。农业税秋征要求在11月底前完成。

第三阶段(7月份以后)：检查验收，总结完善阶段。在实施改革的过程中，县农村税费改革领导小组要跟踪调查，随时掌握改革情况，对执行过程中走样的及时进行纠正，确保改革的各项工作如期完成。夏秋两季征收任务完成后，县农村税费改革领导小组将对各乡镇改革情况进行验收和总结，对农村税费改革配套措施不断完善、实施，最后形成总结材料，报省、市农村税费改革领导小组。

(五)加强领导、精心组织，确保改革工作顺利进行

1. 成立组织、加强领导

县成立农村税费改革领导小组，领导小组下设办公室，分宣传秘书、调查摸底、转移支付、信访接待四个小组，从有关部门抽调专人办公，专职具体承办税费改革有关事宜。组织16个农村税费改革“指导组”分赴各乡(镇、场)，每个村派1～2名农村税费改革指导员，具体指导农村税费改革工作。各乡(镇、场)成立农村税费改革办公室，党委书记任办公室主任，乡(镇、场)长任办公室副主任，抽调专人专职搞好税费改革工作。同时建立税费改革工作责任制，党委书记为第一责任人，乡(镇、场)长为直接责任人。加强信访接待工作，维护社会稳定。

2. 广泛宣传，培训干部

切实加强宣传和对干部的政策、业务培训，具体做到“六个一”和“六包”：“六个一”即县里组织一部宣传车专门到各乡镇进行巡回宣传，县税改办编好一本宣传手册，分发致全县农民的一封信，每个村开好一个村民大会或村民代表会议，办好一个广播电视专题节目，每半个月出好一期农村税费改革专栏。驻村的指导员要做到“六包”，即包宣传政策，包调查摸底，包落实任务，包释疑解难，包帮助村里制定规章制度，包保持社会稳定。做到层层指导，强化责任。

3. 加强监督，严肃纪律

各乡镇、部门要从大局出发，带头执行中央关于农村税费改革的各项政策和省、市、县改革方案，不得借改革之机出台任何新的收费项目，不得搭车收费，不得以任何理由突击清欠和预收“三提五统”，不得截留挪用上级转移支付资金，不得干预乡镇机构改革、压缩人员、经费安排等具体事务。纪检、监察、财政、农办等部门要做好监督检查工作，对有令不行，巧立名目、变相加重农民负担的，要给予严肃处理并追究责任人责任。对于改革中不顾大局，违反纪律，以权谋私的要给予党纪、政纪处分，触犯法律的，移交司法部门依法处理。

4. 转变作风，务求实效

各级干部要充分认识该次农村税费改革的重要意义，把农村税费改革工作作为当前农村工作的头等大事来抓，创造性地开展工作，抓出成效，抓出经验。要切实转变作风，税费改革领导小组以及各乡镇的干部要及时到岗到位，尽心尽责，没有特殊原因，不得请假。要深入基层，深入农户，与农民同吃同住同劳动，为农民宣讲税费改革政策，解决实际问题，掌握农民的思想动态，做好思想工作，排除不稳定因素，确保全县农村税费改革顺利进行。

2002年乐安县农村税费改革后农业税基础数据一览表

表1－15

乡镇	计税面积(亩)	计税常产(公斤)	计税总产(公斤)	税率(%)	计税单价(元/50公斤)	农业税正税稻谷(公斤)	农业税正税(元)	农业税附加(元)	农业税正税及附加(元)	县核准新农业税计税面积(亩)	税改前任务
鳌溪	32058.61	629.01	20165041.90	7	54	1411552.94	1524477.17	304902.51	1829373.57	32011.96	2664821.07
戴坊	46070.93	584.66	26935944.01	7	54	1885516.08	2036357.37	407271.47	2443628.84	44761.83	3138378.46
龚坊	29347.8	593.69	17423299.16	7	54	1219630.94	1317201.42	263440.28	1580641.7	28143.66	2174054.22
山砀	25t92.24	666.48	16790115.51	7	54	1175308.09	1269332.73	253866.55	1523199.28	25124.88	2296097.2

续表 1－15

乡镇	计税面积（亩）	计税常产（公斤）	计税总产（公斤）	税率（%）	计税单价（元/50公斤）	农业税正税稻谷（公斤）	农业税正税（元）	农业税附加（元）	农业税正税及附加（元）	县核准新农业税计税面积（亩）	税改前任务
公溪	18476.56	645.10	1 1919217.87	7	54	834345.25	901092.87	180218.57	1081311.44	18570.24	1546551.23
湖溪	15742.8	699.92	11018698.30	7	54	771308.88	833013.59	166602.72	999,616.31	15483	1280153.01
牛田	17613.48	732.49	12901714.81	7	54	903120.04	813522.46	162281.88	975369.64	17944.6	153900i.03
万崇	17765.36	593.77	10548446.76	7	54	738391.28	797462.57	159486.6	956949.16	19089.52	1322915.56
湖坪	20968.65	579.95	12160641.10	7	54	851244.88	919344.47	183868.89	1103213.36	20750	1379999.59
罗陂	15032.2	596.20	8962171.55	7	54	627352.01	677540.17	135508.03	813048 2	14987 36	1574729.78
增田	25161.49	581.80	15220689.38	7	54	1065448.26	1150684.12	230136.82	1380820.94	24889.47	1897510.37
招携	23992.97	531.84	12760265.77	7	54	893218.61	964676.09	192935.22	1157611.31	24191.75	1822936.26
金竹	10947.54	408.43	4471323.30	7	54	312992.63	338032.04	67606.41	405638.45	12219.85	649111.74
谷岗	12754.3	458.39	5846431.99	7	54	409250.24	441990.26	88398.05	530388.31	12753	992093.97
南村	26074.01	577.72	15063494.22	7	54	1054444.60	1138800.16	227760.03	1366560.2	26700.7	1705522.3
大马头	1212.95	650.04	788461.09	7	54	55192.28	59607.66	儿921.53	71529.19	1213.12	92270.64
合计	339411.89	591.69	200825616.20	7	54	14057793.14	15182416.59	3036483.32	18218899.9	338834.94	26439668.08

乐安县农村税费改革转移支付补助分配表

表 1－16　　单位：万元

项　目	鳌溪	戴坊	龚坊	山砀	公溪	湖溪	牛田	万崇	湖坪	罗陂	增田	招携	金竹	谷岗	南村	大马头	合计
一、农村税费改革缺口补助	117.4	127.2	85.4	94.4	93.4	51.9	83.4	57.5	65.8	58.6	82.7	99.5	71.3	60.6	76.8	9.1	1235.0
（一）乡镇缺口	43.5	48.0	36.2	35.0	44.8	17.0	38.6	23.0	24.8	23.2	38.2	34.4	36.7	25.6	34.6	7.4	511.0
1. 乡镇统筹支出需求	88.8	85.6	56.1	76.9	62.6	41.4	58.2	40.4	48.0	42.6	56.7	77.6	46.0	46.7	58.6	5.8	892.0
乡村两级办学	51.2	49.6	33.5	47.8	40.1	24.9	35.5	23.5	28.3	24.5	35.1	48.9	29.5	29.4	35.0	3.2	540.0
计划生育	7.0	7.9	4.7	5.1	4.7	3.6	4.8	3.1	4.4	3.5	4.3	6.0	3.4	4.0	5.1	0.4	72.0
优抚经费	7.2	5.3	3.7	5.5	2.3	2.1	3.1	3.5	3.4	3.3	2.9	4.1	2.7	2.2	3.7	1.0	56.0
乡村道路修建	9.2	10.3	6.3	7.4	6.8	4.8	6.6	4.6	5.0	5.1	6.4	7.0	3.4	4.3	6.6	0.2	94.0
民兵训练	3.3	2.1	1.0	1.7	1.0	1.0	1.1	0.9	1.0	0.9	1.0	2.1	1.3	1.2	1.1	0.3	21.0
其他统筹	10.9	10.4	6.9	9.4	7.7	5.0	7.1	4.8	5.9	5.3	7.0	9.5	5.7	5.6	7.1	0.7	109.0
2. 农业特产税减收	21.9	36.6	33.2	5.3	5.2	4.6	4.2	12.3	13.1	7.2	11.0	18.2	18.2	6.1	14.0	0.9	212.0
收购环节减收	21.9	36.6	33.2	5.3	5.2	4.6	4.2	12.3	13.1	7.2	11.0	18.2	18.2	6.1	14.0	0.9	212.0
3. 屠宰税减收	25.4	47.3	24.0	25.2	36.8	12.9	31.2	19.0	20.0	19.0	35.8	12.7	6.9	9.1	22.9	2.8	351.0
4. 农业税增收	56.3	79.5	49.7	43.9	35.8	25.8	32.3	29.7	35.4	26.9	42.6	41.6	19.1	21.9	42.4	2.1	585.0
5. 机构精简压缩支出	36.3	42.0	27.4	28.5	24.0	16.1	22.7	19.0	20.9	18.7	22.7	32.5	15.3	14.4	18.5	—	359.0
（二）村级缺口	18.2	18.5	9.1	12.8	9.4	9.4	8.7	6.6	9.4	7.4	8.5	14.1	8.2	9.5	10.7	0.5	161.0
1. 五保户补助	11.6	11.9	5.8	8.3	6.1	5.8	5.1	4.2	5.8	4.4	5.2	8.1	4.3	5.0	6.2	0.2	98.0
2. 村管理费补助	6.6	6.6	3.3	4.5	3.3	3.6	3.6	2.4	3.6	3.0	3.3	6.0	3.9	4.5	4.5	0.3	63.0
（三）过渡性缺口	55.7	60.7	40.1	46.6	39.2	25.5	36.1	27.9	31.6	28.0	36.0	51.0	26.4	25.5	31.5	1.2	563.0
1、机构精简压缩支出	36.3	42.0	27.4	28.5	24.0	16.1	22.7	19.0	20.9	18.7	22.7	32.5	15.3	14.4	18.5	—	359.0
2. 教育集资标准支出	19.4	18.7	12.7	18.1	15.2	9.4	13.4	8.9	10.7	9.3	13.3	18.5	11.1	11.1	13.0	1.2	204.0
二、村级管理费补助（按每村 1 万元）	22.0	22.0	11.0	15.0	11.0	12.0	12.0	8.0	12.0	10.0	11.0	20.0	13.0	15.0	15.0	1.0	210.0
三、退耕还林补助	4.5	—	—	—	—	2.7	2.3	2.7	2.7	2.7	—	4.5	4.5	4.5	2.9	—	34.0
四、重点项目补助	5.0	1.0	1.0	1.0	1.0	1.0	1.0	1.0	1.0	1.0	1.0	1.0	1.0	1.0	1.0	—	19.0
县级城市建设、工业园区、公路水利重点工程、灾毁耕地等调剂因素补助	5.0	1.0	1.0	1.0	1.0	1.0	1.0	1.0	1.0	1.0	1.0	1.0	1.0	1.0	1.0	—	19.0
补助合计	148.9	150.2	97.4	110.4	105.4	67.6	98.7	69.2	81.5	72.3	94.7	125.0	89.8	81.1	95.7	10.1	1498.0

四、农业特产税

农业特产税，原称农林特产税，是农业税的一个组成部分，在1984年以前，对农林特产收入，统一征收农业税收。乐安县在征收农林特产税之前，按上级规定，征收过林业税，林业税原称山林特产税、林农所得税，是农业税的组成部分之一，新中国成立初期，林业收入与农业收入，一并征收农业税。

1949年9月，省人民政府在公粮征收暂行办法中规定，山冈、林地、竹园等，按实际收入折粮与各户农业收入合并计征（家庭自用为数微小的免征），1951年起，林木、竹园等特产收入以户为单位，按当地批发价格，每户收入相当于500公斤以上主粮的，以6%的税率单项计税，以示鼓励发展。因为林木收入不易固定，而农业税征收手续繁杂，为简化稽查手续，平衡农民负担，1953年7月1日起，对林木收入改为征收临时商业所得税，林农出售原木和原竹，一律按实际售价的5%的税率计征。1957年2月起，省人民委员会在《江西省农村工商税暂行规定》中将林农出售木竹缴纳的临时商业所得税改为“林农所得税”，税率仍为5%。同年4月省财政厅规定，以自产原木、原竹作原料、材料物料时，不征收林农所得税。原木、原竹林农所得税征收的品种范围，应以商货税取得一致，不征商货税的竹木，也不征收林农所得税（如木炭）。

1961年12月，省人民委员会在《关于木材、茅竹山价标准和育林费征收标准的规定》中规定，凡采伐出售木材、茅竹，不论是国有林或人民公社各级集体所有山林，一律向林主征收5%作为育林费，交农垦部门，用于扶助国营、集体造林。并按5%征收林业税（即林农所得税），上缴财政部门。1963年1月起育林费停止征收（后改缴纳育林基金），林业税征收规定未变。

1966年10月起，省财政厅规定对国营垦殖场、农场、人民公社各级生产单位及社员个人砍伐自有木材、茅竹用于修建房屋、做工具等，暂予免征林农所得税，对共大等大中学校出售自产的原竹、原木，不纳农林所得税。1980年为了避免税名不一，规定今后不再称林农所得税，一律改称林业税（财政决算从1981年起）。1983年省对农林特产农业税的征收范围和征收方法，作了重要调整，但对竹木收入，仍另征林业税。从1988年1月起，原竹、原木纳入农林特产税范围，并入农林特产税税种内，由财政部门直接征收。乐安县从1959～1987年，征收林农所得税和林业税共139万元，其中林农所得税43万元，林业税96万元。

随着农村产业结构的调整和农业生产的发展，农林特产品的种植业和养殖业大量增多，经济效益也大幅度增加，国家为了平衡农村各种作物和税收负担，促进农业生产的全面发展，1984年省政府颁发了贯彻《国务院关于对农林特产收入征收农业税的若干规定》的通知，将农林特产税从农业税中分出，单独计征，并对农林特产品税收的征收管理作了具体规定。

（一）征收范围

下列各项农林特产收入，均属征税范围：

（1）园艺收入。包括水果、茶、桑、花卉、苗木、药材等产品的收入。

（2）林木收入。包括竹木、天然橡胶、柞树（养柞蚕）、木本油料、生漆及其他林产品收入。

（3）水产收入。包括水生植物、淡水养殖、滩涂养殖产品的收入。

（二）税率

按农林特产品收入额的5%征收（地方附加按税额的10%）一并征收共计5.5%。

（三）各种农林特产品收入的核定和计征方法

（1）凡收入比较固定的农林特产品可按照生产经营者近两年此项产品的平均收入，评定一个计税产量计征。

（2）凡收入不固定的品种，可按销售收入计征。

（3）桑叶的征收，应按桑叶的实际销售收入计征，对自己种桑又养蚕的单位和个人，按蚕茧销售收入的40%计征。

（4）有些农林特产品过去按同等粮田常年产量计征农业税的，应当改变过来，一律改按农林特产收入征收农林特产农业税。

（四）农林特产税的优待和减免

（1）对某些处于发展初期或者比较零星分散的，以及恢复较慢的农林特产，暂时纳税有困难的，经县（市）人民政府批准，可给予适当减免照顾，由当地政府或财政部门发给减免证，凭证减免，并报省财政厅备案。

（2）群众房前屋后，零星种植的农林特产收入，以及农业科学研究机关和农林院、校属于科学试验性的农林特产收入，免征农林特产税。

（五）农业特产税的征收

农林特产税由财政部门征收，为了方便群众，收购部门在收购农林特产品时，可代扣代征，由财政部门付给代征税款1%的手续费。

1987年4月6日，乐安县人民政府根据国务院《关于农林特产收入征收农业税的若干规定》和省人民政府《关于贯彻国务院〈关于对农林特产收入征收农业税的若干规定〉》的精神及抚州专署有关要求,结合乐安实际,经研究决定在全县范围内开征农林特产农业税,目前只对冬笋、春笋、笋干(含玉兰片)、香菇、柑桔、塘库养鱼六个品种征收农林特产农业税,其税率暂定5%,加上地方附加0.5%,合计5.5%,一并征收。计税单价:冬笋每公斤0.6元、春笋每公斤0.3元、笋干每公斤4.0元、香菇每公斤20元、柑桔每公斤0.6元、鲜鱼(库鱼)每公斤1.6元。计征办法,以各乡镇1985年、1986年年报加权平均压缩10%,作为计税常产。

为了鼓励各地积极开展征收农林特产税,省财政厅通知,对农林特产农业税以1985年各乡(镇)场实际缴库收入决算数为基数,在1989年以前,超过基数的增长部分,年终决算时,按现行体制分成比例进行结算,全部留给地方,用于扶助农林特产税的发展,属于征收全民、集体企业的,全部归还企业;属于征收农户的,留给乡(镇)。

1988年起,农林特产农业税改为农林特产税,在财政预算上从农业税划出成为单独税种。

1989年,农林特产税政策有了调整,对以前不符合规定的减税、免税和暂缓征税进行了清理和整顿,国务院对农林特产税作了新的规定,凡大宗农林特产税收入实行全国统一税率,其中水果收入为10%,原木收入为8%(对森工企业暂缓征收),省政府结合江西省的具体情况,补充下列产品及税率:毛竹7%、茶叶7%、莲子7%、蚕茧6%、香菇7%、其他林产品5%、中药材5%,其他未列举品项的产品,其税率按照不低于5%的原则,由各地根据其收益获利情况确定。是年,抚州地区行署办公室根据国务院及省政府农林特产税的新规定制发了"抚州地区农林特产税征收范围表"。

抚州地区农林特产税征收范围表

表1-17

类别	编号	科目	征收品种
水产收入	1	水产养殖	包括淡水养殖鱼类、贝类、虾类、蟹类、珍珠及鱼苗(种苗)
	2	水生植物	包括莲子、藕、菱角、蒿笋
园艺收入	3	水果	包括柑橘、苹果、柚子、梨、桃、李子、杨梅、橙子、柿子、枇杷、板栗、枣子、猕猴桃、葡萄等
	4	茶叶	应税未税的精制茶、花茶
	5	桑蚕茧	
	6	中药材	白芍、丹皮、积壳、茯苓、白菊花、桔皮等
	7	花卉	水仙花、茉莉花、观赏花等
	8	植物品种	各种树苗、果苗、草苗、花苗
林木收入	9	原木	松、杂、杉等各种木材、木棍、旧木料、枝丫材等以及应税未税木制半成品、成品
其他经济作物收入	10	毛竹	原竹、竹片、竹尾、料片(土纸原料)、毛稿竹、小山竹、竹梢枝、纸浆、应税未税的竹制半成品、成品
	11	木本油料	油茶子、油桐子、乌柏子等
	12	天然树脂	松脂、紫胶、松胶油、生漆等
	13	薪炭柴	木炭、木柴、柴片等
	14	食用菌菇、笋	香菇、黑(白)木耳、食用菌、竹笋(明笋)、干鲜笋、烟笋等
	15	其他林产品	柞树皮、野生淀粉、五倍子、山茶子、棕片、棕丝和应税未税的棕制品等
	16	果用瓜	西瓜、梨瓜、应税未税的瓜子等
	17	果用蔗	
	18	其他经济作物	荸荠、百合、席草、麻(苎麻、黄红麻)、干辣椒、黄花等

并规定:(1)改进和完善税收办法。农林特产税实行评产征收、委托收购部门(单位)代征、查账征收、市场征收、检查征收等,按其实际收入征收税。在村内申报纳税的,按产地生产者平均销售价计算征收;在申报站、市场和关卡检查站纳税的,按市场零售价计算征收。(2)生产应税产品(包括经营应

税未税产品)的国营、集体、生产者个人,都应根据产品的销售收入依率计算税额,按期向财政部门申报纳税。(3)纳税人拒绝缴纳税款或匿报农林特产品品种、数量,进行偷税的,除补交税款外,并视情节轻重,给予应纳税款的50%以内的罚金。

乐安县人民政府为了平衡不同农作物的税收负担,合理调整农业生产结构,促进农业生产的全面发展。于1989年3月31日根据中央、省、地有关文件精神,结合乐安县实际对农林特产税征收作如下规定:

1. 纳税对象

凡从事农林特产品生产,取得农林特产收入的单位和个人,都应依照本规定,缴纳农林特产税。

2. 征税品种

主要有冬笋、笋干、春笋、小竹笋、柑桔、香菇、鲜鱼、杉原木、松杂木、杉木棍、杂木棍、杉木制品、杂木制品、木柴、木炭、毛竹、蕫竹及其他各种木竹制品、成品和旧木料征收特产税。

3. 计税标准

因征税品种繁杂,暂对下列品种规定其征收标准:

乐安县农林特产税征收标准

表1－18　单位:元

品　目	计算单位	税　额	品　目	计算单位	税　额
冬笋	每公斤	0.08	笋干	每公斤	0.4
春笋(含玉兰片)	每公斤	0.04	小竹笋	每公斤	0.04
柑桔	每公斤	0.04	香菇(干)	每公斤	1.1
鲜鱼	每公斤	0.10	杉原木	每立方米	12
松杂木	每立方米	5	杉木棍	每立方米	6
杂木棍	每立方米	5	杉木制品	每立方米	18
杂木制品	每立方米	8	木柴	每吨	5
木炭	每吨	20	毛竹	每根	0.1
蕫竹	每根	0.05			

对其他各种木竹半成品、成品及旧木料应折合成立方米,按上述标准计征。

4. 计征办法

(1)征税(林业)税实行委托代征代扣的方式,凡属税务部门、林业部门、木竹联合检查站等单位代征代扣的税款,由所在乡镇财政所负责结算,悉数按月、季上解县财政,县财政局按照各地实解税款付给5%的征收手续费,由乡镇财政所分发给代征代扣单位和个人。

(2)纳税对象不论全民和集体,也不分单位或个人,均按地理辖属关系,就地征缴。

(3)县分配给各乡镇农林特产税任务,实行"任务包干、短收抵支、超收分成",超任务部分,县乡财政采取"五五"比例分成,即县得50%,乡得50%。

5. 要加强征管工作

征收农林特产税是增加财政收入的一个方面,各乡镇财税及有关部门,要在政府的统一领导下,密切配合,狠抓征收。要积极宣传征收政策,教育督促纳税人如实申报纳税,建立纳税申报制度,要深入调查研究,控制税源,减少和杜绝偷税、漏税、抗税行为。要充实征收力量,扎实做好征收工作,为平衡县财政而努力。

上述规定,自1989年1月1日起执行,与该办法有抵触的,按此征收。

乐安县人民政府1989年10月24日根据国务院《关于进一步做好农林特产农业税征收工作的通知》和省人民政府《关于进一步做好农林特产农业税征收工作的通知》精神,结合乐安县的实际情况,将农业特产税征收标准作如下调整。

乐安县农林特产税征收标准

表1－19　单位:元

品　目	计算单位	税　额	品　目	计算单位	税　额
冬笋	每公斤	0.08	春笋(含湿玉兰片)	每公斤	0.04
笋干(含玉兰片干)	每公斤	0.4	小竹笋	每公斤	0.08
柑桔	每公斤	0.14	香菇(干)	每公斤	1.54
鲜鱼	每公斤	0.34	杉原木	每立方米	13.2

续表 1－19

品 目	计算单位	税 额	品 目	计算单位	税 额
松杂木	每立方米	6.2	杉木棍	每立方米	13.2
杂木棍	每立方米	6.2	木柴	每吨	5
木炭	每吨	20	毛竹	每根	0.15
蒿竹	每根	0.1			

其他各种木竹半成品、成品及旧木料折合成立方米按上述标准计征。

为了加大宣传力度，务使征收农林特产税家喻户晓，县人民政府于开征之初，印发了征收农林特产农业税的通知；1993 年 6 月 8 日县人民政府根据国务院、财政部和省人民政府文件精神对农林特产税率进行了调整。1994 年实行税制改革，原农林水“产品税”改征农业特产税，特产税扩大征收范围以后，应税产品除了生产者依率计征外，收购者也必须依率计征。此举并非增加税负，而是税制改革中的税种转移。

1. 乐安县征收品种和税率（含应纳税额 10% 的地方附加）

（1）园艺产品。毛茶，包括红毛茶、绿毛茶、乌龙茶和边销茶、精制茶原料，生产者税率 17.7%，收购者税率 17.6%；柑橘、香蕉、荔枝、苹果、梨，生产者税率 13.2%；其他水果包括葡萄、果用瓜、板栗、猕猴桃等，生产者税率 8.8%；花卉，包括观赏花、制茶花、药用花，生产者税率 6.6%；苗木，包括经济林、用材林、苗木等，药材、绞股蓝；其他园艺产品，包括芦笋、荠头、黄花等，生产者税率 5.5%。

（2）水产品。水生植物，包括莲子、莲藕、荸荠、芦苇、席草、蒲草等；淡水养殖，包括鱼、虾、蟹、鳖、龟、鱼苗、鱼种、珍珠、育珠蚌等，淡水捕捞产品，其他水产品。以上水产品生产者均为税率 8.8%，收购者税率 5.5%。

（3）林木产品。原木和原竹，包括毛竹、篙竹，生产者税率 8.8%，收购者税率 8.8%。生漆、天然树脂（包括松脂），生产者税率 11%，收购者税率 11%；木本油料，包括油茶、油桐、乌桕子等；其他林木产品，包括鲜笋、干笋、小山竹、薪柴炭、土纸料等，生产者税率 5.5%。

（4）牲畜产品。包括牛皮、猪皮、羊皮、兔皮、羊绒等，收购者税率 11%。

（5）食用菌。黑木耳、银耳，生产者税率 8.8%，收购者税率 8.8%；香菇、蘑菇和其他食用菌，生产者税率 8.8%。

（6）特种养殖产品。牛蛙、蛇、蜗牛、蝎、海狸鼠、水貂，生产者税率 11%；蜂蜜，生产者税率 8.8%。

1994 年后，农业特产税税目税率调整的有：

（1）省财政厅 1997 年 4 月 30 日，关于调整毛茶农业特产税税率的通知，生产毛茶的单位和个人适用税率仍为 7%，收购毛茶的单位和个人适用税率由 16% 调整为 12%，调低 4% 税率。

（2）省财政厅 1999 年通知规定，对单位和个人收购的猪皮暂停征收农业特产税。对单位和个人收购的羊皮、牛皮暂按 5% 的税率征收农业特产税。

2. 计征依据

应税的农业特产品，生产者交售给国家、集体收购单位，按收购单位支付的金额，依率分别生产者和收购者在不同环节缴纳农业特产税，产品自由销售给其他单位或个人的，由生产者按实际收入依率缴纳农业特产税，经营者（含个体工商户）如收购应税未税产品一律由经营者按产地收购价缴纳农业特产税。

3. 计征方法

（1）农业特产税由地方财政机关负责征收。

（2）农业特产税采取评定产量按产品成交价征收，也可委托收购部门代征，具备条件也可查账征收。

（3）生产或收购应税产品的国有、集体单位和个人，应根据产品依率计征，按期向财政部门申报纳税，逾期不缴者，财政部门可按日加收应税总额的 2‰的滞纳金。

（4）生产或收购应税产品的单位和个人，原则上按产品实际销售收入依率计征，实际销售收入难以确定的，可评产计征。

（5）森工企业和国有、集体联营及个人林场，自产自销木竹，应根据销售收入，按生产和收购环节合并依率计征农业特产税。

（6）对应税未税农业特产品，经连续加工的半成品和产成品，应折算原产品的实际收入征税。

（7）在农业特产税计税的土地上生产农业特产品的，农业税照征，计算缴纳农业特产税时，将农业税扣除。

4. 减税、免税

（1）对农业科研机构和农业院校进行科学试验所取得的农业特产品收入，在试验期间准予免税，如属经营性部分应照章征收。

（2）对在新开发的荒山、荒地从事农业特产品生产的，从有收入时免税 1～3 年；对在新开发的滩涂，水面从事农业特产税生产的，从有收入时起免税1年。

（3）对贫困地区及其他地区，温饱问题尚未解决的贫困户，纳税确有困难的，准予免税。

（4）对因自然灾害造成农业特产品歉收的，酌情准予减税、免税。

以上几条须办理有关报批手续后方可执行。

5. 违章处理

凡拒绝向财政部门申报纳税，匿报农业特产品的数量和收入，偷税漏税或抗拒检查的，除应补交税款外，可处应纳税款五倍以下的罚款。对殴打、谩骂征收入员的，除处以罚款外，情节严重的，送司法机关依法惩处。

6. 农业特产品外销外运

为了正确贯彻执行农业特产税政策，加强农业特产税的征收管理，防止偷税漏税避免重复征税，搞活商品流通，促进农村经济发展，1994年10月华东地区，江西、浙江、山东、江苏、安徽、福建、上海六省一市在浙江召开了农税工作协作会议，专题研究了农业特产品外销外运检查征税问题，并形成了协议。

（1）协作省（市）运销农业特产品的单位和个人，必须持有起运地财政征收机关出具的农业特产品外销外运完税证明或外运证，外运证只填应税农业特产品的品目和数量，其大小写必须一致，凡涂改的外运证一律无效。

（2）对过境协作省（市）农业特产品的检查范围，限于以下三点：农业特产税征税品目、农业特产品数量、外运证有效时间。

（3）检查过境应税农业特产品，只查补数量，不补差价，如果超过外运证所注明数量的，其超过部分，应依法予以补税，计税价格按检查地产品价格计算，凡是没有外运证的，全部按检查地产品价格补税，对未税产品，只补一次。

（4）因客观原因造成外运证逾期失效，能出具有关证明的，不予补税；不能出具有关证明的，按检查地产品价格补税。

（5）协作省（市）间，农业特产税检查征税时，一律作漏税处理，只补税，不罚款。

（6）该协议自发文日生效，并由各协作省（市）向下贯彻到各级农税征收管理机构。

省财政厅于1995年9月14日转发了财政部及其贯彻意见：

（1）凡江西省境内从事生产和收购《江西省征收农业特产税实施办法》中规定的应税农业特产的单位和个人，在产品需要外销外运的，应到当地财政征收机关办理“外运证”，并接受统一查验。

（2）“外运证”实行一车一船一证，有效期须用大写数字填写，有效期满自行失效。

（3）实行新的“外运证”制度，是为了方便产品流通，促进产品税源，源头征税，防止漏税和重复征税，保护纳税人合法权益，各地应本着服务的精神，和发展经济搞活流通的原则，确保人便其行，货畅其流，不得乱设站（卡）或在公路上拦路检查，不得乱扣留货物、乱罚款、乱补征税款，违者严厉追究责任。

（4）新“外运证”从1995年8月1日起实行，江西省原来印制的“农业特产税外运外销证明单”可继续使用到1995年年底。

农业特产税应税产品外运税收管理证明

表1－20

填发日期　　年　　月　　日　　　　　　　　　　（95）××省财（地税）特税　NO

纳税人名称或姓名			纳税环节		
纳税人地址或住址					
起运地点		转运地点		运达地点	
产品名称	计量单位	外运数量	完税证号码、减免税、定期纳税批准文号一次征分批外运签注		
外运数量（大写）					
填发　负责人： 机关公章　经办人：			查验情况： 公章　检查人 年　月　日		

第一联（存根联）由填发机关存查　第二联（客户联）缴纳税人随货同行

第三联（报查联）报上一级征收机关存查

本单有效期自　　年　　月　　日至　　年　　月　　日

为了适应农业特产税税制改革，完善征管办法，积极配合全省关于“九五”时期县乡财源建设和财政收入上台阶活动，省财政厅在原农林特产税收入上台阶活动的基础上，继续开展农业特产税收入上台阶活动，并实行目标考核办法，以进一步推动全省各地狠抓农业特产税征管，积极组织收入，开创农业特产税征管新局面，对县(市)农业特产税收入实行上台阶奖励办法，即将县市农业特产税入库数分为100万元、200万元、300万元、500万元、700万元、1000万元六个档次，凡农业特产税入库数由低一档次增加到高一档次，且比上年度增长比例达到60%、50%、40%、30%、25%、20%的为上一个台阶，对上了台阶的县、市，省财政厅一次性奖励农业税征收经费2万元，对农业特产税入库数超过1000万元的县、市，另一次性奖励农业税征收经费3万元。

该办法自1995年度开始实行，在次年决算工作结束后，即对上年度农业特产税收入完成情况进行考评和奖励，奖励的农业税征收经费必须用于改善征管条件和奖励有关农税人员，不得挪作他用。

1996年5月5日，省财政厅为了推动全省农业特产收入上台阶活动，充分发挥和调动各地农业特产税征收积极性，积极组织收入，促进全省财政增收，根据全省农税工作会议精神和要求，结合各地市上报预算收入任务数，当年全省农业特产税收入奋斗目标任务确定为四亿元。(1)省分配下达的农业特产税收入奋斗目标，只作为考核任务，不是预算收入任务，省厅将以此为标准，对各地市农业特产税收入完成情况继续实行目标考核，完成当年奋斗目标考核任务的(以入库数为准)，省厅于年度决算考核评比后，一次性适当奖励农业税征收经费。(2)各地对省分配下达的农业特产税收入奋斗目标考核任务要在认真做好税源调查和测算工作的基础上，尽快合理分配落实下去，要进一步采取有效措施，狠抓征收管理，充分发掘农业特产税收入潜力，积极组织收入，做到应收尽收，确保完成和超额完成奋斗目标考核任务。同时，要正确贯彻执行和严格掌握税收政策，坚持依法征税、规范征收管理，不得收过头税，坚决杜绝按田亩、人口平均摊派税收的错误做法。一经发现，将收回奖励经费。情节严重造成不良影响的应按有关规定予以处罚。

2002年9月25日，乐安县人民政府办公室根据国务院、财政部和省人民政府的文件精神，为了强化税收征管，堵塞税收漏洞，使乐安县农业特产税征收工作纳入法制化、规范化轨道，经县人民政府常务会议研究同意，印发了《乐安县农业特产税征收实施办法(试行)》，对原农业特产税税目、税率及单位税额进行了调整，在全县范围内遵照执行。

乐安县农业特产税税目、税率及单位税额

表1－21

单位:元

税目		计算单位	计税收入(基价)	税率及单位应征税额									备注
				生产单位(个人)				收购单位(个人)				单位应征税额合计	
				税率(%)			单位税额	税率(%)			单位税额		
				正税	附加	合计		正税	附加	合计			
(一)林木产品	1. 杉木	立方米	260	—	—	—	—	8	1.6	9.6	24.96	24.96	含价外收入的其他各种补贴性收入
	2. 杉木棍	立方米	180	—	—	—	—	8	1.6	9.6	17.28	17.28	
	3. 松木	立方米	200	—	—	—	—	8	1.6	9.6	19.2	19.2	
	4. 杂木	立方米	180	—	—	—		8	1.6	9.6	17.28	17.28	
	5. 杂木棍	立方米	100	—	—	—	—	8	1.6	9.6	9.6	9.6	
	6. 毛竹	根	4	—	—	—	—	8	1.6	9.6	0.38	0.38	
	7. 篙竹	根	2	—	—	—	—	8	1.6	9.6	0.19	0.19	
	8. 箬	公斤	2.4	8	1.6	9.6	0.24	—	—	—	—	0.24	
	9. 小山竹	百根	4	—	—	—	—	8	1.6	9.6	0.38	0.38	
	10. 木柴	吨	90	8	1.6	9.6	8.64	—	—	—	—	8.64	
	11. 木炭	吨	500	8	1.6	9.6	48	—	—	—	—	48	
	12. 冬笋	公斤	3.6	8	1.6	9.6	0.34	—	—	—	—	0.34	
	13. 春笋	公斤	0.4	8	1.6	9.6	0.04	—	—	—	—	0.04	
	14. 小竹笋	公斤	2	8	1.6	9.6	0.2	—	—	—	—	0.2	
	15. 湿玉兰片	公斤	1.6	8	1.6	9.6	0.16	—	—	—	—	0.16	

续表 1－21

税目		计算单位	计税收入（基价）	税率及单位应征税额									备注
				生产单位（个人）				收购单位（个人）				单位应征税额	
				税率（%）			单位税额	税率（%）			单位税额		
				正税	附加	合计		正税	附加	合计		合计	
（一）林木产品	16. 笋干	公斤	9	8	1.6	9.6	0.86	—	—	—	—	0.86	
	17. 干玉兰片	公斤	12	8	1.6	9.6	1.16	—	—	—	—	1.16	
	18. 松脂	公斤	0.8	—	—	—	—	8	1.6	9.6	0.08	0.08	
	19. 油茶子	公斤	4	8	1.6	9.6	0.38	—	—	—	—	0.38	
	20. 油桐子	公斤	1.8	8	1.6	9.6	0.17	—	—	—	—	0.17	
	21. 樟油	公斤	16	8	1.6	9.6	1.5	—	—	—	—	1.5	
	22. 活性炭	吨	900	8	1.6	9.6	86.4	—	—	—	—	86.4	
	23. 芒秆	公斤	0.04	8	1.6	9.6	0.004	—	—	—	—	0.004	
	24. 草纸	捆	4.5	8	1.6	9.6	0.43	—	—	—	—	0.43	
	25. 毛边纸	刀	32	8	1.6	9.6	3.07	—	—	—	—	3.07	
（二）	烟叶（含晒烟、烤烟）	公斤	按收购价	—	—	—	—	20	4	24	—	—	含价外收入的其他各种收入
（三）园艺产品	1. 茶叶（各种毛茶及精制茶原料）	公斤	20	8	1.6	9.6	1.92	—	—	—	—	1.92	
	2. 柑桔	公斤	0.4	8	1.6	9.6	0.04	—	—	—	—	0.04	
	3. 梨	公斤	0.8	8	1.6	9.6	0.08	—	—	—	—	0.08	
	4. 西瓜	公斤	0.3	8	1.6	9.6	0.02	—	—	—	—	0.02	
	5. 蚕茧	公斤	12	8	1.6	9.6	1.16	—	—	—	—	1.16	
	6. 绞股蓝	公斤	5	8	1.6	9.6	0.48	—	—	—	—	0.48	
	7. 果用蔗	公斤	0.4	8	1.6	9.6	0.04	—	—	—	—	0.04	
	8. 花卉	盆	3	8	1.6	9.6	0.29	—	—	—	—	0.29	
	9. 苗木	亩	600	8	1.6	9.6	57.6	—	—	—	—	57.6	
	10. 板栗	公斤	6	8	1.6	9.6	0.58	—	—	—	—	0.58	
	11. 药材	公斤	按市场价	8	1.6	9.6	—	—	—	—	—	—	
（四）水产品	1. 鲜鱼	公斤	4	8	1.6	9.6	0.38	—	—	—	—	0.38	
	2. 鳖	公斤	42	8	1.6	9.6	4.04	—	—	—	—	4.04	
	3. 鳗鱼	公斤	30	8	1.6	9.6	2.88	—	—	—	—	2.88	
	4. 螃蟹	公斤	按市场价	8	1.6	9.6	—	—	—	—	—	—	
	5. 珍珠	公斤	按市场价	8	1.6	9.6	—	—	—	—	—	—	
	6. 鱼苗		按市场价	8	1.6	9.6	—	—	—	—	—	—	
	7. 莲子	公斤	11	8	1.6	9.6	1.10	—	—	—	—	1.10	
（五）特种养殖	1. 牛蛙	公斤	16	8	1.6	9.6	1.54	—	—	—	—	1.54	
	2. 蜂蜜	公斤	12	8	1.6	9.6	1.16	—	—	—	—	1.16	
（六）食用菌	1. 香菇（干）	公斤	24	8	1.6	9.6	2.3	—	—	—	—	2.3	
	2. 蘑菇	公斤	2.4	8	1.6	9.6	0.24	—	—	—	—	0.24	
	3. 木耳	公斤	28	8	1.6	9.6	2.68	—	—	—	—	2.68	
（七）牲畜产品	1. 牛皮	张	90	—	—	—	—	5	1	6	5.4	5.4	

1959～2005 年，乐安县农业特产税收入 6014 万元（包括林农所得税 139 万元），占同期县财政收入的 9.7%。

1959～2005年乐安县农业特产税收入表

表1－22 单位：万元

年度	税种名称	收入	占财政收入(%)	年度	税种名称	收入	占财政收入(%)
1959	林农所得税	1.1	—	1983	林业税	13	2.6
1960	林农所得税	1.6	—	1984	林业税	12	2.0
1961	林农所得税	0.7	—	1985	林业税	13	1.6
1962	林农所得税	—	—	1986	林业税	15	1.5
1963	林农所得税	—	—	1987	林业税	26	2.3
1964	林农所得税	—	—	1988	农林特产税	20	1.5
1965	林农所得税	—	—	1989	农林特产税	30	1.9
1966	林农所得税	—	—	1990	农林特产税	51	2.8
1967	林农所得税	—	—	1991	农林特产税	66	3.7
1968	林农所得税	—	—	1992	农林特产税	90	4.6
1969	林农所得税	2.5	0.9	1993	农林特产税	130	6.0
1970	林农所得税	2.2	0.8	1994	农业特产税	223	9.5
1971	林农所得税	3.2	1.4	1995	农业特产税	359	12.5
1972	林农所得税	3.6	1.0	1996	农业特产税	501	16.4
1973	林农所得税	2.8	1.2	1997	农业特产税	623	17.0
1974	林农所得税	3.3	1.0	1998	农业特产税	527	14.0
1975	林农所得税	2.5	0.7	1999	农业特产税	526	14.5
1976	林农所得税	2.5	0.8	2000	农业特产税	666	18.7
1977	林农所得税	3.0	0.8	2001	农业特产税	805	20.3
1978	林农所得税	3.0	0.7	2002	农业特产税	667	17.2
1979	林农所得税	6.0	1.3	2003	农业特产税	155	3.8
1980	林农所得税	5.0	1.0	2004	农业特产税	156	4.6
1981	林业税	7.0	1.4	2005	农业特产税	280	7.0
1982	林业税	10.0	2.1	合计		6014	9.7

2005年，全国取消农业税，农业特产税除烟叶保留征收农业特产税外，农业特产税也全部取消。2006年4月28日国务院颁发了《中华人民共和国烟叶税暂行条例》，该暂行条例规定了应纳"税额＝烟叶收购金额×税率"。烟叶税实行比例税率，税率为20%，并明确规定烟叶税由地方税务机关征收，纳税人是收购烟叶单位。2006～2012年乐安县烟叶税收入7375万元。

五、耕地占用税

耕地占用税，是国家为了保护农用耕地，向占用耕地建房或从事非农业建设的单位和个人征收的一次性的一种税收。

江西省人民政府根据国务院发布的《中华人民共和国耕地占用税暂行条例》，制发了《江西省征收耕地占用税实施办法》，规定从1987年4月1日起在全省范围内开征耕地占用税。

（一）耕地占用税的征收政策及有关规定

1. 耕地占用税纳税人及纳税范围

凡在1987年4月1日后，占用耕地建房或从事其他非农业建设的单位和个人都是耕地占用税的纳税人，均应按条例规定缴纳耕地占用税。耕地占用税以纳税人实际占用的耕地面积计税。按规定税率一次征收。农业建设占用耕地或非农业建设占用荒山、荒坡等非耕地不属耕地占用税的征收范围。

2. 耕地占用税征收标准

耕地占用税按不同地占用每平方米应税耕地面积的固定税额征收，省人民政府核定了各县（市）的平均税额，乐安县每平方米平均税额为4.0元（乐安县规定除鳌溪镇为4.5元外，其他各乡镇均为4.0元）。

2009年6月30日，乐安县人民政府根据《江西省耕地占用税实施办法》（江西省人民政府第170号令）的要求，结合乐安县各乡（镇、场）的人均耕地面积和经济发展具体情况，对各乡（镇、场）耕地占用税适用税额进行了如下调整。

乐安县各乡镇耕地占用税单位税额表

表1-23

单 位	其他用地单位税额(元/平方米)	农民建房用地单位税额(元/平方米)
鳌溪镇	22	11
公溪镇	22	11
湖溪乡	19	9.5
山砀镇	21	10.5
龚坊镇	21	10.5
戴坊镇	21	10.5
牛田镇	21	10.5
万崇镇	21	10.5
湖坪乡	19	9.5
罗陂乡	19	9.5
增田镇	21	10.5
招携镇	19	9.5
金竹乡	19	9.5
南村乡	19	9.5
谷岗乡	19	9.5
大马头垦殖场	19	9.5
流坑管理局	19	9.5
农业"三场"	19	9.5

(二)耕地占用税的减免范围

1. 对下列征用和占用耕地的单位和个人,不予免税

(1)部队非军事用途和从事非农业生产经营的用地。

(2)铁路沿线以外的堆货场、仓库、招待所、职工宿舍用地。

(3)厂矿企业铁路专用线路用地。

(4)职工夜校、学习班、培训中心、函授学校、疗养院等用地。

(5)以发电或旅游为主的水利工程用地。

2. 对下列经批准征用的耕地,免征耕地占用税

(1)部队军事设施用地。

(2)铁路线路、飞机场跑道和停机坪用地。

(3)炸药库用地。

(4)学校、医院、幼儿园、敬老院用地。

(5)灾民、难民和水库移民建房用地。

(6)殡仪馆、火葬场用地。

(7)外国投资者在江西省区域内举办的中外合资经营企业、中外合作经营企业和外商独资企业用地。

农村革命烈士家属、革命残废军人、鳏寡孤独以及革命老根据地、少数民族聚居地区和边远贫困山区生活困难的农户,在规定用地标准以内新建住宅纳税确有困难的,由纳税人提出申请,经县批准后,给予减税或免税。减免税额以县为单位,一般控制在农村居民新建住宅用地计征税额10%以内,少数县贫困农户较多的,不得超过15%。已减免的占用耕地,如改变了用途,应补交耕地占用税。

(三)耕地占用税的征收管理

为了搞好乐安县耕地占用税的征收工作,增加地方财政收入,经县人民政府批准同意,由县财政委托土地管理部门进行征收,县土地管理部门必须使用江西省财政厅统一纳税收据,县财政每年按解缴所收耕地占用税税额付给5‰的劳务费,给土地管理部门。

县土地管理部门每月月末将所有税款按比例分摊,填写一般缴款书,分解中央、县金库,并确定每月旬末向县财政局报送征收进度,土地管理部门应做到"先征税、后发证",对逾期纳税的应从土地征用批准通知书发出三十日满起,按日加收5‰的滞纳罚金,以保证税款不欠不漏,年税年清。

纳税人拖欠税款,经催收无效的,财政机关可以书面通知其开户银行或信用社扣缴入库,纳税人按有关规定向土地管理部门办理退还耕地的,已纳税款,不予退还。对单位或个人获准占用耕地超过两年不使用的,按应征税额加征两倍以下的税款,对未经批准或者超过批准限额占用耕地的,由土地管理部门,依照《中华人民共和国土地管理法》的有关规定处理,并补征耕地占用税。

纳税人同财政机关在纳税或者违章处理问题上发生争议时,必须首先按照财政机关的决定缴纳税款和滞纳金,然后在十日内,向上级财政机关申请复议,上级财政机关在接到申诉人的申请之日起,30日内作出答复,申诉人对答复不服的,可在接到答复之日起,30天内向人民法院起诉。

(四)耕地占用税的征额分配

耕地占用税收入,根据国务院规定50%留给地方,建立农业发展专项资金,用于开垦宜耕土地和整理改良现有耕地,按省财政厅规定,在地方分成收入中,省集中5%,地区集中5%,40%留给县(市)。

1989年3月,省财政厅、省人民银行根据国务院规定从1989年1月起中央和地方耕地占用税收入分成比例,由原来的对半分成,调整为“倒三七”,即上缴中央30%,地方留70%,省对地(市)县的分成比例也作了相应的调整,规定对抚州地区及县(市),省集中10%,地区集中10%,县市留50%。

(五)耕地占用税的使用规定

1988年5月,省财政厅根据财政部的规定,制发了《江西省耕地占用税建立的农业发展专项资金使用管理试行办法》,规定耕地占用税收入(留地方部分)必须坚持取之于耕地、用之于耕地,先征后用,专款专用和自筹资金为主,国家支援为辅的原则,任何地方和部门都不准挤占挪用,也不准抵顶地方原来安排农林水等的正常经费。

按照江西省人民政府办公厅文件规定,从2010年12月1日起,乐安县耕地占用税征收管理职能由乐安县财政局划转至乐安县地税局。

1987～2012年乐安县耕地占用税收入

表1-24

单位:万元

年度	税额	年度	税额	年度	税额	年度	税额	年度	税额
1987	1	1993	2	1999	1	2005	33	2011	706
1988	3	1994	7	2000	1	2006	35	2012	1960
1989	2	1995	6	2001	3	2007	215		
1990	2	1996	12	2002	—	2008	305		
1991	2	1997	12	2003	—	2009	280		
1992	2	1998	12	2004	—	2010	520	合计	4122

六、契　税

契税是对土地、房屋等不动产在发生产权转移时,按契约向承受人征收的一次性税收。产权承受人缴纳税款后,国家给承受人颁发契约作为拥有产权的凭证,政府即承担保障产权的责任。

契税始于东晋的“估税”。估税规定凡买卖田宅、奴婢、牛马、均向官输钱。这是田宅买卖征收契税的开始。宋太祖开宝二年(969),始收民印契纸钱,令民典卖田宅向官输钱,请求验印,名“印存钱”,每贯钱向官输四十文(相当于4%的税率),由买者独输。清制契价一两征正税三分,火耗解费九厘,典当旧房在10年内的不纳税。光绪三十年(1904)江西抚藩酌定本省每契价一两,共收六分五厘,次年刊发官契纸买契加征二分五厘,连原征之六分五厘,共征九分,典契征银六分,税率过重,人民苦之。宣统三年(1911),度支那奏足契税试办章程二十条,规定买契按价征百分之九,典契按价征百分之六,此外丝毫不准多征,以前各种附带征收的款目,一律裁去,办法虽简,而因税率过重,故至清亡,均未实行。

民国3年(1914),政府颁布“契税条例”沿用宣统三年章程所定,买契百分之九,典契百分之六等税率,此外另收契纸费每张伍角,后因税率过重,财政部规定为买契百分之六,典契百分之三,各省遵办,又因税负过重,江西请准将税率改为买四典二,民国6年(1917)又改为买六典三,带征筹备南浔铁路保息,买二典一,已合买八典四,现制买契每银一元,征正税六分,附税二分,典契每银一元,征正税三分,附税一分,如成立契约,逾期六个月以外,拒税者,除应纳税额外,处以应纳之罚金,至前清未验红契,照现行税率加倍征收之,官契纸每张征银五角,旧制每张契纸征九角,以四角五分为纸价,五分为印刷费,由各县政府向省政府,请领发售民间应用,至契税收数,民国26年(1937)实征契税122元,民国27年(1938)实征契税116元,民国28年(1939)实征契税2310元。

向来凡田地房宅等一切不动产买卖,必须经官厅印契,民国以来,并须填用官厅契纸,印契有税,填用契纸有费,契纸收费,在历史上曾有过,在元朝称为“契本费”,经过明清几百年的沿革,各地办法,极为参差。

民国32年(1943)7月23日,对原颁发的“契税条例”进行了修正，公布其中修正的有四个条文。

第三条，不动产之买受人或承典人，须于契约成立后六个月内，赴该管征收官署呈验注册完税。买契税契价百分之九。典契税，契价百分之六。前项典税由承典人缴纳，但出典人于赎产时，应归还税额之半于承典人。先典后卖之卖契，得以原纳典契税额划抵卖契税，但以承典人与买受人属于一人者为本位，官署地方自治团体及其他公益法人，为不动产之买受人或承典人，免纳契税，但以收益为目的者不在此限。

第四条，订立不动产卖契或典契时须由出卖人或出典人赴该管征收官署填具申请书，请领契纸除缴纳契纸费国币五元外，无论以何种名目不得征收他项费用。前项之契纸费，由出卖人与买受人或出典人与承典人分担。

第八条，不动产之买受人或承典人，逾第三条之期限不依本条例缴纳契税者，除纳定率之税额外，并科以罚金。逾期未满一个月者，应按纳税原额科十分之一罚金。逾期一月以上未满二月者，应按纳税原额科十分之二罚金。逾期两月以上未满三月者，应按纳税原额科十分之四罚金。逾期三月以上未满四月者，应按纳税原额科十分之六罚金。逾期四月以上未满五月者，应按纳税原额科十分之八罚金。逾期五月以上者，应按纳税原额科罚八倍。

第九条，缴纳契税时，匿报契价者，除另换契纸改正契约补缴短纳税额外，并科以罚金。匿报契价十分之一以上未满十分之二者，应按短纳税额科十分之二罚金；匿报契价十分之二以上未满十分之四者，应按短纳税额科十分之四罚金；匿报契价十分之四以上未满十分之六者，应按短纳税额科十分之六罚金；匿报契价十分之六以上未满十分之八者，应按短纳税额科十分之八罚金；匿报契价十分之八以上，应按短纳税额科罚一倍。

1937 年，乐安县契税收入 693 元（法币）。1938 年（半年）347 元（法币）。

中华人民共和国成立后，契税是人民政府承认与保障人民对土地房屋动产与不动产所有权合法地位，政府对人民产权的合法凭证—契纸。

契税并非是单纯的可以增加财政收入，更重要的为了保障人民财产合法权利，政务院于 1950 年 3 月 31 日颁布了契税条例，江西省相应制订了《江西省契税暂行条例施行细则》。1951 年 8 月份以前，曾委托各级税务部门代办。1951 年 8 月中央决定由财政部门接办，江西省财政厅 1951 年 9 月 20 日发出通知，契税自本年 8 月 9 日起，一律由各地财政部门组织征收，征收契税之县市，按契税征收总额提成 60%，作为补助该县市收入及用于征收契税的一切开支，40% 归省作为省财政收入。同年 11 月 8 日省财政厅又发出通知，为照顾各地契税尚未开征，契税罚金及滞纳金收入，统按契税收入比例一样分成（省 40%、县市 60%）。但罚金提奖，30% 由县市在 60% 提成内支给，如密告不领者，即作地方收入，在缴款书上，只填罚金总额即可。

中央政务院《契税暂行条例》第三条，凡土地房屋之买卖、典当赠与或交换，均应凭土地房屋所有证，并由当事人双方订立契约，由承受人依照本条例完纳契税。

第五条，契税税率之规定如下：买契税按买价征收 6%，典契税按典价征收 3%，赠与税按现价征收 6%。

第六条，先典后卖之买契税可以原纳典契税额划抵买契税款，但应以承典人与买主同系一人为限。

第七条，交换土地房屋，两方价值相等者免征契税，不相等者，其超过部分按买卖税率纳税。

第八条，各机关与人民相互国有土地房屋之买卖、典当、赠与或交换行为者均应完纳契税。

第十一条，完纳契税应于契约成立后三个月内办理之，逾期缴税者，除照额补税外，每月加收税额 20%，不足一个月者，按一个月计算，但加征税额不得超过产价。

第十二条，匿报产价者，除应补缴契税外，并按短纳税额，处以两倍至五倍罚金。

在此期间中央财政部再次通知，规定契税改为地方财政部门主管，并函告，凡财政部门尚未接管契税之地区，仍按本部决定执行，迅速向税务部门接管，以资划一。

根据省财政厅关于恢复和加强契税征收管理工作的通知，针对当时在房屋买卖中，任意抬高房价，倒买倒卖，偷漏税收情况，1989 年 9 月 3 日，乐安县人民政府办公室批转《县财政局“关于恢复和加强契税管理工作的请示”的通知》。决定在全县范围内恢复征收契税工作，有关契税的征收政策和规定，在中央没有新的规定之前仍按 1950 年政务院颁布的《契税暂行条例》和有关规定执行。财政部门要切实加强对契税征收工作的领导，充实力量，指定专人负责契税的征收管理工作，为了不打乱原有纳税习惯，仍由县财政委托房产管理部门代征。

（1）征收范围：凡房屋买卖、典当、赠与或交换，均应凭房屋所有证，由当事人双方订立契约，由承受人按规定缴纳契税。

（2）契税税率：①买契税，按买价征取6%；②典契税，按典价征取7%；③赠与契税，按现价征取6%；④交换房屋契税，其超过部分按6%征取。

（3）征管办法：契税由房屋所在地县财政部门征收。

（4）减税、免税：①房屋交换，两方价格相等，免征契税。②机关、部队、学校、党派、受国家补贴的团体，国营和地方国营企业与事业单位和集体所有制单位，购买、承典、受赠或交换的房屋，均免征契税，发给契证，只收契证工本费。③个人购买商品房对个别纳税确有困难的，由纳税人申请经县以上财政部门批准，可酌情照顾。

（5）违章处理：①匿报产价，除责令据实补交，并视情节，按短纳税额处于二倍以下罚金。②隐匿不报或以继承等名义立契企图蒙骗逃税的，除据实补缴契税外，并视情节处以应纳税额三倍以下罚金。③已办契税手续而逾期不缴税款的，除限期追缴应纳税款外，并酌情处以滞纳金，滞纳金以不超过纳税额50%为限。④拒绝向财政部门纳税的，除应补交税款外，并处以应纳税款五倍以下罚款，对殴打、谩骂征收人员的，除处以罚款外，情节严重的，移送司法机关依法惩处。

1997年7月7日，国务院发布了《中华人民共和国契税暂行条例》，1997年10月28日，按新的《契税暂行条例》第十四条的要求，财政部制定了《中华人民共和国契税暂行条例细则》。

1998年1月29日，江西省人民政府根据新的《契税暂行条例》及《契税暂行条例细则》的精神，印发了《江西省契税实施办法》，并且宣布对在此以前省人民政府及省财政厅发出关于契税各项规定有抵触者，同时作废。

新的《江西省契税实施办法》共有28条，1～8条是对土地、房屋权属的认证，第9条是契税的适用税率为4%，较前通告下调降低税率2个百分点，这是最大的改变。

乐安县人民政府根据财政部《中华人民共和国契税暂行条例细则》和省人民政府《关于印发〈江西省契税实施办法〉的通知》之后，于2001年8月29日批转了县财政局《关于加强契税征收管理工作的实施意见》，并下发了《关于加强契税征收管理工作的通知》，提出贯彻意见，全县范围内遵照执行。

（1）为了切实做好契税征管工作，组织财政收入，规范房屋、土地交易行为，做好新旧税制衔接工作，新《契税暂行条例》从1997年10月1日起执行，凡属1997年10月1日前签订的房屋转移合同，仍按原《条例》执行，税率为6%。1997年10月1日起发生的房屋土地权属转移则按新《契税暂行条例》执行，税率为4%。

（2）财政、土地管理、房屋管理以及住房公积金管理中心等部门和单位，要密切配合共同做好契税征管工作，凡房屋、土地权属转移，在依法登记领取权属证书之前，必须凭缴纳契税或减免凭证，方可办理有关手续，如发现没有纳税凭证或减免凭证办理了权属转移手续，造成契税税款漏征的，除纳税人补交应纳税款外，并处以纳税人一至两倍的罚款，另外对发证部门处以每证1000元～2000元的罚金，并追究经办人责任。

（3）对1989年7月恢复征收契税以来的契税征收情况进行一次全面清理检查，凡属应征未征的要进行稽查补征，对长期拖欠、拒缴契税的，要依法强制执行，以维护税法的严肃性，确保国家税款不流失。

按照江西省人民政府办公厅文件规定，从2010年12月1日起，乐安县契税征收管理职能由乐安县财政局划转至乐安县地税局。

1991～2012年，乐安县共征契税13832万元，其中1991年收入1万元，2012年收入1211万元，2012年是1991年的1211倍，征收最多的一年是2010年达到4480万元。

1991～2012年乐安县契税收入表

表1－25

单位：万元

年度	税额	年度	税额	年度	税额	年度	税额	年度	税额
1991	1	1996	5	2001	42	2006	385	2011	1423
1992	1	1997	8	2002	43	2007	1355	2012	1211
1993	3	1998	28	2003	66	2008	2379		
1994	3	1999	45	2004	217	2009	1788		
1995	3	2000	19	2005	330	2010	4480	合计	13832

第二节 工商各税收入

工商税收是县财政收入的重要组成部分。工商税收入是由税务机关对一切从事工商业经营的单位和个人,按其生产、销售等收入征收的各种工商税种收入的总称。

工商税收在解放前历朝中占地方财政收入比重较小,因为大宗的工商税由国家直接控制,专门征收,地方多为零星小额税收。

工商税收历史悠久,汉代有市税,唐有关市税,南唐有关税、市税,宋代有行商征过税,元代纳商品税,明代征收商税、市肆门摊税、房屋税契。自汉、三国、南北朝对酒实行征税制,茶课始于唐,并行酒专卖酒课,宋置监盐酒税务,元代征收河泊课、酒醋课,明代征收酒曲税钞、牙钱税。

清代初期,工商税收项目主要有:盐税、常关税、茶税、机织税、矿税和当税。渐后开征牙税、厘金、海关税。

清代,同治二年(1863)乐安县的税收计有:(1)田房契税(原无定额,例系尽收尽缴);(2)当税银三十五两;(3)牛税银十九两六钱;(4)牙税银三十五两;(5)茶课银四两五钱;(6)纸价银九分九厘九毫。以上共银九十四两一钱九分九厘九毫。

清代后期,百货逐渐改为统税,开征的主要工商税种有烟税、酒税和牲畜屠宰税。

民国初期,北洋政府沿用清制征收工商税。后逐渐开征印花税、烟酒牌照税、船捐、统税、特种消费税、营业税、(薪给报酬、存款利息、营利事业)所得税、遗产税、财产租赁所得税、一时所得税、综合所得税、非常时期过分利得税、货物税、自卫特捐等17种。工商税收有中央税和地方税之分。抗战期间,中央税与地方税的划分变动较频繁,中央税多为大宗固定的税种,地方税为零星小额税种。民国15年(1926),中央税包括:盐税、关税、统捐、厘金、契税、牙当税、矿税、烟酒税、茶税、糖税等10种。地方税种有商税、牲畜税2种。1927年,中央税有盐税、关税、常关税、烟酒税、卷烟税、煤油税、厘金、邮包税、矿税、印花税等10种。地方税种有契税、牙税、当税、商税、屠宰税、渔业税等6种。抗日战争爆发后,中央税种增加货物税。1938年后,地方税种有营业税、契税、外加自治税捐、屠宰税、土地增值税、营业牌照税、使用牌照税、筵席娱乐税等8种。1946年,有营业税50%、遗产税30%、契税、屠宰税、营业牌照税、使用牌照税、筵席娱乐税等7种为地方税。遗产税70%划归中央税。

民国初期,乐安县开征的工商税有:田房契税、当税、牙行税、盐税、营业税、屠宰税、房产捐等7种。民国18年(1929)乐安县成立“靖卫团”,其经费开支,增征进出口货品税。这些税种的税率时有增减不一。至民国23年(1934)6月,全国财政会议通过各省市废除苛捐杂税办法规定,减轻田赋附加,不得超过正税70%,以40%作团队经费。30%作地方教育、建设、自治费。革除各县苛捐杂税三百多种。乐安县革除的苛捐杂税计有百货捐16760元、食盐火漕捐9050元、食盐卖捐78元、电料公卖捐766元,共四种。

民国20年(1931),修改税制后,除原先的税种不变外,又增征了货物税、营业牌照税、所得税、印花税、筵席税、遗产税、房铺捐、特产捐、殷富乐捐及地方行政机构,如区、乡公所巧立名目的保甲经费、乡镇造产费、招待费、办公费、修理费、购置费、旅差费、草鞋费、壮丁费等,属于国家正税的税费按年计征。地方摊派则横征暴敛。

1937年,契税122元,普通营业税8976元,屠宰税1821元。

1938年,契税116元,普通营业税1371元,屠宰税939元。

1939年,契税2310元,普通营业税89.76元,屠宰税9037元,牙当税140元,烟酒牌照税1000元。

1941年,税课收入73759元。

1949年9月16日,成立乐安县人民政府。同年10月成立“乐安县税务局”,接管民国时期的“稽征处”,正式开展税收征管,组织工商税款收入工作。

从1949年10月~2012年12月底止,乐安先后开征过的工商税种有:货物税、工商业营业税、工商业所得税、工商所得税、屠宰税、印花税、车船使用牌照税、牲畜交易税、城市房地产税、利息所得税、商品流通税、文化娱乐税、工商统一税、集市交易税、工商税、增值税、建筑税、国营企业所得税、国营企业调节税、产品税、营业税、集体企业所得税、国营企业奖金税、集体企业奖金税、事业单位奖金税、车船使用税、城市维护建设税、城乡个体工商业户所得税、个人收入调节税、私营企业所得税、房产税、城镇土地使用税、筵席税、国营企业工资调节税、固定资产投资方向调节税、个人所得税、企业所得税、资源税、消费税、土地增值税、外商投资企业和外国企业所得税共41种。除已停征和合并、废止的外,2012年正在执行和保留的工商各税有:增值税、消费税、营业税、企业所得税、个人所得税、资源税、城市维护建设税、房产税、印花税、城镇土地使用税、土地增值税、车船使用税,车辆购置税共 13 种。

1949～1957 年,全县累计征收工商业营业税 19.9 万元;1958～1972 年累计征收工商统一税 1240.5 万元;1973～1984 年累计征收工商税 2983.9 万元;1985～2012 年累计征收营业税 57617.4 万元。1949～1985 年累计征收工商业所得税和工商所得税 430.8 万元;1950～1958 年和 1988～2012 年先后累计征收印花税 679.5 万元;1949～2001 年累计征收屠宰税 2967.64 万元;1951～1974 年和 1983～1993 年先后累计征收牲畜交易税 2.98 万元;1952～1977 年累计征收车船使用牌照税 26.35 万元;1963～1965 年累计征收集市交易税 1.1 万元;1956～1966 年累计征收文化娱乐税 3.53 万元;1983～2012 年累计征收增值税 9508.0 万元;1984～1993 年累计征收产品税 2098.5 万元;1985～2012 年累计征收城市维护建设税 3791.3 万元;1985～1991 年累计征收建筑税 359.2 万元;1991～2001 年累计征收固定资产投资方向调节税 2127.9 万元;1987～2012 年累计征收房产税 1255.5 万元;1989～2012 年累计征收城镇土地使用税 1532.5 万元;1987～2012 年累计征收车船使用税 820.1 万元;1989～1993 年累计征收个人收入调节税 42.1 万元;1985～1993 年累计征收奖金税 27.5 万元;1990～1993 年累计征收国营企业工资调节税 3.6 万元;2006～2012 年累计征收烟叶税 7375.0 万元;1994～2012 年累计征收资源税 3242.6 万元;1997～2012 年累计征收土地增值税 2960.0 万元;1986～1993 年累计征收集体企业所得税 104.1 万元;1990～1993 年累计征收城乡个体工商业户所得税 49.3 万元;1994～2012 年累计征收个人所得税 5014.2 万元;累计补税罚款滞纳金收入 38.2 万元。

1953～2012 年,全县工商税收入(财政决算地方收入数)累计 114867 万元,占全县财政收入决算比重的 54.53%。其中:

“一五”时期,工商税收入 88 万元,占同期财政收入比重的 44.67%。“二五”时期,工商税收入 334 万元,占同期财政收入比重的 34.50%。调整时期,工商税收入 335 万元,占同期财政收入比重的 50.22%。“三五”时期,工商税收入 514 万元,占同期财政收入比重的 33.69%。“四五”时期,工商税收入 934 万元,占同期财政收入比重的 58.23%。“五五”时期,工商税收入 1422 万元,占同期财政收入比重的 68.70%。“六五”时期,工商税收入 2093 万元,占同期财政收入比重的 73.00%。“七五”时期,工商税收入 5122 万元,占同期财政收入比重的 74.34%。“八五”时期,工商税收入 6357 万元,占同期财政收入比重的 57.25%。“九五”时期,工商税收入 9471 万元,占同期财政收入比重的 53.78%。“十五”时期,工商税收入 9433 万元,占同期财政收入比重的 49.12%。“十一五”时期,工商税收入 33618 万元,占同期财政收入比重的 46.89%。2011～2012 年,工商税收入 45146 万元,占同期财政收入比重的 60.06%。

此外,1983～1993 年累计征收的国营企业所得税 879.5 万元和 1986～1993 年累计征收的国营企业调节税 46.7 万元,共计 926.2 万元。属利改税县级收入,未并入工商税内,直接入地方财政决算企业收入之内,占同期财政收入比重的 6.5%。

1994～2012 年,实行分税制地方税务局累计征收的地方企业所得税 7619.0 万元,未并入工商税之内,直接作为一个单一税种收入入地方财政决算收入之内,占同期财政收入比重的 14.1%。

1983～1993 年,累计征收国营企业所得税 158.4 万元,直接入省、地级(利改税)收入,不计入地方财政决算总收入之内。

1953～2012 年乐安县工商税收分税种收入表

表 1－26

单位:万元

年度	合计	工商税	工商统一税	营业税	工商所得税	印花税	烟叶税	屠宰税	牲畜交易税	城市房地产税	车船使用牌照税	集市交易税	文化娱乐税	补税罚款收入
1953	16.00	—	—	—	—	—	—	8.84	0.11	—	7.05	—	—	—
1954	12.00	—	—	—	—	—	—	11.50	0.50	—	—	—	—	—
1955	17.00	—	—	6.50	—	0.80	—	8.70	1.00	—	—	—	—	—
1956	21.00	—	—	6.90	4.80	1.00	—	8.70	0.27	—	—	—	0.03	—
1957	22.00	—	—	6.50	7.20	1.10	—	7.00	0.10	—	—	—	0.10	—
1958	51.00	—	26.90	—	11.70	1.00	—	11.20	0.10	—	—	—	0.10	—
1959	74.00	—	61.50	—	6.80	—	—	5.10	0.10	—	0.40	—	0.10	—
1960	74.00	—	62.90	—	9.00	—	—	1.30	0.20	—	0.50	—	0.10	—

续表 1－26－1

年度	合计	工商税	工商统一税	营业税	工商所得税	印花税	烟叶税	屠宰税	牲畜交易税	城市房地产税	车船使用牌照税	集市交易税	文化娱乐税	补税罚款收入
1961	48.00	—	41.10	—	3.30	—	—	2.20	0.20	—	1.10	—	0.10	—
1962	87.00	—	66.50	—	8.00	—	—	9.00	0.20	—	1.10	—	2.20	—
1963	99.00	—	76.60	—	9.50	—	—	10.90	—	—	1.30	0.50	0.20	—
1964	113.00	—	90.00	—	7.70	—	—	12.00	—	—	2.60	0.40	0.30	—
1965	123.00	—	98.00	—	8.00	—	—	13.60	—	—	3.00	0.20	0.20	—
1966	104.00	—	85.40	—	9.70	—	—	7.50	—	—	1.30	—	—	—
1967	100.00	—	81.30	—	9.00	—	—	9.20	—	—	0.50	—	—	—
1968	106.00	—	87.60	—	8.20	—	—	9.70	—	—	0.50	—	—	—
1969	98.00	—	85.80	—	2.80	—	—	8.90	—	—	0.50	—	—	—
1970	106.00	—	95.00	—	3.00	—	—	7.00	—	—	1.00	—	—	—
1971	138.00	—	127.50	—	4.50	—	—	5.00	—	—	1.00	—	—	—
1972	170.00	—	152.60	—	5.40	—	—	11.00	—	—	1.00	—	—	—
1973	195.00	172.00	—	—	14.00	—	—	8.10	—	—	0.90	—	—	—
1974	212.00	185.70	—	—	19.00	—	—	6.30	—	—	1.00	—	—	—
1975	219.00	184.00	—	—	26.00	—	—	8.00	—	—	1.00	—	—	—
1976	229.00	198.00	—	—	24.00	—	—	6.70	—	—	0.30	—	—	—
1977	238.00	199.60	—	—	30.50	—	—	7.60	—	—	0.30	—	—	—
1978	284.00	245.60	—	—	31.00	—	—	7.40	—	—	—	—	—	—
1979	346.00	303.00	—	—	36.00	—	—	7.00	—	—	—	—	—	—
1980	325.00	285.00	—	—	32.20	—	—	7.80	—	—	—	—	—	—
1981	339.00	308.00	—	—	22.00	—	—	9.00	—	—	—	—	—	—
1982	338.00	310.00	—	—	20.50	—	—	7.50	—	—	—	—	—	—
1983	389.00	310.00	—	—	21.00	—	—	7.30	—	—	—	—	—	—
1984	441.00	283.00	—	25.00	21.00	—	—	7.50	—	—	—	—	—	—
1985	586.00	—	—	190.00	15.00	—	—	6.40	—	—	—	—	—	—
1986	789.00	—	—	287.00	—	—	—	5.50	—	—	—	—	—	1.00
1987	909.00	—	—	392.40	—	—	—	2.60	—	—	—	—	—	3.50
1988	1065.00	—	—	511.70	—	1.80	—	3.00	—	—	—	—	—	3.40
1989	1181.00	—	—	543.80	—	13.20	—	3.60	—	—	—	—	—	10.60
1990	1178.00	—	—	535.60	—	3.00	—	5.00	—	—	—	—	—	8.00
1991	1177.00	—	0.70	533.60	—	4.10	—	6.00	—	—	—	—	—	2.80
1992	1240.00	—	0.30	541.70	—	4.70	—	7.00	0.20	—	—	—	—	4.10
1993	1502.00	—	0.80	682.60	—	3.80	—	6.00	—	—	—	—	—	3.80
1994	1071.00	—	—	421.00	—	1.00	—	120.00	—	—	—	—	—	1.00
1995	1367.00	—	—	540.00	—	4.00	—	360.00	—	—	—	—	—	—
1996	1655.00	—	—	681.00	—	4.00	—	339.00	—	—	—	—	—	—
1997	2044.00	—	—	917.00	—	6.00	—	358.00	—	—	—	—	—	—
1998	2161.00	—	—	973.00	—	6.00	—	358.00	—	—	—	—	—	—
1999	1846.00	—	—	747.00	—	6.00	—	351.00	—	—	—	—	—	—
2000	1765.00	—	—	890.00	—	5.00	—	377.00	—	—	—	—	—	—
2001	1978.00	—	—	812.00	—	5.00	—	401.00	—	—	—	—	—	—
2002	1456.00	—	—	984.00	—	4.00	—	—	—	—	—	—	—	—
2003	1720.00	—	—	1063.00	—	5.00	—	—	—	—	—	—	—	—
2004	1911.00	—	—	1088.00	—	6.00	—	—	—	—	—	—	—	—
2005	2368.00	—	—	1266.00	—	9.00	—	—	—	—	—	—	—	—
2006	3869.00	—	—	1889.00	—	12.00	340.00	—	—	—	—	—	—	—

续表 1－26－2

年度	合计	工商税	工商统一税	营业税	工商所得税	印花税	烟叶税	屠宰税	牲畜交易税	城市房地产税	车船使用牌照税	集市交易税	文化娱乐税	补税罚款收入
2007	5266.00	—	—	2492.00	—	21.00	483.00	—	—	—	—	—	—	—
2008	6420.00	—	—	2743.00	—	22.00	1001.00	—	—	—	—	—	—	—
2009	7407.00	—	—	3806.00	—	34.00	968.00	—	—	—	—	—	—	—
2010	10656.00	—	—	6255.00	—	96.00	832.00	—	—	—	—	—	—	—
2011	18844.00	—	—	10549.00	—	195.00	1770.00	—	—	—	—	—	—	—
2012	26302.00	—	—	15258.00	—	204.00	1981.00	—	—	—	—	—	—	—
合计	114867.00	2983.90	1240.50	57637.30	430.80	679.50	7375.00	2967.64	2.98		26.35	1.10	3.53	38.20

注:1949～1957 年的工商业营业税并入营业税,工商业所得税并入工商所得税之内

1982～2012 年乐安县工商税收分税种收入表(一)

表 1－27　　单位:万元

年度	增值税	产品税	城市维护建设税	建筑税	固定资产投资方向调节税	国营企业所得税	国营企业调节税	集体企业所得税	私人企业所得税	房产税	城镇土地使用税	车船使用税	城乡个体工商户所得税
1982	—	—	—	—	—	—	—	—	—	—	—	—	—
1983	1.70	—	—	—	—	49.00	—	—	—	—	—	—	—
1984	2.50	32.00	—	—	—	70.00	—	—	—	—	—	—	—
1985	4.80	271.00	10.60	25.40	—	56.00	4.60	—	—	—	—	—	—
1986	7.70	309.00	18.00	25.90	—	102.40	8.00	18.00	—	—	—	—	—
1987	19.80	286.90	22.90	31.00	—	107.30	8.00	11.90	—	15.30	—	4.70	—
1988	75.50	209.00	28.00	36.40	—	144.40	7.80	16.40	—	19.30	—	4.70	—
1989	133.20	173.50	32.00	68.00	—	129.70	8.70	19.00	—	25.00	9.90	5.90	—
1990	179.00	147.10	28.00	107.00	—	94.00	8.00	12.00	—	29.00	3.00	8.00	0.30
1991	190.50	189.70	30.50	65.50	21.00	54.00	1.60	12.20	—	26.00	10.20	4.60	11.80
1992	174.30	243.30	32.60	—	109.20	36.60	—	6.80	—	35.30	7.90	3.40	19.20
1993	279.00	237.00	35.70	—	125.70	35.40	—	7.80	—	35.60	7.50	5.80	18.00
1994	193.00	—	38.00	—	173.00	—	—	—	—	19.00	18.00	26.00	—
1995	226.00	—	38.00	—	118.00	—	—	—	—	14.00	9.00	5.00	—
1996	237.00	—	31.00	—	240.00	—	—	—	—	13.00	11.00	6.00	—
1997	140.00	—	41.00	—	438.00	—	—	—	—	22.00	12.00	7.00	—
1998	159.00	—	42.00	—	438.00	—	—	—	—	26.00	20.00	10.00	—
1999	159.00	—	41.00	—	361.00	—	—	—	—	30.00	20.00	11.00	—
2000	172.00	—	44.00	—	103.00	—	—	—	—	33.00	15.00	5.00	—
2001	168.00	—	47.00	—	1.00	—	—	—	—	34.00	13.00	10.00	—
2002	175.00	—	51.00	—	—	—	—	—	—	41.00	14.00	3.00	—
2003	269.00	—	68.00	—	—	—	—	—	—	38.00	13.00	6.00	—
2004	296.00	—	99.00	—	—	—	—	—	—	35.00	13.00	9.00	—
2005	365.00	—	120.00	—	—	—	—	—	—	37.00	15.00	18.00	—
2006	524.00	—	152.00	—	—	—	—	—	—	48.00	23.00	55.00	—
2007	701.00	—	206.00	—	—	—	—	—	—	53.00	38.00	64.00	—
2008	740.00	—	263.00	—	—	—	—	—	—	72.00	85.00	78.00	—
2009	669.00	—	287.00	—	—	—	—	—	—	91.00	102.00	96.00	—
2010	766.00	—	398.00	—	—	—	—	—	—	101.00	118.00	115.00	—
2011	1008.00	—	663.00	—	—	—	—	—	—	206.00	626.00	130.00	—
2012	1473.00	—	924.00	—	—	—	—	—	—	157.00	329.00	129.00	—
合计	9508.00	2098.50	3791.30	359.20	2127.90	878.80	46.70	104.10	—	1255.50	1532.50	820.10	49.30

1982~2012 年乐安县工商税收分税种收入表(二)

表 1-28　　　　　　　　　　　　　　　　　　　　单位:万元

年度	个人收入调节税	奖金税	筵席税	土地增值税	资源税	消费税	企业所得税	个人所得税	国营企业工资调节税	外商投资企业和外国企业所得税
1982	—	—	—	—	—	—	—	—	—	—
1983	—	—	—	—	—	—	—	—	—	—
1984	—	—	—	—	—	—	—	—	—	—
1985	—	2.20	—	—	—	—	—	—	—	—
1986	—	6.50	—	—	—	—	—	—	—	—
1987	—	2.70	—	—	—	—	—	—	—	—
1988	—	3.40	—	—	—	—	—	0.20	—	—
1989	1.50	3.40	—	—	—	—	—	—	—	—
1990	5.00	5.00	—	—	—	—	—	—	1.00	—
1991	8.00	3.10	—	—	0.10	—	—	—	1.00	—
1992	11.70	0.50	—	—	0.20	—	—	—	1.00	—
1993	15.90	0.7	—	—	0.30	—	—	—	0.60	—
1994	—	—	—	—	3.00	—	43.00	15.00	—	—
1995	—	—	—	—	1.00	—	34.00	18.00	—	—
1996	—	—	—	—	—	—	65.00	28.00	—	—
1997	—	—	—	1.00	1.00	—	63.00	38.00	—	—
1998	—	—	—	1.00	4.00	—	64.00	60.00	—	—
1999	—	—	—	—	4.00	—	42.00	74.00	—	—
2000	—	—	—	—	6.00	—	27.00	88.00	—	—
2001	—	—	—	—	5.00	—	373.00	109.00	—	—
2002	—	—	—	—	5.00	—	58.00	121.00	—	—
2003	—	—	—	—	4.00	—	119.00	135.00	—	—
2004	—	—	—	6.00	10.00	—	128.00	221.00	—	—
2005	—	—	—	18.00	17.00	—	192.00	311.00	—	—
2006	—	—	—	74.00	32.00	—	336.00	384.00	—	—
2007	—	—	—	154.00	44.00	—	403.00	607.00	—	—
2008	—	—	—	129.00	47.00	—	609.00	631.00	—	—
2009	—	—	—	184.00	52.00	—	599.00	519.00	—	—
2010	—	—	—	366.00	75.00	—	994.00	540.00	—	—
2011	—	—	—	1155.00	122.00	—	1764.00	656.00	—	—
2012	—	—	—	872.00	2810.00	—	1706.00	459.00	—	—
合计	42.10	27.50	—	2960.00	3242.60	—	7619.00	5014.20	3.60	—

一、工商税制沿革

(一)1949 年分区实施,逐步整理

1949 年新中国成立之初,暂时沿用旧税制,税收制度很不统一,对恢复和发展国民经济影响很大。9 月省税务局根据上级会议精神,将民国时期 20 多种杂税改变、合并、简化为 7 种,即:工商税、印花税、遗产税、房地产税、货物产销税、屠宰税、出入口税。同时对各种税的税率作了具体规定。以此作为新旧交替时期的过渡办法。当时乐安征收的税种只有工商税、印花税、屠宰税三种。

(二)1950 年统一税政,建立新税制

1950 年 1 月 30 日,政务院发布《关于统一全国税政的决定》的通令,附发《全国税政实施要则》,在全国统一税政,建立新税制。全国统一征收 14 种中央税和地方税,即货物税、工商业税、盐税、关税、薪给报酬所得税、存款利息所得税、印花税、遗产税、交易税、屠宰税、房产税、地产税、特种消费行为税、使用牌照税。乐安县征收有货物税、工商业税、印花税、屠宰税、存款利息所得税、工商业所得税六个税种。新税制建立,简化了税种,废除了旧时代苛捐杂税,调整了税目税率,制定了减免税规定,体现了国家的税负政策,革除了对官僚买办资本在税收上的特殊照顾方法。

(三)1950年6月调整税收,完善新税制

1950年6月,政务院财经委员会发布调整税收决定:(1)停征和简并税种。暂不开征薪给报酬所得税和遗产税。地产税和房产税合并为城市房地产税。原开征的14种税减为11种税。(2)简并税目。货物税原定1136个征税品目,免征387个品目,合并391个品目,简并后为358个品目。印花税原30个税目,免去5个税目后为25个税目。(3)降低税率。降低部分货物税率,所得税改14级超额累进税率为21级超额累进税率,并对一些税种作了减半,减轻税负的调整,以巩固财政收支平衡,照顾生产的恢复和发展。

1951年1月乐安开征了牲畜交易税,1952年又开征了土布货物税。

(四)1953年修正税制

1953年1月1日起,执行政务院财经委员会发布《关于税制若干修正规定》《商品流通税试行办法》《商品流通税税目税率表》《货物税税目税率表》《营业税税率对照表》等法规。修正税制的主要内容有:

1. 开征商品流通税

选择国家能够控制生产和收购的货物税中划出22个品目改征商品流通税。把原来的货物税、工商营业税及其附加和印花税合并,在商品的第一次批发和调拨环节征税,以后各个环节不再征税,从生产、批发到零售实行一次课征制。

2. 修正货物税

将应税货物的印花税、工商营业税、商业批发营业税及其附加,并入货物税征收,相应调整货物税的税率,进一步简并税目,由原358个简并为174个,改变应税货物的计税价格,由原不含税价,改按国营公司批发牌价计税。

3. 修正工商业税

将工商业应纳的营业税、印花税及营业税附加,并入营业税征收,统一调整营业税税率,已纳商品流通税的商品,不再纳营业税,已纳货物税的货物,在商业贩卖的批发及零售环节,仍纳营业税,不纳货物税的商品,无论工业出售或商业贩卖,照纳营业税。

税制修正后,工商税收有:关税、商品流通税、货物税、工商业税、印花税、屠宰税、利息所得税、牲畜交易税、盐税、城市房地产税、文化娱乐税,车船使用牌照税12种。乐安县开征工商税收有:货物税、商品流通税、工商业税、印花税、屠宰税、牲畜交易税、车船使用牌照税、文化娱乐税、利息所得税等9种。

1953~1956年,执行中央和省一系列配合对资本主义工商业社会主义改造的税收措施:公私区别对待,行业和产品上区别对待,在接受改造和控制程度上区别对待,配合对农业社会主义改造,1956年开始直接向农民征税的做法规定"自产自用不征,出售和委托加工照章征税"。贯彻发展农业生产、促进农业合作化的税收政策。配合对手工业和小商贩社会主义改造。扶助农村信用、供销、消费合作社,给予免征工商税照顾。

(五)1958年改革工商税制

1956年,乐安县对电影戏剧开征了文化娱乐税,土布暂停生产,停征了土布货物税。1957年开征了车船使用牌照税。1958年的税制改革是三大改造后,税收工作重点由资本主义工商企业转移到社会主义企业,在基本保持原有税负基础上,简化税制的改革。

1. 简化合并税种

将货物税、商品流通税、营业税、印花税合并成工商统一税1个税种。

2. 改变纳税环节

对工农业产品,从生产到流通,实行两次课征制,在工业销售环节课征一道税,商业零售环节再征一道税,工农业产品批发环节取消征税。

3. 简化纳税办法

简化计税价格,一律改按销售收入计税。减少中间产品的征税。除棉纱、白酒、皮革三种征税,其他中间产品均不征税。

4. 调整部分税率

对部分产品适当调整税率,对钢材、电力、呢绒等利润较高的产品适当调高税率,对亏损企业、产品不畅销但需鼓励发展的产品,如化肥、塑料、罐头食品等,适当降低税率。

5. 奖励协作生产

改变过去委托加工产品一律由受托方代为纳税的规定。凡委托加工零配件,半成品之类的产品用于本企业生产的不征税,直接销售的征税。

6. 将原工商业税中的工商业所得税改为独立税种,改称工商所得税

(六)1973年简化税制

在"文化大革命"中,税收工作受到严重冲击。已经简化了的税制又成了"改革不合理的规章制度"的重点对象,于是在1973年确定全面试行工商

税,进一步简化税制以实行单一税制为目的。

1. 合并税种

把工商统一税及其附加、城市房地产税、车船使用牌照税、屠宰税和盐税合并为工商税。合并后对国营企业只征工商税。对集体企业征工商税和工商所得税。城市房地产税,车船使用牌照税和屠宰税,只对个人和外侨,外国企业继续征收。

2. 简化税目、税率

工商税税目由原108个减为44个,税率由141个减为82个。多数企业简化到适用一个税率计算纳税。

3. 改变一些征税办法

取消“中间产品”征税原则按企业销售收入计算征税。

4. 调整了少数行业的税率,降低了农机、农药、化肥、水泥的税率,适当提高了印染、缝纫机,部分化工原料等产品的税率

简化税制前后乐安税收情况对比

表1-29 单位:万元

年度	合计	工商统一税	工商所得税	地方各税
1972	170.0	152.6	5.4	12
1973	195.0	172.0	14.0	9
1973年比1972年增长(%)	14.7	12.8	159.3	-25

(七)1979年开始新时期的全面税制改革

1979年开始税制全面改革,建立多税种,多层次,多环节的新的复合税制体系;充分发挥税收的经济杠杆作用;在中央和地方之间实行分税制。

1. 建立涉外税收

1980年和1981年,公布出台《中华人民共和国中外合资经营企业所得税法》《中华人民共和国个人所得税法》和《中华人民共和国外国企业所得税法》,完善了涉外税收的征管。

2. 实行第一步利改税

1956年9月,实行税利统管,国营企业的利润监交由税务部门办理。1958年7月缴回财政部门办理。1962年2月,恢复国营企业的利润监交由税务机关办理。1977年10月,利润监交工作又缴回财政机关办理。按国务院决定,从1983年1月1日起对国营企业实施第一步利改税。国营大中型企业,实行税利并存,对企业实现利润,一律按55%的比例税率征收所得税,税后利润在国家和企业之间实行合理再分配。国营小型企业有盈利按8级超额累进税率征收所得税,自负盈亏。这样,改变了以往多年来多次由税务机关对国营企业实行的利润监交的税利监管作法。

3. 开征新税种

1983年,始试行增值税,乐安县于12月对机器机械,农机农具行业试行增值税。1982年7月开征烧油特别税。1983年1月恢复征收牲畜交易税,开征能源交通重点基金,1984年开征奖金税,1985年开征工资调节税,1986年开征个体工商业户所得税、教育费附加。1987年开征个人收入调节税。1988年开征筵席税,恢复征收印花税,征收烟酒专项收入。1989年开征特别消费税,征集国家预算调节基金和收取粮食专项基金。

4. 实行第二步利改税

1984年10月1日起执行,将国营企业应上缴的财政收入分别改按11个税种向国家缴纳。由“税利并存”过渡完全“以税代利”。把工商税按性质分解为产品税、增值税、营业税和盐税4种。增设了资源税、城市维护建设税、房产税、城镇土地使用税、车船使用税5种。大中型企业仍按55%的比例税率缴纳,税后利润改为征收国营企业调节税;小型企业实行新8级超额累进税率缴纳。

(八)1994年税制改革,实行新税制(分税制)

为适应建立和发展社会主义市场经济体制的需要,国务院于1994年1月对工商税收进行全面改革和完善。统一税法、公平税负、简化税制、合理分权、理顺分配关系、规范分配方式、保障财政收入、建立符合社会主义市场经济要求的新税制体制。

1. 以增值税为核心,全面进行改革税制,废止、合并、开征一些税种

废止了国营企业、集体企业和事业单位三个奖金税,国营企业工资调节税,城市房地产税,车船使用牌照税,集市交易税,牲畜交易税,国营企业调节税,工商统一税等8个税种。合并国营企业所得税、集体企业所得税和私营企业所得税等3个税种为企业所得税1个税种。合并个人收入调节税、城乡个体工商业户所得税和个人所得税3个税种为个人所得税1个税种。合并盐税和资源税2个税种为资源

税 1 个税种。开征消费税，并将烧油特别税和特别消费税并入消费税 1 个税种。开征土地增值税，开征设置证券交易税，遗产和赠与税 3 个税种，将中外合资经营企业所得税和外国企业所得税 2 个税种合并为外商投资企业和外国企业所得税 1 个税种，形成工商新税制体系 18 个税种（比原来减少 10 个税种）。它们是增值税、消费税、营业税、资源税、企业所得税、外商投资企业和外国企业所得税、个人所得税、城镇土地使用税、土地增值税、房产税、车船使用税、固定资产投资方向调节税、城市维护建设税、印花税、证券交易税、遗产和赠与税、屠宰税、筵席税。（后两种税由各省人民政府决定是否开征。）

2. 在中央与地方之间实行分税制

1994 年 10 月，各地组建中央税收和地方税收两套税务机构，成立国家税务局和地方税务局，实行分税制，分别负责征收国家中央收入和地方收入的征收管理和范围。

3. 明确划分中央收入税种和地方收入税种和共税收入分成比例

4. 明确划分各级政府的税收立法权和管理权限

5. 建立严格的税务稽核制度和税收立法、司法、执法相互独立，相互制约的机制

6. 普遍建立纳税申报制度和推行税务代理制度，推行税收征管计算机化和建立税收监控网络

（九）施行税收征管法

1986 年 4 月 21 日，国务院发布《中华人民共和国税收征收管理暂行条例》分 9 章共 44 条，并从 7 月 1 日起施行。

1993 年 3 月，全国统一施行《中华人民共和国税收征收管理法》。《中华人民共和国税收征管法》分 6 章（总则、税务管理、税款征收、税务检查、法律责任、附则）共 62 条。《中华人民共和国税收征管法》的颁布，这是中华人民共和国成立以来第一部统一的税收征收管理法律。它是从税收征收管理程序方面保证了国家税收政策实施的法律，是调整征税机关与纳税人征纳税活动的法律规范。结束了以往税收管理法规不统一的历史，强化了税务机关的行政执法权，完善了对税务机关的执法制约制度和对纳税人的合法权益的保护制度，健全了对税收违法行为的处罚制度。使税收征收管理工作全面纳入系统化、规范化、法制化的轨道。

1949～2012 年乐安县开征税种示表（一）

表 1－30

税种 / 开征年度	货物税	工商营业税	工商所得税	屠宰税	印花税	车船使用牌照税	牲畜交易税	城市房地产税	利息所得税	商品流通税	文化娱乐税	工商统一税
1949	▲	▲	▲	▲	▲							
1950～1952	▲	▲	▲	▲	▲	▲	▲	▲	▲			
1953	▲	▲	▲	▲	▲	▲	▲	▲	▲	▲		
1954	▲	▲	▲	▲	▲	▲	▲		▲	▲		
1955	▲	▲	▲	▲	▲	▲	▲		▲	▲	▲	
1956	▲	▲	▲	▲	▲	▲	▲	▲	▲	▲	▲	
1957	▲	▲	▲	▲	▲	▲	▲		▲	▲	▲	
1958～1961			▲	▲		▲	▲				▲	▲
1962～1965			▲	▲		▲	▲				▲	▲
1966			▲	▲		▲	▲					▲
1967～1972			▲	▲		▲	▲					▲
1973～1977			▲	▲		▲						
1978～1981			▲	▲								
1982			▲	▲								
1983			▲	▲			▲					
1984			▲	▲			▲					
1985				▲			▲					
1986				▲			▲					

续表 1－30

税种 开征 年度	货物税	工商营业税	工商所得税	屠宰税	印花税	车船使用牌照税	牲畜交易税	城市房地产税	利息所得税	商品流通税	文化娱乐税	工商统一税
1987				▲			▲					
1988				▲	▲		▲					
1989～1990				▲	▲		▲					
1991				▲	▲		▲					
1992～1993				▲	▲		▲					
1994～2000				▲	▲							
2001				▲	▲							
2002～2012					▲							

说明:“符号▲”表示开征税种

1949～2012 年乐安县开征税种示表(二)

表 1－31

税种 开征 年度	集市交易税	工商税	增值税	建筑税	国营企业所得税	国营企业调节税	产品税	营业税	集体企业所得税	国营企业奖金税	集体企业奖金税	事业单位奖金税
1949												
1950～1952												
1953												
1954												
1955												
1956												
1957												
1958～1961												
1962～1965	▲											
1966	▲											
1967～1972												
1973～1977		▲										
1978～1981		▲										
1982		▲	▲									
1983		▲	▲	▲	▲	▲						
1984		▲	▲	▲	▲	▲	▲	▲		▲		
1985			▲	▲	▲	▲	▲	▲	▲	▲	▲	▲
1986			▲	▲	▲	▲	▲	▲	▲	▲	▲	▲
1987			▲	▲	▲	▲	▲	▲	▲	▲	▲	▲
1988			▲	▲	▲	▲	▲	▲	▲	▲	▲	▲
1989～1990			▲	▲	▲	▲	▲	▲	▲	▲	▲	▲
1991			▲	▲	▲	▲	▲	▲	▲	▲	▲	▲
1992～1993			▲		▲	▲	▲	▲	▲	▲	▲	▲
1994～2000			▲		合并			▲	合并	废止	废止	废止
2001			▲					▲				
2002			▲					▲				

续表 1-31

税种 开征 年度	集市交易税	工商税	增值税	建筑税	国营企业所得税	国营企业调节税	产品税	营业税	集体企业所得税	国营企业奖金税	集体企业奖金税	事业单位奖金税
2003			▲					▲				
2004			▲					▲				
2005			▲					▲				
2006			▲					▲				
2007			▲					▲				
2008			▲					▲				
2009			▲					▲				
2010			▲					▲				
2011			▲					▲				
2012			▲					▲				

说明:"符号▲"表示开征税种。国营企业所得税、集体企业所得税、私营企业所得税合并为企业所得税

1949～2012年乐安县开征税种示表(三)

表 1-32

税种 开征 年度	车船使用税	城市维护建设税	城乡个体工商业户所得税	个人收入调节税	私营企业所得税	房产税	城镇土地使用税	筵席税	国营企业工资调节税	固定资产投资方向调节税	个人所得税	企业所得税	车辆购置税
1949													
1950～1952													
1953													
1954													
1955													
1956													
1957													
1958～1961													
1962～1965													
1966													
1967～1972													
1973～1977													
1978～1981													
1982													
1983													
1984													
1985			▲										
1986	▲	▲	▲			▲							
1987	▲	▲	▲	▲		▲							
1988	▲	▲	▲	▲	▲	▲	▲	▲					
1989～1990	▲	▲	▲	▲	▲	▲	▲	▲	▲				
1991	▲	▲	▲	▲	▲	▲	▲	▲	▲	▲			
1992～1993	▲	▲	▲	▲	▲	▲	▲	▲	▲	▲			
1994～2000	▲	▲	合并	合并	合并	▲	▲			▲	▲	▲	
2001	▲	▲				▲	▲			▲	▲	▲	
2002	▲	▲				▲	▲				▲	▲	
2003	▲	▲				▲	▲				▲	▲	

续表 1－32

税种 / 开征 / 年度	车船使用税	城市维护建设税	城乡个体工商业户所得税	个人收入调节税	私营企业所得税	房产税	城镇土地使用税	筵席税	国营企业工资调节税	固定资产投资方向调节税	个人所得税	企业所得税	车辆购置税
2004	▲	▲				▲	▲				▲	▲	
2005	▲	▲				▲	▲				▲	▲	
2006	▲	▲				▲	▲				▲	▲	▲
2007	▲	▲				▲	▲				▲	▲	▲
2008	▲	▲				▲	▲				▲	▲	▲
2009	▲	▲				▲	▲				▲	▲	▲
2010	▲	▲				▲	▲				▲	▲	▲
2011	▲	▲				▲	▲				▲	▲	▲
2012	▲	▲				▲	▲				▲	▲	▲

说明:“符号▲”表示开征税种。城乡个体工商户所得税、个人收入调节税并入到个人所得税

1949～2012 年乐安县开征税种示表(四)

表 1－33

税种 / 开征 / 年度	盐税	资源税	烧油特别税	特别消费税	消费税	土地增值税	中外合资经营企业所得税	外国企业所得税	外商投资企业和外国企业所得税	证券交易税	遗产和赠与税	共计税种
1949												5
1950～1952												9
1953												10
1954												9
1955												10
1956												11
1957												10
1958～1961												6
1962～1965												7
1966												6
1967～1972												5
1973～1977												4
1978～1981												3
1982												4
1983												8
1984												11
1985												13
1986												16
1987												17
1988												21
1989～1990												22
1991		▲										23
1992～1993												22
1994～2000	合并	▲	合并	合并	▲	▲	合并	合并	▲			15
2001		▲				▲			▲			14
2002～2012		▲			▲	▲			▲			14

说明:“符号▲”表示开征税种

图 1－1　　1990 年江西省工商税种分类

- 流转税类
  - 1. 产品税
  - 2. 增值税
  - 3. 营业税
  - 4. 城市维护建设税
- 所得税类
  - 5. 国营企业所得税
  - 6. 国营企业调节税
  - 7. 集体企业所得税
  - 8. 私营企业所得税
  - 9. 城乡个体工商户所得税
  - 10. 个人收入调节税
- 资源税类
  - 11. 资源税
  - 12. 盐税
  - 13. 城镇土地使用税
- 财产和行为税类
  - 14. 房产税
  - 15. 车船使用税
  - 16. 牲畜交易税
  - 17. 屠宰税
  - 18. 集市交易税(保留品种)
  - 19. 特别消费税
  - 20. 印花税
  - 21. 筵席税
- 特定目的税类
  - 22. 建筑税
  - 23. 奖金税(含国营企业、集体企业、事业单位 3 种)
  - 24. 国营企业工资调节税
  - 25. 烧油特别税
- 涉外税类
  - 26. 中外合资经营企业所得税
  - 27. 外国企业所得税
  - 28. 个人所得税
  - 29. 工商统一税(沿用 1958 年和 1973 年执行的税种)
  - 30. 城市房地产税(沿用 1958 年和 1973 年执行的税种)
  - 31. 车船使用牌照税(沿用 1958 年和 1973 年执行的税种)

图 1－2　　1994 年税制改革实行分税制国税和地税征收管理范围的划分

国家税务局系统主要负责下列各税的征收和管理： (1)增值税； (2)消费税； (3)进出口产品消费税、增值税、直接对台贸易调节税(委托海关代征)； (4)铁道、各银行总行、保险总公司集中银行缴纳的营业税、所得税和城市维护建设税； (5)中央企业所得税； (6)地方和外资银行及非银行金融企业所得税； (7)海洋石油企业所得税、资源税； (8)证券交易税； (9)对境内外商投资企业和外国企业的各项税收以及外籍人员(华侨、港澳台同胞)缴纳的个人所得税(按税种分别入中央库和地方库)；	地方税务局主要负责下列各税的征收和管理不包括已明确由国家税务局负责征收的地方税部分)： (1)营业税； (2)个人所得税； (3)土地增值税； (4)城市维护建设税； (5)车船使用税； (6)房产税； (7)屠宰税； (8)资源税； (9)城镇土地使用税； (10)固定资产投资方向调节税；

续图 1－2

(10)出口产品退税的管理； (11)集贸市场和个体户的各项税收(按税种分别入中央库和地方库)； (12)中央税的滞补罚收入； (13)按中央税共享税附征的教育费附加(属于铁道银行总行、保险总公司缴纳的入中央库,其他入地方库)； (14)国家能源交通重点建设基金,国家预算调节基金	(11)地方企业所得税(包括地方国有、集体、私营三业)； (12)印花税； (13)筵席税； (14)地方税的滞补罚收入； (15)按地方营业税附征的教育费附加

图 1－3　　2000 年工商各税分类

- 流转税类
  - 1. 增值税
  - 2. 消费税
  - 3. 营业税
- 收益税类
  - 4. 企业所得税
  - 5. 个人所得税
  - 6. 外商投资企业和外国企业所得税
  - 7. 土地增值税
- 资源税类
  - 8. 资源税
  - 9. 城镇土地使用税
- 财产和行为税类
  - 10. 房产税
  - 11. 车船使用税
  - 12. 屠宰税
  - 13. 印花税
- 特定目的税类
  - 14. 固定资产投资方向调节税
  - 15. 城市维护建设税
  - 16. 筵席税
  - 17. 遗产和赠与税
  - 18. 证券交易税

二、已经废止、合并及停征的工商各税税种

流转税类

(一)商税、市肆门摊税

汉代有市租,对流通商贩,按商品营业额征税,税率10%。宋代有行商征过税,税率为2%,宋坐商3%。元代按月纳商品税,税率1/30。明代对行商、坐贾征收商税,采用从价计征和实物抽取两种,税率为1/30。清代采取定额征收,按年均摊,自认定纳。商税可谓源长,历代征收发展不断。

明洪熙元年(1425)始征市肆门摊税,规定以钞纳税,使钞流通,宣德四年(1429),在全国33个重镇全面开征。纳税对象为:油磨坊,堆卖木植,烧砖瓦,表背铺,车院店,店房,菜园,果园,车店,驴骡车,牛车,小车。正统七年(1442),应税项调为:缎子铺,油磨,糖,机粉,茶食,木植,剪裁,绣作,其他店铺,工艺量受值,税负分别有幅。

(二)烟、酒税

自汉、三国、南北朝,对酒实行征税制,酒税历史悠久。唐行酒专卖酒课。宋置监盐酒税务,元代征酒醋课,以十取一,并实行官专卖制。明代征收酒曲税钞,牙钱税。清代,前期禁止酿酒贩卖,故不对酒征税。乾隆年间,开征酤税,常关征收烟税。光绪二十九年(1903)将烟酒改办统税。

民国2年(1913),烟酒实行公卖,次年开征烟酒牌照税。民国15年(1926)卷烟实行统税。民国22年(1933)改征土烟特税和土酒税。民国30年(1941)7月,国民政府颁布《国产烟酒类税暂行条例》,规定烟叶税率为30%,烟丝为15%,酒类税率为40%,另征非常时期附税5成。民国33年(1944)7月国民政府修正公布《国产烟酒类税条例》,将烟叶税率增至40%,烟丝税率增到20%。酒附税并入正税,酒税率改为60%,民国35年(1946)8月,烟叶税率改从价征收50%，烟丝从价征收30%，酒类改从价征收80%。民国37年(1948)4月修正烟叶税率为60%，烟丝税率为40%，酒类税(包括白酒、黄酒、改制酒)按照产区核定完税价格征收100%。

(三)茶课、鱼课

茶课始于唐，唐德宗建中三年(782)，在产茶地和商运要处设官抽税十取其一。宋代征茶课并行茶专卖。元代实行茶专卖并征收茶税。明代颁行《茶引由条例》，实行商茶制度。茶商以茶引，茶由为运销纳税凭证，须经批验所依例批验放行，卖茶后要到销售地纳税1/30。清代沿袭明制，行商茶制。

元代征收河泊课。明代对河泊所产征收鱼课。清代鱼课设项有：鱼课正脚银，水脚银，鱼油正脚银，遇闰加征银目，并编造渔户花户征册征收征解。由设所书人赴乡征收，后设柜征收。

(四)厘金

厘金属清代咸丰三年(1853)开征的一种税。开始为一种通过税性质的税收，后发展为产、运、销3个环节同时征收，具有出产税、交易税、营业税的性质。厘金征收分坐厘和行厘两种形式，分百货厘、盐厘、洋药厘和土药厘4类。后发展凡一切日用百货均为课税对象，形成独立体系之主要税种有：货厘、盐厘、茶厘及茶税、米谷厘税、土药厘税、糖厘、烟酒厘7种。清光绪年间乐安县厘金税目有：柑橘、瓜子、白糖、烧酒、黄牛、生猪、葵扇、大皮箱、木排清流木、草流木、杉木、皮槁木、松木、株木、桐木、杂木火柴、竹、黄烟、烟肉、铁锅、棉皮、豆豉、斜布、竹扇、高篓竹纸、牙灰等熟料、火柴、黑炭、绸布、香末、香胶、女冠、兔皮、茅、矮篓竹纸等35目。

(五)统税

统税是由单项的特种消费税扩大和发展而形成的一个税种。是以法定具有普遍消费性质的货物为征税对象，于生产和起运环节一次征税，课税后行销不再征税。清光绪二十八年(1902)，将烟叶、瓷器、木材、夏布、土靛、麻筋、煤炭等7项由征收厘金改办统捐，规定货物只有首卡征税10分，其他各卡查验不征税，光绪二十九年，征税范围扩大到百货、茶叶、酒、纸张、糖、土色布、萝卜条、碗土统捐。光绪三十年(1904)，又将米谷厘金改为统捐。至此，其他货物均按统捐税则征收。

民国元年(1912)，统税沿袭清制。民国5年至14年(1916～1925年)，增地方附税，统税附税共加至5.5成，超过正税半数，称五五附税。民国18年(1929)裁撤百货统捐，改办特种消费税。试办卷烟、麦粉统税。民国20年(1931)开征棉纱、水泥、火柴统税(由特税改征)，连同卷烟、麦粉统税合称5项统税。民国22年(1933)开征土酒定额税，土烟特税，土烟、土酒税实行就产地一次征收，行销外地，不再重征。民国28年(1939)，开征饮料品统税。民国30年(1941)7月7日国民政府公布《货物统税暂行条例》，课税货物有：卷烟、熏烟叶、洋酒、啤酒、火酒、饮料品、火柴、糖类、水泥、棉纱、麦粉、竹木、陶瓷等。民国35年(1946)11月国民政府公布《货物税条例》，将货物统税改称货物税。

光绪二十九年江西省统税种类及税率

表1－34

统税种类	税　率
百货统税	值百抽十，指销地界逾三卡者抽足100%，仅过二局者抽5%，销售近地并不出卡之百货，仍照旧章抽3%
米谷统税	同上
(附)加抽出口米谷捐	湖口，长江二局于米谷出口时加抽3%。
(附)十一分米谷税捐	丰年运米出禁，于湖口分局加完13%。
(附)新章抵补土膏米谷税	由湖口分局加油10%，于宣统元年开征，旋即停止
烟叶统税	抽10%
(附)二成烟税	加征二成，于光绪二十一年实行
酒正税	
(附)二成酒税	每100斤抽税由100文至1300文。
(附)新章酒税	与二成烟税同时施行
茶叶统捐	抽10%
(附)二成加税	每100斤征1.25两者加0.25两，征1.15两者加0.23两。
(附)茶叶产地税	每100斤征1.5两。
(附)婺德税二分公费	婺源，德兴之茶税，自光绪十四年起归安徽征收，每年拨十成之二归赣

续表 1-34

统税种类	税 率
糖筋正税 (附)二成加税 (附)新章加税	白蜂糖每100斤抽1400文,冰糖1000文,白、红、黄蜂各糖300文。 冰糖每100斤加征1000文,白糖800文,红糖600文,"二三车糖"800文。 "四车糖"660文
瓷器统捐 木植统税	抽2.5%
纸张统税	抽10%
夏布统税	抽10%
靛青统捐	天津桶105斤抽262文,中路桶100斤抽25文,上乡桶90斤抽225文
煤炭统税 (附)萍乡出井煤税	煤每石抽25文,焦炭50文,一抽一查共二税。 每吨抽平银一钱
土布统税	照统税率七折征收
麻斤统税	抽10%
碗土统税	光绪二十九年定为认捐,每年缴英洋6000元,以5000000为率。 后改每1000块捐英洋11元
枯饼统税	每100斤担100文
香末统税	每石抽30文至60文
瓜子统税	出江每石抽100文,湖口再照出江加抽二分,不出江者,抽440文
萝卜条统税	光绪二十八年以前有每桶完至30%者,二十八年改为一律完15%
麻石统税 邮包各货统税	此例认捐,每年征800元

(六)货物税

对货物征税,始于古代周朝。"戴师以廛里仕国中之地,以起赋税。凡二十而取一。置廛人之宫,掌征收税款及罚市,以缴纳于泉府。廛人所掌之税凡五,其中廛布,总布二者,均为赋。其所出之税,属于货物税之范围"。元代货物税有3类,正课与额外课为正税,船料课为特种税。正课初为三十取一,后改二十取一。税制则为承包方式,这是最早的包征制。明朝货物税,袭元制,唯对日用品衣食所需免税。此后征税货物的品目,逐渐增加,在征税方法上也不断改变。民国30年(1941)7月7日国民政府公布《货物统税暂行条例》,课税货物有卷烟、熏烟叶、洋酒、啤酒、火酒、饮料品、火柴、糖类、水泥、棉纱、麦粉、竹木、陶瓷等。民国35年(1946)11月国民政府公布《货物税条例》,将货物统税改称货物税。应税货物增加茶叶、皮毛、锡箔及迷信用纸3种。民国37年(1948)修正《货物税条例》后减少茶叶1项,对12类物品征税,国产烟酒类和矿产类的税从民国30年(1941)起,单独制定条例征收。民国37年(1948)烟酒类税、矿产税、货物税都划货物税局负责征收。

1950年1月,政务院颁布《货物税暂行条例》,乐安县征收货物税的品种和税率为:烟丝40%(1952年以前45%),土烟叶40%,焚化品(烧火纸、神香)50%,鞭炮20%,糖(饴糖)15%,茶叶25%,水产品(鲜鱼)5%,土布(纯土布)9%,砖瓦8%,纸(毛边纸、普通用纸)7%,颜染料12%,植物油(桐、麻、茶、花生、棉子、菜子、糠油)12%,1954年12月起,植物油不分品种一律征收12.5%,原竹(毛竹、竹片、竹条)5%,粮食(米谷、豆类)2%。1955年7月起,货营两税合并征收4%。货物税的征收,坚持"一物一税,税不重征"原则。由于税源分散,货物的产销又各有不同,解放初期,在税收征管上采取了"包税"办法,同时在全县交通要道设立稽征站,实行起运征收、出厂征收、查定征收的三种形式。1956年全行业公私合营后,有了健全的账簿,改为查定征收,税额计算采取从价征收,评价核税的办法,计税价格,按市场平均批发价格由税务机关核定。1958年9月税制改革,货物税并入工商统一税。

1952 年 12 月修正货物税税目税率

表 1－35

项 目	目 别	税率(%)	说 明
(1)雪茄烟	雪茄烟	50	
(2)烟丝	烟丝	40	
(3)土烟叶	土烟叶	40	
(4)焚化品	锡箔、黄表、冥洋、冥钞、烧纸、神马、冥衣纸、焚化纸、红白封简、神香、檀香	50	
(5)鞭炮	鞭炮	20	
(6)化妆品	香水、香料、口红、胭脂、头油、发蜡、发水、面蜜、面油、香水精、指甲油、面眉笔、雪花膏、花露水、爽身粉	45	
(7)饮食品	燕窝、银耳、鱼翅、鱼肚、鱼唇、鲍鱼、干贝、海参、罐头	30 20	罐头税率 20%
	汽水、果子露、果子汁、果子水、肠衣、蛋制品	7	
(8)糖	红糖、白糖、砂糖、冰糖、桔糖、块糖、方糖、精糖、青糖、糖精	25	
	饴糖	15	
(9)茶	茶	25	
(10)调味品	调味粉、机制酱油精、香精	20	
(11)水产品	海产品、淡水产鱼、虾、蟹	5	
(12)毛纱毛线	外国毛纺制毛纱、毛线	30	1. 地毯、毛纱掺有外国毛的，仍按本国毛纺制毛纱税率征收 2. 毛纱、毛线系指机制，半机制及掺杂其他纤维者而言
	本国毛纺制毛纱、毛线	10	
(13)毛制品	呢帽、呢帽坯、毡帽、毡鞋、毡袜、毡呢	8	
(14)麻纺织品	机制、半机制麻纱	15	
	机制、半机制麻袋、包装麻布	6	
(15)丝	蚕丝、人造丝	15	
(16)土布	纯土纱织布	9	
	机制纱、土纱交织布	5	
(17)钟表 照像机 胶卷、胶片	钟表 照像机 胶卷、胶片	20	
(18)留声机	留声机、电唱机、录音机	15	
收音机	收音机、扩大机	8	
(19)自来水笔	自来水笔	15	自来水笔包括圆珠笔(原子笔)
(20)暖水瓶	暖水瓶	12	
(21)自行车零件	自行车零件	8	
(22)电工器材	电扇	16	
	电灯泡、干电池、电线	8	
(23)橡胶制品	橡胶制品	12	车胎、轮带除外
(24)五金	钉、管、板片、丝条	7	1. 钢材除外。 2. 农村城镇铁匠炉打制者不征。 3. 龙头、弯头、接头按管征收
(25)搪瓷,玻璃,铝制品	搪瓷、玻璃制品、铝制品	10	
(26)砖瓦、瓷陶	砖瓦、瓷器、陶器	8	砂器不征

续表 1－35

项目	目别	税率(%)	说明
(27)纸	甲类:金银纸、锡纸、铝纸、绸纹纸、玻璃纸、透明纸、蜡光纸、花壁纸、卷绉纸、花纸	15	盘纸、报纸除外
	乙类:普通用纸	7	
(28)香皂、牙膏	香皂、剃须皂、牙膏	12	
(29)肥皂	肥皂	8	
(30)漆、胶、油墨	漆、化学胶	12	1. 漆包括生漆、化学漆 2. 化学胶系指动物胶、塑胶、液体胶、防水胶、大英胶、赛珞珞、黄白胶粉、树脂等
	油墨	7	
(31)颜染料	无机颜料、沉淀色质、直接染料、媒价染料、还源染料、酸性染料、盐基染料、硫化染料、氧化染料、显色染料、杂属染料、染用剂	12	
(32)植物油	桐油、豆油、麻油、柏油、茶油、茴油、桂油、漆油、花生油、棉子油、菜子油、椰子油、松节油、薄荷油、核桃油、苏子油	12	
(33)原竹	原竹	5	
(34)粮食	粗粮、细粮、油粮	2	
(35)金属矿产品	金属矿产品	5	钨、锑、锡、铜、生铁除外
(36)非金属矿产品	煤、矾、石膏、云母、石墨、石棉、砩石、硼砂、硫磺、雄黄、滑石、白云石	5	

(七)商品流通税

商品流通税是1953年修正税制中开征的税种,是从货物税分化出来属于周转性质的一种税。把原来的货物税、营业税及其附加、印花税、棉纱统销税、棉花交易税等合并在一起,从生产、流通到经营试行征收。乐安县当时征收商品流通税的产品有原木、杉木、杉板、樟木、杂木,税率10%;酒类(1)配制酒、白酒、黄酒、普通酒精,税率50%;(2)泡制酒、土甜酒、漏水酒、果木酒,税率35%;(3)药酒,税率30%;(4)改性酒精,税率20%。计税方法有两种:一是从价计税(计税金额适用税率);二是从量计税(每单位税额计税数量)。已纳商品流通税的商品,行销全国各地,不再征其他税,也不征附加税。商品流通税在第一次批发或调拨时缴纳,实行一次课征。1958年此税种并入工商统一税中。

商品流通税税目税率

表 1－36

项别	目别	税率%
卷烟	机制卷烟、半机制卷烟、手工制卷烟	甲级66、乙级64、丙级62、丁级60
熏烟叶	熏烟叶	45
酒	配制酒	55
	白酒、黄酒	50
	泡制酒、土甜酒、漏水酒、果木酒	35
	药酒	30
	啤酒	定额
	普通酒精	50
	改性酒精	20
麦粉	机制麦粉、半机制麦粉	10

续表 1-36

项别	目别	税率%
皮毛	各种兽皮	20
	羊毛、羊绒、驼毛、驼绒、马鬃、马毛、羽毛	10
	猪鬃	16
棉纱	本色棉纱、烧茸棉纱、人造棉棉纱	22
火柴	安全火柴、硫化磷火柴	21
唱片	唱片	20
酸	硫酸、硝酸、盐酸、醋酸、氯磺酸	10
碱	碳酸钠、苛性钠、苛性锂、硫化钠	12
化学肥料	肥田粉	7
盘纸	盘纸	18
报纸	报纸	10
轮胎、轮带	各种轮胎、轮带	9
原木	原木	10
平板玻璃	平板玻璃	17
有色金属	钨砂、锑、锡、铜	10
生铁	生铁	5
钢材	钢材	7
焦炭及副产品	焦炭	7
	炼焦副产品	13
矿物油及其副产品	各种矿物油及其副产品	13

（八）工商统一税

1958 年改革税制，9 月国务院颁布《工商统一税条例（草案）》，将原征收的货物税、商品流通税、营业税、印花税合并简化而成工商统一税。工商统一税实行两次课税制，即工业产品与农产品分别在工业生产环节与农产品采购环节征一次税，产品零售环节再征一次税。

工商统一税是对一切从事工业品生产、农产品采购、外贸进口、商业零售、交通运输和服务性业务的单位和个人，就其收入或采购支付金额征收，按行业设置税目，共计 108 目，141 个税率。采用比例税率，一个税目一般设计一个税率，个别产品种类较多的税目，则分订几个税率。工商统一税除正税外，并按税额征收 1% 的地方附加。工农业产品部分：乐安县最高税率的是粮食酿酒（白酒、黄酒）60%，最低税率是纸浆 3%；商业零售，交通运输及服务性业务部分：乐安县最高税率是介绍服务、代理购销委托拍卖 7%，最低税率是邮电、搬运装卸、交通运输 2.5%。

1973 年简化税制，工商统一税合并于工商税。1958～1972 年，全县共征收工商统一税 1238.7 万元，占同期工商税收入的 83.1%。

1958～1972 年乐安县工商统一税征收数

表 1-37

单位：万元

年度	实征税款收入	年度	实征税款收入	年度	实征税款收入	年度	实征税款收入
1958	26.9	1962	66.5	1966	85.4	1970	95.0
1959	61.5	1963	76.6	1967	81.3	1971	127.5
1960	62.9	1964	90.0	1968	87.6	1972	152.6
1961	41.1	1965	98.0	1969	85.8	合计	1238.7

1958 年公布的工商统一税税目税率

(1)工农业产品部分

表 1-38

税目	税率(%)
卷烟:	
甲级卷烟	69
乙级卷烟	66
丙级卷烟	63
丁级卷烟	60
戊级卷烟	40
雪茄烟	55
烟丝	40
熏烟叶	50
土烟叶	40
粮食酿酒:	
白酒、黄酒	60
啤酒、土甜酒	40
代用品酿酒	20
果木酒、复制酒	30
酒精:	
粮食酒精	30
代用品酒精、木酒精	20
奶粉、练乳、淡乳	10
鲜牛奶、鲜羊奶	2.5
罐头食品	10
蛋制品	10
棉纱:	
本色棉纱 30 支以上	26
烧苴棉纱不满 30 支	23
人造棉棉纱	
土布:	
机土纱交织布	8
纯土纱织布	12
棉布:	
棉坯布	1.5
印染布、色织布	5
棉毯、线毯	6
机制、半机制麻纱	19
麻袋、麻袋布:	
机制、半机制麻袋、麻袋布	10
麻布:	
苎麻布、亚麻布	15
水龙带	
毛纱、毛绒:	
国产的	15
进口的	35

税目	税率(%)
糖:	
机制糖	44
土制糖	39
糖精	44
饴糖	27
茶叶	40
粮食	4
麦粉	10
各种植物油	12.5
海产食品:	
海参、鱼肚、鱼翅、鱼唇、鲍鱼、干贝	35
其他海产食品	5
淡水产食品:	
鱼、虾、蟹	5
银耳、燕窝	35
汽水、果子水、果子露、果子汁	25
味精、机制酱油精	25
绸缎:	
绸缎坯	2
印染绸缎	6
毛制品:	
毡呢、毡毯、毡衣、毡帽、毡鞋、毡靴、毡袜、呢帽、呢帽坯	12
生皮:	20
皮革:	
牛皮革	40
其他皮革	20
皮货	20
羊毛、羊绒、驼毛、驼绒、马鬃、马尾、羽毛	10
猪鬃	16
纸酱、丝酱	3
普通纸	10
复制纸:	
蜡纸、铜版纸、照像纸、蜡光纸、花壁纸、皱纹纸、卷绉纸、防潮纸、晒图纸、瓷花纸	10
卷烟纸	18
特种纸:	
金纸、银纸、铜纸、锡纸、铝纸、玻璃纸	20

续表 1－38－1

税　目	税率(%)
呢绒：	
国产的	15
进口的	35
工业用呢	25
毛毯	15
地毯	6
丝：	
蚕丝、捐丝、丝棉、人造丝	15
热水瓶：	
金属壳热水瓶	19
竹壳热水瓶	14
瓶胆	14
铝制器皿、搪瓷制品、玻璃制品	15
陶器、瓷器	11
自行车及其零件	13
钟表：	
钟	25
手表、怀表	35
照像机	25
胶卷、胶片	35
唱片	15
收音机、扩大机、唱机、录音机、电视接收机	13
爽身粉	30
痱子粉	15
化妆品：	
香水、香水精、香粉、花露水、口红、指甲油、胭脂、雪花膏、头油、发蜡、发水、面蜜、面油、眉笔	51
香皂、牙膏、蛤蜊油	17
肥皂、药皂	12
牙粉、鞋油、鞋粉、甘油	6
电线	11
灯泡：	
电灯泡、霓虹灯、电珠、日光灯、电子管	15
电池：	
干电池、蓄电池	12
煤及其他制品：	
煤	7.5
煤球、煤砖	2.5
煤气	7
自来水笔：	
金笔、圆珠笔	22
钢笔、铱金笔	17
自来水笔零件	17
铅笔	6
火柴	23
电扇：	
吊扇、座扇、壁扇	25
油墨	10
漆：生漆、化学漆	16
胶：	
动物胶、液体胶、防水胶、印染胶、黄白胶粉、天然树胶	16
颜料、染料	16
橡胶制品：	
轮胎、轮带	10
其他橡胶制品	18
酸：	
硫酸、硝酸、盐酸、醋酸、氯磺酸	10
碱：	
碳酸钠、苛性纳、苛性钾、硫化钠	12
化学肥料	5
平版玻璃	17
水泥及其他制品：	
水泥	20
水泥制品	6
石棉制品	6
砖瓦：	
青红砖瓦、玻璃砖瓦、耐火砖、红砖、空心砖	11
原木	10
原竹	5
金属压延品：	
钢铁压延品	15
其他金属压延品	11
元钉、拉链	15
自来水	2
电力	5

续表 1－38－2

税　目	税率(%)	税　目	税率(%)
焦炭及其副产品：		非金属矿产品：	
焦炭	7	滑石、白云石、云母、石墨、石棉、砩石、硼砂、硫磺、雄黄、石膏	7
炼焦副产品	13		
矿物油及其副产品：			
矿物油	20		
矿物油副产品	13	机器、机械	5
钨砂	10	机动车辆	4.5
其他金属矿砂	5	图书、杂志	2.5
金属冶炼品：		鞭炮、焰火	35
生铁、钢锭、铜	5	各种焚化品	55
其他金属冶炼品	10	其他工业产品	5

(2)商业零售、交通运输及服务性业务部分

续表 1－39

类别	项别	税率(%)
商业零售部分	商业零售	3
交通运输部分	邮电、铁道、航空、搬运装卸、交通运输、电车、公共汽车	2.5
服务性业务部分	包作、安装、设计、打捞、疏浚、建筑、加工、修理、化验、试验、缝纫、弹花、洗染、织补、印刷、打字、誊写、照像、美术、裱画、镌刻、浴池、理发、仓储、堆栈	3
	饮食、旅店、租赁、广告、喜庆	5
	报关转运、介绍服务、代理购销、委托拍卖、信托、行栈	7

江西省改征工商统一税后部分产品税负变动情况

表 1－40

工商统一税税目	工商统一税税率(%)	原税率(%)				增减率
		商品流通税	货物税	营业税	换算税率(%)	
卷烟：						
甲级	69	66	—	—	69.21	-0.21
乙级	69	64	—	—	66.92	-0.92
丙级	63	62	—	—	62.85	+0.15
丁级	40	60	—	—	60.38	-0.38
戊级	40	40	—	—	—	—
烟丝	40		40	3.5	42.74	-2.74
粮食酿酒：						
白酒、黄酒	60	50	—	—	58.67	+1.33
土甜酒	40	30	—	—	38.67	+1.33
机制糖	44	—	35	3.5	42.46	+1.54
土制糖	39	—	35	3.5	42.46	—
茶叶	40	—	25	3.5	43.18	-3.18
粮食	4	—	4	—	—	—
植物油	12.5	—	12.5	—	—	—
淡水产食品：						
鱼、虾、蟹	5	—	5	3	8	-3
棉布：						
棉坯布	1.5	—	—	1.5	—	—
印花布、色织布	5	—	—	4.5	—	+0.5

续表 1-40

工商统一税税目	工商统一税税率(%)	原税率(%)				增减率
		商品流通税	货物税	营业税	换算税率(%)	
火柴	23	21	—	—	23.72	-0.72
陶器瓷器	11	—	8	3.5	11.73	-0.75
化学肥料	5	7	—	—	7	-2
砖瓦	11	—	8	3	10.54	+0.46
原木	10	10	—	—	10	—
原竹	5	—	5	3	—	—
煤及其制品:煤	7.5	—	5	2.5	7.5	—
钨砂	10	10	—	—	—	—
金属冶炼品:生铁	5	5	—	—	—	—
电力	5	—	—	2	2	+3
鞭炮、焰火	35	—	30	3.5	—	—

（九）工商税

工商税是以合并税种简化征税办法为内容的税制改革中于1973年开征的一个主要税种。是对从事工业生产、交通运输、农产品采购、进口贸易、商业经营、服务性业务的单位和个人，就其销售收入、业务收入或采购支付金额征收的带“行业税”特征的一种税。是1973年将工商统一税及附加、城市房地产税、车船使用牌照税、盐税、屠宰税合并而成工商税。工商税共设44目，税率82个。乐安县征收工商税的税目有：电力工业、机械工业、化学工业、制药工业、建筑材料工业、森林采伐工业、纺织印染工业、皮革皮毛工业、玻璃制品工业、陶瓷工业、造纸工业、印刷工业、糖(饴糖)、酿酒工业、油脂工业、食品工业、鞭炮、其他工业、交通运输、茶叶、烟叶、贵重食品、水产品、生猪、菜牛、羊、毛、绒、原竹、天然油脂、商业零售、服务行业、公用事业、临时经营等34项。

征收方法：一是由企业自行计算，自行填写缴款书，自行缴纳税款，税务部门对纳税户进行辅导、检查；二是纳税单位自行计算，申报税款，税务部门进行审核，填写缴款书后缴纳税人向当地金库经收处缴纳；三是对个体户采取定期定额征收。

1984年10月，实行国营企业第二步利改税和工商税制改革，将工商税分为产品税、增值税、营业税和盐税4个独立的税种。1973～1984年，全县共征收工商税2983.9万元，占同期工商各税收入的83.90%。

1973～1984年乐安县工商税征收数

表 1-41

单位：万元

年度	实征税款收入	年度	实征税款收入	年度	实征税款收入	年度	实征税款收入
1973	172.0	1977	199.6	1981	308.0		
1974	185.7	1978	245.6	1982	310.0		
1975	184.0	1979	303.0	1983	310.0		
1976	198.0	1980	285.0	1984	283.0	合计	2983.9

国务院1972年3月30日颁发的《工商税税率表》，有的税率国务院和财政部陆续作了调整。现整理如下：

工商税税目税率对比

(1)工业

表1－42

税　目	税率	征税范围	原征税范围及税率(注)	备　注
1. 煤炭工业	8%	生产原煤、洗煤和焦炭的企业	煤7.5% 焦炭7% 炼焦副产品13%	属于地方分配的省、地市、县煤炭部门和公安、农垦部门所属煤矿、人民公社、生产大队、集体所有制煤矿生产销售的原煤和洗煤，自1982年1月1日起工商税税率减按5%征收。(国务院国发〔1981〕172号)
2. 石油工业	5% 13% 20%	生产原油和天然气的企业 生产矿物油副产品的企业 炼制各种矿物油的企业	销售给商业、外贸和直接使用单位的原油5% 矿物油副产品13% 矿物油20%	天然原油(年产量在150万吨以上的企业)税率自1982年7月1日起由5%调为12%。(财政部〔1982〕财部字第167号) 重油，柴油税率由20%减为5%(财政部〔1973〕财税字第53号)
3. 电力工业	15% 5%	生产电力的企业或供电企业生产热力的企业	电力15%	自1982年1月1日起将省、地(市)电力部门现行由售电环节征收工商税，改为由发电环节和售电环节分别征收。发电环节，每千瓦小时6元，售电环节，按实收电费6%(财政部〔1981〕财税字第390号)
4. 采矿工业	5% 8%	开采各种金属矿砂的企业，就供应出口的部分征税 开采各种非金属矿产品的企业	钨砂8% 其他金属矿砂5% 非金属矿产品7%	
5. 冶金工业	5% 8% 10%	冶炼钢炼和生产精铜的企业 轧制各种钢铁压延品的企业 冶炼和压延各种有色金属的企业	生铁、铜5% 钢炼压延品7% 元钉15% 其他金属冶炼品10% 其他金属压延品11%	全能厂生产销售的钢坯自1982年1月1日起恢复按8%征税。(财政部〔1981〕财税字第418号)
6. 机械工业	3% 5%	生产和修配各种农机、农具的企业 制造通用和专用机械设备、机动车船、医疗器械、仪器仪表和各种零部件的企业	机器机械5% 机器机械5% 机动车船5%	自1983年1月1日起机器机械、农业机具产品及零部件在工业环节缴纳的工商税改为试行增值税，税率为：农业机具6%，机器机械10%。(财政部、国家经委〔1982〕财税字第332号)
7. 电讯器材工业	5% 12%	生产录音机、唱机、收音机、扩大机、电子管及各种电子元件、电讯器材的企业 生产各种电线、电缆的企业	收音机、扩大机、录音机、唱机13% 电子管销售给商业部门的15% 销售给工业部门的5% 电线11%	

续表 1－42－1

税　目	税率	征税范围	原征税范围及税率(注)	备　注
8. 化学工业	3% 10% 12% 18%	生产农药、化肥的企业 生产酸、碱、胶、气、溶剂、化学试剂、化学纤维原料和各种化工原料的企业 生产胶卷、胶片的企业 生产油漆、颜染料的企业	化学肥料 5% 酸 10% 碱 12% 胶 16% 其他工业产品 5% 照像胶卷、胶牌 35% 电影、医疗和工业用胶卷、胶片 10% 油漆、颜料、染料 16%	
9. 制药工业	5%	生产中成药、西药的企业	其他工业产品 5%	
10. 橡胶制品工业	10% 18%	生产各种内、外车胎和轮带的企业 生产其他各种橡胶制品的企业	轮胎、轮带 10% 其他橡胶制品 18%	自 1982 年 7 月 1 日起汽车轮胎税率由 10% 调为 15%，其他轮胎、轮带，税率由 10% 调为 12%，对收割机、拖拉机、手扶拖拉机的内胎、外胎、垫带暂减按 10% 的税率征收。布面胶鞋的税率由 18% 降为 5%（财政部〔1982〕财税字第 167 号）
11. 建筑材料	15% 10% 5%	生产水泥和玻璃的企业 生产砖瓦、耐火材料的企业 生产油毡、石灰、石棉制品和水泥制品的企业	水泥 20% 平板玻璃 17% 砖瓦 11% 石棉制品 6% 水泥制品 6% 其他工业产品 5%	自 1982 年 1 月 1 日起玻璃的税率由 15% 减为 10%。对设备能力在 20 万吨以上的大中型水泥厂生产销售的水泥税率由 15% 减为 10%；对设备能力在 20 万吨以下的(包括 20 万吨）小水泥厂生产销售的水泥，一律减为 5%（财政部〔1981〕财税字第 419 号）
12. 森林采伐工业	10%	采伐或供应木材的企业	原木 10%	
13. 纺织印染工业	18%	各种棉、毛、麻纺织企业和生产棉纱的企业	棉纱 30 支以上的 26% 棉纱不满 30 支的 23% 国产毛纺的毛纱、毛线、呢绒 15% 进口毛纺的毛纱、毛线、呢绒 35% 毛毡 15% 工业用呢 25% 化学纤维的毛纱、毛线、呢绒 5% 机制、半机制麻纱 19%	自 1983 年 1 月 20 日实行棉纱减税和改进纺织品的征税办法，实行纱、布、印染布分段征税(不包括进口的棉、毛麻、丝、化纤以及各种混纺交织的纺织品)。 纯棉纱:18 支以下纱(含 18 支)税率 4% 19～28 支纱税率 7%；29～59 支纱税率 10%；60 支以上的纱的(含 60 支)税率 13%。 以维纶、丙纶、晴纶、人造棉、麻与棉花混纺的纱、比照纯棉纱的分档征税。 棉型涤纶纱、涤棉纱、涤粘纱、涤晴纱、涤麻纱、涤丙纱的税率，不分纱支一律由 18% 减为 13%。 棉型纯维纶纱、晴纶纱、丙纶纱、氯纶纱、
	15%	生产各种蚕丝、人造丝以及丝织连续生产的企业	丝 15%	

续表 1－42－2

税　目	税率	征税范围	原征税范围及税率(注)	备　注
13. 纺织印染工业	12%	生产土布的企业	机、土纱交织布 8% 纯土纱织布 12%	人造棉纱和以进口人造棉纺的人造棉，税率 9%。 合成长丝的税率由 15% 减为 10%，自产丝连续生产绸缎仍按 15% 税率；购进已税丝生产的绸缎坯，税率 5%；印染绸缎税率 8%。 坯布税率 3%（针织坯布税率仍按 8%） 色织布税率 5% 印染布税率 8%（财政部〔1983〕财税字第 23 号）
	10%	生产麻袋和单织麻布的企业	麻袋、麻袋布 10% 麻布 15%	
	8%	生产各种纺织复制品、针织品的企业，以及印染企业	棉毯、线毯 6% 其他工业产品 5% 印染布 5%	
	5%	色织布、地毯和丝织品的企业	印染绸缎 6% 色织布 5% 绸缎坯 2% 地毯 6%	
	3%	专门生产棉坯布的企业	棉坯布 1.5%	
14. 皮革皮毛企业	15% 5%	熟制各种皮革、皮货和生产毛制品的企业 生各种皮革制品的企业	牛皮革 30% 其他皮革 20% 皮货 20% 毛制品 12% 其他工业产品 5%	
15. 玻璃制品工业	15%	生产热水瓶、灯泡和各种玻璃制品的企业	玻璃制品 15% 热水瓶 19% 竹壳热水瓶 14% 灯泡 15%	
16. 陶瓷工业	12%	生产各种陶制品的企业	陶器、瓷器 11%	自 1982 年 7 月 1 日起，砂器、瓦器，税率由 12% 降为 5%（财政部〔1982〕财税字第 167 号）
17. 搪瓷、铝制用品工业	15%	生产各种搪瓷、铝制用品的企业	搪瓷用品 15% 铝制器皿 150%	出口铝质拉链 5%（财政部〔1979〕财税字第 110 号）
18. 造纸工业	10% 5%	生产各种纸张的企业 生产纸浆的企业	普通纸 10% 复制纸 10% 卷烟纸 18% 特种纸 18% 纸浆 3%	
19. 印刷工业	5%	印刷工业	印刷 3%	
20. 文教用品	20% 5%	生产金笔、铱金笔、钢笔、圆珠笔及其零件的企业 生产油墨、铅笔、毛笔、乐器、唱片及各种文教体育用品的企业	金笔、圆珠笔 22% 铱金笔、钢笔及其零件 17% 油墨 10% 铅笔 6% 其他工业产品 5%	
21. 日用机械工业	10% 15% 25% 40%	生产缝纫机及其零件的企业 生产自行车及其零件的企业 生产各种钟、照像机和电扇的企业 生产手表、怀表和秒表的企业	其他工业产品 5% 自行车及其零件 13% 钟、照像机、电扇 25% 手表、怀表 35%	企业销售缝纫机、自行车、电风扇整机产品由原来征收工商税改为试行增值税，税率为缝纫机 12%，自行车 16%，电风扇 25%。（财政部〔1982〕财税字第 332 号） 自 1981 年 7 月 1 日起电扇零件按 25% 的税率征收（财政部〔1981〕财税字第 179 号）

续表 1－42－3

税目	税率	征税范围	原征税范围及税率(注)	备注
22. 日用化学工业	40% 12%	生产各种化妆品的企业 生产火柴、香皂、肥皂、痱子粉、爽身粉、牙膏、牙粉、蛤蜊油、甘油、鞋油、电池和各种日用化学制品的企业	化妆品 51% 雪花膏 40% 火柴 23% 痱子粉、香皂、牙膏、蛤蜊油 17% 肥皂、药皂 12% 牙粉、鞋油 12% 甘油 6% 电池 12%	自 1979 年 9 月 1 日起,工业企业生产的出口化妆品,减税按 10% 的税率(财政部〔1979〕财税字第 110 号) 自 1981 年 8 月 1 日起,火柴的税率由 5% 减为 3%。(财政部〔1981〕财税字第 271 号) 自 1982 年 7 月 1 日起,洗衣粉的税率,由 12% 降为 5%(财政部〔1982〕财税字第 167 号) 自 1982 年 7 月 1 日起,肥皂的税率由 12% 降为 5%(财政部〔1982〕财税字第 167 号) 自 1982 年 1 月 1 日起,蓄电池改按其他工业 5% 税率征税(财政部〔1981〕财税字第 465 号)
23. 糖	40% 30%	机制蔗糖、糖精 土制糖、甜菜糖、饴糖	机制糖、糖精 44% 土制糖 39% 甜菜糖 30% 饴糖 27%	从 1979 年至 1980 年制糖期开始,机制甘蔗糖由原税率减为 30%,土糖减为 20%,甜菜糖减为 8%。(财政部〔1979〕财税字第 217 号)
24. 烟	66% 63% 60% 40% 55%	甲、乙级卷烟 丙级卷烟 丁级卷烟 戊级卷烟、烟丝 雪茄烟	甲、乙级卷烟 66% 丙级卷烟 63% 丁级卷烟 60% 戊级卷烟、烟丝 40% 雪茄烟 55%	从扩大批零差率起,对丁级卷烟的税率由 60% 减为 55%;戊级卷烟的税率由 40% 减为 35%。(财政部〔1981〕财税字第 426 号) 计划外烟厂卷烟一律按 66% 征税。(财政部〔1983〕号财税字第 144 号)
25. 酒	60% 40% 30% 15% 5%	粮食生产的白酒、黄酒 啤酒、薯类酒、饲料粮酿酒、土甜酒 糠麸酒、复制酒 果木酒、代用品酒、药酒 酒精	粮食酒 60% 啤酒 40% 饲料粮酿酒 48% 薯类酒 42% 糠麸酒 30% 复制酒 25% 果木酒 15% 代用品酒 20% 药酒 25% 酒精 5%	议价粮酿的白酒、黄酒按规定纳税发生亏损,逐级报省税务局批准,给予减税,减税后的税率:议价粮酿制白、黄酒不得低于 40%;议价薯类酿制白酒不得低于 20%(财政部〔1983〕财税字第 155 号)
26. 油脂工业	8%	加工生产各种植物油脂的企业	植物油 8%	
27. 盐		征税范围和税率另定		
28. 食品工业	10% 5%	生产罐头、奶粉、炼乳、汽水、蛋制品、果子汁和味精的企业. 生产糖果、糕点、果脯、葡萄糖、酱料和其他各种的食品企业	罐头、奶粉、炼乳 10% 汽水、果子汁 25% 蛋制品 10% 味精 25% 其他工业产品 5%	自 1980 年 8 月 1 日起,罐头的税率由 10% 暂减按 5%(财政部〔1980〕财税字第 144 号) 自 1982 年 7 月 1 日起,炼乳、奶粉的税率由 10% 降为 5%。(财政部〔1982〕财税字第 167 号)
29. 鞭炮焰火	35%	生产鞭炮、焰火的企业	鞭炮、焰火 35%	自 1974 年 1 月 1 日起,出口的鞭炮、焰火暂减按 5% 的税率征收。(财政部〔1973〕财税字第 41 号) 自 1980 年 2 月起,出口的焚化品,减按 5% 的税率征收。(财政部〔1980〕财税字第 30 号) 自 1981 年 6 月起,出口的焚化品,税率 55%。(财政部〔1981〕财税字第 178 号)
30. 其他工业	50%	从事工业加工和没有列举的工业	其他工业产品 5%	

(2)交通运输

续表 1-43

税 目	税率	征税范围	原征税范围及税率(注)	备 注
交通运输	3%	从事邮政、电讯、运输业务的企业	交通运输 2.5%	
	15%	交通部直属的铁路运输业务	铁路运输 25%	

(3)农、林、牧、水产品采购

表 1-44

税 目	税率	征税范围	原征税范围及税率(注)	备 注
1. 茶叶	40%		茶叶 40%	自 1983 年新茶上市起,毛茶税率降为 25%。边销茶税率降为 10%,精制茶税率改为 5%。(商业部、财政部、国家物价局〔1983〕商茶联字第 8 号)
2. 烟叶	40%	熏烟叶、土烟叶	熏烟叶、土烟叶 40%	
3. 贵重食品	35%	海参、鱼翅、鱼唇、鲍鱼、干贝、燕窝、银耳	海参、鱼翅、鱼唇、鲍鱼、干贝、燕窝、银耳 35%	
4. 水产品	5%	鱼、虾、蟹和其他海产品	鱼、虾、蟹和其他海产品 5%	
5. 生猪	3%	食用生猪	猪屠宰税 5%	经国务院批准自 1973 年 12 月起,食用牛、羊的税率由 10% 减按 3%。(财政部〔1973〕财税字第 53 号)
6. 菜牛、羊	10%	食用牛、羊等牲畜	牛羊屠宰税:10%	
7. 毛、绒	10%	羊毛、羊绒、驼毛、驼绒、马鬃、马尾、羽毛、猪鬃	猪鬃 16% 羊毛、羊绒、驼毛、驼绒、马鬃、马尾、羽毛 10%	
8. 原竹	5%		原竹 5%	
9. 生漆、天然树脂	15%		生漆、天然树脂 16%	

(4)商业零售、服务及其他业务

表 1-45

税 目	税率	征税范围	原征税范围及税率(注)	备 注
1. 商业零售	3%	商业零售企业	商业零售 3%	自 1982 年 7 月 1 日起,对银行征收工商税,由各行总行汇总在北京缴纳(财政部〔1982〕财税字第 232 号) 自 1980 年 5 月起,对饮食业的饮食收入税率,减按 3%(财政部〔1980〕财税字第 9 号) 各种手续费收入按 5% 征税(财政部〔1981〕财税字第 393 号) 旅游业务收入(可扣除支付的食、宿、交通费用)按 5% 征税(财政部〔1981〕财税字第 450 号) 宾馆、饭店、招待所的营业收入,应按规定税率征税(国务院国发〔1981〕121 号) 自 1983 年 9 月起,临时经营商税的税率:从事贩卖工业品、手工业产品、农林水产品和从事运通运输、建筑安装的为 8%;经营服务业务的为 5%(省财政厅〔1983〕赣财税字 99 号)
2. 服务行业	5%	旅店和从事饮食、租赁、寄售、代理购销等服务性业务的企业	饮食 3% 合作饭店 5%	
	3%	浴室和从事修理修配、缝纫、洗染、照像、理发、仓储、装卸等服务性业务的企业,以及集体建筑安装单位	旅店 5% 代理购销 7% 修理、缝纫等 3% 建筑安装 3%	
3. 公用事业	3%	销售煤气、自来水的企业和市内交通企业	煤气 2% 自来水 2% 电车、公共汽车 2.5%	
4. 临时经营	10%	未经批准或违法从事工业、商业、运输、建筑等经营活动的企业	临商税 10%	

注:"原征税范围及税率"栏内的税率,是 1958 年试行工商统一税时的税率和在执行中调整的税率,不包括工商统一税附加、城市房地产税和车船使用牌照税。因此,虽然有一些税率与原税率相同,但实际上是减了税

（十）产品税

产品税是从原工商税中对产品征税的部分划出来的一个税种。产品税是对从事生产和进口税法规定的应税产品的单位和个人，就其销售收入金额或产品数量征收的一种税。对产品征税，在中国历史流长。周代的“山泽之赋”即带有产品税的性质。秦汉时代对盐、铁、酒课税，产品税特色更为明显。随着社会不断发展，对产品征税的范围也不断扩大。新中国成立后，1950年政务院颁布《货物税暂行条例》，对部分产品征收货物税。1953年，将国营货物税产品中的香烟等22种产品改征商品流通税。1958年取消商品流通税和货物税、营业税和印花税4个税种合并为工商统一税。1973年简化税制，将工商统一税及附加、城市房地产税、车船使用牌照税、盐税、屠宰税合并为工商税。1984年9月，第二步利改税和工商税制改革，国务院公布《产品税条例（草案）》，产品税成为一个独立的税种，并于同年10月1日起执行。

产品税征收范围：除列举征收增值税的产品外所有的国内工业产品、国外进口的应税产品和列举的农、林、牧、水产品。产品税税目税率：1984年国务院公布的《产品税条例》中，工业产品设有260个税目，农、林、牧、水产品设有10个税目，计税方法采用比例税率和定额税率两种。有些税目还分档设置了子目，大部分产品税率以差别比例税率为主，最高的为甲、乙级卷烟60%，最低为棉坯布3%，大型电力发电环节则采取固定税额征收。工业企业自产连续生产的产品不纳税。工业企业以自己生产的产品用于本企业基本建设的，无论是商品产品或非商品产品，均应纳税。用于本企业单项工程和生活福利设施，属于本企业商品产品的纳税，非商品生产的不纳税。工业企业委托加工产品视同自制产品在销售时纳税。1986年以来，随着税制改革，一部分工业产品改为增值税征收范围，产品税征税范围逐渐缩小。乐安县产品税税源主要有：酒、棉织布、机制纸、中成药、玻璃制品、小水电、化工产品、印制品、植物油、家具、水泥制品、砖瓦、陶瓷、茶叶、原木、原竹、烟叶、天然树脂、生猪、鱼等20种。纳税环节：从事工业品生产的，分别按产品销售收入的金额和规定的税率或产品的数量和规定的税额计税；生产应税农、林、牧、水产品的单位和个人，产品交售给国营和集体收购单位的，由收购单位纳税，产品销售给其他单位和个人的，由销售者纳税；进口产品，报关后，由进口产品的纳税人交税。在征收方法上，乐安县采取：企业自行申报，按期缴纳，税务机关定期查账，依率计征。毗邻地区统一协作，协同一致方法征收。到1990年，产品税主要有烟、酒、电力、石化、化工及农、林、牧、水产品等11类96个税目（其中工业品86个、农产品10个）。1994年税改实行分税制，此税种停征，其税源并入消费税和增值税。

1984～1993年，产品税、增值税、营业税“三税”收入计7358.2万元，工商税收入10074.0万元。

1984～1993年，全县共征收产品税2098.5万元，占同期工商税收入的20.83%，占同期产品税、增值税、营业税“三税”收入的28.52%。

1984～1993年乐安县产品税征收数

表1－46　　　　单位：万元

年度	实征税款收入	年度	实征税款收入	年度	实征税款收入	年度	实征税款收入
1984	32.0	1987	286.9	1990	147.1	1993	237.0
1985	271.0	1988	209.0	1991	189.7		
1986	309.0	1989	173.5	1992	243.3	合计	2098.5

1984 年产品税税目税率

(一)工业部分

表 1－47

类别	税目	税率（%）
一、烟类	1. 卷烟	
	甲级卷烟	60
	乙级卷烟	60
	丙级卷烟	56
	丁级卷烟	50
	戊级卷烟	32
	2. 雪茄烟	47
	3. 烟丝（包括斗烟、莫合烟）	35
二、酒类	4. 白酒	
	粮食酒	50
	薯类酒	40
	糖麸酒	28
	其他原料酒（包括代用品酒）	15
	5. 黄酒	50
	6. 土甜酒	38
	7. 啤酒	40
	8. 复制酒（包括泡制酒、配制酒、滋补酒）	30
	9. 果木酒	15
	10. 汽酒	15
	11. 药酒	13
	12. 酒精	10
三、食品、饮料类	13. 蔗糖	
	机制蔗糖	22
	土制蔗糖	10
	14. 甜菜糖	5
	15. 淀粉糖（包括高粱糖、饴糖、麦芽糖、液体葡萄糖、糖精、果脯糖浆等）	15
	16. 加工糖（指已税糖制成的冰糖、方糖、绵白糖）	5
	17. 麦粉	5
	18. 奶粉、炼乳	5
	19. 味精	13
	20. 奶油	5
	21. 罐头食品	5
	22. 汽水（包括可口可乐）	10
	23. 其他液体饮料（包括浓缩果子汁、果子汁、果子露、矿泉水等）	10
	24. 固体饮料（包括水果晶、麦乳精、可可粉、咖啡等）	5
	25. 糖果、糕点	5
	26. 果脯、果酱	5
	27. 其他食品	5
四、纺织类品	28. 化学纤维：	
	化学短纤维	5
	人造纤维长丝	15
	合成纤维长丝	10
	29. 棉纱	
	纯棉纱、棉混纺纱	
	18 支以下的（含 18 支）	4
	19 支～28 支	7
	29 支～59 支	10
	60 支以上的（含 60 支）	13
	棉型涤纶丝	13
	其他棉型化纤纱	9
	30. 棉坯布	3
	31. 棉色织布	5
	32. 棉印染布	8
	33. 土布	12
	34. 毛条	5
	35. 毛纱、毛线	18
	36. 呢绒	18
	37. 毛毯（指用各种毛纱织成的毛毯）	18
	38. 人造毛皮	
	连续生产的	18
	购进毛纱生产的	8
	39. 其他毛纺织品：	
	连续生产的	18
	购进毛纱生产的	8
	40. 蚕丝（包括绢丝、绅丝、丝棉）	10
	41. 绸缎：	
	自产丝连续生产的绸缎	15
	购进丝生产的绸缎坯、色织绸缎	5
	购进丝生产的印染绸缎	8
	42. 其他机织丝织品：	
	自产丝连续生产的	15
	购进丝生产的本色织品、色织品	5
	购进丝生产的印染织品	8
	43. 纯麻丝	18
	44. 麻混纺纱：	
	麻与棉型涤纶混纺纱麻与其他棉	13
	型化纤混纺纱	9
	麻棉纱 18 支以下的（含 18 支）	4
	19 支～28 支	7
	29 支～59 支	10
	60 支以上的（含 60 支）	13

续表 1－47－1

类别	税目	税率（%）
四、纺织品类	45. 纯麻布：	
	连续生产的	18
	购进麻纱生产的	10
	46. 麻混纺布：	
	麻混纺坯布	3
	麻混纺色织布	5
	麻混纺印染布	8
	47. 手工生产的夏布	5
	48. 麻袋（包括麻袋布麻袋线）	10
	49. 棉针织面料布、麻混纺针织面料布：	
	坯布	3
	色织布	5
	印染布	8
	50. 毛、纯麻、丝针织面料：	
	自产毛纱生产的	18
	自产纯麻纱生产的	18
	自产丝生产的	15
	外购毛纱、纯麻纱丝生产的	8
	51. 针织筒子布、汗布及其他针织品：	
	棉纱、麻混纺纱生产的	8
	自产毛纱生产的	18
	自产纯麻纱生产的	18
	自产丝生产的	15
	外购毛纱、纯麻纱丝生产的	8
	52. 纺织复制品：	
	棉纱、麻混纺纱生产的	8
	自产毛纱生产的	18
	自产纯麻纱生产的	18
	自产丝生产的	15
	外购毛纱、纯麻纱丝生产的	8
	53. 地毯	5
五、皮革、皮毛、毛制品类	54. 牛皮革	10
	55. 其他皮革	10
	56. 猪皮革	5
	57. 合成革、人造革	5
	58. 皮革制品	5
	59. 车马挽具	5
	60. 皮张、皮筒	12
	61. 马鬃、马尾、猪鬃	5
	62. 羽毛（包括羽绒）	5
	63. 毡制品（包括毡呢、毡毯、毡衣、毡帽、毡鞋、毡袜、呢帽、呢帽坯）	15
六、服装、鞋帽类	64. 服装	5
	65. 帽	5
	66. 鞋	5
七、纸类	67. 普通纸	10
	68. 新闻纸	5
	69. 卷烟纸	20
	70. 记录纸	15
	71. 特种类（包括金、银、铜、铝纸等）	10
	72. 普通玻璃纸	20
	73. 卫生纸	5
	74. 复制纸	10
	75. 土纸	5
	76. 上色纸	5
	77. 包装纸板	10
八、文化用品类	78. 印刷品	5
	79. 自来水笔、铱金笔、圆珠笔及其零件	25
	80. 铅笔、毛笔	5
	81. 其他笔	5
	82. 乐器	5
	83. 唱片、盒式录音带	5
	84. 体育用品	5
	85. 儿童玩具	5
九、日用机械和电器类	86. 自行车零件	16
	87. 缝纫机零件	12
	88. 电风扇零件	16
	89. 机械手表	40
	90. 电子表	20
	91. 怀表	20
	92. 秒表	40
	93. 机械钟	20
	94. 电子钟	20
	95. 石英钟	20
	96. 其他钟	20
	97. 钟表元件（包括游丝发条、防震器、钻石、轴承）	15
	98. 照像机	20
	99. 电冰箱	20
	100. 洗衣机	5
	101. 空调器	20
	102. 电热器具（包括电烤炉、电饭锅、电炒锅、电炉灶、电水壶、电热水器、电取暖器、电熨斗）	5

续表 1－47－2

类别	税目	税率(%)
九、日用机械和电器类	103. 吸尘器	20
	104. 灯泡： 灯管(包括霓虹灯、荧光灯) 40 瓦以下普通白炽灯泡 白炽灯管、其他灯泡	 15 5 15
十、电子产品类	105. 电子计算机(包括外部设备及电子计算器)	10
	106. 电视机： 黑白电视机 彩色电视机	 20 20
	107. 电视机专用件(包括显像管及玻壳、高频头、行输出变压器、印刷电路板)	20
	108. 录像机专用零部件	20
	109. 录音机专用零部件	20
	110. 收音机、扩音机	5
	111. 唱机	5
	112. 电话机	5
	113. 电子游戏机	5
	114. 集成电路	5
	115. 其他电子产品及电子元件	5
十一、日用化工类	116. 化妆品(包括香水、香水精、香粉、口红、指甲油、胭脂、眼睫毛及成套化妆品)	40
	117. 护肤护发品	5
	118. 爽身粉、痱子粉、洗发膏、洗发水、蛤蜊油	12
	119. 香皂	12
	120. 肥皂及皂粉	5
	121. 合成洗涤剂	5
	122. 去污粉	5
	123. 牙膏	18
	124. 火柴	3
	125. 蚊香、卫生香	5
	126. 香料	15
	127. 香精	15
	128. 糖精	40
	129. 其他日用化学品包括(鞋油、鞋粉、地板蜡等)	12
	130. 景泰蓝、漆器	5
十二、其他轻工业产品类	131. 首饰(包括金、银、白金、宝石、珍珠、象牙、翡翠、珊瑚、玛瑙等首饰)	5
	132. 鞭炮、焰火	5
十二、其他轻工业产品类	133. 焚化品	55
	134. 动物胶(包括明胶、骨胶、皮胶、鱼胶)	10
	135. 植物油(包括食用和非食用植物油)	8
	136. 电池： 干电池 其他电池	 12 12
	137. 家具	5
	138. 人造板	3
	139. 浆粕(包括纺织和造纸用各种浆粕)	5
	140. 农用塑料薄膜	5
	141. 泡沫塑料及制品	5
	142. 其他塑料制品	5
	143. 化纤纺织袋	5
	144. 拉链	15
	145. 搪瓷制品	15
	146. 不锈钢器皿	5
	147. 铝制器皿	15
	148. 蓄电池	8
十三、药类	149. 中成药	5
	150. 兽药	5
	151. 农药	3
十四、玻璃制品及玻璃纤维制品类	152. 玻璃	10
	153. 工业技术玻璃	25
	154. 玻璃制品	15
	155. 金属壳保温瓶	15
	156. 其他保温瓶	5
	157. 保温瓶胆	5
	158. 玻璃纤维原料球	5
	159. 玻璃纤维及其制品	18
十五、橡胶制品类	160. 轮胎： 汽车轮胎、垫带 农用收割机、拖拉机、手扶拖拉机轮胎、垫带 其他轮胎、垫带	 18 10 12
	161. 三角带、运输带、传动带、风扇带	10
	162. 橡塑制品	18
	163. 全胶鞋	18
	164. 乳胶制品	20
	165. 其他橡胶制品	
十六、陶瓷类	166. 陶瓷： 美术陶瓷 建筑陶瓷 工业陶瓷	 12 12 12

续表 1-47-3

类别	税目	税率（%）	类别	税目	税率（%）
十六、陶瓷类	日用陶瓷	5	二十、气体类	液化石油气	3
	其他陶瓷	12		其他石油气	10
	167. 砂器、瓦器	5		193. 工业气体	
十七、建材类	168. 水泥：			氢、氧、氮气	15
	设备能力在20万吨以上的（含20万吨）	10		其他工业气	10
	设备能力不足20万吨	5	二十一、成品油类	194. 汽油	40
	169. 水泥制品	5		195. 柴油	10
	170. 砖瓦	10		196. 炼油	25
	171. 废渣砖	3		197. 重油	3
	172. 石灰	3		198. 溶剂油	35
	173. 油毛毡	8		199. 润滑油	35
	174. 石棉制品	5		200. 焦油	10
	175. 建筑用加工石及其他石料	5		201. 化工轻油	20
	176. 其他建筑材料	5		202. 石脑油	35
	177. 耐火砖、耐火材料及制品	12		203. 其他原料油	5
十八、矿产品类	178. 煤	3		204. 其他炼制油	20
	179. 焦炭	5	二十二、化工类	205. 润滑油	13
	180. 原油			206. 固体石蜡	25
	产量在1000万吨以上的（含1000万吨）	15		207. 液体石蜡	13
	年产量在500万吨～1000万吨的（含500万吨）	12		208. 沥青	13
	年产量不足500万吨的	5		209. 石油焦	20
	181. 人造原油	5		210. 酸：	
	182. 黑色金属矿采选产品	3		无机酸	10
	183. 有色金额矿采选产品	3		有机酸	10
	184. 非金属矿采选产品	8		211. 无机盐	10
	185. 其他非金属矿采选产品	5		212. 碱：	
十九、电力热力类	186. 大型电力：			纯碱	12
	发电（千瓦小时）	10		烧碱	15
	供电	10		其他碱	10
	187. 小型电力（指县级以下和工矿自备电厂）	5		213. 氮肥：	
	188. 孤立电厂（指行署以上不与电网联网的产销兼营的电厂）	25		系统设备能力年产合成氨在30万吨以上的油制氮肥厂（含30万吨）	5
	189. 热力（包括热水、热气）	3		系统设备能力年产合成氨在30万吨以上的气制氮肥厂（含30万吨）	20
二十、气体类	190. 天然气	5		年产合成氨4.5万吨～30万吨的氮肥厂（含4.5万吨）	5
	191. 煤气			年产合成氨不足4.5万吨的氮肥厂	3
	焦炉煤气	3		214. 其他化肥（包括磷肥、钾肥、复合肥）	3
	发生炉煤气	3		215. 电石	10
	液化煤气	3		216. 醇类：	
	192. 石油气			甲醇	15
				乙二醇	20

续表 1－47－4

类别	税目	税率(%)
二十二、化工类	其他醇	15
	217. 苯类	
	石油苯	15
	焦油苯	10
	其他苯	10
	218. 烯类	
	乙烯	10
	丙烯	10
	其他烯	10
	219. 其他无机化工原料	10
	220. 其他有机化工原料	10
	221. 染料	22
	222. 颜料	18
	223. 涂料	18
	224. 化学试剂	13
	225. 化学溶剂	10
	226. 助剂、催化剂	10
	227. 粘合剂	10
	228. 磁带	10
	229. 合成橡胶	
	丁笨、顺丁、丁腈、橡胶	25
	其他合成橡胶	10
	230. 有机玻璃	10
	231. 聚乙烯醇	10
	232. 涤纶树脂	15
	233. 聚氧乙烯	10
	234. 聚苯乙烯	15
	235. 聚乙烯	25
	236. 聚丙烯	20
	237. 尼龙 66	20
	238. 其他合成纤维单体	10
	239. 炭黑	15
	240. 炸药类(包括雷管、导火线、硝化棉、TNT)	10
	241. 胶卷、胶片	
	水溶性彩色胶卷、胶片	25
	油溶性彩色胶卷、胶片、印制片	12
	其他胶卷、胶片	15
二十三、黑色有色金属产品类	242. 铁	3
	243. 钢锭	3
	244. 铁合金	10
	245. 其他合金	10
	246. 铜	5
	247. 铝	10
	248. 镍	15

类别	税目	税率(%)
二十三、黑色有色金属产品类	249. 锡	10
	250. 锑	10
	251. 铅	5
	252. 锌	5
	253. 海绵钛	5
	254. 钨粉、钨丝、钨条	10
	255. 钼粉、钼丝、钼条	10
	256. 其他金属冶炼品	10
	257. 有色金属压延品	10
	258. 有线电缆	12
	259. 元钉	5
二十四、其他工业品类	260. 其他工业品	5

(二)农、林、牧、水产品部分

类别	税目	税率(%)
二十五、农、林、水产品类	261. 茶叶:	
	毛茶	25
	精制茶	15
	边销茶	10
	262. 烟叶:	
	晒烟叶	38
	烤烟叶	38
	263. 贵重食品:	
	海参、燕窝、鱼翅、鲍鱼、鱼唇、干贝	35
	264. 银耳、黑木耳	5
	265. 水产品:	
	鱼、虾、蟹	5
	其他海产食品	5
	266. 毛线(包括羊毛、羊绒、驼毛、兔毛)	10
	267. 原木	10
	268. 原竹	5
	269. 生漆、天然树脂	15
	270. 菜羊、生猪、菜牛	3

(十一)工商业税

工商业税是对各个工商行业开征的税种。该税包括工商业营业税、工商业所得税、临时商业税、摊贩业税。于1950年开征,1957年停征。乐安县主要征收工商业营业税和工商业所得税两种。工商业营业税、临时商业税、摊贩业税三税合一为工商营业税。

1. 工商业营业税,是根据各个行业不同的经营性质而定

乐安县征收方法前后采用有三种:(1)定期定额,对营业小的商号(一年不满1000元营业额)半年一定,按月缴纳;(2)自报公议和民主评议;(3)查账征收,1956年公私合营后,则改为查账计征。适用税率:工业部分,按销售总收入额计算征收,交通工具制造工业(人力车、木船、畜力车)1.5%,普通用品制造业(雨具、度量衡器)2.5%,烟类制造业3.5%,酿造业3.5%。商业部分,按营业总收入额计算征收,纸张文具业(纸张、文具、干古纸)2.5%,屠宰业3%,南杂货业(南北杂货、山货、土产、银耳、糖果)3.5%,百货业3.5%,油漆业3.5%,照像业3.5%,钟表、雕刻业3.5%。其他部分,按营业总收益额计算征收,缝纫业2.5%,理发业3.5%,介绍服务业5%,保险业2.5%,代购代销业6%,供销合作社3%。

1951~1957年,全县共征收工商业营业税19.9万元。1958年税改,将工商营业税并入工商统一税种内。

2. 工商业所得税在归属所得税类叙述

所得税类

1798年,所得税始于英国,19世纪后,成为世界上众多国家的主要税种。其实,在中国,封建时代就有此性质的所得征税,只是名称叫法不同。民国3年(1914)1月,北洋政府公布所得税条例二十七条。1936年7月,国民政府发布《所得税暂行条例》,开始征收营利事业所得税、薪给报酬所得税、证券存款所得税。1939年开征非常时期过分所得税。1943年开征财产租赁出卖所得税。1946年4月国民政府公布施行《修正所得税法》,实行5类所得税制,将一时所得税列为第五类。并增加征收综合所得税。

中华人民共和国成立后,废除旧所得税制。1950年开征工商业所得税(1957年停征)、利息所得税(1959年停征)和薪给报酬所得税,1958年开征工商所得税,1980年开征个人所得税、中外合资经营企业所得税,1982年开征外国企业所得税,1983年开征国营企业所得税。1984年税制改革,实行第二步利改税,将工商所得税予以分列:1985年开征集体企业所得税,1986年开征城乡个体工商业户所得税,1987年开征个人收入调节税,1988年开征私营企业所得税,1991年7月合并中外合资经营企业所得税和外国企业所得税为外商投资企业和外国企业所得税,1994年实行新税制(分税制),将集体企业所得税、私营企业所得税、国营企业所得税三税合并为企业所得税一个税种。将城乡个体工商业户所得税、个人收入调节税、个人所得税合并为个人所得税一个税种。开征收益性的土地增值税。

(一)营利事业所得税

民国25年(1936)7月,开征营利事业所得税,课税范围:(1)公司、商号、行栈、工厂、个人资本2千元以上营利之所得;(2)官商营利之所得;(3)属于一时营利之所得。税率采用全额累进制(9级),税率4%~20%,最低一级,所得额合资本实额10%,未满15%,税率为4%;最高一级,所得额合资本实额70%以上,税率为20%。对不能按资本额计税者,则采用14级超额累进税率计征。最低一级,所得额在200元以上未满2000元者,税率为4%;最高一级,所得额在20万元以上者,税率为30%。征收方法:当年开始,分上、下半年度征收,申报自缴,税务审定,限期缴清。

(二)证券存款利息所得税

民国25年(1936)11月,开征证券存款利息所得税。征税范围:按公债、公司债、股票、存款利息之所得,每次结算时付给的利息计征所得税。凡政府发行之证券及国家金融机关之存款及储蓄的所得,其税率为5%,其他之所得,税率为10%。

将证券存款所得税改称利息所得税。税率为5%,一次利息不满0.5元的免征。1959年1月停征。

(三)薪给报酬所得税

民国25年(1936)11月,开征薪给报酬所得税。课税对象:公务人员,自由职业者及其他各业者的薪给报酬的所得。税率:采用17级超额累进税率按月计征,以平均所得100元为起征点。最低,月平均所得100元者,课税0.1元;最高,月平均所得超过1万元以上者,其超过额每10元一律课税3元。民国38年,国民政府财政部规定改按4级超额累计税率计税,最低,月平均所得60元(金圆券),未满200元者,税率为1%;最高,月平均所得800元以上者,税率为4%。

1950年4月,江西省开征此税种。征收对象是省内公私组织的工作人员及职工薪给所得,以及自由职业者业务技艺报酬所得,采用超额累进制,以大

米为单位折合人民币计算,起征点是月所得大米100公斤(合折实单位62.5分)以上未满200公斤(合折125分)的课税1%;所得额大米200公斤以上未满300公斤(合折187.5分)的课税1.5%;由于当时多数职工收入水平较低,达到起征点的很少,开征两个月后即停征。

(四)非常时期过分利得税

民国27年(1938)10月,国民政府颁布《非常时期过分利得税条例》规定:在抗日战争时期,除按《所得税暂行条例》征收所得税外,还须加征非常时期过分利得税。课税对象:(1)公司、商号、行栈、工厂或个人及官商合办的营利事业资本达2000元以上的,其利得额超过资本额15%的。(2)财产租赁利得,超过其财产价额12%的。税率:采取6级超额累进税率,按过分利得额计征10%~60%。民国28年(1939)7月,修订原利得额超过资本额的15%和财产租赁利得超过其财产价额12%的,调高为20%和15%。民国32年(1943)2月,修正采用11级超额累进税率,最低,利得额超过资本额20%~25%,税率为10%;最高,利得额超过资本额200%以上的,税率为60%。抗战胜利后,民国36年(1947)1月,将此税种改名为"特种过分利得税"。

(五)财产租赁出卖所得税

民国32年(1943)1月,国民政府颁布《财产租赁出卖所得税法》规定:征税范围包括土地、房屋、堆栈、码头、森林、矿场、舟车、机械的租赁或出卖所得,均依法征收所得税。财产租赁所得税按4级超额累进税率计征。最低,所得额超过3000元至2.5万元者,就其超过额课税10%;所得额超过2.5万元~5万元的,超过额课税15%,所得额超过5万元~10万元的,超过额课税20%;最高,所得额超过10万元,每增加10万元,超过额课税5%,最高递增至80%为限。财产租赁所得额,按每年租赁总收入,减去改良费用,损耗和公课后的余额计算。农业用地出卖所得,超过1万元至5万元者,其他财产出卖所得超过5000元~5万元者,超过部分课税10%;所得超过5万元至15万元者,超过额课税14%;所得额超过200万元以上者,超过额课税50%。

(六)行商一时所得税

行商一时所得税是指一时而非持续经营的流动商人和其他一时营利事业的所得而征收的一种税。民国35年(1946)4月开征。一时所得额未超过2万元的免税。超过2万元以上的至500万元以上者,按9级超额累进税率的不同级距分别计征,最低税率为6%,最高税率为30%,民国37年(1948)8月,国民政府对一时所得税的征收办法修改为:行商从每次销货收入10%的所得(减除90%成本开支),每次所得额满金圆券40元的征税10%,不满40元的免征。

(七)综合所得税

民国35年(1946)4月,国民政府修订《所得税法》时,增加开征综合所得税。规定:个人所得除依照税法规定征收分类所得税外,其所得总额超过60万元者,应加征综合所得税。综合所得是指以个人全年的营利事业投资所得、薪给报酬所得、证券存款的所得、财产租赁所得、财产出卖所得、一时所得、加上与之共同生活的家属直接所得的五分之三之和,扣除家庭人员生活费每人10万元,在校中等学校学生费用每人5万元,已纳各类所得税及土地税后的余额。为应税综合所得额。综合所得税采用12级超额累进税率计征。税率:最低为5%、最高为50%。民国37年(1948)4月,综合所得税税率修改为5%~40%的超额累进税率。

(八)特种过分利得税

民国36年(1947)1月,国民政府公布施行《特种过分利得税法》,规定以下5业为课税对象:买卖业、金融信托业、代理业、营造业、制造业,凡在中华民国领土内有住所而在国外有营利事业利得额超过资本额60%者,除依所得税法征收分类所得税外,加征特种过分利得税。税率:采用13级超额累进税率计征,最低,利得额超过资本额60%~70%者,税率为10%;最高,利得额超过资本额500%以上者,税率为60%。

(九)工商业所得税

1950年1月,政务院公布《工商业税暂行条例》,将工商业所得税列为工商业税的一个税目。规定对集体私营企业和个人从事经营工商业在营业收入中减除成本费用后的实际利润所得额计征工商业所得税。每季由工商业户预缴税款,年终汇算清缴。工商业所得税采用14级全额累进制,最低税率,所得额未满100元的,课税5%,最高税率,所得额在3000元以上的,课税30%;12月改为所得额未满300元的,课税5%,所得额在10000元以上的,课税30%。1951年改14级全额累进税率为21级全额累进税率,最低税率为5%,最高税率为30%。地方附加为税额的15%,实际负担率最低为5.75%,最高为34.5%。在1955年以前对私营工商业所得税,采取同类性质的行业,根据毛利、开支、所得三个标准相近的业户划分类别。每一类中找出具有代表性的业户,进行调查,求出标准纯益率,然后按规定计算应征所得税。1956 年对供销社营业的所得税税率奉文修改。县级供销社，一律改为按所得额 80% 计征；区供销社所得税率分为三级：凡所得额在 5000 元以内征 60%，5000 元以上未满 10000 元的征 65%，10000 元以上计征 70%。1958 年，全国实行工商税制改革，将工商业所得税从工商业税的一个税目中划分出来成为一个单独的税种，改称为工商所得税。

1949～1957 年，全县工商业所得税共征收 13 万元。

（十）工商所得税

工商所得税是对集体所有制的工商企业，服务行业和个体经济就其实现利润征收的一种税。1958 年中华人民共和国工商税制改革将原工商业税中的工商业所得税税目，划出为一个单独税种改称为工商所得税。乐安县工商所得税的课税对象：个体经济、合作商店、供销合作社、手工业合作社、交通运输合作社、建筑业、城镇街道企业、乡镇企业、知青企业、福利企业、社队企业等。1958 年工商所得税虽成为独立的税种，但因没有另外制定税法，仍按 1950 年 12 月修正后的《工商业税暂行条例》有关征管规定执行。这一年中供销系统，视同国营商业，只上缴利润不征收所得税。1959 年公私合营企业也只上缴利润不征所得税。1961 年下半年供销社恢复征收所得税。1966 年县供销社停征所得税，1970 年基层供销社也停征所得税。1973 年基层供销社恢复征收所得税。1985 年 10 月按经济性质凡属集体性质企业按新税法规定改征集体企业所得税。属于个体经济成分性质的个体工商业户则按新税法规定征收个体工商业户所得税。

工商所得税税率：（1）个体经济：1958 年起，对利润较大的除按 21 级全额累进税率征收外，并可加征 1 至 5 成，1962 年改加征 1 至 10 成，个别利润特大的，还可增加加成幅度，1963 年一律采用 14 级全额累进税率征收，最低税率为 7%，最高税率为 62%。（2）供销合作社：按 5 级全额累进税率征收，最高税率为 70%，最低税率为 30%。1962 年改按 39% 的比例税率征收。1979 年对基层供销社饮食、服务、修理行业、所得税税率由 39% 改降为 20%。（3）手工业合作社、运输合作社：执行 8 级超额累进税率计征，最高税率为 55%，最低税率为 7%。（4）合作商店：1963 年以前执行 21 级全额累进税率，再加成征税。1963 年后执行 9 级超额累进税率计税，最高税率为 60%，最低税率为 7%。收入 5 万元以上开始加成，超过 15 万元的加征 4 成。（5）城镇街道企业：属于工业企业性质按照手工业合作社执行；属交通运输企业性质的按照交通运输合作社执行；属商业和服务业性质的，按照合作商店执行。（6）建筑行业：按 8 级超额累计税率计征。（7）农村社队企业：1966 年以前，比照手工业合作组织征税办法计征，但在征税范围上有所照顾。1966 年改按 20% 比例税率征收，全年所得额在 1000 元以下免征。1972 年改按 3 级超额累进税率计征，最高税率为 40%（所得额在 5 万元以上），全年所得额在 1800 元以下免征。1978 年改按 4 级超额累进税率计征，最高税率为 45%（所得额超过 10 万元以上部分），全年所得额在 2400 元以下免征。1979 年起征点提高到 3000 元。1984 年 1 月起，对乡、镇企业（社、队企业）一律改按 8 级超额累进税率计征所得税。（8）知青企业，待业人数达到总人数 60% 以上免征所得税 3 年。1979 年取消合作商店的加成征税。1980 年 10 月对合作商店、个体经济改按 8 级超额累进税率计征工商所得税。1981 年对二轻集体企业实行增长利润减半征收所得税，以 1980 年为基数，一定三年不变。从 1982 年到 1989 年，对城镇集体企业全面实行增长利润减半征收。

1956～1985 年，全县共征收工商所得税 430.8 万元。

1956～1985 年乐安县工商所得税收入

表 1－48　　单位：万元

年度	实征税款	年度	实征税款	年度	实征税款	年度	实征税款
1956	4.8	1964	7.7	1972	5.4	1980	32.2
1957	7.2	1965	8.0	1973	14.0	1981	22.0
1958	11.7	1966	9.7	1974	19.0	1982	20.5
1959	6.8	1967	9.0	1975	26.0	1983	21.0
1960	9.0	1968	8.2	1976	24.0	1984	21.0
1961	3.3	1969	2.8	1977	30.5	1985	15.0
1962	8.0	1970	3.0	1978	31.0		
1963	9.5	1971	4.5	1979	36.0	合计	430.8

（十一）集体企业所得税

1984年税制改革，实行第二步利改税，1985年4月，国务院公布《集体企业所得税暂行条例》，将原纳工商所得税的集体企业，改纳集体企业所得税，并从当年1月起开征。《集体企业所得税暂行条例》规定：凡从事工业、商业、服务业、饮食业、修理修配业、建筑安装企业、交通运输业、其他集体企业，经有关主管部门和工商行政管理部门批准，实行统一核算，自负盈亏，按规定提取公共积累，实行按劳分配的企业，均按规定缴纳集体企业所得税。课税对象：企业生产经营所得和其他所得[指从事物质生产、交通运输、商品经营、劳务服务、其他盈利事业取得纯收益、股息、利息（不含国库券利息）、租赁所得、转让专利权、专有技术、商标权等项所得，以及营业外收益或其他收入]。集体企业所得税按国营小型企业新8级超额累进所得税税率征收。最低一级，全年所得额在1000元以下的，税率为10%，最高一级全年所得额超过20万元者，税率为55%。集体企业所得税减免税规定：(1)新办企业开办初期纳税有困难，可减征或免征所得税1年。(2)新办饲料生产企业可免征所得税3年。(3)对酱、醋、腌腊制品、糖制小食品，饲料加工的乡镇企业，在“七五”期间减半征收所得税。(4)生产经营直接为农业服务的化肥、农药、农机具修理修配、利用三废（废水、废气、废渣）生产的产品、特困乡兴办企业所得利润可免征所得税5年。(5)二轻集体企业利润减半征收所得税。(6)城镇待业青年新办企业免征所得税3年。

1986～1993年，全县共征收集体企业所得税104.1万元。1994年实行新税制，集体企业所得税和国营企业所得税、私营企业所得税合并为企业所得税一个税种。

1986～1993年乐安县集体企业所得税收入

表1－49　　单位：万元

年度	1986	1987	1988	1989	1990	1991	1992	1993	合计
实征税款	18.0	11.9	16.4	19.0	12.0	12.2	6.8	7.8	104.1

新8级超额累进税率表

表1－50　　单位：元

级次	累计所得额（全年）级距	税率（%）	速算扣除数
1	0～1000以下	10	0
2	超过1000～3500	20	100
3	超过3500～10000	28	380
4	超过10000～25000	35	1080
5	超过25000～50000	42	2830
6	超过50000～100000	48	5830
7	超过100000～200000	53	10830
8	200000以上	55	14830

（十二）国营企业所得税

国营企业所得税，是1983年实行利改税，由原来国营企业实行利润全部或部分上缴财政的形式改为以所得税的形式上缴国家，即对国营企业从事生产经营和其他所得利润征收的一个新税种。国营企业划分两种类型：(1)大中型企业：固定资产原值超过300万元，年利润额超过30万元的工交企业；年利润超过15万元，职工人数超过60人的商业企业；实行55%的固定比例税率计征所得税。(2)小型企业：国营工交企业固定资产原值不超过300万元，年利润不超过30万元，两个条件同时具备的；商业企业年利润不超过15万元，职工人数不超过60人的零售企业；比照集体企业的8级超额累进税率计征所得税。对饮食服务行业、营业性的宾馆、饭店、招待所采用15%的比例税率计征所得税。1985年江西省财政厅规定：对地方国营建筑安装企业按减率办法征收所得税；县（市）级企业由统一税率55%减按32%征收所得税。国营小型企业按新八级超额累进税率计征所得税。1986年对预算外企业和经营单位一律按新8级超额累进税率计征所得税。国营企业所得税征税办法采用企业申报,按季预缴,年终依率计征,汇算清缴。1994年国营企业所得税合并于企业所得税。1983～1993年,乐安县共征收国营企业所得税1066.3万元(属省、地级收入187.5万元,县级收入878.8万元)。

1983～1993 乐安县国营企业所得税征收数

表1-51

单位:万元

年度	征收入库税款		年度	征收入库税款	
	省、地级	县级		省、地级	县级
1983	21.0	49.0	1989	17.5	129.7
1984	14.0	70.0	1990	10.8	94.0
1985	29.1	56.0	1991	10.8	54.0
1986	23.9	102.4	1992	12.7	36.6
1987	26.9	107.3	1993	7.0	35.4
1988	13.8	144.4	合计	187.5	878.8
累计			1066.3		

(十三)国营企业调节税

1984年9月,国务院发布《国营企业调节税征收办法》,税名由原来的收入调节税、利润调节税、调节税正式定为"国营企业调节税"。国营企业调节税是对国营大中型企业缴纳所得税后剩余利润仍超过国家规定合理留利的部分进行的一种再分配的一个补充税种。

此税种从1984年10月1日起开始试行,1985年全面执行。国营企业调节税以纳税企业的年度应纳税所得额为计税依据。其税率由财政部门核定,基本上1纳税户1率。核定税率的原则是:以企业1983年实现的利润为基础,调整由于变动产品税、增值税、营业税税率以及开征资源税而增减的利润后,作为核定的基期利润,以核定的基期利润扣除按55%计算的所得税和1983年合理留利后的余额占核定基期利润的比例,作为调节税税率。增长利润减征调节税的规定:1984年以前,减征比例为60%;1984年以后,减征比例提高到70%。计算方法由环比改为定比,一定七年不变。对物资、供销、金融、保险企业征收调节税,不实行减70%的规定。1986年对交通企业和纺织企业不征调节税。1987年对调节税作了调整,调节税税率均在原水平上有所降低。国营企业调节税采取企业申报,税务部门年终与所得税汇算清缴时一并决算缴纳的方法征收。1985～1991年,乐安县共征收国营企业调节税46.7万元。

1985～1991 年乐安县国营企业调节税征收入库数

表1-52

单位:万元

年度	1985	1986	1987	1988	1989	1990	1991	合计
税额	4.6	8.0	8.0	7.8	8.7	8.0	1.6	46.7

(十四)个人收入调节税

1986年9月25日,国务院发布《个人收入调节税暂行条例》,江西1987年1月开始征收个人收入调节税。征收对象:国内公民应纳税的个人所得收入、工资、薪金、承包转包劳务报酬、财产租赁、稿酬、利息、股息、红利和转让收入等。税率按收入来源分别按超倍累进税率和比例税率计算征收。5级超倍累进税率,最低为20%,最高为60%;比例税率为20%和40%。个人月综合收入在400元以下免征,超过400元以上按数额级别征收。后调整800元以上计征。对私营企业投资者将私营企业税后利润用于个人消费的部分,依照40%比例税率计征。个人收入调节税实行由支付单位源泉控管扣缴和个人自行申报纳税两种方法。1994年实行新税制,此税种并入个人所得税。乐安县因初期私营企业较少。全县工薪层基数较低,达到起征点基数的纳税人甚微。1989～1993年,全县共征收个人收入调节税42.1万元。

1989～1993 年乐安县征收入库个人收入调节税

表 1－53　　单位:万元

年度	1989	1990	1991	1992	1993	合计
税额	1.5	5.0	8.0	11.7	15.9	42.1

(十五)城乡个体工商业户所得税

中华人民共和国成立初期,对个体工商户按《工商业税暂行条例》规定征收所得税。实行 14 级全额累进税率,最低为 5%,最高为 30%。1963 年调整所得税时,最低一级税率为 7%,最高一级为 62%,并对全年所得额在 1800 元以上的实行超额累进加成征税 1～4 成。1980 年 10 月,改按 8 级超额累进税率征税。1982 年,城镇待业青年个体经营者,免征所得税 1 年。

1986 年 1 月,国务院公布《城乡个体工商业户所得税暂行条例》,单独设立城乡个体工商业户所得税,对城乡个体工商业户从事生产,经营所得的利润征收的一种收益税。

城乡个体工商业户所得税,采用 10 级超额累进税率计征,全年所得额在 1000 元以下的税率为 7%,超过 3 万元的部分税率为 60%,全年所得额超过 5 万元以上的部分加征 1～4 成。全县采取查账征收和定额、定率两种征收办法:对合伙、联户和雇工经营,上年平均月收入达 2000 元或服务收入达 500 元以上,必须建账,实行查账征收;对零星分散,流动性大的个体户实行定期定额的征收办法。1994 年税制改革,此税种并入个人所得税。

1989～1993 年,全县共征收城乡个体工商业户所得税 49.3 万元。

10 级超额累进所得税税率表

表 1－54

级距	全年所得额	税率(%)	速算扣除数(元)
1	不超过 1000 元的	7	0
2	超过 1000 元至 2000 元的部分	15	80
3	超过 2000 元至 4000 元的部分	25	280
4	超过 4000 元至 6000 元的部分	30	480
5	超过 6000 元至 8000 元的部分	35	780
6	超过 8000 元至 12000 元的部分	40	1180
7	超过 12000 元至 18000 元的部分	45	1780
8	超过 18000 元至 24000 元的部分	50	2680
9	超过 24000 元至 30000 元的部分	55	3880
10	超过 30000 元以上的部分	60	5380

(十六)私营企业所得税

1988 年 6 月,国务院公布《私营企业所得税暂行条例》,规定凡企业资产属于私人所有,雇工 8 人以上并经工商管理部门批准的营利性经济组织,从 1988 年度起,开征私营企业所得税,并按 35% 的比例税率计征。规定:利用废水、废气、废渣为主要原料进行生产的;遇风、火、水、震灾;纳税有困难可减免税。1988 年 8 月,江西省人民政府公布《江西省加快发展城乡个体工商业户和私营企业的暂行规定》,要求私营企业健全财务会计制度;在规定的时间内办理税务登记并照章纳税;私营企业税后利润留作生产发展基金的部分,一般不得低于 50%;私营企业经营者将税后利润用于个人消费的,要征收个人收入调节税。私营企业所得税采取按年计算分季预缴,年终汇算清缴的征收办法。由于乐安县私营企业规模小,利润少,税后利润更少。1994 年税制改革,此税种合并于企业所得税。

地方税类

(一)牲畜交易税

牲畜交易税是对买卖应税的大牲畜(牛、马、骡、驴、骆驼等 5 种),在成交和互换时按照交易额向买方征收的一种税。早在汉代武帝时征收牲畜税,按官民所养马、牛、羊按头折征,每千钱交税二十、税率 2%。

清代初期，凡贸易的牲畜征收牲畜税，按价值百抽三。乾隆四十一年(1776)征收牙行牛税，按牛卖价征收3%。清末民初，在百货统税内征收牲畜税，每头猪征银1元，其他耕畜家禽亦须征税。

民国18年(1929)9月，《江西省财政厅征收全省牲畜税暂行章程》规定：牲畜税征收范围为猪每头0.8元，羊每头0.6元，骡每匹3元，马每匹2元，驴每匹1.5元。不满50斤重的猪和不满20斤重的羊免税。1931年牲畜税并入营业税。民国29年(1940)国民政府修订营业税征税办法，将牲畜税改为牲畜营业税，划归县政府经收，次年施行。江西省政府规定：贩运毛猪每头在30斤之下的征1元，30斤以上的征3元，骡、马、牛、羊等牲畜暂不课征。

1950年，牲畜交易税作为交易税的一部分征收。1951年2月中南军政委员会颁布《中南区牲畜交易税征收暂行办法》，规定对牛、马、骡、驴、猪、羊等交易行业按交易价格以5%的税率征收牲畜交易税。起征点为1头。乐安县征收项目主要是耕牛。1954年5月，对猪、羊停征牲畜交易税。1966年1月起，对农村社队购买农业生产用的耕畜免征牲畜交易税，以后扩大到国营农场、供销社、商业部门。1978年1月起全面停征，保留涉外部分。1982年12月，国务院颁布《牲畜交易税暂行条例》，1983年1月开始施行，凡进行牲畜交易行为的个人、机关、部队、团体、乡村、企业事业单位，都应按规定缴纳牲畜交易税，由购方纳税。牲畜交易税税率为5%，农民购买耕牛自用，税率减按2.5%征收，1994年牲畜交易税停征。1953～1992年，全县共征收牲畜交易税2.98万元。

(二)屠宰税

1. 肉厘

清光绪三年(1877)，开征肉厘，宰猪1头征制钱200文，为屠宰税之始源。光绪二十七年(1901)为筹办庚子赔款，每宰猪1头增征200文，名新加肉厘。宣统二年(1910)，每头再加征200文，称续加肉厘。正附税共征600文。

2. 屠宰税

屠宰税是对屠宰猪、羊、牛三种牲畜行为时，向屠宰单位或个人征收的一种税。

民国4年(1915)2月，北洋政府财政部颁布《屠宰税简章》，课税猪、牛、羊3种牲畜，采用定额税率，从量按头计征，宰猪1头加收0.3元，牛1头收1元，羊1头收0.2元，均由屠户缴纳。民国6年(1917)免征屠牛、羊税，屠猪1头改征0.4元并加经征费2分。民国21年(1932)每宰猪1头带征农村合作附捐8分，民国23年(1934)11月，取消农村合作附捐，每宰猪1头不分正附共征税0.5元。民国24年(1935)3月，宰猪1头征正税0.7元，县附加0.4元，宰羊1头征税0.3元。民国31年(1942)，宰猪1头征6元、羊3元、牛15元。民国33年(1944)2月，财政部颁发《屠宰税法》，把屠宰税改为从价征收，猪、羊税率为4%，牛为5%。民国36年(1947)，江西省财政厅颁布《屠宰税施行守则》，宰杀自用或出售，屠宰税税率为10%，民国37年(1948)3月对宰杀骡、驴、马牲畜均照章征屠宰税。

1949年11月，《华中屠宰税征收暂行办法》，对猪、牛、羊屠宰税实行定量征收，每头征肉标准为：猪4公斤，牛12.5公斤，山羊0.75公斤，绵羊1.25公斤。1950年4月，财政部颁布《屠宰税暂行条例(草案)》，征税范围扩大到马、驴、骡。马、骡每头征肉7.5公斤，驴每头征肉5公斤。同年12月，政务院公布《屠宰税暂行条例》，对猪、牛、羊等牲畜，按屠宰后实际重量从价征收，税率为10%。自养自宰自食的免税，出售部分征税。1951年6月，省人民政府公布《江西省屠宰税稽征办法》，屠宰税按屠宰后的实际重量从价计征，不能按实际重量从价计征的，则按标准重量从价计征。标准重量：猪50公斤，牛125公斤，山羊10公斤，绵羊15公斤，失去使役能力的马、骡、驴经当地政府证明后方可宰杀，比照猪的标准重量计征。1953年6月，屠宰税改征13%。1955年12月，为保护耕牛，牛的屠宰税率为15%。1957年，猪、牛、羊屠宰税税率改为8%。1965年1月，国务院改屠宰税率由8%降低为4%。江西省对国营企业，供销社在生猪屠宰环节征收的屠宰税按企业销售的实际金额，在生猪收购环节征收的屠宰税改按调出头数，每头定额征收3元，农民自养自宰猪也按头征收3元，菜牛、羊由原税率的10%改为3%。春节期间(1个月)宰猪自食减半征收。1973年，简化屠宰税的纳税手续，实行按每头定额征收，猪和菜牛等大牲畜每头3元，羊0.3元。经营畜肉的企业屠宰税并入工商税。1985年起对贫困乡农民宰杀生猪实行减半征收优惠。8月经营生猪、菜牛、菜羊的单位和个人缴纳产品税，不征屠宰税。农民和集体伙食单位屠宰生猪，仍征收屠宰税。1986年1月起，猪、菜牛屠宰税由3元调为4元，羊由0.3元调为0.5元。猪肉上市还要征收一道营业税。后国务院批转国家税务总局工商税制改革实施方案，将屠宰税下放给地方，是否开征与征收均由地方决定，1994年江西省对在全省范围内继续开征屠宰税，并作出以下征税规定：

(1)对原在收购环节征收产品税的部分,维持原税负的前提下,改征屠宰税,生猪、菜牛每头定额征收12元,菜羊每只征2元。

(2)原在屠宰环节征收屠宰税,生猪、菜牛每头为4元,菜羊为0.5元。贫困乡、特困乡农民自养自宰自食的仍减半征收。

(3)收购应税牲畜外销的,凭完税证明起运,放行,起运地未纳税在销地补征;屠宰应税牲畜,凭完税证明上市。

屠宰税是一个有100多年历史的老税种。中华人民共和国成立后,乐安县屠宰税的征收,经历了几个阶段,1952年各区设有税务助理,专收农村屠宰税,后取消税务助理编制,由乡文书负责代征。1972年以来,农村的屠宰税委托大队、村代征、代缴。按规定付给税额的5%的手续费,屠于集贸市场的,由税务专管员直接征收。1994年税制改革屠宰税划分为地方级收入,并由地方税务局负责征收。2002年农村税费改革后,取消屠宰税。1953~2001年,全县共征收屠宰税2967.64万元。

1953~2001年乐安县屠宰税征收入库数

表1-55　　单位:万元

年度	征收税额	年度	征收税额	年度	征收税额	年度	征收税额
1953	8.84	1966	7.5	1979	7.0	1992	7.0
1954	11.5	1967	9.2	1980	7.8	1993	6.0
1955	8.7	1968	9.7	1981	9.0	1994	120.0
1956	8.0	1969	8.9	1982	7.5	1995	360.0
1957	7.0	1970	7.0	1983	7.3	1996	339.0
1958	11.2	1971	5.0	1984	7.5	1997	358.0
1959	5.1	1972	11.0	1985	6.4	1998	358.0
1960	1.3	1973	8.1	1986	5.5	1999	351.0
1961	2.2	1974	6.3	1987	2.6	2000	377.0
1962	9.0	1975	8.0	1988	3.0	2001	401.0
1963	10.9	1976	6.7	1989	3.6		
1964	12.0	1977	7.6	1990	5.0		
1965	13.6	1978	7.4	1991	6.0	合计	2967.64

(三)集市交易税

集市交易税是对在集市上出售应税产品的单位和个人征收的一种税。1961年12月至1962年2月,江西省税务局在万载县进行征收集市交易税试点。拟定了《江西省集市交易税暂行规定(草案)》,确定集市交易税的起征点为10元,不达起征点的不征税。1963年在全省全面开征。乐安县开征的产品有:(1)西瓜、梨瓜、金瓜、香瓜、棕片、税率为5%。(2)猪、羊、兔、鸡、鸭、鹅、猪肉、羊肉、牛肉、鸡蛋、鸭蛋、鹅蛋、板栗、荸荠、甘蔗、橘子、桃子、李子、梨子、柿子、柚子、枇杷、黄麻、萱麻、干辣椒等,税率为10%。(3)香菇、草菇、瓜子、莲子、蜂蜜,税率为15%。对在集市上出售的旧钟表、旧自行车也征收集市交易税,起征点为10元,税率为5%、10%。对农民以低于市价出售给国营商业、供销合作社的产品免税;对生产单位和社员个人通过贸易货栈,农民服务部出售的产品,分别减征50%和30%的照顾;对出售10公斤以下的幼猪和5公斤以下羊羔,0.5公斤以下的小兔、鹅,0.25公斤以下鸡、鸭免税。

1963年6月,征税品目和税率为:家畜:猪、羊5%;肉类:鲜猪、牛、羊肉10%;瓜果:西瓜、橘子、甘蔗5%;土特产品:香菇、瓜子、干莲子10%;起征点仍为10元,均按实际售价依率计征。

1966年"文化大革命"开始前后,对部分品目停征,但仍保留了瓜果类的西瓜、橘子、甘蔗和土特产类的香菇、瓜子、干莲子等6种产品。11月全面停征,只保留税种。从1962年开征至1966年停征,全县共征收集市交易税1.06万元。

1962～1966年乐安县集市交易税征收数

表1－56　　单位:元

年度	1962	1963	1964	1965	1966	合计
实征税额	252	4749	4372	1227	43	10643

(四)筵席、文化娱乐税(特种消费行为税)

筵席、文化娱乐税,特种消费行为税,是按规定的某种消费行为或经营额向单位和个人征收的一种税。由于年代不同,这3种税时合时分。民国31年(1942)4月,国民政府颁布《筵席及娱乐税法》,乐安县按规开征。税率:筵席不超过原价的10%;娱乐不超过原价20%;1943年2月,调整税率,江西省政府规定,筵席税率为20%,娱乐税率为30%。

1950年4月,财政部颁发《特种消费行为税暂行条例〈草案〉》,规定对娱乐、筵席、冷食、旅馆等项营业收入征税。1956年5月3日,中华人民共和国主席令公布《文化娱乐税条例》,次日财政部发布《施行细则》开征文化娱乐税。文化娱乐税是对经营电影、戏曲、话剧、歌剧、舞蹈、音乐、曲艺、杂技或举办文艺演出的单位,就其售票收入或收费金额课税。采用比例税率,按城镇人口多少分5级,电影为5%～25%,文娱活动2%～10%。乐安县属戊(4级),即城镇人口不满2万人的城镇。适用比例税率为:电影5%,戏曲、话剧、歌剧、舞蹈、曲艺2%。乐安县于1954年4月,成立乐安县电影放映队,按照售票总额征收5%的文化娱乐税,此税种于1966年停征。1956～1966年,全县共征收文化娱乐税3.53万元。

1956～1966年乐安县文化娱乐税征收数

表1－57　　单位:万元

年度	征收数	年度	征收数	年度	征收数
1956	0.03	1960	0.10	1964	0.30
1957	0.10	1961	0.10	1965	0.20
1958	0.10	1962	2.20	1966	0.10
1959	0.10	1963	0.20	合计	3.53

1988年9月,国务院发布《筵席税暂行条例》,同年11月1日起,江西省人民政府通知在全省开征筵席税。征收标准按一次筵席支付金额300元计算,税率为15%,支付金额(包括菜肴、酒、饭、点心、饮料、水果、香烟等价款)。征收方法,采用由承包筵席的营业场所代扣代缴。乐安县由于生活水平低,一次筵席支付金额低于300元,故未征收到筵席税。此税1994年停征。

(五)营业牌照税

1. 牙当税

牙税和当税合称为牙当税,是对经营牙行、牙商、当铺征收的一种税。元代杂课有牙例课,清咸丰六年(1856)开征牙税,每五年换一次新帖时征收。税率、按资本、营业额划分3级:上级纳税银3两,中级纳税银2两,下级纳税银1两。偏僻乡镇也分上中下三级,分别纳税银1两、5钱、3钱为限。除牙贴税外,牙行还要按营业额大小,每年分两期缴纳年捐。牙税按户编定后一般不变。同治年间乐安县征牙税32两(含契税)。民国时期,牙税分牙行登录税和登录税经征费(开业时及以后每7年换贴1次缴纳),牙行营业税和营业税经征费(分季缴纳)。牙税税率:牙行登录税(甲等300元、乙等200元、丙等100元);牙行登录税经征费(甲等7元、乙等5元、丙等3元);牙行营业税(甲等40元、乙等30元、丙等20元);牙行营业税经征费(甲等0.8元、乙等0.6元、丙等0.3元)。民国24年(1935)10月又加短期印贴,有效期1年,税额不分等则,登录税每户征收40元,牙行营业税每户征收10元,领换贴时缴纳。长短期印贴的经征费改为正税的3%,营业税经征费为正税的2%,经征费随正税一同缴纳。

当税于清顺治九年(1652)开征。当税由当贴而生,当贴属营业许可证性质,当铺在领得当贴后,每年需按定额缴纳当税。顺治九年,制定《典铺税例》规定各当铺每年课银5两。康熙三年(1664),按营业大小规定纳银5两、3两、2.5两。雍正六年(1728)税率提高1倍。光绪二十三年(1897),每铺年税50两,当税因税率影响也受开停业影响,税额变化较大。乐安县在清初征收55两,乾隆五十二年(1787)征收125两,同治十年(1871)征收105两。民国时期,当税与牙税相同,也分当商登录税和经征费,当商营业税和经征费。民国31年(1942),当商营业税并入营业税征收,当商登录税并入营业牌照税征收。当税税率:当商登录税(甲等300元、乙等240元);当商登录税经征费每户7元;当商营业税(甲等80元、乙等50元);当商营业税经征费(繁区1元、简区0.8元)。当商登录税领换贴时一次缴纳。当商营业税按年缴纳。经征费随正税缴纳。

2. 营业牌照税

民国3年(1914)7月,江西省奉财政部颁布《贩卖烟酒特许营业牌照条例》,开办烟酒营业牌照税。整卖每期征银洋20元,零卖分甲等纳税8元、乙等纳税4元、丙等纳税2元。民国20年(1931)改为按季换照纳税。按季整卖烟分甲等100元、乙等40元、丙等20元。零卖分甲等12元、乙等8元、丙等4元、丁等2元、戊等0.5元。按季批发酒分甲等纳税银32元、乙等24元、丙等16元。洋酒分甲等税银50元、乙等税银10元。按季零售,国产酒分甲等税银8元、乙等4元、丙等2元、丁等0.5元。洋酒分甲等税银10元、乙等税银5元。

民国30年(1941),行政院公布《营业牌照税征收通则》,规定经营戏园、酒馆、旅馆、球房、屠宰、牙行、质铺,均应征收营业牌照税。民国32年(1943)后,扩大征收范围到澡堂、浴室、理发店、迷信品店、水磨、水碾、纸槽、扎花、纺纱、水车、奢侈化妆品制造业及古玩品业、玩具乐器业、婚丧仪仗爆竹业、海味粮食果品业、拍卖业。

民国31年(1942),按营业收入额划为6个等级:全年总收入达30万元以上为甲等,纳税750元;全年总收入20万元以上不达30万元为乙等,纳税600元;全年总收入10万元以上不达20万元为丙等,纳税245元;全年总收入5万元以上不达10万元为丁等,纳税165元;全年总收入1万元以上不达5万元为戊等,纳税52元;全年总收入不达1万元为己等,纳税10元。1947年改按营业资本额划为3等15级征收。1948年,江西规定按营业资本额划为6等50级,税额为营业资本额的2%~3%。营业牌照税每年换照时一次征纳。

特定目的税类

(一)建筑税

1983年9月,国务院发布《建筑税征收暂行办法》。乐安县从1983年10月1日起,对国营企事业单位、机关团体、地方政府及所属的城镇企业,凡用国家预算外资金、各种自筹资金,进行自筹基建、投资、更新改造措施项目中的建筑工程投资及规定不纳入国家固定资产投资计划的建筑投资开征建筑税。1987年7月1日国务院修订发布施行《建筑税暂行条例》,扩大建筑税的征税范围到乡镇企业、个体工商户在城郊、县镇、工矿区的自筹建设投资。建筑税采用直接征收和委托银行代扣代缴的征收办法。

建筑税的税率:(1)1983年《建筑税征收暂行办法》规定以自筹资金和更新改造资金的建筑全部投资额为计税依据,按10%税率征收,超过核定计划部分,再加征10%。对更新改造项目超过全部投资额20%,新增面积超过原有面积30%,按该项目全部投资额计征。(2)1987年《建筑税暂行条例》规定采用差别比例税率:国家计划内自筹更改建筑投资税率为10%;计划外的为20%;计划外的非生产性的宾馆、招待所建设项目,税率为30%。1988年不分计划内、外,凡自筹资金和银行贷款进行楼堂馆所建设投资一律按30%税率计征。1989年11月对1985年以来凡超过国家指令性计划的商品房建设投资部分,按20%税率计征,凡执行国家指令性计划的按10%税率计征。

建筑税是一种特定目的税。乐安县虽然从1983年底进行开征,由于基建单位使用自筹资金,上级无专拨资金,资金来源比较困难,因此,开征初,认识与规定有一定差距、税务机关征收有一定难度,有的虽然结算,因资金困难,造成税款拖欠,随着经济发展形势的变化,从1985年起征收组织税款才趋于正常化。

1991年4月16日,国务院颁布施行《中华人民共和国固定资产投资方向调节税暂行条例》,公布同时废止《建筑税暂行条例》,乐安县停征建筑税。1985~1991年,全县共征收建筑税359.2万元。

1985~1991年乐安县建筑税征收入库数

表1-58 单位:万元

年度	1985	1986	1987	1988	1989	1990	1991	合计
征收入库数	25.4	25.9	31.0	36.4	68.0	107.0	65.5	359.2

（二）固定资产投资方向调节税

固定资产投资方向调节税，是对所有单位和个人用于固定资产投资的各种资金（不分预算内、预算外）征收的一种税。是从建筑税发展演变过来的一种税种。

1991年4月16日，国务院颁布《固定资产投资方向调节税暂行条例》，并从1991年1月起施行。《固定资产投资方向调节税暂行条例》规定：凡国家预算资金、国内外贷款、借款、赠款、各种自有资金、自筹资金和其他资金、用于进行固定资产投资的各级政府、机关团体、部队、国有企业事业单位、集体企业事业单位、私营企业、个体工商户及其他单位和个人为固定资产投资方向调节税的纳税对象。固定资产投资方向调节税实行差别税率，具体适用税率分别为0%、5%、10%、15%、30%五个档次。征收管理采用源泉控制办法。对基本建设项目投资适用税率的具体规定：（1）适用零税率：国家急需发展的农、林、水利、能源、交通、通信、原材料、科教、地质勘探、矿山开采等基础产业项目投资和城乡个人修建、购买住宅的投资。（2）适用5%轻税率：国家鼓励发展但受能源、交通因素制约的钢铁、有色、化工、石油化工、水泥项目投资及重要机械电子、轻纺工业、新型建材、饲料加工等项目投资。（3）适用10%税率：商品住宅建设投资。（4）适用15%税率：一般的其他项目投资。（5）适用30%重税率：楼堂馆所及国家严格限制发展的项目投资。

乐安按规定开征固定资产投资方向调节税，开征项目投资主要有适用税率中的3、4、5三种。

1999年国务院决定：对固定资产投资应税项目在1999年7月1日至12月31日期间实际完成的投资额，按照条例规定的税率减半征收固定资产投资方向调节税，对计划投资额已按规定预缴的税款，未实行减半征收的部分准予退还。同年国务院决定：对固定资产投资应税项目自2000年1月1日起新发生的投资额，暂停征收固定资产投资方向调节税。

1991～2001年，全县共征收固定资产投资方向调节税2127.9万元，此税种属地方收入，从1994年起由地方税务局直接负责征收。

1991～2001年乐安县固定资产投资方向调节税征收数

表1－59　　单位：万元

年度	征收数	年度	征收数	年度	征收数	年度	征收数
1991	21.0	1994	173.0	1997	438.0	2000	103.0
1992	109.2	1995	118.0	1998	438.0	2001	1.0
1993	125.7	1996	240.0	1999	361.0	合计	2127.9

（三）国营、集体企业和事业单位奖金税

1984年6月，国务院公布施行《国营企业奖金税暂行规定》，1985年国务院公布施行《集体企业奖金税暂行规定》和《事业单位奖金税暂行规定》，对未实行工资总额随经济效益挂钩浮动的国营企业单位（职工个人不交），开征奖金税。按年计征，采用超额累进税率，全年发放奖金总额不超过标准工资两个半月的免税；超过两个半月至4个月的部分，税率为30%；超过4至6个月的部分，税率为100%；超过6个月部分，税率为300%。1985年7月修订为：全年发放奖金总额不超过标准工资4个月的免征；超过4至5个月的部分税率为30%；超过5至6个月的部分税率为100%；超过6个月部分税率为300%。1986年起，标准工资由原来先后的50元、60元改为70元。1987年税率调整：超过4至5个月的部分，税率为20%；5个月至6个月的部分，税率为50%；6至7个月的部分，税率为100%；7个月以上的部分，税率为200%。1988年标准工资按80元计算，免税放宽到4个半月。集体企业奖金税比照国营企业奖金税税率和征管办法执行。事业单位则区分不同情况，分别规定了不超过3个月、2个月、1个半月、1个月基本工资金额的免税限额幅度。乐安县于1985年开征奖金税。1985～1993年，全县共征收奖金税27.5万元。1994年税制改革，奖金税停征，由原来的单位缴纳奖金税改为由单位向个人按规定代征代扣代缴个人所得税。

1985～1993年乐安县奖金税征收入库数

表1－60　单位:万元

年度	1985	1986	1987	1988	1989	1990	1991	1992	1993	合计
入库数	2.2	6.5	2.7	3.4	3.4	5.0	3.1	0.5	0.7	27.5

(四)国营企业工资调节税

1985年7月1日,国务院施行《国营企业工资调节税暂行规定》,对经批准实行工资总额随经济效益挂钩浮动的国营企业,当年增发的工资总额超过国家核定免税限额的部分征收工资调节税。国营企业工资调节税采用超率累进税率计征。当年增发工资总额超过国家核定的上年工资总额的7%～12%者,税率为30%;超过12%～20%者,税率为100%;超过20%者,税率为300%。1987年修订税率:超过7%～13%者,税率为20%;超过13%～20%的部分,税率为50%;超过20%～27%的部分,税率为100%;超过27%以上的部分,税率为200%。工资调节税采取按年计算,按次预缴,年终汇算清缴的办法。1994年实行新税制,工资调节税停征废止。1989～1993年,全县共征收国营企业工资调节税3.6万元。

1989～1993年乐安县国营企业工资调节税征收入库

表1－61　单位:万元

年度	1989	1990	1991	1992	1993	合计
入库数		1.0	1.0	1.0	0.6	3.6

三、目前正在征收的税种

(一)增值税

增值税是1954年由法国最先实行的一个税种。中国开征增值税是在第一步利改税中,从原工商税中分解出来,以应税产品为课税对象,以产品新增价值为计税依据征收的一种税。增值税的兴起堪称税收史上的一绝。没有任何别的税种能象增值税那样在短短的五十年左右的时间从理论到实践横扫世界,至今世界上已有68个国家和地区推行增值税。我国自1979年试行增值税,不断的税制改革,此税种已成为我国税制体系的核心税种。乐安县征收增值税于1983年,首先在县农机厂,就其机器机械及零配件、农业机具及其零配件试行增值税。随后逐年扩大征收范围,1984年征收范围扩大到:县制药厂西药。1986年1月1日,征收范围扩大到:纺织产品,日用机械,日用电器,电子产品,搪瓷制品,保温瓶;1988年扩大到建材,有色金属等产品,1989年,增值税有30类产品,税率分为12档,最高的化妆品为45%,最低钢坯为8%。计税方法:1986年以前,乐安县采用"购进扣税法",1987年起改按"实耗扣税法"。1989年6月,实行"统一设账购进扣税法"。

1993年12月税制改革,实行新税制,国务院颁布《中华人民共和国增值税暂行条例》,并于1994年1月1日起施行。同年12月25日财政部颁布了该暂行条例的实施细则。条例规定:凡在中华人民共和国境内,销售货物或者提供加工、修理修配劳务以及进口货物的单位和个人,均应缴纳增值税。均属增值税的课税对象。《增值税暂行条例》规定了三档税率:(1)基本税率为17%,适用除低税率和零税率货物以外的应税货物或应税劳务。(2)低税率为13%,适用于销售或进口有关规定的货物。(3)零税率仅适用于出口货物。(4)小规模纳税人销售货物或应税劳务,实行简易征收办法,适用6%的征收率。1988年乐安县对国营企业和财务核算健全的集体企业采用"定率征收,年终核算"的办法;对财务核算不健全,不能正确反映生产经营情况的城乡集体、私营企业和个体户,均采用"定期定率"的征收办法。1990年修订征管办法,对实行"价税分流购进扣税法"和"统一设账购进扣税法"计算增值税的企业,一律采用"分期核实"的征收方法。

1994年分税制,增值税由国税局征收,征收税款按总额的75%比例划归中央收入,按总额的25%比例划归地方财政收入。

1983～2012年,全县共征收增值税34828.0万元,1994～2012年,按划归比例,上缴中央收入共25320万元,属县地方财政收入9508万元。

1983～2012 年乐安县增值税征收数

表 1－62

单位：万元

年度	税额	年度	税额	年度	税额	年度	税额
1983	1.8	1991	190.5	1999	636.0	2007	2804.0
1984	2.5	1992	174.3	2000	688.0	2008	2960.0
1985	4.8	1993	279.0	2001	672.0	2009	2676.0
1986	7.7	1994	772.0	2002	700.0	2010	3064.0
1987	19.8	1995	904.0	2003	1076.0	2011	4032.0
1988	75.5	1996	948.0	2004	1184.0	2012	5892.0
1989	133.2	1997	560.0	2005	1460.0		
1990	179.0	1998	636.0	2006	2096.0	合计	34828.0

1984 年增值税税目税率和扣除项目

表 1－63

类别	税目	税率（%）	扣除项目	说明
甲类	1. 机器、机械及其零件、配件	14	外购的原材料（包括原料及主要材料、辅助材料、外购件）、燃料、动力和计入产品售价内的包装物金额	
	2. 汽车	14	同上	
	3. 机动船舶	10	同上	
	4. 轴承	14	同上	
	5. 农业机具及其零配件	6	同上	
乙类	6. 钢坯	8	外购的生铁、钢锭、废钢铁、钢坯的税金	钢锭、废钢铁的应扣除税金，按生铁的适用税率计算
	7. 钢材	14	外购的生铁、钢锭、废钢铁、钢坯、钢材的税金	同上
	8. 自行车	16	外购零配件（不包括机外配件、工具件和自行车的内外胎）的税金	同上
	9. 缝纫机 10. 电风扇	12 16	外购零配件（不包括机外配件、工具件）的税金	同上
	11. 印染绸缎及其他印染机织丝织品	10	外购绸缎坯、色织绸缎及本色和色织、机织、丝织品的税金	企业用自产丝连续生产绸缎坯、色织绸缎、印染绸缎及其他机织丝织品的，应按规定缴纳丝的产品税
	12. 西药 原料药 成剂药	 10 12	 外购原料药的税金 外购原料药、成剂药的税金	

1994年增值税税目税率

表1－64

税目	征收范围	税率(%)	税目	征收范围	税率(%)
1. 出口货物	包括各类出口货物，但是黄金、援外货物和国家禁止出口的货物（目前包括天然牛黄、麝香、铜、铜基合金和白金等）除外	0	13. 饲料	包括单一饲料、混合饲料和配合饲料。不包括直接用于动物饲养的粮食和饲料添加剂	13
2. 农业产品	包括粮食、蔬菜、烟叶（不包括复烤烟叶）、茶叶（包括各种毛茶）、园艺植物、药用植物、油料植物、纤维植物、糖料植物、林业产品、其他植物、水产品、畜牧产品、动物皮张、动物毛绒和其他动物组织	13	14. 化肥	包括化学氨肥、磷肥、钾肥、复合肥料、微量元素肥和其他化肥	13
			15. 农药	包括杀虫剂、杀菌剂、除草剂、植物生产调节剂、植物生性农药、微生物农药、卫生用药和其他农药原药、农药制剂	13
3. 粮食复制品	包括切面、饺子皮、馄饨皮、面皮、米粉等	13	16. 农业机械	包括拖拉机、土壤耕整机械、农田基本建设机械、种植机械、植物保护管理机械、收获机械、场上作业机械、排灌机械、农副产品加工机械、农业运输机械（不包括农用汽车）、畜牧业机械、渔业机械（不包括机动渔船）、林业机械（不包括森林砍伐机械和集材机械）、小农具（不包括农机零部件）	13
4. 食用植物油	包括芝麻油、花生油、豆油、菜子油、葵花子油、棉子油、玉米胚油、茶油、胡麻油和以上述油为原材料生产的混合油	13			
5. 自来水		13			
6. 暖气、热气、热水、冷水	含利用工业余热生产、回收的暖气、热气和热水	13	17. 农用塑料薄膜		13
7. 煤气	包括焦炉煤气、发生炉煤气和液化煤气	13	18. 金属矿采选产品	包括黑色金属矿和有色金属矿采选产品	13
8. 石油液化气		13	19. 非金属矿采选产品		13
9. 天然气	包括气田天然气、油田天然气、煤田天然气和其他天然气	13	20. 煤炭	包括原煤、洗煤、选煤等	13
			21. 原油	包括天然油和人造原油	17
10. 沼气	包括天然沼气和人工生产的沼气	13	22. 井矿盐		17
11. 居民用煤炭制品	包括煤球、煤饼、蜂窝煤和引火炭	13	23. 其他货物	包括纳税人销售或者进口的除上述货物以外的其他货物	17
12. 图书、报纸、杂志	不包括邮政部门发行的报刊	13	24. 加工、修理、修配劳务		17

（二）消费税

消费税历史悠久，种类繁多，也是当今世界各国普遍开征的一个税种。民国时期征收的筵席、文化娱乐税，属特种消费行为税。

中华人民共和国成立至今，曾先后开征过三种消费税：(1)1950年1月对娱乐、旅馆等消费行为开征的特种消费行为税；(2)1988年9月对限制公款请吃等高消费行为开征的筵席税；(3)1989年对彩电和小轿车开征的特别消费税。

现行消费税是在原产品税进行改革的基础上，

对某些产品进行特殊调节而开征的一种流转税种。1994年1月1日国务院发布施行《中华人民共和国消费税暂行条例》,规定凡在中华人民共和国境内生产、委托加工和进口规定的应税消费品的单位和个人,为消费税的纳税人。

消费税按应税消费品分5类,设置11个税目,13个子目,共设25个征税项目。(1)属于过渡消费会对人类健康、社会秩序和生态环境等方面造成危害的特殊消费品,如烟、酒、鞭炮、焰火等。(2)奢侈品或非生活必需品,如贵重首饰、化妆品等。(3)高能耗或高档消费品,如小汽车、摩托车等。(4)属于不可再生或不可替代的石油类消费品,如汽油、柴油等。(5)具有一定财政意义的消费品,如护肤护发品、汽车轮胎等。消费税的税率采用比例税率和定额税率两种。比例税率:适用供求矛盾突出,价格差异大,计量单位不规范的消费品,除黄酒、啤酒、汽油、柴油4个税目外的21个子税目,比例税率从3%至45%共设有10个档次。定额税率:适用供求基本平衡,价格差异不大,计量单位规范的消费品。黄酒每吨240元,啤酒每吨220元,汽油每升0.2元,柴油每升0.1元。消费税采取从价定率和从量定额两种征收方法。乐安县消费税应税项目极少,消费税自1994年开征后,只是在1994年征收15.4万元外(其中汽油12.6万元,柴油2.8万元),其他年份就未征收到消费税。消费税是属于中央收入,直接由国家税务局管辖征收。

消费税税目税率(税额)表

表1－65

税目	征收范围	计税单位	税率(税额)
(一)烟			
1. 甲类卷烟	包括各种进口卷烟		45%
2. 乙类卷烟			40%
3. 雪茄烟			40%
4. 烟丝			30%
(二)酒及酒精			
1. 粮食白酒			25%
2. 薯类白酒			15%
3. 黄酒		吨	240元
4. 啤酒		吨	220元
5. 其他酒			10%
6. 酒精			5%
(三)化妆品(包括成套化妆品)			30%
(四)护肤护发品			17%
(五)贵重首饰及珠宝玉石	包括各种金、银、珠宝首饰及珠宝玉石		10%
(六)鞭炮、焰火			15%
(七)汽油		升	0.2元
(八)柴油		升	0.1元
(九)汽车轮胎			10%
(十)摩托车			10%
(十一)小轿车			
1. 小汽车	气缸容量上2200毫升		8%
	气缸容量1000～2200毫升		5%
	气缸容量上1000毫升下		3%
2. 越野车(四轮驱动)			
	气缸容量2400毫升上		5%
	气缸容量2400毫升下		3%
3. 小客车(22座以下面包车)			
	气缸容量2000毫升上		5%
	气缸容量2000毫升下		3%

(三)营业税

营业税是对经营商业和服务业所取得的营业收入征收的一种税。汉代武帝时,对商人、手工业主、高利贷者课征"算缗钱",明代对商贩征收"市肆门摊税",清代征收当税和牙税均具有营业税的性质。

民国17～23年(1928～1934年),征收牙当税,民国25年(1936)开始征收营业税至1949年,民国25年(1936)6月,按《江西省营业税征收章程》规定,按营业收入额计征的税率为5‰、8‰、13‰;按营业资本额计征的税率为5‰、10‰、15‰;按营业纯收益额计征的税率为2%～10%。

民国35年(1946),国民政府修正营业税法,按营业收入额征收,税率为1%～3%;按营业资本额征收,税率为2%～4%。民国36年(1947),开征特种营业税,按营业收入额征收,税率为1.5%;按营业收益额征收,税率为4%。民国37年(1948),普通营业税,特种营业税统一税率,按营业收入额计征,税率为3%;按营业收益额计税,税率为6%。收入权限划分:民国23年(1934),列县府地方预算;民国24年(1935)收归省办;民国26年(1937)划县政府经征处征收;民国30年(1941),税额解省70%,留县30%;民国31年(1942),列入中央税课,但按30%的税额充县府地方财政收入。民国35年(1946)又全部划归地方收入,省、县各按50%分成。民国36年(1947)只开征1年的特种营业税列入中央税。营业税征收范围乐安县主要有制造业、买卖业等,以南货、百货、山货买卖业为主。

1950年1月,在《全国税政实施要则》中将工商业营业税列为工商税中的主要税目,成为工商税的主要组成部分。1958年税制简化,并入工商统一税。1984年,实行第二步利改税税制改革,又将营业税从工商税中分解出来成为一个单独的主要税种。9月,国务院颁布《营业税条例(草案)》,规定凡属于产品生产以外的营业行为,都属于营业税的征收范围。征税税目主要有商品零售、商品批发、交通运输、建筑安装、金融保险、邮政电信、出版事业、公用事业、娱乐业、服务业、临时经营等11个税目,1988年增设典当业,1990年8月又增设"土地使用权转让及出售建筑物"和"经济效益转让"。营业税共有14个税目,税目以下规定了具体征收项目。营业税税率采用差别比例税率,分3%、5%、10%、15%四个档次。改革后的营业税税率基本为3%和5%两档。征收环节:一般纳税人(固定业户)在销售商品取得销售收入或提供服务取得营业收入的环节纳税。工商企业委托代销商品,由受托方在商品销售后代扣代缴委托方应纳的零售环节营业税;个体商贩和用现金及现金支票进货的商业企业,在进货时由供货单位代扣代缴零售环节营业税。起征点:按照1989年4月江西省税务局《关于营业税几个问题的通知》规定:固定业户经营商品零售业务的,月收入额在400元以下;经营其他业务的,月收入额在200元以下;临时经营者贩卖已税产品(商品),每次(日)销售收入额不满20元的;临时经营者从事交通运输、建筑安装、服务业,每次(日)营业收入不满15元的;均免征营业税。达到起征点的则按收入金额征税。征收方法:对账目健全的单位和个人采用按期申报,税务部门核定税额、限期缴纳。对账目不健全的小型户采用定期定额缴纳两种方法。1994年1月1日起施行《中华人民共和国营业税暂行条例》,按照分税制规定,此税种由地方税务局负责征收。改革后的营业税征税范围:为提供应税劳务、转让无形资产或者销售不动产三种经营行为。具体划分为:交通运输业、建筑业、金融保险业、邮电通信业、文化体育业、娱乐业、服务业、转让无形资产、销售不动产等九种经营行为。改革后的营业税税目共9个,即征税范围中列举的9种经营项目。税率:除娱乐业为5%～20%的幅度比例税率外,基本分设5%和3%两档差别比例税率。在具体征税时,对如果纳税人的一项销售行为即涉及应税劳务又涉及货物,为混合销售行为。对此应分别两种情况处理:1.从事货物的生产、批发或零售的企业,企业性单位及个体经营者的混合销售行为,视为销售货物,不征营业税而征收增值税;2.其他单位和个人的混合销售行为,视为提供应税劳务,征收营业税。1997年对金融保险征收营业税,实行8%的税率,国税征收的3%的部分为中央收入,不计地方财政收入之内,地税征收的5%的部分为地方收入。1984～2012年,全县共征收营业税57849.8万元。

1984～2012 年乐安县营业税征收入库数

表 1-66　　　　单位：万元

年度	征收数	年度	征收数		年度	征收数	
			中央收入	地方收入		中央收入	地方收入
1984	25.0	1995	—	540.0	2006	—	1889.0
1985	190.0	1996	—	681.0	2007	—	2492.0
1986	287.0	1997	21.8	917.0	2008	—	2743.0
1987	392.4	1998	28.0	973.0	2009	—	3806.0
1988	511.7	1999	35.2	747.0	2010	—	6255.0
1989	543.8	2000	33.7	890.0	2011	—	10549.0
1990	535.6	2001	10.2	812.0	2012	—	15258.0
1991	533.6	2002	98.5	984.0			
1992	541.7	2003	5.0	1063.0			
1993	682.6	2004	—	1088.0			
1994	421.0	2005	—	1266.0	合计	232.4	57617.4

（四）企业所得税

企业所得税是对我国境内的企业和其他取得收入的组织的生产经营所得和其他所得征收的一种税收，它是国家参与企业利润分配的重要手段。1994 年 1 月 1 日，国务院公布施行《中华人民共和国企业所得税暂行条例》开征企业所得税。企业所得税是在合并原国营企业所得税、集体企业所得税和私营企业所得税这三个税种的基础上改革形成的新税种。企业所得税的纳税人，就是内资企业。具体范围包括：国有企业、集体企业、私营企业、联营企业、股份制企业、有生产、经营所得和其他所得的其他组织。征税对象：从事制造业、采掘业、交通运输业、建筑安装业、农业、林业、畜牧业、渔业、水利业、商品流通业、金融业、保险业、邮电通信业、服务业以及其他行业的生产经营所得（指股息、利息、租金、转让资产收益、特许权使用费、营业外收益）。企业所得税采用 33% 的比例税率计征。另规定：利润低规模小的企业实行两档过渡性的优惠税率，即年应纳税所得额在 3 万元至 10 万元的，按 27% 的比例税率征收；年应纳税所得额在 3 万元以下的，按 18% 的比例税率征收。税法规定，纳税人来源于中国境外所得已在境外缴纳的所得税税款，准予汇总纳税时从其应纳税额中抵免。规定对民族区域自治区经省、自治区人民政府批准可实行定期减免税；经财政部报国务院批准给予的减免税的政策优惠。规定纳税人发生年度亏损，经税务机关核实后，从其下一年度的所得中抵补，一年抵补不足的，可以逐年延续抵补，但最长不超过五年。企业所得税征收方法实行按年计征，按月或按季预缴，年终汇算清缴，多退少补。1994 年实行分税制，企业所得税的征收分为中央级和地方级两块，2002 年 1 月 1 日以后的新办企业所得税由国税局负责征收，2002 年以前的由地税局负责征收。2002 年中央对企业所得税实行改革，当年按五五分成，从 2003 年起按四六比例分成，即中央 60%，地方 40%。为了理顺国家与企业的分配关系和内、外资企业的税负公平，以及有利于促进我国经济的稳定发展，2007 年 3 月 16 日，第十届全国人民代表大会第五次全体会议通过了《中华人民共和国企业所得税法》，合并了内、外资企业所得税法，并于 2008 年 1 月 1 日起施行。

1994～2012 年，全县共征收企业所得税 15648.4 万元。其中：国税组织征收 8029.4 万元，归中央收入，不计入地方财政收入内；地税组织收入 7619 万元，入地方财政收入。

1994～2012年乐安县企业所得税征收入库数

表1－67 单位:万元

年度	合计	国税	地税	年度	合计	国税	地税
1994	87.1	44.1	43	2004	403	275	128
1995	89	55	34	2005	582	390	192
1996	65		65	2006	828	492	336
1997	67.1	4.1	63	2007	955	552	403
1998	65.2	1.2	64	2008	1479	870	609
1999	44.0	2.0	42	2009	1017	418	599
2000	28.0	1.0	27	2010	1922	928	994
2001	402.8	29.8	373	2011	2845	1081	1764
2002	167.2	109.2	58	2012	4265	2559	1706
2003	327	208	119	合计	15648.4	8029.4	7619

(五)个人所得税

1980年9月10日,全国人民代表大会公布施行《中华人民共和国个人所得税法》,凡在中国境内居住满1年的个人,从国内或国外取得的各项所得,均应按规定征收个人所得税。征税项目分两大类:一类是对工资、薪金等所得,采用七级超额累进税率,按月征收,最低一级,月收入在1500元以下的,税率为5%;最高一级,月收入在12000元以上的部分,税率为45%。每月收入都扣除800元的费用,就其余额按适用的超额累进税率征税。另一类是对劳务报酬所得,特许权使用费所得、利息、股息、红利所得、财产租赁所得及其他所得实行20%比例税率。其中,劳务报酬、特许权使用费和财产租赁所得4000元以下的,扣除800元费用,4000元以上的扣除20%的费用,然后就其余额征税。利息、股息、红利和其他所得,按每次实际收入征税。

个人所得税七级超额累进税率表

表1－68

级数	级　距	税率(%)	速算扣除数
1	全月收入额在800元以下的	免	0
2	全月收入额801元至1500元的部分	5	40
3	全月收入额1501元至3000元的部分	10	115
4	全月收入额3001元至6000元的部分	20	415
5	全月收入额6001元至9000元的部分	30	1015
6	全月收入额9001元至12000元的部分	40	1915
7	全月收入额12001元以上的部分	45	2515

1987年1月起,对中国公民停征个人所得税,但外籍人员照征。

1994年税制改革,将个人收入调节税、城乡个体工商业户所得税、个人所得税合并为个人所得税一个税种。征税对象为以个人从中国境内取得的所得。税法规定了11类应税项目:(1)工资、薪金所得。(2)个体工商户的生产、经营所得。(3)企事业单位的承包经营、承租经营所得。(4)劳务报酬所得。(5)稿酬所得。(6)特许权使用费所得。(7)利息、股息、红利所得。(8)财产租赁所得。(9)财产转让所得。(10)偶然所得。(11)确定征税的其他所得。个人所得税税率按收入项目划分为两大类:对工资、薪金等所得采用5%～45%的九级超额累进税率,起征点为月收入额800元以上;个体工商户的生产、经营所得和对企事业单位的承包经营,承租经营所得采用5%～35%的五级超额累进税率;稿酬所得适用20%的比例税率,并按应纳税额减征30%;劳务报酬所得,适用20%的比例税率,一次收入畸高的,可加成征收(应纳所得额超过20000元至50000元的部分,按应纳税额计算加征五成,超过50000元的部分,加征十成);对特许权使用费所得、利息、股息、红利所得、财产租赁所得、财产转让所得、偶然所得和其他所得,适用20%的比例税率。

税收优惠,免征个人所得税有:省级政府、国务院部委、军队军以上、外国组织、国际组织颁发科、教、技、文、卫、体、环境保护方面的奖金;存款利息,金融债券利息,国家统一发给的津贴、补贴;福利费、抚恤金、救济金、保险赔款;军人转业费、复员费;干部、职工的安家费、退职费、离退休工资、离休基金补助费;免税的各国驻华使节、外交代表,官员和其他人员的所得,中国政府参加的国际公约、签订的协议中规定免税的所得,国务院财政部批准免税的所得。减征个人所得税的有:残疾、孤老人员、烈属的所得;严重自然灾害造成重大损失的;批准减免税的。

1993 年以前,个人所得税为涉外税种,乐安无此税源。1994 年税改后,将个人收入调节税、城乡个体工商业户所得税、个人所得税合并为个人所得税一个税种。此税种涉内涉外,乐安县从 1994 年起征收的个人所得税基本属个人收入调节税和城乡个体工商业户这两块基础税源缴纳的税款,及 1999 年 11 月 1 日起,对个人储蓄存款利息按比例税率 20% 进行开征的个人所得税(为中央收入,不计地方收入之内)。1994 ~ 2012 年,全县共征收个人所得税 5014 万元。

1994 ~ 2012 年乐安县个人所得税入库数

表 1 - 69 单位:万元

年度	征收入库税款	年度	征收入库税款	年度	征收入库税款	年度	征收入库税款
1994	15	1999	74	2004	221	2009	519
1995	18	2000	88	2005	311	2010	540
1996	28	2001	109	2006	384	2011	656
1997	38	2002	121	2007	607	2012	459
1998	60	2003	135	2008	631	合计	5014

(六)资源税

1984 年 9 月 18 日,国务院公布《中华人民共和国资源税条例(草案)》,从 10 月 1 日施行征收资源税。资源税以开采企业实际销售收入为计税依据,采用超额累进税率征收。资源税是对在我国境内从事开采矿产品及生产盐的单位和个人征收的一种税,是第二步利改税时开征的一个新税种,1994 年将盐税并入。资源税征税对象范围:原油、天然气、煤炭、其他非金属矿原矿、黑色金属矿原矿、有色金属矿原矿、盐。资源税采取从量定额的方法征收。实施"普遍征收,级差调节"的原则。资源税的税目有 7 个,实行定额税率,按单位产品规定固定税额计征。乐安县从 1991 年开征资源税,主要是从其他非金属矿产品(沙石、萤石)。税额幅度为 0.5 元 ~ 20 元/吨或立方米,1991 ~ 2012 年,乐安县共征收资源税 3242.6 万元,资源税为地方收入,征收管理由地方税务局办理。

1991 ~ 2012 年乐安县资源税征收数

表 1 - 70 单位:万元

年度	征收数	年度	征收数	年度	征收数
1991	0.1	1999	41.0	2007	44.0
1992	0.2	2000	6.0	2008	47.0
1993	0.3	2001	5.0	2009	52.0
1994	3	2002	5.0	2010	75.0
1995	1.0	2003	4.0	2011	—
1996	—	2004	10.0	2012	—
1997	1.0	2005	17.0		
1998	4.0	2006	32.0	合计	3242.6

(七)城市维护建设税

城市维护建设税是对缴纳产品税、增值税、营业税、消费税的单位和个人,以实缴税额为计税依据,征收的一种税。它是为筹集城市维护和建设资金而开征的一个地方收入税种。

1985 年 2 月,国务院颁布《城市维护建设税暂行条例》,规定从 1985 年起开征,从 1985 ~ 1993 年,凡缴纳产品税、增值税、营业税和 1994 年税改后的缴纳增值税、营业税、消费税的国有企业、集体企业、私营企业、个体经营者、机关、团体、学校、部队等一切单位和个人,以正税税额为计税依据,依率计征城市维护建设税。中外合资企业和外资企业不征收城市维护建设税。城市维护建设税随着正税征收和减免,不单独进行减免。城市维护建设税的税率按纳税人所在地行政区确定,其规定是:纳税人所在地在市区的,税率为7%;纳税人所在地在县城、镇的,税率为5%;纳税人所在地不在市区、县城或镇的,税率为1%。1994年起,城市维护建设税划分为地方级收入,并由地方税务局负责征收。

1985~2012年,全县共征收城市维护建设税3791.3万元。

1985~2012年乐安县城市维护建设税征收入库数

表1-71　　单位:万元

年度	入库数	年度	入库数	年度	入库数	年度	入库数
1985	10.6	1993	35.7	2001	47.0	2009	287.0
1986	18.0	1994	38.0	2002	51.0	2010	398.0
1987	22.9	1995	38.0	2003	68.0	2011	663.0
1988	28.0	1996	31.9	2004	99.0	2012	924
1989	32.0	1997	41.0	2005	120.0		
1990	28.0	1998	42.0	2006	152.0		
1991	30.5	1999	41.0	2007	206.0		
1992	32.6	2000	44.0	2008	263.0	合计	3791.3

(八)*房产税*

房产税旧时称房捐。房产税是对房产征收,属于财产课税的一种税。房产税是我国一个古老的税种,最早始于周代,有"掌敛廛布而人于泉府"的记载。唐建中四年(783),开征间架税(即房产税),规定按房屋好坏,大小分三等收税,上屋税钱2000文,中屋税钱1000文,下屋税钱500文。宋代有屋税。元代杂课有房地租钱。清代光绪二十四年(1898)开办房铺捐,按租赁房屋,租金额征收10%,房东、房客各负担一半。民国4年(1915),北洋政府财政部修订清户部《房捐章程》,改称房税,铺户、行店,照赁价抽收10%,民房住屋照赁价抽收5%。民国16年(1927),财政部公布《房捐简章》,规定房租在5元以下免捐。民国25年(1936)2月江西省政府训令:"房捐捐率至多不得超过10%。民国28年(1939)10月省政府将房捐改称房铺捐,房捐为8%,铺捐为16%,房主、客户各半。民国30年(1941)5月,国民政府公布《房捐征收通则》21条,并更名为"土地改良物税"列县(市)财政收入。民国35年(1946)12月,国民政府公布《房捐条例》规定房捐的纳税人为房屋所有者,房捐的税率分营业和居住用房,分别以租金和房屋现值为计税标准,采用弹性比例税率,从价征收。

1950年1月《全国税政实施要则》,分别开征房产税和地产税。从1950~1973年,江西仅限于在全省14个城镇(南昌、赣州、九江、上饶、吉安、景德镇、宜春、抚州、樟树、鄱阳、丰城、萍乡、乐平、庐山)开征。1974年后征收范围逐步缩小。

1986年9月,国务院公布《房产税暂行条例》,从10月1日起,依照房屋的余值或租金收入向房产所有人征收,乐安县在县城和建制镇开征房产税。征税范围为建制镇人民政府所在地,不包括行政村。征税对象为产权所有人和承典人。房产税年税率:从房价从房产原值一次减去30%后的余值,征收1.2%。从租按实际租金收入征收12%。1987~2012年,全县共征收房产税1225.5万元。1994年起房产税由地方税务局直接征收,税款划入地方收入。

1987～2012年乐安县房地产税征收数

表1－72 单位:万元

年度	征收数	年度	征收数	年度	征收数	年度	征收数
1987	15.3	1994	19.0	2001	34.0	2008	72.0
1988	19.3	1995	14.0	2002	41.0	2009	91.0
1989	25.0	1996	13.0	2003	38.0	2010	101.0
1990	29.0	1997	22.0	2004	35.0	2011	206.0
1991	26.0	1998	26.0	2005	37.0	2012	157.0
1992	35.3	1999	30.0	2006	48.0		
1993	35.6	2000	33.0	2007	53.0	合计	1225.5

(九)印花税

印花税是对经济活动和经济交往中书立、领受的凭证征收的一种税。印花税的征税对象是现行印花税暂行条例所列举的各种凭证,由凭证的书立、领受人缴纳,是一种兼有行为性质的凭证税。印花税历史悠久,1642年创始于荷兰。随后西班牙、丹麦、法国、英国及其他欧洲国家纷纷仿效,相继开征印花税。中国开征印花税,在1896～1907年清代光绪年间,多次筹议,未能施行。光绪三十三年(1907),度支部颁布《印花税则》15条,因遭到天津商务会的反对而中止实施。

民国元年(1912)10月,北洋政府公布《印花税法》共13条,于民国2年(1913)起在全国各省先后施行。民国3年(1914)8月,北洋政府颁布《人事凭证贴用印花税条例》,民国16年(1927)8月,国民政府重新公布《印花税暂行条例》共9条,并将其列为中央税。民国23年(1934)国民政府正式制定《印花税法》,征管逐渐规范。规定印花税贴花凭证有:交易凭证、人事凭证、许可凭证,共3类35项;印花税税率分为3种:(1)分级税率,适用发货票等3目,每件贴1分～6分;(2)定额税率,适用于支取汇票银钱的单据簿折等32目,税额0.04元～4元;(3)比例税率,适用于保险单等11目,最低十万分之一,最高为4%。民国32年(1943)4月,国民政府修正《印花税法》,贴花凭证分为4类78项,税额部分调整。民国37年(1948)4月,修订贴花范围共分5类,商事凭证17目,产权凭证6目,人事凭证6目,许可凭证5目,其他凭证2目。

印花税票额:民国13年(1924)分3种(1分、2分、3分),民国14年(1925)3种(0.5元、1元、2元),民国25年(1936)增印0.2元的票额。

1950年1月,政务院发布《全国税政实施要则》开征印花税,12月发布《印花税暂行条例》,规定应纳印花税凭证采用两种方式贴花:一是按金额比例贴花,税率分为万分之一、万分之三、千分之三;二是按件定额贴花,税额分别为(旧币)200元、500元、2000元、5000元。凭证所载金额不满15000元者免贴税花,1953年,印花税目修订为16目。1956年1月,财政部颁布修正印花税税率税额表,税目为9个。1958年,印花税并入工商统一税。

1988年8月,国务院发布《印花税暂行条例》,规定从10月1日起在全国开征。1994年税制改革时,仍保留这一税种至今。现行印花税征税范围有:(1)购销、加工承揽、建设工程承包、财产租赁、货物运输、仓储保管、借款、财产保险、技术合同或者具有合同性质的凭证;(2)产权转移书据;(3)营业账簿;(4)权利,许可证照;(5)经财政部确定征税的其他凭证。印花税税率分比例税率和定额税率两种。比例税率有:千分之一、万分之五、万分之三、万分之零点五、万分之零点三;定额税率为每件定额贴花5元。印花税票的票面金额以人民币为单位,分为1角、2角、5角、1元、2元、5元、10元、50元、100元等9种。印花税票可委托单位或个人代售,并按代售金额的5%支付手续费。印花税采取由纳税人自行缴纳完税的方式。1955～1958年,乐安县征收印花税3.9万元,1988～2012年,征收入库675.6万元,1955～2012年,共征收入库679.5万元。1994年税制改革,印花税划为地方级收入,并由地方税务局负责征收。

1955～2012年乐安县印花税征收入库数

表1－73　　单位:万元

年度	征收数	年度	征收数	年度	征收数	年度	征收数
1955	0.8	1992	4.7	2000	5.0	2008	22.0
1956	1.0	1993	3.8	2001	5.0	2009	34.0
1957	1.1	1994	1.0	2002	4.0	2010	96.0
1958	1.0	1995	4.0	2003	5.0	2011	195.0
1988	1.8	1996	4.0	2004	6.0	2012	204.0
1989	13.2	1997	6.0	2005	9.0		
1990	3.0	1998	6.0	2006	12.0		
1991	4.1	1999	6.0	2007	21.0	合计	679.5

1951年印花税税率税额

表1－74

目　别	性　质	税率和税额	纳税人
1. 发货票	凡出售货物或以实物互换的交易随货开立品名、数量价目的单据皆属之	按货价千分之三	立据人
2. 银钱收据	凡收到银钱所立之收据皆属之	按金额千分之三	同上
3. 账单	凡开列账目,交付顾客凭以付款之单据皆属之	按金额千分之三	同上
4. 记载资本之账簿	凡记载资本之账簿皆属之	按资本金额千分之三	同上
5. 债券	凡公司组织、经工商管理机关核准,发行记名、不记名之各种债券皆属之	按票面金额千分之三	同上
6. 借贷抵押契据	凡信用借贷或以实物为抵押之借贷所立之契据皆属之	按金额千分之三,契据期限在2月以内的千分之一的贴花	同上
7. 保险契据	凡保险业出给投保人之契约单据皆属之	按金额万分之一十	同上
8. 股票及投资契约	凡公司组织、经工商机关核准发行记名不记名之股票及投资契约皆属之	股票按件贴花2分。投资契约按件贴花2角	同上
9. 委托及承揽契税	凡委托他人经营、代理、管理某种事物,或承揽人与他方约定代为一定之工作所立之契据皆属之	按金额万分之三,不能计算金额的,按件贴花5角	同上
10. 预定买卖契据	凡预定买卖动产、不动产载有品名,物价及买卖期限所立之契据皆属之	按金额万分之三十。不能载明买卖金额的按件贴花5角	同上
11. 居间行纪代客买卖契据	凡为他人介绍订约,或以自已名义代他人买卖动产,不动产以收取拥金为目的者所立之契据皆属之	按金额万分之三	同上
12. 汇兑储蓄及存入或支取款项之单据簿摺	凡银钱业、储蓄机关、办理存款汇兑业务、及支取汇款、储蓄款所立之单据簿摺皆属之	单据按贴花5分。簿摺按件每年贴花2角。送金簿、支票本每本贴花2角	同上
13. 提取货物之单据	凡工商业或个人凭以提取整修、运送或预购货物所立之单据簿摺皆属之	单据按件贴花5分,簿摺按件贴花5角	同上
14. 寄存契约单据	凡信托、仓库、堆栈等业、接受他人寄存货物或文契所立之契约单据皆属之	单据按件贴花5分。契约按件贴花5角	同上

续表 1－74

目　别	性　质	税率和税额	纳税人
15. 营业所用之簿摺	凡工商业营业所用的簿摺皆属之	按件每本每年贴花 5 角，内部所用单据装订成册以代替账簿使用的，按件贴花 5 分	同上
16. 运送契约单据	凡运送契约、单据皆属之	单据按件贴花 5 分。契约按件贴花 2 角	同上
17. 货物收据	凡收到货物后所立的单据皆属之	按件贴花 5 分	同上
18. 电影、戏剧及娱乐比赛票券	凡电影、戏剧及娱乐场所比赛会等所售的入场、入座的票券、舞票、台票、译意风等皆属之	按金额千分之三	同上
19. 国外书立文凭证	凡在国外书立的凭证、在国内使用的皆属之	按件贴花 5 分	使用人
20. 授产析产契据	凡财产所有人分析财产，或将财产全部或一部在生前或预定于身后授给继承人或赠与他人所立的契据皆属之	按金额千分之三	立据人（如立据人不及贴花时，应由承受人负责贴花）
21. 权利书状	凡政府发给的土地营业执照、土地所有权状及其他权利书状等皆属之	按金额的万分之三	领受人
22. 典卖、转让、承顶财产契据	凡典当、质押、买卖、转让或承顶动产、不动产及有价证券所立的契据皆属之	按金额万分之三	立据人
23. 土地使用权之契据	凡取得他人土地使用权、从事建筑、经营或其他使用所立的契据皆属之	按金额万分之三	立据人
24. 租赁契据	由租赁动产、不动产所立的契据皆属之	按金额万分之三	出租人
25. 保证书据	凡对某种物品保证其规格、效能年限所立的书据皆属之	按件贴花 5 分	立据人
备考	一、印花税税的尾数不满 0.6 分的不计，满 0.6 分的以 1 分计 二、税率变更时，已照原定税率贴足印花的不补贴，其未贴足的应按新税率补贴		

1988 年印花税税目税率（税额标准）表

表 1－75

税　目	范　围	税率（税额标准）	纳税人	说　明
1. 购销合同	包括供应、预购采购、购销结合及协作、调剂、补偿、易货等合同	按购销金额 0.3‰贴花	立合同人	
2. 加工承揽合同	包括加工、定作、修缮、修理、印刷、广告、测绘、测试等合同	按加工或承揽收入 0.5‰贴花	立合同人	
3. 建设工程勘察设计合同	包括勘察、设计合同	按收取费用 0.5‰贴花	立合同人	
4. 建筑安装工程承包合同	包括建筑、安装工程承包合同	按承包金额 0.3‰贴花	立合同人	

续表 1-75

税目	范围	税率(税额标准)	纳税人	说明
5. 财产租赁合同	包括租赁房屋、船舶、飞机、机动车辆、机械、器具、设备等合同	按租赁金额1‰贴花。税额不足一元的,按1元贴花	立合同人	
6. 货物运输合同	包括民用航空运输、铁路运输、海上运输、内河运输、公路运输和联运合同	按运输费用0.5‰贴花	立合同人	单据作为合同使用的,按合同贴花
7. 仓储保管合同	包括包储、保管合同	按仓储、保管费用1‰贴花	立合同人	仓单或栈单作为合同使用的,按合同贴花
8. 借款合同	银行及其他金融组织借款人(不包括银行同业拆借)所签订的借款合同	按借款金额0.05‰贴花	立合同人	单据作为合同使用的,按合同贴花
9. 财产保险	包括财产、责任、保证、信用等保险合同	按保险费用收入1‰贴花	立合同人	单据作为合同使用的,按合同贴花
10. 技术合同	包括技术开发、转让、咨询、服务等合同	按合同所载金额0.3‰贴花	立合同人	
11. 产权转移书据	包括财产所有权和版权、商标专用权、专利权、专有技术使用权等转移书据	按书据所载金额0.5‰贴花	立据人	
12. 营业账簿	生产、经营用账册	记载资金的账簿,按实收资本和资本公积的合计金额0.5‰贴花。其他账簿按件贴花,每件5元	立账簿人	
13. 权利、许可证照	包括政府部门发给的房屋产权证、工商营业执照、商标注册证、专利证、土地使用证	按件贴花,每件5元	领受人	

(十)城镇土地使用税

城镇土地使用税是国家对拥有城镇土地使用权的单位和个人征收的一种税,是从原城市房地产税划分出来而开征的税种。1988年9月国务院公布《城镇土地使用税暂行条例》,11月起施行。乐安县在县城的鳌溪镇及建制镇公溪所在地以每平方米0.2元开征土地使用税。城镇土地使用税采用按年计征办法,房产管理部门按月缴纳,其他单位和个人按季缴纳。规定:新征用的土地须在30日内办理申报登记。纳税人变更住址,增减土地,使用权转移15日内申报登记。批准征用耕地之日起满1年时征税,批准征用非耕地之日起次月征税。

1994年全面实行新税制时,城镇土地使用税为一个独立税种,由地方税务机关继续征收,征收税款为地方收入。2004年7月1日之前,乐安县城镇土地使用税土地等级及纳税标准为:一级土地1.5元,二级土地0.8元,三级土地0.5元。自2004年7月1日始,乐安县城镇土地使用税土地等级及纳税标准调整为:一级土地2元,二级土地1.5元,三级土地1元。2007年1月1日乐安县土地使用税等级及纳税标准调整为:一级土地6元,二级土地4.5元,三级土地3元。1989~2012年,乐安县共征收城镇土地使用税1532.5万元。

1989～2012年乐安县城镇土地使用税征收数

表1－76

单位：万元

年度	征收数	年度	征收数	年度	征收数	年度	征收数
1989	9.9	1996	11.0	2003	13.0	2010	118.0
1990	3.0	1997	12.0	2004	13.0	2011	626.0
1991	10.2	1998	20.0	2005	15.0	2012	329.0
1992	7.9	1999	20.0	2006	23.0		
1993	7.5	2000	15.0	2007	38.0		
1994	18.0	2001	13.0	2008	85.0		
1995	9.0	2002	14.0	2009	102.0	合计	1532.5

（十一）土地增值税

对土地增值税的课税，其实质是对土地收益和对土地租课税。对土地转让，取得所得收入，增值额征税，世界有60多个国家实行课税。如英国、墨西哥、意大利和韩国比较突出。中国实行土地税制度，始于清朝末期的青岛，在德国租借的胶州湾，率先开征地价税和土地增值税。民国19年（1930）6月30日国民政府公布施行土地税。1937年抗日战争爆发，先后开征的有青岛、上海、南京、广州、杭州、镇江、南昌等11个省市。

1994年1月1日，国务院颁布施行《中华人民共和国土地增值税暂行条例》，开征土地增值税。

现行《土地增值税暂行条例》规定：凡有偿转让中国国有土地使用权及地上建筑物和附着物，并取得收入的单位和个人均应缴纳土地增值税。土地增值税采用4级超额累进税率征收，最低税率为30%，最高税率为60%。对继承、赠与等方式无偿转让的房地产不征税。《土地增值税暂行条例》规定：纳税人建造普通标准住宅出售，增值额未超过扣除项目金额20%的；因国家建设需要依法征用、收回的房地产免征土地增值税。纳税人自转让房地产合同签订之日起7日内办理申报纳税。根据《江西省地方税务局房地产开发企业土地增值税预征暂行办法》，从1997年1月1日起，纳税人转让房地产取得收入时应按照下列预征率预征土地增值税：普通标准住宅按取得收入的0.05%，其他项目按取得收入的1%。2004年1月1日，按照《土地增值税税收管理暂行办法》，对单纯开发普通标准住宅的纳税人取得的收入，预征率暂定为0.5%。从事其他房地产开发项目，预征率暂定1%。单纯转让土地使用权的项目，不能及时准确计算扣除额的，预征率暂定为2%。2006年7月1日，根据《江西省地方税务局关于调整土地增值税预征率的通知》，对土地增值税预征率进行调整，普通标准住宅：预征率暂定1%；非普通标准住宅及别墅、度假村：预征率暂定3%，其中店面的预征率暂定5%。单纯转让土地使用权的，按土地增值税有关规定据实征收。2008年7月9日，按照《关于明确非普通住宅及别墅、度假村核定征收率的通知》，对非普通标准住宅及别墅、度假村所在地在县级市所在地的，核定征收率暂定为3.3%。非普通标准住宅及别墅、度假村所在地不在设区市所在城市、县级市所在地的，核定征收率暂定为3.1%。2011年2月1日，下发《抚州市地方税务局关于加强土地增值税征管有关问题的公告》，对无法通过查账方式进行清算的，主管地方税务机关可对纳税人按核定征收方式进行土地增值税清算。乐安县土地增值税核定征收率暂定为：普通住宅销售（转让）3%，店面销售（转让）7%，其他房产（不动产）销售（转让）4%。以上核定征收率同时适用于无法据实清算的二手房转让行为，但不适用于建造的保障性住房出售和单纯的土地转让行为。乐安县土地增值税是1997年开征。此税由地方税务机关征收，税款为地方收入。1997～2012年，共征收土地增值税2960万元。

1997～2012年乐安县土地增值税征收入库数

表1－77

单位：万元

年度	1997	1998	2004	2005	2006	2007	2008	2009	2010	2011	2012	合计
征收入库数	1	1	6	18	74	154	129	184	366	1155	872	2960

(十二)车船使用税(车船使用牌照税)

车船使用税是对行驶于公共道路的车辆和航行于国内河流、湖泊或领海口岸的船舶,按照其种类规定征收的一种使用行为税。对车船征税,我国历史悠久。汉武帝元光六年(前129),对豪富、商贾等拥有的车船征收车船税,为车船使用税之创始。明代只征船税,不征车税。清初,沿用明制征收“船料”,鸦片战争后,对外国船舶,按载重吨位计税,称为吨税。光绪二十九年(1903),江西开征人力车捐,每辆按月捐钱700文。民国3年(1914),江西开办船捐、车捐。并在南昌、樟树、九江、吴城、吉安、鄱阳、涂家埠、市汉、滁槎、黄江口、瑞洪、高安等12处设立船捐征收所。1942年江西将船捐、车捐改为使用牌照税,划归市、县收入。1945年6月,国民政府公布《使用牌照税法》,1947年11月,修正《使用牌照税法》,对各种机器行驶车辆一律列入课税范围,并调整税率。1948年6月,江西省政府公布《江西省各县(市)使用牌照税征收细则》,税率分别营业、自用划分等级课税,自用比照营业税率减征四分之一。

1950年1月政务院颁布《全国税政实施要则》,将使用牌照税列为开征独立税种。1951年9月,政务院公布《车船使用牌照税暂行条例》,实行分类定额征收。1973年试行工商税,对试行工商税的单位征收的车船使用牌照税并入工商税征收。1978年,停征车船使用牌照税。乐安县开征时间为1959~1977年。主要征税对象:汽车、木帆船、自行车。汽车按载重计算,每吨税额10元,木炭车每吨8元,木帆船每半年征一次,换发牌照、载重10吨以下每吨3角,10吨以上每吨4角;自行车以年发照,每辆纳税4元;大板车每辆纳税12元,小板车6元。1959~1977年全县共征收车船使用牌照税19.3万元。

1959~1977年乐安县车船使用牌照税征收入库数

表1-78　　单位:万元

年度	入库税款	年度	入库税款	年度	入库税款	年度	入库税款
1959	0.4	1964	2.6	1969	0.5	1974	1.0
1960	0.5	1965	3.0	1970	1.0	1975	1.0
1961	1.1	1966	1.3	1971	1.0	1976	0.3
1962	1.1	1967	0.5	1972	1.0	1977	0.3
1963	1.3	1968	0.5	1973	0.9	合计	19.3

注:不含1953年列收的土地证照费收入7.05万元

1986年9月,国务院发布《车船使用税暂行条例》,将车船使用牌照税改为车船使用税。1987年2月,省人民政府发布《江西省车船使用税施行细则》,规定车船使用税只对车船使用行为征税,发照由公安机关管理。征税对象,分为车辆与船舶两大类:车辆:(1)机动车(乘人汽车、载货汽车、牵引车、拖拉机、平板车、人货两用汽车);(2)非机动车(人力车、畜力车、自行车)。船舶:(1)机动船(客轮、货轮、拖轮、机帆船);(2)非机动船(各种人力驾驶船)。征收税额规定,乘人汽车:9座以下每辆年税额120元,10至19座为144元,20至39座为180元,40座以上为240元。载重汽车:每净吨位年税额为45元;摩托车、二轮年税额为36元,三轮年税额为48元;畜力车年税额16元,人力车为12元,自行车免征。征收车船使用税采取按年计算,分季或半年缴纳。1994年,车船使用税划归地方收入,由地方税务局负责征收。1987~2012年,全县共征收车船使用税820.1万元。

1987~2012年乐安县车船使用税征收入库数

表1-79　　单位:万元

年度	征收入库税款	年度	征收入库税款	年度	征收入库税款	年度	征收入库税款
1987	4.7	1994	26	2001	10.0	2008	78.0
1988	4.7	1995	5.0	2002	3.0	2009	96.0
1989	5.9	1996	6.0	2003	6.0	2010	115.0
1990	8.0	1997	7.0	2004	9.0	2011	130.0
1991	4.6	1998	10.0	2005	18.0	2012	129.0
1992	3.4	1999	11.0	2006	55.0		
1993	5.8	2000	5.0	2007	64.0	合计	820.1

1987 年船舶征税标准

表 1－80

类别	计税标准	年税额	备注
机动船	150 吨以下	每吨 1.2 元	按净吨位计征
	151 吨至 500 吨	每吨 1.6 元	按净吨位计征
	501 吨至 1500 吨	每吨 2.2 元	按净吨位计征
	1501 吨至 3000 吨	每吨 3.2 元	按净吨位计征
	3001 吨至 10000 吨	每吨 4.2 元	按净吨位计征
	10001 吨以上	每吨 5.0 元	按净吨位计征
非机动船	10 吨以下	每吨 0.6 元	按载重吨位计征
	11 吨至 50 吨	每吨 0.8 元	按载重吨位计征
	51 吨至 150 吨	每吨 1.0 元	按载重吨位计征
	151 吨至 300 吨	每吨 1.2 元	按载重吨位计征
	301 吨以上	每吨 1.4 元	按载重吨位计征

1987 年车辆征税标准

表 1－81

类别	项目		计税标准	年税额
机动车	乘人汽车	9 座以下	每辆	120 元
		10 座至 19 座	每辆	144 元
		20 座至 39 座	每辆	180 元
		40 座以上	每辆	240 元
	载货汽车		净吨位每吨	45 元
	摩托车	二轮	每辆	36 元
		三轮	每辆	48 元
非机动车	畜力驾驶车		每辆	16 元
	人力驾驶车		每辆	12 元

（十三）车辆购置税

车辆购置税按《中华人民共和国车辆购置税暂行条例》规定，在中华人民共和国境内购置本条例规定的车辆的单位和个人，为车辆购置税的纳税人，应当依照本条例缴纳车辆购置税。

所称购置，包括购买进口、自产、受赠、获奖或者其他方式取得并自用应税车辆的行为；所称的单位，包括国有企业、集体企业、私营企业、股份制企业、外国企业以及其他企业和事业单位、社会团体、国家机关、部队以及其他单位；所称个人，包括个体工商户以及其他个人。

车辆购置税的征收范围包括汽车、摩托车、电车、挂车、农用运输车。具体征收范围依照《车辆购置税征收范围表》执行。

车辆购置税实行从价定率的办法计算应纳税额。应纳税额的计算公式为：

应纳税额＝计税价格×税率。

车辆购置税的税率为 10%。

车辆购置税的计税价格，根据不同情况，按照以下规定确定：

（1）纳税人购买自用的应税车辆计税价格，为纳税人购买应税车辆而支付给销售者的全部价款和价外费用，不包括增值税款。

（2）纳税人进口自用的应税车辆的计税价格的计算公式：

计税价格＝关税完税价格＋关税＋消费税。

（3）纳税人自产、受赠、获奖或者其他方式取得并自用的应税车辆的计税价格，由主管税务机关按照国家税务总局参照应税车辆市场平均交易价格，规定不同类型应税车辆的最低计税价格。

车辆购置税是中央税，由国家税务局负责征管。

2005～2012 年，乐安县国税局征收车辆购置税 791.2 万元。

2005～2012 年乐安县车辆购置税收入表

表 1－82　　单位:万元

年度	金额	年度	金额	年度	金额
2005	60.6	2008	90	2011	121.1
2006	92.4	2009	148.6	2012	83.5
2007	56.2	2010	138.8	合计	791.2

车辆购置税征收范围表

表 1－83

应税车辆	具体范围	注　释
汽车	各类汽车	
摩托车	轻便摩托车	最高设计时速不大于 50 千米/小时,发动机汽缸总排量不大于 50 立方厘米的两个或者三个车轮的机动车
	二轮摩托车	最高设计车速大于 50 千米/小时,或者发动机汽缸总排量大于 50 立方厘米的两个车轮的机动车
	三轮摩托车	最高设计车速大于 50 千米/小时,或者发动机汽缸总排量大于 50 立方厘米,空车重量不大于 400 千克的三个车轮的机动车
电车	无轨电车	以电能为动力,由专用输电电缆线供电的轮式公共车辆
	有轨电车	以电能为动力,在轨道上行驶的公共车辆
挂车	挂车	无动力设备,独立承载,由牵引车辆牵引行驶的车辆
	半挂车	无动力设备,与牵引车辆共同承载,由牵引车辆牵引行驶的车辆
农用运输车	三轮农用运输车	柴油发动机,功率不大于 7.4 千瓦,载重量不大于 500 千克,最高车速不大于 40 千米/小时的三个车轮的机动车
	四轮农用运输车	柴油发动机,功率不大于 28 千瓦,载重量不大于 1500 千克,最高车速不大于 50 千米/小时的四个车轮的机动车

第二章　非税收入

非税收入是政府财政收入的重要组成部分。根据《财政部关于加强政府非税收入管理的通知》规定:政府非税收入是指除税收以外,由各级政府、国家机关、事业单位、代行政府职能的社会团体及其他组织依法利用政府权力、政府信誉、国家资源、国有资产或提供特定公共服务、准公共服务取得并用于满足社会公共需要或准公共需要的财政资金,是政府财政收入的重要组成部分,是政府参与与国民收入分配和再分配的一种形式。其收入管理范围包括:(1)行政事业性收费;(2)政府性基金;(3)国有资源有偿使用收入;(4)国有资产有偿使用收入;(5)国有资本经营收入;(6)彩票公益金;(7)罚没收入;(8)以政府名义接受的捐赠收入;(9)主管部门集中收入;(10)政府财政资金产生的利息收入等;(11)各单位取得的赞助收入。社会保障基金、住房公积金不纳入政府非税收入管理范围。

由于预算科目的变动,为便于志述,本章志述的“企业收入”也放在非税收入章节中志述。

第一节　企业收入

企业收入是指国家和地方政府及其所属机构投资兴办的工业、交通、农业、农垦、林业、商业、供销、粮食、物资、城市公用等其他企业上缴给财政的利润等收入。

一、乐安的手工业生产

1. 毛边纸棚

毛边纸是乐安几百年最著名、产销最广、享誉最盛久的手工业产品。相传宋绍兴年代(乐安建县前后),一福建宁化籍造纸师傅到乐安县招携山区开棚造纸,并传授给当地群众,以后产量和质量均有所提高,1919 年以前出产的每刀毛边纸边缘都盖有“宁化”二字的印章,据说是寓有对宁化师傅纪念之意。清朝光绪期间,招携、严杭、金竹等山区竹林中,造纸棚发展到四、五十所,工人 500 余人,年产毛边纸近

5000担(每担16刀,每刀195张)。至民国中期(1930年前后),特别是8年抗日战争期间尤为发达,纸棚增至150余所,工人1600余人。据民国19年(1930)江西省建设厅调查报告中载:“乐安毛边纸年产50000担,单价每担12元(银元),花胚纸尤为有名,每担16元。”民国19年至民国24年(1930~1935年)期间,因乐安南部山区建立苏区政府,革命斗争激烈,毛边纸产量有所下降。抗日战争爆发后,外国机制纸张来源断绝,毛边纸畅销,年产量较民国19年(1930)有更大增长,还远销南洋和香港一带。抗日战争结束后,难与廉价的机制纸(俗称有光纸)竞争,销路日渐萎缩,产量一落千丈。据1949年《江西统计》资料记载:“乐安毛边纸年产6000担,外销5000担。”

新中国成立后,人民政府对私营纸厂进行整顿改造,1955年分别组织合作社(合作社数字失考),1958年政府曾投资建立“招携毛边纸厂”,计划发展此项传统产品,终因制造工艺没有改进,质量不能提高,加之成本昂贵,难于打开销路,而于一年后停业。1950年至1960年期间,各纸厂总产量仅在100~600吨(每吨约合原规格16担)之间。20世纪70年代中期,上海和本地下放知识青年和乐安森林工业部门也曾先后在招携建立过造纸厂,但均以土法手工业生产,因产品质量不高,销路不旺而停产,全县年产量除1977年曾达702.9吨外,其他年度均仅10吨左右。

2. 夏布制作

乐安手工业生产的夏布,明代即已出现,至清朝光绪时最为发达。据清光绪三十年(1904)乐安知县钱志铭报称“该县出产夏布,年约4.5万匹,多系外商前来,远至芜湖、镇江销售……”[载清光绪三十四年(1908)《江西农工商矿纪略》],迄民国15年(1926)仍维持不衰。当时,乐安县境中部与南部的市镇和农村,有专业机房60余所和许多个体织机。乐安县城、牛田、招携等集镇的大商号和外来客商都专业经营夏布和苎麻运销业务,撕制苎麻丝是当地家庭妇女的日常操作和主要副业收入。但因制造工艺保守和落后,产品质量难以提高,外销市场逐渐萎缩。据民国24年(1935)《江西年鉴》载:“乐安夏布年产30000匹,运销县外20000匹”,至1945年产量降至5000匹,1949年又降至3000匹,外销仅2000匹。新中国成立后,乐安县麻织工人只余存16户,1955年由25名织布工人组成生产合作社,年产夏布6700匹,1957年产量增至8394匹,1958年因质量粗糙而滞销,产量降至867匹,以后不得不转产苎麻绳。从此,这一传统手工产品,基本上已被淘汰并失传。

3. 爆竹制作

自清末至民国中期,乐安县的水南、流坑、湖坪、万崇等地民间的爆竹生产曾兴旺一时。当时仅水南村就有中小爆竹厂50余所,专业工人在200人以上。产品外销于赣南诸县,且有广东客商前来订货转销南洋各埠。至民国后期,外销市场逐渐萎缩,生产停滞。1980年以后,乐安县爆竹手工业又呈现生机。鳌溪、招携、万崇、湖坪和戴坊等乡镇集体和个体爆竹厂先后建立,产量已能满足本县的所需,质量也有所提高。

4. 土陶器窑

乐安陶器制造起源于元代,始由一福建籍陶工在湖溪乡开窑烧制,后来该村村民半数以上均学到烧制技术,分散到县内外开窑烧制罐、缸、瓮、钵、涵管、瓦片等陶器。新中国成立后,在1981年以前各私营窑厂概收归集体经营,1982年农业体制改革全面实施后,集体所办的陶器厂均由个体承包,也有的是个体陶工自己投资筑窑烧制,产量质量有所提高,多采用景德镇瓷厂的多色釉料,增加了产品光洁度和多色彩种类,产量能满足本县之需。

1978年,乐安县二轻工业管理局为了填补本县瓷业空白,在县城西郊建立了一个陶瓷厂,初创时期就亏损。后因产品质量不高,规格低档,继续亏损,不得不关停倒闭。

二、乐安的国营企业

新中国成立后,乐安的工业从无到有,在手工业的基础上逐渐发展起来。

1. 国营工业企业

1950年,乐安县人民政府接管新中国成立前的地方官绅私营的“鳌溪文化商店”,改为地方国营企业“鳌溪文化社”(即印刷厂的前身),后改为“利民书店印刷部”。1952年9月30日,乐安县财政科从当时利民印刷厂经理敖治北手中分别接管县城总厂、戴坊一分厂、水南二分厂,正式成立乐安印刷厂。同时又筹建乐安发电厂并附设粮食加工部(即乐安电力公司和粮油公司前身)。

第一个五年计划时期(1953~1957年),乐安县的国营工业尚很薄弱,职工总人数60余人。1953年和1958年先后创建了一所砖瓦厂和松香厂。砖瓦厂因产品滞销,于第二年停业;松香厂规模虽小,但经济效益甚高,后来不断扩大发展,成立乐安县化工厂,1986年2月与乐安县溶剂厂合并,成立乐安县化工总厂。

第二个五年计划一开始（1958～1962年），在“总路线”和“大跃进”的号召下掀起了工业建设“高潮”。1958年春，乐安县创建起农机厂、造纸厂、钢铁厂、石灰厂、仲溪煤矿、地质队等6所地方国营企业，但因原料不足，技术力量差和管理不善等原因先后下马。1960年在罗家墟建砖瓦二厂，1962年在县城建砖瓦一厂，在南村乡樟坑建碗厂，均仅历时1年左右因滞销停产。

三年国民经济调整时期（1963～1965年），对原有的国营工业企业采取“关、停、并、转”调整措施，樟坑碗厂、砖瓦一厂、太平钨矿等企业停办，其职工转移到其他企业。这期间全县国营工业共有职工292人，总产值仅484.53万元。

1969年至20世纪70年代中期前，乐安县复掀起第二次工业建设“高潮”，增建了制药厂、钢铁厂、酒精厂、无线电厂、灯泡厂、磷肥厂、电机厂、水泥厂、煤矿、洞口木竹加工厂和地质队等11个国营工业企业，但未满3年，其中的钢铁厂、无线电厂、灯泡厂等厂未及投产就先后倒闭，浪费了大量资金。

中共十一届三中全会后，开展了对老厂以提高经济效益为中心的整顿工作，并因地制宜陆续兴建了江边化工二厂、家具厂、胶合板厂、纤维板厂、针织内衣厂、农机修造厂、缫丝厂、矿产品公司（前身为钨矿）等工业企业，其后，还成立了森林工业公司、粮油工业公司、粮油加工总厂、自来水公司，兴建了东元水电站、洞口水电站、山坑水电站等企业。

2. 国营商业企业和其他国营企业

乐安在明代万历年间已有商业街市20余个。明末，街市渐趋冷落。清康熙时增至30多个。清末民初，全县多个街市商业更加活跃。民国10年（1921）前后，军阀混战，市面又复萧条。第二次国内革命战争时期，国民党对苏区实行经济封锁，全县商业又蒙受损失。抗战初期，难民蜂拥而至，乐安县人口激增，商业暂时出现繁荣。抗战胜利后，国民党又发动内战，商业受到冲击。

新中国成立后，乐安县人民政府于1950年夏季设立了工商科（后改商业局），领导全县商业工作。1951年，成立国营商店乐安分店（当时隶属崇仁县国营商店），1953年正式成立乐安县国营商店，1956年更名成立百货公司。1954年成立食品公司，1958年建成乐安饭店，1972年以乐安饭店为基础，下设旅社一、二、三部，改名为乐安县饮食服务公司。1963年，成立乐安县石油五交化商店，1980年成立五交化公司、乐安县石油公司。1954年成立贸易公司（副食品公司前身），至1984年正式改名为副食品公司。1970年4月成立农业生产资料公司。1976年3月成立土产公司。1981年在副食品公司中将食盐业务划出，单独成立乐安县盐业公司。1984年10月成立煤炭公司。20世纪60年代前后，还成立了乐安县垦殖场、石里元垦殖场、长垅垦殖场等国有农垦企业，并将乃江水库和友谊水库收归地方国营企业。1954年3月成立乐安电影院。1955年成立新华书店等国有文化企业，也承担上缴财政收入任务的责任。

不同时期的企业收入，其名称和内涵也不尽相同。清朝光绪年间，企业收入称各项官业收入；宣统年间，改称营业收入，内容除官办企业上缴的利润外，还包括官本股息收入等。民国初年沿用旧称。民国8年（1919）官业收入列入杂项收入中；1929年后，官业收入分为地方财产收入、地方事业收入、地方营业收入3项；1937年起，地方财产收入改为利润及利息收入；1939年地方事业收入中的建设收入改为地方营业纯益，后又改为公有营业及事业盈余收入。

新中国成立初期，企业收入称公共企业收入，1951年改称国营企业收入，内容包括企业上缴利润、固定资产折旧基金、缴回的多余流动资金等。国营企业的亏损也在企业收入中冲减。1983年和1984年对国营企业实行第一步和第二步利改税，把国营企业向国家上缴利润，改为由国家征税。1988～1993年，乐安县企业进行承包经营，超额完成承包任务的企业，财政要按承包合同兑现退库返还企业，1994年实行新税制后，所有企业全部改为缴纳所得税。1949～2012年企业收入共9218.3万元；其中：企业上缴利润673万元，企业所得税8498.5万元（其中1994年后非国有企业收入4324万元），企业调节税46.8万元。

1949～2012年乐安县企业收入表

表1－84　　　　单位：万元

年度	企业上缴利润	企业所得税	企业调节税	合计	占财政收入（%）
1949	—	—	—	—	—
1950	—	—	—	—	—
1951	—	—	—	—	—

续表 1-84-1

年度	企业上缴利润	企业所得税	企业调节税	合计	占财政收入(%)
1952	—	—	—	—	
1953	—	—	—	—	
1954	—	—	—	—	
1955	—	—	—	—	
1956	2	—	—	2	3.22
1957	—	—	—	—	
1958	29	—	—	29	22.65
1959	58	—	—	58	25.32
1960	74	—	—	74	28.68
1961	26	—	—	26	16.14
1962	21	—	—	21	11.05
1963	17	—	—	17	8.29
1964	16	—	—	16	7.14
1965	19	—	—	19	7.98
1966	27	—	—	27	11.2
1967	20	—	—	20	8.66
1968	40	—	—	40	6.15
1969	72	—	—	72	25.6
1970	63	—	—	63	22.26
1971	-21	—	—	-21	-9.2
1972	76	—	—	76	21
1973	33	—	—	33	9.7
1974	11	—	—	11	3.29
1975	9	—	—	9	2.64
1976	-10	—	—	-10	-3
1977	12	—	—	12	3.3
1978	14	—	—	14	3.4
1979	6	—	—	6	1.25
1980	26	—	—	26	5.39
1981	19	—	—	19	3.85
1982	17	—	—	17	3.55
1983	-55	49	—	-6	-1.2
1984	1	70	—	71	11.67
1985	-8	56.7	4.5	53.2	6.62
1986	-29	102.4	8.1	81.5	8.33
1987	-23	107.3	8.2	92.5	8.2
1988	62	144.4	7.8	214.2	15.78
1989	15	129.7	8.7	153.4	9.67
1990	89	94	7.9	190.9	10.38
1991	-131	54	1.6	-75.4	-4.24
1992	-67	36.6	—	-30.4	-1.57
1993	-58	35.4	—	-22.6	-1.04
1994	160	43	—	203	8.68
1995	153	34	—	187	6.5
1996	-10	65	—	55	1.8
1997	-10	63	—	53	1.45
1998	-10	64	—	54	1.43

续表 1-84-2

年度	企业上缴利润	企业所得税	企业调节税	合计	占财政收入(%)
1999	-10	42	—	32	0.89
2000	-12	27	—	15	0.4
2001	-12	373	—	361	9.1
2002	-12	58	—	46	1.2
2003	-12	119	—	107	2.7
2004	-12	128	—	116	3.45
2005	-12	192	—	180	4.53
2006	—	336	—	336	5.4
2007	—	403	—	403	4.31
2008	—	609	—	609	5.05
2009	—	599	—	599	3.28
2010	—	994	—	994	3.83
2011	—	1764	—	1764	4.89
2012	—	1706	—	1706	4.43
合计	673	8498.5	46.8	9218.3	4.38

(一)企业上缴利润和亏损补贴

国营企业实现的利润,各个时期各个企业上缴的形式及数额各有不同。第一步利改税前乐安县国营企业收入以企业利润上缴为主。1983 年 4 月 24 日国务院批转财政部关于全国利改税工作会议的报告和《关于国营企业利改税试行办法》的通知,对全国所有国营企业实行第一步利改税,从这时开始,国营企业“税利并存”,即要缴纳所得税,也要上缴利润。

1984 年第二步利改税至 1993 年,企业主要是以交所得税、调节税为主,部分企业也仍向财政上缴一定数额的利润和国家按计划亏损进行补贴。1994 年起税制改革后,企业就不再上缴利润,而是全部改为上缴企业所得税。

新中国成立初期,江西省人民政府执行国务院和财政部的有关规定,从 1950 年起,对地方公营企业实现的利润一律由其主管部门集中向财政部门缴纳,不征收所得税。1950~1951 年,乐安县工业只有印刷厂的前身地方国营企业鳌溪文化社、乐安火力发电厂、粮食加工部;商业只有崇仁国营商店乐安分店。由于解放初至 1952 年底这段时间为国民经济恢复时期,企业没有上缴利润反映。

1952~1957 年第一个五年计划时期,企业处于创建和发展阶段,全县职工总人数也只有 60 余人。有的企业因产品滞销,开办不久即停业,因此,在 1952~1957 年第一个五年计划期间全县国营企业共上缴利润 2 万元。

1958 年,国民经济“大跃进”。商业、粮食、邮电等企业,下放地方管理,这些企业的财政管理权限也随同下放。供销社系统与商业局合并,改属商业系统管理,由原来征收所得税改为向财政上缴利润。同年 9 月,全县投入全国性大炼钢铁运动,动员全县 12000 余工农劳力在各地建造 43 座炼铁土高炉,夜以继日地苦干于炉前和矿山,浪费了巨大的人力、物力,破坏了许多森林资源,结果只换得 408 斤劣质钢铁而告终。然而由于松香厂、石灰厂、煤矿、钨矿、发电厂、农机厂、造纸厂及国有商业等企业加强了管理,其经济效益还可以,1958 年全县企业收入完成 29 万元。

1959 年,省商业厅、财政厅、卫生厅联合通知,国营商店和公私合营商店以及商业附属加工企业等一律由行、专、市、县管理,其企业收入作为同级财政收入。当年企业收入反映 58 万元。

1960 年,国营工业企业上缴利润 12.7 万元,商业企业上缴利润 45.6 万元,其他企业上缴 15.7 万元,合计 74 万元。

1961 年,贯彻调整方针。根据上级指示,把原来解缴县库参与分成的商业企业收入,改为直接解省。其他企业利润仍上缴县库,当年企业收入 26 万元。

1962 年,国营商业企业和供销合作社实现的利润恢复收所得税,不上缴利润。1962 年企业收入 21 万元。

1958~1962 年第二个五年计划时期,乐安县国营企业上缴利润共计 208 万元(其中工业企业 64.1 万元,商业企业 103.4 万元,其他企业 40.5 万元)。

1963 年起,贯彻中央提出的国民经济“调整、巩固、充实、提高”的方针,乐安县对原有的部分国营工业企业采取“关、停、并、转”的调整措施，樟坑碗厂、砖瓦厂、太平钨矿等企业停办，其职工转移到其他企业，当年，企业上缴利润共计 17 万元。

1964 年，江西省财政厅、商业厅关于核定 1964 年饮食服务企业利润留成比例的通知规定，关于饮食服务企业和利润分成比例，从 1964 年 1 月 1 日起改为 30% 归企业、70% 上缴财政。当年，乐安国营企业上缴财政利润完成 16 万元。

1965 年，乐安国营企业上缴财政利润 19 万元（其中国营工业企业上缴利润 14.4 万元，国营商业企业上缴利润 1.8 万元，其他企业上缴利润 2.8 万元）。

1963 年至 1965 年 3 年国民经济调整时期，乐安国营企业共上缴利润 52 万元，（其中，工业企业上缴利润 34.4 万元，商业企业上缴利润 9.4 万元，其他企业上缴利润 8.2 万元）。

1966 年，根据财政部、供销合作总社《关于县以上供销合作社所属企业预算交款办法的联合通知》，江西从当年 1 月 1 日起，对县以上供销社，由缴纳所得税又改为上缴利润。当年乐安国营企业上缴利润 27 万元。

1967 年，乐安国营企业上缴利润 20 万元。1968 年供销合作社再次并入国营商业企业。当年乐安国营企业上缴利润 40 万元。

1969 年 2 月，省革委会抓促部通知，从 1969 年 1 月 1 日起，将省管理的各地（市）县的国营商业企业，下放各地（市）县管理，其财务收入列入各级财政预算。基层供销社从 1969 年起，由缴纳所得税的改为上缴利润。当年乐安国营商业企业实现上缴利润 60.7 万元，比 1968 年多缴 59.6 万元；国营工业企业上缴利润 10.7 万元，其他企业 0.6 万元，合计 72 万元。

1970 年，由原中央管理的物资企业下放地方管理。当年，乐安国营企业实现上缴利润 83.6 万元，其他企业拨补亏损 20.6 万元，是第三个五年计划中上缴利润较多的一年。

1966 ~ 1970 年第三个五年计划时期，乐安国营企业共实现上缴利润 222 万元。

1971 年，粮食企业下放到地方管理，其计划亏损由其他企业上缴财政的利润中退库抵补。同年，中央将电信系统财务体制下放地方管理。全省商业系统（包括商业、粮食、供销、外贸、医药企业）全部下放地方，统一领导、统一管理、统一制度、统一盈亏。盈亏纳入地方财政预算。当年乐安国营企业上缴利润实现 -21 万元。

1972 年，江西省为扶助县办“五小”（小农机、小水泥、小水电、小化肥、小农药）工业的发展，对“五小”工业企业实现的利润实行四、六分成，留县 40%，上缴省财政 60%；亏损二、八分成，县负担 20%，省财政弥补 80%。当年乐安国营工业企业，没有上缴利润，反映亏损退库 10.9 万元，国营商业企业上缴利润 102.3 万元，其他企业亏损 15.4 万元，扎差后上缴 76 万元。

1973 年起，全省商业财务体制收归省商业局统一管理，商业收入除饮食服务业列入地方预算外，其他商业企业均列入省级财政预算。同年基层供销社又由上缴利润改为上缴所得税。故 1973 年国营商业企业上缴利润只为 2 万元，比 1972 年减少 100 余万元，当年全县企业共上缴 33 万元。

1974 年，由于有的企业产品数量下降，产品成本上升，农机厂等有关企业产品降价，亏损增加，当年地方国营工业企业上缴利润只实现 15.2 万元，比 1973 年减少 15.7 万元，只占 1973 年上缴利润的 49.1%。国营商业企业也只上缴利润 2.8 万元。

1975 年 2 月，国家计委、财政部、文化部改变电影发行财务管理体制，省电影公司的电影发行收入和支出，纳入地方财政；县电影管理站属于文化企业性质，其经费来源，从放映收入和发行收入留成中解决，盈亏均纳入县财政。当年，乐安国营企业上缴利润实现 9 万元。

1971 ~ 1975 年第四个五年计划时期，乐安国营企业上缴利润总额为 108 万元，比第 3 个五年计划少上缴 114 万元。

1975 年 11 月，省革委会同意省农垦局自 1976 年起，将森林工业企业财务体制收归省农垦局直接管理，实行“统一领导、统一计划、分级管理、分级核算、集中调度、统一盈亏”的管理体制，财务收入列入省财政预算。这多少影响了乐安国营工业企业上缴利润的基数。1976 年，乐安国营工业企业亏损补贴 10.5 万元，商业企业上缴利润 1.2 万元，其他企业亏损补贴 0.7 万元，盈亏扎差后，当年没有上缴利润，还亏损 10 万元。

1977 年 9 月，省革委会文办文化组、省财政局发出《改变电影发行体制管理办法》，规定电影发行财务实行省、地、县三级管理，三级核算，省、地（市）电影公司和县（市）电影管理站，都是独立核算单位，各级的亏损均纳入同级财政。当年乐安国营企业总计上缴利润 12 万元。

1978 年，乐安国营企业上缴利润 14 万元。

1979 年，推行利润留成制度，企业福利、奖励基金同实现利润挂钩。同年省财政厅规定，县办工业企业利润上缴国家财政40%，60%留给地方财政。当年全县国营企业上缴利润6万元。

1980年是实行"划分收支、分级包干"财政体制的第一年，由于体制改变，利润与地方挂钩，物资企业利润改为与地方分成，减少地方财政收入，但商业、供销社企业利润的收入20%留归县，所以，当年全县国有企业上缴利润实现了26万元。

1976～1980年第五个五年计划时期，乐安国营企业上缴利润48万元。

1981年11月，根据国务院批转的《关于实行工业生产经济责任制问题的暂行办法》，江西省对实行盈亏包干的企业，其超收和减亏分成比例，规定企业留用部分一般不超过40%，上缴财政部分一般不低于60%。

1983年4月，根据国家统一部署，对国营企业实行第一步利改税，国营大中型企业由过去上缴利润改为按55%的比例上缴所得税，税后利润在保证企业合理留利之后，再按固定比例，定额包干、递增包干等多种办法上缴财政。小型企业按8级超额累进税率缴纳所得税，税后利润全部留给企业。同年，省财政厅将商业、县以上供销、粮食企业下放地、县管理，由原来的部分下放改为全部下放，纳入地、县财政预算，当年粮食企业亏损退库45.5万元。

1984年10月进行第二步利改税，原国营企业以上缴利润为主逐步转移，分三部分缴财政：一部分上缴利润，一部分上缴所得税，一部分上缴调节税。其次供销企业也不实行国营企业所得税，只缴利润。1984年，国营企业上缴利润1万元。

1981～1985年第六个五年计划时期，乐安国营企业上缴利润－26万元。

1986年，国营企业上缴利润，只有当时外经办属下的开发公司上缴2.2万元。当年国营企业计划亏损补贴31.2万元(其中大马头垦殖场4万元、商业系统的食品公司5.3万元、煤炭公司2万元、供销社小化肥库存降价补贴19.9万元)，扎差后亏损29万元。

1987年，国营企业上缴利润(盈亏扎差)亏损23万元，(其中农垦企业－4万元、商业企业－2万元、食品公司－13万元、其他企业－4万元)。

1988年，国营企业计划亏损补贴－12.5万元，占年初预算的113.6%(超预算的原因主要是企业承包收入退库)，比1987年减6.5万元，减少34.2‰，国营企业承包收入退库－1.5万元(其中商业企业－0.5万元、自来水公司－0.8万元、二轻工业－0.2万元)，全年盈亏扎差后上缴财政62万元。

1989年，省财政厅和省粮食局根据省人民政府文件精神及有关制度规定制定了《江西省粮食企业财务管理若干暂行规定》："要积极推行承包经营责任制，根据粮食企业的特点，可以实行分行业管理，对粮油工业和饲料企业实行利改税或承包；对其他盈利企业实行实现利润和上缴收入包干，对亏损企业实行亏损补贴包干，也可以全行业盈亏总包干。"当年全县企业上缴利润15万元。

1990年，国营企业计划亏损补贴－15万元，国营企业承包收入退库－6.9万元，盈亏扎差后，上缴利润89万元。

1986～1990年第七个五年计划时期，乐安国营企业盈亏扎差后，上缴利润114万元，共上缴利润43.7万元。

1991年，国营企业计划亏损补贴－248.5万元。当年上级核定乐安粮食企业亏损退库指标－223万元(包括上级补助168万元，县负担55万元)。年终决算实际反映粮食亏损补贴－235.5万元，还有商业企业亏损补贴－8万元，农垦企业大马头亏损补贴－5万元，盈亏扎差后，当年全县亏损131万元。

1992年，国营企业上缴利润163万元(其中工业企业1.4万元、森林企业120万元、商业企业21.3万元、其他企业20.3万元)。国营企业计划亏损补贴－230万元(其中粮食企业－217万元、商业企业食品公司－5万元、农垦企业大马头－5万元、煤炭公司的煤球厂－3万元)，盈亏扎差后，亏损67万元。

1993年，国营企业上缴利润177.4万元(其中森林企业120万元、商业企业29.4万元、工业化工企业1.4万元、建筑工业4.2万元、二轻工业1万元、其他企业21.4万元)。国营企业计划亏损补贴－235.4万元(其中粮食企业－222.4万元、商业企业－8万元、农垦企业－5万元)，盈亏扎差后，当年亏损58万元。

1994年，由于新财务制度和新税制的实施，企业的财务成果核算办法发生了较大的变化，大部分企业税负较老税制有一定程度增加，企业上缴利润，上缴调节税全部改为上缴所得税。当年，乐安国营企业上缴利润虽然实现170万元，主要是森林工业，上缴利润115万元，商业企业上缴利润16万元，其他企业上缴39万元。当年安排亏损补贴－10万(其中食品公司－5万元、农垦企业－5万元)，盈亏扎差后，实际上缴利润160万元。

1995年，国营企业上缴利润163万元(其中森林工业99万元，比1994年短收16万元，商业企业22万元，其他部门42万元)。国营企业计划亏损补贴－10

万元(其中农垦企业 -5 万元、商业企业食品公司 -5 万元),盈亏扎差后,实际上缴利润 153 万元。

1991 ~ 1995 年第八个五年计划时期,乐安国营企业共上缴利润 313 万元。国营企业亏损补贴 256 万元。盈亏扎差后,共上缴利润 57 万元。

1996 年后,因企业由上缴利润,上缴调节税,逐步改为上缴所得税的变化,此后国营企业上缴利润这项科目就没有了。当年县级预算还安排了国营企业上缴利润 203 万元的任务,但年终决算时,也没有反映这项收入。1996 年国营企业计划亏损补贴 -10 万元(其中农垦企业 -5 万元、商业企业食品公司 -5 万元)。1997 ~ 1999 年国营企业亏损补贴共计 -30 万元。2000 年国营企业亏损补贴 -12 万元(其中农垦企业 -7 万元、商业企业食品公司 -5 万元)。

1996 ~ 2000 年第九个五年计划时期,国营企业亏损补贴共计 -52 万元。

2001 ~ 2005 年第十个五年计划时期,国营企业亏损补贴共计 -60 万元,每 ~ 12 万元,分别安排商业企业食品公司每年补贴 -5 万元,农垦企业大马头每年补贴 -7 万元。

1985 ~ 2005 年乐安县企业亏损补贴表

表 1 - 85　　单位:万元

年度	合计	工业企业	自来水公司	煤炭公司	商业企业	食品公司	粮食	农垦	供销	其他
1985	12.3	—	—	8	—	—	—	4.3	—	—
1986	31.2	—	—	2	1.3	4	—	4	19.9	—
1987	19	—	—	—	2	13	—	4	—	—
1988	12.5	2.2	0.8	—	0.5	5	—	4	—	—
1989	41.6	4.7	0.1	—	2	—	30	4	—	0.8
1990	21.9	6.3	2.2	—	3	—	7	5	—	0.6
1991	250.7	—	—	—	3	5	235.5	5	—	—
1992	230	—	—	3	—	5	217	5	—	—
1993	235.4	—	—	—	3	5	222.4	5	—	—
1994	10	—	—	—	—	5	—	5	—	—
1995	10	—	—	—	—	5	—	5	—	—
1996	10	—	—	—	—	5	—	5	—	—
1997	10	—	—	—	—	5	—	5	—	—
1998	10	—	—	—	—	5	—	5	—	—
1999	10	—	—	—	—	5	—	5	—	—
2000	12	—	—	—	—	5	—	7	—	—
2001	12	—	—	—	—	5	—	7	—	—
2002	12	—	—	—	—	5	—	7	—	—
2003	12	—	—	—	—	5	—	7	—	—
2004	12	—	—	—	—	5	—	7	—	—
2005	12	—	—	—	—	5	—	7	—	—
合计	986.6	13.2	3.1	13	14.8	97	711.9	112.3	19.9	1.4

1951 ~ 2005 年乐安县企业上缴利润(及拨补亏损)分部门统计表

表 1 - 86　　单位:万元

年度	合计	工业	交通	农垦	农业	食品公司	商业系统	供销	粮食系统	粮食其他企业	煤炭公司	森工	其他
1951	0.1	0.1	—	—	—	—	—	—	—	—	—	—	—
1952 ~ 1957	1.9	1.9	—	—	—	—	—	—	—	—	—	—	—
1958	29	21.5	—	—	—	—	10.2	—	—	—	—	—	-2.7
1959	58	10.7	—	—	—	—	39	—	—	—	—	—	8.3
1960	74	12.7	—	—	—	—	45.6	—	—	—	—	—	15.7
1961	26	9.2	—	—	—	—	4.3	—	—	—	—	—	12.5
1962	21	10	—	—	—	—	4.3	—	—	—	—	—	6.7

续表 1-86

年度	合计	工业	交通	农垦	农业	食品公司	商业系统	供销	粮食系统	粮食其他企业	煤炭公司	森工	其他
1963	17	9.7	—	—	—	—	4.9	—	—	—	—	—	2.4
1964	16	10.3	—	—	—	—	2.7	—	—	—	—	—	3
1965	19	14.4	—	—	—	—	1.8	—	—	—	—	—	2.8
1966	27	14.5	—	—	—	—	1.7	—	—	—	—	—	10.8
1967	20	14.4	—	—	—	—	1.1	—	—	—	—	—	4.5
1968	40	19.4	—	—	—	—	1.1	—	—	—	—	—	19.5
1969	72	10.7	—	—	—	—	60.7	—	—	—	—	—	0.6
1970	63	21.9	—	—	—	—	61.7	—	—	—	—	—	-20.6
1971	-21	-2.1	—	—	—	—	62.7	—	—	—	—	—	-81.6
1972	76	-10.9	—	—	—	—	102.3	—	—	—	—	—	-15.4
1973	33	30.9	—	—	—	—	2	—	—	—	—	—	0.1
1974	11	15.2	—	—	—	—	2.8	—	—	—	—	—	-7
1975	9	12.6	—	—	—	—	3.6	—	—	—	—	—	-7.2
1976	-10	-10.5	—	—	—	—	1.2	—	—	—	—	—	-0.7
1977	12	11.2	—	—	—	—	3.1	—	—	—	—	—	-2.3
1978	14	13.5	—	—	—	—	1.2	—	—	—	—	—	-0.7
1979	6	6.7	—	—	—	—	1.1	—	—	—	—	—	-1.8
1980	26	8.9	—	—	—	—	1.3	—	—	—	—	—	15.8
1981	19	3.9	—	—	—	—	10.9	—	—	—	—	—	4.2
1982	17	4.4	—	—	—	—	1.1	—	—	—	—	—	11.5
1983	-55	-6.8	—	-3	—	—	—	—	-45.5	—	—	—	0.3
1984	1	-4.8	-0.7	-5	—	—	10.8	—	—	—	—	—	0.7
1985	-8	1.6	—	-4.3	2.9	—	—	—	—	—	-8	—	-0.2
1986	-29	—	—	-4	—	-4	-1.3	-19.9	—	—	-2	—	2.2
1987	-23	—	—	-4	—	-13	-2	—	—	—	—	—	-4
1988	62	14	—	-4	—	-5	1.4	—	55.6	—	—	—	—
1989	15	-4.7	—	-4	—	—	-2	—	-30	56	—	—	-0.3
1990	89	-6.3	—	-5	—	—	-3	—	-7	—	—	—	110.3
1991	-131	0.5	—	-5	—	-5	5.7	—	-235.5	20.9	—	80	7.4
1992	-67	1.4	—	-5	—	-5	21.3	—	-217	—	-3	120	20.3
1993	-58	6.6	—	-5	—	-5	26.4	—	-222.4	—	—	120	21.4
1994	160	—	—	-5	—	-5	16	—	—	—	—	115	39
1995	153	—	—	-5	—	-5	22	—	—	—	—	99	42
1996	-10	—	—	-5	—	-5	—	—	—	—	—	—	—
1997	-10	—	—	-5	—	-5	—	—	—	—	—	—	—
1998	-10	—	—	-5	—	-5	—	—	—	—	—	—	—
1999	-10	—	—	-5	—	-5	—	—	—	—	—	—	—
2000	-12	—	—	-7	—	-5	—	—	—	—	—	—	—
2001	-12	—	—	-7	—	-5	—	—	—	—	—	—	—
2002	-12	—	—	-7	—	-5	—	—	—	—	—	—	—
2003	-12	—	—	-7	—	-5	—	—	—	—	—	—	—
2004	-12	—	—	-7	—	-5	—	—	—	—	—	—	—
2005	-12	—	—	-7	—	-5	—	—	—	—	—	—	—
合计	673	266.7	-0.7	-120.3	2.9	-97	527.7	-19.9	-701.8	76.9	-13	534	217.5

注：商业系统含食品公司和煤炭公司

（二）企业上缴基本折旧基金

企业折旧基金，是以固定资产总值按折旧率提取，1967 年以前，企业提取的折旧基金，全额上缴财政集中使用，企业所需固定资产更新和技术改造资金，则由财政统筹安排。

1956 年，企业不仅数量少，而且处于极端困难之中，企业上缴的折旧基金数额甚微，当年，只上缴 709 元。1958 年起，乐安县地方工业发展相对较快，企业计提折旧基金的固定资产总值增幅较大，因而企业上缴的基本折旧基金增长较快。

1961 年，贯彻以调整为中心的八字方针，全县国营企业逐步进行调整，一批企业关、停、并、转。1961 ~ 1966 年乐安县未反映集中企业折旧基金。1967 年起，为贯彻中共中央主席毛泽东关于企业折旧基金留给企业的指示，地方国营企业的折旧基金不再上缴作财政收入。因此，乐安县除 1967 年、1968 年、1969 年集中少量折旧基金外，直至 1976 年，中间 7 年都未集中企业的折旧基金。

1978 年 4 月，江西省计划委员会、江西财政局根据国家计委、财政部《关于改进固定资产更新改造管理的报告》，决定从 1978 年 1 月起，集中一部分企业基本折旧基金，纳入预算管理。除县办工业、农牧企业外，其他所有国营企业提取的基本折旧基金 40% 留给企业，60% 上缴财政。对于新建企业提取的基本折旧基金 3 年内全部上缴财政。1979 年 3 月，省计委、省经委、省财政局规定，凡固定资产原值在 100 万元以上的地、市（包括地辖市）、山和直属工交企业，商业、粮食，供销社的工业企业、储运企业，邮电部门的通讯企业，物资部门的通讯、供销、储运企业，所提取的基本折旧基金，50% 留给企业，50% 上缴财政；新投产企业 3 年内所提取的基本折旧基金 20% 留给企业，80% 上缴财政。从 1987 年起，企业所提基本折旧基金全部留给企业。

1956 ~ 1985 年，乐安县企业上缴基本折旧基金 307.054 万元。

1956 ~ 1985 年乐安县企业上缴基本折旧基金

表 1 – 87　　单位：万元

年度	合计	分部门及行业								
		工业	交通	商业	粮食	供销	外贸	农业	文教	其他
1956	0.07	0.07	—	—	—	—	—	—	—	—
1957	—	—	—	—	—	—	—	—	—	—
1958	0.284	0.144	—	—	—	—	—	—	0.14	—
1959	0.837	0.356	—	0.243	0.076	—	—	—	0.061	0.101
1960	0.203	0.096	—	0.015	—	—	—	—	0.025	0.067
1961	—	—	—	—	—	—	—	—	—	—
1962	—	—	—	—	—	—	—	—	—	—
1963	—	—	—	—	—	—	—	—	—	—
1964	—	—	—	—	—	—	—	—	—	—
1965	—	—	—	—	—	—	—	—	—	—
1966	—	—	—	—	—	—	—	—	—	—
1967	0.96	—	—	—	—	—	—	—	—	—
1968	1.31	—	—	—	—	—	—	—	—	—
1969	0.5	—	—	—	—	—	—	—	—	—
1970	—	—	—	—	—	—	—	—	—	—
1971	—	—	—	—	—	—	—	—	—	—
1972	—	—	—	—	—	—	—	—	—	—
1973	—	—	—	—	—	—	—	—	—	—
1974	—	—	—	—	—	—	—	—	—	—
1975	—	—	—	—	—	—	—	—	—	—
1976	—	—	—	—	—	—	—	—	—	—
1977	4.9	—	—	—	—	—	—	—	—	—
1978	4.2	—	—	—	—	—	—	—	—	—
1979	5.74	—	—	—	—	—	—	—	—	—

续表 1-87

年度	合计	分部门及行业								
		工业	交通	商业	粮食	供销	外贸	农业	文教	其他
1980	—	—	—	—	—	—	—	—	—	—
1981	1.36	—	—	—	—	—	—	—	—	—
1982	—	—	—	—	—	—	—	—	—	—
1983	76.24	13.46	—	33.33	10.81	13.13	0.7	—	1.39	3.42
1984	99.69	22.3	—	26.72	24.37	11.75	0.8	—	—	13.75
1985	110.77	28	3.6	37.5	12.1	—	—	5.7	1.55	22.32
合计	307.054	64.426	3.600	97.808	47.356	24.880	1.500	5.700	3.166	58.618

注:1983~1985 年未列入财政总决算

(三)企业实行利改税和承包经营

1983 年,对国营企业实行第一步利改税,是把国营企业向国家上缴利润,改为由国家征税。主要解决国家与企业的分配关系。利改税办法规定:(1)凡有盈利的大中型企业按利润总额 55% 缴纳所得税,企业缴纳所得税后的利润,除按照财政核定的留利水平留给企业一部分外,其余按调节税率上缴财政。(2)有盈利的小型企业,根据实现利润,按八级超额累进税率,缴纳所得税。交税以后,由企业自负盈亏,财政不再拨款。对税后利润较多的企业,收取一定数额的承包费,或按固定税额上缴一部分利润。(3)营业性的宾馆、饭店、招待所和饮食服务公司,均缴纳 15% 的所得税。(4)县以上供销社按八级超额累进税率缴纳所得税。(5)国营企业归还多种专项贷款时,经同级财政部门审查同意后,可用缴纳所得税前该贷款项目新增的利润归还。当年,江西省除粮食、农牧、劳改劳教、军工、煤炭、小化肥等行业外,工业、交通、商业、物资等行业的地方国营企业都进行了第一步利改税。1983 年,乐安县国营工业、商业、供销、物资、文化、交通等企业上缴国营企业所得税 49 万元。

1984 年 10 月进行第二步利改税。内容是将国营企业应当上缴国家的财政收入改按十一个税种向国家交税,也就是由过去的"税利并存"逐步过渡到完全的"以税代利"。具体办法是:(1)把现行的工商税分解为产品税、增值税、营业税和盐税等四种税。(2)对部分采掘企业(如石油、天然气、煤炭)条件较好的、利润率较高的,开征资源税。(3)恢复和开征房产税、土地使用税、车船使用税和城市维护建设税等四种地方税。(4)对盈利的国营企业征收所得税。国营企业在缴纳上述几种税以后所得的利润,按照规定征收一定数额的所得税。其中,大中型企业按 55% 的比例税率征收、小型企业和集体企业按新的八级超额累进税率征收。(5)对国营大中型企业征收调节税。大中型企业利润在征收所得税以后还有较大剩余的,按规定再征收一定的调节税。(6)对小型国营企业的利润在征收八级超额累进税以后,一般可以留给企业支配,只对那些留利过多的要收取一定数额的承包费和租赁费。为使更多一些企业能够逐步过渡到国家所有、自主经营、依法纳税、自负盈亏的管理体制,在第二步利改税中,适当放宽了国营小型企业的划分标准。国营工业企业的固定资产原值不超过 300 万元,年利润不超过 30 万元的,两个条件同时具备的,为国营小型工交企业。国营商业零售企业年利润不超过 8 万元,职工人数不超过 30 人的,为国营小型商业零售企业。对亏损企业和微利企业,继续实行盈亏包干办法。所核定的调节税率和划分的小型企业都从 1985 年起执行。1984 年乐安国营企业上缴所得税 70 万元。

1985 年,实施第二步利改税,企业税利直接上缴国家,因此,1985 年企业利润挤到了最大限度,当年企业上缴利润只有 4.5 万元。

1985 年,乐安县划为小型企业共有 27 户。其中:工业企业 9 户(钨矿、化工厂、农机厂、水泥厂、家具厂、印刷厂、针织内衣厂、胶合板厂、溶剂厂);水利企业 5 户(电力公司、洞口电站、东源电站、自来水厂、水泥预制厂);粮油工业 1 户(粮油工业公司);森林工业 1 户(林业工业公司);商业工业 1 户(食品厂);商业企业 5 户(五交化公司、副食品公司、百货公司、饮食服务公司、蔬菜公司);物资企业 3 户(金属材料公司、机电公司、化建公司);还有其他口企业:电影公司、协作公司。当年,国营企业上缴所得税 56.7 万元,上缴调节税 4.5 万元。1983~1985 年,实行利改税后,企业上缴所得税 175.7 万元,上缴调节税 4.5 万元。

1986 年 5 月 15 日,抚州地区经济委员会和抚州地区财政局联合下发《关于1986年全区预算内国营工业企业实行经济责任制的意见》的文件，主要以实现利润、上缴利税（所得税、调节税）、质量、消耗、产值五个指标为考核依据，县市企业，向县市经委承包，县市经委向县市政府承包，县市财政局可以受政府委托，具体办理承包合同。当年国营企业上缴所得税102.4万元，上缴调节税8.1万元。

1987年，在利改税的基数上，按照“包死基数，确保上缴，超收多留，歉收自补”的原则，乐安县推行多种形式的承包责任制，企业缴纳的所得税、调节税、利润等超过年度承包目标部分，由财政部门予以返还，列企业改革支出。当年，财政返还工业企业用于技术改造补助8.2万元。

1988年，为了贯彻落实国务院《关于深化企业改革，增强企业活力若干规定》和中共十三大会议精神，进一步加快和深化企业改革，把责、权、利结合起来，增强企业活力和后劲，调动企业积极性。乐安县人民政府下发《乐安县地方国营工业企业承包经营责任制实施办法》的通知，决定对国营企业实行承包经营责任制，县政府委托企业主管部门、财政局为发包方，通过公开招标招聘或选聘的企业经营者为承包方。承包形式主要有：

（1）上缴利润递增包干，逐年按承包合同规定向县财政局上缴利润（如按所得税征收超上缴部分，全部返还企业）。

（2）上缴利润基数包干、超收分成，企业当年实现利润，由税务部门按八级超额累进所得税税率，征收所得税，县政府对超收部分按比例分成，30%上缴财政，70%归企业。

（3）亏损企业实行减亏包干，超亏不补，减亏、扭亏部分全归企业。

承包上缴利润一般以上年上缴利润或计划数为基数，就高不就低。确实有困难的企业，参照企业前三年的平均水平，本行业平均资金利用率，以及市场原材料和企业内外的其他因素，进行调整。承包经营期为三年（1988年1月1日至1990年12月31日）。1991年12月26日，乐安县人民政府办公室下发《关于1988至1990年度国营企业第一轮承包合同奖罚兑现的通知》，对第一轮承包合同奖罚予以兑现，对完成承包任务的承包者和企业共发放奖金29068.30元，分别对家具厂、印刷厂、矿产品公司、农机厂、胶合板厂和自来水公司的主要承包人奖励上浮工资一级；对没完成承包任务的承包者扣工资和奖金共计7964.73元。1988～1990年国营企业上缴所得税368.1万元，比前三年净增收101.7万元，上缴调节税24.4万元。国营企业承包收入退库27.5万元。

1990年11月7日，乐安县人民政府印发《乐安县企业第二轮承包实施细则》和《乐安县企业承包经营责任制合同书》规范文本的通知，规定承包种类、形式和方式主要有：

（1）承包种类有委任承包、招标承包、民主选举经营者三种。

（2）承包形式采取以下几种：①对符合国家、地区产业政策需要重点发展的企业，可实行“两保一挂”，即保上缴利润、保技术改造，实行工资总额与经济效益挂钩，采取上缴利润递增包干；②对市场变化大，效益不够稳定的企业，可实行上缴利润基数包干，超收分成；③对微利企业可实行上缴利润定额包干；④对亏损企业可实行减亏定额包干。一般不再采取上缴利润基数包干超收全留的承包形式。

（3）承包方式：实行全员承包、集体承包，不搞个人承包。

（4）为了搞好第二轮承包的平稳衔接，可选择经营者素质高、经济效益好的企业试行“滚动承包”。

承包期限

第二轮承包期限一般为三年，个别技改任务重的企业可延长至四年。承包起始期为1991年1月1日。

承包合同内容

承包合同内容，应按照县规范合同文本，并结合企业实际由承、发包双方和承包经营责任制工作领导小组协商确定。

承包基数

（1）对于资金利润率已达到或超过本地区（地、县）同行业平均水平的企业，可按上一年的上缴利润基数或前三年上缴利润平均数，参照企业技改任务和市场变化因素，确定承包基数。（2）对于资金利润率未达到本地区（地、县）同行业平均水平的企业，可按本地区同行业平均资金利润率，参照企业环境、市场变化等情况确定承包基数。（3）对那些按本地区（地、县）行业平均资金利润率难于测算的企业，可根据上一轮承包期的实际完成情况，参照行业发展，企业投入产出能力及市场发展预测情况确定基数。（4）对前一轮承包期已用较多的投入完成了技改任务和还贷任务的企业，应适当调高财政上缴指标或递增率，促进企业发挥效益。（5）第二轮承包企业年上缴利税递增比例原则上为8%至15%。

1992年8月31日，乐安县人民政府办公室下发

《关于国营企业第二轮全员承包合同1991年度奖罚兑现的通知》,根据承包考核结果,对承包企业进行了兑现。

1993年,江西省印发《关于在全省小型商业企业实行"国有民营"改革试点的意见》的通知,其意见主要内容:(1)"国有民营"是指财产属于国家所有的全民所有制的全民所有制企业,为转换经营机制,将企业固定资产授予集体或个人经营的一种两权分离的新的改革模式。(2)坚持"国家所有、集体(个人)经营、照章缴税、定额上缴、超收归已"的原则。(3)坚持公开、公平、公正选拔经营者的原则。(4)坚持指标科学合理的原则。(5)坚持企业职工就地安置、内部消化的原则。(6)实行国有民营的范围:国有小型商业企业、饮食服务业、仓储运输业、食品批发站等,均可进行试点。其他国有商业批发,零售企业可按照"一场多制"的形式,有选择地确定部分经营楼面或柜组(部门)进行试点。(7)经营者的权利实行"国有民营"的企业具有独立法人地位,实行独立账户、自筹资金、自主经营、自负盈亏、自主分配、自我发展。(8)经营者的义务。经营者须承担相应的经济责任和民事责任。做到"四保":保国家税收逐年增长,保垫底资金(商品)按期收回,保国有资产保值增值,保利润或资产占用费按期上缴。当年,乐安县国有小型商业企业参照此意见积极而又稳妥地推行。1991~1993年国营企业上缴所得税126万元,上缴调节税1.6万元,国营企业承包退库22万元。

1983~1993年,企业上缴所得税879.5万元,国有企业调节税46.8万元,国营企业承包退库36万元。

1983~1993年乐安县企业上缴所得税表

表1-88　　单位:万元

年度	合计	工业	商业	物资	交通	森工	粮食	城市公用	文教	其他企业
1983	49	15.3	25	1.4	2	—	—	—	2	3.3
1984	70	29.6	30	0.8	1.8	—	—	—	1.7	6.1
1985	56.7	13.3	18.2	0.7	2	19.3	—	—	—	3.2
1986	102.4	18.6	16.6	0.7	2.6	62.8	—	0.1	0.7	0.3
1987	107.3	31.8	6.2	-0.4	0.3	67	—	0.5	0.5	1.4
1988	144.4	33.5	9.5	—	—	90	8.4	2.3	0.7	—
1989	129.7	34.7	6	0.8	—	77	9.7	—	0.6	0.9
1990	94	37.9	5.6	—	—	40	8.5	—	1.1	0.9
1991	54	23.7	2.4	—	—	—	12.5	2.5	0.2	12.7
1992	36.6	23.2	5.7	—	0.4	—	2.4	1.1	—	3.8
1993	35.4	29	4	—	0.1	—	—	1	—	1.3
合计	879.5	290.6	129.2	4	9.2	356.1	41.5	7.5	7.5	33.9

1985~1991年乐安县国营企业上缴调节税表

表1-89　　单位:万元

年度	合计	工业	商业	其他企业
1985	4.5	—	—	4.5
1986	8.1	—	8.1	—
1987	8.2	—	8.2(石油公司)	—
1988	7.8	—	7.8(含化工企业)	—
1989	8.7	—	8.7(含化工企业)	—
1990	7.9	—	—	7.9
1991	1.6	—	—	1.6
总计	46.8	—	32.8	14

1988～1991年乐安县企业承包退库数表

表1-90　　　　单位:万元

年度	合计	工业	商业	城市公用(自来水)	物资企业
1988	1.5	0.2	0.5	0.8	—
1989	5.6	4.7	—	0.1	0.8
1990	6.9	5	1.9	—	—
1991	22	—	—	22	
总计	36	9.9	2.4	22.9	0.8

(四)实行新税制后的地方企业所得税

1994年,由于新财会制度和新税制的实施,企业的财务成果核算办法发生了较大的变化,绝大部分企业税负较老税制有一定程度加大。1994年江西省人民政府关于印发《江西省实行“分税制”财政管理体制办法》的通知,确定从1994年1月1日起将国有企业所得税率统一降到33%,考虑到部分企业利润上缴水平低的现状,作为过渡办法,增设27%和18%两档照顾税率。

按照发展社会主义市场经济体制的要求,为加快企业转换经营机制,建立现代企业制度,早在1992年9月1日,经十一届乐安县人民政府第三十二次常务会研究,县政府办公室下发《关于批转乐安县针织内衣厂转换企业经营机制试点实施方案》,方案的主要指导思想是:坚持社会主义方向和全民所有制性质,坚持发挥党组织的政治核心作用和完善厂长负责制,全心全意依靠工人阶级,实现两个转变,理顺“四个关系”,建立“四种机制”,使其尽快成为自主经营,自负盈亏的具有自我发展和自我约束能力的社会主义商品生产者和经营者。在人事用工方面,率先在全县实行“企业自主用工,全员合同管理”制度;职工原有身份作档案保留,企业内部一律实行“三制三岗”,即劳动合同制、干部聘用制、内部待业制;上岗、试岗、待岗。在报酬分配方面,企业干部、职工实行工资全额浮动,原有工资(基本工资加国家政策性补贴)作为档案工资保留。新工资一律与企业产量、质量、消耗挂钩。该试点为全县企业深化内部改革,转换经营机制,取得了一些实践经验。

1993年10月7日,抚州地区行政公署办公室、抚州地区监察局联合下发《关于加强对〈全民所有制工业企业转换经营机制〉和〈江西省全民所有制工业企业转换经营机制实施办法〉贯彻执行情况进行监督检查的通知》,要求全区各县(市)尽快制定出本地、本部门贯彻《实施办法》的具体措施和配套性规范文件,切实转变政府职能,将企业的14项自主权不折不扣地下放到企业;严禁政府部门在机构改革过程中搞“翻牌公司”或违反企业意愿组建“拉郎配”企业集团,截留或上收企业各项自主权;支持企业厂长(经理)依法行使经营自主权,深化企业内部各项制度改革,提高经济效益,保证国有资产的保值和增值。根据上述文件精神,1994年6月16日,乐安县人民政府办公室下发《关于成立乐安县国有企业转机建制领导小组》的通知,接着乐安县人民政府又批转《关于县经委国有工业企业实行国有民营经营形式改革的办法》,全县预算内9户国营工业企业,均实行“国有民营”的改革形式,在企业职工得到妥善安置的情况下,采取股份制、租赁承包制等方式进行经营,并确保国有资产保值。同年,乐安县人民政府批转《县商业局关于进一步深化国有商业企业改革意见的通知》,对全县9户商业企业推行“国有民营改革”,采取“活一块、死一块、留一块、卖一块”的措施,重新构造国有商业企业。“活一块”就是对实力较强、经营尚好的批发企业或零售企业实行倾斜政策,重点扶持,促其活起来;“死一块”就是对那些资不抵债、难以自救的批发企业或零售企业,下决心让其破产倒闭,以尽快甩掉包袱;“留一块”就是对一些尚有发展前途的批发企业或零售企业,有条件、有选择地经过改造保留一批;“卖一块”就是对亏损严重、濒临破产的小型商店,采取公开拍卖的办法,改造为民营企业或转为个体经营。

批发企业,根据不同情况进行“经营划块、分块搞活”。即:零售商店脱离公司,放宽政策,实行“国有民营”经营批发部可裂变组建新型单体公司。

对已经实行“国有民营”改革的企业,严格把好“四关”:一是保证国有资产不流失、不减值;二是承包基数坚持科学合理,不搞增亏承包;三是承包指标尽量全面合理,不只定一个上缴指标,而应有税费、发展后劲等指标;四是确保上缴税费。

1994年,县罐头食品厂兼并江边食品二厂后,实行股份制改革,其余8户企业均实行拒组或全员承包。

此外,大胆进行兼并、产权转让、拍卖、破产等改革探索。通过兼并、转让、破产,把亏损企业消化掉,让经营好的企业不断发展,让经营不好、扭亏无望的企业逐步淘汰、消亡。当年商业企业蔬菜公司因难于经营，经过破产重组，成立贸易经理部。

同年，对粮食企业的改革也同步进行，乐安县人民政府批复了县粮食局《关于深化粮食企业改革实施意见》，重点对企业的三项制度进行改革：(1)改革人事制度。打破干部、职工界限，形成能者上，庸者下的新格局，干部改任命制为聘任制，原任命的副股级中层干部职务自行免除。(2)改革用工制度。推进劳动合同制，实行全员风险抵押，企业干部职工利益与企业经济效益和国家利益紧密联系在一起。(3)改革分配制度。企业有权采用计时工资、计件工资、浮动工资等多种分配形式和方法，职工的报酬收入与工作业绩挂钩，打破平均主义，实行多劳多得，奖勤罚懒，拉开分配差距，充分调动职工的积极性。其次，鼓励企业干部职工创办实业，开展跨系统、跨行业、跨区域的经营活动，实行全方位的经营，使各企业在转换经营机制上有一个新的突破。

1995年，按照国家税务总局关于企业所得税征收和管理范围的通知，地方税务局系统的征收管理范围：(1)地方各级国有企事业单位的所得税、包括地方各部门、各总公司、各行业协会、总会、社团组织所属企事业单位及其兴办的国有企业的所得税。(2)集体企业的所得税。除金融保险企业外的集体所有制企业的所得税，包括中央各部门、各总公司、总行业协会总会、社团组织、基金会及各企事业单位在地方兴办的集体企业所得税。(3)私营企业的所得税。

1997年以后，乐安县国有工业企业进行改革、改制，不少企业资产、人员逐步重组，国有企业内部管理取得较好的成效。1998年后为加快对地方国有工业企业改革，在资金紧缺的情况下，通过各方面融资，筹集更新改造资金1600余万元，对罐头食品厂、家具厂、印刷厂、针织内衣厂等企业的产品升级换代，实施重点项目技术改造，提高企业的增长点。1999年国有地方企业产品销售利润达到1094万元，利润总额251万元。

1995～2005年，乐安县有24户企业实行改制、破产、兼并、转让。其中：1996年乐安县食品二厂与乐安县食品一厂实行产权制度改革，由食品一厂兼并成立乐安县罐头食品厂；1999年乐安县电力公司实行股份制改造；2003年，乐安县矿产品公司、乐安县缫丝厂、乐安县罐头食品厂实行破产，乐安县石油公司上划，乐安县升泉化工厂等9户企业实行企业改制；2004年乐安县印刷厂实行企业改制，乐安县水泥厂和胶合板厂破产；2005年乐安县农机厂、乐安县家具总厂和乐安县汽车运输公司实行企业改制。

实行新税制后的1994～2012年，企业所得税共7619万元，其中非国有企业所得税4324万元。

1994～2005年乐安县企业改制情况表

表1－91

序号	单位名称	改制时间	改制形式
1	乐安县蔬菜公司	1996年	组建有限责任公司
2	乐安县食品二厂	1996年	兼并
3	乐安县第一化工厂	1996年10月21日	破产
4	乐安县第二化工厂	1996年10月22日	破产
5	乐安县电力公司	1999年8月1日	股份制改造
6	乐安县升泉化工厂	2003年1月23日	企业改制
7	乐安县矿产品公司	2003年3月5日	破产
8	乐安县缫丝厂	2003年5月23日	破产
9	乐安县罐头食品厂	2003年6月	破产
10	乐安县五交化公司	2003年7月29日	企业改制
11	乐安县百货公司	2003年7月29日	企业改制
12	乐安县副食品公司	2003年7月29日	企业改制
13	乐安县饮食服务公司	2003年7月29日	企业改制
14	乐安县贸易公司	2003年7月29日	企业改制
15	乐安县贸易经理部	2003年7月29日	企业改制
16	乐安县燃料公司	2003年7月29日	企业改制
17	乐安县石油公司	2003年	上划

续表 1－91

序号	单位名称	改制时间	改制形式
18	乐安县针织内衣厂	2003 年 10 月 25 日	企业改制
19	乐安县印刷厂	2004 年 6 月	企业改制
20	乐安县水泥厂	2004 年 12 月	破产
21	乐安县胶合板厂	2004 年 12 月	破产
22	乐安县农机厂	2005 年 4 月 11 日	企业改制
23	乐安县家具总厂	2005 年 4 月 11 日	企业改制
24	乐安县汽车运输公司	2005 年 9 月 28 日	企业改制

1983～2012 年乐安县企业所得税收入表

表 1－92　　单位：万元

年度	合计	工业	商业	物资	交通	森工	粮食	城市公用	文教	其他企业	其他国有企业	集体企业	私营企业	股份制企业
1983	49	15.3	28	1.4	2	—	—	—	2	0.3	—	—	—	—
1984	70	29.6	36.2	0.8	1.8	—	—	—	—	1.6	—	—	—	—
1985	56.7	13.3	18.2	0.6	2	19.3	—	—	1.3	2	—	—	—	—
1986	102.4	18.6	16.6	—	2.6	62.8	—	—	0.7	1.1	—	—	—	—
1987	107.3	31.8	6.2	—	0.3	67	—	—	0.5	1.5	—	—	—	—
1988	144.4	33.5	9.5	—	—	90	8.4	2.3	0.7	—	—	—	—	—
1989	129.7	34.7	6	0.8	—	77	9.7	0.1	0.6	0.8	—	—	—	—
1990	94	37.9	5.6	—	—	40	8.5	—	1.1	0.9	—	—	—	—
1991	54	23.7	2.4	—	—	—	12.5	2.5	0.2	12.7	—	—	—	—
1992	36.6	23.2	5.7	—	0.4	—	2.4	1.1	—	3.8	—	—	—	—
1993	35.4	29	4	—	0.1	—	—	1	—	1.3	—	—	—	—
1994	43	32	—	—	—	—	—	—	—	1	—	10	—	—
1995	34	14	—	—	—	—	—	—	—	2	—	18	—	—
1996	65	44	—	—	—	—	—	1	—	7	—	12	1	—
1997	63	41	3	—	—	—	—	—	—	12	—	7	—	—
1998	64	45	—	—	—	—	—	—	—	15	—	3	1	—
1999	42	30	—	—	—	—	—	—	—	6	—	5	—	1
2000	27	12	—	—	—	—	—	—	—	5	—	7	3	—
2001	373	74	—	—	—	—	—	—	—	1	—	296	2	—
2002	58	—	55	—	—	—	—	—	—	—	—	2	1	—
2003	119	—	—	—	—	—	—	—	—	—	82	3	33	1
2004	128	—	—	—	—	—	—	—	—	—	109	1	1	17
2005	192	—	—	—	—	—	—	—	—	—	160	3	2	27
2006	336	—	—	—	—	—	—	—	—	—	194	2	8	132
2007	403	—	—	—	—	—	—	—	—	6	238	14	44	101
2008	609	—	—	—	—	—	—	—	—	24	337	50	68	130
2009	599	—	—	—	—	—	—	—	—	77	158	21	80	263
2010	994	—	—	—	—	—	—	—	—	107	352	53	24	458
2011	1764	—	—	—	—	—	—	—	—	66	336	148	57	1157
2012	1706	—	—	—	—	—	—	—	—	186	463	138	64	855
总计	8498.5	582.6	196.4	3.6	9.2	356.1	41.5	8	7.1	541	2429	793	389	3142

第二节 专项收入

专项收入是指国家和地方政府用于专项开支的收入。它包括各种专项收入和基金等。这项收入在财政预算上一般都是列收列支，除上解外，地方财政以收抵支。为了事业发展的需要，地方财政在财力允许的条件下，可以增拨一些资金以补充专项收入的不足，但是不允许将已属于专项收入的资金调作他用。乐安县1986年始有排污费收入，1987年有粮食调拨经营收入，从1990～2003年，财政决算中乐安县专项收入科目有以下2项：排污费收入、教育附加。从2004～2008年有公路运输管理费收入。2007年开始，增加了矿产资源专项收入。

1986～2012年，乐安县专项收入4465万元。

在专项收入中，1987年(仅此一年)的新增粮食调拨经营费收入45万元，此项经费由抚州地区专项拨入。

1986～2012年乐安县专项收入统计表

表1－93　　单位：万元

年度＼金额＼项目	排污费收入	公路运输管理费收入	教育附加收入	矿产资源专项收入	粮食调拨经营费收入	合计	占当年财政收入%
1986	2	—	—	—	—	2	0.2
1987	1	—	—	—	45	46	4.1
1988	2	—	—	—	—	2	0.1
1989	2	—	—	—	—	2	0.1
1990	3	—	19	—	—	22	1.2
1991	3	—	20	—	—	23	1.3
1992	3	—	21	—	—	24	1.2
1993	3	—	28	—	—	31	1.4
1994	3	—	30	—	—	33	1.4
1995	1	—	22	—	—	23	0.8
1996	6	—	19	—	—	25	0.8
1997	—	—	—	—	—	—	—
1998	8	—	25	—	—	33	0.9
1999	14	—	23	—	—	37	1
2000	15	—	28	—	—	43	1.2
2001	12	—	31	—	—	43	1.1
2002	20	—	33	—	—	53	1.4
2003	28	—	36	—	—	64	1.6
2004	14	28	59	—	—	101	3
2005	15	40	69	—	—	124	3.1
2006	38	37	98	—	—	173	2.8
2007	60	43	134	11	—	248	2.7
2008	50	47	166	65	—	328	2.7
2009	70	—	178	12	—	260	1.4
2010	72	—	514	74	—	660	2.5
2011	123	—	925	48	—	1096	3
2012	150	—	726	93	—	969	1.8
合计	718	195	3204	303	45	4465	2.2

一、排污费收入

为了促进企业、事业单位加强经营管理，节约和综合利用资源，治理污染，改善环境，1982年根据《中华人民共和国环境保护法(试行)》，国务院发布《征收排污费暂行办法》，规定从1982年7月1日起试行。

(一)征收标准

江西省人民政府于1982年6月28日颁布《江西省征收排污费暂行实施办法》，征收标准如下：

废气

有害物质如二氧化硫等，超过标准的排放量每公斤征收排污费0.04元。硫酸(雾)等，浓度超过标准每10立方米征收0.03元～0.10元。生产性粉尘如电站煤粉及其他粉尘，超过标准的排放量每公斤征收0.02元～0.04元。工业及采暖锅炉烟尘，超过排放标准的，按超过排放量和浓度，每吨燃料分别征收排污费3元～6元。

废水

有害物质如汞、镉、砷、铅及其无机化合物，六价铬化合物，浓度超过标准倍数5倍至50倍以上的，每吨水征收0.15元～2元。硫化物等，浓度超过标准上述倍数的，每吨水征收0.1元～1元。悬浮物等，浓度超过标准上述倍数的每吨水征收0.04元～0.30元。对病原体，浓度超过标准倍数的，每吨水征收0.08元。

废渣

有害物质含汞、镉、砷、六价铬、铅、氰化物、黄磷及其他可溶性剧毒物废渣，向水体倾倒或排放，每吨征收36元；无防水、防渗措施堆放，每吨每月征收2元。其他工业废渣，向水体倾倒或排放，每吨征收5元；无专设的堆放场所堆放，每吨每月征收0.3元。排污单位所排放的“废水”“废气”“废渣”中，同一排污口含有两种以上有害物质时，按收费最高的一种计算。对缴纳排污费后仍未达到排放标准的排污单位，从开征第三年起，每年提高征收标准百分之五。

根据1984年修正的《中华人民共和国水污染防治法》，国家环境保护局、国家物价局、财政部于1991年6月通知，执行调整后的《超标污水排污费征收标准》，同时，1982年颁布的规定有关废水部分相应废止。江西省环境保护局、物价局、财政厅于同年11月发出通知，从1992年1月1日起执行。

《超标污水排污费征收标准》

表1－94

类别	污染物名称	排放污染物超标分界依据（吨水·倍数）	超标收费单价（A级）（元/吨水·倍数）	超标收费单位（B级）（元/吨水·倍数）	B级起征费（元）
第一类	总汞	2000	2.00	1.00	2000
	总镉	3000	1.00	0.15	2550
	苯并(a)芘	3000000	0.06	0.03	90000
	总铬	150000	0.06	0.03	4500
	六价铬	150000	0.09	0.02	10500
	总砷	150000	0.09	0.02	10500
	总铅	150000	0.08	0.03	7500
	总镍	150000	0.08	0.03	7500
第二类	pH值	5000	0.25	0.05	1000
	色度	100000	0.4	0.04	10000
	悬浮物	800000	0.03	0.01	16000
	生化需氧量	30000	0.18	0.05	3900
	化学需氧量	20000	0.18	0.05	2600
	石油类	25000	0.20	0.06	3500
	动植物油	25000	0.12	0.04	2000
	挥发酚	250000	0.06	0.03	7500
	氰化物	250000	0.07	0.04	7500
	硫化物	250000	0.05	0.02	7500
	氨氮	25000	0.10	0.03	1750
	氟化物	25000	0.30	0.09	5250
	磷酸盐（以P计）	250000	0.05	0.02	7500
	甲醛	200000	0.12	0.06	12000
	苯胺类	200000	0.12	0.06	12000
	硝基苯类	200000	0.10	0.04	12000
	阴离子合成洗涤剂（LAS）	25000	0.30	0.09	5250
	铜	250000	0.04	0.02	5000
	锌	100000	0.06	0.02	4000
	锰	100000	0.06	0.02	4000
	有机磷农药（以P计）	250000	0.07	0.04	7500

说明:1. 收费额=超标收费单价排放污染物超标总量(吨·倍数)。其中:污染物超标总量(吨·倍数)=污水排放量污水中该污染物超标倍数。排放污染物超标分界依据为排放污染物超标总量(吨·倍数)的分界值。当排放污染物的超标吨倍数小于或等于排放污染物超标分界依据时,收费额=超标收费单价A排放污染物超标总量(吨·倍数)。当排放污染物的超标吨倍数大于排放污染物超标分界依据时,收费额=超标收费单价B排放污染物超标总量(吨·倍数)+B级起征费。

2. pH值的超标总量=超标污水的pH值与排放标准之差×污水排放量。

3. 在执行《污水综合排放标准》表3的最高允许排水量或最低允许水循环利用率时,超标水量按当地最低上水单价收费,并与超标排污费叠加计算,合并征收。

4. 病原体污水超标收费标准0.14元/吨。

另:1997年4月江西省环境保护局《关于征收超标水量费有关问题的通知》,对全省征收超标水量费的标准按国家物价局、财政部〔1992〕价费字178号文件规定,按当地最低上水单价征收,以各市、县、区当年自来水公司的价格为准

1993年10月,江西省物价局、财政厅《关于制定江西省征收污水排污费的通知》规定:“各市、县可根据当地实际情况分步到位,具体标准由市、县物价部门会同财政部门在不超过省定标准限度内确定。”1994年8月28日,乐安县物价局,乐安县财政局联合下发《关于制定在县城征收排水设施使用经费的通知》,规定,凡直接或间接向县城排水设施排放污水的企事业单位和个体经营者,应向县城乡建设环境保护局缴纳县城排水设施使用费,征收标准:每吨污水计征排污费0.08元。

(二)征收办法

1984年,乐安县人民政府下发《关于颁发〈乐安县城镇建设管理条例〉》的文件,强调指出:“为保护和改善环境,防止环境污染,依照国家颁发的法规、条例,对向环境超标排放污染物的排放者,征收一定金额的环境补偿费用”。这是乐安县关于征收排污费的最早文件。1985年7月6日,乐安县人民政府批复乐安县城乡建设环境保护局、乐安县财政局《关于在全县范围内全面开展征收排污费工作》的请示。文件规定:(1)对超过《工业“三废”排放试行标准》和《工业、企业设计卫生标准》排放污染的企、事业单位,一律征收排污费;对其他排污单位,征收采暖锅炉烟尘排污费。(2)征收排污费的标准按《江西省征收排污费暂行实施办法》中的规定执行。(3)排污费从1985年1月1日起征。(4)排污单位按月如实向县城建局环境保护办公室申报,登记排放污染物的种类、数量和浓度,经核定后,由县环保办开具“征收排污费收据”,通知排污单位缴纳。“排污单位长期拖欠或拒交排污费,由环保部门发通知,银行从排污单位账户内扣收”,并且“每天增收滞纳金千分之一”。(5)县环保部门收取的排污费纳入预算内,上缴县财政,专项用作环境保护补助资金,80%用于补助重点排污单位治理污染源,以及环境的综合性治理措施,其余部分和收取的中央、省、地属排污单位排污费中留县的20%部分,主要用于补助环境监测仪器设备购置、监测业务活动经费。由于当时环保部门检测设备和技术力量缺乏,没有完全正常开展此项工作,所征收的排污费也是象征、轻微性的。1985年预算安排排污费收入1.6万元,但决算报表中并没有反映此项收入。直到1986年,县环保办(当时只是城建局的股级机构)才开始征收排污费,以后此项工作才逐渐转入正轨。

从1986年1月1日起,所有排污单位(不论其隶属关系)均按规定向当地环保部门缴纳排污费,排污费在预算内列专项收入类科目。当年乐安县排污费收入2.3万元。

县环保部门依据上级财政和环保部门下达的征收排污费年度计划指标和上年度实征数,于下年度开始前1个月编出本地的排污费征收计划,报上级环保和财政部门审批后,作为下年度征收任务。

所应缴的排污费,不准拖欠、不准拒交、不准留用。对于逾期不缴的单位,每天征收滞纳金1‰,对个别长期有意拖欠不缴或拒交的,环保部门可通知银行由银行从排污单位账户中扣收。1986～1990年“七五”期间乐安县征收排污费收入10万元。

在乐安县境内的各类企业及县城事业单位、个体经营者,凡向水体排放污染物的,均应向环保部门按月缴纳污水排污费。对中、小学和职业学校、幼儿园、托儿所、敬老院、医院等公共福利事业单位以及居民生活用水暂不征收污水排污费。对企业事业单位向水体排放污染物,已超出国家或者地方规定的污染物排放标准的,且已经按照国家规定缴纳超标排污费的,不再重复征收排污费。“八五”期间,乐安县征收排污费收入13万元。

征收排污费的县环保部门应向物价部门申领江西省行政事业性收费许可证，凭证收费，统一使用省财政部门与省环保部门联合监印的征收排污费收款收据。

1997年8月15日，江西省第八届人大常务委员会第29次会议再次修正的《江西省征收排污费办法》提出了明确要求："本省境内排放污染物的企业事业单位、机关团体、部队和个体工商户（以下简称排污单位），必须遵守本办法。"

办法所称排污费包括：对超过国家环境保护行政主管部门或省人民政府制定的污染物排放标准或污染物排放总量指标的排污单位，征收超标排污费；对未超过前项标准或指标，但向水体排放污染物的排污单位征收污水排污费；对宾馆、饭店、旅馆、招待所、酒茶楼、个体饮食业等服务行业的锅炉、炉灶以及其他行业的窑炉、采暖锅炉排放的烟尘，参照工业锅炉烟尘排放标准，向排污单位征收烟尘排污费。

对产生噪声、放射性、汽车尾气及其他流动污染源的，逐步开展收费。

排污单位应当按照当地环保部门规定的时间如实申报、登记排放污染物的种类、数量和浓度。拒报或者谎报的，由环保部门给予警告或处以300元至3000元的罚款。

环保部门或其指定的监测单位对排污单位申报登记的排放污染物的种类、数量和浓度进行核定，其监测数据作为征收排污费的依据。

排污单位缴纳排污费，并不免除其应承担治理污染、消除危害、赔偿损失的责任和法律、法规规定的其他责任。排污单位有治理条件而不进行治理，造成污染事故的，处以1万元至5万元的罚款；因污染事故造成重大经济损失的，按直接经济损失的30%处以罚款，但最高不得超过20万元。法律、法规另有规定的除外。县环保部门可以决定1万元以下的罚款，超过1万元的罚款，报上级环保部门批准。

2000年9月18日，乐安县人民政府办公室批复县环保局关于《乐安县工业污染源达标排放工作方案的请示》，使全县工业企业排污治污工作有据可行。

"九五"期间，乐安县征收排污费收入43万元，比"八五"期间增长2.3倍。

为深化排污收费制度改革，进一步规范排污费的征收和使用，促进环境保护部门依法行政，2001年1月9日，抚州市财政局、抚州市环保局联合发文转发了财政部、国家环保总局《关于加强排污费征收使用管理的通知》，强调：（1）各级财政部门和环境保护部门要严格执行《中共中央、国务院关于治理向企业乱收费、乱罚款和各种摊派等问题的决定》规定的收费项目审批制度，不得擅自设立排污收费项目、扩大收费范围、提高或降低收费标准。（2）各级环境保护部门在征收排污费工作中，要严格执行国家有关法律、法规，坚持依法、全面、足额的征收原则，坚决杜绝人情收费、协商收费。（3）排污费要全部纳入地方财政预算，实行"收支两条线"管理。严格实行"单位开票、银行代收、财政管理"的缴款方式。（4）征收排污费一律使用省级财政部门统一监制的收费专用票据。排污费收费票据的具体管理、发放和监督使用办法，按省级财政部门的有关规定执行。（5）排污费主要用于污染源治理和区域性污染防治，不得修建楼堂馆所，不得截留、挪用和私设小金库。（6）各级环境保护部门的行政机关、环境监理机构、环境监测机构、环境科研机构和宣传教育机构的人员经费（包括基本工资、补助工资、职工福利费、住房公积金和社会保障费等）、公用经费（包括公务费、设备购置费和业务费等）、科研经费和专项经费，要足额纳入各级财政的年度经费预算。各级财政部门要结合本地区的实际情况，对环境保护部门正常工作运转所需经费予以必要保障。环境保护部门编制内的人员经费开支标准按照当地财政部门的有关规定执行；对环境保护部门开展环境监理和环境监测所需公用经费要给予重点保障；环境科研经费和专项经费要根据环境科研和业务工作的需要和地方财力可能，按照轻重缓急排序安排。（7）各级财政部门和环境保护部门要进一步提高认识，加强领导，积极配合，全面落实"收支两条线"管理的各项规定，加强对排污费征收、管理和使用情况的监督检查。（8）对管理混乱、问题突出的，要重点检查，限期整改。违反规定，擅自设立收费项目、改变收费范围和收费标准、下达或者变相下达收费指标、截留或挪用排污费的，要认真查实，依照有关法律、法规予以处罚。违反"收支两条线"管理规定的，要严格按照国务院关于《违反行政事业性收费和罚没收入收支两条线管理规定行政处分暂行规定》（国务院令第281号），对直接负责的主管人员和其他直接责任人员予以严肃处理。（9）有关环境保护部门财政经费保障，排污费征收、管理、使用和监督等具体实施办法，由财政部会同国家环境保护总局另行制定。

"十五"期间，乐安县征收排污费收入89万元，比"九五"期间增长107%；从"十一五"期间至2012年，乐安县征收排污费收入563万元，比前20年总收入增长263%。

（三）征额分配

征收的排污费纳入预算内，作为环境保护补助资金，按专项资金管理，不参与体制分成。1982年规定：中央部属和省属排污单位排污费80%纳入省级财政，地（市）属排污单位的排污费80%纳入地（市）财政，主要用于补助重点排污单位治理污染源；其余20%留给收费县（市）用于环境污染的综合治理，排污费工作的管理和补助环境监测仪器设备的购置。

2003年12月17日，江西省人民政府批转省财政厅、省环保局《关于江西省排污费资金收缴使用管理办法和江西省环保部门实行收支两条线管理后经费安排实施办法的通知》，规定：从2003年7月1日起，由各市、县（区）环境保护行政主管部门收缴的排污费收入，10%缴入中央国库，20%缴入省国库，70%缴入各市、县（区）国库。

1986～2012年，乐安县征收排污费收入总计718万元。从1996年"九五"期间开始，到2012年止，征收的排污费收入，是前八个"五年计划"期间总收入的30倍。

二、公路运输管理费

为加强公路运输管理费征收和使用管理，根据国家交通部《关于进一步贯彻执行〈公路运输管理费征收和使用规定〉的通知》精神，1988年12月13日，江西省人民政府印发了《江西省公路运输管理办法》，江西省交通厅、江西省财政厅制定了《江西省公路运输管理费征收和使用实施细则》，从1989年1月1日起执行。

（一）运管费的征收

凡是全省从事营业性公路客、货运输、搬运装卸（包括起重）、运输服务（指货运委托、货物包装、仓储保管、客运代办、旅客服务）、汽车维修业和发生各种方式费用结算（包括运费与货价并计，运输与工程费并计的运费部分）的单位和个人，以及部队车辆参加地方营业性运输的，均需缴纳运管费。

1. 征收标准

①省下放的国营汽车运输公司、厂应缴纳的运管费：其中70%交省公路运输管理局，30%交所在地、市交通局。其他各运输单位、联户、个人车辆，搬运装卸、运输服务，汽车维修的运管费由车籍所在地、生产作业地的运管部门依率计征，其他单位、个人均无权收取。②客、货运输，搬运装卸及运输服务的运管费按经营者营业收入的百分之一计征；汽车维修业的运管费按营业收入总额的千分之五计征（企业自修自用车辆不收管理费）。营业额难以计算的单位、个体及联户车辆，可按月实行定额征收，其标准为：汽车每吨每月6元，大中型拖拉机、小四轮每吨每月5元，手扶拖拉机、简易机动车、三（二）轮车每台每月4元，非机动车每辆每月2元。

2. 征收办法

（1）凡按营业（销售、劳务）收入计征的企业，单位应于每月终后15～20天内将应缴纳的运管费缴清，按吨位定额征收运管费的车，单位及个人应于每月初五天内向当地运管部门缴纳当月运管费。（2）运管费缴纳后，在"公路运输营运证"运管费缴纳栏内贴花，有效期内全国通行。（3）对于不按规定时间缴纳运管费的单位和个人、应作如下处理：①逾期不缴纳的除批评教育并按章补交拖欠的运管费外，还需追交滞纳金（滞纳金列运管费收费）。滞纳金按拖欠日数计算，每拖欠一天，增交拖欠总额的1%；②经当地运管部门一再通知仍不按规定缴纳运管费者，也可以通过公安、工商管理部门吊扣行车执照、营业执照。（4）征收运管费，统一使用套有"江西省财政厅行政事业性收费收据监制章"的《行政事业性收费专用收款收据》（江西省公路运输管理费专用），由省公路运输管理局统一印制，实行逐级管理按季发放，地、市运管所负责统一领取、发放和销号，县（市）运管站（所）负责使用。运管费应按规定缴纳国家能源交通重点建设基金（收支结余部分）。

（二）运管费的使用（开支范围）

（1）职工工资及福利基金；

（2）业务开支和管理费用，包括办公费、差旅费、会议费、邮电费、水电费、交通工具维修费、燃料费、固定资产设备维修费、业务性资料宣传费、票据印刷费、工作人员标志旗、标志证章等，劳保用品费以及必要的物品购置费；

（3）离休、退休人员费用；

（4）固定资产购置（包括工作用车、通讯、宣传、记录、计算检测等设施），零星土建和按基建程序报经批准的基本建设投资（包括办公用房、职工宿舍及行业的服务设施）；

（5）按规定发放的奖励基金；提取的工会经费；

（6）智力开发和人才培训的经费开支；

（7）省、地（市）交通主管部门集中的运管费，主要用于公路运输管理和重点调查研究工作的支出，以及设施建设的经费补助等开支。

（三）运管费的管理

（1）运管费由交通主管部门统一管理，运管部门具体征收。各县(市)运管站要在当地工商银行开设“运管费收入专户”,每天将收取的运管费存入银行,每旬末汇解地(市)交通局收入专户。月终,各县(市)运管站“运管费收入专户”应无余额。

(2)运管费分成比例,1988 年度仍按省财政厅、省交通厅通知规定的分成比例执行。从 1989 年 1 月 1 日起、地、市交通局按月将已集中的运管费按比例上缴和回拨,其上缴、回拨比例为:各地、市交通局按实际已集中的(含下放省属企业缴纳的 30%)运管费的 10% 上缴省交通厅,由省交通厅按全省收入总额的 1% 上缴交通部;各地、市交通局留用 20%;其余 70%,根据各县(市)的具体情况采取不同比例回拨各县(市),或采取定比留用,比例上缴。

(3)各级交通主管部门的运管费,应在当地银行开设“经费存款户”,按批准计划使用。年度终了,各运管单位的运管费若有节余,可在核定支出预算指标内的节余中结转下年度使用,但不得用于发放职工奖金;其节余部分 70% 上缴同级财政,30% 留交通主管部门(省公路运输管理局这部分结余的 30%,缴省交通厅)用于事业发展。

(4)各级运管单位都必经按照规定分别编制运管费月、季、年度收支财务决算报表,在报送同级财政部门的同时,由县(市)交通局报地、市交通局,地市交通局汇总季、年度财务决算报省运管局、省运管局审核汇编于季后 28 天、年度终了 50 天内报省交通厅、财政厅。各级运管部门的年度财务决算、应报同级财政审批。

2009 年 1 月,国务院决定成品油税费改革自 1 月 1 日起实施,取消原在成品油价外征收的公路养路费、航道养路费、公路运输管理费、公路客货运附加费、水路运输管理费、水运客货运附加费等六项收费;逐步有序取消政府还贷二级公路收费。根据以上精神,开征 20 年的公路运输管理费也就结束了使命。1989 ~ 2008 年,全县共征收公路运输管理费 518.3 万元。2003 年以前收入未列入财政总决算。

1989 ~ 2008 年乐安县公路运输管理费收入

表 1 - 95

单位:万元

年　度	金　额	年　度	金　额
1989	13	2000	15
1990	16.9	2001	24.6
1991	17.2	2002	24.9
1992	10.4	2003	23.8
1993	10.5	2004	28
1994	33.6	2005	40
1995	36.3	2006	37
1996	27.3	2007	43
1997	26.2	2008	47
1998	28.1		
1999	15.5	合　计	518.3

三、教育费附加收入

为了加快发展农村教育事业,有步骤地实施九年义务教育,江西省人民政府根据《中共中央关于教育体制改革的决定》《国务院关于筹措农村学校办学经费的通知》精神和省六届人大常委会第 15 次会议通过的《江西省实行九年义务教育条例》,于 1986 年 1 月 30 日制定了《关于筹措农村学校办学经费的试行办法》(从 1986 年 1 月起实行)。1986 年 8 月 18 日,省人民政府又下发了《关于在县以上城镇贯彻执行〈国务院征收教育费附加的暂行规定〉的实施办法》(从 1986 年 7 月 1 日起实行)。

其实早在 1950 年 5 月 24 日,江西省人民政府就以财教字第一号下发了《开征政教费附加》的通令。通令指出:“根据政务院最近发布统一管理本年度财政收支决定,并经中央批准,在全省 45 个城镇中开征城市政教费附加,就工商业税及房地产税附征,工商业税中,工业附加百分之五,商业附加百分之十,房产税地价税各附加百分之三十。自本年一月一日起开征。此项附加由税务局征。”

1990 年 6 月 7 日,国务院令(第 60 号)发布,修改后的条款确定自 1990 年 8 月 1 日起将教育费附加纳入预算管理。乐安县的教育费附加,是从 1990 年开始征收的,至 2012 年止,历年筹措的经费及使用情况均在预算内资金中反映。

1990 年 9 月，江西省财政厅为贯彻财政部的规定，下发了《关于教育附加纳入预算管理有关问题的通知》。教育费附加以各单位和个人实际缴纳的产品税、增值税、营业税的税额为计征依据，教育费附加率城镇为 2%，农村为 5%，分别与产品税、增值税、营业税同时缴纳，教育费附加由税务机关负责征收；按农业税正税 5% 征收的教育事业费附加由乡镇财政所负责征收。教育费附加和教育事业费附加均纳入预算管理，作为教育专项资金，根据“先收后支、列收列支、收支平衡”的原则使用和管理。

省八届人大常委会第 12 次会议通过的《江西省义务教育经费筹措和使用管理办法》和 1995 年 3 月 25 日省人民政府印发的《江西省教育费附加征收管理使用若干规定》，关于教育费附加的征收从 1995 年 1 月 1 日起执行。凡缴纳增值税、营业税、消费税（以下简称三税）的单位和个人教育附加，以实际缴纳的三税的税额为计征依据，附加率为 3%，分别与三税同时缴纳，对“三资”企业暂不征收教育费附加（国家如有新的规定，按国家规定执行）。按农业正税征收的教育事业费附加改由预算外资金原农业税附加中划出 10% 用于义务教育部分。乐安县在执行中，对于按缴纳三税的税额征收教育费附加，在征收管理问题上，县国税局与县地税局协商，由企业按时如实申报，经县地方税务部门核定并负责征收，企业按规定的期限缴纳。征收的教育费附加收入作为县预算固定收入。按农业税正税征收的教育事业费附加，乐安县从 1996 年起按省规定停止征收。

1986 年在开征教育费附加时，省人民政府明确指出：“开征教育费附加以后，各地、市、县、区要确保用于义务教育的财政拨款的增长高于财政经常性收入的增长，不得因征收了教育费附加而减少正常的教育拨款”。征收教育费附加为发展教育事业，为扩大教育资金来源，为解决义务教育经费的不足，开辟了一条筹资渠道。

从 1995 年起，教育费附加的征收按三税的税额计征，不分城镇和农村，统一规定附加率为 3%，据统计，征收最多的年份是 2011 年，达到 925 万元。1996 ~2012 年，乐安县教育费附加收入共计 3204 万元。

1990 ~2012 年乐安县教育费附加收入

表 1 – 96　　单位：万元

年度	收入	年度	收入	年度	收入	年度	收入
1990	19	1996	19	2002	33	2008	166
1991	20	1997	—	2003	36	2009	178
1992	21	1998	25	2004	59	2010	514
1993	28	1999	23	2005	69	2011	925
1994	30	2000	28	2006	98	2012	726
1995	22	2001	31	2007	134	总计	3204

四、矿产资源专项收入

为了加强全县矿产资源补偿费的征收工作，维护矿产资源国家所有权，促进矿产资源的勘查、开发利用和保护，根据《中华人民共和国矿产资源法》、国务院颁发的《矿产资源补偿费征收管理规定》（150 号令）和江西省人民政府颁发的《江西省矿产资源补偿费征收管理实施办法》（35 号令）等有关规定，1987 年 7 月 30 日，乐安县人民政府办公室下发《关于成立乐安县矿产资源管理领导小组》的通知，由县政府分管工交工作的副县长担任组长，分别由县计委、县经委、县工商行政管理局、县税务局、县钨矿等部门的主要负责同志任领导小组成员，从即时开始，乐安县的矿产资源管理工作，才步入正轨。

1994 年 7 月 18 日，乐安县人民政府印发《乐安县矿产资源开采管理暂行办法》，全文共计 27 条，其中第 3 条规定：“国家对矿产资源实行有偿开采，开采矿产资源，必须按照国家有关规定缴纳资源税和资源补偿费。凡在本县境内开采矿产资源的单位和个人必须按照国家和省、地、县人民政府有关规定，按时缴纳税费和补偿费。开采煤炭，必须缴纳煤炭开发基金。”同年 5 月，县人民政府还颁发了《关于加强矿产资源管理的通告》。

1997 年 5 月 14 日，乐安县人民政府印发《关于全面贯彻执行矿产资源法，切实加强矿产资源补偿费征收工作的通知》，通知规定如下：“（1）县地质矿产局是人民政府负责全县矿产资源勘查、开发利用和保护的监督管理行政主管部门，行使法律法规赋予管理矿产资源国家所有权的职责，负责具体征收矿产资源补偿费工作。为配合做好此项工作，各乡镇企业办公室应确定一人为兼职矿管员。（2）凡在乐安县行政区域内从事地质勘查活动（含水文、工程、环境地质勘查）的单位或个人，必须持勘查许可证到县地质矿产局登记，依法接受监督管理，经审查同意后方可勘查施工；开采矿产资源的各类矿山企业和个体采矿者，均必须到县地质矿产局办理《采矿许可证》，获取采矿权资格后并凭此证到工商行政管理部门办理《营业执照》，到公安部门核发《爆炸物品使用许可证》。未办理采矿许可证的，工商部门不得办理《营业执照》，公安部门一律不予审批爆炸物品。已经在开采资源但未办证的，必须在规定期限内(1997 年 10 月 31 日前)补办手续，并依法足额缴纳资源补偿费。否则，视为无证勘查、开采，将依照矿产资源管理的有关法律法规，追究其经济、行政和法律责任。(3)凡在本行政区域内的各类采矿权人和待履行采矿补办登记手续的资源开采单位或个人，都必须依法按照国务院 150 号令和省政府 35 号令，向县地质矿产局缴交矿产资源补偿费。凡从事矿产品运销的全民、集体企业或个人都必须经县地质矿产局批准，领取《矿产品经营许可证》，并凭此证到县工商行政管理局申办《营业执照》，未办许可证的经补办批准方可经营。(4)全县对开采矿产资源征收矿产资源补偿费的主要矿种有：铀、钨、锡、钼、铋、铜、金、银、铝、锌、煤、萤石、石英、花岗岩、建筑采石、挖淘河沙石、石灰石、白云石、瓷土、烧制水泥和砖瓦用黏土、日用陶瓷用黏土、矿泉水、地下水等国家规定的 168 种资源。征收时间和费率标准按国务院 150 号令、省政府 35 号令执行。(5)根据规定，县地质矿产局有权依法检查、调取采矿权人与计算矿产资源补偿费有关的原始单据、票据、会计账目、记录及其他资料，可以进行生产现场调取有关数据资料、地质勘查、采矿权人、矿产品运销者，应当如实、及时并按规定的方式向县地质矿产局提供所需的资料。(6)矿产资源补偿费(煤矿还应缴纳煤炭开发基金和乡镇煤矿维简费)，由采矿权人每月到县地质矿产局缴纳一次，于下个月的 10 日前缴纳上个月的资源补偿费，7 月 31 日前缴清上半年的资源补偿费，次年 1 月 31 前缴清上年度下半年的资源补偿费。其他单位不得乱收费。(7)地质勘查、采矿权人、矿产品运销者，如违犯矿产资源法律法规，在规定期限内未足额缴纳矿产资源补偿费，或伪报矿种、隐匿产量、销售数量、伪报销售价格、实际开采回采率及拒绝接受县地质矿产局依法检查、拒不按规定提供所需资料的，由县地质矿产局或其他执法部门，根据矿产资源管理的有关法律法规，分别给予警告、收取滞纳金、罚款、吊销许可证、治安拘留等处罚，情节严重的追究其刑事责任。(8)各乡(镇、场)、县直有关单位要切实加强领导，全面贯彻执行矿产资源管理法律法规，提高全县依法行政水平。要齐心协力，相互配合，积极协助县地质矿产局做好全县矿产资源补偿费的征收工作，以确保矿产资源补偿费全额征收入库。”

为进一步加强矿产资源工作的管理，使矿产资源补偿费征收工作更加规范、更加正常，1999 年 7 月 14 日，乐安县人民政府又再次下发了《关于全面贯彻执行矿产资源法，切实加强矿产资源补偿费征收管理工作的通知》，使得全县矿产资源补偿费的收入逐年增加。由于该项收入在 2006 年以前均以预算外收入列收列支，没纳入预算内管理。从 2007 年开始，才在预算内反映，2007 ~ 2012 年，全县矿产资源补偿费收入共计 303 万元。

2007 ~ 2012 年乐安县矿产资源专项收入

表 1 - 97　　单位：万元

年度	收入	年度	收入
2007	11	2010	74
2008	65	2011	48
2009	12	2012	93
		合计	303

第三节 行政事业性收费收入

行政事业性收费是指国家机关、事业单位代行政府职能的社会团体及其他组织根据法律、行政法规、地方性法规等有关规定，依照国务院规定程序批准，在向公民、法人提供特定服务的过程中，按照成本补偿和非盈利原则向特定服务对象收取的费用。

2006 年以前，除规费收入外，行政性收费收入和事业性收费收入均纳入预算外资金管理。管理形式上分为三种类型：(1)财政部门集中的预算外资金有各项附加(工商税附加、农业税附加、专控商品附加等)；集中企业的有关资金(县办工业企业利润留成、企业更新改造资金和折旧基金、工业集资等)；

集中统管的事业收入和杂项收入。(2)国营企业及其主管部门管理的各种资金收入。(3)行政事业单位管理的预算外资金收入。

对规费收入的管理,早在1952年9月1日中南军政委员会就公布了《中南区规费暂行通则》。规定:为了保障人民特定权益,准许人民经营特种营业,改善公共卫生,供应人民特定服务而制定规费的征收。各项规费由省、市、县人民政府或其主管机关征收,所征收之规费,应作为该级财政收入,解缴同级金库。各项规费应由纳费人直接缴库,或由征收机关暂行收纳,限期汇解金库。

1953年4月15日,江西省人民政府令,关于本省各县市征收规费种类标准规定。该规定全面而详细,给此后的规费征收工作奠定了基础。

各项事业迅速发展,由于各单位工作任务不同,财务状况也不尽相同,一部分事业单位只有支出没有收入,一部分事业单位有支有收但很不稳定。随着社会主义市场经济的发展,一部分单位按照国家政策开展有偿服务,收入增长较快,因此对事业单位的财务管理只能分别不同情况,不断改进并逐步加以完善。

1989年,财政部第2号令《关于事业单位管理的若干规定》:对全额预算管理单位实行多种形式的预算包干、结余留用、超支不补的办法;凡是有一定收入的全额预算管理单位,财政部门应会同单位主管部门对其收入规定一定比例或数额,抵顶事业费预算拨款;有一定数量的稳定的经常性业务收入,但还不足以解决本单位的经常性支出,需要财政补助的事业单位实行差额预算管理;有稳定的经常性收入,可以解决本单位的经常性支出,但尚未具备企业化管理条件的事业单位,实行自收自支管理。

财政性收费是指国家机关、司法机关和法律、法规授权的机构,依据国家法律、法规行使其管理职能,向公民、法人和其他组织收取的费用。行政性收费包括管理性收费,资源性收费和证照性收费。

1995年以前行政性收费一直列规费收入或纳入预算外资金管理。对凡未纳入国家预算而又不与国家预算发生关系的预算外资金;乐安县人民委员会早在1962年4月29日就发出了《关于进一步加强预算外资金管理有关问题的通知》,通知对资金的收取,存储,支用都做了明确的规定。

随着经济体制改革和建设事业的发展,乐安县预算外资金增长较快,为管好用好这部分资金,1987年2月11日,乐安县人民政府下发《乐安县预算外资金管理实施办法》:

(1)对国营企业的预算外资金,采取计划管理,政策引导,财政审批。基本折旧基金应用于企业固定资产更新改造,专款专用,职工福利,奖励和工资增长等基金,必须按照财政、劳动人事和主管部门核定的比例提取,坚持先提后用,并按照规定缴纳奖金和工资的调节税。不得用发展生产和发展事业的预算外资金发放奖金、实物和补贴。

(2)对全县行政、事业单位的预算外资金实行“专户储存,计划管理,财政审批,银行监督”的管理办法。

(3)实行“专户储存”的对象和范围。①县属行政、事业单位未纳入预算的各项预算外资金。②各主管部门集中管理的所属单位上缴的预算外资金(包括部分企业上缴主管部门的专项基金)。③实行“事业性质、企业管理”的单位和各项预算外资金。

(4)凡纳入“专户储存”的各单位预算外资金,资金所有权不变。各存款单位有权按现行财务制度规定支配、使用自己的资金,但必须接受财政部门的监督。财政部门对纳入“专户储存”管理的资金,在不平调和保证单位使用方便的前提下,要有计划地进行宏观引导和控制。

(5)县财政部门集中管理的预算外资金,分别在建设银行、农业银行、工商银行开设“261035”“437023”“144018”(科目账号)“预算外资金存款”专户,办理收缴和拨付单位预算外资金。

(6)凡纳入“专户储存”管理的行政、事业单位,应按1986年12月31日的预算外资金的账面存款余额,按资金来源开列清单,转入财政在各家银行开设的“预算外资金存款”专户,其中属于行政性收费和主管部门集中管理的预算外资金收入要全额解缴,以后每半月解缴一次。属于经营性收费,按规定比例每月解缴一次。全额解缴和按比例解缴单位的划分和解缴比例,由财政局核定。

(7)“专户储存”资金的使用和管理。①财政部门对“专户储存”的预算外资金实行计划管理。各存款单位要按照预算外收入和支出用途,在年度和季度开始前十天,向财政局报送分项目的年度收支计划和季度分月的用款计划。经审核后,财政部门按月办理拨款,由银行监督使用。如有特殊情况,存款单位可编制临时用款计划报批。②存款单位用“专户储存”的资金进行自筹基建的,按有关基本建设规定办理。③“专户储存”的存款利息计算办法,按银行的规定办理,存款利息由银行与财政部门结算。④凡应解缴而未解缴的预算外资金存款,一律不准使用。银行依照财政局签发的解缴通知书划转县财政局“集中管理的预算外资金银行专户”。

(8)县财政局的综合计划股要具体办理预算外资金的管理业务,负责汇编预算外资金收支计划和决算,做好资金融通和调查研究工作。各单位的财务部门也应指定专人负责管理预算外资金。

(9)本实施办法自1987年1月1日起施行。为了贯彻落实江西省委办公厅、江西省政府办公厅《关于进一步清理乱收费的通知》精神,根据抚州地委关于开展反腐败斗争的工作部署,坚决取缔非法的、不合理的收费项目,制止擅自扩大收费范围,提高收费标准的乱收费行为,建立健全收费管理和监督机制,逐步把行政事业性收费管理纳入法制化、规范化的轨道,结合乐安县行政事业性收费的管理状况,1993年10月,县政府批转县物价局、县财政局《关于印发〈乐安县行政事业性收费暂行管理规定〉的请示》:(1)凡在乐安县境内实施行政事业性收费的部门和单位,都必须到同级物价、财政部门办理《江西省行政事业性收费许可证》后,方能实施收费。财政、物价部门必须凭省以上财政、物价部门共同批准的收费文件,才能核发行政事业性收费许可证。(2)县内各实施行政事业性收费的部门和单位都必须认真执行《江西省行政事业性收费项目》规定的收费项目及标准,不得擅自增加收费项目,扩大收费范围和提高收费标准。(3)凡实施行政事业性收费的部门和单位都必须张榜公布本单位所执行的行政事业性收费项目及收费标准,以利群众协助执行和公开监督。(4)凡实施行政事业性收费的部门和单位,必须做到亮证收费,未亮证收费,被收费单位和个人有权拒付。(5)各收费部门和单位都必须使用财政部门统一印制的行政事业性收费票据进行收费工作,不得使用其他票据进行收费。(6)各部门和单位的收费都必须纳入财政预算或预算外管理,由收费单位财务部门统一核算收费收入,并按规定及时解缴财政国库或存入财政专户储存,实行收支“两条线”管理。(7)各收费部门和单位都必须严格按照财政部门规定的开支范围、开支标准使用,严禁坐收坐支,挪用私分或私设“小金库”。(8)各收费部门和单位必须按收费项目设立收费收支专用账簿,加强收费票据管理,及时编报收支报表报送财政部门。(9)各收费部门和单位都必须接受财政、物价部门实行的行政事业性收费年度审验工作,并准确提供上一年度的收费情况及资金管理状况。(10)凡各部门和单位遇到临时性收费事项,必须经物价部门批准并持有批准单,方能购买行政事业性收费票据实行收费,不得擅自收费。(11)依据《中华人民共和国价格管理条例》和《国务院关于违反财政法规处罚的暂行规定》及国家其他有关政策法规,对违反单位进行处罚。①对下列行为的收费单位,处以500元至1000元的罚款:a. 不实行公开收费项目及标准制度和未做到亮证收费的;b. 收费收入未纳入单位财务统一管理,未按预算外资金管理办法,实行财政专户储存的;c. 未使用财政部门统一印制的收费票据进行收费的;d. 各项收费收入的支出违反财经制度和物价政策法规的;e. 收费项目和标准发生了变更,未办理变更手续,仍按原项目和标准收费的;②对有下列行为的收费单位,没收其所得收入,并处以1000元到5000元的罚款:a. 已经省政府批准取消的收费项目,仍然变换手法继续收费的;b. 自立收费项目、擅自扩大收费范围、提高收费标准、改变收费对象、分解收费项目、增加收费次数的;c. 伪造或涂改《江西省行政事业性收费许可证》中的收费项目和标准的;d. 擅自印发、转让、转借、代开收费票据和开列与收费项目不符的票据的;e. 挪用私分或私设“小金库”的;f. 隐瞒、截留收入和自立账外资金的;g. 违反国家和省有关行政事业性收费管理系统的其他行为。(12)凡违反国家有关政策法规的收费部门和单位,情况严重的吊销其收费许可证;构成犯罪的移交司法部门追究其法律责任。这一规定的出台有效地制止了各种乱收费现象和行为。1993年全县预算外资金(含行政事业性收费)总收入1282.5万元,比1992年增收290.8万元,增长29%。

为了贯彻中共中央办公厅、国务院办公厅《关于行政事业性收费、罚没收入实行预算管理的规定》,财政部于1994年3月25日下发《关于行政性收费纳入预算管理有关问题的通知》,通知规定:行政性收费应按照执行单位的财务隶属关系和各项收费的不同情况,分批逐步纳入同级财政预算管理;凡纳入预算管理的行政性收费原来实行的预算外管理,收入按比例分成,收支节余按上级财政以及在财政预算上列收列支等办法均不再执行;对暂未纳入预算管理的行政性收费,一律按现行预算外资金管理办法进行管理,实行财政专户储存,收入上缴财政部门在银行开设的预算外资金专户;各级财政、审计部门对按规定纳入预算或预算外管理的行政性收费,有权督促其及时上缴国库或缴存财政专户,并实行检查监督。同年,江西省财政厅印发《江西省行政事业性收费财务管理办法》,各种行政事业性收费收入,应作为国家财政收入,纳入预算管理,所收款项,除国家另有规定外,应根据执收部门的行政隶属关系,分别作为本级财政的预算收入，上缴同级国库；尚未纳入预算内管理的行政性收费，专项收入，要执行预算外资金管理办法，实行财政“专户储存”，收入上缴财政部门在银行开设的预算外资金专户；收费单位的各项收费都必须使用财政部门统一印制的收费票据，各级财政部门要把收费票据管理同收费资金管理紧密结合起来。

当年，全县各部门、各单位严格按照国家规定的项目、范围、标准执行行政事业性收费，收费持证依法办事，公开收费项目和标准，如有违反，交款单位和个人有权拒绝付款；同时，积极建立健全行政事业性收费许可证、收费票据、年度审验和票据稽查制度，任何收费单位都使用财政部门统一制发的收费票据或监制的专用票，严禁使用任何形式的自制、自购凭证及白条等非法票据进行收费（当时对721矿医院私制票据收费的做法进行过处理），对纳入预算内管理的行政性收费，根据执行部门的县乡行政隶属关系，分别作为县乡财政的预算收入，上缴县国库。1994年全县预算外资金（含行政事业性收费）1362.8万元，增长6.3%。

1995年1月13日，财政部下达《行政性收费、罚没收入实行预算管理实施办法的通知》，其主要内容：（1）国家行政机关、司法机关和法律、法规授权执行收费和罚没的机构（简称执收、执罚单位，下同）依据国家法律、法规进行收费或罚款时，应使用财政部门统一印制的行政性收费票据和罚款票据。（2）行政性收费（不包括法院收取的诉讼费，下同），凡财政部门已明确纳入预算的，按现行预算外资金管理办法实行预算外资专户储存管理，由部门和单位按规定用途和范围使用，并接受财政监督。（3）行政性收费由执收单位按预算级次办理缴库。凡经财政部门批准，由主管部门集中缴纳的行政性收费，可由基层收款单位，将征收的款项按规定的缴额度或比例，在限定的期限内逐级汇解，并由主管部门汇总向同级财政缴纳，未经财政部门同意，主管部门不得随意集中或抽调下级的行政性收费。（4）各有关部门要进一步加强对行政性收费和罚没收入的收缴管理工作，任何部门和单位均不得随意调整收费、罚款的范围和比例。在坚决纠正、禁止乱收费、滥罚款的同时，对按有关法律和法规应该收缴的行政性收费和罚没收入应做到应收尽收，任何单位不得隐匿不缴，挪用或自行坐支。（5）对执收执罚单位，根据实行“收支两条线”后单位为经费来源变化情况和财政核定的支出基数，重新确认单位的预算管理形式。

1995年5月17日，乐安县人民政府办公室转发了抚州行署《关于进一步加强行政事业单位预算外资金管理意见的通知》。再次强调按照财政部〔1994〕财预字第37号文件规定，对第一批纳入预算管理的88项行政性收费，收费单位必须将所收取的收入按规定及时全额上缴财政，纳入预算管理，实行收支两条线；对暂未纳入财政预算管理的行政性收费、事业性收费、专项资金和其他预算外资金一律按照“先存后用、先收后支的原则，全部纳入财政”“专户储存”，对不按规定纳入财政专户的，财政可停止拨款，停售其收费票据，对未及时纳入财政“专户储存”处以未纳入专户资金20%以下的罚款，严格行政事业性收费和票据管理，禁止乱收费行为。建立行政事业性收费档案，制定票据保管、领用、缴销、稽核制度，定期或不定期对收费单位票据使用情况进行稽核。财政部门切实做好预算外资金日常管理和监督工作，银行、物价、计委、审计和三检部门密切配合，把预算外资金管理纳入正常轨道。1995年，乐安县预算外资金收入达到2284.8万元，比1994年增收922万元，增长67.7%。

为了贯彻国务院《关于加强预算外资金管理的决定》的文件精神，1996年6月3日，乐安县人民政府转发了抚州地区行署《关于批转抚州地区财政局等部门1996年清理检查预算外资金实施方案的通知》，明确清理检查范围：（1）国家行政机关、司法机关、事业单位、社会团体和法律法规授权的机构依据国家法律、行政法规行使其管理职能，向个人、法人和其他组织收取的未纳入国家预算管理的多种基金（包括各种专项资金、集资、附加、管理费等，下同）、行政事业性收费等预算外资金；（2）从国家预算内转移到预算外的资金；（3）未按照县委、县人民政府《关于行政性收费和罚没收入纳入预算管理的通知》的预算内收入；（4）养老保险基金和待业保险基金；（5）未纳入财政专户储存管理的资金；其他应上缴财政的收入。清理检查的内容：（1）违反国家有关规定，未将收取的预算外资金及时、足额地缴存财政专户；（2）违反国家有关规定，越权擅自设立基金、收费项目，随意扩大收取范围，自行提高收费标准，收费无票据或不使用规定的收费票据等问题；（3）违反国家有关规定未将应当纳入国家预算管理的各项行政性收费和罚没收入及时、足额地上缴财政；（4）违反国家有关规定，截留、转移、挪用、坐支预算外资金和按规定应当纳入国家预算管理而未纳入的各项行政性收费、罚没收入以及账外资金和私设“小金库”搞福利或贪污私分等问题；（5）乱收费、乱集资、乱罚款的问题;(6)违反专控规定使用预算外资金购置专控商品和物资的问题;(7)其他需要清理检查的问题。清理重点:(1)工商行政管理、土地管理、交通、城建、教育、林业、公检法、劳动人事、社保、民政、经委、卫生、水电、计生委等单位。(2)预算外资金使用管理上问题较多的部门及单位;(3)自查不认真和拒不交自清表、不自觉清查的部门及单位;(4)群众反映较大的部门及单位。通过清理检查,有效地遏制了全县经济领域里的违法违纪行为,整顿了财经秩序,维护了财经纪律,规范了财务管理,加强了廉政建设。

为贯彻落实江西省人民政府关于《江西省预算外资金管理实施办法》的文件精神,彻底改变预算外资金收费"两权"分离现象,坚持预算外资金收费按照"统一政策、分类管理、量入为出、政府调控"的原则,结合乐安的实际,1998 年 10 月 20 日,乐安县人民政府批转印发了县财政局关于《乐安县预算外资金管理办法》,其管理办法如下:

(一)成立管理机构

(1)组建归口乐安县财政局领导的"乐安县预算外资金管理局"(1997 年 7 月 29 日乐安县编委批复成立该机构),其性质是政府管理除公积金以外的预算外资金的职能部门,具体负责实施全县预算外资金(含住房资金)的管理。根据职能工作需要,县预算外资金管理局设预算外资金管理股、住房资金管理所。

(2)县预算外资金管理局属事业单位,副科级机构,隶属县财政局管理,由财政局指定一名副局长兼任县预算外资金管理局局长。

(二)收费项目、票证管理及财政专户管理

(1)行政事业性收费实行收费许可证制度,预算外资金管理局会同物价部门负责办理收费项目的申报、变更和撤销;物价部门会同财政部门负责收费标准的确定和调整。

(2)执收部门和单位新增收费项目、调整收费标准或同级机构合并、分设、撤销等原因应在三十日内持有关文件到发证机关办理增项、变更、注销等手续。

(3)项目编码除纳入预算内管理的行政事业性收费外,预算外资金管理局与物价局共同制定行政事业单位收费项目编码并发至各单位。

(4)预算外资金管理局对行政事业单位收费、基金、集资及附加实行直接收费和委托征收两种,①直接收费单位:县土管局、县城建局、县交通局、县房管局、县林业局、县农业局、县水电局、县经委、县劳人局、县教育局、县司法局、县粮食局、县体委、县监察局、县就业局、县法院等。在直接收费过程中实行"各家开票,一家收款"(确定乐安县工商银行设在县城范围内的每一个储蓄所)的办法征收。各单位原在银行开设的收入过渡账户一律取消,由预算外资金管理局在确定的银行设立预算外"财政专户"并按单位设立分户账,编制分户账号,由执收单位按缴费义务人分别填写预算外缴款单、专用的银行进账单和现金交款单,由缴费义务人直接缴入财政专户。缴费义务人持收款银行盖有印章的进账单或现金交款单到执收单位换取有效的报销凭证,实行"票款分离"。②除直接收费单位外,个别零星分散、频繁或收费程序复杂,并以现金支付的费种,均为委托征收单位,继续由执收单位代收,日收日解财政专户。③县公、检、法、纪检、监察、审计、物价等部门的罚没收入参照直接收费单位办法执行。

以上征收款项在进入财政专户同时通过微机分别记入各执收单位分户账。

(5)受预算外资金管理局委托的乐安县工商银行设在县城区域内的营业网点,均可办理本级预算外资金的收款业务,其他行不得办理。各执收单位于次月一日到征收网点索取对账单,与本单位预算外资金收支核对。

(6)凡在乐安县收费,必须使用财政机关规定的收费票据。收费票据分"通用、往来结算和专用"三种票据,各种票据必须按规定使用。原已发至各执收单位票据一律收回、作废。所有票据使用时必须加盖预算外资金管理局票据专用章方能生效,凡使用不符合财政规定票据收取的各种规费、基金、集资、附加费,部门和单位及个人有权拒付,同时也不得作为财务报销凭证,已报销的作违规处理,按报销金额上缴财政。各单位每月将收费票据与预算外资金管理局结算一次,如发现收入未入专户,则及时补交或扣减财政拨款。

(7)预算外资金管理局用于拨付各执收单位计划内经费,统一拨入预算内经费支出账户。

(三)预算外资金收支计划的编制与管理

(1)预算外资金来源为:①行政性收费收入,包括各党政机关的各项规费、手续费、管理费、工本费、证照费以及事业单位代行政职能的有关收费。②事业性收费收入,包括事业单位的各类专项收费、培训收费等。③专项基金收入,包括行政事业单位按照国家规定收取的专项收入和政府批准建立的专项基金;包括以政府名义向社会征收募集的具有特定用途的各种基金、资金、集资及附加收入。④下级上缴收入或上级补助收入。⑤主管部门收入。主管部门按照国家规定从所属单位集中的体现隶属关系和管理职责的各种资金,包括从所属企业或系统集中的管理费及其他资金。⑥乡镇自筹、统筹收入。用于乡镇政府开支的乡镇自筹资金和乡镇统筹资金。⑦其他收入。如以政府名义获得的各种捐赠资金;财政拨款有偿使用回收资金中未纳入城镇管理的部分;符合国家规定的国有资产出租、变价收入中未纳入财政预算管理的部分。

(2)凡有预算外资金收支活动的行政事业单位都必须按规定编报预算外资金收支计划。

(3)预算外资金收入计划的编制,应根据国家规定的收费项目、标准、范围,如实编报,不得隐瞒。

(4)预算外资金支出计划的编制,应根据新的《事业单位财务规则》,考虑当年实际需要与可能,统筹兼顾,保证重点,不得虚报。支出包括经常性支出、非经常性支出和专项支出。

(5)预算外资金收入计划,各部门和单位应在上年度终了编制,当年1月份报预算外资金管理局审核并附编报说明,对政策性影响变化较大应附有关文件及资料。县预算外资金管理局在当年2月份组织人员进行核实,并与财政预算内安排原则相衔接,编制年度预算外资金收支计划,3月份报县政府审批,由县预算外资金管理局下达执行。

(6)县预算外资金管理局负责全县预算外资金收支计划的实施和管理。对单位实行"核定收支基数,结余政府调控,收入超收分成,支出节余留用,歉收、增支自补"的原则。

(7)各部门和单位当年核定的预算外资金支出计划按收入进度比例予以拨付。

(8)凡预算外资金收入计划超额完成的部门、单位,实行分段计算分成办法,超收额在5万元以下的,政府调控30%,单位留用70%;超收50001元~10万元的,政府调控50%,单位留用50%;超收100001元以上的,政府调控60%,单位留用40%。

(9)各部门、单位当年核拨的支出经费其结余(除专项经费外)全部留给单位,其中50%结转下年使用,50%也可用于职工福利、奖励和弥补单位经费不足。

(10)预算外资金收支计划一经批准下达即为必成数,任何部门单位个人均无权调整,确因政策变化,属不可预测因素影响需要调整计划时,应由部门单位提请县预算外资金管理局审核后,报请县政府批准。

(11)凡纳入预算外资金管理的各项资金,必须全额进入专户,不得坐支、截留、挪用。违者将按本办法"罚则"规定处罚。

(四)设立政府调控资金

县直行政事业单位的预算外资金收支计划结余数(不含政府性基金及附加),实行分档分成办法,结余额在5万元以下的,政府调控60%;结余在50001元~10万元的,政府调控70%;结余100001元以上的,政府调控80%。

(五)预算外资金的使用和支拨

(1)预算外资金使用规定:①凡属国家经济建设和社会、公共事业规定用途的预算外资金(即专项收入)必须专款专用,不得挪作他用,由执收部门会同县预算外资金管理局,根据全年收支计划,提出资金具体安排意见,报县政府批准后,由县预算外资金管理局直接拨付。②其他预算外资金,结合预算内资金统筹安排,由县预算外资金管理局核定用款计划、收入进度比例拨付。凡需动用县预算外资金管理局拨回的预算外资金购买小汽车、购置大宗设备、搞基本建设和修缮性开支等,都应办理有关报批手续,实行先批后用。③政府根据需要集中部分预算外资金作全县经济和社会发展的调控资金,由县政府掌握使用。

(2)资金使用管理要求:①预算外资金在使用中,要与预算内资金、单位其他资金统筹使用,但其支出用途分别在账面和有关财务报表中反映。②单位按批准的全年预算填写预算外资金用款计划表,经县预算外资金管理局审核、县政府批准后,按收支比例予以拨付。在预算未批准下达前,根据收入数额,比照上年同期支出数预拨。③国家规定用途的资金,按政府批准项目计划拨付,各类收费必要的工本费、征解成本费按管理局核实的成本,根据当月收支情况据实拨付。

(3)各执收单位进入财政专户的预算外资金上解、下拨及下级往来结算,应由单位申请,经县预算外资金管理局审核后,一律通过预算外资金财政专户进行划转。

(六)收费监督检查

(1)收费稽查是对收费项目、收费范围、收费标准、收费票据、收费资金的使用与管理以及实行明码标价、亮证收费等方面进行监督检查。

(2)县预算外资金管理局人员执行公务时,应秉公办事,坚持原则,不得超越权限,滥用职权,徇私舞弊。

(七)会计报表

(1)预算外资金报表是对预算外资金收支原始

凭证、会计核算资料进行归类汇总的一种书面报告，是财政部门掌握收支进度、分析检查和汇编预算外资金的合法依据，也是政府加强管理搞好宏观调控的重要依据。

(2)预算外资金报表，按内容分为部门、单位报表和汇总报表，按时间分为：月报、季报、年报，各种会计报表由县预算外资金管理局统一制发，各部门、单位要按有关财务制度规定，真实、准确、完整，及时地编制和报送会计报表。

(3)县预算外资金管理局于每月上旬、每季后20天和次年2月份，分别向县政府和财政局报送附有文字说明的季报和年度决算报表。

(4)各级人民政府要接受同级人民代表大会对预算外资金使用情况的监督。

(八)罚则

(1)对认真执行预算外资金管理办法，坚持原则，成绩突出的单位和个人，年终给予表彰、奖励，对检举揭发预算外资金管理中违法违纪行为的有功人员，按违纪缴库金额的3%给予奖励，并负责做好保密工作。

(2)该办法自公告实施后，如有未按该办法执行的，一经发现将按照国务院《关于违反财政法规处罚的暂行规定》以及《江西省行政事业单位收费财务管理办法》等有关规定予以处罚：①首次发现除收缴已收款外，处以50%的罚款。②再次发现，除收缴已收款外，处以1.5倍的罚款。③第三次发现，除收缴已收款外，停拨预算经费，并追究当事人及领导责任。

(3)对拒不执行缴款和罚款的，县预算外资金管理局将会同有关部门，按规定依法划拨或从经费拨款中扣缴。

(4)对拒不执行本办法的单位财务人员及领导给予通报批评，建议有关部门和单位调离其岗位。情节严重构成犯罪的，由司法机关依法追究有关人员的刑事责任。

(5)对于处罚不服的单位和个人，在收到处理决定当日起十五日内，可依法申请行政复议或者提请行政诉讼，对逾期不提请复议、诉讼或经过复议、诉讼程序已作决定，仍不接受处罚者，由有关部门强制执行。复议、诉讼期间，处罚决定仍需执行。

通过上述管理办法的实施，加上各有关部门的密切配合，严格执行收费和票据管理；坚持"先有后用，先收后支"的原则，明显巩固和扩大了财政专户储存工作；为充分发挥预算外资金的间歇作用，提高资金使用效率，平衡财政预算，促进乐安各项事业的发展，起到了"吹糠见米"的明显效果。

1998年，抚州地区行署财政局转发《江西省公检法、工商行政管理部门行政性收费和罚没收入监缴暂行办法》的通知中指出：各级财政部门负责对本级公安机关、检察院、法院、工商行政管理部门解缴行政性收费收入和罚没收入情况的监缴工作，各县(市)可根据实际情况指定相应的内设机构负责实施；各级公安机关、检察院、法院、工商行政管理部门应按照规定向同级财政部门报送公、检、法、工商行政管理部门行政性收费收入统计月报表以及其他有关行政性收费收入情况的资料；各级公安机关、检察院、法院、工商行政管理部门收取行政性收费应逐步实行票款分离，确因工作需要，经同级财政部门批准，可在指定银行开设一个预算外资金过渡户，用于管理解缴财政专户或国库的行政性收费收入等资金。乐安县财政局参照地区财政局的做法，并结合《乐安县预算外资金管理办法》的实施，将全县所有行政性和事业性收费全部纳入预算管理。同时，《关于进一步加强对预算外资金集中管理开户的通知》，对乐安县辖区内各国有商业银行代理预算外资金业务进行招标，建行乐安县支行取得了代理资格。全县所有预算外资金在建行乐安县支行开立专户。当年乐安县行政性收费收入，第一次在年终总财政决算报表中反映达到156万元。

江西省人民政府令第86号《江西省行政事业性收费收支两条线管理办法》公布后，乐安县人民政府成立"加强预算外资金管理领导小组"，由财贸县长任组长，县财政局、县监察局、县政府办公室主要负责人任副组长，县人民银行、县物价局、县审计局主要负责人和县财政局分管副局长，县纪检办公室主任为成员，负责指导预算外资金管理工作。从1999年1月1日起，对县本级执收单位的行政事业性收费全部实行"票款分离"和"银行代收制"，确定建行乐安县支行为代收机构，收费网点由县财政局(预算外资金管理局，下同)与代收银行签订代理收费协议书，代收银行及其网点由县财政局会同县人民银行向社会公布。对少数零星分散、交通不便、情况特殊，暂不适宜执行罚缴分离办法的，由各执收单位写出书面报告，经县财政局批准后，方可执收。全县所有上解下拨的行政事业性收费，一律通过财政专户办理，属于行政事业性收费纳入预算管理的，也要先进财政专户，再由财政预算外专户缴入国库。

1999年6月6日，中共中央办公厅、国务院办公厅关于转发《监察部、财政部、国家计委、中国人民银行、审计署关于1999年落实行政事业性收费和罚没收入“收支两条线”规定工作的意见》的通知：行政事业性收费和罚没收入实行“收支两条线管理是促进依法行政和公正执法，整顿财政分配秩序，从源头上预防和治理腐败的一项重要措施，意义十分重大。公检法和工商行政管理部门要全面落实“收支两条线”规定，重点抓好地、县一级的落实工作，重点抓好交通、城建、教育、卫生、环保、农业、民政、劳动、土地管理、质量技术监督、计划生育等13各部门的落实工作。工作目标：收费、罚款一律凭收费许可证或罚没许可证，做到亮证收费或罚款；全面试行罚缴分离，推行行政事业性收费票款分离；单位财务收支由本单位财务部门统一归口管理，所设银行账户符合规定；财政部门安排预算时将执收执罚部门上缴的行政事业性收费和罚没收入与其支出挂钩，行政事业性收费优先用于满足相关业务的必要支出。同年6月14日财政部等以上五部门印发的《行政事业性收费和罚没收入实行“收支两条线”管理的若干规定》，省财政厅等五部门8月26日转发时通知：(1)应认真执行财政专户结算制度，凡有上解下拨关系的行政事业性收费、政府性基金，必须通过财政专户缴拨（另有规定除外）。(2)应认真编好年度预算外资金和单位财务收支计划，严格按照《江西省预算外资金管理实施办法》及《江西省行政事业性收费收支两条线管理办法》的有关规定执行。(3)对各项行政性收费的征收要实行票款分离的管理制度，即“单位开票、银行代收，财政统管”。(4)所有行政事业性收费和政府性基金（缴纳营业税的项目除外）一律使用中央或省级财政部门统一印（监）制的票据。(5)未经委托，省以下各级财政部门和各收费单位不得擅自印制收费票据，否则，一经查出按有关规定予以处罚。1999年乐安县行政性收费收入35万元。

根据江西省财政厅《关于对省直预算外资金和行政性收费实行部分支付调剂的通知》精神，乐安县人民政府决定1999年度预算外资金和行政事业性收费收入实行一定比例的财政调剂集中，共调入资金605万元，增加了县财政的宏观调控能力。

为贯彻江西省监察厅、财政厅等五单位《关于转发〈监察部、财政部、国家发展计划委员会、中国人民银行、审计署关于2000年落实“收支两条线”规定工作的实施意见〉的通知》精神，乐安县财政局针对中央、省、地已明令取消或降低标准的收费项目，查实是否真正取消或降低了标准的情况，开展专项检查，深入基层逐个项目进行核实，清理公款私存，行政事业性收费和罚没收入款不缴财政专户或国库，而是存入本单位的支出账户或以私人名义存入储蓄所，由有关科室直接使用，甚至私分等现象，对查出的问题作出严肃处理。同时，乐安县人民政府批转乐安县财政局《关于全县乡镇预算外资金“收支两条线”管理的意见》的通知，进一步强调和明确应纳财政专户管理的部门和单位。对凡有行政事业性收费的机关、团体、事业单位以及代行职能收费的企业主管部门，都必须自觉接受预算外资金财政专户管理，实行“收支两条线”；切实加强对收费票据的管理，乡镇财税所具体负责票据的领购、发放、核销。即由乡镇财税所到县预算外资金管理局统一领取，乡镇所在部门和单位到乡镇财税所定期定量领购票据；清理银行账户，乡镇所在部门和单位应按规定统一开设一个银行支出账户，撤销一切收入账户，支出账户专门用于接纳财政部门的预算内外拨入经费，办理日常支出业务。该意见的实施，使得县城和乡镇的预算外资金及行政事业性收费的管理更加同步，2000年，全县行政性收费36万元。

2001年4月10日，抚州市财政局转发江西省财政厅《关于行政事业性收费票据管理有关事项的通知》，对收费票据的印制和购领提出了更新的要求。

2005年1月4日，乐安县财政局转发财政部《关于行政事业性收费票据管理有关事项的通知》。

2005年12月15日，乐安县财政局下发《关于进一步规范我县行政单位行政性收费收入管理的通知》：(1)明确行政性收费执收单位；(2)分别设置各类收费代码；(3)分类开具收入票据；(4)单位支出计划预算管理。

2007年起，经国务院批准，财政部对政府收支分类及政府收支分类科目进行了重大改革。将收入分为税收收入和非税收入两大类。行政事性收费收入包括在非税收入之中。乐安县分部门执行行政事业性收费收入的有：政法系统、人口和计划生育、安全生产、人防办、教育、发展与改革（物价）、国土资源、建设、水利、其他行政事业性收费等。

2007年3月7日，乐安县人民政府印发《乐安县政府非税收入征收管理暂行办法》。

（一）管理范围

按照建立健全财政公共体制的要求，政府非税收入管理范围包括下列各项：(1)行政事业性收费；(2)政府性基金；(3)国有资源有偿使用收入；(4)国有资产有偿使用收入；(5)国有资本经营效益；(6)彩票公益金；(7)罚没收入；(8)以政府名义接受的捐赠收入；(9)主管部门集中收入；(10)政府财政资金产生的利息收入等；(11)各单位所取得的赞助收入。社会保障基金、住房公积金不纳入政府非税收入管理范围。

（二）收缴管理

（1）行政事业性收费和政府性基金应当依照法律、行政法规、国务院和江西省人民政府或财政部的规定征收。

罚没收入应当依据《中华人民共和国行政处罚法》和其他有关法律、法规、规章的规定收取。

国有资产收益按照国有资产权属关系由县级以上人民政府依照法律、法规、规章、国务院和省人民政府的规定征收。

国有资源收益应当依据法律、法规、规章的规定征收。其他非税收入应当依据法律、法规、规章、国务院和省人民政府的规定征收。

任何单位不得违反上述规定非法设定政府非税收入项目、范围、标准。

（2）对行政事业性收费、政府性基金、罚没收入的征收要严格按照法定的收费项目、标准征收，不得随意扩大收费项目，擅自提高收费标准。不得将国家明令取消的行政事业性收费、政府性基金转为经营服务性收费。对国有资源、资产类收入要通过公开招标、拍卖等市场化形式运作，以实现资源、资产收益的最大化，确保应收尽收，防止收入流失。

（3）法律、行政法规规定了政府非税收入执收单位的，由法定执收单位征收。执收单位依据规定委托其他部门和单位执收的，应当签订委托协议，并报县财政局备案。

法律、行政法规没有规定政府非税收入执收单位的，由县财政局直接征收；也可以由县财政局委托有关部门和单位征收。

委托其他部门或单位征收政府非税收入的，委托单位应当对被委托单位的征收行为实施监督，并承担该征收行为的法律责任；被委托单位应当在委托范围内，以委托单位的名义征收政府非税收入。

（4）执收单位应当严格依照规定征收政府非税收入、不得多征、少征或者擅自减征、免征。缴款义务人确因特殊情况需要缓、减、免政府非税收入的，应当提出书面申请，依照规定办理相关手续。

（5）政府非税收入实行收缴分离制度。禁止执收单位或者受委托单位当场收取现款，但依照法律、法规、规章规定可以当场收取的除外。

（6）缴款义务人应当按照执收单位规定的时间、数额，到指定银行缴款，不得逃避缴纳义务。执收单位或者受委托单位不得隐匿、转移、截留、坐支、挪用、私分或者变相私分所收款项。

（7）经依法确认为误征、多征的政府非税收入，由县财政局直接退还缴款义务人。

（8）执收单位应当履行下列职责：①按县政府下发的《关于加强行政服务中心建设意见》文件规定，向社会单位公布本执收单位负责征收政府非税收入的具体项目、范围、标准、时间、程序及其依据，并进入行政服务中心收费；②在规定时间内向县财政局编报本部门、本单位政府非税收入年度计划草案；③按照规定足额征缴政府非税收入款项；④记录、汇总、核对并向县财政局定期报告本部门、本单位政府非税收入收缴情况。

（三）资金管理

（1）政府非税收入按照下列方式纳入财政统一管理：①行政性收费、罚没收入、国有资产有偿使用收入、国有资源有偿使用收入、国有资本经营收益及产生的利息收入，全部纳入财政一般预算管理；②政府性基金纳入基金预算管理；③事业性收费、其他政府非税收入，纳入财政专户管理。

（2）县财政局在县建设银行开设非税收入财政专户，用于归集、记录、结算政府非税收入款项，执收单位不得开设政府非税收入过渡性账户，所有非税收入先全额解入非税收入财政专户，对应纳入预算管理的收入项目，按月或按季解入县国库。

（3）非税收入的支出拨付程序，按照《乐安县国库管理体制改革实施方案》和《乐安县预算资金管理办法》实行国库集中支付，凡财政在综合预算未作具体安排的非税支出项目由县政府分管财贸副县长审批后拨付，对成本性各类支出，各执收单位必须要提供政策依据或文件，作为财政局实行资金划缴的依据。

（4）上下级分成的非税收入，按照“就地缴款、分级划解、及时结算”的原则，由县财政局通过国库集中支付账户定期划解、结算，不得拖延、滞压、隐瞒、截留。

（四）计划管理

非税收入、支出和收支结余年度计划的编制，收入、支出、结余计划一年一变。

收入计划以各单位上年和历年实际非税收入完成情况作为收入基数，结合当年收费政策变动及宏观环境影响来确定；支出计划包括成本性支出和按部门预算编制口径的抵支项目支出，其中成本性支出包括政府调剂、部门划缴、工本费、上缴上级支出、补助下级支出和其他支出，抵支项目包括公用经费、单位负担的医保支出、40 元/人月津贴和剩余奖金；结余计划为收入计划减去成本计划后的余额。

1. 编制程序

各单位每年的 9 月开始编制下一年的非税收

入、支出和结余年度预算,10月前报至县财政局汇总上报县政府审核后,再正式下达次年各单位的非税收入、支出和结余年度预算。

2. 收入计划

2007年收入计划按照各单位2004年至2006年9月实际非税收入平均数确定。

3. 支出计划

2007支出计划按照各单位2004年至2006年9月实际非税成本性支出平均数加上2007年抵支项目支出确定。

4. 结余计划

2007年结余计划按照各单位2007年收入计划减去支出计划的余额确定。

5. 计划执行

征收计划一经批准,必须严格执行。执收单位应当在依法筹集的基础上,努力挖掘收入潜力,要做到尽收尽缴,确保完成计划。

6. 计划调整

因征收政策发生重大变化等原因,确需调整征收计划的,先经财政部门审核后再报县政府批准。

(五)考核与奖惩

(1)每年年终,财政部门将按照本办法的规定,对各执收单位组织的非税收入、支出和结余计划完成情况进行考核。

对于完成和超额完成收支结余的单位,县政府按该单位收支余额进行奖励:①对完成全年非税收入收支结余计划的单位,县政府按单位收支余额的50%返还奖励;②对超额完成非税收入全年收支结余计划的单位,县政府再按超收余额的70%返还奖励。

返还资金的30%用于弥补办公经费不足,60%用于按国家规定标准发放的津贴和补贴,10%用于专项支出。发放津贴和补贴后若有结余,可根据单位的实际需要进行调剂,但必须先由单位提出申请,报县政府审批后,由财政局实行国库集中支付。

对年初收支结余计划为负数的单位,县财政将按部门预算编制原则补足。

(2)非因政策性减收原因完不成收支结余计划的部门和单位,要向财政部门作出书面说明,并由财政部门按等额比例扣减该单位的公用经费支出和项目支出预算。

(3)对随意减免造成政府非税收入流失的,一经查实,财政部门可根据收入减少的数额,相应扣减该执收单位的业务经费或专项拨款。

(六)票据管理

(1)政府非税收入必须使用省财政厅统一印制或监制的政府非税收入票据。

县财政局负责政府非税收入票据的保管、发放、使用核销、检查等日常管理工作,对执收执罚票据按照“统一管理、凭证领购、定期核销、限量供应、以旧换新、票款同行”的原则进行管理。

(2)执收单位应当按照收入级次或者财务隶属关系向县财政局申领政府非税收入票据。①执收单位收费项目及相关业务在本单位办理的,非税收入票据由其财务管理部门票据管理人员统一领取;②执收单位纳入县行政服务中心办理的非税收入收费项目,非税收入票据由县财政局驻县行政服务中心票据管理人员统一领取;③乡镇所属各单位使用的非税收入票据由各乡镇财政所票据管理人员统一领取。

执收单位应当建立健全政府非税收入票据领用、保管、缴销、审核等制度,确定专人负责,保证政府非税收入票据安全。

禁止转让、出借、代开政府非税收入票据;禁止私自印制、伪造政府非税收入票据;禁止使用非法票据或者不按照规定开具政府非税收入票据。

遗失政府非税收入票据,应当及时报告县财政局,并公告作废。

(3)非税收入票据领取实行票据准购制度。执收单位将国家的法律、法规、有关部门批准文件、物价部门核发的《收费许可证》等交县财政局审核后,由财政局发放《票据购领证》,执收单位凭《票据购领证》核领非税收入票据。

(4)非税收入票据应在非税收入收费项目规定的范围内使用。使用时应如实填写开票日期、交款人名称、征收项目、征收标准、金额小计、金额合计、开票单位及责任人和加盖单位公章或财务专用章。

(5)执收单位对非税收入的收缴均在执收时开具《乐安县非税收入缴款转账单》和《乐安县非税收入现金缴款进账单》。《转账单》和《进账单》上必须写明收费项目、金额明细。

(6)县财政局要加强非税收入征管的信息化建设,将手工票据逐步向电脑票据过渡。

(七)监督检查

(1)县财政局应当加强对政府非税收入征收、汇缴、划解、管理的日常监督、专项稽查,依法及时查处政府非税收入管理中的违法行为。

执收单位应当如实提供账证、报表、政府非税收入票据等有关资料,如实反映有关情况,接受县财政局的监督检查。

(2)县审计局、发改委、监察局应当按照各自法定的职责,做好政府非税收入的有关监督工作。

(3)任何单位和个人都有权举报政府非税收入管理中的违法行为,财政、审计、物价、监察等有关部门应当按照各自法定的职责,查明事实,依法作出处理,并为举报人保密。

(4)对在政府非税收入管理工作中作出突出贡献的、举报违法问题有功的单位和个人,由县人民政府或县财政局给予表彰、奖励。

(八)法律责任

(1)政府非税收入执收单位及其工作人员有下列违反政府非税收入管理规定行为之一的,责令改正,补收应当收取的政府非税收入,限期退还违法所得。对单位给予警告或者通报批评,对直接负责的主管人员和其他直接责任人员给予警告、记过或者记大过处分;情节严重的,给予降职或者撤职处分:①违反规定设立政府非税收入项目;②违反规定擅自改变政府非税收入项目的范围、标准、对象和期限;③对已明令取消、暂停执行或者降低标准的政府非税收入项目,仍然依照原定项目、标准征收或者变更名称征收;④缓收、不收政府非税收入;⑤其他违反政府非税收入管理规定的行为。

(2)政府非税收入执收单位及其工作人员有下列违反政府非税收入上缴规定的行为之一的,责令改正,调整有关会计账目,收缴应当上缴的政府非税收入,限期退还违法所得,对单位给予警告或者通报批评。对直接负责的主管人员和其他直接责任人员给予记大过处分;情节较重的,给予降级或者撤职处分;情节严重的,给予开除处分:①隐瞒应当上缴的政府非税收入;②滞留、截留、挪用应当上缴的政府非税收入;③坐支应当上缴的政府非税收入;④不依照规定的政府非税收入预算级次、预算科目入库;⑤违反规定退付政府非税收入;⑥其他违反政府非税收入上缴规定的行为。

(3)单位和个人有下列违反财政收入票据管理规定的行为之一的,销毁非法印制的政府非税收入票据,没收违法所得和作案工具。对单位处5000元以上10万元以下的罚款;对直接负责的主管人员和其他直接责任人员处3000元以上5万元以下罚款。属于国家公务员的,还应当给予降级或者撤职处分;情节严重的,给予开除处分:①违反规定印制政府非税收入票据;②转借、串用、代开政府非税收入票据;③伪造、变造、买卖、擅自销毁政府非税收入票据;④伪造、使用伪造的政府非税收入票据监(印)制章;⑤其他违反政府非税收入票据管理规定的行为。

(4)其他属于政府非税收入的违法行为,依照《中华人民共和国行政许可法》(中华人民共和国主席令第7号)《违反行政事业性收费和罚没收入收支两条线管理规定行政处分暂行规定》(国务院令第281号)和《财政违法行为处罚处分条例》(国务院令第427号)规定处理。

(九)附则

该办法自2007年1月1日起施行。该办法施行之前有关政府非税收入管理方面的规定与该办法有有抵触的,以该办法为准。

为贯彻落实执收执罚部门收支完全脱钩改革的要求,进一步强化非税收入管理,深化"收支两条线"管理改革,调动执收执罚单位依法依规征收政府非税收入积极性,切实做到非税收入应收尽收,应缴尽缴,更好地完成财政收入任务,确保财政收支平衡,2009年2月20日,乐安县人民政府办公室印发《乐安县政府非税收入征管及奖励办法的通知》。各执收单位严格按照非税收入管理办法,依法行政,依法理财,坚持有项目照收费,无项目不乱收费;坚持既不擅自提高收费标准又不自行降低收费标准,所缴收入及时足额入库。由于激励机制的建立,2009年乐安县行政事业性收费收入完成5155万元,2011年收入9091万元,创历史新高。

1998~2012年,乐安县行政事业性收费收入共计26358万元。

1998~2012年乐安县分部门行政事业性收费收入表

表1-98

单位:万元

年度	政法系统行政事业性收费收入	人口和计划生育行政事业性收费收入	安全生产行政事业性收费收入	人防办行政事业性收入	教育系统行政事业性收费收入	发展与改革(物价)行政事业性收费收入	国土资源行政事业性收费收入	建设行政事业性收费收入	水利行政事业性收费收入	其他行政事业性收费收入	合计
1998	—	—	—	—	—	—	—	—	—	156	156
1999	—	—	—	—	—	—	—	—	—	35	35

续表 1－98

年度	政法系统行政事业性收费收入	人口和计划生育行政事业性收费收入	安全生产行政事业性收费收入	人防办行政事业性收入	教育系统行政事业性收费收入	发展与改革（物价）行政事业性收费收入	国土资源行政事业性收费收入	建设行政事业性收费收入	水利行政事业性收费收入	其他行政事业性收费收入	合计
2000	—	—	—	—	—	—	—	—	—	36	36
2001	—	—	—	—	—	—	—	—	—	50	50
2002	10	—	—	—	—	—	—	—		15	25
2003	25	—	—	—	—		15	—	—	33	73
2004	—	96	—	—	—	—	20	—	—	—	116
2005	—	105	—	—	—	—	29	—	—	198	332
2006	65	135	—	—	—	—	30	—	—	517	747
2007	230	160	—	30	—	—	30	361	—	358	1169
2008	200	186	—	178	—	—	153	414	100	100	1331
2009	220	218	29	208	—	—	1088	832	112	2448	5155
2010	200	—	—	—	—	—	52	—	—	3062	3314
2011	197	950	24	285	159	28	112	960	51	6325	9091
2012	—	2433	—	357	220	—	83	810	—	825	4728
合计	1147	4283	53	1058	379	28	1612	3377	263	14158	26358

截至 2012 年江西省乐安县行政事业性收费项目目录

表 1－99

部门	立项部门	收费项目	管理方式	收费及资金管理文件依据	收费部门（个、名称）
发展改革（物价）	中央立项	1. 非刑事案件财物价格鉴定费	缴入中央和地方国库	财综〔2004〕56 号	1　物价局
	省级立项	1. 价格认证收费▲	缴入地方国库	赣发改收费字〔2006〕128 号	
		2. 行政事业性收费审验费（财政已安排专项资金的，不得收取）	缴入地方国库	财综〔2002〕38 号，赣价行字〔1997〕18 号，赣财综字〔1997〕48 号	
教育	中央立项	1. 普通高中学费	缴入中央和地方财政专户	教财〔1996〕101 号，教财〔2003〕4 号，赣教计〔1999〕147 号，赣教计字〔2003〕167 号，赣教计字〔2004〕75 号	
		（1）学费			
		（2）择校费			
		2. 中等职业学校学费	缴入中央和地方财政专户	教财〔1996〕101 号，教财〔2003〕4 号	
		3. 中等职业学校住宿费	缴入中央和地方财政专户	教财〔1996〕101 号，教财〔2003〕4 号，赣价行字〔1997〕67 号，赣教计字〔2000〕117 号	
		4. 函大、电大、夜大学费	缴入中央和地方财政专户	教财〔1992〕42 号，〔1992〕价费字 367 号，赣教计字〔2000〕163 号，赣教计字〔2000〕274 号，赣教计字〔2002〕694 号，赣价费字〔2001〕105 号	

续表 1-99-1

部门	立项部门	收费项目	管理方式	收费及资金管理文件依据	收费部门（个、名称）
教育	中央立项	5. 考试考务费			
		(1)高等教育自学考试费	缴入地方财政专户	价费字〔1992〕367号，发改价格〔2003〕2161号，赣计收费字〔2003〕574号	
		(2)高考(含成人高考)考试费	缴入地方财政专户	价费字〔1992〕367号，发改价格〔2003〕2161号，发改价格〔2005〕1245号，赣发改收费字〔2004〕421号	
		(3)普通话水平测试费	缴入中央和地方国库	财综〔2003〕53号，发改价格〔2003〕2160号，赣发改收费字〔2009〕75号	
	省级立项	1. 公办幼儿园，学前班收费	缴入地方财政专户	教财综字〔1997〕153号，赣价行字〔1997〕90号	
		2. 成人高校，中专招生录取费	缴入地方财政专户	教价费字〔1993〕88号，赣价费字〔2001〕46号	
		3. 普通，成人高考报名考试费	缴入地方财政专户	赣发改收费字〔2004〕421号	
		4. 普通高等，中专，高职院校录取材料打印费	缴入地方财政专户	赣发改收费字〔2004〕421号，赣发改收费字〔2004〕489号	
		5. 普通高中毕业证书，会考证书工本费	缴入地方财政专户	赣价行字〔1996〕25号，赣教计字〔1996〕048号，赣财综字〔1996〕41号	
		6. 体育，艺术专业报名考试费	缴入地方财政专户	赣发改收费字〔2004〕421号，赣计收费字〔2002〕566号，赣发改收费字〔2008〕1547号	
		7. 中考招生考试收费	缴入地方财政专户	赣计收费字〔2002〕566号，赣发改收费字〔2004〕241号，赣发改收费字〔2005〕1048号	
		8. 高中毕业会考报名，考试，考查费	缴入地方财政专户	赣教计字〔2000〕119号，赣发改收费字〔2005〕1048号	
		9. 电教服务收费	缴入地方财政专户	赣价费字〔1992〕87号，赣财综字〔1992〕第91号	
		10. 职业高中学校学费，住宿费	缴入地方财政专户	赣价费字〔1992〕90号，赣价行字〔1997〕第67号，赣财综字〔1997〕119号，赣教计字〔2000〕117号	
		11. 中小学校长培训费	缴入地方财政专户	赣发改收费字〔2004〕337号	
		12. 中小学教师继续教育培训收费	缴入地方财政专户	赣发改收费字〔2005〕1594号	
公安	中央立项	1. 证照费			
		(1)公民出入境证件费		价费字〔1992〕240号，价费字〔1993〕164号，财预字〔1994〕37号，公通字〔2000〕99号，赣价费字〔1994〕48号，赣价费字〔2001〕124号	
		①护照(含加页，核定，加注，延期)	缴入中央和地方国库	计价格〔2000〕293号	
		②出入境通行证	缴入中央和地方国库	财综〔2008〕9号	

续表 1－99－2

部门	立项部门	收费项目	管理方式	收费及资金管理文件依据	收费部门（个、名称）
公安	中央立项	③往来（含前往）港澳通行证（含签注）	缴入中央和地方国库	计价格〔2002〕1097 号，发改价格〔2005〕77 号，赣财综字〔2004〕26 号	
		④台湾居民往来大陆通行证（含签注）	缴入中央和地方国库	价费字〔1993〕164 号，计价格〔2001〕1835 号，发改价格〔2004〕334 号，财综〔2005〕58 号，发改价格〔2005〕1460 号，发改价格〔2011〕1389 号	
		⑤台湾同胞定居证	缴入地方国库	价费字〔1993〕164 号，发改价格〔2004〕2839 号	
		⑥华侨回国定居证	缴入地方国库	同上	
		⑦大陆居民往来台湾通行证（含签注）	缴入中央和地方国库	价费字〔1993〕164 号	
		（2）户籍管理证件工本费	缴入地方国库	价费字〔1992〕240 号，财预字〔1994〕37 号，赣价费字〔1992〕201 号，赣价费字〔2000〕46 号	
		①户口簿			
		②户口迁移证件			
		（3）居民身份证工本费	缴入地方国库	价费字〔1992〕240 号，计价格〔1995〕873 号，计价格〔1997〕1485 号，财预字〔1994〕37 号，发改价格〔2003〕2322 号，财综〔2004〕8 号，发改价格〔2005〕436 号，财综〔2007〕34 号，赣发改收费字〔2006〕98 号，赣财综〔2006〕1 号	
		（4）机动车号牌工本费	缴入地方国库	价费字〔1992〕240 号，财预字〔1994〕37 号，计价格〔1994〕783 号，发改价格〔2004〕2831 号	
		①号牌（含临时）			
		②号牌专用固封装置			
		③号牌架			
		（5）机动车行驶证工本费	缴入地方国库	价费字〔1992〕240 号，财预字〔1994〕37 号，计价格〔1994〕783 号，发改价格〔2004〕2831 号，赣价费字〔1994〕112 号	
		（6）机动车登记证书工本费	缴入地方国库	财综〔2001〕67 号，计价格〔2001〕1979 号，发改价格〔2004〕2831 号	
		（7）驾驶证工本费	缴入地方国库	价费字〔1992〕240 号，财预字〔1994〕37 号，发改价格〔2004〕2831 号	
		（8）临时机动车驾驶许可工本费	缴入地方国库	财综〔2008〕36 号，发改价格〔2008〕1575 号，赣财综〔2008〕63 号，赣发改价格〔2008〕1191 号	
		2. 机动车安全技术检验费▲	缴入地方国库	〔1992〕价费字 240 号，财预字〔1994〕37 号，发改价格〔2004〕2831 号	
		3. 机动车抵押登记费▲	缴入地方国库	财综〔2001〕67 号，计价格〔2011〕1979 号	

续表 1－99－3

部门	立项部门	收费项目	管理方式	收费及资金管理文件依据	收费部门（个、名称）
公安	中央立项	4. 考试考务费			3　公安局机关各职能科室及基层派出所（分局）　森林公安局基层派出所　交警大队
		（1）驾驶许可考试费	缴入地方国库	赣发改收费字〔2008〕656 号，赣财综〔2012〕107 号	
		（2）保安员资格考试费	缴入地方国库	财综〔2011〕59 号，赣发改收费字〔2012〕83 号	
	省级立项	1. 机动车驾驶人交通违法记分教育收费	缴入地方国库	赣财综〔2006〕29 号，赣发改收费字〔2007〕1188 号，赣发改收费字〔2010〕1804 号	
		2. 非机动车牌证和临时通行标志工本费	缴入地方国库	赣发改收费字〔2010〕597 号	
		3. 机动车场地计时租用费	缴入地方国库	赣发改收费字〔2009〕534 号	
民政	中央立项	1. 婚姻登记费	缴入地方国库	价费字〔1992〕249 号，财预字〔1994〕37 号，计价格〔2001〕523 号，财综〔2002〕7 号，赣价行字〔1997〕17 号，赣财综〔2009〕99 号，赣财综〔2012〕88 号	2　民政局婚姻登记所　火葬场
		2. 收养登记费	缴入地方国库	价费字〔1992〕349 号，财预字〔1994〕37 号，计价格〔2001〕523 号，赣发改费字〔2005〕819 号	
		3. 殡葬收费（遗体接运，火化，骨灰寄存）	缴入地方国库	〔1992〕价费字 249 号，财预〔2009〕79 号，赣发改收费〔2005〕1230 号	
财政	中央立项	1. 收费票据工本费	缴入中央和地方国库	计价格〔2001〕604 号，财预〔2002〕584 号，赣发改收费字〔2010〕2502 号	1　财政局非税收入管理局及会计股
		2. 考试考务费			
		（1）会计专业技术资格考试费	缴入地方国库	计价格〔2000〕1567 号，财预〔2002〕584 号，赣发改收费字〔2006〕588 号	
		（2）会计从业资格考试费	缴入地方国库	计价格〔2002〕1575 号，赣发改收费字〔2004〕358 号，赣发改收费字〔2006〕588 号	
	省级立项	3. 证照费	缴入地方国库		
		（1）票据领购证工本费	缴入地方国库	赣财综字〔2002〕15 号，赣价费字〔1993〕108 号	
		4. 会计电算化考试报名费，考试软盘成本费，合格证书工本费	缴入地方国库	赣价行字〔1998〕36 号	
人力资源和社会保障	中央立项	1. 职业技能签定费	缴入中央和地方国库	财综函〔2001〕4 号，财综〔2004〕65 号，赣发改收费〔2012〕2344 号	
		2. 保存人事关系及档案收费	缴入中央和地方国库	价费字〔1992〕253 号，财预〔2003〕470 号	
		3. 考试考务费			
		（1）专业技术人员计算机能力考试费	缴入地方国库	计价格〔2001〕1969 号，财预〔2002〕584 号	

续表 1－99－4

部门	立项部门	收费项目	管理方式	收费及资金管理文件依据	收费部门（个、名称）
人力资源和社会保障	中央立项	(2)价格鉴证师执业资格考试费	缴入地方国库	财综字〔2000〕27 号，财预〔2002〕584 号，发改价格〔2004〕1108 号	
		(3)注册城市规划师资格考试费	缴入地方国库	财综字〔2000〕27 号，财预〔2002〕584 号，发改价格〔2000〕546 号	
		(4)质量专业技术人员职业资格考试费	缴入地方国库	计价格〔2001〕1969 号，财预〔2002〕584 号	
		(5)专业技术人员职称外语等级考试费	缴入地方国库	财预〔2002〕584 号，发改价格〔2004〕1108 号	
		(6)经济专业技术资格考试费	缴入地方国库	同上	
		(7)执业药师，执业中药师资格考试费	缴入地方国库	同上	
		(8)监理工程师，造价工程师执业资格考试费	缴入地方国库	同上	
		(9)注册资产评估师执业资格考试费	缴入地方国库	同上	
		(10)企业法律顾问执业资格考试费	缴入地方国库	同上	
		(11)注册税务师执业资格考试费	缴入地方国库	同上	
		(12)国际商务师执业资格考试费	缴入地方国库	同上	
		(13)初级，中级出版专业技术人员职业资格考试费	缴入地方国库	计价格〔2002〕1698 号，财预〔2002〕584 号	
		(14)注册咨询工程师（投资）执业资格考试费	缴入地方国库	同上	
		(15)土地登记代理人员职业资格考试费	缴入地方国库	发改价格〔2004〕1108 号	
		(16)注册安全工程师执业资格考试费	缴入地方国库	发改价格〔2004〕2016 号	
		(17)注册设备监理师执业资格考试费	缴入地方国库	同上	
		(18)投资建设项目管理师职业水平考试费	缴入地方国库	财综〔2006〕22 号，发改价格〔2008〕2666 号	
		(19)外销员从业资格考试费	缴入地方国库	发改价格〔2004〕1108 号	
		(20)注册化工工程师执业资格考试（包括基础考试和专业考试）费	缴入地方国库	发改价格〔2009〕1003 号	

续表 1－99－5

部门	立项部门	收费项目	管理方式	收费及资金管理文件依据	收费部门(个、名称)
人力资源和社会保障	中央立项	(21)注册公用设备工程师执业资格考试(包括基础考试和专业考试)费	缴入地方国库	同上	
		(22)注册土木工程师(港口与航道工程)执业资格考试(包括基础考试和专业考试)费	缴入地方国库	同上	
		(23)注册电气工程师执业资格考试(包括基础考试与专业考试)费	缴入地方国库	同上	
		(24)环境影响评价工程师职业资格考试费	缴入地方国库	财综〔2007〕41 号,发改价格〔2007〕1925 号,赣发改收费字〔2008〕580 号	
		(25)助理社会工作师职业水平考试费	缴入地方国库	财综〔2007〕61 号,发改价格〔2010〕1573 号,赣发改收费字〔2008〕580 号,赣发收费字〔2010〕1805 号	
		(26)社会工作师职业水平考试费	缴入地方国库	财综〔2007〕61 号,发改价格〔2010〕1573 号,赣发改收费字〔2010〕1805 号	
		(27)招标师职业水平考试费	缴入地方国库	财综〔2009〕10 号,发改价格〔2009〕633 号	
		(28)助理广告师,广告师职业水平考试费	缴入地方国库	财综〔2010〕47 号,发改价格〔2010〕1669 号	
		(29)注册测绘师资格考试费	缴入地方国库	财综〔2010〕49 号,发改价格〔2010〕1660 号,赣发改收费字〔2011〕19 号	
		(30)注册测绘计量师资格考试费	缴入地方国库	财综〔2010〕77 号,发改价格〔2010〕2466 号,赣发改收费字〔2011〕399 号	
	省级立项	1. 人事考试中心考试收费	缴入地方国库	赣发改收费字〔2007〕1449 号,赣发改收费字〔2006〕80 号,赣价费字〔2002〕1194 号,赣发改收费字〔2007〕956 号,赣发改收费字〔2008〕580 号,赣发改收费字〔2011〕2672 号	
		2. 专业技术职务(职称)评审,答辩费	缴入地方国库	赣发改收费字〔2004〕523 号,发改价格〔2004〕1108 号	
		3. 专业技术职务认定费	缴入地方国库	赣财综字〔2000〕117 号	
		4. 专业技术人员考试试卷查询费	缴入地方国库	赣价行字〔1997〕105 号,赣财综字〔1997〕195 号	
		5. 专业技术人员继续教育培训收费	缴入地方财政专户	赣发改收费字〔2008〕28 号	
		6. 机关事业单位工人技术等级岗位培训费	缴入地方财政专户	赣价行字〔1996〕04 号,赣财综字〔1996〕7 号,赣价行字〔1997〕60 号,赣财综字〔1997〕113 号	

续表 1-99-6

部门	立项部门	收费项目	管理方式	收费及资金管理文件依据	收费部门（个、名称）
人力资源和社会保障	省级立项	7. 证照费			4　人力资源和社会保障局局机关各职能股室及基层局（就业局　社保局　医保局）
		(1)公务员培训证书和专业技术人员继续教育证书工本费	缴入地方财政专户	赣价费字〔1999〕10 号，赣财综字〔1999〕26 号	
		(2)公务员年度考试登记表工本费	缴入地方国库	赣价费字〔1995〕10 号，赣财综字〔1995〕25 号	
		(3)公务员登记表，任命书工本费	缴入地方国库	赣财综字〔1996〕140 号，赣价行字〔1996〕76 号	
		(4)人事软件工本费	缴入地方国库	赣财综字〔1993〕29 号，赣价费字〔1993〕24 号，赣计收费字〔2003〕819 号	
		(5)江西省人才培训信息卡/培训手册工本费	缴入地方财政专户	赣财综字〔2001〕第 18 号	
		8. 劳动能力鉴定费▲	缴入地方国库	计价格〔2001〕122 号，赣发改收费字〔2012〕280 号	
		9. 技工交流服务收费	缴入地方国库	赣财综字〔1992〕77 号，赣价费字〔1992〕75 号	
		10. 社会保障卡补(换)卡费	缴入地方国库	赣财综〔2012〕112 号，赣发改收费字〔2012〕2470 号	
国土资源	中央立项	1. 矿产资源补偿费▲	缴入中央和地方国库	国务院第 150 号令	1　国土局局机关及乡镇国土所（分局）
		2. 矿产资源勘查登记费▲	缴入中央和地方国库	价费字〔1992〕251 号	
		3. 采矿登记收费▲	缴入中央和地方国库	价费字〔1992〕251 号	
		4. 土地复垦费▲	缴入地方国库	《中华人民共和国土地管理法》	
		5. 土地闲置费▲	缴入地方国库	《中华人民共和国土地管理法》，财预〔2012〕584 号	
		6. 土地登记费▲	缴入地方国库	国土(籍)字〔1990〕93 号，财预〔2000〕127 号，赣价费字〔2008〕8 号，赣价费字〔2001〕116 号，	
		7. 征(土)地管理费▲	缴入地方国库	价费字〔1992〕597 号，计价格〔2001〕585 号，赣价费字〔2001〕122 号	
		8. 耕地开垦费▲	缴入地方国库	《中华人民共和国土地管理法》，财预〔2002〕584 号	
		9. 地质成果资料费▲	缴入地方国库	价费字〔1992〕251 号，财预〔2003〕470 号	
住房城乡建设	中央立项	1. 房屋所有权登记费▲	缴入地方国库	财预字〔1994〕37 号，发改价格〔2008〕924 号，赣计收费字〔2002〕553 号，赣计收费字〔2003〕1021 号	
		2. 城市房屋安全鉴定费▲	缴入地方国库	价费字〔1992〕179 号，财预〔2000〕127 号	
		3. 城市污水处理费(限于事业单位)▲	缴入地方国库	财综字〔1997〕111 号，国发〔2000〕36 号，计价格〔1999〕1192 号，计价格〔2002〕515 号，财预〔2009〕79 号	

续表 1－99－7

部门	立项部门	收费项目	管理方式	收费及资金管理文件依据	收费部门（个、名称）
住房城乡建设	中央立项	4. 城市道路占用挖掘费▲	缴入地方国库	建城〔1993〕410 号，财预〔2003〕470 号，赣价费字〔1994〕10 号	3　住建局局机关有关站（股）室　房管局　环卫所
		5. 白蚁防治费▲	缴入地方国库	价费字〔1992〕179 号，财预〔2002〕584 号，赣价房字〔1999〕1 号	
	省级立项	1. 垃圾处理费▲	缴入地方国库	计价格〔2002〕872 号规定：城市垃圾处理费尽快向经营服务性收费转变	
		2. 异地绿化费▲	缴入地方国库	赣财综字〔2008〕111 号，赣发改收费字〔2010〕920 号	
交通	中央立项	1. 车辆通行费（限于政府还贷）▲	缴入地方国库	交公路发〔1994〕686 号，《收费公路条例》，赣交财审字〔2006〕119 号，财预〔2009〕79 号，赣发改收费字〔2012〕1114 号	3　高速公路收费站　交通运输管理所　公路管理局
		2. 考试考务费			
		（1）经营性道路客货运输驾驶员作业资格考试费	缴入地方国库	财综〔2010〕39 号，发改价格〔2010〕1615 号	
	省级立项	1. 证照费	缴入地方国库		
		（1）公路运输行业证照费▲		赣计收费字〔2002〕567 号	
		①道路运输经营许可证			
		②中华人民共和国道路运输证			
		③从业资格证工本费			
		2. 公路路产损失赔偿收费（含高速公路）▲	缴入地方国库	赣价费字〔1993〕71 号，赣财综字〔1993〕68 号，赣价费字〔1994〕14 号，赣财综字〔1994〕10 号	
		3. 营业性道路运输驾驶员培训和从业资格考试收费▲	缴入地方财政专户	赣发改收费字〔2011〕26 号，赣发改收费字〔2011〕224 号	
水利	中央立项	1. 水资源费（含三峡电站水资源费）▲	缴入地方国库	价费字〔1992〕181 号，财预字〔1994〕37 号，财综〔2003〕89 号，财综〔2008〕79 号，省政府令第 60 号，赣财综〔2009〕47 号，发改价格〔2009〕1779 号，财综〔2011〕19 号	
		2. 河道采砂管理费▲	缴入中央和地方国库	〔1992〕价费字 181 号，财预字〔1994〕37 号，省政府令第 150 号，赣发改收费字〔2009〕1174 号	
		3. 河道工程修建维护管理费▲	缴入地方国库	同上，财预〔2000〕127 号，财综〔2003〕89 号，赣发改收费字〔2007〕1356 号，赣发改收费字〔2010〕806 号	
		4. 占用农业灌溉水源及设施补偿费	缴入中央和地方国库	水政资〔1995〕457 号	

续表 1-99-8

部门	立项部门	收费项目	管理方式	收费及资金管理文件依据	收费部门(个、名称)
水利	中央立项	5. 水土流失防治费▲	缴入地方国库	财预〔2002〕584 号,财综〔2003〕89 号,赣价费字〔1995〕37 号,赣财综字〔1995〕69 号	1　水利局局机关有关股室(队)
		6. 水土保持设施补偿费▲	缴入地方国库	财预〔2002〕584 号,赣价费字〔1995〕37 号,赣财综字〔1995〕69 号	
		7. 长江河道砂石资源费▲	缴入中央和地方国库	财综〔2003〕69 号,发改价格〔2009〕3085 号	
农业	中央立项	1. 国内植物检疫费▲	缴入中央和地方国库	价费字〔1992〕452 号,财预〔2002〕584 号,赣价行字〔1998〕4 号,计价费〔1997〕2500 号	3　农业局局机关有关股室　畜牧兽医局　农机局
		2. 畜禽及畜禽产品检疫费▲	缴入中央和地方国库	计价格〔1994〕400 号,发改价格〔2003〕2353 号,财预〔2002〕584 号,财综〔2002〕78 号,赣计收费字〔2003〕819 号,赣发改收费字〔2010〕2198 号,赣发改收费字〔2012〕1588 号,赣财综〔2012〕40 号	
		3. 水生野生动物资源保护费▲	缴入中央和地方国库	财综字〔1999〕102 号,计价格〔2000〕393 号,财预〔2002〕584 号,财综〔2009〕18 号,财综〔2011〕9 号,赣计收费字〔2002〕1343 号	
		4. 农机监理费(含"九二"式拖拉机牌证费)▲	缴入地方国库	价费字〔1992〕452 号,计价格〔1994〕400 号,〔1994〕财预字第 37 号,发改价格〔2003〕2353 号,发改价格〔2004〕2831 号,赣财综字〔1996〕10 号,赣价费字〔1996〕6 号,赣发改收费字〔2004〕1532 号,赣计收费字〔2006〕573 号	
		(1)拖拉机号牌(含号牌架,固封装置)			
		(2)拖拉机行驶证(含临时)			
		(3)登记证			
		(4)驾驶证			
		(5)安全技术检验			
		(6)驾驶证许可考试			
		5. 执业兽医资格考试费	缴入地方国库	财综〔2009〕71 号,发改价格〔2009〕3104 号,赣发改收费字〔2010〕711 号,赣发改收费字〔2012〕1292 号	
卫生	中央立项	1. 卫生监测费▲	缴入地方国库	价费字〔1992〕314 号,财预〔2000〕127 号,财预〔2003〕470 号,国发办〔2002〕57 号,财综〔2008〕47 号,赣价费字〔1994〕7 号	

续表 1 -99 -9

部门	立项部门	收费项目	管理方式	收费及资金管理文件依据	收费部门（个、名称）
卫生	中央立项	2. 预防性体检费	缴入地方国库	价费字〔1992〕314 号，财预〔2000〕127 号，国办发〔2002〕57 号，预财〔2003〕470 号，财综〔2008〕47 号	4 卫生局局机关有关股室 疾控中心 卫监所 妇保院
		3. 预防接种劳务费	缴入地方国库	同上	
		4. 委托性卫生防疫服务费▲	缴入地方国库	价费字〔1992〕314 号，财预〔2000〕127 号，财预〔2003〕470 号，赣价费字〔1994〕7 号，赣财综〔1994〕3 号	
		5. 医疗事故鉴定费▲	缴入中央和地方国库	价费字〔1992〕314 号，财预〔2003〕470 号，财综〔2003〕27 号，发改价格〔2007〕2749 号，赣价费字〔2002〕917 号，赣发改收费字〔2011〕3050 号	
	省级立项	1. 乡村医生执业考试考务费	缴入地方国库	赣财综〔2004〕19 号，赣发改收费字〔2004〕561 号，赣财综〔2004〕19 号	
		2. 临床用血收费	缴入地方国库	赣价费字〔2001〕134 号	
		3. 婚前医学检查收费	缴入地方国库	赣价行字〔1997〕77 号，《省委省政府致全省农民朋友的第二封公开信》	
		4. 执业医师审定费	缴入地方国库	赣财综字〔1999〕141 号	
		5. 艾滋病检测项目收费	缴入地方国库	赣卫计发〔2000〕172 号	
		6. 护士执业考试收费	缴入地方国库	赣价费字〔1995〕45 号	
人口和计划生育	中央立项	1. 社会抚养费	缴入地方国库	财规〔2000〕29 号，财预〔2000〕127 号，国务院令第 357 号，《江西省计划生育条例》	2 计生委委机关有关股室及各乡镇计生所 计生服务站
	省级立项	2. 计划生育技术服务收费		同上	
人防办	中央立项	1. 防空地下室易地建设费▲	缴入中央和地方国库	中发〔2001〕9 号，计价格〔2000〕474 号，财预〔2002〕584 号，赣发改收费字〔2012〕1582 号	1 人防办
	县级立项	2. 人防易地建设费	缴入地方国库	乐府办抄字〔2012〕392 号	
法院	中央立项	1. 诉讼费▲	缴入中央和地方国库	财预〔2002〕9 号，财行〔2003〕275 号，国务院令 481 号	1 法院及各基层法庭
党校	中央立项	1. 党校干部培训收费	缴入地方财政专户	赣发改收费字〔2008〕134 号，赣发改收费字〔2011〕1088 号	1 县委党校
税务	中央立项	1. 税务发票工本费	缴入中央和地方国库	价费字〔1992〕111 号，财预字〔1994〕37 号，赣发改收费字〔2012〕745 号	2 国税局 地税局
工商	中央立项	1. 企业注册登记费▲	缴入中央和地方国库	价费字〔1992〕414 号，财预字〔1994〕37 号，计价格〔1993〕1707 号，发改价格〔2004〕2839 号，计价费〔1998〕1077 号，国办发〔2004〕10 号	
		(1)开业注册登记			
		(2)变更登记			

续表 1-99-10

部门	立项部门	收费项目	管理方式	收费及资金管理文件依据	收费部门（个、名称）
工商	中央立项	(3)年度检验			1　工商局局机关及各基层局（分局）
		(4)补（换）证照及领取执照副本			
		2. 个体工商户注册登记费	缴入中央和地方国库	价费字〔1992〕414 号，财预字〔1994〕37 号，计价格〔1999〕1744 号，国办发〔2004〕10 号，财综〔2008〕47 号，赣财综〔2004〕74 号	
		(1)开业登记			
		(2)变更登记			
		(3)补（换）发营业执照			
		3. 商标注册收费▲	缴入中央国库	价费字〔1992〕414 号，财预字〔1994〕37 号，财综字〔1995〕88 号，计价格〔1995〕2404 号，计价费〔1998〕1077 号，发改价格〔2008〕2579 号	
		(1)受理商标注册			
		(2)补发商标注册证			
		(3)受理转让注册商标			
		(4)受理商标续展注册			
		(5)受理续展注册迟延			
		(6)受理商标评审			
		(7)受理立体商标注册		财综〔2004〕11 号	
		(8)受理颜色组合商标注册		财综〔2004〕12 号	
		(9)商标评审延期			
		(10)商标变+更			
		(11)出具商标证明			
		(12)受理集体商标注册			
		(13)受理证明商标注册			
		(14)商标异议			
		(15)撤销商标			
		(16)受理驰名商标认定			
		(17)商标使用许可合同备案			

续表 1－99－11

部门	立项部门	收费项目	管理方式	收费及资金管理文件依据	收费部门（个、名称）
质检	中央立项	1. 产品质量监督检验（含核发工业产品生产许可证的产品质量检验）费▲	缴入中央和地方国库	价费字〔1992〕496 号，计价格〔1996〕1500 号，发改价格〔2003〕1793 号，国质检科〔2008〕481 号，国质检财函〔2009〕688 号，财预〔2009〕79 号，赣发改收费字〔2011〕1032 号	1　质检局局机关
		2. 计量收费▲		财综〔2001〕72 号，财预〔2002〕584 号，赣计收费字〔2003〕703 号，发改价格〔2008〕74 号，赣发改收费字〔2010〕2249 号	
		(1)计量检定	缴入中央和地方国库	发改价格〔2008〕74 号，发改价格〔2009〕234 号，赣计收费字〔2003〕703 号，赣发改收费字〔2010〕2249 号	
环保	中央立项	1. 排污收费▲	缴入中央和地方国库	财综〔2003〕38 号，国务院令第 369 号，四部委令第 31 号	1　环保局局机关
		(1)污水排污			
		(2)废气排污			
		(3)固体废物及危险物排污			
		(4)噪声超标排污			
		(5)机动车排气检测收费	缴入地方国库	〔1992〕价费字 240 号，财预字〔1994〕37 号，发改价格〔2004〕2831 号，赣发改收费字〔2012〕1471 号	
		2. 环境监测服务费▲	缴入中央和地方国库	价费字〔1992〕178 号，财预〔2002〕9 号，赣发改收费字〔2007〕1762 号，赣发改收费字〔2010〕114 号	
统计	省级立项	1. 统计从业资格证书及考试考务费	缴入地方国库	赣发改收费字〔2005〕874 号	1　统计局局机关
林业	中央立项	1. 森林植物检疫费▲	缴入地方国库	价费字〔1992〕196 号，财预〔2000〕127 号，赣价费〔1994〕103 号	4　林业局局机关股室　林业工作站　检查站　林权办
		2. 绿化费▲	缴入地方国库	价费字〔1992〕196 号，财预〔2000〕127 号，赣价行字〔1997〕87 号	
		3. 陆生野生动物资源保护管理费	缴入中央和地方国库	林护字〔1992〕72 号，计价格〔1999〕1707 号，计价费〔1997〕2500 号，财预〔2000〕127 号，计价格〔2002〕599 号，财综〔2011〕9 号，赣价费〔1993〕059 号	
		4. 林权勘测费▲	缴入中央和地方国库	财综〔2001〕43 号，计价格〔2001〕1998 号，赣价费字〔2001〕136 号	
		5. 植物新品种保护权收费	缴入地方国库	财综字〔1998〕160 号，财预〔2000〕127 号，发改价格〔2007〕1968 号	
		6. 林权证工本费▲	缴入中央和地方国库	财综〔2001〕43 号，计价格〔2001〕1998 号，赣价费字〔2001〕136 号	
		7. 林地补偿费▲	缴入中央和地方财政专户	〔1992〕价费字 196 号	

续表 1－99－12

部门	立项部门	收费项目	管理方式	收费及资金管理文件依据	收费部门（个、名称）
档案	中央立项	1. 档案收费▲	缴入中央和地方国库	价费字〔1992〕130 号，财预〔2003〕470 号，赣发改收费字〔2010〕2501 号，赣发改收费字〔2011〕2912 号	1　档案局局机关
仲裁委	中央立项	1. 仲裁收费▲	缴入地方国库	国办发〔1995〕44 号，财综〔2009〕79 号，财综〔2010〕19 号，赣发改收费字〔2010〕424 号	1　劳动局仲裁委
		（1）案件受理			
		（2）案件处理			
法制办	省级立项	1. 行政执法证，行政执法监督证工本费	缴入地方国库	赣价费字〔2001〕74 号	1　法制办
		2. 法制培训及考务费	缴入地方国库	赣发改收费字〔2005〕1225 号	
气象	省级立项	1. 气象行政管理收费▲	缴入地方国库	赣财综字〔2000〕66 号	1　气象局
编办	省级立项	1. 机构编制管理证工本费	缴入地方国库	赣计收费字〔2002〕1065 号，包括全省各地	1　编办
安监	省级设立	1. 安全生产管理和操作人员培训费	缴入地方国库	赣财综〔2012〕109 号，赣发改收费字〔2012〕2102 号	1　安监局机关及培训中心

注：带▲号涉及企业收费

第四节　罚没收入

罚没收入，即罚款和没收收入。罚款又分惩罚性罚款和补偿性罚款。凡政法机关、行政管理机关和国家经济管理部门按国家法律、法令查处的罚款，属于惩罚性罚款。此项罚款除政策另有规定的外，全部上缴财政。一般经济单位根据合同或信用关系收得的罚款，属于补偿性罚款。补偿性罚款在补偿经济损失之后的剩余部分，行政事业单位以“其他收入”科目上缴国库，企业单位列“营业外收入”。国家机关按照法律、法令的规定，依法没收贪污、盗窃分子的赃款、赃物及其他一切非法所得而上缴国库的部分，为各级财政的没收收入。

1951 年 8 月 4 日，江西省人民政府转发中南军政委员会《关于整顿罚款、没收收入的决定》，主要内容有：（1）各级行政、司法、公安机关所收罚款及没收款物，均为国家收入，应及时解缴同级财政部门，过去未解缴者，应即时清理，扫数缴清。（2）财政部门处理罚款、没收款物（包括财产）规定如下：①现款及金银转解金库；②物资由财政部门委托当地贸易部门变价缴库；③房地产由财政部门变价缴库，并须呈报上级派员监证，拨充公用者，亦应照价缴库，或转账抵支；④凡未能出卖之财产物资，应由财政部门保管，有收益者以收益缴库。（3）各级机关依中央人民政府公布惩治反革命条例规定没收之财产，除依法赔偿或退还人民之财产外，其没收的部分均应全数缴库。（4）县市各级机关所收罚款和没收款物，以三成划归原县市，作县市地方财政收入，七成上解省库，由各地支行划分入账。（5）财政部门对各罚没机关施行检查，如有截留不缴者，应报告同级首长与上级财政部门，以违犯财政纪律论处。（6）各机关对罚没案件应依法处理，从政策法令上考虑问题，不得从财政收入着眼，任意滥罚，收到没收款物时，应对被处罚人付给收据，并留存根备查。乐安县从 1952 年开始有此项收入，当年收入 940 元。

1956 年 9 月 11 日，财政部、司法部、供销合作总社《关于各级人民法院处理没收、追缴、拍卖物品的联合通知》，凡各地人民法院依照国家法律所没收、追缴的赃物，除应作为证据保存的，应原物上缴各主管机关的以及需原物发还当事人的以外，应该由法院拍卖处理的和在民事案件执行中需要由法院标卖的物品，不论新旧破残一律由当地供销合作社收购，法院不再另行处理。供销合作社将全部拍卖物资价款统交法院，由法院处理，法院除按照判决将应该发还给当事人的款项发还给当事人外，对依照判决应该没收作为国家收入的，由法院按过去规定上缴同级财政部门。1953～1956年，乐安县罚没收入合计7951元。

1964年3月14日，江西省财政厅《关于"五反"运动中追回赃款赃物财物处理办法的补充规定的通知》，属于省地方国营企业、事业单位和国家机关追回的赃款赃物定案后，应上缴国家财政的部分，一律由所属单位（负责追赃的单位）上缴财政，其属于赃物部分，分别交由当地人民银行或者商业部门进行收兑变价，国家有牌价的按牌价处理，变价后的价款由原单位按照预算级次缴入同级财政金库。同年罚没收入含"五反"运动追回的赃款。1965年省财政厅又规定，对于工商企业违反国家政策擅自提高销售价格和压低收购价格所得非法利润，无主可退的，上缴县市财政作"其他收入"入库（国营企业可随同企业收入上缴）。根据各地对原规定提出的修改补充意见和"四清"运动中暴露出来的问题，1965年12月1日最高人民法院、最高人民检察院、公安部、财政部联合发布《关于没收和处理赃款赃物若干问题的暂行规定》，凡是依法没收的赃款（包括有价证券）赃物，由人民法院、检察院和公安机关分别开出清单，送缴财政部门负责处理，并由财政部门写给收据，存入案卷备查。人民法院、检察院和公安机关一律不得拍卖赃物。对财政部门处理的赃物，法院、检察院、公安干部不准事先选购。

1967年12月，江西省革命委员会筹备小组文化革命小组规定，对在"文化大革命"运动中，红卫兵抄查"地、富、反、坏、右"或其他不法分子的财物，除日常生活必需品退还给本人外，一律上缴，但如确属错抄的财物应全部退还本人，原物遗失或损坏的作价偿还。贪污、盗窃和私用查抄财物的应自觉退出上缴，否则严加处理。1969年11月25日省革委会又发出通知，对各单位追回的贪污、投机倒把赃款和出售收回的物资变价款以及交人民银行收兑后收回的金、银、外币等变价款，作如下规定：属于国家行政、事业单位和国营企业单位的，一律上缴同级财政金库；属于打击投机倒把的罚没收入（包括农村人民公社、生产大队、生产队及县以下手工业合作社），一律上缴县、市财政金库，任何个人和集体不得占用；属于贪污职工食堂的赃款、赃物仍应归还食堂，撤销单位食堂的赃款、赃物，上缴同级财政金库。1957～1976年，因乐安财政资料缺失，罚没收入金额无从考究。1977～1980年，乐安县共计罚没收入31567元。

1981年8月24日，财政部《关于查获的赃款赃物如何处理的复函》意见：依法追回属于国营企业、事业单位和国家机关的财物，原单位还在挂账待销的部分，归还原单位结清账务悬案；原单位已做财产损失向国家报销了的，其追回的赃款和赃物变价款，由追赃的单位如数上缴国库。1982年7月19日，财政部颁发《关于追回赃款、赃物的财务处理办法》，规定：属于机关、团体和国营企业、事业单位的财物，除原单位被抢、被盗、被骗挂在账上的，可报经同级财政机关核批（银行系统的，由上级行按银行规定核批），退还注销悬账外，一律上缴财政；属于受贿的财物，不论行贿单位是什么经济成分和有无悬账，都不能缴回原单位，要一律上缴财政；机关团体和国营企业、事业单位因走私贩私、投机倒把、倒买倒卖外汇所得非法收入，全部上缴财政。省财政厅在转发上述文件时作如下补充：关于追回赃物的作价处理，除金银珠宝应送人民银行兑付外，其余实物均应送当地国营委托商店合理估价变卖；当地没有国营委托商店的由负责处理单位作价报财政部门同意后再处理。所有赃物变价款一律全额上缴财政。同年8月9日，财政部制发了经国务院批准的《关于罚没财物管理办法》：(1)该办法适用于政法机关（公、检、法）和行政执法机关（海关、工商行政管理机关、税务机关）。(2)对依法收缴的罚没款和没收物资变价款，都应作为罚没收入，如数上缴国库，任何部门、单位和个人都不得自行提成。(3)走私案件，由海关（未设海关的地方为税务机关，下同）处理，其罚没收入50%上缴中央财政，50%上缴地方财政；投机倒把、倒买倒卖外汇等其他案件的罚没收入，按照查获机关的隶属关系，分别上缴中央财政或地方财政。(4)政法机关和行政执法机关，因办案需要增加的费用，由案件主办单位定期编报用款计划，由财政机关核准后在入库的罚没收入中20%至30%以内掌握退库，统一安排使用，由中央财政核拨，其他机关的办案费用，按照上缴罚没收入机关的隶属关系，分别由中央财政或地方财政核拨。任何部门、单位和个人都不得从经管的罚没收入中坐支截留。(5)海关、工商行政管理机关和税务机关查获的走私案件和投机倒把案件，不构成刑事犯罪的，其罚没款和罚没物资变价款，分别由海关、工商行政管理机关和税务机关上缴财政。构成刑事犯罪的，其扣留的财物，应予封存，并列清单，随案移送政法机关审理，判决后的罚没款和罚没物资变价款，由移送机关上缴财政。(6)各级财政机关，应配备专人负责对有关单位扣留、罚没财物收缴、保管、处理、缴款的检查和监督。(7)罚没财物属于商业部门经营范围的商品，一律交由指定的国营商业单位负责变价处理，变卖价格原则上按市场零售价7折计算，残次商品按质论价，商业部门对罚没物资，应纳入正常销售渠道，投入市场销售，不得内部处理；属于专管机关管理或专营企业经营的财物，如金银、有价证券、文物、毒品等，应及时交由专管机关或专营企业收兑和收购。(8)财政机关根据办案机关查处走私和投机倒把案件的办理情况，拨给主办单位必要的办案费用补助，用于发给案件告发人的奖励金，保管物资的仓储费用，主办单位本身的办案费用补助，联合办案单位的办案费用补助，发给协助破案的农村社队等集体所有制单位的奖励金。省人民政府在转发《关于罚没财物管理办法》的通知时，关于罚没收入和办案经费，已征得财政部同意，全部金额纳入预算，不作退库处理。此后，财政部又陆续复函一些部门：(1)事业单位和行政单位，属于国家预算拨款单位，本身不进行生产经营活动，因此，如有罚没收入，应当作为“应缴预算收入”以“其他收入”科目上缴国库。(2)单位挪用银行贷款进行投机倒把，走私贩私等违法犯罪活动，被行政执法机关没收的财物变价款，是属于打击经济领域犯罪活动中依法办事性质的问题，应由查处机关作为国家罚没收入上缴财政，由于依法罚没和借贷信用，是性质完全不同的两件事，不能将国家依法罚没款转为归还银行贷款。(3)关于单位套取信用社贷款进行投机倒把活动，被工商行政管理机关依法罚没的财物，由于这类案件不存在失主问题，其罚没收入由查处机关上缴国库，至于违法单位借欠信用社的贷款，属于银行与单位之间的信用结算关系，应由信用社自行追回，不能把国家依法罚没和银行信贷结算关系相提并论，对违法单位来说，既要受罚，也要还债。(4)基本建设单位取得的各种罚款收入，在弥补本单位由于对方违反制度规定或协议而造成的经济损失后的多余部分，一律按单位的财务隶属关系上缴同级财政。(5)关于在集体土地上建房违反土地法，依照国家法律、法令课处的罚款，属于国家采取惩罚性质的经济制裁，由查处机关如数上缴财政。(6)关于国家经济管理部门依法处理的罚款，如物价罚款、违犯交通规则罚款、违章建筑罚款、占用马路罚款等，凡属依法处理的经济惩罚性质的罚款收入，均应按《罚没财物管理办法》规定全部上缴财政，不搞收入提成。(7)关于追回运输企业在运输过程中被盗失的货物，经公安部门查获后，属于交通运输部门仍悬账未处理的，应通过承运单位归还货主；属于交通运输部门已退赔，并作损失销了账的，即由查获机关处理后上缴国库，不再退还承运单位。(8)关于查处林业违法案件罚没财物：①林业部门和工商行政管理等执法机关追回盗砍、盗伐的木竹及造成林木、林地损失的赔偿金应归还原主，用于补偿森林资源损失。②林业部门和工商行政管理等机关查获投机倒把等案件，依法没收的木竹变价款的处理：凡由林业部门查获的，留归林业部门作为育林基金收入；由工商行政管理等执法机关查获的，全部上缴财政；由林业部门和工商行政管理等执法机关联合查获的，其变价款，属于由工商行政管理等执法机关为主办案的，应按规定上缴财政，属于林业部门为主办案的，可留归林业部门作为育林基金收入；但对协办单位因参与办案而增加的办案费用，由主办单位酌情补助。③林业部门和工商行政管理等执法机关查获各类林业违法案件依法加处的惩罚性罚款，不存在弥补森林资源损失问题，应全部上缴财政。省财政厅规定：为了严厉惩罚违反国家植物检疫法规的违法活动，保护农业生产安全，对于各级植检部门依法罚没的款项，一律以“其他罚没收入”科目上缴同级财政，植检部门的办案费用，由同级财政在已入库罚没收入的30%内核定，年终向财政部门编报决算。1981～1985年(“六五”期间)，乐安县罚没收入17万元。

自从中央健全法制以来，各地遵照党的方针、政策开展了反对经济领域的违法犯罪活动的斗争，为维护正常经济秩序，保障国民经济顺利发展，同时，为严肃财经纪律，财政部多次重申国家罚没收入一律上缴国库，任何地区、部门和单位都不得坐支截留。省财政厅也多次发文指出，有些地方没有按照规定将国家罚没收入及时足额上缴各级财政，对自行提成、截留或坐支的单位，各地、各部门要认真清理检查，对应缴未缴的罚没收入应及时足额的收缴入库，已经挪用的要如数追回，贪赃枉法的要报告领导机关依法严肃处理。办案单位的罚没收入全数缴库之后不再退库，所需办案经费，由案件主办单位编造预算报财政部门在其上缴罚没收入20%～30%的数额以内，作预算支出安排，拨付给案件主办单位。根据上级布置，乐安县财政局也开展了对罚没收入的清理检查，发现以上提到的违纪情况在乐安县也程度不同的存在，针对存在的问题区别不同情况进行了处理，因此，1986 年的罚没收入实现 10 万元，占到前五年（“六五”时期）罚没总收入的 58.8%。此后，在每年开展的财务检查（三大检查内容之一）中均列为必查项目。

1986 年，财政部对《关于罚没财物管理办法》作两点原则修改的紧急通知中指出：原办法规定，执法机关可以从罚没收入中提留 20% ~30%，补充办案经费，这一规定流弊不少，使一些执法机关为追求提成，搞“以罚代刑”，对一些重大经济案件不予起诉，一罚了之，严重影响了打击严重经济犯罪活动的斗争。还有，原办法规定，对查缉破案有功人员实行与案件挂钩的奖励办法，副作用很大，影响干部队伍的思想建设。为此修改为：(1)罚没收入一律上缴国库，不提成，不退库，办案费用补助由财政机关专项拨付；(2)不再对第一线查缉破案有功人员单设奖励制度，由有关部门根据中央的有关精神，另作具体规定。同年 12 月 31 日，财政部发布《罚没财物和追回赃款赃物管理办法》，从 1987 年 1 月 1 日起执行，对 1982 年发布的《关于罚没财物管理办法》和《关于追回赃款赃物的财务处理办法》及其有关补充规定、解释等同时废止。新办法规定：(1)依法查处走私贩私、投机倒把、违反物价管理等违法犯罪案件的罚没款和没收物资，称“罚没财物”；依法查处追回贪污盗窃、行贿受贿等违法犯罪案件的财物，称“追回赃款赃物”。(2)适用于：①海关、工商行政管理、物价管理等行政执法机关依法查处走私贩私、投机倒把、违反物价管理等违法、违章案件的罚没财物；②公安机关、人民检察院、人民法院等政法机关，依法查处违反治安管理和各类违法案件的罚没财物和追回的赃款、赃物；③交通、林业、外汇、渔政、城建、土地管理、标准计量、烟草专营、医药卫生、劳动安全以及其他国家经济管理部门，依照有关法律、法规查处违法、违章案件的罚没财物；④国营企业、事业单位、机关团体内部查处的不构成刑事犯罪的贪污、盗窃等案件追回的赃款、赃物。以上除④以外统称执法机关。(3)各种罚没财物以及追回的赃款赃物，任何部门、单位和个人，都不得挪用、调换、压价、私分或变相私分。(4)执法机关依法追回贪污、盗窃等案件的赃款、赃物，处理原则：①原属国营企业、事业单位和城乡集体所有制单位的财物，除政法机关判归原单位者外，一律上缴国库；②原属个人合法财物，单位的党费、团费、工会经费以及职工食堂等集体福利事业单位的财物，均发还原主；③追回属于受贿、行贿的财物，一律上缴国库。(5)国营企业、事业单位和机关团体内部查处的，不构成刑事犯罪的贪污、盗窃等案件追回的赃款、赃物，原则上报经上级主管部门审查核准后归还原单位注销悬账；原单位已作损失核销了的，一律上缴国库。(6)罚没物资和追回应上缴国库的赃物：属于商业部门经营的商品，由执法机关、财政机关、接收单位会同有关部门按质论价，交由国营商业单位纳入正常销售渠道变价处理，参与作价部门，不得内部选购；属于专管机关管理或专营企业经营的财物，如金银、外币、有价证券、文物、毒品等，应及时交由专管机关或专营企业收兑和收购。(7)执法机关依法收缴的罚没款、赃款和没收物资、赃物的变价款一律作国家“罚没收入”或“追回赃款赃物变价收入”，如数上缴国库，任何机关都不得截留和坐支，对截留、坐支或拖欠的，财政机关有权扣发其机关经费或通知银行从其经费存款中扣交。除因错案可予以退还外，财政机关不得办理收入退库。(8)工商行政管理机关、公安机关、人民检察院、人民法院以及隶属地方的国家经济管理部门查处或判处的罚没收入，全部上缴地方财政。(9)各政法机关判处和国营企业、事业单位、机关团体内部查处的上缴国库的赃款和赃物变价款，不论发案单位的财务隶属关系，一律上缴地方财政。(10)为鼓励人民群众揭发检举犯罪活动，案件告发人的奖金，按其贡献大小，在每案罚没收入总额的 10% 以内掌握（必要时对无罚没收入的告发人也可酌情发给），但一般不超过 1000 元。有特殊贡献的案件告发人的奖金，可以报经省以上执法机关特案批准，不受限额控制。农村乡镇等集体所有制单位协助破案的应发奖金，由办案机关在每案罚没收入总额的 10% 以内掌握，但不得超过 1 万元。奖金由同级财政机关专项核拨。(11)不属于正常经费预算范围的开支，以及特殊情况下必不可少的办案业务开支，可由执法机关的主管部门向同级财政机关编报“办案费用补助”专项支出预算。省财政厅为贯彻执行《江西省收费、集资、罚款、没收管理条例》和财政部发布的《罚没财物和追回赃款赃物管理办法》，维护社会主义法制的严肃性，加强对罚没款项的监督管理作出补充规定：(1)专用凭证由省财政统一印制，分发各地市县财政局，地方各级执法机关向同级财政部门领用。(2)专用凭证分两类：一是印有罚没金额的定额“罚没收据”4 种，面额分为 1 角、5 角、1 元、5 元；二是按实际罚没金额填写的“罚款、没收专用缴款书”。(3)各级财政部门和执法机关要指定专人负责凭证的管理，并要制定严格的凭证领用、缴销制度和结算对账制度。乐安县财政局认真执行上述规定，并于1989年8月转发省财政厅《关于加强罚没收入管理的通知》时，通知县直各执法单位和各乡镇人民政府，县局在8月中旬对各执法单位逐个进行一次检查，对一年半以来执行省、部规定的情况作一次较全面的清理，如发现单位有隐瞒、截留、坐支和挪用罚没收入的，将从其机关收入中扣缴入库，同时对已领凭证与已缴收入核对清楚，及时销号，并决定今后每年的8月份都将定期检查，以形成制度，把加强对罚没收入的监督管理真正落实到实处。随着法制的健全，罚没收入逐步走向正规，1986～1990年（“七五”期间）罚没收入达到184万元，比前5年增长9.8倍。

1994年8月16日，乐安县人民政府下发《乐安县人民政府关于强化财政罚没收入预算管理的通知》，要求各乡（镇）人民政府、大马头垦殖场、县政府各部门高度认识强化罚没收入管理的重要性；严格执行罚没政策；实行新的罚没结解制度；严格罚没票据的使用；健全罚没收入预算管理；以及财政与执法单位建立的约束机制等。各执法机关和执罚人员在执行罚没公务时，严格按照县政府通知精神办事，严格罚没收入“收支两条线”的管理，确保罚没收入及时、足额解缴财政国库。

1995年7月1日，乐安县人民政府办公室转发乐安县财政局、乐安县人民银行、乐安县审计局《关于罚没收入、预算外资金开设两个账户，实行收支两条线管理的请示》，决定从1995年7月1日起，全县全额预算管理的行政、事业单位只能在一个银行设立收、支两个账户、实行收支两条线管理。随着罚没收入制度的完善，乐安县的罚没收入自此后，每年均平稳增长，1991～1995年（“八五”期间）罚没收入达到314万元，又比前5年增长70.7%。

为了认真贯彻《中华人民共和国行政处罚法》和国务院《罚款决定与罚款收缴分离实施办法》的有关规定，加强罚款收缴入库的管理，保证罚款及时收纳，缴入国家金库，财政部、中国人民银行于1998年5月28日印发了《罚款代收代缴管理办法》，同年6月8日财政部印发了《公检法、工商行政管理部门行政性收费收入和罚没收入监缴暂行办法》。抚州地区财政局根据上述文件精神和省财政厅规定下发通知：代收机构为国有商业银行分支机构，由县市人民政府组织财政、人民银行和依法具有行政处罚权的行政机关研究确定；“代收罚款收据”由省财政厅按规定格式统一印制，地、县财政逐级领用，代收机构根据委托协议向同级财政部门领取使用，其他任何单位和个人不得印发；原执法单位向财政部门领用的各种罚没票据，除需留存部分用于没收财物和实行当场处罚外，其余必须向财政部门办理清退手续。各级财政部门负责对本级的公安机关、检察院、法院、工商行政管理部门解缴行政性收费收入和罚没收入情况的监缴工作，各县市可根据实际情况指定相应的内设机构负责实施。公检法、工商行政管理部门应按照规定向同级财政部门报送《公检法工商行政管理部门的罚没收入统计月报表》以及其他有关罚没收入收缴情况的资料。为了贯彻落实国务院〔1997〕第253号令和江西省人民政府关于《罚款收缴分离实施办法的通知》精神，1998年12月10日，乐安县财政局下发《关于使用“乐安县财政局罚款没收专用进账单”“乐安县财政局暂扣款专用进账单”等凭证的通知》，决定从1999年1月1日起，对本级行政执法部门罚款、暂扣款实行“各家开票、一家收款”的管理办法，确定乐安县工商银行为代收机构，县财政局在工商银行设立了“财政专户”。统一制发“乐安县财政局罚款没收专用进账单”“乐安县财政局罚款专用现金进账单”和“乐安县财政局暂扣款专用进账单”“乐安县财政局暂扣款专用现金进账单”。实行罚款决定与罚款收缴分离的罚没收入：为执罚机关的各项罚款、没收款以及保证金、押金、各类预收款、赃款变价款、有价证券兑付等；根据财政部颁发的行政事业单位财务制度规定和“票款分离”的操作要求，除经县人民银行和县财政局批准设立的银行支出账户予以保留外，其余罚没收入过渡账户全部取消；对少数零星分散、交通不便、情况特殊、暂不适宜执行罚缴分离办法的，由各执罚单位写出书面报告，经县财政局（预算外资金管理局）批准后，方可执行当场执罚；县本级各执罚单位缴纳的罚没收入由财政专户直接上缴县国库。所需办案经费由县财政局依据有关规定进行审核后，再由财政预算内予以安排。对当事人的押金、保证金、预收款等款项，已结案的部分，应转罚没款上缴国库，该退回的拨还给执罚单位，再由执罚单位退还给当事人。

乐安县根据上述精神，要求执罚单位携带票据领购证、罚没许可证、行政处罚主体资格证和涉及法律、法规文件资料复印件到预算外资金管理局办理有关手续，罚没收据的领购、保管、核销统一由执罚单位财务部门统一办理。同时，对罚缴分离的缴拨程序作了具体规定。通过各项配套制度的完善和实施严格的监督管理，罚没工作中乱罚、滥支的混乱现象得以遏制，并逐步走上法制化、规范化的轨道。1996～2000年（“九五”期间），罚没收入增势迅猛，收入达到651万元,比前5年增长107%。

2001年9月,乐安县财政局全文转发了《江西省罚没票据管理暂行规定》,暂行规定的主要内容:(1)各级财政部门是罚没票据管理的主管机关,省财政厅负责全省罚没票据的监(印)制、发放、核销、稽查和其他监督管理工作,省以下财政部门负责本级罚没票据的发放、核销、稽查和其他监督管理工作。未经财政部门批准,任何单位和个人不得自行印制、发放、出售、销毁和承印罚没票据。(2)除法律、法规另有规定外,执法机关实施处罚需要罚款和没收财物的,一律按本规定使用省财政厅监(印)制的罚没票据。不按本规定使用罚没票据的,被处罚单位或个人有权拒绝付款或上缴罚没财物。(3)罚没票据分为罚款定额收据、罚款现金收据、代收罚款收据、罚没物资收据四种。罚款定额收据适用于金额在二十元以下的现金罚款,票面金额包括一元、二元、五元、十元和二十元五种。罚没现金收据适用于数额不固定的罚款、没收款以及追回贪污、盗窃、行贿受贿的赃款。代收罚款收据适用于实行罚款决定与罚款收缴相分离的罚款。罚没物资收据适用于罚没物资以及追回贪污、盗窃、行贿受贿的赃物。(4)各级执法部门及其所属单位、代收机构使用的罚没票据,由执法部门、代收机构财务机构统一向同级财政部门领用,各设区市及所属县、区使用的罚没票据由各设区市财政局统一向省财政厅领用。(5)罚没票据实行分次限量领用制度,每次领用量一般为一个季度的正常用量。各执法单位、代收机构首次领用罚没票据,须向同级财政部门提出申请,由同级财政部门审核批准。执法单位、代收机构再次领用罚没票据必须提交前次使用罚没票据的情况,包括票据的册数、号码、罚没收入的数额以及入库情况等,经同级财政部门审核后,方可继续领用票据。(6)各执法单位、代收机构已开具的罚没票据存根,应妥善保管,保管期一般为五年。(7)撤销、改组、合并的执法单位,代收机构领取但尚未使用的罚没票据,应全部缴回同级财政部门,或报同级财政部门批准由改组、合并后的执法单位、代收机构继续使用。(8)执法部门及所属单位、代收机构应建立罚没票据使用登记制度,设置罚没票据登记簿,定期向同级财政部门和上级主管部门报告罚没票据的领用、结存情况。(9)财政部门根据实际情况和管理需要、对罚没票据的印制、领用、保管、使用等情况进行定期或不定期检查等。由于加强了票据工作的管理,使得罚没收入的征管工作更趋完善,收入增幅明显看涨,2001~2005年("十五"期间),乐安县的罚没收入达到1568万元,比上个"五年计划"期间增长140.8%。

2008年,乐安县人民政府颁发了《执收执罚单位收支完全脱钩试点工作实施方案》,其主要内容有:

1. 清理非税项目和标准

各部门、各单位要对照法律、法规和政策,对所有行政事业性收费、政府性基金、罚没收入的项目和标准,进行全面清理。按规定已取消的项目要坚决取消;已降低标准的要坚决按降低后的标准执行;继续保留的项目,要严格按规定的范围和标准及时足额征收。

2. 规范非税收入管理

各执收执罚单位非税收入为财政性资金,必须全额纳入县财政预算管理。各执收执罚部门的行政事业性收费、政府性基金、罚没收入直接缴入财政专户,缴款时要注明行政事业性收费、政府性基金或罚没收入等项目,方便对账和会计核算。

3. 加强票据管理

所有行政事业性收费、政府基金、罚没收入必须统一使用财政部印制或监制的票据,不得使用普通票据,不得使用白条,不得拒开发票。

4. 加强监督检查

县监察、审计、财政、物价等部门加大对执收执罚行为的监督检查,对多收、乱收、应收不收、应罚不罚,以及转移、截留挤占、挪用和坐支资金的单位和有关责任人要作出相应的处理。各单位要建立内部监督约束机制,自觉遵守法律、法规,既不超标准、超范围执收执罚,又不随意进行减免,真正做到应收尽收、应罚尽罚。

5. 建立非税收入征管激励和约束机制

为加强政策法规范围内的非税收入征管,县政府出台了《政府非税收入征管及奖励办法》。县政府将对执收执罚单位下达非税收入考核计划,2009年非税收入计划根据前两年实际完成的非税收入剔除政策性减收因素后,按4:6的比例计算确定。非税收入征收成本列入财政预算,计划内收入扣除上缴上级主管部门的收入后,按30%计算成本(医疗单位按70%计算成本)拨付给单位用于加强非税收入征管;超计划部分按70%奖励给有关单位,用于弥补超编人员经费、发放津贴和改善办公条件。除取消项目、降低标准等政策性减收因素外,因单位征收不力而未完成年度考核计划的,则相应扣减该单位公用经费,特殊情况应向县政府报批。

执收执罚单位收支完全脱钩,是一项政策性较强的工作，县委、县政府非常重视，在安排各单位经费预算时不与非税收入挂钩，所有经费按照规定的标准和范围全部由财政预算安排，真正做到收支完全脱钩。这样一来，罚没收入的增长，取得了立竿见影的效果，2006～2010 年（“十一五”期间），乐安县的罚没收入达到 7901 万元，是“十五”期间的 5.04 倍。2011～2012 年罚没收入为 1445 万元。1978～2012 年，乐安县罚没收入共计 12083 万元。

1978～2012 年乐安县罚没收入情况表

表 1－100　　单位：万元

年度	合计	公安罚没收入	检察院罚没收入	法院罚没收入	税务部门罚没收入	食品卫生药品监督罚没收入	审计罚没收入	工商罚没收入	物价罚没收入	其他罚没收入	占财政收入（%）
1978	3	—	—	—	—	—	—	—	—	3	0.72
1983	9	2	2	—	—	—	—	5	—	—	1.85
1984	6	4	1	—	—	—	—	1	—	—	0.98
1985	2	—	—	—	—	—	—	2	—	—	0.24
1986	10	6	—	—	—	—	—	3	—	1	1.02
1987	13	1	—	—	—	—	—	2	—	10	1.15
1988	18	7	—	—	—	—	—	5	5	1	1.32
1989	57	15	—	—	—	—	—	11	25	6	3.59
1990	86	31	—	—	—	—	—	10	14	31	4.67
1991	104	63	—	—	—	—	—	5	7	29	5.85
1992	69	38	—	—	—	—	—	4	14	13	3.56
1993	63	55	—	—	—	—	—	3	1	4	2.89
1994	24	21	—	—	—	—	—	—	1	2	1.02
1995	54	50	—	—	—	—	—	—	2	2	1.87
1996	15	5	—	—	—	—	—	—	—	10	0.49
1997	124	124	—	—	—	—	—	—	—	—	3.39
1998	70	40	—	—	—	—	—	15	—	15	1.85
1999	206	83	18	—	—	—	—	—	—	105	5.75
2000	236	150	72	—	—	—	—	—	—	14	6.64
2001	487	220	41	19	—	—	—	—	—	207	12.26
2002	271	119	71	—	—	—	—	—	—	81	6.98
2003	249	90	30	15	—	—	—	—	—	114	6.19
2004	75	20	35	10	—	—	—	—	—	10	2.23
2005	486	70	75	30	—	—	—	—	—	311	12.23
2006	943	488	177	17	6	—	—	—	—	255	15.18
2007	973	388	151	28	4	11	81	—	—	310	10.42
2008	603	241	164	23	3	—	46	—	—	126	5.00
2009	1906	324	148	18	1	—	60	—	—	1355	10.46
2010	3476	434	142	50	1	—	1885	—	—	964	13.42
2011	963	412	33	15	59	30	242	—	—	172	2.67
2012	482	153	15	52	—	—	146	—	—	116	1.25
总计	12083	3654	1175	277	74	41	2460	66	69	4267	

第五节 国有资本经营收入

国有资本经营收益是政府非税收入的重要组成部分。按照国家要求，应当严格按照同级财政部门规定执行，及时足额上缴同级国库。要逐步建立国有资本经营预算体系，将国有资本经营收益纳入国家预算管理，确保国有资本经营收益的安全和有效使用，促进国有经济结构调整和国有企业健康发展。

2007年9月8日，国务院印发《关于试行国有资本经营预算的意见》。明确规定：国有资本经营预算，是国家以所有者身份依法取得国有资本收益，并对所得收益进行分配而发生的各项收支预算，是政府预算的重要组成部分。建立国有资本经营预算制度，对增强政府的宏观调控能力，完善国有企业收入分配制度，推动国有经济布局和结构的战略性调整，集中解决国有企业发展中的体制性、机制性问题，具有重要意义。

一、国有资本经营的收入范围

指各级人民政府及其部门、机构履行出资人职责的企业上缴的国有资本收益，主要包括：

(1)国有独资企业按规定上缴国家的利润。

(2)国有控股、参股企业国有股权(股份)获得的股利股息。

(3)企业国有产权(含国有股份)转让收入。

(4)国有独资企业清算收入(扣除清算费用)，以及国有控股、参股企业国有股权(股份)分享的公司清算收入(扣除清算费用)。

(5)其他收入。

二、国有资本经营的执行

(1)国有资本经营收入由财政部门、国有资产监管机构收取、组织上缴。企业按规定应上缴的国有资本收益，应及时、足额直接上缴财政。

(2)国有资本经营资金支出，由企业在经批准的预算范围内提出申请，报经财政部门审核后，按照财政国库管理制度的有关规定，直接拨付使用单位。使用单位应当按照规定用途使用、管理预算资金，并依法接受监督。

(3)国有资本经营执行中如需调整，须经按规定程序报批。年度预算确定后，企业改变财务隶属关系引起预算级次和关系变化的，应当同时办理预算划转。

(4)年度终了后，财政部门应当编制国有资本经营决算草案报本级人民政府批准。

2008~2012年，乐安县国有资本经营收入(含产权转让收入)共计9658万元。

2008~2012年乐安县国有资本经营收入(含产权转让收入)

表1-101

单位:万元

年 度	金 额	年 度	金 额
2008	571	2011	3447
2009	957	2012	2093
2010	2590	合计	9658

第六节 国有资源(资产)有偿使用收入

为了规范和加强国有企业和行政事业单位的国有资产管理，1993年11月3日，乐安县人民政府转发抚州地区行署《关于国有资产管理的通知》，对加强企业和行政事业单位国有资产管理，指导监督行政事业单位建立健全国有资产的日常管理、资产处置和资产报告等制度做了明确的规定。

1996年10月16日，乐安县人民政府批转乐安县财政局、乐安县国有资产管理局《关于进一步加强国有资产管理，建立国有资产保值增值基金意见的通知》，就全县在对占有国有资产的企业进行了清产核资和产权登记；行政事业单位进行了财产清查和产权登记的基础上，进一步贯彻好国务院《国有资产评估办法》和《国有企业财产监督管理条例》，加强乐安县国有资产管理工作，建立国有资产保值增值基金，作出规定：(1)有计划、有步骤把清产核资作为经常性工作来抓。1995年在全县国有企业及实行企业化管理的事业单位全面开展清产核资工作，在摸清家底的基础上推进国有资本结构优化和组织结构合理调整，按照清产核资政策，解除企业的历史包袱。这项工作将转为经常性工作。(2)加强产权界定和产权纠纷的处理工作。按照国家有关规定遵循“谁投资、谁拥有产权”的原则，正确界定不同投资主体的责任和权利。本着实事求是、公平、合理的原则，依法调处对产权界定不清以及历史遗留等因素发生的产权纠纷。(3)加强和完善产权登记工作,明晰产权关系。工商、国资等部门加强联系,密切配合,进一步明确产权登记的法律责任,未依法办理产权登记手续的企业单位、工商部门一律不予办理工商登记手续;对拒不进行产权登记或登记不实的现象,国资部门依情节轻重,依法行使行政处罚权,以保证产权登记工作的顺利进行。(4)加强和规范资产评估管理工作。认真贯彻行署抚行字〔1994〕第160号文件精神,按照"统一管理、规范运作"的原则,把各种形态的国有资产包括国有土地使用和国有房地产以及科学技术等无形资产在内的评估,纳入统一的、规范的国有资产评估管理轨道,实行专职管理,防止政出多门,人为分割,强化对资产评估业务和评估机构的监督与管理,依法保障资产评估机构客观、公正、独立执业。未经国有资产管理部门确认的评估结果一律无效。未经省级以上国有资产管理部门授予资产评估资格的机构,所进行的资产评估不具法律效力,对其评估结果,国有资产管理部门一律不予确认。(5)加强企业国有资产管理工作。县国资局做好国有企业的清产核资、产权界定、资产评估、产权登记、统计报表和资产废损审核等国有资产基础管理工作。监督和考核企业国有资产保值增值。根据上级有关文件精神,积极参与股份制和国有独资公司改造的审批工作,按照《中华人民共和国公司法》和国家有关规定,重点抓好改造中的产权界定,评估资产、资产折股,国有股股权设置,国有持股单位认定和改造后的国有股权管理,保值增值考核及国有股股利的收缴、监缴工作。在国有中小型企业实行国有民营的改革中,坚持抵押租赁制度,明确承租者的经营责任,强化经营者对国有资产保值增值的风险责任。在做好清产核资、资产评估的基础上制定合理的租金标准,并监督经营者及时上缴租金,坚决制止瓜分、侵占国有资产的行为。(6)加强行政事业单位国有资产管理。行政事业单位国有资产的有偿转让、出租、变卖出售、无偿调拨、报损、报废等均按规定履行申报审批手续,擅自处置国有资产的,财政部门和国有资产管理部门将按违反国资管理有关法规收缴其全部所得价款。属控购商品的国有资产,变更产权不履行产权变动报批手续的,控购部门不予办理控购手续。加强非经营性资产转为经营性资产的管理,对行政事业单位利用"创收"所占用的国有资产进行产权登记,明确产权归属,坚持有偿使用的原则,促使这部分国有资产保值增值。(7)建立国有资产保值增值基金。基金来源渠道具体分为:国有独资公司、有限责任公司国家应分取的红利(省、地政府有文件规定的按有关规定执行);股份制企业国家股股利,国有资产折股收入和国家股权转让收入;行政、事业单位非经营性资产转为经营性资产的国有资产占用费(租赁经营的按租金收入的5% ~10%收取年占用费,创办经济实体的按资产评估现值的3% ~5%收取年占用费),集体企业占有国有资产的占用费(属租赁性质的按资产评估现值的3% ~5%收取年占用费,属投入资本性质的按所占比例份额收缴应得收益)和拍卖出售国有资产的收入;其他应属国家所有的国有资产收益等。基金的征收和管理办法,由县政府授权县国有资产管理局会同县财政局统一征收,实行专户储存,专项管理,并制定实施办法,按有偿使用的原则,确保国有资产保值增值。

2006年5月30日,财政部颁布了《行政单位国有资产管理暂行办法》和《事业单位国有资产管理暂行办法》。

(一)行政单位国有资产管理的主要任务是:

(1)建立和健全各项规章制度;

(2)推动国有资产的管理配置和有效使用;

(3)保障国有资产的安全和完整;

(4)监管尚未脱钩的经济实体的国有资产,实现国有资产的保值增值。

行政单位国有资产管理的内容包括:资产配置、资产使用、资产处置、资产评估、产权界定、产权纠纷调处、产权登记、资产清查、资产统计报告和监督检查等。

《行政单位国有资产管理暂行办法》分别就管理机构及职责、资产配置、资产使用、资产处置、资产评估、产权纠纷调处、资产统计报告、监督检查和法律责任等内容做了明确的规定。

(二)事业单位国有资产,是指事业单位占有、使用的、依法确认为国家所有,能以货币计量的各种经济资源的总称,即事业单位的国有(公共)财产。

事业单位的国有资产包括国家拨给事业单位的资产,事业单位按照国家规定运用国有资产组织收入形成的资产,以及接受捐赠和其他经济法律确认为国家所有的资产,其表现形式为流动资产、固定资产、无形资产和对外投资等。

事业单位国有资产管理活动,应当坚持资产管理与预算管理相结合的原则,推行实物费用定额制度,促进事业资产整合与共享共用,实现资产管理和预算管理的紧密统一;应当坚持所有权和使用权相分离的原则;应当坚持资产管理与财务管理、实物管理与价值管理相结合的原则。

事业单位国有资产实行国家统一所有,政府分级监管,单位占有、使用的管理体制。

《事业单位国有资产管理暂行办法》就管理机构及其职责;资产配置及使用;资产处置;产权登记与产权纠纷处理;资产评估与资产清查;资产信息管理与报告;监督检查与法律责任等内容作了明确规定。

为进一步加强国有资产管理,合理配置和有效利用国有资产,做大、做强、做实投融资平台;推进项目融资工作,确保国有资产保值增值和效益最大化。2012年8月31日,乐安县人民政府印发《关于乐安县县直行政事业单位经营性国有资产整合运作实施方案的通知》。

(一)方案的基本原则:

县直行政事业单位的经营性国有资产所有权归县政府,县政府授权县国有资产监督管理办公室履行出资人和考核监管职责。

(1)产权集中,专户管理。县直行政事业单位经营国有资产的产权实行集中划转,统一管理。资金经营所得、押金等缴存县财政,纳入财政专户管理。

(2)授权经营,市场运作。县直行政事业单位经营性国有资产由县政府授权集中运营,把资产转化为资本,把资本转化为资金,把存量转化为增量,实现国有资本最大程度增值保值。经营权和使用权委托原单位负责管理。

(3)搭建平台,裂变扩张。依照法律程序,将产权清晰、优质"干净"的经营性房屋所有权、土地使用权划转给乐安县凌云投资开发有限公司(国有独资公司),搭建投资融资担保平台,通过对外引导性、开发性、基础性投入,支持引进重大产业项目,加快高新技术产业发展,促进重大基础设施建设,推动骨干企业裂变式发展。

(二)方案实施范围

本方案所指的经营性国有资产是指县政府所属行政机关、社团组织、事业单位(以下简称"县直行政事业单位")的经营性国有资产,包括县政府所属行政机关、社团组织下属的经营性独立核算的事业单位(如酒店、招待所、宾馆等);县直行政事业单位占有使用的非经营性资产转为非独立核算的经营性资产(如店面、商铺等);县直行政事业单位占有且暂未使用的闲置资产(如闲置土地、烂尾楼等);县委、县政府批准的其他行政事业单位的经营性国有资产,国有企业改制结束后的剩余资产及国有企业破产终结后应归还县政府的资产。

学校、医院等单位的经营性国有资产暂不纳入本方案的实施范围。

(三)方案的运作模式

1. 国有资产集中管理及运营

由县财政局牵头,县政府授权乐安县国有资产监督管理办公室(以下简称国资办)将县行政事业单位经营性国有资产进行核定,由县财政局出具资产权属划转通知书,到国土、建设、房管等相关部门办理资产产权权属变更登记手续,后划转至乐安县凌云投资开发有限公司按市场化运作进行投融资、确保国有资本保值增值,维护国有资产权益。

2. 分类盘活经营性国有资产存量

由县政府授权,县国资办监管、乐安县凌云投资开发有限公司运用市场手段对县直行政事业单位的经营性国有资产进行分类处置和经营,实现从实物形态向价值形态转变,从资产向资本转变,在转变中确保经营性国有资产保值增值。

对闲置土地、"烂尾楼"、转划的国有资产以直接拍卖的方式变现。

对商铺、店面等资产按照公开、公平、公正的原则,竞价招租,需拍卖的也可以拍卖。

对酒店、招待所、宾馆等资产委托原单位经营管理。

3. 依托平台开展投融资

(1)进行引导性投入。通过对政府急需发展的重大产业项目进行引导性投入,吸引社会资本参股和投资,增强全县经济发展后劲。

(2)进行基础性投入。通过对重大基础设施建设项目、城市污水处理及其他经济发展薄弱环节进行基础性投入,增强乐安县经济可持续增长能力。

(3)进行担保性投入。依托乐安县凌云投资开发有限公司按照市场化运作成立乐安县投融资担保股份有限公司,为乐安县工业园区中的重大项目,成长型中小企业所需的流动资金进行担保,并对发展前景好的高新技术产业项目进行担保,解决企业融资瓶颈。

因乐安县凌云投资开发有限公司自成立至2012年止,时间没满一年,按规定不能开展融资和担保业务工作,所以无法反映其当年的工作效益。

根据财政部关于政府非税收入的分类规定,国有资源有偿使用收入包括土地出让金收入,新增建设用地土地有偿使用费使用金,探矿权和采矿权使用费及价款收入,场地和矿区使用费收入,出租汽车经营权、公共交通线路经营权、汽车号牌使用权等有偿出让取得的收入,政府举办的广播电视机构占用国家无线电频率资源取得的广告收入,以及利用其他国有资源取得的收入。

国有资产有偿使用收入包括国家机关、实行公务员管理的事业单位、代行政府职能的社会团体以及其他组织的固定资产和无形资产出租、出售、出让、转让等取得的收入,世界文化遗产保护范围内实行特许经营项目的有偿出让收入和世界文化遗产的门票收入,利用政府投资建设的城市道路和公共场地设置停车泊位取得的收入,以及利用其他国有资产取得的收入。

1994～2012 年,乐安县国有资源(资产)有偿使用收入共计 2007 万元。

1994～2012 年乐安县国有资源(资产)有偿使用收入

表 1－102　　单位:万元

年　度	金　额	年　度	金　额
1994	15	2008	24
1995	25	2009	422
1996	25	2010	139
1997	35	2011	423
1998	45	2012	719
1999	45		
2007	90	合计	2007

一、利息收入

指财政各项存款所取得的利息;购买各种债券等有价证券的利息及其他利息收入。

包括:国库存款利息收入、财政专户存款利息收入、有价证券利息收入和其他利息。

2007～2012 年乐安县利息收入共计 1181 万元。

二、非经营性国有资产收入

主要指行政单位国有资产出租、出借收入(包括参照公务员法管理、执行行政单位财务和会计制度的事业单位和社会团体的相关收入);行政单位国有资产处置收入(包括参照公务员法管理、执行行政单位财务和会计制度的事业单位和社会团体的相关收入);事业单位国有资产处置收入(包括执行事业单位财务和会计制度的各类事业单位和社会团体的相关收入);其他非经营性国有资产处置收入。

2007～2012 年,乐安县非经营性国有资产收入合计 36 万元。

2007～2012 年乐安县利息收入和非经营性国有资产收入一览表

表 1－103　　单位:万元

年度	合计	利息收入	非经营性国有资产收入	其他收入
2007	90	90	—	—
2008	24	24	—	—
2009	422	422	—	—
2010	139	128	11	—
2011	423	401	22	—
2012	719	116	3	600
合计	1817	1181	36	600

第七节　其他收入

其他收入,是预算内财政收入的最后一个收入项目。该节主要志述:公债和公债收入;公产收入;以前年度支出收回;财政大检查违纪收入;杂项收入等 5 项收入。

一、公债和公债收入

债务是政府筹集财政资金的一种手段。主要形式是发行公债和向国内外借款。

清代光绪二十年(1894),江西省首次为清朝廷办理"息借商款",宣统三年(1911),江西省军政府向大清裕宁官银号和中央交通银行借款,并发行省内公债。

(一)民国时期的公债

从民国元年(1912)开始,到 1949 年成立中华人民共和国止,江西省政府为北洋军阀政府、国民政府多次劝募国家公债,同时省政府和省财政厅(司),在这一时期也先后发行了多种地方公债、债券。发行币种和实物有:国币、法币、关金、金圆券、英镑、美金、黄金和粮食(谷、麦)。年息从2厘至2分,也有月息从4厘至1分5厘。

1. 国家公债

据公债史资料,民国时期公债统计表记载:北洋军阀政府时期发行公债28次,发行定额最多的一次是民国元年(1912年六厘公债)发行20000万元,实际发行13598万元,最少的一次是民国13年(1924年八厘特种库券)发行100万元,实际发行100万元;广东及武汉国民党政府时期发行4次;蒋介石国民党政府时期第一阶段(1927～1937年)发行55次,第二阶段(1937～1945年)发行22次,第三阶段(1946～1949年)发行9次,以上发行定额最多的一次是民国33年(1944年同盟胜利公债)发行50亿元,实际发行50亿元,最少的一次是民国19年(1930年电气事业长期公债)发行150万元,实际发行150万元,英镑定额发行最多的一次是民国27年(1938年金公债英镑债票)发行1000万镑,实际发行987.5万镑,美金发行定额最多的一次是民国38年(1949年整理美金公债)发行13600万元,实际发行13600万元。

发行国家公债的用途,为整理金融,补助国库,清理旧债,接济军饷,购办军米及军政各费等。

江西省劝募的国家公债有民国3年(1914)内国公债,民国4年(1915)内国公债,民国15年(1926)国民政府财政部有奖公债,民国16年(1927)国民政府续发江海关二五附税国库券,民国18年(1929)编遣库券,民国3年(1914)建设公债,民国36年(1947)短期库券。民国32年(1943)江西省政府奉派乐安县推销同盟胜利公债12348600元,债券数额共计国币1248400元。

民国时期发行的各种公债,其兑付清偿规则是:按发行公债号,抽签分期兑付,并将各种兑付公债中签号码表令仰布告通知全国,指定兑付点,清偿兑付。为了抓好公债兑付工作,达到发新债,还旧债的目的,民国35年10月8日,乐安县参议会在召开第一届第三次会议时,将“清理历年公债票款以招大信案”,作为重要的议题,加以研究。

根据省政府训令及查找民国档案记载,民国时期,在江西省发行的公债名称大约如下:(1)民国17年(1928)金融长期公债、赈济公债;(2)民国25年(1936)复兴公债;(3)民国25年(1936)统一公债甲、乙、丙、丁、戊种债票;(4)民国25年(1936)整理广东金融公债;(5)民国25年(1936)四川善后公债;(6)民国26年(1937)救国公债;(7)民国26年(1937)整理广西金融公债;(8)民国26年(1937)广东省港河工程美金公债;(9)民国27年(1938)关金、英镑、美金债票;(10)民国27年(1938)国防公债;(11)民国27年(1938)赈济公债第一期债票;(12)民国28年(1939)军需公债第一期、第二期债票;(13)民国28年(1939)第一期、第二期建设公债;(14)民国29年(1940)军需公债第一期、第二期债票以及建设公债;(15)民国30年(1941)军需公债第一期、第二期债票;(16)民国30年(1941)建设公债第一期、第二期债票;(17)民国31年(1942)同盟胜利公债;(18)民国32年(1943)同盟胜利公债;(19)民国32年(1943)整理省债公债第一、二、三、四类债票;(20)民国33年(1944)同盟胜利公债;(21)民国35年(1946)统一公债戊种债票;(22)民国36年(1947)美金公债第一期、第二期债票等。

2. 地方公债

江西省政府和省财政厅(司)从民国元年(1912)起到民国30年(1941)中央统一公债发行止,共发行地方公债53次,发行次数最多的一年是民国元年(1912),发行5次,其中短期公债发行4次,发行定额最多的一次是民国30年(1941)(江西省建设公债)发行1500万元。

规定各县知事募购、各县绅商认购、各县劝募和向各县派借的有民国5年(1916)第一次短期公债,民国6年(1917)第一次短期公债,民国7年(1918)第一次和第二次地方短期公债,同年,金库证券,因财政困难,仿山东省办法,照两成搭发各机关员薪,民国8年(1919)第一次和第二次短期地方公债,民国9年(1920)第一次和第二次短期公债,民国10年(1921)第一次和第二次短期公债以及民十地方公债(原定分6年归还),民国13年(1924)发行有利兑换券,民国26年(1937)的救国公债等。

发行的地方公债,主要用于凑发军饷,军政各费开支,抵换前期公债,弥补收不敷支和预算赤字等。发行的短期公债大多数不能按期兑付,经常是展期数旬或数月,有时因无款兑付,准债权人随时抵完赋税或调换长期公债(如民十地方公债等)。

(二)人民胜利折实公债

中华人民共和国成立后,1950年为支援人民解放战争,恢复和发展经济,中央人民政府决定发行人民胜利折实公债,发行总额原定2亿分,分两期发行。第一期人民胜利折实公债发行额为1亿分,每分公债值按以下规定计算:(1)每分公债含实物大米(天津为小米)3公斤,面粉0.75公斤,白细布4市尺,煤炭8公斤;(2)上述实物的价格以上海、天津、汉口、西安、广州、重庆6大城市的批发价,用加权平均法计算，其权重为：上海45%，天津20%，汉口10%，广州10%，重庆10%，西安5%；(3)每分公债折合的金额由中国人民银行计算，每旬公布一次，以上旬平均每分的折合金额为本旬收付债款的标准。公债推销对象主要是城市工商业者、城市殷实富户和原国民政府富有的退职文武官吏、城市工人、职员、学生、公教人员和自由职业者及国外华侨。推销方式由各级人民政府吸收财政、银行、贸易等部门负责人组成推销委员会，下设办公室，采取说服劝募，自报公议，自愿民主的办法推销。公债面额分为1分、10分、100分和500分4种，年利率5%。公债偿还采取抽签办法，从1951年起分5年作5次偿还，第一次偿还总额10%，第二次偿还15%，第三次偿还20%，第四次偿还25%，第五次偿还30%。公债发售和还本付息事宜由中国人民银行及所属机构办理。公债发行后不得代替货币流通，不得向银行抵押，不准上市买卖。根据上级层层下达分配任务，当年抚州地区没有分配任务给乐安和资溪县，但乐安县人民自愿认购1463元，主要是商业口认购售买261分，其他部分和个人认购售买3分，共计264分。乐安人民的爱国热情和实际行动，得到抚州地区的肯定和表扬。1950年后，因国民经济逐渐恢复，第二期人民胜利折实公债没再发行。乐安县自愿认购的人民折实公债至1955年基本还清，零星债券在1956年兑付。

（三）国家经济建设公债

1954年起，中央人民政府为加速国家经济建设，逐步提高人民的物质和文化生活水平，连续5年发行经济建设公债。公债面额，1954年为人民币旧币1万元、2万元、5万元、10万元、50万元5种；1955年增加100万元（仍为旧币）；1955年4月25日财政部党组规定，当年国债推销还专门面向全国农村发行1.8亿元。1955年发行的国债，均以当年1月1日至9月30日为发行期，以9月30日为缴款截至期；10月1日起计息，年利率4厘。对于在1～8月份缴款的，分别按年利率和提前缴款月数给予贴息，9月份缴款的不再贴息。公债发行期限：1954年发行的为5年，从次年起分8期作八次归还，每年9月30日抽签一次，第一、二次各抽还总额5%，第三、四次各抽还总额10%，第五、六次各抽还总额15%，第七、八次各抽还总额20%；1955年发行的为10年，自发行次年起，每年9月30日抽签还本一次，第一至四次为各5%，第五至七次为各10%，第八至九次为15%，第十次20%。公债付息，每年9月30日起进行一次，1954年和1955年的公债附有分年息票，除中签的随本付领息外，其余的凭息票领取当年利息。公债推销由各级政府组织推销委员会，采取宣传与劝募相结合的办法，做到合理分配任务，群众自愿认购。在具体做法上，乐安县推销组织由党政、群众团体的负责同志和工商界代表参加组成，下设办公室，办公室设在财政局。各人民公社也相应成立推销委员会或推销支会和推销小组，积极开展公债推销工作。在农村的认购方式采取以农业社、互助组、单干农民以居民小组为单位进行，为照顾农民在缴款上的便利，农民到收购站交售农产品时信用社统一收款。公债的推销事务由各级财政部门负责，还本付息事宜由中国人民银行及其所属机构办理。1955～1958年乐安县推销国家经济建设公债372650万元。

（四）公债收入

乐安县按照当时财政体制的规定，从1955年起至1958年推销的国家经济建设公债和1960年推销的江西省地方经济建设公债，每年都列入财政决算，其余年度推销的公债均全额上缴。

(1)1955～1958年发行的国家经济建设公债，均为人民币新币，公债面额1元、2元、5元、10元、50元、100元6种。发行期、缴款截至期、起息期、年利率、提前缴款贴息、发行期限、抽签还本时间、次数、比例、付息等均与1955年发行的国家经济建设公债相同。1958年公债为简化手续不再付息票，利息随本金归还。每次中签公债如不领取，其本金仍按原定利率计息，至领取时为止。公债不记名，不得流通和抵押。1958年4月，中共中央决定，从1959年起，全国性公债停止发行。

1955～1958年，乐安县推销并列入财政决算的国家经济建设公债30万元，至1968年全部还本付息。

(2)为适应地方经济建设的需要，江西省人民委员会根据中华人民共和国1958年公布的地方经济建设公债条例，于1960年2月17日发布《关于发行1960年地方经济建设公债的指示》，随文附发《1960年江西省发行地方经济建设公债办法》，规定公债发行总额为2000万元，在职工、部队、农民、工商界和其他居民中推销。1960年1月开始发行，10月1日起计息，提前缴款者，按规定利率贴息。发行年限5年，年息4厘，不计复利。本金以抽签中号方式分三次偿还。1963年10月30日偿还20%，1964年10月30日偿还30%，其余在1965年10月30日全部还清，公债利息随本金一并支付。公债券面分1元、2元、5元、10元、50元共5种。公债发行和还本付息事宜，指定中国人民银行江西省分行及其所属机构办理。该期公债实际发行2056万元。

1960年，乐安县推销并列入财政决算的地方经济建设公债20万元。公债本息至1965年底全部还清。

（3）乐安县在历年财政决算中，除1955～1958年和1960年根据当时财政体制的规定列公债收入外。其余各年度均无此项收入。据1956年总决算报表说明，省财政厅通知将1957年1月1日至1月10日公债收入列入1956年决算内。因此公债收入，跨年度的现象是存在的。

从1981年起，国务院决定发行中华人民共和国国库券，为志述方便，乐安县推销国库券工作，在综合财政管理中国债推销与国债兑付一节中志述。

1950～1958年乐安县公债推销情况表

表1－104

单位：元

发行年度	公债种类	完成数				
		合计	职工	农民	工商界	居民及其他
1950	人民胜利折实公债	1463	—	—	1307	156
1951		—	—	—	—	—
1952		—	—	—	—	—
1953		—	—	—	—	—
1954		—	—	—	—	—
1955	国家经济建设公债	90000	19144	60075	9216	1565
1956	国家经济建设公债	121000	21900	89800	7800	1500
1957	国家经济建设公债	76650	25500	48000	3150	—
1958	国家经济建设公债	85000	—	—	—	85000
合计		374113	66544	197875	21473	88221

二、公产收入

民国时期，国民政府发布的《财政收支系统法》，对财产售价收入规定：各级政府对于所有财产孳生之物品，公务机关及事业机关或组织对于出产物品与其应用物品中之剩余或废弃物品，均得按时价售卖之。各级政府出售不动产或重要财产、教育文化机关其出品之售价，公有营业机关所供给之物品均属财产售价收入范围。根据此项规定和其他有关文件精神，乐安县的公产收入、学产收入在1937～1939年均列入地方财政收入，并在年初作出该项目的预算收入安排。

1937～1939年乐安县地方财政预算中的公产收入预算

表1－105

单位：（国币、法币）元

年度	1937	1938	1939
公产收入	380	380	380
学产收入	180	180	180
合计	560	560	560

1951年1月18日江西省人民政府通令《关于1951年县地方财政收支的决定》中对公产公学收入的规定：原定县区之公田公产、孳息收入（省府委托多地代管之中央及省的公产仍为中央及省的收入）及县区之学校的学田学产之租金或其他收入等，归县地方财政收入。

1952年9月，江西省人民政府公布《江西省公有土地房屋管理暂行办法方案》，1952年12月30日，政务院财政经济委员会《关于国营企业清产核资后未使用及不需固定资产处理办法》规定：不需用的土地、房屋、建筑物、可移交当地政府房地产管理机构接管。

1953年2月21日，中南军政委员会民政部《关于国有土地房屋范围问题给江西省颁发土地证委员会函》：凡公有房屋，不论是接管、没收、新建和购置，亦不论做任何应用，属于谁应用，均为国家财产。同年4月27日江西省土地改革委员会、省财政厅《关于处理地主在集镇上房地产的通知》：依据土地改革法，凡应没收或已作为抵偿清算之集镇地主房地产，不适于农民居住（如店铺之类）或分配后仍有剩余者，由县人民政府统一管理并委托所在人民政府代管，其出租、变卖或作公益事业之用，皆须经县人民政府批准，收得之资金、房价，均列作县公产收入。

根据以上有关规定，乐安县认真贯彻执行，从1950年起就将当年公产收入列入地方财政收入，至1956年止。

1957年4月16日，江西省人民委员会转发省财政厅《关于处理城镇房产三个办法草案的通知》，其中《江西省城镇公有房产管理暂行办法（草案）》规定，下列各项公有房产，一律由县市房地产主管部门统一管理：(1)国家机关，团体，学校，工厂，矿场，企业原有、新建或购置的房产；(2)依法没收、接管的房产；(3)依法代管期满收归国有的房产；(4)经房地产部门接管的祠堂、庙宇、善堂、会馆等房产。上述公产应逐步贯彻"以租养房"的方针。按此规定，乐安县公房管理部门从1957年起，收取的房租收入，不再缴交各财政，留作修房、建房之用，以改善城镇居民的居住条件。

1950～1956年，乐安县收取的公产收入134244元。

1950～1956年乐安县公产收入

表1－106　　单位：元

年度	1950	1951	1952	1953	1954	1955	1956	合计
收入	39868	39858	619	14524	16548	13166	9661	134244

三、以前年度支出收回

以前年度支出收回，乐安县在财政决算表中从1956年开始有此项收入。当时规定各单位年初预算安排批准后，按进度拨款，至年终各单位的银行存款尚未支出部分，应全部缴回财政，银行根据规定配合做好这项工作，凡属财政拨款年终结余部分，次年初一律划入县级金库，重新作为财政收入，列入以前年度支出收回。此收入科目从1955年开始在决算报表中反映，至1978年以后财政决算表无此项收入，后来实行行政经费包干，此项目自然取消。乐安县这项收入，财政决算报表中反映1956～1959年三年共收4200元，其他年度均相应冲减当年支出。

四、财务大检查违纪收入

从1985年以来开展的财务大检查工作，是一年一度的税收、财务、物价大检查的组成部分，每年由乐安县人民政府统一部署。1985年9月16日，乐安县人民政府下发《关于开展财务大检查的通知》，检查重点：国营企业。检查主要内容：是否截留、侵吞国家收入（包括偷税、漏税，乱列营业外支出，截留上缴利润，转移国家资金，乱挤乱摊成本，是否乱提费用和工资等）。专门抽调企业财会人员（包括离退休人员）组成检查队伍。同时也检查县直部门和乡镇人民政府财务违纪的情况，由县财政局和县审计局分工负责，县审计局检查的违纪收入列入审计违纪收入中，县财政局检查有关单位的违纪收入全部列入财务大检查违纪收入，由于财务检查每年大部分的时间都安排在四季度进行，因此，入库的收入有跨年度的现象。

为了搞好一年一度的检查，县财政局每年都按专业股室分工开展工作，从时间上尽量合理安排，并逐步建立健全各项检查、缴款制度，此项工作持续了近13年。1998年6月11日江西省财政厅根据国务院的指示，下发通知取消一年一度的税收、财务、物价大检查。1985～1989年，乐安的财政大检查违纪收入合计34.7万。

五、其他收入（含杂项收入）

反映其他收入的内容很多。清末就有杂项收入，实为其他收入，内容包括教育收入、司法收入、罚款、官物变价、官款生息、归还官款、油红火工、捐提收入以及其他各项杂收入。民国时期，杂项收入沿用清制，内容增加了内务收入、丁米串费、契纸价、米谷照证费、各机关结余金等。从现可查资料记载，乐安县从民国26年(1937)开始，地方财政普通预算岁入中就列有杂项收入。20世纪50年代每年的农业税任务都不能在当年完成，或多或少都有尾欠，次年征收的公粮尾欠折价收入不并入农业税，而是列入杂项收入，以及一些赃物作价及其他非法财物变价款等，如1977年乐安县财政决算报表中反映的"文化大革命查抄财物变款"20770元，就列入当年杂项收入中反映。

20世纪80年代后期和90年代，其他收入主要是各乡（镇）开展财务大检查（每年三大检查内容之一）查处的违纪收入；财政利用财政周转金和间歇资金扶持经济效益好、信誉程度高的国有企业和乡镇企业，解决临时性困难而收取的资金占用费收入；还有农业四税过渡账户的利息收入等。

1937～1941 年部分年度乐安县财政预算中的其他收入(含杂项收入)资料

表 1－107　　单位:(法币)元

年度	预算收入	年度	预算收入
1937	24284	1939	12204
1938	24200	1941	15478

1951～2012 年乐安县其他收入分项表

表 1－108　　单位:万元

年度	以前年度支出收回	财务大检查违纪收入	审计违纪收入	杂项收入	合计	占财政收入(%)
1951	—	—	—	0.1	0.1	100
1952	—	—	—	0.2	0.2	50
1953	—	—	—	3	3	15.8
1954	—	—	—	5	5	29.4
1955	—	—	—	3	3	6.9
1956	0.36	—	—	6.64	7	11.3
1957	—	—	—	5	5	8.9
1958	0.02	—	—	7.98	8	6.3
1959	0.04	—	—	1.96	2	0.87
1960	—	—	—	17	17	6.6
1961	—	—	—	1	1	0.6
1962	—	—	—	2	2	1
1963	—	—	—	5	5	2.4
1964	—	—	—	3	3	1.3
1965	—	—	—	3	3	1.3
1966	—	—	—	1	1	0.4
1967	—	—	—	2	2	0.9
1968	—	—	—	2	2	0.8
1969	—	—	—	1	1	0.4
1970	—	—	—	2	2	0.7
1971	—	—	—	—	—	—
1972	—	—	—	2	2	0.6
1973	—	—	—	1	1	0.3
1974	—	—	—	—	—	—
1975	—	—	—	1	1	0.3
1976	—	—	—	—	—	—
1977	—	—	—	3	3	0.8
1978	—	—	—	—	—	—
1979	—	—	—	1	1	0.2
1980	—	—	—	11	11	2.3
1981	—	—	—	11	11	2.2
1982	—	—	—	5	5	1
1983	—	—	—	—	—	—
1984	—	—	—	14	14	2.3
1985	—	—	70.3	3.7	74	9.2
1986	—	12	50	—	62	6.3
1987	—	—	12	—	12	1
1988	—	0.4	20.6	—	21	1.5
1989	—	22.3	28.7	1	52	3.3

续表 1－108

年度	以前年度支出收回	财务大检查违纪收入	审计违纪收入	杂项收入	合计	占财政收入(%)
1990	—	—	24.9	133.1	158	8.6
1991	—	—	42	242	284	16
1992	—	—	18.1	286.9	305	15.8
1993	—	16	—	243	259	11.9
1994	—	—	8	290	298	12.7
1995	—	—	19	378	397	13.8
1996	—	—	—	101	101	3.31
1997	—	—	—	98	98	2.7
1998	—	—	—	100	100	2.64
1999	—	—	—	234	234	6.53
2000	—	—	—	202	202	5.69
2001	—	—	—	101	101	2.54
2002	—	—	—	91	91	2.34
2003	—	—	—	51	51	1.3
2004	—	—	—	16	16	0.47
2005	—	—	—	31	31	0.78
2006	—	—	—	59	59	0.94
2007	—	—	—	20	20	0.21
2008	—	—	—	89	89	0.73
2009	—	—	—	32	32	0.17
2010	—	—	—	54	54	0.2
2011	—	—	—	16	16	0.04
2012	—	—	—	—	—	—
合计	0.42	50.7	293.6	2993.58	3338.3	1.58

第八节　财政部门管理的预算外资金收入

财政部门管理的预算外资金主要包括：(1)各项附加收入；(2)财政部门集中的企业资金；(3)财政集中、统管的事业收入和杂项收入。

一、各项附加收入

1950年5月，江西省财政厅翻印了《中南区各省所属县市地方附加收入及支出科目》，明确开征地方粮附加收入；地方政教建设事业费附加收入(含固定工商税附加，临时商业税附加，房产税、地产税附加，建筑许可费等)；学产收入附加，其他收入附加等四项附加。这是新中国成立后江西省开征附加收入的最早记录。后期财政预算外的各项附加收入，包括农业税附加(自筹)、工商税附加、林业税附加(林木附筹)、城市公用事业附加、专控商品附加(经批准购置控制购买商品所征收的附加)等。

据财政总决算报表记载，乐安县从1951年就有财政部门管理的附加收入，当年农业税附加实现99000元；工商税附加实现2236元。1949～2012年，乐安县各项附加收入累计1864.15万元。

(一)农业税附加收入

1953年11月，江西省人民政府规定，乡村自筹粮按农业税正税附征7%，其中4%由省掌握，其余3%由县掌握。按特种资金(即预算外资金)管理办法管理，用于乡村公益事业。此后，农业税附加均按省人民政府通知进行调整，1954年为6%(省、县各3%)，1955年为8%(省3%，县5%)，1956年和1957年为12%(省5%，县7%)，1958年为15%(省、县、乡各5%)，1959年和1960年为12%(省5%，县和公社不超过7%)，1961年至1963年为减轻农民负担，地方附加为农业税正税的5%，由县统一掌握使用，省和人民公社两级不再集中附加(其中1962年为加强农业税附加的管理，执行“三统一”的规定，即以县为单位附加征收后由县统一解省，经省统一结算后，由省规定开支项目，拨回各县管理)，1964年至1966年为10%(其中5%为征收社会主义教育经费，上解省财政统一管理)，1967年以后至2004年，农业税附加一直按农业税正税10%计征，不解省,全部由县按上级规定的项目使用。

为了保证农业税正税任务按期完成,在具体操作中,本着“先正税、后附加”的原则,县财政部门首先将已入库的实物(包括农业税正税和附加征收的粮食)及时与粮食部门结算后连同征收的折征代金缴入金库,在完成当年正税任务后,再转入附加收入。如有尾欠或山区缴库较晚,则在陆续收齐以后列入附加收入,因此,农业税附加亦存在着跨年度或尾欠的现象。

农业税附加同时受到农业税调价的影响,即随着粮食定购价格的增减而变动,农业税附加同样随着农业税减免而减免。另外在预算安排征收经费不足的情况下,按规定补提以后,再转入农业税附加专户。1989 年起农业特产税附加收入并入农业税附加,根据省财政厅通知,为促进农业特产品生产的发展,1992 年的特产税附加于 1993 年 1 月开始改为建立税源发展资金,列入专户管理,此项规定执行到 1996 年为止。

从 1997 年起,农业税(包括农业特产税)附加收入纳入预算管理,1949 ~ 2004 年,农业税附加共计征收 1696.33 万元。

(二)工商税附加收入

1954 年起,根据全国财政会议的决定,将各项工商税附加划为财政部门管理的预算外收入,1958 年省人民委员会根据国务院指示,江西省工商税附加改为只按商品流通税、货物税、工商营业税、工商所得税的总额附加 1% 征收。此后随着税制改革,税种合并,商品流通税、货物税、工商营业税并入工商统一税后又改为工商税,因此工商税附加则按工商所得税和工商统一税(工商税)附征。1985 年,改进财政管理体制,停止征收工商税附加,改征城市维护建设税,并纳入预算管理。但 1984 年的尾欠部分仍列入 1985 年收入,1950 ~ 1985 年,工商税附加共计征收 79.62 万元。

(三)其他附加收入

1950 年,江西省财政厅根据中南区文件精神、开征了房产、地产税附加,学产收入附加;用于行政、教育、文化、卫生、农林、城市建设、民政救济、民兵补助等事业费支出。1957 年根据抚州专署规定,乐安县开征了林业税附加,按售价附筹 3% 征收。为加强城镇建设,经批准从工业用电、工业用水提取的附加收入,用于维护城镇的各项公共设施,乐安县从 1988 年起,按附加率 8% 开征城市公用事业附加。为了严格控制社会集团购买力,压缩消费基金开支,筹集资金用于发展教育事业,1988 年,江西省人民政府办公厅下发《关于征收社会集团购买专控商品附加费暂行办法的通知》。1989 年乐安县根据省人民政府的决定,开征社会集团购买专控商品教育附加费,按购价和下列比例计征:(1)购买进口小汽车和中外合资企业生产的小汽车,属于计划内的为 15%,计划外的为 30%;购买的国产小汽车、计划内的为 10%,计划外的 20%。(2)购买进口大客车,计划内的为 10%,计划外的为 15%;购买国产大客车,计划内的为 5%,计划外的为 10%。(3)购买省产小汽车、大客车,计划内的为 5%,计划外的为 10%。(4)购买摩托车,不分进口和国产均为 10%。(5)购买国务院或全国控办规定的各种专业用车,并由指定生产厂家生产的有专用设施的机动车辆,一律为 10%。(6)购买彩电、电冰箱、洗衣机、空调器、录像机、照像机和放大机、羽绒衣、风雨衣、名烟、名酒为 50%;购买复印机、电子打字机、电传机、录音机和多用机、沙发、地毯、50 元以上的各种钟表、100 元以上的多种灯具为 10%;购买家具、吸尘器、沙发床、纯毛毯、呢绒及其制品、丝绸及其制品、电煮水和电取暖制品、大型或高级乐器为 5%。1990 ~ 1993 年根据上级通知,对专控商品附加费的计征标准多次作了调整。

征收附加费,按控购部门分级征收,即:单位申请购买专控商品,经控购部门批准后,由同级控购办通知单位按批准金额计算缴纳附加费后,再发给“准购证”,并在准购证上加盖已收附加费专用章。

行政事业单位缴纳附加费,一律在包干经费中或预算外资金中支付。

附加费纳入财政专户储存,用于发展教育事业。(逾期不交,加倍征收)。

在专控商品教育附加费中,县级控购办可提取征收额 10% 为业务经费。

1989 ~ 1997 年,共征收专控商品附加费 46.62 万元。

1989～1997 年乐安县专控商品附加费收入

表 1－109　　单位:万元

年度	金额	年度	金额
1989	1.85	1994	1.59
1990	0.41	1995	17.09
1991	1.44	1996	11
1992	0.75	1997	9.89
1993	2.6	合计	46.62

二、财政部门集中的企业资金

财政部门集中的企业资金,包括县办工业企业的利润留成,预算外企业上缴的利润,集中企业上缴的更新改造基金和基本折旧基金,累计收入 408.57 万元。

(一)集中县办工业企业利润留成

为了促进县办工业的发展,执行 1979 年 6 月 20 日江西省财政局《关于县办工业企业利润实行留成办法的通知》,对县办国营工业企业,县办水电站和汽车运输队等盈利企业的利润 60% 留县级财政,专户储存纳入预算外资金管理,40% 上缴国家财政。县办工业亏损实行二、八负担,即凡在省确定全年应弥补的计划内亏损,80% 由国家财政弥补,20% 由县从所得的利润留成中弥补。1983 年将工业企业亏损负担比例调整为原由县从所得利润留成中负担 20%,提高为 60%。1985 年起县办工业企业利润留成办法停止执行,改为纳入预算管理。乐安县集中县办工业企业利润留成 66.89 万元。

(二)集中企业更新改造基金和基本折旧基金

1968 年起,江西对企业提取的更新改造资金集中在预算外管理,根据地区财政局的布置,乐安县从 1967 年开始由财政集中企业的更新改造和折旧基金 0.96 万元。1983～1985 年,工业企业和商业企业加大了基金折旧基金的提成。1956～1990 年,累计提取折旧基金 341.68 万元

三、财政集中、统管的事业收入和杂项收入

财政集中、统管的事业收入和杂项收入项目较多,内容复杂、在此只志述“防洪保安资金、物价调节基金、文化事业建设费”等三项内容。

(一)防洪保安资金收入

1996 年 3 月 13 日,乐安县人民政府转发《江西省人民政府征集防洪保安资金暂行规定的通知》。为了加强水利基础设施建设,增强抗洪减灾能力,根据《中华人民共和国水法》《中华人民共和国防汛条例》等有关法律、法规和政策规定精神,参照外省做法,结合江西省实际,省人民政府决定在全省征集防洪保安资金。

1. 征集范围与对象

(1)江西省行政区域内下列单位和个人,应当缴纳防洪保安资金:①国有、集体、乡镇、股份、联营和私营企业;②银行、保险及各类信托投资公司、证券公司、财务公司、城乡信用社;③城乡个体工商户;④机关、团体、事业单位和企业在职职工;⑤非农业建设新征占用耕地的单位和个人。

(2)下列个人和单位免缴防洪保安资金:①年工资收入 3000 元以下的在职职工;②残疾人、待业职工、“三资”企业外方职员;③已承担了农村积累的个人;④“三资”企业;⑤劳改、劳教、民政福利企业、校办工厂、城市公共汽车企业;⑥当月不出工资或只发基本生活费的企业,免缴该月的防洪保安资金,其中:地方企业须经代征部门审核并报同级水利、财政部门审批同意,中央驻赣企业须经省地方税务局审核并报省水利厅、省财政厅审批同意。

2. 征集标准

(1)商业、外贸、供销、物资等流通企业及饮食、旅游、服务业按当年销售收入或营业收入的 1‰征集;房地产开发企业按当年销售收入的 5‰征集;

(2)工交、邮电、通信企业按当年销售收入或营业收入的 1‰征集;建筑安装企业按当年工程结算收入的 2‰征集;

(3)银行按当年利息收入的 1‰征集;保险公司按当年财产保险费收入的 1‰征集;各类信托投资公司、证券公司及财务公司按当年业务收入的 2‰征集;城乡信用社按当年利息收入的 1‰征集;

(4)农村个体工商户按每户每年 30 元征集,城镇个体工商户按每户每年 50 元征集。

(5)在职职工按照上年个人年工资收入分档次征集:①年工资收入 3000 元至 4000 元(含 4000 元)的,每人每年 15 元;②年工资收入 4000 元至 6000 元(含 6000 元)的,每人每年 30 元;③年工资收入 6000 元至 8000 元(含 8000 元)的,每人每年 50 元;④年工资收入 8000 元以上的,每人每年 80 元。

(6)非农业建设新征占用耕地,城镇规划区内按每亩 1000 元征集,城镇规划区外按每亩 500 元征集。省重点基础设施建设项目(由省计委确认)按

上述标准减半征集,水电建设项目免征。

3. 征集办法

(1)防洪保安资金,按下列分工及时收缴:①国有、集体、乡镇、股份、联营、私营企业及银行、保险、信托投资公司、证券公司、财务公司和城乡信用社缴纳的防洪保安资金,由当地地方税务部门按月代收。上述部门应在每月1日至10日向当地地方税务部门报送上月的财务会计报表,并按征集标准缴纳上月的防洪保安资金。②个体工商户在每年6月1日至10日一次性向当地工商行政管理部门缴纳全年的防洪保安资金。③机关、团体、事业单位在职职工缴纳的防洪保安资金,由本单位财务部门按当年5月31日在册职工人数,一次性代收后于当年6月底缴当地财政部门。④国有、集体、乡镇、股份、联营、私营企业及银行、保险、信托投资公司、证券公司、财务公司和城乡信用社在职职工及"三资"企业中方职工缴纳的防洪保安资金,由单位财务部门按当年5月31日在册职工人数,在每年的6月1日至10日一次性代扣代收后,按上述期限缴当地地方税务部门。⑤非农业建设新征占用耕地的单位和个人缴纳的防洪保安资金,由土地管理部门在办理用地手续时一次性代收。

(2)各级财政部门要设立"防洪保安资金"专户。各级地税、工商、土地、财政部门代征防洪保安资金,必须使用省财政厅统一印制的江西省防洪保安资金专用票据,代征的资金连同利息于每月终了后5日内全额缴入县(市、区)财政防洪保安资金专户。各县(市、区)财政部门于每月终了后10天之内,按其征集的防洪保安资金扣除业务费后,将余额的50%直接缴入省财政厅防洪保安资金专户。

(3)单位缴纳的防洪保安资金,在营业外支出中列支。计算单位缴纳防洪保安资金的销售收入等各项收入,一律以统计、财政和税务部门核实的数额为准。

(4)防洪保安资金要按期缴纳,逾期不交者,除限期追缴应交款外,并从滞纳之日起,按日加收2‰的滞纳金;对拒交者,由县以上代征部门通知开户金融机构扣缴,或给予必要的行政处罚。

4. 使用管理

(1)按照分级集中使用原则,合理分配防洪保安资金。各地征集的防洪保安资金总额在扣除业务费后,其余额的50%归省所有,其余的防洪保安资金归地、市、县所有。地、市、县具体分配比例,由各行署、省辖市人民政府确定。

(2)防洪保安资金按预算外资金进行管理,必须专款专用,主要用于重点防洪保安工程建设、大中型病险水库的处理及重点水利工程建设;防汛物资、设备、器材的购置、储备。资金的具体安排,由水利行政主管部门会同同级计划、财政部门提出意见,报同级人民政府批准。其中资金用于基本建设项目的按基建程序管理。

(3)县(市、区)财政部门按征集总额的2%提取业务费,核拨给代征部门。

(4)各地、市、县财政部门要定期向同级人民政府和上级财政部门报送防洪保安资金的征集进度、安排使用情况,年终要报送全年收支决算。

(5)审计部门应加强对防洪保安资金征集、使用的审计监督,每年至少审计1次,并向政府报告。凡违反本暂行规定的,按《国务院关于违反财政法规处罚的暂行规定》进行处理,触犯刑律的,依法追究刑事责任。

5. 该暂行规定自1996年1月1日起施行

随着部分企业效益的增减变化。抚州市人民政府办公室下达《2004年全市防洪保安资金征收目标考核任务的通知》,对银行、保险、信托投资及证券公司、房地产公司等企业的征集标准适当作了增减变化。其他内容均没有变动、继续执行。1996～2012年,乐安县征收防洪保安资金共计1388.56万元。

1996～2012年乐安县防洪保安资金收入

表1-110　　单位:万元

年度	金　额	年　度	金　额
1996	10.1	2005	80.3
1997	2.63	2006	86.3
1998	5.09	2007	94.4
1999	12.46	2008	119.3
2000	28.7	2009	123
2001	42.7	2010	170.3
2002	51	2011	237.3
2003	58.9	2012	208.5
2004	57.58	合　计	1388.56

（二）价格调节基金收入

为增强政府对市场物价的调控能力，保持人民生活必需品价格的基本稳定，根据《中华人民共和国价格法》、国务院《关于积极稳妥地推进物价改革、抑制物价新水平过快上涨的通知》和省、市要求，2008年4月18日，乐安县人民政府印发《乐安县价格调节基金征收使用和管理实施办法的通知》。

由于当时执收条件不够成熟，因此，该文下发后，并未有执行。

2011年9月26日，乐安县人民政府办公室重新修订印发《乐安县价格调节基金征收使用和管理办法的通知》，并成立乐安县价格调节基金领导小组，负责基金的征收、管理和使用，县价格调节基金办公室负责日常工作。对基金的征收对象、标准和征收方式、基金的减免、基金的使用、管理和监督，规定如下：

1. 基金的征收对象、标准和征收方式

（1）凡交营业税从事旅游服务、交通运输、建筑安装、房地产开发、通讯、金融以及其他有生产经营服务和劳务收入的各类企业（含中央、省属企业）和企业化管理的事业单位，按销售（收费、利息、劳务收入）总额的1‰缴交基金；从事营业性餐饮休闲娱乐等服务企业（含个体），按营业额的5‰缴交基金。以上基金由县地税部门代征。

（2）新购机动车辆由车主按购车价（不含增值税）的3‰缴交基金（免征车辆购置税的车辆除外）。其中主营业务为货物运输的企业新购货运机动车辆，由车主按购车价（不含增值税）的1‰缴交基金。以上基金由县国税部门代征。

（3）凡交增值税、消费税的工商企业，按销售（营业）收入总额的1‰缴交基金，由县国税部门代征。

（4）有事业性收费的单位，按年收费总额（减去成本）计征（政府性基金除外），财政全额拨款单位按1.5%缴交基金，差额拨款单位按1%缴交基金，自收自支单位按0.5%缴交基金，由县财政部门代征。

2. 基金的减免

社会福利性、公益性企事业单位、外资企业和停产企业可免征基金；亏损企业可酌情减征基金。凡减、免征基金的企业和单位，应先提出书面申请，经其主管部门审查签署意见后，送价格调节基金办公室审核，报价格调节基金领导小组审批。任何单位和个人不得擅自减免基金。

3. 基金的使用范围

（1）政策性补偿；

（2）平抑粮油副食品等生活必需品价格异常波动；

（3）重要商品储备的补贴；

（4）困难群众动态价格补贴；

（5）保障供给、促进流通的政府资助；

（6）县政府规定的其他调控价格相关工作。

4. 基金的管理

（1）为确保基金征收工作正常开展，加大征收力度；加强责任心，各代征单位应做到应收尽收，并按10%提取工作经费。

（2）所征收基金统一使用财政部门监制的专用票据，纳入财政预算外资金管理，设立基金专用收支账户，并由银行向代征单位提供POS缴款机，实行收支两条线，专款专用，不得挪作他用。当年未用完的，结转下年使用。

（3）基金使用时，使用单位应向领导小组办公室提出书面申请，经审核同意后，由价格调节基金办公室提出使用意见，报价格调节基金领导小组审批。

（4）使用单位项目完成后，价格调节基金办公室对项目进行审查验收，确保基金的合理使用。对截留、挪用或者骗取价调基金的，以及具有其他违法行为的，责成上缴或者退还，并依据有关法律、法规、规章对直接责任人和负责人予以处理，直至追究刑事责任。

5. 基金的监督

（1）价格调节基金应按时足额缴纳，对逾期拖欠缴纳价格调节基金的单位和个人，限期缴纳并可以按欠缴金额每天加收0.5%的滞纳金，限期仍不缴纳的，由物价主管部门依法进行处罚。

（2）财政、审计部门要加强对基金的征收管理和使用的检查监督。

6. 该办法由县价格调节基金办公室负责解释

该办法自公布之日起30日后施行，有效期为5年；2008年4月18日乐安县人民政府办公室印发的《乐安县价格调节基金征收、使用和管理办法》同时废止；过去有关规定与该办法不一致的，以该办法为准。

乐安县从2011年才开始征收价格调节基金。

2011～2012年，乐安县共计征收价价格调节基金106万元。

（三）文化事业建设费收入

1997年7月7日，经国务院批准，国家财政部、国家税务总局印发了关于《文化事业建设费征收管理暂行办法》的通知。通知规定，在中华人民共和国境内依照《中华人民共和国营业税暂行条例》的规定缴纳娱乐业、广告业营业税的单位和个人，为文化事业建设费的缴纳义务人（以下简称缴费人），应当依照该办法的规定缴纳文化事业建设费。

（1）文化事业建设费的费率为3%。文化事业建设费费率的调整，由国务院决定。

（2）文化事业建设费按缴费人应当缴纳娱乐业、广告业营业税的营业额和规定的费率计算应缴费额。计算公式：

"应缴费额＝应纳娱乐业、广告业营业税的营业额×3%"

（3）文化事业建设费由地方税务局在征收娱乐业、广告业营业税时一并征收。

（4）文化事业建设费缴费义务发生时间，为缴费人收讫营业收入款项或者取得索取营业收入款项凭证的当天。

（5）文化事业建设费的缴纳期限与缴费人缴纳营业税的期限相同，或者由主管税务机关根据缴费人应缴费额的大小核定。

（6）缴费人应当在提供娱乐业、广告业劳务的发生地，向发生地的主管税务机关申报缴纳文化事业建设费。

（7）对中央直属单位及其所属企业事业单位征收的文化事业建设费，全额上缴中央金库；对地方单位和个人征收的文化事业建设费，全额缴入省级金库。

（8）文化事业建设费纳入财政预算管理，建立专项资金，用于文化事业建设。具体管理和使用办法，另行规定。

（9）文化事业建设费的征收管理，依照国家有关营业税征收管理的规定及本办法有关规定执行。具体办法由国家税务总局制定。

（10）该办法施行前，已经对娱乐业、广告业征收文化事业建设费的地区，自办法施行之日起，依照该办法的规定执行；少数地区征收标准高于该办法规定征收标准，根据当地情况需要保留的，由省、自治区、直辖市人民政府确定，报国务院批准后，可以继续执行，并依照该办法第7条的规定缴库。

（11）从1997纳税年度起，文化事业建设费依照该办法的规定计算征收。

该办法自1997年7月7日起施行。乐安县从2012年起才开始征收，当年征收文化事业建设费5.3万元。

财政集中、统管的杂项收入项目较多。1992年收取的捐资办厂资金；大集体职工转全民职工资金；城市增容费等资金。所收资金虽然未列入预算外收支决算报表，但收付凭证和账簿记录还是按财会制度执行，审批手续仍然十分健全，同时，财政部门还坚持按月向县委、县政府报告收支情况，资金使用也完全由县委、县政府研究安排。1992年当年收取捐资办厂资金619.9万元（124人）；大集体职工转全民职工资金收取193.9万元（554人）；城市增容费收取265.2万元（663人）。以上三项资金共计1079万元。当年就开支329万元，其中：支持抚州地区在南昌市建"富州大厦"拨款110万元，垫付抚州地区赣东经济开发资金100万元，支持抚州建汤显祖纪念馆拨付10万元，乐安县建图书馆拨付3万元，修鳌溪水泥路拨付14万元，修县城外环路拨付14万元，1992年平衡县级财政预算28万元，县绞股蓝厂借款50万元。捐资办厂的收费，大部分用于"丝厂"的兴建，以及山坑电站的建设。

1949～2012年乐安县财政部门管理的预算外资金收入

表1－111

单位：万元

年度	合计	附加				财政部门集中的企业资金			财政集中统管的事业收入和杂项收入				
		小计	农业税附加	工商税附加	其他附加（含城市公用事业附加）	小计	集中县办工业（预算外）企业利润留成	更新改造基金和基本折旧基金	小计	防洪保安资金	价格调节基金	文化事业建设费	大中型水库库区基金
1949	9.40	9.40	9.40	—	—	—	—	—	—	—	—	—	—
1950	9.60	9.60	9.60	—	—	—	—	—	—	—	—	—	—
1951	10.12	10.12	9.90	0.22	—	—	—	—	—	—	—	—	—
1952	8.00	8.00	8.00	—	—	—	—	—	—	—	—	—	—
1953	18.10	18.10	18.10	—	—	—	—	—	—	—	—	—	—
1954	11.00	11.00	11.00	—	—	—	—	—	—	—	—	—	—

续表 1－111－1

年度	合计	附加				财政部门集中的企业资金			财政集中统管的事业收入和杂项收入				
		小计	农业税附加	工商税附加	其他附加(含城市公用事业附加)	小计	集中县办工业(预算外)企业利润留成	更新改造基金和基本折旧基金	小计	防洪保安资金	价格调节基金	文化事业建设费	大中型水库库区基金
1955	11.20	11.20	11.20	—	—	—	—	—	—	—	—	—	—
1956	11.17	11.10	11.10	—	—	0.07	—	0.07	—	—	—	—	—
1957	10.90	10.90	10.90	—	—	—	—	—	—	—	—	—	—
1958	11.42	11.42	10.80	0.62	—	—	—	—	—	—	—	—	—
1959	11.78	11.78	11.10	0.68	—	—	—	—	—	—	—	—	—
1960	4.84	4.84	4.00	0.84	—	—	—	—	—	—	—	—	—
1961	4.25	4.25	4.25	—	—	—	—	—	—	—	—	—	—
1962	3.17	3.17	2.40	0.77	—	—	—	—	—	—	—	—	—
1963	10.99	10.99	10.00	0.99	—	—	—	—	—	—	—	—	—
1964	10.37	10.37	9.40	0.97	—	—	—	—	—	—	—	—	—
1965	10.66	10.66	9.60	1.06	—	—	—	—	—	—	—	—	—
1966	20.50	20.50	9.90	10.60	—	—	—	—	—	—	—	—	—
1967	10.18	8.88	7.98	0.90	—	1.30	—	1.30	—	—	—	—	—
1968	20.36	19.05	18.10	0.95	—	1.31	—	1.31	—	—	—	—	—
1969	12.09	11.59	10.70	0.89	—	0.50	—	0.50	—	—	—	—	—
1970	12.18	12.18	11.20	0.98	—	—	—	—	—	—	—	—	—
1971	12.49	12.49	11.10	1.39	—	—	—	—	—	—	—	—	—
1972	12.34	12.34	10.90	1.44	—	—	—	—	—	—	—	—	—
1973	12.68	12.68	10.80	1.88	—	—	—	—	—	—	—	—	—
1974	31.60	31.60	11.10	20.50	—	—	—	—	—	—	—	—	—
1975	14.30	14.30	12.20	2.10	—	—	—	—	—	—	—	—	—
1976	13.68	13.68	11.20	2.48	—	—	—	—	—	—	—	—	—
1977	18.76	13.86	11.30	2.56	—	4.90	—	4.90	—	—	—	—	—
1978	22.20	18.00	11.00	2.80	4.20	4.20	—	4.20	—	—	—	—	—
1979	41.04	16.80	13.40	3.40	—	24.24	18.50	5.74	—	—	—	—	—
1980	15.10	15.10	11.70	3.40	—	—	—	—	—	—	—	—	—
1981	69.99	47.80	12.50	3.30	32.00	22.19	20.83	1.36	—	—	—	—	—
1982	16.20	16.20	11.80	3.40	1.00	—	—	—	—	—	—	—	—
1983	114.40	23.10	13.00	3.30	6.80	91.30	15.06	76.24	—	—	—	—	—
1984	142.69	30.50	13.40	3.60	13.50	112.19	12.50	99.69	—	—	—	—	—
1985	180.17	33.80	14.60	3.60	15.60	146.37	—	146.37	—	—	—	—	—
1986	6.50	6.50	1.50	—	5.00	—	—	—	—	—	—	—	
1987	15.50	15.50	14.40	—	1.10	—	—	—	—	—	—	—	—
1988	25.60	25.60	16.60	—	9.00	—	—	—	—	—	—	—	—
1989	25.00	25.00	25.00	—	—	—	—	—	—	—	—	—	—
1990	25.40	25.40	25.40	—	—	—	—	—	—	—	—	—	—
1991	25.10	25.10	25.10	—	—	—	—	—	—	—	—	—	—
1992	27.30	27.30	27.30	—	—	—	—	—	—	—	—	—	—
1993	24.90	24.90	24.90	—	—	—	—	—	—	—	—	—	—
1994	20.00	20.00	20.00	—	—	—	—	—	—	—	—	—	—

续表 1－111－2

年度	合计	附加				财政部门集中的企业资金			财政集中统管的事业收入和杂项收入				
		小计	农业税附加	工商税附加	其他附加(含城市公用事业附加)	小计	集中县办工业(预算外)企业利润留成	更新改造基金和基本折旧基金	小计	防洪保安资金	价格调节基金	文化事业建设费	大中型水库库区基金
1995	66.00	66.00	66.00	—	—	—	—	—	—	—	—	—	—
1996	21.40	11.30	11.30	—	—	—	—	—	10.10	10.10	—	—	—
1997	74.93	72.30	72.30	—	—	—	—	—	2.63	2.63	—	—	—
1998	70.39	65.30	65.30	—	—	—	—	—	5.09	5.09	—	—	—
1999	74.16	61.70	61.70	—	—	—	—	—	12.46	12.46	—	—	—
2000	88.10	59.40	59.40	—	—	—	—	—	28.70	28.70	—	—	—
2001	90.20	47.50	47.50	—	—	—	—	—	42.70	42.70	—	—	—
2002	308.00	257.00	257.00	—	—	—	—	—	51.00	51.00	—	—	—
2003	362.90	304.00	304.00	—	—	—	—	—	58.90	58.90	—	—	—
2004	230.58	173.00	173.00	—	—	—	—	—	57.58	57.58	—	—	—
2005	80.30	—	—	—	—	—	—	—	80.30	80.30	—	—	—
2006	86.30	—	—	—	—	—	—	—	86.30	86.30	—	—	—
2007	94.40	—	—	—	—	—	—	—	94.40	94.40	—	—	—
2008	119.30	—	—	—	—	—	—	—	119.30	119.30	—	—	—
2009	123.00	—	—	—	—	—	—	—	123.00	123.00	—	—	—
2010	170.30	—	—	—	—	—	—	—	170.30	170.30	—	—	—
2011	263.70	—	—	—	—	—	—	—	263.70	237.30	26.40	—	—
2012	293.40	—	—	—	—	—	—	—	293.40	208.50	79.60	5.30	—
合计	3772.58	1864.15	1696.33	79.62	88.20	408.57	66.89	341.68	1499.86	1388.56	106.00	5.30	—

第三章　贷款转贷回收本金收入

改革后的政府收支分类体系中的第四项科目为“贷款转贷回收本金收入”，并分设四款：国内贷款回收本金收入、国外贷款回收本金收入、国内转贷回收本金收入、国外转贷回收本金收入。

目前乐安县有以下三种形式的贷款回收种类在使用：

一、国债转贷资金

国债转贷资金是由国家增发一定数量的国债，通过财政部转贷给省级政府，用于地方的经济和社会发展建设项目的资金。省级人民政府根据建设项目的特点，决定和落实还款资金的来源，在本省范围内统借、统筹、统还。省级财政部门作为省级政府的债权、债务人的代表，负责对财政部的还本付息工作。

国债转贷资金直接落实到具体项目，确定项目的原则：

一是主要用于在建项目或已完成前期准备工作的项目，新上项目一般要二年左右能建成，并防止出现重复建设；

二是用于基础设施项目；

三是项目的确定既要考虑到本地区经济和社会发展的需要，又要考虑到本地区综合还款能力。

国债转贷资金应当用于以下方面的建设项目：(1)农林水利投资；(2)交通建设投资；(3)城市基础设施和环境保护建设投资；(4)城乡电网建设与改造；(5)其他国家明确的建设项目。

国债转贷资金的还贷期限，一般如下：

(1)转贷给沿海发达地区的资金还贷期限为6年，含宽限期2年，年利率为5.5%。(2)转贷给中西部地区的还贷期限为10年，含宽限期2年，年利率为5%。

转贷资金从财政部拨款之日起开始计息。

乐安县从1998年开始使用国债转贷资金，当年8月，县城自来水公司借用国债转贷资金600万元，用于自来水日产2万吨扩容改造工程。从1998年9月开始,财政部按5%的年利率计息。上级财政每年通过年终决算进行扣缴,至2003年9月止,已累计扣缴利息150万元。同时,到2003年开始,该项转贷资金已到了归还本金的期限,2003年还本金27.3万元;2004年上级通过预算扣款的方式,直接扣缴乐安县自来水公司国债转贷资金本金54.6万元,利息32.6万元。剩余的转贷资金本金518.1万元,将在2005年至2014年逐年扣缴,直至还清所有借款,在此期间还将累计扣缴利息约135万元。

2003年7月,乐安县借入国债转贷资金680万元,其中用于焦乐公路改造580万元;用于湖坪乡至招携镇公路改造100万元。该项借款年利率为2.28%,借款期限为10年。2004年8月,市财政局扣缴该项贷款利息18万元。

为了充分发挥资金使用效益,夯实还款能力,县财政采取了一些积极稳妥的措施:

一是经县政府同意,督促自来水公司适当提高水价,增加的水费收入专项用于还贷。自来水扩容改造工程由自来水公司承担还贷义务,但从当时自来水公司的生产经营状况看,根本无法按期偿还这笔巨大的债务。经测算,自来水公司2002~2003年平均年销水量为223万立方米,要达到年归还借款本息92万元的目标,就必须在原有水价每立方米0.70元的基础上每立方米提高0.62元,达到1.32元/立方米,最后确定为每立方米1.30元,从2004年开始。

二是每年预算列支焦乐公路和湖坪至招携公路改造的国债转贷资金借贷本息。焦乐公路和湖坪至招携公路改造的完工,给人民群众的生产和生活带来了极大的便利,产生了巨大的社会效益和公路两旁乡镇的经济效益,但国债还贷资金的承担者是县乡两级政府。因此,县政府根据财政部关于国债转贷资金的还贷政策,将每年的还贷计划约84万元列入县乡两级财政预算支出,落实好还贷资金来源。

三是督促工程项目配套资金及时到位。焦乐公路改造工程总投资1700万元以上,其中国债资金投资1080万元(含转贷580万元)。按照政策要求,使用这项贷款,地方政府必须安排配套资金,规定县交通局配套车购款90万元;县本级财政配套260万元;沿公路乡镇财政分三年配套共计260万元。

2006年,为了确保县城工业和居民生活用水的需求,彻底克服多年的"水荒"隐患,动工兴建了县城自来水公司水源上游的龙潭水库,借用国债转贷资金200万元,用于铺设自来水厂的供水管网工程;其次,使用国债转贷资金30万元,用于谷岗乡至小金竹村的村级公路改造。至2012年止,乐安县共计使用国债转贷资金1510万元。

二、地方政府债券

地方政府债券是政府债券的形式之一,在新中国成立初期就已经存在。如早在1950年,东北人民政府就发行过东北生产建设折实公债,但1981年恢复国债发行以来,却从未发行过地方政府债券。由于1995年起实施的《中华人民共和国预算法》规定,地方政府不得发行地方政府债券(除法律和国务院另有规定外),因此,目前的政府债券仅限于中央政府债券。但地方政府在诸如桥梁、公路、隧道、供水、供气等基础设施的建设中又面临资金短缺的问题,于是形成了具有中国特色的地方政府债券,即以企业债券的形式发行地方政府债券。如1999年上海城市建设投资开发公司发行5亿元浦东建设债券,名义上是公司债券,但所筹资金则是用于上海地铁建设;济南自来水公司发行1.5亿元供水建设债券,名义上是公司债券,而所筹资金则用于济南自来水设施建设。近几年,国债发行总规模中有少量中央政府代地方政府发行的债券,其中2001年为400亿元,2002年为250亿元,2003年为250亿元,2004年为150亿元,2005年为100亿元。

地方政府债券的分类:地方政府债券按资金用途和偿还资金来源分类,通常可以分为一般债券(普通债券)和专项债券(收益债券)。前者是指地方政府为缓解资金紧张或临时经费不足而发行的债券,后者是指为筹集资金建设某项具体工程而发行的债券。对于一般债券的偿还,地方政府通常以本地区的财政收入作担保,而对专项债券,地方政府往往以项目建成后取得的收入作保证。

地方政府债券的发行主体:地方政府债券是由地方政府发行并负责偿还的债券,简称"地方债券",也可以称为"地方公债"或"地方债"。地方政府债券是地方政府根据本地区经济发展和资金需要状况,以承担还本付息责任为前提,向社会筹集资金的债务凭证。筹集的资金一般用于弥补地方财政资金的不足,或者地方兴建大型项目。地方政府债券的发行主体是地方政府,地方政府一般又由不同的级次组成,而且在不同的国家有不同的名称。美国地方政府债券由州、市、区、县和州政府所属机关和管理局发行。日本地方政府债券则由一般地方公共团体和特殊地方公共团体发行,前者是指都、道、府、县、市、镇、村政府,后者是指特别地区、地方公共团体联合组织和开发事业团等。

中国财政高层第一次公开表态发行地方债券是在2007年9月,时任财政部部长金人庆在APEC财长会议提交的报告中表示,中国政府正考虑授权地方政府发行债券。

2009年2月17日,在北京举行的十一届全国人大常委会第十八次委员长会议听取了《国务院关于安排发行2009年地方政府债券的报告》有关情况的汇报。中央财经大学税务学院副院长刘恒教授在接受南方都市报采访时表示,此次全国人大常委会委员长会议听取《国务院关于安排发行2009年地方政府债券的报告》有关情况汇报,属于履行正常的法律程序,因为国务院发行地方政府债券,需经过全国人大常委会通过。

与此同时,财政部颁布《2009年地方政府债券预算管理办法》,主要内容是:

(1)该办法所称地方政府债券,是指经国务院批准同意,以省、自治区、直辖市和计划单列市政府为发行和偿还主体,由财政部代理发行并代办还本付息和支付发行费的2009年地方政府债券。

(2)地方政府债券收入可以用于省级(包括计划单列市,下同)直接支出,也可以转贷市、县级政府使用。

(3)地方政府债券收支实行预算管理。地方政府债券收入全额纳入省级财政预算管理,市、县级政府使用债券收入的,由省级财政转贷,纳入市、县级财政预算。地方政府债券收入安排的支出纳入地方各级财政预算管理。

用地方政府债券发行收入安排支出的部门和单位,要将支出纳入部门预算和单位预算,严格按照预算制度管理。

(4)地方政府债券收入根据省级政府报请国务院批准同意的额度编制。市、县级财政根据省级财政核准的转贷额度编列地方政府债券转贷收入。

地方政府债券支出根据各级财政使用债券收入或者债券转贷收入安排的支出编制。地方政府债券预算支出,要充分体现科学发展观的要求,积极促进经济结构调整和发展方式转变。资金主要用于中央投资地方配套的公益性建设项目及其他难以吸引社会投资的公益性建设项目支出,严格控制安排用于能够通过市场化行为筹资的投资项目,不得安排用于经常性支出。资金使用范围主要包括:保障性安居工程,农村民生工程和农村基础设施,医疗卫生、教育文化等社会事业基础设施,生态建设工程,地震灾后恢复重建以及其他涉及民生的项目建设与配套。

(5)2009年度政府预算未报经本级人民代表大会审查批准的,要将本地区地方政府债券收入或者债券转贷收入和支出纳入预算,报请同级人民代表大会审查批准。2009年度政府预算已经报本级人民代表大会审查批准的,要根据地方政府债券收支计划及时编制预算调整方案,报同级人民代表大会常务委员会审查批准。

(6)各级地方财政部门根据批准的预算,将债券支出批复相关部门和单位。各相关部门和单位要严格按照批复的预算,安排预算支出,实行项目管理,不得随意变更资金用途。

(7)在政府收支分类科目收入分类105类"债务收入"01款"国内债务收入"(科目说明修改为"中央与地方共用收入科目")下新增04项"财政部代理发行地方政府债券收入",科目说明为"地方收入科目。反映财政部代理发行的2009年地方政府债券收入。"在110类"转移性收入"下新增11款"债券转贷收入"01项"转贷财政部代理发行地方政府债券收入",科目说明为"反映下级政府收到上级政府转贷的财政部代理发行地方政府债券收入。"

在支出功能分类228类"国债事务"中新增12款"财政部代理发行地方政府债券还本",科目说明为"反映地方政府安排的财政部代理发行2009年地方政府债券还本支出";新增13款"财政部代理发行地方政府债券付息",科目说明为"反映地方政府安排的财政部代理发行2009年地方政府债券付息支出"。在230类"转移性支出"新增11款"债券转贷支出"01项"转贷财政部代理发行地方政府债券支出",科目说明为"反映上级政府对下级政府转贷的财政部代理发行地方政府债券支出。"地方政府安排财政部代理地方政府发行债券收入时,根据实际使用方向列入政府收支分类相应功能支出科目。

(8)各级地方财政部门要根据预算安排、项目建设进度,及时拨付资金,监控预算执行情况,及时发现和处理预算执行中出现的问题,并做好财政总预算会计收支核算工作。

(9)地方政府债券到期后,由中央财政统一代办偿还。地方财政要足额安排地方政府债券还本还息所需资金,及时向中央财政上缴地方政府债券本息、发行费等资金。如果届时还本确实存在困难,经批准,到期后可按一定比例发行1~5年期新债券,分年全部归还。对于未按时上缴的,中央财政根据逾期情况计算罚息,并在办理中央与地方财政结算时如数扣缴。

(10)财政部门要加强对地方政府债券收支的

管理和监督，建立和完善债务项目申报、审批、绩效考评和监督等制度，提高资金管理的科学化、精细化水平，不得挤占、截留和挪用债务资金。

2009～2011 年，中国每年发行地方政府债券（以下简称“地方债券”）2000 亿元，2012 年中国发行地方政府债券 2500 亿元，4 年来累计发行 8500 亿元。从 4 年实践情况看，地方政府债券资金对地方政府落实中央应对国际金融危机一揽子政策、保障积极财政政策的有效实施、促进地方经济社会发展、加快改善民生进程等方面发挥了积极作用，同时，也是中国探索建立规范地方政府举债融资机制的破冰之举，为全面加强地方政府性债务管理打下了良好基础。

乐安县从 2009 年开始使用地方政府债券，整体规模为 1250 万元。其中 2009 年度为 350 万元，2010 年度为 303 万元，2011 年度为 247 万元，2012 年度为 350 万元。

乐安县地方政府债券使用情况表

表 1－112　　单位：万元

债务名称	发行年度	签订日期	协议金额	债务期限	还本日期	已收回金额
2009 年地方政府债券	2009	2009 年 7 月 13 日	350	3 年	2012 年 7 月 12 日	—
2010 年地方政府债券	2010	2010 年 6 月 21 日	303	3 年	2013 年 6 月 20 日	—
2011 年地方政府债券	2011	2011 年 9 月 27 日	247	3 年	2014 年 9 月 26 日	—
2012 年地方政府债券	2012	2012 年 8 月 24 日	350	3 年	2015 年 8 月 23 日	—

三、国际金融贷款

国际金融组织贷款是由一些国家政府共同投资组建并共同管理的国际金融机构提供的贷款，旨在帮助成员国开发资源，发展经济和平衡国际收支。具体是指国际货币基金组织、世界银行、国际复兴开发银行、国际开发协会、国际金融公司、亚洲开发银行、联合国农业发展银行和其他国际性、地区性金融组织提供的贷款。

乐安县从 1987 年就开始使用国际金融贷款这种形式的借款，当时主要用于红壤土改造和植树造林方面，随着经济的发展，后又增加了卫生和生态保护等项目的实施，至 2012 年止，乐安县国际金融贷款债务项目共有 7 个，已实施完成的项目有 4 个，正在实施的项目有 3 个，分别是：

1. 红壤土改造一期项目

1987 年，利用世界银行贷款，在戴坊镇排下农场（农口企业）改造红壤土。当时贷款协议金额为 42.5 万个特别提款权，折美元 50 万元，实际用款债务为 39.2 万个特别提款权，折美元 51.9 万元（因汇率变化所致），折人民币 204.4 万元。截至 2004 年年底（第 35 期未下达催款通知单，按 2004 年 12 月 31 日汇率折算，即 1 个特别提款权＝1.54899 美元，1 美元＝8.2765 元/人民币），到期应还本息 448.17 万元，含当地费用本息 88.42 万元，已归还本息 475.21 万元，含贴息返还款 58.67 万元，多归还本息 27.04 万元。

2. 国家造林项目（林业一期）

1990 年，利用世界银行贷款，县实验林场分别安排在乐安县的公溪镇、招携镇、牛田镇、增田镇、石陂乡、坪溪乡、金竹乡等 7 个乡镇造速生丰产林 600 公顷，贷款协议金额为 144.08 万个特别提款权，实际用款债务 117.26 万个特别提款权，折美元 154.76 万元，折人民币 1384.13 万元。截至 2004 年年底，到期应还本息 915.09 万元，含省配套本金 69.97 万元，已归还本息 920.31 万元，多归还本息 5.22 万元。

3. 森林资源发展和保护项目（林业二期）

1995 年，利用世行贷款继续在乐安县南面几个主要林区栽种速生林，并开发和保护公益生态林。当时贷款协议金额为 47.01 万个特别提款权，折美元 66.36 万元，实际用款债务 38.3 万个特别提款权，折美元 50.55 万元，折人民币 505.72 万元。截至 2004 年底（第 4～5 期未下达催款通知单，按 2004 年 12 月 31 日汇率折算，即 1 个特别提款权＝1.54899 美元，1 美元＝8.2765 元/人民币）到期应还本息 173.58 万元，含地级配套资金 5.1 万元，省级配套资金 13.12 万元，已归还本息 61.03 万元，含省直接扣款归还 39.79 万元，尚欠本息 112.55 万元。至 2011 年止，尚欠本息部分，上级全部一次性核销，不需再偿还。

4. 卫生 VI 项目

1996 年，为了提高妇幼医疗水平，乐安县利用上级安排的世行贷款，实施了覆盖全县境内，用于发展综合性的医治妇幼疾病的卫生项目。贷款协议金额为 17.53 万个特别提款权，实际用款债务 15.48 万个特别提款权，折美元 20.43 万元。截至 2004 年年底,(第9~10期未下达催款通知单,按2004年12月31日汇率折算,即1个特别提款权=1.54899美元,1美元=8.2765元/人民币)。到期应还本息77.38万元,已归还本息45.14万元,至2012年止尚欠本息32.24万元。

5. 农业生态能源亚行贷款

乐安县亚行贷款农村能源生态建设项目于2003年10月正式批复实施,项目总投资1304.8万元人民币,其中亚行贷款76万美元(折人民币623.2万元),其余为群众自筹、政府配套和GEF赠款。项目计划分四年实施,具体安排在增田镇、万崇镇、山砀镇、招携镇、南村乡、罗陂乡等6个乡(镇)实施。经营模式主要是增田镇为"猪—沼—菜"模式,万崇镇、山砀镇、招携镇、南村乡、罗陂乡5个乡镇为"猪—沼—果"模式。经过几年来的不懈努力,项目实施取得了一定的成效,项目农户综合利用沼液、沼渣、沼肥,节约了能源,改善了农村群众生产生活条件,为新农村建设打下了好的基础。

截至2012年8月,乐安县到位三次报账资金人民币193.3万元,周转借款人民币62.81万元,共计到位资金人民币256.11万元;县财政拨付项目乡(镇)资金人民币233万元,其中增田镇88万元、山砀镇40万元、招携镇19万元、万崇镇40万元、罗陂乡20万元、南村乡26万元。

6. 日本政府日元贷款造林项目

自2004年开始,乐安县利用日本政府提供的贷款进行植树造林等项目的实施。当年贷款协议金额为2.0665亿日元,折人民币1445.13万元。项目实施单位主要有县实验林场、县林业公司等;实施的项目为封山育林、植树造林、毛竹林低改、经济林营造等。到2012年年底,已实施至第13次报账,累计收到上级财政下拨资金1668.06万元,已全部拨给项目实施单位,资金使用合理规范,该项目还在实施中。

7. 中国结核病控制项目

乐安县从2004开始,用世行贷款资金实施结核病控制项目,该项目计划世行贷款7万美元,截至2012年8月底,世行贷款2.855万美元,折合人民币22.3万元,配套资金20.05万元,其中:中央级配套3.97万元,省级配套6.2万元,县级配套9.88万元,共计到位资金42.35万元。项目实施使用资金共计35.02万元(实际向上级报账费用人民币3.97万元)。

按项目支出领域情况分为:①规划管理费用19.79万元;②提供服务费用5.79万元;③以患者为中心的新制度费用4.25万元;④对结核病项目支持费用5.17万元。

按项目支出类别分为:①货物支出18.77万元,②国内培训支出4.22万元,③规划支持支出6.55万元,④健康教育支出5.46万元,总额节余7.33万元人民币。

通过项目的实施,改善了乐安县的结核病防控条件,购置了专用的结核病防治车辆,以及200毫安X线机、投影仪各一台;增加了病人的发现数和提高了病人治愈率。自项目实施以来,共发现病人897例,比计划任务数(745例)增加了20.4%,治愈811例,治愈率达90.41%;减少结核病人的检查费、医药费、督导费累计达71.76万元。

第四章 转移性收入

根据财政部关于《政府收支分类改革方案》的通知规定,转移性收入包括:返还性收入、财力性转移支付收入、专项转移支付收入、政府性基金转移收入、彩票公益金转移收入、预算外转移收入、单位间转移收入、上年结余收入、调入资金等九款。

转移支付模式主要有三种:一是自上而下的纵向转移,二是横向转移,三是纵向与横向转移的混合。

规范转移支付制度的原则是:公平原则,效率原则,法治原则。

1995年,中央财政开始正式实施过渡期转移支付办法,根据国际货币基金组织《政府财政统计手册》中的支出分析框架,政府转移支付有两个层次,一是国际间的转移支付,包括对外捐赠、对外提供商品和劳务、向跨国组织缴纳会费;二是国内的转移支付,既有政府对家庭的转移支付,如养老金、住房补贴等,又有政府对国有企业提供的补贴,还有政府间的财政资金的转移。一般我们称的财政转移支付,是指政府间的财政资金转移,是中央政府支出的一个重要部分,是地方政府重要的预算收入。

中国的财政转移支付制度是在1994年分税制的基础上建立起来的,是一套由税收返还,财力性转移支付和专项转移支付三部分构成的,以中央对地方的转移支付为主的且具有中国特色的转移支付制度。

第一节 返还性收入(税收返还)

1994年,分税制改革后,我国实行了税收返还和转移支付制度。在税收返还制度中,中央对地方税收返还包括增值税、消费税返还;所得税基数返还以及成品油价格和税费改革税收返还。从2009年起,为简化中央对地方税收返还和转移支付结构,将出口退税超基数地方负担部分专项上解收入也纳入税收返还(冲抵返还额)。

增值税、消费税返还。1994年分税制改革,实行按税种划分收入的办法后,原属地方支柱财源的“两税”收入(增值税的75%和消费税的100%)上划为中央收入,由中央给予税收返还,返还额以各地上划中央“两税”收入增长率为基础逐年递增。

所得税基数返还。以2001年为基期,为保证地方既得利益,对按改革方案确定的分享范围和比例计算出的地方分享的所得税收入,小于地方实际所得税收入的差额部分,由中央作为基数返还地方。

成品油价格和税费改革税收返还。实施成品油价格和税费改革后,中央按地方原有的公路养路费等“六费”收入基数给予的返还。具体额度以2007年“六费”收入为基础,考虑地方实际情况按一定的增长率确定。

1994~2012年,乐安县税收返还收入12923万元。

1994~2012年乐安县税收返还收入表

表1-113 单位:万元

年度	增值税和消费税税收返还或其他税收返还收入	所得税基数返还收入	成品油价格和税费改革税收返还收入	合计
1994	523	—	—	523
1995	536	—	—	536
1996	540	—	—	540
1997	507	—	—	507
1998	517	—	—	517
1999	517	—	—	517
2000	523	—	—	523
2001	521	—	—	521
2002	524	49	—	573
2003	566	64	—	630
2004	574	64	—	638
2005	596	64	—	660
2006	651	64	—	715
2007	700	64	—	764
2008	701	64	—	765
2009	687	64	192	943
2010	706	64	192	962
2011	753	64	192	1009
2012	824	64	192	1080
合计	11466	689	768	12923

第二节 一般性转移支付收入

一般性转移支付(也叫财力性转移支付),是为了弥补财政实力薄弱地区的财力缺口,由中央财政安排给地方财政的补助支出。财力性转移支付是缩小地区差距的重要手段,是财政转移支付的主要组成部分。一般性转移支付收入,乐安县常用预算科目有:体制补助收入、均衡性转移支付收入、民族地区转移支付补助收入、调整工资转移支付补助收入、农村税费改革补助收入、县级基本财力保障机制奖补资金收入、结算补助收入、体制上解收入、出口退税专项上解收入、化解债务补助收入、企业事业单位划转补助收入、成品油价格和税费改革转移支付补助收入、成品油价格和税费改革专项上解收入、工商部门停征“两费”转移支付收入、公共安全转移支付收入、教育转移支付收入、社会保障和就业转移支付收入、医疗卫生转移支付收入、农林水转移支付收入、产粮(油)大县奖励资金收入、重点生态功能区转移支付收入、其他一般性转移支付收入。

一般性转移支付是反映政府间一般性转移支付收入。是上级政府根据依法核定的下级政府标准财政需要额与财政支出额的差量以及各地区间在人口、资源、贫富等方面存在的差别因素将其财政资金转作下级政府财政收入的一种补助形式。

一般性转移支付是政府间财政关系的重要组成部分,目的是缩小地区间财力差距,实现地区间基本公共服务能力均等化,此类转移支付不规定具体用途,由接受拨款的政府自主安排使用。我国一般性转移支付从1995年起实施,原称之为过渡期转移支付。一般性转移支付资金按照公平、公正,循序渐进和适当照顾老、少、边、穷地区的原则,主要参照各地标准财政收入和标准财政支出的差额及可用于转移支付的资金数量等客观因素,按统一公式计算确定。

一般性转移支付资金用于弥补地方各级政府财政收支差额和相同级次不同地区财政收支平衡。一般转移支付又可分纵向转移和横向转移支付。纵向转移支付的目的是弥补收支差额,具体数额按因素法确定。横向转移支付的目的是提高贫困地区财政服务水平,具体数额为依法测算的地区税收能力指数与全国平均税收能力指数之差。

为进一步规范财政转移支付制度,从2009年起,将中央对地方的转移支付,简化为一般性转移支付、专项转移支付两类。其中,一般性转移支付包括原财力性转移支付,主要是将补助数额相对稳定,原列入专项转移支付的教育、社会保障和就业、公共安全、一般公共服务等支出,改为一般性转移支付,原一般性转移支付改为均衡性转移支付。

一般性转移支付与专项转移支付具有不同的特点:一般性转移支付能够发挥地方政府了解居民公共服务实际需求的优势,有利于地方因地制宜统筹安排财政支出和落实管理责任;专项转移支付则能更好地体现中央政府的意图,促进相关政策的落实,且便于监督检查。关键是要科学设置、保持合理的转移支付结构,发挥各自的作用。

近年来,转移支付制度进一步规范。一是调整和完善财政转移支付结构。加大一般性转移支付力度,清理整合专项转移支付项目,将需要较长时期安排补助经费,且数额相对固定的项目,划转列入一般性转移支付,提高一般性转移支付的规模和比例。二是加快财政转移支付法制建设。针对我国目前政府间转移支付制度的法制建设滞后,转移支付补助资金的使用及管理尚缺乏有效约束和效益评估的现状,要通过立法规范和完善财政转移支付资金和项目资金安排,促进财政转移支付资金和项目资金分配更加公平、合理、规范、高效。

1951~2012年,乐安县一般性转移支付收入总计332854.7万元。

第三节 专项转移支付收入

专项转移支付是指中央财政为实现特定的客观政策及事业发展战略目标,以及对委托地方政府代理的一些事务或中央地方共同承担事务进行补偿而设立的补助资金,需按规定用途使用。专项转移支付重点用于教育、医疗卫生、社会保障、支农等公共服务领域。

我国目前实行的不是很规范的转移支付制度,还存在许多制约因素:一是各级政府的职责和事权尚未明确划分,财政支出的划分与事权是紧密联系的,难以确定标准的收支概念;二是中央财政仍十分困难,使转移支付制度缺乏充足的财力支撑;三是既得利益调整的力度过大,困难很大;四是由于体制、经济结构、自然环境和人口等因素影响,地区间经济发展水平相差很大,发展能力存在极大差别,致使通过转移支付实现地区均衡难以在短期内实现;五是基础性数据统计、收集有很大难度。

乐安县使用的专项转移支付收入科目主要有:一般公共服务、公共安全、教育、科学技术、文化体育与传媒、社会保障和就业、医疗卫生、节能环保、城乡社区事务、农林水事务、交通运输、资源勘探电力信息等事务、商业服务业等事务、金融监管等事务、国土资源、气象等事务、住房保障、粮油物资储备事务、专项上解收入、其他收入等。

乐安县除掉上述常用的专项转移支付收入预算科目外,在2002年又新增了革命老区专项转移支付收入科目,以及2012年增加的"赣南等原中央苏区专项转移支付收入"科目。

为体现党中央、国务院对革命老区的关怀,中央自2001年起对地方一般性转移支付中设立了革命老区转移支付。省财政厅按照财政部的有关规定,从2001年起在下达一般性转移支付时将革命老区转移支付单独列出,并要求各地按规定使用该项资金。

2005年,为加强革命老区资金管理,省财政厅印发《江西省财政厅关于下发革命老区转移支付资金管理办法的通知(试行)》。

2006年,为规范革命老区专项转移支付资金管理，确保项目资金安排的科学性和合理性，提高项目建设质量和资金使用效益，财政部出台了《革命老区专项转移支付资金管理办法》，江西省财政厅据此出台《江西省革命老区专项转移支付资金管理办法》，对革命老区专项转移支付资金的管理权责、资金的分配、资金使用范围、项目规划、申报和审定、项目的组织实施、资金使用的绩效评价与监督予以明确。

2006年，省财政厅汇总和审核了革命老区县市上报的《革命老区专项转移支付资金三年项目规划汇总表》，制定了《江西省革命老区专项转移支付资金三年项目规划》，并于6月19日上报财政部审定。该规划就全省革命老区专项转移支付三年项目和资金管理的指导思想、基本原则、总体目标和实施计划、管理和监督措施等内容进行了详细规定。

（一）指导思想

以邓小平理论和“三个代表”重要思想为指导，按照统筹城乡经济社会发展和建设社会主义新农村的要求，加快推进革命老区农业和农村现代化建设，千方百计增加革命老区农民收入，通过革命老区人民的辛勤劳动和国家的政策扶持，进一步改善革命老区人民生产和生活条件，促进革命老区各项社会事业的全面协调发展。

（二）基本原则

革命老区专项转移支付资金三年项目规划遵循以下基本原则：一是突出重点。项目资金应集中使用并主要用于发展乡、村公益事业和解决与人民生产生活密切相关的突出问题，避免“洒胡椒面”和“眉毛胡子一把抓”。二是确保成效。切实加强资金的使用管理，努力提高资金使用效益和项目建设的质量，确保老区人民真正得到实惠。三是因地制宜。确定革命老区专项转移支付资金项目，从革命老区县市的实际情况出发，坚持量力而行，有多少钱办多少事，避免贪大求洋，增加基层和群众负担。四是依靠群众。在项目确定和项目建设的过程中，充分发挥农民群众的主体作用，不但要尊重农民意愿，自觉维护农民权益，还要充分发挥农民的监督作用，切实维护国家和人民的利益。

（三）总体目标和实施计划

省财政计划在2006～2008年三年内统筹安排革命老区专项转移支付资金5亿元（含中央补助资金）。根据《江西省革命老区专项转移支付资金管理办法》中关于按照省厅下达资金控制数150%申报项目要求，全省革命老区县市申报三年革命老区专项转移支付项目资金合计13.2亿元，其中：申请省财政安排9.2亿元，革命老区县级安排1.5亿元，乡镇自筹1.7亿元，单位自筹0.8亿元。届时省财政将根据确定的资金量，从县市申报项目中择优安排。通过三年的不懈努力，使革命老区达到“三个一”目标：

一是维护和改造一批革命老区重点纪念性建筑物和老红军、军烈属活动场所，使革命老区重点革命遗址、革命纪念场馆和烈士陵园等得到切实维护和改造，为弘扬革命精神、促进精神文明建设创造条件。三年规划期内，各老区县市申报纪念性建筑物和老红军、军烈属活动场所项目资金0.9亿元，其中，2006年为0.4亿元，2007年为0.3亿元，2008年为0.2亿元。

二是维护和建设一批革命老区基础设施建设项目，重点支持革命老区人畜安全饮水、群众安居和乡村道路项目建设，使老区人民生产和生活基础设施更加完善。三年规划期内，各老区县市申报革命老区人畜安全饮水、群众安居工程和乡村道路建设及维护项目资金8.1亿元，其中：2006年为2.7亿元，2007年为2.6亿元，2008年为2.8亿元。

三是维护和建设一批革命老区公益项目建设，重点解决农村义务教育、农村医疗卫生机构、农村文化站所、农村敬老院的建设及设备更新和农村村容村貌及环境整治，进一步提升老区公共服务水平，改善老区人民生活条件。三年规划期内，各老区县市申报农村义务教育、农村医疗卫生机构、农村文化站所、农村敬老院建设和革命老区农村村容村貌及环境整治项目资金4.2亿元，其中：2006年为1.5亿元，2007年为1.4亿元，2008年为1.3亿元。

（四）管理和监督措施

（1）成立专门领导机构。革命老区专项转移支付县市财政局要成立项目立项审查协调领导小组，按照《江西省革命老区专项转移支付资金管理办法》要求，统筹安排全县各乡镇、部门、单位、行业的立项工作，对项目单位的项目申报书进行审核和论证，对项目的可行性进行严格把关，在此基础上提出项目审核意见。

（2）严格资金使用范围。革命老区专项转移支付资金必须做到专款专用，不得用于平衡预算，不得截留或挪作他用，不得有偿使用，不得用于行政事业单位人员支出和公用支出，不得提取任何形式的项目管理费、手续费、赞助费，不得用于投资经商办企业，不得用于购置交通工具（专用车船等除外）、通讯设备以及其他与革命老区专项转移支付资金使用原则及范围不相符的各项开支。

（3）建立项目责任和资金拨付制度。县市财政应根据省财政批复的项目和下达的项目资金,组织项目实施,与项目单位签订项目实施责任书,并根据项目进度或合同要求拨付资金,具备条件的可实行报账制管理或国库集中支付。依法应当实行政府采购的项目,应当按照政府采购法及相关规定执行。项目单位根据批复的项目预算,组织项目实施,基本建设类项目应当建立工程监理制度。

(4)建立项目验收和竣工决算制度。项目建成完工后,由县市财政组织力量对项目的质量、技术、财务、资产等进行审核验收和项目竣工决算,对国有资产进行产权登记。

(5)建立项目支出绩效评价体系。对项目完成的质量、结果、及时性和耗费的成本及产出的效益等绩效目标完成情况,专项资金的使用及财务管理情况,为完成绩效目标而采取的管理措施、风险控制措施及其他有关措施进行全面考评,促进各县市财政及项目单位自觉强化管理,进一步提高资金使用效益和确保资金安全。

(6)建立有效的奖励和惩戒机制。省财政将绩效评价和监督检查结果作为测算分配资金的一项依据,对革命老区专项转移支付资金管理和使用好的县市,省财政在下年度安排资金时予以适当倾斜,同时对资金管理和使用不好的县市,相应减少资金分配;对革命老区专项转移支付资金管理和使用中违反财经纪律的行为,依据《财政违法行为处罚处分条例》等有关规定追究责任,对触犯刑律的,及时移送司法机关处理。

根据财政部、省财政厅有关文件精神,结合乐安县实际,2006 年乐安县财政局下发《乐安县革命老区转移支付资金管理办法》,明确这项资金的管理分配、使用等要求,提高了这项资金的使用效益。

2009 年,为进一步加强革命老区专项转移支付资金管理,根据财政部修订的《革命老区专项转移支付资金管理办法》,省财政厅结合实际,对《江西省革命老区专项转移支付资金管理办法》进行了修订,并将修订后的《江西省革命老区专项转移支付资金管理办法》予以印发执行。

同时,根据财政部《革命老区专项转移支付资金管理办法》和《江西省革命老区专项转移支付资金管理办法》精神,省财政厅制定了《江西省革命老区专项转移支付资金使用管理检查考评办法(试行)》。

2009 年 9 月 29 日,乐安县财政局重新修订印发《乐安县革命老区专项转移支付资金管理办法》,就革命老区专项转移支付资金的管理,强调应当遵循四项原则:

(1)突出重点。资金主要用于发展乡、村公益事业和解决与人民生产和生活密切相关的突出问题。

(2)公开透明。资金使用和项目选择应当按照规定程序进行,纳入政务公开范围。

(3)注重实效。坚持办实事、重实效,以社会效益为目标,强化绩效考评。

(4)专款专用。资金不得用于平衡预算,不得截留或挪作他用。

为确保将党中央、国务院对革命老区的关怀落到实处,进一步规范革命老区专项转移支付资金管理,提高资金使用效益,再次作出以下规定:

(一)管理权责

革命老区专项转移支付资金的使用实行县级管理。县革命老区专项转移支付资金三年项目规划、年度申报项目由乡镇上报县,县审核后直接上报省。

(二)资金安排和分配

(1)革命老区专项转移支付资金分配对象为全县各乡镇。(2)根据革命老区专项转移支付资金管理的需要,县财政和乡镇财政可以在本级年度预算中另行安排一定的项目管理费,用于本级财政委托或聘请有关单位和评审机构进行项目评估、评审、检查验收、绩效评价等开支。

(三)资金使用范围

革命老区专项转移支付资金主要用于以下方面:

(1)革命老区专门事务。包括革命遗址保护;革命纪念场馆的建设和改造;烈士陵园的维护和改造;老红军、军烈属活动场所的建设和维护等。

(2)革命老区民生事务。主要是指改善革命老区人民群众生产和生活条件的有关事务,包括教育、文化、卫生等社会公益事业方面的事项和乡村道路、饮水安全等设施的建设维护。

(3)革命老区转移支付资金不得有偿使用,不得用于行政事业单位人员支出和公用支出,不得提取任何形式的项目管理费、手续费、赞助费,不得用于投资经商办企业,不得用于购置交通工具(专用车船等除外),通讯设备,不得用于能够通过市场化行为筹资的项目以及其他与革命老区专项转移支付资金使用原则及范围不相符的各项开支。

(四)项目申报和审定

(1)乡镇财政根据本地区三年项目规划和县财政下达的革命老区专项转移支付资金控制数申报年度项目,单个项目资金不低于 50 万元,同时,按照县下达资金控制数的150%申报项目,由县财政根据本办法有关规定择优安排。

(2)项目申报书文本范本及指南按财政部统一制定的格式执行。

(3)乡镇财政所应当按照本办法规定及项目申报指南,组织各项目单位填制项目申报书,经审核后提出审核意见,将审核意见及项目申报书于每年二月底前一并上报县财政局。

(4)县财政局根据省财政厅批准的三年项目规划,审定乡镇财政所上报的具体申报项目,并于每年三月底前将审定意见及项目申报书报省财政厅备案。

(五)项目实施

(1)乡镇财政所根据县财政局批复的项目和下达的项目资金,组织项目实施。

(2)乡镇财政所应当严格按照项目实施计划、预算和规定用途使用资金,不得随意调整。如因特殊情况确需变更的,由乡镇财政所提出申请,县财政局将变更申请上报省财政厅,经省财政厅批准后方可变更。

(3)依法应当实行政府采购的项目,应当按照政府采购法及相关规定执行。

(4)乡镇财政所应当与项目单位签订项目实施责任书,并根据项目进度或合同要求拨付资金,项目单位根据批复的项目预算,组织项目实施,基本建设类项目应当建立工程监理制度。

(5)项目完工后,乡镇财政所对项目的技术、财务、资产等进行审核验收,出具项目验收报告,对国有资产进行产权登记。

(6)乡镇财政所应当按照省财政厅的规定编制年度项目实施报告,于年底终了后三个月内上报县财政局。年度项目实施报告应含绩效自评内容,具体包括项目完成的质量、结果、及时性和耗费的成本及产出效益等绩效目标完成情况,专项资金的使用及财务管理情况,为完成绩效目标而采取的管理措施,风险控制措施及其他有效措施等。

(7)利用革命老区专项转移支付资金实施的项目,应当统一设立革命老区专项转移支付资金项目标志,标志的具体样式按照财政部统一规定执行。

(六)检查监督

(1)县财政局负责组织对乡镇财政所使用革命老区专项转移支付资金的绩效评价和监督检查,对完工项目进行项目评审,对资金使用和项目实施进行日常检查,编制年度项目绩效评价和检查报告,于次年六月底前上报省财政厅。

(2)对革命老区专项转移支付资金管理和使用中的违法行为,依据《财政违法行为处罚处分条例》等有关规定追究法律责任。

为进一步完善、充实革命老区专项转移支付资金的管理办法和有关措施,2012年,乐安县财政局又一次修订印发《乐安县革命老区转移支付资金管理办法》,使这项资金更加严格按照国家有关革命老区转移支付资金的政策,更趋合理的落实到农村人民群众中,为解决农村人民群众生产生活中的许多实际问题,进一步发展、壮大农村经济,取得了实实在在的成效。

2002~2012年,乐安县革命老区转移支付资金使用情况如下:

2002年没有得到上级革命老区转移支付资金。

2003年得到上级革命老区转移支付资金77万元,具体使用情况为:乡村道路建设14万元,农村主导产业建设(烟叶、蚕桑、食用菌)13万元,用于建立农村卫生院网络建设,改变农村卫生院条件8万元,用于农村防汛、抗旱等自然灾害救助24万元,用于农村特困群众救助18万元。

2004年得到上级革命老区转移支付资金108万元,具体使用情况为:农村中小学教育危房改造16万元,乡村道路建设28万元,农村主导产业建设(烟叶、蚕桑、食用菌)15万元,用于农村特困群众救助18万元,其他31万元。

2005年得到上级革命老区转移支付资金259万元,具体使用情况为:龙潭水库工程建设220万元,农村公共卫生体系建设39万元。

2006年得到上级革命老区转移支付资金314万元,具体使用情况为:龙潭水库工程建设214万元,公溪罗家村村容村貌整治50万元,山砀李家村村容整治50万元。

2007年得到上级革命老区转移支付资金314万元,具体使用情况为:鳌溪镇桥背村公路改造314万元。

2008年得到上级革命老区转移支付资金364万元,具体使用情况为:戴坊中心卫生院住院大楼50万元,鳌溪二小教学楼184万元,湖溪中学学生用房50万元,龚坊中学学生用房80万元。

2009年得到上级革命老区转移支付资金364万元,具体使用情况为:金竹畲族乡文化活动中心114万元,新居(接抚八线)—古城公路150万元,牛田谢家村村容村貌整治50万元,鳌溪店元、王方村村容村貌整治50万元。

2010年得到上级革命老区转移支付资金424万元,具体使用情况为:公溪荷陂新村村容村貌整治

50 万元,第四中学宿舍、食堂等建设 214 万元,招携文化活动中心 100 万元,金竹乡坪溪村文化活动中心 60 万元。

2011 年得到上级革命老区转移支付资金 464 万元,具体使用情况为:招携小学学生公寓 50 万元,大金竹学校教学附属工程 214 万元,万崇文化活动中心 100 万元,龚坊镇浯塘村村容村貌整治 100 万元。

2012 年得到上级革命老区转移支付资金 605 万元,具体使用情况为:第四小学第二教学楼工程 364 万元,招携坪上村村容村貌整治 50 万元,谷岗登仙桥修复 50 万元,牛田镇水南村文化活动中心 91 万元,乐安县蘑菇培训学校 50 万元。

2002~2012 年,乐安县革命老区转移支付收入资金共计 3293 万元。

2012 年省财政厅还下达"赣南等原中央苏区专项转移支付资金"720 万元,具体使用情况为:乐安县标准化蔬菜生产基地建设项目 720 万元,此项资金参照革命老区转移支付资金管理。

1951~2012 年乐安县转移性收入一览表

表 1-114　　　　单位:万元

年度	专项转移支付收入	一般性转移支付收入	年度	专项转移支付收入	一般性转移支付收入
1951	—	3.1	1982		338
1952	—	65.6	1983	118	186
1953	—	48	1984	126	102
1954	—	44	1985	215	154
1955	—	23	1986	264	173
1956	—	38	1987	293	166
1957	—	50	1988	951	43
1958	—	24	1989	973	—
1959	—	58	1990	1019	21
1960	—	83	1991	1203	220
1961	—	40	1992	1386	15
1962	—	54	1993	941	279
1963	—	62	1994	909	322
1964	—	68	1995	513	365
1965	—	20	1996	918	368
1966	—	64	1997	1412	496
1967	—	82	1998	1203	1606
1968	—	70	1999	1684	1337
1969	—	255	2000	2267	3965
1970	—	465	2001	2033	4908
1971	—	337	2002	5135	8372
1972	—	163	2003	4789	9183
1973	—	226	2004	6620	12613
1974	—	262	2005	9536	15554
1975	—	258	2006	10957	18622
1976	—	231	2007	14789	24169
1977	—	244	2008	22733	28184
1978	—	393	2009	31011	36779
1979	—	395	2010	33201	41616
1980	—	186	2011	30211	54774
1981	59	58	2012	44090	63555
			合计	231559	332854.7

注:表中反映 1993 年之前的转移性收入,实为上级补助,属转移性收入范畴

第五章　社会保险基金收入

该章根据乐安的实际所反映的项目有：基本养老保险基金收入、失业保障基金收入、基本医疗保险基金收入、工伤保险基金收入、生育保险基金收入、新型农村合作医疗基金收入、城镇居民基本医疗保险基金收入、新型农村社会养老保险基金收入、城镇居民养老保险基金收入等9项。其收入内容包括个人（或家庭）和单位缴纳、财政补贴、利息收入、滞纳金收入及其他收入。

1997～2012年乐安县社会保险基金收入表

表1－115　　单位：万元

年度＼金额＼项目	基本养老保险基金收入	失业保险基金收入	基本医疗保险基金收入	工伤保险基金收入	生育保险基金收入	新型农村合作医疗基金收入	城镇居民基本医疗保险基金收入	新型农村社会养老保险基金收入	城镇居民养老保险基金收入	合计
1997	1106.3	—	—	—	—	—	—	—	—	1106.3
1998	1357.8	—	—	—	—	—	—	—	—	1357.8
1999	2101.7	97.4	—	—	—	—	—	—	—	2199.1
2000	2612	106	—	—	—	—	—	—	—	2718
2001	3103	72	—	—	—	—	—	—	—	3175
2002	4277	71	329	—	—	—	—	—	—	4677
2003	3510	182	353	1	1	—	—	—	—	4047
2004	3973	328.3	884.8	10	10	—	—	—	—	5206.1
2005	7273.5	514.84	894.1	16.1	15.4	—	—	—	—	8713.94
2006	5653	463.44	786.2	28.72	9.3	—	—	—	—	6940.66
2007	6737.3	376.2	1564.3	34.3	17.8	—	468.6	—	—	9198.5
2008	8362.3	379.1	1481.7	45.7	23.9	2290.3	454.6	—	—	13037.6
2009	9333.74	325.99	2189.45	52.11	26.23	2446.2	613.7	1312.21	—	16299.63
2010	11435.79	345.58	2141.73	79.83	28.74	3796	809.29	2683.14	—	21320.1
2011	13693.72	323.31	2179.34	102.97	24.27	5930.7	1307.76	3789.91	253.87	27605.85
2012	24915.12	350.1	3005.14	196.08	141.02	7719.3	1185.31	3935.76	258.73	41706.56
合计	109445.27	3935.26	15808.76	566.81	297.66	22182.5	4839.26	11721.02	512.6	169309.14

第一节　基本养老保险基金收入

基本养老保险基金收入为中央与地方共用收入科目。由参加基本养老保险的单位和个人缴纳的基本养老保险费、基本养老保险基金的财政补贴收入、基本养老保险的利息收入、滞纳金收入及其他收入构成。

1991年6月，国务院颁布《关于企业职工养老保险制度改革的决定》规定：(1)对职工养老保险作出具体规定，允许不同地区、企业之间存在一定的差别。(2)随着经济的发展，逐步建立起基本养老保险与企业补充养老保险和职工个人储蓄性养老保险相结合的制度。改变养老保险完全由国家、企业包下来的办法，实行国家、企业、个人三方共同负担，职工个人也要缴纳一定的费用。(3)本决定适用于全民所有制企业。城镇集体所有制企业可以参照执行。

1999年1月14日，国务院公布《社会保险费征缴暂行条例》。企业缴费比例一般为企业工资总额17%；个人缴费比例，1997年不得低于本人缴费工资4%，1998年起每两年提高1%，最终达到本人缴费工资8%。2006年1月1日起，城镇个体工商户和灵活就业人员缴费比例调整为20%，缴费基数按当地年度在岗职工平均工资确定。

1999年8月，省劳动厅印发《江西省统一企业职工基本养老保险制度实施办法细则》，对基本养老保险的实施范围、对象及保险费的筹集等作出了规定。

2004年12月，省劳动和社会保障厅《关于统一规范全省新参保单位基本养老保险费补缴和已参保欠费单位滞纳金收取政策的通知》规定，新参加企业基本养老保险的企业、改制事业单位和企业化管理的事业单位（以下简称单位），1995年10月1日以后参加工作的职工，单位和职工个人从参加工作时起补缴基本养老保险费（含利息），由社会保险经办机构为其建立和补记个人账户；1995年9月30日以前参加工作的职工，单位和职工个人从1995年10月1日起补缴基本养老保险费（含利息），由社会保险经办机构为其建立和补记个人账户，单位和职工个人按规定补缴了基本养老保险费后，1995年9月30日以前的连续工龄可视同缴费年限。历年补缴基本养老保险费的缴费基数，按补缴当年上年度职工个人月平均工资计算，但最低不能低于单位所在设区市上年度在岗职工月平均工资的60%，缴费比例按当年省政府规定的缴费比例执行，利息按省政府历年公布的基本养老保险个人账户储存额记账利率计算。私营企业、三资企业及个体工商户参保和缴费办法仍按赣府厅〔2003〕3号文规定执行。

2012年年底，乐安县企业职工基本养老保险参保人数35592人，基本养老保险费收入13884.82万元，利息收入288.89万元，财政补贴收入9227.66万元，转移收入373.75万元，上级补助收入1140万元，本年收入合计24915.12万元。

1997～2012年乐安县基本养老保险基金收入表

表1－116

单位：万元

年度	金额	年度	金额	年度	金额	年度	金额
1997	1106.3	2002	4277	2007	6737.3	2012	24915.12
1998	1357.8	2003	3510	2008	8362.3		
1999	2101.7	2004	3973	2009	9333.74		
2000	2612	2005	7273.5	2010	11435.79		
2001	3103	2006	5653	2011	13693.72	合计	109445.27

第二节 失业保险基金收入

失业保险基金收入，由参加失业保险的单位和个人缴纳的失业保险费构成。

1999年1月，国务院颁布《失业保险条例》规定：（1）城镇企业事业单位、城镇企业事业单位职工依照本条例的规定，缴纳失业保险费；城镇企业事业单位失业人员依照本条例的规定，享受失业保险待遇（城镇企业，是指国有企业、城镇集体企业、外商投资企业、城镇私营企业以及其他城镇企业）。（2）失业保险费按照国家有关规定征缴。（3）失业保险基金由下列各项构成：①城镇企业事业单位、城镇企业事业单位职工缴纳的失业保险费；②失业保险基金的利息；③财政补贴；④依法纳入失业保险基金的其他资金。（4）城镇企业事业单位按照本单位工资总额的百分之二缴纳失业保险费。城镇企业事业单位职工按照本人工资的百分之一缴纳失业保险费。城镇企业事业单位招用的农民合同制工人本人不缴纳失业保险费。

2000年4月，江西省人民政府根据《中华人民共和国劳动法》和《失业保险条例》《社会保险费征缴暂行条例》以及有关法律、法规，结合本省实际，制定《实施〈失业保险条例〉办法》。《办法》规定：（1）本省行政区域内的城镇企业事业单位及其职工、社会团体及其专职人员（比照公务员制度执行的除外）、党政机关的工勤人员、民办非企业单位及其职工（以下统称缴费单位和缴费个人），依照本办法的规定缴纳失业保险费。（2）失业保险基金由下列各项构成：①缴费单位和缴费个人缴纳的失业保险费；②失业保险基金的利息；③财政补贴；④依法纳入失业保险基金的其他资金。（3）财政部门和审计部门依法对失业保险基金的收支、管理情况进行监督。（4）社会保险经办机构所需经费列入同级财政预算，由财政拨付。

2002年11月，县委、县人民政府下发《关于进一步深化国有企业产权制度改革的通知》，就企业产权制度改革后的职工安置、失业保险作出了明确规定。

2005年6月，乐安县人民政府下发《关于全县事业单位及人员参加失业保险的通知》，决定将失业覆盖面扩大到全县所有事业单位人员。

1. 事业单位保险的实施范围及缴费标准

凡是在本县境内经县政府或机构编制管理部门批准设立的各类事业单位人员（参照公务员管理人员除外），都必须纳入失业保险实施范围。纳入失业保险的事业单位按其单位全部职工工资总额的2%缴纳失业保险费，其职工本人按工资总额的1%缴纳失业保险费。

2. 事业单位纳入失业保险的时间

按照《失业保险条例》《江西省实施〈失业保险条例〉办法》规定，事业单位纳入失业保险时间应从1999年1月1日起开始执行。鉴于全县实际情况，事业单位纳入失业保险时间从2003年1月1日起开始执行。凡未参保的单位必须从2003年1月1日起开始补交。以后年度批准成立的事业单位其缴费时间从成立当月开始执行。

3. 事业单位失业保险费缴纳方式及开支渠道

(1)事业单位首先必须向失业保险经办机构办理社会保险登记。

(2)事业单位必须按月或按季向失业保险经办机构申报应缴纳的失业保险费数额，经失业保险经办机构核定后，在规定时间内缴纳失业保险费。

(3)凡有财政补助收入、列入财政管理的各类事业单位，其失业保险费由财政部门代扣代缴。

(4)其他事业单位缴纳的失业保险费在本单位的事业费中列支，在财政的监督下，由集中办事大厅协助失业保险经办机构征收。

(5)事业单位缴纳失业保险费所需资金在本单位的支出预算中列支，列入"社会保障费"科目支出。

2012年年底，全县失业保险参保单位160家，人数16500人，实际缴费人数为6702人，2012年失业保险费收入350.1万元。

1999～2012年乐安县城镇职工失业保险基金收入表

表1－117　　单位：万元

年度	金额	年度	金额	年度	金额
1999	97.4	2004	328.3	2009	325.99
2000	106	2005	514.84	2010	345.58
2001	72	2006	463.44	2011	323.31
2002	71	2007	376.2	2012	350.1
2003	182	2008	379.1	合　计	3935.26

第三节　基本医疗保险基金收入

基本医疗保险基金收入为中央与地方共用收入科目。由参加基本医疗保险的单位和个人缴纳的基本医疗保险费、基本医疗基金的财政补贴收入、基本医疗保险基金的利息收入、滞纳金收入及其他收入构成。

1998年12月，国务院颁布《关于建立城镇职工基本医疗保险制度的决定》。1999年7月，江西省人民政府印发《江西省建立城镇职工基本医疗保险制度总体规划的通知》。

2002年2月，乐安县人民政府根据国务院、省、市的部署，印发《乐安县城镇职工基本医疗保险实施细则》，从2月起施行基本医疗保险。文件规定：

(1)全县建立统一的城镇职工基本医疗保险制度，执行统一实施方案，实行属地管理，县、乡统一管理、统一核算。

(2)职工基本医疗保险制度改革，要视单位承受能力情况，能够及时、足额缴纳医疗保险基金的单位先启动，缴纳医疗保险基金有困难的单位待条件成熟后再行启动，实行逐步纳入。七二一矿的职工医疗保险实行单独管理，单独结算。

(3)医疗保险费的征集数额，为职工上年度工资总额的8%，其中6%由用人单位缴纳，2%由职工个人缴纳。

(4)医疗保险费的列支渠道。

①行政机关和全额拨款的事业单位，由财政预算安排4%，按月拨付，由单位从预算外收入中安排2%。

②差额拨款的事业单位由财政预算安排2%，其余4%由单位从事业收入中列支。

③其他事业单位、民办单位，在事业收入或经营收入中提取医疗保险费中列支。

④企业提取的基本医疗保险费在职工福利费中列支。

(5)职工个人应缴纳的医疗保险费，由所在单位在职工工资中代扣，在年初办证时，一次性向医疗保险经办机构缴清。

(6)单位应缴纳的医疗保险费，原则上在年初办理参保手续时一次性缴清。一次性缴清确有困难的单位，经医疗保险经办机构批准，可在当年的一月和七月分两次缴清。

(7)基本医疗保险费的征缴，采取委托银行扣款的方式(见单付款)，不受金额起点的限制，基本医疗保险基金的缴费基数，应严格按照国家统计局规定的职工工资总额统计口径计算。

(8)建立职工大病医疗统筹基金。凡参加基本医疗保险的职工,都要参加大病补充医疗保险。由参保单位按职工年工资总额(含退休费总额)的1.5%提取(以后视运作情况适时调整,逐步过渡到1%)。用于支付职工超过基本医疗保险基金最高支付限额以上至6万元以下的医疗费用。

(9)职工工资总额按1990年国家统计局第1号《关于工资总额组成的规定》和国家统计局国统字〔1994〕37号文件规定的范围计算。

(10)停薪留职、请长假、外借、外聘等仍与单位保留劳动关系的人员,单位和个人均应按统筹地区上年度职工平均工资作为基数缴纳基本医疗保险费。

(11)用人单位因破产、撤销、解散、分立、改制或其他原因造成原单位主体不存在或退休人员高于在职职工的,由用人单位按该细则第3条、第8条规定的缴费比例(含职工个人缴费部分),在资产变现许可的情况下,可一次性为退休人员缴纳10年的医疗保险费,为提前退休(退职)的参保人员一次缴纳15年的医疗保险费。单位主体解体前有条件但未整体参加医疗保险的,其固定工按距法定退休年龄实际年数由用人单位按该细则的第3条、第8条规定的用人单位缴费比例缴纳医疗保险费,距法定退休年龄不足十年的按十年缴纳;固定工本人按统筹地区上年度在职职工平均工资的2%缴纳基本医疗保险费,可一次性缴清本人距法定退休年龄的实际年数的基本医疗保险费,也可分年度在年初办证时缴纳。

2012年年底,乐安县基本医疗保险参保人数28032人。医疗保险基金收入共3005.14万元,其中财政补贴收入584.3万元。

2002~2012年乐安县基本医疗保险基金收入表

表1-118　　单位:万元

年度	金额	年度	金额	年度	金额
2002	329	2006	786.2	2010	2141.73
2003	353	2007	1564.3	2011	2179.34
2004	884.8	2008	1481.7	2012	3005.14
2005	894.1	2009	2189.45	合计	15808.76

第四节　工伤保险基金收入

工伤保险基金由用人单位缴纳的工伤保险费、财政补贴、工伤保险基金的利息和依法纳入工伤保险基金的其他资金构成。

1991年11月,乐安县开始由县社保局征缴工伤保险基金,征缴比例分为两大类。一类:工交、农、林、水系统,按月提取在职职工工资总额的0.5%;二类:财贸和其他系统,按月提取在职职工工资总额的0.34%。1994年8月,征缴比例调整为一类0.6%,二类0.4%。由用人单位为职工缴纳,个人不缴纳。

2001年年底,工伤保险划归县医保中心管理。

2002年2月,乐安县人民政府印发《乐安县城镇职工基本医疗保险实施细则》,对工伤保险基金征缴比例作如下调整:

乐安县城镇职工工伤保险基金征缴比例

表1-119

分类	按工作性质和行业危险程度划分	按工资总额缴纳(%)
1	金融保险业、商业、供销、粮食、贸易服务业及企业化管理的事业单位等	0.3
2	轻工、医药、纺织、印刷、造纸、石油、建材、加工及机械制造等	0.8
3	建筑、安装、化工、交通运输、邮电、农林、水利等企业	1.2
4	电力、采掘业等	2
5	装卸及生产,储运易燃、易爆、剧毒、放射性物品的企业等	2.5

2003年4月,国务院颁布《工伤保险条例》,2010年12月又作了修改。《条例》规定:用人单位应当按时缴纳工伤保险费,职工个人不缴纳工伤保险费。

2005年9月，乐安县人民政府转发《抚州市工伤保险实施办法》，实施办法规定：

全市行政区域内的城镇各类企业、有雇工的个体工商户（以下称用人单位）应当依照《条例》和该实施办法的规定参加工伤保险，为本单位的全部职工或者雇工（以下称职工）缴纳工伤保险费。全市行政区域内的所有职工均有依照《条例》和该办法的规定享受工伤保险待遇的权利。为化解机关事业单位工伤风险，提倡和鼓励机关事业单位参加工伤保险。

工伤保险费的征缴按照《社会保险费征缴暂行条例》有关规定执行，实行以支定收，收支平衡，个人不缴费的原则。工伤保险实行行业差别费率和浮动费率。行业差别费率和浮动费率按劳动和社会保障部等四部门《关于工伤保险费率问题的通知》的规定执行。浮动费率根据用人单位工伤保险费使用、工伤发生率、职业病危害程度等因素，实行一年浮动一次，具体办法由市劳动保障行政部门制定。

工伤保险基金实行全市统筹，严格按照《社会保险基金财务制度》的规定，实行年初预算和年终决算管理。工伤保险基金存入社会保障基金财政专户，实行收支两条线管理。全市统一建立工伤保险基金储备金（以下简称储备金），储备金按当年基金征缴额的10%提取，逐年积累，达到当年工伤保险基金总额的50%时，不再提取。

2012年4月，工伤保险基金征缴比例调整为：金融保险、商业、餐饮业、行政事业单位等，基准费率为0.5%；农林水利、一般制造业等，基准费率为1%；石油开采加工、矿山开采加工等，基准费率为2%。

2012年年底，乐安县工伤保险参保人数20006人，工伤保险基金收入196.08万元，其中财政补贴收入55.9万元。

2002～2012年乐安县工伤保险基金收入表

表1－120　　单位：万元

年度	参保人数	金额	其中：财政补助
2002	—	—	—
2003	211	1	—
2004	3811	10	—
2005	7953	16.1	—
2006	7590	28.72	—
2007	11701	34.3	—
2008	14868	45.7	—
2009	15029	52.11	—
2010	16007	79.83	11
2011	18003	102.97	11.9
2012	20006	196.08	55.9
合计	115179	566.81	78.8

第五节　生育保险基金收入

生育保险基金由用人单位缴纳的生育保险费、财政补贴、生育保险基金的利息、延迟缴纳生育保险费的滞纳金和依法纳入生育保险基金的其他资金构成。

1990年10月，乐安县开始由县社保局征缴国营企业、非财政拨款事业单位女职工生育保险基金。

征集比例。根据乐安县国营企业、非财政拨款事业单位的实际情况，按上年底在职职工月工资（含按文件规定增资额）总额（标准工资、附加工资、保留工资、粮贴、副补、奖金、津贴等）的4%提取生育保险基金。

缴交办法实行每年收缴一次，由县社会保险事业管理局委托银行收款，各单位缴纳的统筹金列营业外支出。

生育保险基金在当地银行开设专户储存，专款专用，所得利息转入生育保险基金项目下。

2001年年底，生育保险基金管理工作划归县医保中心管理。

2002年2月，乐安县人民政府印发《乐安县城镇职工基本医疗保险实施细则》，对生育保险基金征缴比例作如下调整：根据统筹地区具体情况，征费率控制在参保单位工资总额的0.6%左右，县本级按工资总额的0.6%征集。生育保险费由用人单位缴纳，职工个人不缴费。

2012年3月，抚州市人民政府办公室印发《抚州市职工生育保险实施办法》，规定生育保险基金根据"以支定收、收支平衡、略有结余"的原则筹集，生育保险缴费基数为用人单位上年度人均工资乘以该单位全部职工数的总额，缴费费率为0.6%，生育保险费由用人单位缴纳，职工个人不缴费。

用人单位应当按照《中华人民共和国社会保险法》的规定办理生育保险登记和参保缴费。

生育保险基金严格按照《社会保险基金财务管理制度》，实行基金年度预决算制度。实行收支两条线管理和财政专户管理，比照基本医疗保险基金的银行存款计息办法计息，由财政、审计部门依法监督。

生育保险基金实行专款专用，单独核算，任何单位和个人不得截留、挤占和挪用，不得用于平衡财政预算。

生育保险基金不计征税、费。

生育保险基金实行市级统筹，全市统一建立生育保险风险调剂金，用于弥补各县(区)生育保险待遇支付风险。风险调剂金在本年度筹集的生育保险基金中按5%的比例逐年提取，风险调剂金累计达到当年征缴基金的20%，不再提取。

2012年年底，乐安县生育保险参保人数11015人，生育保险基金收入141.02万元。

2002～2012年乐安县生育保险基金收入表

表1－121　单位：万元

年度	参保人数	金额
2002	—	—
2003	526	1
2004	2465	10
2005	3842	15.4
2006	4206	9.3
2007	5062	17.8
2008	9126	23.9
2009	9282	26.23
2010	9503	28.74
2011	10506	24.27
2012	11015	141.02
合计	65533	297.66

第六节　新型农村合作医疗基金收入

新型农村合作医疗基金由政府补助、集体补助和个人缴费收入构成。

经上级批准，乐安县从2008年起开展新型农村合作医疗工作。为了做好新农合工作，县人民政府印发了《乐安县新型农村合作医疗实施办法(试行)》，县财政局、卫生局印发了《乐安县新型农村合作医疗基金财务制度(试行)》。文件规定：凡乐安县辖区内农业人口(包括乡镇、村办企业、私营企业、"三资"企业和股份制企业的农民职工、外出务工人员及中小学在校学生)，均可以户为单位参加新型农村合作医疗(不接纳非以户为单位参加者)。60岁以上与子女分家的农民，列入其有承受能力的农业户口子女家庭户内。

农民参加合作医疗个人自缴资金为2008年度每人15元，中央、省、市、县财政对每位参合农民补助标准为每人每年40元、34元(省直管县37元)、3元(省直管县0元)和3元(个人自缴资金和各级财政补助资金从2009年起每年都有增加)。

凡无偿献血在400毫升以上的农民，凭献血证可免缴其本人和直系农民(父母、配偶、子女)下一年度的参合资金。

农村"五保户"和农村居民低保户由乡、村申报，经民政部门审核并确认后，其个人缴费部分由民政部门在农村大病救助资金中解决，资金直接拨付到县合作医疗基金财政专户。

基金按国家规定自愿、按时、足额地筹集，任何地方、部门、单位和个人不得强制收缴、截留和减免。

基金收入包括：农民缴费收入、集体扶持收入、利息收入、财政补助收入、其他收入。

2008年,全县参合农业人口为241086人,参合率达90.85%。统筹基金总量为2290.3165万元,其中家庭账户基金289.3032万元,占12.63%;大病统筹基金2001.0133万元,占87.37%。

2008年,统筹基金构成为:农民自缴资金347.218万元,占15.16%;五保户低保户(医疗救助)缴款14.4105万元,占0.62%;县财政配套补助资金72.3258万元,占3.16%;省财政补助资金892.0182万元,占38.95%;中央财政补助资金964.344万元,占42.11%。

2009年,全县参合农业人口为244617人,参合率达92.18%。统筹基金总量为2446.17万元,其中家庭账户基金366.9255万元,占15%;大病统筹基金2079.2445万元,占85%。

2009年,统筹资金构成为:农民自缴资金462.3万元,占18.9%;五保户低保户(医疗救助)缴款26.934万元,占1.1%;县财政配套补助资金73.3851万元,占3%;省财政补助资金905.0829万元,占37%;中央财政补助资金978.468万元,占40%。

2010年,全县参合农业人口为253066人,参合率达95.79%。统筹基金总量为3795.99万元,其中家庭账户基金607.3584万元,占16%;大病统筹基金3188.6316万元,占84%。

2010年,统筹基金构成为:农民自缴资金719.45万元,占18.95%;五保户低保户(医疗救助)缴款39.748万元,占1.05%;县财政配套补助资金75.9198万元,占2%;省财政补助资金1442.4762万元,占38%;中央财政补助资金1518.396万元,占40%。

2011年,全县参合农业人口257856人,参合率达97.60%。统筹基金总量为5930.688万元,其中家庭账户基金618.8544万元,占10.43%;大病统筹基金5311.8336万元,占89.57%。

2011年,统筹基金构成为:农民自缴资金773.5680万元,占13.04%;县财政补助资金242.3846万元,占4.09%;省财政补助资金2129.8905万元,占35.91%;中央财政补助资金2784.8448万元,占46.96%。

2012年,全县参合农业人口为266183人,参合率达98.45%。统筹基金总量为7719.307万元,其中家庭账户基金798.549万元,占10.34%;大病统筹基金6920.758万元,占89.66%。

2012年,统筹基金构成为:农民自缴资金1330.915万元,占17.24%%;县财政补助资金335.3906万元,占4.34%;省财政补助资金2539.3858万元,占32.90%;中央财政补助资金3513.6156万元,占45.52%。

2008～2012年,全县新农合统筹基金累计22182.4596万元,其中:农民自缴资金3714.5435万元,占16.75%;县财政补助资金799.4059万元,占3.60%;省财政补助资金7908.8536万元,占35.65%;中央财政补助资金9759.6566万元,占44.0%。

第七节 城镇居民基本医疗保险基金收入

城镇居民基本医疗保险基金由政府补助和家庭缴费收入构成。

1998年12月,国务院颁布《建立城镇职工基本医疗保险制度的决定》。1999年7月,江西省人民政府印发《江西省建立城镇职工基本医疗保险制度总体规划的通知》。对全省城镇所有用人单位,包括企业(国有企业、集体企业、外商投资企业、私营企业等)、机关、事业单位、社会团体、民办非企业单位的职工,都要参加基本医疗保险。基本医疗保险费由用人单位和职工共同缴纳。用人单位缴费应控制在职工工资总额的6%左右,职工个人缴费比例为本人工资收入的2%,退休人员个人不缴纳基本医疗保险费。

2006年7月,抚州市人民政府办公室印发《抚州市城镇居民参加医疗保险试点工作方案》,决定选择乐安县为全市城镇居民医疗保险工作先行试点单位,通过试点工作,摸索总结经验,以点带面在全市全面推开。

2006年9月,乐安县人民政府印发《乐安县城镇居民医疗保险暂行规定》。其内容是:

(一)适用范围

凡属乐安县行政区域内城镇所有居民,包括各类企业、机关、事业单位、社会团体、民办单位及其职工,按属地化管理的中央、省属驻县单位及其职工,城镇个体经济组织业主及其从业人员,享受最低生活保障的人员以及获得社会救助的残疾人,市级以上劳动模范,国有困难企业退休人员和距退休不足5年的人员,在校的各类学生,城乡居民因投奔子女户口从外地迁入的老人(迁入时间满两年)以及在城区内工作外来务工人员(与用人单位签定一年以上劳动合同),其他持有长期城乡户口的人员等,都可以以单位、家庭为单位参加城镇居民医疗保险。

（二）基金的筹集和缴费标准

1. 城镇居民医疗保险基金的筹集

（1）以家庭、单位缴费为基金来源的主要渠道。

（2）基金的利息收入和增值收入。

（3）财政补助和社会捐助及各部门、单位有关资金。

（4）法律法规规定的其他收入。

（5）城镇居民医疗保险费不计征税、费。

2. 居民医疗保险模式、缴费标准和资金筹集方式

（1）按属地管理原则，在县辖范围内的所有用人单位，都必须为单位职工整体办理医疗保险，全县范围内居住的各类城镇居民均应按规定参加医疗保险。

（2）已参加城镇职工医疗保险的各类单位职工和灵活就业人员，继续按照原方式参保、缴纳相应的医保基金，享受相应的医疗保险待遇。

（3）以下各类人员按下列参保模式、缴费标准和资金筹集方式参加医疗保险。

①原国有困难企业的退休人员和距退休不足5年的人员

参保模式：以主管部门为单位整体参加住院医疗保险。

缴费标准：按每人每年缴纳240元的标准，一次性缴纳十五年的住院医疗保险费，享受相应的住院医疗保险待遇。

资金来源：主要由原单位筹集解决，确有困难的经城镇居民医疗保险领导小组批准后，可分步到位；对特别困难无力筹资的企业，报县人民政府批准，适当帮助解决。

②享受城镇居民最低生活保障线的人员（城镇低保人员）

参保模式：整体参加住院医疗保险。

缴费标准：每人每年240元。

资金来源：①常补对象，所需资金由民政部门负担180元，个人负担60元；②非常补对象，所需资金，由民政部门负担120元，个人负担120元；③低保人员中的残疾人（以残疾证为准），所需资金由民政部门负担120元，残联负担60元，个人负担60元。民政部门负担部分由城镇低保对象大病医疗救助资金及地方财政支付，其中财政补贴每人每年20元。

③原国有企业其他职工

参保模式：住院医疗保险。

缴费标准：每人每年240元（按年缴纳）。

资金来源：个人缴纳120元，单位缴纳120元（参保时必须个人先缴纳120元后，方可获得单位缴费补贴）。

④被评为市级以上（含市级）并经当地劳动保障部门和总工会联合鉴定为个人生活困难的劳动模范

参保模式：参加住院医疗保险。

缴费标准：每人每年240元。

资金来源：个人缴纳120元，总工会在年终送温暖资金中缴纳120元。

⑤全县所辖范围的在校中、小学校学生（包括中专、技工学校和职业学校学生）

参保模式：在自愿的基础上整体参加学生医疗保险。

缴费标准：每人每年50元。

资金来源：由学生本人缴纳，享受学生医疗保险待遇。

⑥其他城镇居民和居住在城镇的农民

参保模式：以户为单位，可选择参加基本医疗保险或参加住院医疗保险（已参加基本医疗保险的各类单位职工、灵活就业人员除外）。

缴费标准：参加住院医疗保险每人每年240元；参加基本医疗保险，缴费按上年度社会平均工资总额的9.5%缴纳。

资金来源：由参保家庭自筹。

⑦大中型水库库区移民

参保模式：自愿参加住院医疗保险。

缴费标准：每人每年240元。

资金来源：资金自筹。由当地基层组织负责宣传动员，以乡镇或村委会为单位统一收缴，统一办理参保手续。

⑧失地农民或其他农民

参保模式：待全县列入新农村合作医疗保险县后，参加新农村合作医疗保险。

（三）缴费标准的调整

城乡居民医疗保险缴费标准需要调整时，由劳动和社会保障部门会同有关部门提出具体方案，报县人民政府批准。

2007年，乐安县居民参加医疗保险52001人，基金收入468.6万元。

2010年12月，抚州市人民政府印发《抚州市基本医疗保险市级统筹实施办法》，决定从2011年1月1日起，全市实行基本医疗保险市级统筹，其内容是：

（一）基本医疗保险基金的征集

（1）基本医疗保险分为三个档次，分别实行不

同的筹资标准。其中：一档为原城镇职工基本医疗保险；二档为原城镇职工住院医疗保险；三档为原城镇居民基本医疗保险。

（2）一档的范围和对象为：我市行政区域内的国有企业、城镇集体企业、外商投资企业、城镇私营企业和其他城镇企业及其职工，国家机关、事业单位、民办非企业单位及其职工，社会团体及其专职人员，城镇个体经济组织业主及其从业人员以及灵活就业人员。筹资标准为：用人单位按本单位上年度法定退休年龄以下职工的工资总额（以国家统计局发布的计算口径为准）的6%缴纳，职工个人缴费按本人上年度工资总额的2%缴纳，个人缴纳部分由单位代扣代缴。达到法定退休年龄并在用人单位按规定办理了退休手续的人员不缴纳基本医疗保险费。

（3）二档的范围和对象为：连续停产停业一年以上的困难企事业单位。上述单位因整体参加一档确有困难，经同级人力资源和社会保障行政部门及医疗保险经办机构审批同意后，可参加二档。筹资标准为：法定退休年龄以下人员按用人单位上年度法定退休年龄以下职工工资总额的3%缴纳，达到法定退休年龄并按规定办理了退休手续的人员由用人单位按上年度退休费（或养老金）总额的3%缴纳，个人不缴费。所缴保险费全部进入统筹基金。

（4）在实行基本医疗保险的同时，开展大额医疗费用统筹。凡参加一档的用人单位，必须同时为职工办理大病补充医疗保险。大病补充医疗保险费的筹资标准按职工上年度工资总额的1.5%提取，达到法定退休年龄并按规定办理了退休手续的人员按本人上年度退休费总额的1.5%计算，未参加养老保险的达到法定退休年龄人员按上年度退休人员平均养老金的1.5%计算。大病补充医疗保险费由单位缴纳，职工个人不缴费。灵活就业人员参保由个人缴纳大病补充医疗保险费。

（5）本医疗保险基金的缴费基数，应严格按照国家统计局规定的职工工资总额统计口径计算。

（6）职工月平均工资高于全市上年度职工月平均工资的300%的，个人和单位均以全市职工月平均工资的300%为基数缴纳基本医疗保险费；职工月平均工资低于全市上年底职工月平均工资的60%的，个人和单位均以全市职工月平均工资60%为基数缴纳基本医疗保险费。

（7）请长假、停薪留职、外借、外聘等仍与单位保留劳动关系的人员的基本医疗保险费由其单位缴纳。

（8）建立退休职工医疗保险风险储备金制度。为增强基本医疗保险基金的抗风险能力，凡参加一档的用人单位，按本单位达到法定退休年龄并办理了退休手续人员的实际数，每人600元的标准一次性缴纳基本医疗保险风险储备金。用人单位今后每增加一位到达法定退休年龄的人员按以上标准缴纳基本医疗保险风险储备金。

（9）参加一档的参保人员，连续参保并足额缴费至法定退休年龄时，缴费年限应男满30年、女满25年以上，方可享受退休的基本医疗保险待遇，不足年限的基本医疗保险费应由用人单位和职工个人一次性缴足后才能享受待遇；不补缴的，不再继续享受基本医疗保险待遇，其个人账户资金可一次性退还本人。抚州市城镇职工基本医疗保险制度实施（2002年1月1日）以前符合国家认可的连续工龄或工作年限，在2002年1月1日以后连续参保可视同缴费年限。

（10）用人单位和职工应缴纳的基本医疗保险费，原则上在年初办理参保手续时一次性缴清。确有困难的单位，经当地医疗保险经办机构批准，可在当年的一月和七月分两次缴清。企业单位因用工变动频繁，可选择按月、季缴纳医疗保险费，在每月25日前应申报次月的参保人员及缴费基数（原则上不低于按照上年度在岗职工平均工资），在次月的5日前缴足当月的基本医疗保险费。

用人单位和职工应按时缴纳基本医疗保险费，不得拖欠、拒付。不按期缴纳或者少缴基本医疗保险费的，由当地医疗保险经办机构责令限期补缴欠缴数额，并自欠缴之日起，按日加收万分之五的滞纳金，滞纳金纳入基本医疗保险统筹基金管理；恶意拖欠医疗保险费6个月及以上的，视为自动退保，重新参保需补足间断期间的医疗保险费，并按首次参保的医疗保险规定享受待遇。

（11）财政拨款的行政事业单位，应由当地财政按规定预算安排医疗保险费。

（12）用人单位因破产、撤销、解散、分立、改制或其他原因造成原单位主体不存在的，在资产变现以后，应首先清偿欠缴的基本医疗保险费，并按有关规定办理参保手续。

（13）全市辖区范围内的灵活就业人员（是指在劳动年龄范围内，具有劳动能力的个体工商户及其从业人员、自由职业者、与用人单位解除劳动关系的失业人员、下岗自谋职业人员），可自愿参加一档或三档。完全丧失劳动能力的人员（含患有本办法规定的一类慢性病人员），应选择参加三档。

灵活就业人员选择一档可先到当地医疗保险经办机构填写《抚州市城镇灵活就业人员参加医疗保险申请表》，经当地医疗保险经办机构审核批准后即可办理。灵活就业人员参保全部由个人缴费，以抚州市上年度在岗职工平均工资为缴费基数，按8%的比例缴纳当年的基本医疗保险费，另按1.5%的比例缴纳大病补充医疗保险费。一般在当年第四季度缴纳下一年的医疗保险费。

原关闭、破产、改制的国有及国有控股企业职工或具有国家认可的连续工龄或工作年限的人员，可按照灵活就业人员身份选择一档参保。若从2002年开始连续缴费，其2002年以前的工龄视同缴费年限，连续缴费至男满60周岁、女满55周岁时，缴费年限（含视同缴费年限）男满30年、女满25年以上且实际缴费年限满15年以上的，可享受退休的基本医疗保险待遇。以后每年只缴纳1.5%的大病补充医疗保险费。

（14）流动就业人员按规定先后参加了基本医疗保险或新型农村合作医疗，进行不同档次或制度间转保的，以当地、当年各档次间医疗保险费的差额为基数，补足相应年限的费差，其连续缴费年限可累计计算。

（15）三档的范围和对象为：不属于一档和二档覆盖范围的城镇所有常住居民（含学龄儿童、中小学阶段的学生、大中专院校的学生）。三档主要以家庭为单位整体参保。按成年人每人每年220元、未成年人每人每年150元的标准筹资。其中成年人每人每年缴费100元，未成年人每人每年个人缴纳30元。中央、省、市、县各级财政按规定对参保人员每人每年补助120元。

（16）财政按规定对参加了三档的特殊人群实行重点补助，具体标准为：

享受城镇最低生活保障人员、省政府规定的失业的十四类参战退役人员、重度残疾人以及其他符合补助条件的人员由财政每人每年补助220元。其他符合补助条件的人员由当地医保部门予以审核。

在校大学生由财政每人每年补助150元。

财政补助资金由各级财政按季度划拨到各地城镇居民基本医疗保险基金财政专户。

（17）参加三档的城镇居民参保缴费，由以下单位负责组织办理：

①全日制在校学生（含大学生）及托幼机构在册儿童（身份为农业户口的除外）的参保缴费，由所在学校、托幼机构与各级医保经办机构共同负责组织办理；

②老年居民、其他优抚对象、城镇非从业人员以及其他少年儿童的参保缴费，由其户籍所在地医保经办机构或者居住地街道劳动保障事务所按家庭为单位负责组织办理。

（二）基本医疗保险基金的管理

（1）基本医疗保险基金实行个人账户和社会统筹相结合的管理制度。其中二档实行单建统筹管理，不设立门诊个人账户。

（2）基本医疗保险基金纳入财政专户，实行收支两条线管理，专款专用，不得挤占挪用。财政部门应在确保基金支付和安全的前提下，采取购买国债、转存定期一年或三年存款等方式最大限度实现基本医疗保险基金的保值增值。

（3）基本医疗保险基金目前实行风险调剂金管理制度，风险调剂金主要用于弥补各县（区）医疗保险待遇支付风险。风险调剂金在本年度筹集的基本医疗保险统筹基金中按5%的比例逐年提取，风险调剂金累计达到当年征缴基金的20%，不再提取。市级统筹风险调剂金管理使用办法另行制定。

（4）条件成熟后，实行基本医疗保险基金统收统支管理制度。市、县（区）设立基金收入户、支出户和财政专户，各县（区）和市本级医疗保险经办机构向用人单位征收的医疗保险费，先进入本级基金收入户，由本级医疗保险经办机构缴至本级财政专户，再由各县（区）财政专户按月全部缴至市级医疗保险财政专户。基金支出由市财政专户拨至市本级各县（区）医疗保险经办机构支出户（具体操作流程和细则另行制定）。

（5）个人账户和统筹基金划定各自的支付范围分别核算，分开管理使用，不得相互挤占。

个人账户：用于支付参保人员门诊就诊时的医疗费用。统筹基金不予支付的就诊相关费用可纳入个人账户支付范围。个人账户余额和利息归参保人员个人所有，不得提取现金，不得透支，超支自付，结余可结转使用和继承。参保人员工作变动，个人账户随本人转移。

统筹基金：用于支付参保人员患重大疾病住院的医疗费用及患规定范围内的特殊慢性病个人账户用完后的门诊费用。为参保人员进行疾病预防、健康宣传及体检、参加市政府规定的其他补充医疗保险等费用可在统筹基金中列支。列支比例控制在当年征收统筹基金的20%以内。

到2012年，全省城镇居民基本医疗保险的筹资标准提高到成年人每人每年320元、未成年人每人每年250元。其中，财政补助标准提高到每人每年

200 元。个人缴费标准成年人每人每年 120 元、未成年人每人每年 50 元。个人缴费标准增加 20 元,分两年到位。2011 年将城镇居民个人缴费标准提高 10 元,成年人提高到 110 元,未成年人提高到 40 元;2012 年个人缴费再提高 10 元,成年人提高到 120 元,未成年人提高到 50 元。

2012 年年底,乐安县城镇居民参加医疗保险 40068 人,基金收入 1185.31 万元,其中财政按人补助的缴费收入 1009.1 万元。

2006~2012 年乐安县城镇居民医疗保险基金收入表

表 1-122 单位:万元

年度	金额	年度	金额	年度	金额
2006	—	2009	613.7	2012	1185.31
2007	468.6	2010	809.29		
2008	454.6	2011	1307.76	合计	4839.26

第八节 新型农村社会养老保险基金收入

新型农村社会养老保险基金由政府补贴、集体补助和个人缴费收入构成。

2009 年 9 月,国务院颁布《关于开展新型农村社会养老保险试点的指导意见》,国务院决定从 2009 年起开展新型农村社会养老保险试点。

2009 年 11 月,省人民政府印发了《江西省新型农村社会养老保险试点实施办法》,按照"保基本、广覆盖、有弹性、可持续"的原则,建立个人缴费、集体补助、政府补贴相结合的新农保制度,在全省 11 个设区市各选择 1 个县(市、区)开展新农保试点,乐安县是抚州市的试点县。试点阶段目标任务是:2010 年符合参保条件农民参保率 75% 以上,2011 年参保率 85% 以上,2012 年对全县农村适龄居民基本实现全覆盖。

2009 年 12 月,县人民政府印发《乐安县新型农村社会养老保险试点实施方案(试行)》,决定从 2009 年 12 月 1 日起,实施新型农村社会养老保险,实施方案规定了新农保参保范围和基金筹集等内容。

(一)参保范围

年满 16 周岁(不含在校学生)、未参加城镇职工基本养老保险且具有本县农业户籍的居民。

(二)基金筹集

新农保基金由个人缴费、政府补贴、集体补助构成。

(1)个人缴费。年满 16~59 周岁的农村居民参加新农保应当按规定缴纳养老保险费,缴费标准设为每年 100 元、200 元、300 元、400 元、500 元五个档次。参保人可以自主选择档次缴费。农村养老保险费按年度一次性缴纳,参保人以户口所在地的村委会为单位组织参保,每年缴费期限为当年 11 月底前。

(2)政府补贴。①养老金补贴。中央财政对符合领取条件的参保人全额支付新农保基础养老金,标准为每人每月 55 元。②缴费补贴。参保人按规定缴清本年度保费后,省县财政对参保人缴费给予补贴,补贴标准为每人每年 30 元,其中省财政每人每年补助 24 元,县财政每人每年补助 6 元。③代缴保费。农村重度残疾人(1~2 级,以所持有的第二代《中华人民共和国残疾证》为依据),省、县财政每年为其代缴养老保险费 100 元,其中省财政负担 80 元,县财政负担 20 元。

农村低保常补对象和五保户,县财政每年为其代缴养老保险费 100 元。

农村落实了节育措施的一女户和二女户,县、乡(镇)财政每年为其夫妻各代缴养老保险费 50 元,其中县、乡(镇)各负担 25 元。

农村享受国家抚恤补助的重点优抚对象:烈士遗属、因公牺牲军人遗属、病故军人遗属、残疾军人、在乡老复员军人、带病回乡退伍军人、农业户籍参战退役人员、8023 部队及涉核退役士兵由县财政每年为其代缴养老保险费 50 元。

对符合上述几类情况人员,只能按一种对象享受待遇,不能重复享受,上述人员情况发生变化或取消了原待遇将不再享受代缴待遇。

(3)集体补助。有条件的村集体应对参保人缴费给予补助,补助标准由村民委员会民主确定。鼓励其他经济组织、社会公益组织和个人为参保人缴费提供资助。

(三)建立个人账户

县农保经办机构为每个新农保参保人建立终身

记录的养老保险个人账户。个人缴费、集体补助及其他经济组织、社会公益组织、个人对参保人缴费的资助,省、县财政对参保人的缴费补贴,全部记入个人账户。个人账户储存额目前每年参考中国人民银行公布的金融机构人民币一年期同期存款利率计息。

参保人员在缴费期间参保关系需要转移出本县的,县农保经办机构应将其新农保关系和个人账户储存额一次性转入新参保地,由新参保地为其办理参保缴费手续。

2009~2012 年乐安县新农保基金收入表

表 1-123

单位:万元

项目 / 金额 / 年度	本年收入合计	1. 农民个人缴费	2. 集体补助收入	3. 财政补助	4. 利息收入	5. 转移收入	6. 其他收入	参保人数(人)
2009	1312.21	986.99	—	323.22	2	—	—	98699
2010	2683.14	279.50	—	2397.6	6.04	—	—	109960
2011	3789.91	1287.92	0.71	2487.17	11.02	3.09	—	135278
2012	3935.76	1454.87	—	2293.69	186.08	1.12	—	141193
合 计	11721.02	4009.28	0.71	7501.68	205.14	4.21	—	485130

第九节 城镇居民养老保险基金收入

城镇居民养老保险基金由政府补贴和个人缴费等收入构成。

2011 年 7 月,江西省人民政府印发《江西省城镇居民社会养老保险试点实施办法》,决定从 2011 年 7 月 1 日起启动城镇居民社会养老保险试点工作,2012 年基本实现城镇居民养老保险制度全覆盖。

2011 年 9 月,乐安县人民政府印发《乐安县城镇居民社会养老保险试点实施方案》,决定从 2011 年 7 月 1 日启动试点工作。实施方案规定了参保范围和基金筹集等内容。

(一)参保范围

年满 16 周岁(不含在校学生)、不符合职工基本养老保险参保条件的城镇非从业居民,可以在户籍地自愿参加城镇居民养老保险。

(二)基金筹集

城镇居民养老保险基金由个人缴费、政府补贴构成。

(1)个人缴费。参加城镇居民养老保险的城镇居民应当按规定缴纳养老保险费。缴费标准目前设为每人每年 100 元~1000 元 10 个档次(每百元为一档次),县人民政府可以根据实际情况增设缴费档次。参保人自主选择档次缴费,多缴多得。

(2)政府补贴。①养老金补贴。中央财政对符合领取条件的参保人全额支付城镇居民养老保险基础养老金,标准为每人每月 55 元。②缴费补贴。参保人按规定缴清本年度保费后,省、县财政对参保人缴费给予每人每年 30 元的基本补贴,所需资金由省、县按 8:2 比例分担。即省财政负担 24 元,县财政负担 6 元。

对选择较高档次标准缴费的,可比照新农保办法给予适当鼓励。对参保人缴费的补贴标准从缴费 100 元补贴 30 元起步,每增加一个缴费档次多补贴 5 元(即缴费 200 元,财政补贴 35 元,缴费 300 元,财政补贴 40 元,依此类推,缴费 1000 元,财政补贴 75 元)。补贴标准原则上不超过 75 元。其中:对 200 元至 500 元档次的超基本补贴 30 元的缴费补贴所需资金全部由试点县财政负担;对 600 元至 1000 元档次的超基本补贴 30 元的缴费补贴所需资金由省、县财政按 2:8 负担。

城镇居民养老保险制度实施时,距离领取年龄不足 15 年的人员,允许其补缴,补缴部分可按规定享受政府补贴,城镇居民养老保险制度实施后,应按年缴费,中途中断缴费的,允许其补缴,但补缴部分不享受政府补贴。

③代缴保费。城镇重度残疾人(1~2 级,以所持有的第二代《中华人民共和国残疾证》为依据),省、县财政为其代缴最低标准的养老保险费每人每年 100 元,其中省财政负担 80 元,县财政负担 20 元。

城镇低保常补对象县财政为其代缴养老保险费每人每年 100 元。

城镇享受国家抚恤补助的重点优抚对象:烈士遗属、因公牺牲军人遗属、病故军人遗属、残疾军人、在乡老复员军人、带病回乡退伍军人、城镇户籍参战退役人员、8023 部队及涉核退役士兵由县财政为其代缴养老保险费每人每年 50 元。

对符合上述几类情况人员，只能按一种对象享受待遇，不能重复享受，上述人员情况发生变化或取消了原待遇将不再享受代缴待遇。

④鼓励其他经济组织、社会组织和个人为参保人缴费提供资助。

（三）建立个人账户

县级经办机构为每个参保人员建立终身记录的养老保险个人账户。个人缴费、地方人民政府对参保人员缴费补贴及其他来源的缴费补助，全部记人个人账户。个人账户储存额目前每年参考中国人民银行公布的金融机构人民币一年期存款利率计息。

2011～2012 年乐安县城镇居民养老保险基金收入表

表 1－124　　单位：万元

项目 / 金额 / 年度	本年收入合计	1. 个人缴费收入	2. 利息收入	3. 政府补贴收入	参保人数（人）
2011	253.87	14.35	0.52	239	1906
2012	258.73	23.8	9.36	225.57	2524
合　计	512.6	38.15	9.88	464.57	4430

第二编　财政支出

财政支出是指国家通过财政收入集中起来的财政资金进行有计划再分配和使用的过程。同时，财政支出也称公共财政支出，是指在市场经济条件下，政府为提供公共产品和服务，满足社会共同需要进行的财政资金的支付，是对征集资金的支配与使用。财政支出是为国家执政权力服务的，因而不同的历史时期，财政资金有着不同的流向。南宋绍兴十九年（1149）乐安建县至明清之季，县财政收入大部分上缴中央（朝廷），其余用于地方行政、军费、官俸和赈恤等，很少用于经济建设和公共福利事业。

明代，地方官吏的俸禄、府州县学生员的廪粮，既含乐安县，也含省、府官吏、生员的廪禄，这些项目均由县（州）的存留粮中支取。县政府日常活动经费，如办公用品开支、日常政务费用、举办各种仪式和活动的费用、官场交际费等开支，多是入不敷支以至从里、徭役银中科派，并辅以羡余、罚赎等收入。县级地方工程，主要包括衙署、县学、仓库、急递铺、递运所、驿站等政府设施，道路、桥梁、水利工程等地方经济发展设施，没有固定预算，需要根据情况筹措完成，包括资金、人力、物力。筹措渠道大致以罚赎、劝募、摊派、权宜等途径。农田水利工程关系农业生产，"凡各处闸坝陂地、引水可灌田亩以利农民者，务要时常整理疏浚。如有河水横流泛滥，损坏房屋地禾稼者，须要设法提防止遏，或所司呈廪，或人民告诉，即便定夺奏闻"，"踏勘丈尺阔狭，度量用寡"，按不同等级，大的由官府出面组织或资助，小的则"以民之财成民之事"，完全是自筹自办。

清代，财政由中央统管，乐安县收入除大部分上解朝廷之外，地方财政支出主要用于薪俸、纳贡、军费、祭祀等。

清同治二年（1863），乐安县的财政支出项目是：

（1）知县：俸食共银446.7两。

（2）典史：俸食共银67.52两。

（3）儒学：教谕、训导俸食共银130.4两。

（4）招携巡检司：俸食共银198.187两（遇闰加银12.9164两）

（5）县学廪生20名，廪粮银40两（遇闰加银3.33两）

（6）文庙朔望香烛银1.8两（遇闰加银0.15两）

（7）春秋祭祀银82.2658两。

（8）备祭：关圣帝君、文昌帝君仪银66两。

（9）春冬乡饮酒礼、岁贡酒礼、迎贺新中进举贡、新进科举生员花币酒席旗扁卷资路费银共14.5两。

（10）孤贫三十五名粮布银126两（遇闰加银10.5两）。

（11）正粮正额，除留本县支给银两外，驿站解司起运开支银311.6两（遇闰加银19.32两）。以上总共全年开支银1484.9728两（遇闰增加银46.2194两）。

民国时期，民国元年至21年（1912～1932），县地方支出均是由省核定拨给。民国22年（1933）在整理地方财政中，由省指定税种征收，作为县地方武装开支，但行政经费仍是由省核定拨给。

民国26年（1937）建立了县地方概算制度，其岁出的概算是：

（1）自治费23860元。

（2）公安费23000元。

（3）财务费1020元。

（4）教育费20298元。

（5）建设费2820元。

（6）救恤费868元。

（7）卫生费2634元。

（8）杂支费2478元。

（9）预备费1500元。

合计78478元。

民国28年(1939),县地方财政分为两类,即普通岁出与非常时期临时支出,见后表。

民国28年(1939)乐安县地方岁出概算表

表2-1　　　　单位:元

普通岁出		非常时期临时支出	
科目	金额	科目	金额
自治费	23480	民众自卫队经费	31996
公安费	21760	自卫队指导员经费	1422
财务费	1020	自卫队服装费	3240
教育费	18268	难民救济费	2000
建设费	3228	防空工业费	180
救济费	868	抗敌后援会经费	1296
卫生费	2528	经征捐款及非常经费委员会经费	1056
杂支费	1936	民众输送伤病官兵经费	700
预备费	1500	征集壮丁留县不敷伙食费	2000
		杂支费	5310
		预备费	8590
合计	74588	合计	5779

民国32年(1943)乐安县经省审批岁出概算表

表2-2　　　　单位:元

支出项目	县列概算数	省政府核批数	比较	
			增	减
行政支出	—	292172	—	—
司法支出	—	—	—	—
教育及文化支出	—	179596	—	—
经济及建设支出	—	73112	—	—
卫生及治疗支出	—	31490	—	—
保育及救济支出	—	27034	—	—
保安支出	—	71382	—	—
财务支出	—	30678	—	—
其他支出	—	9360	—	—
第二预备费	—	77985	—	—
战时特别预备费	—	—	—	—
合计	782809	792809	10000	—

民国33年(1944),乐安县财政支出预算3884305元(以下均为法币),1945年为37063249元,1946年为130671274元,1945年以后财政支出每年数十倍,甚至数百倍的增长,并非经济发展财政收支增速快,而是由于国民政府政局不稳,通货膨胀,物价飞涨,货币贬值所致。

中华人民共和国成立后,乐安县财政支出,遵循"取之于民,用之于民"和"发展经济,保障供给"的财政经济总方针和总政策,结合国家在不同时期的方针、政策,合理安排财政资金,用于巩固和推动社会经济的全面发展,满足全体社会成员的物质与文化生活需要。

在支出结构上,随着社会经济发展而有所变化。

1951~1967年,财政支出分为四大类:第一类经济建设支出:包括生产性基本建设支出、支援农业支出等;第二类社会文教科学卫生支出:包括优抚、救济、福利、文化教育、卫生、科学等;第三类行政管理费支出:包括行政、公安、司法、检察等;第四类其他支出,凡不属于以上三类的均列其中。

1967年以后,每年的财政支出分类均有调整。

为了适应深化财政改革和加强财政管理与监督的需要,财政部从1999年底开始启动了政府收支分类及科目设置的改革研究工作，经反复研究，调查，论证，试点等工作，历时6年，于2005年12月报经国务院批准，从2007年1月1日起全面实施政府收支分类改革。

2007年，支出科目按支出功能分类调整为：一般公共服务（包括行政事业经费支出）、外交、国防、公共安全、教育、科学技术、文化体育与传媒、社会保障和就业、医疗卫生、环境保护、城乡社区事务、农林水事务、交通运输、工业商业金融等事务、其他支出、转移性支出等16大类。

2012年，支出科目按支出功能分类，在2007年的基础上又先后增加了地震灾后恢复重建支出、采掘电力信息等事务、粮油物资储备事务、国债还本付息支出商业服务业等事务、国土资源气象等事务、住房保障支出、援助其他地区支出、预备费等9类。按支出经济分类为：工资福利支出、商品和服务支出、对个人和家庭的补助、对企事业单位的补贴、转移性支出、赠与、债务利息支出、债务还本支出、基本建设支出、其他资本性支出、贷款转贷及产权参股、其他支出等项。

该编遵循“靠近现代，兼顾历史”的原则，以《2012年政府收支分类科目·支出功能分类科目》为主体，按章依节分门别类予以志之。

1949～2012年乐安县财政支出总表附后。

1949～2005年乐安县财政支出总表

表2－3

单位：万元

项目 \ 金额 \ 年度	1949	1950	1951	1952	“经济恢复”期小计	1953	1954
一、基本建设支出	—	—	—	—	—	—	—
二、企业挖潜改造资金（含五小、新试）	—	—	—	—	—	—	—
三、地质勘探费	—	—	—	—	—	—	—
四、科技三项费用	—	—	—	—	—	—	—
五、流动资金	—	—	—	—	—	—	—
六、支援农村生产支出	—	—	—	—	—	—	—
七、农业综合开发支出	—	—	—	—	—	—	—
八、农林水利气象等部门事业费	—	—	0.1	2	2.1	4	2
九、工业交通等部门事业费	—	—	—	—	—	—	—
十、流通部门事业费	—	—	—	—	—	—	—
十一、文体广播事业费	—	—	—	0.1	0.1	—	—
十二、教育事业费	—	—	0.5	5	5.5	18	16
十三、科学事业费	—	—	—	—	—	—	—
十四、卫生事业费	—	—	—	2.2	2.2	6	4
十五、税务及其他部门事业费	—	—	—	—	—	—	—
十六、抚恤和社会福利救济费	—	—	1	33	34	8	5
十七、行政事业单位离退休经费	—	—	—	—	—	—	—
十八、社会保障补助支出	—	—	—	—	—	—	—
十九、国防支出	—	—	—	—	—	—	—
二十、行政管理费	—	—	7.3	16	23.3	25	28
二十一、武装警察部队支出	—	—	—	—	—	—	—
二十二、公检法司支出	—	—	—	0.5	0.5	1	—
二十三、城市维护费	—	—	—	—	—	—	—
二十四、政策性补贴支出	—	—	—	—	—	—	—
二十五、支援不发达地区支出	—	—	—	—	—	—	—
二十六、土地和海域开发建设支出	—	—	—	—	—	—	—
二十七、专项支出	—	—	—	—	—	—	—
二十八、计划生育事业费	—	—	—	—	—	—	—
二十九、其他支出	—	—	—	1	1	2	—
年度支出合计	—	—	8.9	59.8	68.7	64	55

续表 2－3－1

项目 \ 金额 \ 年度	1955	1956	1957	“一五”时期小计	1958	1959	1960	1961	1962	“二五”时期小计	1963	1964
一、基本建设支出	—	—	—	—	—	—	—	—	—	—	—	—
二、企业挖潜改造资金（含五小、新试）	—	—	—	—	—	—	—	—	—	—	—	—
三、地质勘探费	—	—	—	—	—	—	—	—	—	—	—	—
四、科技三项费用	—	—	—	—	—	—	—	—	—	—	—	—
五、流动资金	—	—	—	—	—	—	—	—	—	—	—	—
六、支援农村生产支出	—	—	—	—	—	—	—	—	—	—	—	—
七、农业综合开发支出	2	14	15	37	18	61	42	7	8	136	36	27
八、农林水利气象等部门事业费			2	2	34	17	17	7	1	76	6	4
九、工业交通等部门事业费	—	—	—	—	—	—	—	—	—	—	—	—
十、流通部门事业费	—	—	—	—	—	—	—	—	—	—	—	—
十一、文体广播事业费	1	2	1	4	3	5	3	3	4	18	2	5
十二、教育事业费	17	22	25	98	31	28	37	34	32	162	32	38
十三、科学事业费	—	—	—	—	—	—	—	—	—	—	—	—
十四、卫生事业费	1	5	5	21	4	4	9	6	7	30	7	12
十五、税务及其他部门事业费	—	—	—	—	—	—	—	—	—	—	—	—
十六、抚恤和社会福利救济费	9	14	21	57	10	5	10	6	11	42	16	20
十七、行政事业单位离退休经费	—	—	—	—	—	—	—	—	—	—	—	—
十八、社会保障补助支出	—	—	—	—	—	—	—	—	—	—	—	—
十九、国防支出	—	—	—	—	—	—	—	—	—	—	—	—
二十、行政管理费	32	40	35	160	33	36	35	40	39	183	44	44
二十一、武装警察部队支出	—	—	—	—	—	—	—	—	—	—	—	—
二十二、公检法司支出	—	3	—	4	—	—	—	—	—	—	—	—
二十三、城市维护费	—	—	—	—	—	—	—	—	—	—	—	—
二十四、政策性补贴支出	—	—	—	—	—	—	—	—	—	—	—	—
二十五、支援不发达地区支出	—	—	—	—	—	—	—	—	—	—	—	—
二十六、土地和海域开发建设支出	—	—	—	—	—	—	—	—	—	—	—	—
二十七、专项支出	—	—	—	—	—	—	—	—	—	—	—	—
二十八、计划生育事业费	—	—	—	—	—	—	—	—	—	—	—	—
二十九、其他支出	5	—	1	8	1	35	2	2	5	45	6	9
年度支出合计	67	100	105	391	134	191	155	105	107	692	149	159

续表 2－3－2

项目　　　金额　　　年度	1965	“经济调整”期小计	1966	1967	1968	1969	1970	“三五”时期小计	1971	1972	1973	1974
一、基本建设支出	—	—	—	—	—	133	314	447	162	—	—	3
二、企业挖潜改造资金（含五小、新试）	—	—	—	—	3	1	—	4	22	31	12	13
三、地质勘探费	—	—	—	—	—	—	—	—	—	—	—	—
四、科技三项费用	—	—	—	—	—	—	—	—	—	—	—	—
五、流动资金	—	—	1	3	2	3	20	29	16	7	1	5
六、支援农村生产支出	—	—	—	—	—	—	—	—	—	—	—	—
七、农业综合开发支出	—	—	—	—	—	—	—	—	—	—	—	—
八、农林水利气象等部门事业费	32	95	36	30	23	25	24	138	26	39	89	83
九、工业交通等部门事业费	7	17	—	—	—	4	1	5	12	—	1	2
十、流通部门事业费	—	—	—	—	—	—	—	—	—	—	—	—
十一、文体广播事业费	2	9	2	4	3	5	7	21	8	10	13	13
十二、教育事业费	41	111	42	56	48	34	37	217	49	74	77	94
十三、科学事业费	—	—	—	—	—	—	—	—	—	—	1	—
十四、卫生事业费	11	30	15	17	15	12	16	75	17	25	25	32
十五、税务及其他部门事业费	—	—	—	—	—	—	—	—	—	—	—	—
十六、抚恤和社会福利救济费	12	48	12	9	8	16	13	58	19	14	30	16
十七、行政事业单位离退休经费	—	—	—	—	—	—	—	—	—	—	—	—
十八、社会保障补助支出	—	—	—	—	—	—	—	—	—	—	—	—
十九、国防支出	—	—	—	—	—	—	—	—	—	—	—	—
二十、行政管理费	46	134	48	45	45	42	52	232	67	69	70	75
二十一、武装警察部队支出	—	—	—	—	—	—	—	—	—	—	—	—
二十二、公检法司支出	—	—	—	—	—	—	—	—	—	—	—	—
二十三、城市维护费	—	—	—	—	—	—	—	—	—	—	—	—
二十四、政策性补贴支出	—	—	—	—	—	—	—	—	—	—	—	—
二十五、支援不发达地区支出	—	—	—	—	—	—	—	—	—	—	—	—
二十六、土地和海域开发建设支出	—	—	—	—	—	—	—	—	—	—	—	—
二十七、专项支出	—	—	—	—	—	—	—	—	—	—	—	—
二十八、计划生育事业费	—	—	—	—	—	—	—	—	—	—	—	—
二十九、其他支出	6	21	9	8	13	82	87	199	40	9	52	36
年度支出合计	157	465	165	172	160	357	571	1425	438	278	371	372

续表2-3-3

项目　　金额　　年度	1975	“四五”时期小计	1976	1977	1978	1979	1980	“五五”时期小计	1981	1982	1983	1984
一、基本建设支出	—	165	—	—	6	9	11	26	—	—	—	—
二、企业挖潜改造资金(含五小、新试)	13	91	5	1	70	28	33	137	20	11	—	—
三、地质勘探费	—	—	—	—	—	—	—	—	—	—	—	—
四、科技三项费用	—	—	—	—	—	1	—	1	1	—	4	2
五、流动资金	5	34	7	4	8	3	—	22	—	—	—	—
六、支援农村生产支出	—	—	—	—	—	—	—	—	—	—	50	27
七、农业综合开发支出	—	—	—	—	—	—	—	—	—	—	—	—
八、农林水利气象等部门事业费	110	347	110	93	108	199	165	675	92	176	116	84
九、工业交通等部门事业费	1	16	—	—	—	1	1	2	4	8	4	9
十、流通部门事业费	—	—	—	—	—	—	—	—	—	—	—	—
十一、文体广播事业费	8	52	13	14	13	13	28	81	15	52	39	29
十二、教育事业费	107	401	111	119	137	151	187	705	190	227	248	261
十三、科学事业费	1	2	1	1	2	1	1	6	1	1	3	6
十四、卫生事业费	27	126	28	30	36	49	41	184	59	54	82	103
十五、税务及其他部门事业费	—	—	—	—	—	—	—	—	13	—	18	26
十六、抚恤和社会福利救济费	16	95	18	25	25	87	45	200	31	60	42	53
十七、行政事业单位离退休经费	—	—	—	—	—	—	—	—	—	—	—	—
十八、社会保障补助支出	—	—	—	—	—	—	—	—	—	—	—	—
十九、国防支出	—	—	—	—	—	—	—	—	—	—	—	—
二十、行政管理费	75	356	82	77	90	94	126	469	144	149	162	199
二十一、武装警察部队支出	—	—	—	—	—	—	—	—	—	—	4	—
二十二、公检法司支出	—	—	—	—	—	—	—	—	—	—	—	—
二十三、城市维护费	2	2	—	2	—	—	5	7	10	12	4	18
二十四、政策性补贴支出	—	—	—	—	—	—	—	—	—	—	—	—
二十五、支援不发达地区支出	—	—	—	—	—	—	—	—	—	—	—	—
二十六、土地和海域开发建设支出	—	—	—	—	—	—	—	—	—	—	—	—
二十七、专项支出	—	—	—	—	—	—	—	—	—	—	—	—
二十八、计划生育事业费	3	3	2	2	6	7	7	24	7	12	31	28
二十九、其他支出	30	167	13	21	15	19	35	103	21	38	21	21
年度支出合计	398	1857	390	389	516	662	685	2642	608	800	828	866

续表 2－3－4

项目 \ 金额 \ 年度	1985	"六五"时期小计	1986	1987	1988	1989	1990	"七五"时期小计	1991	1992	1993	1994
一、基本建设支出	—	—	—	—	—	11	8	19	—	—	—	5
二、企业挖潜改造资金(含五小、新试)	12	43	16	8	21	14	6	65	15	15	15	15
三、地质勘探费	—	—	—	—	—	—	—	—	—	—	—	—
四、科技三项费用	1	8	2	3	2	1	2	10	4	1	1	—
五、流动资金	—	—	—	—	—	—	—	—	—	—	—	—
六、支援农村生产支出	84	161	71	71	64	142	213	561	334	202	289	263
七、农业综合开发支出	—	—	—	—	—	—	—	—	—	—	—	—
八、农林水利气象等部门事业费	82	550	89	90	103	105	119	506	133	183	212	247
九、工业交通等部门事业费	26	51	58	42	45	46	27	218	37	53	54	44
十、流通部门事业费	—	—	8	7	10	10	12	47	7	7	8	4
十一、文体广播事业费	38	173	50	67	56	40	42	255	47	49	51	60
十二、教育事业费	335	1261	401	381	471	532	625	2410	659	808	909	1246
十三、科学事业费	4	15	3	4	3	3	3	16	3	3	1	1
十四、卫生事业费	107	405	133	135	119	147	135	669	148	170	200	192
十五、税务及其他部门事业费	34	91	51	54	86	83	90	364	104	98	99	153
十六、抚恤和社会福利救济费	60	246	58	70	84	86	84	382	98	111	134	134
十七、行政事业单位离退休经费	—	—	—	—	—	—	—	—	—	—	—	—
十八、社会保障补助支出	—	—	—	—	—	—	—	—	—	—	—	—
十九、国防支出	—	—	—	—	—	—	—	—	—	—	—	—
二十、行政管理费	155	809	190	206	231	243	301	1171	333	369	413	671
二十一、武装警察部队支出	—	4	—	—	—	—	—	—	—	—	—	—
二十二、公检法司支出	43	43	39	30	74	91	96	330	108	110	131	165
二十三、城市维护费	22	66	24	23	36	37	22	142	29	70	63	43
二十四、政策性补贴支出	54	54	95	123	718	658	623	2217	784	720	569	609
二十五、支援不发达地区支出	—	—	—	—	60	43	44	147	51	33	36	36
二十六、土地和海域开发建设支出	—	—	—	—	—	—	—	—	—	—	—	—
二十七、专项支出	—	—	2	47	2	2	24	77	24	25	28	28
二十八、计划生育事业费	15	93	13	18	20	28	26	105	48	31	36	36
二十九、其他支出	52	153	55	47	81	125	123	431	161	74	72	27
年度支出合计	1124	4226	1358	1426	2286	2447	2625	10142	3127	3132	3321	3979

续表 2－3－5

项目 ＼ 金额 ＼ 年度	1995	“八五”时期小计	1996	1997	1998	1999	2000	“九五”时期小计	2001	2002	2003
一、基本建设支出	47	52	23	59	217	69	468	836	314	910	1711
二、企业挖潜改造资金(含五小、新试)	15	75	17	26	155	7	5	210	3	3	3
三、地质勘探费	—	—	—	—	—	—	—	—	—	—	—
四、科技三项费用	3	9	2	8	9	8	9	36	8	10	10
五、流动资金	—	—	—	—	—	—	—	—	—	—	—
六、支援农村生产支出	150	1238	256	231	239	205	232	1163	168	109	—
七、农业综合开发支出	58	58	48	88	278	203	237	854	211	308	393
八、农林水利气象等部门事业费	261	1036	322	372	467	342	372	1875	581	713	847
九、工业交通等部门事业费	49	237	58	58	61	36	32	245	63	164	165
十、流通部门事业费	4	30	5	6	16	33	38	98	51	49	56
十一、文体广播事业费	63	270	80	100	118	111	107	516	149	161	175
十二、教育事业费	1281	4903	1513	1642	1809	2095	2212	9271	3254	4359	3742
十三、科学事业费	2	10	2	11	3	10	11	37	13	15	17
十四、卫生事业费	248	958	252	480	461	432	369	1994	601	713	733
十五、税务及其他部门事业费	323	777	394	460	512	529	453	2348	636	716	792
十六、抚恤和社会福利救济费	166	643	188	216	433	237	258	1332	370	843	1089
十七、行政事业单位离退休经费	—	—	—	3	3	310	380	696	516	658	737
十八、社会保障补助支出	—	—	—	—	147	382	682	1211	1913	2972	2234
十九、国防支出	—	—	—	—	—	—	—	—	—	—	—
二十、行政管理费	760	2546	938	1006	988	1089	1092	5113	1422	1865	1944
二十一、武装警察部队支出	—	—	5	8	30	7	7	57	8	43	18
二十二、公检法司支出	216	730	312	497	564	650	757	2780	1012	959	1087
二十三、城市维护费	72	277	52	188	118	141	59	558	279	209	377
二十四、政策性补贴支出	3	2685	229	5	10	—	810	1054	551	252	251
二十五、支援不发达地区支出	60	216	37	295	201	312	283	1128	371	1376	1033
二十六、土地和海域开发建设支出	—	—	—	—	—	1	—	1	—	—	—
二十七、专项支出	16	121	61	—	63	51	51	226	70	74	89
二十八、计划生育事业费	65	216	70	102	119	122	132	545	199	237	271
二十九、其他支出	167	501	79	292	299	302	142	1114	553	668	882
年度支出合计	4029	17588	4943	6153	7320	7684	9198	35298	13316	18386	18656

续表 2-3-6

项目 \ 金额 \ 年度	2004	2005	"十五"时期小计
一、基本建设支出	1522	1176	5633
二、企业挖潜改造资金(含五小、新试)	3	3	15
三、地质勘探费	—	—	—
四、科技三项费用	15	12	55
五、流动资金	—	—	—
六、支援农村生产支出	—	—	277
七、农业综合开发支出	296	527	1735
八、农林水利气象等部门事业费	1482	1899	5522
九、工业交通等部门事业费	476	1110	1978
十、流通部门事业费	67	86	309
十一、文体广播事业费	204	346	1035
十二、教育事业费	4202	5369	20926
十三、科学事业费	18	28	91
十四、卫生事业费	743	838	3628
十五、税务及其他部门事业费	894	1150	4188
十六、抚恤和社会福利救济费	1241	1618	5161
十七、行政事业单位离退休经费	891	935	3737
十八、社会保障补助支出	2524	2834	12477
十九、国防支出	—	—	—
二十、行政管理费	2119	2440	9790
二十一、武装警察部队支出	29	66	164
二十二、公检法司支出	1253	1481	5792
二十三、城市维护费	341	457	1663
二十四、政策性补贴支出	251	251	1556
二十五、支援不发达地区支出	1731	1782	6293
二十六、土地和海域开发建设支出	—	—	—
二十七、专项支出	99	123	455
二十八、计划生育事业费	320	430	1457
二十九、其他支出	1095	1989	5187
本年度支出合计	21816	26950	99124

2006～2012 年乐安县财政支出总表

表 2－4　　单位:万元

项目＼金额＼年度	2006	2007	2008	2009	2010	“十一五”时期小计	2011	2012	1949～2012 年总计
一、一般公共服务	4506	5863	6296	7336	8433	32434	11526	8490	—
二、国防	—	—	—	—	—	—	—	32	—
三、公共安全	2180	2704	3291	4854	5753	18782	6697	6654	—
四、教育	6343	8655	12002	15229	16596	58825	24595	38863	162753.5
五、科学技术	38	63	84	110	134	429	167	196	—
六、文化体育与传媒	471	655	1005	1342	1535	5008	1443	2185	—
七、社会保障和就业	6567	9265	13397	15242	19001	63472	22011	26404	—
八、医疗卫生	1366	2780	5654	8107	12177	30084	13609	14514	66329.2
九、节能环保	—	241	1593	4503	2010	8347	2118	3119	—
十、城乡社区事务	968	1990	1529	1329	1140	6956	1825	1857	—
十一、农林水事务	5984	9997	13709	17980	20688	68358	26492	29079	—
十二、交通运输	2182	1877	1475	2535	1844	9913	2848	2047	—
十三、资源勘探电力信息等事务	—	1275	1036	2161	3336	7808	3574	2410	—
十四、商业服务等事务	134	100	140	476	1325	2175	1084	1383	—
十五、金融监管等事务	—	92	162	134	80	468	55	135	—
十六、国土资源气象等事务	114	271	487	1324	643	2839	623	554	—
十七、住房保障	—	—	—	—	3481	3481	6158	3893	—
十八、粮油物资储备事务	46	62	163	463	460	1194	247	102	—
十九、国债还本付息支出	—	—	—	2	78	80	102	696	—
二十、企业生产流通及政策性补贴	349	513	728	—	—	1590	—	—	—
三十一、其他支出	6158	973	904	4009	2414	14458	914	588	23890
合计	37406	47376	63655	87136	101128	336701	126088	143201	779908.7

第一章　一般公共服务

一般公共服务支出,是反映政府提供一般公共服务的支出。2007 年以前为行政支出。此项支出是财政用于保证政府行使权力,服务社会实现管理职能的费用开支。

中华人民共和国成立后的行政管理支出,包括行政机关经费、党派团体补助费、政府业务费和公安、司法支出三部分。1983 年起,划分为行政支出和公安支出两部分。1985 年起,划分为行政支出、公安安全、司法检察支出和离退休人员费用三部分。1987 年起,划分为行政支出、政法支出、离退休人员费用三部分。1988 年起,行政管理费类支出包括行政支出、党派团体补助支出两部分,公检法支出另列。其中行政支出包括人大经费、政府机关经费;党派团体补助支出包括党派补助费、政协经费和人民团体补助费。1998 年起,行政管理费支出划分为人大经费、政府机关经费、政协经费、共产党机关经费、民主党派机关经费、社会团体机关经费六部分。2007 年起,行政管理支出改为一般公共服务支出,包括人大事务、政协事务、政府办公厅(室)及相关机构事务、发展与改革事务、统计信息事务、财政事务、税收事务、审计事务、海关事务、人事事务、纪检监察事务、人口与计划生育事务、商贸事务、知识产权事务、工商行政管理事务、食品与药品监督管理事务、质量技术监督与检验检疫事务、国土资源事务、海洋管理事务、测绘事务、地震事务、气象事务、民族事务、宗教事务、港澳台侨事务、档案事务、共产党事务、民主党派及工商联事务、群众团体事务、其他一般公共服务支出、国债事务等 31 个部分。

2012 年在 2007 年的基础上减少了食品和药品监督管理事务、国土资源事务、海洋管理事务、测绘事务、地震事务、气象事务、国债事务等 7 个部分。增加了组织事务、宣传事务、统战事务、对外联络事务、其他共产党事务支出等 5 个部分。人事事务改为人力资源事务。2012 年共为 29 个部分。

中华人民共和国成立前,乐安县行政管理支出因资料缺失不详。

中华人民共和国成立后,随着供给制财政向建设财政的转变,乐安县行政管理支出占同期财政支出的比重,各个时期或各个财政年度之间有较大不同。

1951~2005年乐安县各个时期行政管理费占同期财政总支出的比重表

表2-5

时期	金额(万元)	占同期财政总支出(%)	时期	金额(万元)	占同期财政总支出(%)
“经济恢复”时期	23.3	33.9	“五五”时期	469	17.8
“一五”时期	160	41	“六五”时期	809	19.1
“二五”时期	183	26.4	“七五”时期	1171	11.5
“经济调整”时期	134	28.8	“八五”时期	2546	14.5
“三五”时期	232	16.3	“九五”时期	5113	14.5
“四五”时期	356	19.2	“十五”时期	9790	10

2007年,行政管理支出改为一般公共服务支出后,支出范围更加细化。

2007~2012年乐安县一般公共服务支出明细表

表2-6 单位:万元

项目 \ 金额 \ 年度	2007	2008	2009	2010	2011	2012	合计
一、人大事务	197	203	196	176	370	224	1366
二、政协事务	119	118	125	121	210	150	843
三、政府办公室事务	1908	1863	2077	2468	2809	2816	13941
四、发展与改革事务	152	201	189	189	362	169	1262
五、统计信息事务	52	73	77	113	150	82	547
六、财政事务	658	741	621	867	1327	801	5015
七、税收事务	157	239	249	192	375	7	1219
八、审计事务	111	99	108	152	206	142	818
九、人力资源事务	74	132	174	198	107	177	862
十、纪检监察事务	134	44	122	343	334	395	1372
十一、人口与计划生育事务	604	670	1271	1190	1913	1730	7378
十二、商贸事务	208	134	200	332	382	254	1510
十三、工商行政管理事务	—	—	—	3	7	5	15
十四、质量技术监督与检验检疫事务	3	2	—	—	4	7	16
十五、民族事务	—	39	11	—	65	50	165
十六、宗教事务	5	—	1	6	6	20	38
十七、港澳台侨事务	6	4	4	6	—	1	21
十八、档案事务	13	22	121	31	45	26	258
十九、民主党派及工商联事务	5	10	8	9	10	14	56
二十、群众团体事务	106	162	349	374	448	262	1701
二十一、党委办公室及相关机构事务	819	1064	940	975	650	281	4729
二十二、组织事务	—	—	—	—	260	143	403
二十三、宣传事务	—	—	—	—	114	113	227
二十四、统战事务	—	—	—	—	38	41	79
二十五、其他共产党事务	—	—	—	—	434	364	798
二十六、其他一般公共服务支出	532	476	493	688	900	216	3305
合计	5863	6296	7336	8433	11526	8490	47944

第一节 人大事务

人大事务反映各级人民代表大会(以下简称“人大”)的支出。各级人民代表大会为同级权力机关。

中华人民共和国成立前,在第二次革命战争时期,乐安县苏区实行了工农兵代表大会制度。

中华人民共和国成立后,从1949年11月起至1954年6月,乐安县实行了各界人民代表会议制,先后召开了四届会议。

1953年4月中央颁发了《中华人民共和国人民代表大会和地方各级人民代表大会选举法》后,于1954年6月,开始建立县人民代表大会制度。乐安县人民代表大会自第八届(八届一次人民代表大会1980年12月10~14日)起,设立了常务委员会,其办事机构只设办公室,1984年7月后,扩设一室三科,即办公室、政法科、财政经济科、教科文卫科。

1990年改设机关办公室,内务司法办公室,教科文卫办公室,财政经济办公室,选举任免联络办公室五室。

2005年9月,除机关办公室外其余改称工作委员会,同时增设农业和环境保护工作委员会等一室五工作委员会。

乐安县人民代表大会至2012年12月止已经召开了16届代表大会。

1966年“文化大革命”开始,县人大会停开,直至1980年12月恢复。

1988年,行政管理费支出类行政支出款下设人大经费项,当年支出9万元。

1994年,根据江西省规定,地方各级人大代表的活动经费,列入本级财政预算,并按现行的财政体制采取定额包干的办法,拨给本级人大常委会专款专用,超支不补,结余转下年继续使用。包干定额的标准:县人民代表每人每年150元~180元;乡镇人大代表每人每年100元~120元。

2006年,省财政厅、省人大常委会选举任免联络工作委员会、省政协委员会办公厅联合下发《关于调整地方各级人民代表、政协委员会活动经费标准的通知》规定:县(市)级人大代表、政协委员活动经费标准提高到每人每年不低于500元;乡镇人大代表活动经费标准提高到每人每年不低于300元。

1988~2012年乐安县人大事务支出情况表

表2-7 单位:万元

年度	金额	年度	金额	年度	金额
1988	9	1997	41	2006	163
1989	10	1998	33	2007	197
1990	24	1999	45	2008	203
1991	27	2000	50	2009	196
1992	21	2001	57	2010	176
1993	14	2002	83	2011	370
1994	20	2003	69	2012	224
1995	29	2004	113		
1996	35	2005	98		

第二节 政协事务

政协事务支出反映政治协商会议(简称“政协”)的支出。

1959年11月5日,成立了中国人民政治协商会议乐安县委员会。从成立至2012年,除因“文化大革命”中断了15年活动外,共召开了12届会议。乐安县政协在中共乐安县委领导下贯彻“长期共存、互相监督”,“肝胆相照,荣辱与共”的方针,围绕各个时期的中心任务,采取各种形式和方法,开展了政治协商和民主监督工作。

1959年11月1日召开第一届政协乐安县委员会全体会议。

1963年10月18日、1965年12月,分别召开了第二届和第三届委员会全体会议。

1980年12月9日在中断了15年活动之后,召开第四届政协乐安县委员会全体会议。到2012年12月止共召开了12届政协乐安县委员会全体会议。

1988年起,行政管理费类行政支出款下有政协经费项,当年支出9万元。

1995年起,按江西省规定,各级政协委员所需的视察和活动经费,由委员会所在地财政专项安排,采取定额包干的办法,拨给同级政协专款专用,超支不补,结余转下年继续使用,标准按每人每年150元~180元。

2006年起,根据省财政厅、省人大常委会选举任免联络工作委员会、省政协委员会办公厅下发《关于调整地方各级人民代表、政协委员活动经费标准的通知》规定:县政协委员的活动经费标准提高到每人每年不低于500元。

1988~2012年乐安县政协事务支出情况表

表2-8　　单位:万元

年度	金额	年度	金额	年度	金额
1988	9	1997	29	2006	105
1989	7	1998	24	2007	119
1990	11	1999	30	2008	118
1991	14	2000	26	2009	125
1992	12	2001	34	2010	121
1993	9	2002	48	2011	210
1994	16	2003	34	2012	150
1995	21	2004	56		
1996	28	2005	65		

第三节　政府办公室及相关机构事务（行政管理费支出）

该支出主要反映政府办公室及相关机构的支出。

据《乐安县志》记载,清同治二年(1863)知县的支出项目是:

(1)知县俸银45两。

(2)门子2名工食银11.8两。

(3)皂隶14名工食银82.6两。

(4)仵作1名,学习仵作2名工食银11.8两。

(5)马快8名工食银47.2两。

(6)民壮15名工食银88.5两。

(7)添置器械银30两。

(8)看监禁卒7名工食银41.3两。

(9)轿伞扇夫7名工食银41.3两。

(10)库子4名工食银23.6两。

(11)斗给4名工食银23.6两。

合计全年开支银446.7两。

新中国成立后至1987年,此项支出为行政管理费类行政支出款,按用途分为两部分:一是个人部分(人员经费),主要包括官员、公务人员、国家行政机关工作人员(干部、职工)的工资、补助工资(津贴、补贴)、奖金和职工福利方面的支出;二是公用部分(公用经费),主要包括办公费(俗称人头费)、差旅费、会议费、邮电费等公务费和办公设备、交通工具的购置、机动车(船)燃料与修理费以及房屋维修等经费。

1988~2006年改为行政管理费类行政支出款下政府机关经费。

2007年起改为政府办公厅(室)及相关机构事务支出。为对应各个不同时期的科目变化,故将2007年之前的列项一并作为本节叙述。

1950年,始有行政费支出,其中包括乡政经费、训练费、会议费等。

1952年,行政费支出包括行政机关管理支出、政治业务费支出、公安及司法检察支出、乡镇经费支出、财务支出等。

1953年,行政管理费支出包括:(1)行政机关经费;(2)人民代表会议费;(3)政治业务费;(4)乡村镇行政机关经费。四项支出中主要含有工资、供给生活费。

1954年,增加财务费、民主党派人民团体补助支出、劳动改造生产资金和监察业务费。

1958年,行政支出包括人民代表大会经费、行政机关经费、行政业务费、乡镇行政机关经费、政治业务费、其他人员经费等六项。

1959年,行政支出包括国家机关经费、行政业务经费、其他行政经费、乡镇行政费。

1960年,行政支出增加人民公社行政经费、党派和人民团体经费补助费,党派和人民团体事业补助费、会议费。

1962年,行政支出增加人民代表大会经费、武装部经费。

1963~1964年,行政支出增加干部训练费、党员登记工作专业干部经费。

1967年,行政管理支出类只有行政经费款。

1976年,行政支出款包括国家机关经费、行政业务费、其他行政费。

1978年,行政支出增加干部训练费、档案馆经费。

1981年,档案馆经费从行政经费中划出。

1986年,行政支出包括行政机关经费、行政业务费、其他行政费。

1988年,行政经费包括人大经费、政府机关经费。

1998年,行政支出只含政府机关经费。

2007年,改为政府办公厅(室)及相关机构事务支出。

1988～2012年乐安县政府办公室及相关机构事务支出情况表

表2-9　单位:万元

年度	金额	占当年财政总支出%	年度	金额	占当年财政总支出(%)	年度	金额	占当年财政总支出%
1988	176	7.7	1997	814	13.2	2006	2183	5.8
1989	204	8.3	1998	806	11	2007	1908	4
1990	233	8.9	1999	874	11.4	2008	1863	2.9
1991	257	8.2	2000	846	9.2	2009	2077	2.4
1992	293	9.4	2001	1031	7.7	2010	2468	2.4
1993	342	10.3	2002	1378	7.5	2011	2809	2.2
1994	550	13.8	2003	1399	7.5	2012	2816	2
1995	617	15.3	2004	1469	6.7			
1996	760	15.4	2005	1743	6.5			

一、人员经费

行政管理单位的人员经费在行政支出中占较大比重,根据分阶段统计,乐安县行政支出的人员经费(个人部分)不同时期所占比重各有不同。

(一)工资(正俸、薪俸)

元代:初期官吏无俸,至元初定职田制。至元二十一年(1284),达鲁花赤(官衔)2顷,县丞1顷50亩,主簿、县尉1顷。

至元二十二年(1285)各品级官吏年俸表

表2-10　单位:(银)两

品级	上事	中事
正四品	125	115
从四品	100	95
正五品	90	80
从五品	80	70
正六品	70	65
从六品	65	60
正七品	60	55
从七品	55	50
正八品	50	45
从八品	45	40
正九品	40	35
从九品	30	

元大德六年(1302),定俸钞:达鲁花赤20贯,县尹同;县丞15贯;主簿13贯;县尉12贯;巡检10贯。椽吏分寡以品级定高低。

元大德七年(1303),凡俸银10两以下人员,每1两给米1斗;10两以上至25两的,每员给米1石;超过25两以上的每超过1两给米1升。无米则按时值给价，最贵每石不超过20两；俸锭（150两）以上的不给。

明代：洪武十三年（1380）实行禄米、俸钞制。

洪武十三年（1380）各品级官员禄米、俸钞详表

表2－11

品级	禄米（石）	俸钞（贯）
正四品	400	300
从四品	300	300
正五品	220	150
从五品	170	150
正六品	120	90
从六品	110	90
正七品	100	60
从七品	90	60
正八品	75	45
从八品	70	45
正九品	65	30
从九品	60	30

县教谕及府、县训导米2石

洪武二十五年（1392）岁俸改月俸表

表2－12

品级	禄米（石）	品级	禄米（石）	品级	禄米（石）
正四品	24	正六品	10	正八品	6石5斗
从四品	21	从六品	8	从八品	6
正五品	16	正七品	7石5斗	正九品	5石5斗
从五品	14	从七品	7	从九品	5

未入流的3石，此标准成为永制，直至明朝灭亡

乾隆元年（1736）年俸银情况表

表2－13

官职	俸银（两）	官职	俸银（两）
知府	105	教谕	40
同知	80	县丞	40
通判	60	巡检	31.52
知县	45	典吏	31.52
经历	40	主簿	31.52
照磨	31.52	佐贰杂职	31.52
教授	45	吏目	31.52
训导	40	驿丞	31.5

役食：门子分三等，分别为5.9两、6两、7.2两，平均6.3两；皂隶分二等，分别为5.9两、6两，平均5.95两；轿伞扇夫每人5.9两；捕役每人5.9两；民壮分两等，5.9两、7.9两，平均6.9两；弓兵1.8～2.6两不等；仵作每人平均4.28两；马快每人5.9两；禁卒每人5.9两；库子每人5.9两；斗级每人5.9两；马夫每人6两；巡库、轿夫每人5.9两。

清同治二年（1863）乐安知县的俸食银支出项目是：

（1）知县俸银45两。

（2）门子（2名）工食银11.8两。

（3）皂隶（14名）工食银82.6两。

(4)仵作1名,学习仵作2名共工食银11.8两。

(5)马快8名工食银47.2两。

(6)民壮15名工食银88.5两。

(7)添置器械银30两。

(8)看守监禁卒7名工食银41.3两。

(9)轿伞扇夫7名工食银41.3两。

(10)库子4名工食银23.6两。

(11)斗给4名工食银23.6两。

合计全年开支银446.7两。

民国元年(1912),府知事月俸150元,县知事100元,府县课长24元,课员16元;司法课课长30元,司法课课员20元;各课录事4元~6元;府、县知事用卫兵每人4元。折谷时市场价每担1元~1.5元。

民国2年(1913),县知事300元,秘书、科长80元,科员40元,事务员30元。

民国16年(1927),执行1925年广州国民政府《文官俸给表》标准。

广州国民政府《文官俸给表》标准表

表2-14　　单位:元

性质	等级	月薪	性质	等级	月薪
特任官	—	800	委任官	一	180
简任官	一	675		二	160
	二	600		三	140
	三	525		四	120
	四	450		五	100
荐任官	一	400		六	80
	二	350		七	60
	三	300			
	四	250			
	五	200			

民国18年(1929),简任官、荐任官8折支俸,委任官9折支俸,月俸80元以下的不减俸。

1932~1939年江西省各县政府公务员薪俸变化情况

表2-15　　单位:元

年度	1932年7月~1935年6月			1935年7月~1937年6月			1937年7月~1937年10月			1937年11月~1938年10月			1938年11月~1939年5月		
等别	一等县	二等县	三等县	一等县	二等县	三等县	一等县	二等县	三等县	一等县	二等县	三等县	一等县	二等县	三等县
县长	300	250	250	240	240	240	272	256	240	197.77	186.77	175.77	170	160	150
秘书	80	80	80	80	80	80	96	88	80	74.7	69.1	63.5	75	70	65
科长	80	80	80	80	80	80	96	80	80	74.7	69.1	63.5	75	70	65
科员	40	40	40	50	50	50	64	60	56	52.3	49.5	46.7	50	48	46
警佐	—	—	—	60	60	60	68	64	60	55.1	52.3	49.5	55	50	48
技士	—	—	—	55	55	55	64	60	56	52.3	49.5	46.7	50	48	46
督学	—	—	—	55	55	55	64	60	56	52.3	49.5	46.7	50	48	46
事务员	30	30	30	35	35	35	44	44	44	38.3	38.3	38.3	40	40	40
雇员	16	16	16	24	24	24	24	24	24	24	24	24	21.6	21.6	21.6
政警	12	12	12	14.1	14.1	14.1	10.8	10.8	10.8	10.8	10.8	10.8	9.7	9.7	9.7
杂役	—	—	—	10	10	10	10	10	10	10	10	10	9	9	9

民国32年(1943)8月起,按照《文官俸给表》所定官俸为基本数的薪俸加成办法,将米贴改成生活津贴基本数,并另按薪额加成发薪。然而,当年物价飞涨,9月份粮价较同年4月份上涨1.8倍,公务员生活仍然困难。

民国32年(1943)3月份乐安县俸薪表

表2-16　　单位:元

县长	320	军事科长	110
秘书	130	粮政科长	110
助理秘书	100	警佐	110
承审员	110	合作指导主任	110
民政科长	110	户政室主任	110
财政科长	110	户政室视导员	90
教育科长	110	户政室技士	90
建设科长	110	军事股长	90

中华人民共和国成立后,中国工资制度经历了由供给制—包干供给制—包干制—全部实行工资制的演变过程。

1949年6月,江西省人民政府财政厅颁布《党政机关工作人员供给标准》,从7月1日起执行。供给标准包括经费、粮秣、被服日用品三部分。经费分经常费和临时费。经常费含伙食、薪金、公杂3项。第一项伙食费:大灶粗菜0.5公斤、食油3钱、食盐5钱、肉3钱;中灶按大灶标准增加1倍;小灶按大灶标准增加2.7倍。第二项薪金;一是普通津贴,不分干部、勤杂人员,每人每月肉0.5公斤,黄烟0.25公斤,折价发给;二是技术津贴;一般技术人员规定猪肉每人每月最低0.5公斤,最高2.5公斤。三是薪金,分5级执行。该县最高二级,每月55铢~80铢(解放区计算货币的单位1铢等于若干实物价格的总和);第三级相当于区长级,每月45铢~60铢,第4级相当于乡长级每月40铢~50铢;第5级勤杂人员与4级同。第三项公杂费:包括拭枪费、洗澡费、理发费、学习费、医药费、马杂费、车马费、电话费等。同年7月,江西省人民政府《关于录用旧职员手续及薪金标准决定》规定,国民政府留下的旧职员在试用期间的薪金,每人每月按50公斤普通白米供给。正式录用后重新确定工薪。对尚未录用的职员"按解放前三个月内每月所得实际工资的平均数领薪。"8月,又规定经费计算以"二级糙米"为单位。正副县长以上干部,每3年发1件大衣,5年发大顶蚊帐1顶;正副区长以上干部5年发小顶蚊帐1顶;区以下干、勤杂人员发纱方12方尺。另每人每年发毛巾2条、肥皂3条、牙刷2把、牙粉6小包。粮秣:县以上机关干部每人每天大米0.75公斤,木柴1.25公斤;区以下机关干部及县、区勤杂人员每人每天大米0.815公斤,木柴1.25公斤。逢元旦、春节,各发猪油0.5公斤;妇女干部发给卫生费、生育费。供给制女干部的小孩、幼儿发保育费每月大米40公斤~55公斤。6周岁以上儿童按成人待遇供给。12月,改米为分,每4公斤米为2.5工资分,每工资分给食物:二级早米0.75公斤,龙头细布0.4市尺、灶柴1.5公斤、食盐0.25公斤,麻油0.25公斤。工薪制人员按工资分折价发给薪金。

1949年10月24日,乐安县人民政府在接管旧政府的半个月之后就对县党政机关的供给标准,进行了规定:

经常费:

(1)菜金:每人每月大灶110元、中灶276元、小灶409元,地方武装大灶114元。

(2)津贴:猪肉0.5公斤、黄烟0.25公斤,即折价1000元。

(3)公杂费:县级7.5公斤大米、区级6公斤大米、勤杂4公斤大米,战士油0.15公斤,纸两张,大米按每0.5公斤82元折价。

(4)擦枪费:每支20元。

(5)出差费:按普通车船费实报实销。

(6)理发费:每人123元。

(7)学习费:县机关,一机米2.5公斤折价;区机关,一机米1.5公斤折价。

(8)医药费:410元(即一机米2.5公斤,不发给个人)。

临时费:

(1)年节费:中秋节及庆祝政协会议,每节日猪肉600元、白面0.5公斤折价350元。

(2)妇幼费:除孕期外,每人每月180元。

1950年2月,供给制人员遵照中共中央"厉行节约,保障供给"的方针,伙食费、个人生活部分的生活费,改成小米包干的供给办法,即"小包干"。供给生活费以米结算,米价以当月28日市场行情评定。4月,省人民政府通令,供给生活费包括粮食、菜金、津贴、日用品、鞋袜、草帽、过节、伙食运费、棉被、轻病补助费等。自当月起改为新包干制办法,乐安县县长级干部每人每月大米59.5公斤;区长级以下干部每人每月大米55公斤;勤杂人员每人每月

52.5公斤大米。6月,江西省人民政府颁布《江西省各级行政人员暂行工薪标准草案》,并自7月15日起试行。

1951年4月,对工薪制人员实行新分值计算方法,每一新分的实物含量是:二机米0.4公斤,龙头细布0.2市尺,麻油0.025公斤,食盐0.01公斤,煤1公斤。

1954年6月,江西省人民政府通知,执行新的工资分值和包干费分值标准。新工资分值包干费仅包括伙食费、服装、津贴三项。其余如保育费、保姆费、妇女卫生费、老年优待金、转业干部家属补助经费等仍按原规定发给不变。同时规定,新标准实施后,灶别同时取消。

工资包干费标准表

表2－17

级别	1	2	3	4	5	6	7	8	9	10	11	12	13	14	15
工资(分)	2400	2000	1640	1450	1300	1150	1020	900	800	710	640	570	510	460	414
包干费(分)	1880	1580	1300	1100	960	820	690	570	490	430	370	330	290	250	225

级别	16	17	18	19	20	21	22	23	24	25	26	27	28	29
工资(分)	368	328	292	268	244	220	198	176	156	136	116	106	96	90
包干费(分)	200	175	150	140	130	123	117	111	106	101	98	95	92	89

1955年7月,国务院颁发《关于国家机关工作人员全部实行工资制和改行货币工资制的命令》,党政机关工作人员全部实行工资制,并由工资分计发工资改为货币工资。

1956年,江西根据国务院统一部署,开始工资改革,实行等级工资制,乐安县为二类工资区,具体详表。

表2－18　　**1956年等级工资标准**

类别 级别	工资标准(元) 2	3	4	5	6	县、市人民委员会(人民政府)	区公所	乡镇人民委员(人民政府)
13	139	143	147	151	155.5	县长副县长		
14	123.5	127	131	134.5	138			
15	111	114.5	117.5	121	124			
16	99	102	104.5	107.5	110.5			
17	88.5	91	93.5	96.5	99			
18	78.5	80.5	83	85	87.5	局科长副局科长		
19	70	72	74	76	78		区长副区长	
20	63	64.5	66.5	68.5	70	科员		
21	55.5	57	59	60.5	62		助理员	乡长副乡长镇长副镇长
22	50	51.5	53	54.5	56			
23	44.5	45.5	47	48	49.5			
24	38.5	40	41	42	43	办事员		
25	33.5	34.5	35.5	36.5	37.5			文书
26	29.5	30.3	31	32	33			
27	27	27.5	28	29	30	勤杂人员	勤杂人员	
28	24.5	25.5	26	27	27.5			
29	22.5	23.5	24	24.5	25.5			
30	20.5	21	22	22.5	23			

1960年12月,省委、省人委转发《关于降低国家机关17级以上党员负责干部的现行工资标准的通知》,9～17级降低1%。

1963年8月起,乐安县由二类工资区调为三类工资区。

1971年11月30日，国务院《关于调整部分工人和工作人员工资的通知》规定，这次调整的范围是全民所有制企业、事业单位和国家机关中1957年底以前参加工作的三级工、1960年底以前参加工作的二级工，1966年底以前参加工作的一级工和低于一级工的工人，以及与上述工人工作年限相同、工资等级相似的工作人员，调整范围内的工人和工作人员，一般都调高一级；对1957年底以前参加工作的二级工，1960年底以前参加工作的一级工和低于一级工的工人，经过群众充分讨论同意，并经领导批准的少数人，可以调高两级。在调资中，调高一级的工资在5元以上的按规定工资标准执行。在5元以下的可增加到5元。并一律从1971年7月1日起增加工资。

1977年8月10日，国务院《关于调整部分职工工资的通知》规定，这次调整的范围及标准是：1971年底以前参加工作的一级工，1966年以前参加工作的二级工，表现较好的和比较好的普遍升一级；1971年底以前参加工作的其他职工（不包括7级以上干、职工），按这部分职工人数的40%调资，重点调整1960年前参加工作的三级工和1957年前参加工作的四级工；不属上述调资范围的1971年底以前参加工作，标准工资低于36元的，可以增加到36元；1966年底以前参加工作，标准工资低于41元的，可以增加到41元。工资级差小于5元的可增加到5元，大于7元的只增加到7元。增资额从1977年10月起执行。

1978年调资，根据国家劳动总局1978年11月18日《关于给工作成绩特别突出的职工升级的通知》精神，重点调整对全民所有制单位中生产、工作成绩优异，贡献较大和提职后工作表现好而工资特别低的人员，进行一次考核升级；对个别学习特别优良的徒工提前转正定级。工资升级和提前转正定级的人数控制在11月固定职工总数的2%以内（每升一级，算一个人数）。升级增加工资一律从当年12月份开始执行。

1979年工资调整，遵照国务院规定，对全民所有制企业、事业单位和国家机关职工，按40%的升级面，根据“各尽所能，按劳分配”的原则，择优升级。升级的重点是劳动好、贡献大的职工，包括生产好的工人，有科研成果的技术人员，教学好的教师和幼儿保育人员，医疗质量好的医生、护士，艺术水平高的演员，成绩显著的运动员，服务质量好的服务员、售货员，工作好的干部等。按劳动态度、技术高低、贡献大小进行考核，并以贡献大小为主考核依据。升职的职工，一般只升一级，个别表现突出的并有重大贡献的，也可以升两级，升两级的计算两个升级面。

1980年5月，省人民政府转发《国务院关于调整工资区类别的各项具体规定》决定自1979年11月起，将三、四类工资区分别调整为四、五类工资区（乐安县由三类工资区调整为四类工资区）

1982年12月2日，国务院《关于调整国家机关、科学文教卫生等部门部分工作人员工资的决定》指出，从1982年10月1日起，调整国家机关、科学文教卫生部门部分工作人员的工资。参加调资对象为1981年底在册职工中，属于1978年底以前参加工作的国家正式职工。对中年知识分子中的科研、教学、技术等方面的骨干力量，1982年7月底以前正式授予讲师、助理研究员、工程师、主治医师、经济师、会计师、农艺师等及其以上职称现仍从事专业技术工作的人员；高级中等专业学校毕业的干部；以及现任正、副县长，公社正、副主任其工资偏低的可以升两级。其他行政干部、专业技术人员和工人，一般升一级。

1985年6月4日，中共中央、国务院《关于国家机关和事业单位工作人员工资制度改革问题的通知》，为适应国家经济体制改革的需要，进行第二次工资改革。国家机关、事业单位实行结构工资制。同月，经省人民政府同意，省工资制度改革领导小组、省劳动人事厅制定下发《江西省关于国家机关和事业单位工资制度改革中若干具体问题的补充规定》：这次工资改革的指导思想是建立新的工资制度，逐步理顺工资关系，为今后逐步完善工资制度打下基础。改革的原则，一是在新的工资制度中贯彻按劳分配的原则，二是把工作人员工资同工作职务，肩负的责任结合起来，三是使工作人员的工资普遍有所增加。改革的主要内容是，废除1956年以来实行的等级工资制，简化工资标准，在全省国家机关、事业单位实行以职务或岗位工资为主要内容的结构工资制，并从7月份起，将四类工资区提高到五类工资区，与工资改革一并执行。结构工资由职务工资、基础工资、工龄津贴、奖励工资4部分组成。职务工资指行政或专业技术职务工资，按照工作人员的职务高低相应确定，每一职务设有1~6个档次工资标准，上下职务工资标准适当交叉；基础工资是指保障工作人员基本生活费的部分，每人每月39元；工龄津贴即工龄工资，按工作人员的工作年限计算，工作年限从工作人员参加工作时开始，计算到本人离、退休为止，每工作一年，计发工龄津贴0.5元，但最多不能超过40年，即总额为20元；奖励工资也叫奖金，用于奖励在工作中做出显著成绩的工作人员，所需奖金从行政经费节支中开支。行政机关工人执行统一的岗位工资标准。工作人员工资套改的方法，是以1985年6月底的工资额加10元为套改基数，就近向上靠档后若增资不足一个级差，可高套一档或进职务最低档，其中1982年6月底以前参加工作的，还向上高套一个档次。这次工资改革，每个职工的工资都有较大幅度增加。

江西省县(市)、区(乡)国家机关行政人员基础工资、职务工资标准表(1985年)

表2－19　　单位：元

职务		县长、市长	副县长、副市长	局(科)长，区、乡长	副局(科)长、副区、乡长	科员	办事员
基础工资		39	39	39	39	39	39
职务工资标准	一	126.5	107	80	63.5	47.5	41
	二	117	97.5	71	55.5	41	35
	三	107	88.5	63.5	47.5	35	29
	四	97.5	80	55.5	41	29	23.5
	五	88.5	71	47.5	35	23.5	17.5
	六	80	63.5	41	29	17.5	11.5
基础工资职务工资两项合计	一	165.5	146	119	102.5	86.5	80
	二	156	136.5	110	94.5	80	74
	三	146	127.5	102.5	86.5	74	68
	四	136.5	119	94.5	80	68	62.5
	五	127.5	110	86.5	74	62.5	56.5
	六	119	102.5	80	68	56.5	50.5

1986年11月12日，江西省工资制度改革领导小组，江西省劳动人事厅《关于适当解决国家机关、事业单位部分工作人员工资改革中有关问题的通知》，对1966年底以前参加工作，工改前原工资为行政19级，套改后的基础、职务工资之和为94.5元、20级为86.5元、21级为80元、22级为74元、23级为68元、24级为62.5元的经组织考核表现较好，能胜任本职工作，可以从1986年10月1日起分别提高一档工资。工作人员现有附加工资、保留工资的，应从这次新增加的工资中予以冲销，冲销不完的部分，可继续予以保留。

从1987年12月起，江西五类工资区改为六类工资区。干部、工人的基础工资由每月39元改为40元。

1988年3月3日，江西省工资制度改革领导小组《关于适当解决国家机关、事业单位部分工作人员工资中突出问题的补充规定》，对1983年9月底以前获初级专业技术职称人员；中、小学教师；以及1986年9月底以前任科级和科级以下的人员；1985年以后担任行政副处(县)长级人员，符合文件规定的，可提高一档工资。从1987年10月份执行。

1988年11月26日，江西省工资制度改革领导小组《关于1987年解决部分中年专业技术人员工资问题的通知》的实施意见。对1987年9月底在职专业技术人员起骨干作用，做出一定成绩和贡献，及1987年9月底前担任副处级及科级职务至今，1985年工改以来增资额不满三个级差的，如符合文件规定条件的，可提升一级工资。从1987年10月份执行。

1989年12月19日，国务院批转人事部、国家计委、财政部1989年调整国家机关、事业单位工作人员工资方案的通知。这次调整工资的主要内容是：国家机关和事业单位工作人员普调一级工资，并在普调一级工资的基础上重点解决专业技术人员工资中的突出问题，适当解决国家机关和事业单位其他人员工资中一些突出矛盾。同时对离退休待遇作适当调整，从1989年10月1日起执行。

1990年5月28日，江西省人民政府关于1989年调整国家机关事业单位工作人员工资中解决工资突出问题的通知。按国发〔1989〕82号文普调工资的规定普调一级后，符合规定条件的，可再增加一级工资。如事业单位专业技术人员在普调一级后，其工资仍未达到新所任专业技术职务新起点工资标准的，可再增加一级工资，进入新的起点工资标准。增资从1989年10月起执行。

1992年1月15日，江西省人民政府关于贯彻执行国务院国发〔1991〕74号文，调整机关、事业单位工作人员工龄津贴标准的通知，凡机关事业单位的在职正式工作人员，其工龄津贴标准由现行每工作一年0.5元调整为1元。工龄津贴按本人实际工龄计发。从1992年1月起执行。

级别与职务关系对照表(1993年工改)

表2－20

<table>
<tr><th>级别</th><th colspan="12">职　务</th></tr>
<tr><td>一</td><td>总理</td><td></td><td></td><td></td><td></td><td></td><td></td><td></td><td></td><td></td><td></td><td></td></tr>
<tr><td>二</td><td></td><td rowspan="2">副总理
国务委员</td><td></td><td></td><td></td><td></td><td></td><td></td><td></td><td></td><td></td><td></td></tr>
<tr><td>三</td><td></td><td rowspan="2">部长
省长</td><td></td><td></td><td></td><td></td><td></td><td></td><td></td><td></td><td></td></tr>
<tr><td>四</td><td></td><td></td><td rowspan="2">副部长
副省长</td><td></td><td></td><td></td><td></td><td></td><td></td><td></td><td></td></tr>
<tr><td>五</td><td></td><td></td><td></td><td rowspan="3">司长厅、
局长</td><td></td><td></td><td></td><td></td><td></td><td></td><td></td></tr>
<tr><td>六</td><td></td><td></td><td></td><td></td><td rowspan="3">副司长
副厅长、
局长</td><td></td><td></td><td></td><td></td><td></td><td></td></tr>
<tr><td>七</td><td></td><td></td><td></td><td></td><td rowspan="4">处长
县长</td><td></td><td></td><td></td><td></td><td></td></tr>
<tr><td>八</td><td></td><td></td><td></td><td></td><td></td><td rowspan="4">副处长
副县长</td><td rowspan="5">科长
主任
科员</td><td rowspan="6">副科
长副
主任
科员</td><td rowspan="7">科员</td><td></td></tr>
<tr><td>九</td><td></td><td></td><td></td><td></td><td></td><td></td><td rowspan="7">办事员</td></tr>
<tr><td>十</td><td></td><td></td><td></td><td></td><td></td><td></td></tr>
<tr><td>十一</td><td></td><td></td><td></td><td></td><td></td><td></td><td></td></tr>
<tr><td>十二</td><td></td><td></td><td></td><td></td><td></td><td></td><td></td><td></td></tr>
<tr><td>十三</td><td></td><td></td><td></td><td></td><td></td><td></td><td></td><td></td><td></td></tr>
<tr><td>十四</td><td></td><td></td><td></td><td></td><td></td><td></td><td></td><td></td><td></td><td></td></tr>
<tr><td>十五</td><td></td><td></td><td></td><td></td><td></td><td></td><td></td><td></td><td></td><td></td><td></td></tr>
</table>

1994年1月29日，江西省人民政府转发《国务院关于机关事业工作人员工资制度改革问题的通知》，党中央、国务院决定从1993年10月1日起对机关和事业单位工作人员现行工资制度进行改革。改革的基本内容：实行职级工资制，其工资按不同职能，分为职务工资、级别工资、基础工资和工龄工资四个部分。

(1)职务工资，按工作人员职务高低、责任轻重和工作难易程度确定，第一职务层次设若干工资档次，最少为三档，最多为八档。

(2)级别工资按工作人员的资历和能力确定，机关工作人员的级别共分为十五级，一个级别设置一个工资标准。

(3)基础工资，每人每月90元(原标准40元)。

(4)工龄工资，按工作人员的工作年限确定，工作年限每增加一年，工龄工资增加一元，直到离退休当年止。这是新中国建立后第三次工资制度改革，从1993年10月1日起执行。

职务级别工资制工资标准表(1993年工改)

表2－21

单位：元/月

<table>
<tr><th rowspan="2">档次 / 标准 / 职务</th><th colspan="8">职务工资</th><th colspan="2">级别工资</th><th rowspan="2">基础工资</th><th rowspan="2">工龄工资</th></tr>
<tr><th>1</th><th>2</th><th>3</th><th>4</th><th>5</th><th>6</th><th>7</th><th>8</th><th>级别</th><th>工资标准</th></tr>
<tr><td rowspan="3">主席、副主席、总理</td><td rowspan="3">480</td><td rowspan="3">555</td><td rowspan="3">630</td><td rowspan="3">—</td><td rowspan="3">—</td><td rowspan="3">—</td><td rowspan="3">—</td><td rowspan="3">—</td><td>一</td><td>470</td><td>90</td><td rowspan="10">每工作一年按一元发给</td></tr>
<tr><td>二</td><td>425</td><td>90</td></tr>
<tr><td>三</td><td>382</td><td>90</td></tr>
<tr><td>副总理、国务委员</td><td>400</td><td>460</td><td>520</td><td>580</td><td>—</td><td>—</td><td>—</td><td>—</td><td>四</td><td>340</td><td>90</td></tr>
<tr><td>部长、省长</td><td>330</td><td>380</td><td>430</td><td>480</td><td>530</td><td>—</td><td>—</td><td>—</td><td>五</td><td>298</td><td>90</td></tr>
<tr><td>副部长、副省长</td><td>270</td><td>315</td><td>360</td><td>405</td><td>450</td><td>—</td><td>—</td><td>—</td><td>六</td><td>263</td><td>90</td></tr>
<tr><td>司长、厅局长</td><td>215</td><td>255</td><td>295</td><td>335</td><td>375</td><td>415</td><td>—</td><td>—</td><td>七</td><td>228</td><td>90</td></tr>
<tr><td rowspan="2">副司长、副厅、局长</td><td rowspan="2">175</td><td rowspan="2">210</td><td rowspan="2">245</td><td rowspan="2">280</td><td rowspan="2">315</td><td rowspan="2">350</td><td rowspan="2">—</td><td rowspan="2">—</td><td>八</td><td>193</td><td>90</td></tr>
<tr><td>九</td><td>164</td><td>90</td></tr>
<tr><td>处长、县长</td><td>144</td><td>174</td><td>204</td><td>234</td><td>264</td><td>294</td><td>—</td><td>—</td><td>十</td><td>135</td><td>90</td></tr>
</table>

续表 2－21

职务＼标准＼档次	职务工资 1	2	3	4	5	6	7	8	级别工资 级别	工资标准	基础工资	工龄工资
副处长副县长	118	143	168	193	218	243	—	—	十一	111	90	每工作一年按一元发给
科长主任科员	96	116	136	156	176	196	216	—	十二	92	90	
副科长副主任科员	79	94	109	124	139	154	169	—	十三	77	90	
科员	63	75	87	99	111	123	135	147	十四	65	90	
办事员	50	60	70	80	90	100	110	120	十五	55	90	

1996 年 4 月 9 日，江西省人民政府办公厅转发人事部、财政部、国家计委关于机关、事业单位工作人员正常晋升工资档次办法的通知，机关事业单位正式工作人员中，凡 1993 年 10 月 1 日工资制度改革后，两年考核成绩均为职称以上的人员，可从 1995 年 10 月 1 日起，在本职务（技术等级）所对应的工资标准内晋升一个工资档次。

1997 年 9 月 30 日，人事部、财政部关于 1997 年调整机关、事业单位工作人员工资标准等问题的通知。经国务院批准，从 1997 年 7 月 1 日起，适当调整机关、事业单位工作人员的工资标准。对机关、事业单位工作人员继续在考核的基础上正常晋升工资档次，对连续三年考核优秀的机关、行政人员中符合国发〔1993〕79 号、国办发〔1993〕85 号文件的，要严格按照文件规定的条件和范围晋升一级级别工资。调整工资标准办法，从 1997 年 7 月 1 日起将机关行政人员基础工资标准由原每人每月 90 元提高到每人每月 110 元。

职务级别工资制工资标准表（1997 年 7 月 1 日执行）

表 2－22　　　　单位：元/月

职务＼标准＼档次	职务工资 1	2	3	4	5	6	7	8	9	10	11	12	13	14	级别工资 级别	工资标准	基础工资	工龄工资
															一	470	110	每工作一年按一元发给
主席副主席总理	480	555	630	705	780	855	—	—	—	—	—	—	—	—	二	425	110	
															三	382	110	
副总理国务委员	400	460	520	580	640	700	760	—	—	—	—	—	—	—	四	340	110	
部长省长	330	380	430	480	530	580	630	680	—	—	—	—	—	—	五	298	110	
副部长副省长	270	315	360	405	450	495	540	585	630	—	—	—	—	—	六	263	110	
司长、厅局长	215	255	295	335	375	415	455	495	535	575	—	—	—	—	七	228	110	
															八	193	110	
副司长副厅、局长	175	210	245	280	315	350	385	420	455	490	—	—	—	—	九	164	110	
处长县长	144	174	204	234	264	294	324	354	384	414	444	—	—	—	十	135	110	
副处长副县长	118	143	168	193	218	243	268	293	318	343	368	—	—	—	十一	111	110	
科长主任科员	96	116	136	156	176	196	216	236	256	276	296	316	—	—	十二	92	110	
副科长副主任科员	79	94	109	124	139	154	169	184	199	214	229	244	—	—	十三	77	110	
科员	63	75	87	99	111	123	135	147	159	171	183	195	207	219	十四	65	110	
办事员	50	60	70	80	90	100	110	120	130	140	150	160	170	180	十五	55	110	

1998 年 7 月 2 日，江西省人事厅关于机关工作人员正常晋升级别工资有关问题的通知。为理顺工资关系，保证新的工资制度正常运转，根据国务院文件精神，结合江西省的实际情况，经省人民政府批准对全省机关工作人员自 1993 年工资制度改革以来，凡年度考核连续为称职及其以上，而期间又没有晋升过级别工资的，可从 1998 年 1 月 1 日起晋升一级级别工资。

1999 年 9 月 8 日，江西省人民政府办公厅关于印发江西省调整机关事业单位工作人员工资标准和增加离退休人员离退休费三个实施方案的通知，调整工资标准，从 1999 年 7 月 1 日起，将机关行政人员基础工资标准由每人每月 110 元提高到 180 元,级别工资由 15 级至 1 级每人每月 55 元至 470 元,提高到 85 元至 720 元。在调整机关行政人员工资标准的同时,适当调整机关工人的岗位工资和技术等级(职务工资)标准,机关工人的奖金部分按照其他工资构成中的比例相应提高。调整机关工作人员工资标准所需经费,按现行财政体制由各级财政分别负担,省财政将按 72% 的比例,给予补助。

1999 年 12 月 14 日,省人事厅《关于机关事业单位工作人员正常晋升职务工资档次和离退休人员增加离退休费的通知》,经请示省政府批准同意,江西省机关事业单位工作人员从 1999 年 10 月 1 日起,继续在考核的基础上正常晋升职务工资档次,具体实施办法仍按江西省人民政府办公厅转发人事部、财政部、国家计委关于机关事业单位工作人员正常晋升工资档次办法的通知(赣府厅发〔1996〕10 号文)执行。

职务级别工资制工资标准表(1999 年 7 月 1 日起执行)

表 2－23

单位:元/月

职务＼标准＼档次	职务工资														级别工资		基础工资	工龄工资
	1	2	3	4	5	6	7	8	9	10	11	12	13	14	级别	工资标准		
主席副主席总理	480	555	630	705	780	855	—	—	—	—	—	—	—	—	一	720	180	每工作一年按一元发给
															二	650	180	
															三	585	180	
副总理国务委员	400	460	520	580	640	700	760	—	—	—	—	—	—	—	四	520	180	
部长省长	330	380	430	480	530	580	630	680	—	—	—	—	—	—	五	460	180	
副部长副省长	270	315	360	405	450	495	540	585	630	—	—	—	—	—	六	405	180	
司长、厅局长	215	255	295	335	375	415	455	495	535	575	—	—	—	—	七	350	180	
副司长副厅、局长	175	210	245	280	315	350	385	420	455	490	—	—	—	—	八	295	180	
															九	250	180	
处长县长	144	174	204	234	264	294	324	354	384	414	444	—	—	—	十	210	180	
副处长副县长	118	143	168	193	218	243	268	293	318	343	368	—	—	—	十一	175	180	
科长主任科员	96	116	136	156	176	196	216	236	256	276	296	316	—	—	十二	145	180	
副科长副主任科员	79	94	109	124	139	154	169	184	199	214	229	244	—	—	十三	120	180	
科员	63	75	87	99	111	123	135	147	159	171	183	195	207	219	十四	100	180	
办事员	50	60	70	80	90	100	110	120	130	140	150	160	170	180	十五	85	180	

2000 年 11 月,江西省人民政府批转省财政厅《关于改善财政状况加强财政管理若干意见的通知》要求:改革工资性支出管理,保障公务员和教师工资发放。为了优先保证工资支出,要抓紧实施两项改革措施:一是对行政单位人员和教师工资,实行财政统一发放;对其他属于财政供养范围的事业单位人员工资,由各地根据实际情况,逐步统一发放。二是推广"工资资金专户"管理制度,县乡财政收入、上级补助资金、按一定比例统筹的预算外资金以及其他资金都要进入工资资金专户,实行封闭运行,以确保工资优先发放。结合政府机构改革和事业单位体制改革,精简机构,对行政事业人员和教师严格定编定员。各地要实行确保工资发放书记、县长责任制。省、市财政部门将对各县市财政保障基本工资发放能力进行核定,对于有财力保证工资发放,但因工作力度不够、财政管理不善导致连续欠发工资的地方,省财政将相应扣减税收返还或转移支付资金,直接拨入欠发工资县市的财政工资专户,欠发工资的地方党政机关不得新盖和装修办公楼,不得新购或更换小汽车,党政干部不得出国考察;对因财力紧张发放工资困难,但经过努力和加强管理后保证工资发放,并不再发生新拖欠的财政困难县,省、市政府给予奖励;对确因财力薄弱无法保证工资到位的贫困县,发放基本工资(职务、级别、基础、工龄工资)缺口部分,以设区市财政为主予以帮助,省财政酌情补助。工资发放困难的县(市、区),要努力增收节支,切实采取措施,争取用三年时间做到靠自身财力解决工资发放问题,三年之后,省财政不再给予补助。

2001 年,省财政厅《关于进一步做好行政事业单位财政统一发放工资工作的紧急通知》,自 2001 年下半年起,行政事业单位职工工资和事业单位教师工资相继由财政统一发放。

2002 年,根据江西省人民政府赣府厅发〔2001〕33 号文件精神,今后在机关事业单位按《国务院办公厅关于印发机关事业单位工资制度改革三个实施办法的通知》规定,工作人员正常晋升职务工资档次,离退休人员同时增加离退休费。范围对象:(1)凡是在 2001 年 9 月 30 日在册的机关事业单位工作人员满两年考核称职以上的可晋升一个工资档次和增加离退休费。(2)新增工资和新增离退休费从 2001 年 10 月 1 日起执行。(3)凡是 2001 年 9 月 30 日已达退休年龄的,先办理离退休手续再增加离退休费。

2006 年,根据《江西省公务员工资制度改革实施意见》,规定:(1)公务员基本工资构成,由现行职务工资、级别工资、基础工资和工龄工资四项调整为职务工资和级别工资两项,取消基础工资和工龄工资。级别工资由现行的 15 个调整为 27 个,取消现行级别。按现行职务套改的级别,如低于或等于按原任低一级套改的级别,可先按原任低职务套改的级别,级别工资额低于原任低一职务套改的级别工资额,可先按原任低一职务套改,再就近就高套入按现任职务套改级别的对应工资标准。(2)机关工人工资:技术工人仍实行岗位技术等级工资制,基本工资构成由现行岗位工资、技术等级(职务)工资和奖金三项调整为岗位工资和技术等级(职务)工资两项;普通工人仍实行岗位工资制、基本工资制构成由现行岗位工资和奖金两项调整为岗位工资一项。

公务员级别工资标准表

表 2 - 24　　　　单位:元/月

级别	档次													
	1	2	3	4	5	6	7	8	9	10	11	12	13	14
一	3020	3180	3340	3500	3660	3820	—	—	—	—	—	—	—	—
二	2770	2915	3060	3205	3350	3495	3640	—	—	—	—	—	—	—
三	2530	2670	2810	2950	3090	3230	3370	3510	—	—	—	—	—	—
四	2290	2426	2562	2698	2834	2970	3106	3242	3378	—	—	—	—	—
五	2070	2202	2334	2466	2598	2730	2862	2994	3126	3258	—	—	—	—
六	1870	1996	2122	2248	2374	2500	2626	2752	2878	3004	3130	—	—	—
七	1700	1818	1936	2054	2172	2290	2408	2526	2644	2762	2880	—	—	—
八	1560	1669	1778	1887	1996	2105	2214	2323	2432	2541	2650	—	—	—
九	1438	1538	1638	1738	1838	1938	2038	2138	2238	2338	2438	—	—	—
十	1324	1416	1508	1600	1692	1784	1876	1968	2060	2152	2244	—	—	—
十一	1217	1302	1387	1472	1557	1642	1727	1812	1897	1982	2067	2152	—	—
十二	1117	1196	1275	1354	1433	1512	1591	1670	1749	1828	1907	1986	2065	—
十三	1024	1098	1172	1246	1320	1394	1468	1542	1616	1690	1764	1838	1912	1986
十四	938	1007	1076	1145	1214	1283	1352	1421	1490	1559	1628	1697	1766	1835
十五	859	924	989	1054	1119	1184	1249	1314	1379	1444	1509	1574	1639	1704
十六	786	847	908	969	1030	1091	1152	1213	1274	1335	1396	1457	1518	1579
十七	719	776	833	890	947	1004	1061	1118	1175	1232	1289	1346	1403	—
十八	658	711	764	817	870	923	976	1029	1082	1135	1188	1241	1294	—
十九	602	651	700	749	798	847	896	945	994	1043	1092	1141	—	—
二十	551	596	641	686	731	776	821	866	911	956	1001	—	—	—
二十一	504	545	586	627	668	709	750	791	832	873	—	—	—	—
二十二	461	498	535	572	609	646	683	720	757	—	—	—	—	—
二十三	422	455	488	521	554	587	620	653	—	—	—	—	—	—
二十四	386	416	446	476	506	536	566	596	—	—	—	—	—	—
二十五	352	380	408	436	464	492	520	—	—	—	—	—	—	—
二十六	320	347	374	401	428	455	—	—	—	—	—	—	—	—
二十七	290	316	342	368	394	420	—	—	—	—	—	—	—	—

机关技术工人岗位技术等级工资标准表

表2－25

单位:元/月

标准(技术等级)	岗位工资																		技术等级工资
	1	2	3	4	5	6	7	8	9	10	11	12	13	14	15	16	17	18	
高级技师	895	936	977	1024	1071	1118	1171	1224	1277	1336	1395	1454	1519	1584	1649	—	—	—	410
技师	760	795	830	865	905	945	985	1031	1077	1123	1175	1227	1279	1338	1397	—	—	—	270
高级工	650	681	712	743	777	811	845	882	919	956	998	1040	1082	1129	1176	1228	1280	—	195
中级工	570	598	626	654	685	716	747	781	815	849	886	923	960	1001	1042	1087	1132	1177	155
初级工	500	526	552	578	606	634	662	693	724	755	788	821	854	891	928	965	1006	1047	125

机关普通工人岗位工资标准表

表2－26

单位:元/月

档次	1	2	3	4	5	6	7	8	9	10	11	12	13	14	15	16	17	18	19
岗位工资	610	634	658	684	710	738	766	797	828	862	896	934	972	1013	1054	1098	1142	1186	1230

事业单位专业技术人员基本工资标准表

表2－27

单位:元/月

岗位工资		薪级工资									
岗位工资	工资标准	薪级	工资标准	薪级	工资标准	薪级	工资标准	薪级	工资标准	薪级	工资标准
一级	2800	1	80	14	273	27	613	40	1064	53	1720
二级	1900	2	91	15	295	28	643	41	1109	54	1785
三级	1630	3	102	16	317	29	673	42	1154	55	1850
四级	1420	4	113	17	341	30	703	43	1199	56	1920
五级	1180	5	125	18	365	31	735	44	1244	57	1990
六级	1040	6	137	19	391	32	767	45	1289	58	2060
七级	930	7	151	20	417	33	799	46	1334	59	2130
八级	780	8	165	21	443	34	834	47	1384	60	2200
九级	730	9	181	22	471	35	869	48	1434	61	2280
十级	680	10	197	23	499	36	904	49	1484	62	2360
十一级	620	11	215	24	527	37	944	50	1534	63	2440
十二级	590	12	233	25	555	38	984	51	1590	64	2520
十三级	550	13	253	26	583	39	1024	52	1655	65	2600

说明:各专业技术岗位的起点薪级分别为:一级岗位39级,二至四级岗位25级,五至七级岗位16级,八至十级岗位9级,十一至十二级岗位5级,十三级岗位1级

事业单位管理人员基本工资标准表

表2－28

岗位工资		薪级工资									
岗位工资	工资标准	薪级	工资标准	薪级	工资标准	薪级	工资标准	薪级	工资标准	薪级	工资标准
一级	2750	1	80	14	273	27	613	40	1064	53	1720
二级	2130	2	91	15	295	28	643	41	1109	54	1785
三级	1640	3	102	16	317	29	673	42	1154	55	1850
四级	1305	4	113	17	341	30	703	43	1199	56	1920
五级	1045	5	125	18	365	31	735	44	1244	57	1990

续表2－28

岗位工资		薪级工资									
岗位工资	工资标准	薪级	工资标准	薪级	工资标准	薪级	工资标准	薪级	工资标准	薪级	工资标准
六级	850	6	137	19	391	32	767	45	1289	58	2060
七级	720	7	151	20	417	33	799	46	1334	59	2130
八级	640	8	165	21	443	34	834	47	1384	60	2200
九级	590	9	181	22	471	35	869	48	1434	61	2280
十级	550	10	197	23	499	36	904	49	1484	62	2360
		11	215	24	527	37	944	50	1534	63	2440
		12	233	25	555	38	984	51	1590	64	2520
		13	253	26	583	39	1024	52	1655	65	2600

说明：各管理岗位的起点薪级分别为：一级岗位46级，二级岗位39级，三级岗位31级，四级岗位26级，五级岗位21级，六级岗位17级，七级岗位12级，八级岗位8级，九级岗位4级，十级岗位1级

2008年，省人事厅、财政厅《关于机关事业单位工资收入分配制度改革实施中有关问题的处理意见》的通知规定：公务员所任职务层次低于执行工资待遇对应职务层次的，晋升职务工资，晋升后的职务高于已执行工资待遇对应职务层次，执行新任职务的职务工资标准，并以执行工资待遇对应的职务层次的基础，按规定晋升级别和级别工资；如晋升后的职务与已执行工资待遇对应职务层次相同，执行新任职务的职务工资标准、级别工资不变；如晋升后的职务低于已执行工资待遇对应职务层次，职务工资和级别工资不变。

（二）补助工资

补助工资是工作人员基本工资以外的按规定领取的补贴、津贴等。补助工资的名目繁多，各个时期有所不同。根据2000年国家预算支出目级科目规定“补助工资”反映国家统一规定的津贴、补贴，包括各项岗位津贴、价格补贴、地区性补贴、冬季取暖补贴、职工上下班交通费补贴等。

1. 附加工资

指由企业单位调入行政事业单位的人员按规定可继续享受原有附加工资的部分。1985年按照省劳动厅、财政厅的规定，工改前有附加工资的工作人员工改后从套改增加的工资中予以抵销，抵销不完的部分，可以继续予以保留，待今后增加工资时，再予以抵销。

2. 粮食补贴

（1）1965年，江西省在提高粮食统销价格后，对行政机关及其他单位的职工，普遍实行粮食补贴。同年4月，省人民委员会发出《江西省城镇工矿职工生活补贴实行办法》，除行政13级以上，或全家每人平均收入超过17元的外，其余干部职工从4月份起，全家在5口范围内给予粮食补贴。职工每人每月补助1.5元，职工负担的吃商品粮人口，按每人负担2个半人计算，每人每月负担0.8元。1966年职工本人又增加粮食补贴2元。（2）江西省革命委员会通知从1979年4月起，国家职工粮食补贴每人每月3元，由所在单位每月随同工资发放（老粮贴），原补贴金额高于3元和低于3元的一律改按3元发给。此后粮食补贴范围不再扩大，原来未享受的新职工，不再享受粮食补贴。并自这年起在提高工资区类别时，逐步冲销粮食补贴。（3）1991年4月16日江西省人民政府转发财政、劳动等五部关于提高粮油统销价格后适当增加职工工资问题的通知。国家机关、企业、事业单位在职职工及离退休人员，每人每月一律补偿6元；中小学民办老师、普通高等学校中等专业学校在校学生，每人每月补偿4元。从1991年5月1日起执行。国家机关事业单位调整基础工资，企业单位调整标准工资。（4）1992年4月17日，省财政厅转发财政部《关于提高粮食统销价格后适当发给职工等有关人员粮价补贴的通知》，国家机关、事业、企业的在职职工及离退休人员，每人每月一律发给粮食补贴5元。吃商品粮的民办教师、高中等专业学校和技工学校的在校学生、享受遗属补助人员、敬老院、福利院社会救济人员、在押犯人和劳教人员每人每月补贴3元。从1992年4月起执行。

3. 副食品价格补贴

1979年10月，随着市场物价逐步放开，省革命委员会转发《国务院关于提高主要副食品销价后发给职工副食品价格补贴的通知》，规定全民所有制企业、事业单位和国家机关的固定职工和1971年11月底前的临时工（包括代课教师），每人每月补贴5元，半脱产人员和公社事业人员每人每月补贴2.5元，从1979年1月随同工资发放。1985年工改实行结构工资制，此项补贴停止执行。

4. 奖励工资

1982年起，全省各级行政机关设立行政节约奖。1983年奖金标准每人每月不超过5元，1984年

规定预算包干结余奖每人每月最高不超过8元。1986年赣财行字133号文关于行政机关结余奖金不超过一个月平均工资。1988年省财政厅、省劳动人事厅规定从1988年1月起,工作人员奖励工资由全年不超过一个月的基本工资提高到一个半月。

1989年8月2日,省人事厅、财政厅关于发放1989年预算包干结余奖的通知。行政事业单位对参加了本单位增收节支活动的职工,都可在每人每年不超过60元内发放包干结余奖。行政事业单位离退休人员由单位在每人全年不超过60元内,发给一次性生活补贴,上述包干节余奖和一次性生活补贴从本单位预算包干结余或预算外收入中解决。1990年1月4日省财政厅、省人事厅改变预算包干结余奖发放办法,对行政事业单位预算包干结余奖,从当年起将包干结余奖改为按月随工资发放,奖金数额为每人每月5元(含离退休人员生活补贴)。

1991年11月19日,省财政厅、人事厅、劳动厅关于提高省级行政事业单位职工包干结余奖和离退休人员生活补贴的通知,经报请省人民政府同意从1991年10月份起将省行政事业单位包干结余奖由每人每月5元,提高到10元,同时对省级行政事业单位的离退休人员每人每月发给5元生活补贴。全省各行政事业单位均按此文执行。

1992年3月,江西省人民政府决定,从1992年3月起各级国家机关事业单位工作人员奖励工资(奖金)标准,由全年一个半月基本工资提高到三个月基本工资。按工作人员所担任的职务标准发放。

江西省国家机关工作人员奖励工资标准

表2-29　　　　单位:元/月

档次 \ 工作年限	15年以下	15年及以上	档次 \ 工作年限	15年以下	15年及以上	25年及以上
省长及其相当职务	—	60	副处长及其相当职务	35	40	—
副省长及其相当职务	55	60	科长及其相当职务	30	35	—
厅长及其相当职务	50	55	副科长及其相当职务	25	30	—
副厅长及相当职务	45	50	科员及其相当职务	20	25	30
处长及其相当职务	40	45	办事员,工人	18	23	28

事业单位奖金分配参照机关分配办法,受聘了专业技术职务的人员,正高不超过50元,副高不超过40元,中级职务不超过35元,助理职务不超过30元,技术员比照机关科员或办事员奖金标准确定。

2006年,省人事厅、省财政厅《关于机关事业单位年终一次性奖金发放办法的通知》规定:(1)行政机关年终一次性奖金按照《江西省公务员工资制度改革实施意见》的有关规定发放,即:对年度考核为称职(合格)及以上的工作人员发放年终一次性奖金,标准为本人当年12月份的基本工资。(2)机关事业单位工作人员上半年参加工作的,全额发放,下半年参加工作的,减半发放。

5. 物价补贴

(1)1988年省政府关于调整部分食品价格,并给职工增发生活补贴每人每月6元,离退休人员同样享受生活补贴。从1988年3月起执行。(2)1993年5月21日省物价局、省财政厅发文,对国家机关、企业事业单位在职人员和离退休人员发给物价补贴,省级单位职工每人每月5元,县级单位职工每人每月3元。物价补贴随工资发放。从1993年6月执行。

6. 肉价补贴

1989年2月24日,省委、省政府决定,从1989年4月份起改变城镇居民肉价补贴发放办法,吃商品粮的职工和离退休人员每人每月6元;大中专技校学生每人每月3元;优抚、社会救济对象中无工资收入享受固定补助、救济的和无职工赡养享受遗属补助的吃商品粮人员,每人每月2元。吃商品粮的城镇居民每人每月1.2元。

7. 交通费

1989年12月23日,省劳动厅、人事厅、财政厅,关于调整职工上下班交通费补贴的通知,对职工上下班交通费及职工私车公用修车补贴标准,每人每月5元,从1989年12月起,按月随工资发放。离退休人员亦按此标准执行。

8. 书报费

江西省财政厅曾规定省级单位发放科技人员书报费每人每月2元。省劳动厅、省财政厅规定从1988年12月起书报费补助标准,由每人每月2元调整为6元。1991年科技人员书报费补助标准由6元调整为8元。乐安县参照执行。

9. 电价补贴

省计委发文从1992年1月起电价补贴每人每月发给2元。同年,省物价局发文从1992年7月电价补贴每人每月2元。行政事业单位职工(含离退休人员)共计每人每月电价补贴4元,从本单位经费包干结余中开支。乐安县由于财力紧张未执行。

上述各项补贴,随着1993年工资改革进行,对现行各项津贴进行整顿,合理的项目按国家规定纳入职级工资标准,其余部分保留,不合理的项目予以取消,上述各项补贴多数随着1993年工改增资予以冲销。

1993年工改后新增加的补贴项目有:

1995年省财政厅、省粮食局、物价局对定购粮收购实行价外补贴有关政策的同时,对职工实行定向补贴。对行政、事业、企业单位在职职工及离退休人员每人每月补贴8元,从1995年9月1日起执行。

1995年12月11日,省人事厅、省财政厅关于机关和事业单位工作人员增加补贴的通知,经省委、省人民政府同意,对机关和事业单位工作人员(含离退休人员)从1995年10月1日起,县级人员每月补贴35元,科级或科级以下人员每人每月补贴30元。

(三)职工福利待遇

职工福利费是照顾职工生活,解决职工特殊困难而设置的一种费用。其范围包括:缴拨的工会经费,按标准提取的工作人员福利费,独生子女保健费、职工医疗费(非公费医疗经费),因公负伤住院治疗及住院期间伙食补助费,病假两个月以上的人员工资,职工探亲旅费,由原单位支付的退职金,退职人员及其随行家属路费,职工死亡丧葬费,遗属生活困难补助费,长期赡养人员补助费等。

1. 标准福利费

1954年以前未设置福利费科目,中华人民共和国成立初期国家机关工作人员实行供给制待遇,有关福利待遇列入供给范围,如洗澡、理发、老年优待金、保健费、妇女卫生费、生育费、幼儿保育、保姆待遇、年节费、轻病补助费、家属招待费、干部家属生活补助、干部家属医药费补助等按规定标准报销。

1954年1月4日,省财政厅规定职工福利费标准,省、专署机关工作人员每人每月以8分计算,县、区政府工作人员以每人每月6分计算,由机关统一掌握,在规定标准范围内实支实报,不得平均发给。

1956年5月26日,财政部、人事局规定,为了解决国家机关工作人员生活困难,1956年1月起,区以上工作人员福利费标准提高为工资总额的5%,1956年4月起,乡镇干部福利费标准,按乡镇干部工资总额的3%计算。

1957年5月22日,国务院规定从1957年6月份起地方区以上各机关工作人员的福利费,按照工资总额的3%计算,乡镇机关工作人员的福利费,按照工资总额的1%计算,由人事部门统一掌握使用。

1958年6月9日,国务院转发人事局关于改进国家机关和事业单位工作人员福利费的报告,从1958年6月起贯彻中央节减行政经费的决定,福利费标准降为工资总额1%提取。

当年乐安县人民委员会规定,从5月1日起,全县取消炊事员编制,食堂一律试行企业化,原开支的小伙食单位补贴亦同时取消。同时取消理发费、洗澡费、家属医药费、生育补助费、临时补贴、雨伞胶鞋补助费等项开支。

1960年江西省贯彻中央关于“以解决工作人员个人生活困难为主,适当举办一些集体福利事业”的指示精神,全省机关工作人员的福利费按工资总额的3%计算。

1963年3月28日,省人委规定,从1963年5月1日起江西省区以上国家行政机关工作人员福利费,按工资总额2.5%的比例提取,由县人事局统一掌握。

1976年3月19日,省革委会规定,从1976年1月起,全省各级机关工作人员福利费改按每人每月1.24元标准提取。

1981年7月1日,省人事局、省财政厅规定从1981年1月起,全省各级国家机关和事业单位福利费改按每人每月1.6元提取。

1984年5月30日,省财政厅规定从1984年1月起机关、事业单位工作人员福利费标准提高到每人每月2元(行政事业单位的离休、退休人员亦按此标准提取)。

1988年,省财政厅、劳动人事厅规定,从1988年1月起,行政事业单位工作人员福利费标准由每人每月2元调整为4元。

1994年10月27日,省财政厅、省人事厅修改福利费提取标准。遵照国家机关事业单位福利费按工资总额的2.5%提取的规定,根据全省平均工资水平测算,对行政事业单位工作人员福利费标准由原来的每人每月4月调整为10元(行政事业单位离休退休人员亦按此标准提取)。这是现行标准,直至2012年仍在继续进行。

2. 工会经费

1955年国务院规定,凡成立工会的机关,工会经费按工资制人员每人每月工资2%计算,包干制每人每月3分计算,由机关拨交工会掌握。

1958 年江西省财政厅规定，为节减行政经费，机关工会经费自 1958 年 4 月起，工会经费由原来按工资总额的 2% 降为 1% 提取（企业仍按 2% 提取）。

1979 年江西省财政局规定，恢复“文化大革命”期间停缴的工会经费，从 1979 年 1 月起，企业、事业、机关、行政方面向工会拨交工会经费，凡成立工会组织的企业事业单位，均按职工工资总额的 2%，按月向工会拨交工会经费；已成立工会组织的国家机关行政方面，应按职工工资总额的 1% 缴交工会经费。工会经费基层工会留用 60%，县总工会留用 25%，省总工会留用 10%，上缴全国总工会 5%。工会经费开支范围，用于宣传、文艺、体育活动，职工业余教育，工会行政经费及会员困难补助和职工集体福利事业的补助。

1992 年全国总工会决定，凡成立工会组织的事业单位和国家机关每月按职工工资总额的 2% 提取工会经费。

3. 洗澡理发费

1954 年以前实行供给制期间，干部洗澡、理发费列入供给制范围，按规定核准报销。住城市工作人员，春冬两季每人每月洗澡费折米 0.4 公斤，无理发员的单位，每人每月发理发费折米 0.6 公斤。

1984 年 1 月，省财政厅规定每人每月发理发费 2 元，所需经费由单位提取的福利费和包干结余经费中开支。

1985 年 7 月起，洗理费标准调整为每人每月 4 元。从 1991 年 10 月起，调整为每人每月 8 元，按月随同工资发放。

4. 防暑降温费

1988 年江西省财政厅规定，暑期时间一般定为 7 月、8 月、9 月三个月，行政单位和企事业单位其他职工，每人每月供应清凉饮料的数量应低于高温作业工种工人，供应清凉饮料标准每人每天 0.3 元

1995 年 6 月 19 日，省劳动厅、省财政厅调整防暑降温清凉饮料费用标准。行政单位和企事业单位的其他职工，暑期定为 7 月、8 月、9 月三个月，每人每天供应清凉饮料费用标准为 0.6 元。防暑降温清凉饮料费用的列支，按江西省财政厅规定，行政事业单位由职工福利费或福利基金中开支。

2006 年 8 月江西省劳动厅和社会保障厅、财政厅《关于调整夏季防暑降温费标准的通知》规定，在岗职工夏季防暑降温费标准为：从事室外作业和高温作业人员每人每月 120 元；非高温作业人员每人每月 100 元；行政单位和企事业单位其他人员每人每月 80 元。暑期时间为 7 月、8 月、9 月三个月。

2007 年 7 月，江西省人事厅江西省劳动和社会保障厅、江西省财政厅《关于夏季防暑降温费发放问题的通知》明确如下：机关事业单位在岗职工夏季防暑降温的发放可继续按照江西省劳动和社会保障厅、江西省财政厅（赣劳社劳〔2006〕10 号）的有关规定执行。

2012 年 9 月 4 日，乐安县人力资源和社会保障局、乐安县财政局转发省、市人力资源和社会保障、财政部门文件。根据国家安监总局、卫生部、人社部、全国总工会《关于印发防暑降温措施管理办法的通知》的规定，经省人民政府同意，决定将原“夏季防暑降温费”改为“高温津贴”，同时对高温津贴标准、发放时间进行适当调整，并按规定改变高温津贴的列支渠道。

（1）适当调整高温津贴标准。从 2012 年起，从事室外作业和高温作业的劳动者每人每月由原来的 120 元调增到 240 元；室内非高温作业的劳动者每人每月由原来的 80 元调增到 160 元。

（2）适当扩大发放时间范围。从 2012 年起，发放高温津贴的时间为每年的 6 月 1 日至 9 月 30 日（共 4 个月），随同工资一起实行按月发放。

（3）按规定改变列支渠道。从 2012 年起，将高温津贴纳入劳动者工资组成部分，计入用人单位工资总额，但不包括在最低工资标准范围内。企业发放给劳动者的高温津贴列入企业生产经营成本，行政事业单位发放给劳动者的高温津贴列入单位部门预算。

5. 独生子女保健费

1983 年江西省人民政府规定，从领取独生子女证之月起，每月发给独生子女保健费 3 元 ~5 元，至 14 岁止，由夫妇双方所在单位各负担一半，如一方为干部、职工、另一方为农村社员、城镇待业居民、个体经营者，由夫妇所在单位和所在社队，街道办事处各负担一半。独生子女父母一方在外省的由江西省和外省按各自标准各发一半。对于农村中每年平均收入不足 50 元的困难村，经县人民政府核定，由国家补助 50%。

《江西省计划生育条例》规定，只生育一个子女的夫妇采取节育措施，保证不再生育者，在申请领取独生子证后，从领证之日起每月发给独生子女保健费 4 元，发至 14 周岁止，原则上由夫妇双方工作单位各负担一半。

6. 因公负伤住院治疗期间伙食补助费

1978 年 8 月，江西省财政局规定行政事业单位职工，凡因公负伤，以及因工作、生产需要接触血吸

虫病而患了血吸虫病的,住院治疗期间的伙食费,由单位报销 2/3,个人负担 1/3. 此项费用由职工所在单位的行政事业费中开支,列职工福利费科目。

1982 年省财政厅财行字 10 号文规定,因公负伤疗养期间的伙食费回原单位报销 2/3,个人负担 1/3。

7. 病假期间生活待遇

1954 年 7 月,政务院曾颁发各级人民政府工作人员病假期间待遇的暂行规定(略)。

1955 年 12 月,国务院颁发国家机关工作人员病假期间生活待遇试行办法。从 1956 年 1 月 1 日起,(1)病假在六个月以内的,头一个月工资照发,第二个月起按工作年限长短(二年、五年、十年以内、十年以上)分别按本人工资 70%、80%、90%、100%发给。(2)病假超过六个月的从第七个月起仍按上述工作年限的规定分别按本人工资 50%、60%、70%、80%发给。因公负伤疗养期间,工资照发。

1981 年 4 月,国务院重新发布《国家机关工作人员病假期间生活待遇》。工作人员病假在两个月以内的发给原工资,病假在两个月以上的,从第 3 个月起,工作年限不满 10 年的,发给本人工资 90%;工作年限满 10 年的工资照发。工作人员病假超过 6 个月的,从第七个月起,工作年限不满 10 年的发给本人工资 70%;工作年限满 10 年的,发给本人工资 80%;1945 年 9 月 2 日以前参加革命工作的人员,发给本人工资的 90%;获得省人民政府、国务院各部门授予的劳动英雄、劳动模范称号,仍能保持荣誉的病假期间工资经过批准,可以适当提高。中华人民共和国成立前参加工作的行署副专员及相当职务行政 14 级干部,1945 年 9 月 20 日前参加革命工作的正副县长及相当职务行政 18 级以上干部,1937 年 7 月 6 日以前参加革命工作的工作人员,在病假期间工资照发。病假待遇在 50 至 70 年代执行较严,后来在执行中有所放宽。

8. 职工探亲待遇

1958 年 2 月,国务院颁布关于工人、职员回家探亲的假期和工资待遇的暂行规定。随着 1981 年颁布新规定而废止。

1981 年 3 月 14 日,国务院公布《职工探亲待遇的规定》。

(1)享受职工探亲假的范围。根据国发〔1981〕36 号文规定,凡在国家机关、人民团体和全民所有制企业事业单位工作满一年的固定职工,与配偶不住在一起,又不能在公休假日团聚的,可以享受本规定探望配偶的待遇;与父亲、母亲都不住在一起,又不能在公休假日团聚的,可以享受本规定探望父母的待遇。但是,职工与父亲或母亲一方能够在公休假日团聚的,不能享受本规定探望父母的待遇。

(2)职工探亲假期。职工探望配偶的,每年给予一方探亲假一次,假期为 30 天,未婚职工探望父母,(原则是每年给假一次)假期为 20 天;如果因工作需要,本单位当年不能给假,或者职工自愿两年探亲一次,可以两年给假一次,假期为 45 天。已婚职工探望父母的,每四年给假一次,假期为 20 天。上述假期是指与配偶父母团聚时间、另外根据实际需要另给路程假,假期均包括公休假日和法定节日在内

(3)职工探亲路费。根据 1981 年江西省财政厅规定,职工探望配偶和未婚职工探望父母的往返路费,由所在单位负担。已婚职工探望父母的往返路费,在本人月标准工资 30%以内的由本人自理,超过部分由所在单位负担。职工探亲期间的伙食费、行李物品寄存费、托运费以及趁便参观、游览等项开支,均由职工自理,不得报销。职工探亲路费,包括往返车船费,市内交通费和途中住宿费。乘火车的不分职级,一律报硬席座位费(年满 50 周岁、乘车 48 小时以上的,可报硬席卧铺),乘轮船的,报四等舱位费,乘长途汽车及其他民用交通工具的,凭据按实支报销,乘坐市内出租机动车的开支,由职工自理。

(4)职工探亲假工资。根据江西省财政厅、劳动厅、人事厅规定,国家机关和事业单位工资制度改革后,职工探亲假期内工资计发:机关实行职级工资制的人员,为本人职务工资、级别工资、基础工资与工龄工资之和计发。事业单位职工为本人职务工资和按国家规定比例计算的津贴计发。

已经退休职工,不是在职固定职工,不属享受探亲假规定的范围,因此不享受探亲待遇。离休干部如符合探亲条件,可继续享受国家规定的探亲待遇。干部离休后还可按现行差旅费开支标准报销一次探视父母、子女或回原籍的往返车船费。

9. 职工死亡丧葬费

1950 年供给标准规定。在职人员死亡者,发中等棺木一口,普通寿衣一套,平原地区按 250 公斤米 ~300 公斤米,山区按 200 公斤 ~250 公斤米,实报实销。

1954 年 8 月 20 日,江西省人民政府印发 1954 年行政经费开支标准,规定工作人员死亡殓埋费在 100 元内据实报销,棺木特别昂贵地区可酌情提高,但最高不得超过 150 元。

1980 年 12 月 4 日,江西省财政厅规定,从 1981

年1月起,国家机关、事业单位工作人员逝世后,治丧费标准,不分职务级别,每人按240元报销,用于死者服装、整容、遗体存放、运送、火化、骨灰盒及其存放费开支,由家属掌握包干使用。有关追悼会方面的费用,由单位按节约的原则,据实报销。

1996年江西省财政厅规定,机关事业单位工作人员逝世后的丧葬费标准,从1997年1月1日起,由原每人240元,调整到1600元,包干使用。

2008年江西省财政厅规定,机关事业单位工作人员逝世后的丧葬费标准,从2008年1月1日起,由原每人1600元,调整到3200元,包干使用。

2012年12月20日,乐安县人力资源和社会保障局、乐安县民政局、乐安县财政局发文规定,全县机关事业单位工作人员逝世后丧葬费实行包干使用,不分职务级别,标准由每人3200元提高到每人5000元。从2012年1月1日起开始执行。

10. 遗属生活困难补助

国家行政机关工作人员牺牲病故后,除由当地民政部门按规定发给一次性抚恤外,其直系亲属,生活有困难的,由原单位发给定期定额生活补助费。1957年4月27日,内务部、财政部、人事局关于国家机关工作人员牺牲病故后遗属生活照顾问题,曾复函内蒙古自治区及吉林省人事局"在没有统一规定以前对此类问题,除了应该按照革命工作人员伤亡褒恤条例对他们的家属进行一次性的抚恤外,如果死者所遗家属生活上有困难的,原工作机关,可以根据从严的精神,从机关福利费内酌情给予临时的或者定期的补助。如果机关福利费开支此项费用有困难,可以在原工作机关的行政费内报销"。

1963年9月9日,省人委规定,因公牺牲和病故工作人员,他们受抚养的家属,如果丧失劳动能力,父母年老,配偶无固定收入,子女、弟妹未满18岁者,享受定期定额补助。补助标准:(1)牺牲病故工作人员系中华人民共和国成立后参加工作的,其遗属生活困难在社会救济中解决;另外一方在工作的,可在其机关福利费或行政费内酌情解决;(2)牺牲病故工作人员系中华人民共和国成立前参加工作的,按参加工作时间不同和遗属居住城乡不同,分别确定补助标准。如系解放战争时期参加工作的。每人每月定期补助10元或5元(前者补助为城镇,后者补助为乡村,下同);抗日战争时期参加工作的,每人每月补助13元或7元;第二次国内革命战争时期及以前参加工作的,每人每月补助16元或9元。其遗属有固定工资收入的,其工资抽出20元~30元作为本人生活费外,多余月工资收入抵补遗属补助。遗属定期定额补助,按月到所在县民政部门领取。此规定从1963年10月1日起执行(以下属于中华人民共和国成立前参加工作的遗属补助另列表于后)。

1980年6月1日,省人事局、民政厅、财政厅规定,机关事业单位工作人员死亡后,父母配偶男年满60岁,女年满50岁,丧失劳动能力,无固定收入,子女、弟妹年未满16岁或虽已满16岁,但仍在普通中学就读者,可给予困难补助。补助标准为:遗属吃商品粮的每人每月补助15元至20元,不是吃商品粮的每人每月补助10元至15元。工作人员如属因公死亡,遗属困难补助每人每月可增加3元。已故工作人员的配偶有固定工资收入的,除留足本人每月相当行政23级的标准工资作为本人生活费以外,其余收入作为供养亲属的生活费。遗属生活困难补助费,由死者生前所在单位行政、事业费内开支,列职工福利费科目。本规定从1980年6月起执行。

1985年12月19日,省劳动人事厅、民政厅、财政厅规定从1986年1月起,吃商品粮的遗属补助在原标准基础上增加8元,提高到23元~28元;不是吃商品粮的增加6元,提高到16元~21元。死者的配偶有固定工资收入的,按工资改革后的标准,不足68元工资的全部作为个人生活费,收入超过68元的扣除本人生活费68元,多余部分作为供养亲属生活费。

1988年3月2日,省委老干部局、省劳动人事局、省民政局、省财政局关于调整部分食品价格发给生活补贴补充通知规定:凡享受国家机关、事业、企业单位工作人员死亡后遗属困难生活补助的对象,吃商品粮的遗属,每人每月按3元标准发给,不是吃商品粮的遗属每人每月按2元标准发给。

1989年4月起,吃商品粮的遗属,每人每月发肉价补贴2元。1991年5月起,每人每月发粮油价格补贴3元。

1992年11月12日,省人事厅、省财政厅规定,从1992年9月1日起因病死亡,吃商品粮的遗属每人每月补助40元,不是吃商品粮的每人每月补助35元;因公死亡的遗属补助,吃商品粮的每人每月补助50元,不是吃商品粮的每人每月补助45元。孤身遗属在上述标准上增加5元。不论因病因公死亡,吃商品粮的遗属同年4月起每人每月发给副食品价格补贴3元(县城)。粮油价格补贴3元。同年3月起发煤炭补贴2元(乐安县未执行)。1993年6月起发物价补贴3元。

1995年9月20日,省人事厅、省财政厅规定机关、事业单位工作人员因公因病死亡遗属补助标准,从1995年1月1日起,因病死亡吃商品粮的遗属补助每人每月65元,不是吃商品粮的每人每月55元;因公死亡吃商品粮的遗属补助每人每月75元,不是吃商品粮的每人每月补助60元。孤身遗属在上述标准基础上增加10元。已故职工配偶有固定工资收入,除本人每月留足250元作为本人生活费外,其余作为供养亲属生活费,不足可补足。

2000年3月27日,省人事厅、省财政厅规定,从1999年7月1日起机关、事业单位工作人员,因公因病死亡遗属补助:城镇户口的,因公死亡遗属补助由原75元提高到135元,因病死亡的,由原65元提高到115元;农村户口的因公死亡遗属补助由原60元提高到110元,因病死亡的,由原55元提高到100元。孤身遗属在上述标准上增加15元。

中华人民共和国成立前参加革命工作的老红军、老干部遗属生活困难补助,根据国务院关于老干部离退休后基本政治待遇不变,生活待遇略为从优的精神,离休老干部死亡后其遗属补助标准高于中华人民共和国成立后参加工作人员死亡后的遗属补助标准。

中华人民共和国成立前参加革命工作的遗孀、无固定工资收入的遗属补助标准

表2-30 单位:元

执行年月	第一、二次国内革命战争时期老红军、老干部	抗日战争时期参加革命工作		解放战争时期参加革命工作		文件依据
		吃商品粮的	吃农村粮的	吃商品粮的	吃农村粮的	
1980.6	30	—	—	—	—	〔1980〕赣财行18号文
1986.1	50	—	—	—	—	〔1985〕赣财行344号文
1987.1	—	40	35	35	30	〔1987〕赣财行13号文
1990.5	60	50	45	45	40	赣财文〔1990〕54号文
1994	75	65	60	60	55	
1995.1	120	100		90		赣财文〔1995〕128号文
1999.1	220	—		—		赣财社字〔1999〕07号文
2000.7	—	175		160		赣财文〔2000〕14号文

2005年5月30日,乐人劳(2005)18号文转发中共江西省委组织部、中共江西省委老干部局、江西省人事厅、江西省民政厅、江西省财政厅、江西省劳动和社会保障厅《关于调整老红军配偶和机关事业单位遗属生活补助标准化的通知》,经省政府同意,对老红军配偶和机关事业单位遗属生活补助标准作如下调整:

(1)部分老红军配偶生活补助标准的调整。①调整范围:建国前参加革命,因照顾老红军身体及家庭困难等,经组织决定于1952年至1955年间复员、退伍,现仍享受定期生活困难补助的老红军配偶。②调整标准:抗战时期(1937年7月7日至1945年9月2日前)参加革命的老红军配偶,生活补助标准调整为每人每月400元;解放战争时期(1945年9月3日至1949年9月30日)参加革命的老红军配偶,生活补助标准调整为每人每月360元。

(2)遗属生活补助标准的调整。①机关、事业单位1937年7月6日以前参加革命工作的老红军、老干部去世后,其无固定收入的配偶生活困难补助标准,由每人每月220元调整为320元;抗日战争、解放战争时期参加革命工作的老干部去世后,其无固定收入的配偶生活困难标准每人每月175元、160元统一调整为255元。②机关、事业单位工作人员因公、因病死亡后,其无固定收入的遗属生活困难补助标准:因公死亡人员的遗属,不分城镇、农村,由每人每月135元(城镇)、110元(农村)统一调整为180元;因病死亡人员的遗属,也不分城镇、农村,由每人每月115元(城镇)、100元(农村)统一调整为170元。

国有企业离休干部去世后,其无固定收入遗属的生活补助标准,参照上述标准执行。

以上调整后的标准均从2005年1月起执行,经费来源按原渠道列支。

2008年1月16日,省委组织部、省老干局、省人事厅、省民政厅、省财政厅省劳动厅《关于调整老红军配偶和机关事业单位工作人员遗属生活补助标准的通知》规定:

(1)部分老红军配偶生活补助调整标准:抗日战争时期(1937年7月7日至1945年9月2日前)参加革命的老红军配偶,生活补助标准调整为每人每月600元;解放战争时期(1945年9月3日至1949年9月30日)参加革命的老红军配偶,生活补助标准调整为每人每月560元；

（2）遗属生活补助标准：①机关事业单位1937年7月6日以前参加革命工作的老红军、老干部去世后，其无固定收入的配偶生活困难补助标准调整为每人每月440元，抗日战争、解放战争时期参加工作的老干部去世后，其无固定收入的配偶生活困难补助标准调整为每人每月375元。②机关事业单位工作人员因公死亡后，其无固定收入的遗属生活困难补助标准调整为每人每月270元。因病死亡后，其无固定收入的遗属生活困难补助标准为每人每月260元，国有企业离休干部去世后，其无固定收入的遗属生活补助标准，参照上述标准执行。上述调整后的标准从2007年10月1日起执行，经费按原渠道解决。

2012年8月10日，省委组织部、省老干局、省人力资源和社会保障厅、省民政厅、省财政厅《关于调整机关事业单位工作人员遗属生活补助范围和标准等有关问题的通知》，对机关事业单位工作人员遗属生活补助范围重新进行了明确，对补助标准进行了调整。

（1）享受遗属生活补助人员范围。机关事业单位工作人员（含离退休人员，下同）死亡后，其生前主要负责供养的亲属符合下列条件之一的，可给予生活补助。①父、母（包括抚养工作人员长大的抚养人，下同），配偶，男年满六十周岁、女年满五十周岁，又无固定收入和其他收入者。或虽然不满上述年龄，但因身体残废、长期患病致使完全丧失劳动能力无固定收入或其他收入者。②子、女（包括遗腹子女、具备法定手续的养子女、前妻或前夫所生子女，下同）、弟、妹（包括同父异母或同母异父弟妹，下同），年未满十八周岁，或虽已满十八周岁，但尚在全日制普通中学（含中等职业学校）或全日制普通高校本科及以下学历层次学习的。或因身体残废、长期患病致使丧失劳动能力无固定收入或其他收入者。

（2）遗属生活补助标准。①部分老红军配偶生活补助标准。范围：建国前参加革命，因照顾老红军身体及家庭困难等，经组织决定于1952年至1955年间复员、退伍现仍享受定期生活补助的老红军配偶。标准：抗战时期（1937年7月7日至1945年9月2日）参加革命的老红军配偶，补助标准为每人每月900元；解放战争时期（1945年9月3日至1949年9月30日）参加革命的老红军配偶，补助标准为每人每月850元。②其他遗属的生活补助标准。机关事业单位1937年7月6日及以前参加革命工作的老红军、老干部去世后，其配偶补助标准为每人每月660元；抗日战争、解放战争时期参加革命工作的老干部去世后，其配偶补助标准为每人每月570元。除以上遗属外，机关事业单位工作人员因公死亡后，其遗属补助标准为每人每月410元；因病或非因公死亡后，其遗属补助标准为每人每月390元。③过去部分遗属享受的粮贴等补贴此次全部归并至以上遗属生活补助标准内。④上述经费由单位按原渠道解决。

（3）有关问题的处理。①原由死者与其他亲属共同供养、作为其他亲属的遗属领取了遗属生活补助的，不得重复领取遗属生活补助。②在计算遗属生活补助时，如有死者和兄弟姐妹共同供养的父母，应本着子女均有供养父母义务的原则，根据实际情况，事实求是的进行处理。③遗属被判处管制、拘役、有期徒刑及以上刑罚的，服刑期间停止享受遗属生活补助。④国有企业离休干部去世后，其无固定收入遗属的生活补助标准，可参照上述标准执行。⑤发给遗属生活补助的单位，应定期（一般不超过一）采取走访、函调等方式了解受补助遗属的变化情况，对不符合补助条件的，应及时取消其生活补助。

（4）办理程序。①省直单位办理程序。申请人提交书面申请（申请人不能书写的可委托其他亲属代写）并附相关证明材料，经死者生前所在单位核实情况并报主管部门审批后发放。②各设区市办理程序由当地自行确定。

（5）执行时间。本通知自2012年1月1日起执行。

11. 取暖费

1949年中原区地方工作人员供给标准规定，烤火时间为两个月（12月16日起至第二年2月15日止），烤火费标准每人每天木柴0.75公斤。学员每人每天木柴0.5公斤，各机关所需机动柴数目，由行署以上机关视工作需要自行规定。

1951年省财政厅规定，烤火费仍按本厅1950年11月16日行字117号文通知规定烤火时间均为两个月，烤火费标准县以上城市供给每人每日煤2公斤，工资制的只发办公室公用烤火煤1公斤，宿舍用煤自备，供给制学员及人民警察每人每日煤1公斤，工资制每人每日煤0.75公斤。家属保姆孩童标准同上。

1952年11月，省财政厅规定烤火期间，烤火费标准，各机关供给编制人每人每日800元（折合8分），工资制人员每人每日480元，家属烤火费按每人每日800元，由福利金内拨给。

1957 年 7 月,省人委规定机关办公室取暖时间为三类地区,第一类地区庐山,烤火时间 3 个半月;第二类地区除庐山赣南行政区以外的地区分为二个半月;第三类地区赣南行政区烤火时间为二个月。取暖费标准,每人每天以木炭 0.75 斤计算。

1975 年赣财行字 119 号文,对江西省办公室取暖规定:

(1)取暖时间为三类地区:

第一类为庐山,烤火时间为 3 个半月。

第二类除赣州地区(不含兴国县、石城县、宁都县、广昌县)外的其他各地区,烤火时间为 2 个半月。

第三类为赣州地区(不包括第二类地区的县),烤火时间为二个月。

(2)烤火费标准:每人每天以木炭 0.75 公斤计算,木炭价按当地市场价折算。

同时规定,不准以任何借口,将取暖费折发现金或直接发木炭给个人,也不准用以购买棉衣、棉鞋、棉手套等实物发给个人。

2008 年 2 月 29 日,乐安县人事劳动和社会保障局、乐安县财政局转发省人事厅,省财政厅《关于机关事业单位发放冬季取暖费的通知》规定:为保证机关事业单位工作人员(含离退休人员)的身体健康,经省人民政府同意,发放冬季取暖费。①标准:长期在室外作业人员每人每月 120 元,其他人员每人每月 80 元,②时间:头年的 12 月和次年的一、二月共三个月。③所需经费从:职工福利费或福利基金中开支,由各单位自行发放。之前各地也参照办公室取暖费的规定时间和当时木炭市场价格发放过取暖费。但没有正式文件规定。

(四)规范津贴补贴发放

2008 年 1 月 16 日,乐安县人民政府印发了乐安县规范机关公务员津贴补贴实施方案的通知。同日乐安县人民政府办公室又印发了关于规范全县机关公务员津贴补贴工作的补充通知。就规范全县机关公务员津贴补贴一些政策问题通知如下:

1. 实施范围

(1)《中华人民共和国公务员法》实施机关的已明确公务员身份的在职人员和离退休人员。(2)参照《中华人民共和国公务员法》管理单位的已明确参照公务员管理身份的在职人员和离退休人员。(3)按规定需要统筹考虑的其他人员(义务教育阶段中小学教师、离退休人员和建国前参加工作的老工人)。

2. 执行时间

从 2007 年 7 月 1 日开始,2007 年上半年的津补贴由各单位按照全年总量控制的原则自行发放。

3. 补贴项目

(1)国务院或国务院授权的人事部和财政部出台的津贴项目继续执行,各单位享受岗位津贴的人员按照就高不就低的原则,只享受一个部门的岗位津贴,不能交叉重复享受。保留项目有警衔津贴、公安干警值勤岗位津贴、审计人员工作津贴、人民检察院办案人员岗位津贴、人民法院办案人员岗位津贴、监察纪检办案人员补贴、农税津贴、信访岗位津贴、技侦保健津贴、密码人员岗位津贴、独生子女保健费(单位福利费列支)、防暑降温费(单位福利费列支)、环境保护监测津贴、城市环境卫生工作人员岗位津贴、畜牧兽医人员医疗卫生津贴、医疗防疫津贴、法医毒物化验人员保健津贴、教龄津贴、护龄津贴、中小学教师班主任津贴、特技特级教师津贴、殡葬岗位津贴。

(2)县委、县人民政府以上表彰奖励继续执行。

(3)除上述项目外,各单位原执行的各种津贴补贴、奖金福利项目统一合并为生活补贴和工作津贴。工作补贴可以与各单位目标考核挂钩。

规范后下列项目全部合并或取消:①1993 年工改出台的保留津贴 25 元/人月和剩余奖金 15 元/人月;②1995 年出台的粮贴 8 元/人月和补贴 30 元/人月;③福利费 4 元/人月;④2005 年新增的生活补贴 100 元/人月;⑤"菜篮子"补贴;⑥生活补贴;⑦考勤奖;⑧误餐费;⑨水电费补贴;⑩交通补贴;⑪通讯费补贴;⑫职务补贴;⑬洗理费补贴;⑭节约奖;⑮延时补贴;⑯目标考核奖;⑰年节福利等地方或单位自行出台的津贴补贴项目。

4. 津贴补贴标准

2007 年津贴补贴标准为 5000 元/人年,从下半年开始执行,标准为 2500 元/人,按月计算。其中包括每月随工资已发放的补贴(在职人员 182 元,离退休人员 167 元或 142 元)。离休人员享受同级在职人员的津贴总额标准,纳入规范津贴补贴范围的退休人员按同级在职人员的 80% 执行。

小学至初中义务教育阶段在职教师按平均每人每月 200 元的标准补助,退休教师按在职教师平均数的 80% 即每人每月 160 元的标准补助。

同时对离岗人员、分流人员津补贴等问题作了明确规定。

2010 年 3 月 28 日,乐安县委组织部、乐安县人事劳动和社会保障局、乐安县财政局发出《关于明确规范机关公务员津贴补贴工作有关事项的通知》,明确 2010 年津贴补贴年均标准为 9000 元/人,离休人员参照同级别的在职公务员津补贴标准发放，退休人员参照同级别的在职公务员津补贴标准的80%发放。有合法资金来源的单位可在上述标准的基础上增加1200元/人年的工作津贴。

2011年10月31日，乐安县人民政府办公室发文《关于乐安县公务员管理和参照公务员管理单位津贴补贴进行补充规定的通知》，明确2011年乐安县机关在职工勤人员等津贴补贴标准为人年均10000元。当年11月29日乐安县人民政府请示抚州市人民政府同意每人年提高3600元，月人均增加300元。同时规定离休、退休人员补贴标准分别按同职级在职人员的95%和75%的标准发放。比以前年度分别降低了5%。此标准从2011年1月1日起实施。

2012年乐安县委组织部、乐安县人力资源和社会保障局、乐安县财政局下发《关于明确2012年机关公务员津贴补贴发放工作的通知》明确2012年县本级机关公务员津贴补贴（事业人员绩效工资）总体标准为16000元/人年。离休人员生活补贴按同职级的在职人员津贴补贴（或绩效工资）标准的95%执行，退休人员生活补贴按同职级的在职人员津贴补贴（或绩效工资）标准的75%执行。

2007～2012年乐安县津贴补贴发放标准表

表2－31 单位：元

年度 ＼ 金额 ＼ 项目	在职人员年人均标准	离休人员按在职人员（%）	退休人员按在职人员（%）
2007	5000（发下半年即2500）	100	80
2008	7000	100	80
2009	9000	100	80
2010	9000	100	80
2011	13600	95	75
2012	16000	95	75

乐安县机关公务员（工勤人员）各职级在职人员年均津贴补贴标准表

表2－32 单位：元

职级 ＼ 金额 ＼ 类别	2007年			2008年			2009～2010年			2011年			2012年		
	在职人年均5000元			在职人年均7000元			在职人年均9000元			在职人年均136000元			在职人年均16000元		
	生活补贴	工作津贴	合计	生活补贴	工作津贴	合计	生活补贴	工作津贴	合计	生活补贴	工作津贴	合计	生活补贴	工作津贴	合计
正处	3600	2600	6200	5000	3600	8600	6500	4600	11100	10000	6700	16700	11520	8160	19680
副处	3400	2200	5600	4700	3100	7800	6000	4000	10000	9100	6000	15100	10720	7040	17760
正科	3200	2000	5200	4500	2700	7200	5800	3500	9300	8400	5600	14000	10240	6240	16480
副科	3100	1800	4900	4300	2500	6800	5600	3200	8800	7900	5300	13200	9920	5600	15520
科员	3100	1600	4700	4400	2200	6600	5600	2900	8500	7700	5100	12800	9920	5120	15040
办事员	3000	1600	4600	4100	2300	6400	5300	2900	8200	7400	5000	12400	9440	5120	14560
高级技师	3300	2100	5400	4600	3000	7600	5900	3800	9700	8800	5900	14700	10560	6720	17280
技师	3200	2000	5200	4500	2700	7200	5800	3500	9300	8400	5600	14000	10240	6240	16480
高级工	3100	1800	4900	4300	2500	6800	5600	3200	8800	7910	5300	13200	9920	5600	15520
中级工	3100	1600	4700	4400	2200	6600	5600	2900	8500	7700	5100	12800	9920	5120	15040
初级工	3000	1600	4600	4100	2300	6400	5300	2900	8200	7400	5000	12400	9440	5120	14560
普通工	3000	1500	4500	4100	2200	6300	5300	2800	8100	7400	4900	12300	9440	4960	14400
见习期	2900	1500	4400	4100	2100	6200	5200	2800	8000	7300	4800	12100	9280	4960	14240

乐安县机关公务员(工勤人员)各职级离退休人员年均津贴补贴标准表

表 2-33　　单位:元

职级＼金额＼类别	2007 年		2008 年		2009~2010 年		2011 年		2012 年	
	在职人年均 5000 元		在职人年均 7000 元		在职人年均 9000 元		在职人年均 13600 元		在职人年均 16000 元	
	离休	退休	离休	退休	离休	退休	离休	退休	离休	退休
正处	6200	5000	8600	6900	11100	8900	15900	12500	19696	14760
副处	5600	4500	7800	6300	10000	8000	14300	11300	16872	13320
正科	5200	4200	7200	5800	9300	7500	13300	10500	15656	12360
副科	4900	3900	6800	5500	8800	7100	12500	9900	14744	11640
科员	4700	3800	6600	5300	8500	6800	12200	9600	14288	11280
办事员	4600	3700	6400	5200	8200	6700	11800	9300	13832	10920
高级技师	5400	4300	7600	6100	9700	7760	14000	11000	16416	12960
技师	5200	4200	7200	5800	9300	7500	13300	10500	15656	12360
高级工	4900	3900	6800	5500	8800	7100	12500	9900	14744	11640
中级工	4700	3800	6600	5300	8500	6800	12200	9600	14288	11280
初级工	4600	3700	6400	5200	8200	6700	11800	9300	13832	10920
普通工	4500	3600	6300	5100	8100	6600	11700	9200	13680	10800
见习期	4400	3500	6200	5000	—	—	—	—	—	—

二、公用经费

公用经费是行政事业单位为完成工作任务用于公务需要的各项费用开支。其范围包括公务费、设备购置费、修缮费、业务费及其他费用等。在公务费中主要包括办公费、邮电费、水电费、差旅费、机动车辆燃料及修理费等。"文化大革命"前,制定了各项费用具体开支标准,1980 年后,改革财政支出管理办法,行政单位公务费实行总额控制,根据地方财政各自财力情况,核定公务费每人定额标准,按单位实有人数,核定全年公务费预算指标,包干使用。

(一)办公费

办公费包括办公文具、纸张、帐簿表册等项的购置费和印刷费、水、电、灯、油及零星修理购置费、机关公用书报杂志费、文体活动费、清洁卫生消防设备费、夜餐费、搬运费以及其他有关办公的杂务支出费用。21 世纪后,开始无纸化办公。机关事业单位逐步购置电脑、打印机、复印机等现代化办公设施。

民国 34 年(1945)11 月,江西省政府代电县长特别办公费支给标准:一等县县长月支 4000 元;二等县 3500 元;三等县 3000 元;四、五、六等县 2500 元。自本年 10 月份起施行。自 35 年(1946)1 月份起按此标准编入县总预算县政府经费内开支(乐安为三等县,即县长月支 3000 元)。

民国 35 年(1946)9 月 21 日,江西省政府训令各县县长特别办公费自本年 4 月份起改为一等县县长月支 40000 元;二、三等县月支 35000 元;四、五、六等县月支 30000 元。一律自本年 4 月份起编入县政府经费预算或呈准在第二预备金项下开支。

民国 36 年(1947)4 月,江西省政府训令增加县政府各科室主管人员特别办公费,从本年 4 月份起月支特别办公费 15000 元,并准在第二预备金项下开支。同年 11 月,江西省政府训令,县长特别办公费自 5 月份起增加 2 倍,各机关依编制各科室主管人员特别办公费原为月支 15000 元一律自本年 5 月份起比照前项规定增加二倍计月支 45000 元。

新中国成立之初,公杂费支出标准按米计算,折款发给,每人每月大米 7.5 公斤。装有电灯的,每人每月增发大米 1.5 公斤。

1951 年,公杂费支出标准:供给制干部每人每月 3.3 元;工资制干部每人每月 2.07 元;供给制勤杂每人每月 2.26 元;工资制勤杂每人每月 1.23 元。区级机关:供给制干部每人每月 2.93 元;工资制干部每人每月 1.69 元;供给制勤杂每人每月 2.24 元;工资制勤杂每人每月 1.19 元。

1952 年,办公费改为工分计算,县为每人每月 13 分,区为每人每月 9 分。县、区勤杂人员每人每月 5 分,区以上机关每人每月另加学习书报费 5 分。

1952 年 10 月 20 日,江西省人民政府规定,乡政府办公费每乡每月 58000 元,自 8 月份起施行。

1957 年 7 月,改为人民币计算,其标准:县直单位每人每月 2.8 元~3.6 元;区镇单位及人民警察 2.4 元~3 元;夜餐费每人每夜 0.2 元;公用自行车修理费每辆 2 元。

1964 年 5 月,江西省人民委员会修订公务费开支标准,规定公社以上各级办公费按核定编制以内的实有人数,每人每月在3元以内开支。并规定凡抽调在职人员组成临时办公室或抽调在职人员在省内学习的,一律自带办公费2元交抽调单位统一使用。不足半个月的不带。因临时紧急任务必须工作到深夜12点钟以后的,经单位领导批准每人每夜发给0.3元夜餐费。自行车修理费每人每月在0.6元内核实开支。

此后,省、地均未制订办公费开支标准文件,实行公务费按人定额,总量控制。

(二)差旅费

行政单位的差旅费,包括行政机关工作人员出差到外地的往返交通费、途中伙食补助费、在外地工作期间的住勤费、市内交通费以及其他相关的费用开支。

民国时期,江西省行政单位的差旅费按官阶等级支付。民国18年(1929),省政府颁发的差旅费暂行规则规定,工作人员出差的舟车费,荐任级以上支(乘坐)头等,委任级支二等,雇员支三等。膳食及杂费每人每天标准,简任不超过8元,荐任不超过6元,委任不超过4元,雇员不超过2元。在县境内视察或调查的,不得开支交通费,但每日准支挑力费1元。

民国30年(1941),省政府颁发县政府人员调动差旅费津贴办法,规定旅津费(包括旅费和津贴,不再分舟车费、膳宿杂费)以新调县与原任县的相距里程为标准,每隔100华里为一单位,支给(法币)10元,不及一单位而里程在25华里以上的,亦作一单位计发。1942年因物价激涨,交通工具票价随升,省政府修订文武职公务员差旅费支给办法,自4月1日起执行。新调任的专员、县长的差旅费在预备费项下动支(附表)。

1941年江西省文职公务员差旅费标准

表2-34

单位:法币(元)

费别 官阶	舟车费			膳宿杂费	特别费
	火车	轮船	舟车轿马	以每日计算	
特任	一等	一等	实支	30	实支
简任	一等	一等	实支	29	实支
荐任	二等	二等	实支	15	实支
委任	二等	二等	实支	10	实支
雇员	三等	三等	实支	8	实支
工役与随役	三等	三等	实支	4	实支

1941年江西省武职公务员差旅费标准

表2-35

单位:法币(元)

费别 官阶	飞机费	火车费轮船费	汽车费	日费				驻留日费
				膳费	宿费	零费	合计	
上将	实支	一等	实支	14	6	10	30	24
中、少将	实支	一等	实支	8	5	7	20	16
校官	无	二等	实支	6	4	5	15	12
尉官	无	二等	实支	5	2	3	10	8
士兵	无	三等	实支	2	1	I	4	3

中华人民共和国建立后,差旅费开支标准修订频繁,现将江西省各次颁布差旅费开支标准修订部分记述如下:

1950年1月,江西省人民政府修正乘车船标准,规定省委书记、省主席乘头等车,厅长、处长级干部准乘二等车,其余一般干部只准乘三等车。行政机关工作人员出差乘坐火车、汽车、船只按普通车船报销。预算标准按机关工作人员总数确定比例计算,县与专署为2%,省属或行署以上机关为3%,每人每月定额大米50公斤。

1952年,省财政厅规定因出差可以领取住勤费,凡出差到大城市及边疆等地的每人每天补助0.5元,到一般地区的每人每天补助0.3元,到本省境内乡村工作省专级工作人员每人每天补助0.1元,县区级工作人员每人每天补助0.05元。

1953年7月,省财政厅行政开支标准补充规定,住勤费补助：(1)因公出差至生活程度较高的地区按一类地区标准每人每日发住勤补助0.6元。(2)因公出差到中南区以外其他大区的直辖市、省直辖市等城市每人每日发住勤补助费0.4元。(3)到中南区以外省辖市以下地区每人每日发住勤费0.3元。(4)因公出差至本省境外而在中南区以内各地者每人每日分别发住勤费0.4元(武汉市)、0.3元(其他省辖市)、0.2元(省辖市以下地区)。(5)在江西省境内出差，仍按原则上不发住勤费的规定执行，如就餐地区物价高，伙食费超过原机关标准，可由就餐单位开具证明，回原机关单位按规定报销。

1954年6月，省财政厅《1954年行政经费开支标准》规定，车船费区长级以下人员夜间通宵乘坐火车者，亦可购买硬席卧铺，每夜加发夜餐费0.5元。住勤费，在本省境内出差者，(1)不分省、专县、区各级人员因公出差到地市不能在机关搭伙食者每人每日发住勤费0.3元，在机关搭伙食者，每人每日发0.15元。(2)因公出差到县城不能在机关搭伙食者，每人每日发给0.2元，在机关搭伙食者每人每日发给0.1元。(3)因公出差到区、乡者一律按每人每日住勤费0.05元发给。(4)调遣工作人员随行家属按调遣工作人员本人等级报销，途中伙食补助每人每日1元，行李费按本人50公斤以内，家属每人30公斤以内，12岁以下儿童15公斤以内据实报销。

1954年7月15日，乐安县人民政府通知：在全县范围以内因公出差步行20公里至30公里，骑自行车40公里至60公里补助途中伙食费人民币0.4元。在全县范围以外，步行和乘自行车在途中因不能在机关搭伙食者按早餐补助0.2元，中餐补助0.4元，晚餐补助0.4元。乘火车、汽车、轮船均按每日补助1元计算，即在途中吃早饭补助0.2元，吃中饭补助0.4元，如果在晚上八时以前均不能到达目的机关者，亦补助晚餐伙食费0.4元。

1957年，省人民委员会〔1957〕会财字第208号及1958年省人民委员会〔1958〕会财字第45号文差旅费开支标准。

车船旅馆费：(1)除副省级、副地级(12级)人员以外的其他人员乘火车硬席，乘轮船三等舱位。旅馆费报支普通房间。(2)工作人员出差通宵乘火车者，可购同席卧铺票，如买不到硬席卧铺，可买软席座位。(3)因工作需要，必须乘坐飞机者，应经省人民委员会批准。(4)出差人员所需被褥，应尽量自带，交通不便，自带行李有困难的，亦可报支行李搬运费或按实支报被褥租赁费。

途中伙食费补助：(1)工作人员出差乘火车，不分地区每人每日补助1.2元。(2)工作人员出差乘轮船、长途汽车及其他交通工具(步行同)，到一类地区每人每日补助1元，二类地区每人每日补助1.2元，三类地区每人每日补助1.4元，四类地区每人每日补助2.5元。(3)出差在途中不满1天者，早餐补助20%，中、晚餐各补助40%。(4)晚间乘火车未买卧铺者，可增发一天途中伙食补助费。

住勤费：(1)出差省外每人每日住勤费标准，按地区类别和各地区县以上、县以下城乡标准发给(详见附表)。(2)省内出差每人每日住勤费标准，在机关外买吃市区补助0.4元，县城补助0.3元，区乡补助0.2元。在机关内搭伙只有在市区补助0.15元。

1958年出差省外每人每日住勤费开支标准表

表2－36　　　　单位：元

到达地区	城乡别	标准 出发地区 项目	第一类地区	第二类地区	第三类地区	第四类地区	第五类地区
第一类地区	县以上城市工矿区、林区	机关外买吃的	0.5	0.5	0.3	不补助	不补助
		机关内搭伙的	0.2	0.2	不补助	不补助	不补助
	区乡	机关外买吃的	0.25	0.25	0.15	不补助	不补助
		机关内搭伙的或在农民家里搭伙	不补助	不补助	不补助	不补助	不补助
第二类地区	县以上城市工矿区、林区	机关外买吃的	0.7	0.7	0.4	不补助	不补助
		机关内搭伙的	0.25	0.25	不补助	不补助	不补助
	区乡	机关外买吃的	0.3	0.3	0.2	不补助	不补助
		机关内搭伙的或在农民家里搭伙	不补助	不补助	不补助	不补助	不补助

续表 2－36

到达地区	城乡别	项目	第一类地区	第二类地区	第三类地区	第四类地区	第五类地区
第三类地区	县以上城市工矿区、林区	机关外买吃的	0.9	0.9	0.8	0.4	0.4
		机关内搭伙的	0.4	0.4	0.3	不补助	不补助
	区乡	机关外买吃的	0.5	0.5	0.4	不补助	不补助
		机关内搭伙的或在农民家里搭伙	0.2	0.2	不补助	不补助	不补助
第四类地区	县以上城市工矿区、林区	机关外买吃的	1.5	1.5	1.3	0.8	0.8
		机关内搭伙的	0.7	0.7	0.5	0.3	0.3
	区乡	机关外买吃的	1.2	1.2	1.0	0.6	0.6
		机关内搭伙的或在农民家里搭伙	0.6	0.6	0.4	不补助	不补助
第五类地区	县以上城市工矿区、林区	机关外买吃的	2.0	2.0	1.8	1.2	1.0
		机关内搭伙的	1.2	1.2	1.0	0.7	0.5
	区乡	机关外买吃的	1.6	1.6	1.4	1.0	0.8
		机关内搭伙的或在农民家里搭伙	1.0	1.0	0.8	0.6	0.5

市内交通费：市内公共汽车按实报销。

调动工作差旅费：交通费、旅馆费、途中伙食费开支标准与出差人员同。夫妇同时调动工作，按职级高的一方同等开支。经批准随行父母、配偶、未成年子女，可按调动工作人员标准支给。行李费在本人不超过100公斤，家属每人不超过40公斤范围内按实开支。

1958年4月18日，乐安县人民委员会(58)会财字第015号通知，从5月1日起，在全县范围内取消各级国家机关工作人员、企业事业单位人员在本县境内出差的途中伙食补助费。

1961年11月10日，乐安县人民委员会〔1961〕会财字第48号规定，自11月15日起恢复县境内出差的途中伙食补助费和夜餐费。(1)途中伙食补助费：在县境内因公出差每日步行30公里以上补助0.60元，15公里以上补助0.30元，15公里以下不予补助。骑自行车每日行程60公里以上补助0.60元，30公里以上补助0.30元，30公里以下不予补助。县境以内乘坐汽车，不需途中吃饭，故一律不予补助。(2)住勤费：因公出差住乐安饭店，每日补助0.30元(在机关吃饭不补助)，但当日领了途中伙食补助的则不能领取当日住勤费。(3)夜餐费：因特殊紧急任务需要工作至夜间12时以后者，每人每夜发给夜餐费0.20元。如白天休息，晚上值班工作的则不予补助。

1964年3月，江西省人民委员会规定：(1)出差人员凡在下午7时到次晨6时的时间内连续乘坐火车6小时以上者，可购买同席卧铺，未购买同席卧铺的每人每夜发给补助费1.5元，连续乘坐4小时以上，不足6小时的，可减半发给补助费。(2)因疾病、怀孕及其他特殊情况，经县以上领导批准，可酌予照顾，改乘火车软席或轮船二等舱位。(3)出差到省外地区必须乘坐飞机的，属于乘火车软席人员由本人决定，不属于上述人员应事先报请批准，省级由厅、局长一级领导批准，各地区由行、专署和省直辖市的领导批准。(4)出差在省内地区乘坐飞机的县级以上干部由本人决定，其余人员应事先报请批准。工作人员出差途中伙食补助费：(1)乘坐火车、飞机的，不分地区每人每日补助1.5元。(2)乘坐火车、轮船、长途汽车按出差地区分为五类，各类地区到一、二类地区每人每天补助1.2元，到三类地区补助1.5元，到四类地区补助2元，到五类地区补助2.5元。(3)出差途中因中转等待车船的，等待时间一天以上的，按住勤费标准发给。

工作人员出差到省内住勤费标准

表 2-37

单位:元

到达地区	在机关外就餐	在机关内就餐
行署所在地区	0.5	0.3
县城	0.3	0.15
区、公社以下地区	0.2	0.15

工作人员调动行李费:工作人员本人不超过150公斤,家属每人不超过70公斤的范围内按实支报。(差旅费开支标准与前文件相同者未录入)

出差省外各地到专、市以上城市和工矿区不分在机关内或机关外就餐,以及到县城和县以下地区在机关外就餐的,每日按下列规定的标准发给住勤费。

工作人员出差到省外(机关外就餐)住勤费标准

表 2-38

单位:元

到达地区 / 城乡 / 标准(元) / 出发地区(即原机关所在地)	第一类地区		第二类地区		第三类地区		第四类地区		第五类地区	
	县以上城市或工矿林区	区、公社以下	县以上城市或工矿林区	区、公社以下	县以上城市或工矿林区	区、公社以下	县以上城市或工矿林区	区、公社以下	县以上城市或工矿林区	区、公社以下
第一类地区	0.6	0.4	0.8	0.45	0.9	0.6	1.5	1.2	2	1.6
第二类地区	0.6	0.4	0.8	0.45	0.9	0.6	1.5	1.2	2	1.6
第三类地区	0.4	0.3	0.5	0.3	0.8	0.5	1.3	1	1.8	1.4
第四类地区	0.3	0.2	0.3	0.2	0.4	0.3	0.8	0.6	1.2	1
第五类地区	0.2	0.1	0.2	0.1	0.3	0.2	0.7	0.5	1	0.8

出差省外各地,到县城和县以下地区,在机关搭伙的(包括在农民家搭伙),每日按下表规定的标准发给住勤费。

工作人员出差到省外(机关搭伙)住勤费标准

表 2-39

单位:元

到达地区 / 城乡 / 标准(元) / 出发地区(即原机关所在地)	第一类地区		第二类地区		第三类地区		第四类地区		第五类地区	
	县城	区、公社以下	县城	区、公社以下	县城	区、公社以下	县城	区、公社以下	县城	区、公社以下
第一类地区	0.3	0.2	0.4	0.23	0.45	0.3	0.75	0.6	1	0.8
第二类地区	0.3	0.2	0.4	0.23	0.45	0.3	0.75	0.6	1	0.8
第三类地区	0.2	0.15	0.25	0.15	0.4	0.25	0.65	0.5	0.9	0.7
第四类地区	0.15	0.1	0.15	0.1	0.2	0.15	0.4	0.3	0.6	0.5
第五类地区	0.1	0.05	0.1	0.05	0.15	0.1	0.35	0.25	0.5	0.4

注:1964年会财字第68号文附件

表 2－40

1964 年出差地区分类

地区类别	地区名称
第一类地区	河北省（不包括天津市），山西省，山东省，江苏省，安徽省，浙江省，河南省，湖北省，湖南省，江西省，广西壮族自治区，贵州省，四川省（不包括列在第二类、第四类的地区），云南省（不包括列在第三类的地区）
第二类地区	北京市，河北省的天津市，上海市，内蒙古自治区（不包括列在第三类、第四类的地区），辽宁省，吉林省，黑龙江省，陕西省，福建省，广东省（不包括广州市、海南岛），四川省的凉山彝族自治州
第三类地区	宁夏回族自治区，甘肃省（不包括列在第四类、第五类的地区），广东省的广州市、海南岛，云南省的临沧专区、德安傣族景颇族自治州、怒江傈僳族自治州、西双版纳傣族自治州、迪庆藏族自治州，红河哈尼族彝族自治州，内蒙古自治区的呼伦贝尔盟、锡林郭勒盟、伊克昭盟
第四类地区	甘肃省的临夏回族自治州、张掖专区的肃南裕固族自治县、酒泉专区的阿克赛哈萨克族自治县、肃北蒙古族自治县、金塔县和玉门市、武威专区的天祝藏族自治县、甘南藏族自治州（不包括碌曲县、玛曲县），内蒙古自治区巴彦淖尔盟的额济纳旗、阿拉善左旗、右旗，四川省的阿坝藏族自治州、甘孜藏族自治州，新疆维吾尔自治区（不包括列在第五类的地区），青海省的西宁市（包括直属各县）、贵德县、循化撒拉族自治县
第五类地区	新疆维吾尔自治区伊犁哈萨克自治州的塔城专区、阿勒泰专区和喀什专区的塔什库尔干塔吉克族自治县、克孜勒苏柯尔克孜自治州，青海省（不包括列在第四类地区），甘肃省甘南藏族自治州的碌曲县、玛曲县，西藏自治区

1964 年 4 月 9 日，乐安县人民委员会根据省人民委员会文件精神，结合乐安实际情况，作了如下规定：

差旅费中在本县境内出差的途中伙食费补助为：(1) 乘坐汽车：由乐安至抚州补助 1.20 元；由抚州回乐安补助 0.70 元；由乐安直接到南昌补助 1.20 元，隔天由抚州至南昌补助 1.20 元；由乐安至公溪镇补助 0.30 元；由公溪镇回乐安不予补助。(2) 乘坐自行车：行驶 30 公里补助 0.50 元；行驶 60 公里补助 0.70 元；行驶 60 公里以上补助 1.20 元。(3) 步行：下乡工作步行 15 公里补助 0.50 元；步行 30 公里补助 0.70 元；步行 40 公里以上补助 1.20 元（指当天步行里程）。

1969 年 7 月，江西省革命委员会抓革命促生产指挥部改革国家机关、企事业单位差旅费、会议费开支标准，规定工作人员的出差补助，不分途中和住勤，不分城市和集镇，不分机关内和机关外，一律改按下列标准执行：在省内出差每天补助 0.4 元，到青海省和新疆、西藏自治区出差每天补助 0.8 元，到辽宁、吉林、黑龙江、甘肃省和宁夏、内蒙古自治区出差的每天补助 0.6 元，到其他省市自治区出差的每天补助 0.5 元。汽车司机行车出差每天补助 0.8 元，在单位驻地的市（镇）内行车不给补助。工作人员出差到基层单位，比较长期地（如一个月以上）在职工食堂吃饭的，出差补助减半发给。在农村社员家里吃派饭的，每天补助 0.1 元。工作人员在省内学习、实习、协助工作和长驻一个单位工作的，都不发给补助费，到省外的上述人员，地区工资标准每高两类，每月发给补助费 1.5 元。同年 12 月，〔1969〕赣部财字第 70 号文件作如下修改：工作人员在省内出差，到公社和公社以下的每人每天补助 0.1 元。工资标准 13 级以上的一律不补助。汽车司机行车出差每天补助 0.6 元，出差不足一天，按餐发给误餐补助。到外省外地培训人员，地区工资标准每高一类，每月发给补助费 1 元。

1971 年 12 月省革委会规定在本县境内出差的，每人每天补助 0.25 元。在农村社员家里吃派饭的不论时间长短，每人每天补助 0.15 元，向社员家交 0.45 元。享受公费医疗人员到外地治病，只报销往返车船费，住院前后六到七天的旅馆费。其他规定基本上与 1969 年赣部财字 45 号文件规定相同。

1977 年 12 月，省财政局差旅费补充规定：途中伙食补助费不分省内和省外，每人每天补助 1.2 元。住勤费标准：到省外出差的不分职级、城市和农村，到一类地区补助 0.6 元，到二类地区补助 0.7 元，到三类地区补助 0.9 元，到四类地区补助 1.2 元。省内出差到地、市、县每人每天补助 0.6 元，到区和公社所在地每人每天补助 0.3 元，到公社以下的生产大队、生产队每人每天补助 0.15 元。县工作人员在本县境内公社以上的地区出差，每人每天补助 0.3. 元，县以上革委会组织的各种工作队、医疗队、支援协助工作、派驻工作、蹲点等工作人员，不能回家或原单位用膳的，每人每天补助 0.2 元。

1982 年省财政厅规定，从 1982 年 4 月 1 日起，因公出差到深圳、珠海的住勤费在一般出差住勤费的标准上，每人每天另外增加 0.4 元。

1984 年 1 月，省财政厅修改差旅费开支规定，国家机关科级以上干部因公出差，可以乘坐飞机，其他工作人员因公出差需要乘坐飞机时，须经相当县级以上领导批准。工作人员出差住旅馆，要严格按照规定等级执行，遇特殊情况，住不到规定应住房间时，要按就低不就高的原则居住。超过规定时，要说明情况，经单位领导批准后报销。工作人员出差途中伙食补助费：(1)凡乘坐火车、飞机、轮船的不分职级，不分地区，在途期间，每人每天补助 1.8 元。(2)凡乘坐其他交通工具或步行的不分职级到达一、二类地区的每人每天补助 1.8 元；到达三类地区的每人每天补助 2.3 元；到达四类地区的每人每天补助 2.8 元。(3)夜间乘坐火车、轮船的补助，乘坐挂有卧铺车厢的火车、慢车和直快列车，按乘坐慢车或直快硬座票价的 40% 发给；乘坐特快列车的，按特快硬席票价的 35% 发给；符合乘坐火车软席卧铺条件，如果改乘软席座位，每人每夜补助 1.8 元；乘坐不挂卧铺车厢的慢车和乘坐轮船最低一等舱位(统舱)的，每人每夜补助 1.8 元；乘坐可躺式客车，可视同乘坐不挂卧铺车厢慢车每人每夜补助 1.8 元；晚 8 时以后乘坐火车、轮船统舱在 4 小时以上，不足 6 小时，不符合购买卧铺的，每人可发给补助费 0.9 元。工作人员出差住勤费补助：(1)省外出差住勤费标准：不分出发地区，达到一类地区每天补助 1.1 元；到达二类地区每天补助 1.2 元；到达三类地区每天补助 1.4 元；到达四类地区每天补助 1.7 元。凡出差到广东省深圳、珠海二市的，除按规定标准支报住勤费外，同时享受临时补助费每人每天 0.8 元。(2)省内出差住勤费标准：工作人员到地、市、县每人每天补助 1.1 元；到县以下的区、乡(公社)所在地，每人每天补助 0.7 元；到农村社员家搭伙的，每人每天补助 0.3 元。工作人员调动，行李、家具托运费，不分工作人员和家属每人在不超过 250 公斤的范围内按实支报，个别携带行李、家具超过以上规定的，在一倍以内须经调出单位的领导批准，按批准数报销。

1985 年财政厅规定由于各地猪肉、蔬菜价格逐步放开，从 5 月 15 日以后出差人员途中伙食补助费和住勤费分别在原规定基础标准上提高 0.3 元。同年 12 月修订开支标准，有以下几点变动：(1)晚间乘坐火车 6 小时以上，未买卧铺票，乘坐挂有卧铺车厢火车和直快列车的，分别按慢车或直快列车硬座票价的 50% 发给补助费；乘坐特快的，按特快列车硬座票价的 45% 发给补助费。途中伙食补助费，不分途中和住勤，按到达地区类别每人每天补助标准为：一类地区 2.5 元、二类地区 3 元、三类地区 5 元。

1986 年 1 月，省财政厅对省内出差伙食补助标准规定如下：工作人员出差到本省地、市、县所在地每人每天补助 2.5 元，到县以下出差的每人每天补助 1.5 元，出差到农村在农民家搭伙的每人每天补助 0.7 元。国家机关和事业单位的汽车司机行车补贴，在出差时间按差旅费规定报支出差伙食补助费，对非出差时间，在省辖市、地辖市范围内出车，每天发给行车补助费 0.6 元。

1985 年出差地区分类

表 2－41

地区类别	地区名称
第一类地区	北京市、天津市、河北省、山西省、内蒙古自治区(不包括列入第二类的地区)、辽宁省、吉林省(不包括列入第二类的地区)、黑龙江省(不包括列入第二类的地区)、上海市、江苏省、浙江省、安徽省、福建省(不包括列入第二类的地区)，江西省、山东省、河南省、湖北省、湖南省、广东省(不包括列入第二类和第三类的地区)、广西壮族自治区、四川省(不包括列入第二类的地区)、贵州省、云南省、陕西省、甘肃省(不包括列入第二类的地区)、宁夏回族自治区
第二类地区	内蒙古自治区的喜桂图旗、额尔古纳左旗、额尔古纳右旗、阿拉善右旗、额济纳旗、鄂伦春自治县、霍林河矿区。吉林省的长白朝鲜自治县、抚松县、靖宇县、安图县的老安图山区。黑龙江省的爱辉县、孙吴县、逊克县、嘉荫县、大兴安岭地区、福建省的厦门市。广东省的广州市、汕头市、海南岛、西沙群岛。四川省的阿坝藏族自治州、甘孜藏族自治州、凉山彝族自治州。西藏自治区。甘肃省的玛曲县、碌曲县、夏河县(包括合作镇)、临潭县、卓尼县、迭部县、敦煌县、安西县、肃北蒙古族自治县、阿克塞哈萨克族自治县、天祝藏族自治县、肃南裕固族自治县、东乡族自治县、积石山保安族东乡族撒拉族自治县、舟曲县、嘉峪关市、玉门市。青海省。新疆维吾尔自治区
第三类地区	广东省的深圳市、珠海市

1988年12月,省财政厅修订差旅费开支标准。出差人员的住宿费、市内交通费、伙食补助费实行分项计算,总额包干,调剂使用,节约归己,超支不补的办法。出差人员住宿费标准(除省、地级高级技术职称人员以外),省外一般地区12元,深圳、珠海18元。省内的省、地所在地12元,县城8元,乡镇4元。工作人员在出差期间的市内交通费,到省外的每人每天补助1元,在省内专署和省辖市所在地的每人每天补助0.5元,由出差人员包干使用,不再凭据报销。对省内县(市)及其以下地区的不发市内交通费。乘坐火车慢车和直快列车的,分别按慢车或直快列车硬座票价的60%发给补助,乘坐特快列车的,按特快列车硬席座位票价的50%发给补助。工作人员出差期间(不分途中和住勤)的伙食补助费:出差到省外一般地区每天补助4元,到深圳、珠海市每天补助7元。在省内出差到地、市、县每人每天补助4元,出差到县以下区、乡镇等单位每人每天补助2.4元,出差到农村或农民家里搭伙的每人每天补助1元。国家机关和事业单位的汽车司机行车补助费,汽车司机在非出差期间在省辖市、地辖市范围内出车,每天发给行车补助费0.8元。工作人员出差在飞机、舰艇上,必须吃空勤灶、舰艇灶的,除个人负担1元外,差额部分可凭证明回所在单位报销。

1989年2月,省财政厅发出《关于国家机关、事业单位工作人员差旅费开支的规定的补充通知》,对1988年的规定作了几处重要修改:出差人员每人每天住宿费标准如下:

1989年出差人员每人每天住宿费标准

表2-42　　单位:元

职务＼地区标准＼项目	省外		省内			备注
	一般地区	深圳、珠海市	省辖市及专署所在地	县(市)所在地	乡镇及其以下地区	
省政府副省长以上及相关职务的人员	40	60	40	25	—	不包干在限额内支报
正副厅(局)长、正副专员(市长)以上及相当级职人员	15~20	30	12~48	10~15	3~7	下限节约部分归己
正副县长、处级及相当职务人员	12~15	20	8~14	6~12	3~5	下限节约部分归己
其他出差人员	10~12	18	6~12	5~8	2.5~4	下限节约部分归己

同时规定,出差到省内外各地区,实行限额控制,凭收据报销,节约奖励的办法。到省外除深圳、珠海两市按实际住宿天数计算外,其他地区按实际出差的自然(日历)天数计算;到省内各地均按实际住宿的天数计算。凡住招待所、饭店、旅社等服务行业及行政事业单位客房的时间,要凭盖有税务、财政监制章的住宿收据在限额标准内报销,超过上限标准部分,由个人负责,低于下限标准节约部分归己,在亲友家住宿的,说明详细地址,经单位领导批准,按下限标准50%支报。出差人员已享受接待单位照顾的,其住宿费节约部分不能归己。对参加会议人员的住宿费不实行包干。工作人员出差,不准报销出租汽车和三轮车的费用,个别因携带公物过多过重确须租用车辆的,经单位领导批准后方可报销。以上规定自3月20日起执行。

1990年1月起,对出差乘坐火车软席等待遇应具备的条件修订为:"基础工资和职务工资之和在180元(六类工资区)以上(含180元)的各级工程师、高级经济师、高级会计师、副教授、副研究员、副主任医师、艺术二级人员,以及相当以上技术职务人员"。

1992年省财政厅赣财文〔1992〕177号文规定,(1)工作人员在出差期间市内交通费:到省外每人每天补助2元;在省内行署和省直辖市所在地的每人每天补助1元。由出差人员包干使用,不再凭据报销。(2)工作人员出差伙食补助费:到省外每人每天补助标准,一般地区8元,特殊地区14元;在省内到地市县每人每天补助6元,到县以下区(乡)镇等单位蹲点、支援工作每人每天补助伙食费2.4元。汽车司机行车补助费,在非出差期间,每天发给行车补助费0.8元,没有出车的不发。(3)为鼓励到省外出差开会人员乘火车、轮船,不乘飞机以节约开支,可按在途天数,凭车船票每天加补助费8元。(4)工作人员出差交通费和住宿费开支标准,(见下表),住宿费按实际住宿天数计算,凭收据报销,在限额标准内支报,超过标准部分由个人自理,低于标准节约部分按50%奖励给个人。无住宿费收据的,一律不予报销住宿费。乘坐火车符合条件而不买卧铺票的，按本人实际乘坐火车硬席座位票价的下列比例发给：(1)乘坐慢车和直快列车按票价的60%发给，特快列车按票价的50%发给。(2)符合乘坐火车软席卧铺条件，如改乘硬席座位的，也按硬席座位票价比例发给。改乘了硬席卧铺的，不执行本条(1)点的规定，也不发给软卧和硬卧票价的差额。(3)凡出差乘坐新型全列空调特快列车，符合乘坐火车卧铺条件而未买卧铺的，均按乘坐新型全列空调特快列车硬席座位票价的30%发给补助，另外加收的空调费用不计入座位票价之内。工作人员调动工作的行李、家具等托运费，不分工作人员和家属，每人在不超过500公斤的范围内按实支报。本规定自1993年1月1日起实行。

工作人员出差交通费和住宿费标准

表2－43

职务	飞机	火车	轮船	其他交通工具	省外住宿费(元)		省内住宿费(元)	
					特殊地区	一般地区	地市	县级以下
正副县处级	普通舱位	硬座	三等舱位	按实报销	35	25	14	12
其余人员	普通舱位	硬座	三等舱位	按实报销	30	20	12	8

1996年省财政厅〔1996〕赣财文54号规定，出差人员的住宿费实行限额凭据报销的办法，按出差的实际住宿天数计算报销。

乘坐车、船、飞机和住宿的等级标准

表2－44

职务	飞机	火车	轮船	其他交通工具	省外住宿费(元)		省内住宿费(元)	
					特殊地区	一般地区	地市	县级以下
正副县处级	普通舱位	硬座	三等舱位	按实报销	60	40	30	30
其余人员	普通舱位	硬座	三等舱位	按实报销	50	30	20	20

市内交通费，伙食补助费，实行限额包干办法，按出差的自然天数计算。(1)乘坐火车符合条件而不买卧铺票的，按本人实际乘坐火车硬席座位票价，分别补助60%、50%和30%。(2)工作人员出差期间的市内交通费：到省外的每人每天补助3元，省内在行署和省辖市所在地每人每天补助2元，包干使用，不得凭据报销。出差人员经批准乘坐飞机者，其乘坐往返机场的专线客车费用，可在出差人员市内交通费包干范围之外，凭据报销。(3)出差人员的伙食补助费。工作人员出差到省外伙食补助费，不分途中和住勤每人每天补助标准为：一般地区15元，特殊地区20元。工作人员在省内地区出差的伙食补助费：出差到地、市、县每人每天补助8元；到县以下区(乡)镇等单位蹲点、支援工作及各种工作队、医疗队等人员，工作期间的伙食补助费每人每天补助2.5元；汽车司机行车补助费，在非出差期间，每天发给行车补助费2元，没有出差的不发，出差领取了出差伙食补助费的，不再发给行车补助费；为鼓励出差人员乘坐火车，不乘飞机，以节约开支，在途期间，连续乘车超过12小时(含12小时)的，可凭车票每满12小时加发20元伙食补助费。(4)夜班费。值小夜班(到午夜12点以后的)每人每晚补助2元；值大夜班(到次日凌晨8时)补助3元。该规定自1997年1月1日起实行。

2007年，省市财政部门都印发了省市直机关事业单位差旅费管理办法，文件只发省市直各部门。

2009年1月15日，乐安县人民政府办公室印发了《乐安县县直机关和事业单位差旅费管理办法》，管理办法规定：

1. 城市间交通费

(1)出差人员要按照规定等级乘坐交通工具，凭据报销城市间交通费。未按规定等级乘坐交通工具的，超支部分自理。

出差人员乘坐交通工具的等级表

表2－45

交通工具 级别	火车(包括全列软席列车)	轮船(不包括旅游船)	飞机	其他交通工具(不包括出租小汽车)
副厅级及相当职务的人员	软座、软卧	一等舱	头等舱	凭据报销
正副县处级及相当职务人员、事业单位执行四级(含四级)以上岗位工资专业技术人员	软座、软卧	二等舱	普通舱	凭据报销
其余人员	硬座、硬卧;全列软席列车二等软座或软卧	三等舱	普通舱	凭据报销

(2)乘坐火车(包括全列软席列车),从当日晚8时至次日晨7时乘坐5小时以上的,或连续乘坐超过7个小时的,可购买和报销同席卧铺票;乘坐全列软席列车,可购买和报销软卧票。符合规定而未购买卧铺票的,按实际乘坐的硬座票价的80%给予补助;乘坐全列软席列车,符合乘坐卧铺规定而改乘软座的,按软座票价的40%给予补助。可以乘坐软卧而改乘硬卧的,不再给予补助。

(3)乘坐飞机,往返机场的专线客车费用、民航机场管理建设费和航空旅客人身意外伤害保险费(限每人每次一份),凭据报销。

2. 住宿费

(1)出差人员住宿费标准:

经济特区、省会城市及地级城市出差:副厅级人员每人每天300元,县处级每人每天150元,处级以下每人每天120元。

县(区)出差:副厅级每人每天200元,县处级每人每天120元,处级以下每人每天100元。

(2)县直机关和事业单位工作人员出差应该按规定的标准住宿。市外出差原则上应入对口接待单位内部招待所,或财政部门确定的定点饭店,市内出差住当地政府或对口部门招待所以及财政部门确定的定点饭店。

(3)出差人员无住宿费发票,一律不予报销住宿费。

3. 伙食补助费

(1)出差人员的伙食补助费按出差自然(日历)天数凭餐票发票报销,标准为:

出差到市外(不含抚州市):每人每天50元。

出差到抚州市外县(含抚州市):每人每天30元。

乡镇到县城、县城到乡镇每人每天6元。

为鼓励出差人员乘坐火车,少乘飞机,节约开支,对到市外出差的人员,乘火车且乘车时间达到5小时的,可凭车票每天加发20元伙食补助费。

(2)出差人员由接待单位统一安排伙食的,如向接待单位缴纳伙食费,应回所在单位如实报销。接待单位收取的伙食费用于抵顶接待费开支。

市内出差每人每天在补助标准以内凭接待单位收据报销。无接待单位或宾馆饭店出具的伙食费发票的,不得报销伙食补助费。

(3)汽车驾驶员出车报销规定。汽车驾驶员在非出差期间出车,按实际出车天数报销出车补助,每人每天6元。

(4)夜班伙食补助费。值小夜班(到午夜12点以后)每人每晚报销伙食补助费6元;值大夜班(至次日凌晨8时)报销伙食费9元。

(5)机要交通员在押运途中的伙食补助费,不分地区、不分乘坐何种交通工具,按出差伙食补助费标准的200%发给。

4. 公杂费

(1)出差人员的公杂费按出差自然(日历)天数实行定额包干,用于补助市内交通、通讯等支出,具体标准:

出差到市外(不含抚州市)每人每天30元。

出差到抚州市外县(含抚州市):每人每天10元。

乡镇到县城,县城到乡镇:每人每天6元。

(2)出差人员自带车辆或由接待单位、其他单位免费提供交通工具的,应如实申报,公杂费减半发放。

5. 参加会议等的差旅费

(1)工作人员外出参加会议,会议统一安排食宿的,会议期间的住宿费、伙食补助费和公杂费由会议主办单位按会议费规定统一开支,在途期间的住宿费、伙食补助费和公杂费回所在单位按照差旅费规定报销。小型调查研究会等不统一安排食宿的,会议期间和在途期间的住宿费、伙食补助费和公杂费均回所在单位按照差旅费规定报销。

(2)工作人员参加单位指派统一安排食宿的学

习和非学历培训，不发放公杂费，住宿费回所在单位按照规定报销。伙食补助费按照以下标准给予补助：

到市外学习和培训的，每人每天补助伙食费18元；到市内参加学习和培训的每人每天补助伙食费6元。

凡在工作单位所在地参加学习和培训，不集中食宿，按每人每天6元发放给公杂费，主要用于往返交通。

（3）到上级政府单位挂职锻炼（简称上挂人员）、到基层单位实（见）习、工作锻炼、支援工作以及各种工作队等人员，在途期间的住宿费、伙食补助费和公杂费按照差旅费开支规定执行；上挂和在基层单位工作期间，上挂人员每人每天报销伙食补助费15元，在县（市、区）和乡镇以下挂职锻炼人员每人每天报销伙食补助费6元，不报销住宿费和公杂费。

6. 调动、搬迁的差旅费

（1）工作人员因调动工作所发生的城市间交通费、住宿费、伙食补助费和公杂费，按出差的有关规定执行。

工作人员调动工作，一般不得乘坐飞机。

工作人员因调动工作所发生的行李、家具等托运费，在每人每公里1元以内凭据报销，超过部分自理。以上发生的各项费用，由调入单位报销。

（2）与工作人员同住的家属（父母、配偶、未满16周岁的子女和必须赡养的家属），如果随同调动，其城市间交通费、住宿费、伙食补助费和公杂费，以及行李、家具托运费等，由调入单位按被调动人员的标准报销。已满16周岁的子女随同被调动人员调动所发生的各项费用，按一般工作人员标准报销。

被调动人员的同住家属，应与被调动人员同行。暂时不能同行的，经调入单位同意，可暂留原地。其以后迁移时的旅费，以及被调动人员的非同住家属，经批准迁到被调动人员的工作单位所在地的旅费，均由被调人员的调入单位报销。

（3）职工搬迁家属的路费，按有关规定，并经组织批准，将原未随同本人居住的配偶（非就业人员），及其同住亲属迁至工作单位所在地的，由工作人员所在单位按上述（2）规定报销旅费。

（4）由部队转业到地方工作的干部，其差旅费按照解放军总后勤部的有关规定，由所在部队按合理路线、规定标准计算发给，到达调入单位后结算，多退少补，作为增加或减少单位的差旅费处理。

7. 其他

（1）工作人员出差或调动工作期间，事先经单位领导批准就近回家省亲办事的，其绕道交通费，扣除出差直线单程交通费，多开支的部分由个人自理。绕道和在家期间不予报销住宿费、伙食补助费和公杂费。

（2）工作人员在出差期间，因游览或非工作需要的参观而开支的费用，均由个人自理。出差人员不准接受违反规定用公款支付的请客、送礼、游览。各接待单位要根据各类出差人员住宿费限额标准和伙食补助费报销标准适当安排，不得以任何名义免收或少收食宿费。对弄虚作假、虚报冒领，违反规定的，应按照有关规定严肃处理。

（3）根据人事部、财政部《关于执行人民警察值勤岗位津贴有关问题的通知》（国人部发〔2006〕81号），已经享受出差等相关补贴的警察，不得同时享受执勤岗位津贴。

该办法自2009年1月1日起实行。其他与该办法不相符的有关规定以该办法为准。该办法至2012年仍在执行。

（三）会议费

行政单位的会议费包括各级党委、人民政府和行政机关按有关规定，经报批手续召开会议的会议伙食补助费、交通费、住宿费及会议公杂费等。

据民国时期江西省现行法规汇编，民国时期各县行政会议经费支给标准。民国25年（1936）训令公布各县每次行政会议，应支公杂费按照各县等级分别确定为一等县40元；二等县35元；三等县为30元（乐安为三等县）。出席会议人员食宿费每员日支0.3元，但原住县城者不得另支食宿费。所有各县每届举行行政会议，均须于事先将应需经费，依照前二项规定标准，造具详细概算，呈候核准在县地方预算各项下开支，事后实报实销。（以上为法币）

根据江西省民国38年（1949）度县市地方岁入岁出总决算书说明。（1）县市参议会开会经费：办公费按各县市参议员人数每人每次列支9.6元，会议人员往返旅费每人每次18元，膳宿费每人每日列支8.4元，每次开会期间7天，全年开会4次计算。（2）区民代表会：办公费按各县市区数每次列支42元，代表开会膳宿费每人每次列支6元，全年开会4次，每次以3天计算，代表主席特交费按各县市区数每次列支30元。（3）乡（镇）民代表会：办公费按各县乡（镇）数每次列支36元，代表开会膳宿费每人每日列支4.8元，全年开会4次，每次以3天计算。代表主席特交费按乡（镇）数每人每次列支18元。

(4)保民大会:按各县市保数,每保每月开会一次,每次列支茶水费24元。(以上为金圆券)

中华人民共和国成立后,1949年中原区地方党政机关开支标准规定会议费,区级召开重要的乡干部会议每次每人加餐猪肉0.25公斤,每年不超过四次,经县批准方能开支。县级召开区乡级干部会议,吃粮改为半粗半细,不增加菜金,3天以上5天以下会餐一次,6天以上者会餐二次,每次每人报销猪肉0.25公斤。专署、行署以上召开县级以上干部会议按普通人员菜金增加一倍半,全吃细粮。会餐标准,3天以上会餐一次,6天以上会餐二次,每次每人报销猪肉0.25公斤。县级以上机关经批准召开统战性质会议,不超过一天者,一般不吃饭,招待烟茶,每人每日不超过小麦0.25公斤,一天以上会议按普通人员菜金增加一倍半,全吃细粮,3天以上会议会餐一次,增发猪肉0.5公斤。

1950年4月,江西省人民政府关于省市各界人民代表会议及区农代会经费开支规定,市县各界人民代表会议及区农代会,每3个月召开一次,开会时间一般不超过3天。伙食费,省属市、专属市各界代表会议,每人每日粮食2.5公斤(一机米,下同),县人民代表会议,每人每日米1.5公斤,为大会服务人员每人每日米1.25公斤,区农代会每人每日米1.25公斤,以上均包括吃粮和伙食费在内;以上代表会议,会期3天以上者,每人加发猪肉0.5公斤(机关人员不论供给制、薪金制代表,均应自带伙食,不足数由会议补助)。会议公杂费,按代表人数每人每日0.25公斤至0.5公米计算。代表旅费如路程远的代表路费,按供给标准及里程计算报销,供给制者由所属单位发给。以上各项　经费,须事先编造预算,经上级批准后由地方粮项下开支。

1952年10月20日,江西省人民政府颁布了1952年度下半年乡镇财政开支标准,对乡镇、区的各种会议次数、人数、天数及伙食费作了明确规定:(1)会议次数及代表人数:区农代会或人民代表会每年3至4次,代表名额每次最多以150人为限;青年团代表(或青年代表会)每年2次至3次,代表名额每次以50至70人为限;妇女代表会,每年3至4次,每次50至70人为限;县三级干部扩大会,每年3至4次,每次200人至300人为限;县生产互助组长联席会议每年最多2次,每次以500人为限;区宣传员代表会议每区下半年召开一次,名额以不超过50人为限。(2)会议天数:县生产互助组长联席会每次5天;三级干部扩大会、区农民代表会(或人民代表会议)每次3天;区青年、妇女、宣传员代表会每次各2天。(3)会议经费标准:伙食费与乡干部训练费标准同(包括食米、菜金、木柴等在内),在职的县区干部自带伙食菜金;公杂费按到会人数(包括医药)每人每日按0.10元支给;乡村干部代表积极分子参加县召开的生产互助组劳模或列席县区干部扩大会议者,其中途旅费补助为25公里以上者每人每天补助0.20元车船费,路程超过15公里需乘坐车船者,车船费实报实销;区政府召开其他各种会议,一律不开支会议费,但不领薪之乡干部积极分子、劳模等参加会议超过半日者,应供给其伙食,每人每餐0.10元,此项经费在乡镇财政内开支。

1953年7月,省财政厅《1953年行政经费开支标准》规定:专署以上机关召开的全面性与专业性会议才准开支会议费,业务性会议不得开支会议费。县级各部门召开的各种专业性会议及县以下各级政府定期召开的政府委员和常务委员会议,一律不得开支会议费,但可酌情开支会议公杂费。政府召开的全区或全面性扩大会议,如县级召开区长、区书会议,可按各该级标准开支会议费。

1954年省财政厅、民政厅规定各级人民代表大会开支标准,县级人民代表大会,一般每年3次,每次会期6天,乡级代表会每年12次,每次会期一天(其中四次会议讨论重大工作或会议期间较长补助会议费)。伙食补助费,不脱产人员省级每人每日补助0.6元,县级每人每日补助0.5元。会议公杂费,省市级每人每日补助0.25元,县级每人每日补助0.2元。

1957年省人民委员会颁发《江西省区以上行政机关经费开支标准》,把会议划分为三种类型,并按召开会议单位的行政级别分别规定伙食补助费及公杂费标准。第一类会议为:人民代表会,各民主党派代表会,政协全体委员会,这类会议县级召开,伙食补助费每人每天0.3元,公杂费每人每天0.1元。第二类会议为:以党委、政府名义召开的劳模、积极分子及先进生产(工作)者会议,各人民团体代表会,烈军属代表会及其他群众性代表会,这类会议县级召开,伙食补助费每人每天0.2元,公杂费每人每天0.1元。第三类会议为:各系统召开的劳模、先进生产(工作)者会议及各种工作会议,这类会议县级召开伙食费不补助,公杂费每人每天0.1元。

1961年5月8日,对乐安县行政事业单位和人民公社公用经费开支标准作出规定。

1961 年乐安县公用经费开支标准表

表 2-46 单位:元

项目 / 金额(元) / 会议名称	县级 每人每日伙食补助盘		公杂费	公社级 每人每日饮食补助费		
	不脱产人员	脱产人员		不脱产人员	脱产人员	公杂费
党代、人代、政协代表会	0.6	0.3	.0.1	0.5	0.2	0.1
劳模、积极分子、先进工作者代表会	0.5	0.2	0.1	0.4	0.2	0.1
团代、妇代、民兵、工会工商代表会	0.5	0.2	0.1	0.4	0.2	0.1
工业、农业、财贸及其他誓师大会	0.5	—	0.05	0.3	—	0.05
行政会、业务会、其他会	—	—	0.05	—	—	0.05

1964 年 3 月,省人民委员会制发江西省国家机关企业、事业单位会议费开支标准,规定各类会议伙食费补助标准:自 4 月 1 日起县级召开第一类会议每天补助 0.6 元;第二类会议每天补助 0.5 元;第三类会议每天补助 0.3 元。不脱产人员参加上列各类会议,除享受会议伙食补助外,基本伙食费按每人每天 0.3 元,由会议负担。县级机关单位召开生产大队、生产队干部会议,其会议伙食标准每人每天 0.5 元开支,全部由会议报销。公社在职干部参加会议每人每天交 0.3 元,由会议补助 0.2 元,补助后,不得再回原机关报支住勤费。公社召开的各种会议,一律不开支会议伙食补助费。但公社召开人民代表大会,对不脱产人员其伙食费每人每天可在 0.3 元至 0.4 元的标准内由公家开支。各类会议公杂费按参加会议人数每人每天省级 0.2 元,行专署 0.15 元,县级 0.1 元的范围内开支。不脱产人员参加县和县以上单位召开的会议,往返的差旅费、伙食费均由召开会议单位负担,还应酌情发给误工补贴,补贴标准每人每天(包括往返时间)在 0.5 至 0.8 元范围内由县人民委员会具体规定。各单位召开当地有关单位参加的会议一律不开支会议费,必需的会议公杂费在单位公用经费内解决。

1965 年江西省人民委员会批准省财政厅关于国家机关、企业、事业单位差旅费、会议费开支规定,为贯彻执行勤俭建国,勤俭办一切事业的方针,降低各种会议伙食补助费标准,县级召开一类会议伙食补助费由 1964 年的每天 0.6 元,降为 0.4 元;二类会议由 1964 年的每天 0.5 元降为 0.3 元;三类会议由 1964 年的每天 0.3 元,1965 年取消补助。

1969 年 7 月,省革命委员会抓革命促生产指挥部规定省级会议每人每天补助 0.3 元,专、县级会议每人每天补助 0.2 元,公社召开二天以上代表会每人每天补助 0.1 元。

1971 年 12 月,省革委会规定,经过省、地、县革委会批准召开的会议,伙食补助费,省级单位召开的会议,每人每天补助 0.4 元,地县级单位召开的会议每人每天补助 0.3 元,由会议负责报销。不脱产人员参加会议不交伙食费,并由会议每人每天发给误工补贴 0.4 元,交生产队记工分。经县革委会批准召开二天以上的公社级代表会,会议伙食补助费每人每天 0.15 元。会议公杂费按到会人数,每人每天省级 0.15 元、专级 0.1 元、县级 0.08 元、公社级(代表会)0.05 元。

1972 年 12 月,省革委会批转省财金局修改差旅费会议费补助标准,各级党委、革委会召开的代表会,全委会省级每人每天补助 0.6 元,地级每人每天补助 0.5 元,县级每人每天补助 0.4 元。其他各种会议伙食补助省级每人每天补助 0.4 元,地、县级每人每天补助 0.3 元。

1978 年 4 月,省财政局会议费开支规定,对会议伙食补助费恢复"文化大革命"前三类会议的规定,从本年 5 月起县级一类会议每人每天补助 0.6 元,二类会议每人每天补助 0.5 元,三类会议每人每天补助 0.4 元。公杂费每人每天 0.08 元。非脱产人员参加会议伙食费、住宿费由会议开支,并每人每天发误工补贴 0.4 元。会议工作人员比例,第一类会议工作人员不得超过代表名额 15%,第二类会议工作人员不得超过代表名额的 10%。

1984 年 4 月江西省财政厅发出《关于修改会议伙食补助标准的通知》,从当月起对省级各类会议规定为:一类会议,每人每天伙食费标准 2.2 元,其中,代表自交 0.6 元;二类会议伙食标准 2 元,其中代表自交 0.6 元;三类会议伙食标准 1.8 元,其中代表自交 0.6 元。

1986 年 7 月,省财政厅修订各级各类会议伙食补助标准,把会议范围划分为两类,一类会议为:省、地(市)、县级党代表大会、人民代表大会、政协全体委员会和省、地(市)、县党委、政府召开的劳模、先进生产(工作)者会;二类会议为:各群众团体代表大会、群众性代表会、各系统召开的劳模、先进生产

(工作)者会议、各种工作会议,以及不属于第一类会议的其他会议。地(市)以下各级会议伙食补助费只发参考标准。

1991年,省财政厅赣财行字26号文规定,农村不脱产村干部和农民参加县以上党政群部门召开的会议和其他活动期间,每人每天发给误工补贴3元。

1995年,江西省省级行政单位会议费管理规定如下:

(1)各类会议划分为三类,一类:全省党代会、省人代会、省政协全委会、各民主党派换届大会和省委、省人民政府召开的综合性劳模表彰会。二类:省委全委(常委)扩大会,地、市、县委书记、专员、市、县长会、省人大常委会、省政协常委会、人大常委会主任工作会、政协主席工作会,省纪委全委、常委扩大会,各民主党派全委会,群众团体代表会,以省委或省人民政府名义召开并要求地、市、县党委或人民政府领导同志参加的会议。三类:各系统召开的表彰会,各行政单位召开的工作会及专业性会议。(2)会议经费实行“总额控制、统一标准、分类包干”的办法。一类会议由主管部门编报预算,专项审批,包干使用。会议结束后一个月内向省财政厅报送会议决算;二类会议每人每天控制在120元以内;三类会议每人每天控制在100元以内。对一些小型会议不办集体伙食的由召开会议单位按会议天数发给到会代表每人每天伙食补助费25元(本埠代表不发),工作人员每人每天发给误餐补助10元。

2000年,省财政厅也仅发省级行政单位会议费管理规定,未发到县级。

2002年,省委办公厅、省人民政府办公厅根据中共中央办公厅文件精神,作出了大力减少各种会议的规定。

2003年12月21日,省财政厅《关于进一步加强会议费管理的紧急通知》,要求切实减少各种会议,压缩会议规模,加强会议费结算。

2006年12月29日,省财政厅转发财政部《中央国家机关出差和会议定点管理办法》和《关于中央国家机关出差和会议定点管理办法的补充通知》的通知。中央国家机关出差、会议定点饭店实行政府采购工作。省级机关出差和会议的定点饭店采购问题,待省级差旅费、会议费管理办法修改后另行部署。

2007年6月29日,省财政厅印发《江西省直机关会议费管理办法通知》,对会议分类、天数、人数,会议费标准等作了详细规定:(1)会议重新划为三类。一类:省委、省人大、省人民政府、省政协、省纪委召开的全省性会议和常(全)委会议及扩大会议,工会、共青团、妇联、各民主党派、工商联、文联、科协、社联等换届会议。二类:省委、省人大、省人民政府、省政协、省纪委办公厅和各专门委员会,工会、共青团、妇联、各民主党派、工商联、文联、科协、社联等以及省直各部门召开的,要求市、县对口部门或本系统各地机构负责同志参加的全省性工作会。三类:各部门及其所属内设机构召开的,要求市、县(市、区)或本系统各地机构有关人员参加的专业性会议及其他会议。(2)会议天数:二类会议会期一般不超过2天,三类会议会期一般不超过1天。(3)参会人数:二类会议人数一般控制在250人以内,三类会议人数一般控制在150人以内。工作人员一类会议一般控制在参会人数的15%以内,二、三类会议一般控制在参会人数的10%以内。(4)会议地点:各部门、各单位召开的会议应尽量使用内部宾馆、招待所(培训中心),以及财政部门确定的定点饭店,上述地点不具备承接条件时,应在社会上三星级以下宾馆、饭店召开。(5)会议费开支范围:会议费开支包括会议房租费(含会议室租金)、伙食费、交通费、办公用品费、文件印刷费、医药费等。(6)会议费开支标准:

江西省省直机关会议费开支标准

表2-47

单位:元

会议类别	房租费	伙食费	其他费用	合计
一类会议	180	70	70	320
二类会议	120	70	50	240
三类会议	100	70	30	200

该办法自2007年7月1起实行。此文只发省直部门。

2007年11月1日,抚州市财政局印发《抚州市市直机关会议费管理办法》,此文发市直各部门。

2008年8月29日,省财政厅发出《关于开展第二轮党政机关出差和会议定点饭店(2009~2010年度)采购工作的通知》。通知要求,通过政府采购确定的中央党政机关出差和会议定点饭店,省内和外省各级党政机关出差人员出差和会议也可以使用,并享受同等待遇。省直党政机关接待中央党政机关人员出差和承办中央党政机关会议,除未采购定点饭店的地区外,必须到定点饭店联系住宿和办会。南昌市市区的定点饭店采购工作,由省财政厅直接组织,南昌市财政局参加有关招标采购工作;南昌市以外的设区市的定点饭店采购工作委托各设区市财政局负责进行。各地应于2008年9月上旬开展定点饭店政府采购,并于10月底前完成全部工作。

1986年以后,省未颁发到县级的会议费开支标准,县级无会议费开支标准。乐安县会议经费是由会议主管部门参照以前年度实际支出和物价情况编造概算,县财政审核,报县政府审批后,实行总量控制,包干使用。

1954~1986年江西省会议费标准

表2-48　　单位:元

年度	会议名称	省级		行(专)署市级		县级	
		伙食补助费	公杂费	伙食补助费	公杂费	伙食补助费	公杂费
1954	人民代表大会	0.6	0.25	—	—	0.5	0.2
1957	人民代表大会、各民主党派代表大会、政协全体委员会	0.7	0.2	0.3	0.15	0.3	0.1
	劳模、积极分子及先进生产者会议、各级人民团体代表会、其他群众性代表会	0.5	0.2	0.3	0.15	0.2	0.1
	各种工作会议	0.3	0.15	0.2	0.12	不补助	0.1
1963	人民代表大会、各民主党派代表大会、政协全体委员会	0.9	0.2	0.7	0.15	0.6	0.1
	劳模、积极分子及先进生产者会议、各级人民团体代表会、其他群众性代表会	0.7	0.2	0.6	0.15	0.4	0.1
	各种工作会议	0.5	0.15	0.4	0.12	0.2	0.1
1964	人民代表大会、各民主党派代表大会、政协全体委员会	0.9	0.2	0.8	0.15	0.6	0.1
	以党委、政府名义召开的劳模、先进生产者会议,各人民团体代表会,烈军属代表会及其他群众性代表会	0.8	0.2	0.7	0.15	0.5	0.1
	各系统召开的劳模、先进生产者会议及各种工作会议	0.6	0.2	0.5	0.15	0.3	0.1
1965	中共党代会、人代会、政协会、各民主党派代表会、贫代会、省委扩大会、劳模和先进生产者代表会、烈军属代表会	0.7	0.2	0.5	0.15	0.4	0.1
	人民团体代表会、各系统召开的劳模和先进生产者会、各种工作会议	0.4	0.2	0.3	0.15	0.3	0.1
1969	各级革委会召开的会议(代表会、工作会)	0.3	0.2	0.2	0.15	0.2	0.1
1971	经各级革委会批准召开的会议	0.4	0.15	0.3	0.1	0.3	0.08
1972	各级党委、革委会召开的代表会,全委会	0.6	0.15	0.5	0.1	0.4	0.08
	其他各种会议	0.4	0.15	0.3	0.1	0.3	0.08
1978	党代表会、人民代表会、政协全体委员会	0.8	0.15	0.7	0.1	0.6	0.08
	以党委、政府名义召开的劳模、先进生产者会	0.7	0.15	0.6	0.1	0.5	0.08
	各系统召开的劳模、先进生产者会议、各种工作会议	0.6	0.15	0.6	0.1	0.4	0.08
1984	各级党代会、人代会、政协全体委员会	1.6	0.15	1.5	0.1	1.3	0.08
	各级党委、政府召开的劳模、先进生产者会、各群众团体代表会及群众性代表会	1.4	0.15	1.3	0.1	1.1	0.08
	各系统召开的劳模、先进生产者会议、各种工作会议、学术会	1.2	0.15	1.2	0.1	1	0.08
1986	各级党代会、人代会、政协全体委员会、党委政府召开的劳模先进工作会议	5.3	0.15	5.3	0.1	4.3	0.08
	各群众团结代表大会、群众性代表会、各系统召开的劳模、先进生产者会议、各种工作会议	4.3	0.15	4.3	0.1	3.3	0.08

(四)修缮费和购置费

行政单位的修缮费,是用于公用房屋、建筑物及附属设备的维修费用;行政单位设备购置费,是用于购买不够基本建设额度,按固定资产管理的一般办公设备、器具、仪器、车辆和一般家具等的费用。2000年,修缮费包括:行政事业单位的公用房屋、建筑物及附属设备的修缮费,公房租金。城建部门和房产管理部门经营的由国家预算拨款的房屋、建筑物、公共设施的维修养护费、文物保护单位的大建筑、革命纪念物的维修费。按照国家有关部门的规定不够基本建设投资额度的零星土建工程费用。

20世纪50年代,修缮费和购置费未单独核算。

1960年,房屋修缮费、设备购置费分别核算。

1962年4月,省委、省人民委员会贯彻中共中央、国务院关于厉行节约紧急规定,今后3年内各级国家机关、党派、团体、企业、事业单位,一律停止购买家具和非生产性的设备。个别单位确有特殊情况非添置不可的,也只能在清理仓库中进行调剂,经过调剂解决不了非到市场购置不可的,必须提出购置的理由和计划,逐级上报省人委审核批准。

1962年11月,省人民委员会发出《关于基本建设、修缮费、购置费报批范围和报批手续的通知》,凡国家机关、学校、企事业单位的办公楼、干部职工公共宿舍、食堂、浴室等,确因塌漏需要修补者,不论预算内或预算外的资金,均应按省委、省人委规定,公社报县人委审批,县以上机关报当地政府审批,金额在500元以上,由县人委报专署批准,5000元以上由行署审查,报省人委批准。

1964年2月,江西省人民委员会对修缮费的审批权限重新作出规定。同时指出:"各地区、各部门、各单位对修缮费的开支,必须从严掌握,实事求是的节约使用。对于不需要修的,坚决不修,特别要严格防止借修缮之名进行基本建设"。

1967年,执行中共中央、国务院、中央军委、中央文革小组《关于进一步实行节约闹革命》的规定,控制"社会集团购买力",任何单位,任何人都不准使用国家资金购买沙发、地毯、小汽车、电视机、半导体收音机、绸缎呢绒等一类高级消费品。暂时禁止购买油印机、自行车、高音喇叭、高级乐器等一类商品。如必须购买的,报当地革委会或军事管制委员会审批。

1970年2月,执行《中共中央关于反对铺张浪费的通知》,一切机关停止添置非生产设备,严禁用公款购买沙发、地毯、钢丝床、电冰箱等高级消费品。

1973年,国务院、中央军委《关于严格控制社会集团购买力的通知加强对29种禁购商品的审批》。

1984年,江西省规定:(1)新建的行政、事业单位进行土建所需费用,由基本建设开支。原有的行政、事业单位进行零星工程,凡单项工程不超过5万元的,由行政事业费开支,超过5万元的,由基本建设开支。(2)行政单位购置费。行政单位购置费包括:不够基本建设投资额度,按固定资产管理的办公用一般设备、车辆等购置费、车辆购置附加费、教学、科研以及一般行政事业单位的图书购置费、档案设备购置费等。

1985年,江西省对专控商品由13种增加为17种。

1988年,江西省人民政府办公厅下发了《关于征收社会集团购买专控商品附加费暂行办法的通知》。1989年乐安县根据省人民政府的决定,开征社会集团购买专控商品教育附加费,按购价和一定比例计征。

1992年,江西省财政厅修改单项土建、单项设备购置和房屋、建筑物修缮资金审批权限。各行署、市县、事业单位5万元以下的单项土建工程、单项设备购置,以及房屋、建筑物修缮由同级财政部门审批。

1999年4月17日,财政部发出《关于印发〈政府采购管理暂行办法〉的通知》。

2002年6月29日第九届全国人民代表大会常务委员会第二十八次会议通过《中华人民共和国政府采购法》,2002年6月29日中华人民共和国主席第68号令公布,自2003年1月1日起施行。本法所称政府采购,是指各级国家机关、事业单位和团体组织,使用财政性资金采购依法制定的集中采购目录以内的或者采购限额标准以上的货物、工程和服务的行为。

2012年7月19日,抚州市财政局发出了关于进一步明确市直单位政府采购管理有关事项的通知。

(1)办公电脑、显示器、打印机、传真机、复印机、速印机、投影仪、扫描仪、照像机、摄像机、服务器、路由器、交换机、UPS电源、应用软件等,必须申报办理政府采购。除上述外,凡纳入政府采购目录以内的货物,工程和服务单项或批量采购金额在10000元以下的项目,单位无须办理政府采购审批手续,可自行采购。

(2)定点采购:公务印刷、文印单项或批量采购金额在100000元以下的,房屋零星维修、装饰单项或批量采购金额在300000元以下的,在政府采购的定点中标企业进行采购。但上述房屋零星维修、装饰采购项目,采购单位要办理政府采购手续;公务印刷、文印采购项目可不办理。

(3)协议采购:一次性采购在50台以下制冷在1匹~10匹的空调,采购单位必须在政府采购确定的协议供货商进行采购。本通知自2012年7月1日起执行。

由于县级行政单位基本建设指标控制较严,过去多数行政机关办公用房、干部宿舍都是以修缮为名,化整为零,分年完成的。

长期以来,设备购置费一直处于严格控制范围。为行政机关节约公用经费起到了积极作用。

第四节　统计信息、税收、审计、工商行政管理事务

一、统计信息事务(统计事业费)

反映统计、信息事务方面的支出。

1952年,在乐安县人民政府内已有统计人员的设置,行使统计调查、统计报告、统计监督等职权。但随后因机构人员时撤时并,致使统计工作很不完善,1981年恢复了乐安县统计局。

根据1979年江西省计委、省财政局转发财政部、国家统计局《关于各级统计部门所需业务经费问题的通知》规定,从1979年起,统计业务费从行政管理费中划出,改列其他支出类。业务费开支范围包括:统计部门所需统计报表和统计资料的印刷费、专项调查费、电讯费以及2万元以下的专业机械购置费。乐安县从1981年起列其他支出。1983年国家预算科目设立其他部门事业费,统计事业费改列其中。1985年根据省财政厅文件精神,统计事业费从1985年起按1984年实际开支数上划中央,此项上划数暂不调整支出包干基数,县财政已拨给的1985年经费,由县统计局直接归还。县财政除了安排县统计局农调队正常调查经费以外,凡全国性的调查,均按上级布置追加了专项经费预算。1998年国家预算科目将其他部门事业费改为税务、统计、财政、审计等部门事业费。1999年又改为税务等部门的事业费,统计事业费列其中。2002年又改为其他部门事业费,统计事业费仍在其中。2007年开始,统计事业费及人员经费均在一般公共服务支出内反映。

2003年12月15日,江西省统计局、江西省财政厅转发国家统计局财政部《关于统计部门周期性普查和大型调查经费开支规定》的通知。此项规定对统计部门周期性普查和大型调查的内容、经费支出范围、经费渠道划分、经费的使用与管理都作了明确的规定:(1)普查和大型调查的内容:①周期性普查项目是指经国务院批准实施的经济普查、人口普查、农业普查。经济普查每10年进行两次,分别在逢3、8的年份实施;人口普查、农业普查每10年进行一次,分别在逢0、6的年份实施。②按照国务院规定,大型调查项目包括:投入产出调查、1%人口抽样调查。投入产出调查每10年进行两次,分别在逢2、7的年份实施;1%人口抽样调查每10年进行一次,在逢5的年份实施。(2)普查和大型调查经费开支范围:印刷费、试点费、补助费(无固定工资收入人员的补助费)、培训费、数据处理费、资料邮运保管费、公务费、其他费用。(3)普查和大型调查经费渠道划分:①全国统一普查登记表、指标解释、培训教材的印刷费;国家级普查调查方案试点费;省级以上普查调查骨干教员的培训费;数据处理费由中央财政负担。②第一项未包括的印刷费、培训费、补助费、资料邮运保管费、公务费和其他费用等,由地方各级财政部门分别负担。③地方政府为了满足地方需要,扩大普查调查规模和内容以及地方进行普查调查试点而增加的费用,均由地方财政负担。④为保证各项普查调查任务的完成,对县级财政特别困难的地区,省级财政可以给予适当补助。(4)普查与大型调查经费的使用与管理:①开展普查和大型调查,需耗费大量的人力、物力和财力,各级财政在相应的普查调查年度应安排普查、大型调查项目经费,由各级统计部门统一使用和管理,并加强资金使用的绩效考核。②各级普查和大型调查,原则上不单设机构,由政府统计部门会同有关业务主管部门共同组织实施,所需工作人员应从有关单位职工中选调。被选调人员的工资、福利、交通费、伙食补贴等应由原单位负担,原单位经费特别困难的,可由地方财政给予适当补贴。③为了便于管理和经费的统筹安排,凡属中央财政安排的普查和大型调查专项经费,均抄报省级财政部门;凡属省级财政安排的应抄报国家统计局和财政部。④各级普查和大型调查经费,统一列入“统计经费”“款”级科目下的“普查专项经费”“项”级科目。年终决算,另附各项普查和大型调查经费使用情况表及说明。各级统计、财政部门要切实加强普查调查专项经费使用情况的监督。(5)该规定自印发之日起实施。国家统计局、财政部1995年印发的《关于统计部门周期性普查和大型调查经费开支问题的暂行规定》同时废上。

乐安县统计局自成立以来进行的普查和大型调查内容有:1982年第三次全国人口普查;1990年第四次全国人口普查;1991年基本单位普查;1993到

1994年第三产业普查;1995年到1996年工业普查;1996年到1997年农业普查;2000年第五次全国人口普查;2004年第一次经济普查,从这年开始国家把基本单位、工业、第三产业普查合并为经济普查;2005年人才资源调查;2006年第二次农业普查;2008年第二次经济普查;2010年第六次全国人口普查。

1981~2012年,乐安县统计事务支出781.5万元,其中普查和大型调查专项经费支出180.7万元,占统计事务支出的23.1%。

二、税收事务(税务事业费)

税收事务原为税务事业费支出,包括列入事业编制的税务机构经费和税务部门征收工商各税的业务费。

1950年和1951年税务经费实行全省垂直管理,1952年改由地方同级财政供给,人员列行政编制,税务事业费不含人员经费,在其他支出项下列支。

1962年基层税务人员由行政编制改为事业编制,人员经费列入其他支出项下的基层税务人员经费,除了个人部分的工资、补助工资、福利费以外,还包括公用部分的公务费、业务费、修缮费和其他费用。

1968年,基层税务人员经费又归入行政管理费。

1975年,恢复税务事业费(税务业务费),在其他支出项下列支,直至1978年止。

税务事业费开支标准,1954年3月15日省财政厅规定:(1)公务费包括:①领发票证的仓橱保管费、邮寄费、运输费、电报电话费等;②文具书报费每人每月0.85元~1元;③旅差费按行政费开支标准分别列税务费和行政费报销;④会议费;⑤修缮费;⑥夜餐费。(2)固定资产设备购置费包括箱、橱、自行车、电话机等业务用具。(3)业务费包括税收旺季之临时雇用人员工资和工商业税等年评、季评、估评人员的补助,以及表报印刷费、包装费、宣传费等。(4)其他费用包括器具修理、自行车修理、外勤人员的雨伞、鞋子补助费、纳税模范奖励等。1995年1月省财政厅对以上标准作了一些撤并,主要是在科目上作了调整;对旅差费明确为按出差任务划分,如主要是稽征工作的列入税务费,主要是检查工作的则列入行政费;奖励费增加税工模范的内容。1963年5月,省财政厅又发文规定税务事业费的开支范围,项目与1954年基本相同。1964年3月,省财政厅修订税务事业费开支范围,包括表册账单印刷费(属县级准许印刷的)、征收管理费、票证保管费、邮电运输费、宣传教育费、鞋子雨伞补助费、业务用器购置费、私车(指自行车)公用修理费及其他等9项。

1979年起,省以下税务机构由省税务局垂直管理,其他支出项下的税务费是县财政拨给的补助经费,即业务费,仍不含人员经费。

从1979年税务机构垂直管理以后,除了县财政补助经费(主要是房屋修缮、护税协税)和税收超收分成以外,还有集贸税收分成,提取代征手续费。1983年3月18日财政部《关于加强集贸市场税收征收管理的规定》,可从集贸市场征收的税款中按30%进行分成留给地方(其中6%上划省、地税务局,4%划拨乡镇,20%留县税务局掌握使用)。1995年2月11日,财政部、国家税务总局发出《关于取消集贸市场税收分成问题的通知》,从1995年1月1日起,取消城乡集贸市场税收分成,所征税款全部交入国库。

1983年起,上述费用均列入其他部门事业费反映。

1994年税制改革,实行分税制的财政体制,省及省以下税务局分别设立国家税务局和地方税务局。同年9月乐安县两局同时成立,乐安县地方税务局的机构人员经费由县财政供给,各项经费开支标准与原税务局相同,包括当年省人事厅、财政厅、地税局联合下文的每人每月60元的税务征收津贴。从县地税局成立后,几年来为解决办公用房、职工宿舍和添置设备以及开办纳税大厅等,省、地、县三级配套资金,给县地方税务局的资金投入是前所未有的。另外,分税制以后,省财政为鼓励基层地税部门加强对省与县共享税种的征收,追加了征收经费补助及个人所得税征管专项经费,以解决地税部门的经费不足。总之对新成立的地税机构,各级财政部门都给予了大力的支持。

2000年9月,省财政厅、省地方税务局《关于我省地税系统机构管理体制改革后经费管理有关问题的通知》:江西省从2000年7月6日起,对省以下地方税务局实行上级地方税务机关和同级政府双重领导,以上级地方税务机关垂直领导为主的管理体制。对省以下地税部门的经费,采取"收支挂钩、核定比例、分级负担、财政监督"的办法进行管理,从2001年1月1日起执行。

2005年.江西省人民政府办公厅转发省财政厅、省地税局《关于改革省以下地税部门经费管理体制方案的通知》规定,按财政和地税部门共同审核的2004年末在册正式实有人数,市、县(区)2004年应拨挂钩费(乐安人均2.8万元),低于平均标准(县人均4万元)的,按市、县(区)2004年应拨挂钩经费上划基数,高于市、县(区)标准的,按市、县(区)平均标准上划基数。乐安县低于省定标准的差额部分,县政府每年给予补助。

近几年来,乐安县人民政府为了充分调动财税部门(包括国税在内)组织收入的积极性,确保财政收入持续、稳定、快速增长的积极性,对当年组织的收入超过上年实际收入的,按增量进行奖励,奖励的经费主要用于征管工作。

2012年的税收事务经费(包括代征手续费、基建当地配套经费、省定标准补差及奖励经费)均在2013年结算拨支。

1977~2012年税收事务支出共4199.7万元。

三、审计事务

1984年4月,乐安县设置审计局。依据《中华人民共和国宪法》第91条、109条的规定和审计法规,对县属各级行政机关、人民团体、国营企业、事业单位的财政财务收支和预决算,以及信贷计划的执行与执行结果,委托审计的中央、省、地驻县单位的财务收支进行审计监督。同年4月,江西省审计局、省财政厅转发审计署、财政部《关于审计事业费开支范围的通知》,规定审计事业费的开支范围为:审计业务费、专业设备购置费、专业会议费、委托、通讯费、宣传印刷费、科学研究会、专业培训费、业务图书资料费以及其他事业费。

1985年省审计局、省财政厅转发审计署、财政部《关于审计机关经费管理问题的通知》规定:审计机关行政、事业经费,按财政体制的规定,列入财政各级预算。同年10月17日,省财政厅、省审计局转发《财政部、审计署关于解决地方审计机关经费不足问题的通知》,对于各级审计部门在办公用房、职工宿舍、交通工具等方面的问题,在近两三年内从审计部门查处的上缴财政收入中拨回一部分的办法解决。从县审计局建立至90年代初期,为了逐步改善审计干部办公和住房条件,根据县人民政府的决定,实行比照有关部门的做法,按审计入库收入由财政列支出返还一定比例,后来省厅规定不能按审计收入的固定比例返还,根据审计部门的实际情况,由县人民政府确定。

2007年6月,省审计厅、省财政厅转发《审计署、财政部〈关于切实保证地方审计机关经费问题意见的通知〉》规定:(1)地方各级财政部门在年度预算中应进一步安排好本级审计机关履行职责的日常经费;(2)财政部门对本级审计机关的审计外勤经费在部门预算中予以安排;(3)在年度预算中安排必要的运行维护费;(4)研究制定有关经费的管理办法和开支标准,建立专项经费追踪问效机制。

乐安县审计局自成立以来,财政共拨付审计事务经费(不包括2006年以前的行政经费列支的人员经费)1247.9万元。由1984年的0.7万元到2012年的142万元,是1984年的203倍。

四、工商行政管理事务

中华人民共和国建立前,乐安全县仅鳌溪、公溪、招携、牛田等街市有少数较大的商店、作(染)坊、旅社、纸行和伢行,并向政府管理部门办理登记领取营业牌照。其他小商、摊贩和个体手工业均漫无组织、放任自流。民国时期虽设有工商管理机构,但对办理了登记的工商户除按期征收规定的税金外,其经营范围、产销业务、物资供应、物价起落、商品质量等都不闻不问。

中华人民共和国成立后,县人民政府专设了工商科,执行国家保护工商业政策和加强市场管理工作。1953年10月又在全县8个区政府所在地设立市场管理委员会,以掌握各市场动态。

1956年县工商科与商业、供销和政法部门组织“县市场管理委员会”和“打击投机倒把办公室”,管理与控制全县公、私工商户的物资、物价、经营范围和市场秩序,打击投机倒把活动。

1973年建立乐安县工商行政管理局,并先后在全县较大的集镇设立“工商行政管理所”,开展了对工商企业、个体工商业户的登记发照、集市贸易、经济合同和商标、广告等管理,以及取缔无证经营,保护合法经营和打击投机倒把活动等方面的工作。在中共十一届三中全会后,在“实行对外开放,对内搞活”的经济政策的指引下,在农业体制改革取得巨大成就的基础上,在对各种不同经济类型的工商企业先后进行体制改革的同时,开放了农贸市场,大力扶持个体工商业的发展,鼓励农民发展多种经营和进城经商从事第三产业。

工商行政管理机构经费在1978年以前列入行政支出。1978年8月,江西省财政局,省工商行政管理局规定,工商行政管理业务费主要用于与办案有关的开支,范围有:办案费、宣传教育费、办案设备费、劳动用品购置费、补助市场管理费五项。同年10月,省财政局、省工商行政管理局转发国家商业部、财政部规定,从1979年1月1日起,将基层工商行政管理人员(不包括县工商行政管理人员)由行政编制改为事业编制,经费开支由行政支出改为其他支出,并在其他支出科目内增设工商行政管理机构经费和工商行政管理业务费两个项,开支标准比照行政机关规定执行。1983 年以后基层工商行政管理人员经费列其他部门事业费支出。直至 1999 年 1 月 1 日起,省以下各级工商行政管理机关实行垂直管理。此后至 2009 年乐安县无该事业费支出。2010 年开始经县政府审批,县财政对工商行政管理部门对流通环节食品安全检测等经费进行了专项补助。

2010 年补助流通环节食品安全检测经费 3 万元;2011 年补助流通环节食品安全检测经费 3 万元、打击传销活动经费 2 万元、查处无照经营工作经费 2 万元;2012 年补助流通环节食品安全推测经费 2 万元、打击传销活动经费 1.5 万元、查处无照经营工作 1.5 万元。三年县财政共补助工商行政管理部门经费 15 万元。

从 1979 年工商行政管理列其他支出后,至 1998 年止,工商行政管理事务支出除预算外收入抵支外,县财政共拨付事业费 309.4 万元,加上 2010～2012 年三年县财政专项补助 15 万元后,共拨付县工商行政管理事务经费 324.4 万元。分年度数见后表。

1977～2012 年乐安县统计信息、税收、审计、工商行政管理事务(事业)费支出表

表 2－49　　单位:万元

年度	统计事务	其中普查及专项支出	税收事务	审计事务	工商事务	年度	统计事务	其中专项普查	税收事务	审计事务	工商事务
1977	—	—	1	—	—	1996	11	8	148	17	37
1978	—	—	1.9	—	—	1997	13	9	67	12	53
1979	—	—	0.5	—	3.4	1998	11	1	97	20	2
1980	—	—	3.8	—	3.1	1999	8	5	101	27	—
1981	1.5	—	3.5	—	7.7	2000	15	9	115	54	—
1982	7.3	6.2	4.6	—	4.5	2001	8	—	201	55	—
1983	0.5	—	5.2	—	7.9	2002	19	3	253	37	—
1984	1	—	7.3	0.7	9.7	2003	20	—	237	74	—
1985	0.2	—	3.5	1	10.3	2004	28	—	399	4	—
1986	—	—	1.5	0.5	8.8	2005	32	—	479	45	—
1987	—	—	16.1	0.6	8.8	2006	48	—	551	64	—
1988	—	—	19.5	0.9	15.4	2007	52	14	157	111	—
1989	—	—	22	1	16.6	2008	73	22	239	99	—
1990	7.5	7.5	15	1.5	26.2	2009	77	5	249	108	—
1991	1.1	1	18	1.8	26.9	2010	113	51	192	152	3
1992	0.4	—	16.3	1.5	16.9	2011	150	37	375	206	7
1993	—	—	15	4.4	10.2	2012	82	—	7	142	5
1994	—	—	47	5	4						
1995	2	2	131	2	37	合计	781.5	180.7	4199.7	1247.9	324.4

第五节　人口与计划生育事务

人口与计划生育事务支出原为计划生育事业费支出,是实施计划生育所必需的机构人员经费和人口规划与发展战略研究、计划生育家庭奖励、人口和计划生育统计及抽样调查、人口和计划生育信息系统建设、计划生育生殖健康促进工程、计划生育免费基本技术服务、人口出生性别比综合治理、人口和计划生育服务网络建设、计划生育避孕药具经费、人口和计划生育宣传教育经费、流动人口计划生育管理、人口和计划生育目标责任制考核等费用支出。

中华人民共和国成立前,乐安县与各地一样,人们的生育是无计划的。

中华人民共和国成立后,于 1964 年成立了乐安县计划生育办公室,附设在县卫生局,只设 1 人负责日常工作,1965 年与县妇幼保健站合并。“文化大革命”期间,工作停顿。1975 年正式建立县计划生育委员会,下设办公室(仍附设于县卫生局)。1980 年机构扩大,始另设办公地点。

1977 年 12 月,国务院计划生育领导小组、财政

部、卫生部发出《关于计划生育事业费开支范围的规定和加强财务管理的意见》，江西从1978年3月起执行。对在计划生育事业费开支的项目主要有以下6项：(1)按国家规定免费供应的避孕药和工具费。(2)城镇居民和农村社员施行男、女“结扎”手术和放、取透视节育环，施行人工流产等，各项节育手术的挂号费、检验费、手术费、医药费、住院费、术后治疗费等。手术中需用的药品、材料费、节育环(花)等均包括在手术费标准中。(3)县以上(含县、下同)计划生育部门召开的业务性会议，印发计划生育宣传技术资料，举办展览会和颁发奖旗、奖状以及其他必须开支的宣传费用。(4)县以上计划生育部门为开展计划生育工作，组织大嫂队长、计划生育宣传员等基层骨干进行短期培训所需的教材费、公杂费和伙食补助费、路费以及其他必需的训练费用。(5)县以上计划生育部门为开展计划生育工作给有困难的公社和大队医疗机构补充添置必要的小型计划生育专用手术器械的购置费。(6)经县以上节育手术技术指导小组鉴定，城镇居民、农村社员因做节育手术事故引起的后遗症的治疗费用。城镇居民、农村社员在地方施行计划生育手术的同时，兼搞其他手术的费用，原则上不得在计划生育事业费中开支，但合作医疗费和个人负担确有困难的，经县以上计划生育办公室审批后酌情减免的经费可在计划生育事业费中开支。

1983年1月，根据江西省人民政府印发《江西省计划生育若干问题的暂行规定》，提倡一对夫妇只生一个孩子，对14周岁以下的独生子女，经父母共同申请，所在单位或公社核实，县计划生育办公室批准，发给“独生子女证”，并自颁证之日起，每月发给独生子女保健费3元~5元，至14周岁止。所需经费，一般由职工所在单位列入有关项目支付，但对城镇无业人员和个体经营者则由计划生育费开支；对于农村中每年人均收入不足50元的困难队，经县政府核定，由国家补助50%(中央财政和县财政各负担一半)。是年2月，国家计生委、财政部、卫生部通知，计划生育事业费开支范围调整为：(1)按照国家规定免费供应的避孕药、工具及其管理费，由计划生育事业费开支；(2)城镇居民和农村社员施行各种计划生育手术的挂号、检验、手术、医药、住院、术后治疗等费，由计划生育事业费开支。经县以上节育手术技术指导小组鉴定，城镇居民、农村社员因做节育手术而引起后遗症，其治疗费用由计划生育事业费开支。未经鉴定或鉴定不属于节育手术后遗症以及私自就医的，其治疗费不准在计划生育事业费开支。城镇居民、农村社员在施行计划生育手术的同时，兼搞其他手术的费用，原则上不得在计划生育事业费中开支。城镇待业青年施行计划生育手术费，由计划生育事业费中开支，但已参加劳动服务公司和其他形式的联营组织的，应在职工单位组织的公益金中解决，其中确有困难无力负担的，经县以上计划生育部门批准，也可以在计划生育事业费中开支；(3)独生子女保健费，不论夫妇在何地干何工作，均由夫妇双方所在单位各负担50%。4月，江西省计生委、省财政厅转发《国家计生委、财政部〈关于加强超生子女费管理的暂行规定〉》，对征收超生子女费的使用范围规定必须全部用在计划生育事业上，主要用于独生子女保健费的支出，补助计划生育手术者的部分营养费，个别节育施行者手术时的路费困难补助。

1985年11月，省计生委、财政厅发出《关于改进计划生育补助经费分配办法的通知》，对计划生育补助费的分配办法作如下改进：(1)补助费分配原则，一律以各地总人口为基础，以完成人口控制计划任务的好差为依据，奖好促差，适当拉开距离。(2)地、市计生委、财政局应按省下拨的“补助费”、和本级财政的“补助费”统一安排，按同样的原则分配到各县(市)，由县(市)统一掌握使用，不得再往下分配。

1989年4月，省计生委、财政厅指出，所征收的超生子女费必须全部用于计划生育事业，任何单位和个人都无权以任何借口挪用、挤占、借支、挥霍浪费。

1996年规定计划生育技术服务收费标准：(1)B超环检、孕检10元/例次；(2)独生子女病残儿鉴定：省级医疗技术鉴定病残儿每例120元，地(市)级医疗技术鉴定病残儿每例90元，县级医疗技术鉴定病残儿每例60元；(3)药物(非米司酮)流产收费，每例收取90元包括药品、挂号、B超检查、化验包括阴道清洁度、滴虫和霉菌检查、血色素、血常规、尿HGC、血B—HCG、体检费、住院观察费、随访费，如需清宫的另收清宫费20/例·次。(4)皮下埋植避孕收费：每例收取90元(含药品、挂号、体检、B超检查、手术、随访、化验、材料等费)。(5)计划生育手续费：中期引产40元/例，人工流产20元/例，上环、下环(环费另收)5元/例，输卵管结扎30元/例的标准收取。

2000年3月，中共中央、国务院《关于加强人口与计划生育工作，稳定低生育水平的决定》规定：要把计划生育经费纳入各级政府的财政预算，计划生育事业费增长幅度高于财政收入的增长幅度，到2005年末，财政投入计划生育事业费年人均超过10元。8月，中共江西省委、省人民政府《关于认真贯彻中共中央、国务院〈关于加强人口与计划生育工作稳定低生育水平的决定〉的通知》规定：各级财政要逐年增加对人口与计划生育事业经费的投入。增加幅度要高于财政收入的增长幅度，全省2001年要力争达到人均增加1元，到2005年，计划生育事业费力争达到人均10元。同时，加强征收社会抚养费上缴财政。社会抚养费、统筹费纳入同级财政后，财政相应增加计划生育经费的投入。乐安县2000年达到人均4.01元，2001年人均6.08元，增加2.07元，2005年达到人均12.67元，超过国家规定标准，而且逐年增长，到2012年达到人均46.57元。

2002年7月，江西省第九届人大常委会第三十一次会议修改的《江西省人口与计划生育条例》规定：县级以上人民政府可设立人口与计划生育奖励专项经费，用于对实行计划生育公民的奖励和社会保障，经费来源于各级人民政府的财政投入，征收的社会抚养费以及社会团体的、企事业组织和个人提供的捐助。

2003年2月，省财政厅、计生委《关于我省村级计划生育工作经费有关事项的通知》规定，每个行政村可从农村税费改革省级转移支付给村配套资金1万元中，开支原从村提留中支付的村级计划生育经费500元～1000元，专项用于育龄妇女进行绝育手术的误工、营养费补助和计划生育宣传等。11月，省财政厅、计生委《关于印发农村税费改革转移支付用于计划生育经费暂行管理办法的通知》规定：(1)管理办法：①县级财政部门将上级转移支付用于计划生育转移支付专项资金按标准分配到乡镇；②乡镇财政所根据分配的计划生育转移支付专项资金指标编造开支计划，并报县计生委审核、财政部门审定批复；③乡镇计生办严格按照批复的资金使用计划，安排使用，并于每季终了十个工作日内，将本季属专项资金支出原始凭证送县计生委审核，财政部门审定后报销。(2)使用范围：乡镇计生服务所、村计生服务室建设(包括计划生育设备、器械的维修、添置等业务费用)、计划生育宣传教育和培训业务费补助支出、乡镇计生办公经费不足、村级计生专干报酬过低补贴支出、独生子女保健支出，节育手术后营养补助支出等方面。

2007年5月30日，乐安县人民政府办公室《关于2007年度农村育龄夫妻计划生育所需费用实行分级负担的通知》明确：根据国家四部委及省人口与计生委的相关要求，结合乐安县实际，避孕、节育技术服务经费负担的比例除中央、省级财政负担15%，市级财政负担15%外，余下的70%由县、乡负担，其中：县级财政负担30%，乡(镇、场)财政负担40%，经测算，2007年度全县需要四项手术费100万元，按比例县级财政负担30万元，乡(镇、场)财政负担40万元。

2007年5月30日，乐安县人民政府办公室《关于2007年度农村计划生育二女户结扎养老保险资金筹集的通知》，根据市人民政府办公室《关于切实做好农村计划生育二女户结扎养老保险工作的意见的通知》精神，农村二女户结扎养老保险市、县、乡(镇)三级按2:4:4的比例落实养老保险费。2006年全县共投保200例，每户一次性缴纳保险金1500元，全县共30万元。

2008年3月17日，江西省计划生育协会《关于2008年度全省计划生育家庭爱心保险工作有关事项的通知》。从2008年起，办理计划生育家庭爱心保险所需的30元经费，由省财政按每户每年5元的标准给予补助。同时要求，设区市和县级财政共同负担不低于18元(不含省级补助)，乡级负担部分超过7元，村级组织和个人不负担。

2008年5月26日，抚州市财政局、抚州市人口和计划生育委员会关于印发《关于贯彻落实〈江西省财政厅、江西省人口和计划生育委员会关于建立完善计划生育利益导向机制的若干规定〉的实施意见》的通知。

(1)继续实施国家农村部分计划生育家庭奖励扶助制度。对符合国家农村部分计划生育家庭奖励扶助制度规定并经确认的对象，按国家规定的每人每年600元的标准，发给奖励扶助金。所需经费，由中央财政和省级财政各负担50%。

(2)全面实施城乡独生子女伤残、死亡家庭扶助制度。对符合国家独生子女伤残、死亡家庭扶助制度规定并经确认的夫妻双方，分别按照每人每年960元和1200元的标准发给扶助金。所需经费，由中央财政和省级财政各负担50%。

(3)建立完善计划生育家庭保险制度，为广大群众实行计划生育免除后顾之忧。

①建立农村独女、二女户家庭计划生育补充养老保险制度，努力改善农村独女、二女户家庭父母养老保障条件。乡级人民政府应为主动放弃生育二胎的农村独女父母(落实了长效节育措施并签订了不再生育合同)和农村二女户家庭父母中施行了绝育手术的一方，办理不低于3000元的计划生育补充养

老保险。被保险人达到49周岁时一次性领取包括本金在内的全部收益。特殊情况下,经县级计划生育部门批准,可提前领取。发放计划生育补充养老保险金的所需经费,由省财政按每户1000元的标准给予补助,市财政按每户600元的标准给予补助,剩余部分由县、乡两级财政承担。

②建立完善计划生育家庭综合保险制度,为计划生育家庭子女健康成长提供基本的风险保障支持。乡级人民政府应为已领取了"独生子女父母光荣证"的0~6周岁农村独生子女家庭和农村二女户家庭每年办理一次30元的计划生育家庭爱心保险。同时,宣传、动员和鼓励7~14周岁的独生子女家庭使用独生子女父母奖励费参加计划生育家庭爱心保险。参加爱心保险的家庭因子女、父母死亡和子女因病住院时,可分别获得规定的死亡赔付金和医疗费报销。办理计划生育家庭爱心保险的所需经费,由省财政按每户每年5元的标准给予补助;市财政按每户每年5元的标准给予补助,剩余部分由县、乡两级财政承担。

③逐步建立城乡14周岁以上独生子女伤残、死亡家庭的保险制度,该项工作先试点后在全市推广,所需经费由市、县、乡三级财政共同承担。

④逐步建立农村独女、二女户家庭计划生育社会养老保险机制。即对农村独女户家庭(落实了长效节育措施并签订了不再生育合同)主动放弃二孩生育指标和二女户家庭自觉、主动地施行绝育手术的对象实行社会养老保险。以当地在岗职工平均工资为基数,将省、市财政补助的1600元转为受保人缴纳的第一年社会养老保险基金,以后每年缴纳的社会养老保险费由市、县、乡三级财政和受保人共同承担,所缴纳的社会养老保险金存入受保人个人账户,使农村独女、二女户家庭到达退休年龄后享受当地在岗职工同等待遇。该项工作先试点后在全市推广。

(4)对农村不再生育的独女家庭(落实了长效节育措施并签订了不再生育合同)和已实行绝育措施的二女户家庭参加国家新型农村合作医疗保险给予扶助。其家庭成员个人出资部分,全部由财政负担。其中省财政按每人每年10元的标准给予补助,剩余部分由县、乡两级财政承担。

(5)对农村主动放弃生育二胎(落实了长效节育措施并签订了不再生育合同)、并领取了"独生子女父母光荣证"的夫妻给予一次性奖励。其中省财政按每户2000元的标准给予补助,市财政按每户200元的标准给予补助,县、乡财政按每户800元的标准给予补助。

(6)享受了本规定有关政策待遇的计划生育家庭,不影响其同时享受其他普惠性政策待遇。在实施城乡居民最低生活保障制度时,按照本规定所获得的奖励扶助金或保险收益不计入其家庭收入。

(7)实施本规定的所需财政经费,在各级财政安排的计划生育事业经费中列支。

2010年11月12日,江西省财政厅、江西省人口和计划生育委员会(赣财教〔2010〕172号)关于印发《江西省计划生育家庭特别扶助专项资金管理暂行办法》的通知中规定:中央和地方财政设立的专项资金,地方财政负担部分由省财政厅从当年安排的省级人口计划生育事业费中统筹安排。特别扶助资金实行"国库统管、分账核算、直接补助、到户到人"的原则。特别扶助范围和标准:特别扶助对象是城镇和农村独生子女死亡或伤、病残后未再生育或收养子女家庭的夫妻。扶助标准:独生子女死亡后未再生育或合法收养子女的夫妻,符合条件的由政府给予每人每月不低于100元的扶助金,直至亡故为止;独生子女伤、病残后未再生育或收养子女的夫妻,每人每月80元的扶助金,直至亡故或子女康复为止。扶助金自女方年满49周岁开始发放,所需资金中央和省财政各负担50%。

2010年9月13日,抚州市人口计生委、抚州市财政局《关于进一步强化社会抚养费征收管理使用的实施意见》,明确规定,各县(区)要严格按照《江西省社会抚养费征收管理办法》要求,根据每年县级人民政府统计部门公布的上年度城镇居民人均可支配收入和农村居民人均纯收入为计征基数,确定城镇和农村收费标准。对一次性缴纳有困难的对象经县(区)人口计生委批准可分期缴纳,三年内必须全额征收到位。社会抚养费纳入县(区)财政预算管理,实行收支两条线,全部用于人口计生事业。

2011年11月18日,乐安县人民政府办公室转发县人口计生委、县财政局关于《乐安县独生子女父母奖励实施方案》。方案规定,奖励的范围和对象是:领取《独生子女证》或《独生子女父母光荣证》的退休人员及男年满60周岁、女年满55周岁符合奖励条件的其他城镇居民(以下简称其他城镇居民)。奖励对象的条件:奖励对象必须同时符合以下三个条件:(1)实行计划生育并终生只生育一个子女的夫妻;再婚夫妻一方为初婚或未生育过(包括所生子女全部死亡的),另一方再婚前只生育一个子女,再婚后不再生育的;育龄夫妻合法生育了两个子女,死亡一个子女后不再生育的;无子女的育龄夫妻依法收养一个子女后不再生育的;施行绝育手术后由于子女全部死亡,实施复通术后只生育一个子女,不再生育的。(2)领取了《独生子女证》或《独生子女父母光荣证》。(3)达到法定退休年龄并办理了退休手续的国家机关、事业单位及国有企业单位人员或男年满60周岁、女年满55周岁的其他城镇居民(一方达到年龄即可一方先行办理)。奖励标准:一次性奖励的标准为每人1000元(即一对夫妻一次性奖励标准为2000元)。资金来源:①双方均为机关、事业单位和未改制国有企业人员的,经资格确认后,其奖励费由所在单位分别解决。②双方均为改制国有企业人员的,经资格确认后,其奖励按隶属关系分别由市、县财政解决。一方为改制国有企业人员,另一方为符合条件的其他城镇居民的,改制国有企业人员奖励费按隶属关系由市、县财政解决,符合条件的其他城镇居民奖励费由县财政解决。市、县财政每年应安排独生子女父母奖励专项经费,专项用于独生子女父母的奖励,资金执行专户管理,专款专用,据实结算。③双方均为符合条件的其他城镇居民的,经资格确认后,奖励费由县财政解决。④一方为改制国有企业人员或符合条件的其他城镇居民的,另一方为机关、事业单位或未改制国有企业人员的,经资格确认后,双方的奖励费均由后者所在单位全部支付。⑤双方均为农民,或一方为农民但享受了国家奖励扶助政策的,不再发放独生子女父母奖励费。一方为农民的,另一方为机关、事业单位或未改制国有企业人员的,其单方奖励费由其所在单位解决;另一方为市属改制国有企业人员的,其单方奖励费由市财政解决;另一方为县属改制国有企业人员或符合条件的其他城镇居民的,其单方奖励费由县财政解决。⑥属中央、省驻县单位、企业人员的,经资格确认后,其奖励费按隶属关系解决。

2012年10月25日,江西省人口计生委、江西省财政厅将抚州市的乐安县、临川区、崇仁县、金溪县列为进一步扩大国家免费孕前优生健康检查项目试点范围。

2012年12月23日,抚州市财政局、抚州市人口和计划生育委员会转发《江西省免费孕前优生健康检查项目试点专项资金管理办法(试行)》的通知。

(1)国家试点县免费孕前优生健康检查专项资金由市县财政负担25%的部分,全部由县级财政负担,市级财政不负担。

(2)省级试点县免费孕前优生健康检查专项资金由市、县财政负担,比例为临川区、金巢经济开发区,市级财政负担5%(即每对夫妇每孩次12元),区财政负担95%(即每对夫妇每孩次228元)。其他省级试点县由县财政全额负担,市级财政不负担。

江西省财政厅、江西省人口和计划生育委员会,印发《江西省免费孕前优生健康检查项目试点专项资金管理办法(试行)的通知》,根据《国家人口计生委财政部关于开展国家免费孕前优生健康检查项目试点工作的通知》精神规定,资金使用坚持"统筹安排、专款专用、加强管理、保证效益"的原则。

享受检查的目标人群应同时具备下列条件:(1)符合生育政策并准备怀孕的夫妇;(2)夫妇至少一方为农业人口或界定为农村居民户口;(3)夫妇至少一方具有本地户籍或夫妇双方非本地户籍但在本地居住半年以上;(4)在定点服务机构接受国家免费孕前优生健康检查。

每孩次享受一次国家免费孕前优生健康检查。试点地区应将符合条件的流动人口纳入服务范围,享受与户籍人口同等服务。标准为每对夫妇每孩次240元。资金来源、试点专项资金纳入各级财政预算予以安排。按照国家结算标准,由中央和地方财政分别负担50%,其中地方财政负担50%部分,省级财政负担50%,市、县财政负担50%,市、县财政具体分担比例由各设区市确定(乐安县部分,市不负担)。

中央财政和地方财政专项资金预算按照"当年全额预拨、次年考核结算、差额多抵少补"原则下达。各市县接到省下达资金后,必须按要求落实本级应配套资金,并在1个月内足额拨付到位。

2012年12月25日,抚州市财政局、抚州市人口和计划生育委员会关于印发《抚州市财政局、抚州市人口和计划生育委员会关于贯彻落实〈江西省财政厅、江西省人口计生委关于进一步完善计划生育利益导向机制的规定〉的实施意见》的通知中规定:

(1)继续实施国家农村部分计划生育家庭奖励扶助制度。对符合扶助制度规定并经确认的对象,奖励扶助标准从每人每月60元提高到100元。继续将一方为农村居民,一方为城镇居民夫妇中符合条件的农村居民纳入享受国家农村部分计划生育家庭奖励扶助范围。

(2)继续实施计划生育家庭特别扶助制度。对符合国家独生子女伤残家庭扶助制度规定并经确认的夫妻双方,扶助标准从每人每月80元提高到130元。对符合国家独生子女死亡家庭扶助制度规定并经确认的夫妻双方,扶助标准从每人每月100元提高到170元。按照《国家人口和计划生育委员会、财政部关于将三级以上计划生育手术并发症纳入享受计划生育家庭特别扶助制度的通知》(人口政法〔2011〕62号)文件规定,从2012年起将三级以上计划生育手术并发症人员纳入享受计划生育家庭特别扶助范围。

(3)建立农村一女、二女家庭父母实施绝育手术奖励制度,对主动放弃生育二胎且已施行绝育手术的农村一女家庭、已施行绝育手术的农村二女家庭,给予家庭父母一方不低于3000元的一次性现金奖励。

(4)计划生育家庭爱心保险制度、农村不再生育的一女家庭和已实施绝育手术的二女家庭参加新型农村合作医疗保险扶助制度,农村主动放弃二胎并领取《独生子女父母光荣证》的夫妻一次性奖励制度,由各县(区)结合实际组织实施。

(5)享受了本规定有关奖励扶助政策的计划生育家庭,可同时享受其他普惠性政策待遇,在实施城乡居民最低生活保障制度时,按照本规定所享受的奖励扶助或爱心保险收益不计入其家庭收入。

(6)实施本规定所需财政经费,在各级财政安排的计划生育事业经费中列支,具体承担比例如下:中央财政负担外的部分由省财政负担,特别扶助资金也同前。

实施对农村一女、二女家庭父母施行绝育手术奖励制度所需经费,省财政按每户1000元,市财政按每户400元的标准给予补助,县、乡财政分别按不低于每户1200元、400元的标准给予补助。

各县(区)自行实施的计划生育家庭奖励扶助政策所需资金,从当地计划生育事业费和社会抚养费中统筹安排。

(7)各县须统筹安排计划生育事业费和社会抚养费支出,且用于计划生育利益导向制度的资金不得低于社会抚养费征收总额的20%。

(8)本规定自印发之日起执行。《抚州市财政局、抚州市人口计生委〈关于落实江西省财政厅、江西省人口计生委关于建立完善计划生育利益导向机制的若干规定〉》同时废止。

2012年12月26日,抚州市人口和计划生育委员会、抚州市财政局关于转发《江西省三级以上计划生育手术并发症人员纳入特别扶助制度实施方案》的通知规定:

(1)对象条件。纳入特别扶助制度的并发症人员应同时具备以下条件:

①实施了计划生育手术;

②按规定鉴定为三级以上的并发症;

③并发症尚未治愈或尚未康复的。

并发症人员治愈、康复或死亡的,应在其治愈、康复或死亡的下一个年度及时退出扶助制度。

已落实一次性生活扶助待遇的并发症人员,按照像同等级并发症人员扶助待遇标准基本一致的原则,症状轻微已治疗痊愈的,不再纳入特别扶助制度;尚未痊愈、经鉴定为三级以上并发症的,纳入特别扶助制度,其原一次性生活扶助金抵扣特别扶助金。

(2)确认程序。纳入特别扶助制度的并发症人员由人口计生部门负责确认。具体程序是:①申请。②初审。③审批。④备案。

(3)扶助标准。对三级并发症人员,给予每人每月不低于100元的扶助金;对二级并发症人员,给予每人每月不低于200元扶助金;对一级(甲等除外)并发症人员,给予每人每月不低于300元的扶助金。

根据城乡居民平均消费水平、物价变动及财政可承受能力,建立特别扶助标准动态调整机制。

(4)新老政策的衔接。各地要做好国家并发症人员特别扶助制度与本地已建立的并发症人员定期扶助制度的衔接。原本地扶助标准低于国家特别扶助标准的,按照国家特别扶助基本标准执行;原本地扶助标准高于国家特别扶助标准的按原标准执行,高出部分所需资金由原渠道解决。

(5)资金来源。按照中央规定,并发症人员特别扶助资金由中央和地方财政按比例负担。全省省以上财政负担50%,设区市和县级财政负担50%,所需经费从各级计生事业费中统筹解决。

(6)资金发放。并发症人员特别扶助金的管理继续参照省财政厅、省人口计生委、省农村信用社联合社三家联合印发的《江西省农村部分计划生育家庭奖励扶助专项资金管理办法(试行)》精神执行。扶助金以个人为单位按月计算,一年发放一次。

2012年12月28日,江西省人口和计划生育委员会、江西省财政厅、江西省人力资源和社会保障厅文件规定:从2013年1月1日起,独生子女父母奖励费标准由每人每月4元调整为每人每月20元。

2000年,中共中央、国务院及中共江西省委、省人民政府下发《关于加强人口与计划生育工作稳定低生育水平的决定》后,乐安县财政做到了逐年增加对人口与计划生育事业经费的投入。2001年比2000年达到了人均增加2.07元,到2005年达到了人均12.67元,特别是2009年比2008年人均增加额将近翻了一番,达到了人均36.31元。2000年至2012年每年人均金额如下。

2000～2012年乐安县人均人口与计划生育经费支出表

表2－50

年度	人均额(元)	年度	人均额(元)	年度	人均额(元)
2000	4.01	2005	12.67	2010	32.48
2001	6.08	2006	14.1	2011	51.87
2002	7.12	2007	16.99	2012	46.57
2003	9.01	2008	18.77		
2004	9.37	2009	36.31		

乐安县自1975年正式成立县计划生育委员会以来，至2012年年底止县财政共拨付人口与计划生育事务经费10303万元，而且做到了逐年增加，具体数字详见下表。

1975～2012年乐安县人口与计划生育支出明细表

表2－51

单位：万元

项目 金额 年度	行政运行	一般行政管理	计生家庭奖	信息系统建设	免费技术服务	计生服务网络建设	避孕药具	宣传教育	流动人口计生管理	其他	合计	占当年财政总支出(%)
1975	—	—	—	—	—	—	—	—	—	3	3	0.8
1976	—	—	—	—	—	—	—	—	—	2	2	0.5
1977	—	—	—	—	—	—	—	—	—	2	2	0.5
1978	—	—	—	—	—	—	6	—	—	—	6	1.2
1979	—	—	—	—	—	—	—	—	—	7	7	1.1
1980	—	—	—	—	—	—	—	—	—	7	7	1
1981	—	—	—	—	4	1	—	—	—	2	7	1.2
1982	—	—	—	—	4	2	2	—	—	4	12	1.5
1983	—	—	—	—	21	2	2	—	—	6	31	3.7
1984	—	—	—	—	15	1	2	—	—	10	28	3.2
1985	—	—	—	—	4	2	—	—	—	9	15	1.3
1986	—	—	—	—	3	5	—	—	—	5	13	1
1987	—	—	—	—	8	3	—	—	—	7	18	1.3
1988	—	—	—	—	10	3	—	—	—	7	20	0.9
1989	—	—	—	—	17	3	—	2	—	6	28	1.1
1990	—	—	—	—	11	6	—	2	—	7	26	1
1991	—	—	—	—	13	6	—	4	—	25	48	1.5
1992	—	—	—	—	8	7	—	6	—	10	31	1
1993	—	—	—	—	9	14	—	4	—	9	36	1.1
1994	—	—	—	—	6	18	—	4	—	8	36	0.9
1995	—	—	—	—	18	28	—	7	—	12	65	1.6
1996	—	—	—	—	18	31	—	8	—	13	70	1.4
1997	—	—	—	—	39	37	—	11	—	15	102	1.7
1998	—	—	—	—	51	38	—	12	—	18	119	1.6
1999	—	—	—	—	55	42	1	12	—	12	122	1.6
2000	—	—	—	—	35	76	—	—	—	21	132	1.4
2001	—	—	—	—	35	88	15	—	—	61	199	1.5
2002	—	—	—	—	70	97	—	—	—	70	237	1.3
2003	—	—	—	—	70	121	21	—	—	59	271	1.5
2004	—	—	—	—	72	102	—	—	—	146	320	1.2

续表 2－51

年度＼金额＼项目	行政运行	一般行政管理	计生家庭奖	信息系统建设	免费技术服务	计生服务网络建设	避孕药具	宣传教育	流动人口计生管理	其他	合计	占当年财政总支出(%)
2005	—	—	—	—	70	258	—	—	—	102	430	1.6
2006	—	—	1	—	70	79	—	—	—	332	482	1.3
2007	91	—	34	15	70	40	3	16	8	327	604	1.3
2008	38	183	21	10	17	—	6	—	1	394	670	1.1
2009	54	248	36	11	—	50	34	6	—	832	1271	1.5
2010	79	219	18	10	—	—	—	—	—	864	1190	1.2
2011	107	207	25	—	—	—	2	—	—	1572	1913	1.5
2012	112	263	35	—	—	—	11	—	—	1309	1730	1.2
合计	481	1120	170	46	823	1160	105	94	9	6295	10303	

第二章　公共安全

公共安全支出是反映政府维护社会公共安全方面的支出。有关事务包括武装警察、公安、国家安全、检察、法院、司法行政、监狱、劳教、国家保密、缉私警察等。

公检法司支出，1952 年以前合并在行政管理费内列支，1953～1958 年设行政管理费支出大类，公安、司法、检察支出与行政管理支出并列。1959 年以后，公安、检察、司法支出又并入行政管理费内，未分开科目考核，直至 1981 年（公安）和 1983 年（司法检察）的决算明细表才从行政管理费支出中划出单列。2007 年以后改为公共安全支出。

“文化大革命”中公安局、检察院、法院均被撤销，成立保卫部，经费都在行政经费中的县革命委员会内开支，故后面的公共安全支出明细表中的公安、检察、法院支出都从恢复（司法局从成立时）时起进行统计。

1973～2012 年乐安县公共安全支出明细表

表 2－52　　　　单位：万元

年度＼金额＼项目	武装警察支出	公安支出	司法检察支出	检察支出	法院支出	司法支出	保密支出	其他支出	合计	占当年财政总支出(%)
1973	—	—	—	—	1.4	—	—	—	1.4	0.38
1974	—	4.7	—	—	1.5	—	—	—	6.2	1.7
1975	—	10.1	—	—	1.8	—	—	—	11.9	3
1976	2.2	5.7	—	—	2.3	—	—	—	10.2	2.6
1977	1.4	7.5	—	—	2.1	—	—	—	11	2.8
1978	1	7	—	2	2	—	—	—	12	2.3
1979	2	9	—	1	2	—	—	—	14	2.1
1980	5	14	—	9	5	—	—	—	33	4.8
1981	8	12	—	6.2	7.2	—	—	—	33.4	5.5
1982	7	18	—	9	11	0.1	—	—	45.1	5.6
1983	4	23	15	5.4	9.8	0.6	—	—	57.8	7
1984	—	32	24	—	—	—	—	—	56	6.5
1985	—	21	22	—	—	—	—	—	43	3.8
1986	—	18	21	—	—	—	—	—	39	2.9
1987	—	17	13	—	—	—	—	—	30	2.1
1988	—	43	31	—	—	—	—	—	74	3.2
1989	—	56	35	—	—	—	—	—	91	3.7
1990	—	57	39	—	—	—	—	—	96	3.7

续表 2－52

年度＼金额＼项目	武装警察支出	公安支出	司法检察支出	检察支出	法院支出	司法支出	保密支出	其他支出	合计	占当年财政总支出(%)
1991	—	66	—	14	20	8	—	—	108	3.5
1992	—	62	—	16	23	9	—	—	110	3.5
1993	—	73	—	25	24	9	—	—	131	3.9
1994	—	94	—	22	39	10	—	—	165	4.1
1995	—	131	—	34	38	13	—	—	216	5.3
1996	5	196	—	63	37	16	—	—	317	6.4
1997	8	328	—	104	47	18	—	—	505	8.2
1998	30	372	—	114	54	24	—	—	594	8.1
1999	7	487	—	78	59	26	—	—	657	8.6
2000	7	507	—	152	66	32	—	—	764	8.3
2001	8	724	—	149	100	39	—	—	1020	7.7
2002	43	584	—	185	144	46	—	—	1002	5.4
2003	18	766	—	134	133	54	—	—	1105	5.9
2004	29	874	—	198	130	51	—	—	1282	5.9
2005	66	1031	—	219	144	87	—	—	1547	5.7
2006	130	1405	—	312	201	132	—	—	2180	5.8
2007	138	1623	—	401	370	153	—	19	2407	5.7
2008	172	2070	—	399	490	154	6	—	3291	5.2
2009	157	2769	—	796	862	250	20	—	4854	5.6
2010	253	3258	—	741	1166	247	8	80	5753	5.7
2011	224	4546	—	672	877	333	5	40	6697	5.3
2012	544	4029	—	544	861	619	19	38	6654	4.6
合计	1869.6	26350	200	5404.6	5931.1	2330.7	58	177	42321	

第一节 武装警察

武装警察经费支出是反映乐安县武警中队和乐安县公安消防大队的公用经费支出。

一、内卫部队支出

反映县财政拨付给乐安县人民武装警察中队(简称武警中队)的经费支出。武警中队的经费开支,原执行财政部、总后勤部1963年9月9日《关于专、县公安部队住房、用具经费问题的通知》,武警中队住房、用具所需修缮、修理、租金均在地方开支。

1976年,国务院、中央军委国发〔1975〕160号和国发〔1976〕81号文,原担负逮捕、押解、看守犯人任务的县、市中队,由军队移交公安机关建制领导后,改称人民武装警察中队,列入地方行政编制,经费由地方管理。

1977年江西省财政局、江西省公安局规定:自1977年1月1日起,武警中队的经费开支,按已确定的编制数,由省、地(市)公安机关管理。其基本建设分别列入省、地(市)、县基本建设计划,由地方基本建设资金开支。对武警中队的被服、装具、武器弹药、军训、军体及其他装备等器材的经费,由省公安局统一掌握,发给实物,列入武警中队经费开支。武警中队干部、战士,自1977年1月1日起享受地方行政干部的公费医疗待遇。

1983年起,武警中队经费又上划中央统一管理。

1996年规定:武警执勤部队的营房营具、执勤警戒设施、训练场地、文化生活设施、医疗经费、执勤差旅费、水电费、伙食补助费等生活保障经费由地方财政解决。

2004年,江西省财政厅、江西省公安厅转发财政部、公安部印发的《中国人民武装警察警卫部队警卫业务费管理暂行办法》第五条规定:各级财政应将警卫业务费列入本级财政预算,并随着社会经济发展水平的提高,逐步增加警卫业务费投入,加强警卫部队重点专用装备建设。该办法从2004年7月1日起施行。

2011年6月2日，抚州市人民政府办公室印发了市政府第66次常务会议纪要，会议明确：从2011年起，每年各县（区）财政按照不低于市财政安排武警支队正常项目经费标准的15%，增加安排本县武警中队正常项目经费。

从1996年起，乐安县财政每年都拨给一定的经费，以补助武警中队的经费不足，而且做到逐年增加。

2012年乐安县人民政府办公室，根据抚州市人民政府办公室《关于开展省委常委议警会和有关文件精神贯彻落实情况专项督查的通知》（抚府办〔2012〕102号）精神，经县人民政府第18次常务会议研究，同意县财政安排武警中队2012年预算经费43.1万元，另安排2012年度反恐专项经费94万元，合计安排经费137.1万元。

二、消防部队支出

反映乐安县公安消防大队的公用经费支出。

民国期间，乐安县没有消防组织，一旦失火，多蔓延成灾。在抗日战争时期，为了防御日机轰炸引起火灾，成立了“乐安县防护团”。也购置了少量消防工具，但是县政府只委派一名坐领干薪的团长，未配备和训练消防人员，只挂一个空衔招牌。

中华人民共和国成立初期，因未建立消防组织、乐安发生较大火灾两次，损失颇重。一是1950年2月，县人民政府失火，县人民政府文书档案、办公用具被焚；二是1952年8月，招携水东新街失火，殃及全街店房与住宅三十余栋，被毁店宅占整个大街的三分之一。

1963年成立了“乐安县消防队”，1976年5月，扩建了专职队伍（现役军人），成立专职班三个，配备有轻型消防指挥车、内设水缸泡沫消防车及其他设备。乐安县消防经费均列县行政经费支出。1980年以前，消防干警的伙食费也按现役标准由县财政拨给。1980年9月，省公安厅、省财政厅规定，公安系统武装、边防、消防干警实行现役待遇，但公安消防业务性的开支和消防队的营房、营具、消防设施及营房、营具维修，生活和业务用的水电等，仍由地方财政安排解决。

1983年起，将原县预算的武警、公安消防经费上划中央统一管理。

1996年，赣发〔1996〕21号文件规定：武警执勤部队的营房营具、执勤警戒设施、训练场地、文化生活设施、医疗经费、执勤差旅费、水电费、伙食补助费等生活保障经费由地方财政解决。公安消防大队同样执行了。

2005年4月1日，江西省财政厅、江西省公安厅转发了财政部、公安部印发的《中国人民武装警察消防部队管理暂行办法》的通知，规定各级财政应将消防业务费纳入本级财政预算，予以保障。本办法自2005年1月1日起施行。

2007年6月1日，省财政厅、省公安厅、省消防总队《关于建立和完善我省市县消防部队消防业务经费保障机制的意见》规定市县消防部队消防业务费的保障标准共分五类：1类2.8万元、2类2.4万元、3类2.1万元、4类1.9万元、5类1.7万元（乐安县为5类1.7万元）。另外，根据消防部队实际，在上述标准外，对一线消防战斗班按水灌消防车2万元/辆，泡沫消防车3万元/辆的标准，分别安排器材消耗费。对其实现的预算外收入要全部上缴财政，业务费由财政按标准列入预算安排。

从1996年起，县财政每年都拨给公安消防部队一定的经费。2006年6月，乐安县人民政府无偿划拨1万平方米土地给县消防大队进行新的营房建设。至2008年9月正式投入使用，总投资556万元，除总队补助17.5万元外，其余均由县财政解决。到2012年底除营房设施全新外，并配备有消防车7辆，其中包括举高喷射消防车和抢险救援车等。经费由1996年的万元计算到2012年的百万元计算。

第二节 公安支出

反映公安事务及管理支出。包括行政运行、一般行政管理事务、治安管理、刑事侦查、道路交通管理、居民身份证管理、拘押收教场所管理、信息化建设等事项而开支的经费。

清末，属于公安安全方面的支出，归在民政费中，主要包括各级薪饷和警察费。其中除民政费外，其余经费有的在统税、厘金项下动支，有的就地抽捐解决。

民国初期，公安经费仍列民政费项下。随着对民主革命镇压的加大，地方政府增设大批保安团队，公安经费大幅增加。尤其是随着战局的变化，使保安警察费用随时追加。

中华人民共和国成立后，公安经费合并在行政经费中列支，公安机关工作人员工资和公用经费，按同级行政机关标准执行。1981年以后的决算明细表才从行政管理费中划出单列，2007年以后列公共安全支出之内。

一、公安行政运行支出

1. 工资

1952年5月底以前各级公安经费概由省公安厅

供给，从1952年6月1日起，省财政厅、公安厅联合通知决定将各级公安系统一切行政供给并入各专、县财政科（局）供给。

1955年工资改革后，地、县公安机关干警执行国家行政人员工资标准，派出所、刑事、外事、户籍等干警实行人民警察工资标准。

1985年工资改革，全省行政事业单位的工作人员实行结构工资制，各级公安部门执行新的人民警察基本工资标准。公安干警工资"高于地方低于军队"的精神，其职务工资部分高于行政人员职务工资的15%。

2. 警衔津贴

1993年取消公安干警执行警察部队工资标准，实行行政机关工资标准，并改实行警衔津贴。1993年10月至1994年12月底期间，授予警衔的各衔级人员，从授衔下月起。

每人每月按54元警衔津贴发给。离休人员警衔津贴全额计入离休费，退休人员警衔津贴按退休比例计入退休费。

1995年9月，人事部规定，从1995年1月1日起，规定警衔津贴每人每月标准：二级警员64元，一级警员68元；三级警司72元，二级警司76元，一级警司80元；三级警督85元，二级警督90元，一级警督95元；三级警监100元，二级警监105元，一级警监110元；副总警监116元，总警监123元。

2000年8月，人事部、财政部调整警衔津贴标准，总警监（正、副）161元、153元，1～3级警监145元、138元、131元；1～3级警督为124元、118元、112元；1～3级警司为106元、100元、94元；1～2级警员为89元、84元。

2002年3月，人事部、财政部发文，经研究并报国务院批准，决定适当调整警衔津贴标准。具体办法是：

（1）从2001年1月1日至9月30日，各衔级的警衔津贴标准分别调整为：总警监189元、副总警监179元、一级警监169元、二级警监161元、三级警监153元、一级警督145元、二级警督138元、三级警督131元、一级警司124元、二级警司117元、三级警司110元、一级警员104元、二级警员98元。

（2）从2001年10月1日起，各衔级的警衔津贴标准分别调整为：总警监211元、副总警监200元、一级警监189元、二级警监180元、三级警监171元、一级警督162元、二级警督154元、三级警督146元、一级警司138元、二级警司130元、三级警司122元、一级警员115元、二级警员108元。

2003年12月，经国务院批准，从2003年7月1日起，适当调整警衔津贴标准。调整后的各衔级的警衔津贴标准分别调整为：总警监228元、副总警监216元、一级警监204元、二级警监194元、三级警监184元、一级警督174元、二级警督165元、三级警督156元、一级警司147元、二级警司138元、三级警司129元、一级警员121元、二级警员113元。

2006年12月，江西省人事厅、江西省财政厅转发人事部、财政部《关于调整警衔津贴标准的通知》，经国务院批准，从2006年7月1日起，适当调整警衔津贴标准，调整后的标准分别为：总警监331元、副总警监295元、一级警监277元、二级警监263元、三级警监249元、一级警督235元、二级警督223元、三级警督211元、一级警司199元、二级警司187元、三级警司175元、一级警员165元、二级警员155元。

3. 岗位津贴

1979年11月，省财政厅规定对公安、检察、法院从事法医、毒物化验人员发放保健津贴。其标准为省、地、市每人每月8元，县级人员每人每月6元。

1982年8月，根据公安部、劳动人事部、财政部《关于对交通民警试行岗位津贴的通知》，对城市、县镇公安局交通队（科、股）的在职民警实行岗位津贴。津贴标准：执勤民警每人每月10元；内勤人员凡上路执勤、检查指导工作的，按天计算（超过4小时算一天），每人每天补助0.25元。岗位津贴经费从停车场、车辆检验收费或业务费中开支。

1986年江西省看守所、拘役所的在职干警实行岗位津贴，每人每天0.3元。

1987年5月，省公安、司法、财政等5家转发国务院工改小组等6家联合下发《关于公安干警实行值勤岗位津贴的通知》，从1987年1月1日起，市、县级公安部门的治安、侦察、交通、看守干警和国家安全部门的反间谍、情报、技术安全干警每人每天值勤岗位津贴0.5元；市县级公安、国家安全部门干警每人每天0.4元；行署、省级公安安全机关中参加一线值勤办案干警岗位津贴，每人每天0.3元；不参加值勤办案的干警，不得享受值勤岗位津贴。因病、因事请假、缺勤或脱产学习未值勤的，应按日扣发值勤岗位津贴。

1990年8月，江西省财政厅通知提高公安干警值勤岗位津贴标准。从1989年10月1日起，将公安干警值勤岗位津贴标准由现行的每人每天0.3元、0.4元、0.5元，分别提高到每人每天0.6元、0.8元、1元。

2004年4月，江西省财政厅、江西省公安厅决定从2004年1月1日起，适当提高全省公安技侦人员保健津贴标准，提高后的具体标准为：(1)从事935手段高毒物品作业的岗位人员每人每月补贴100元；(2)从事档案、照像、复印、监听和其他手段工作人员每人每月补贴80元。增加保健津贴所需经费，按照现行财政管理体制，由同级财政负担。

2005年7月，江西省公安厅、江西省财政厅赣公字〔2005〕100号《关于确定公安特警队员伙食费补助标准的通知》规定：(1)平时巡逻伙食费，按照实际巡逻天数计算，每人每天补助8元。(2)集中训练期间伙食费，每人每天补助20元。伙食费补助所需经费，按照现行财政管理体制，由同级财政负担。

2006年12月，江西省人事厅、江西省财政厅转发人事部、财政部《关于执行人民警察值勤岗位津贴有关问题的通知》，从2006年7月1日起，县(市)级人民政府所属公安、安全机关和直辖市公安、安全分局、县(市)级人民法院、人民检察院，以及监所、监狱、劳教所狱区(大队)以下单位的人民警察值勤时，值勤岗位津贴标准为每人每天10元。纳入工资统一发放范围，按值勤的实际天数计算，按月发放。

2010年，江西省财政厅、省人力资源和社会保障厅《关于人民警察法定工作日外加班发放补贴的通知》赣人社字〔2010〕241号文规定：节假日加班费100元/人．天，双休日加班费80元/人．天。

4. 特别补助金和特别慰问金

2004年9月，江西省公安厅、江西省财政厅转发公安部财政部关于印发《因公牺牲公安民警特别补助金和特别慰问金管理暂行规定》(赣公字〔2004〕206号)的通知。

因公牺牲公安民警特别补助金和特别慰问金管理暂行规定：

(1)为解决因公牺牲公安民警家属的生活困难，解除公安民警的后顾之忧，凝聚警心，激励斗志，根据《中共中央关于进一步加强和改进公安工作的决定》精神，中央财政设立了特别补助金和特别慰问金专款，专项用于因公牺牲公安民警家属的生活补助。

(2)发放标准。从2004年起，对2003年1月1日(含)及以后因公牺牲公安民警家属一次性发放特别补助金10万元，其中，被批准为革命烈士的，一次性增发特别补助金10万元；对1980年1月1日(含)到2002年12月31日(含)因公牺牲公安民警的家属，每年发放特别慰问金5000元，连续发放时间最长不超过20年。

(3)发放对象。特别补助金和特别慰问金的发放对象为因公牺牲公安民警的父母(抚养人)、子女和未解除婚姻关系的配偶。

①有父母(抚养人)，无配偶和子女的，或者有配偶、无父母(抚养人)和子女的，或者有子女、无父母(抚养人)和配偶的，发给全数；

②有父母(抚养人)和配偶、无子女的，或者有父母(抚养人)和子女、无配偶的，或者有配偶和子女、无父母(抚养人)的，各发给半数；

③父母(抚养人)、配偶、子女均有的，各发给三分之一；

④无上述家属的，不予发放。

(4)申报、审批及发放程序。

①特别补助金采取一例一报、单项审批、及时发放的办法。

②特别慰问金采取一年一报、汇总、集中发放的办法。

(5)发放资金的结算。特别补助金和特别慰问金委托省级公安机关统一管理，实行据实结算、集中拨付的管理办法。

5. 公安业务费

1985年1月，公安部、财政部规定公安业务费开支范围包括：侦察破案费、警卫费、技术建设费、通讯费、交通费、武器警械费、服装费、宣传教育费、治保经费、公安事业单位经费、外事活动费、其他费用。

1986年4月，省公安厅、省财政厅规定，公安业务费开支范围和管理办法，按照现行财政管理体制和公安业务费开支范围，实行分级负责、分级管理。(1)武器、警械警服费，列入省级预算由省统一支付，拨发实物；(2)技术器材设备，由省厅统一装备的业务费由省和装备的地县共同负责，地县自行配置的费用由当地财政支付；(3)侦察破案费、警卫费以及其他公安业务费，均由省、地、县分别列入财政开支。

1992年公安业务费开支规定，江西省公安业务费范围：(1)办案经费：侦察破案费、警犬驯养费；(2)装备经费：技术装备费、服装费；(3)办案消耗经费：交通工具燃料费、交通工具维修费、交通工具杂支费、通讯器材消耗费、通讯专网租费、计算机消耗费、侦察设备消耗费、武器消耗费；(4)其他经费：警卫费、宣传教育费、治保经费、奖励费、专业补助费、其他费用、事业单位经费。列支科目规定：办案经费和服装费列入“业务费”，技术装备费列入“设备购置费”，办案消耗费列入“公务费”，其他经费列入“其他费用”等目级科目。

2005年,省财政厅、公安厅《关于印发〈关于建立和完善我省县级公安机关经费保障机制的意见〉的通知》规定,建立和完善保障机制,逐步提高保障水平,确保县级公安机关依法履行职责的经费需要,按照收支脱钩,全额保障,突出重点,确保基本,因地制宜,分类制定,适时调整,合理增长,建立机制,提高效率的原则划定经费开支范围和公用经费保障水平。(1)经费开支范围。①行政经费:包括办公费、印刷费、水电费、邮电费、交通费、差旅费、维修费、招待费、福利费、劳务费、租赁费、办公设备购置费、物业管理费及其他费用等;②公安业务经费:包括侦察破案费、遣送费、警犬驯养费、消耗费用(含公安专线租赁费、交通工具、消耗费、侦察设备消耗费、武器弹药消耗费、通讯设备消耗费)、宣传资料费、教育培训费、治保费、专业补助费、奖励费、业务会议费和其他费用等;③特别业务费:包括特别办案费、特情耳目费、情报费等。(2)公用经费保障标准,划为四类,一类2.6万元/人.年,二类2.1万元/人.年,三类1.9万元/人.年,四类1.7万元/人.年,乐安县按三类保障标准执行。此外,按照"分级管理、分级负担"的原则,县级公安机关履行职责经费要切实保障:①人员经费,国家和省规定的工资、津贴、奖金以及据此核定的各项社会保障支出,要据实足额安排。公安民警伤亡保险和每年一次的健康体检所需经费列入同级预算;②公用经费在省规定时间内,达到制定的支出标准;③大要案和装备经费,大案、要案经费实行专项报批,专项安排。服装经费按标准列入预算予以安排。装备经费按照制定的装备标准和规划,根据公安工作需要和财力可能,按照轻重缓急逐步配备到位;④证照和羁押收教场所经费,根据有关规定执行。

2005年9月,江西省财政厅转发《财政部关于进一步做好公安派出所经费保障工作的通知》要求:按照"分级管理、分级负担"的经费保障原则,公安派出所经费应一律由县(市、区)财政列入预算。凡是存在公安派出所经费尚在乡镇保障的地区,要自2006年预算年度起列入县(市、区)财政预算予以保障。

2008年1月,江西省财政厅、江西省公安厅《关于进一步做好县级公安机关公用经费保障标准落实工作的通知》要求:(1)已达到或超过标准的,不能降低现有保障水平,要随着当地财政收入的增长相应提高经费保障水平。(2)按照"收支完全脱钩、经费全额保障"的要求,公安机关公用经费按保障标准纳入年初预算足额安排,专项及装备经费要根据财力情况予以保障,并不得下达罚没收入考核任务。(3)加大预算执行力度。年初预算安排,足额拨付,非税收入应收尽收、应缴尽缴。(4)建立完善落实标准激励机制,省财政将在分配政法转移支付资金和中央补助专款时,采取"以奖代补"的方式,用于推动保障标准的落实。

二、居民身份证经费

1986年5月,省公安厅、省财政厅、省计委就颁发居民身份证经费问题,联合通知规定,集中发证期间,所需证件成本费和办公费,由中央财政和地方财政共同负担。省人民政府决定,大部分经费由省级财政开支,小部分由地、市县财政开支,不向个人收费。乐安县1988~1992年居民身份证经费支出共30万元,其中,1989年支出16万元。

1992年,赣财综字〔1992〕第188号文规定:(1)公民第一次(年满16周岁)申领居民身份证或按有关规定换领居民身份证,每证缴纳工本费5元;(2)丢失补领居民身份证,每证缴纳工本费10元;(3)申领临时居民身份证,每证缴纳工本费7元。

1993年3月,省财政厅、公安厅《关于居民身份证工本费收缴等预算管理问题补充规定的通知》规定,身份证工本费除以转账方式按每证上缴省公安厅专户2.5元,上缴地(市)公安局(处)专户0.5元之外,其余工本费在季终十五日内开具"一般缴款支出"缴入县(市、区)财政国库。财政在安排年度支出预算时,按照专款专用的原则,视上缴财政工本费收入情况,对公安部门编造的颁发居民身份证经费预算,经文教行政股审核拨付,列入"公检法支出"类,"公安安全支出"款"居民身份证经费"项级支出预算科目预算。

1997年省财政厅、省物价局关于居民身份证收费标准:新的防伪居民身份证收费标准为每证10元,经济特区每证20元;丢失补领的每证20元,经济特区每证40元。列入国家"八七"扶贫攻坚计划的贫困县,1994年人均收入在500元以下的贫困户,每证5元,特困户免收。因升学、就业、外出等权益事务确实急需防伪身份证的,在6天内完成每证收费50元,超过6天期限按正常办证收费,临时身份证工本费每证10元。

2009年,江西省人民政府办公厅规定,停止收取二代居民身份证照像费。

2005年,乐安县财政局根据国务院"换发第二代证的设备购置实行政府采购,所需经费由地方人民政府安排解决"的精神,拨付县公安局购置第二代居民身份证前端设备费。

2006年1月,江西省公安厅下发《江西省换发第二代居民身份证工作规范(试行)的通知》。乐安县全面换发第二代居民身份证。并按照2003年12月国家发改委、财政部《关于居民身份证收费及有关问题的通知》规定,对申领换领二代证的居民收取工本费每证20元,对丢失补领或损坏换领二代证的收取工本费40元,办理临时居民身份证收取工本费10元。

2005～2007年,财政拨付居民身份证管理经费175万元。其中:2005年10万元,2006年75万元,2007年90万元。

三、拘押收教场所管理支出

反映各级公安机关所属看守所、行政拘留所、收容教育所、强制戒毒所等方面的支出。

1988年2月,省公安厅、财政厅调整在押人犯和收审人员给养费标准:省、地、市看守所、收审所在押人犯和收审人员的伙食费标准从1988年3月1日起,由原来每人每月16.6元提高到23.2元;县看守所在押人犯和收审人员的伙食费标准,由原来每人每月15.2元提高到21.8元;全省在押人员医药、押解、水电等杂支费,由原来每人每月7元提高到7.4元。在押人犯给养费由省财政逐月下拨,收审人员给养费由县财政开支。

1990年3月,省公安厅、财政厅调整在押人犯和收审人员给养标准。从1990年5月1日起,省、地看守所、收审所在押人犯和收审人员的伙食费,由原来每人每月23.2元提高到25元;县看守所在押人犯和收审人员的伙食费由原来21.8元提高到24元;全省在押人犯的医药、押解、水电等杂支费由原来每人每月7.4元提高到9元。

1995年3月,省财政厅通知在押人员给养标准调整为每人每月70元,其中伙食费55元,公杂、医药费15元。

1996年7月,省财政厅规定江西省看守所在押人员伙食费实物量标准:每人每月粮食17公斤,蔬菜15公斤,食油0.3公斤,肉食1公斤,蛋或鱼0.5公斤,豆制品1公斤,调味品适量。从1996年8月1日起执行。所需给养费由当地财政拨给。

2008年6月,省财政厅、省公安厅《关于进一步加强全省公安监管场所经费保障工作的通知》要求:

(1)提高公安监管场所在押人员给养费标准。依据公安部《看守所在押人员食物量标准》,结合全省社会经济发展情况和物价上涨因素,决定适当调整在押人员给养费标准,将现行的160元提高到220元,其中,伙食费170元,医疗费20元,衣被费10元,公杂费20元。新标准从2008年7月1日开始执行。

按照现行经费保障体制,提高标准所增加的经费由同级财政负担。各级财政部门要根据本地公安监管场所实际关押人数和规定的标准,足额安排在押人员给养费。

(2)落实公安监管场所公用经费。为保证公安监管场所正常工作需要,各县财政部门要在按标准足额安排县公安机关公用经费的基础上,督促县公安机关对公安监管场所公用经费按不低于当地公安机关公用经费保障标准的60%落实到位,局机关集中统筹使用的比例不得超过40%。同时,对未制定保障标准的设区市级公安机关,各设区市财政部门也要督促设区市公安机关对其公安监管场所公用经费按不低于财政部门安排给市级公安机关公用经费平均水平的60%落实到位,市局机关集中统筹使用的比例不得超过40%。

(3)安排必要的专项经费。各级财政部门要根据自身财力和公安监管场所的实际情况,适当安排在押人员重大疾病防治,监控、电网和驻所武警用水电以及场所修缮等专项经费。属于经常性发生的项目要列入当地财政预算。

(4)加大对基层补助力度。从2008年起,省财政将增加全省公安三所维修专项资金规模,用于帮助改善基层公安监管场所关押条件。各设区市和县财政也要根据自身财力情况,逐步增加对基层公安监管场所专项资金的投入,不断改善场所监管条件。

(5)加强财务管理。各级公安监管场所要健全内部财务管理制度,严禁违反规定以任何形式向在押人员收取费用,严禁不顾监管条件和要求组织在押人员从事生产"创收",切实规范财务运行,确保场所安全稳定。各级财政部门要认真履行职能,切实加强对公安监管场所财务的监督管理,努力提高经费使用效益,确保资金使用安全规范。

2009年6月,江西省财政厅、江西省公安厅转发财政部公安部《关于进一步加强看守所经费保障工作的通知》规定:(1)公安监管场所在押人员给养标准,按赣财行〔2008〕75号文标准足额安排。(2)看守所公用经费:各级财政会同本级公安部门在省定县级公安机关公用经费标准中,明确看守所公用经费保障标准,并足额落实到位。对赣财行〔2008〕75号文中关于:"县级公安机关对公安监管场所公用经费按不低于当地公安机关公用经费保障标准的60%落实到位,局机关集中统筹使用的比例不得超过40%;设区市公安机关对其公安监管场所公用经费按不低于财政部门安排给市级公安机关公用经费平均水平的60%落实到位,市局机关集中统筹使用的比例不得超过40%"的规定不再执行。(3)各级财政部门要将看守所被监管人员重大疾病经费列入当地财政预算(县级财政部门每年不低于5万元,设区市级财政部门每年10万元~20万元),经费不足的应适当追加,当年未开支完的,结转以后年度使用。

2010年5月,公安部《关于规范和加强看守所管理确保在押人员身体健康的通知》规定:(1)看守所收押犯罪嫌疑人、被告人,必须由医生进行健康检查,看守所不具备健康检查条件的,由公安机关送当地县级以上医院进行健康检查。(2)检查的项目为:血压、血常规、心电图、B超、胸片等。

2005~2012年,乐安县财政共拨付拘押收教场所经费374万元。

四、道路交通管理支出

反映公安机关开展各类道路交通管理工作的支出。

此项支出自2007年以后才单独列出,2007年以前财政决算报表未单独反映。2007~2012年,乐安县财政支出862万元,平均每年支出都在百万元以上,其中2012年支出259万元。

2008年2月,乐安县人事劳动和社会保障局、乐安县财政局转发省人事厅、省财政厅《关于增发交通警察一次性防寒费的紧急通知》,经省人民政府同意,在现有机关事业单位冬季取暖费的基础上,为全省工作在抗寒防冻救灾一线的交通警察一次性增发每人300元防寒费。所需经费从"职工福利费"或"福利基金"中开支。

2009年,省编人员全部转入地方,经费由地方财政拨付。

1974~2012年乐安县公安支出明细表

表2-53　　单位:万元

年度＼金额＼项目	行政运行	一般行政管理事务	治安管理	国内安全保卫	刑事侦查	道路交通管理	居民身份证管理	拘押收教场所管理	信息化建设	其他公安支出	合计
1974	4.7	—	—	—	—	—	—	—	—	—	4.7
1975	10.1	—	—	—	—	—	—	—	—	—	10.1
1976	5.7	—	—	—	—	—	—	—	—	—	5.7
1977	7.5	—	—	—	—	—	—	—	—	—	7.5
1978	7	—	—	—	—	—	—	—	—	—	7
1979	9	—	—	—	—	—	—	—	—	—	9
1980	14	—	—	—	—	—	—	—	—	—	14
1981	12	—	—	—	—	—	—	—	—	—	12
1982	18	—	—	—	—	—	—	—	—	—	18
1983	23	—	—	—	—	—	—	—	—	—	23
1984	32	—	—	—	—	—	—	—	—	—	32
1985	19	—	—	—	—	—	—	—	—	2	21
1986	18	—	—	—	—	—	—	—	—	—	18
1987	17	—	—	—	—	—	—	—	—	—	17
1988	27	—	—	—	—	—	7	—	—	9	43
1989	33	—	—	—	—	—	16	—	—	7	56
1990	45	—	—	—	—	—	3	—	—	9	57
1991	50	—	—	—	—	—	3	—	—	13	66
1992	58	—	—	—	—	—	1	—	—	3	62
1993	62	—	—	—	—	—	—	3	—	8	73
1994	74	—	—	—	—	—	—	5	—	15	94
1995	100	—	—	—	—	—	—	10	—	21	131
1996	126	—	—	—	—	—	—	—	—	70	196
1997	217	—	—	—	—	—	—	—	—	111	328
1998	372	—	—	—	—	—	—	—	—	—	372
1999	487	—	—	—	—	—	—	—	—	—	487
2000	507	—	—	—	—	—	—	—	—	—	507

续表 2－53

项目 金额 年度	行政运行	一般行政管理事务	治安管理	国内安全保卫	刑事侦查	道路交通管理	居民身份证管理	拘押收教场所管理	信息化建设	其他公安支出	合计
2001	724	—	—	—	—	—	—	—	—	—	724
2002	514	—	—	—	—	—	—	—	—	70	584
2003	666	—	—	—	—	—	—	—	—	100	766
2004	716	—	—	—	—	—	—	—	—	158	874
2005	903	—	—	—	—	—	10	18	—	100	1031
2006	1016	—	—	—	—	—	75	89	—	225	1405
2007	844	464	30	2	50	100	90	43	—	—	1623
2008	1589	225	24	—	26	143	—	56	—	7	2070
2009	1415	585	22	1	—	123	—	41	—	582	2769
2010	2284	498	138	1	—	192	—	20	71	54	3258
2011	1867	1537	—	—	—	45	—	69	—	1028	4546
2012	2020	1182	27	—	—	259	—	38	—	503	4029
合计	16774	4491	241	4	76	862	205	392	71	3095	26350

第三节　检察支出

反映检察事务的支出。包括检察机关的行政运行、一般行政管理事务,机关服务、查办和预防职务犯罪、公诉和审判监督、侦查监督、执行监督、控告申诉、“两房”建设、事业运行和其他检察支出等。

1983 年以前并入行政管理费支出,1983～1990 年设司法、检察支出。均按行政经费规定执行。因此,本节数字统计时,2007 年以前均列入检察支出的行政运行科目反映。

一、津贴

1992 年 4 月,江西省财政厅规定检察院干警办案人员实行岗位津贴,县(市)一级人民检察院检察长、副检察长、检察委员会委员、检察员、助理检察员、书记员、检察技术人员外出办案,每人每天发给岗位津贴 0.6 元,在院内办案每人每天 0.5 元,其他辅助人员外出办案补助 0.5 元,院内办案补助 0.4 元。各级检察机关的法警及检察机关派驻劳改农场、监狱、看守所的检察人员,在办案时每人每天补助 1 元。不参加办案人员不享受岗位津贴。

1997 年 12 月,人事部、财政部、最高人民检察院调整人民检察院办案人员岗位津贴,从 1997 年 1 月 1 日起,最高人民检察院办案人员每人每天 2 元,地方各级人民检察院办案人员每人每天 2.2 元(其中县级检察院办案人员由现行的 0.4 元、0.5 元、0.6 元提高到 2.2 元),根据出勤天数计发。同年,省财政厅规定检察部门从事法医、毒物化验人员保健津贴每人每月 8 元,县每人每月 6 元、

2007 年 8 月,江西省人事厅、财政厅转发人事部、财政部《关于实行检察官检察津贴的通知》,各级人民检察院中评定检察官等级的在职人员,从 2007 年 7 月 1 日执行检察津贴,标准为:首席大检察官 340 元;一级大检察官 318 元;二级大检察官 298 元;一级高级检察官 278 元;二级高级检察官 262 元;三级高级检察官 246 元;四级高级检察官 233 元;一级检察官 220 元;二级检察官 210 元;三级检察官 200 元;四级检察官 190 元;五级检察官 180 元。纳入工资统发范围,按月发放。所需经费,按行政隶属关系和现行经费保障、工资发放渠道解决。

2010 年,江西省财政厅、江西省人力资源和社会保障厅《关于人民警察法定工作日外加班发放补贴的通知》赣人社字〔2010〕241 号文规定节假日加班费 100 元/人・天,双休日加班费 80 元/人・天。

二、检察业务费

1957 年 1 月,省人民检察院、省财政厅通知,自 1957 年度起将中央预算由最高人民检察院统一管理的检察业务费划归地方财政管理。

1963 年 3 月,省检察院、省财政厅制定江西省检察业务费开支范围,包括检察费、业务器具购置费、检验费、宣传教育费、专业会议费。

1979 年 11 月,江西省人民检察院、省财政厅转发《最高人民检察院,财政部关于业务费开支范围的通知》,规定检察业务费的范围有:检察费、检验费、业务设备购置费、消耗费、专业会议费、宣传教育费、以及检察通讯员的业务通讯费、训练费、不脱产人员

生活补贴和破案有功人员奖励费等。

1986年10月,省检察院、省财政厅修订检察业务开支范围,规定为办案费、购置费、服装费、会议费、宣传教育费、奖励费、其他费用等7项。

1992年省财政厅修订江西省检察业务费开支范围:(1)办案经费:包括办案差旅、侦缉调查、技术检验、鉴定等费;(2)装备费:包括侦查设备、技术设备、通讯设备、交通工具、武器、械具、其他设备;(3)服装费;(4)消耗费:包括交通工具燃料、器材设备、武器、日常用品、其他设备消耗等;(5)会议费;(6)宣传费;(7)教育培训费;(8)奖励费;(9)特约检察员经费;(10)其他业务费;(11)事业单位经费。预算科目的列支规定:办案费和服装费列入"业务费";装备费列入"设备购置费";消耗费、会议费和宣传费列入"公务费";其他经费列入"其他费用"等目级科目。

着装经费。1984年4月,省检察院、省高级人民法院、省财政厅联合通知,规定各级人民检察院现任检察员、助理检察员、书记员,从1984年开始统一着装,着装所需经费除按规定由着装本人负担部分外,统一由省财政拨付。1988年6月,省财政厅规定,人民检察院整顿着装换装所需经费,按现行财政体制由同级财政负担。新装标准每人430元,其中个人负担149.05元,换装标准每人220元,其中个人负担76.14元,由于物价的调整,原材料和加工费均有所提高,经高检院统一核定标准,新着装每人560元,个人负担135.86元,换装每人217元,个人负担79.6元。凡个人应负担的换(着)装经费,待着装后由工资中分期扣还,上缴同级财政,时间不得超过半年。1990年12月,江西省财政厅规定,1991年、1992年人民检察院换装夏服、单服、冬服,换装标准每人247元(含1992年换装经费及1994年、1995年二年着装人员补发一条夏裤经费在内,其中个人应负担76.75元),新着装每人暂按600元(其中个人应负担186.65元),在同级财政核拨的换装经费中列支。

2006年6月,江西省财政厅、江西省高级人民法院、江西省人民检察院印发了《关于建立和完善我省县级法院检察院经费保障机制的意见》规定:(1)根据事权划分和现行"分级管理、分级负担"的法院检察院经费管理体制,按照收支脱钩、全额保障、突出重点、确保基本、因地制宜、分类制定、适时调整、合理增长、建立机制、提高效益的原则,确保县级法院、检察院依法履行职责的经费需要。(2)公用经费保障标准:①公用经费开支范围包括日常公用经费和业务费两部分。检察院的日常公用经费包括:办公费、水电费、邮电费、交通费、差旅费、维修费、招待费、福利费、劳务费、租赁费、物业管理费、办公设备购置费和其他费用等。检察院业务经费包括:办案费、装备费、服装费、消耗费、会议费、宣传费、教育培训费、奖励费、人民监督员经费、其他业务费等。②公用经费保障标准:县级法院检察院公用经费保障标准划分为四类:一类3万元/人·年,二类2.7万元/人·年,三类2.3万元/人·年,四类2万元/人·年,乐安县为二类2.7万元/人·年。保障标准从2006年开始实行,力争在两年内达到,两年达到确有困难的三年内必须达到。已达到或超过标准的,不能降低现有保障水平,并随着当地财政收入的增长相应提高经费保障水平。(3)主要措施:人员经费,据实足额安排;公用经费,按省定时间达到省定标准;大要案经费、专项报批、专项安排;装备经费,按标准和规划,根据工作需要与财力可能,按照轻重缓急逐步配备到位。中央下达的项目补助专款,要按规定比例安排配套资金,确保及时足额到位,专款专用;建立保障激励和约束机制,按照"县负责、市努力、省帮助"的原则推动保障标准全面得到落实。

1978~2012年乐安县检察支出明细表

表2-54 单位:万元

年度 \ 金额 \ 项目	行政运行	一般行政管理事务	查办和预防职务犯罪	公诉和审判监督	两房建设	其他检察支出	合计
1978	2	—	—	—	—	—	2
1979	1	—	—	—	—	—	1
1980	9	—	—	—	—	—	9
1981	6.2	—	—	—	—	—	6.2
1982	9	—	—	—	—	—	9
1983	5.4	—	—	—	—	—	5.4

续表 2－54

年度＼金额＼项目	行政运行	一般行政管理事务	查办和预防职务犯罪	公诉和审判监督	两房建设	其他检察支出	合计
1984	—	—	—	—	—	—	—
1985	—	—	—	—	—	—	—
1986	—	—	—	—	—	—	—
1987	—	—	—	—	—	—	—
1988	—	—	—	—	—	—	—
1989	—	—	—	—	—	—	—
1990	—	—	—	—	—	—	—
1991	14	—	—	—	—	—	14
1992	16	—	—	—	—	—	16
1993	25	—	—	—	—	—	25
1994	19	—	—	—	—	3	22
1995	26	—	—	—	—	8	34
1996	33	—	—	—	—	30	63
1997	42	—	—	—	—	62	104
1998	114	—	—	—	—	—	114
1999	78	—	—	—	—	—	78
2000	152	—	—	—	—	—	152
2001	149	—	—	—	—	—	149
2002	185	—	—	—	—	—	185
2003	134	—	—	—	—	—	134
2004	198	—	—	—	—	—	198
2005	219	—	—	—	—	—	219
2006	312	—	—	—	—	—	312
2007	199	19	5	13	165	—	401
2008	238	106	—	—	55	—	399
2009	277	410	—	—	105	4	796
2010	343	171	—	—	225	2	741
2011	242	177	—	—	74	179	672
2012	381	64	—	—	—	99	544
合计	3428. 6	947	5	13	624	387	5404. 6

第四节　法院支出

反映法院的支出。主要包括行政运行、一般行政管理事务、机关服务、案件审判、案件执行、“两庭”建设、事业运行、其他法院支出等。

1983 年以前并入行政管理费支出，1983～1990 年设司法、检察支出。均按行政经费规定执行。因此本节数字统计时，2007 年以前均列入法院支出中的行政运行科目中反映。

一、人员经费

个人津贴。1992 年 5 月，人事部、财政部、最高人民法院，关于人民法院干警实行岗位津贴的通知。县一级人民法院院长、副院长、庭长、副庭长、审判委员会委员、审判员、助理审判员、执行员、书记员、法医及其他辅助办案人员，各级人民法院司法警察。外出办案每人每天 0. 6 元，在院内办案每人每天 0. 5 元，其他辅助办案人员外出办案每人每天 0. 5 元，在院内办案每人每天 0. 4 元。派出人民法院的审判业务人员办案时每人每天 0. 6 元，辅助办案人员办案时每人每天 0. 5 元。各级人民法院司法警察和人民法院派驻劳改、劳教农场的法院审判业务人员岗位津贴标准每人每天 1 元，从 1992 年 1 月 1 日起执行。司法助理员岗位津贴从 1992 年 8 月 1 日起每人每天补助0.6元。1995年1月1日起,各级人民法院、人民检察院中评定授予警衔的在职人民警察实行警衔津贴,其标准:(1)1993年9月30日前授予警衔的各衔级人员,从1993年10月至1994年12月,每人每月按54元发给;1993年10月1日至12月31日期间授予警衔的各衔级人员,从授予警衔的下月起至1994年12月止,每人每月按54元发给。(2)在警察工作岗位连续工作满5年并从警察岗位离退休的人员,其警衔津贴作为计发离退休费的基数。离休人员、警衔津贴全额计入离休费;退休人员,警衔津贴按国家规定的比例计入退休费,其中执行职级工资制的退休人员,警衔津贴按本人原职务工资、级别工资的计发比例计入退休费。(3)对1994年12月31日前评定授予警衔、原在警察工作岗位连续满5年并已从警察工作岗位离退休的人员,从1995年1月1日起,可按其警衔相应增加离退休费。其中,离休人员,按其警衔的津贴标准增加离休费;退休人员,按其警衔的津贴标准打折扣后的数额增加退休费。(4)实行警衔津贴的所需经费,按现行财政体制,由中央财政和地方财政分别负担。

1997年12月,人事部、财政部、最高人民法院调整人民法院办案人员岗位津贴范围和标准,岗位津贴范围:最高人民法院和地方各级人民法院的法官、执行员、书记员,以及其他办案辅助人员,岗位津贴标准:最高人民法院办案人员每人每天2元,地方各级人民法院办案人员每人每天2.2元,其中县级法院办案人员由现行的0.4元、0.5元、0.6元提高到2.2元,根据实际出勤天数计算按月发放。经费来源按现行财政体制和隶属关系,分级负担。

1998年,人民检察院和人民法院办案人员实行岗位津贴。(1)发放范围:①人民检察院:检察长、书记员及其他办案辅助人员;②人民法院:法官、执行官、书记员及其他办案辅助人员。(2)发放办法:根据实际出勤天数计算,按月发放,因节、假日、病、事假或脱产学习等原因未参加办案的,不发放岗位津贴。调离上述岗位的人员,停发岗位津贴。(3)经费来源:按现行财政体制和隶属关系,分级负担。(4)执行时间:1997年1月1日起执行。(5)执行标准:每人每天2.2元(其中县级人民检察院、人民法院办案人员由现行的0.4元、0.5元、0.6元提高到2.2元)。

2000年8月,各衔级的每月警衔补贴执行新的标准:二级警员84元,一级警员89元;三级警司94元,二级警司100元,一级警司106元;三级警督112元,二级警督118元,一级警督124元;三级警监131元,二级警监138元,一级警监145元,副总警监153元,总警监161元。

2007年8月,江西省人事厅、江西省财政厅转发人事部、财政部《关于实行法官审判津贴的通知》赣人字〔2007〕198号文规定:实行法官审判津贴的人员,限于各级人民法院中评定法官等级的在职法官。标准为:首席大法官340元,一级大法官318元,二级大法官298元,一级高级法官278元,二级高级法官262元,三级高级法官246元,四级高级法官233元,一级法官220元,二级法官210元,三级法官200元,四级法官190元,五级法官180元。法官审判津贴纳入工资统发范围,按月发放。法官离退休后,从离退休的下一个月起,停止执行法官审判津贴。所需经费,按行政隶属关系和现行经费保障、工资发放渠道解决。法官审判津贴,从2007年7月1日起执行。

二、公用经费及业务费

1957年以前司法业务费由司法部统一掌握,逐级分配给各级人民法院专款专用。

1963年3月,省财政厅、省高级人民法院制定江西省司法业务费开支范围与标准,包括:审判费、邮电补助费、陪审费,陪审员、调解员开会训练费,调解委员会办公费,勘验鉴定费、执行费、宣教费、解差费、司法装具、设备购置费、交通工具保养及业务器材修理费、业务会议费、杂项费等。

1985年10月,省高级人民法院、省财政厅转发最高人民法院、财政部关于《法院业务费开支范围规定》,法院业务费包括办案费、服装费、业务设备购置费、专业会议费、其他费用。根据预算收支科目规定办案费、服装费列入"业务费"目,业务设备购置费列入"设备购置费"目,办案差旅、专业会议费及购置消耗性物品,列入"公务费"目,其他费用列入"其他费用"目。

1989年10月,省高级人民法院、省财政厅转发最高人民法院、财政部《关于加强诉讼费用管理的暂行规定》,各级人民法院依法收取的诉讼费用,属于国家规费,考虑到目前财政困难,拨给法院业务经费还不能完全满足审判工作的需要,法院收取的诉讼费用暂不上缴财政,以弥补法院业务经费的不足。

着装经费。1984年4月,省高级人民法院,省财政厅转发最高人民法院、财政部关于人民法院干部着装的通知,各级人民法院担任现职的审判员、助理审判员、书记员,从1984年开始统一着装,着装所需经费除按规定由着装本人负担部分外,其余统一由省财政拨付。1988年6月,省高级人民法院、省财政厅关于1988年法院系统换装的通知,各级人民法院制装所需经费(除个人应负担部分外),实行分级负担,即在同级财政部门核定的法院业务经费项目中列支,个人负担部分在着(换)装后由工资中分期扣还交同级财政,凡在本次规定换装范围内的审判人员,其换装经费每人暂定200元(其中个人应负担62.48元),凡是本次规定的新着装审判人员,其新着装经费每人暂定430元(其中个人应负担131.29元),公用服装的制装经费,按未着装人员的10%掌握,由同级财政审核解决。1989年江西省财政厅调整人民法院审判人员着装经费即新着装经费每人暂定539.64元,其中个人应负担161.23元,换装经费每人暂定224.02元,其中个人应负担68.1元,1986年着装的审判人员应在1989年换装,每人另加一件衬衣款22元,其中个人应负担7.8元,以上经费由同级财政审核解决。

1990年12月,省高级人民法院、省财政厅关于调整人民法院审判人员1991年换装、着装经费标准,调整后新着装经费每人600元(其中个人应负担165.53元),换装经费每人250元(其中个人应负担64.42元),包括1991年和1992年换、着装在内,个人负担部分,在换着装后的工资中分期扣还。1992年执行国家着装委员会规定,公、检、法、司系统符合着装规定条件者,除公费部分由国家支付外,其自费比例,除着警服人员外,其他着装人员自己负担工料费30%,专职律师、涉外公证人员配发的制服,个人负担50%。

2001年12月,江西省财政厅、江西省高级人民法院转发财政部、最高人民法院《财务管理暂行办法》规定:人民法院预算按现行财政体制分别列入同级财政预算。人民法院在审判活动中依法取得的罚没收入、赃款、赃物变价收入属于国家财政性资金,应按规定及时、足额上缴同级国库,实行"收支两条线"管理。法院的支出包括基本支出、项目支出和自筹基本建设支出。基本支出包括人员经费和日常公用经费,日常公用经费包括:办公费、一般设备购置费、水电费、邮电费、取暖费、交通费、差旅费、修缮费和其他费用等。业务费支出包括办案费、劳务费、专用设备购置费、交通工具购置费、其他设备购置费、邮寄费、电话通讯费、交通费、专业会议费、服装费、宣传费、维修费、法官培训费和其他费用。

2006年6月,省财政厅、高级人民法院、人民检察院《关于印发〈关于建立和完善我省县级法院检察院经费保障机制的意见〉》规定:(1)根据事权划分和现行"分级管理、分级负担"的法院检察院经费管理体制,按照收支脱钩、全额保障、突出重点、分步实施的原则,确保县级法院检察院依法履行职责的经费需要。(2)建立和完善保障机制:①法院检察按照"收支两条线"管理要求,将各项罚没收入和行政性收费等政府非税收入按规定全额上缴财政,法院检察院履行职能所需经费,由政府予以全额保障。②县级法院、检察院开展审判、检察业务工作等重点经费要给予重点保障,日常公用经费要按规定给予优先保障。(3)公用经费开支范围及保障标准:①开支范围:日常公用经费包括:办公费、一般设备购置费、水电费、邮电费、交通费、差旅费、修缮费和其他费用;业务经费:包括办案费、劳务费(包括人民陪审员费用)、邮寄费、电话通讯费、交通费、专业会议费、服装费、宣传费、法官培训费和其他费用等。②公用经费标准:分为四类,其中:一类3万元/人·年,二类2.7万元/人·年,三类2.3万元/人·年,四类2万元/人·年。乐安县为二类2.7万元/人·年。保障标准从2006年开始实行,力争在两年内达到,两年达到确有困难的三年内必须达到。

1973~2012年乐安县法院支出明细表

表2-55　　单位:万元

项目 金额 年度	行政运行	一般行政管理事务	案件审判	"两庭"建设	其他法院支出	合计
1973	1.4	—	—	—	—	1.4
1974	1.5	—	—	—	—	1.5
1975	1.8	—	—	—	—	1.8
1976	2.3	—	—	—	—	2.3
1977	2.1	—	—	—	—	2.1
1978	2	—	—	—	—	2
1979	2	—	—	—	—	2
1980	5	—	—	—	—	5
1981	7.2	—	—	—	—	7.2

续表 2－55

年度	行政运行	一般行政管理事务	案件审判	“两庭”建设	其他法院支出	合计
1982	11	—	—	—	—	11
1983	9.8	—	—	—	—	9.8
1984	—	—	—	—	—	—
1985	—	—	—	—	—	—
1986	—	—	—	—	—	—
1987	—	—	—	—	—	—
1988	—	—	—	—	—	—
1989	—	—	—	—	—	—
1990	—	—	—	—	—	—
1991	20	—	—	—	—	20
1992	23	—	—	—	—	23
1993	24	—	—	—	—	24
1994	32	—	—	—	7	39
1995	30	—	—	—	8	38
1996	34	—	—	—	3	37
1997	47	—	—	—	—	47
1998	54	—	—	—	—	54
1999	59	—	—	—	—	59
2000	66	—	—	—	—	66
2001	100	—	—	—	—	100
2002	144	—	—	—	—	144
2003	133	—	—	—	—	133
2004	130	—	—	—	—	130
2005	144	—	—	—	—	144
2006	201	—	—	—	—	201
2007	219	100	14	37	—	370
2008	299	157	—	34	—	490
2009	284	522	—	44	12	862
2010	556	274	—	331	5	1166
2011	432	231	—	10	204	877
2012	478	197	—	30	156	861
合计	3555.1	1481	14	486	395	5931.1

第五节　司法支出

反映司法行政事务支出。包括行政运行、一般行政管理事务、机关服务、基层司法业务、普法宣传、律师公证管理、法律援助、司法统一考试、仲裁、事业运行、涉外、涉港澳台公证书工本费安排的支出和其他司法支出。

1983 年以前并入行政管理费支出，1983～1990 年设司法、检察支出，均按行政经费规定执行。

乐安县司法局于 1981 年 2 月成立。

1957 年以前，司法业务费由司法部统一掌握，逐级分配给各级人民法院专款专用。

1980 年 11 月，省财政厅、省司法厅转发司法部、财政部《关于司法业务费开支范围的通知》，规定为审判费，陪审调解费，勘验鉴定费，押解执行费，业务设备购置费，业务设备消耗费，宣教费，专业会议费，短期培训费，科研机构经费，其他经费等。

1986 年 3 月，省司法厅、财政厅转发司法部、财政部《关于修改司法业务费开支范围规定》，司法业务费开支范围包括：调解费，宣传费，短期培训费，业务设备购置费，专业会议费，业务设备消耗费，公证、律师业务补助费，科研费，其他经费，司法业务费。

1988 年 3 月，省司法厅、省财政厅关于转发司法部、财政部关于司法系统整顿着装的通知，着装范围，各省、自治区、直辖市司法厅、劳改局、劳教局和地市司法局的劳改处、劳教处机关在编干警，司法系统的监狱、劳改队、劳教所、少管所、出入监队在编干警，具体规定的棉涤警服，1985 年发放的服装按 50% 交费，1986 年、1987 年发放的服装按 70% 交费，毛涤、纯毛警服一律按购价的 70% 交费，所收费用原则交同级财政。

2004 年 10 月，江西省司法厅、民政厅、财政厅、劳动和社会保障厅、国土资源厅、建设厅、卫生厅、工商行政管理局、档案局转发《关于贯彻〈法律援助条例〉切实解决困难群众打官司难问题的意见》规定：各级人民政府要按照《法律援助条例》的规定，根据本行政区域的经济发展及财力状况，将每年法律援助所需要的经费数额，逐步纳入年度财政预算。要随着当地经济发展及财政收入的增加，并根据法律援助的实际需要安排经费，保障法律援助事业与经济、社会协调发展。

2006 年 11 月，省财政厅、司法厅《关于印发〈江西省法律援助经费使用管理办法〉的通知》规定：各级财政部门应将法律援助经费纳入预算，其支出范围包括：(1) 支付接受法律援助机构指派办理案件的律师、基层法律援助服务工作者和接受安排办理案件的社会组织人员、法律援助志愿者的办案补贴、包括差旅费、交通通信费、文印费、调查取证费等。(2) 补贴标准。①在市区内、县(市、区)内办案的，每件刑事案件补贴 200 元～600 元，民事案件补贴 300 元～800 元。②省内跨设区市、跨县(市、区)办案的，每件刑事案件补贴 300 元～800 元，民事案件补贴 500 元～1000 元；跨省办案的，每件补助 600 元～1800 元。(3) 属群体上访跨年度的重大疑难案件，或因案情复杂、路途遥远及其他客观原因，致使差旅费支出数额较大的案件，由承办法律援助的法律服务机构提出申请，并附上支出费用的原始票据，经法律援助机构审核、报财政部门审核同意后，可在确定标准的两倍以内支付补贴。

2008 年，江西省财政厅、江西省司法厅印发了《关于建立和完善我省基层司法行政机关公用经费保障机制的意见》(以下简称《意见》)《意见》明确基层司法行政机关，含县、市、区司法局和乡、镇、街道司法所。(1) 建立和完善经费保障标准的目标是，根据事权划分和现行“分级管理、分级负担”的管理体制，理顺基层司法行政机关公用经费保障渠道，建立责任明确，管理规范、投入稳定的经费保障机制，并随着财力的增长，逐步提高经费保障水平，实现基层司法行政机关公用经费的规范管理和有效保障。(2) 保障标准的原则是：收支脱钩、全额保障的原则；突出重点、确保基本需要的原则；因地制宜，分类制定的原则；适时调整合理增长的原则。(3) 公用经费开支范围是行政运行公用经费和业务费、普法宣传费、律师公证管理费、法律援助费等。其中，行政运行公用经费包括：办公费、印刷费、水费、电费、交通费、邮电费、取暖费、物业管理费、差旅费、维修(护)费、租赁费、会议费、培训费、招待费、福利费、劳务费、办公设备购置费等。基层司法业务费包括基层工作指导费、调解工作经费、安置帮教费、社区矫正费、司法所经费和“148”法律服务专用电话费等。(4) 保障标准：县(市、区)司法机关：国定贫困县、省转移支付县 1.3 万元/人·年～1.5 万元/人·年；其他县(市、区) 1.6 万元/人·年～1.8 万元/人·年；乡、镇、街道的司法所：0.8 万元/人·年～1 万元/人·年。保障标准从 2008 年起执行，力争两年内达到，两年内达到确有困难的三年内必须达到。

1981～2012 年乐安县司法支出明细表

表 2－56　　单位：万元

项目/金额/年度	行政运行	一般行政管理事务	基层司法业务	法律援助	普法宣传	其他司法支出	合计
1981	0.1	—	—	—	—	—	0.1
1982	0.6	—	—	—	—	—	0.6
1983	—	—	—	—	—	—	—
1984	—	—	—	—	—	—	—
1985	—	—	—	—	—	—	—

续表 2－56

年度＼金额＼项目	行政运行	一般行政管理事务	基层司法业务	法律援助	普法宣传	其他司法支出	合计
1986	—	—	—	—	—	—	—
1987	—	—	—	—	—	—	—
1988	—	—	—	—	—	—	—
1989	—	—	—	—	—	—	—
1990	—	—	—	—	—	—	—
1991	8	—	—	—	—	—	8
1992	9	—	—	—	—	—	9
1993	9	—	—	—	—	—	9
1994	10	—	—	—	—	—	10
1995	13	—	—	—	—	—	13
1996	15	—	—	—	—	1	16
1997	18	—	—	—	—	—	18
1998	24	—	—	—	—	—	24
1999	26	—	—	—	—	—	26
2000	32	—	—	—	—	—	32
2001	39	—	—	—	—	—	39
2002	46	—	—	—	—	—	46
2003	54	—	—	—	—	—	54
2004	51	—	—	—	—	—	51
2005	87	—	—	—	—	—	87
2006	87	—	—	—	—	45	132
2007	101	26	12	14	—	—	153
2008	95	51	—	—	4	4	154
2009	130	92	10	17	—	1	250
2010	154	74	—	18	—	1	247
2011	199	67	—	—	—	67	333
2012	245	324	—	24	—	26	619
合计	1452.7	634	22	73	4	145	2330.7

第三章　教育

反映政府教育事务支出。乐安县执行的具体事务主要包括：教育管理事务、普通教育（学前教育、小学教育、初中教育、高中教育、民办教师补助）、职业教育、教师进修及干部继续教育和其他教育等。

乐安县的教育事业在建国前发展极为缓慢，科举取士时期，仅有儒学一、二员学官管理士子的科举事宜，官宦富室和宗族祠宇设立少数私塾、书院作为子弟学习场所，而受惠者仅其家族与亲朋，广大劳动人民只有望门兴叹。清光绪三十一年（1905）废科举，设学校，取消儒学，改设劝学所，也只设立一所官立高等小学堂和一所女子高等小学堂。入学人数寥寥无几，其中绝大多数仍是豪门富室的子女。民国6年（1917），县南、北二乡增设了二三所乡办高等小学，偏远乡村仍维持私塾教学形式。民国16年（1927）城乡陆续又增设了二三所私立小学，但入学人数并不多。民国24年（1935）以后，县政府才开始推行国民义务教育，各区设中心小学，乡、保设初级小学。据资料统计，民国27年（1938）全县有小学175所，教职员工201人，入学儿童6732人，教育经费（法币）15157元，但因贯彻执行不力，普及面依然不广，贫苦儿童失学者仍多。民国28年（1939）初步发展中等教育，创设县立初级中学1所。民国34年（1945）又增设简易师范1所。但两校学生总和都未超过300人。

明清时期，乐安没有独立的地方财政，仅有地丁钱粮及少量捐税,除县学经费由朝廷下拨外,其他学校经费主要从书院、祠会、学田的产业收入,并向官绅和殷实乡民劝募解决,以及商贾的捐赠资助。

清同治时期,县衙拨给县儒学项下连俸、薪银如下:教谕、训导各40两,儒学的儒夫各13两。清同治二年(1863),县财政支出:儒学的教谕、训导俸食银共130.4两,占全县总支出的8.78%;县学廪生20名,廪粮银40两(遇闰加银3.33两),占总支出的2.7%,春冬乡饮酒礼、迎贺新中举新进科举生员花币银酒席、旗匾、卷资、路费银共14.5两,占总支出的0.976%,供给各学孤贫30名,粮布银126两(遇闰加银10.5两),占总支出8.48%。此外,各学校均有学田,有的几十亩,有的上百亩,乐安县清代有学田860亩,丰厚的田租足可供学校开支。

1898年,乐安县儒学经费多由地方财政或公产,或公益捐赠,或承袭过去书院的收入。县立小学经费,主要靠学堂、会馆、祠庙等公产收入,以及丁曹教育附税、店租、杂租、各项附加捐。

民国时期,学校经费主要有中央拨款、省库拨款、地方拨款、地方自筹等。省立中小学教育经费由省教育厅拨付,根据班级、学生数而定;联盟学校由联盟各县教育经费项下分别筹措;县立各级学校经费由县教育经费项下开支;私立学校由校董会自筹(基金利息、私人捐献田房店租),不足部分采取募捐及县补助办法。

民国16年(1927),经江西省政府第71次省务会议议决,将原江西省盐务附收费归并、改称为"教育基金捐及整理金融库券捐",确定附捐分成比例,每销售淮精盐一石收取附捐6元,其中以所收附捐的六分之二点五为教育基金(另六分之三点五为整理金融库券基金)。

民国23年(1934),采取政教合一,保学经费从保内学款、公款、会款、祠款、庙款等项中支拨,不足部分由保甲经费带征50%和由县按照各区各个保学每月10~20元(法币)的补助。

民国时期的乐安与全省稍有差异。县财政因入不敷出,所以由省财政统收统支。民国15年(1926)县财政支出,由省核定拨给。民国26年(1937)乐安县教育费岁出概算为20298元。占全县总支出的25.8%。民国28年(1939),由省指定田赋附加,及屠宰税、房捐等属县税,后开辟新税种,为县独立税。当年教育费支出概算为:18268元,占全县总支出的24.49%。民国30年(1941),实行新县制,地方财政改为自治单位,教育经费来源如下:(1)从祠堂、书院、宗庙的产业收入中划定学产;(2)从营业、田赋地价、屠宰、公产、烟酒、牌照、典当、契税、捐税中提取;(3)从营业、特产捐(米、谷、竹、木),房铺租金和殷富乐捐中筹集;(4)增加田赋附加费;(5)中央、省府拨款;(6)收缴学费、杂费。

彼时,县教育经费分义务教育经费和国民教育经费两种,义务教育经费除中央及省库补助外,不足部分由县就地设学,就地筹款。国民教育经费由省府统一支拨。国民学校全年所需金额,除中央、省政府给予适当补助外,差额亦由县自筹。

1935~1941年中央补助乐安义务教育及国民教育经费

表2-57　　单位:万元

年份	1935	1936	1937	1938	1939	1940	1941
数额	2582	5449	6879	1876	4137	6603	17887

民国25年(1936),抗战爆发,中央停拨义教经费,学校经费开始吃紧。

民国28年(1939),县立乐安中学创建,按省政府规定:"各县筹办县立初中,其经费由田赋附加呈奉核准者,准予照旧办理。同时,依法征收学费(照部规定初中学生每名每学期收学费10元)为筹集经费之来源,不得已时方可抽征特产捐、房铺捐等,但此后绝对不准增收田赋附加"。当年日军攻占南昌,大批难民逃来乐安,省政府拨款在鳌溪镇桥背村余氏祠堂开办"乐安儿童教养所",学生60余名,直至抗日胜利。

民国29年(1940),全国推行国民教育,教育经费由县自筹50%,中央、省负担50%。1941年,教育经费由县政府统筹统支。1943年教育及文化支出179596元。

民国35年(1946),规定,教育经费应占财政预算比例为:中央不少于总预算的15%,省不得少于总预算的25%,县不得少于总预算的35%。

新中国成立后,公办学校教育经费主要来自县财政拨款,民办学校经费一般由乡村自行筹措,国家给予适量补助。

新中国成立初,省立学校经费由省负担,县立学校、社教机关所有开支由县负担。1951年乐安文化、教育、卫生经费仅0.51万元,占全县总支出比例的5.71%。1952年5万元,占全县总支出的8.4%。1953年,地方教育经费纳入国家财政预算。教育经费支出达18万元,占总支出比例28%。

1952年,江西省人民政府财政厅、江西省人民政府文教厅联合通知,从1952年7月份起按《全国各级学校教职员工工资标准》调整工资。

1953年,江西对中学教学行政费支出标准作出规定,每生每月定额:初中老生1.6元,新生1.2元;高中老生2元,新生1.5元;工农速成中学5元。新生每人每年设备购置费,初中12元,高中20元。是年下半年开始,城乡小学教育经费列入国家预算支出,经费由本级财政拨付。

1954年11月,省教育厅、财政厅发出《关于贯彻中央修订全国中小学教职员工工资标准及有关事项的通知》,规定自当年6月起,全省中小学教职员工工资标准,按国家新修订标准执行。1955年7月起,执行国务院《国家机关工作人员全部实行工资制的命令》,改行货币工资制,中学教员工资标准分10级。

1956年,中央发布通令,小学经费由各省自筹解决,民办小学则贯彻"谁上学,谁出钱"的原则,另从全县学杂费(学杂费统一上缴再返回办公费)、乡公粮附加,合作社公益金中提取适当经费给予补助。

1961年,全国压缩开支,全省教育事业费压缩25%。

1986年4月12日,第六届全国人民代表大会第四次会议通过《中华人民共和国义务教育法》。其中,第十条规定:国家对接受义务教育的学生免收学费。国家设立助学金,帮助贫困学生就学。第十二条规定:实施义务教育所需事业费和基本建设投资,由国务院和地方各级人民政府负责筹措,予以保证。国家用于义务教育的财政拨款的增长比例,应高于财政经常性增长比例。

1992年4月,江西省人民政府《批转省教委等部门关于统筹乡村两级办学经费报告的通知》,对乡村两级办学经费规定:(1)由乡级人民政府按规定提取的乡(镇)统筹费,用于乡村办学经费的比例可以占到60%。少数尚未实行统筹费的乡(镇),可在上一年农民人均纯收入1.5%以内筹集乡村两级办学经费。各级政府和有关部门要切实予以保证。(2)乡镇企业、基层供销社和个体工商户的产品税、增值税、营业税应纳税款附加5%用于教育。(3)乡(镇)村统筹费(农村教育事业附加)用于本乡范围内乡村两级的教育事业,主要用于民办教师工资补助,弥补正常公用经费不足,改善办学条件等方面。

1993年10月31日,第八届全国人大常委会第4次会议通过《中华人民共和国教师法》。《教师法》第六章待遇规定:(1)教师的平均工资水平应当不低于或者高于国家公务员的平均工资水平,并逐步提高。建立正常的晋级增薪制度;(2)中小学教师和职业学校教师享受教龄津贴和其他津贴;(3)教师的医疗同当地的公务员享受同等的待遇;(4)教师退休或退职后,享受国家规定的退休或者退职待遇。

1994年2月29日,国务院批准的《中华人民共和国义务教育法实施细则》第二十六条规定:实施义务教育学校的设置,由设区的市级或县级人民政府统筹规划,合理布局;第二十八条规定:地方各级人民政府设置的实施义务教育学校的事业费和基本建设投资,由地方各级人民政府负责筹措。用于义务教育的财政拨款的增长比例,应当高于财政经常性收入的增长比例,并使按在校学生人数平均的教育费用逐步增长;第二十九条规定:依法征收教育费附加,城市的纳入预算管理,由教育主管部门统筹安排,提出分配方案,经同级财政部门同意后,用于改善中小学办学条件;农村的,由乡级人民政府负责统筹安排,主要用于支付国家补助、集体支付工资的教师的工资、改善办学条件和补充学校公用经费等。

为了实施教育优先发展的战略,推进江西省义务教育的发展,1994年11月30日,江西省第八届人大常委会第十二次会议通过《江西省义务教育经费筹措和使用管理办法》。其内容主要有:(1)义务教育经费的来源主要包括:①用于义务教育的财政拨款;②国务院规定开征的教育费附加;③用于义务教育附加费;④实施义务教育学校的杂费收入;⑤实施义务教育学校的校办产业减免税部分和校办产业、勤工俭学、社会服务收入中用于义务教育的部分;⑥社会捐赠、教育集资、教育基金和救灾款项等。(2)用于义务教育的财政拨款包括:①教育事业费。②教育基本建设投资。③支援不发达地区发展资金中用于义务教育的部分。④城市维护建设税中用于城市中小学校舍的维修补助。(3)各级人民政府用于义务教育的财政拨款的增长比例应高于财政经常性收入增长比例的1.5个百分点,保证公办教师工资和属政府支付的民办教师补助费,按时足额发放,并使按在校学生的人均教育费用逐步增长;在校学生人均公用经费逐年增长。(4)该办法自1995年1月1日起施行。

1995年3月18日,第八届全国人大会议第三次会议通过《中华人民共和国教育法》第七章教育投入与条件保障规定:(1)国家建立以财政拨款为主,其他多种渠道筹措教育经费为辅的体制,逐步加大对教育的投入,保证国家举办的学校教育经费的稳定来源,企业事业组织、社会团体及其他社会组织和个人依法举办的学校及其他教育机构,办学经费由举办者负责筹措,各级人民政府可以给予适当支持。(2)国家财政性教育经费支出占国民经济的发展和财政收入的增长逐步提高;各级财政支出总额中教育经费所占比例应当随着国民经济的发展逐步提高。(3)各级人民政府的教育经费支出,按照事权与财权相统一的原则,在财政预算中单独列项;各级人民政府教育财政拨款的增长应当高于财政经常性收入的增长,并使按在校学生人数平均的教育费用逐步增长,保证教师工资和学生人均公用经费逐步增长。(4)税务机关依法足额征收教育费附加,由教育行政部门统筹管理,主要用于实施义务教育。农村乡统筹中的教育费附加由乡人民政府组织收取,由县级人民政府教育部门代为管理或者由乡人民政府管理,用于本乡范围内乡、村两级教育事业。

1997年3月,财政部关于确保财政教育经费投入和加强教育费附加征收工作的通知,严格按照《中华人民共和国教育法》的要求,在安排预算时,努力增加教育经费,确保教育经费的增长幅度高于财政经常性收入的增长,要确保用于教育等重点支出项目。

2000年7月,省教育厅、财政厅、人事厅、机构编制委员会办公室《关于认真执行〈行政单位财政统一发放工资暂行办法〉切实做好教师工资统一发放工作的通知》规定,从2000年7月1日起,实行教师工资统一发放制度(2001年8月起,乐安县本级教师工资统一发放,2002年起全县统发)。

2001年11月,省财政厅、教育厅《关于贯彻落实〈财政部、教育部关于做好农村中小学公用经费标准定额核定工作,确保学校正常运转有关问题的通知〉有关意见的通知》规定:(1)明确中小学公用经费的开支范围,包括学校维持正常运转所需开支的业务费、公务费、设备购置费、修缮费和其他属于公用性质的费用等。(2)测算公用经费标准和定额的基本原则,根据当地经济发展水平、财力状况和近几年农村中小学实际公用支出平均水平等,以保证学校正常运转为原则,对农村中小学公用经费标准和定额进行认真测算。

2004年4月,省人大修改《江西省义务教育经费筹措和使用管理办法》第十三条:征收用于义务教育的费用包括:(1)基本建设中小学校舍修建附加费;(2)农业税附加中用于义务教育的部分;(3)用于义务教育的其他附加费。第十四条:基本建设中小学校修建附加费,由县级以上人民政府按照省人民政府规定的有关部门征收。第二十三条,教育事业费由县级人民政府统筹管理,教育事业费由教育主管部门编制本部门年度预算草案,依照法定程序,列入财政预算。财政部门根据批准的预算和教育主管部门提出的用款计划,对经常性经费按月拨付,对专项经费按进度拨付。

2005年7月,中共乐安县委、乐安县人民政府《为认真贯彻〈中共抚州市委、抚州市人民政府关于进一步加强农村教育工作决定〉的决定》。(1)提出今后五年工作目标:坚持以农村教育工作为重点,全面发展教育事业,全面推进素质教育,全面提高教育质量和办学效益,办人民满意的教育。适龄儿童都能按时入学、辍学率在1%以下;初中阶段毛入学率达95%以上,辍学率在3%以下;残童入学率达85%以上;高中段毛入学率达到70%左右;各乡镇建立中心幼儿园,农村学前三年儿童受教育率达到45%,前一年儿童受教育率达到75%。(2)巩固"以县为主"的农村义务教育管理体制。按照"工资统发、经费统筹、队伍统管"的要求,进一步完善教育经费保障机制和教师队伍管理机制,确保学校的正常运转。①工资保障:农村中小学校教职工工资基数全部上收到县财政,纳入县本级财政预算,在银行开设工资专户,确保按月足额发放。②经费保障:农村"一费制"学校按照小学不低于40元,初中不低于60元标准,由县财政预算安排生均经费,并按照"三个增长"的要求,逐年增加。(3)大力改善中小学办学条件,确保在2005年底以前能够基本消除现有中小学危房。第七条还明确重视和发展农村幼儿教育,各乡镇要在3年内设立中心幼儿园。

2006年起,将全县教育经费全部纳入县本级财政预算。

2007年1月,江西省财政厅、江西省教育厅《关于确保义务教育经费投入加强财政预算管理的通知》规定:为确保全省义务教育经费保障机制改革顺利进行,加强全省义务教育经费管理,根据《国务院关于深化农村义务教育经费保障机制改革的通知》、财政部、教育部《关于确保农村义务教育经费投入加强预算管理的通知》和《江西省人民政府关于深化义务教育经费保障机制改革的实施意见》精神,就确保全省义务教育经费投入、加强财政预算管理的有关问题通知如下:

1. 明确各级责任,足额安排义务教育经费按照“明确各级责任、中央地方共担、加大财政投入、提高保障水平、分步组织实施”的原则，建立各级财政分项目、按比例分担的义务教育经费保障机制。具体项目标准和分担情况如下：

(1)免学杂费补助标准和经费负担责任。从2007年春季学期起，对全省所有公办义务教育学生免除学杂费，每个学生免学杂费补助标准为：农村小学170元/年、农村初中210元/年，城市小学220元/年、城市初中270元/年。县城所在镇中小学执行城市标准，其他建制镇执行农村标准。

原农村义务教育阶段中小学(含县镇及农垦、林场、企事业单位自办义务教育中小学，下同)“两免一补”中的免学杂费资金继续由省财政负担，增量部分由省财政和县(市、区)财政按8:2比例分担；城市义务教育阶段中小学(含在城市的农垦、林场、企事业单位自办义务教育中小学，下同)免学杂费补助资金由省财政、设区市财政按8:2比例分担。

(2)免费提供教科书标准和经费负担责任。从2007年春季学期起，对全省所有公办义务教育贫困家庭学生免费提供教科书，每个学生免费提供教科书标准按小学70元/年，中学140元/年测算。农村免费教科书资金由中央全额承担，城市中小学免费教科书资金由省、市财政按8:2比例分担。

(3)补助寄宿生生活费标准和经费负担责任。从2007年春季学期起，对全省所有公办义务教育贫困家庭寄宿学生补助生活费，补助每个寄宿生生活费标准为：2007年300元/年、2008年350元/年、从2009年起达到400元/年；寄宿率为：农村小学20%、初中60%(含县城所在镇)，城市初中5%；全省平均贫困率为20%，其中国家贫困县25%。所需资金全部由省财政负担，原农村义务教育阶段中小学“两免一补”补助寄宿生生活费资金继续由省级财政负担，增量部分由省级财政和县(市、区)级财政按8:2比例分担；城市义务教育阶段中小学补助寄宿生生活费资金由省、市财政按8:2比例分担。

(4)提高义务教育阶段中小学公用经费保障水平。在免除学杂费的同时，提高并落实义务教育阶段中小学预算内生均公用经费拨款标准。

①农村义务教育阶段：2007年预算内生均公用经费拨款标准提高20元，即小学由40元/年提高到60元/年，初中由60元/年提高到80元/年。生均增加20元部分，由省、县(市、区)级财政按8:2比例分担，其余部分由中央、地方财政按6:4比例分担。原安排的小学生均40元、初中60元继续由原渠道负担。县城所在镇义务教育阶段中小学预算内生均公用经费标准执行城市标准，即小学为80元/年，初中为110元/年，除中央补助资金外，其余部分由省、县(市、区)财政按8:2比例分担。

②城市义务教育阶段：建立城市义务教育阶段中小学预算内生均公用经费标准：小学为80元/年，初中为110元/年。所需资金由省、市财政按8:2比例分担。

③农村和城市原安排标准高于这次标准的，须继续按原标准安排，不得减少。

(5)上述各设区市负担的城市义务教育中小学经费中，设区市财政与所属县(市、区)财政分担比例由各设区市自行确定。

市、县(区)级财政应当积极筹措资金，确保资金落实到位。要将上级财政补助资金足额落实到中小学校，同时积极调整支出结构，确保各级财政承担的义务教育经费支出落到实处。各级财政部门在这次改革前已经用于义务教育的经费不能减少。

2. 加强县级预算管理，建立健全中小学校预算编制制度

科学规范的中小学预算管理制度，是确保义务教育经费保障机制改革顺利实施的重要措施，是规范中小学经费管理的关键环节。按照义务教育“以县为主”管理体制的要求，对中小学经费实行“校财局管”。要建立健全中小学校预算编制制度，各项收支都要统一编入县级财政预算，并由县级财政部门按照财政国库管理制度的规定办理资金支付。

中小学预算编制制度，要与义务教育经费保障机制改革同步推进，逐步完善。2007年将全面试编规范的中小学经费预算，从2008年开始正式编制中小学经费预算。

中小学预算以学校为基本编制单位，村小(教学点)纳入其所隶属的中心学校统一代编。中小学支出预算的内容主要包括：基本支出(人员经费支出、公用支出、对个人和家庭的补助支出)和项目支出等。中小学预算要清晰地反映学校所有收支项目，做到完整准确，公开透明。

3. 加强监督检查，确保资金落实到位

省级财政部门将定期检查各县(市、区)义务教育经费落实情况，对资金未落实到位的，将相应扣减该县(市、区)税收返还或一般性转移支付，专项用于义务教育经费投入。

市、县(区)财政部门要根据中小学实际情况科学编制资金预算。同时，要设立专户，对所有义务教育经费保障机制改革的补助资金实行专户管理，封闭运行，确保中小学所需经费及时足额到位。每年

新学期开学前,县(市、区)级财政要视情况采取预拨资金等办法,确保学校运转资金及时到位。

省财政厅、省教育厅将加强对各地义务教育经费保障机制改革落实情况的考评,对工作开展好的地区,给予表彰奖励;对资金落实不到位,管理制度不健全,截留、滞留、挤占、挪用经费的地区,将采取相应手段予以处理。

2010 年 12 月,江西省财政厅、江西省教育厅《关于进一步加大全省教育经费投入的通知》规定:(1)2012 年财政性教育经费支出要达到占国内生产总值的 4% 目标。(2)落实教育经费投入"三个增长"的规定。(3)土地出让收入扣除拆迁补偿、土地开发等费用后余额 10% 的比例计提教育资金。(4)足额征收教育附加费和地方教育附加。

2012 年 3 月,抚州市财政局《关于下达转发〈江西省财政厅关于进一步做好加大财政教育投入有关工作的通知〉》要求:要依率足额征收教育费附加和地方教育附加,不得随意减免,同时认真做好土地出让收益计提教育资金工作。此次市分配乐安财政教育支出 2.21 亿元,占预算支出比重 14.2%(省分配抚州市财政教育支出 29.7 亿元,占预算支出比重 13.1%)。乐安县 2012 年年初财政预算安排教育支出 2.44 亿元,占预算支出的 27%,无论是绝对额还是比重都超过了市分配的目标任务。

2012 年 7 月,江西省财政厅、江西省教育厅《关于进一步加强义务教育经费使用和管理的通知》,为进一步加强义务教育经费使用和管理,提高经费使用效益,特通知如下:(1)加强义务教育经费预算管理。预算编制要坚持"量入为出、统筹兼顾、保证重点、收支平衡"的原则,严格执行"两上两下"的编制程序,由中小学校根据年度事业发展目标和计划以及预算编制的规定,提出预算建议方案,经主管部门审核汇总后报财政部门,中小学校根据财政部门下达的预算控制数编制预算,由主管部门审核汇总报财政部门,经法定程序审核批复后执行。中小学校应当严格执行批准的预算,制订预算执行计划,规范办理支出事项,保障预算执行进度。要建立规范的预算调整审批制度,防止经费开支的随意性。要认真做好中小学的决算工作,不断总结预算工作经验,并为下一年度预算编制提供重要依据。(2)严格规范公用经费支出管理。义务教育学校公用经费是指保证中小学正常运转、在教学活动和后勤服务等方面开支的费用。各地必须严格遵守《江西省中小学公用经费支出管理暂行办法》,公用经费必须用于学校教学业务与管理、教师培训、实验实习、文体活动、水电、取暖、交通差旅、邮电,仪器设备及图书资料等购置,房屋、建筑物及仪器设备的日常维修维护等。不得用于人员经费、基本建设投资、偿还债务等方面的开支;不得用于与教育教学无关的支出;不得挪用公用经费弥补本应由财政负担的教师绩效工资、社会保障等资金;不得统筹公用经费弥补机关办公经费。教师培训费按照学校年度公用经费预算总额的 5% 安排;用于教师按照学校年度培训计划参加培训所需的差旅费、伙食补助费、资料费和食宿费等开支。除此之外,不允许以其他任何名义统筹义务教育学校公用经费。(3)确保义务教育公用经费配套到位并及时拨付。全省在建立义务教育经费保障机制时,逐步提高了生均公用经费标准,目前已达到小学 500 元、初中 700 元。同时为解决农村中小学教学点运转困难等问题,对不足 100 人的农村小学教学点按 100 人核定公用经费补助资金,必须落实到位(乐安县严格按此标准执行)。乡镇中心学校必须确保其所属各教学点生均公用经费按国家规定标准足额落实到位,严禁以各种名义集中或调剂。在公用经费的筹措中,全省坚持"中央、省里出大头、市、县出小头"的原则,中央和省承担了 80% 以上的公用经费的资金安排,减轻了市、县的配套资金压力。但仍有少数县应该承担的公用经费配套资金落实不到位,拨付时间滞后,影响了中小学校的正常运转。各地要切实按照中央和省里的要求,积极调整支出结构,足额安排公用经费的配套资金,并加快预算执行进度,确保经费及时拨付到位,保障中小学校的经费需要和正常运转。

2012 年 12 月,江西省财政厅、江西省教育厅《转发〈财政部、教育部切实加强义务教育经费管理的紧急通知〉的通知》。通知要求:(1)加强资金管理,尤其是严格落实薄弱学校和教学点相关各项经费,严格落实对不足 100 人的农村小学教学点按 100 人核定公用经费的要求,确保经费足额到位,严禁挤占挪用。(2)健全中小学预算管理工作。(3)坚决杜绝虚报学生人数套取教育专项资金。

乐安县 2012 年全县教育支出达 3.89 亿元,占全县财政总支出的 27.1%,达到全县国内生产总值的 4% 的比例。分年度与项目详见附表(由于资料不全,部分年度无法分项列出)。

1949～2012年乐安县教育支出明细表

表2－58　　单位：万元

年度＼金额＼项目	教育管理事务	普通教育	职业教育	教师进修及干部继续教育	教育附加安排的支出	其他教育	合计	占当年财政总支出（%）
1949	—	—	—	—	—	—	—	—
1950	—	—	—	—	—	—	—	—
1951	—	0.5	—	—	—	—	0.5	5.6
1952	—	5	—	—	—	—	5	8.4
1953	—	3	—	—	—	15	18	28
1954	—	16	—	—	—	—	16	29.1
1955	—	15	—	—	—	2	17	25.4
1956	—	21	—	—	—	1	22	22
1957	—	—	—	—	—	—	25	23.8
1958	—	—	—	—	—	—	31	23.1
1959	—	—	—	—	—	—	28	14.7
1960	—	—	—	—	—	—	37	23.9
1961	—	—	—	—	—	—	34	32.4
1962	—	—	—	—	—	—	32	29.9
1963	—	—	—	—	—	—	32	21.5
1964	—	—	—	—	—	—	38	23.9
1965	—	—	—	—	—	—	41	26.1
1966	—	—	—	—	—	—	42	25.5
1967	—	—	—	—	—	—	56	32.6
1968	—	—	—	—	—	—	48	30
1969	—	—	—	—	—	—	34	9.5
1970	—	—	—	—	—	—	37	6.5
1971	—	—	—	—	—	—	49	11.2
1972	—	—	—	—	—	—	74	26.6
1973	—	—	—	—	—	—	77	20.8
1974	—	—	—	—	—	—	94	25.3
1975	—	—	—	—	—	—	107	26.9
1976	—	—	—	—	—	—	111	28.5
1977	—	107	7	—	—	5	119	30.6
1978	—	121	10	—	—	6	137	26.6
1979	—	133	8	—	—	10	151	22.8
1980	—	—	2	—	—	—	187	27.3
1981	—	176	8	—	—	6	190	31.3
1982	—	—	—	—	—	—	227	28.4
1983	—	230	8	—	—	10	248	30
1984	—	239	8	—	—	14	261	30.1
1985	—	313	10	—	—	12	335	29.8
1986	—	379	22	—	—	—	401	29.5
1987	—	340	25	6	—	10	381	26.7
1988	—	422	22	5	—	22	471	20.6
1989	—	483	26	5	—	18	532	21.7
1990	—	567	30	5	—	23	625	23.8
1991	—	595	32	5	—	27	659	21.1

续表 2－58

年度 \ 金额 \ 项目	教育管理事务	普通教育	职业教育	教师进修及干部继续教育	教育附加安排的支出	其他教育	合 计	占当年财政总支出（%）
1992	—	741	32	5	—	30	808	25.8
1993	—	831	38	6	—	34	909	27.4
1994	—	1191	30	8	—	17	1246	31.3
1995	—	1203	52	8	—	18	1281	31.8
1996	—	1420	60	11	—	22	1513	30.6
1997	—	1543	63	13	—	23	1642	26.7
1998	—	1704	65	15	—	25	1809	24.7
1999	—	1951	85	22	—	37	2095	27.3
2000	—	2117	35	22	—	38	2212	24
2001	—	3132	45	—	—	77	3254	24.4
2002	—	4221	76	—	—	62	4359	23.7
2003	—	3682	59	—	—	1	3742	20
2004	—	4069	76	—	—	57	4202	19.3
2005	—	5224	46	35	—	64	5369	19.9
2006	—	6191	47	39	—	66	6343	17
2007	109	8176	121	160	89	—	8655	18.3
2008	126	11065	429	146	236	—	12002	18.9
2009	138	14145	286	140	208	312	15229	17.5
2010	623	15127	240	138	450	18	16596	16.4
2011	388	22893	203	213	881	17	24595	19.5
2012	424	34403	150	202	701	2983	38863	27.1
合计	—	—	—	—	2565	—	162753.5	20.9

第一节 教育管理事务

反映教育管理方面的支出。

清初，乐安设置县学公署。清光绪34年（1905），取消儒学，改县学务局为劝学所。民国元年（1912）设立县教育公所，民国3年（1914）县教育公所复改劝学所，民国9年（1920）国民政府的劝学所改教育局。1930～1934年，苏维埃政府设有文化教育部，部设普通教育科和社会教育科，各乡设文化委员会，管理全乡教育工作。民国29年（1940），县政府原第三科改县教育科，掌管文化、教育事务。

中华人民共和国成立后，人民政府十分重视发展教育事业，除将接收民国时期遗留的学校加以改造和扩充外，并加强和健全各级教育行政建设。县政府设立文教科，管理全县中、小学教育工作，区设教育辅导区，管理乡、村小学工作。1957年，撤销文教科，成立文教卫生局，负责全县文化教育卫生工作，同年局增设教研室。

1966年，“文化大革命”开始，文化教育卫生机构逐渐瘫痪，直到1976年才恢复了活动。1979年，撤销乐安县革命委员会教育组，恢复乐安县文化教育局。1984年，撤销文化教育局，文化、教育分家，成立教育局。直至2012年底。

清前，乐安县学费由官府管理，书院经费由山长管理，清末由官府直接管理。

民国3年（1914），财务、实业课分别并入刑民、钱谷科，教育课改劝学所。民国15年（1926），教育经费由县财政科直拨劝学所，再由劝学所拨付各学校。1927年，江西省教育经费独立，县教育经费由县教育经费管理委员会全面统管，县教育经费稽查委员会负责监督。区、乡（镇）设教育经费保管委员会，负责保管各区、乡（镇）的教育经费。国民教育基金，由保国民学校基金保管委员会负责。

中华人民共和国成立后，教育经费以教育部管理为主，财政、审计、银行进行监督。

1953年，中央实行统一财政，三级管理体制，公办学校经费纳入国家财政预算，实行“条块结合”管理。

1957年，国家对教育经费实行“总额控制、分级管理、归口包干、事权适应”措施。

1963年，省人委规定中小学的学杂费，除按比例留校使用外，余则上缴教育局统一使用。

1984年，实行"划分收支、分级包干"的财政包干体制。改变了过去教育行政和财政部门"统收统支、分级管理"的框架结构体制。

1985年，全县中小学实行"三级办学，两级管理"。各乡(镇)学校教育经费仍由县财政直拨乡(镇)教育管理委员会，县直中小学的教育经费仍由县教育局直拨。财政部门对学校的经费收支行使指导监督权。

教育管理事务支出，在2006年以前均在其他教育经费支出中反映。

第二节 普通教育

一、学前教育

民国32年(1943)，乐安县开始创办幼儿园(当年称幼稚园)。

民国37年(1948)，县幼稚园并入鳌溪完小，直至解放。

中华人民共和国成立后，公办幼儿园多为小学附设。

1950年秋，乐安一小附设了幼儿班。1951年秋起，扩大到两个班。

1958年，建立人民公社后，全县18个公社214个大队，办起了幼儿园84所计102个班，入园幼儿2761名，幼儿园教师151名。次年发展到90所，108个班，入园幼儿达2881名。1961年，各大队所办幼儿园停办，至1962年，仅存县城2所。

1960年3月，县财政拨款2000元，添置设备，创办了一所全托性的保育院。

1963年县一小附设的两个幼儿班与县保育院合并，正式成立"乐安县幼儿园"。1965年开设了全托。1968年因"文化大革命"，县幼儿园解散。1975年11月正式恢复。

2005年7月，中共乐安县委、乐安县人民政府《为认真贯彻〈中共抚州市委、抚州市人民政府关于进一步加强农村教育工作决定〉的决定》中提出：各乡镇要在3年内建立中心幼儿园，农村学前三年儿童受教育率达到45%，前一年儿童受教育率达到75%。

2011年，江西省人民政府颁发关于加快发展学前教育的意见。

2011年，财政部、教育部关于加大财政投入支持学前教育发展的通知。

2012年，抚州市财政局、抚州市教育局转发江西省财政厅、江西省教育厅印发《江西省农村学前教育专项资金管理暂行办法》。本办法规定，专项资金由省财政统筹安排设立。"总量控制、按年申请"，专项用于支持农村公办幼儿园发展和支持各地普惠性农村民办幼儿园发展。

2012年，抚州市教育局、抚州市财政局转发江西省教育厅、江西省财政厅《关于做好学前教育校舍改建类项目和农村学前教育项目管理工作的通知》指出："校舍改建类"项目是指从2011年开始，用3年时间，中央财政支持中西部农村扩大学前教育资源，包括"农村闲置校舍改建幼儿园项目"和"农村小学增设附属幼儿园项目"。"农村闲置校舍改建幼儿园项目"选择农村闲置校舍和其他富余公共资源改建成幼儿园，保证园舍的安全，配备必要的玩教具、保教和生活设施设备等。按照拟改建的闲置校舍面积、新增入园幼儿数和每平方米500元的测算标准，中央财政补助60%，地方配套40%。"农村小学增设附属幼儿园项目"依托当地农村小学或教学点现有富余校舍资源，增设附属幼儿园，进行功能改造，配备必要的玩教具、保教和生活设施设备等，满足基本办园需要。中央财政按照每班5万元的标准对增设附属幼儿园予以一次性补助。

省"民生工程"项目是指2011年省"民生工程"中安排的资金，主要用于建设一批乡镇示范性幼儿园，帮助一批普惠性农村民办幼儿园添置设备，进一步完善均衡发展、布局合理、办园规范、质量合格的农村学前教育公共服务体系。

各地教育局、财政局必须高度重视，加强管理，认真实施好这两类项目，将其作为落实学前教育三年行动计划的重点工作，统筹规划，立足乡镇，覆盖村组，着力保障留守儿童入园，使农村适龄儿童能够享有公平的学前教育机会，要提高农村学前教育普及程度。

2012年，江西省教育厅、江西省财政厅又就做好全省学前教育项目设备设施配置工作发出通知，明确了实施项目范围包括中央财政支持的"农村闲置校舍改建幼儿园项目""农村小学增设附属幼儿园项目"和省"民生工程"资金支持的农村学前教育项目。2011年项目幼儿园设备设施由各县(市、区)教育局实行政府统一采购。达到公开招标数额标准的，必须采用公开招标方式进行采购。同时要求各县(市、区)教育局、财政局须于3月启动设备采购工作，8月前完成，确保2012年秋季开学，项目幼儿园能正常投入使用，招收适龄儿童入园。

由于各级政府对学前教育的高度重视，从2011年起，财政对学前教育的投入突增。2011年乐安县学前教育支出达963万元，2012年增至1413万元。

2012年全县有公办幼儿园2所，教职工人数51人，在校学生815人，生均公用经费1300元。民办幼儿园(已发证)10所，教职工人数254人，在校学生3735人。

二、小学教育

光绪三十一年(1905),乐安县将原办的“县学”改为官立高等小学堂。清宣统二年(1910)又在县城“由义堂”创立女子高等小学堂。民国元年(1912)官立女子高等小学堂改为女子纺织学堂。民国6年(1917),小学有所发展,牛田水南建立了“罗宿小学”,万崇建立了“步云小学”,戴坊建立了“培基小学”。

民国21年(1932),县立高等小学与私立乐育小学合并,成为“城区小学”。

民国23年(1934),国民党军27师进驻乐安县城二年期间,师长冯安邦(号化民)在城内大圳上创办化民小学,入校学生一律免费。

民国24年(1935),国民政府为实施义务教育,全部改为公立,各区设“区中心国民小学”,乡保设“保国民小学”,亦即初级小学。

7月,江西省政府颁发《江西保立小学暂行办法》,规定校长及专任教员的年薪数额:校长兼教员为168元~216元,专任教员为144元~192元。保学经费以自筹为主。

民国25年(1936),教育部颁布《修正小学规程》,规定小学教员薪给,至少以当地个人衣食住3项所需生活费的两倍为标准。乐安县公立小学校长月薪24元,教导22元。

民国27年(1938)起,规定教员月薪七折发放。

民国29年(1940),江西取消教员七折发放工资规定,并比照政府公务员待遇,实行月薪加战时生活津贴和米谷津贴的办法。县中心学校教职员米谷津贴由公粮发给,国民学校教职员米谷津贴由乡镇或保筹给。据《中国第二次教育年鉴》记载,1941~1945年,江西小学校长、教员遇如下。

1941~1945年江西省小学校长、教员待遇

表2-59　　　　单位:元

年度		中心国民学校				国民学校			
		校长		教员		校长		教员	
		最低	最高	最低	最高	最低	最高	最低	最高
1941年度	薪俸	35元	—	26元	30元	30元	—	26元	—
	津贴	20元	40元	20元	40元	—	—	—	—
	公粮	学谷5斗	学谷10斗	学谷5斗	学谷10斗	学谷5斗	学谷10斗	学谷5斗	学谷10斗
1942年度	薪俸	35元	100元	26元	106元	30元	—	26元	—
	津贴	80元	100元	80元	100元	—	—	—	—
	公粮	米6斗	—	米6斗	—	学谷10斗	—	学谷10斗	—
1943年度	薪俸	40元	130元	30元	120元	30元	100元	25元	90元
	津贴	60元	120元	60元	120元	—	60元	—	60元
	公粮	米6斗	—	米6斗	—	学谷10斗	学谷20斗	学谷10斗	学谷20斗
1944年度	薪俸	80元	130元	70元	120元	60元	110元	50元	90元
	津贴	155元	490元	150元	480元	—	360元	—	360元
	公粮	米6斗	米10斗	米6斗	米10斗	学谷10斗	学谷20斗	学谷10斗	学谷20斗
1945年度	薪俸	70元	120元	60元	110元	60元	90元	50元	80元
	津贴	1600元	2500元	1500元	2400元	—	1500元	—	1500元
	公粮	米6斗	米10斗	米6斗	米10斗	学谷20斗	学谷30斗	学谷20斗	学谷30斗

民国31年(1942),乐安县国民学校校长月薪60至120元,教员50至100元;中心国民学校校长教员除薪金外,比照县级公务员由乡镇保每月至少给学谷一市石,比照县或乡镇工作人员发给生活津贴。

民国35年(1946)1月,行政院通令将全国公教人员战时生活津贴一律改发生活补贴费,依照各地物价指数分区规定基本数及加成数,并定期调整。但乐安县比上级规定偏低,中心国民学校教师薪谷2.5石,保国民学校2石。县立小学每人每月公粮5市升(糙米),生活基数3500元,薪俸加成180元,乡镇中心小学都是为县立小学教师的80%。

民国36年(1947)5月,江西省颁布《国民学校及幼稚园教职员支薪晋级办法》,工薪分19级,每级相差10元,最高为260元,最低为80元。省立小学校长,各县市中心国民学校校长初任为16级(110元),教员初任为17级(100元);各县市国民学校及私立小学校长初任为17级;教员初任为18级(90元);代用教员及事务员为19级(80元)。同时规定,省立小学、县市中心国民学校教职员的生活补助费比照省级、县市级公务员标准发给,教职工薪金和

生活补贴费，都列入各级预算。国民学校教职员薪俸由保自筹部分，月支学谷2担~3担。由于物价飞速上涨，各小学教职员薪俸所得不够养家糊口，为解决教师生活困难，部分学校向学生征收和摊派学米。学校所收学米不上缴，全部用作教职员生活费补助。

民国37年(1948)，通货膨胀，物价飞涨，教师生活基数和薪俸加成调到1946年的5倍，但也只能是杯水车薪，远远落后于物价上涨的速度。解放前的1949年春，乐安县有完小6所(含私立杏林小学)，初、村小121所。

1949年，中华人民共和国成立后，乐安执行《江西省教职工工资暂行标准》。

1949年江西省教职工工资暂行标准

表2-60

	工友	村学教员(保学)	一般事务员	小学教员	初小校长	小学教导主任	小学校长
大米(市斤)	150	160	240	280	300	300	320
平均数(市斤)	200	220	320	350	370	370	390

12月，根据《江西省人民政府通令》，改米为分，由分折米计算，每4公斤大米合2.5分，每0.5公斤大米合0.3125分。各级学校、社教机关实行民主评薪，由县经费列支。

1950年，实行工分制。小学教员、民馆教员85分~90分；完小教员、主任、初小校长、三等民馆馆长88分~93分；完小校长93分~97分；一般小学教员65分~70分；村小教员65分；工友40分~47分。

1951年元月20日，乐安县人民政府通令，一律实行评薪，月评一次，由区决定工薪标准，以大米支付。完小教员135公斤~145公斤；民教馆职员90公斤~110公斤，工友70公斤~80公斤，完小副校长或负责人，根据民主评议后加35公斤；中心小学教员120公斤~135公斤；村初小教员100公斤~115公斤，民教馆职员135公斤~145公斤，工友与上同。

1952年7月，执行《江西省小学各级教职员工工资标准》，每月按分值折算货币发给。小学18个等级，人月均工资22元，少数教师工资得到调整。

1953年下半年开始，城、乡小学教育经费都列入国家预算支出，经费由各级预算拨付。1954年11月，省教育厅、财政厅发出《关于贯彻中央修订全国中小学教职员工工资标准及有关事项的通知》，规定从6月份起，全省小学教职工工资标准按国家新修订的标准执行。取消中小城市及乡村的分类，改为省辖市和一般地区两类，等级不变，增加了各等级的工资分。小学教育经费自1954年1月起，按行政领导关系分别列入各级预算。1955年7月起，小学教职员工工资，改行货币工资制。

1963年8月起，调整工资地区类别，小学教职工工资随之调整。

1963年8月江西省小学教职工工资标准

表2-61

单位：元

<table>
<tr><th colspan="3">教员工资标准</th><th colspan="3">行政人员工资标准</th><th colspan="2" rowspan="2">职务等级线</th></tr>
<tr><th>级别</th><th>二类地区</th><th>三类地区</th><th>级别</th><th>二类地区</th><th>三类地区</th></tr>
<tr><td>1</td><td>77.5</td><td>79.5</td><td>1</td><td>88.5</td><td>91.0</td><td rowspan="8">小学校长</td><td></td></tr>
<tr><td>2</td><td>68.0</td><td>70.0</td><td>2</td><td>78.5</td><td>80.5</td><td></td></tr>
<tr><td>3</td><td>59.5</td><td>61.5</td><td>3</td><td>70.0</td><td>72.0</td><td></td></tr>
<tr><td>4</td><td>52.5</td><td>54.0</td><td>4</td><td>63.0</td><td>64.5</td><td></td></tr>
<tr><td>5</td><td>47.5</td><td>49.0</td><td>5</td><td>55.5</td><td>57.0</td><td rowspan="9">一般职员</td></tr>
<tr><td>6</td><td>42.0</td><td>43.5</td><td>6</td><td>50.0</td><td>51.5</td></tr>
<tr><td>7</td><td>37.0</td><td>38.0</td><td>7</td><td>44.5</td><td>45.5</td></tr>
<tr><td>8</td><td>33.0</td><td>34.0</td><td>8</td><td>38.5</td><td>40.0</td></tr>
<tr><td>9</td><td>29.0</td><td>29.5</td><td>9</td><td>33.5</td><td>34.5</td><td></td></tr>
<tr><td>10</td><td>26.0</td><td>26.5</td><td>10</td><td>29.5</td><td>30.0</td><td></td></tr>
<tr><td>11</td><td>23.5</td><td>24.5</td><td>11</td><td>27.0</td><td>27.5</td><td></td></tr>
<tr><td></td><td></td><td></td><td>12</td><td>24.5</td><td>25.5</td><td></td></tr>
<tr><td></td><td></td><td></td><td>13</td><td>22.5</td><td>23.5</td><td></td></tr>
</table>

1966年“文化大革命”开始，全县小学停课，参加“文化大革命”。

1967年3月中央发出“复课闹革命”的通知，各小学于秋季开始陆续复课。

1968年10月全县287名教师下放农村“接受贫下中农再教育”，选拔“赤脚教师”635名，兼职教师1604名。

1970～1971年先后借用省、地、县下放教师回校任教295名。

1972年，全县小学有驻校贫宣队32名。小学公杂费，按照学生人数计算，每生每年0.5元～1.5元。

1979年11月起，经国务院批准，小学教师实行班主任津贴，每班学生人数在35人以下发4元，36至50人发5元，51人以上发6元。20人以下者，酌情减发。1980年，中共中央、国务院作出《关于普及小学教育若干问题的决定》。

1979年、1981年、1982年小学教师增资同中学一样比例。

1985年6月起，江西小学教职工工资改为以职务或岗位为主要内容的结构工资制，小学教师除工龄津贴每年0.5元，最高到20元止和奖励工资外，基础工资和职务工资之和每月最高131元，最低52元。

1985年6月江西省小学教师职务工资和基础工资标准

表2－62　　单位：元

工资级别	一	二	三	四	五	六	七	八	九	十	十一	十二
职务工资	91	82	73	65	57	49	42	36	30	24	18	12
基础工资	40	40	40	40	40	40	40	40	40	40	40	40

1986年，省人民政府颁发《关于筹措农村办学经费试行办法》，规定国家拨给农村教育事业费，除少数特困乡按原管理渠道不变外，其余均由县按乡所管的学校，对乡实行经费包干，乡人民政府开征教育事业费附加，主要用于改善基础教育的教学设施和小学正常公用经费以及本乡教育事业的发展经费。同年4月，颁布《中华人民共和国义务教育法》，规定凡适龄儿童，必须接受从小学到初中的九年义务教育。

1987年和1989年，根据国务院和劳动人事部，国家教委的有关规定，小学教师工资又作了部分调整。

1992年12月，省物价局、教委、财政厅下发《关于调整中小学学费、杂费标准的通知》规定：(1)小学收费标准：①杂费，每生每学期，县城收10元，乡镇及农村9元；②学费，小学、初中免费；③教学实验设备费，小学每生每学期1元，60%留学校实验设备维修补充，40%集中到县教育主管部门。(2)减免：根据《中华人民共和国义务教育法》规定，学校对家庭经济确有困难的学生，可酌情减免杂费、学费，减免人数，城市小学控制在5%以内；乡镇农村小学控制10%以内。

1993年，教师工资进行了套改。

2003年，小学调整生均经费，由此前每生每学年20元提高到每生每学年45元。

2006年，小学每生每年公用经费提高至60元。

2007年，公用经费每生每年为74.5元。教师工资通过套改普遍增加。

2004年9月，抚州市财政局、抚州市教育局转发财政部办公厅、教育部办公厅《关于进一步做好今年秋季免费提供教科书工作的紧急通知》中规定，中央免费教科书专项资金的补助标准是小学每生每学期27.5元，特教生每生每学期30元。其他相关规定，同初中一样。

2005年3月，江西省财政厅、江西省教育厅《关于义务教育“两免一补”工作有关问题的补充通知》和《江西省2005年“两免一补”工作情况暂行办法》规定，非贫困地区小学免杂费，每生每学期75元，贫困地区小学免杂费，每生每学期50元，城市(县城)每生每学期35元，设区市所在地每生每学期40元；2004年秋季抚州市实行“一费制”11个县(市区)免杂费标准：城市小学1～2年级110元，3～6年级130元；农村小学1～2年级75元，3～6年级90元。各地应严格按标准将所收杂费如数退回给已交费的、符合条件的贫困生，并不得再以其他名目向他们收取涉及杂费的任何费用。

2005年9月，抚州市教育局、市政府纠风办、市监察局、市物价局、市财政局、市审计局、市新闻出版局通知：今年秋季是全省义务教育阶段学校全面实行“一费制”收费办法第一年。全面实行“一费制”收费办法，任何地方，任何学校不得以任何理由推迟实行。2005年农村小学预算内公用经费拨款标准人均为40元/年，其中省补20元。乐安、广昌两县和33个贫困乡，省另补15元，市补5元。当年，省教育厅、省财政厅经省人民政府批准，从秋季开始，对义务教育阶段家庭经济贫困寄宿生进行生活补助，标准为每生每学期50元。

2006年，小学每生年公用经费提高到60元。家庭经济贫困寄宿生生活补助提高到每生每学期150元。

2007年，农村小学每生年公用经费提高至74.5元，县城小学80元。农村家庭经济贫困寄宿生生活费补助提高到每生每学期250元。

2010年，农村小学每生年公用经费提高到400元。

2011年，农村小学每生年公用经费再次提高到500元。家庭经济贫困寄宿生生活费补助每生每学期提高到375元。

2012年，义务教育阶段家庭经济贫困寄宿生生活费补助提高到每生每学期500元。春季全县小学补助人数2895人，补助金额1447500元。

2012年，乐安县人民政府根据《国家中长期教育改革和发展规划纲要(2010～2020)》《国务院办公厅关于实施农村义务教育学生营养改善计划的意见》文件精神，下发《关于印发乐安县农村义务教育学生营养改善计划实施方案的通知》，具体办法在初中部分统一志述。

三、初中教育

反映各部门举办的初中教育支出。政府各部门对社会中介组织等举办的初中教育的资助，如捐赠、补贴等，也在本科目反映。

1998年以后，财政决算报表反映的初中教育支出包括初中的民办教师补助支出在内。2003年以前，初中与高中的教育支出，均未分开反映。

民国以前乐安县没有初级中学。

民国28年(1939)，乐安县立初级中学正式建立，校址设在牛田镇水南茶园的义云书院，民国30年(1941)学校迁县城，校址设在元氏宗祠，到民国33年(1944)，全校有春秋季始业班计6个，学生180人，教职工17名。民国34年(1945)，乐安县立中学支出预算(国币)328680元。民国35年(1946)，乐安县立中学年度支出决算为5365420元．比上年增加5036740元，增长15.3倍，主要是物价猛涨的因素。

1949年9月，乐安县人民政府接管了“乐安县立初级中学”。

1958年增设了龚坊、湖坪、招携、南村四所初级中学。

“文化大革命”期间，提倡“小学不出队，初中不出大队，高中不出公社”。到1978年全县初级中学增到20所。

2012年12月底，全县有初级中学18所，教职工人数812人，在校学生15136人。

1. 初中教师个人部分

1949年新中国成立后，为稳定教师队伍，执行《江西省教职工工资暂行标准》，初中教员大米190公斤。12月，根据《江西省人民政府通令》，改米为分，由分折米计算，每4公斤大米合2.5分，每0.5公斤大米合0.3125分。经费由县列支。

1950年，实行工分制，初中校长124分～129分；教员、事务主任110分～117分；教导主任113分～119分；一般职员85分～90分。

1951年元月20日，乐安县人民政府通令，一律实行评薪，月评一次。

1952年，全县中学教师调整工资，实行新工资制(工奖分)，中学23个等级，中学教师人均月工资31元，少数教师工资得到了调整。

1954年11月，省教育厅、财政厅发出《关于贯彻中央修订全国中小学教职员工工资标准及有关事项的通知》，规定当年6月起，全省中小学教职员工工资标准按国家新修订的标准执行。部分教学成绩显著或工资收入较低的人员晋级较多。

1955年7月，执行国务院《国家机关工作人员全部实行工资制的命令》，改为货币工资制。乐安县属2类地区。

1955 年中学教职员工工资标准

表 2-63　　单位:元

<table>
<tr><th colspan="4">教员工资标准</th><th colspan="4">行政人员工资标准</th><th colspan="3" rowspan="2">职务等级线</th></tr>
<tr><th>级别</th><th>二类地区</th><th>三类地区</th><th>四类地区</th><th>级别</th><th>二类地区</th><th>三类地区</th><th>四类地区</th></tr>
<tr><td>1</td><td>134</td><td>138</td><td>141</td><td>1</td><td>139</td><td>143</td><td>147</td><td rowspan="8">中学校长</td><td></td><td></td></tr>
<tr><td>2</td><td>111</td><td>114.5</td><td>117.5</td><td>2</td><td>123.5</td><td>127</td><td>131</td><td></td><td></td></tr>
<tr><td>3</td><td>90.5</td><td>93.5</td><td>96</td><td>3</td><td>111</td><td>114.5</td><td>117.5</td><td></td><td></td></tr>
<tr><td>4</td><td>80.5</td><td>82.5</td><td>85</td><td>4</td><td>99</td><td>102</td><td>104.5</td><td></td><td></td></tr>
<tr><td>5</td><td>71.5</td><td>73</td><td>75</td><td>5</td><td>88.5</td><td>91</td><td>93.5</td><td rowspan="6">总务主任</td><td></td></tr>
<tr><td>6</td><td>63</td><td>64.5</td><td>66.5</td><td>6</td><td>78.5</td><td>80.5</td><td>83</td><td></td></tr>
<tr><td>7</td><td>55.5</td><td>57</td><td>59</td><td>7</td><td>70</td><td>72</td><td>74</td><td rowspan="9">一般职员</td></tr>
<tr><td>8</td><td>48.5</td><td>50</td><td>51</td><td>8</td><td>63</td><td>64.5</td><td>66.5</td></tr>
<tr><td>9</td><td>42</td><td>43.5</td><td>44.5</td><td>9</td><td>55.5</td><td>57</td><td>59</td><td></td></tr>
<tr><td>10</td><td>38</td><td>39</td><td>40.5</td><td>10</td><td>50</td><td>51.5</td><td>53</td><td></td></tr>
<tr><td></td><td></td><td></td><td></td><td>11</td><td>44.5</td><td>45.5</td><td>47</td><td></td><td></td></tr>
<tr><td></td><td></td><td></td><td></td><td>12</td><td>38.5</td><td>40</td><td>41</td><td></td><td></td></tr>
<tr><td></td><td></td><td></td><td></td><td>13</td><td>33.5</td><td>34.5</td><td>35.5</td><td></td><td></td></tr>
<tr><td></td><td></td><td></td><td></td><td>14</td><td>29.5</td><td>30</td><td>34</td><td></td><td></td></tr>
<tr><td></td><td></td><td></td><td></td><td>15</td><td>27</td><td>27.5</td><td>28.5</td><td></td><td></td></tr>
</table>

同年,公办女教师开始享受产假 56 天,工资照发。

1959 年,教师工资又作了小调整。

1963 年,按上级规定,全县中小学教师工资再次调整。乐安县调整后的全县教师月平均工资达到 40 元左右。

"文化大革命"期间,学校停课,老师下放,有的教师、校领导受批斗。全县有 150 多位教师列为"三查"对象。1968 年实行春秋两季招生,小学改六年制为五年制,中学改三三制为二二制。

1977 年 10 月,全县 4% 的教师调升一级工资;1978 年又调升 20% 教师一级工资;1979 年,第二次调资,有 40% 的教师调升一级工资。连续三年调整教师工资,平均都调升一级工资。同年 11 月,经国务院批准,在普通中小学、中等学校实行班主任津贴。

1980 年乐安县中小学班主任津贴标准

表 2-64　　金额:元

类别 \ 津贴额 \ 每班学生数(人)	11 人以下	12 人~14 人	15 人~19 人	20 人~21 人	22 人~35 人	36 人~45 人	51 人以上
普通小学	—	—	—	4	6	8	10
普通中学	—	—	—	6	8	10	12
盲聋哑小学	6	8	10	—	—	—	—
盲聋哑中学	8	10	12	—	—	—	—
中等专业学校	5 课时以下	6~7 课时	8 课时以上	—	—	—	—
	8	10	12	—	—	—	—

班主任自任命之日起,按月发给津贴,免去班主任应从不担任班主任下月起停发津贴。全年按 10 个月计算,寒暑假期间不发。民办教师的班主任津贴,参照上述标准执行,所需经费国家补贴 50%,另 50% 由乡村自筹解决。

1981 年,因中小学教师工资较低,国家决定在全国范围内对中小学教师增加工资。1982 年,国家又为教师调整工资。两年来,乐安县教师每人加薪一级。其中15年教龄以上,工作成绩显著的教师(其级别中教高级及以下,小学4级及以下)增加两级。

1985年4月,全省中学实行工资制度改革,由等级工资制改为结构工资制,由基础工资、职务工资、工龄工资、奖励津贴等组成结构工资。

从1987年10月起,中小学和幼儿园老师按现行工资标准提高10%。

1988年,为1971年底以前参加工作的部分教师增加一级工资,增资面为23.1%,从当年起,全县教师书报费增至6元,副食品补贴5元,肉价补贴6元。同年,江西省还规定,获得特级教师荣誉称号的中学教师,在职务工资基础上,每人每月发给特级教师津贴30元。

1989年,全体教师普调一级工资,大中专毕业生,实习期工资也得到提高,本科毕业生由58元提高到70元,专科毕业生由52元提高到64元,中专、高中毕业生由46元提高到58元,对1957年以来未调整工资的教师增加两级。

1990年元月,根据人事部文件精神,凡1989年9月30日前在职的国家正式教职工,在现行职务工资标准的基础上,再升一级。

2003年,中学教师按统一的工资标准进行套改。中学生公用经费由以前的人均生30元/年增加到65元/年。

2005年,江西省人事厅、江西省财政厅、江西省教育厅发文提高全省特殊教育学校(班)教职工特教津贴标准。由原来的15%提高到25%,自2006年1月1日起执行。

2006年,初中教职工同时参加了全省统一的工资制度改革。

2008年,乐安县人事劳动和社会保障局、乐安县财政局转发上级《关于调整特级教师津贴标准的通知》;从2008年1月1日起,特级教师津贴标准由每人每月80元调整为每人每月300元。当年,抚州市人事局、抚州市教育局、抚州市财政局转发《江西省艰苦边远地区农村中小学教师特殊津贴发放管理办法的通知》,规定边远地区每人每月70元,最边远地区每人每月120元,从2008年1月1日起按月发放。

2009年1月1日开始,实施江西省义务教育学校绩效工资办法。

2012年,提高艰苦边远地区农村中小学教师特殊津贴标准,边远地区由每人每月70元提高到每人每月105元,最边远地区由每人每月120元提高到每人每月180元。

2. 生均公用经费

1953年,江西对中学教学行政费支出标准作出规定,每生每月定额,初中老生1.6元,新生1.2元。

1956年,江西省对中学教学行政费规定按学生人数计算,每生每月开支标准为,初中300人以下学校1.5元,301人~600人学校1.3元,601人~1000人学校1.2元,1001人~2000人,学校1.1元。

1958年,江西省财政厅、江西省教育厅通知,1958年下半年公立普通中学发展新生的设备费,教学行政费下拨到县,经研究决定分配:(1)发展新生设备费,农村初级中学每班200元,用于修缮专业设备和一级设备之用。(2)教学行政费,按实新增人数下拨,主要用于补助公杂费,旅差、器材、实习等用途。

1964年,中学教学行政费标准调整,初中每生每月0.9元。

1973年,江西省规定中学教学行政经费,按学生每生每年6元~12元。

1999年6月,中共中央、国务院《关于深化教育改革全面推行素质教育的决定》,要求财政进一步完善教育经费拨款办法,充分发挥教育拨款在宏观调控中的作用,不断提高教育经费的使用效益。政府的教育拨款主要用于保证普及义务教育。在非义务教育阶段,要适当增加学费在培养成本中的比例,逐步建立社会主义市场经济体制以及政府公共财政体制的财政教育拨款政策和成本分担机制。

2005年,初中生均公用经费标准为60元。

2007年,江西省财政厅、江西省教育厅印发了《江西省中小学公用经费支出管理暂行办法》,明确公用经费开支的范围是:教学业务与管理,教师培训、实验实习、文体活动、水电、取暖、交通差旅、邮电,仪器设备及图书资料等购置,房屋、建筑物及仪器设备的日常维修维护等。当年2月又发文再次提高农村义务教育中小学预算内生均公用经费标准,为进一步支持农村义务教育事业发展,经研究决定,用盈余资金在2007年农村(不含县城所在镇,下同)义务教育中小学预算内生均公用经费提高20元的基础上,再次提高预算内生均公用经费标准14.5元,使农村中小学预算内生均公用经费标准达到:小学74.5元,初中94.5元。所需经费由中央、地方财政按6:4比例分担,地方负担部分仍由省、县(市、区)财政按8:2比例分担。县城所在镇及城市义务教育阶段中小学预算内生均公用经费仍按小学80元、初中110元标准执行。

2010年，义务教育阶段学校生均公用经费达到初中600元，小学400元。同时对不足100人的农村小学教学点按100人核定公用经费补助资金。

2011年起，江西省财政厅决定，将义务教育阶段学校生均公用经费基准定额提高100元，达到初中700元，小学500元，并继续对不足100人的农村小学教学点按100人规模核定公用经费补助资金。提标补助资金和农村小学教学点公用经费补助资金，重点用于以下方面：一是弥补寄宿制学校住宿费取消后学校水电等运转经费缺口等；二是支持学校配备多媒体远程教学设备；三是教师参加培训所需差旅费、伙食费补助费、资料费和食宿费等开支。

3. 助学金及“两免一补”

1952年，江西省文教厅、江西省财政厅颁发《公私立中等以上学校人民助学金实施办法》规定，从1952年9月起，公、私立初中按学生人数2%发给助学金，每人每月8.5元。

1960年，经省人民委员会批准调整人民助学金标准，初中按学生人数12%；补助标准：二类工资区每人每月8元，三类工资区每人每月9元。

具体按甲、乙、丙、丁四级评定发给学生个人。

1973年，江西省规定，中学生助学金城市每生每年2元，县城和农村每生每年3元。

2004年．抚州市财政局、抚州市教育局转发财政部办公厅、教育部办公厅《关于进一步做好今年秋季免费提供教科书工作的紧急通知》。中央免费教科书专项资金的补助标准是初中生每生每学期50元。中央专项资金免费提供的教科书只是国家规定课程必设科目，不包括地方和校本课程的教科书。地方课程开设的科目所需免费教科书费用，应由地方政府承担。受资助的学生名单必须由学校张榜公字，已经收取受资助学生教科书费用的，要在9月15日之前如数退还给学生，中央专项资金支持的免费教科书的扉页上，必须由县级教育行政部门统一加盖“本书由国家免费提供”的印章。

2005年，经省政府批准，江西省从2005年秋季开始，在全省义务教育阶段学校全面实行“一费制”收费办法。对全省21个国家扶贫开发工作重点县贫困家庭学生实行“两免一补”（免教科书费、免杂费、补助寄宿生生活费）。2005年秋季免杂费标准：1. 国家扶贫开发工作重点县县城外学校，初中生每学期65元。2. 非国家扶贫开发工作重点县县城外学校初中生每学期97元（没有开设信息技术教育课的为90元）。3. 县城及市区学校初中生每学期142元（没有开设信息技术教育的为130元）。4. 省定贫困县在上述基础上降低10元。

2005年秋季补助义务教育阶段家庭经济困难寄宿生活费每生每学期50元。资金来源：免杂费及寄宿生生活费由省财政负担，免教科书费资金按照中央指导价，包干给省新华书店，由省财政厅统一拨付给省新华书店，由省新华书店支付到各地新华书店。学校在今年秋季开学时，不能向符合资助条件的学生收取教科书费和杂费。同时应向符合资助条件的寄宿生发放寄宿生生活费。

2007年1月，江西省财政厅、江西省教育厅印发《江西省义务教育阶段学生免收学杂费实施管理办法》规定：（1）免学杂费补助标准为，农村初中210元/生．年，城市初中为270元/生．年。县城所在镇中学执行城市标准，其他建制镇执行农村标准。（2）免学杂费补助资金由中央和省按6:4比例分担。省承担资金中，原“两免一补”免杂费资金继续由省财政负担，增长部分由省财政和县（市、区）财政按8:2分担；城市义务教育阶段中学（含城市的农垦、林场、企事业单位自办义务教育中学，下同）免学杂费补助资金由省财政、设区市财政按8:2比例分担，设区市财政与县（市、区）财政分担比例由各设区市自行确定。（3）全省义务教育阶段公办学校学生从2007年春季学期开始全部免收学杂费。（4）各级财政要根据省定的免学杂费标准和负担比例，将免学杂费补助资金足额纳入本级预算，按规定及时拨付，不得先免后补，并确保按照规定用途和标准使用。（5）免收学杂费政策实施后，学校只能按“一费制”规定收取课本费，作业本费，两项代收费项目和寄宿学生住宿费。2009年春季学期开学起，取消寄宿制学生住宿费。学校和教职工不得再向学生收取其他任何费用。

2007年3月，江西省财政厅、江西省教育厅《关于下达2007年秋季学期农村义务教育阶段家庭经济困难寄宿生生活提标补助资金和预拨2008年义务教育经费保障机制资金的通知》中明确，将2007年秋季学期寄宿生补贴标准由150元，提高到初中每生337.5元/学期。

2009年3月，江西省财政厅、江西省教育厅规定：2009年对全省义务教育阶段家庭经济困难寄宿生生活补助为初中生生均750元/年。

2011年9月，乐安县财政局、乐安县教育局《关于做好2011年秋季学期义务教育阶段家庭经济困难寄宿生生活费补助资金发放工作的通知》中反映，根据江西省教育厅文件精神，寄宿生生活费补助为初中每生每学期500元。

2012年4月，乐安县财政局、乐安县教育局发文,根据省厅文件精神,从2011年秋季学期起,将义务教育阶段家庭经济困难学生生活费补助标准每生每天提高1元,达到每生每天小学4元、初中5元,年生均补助标准达到小学1000元、初中1250元。

乐安县2012年春季家庭经济困难寄宿生生活费补助初中2612人,补助金额为163.25万元。

4. 营养改善计划

2011年10月26日,温家宝总理主持召开国务院常务会议,决定从2011年秋季学期起启动实施农村义务教育学校营养改善计划;中央财政每年安排160多亿元,在集中连片特殊困难地区的680个县(含乐安)启动国家试点工作,惠及2600万学生。根据国务院办公厅2011年11月23日的《关于实施农村义务教育学生营养改善计划的意见》规定,全省有17个县列入了此次国家试点范围,分别为乐安、莲花、井冈山、永新、万安、遂川、赣县、上犹、安远、宁都、于都、兴国、会昌、寻乌、石城、瑞金、南康。2012年,乐安县成立了农村义务教育学生营养改善计划领导小组,组长由县政府县长担任,副组长由分管教育的副县长担任,县直财政、教育等相关部门主要负责人为成员。领导小组下设办公室,办公室主任由县教育局局长兼任。同时,县政府印发了《乐安县农村义务教育学生营养改善计划实施方案》。计划用三年时间,使全县16个乡(镇、场)235所农村义务教育阶段学校(含村小、初小教学点),具备标准的学校食堂及适用的学校伙房,为学生提供一个良好的供餐环境。为全县农村义务教育学生提供卫生、营养、热乎、可口的午餐或课间餐。营养膳食标准;每生每天3元,每生每年按200天计算,所需资金全部由中央财政承担。供餐模式:(1)学校食堂供餐,指由本校食堂为学生提供就餐服务。适合学生人数和规模较大的学校,或有条件进行食堂建设的学校。2012年春季乐安共有28所学校(中、小学)选择食堂供餐,共计11575人。(2)课间餐、指无食堂或食堂条件差,不能满足学生就餐要求的,可以采取向学生课间发放蛋、奶、水果等方式补充学生营养。2012年春季乐安共有144所学校,(中、小学、教学点)选择课间餐,共30299人。当年,乐安县有41874名学生享受到营养改善计划。同时,省财政厅、省教育厅下达乐安县农村义务教育薄弱学校改造计划—食堂建设专项资金控制数3735万元,其中中央资金1867.5万元,县配套资金1867.5万元。

四、高中教育

反映各部门举办的高级中学教育支出。政府各部门对社会中介组织等举办的高级中学的资助,如捐赠、补贴等,也在本科目反映。

2002年以前,初中教育与高中教育经费合为中学经费,2003年分列,2004年又未分列,至2005年以后才每年分列。

中华人民共和国成立前,乐安没有高中教育。

1958年,在乐安县初级中学内增设高中部,成为一所全日制完全中学,也是乐安历史上的第一所完全中学。1978年更名为江西省乐安县第一中学,1981年列为省重点中学。

1978年创办乐安县第二中学,成为乐安县第二所全日制完全中学。在20世纪70年代初期,全县有十余所初级中学增设了高中部,但到70年代末期或80年代初,大部分高中部被撤销,只有少数几所保留到90年代。到2012年年底,乐安县有高中教育的公办学校2所,学生6594人,教职工275人。

1960年,经省人人民委员会批准调整人民助学金标准和普通中学助学金,高中24%;补助标准:二类工资区每人每月8元,三类工资区每人每月9元。

1964年,中学行政费标准为:高中每生每月1.1元。

1973年,江西省政府规定中学生助学金,城市每生每年2元,县城和农村每生每年3元。中学公务费按照学生人数,每生每年6~12元。

1992年12月,江西省物价局、江西省教委、江西省财政厅调整中小学收费标准每人每学期:(1)杂费县城高中20元,乡镇农村高中15元;(2)学费、县城高中22元,乡镇农村高中20元,经省批准的重点中学高中学费可在上述标准外上浮20元;(3)教学实验设备费,每生每学期高中5元(其中60%的学校作实验设备维护费补充;40%集中到县(区)教育主管部门用于实验设备的集中装备、补充和更新);(4)减免人数,高中控制在5%以内。

2007年2月,乐安县教育局、乐安县发展和改革委员会、乐安县财政局、乐安县监察局发出《关于做好2007年春季中小学收费管理工作的通知》,对高中阶段的收费项目和标准作了明确的规定,详见附表:

2007年乐安县春季高中(职高)收费项目和标准

表2-65　　　　单位:元/生.学期

类别	项目	—	标准	备注
普通高中	学费	县城	180	
		重点高中和特色高中	400	
	课本费	高一	227.95	
		高二	理科:180.10	
			文科:184.40	
		高三	44.05	
	上机费		45	
	电教实验费		15	电教、实验各一半。收取了上机费的不收取此费
	住宿费(指住校生)		40	县一中、二中学生公寓每生每学期180元
	搭膳费(指在校搭膳生)		20	
	水电费		20	收取了住宿费的不再收取水电费
	作业本费		20	含教学测验费8元
	电教教材代收费		Ⅰ类30元,Ⅱ类20元,Ⅲ类10元	地级示范校上浮30%,省部级示范校上浮60%
	择校费		3600元/年.生	严格执行“三限”政策
职业高中(含普通高中职业班)	学费		160	
	住宿费		27.5	
	上机费		45	

2007年3月,江西省财政厅、江西省教育厅印发了《江西省普通高中贫困家庭学生政府助学金管理办法(试行)》。办法规定:

(1)为帮助贫困家庭学生顺利接受普通高中教育,省政府决定,从2007年起,由政府拨出专款设立江西省普通高中贫困家庭学生政府助学金(以下简称“高中助学金”)。为加强资金管理,保证普通高中贫困家庭学生工作的顺利实施,特制定该办法。

(2)高中政府助学金资助对象为全日制普通高中(不包括民办普通高中)在校学生中家庭经济困难的学生。

(3)高中政府助学金由省、县(市、区)财政按8:2比例分担,补助标准为每生每学年800元。

2007年3月,江西省财政厅、江西省教育厅印发了《江西省贫困家庭学生高考入学政府资助金管理办法(试行)》办法规定:

(1)为做好资助新考取普通高校的贫困家庭子女解决其入学的经费困难,帮助他们顺利入学,激励他们勤奋努力进取,江西省政府决定设立“江西省贫困家庭学生高考入学政府资助金”(以下简称政府资助金)。

(2)政府资助金面向全省当年考取全日制普通高等学校(不含独立学院和民办高校)的家庭经济困难考生(包括社会考生,下同),由各县(市、区)教育、财政部门组织评审,由县(市、区)高招办负责具体发放。

(3)政府资助金由省、县(市、区)财政8:2比例分担,补助标准为每生一次性5000元。该办法至2012年仍在执行。2012年省下达乐安县133人,资助金额66.5万元(其中省财政53.2万元,县财政13.3万元)。

2009年7月,抚州市财政局、抚州市教育局、中国人民解放军抚州军分区司令部转发《财政部、教育部、总参谋部应征入伍服义务兵役高等学校毕业生学费补偿国家助学贷款代偿暂行办法》规定,从2009年起,国家对应征入伍服义务兵役的高等学校毕业生在校期间缴纳的学费实行补偿。学费补偿必须首先用于偿还助学贷款本金及其全部偿还之前产生的利息。标准:每学年补偿最高不超过6000元,实行一次性补偿或代偿。

五、民办教师补助费

民办教师补助费是指国家对乡村和城市街道等民办教师的补助费。

中华人民共和国成立初期和农业合作化后,农村逐步开办了集体性质的民办小学。如1953年春季乐安县首所民办小学在牛田与永丰交界的高坪村成立,至1966年“文化大革命”时撤销,共培养174名小学毕业生。到1959年全县有民办小学126所。人民公社化后在公办中小学内增设民办教师,以集体开支为主,财政给予一定补助。

1960年,财政部、教育部《关于人民公社社办中、小学经费补助的规定》中指出,人民公社举办的中、小学应力求自力更生,经费筹措办法可以多种多样。对山区、少数民族地区或灾区的学校,可根据情况给予临时性或一定时期经费补助。

1962年,乐安县教学机构通过撤并、减转,全县有15所公办小学转为民办小学,4所幼儿园转为民办,民办中学也增加了10所。当年全县有民办小学184所。并且有65名公办教师转为民办教师。

农村实行联产承包责任制以前,民办教师报酬主要采取工分制和工资制2种形式,以工分制为主。实行工分制的地方,按照教学能力评定每天基准分,年终再按出勤天数乘以基准分,得出全年总分数计算报酬。少数实行工资制的地方,民办教师每月20元~30元不等,节假日与公办教师相同。

1963年起,县财政开始安排民办教师补助经费,并逐年增加。

1968年,公办教师下放农村劳动。农村小学全部下放到大队办,民办教师大幅度增加。当年10月全县选拔“赤脚老师”635名,兼职教师1604名。

1969年,借用一部分下放教师返校工作,同时减退了部分“赤脚老师”。

1974年,按照省里规定提高民办教师补助标准,每人每年中学210元,小学170元,并规定自当年起从补助费中拿出一部分,按月发给民办教师本人,其中中学民办教师每人每月48元,小学36元。

1980年,省教育厅通知,自当年7月19日起,停止吸收民办和代课教师。

江西省人民政府决定,1981年10月起,中小学民办教师补助费每人每年增加50元(商品粮、非商品粮均同)。1982年乐安县对中小学编制及民办教师进行整顿。对合格的民办教师发“任用证书”,对基本合格的发“使用证书”,对不合格的104名进行清退,重建民办教师档案。

1983年11月,中共江西省委、省人民政府发出《关于加强和改革普通教育的决定》,农村民办教师逐步推行公社统筹工资制,贫困地区民办教师的工资,含国家补助在内,每人每年最低不应少于365元。

1984年3月,江西省人民政府决定,民办教师每人每月平均工资(含国家补助在内),经济较差的乡(社)一般不低于35元,经济条件较好的乡(社)一般不低于40元。

1985年7月起,凡1980年7月以前任教的民办教师(全县160名),每人每月增加生活费11元,未参加工改的离退休人员,提高离退休费。

1986年2月,中共江西省委、江西省人民政府贯彻《中共中央关于教育体制改革的决定》的实施意见中指出,经考核合格的民办教师要与同类公办教师同等使用,在工资福利待遇上,争取逐步做到不再分公办民办。

1987年5月,乐安县有35位民办教师通过教材教法考试合格,获合格证书。

1988年12月,县教育局根据上级有关精神,组织全县民办教师转编考试。

1989年,江西省确定中小学民办教师由地方财政补助,小学民办教师每人每年400元,中学民办教师每人每年440元。

1994年,江西省决定,适当增加民办教师补助费:1. 增加补助费的范围对象,即为1980年7月19日以前批准吸收的中、小学、幼儿园的民办教师。2. 增加补助费标准:从1994年9月1日起,每人每月增加40元(含粮贴9元),由财政和集体各负担一半。财政特别困难的县,由农村教育附加费中解决。

1997年9月,国务院办公厅关于解决民办教师的问题的通知提出了“争取到本世纪末基本解决民办教师的问题”的目标,逐步减少民办教师数量。

1998年,政府预算收支科目,将民办教师补助费分别并入中学经费和小学经费科目内,故从1998年起,民办教师补助费停止单列。

2008年2月,江西省财政厅、江西省教育厅下发《关于调整我省民办教师离岗退养费标准的通知》,规定全省离岗退养的民办教师离岗退养标准调整为每人每月不低于400元,以前超过此标准的仍按以前标准执行,资金由县财政负担。从2006年7月1日起执行。

乐安县1977年至1997年(不含1980年、1982年)民办教师补助费总支出1087万元。

1949～2012年乐安县普通教育支出明细表

表2－66　　　　单位：万元

项目/金额/年度	学前教育	小学教育	初中教育	高中教育	高等教育	化解农村义务教育债务支出	民办教师补助	其他普通教育	合计
1949	—	—	—	—	—	—	—	—	—
1950	—	—	—	—	—	—	—	—	—
1951	—	—	0.5	—	—	—	—	—	0.5
1952	—	2	3	—	—	—	—	—	5
1953	—	—	3	—	—	—	—	—	3
1954	1	13	2	—	—	—	—	—	16
1955	1	13	1	—	—	—	—	—	15
1956	1	18	2	—	—	—	—	—	21
1957	—	—	—	—	—	—	—	—	—
1958	—	—	—	—	—	—	—	—	—
1959	—	—	—	—	—	—	—	—	—
1960	—	—	—	—	—	—	—	—	—
1961	—	—	—	—	—	—	—	—	—
1962	—	—	—	—	—	—	—	—	—
1963	—	—	—	—	—	—	—	—	—
1964	—	—	—	—	—	—	—	—	—
1965	—	—	—	—	—	—	—	—	—
1966	—	—	—	—	—	—	—	—	—
1967	—	—	—	—	—	—	—	—	—
1968	—	—	—	—	—	—	—	—	—
1969	—	—	—	—	—	—	—	—	—
1970	—	—	—	—	—	—	—	—	—
1971	—	—	—	—	—	—	—	—	—
1972	—	—	—	—	—	—	—	—	—
1973	—	—	—	—	—	—	—	—	—
1974	—	—	—	—	—	—	—	—	—
1975	—	—	—	—	—	—	—	—	—
1976	—	—	—	—	—	—	—	—	—
1977	—	34	42	—	—	—	31	—	107
1978	—	44	46	—	—	—	31	—	121
1979	—	45	54	—	—	—	34	—	133
1980	—	—	—	—	—	—	—	—	—
1981	3	61	75	—	—	—	37	—	176
1982	—	—	—	—	—	—	—	—	—
1983	4	86	96	—	—	—	44	—	230
1984	4	99	93	—	—	—	43	—	239
1985	5	127	130	—	—	—	51	—	313
1986	6	171	154	—	—	—	48	—	379
1987	9	157	119	—	—	—	55	—	340
1988	10	184	154	—	—	—	74	—	422
1989	14	236	171	—	—	—	62	—	483
1990	16	285	200	—	—	—	66	—	567
1991	16	314	195	—	—	—	70	—	595
1992	20	408	237	—	—	—	76	—	741
1993	22	464	279	—	—	—	66	—	831
1994	29	707	402	—	—	—	53	—	1191

续表 2-66

年度＼金额＼项目	学前教育	小学教育	初中教育	高中教育	高等教育	化解农村义务教育债务支出	民办教师补助	其他普通教育	合计
1995	34	696	402	—	—	—	71	—	1203
1996	41	771	529	—	—	—	79	—	1420
1997	43	859	545	—	—	—	96	—	1543
1998	44	1092	568	—	—	—	—	—	1704
1999	43	1287	621	—	—	—	—	—	1951
2000	32	1328	757	—	—	—	—	—	2117
2001	42	2042	1048	—	—	—	—	—	3132
2002	45	2835	1339	—	—	—	—	2	4221
2003	38	2297	989	314	—	—	—	44	3682
2004	43	2586	1429	—	—	—	—	11	4069
2005	44	3221	1544	415	—	—	—	—	5224
2006	53	3782	1895	398	—	—	—	63	6191
2007	81	4958	2862	275	—	—	—	—	8176
2008	89	6198	3743	212	—	648	—	75	11065
2009	128	6606	5038	211	—	2142	—	20	14145
2010	179	9619	5097	177	—	39	—	16	15127
2011	963	10798	5486	343	191	166	—	4946	22893
2012	1413	13970	5793	2272	10	—	—	10945	34403

第三节 职业教育

反映各部门举办的各类职业教育支出。

一、职业中学

乐安县在中华人民共和国建立前没有职业教育，仅于民国34年(1945)创办“乐安县简易师范学校”，只有3名教师，1个班，翌年与县立初级中学合并。一个学期后又分开，1949年又停办。中华人民共和国成立后的20世纪60年代先后创办过“横江农业中学”“鳌溪林中”“龚坊农中”“牛田农中”“招携林中”及县职业中学。后因各种原因仅保留牛田农中、招携林中和县职业中学，其他都先后撤销。

乐安县职业中学是1984年9月，由乐安第三中学和石陂中学合并，组成一所全日制完全职业中学。1994年，经省教委批准，农林、畜牧、美术装潢三个专业升格为中专班，并被县政府定为示范职业高中。

1986年2月，中共江西省委、江西省人民政府贯彻《中共中央关于教育体制改革的决定》的实施意见，强调大力发展职业技术教育，每个县都要重点办好一所职业技术学校。各行各业都要积极创造条件举办职业技术教育。

2005年，国务院颁发《国务院关于大力发展职业教育的决定》。

2006年，江西省人民政府发出《江西省人民政府贯彻国务院关于大力发展职业教育决定的实施意见》。同年江西省政府办公厅发出《关于推进江西省职业教育基础能力建设协调会议纪要》。省财政厅、省教育厅发出《关于转发〈财政部、教育部关于完善中等职业教育贫困家庭学生资助体系的若干意见〉的通知》，同时江西省财政厅、江西省教育厅印发《江西省中等职业教育国家助学金暂行办法的通知》。

2007年，江西省人民政府发出《关于建立健全普通本科高技、高等职业学校和中等职业学校家庭经济困难学生资助政策体系的意见》。当年江西省财政厅、江西省教育厅印发《江西省中等职业学校国家助学金管理实施细则》。规定中等职业学校是指政府有关部门根据国家和省有关规定批准设立并备案，实施中等学历教育的各类职业学校，包括公办和民办的普通中专、成人中专、职业高中，技工学校和职业技术学院附属的中专部和中等职业学校等。资助对象是具有中等职业学校全日制正式学籍的在校一、二年级所有农村户籍的学生和县镇非农户口的学生以及城市家庭经济困难学生。资助金由中央和地方政府共同出资设立。地方负担部分按学校隶属关系，由省、市县财政按6:4比例分担。标准：每生每年1500元。当年，省第一次下达2007年秋季学期乐安县资助学生人数763人，资助金额57.2万元，其中中央34.3万元、省13.7万元、市县9.2万元。第二次下达乐安县2007年秋季学期资助金34.3万元。第三次是临时资助金2.26万元,其中中央1.59万元、市县0.69万元。

2008年,江西省财政厅、江西省教育厅转发《财政部、教育部关于印发〈中等职业学校教师素质提高计划专项资金管理暂行办法〉的通知》的通知,之后每年上级都给予了乐安县专项资金。

2010年8月,江西省财政厅、江西省教育厅、江西省人力资源和社会保障厅印发《江西省中等职业学校农村家庭经济困难学生、城镇低保家庭学生和涉农专业学生免学费实施方案》。免学费范围是指政府有关部门根据国家有关规定批准设立并备案,实施全日制中等学历教育的各类职业学校,包括公办和民办普通中专,成人中专、职业高中、技工学校和高等学校附属的中专部、中等职业学校等。免学费对象:中等职业学校全日制正式学籍一、二、三年级在校生中农村家庭经济困难学生、城镇低保家庭学生和涉农专业学生。五年制高职学生前三年按中职生对待,享受免学费政策。免学费标准是职业高中、职业中专每生每年850元。免补及分担办法:第一、二学年因免费导致的缺口,由财政按免学费标准给予补助,第三学年缺口,原则上由学校弥补。补助标准:中央财政按每生年平均2000元标准与地方财政按6:4比例分担,每生补1200元。地方财政按学校隶属关系分级负担,市县(区)学校由省财政和市县(区)财政按6:4比例分担。民办学校免学费补助资金,按学校隶属关系,参照当地同类型同专业公办中职学校免学费标准和分级负担比例由各级财政共同分担。

2012年4月,江西省教育厅、江西省财政厅《关于申报2012年中央财政支持的职业教育实训基地建设项目的通知》中指出,支持职业教育实训基地建设是《国家中长期教育改革和发展规划纲要(2010－2020年)》和《国民经济和社会发展第十二个五年规划纲要》确定实施的“教育发展重点工程”的重要任务,是支撑职业教育改革创新的关键环节,是提升职业教育服务经济发展方式转变和现代产业体系建设能力的重大举措。

项目确定后,中央和省将下达一定比例的专项资金给予支持。建设一批为江西省鄱阳湖生态经济建设和重大产业建设服务的培养高技能人才的职业教育实训基地。

1984～2012年全县职业中学支出2421万元,占全县教育支出的1.49%。

二、共大乐安分校

江西共产主义劳动大学乐安分校始创于1966年,当年秋季招生220人,学制3年。校址设在戴坊镇麦坑村。学校先后设有农机、畜牧、农学、林学、卫生、财会、化工、干部培训等8个专业。教学方法实行半工半读,农忙时少上课,农闲时多上课。专业课与文化课相结合,以专业课为主,文化课为辅,理论与实践相结合,边学习边实践,通过实践巩固课本知识。学生读书不交1分钱,毕业后实行社来社去,回乡参加社会主义建设。

县财政每月只拨教师、医师工资和少量办公费外,其余均由学校的生产劳动解决。学校自创办以来做到粮、油、经费自供自给,在保证了扩大再生产的前提下,做到每年略有节余。如1980年底,学校库存产品5.8万元,银行存款10万元。

1977年恢复高考后,共大乐安分校招生困难。1981年下半年,经中共乐安县委、县人民政府决定:撤并共大乐安分校。全部校舍、山林、水田划归县林业局接管,作价50万元。农工、职工调入林业系统。各专业教师归口调出。行政干部由县委组织部门调动,文化课教师由县教育局安排。所有的可动产由教育局作价转让。粮食卖给国家,学生课桌、办公用品、文艺品等调拨给三中(现职业中学),在校学生分别由县一、二、三中接收。1982年8月撤并工作全面结束。因此所列的教育支出明细表中职业教育支出,1983年以后均为职业中学支出,1982年以前均为共大分校支出。

第四节 教师进修及干部继续教育

反映教师进修及干部继续教育方面的支出。

一、教师进修

中华人民共和国成立以来,各级政府及教育主管部门都非常重视教师素质的提高工作。1950年暑期,举办首次教师暑期学习班,学习《政治纲领》《中国革命和中国共产党》《社会发展简史》等。

1951年7月20日,除抽调参加土改的教师外,其他教师在县城参加暑期学习班,时间20天。

1952年7月,暑期集中全县教师,举办以思想政治改造为中心的政治学习,时间40天。

1955年,1月20日,集中全县教师在县城参加学习普通话训练班,为期17天。7月18日,又组织全县教师在县城参加“北京语音培训班”,时间15天。

1957年7月下旬,举办小学保健教师培训班。同年12月9日至19日,举办文教主任、农民教育辅导员、义教主任及义师学习班。

1959年7月1日～9月15日,举办小学师资培训班。本年1月起，举办中学教师培训班，时间一年。

1965年6月，全县教师分片集训，交流学习毛主席著作心得。7月举行中小学行政人员学习会，学习中央“两种教育制度、两种劳动制度”的指示。

1972年3月，成立师训班，正式培训教师，设中教、小教和文艺各一班，共118人。

1984年成立“乐安县教育学校”，1993年经江西省人民政府批准更名为“江西省乐安县教师进修学校”。

乐安县教师进修学校的主要任务是对全县小学教师进行继续教育，使其在学历上达标，成为政治上、业务上合格的小学教师。同时，还担负着对小学领导干部岗位培训的重任，使小学各级领导干部的管理水平和领导艺术提高到一个新的水平，并持证上岗。

乐安县教师进修学校自建校以来，采取脱产培训、短期培训、集中培训等多种灵活的方式，为提高全县各级学校的教学质量作出了较大贡献。

2007年4月，江西省财政厅、江西省教育厅在印发的《江西省中小学公用经费支出管理暂行办法》中明确规定：中小学公用经费支出范围包括教师培训费。同时规定，教师培训费按照学校年度公用经费预算总额的5%安排，用于教师按照学校年度培训计划参加培训所需的差旅费、伙食补助费、资料费和住宿费开支。

当年江西省教育厅、江西省财政厅就加强中小学教师培训经费使用管理发文，要求学校要按照年度公用经费预算总额的5%，安排落实中小学教师培训经费。教师培训经费一经确定，任何部门和学校不得挪作它用。当前教师培训经费主要用于，教师全员远程培训、班主任培训、教师教育技术能力培训、新教师培训和校长培训等。

2007年10月，乐安县教育局、乐安县财政局为贯彻落实江西省教育厅、江西省财政厅有关文件精神，印发了《乐安县中小学教师培训经费使用管理暂行办法》。县教育局会同县财政局，按照学校年度公用经费预算总额的5%安排落实中小学教师培训经费，并在乐安县教师进修学校设立中小学教师培训经费专户，实行专户管理，专款专用、滚存使用，任何单位不得挤占、挪用和截留。县教育局和县财政局对经费使用情况进行全程监管，县教师进修学校负责经费拨付和报账。县级教师培训，由教师进修学校提出培训计划和方案，并做好经费预算，报县教育局和县财政局审批，两家确定费用开支标准，国库支付中心再根据确定的费用开支标准凭票给予报账。县教育局和县财政局每年对教师培训经费使用情况进行一次专项审计，对挤占、挪用、截留和不按规定使用教师培训经费的，要严肃查处，并追究相关单位和相关人员的责任。

乐安县教师培训自1987年办班以来至2012年年底，县财政共拨付教师培训经费632万元（其中2001年、2002年两年决算报表未填报，2003年、2004年两年决算报表无此项内容）。

二、干部教育

反映各级党校、行政学院、社会主义学院、国家会计学院的支出。包括机构运转、招聘师资、举办各类培训班的支出等。乐安主要反映党政群干部训练及县委党校的支出。

中华人民共和国成立后，乐安县委、县人民政府在大力兴办各种正规学校的同时，先后举办了各种形式的训练班、学习班，区、乡干部多数来自工农，文化偏低，工作困难，亟待提高。同时为了充实地方干部队伍，县人民政府在建国初期招收了110名社会知识青年和留用的部分旧职人员，分别加以短期训练，以改造思想，提高革命认识，经考核合格后分配工作。随后又结合各时期的中心工作，对参加工作积极的人员给予短期培训，以熟悉方针政策和工作方法。

1958年7月，乐安县委开办干部学校，次年改称县委党校。乐安县委党校自成立以后至2012年年底共举办各类培训班261期，参训35677人次；中专教育一届，毕业45人；函授教育三届，毕业人数210人；其他教育四届，毕业人数160人。到2012年年底，县委党校有干部职工17人，其中教员10人，干部职工7人；退休人员11人。

1951年至1967年党政群干部训练事业费称干部训练支出，全县共支出6.6万元；1968年至1982年列行政经费支出，全县支出为40.1万元，另在预算外的农业税附加中支付干部训练经费10.9万元，期间共支出51万元；1983年到2006年干部训练经费在文教卫生事业费类单列党政群干部训练事业费，期间支出376万元，另在预算外的农业税附加中支出0.5万元，共支出376.5万元；从2007年起到2012年年底止则在教育支出中的教师进修及干部继续教育中反映，这6年共支出577万元。从1951年至2012年乐安县共支出干部训经费1011.1万元。分年度支出情况详见附表。

2007年至2012年期间，共投资700多万元（其中包括土地置换420万元，全县党员干部捐资20万元），新建办公大楼1幢，建筑面积2500平方米；学员楼1幢，建筑面积1300平方米，学校基础设施全面改善。

1951～2012 年乐安县干部教育支出表

表 2－67 单位:万元

年度	预算安排支出	农税附加安排支出	合计	年度	预算安排支出	农税附加安排支出	合计	年度	预算安排支出	农税附加安排支出	合计
1951	0.1	—	0.1	1972	3.3	—	3.3	1993	10	—	10
1952	0.1	—	0.1	1973	2.5	1	3.5	1994	12	—	12
1953	0.3	—	0.3	1974	3.4	1.2	4.6	1995	15	—	15
1954	0	—	0	1975	1.6	1.5	3.1	1996	15	—	15
1955	0	—	0	1976	1	0	1	1997	15	—	15
1956	0.4	—	0.4	1977	0.1	1.8	1.9	1998	20	—	20
1957	0	—	0	1978	5.4	0.3	5.7	1999	12	—	12
1958	0	—	0	1979	4.7	1.3	6	2000	17	—	17
1959	0.5	—	0.5	1980	6	0.8	6.8	2001	21	—	21
1960	0	—	0	1981	2	0.5	2.5	2002	24	—	24
1961	0.4	—	0.4	1982	7	1	8	2003	24	—	24
1962	1.5	—	1.5	1983	6	0.5	6.5	2004	29	—	29
1963	0.9	—	0.9	1984	7	—	7	2005	29	—	29
1964	1.1	—	1.1	1985	5	—	5	2006	69	—	69
1965	0.5	—	0.5	1986	4	—	4	2007	102	—	102
1966	0.8	—	0.8	1987	5	—	5	2008	86	—	86
1967	0	—	0	1988	4	—	4	2009	80	—	80
1968	0.3	—	0.3	1989	6	—	6	2010	96	—	96
1969	1.1	—	1.1	1990	8	—	8	2011	143	—	143
1970	0.6	—	0.6	1991	9	—	9	2012	70	—	70
1971	1.1	—	2.6	1992	10	—	10	合　计	999.7	11.4	1011.1

第五节　教育附加安排的支出

本节反映教育费附加和地方教育附加安排的支出。

2006 年以前政府收支分类科目及财政总决算都未单独反映。从 2007 年起开始单独反映。2007 至 2012 年乐安县教育费附加和地方教育附加安排的总支出是 2565 万元,其中:1. 省财政下拨的地方教育附加安排的支出是 121 万元(含农村中小学校舍建设支出 91 万元,中等职业学校教学设施支出 30 万元)。2. 县教育费附加安排的支出为 2444 万元。具体安排支出是:农村中小学校舍建设 2384 万元(包括乐安一中 320 万元,乐安二中优质高中建设工程项目本息 906 万元,乐安四小 760 万元,其他农村中小学 398 万元);农村中小学教学设施("两基"迎国检教学仪器设备及图书配套资金)60 万元。

乐安县教育费附加安排的支出大部分是从 2010 年以后土地出让收入扣除征地和拆迁补偿支出,土地开发支出等费用后提取 10% 的教育资金安排的支出,少部分才是县汇集的教育费附加安排的支出。

2010 年 10 月,江西省财政厅、江西省教育厅印发《江西省地方教育附加使用管理办法》。办法规定:(1)地方教育附加属地方政府性基金,纳入财政预算管理,收入全额缴入省级国库。(2)地方教育附加按照当年筹集、下年使用、结余结转的原则管理和使用。地方教育附加实行专款专用,由省级统筹管理。为支持地方教育事业发展,省级统筹的资金按照省与市、县(区)2:8 的分成比例返回原征收地,返还的资金与实际征收数挂钩。(3)地方教育附加全部用于义务教育。地方教育附加市、县(区)可用部分,专项用于各市、县(区)均衡发展城乡义务教育,维修改造义务教育学校校舍,添置必要的教学仪器设备,改善义务教育学校办学条件,促进义务教育办学质量提高。(4)地方教育附加的使用。由各级教育部门和财政部门根据当年教育建设重点,提出具体使用方案,报同级人民政府批准下达。(5)各级人民政府要加强对地方教育附加使用管理工作的领导,各级财政、教育部门要密切配合,切实履行职责共同做好地方教育附加的使用管理工作。

2011年12月，抚州市财政局、抚州市教育局转发《财政部、教育部关于印发中央教育费附加支出管理暂行办法的通知》。中央教育费附加专指铁道系统、中国人民银行总行、各商业银行总行、保险总公司随同营业税上缴的教育费附加部分。中央教育费附加纳入预算管理，作为基础教育专项资金，按照“先收后支、专款专用、结余结转”的原则进行使用和管理。主要用于现有中央专项资金未覆盖的基础教育薄弱环节以及义务教育学校实施素质教育、普通高中学校特色化办学。具体包括：支持农村义务教育学校（含县镇义务教育学校、完全中学的初中部）体育场地、校园绿化、道路硬化等附属设施维修改造；支持城市义务教育学校和普通高中学校房屋及基础设施维修改造、教学仪器设备购置以及普通高中特色化办学等。中央教育费附加经费预算从2012年起于每年9月底之前下达，根据实际需要，也可于年度中间先行下达部分预算。本办法自发布之日起施行。2006年12月22日财政部、教育部发布的《财政部、教育部关于印发中央教育费附加支出管理暂行办法的通知》同时废止。

2007～2012年乐安县教育费附加和地方教育附加安排的支出明细表

表2－68　　单位：万元

项目＼金额＼年度	2007	2008	2009	2010	2011	2012	合　计	其中地方教育附加安排的支出
农村中小学校舍建设	89	176	208	450	851	701	2475	91
农村中小学教学设施	—	60	—	—	—	—	60	
城市中小学校舍建设								
城市中小学教学设施								
中等职业学校教学设施	—	—	—	—	30	—	30	30
其他教育附加安排的支出								
合　计	89	236	208	450	881	701	2565	121

第六节　其他教育支出

主要反映教育管理事务、普通教育、职业教育、教师进修及干部继续教育和教育附加安排的支出以外的，教育主管部门直接开支的成人教育、广播电视教育、教学业务指导、教学质量检测、教材编审、招生、业务资料印刷等其他教育支出。2006年以前，教育管理事务支出也在其他教育支出中反映，从2007年起，教育管理事务支出才在教育支出类设款级科目单独反映。

乐安县教育支出中的其他教育支2009年是312万元，2010年18万元，2011年17万元，2012年2983万元，四年合计为3330万元。其中主要包括消化历年农村中小学在职教师旧欠，高考入学家庭经济困难学生政府资助金、边远艰苦地区学校教师周转宿舍款等。

2005年，抚州市教育局发出《关于在义务教育学校杂费收入中列支教学质量检测费的通知》。列支标准为小学每生每学期4元，初中每生每学期8元（其中上缴市教研室3元，留5元）。

2006年，乐安县教育局发出《关于在“一费制”义务教育学校杂费收入中列支教学质量检测费的通知》。拟从2006年春季开始，在学校杂费中划出专项经费，小学生每学期4元，初中生每学期8元（初中生3元，由县教研室上缴市教研室），用于全县义务教育阶段各年级期中、期末教学检测评价等项目经费支出。

2007年10月，乐安县教育局、乐安县财政局《关于印发〈乐安县“教学质量检测费”使用管理暂行办法〉的通知》，对教学质量检测费来源，经费使用范围，经费管理和监管都作了明确规定。

2011年11月，乐安县教育局、乐安县财政局发出《关于印发〈乐安县“教学质量检测费”使用管理暂行办法〉的通知》。对教学质量检测费实行统筹，统筹办法为改按学生人数为：县财政在安排学校公用经费时，按照学校年度公用经费预算总额的3%安排“教学质量检测费”。并明确规定：教学质量检测费统筹后，各中小学校不得再向学生收取期中、期末、抽测、会考等与考试相关的教学质量检测费。该办法自2011年1月起执行。

第四章　科学技术

反映用于科学技术方面的支出。

乐安县在清光绪三十一年(1905),设立了农工商矿局,下设有科研机构,进行经济作物新品种试种。

民国30年(1941),设立了农业科学技术推广所,有农业技术员3人,农工8名。

中华人民共和国成立后,于1954年设立了科学技术普及协会(简称科协),由县委宣传部主管。1958年增设科学技术委员会(简称科委)。1959年2月成立科学院,1961年精简机构被撤销,人员下放。1973年3月成立乐安县革命委员会抓革命促生产指挥部时,设立科技组。1979年10月恢复科协组织,科委、科协合署办公。1984年机构改革后,科委为政府职能机构,科协为群众团体;分开办公,各乡镇建立了相应机构。同时还成立了农科所,林科所等。

1959年,科学技术支出单列,为社会文教科学类。

1987年起,科学技术事业费列为类级科目。

1981年和1982年,执行江西省对科学事业单位和科协事业单位的经常费制订的预算包干办法。实行经常费定额包干,节余留用,超支不补,专项经费另行报批,专款专用。包干结余主要用于改善工作条件,发展科学事业,其中可以30%~40%用于集体福利和奖励。

1986年,省人民政府颁发《江西省科研事业费拨款管理暂行规定》,主要内容是:1. 从1987年起,各地、各部门事业费中开支的"科学研究费"和原"科学支出"中的科学事业费合并,由财政部门拨交同级科委统一归口管理。2. 各级科研事业费预算,由地方各级财政会同同级科委,按照科研事业费拨款的增长高于财政经常性收入增长速度1.5%的原则安排。3. 主要从事技术开发工作和近期可望取得实用价值的应用研究工作单位,国家拨给的科研事业费在"七五"期间逐年减少;主要从事基础研究和近期尚不能取得实用价值的应用研究工作单位,其研究费应逐步做到主要依靠申请基金解决,财政只拨给一定额度的事业费;从事医药、卫生、劳动保护、计划生育、灾害防治,环境科学等社会公益事业研究的单位,从事情报、标准、计量、观测等技术基础工作的单位和农业科学研究单位,其科研事业费仍由财政拨给,实行包干。这些单位在完成国家的规定任务外,还能取得合理收入的,其纯收入不超过本单位当年包干事业费的10%,全部留给本单位,超过10%部分一半留给单位,用作发展基金、福利基金和奖励基金,其中发展基金不能少于留用部分的50%。

1987年,江西省科学技术委员会、财政厅联合颁发《科学事业费管理的暂行规定》,实行科学事业费分类管理。对于技术开发型的科研单位,实行差额预算管理,逐步推行技术合同制,鼓励科研单位在为社会创造经济效益的同时取得收入,积累资金。科学事业费实行"比例逐年递减"或"以收入一定比例扣减",对属于社会公益事业等为社会服务性质的科研单位的科学事业费由财政支拨,并按任务与经费挂钩的原则,实行全额管理,经费包干。同年,在财政预算上,科学事业费从文教科学卫生事业费类中划出,另设科学事业费类,其中包括自然科学事业费、科协事业费和社会科学事业费3款。

1988年11月,中共江西省委组织部、省科委、财政厅、体改委、劳动人事厅联合发出《科研单位实行承包经营责任制暂行办法》:对技术开发型科研单位的科技事业费确定了递减比例;对事业包干单位包死事业费基数;并确定了科技发展基金、每年提取数额和增长率。

2001年7月,江西省人事厅、江西省教育厅、江西省科技厅、江西省公安厅、江西省财政厅关于转发《人事部、教育部、科技部、公安部、财政部关于印发〈关于鼓励海外留学人员的多种形式为国服务的若干意见〉的通知》的通知。国家为海外留学人员为国服务活动提供政策保障。

2003年2月,江西省人事厅、江西省科学技术厅、江西省教育厅、江西省公安厅、江西省财政厅关于印发《江西省引进海外留学人才的意见》的通知。要围绕加快江西发展的大局,抓住新世纪经济结构调整、产业升级和社会发展的有利时机,大力引进各类高科技、复合型、紧缺型的留学人才来赣施展才华,推动全省科技进步和经济社会的跨越式发展。

在从优确定海外留学人才的待遇中规定:

(1)在高等院校、科研院所工作的高层次留学人才的工资,除高定2~3个职务工资档次外,可根据其贡献大小给予相当其工资5~10倍的职务(岗位)津贴;在国有大中型企业工作的留学人才的工资报酬,由用人单位与留学人才协商确定;在其他单位工作的留学人才,比照本单位同类人员的待遇从优确定。在省内企事业单位从事技术开发或管理工作并取得明显经济效益的,可连续3年在企业当年新增利润中提取一定的比例作为报酬。

(2)对引进的高层次留学人才,属全省急需的国家级重点学科带头人,用人单位给予不低于50万元的科研经费,并一次性给予不少于10万元的住房补贴;属全省急需的省部级重点学科带头人,用人单位给予不低于30万元的科研经费,并一次性给予不少于3万元的住房补贴。对长期在赣工作的留学人才,在国外有直系亲属的,可安排三个月以内的探亲假期。

在努力营造海外留学人才创业的良好环境中规定:

(1)留学人才在赣从事研究开发所取得的技术成果,申请国内外发明专利,由省知识产权管理部门给予申请费补助。发明专利可视同科技成果,优先推荐参评国家和省科学技术进步奖。属职务发明专利,专利权的持有单位在专利转让后,从所得税后净收益中提取不低于40%的比例,奖励给发明人或设计人。

(2)留学人才科技成果转让后,单位应从技术转让所得的税后净收益中提取不少于30%的比例作为其报酬;自行实施转化或与他人合作实施的,从项目成功投产后,连续5年内从受益单位税后净收益中提取不少于5%的比例作为报酬。留学人才以科技成果出资入股的,经投资各方约定,留学人才也可享有较高的股东权益。留学人才通过科研开发新产品、推广应用新成果获重大经济效益的,由受益单位从税后净收益中提取不少于20%的比例作为报酬;在国内外成功推销江西产品,由受益单位从税后净收益中提取不少于5%的比例作为报酬;不能直接计算经济效益的题目,由受益单位给予一定的报酬;经个人开辟渠道引进国外项目的,受益单位在获利中给予一定比例的一次性报酬。

(3)对入驻省留学人员创业园,经科技行政主管部门认定为高新技术企业的,可按减15%的税率征收所得税;新办的高新技术企业,自投产之日起免征两年企业所得税。

2003年5月,江西省人民政府关于大力实施科教兴赣和人才强省战略的若干意见中提出,围绕江西在中部地区崛起的宏伟目标,把科教兴赣,人才强省战略放在更加重要的位置。同时提出,切实推进农业科技进步。积极组织农业科技攻关,实施"星火计划"和"八大科技燎原行动",加强星火产业带、星火密集区、区域性支柱产业和农业龙头企业建设。积极推行农村科技特派员制度,建立农业科技信息网和以农民为主体的技术经济组织,促进农业科技成果推广和运用,为发展特色农产品及其深加工、绿色食品种养加工提供科技支撑。以市场、资本、技术为纽带,加强高新技术在农业中的应用,实施"农业科技产业化示范工程"。

2005年9月,江西省财政厅、江西省科技厅关于转发财政部、科技部《科技富民强县专项行动计划资金管理暂行办法》的通知。中央财政为推动地方组织实施专项行动,设立专项资金。重点支持中西部地区和东部欠发达地区。专项资金实行项目管理。项目一次性申报立项和批复预算,在考核的基础上分年度拨付资金。专项资金实行分级管理,地方为主,统一部署、分步实施,财政引导、奖补结合,专款专用、追踪问效。专项资金的开支范围是:(1)新技术、新品种引进费:是指项目实施过程中为引进新技术、新品种,或购买专利,进行消化吸收、生产工艺流程改造、技术的适用性改进和集成创新等发生的费用。(2)技术示范应用费:是指项目实施过程中为开展技术示范所需购买或改造小型仪器设备、低值易耗品以及租用示范场地等发生的费用。(3)科技服务费:是指项目实施过程中聘请科技人员对项目进行技术指导、咨询、服务所发生的费用。(4)培训费:是指项目实施过程中开展的实用技术培训等工作所发生的资料费、讲课费、场所租用费、学员食宿补助等费用。

2006年10月,抚州市财政局、抚州市科协转发财政部中国科协《科普惠农兴村计划专项资金管理办法(试行)的通知》。为社会主义新农村建设助力,中国科协、财政部联合实施"科普惠农兴村计划",为保证该计划的实施,中央财政设立"科普惠农兴村计划"专项资金。(1)"计划专项资金"按照"奖励先进、定额补助、定向使用"的原则进行分配、使用,实行报帐制管理。(2)财政部会同中国科协根据评选出的先进单位和个人开展农村科普工作的实际需要、年度"计划专项资金"总量等因素确定年度奖补资金标准,并随同当年各省推荐名额控制数共同下达。(3)"计划专项资金"专项用于奖励和补助按照《实施方案》评选出的,在农村科普工作中做出突出贡献的农村专业技术协会、农村科普示范基础、农村科普带头人、少数民族科普工作队等先进单位和个人,为其更好地开展科普惠农活动、发挥示范带头作用创造条件。(4)"计划专项资金"的开支范围包括:科普专用资料和设备费,包括图书资料费、专用设备费和展品展具费;科普活动费,包括培训讲座费、展览费和新技术新品种推广费等;其他费用,是指除上述各项费用开支以外的、开展农村科普活动过程中所发生的支出。

“计划专项资金”不得用于以下开支：人员工资、福利和个人奖金支出；日常办公、出国和业务招待支出；土建工程、办公设备设施的维修改造支出；组织、管理和协调等各种管理性费用支出；罚款、还贷、捐赠、赞助、对外投资支出；与农村科普活动无关的其他支出。

2007 年 9 月，中共抚州市委、抚州市人民政府《关于增强科技自主创新能力，促进超越发展的决定》中规定，实行财政金融扶助政策。市、县（区）财政部门要加大对科技投入的力度，把科技投入作为预算保障的重点，年初预算编制和预算执行中的超收分配，均要体现法定增长的要求。“十一五”期间财政科技投入增幅要高于财政经常性收入增幅。市财政每年的科技三项费用要按当年财政预算支出的 1.5% 以上安排，县（区）按当年财政预算支出的 1% 以上安排，人均财政收入达不到全省平均水平的县（区）至少不低于 50 万元。

2008 年 9 月，抚州市财政局、抚州市科技局关于印发《抚州市市级专利专项资金管理暂行办法》的通知，为增强自主创新能力，建设创新型抚州，提升抚州市专利创造、运用、保护和管理能力，加强专利专项资金管理，提高资金的使用效益，特设立抚州市级专利专项资金。(1)市级专利专项资金主要用于：资助专利申请、执法、宣传、奖励、产业化、试点示范、人才培养、调研和专利公共服务平台以及知识产权预警与应急等方面。(2)市级专利专项资金由市财政预算安排。专项资金的管理和使用，坚持公开、公平、公正原则，实行自愿申报、专家评审、社会公示、科学决策、绩效评价。(3)专利申请资助条件：申请中国发明专利或被授予国外、港澳发明专利权的，且第一专利（申请）权人的地址在本市、并符合下列条件之一的单位或者个人，均可申请资助：①第一专利（申请）权人为本市的企业、事业单位、机关、团体；②第一专利（申请）权人的户籍在本市或具有本市居住证的个人。(4)资助的专利费用种类和额度包括：①已申请中国发明专利的，每件资助人民币 500 元。②已被授予中国发明专利权的，每件资助人民币 2500 元。③已被授予中国实用新型专利权的，每件资助人民币 600 元。④已被授予中国外观设计专利权的，每件资助人民币 300 元。⑤已被授予国外发明专利权的，每件只资助在一个国家的申请，资助人民币 8000 元。⑥已授权的港澳发明专利，每件资助人民币 3000 元。⑦专项费用。经各工业园区知识产权服务站推荐并由市知识产权局审核的技术含量高、经济社会效益重大的专利申请，经审批，按国家规定的申报费用标准给予资助。申请专项费用资助的，同一发明创造只能提出一次，不重复资助。(5)各相关单位应加强专利专项资金管理，确保专款专用，严禁截留或挪用，并接受财政监督。申请资助的申请人应提供真实材料和凭据，对弄虚作假、骗取资助资金者，一经发现，除全额追回已资助款项外，并在 5 年内取消该申请人申请资助的资格。情节严重的，依法追究责任。

2012 年 2 月，江西省财政厅、江西省科学技术协会《关于贯彻落实〈中共江西省委、江西省人民政府关于加强新时期科协工作的意见〉，进一步加大科普经费投入的通知》。通知指出，2006 年省人民政府下发了《关于实施〈江西省中长期科学和技术发展规划纲要（2006－2020）〉的若干配套政策的通知》，对科普经费投入作出了明确的规定，“‘十一五’期间，各级财政要增加对科普事业专项经费的投入。省本级应达到人均 0.3 元以上；设区市本级应达到 0.4 元以上；县（市、区）本级应达到人均 0.3 元以上。”

(1)未达到规定标准的市、县（市、区）要力争在 2012 年底达到规定的标准。科普经费设区市本级人均 0.4 元，县（市、区）人均 0.3 元的标准，按规定在“十一五”期末就必须要达到。未达到规定标准的地方，要采取有力措施，大力调整支出结构，进一步加大科普经费投入力度，力争在 2012 年底达到规定的标准。

(2)已达到规定标准的市、县（市、区）和以上未达到标准的县（市、区）都要确保科普经费投入达到法定增长要求。各级财政部门要牢固树立依法理财观念，按照《中华人民共和国科普法》《江西省科普条例》等法律法规的要求，充分发挥科协作为科普主要社会力量作用，将科普经费列入同级财政预算，并确保科普经费的增长幅度高于同级财政经常性收入的增长幅度。

(3)加强科普经费的管理和监督。科普经费要专款专用，坚决制止挤占、挪用、浪费和各种违规使用科普经费的现象。省财政厅、省科协将加大对科普经费安排、到位及使用的监督检查力度，逐步建立科普经费使用绩效考评制度，提高财政资金使用效益。

乐安县自 2006 年以来，科普经费支出每年都超过了省规定人均 0.3 元的标准。2006 年 10 万元、2007 年 19 万元、2008 年 13 万元、2009 年 35 万元、2010 年 16 万元、2011 年 35 万元、2012 年 12 万元，7

年合计支出总额140万元。

2012年3月,江西省科学技术厅、江西省机构编制委员会办公室、江西省财政厅、江西省人力资源和社会保障厅印发《关于新形势下加强县(市)科技工作的意见》。(1)到“十二五”期末,县(市)科技进步水平显著提高,全省参加县(市)科技进步考核通过率由2009~2010年度的39%提高至60%以上;县(市)科技经费投入普遍增加,科技公共服务平台基本建立;县(市)科技工作全面发展,科技管理能力显著增强,科技对县域经济社会发展的支撑能力大幅提高,科技进步对经济增长贡献率提高5个百分点,达到55%;认定一批“依靠科技转变经济发展方式示范县(市、区)”;建立起比较完善的科技服务体系,形成一支具备良好的科技创新和公共服务能力,适合县域科技需求的人才队伍,力争使我省的县域科技创新能力进入全国中上游水平。(2)加大县(市)科技投入力度。县(市)政府要把对科技投入作为经济社会发展的战略性投资纳入公共财政予以保证,要将科技经费列入财政预算,并实现增长幅度高于财政经常性收入的增长幅度;县(市)科技经费的使用范围要规范,管好、用好科技资金,确保科技投入的安全、高效。(3)建立多元化科技投入体系。县(市)要积极开辟科技融资渠道,引导金融机构加大科技投入,支持科技能力建设,改善基层科技基础条件。鼓励企业加大研发投入,不断提高其占销售收入的比重,引导金融机构对科技型中小企业、科技产业化、成果转化的科技项目提供贷款,鼓励政府组建或控股的投资公司对科技型企业提供金融支持,鼓励社会资金向科技企业和项目投入。

2012年8月,江西省财政厅、江西省科学技术协会关于转发《财政部、中国科协关于印发〈基层科普行动计划专项资金管理办法〉的通知》的通知。

(1)专项资金按照“奖励先进、定额补助、定向使用”的原则进行分配、使用和管理。

(2)财政部会同中国科协根据基层科普工作的实际需要、年度专项资金总量等因素确定年度奖补资金标准。

(3)专项资金用于奖励和补助按照《实施方案》评选出的,在基层科普工作中做出突出贡献的农村专业技术协会、农村科普示范基地、农村科普带头人、少数民族科普工作队、科普示范社区等先进单位和个人(以下简称先进单位和个人)开展基层科普相关工作所需经费。

(4)专项资金的开支范围包括:

①科普专用资料和设备费,包括图书资料费、专用设备费和展品展具费。其中,图书资料费是指为开展农村和社区科普活动所需购买或制作图书、音像资料、宣传资料等发生的费用;专用设备费是指为开展农村和社区科普活动所需购买影像制作器材、演示播放器材及其相关的多媒体计算机等科普专用设备发生的费用;展品展具费是指用于购买和制作科普宣传品、宣传栏等科普展品、展具所发生的费用。

②科普活动费,包括培训讲座费、展览费和新技术新品种推广费等。其中,培训讲座费是指为开展面向农民、农村青少年和社区居民的培训讲座过程中发生的聘请师资、租赁场地和设备等费用;展览费是指举办面向农民、农村青少年和社区居民的科普宣传展览过程中发生的交通运输、差旅和劳务等费用;新技术新品种推广费是指在开展面向农民的科普示范活动中发生的购买新品种新技术及配套原辅材料、聘请专业技术人员、租赁示范场地和设备等费用。

(5)其他费用,是指除上述各项费用开支以外的、开展农村和社区科普活动过程中所发生的支出。

(6)专项资金使用中涉及政府采购的,应当按照政府采购的有关规定执行。

(7)使用专项资金形式的资产,获奖对象为国有单位的,该资产属于国有资产,按照国家国有资产管理有关规定执行。

(8)获得专项资金支持的先进单位和个人应当严格按照批复的项目预算执行,不得自行调整。执行过程中确因实施条件与项目申报时发生重大变化需调整的,应当按照申报程序履行报批手续。

(9)专项资金由获得奖补资金的先进单位和个人所在的同级财政部门和同级科协共同负责管理。

2012年12月,抚州市财政局关于印发《江西省财政厅关于转发〈财政部关于印发中央补助地方科技基础条件专项资金管理办法的通知〉的通知》。规定:

(1)中央补助地方科技基础条件专项资金(以下简称专项资金)由中央财政设立,用于支持和引导地方科技事业发展、改善地方科研单位工作条件、提高地方科学普及水平。

(2)专项资金实行统筹规划、突出重点,统一领导、分级管理,专款专用、追踪问效的原则。

(3)专项资金为补助性质。地方各级财政部门和项目单位应当根据项目的实际需要,合理安排专项资金、地方财政投入、单位自筹资金以及其他渠道获得的资金,确保项目顺利实施。

(4)省级财政部门应当会同有关部门按照项目管理要求逐步建立专项资金项目库。

(5)突出重点。专项资金应当集中财力办大事,重点支持能够提升本地区、单位科技创新能力或科学普及水平的项目。

(6)倾斜扶持。专项资金对中西部地区给予适当倾斜扶持。

(7)专款专用。专项资金应当按照规定用途专款专用,不得用于本办法规定范围以外的项目,不得抵顶单位行政、事业经费。各级科技、财政部门和有关单位不得截留、挪用和挤占。

(8)专项资金的补助范围是:地市级以上科研单位(不含转为企业或其他事业单位的单位)的科研仪器设备购置和基础设施维修改造等;县级以上(含县级)政府直属或县级以上科技主管部门、科协所属科技馆的科普仪器设备购置和基础设施维修改造等。

(9)专项资金支付应当按照财政国库管理制度有关规定执行。专项资金使用中属于政府采购范围的,应当按照政府采购有关规定执行。

(10)本办法自发布之日起实施,2004 年 2 月 25 日财政部公布的《中央补助地方科技基础条件专项资金管理办法》(财教〔2004〕12 号)同时废止。

乐安县科学技术支出,自 1958 年成立科委以来至 2012 年底总支出 971 万元。1958 年至 1972 年 15 年共支出 18930 元,平均每年仅 1262 元;1973 年至 2006 年 34 年共支出 215 万元,平均每年 6324 元;2007 年后,科技经费有了一个较大幅度的增长,6 年共支出 754 万元,平均每年 125.7 万元。分年度支出情况,详见支出明细表。

1958~2012 年乐安县科学技术支出明细表

表 2-69　　单位:万元

项目／金额／年度	科学技术管理事务	技术研究与开发	科学技术普及	其他科学技术支出	合计	项目／金额／年度	科学技术管理事务	技术研究与开发	科学技术普及	其他科学技术支出	合计
1958~1972	—	2	—	—	2	1993	—	1	—	—	1
1973	—	1	—	—	1	1994	—	1	—	—	1
1974						1995	—	2	—	—	2
1975	—	1	—	—	1	1996	—	2	—	—	2
1976	—	1	—	—	1	1997	—	11	—	—	11
1977	—	—	1	—	1	1998	—	2	1	—	3
1978	—	—	2	—	2	1999	—	9	1	—	10
1979	—	—	1	—	1	2000	—	10	1	—	11
1980	—	—	1	—	1	2001	—	12	1	—	13
1981	—	—	1	—	1	2002	—	14	1	—	15
1982	—	—	1	—	1	2003	—	15	2	—	17
1983	—	2	1	—	3	2004	—	15	3	—	18
1984	—	5	1	—	6	2005	—	18	10	—	28
1985	—	3	1	—	4	2006	—	27	11	—	38
1986	—	2	1	—	3	2007	34	10	19	—	63
1987	—	1	3	—	4	2008	37	8	13	26	84
1988	—	2	1	—	3	2009	43	8	35	24	110
1989	—	2	1	—	3	2010	39	33	16	46	134
1990	—	2	1	—	3	2011	46	41	35	45	167
1991	—	2	1	—	3	2012	44	39	12	101	196
1992	—	2	1	—	3	合计	243	306	180	242	971

第五章 文化体育与传媒

反映政府在文化、文物、体育、广播影视、新闻出版等方面的支出。

民国时期，江西的文化事业费包括在教育文化费内。

中华人民共和国成立后，江西的文化事业费与教育等事业费并列。1951 年起分设文化事业费，款下设电影企业投资、科学文化普及、文艺、戏剧、文物事业费。1955 年增设文化馆、站事业费、博物馆、图书馆经费等项目。1956 年文物、图书馆、博物馆经费从文化支出款中划出单独设文物事业费款。1980 年又将图书馆经费划入文化支出款。1980 年文化事业费共设六个项级科目：艺术表演团体经费、文化馆站经费、图书馆经费、科学研究费、中等专业学校经费、其他文化事业费。此后，文化事业费支出项目即趋于稳定。2000 年，文化支出也共设六个项级科目：艺术表演团体经费、艺术表演场所经费、图书馆经费、群众文化经费、干部训练费、其他文化事业费。2007 年文化支出改为文化体育与传媒支出，也设六个项级科目：文化、文物、体育、广播影视、新闻出版和其他文化体育与传媒支出。2010 年开始又在新闻出版项后面增加文化事业建设费支出和国家电影事业发展专项资金支出两项，共为八个项级科目。但新增的两个项级科目，乐安财政总决算报表都未反映有支出。1951 年到 1957 年，乐安县文化体育与传媒支出共 4 万元：其中文化馆支出 3.7 万元（由 1951 年的 160 元到 1957 年的 6440 元）；广播支出 0.3 万元（由 1952 年的 431 元到 1956 年的 750 元，1957 年账面未反映支出）。由于后面的统计表均以万元为单位，因此 1954 年以前表中未反映支出数。1951 年到 2012 年全县文化体育与传媒支出 11070 万元，占财政总支出的 1.4%。

1949～2012 年乐安县文化体育与传媒支出明细表

表 2－70　　单位：万元

年度＼金额＼项目	文化	文物	体育	广播影视	新闻出版	其他文化体育与传媒	合计	占当年财政总支出（%）
1949	—	—	—	—	—	—	—	—
1950	—	—	—	—	—	—	—	—
1951	—	—	—	—	—	—	—	—
1952	—	—	—	—	—	—	—	—
1953	—	—	—	—	—	—	—	—
1954	—	—	—	—	—	—	—	—
1955	1	—	—	—	—	—	1	1.5
1956	2	—	—	—	—	—	2	2
1957	1	—	—	—	—	—	1	1
1958	0.9	—	0.1	1.2	0.1	0.7	3	2.2
1959	1.7	—	0.2	0.1	1.1	1.9	5	2.6
1960	2.1	—	0.5	0.2	0.2	—	3	1.9
1961	2.3	—	0.1	0.3	0.3	—	3	2.9
1962	1.5	—	0.1	0.5	—	1.9	4	3.7
1963	1.4	—	0.1	0.3	—	0.2	2	1.3
1964	1.4	—	0.1	2.9	—	0.6	5	3.1
1965	1.2	—	0.1	0.2	—	0.5	2	1.3
1966	1.6	—	0.1	0.3	—	—	2	1.2
1967	3.4	—	0.2	0.4	—	—	4	2.3
1968	2.5	—	0.1	0.4	—	—	3	1.9
1969	4.4	—	—	0.6	—	—	5	1.4
1970	4	—	1	2	—	—	7	1.2
1971	5	—	1.5	1.5	—	—	8	1.8
1972	6.1	—	1.1	2.7	—	0.1	10	3.6

续表 2-70

年度＼金额＼项目	文化	文物	体育	广播影视	新闻出版	其他文化体育与传媒	合计	占当年财政总支出(%)
1973	7.7	—	2	2	—	1.3	13	3.5
1974	7.4	—	0.6	2.1	—	2.9	13	3.5
1975	5	—	1	2	—	—	8	2
1976	2.4	0.3	1	3.7	—	5.6	13	3.3
1977	10	0.3	0.8	2.4	—	0.5	14	3.6
1978	9	1	1	2	—	—	13	2.5
1979	8	1	1	3	—	—	13	2
1980	9	2	2	4	—	11	28	4.1
1981	9	1	2	3	—	—	15	2.5
1982	10	5	5	8	—	24	52	6.5
1983	8	3	2	16	—	10	39	4.7
1984	13	4	1	4	—	7	29	3.3
1985	17	3	3	10	—	5	38	3.4
1986	28	2	4	11	—	5	50	3.7
1987	26	2	5	10	—	24	67	4.7
1988	28	5	6	12	—	5	56	2.4
1989	19	3	4	8	—	6	40	1.6
1990	18	4	4	8	—	8	42	1.6
1991	19	4	4	8	—	12	47	1.5
1992	19	6	4	9	—	11	49	1.6
1993	20	6	4	11	—	10	51	1.5
1994	20	6	1	18	—	15	60	1.5
1995	21	4	3	19	—	16	63	1.6
1996	30	5	4	26	—	15	80	1.6
1997	36	13	7	27	—	17	100	1.6
1998	36	25	3	30	—	24	118	1.6
1999	36	23	8	31	—	13	111	1.4
2000	38	11	8	24	—	26	107	1.2
2001	56	11	13	47	—	22	149	1.1
2002	62	12	10	52	—	25	161	0.9
2003	75	18	13	44	—	25	175	0.9
2004	80	24	14	57	—	29	204	0.9
2005	142	59	28	88	—	29	346	1.3
2006	242	97	19	102	—	11	471	1.3
2007	275	131	23	226	—	—	655	1.4
2008	415	312	25	217	36	—	1005	1.6
2009	644	271	40	271	86	30	1342	1.5
2010	767	207	34	479	—	48	1535	1.5
2011	658	165	33	425	—	162	1443	1.1
2012	662	624	28	413	—	458	2185	1.5
合 计	4631	2070.6	376.7	2748.8	123.7	1119.2	11070	1.4

第一节　文　化

反映政府用于公用文化设施、艺术表演团体及文化艺术活动等方面的支出。乐安反映的主要是县文化体育广播电视局机关的行政运行和一般行政管理事务支出、图书馆经费支出、艺术表演团体支出、文化活动支出、群众文化(指文化馆、站)支出、文化交流与合作支出、文化创作与保护支出和其他文化支出。

南宋绍兴十九年(1149)乐安建县后,即重教兴文,于1150年造学宫,1246年扩修学宫,1267年又增修鳌溪馆,著名教育家、理学家吴澄在布水谷结"草庐"讲学,四方学子负笈从学者甚众。其时,村学家学之风亦盛兴。象董氏流坑村就办了多座书院、文馆,民族英雄文天祥曾攻读于该村西山书院,中进士后又多住流坑曾丰书院,与当时名士宏论诗书,共讨国事。由于崇文重教,俊才良士脱颖而出。宝祐四年(1256),乐安科举省郡闻名,张浚仲等六人同登进士榜。自南宋绍兴十九年建县至宋末,全县中进士、举人的共达53人。恩科状元董德元、理学家曾丰、理学家教育家吴澄、名臣董良史、何时、何中均显名其时。

南宋末期,政治腐败,民不聊生,元兵乘机侵扰中原,乐安虽地处偏僻而不能幸免。经过长期战乱而进入的元代,经济严重受创,文化由盛转衰。在长达160多年的元代期间,全县中进士、举人者竟不上10人。

明代,是我国封建社会的兴盛时期。在一段较长的时间里,政治比较"升平",经济比较发展,文化比较繁荣。地处偏僻的乐安亦从"盛于宋,微于元"之后,再度"中兴"。据史所载,明时乐安出进士、举子、贡士者达310多人,永乐十三年,又创萧仪等六人同登进士榜的记录。问世的学术著作达130多部。有着崇文尚武深厚传统的流坑村更是秉祖训,力诗书,倡文重学、熏陶英才的氛围极为浓郁。明代中叶,在董燧等一批达官名士的倡导下,全村统一规划,精心地改村舍,建楼阁,筑庙宇,造景观,不少名重朝野的学问大家、能工巧匠,在那里留下了精美绝伦的壁画、浮雕、篆刻、楹联,造就了一座满眼诗文并茂,处处墨宝飘香的艺术殿堂,被称为"超级博物馆、巨大考古场"和"中国农业社会聚族而居、百世不斩的典型"。充分地显示了乐安县明代期间文化发达的繁盛风貌。

迄至清代,崇文重教之风依然不衰。学术著作在民族隔阂较深的情况下,虽比明代远有逊色,但亦有60多部行世。进士、举人、贡士也出了80多名。乾隆时,25岁的袁国栋应诏赴京考画,以技艺高超,被录取第一,时称"画状元"。随着外界文化的影响和本地文化的长期积累,具有乐安特色的剧目亦逐渐形成。如在谷岗小巷村和金竹芳草村,从康熙乾隆时起,即形成了延续七代的"花鼓戏班"。

民国期间,烽火连绵,社会动荡,潜心于文化学术者甚少。从1911至1949的38年中,仅有3部著作问世。但是,却涌现了一批接受、传播、实践新文化、新思想的杰出志士,卓越地领导了乐安早期的革命斗争。他们虽然都不到30岁即英年早逝,为国捐躯,但其惊天动地的呐喊和宣战,对乐安文化、思想的发展注入了前所未有的新血液,揭开了与旧时代决然不同的新序幕。在第二次国内革命战争时期,乐安是中央苏区的北大门,是崇、宜、乐中心县委所在地。为适应革命斗争的需要,革命教育和革命文化蓬勃兴起。1932年,全县6个苏区有列宁小学35所,对6岁至16的少年儿童实行免费教育,还开办了夜校,识写班、俱乐部等,组织工农群众学习文化、识写和唱歌。革命文艺宣传亦十分活跃。

据统计,当年在乐安苏区发行的红色刊物就有40多种。民国15年(1926),县城首次开办了群益书店;民国22年(1933),县城首次放映了无声电影;民国26年(1937),县城首次设立了图书馆;民国26年(1937),县城首次出版了报刊(《抗敌周报》);民国30年(1941)县城首次设立了文化馆(时称"民众教育馆")。

新中国成立后,乐安的文化艺术事业进入了空前发展的新时期。县人民政府设立教育科,兼管全县文化工作。尔后,虽然名称多变,但一直都保持有专门组织和专职干部管理文化工作。

"文化大革命"时期,文化工作受到重创。党的十一届三中全会后,乐安县文化工作进入了振兴时期。1984年6月文化从教育分出,单设乐安县文化广播电视局。1987年、1989年省主管部门分别对艺术表演团体的财务管理和体制改革等作出了有关规定。

1999年,财政部、文化部下发《全国文化设施维修专项补助经费和全国边疆文化长廊专项补助经费管理办法》规定,专项经费补助范围县以上(含县级)文化部门所管辖的文化馆、图书馆、影剧院、剧院等文化单位的设施维修改造和设备更新购置,文化支出进一步加大。

2002年,省文化厅、计委、财政厅下发《贯彻国务院办公厅转发文化部、国家计委、财政部关于进一步加强基层文化建设指导意见的实施意见》,强调给予必要的经费保障。

2005年,抚州市财政局、抚州市文化局印发《抚州市农村文化事业专项资金管理实施细则》的通知。江西省财政每年安排600万元农村文化事业专项资金,安排每个农村乡镇3万元保底资金后,剩余资金再按乡镇人口数分配到乡镇。该项资金只能用于开展农村文化、体育活动。包括乡镇购买各级各类专业文艺演出团体到农村进行文艺演出，资金占35%左右；乡镇购买各级电影公司组织放映队到农村放映电影，资金占35%左右；乡镇组织农民群众开展具有地方特色、内容健康的文艺演出及展览、比赛等文体活动，资金占30%左右。

2006年12月，抚州市财政局、抚州市文化局印发《抚州市农村文化建设专项资金管理实施细则》。对2005年制订的《抚州市农村文化事业专项资金管理实施细则》和《抚州市农村文化事业专项资金管理实施细则的补充意见》进行了必要的修改和补充。专项资金使用对象增加了农场（含华侨农场）、林场、开发区和为农村义务教育阶段中小学生放映爱国主义教育影片等；省财政安排的资金分为两部分，一部分分配到市、县，一部分留省作为“以奖代补”资金；对农、林、垦殖场的分配，根据单位个数、人员多少等相关因素分配；对开发区的分配，按所辖的乡镇比照乡镇进行分配；对农村义务教育阶段学校的分配按每校每年放映电影每场200元计算；“以奖代补”资金，由市推荐报省，奖励活动开展好的乡、镇和场。并统一制定文艺演出和电影放映的最高限价：省级文艺团体每场演出最高不得超过4000元；市级文艺团体每场演出最高不得超过3000元；县级文艺团体每场演出最高不得超过2000元。每放映一场电影不得超过200元。财务集中管理，账户统一设置。市、县财政部门每个季度与市、县文化行政部门结算，及时拨付资金至市、县文化行政部门。县文化部门在县财务核算中心设立“农村文化专项资金专柜”，专项进行监督和核算。

2007年4月，江西省财政厅、江西省文化厅印发了《江西省农村文化建设专项资金“以奖代补”管理暂行办法》，根据考评结果，由省将“以奖代补”专项资金下达到设区市，再由市奖励到有关县和乡（镇、场、校），“以奖代补”资金必须全部用于农村三项文化活动，其中，用于全市组织会演的活动性支出不得高于“以奖代补”资金额的10%。并制定了详细的考评内容和要求。从当年开始至2012年，乐安县文化体育广播电视局会同乐安县财政局每年都下达了农村文化三项活动计划，并按上级文件规定程序进行审核、补助经费。每年农村文化三项活动计划如附表。

2006～2007年度乐安县农村文化“三项活动”安排表

表2－71　　　　单位：场次

单位	电影下乡		送戏下乡	文体活动	备　注
	村级	学校			
鳌溪镇	108	68	4	3	学校：含潭港中学
公溪镇	60	48	4	3	
山砀镇	78	52	4	3	
戴坊镇	124	80	6	3	排下农村安排电影4场、演出1场，采育林场安排演出1场，学校含：鹏州中学、排下小学
牛田镇	42	48	4	3	
招携镇	102	96	5	3	采育林场安排演出1场。学校：含望仙中学
龚坊镇	60	40	4	3	
增田镇	60	48	4	3	
万崇镇	48	36	4	3	
湖溪乡	54	56	4	3	
罗陂乡	48	44	4	3	
湖坪乡	60	36	5	3	采育林场安排演出1场
金竹乡	60	64	4	3	
南村乡	78	52	4	3	
谷岗乡	60	60	5	3	采育林场安排演出1场
大马头	6	4	4	2	
流坑	6	4	4	2	
县城	50	—	16	3	
小　计	1104	836	89	52	
合　计	1940		89	52	

2008～2009 年度乐安县农村文化“三项活动”计划安排

表 2－72

单位	电影下乡(含学校)		送戏下乡		文体活动		资金合计(万元)
	场次	金额(万元)	场次	金额(万元)	场次	金额(万元)	
鳌溪	284	5.68	4	1.2	3	1.5	8.38
公溪	168	3.36	4	1.2	3	1.5	6.06
山砀	224	4.48	4	1.2	3	1.5	7.18
戴坊	316	6.32	4	1.2	3	1.5	9.02
牛田	132	2.64	4	1.2	3	1.5	5.34
招携	300	6	4	1.2	3	1.5	8.7
龚坊	160	3.2	4	1.2	3	1.5	5.9
增田	180	3.6	4	1.2	3	1.5	6.3
万崇	136	2.72	4	1.2	3	1.5	5.42
湖溪	164	3.28	4	1.2	3	1.5	5.98
罗陂	140	2.8	4	1.2	3	1.5	5.5
湖坪	156	3.12	4	1.2	3	1.5	5.82
金竹	184	3.68	4	1.2	3	1.5	6.38
南村	216	4.32	4	1.2	3	1.5	7.02
谷岗	180	3.6	4	1.2	3	1.5	6.3
大马头	16	0.32	4	1.2	3	1.5	3.02
流坑	16	0.32	4	1.2	2	1.1	2.62
排下农场	8	0.16	1	0.3	2	0.8	1.26
国有林场	—	—	4	1.2	—	—	1.2
县城	50	1	16	12.6	5	5	18.6
数字电影补助款	—	0.675	—	—	—	—	0.675
以奖代补	—	—	—	—	—	—	4.925
合　计	3030	61.275	89	34.5	57	30.9	131.6

备注：1. 国有林场：招携、戴坊、谷岗、湖坪

2. 数字电影每个行政村一场，全县共 225 场，每场增加 30 元

3. 乡镇综合文体活动每场 4000 元

4. 文体活动中包括文化培训(含非物质文化遗产普查费)每个单位 3000 元

5. 其他仍按 2007 年乐文体发〔2007〕11 号文件执行

2009～2010 年度乐安县农村文化“三项活动”计划安排

表 2－73

单位	电影下乡(含学校)		送戏下乡		文体活动		资金合计(万元)
	场次	金额(万元)	场次	金额(万元)	场次	金额(万元)	
鳌溪	284	5.68	4	1.4	3	1.5	8.58
公溪	168	3.36	4	1.4	3	1.5	6.26
山砀	224	4.48	4	1.4	3	1.5	7.38
戴坊	316	6.32	4	1.4	3	1.5	9.22
牛田	132	2.64	4	1.4	3	1.5	5.54
招携	300	6	4	1.4	3	1.5	8.90
龚坊	160	3.2	4	1.4	3	1.5	6.10
增田	180	3.6	4	1.4	3	1.5	6.50
万崇	136	2.72	4	1.4	3	1.5	5.62
湖溪	164	3.28	4	1.4	3	1.5	6.18

续表 2－73

单位	电影下乡(含学校)		送戏下乡		文体活动		资金合计(万元)
	场次	金额(万元)	场次	金额(万元)	场次	金额(万元)	
罗陂	140	2.8	4	1.4	3	1.5	5.70
湖坪	156	3.12	4	1.4	3	1.5	6.02
金竹	184	3.68	4	1.4	3	1.5	6.58
南村	216	4.32	4	1.4	3	1.5	7.22
谷岗	180	3.6	4	1.4	3	1.5	6.50
大马头	16	0.32	4	1.4	3	1.5	3.22
流坑	16	0.32	4	1.2	2	1.1	2.62
排下农场	8	0.16	1	0.3	2	0.8	1.26
国有林场	—	—	5	1.4	—	—	1.40
县城	50	1	16	12.6	5	4	17.60
数字电影补助款	—	1.2	—	—	—	—	1.20
以奖代补	—	—	—	—	—	2	2
合　计	3030	61.8	90	37.9	57	31.9	131.60

备注:1. 国有林场:县绿园生态、金竹、招携、牛田、公溪林场

2. 数字电影每个行政村2场,全县共400场,每场增加30元

3. 乡镇综合文体活动每场4000元

4. 文体活动中包括文化培训(含非物质文化遗产普查宣传费)每个单位3000元

5. 其他仍按2007年乐文体发〔2007〕11号文件执行

2011～2012年度乐安县农村文化“三项活动”计划安排

表2－74

单位	电影下乡(含学校)		送戏下乡		文体活动		资金合计(万元)
	场次	金额(万元)	场次	金额(万元)	场次	金额(万元)	
鳌溪	304	6.08	4	1.4	4	1.9	9.38
公溪	168	3.36	4	1.4	4	1.9	6.66
山砀	244	4.88	4	1.4	4	1.9	8.18
戴坊	316	6.32	4	1.4	4	1.9	9.62
牛田	116	2.32	4	1.4	4	1.9	5.62
招携	276	5.52	4	1.4	4	1.9	8.82
龚坊	168	3.36	4	1.4	4	1.9	6.66
增田	180	3.6	4	1.4	4	1.9	6.9
万崇	132	2.64	4	1.4	4	1.9	5.94
湖溪	164	3.28	4	1.4	4	1.9	6.58
罗陂	132	2.64	4	1.4	4	1.9	5.94
湖坪	156	3.12	4	1.4	4	1.9	6.42
金竹	184	3.68	4	1.4	4	1.9	6.98
南村	212	4.24	4	1.4	4	1.9	7.54
谷岗	164	3.28	4	1.4	4	1.9	6.58
大马头	16	0.32	4	1.4	4	1.9	3.62
流坑	16	0.32	2	0.6	6	2.4	3.32
排下农场	9	0.18	1	0.3	2	0.8	1.28
国有林场	—	—	5	1.4	—	—	1.4
县城	—	—	15	12.6	5	1.56	14.16
合　计	2957	59.14	87	37.3	77	35.16	131.6

备注:1. 国有林场:招携、戴坊、谷岗、湖坪

2. 电影每场 200 元
3. 乡镇综合文体活动每场 4000 元
4. 文体活动中包括文化培训(含非物质文化遗产普查费)每个单位 3000 元
5. 其他仍按 2007 年乐文体发〔2007〕11 号文件执行

2007 年 7 月,江西省财政厅、江西省文化厅下发了《关于开展农村文化活动有关事项的通知》。通知要求,从 2007 年起,全省农村全面实行行政村一村一月放一场电影,所需资金由省财政在省级农村文化建设专项资金中安排解决,并包含在乡镇分配资金总额中。具体标准是:开展农村电影数字化放映综合改革试点的地区,必须按要求放映数字电影,每场电影放映补贴 230 元;非试点地区放映胶片电影,每场补贴 200 元。

2007 年 8 月,江西省财政厅转发《财政部关于印发〈中央补助地方文化体育与传媒事业发展专项资金管理暂行办法〉的通知》的通知。专项资金由中央财政设立,用于支持地方文化、文物、体育、广播电视、新闻出版等事业发展。并实行统筹规划,科学立项,统一分配,分级管理,专款专用,追踪问效的原则。

2008 年 6 月,抚州市财政局、抚州市文化局转发《江西省财政厅、江西省文化厅关于印发〈江西省基层文化两馆维修专项资金管理暂行办法〉的通知》的通知。两馆维修专项资金(以下简称“专项资金”)是省级财政为支持完善两馆设施功能化装备,改善图书馆向社会公众开放、研究和藏书条件,发挥文化馆组织群众开展文化活动、辅导基层文化活动、培训基层文艺骨干和开展文化调研活动的作用,健全公共文化服务体系,更好地满足人民群众日益增长的文化生活需求而设立的专项资金。

专项资金由省财政厅、省文化厅按照《事业单位财务制度》和项目管理的要求,共同实施管理、监督和检查,并明确了具体的财务管理办法。

2010 年 7 月,省委宣传部、组织部、编制办、发改委、财政厅、社保厅转发中央宣传部、组织部、编委会、发改委、财政部、社保部《关于加强地方县级和城乡基层宣传文化队伍建设的若干意见》的通知。要求进一步加大县级和城乡基层宣传文化队伍建设的经费投入,有条件的地方可设立队伍教育培训,人才培养工程等专项资金。省级党委宣传部门要从文化事业建设费中安排一定资金用于加强县级和城乡基层宣传文化队伍建设。中央和省级有关宣传文化部门继续对革命老区、民族地区、边疆地区、贫困地区基层宣传文化队伍建设等给予适当资助。在重大文化惠民工程规划实施中,要注意统筹人员配备、人才培养经费等。

2010 年 11 月,中共江西省委宣传部、中共江西省委组织部、江西省机构编制委员会办公室、江西省发展和改革委员会、江西省财政厅、江西省人力资源和社会保障厅发出《关于加强县级和城乡基层宣传文化队伍建设的实施意见》,第 12 条规定:加大队伍建设保障力度。适应事业发展的要求加强基层宣传思想文化阵地建设的需要,切实保证宣传思想文化投入逐年增长,省、设区市、县(市、区)财政要安排一定资金加大对基层文化设施建设的扶持力度。设立省级宣传思想文化干部培训专项资金,每年从省级宣传文化发展专项资金中安排 100 万元,主要用于举办全省宣传部长培训班、全省新闻媒体负责人培训班等。设立省级宣传思想文化人才培养工程专项资金,从省级宣传文化发展专项资金中每年安排 150 万元,用于江西省宣传文化系统优秀拔尖人才工程入选人才的学习培训、课题资助和生活补贴,每年从省级宣传文化发展专项资金中安排 150 万元。主要用于全省文艺新闻优秀年轻人才扶持计划入选人才的学习深造和生活补贴等。同时,省委宣传部从文化事业建设费中安排一定资金用于加强县级和城乡基层宣传文化队伍建设,各设区市、县(市、区)也应安排相应补助资金。

2010 年 11 月,抚州市发改委、文化局、财政局转发江西省发改委、文化厅、财政厅《关于印发江西省乡镇综合文化站建设规划的通知》。在 2011 年前解决全省乡镇文化站无房和面积不达标问题,改善全省农村乡镇公共文化服务条件,建立和完善农村公共文化服务体系,满足广大农民群众基本文化需求。并要求新建和改扩建的文化站面积应不低于 300 平方米。要有多功能活动厅、书刊阅览室、培训教室、信息资源共享服务室和管理用房。2011 年全省拟规划建设乡镇综合文化站(乡镇 1351 个,街办 17 个,乡改农林场 5 个)总建筑面积 488031 平方米,总投资 37338 万元。其中纳入国家《“十一五”全国乡镇综合文化站建设规划》1259 个,总建筑面积 45811 平方米,总投资 35116 万元;纳入省级规划的项目 78 个,总建筑面积 29920 平方米,总投资 2222 万元。投资来源:中央预算内资金安排 19824 万元,省级财政专项资金安排 11670 万元,省级基本建设资金安排 1088 万元,地方自筹 4756

万元。本规划所确定的项目由中央预算内资金、省级财政专项资金、省级基本建设资金共补助到24万元。未纳入国家规划的项目由省级资金共补助24万元。

2011年9月，抚州市财政局转发《江西省文艺创作与繁荣工程专项资金管理暂行办法》，专项资金由省级财政设立，是为扶持我省文艺创作与繁荣，重点支持面向基层、面向农村、面向群众的公益性、本土性、原创性文艺创作，推动全省文艺创作与繁荣事业的发展而设立的专项资金。并对资金使用范围和管理，项目的申报、审批、资金拨付、监督与检查都作了详细规定。

2011年11月，江西财政厅下发《基层公共文化服务体系保障经费通知》：根据《文化部、财政部关于推进全国美术馆、公共图书馆、文化馆（站）免费开放工作的意见》及财政部《关于加强美术馆、公共图书馆、文化馆（站）免费开放经费保障工作的通知》文件精神。2011年地市级图书馆、文化馆开展基本公共文化服务项目经费补助标准为每馆每年50万元，县级20万元，乡镇综合文化站补助标准为每站每年5万元。

中央财政负担省以下保障经费50%，其余50%由地方配套安排，省对省以下配套资金20%，其余80%由同级财政负担。

2012年5月，抚州市财政局、抚州市文化新闻出版局转发《江西省公共图书馆、文化馆（站）免费开放专项资金管理暂行办法》，办法规定：

（1）为规范和加强财政补助地方公共图书馆、文化馆（站）免费开放工作专项资金的管理，提高资金使用效益，根据文化部、财政部《关于推进全国美术馆、公共图书馆、文化馆（站）开放工作的意见》和财政部《关于加强美术馆、公共图书馆、文化馆（站）免费开放经费保障工作的通知》文件要求，结合江西省实际，制定本办法。

（2）专项资金是指中央和地方各级财政安排的用于公共图书馆、文化馆（站）免费开放方面具有指定用途的资金。

（3）经费保障方式是：中央财政负担省以下公共图书馆、文化馆（站）免费开放保障经费的50%，其余50%由地方财政负担，其中：省财政负担省本级公共图书馆、文化馆免费开放全部资金，负担省以下公共图书馆、文化馆（站）免费开放资金的20%；市、县财政负担同级公共图书馆、文化馆（站）免费开放资金的80%。

（4）专项资金补助标准是：地市级图书馆、文化馆开展基本公共文化服务项目经费补助标准为每馆每年50万元，县级图书馆、文化馆补助标准为每馆每年20万元，乡镇综合文化站补助标准为每站每年5万元。同时对资金保障范围、财务管理、监督　等作了详细规定。

2012年5月，抚州市财政局转发《财政部关于重新修订印发文化产业发展专项资金管理暂行办法的通知》，办法规定专项资金由中央财政安排，专项用于提高文化产业整体实力，促进经济发展方式转变和结构战略性调整，推动文化产业跨越式发展。财政部负责专项资金预算管理、资金分配和拨付，对资金使用情况进行监督检查。并对支持方向与方式、资金使用、监督管理都作了具体规定。

2012年5月，抚州市财政局转发财政部《关于贯彻落实十七届六中全会精神，做好财政支持文化改革发展工作的通知》，通知要求：

（1）各级财政部门在安排年度预算时，要认真按照中央要求，积极采取措施，努力调整支出结构，切实增加财政文化投入，各级财政年初预算安排公共财政文化体育与传媒支出（不含基本建设支出）的增长幅度应高于同级财政经常性收入的增长幅度。对预算执行中超收部分的安排，也要按照上述原则增加文化体育与传媒支出预算，保证全年预算执行结果实现文化体育与传媒支出的增长幅度高于财政经常性收入增长幅度，提高文化体育与传媒支出占财政支出的比例。

按照政府性基金管理规定，继续做好文化事业建设费和国家电影事业发展专项资金的征收、上缴、预算分配和使用管理等工作，完善相关管理办法。有条件的地方应研究采取相关措施，逐步增加彩票公益金用于文化事业的支出。

（2）把主要公共文化产品和服务项目、公益性文化活动纳入公共财政经常性支出预算、建立完善保障公共文化服务体系建设和运行的长效机制。要促进加快城乡文化一体化发展，以农村和中西部地区为重点，支持深入实施广播电视村村通、文化信息资源共享、农村电影放映、农家书屋等文化惠民工程，扩大覆盖、消除盲点、提高标准、完善服务。中央、省、市级财政要设立农村文化建设专项资金，对村级公共文化设施设备更新维护和开展农村文体活动按照一定标准予以补助，并对成绩突出的地方予以奖励。继续支持推进博物馆、纪念馆、美术馆、公共图书馆、文化馆（站）等公共文化设施免费开放。支持改善城市社区公共文化服务设施条件，丰富市民业余文化生活，引导企业、社区积极开展面向农民工的公益性文化活动。要进一步加强公共数字文化建设，发展健康向上的网络文化。

(3)支持优秀传统文化保护。文化遗产保护涉及国家和民族全局性利益，中央财政将进一步加大投入责任，大幅增加文化遗产保护资金投入，地方财政也要相应增加投入，支持文化遗产地、重点文物保护单位、可移动文化保护、水下文化遗产保护和非物质文化遗产保护，大力推进红色文化资源保护等。要重视加强文物安全工作，消除文物安全隐患。支持文化典籍整理和出版工作，推进文化历史资源数字化。

(4)支持文化产品创作生产和对外文化传播。

(5)支持文化产业发展。

(6)创新财政投入和管理方式，提高财政资金使用效益。要适应社会主义市场经济体制的要求，遵循我国社会主义文化建设的特点和规律，坚持科学化、精细化管理，不断创新财政文化资金管理和投入方式，努力探索财政支持文化事业和文化产业的新途径、新办法，进一步增强财政文化投入的有效性、激励性和引导性，努力提高财政资金使用效益。

一、行政运行

主要反映乐安县文化主管部门的基本支出。

民国25年(1936)以前，乐安县没有文化事业机构设置，有关事务由清末时的劝学所和尔后的教育局主管。

中华人民共和国成立后，由县教育科兼管全县文化工作。1950年11月，按省人民政府规定，设立文化教育科，1956年6月改称文化教育局，1962年6月文教局与卫生局合并称文教卫生局。1967年3月后，由于“文化大革命”的冲击，文卫局陷入瘫痪。1968年4月，成立县革命委员会政治部宣传组主管文化工作。同年10月，县文化馆、新华书店、剧团、电影队、广播站合并，成立县毛泽东思想宣传站，隶属县革委会政治部宣传组，负责全县文化工作。1974年，撤销毛泽东思想宣传站，政治部增设文化组。1978年12月恢复县文化教育局。1984年6月文化工作从文化教育局划出与广播事业局合并，成立县文化广播电视局。2003年4月体育并入称文化体育广播电视局。其机关经费1968年以前在教育事业费中列支，1969年至1978年在行政经费中列支，1979年至1984年在教育事业费中列支，1985年至2001年在行政经费中列支，2002年至2006年在文化事业费的其他文化事业费中列支中，2007年以后才在文化事业费的行政运行中反映。因此在表2－75的表格中仅从2007年起才反映有行政运行支出，共307万元。

二、一般行政管理事务

反映乐安县文化体育广播电视局，未单独设置项级科目的其他项目支出。本科目也同行政运行一样，从2007年起才有反映。2007年至2012年共支出122万元。

三、图书馆

民国26年(1937)，乐安县城大圳上詹家新祠堂内建立图书馆，为属县教育科，科长兼馆长，专职馆员2人。购置图书300余册，订阅省报一份和几份地方报纸。民国30年(1941)将图书馆扩充改称“民众教育馆”。

中华人民共和国成立后，于1952年3月成立乐安县文化馆，图书馆业务归属于文化馆图书室。

1984年8月，图书工作从县文化馆分出，正式成立县图书馆。但业务活动仍在文化馆内。1986年3月经乐安县人民政府批准，投资24万元(省投资9万元，县财政投资15万元)，动工兴建图书馆大楼。

从1984年起，县图书馆经费在文化事业费中单独列支。

2012年4月，抚州市文化新闻出版局、抚州市财政局转发文化部、财政部印发的《“公共电子阅览室建设计划”实施方案》。

为适应信息化、数字化、网络化的发展要求，进一步加强公共数字文化建设，提高公共文化服务能力，推动覆盖城乡的公共文化服务体系建设，切实保障人民群众的基本文化权益，提高公民的思想道德素质和科学文化素质，文化部、财政部决定于“十二五”期间在全国实施“公共电子阅览室建设计划”。

“公共电子阅览室建设计划”所需经费由中央和地方财政共同负担。中央财政专项资金重点用于为中、西部地区乡镇、街道和社区公共电子阅览室补充设备，建立和完善服务和技术平台管理。中央财政对中、西部地区公共电子阅览室补充设备所需经费分别负担50%、80%，对东部地区给予适当奖励。地方财政也要按照规定足额落实应负担资金。

进入新世纪以来，图书馆经费逐年增加，特别是近几年来，国家对文化工作非常重视，图书工作也是如此，中央和省各种专项资金越来越多，具体内容已在本节的前面已作记述。特别是2012年，全县图书馆经费支出多达180万元，占1984年以来本项支出总和的36%。

四、艺术表演团体

乐安县在中华人民共和国建立以前，没有专业的艺术表演团体。但民间的艺术表演团体很多，如三角班又称“花鼓班”、木偶戏班、“同乐堂”半班、业余剧社等。清康熙年间，小港的邓明照花鼓班七代闻名于全县。民国32年(1943)，乐安县民众教育馆组织县城的一些京剧爱好者组成乐安业余剧社,至1949年自行解散。

中华人民共和国成立后,随着党的“双百”文艺方针贯彻,农村业余剧团遍及全县。

1958年6月,经省批准,成立乐安县采茶剧团。乐安采茶剧团是从花鼓戏的基础上吸收了宜黄戏、丰城半班、京剧等剧种的演唱艺术发展起来的综合剧种。剧团成立后常年活跃于本县城镇和农村,有时也赴外县演出。多次参加省、地文艺会(调)演。“文化大革命”期间解散,演员全部下放农村劳动。1969年另成立“毛泽东思想宣传队”,1971年“宣传队”更名为“文工团”代替剧团的演出活动。1979年将下放农村的原剧团演员陆续收回,并将“文工团”仍更名为“乐安县采茶剧团”。1985年元月,根据中共乐安县委批复县文化广播电视局《关于暂时解散剧团人员》的文件精神,精简为18人,停止了演出活动,1988年5月,又将留下的18人调离另行安排工作,至此,乐安县采茶剧团被撤销。

1959年,根据全国第二次文教财务工作会议精神,开始对国营剧团试行企业化管理,要求逐步达到经费自给。在试行中,由于有些地方不考虑艺术生产的特点,过分强调经济任务,群众反映过多,而且少数剧团经费不能自给。因此,1960年,对一部分剧团改为“全额管理、差额补助、内部实行经济核算”的办法。

1963年,省财政厅、文化局规定,剧团应加强经济核算,改进经营管理,增收节支、力求做到自给自足。因此,乐安采茶剧团自1958年成立到1968年解散,财政拨款共3.5万元,其中1962年、1963年、1965年、1967年、1968年分文未拨,1964年和1966年每年仅拨0.1万元。

1978年11月,省财政局、省文化组制发《江西省县以上专业剧团(场)财务管理暂行规定》,从1979年1月起,对剧团实行“全额管理、定收定支、定项补助、一年一变、节余留用”的经费管理办法。定项补助项目是:工资、补助工资、职工福利费3项,按编制人数核定。同年,省财政局、省文化组分别下达专业剧团、文化馆财务管理定员人数和有关费用开支标准。对剧团定项补助,计划核定后,一年不变。超收国家不减补助,少收多支单位,国家不增加补助,年终经费如有节余,可按纯结余的30%～40%提取增收节支奖。

乐安县采茶剧团自1958年成立到中途恢复直到1988年撤销,财政共拨付经费77.4万元。

五、文化活动

反映举办大型文化艺术活动的支出。为项级科目,2006年以前没有单设此项科目,自2007年开始设置。因此自2007年财政决算报表才有数字反映。自2007年到2012年共反映319万元。

六、群众文化

反映群众文化方面的支出,包括基层文化馆(站),群众艺术馆支出等。

民国30年(1941),乐安县成立“民众教育馆”,设馆长1人、干事4人、工友2人。内有阅览室、游艺室。

中华人民共和国成立后,于1949年10月将“民众教育馆”改称“乐安县人民教育馆”。1952年3月正式定名“乐安县文化馆”,隶属于县政府文教科。设馆长1人,工作人员5人。内设图书借阅室、报刊阅览室、游艺室等。从1949年到1955年,文化馆经费支出才13587元(由1951年的160元到1955年的4450元),因此在后面的文化支出明细表中只反映1955年支出1万元,以前几年,由于四舍五入关系,均未反映。

1968年9月,县文化馆被宣布撤销,10月又将文化馆、电影队、新华书店、广播站、剧团合并成立“毛泽东思想宣传站”,内设文化组。在后面的文化支出明细表中反映的群众文化支出均为“毛泽东思想宣传站”的经费支出。

1973年,恢复县文化馆建置。

1978年,县政府拨出专款4万元,兴建总面积984平方米的文化馆活动大楼。1980年8月竣工,9月迁入新址。从此,文化馆的各项工作更加纳入正常轨道。

随着党和政府对群众文化工作的日益重视,特别是中共十一届三中全会以后,群众文化工作得到了进一步巩固和发展。

1984年年底,根据国家“六五”计划提出的“县县建立文化馆、乡乡建立文化站”的要求,全县每一个乡镇(当时全县21个乡镇)都建立了文化站。

1985年后,根据上级积极稳妥地发展乡镇文化中心的指示精神,又将增田、公溪、牛田、招携四个文化站相继扩建成为文化中心。同年有9个乡镇文化员,经考试转为国家干部。乡镇文化站的活动经费主要由乡镇企业收入解决,文化站人头经费由县财政解决。

建立乡镇财政以后,乡镇文化站经费,列入乡镇财政预算。

群众文化支出,乐安县从1951年到2012年共支出1146.6万元,分年度支出情况详见文化支出明细表。

七、文化创作与保护

反映鼓励文学、艺术创作和民族民间传统文化保护方面的支出。

此项支出仅2009年反映支出32万元、2011年支出6万元,共38万元。

八、其他文化支出

反映除上述项目外的其他用于文化方面的支出。

乐安县此项支出从2005年起包括文化馆人员经费及有关专项经费。

2006年包括参加全市春节文艺晚会县方阵经费2万元和县拨文化馆舞台演出音响、灯光配件购置费10万元。

2007年包括县拨流坑文化研究会经费1万元。

2008年包括县拨县书法协会经费1.05万元。

2009年包括拨付文化信息资源共享工程经费28.97万元。

2010年包括文化信息资源共享工程和农村文化建设补助经费及村级服务点建设经费212.01万元。

2011年包括流坑文化研究会(2010、2011两年)2万元。文化馆、图书馆维修补助经费120万元,乡镇文化站设备购置专项经费35万元及其他专项补助65.84万元。

2012年包括乡镇综合文化站设备购置专项经费15万元;公共电子阅览室建设专项经费3万元;公共农村文化建设专项经费37.14万元等。

到2012年年底,其他文化支出共2118万元。

1955~2012年乐安县文化支出明细表

表2-75

单位:万元

项目/金额/年度	行政运行	一般行政管理事务	图书馆	艺术表演团体	文化活动	群众文化	文化交流与合作	文化创作与保护	其他文化支出	合计
1955	—	—	—	—	—	1.0	—	—	—	1.0
1956	—	—	—	—	—	2.0	—	—	—	2.0
1957	—	—	—	—	—	1.0	—	—	—	1.0
1958	—	—	—	0.4	—	0.5	—	—	—	0.9
1959	—	—	—	1.2	—	0.5	—	—	—	1.7
1960	—	—	—	0.6	—	1.5	—	—	—	2.1
1961	—	—	—	1.1	—	1.2	—	—	—	2.3
1962	—	—	—	—	—	1.5	—	—	—	1.5
1963	—	—	—	—	—	1.4	—	—	—	1.4
1964	—	—	—	0.1	—	1.3	—	—	—	1.4
1965	—	—	—	—	—	1.2	—	—	—	1.2
1966	—	—	—	0.1	—	1.5	—	—	—	1.6
1967	—	—	—	—	—	3.4	—	—	—	3.4
1968	—	—	—	—	—	2.5	—	—	—	2.5
1969	—	—	—	—	—	4.4	—	—	—	4.4
1970	—	—	—	—	—	4.0	—	—	—	4.0
1971	—	—	—	1.0	—	4.0	—	—	—	5.0
1972	—	—	—	4.1	—	2.0	—	—	—	6.1
1973	—	—	—	5.4	—	2.3	—	—	—	7.7
1974	—	—	—	5.0	—	2.4	—	—	—	7.4
1975	—	—	—	3.0	—	2.0	—	—	—	5.0
1976	—	—	—	0.4	—	2.0	—	—	—	2.4
1977	—	—	—	5.0	—	5.0	—	—	—	10.0
1978	—	—	—	6.0	—	3.0	—	—	—	9.0
1979	—	—	—	5.0	—	3.0	—	—	—	8.0
1980	—	—	—	6.0	—	3.0	—	—	—	9.0
1981	—	—	—	6.0	—	3.0	—	—	—	9.0
1982	—	—	—	6.0	—	4.0	—	—	—	10.0
1983	—	—	—	5.0	—	3.0	—	—	—	8.0
1984	—	—	1	5.0	—	4.0	—	—	3	13.0

续表 2－75

项目 / 金额 / 年度	行政运行	一般行政管理事务	图书馆	艺术表演团体	文化活动	群众文化	文化交流与合作	文化创作与保护	其他文化支出	合计
1985	—	—	9	3.0	—	5.0	—	—	—	17.0
1986	—	—	22	2.0	—	4.0	—	—	—	28.0
1987	—	—	7	3	—	11			5	26
1988	—	—	5	3	—	14	—	—	6	28
1989	—	—	4	—	—	11	—	—	4	19
1990	—	—	4	—	—	10	—	—	4	18
1991	—	—	4	—	—	11	—	—	4	19
1992	—	—	5	—	—	12	—	—	2	19
1993	—	—	5	—	—	13	—	—	2	20
1994	—	—	5	—	—	12	—	—	3	20
1995	—	—	5	—	—	13	—	—	3	21
1996	—	—	8	—	—	19	—	—	3	30
1997	—	—	8	—	—	24	—	—	4	36
1998	—	—	8	—	—	24	—	—	4	36
1999	—	—	9	—	—	24	—	—	3	36
2000	—	—	11	—	—	24	—	—	3	38
2001	—	—	12	—	—	42	—	—	2	56
2002	—	—	17	—	—	21	—	—	24	62
2003	—	—	12	—	—	32	—	—	31	75
2004	—	—	16	—	—	23	—	—	41	80
2005	—	—	14	—	—	23	—	—	105	142
2006	—	—	23	—	—	25	—	—	194	242
2007	32	1	19	—	3	147	2	—	71	275
2008	40	12	18	—	146	29	—	—	170	415
2009	54	7	23	—	161	140	—	32	227	644
2010	55	15	20	—	5	271	—	—	401	767
2011	56	24	27	—	4	15	—	6	526	658
2012	70	63	180	—	—	76	—	—	273	662
合计	307	122	501	77.4	319	1146.6	2	38	2118	4631

第二节 文 物

反映文物保护和管理等方面的支出。

乐安“万岁馆”是1969年开始发动各单位机关干部、工人、群众献工献料兴建的，1971年竣工。后又称“展览馆”。1977年1月，经江西省革命委员会批准，正式命名为“江西省乐安县革命历史纪念馆”，作为一级文物单位，由县文教部门直接领导。此时，省文化管理部门下达事业费（含人员工资）、维修费，但县财政每年也会补助部分经费，并开始单独核算。1982年，纪念馆的事业费（含人员工资）由县财政安排，省文化管理部门不定期拨给少量文物维修经费。1983年3月，为适应文物事业发展的需要，经县人民政府批准，更名为“乐安县博物馆”，1984年6月由县文化广播电视局直接领导。乐安县博物馆承担着对全县革命文物、历史文物的收藏与利用，并受主管部门的委托，管理全县文物、参与打击文物走私活动的重任。

1982年11月19日第五次全国人民代表大会常务委员会第二十五次会议通过《中华人民共和国文物保护法》。并于1991年6月29日第七届全国人民代表大会常务委员会第二十次会议和2002年10月28日第九届全国人民代表大会常务委员会第三十次会议两次对《中华人民共和国文物保护法》进行修正。修正后的《文物保护法》第六章第十条规定国家用于文物保护的财政拨款随着财政收入增长而增加。

2002年7月，江西省人民政府颁发了《关于进一步加强文物保护工作的意见》，文件规定，文物保护经费要纳入财政预算，财政预算中安排的文物保护经费应逐年有所增加。同时还规定，涉及有文物保护单位的旅游开放点，其旅游收入应提取文物保护经费，具体比例由文物所在地的县级以上人民政府确定。地方政府单独解决文物保护经费确有困难且符合《国家重点文物保护专项补助经费使用管理办法》第八条所列补助范围的项目，可以申请国家专项补助经费补助，共同解决。文件还提出开展“以文补文”和“多业补文”活动。

2005年11月，江西省财政厅、江西省文化厅转发国家文物局《大遗址保护专项经费管理办法》的通知。

2007年12月，江西省财政厅、江西省文化厅转发财政部、国家文物局《第三次全国文物普查专项经费使用管理办法》。专项经费是中央财政设立的专项补助经费。主要用于试点费、培训费。（对中西部248个地市和2165个县普查人员培训予以适当补助）、补助费（对中西部592个国家级贫困县予以适当补助）、设备购置费（对中西部2165个县予以适当补助）、数据处理费、出版印刷费等。专项经费实行“统一领导、分级管理、分级负责”的原则。

2008年6月，抚州市财政局、抚州市文化局转发《江西省财政厅、江西省文化厅印发〈江西省基层文物保护专项资金管理暂行办法〉的通知》的通知。专项资金由省财政设立，使用原则是“保护为主，抢救第一”。支出范围是文物维修工程支出；文物库房维修工程支出；安全、消防更新改造工程支出和馆藏文物技术保护支出。专项资金的分配和使用必须坚持“突出重点、加强管理、专款专用、注重实效”的原则。

2008年10月，江西省财政厅下发《关于加大文物普查经费保障力度的通知》。要求在全国文物普查期间，县本级财政每年投入不得低于5万元，确保文物普查工作保质保量进行。各地投入情况，将列入全省2008年度财政教科文工作综合考核范围。

2009年4月，抚州市人民政府发出《关于加强文物保护工作的意见》。要求各县（区）根据当地财力情况安排县级文物保护单位维修资金，用于辖区内重点文物保护单位的维修，切实管理好、保护好各级文物保护单位。

2012年11月，江西省文化厅、江西省财政厅、江西省发展和改革委员会发出《关于加强基本建设考古调查、勘探、发掘工作经费管理的通知》。2012年1月江西省取消了考古勘查、发掘收费，但根据《中华人民共和国文物保护法》和财政部、国家发展改革委《关于建设项目涉及的考古调查与勘探费问题的通知》规定，进行大型基本建设工程，建设单位应当事先报请省文物行政部门组织考古业务单位在工程范围内有可能埋藏文物的地方进行考古调查、勘探。考古调查、勘探、发掘所需费用由建设单位列入建设工程预算解决。建设单位应当及时支付文物业务单位考古调查、勘探和发掘费用，配合做好文物保护工作。政府有关行政管理部门应当加强监督，但不得收取费用。

乐安县牛田镇流坑村（称千古第一村），1997年被批准为省级文物保护单位，2001年被列入国家重点文物保护单位。

1976年以前，文物经费在文化事业费中列支。

1976～2012年，全县文物事业费支出2070.6万元，其中2012年支出624万元。

2007～2012年乐安县文物支出明细表

表2－76　　单位：万元

年度＼金额＼项目	行政运行	一般行政管理事务	文物保护	博物馆支出	历史名城与古迹	其他文物支出	合计
2007	21	10	72	18	8	2	131
2008	17	23	38	33	200	1	312
2009	17	4	10	124	111	5	271
2010	6	8	145	45	—	3	207
2011	7	—	5	149	—	4	165
2012	5	—	147	52	—	420	624
合　计	73	45	417	421	319	435	1710

第三节　体　育

反映体育方面的支出。

乐安在民国前，体育事业非常落后，民国时期，虽有少量简陋设备，但无经常性竞赛活动。

新中国成立后，党和政府对体育工作极为重视。特别是1973年成立了县体育运动委员会以后，全县体育工作在普及的基础上进一步得到发展。

新中国成立初期体育由文教局统一管理，1969 年由县人武部(军管)管理。1973 年 2 月成立“乐安县体育运动委员会”，为县人民政府直属行政机构。2003 年 4 月与县文化局合并为乐安县文化体育广播电视局。

1985 年乐安县老年体育协会成立，1988 年乐安县钓鱼协会成立，1990 年乐安县农民体育协会成立，1991 年篮球协会、棋牌协会成立，1995 年乐安县体育总会成立，2002 年乐安县老年体育科学协会成立，2003 年乐安县老年门球协会、乒乓球协会成立，2004 年太极拳协会成立，各乡镇相继成立了农民体育协会，银行系统成立了银鹰体育协会。

1989 年县城第一个灯光球场建成，2002 年 12 月县城第一个体育健身公园落成，内设较先进的体育活动器材 50 余件，公园面积近 3000 平方米，2003 年乒乓球活动室建成，2005 年县老年活动中心大楼建成，当年县青少年活动中心大楼建成，羽毛球馆等都先后建成。

1986 年以来，特别是 1995 年 6 月国家“全民健身计划纲要”颁布以来，乐安县的群众性体育活动内容更加丰富多彩。全县中学、中心小学都坚持每周“二课、二操、二活动”(二节体育课、早操和课间操、二节课外体育活动)。每天清晨和晚上，县城广场、体育健身公园、森林公园、纪念塔等地及每个小区广场，许多群众在做健身操、打太极拳、跳广场舞，全民健身运动开展得红红火火，参加健身的市民越来越多。

乐安运动员在参加各种赛事中曾获得全国第一名和打破世界纪录的好成绩。

2003 年，中共江西省委、江西省人民政府颁发《关于进一步加强体育事业发展的决定》。

2008 年 6 月，抚州市财政局、抚州市体育局转发《江西省财政厅、江西省体育局关于印发〈江西省基层群众体育健身场所建设专项资金管理办法〉的通知》的通知。专项资金由省财政和体育彩票公益金共同安排设立，由省财政厅和省体育局共同管理。专项资金的分配和使用坚持“突出重点、加强管理、专款专用、注重实效”的原则。专项资金扶持无田径场、健身运动场的县(市、区)。重点扶持原无“两场一池一房”的县(市、区)新建田径场、健身运动场。补助标准:田径场 240 万元、健身运动场 160 万元、球类健身房 200 万元。专项资金实行“专项申报、逐级审核、专款专用、跟踪问效”的管理办法。

2008 年 12 月，抚州市人事局、抚州市财政局、抚州市体育局发出关于转发《江西省体育运动员贯彻〈江西省事业单位工作人员收入分配制度改革实施意见〉有关问题的意见》的通知。对体育系统所属各级运动队 2006 年 7 月 1 日在编在册的体育运动员仍实行体育津贴奖金制，体育津贴由基础津贴和成绩津贴组成，奖金分为一次性奖金和平时训练奖。同时对新入队运动员和退役运动员的待遇作了明确规定。

随着“全民健身计划纲要”的贯彻落实，全民健身体育事业不断发展，财政用于全民健身体育事业费也不断增加。体育事业费由 1958 年的 0.1 万元，增加到 2012 年的 28 万元，其中群众体育支出 11 万元。从 2007 年到 2012 年 6 年，全县体育事业费支出共 183 万元，其中群众体育支出 85 万元。县财政每年对各个群众体育协会都安排了一定的资金。

2007～2012 年乐安县体育支出明细表

表 2－77　　　　单位:万元

项目/金额/年度	行政运行	一般行政管理事务	体育场馆支出	群众体育支出	其他体育支出	合计
2007	8	—	1	14	—	23
2008	7	—	1	17	—	25
2009	11	1	—	21	7	40
2010	10	—	13	10	1	34
2011	15	—	—	12	6	33
2012	—	—	—	11	17	28
合　计	51	1	15	85	31	183

第四节 广播影视

乐安县本节主要反映广播、电视、电影及其他广播影视支出。

该节自1952年到2012年共支出2748.8万元。由1952年的支出413元到2012年的413万元，是1952年支出的1万倍。

一、广播

乐安县于1950年春建立了收音站，隶属县人民政府文教科。设备简陋，只有1台直流电子管收音机。开始用墙报形式抄写《广播新闻》张贴于县城中心地点。1951年秋，将墙头《广播新闻》改为油印刊物。1955年夏购入25瓦卧式扩音机1台，除供大会扩音外，又与文化馆合办“街头广播”。这是乐安县有线广播的开端。

1957年，乐安县正式成立县广播站。当时省广播局配备了1台立式500瓦扩音机。第一批安装舌簧喇叭70只，利用电话传送广播讯号，通至各区乡重点农业生产合作社。每天晚上的广播需占用电话线路两小时，广播开放时，电话一律停止。1969年7月，县社两级安装了载波机，将县城至公社的电话线送音频讯号改为送载波讯号，这样既通广播，又通电话，但广播与电话互相干扰的现象时有发生。当年全县每个公社都建立了广播站，并配备机线员、采编员、播音员各一人。人员工资由县财政在农业税附加收入中解决。

为了解决广播与电话互相干扰的问题。1973年，县财政先后拨专款和用广播事业费架设了县城鳌溪至石陂、增田、望仙以及坪溪(载波中转)、金竹、湖坪(载波中转)、罗陂等公社的木杆广播专线计45公里。

1978年12月，县广播站新建两层楼房竣工，并增添了部分设备，办公和播音条件大为改善。

1982年8月，成立乐安县广播事业局，实行局站合署办公，两块牌子一套人马。同时又利用县财政拨款和地区财政补助，架设了县城至潭港和大马头垦殖场，公溪、湖坪等公社的水泥杆广播专线。

1984年6月，县广播事业局与县文化部门合并，成立乐安县文化广播电视局。

2003年4月，将体育并入称文化体育广播电视局。

2006年，国务院办公厅发出了《国务院办公厅关于进一步做好新时期广播电视村村通工作的通知》，要求省、市、县级政府分别负责解决转播本级广播电视节目的无线发射转播台(站)的机房和设备的运行维护经费。

2006年3月，抚州市发展和改革委员会、抚州市财政局、抚州市广播电视局发出了《关于核报“十一五”广播电视村村通工程建设任务的通知》，要求把广播电视村村通作为当前农村文化建设的一号工程，要摆上重要位置。

2008年4月，省委组织部、财政厅、人事厅、社保厅、编办、广电局发出《关于江西省广播电视网络传输公司实行人事垂直管理人员交接工作实施方案》的通知。从此，县级广播电视网络传输公司全部由省公司垂直管理。

2010年3月，江西省财政厅转发《中央广播电视节目无线覆盖专项资金管理办法》。专项资金是中央财政为支持构建以地面无线覆盖为基础的广播电视公共服务体系，确保人民群众免费收听、收看中央广播电视节目，促进广播电视事业可持续发展而建立的专项补助资金。专项资金的使用和管理坚持统筹安排、分级管理、专款专用的原则。专项资金接受财政、审计、广电部门的监督检查。专项资金专项用于对纳入中央广播电视节目无线覆盖范围内的发射转播台(站)中转播中央第一套广播(中波、调频)和第一、第七套电视节目的发射系统、附属系统及相关监控设备的更新改造、维修、运行维护进行补助。各级财政部门要按国库管理的有关规定及时核算和拨付专项资金。

2010年9月，江西省广播电影电视局发出《关于加强全省县级广播电视发射管理工作的通知》，通知指出，按照国家广电总局的统一部署，我省实施了2007年、2008年农村中央广播电视无线覆盖工程建设。要求各有关市、县局要积极与当地政府相关部门协调，将承担无线覆盖任务相关播出机构的人员及经费纳入财政预算，确保经费足额到位。

1952年至2012年全县广播经费支出1414.6万元，由1952年的413元增至2012年的306万元。

二、电视

1973年9月，县广播站购入上海牌14寸黑白电视接收机1台。11日晚，采用室外高天线接收南昌梅岭电视中心发射台讯号，获得成功。此后逐年发展，单位购买电视接收机的单位逐渐增多。

1979年2月，购置10瓦电视差转机，12月试机成功。

1980年9月又在洞口乌马岺建成10瓦电视转播台1座，接着又在坪溪梅坑垱建成0.5瓦电视转播台1座。到1985年年底，全县共有电视转播台12座，总功率32瓦，全县发展到黑白、彩色电视机8700多台。

1984年6月，电视业务从县广播站划出，正式成立乐安县电视转播台。1985 年 10 月,投资 13 万元在县城革命烈士纪念塔北侧山顶建成 30 米高的新发射塔和新机房、办公楼,工作条件大为改善。20 世纪 90 年代中期,县城和各乡镇所在地都先后开通了有线电视,基本淘汰了黑白电视,提高了视听质量,增加了节目套数、扩大了电视用户。乐安县电视转播台改为乐安县有线电视台。进入新世纪成立了江西广电网络公司乐安分公司,(2000 年由省垂直管理),负责架设光缆线路和传输网络的维修。逐年架设了传输光缆,接收卫星电视讯号。

现在已建成乐安电视台,开办本县电视节目和经营电视广告。通过广播电视村村通工程建设,偏僻山村都能免费收听、收看中央广播电视节目,了解国内外大事和党的方针政策。

三、电影

新中国成立前,乐安县既无电影发行机构,也无电影放映单位。仅在民国 22 年(1933)和民国 28 年(1939),由詹洁悟(乐安鳌溪镇人,在国民党中宣部任职),从南京带来一支电影队在县城中山场公映了两次无声电影。

新中国成立初,由江西省中苏友协电影队在县城、善和、招携等地作了一次慰问放映。1954 年 3 月以后,乐安县建立了电影队,置有苏联出产的乌克兰型放映机和美国出产的 25 型发电机各 1 台。至 1957 年,增至 2 个电影队,购置了 16 毫米放映机两台。1961 年以后,分配一个队下乡巡回放映;另一队常驻县城,每晚在工人俱乐部售票放映 1 场。至 1965 年,增至 4 个县办 16 毫米电影队,成立了县电影管理站。1969 年起,在公社、厂矿中发展电影队。1970 年,县城建立了电影院,购置了国产 35 毫米松花江牌 5501 型座机两台。1974 年开始发展大队办电影队,每个公社有 2 ~ 3 个队办电影队。1980 年开始发展集镇电影院、售票点,全县电影工作向更加普及、更加现代化、更加优质服务方向迈进。

1981 年,成立了乐安县电影放映发行公司,设有行政、业务两股和县电影院,配备工作人员 27 人;截至 1985 年,共发行各种型号电影拷贝 1710 部。其中:国产片 90%,翻译片 10%;故事片 90%,戏曲片 5%,纪录片 5%;35 毫米的拷贝发行对象以城镇为主,16、8.75 毫米的拷贝主要是向广大农村发行。电影队成立后,开展了电影宣传、机修、技检人员培训和器材供销等工作。1985 年后,还增加了电影录像带的发行和放映。中央新闻电影制片厂来本县金竹公社为上海知识青年综合厂摄制了《高山峻岭安新家》的纪录片;上海电视台为本县金竹公社 10 对上海知识青年举行集体婚礼拍摄了《火红青春献山区》的电影片,分别在全国各地播映。

1963 年秋以前,县电影队经费自收自支,1963 年秋,成立县电影放映管理站,实行事业单位企业管理,利润全额上缴财政。

1980 年,根据国务院国发〔1979〕198 号文件精神,县电影发行放映公司(站),由文化事业单位改为国营文化企业。

自 2007 年,江西省《关于开展农村文化活动有关事项的通知》下发后,全省农村全面实行行政村一村一月放一场电影,所需资金由省财政解决。因此,乐安县从 2007 年起,才有电影方面的支出。从 2007 至 2012 年总共支出 108.2 万元。

1958 ~ 2012 年乐安县广播影视支出明细表

表 2 – 78　　单位:万元

项目 金额 年度	广播	电视	电影	其他	合计
1958	1.2	—	—	—	1.2
1959	0.1	—	—	—	0.1
1960	0.2	—	—	—	0.2
1961	0.3	—	—	—	0.3
1962	0.5	—	—	—	0.5
1963	0.3	—	—	—	0.3
1964	0.7	—	2.2	—	2.9
1965	0.2	—	—	—	0.2
1966	0.3	—	—	—	0.3
1967	0.4	—	—	—	0.4
1968	0.4	—	—	—	0.4

续表2－78　　单位：万元

年度 \ 金额 \ 项目	广播	电视	电影	其他	合计
1969	0.6	—	—	—	0.6
1970	2	—	—	—	2
1971	1.5	—	—	—	1.5
1972	2.7	—	—	—	2.7
1973	2	—	—	—	2
1974	2.1	—	—	—	2.1
1975	2	—	—	—	2
1976	3.7	—	—	—	3.7
1977	2.4	—	—	—	2.4
1978	2	—	—	—	2
1979	3	—	—	—	3
1980	4	—	—	—	4
1981	3	—	—	—	3
1982	8	—	—	—	8
1983	16	—	—	—	16
1984	4	—	—	—	4
1985	4	6	—	—	10
1986	4	7	—	—	11
1987	10	—	—	—	10
1988	12	—	—	—	12
1989	8	—	—	—	8
1990	8	—	—	—	8
1991	8	—	—	—	8
1992	9	—	—	—	9
1993	11	—	—	—	11
1994	10	—	—	8	18
1995	10	—	—	9	19
1996	9	—	—	17	26
1997	10	—	—	17	27
1998	11	—	—	19	30
1999	9	—	—	22	31
2000	11	—	—	13	24
2001	9	—	—	38	47
2002	12	—	—	40	52
2003	21	—	—	23	44
2004	11	—	—	46	57
2005	21	39	—	28	88
2006	41	18	—	43	102
2007	74	114	6	32	226
2008	171	24	13	9	217
2009	210	41	11	9	271
2010	14	39	21	405	479
2011	317	88	17	3	425
2012	306	61	38	8	413
合计	1414.6	437	108.2	789	2748.8

第五节　新闻出版

新闻出版支出包括出版发行，2007年以前，此项支出一直列入其他文化体育与传媒支出。

民国18年(1929)，创办过《鳌声周刊》。

民国27年(1938)，县抗敌后援会为了报道抗日战争消息，鼓舞民众的抗日情绪，创办了《抗敌三日刊》。

民国33年(1944)，创办《乐安实验简报》，是国民党中央宣传部直辖的江西四个实验简报之一。

中华人民共和国成立后，1956年4月，创办《乐安报》，系中共乐安县委机关报。由县委直接领导，宣传部具体管理。办报经费由县财政拨款，编辑人员工资由原单位发给，印刷经费由县委拨给。从1957年改为铅印后至1961年3月(以后停刊)采取"以厂养报"的方法，报社所需经费由乐安县印刷厂供给，1958年至1961年，财政决算报表反映支出1.7万元。

1979年县文化馆主编《鳌溪》杂志创刊，至1983年后改由县文联主编。近几年来，由县委宣传部主办，县文联承办的《千古风》和《新乐安》杂志至2012年仍在编辑发行。所需经费均由县财政预算安排，在一般公共服务支出科目中反映。

2008年、2009年县财政决算报表反映的36万元和86万元，均是省下拨的农家书屋工程专项支出。

第六节　其他文化体育与传媒

反映除上述五节以外的其他文化体育与传媒方面的支出。

1983年到2006年其他文化体育与传媒支出主要是县委党校及县档案馆经费。

2009年县文化馆、文化活动室维修经费10万元和文化事业发展专项资金支出20万元，共30万元均为省拨专项经费。

2010年，其他支出主要是文化体育与传媒事业发展专项资金35万元和其他支出13万元。

2011年反映的支出为162万元，其中，基层文物保护和博物馆维修费50万元；文化体育与传媒事业发展专项资金支出40万元；基层公共文化服务体系保障经费支出67.5万元和其他4.5万元。

2012年反映的支出458万元，其中：美术馆、图书馆、文化馆免费开放经费103万元；农村文化建设204.31万元；乡镇文化设备购置35万元；基层公共文化服务体系省配套经费13.5万元；中央、省、补助地方文化体育事业专项经费97万元，其他5.19万元。

该节所反映的专项经费支出都是按照上级文件指定的科目反映。

第六章　社会保障和就业

社会保障和就业，包括社会保障、民政管理、财政对社会保障基金补助、行政事业单位离退休、企业改革补助、就业补助、抚恤、退役安置、社会福利、残疾人事业、城市居民最低生活保障、其他城镇社会救济、自然灾害生活救助、农村最低生活保障、其他农村社会救济、补充道路交通事故社会救助基金，其他社会保障和就业等。

第一节　人力资源和社会保障管理事务

1987年2月，乐安成立县社会保险事业管理所。同年，抚恤和社会福利救济类支出设地方财政对国营企业职工待业保障基金补助支出。1990年3月将县社会保险事业管理所更名为乐安县社会保险事业管理局。

1998年，财政始有社会保险经办机构经费支出。同年，全县社会保障补助支出185.1万元。其中，社会保险经办机构经费22.1万元。

1999年，财政部、劳动和社会保障部《关于社会保险经办机构经费保障等问题的通知》规定：(1)从同年1月起，经办机构经费，包括专项经费，由同级财政部门根据人事(机构编制)部门核定的编制人数核发；(2)经办机构经费原则上由同级财政安排；(3)经办机构不得再从社会保险基金中提取或列支费用。

1月，国务院颁布的《社会保险费征缴暂行条例》规定：(1)基本养老保险费、基本医疗保险费、失业保险费(以下统称社会保险费)的征收、缴纳，适用本条例。(2)基本养老保险费的征缴范围：国有企业、城镇集体企业、外商投资企业、城镇私营企业和其他城镇企业及其职工，实行企业化管理的事业单位及其职工。基本医疗保险费的征缴范围：国有企业、城镇集体企业、外商投资企业、城镇私营企业和其他城镇企业及其职工，国家机关及其工作人员，事业单位及其职工，民办非企业单位及其职工，社会团体及其专职人员。(3)失业保险费的征缴范围：国有企业、城镇集体企业、外商投资企业、城镇私营企业和其他城镇企业及其职工，事业单位及其职工。

1999～2012 年乐安县人力资源和社会保障管理事务支出表

表 2－79　　单位:万元

年度	金额	年度	金额	年度	金额	年度	金额	年度	金额
1999	13	2002	35	2005	53	2008	145	2011	501
2000	18	2003	37	2006	98	2009	196	2012	521
2001	24	2004	79	2007	85	2010	196	合计	2001

第二节　民政管理事务

宋代,乐安建立“三仓制”(即常平仓、义仓、社仓),用以备荒,平价调剂民食和赈济急需。此制沿袭至清代。

清代,乐安曾有养济院、育婴堂等社会福利设置,但乡民受惠甚少。

民国时期,1912 年,乐安废“县署”设“县公署”,1926 年改为“县政府”,县政府内设民政科,设有专人管理民政事务,其工作范围扩大至户籍、选举、卫生、仓储、粮食、禁锢及抚恤等方面。

中华人民共和国成立后,1950 年 11 月设立民政科,1956 年 6 月改民政科为民政局,1959 年 8 月改民政局为民政福利局,“文化大革命”期间,民政部门受到冲击。1984 年,在体制改革中,政府机构得到进一步建立和健全,民政局为县政府的职能部门,在办理选举、优抚、安置、赈济、人口调查、建设老区、安置移民和贯彻婚姻法等方面,做了大量工作。

2007 年起,开始有民政管理事务支出,其时为民政事业费,之前在行政经费中列支。

2007～2012 年乐安县民政管理事务支出表

表 2－80　　单位:万元

年度	金额	年度	金额	年度	金额
2007	95	2009	190	2011	239
2008	166	2010	193	2012	132
	—	—	—	合计	1015

第三节　财政对社会保险基金的补助

财政对社会保险基金的补助支出,包括基本养老保险基金、失业保险基金、基本医疗保险基金、工伤保险基金、生育保险基金、新型农村社会养老保险基金、城镇居民养老保险基金及其他社会保障基金的补助。

1995 年 3 月,国务院颁发《关于深化企业职工养老保险制度改革的通知》,规定企业职工养老保险制度改革,应基本建立起适应社会主义市场经济体制要求,适用于城镇各类企业职工和个体劳动者,资金来源分渠道、保障方式分层次、社会统筹和个人账户相结合、权利与义务相对应、管理服务社会化的养老保障体系。

1996 年 8 月,第八届全国人民代表大会常务委员会第二十一次会议通过颁布并自同年 10 月 1 日起施行的《中华人民共和国老年人权益保障法》。《老年人权益保障法》第三章社会保障规定:国家建立养老保险制度,保障老年人的基本生活和建立多种形式的医疗保险制度,保障老年人的基本医疗需要。11 月,财政部《关于颁布〈企业职工养老保险基金财务制度〉、〈企业职工失业保险基金财务制度〉、〈社会保险经办机构财务管理办法〉的通知》规定:(1)职工养老基金筹集规定:基本养老保险基金的收入包括企业和职工个人缴纳的基本养老保险费、基本养老保险基金利息收入、上级补助收入、下级上解收入、转移支付、财政补贴和其他收入、财政补贴是指同级财政给予基本养老金的补贴;(2)企业职工失业保险基金筹集规定:失业保险基金收入包括企业缴纳的失业保险费、失业保险基金利息、上级补助收入、下级上解收入、转移收入、财政补贴和其他收入。财政补贴是指同级财政给予失业保险基金的补贴。是月,财政部《关于发布〈职工医疗保险基金财务制度〉的通知》附件中《职工医疗保险基金财务制度》第三章基金筹集规定:职工医疗保险基金收入由用人单位缴纳医疗保险费收入(包括用预算安排的公费医疗经费缴纳的医疗保险费)、职工个人缴纳医疗保险费收入、利息收入、上级补助收入、下级上解收入、转移收入、财政补贴和其他收入组成。财政补贴是指同级财政部门给予职工医疗保险基金的补贴。

1999 年,乐安县始有基本养老保险基金补助支出,补助金额为 320 万元。

1999～2012年乐安县财政对社会保险基金的补助支出表

表2－81 单位:万元

年度 \ 金额 \ 项目	基本养老保险基金补助	基本医疗保险基金补助	工伤保险基金补助	新型农村社会养老保险基金补助	城镇居民养老保险基金补助	其他社会保险基金补助	合计
1999	320	—	—	—	—	—	320
2000	592	—	—	—	—	—	592
2001	1881	—	—	—	—	—	1881
2002	2934	—	—	—	—	—	2934
2003	2038	—	—	—	—	—	2038
2004	2179	—	—	—	—	—	2179
2005	2390	—	—	—	—	—	2390
2006	2836	—	—	—	—	—	2836
2007	3497	—	—	—	—	—	3497
2008	4369	271	—	—	—	307	4947
2009	4751	—	—	—	—	275	5026
2010	6249	—	—	2398	—	278	8925
2011	7772	—	12	2450	—	703	10937
2012	8879	445	56	2224	212	19	11835
合计	50687	716	68	7072	212	1582	60337

第四节 行政事业单位离退休

离休、退休费，是政府发给国家行政机关和事业单位工作人员离休、退休后的养老金（生活费）及其有关的费用。

一、退休

退休在古代早已有之，官吏退休称致仕，朝代不同，退休年龄有所差异。

民国时期，中央政府制定《公务员退休法》，规定公务员任职15年以上，年龄60岁或任职25年以上成绩昭著的，可申请退休。公务员年龄65年以上或心神丧失，或身体伤残难以胜任职务的，应命令退休。

1950年3月，中央人民政府政务院财政经济委员会发出《关于退休人员处理办法的通知》，规定年龄50岁以上，工龄满10年的可以退休。

1951年2月，政务院公布《中华人民共和国劳动保险条例》，规定退休费改为按月发放，至本人死亡为止，发放标准为本人工资的35%；企业工龄超过10年的，每超过1年加发2%，至本人工资的60%为止；未加入工会的只能发给上述规定额的半数。因公致残，饮食起居需要人扶助的，其退休费为本人工资的75%，不需扶助的，为本人工资的60%。

1955年12月，国务院发布《〈关于国家机关工作人员退休，退职，病假期间待遇暂行办法和计算工作年限暂行规定〉的命令》，并附发《国家机关工作人员退休处理暂行办法》，江西省从1956年1月1日起执行，规定符合以下条件之一的可以退休：(1)男年满60周岁，女年满55周岁，工作年限已满5年，加上参加工作之前主要以领取工资维持生活的劳动年限，男满25年，女满20年；(2)男年满60周岁，女年满55周岁，工作年限已满15年；(3)工作年限已满10年，因劳致疾丧失工作能力；(4)因公致残丧失劳动能力。工作人员退休后，逐月发给退休金，标准为：(1)符合上述第1项条件，工作年限满5年不满10年的，发给本人工资（退休时的标准工资加退休后居住地点的物价津贴，下同）的50%；满10年不满15年的，发给本人工资的60%。(2)符合上述第2、3或4项条件的，发给本人工资的70%。符合上述3、4项条件，工作年限在15年以上的，发给本人工资的80%。各民主党派，各人民团体和国家机关所属事业费开支的单位，工作人员退休也参照上述办法执行。

1958年2月，国务院公布《关于工人、职员退休处理的暂行规定》。4月，劳动部发布《国务院关于工人、职员退休处理的暂行规定实施细则〈草案〉》，对国营、公私合营、企事业单位和国家机关，人民团体的干部、工人普遍实行按规定退休的制度。退休条件改为：(1)男工人、职员年满60周岁，连续工龄

5年，一般工龄（包括连续工龄，下同）满20年；女工人50周岁，女职员55周岁，连续工龄满5年，一般工龄满15年；（2）从事井下、高温、高空、特别繁重体力劳动或其他有害身体健康工作的工人、职员，男55周岁，女45周岁连续工龄和一般工龄又符合条件的；（3）男年满50周岁，女年满45周岁的工人、职员，连续工龄满5年，一般工龄满15年，身体衰弱丧失劳动能力不能继续工作的；（4）连续工龄满5年，一般工龄满25年的工人、职员，身体衰弱丧失劳动能力不能继续工作的；（5）专职从事革命工作满20年，因身体衰弱不能继续工作而自愿退休的。

1958年2月至1965年6月干部、工人退休费标准

表2－82

<table>
<tr><th colspan="2">退休工龄 / 退休条件</th><th>20年以上</th><th>15年以上不满20年</th><th>10年以上不满15年</th><th>5年以上不满10年</th></tr>
<tr><td colspan="2">男60岁、女55岁、（女工人50岁）连续工龄满5年，一般工龄男满20年、女满15年的</td><td>—</td><td>70%</td><td>60%</td><td>50%</td></tr>
<tr><td colspan="2">从事有害健康工作男55岁、女45岁，连续工龄5年，一般工龄男满20年、女满15年的</td><td>—</td><td>70%</td><td>60%</td><td>50%</td></tr>
<tr><td colspan="2">男50岁，女45岁，连续工龄5年，一般工龄满15年，身体衰弱丧失劳动能力的</td><td>—</td><td>60%</td><td>50%</td><td>40%</td></tr>
<tr><td colspan="2">连续工龄满5年，一般工龄满25年，身体衰弱丧失劳动能力的</td><td>—</td><td>60%</td><td>50%</td><td>40%</td></tr>
<tr><td colspan="2">专门从事革命工作满20年，因身体衰弱不能继续工作自愿退休的</td><td>70%</td><td>—</td><td>—</td><td>—</td></tr>
<tr><td rowspan="2">因公致残丧失劳动能力的</td><td>其中：饮食起居需人扶助的</td><td colspan="4">75%</td></tr>
<tr><td>饮食起居不需人扶助的</td><td colspan="4">60%（同时符合其他条件的按较高标准享受）</td></tr>
</table>

说明：以本人退休时月标准工资为基数

1978年6月，国务院颁发《关于安置老弱病残干部的暂行办法》，党政机关、群众团体、企业、事业单位的干部，符合下列条件之一的，都可以退休：（1）男年满60周岁，女年满55周岁，参加革命工作年限满10年的；（2）男年满55周岁，女年满50周岁，工作年限满10年，经过医院证明完全丧失工作能力的；（3）因公致残，经过医院证明完全丧失工作能力的。干部退休后，每月按下列标准发给退休费，直至去世为止：符合上述1、2项条件，抗日战争时期参加革命工作的，按本人标准工资的90%发给，解放战争时期参加革命工作的，按本人标准工资80%发给。中华人民共和国成立后参加革命工作，工作年限满20年的，按本人标准工资的75%发给；工作年限满15年不满20年的，按本人标准工资的70%发给；工作年限满10年不满15年的，按本人标准工资的60%发给；退休费低于25元的按25元发给。符合上述第三项条件，饮食起居需要人扶助的，按本人标准工资90%发给。并可根据实际情况发给不超过一个普通工人工资的护理费。饮食起居不需要人扶助的按本人标准工资的80%发给。退休费低于35元的按35元发给。获得全国劳动英雄、模范称号，有特殊贡献的，在退休时仍保持荣誉的，其退休费可酌情提高5%～15%，但提高标准后的退休费不得超过本人原标准工资。

1983年6月，劳动人事部、财政部提高职工退休费、退职生活费最低保证数，自1983年8月起，其退休费、退职生活费的最低保证数在现行标准基础上提高5元。年老因病完全丧失劳动能力退休的由25元提高到30元,因工(公)致残完全丧失劳动能力退休的,由35元提高至40元,年老和因病完全丧失劳动能力不够退休条件而退职的由20元提高到25元。

1985年1月10日,国务院关于发给离休退休人员生活补贴费的通知,规定国家机关事业单位没有参加工改的离退休干部从1985年5月1日起,每人每月发给17元生活补贴费。

1986年3月,省人民政府颁发《关于我省退休人员若干问题的暂行规定》,从当年1月起,对参加革命工作时间较长的退休干部,适当加发退休补助费。补助标准:1949年9月30日以前参加工作(不符合离休条件)的,加发本人工资20%的补助费。1949年10月1日至1952年12月31日参加革命工作,工龄满30年的加发本人工资20%补助费。工龄满25年不满30年的加发本人工资10%补助费。1953年1月以后参加工作,工龄满30年的加发本人工资10%补助费。1953年1月以后参加工作,工龄满30年的加发本人工资10%补助费。工龄满25年不满30年的加发本人工资5%补助费。按上述办法加发的补助费与退休费之和最高不得超过本人退休前的工资额。

1986年1月起干部退休费与加发退休补助费之后的标准

表2-83

参加革命工作时间	国发〔1978〕104号文规定		加发退休补助费		原退休费比例与退休补助费比例之和(%)
	工作年限	(%)	工作年限	(%)	
1949年9月30日前(工薪制)	满10年	80	满10年	20	100
1949年10月1日至1952年年底(工薪制)	满20年	75	满30年	20	95
			满25年不满30年	10	85
	满15年不满20年	70	—	—	—
	满10年不满15年	60	—	—	—
1953年以后	满20年	75	满30年	10	85
			满25年不满30年	5	80
	满15年不满20年	70	—	—	—
	满10年不满15年	60	—	—	—

说明:以本人退休时月工资为基数

1989年12月,国务院规定从1989年10月起提高退休人员待遇。将职工退休费最低保证数由原来30元提高到50元;将因工(公)致残的退休职工退休费最低保证数由原来的40元提高到60元;将职工退职生活费最低保证数由原来的25元提高到40元。对1957年以来未升过级的退休干部,按提高一级工资的数额增加退休费,计入退休费总数。

1990年4月19日,国务院关于国家机关事业单位已到离退休年龄未办离退休手续人员调整工资问题规定,国家机关、事业单位中1989年9月30日前已到离退休年龄,尚未办理离退休手续的人员,可以根据国务院文件的规定参加工资普调。即在本人现行职务工资标准的基础上增加一级工资。1990年乐安县离退休人员已达到730人,离退休人员经费总额79.5万元。

1991年12月31日,国务院关于调整机关事业单位工作人员工龄津贴标准的通知第四点规定,相应调整机关事业单位离退休人员的待遇,对参加了1985年工资制度改革的,按本人离退休前的实际工龄和调整后的标准计算原工龄津贴数额,纳入离退休人员经费基数。未参加1985年工改的,按本人离退休前的实际工龄和每工作一年1元工龄津贴的标准增加离退休费基数,从1992年1月起执行。1991年乐安县离退休人员777人,离退休人员经费总额93.8万元。

1992年5月15日,国务院关于机关事业单位离退休人员增加离退休费的通知,规定从1992年3月起,机关事业单位离退休人员按本人基本离退休费的10%增加离退休费。离休人员增加数额不足12元的按12元发给,退休人员增加数额不足10元的按10元发给。退职人员可参照上述办法增加退职生活费。

1992年9月，省委组织部等5家联合通知，从1992年10月1日起对退休人员加发退休补助费等问题规定：(1)新中国建立后参加工作的退休人员，工作年限男满35年(其中1949年10月1日至1952年底期间参加工作的，工作年限男女满30年的)在国务院〔1978〕104号文件规定标准基础上，每人每月加发退休补助费20%；工作年限满20年，不满35年(其中女的不满30年)的，每人每月加发退休补助费15%；工作年限满10年，不满20年的，每人每月加发退休补助费10%(详见附表)。(2)国家机关事业单位的退休人员，退休前实行机关事业单位结构工资制的，其基础工资和工龄工资二项可以全额发给，不按享受退休待遇的比例折算，其职务工资部分按现行规定享受退休费待遇的比例折算后发给。1992年乐安县离退休人员762人，当年离退休费支出127.3万元。

中华人民共和国成立后参加工作的退休人员原退休费与加发退休补助费标准

表2－84

参加工作时间	国发〔1978〕104号文件规定		加发退休补助费		原退休费比例与退休补助费比例之和(%)
	工作年限	(%)	工作年限	(%)	
中华人民共和国成立后参加工作	满20年	75	男满35年(其中1949年10月1日至1952年底参加工作，男满30年)女满30年	20	95
			满20年不满35年(女不满30年)	15	90
	满15年不满20年	70	满10年不满20年	10	80
	满10年不满15年	60			70

注：从1992年10月1日起执行

1993年12月4日，国务院办公厅关于印发机关事业单位工资制度改革三个实施办法的通知，关于退休人员的生活待遇规定：(1)1993年9月30日前已办理退休的。①离休前有职务的，离休人员原则上按同职务在职人员的平均增资额增加离休费。②离休前无职务的离退休人员，增加离退休费的办法，由各省市自治区人民政府根据本地区实际情况制定。(2)实行职务工资制的离退休人员，离退休费暂按下列办法计发：①离退休人员的离退休费按本人原基本工资全额计发。②退休人员的退休费，基础工资和工龄工资按本人标准工资全额计发，职务工资和级别工资按本人原标准的一定比例计发。其中：工作满35年的职务工资、级别工资两项之和按88%计发；工作满30年不满35年的的职务工资、级别工资两项之和按82%计发；工作满20年不满30年的职务工资、级别工资两项之和按75%计发。(3)机关单位退休工人增加退休费的计算办法是：①退休技术工人分别按本人原岗位工资、技术等级(职务)工资、奖金三项之和及工龄长短分别按90%(35年以上)；85%(30～35年)；80%(20～30年)计发。②退休普通工人分别按本人岗位工资和奖金两项之和及工龄长短按90%、85%、80%计发(工龄等级同上)。1993年乐安县离退休人员为797人，当年离退休费支出171.2万元。

1994年3月，省人事厅《关于实施机关事业单位工资制度改革中有关问题的处理意见》，对退休(退职)人员，工作20年以下的人员计发退休费比例作如下规定：实行职务工资制的工作人员，退休时工作年限满10年，不满20年的，基础工资和工龄工资全额发给，职务工资和级别工资按60%计发；工作年限不满10年的，基础工资和工龄工资按全额发给，职务工资和级别工资按40%计发。事业单位工作人员和机关工人，工作年限满10年不满20年退休的，其退休费按本人工资(含活的部分)的70%计发；工作年限不满10年退职的，其退职生活费按本人原工资的50%计发。享受原工资100%退休费的退休老专家、起义人员均按同职务在职人员平均增资额增加退休费，不打折扣。1994年离退休人数815人，当年离退休费支出229.7万元，比上年增加2.3%，离退休费却增值34.2%，因为1994年是我国第三次工资制度改革，补发增资额故工资增长幅度较大。

1994年10月8日，省人事厅关于调整机关事业单位离退休费的通知。对江西省机关事业单位中1993年9月30日前已办理离退休手续和已到达离退休年龄的，并已按省政府赣府发〔1994〕5号文件规定标准增加离退休费的部分人员，可从1993年10月1日起分别按下列调整后的标准执行。不实行职级工资制，参照同职务在职人员的增资水平适当增加离退休费。

机关事业单位离退休人员增加离退休费标准

表 2－85　　单位:元

离退休前职务		离休 1937年7月6日以前	离休 1937年7月7日至1945年9月2日	离休 1945年9月3日至1949年9月30日	退休
行政人员	正厅及相当职务	332	327	322	290
	副厅及相当职务	260	255	250	225
	正处及相当职务	204	199	194	175
	副处及相当职务	165	160	155	140
	正科及相当职务	126	121	116	105
	副科及相当职务	98	93	88	80
	科办员	82	77	72	65
专业技术人员	教授及相当职务	365	360	355	320
	副教授及相当职务	214	209	204	180
	讲师及相当职务	124	119	114	100
	助教及相当职务	82	77	72	65
	技术员及相当职务	76	71	66	60

注:赣人薪发〔1994〕15 号文附件

1995 年 12 月 8 日,国务院关于机关事业单位离退休人员增加离退休费的通知,决定从 1995 年 10 月起,离休人员按同职务在职人员晋升一个工资档次的增资额增加离休费,每月低于 25 元按 25 元增加,退休人员每月按 20 元增加退休费。依照国家规定退职人员按每月 15 元增加退职生活费。

1995 年 12 月 11 日,省人事厅、财政厅关于机关和事业单位工作人员增加补贴的通知,经省委、省政府同意从 1995 年 10 月起,对机关和事业单位工作人员(含离退休及退职人员)增加补贴:副省级以上人员每月补贴 45 元,正副地厅级人员每月补贴 40 元,正副县(处)级人员每月补贴 35 元,科级或科级以下人员每月补贴 30 元,有困难的县也可以补贴 20 元(乐安县执行标准是 30 元,此补贴包括在 1993 年工改后的 78 元补贴内),此项补贴不计入离退休费计算基数。

1997 年 9 月 29 日,人事部、财政部关于机关事业单位离退休人员增加离退休费的通知,决定:(1)从 1997 年 7 月 1 日起,对 1997 年 6 月 30 日前已办理离休、退休、退职手续和已到达离退休年龄的人员,按每人每月 20 元增加离休、退休费和退职生活费。(2)从 1997 年 10 月 1 日起,仍按国发〔1995〕32 号文件规定精神,适当增加离休、退休费和退职生活费。具体办法是:离休人员按同职务在职人员晋升一个职务工资档次的档差,增加离休费,每月低于 25 元的按 25 元增加;退休人员按每月 20 元增加退休费;退职人员按每月 15 元增加退职生活费。

1999 年 9 月 8 日,省人民政府规定从 1999 年 7 月 1 日起,调整机关事业单位工作人员工资标准,相应增加离退休人员离休费。(1)离休人员按同职务在职人员的增资额增加离休费,每人每月增加数额不足 120 元,按 120 元增加。(2)退休人员按下列标准增加退休费,行政人员省级以上职务 210 元;厅局级 170 元;处级 140 元;科级 110 元;科员及办事员 90 元。3. 退职人员每人每月增加 80 元退职生活费。

1999 年 12 月 14 日,省人事厅请示省政府批准同意,从 1999 年 10 月 1 日起,继续在考核的基础上正常晋升职务工资档次,离休人员同时增加离休费,按国发〔1995〕32 号文件精神,按同职务在职人员晋升一个工资档次,增加离休费。退休人员按赣府厅发〔1997〕48 号规定每月增加 20 元退休费。

2006 年,省人事厅、财政厅,根据国人部发〔2006〕60 号文件规定,江西退休人员,公务员退休后的退休费按本人退休前职务工资和级别工资之和的一定比例计发,其中,工作年限满 35 年的,按 90% 计发;工作年限满 30 年不满 35 年的,按 85% 计发;工作年限满 20 年不满 30 年的,按 80% 计发;工作年限满 10 年不满 20 年的,按 70% 计发;工作年限不满 10 年的,按 50% 计发。并规定行政管理人员增加退休费标准,厅局级 750 元,县级处 450 元,乡科级 275 元,科员及办事员 180 元;专业技术人员,教授及相当职务 700 元,副教授及相当职务 400 元,讲师及相当职务 275 元,助教(含相当职务)及以下职务 180

元;高级技师和技师275元,高级工以下(含高级工)及普通工180元。

二、离休

离休费是发给离职休养人员(干部)的离休金及生活补贴。新中国成立初期,党和政府对部分参加革命工作早,因年老体弱不能坚持正常工作的干部,采取调离现职,长期供养,工资照发的办法进行安置。国务院关于老干部离职休养制度规定:"对建国前参加中国共产党所领导的革命战争,脱产享受供给制待遇,达到离职休养年龄的,实行离职休养制度"。

1978年6月2日,《国务院关于安置老弱病残干部的暂行办法》规定,由于年龄和身体关系,不能继续坚持正常工作。1949年9月底以前参加革命工作的地委正副书记,行政公署正副专员及相当职务以上的干部;1942年底以前参加革命工作的县委正副书记,革命委员会正副主任及相当职务的干部;1937年7月6日以前参加革命工作的干部,可以离职休养,工资照发。1979年1月起,对1937年7月6日以前参加革命工作的人员离休费低于行政17级工资标准的,一般提高到行政17级;4月起,按离休干部每人每年定额30元,由单位掌握,用于对他们的特殊困难开支。

1980年10月7日,《国务院关于老干部离职休养的暂行规定》指出,第一、二次国内革命战争时期参加革命工作的干部,抗日战争时期参加革命工作的副县长及相当职务或行政18级以上的干部,新中国建立以前参加革命工作的行政公署副专员及相当职务或行政14级以上的干部,年老体弱,不能坚持正常工作的,应当离休。

1982年4月10日,国务院《关于发布老干部离职休养制度的几项规定》,其内容是:(1)新中国建立前参加中国共产党所领导的革命战争,脱产享受供给制待遇的和从事地下革命工作的老干部,达到离职休养年龄的,实行离职休养制度。已经退休的干部,符合条件的,应当改为离休。(2)老干部离休年龄:正省级年满65周岁;副省级和正厅(局)级年满60周岁;其他干部男年满60周岁;女年满55周岁,身体不能坚持正常工作的,可以提前离休;确因工作需要,身体又能坚持正常工作的,经任免机关批准,可以适当推迟离休。(3)老干部离休后基本政治待遇不变,生活待遇略为从优。对1921年7月1日到1949年9月30日各个革命时期参加革命工作的老干部,离休后原工资照发。

1982年,中组部规定新中国建立前参加革命工作未担任司、局(地)级职务的行政14级以上老干部离休后,一般可享受司、局(地)级的政治、生活待遇。新中国建立前参加革命工作未担任处(县)级职务的行政18级以上老干部离休后,一般可享受处(县)级的政治、生活待遇。

1986年,省财政厅、劳动人事厅、省委老干部局决定对少数工资偏低的离休干部给予生活补助。抗日战争前期(1937年7月7日至1942年12月31日)参加革命工作,现标准工资额低于原行政18级5类地区工资额85元的离休干部,一般可补助到工改前行政18级5类地区的标准工资额。抗日战争后期(1943年1月1日至1945年9月2日)参加革命工作,现标准工资额低于原行政19级5类区工资额76元的离休干部,一般可补助到工改前行政19级5类区的标准工资额。解放战争时期(1945年9月3日至1949年9月30日)参加革命工作,现标准工资额低于原行政21级5类区工资额60.5元的离休干部,一般可补助到工改前行政21级5类区的标准工资额(国发〔1989〕82号文规定,此档调为20级70元)。赣组通1988年59号文规定,凡是1937年7月6日以前参加工作的离休老红军、老干部,其离休工资不到工改前行政14级工资标准即6六类地区标准为136.6元的,可以补助到136.6元。

2006年,省人事厅、财政厅规定,2006年6月30日前已办理离休手续的人员,从2006年7月1日起增加离休费:行政管理人员,正县处级670元,副县处级490元,乡科级及以下职务350元;专业技术人员,教授及相当职务990元,副教授及相当职务540元,讲师(含相当职务)及以下职务350元。

除上述离休干部政治、生活待遇外,根据历年文件整理,离休干部生活待遇略为从优,有以下具体规定:

1. 增发生活补贴

国务院1982年规定,对行政9级以下1937年7月6日以前参加革命工作的老干部,按本人离休前标准工资,每年增发两个月的工资,作为生活补贴。1937年7月7日到1942年12月31日参加革命工作的老干部,按本人离休前标准工资,每年增发一个半月的工资。1943年1月1日至1945年9月2日参加革命工作的老干部,按本人离休前标准工资,每年增发一个月的工资。

2011年是中国共产党成立90周年。为体现党中央、国务院对离休干部的关怀和照顾,经中央同意,决定从2011年起,提高离休干部生活补贴标准和扩大发放范围:(1)1937年7月6日前参加革命工作的离休干部，生活补贴由原每人每年增发两个月的基本离休费，提高到每人每年增发三个月的基本离休费。(2)1937年7月7日至1942年12月31日参加革命工作的离休干部，生活补贴由原每人每年增发一个半月的基本离休费，提高到每人每年增发两个半月的基本离休费。(3)1943年1月1日至1945年9月2日参加革命工作的离休干部，生活补贴由原每人每年增发一个月的基本离休费，提高到每人每年增发两个月的基本离休费。(4)对1945年9月3日至1949年9月30日参加个革命工作的离休干部，每年增发一个月的基本离休费，作为生活补贴。

2. 异地安置、建房适当补助

国务院1980年规定离休干部异地安置的由原单位一次发给安置补助费150元，安置到农村生产队的发给300元。

赣政发〔1982〕66号文规定，回原籍农村安家落户的离休干部修建住房可给予适当补助，幅度在3000元至5000元。其中：地、厅级干部不超过5000元；县（处）级干部不超过4000元；其他干部不超过3000元。

3. 特需经费

1982年规定有离休干部的单位，每人每年150元列入预算，主要用于解决离休干部的特殊困难和必要的活动开支，其中100元发给离休干部由本人支配，50元由单位掌握，用于慰问、看望老干部。1996年省委组织部等5家文件通知，从1997年1月1日起，由150元提高到200元。2002年赣人字〔2002〕39号文件规定，特需经费标准为每人每年500元。

4. 公用经费

1998年，根据赣财行字〔1986〕16号文件规定，从1988年1月1日起，离休干部公用经费每人每年300元，交县委老干部局统一管理使用。使用范围为办公学习、健康疗养、参观学习等费用。此后于1992年调整为330元。1996年省委组织部等5家联合通知从1997年1月1日起由330元提高到400元。

2011年10月，县委组织部、老干部局转发抚州市财政局、市委老干部局《关于提高离休干部公用经费和退休干部活动经费的通知》，决定从2011年1月1日起，离休干部公用经费由每人每年400元调整为800元。

5. 交通费

省财政厅1990年规定，厅（局）级离休干部交通费每人每月发给15元，处级离休干部每人每月发给10元，科级以下离休干部每人每月发给6元，包干使用。原在职时每月5元的交通费同时停发。赣财文字〔1992〕175号文规定，地（厅）级离休干部交通费每人每月30元；县（处）级20元；科级以下10元。

6. 护理费

1980年，《国务院关于老干部离职休养暂行规定》，因公致残，饮食起居需要人扶助的离休干部，一般可发给相当普通二级工标准的护理费（36元）。1987年赣财行字30号文规定，因公致残、瘫痪等原因生活不能自理的离休干部，按照国家规定条件享受护理费，其标准为每人每月51元。1996年赣组通108号文规定，因公致残护理费从1997年1月起，由51元提高到100元。

1991年赣财文77号文规定，省直单位80岁以上离休干部，从1991年6月份起每人发给51元护理费（赣财文〔1995〕18号文规定由51元提高到100元）。赣财文字1992年175号文规定，1942年底以前参加革命工作的离休干部和1943年1月1日至1945年9月2日参加革命工作且年满70周岁的离休干部每人每月发放护理费61元。赣财文〔1995〕18号文规定，从1994年7月1日起由61元提高到140元。1999年省委老干部局、省财政厅（赣老字26号文）通知，自1999年7月1日起，对1945年9月3日至1949年9月30日参加革命工作的离休干部享受护理费的年龄从原规定的80周岁降为75周岁，护理费标准为每人每月100元。

2004年6月，抚州市委老干部局、抚州市财政局转发省委老干部局、省财政厅《关于降低解放战争时期参加革命工作离休干部享受护理费年龄的通知》，决定自2004年1月起，将1945年9月3日至1949年9月30日参加工革命工作离休干部享受护理费的年龄从原规定的75周岁降为70周岁，标准仍为每人每月100元，经费渠道不变。乐安有11名离休干部享受了此项护理费待遇。

2005年8月，省财政厅、省劳动和社会保障厅、省委老干部局《关于提高离休干部护理费标准的通知》，从当年1月1日起，对抗日战争时期的离休干部，其护理费由现行每月140元提高到280元；解放战争时期的离休干部，其护理费由现行每人每月100元提高到200元。

2008年4月，省委组织部、老干部局、财政厅、人事厅、劳动和社会保障厅，下发《关于调整因瘫痪等原因生活长期完全不能自理的离休干部护理费标准的通知》，规定：(1)按照赣老发〔2007〕15号、赣财社〔2005〕43号文件规定，已经分别享受每人每月800

元、280元和200元护理费的老红军、抗日战争时期和解放战争时期参加革命工作的离休干部，由于因公致残和瘫痪等原因生活长期完全不能自理的，经批准后在享受原护理费基础上每人每月再增加600元护理费。其中按照赣老发〔2005〕26号文件已增加200元护理费的，本次再增加400元；(2)符合赣社险局〔2002〕19号文件规定参加基本养老保险社会统筹，由于因公致残和瘫痪等原因长期完全不能自理的企业离休干部，在护理期间再增加的护理费标准，由原来的每人每月100元调整为每人每月600元。其中按照赣老〔2005〕26号文件已经调整到200元的，本次再增加400元；(3)执行时间：已经按照赣老发〔2005〕26号文件增加过护理费的，自2008年1月份起执行；新办理审批手续的，从批准之月起执行。老同志已康复的，从取消护理的下个月停止执行。

2009年3月，县委组织部、老干部局、财政局、人事劳动和社会保障局转发抚州市委组织部、老干部局、财政局、人事局、劳动和社会保障局《关于转发赣老发〔2008〕31号文件〈关于提高部分离休干部护理费标准和扩大发放范围的通知〉的通知》，决定从2009年1月1日起执行以下标准：(1)1937年7月7日到1945年9月2日参加革命工作的离休干部护理费标准由每人每月280元提高到每人每月400元。(2)按照组通字〔2008〕48号文件规定，已发放自雇费或生活长期完全不能自理护理费的离休干部，不重复享受。(3)按照赣财社〔2005〕43号、赣老发〔2007〕5号已经分别享受每人每月200元、800元的离休干部，且符合生活长期不能自理条件享受600元护理费的，按照就高不就低的原则，不重复享受。

2012年10月，抚州市财政局、人力资源和社会保障局、老干部局转发省财政厅、人力资源和社会保障厅、老干部局《关于提高离休干部护理费标准的通知》，决定从2012年1月1日起，每位离休干部每月增加护理费200元。提高标准后，红军时期参加革命工作的离休干部每人每月护理费标准为1000元，抗战时期参加革命工作的离休干部每人每月为600元，解放战争时期参加革命工作的离休干部每人每月为400元。此次提标所需经费按原渠道开支。

7. 探亲待遇

1983年规定，干部离休后除继续享受国家对在职干部的探亲待遇外，本人还可按现行差旅费开支标准，报销一次探视父母、子女或回原籍的往返车船票。

8. 公费医疗待遇

保证离休人员有病及时治疗，医药费按规定实报实销。

9. 遗属补助

离休干部死亡后，其遗属补助标准，高于中华人民共和国成立后参加工作的人员死亡后的遗属补助标准。

10. 书报费、洗理费、防暑降温费

乐安县委办公室、县人民政府办公室通知，经县委、县政府同意，从2002年8月起，离休干部书报费每人每月8元，洗理费每人每月8元，防暑降温费每人每年120元。2011年起，离休干部防暑降温费提高到每人每年640元。

11. 企业离休干部待遇

1999年8月2日，省人民政府关于做好企业离休人员与国家机关离休人员离休费平衡工作，规定从1999年7月1日起企业离休人员离休费不再执行企业基本养老金正常调整机制了，执行国家机关离休人员离休费调整政策。企业离休人员的管理仍按原规定执行。

2004年3月，县委根据中办字〔2000〕31号、赣办字〔2002〕25号、抚办字〔2002〕75号文件精神，决定从当年4月起，将企业离休干部收归所在企业主管单位管理，其医药费统筹金列入财政预算(企业离休干部26人，其中：商转系统6人，林业系统1人，粮食系统11人，供销系统4人，经贸系统4人)。

离休干部除享有以上各项待遇外，并享受单位同级在职干部同等各项非生产性福利待遇。

1977～2012年乐安县离退休人员、经费支出资料

表2－86

单位：万元

年度	离退休合计		各部门管理离退休		民政管理离退休		财政集中管理离退休		其中离休人数
	合计人数	离退休费	人数	离退休费	人数	离退休费	人数	离退休费	
1977	—	—	—	—	24	1.2	—	—	—
1978	—	—	—	—	27	1.3			
1979	—	—	—	—	28	1.4	—	—	—
1980	—	—	—	—	—	—	—	—	—

续表 2-86

年度	离退休合计		各部门管理离退休		民政管理离退休		财政集中管理离退休		其中离休人数
	合计人数	离退休费	人数	离退休费	人数	离退休费	人数	离退休费	
1981	340	14.6	321	13.2	19	1.4	—	—	—
1982	—	—	—	—	—	—	—	—	—
1983	527	24.9	466	22	61	2.9	—	—	5
1984	578	26.1	543	24.6	21	1.5	—	—	14
1985	577	32.3	537	30.5	21	1.8	—	—	53
1986	615	44.1	594	42	21	2.1	—	—	53
1987	743	59	722	57	21	2	—	—	79
1988	719	64.7	698	62.3	21	2.4	—	—	78
1989	729	74.8	709	73.7	20	1.1	—	—	88
1990	730	79.5	723	78.2	7	1.3	—	—	86
1991	777	93.8	770	92.4	7	1.4	—	—	87
1992	762	127.3	755	125.3	7	2	—	—	88
1993	797	171.2	790	168.9	7	2.3	—	—	88
1994	815	229.7	808	227	7	2.7	—	—	87
1995	813	255.4	807	253.1	6	2.3	—	—	86
1996	862	260.2	862	260.2	—	—	—	—	84
1997	—	—	—	—	—	—	—	—	82
1998	—	—	—	—	—	—	—	—	80
1999	—	—	—	—	—	—	1064	310	78
2000	—	—	—	—	—	—	1184	380	70
2001	—	—	—	—	—	—	1256	516	68
2002	—	—	—	—	—	—	1820	658	68
2003	—	—	—	—	—	—	1877	737	66
2004	—	—	—	—	—	—	1948	891	64
2005	—	—	—	—	—	—	2134	935	61
2006	—	—	—	—	—	—	2044	1000	54
2007	—	—	—	—	—	—	2218	1639	52
2008	—	—	—	—	—	—	2373	1959	48
2009	—	—	—	—	—	—	2423	1896	45
2010	—	—	—	—	—	—	2495	2322	41
2011	—	—	—	—	—	—	2516	2254	36
2012	—	—	—	—	—	—	2665	2175	32
合计	—	1557.6	—	1530.4	—	31.1	—	17672	—

注:(1)1996 年 84 名离休干部中,享受副地级医疗、用车待遇的 1 人,享受正县级政治、生活待遇的 1 人,享受副县级政治、生活待遇的 26 人

(2)1981 年各部门管理离退休费中,农业、农机、水利系统退休人员 13 人,其退休费未列入此表

第五节 企业改革补助

1998 年 9 月,江西省国有企业下岗职工基本生活保障和再就业工作领导小组印发《江西省国有企业下岗职工基本生活保障和再就业资金管理实施办法》的通知,通知指出,国有企业下岗职工基本生活保障和再就业资金,是指由政府、企业和社会共同筹集的、用于为进入国有企业再就业服务中心的国有企业下岗职工发放基本生活费、代缴养老、医疗、失业保险费和促进再就业工作的专项资金。

2002 年 10 月,乐安县委、县人民政府下发《关于进一步深化国有企业产权制度改革的通知》,通知要求:

要进一步深化国有企业产权制度改革,加大国有企业战略性调整力度,以产权制度改革为重点,以产权出让、股份制改造、外资嫁接、依法破产为主要

形式，辅之以股份合作制、兼并等形式，积极推进我县企业所有制结构和组织结构的调整，使县属国有企业和国有资产有序退出。通过推行全员劳动合同制、废除全民所有制固定工制度；通过推进配套改革，健全和完善独立于企事业单位之外的、社会化的保障体系，逐步建立适应社会主义市场经济要求的企业产权制度，从整体上搞活国有经济。

(1)改革原则

①坚持国有企业全部退出原则。国有资本能一次性退出的全部退出。

②坚持产权制度改革与发展非公有制经济紧密结合的原则。鼓励和大力吸引个私业主、企业职工、外地客商，采取购买、控股、参股、兼并等形式，参与全县国有企业产权制度改革。

③坚持实事求是评估资产的原则。

④坚持积极改革与维护稳定相结合的原则。既要正视困难，排除阻力，大胆推进改革；又要深入细致地做好职工思想政治工作，提高群众的心理承受能力，完善社会保障体系，做好职工安置工作，解决离退休人员养老等问题。

⑤坚持公开、公正、公平交易的原则。大力推行产权商品化，规范产权交易行为。

(2)改革目标

实现国有企业产权转换，企业经营机制和企业制度创新。通过以出让产权、股份制改造、外资嫁接、依法破产为主要形式的产权制度改革，使国有企业产权由单一投资主体向多元投资主体转换；采取多种安置办法，使原国有企业的职工逐步走向市场，逐步建立产权清晰、权责明确、政企分开、管理科学的现代企业制度，使企业真正成为自主经营、自负盈亏、自我发展、自我约束的法人实体和市场竞争主体。

(3)改革范围及形式

企业产权制度改革在全县国有企业范围内进行。整个改革工作必须精心组织、周密安排、循序渐进、分步实施。各企业改革形式要坚持从实际出发、实事求是的原则，因地制宜，因企施策，选择切合企业实际的不同改革形式。但主要应采取出让产权、股份制改造、外资嫁接、依法破产的形式。

①出让产权。县属国有企业，不论规模大小，经营好坏，均可出让产权。

②股份制改造。产品适销对路、管理基础扎实、经济效益较好的企业，可改造为经营骨干持大股的股份制或股份合作制企业。

③外资嫁接。通过招商引资吸引外资嫁接改造国有企业，形成多元投资主体的股份制企业或民营经济企业。

④依法破产。对长期亏损、扭亏无望、严重资不抵债的企业，依法实施破产。

2001年以来，依照国家规定，乐安县先后对部分污染严重、安全隐患较多、产能落后的小煤矿、小化工、小水泥、烟花爆竹等小企业实施了行政性关闭。全县国有企业关闭6家(乐安县第一化工厂、乐安县第二化工厂、乐安县升泉化工厂、乐安县缫丝厂、乐安县水泥厂、乐安县胶合板厂)，破产2家(乐安县矿产品公司、乐安县罐头食品厂)，改制12家(乐安县五交化公司、乐安县百货公司、乐安县副食品公司、乐安县饮食服务公司、乐安县贸易公司、乐安县贸易经理部、乐安县燃料公司、乐安县针织内衣厂、乐安县印刷厂、乐安县农机厂、乐安县家具总厂、乐安县汽车运输公司)。集体企业关闭3家(乐安县进峰木业、乐安县腾飞造纸厂、乐安县鸿达造纸厂)。

中央财政、省财政对关闭小企业给予了资金补助，主要用于关闭企业职工安置等支出。2009年中央财政补助乐安县30万元，2010年中央财政补助25万元，省财政补助50万元，2011年省财政补助190万元。

1988～2012年乐安县企业改革补助支出表

表2－87

单位：万元

年度	金额	年度	金额	年度	金额	年度	金额
1998	147	2002	—	2006	20	2010	25
1999	49	2003	—	2007	—	2011	50
2000	72	2004	65	2008	20	2012	501
2001	8	2005	38	2009	30	合计	1025

第六节　就业补助

就业补助，主要用于促进下岗失业人员再就业的社会保险补贴、职业培训补贴、职业介绍补贴、公益性岗位补贴及小额担保贷款贴息资金等。本款从2003年起开始单列。

中共中央、国务院非常重视国有企业下岗职工基本生活保障和再就业工作，1998年中发〔1998〕10号文件，要求当前和今后一个时期，把保障下岗职工的基本生活作为首要任务，并力争每年实现再就业的人数大于当年新增下岗职工人数，争取用5年左右的时间，初步建立起适应社会主义市场经济体制要求的社会保障体系和就业机制。再就业服务中心用于保障下岗职工基本生活和缴纳社会保险费用的资金来源，原则上采取"三三制"办法解决，即财政预算安排1/3，企业负担1/3，社会筹集（包括从失业保险基金中调剂）1/3，具体比例各地可根据情况确定。

1999年，国务院关于做好提高三条社会保障线水平等有关工作的意见中规定，从1999年7月1日起，将国有企业下岗职工基本生活费水平提高30%，具体标准由各地根据实际情况确定。提高三条社会保障线水平的资金，除北京、上海等7省市由地方财政自行解决，其他省市由中央给予适当补助。对1999年6月底以前已经进入企业再就业服务中心并签订基本生活保障和再就业协议的下岗职工，应按新标准发放基本生活费，对1999年7月1日以后进入中心的下岗职工，要在签订协议后按提高30%的新标准发放基本生活费。国务院提出国有企业下岗职工基本生活保障补助费各地要坚持按照"三三制"的原则筹集资金。凡是有能力支付的企业和社会保险经办机构，必须保证资金到位。对困难企业自筹和社会筹集不足的部分，经劳动保障部门和财政部门审核后，由财政给予保证，以确保国有企业下岗职工基本生活费的发放。

2003年6月，抚州市财政局、抚州市劳动和社会保障局转发省财政厅、省劳动和社会保障厅《江西省促进下岗失业人员再就业资金管理暂行办法》的通知，对下岗失业人员再就业资金支出项目及标准作出了规定。

1. 社会保险补贴

各类服务型企业（国家限制的行业除外）新增岗位新招用下岗失业人员并与之签订3年以上期限劳动合同的和在社区开发的公益性岗位安排原属国有企业大龄就业困难对象的企业（单位），按其为符合规定条件的国有企业下岗失业人员实际缴纳的基本养老保险费和失业保险费给予社会保险补贴，不包括下岗失业人员个人应缴纳的基本养老保险费和和失业保险费以及企业（单位）和个人应缴纳的其他社会保险费。补贴期限按实际用工期限计算，最长不超过三年。经职工个人申诉和劳动保障部门查实，用人单位因非生产经营困难和非职工个人过错等原因，企业（单位）提前与招用的下岗失业人员解除劳动关系的，应继续为该职工缴纳社会保险费直至补贴期满。已按有关规定享受协议保留社会保险关系政策的下岗失业人员不再享受社会保险补贴。社会保险补贴政策暂定执行到2005年。抚劳社就〔2003〕28号文规定，凡在2005年底之前，符合条件的，都可以享受三年时间的优惠政策。

2. 职业培训补贴

包括再就业培训补贴、创业培训补贴、政府购买培训成果补贴。补贴标准：①再就业培训补贴标准为600元/人～1600元/人。培训就业率达到50%以上的，按培训人员总数给予补贴。培训就业率在50%以下的，则按照实际就业人数给予补贴。②创业培训补贴标准为1000元/人～1600元/人。创业成功率达到50%以上的，按培训人员总数给予补贴，创业成功率在50%以下的，则按照实际创业人数给予补贴。③政府购买培训成果补贴标准，原则控制在100元～400元的范围内。

3. 职业介绍补贴

对下岗失业人员只提供一次免费职业介绍补贴，补贴标准原则上不超过50元/人。

4. 公益性岗位补贴

是指对在社区开发的保洁、保绿、保安、保养等公益性岗位安置大龄就业困难人员的企业（单位），按实际招用人数给予用人单位岗位补贴，补贴原则上按当地最低工资标准的50%确定，具体数额由当地人民政府确定。乐安县补贴标准为每人每月200元。

5. 小额担保贷款贴息

是指中央财政对经办微利项目小额担保贷款业务的商业银行，按同期商业贷款利率给予的全额贴息，贴息最长不超过2年。

截至2004年9月止，乐安县国有企业下岗职工再就业896人，城镇新增就业岗位1675人，享受社会保险补贴520人，享受职工培训补贴525人，享受职业介绍补贴685人，享受公益性岗位补贴121人。享受小额担保贷款贴息18人，享受创业培训补贴75人。

2003年财政支出就业补助资金149万元，2012年财政支出就业补助资金2087万元，是2003年的

14 倍。

2003～2012 年乐安县就业补助支出表

表 2－88　　　　单位:万元

年度	金额	年度	金额	年度	金额
2003	149	2007	848	2011	1408
2004	199	2008	1314	2012	2087
2005	348	2009	1136		
2006	543	2010	1130	合计	9162

第七节　抚　恤

抚恤费主要用于各类优抚对象和优抚事业单位的支出。其内容包括在职军人和文职人员的牺牲病故抚恤费、伤残抚恤费及遗属抚恤费、烈、军属及复员军人生活补助费以及抚恤单位事业经费等。

1951～2012 年乐安县抚恤费支出表

表 2－89　　　　单位:万元

年度	金额	年度	金额	年度	金额	年度	金额	年度	金额
1951	1	1964	—	1977	8	1990	39	2003	196
1952	4	1965	—	1978	9	1991	40	2004	147
1953	6	1966	—	1979	9	1992	42	2005	309
1954	1	1967	—	1980	—	1993	46	2006	417
1955	4	1968	—	1981	11	1994	51	2007	653
1956	6	1969	—	1982	—	1995	65	2008	500
1957	—	1970	—	1983	12	1996	60	2009	804
1958	—	1971	—	1984	12	1997	65	2010	569
1959	—	1972	—	1985	14	1998	84	2011	952
1960	—	1973	—	1986	22	1999	112	2012	1462
1961	—	1974	—	1987	19	2000	112	—	—
1962	—	1975	—	1988	28	2001	156	—	—
1963	—	1976	—	1989	37	2002	180	合计	7264

一、死亡抚恤

按规定用于烈士和牺牲、病故人员家属的一次性和定期抚恤金以及丧葬补助费。2007 年以前为牺牲、病故抚恤。

1. 牺牲病故抚恤费

清代,江西对任职的文武职人员病故后,规定发给返原籍的路费,有的另给恤款。

乾隆十七年(1752),两江总督规定筹给武职故员路费。十八年(1753)秋起,发给故员路费多少,是根据路途远近及官职大小而定。有些故员家属每于路费以外,又请增加恤金。

道光五年(1825)规定,因差在途病故而到任未及 1 年的,方准酌加银两。

同治七年(1868)规定,如有革职后在差病故的,照原定银两减半发给,此项恤银在提补捐款项下开支。

光绪二十九年(1903),又按实缺、候补、武职病故各员在任时间的长短,分别规定恤款数目。这些规定一直执行到宣统年间。

民国 3 年(1914)3 月,中央政府公布《文官恤金令》规定:文官满 10 年以上,已享受终身恤金死亡的;任职未满 10 年,因公致死或因公受伤退职死亡的,其直属亲属可享受遗族恤金。遗族恤金数目为终身恤金的二分之一。任职未满 10 年,因公致死的,除享受原终身恤金外,并按终身恤金数目增加三分之二,作为遗族恤金。

1927 年 2 月,江西省政府成立后,官吏恤金范围为委任职以上,因公亡故的,其直系亲属可享受遗族恤金或遗族一次恤金。

1934 年，中央政府颁布《公务员恤金条例》规定，因公亡故，在职 15 年以上病故享受年恤金，未满 15 年而亡故的，按其最后在职时俸给十分之一，给予遗族年恤金。受恤者原为委任警官按其最后在职时俸给的七分之一，长警则按最后任职时俸给的三分之一发给。

1941 年，江西省政府颁发《江西省非常时期战地公务员因公伤亡给恤标准》，对抗战期内，殉难文职人员、警长、警士，政府雇员加厚抚恤。对将士死亡的，按现职级俸分别加叙后，再按《公务员恤金条例》给恤。

1943 年 11 月，江西执行中央政府颁布的《公务员抚恤法实施细则》，公务员遗族年恤金，改按退休或死亡时的月俸合成年俸计算。

新中国成立后，1950 年 12 月，政务院先后公布《革命军人牺牲病故褒恤暂行条例》《革命工作人员伤亡褒恤暂行条例》《民兵民工抚恤暂行条例》，对革命军人、革命工作人员、民兵民工牺牲、伤亡作出了抚恤规定。革命军人、革命工作人员因参战，公干牺牲或积劳病故称为烈士，由烈士原籍县人民政府按以下标准发给一次性抚恤粮（大米，下同）：战士级 300 公斤，班排连长级 400 公斤，营团长级 500 公斤，旅长以上人员 600 公斤，民兵民工因参战牺牲的给予烈士称号，并一次性发给抚恤粮 250 公斤。

1952 年，调整革命军人，革命工作人员，民兵民工牺牲病故抚恤粮（大米）数：

表 2－90　　单位：公斤

级别	类别	1950 年抚恤数	1952 年抚恤数
战士警勤人员级	牺牲	300	900
	病故	225	450
班、排、连、营长、县科长级	牺牲	400	900
	病故	300	675
营团、县长级	牺牲	500	1500
	病故	375	1125
旅长、专员级以上	牺牲	600	2400
	病故	450	1800
民兵、民工	牺牲	250	600
丧葬费		300～400	500～750

1953 年，执行内务部《各项优待抚恤标准》抚恤费将原以粮食计算改为以货币计算。

1953 年牺牲病故抚恤标准

表 2－91　　单位：元

等级	牺牲	病故
战士、勤杂人员	140	110
班、排、连、营长、区长、县科长级	210	160
营、团、县长级	350	260
旅、师长、专员级以上	550	410
参战民兵民工	140	110

1955 年起，执行内务部通知，对牺牲病故人员抚恤标准调整为：战士 180 元、150 元（前者为牺牲抚恤，后者为病故抚恤，下同）；班长级 220 元、200 元；排连长级 280 元、230 元；营长级 350 元、280 元；团长级 450 元、360 元；师长及以上级 650 元、520 元；民兵民工 150 元、120 元。国家机关工作人员牺牲、病故标准与上述标准同。

1955 年军队人员和国家机关工作人员级别对比表

表 2－92

军队人员级别	战士级	班长级	排连长级	营长级	团长级	师级以上
国家机关工作人员级别	25 级至 29 级	23 级至 24 级	19 级至 22 级	17 级至 18 级	14 级至 16 级	13 级以上

1955 年 11 月，江西省人民委员会颁发《江西省革命牺牲病故人员抚恤方案》决定，在全省范围内开展烈士追恤工作，对在革命战争时期牺牲人员进行审核登记，追认抚恤。至“抗美援朝”时期，乐安县共登记、追认、抚恤革命烈士 2253 人。截至 1985 年止，共发放抚恤费 23375 元。

乐安县革命烈士统计表

表 2－93

级别 \ 人数 \ 牺牲时间	第一次国内革命战争时期	第二次国内革命战争时期	抗日战争时期	解放战争时期	抗美援朝时期	合计
总数	11	2213	1	11	17	2253
省军级	—	1	—	—	—	1
地师级	—	2	—	—	—	2
县团级	5	8	—	—	—	13
区营级	1	50	—	—	—	51
连排级	2	268	1	—	2	273
战士	—	1323	—	11	15	1349
乡村干部	1	393	—	—	—	394
其他	2	168	—	—	—	170

1979 年 3 月，江西省财政局、民政局转发财政部、民政部《关于调整军人、机关工作人员、参战民兵民工牺牲、病故抚恤金标准的通知》，对牺牲、病故人员的抚恤标准作了调整，并从当年 2 月 1 日起执行。

1979 年军人、机关工作人员、参战民兵民工牺牲病故抚恤标准

表 2－94

单位：元

军队职级	国家机关工作人员职级	牺牲抚恤	病故抚恤
师职或 13 级以上	省级机关局长、副局长、地区专员、副专员以及相当职务以上的干部或行政 13 级以上的干部	700	600
团职或 14 级至 17 级干部	省级机关处（科）长、副处（科）长，县革委会主任、副主任，以及相当上述职务的其他干部，或行政 14 级至 17 级干部	650	550
营职或 18 级至 20 级干部	省级机关科员、县革委会局长、副局长、公社革委会主任、副主任，以及相当上述职务的其他干部，或行政 18 级至 20 级干部	600	500
连排职或 21 级以下干部	省级机关办事员，县、公社革委会一般干部或 21 级以下干部	550	450
班长战士级	工勤人员	500	400
参战民兵民工		470	370

1980 年 6 月，国务院发布《革命烈士褒奖条例》，把牺牲病故两种抚恤标准，改为烈士、因公牺牲和病故 3 种抚恤标准。江西从当月起，对革命烈士，均在 1979 年抚恤标准的基础上，增加抚恤金 300 元；对 1979 年在对越自卫还击作战中牺牲的现役军人、支前民兵民工等，均增发抚恤金 300 元；对曾立二等功以上的，在增发抚恤金 300 元时，按原定和增发抚恤金总额另增发四分之一的抚恤金。因公牺牲

和病故抚恤金仍按1979年的标准执行。

1984年4月1日起，对在当年4月1日后牺牲经批准为烈士的，其一次性抚恤标准规定为：班长、战士级2000元；连排职或21级以下干部2100元；营职或19级至20级干部2200元；团职或15级至18级干部2300元；师职或14级以上干部2400元。

1985年10月，根据民政部、财政部通知，江西对1984年4月1日后牺牲经批准为革命烈士的军人和其他人员，其一次性抚恤标准改按下列规定发给：(1)烈士生前有工资收入的，按其牺牲时40个月工资计发；(2)烈士生前无工资收入或工资低于军队23级正排职干部的工资标准的，按其牺牲时军队23级正排职干部的40个月工资计发；(3)被军委或大军区授予英雄模范称号的烈士，增发应领一次性抚恤金的三分之一，荣立二等功以上的军人、参战民兵民工被批准为烈士的，增发应领一次性抚恤金的四分之一；(4)1984年4月1日后牺牲经批准为革命烈士，已发了一次性抚恤金的，按上述规定补发其不足部分。

1986年7月1日起，对军人、机关工作人员、参战民兵民工因公牺牲、病故的一次抚恤金，按以下规定发给：(1)军队干部、志愿兵、机关工作人员因公牺牲的一次性抚恤金，按其牺牲时的20个月工资计发；(2)军队干部、志愿兵、机关工作人员病故一次抚恤金，按其病故时的10个月工资计发，但最高数额不得超过3000元；(3)义务兵、参战民兵民工和工资低于所在部队23级正排职干部的军队院校学员、志愿兵因公牺牲的一次抚恤金，均按军队23级正排职干部20个月工资计发；病故的一次抚恤金，按军队正排职干部的10个月工资计发；(4)被军委或大军区授予英雄模范称号的军人因公牺牲或病故，增发应领抚恤金的三分之一，荣立二等功的军人因公牺牲或病故，增发应领抚恤金四分之一；(5)离休、退休的军人、机关工作人员因公牺牲或病故的一次抚恤金标准，也按上述规定执行(退休人员按本人退休时的全额工资计发)；(6)上述规定适用于1986年7月1日以后(含7月1日)因公牺牲、病故人员，1986年7月1日以前因公牺牲或病故的人员，其一次抚恤金仍按原规定标准执行。

1988年7月，国务院颁发《军人抚恤优待条例》。1989年4月，民政部发出《关于贯彻执行〈军人抚恤优待条例〉若干具体问题的解释》，明确“原规定的病故一次性抚恤金最高金额不得超过3000元的限制，自国务院《条例》颁布施行之日起予以取消”。同时明确义务兵和工资低于正排职军官工资标准的其他军人死亡时，按正排职军官工资标准发给其家属一次性抚恤金，是指按基准军衔为少尉的正排职军官的职务薪金(第二档次)和军衔薪金两项之和补发一次性抚恤金。

1991年5月，江西省民政厅、财政厅《关于转发民政部、财政部〈关于军队和国家机关离退休人员死亡后计发一次性抚恤金应包括项目的通知〉的通知》规定，计发一次性抚恤金包括的项目：1985年6月30日前批准离休、退休的军队干部，1985年6月30日前批准离休、退休的国家行政机关工作人员，1985年7月1日参加工资改革以后批准离退休的军队干部(含文职)和国家机关工作人员。

一次性抚恤金包括项目

表2－95

<table>
<tr><th colspan="2">人员分类</th><th>死亡一次抚恤金所含项目</th><th>文件依据</th></tr>
<tr><td rowspan="6">现役军人及在编职工</td><td>军官(包括专业技术军官)</td><td>职务薪金、军衔薪金、军龄薪金</td><td rowspan="6">总后财务部〔1989〕财标字415号(《各种人员基本薪金》)、〔1990〕后联字3号(第二步)调资规定。〔1991〕后财字第52号(移交政府安置的军队离退休干部调整离退休费的通知)，军委〔1985〕8号(30元生活补贴)。国发〔1979〕245号(5元副食补贴)、国发〔1985〕6号(17元生活补贴)、〔1989〕民优字19号《条件》解释
民政部〔1989〕民优函268号、国发〔1985〕9号(国家机关工作人员工资制度改革通知)、国发〔1989〕82号(89年调工资方案)、随调资分别增加的30元、35元、40元</td></tr>
<tr><td>专业、非专业技术文官干部</td><td>职务工资、军龄工资</td></tr>
<tr><td>编余干部</td><td>编余干部工资、军龄工资</td></tr>
<tr><td>军士长、专业军士</td><td>级别薪金、军龄薪金(低于少尉正排职)职务薪金〈二档〉和军衔薪金之和的按此标准</td></tr>
<tr><td>军士士兵</td><td>按少尉正排职务薪金(二档)和军衔薪金二项之和计发</td></tr>
<tr><td>在编职工</td><td>基础工资、职务工资、工龄工资</td></tr>
</table>

续表 2-95

人员分类				死亡一次抚恤金所含项目	文件依据
离休干部军队管理	1985 年 6 月 30 日前离休			职务工资、级别工资、生活补贴(含 5 元副食补贴、23 元生活补贴)增加的工资	
	1985 年 7 月 1 日～1988 年 9 月 30 日离休			职务工资、级别工资、军龄工资、增加的工资、离休费	
	1988 年 10 月 1 日后离休			职务工资、军衔工资、军龄工资、增加的离休费	
地方管理军队离(退)休干部	离休	1985 年 6 月 30 日前	有军籍	职务工资、级别工资、生活补贴(含 5 元副食补贴、23 元生活补贴)、增加的工资、离休费、军龄工资	
			无军籍	职务工资、级别工资、生活补贴(含 5 元副食补贴、23 元生活补贴)、增加的工资、离休费、军龄工资	
		1985 年 7 月 1 日～1988 年 9 月 30 日		职务工资、级别工资、军龄工资、增加的工资、离休费	
		1988 年 10 月 1 日后		职务工资、军衔工资、军龄工资、增加的离休费	
	退休	1985 年 6 月 30 日前		退休时职务全额工资、生活补贴(含 5 元副食补贴、17 元生活补贴)、增加的退休费、军龄工资	
		1985 年 7 月 1 日～1988 年 9 月 30 日		退休时职务、级别、军衔全额工资、增加的退休费	
		1988 年 10 月 1 日后		退休时职务、军衔、军龄全额工资、增加的退休费	
国家机关工作人员				基础工资、职务工资、工龄工资	
国家机关离退休人员	离休	1985 年 6 月 30 日前		离休时行政级别全额薪金、生活补贴(含 5 元副食补贴、17 元生活补贴),增加的离休费	国发〔1979〕245 号(5 元副食补贴) 国发〔1985〕6 号(17 元生活补贴)
		1985 年 7 月 1 日后		全额离休费(基础工资、职务工资、工龄工资)、增加的离休费	国发〔1980〕253 号(离休待遇规定)〔1989〕民优字 19 号《条例》解释民政部〔1989〕民优函 268 号 国发〔1985〕9 号(国家机关工作人员工资制度改革通知) 国发〔1989〕82 号(89 年之前工资方案)
	退休	1985 年 6 月 30 日前		退休时职务全额工资、生活补贴(含 5 元副食补贴、17 元生活补贴)、增加的退休费	
		1985 年 7 月 1 日后		退休时全额工资(基础工资、职务工资、工龄工资)增加的退休费	
领取伤残抚恤金的因战因公伤残军人因伤复发死亡				按少尉正排职务薪金(二档)、军衔薪金工资之和计发(如月伤残抚恤金高于上面二项之和按伤残抚恤金计发)	民政部给内蒙古民政厅的复函〔1990〕民优批 105 号

1995 年 5 月,民政部、财政部下发《关于军队服务津贴计入军队在编职工死亡一次性抚恤金问题的通知》,决定将已计入离休退休费基数的军队服务津贴计入军队在编职工死亡一次性抚恤金。

1995 年 5 月,公安部、民政部、财政部下发《关于发给公安机关做出特殊贡献的牺牲病故人民警察家属特别抚恤金的通知》规定，为褒奖和抚恤在公安工作中做出特殊贡献的牺牲或病故的人民警察，抚慰他们的家属，发给一次性特别抚恤金。

1995 年 11 月，国家安全部、民政部、财政部下发《关于发给国家安全机关做出特殊贡献牺牲病故人民警察家属特别抚恤金的通知》规定，为褒奖和抚恤在国家安全工作中做出特殊贡献的牺牲或病故的人民警察，抚慰他们的家属，发给一次性特别抚恤金。

1996 年 1 月 6 日，民政部、财政部下发《关于将警衔津贴列入人民警察一次性抚恤金计发标准之中的通知》。8 月 9 日，民政部《关于立功和获得荣誉称号的人民警察死亡后增发一次性抚恤金问题的通知》，对立功和获奖荣誉称号的人民警察死亡后（含死亡后追记、追认功勋的），按下列比例增发一次性抚恤金：(1) 被国务院授予英雄模范称号的，增发 35%；(2) 被最高人民法院、最高民检察院、公安部、安全部、司法部授予英雄模范荣誉称号的，增发 30%；(3) 立一等功的，增发 25%；(4) 立二等功的，增发 15%；(5) 立三等功的，增发 5%。

2004 年，国务院、中央军委公布施行的《军人抚恤优待条例》提高了一次性抚恤标准。即：烈士为本人生前 80 个月基本工资或基本离退休费，因公牺牲为本人生前 40 个月基本工资或基本离退休费，病故为本人生前 20 个月基本工资或基本离退休费，本规定从 2004 年 10 月 1 日起执行。

2006 年 7 月 1 日，国家机关工资制度进行了改革，为适应有关政策的调整变化，民政部、人事部、财政部于 2007 年 5 月下发《关于国家机关工作人员及离退休人员死亡一次性抚恤金发放办法的通知》，通知规定，自 2006 年 7 月 1 日起，国家机关工作人员及离退休人员死亡一次性抚恤金的计发办法为：(1) 国家机关在职工作人员死亡，一次性抚恤金按本人生前最后一个月基本工资为基数计发。其中：①公务员，为本人职务工资和级别工资之和；②机关技术工人，为本人岗位工资和技术等级（职务）工资之和；③机关普通工人，为本人岗位工资。(2) 国家机关离退休人员死亡，一次性抚恤金按本人生前最后一个月享受国家规定的基本离退休费为基数计发，即本人离退休时计发的基本离退休费和本人离退休后历次按国家规定增加的基本离退休费之和。

2012 年 4 月，县民政局、人力资源和社会保障局、财政局转发市民政局、市人力资源和社会保障局、市财政局《转发民政部、人力资源和社会保障部、财政部关于国家机关工作人员及离退休人员死亡一次性抚恤金发放有关问题的通知》，决定从 2011 年 8 月 1 日起，国家机关工作人员及离退休人员死亡一次性抚恤金发放标准调整为：烈士和因公牺牲的，为上一年度全国城镇居民人均可支配的收入 20 倍加本人生前 40 个月基本工资或基本离退休费；病故的，为上一年度全国城镇居民人均可支配收入的 2 倍加本人生前 40 个月基本工资或基本离退休费。发放一次性抚恤金所需经费仍按现行渠道解决。

1954～2012 年乐安县死亡抚恤支出表

表 2－96　　　　单位：万元

年度	金额	年度	金额	年度	金额	年度	金额
1954	0.03	1969	—	1984	0.5	1999	19
1955	2	1970	—	1985	2.9	2000	16
1956	3.6	1971	—	1986	4.0	2001	21
1957	—	1972	—	1987	4.2	2002	25
1958	—	1973	—	1988	0.7	2003	27
1959	—	1974	—	1989	0.8	2004	27
1960	—	1975	—	1990	8.6	2005	217
1961	—	1976	—	1991	8.5	2006	189
1962	—	1977	—	1992	7.8	2007	118
1963	—	1978	0.08	1993	7.1	2008	—
1964	—	1979	0.1	1994	6.8	2009	—
1965	—	1980	—	1995	8.7	2010	—
1966	—	1981	0.05	1996	10.0	2011	3
1967	—	1982	—	1997	10.0	2012	—
1968	—	1983	0.19	1998	14.2	合计	762.85

2. 革命烈士家属、因公牺牲军人家属、病故军人家属(简称"三属")抚恤

2007年以前,此项支出列作军烈属、复员军人补助。其中,军属补助费用于孤老烈属、烈士遗孤、无人供养的病故军人家庭和失踪军人家属(在重灾区、穷社穷队和烈属较多的老根据地,包括人口多、劳动力少、生活有困难的烈属)的定期定量补助,生活困难的烈属军属的临时补助,县办烈属院的开支和社办烈属养老院的补助。复员军人补助费是给生活困难的残废军人、退休老红军、带病回乡长期不能劳动的复员军人的定期定量补助或临时补助,复员军人慢性病治疗的补助,复员军人慢性病疗养院的开支。

新中国成立初期,江西省对现役军人(班长、战士)家属,经过优待和组织生产以后,生活仍极端困难的,依军人入伍年限,给予其不能自养的人口以实物补助。每人每月补助粮食标准:入伍未满5年的6公斤,5年以上的12公斤,10年以上的18公斤;对烈属及其他不能自养的人口为24公斤。

1953年,江西省人民政府转发内务部、财政部《关于烈、军属实物补助费及烈士、军人子女入学补助费的使用办法》规定,贫苦烈军属的实物补助费补助面,城市一般不超过烈军属总人口的12%;农村以县为单位,一般不超过烈军属总人口的8%,补助标准:每人每月,城市不超过5元,农村不超过2元,个别无依无靠又无生产能力的鳏、寡、孤、独可酌情多予补助,以保证其生活水平相当于当地一般群众。贫苦烈军属子女上小学所需学习生活费和个别上中学虽已享受人民助学金,其伙食及服装费,家中仍不能负担的,由政府给予补助。补助标准按享受补助人数计算,每人每月,城市5元,农村2.5元,个别无依无靠的军人子女和烈士遗孤为10元~15元。1955年起,江西对部分孤老烈属、烈士遗孤实行定期定量补助,农村每人每年补助20元~30元,城市每人每年补助65元~75元。1957年,江西省人委发出《关于适当解决当前革命老根据地的革命老干部、老红军和三等老荣军生活困难的通知》,规定老红军、老干部每人每年补助30元~40元,第二次国内革命战争时期的老荣军每人每年补助30元。

1960年,江西省人民委员会批准定期定量补助对象增加以下5种人:(1)人多劳力少生活困难的烈属;(2)生活困难的在乡革命残废军人;(3)退伍复员的老红军;(4)带病回乡长期不能劳动,生活困难的复员军人、慢性病员;(5)已入光荣院的烈属老人。

1962年,江西在全省范围内对优抚对象的生活普遍实行定期定量补助。

1963年,江西省人民委员会发出《国家行政机关工作人员牺牲、病故其直系家属的生活困难补助的通知》,规定:(1)因公牺牲或患病死亡工作人员的家属,如果丧失或基本丧失劳动力,又无其他生活来源,必须依靠工作人员供养,符合以下两个条件之一的,可以享受定期定量补助待遇:①父、母、配偶和曾经抚养过工作人员长大的其他家属男满60岁,女满55岁,因身体残废或长期患病致使丧失劳动力的;②子女、弟妹年龄未满18岁,或虽满18岁但在学校学习,或身体残废长期患病致使丧失劳动能力的。(2)定期定量补助标准:①解放战争时期,参加革命工作的牺牲、病故工作人员的家属,居住城市的,每人每月补助10元,居住农村的,每人每月补助5元;②抗日战争时期参加革命工作牺牲、病故工作人员的家属,居住城市的,每人每月补助13元,居住农村的,每人每月补助7元;③第二次国内革命战争时期及以前参加革命工作牺牲、病故工作人员的家属,居住城市的,每人每月补助16元,居住农村的,每人每月补助9元。

1964年,江西省人民委员会对上述通知做出补充规定:(1)补助对象,除国家行政机关外,还可适用于国家事业机构的牺牲病故工作人员的家属。(2)补助金额一般不超过工作人员生前月工资的80%;对第二次国内革命战争时期及以前参加革命工作的牺牲、病故工作人员的家属生活困难的补助标准可适当提高,但最高不能超过原规定标准的30%;对新中国建立后参加革命工作满5年的牺牲病故工作人员,其家属也可享受生活困难补助,家居城市的,每人每月补助5元,家居农村的,每人每月补助2元。

1964年,全县烈军属生活补助支出1.3万元。

"文化大革命"中,全县烈军属定期定量生活补助工作陷入停顿状态。

1979年4月,江西省民政局、财政局规定,对在对越自卫反击战中牺牲的烈士,其直系亲属中家居灾区,穷社穷队,贫瘠山区、老区和生活特殊困难的,每户可在100元范围内酌情给予一次性补助。同年,省民政局、财政局发出《优抚对象定期定量补助实施办法》,改进优抚对象定期定量补助工作,规定:符合下列条件之一的给予定期定量补助:(1)孤老烈士家属和孤老病故军人、失踪军人家庭;(2)没有亲属抚养或虽有亲属而无力抚养的烈士及病故、失踪军人的未成年子女;(3)丧失劳动能力而其子女又无力供养的烈士及病故、失踪军人的父母和配偶;(4)在机关、企事业单位工作,因工资收入少,生活

经常发生困难的烈士家属和病故、失踪军人家属。符合上述(1)(2)(3)项条件之一的,每人每月定期补助标准:农村6元~10元,城镇10元~15元。

1985年1月起,将革命烈士家属、因公牺牲军人家属、病故军人家属的定期定量补助改为定期抚恤金,并对标准作了适当调整。标准如表:

1985年定期抚恤金标准表

表2-97 单位:月/人

居住地＼标准＼对象	烈士家属	因公牺牲军人家属	病故军人家属
农村	20元~25元	20元~25元	15元~20元
小城镇	30元~35元	30元~35元	25元~30元
大中城市	35元~40元	35元~40元	30元~35元

革命烈士、因公牺牲军人、病故军人的孤老父母、配偶在上列最高标准基础上,每人每月增加10元。原已享受定期定量补助的革命烈士家属,因公牺牲军人家属、病故军人家属不符合改发定期抚恤金条件的,仍保留其定期定量补助。

1989年1月起,再次调整革命烈士家属和因公牺牲、病故军人家属定期抚恤标准,全省平均每人每月增加15元,调整后的标准是:(1)革命烈士和因公牺牲军人家属居住农村的,不低于35元~40元,居住小城镇(含县镇)不低于45元~50元;居住地(市)所在地市区的不低于50元~55元。(2)病故军人家属居住农村的不低于30元~35元,居住小城镇(含县镇)的不低于40元~45元,居住地(市)所在地市区的不低于45元~50元。对以上"三属"中孤老的定期抚恤金标准在上述标准的基础上再增加10元。

1998年4月,江西省民政厅、财政厅《关于转发民政部、财政部〈关于提高部分优抚对象、抚恤补助标准的通知〉的通知》,决定从当年1月1日起,提高在乡三属(烈属、因公牺牲军人家属、病故军人家属)定期抚恤金,标准如表。

1998年部分优抚对象抚恤补助标准表

表2-98 单位:元/月

居住地＼标准＼对象	烈属、因公牺牲军人家属	病故军人家属
农村	95~100	90~95
小城镇	105~110	100~105
大中城市	110~115	105~110

1999年2月,省民政厅、财政厅《关于转发民政部、财政部〈关于提高部分优抚对象抚恤补助标准的通知〉的通知》,决定自当年1月1日起,提高烈属(含因公牺牲军人家属、病故军人家属)定期抚恤金。

2000年7月,省民政厅、财政厅《关于转发民政部、财政部〈关于提高部分优抚对象抚恤补助标准的通知〉的通知》决定从当年1月1日起,烈属、因公牺牲军人家属和病故军人家属的定期抚恤金,在1999年标准的基础上,每人每月提高20元。

2001年4月,省民政厅、财政厅《关于转发民政部、财政部〈关于提高部分优抚对象抚恤标准的通知〉的通知》,决定自2001年1月1日起,烈属、因公牺牲军人家属和病故军人家属的定期抚恤金,在2000年的标准的基础上,每人每月分别提高20元,新标准如表。

2001 年部分优抚对象抚恤补助标准表

表 2－99 单位:元/月

居住地 \ 标准 \ 对象	烈属、因公牺牲军人家属	病故军人家属
农村	135～140	130～135
小城镇	145～150	140～145
大中城市	150～155	145～150

11 月,省民政厅、财政厅《关于转发民政部、财政部〈关于调整一次性抚恤金发放办法的通知〉的通知》,从 2002 年 1 月 1 日起,(1)国家机关(含民主党派、人民团体)工作人员、人民警察因公牺牲、病故后,一次性抚恤金由死者生前单位发放,发放标准和计算办法仍按民政部、财政部的有关规定执行,列“抚恤金”科目;(2)革命烈士和因公牺牲、病故军人的一次性抚恤金发放办法仍按现行政策执行,即由家属户口所在地的民政部门发放。

2002 年 6 月,省民政厅、财政厅《关于转发民政部、财政部〈关于提高部分优抚对象抚恤标准的通知〉的通知》,决定从 2002 年 1 月 1 日起,烈属、因公牺牲军人家属和病故军人家属的定期抚恤金,在 2001 年标准的基础上,居住在城镇的,每人每月提高 40 元;居住在农村的,每人每月提高 25 元。

2003 年 8 月,省民政厅、财政厅《关于转发民政部、财政部〈关于提高部分抚恤对象抚恤补助标准的通知〉的通知》,决定从 2003 年 7 月 1 日起,烈属、因公牺牲军人家属和病故军人家属的定期抚恤金,在 2002 年标准的基础上,居住在城镇的,每人每月提高 60 元;居住在农村的,每人每月提高 30 元,标准如表。

2003 年部分抚恤对象抚恤补助标准表

表 2－100 单位:元/月

居住地 \ 标准 \ 对象	烈属	因公牺牲军人家属	病故军人家属
城镇	255	250	245
农村	195	190	185

2005 年 4 月,民政部、财政部下发《关于提高部分优抚对象抚恤补助标准的通知》,决定自 2004 年 10 月 1 日起提高烈属(含因公牺牲军人家属,病故军人遗属)的定期抚恤金,标准如表:

2004 年部分优抚对象抚恤补助标准表

表 2－101 单位:元/年

居住地 \ 标准 \ 对象	烈属	因公牺牲军人遗属	病故军人遗属
城镇	4200	3900	3600
农村	2640	2520	2340

7 月,省民政厅、财政厅联合下发《关于印发〈江西省优抚对象抚恤补助工作规范〉的通知》,对优抚抚恤补助工作进行了规范。(1)抚恤补助的类型和享受对象中,定期抚恤为符合下列条件之一的烈士遗属、因公牺牲军人遗属、病故军人遗属:①父母(抚养人)、配偶无劳动能力、无生活来源,或者收入水平低于当地居民平均生活水平的;②子女未满 18 周岁或者已满 18 周岁但因上学或者残疾无生活来源的;③兄弟姐妹未满 18 周岁但因上学或者残疾无生活来源费,且由军人生前供养的;④1985 年实行定期抚恤制度时改为享受定期抚恤的烈士孤老子女。退出现役的因战、因公致残的残疾军人因旧伤复发死

亡，以及因战因公致残的一级至残疾军人因病死亡，其遗属符合上述三款条件之一的，分别按因公牺牲和病故军人遗属标准享受定期抚恤。(2)建立抚恤补助档案：①电脑档案；②文书档案；③抚恤补助证件。(3)抚恤补助金的发放：①发放方式，以县市区为单位委托银行代发；②发放时间，非农户籍的按月发放，属农村户籍的按季发放。

2005年3月，省委组织部、老干部局、人事厅、民政厅、劳动和社会保障厅下发《关于调整老红军配偶和机关事业单位工作人员遗属生活补助标准的通知》，决定从2005年1月起，调整部分老红军配偶和机关事业单位工作人员遗属生活补助标准：

(1)部分老红军配偶生活补助标准的调整

①调整范围：建国前参加革命，因照顾老红军身体及家庭困难等，经组织决定于1952年至1955年间复员、退伍，现仍享受定期生活困难补助的老红军配偶。

②调整标准：抗战时期(1937年7月7日至1945年9月2日前)参加革命的老红军配偶，生活补助标准调整为每人每月400元；解放战争时期(1945年9月3日至1949年9月30日)参加革命的老红军配偶，生活补助标准调整为每人每月360元。

(2)遗属生活补助标准的调整

①机关、事业单位1937年7月6日以前参加革命工作的老红军、老干部去世后，其无固定收入的配偶生活困难补助标准，由每人每月220元调整为320元；抗日战争、解放战争时期参加革命工作的老干部去世后，其无固定收入的配偶生活困难补助标准，由每人每月175元、160元统一调整为255元。

②机关、事业单位工作人员因公、因病死亡后，其无固定收入的遗属生活困难补助标准：因公死亡人员的遗属，不分城镇、农村，由每人每月135元(城镇)、110元(农村)统一调整为180元；因病死亡人员的遗属，也不分城镇、农村，由每人每月115元(城镇)、100元(农村)统一调整为170元；

国有企业离休干部去世后，其无固定收入遗属的生活补助标准，参照上述标准执行。上述经费来源按原渠道列支。

2006年7月，省民政厅、财政厅《关于转发〈民政部、财政部关于调整部分抚恤对象等人员抚恤和生活补助标准的通知〉的通知》，决定从2006年1月1日起，提高烈属(含因公牺牲军人遗属、病故军人遗属)的定期抚恤金，标准如表。

2006年部分优抚对象抚恤补助标准表

表2-102　　单位：元/年

对象 / 标准 / 居住地	烈属	因公牺牲军人遗属	病故军人遗属
城镇	4980	4620	4250
农村	3120	2940	2760

2007年7月，省民政厅、财政厅《关于转发民政部、财政部〈关于调整部分优抚对象抚恤补助标准的通知〉的通知》，决定从2007年8月1日起，提高烈属(含因公牺牲军人遗属，病故军人遗属)的定期抚恤金，标准如表。

2007年部分优抚对象抚恤补助标准表

表2-103　　单位：元/年

对象 / 标准 / 居住地	烈属	因公牺牲军人遗属	病故军人遗属
城镇	6000	5400	5100
农村	3600	3420	3300

2008年1月，省委组织部、老干部局、人事厅、民政厅、财政厅、劳动和社会保障厅下发《关于调整老红军配偶和机关事业单位工作人员遗属生活补助标准的通知》，决定从2007年10月1日起，调整部分老红军配偶和机关事业单位工作人员遗属生活补助标准。即：抗战时期(1937年7月7日至1945年9月2日前)参加革命的老红军配偶，生活补助标准调整为每人每月600元；解放战争时期(1945年9月3

日至1949年9月30日)参加革命的老红军配偶,生活补助标准调整为每人每月560元;机关、事业单位1937年7月6日以前参加革命工作的老红军、老干部去世后,其无固定收入的配偶生活困难补助标准调整为每人每月440元;抗日战争、解放战争时期参加革命工作的老干部去世后,其无固定收入的配偶生活困难补助标准调整为每人每月375元。

2009年12月,省民政厅、财政厅《关于调整我省部分优抚对象等人员抚恤和生活补助标准的通知》,决定从2009年10月1日起,提高烈属(含因公牺牲军人遗属、病故军人遗属)的定期抚恤金,标准如表。

2009年部分优抚对象抚恤补助标准表

表2-104 单位:元/年

居住地＼标准＼对象	烈属	因公牺牲军人遗属	病故军人遗属
城镇	7940	7110	6690
农村	4760	4550	4350

2010年12月,省民政厅、财政厅《关于调整我省部分优抚对象等人员抚恤和生活补助标准的通知》,决定从2010年10月1日起,提高烈属(含因公牺牲军人遗属、病故军人遗属)的定期抚恤金,标准如表。

2010年部分优抚对象抚恤补助标准表

表2-105 单位:元/年

居住地＼标准＼对象	烈属	因公牺牲军人遗属	病故军人遗属
城镇	8730	7820	7360
农村	5240	5010	4790

2011年12月,省民政厅、财政厅《关于调整我省部分优抚对象等人员抚恤和生活补助标准的通知》,决定从2011年10月1日起,提高烈属(含因公牺牲军人遗属、病故军人遗属)的定期抚恤金,标准如表:

2011年部分优抚对象抚恤补助标准表

表2-106 单位:元/年

居住地＼标准＼对象	烈属	因公牺牲军人遗属	病故军人遗属
城镇	10480	8990	8460
农村	6030	5760	5510

2012年1月,民政部、财政部《关于给部分烈士子女发放定期生活补助的通知》,决定从2011年7月1日起,给部分烈士子女(含建国前错杀后被平反人员的子女,下同)发放定期生活补助。部分烈士子女是指居住在农村和城镇无工作单位、18周岁之前没有享受过定期抚恤金待遇且年满60周岁的烈士子女,中央财政补助标准为每人每月130元。地方政府还可通过增发补助金或其他方式予以补助。

2012年8月,抚州市委组织部、老干部局、人力资源和社会保障局、民政局、财政局转发省委组织部等五家《关于调整机关事业单位工作人员遗属生活补助范围和标准等有关问题的通知》,决定从2012年1月1日起,调整全省机关事业单位工作人员遗属生活补助范围和标准。

(1)享受遗属生活补助人员范围。

机关事业单位工作人员(含离退休人员,下同)死亡后,其生前主要负责供养的亲属符合下列条件之一的,可给予生活补助。

①父、母(包括抚养工作人员长大的抚养人,下同),配偶,男年满60周岁,女年满50周岁,又无固

定收入和其他收入者。或虽然不满上述年龄，但因身体残废、长期患病致使完全丧失劳动能力无固定收入或其他收入者。

②子、女（包括遗腹子女、具备法定手续的养子女、前妻或前夫所生子女，下同）、弟、妹（包括同父异母或同母异父弟妹，下同），年未满十八周岁，或虽已满十八周岁，但尚在全日制普通中学（含中等职业学校）或全日制普通高校本科及以下层次学历学习的。或因身体残废、长期患病致使完全丧失劳动能力无固定收入或其他收入者。

（2）遗属生活补助标准。

①部分老红军配偶的生活补助标准。

范围：建国前参加革命，因照顾老红军身体及家庭困难等，经组织决定于1952年至1955年间复员、退伍，现仍享受定期生活补助的老红军配偶。

标准：抗战时期（1937年7月7日至1945年9月2日）参加革命的老红军配偶，补助标准为每人每月900元；解放战争时期（1945年9月3日至1949年9月30日）参加革命的老红军配偶，补助标准为每人每月850元。

②其他遗属的生活补助费

机关事业单位1937年7月6日及以前参加工作的老红军、老干部去世后，其配偶补助标准为每人每月660元；抗日战争、解放战争时期参加革命工作的老干部去世后，其配偶补助标准为570元。

除以上遗属外，机关事业单位工作人员因公死亡后，其遗属补助标准为每人每月410元；因病或非因公死亡后，其遗属补助标准为每人每月390元。

③过去部分遗属享受的粮贴等补贴此次全部归并至以上遗属生活补助标准内。

④上述经费由单位按原渠道解决。

2012年10月，省民政厅、财政厅《关于调整我省部分优抚对象等人员抚恤和社会补助标准的通知》，决定从2012年10月1日起，提高烈属（含因公牺牲军人遗属、病故军人遗属）的定期抚恤金，标准如表。

2012年部分优抚对象抚恤补助标准表

表2－107

对象 / 标准 / 居住地	烈属	因公牺牲军人遗属	病故军人遗属
城镇	12050	10340	9730
农村	6930	6620	6340

1952～2012年乐安县烈军属、复员退伍军人生活补助支出表

表2－108　　单位：万元

年度	金额	年度	金额	年度	金额	年度	金额	年度	金额	年度	金额
1952	3.1	1963	—	1974	—	1985	9.9	1996	40	2007	357
1953	2.5	1964	—	1975	—	1986	13.1	1997	45.7	2008	67
1954	1.16	1965	—	1976	—	1987	10.5	1998	46.3	2009	—
1955	0.9	1966	—	1977	—	1988	21.7	1999	68	2010	
1956	1.3	1967	—	1978	5.1	1989	33.8	2000	73.6	2011	3
1957	—	1968	—	1979	5.2	1990	26.7	2001	91	2012	37
1958	—	1969	—	1980	—	1991	26.7	2002	101	—	—
1959	—	1970	—	1981	7.2	1992	29.7	2003	112	—	—
1960	—	1971	—	1982	—	1993	34.0	2004	62	—	—
1961	—	1972	—	1983	6.8	1994	38.6	2005	88	—	—
1962	—	1973	—	1984	10.1	1995	47	2006	153	合计	1679.66

二、伤残抚恤

按规定用于伤残人员的抚恤金和按规定开支的各种伤残补助费。即因战、因公致残的军人、工作人员、警察，新中国成立后还包括参战的民兵民工的优待残废抚恤费。

民国时期，国家公务员因公受伤、患病致身体残废的发给终身恤金或年恤金。

民国3年（1914），江西执行《文官恤金令》，对任职未满10年，因公受伤身体残废不能胜任职务的，或是因公患病致使身体残废或精神丧失不胜任职务的人员，发给终身恤金。终身恤金是退职时俸给的六十分之十，对因公受伤致残的另加退职时俸给的十分之五。终身恤金自退职后的翌月起至死亡止。

1934年，执行中央政府《公务员恤金条例》，因公致残不胜职务的，退职时按其俸给的五分之一给予年恤金。

1941年，《江西省非常时期战地公务员因公伤亡给恤标准》规定，对抗战时期内，因战受伤残废的，按现职级俸分别加叙后，再按《公务员恤金条例》给恤。加叙标准与前述《牺牲病故抚恤费》因公伤亡同。

新中国成立后，1950年12月11日，政务院颁布《革命军人优待抚恤暂行条例》，根据革命残废军人等级，分为特等残废、一等残废、二等甲级残废、二等乙级残废、三等甲级残废、三等乙级残废等5种，分别发给残废金，抚恤粮或优待金。各等级的标准：(1)凡参战负伤革命残废军人按以下规定享受残废金和抚恤粮。①参加工作的，除在其所在部门应享受的生活待遇外，另每年按等级发给残废金(大米，下同)：特等无后代为200公斤，一等150公斤，二等甲级100公斤、乙级75公斤，三等甲级50公斤、乙级40公斤。(2)复员回家或安置的，特等每年发给残废金150公斤(后为250公斤)，抚恤粮650公斤，供给终身；一等，每年发给残废金100公斤，抚恤粮500公斤，供给终身。二等甲级，每年发给残废金75公斤，供给终身，每年发给抚恤粮450公斤，2年后减半供给终身，如其家庭甚为困难无法维持生活的，经省人民政府批准，可酌情延长其全部供给年限。二等乙级，每年发给残废金50公斤，终身供给；每年发给抚恤粮300公斤，2年后减半供给终身。三等甲级，一次发给抚恤金200公斤，抚恤粮300公斤。三等乙级，一次性发给残废金150公斤，抚恤粮200公斤。③住革命军人休养院或学校的革命残废军人，除享受其规定的生活待遇外，每年按等级发给残废金：特等150公斤，一等100公斤，二等甲级75公斤，二等乙级50公斤，三等甲级40公斤，三等乙级30公斤。(2)对因公致残的革命残废军人，参加工作或住革命军人休养院或学校的，除享受其生活待遇外，每年发给优待粮：特等150公斤，一等100公斤，二等甲级75公斤，二等乙级50公斤，三等甲级40公斤，三等乙级30公斤。对复员回家或安家的，发给优待粮：特等，每年750公斤，供给终身；一等，每年500公斤，供给终身；二等甲级每年450公斤，2年后减半供给终身，特别困难的，经省人民政府批准，可酌情延长其全部供给年限。二等乙级，每年300公斤，2年后减半供给终身；三等甲级，一次发给300公斤，三等乙级，一次发给200公斤，革命残废军人复员回原籍时，另发给复员生产补助粮。特一、二等革命残废军人，在抚恤期间因病死亡，除已领抚恤外，另发给其家属半年的残废金和抚恤粮。革命残废军人复员后如因犯法被判处徒刑的，在监狱期间停止抚恤，释放后恢复抚恤。

1953年，江西省执行内务部颁发的1953年各项优待抚恤新标准，将原以粮食计算的各项优待抚恤标准改为以货币计算，并稍加调整。按照特等、一等、二等甲级、二等乙级、三等甲级、三等乙级的顺序，革命残废军人、工作人员的残废金、优待金：因战致残的分别为66元、53元、40元、33元、27元、20元；因公致残的分别为53元、42元、33元、27元、21元、16元；抚恤金(包括残废金)，因战致残的分别为390元、330元、268元、225元、200元、150元；因公致残的分别为360元、300元、250元、215元、160元、130元。参战民兵民工残废待遇分别为350元、280元、215元、200元、130元、100元。上述特等、一等、二等甲级、二等乙级的抚恤金，都供给终身。其中，二等甲、乙级过去已减半供给的不再返补。三等甲、乙级残废抚恤金仍一次发清，其他每年仍分1月和7月两期发给。1955年起，根据内务部颁发的《几项抚恤标准》，江西作了适当提高。革命残废军人、工作人员的残废抚恤金在职最高72元，最低20元，在乡最高420元，最低140元；参战民兵民工的残废抚恤金最高360元，最低110元。

1961年，江西省规定对在乡革命残废军人不分甲级、乙级每人每年发补助费30元。

1966年起，全省执行内务部、财政部对在乡三等革命残废军人发放残废补助费，不分因战或因公致残，每人每年补助标准，三等甲级30元，三等乙级24元。在乡革命残废军人享受残废补助费后，对他们中家居农村原来享受定期定量补助的，一般停止发放，生活仍有困难的，由公社、大队或当地政府予以照顾。

1978年1月，江西执行财政部通知，提高在乡革命残废军人的抚恤标准。革命残废军人、残废工作人员、残废人民警察的年抚恤金，最高因战致残特等为520元，因公致残为480元，最低三等乙级均为80元；参战致残民兵民工的年抚恤金，最高特等460元，最低三等乙级80元。

1979年起，根据国务院、中央军委《关于做好部队退伍义务兵伤残战士安置工作的通知》，江西规定对生活不能自理，饮食起居需要人扶助的在乡特、一等残废军人发给不超过当地一个普通工人工资的护理费，具体标准每人每月特等32元～36元、一等28元～32元。如过去未享受粮食补贴的，每人每月发给3元补贴。1982年起，又调整在职革命残废军人残废金标准，最高90元，最低36元。

1984年7月1日起，革命残废军人的抚恤费标准再次提高，在乡残废抚恤金最高特等132元，最低三等乙级56元。

1988年1月起，执行民政部、财政部新规定，又一次提高革命残废人员抚恤标准：在乡革命残废军人，最高特等因战致残年1200元，因公致残年1100元；最低三等乙级因战致残年90元，因公致残年82元。在乡残废抚恤金中，因病致残一等860元，二等600元，三等450元。

1950～1988年因战致残优抚标准

表2－109　单位：大米：公斤，人民币：元

残废等级	开始执行年月	参加工作的（在职）	复员回家或安家的（在乡）		住休养院的
			残废金或优待金	抚恤粮	
特等	1950	200公斤	150公斤	650公斤	150公斤
	1952	250公斤	250公斤	1400公斤	—
	1953.1	66元	390元	—	66元
	1955.1	72元	420元	—	72元
	1978.1	72元	—	—	520元
	1982.1	90元	—	—	—
	1984.7	132元	570元	—	—
	1988.1	240元	1200元	—	—
一等	1950	150公斤	100公斤	500公斤	100公斤
	1952	200公斤	200公斤	1200公斤	—
	1953.1	53元	330元	—	53元
	1955.1	60元	360元	—	60元
	1978.1	60元	460元	—	—
	1982.1	76元	—	—	—
	1984.7	118元	498元	—	—
	1988.1	204元	1020元	—	—
二等甲级	1950	100公斤	75公斤	450公斤（2年后减半）	75公斤
	1952	150公斤	150公斤（2年后减半）	550公斤（2年后减半）	—
	1953.1	40元	168元	—	40元
	1955.1	44元	190元	—	44元
	1978.1	44元	260元	—	—
	1982.1	60元	—	—	—
	1984.7	96元	390元	—	—
	1988.1	156元	740元	—	—
二等乙级	1950	75公斤	50公斤	300公斤（2年后减半）	50公斤
	1952	125公斤	125公斤（2年后减半）	400公斤（2年后减半）	—
	1953.1	33元	125元	—	33元
	1955.1	36元	136元	—	36元
	1978.1	36元	196元	—	—
	1982.1	52元	—	—	—
	1984.7	84元	296元	—	—
	1988.1	135元	536元	—	—
三等甲级	1950.12	50公斤	200公斤（一次性）	300公斤（一次性）	40公斤
	1952.1	100公斤	300公斤（一次性）	500公斤（一次性）	—
	1953.1	27元	200元（一次性）	—	27元
	1955.1	30元	220元（一次性）	—	30元
	1978.1	30元	100元	—	—
	1982.1	46元	—	—	—
	1984.7	70斤	180元	—	—
	1988.1	108元	336元	—	—

续表 2－109

残废等级	开始执行年月	参加工作的(在职)	复员回家或安家的(在乡)		住休养院的
			残废金或优待金	抚恤粮	
三等乙级	1950.12	40 公斤	150 公斤(一次性)	200 公斤(一次性)	30 公斤
	1952.1	75 公斤	250 公斤(一次性)	400 公斤(一次性)	
	1953.1	20 元	150 元(一次性)	—	20 元
	1955.1	24 元	165 元(一次性)	—	—
	1978.1	24 元	80 元	—	—
	1982.1	40 元		—	—
	1984.7	60 元	140 元	—	—
	1988.1	90 元	272 元	—	—

1950～1978 年参战民兵民工负伤致残抚恤标准

表 2－110

单位:大米:公斤,人民币:元

执行年月	特等	一等	二等		三等	
			甲级	乙级	甲级	乙级
1950.12	500 公斤	400 公斤	300 公斤	250 公斤	300 公斤	200 公斤
1952.1	900 公斤	550 公斤	550 公斤	450 公斤	500 公斤	400 公斤
1953.1	350 元	280 元	150 元	100 元	130 元	100 元
1955.1	360 元	300 元	160 元	110 元	140 元	110 元
1978.1	460 元	400 元	230 元	170 元	100 元	80 元

1950～1988 年因公致残抚恤标准

表 2－111

单位:大米:公斤,人民币:元

残废等级	开始执行年月	优抚标准		残废等级	开始执行年月	优抚标准	
		参加工作或住休养院的	复员回家或安家的			参加工作或住休养院的	复员回家或安家的
特等	1950.12	150 公斤	750 公斤	二等乙级	1950.12	50 公斤	300 公斤(二年后减半)
	1952.1	200 公斤	1400 公斤		1952.1	100 公斤	500 公斤(二年后减半)
	1953.1	53 元	360 元		1953.1	27 元	115 元
	1955.1	62 元	380 元		1955.1	30 元	126 元
	1978.1	62 元	480 元		1978.1	30 元	186 元
	1982.1	78 元	—		1982.1	46 元	—
	1984.7	120 元	518 元		1984.7	76 元	268 元
	1988.1	216 元	1100 元		1988.1	122 元	480 元
一等	1950.12	100 公斤	550 公斤	三等甲级	1950.12	40 公斤	300 公斤(一次性)
	1952.1	160 公斤	1200 公斤		1952.1	80 公斤	600 公斤(一次性)
	1953.1	50 元	300 元		1953.1	21 元	160 元(一次性)
	1955.1	50 元	330 元		1955.1	24 元	176 元(一次性)
	1978.1	66 元	430 元		1978.1	24 元	100 元
	1982.1	108 元	—		1982.1	40 元	—
	1984.7	108 元	464 元		1984.7	64 元	180 元
	1988.1	184 元	950 元		1988.1	98 元	322 元

续表 2－111

残废等级	开始执行年月	优抚标准		残废等级	开始执行年月	优抚标准	
		参加工作或住休养院的	复员回家或安家的			参加工作或住休养院的	复员回家或安家的
二等甲级	1950. 12	75 公斤	450 公斤（二年后减半）	三等乙级	1950. 12	30 公斤	200 公斤（一次性）
	1952. 1	120 公斤	600 公斤（二年后减半）		1952. 1	60 公斤	500 公斤（一次性）
	1953. 1	33 元	150 元		1953. 1	16 元	130 元（一次性）
	1955. 1	38 元	170 元		1955. 1	20 元	140 元（一次性）
	1978. 1	38 元	240 元		1978. 1	20 元	80 元
	1982. 1	54 元	—		1982. 1	36 元	—
	1984. 7	66 元	350 元		1984. 7	56 元	140 元
	1988. 1	140 元	660 元		1988. 1	82 元	272 元

1991 年 10 月，省民政厅、财政厅《转发民政部、财政部〈关于提高在乡革命伤残人员抚恤金标准的通知〉的通知》，规定新的伤残抚恤标准，从 1991 年元月 1 日起算，新标准见下表。对于原在乡三等乙级伤残人员抚恤标准达不到老复员军人定补标准而发给补差部分，提高标准后，从 1992 年元月起不再发给。

1991 年在乡革命伤残人员抚恤金标准表

表 2－112　　单位：元/年

伤残等级	伤残性质	现行标准	提高标准	新标准
特等	因战	1200	360	1560
	因公	1100	340	1440
一等	因战	1020	240	1260
	因公	950	220	1170
	因病	860	200	1060
二等甲级	因战	740	180	920
	因公	660	170	830
	因病	600	160	760
二等乙级	因战	538	118	656
	因公	480	110	590
	因病	450	104	554
三等甲级	因战	336	80	416
	因公	322	78	400
三等乙级	因战	272	70	342
	因公			

注：1. 表内标准适用于革命伤残军人、伤残人民警察、伤残工作人员、参战伤残民兵民工
2. 表内所列款数是全年应领数
3. 表中“因病”仅限于按规定评定病残的伤残军人

1996 年，民政部、财政部《关于提高在乡革命伤残人员抚恤金标准的通知》，决定从 1996 年 6 月 1 日起，提高在乡革命伤残人员（革命伤残军人、伤残人民警察、伤残工作人员、伤残民兵民工）的伤残抚恤金，标准如表。

1996年在乡革命伤残人员抚恤金标准表

表2-113

单位:元/年

伤残等级	伤残性质	现行标准	提高标准	新标准
特等	因战	2240	1000	3240
	因公	2100	980	3080
一等	因战	1860	600	2460
	因公	1740	590	2330
	因病	1620	580	2200
二等甲级	因战	1250	180	1430
	因公	1150	170	1320
	因病	1070	160	1230
二等乙级	因战	856	104	960
	因公	780	100	880
	因病	740	100	840
三等甲级	因战	536	92	628
	因公	510	92	602
三等乙级	因战	442	84	526
	因公			

1996年7月,省民政厅发出《关于提高特、一等革命伤残人员护理费标准的通知》,决定从1996年7月1日起,提高特、一等革命伤残人员护理费标准:因战、因公特等革命伤残人员每人每月184元;因战、因公一等革命伤残人员每人每月147元;因病一等革命伤残人员每人每月110元。离退休和在乡的特、一等革命伤残人员护理费标准,调整所需经费仍由原经费开支渠道解决。

1996年12月,省民政厅、财政厅《关于转发民政部、财政部〈关于提高部分优抚对象抚恤标准的通知〉的通知》规定,对在职革命伤残人员的伤残保健金,在1994年标准的基础上,特等每年提高150元,其他伤残等级依次递减(详表):并从1996年7月1日起执行。

1996年在职革命伤残人员保健金标准

表2-114

单位:元/年

伤残等级	伤残性质	现行标准	提高标准	新标准
特等	因战	450	150	600
	因公	420	150	570
一等	因战	374	126	500
	因公	342	118	460
	因病	332	118	450
二等甲级	因战	288	92	380
	因公	268	92	360
	因病	250	90	340
二等乙级	因战	231	69	300
	因公	214	66	280
	因病	210	60	270
三等甲级	因战	174	46	220
	因公	160	40	200
三等乙级	因战	132	28	160
	因公	122	28	150

1998年4月,省民政厅、财政厅《关于转发民政部、财政部〈关于提高部分优抚对象抚恤标准的通知〉的通知》,从1998年1月1日起,提高在乡革命伤残人员抚恤金,标准如表。

1998 年在乡革命伤残人员抚恤金标准表

表 2-115　　单位:元/年

伤残等级	伤残性质	现行标准	提高标准	新标准
特等	因战	3240	300	3540
	因公	3080	300	3380
一等	因战	2460	300	2760
	因公	2330	300	2630
	因病	2200	300	2500
二等甲级	因战	1430	120	1550
	因公	1320	120	1440
	因病	1230	120	1350
二等乙级	因战	960	120	1080
	因公	880	120	1000
	因病	840	120	960
三等甲级	因战	628	120	748
	因公	608	120	728
三等乙级	因战	526	120	646
	因公	526	120	646

1999 年 2 月,省民政厅、财政厅《关于转发民政部、财政部〈关于提高部分优抚对象、优抚补助标准的通知〉的通知》,从 1999 年 1 月 1 日起,在乡革命伤残人员的抚恤金,在 1998 年标准的基础上,特等每人每年提高 1800 元,一等每人每年提高 1240 元,其他等级依次递减,在职特等、一等革命伤残人员的伤残保健金,在 1996 年标准的基础上,每人每年分别提高 400 元~300 元。

1999 年革命伤残人员抚恤(保健)金标准

表 2-116　　单位:元/年

	伤残等级	伤残性质	现行标准	提高标准	新标准
在乡	特等	因战	3540	1800	5340
		因公	3380	1800	5180
	一等	因战	2760	1240	4000
		因公	2630	1240	3870
		因病	2500	1240	3740
	二等甲级	因战	1550	570	2120
		因公	1440	570	2010
		因病	1350	570	1920
	二等乙级	因战	1080	240	1320
		因公	1000	240	1240
		因病	960	240	1200
	三等甲级	因战	748	152	900
		因公	728	152	880
	三等乙级	因战	646	134	780
		因公	646	134	780
在职	特等	因战	600	400	1000
		因公	570	400	970
	一等	因战	500	300	800
		因公	300	300	600
		因病	300	300	600

1999年6月,省民政厅、财政厅下发《关于提高特、一等革命伤残人员护理费标准的通知》,从1999年7月1日起,提高特、一等革命伤残人员护理费。新标准:因战、因公特等革命伤残人员每人每月224元;因战、因公一等革命伤残人员每人每月179元;因病一等革命伤残人员每人每月135元。同年9月,江西省民政厅下发《关于转发民政部、财政部关于提高部分优抚对象抚恤补助标准的通知》,决定从7月1日起,提高部分在职二等甲级以下革命伤残人员伤残保健金,在现行标准的基础上,每人每年分别提高75元、60元、40元、35元。

1999年革命伤残人员保健金标准

表2-117　　　　单位:元/年

伤残等级	伤残性质	现行标准	提高标准	新标准
二等甲级	因战	380	75	455
	因公	360	75	435
	因病	340	75	415
二等乙级	因战	300	60	360
	因公	280	60	340
	因病	270	60	330
三等甲级	因战	220	40	260
	因公	200	40	240
三等乙级	因战	170	35	205
	因公	160	35	195

2000年,省民政厅、财政厅下发《关于转发民政部、财政厅〈关于提高部分优抚对象抚恤补助标准的通知〉的通知》,从2000年1月1日起,对在职革命伤残人员的伤残抚恤金,在1999年标准的基础上,特等每人每年提高660元,一等每人每年提高600元,二等每人每年提高360元,三等每人每年提高150元。在职伤残人员的伤残保健金,在1999年标准的基础上,特等、一等每人每年提高180元,二等、三等每人每年提高60元。

2001年6月,省民政厅、财政厅下发《关于提高特一等革命伤残人员护理费标准的通知》,决定从7月1日起,提高特、一等革命伤残人员护理费标准。新标准为:因战、因公特等革命伤残人员每人每月302元;因战因公一等革命伤残人员每人每月242元;因病一等革命伤残人员每人每月181元。同年,省民政厅、省财政厅联合下发《关于做好滞留军队伤病战士退役安置工作有关问题的通知》规定:(1)特、一等伤残退役义务兵由入伍地或配偶居住地的县(市)人民政府接受安置,需要建(买)房的,由接收地的县(市)人民政府与退役伤残义务兵本人商定地点,按每人4万元标准安排补助经费,在1年内完成。(2)患精神病服兵役义务兵,实行集中治疗或分散安置两种方式。病情较轻的,由入伍地父母居住地的县(市)人民政府接受,实行分散安置,该病员所在的团级以上单位后勤财政部门垫付2.5万元。病情严重的需要长期治疗的,送省荣军医院治疗。(3)退役安置后,特、一等伤残义务兵的待遇按现行规定执行,精神病义务兵的待遇按在乡二等甲级(因病)伤残军人的抚恤金标准发给生活补助费。

2002年4月,省民政厅、财政厅下发《关于提高特、一等革命伤残人员护理费标准的通知》,决定自当年7月1日起,提高特、一等革命伤残人员(含伤残人民警察、伤残工作人员和参战伤残民兵民工)的伤残抚恤(保健)金。

2002年革命伤残人员抚恤(保健)金标准

表2-118　　　　单位:元/年

	伤残等级	伤残性质	现行标准	提高标准	新标准
在乡	特等	因战	7000	1400	8400
		因公	6840	1400	8240
	一等	因战	5400	1080	6480
		因公	5270	1080	6350
		因病	5140	1080	6220

续表 2-118

	伤残等级	伤残性质	现行标准	提高标准	新标准
在乡	二等甲级	因战	2900	430	3330
		因公	2790	430	3220
		因病	2700	430	3130
	二等乙级	因战	1940	290	2230
		因公	1860	290	2150
		因病	1820	290	2110
	三等甲级	因战	1180	180	1360
		因公	1160	180	1340
	三等乙级	因战	1060	160	1220
		因公	1060	160	1220
在职	特等	因战	1500	300	1800
		因公	1470	300	1770
	一等	因战	1200	240	1440
		因公	1160	240	1400
		因病	1150	240	1390
	二等甲级	因战	600	90	690
		因公	580	90	670
		因病	560	90	650
	二等乙级	因战	500	80	580
		因公	480	80	560
		因病	470	80	550
	三等甲级	因战	380	60	440
		因公	360	60	420
	三等乙级	因战	320	50	370
		因公	310	50	360

2003 年 5 月,省民政厅、财政厅下发《关于提高特、一等革命伤残人员护理费标准的通知》,规定护理费新标准:因战、因公特等革命伤残人员每人每月 400 元;因战、因公一等革命伤残人员每人每月 320 元;因病一等革命伤残人员每人每月 240 元。8 月,省民政厅、财政厅《关于转发民政部、财政部〈关于提高优抚对象、抚恤补助标准的通知〉的通知》规定,在乡革命伤残人员的抚恤金,在 2002 年标准的基础上,特等每人每年提高 1560 元,一等每人每年提高 1200 元;在职革命伤残人员的伤残保健金,在 2002 年的基础上,特等每人每年提高 340 元,一等每人每年提高 280 元。其他等级递减,从 2003 年 7 月 1 日起执行,标准如表:

2003 年革命伤残人员抚恤(保健)金标准表

表 2-119　　单位:元/年

伤残等级	伤残性质	抚恤金标准	保健金标准
特等	因战	9960	2140
	因公	9800	2110
一等	因战	7680	1720
	因公	7550	1680
	因病	7420	1670
二等甲级	因战	3880	810
	因公	3770	790
	因病	3680	770

续表 2－119

伤残等级	伤残性质	抚恤金标准	保健金标准
二等乙级	因战	2600	680
	因公	2520	660
	因病	2480	650
三等甲级	因战	1560	510
	因公	1540	490
三等乙级	因战	1390	430
	因公	1390	420

2004 年 11 月，省民政厅、财政厅下发《关于提高特、一等革命伤残人员护理费标准的通知》，规定护理费新标准：因战、因公特等革命伤残人员每人每月 450 元；因战、因公一等革命伤残人员每人每月 360 元；因病一等革命伤残人员每人每月 270 元，从 2004 年 7 月 1 日执行。

2005 年 4 月，民政部、财政部联合下发《关于提高部分优抚对象抚恤补助标准的通知》，决定从 2004 年 10 月 1 日起，提高部分优抚对象的抚恤标准。残疾军人、伤残人民警察、伤残国家工作人员、伤残民兵民工残疾抚恤金标准如表。

2004 年部分优抚对象抚恤补助标准表

表 2－120　　单位；元/年

残疾等级	残疾性质	抚恤金标准	残疾等级	残疾性质	抚恤金标准
一级	因战	11200	六级	因战	4480
	因公	10800		因公	4200
	因病	10440		因病	3600
二级	因战	10080	七级	因战	3360
	因公	9600		因公	3000
	因病	9200			
三级	因战	8960	八级	因战	2240
	因公	8400		因公	1920
	因病	7800			
四级	因战	7280	九级	因战	1680
	因公	6600		因公	1440
	因病	6000			
五级	因战	5600	十级	因战	1120
	因公	5040		因公	960
	因病	4560			

2005 年 6 月，省民政厅、财政厅下发《关于提高一级至四级残疾人员护理费标准的通知》，决定从 7 月 1 日起提高一级至四级残疾人员（含伤残人民警察、伤残机关工作人员和参战伤残民兵民工）护理费标准：因战、因公一级和二级每人每月 510 元；因战、因公三级和四级每人每月 410 元；因病一级至四级每人每月 310 元。

2006 年 7 月，省民政厅、财政厅下发《关于转发民政部、财政部〈关于调整部分优抚对象抚恤和生活补助标准的通知〉的通知》，决定从 2006 年 1 月 1 日起，提高伤残军人（含伤残人民警察、伤残国家机关工作人员、伤残民兵民工）的残疾抚恤金，标准如表：

2006 年伤残人员抚恤金标准表

表 2－121　　单位：元/年

残疾等级	残疾性质	抚恤金标准	残疾等级	残疾性质	抚恤金标准
一级	因战	14560	六级	因战	5820
	因公	14040		因公	5460
	因病	13570		因病	4680

续表 2－121　　单位:元/年

残疾等级	残疾性质	抚恤金标准	残疾等级	残疾性质	抚恤金标准
二级	因战	13100	七级	因战	4350
	因公	12480		因公	3880
	因病	11960			
三级	因战	11650	八级	因战	2880
	因公	10920		因公	2480
	因病	10140			
四级	因战	9470	九级	因战	2180
	因公	8580		因公	1870
	因病	7800			
五级	因战	7280	十级	因战	1460
	因公	6550		因公	1250
	因病	5930			

2007 年 5 月,省民政厅、财政厅下发《关于调整一级至四级残疾人员护理费标准的通知》,决定从 7 月 1 日起,提高一级至四级残废人员(含伤残人民警察、伤残机关工作人员和伤残民兵民工)护理费标准:因战、因公一级和二级残疾的,每人每月 650 元;因战、因公三级和四级残疾的,每人每月 520 元;因病一级至四级残疾的,每人每月 390 元。7 月,省民政厅、财政厅下发《关于转发民政部、财政部〈关于调整部分优抚对象抚恤补助标准的通知〉的通知》,决定从 8 月 1 日起,提高残废军人(含伤残人民警察、伤残国家机关工作人员、伤残民兵民工)的残疾抚恤金,标准如表。

2007 年部分优抚对象抚恤金标准表

表 2－122　　单位:元/年

残疾等级	残疾性质	抚恤金标准	残疾等级	残疾性质	抚恤金标准
一级	因战	18900	六级	因战	7500
	因公	18300		因公	7080
	因病	17700		因病	6000
二级	因战	17100	七级	因战	5700
	因公	16200		因公	5100
	因病	15600			
三级	因战	15000	八级	因战	3600
	因公	14100		因公	3300
	因病	13200			
四级	因战	12300	九级	因战	3000
	因公	11100		因公	2400
	因病	10200			
五级	因战	9600	十级	因战	2100
	因公	8400		因公	1800
	因病	7800			

2009 年 12 月,省民政厅、省财政厅下发《关于调整全省部分优抚对象等人员抚恤和生活补助标准的通知》,决定从 2009 年 10 月 1 日起,提高残疾军人(含伤残人民警察、伤残国家机关工作人员、伤残民兵民工)残疾抚恤金,标准如表。

2000 年革命伤残人员抚恤金标准表

表 2－123　　单位:元/年

残疾等级	残疾性质	抚恤金标准	残疾等级	残疾性质	抚恤金标准
一级	因战	26080	六级	因战	10350
	因公	25250		因公	9800
	因病	24430		因病	8280
二级	因战	23600	七级	因战	7870
	因公	22360		因公	7040
	因病	21530			
三级	因战	20700	八级	因战	4970
	因公	19460		因公	4550
	因病	18220			
四级	因战	16970	九级	因战	4140
	因公	15320		因公	3310
	因病	14080			
五级	因战	13250	十级	因战	2900
	因公	11590		因公	2480
	因病	10760			

2010 年 3 月,省民政厅、财政厅下发《关于做好一至四级残疾军人护理费发放工作的通知》,要求切实做好残疾军人护理费的发放工作。护理费标准:(1)因战、因公一级和二级残废的,按当地职工上年度月平均工资的 50% 确定;(2)因战、因公三级和四级残疾的,按当地职工上年度月平均工资的 40% 确定;(3)因病一级至四级残疾的,按当地职工上年度月平均工资的 30% 确定。护理费调整由县级民政部门于每年 7 月会同级财政部门根据当地职工上年度月平均工资相应调整,并从当月起按新的调整标准发给护理费。

2010 年 12 月,省民政厅、省财政厅下发《关于调整我省部分优抚对象等人员抚恤和生活补助标准的通知》,决定从 2010 年 10 月 1 日起,提高残疾军人(含伤残人民警察、伤残国家机关工作人员、伤残民兵民工)的残疾抚恤金,标准如表:

2010 年调整伤残人员抚恤金标准表

表 2－124　　单位:元/年

残疾等级	残疾性质	抚恤金标准	残疾等级	残疾性质	抚恤金标准
一级	因战	28690	六级	因战	11390
	因公	27780		因公	10780
	因病	26870		因病	9110
二级	因战	25960	七级	因战	8660
	因公	24600		因公	7740
	因病	23680			
三级	因战	22770	八级	因战	5470
	因公	21410		因公	5010
	因病	20040			
四级	因战	18670	九级	因战	4550
	因公	16850		因公	3640
	因病	15490			
五级	因战	14580	十级	因战	3190
	因公	12750		因公	2730
	因病	11840			

2011年12月,省民政厅、财政厅《关于调整全省部分优抚对象等人员抚恤和生活补助标准的通知》,决定从2011年10月1日起,提高残疾军人(含伤残人民警察、伤残国家机关工作人员、伤残民兵民工)的残疾抚恤金,标准如表:

2011年伤残人员抚恤金标准表

表2-125 单位:元/年

残疾等级	残疾性质	抚恤金标准	残疾等级	残疾性质	抚恤金标准
一级	因战	32990	六级	因战	13100
	因公	31950		因公	12400
	因病	30900		因病	10480
二级	因战	29850	七级	因战	9960
	因公	28290		因公	8900
	因病	27230			
三级	因战	26190	八级	因战	6290
	因公	24620		因公	5760
	因病	23050			
四级	因战	21470	九级	因战	5230
	因公	19380		因公	4190
	因病	17810			
五级	因战	16770	十级	因战	3670
	因公	14660		因公	3140
	因病	13620			

2012年10月,省民政厅、财政厅《关于调整全省部分优抚对象等人员抚恤和生活补助标准的通知》,决定从2012年10月1日起,提高残疾军人(含伤残人民警察、伤残国家机关工作人员、伤残民兵民工)的残疾抚恤金,标准如表。

2012年伤残人员抚恤金标准表

表2-126 单位:元/年

残疾等级	残疾性质	抚恤金标准	残疾等级	残疾性质	抚恤金标准
一级	因战	37940	六级	因战	15070
	因公	36740		因公	14260
	因病	35540		因病	12050
二级	因战	34330	七级	因战	11450
	因公	32530		因公	10240
	因病	31310			
三级	因战	30120	八级	因战	7230
	因公	28310		因公	6620
	因病	26510			
四级	因战	24690	九级	因战	6010
	因公	22290		因公	4820
	因病	20480			
五级	因战	19290	十级	因战	4220
	因公	16860		因公	3610
	因病	15660			

1952～2012 年乐安县伤残抚恤费支出表

表 2－127　　　　　　　　　　　　　　　　　　　　　　　　　　　　单位:万元

年度	金额	年度	金额	年度	金额	年度	金额	年度	金额	年度	金额	年度	金额
1952	0.2	1961	—	1970	—	1979	0.5	1988	7	1997	3.2	2006	25
1953	0.2	1962	—	1971	—	1980	—	1989	27	1998	7.8	2007	174
1954	0.2	1963	—	1972	—	1981	0.6	1990	27	1999	8	2008	293
1955	0.2	1964	—	1973	—	1982	—	1991	29	2000	13	2009	350
1956	0.2	1965	—	1974	—	1983	0.7	1992	29	2001	16	2010	—
1957	—	1966	—	1975	—	1984	8.7	1993	30	2002	21	2011	60
1958	—	1967	—	1976	—	1985	11	1994	6	2003	28	2012	60
1959	—	1968	—	1977	0.3	1986	14	1995	9	2004	30		
1960	—	1969	—	1978	0.5	1987	10	1996	10	2005	1	合计	1311.3

三、在乡复员、退伍军人生活补助

反映在乡退伍红军老战士(含西路军红军老战士、红军失散人员)、1954 年 10 月 31 日前入伍的在乡复员军人、按规定办理带病回乡手续的退伍军人生活补助。2007 年以前,为烈军属、复员退伍军人生活补助支出,包括政府发给烈军属、复员退伍军人的实物补助费、定期定量补助费、定期抚恤金及其他有关补助费。

1957 年,江西省人民委员会下发《关于适当解决当前革命老根据地的革命老干部、老红军和三等老荣军生活困难的通知》,规定老干部、老红军每人每年补助 30 元～40 元,第二次国内革命战争时期的老荣军每人每年补助 30 元。

1960 年,江西省人民委员会批准定期定量补助对象增加以下 5 种人:(1)人多劳少、生活困难的烈属;(2)生活困难的在乡革命残废军人;(3)退伍复员老红军;(4)带病回乡长期不能劳动,生活困难的复员军人、慢性病员;(5)已入光荣院的烈属老人。

"文化大革命"中,复员退伍军人定期定量补助工作陷于停顿状态。

1979 年,省民政局、财政局下发《优抚对象定期定量补助实施办法》规定,符合下列条件之一的给予定期定量补助:(1)孤老烈士家属和孤老病故军人、失踪军人家庭;(2)没有亲属抚养或虽有亲属而无力抚养的烈士及病故、失踪军人的未成年子女;(3)丧失劳动能力而其子女又无力供养的烈士及病故、失踪军人的父母和配偶;(4)带病回乡不能参加生产劳动,生活特别困难的复员、退伍军人;(5)完全丧失劳动能力,生活困难的复员军人;(6)1937 年 7 月 6 日以前入伍,长征到达云、贵、川等地,因正常原因离队、政治历史清楚,目前生活有困难的红军失散人员;(7)孤老或因年老体弱、生活困难的苏区老干部;(8)在机关、企事业单位工作,因工资收入少,生活经常发生困难的烈士家属和病故、失踪军人家属。

1981 年 11 月,江西补充规定,凡在各级党政机关事业单位工作的,第一、二次国内革命战争时期参加革命的老红军、老干部去世后,其配偶生活有困难的,每人每月生活困难补助按 40 元标准发给。同年起,为解决退伍回乡义务兵住房困难,根据"自力更生,集体帮助,辅以国家必要的补助"的原则,对无房或严重缺房户给予一定的建房补助。

1982 年起,对退伍红军老战士的生活费每月增加 10 元,1983 年再增加 10 元,同时对孤老烈属、孤老复员军人每月增加 5 元。

1986 年,对孤老残疾的苏区老干部和抗日战争时期入伍,在部队荣立二等功以上,贡献较大,生活困难的;因年老丧失劳动能力或因病不能从事生产劳动生活困难的复员军人,给予定期定量补助,每人每月补助标准:农村 12 元～16 元,城镇 16 元～20 元,省辖市 21 元～26 元。

1987 年 5 月起,对 1937 年 7 月 6 日以前正式参加中国工农红军,因伤、病、战斗失利或组织动员分散隐蔽等正常原因离队失散,并在离队后表现较好的"红军失散人员",经认定和审批,可享受定期定量补助,每人每月补助标准:农村 12 元～16 元,城镇 16 元～20 元,省辖市市区 20 元～25 元。

1988 年 3 月起,县以下(含县)优抚对象每人每月在原基础上调高 4 元。1989 年 1 月起,在乡退伍老红军战士生活补助标准,调整后不得低于 85 元;红军失散人员生活补助标准调整后不低于 25 元。孤老复员军人的定期定量补助,高于上述规定标准 5 元～10 元。对既是革命残废军人,又是在乡复员军人的,如所领残废抚恤金额低于同一革命时期入伍的复员定期定量补助标准,可补足差额。

1996 年 12 月,省民政厅、财政厅《关于转发民政部、财政部〈关于提高部分优抚对象抚恤补助标准的通知〉的通知》,决定从 1996 年 7 月 1 日起,提高"三红"人员(在乡退伍红军老战士、在乡西路军红军老战士、红军人员）在 1995 标准的基础上，每人每月分别提高 49 元、65 元和 15 元，标准如表。

1996 年“三红”人员生活补助标准表

表 2－128 单位：元/月

在乡退伍红军老战士	在乡西路军红军老战士	红军失散人员
300	200	70

1998 年 4 月，省民政厅、财政厅《关于转发民政部、财政部〈关于提高部分优抚对象抚恤补助标准的通知〉的通知》，决定从 1998 年 8 月 1 日起，在 1996 年标准的基础上，提高“三红”人员（在乡退伍红军老战士、在乡西路军红军老战士、红军失散人员）生活补助标准，分别为 40 元、30 元、10 元，新标准如表：

1998 年“三红”人员生活补助标准表

表 2－129 单位：元/月

在乡退伍红军老战士	在乡西路军红军老战士	红军失散人员
340	230	80

同年 12 月，省民政厅、财政厅下发《关于提高在乡老复员军人和带病回乡退伍军人定期定量补助标准的通知》，决定从 1999 年 1 月 1 日起，对江西全省在乡老复员军人定期定量补助标准由每人每月 35 元提高到 55 元，带病回乡退伍军人定期定量补助标准由每人每月 20 元提高到 30 元。

1999 年 2 月，省民政厅、财政厅《关于转发民政部、财政部〈关于提高部分优抚对象抚恤补助标准的通知〉的通知》，决定从 1999 年 1 月 1 日起，在乡退伍红军老战士，在乡西路军红军老战士、红军失散人员的生活补助标准，在 1998 年标准的基础上，每人每月分别提高 110 元、100 元、10 元，提高后在乡退伍红军老战士每人每月 450 元，在乡西路军红军老战士每人每月 330 元，红军失散人员每人每月 90 元。

8 月，乐安县人民政府《关于解决部分优抚对象医疗费问题的实施意见》，对凡未享受免费和公费医疗待遇的烈士家属，红军失散人员、在乡老复员军人、带病回乡退役军人的医疗费，每人每年补助 260 元；在乡三等伤残军人因病所需医疗费每人每年补助 240 元。

11 月，省民政厅、财政厅下发《关于提高部分优抚对象抚恤补助标准的通知》，决定从 1999 年 7 月 1 日起，在乡老复员军人生活补助标准，在现行标准的基础上，每人每月增加 20 元。

2000 年 7 月，省民政厅、财政厅《关于转发民政部、财政部〈关于提高部分优抚对象抚恤补助标准的通知〉的通知》，决定从 2000 年 1 月 1 日起，在 1999 年标准基础上，在乡退伍红军老战士、在乡西路军红军老战士和红军失散人员的补助标准，每人每月分别提高 50 元、40 元、20 元，新标准如表：

2000 年“三红”人员生活补助标准表

表 2－130 单位：元/月

在乡退伍红军老战士	在乡西路军红军老战士	红军失散人员
500	370	110

2001 年 4 月，省民政厅、财政厅《关于转发民政部、财政部〈关于提高部分优抚对象抚恤标准的通知〉的通知》，决定自 2001 年 1 月 1 日起，在 2000 年确定标准的基础上，对在乡退伍红军老战士、在乡西路军红军老战士和红军失散人员，每人每月分别提高 90 元、80 元、10 元，提高后，在乡退伍红军老战士每人每月生活补助费 590 元，在乡西路军红军老战士每人每月生活补助费 450 元，红军失散人员每人每月生活补助费 120 元。

2002 年 6 月，江西省民政厅、省财政厅《关于转发民政部、财政部〈关于提高部分优抚对象抚恤标准的通知〉的通知》，决定从 2002 年 1 月 1 日起，在 2001 年标准的基础上，提高在乡退伍红军老战士、在乡西路军红军老战士和红军失散人员的生活补助，标准分别是每人每月 60 元、45 元、10 元，新标准如表：

2002 年“三红”人员生活补助标准表

表 2－131

单位:元/月

在乡退伍红军老战士	在乡西路军红军老战士	红军失散人员
650	495	130

2002 年 6 月 13 日,省民政厅、财政厅下发《关于提高在乡老复员军人定期定量补助标准的通知》,决定从 2002 年 7 月 1 日起,适当提高在乡老复员军人定期定量补助标准,其中,抗日战争时期入伍的提高到每人每月 135 元,解放战争和抗美援朝入伍的提高到每人每月 115 元,建国后入伍未参加抗美援朝战争的提高到每人每月 95 元。

2003 年 5 月,省民政厅、财政厅《关于转发民政部、财政部〈关于提高部分优抚对象抚恤补助标准的通知〉的通知》,决定自 2003 年 7 月 1 日起,对在乡退伍红军老战士、在乡西路军红军老战士和红军失散人员的生活补助标准,在 2002 年标准的基础上,每人每月分别提高 130 元、105 元、20 元,提高后的标准每人每月分别是:在乡退伍红军老战士 780 元,在乡西路军红军老战士 600 元,红军失散人员 150 元。

2005 年 5 月,省人事厅、劳动和社会保障厅、民政厅、财政厅联合下发《关于解决 1953 年底前参军,后复员转业到企业工作的退伍人员生活困难问题的通知》,对 1953 年底前参军入伍,后复员转业到企业工作的退伍人员,决定从 2005 年 1 月 1 日起,按每人每月 100 元的标准给予补助。资金来源,困难企业按企业隶属关系由同级财政负担。

6 月,省民政厅、财政厅《关于转发民政部、财政部〈关于提高回乡务农抗战老战士等在乡复员军人生活补助标准和维修抗日烈士纪念设施等工作的通知〉的通知》,决定自 2005 年 1 月 1 日起,对在乡复员军人定期定量补助标准,分别由现行标准提高到每人每月 240 元、180 元、160 元,即抗日战争时期入伍的由每人每月 155 元提高到 240 元,解放战争入伍和参加抗美援朝战争的由每人每月 135 元提高到 180 元,建国后入伍未参加抗美援朝战争的由每人每月 115 元提高到 160 元。

2006 年 6 月,省民政厅、省财政厅《关于转发民政部、财政部〈关于调整部分优抚对象等人员抚恤和生活补助标准的通知〉的通知》,决定自 2006 年 1 月 1 日起,对在乡退伍红军老战士(含在乡西路军红军老战士、红军失散人员),在乡老复员军人的定期定量补助提高标准。标准如表:

2006 年“三红”人员生活补助标准表

表 2－132

单位:元/年

在乡退伍红军老战士	在乡西路军红军老战士	红军失散人员
11400	10200	3360

在乡老复员军人的定期定量补助标准,抗日战争时期入伍的由每人每月 240 元提高到 260 元;解放战争时期入伍和参加了抗美援朝战争的由每人每月 180 元提高到 200 元;建国后入伍未参加抗美援朝战争的由每人每月 160 元提高到 180 元。带病回乡退伍军人生活补助标准,从 2006 年 1 月 1 日起,由现行的每人每月 60 元提高到每人每月 80 元。

2006 年 10 月,为纪念红军长征胜利 70 周年,中央财政按每人 4000 元的标准向在乡退伍红军老战士(含在乡西路红军老战士、红军失散人员)发一次性慰问金。

2007 年 3 月,省人民政府办公厅《关于适当提高部分军队退役等人员生活补助的意见》,决定自 2007 年 1 月 1 日起,提高在乡老复员军人和带病回乡退伍军人的补助标准,在乡老复员军人补助标准每月提高 50 元,使其月补标准分别达到 310 元、250 元、230 元。带病回乡退伍军人补助标准每月提高 20 元,达到每人每月 100 元。

2007 年 7 月,省民政厅、财政厅《关于转发民政部、财政部〈关于调整部分优抚对象抚恤补助标准的通知〉的通知》,决定从 2007 年 8 月 1 日起,提高在乡退伍红军老战士(含在乡西路军红军老战士、红军失散人员)生活补助费,标准如表:

2007 年“三红”人员生活补助标准表

表 2－133

单位:元/年

在乡退伍红军老战士	在乡西路军红军老战士	红军失散人员
13680	12240	4080

2008年2月，省民政厅、省财政厅下发《关于做好提高部分军队退役人员生活补助标准工作的通知》，决定从2008年1月1日起，提高部分军队退役人员生活补助标准。一是在乡老复员军人每人每月增加生活补助50元。其中：抗日战争时期入伍的，由每人每月310元提高到每人每月360元；解放战争时期入伍和参加了抗美援朝战争的，由每人每月250元提高到每人每月300元；建国后入伍未参加抗美援朝战争的，由每人每月230元提高到每人每月280元。二是带病回乡退伍军人，已认定参战身份的农村退役士兵，达不到评残等级且无工作单位的原8023部队及其他涉核部队退役人员生活补助每人每月增加45元，由原每人每月100元提高到每人每月145元。

2009年12月，省民政厅、省财政厅下发《关于调整我省部分优抚对象等人员抚恤和生活补助标准的通知》，决定从2009年10月1日起，调整我省部分优抚对象生活补助标准。一是调整在乡老复员军人生活补助标准，在现行补助标准基础上，每人每月增加70元。其中，抗日战争时期入伍的由每人每月390元提高到460元；解放战争时期入伍和参加了抗美援朝战争的由每人每月330元提高到400元；建国后入伍未参加抗美援朝战争的由每人每月310元提高到380元。二是调整带病回乡退伍军人、参战参试退役人员生活补助标准，在现行补助标准基础上，每人每月增加35元。三是在乡退伍红军老战士生活补助为18080元/年，红军失散人员生活补助为7820元/年。

2010年12月，省民政厅、财政厅《关于调整我省部分优抚对象等人员抚恤和生活补助标准的通知》，决定从2010年10月1日起，(1)提高在乡退伍红军老战士(含在乡红军失散人员)的生活补助标准：在乡退伍红军老战士每人每年补助19890元，红军失散人员每人每年补助8600元。(2)提高在乡老复员军人的生活补助标准，在现行补助标准的基础上，每人每月增加60元。其中：抗日战争时期入伍的由每人每月460元提高到520元；解放战争时期入伍和参加了抗美援朝战争的由每人每月400元提高到460元；建国后入伍(即1949年10月1日～1954年10月31日入伍)未参加抗美援朝战争的由每人每月380元提高到440元。(3)为提高和统一全省城乡参战退役人员生活补助标准，全省城镇无工作单位且生活困难的参战退役人员生活补助标准每人每月增加35元；带病回乡退伍军人、农村参战退役且生活困难人员和参试涉核退役人员生活补助标准每人每月增加90元。调整后，带病回乡退伍军人、城乡参战退役人员和参试涉核退役人员生活补助标准统一按每人每月300元的标准执行。

2011年12月，省民政厅、财政厅《关于调整我省部分优抚对象等人员抚恤和生活补助标准的通知》，决定从2011年10月1日起，(1)提高在乡退伍红军老战士(含红军失散人员)的生活补助标准：在乡退伍红军老战士每人每年补助22870元，红军失散人员每人每年补助10320元。(2)提高在乡老复员军人的生活补助标准，在现行补助标准基础上，每人每月增加60元。其中：抗日战争时期入伍的由每人每月520元提高到580元；解放战争时期入伍和参加了抗美援朝战争的由每人每月460元提高到520元；建国后入伍(即1949年10月1日～1954年10月31日入伍)未参加抗美援朝战争的由每人每月440元提高到500元。(3)提高带病回乡退伍军人、在农村的和城镇无工作单位且家庭生活困难的参战退役人员和原8023部队等参试涉核退役人员生活补助标准，每人每月提高30元。调整后，上述人员生活补助标准每人每月为330元。

2012年9月，省民政厅、财政厅《关于调整我省部分优抚对象生活补助标准补充说明的通知》，决定从2012年1月1日起，给予带病回乡退伍军人、参战参试退役人员生活补助标准每人每月再增加20元。调整后的生活补助标准为每人每月350元。

2012年10月，省民政厅、财政厅《关于调整我省部分优抚对象等人员抚恤和生活补助标准的通知》，决定从2012年10月1日起，(1)提高在乡退伍红军老战士(含红军失散人员)的生活补助标准：在乡退伍红军老战士每人每年补助26300元，红军失散人员每人每年补助11870元。(2)提高在乡老复员军人的生活补助标准，在现行补助标准的基础上，每人每月增加50元。其中：抗日战争时期入伍的由每人每月580元提高到630元；解放战争时期入伍和参加了抗美援朝战争的由每人每月520元提高到570元；建国后入伍(即1949年10月1日～1954年10月31日入伍)未参加抗美援朝战争的由每人每月500元提高到550元。(3)提高带病回乡退伍军人、在农村的和城镇无工作单位且家庭生活困难的参战退役人员和原8023部队参试涉核退役人员(含参与铀矿开采军队退役人员)生活补助标准，每人每月提高35元。调整后，上述人员生活补助标准每人每月为385元。

四、其他优抚支出

包括优抚事业单位经费，其他抚恤事业费、烈士纪念建筑物管理、维修经费、丧葬费和其他优抚支出等。

1. 优抚事业单位费

优抚事业单位经费包括革命残废军人疗养院(或休养院、康复医院)、烈属养老院(光荣敬老院)经费。

光荣敬老院经费。1958年,经县人民政府同意,先后拨款在增田、罗陂、万崇、参陂、谷岗等地建成了五所"光荣敬老院"。56名烈士遗属和苏区老干部入住"光荣敬老院"。每所"光荣敬老院"均配有管理人员,侍候和处理老人们的日常生活。逢年过节,县党政军领导同志还分别登门慰问。

乐安县光荣敬老院基本情况表

表2-134

名 称	入院人数	每人每月生活补助费	每人每月伙食费	说 明
增田光荣敬老院	19	15元	7元	投资3万元建平房一幢及添置生活日用设备
罗陂光荣敬老院	7	15元	7元	投资2.5万元建平房一幢及添置生活日用设备
万崇光荣敬老院	9	3元	7元	投资2万元建房一幢,另外每人每月拨给副食品补贴2元、公杂费4元
参陂光荣敬老院	10	3元	7元	投资1.5万元建房一幢,每人每月拨给副食品补贴2元、公杂费4元
谷岗光荣敬老院	11	3元	7元	投资2万元建房一幢,每人每月拨给副食品补贴2元、公杂费4元
合 计	56	—	—	

注:万崇、参陂、谷岗敬老院曾吸收部分社会老人入院,后改为社会敬老院

2. 烈士纪念建筑物管理、维修经费

1964年5月,在县城城北的仕山顶上兴建革命烈士纪念塔,塔上刻有仿毛泽东同志的草书题词"革命烈士 永垂不朽",镶嵌有中共乐安县委、县人民政府的碑文,以缅怀先烈。

3. 义务兵优待

1999年,乐安县开始对城镇户口义务兵家属发放优待金,优待金标准为每户每年300元。

根据《江西省军人抚恤优待办法》及乐安县上年度农村人均纯收入的状况,2002年以后(含2002年)的义务兵优待金发放标准,城镇户口义务兵家属每户每年300元,农村户口义务兵家属每户每年1270元。其中进疆兵优待金标准在现有基础上增加了30%,即农村户口的进疆兵优待金为1651元,非农户口的进疆兵优待金为390元;农村户口的进疆身体条件兵、进疆高原兵和进藏兵优待金按当年优待金标准的3倍发放,即优待金为3810元。2004年乐安县义务兵家属406户,2005年乐安县义务兵家属358户,2006年乐安县义务兵家属343户。

2008年,乐安县义务兵家属计352户,其中:农村285户,城镇67户,发放标准:农村义务兵每户每年1870元,城镇义务兵每户每年600元。

2009年,乐安县义务兵家属共356户,其中:农村284户,城镇72户,发放标准:农村义务兵家庭优待金为2000元/年,城镇户口义务兵家庭优待金为1000元/年;进疆义务兵优待金标准为其他义务兵的2倍,进藏义务兵的优待金标准为其他义务兵的3倍。

2009年,城镇退役士兵自谋职业一次性经济补助标准从原义务兵期限内每年5000元/人调整为每年7000元/人。

2010年10月,县人民政府确定乐安县2010年义务兵家庭优待金发放标准为:农村户口义务兵家庭优待金为2000元/年,城镇户口义务兵家庭优待金为3000元/年;进疆义务兵优待金标准为其他义务兵的2倍,进藏义务兵的优待金标准为其他义务兵的3倍;2009年以后征集的应届大专学历毕业生义务兵优待金提高20%,应届本科学历毕业生义务兵优待金提高30%。服役期间立功受奖的义务兵,可另外享受奖励优待金,即荣立一、二、三等功和被评为优秀士兵的义务兵,分别给予1000元、500元、100元、50元的奖励。

2010年,乐安县义务兵家属共350户,其中:农村279户,城镇71户。

2011年12月,县人民政府决定从2011年起提高义务兵家庭优待金标准,由原3000元/年提高到5000元/年;进疆义务兵优待金标准为其他义务兵的2倍,进藏义务兵优待金标准为其他义务兵的3倍;2009年以后征集的应届大专学历毕业生义务兵优待金提高20%,应届本科学历毕业生义务兵优待金提高30%。服役期间立功受奖的义务兵,可另外享受奖励优待金,即荣立一、二、三等功和被评为优

秀士兵的义务兵,分别给予 1000 元、500 元、100 元、50 元的奖励。

2011 年,乐安县义务兵家属共 334 户,其中:农村 265 户,城镇 69 户。

2012 年,乐安县义务兵家属共 300 户,其中:农村 252 户,城镇 48 户。

从 2008 年起,乐安县对城镇退役士兵自谋职业者给予一次性经济补助。其标准是:2008 年,自谋职业 11 人,补助标准为每人每年 5000 元;2009 年,自谋职业 6 人,补助标准为每人每年 7000 元;2010 年,自谋职业 10 人,补助标准为每人每年 7000 元;

2011 年,自谋职业 36 人,补助标准为每人每年 9000 元;2012 年,自谋职业 44 人,补助标准为每人每年 9000 元。

1952 ~ 2012 年乐安县抚恤事业费支出表

表 2 - 135　　单位:万元

项目 金额 年度	伤残抚恤	优抚事业单位	义务兵优待	烈士纪念建筑物管理、维修经费	其他优抚支出
1952	0.2	—	—	—	—
1953	0.2	—	—	—	—
1954	0.2	—	—	—	—
1955	0.2	—	—	—	—
1956	0.2	—	—	—	—
1957	—	—	—	—	—
1958	—	—	—	—	—
1959	—	—	—	—	—
1960	—	—	—	—	—
1961	—	—	—	—	—
1962	—	—	—	—	—
1963	—	—	—	—	—
1964	—	—	—	—	—
1965	—	—	—	—	—
1966	—	—	—	—	—
1967	—	—	—	—	—
1968	—	—	—	—	—
1969	—	—	—	—	—
1970	—	—	—	—	—
1971	—	—	—	—	—
1972	—	—	—	—	—
1973	—	—	—	—	—
1974	—	—	—	—	—
1975	—	—	—	—	—
1976	—	—	—	—	—
1977	0.3	—	—	—	—
1978	0.5	—	—	—	—
1979	0.5	—	—	—	—
1980	—	—	—	—	—
1981	0.6	—	1.3	—	—
1982	—	—	—	—	—
1983	0.7	—	1.4	—	—
1984	8.7	0.5	—	—	—

续表 2－135

年度 \ 金额 \ 项目	伤残抚恤	优抚事业单位	义务兵优待	烈士纪念建筑物管理、维修经费	其他优抚支出
1985	11	12	—	—	—
1986	14	18.2	—	—	—
1987	10	10	—	—	—
1988	7	12	—	20	—
1989	27	—	—	—	—
1990	27	12	—	2	—
1991	29	13	—	2	—
1992	29	14	—	—	—
1993	30	15	—	—	—
1994	6	—	—	—	—
1995	9	—	—	—	—
1996	10	—	—	—	—
1997	3.2	5.1	—	0.5	—
1998	7.8	14.6	—	0.8	—
1999	8	12	—	5	—
2000	13	—	—	9.3	—
2001	16	13	—	7	—
2002	21	—	—	—	—
2003	28	29	—	—	—
2004	30	28	—	—	—
2005	1	—	—	—	—
2006	25	50	—	—	—
2007	174	4	—	—	—
2008	293	—	—	—	140
2009	350	15	—	—	439
2010	—	—	10	—	559
2011	60	10	—	—	876
2012	60	30	183	—	1152
合计	1311.3	320.1	193	46.6	3166

第八节　退役安置

一、退伍军人安置

1958年3月，国务院颁布《关于处理义务兵退伍的暂行规定》，规定志愿参加人民解放军的军士、兵，至1957年底已经基本复员完毕。今后退出现役的军士、兵，除少数志愿兵外，都是义务兵。对于退伍的义务兵，本着从那里来回到哪里去的原则进行处理。并规定：（1）入伍时原是家居农村或者城市郊区的农民，退伍后回原住地参加农业生产；被征用土地不能在原地从事农业生产的，按照“国家建设征用土地办法”的有关规定予以处理。（2）入伍时原是国家机构、人民团体、企业、事业单位的正式职员或工人，退伍后，要求恢复工作，原工作单位在两个月内安排工作。（3）入伍时原是学校（包括中等技术学校）未毕业的学生，退伍后要求继续学习而本人又符合学习条件（年龄上适当放宽）的，原学校在其退伍后下一学期开始予以复学。（4）入伍时家居城市没有固定职业，或者原来的职业已不适合国家需要的，退伍后劳动部门予以就业登记，并在与一般群众同等条件下，给予优先就业的便利，或由当地政府帮助参加农业生产或其他生产。(5)退伍义务兵中的专门技术兵，劳动部门根据本地需要予以优先就业，暂时不能安排就业的，动员参加农业或其他生产，待需要时再优先录用。

1950～1985年，全县先后共接受退伍军人3416人，按政策安排工作946人，回农村参加农业生产2470人。

2002年6月，江西省人民政府《关于进一步做好退役士兵安置工作的通知》，强调严格执行国发〔2001〕31号文件和国家有关退伍安置政策规定，通过安置就业、自谋职业、扶持就业等安置办法做好安置工作。并规定对于返回农村的退役士兵，在生产、生活、住房等方面确有困难的，当地政府应当予以扶助。从当年开始，省、设区市、县(市、区)三级建立退役士兵安置保障金专户。保障金来源主要是地方财政拨款、安置任务有偿转移资金等。

2003年，江西省人民政府、省军区下发《关于做好2003年度退役士兵安置工作的通知》，强调要按照《江西省人民政府关于进一步做好退役士兵安置工作的通知》的有关规定，通过地方财政拨款、安置任务有偿转移等办法筹措足额经费，及时发放自谋职业退役士兵一次性补助金，确保自谋职业率达到20%。

2004年，乐安县始有退伍军人安置支出1万元。

2005年8月，省劳动和社会保障厅、财政厅《关于进一步做好城镇退役士兵就业和社会保障工作的通知》强调：广开就业渠道，促进城镇退役士兵就业和自主就业，并对自谋职业的城镇退役士兵就业后，按有关规定参加基本医疗、失业等社会保障。符合《失业保障条例》，在其失业保险条例待遇期满或不符合享受失业保险条例的城镇退役士兵，如符合《城市居民最低生活保障条例》规定条件的，可及时享受城市居民最低生活保障待遇。同年，省财政厅《关于下发2005年退役士兵安置经费的通知》强调，经费专项用于2004年以前城镇退役士兵遗留处理和2005年城镇退役士兵自谋职业的一次性经济补偿。12月，省财政厅《关于下达2005年退伍军人安置经费的通知》，下拨转业士官安置经费用于本年度转业士官在集中接待期间管理教育(含培训)、医疗补助等事项。

2006年3月，省民政厅、财政厅、劳动和社会保障厅联合下发《关于对1953年12月31日前参军，后在企业退休的军队退役士兵给予生活补贴的通知》，决定从2006年1月1日起，对1953年12月31日前参军，后在企业退休的军队退役士兵，每人每月给予50元的生活补助。资金来源由企业负担，困难企业按隶属关系由同级财政负担。

2007年3月，省劳动和社会保障厅、民政厅、财政厅和农垦事业管理办公室《关于做好部分军队退役等人员生活补助工作的实施办法的通知》，1. 1953年12月31日以前参军的退役军人后在企业退休的以849元作为生活困难补助标准，凡本人基本养老低于该标准的，补齐到该标准。此外，在执行上述标准的同时，继续保留原生活补贴。2. 提高对越自卫反击战和中印、珍宝岛、抗美援朝、抗美援寮、保卫西沙群岛等退役士兵，对在企业已经退休的，在个人现有养老金的基础上，上浮10%，然后每人每月再增加60元生活补助。

2007年8月，省民政厅、劳动和社会保障厅、财政厅《关于落实部分优抚对象和军队退役人员有关政策工作的实施意见》，决定对1954年11月1日后入伍并参战退役人员和参加核试验退役人员及原8023部队退役人员按以下界定发给生活补助：(1)城镇：①与企业解除了劳动关系未实现再就业的；②连续停产一年以上的国有及国有控股困难企业(含县级以上退伍安置部门办理了正式安置手续的相关企业)；③因暂时不能筹措改制资金，造成未与企业解除劳动关系的；④因国家建设失地转为城镇户口无业的；⑤在农垦企业、乡镇企业、大集体企业、小集体企业经县级以上退伍安置部门办理了正式安置手续并已下岗的；⑥其他城镇无工作单位且家庭生活困难的。从2007年1月1日起，给予每人每月200元的生活补助。(2)农村：①农村参战退役士兵；②非因国家建设失地转为城镇户口无业的；③未经县级以上退伍安置部门办理正式安置手续的，以上人员从2007年1月1日起每人每月给予100元生活补助。

2011年8月，抚州市民政局、财政局转发《江西省民政厅、财政厅转发民政部、财政部关于给部分农村籍退役士兵发放老年生活补助政策的通知》(抚民字〔2011〕112号)，经国务院批准，从2011年8月1日起，给部分农村籍退役士兵发放老年生活补助。(1)补助对象：从1954年11月1日试行义务兵役制后至《退役士兵安置条例》实施前入伍、年龄在60周岁以上(含60周岁)、未享受到国家定期抚恤补助的农村籍退役士兵。(2)补助标准：每服一年义务兵役(不满一年的按一年计算)，每人每月发给10元。

2004~2012年乐安县退役安置支出表

表2-136

单位:万元

年度	金额	年度	金额	年度	金额
2004	1	2008	69	2012	55
2005	25	2009	343		
2006	—	2010	163		
2007	37	2011	248	合计	941

二、军队移交政府的离退休人员安置

1996年4月,民政部、财政部、总政治部、总后勤部《关于县(市、区)人民武装干部退休安置有关问题的通知》,对1986年随人武部建制移交地方的现有干部中,军龄(含工龄)满30年或年龄满50岁,本人自愿退休就地安置的,可按军队干部待遇,由军队办理退休手续,人武部退休干部随第四批军队离退休干部进行安置,并于1996年9月底前交接完毕。

2001年7月,省民政厅、财政厅、省军区司令部、政治部、后勤部《转发〈关于给移交政府安置的军队离退休干部、退休士官增加离退休费的通知〉的通知》,确定从2001年1月1日起,给移交政府安置的军队离退休干部、退休士官(志愿兵)增加离退休费。标准如表。

离休干部增加离休费标准

附表一

表2-137

单位:元/月

职务(专业技术)等级			标准	增发标准			年定期增加离休费标准
				红军时期参加革命工作的	抗日战争时期参加革命工作的	解放战争时期参加革命工作的	
正师级	六级	局级	260	—	—	—	43
副师级	七级	局级	220	—	—	—	40
正团职	八级	处级	190	—	—	—	37
副团职	九级	处级	170	55	35	25	34
正营职	十级	科级	155	—	—	—	31
副营职	十一级	科级	140	—	—	—	28
正连职以下	十二级以下	科员以下	120	—	—	—	25

注:1. 正师级离休干部原为少将军衔的,年定期增加离休费标准按48元执行

2. 增加的离休费标准包括职务工资、军衔工资和基础工资三部分

退休干部增加退休费标准

附表二

表2-138

单位:元/月

职务(专业技术)等级			标准	年定期增加退休费标准
正军职	四级	按正军职待遇	370	56
副军职	五级	按副军职待遇	310	52
正师职	六级	正局级	260	43
副师职	七级	副局级	220	40
正团职	八级	正处级	190	37
副团职	九级	副处级	170	34
正营职	十级	正科级	155	31
副营职	十一级	副科级	140	28
正连职以下	十二级以下	科员以下	120	25

注:1. 正师职退休干部原为少将军衔的,年定期增加退休费标准按48元执行

2. 增加退休费标准包括职务工资、军衔工资和基础工资三部分。其中,相当于基础工资的50元全额计发,其余部分及本定期增加的退休费,按本人退休费计发比例计发

退休士官(志愿兵)增加退休费标准

表 2-139　　附表三　　单位:元/月

1993 年 9 月 30 日以前退休	1993 年 10 月 1 日至 1999 年 11 月 30 日退休	1999 年 12 月 1 日以后退休	标准	年定期增加退休费标准
八级	四级满十年以上	六级满 5 年以上	170	34
六级、七级	四级满 5 年不满 10 年	六级不满 5 年	155	31
四级、五级	四级不满 5 年	五级	140	28
三级以下	三级以下	四级以下	120	25

注:增加的退休费中,相当于基础工资附加的 50 元全额计发,其余部分及年定期增加的退休费,按本人退休费计发比例计发

2002 年 1 月 31 日,省民政厅、财政厅、省军区司令部、军区政治部、军区后勤部联合转发《关于调整移交政府安置的军队离退休干部、退休士官离退休费的通知》,从 2001 年 10 月 1 日起,调整移交政府安置的军队离退休干部、退休士官(志愿兵,下同)的离退休费:(1)增加离休干部离休费。按同职级军官、文职干部的职务工资、军衔工资的增资额和本人参加革命工作的时间增加离休费。年定期增加离休费,比照同职级军官、文职干部职务工资档差标准和军衔工资年增资标准执行。(2)增加退休干部退休费。以同职级军官、文职干部的职务工资、军衔工资的增资额为基数,按本人退休费计发比例计发增加的退休费。年定期增加退休费,以附表 2 所列标准为基数,按本人退休费计发比例计发。(3)增加退休士官退休费。以副团职以下退休干部增加退休费的相应标准为基数,按本人退休费计发比例计发增加的退休费。年定期增加退休费,以附表 3 所列标准为基数,按本人退休费计发比例计发。(4)离退休干部、退休士官增加离退休费,按民政部、财政部、总参谋部、总政治部、总后勤部〔2001〕政干字第 234 号文件中附表的式样,依据以往规定的审批权限审批。(5)按照本通知规定增加的离退休费,作为计发有关费用的基数。(6)移交政府安置的军队离退休干部、退休士官增加离退休费所需经费,2001 年 10 月至 12 月的由军费开支(武警部队和公安边防、消防、警卫部队的分别由武警部队和公安部开支);从 2002 年 1 月起,按现行财政管理体制,分别由中央财政和地方财政开支。标准如表。

离休干部增加离休费标准

表 2-140　　附表一　　单位;元/月

职务(专业技术)等级			标准	增发标准			年定期增加离休费标准
				红军时期参加革命工作的	抗日战争时期参加革命工作的	解放战争时期参加革命工作的	
正师职	六级	正局级	275	—	—	—	—
副师职	七级	副局级	225	—	—	—	—
正团职	八级	正处级	185	—	—	—	—
副团职	九级	副处级	150	50	40	35	—
正营职	十级	正科级	115	—	—	—	—
副营职	十一级	副科级	95	—	—	—	—
正连职以下	十二级以下	科员以下	90	—	—	—	—

退休干部增加退休费标准

表 2-141　　附表二　　单位:元/月

职务(专业技术)等级			标准	年定期增加退休费标准
正军职	四级	按正军职待遇	420	77
副军职	五级	按副军职待遇	345	70
正师职	六级	正局级	275	58
副师职	七级	副局级	225	52

续表 2－141

职务(专业技术)等级			标准	年定期增加退休费标准
正团职	八级	正处级	185	46
副团职	九级	副处级	150	40
正营职	十级	正科级	115	34
副营职	十一级	副科级	95	30
正连职以下	十二级以下	科员以下	90	27

注:1. 正师职退休干部原为少将军衔或专业技术六级、正局级退休干部原文职级别 2 级的,年定期增加退休费标准按 63 元执行

2. 表内所列标准均按本人退休费计发比例计发

退休士官(志愿兵)增加退休费标准

表 2－142 附表三 单位:元/月

1993 年 9 月 30 日以前退休	1993 年 10 月 1 日至 1999 年 11 月 30 日退休	1999 年 12 月 1 日以后退休	标准	年定期增加退休费标准
八级	四级满十年以上	六级满 5 年以上	150	40
六级、七级	四级满 5 年不满 10 年	六级不满 5 年	115	34
四级、五级	四级不满 5 年	五级	95	30
三级以下	三级以下	四级以下	90	27

注:表内所列标准均按本人退休费计发比例计发

11 月 22 日,省民政厅、财政厅、省军区政治部、后勤部《转发〈关于调整移交政府安置的军队离退休干部公勤费、护理费标准的通知〉的通知》,确定从 2002 年 1 月 1 日起调整移交政府安置的军队离退休干部(含退休士官)公勤费、护理费标准。(1)公勤费,按规定享受全费标准的,由每人每月 200 元调整为 400 元;半费标准的,由每人每月 100 元调整为 200 元;全费四分之一标准的,由每人每月 50 元调整为 100 元;(2)护理费,护理费标准按公勤费全费标准执行,由每人每月 200 元调整为 400 元。

2003 年 3 月 20 日,省民政厅、财政厅、省军区政治部、后勤部《转发〈关于调整移交政府安置的军队离退休干部住院伙食补助费标准的通知〉的通知》,军队离退休干部(含退休志愿兵、退休士官)住院伙食补助费,从 2003 年 7 月起,执行二类灶加三类补助,(类别划分详表)减去个人应交伙食费标准,发给住院伙食补助费(江西为一类地区)。

各类灶伙食费标准

表 2－143 单位:元/每人·每天

项目	类别 灶别	一类区	二类区	三类区	四类区	五类区	高原一类区	高原二类区	高原三类区	高原四类区
基本灶别	一类灶	7.70	7.90	8.30	9.00	9.70	—	—	—	—
	二类灶	9.80	10.00	10.40	11.10	11.80	15.70	16.20	16.90	17.70
	三类灶	19.50	20.00	20.60	21.30	22.10	—	—	—	—
	四类灶	34.00	35.00	36.00	37.00	38.00	43.00	43.00	43.00	43.00
补助标准	一类补助	0.50	0.60	0.70	0.80					
	二类补助	1.00	1.20	1.40	1.60					
	三类补助	1.50	1.80	2.10	2.40					
	四类补助	2.50	2.80	3.10	3.40					

2004 年 4 月,省民政厅、财政厅,省军区政治部、后勤部《转发〈关于给移交政府安置的军队离休退

休干部发放交通费的通知〉的通知》，确定从2004年元月起，给移交政府安置的军队离休退休干部发放交通费。(1)发放范围:1981年以来移交政府安置执行军队干部离退休生活费标准的离退休干部；(2)交通费标准:军队离休干部每人每月105元(含原来已发的15元)，军队退休干部每人每月90元。交通费随离退休费逐月发放。

10月，民政部、财政部、总参、总政、总后《关于增加移交政府安置的军队离退休干部、退休士官离退休费的通知》，确定从2004年1月1日起增加离退休干部离退休费，医疗费年补助标准，离休干部从1000元提高至5000元，退休干部从800元提高至2000元。

2005年3月，省民政厅、财政厅、省军区政治部、后勤部《转发〈关于调整移交政府安置的军队离退休干部公勤费、护理费标准的通知〉的通知》，确定从2004年10月1日起调整移交政府安置的军队离退休干部(含退休士官)公勤费、护理费标准。(1)公勤费:按规定享受全费标准的，由每人每月400元调整为800元；半费标准的，由每人每月200元调整为400元；全费四分之一的，由每人每月100元调整为200元；(2)护理费:护理费标准按公勤费全费标准执行，每人每月800元。8月，省民政厅、财政厅、省军区政治部、后勤部《转发〈关于调整移交政府安置的军队离退休干部防暑降温费标准的通知〉的通知》，确定从2005年起，将移交政府安置的军队离退休干部、退休士官的防暑降温费标准，分别由每人每月20元、10元统一调整为60元。

2006年10月，省民政厅、财政厅、省军区政治部、后勤部《转发〈关于调整移交政府安置的军队离休退休干部和退休士官生活待遇有关问题的通知〉的通知》，决定从2006年7月1日起，调整移交政府安置的军队离休退休干部和退休士官(含退休志愿兵)的生活待遇，除定期增加离退休费(详见表)并建立生活性补贴，退休干部每人每月560元，退休士兵每人每月460元。

离休干部增加离休费标准

表2-144　　　　单位:元/月

<table>
<tr><th colspan="3" rowspan="2">职务(专业技术)等级</th><th rowspan="2">增加离休费标准</th><th colspan="3">增发标准</th><th rowspan="2">军龄工资</th><th rowspan="2">每年定期增加离休费标准(从2007年1月起)</th></tr>
<tr><th>红军时期参加革命工作</th><th>抗日战争时期参加革命工作</th><th>解放战争时期参加革命工作</th></tr>
<tr><td>军委委员</td><td>一级</td><td>—</td><td>5190</td><td rowspan="3">750</td><td rowspan="3">700</td><td rowspan="3">650</td><td rowspan="12">每年军龄加50元计发</td><td>175</td></tr>
<tr><td>正大军区职</td><td>二级</td><td>—</td><td>4180</td><td>165</td></tr>
<tr><td>副大军区职</td><td>三级</td><td>按大军区职待遇</td><td>3340</td><td>145</td></tr>
<tr><td>正军职</td><td>四级</td><td>按正军职待遇</td><td>2490</td><td rowspan="4">500</td><td rowspan="4">450</td><td rowspan="4">400</td><td>125</td></tr>
<tr><td>副军职</td><td>五级</td><td>按副军职待遇</td><td>1710</td><td>115</td></tr>
<tr><td>正师职</td><td>六级</td><td>正局级</td><td>1250</td><td>95</td></tr>
<tr><td>副师职</td><td>七级</td><td>副局级</td><td>940</td><td>85</td></tr>
<tr><td>正团职</td><td>八级</td><td>正处级</td><td>670</td><td rowspan="5">350</td><td rowspan="5">300</td><td rowspan="5">250</td><td>70</td></tr>
<tr><td>副团职</td><td>九级</td><td>副处级</td><td>500</td><td>60</td></tr>
<tr><td>正营职</td><td>十级</td><td>正科级</td><td>400</td><td>55</td></tr>
<tr><td>副营职</td><td>十一级</td><td>副科级</td><td>300</td><td>45</td></tr>
<tr><td>正连职以下</td><td>十二级</td><td>科员以下</td><td>230</td><td>40</td></tr>
</table>

注:1. 本表“增加离休费标准”为同职级现役军官、文职干部职务工资和军衔工资的增资额

2. 在按本表“增加离休费标准”和“增发标准”增加离休费的基础上，军龄工资以本人离休时的服役年限和调整后的军龄工资标准重新计算后，全额计入离休费

3. 从2007年起，每年1月按表中“年定期增加离休费标准”增加离休费

退休干部增加退休费标准

表 2－145　　　　单位:元/月

职务(专业技术)等级			增加退休费标准	军龄工资	年定期增加退休费标准(从 2007 年 1 月起)
军委委员	一级	—	5190	每 1 年军龄按 10 元计发	175
正大军区职	二级	—	4180		165
副大军区职	三级	按大军区职待遇	3340		145
正军职	四级	按正军职待遇	2490		125
副军职	五级	按副军职待遇	1710		115
正师职	六级	正局级	1250		95
副师职	七级	副局级	940		85
正团职	八级	正处级	670		70
副团职	九级	副处级	500		60
正营职	十级	正科级	400		55
副营职	十一级	副科级	300		45
正连职以下	十二级	科员以下	230		40

注:1. “增加退休费标准”,为同职级现役军官、文职干部职务工资和军衔工资的增资额
2. 退休干部增加退休费,以表中“增加退休费标准”为基数,按照本人退休费计发比例计发
3. 军龄工资以本人退休时服役军龄和调整后军龄工资标准重新计算后,全额计入退休费
4. 从 2007 年起,每年 1 月以表中“年定期增加退休费标准”的基数,按照本人退休费计发比例增加退休费
5. 正师职干部军衔为少将的,专业技术六级、正局级文职 2 级的,年定期增加退休费标准按 105 元执行

退休士官(志愿兵)增加退休费标准

表 2－146　　　　单位:元/月

1993 年 9 月 30 日以前退休	1993 年 10 月 1 日至 1999 年 11 月 30 日退休	1999 年 12 月 1 日以后退休	增加退休费标准	军龄工资	年定期增加退休费标准(从 2007 年 1 月起)
六级以上	四级以上	六级	500	每 1 年军龄按 10 元计发	60
四、五级	三级	五级	320		50
三级以下	二级以下	四级以下	230		40

注:1. 退休士官(志愿兵)增加退休费,以表中“增加退休费”为基数,按照本人退休费计发比例计发
2. 军龄工资以本人退休时的服役年限和调整后的军龄工资标准计算后,全额计入退休费
3. 从 2007 年起,每年 1 月以表中“年定期增加退休费标准”为基数,按照本人退休费计发比例增加退休费

乐安县无此项经费支出。

第九节　社会福利

一、殡葬

2002 年以前,乐安县一直沿用传统的木棺土葬。2002 年 10 月,县人民政府下发《乐安县殡葬改革工作实施方案》,决定从 2003 年 1 月 8 日起,大力推行火葬。

2002 年,县民政部门在县城丁家脑山上建火葬场,2003 年正式投入使用。

2003 年,成立县殡葬管理所,负责管理火葬场事务。

2005 年,乐安县始有殡葬事务支出。2005 ~ 2012 年,乐安县殡葬事业费支出 92 万元。

新中国建立后,江西省对国家机关、事业单位工作人员逝世后的安葬费,一般都在机关福利费中开支。开支标准:不论因公死亡或非因公死亡的,1952 年前,缺乏木材地区在不超过 400 公斤大米的标准内实报实销,不缺乏木材地区在不超过 300 公斤大米的标准内实报实销。1952 年调整为 420 个 ~ 600 个工资分(棺木昂贵地区取高限)。1953 年 1 月起,调整为 100 元 ~ 150 元。1955 年省人委规定为 100 元 ~ 200 元。1980 年起,规定厅(局)、地(专)级以上干部丧葬费标准控制在 500 元 ~ 600 元内,其他干部不分职级每人按 240 元报销,由家属掌握包干

使用。

2004年5月，乐安县人事劳动和社会保障局、民政局、财政局转发江西省人事厅、民政厅、财政厅《关于调整机关、事业单位工作人员逝世后丧葬费标准的通知》，决定从2004年5月起，机关、事业单位工作人员逝世后的丧葬费标准为：(1)有关装殓方面的费用，本着丧事从简的原则，不分职务级别由原每人240元调整到1600元，包干使用。(2)有关举行遗体告别仪式方面的费用，由单位按节约的原则，据实报销。(3)按照丧事从简的原则，对直系亲属在外地来单位办理丧事的交通费，原则上自理。自理确有困难的，由家属提出申请，经单位领导批准，可在丧葬费内酌情补助。

2008年1月，抚州市人事局、民政局、财政局下发《关于调整机关事业单位工作人员逝世后丧葬费标准的通知》，规定，从2007年10月1日起，机关、事业单位工作人员逝世后丧葬费标准为：(1)有关装殓方面的费用，不分职务级别由原每人1600元调整到3200元，包干使用。(2)有关举行遗体告别仪式方面的费用，由单位按节约原则，据实报销。(3)按照丧事从简的原则，对直系亲属在外地来单位办理丧事的交通费，原则上自理。自理确有困难的，由家属提出申请，经单位领导批准，可在丧葬费内酌情补助。

2012年10月，抚州市人力资源和社会保障局、民政局、财政局下发《关于调整市直机关事业单位工作人员逝世后丧葬费标准的通知》，决定从2012年1月1日起，市直机关事业单位工作人员逝世后丧葬费实行包干使用，不分职务级别，标准由每人3200元提高到每人5000元。其他事项仍按原规定执行。

二、社会福利事业单位

乐安县社会福利事业单位，有据可稽的在清朝。清代，乐安曾有养济院、育婴堂等社会福利设置。

清同治时，乐安县每年救济孤贫35名左右，支粮布费银126两(闰年加10两5钱)。

民国时期，仍沿旧制，每年定额收容孤贫35名左右，共支口粮费为1277.5元。

1939年，日军侵入江西省，赣东北大批难胞逃至乐安县，县政府调用县、乡粮仓的积谷，筹措救济款，资用收容救济。当年收容难胞865人。

1940年，难胞增至1085人，动用积谷1678.06石。1944年，省救济委员会将160名孤儿和34名幼童收容在乐安县流坑村，开办了儿童教养所，给予抚养教育。1945年，抗日战争胜利后，方告结束。

中华人民共和国成立之后，县人民政府成立民政科，后改为民政局，专门管理社会福利事业。

创办福利厂。1980年福利厂接纳安排了343人，财政拨款8727元；1981年又接纳安排47人，财政拨款4322元。

兴建敬老院。接纳孤老入院安度晚年。敬老院由财政拨款，按月发给孤老伙食费、零用费和副食品补贴，使他们的生活过得舒适愉快。2002年10月，在县城商贸北大道新建社会福利院，占地面积15亩，建筑面积2000平方米，总投资190万元，养老条件得到进一步改善。

安置弃婴。1978～1980年，分别收养了4名弃婴，交由有条件的农户抚养，由财政发给抚养费150元～180元。

建立皮肤医院。1972年财政拨款4.5万元，在谭港乡白竹村的偏僻地带建设皮肤医院一所。专门收治麻风病患者。截至1985年，先后收治麻风病患者43人。

1986～2012年，全县社会福利事业单位支出879万元。

第十节　残疾人事业

乐安县新政权建立后，人民政府接管了名存实亡的残疾所，设置救济院，后改称教养院和社会福利院。其所有支出均在社会福利事业费和社会福利事业救济费中列支。

1985年，在社会救济福利事业费款下设社会残疾人福利事业费。当年拨款2.6万元。

1990年，乐安县成立残疾人联合会，为副科级机构，归口民政局管理。

1997年，增设残疾人康复经费，残疾人就业培训经费，其他残疾人事业费。

1998年，设残疾人事业费款，包括残疾人事业单位经费、残疾人康复经费、残疾人就业培训经费、其他残疾人事业费等款，当年拨款0.2万元。

1999年5月，县残联升格为正科级事业单位。11月，县财政局下发了实施《江西省残疾人就业保障金管理办法》的通知，就规范和加强全县残疾人就业保障金的征收、使用和管理工作作出了具体规定。

2001年11月，省卫生厅、民政厅、残疾人联合会《关于印发〈江西省麻风畸残康复"十五"方案的通知〉》附《江西省麻风畸残康复"十五"实施方案》，规定：各级政府应根据中央补贴经费及本地任务指标，投入配套经费，用于麻风畸残者的筛选、随访、建档立卡、康复训练、特困麻风畸残者生活补贴、麻风病院(村)手术室改造、手术医疗补贴，开展社会宣传等工作。

2002年11月，省卫生厅、残疾人联合会下发《关于印发〈江西省白内障复明“十五”实施方案的通知〉》附印《江西省白内障复明“十五”实施方案》，规定，地方经费应依据任务指标和贫困患者补助需求，投入专项经费额不得低于中央经费。当年，又先后由省工商行政管理局、质量技术监督局、省残联下发《关于印发〈江西省残疾人用品用具供应服务“十五”实施方案〉的通知》，附实施方案。经贸委、教育厅、残联下发《关于印发〈江西省低视力康复“十五”实施方案〉的通知》并附方案。省卫生厅、教育厅、民政厅、药品监督管理局、计划生育委员会、妇联、残联下发《关于印发〈江西省聋儿康复“十五”实施方案〉的通知》中，对经费都作了规定，由各级政府依据中央补贴，当地任务指标及贫困疾病者补贴需要，投入专项经费。

2011年5月，抚州市残疾人联合会、卫生局、民政局、财政局《关于印发2011年市政府民生工程残疾人康复项目实施方案的通知》(抚残联字〔2011〕27号)，决定2011年为全市城乡1.488万名贫困残疾人提供康复救助与服务。其中为2400名精神病患者提供免费服药，为1.2万名残疾人进行康复需求评估和建档，为80名肢体缺失者免费安装假肢，培训社区康复协调员200名，配发轮椅200辆。省财政补助标准：(1)贫困精神病患者服药救助每人每年补助450元；(2)康复需求评估和建档每人补助25元；(3)贫困肢体残疾缺肢者安装大、小腿假肢，平均每条补助4000元，其中：大腿每条5500元，小腿每条2500元。(4)社区康复协调员培训补助每人816元。其中：培训费用800元、教材费16元。(5)轮椅配发每台补助800元。

2011年8月，抚州市残疾人联合会、人力资源和社会保障局、财政局、新闻出版局转发《关于做好2011年省政府民生工程残疾人就业与培训工作的通知》，省政府决定免费为7000名城乡残疾人进行职业技能培训；购买9000个公益性岗位安置残疾人就业，其中农家书屋残疾人管理员岗位5500个。城乡残疾人培训和公益性岗位的经费来源与补助标准。(1)经费来源。省政府民生工程安排的残疾人就业再就业专项补助资金5000万元。(2)补助标准。①城乡残疾人职业培训补助标准(见费用标准表)。

城乡残疾人培训项目分类及费用标准

表2－147

类别	培训工种名称	培训时间及费用标准
A类	企业招收残疾人就业岗位培训、商品检验员、商品保管员、商品养护员、乳口检验员、接线员、自动照像排版工、电子分色工、无线电调试工、农家书屋残疾人管理员、农村种养业实用技术培训、剪纸装裱、盲人电脑(不含软件费)、社区康复协调员	1个月(30天180课时)750元/人 2个月(60天360课时)1100元/人 3个月(90天540课时)1400元/人
B类	刺绣、烹饪、缝纫、美工、精神病与智障家属的护理技能培训	1个月(30天180课时)750元/人 2个月(60天360课时)1100元/人 3个月(90天540课时)1400元/人
C类	计算机应用操作员、盲人按摩、盲人定向行走、美容美发、家用电子产品维修、服装设计定制工、印刷机械、电器维修工、办公设备维修工、手机维修、制冷设备维修工、电工、摩托车、助力车维修、机动车驾驶员培训	1个月(30天180课时)750元/人 2个月(60天360课时)1200元/人 3个月(90天540课时)1600元/人

②岗位补贴标准仍按《关于就业专项资金使用管理及有关问题的通知》(赣财社〔2009〕61号)等文件的规定标准执行。③农家书屋残疾人管理员按每人每月300元执行。④职业介绍补贴标准为120元～150元/人。

2011年10月，中共乐安县委、县人民政府下发《关于促进残疾人事业发展的实施意见》，文件就进一步提升全县残疾人事业的发展水平，提出如下意见。(1)提高认识，增强促进残疾人事业发展的责任感和使命感；(2)健全服务体系，切实加强残疾人医疗康复和残疾预防工作；(3)关心残疾人民生，提高残疾人生活保障水平；(4)促进残疾人教育就业、帮助残疾人平等参与社会；(5)完善服务体系，加强无障碍建设和改造。

2012年7月，抚州市残疾人联合会、卫生局、民政局、财政局《关于印发2012年市政府民生工程残疾人康复项目实施方案的通知》，决定2012年为全市城乡1.49万残疾人提供康复服务与救助。其中为2400名精神病患者提供服药补助，为1.1万名残疾人提供康复需求评估与建档服务，为100名肢体缺失者安装假肢，为各类贫困残疾人免费配发辅助器具1400件。各县（区）救助任务见分配表。

2012年抚州市政府民生工程残疾人康复项目任务分配表

表2－148

项目／单位	贫困精神病患者服药救助			社区康复	贫困肢残人装配假肢						辅具配发	合计		
	任务数	配套经费		康复需求评估建档	大腿			小腿				任务数	经费配套	
		市级配套	县级配套	任务数	任务数	市级配套	县级配套	任务数	市级配套	县级配套	任务数		市级配套	县级配套
	人	万元	万元	人	条	万元	万元	条	万元	万元	台	人	万元	万元
临川县	520	13	10.4	2000	15	5.5	5.5	15	2.5	2.5	—	2550	21	18.4
南城县	210	5.25	4.2	800	3	1.65	1.65	3	0.75	0.75	—	1016	7.65	6.6
黎川县	120	3	2.4	600	2	1.1	1.1	2	0.5	0.5	—	724	4.6	4
南丰县	210	5.25	4.2	1000	3	1.65	1.65	3	0.75	0.75	—	1216	7.65	6.6
崇仁县	220	5.5	4.4	700	3	1.65	1.65	3	0.75	0.75	—	926	7.9	6.8
乐安县	210	5.25	4.2	1000	5	1.1	1.1	5	0.5	0.5	—	1220	6.85	5.8
宜黄县	130	3.25	2.6	1000	2	1.1	1.1	2	0.5	0.5	—	1134	4.85	4.2
金溪县	230	5.75	4.6	800	3	1.65	1.65	3	0.75	0.75	—	1036	8.15	7
资溪县	60	1.5	1.2	500	1	0.55	0.55	1	0.25	0.25	—	562	2.3	2
广昌县	200	5	4	800	3	1.65	1.65	3	0.75	0.75	—	1006	7.4	6.4
东乡县	250	6.25	5	1200	5	1.65	1.65	5	0.75	0.75	—	1460	8.65	7.4
金巢区	40	1	0.8	600	5	2.75	2.75	5	1.25	1.25	—	650	5	4.8
市本级	—	—	—	—	—	—	—	—	—	—	1400	1400	—	—
合计	2400	60	48	11000	50	22	22	50	10	10	1400	14900	92	80

经费补助标准：（1）精神病患者服药补助，省级财政补助每人每年450元，市级财政补助每人每年250元，县（区）级财政配套每人每年200元，用于提高患者基本用药以及筛查、建档立卡等工作费用。（2）康复需求调查与评估建档服务补助，省级财政补助经费标准每人20元。（3）肢体残疾人安装假肢补助，省级经费补助标准为小腿假肢每条2500元，大腿假肢每条5500元，市、县级按照省级同等标准安排配套经费，主要用于提高安装假肢的补助标准和增加救助对象的数量。（4）辅助器具包括配发轮椅、拐杖、盲杖、坐便椅、手杖、浴凳等六类辅助器具用品。

2006～2012年乐安县残疾人事业支出情况表

表2－149　　单位：万元

项目／金额／年度	残疾人事业费	其中				
		行政运行费	一般行政管理事务费	残疾人康复经费	残疾人就业培训经费	其他残疾人事业费
2006	1	—	—	1	—	—
2007	5	3	2	—	—	—
2008	47	8	—	13	—	26
2009	38	8	1	16	—	13
2010	72	17	1	33	—	21
2011	50	15	2	—	—	33
2012	131	19	42	30	12	28
合计	344	70	48	93	12	121

第十一节 城市居民最低生活保障

1997年11月,江西省人民政府下发《关于在全省建立城市居民最低生活保障制度的通知》,确定1998年1月制定实施方案,1999年底以前县级市和县政府所在地的镇都要建立起城市居民最低生活保障制度。并规定下列人员可申请享受城市低保待遇:(1)无生活来源、无劳动能力,无法定赡养人或抚养人的居民;(2)领取失业救济金期间或失业救济期满仍未重新就业,家庭人均收入低于最低生活保障水平的居民;(3)在职人员和下岗人员在领取工资或最低工资、基本生活费后以及退休人员领取退休金后,其家庭人均收入仍低于最低生活保障标准的居民。

1999年,9月,江西省人民政府办公厅《关于提高城镇居民最低生活保障水平的通知》,确定从当年7月1日起,城镇居民最低生活保障水平在原标准基础上提高30%。

1999年,乐安县开始实施城市居民最低生活保障政策。

2002年1月,江西省人民政府《关于进一步加强城市居民最低生活保障工作的通知》重申各级民政部门要会同财政、劳动保障、统计物价等部门,根据当地维持城市居民基本生活所需费用,按照既保障贫困居民的基本生活,又要有利于鼓励就业的原则,制定和调整与当地经济发展水平和财政承受能力相适应的最低生活保障标准。

2003年10月,县人民政府根据国务院《城市居民最低生活保障条例》、江西省人民政府《关于在全省建立城市居民最低生活保障制度的通知》,结合乐安县社会经济发展状况,印发《乐安县城市居民最低生活保障工作操作规程》,规定:

(1)城市居民最低生活保障范围:凡持有乐安县非农业户口的居民,共同生活的家庭成员月人均收入和实际生活水平低于城市低保标准的,不论其年龄、职业、健康状况及工作单位性质,应纳入城市低保范围;同一家庭既有非农户口又有农业户口的,其非农业户口人员可申请享受城市低保待遇。

共同生活的家庭成员是指同一户口并依法形成赡养、抚养或扶养关系的人员以及事实上已形成共同生活的人员,包括:①夫妻;②父母与未成年子女、养子女、继子女;③兄、姐与父母双亡的未成年的弟、妹;④父母双亡且祖父母或外祖父母作为监护人的未成年或已成年但不能独立生活的孙子女和外孙子女;⑤民政部门按照有关规定认定的其他人员。

有下列情形之一的,不能享受城市低保待遇。①购买使用小汽车或非经营性机动车辆、移动电话、摩托车、空调器、计算机等高档非基本生活必需品的;②家庭有高档收藏、投资有价证券、饲养观赏宠物、经常出入餐饮、娱乐场所消费或家庭成员佩戴金银、珠宝首饰的;③3年内私建住房、购买商品房或高标准装修现有住房的;④家庭因征用土地"农转非"并自愿一次性领取补偿金在3年之内的或购买户口"农转非"3年之内的;⑤连续二次不按时领取城市低保金或不按规定申报家庭收入弄虚作假的;⑥在就业年龄内有劳动能力尚未就业者(在校就读学生除外)无正当理由两次经介绍拒不就业或不参加社区组织的公益性劳动的;⑦安排子女择校就读、出国留学或子女在义务教育期间入收费学校就读的;⑧家庭日常生活消费水平明显高于当地城市居民最低生活保障标准的;⑨有赌博、吸毒、嫖娼行为而造成家庭生活困难的;⑩违反计划生育政策超生的(已作处理,经当地计生部门出具处罚证明且已满3年的除外);⑪不配合管理部门对其家庭人口和家庭收入进行调查、审核的。

(2)城市低保标准:按照当地维持城市居民基本生活所必需的衣、食、住费用,并适当考虑水、电、燃煤费用以及未成人教育费用确定。按照省、市民政部门要求,全县城市低保标准每人每月100元。

2004年起,乐安县城市居民低保标准逐年提高,2012年达到350元。

2001～2012年乐安县城市居民最低生活保障支出情况

表2－150 单位:万元

年度	金额	年度	金额	年度	金额
2001	37	2006	797	2011	1770
2002	473	2007	1036	2012	2132
2003	719	2008	1566		
2004	766	2009	1524		
2005	776	2010	1652	合计	13248

第十二节 其他城市生活救助

主要反映除城市居民最低生活保障之外,用于城市贫困人员基本生活救助的其他支出。

新中国成立之初,对生活困难无一定职业的城镇贫民,为解决生活问题,遵照江西省人民政府采以“统一领导,分散解决”的方式,除动员一部分人下乡从事农业生产或就地组织生产自救外,对无劳动力而又无依无靠的,给予了一定的临时救济。

1963年10月起,全省执行内务部《关于切实做好城市社会救济工作的通知》,要求各地切实做到使被救济户有比较安全的生活,在城市街头不出现乞讨和冻饿死人现象,组织贫困户积极开展生产自救,同时掌握贫困户生活变化情况,做好社会救济工作。

1980年,江西省人民政府根据“依靠基层,生产自救,群众互助,辅之政府必要救济”城市救济工作方针的要求,动员城镇街道和居民委员会广开就业之路,组织残疾人和社会困难户开展多种形式的生产自救。

1988年,乐安县财政始有收容遣送费,用于收容流浪乞讨人员救助和遣送返乡。

2002年7月,省财政厅、民政厅、机构编制委员会办公室《关于转发〈财政部、民政部、中央机构编制委员会办公室关于实施城市生活无着的流浪乞讨人员救助管理办法有关机构编制和经费问题的通知〉的通知》规定:县级以上城市人民政府根据需要设立由民政部门主管的流浪乞讨人员救助站,所需救助经费由同级地方财政纳入财政预算,予以保障。

2005年4月,省民政厅、财政厅《关于落实社会福利机构收养的“三无”人员生活费标准的通知》,进一步落实社会福利机构收养的城镇无劳动能力、无生活来源、无法定赡养人的老年人、孤儿、弃婴、残废人和精神病患者生活标准,其伙食费不低于当地城镇居民的最低生活标准。并从7月1日起,(1)伙食费,每人每月150元;(2)医疗费,每人每月12元;(3)服装费,每人每月10元;(4)福利费,每人每月8元;(5)公杂费,每人每月5元;(6)丧葬费,收养的“三无”人员死亡后,一律实行火化,其丧葬费按500元包干。

2006年6月,省民政厅等十五个部门转发民政部等十五个部门《关于加强孤儿救助工作的意见》,要求各级政府及有关部门要切实保障孤儿的合法权益,完善社会救助制度,使孤儿都能健康成长。

2006年7月,省民政厅等十九个部门转发民政部等十九个部门《关于加强流浪未成人工作的意见》,要求各有关部门要切实加强组织领导,完善有关政策规定,认真履行各自职责,建立工作协调机制,统筹考虑,统一安排,切实做好流浪未成年人的生活、教育、安置等保障工作。

2009年4月,省民政厅、财政厅下发《关于切实落实好城镇“三无”对象供养标准的通知》,决定从2009年起,全省“三无”对象供养标准确定为每人每月不低于300元,所需经费由同级政府财政负责解决。

2011年3月,省民政厅、财政厅下发《关于发放孤儿基本生活费的通知》,决定从2011年1月起,全省孤儿基本生活最低养育标准为:城乡福利机构抚养孤儿每人每月1000元;城市散居孤儿每人每月570元;农村散居孤儿每人每月400元,散居残疾孤儿每人每月再增加100元。2012年乐安县孤儿总人数387人,其中:农村敬老院供养12人,城市散居57人,农村散居318人。

2011年6月,省民政厅、财政厅下发《关于认真做好城镇“三无”特困群众供养标准提标工作的通知》,决定从2011年1月起,将城镇“三无”特困群众(无劳动能力、无生活来源、无法定抚养义务人或抚养义务人无抚养能力)月人均供养标准提高50元,达到月人均供养标准350元,所需资金按照现行财政体制由同级财政负担。

2012年6月,抚州市民政局、财政局转发省民政厅、财政厅《关于认真做好城镇“三无”特困群众供养标准提标工作的通知》的通知,决定从2012年1月起,将城镇“三无”特困群众月人均供养标准提高50元,达到400元,所需资金按现行财政体制由同级财政负担。

1981～2012年乐安县其他城市生活救助支出表

表2－151

单位:万元

年度	金额	年度	金额	年度	金额	年度	金额	年度	金额	年度	金额
1981	1	1987	1	1993	2	1999	12	2005	—	2011	9
1982	—	1988	1	1994	2	2000	39	2006	—	2012	60
1983	1	1989	1	1995	3	2001	—	2007	168		
1984	1	1990	2	1996	3	2002	—	2008	9		
1985	2	1991	2	1997	4	2003	—	2009	20		
1986	1	1992	2	1998	3	2004	—	2010	7	合计	356

第十三节 自然灾害生活救助

中华人民共和国成立前,乐安灾害频繁。据《乐安县志》大事记有关数字统计,宋、元时期发生大的水灾4次。明代水灾10次,旱灾2次。万历十六年(1588),因患水灾,知县盛世翼带头捐俸赈灾,并劝富户捐资助赈。清代,水灾2次,旱灾6次,雹灾2次,轻微地震1次。民国时期,水灾2次,雪灾1次,雹灾2次,虫灾2次,旱灾1次。1920年1月发生地震,春夏之交,雹下如鹅卵,毁房屋数十栋,夏,遭水灾后,复又大旱60余天,田裂禾枯,颗粒无收。当时自然灾害救济主要是朝廷蠲免田赋或缓征赋税,赈济灾民。

中华人民共和国成立后,自然灾害救济贯彻:“生产自救、节约度荒、群众互济、辅以政府必要救济”的原则,及时帮助灾民恢复生产,重建家园。每次灾害发生后,县人民政府派出大批干部,分赴灾区,帮助群众生产自救,财政部门及时拨出救灾款,帮助灾民渡过灾荒。建国后较为严重的自然灾害有:

1969年,全县普降大雨,山洪暴发,鳌溪镇、公溪镇等地受灾严重,冲垮房屋1426栋,淹没农作物9.08万亩,冲毁公路桥梁37座,公溪街被冲毁,洪水过后,镇政府和居民陆续改迁古城。

1978年,全县有10个公社30个大队,遭受雹灾袭击,击倒房屋600多栋,损坏早稻种子和秧苗36万斤,油菜1870亩。同年,旱灾严重,水稻受灾面积达15万余亩,虽进行人工降雨,但仍损失严重。上级政府拨款1.05万元,县拨款65万元。当年12月,成立乐安县生产救灾委员会。

1982年6月,出现历史上罕见的水灾,全县冲毁农田2.12万亩,淹没农田14.6万亩、二晚秧田0.68万亩,损失种子80万斤,经济作物受淹面积1.2万亩,冲走社员口粮15万余斤。当年拨救济款20万元,衣服1000套。

1998年,遭受特大洪水灾害,当年下拨自然灾害救济款308万元。

2001年4月,省财政厅、民政厅、中国人民银行南昌中心支行《关于在全省县(市区)乡(镇)建立救灾款专户管理制度的通知》,规定:(1)在同级国库中设立救灾款专户;没有设立国库的乡(镇)代理国库业务的商业银行分支机构或农村信用社设立救灾款专户。(2)县、乡(镇)财政预算安排的自然灾害救济事业费和历年结转的救灾资金统一纳入救灾款专户。

2002年11月,省民政厅、财政厅《关于规范特大重大自然灾害救济补助费分配管理有关问题的通知》规定:1. 救灾资金使用原则和范围:特大自然灾害救济补助费(以下简称中央救灾资金)和自然灾害救济事业费(以简称省级救灾资金)是由中央和省级财政给予的专项补助。2. 使用范围:一是新灾救济资金,用于特大重大自然灾害紧急抢救、转移安置、解决灾民无力克服的临时吃、穿、住、医等生活困难,以及因灾倒塌房屋的恢复重建和损坏房屋的修缮补助;二是春装、冬令灾民生活救济资金。

2003年5月,江西省人民政府下发《江西省特大洪涝灾害救灾应急预案》第五条第1款规定:灾民生活安排,按照属地管理的原则,采取政府救济、社会捐助、合理互助等措施,解决好灾民应急的口粮、饮水、衣被等问题,千方百计安排好灾民生活。

2008年1月,乐安县遭受历史罕见的低温雨雪冰冻灾害,县境内大部分电路、通讯设施遭到破坏,民房倒塌,森林资源严重毁损,给群众生产、生活造成极大损失。灾情发生后,县委、县人民政府十分重视救灾工作,投入大量的人力、物力、财力用于受灾民众,当年下拨自然灾害救济款1067万元,是乐安县有史以来自然灾害救济款支出最多的一年。

2012年,乐安县支出自然灾害救济款1153万元。

1954～2012年,乐安县支出自然灾害救济款总计为6212万元。

1954～2012 年乐安县自然灾害救助支出表

表 2－152　　单位：万元

年度	金额	年度	金额	年度	金额	年度	金额
1954	2	1969	—	1984	26	1999	73
1955	2	1970	—	1985	30	2000	89
1956	5	1971	—	1986	19	2001	155
1957	—	1972	—	1987	28	2002	165
1958	—	1973	—	1988	36	2003	114
1959	—	1974	—	1989	28	2004	115
1960	—	1975	—	1990	22	2005	147
1961	—	1976	—	1991	37	2006	215
1962	—	1977	10	1992	46	2007	439
1963	—	1978	7	1993	65	2008	1067
1964	—	1979	69	1994	58	2009	550
1965	—	1980	—	1995	73	2010	677
1966	—	1981	10	1996	92	2011	147
1967	—	1982	—	1997	116	2012	1153
1968	—	1983	17	1998	308	合计	6212

第十四节　农村最低生活保障

2006 年 6 月，省民政厅、财政厅下发《关于建立农村居民最低生活保障制度的实施意见》，决定从 7 月 1 日起，全省所有县（市、区）都要建立农村低保制度，并从第三季度开始发放农村低保金。（1）保障范围：持有本省农业户口的农村居民，凡共同生活的家庭成员年人均纯收入和家庭实际生活水平低于户籍所在地农村低保标准的，列入保障范围，实行应保尽保；（2）保障标准：一般不低于每人每年 840 元，月人均补差不低于 25 元；（3）资金筹措，由省、县两级财政按 8∶2 的比例负担。省财政按照原农村特困户救助对象人数每人每月补助 20 元，县（市、区）财政按月人均 5 元以上的标准配套。

2006 年 9 月，乐安县人民政府制定了《乐安县农村居民最低生活保障制度实施办法》，确定农村低保标准为每人每年 840 元，月人均补差不低于 25 元。当年全县农村低保对象 2682 户，计 8474 人，享受低保人口与农业人口的比例为 3%；每月发放农村低保金 22.15 万元，月人均补差为 26.15 元。

2012 年，农村最低生活保障标准达到人均 130 元。

2007～2012 年乐安县农村最低生活保障支出情况

表 2－153　　单位：万元

年度	金额	年度	金额
2007	307	2011	1503
2008	763	2012	1769
2009	1110		
2010	1212	合计	6664

第十五节　其他农村生活救助

1949 年，乐安县新政权建立后，政府开展了对农村贫苦百姓、无劳动能力的孤老、遭遇变故的困难户和病残人员实施救济款救济。

1956 年，第一届全国人民代表大会第三次会议通过《高级农业生产合作社示范章程》规定：农业生产合作社对于缺乏劳动能力或完全丧失劳动力，生活没有依靠的老、弱、孤、寡及残疾社员给予保吃、保穿、保燃料，年幼的保受教育，病死的保安葬的“五保”。

1958 年起，乐安县对农村无劳动能力的孤老残疾人员，根据乡镇当地经济条件，部分由敬老院集体供养，其余则分散供养，实行保吃、保穿、保住、保医、保葬。资金来源，以农村社会救济支出为主，公社适当予以补助。

1965年，全县"五保户"898户，计1837人，社会救济支出4.68万元。

1976年，改革救济制度，实行定期定量救济。

1985年，全县"五保户"690户，计760人，社会救济支出1.96万元。

1994年1月，国务院发布《农村五保供养工作条例》规定：(1)五保供养的对象(以下简称五保对象)是指村民中符合下列条件的老年人、残疾人和未成年人；①无法定抚养义务人，或者虽有法定扶养义务人，但是扶养义务人无扶养能力的；②无劳动能力的；③无生活来源的。五保对象是未成年人的，还应当保障他们依法接受义务教育。(2)五保供养的内容是：①供给粮油和燃料；②供给服装、被褥等用品和零用钱；③提供符合基本条件的住房；④及时治疗疾病，对生活不能自理者有人照料；⑤妥善办理丧葬事宜。

2003年6月，江西省人民政府下发《关于印发完善全省农村特困群众社会救助制度实施方案(试行)的通知》中规定：(1)农村特困群众救助对象包括：①常年救助对象：无劳动能力、无生活能力、无生活来源、无法定赡养人或抚养人的老年人、残疾人和未成年人；因病、因残、因灾导致家庭丧失主要劳动力，难以维持日常基本生活的农村家庭；②临时救助对象：有劳动能力，但因病、因残、因灾、因自然条件差等原因，造成基本生活困难的农村家庭；③享受了五保供养、优抚及其他特殊政策救济待遇，基本生活仍有困难的农村家庭；(2)救济标准：①常年救助对象救济标准每人每年原则上补助200元；②临时救助对象救济标准每人每年原则上补助60元。(3)资金筹措和管理：资金筹措主要是各级财政的投入，按照分级负担的原则，由省、市、县民政部门每年年底根据救助对象的数量和救济资金测算情况，提供下一年的用款计划，经同级财政部门审核后列入预算，定期拨付；农村特困群众社会救助资金、五保供养金和农村政策性救济金的使用管理，切实做到"专户管理""专款专用"，资金的拨付、使用，由县级财政部门拨入乡(镇)财政所，再由乡(镇)财政所拨入乡(镇)民政所，以保证各级财政资金不被挤占、抵扣、挪用。

2004年，省民政厅、财政厅、发展和改革委员会《关于转发民政部、财政部、国家发展和改革委员会〈关于进一步做好农村五保供养工作的通知〉的通知》规定：(1)认真做好五保对象认定、审核、审批和发证工作；(2)五保对象集中供养的，人均年供养标准不能低于1200元，分散供养的，人均年供养标准不能低于800元。

2004年，全县五保供养对象1938人，其中，集中供养290人。

2006年1月，国务院公布并自当年3月1日起施行的《农村五保供养工作条例》规定：(1)农村五保供养包括下列供养内容：①供给粮油、副食品和生活用燃料；②供给服装、被褥等生活用品和零用钱；③提供符合基本居住条件的住房；④提供疾病治疗，对生活不能自理的给予照料；⑤办理丧葬事宜。(2)农村五保供养资金，在地方人民政府财政预算中安排。有农村集体经营等收入的地方，可以从农村集体经营等收入中安排资金，用于补助和改善农村五保供养对象的生活。农村五保供养对象将承包土地交由他人代耕的，其收益归该农村五保供养对象所有。

6月，江西省民政厅、财政厅下发《关于切实提高农村五保对象供养标准工作的通知》，通知根据《江西省人民政府关于完善城乡社会救助体系的意见》精神，决定从7月1日起，再次调整五保对象供养标准，即：集中供养的农村五保对象年人均供养标准由1200元提高到1800元。分散供养五保对象人均供养标准由800元提高到1200元(含分散供养五保户每人每年200元的住房维修基金)。

2006年，全县五保供养对象1678人，其中，集中供养对象1335人。

2011年2月，县人民政府《关于对调整我县农村五保供养对象供养标准的批复》，决定从2011年1月起，将农村五保集中供养对象供养标准从200元/月调整为220元/月；分散供养对象标准从110元/月调整为130元/月。

2012年1月起，农村五保集中供养对象供养标准由每人每月220元提高到260元，分散供养对象供养标准由每人每月130元提高到180元。

2012年，全县五保供养对象1725人，其中，集中供养对象496人。

第十六节 其他社会保障和就业支出

一、精简退职老弱残职工救济

精简退职老弱残职工是在20世纪60年代初期国民经济调整期间，为响应国家号召，退职留城或回乡参加农业生产的职工群体。

为贯彻以调整为中心的八字方针，乐安县1961年精简职工1328人、干部116人；1962年精简职工92人、干部446人。

1965年6月9日，国务院发出《关于精简退职老职工生活困难救济的通知》规定：凡1961年至1965年6月9日期间，精简退职的1957年年底以前参加工作的发给一次性退职补助金的职工，现在全部或大部分丧失劳动能力，或年老体弱或长期患病影响劳动较大，家庭生活无依无靠的，可享受本人原工资标准的40%的救济费，所需经费由中央财政拨给；对不符合享受原工资40%救济条件，生活确有困难的精简退职老职工，给予社会救济，所需经费由地方财政解决。

8月28日，内务部、劳动部、财政部联合发出《关于贯彻执行国务院〈关于精简退职老职工生活困难救济问题的通知〉的通知》，要求县市以上民政部门对申请按月领取救济费的精简退职老职工，凡符合国务院规定条件的，应及时批准发给救济证，按月给予救济。

1982年3月，财政部、民政部发出《关于进一步做好精简退职老职工生活困难救济工作的通知》。

10月，江西省人民政府发出《关于做好精简退职老职工生活困难救济工作的通知》，对各地应享受原工资40%救济条件的精简退职老职工，尚未办理审批手续的，即予补办手续，所需经费由中央财政拨给；对不符合享受原工资40%救济条件而生活又有困难的精简退职老职工，给予社会救济，所需经费由地方解决。

1983年，经核定，全县享受救济对象22人，享受定期定量救济的74人。

1986年起，省民政厅、财政厅两次联合下文，给享受原标准工资40%救济的精简退职老职工增加救济金，每人每月增发17元。

1994年，将定期定量补助标准提高到：省辖市每人每月70元，城镇每人每月57元，农村每人每月31元。1994年起，精简退职的老职工生活困难救济所需资金全部由市、县财政负担。

2005年5月，省民政厅、财政厅联合下发《关于调整20世纪60年代精简退职老弱残职工救济标准的通知》，决定自2005年1月1日起，对20世纪60年代精简退职老弱残职工调整救济标准，享受原标准工资40%救济和享受定期定量救济的精简退职老弱残职工，无论是城镇安置的，还是回农村安置的，均在原标准基础上，每人每月增加50元。新增经费，由省财政解决50%，其他50%部分按属地管理的原则，由县（市、区）财政安排解决。

2007年7月，省民政厅内部明传电报《关于做好六十年代精简退职老弱残职工生活救济工作的通知》，决定从2007年1月1日起补发救济金，每人每月提高50元，确保2007年全年月人均救济水平不低于150元。

2009年统一提高到城市月人均200元，农村月人均160元。

2010年再次提高标准，城市平均提高到每人每月225元，农村每人每月185元。

2011年4月，省财政厅《关于下达2011年二十世纪六十年代精简退职老弱残职工生活救济省级补助资金计划的通知》（赣财社〔2011〕42号），决定将20世纪60年代精简退职老弱残职工生活救济标准每人每月提高20元，城市和农村救济水平分别达到245元和205元。

2012年2月，省民政厅、财政厅《关于做好2012年社会救助提标提补工作的通知》（赣民字〔2012〕23号），决定从2012年1月1日起，对20世纪60年代精减退职老弱残职工救济水平每人每月提高20元，城市的达到265元，农村的达到225元。

1983～2006年乐安县精简退职老弱残职工救济支出表

表2－154　　单位：万元

年度	金额	年度	金额	年度	金额	年度	金额	年度	金额
1983	1	1988	4	1993	6	1998	8	2003	10
1984	3	1989	5	1994	9	1999	8	2004	1
1985	3	1990	5	1995	10	2000	7	2005	11
1986	4	1991	5	1996	10	2001	7	2006	20
1987	4	1992	6	1997	7	2002	7	合计	161

二、农村离任两老生活困难人员补助

农村离任“两老”，是指农村离任的老支书和老村长（村委会主任）。

2005年前，江西省农村养老保险制度尚未建立，对农村离任“两老”人员也没有实行专门的退休金制度。为保障农村生活困难的“两老”人员的基本生活，促进农村社会主义物质文明、精神文明和政治文明的协调发展，巩固基层政权建设，2005 年始，江西省率先建立了农村离任的老支书和老村长中生活困难补助制度。

2006 年 4 月，县人民政府根据省民政厅、财政厅《关于对农村离任“两老”生活困难人员进行补助的通知》（赣民字〔2005〕76 号），印发《关于对农村离任“两老”生活困难人员进行补助的实施意见》（乐府办字〔2006〕13 号），决定从 2005 年度起，对农村离任“两老”（老村党支部书记、老村委会主任）生活困难人员进行补助。

1. 补助对象

（1）从 1949 年 10 月 1 日至今，曾任村党支部（村党委、村党总支）书记和村委会主任（村合作社社长、生产大队大队长）累计满 10 周年（含 10 年）以上，且男年满 60 周岁，女年满 55 周岁，生活水平低于当地群众平均生活水平的已离任的村党支部书记和村委会主任。（2）符合上述条件，但已被招聘或录用为国家干部或职工；已享受乡镇企业退休待遇或“五保”供养待遇；以及生活水平明显高于当地群众生活水平的，不再享受该生活困难补助，受到开除党籍、行政撤职或刑事处罚的，不得享受该生活困难补助。（3）已享受由集体出资的农村养老保险或社会保险待遇的，如其待遇低于本意见中农村“两老”困难补助标准的，差额部分参照本意见的标准补足。相当或高于本补助标准的，不再另行补助。（4）已享受组织部门农村“三老”待遇又符合“两老”条件的，可以申报享受农村“两老”补助，但不得同时享受农村“三老”待遇。

2. 补助标准

10 周年（含 10 周年）以上 20 周年以下的，每月补助 40 元；20 周年（含）以上 30 周年以下的每月补助 50 元；30 周年（含）以上的每月补助 60 元。

2005 年，全县农村离任“两老”188 人，生活困难补助支出 94520 元。

2008 年 5 月，县人民政府《关于提高我县农村离任“两老”生活困难人员补助标准的批复》，决定从 2008 年 1 月 1 日起，提高农村离任“两老”生活困难人员补助标准，具体为：（1）任职 10 周年（含）以上 20 周年以下由 40 元/月提高到 65 元/月；（2）任职 20 周年（含）以上 30 周年以下由 50 元/月提高到 75 元/月；任职 30 周年（含）以上，由 60 元/月提高到 85 元/月。

2009 年 8 月，县人民政府《关于同意适当提高我县农村离任“两老”生活困难人员补助标准的批复》，决定从 2009 年 1 月 1 日起，适当提高全县农村离任“两老”生活困难人员补助标准：担任过党支部书记的“两老”人员每人每月增加补贴 35 元，即任职 10 周年（含）以上 20 周年以下由 65 元/月提高到 100 元/月；任职 20 周年（含）以上 30 周年以下由 75 元/月提高到 110 元/月；任职 30 周年（含）以上，由 85 元/月提高到 120 元/月。只担任过村主任的“两老”人员每人每月增加补贴 25 元，即任职 10 周年（含）以上 20 周年以下由 65 元/月提高到 90 元/月；任职 20 周年（含）以上 30 周年以下由 75 元/月提高到 100 元/月；任职 30 周年（含）以上，由 85 元/月提高到 110 元/月。

2011 年，全县农村离任“两老”261 人，生活困难补助支出 9.1 万元。

三、未参保城镇大集体企业退休人员等养老生活补助

为保障人民群众基本生活权利，促进经济发展，维护社会稳定，江西省委、省人民政府决定，对城镇大集体困难企业中未参加养老保险的退休职工，经本人申请，由主管部门统一汇总申报，经当地劳动保障部门会同财政部门审核认定后，财政部门按照标准给予生活补助。

2007 年，原省劳动保障厅、省财政厅下发了赣劳社养〔2007〕11 号文件，对具备城镇商品粮户口，在县以上劳动行政部门办理了正式招工录用手续且无力缴费参加城镇企业职工养老保险的已达法定正常退休年龄的城镇大集体企业退休人员，给予每人每月 200 元的养老生活补助。达到法定退休年龄的，可在其达到法定退休年龄后按规定享受养老生活补助。

2009 年 5 月，省人力资源和社会保障厅、省财政厅下发《关于调整未参保城镇大集体企业退休人员养老生活补助标准的通知》（赣人社字〔2009〕103 号），决定从 2009 年 1 月 1 日起，调整未参保城镇大集体企业退休人员养老生活补助，其标准由每人每月 200 元调整为 220 元。资金渠道：原补助标准 200 元仍按 2008 年执行情况分级负担，新增 20 元部分由省、设区市、县财政按 7∶1∶2 比例负担，其中省直管县的设区市级财政补助部分由省财政负担。

2010 年 3 月，省人力资源和社会保障厅、省财政厅下发《关于调整未参保城镇大集体企业退休人员养老生活补助标准的通知》，决定从 2010 年 1 月 1 日起，调整未参保城镇大集体企业退休人员养老生活补助标准，由每人每月 220 元调整为 245 元。所需资金由省、市、县财政按 7∶1∶2 比例分担（省直管县按 8∶2 比例分担）。

2011年5月，省人力资源和社会保障厅、省财政厅、省轻工行业管理办公室下发《关于调整未参保城镇大集体企业退休人员等养老生活补助标准的通知》，决定从2011年1月1日起，调整未参保城镇大集体企业退休人员等养老生活补助标准。

1. 调整范围：①按照原省劳动保障厅、省财政厅《关于对未参保城镇大集体企业退休人员实行养老生活补助的通知》的规定，纳入未参保城镇大集体企业退休人员养老生活补助范围的未参保城镇大集体企业退休人员。②按照省轻工行办、省人力资源和社会保障厅、省财政厅《关于对全省手工业联社大集体企业尚未参加职工基本养老保险退休人员实行养老生活补助工作的通知》的规定，享受养老生活补助的手工业联社大集体企业未参保退休人员。③按照《江西省人民政府办公厅关于解决返城未安置待业知青养老保障等有关问题的通知》的规定，享受养老生活补助的返城未安置就业知青。

2. 调整标准：养老生活补助标准由每人每月245元调整为265元。选择参加城镇企业职工基本养老保险的已达退休年龄的上述人员，已一次性缴费参加养老保险的，财政补助至参保地统筹基金的标准由每人每月245元调整为265元。

3. 资金渠道：①未参保城镇大集体企业退休人员养老生活补助标准200元部分，执行2008年资金负担政策，即：59个省直管县由省、县按8:2比例负担，其余县（市、区）由省、市、县财政按7:1:2比例负担；补助标准65元部分，80个省直管县由省、县按8:2比例负担，其他地方由省、市、区财政按7:1:2比例负担。②享受养老生活补助的手工业联社大集体企业未参保退休人员、返城未安置就业知青以及参加城镇企业职工基本养老保险的已达退休年龄返城安置就业知青、改办城镇企业职工基本养老保险的城镇大集体和手工业联社大集体企业退休人员，财政补助资金由省、市、县财政按7:1:2比例负担，其中省直管县按8:0:2比例负担。

2012年3月，省人力资源和社会保障厅、财政厅、轻工行业管理办公室下发《关于调整未参保城镇大集体企业退休人员等养老生活补助标准的通知》，决定从2012年1月1日起，对赣人社发〔2011〕32号文所列未参保人员养老生活补助标准由每人每月265元调整为285元。财政补助资金由省、市、县财政按7:1:2比例负担，其中省直管县按8:0:2比例负担。

四、社区居委会工作人员补贴

2009年8月，乐安县人民政府办公室批转县民政局、县财政局《关于对全县社区居委会工作人员进行补贴意见的通知》，规定：(1)补贴对象：补贴经费专项用于在职在岗的居委会工作人员，包括社区党支部书记、副书记、委员，社区居委会主任、副主任、委员和社区专干。领取国家行政或者事业单位正式工资，在居委会挂职、挂编等人员不在补贴范围内。(2)补贴方式及标准：补贴经费由县民政局核实符合补贴人数，由县财政局和县民政局采取银行代发的形式，每半年一次直接发给社区工作人员个人。补贴标准确定为：社区党支部书记、社区居委会主任每人每月补贴100元；社区党支部副书记、社区居委会副主任每人每月补贴90元；委员和社区专干，每人每月补贴80元。从2009年度开始实施。

2011年12月，经县人民政府研究，提高社区居委会工作人员补贴标准，提升标准为人均增加40元/月，提高后的补贴标准为社区书记、主任140元/月，副书记、副主任130元/月，委员120元/月。新标准从2011年1月1日起执行。

除以上用于其他社会保障和就业支出外，还有用于农村困难群众住房保障支出、三院（福利院、敬老院、光荣院）工作人员补贴等。

1986～2012年乐安县其他社会保障和就业支出表

表2－155 单位：万元

年度	金额	年度	金额	年度	金额	年度	金额
1986	2	1993	—	2000	2	2007	—
1987	7	1994	—	2001	5	2008	293
1988	1	1995	—	2002	7	2009	216
1989	2	1996	10	2003	6	2010	1331
1990	2	1997	5	2004	3	2011	1077
1991	1	1998	7	2005	23	2012	1291
1992	2	1999	5	2006	6	合计	4304

第七章 医疗卫生

反映政府医疗卫生方面的支出。具体包括医疗卫生管理事务支出、公立医院、基层医疗卫生机构支出、公共卫生、医疗保障、中医药、食品和药品监督管理事务等。

民国初期，江西省的卫生医疗机构多属私人和教会所办，全省卫生事业除南昌市区归口省公安局兼办外，其余各地均由民政部门管理。民国17年(1928)，部分县始设立医院或诊所，经费在民政事业费列支。民国23年(1934)，乐安县政府创立了一所“乐安县卫生院”。民国28年(1939)，乐安县地方支出概算卫生费2528元。民国32年(1943)，龚坊乡设立了龚坊卫生所，到民国34年(1945)，乐安分别设立了龚坊卫生所、招携卫生所、南田(现牛田)卫生所、公溪卫生所、戴坊卫生所、南团(现南村)卫生所、湖坪卫生所等七个卫生所。

据有关资料记载，民国32年(1943)，乐安县卫生事业费预算31490元；民国34年(1945)295960元；民国35年(1946)3548900元。1943年到1946年全县卫生事业费预算增加10多倍，并非真正意义上的增加，而是受通货膨胀的影响。到民国38年(1949)全县卫生事业费预算为2308元。

中华人民共和国成立后，人民政府大力发展医疗卫生事业，先后建立和健全各级卫生防疫、妇幼保健和药物管理等机构。

1949～2012年乐安县医疗卫生支出明细表

表2－156

单位：万元

年度 \ 项目	医疗卫生管理事务	公立医院	基层医疗卫生机构	公共卫生	医疗保障	中医药	食品药品监督管理事务	合作医疗	其他医疗卫生支出	合计	占当年财政总支出(%)
1949	—	—	—	—	—	—	—	—	—	—	—
1950	—	—	—	—	—	—	—	—	—	—	—
1951	—	—	—	—	—	—	—	—	—	—	—
1952	—	—	2	0.2	—	—	—	—	—	2.2	3.7
1953	—	3	—	—	2	—	—	—	1	6	9.4
1954	—	2	—	—	1	—	—	—	1	4	7.3
1955	—	1	—	—	—	—	—	—	—	1	1.5
1956	—	1	1	—	2	—	—	—	1	5	5
1957	—	—	—	—	—	—	—	—	—	5	4.8
1958	—	—	—	—	—	—	—	—	—	4	3
1959	—	—	—	—	—	—	—	—	—	4	2.1
1960	—	—	—	—	—	—	—	—	—	9	5.8
1961	—	—	—	—	—	—	—	—	—	6	5.7
1962	—	—	—	—	—	—	—	—	—	7	6.5
1963	—	—	—	—	—	—	—	—	—	7	4.7
1964	—	—	—	—	—	—	—	—	—	12	7.5
1965	—	—	—	—	—	—	—	—	—	11	7
1966	—	—	—	—	—	—	—	—	—	15	9.1
1967	—	—	—	—	—	—	—	—	—	17	8.7
1968	—	—	—	—	—	—	—	—	—	15	9.4
1969	—	—	—	—	—	—	—	—	—	12	3.4
1970	—	—	—	—	—	—	—	—	—	16	2.8
1971	—	—	—	—	—	—	—	—	—	17	3.9
1972	—	—	—	—	—	—	—	—	—	25	9
1973	—	—	—	—	—	—	—	—	—	25	6.7
1974	—	—	—	—	—	—	—	—	—	32	8.6
1975	—	—	—	—	—	—	—	—	—	27	6.8

续表 2－156

项目 金额 年度	医疗卫生管理事务	公立医院	基层医疗卫生机构	公共卫生	医疗保障	中医药	食品药品监督管理事务	合作医疗	其他医疗卫生支出	合计	占当年财政总支出(%)
1976	—	—	—	—	—	—	—	—	—	28	7.2
1977	—	4	10	4	8	—	—	1	3	30	7.7
1978	—	5	12	3	9	—	—	1	6	36	7
1979	—	5	14	7	10	—	—	2	11	49	7.4
1980	—	—	—	—	12.6	—	—	—	—	41	6
1981	—	7	17	5	15	—	—	—	15	59	9.7
1982	—	—	—	—	17	—	—	—	—	54	6.8
1983	—	10	24	8	22	—	—	4	14	82	9.7
1984	—	14	24	16	26	—	1	2	20	103	11.9
1985	—	31	19	17	31	—	1	2	6	107	9.5
1986	—	40	14	12	37	—	1	2	27	133	9.8
1987	—	42	19	16	43	—	1	2	12	135	9.5
1988	—	25	20	16	48	—	2	2	6	119	5.2
1989	—	34	25	18	58	—	2	2	8	147	6
1990	—	33	25	18	51	—	3	1	4	135	5.1
1991	—	32	25	18	67	—	3	1	2	148	4.7
1992	—	25	26	23	88	—	5	—	3	170	5.4
1993	—	21	18	51	84	—	13	—	13	200	6
1994	—	29	27	42	77	—	9	—	8	192	4.8
1995	—	60	30	43	99	—	9	—	7	248	6.2
1996	—	62	31	43	100	—	9	—	7	252	5.1
1997	—	132	178	27	130	—	8	—	5	480	7.8
1998	—	133	117	39	157	—	5	—	10	461	6.3
1999	—	63	156	36	154	—	6	—	17	432	5.6
2000	—	81	110	39	96	—	7	—	36	369	4
2001	—	122	180	61	206	—	8	—	24	601	4.5
2002	—	154	180	75	251	—	12	—	41	713	3.9
2003	—	95	229	73	268	—	—	—	68	733	3.9
2004	—	107	188	88	291	—	—	—	69	743	3.4
2005	—	158	260	108	271	—	1	—	40	838	3.1
2006	—	138	371	234	344	—	1	—	278	1366	3.7
2007	69	369	710	331	1204	69	—	—	60	2780	5.9
2008	111	456	838	597	3615	37	—	—	—	5654	8.9
2009	91	450	1967	897	4598	88	2	—	14	8107	9.3
2010	213	2499	1314	1691	6080	89	48	—	243	12177	12
2011	119	1048	1612	2500	7952	31	144	—	203	13609	10.8
2012	156	364	2470	1737	9470	11	70	—	236	14514	10.1
合　计	759	—	—	—	—	325	371	—	—	66329.2	

注:1957～1976 年、1980、1982 年由于资料缺失,没有分项数据

第一节　医疗卫生管理事务

医疗卫生管理事务,原为卫生事业费。

民国时期,政府没有专设医疗卫生管理事务机构。

中华人民共和国成立后,乐安县人民政府于 1951 年 7 月成立了卫生科,主管全县卫生工作。之后名称几经更改,到 1984 年 6 月正式命名为“乐安县卫生局”。

1950 年,全省卫生事业费统一归口管理。

2007 年之前,医疗卫生管理事务支出,各个时期所列科目不尽相同,但从 2007 年开始均列“医疗卫生管理事务”科目反映。

2007 年至 2012 年共支出 759 万元。

第二节 公立医院

乐安县公立医院包括乐安县人民医院,乐安县第二人民医院、乐安县中医院、乐安县皮肤病防治院。

一、综合医院

(一)乐安县人民医院

民国 23 年(1934),政府创立了 1 所西医诊所,仅配有所长、护士、司药、工友各 1 人。民国 26 年(1937)扩大为县卫生院,设院长、医师、护士、助产士、司药、事务员各 1 人。医疗设备简陋,不仅没有病床,连一般的医疗器械也不齐全,经费很少。

民国时期有关年度乐安县卫生院经费预算表

表 2-157

单位:元

年度	预算	年度	预算	年度	预算
1936 年 8 月	84.50	1941 年	4266	1945 年	130240
1937 年	2100	1942 年	20920	1946 年	1305320
1938 年	2100	1943 年	22920	1947 年	2285
1939 年	3679.20	1944 年	59820.18	1949 年	1808

1942~1946 年,受通货膨胀的影响,支出数字很大,如按物价指数折算,不升则降。

1949 年 10 月,在接管民国时期的卫生院的基础上建立了“乐安县人民医院”。之后人员、设备、病床等不断扩大。经费也逐年增加。目前,县人民医院为全县规模最大、功能齐全的医疗服务机构。县财政对县医院经费实行按在职人员工资总额的 40%,离退休人员 100% 比例,实行差额拨款,其余部分由医院业务收入内自行解决。

(二)乐安县第二人民医院

乐安县第二人民医院,原为国营 721 矿职工医院,该院于 1959 年 3 月组建,当时为 721 矿(江西矿)医务所。1964 年扩建为 721 矿职工医院。2005 年根据上级文件精神划归乐安县人民政府管辖,并更名为乐安县第二人民医院。2006 年 1 月正式挂牌营业。接管后,县财政对其拨款及财务管理,按照县人民医院办法管理。但财政拨款为工资总额的 80%。

二、中医医院

民国时期,乐安县没有公营的中医医疗机构,只有个人行医的“郎中”和私营的中药店及医药兼营的中药店。

新中国成立后,随着人民卫生事业的发展,1951~1954 年,由个体集资,全县办起了 12 个中医联合诊所。

1982 年 6 月筹建,1984 年 8 月正式成立了“乐安县中医院”。财政对该院经费按国家人员工资总额的 30% 差额补助,集体人员财政不预补助,其余由医院业务收入解决。

1989 年 12 月,香港爱国人士沈炳麟先生投资 9.6 万元兴建中医院附属建筑—德恩楼。

1984 年至 2012 年财政共拨款 986.2 万元。

1984~2012 年乐安县公主医院财政拨款明细表

表 2-158

单位:万元

年度	金额	年度	金额	年度	金额	年度	金额
1984	3.4	1992	6.7	2000	18	2008	40
1985	6.3	1993	7.1	2001	18	2009	39
1986	23.8	1994	7	2002	40	2010	52
1987	24.2	1995	8	2003	24	2011	244
1988	4	1996	10	2004	30	2012	48
1989	10	1997	14	2005	31		
1990	7	1998	12	2006	26		
1991	5.7	1999	13	2007	214	合计	986.2

三、其他专科医院

其他专科医院，乐安反映的是乐安县皮肤病防治院。

1972年2月，经县人民政府批准，由国家拨款4.5万元，在潭港乡白竹村的偏僻山区兴建一所专门收治麻风病人的乐安麻风病防治所。主要收治乐安、崇仁两县麻风病患者。其费用由崇仁、乐安两县卫生部门拨款解决，患者生活费由两县民政部门按每人每月发给10元的救济费，同时组织轻型病人参加一些力所能及的劳动，改善病员生活。

该院先后共收治麻风病患者45名，除少数因年老体弱并患有其他慢性病死亡外，其余均已治愈出院。

1995年10月，麻风病防治工作经省政府血吸虫病地方病防治领导小组考核，达到基本消灭麻风病标准。

2000年将乐安麻风病防治所改名为"乐安县皮肤病防治院"。并迁入县城营业。

第三节　基层医疗卫生机构

民国32年(1943)，乐安县龚坊乡设立了卫生所，民国34年(1945)，全县设立了7个卫生所。县政府每年都安排一定的经费补助。

1952年6月，全县在鳌溪、招携、湖坪、戴坊、公溪、太平南村、牛田8个行政区域成立了卫生所。经过50多年的发展，至2005年底全县发展有湖坪、龚坊、招携、南村、戴坊、牛田共6个中心卫生院，公溪、增田、谷岗、金竹、万崇、罗陂、山砀、湖溪共8个乡级卫生院；潭港、鹏州、航桥、望仙、金竹畲族卫生院第一分院共5个分院及鳌溪防保所1个。另外还有公溪伤科医院、招携卫生所、龚坊卫生所、太平卫生所4个大集体卫生所。医疗网络遍及全县，医务人员近500人，病床近200张。

1952年乡(镇)卫生院、所员工工薪等开支由乡(镇)财政开支，医药费由县财政部门酌予拨补。

1955年开始，实行全额管理、定额补助。

1973年起，对乡镇卫生院实行"全额管理，定额补助、结余留用"的办法；对集体办的实行"社办公助、结余留用"的办法，国家按集体卫生院正常支出(除药品材料)的35%或集体人员工资的60%补助。但乐安县是对国家人员按工资总额40%补助，集体人员没有补助。

1988年，省人民政府颁发《关于加强农村基层卫生组织建设与管理的意见》并适当调整了部分收费偏低项目的收费标准。对乡镇卫生院改由县卫生局和乡镇政府两级管理，实行承包、租赁责任制，鼓励多渠道、多形式、多层次筹集资金和群众集资发展卫生事业。与此同时，财政对乡镇卫生院的补助费仍逐年增加。

从2012年起，乐安县乡镇卫生院在职人员工资，财政全额安排，在职人员津补贴在本单位收入中安排，离退休人员津补贴县财政每年分别按15200元/人，12000元/人安排。

1977～2012年，全县基层医疗卫生机构支出11260万元。其中2012年高达2470万元。

第四节　公共卫生

乐安县主要反映疾病预防控制中心、卫生监督所、妇幼保健院、基本公共卫生服务、重大公共卫生专项和其他公共卫生支出的支出。

一、疾病预防控制机构

疾病预防控制机构支出原为卫生经费中的防治防疫支出。

新中国成立前，由于人民生活贫困，兼之缺医少药，对传染病缺乏防治，仅从清代至民国就发生过几次严重瘟疫，造成了死亡相藉的惨状。

民国期间，乐安县没有疾病预防控制机构。但在县立医院经费预算中安排有疾病防疫经费。如民国32年(1943)防疫经费预算600元；民国34年(1945)40000元；民国35年(1946)80000元；民国36年(1947)300元；民国38年(1949)400元。民国34.35年经费预算特别大，主要是受通货膨胀的影响。

新中国成立后，县委和县人民政府认真贯彻执行中央"动员起来，讲究卫生，减少疾病，提高健康水平"的号召，从1951年起，进行牛痘、霍乱等菌苗接种，杜绝了"天花、霍乱、鼠疫"三大烈性传染病的发生。

1958年成立了"乐安县地方病防治站"，有医务人员5名；1960年增至9名，"文化大革命"中机构被撤销。

1967年，因各地"红卫兵"大串联，该县曾一度发生流行性脑脊髓膜炎，患者达1219人。中国人民解放军173医院流脑防治医疗队进驻乐安，协助开展防治工作，很快控制了疫情。

1972年恢复"乐安县卫生防疫站"后，即开展了各种预防传染病工作，在县城人口密集的地方进行药物灭蚊的疫点处理。每年6月～10月流行季节，开展全县性的为期半个月的预防服药，以控制疟疾的传播。

1980年，江西省对卫生防疫人员实行卫生防疫津贴。津贴根据其工作量大小，时间长短、条件好坏，防护难易及危害身体健康程度等情况，每人每月按15元、12元、9元、6元分别对待。

2003年12月，省财政厅下发《关于切实保障地方卫生防疫工作经费的通知》，指出地方财政要根据公共卫生工作特点，对重点传染病和地方病防治、妇幼保健和卫生监督等安排必要的专项经费，保证计划免疫专用冷链系统的正常运转。对卫生防疫部门从事疾病控制，妇幼保健工作所取得的各项收入，按规定全部上缴预算外资金财政专户，实行"收支两条线"管理。

2003年3月，全国先后有20多个省、市发生了"非典型肺炎"疫情。该县成立了乐安县传染性非典型肺炎领导小组和非典疫情应急机动队。在全县所有进入口设置留验观察站10个。县医院设立发热门诊诊察室。在全县医务人员严防死守下，乐安县未发现"非典"病例。

2005年10月，乐安县卫生防疫站撤销，正式成立乐安县疾病预防控制中心。当年乐安县疾病预防控制中心综合大楼竣工，建筑面积2029平方米。

二、卫生监督机构

卫生监督支出原在防治防疫项下支出，其支出数额无法列出。2005年10月，乐安县卫生防疫站撤销，正式成立乐安县卫生监督所。2007年其经费单列为卫生监督项，当年支出32万元。2007～2012年支出共525万元。

三、妇幼保健机构

中华人民共和国成立前，乐安县没有妇幼保健机构。但民国时期在县立医院经费预算中安排有妇婴卫生费。民国35年（1946）10000元；民国36年（1947）80元；民国38年（1949）100元。

中华人民共和国成立后，1953年8月乐安县妇幼保健站成立。1988年改为乐安县妇幼保健所。2001年正式更名为乐安县妇幼保健院。

自1952年开始，城乡进行了牛痘、白喉菌苗与计划免疫疫苗接种和注射。

1958年，县妇幼保健站认真贯彻农村妇女劳动"三调三不调"（月经期调干不调湿；哺乳期调近不调远；怀孕期调申不调弯）制度。

1962年，开展了妇女因"乐安事件"引起的干瘦病普查工作，采取了治疗、营养、休息三结合的治疗措施。

1970年起，每年进行小儿麻痹症糖丸预防服药。1971年起，每年进行麻疹减毒疫苗注射。1979年，对全县1～2岁儿童进行免费驱蛔治疗。

1994年，中华人民共和国《母婴保健法》颁布实施，保健站开展婚前检查工作。

1998年7月，乐安县政府下发《乐安县婚前医学检查管理办法》，乐安婚前保健康工作走上了规范化、法制化轨道。2002年，实行婚检自愿原则，全县婚检下降。

1995年经国家计委、财政部、卫生部和世界银行审定，乐安县被列入江西省世界银行货款《综合卫生妇幼卫生项目》县（简称卫VI项目），从1995～1999年使用世界银行贷款和省内配套资金开展项目活动。项目目标：努力提高全县妇幼卫生服务的公平性和群众利用妇幼卫生服务的能力；在项目结束时达到降低孕产妇死亡率、婴儿和五岁以下儿童死亡率，提高妇女儿童整体健康水平。项目总费用为349.83万元，其中世界银行贷款221.49万元，地方配套资金，省、地38.5万元，县财政64.22万元，卫生事业费19.26万元，单位自筹6.36万元。

2000年，乐安实施"降消"项目以来，连续三轮为项目实施县（"降消"即降低孕产妇死亡率和消除新生儿破伤风。是为了贯彻《中共中央、国务院关于进一步加强农村卫生工作的决定》，在全国部分县实施产科工作者培训，贫困孕产妇救助、增添产科设施的一个项目。）通过项目实施，全县各级医院增添了大量产科设备，培训了几乎所有的产科工作者，救助了数以千计的贫困孕产妇，仅2006年一年对于年人均收入800元以下的贫困孕产妇1481人进行了救助，救助金额29.87万元。"降消"项目的实施，切实减少了孕产妇死亡率，消除了新生儿破伤风。

1949～2012年乐安县公共卫生支出明细表

表2－159　　单位：万元

项目 / 金额 / 年度	疾病预防控制机构	卫生监督机构	妇幼保健机构	基本公共卫生服务	重大公共卫生专项	其他公共卫生支出	合计
1949	—	—	—	—	—	—	—
1950	—	—	—	—	—	—	—
1951	—	—	—	—	—	—	—

续表 2－159－1

年度＼金额＼项目	疾病预防控制机构	卫生监督机构	妇幼保健机构	基本公共卫生服务	重大公共卫生专项	其他公共卫生支出	合计
1952	0.1	0.1	—	—	—	—	0.2
1953	—	—	—	—	—	—	—
1954	—	—	—	—	—	—	—
1955	—	—	—	—	—	—	—
1956	—	—	—	—	—	—	—
1957	—	—	—	—	—	—	—
1958	—	—	—	—	—	—	—
1959	—	—	—	—	—	—	—
1960	—	—	—	—	—	—	—
1961	—	—	—	—	—	—	—
1962	—	—	—	—	—	—	—
1963	—	—	—	—	—	—	—
1964	—	—	—	—	—	—	—
1965	—	—	—	—	—	—	—
1966	—	—	—	—	—	—	—
1967	—	—	—	—	—	—	—
1968	—	—	—	—	—	—	—
1969	—	—	—	—	—	—	—
1970	—	—	—	—	—	—	—
1971	—	—	—	—	—	—	—
1972	—	—	—	—	—	—	—
1973	—	—	—	—	—	—	—
1974	—	—	—	—	—	—	—
1975	—	—	—	—	—	—	—
1976	—	—	—	—	—	—	—
1977	4	—	—	—	—	—	4
1978	3	—	—	—	—	—	3
1979	6	—	1	—	—	—	7
1980	—	—	—	—	—	—	—
1981	4	—	1	—	—	—	5
1982	—	—	—	—	—	—	—
1983	7	—	1	—	—	—	8
1984	13	—	3	—	—	—	16
1985	14	—	3	—	—	—	17
1986	10	—	2	—	—	—	12
1987	13	—	3	—	—	—	16
1988	14	—	2	—	—	—	16
1989	11	—	7	—	—	—	18
1990	11	—	7	—	—	—	18
1991	11	—	7	—	—	—	18
1992	14	—	9	—	—	—	23
1993	23	—	28	—	—	—	51
1994	27	—	15	—	—	—	42
1995	26	—	17	—	—	—	43
1996	27	—	16	—	—	—	43
1997	14	—	13	—	—	—	27

续表 2－159－2

项目/金额/年度	疾病预防控制机构	卫生监督机构	妇幼保健机构	基本公共卫生服务	重大公共卫生专项	其他公共卫生支出	合计
1998	23	—	16	—	—	—	39
1999	23	—	13	—	—	—	36
2000	25	—	14	—	—	—	39
2001	29	—	32	—	—	—	61
2002	38	—	37	—	—	—	75
2003	46	—	27	—	—	—	73
2004	45	—	43	—	—	—	88
2005	73	1	35	—	—	—	109
2006	158	1	76	—	—	—	235
2007	166	32	101	—	—	—	299
2008	312	—	239	—	—	—	551
2009	510	51	336	—	—	—	897
2010	255	60	250	494	269	363	1691
2011	308	247	461	794	466	224	2500
2012	74	89	48	783	636	107	1737

第五节　医疗保障

反映用于医疗保障方面的支出。医疗保障制度是新中国成立后为保障人民身体健康建立起来的制度。本支出具体包括：行政单位医疗、事业单位医疗、公务员医疗补助（乐安县决算报表没有反映支出）、优抚对象医疗补助、城市医疗救助、新型农村合作医疗、农村医疗救助、城镇居民基本医疗保险和其他医疗保障支出。

1952年，政务院发布《关于全国各级人民政府、党派、团体及所属事业单位的国家工作人员实行公费医疗预防的指示》，建立了公费医疗制度。

1951年，政务院发布《劳动保险条例》。1953年，劳动部公布试行的《劳动保险条例实施细则修正草案》，进一步规范医保医疗制度。1998年，国务院《关于建立城镇职工基本医疗保险制度的决定》，城镇医疗保险等医疗保障体系建立。

一、行政、事业单位医疗（即公费医疗支出）

1950年6月至1952年6月，该县实行公费医疗的只限于供给制待遇的国家工作人员；1952年7月至1983年，公费医疗范围扩大到全体国家工作人员，基本上实行免费医疗预防；1984～1990年，县、乡（镇）卫生、财政对公费医疗制度进行改革，实行享受单位、医疗单位、患病者个人三方面分担的办法，医疗预防费用于享受单位、患病者个人的定量补贴。

1950年12月起，对供给制干部特殊疾病（包括配眼镜、镶牙及患重病长期住院等）开支的审批权限作出规定，个人一次报销医药费在50元以内的，由行署主要负责人审核批准；50元～300元的由省人事局批准；300元以上的，由省人事局转报省财委批准。

1952年．江西省人民政府根据政务院颁布的《全国各级人民政府、党派、团体及行政事业单位的国家工作人员实行公费医疗预防的指示》和《国家公费医疗预防实行暂行办法》，成立了公费医疗管理委员会，对政府、党派、团体及所属事业单位的国家工作人员，包括包干制（供给制）和工薪制工作人员，先后实行门诊、住院公费医疗。

1953年，公费医疗预防范围扩大到乡级干部，对在财政预算开支工资或供给的乡村小学教员实行公费医疗，公费医疗范围具体包括以下8种人员：（1）政府及由政府供给的民主党派及人民团体行政编制以内的人员（包括供给制小孩）；（2）学校教职工；（3）乡干部；国营林场苗圃工作人员；（4）文化馆、站工作人员；（5）卫生系统工作人员（差额补助医院、卫生厅除外）；（6）粮食局系统行政编制人员；（7）二等一级以上回乡转业的革命军人。是年，又规定差额补助的医院、卫生院所职工可享受公费医疗。

1954年，公费医疗范围扩大到依靠国家补助的剧团演职人员：1953年1月以前成立的私立小学及政府批准的长期性、正规民办小学教职员工；农林水利、气象事业单位工作人员；工会脱产干部及经批准长期休养和未经安排的编余人员。对公费开支范围规定住院人员伙食费、就医旅费、镶牙、补配眼镜、安装假肢、机关环境卫生设施及医疗机关经费，不得在公费医疗经费内开支。是年起，对国家机关包干制工作人员的家属子女实行统筹医疗办法，自愿参加统筹医疗的家属子女，每月缴纳1.5元合并在公费医疗中统筹使用。医疗预防和药品使用范围均按公费医疗规定办理。

1955年，乐安县全部实行工资制后，医疗费与公费医疗费实行统筹管理分开使用。

1956年，农业合作社专职干部列入公费医疗范围。同年规定，国家机关工作人员退休后继续实行公费医疗。

1957年12月，公费医疗人员的门诊挂号费、中药煎药费、证书费、出诊费（除抢救病人外），报考学校、结婚、参加游泳等体格检查费等均由个人负担，不在公费医疗预防经费中报销。行政10级以上干部和高级知识分子，可以到指定的条件较好医院看病。

1959年，对列入行政编制的人民银行和工商联工作人员列入公费医疗范围。

1962年起，公费医疗病人转异地就诊须经严格审查。

1966年3月起，执行江西省人民委员会规定，对民办事业单位，包括民办学校的教职人员不再实行公费医疗。

1977年10月，针对一段时间公费医疗中“一人看病，全家吃药”和吃补药等不正之风，卫生部、财政部、国家劳动总局下发《享受公费医疗、劳保医疗人员自费药品范围的规定》的通知，《规定》的主要内容是对各种人参、各种可以药用的动物内脏器（鸡内金除外），及胎、鞭、尾、筋、骨、睛等蛤士蟆（油）、龟苓膏、各种以人参、鹿茸为主要成分的制剂、各种药酒，各种水果膏剂和各种滋补膏剂，各种补汁、口服葡萄糖、各种鱼肝油，各种球蛋白和白蛋白等药品，均按自费处理。对三七、首乌、阿胶、龟板及煮甲胶、牛黄、麝香等原味使用按自费处理，因病情需要在复方中使用，可以公费医疗经费中报销。对各种营养滋补药品或非治疗必需的药品，以及可药用高级食品、水果等均应自费。

1982年，财政部、卫生部、国家劳动总局、全国总工会联合下发《关于重申不得用公费医疗、劳保医疗经费报销自费药品和非治疗性药品的规定》，重申对已明确规定的自费药品以及自购药品、自请医生等费用，一律不得在公费医疗、劳保医疗费中报销。

1989年11月，省财政厅、卫生厅转发财政部、卫生部颁布的《公费医疗管理办法》，对享受公费医疗人员和经费开支范围重新作出规定。

1995年，借鉴全国医保改革试点城市九江的医改经验，开始启动职工医疗保险。根据中央和省、市有关文件精神，1996年3月正式出台了《乐安县职工医疗保障制度暂行办法》，职工医疗保障制度正式实施，同时原县公费医疗相关制度即行废止。成立由县政府、卫生、财政、审计、教育、人事、老干局等部门组成的职工医疗保障管理委员会，负责制定职工医疗保障的政策、制度和标准，并加强行政监督。同时成立相对独立的职工医疗保障管理办公室（简称医保办），作为职工医疗保障管理委员会的日常办事机构，挂靠卫生局，负责全县参保单位职工医疗保障的各项管理业务。

乐安县职工医疗保障制度的主要内容有：

（1）职工医疗保障范围和对象：全县（乡）财政全额拨款的行政、事业单位和差额拨款的事业单位、自收自支的事业单位，均为职工医疗保障制度施行范围。其他非财政拨款、独立经济核算的其他单位，可自愿加入医疗保障范围。

（2）职工医疗保险基金的筹集：职工医疗基金由财政、用人单位和职工共同缴纳。①全额拨款的行政、事业单位职工医疗基金由：财政缴纳上年度职工工资总额的4%、单位缴纳上年度职工工资总额的2%、个人缴纳上年度职工工资总额的1%；差额拨款单位按：财政缴纳上年度职工工资总额的2%、单位缴纳上年度职工工资总额的4%、个人缴纳上年度职工工资的1%。②离退休人员由财政缴纳上年度离退休费总额的8%（差额单位缴4%），单位缴纳2%（差额单位缴6%），离退休个人不缴费；自收自支事业单位和其他参保单位由单位缴纳本单位上年度离退休费总额的10%，离退休个人不缴费。③各类单位的长期临时工，由用人单位按上年度职工工资总额的9%，个人缴纳1%。

（3）职工医疗基金的管理和使用：建立个人医疗账户和社会统筹医疗基金。①个人医疗账户：将财政和单位缴纳的医疗基金的一部分和职工个人缴纳的1%，年初一次性记入个人账户，具体规定为：45岁以下（含45岁）的在职职工，按本人上年度工资总额的2%加个人缴纳的1%之和，为个人医疗账户基金；45岁以上的在职职工，按本人上年度工资总额的3%加个人缴纳的1%之和，为个人医疗账户基金；退休人员按本人上年度退休费总额的4.5%的金额，为个人医疗账户基金；离休人员按本人上年度离休费总额的5%的金额，为个人医疗账户基金。职工个人账户，归个人所有，可以结转使用和继承。

②社会统筹医疗基金：实际收缴的医疗基金，减支“个人账户”金额和医保管理机构可提取的2%管

理费,剩余部分加利息收入,为社会统筹医疗基金。

③医疗保险基金的管理和使用:职工就医,先从个人医疗账户中支付,在职人员个人账户不足支付时,由职工个人自付医疗费,自付段超过本人上年度工资总额的5%以上时,方可从社会统筹医疗基金中支付。个人和单位仍要负担一定比例的医疗费用,具体负担比例是:45岁以下(含45岁)的,医疗费支出超过自付段到5000元,个人负担20%,单位负担5%;超过5001元至10000元,个人负担15%,单位负担5%;超过10001元以上,个人负担10%,单位负担5%。

年龄在45岁以上的,医疗费支出超过自付段到5000元,个人负担15%,单位负担5%;超过5001元至10000元,个人负担10%,单位负担5%;超过10001元以上,个人负担5%,单位负担5%。

退休人员医疗费用支出超过自付段到5000元,个人负担7%,单位负担5%;超过5001元至10000元,个人负担5%,单位负担5%;超过10001元以上,个人负担3%,单位负担5%。

离休人员和保健人员,在个人账户用完后,个人不负担,由所在单位负担超支医疗费的10%。

(4)医疗费用的结算和支付:各级各类人员,经过批准做单项一次性费用开支在100元以上检查和特殊治疗的,个人先自付20%检查治疗费用;各级各类人员,经过批准做超出基本医疗消费水平的特殊医疗项目,个人先自付30%的医疗费用,单位先负担20%的费用;各级各类人员,经过批准转外地诊治疾病,个人先付外诊医疗费用总额的15%;各级各类人员,住院总费用超过1000元,个人先自付10%的住院床位费。

老红军、二等乙级以上革命伤残军人、抗日时期参加革命的离休老干部、享受副地级以上待遇的离休老干部,在当地就诊医疗,个人不负担住院床位费和大型检查治疗费。

2002年,乐安县城镇职工基本医疗保险管理中心由原来的卫生局管理转到乐安县人事劳动局管理至今。2002年2月,乐安县又印发了《乐安县城镇职工基本医疗保险实施细则》,进一步完善了我县的城镇职工基本医疗保险制度,其主要内容有:(1)职工基本医疗保险基金的筹集比例,按参保单位在职职工年工资总额的8%筹集。其中6%由用人单位缴纳,2%由职工个人缴纳。用人单位缴费的资金来源仍然按原资金来源渠道执行。(2)同时建立职工大病医疗统筹基金。凡参加基本医疗保险的职工,都要参加大病补充医疗保险。由参保单位按职工年工资总额(含退休费总额)的1.5%提取。用于支付职工超过基本医疗保险基金最高支付限额以上至6万元以下的医疗费用。(3)将工伤保险和生育保险划规到县医保办管理,实行工伤保险和生育保险费用社会统筹,工伤保险和生育保险基金按照原渠道筹集,遵照以支定收,略有储备,个人不缴费的原则,由医疗保险具体经办机构统一征集。(4)将本县破产、关闭、改制和困难企业纳入到医保当中,企业退休职工和提前退休的参保人员可一次性缴纳10年和15年医疗保险费,在职职工可一次性缴清本人距法定退休年龄的实际年数的基本医疗保险费,使关、破、改和困难企业职工可享受医疗保险待遇。(5)基本医疗保险基金由统筹基金和个人账户构成,划入个人账户的比例分别按:45岁以下(含45岁)、45岁以上、退休人员年工资总额的3%、4%、4.5%计算。(6)统筹基金用于参保职工住院医疗费开支,统筹的起付标准为:在职人员在一级医院(乡、镇)住院为350元,在二级医院(县、区)住院为400元,在三级医院(省、市)住院为450元。当年住院次数每增加一次,起付标准每次降低50元,但最低不得低于250元。退休人员在同级医院住院,起付标准比在职人员降低100元,但最低不得低于150元。起付标准以上的医疗费用,由统筹基金支付,个人和单位要负担一定比例,具体比例为:在5000元以内的,在职职工负担20%,退休人员负担15%,单位负担10%;5001元至10000元,在职职工负担15%,退休人员负担10%,单位负担10%;10001元至最高支付限额的,在职职工负担10%,退休人员负担7%,单位负担10%;年度最高支付限额为上年度职工年平均工资的4倍。

2004年4月,乐安县人民政府又印发了《关于各乡(镇)机关企事业单位人员参加医疗保险的通知》,全县各乡镇的机关企事业单位均须参加住院医疗保险,最高报销金额每人每年2万元。

2006年,乐安县在江西省首批试点实施城镇居民医疗保险制度,使乐安县参保人群由城镇职工延伸到全体城镇居民,解决了普通城镇居民特别是原国有困难企业职工、城镇低保对象等这类弱势群体人员多年来无法解决的医疗保障问题,使乐安县医疗保险工作迈上一个新台阶。(1)参保范围:所有乐安县区域内的不属于城镇职工基本医疗保险覆盖范围的城镇(含乡镇)所有常住居民,和当地失地农民。(2)缴费标准:成年居民每人每年个人缴费140元,政府补助60元,共200元;未成年人每人每年个人缴费30元,政府补助20元,共50元。享受城镇最低生活保障人员和持有二级以上《残疾人证》的城镇居民,个人不缴费,全额由财政补助。持有二级以下《残疾人证》的城镇居民,个人缴费70元,由财政补助130元。(3)起付标准和报销比例:城镇居民住院报销起付线和报销比例标准为:在一级医院(乡、镇)住院起付线为100元,报销比例为70%;在二级医院(县、区)住院起付线为200元,报销比例为65%;在三级医院(省、市)住院为400元,报销比例为60%。年度内最高补偿3万元。

2006年,9月,乐安县城镇职工基本医疗保险管理中心更名为乐安县医疗保险管理局。

2010年3月,抚州市医疗保险实现了市级统筹,乐安县参保人员凭医疗证、卡可在抚州范围内各定点医院、定点药店刷卡记账看病、买药,省去了参保人员现金报销、两地奔波的麻烦。2010年12月,抚州市人民政府出台了《关于印发抚州市基本医疗保险市级统筹实施办法的通知》,其主要内容有:

(1)基本医疗保险参保范围及缴费标准:将基本医疗保险分为三个档次:一档为城镇职工基本医疗保险,参保范围和对象为所有行政、事业单位、企业职工,缴费标准为用人单位按上年度职工工资总额的6%缴纳,个人缴纳上年度职工工资总额的2%,退休人员个人不缴纳基本医疗保险费;同时开展大额医疗费用统筹,按职工上年度工资总额的1.5%,由用人单位缴纳;二档为城镇职工住院医疗保险,参保范围为国有关、破、改及困难企业职工,缴费标准为按上年度职工工资总额的3%缴纳;三档为城镇居民基本医疗保险,参保范围为不属于一档和二档覆盖范围的城镇所有常住居民(含学龄前儿童、中小学学生、大中专院校学生),以家庭为单位整体参保,缴费标准为成年人每人每年220元、未成年人每人每年150元,其中中央、省、市、县各级财政按规定对参保人员每人每年补助120元,个人缴费为成年人每人每年100元,未成年人每人每年30元。享受城镇最低生活保障人员、十四类参战退役人员、重度残疾人以及其他符合补助条件的人员由财政每人每年补助220元。

(2)基本医疗保险医疗待遇:(1)一档医疗待遇:①个人账户划入:个人账户按法定退休年龄划分为两段,法定退休年龄以下按本人缴费基数的3.2%划入(个人缴纳的2% +单位缴纳的1.2%);达到法定退休年龄并办理了退休手续的人员按本人退休金(或养老金)基数(无本人养老金作为基数的,以抚州市上年度退休人员平均养老金为基数)的3.8%划入。②慢性疾病门诊:个人账户用完后,对特殊慢性疾病的门诊医疗费用可由统筹基金适当支付。特殊慢性疾病定为十九种,分为两大类:第一类:恶性肿瘤、系统性红斑狼疮、再生障碍性贫血、帕金森氏综合症、慢性肾功能衰竭(尿毒症期)、器官移植等后期抗排斥治疗。第二类:精神病、原发性高血压病、糖尿病、肺结核、慢性肝炎、湿风湿关节炎、风湿性心脏病、脑卒中后遗症、慢性肾小球肾炎、慢性阻塞性肺气肿、冠状动脉硬化性心脏病、痛风、血友病。患有第一类慢性病的参保人员个人账户用完后进入统筹基金,不设自付段,统筹基金支付比例为90%。其中慢性肾功能衰竭(尿毒症期)的患者实行按月限定10次内(含10次)的血透费用全额由统筹基金支付,免除个人负担;超过10次的血透费用,按甲类治疗进行核算支付。患有第二类慢性病的法定退休年龄以下人员,个人账户用完后,进入统筹基金支付时,设置300元的自付段,统筹基金支付比例为85%;患有二类慢性病的达到法定退休年龄并办理了退休手续的人员,个人账户用完后,进入统筹基金支付时,设置100元的自付段,统筹基金支付比例为90%。③住院医疗待遇:住院报销起付线和报销比例标准为:法定退休年龄以下人员,在一级医院(乡、镇)住院起付线为300元,报销比例为95%;在二级医院(县、区)住院起付线为400元,报销比例为90%;在三级医院(省、市)住院为500元,报销比例为85%。达到法定退休年龄并办理了退休手续人员,在一级医院(乡、镇)住院起付线为240元,报销比例为95%;在二级医院(县、区)住院起付线为320元,报销比例为93%;在三级医院(省、市)住院为400元,报销比例为90%。年度内两次及两次以上住院逐次降低起付标准100元,第四次起住院取消起付标准,行政事业单位应为单位职工负担医药费的5%。建立基金缴费与医疗待遇挂钩制度。参保人员缴费基数达到上年度全市在岗职工平均工资的100%～150%(不含100%,含150%)的,其职工住院统筹基金支付比例在相应报销标准上提高1个百分点;150%～200%(含200%)的,其职工住院统筹基金支付比例在相应报销标准上提高2个百分点;200%～250%(含250%)的,其职工住院统筹基金支付比例在相应报销标准上提高3个百分点;250%以上的,提高4个百分点。统筹基金最高支付限额为上年度职工年平均工资的6倍。参保人员患大病,当年统筹基金累计支付超过最高限额以上的符合支付规定的医疗费用,由大病补充医疗保险基金支付90%。一个年度内统筹基金及大病医疗保险基金最高支付限额为16万元。(2)二档医疗待遇:

二档医疗保险参保人员在一级医院(乡、镇)住院起付线为300元,报销比例为85%;在二级医院(县、区)住院起付线为400元,报销比例为80%;在三级医院(省、市)住院为500元,报销比例为75%。年度内统筹基金最高支付限额为6万元。(3)三档医疗待遇:城镇居民自参保缴费之日起,设定90天的医疗等待期,等待期后方可享受相应医疗待遇。新生儿等新出现的符合参保条件的人员,可即时参保缴费享受待遇。三档医疗保险参保人员在一级医院(乡、镇)住院起付线为300元,报销比例为70%;在二级医院(县、区)住院起付线为400元,报销比例为65%;在三级医院(省、市)住院为500元,报销比例为60%。年度内统筹基金最高支付限额成年人为5万元,未成年人为6万元。

三档主要保障大病住院医疗和门诊慢性病医疗,对参保居民适当兼顾普通门诊医疗,对未成年人和全日制在校学生适当兼顾意外伤害门诊医疗。未成年人和全日制在校学生发生意外伤害(无第三者责任)的门诊及住院医疗费列入报销范围,按规定报销;因疾病或意外伤害事故死亡的,由医疗保险经办机构一次性支付补偿金,3周岁以下的补偿3000元,3周岁以上的每增加一岁增加1000元补偿金,最高补偿12000元,死亡补偿金由法定受益人领取。

2013年1月,抚州市人力资源和社会保障局根据抚州市人民政府《关于调整完善抚州市基本医疗保险市级统筹实施办法的通知》第一条:首次参保、中途参保、中断参保的应从启动基本医疗保险年度起,按照参保当年的筹资标准全额补缴应保年限的参保费用。出台了《关于印发抚州市城镇居民基本医疗保险参保补缴实施细则的通知》,取消第三档城镇居民基本医疗保险参保人员医疗等待期,实行补缴制。

具体补缴细则为:(1)2012年已在抚州市参加城镇基本医疗保险并缴费满一自然年度,2013年再次续保的,不需补缴;以后年度连续参保的,不需补缴,如有中断,则需重新补缴。(2)2012年未参加抚州市基本医疗保险或参保缴费不满一自然年度,在2013年上半年参保的,从2012年起补缴;2013年下半年参保的,从2011年起补缴;2014年以后参保的,需按照参保当年的筹资标准(含各级财政补助金额),从启动之年起全额补缴未保年限的城镇居民基本医疗保险费。(3)农转非、新出生、外地户口迁入的,以其户籍为抚州市非农户口的当年为起点,补缴城镇居民基本医疗保险费。(4)2013年以后享受个人免缴费政策的人员,需补缴应缴费年限的城镇基本医疗保险费。(5)参保当日满18周岁的按成年人标准缴费。(6)2007年以来,符合以下情形的不计入补缴年限或视同参保缴费年限:①当年在本地或外地参加基本医疗保险并缴费满一自然年的年限;②享受城镇最低生活保障人员、省政府规定的失业的十四类参战退役人员、重度残疾人,以及其他符合条件的人员,其符合个人免缴费政策的参保年限;③应征入伍服役期间的年限;④在校期间参加了当地城镇居民基本医疗保险的年限(学年)。

1996～2012年乐安县医疗保险情况表

表2－160　　单位:人、万元

年度	参保人数	统筹基金	支付数额	年度	参保人数	统筹基金	支付数额
1996	3783	95	65	2005	16232	589	504
1997	3836	135	113	2006	40998	666	512
1998	3886	186	153	2007	76012	859	702
1999	5018	238	260	2008	82716	1178	1270
2000	5114	248	256	2009	87565	2143	1682
2001	5145	269	302	2010	86027	1251.95	1767.27
2002	11979	399	283	2011	73410	1784.81	2286.72
2003	13062	400	342	2012	87734	2597.06	2441.66
2004	15056	514	413				

二、医疗救助

医疗救助支出,包括财政部门集中安排的公务员医疗补助经费、按规定补助优抚对象的医疗经费、城镇困难群众医疗救助支出、农村合作医疗支出、农村医疗救助、其他医疗保障支出等种类。

2009年6月,民政部、财政部、卫生部、人力资源和社会保障部下发《关于进一步完善城乡医疗救助制度的意见》规定:(1)进一步完善医疗救助制度,筑牢医疗保障底线。用3年左右时间,在全国基本建立起资金来源稳定,管理运行规范,救助效果明显,能够为困难群众提供方便、快捷服务的医疗救助制度。(2)在切实将城乡低保家庭成员和五保户纳入医疗救助范围的基础上,逐步将其他经济困难家庭人员纳入医疗救助范围。其他经济困难家庭人员主要包括低收入家庭重病患者以及当地政府规定的其他特殊困难人员。具体救助对象界定标准,由地方民政部门会同财政等有关部门,根据本地经济条件和医疗救助基金筹集情况、困难群众的支付能力以及基本医疗需求等因素制定,并报同级人民政府批准。(3)多渠道筹集资金。要强化地方政府责任,地方各级财政特别是省级财政要切实调整财政支出结构,增加投入,进一步扩大医疗救助基金规模。中央财政安排专项资金,对困难地区开展城乡医疗救助给予补助。各地要动员和发动社会力量,通过慈善和社会捐助等,多渠道筹集资金。(4)县级财政部门要在社会保障基金财政专户中设立城市和农村医疗救助基金专账,办理医疗救助资金的筹集、拨付。县级民政部门要做好医疗救助资金的发放工作。要加强对城乡医疗救助基金的管理,在确保基金安全的前提下,做到基金收支基本平衡,略有结余。基金结余较多的地区,应积极采取措施,逐步降低基金结余率,到2011年,各地累计结余的资金一般应不超过当年筹集基金总额的15%,且要按规定及时结转下年使用,不得挪作他用。

1981~2012年乐安县医疗保障支出明细表

表2-161

单位:万元

项目/金额/年度	行政单位医疗	事业单位医疗	优抚对象医疗补助	城市医疗救助	新型农村合作医疗	农村医疗救助	城镇居民基本医疗保险	其他医疗保障支出	合计
1981	15	—	—	—	—	—	—	—	15
1982	17	—	—	—	—	—	—	—	17
1983	22	—	—	—	—	—	—	—	22
1984	26	—	—	—	—	—	—	—	26
1985	31	—	—	—	—	—	—	—	31
1986	37	—	—	—	—	—	—	—	37
1987	43	—	—	—	—	—	—	—	43
1988	48	—	—	—	—	—	—	—	48
1989	58	—	—	—	—	—	—	—	58
1990	51	—	—	—	—	—	—	—	51
1991	67	—	—	—	—	—	—	—	67
1992	88	—	—	—	—	—	—	—	88
1993	84	—	—	—	—	—	—	—	84
1994	77	—	—	—	—	—	—	—	77
1995	99	—	—	—	—	—	—	—	99
1996	100	—	—	—	—	—	—	—	100
1997	130	—	—	—	—	—	—	—	130
1998	157	—	—	—	—	—	—	—	157
1999	154	—	—	—	—	—	—	—	154
2000	76	20	—	—	—	—	—	—	96
2001	160	45	—	—	—	—	1	—	206
2002	150	101	—	—	—	—	—	—	251
2003	162	106	—	—	—	—	—	—	268
2004	155	136	—	—	—	—	—	—	291
2005	142	129	—	—	—	—	—	—	271
2006	87	257	—	—	—	—	—	—	344
2007	108	232	47	271	—	250	291	5	1204
2008	147	281	84	311	1903	222	625	42	3615
2009	112	318	112	397	2022	542	523	572	4598

续表 2－161　　单位：万元

年度＼金额＼项目	行政单位医疗	事业单位医疗	优抚对象医疗补助	城市医疗救助	新型农村合作医疗	农村医疗救助	城镇居民基本医疗保险	其他医疗保障支出	合计
2010	259	174	—	263	3066	356	711	1251	6080
2011	—	—	62	277	5170	447	1098	898	7952
2012	75	—	57	301	6029	512	926	1570	9470
合计	2937	1799	362	1820	18190	2329	4174	4339	35950

第六节　中医药

反映中医药方面的支出。

该科目是从2007年增设的科目，2007年以后乐安共支出325万元，其中：2007年为69万元，2012年为11万元。

第七节　食品和药品监督管理事务

1980年，该县成立了“药品检验所”。开展了中药材真伪鉴别、化学药品的定性定量和杂质检查、PH值测定及其他药政管理工作。

2002年5月，县药品检验所撤销，正式成立抚州市食品药品监督管理局乐安分局，属抚州市食品药品监督管理局直属单位。2010年6月又划归县管，经费列入县级预算。

乐安县1980～1982年，药品检验的经费在财政总决算报表中未单独反映，1983年仅4056元，本志统计医疗卫生支出时以万元为单位，因四舍五入关系而未反映。

1999年以前，预算科目为“药品检验机构经费”，1999年改为“药品监督管理事业费”。2003、2004年两年财政总决算报表没有此科目。2005年开始列食品和药品监督管理事务支出。

1984～2012年共支出371万元。

第八节　合作医疗

1965年，全县原有半农半医的卫生所17所，1968年6月，在此基础上改为合作医疗站。1969年1月，全县合作医疗掀起高潮，11个公社、117个大队、兴办合作医疗站98个。1970年，根据江西省革命委员会要求，农村人民公社所属各生产大队建立一个合作医疗所，由“赤脚医生”为医护人员。到1979年全县207个大队有201个成立了合作医疗站。

合作医疗站经费，由参加合作医疗的社员、生产队、生产大队共同解决。1976年以前，一般社员每人每年交1.5元至2元，生产队每人每年5角，生产大队每人每年5角。

合作医疗站“赤脚医生”的报酬，主要由生产大队公积金和财政补助解决，其标准与大队副书记的报酬相同。

社员看病只需交5分钱挂号费，不收医药费及注射费。外出看病，只报销医药费，不报销住院费。

县财政每年下拨的合作医疗补助金额，20世纪70年代基本为每年拨补1万元，80年代为每年2万元，到1991年止，1992年开始财政决算报表没有合作医疗补助支出。

2006年在医疗保障内设新型农村合作医疗支出科目，该县从2008年起反映了支出。

第八章　节能环保

反映政府节能环保支出。具体包括：环境保护管理事务支出、环境监测与监察支出、污染治理支出、自然生态保护支出、天然林保护工程支出、退耕还林支出、风沙荒漠治理支出、退牧还草支出、已垦草原退耕还草、能源节约利用、污染减排、可再生能源和资源综合利用等支出。乐安县所反映是：环境保护管理事务、污染治理、自然生态保护、退耕还林、能源节约利用、污染减排等支出。

第一节　环境保护管理事务

一、行政运行

乐安县环境保护工作，于1981年从县卫生防疫站划出归乐安县基本建设局管理。1983年5月经乐安县人民政府批准成立乐安县环境保护办公室，配备专职干部1人。1984年6月乐安县基本建设局改为乐安县城乡建设环境保护局。1997年7月《乐安县建设环保局职能配置内设机构和人员编制方案》将乐安县环境保护办公室更名为环境保护股（另挂环境监测站牌子),1999 年 4 月经县政府批准,增挂乐安县环境保护局牌子,与建设局实行两块牌子一套人马。2001 年经县政府批准成立乐安县环境监理大队(股级自收自支事业单位,没有定编,经费来源:排污费列支),与乐安县环境保护办公室合署办公。2002 年乐安县环境监理大队更名为乐安县环境监察大队。

2006 年 9 月,经县人民政府批准成立乐安县环境保护局,县环境监察大队成建制划入县环境保护局,2009 年,乐安县环境保护局列为县人民政府组成部门。

2006 年 9 月以前,乐安县环保机构为自收自支事业单位,所有经费开支全部在收取的排污费中开支,1986 ~2006 年 9 月人员经费和办公经费共支出 211 万元;2006 年 9 月以后,乐安县环保机构为全额拨款行政和事业单位,人员工资和办公经费由财政安排,其他经费在县级排污费留存中开支。2006 年 9 月 ~2012 年 12 月人员经费和办公经费共实际支出 675.2 万元。

二、其他环境保护管理事务支出

1991 年为摸清全国工业污染底数,乐安县进行了第一次工业污染普查;2008 年,国务院又决定开展第一次全国污染源普查,全县聘请了 32 名普查员和普查指导员,将全县范围内的工业源、农业源和生活污染源进行了全面普查;2010 年和 2011 年又进行了污染源普查动态更新调查工作。通过这几次的调查,全面掌握了全县的污染状况,为县委、县政府提供了科学决策依据。但也消耗了大量的人力和物力,这几次的调查工作将近支出 50 万元。

第二节　环境监测与监察

一、建设项目环评审查与监督

从 1990 年全县第一个建设项目通过环境影响评价文件审批开始,共有 543 个项目通过了省、市、县三级环境保护部门审批,建设项目环境影响评价审批率达到 90%。项目总投资 221,292 万元,其中:环保设施总投资 11,064.6 万元。建设项目污染防治设施"三同时"执行率达到 80%,建设项目环保设施竣工验收 108 个,竣工验收率较低。1986 ~2012 年建设项目环境保护违法案件发生 76 起,处理 76 起。

二、核与辐射安全管理

2004 年,国家核与辐射安全管理职能由卫生部门划归环保部门,为加强全县核与辐射监管能力建设,省环保厅专门为该县(全省唯一的县级)配备了辐射监测车 1 辆,多功能 γ 辐射监测仪 1 台,α、β 表面沾污染探测器 1 台,价值 32 万元。2013 年 5 月,经县人民政府批准,成立了乐安县辐射环境监督管理站,主要职能:组织实施核与辐射安全环境保护法律、法规、规章。负责核技术应用和输变电等电磁辐射装置及伴有放射性矿产资源建设项目环境影响评价文件预审批和"三同时"监管;组织实施辐射安全监督检查,负责辐射环境监测:协助上级环保部门开展辖区内核设施、放射性物品运输监管;制订本县核与辐射应急预案并组织实施,负责核与辐射事故及投诉的调查处理,参与核与辐射恐怖事件的防范与处置工作。

三、其他环境监测与监察支出

(一)能力建设支出

能力建设支出有 4 项:一是环境监测执法业务用户支出 382.73 万元;二是环境监测采样和实验室分析设备支出 249 万元;三是环境监察执法装备支出 86 万元;四是辐射监测设备支出 32 万元。

(二)专项环境监测

从 2007 年开始,按有关文件要求,乐安县每年都聘请有资质的监测机构对全县的环境空气质量,出境断面水质,集中饮用水水源地水质,老虎脑自然保护区环境空气、水质、噪声以及土壤进行专项监测。

1. 环境空气质量监测

每季度 1 次,每次 3 个点,每个点采样 5 天,每天采样 4 次。每年开支 5 万元,2007 ~2012 年环境空气质量监测共支出 30 万元。

2. 出境断面水质监测

每季度 1 次,每次 2 个点,每个点分析 24 项指标,分析费用为 3000 元/点次,每年开支 2.4 万元,2007 ~2012 年出境断面水质监测共支出 14.4 万元。

3. 集中饮用水水源地水质监测

龙潭水库水质每季度 1 次,每次分析 61 项指标;分析费用为 8000 元/点次,每年开支 3.2 万元。每两年 1 次 109 项全分析,分析费用为 47800 元/点次。2007 ~2012 年集中饮用水水源地监测共支出 33.54 万元。

4. 老虎脑自然保护区环境质量监测

每年 2 次对老虎脑自然保护区的空气、地表水、环境噪声以及土壤进行全面监测,监测费用每年 5 万元。2007 ~2012 年共支出 30 万元。

第三节　污染防治

一、水体

乐安县涉水工业企业不多,影响水环境的主要因素是生活污水和农业面源污染。近年内，全县相继关闭了水污染严重的4家造纸厂、2家制药厂、2家化工厂、2家食品厂、5家采矿选矿厂。投资5000多万建设日处理1万吨的城市污水处理厂及配套截污管网，全县所有的畜禽养殖场都配套建设了200立方米以上的大型沼气池，农户家庭建设的小型沼气池不计其数，通过以上手段，全县的水环境质量逐步提高，主要河流出境断面水质优质水率达到90%以上，县城集中饮用水源地水质常年保持在Ⅰ类水质。

二、固体废弃物与化学品

全县的固体废弃物主要是矿山开采的尾矿及废矿石、机砖生产剩余的废砖、城市生活垃圾、建筑垃圾等。目前，全县所有的矿山都建设了尾矿库和废矿库，废砖及建筑垃圾都进行了处理，90%的城市生活垃圾得到了无害化处理。总投资3378万元、总库容89.47万立方米、日平均处理生活垃圾165吨的乐安县生活垃圾无害化处理场正在建设中。

三、排污费安排的支出

从1986年开始到2012年，全县共征收排污费986.03万元，上解中央、省级财政260.16万元，县级财政留成725.87万元。其中：用于补助污染防治支出435.52万元。

第四节　自然生态保护

一、生态保护

近年来，县委、县人民政府高度重视生态环境保护，提出“生态立县、绿色崛起”的方针，增加财政投入，大力实施退耕还林、封山育林、植树造林等措施，积极开展创建生态县、生态乡镇、生态村，创建省级园林城市活动，目前，乐安县已有国家级生态乡1个、国家级生态村1个、省级生态乡3个、省级生态村8个；省级绿色学校3家。

二、农村环境保护

全县所有的行政村都建设了生活垃圾收集点、焚烧炉，购买了垃圾收集、清运设备，聘请了卫生清洁员；许多农户建设了沼气池，使用清洁能源，农村的村容村貌有了很大改观；2009年牛田镇流坑村投入180万元进行环境综合整治，其中：获得中央农村环保专项资金补助100万元，2012年鳌溪镇桥背村获得中央农村环保专项资金补助50万元。

三、自然保护区

老虎脑自然保护区（管理办公室设在县林业局），是该县唯一的省级自然保护区，近几年，省级环保专项共投入71万元用于该保护区环境监测、界碑、界桩、设备购置等。

第五节　退耕还林

退耕还林是党中央、国务院总揽全局、从可持续发展的战略高度作出的重大决策。按照国家退耕还林“退一还一”政策，要求退耕还林1亩坡耕地或荒山地，必须配套1亩荒山造林，并且要求生态林面积大于80%，经济林面积小于20%。必须严格按国家规定的比例种植生态林、经济林才有补助粮食，所有的补助全部由中央财政负担。

其标准为：(1)种苗造林补助按坡耕地和宜林荒山荒地每亩50元计算，节余部分只能用于造林补助和封育管护。(2)国家无偿向退耕户提供粮食、现金补助。粮食和现金补助标准为：每亩退耕地和宜林荒山地均按每亩75公斤原粮、10元现金（管护费）的原则补助。粮食和现金补助年限，还经济林补助5年计算；还生态林补助按8年计算。粮食折金按1.4元/公斤。为了确保退耕还林工程顺利完成，各级政府制订了一系列规章制度，做到科学化、规范化。

2002年12月，财政部下发《退耕还林工程现金补助资金管理办法》。

2011年4月，财政部下发《退耕还林财政资金预算管理办法》。

乐安县退耕还林支出是从2002年开始，当年支出30万元，在农林水类内设专项反映。2003～2006年则在林业支出中反映此项支出。2007年以后才在节能环保类设专项反映。从2002年到2012年共支出7542万元。

第六节　能源节约利用

反映用于能源节约利用方面的支出。

乐安县仅2011年和2012年两年有这方面的支出，其中2011年支出218万元，2012年支出36万元，两年共支出254万元。

第七节　污染减排

主要污染物（COD和SO_2）排放总量减少10%是《中华人民共和国国民经济和社会发展第十一个五年规划纲要》提出的约束性指标。2006年，国务院把减排指标完成情况纳入各地经济社会发展综合评价体系，作为政府领导干部综合考核评价和企业负责人业绩考核的重要内容，实行“一票否决”制。2011 年第十二个五年规划又增加了氨氮和氮氧化物 2 项考核指标。从 2006 年开始，到 2012 年全县共关闭 16 家企业，筹集近 7000 万元资金、新建污染治理工程 65 个，实现主要污染物排放量减少，其中：COD 减排量为 1654.46 吨，SO_2 减排量为 544.17 吨，氨氮减排量为 87.39 吨，氮氧化物减排量为 222.3 吨。2009 ~ 2012 年财政决算报表反映支出 545 万元。

2002 ~ 2012 年乐安县节能环保支出明细表

表 2 - 162　　单位：万元

年度 \ 金额 \ 项目	环境保护管理事务	污染防治	自然生态保护	退耕还林	能源节约利用	污染减排	合计
2002	—	—	—	30	—	—	30
2003	—	—	—	80	—	—	80
2004	—	—	—	86	—	—	86
2005	—	—	—	86	—	—	86
2006	—	—	—	86	—	—	86
2007	37	43	—	161	—	—	241
2008	62	308	—	1223	—	—	1593
2009	69	2249	100	1962	—	123	4503
2010	90	729	—	1191	—	—	2010
2011	87	221	—	1408	218	184	2118
2012	134	1408	74	1229	36	238	3119
合计	479	4958	174	7542	254	545	13952

第九章　城乡社区事务

反映政府城乡社区事务支出。具体包括：城乡社区管理事务支出，城乡社区规划与管理支出，城乡社区公共设施支出，城乡社区住宅支出，城乡社区环境卫生支出，建设市场管理与监督支出等。

该科目均为 2007 年开始设立，2007 年之前在行政经费或城市维护费中列支，居委会干部补助和城乡社区环境卫生支出均在农业税附加中开支。

第一节　城乡社区管理事务

民国 17 年（1928），乐安县开始设置建设科，县政府由三科一室增至四科一室。

民国 30 年（1941），实行“新县制”，县政府办事机构由原四科一室逐步扩大到七科五室，仍保留有建设科。

中华人民共和国成立之后，1950 年 11 月县人民政府设有建设科，在此之前的建设科是广义上的建设而不是现在的基本建设。

1951 年 11 月将建设科改为农林水利科。

1977 年成立城市基本建设局，几经更名后现为住房和城乡建设局。

2010 年 12 月，又新成立城市管理局。

乐安县此项支出主要包括县住房和城乡建设局及县城市管理局的职能机构的管理费支出和上级下达的有关专项支出。2007 年至 2012 年共支出 4321 万元。

第二节　城乡社区公共设施

反映城乡社区道路，桥涵，燃气，供暖，公共交通（含轻渡，轻轨，地铁），道路照明等公共设施建设维护与管理方面的支出。该县反映的主要是城镇道路，公共交通，道路照明等公共设施建设维护与管理方面的支出。

2010 年 12 月，市政建设与维护，路灯管理由县住房和城乡建设局划归县城市管理局管理．近几年来，由于县城框架不断拉大，市政建设也有了一个飞速发展，城镇亮化工程有了一个新的风貌，路灯，高杆灯，景观灯有了一个新变化，2007 年到 2012 年用于城乡社区公共设施方面的支出达到 3095 万元。

第三节　城乡社区环境卫生

乐安县1952年成立了“鳌溪环境卫生管理所”，以清扫县卫生院院内卫生为主。1959年到1974年，环卫所先后划为县卫生防疫站及城关医院管理。

1981年5月，环卫所改属卫生局，为县大集体单位，1985年到1990年4月，由鳌溪镇代管。1990年5月，环卫所划归县城建局管理。2010年12月划归县城市管理局管理。

中华人民共和国成立后，乐安县城的环境卫生发生了翻天覆地的变化，特别是近几年，县城框架拉大，城区环境卫生，街道绿化，美化发生了根本的转变，环卫设施也一应齐全、先进，县城现有生活垃圾处理场2个，在建生活垃圾卫生填埋场1个，清扫工具由建国初期的扫把到现在的摆臂垃圾清扫车和洒水车等现代化设备。城镇面貌焕然一新，国家的投入也逐步加大。2007年到2012年此项支出共达1532万元。

1993～2012年乐安县城乡社区事务支出明细表

表2－163

单位：万元

项目/金额/年度	城乡社区管理事务	城乡社区公共设施	城乡社区环境卫生	城乡社区规划与管理	建设市场管理与监督	城乡社区住宅	其他城乡社区事务支出	合计
1993	—	63	—	92	80	5	70	310
1994	—	43	—	91	77	2	29	242
1995	—	72	—	90	75	2	22	261
1996	—	52	—	89	—	—	37	178
1997	—	188	—	88	—	—	36	312
1998	—	118	—	87	—	—	23	228
1999	—	141	—	86	—	—	24	251
2000	—	59	—	85	—	—	22	166
2001	—	279	—	84	—	—	18	381
2002	—	209	—	83	—	—	4	296
2003	—	377	—	82	—	—	12	471
2004	—	341	—	81	—	—	10	432
2005	—	457	—	—	—	—	—	457
2006	—	968	—	—	—	—	—	968
2007	148	1657	176	7	—	—	2	1990
2008	350	601	223	16	—	339	—	1529
2009	675	356	248	—	3	2	45	1329
2010	632	187	282	9	—	—	30	1140
2011	1277	60	371	15	1	—	101	1825
2012	1239	234	232	—	—	—	152	1857
合计	4321	6462	1532	1085	236	350	637	14623

第十章　农林水事务

反映政府农林水事务支出。具体包括农业支出、林业支出、水利支出、扶贫支出、农业综合开发支出等。

中华人民共和国成立前，政府极少此类支出。民国28年（1939）乐安县地方岁出概算中建设支出3228元，占全年总支出概算74588元的4.3%；民国32年（1943）乐安县地方岁出概算中经济及建设支出74072元，占全年总支出概算792809元的9.3%，其中用于农林水事务方面的支出就更少。

中华人民共和国成立后，政府非常重视农业、农村经济发展，财政用于涉农经费不断增加。农林水事务支出由1951年的0.1万元，占年财政总支出的1.1%到2012年的29079万元，占当年财政总支出的20.3%。

1949～2012 年乐安县农林水事务支出明细表

表 2－164　　单位:万元

项目 金额 年度	农业	林业	水利	扶贫	农业综合开发	农村综合改革	支农	其他	合计	占当年财政支出(%)
1949	—	—	—	—	—	—	—	—	—	—
1950	—	—	—	—	—	—	—	—	—	—
1951	0.1	—	—	—	—	—	—	—	0.1	1.1
1952	1	—	1	—	—	—	—	—	2	3.3
1953	4	—	—	—	—	—	—	—	4	6.3
1954	1	—	1	—	—	—	—	—	2	3.6
1955	1	1	—	—	—	—	—	—	2	3
1956	5	1	8	—	—	—	—	—	14	14
1957	3	4	8	—	—	—	—	—	15	14.3
1958	4	1	11	—	—	—	—	2	18	13.4
1959	13	1	24	—	—	—	—	23	61	31.9
1960	4	1	1	—	—	—	—	36	42	27.1
1961	4	1	1	—	—	—	—	1	7	6.7
1962	5	1	—	—	—	—	—	2	8	7.5
1963	6	2	27	—	—	—	—	1	36	24.2
1964	7	2	15	—	—	—	—	3	27	17
1965	9	1	21	—	—	—	—	1	32	20.4
1966	7	2	23	—	—	—	—	4	36	21.8
1967	6	2	17	—	—	—	—	5	30	17.4
1968	4	2	16	—	—	—	—	1	23	14.4
1969	4	—	21	—	—	—	—	—	25	7
1970	5	1	18	—	—	—	—	—	24	4.2
1971	9	—	15	—	—	—	—	2	26	5.9
1972	14	1	9	—	—	—	—	15	39	14
1973	17	1	47	—	—	—	—	24	89	24
1974	16	1	42	—	—	—	—	24	83	22.3
1975	19	1	62	—	—	—	—	28	110	27.6
1976	38	3	27	—	—	—	—	42	110	28.2
1977	19	2	43	—	—	—	18	11	93	23.9
1978	30	1	53	—	—	—	14	10	108	20.9
1979	38	20	117	—	—	—	9	15	199	30
1980	34	19	41	—	—	—	34	37	165	24.1
1981	29	5	34	—	—	—	15	9	92	15.1
1982	54	8	32	—	—	—	7	75	176	22
1983	83	7	17	—	—	—	50	9	166	20
1984	46	5	22	—	—	—	27	11	111	12.8
1985	46	12	17	—	—	—	84	7	166	14.8
1986	45	7	26	—	—	—	71	11	160	11.8
1987	46	6	18	—	—	—	71	20	161	11.3
1988	54	8	30	60	—	—	64	11	227	9.9
1989	54	8	29	43	—	—	142	14	290	11.9
1990	70	9	19	44	—	—	213	21	376	14.3

续表 2-164

项目/金额/年度	农业	林业	水利	扶贫	农业综合开发	农村综合改革	支农	其他	合计	占当年财政支出(%)
1991	72	9	34	51	—	—	334	18	518	16.6
1992	75	63	27	33	—	—	202	18	418	13.3
1993	90	53	48	36	—	—	289	21	537	16.2
1994	121	41	45	36	—	—	263	40	546	13.7
1995	130	30	69	60	58	—	150	32	529	13.1
1996	139	89	51	37	48	—	256	43	663	13.4
1997	195	75	63	295	88	—	231	39	986	16
1998	173	33	217	201	278	—	239	44	1185	16.2
1999	172	53	66	312	203	—	205	51	1062	13.8
2000	172	54	74	283	237	—	232	72	1124	12.2
2001	267	89	100	371	211	—	168	125	1331	10
2002	320	61	176	1376	308	—	109	156	2506	13.6
2003	463	153	192	1033	393	—	—	39	2273	12.2
2004	1046	201	204	1731	296	—	—	31	3509	16.1
2005	1246	297	321	1782	527	—	—	35	4208	15.6
2006	1412	341	524	2308	443	—	—	114	5142	13.7
2007	4516	1207	1308	2434	532	—	—	—	9997	21.1
2008	5555	2571	2814	2174	595	—	—	—	13709	21.5
2009	8724	2165	2785	3545	755	—	—	6	17980	20.6
2010	6663	2945	3632	2727	1523	3188	—	10	20688	20.5
2011	8132	2306	5733	3520	1692	3999	—	1110	26492	21
2012	7940	2368	7502	4966	1965	3591	—	747	29079	20.3
合计	48477.10	15351	26898	29458	10152	10778	3497	3226	147837.10	19

第一节　农业

该县从1951年至2002年反映的项目有:农场支出、农技推广、互助合作、良种推广、植保、畜牧、三场补助、农业科研、水产、经管站及其他支出。其中1957~1976年和1980年、1982年由于资料缺失,具体数字不详。

2003年至2006年反映的项目为:行业管理、灾害救助、农资补贴和其他支出。

2007年至2012年反映的项目为:行政运行、一般行政管理事务、事业运行、技术推广与培训、病虫害控制、执法监管、灾害救助、农资与技术补贴、农业生产保险补贴、组织化与产业化经营、农村公益事业、农村能源综合建设、农村人畜饮水、村级组织支出补助、农村道路建设、其他农业支出等。其中:农村能源综合建设仅反映2007~2009年;村级组织支出补助仅反映2007~2009年的补助,此项补助是从2002年开始执行,2002~2006年在其他支出类科目中反映,从2010年起在农村综合改革支出科目中反映。

一、行政运行

行政运行主要反映上述机构中行政单位及包括实行公务员管理的事业单位的基本支出。具体包括农业局机关、农工部、农业开发办、农机局、蚕桑局、2008年乐安县农业行政运行支出229万元,2009年252万元,2010年231万元,2011年268万元,2012年274万元,呈逐年上升趋势。

二、事业运行

1964年2月,农业部、财政部制定了《农业事业费的使用范围和财务管理试行规定》,将农业事业费仅限用于农业、牧业部门的各项支出。

1999年9月,财政部颁发《农业事业费管理办法》,明确规定农业事业费是指农垦、农业、畜牧、农机、水产、乡镇企业、农业资源调查和区划、其他农林水事业费核算的经费。

三、技术推广与培训

农业新技术推广包括:(1)"吨粮田"建设(1988

~1990)。(2)杂交水稻春季制种技术(1989年引进)。(3)再生稻栽培技术。该技术于1990年在湖溪乡小陂村周坑村小组示范试验,试种品种汕优63,当年再生稻亩产326公斤/亩。至2005年全县再生稻面积1万亩,主要分布在湖溪、湖坪、南村、金竹、谷岗、鳌溪等地。再生稻平均亩产近285公斤/亩。该技术于1996年获农业部“丰收计划”三等奖。(4)新型水稻育秧技术。从1986年开始推广地膜覆盖育秧技术、旱床育秧技术、酸土育秧技术、双膜育秧(板田育秧)技术、塑盘育秧技术。2005年全县旱床育秧面积14万亩,塑盘育秧面积5万亩。(5)水稻抛秧技术。该技术于1997年引进,到2005年全县抛秧面积5万亩左右。该技术的特点是:轻型、简便、高效。改变了几千年来“脸朝黄土背朝天”弯腰曲背插秧的劳作方式。

2012年,乐安县技术推广与培训支出达到1463万元。

四、农资与技术补贴

农资与技术补贴共分为良种补贴、粮食直补、农机补贴和农资综合补贴。粮食直补20元/亩。农资综合补贴81.5元/亩。良种补贴:水稻、棉花15元/亩,小麦、油菜10元/亩。通过财政涉农补贴“一卡通”将补贴款直接发放给生产中使用农作物良种的农民。2012年乐安县农资与技术补贴达1963万元。

2004年6月,省财政厅、省农业厅下发了《江西省水稻良种补贴资金管理暂行办法》《江西省农业机械购置补贴专项补贴使用管理办法(试行)》。

1949~2006年乐安县农业支出明细表

表2-165　　单位:万元

年度 \ 金额 \ 项目	农场支出	农技推广	互助合作	良种推广	植保	畜牧	三场补助	科研	水产	经管站支出	其他	合计
1949	—	—	—	—	—	—	—	—	—	—	—	—
1950	—	—	—	—	—	—	—	—	—	—	—	—
1951	0.1	—	—	—	—	—	—	—	—	—	—	0.1
1952	1	—	—	—	—	—	—	—	—	—	—	1
1953	4	—	—	—	—	—	—	—	—	—	—	4
1954	1	—	—	—	—	—	—	—	—	—	—	1
1955	1	—	—	—	—	—	—	—	—	—	—	1
1956	2	1	2	—	—	—	—	—	—	—	—	5
1957	—	—	—	—	—	—	—	—	—	—	—	3
1958	—	—	—	—	—	—	—	—	—	—	—	4
1959	—	—	—	—	—	—	—	—	—	—	—	13
1960	—	—	—	—	—	—	—	—	—	—	—	4
1961	—	—	—	—	—	—	—	—	—	—	—	4
1962	—	—	—	—	—	—	—	—	—	—	—	5
1963	—	—	—	—	—	—	—	—	—	—	—	6
1964	—	—	—	—	—	—	—	—	—	—	9	71965
1966	—	—	—	—	—	—	—	—	—	—	—	7
1967	—	—	—	—	—	—	—	—	—	—	—	6
1968	—	—	—	—	—	—	—	—	—	—	—	4
1969	—	—	—	—	—	—	—	—	—	—	—	4
1970	—	—	—	—	—	—	—	—	—	—	—	5
1971	—	—	—	—	—	—	—	—	—	—	—	9
1972	—	—	—	—	—	—	—	—	—	—	—	14
1973	—	—	—	—	—	—	—	—	—	—	—	17
1974	—	—	—	—	—	—	—	—	—	—	—	16
1975	—	—	—	—	—	—	—	—	—	—	—	19
1976	—	—	—	—	—	—	—	—	—	—	—	38

续表 2－165　　　　单位:万元

年度＼项目（金额）	农场支出	农技推广	互助合作	良种推广	植保	畜牧	三场补助	科研	水产	经管站支出	其他	合计
1977	—	2	—	2	—	2	4	2	—	—	7	19
1978	—	2	—	7	—	1	4	4	—	—	12	30
1979	1	1	—	12	—	5	3	3	1	—	12	38
1980	1	—	—	—	—	10	—	—	1	—	—	34
1981	—	—	—	1	—	—	2	6	1	1	18	29
1982	2	—	—	—	—	8	—	—	1	—	—	54
1983	1	1	—	41	1	5	6	3	1	4	20	83
1984	1	3	—	5	1	4	2	3	3	4	20	46
1985	12	2	—	2	1	5	5	—	2	—	17	46
1986	1	3	—	2	—	7	6	—	2	6	18	45
1987	1	3	—	5	2	9	2	—	2	6	16	46
1988	1	3	—	4	3	8	2	—	6	2	26	54
1989	1	2	—	3	3	6	2	—	7	7	23	54
1990	1	3	—	5	3	10	3	—	2	8	35	70
1991	1	3	—	4	2	7	3	—	10	21	21	72
1992	1	3	—	5	3	7	3	—	4	22	27	75
1993	1	3	—	6	3	7	4	—	13	23	30	90
1994	—	2	—	5	4	5	3	—	2	39	61	121
1995	2	3	—	6	4	7	7	—	4	38	59	130
1996	3	7	—	4	2	2	—	—	6	53	62	139
1997	5	3	—	7	4	9	6	—	4	63	94	195
1998	13	4	—	8	4	12	11	—	4	55	62	173
1999	6	3	—	6	3	10	14	—	3	26	101	172
2000	6	5	—	4	2	13	15	—	4	79	44	172
2001	9	116	—	5	2	13	15	—	5	34	68	267
2002	17	114	—	5	4	10	18	—	5	40	107	320
	行业管理	灾害救助	农资补贴									
2003	456	7	—	—	—	—	—	—	—	—	—	463
2004	520	2	524	—	—	—	—	—	—	—	—	1046
2005	699	2	542	—	—	—	—	—	—	—	3	1246
2006	852	4	541	—	—	—	—	—	—	—	15	1412

2007～2012 年乐安县农业支出明细表(一)

表 2－166　　　　单位:万元

年度＼项目（金额）	行政运行	一般行政管理事务	事业运行	技术推广与培训	病虫害控制	执法监管	灾害救助	农资与技术补贴	农业生产保险补贴
2007	41	—	526	381	110	—	23	637	2
2008	229	24	312	163	275	—	66	533	6
2009	252	15	225	93	263	—	7	1779	42
2010	231	19	345	696	167	—	323	1371	92
2011	268	38	558	436	122	—	100	1519	192
2012	274	61	165	1463	253	5	105	1963	8

2007～2012年乐安县农业支出明细表(二)

续表2-166 单位:万元

项目/金额/年度	组织化与产业化经营	农村公益事业	农村能源综合建设	农村人畜饮水	村级组织支出补助	农村道路建设	其他农业支出	合计
2007	—	33	60	276	2355	—	72	4516
2008	21	13	156	88	2011	580	1078	5555
2009	65	409	201	837	1440	1005	2091	8724
2010	66	123	—	466	—	41	2723	6663
2011	25	23	—	—	—	422	4429	8132
2012	95	28	—	—	—	—	3520	7940

第二节 林业

乐安县是全省林业重点县之一,至2010年止森林总面积159928公顷,占全县土地面积的70%以上。

1955年,乐安县始有林业事业费开支。

1964年2月,江西省人民委员会颁发《关于试行人民公社集体造林给予经费补助和物资奖售的规定》,规定经费补助的范围和标准是:(1)采种。生产大队和生产队造林育出的种子,按国家收购价格补助50%;(2)育苗。社、队所办苗圃和林场,自育自用的苗木,每亩补助30元;(3)造林。生产队造林10亩以上,生产大队造林30亩以上,其补助标准是:杉树和其他阔叶用材林,每亩补助5元,油茶、油桐每亩补助2.5元,马尾松每亩补助1.2元。

4月,林业部、财政部颁发《林业资金使用管理暂行规定》,规定:林业事业费用于:(1)营林机构经费,包括国营林场、独立经营的国营苗圃、林业工作站、林木种子站等事业单位的机构人员经费、公用设备购置费和林场试验研究费。(2)森林保护费,包括护林防火站、护林队、森林警察补助费。(3)勘察设计费,包括林业勘察设计机构的人员经费,各项调查业务费和设备购置费。(4)科学研究费,包括林业科学研究的机构人员经费,各项试验研究业务费和设备购置费。(5)中等专业教育费。(6)技工学校经费。(7)干部培训费。(8)企业拨款,实行企业经营的国营林场、木材加工厂、林业机械修配厂、供应站、汽车运输队、林木种子站、国营苗圃等单位的流动资金、四项费用和弥补计划亏损,林场的抚育采伐、集运木材、开发多种经营的生产周转金。(9)其他林业事业费。

1970年后,坚持"以营林为基础"的林业建设方针,贯彻"造一山、管一山、成林一山"的原则,并实行专业队伍管理,提高了造林成活率。党和政府对抚育林木采取奖励办法,不分树种,连抚4年,只要符合要求的,国家都给予一定的补助。1981年起,全抚每亩补2元,条抚1.5元,穴抚1元,修杉林每亩补助1元,油茶垦复每亩补助大米1.5斤、人民币1元,油茶老林改造每亩补助5元。

1984年起,取消无偿补助,改为无息贷款。1985年实行育林费返回各乡(镇)20%,抚育费亦由各乡(镇)自行解决。

1983年,林业事业费内容包括:营林机构经营、技术推广费、良种推广费、森林保护费、勘察设计费、科学研究、中等专业学校经费、干部训练费、飞播造林试验补助费、其他林业事业费。

1984～1993年,乐安县先后飞播种造林9年,全县累计飞播造林51.26万亩,有效面积34.74万亩,1984年飞播造林补助费仅为0.32万元,据不完全统计,几年内,全县共支出飞播造林试验补助费87.32万元。

1990年,乐安县委、县人民政府制定了"661农业开发工程规划",从1990年至1995年,每年新造林10万亩,加大了造林灭荒的进度。1994年,通过了林业部的"灭荒"检查验收,提前一年达到了基本消灭荒山的目标。

2002年,县人民政府批准成立"乐安县老虎脑自然保护区"面积49000公顷,成立了乐安县老虎脑自然保护区管理办公室,行政归口县林业局管理,业务由上级业务主管部门管理。

2004年,江西省人民政府批准新建省级自然保护区,保护区面积22000公顷,其中核心区7500公顷。

2006年以前,林业事业费内容,在1983年的基础上时有变更,但变更不大。

2007年起,林业支出内容变更较大,增至28项之多。2009 年又在 2007 年的基础上增加了“林业救灾”和“石油价格改革对林业的补贴”两项内容。涉及乐安县的主要有行政运行、一般行政管理事务、林业事业机构、森林培育、林业技术推广、动植物保护、森林生态效益补偿、森林防火和其他林业支出等项支出。

县林业局机关经费，一般行政管理事务(2003 年以前)，林业事业机构经费(2007 年以前)都在林业木材公司经营利润中开支，县财政不拨给经费。

乐安县 1955 ~ 2012 年用于林业方面的支出 15351 万元。

1949 ~ 1980 年乐安县林业支出明细表(一)

表 2 - 167　　单位：万元

年度 \ 金额 \ 项目	行政运行	一般行政管理事务	林业事业机构	森林培育	社队造林补助	其他林业支出	合计
1949	—	—	—	—	—	—	—
1950	—	—	—	—	—	—	—
1951	—	—	—	—	—	—	—
1952	—	—	—	—	—	—	—
1953	—	—	—	—	—	—	—
1954	—	—	—	—	—	—	—
1955	1	—	—	—	—	—	1
1956	1	—	—	—	—	—	1
1957	—	—	—	—	—	—	4
1958	—	—	—	—	—	—	1
1959	—	—	—	—	—	—	1
1960	—	—	—	—	—	—	1
1961	—	—	—	—	—	—	1
1962	—	—	—	—	—	—	1
1963	—	—	—	—	—	—	2
1964	—	—	—	—	—	—	2
1965	—	—	—	—	—	—	1
1966	—	—	—	—	—	—	2
1967	—	—	—	—	—	—	2
1968	—	—	—	—	—	—	2
1969	—	—	—	—	—	—	—
1970	—	—	—	—	—	—	1
1971	—	—	—	—	—	—	—
1972	—	—	—	—	—	—	1
1973	—	—	—	—	—	—	1
1974	—	—	—	—	—	—	1
1975	—	—	—	—	—	—	1
1976	—	—	—	—	—	—	3
1977	—	—	—	—	2	—	2
1978	—	—	—	—	1	—	1
1979	—	—	—	—	16	4	20
1980	—	—	—	—	—	—	19

1981～2012年乐安县林业支出明细表(二)

续表2－167－1

单位:万元

年度＼金额＼项目	行政运行	一般行政管理事务	林业事业机构	森林培育	社队造林补助	森林保护动植物保护	林业技术推广	生态补偿
1981	—	—	—	—	3	—	—	—
1982	—	—	—	—	—	—	—	—
1983	—	—	—	—	—	5	—	—
1984	—	—	—	—	—	2	—	—
1985	—	—	7	—	—	1	3	—
1986	—	—	—	—	—	—	—	—
1987	—	—	—	—	—	—	4	—
1988	—	—	—	—	—	—	7	—
1989	—	—	—	—	—	—	6	1
1990	—	—	—	—	—	—	6	2
1991	—	—	1	—	—	—	3	4
1992	—	—	—	—	—	—	7	5
1993	—	—	—	—	—	—	7	—
1994	—	—	—	—	—	—	—	—
1995	—	—	—	—	—	—	—	—
1996	—	—	—	—	—	—	—	—
1997	—	—	—	—	—	—	44	—
1998	—	—	—	—	—	—	—	1
1999	—	—	—	—	14	—	—	—
2000	—	—	—	—	9	—	—	—
2001	—	—	—	—	7	—	—	—
2002	—	—	—	—	—	1	—	—
2003	70	—	—	—	—	—	—	—
2004	93	—	—	—	—	—	—	—
2005	209	—	—	—	—	—	—	—
2006	247	—	—	—	4	—	—	—
2007	539	280	57	—	—	—	—	305
2008	163	193	110	—	—	—	—	524
2009	271	187	161	—	—	—	193	666
2010	334	76	118	10	—	—	—	590
2011	287	83	127	—	—	23	—	43
2012	274	100	131	94	—	—	—	885

1981～2012年乐安县林业支出明细表(三)

续表2－167－2

单位:万元

年度＼金额＼项目	森林防火	退耕还林	飞播补助	其他	合计
1981	—	—	—	2	5
1982	—	—	—	—	8
1983	—	—	—	2	7
1984	—	—	—	3	5
1985	—	—	3	1	12
1986	—	—	—	7	7

续表 2-167-3

年度	森林防火	退耕还林	飞播补助	其他	合计
1987	—	—	4	2	6
1988	—	—	7	1	8
1989	—	—	6	1	8
1990	—	—	6	1	9
1991	—	—	3	—	9
1992	—	—	7	51	63
1993	—	—	7	46	53
1994	—	—	—	41	41
1995	—	—	—	30	30
1996	—	—	—	89	89
1997	—	—	44	31	75
1998	—	—	—	32	33
1999	—	—	—	39	53
2000	—	—	—	45	54
2001	—	—	—	82	89
2002	—	—	—	60	61
2003	—	80	—	3	153
2004	15	86	—	7	201
2005	—	86	—	2	297
2006	2	86	—	2	341
2007	15	—	—	11	1207
2008	106	—	—	1475	2571
2009	73	—	—	614	2165
2010	169	—	—	1648	2945
2011	134	—	—	1609	2306
2012	69	—	—	815	2368

第三节　水利

乐安县水利资源较为丰富,境内的宝塘、谷岗、牛田及湖坪4个水系集雨面积为2214平方公里,约占全县总土地面积91.9%。

新中国成立前,对水利资源没有充分利用。水利工程很少,也极为简陋,无法抵御水旱灾害。

新中国成立后,党和人民政府非常重视水利事业,提出水利是农业的命脉,全国各地大兴水利建设。水利事业费也逐步增加,到2012年全县水利支出达到7502万元,占财政总支出的5.2%。

1956年1月,省财政厅、水利局规定:县小型农田水利工程补助费的使用范围,凡经省核定补助的工程,根据"民办公助"的原则,主要补助材料费和技工工资的一部分或全部,补助部分原则上不超过全部工料费的30%。

1964年2月,省计委、水电厅、农业银行、财政厅联合转发国家计委、农业部、水电部、财政部、中国农业银行颁发的《关于小型农田水利补助费(包括水土保持费)和抗旱经费的使用管理试行规定》,(1)小型农田水利补助费的补助范围:①社队办的农田水利工程,设计库容100万立方米以下的蓄水工程,受益面积在1万亩以下的灌溉工程,设计受益的面积在3万亩以下的除涝、治碱工程,小型防洪护田工程,缺水山区和牧区饮水工程,以及农区机械打井等工程材料费和技工工资的补助;②国家举办的自流、蓄水、机电提水灌区和除涝治碱工程中,属社队修建的渠系,排水沟和建筑物的配套工程所需资金,社队全部负担有困难的,可补助一部分材料费和技工工资;③社队举办的小型农田水利工程所需的劳动力,由受益社队负担,社队因灾减产或经济确实困难的,可适当补助一部分伙食费;④社队购买小型机电排灌设备,自筹价款和安装费不足的可酌情补助;⑤为管好社队经营的机电排灌站,县以下建立专管组织——中心管理站,所需添置的简易修理、供应设备等费用,可以使用小型农田水利补助费;⑥主管部门进行农田水利的试验研究、技术改革、经验交流、宣传奖励等费用的开支,灌区、机电排灌站的技术人员、工人、管理人员及农民水利技术员、司机手的培训费用等开支。(2)水土保持费的使用范围;①社队举办水土保持工程的措施所需的树种、树苗、草籽和必要的工具、材料费,自筹确实有困难的可适当补助;②水土保持用工,由受益社员负担,对于贫困地区和穷社、穷队,可酌情补助一部分伙食费;③经省编委批准的水土保持事业机构的人员经费、设备购置费、业务费。业务费包括:试验研究、宣传奖励、人员培训、聘请临时农民技术员工资补贴和专业会议费用。(3)抗旱经费的使用范围:①在建小型农田水利计划的临时性抗旱水利工程,如疏浚引水渠道,延长小型渠道,架设简易渡槽,整修砖石井以及封江、堵河等的物料补助;②社队为抗旱,检修排灌机械和提水、运水工具及添置简易提水、运水工具的费用,超过负担能力的,可适当补助;③社队在抗旱期间使用排灌机械消耗油料、燃料、电费的数量,超过正常情况过多时,可给予补助;④大面积人工降雨的材料费和飞行费的补助。10月,省财政厅、水利电力厅转发财政部、水利电力部《关于水利事业计划、财务和物资管理暂行办法》规定:水利事业费包括防汛费、岁修养护费、工程管理机构费、水文经费、勘察设计费、科学研究费、中等专业教育费、干部训练费、其他水利事业费等项。

1965年4月,省财政厅、水利电力厅拟定《江西省防汛经费和物资管理规定》,开支范围:(1)防汛抢险、堵口所需的器材费,经上级防汛机构批准储备的竹、木、块石、草袋的购置及车船运输、装卸、保管费,以及防汛占用的房屋、青苗补偿费;(2)防汛机构的公务费,防汛电台和船只租赁费,设置临时报汛站费;(3)其他部门支援防汛的工具和器材修理费、补偿费、租赁费,以及发电照明费。

“文化大革命”期间,水利事业费经历了下降和起伏不定的阶段。

1973年,贯彻“以粮为纲,全面发展”的方针,支援农业放在了首位,农田水利支出增加。

1980年,小型农田补助费和水土保持费从水利事业费中划出单列。其后水利事业费支出内容几经调整。

1990年,水利事业费包括:防汛费、岁修费、水利设施补助费、水文事业费、水土保持事业费、国营排灌站补贴和其他水利气象事业费。

1994年,增加水政管理费。

2000年3月5日,财政部颁发的《关于水利事业费管理办法的通知》,第三章水利事业费支出范围规定:(1)水利事业单位机构经费支出范围:①人员经费:水利事业单位用于在职职工的基本工资、补助工资、其他工资、职工福利费等支出。②业务经费:水利事业单位用于开展正常业务所需的消耗性费用开支和购置的低值易耗品。③公用经费:水利事业单位用于开展正常运转所发生的公务费、修缮费和设备购置费等支出。④社会保障费:没有纳入社会保障统一管理的水利事业单位开支的公费医疗经费、离退休人员费用;按国家规定缴纳的各项社会保险费、职工住房公积金等费用。⑤其他费用:水利事业单位用于其他必要的人员机构开支。(2)水利事业专项经费支出范围:①防汛费:用于汛期防汛抢险后的堵口复堤补助费(特大防汛补助费按有关文件规定执行);a. 防汛和抢险用工器具、专用设备、物料的采购、运输、管护以及防汛仓库维修的费用;b. 防汛抢险期间发生的调用民工补助以及防汛专职人员劳保用品补助;c. 防汛检查、宣传、演习、培训、防汛会议所发生的费用;d. 防汛专用车、船及照明设施的运行、养护、维修、租赁和水情报汛费用;e. 防汛通信设施、设备的运行、养护、维修、租赁费用;f. 防讯通信、水文测报设施(含站房)、预警系统一级防洪工程设施的水毁修复;g. 蓄、滞洪区防汛设备、设施的运行、维护费用;h. 水库、大坝及河道监测费用;i. 防汛决策指挥系统及配套设施的运行、维护费用;j. 防洪预案编制费用等。②岁修费:用于水利部门管理的河道、堤防、泵站和水库、闸坝维修养护的费用。a. 堤防工程的检查、维修、绿化养护以及隐患清除、险点(段)处理、路口硬化所发生的费用;b. 险工、控导、护滩工程、水库大坝整修所发生的人工、材料、机构使用、赔偿费用;c. 防洪用涵闸、泵站以及专用码头的检修、加固费用;d. 防洪工程养护专用工器具、设备的购置、租赁费用;e. 为防洪工程岁修而进行的勘测、设计等的费用.③水文专项经费:用于开展水文测报、水文信息传输、测报车船及设施的运行维护、水文仪器设备购置等的费用。④水资源保护和水质监测器:用于水利系统开展水资源保护、水质监测所需的专用仪器设备、车船运行维护、水质公报、用品材料等的费用。⑤水土保持专项经费:用于水土保持的预防监测、综合治理开发技术的示范推广、宣传培训和监督执法等的费用;⑥水政水资源管理费:用于水政执法监督、管理、宣传培训、水事纠纷协调以及水资源管理、规划、调度等的费用。⑦勘测设计费:用于未纳入国家基本建设计划的公益性水利项目前期规划、勘测、设计费的费用。⑧技术推广费:用于国内外先进水利技术的引进、推广、应用、宣传培训等的费用。⑨其他专项费用:用于以上项目中未包括的长程水道地形观测费、水利设施补助费、乡镇水利员补助费以及其他水利专项业务费用。

防汛抗旱

乐安历来水旱灾害比较频繁。由于降雨相对集中,主要降雨期为每年的4~6月份,枯水季节亦明显,春末夏初暴雨成灾,夏秋冬季干旱常连,有的年份水旱交替出现。通常是洪灾暴发迅猛,旱灾持续期长。

1998年6月、2002年6月两次特大洪灾和2003年下半年特大干旱灾害造成全县经济损失近5亿元。三次特大洪、旱灾害,全县投入劳力46万人次,筹集资金6000多万元,修复水毁工程1600余处,修建蓄水工程86座(处)。

农田水利

2009年12月,省财政厅下发《江西省小型农田水利重点县建设管理办法》。2012年,乐安县列入省第四批小型农田水利重点县,下达中央和省补贴资金1500万元,县配套400万元。

水利技术推广

2002年3月,省财政厅下发《江西省水利科技投入筹集使用管理办法》。

水资源费安排的支出

根据《中华人民共和国水法》及相关规定,县水利局代表县人民政府负责本行政区域内的水资源的统一管理和监督工作。为水资源开发、利用、节约和保护制定切实可行的方案和措施,从1995年开始,按照国务院颁发的《取水许可制度实施办法》要求,对全县小(二)型以上水库、100千瓦以上水电站,城镇供水工程逐座核实取水类别、取水量、用途,并向取水户颁发了取水许可证,同时每年都按照《江西省水资源费征收管理办法》的征费标准向水力发电取水户和城镇供水工程取水户收取水资源费,农业灌溉取水和农村居民生活取水按照国家政策暂不征收水资源费。

2003年,水利支出调整为水利行业管理、防汛岁修抗旱、水文水质水土水资源管理和水利建设4大类18小项。

2007年,水利列支范围包括:行政运行、一般行政管理事务、机关服务、水利行业业务管理、水利工程建设,水利工程运行与维护,水利前期工作,水利执法监督、水土保持、水资源管理与保护、水质监测、水文测报、防汛、抗旱、小型农田水利、水利技术推广和培训、划转大中型水库移民后期扶持资金、水资源费支出、砂石资源费支出、信息管理、水利建设移民支出、其他水利支出等。

2012年,水利列支范围在2007年基础上又增加了水利安全监管、农村人畜饮水两项。

全县水利支出由1952年1万元,到2006年524万元,从2007年起的1308万元到2012年的7502万元。从1952年到2012年60年全县水利支出26898万元。由此可见,新中国成立后,水利支出逐年增加,特别是2007年以后增长速度最快。

1949～1980年乐安县水利支出明细表

表2－168　　单位:万元

年度\金额\项目	小型农田水利	水土保持	防汛和岁修	勘察设计	水文	其他	合计
1949	—	—	—	—	—	—	—
1950	—	—	—	—	—	—	—
1951	—	—	—	—	—	—	—
1952	1	—	—	—	—	—	1
1953	—	—	—	—	—	—	—
1954	1	—	—	—	—	—	1
1955	—	—	—	—	—	—	—
1956	7	—	—	—	—	1	8
1957	—	—	—	—	—	—	8
1958	—	—	—	—	—	—	11
1959	—	—	—	—	—	—	24
1960	—	—	—	—	—	—	1
1961	—	—	—	—	—	—	1
1962	—	—	—	—	—	—	—
1963	—	—	—	—	—	—	27
1964	—	—	—	—	—	—	15
1965	—	—	—	—	—	—	21
1966	—	—	—	—	—	—	23
1967	—	—	—	—	—	—	17
1968	—	—	—	—	—	—	16
1969	—	—	—	—	—	—	21
1970	—	—	—	—	—	—	18
1971	—	—	—	—	—	—	15
1972	—	—	—	—	—	—	9
1973	—	—	—	—	—	—	47
1974	—	—	—	—	—	—	42
1975	—	—	—	—	—	—	62
1976	—	—	—	—	—	—	27
1977	25	—	3	—	1	14	43
1978	36	—	12	—	—	5	53
1979	98	4	3	—	1	11	117
1980	—	—	—	—	—	—	41

1981～2012 年乐安县水利支出明细表(一)

续表 2－168－1　　　　　　　　　　　　　　　　　　　　　　单位:万元

年度＼金额＼项目	行政运行	一般行政管理事务	水利工程建设	水利工程运行与维护	水土保持	水文测报	防汛	抗旱	农田水利	移民扶持	人畜饮水
1981	—	—	—	—	—	—	—	—	28	—	—
1982	—	—	—	—	—	—	—	—	—	—	—
1983	—	—	1	—	—	—	6	—	—	—	—
1984	—	—	—	—	—	—	11	—	—	—	—
1985	—	—	—	—	—	—	1	—	—	—	—
1986	—	—	3	—	—	—	6	—	—	—	—
1987	—	—	—	—	—	—	—	—	—	—	—
1988	—	—	—	—	—	—	6	—	—	—	—
1989	—	—	—	—	3	—	4	—	—	—	—
1990	—	—	—	—	—	—	1	—	—	—	—
1991	—	—	12	—	—	—	—	—	—	—	—
1992	—	—	—	—	—	—	1	—	—	—	—
1993	—	—	—	—	—	—	20	—	—	—	—
1994	—	—	—	—	—	—	11	—	—	—	—
1995	—	—	—	—	—	—	24	—	—	—	—
1996	—	—	—	—	—	—	6	—	—	—	—
1997	—	—	—	—	—	—	1	—	—	—	—
1998	—	—	—	—	—	—	150	—	—	—	—
1999	—	—	—	—	—	—	11	—	—	—	—
2000	—	—	—	—	—	—	13	—	—	—	—
2001	—	—	—	—	—	—	19	—	—	—	—
2002	—	—	—	—	—	—	60	—	—	—	—
2003	42	—	17	—	—	—	10	53	—	—	—
2004	48	—	66	—	—	1	2	17	—	—	—
2005	70	—	141	—	—	1	—	61	—	—	—
2006	146	—	313	—	—	2	12	12	—	—	—
2007	93	10	560	—	—	—	86	149	146	—	—
2008	95	19	517	10	—	2	32	142	1401	149	—
2009	137	—	132	2	—	2	19	28	2029	—	—
2010	177	14	468	2	—	1	95	—	950	—	—
2011	178	100	128	—	—	—	4	200	2547	—	907
2012	136	106	1491	3	—	2	632	—	2218	125	976

1981～2012年乐安县水利支出明细表(二)

续表2-168-2　　单位:万元

年度	水利前期工作	水利执法	水资源费安排的支出	技术推广	岁修	水土保持	勘察设计	其他	合计
1981	—	—	—	—	—	—	—	6	34
1982	—	—	—	—	—	—	—	—	32
1983	—	—	—	—	3	—	—	7	17
1984	—	—	—	—	4	—	—	7	22
1985	—	—	—	—	6	—	3	7	17
1986	—	—	—	—	8	—	—	9	26
1987	—	—	—	—	7	1	4	6	18
1988	—	—	—	—	11	—	—	13	30
1989	—	—	—	—	4	—	—	18	29
1990	—	—	—	—	6	—	—	12	19
1991	—	—	—	—	5	—	—	17	34
1992	—	—	—	—	6	—	—	20	27
1993	—	—	—	—	8	—	—	20	48
1994	—	—	—	—	5	—	—	29	45
1995	—	—	—	—	6	—	—	39	69
1996	—	—	—	—	7	—	—	38	51
1997	—	—	—	—	8	2	—	52	63
1998	—	—	—	—	9	2	—	56	217
1999	—	—	—	—	4	—	—	51	66
2000	—	—	—	—	10	4	—	47	74
2001	—	—	—	—	6	—	—	75	100
2002	—	—	—	—	13	7	—	96	176
2003	—	—	—	65	5	—	—	—	192
2004	—	—	—	62	8	—	—	—	204
2005	—	—	—	48	—	—	—	—	321
2006	—	—	—	39	—	—	—	—	524
2007	—	—	—	72	—	—	—	192	1308
2008	12	—	10	—	—	—	—	425	2814
2009	—	15	—	—	—	—	—	421	2785
2010	—	—	—	—	—	—	—	1925	3632
2011	18	21	60	—	—	—	—	1570	5733
2012	—	—	—	—	—	—	—	1813	7502
合计	—	—	—	—	—	—	—	—	26898

第四节　扶　贫

反映用于农村(包括国有农场、国有林场)扶贫开发等方面的支出。其中包括行政运行、一般行政管理事务、机关服务、农村基础设施建设、生产发展、社会发展、扶贫贷款奖补和贴息、“三西”农业建设专项补助、扶贫事业机构和其他扶贫支出等。

乐安县具体反映的有:行政运行、一般行政管理事务、农村基础设施建设、扶贫贷款奖补和贴息、生产发展、科技推广及培训、社会发展、项目管理、少数民族补助和其他扶贫支出等。

该科目在1987年以前属其他支出类,下设“支援不发达地方发展资金”支出,从1988年至2006年为支援不发达地区支出类,从2007年起属农林水事务类中的扶贫科目。

第二次国内革命战争时期,乐安县有80%以上地区设立了苏维埃政权,是全省老区之一。早在1950年开始,国家便投入了大量的财力、物力扶持老区经济建设。1980年至1985年,上级陆续拨给老区救济资金293.66万元及棉被、粮票、衣、布等,并对老区灾年实行了两次农业税减免。

1985年,经省有关部门核定,招携、金竹、坪溪、谷岗、湖坪、罗陂、万崇、牛田、潭港、航桥十个乡为特困乡,共20360户,其中特困户8512户。

1980年至1987年,由地区老革命根据地建设委员会办公室(以下简称老建办)下达指标,通过建设银行下拨资金并由建设银行进行监督的老建生产发展资金361.1万元。

1980~1987年乐安县老建生产发展资金表

表2-169　　单位:万元

年度	金额	年度	金额	年度	金额
1980	35	1983	51	1986	59.1
1981	40	1984	45	1987	47.5
1982	40	1985	43.5	合计	361.1

2002年2月,经国务院批准:乐安县被列为新阶段扶贫开发工作重点县。

2009年11月,抚州市财政局下发了《抚州市财政扶贫资金县级报账制实施细则》。

2011年12月,财政部下发了《财政专项扶贫资金管理办法》。

2012年,乐安县被列为中央苏区县,同年江西省财政厅发出《省级支持中央苏区和特困片区扶贫攻坚产业化专项资金使用管理办法》。

1988年起,乐安县财政决算报表反映支援不发达地区支出(后称扶贫支出)。逐年增加,由1988年的60万元到2012年4966万元。1988~2012年扶贫支出29458万元。

1988~2012年乐安县扶贫支出明细

表2-170　　单位:万元

项目/金额/年度	行政运行	一般行政管理事务	农村基础设施建设	扶贫贷款奖补和贴息	生产发展资金	科技推广及培训资金	社会发展资金	项目管理费	少数民族补助	其他	合计
1988	—	—	—	—	—	—	—	—	2	58	60
1989	—	—	—	—	—	—	—	—	2	41	43
1990	—	—	—	—	—	—	—	—	—	44	44
1991	—	—	—	—	—	—	—	—	—	51	51
1992	—	—	—	—	—	—	—	—	—	33	33
1993	—	—	—	—	—	—	—	—	—	36	36
1994	—	—	—	—	—	—	—	—	—	36	36
1995	—	—	—	—	—	—	—	—	—	60	60

续表 2－170　　单位：万元

年度＼金额＼项目	行政运行	一般行政管理事务	农村基础设施建设	扶贫贷款奖补和贴息	生产发展资金	科技推广及培训资金	社会发展资金	项目管理费	少数民族补助	其他	合计
1996	—	—	—	—	—	—	—	—	—	37	37
1997	—	—	—	—	—	—	—	—	—	295	295
1998	—	—	—	—	—	—	—	—	—	201	201
1999	—	—	—	—	128	—	—	—	—	184	312
2000	—	—	—	—	107	—	—	—	7	169	283
2001	—	—	226	36	61	7	33	6	2	—	371
2002	—	—	771	—	503	68	—	6	—	28	1376
2003	—	—	799	—	—	94	50	7	28	35	1033
2004	—	—	1688	—	—	—	—	10	33	—	1731
2005	—	—	857	50	—	68	41	12	—	754	1782
2006	—	—	967	57	161	67	288	15	30	723	2308
2007	28	38	240	59	—	—	—	—	—	2069	2434
2008	25	37	316	56	—	—	—	—	—	1740	2174
2009	29	6	720	69	—	—	—	—	—	2721	3545
2010	46	33	664	67	—	—	—	—	—	1917	2727
2011	62	28	380	21	—	—	—	—	—	3029	3520
2012	66	41	988	56	—	—	—	—	—	3815	4966
合计	256	183	8616	471	960	304	412	56	104	18096	29458

第五节　农业综合开发

反映政府用于农业综合开发方面的支出。具体包括：机构运行、土地治理、产业化经营、科技示范和其他农业综合开发支出。在 2003 年以前还包括多种经营和贷款贴息内容。

农业综合开发支出，是从 1995 年起，财政部制定新增支出类科目。乐安县第一、二期（1989～1994）支出是在支援农业生产支出类，农业发展专项资金项中的赣东南农业开发支出科目中反映。其中 1989 年反映支出 74.9 万元，1990 年 134.90 万元，1991 年 187.90 万元，1992 年 54.20 万元，1993 年 197.10 万元，1994 年 129 万元，6 年共反映支出 778 万元。

一、投资情况

农业开发每三年一期，资金由四个部分构成，即中央资金、地方（省、市、县、乡）配套资金、群众自筹资金和银行贷款。乐安县第一期（1989～1991）农业开发共投资 1597.37 万元，其中中央资金、地方配套资金和群众自筹资金、银行贷款各占三分之一；第二期（1992～1994 年）农业开发投资 1256 万元，其中中央资金 473 万元、地方配套资金 344.07 万元、群众自筹资金 123.93 万元、银行贷款 315 万元。因第一期、第二期农业开发项目投资分散，1995 年、1996 年被停止立项，第三期（1997 年）农业开发仅投资 600 万元，其中中央资金、地方配套资金、群众自筹资金、银行贷款各占四分之一。第四期以前农业开发中央资金有一半是有偿的（具体各项目有偿比例不一），上级考虑农业开发有偿资金（中央财政有偿资金和银行贷款）很难如悉收回，也为了减轻地方财政压力，故从第五期开始，中央就大大减少了有偿资金的投入，增加无偿资金的投入，到 2004 年全部为无偿资金。从第七期（2006 年）开始，银行也不再为土地治理项目贷款，而逐渐加大了无偿资金的投入，中央无偿资金占到了总资金的 28% 以上，2012 年中央资金占总投资的 66.70% 。分年度投资情况详见附表。

1989～2012年乐安县农业综合开发投资情况表

表2－171　　　　　　　　　　　　　　　　　　　　　　　　　　单位:万元

期数年度		中央资金	地方配套资金	群众自等资金	银行贷款	总投资	中央资金占总投资%
第一期	1989～1991	533	266	265.19	533.18	1597.37	33.4
第二期	1992～1994	473	344.07	123.93	315	1256	37.70
第三期	1997	150	150	150	150	600	25
第四期	1998～2000	469	462	383	401	1715	27.30
第五期	2001～2003	792.16	452.24	376.24	337.43	2158.07	36.7
第六期	2004～2005	637	319	1044	268	2268	28
第七期	2006～2008	972	535	486	—	1993	48.80
第八期	2009～2011	2312	1059	474	—	3845	60
第九期	2012	1040	416	104	—	1560	66.70
合计		7378.16	4203.31	3406.36	2004.61	16992.44	43.4

二、投资方向

全县农业开发始终坚持以中低产田改造为重点,加强农业基础设施和生态建设,着力建设高标准基本农田,扩大高产稳产、旱涝保收面积,不断提高农业综合生产能力,特别是粮食综合生产能力。同时,在农业优势产区把生态建设与加强优势农产品基地建设结合起来,积极推进农业和农村经济结构战略性调整,提高农业综合效益,把项目区建设成优势农产品和特色农产品生产基地,促进农民增收。

三、资金管理

乐安县农业开发资金,第一期、第二期按照1988年2月江西省财政厅颁发的《江西省农业发展专项资金使用管理的试行办法》和1989年财政部制发的《关于农业发展基金使用管理的试行规定》执行。

1995年12月15日财政部颁布《国家农业综合开发财政有偿资金管理暂行规定》,为了加强农业综合开发财政有偿资金的管理,提高有偿资金的使用效益,逐步建立自我积累,滚动开发机制,按照"控制规模、限定投向、健全制度、加强监督"的原则。同时坚持社会效益与经济效益相结合原则,要坚持"谁受益谁还款"的原则,要坚持回收后继续用于农业综合开发的原则,以及有偿资金的管理坚持统一分级管理的原则。

1999年财政部《关于调整农业综合开发资金若干投入比例的规定》,关于中央财政资金与地方财政资金配套比例。根据地方财力状况,适当提高沿海经济发达地区财政资金配套比例,适当调减西部贫困地区和少数民族地区财政资金配套比例。江西省地方财政资金配套比例为1:0.9。地方财政资金分级配套比例,原则上仍为省本级70%,地、县(市)30%;至于地(市)县分级配套比例由省自定。江西省用于土地治理和多种经营项目比例为70:30。土地治理项目中央财政资金无偿、有偿投入比例为85:15。多种经营项目中央财政资金无偿、有偿投入比例15:85。农业高科技示范项目中央财政资金无偿、有偿投入比例80:20。"秸杆养畜示范""菜蓝子工程""优质农产品示范""名优经济林项目"中央财政资金无偿、有偿投入比例调整为30:70。"良种科技推广""土地垦殖整理"中央政财资金无偿、有偿投入比例为70:30。该规定自2001年起实行。

2001年9月,江西省财政厅又下发了《江西省农业综合开发资金报账办法细则》

2004年4月,财政部下发了《国家农业综合开发县管理暂行办法》。

2005年10月,财政部下发《国家农业综合开发资金和项目管理办法》。2010年11月,修订后重发《农业综合开发资金和项目管理办法》。

乐安县均按上述文件规定严格执行。

乐安县财政决算报表自1995年起反映此项支出,当年支出58万元。并且逐年增加到2012年为1965万元,从1995年至2012年,财政共支出10152万元。主要是土地治理支出,共为8945万元,占总支出的88.1%;其次是产业化经营支出为915万元,占总支出的9%。机构运行支出为2007年以后所反映,2007年以前均在行政经费中反映。

1995～2012年乐安县农业综合开发支出明细表

表2－172　　单位:万元

年度	机构运行	土地治理	产业化经营	科技示范	多种经营	贷款贴息	其他农业综合开发支出	合计
1995	—	58	—	—	—	—	—	58
1996	—	48	—	—	—	—	—	48
1997	—	88	—	—	—	—	—	88
1998	—	194	—	—	71	—	13	278
1999	—	203	—	—	—	—	—	203
2000	—	237	—	—	—	—	—	237
2001	—	211	—	—	—	—	—	211
2002	—	285	—	—	21	—	2	308
2003	—	369	—	5	14	5	—	393
2004	—	296	—	—	—	—	—	296
2005	—	492	35	—	—	—	—	527
2006	—	443	—	—	—	—	—	443
2007	15	481	36	—	—	—	—	532
2008	23	536	36	—	—	—	—	595
2009	32	505	218	—	—	—	—	755
2010	17	1342	149	—	—	—	15	1523
2011	23	1560	109	—	—	—	—	1692
2012	36	1597	332	—	—	—	—	1965
合计	146	8945	915	5	106	5	30	10152

第六节　农村综合改革

反映有关农村综合改革方面的支出。包括:对村级一事一议的补助、实施减轻农业用水负担综合改革补助、国有农场分离办社会职能改革补助、对村民委员会和村党支部的补助、对村集体经济组织的补助、其他农村综合改革支出等。乐安所反映的仅为对村级一事一议的补助、对村民委员会和村党支部的补助和其他农村综合改支出三项。

一、对村级一事一议的补助

反映农村税费改革后对村级公益事业建设一事一议补助支出,此项补助支出仅从2010年开始。

2009年,江西省在广丰等16个县进行农村公益事业建设一事一议财政奖补试点。2010年,中央确定江西省为村级公益事业建设一事一议财政奖补扩大试点省。经省政府批准,江西从2010年起扩大在60个县(市、区)开展试点工作(抚州市有广昌、黎川、金溪、宜黄、乐安、南丰、资溪七县)。

一事一议财政奖补范围是:以村民一事一议筹资筹劳为基础,目前支农资金没有覆盖的村内水渠(灌溉区支渠以下的斗渠、毛渠)、堰塘、桥涵、机电井、小型提灌或排灌站等小型水利设施、村内道路(行政村到自然村或居民点)和文体公共设施、植树造林等村级公益事业建设。林区作业道路建设、生物防火林带建设、村级防火应急和林业有害生物防控设备等林区生产性公益事业列入奖补范围。国有农林场、农垦企业代管的村,实行总分场管理体制改革后的分场公益事业建设参照村级公益事业列入奖补范围。

坚持总额控制、分类指导。省里根据财政部的补助办法,综合考虑各县乡村人口、农村劳动力、筹资筹劳情况等因素,按照各县筹资筹劳限额的40%,匡算确定每个县奖补资金的最高限额,各地在这个限额以下自主确定项目的奖补比例,实行分类指导。原则上一般项目的政府奖补资金控制在10万元以内,重大项目可以有所突破。

2009年,政府补助比例为1/3,中央财政奖补比例1/3。2010年政府补助比例提高到40%,中央财政奖补比例提高到35%。2011年政府补助比例提高到50%,中央财政奖补比例提高到40%左右。地方财政补助部分由省和县共同负担。

试点覆盖面要坚持“普惠制”和“重点制”相结合,在农民自愿的前提下,试点面不能少于50%的行政村。

乐安县2010年7月，印发了《乐安县农村公益事业建设一事一议财政奖补工作实施办法和规范文本》。

2011年10月，江西省根据中央关于扩大试点的有关要求，决定2012年将试点范围内现在的60个县(市、区)扩大到80个(市、区)，抚州市有南城县、临川区在其列。

2012年，乐安县先后制订了村级公益事业建设一事一议财政奖补工作村民监督、公开公示、项目管护、档案管理、监管检查、绩效评估等一系列规章制度。通过村级公益事业建设一事一议财政奖补工作改善了农村生产生活条件，促进了社会主义新农村建设；创新了财政资金使用方式，建立村级公益事业新机制；促进了村民自治，调动了村民参与公益事业的积极性；增强了基层组织建设，改善了党群干群关系。

二、对村民委员会和村党支部的补助

反映各级财政对村民委员会和村党支部的补助支出，以及支持建立县级基本财力保障机制安排的村级组织运转奖补资金。

此项补助是：2002年农村税费改革中改革村提留征收和使用办法后，村干部报酬、五保户供养、办公经费三项经费缺口，在上级财政转移支付中予以补助。

2002年为每个村民委员会补助1.3万元，全县210个村委员共补助273万元。2004年增加附加支出补助303万元。2005年每村增加补助1万元，2007年按上级要求每村补至4.5万元，2011年每村又增加0.6万元，2012年第六轮乡镇财政包干体制增加1.5万元，达到省要求每个村6.6万元标准(全县并村后现有176个村委会)。

全县从2002年至2012年，对村民委员会和村党支部的补助支出为15081万元。其中2002年至2006年在其他支出中列支，2007年至2009年在农业事业费中列支，从2010年起才在农林水事务类的农村综合改革中反映。

2010～2012年乐安县农村综合改革支出明细表

表2－173　　单位：万元

项目 金额 年度	对村级一事一议的补助	对村民委员会和村党支部的补助	其他农村综合改革支出	合计
2010	1369	1783	36	3188
2011	1984	1906	109	3999
2012	2361	1223	7	3591
合计	5714	4912	152	10778

第七节　其他农林水事务支出

一、农机

1958年，乐安县成立“乐安县拖拉机站”，后改称“乐安县农机站”，现为“乐安县农机局”。

2002年以前农机事业费为款级科目，从2003年起，并入农业支出，本部分仅就农机购置补贴作简要志述

2004年，国家对农业机械购置补贴政策出台。

2005年11月，省农机局下发《江西省人民政府支持推广的农业机械产品目录管理办法》

2007年，江西省农业厅、省财政厅发出《关于农机购置补贴工作致农民朋友的一封信》，向全省农民介绍江西省农机购置补贴的有关政策。就“直接补贴、享受补贴机型和数量、差价提机”作出规定：(1)中央和省财政安排的农机购置补贴资金专项用于对农民(农场职工)和直接从事农业生产的农机服务组织购置农业机械进行补贴。(2)机具的补贴比例为购机价格的20%到30%不等。(3)享受补贴机型和数量具体内容为，从今年开始全省享受补贴的机型有动力、耕作、种植、植保和收获机械等。一户农民年度内享受补贴的购机数量原则上不超过一套(4台，即1台主机，3台配套作业机具)；具备一定规模的农机服务组织年度内享受补贴的购机数量原则上不超过两套(8台，即2台主机，6台配套作业机具)。(4)差价提机是指农户凭购机补贴协议按扣除补贴款后的差价由省农机局向社会公布的补贴机具供货点交款提机，差价外的补贴款由省财政直接支付给农机生产企业和农机销售商。

2005～2012 年乐安县农机补贴情况表

表 2－174

类别 年度	补贴资金（万元）	插秧机（台）	手扶（台）	耕整机（台）	微耕机（台）	收割机（台）	大中拖（台）	培土机（台）	挖掘机（台）	大棚
2005	30	—	—	—	—	50	—	—	—	—
2006	48	4	—	—	—	62	—	—	—	—
2007	47	4	120	—	—	44	—	—	—	—
2008	166	2	276	63	—	66	—	—	—	—
2009	494	12	897	755	—	161	—	—	—	—
2010	589	26	1030	1191	—	161	5	—	2	—
2011	661	19	1405	1153	155	85	—	163	1	—
2012	642	15	1098	291	431	148	7	—	3	277

二、烟叶

乐安自 1990 年开始试种烤烟，县委、县人民政府在当年 7 月成立了乐安县烟叶生产领导小组，领导小组下设办公室（简称县烟办），由县农业局、县农委等相关部门抽调懂农业、烟叶生产、肯钻研的技术骨干组成，是乐安县临时设置机构。2001 年列入全省烟叶生产基地县，2003 年进入省十大优质基地县，2005 年成为全省三大产烟县之一，产生了一个全国重点产烟万担乡（镇）——戴坊镇。

在烤烟生产发展过程中，特别是近几年，乐安县各级政府和烟草部门对烤烟发展给予了大力扶持。新建烤房，烟草公司无偿给价值约 300 元/座的设备，县财政补助 400 元/座，县直挂点单位补贴 300 元/座；改造烤房，县财政补助 100 元/座。烟叶产前产后过程中，烟草部门每年都递增补贴，从每亩 120 元至 208 元不等。农民每购买一台烟田起垄机，县烟草公司补贴 2000 元。县财政还按实现的烟叶特产税的 20%～30% 返还村委会用于发展烟叶。

县人民政府每年都从“支援农村合作生产组织”和“扶贫”资金中，安排一定数量的资金用于发展烟叶生产。

三、蚕桑

乐安县的种桑养蚕历史悠久，距今有 1500 多年。近代民国时期尚有少数农民零星种桑养蚕，把蚕茧烘烤后卖给外地商人。

1989 年，由牛田镇农技站站长冯金生组织水南村民杨建平、冯露珍、游美英等 9 人到江西省龙南县学习种桑养蚕技术，引进杂交桑苗试种，种桑面积 36 亩。

1991 年，县委决定成立“乐安县果业蚕桑利用领导小组”，下设果业蚕产办公室。后改为“乐安县蚕桑局”。

1992 年，县委、县人民政府把蚕桑产业列为乐安县“蚕桑工程“，全县投资 150 万元，发展桑园 1500 亩，产鲜茧 2155 担，产值 90.5 万元，亩产茧最高的达 125 公斤。

2012 年发展到桑园 4220 亩，养蚕种 3000 张，产茧 2600 担，产值 494 万元。

县委、县人民政府为发展茧桑产业制定了很多优惠政策：

县财政每年预算安排 100 万元，主要用于奖励乡镇新建桑园、蚕桑生产先进单位和个人。县扶贫移民局 2012 年安排产业扶贫资金 200 万元，主要用于：

（1）桑苗补助（免费向蚕农提供桑苗）；

（2）贷款贴息（贴息 5 厘）；

（3）蚕房补贴（2012 年为每平方米补助 50 元）；

（4）最低保护价（每斤 15 元，此项由企业承担）收购蚕茧。

从 2007 年起，县财政每年安排一定数额的桑技员工资补助，2007 年、2008 年每年 4.5 万元，2009 年到 2011 年每年 7 万元，2012 年 7.5 万元，6 年共 37.50 万元。同时每年还安排 2 万元的奖补经费。2012 年另安排蚕桑发展工作经费 10 万元。全县蚕桑经费在农业支出内反映。同时每年都在“支援农村合作组织”和“扶贫”资金中，安排一定数量的专项资金，发展蚕桑生产。

四、蘑菇

1998 年，乐安县牛田镇从福建莆田引种双孢蘑菇，一举获得成功。当年县委、县人民政府决定成立了领导小组及办公室（设在县科委），在全县大力发展蘑菇生产，到 2012 年全县种植 5 万平方米，产值达 320 万元。

2008 年以前，为扶持蘑菇生产，对蘑菇生产所需木竹免收林业“两金一费”；贷款由政府贴息（5 厘）。并每年在“支援农村合作生产组织”和“扶贫”资金中安排一定数额的专项资金,用于发展蘑菇生产。

2008年以后,只对金竹乡徐庄村推广地栽新技术进行过菌种补助。

第十一章 交通运输

反映政府用于交通运输和邮政业方面的支出。包括公路运输支出、水路运输支出、铁路运输支出、民用航空运输支出和邮政业支出等。乐安县所反映的是公路水路运输、石油价格改革对交通运输的补贴、车辆购置税支出和其他交通运输支出等。

中华人民共和国建立前,乐安交通闭塞,县政府也没有交通管理机构。民国36年(1947),江西省政府颁发了《江西省各县乡道路管理办法》和《江西省各县乡道路养护办法》,省道省管、县道县管、乡道乡管,管理及养护经费由各级统筹办理。

中华人民共和国成立后,县人民政府设立了工交科,负责全县交通运输建设和规划。几经更名后于1984年6月更名为乐安县交通管理局。其经费均在行政经费中列支。

第一节 公路水路运输

中华人民共和国建立前,民国21年(1932),临八公路(临川至吉水八都),有47.2公里线路经过县境。这也是当时乐安境内的唯一一条公路,其余均为山径土路。

乐安县地处抚河与乌江上游,境内虽无大江大河,但溪流纵横网布。县境东、北各水汇集成宝塘(也称公溪水)、谷岗两水系,分别注入抚河;县境南各水汇集成牛田、湖坪两水系,分别注入乌江(下游即永丰之恩江)。

中华人民共和国成立后,乐安人民发扬愚公移山精神,大力修筑公路,大办交通运输。到2012年年底止,村村通水泥路,抚州至乐安为二级公路,高速公路(抚州至吉安)经县境29.37公里。1965年6月,向塘到江边村铁路"向乐线"建成通车。2005年至2012年根据上级"以桥代渡"文件精神,全县实行渡改桥7座,全县仅保留牛田镇峡圳1个渡口。

2006年至2012年全县公路水路运输支出4104万元。

第二节 石油价格改革对交通运输的补贴

由于石油价格的提高,国家为了支持农业、林业、渔业生产的发展,保证城市公共交通和农村道路客运的正常运转,从2006年起每年对县级财政追加石油提价补贴,2006年至2012年,乐安县财政支出石油价格补贴共计2094.91万元。

财政补贴的计算方法:

(一)补贴范围

从事近海捕捞、内陆捕捞及养殖并使用机动渔船和渔业企业、远洋渔业;城市公交企业;农村道路客运经营者、岛际和农村水路客运经营者;城市出租车。种粮农民补贴在年初安排时已充分考虑油价上涨因素,资金已拨付到位。

(二)补贴时间

按照全年12个月确定。

(三)补贴标准

对上述渔业、林业、城市公交、出租车、农村道路客运、农村水路客运等行业石油补贴的基础数据和补贴标准分别由省农业厅、省林业厅、省建设厅、省交通厅提供确定。具体补贴标准是:

2007~2012年乐安县石油价格补贴表

表2-175

年度	城市公交(万元)	补贴标准(每标台)	农村道路(万元)	补贴标准(每座)	出租车(万元)	补贴标准(辆)
2007	0.9	0.0729	3.77	34.45元/座	0.7	0.011
2007	8.2	0.627	29.5	269.55元/座	3	0.155
2009	4.55	0.35	20.65	184.55元/座	13.31	0.0975
2009	11.89	1.1321	18.66	152.2元/座	33.92	0.4845
2009	6.03	0.5747	38.26	312元/座	11.26	0.1609
2010	15.82	2.289元/升	102.22	1.8057元/座	49.6	1.3512元/升
2010	9.77	1.757元/升	59.97	1.366元/座	33.29	1.08元/升
2011	16.46	3.161073元/升	106.27	2.680349元/座	45.62	1.904641元/升
2011	20.17	1.740447元/升	149.77	1.567881元/座	59.9	1.0811215元/升
2012	18.45	3.560051元/升	145.52	3.328309元/座	51.71	2.381269元/升

从2010年开始，城市公共企业、城市出租车和农村道路客运补贴办法均按耗油量进行补贴。

（四）负担比例

对近海捕捞、内陆捕捞及养殖并使用机动渔船和渔业企业、远洋渔业；城市公交企业；中央负担100%；对农村道路客运经营者，远洋渔业企业，岛际和农村水路客运经营者；中央负担50%；对城市出租车，东部地区中央财政负担40%，其他地区中央财政负担55%。

实施油价补贴工作的要求

1. 程序公开透明

补贴政策、补贴对象、补贴标准等应及时、准确向社会公布；补贴资金的发放管理做到程序规范、公开透明；坚持张榜公示制度。

2. 坚持实行行政首长负责制

油价补贴落实工作由各设区市市长、县（市、区）长负总责，各地应成立由当地人民政府领导为组长，同级财政部门牵头、相关部门参加的补贴工作领导小组，负责本地油价补贴工作。

3. 各地应根据国家和省里有关文件精神，认真把握财政政策补贴要领

结合本地实际，尽量减少环节、降低成本、提高效率，确保补贴资金及时足额地发放到补贴对象。

4. 各地对补贴资金要进行专户管理、专账核算，实行专款专用

对于个人补贴资金的兑付，采取以存折的方式发放。

5. 加强油价补贴资金的监管

为确保补贴资金落实到位，各级人民政府和有关部门应根据有关规定，建立健全各项规章制度，加强补贴资金管理。各级行业主管部门应加强基础工作，认真核实本行业车、船数量，营造、管护林面积，木竹生产量等以及用油量测算过程等基础数据，并对所提供数据的真实性、完整性和可靠性负责。各级财政部门要及时下达补贴资金，加强补贴资金的监管力度，防止虚报冒领、截留挪用补贴资金的行为。对违反补贴政策的单位和个人，依法严肃查处，情节严重的，追究行政主管领导和直接责任人的责任。

2006年至2012年，乐安县财政上级拨入石油价格补贴共计2094.91万元。

2006～2012年乐安县成品油价格改革财政补贴资金汇总表

表2－176　　单位：万元

2006年度	2007年度	2008年度	2009年度	2010年度		2011年度		2012年度			合计
赣财建〔2006〕73号 赣财办建〔2006〕76号	赣财办建〔2007〕148号 赣财办建〔2007〕160号	赣财办建〔2008〕5号 抚财建〔2008〕57号	赣财建〔2009〕46号 抚财建〔2009〕22号	赣财建〔2010〕107号 抚财建〔2010〕97号	赣财建〔2010〕424号 抚财建〔2010〕212号	赣财建〔2011〕113号 抚财公路〔2011〕3号	赣财建〔2011〕214号 抚财公路〔2011〕8号	赣财建〔2012〕154号 抚财公路〔2012〕7号	赣财建指〔2012〕100号 抚财公路〔2012〕14号	赣财建指〔2012〕141号 抚财公路〔2012〕19号	
48.48	69.3	184.87	58.7	81.75	171.59	157.8	282.25	394.54	282.25	363.38	2094.91

2007～2012年乐安县石油价格改革对交通运输的补贴表

表2－177　　单位：万元

项目/金额/年度	城市公共企业	农村道路客运	出租车
2007	8.2	29.5	3
2007	0.9	3.77	0.7
2009	4.55	20.65	13.31
2009	11.89	18.66	33.92
2009	6.03	38.26	11.26
2010	9.77	29.97	33.29

续表 2－177

项目 金额 年度	城市公共企业	农村道路客运	出租车
2010	15.82	102.22	49.6
2011	20.17	149.77	59.9
2011	16.46	106.27	45.62
2012	18.45	145.52	51.71

第三节　车辆购置税支出

反映用车辆购置税收入安排的支出。属于中央实行专项转移支付，补助地方的专项资金。根据《中华人民共和国预算法》《交通和车辆税费改革实施方案》及《车辆购置税交通专项资金管理暂行办法》等有关规定，车辆购置税用于一般公路建设项目专项资金是指中央财政车辆购置税收入中专项用于国家重点公路建设项目和重点项目之外的一般公路建设项目资金（以下简称项目资金）。其使用原则和范围是：专项资金使用应符合车购置税交通专项资金管理的基本原则，达到切实改善地方公路交通状况的目的，突出重点、统筹安排、确保实效，适当向中西部地区、老少边穷地区倾斜，并保证专款专用。专项资金的使用范围包括：农村公路改造工程（通畅工程）、通达工程、渡口改造和渡改桥、乡镇客运站、危桥改造、安保工程、干线公路灾害防治工程及财政部、交通运输部批准的其他一般公路建设项目。

江西省对此专项资金的管理及拨付办法是：由省财政和省交通部门联合下达指标，资金由省财政拨给省交通部门再由省交通部门直拨县交通部门，财政凭指标文件列收及进行资金监管。

2005 年，乐安县始有此项支出，并为车辆购置税费支出类级科目。

2007 年以后才在交通运输支出类下设车辆购置税支出项反映。

2005 年至 2012 年全县共支出 9749 万元，是交通运输支出中的大头，占 60% 左右。

1984～2012 年乐安县交通运输支出明细表

表 2－178　　单位：万元

项目 金额 年度	公路水路运输	石油价格改革对交通运输的补贴	车辆购置税支出	其他交通运输支出	合计
1984	—	—	—	3	3
1985	—	—	—	0	0
1986	—	—	—	0	0
1987	—	—	—	1	1
1988	—	—	—	1	1
1989	—	—	—	2	2
1990	—	—	—	3	3
1991	—	—	—	14	14
1992	—	—	—	2	2
1993	—	—	—	6	6
1994	—	—	—	0	0
1995	—	—	—	2	2
1996	—	—	—	3	3
1997	—	—	—	6	6
1998	—	—	—	6	6
1999	—	—	—	10	10
2000	—	—	—	0	0
2001	—	—	—	0	0

续表 2－178

项目 金额 年度	公路水路运输	石油价格改革对交通运输的补贴	车辆购置税支出	其他交通运输支出	合计
2002	—	—	—	120	120
2003	—	—	—	60	60
2004	—	—	—	136	136
2005	—	—	733	377	1110
2006	156	—	1703	323	2182
2007	856	—	1021	—	1877
2008	589	—	886	—	1475
2009	721	38	1711	65	2535
2010	772	121	951	—	1844
2011	539	337	1783	189	2848
2012	471	615	961	—	2047
合计	4104	1111	9749	1329	16293

第十二章　资源勘探电力信息等事务

反映政府对资源勘探电力信息等事务支出。具体包括：资源勘探支出、制造业支出、建筑业支出、电力监管支出、工业和信息产业监管支出、安全生产监管支出、国有资产监管支出、支持中小企业发展和管理支出等。乐安县反映的主要是安全生产监管支出和支持中小企业发展和管理支出。该章仅就上述两方面志述。

第一节　安全生产监管

2004 年 2 月，根据抚州市机构编制委员会《关于设立乐安县安全生产监督管理局的批复》文件精神，乐安县人民政府设立了乐安县安全生产监督管理局。综合管理全县安全生产工作，履行安全生产监督管理职能。

2006 年以前，该项支出列行政经费，2007 年在工业商业金融等事务支出中列支，2009 年为采掘电力信息等事务支出。2010 年以后为资源勘探电力信息等事务支出。

2007 年至 2012 年安全生产监管支出 567 万元。

第二节　支持中小企业发展和管理支出

反映用于中小企业管理及支持中小企业发展方面的支出。

乐安县中小企业管理局于 1978 年 4 月成立，当时称“乐安县社队企业管理局”，后改为“乡镇企业管理局”，2003 年改为“中小企业管理局”。

1979 年 5 月，国家财政部、农业部下达关于支援农村人民公社投资使用管理暂行规定。1979 年 12 月，省财政局、农业局联合下发贯彻支援农村人民公社投资使用管理暂行规定的补充规定。文件规定，国家每年拨给江西支援农村人民公社投资款 2100 万元，其中 50% 用于扶持经济困难的公社、大队发展社队企业，50% 用于扶持穷队发展农业和多种经营，促进增产增收，改变贫穷面貌。根据补充规定精神，省财政局、社队企业局两家商定，在社队企业的 1050 万元中拿出 25% ～30% 左右，留作机动数，用于扶持重点企业、重点项目建设，其余的大部分资金，分配下达到地（市），再由地（市）分配到县（市、区）。县（市、区）使用扶持资金及其项目建设，报地（市）社队企业主管部门和财政部门批准。

1980 年，设社队企业事业费科目。

1984 年，社队企业事业费改为乡镇企业事业费，内容包括技术推广费、干部培训费等。

2003 年到 2006 年，乡镇企业事业费并入农业支出。

2005、2006 年，在其他支出中设中小企业发展资金支出科目，但乐安没有反映支出。

2007 年在工业商业金融等事务中设中小企业事务支出科目。

从 2010 年起，在资源勘探电力信息等事务中设支持中小企业发展和管理支出。

2006 年之前，中小企业管理经费除部分由财政拨款外，其余则由该局收取乡镇企业管理费解决。

按上级有关规定,县乡镇企业局每年按乡镇企业销售收入的1%(后几年为0.7%)收取管理费。管理费缴交比例是:乡、县留成70%,交地市管理部门19%,省管理部门11%(其中1%交省农业部门)。

乐安县从1981年开始收取,到1999年共收取管理费73万元。从2000年起,开始停收。

2007年之后的本科目支出,除少部分是乐安县中小企业管理局和乐安县工业园区管委会的管理经费外,绝大部分是支持工业园区内企业的发展支出。

2007年至2012年,此项支出总额为11844万元,占资源勘探电力信息等事务支出的85.9%。

2007~2012年乐安县资源勘探电力信息等事务支出明细表

表2-179

单位:万元

项目 金额 年度	资源勘探开发和服务支出	安全生产监管	国有资产监管	支持中小企业发展和管理支出	制造业	采掘业	电力监管	其他	合计
2007	—	39	—	1222	14	—	—	—	1275
2008	—	53	—	825	25	—	133	—	1036
2009	—	92	94	1573	281	1	52	68	2161
2010	—	108	—	3012	52	—	—	164	3336
2011	32	159	—	3246	24	—	—	113	3574
2012	28	116	—	1966	—	—	—	300	2410
合计	60	567	94	11844	396	1	185	645	13792

第十三章 商业服务业等事务

反映商业服务业等事务的支出。具体包括:商业流通事务支出、旅游业管理与服务支出、涉外发展服务支出等。

第一节 商业流通事务

反映各级供销社的行政事业支出及商业物资和供销社专项补贴支出。

乐安县商业、供销、物资主管部门的经费,在1986年之前,除商业部门在"工交商事业费"中安排过少量的事业费外,其余都是在所属企业利润留成中开支,财政没有拨款。1986年财政才对商业部门有商业部门事业费拨款。

1989年,随着改革开放的深入,个体私营业的兴起,国有商业企业利润不断减少,个别企业出现亏损,商业列入财政预算的企业开始执行上缴利润包干制度,即每个企业每年定额上缴多少财政任务,此项规定到2000年随着商业企业的全面亏损,关停而结束。

1994年,乐安县商业企业执行江西省《关于全省国有小型商业企业实行"国有民营"改革试点的意见》的通知。"国有民营"是指财产属于国家所有的全民所有制企业,为转换经营机制,将企业固定资金授予集体或个人经营的一种两权分离的新的改革模式,到2003年国有民营方式因改制而结束。

根据国务院统一部署,从2009年2月1日起,家电下乡工作从12个省(区、市)全面推广到全国,在补贴彩电、冰箱(含冰柜)、洗衣机、手机的基础上,将摩托车、电脑、热水器、空调纳入家电下乡补贴范围,由各地根据需要自主从中选择两个品种。

2009年2月19日,国务院总理温家宝主持召开国务院常务会议,决定进一步加大家电下乡政策实施力度。进一步扩大家电下乡补贴品种,将微波炉、电磁炉两类产品纳入补贴范围,并将每类产品每户只能购买一台的限制放宽到两台。

家电下乡补贴资金,是中央财政和省级财政安排的,对农民购买家电下乡产品给予产品销售价格13%补贴的资金。家电下乡补贴资金由中央财政和省级财政共同负担。其中,中央财政负担80%,省级财政负担20%。

家电下乡是应对当时国际金融危机、惠农强农、带动工业生产,促进消费拉动内需的一项重要举措。到2013年1月31日结束,家电下乡实施4年来,乐安县销售家电下乡产品75958台,销售金额18942.4万元,发放家电下乡补贴2327.1万元。

从2009年启动的家电以旧换新、汽车以旧换新和汽车下乡,均已经在2010年底、2011年底陆续到期。至此,在世界金融危机大暴发之际我国密集推出的系列补贴消费均已画上句号。

1986年至2012年,全县商业流通事务支出

4219万元。

第二节　旅游业管理与服务支出

乐安县地域辽阔，历史悠久，红色、绿色、古色旅游资源十分丰富，自然景观遍布境内，名胜古迹驰名中外。千古第一村——流坑，1997年被批准为省级文物保护单位，2001年被列入国家重点文物保护单位。“流坑文化”美名扬，给乐安县旅游业带来了良好契机。县政府相继成立了乐安县旅游局和流坑管理局。旅游业管理与服务支出也从这年开始有了经费支出。从2001年至2012年（除2007、2008年不在本科目中反映外）全县旅游业管理与服务支出共409万元。

1986～2012年乐安县商业服务业等事务支出明细表

表2－180　　单位：万元

年度＼金额＼项目	商业流通事务	旅游业管理与服务支出	涉外发展服务支出	其他	合计
1986	8	—	—	—	8
1987	7	—	—	—	7
1988	10	—	—	—	10
1989	11	—	—	—	11
1990	12	—	—	—	12
1991	7	—	—	—	7
1992	8	—	—	—	8
1993	8	—	—	—	8
1994	4	—	—	—	4
1995	4	—	—	—	4
1996	5	—	—	—	5
1997	6	—	—	—	6
1998	5	—	—	—	5
1999	15	—	—	—	15
2000	17	—	—	—	17
2001	17	18	—	—	35
2002	19	13	—	—	32
2003	18	9	—	—	27
2004	30	19	—	—	49
2005	20	21	—	—	41
2006	104	26	—	4	134
2007	72	28	—	—	100
2008	114	26	—	—	140
2009	438	38	—	—	476
2010	1304	21	—	—	1325
2011	961	84	—	39	1084
2012	1271	106	6	—	1383
合计	4495	409	6	43	4953

第十四章　金融监管等事务支出

反映金融保险业监管等事务方面的支出。本科目是2007年以后才设立的科目。本县具体反映的内容是：信用社营业税补助、人民银行国库集中支付费用、金融机构涉农贷款增量奖励和其他金融监管支出等。

2004年，江西省财政厅赣财建〔2004〕3号文，从2004年1月1日起对农村信用社征收的营业税由财政按月等额进行补助。

2009年,江西省财政厅转发《中央财政新型农村金融机构定向费用补贴资金管理暂行办法》的通知,暂行办法规定:新型农村金融机构定向费用补贴,是指财政部对符合规定条件的新型农村金融机构,按上年贷款平均余额给予一定比例的财政补贴。定向费用补贴工作遵循政府扶持、商业运作、风险可控、管理到位的基本原则。财政部对上年贷款平均余额同比增长,且达到银监会监管指标要求的贷款公司和农村资金互助社,上年贷款平均余额同比增长、上年末存贷比高于50%且达到银监会监管指标要求的村镇银行,按其上年贷款平均余额的2%给予补贴。补贴资金由中央财政承担。补贴资金作为农村金融机构当年收入核算。

财政部根据全国农村金融机构当年贷款平均余额预测和规定的补贴标准,安排专项补贴资金,列入下一年度中央财政预算,财政部每年向省级财政部门拨付补贴资金,各级财政部门应当按规定转拨,由县级财政部门向农村金融机构据实拨付。

为了贯彻落实中共十七届三中全会决定中有关"定向实行税收优惠、费用补贴等政策"的精神,引导和激励金融机构加大涉农贷款投放力度,财政部于2008年开始县域金融机构涉农贷款增量奖励试点。对试点地区涉农贷款年度平均余额同比增幅高于15%,且年末不良贷款率同比没有上升的县域金融机构,财政部门按涉农贷款年度平均余额同比增长超过15%的部分给予2%的奖励,奖励资金由中央和地方财政分担,东、中、西部地区的中央和地方财政分担比例分别为3:7、5:5、7:3。

2008年试点范围包括黑龙江、河南、湖南、云南、新疆等5省(区),同时为了支持广西田东县探索农村金融发展,允许其参照执行试点政策。2009年,为了进一步发挥政策效果和更好地总结试点经验,财政部将内蒙古、江苏、安徽(区)纳入试点。

2010年中央1号文件明确要求,要落实和完善涉农税收优惠、定向费用补贴、增量奖励等政策,加大对农村金融发展的支持力度。财政部在完善政策的基础上加快扩大试点范围。增加河北、辽宁、吉林、江西、山东、湖北、广西、四川、陕西、甘肃等10省(区)加入试点,其中包括7个粮食主产省和3个西部省(区)。加上之前已经试点的8省(区),目前参加的18省(区)中包括了全国全部13个粮食主产省和5个西部省(区),体现了中央财政对产粮大省和西部地区农村金融发展的重视和倾斜。

2012年12月,江西省财政厅印发《江西省县域金融机构涉农贷款增量奖励资金管理暂行办法》的通知。

县域金融机构涉农贷款增量奖励试点,是财政引导金融促进县域发展的重要举措。为加强和规范县域金融机构涉农贷款增量奖励资金(以下简称奖励资金)管理,建立和完善财政促进金融支农长效机制,根据财政部《财政县域金融机构涉农贷款增量奖励资金管理办法》和《财政部关于进一步扩大县域金融机构涉农贷款增量奖励试点范围的通知》等文件规定,而制定本办法。奖励条件和比例是:(1)财政部门对县域金融机构当年涉农贷款平均余额同比增长超过15%的部分,按2%的比例给予奖励。对年末不良贷款率高于3%且同比上升的县域金融机构,不予奖励。(2)奖励资金由中央财政、省和县财政分担,分担比例为中央财政1%、省财政0.5%、县财政0.5%。(3)资金于下一年度拨付,纳入县域金融机构收入核算。

奖励资金的预算管理:(1)财政部门根据县域金融机构当年贷款平均余额增量预测,奖励标准和本级负担比例,测算安排专项资金,列入下一年度同级财政预算。(2)省财政厅每年向县(市)财政部门拨付中央和省级奖励资金,由县(市)财政部门将中央、省级和本级应承担的奖励资金向县域金融机构据实拨付。(3)财政部门根据国家关于财政资金管理的规定,做好奖励资金的决算。

2007年至2012年,乐安县金融监管等事务支出658万元。其中农村信用社营业税补助356万元;金融机构涉农贷款增量奖励201万元;人民银行国库集中支付费用49万元;其他52万元。分年度数字详见附表。

2007~2012年乐安县金融监管等事务支出明细表

表2-181　　单位:万元

项目/金额/年度	信用社营业税补助	人民银行国库集中支付费用	金融机构涉农贷款增量奖励	其他金融监管支出	合计
2007	87	5	—	—	92
2008	104	6	—	52	162
2009	127	7	—	—	134

续表 2－181

项目 金额 年度	信用社营业税补助	人民银行国库集中支付费用	金融机构涉农贷款增量奖励	其他金融监管支出	合计
2010	38	—	42	—	80
2011	—	19	36	—	55
2012	—	12	123	—	135
合计	356	49	201	52	658

第十五章　国土资源气象等事务

反映政府用于国土资源、海洋、测绘、地震、气象等公益服务事业方面的支出。乐安所反映的是国土资源、气象等公益服务事业方面的支出。

第一节　国土资源

乐安县从 1987 年起财政决算报表反映国土资源管理方面的支出。其支出从 1987 年到 2006 年列农林水事务支出内。2007 年至 2009 年在一般公共服务中反映。从 2010 年起，国土资源气象等事务单列。

民国时期，乐安县政府设立地政科。

民国 37 年（1948），乐安县地政事业经费预算 2210 元。

中华人民共和国成立后，土地管理均为农业局内设机构。

1987 年起，乐安县始有土地管理事业费支出，之后改称国土资源事务支出。

1987 年至 2012 年，全县国土资源事务支出 4093 万元。

第二节　气　象

乐安县 20 世纪 50 年代就设有气象站，但气象事业费有时属县财政预算，有时又属省直管，县财政也拨付部分为当地政府农业服务方面的必要经费。因此，本志列表中有部分年份没有气象事业费支出。

1956 年，县财政拨付经费仅 2000 来元，之后两年又未反映支出，因此统计时未统入。

从 1959 年至 1961 年，1970 年至 1980 年，1994 年至 2012 年（2003 年无数字）共 32 年，县财政列支气象事务支出 182 万元。

1959～2012 年乐安县国土资源气象等事务支出明细表

表 2－182　　单位：万元

项目 金额 年度	国土资源事务	地震事务	气象事务	合计
1959	—	—	1	1
1960	—	—	1	1
1961	—	—	1	1
1962	—	—	—	—
1963	—	—	—	—
1964	—	—	—	—
1965	—	—	—	—
1966	—	—	—	—
1967	—	—	—	—
1968	—	—	—	—
1969	—	—	—	—
1970	—	—	1	1
1971	—	—	2	2

续表 2－182

项目 金额 年度	国土资源事务	地震事务	气象事务	合计
1972	—	—	2	2
1973	—	—	2	2
1974	—	—	2	2
1975	—	—	2	2
1976	—	—	4	4
1977	—	—	3	3
1978	—	—	3	3
1979	—	—	3	3
1980	—	—	3	3
1981	—	—	—	—
1982	—	—	—	—
1983	—	—	—	—
1984	—	—	—	—
1985	—	—	—	—
1986	—	—	—	—
1987	3	—	—	3
1988	3	—	—	3
1989	4	—	—	4
1990	7	—	—	7
1991	5	—	—	5
1992	5	—	—	5
1993	9	—	—	9
1994	5	—	4	9
1995	7	—	4	11
1996	8	—	3	11
1997	9	—	5	14
1998	10	—	5	15
1999	15	—	1	16
2000	15	—	5	20
2001	14	—	4	18
2002	12	—	5	17
2003	5	—	—	5
2004	22	—	9	31
2005	24	—	11	35
2006	105	—	9	114
2007	250	—	21	271
2008	473	—	14	487
2009	1318	—	6	1324
2010	624	—	19	643
2011	600	7	16	623
2012	541	2	11	554
合计	4093	9	182	4284

第十六章 住房保障支出

反映政府用于住房方面的支出。

城镇住房制度改革,是经济体制改革的重要组成部分。

1988年2月,国务院颁发了《关于在全国城镇分期分批推行住房制度改革的实施方案》,提出要从1988年起,用三、五年时间,把住房制度改革在全国城镇分期分批推开。通过住房制度改革,按照社会主义的商品经济要求,实现住房商品化。

1991年12月,抚州地区住房制度改革领导小组批复了《乐安县住房制度改革试行方案》。

1992年1月,乐安县人民政府发出了《关于乐安县住房制度改革试行方案及配套政策转入正式实施的通知》。要求鳌溪镇及驻该镇各单位从1992年1月1日起正式实施。

1994年之后,国务院为深化住房制度改革,解决中低收入家庭住房困难问题,而先后出台了一系列有关经济适用房、廉租房、城市棚户区改造、垦区危房改造等住房保障方面的政策。

乐安县财政总决算报表从2010年起反映此项支出3481万元,2011年6158万元,2012年3893万元,3年共支出13532万元。

第一节 保障性安居工程支出

乐安县该节反映的支出有廉租住房支出、棚户区改造支出、农村危房改造支出、公共租赁住房支出和其他保障性安居工程支出等。

1994年,国务院《关于深化城镇住房制度改革的决定》,把经济适用住房建设问题作为城镇住房制度改革的基本内容之一,初次提出建立以中低收入家庭为对象,具有社会保障性质的经济适用住房供应体系和以高收入家庭为对象的商品房供应体系。

1998年,国务院《关于进一步深化城镇住房制度改革加快住房建设的通知》,提出了重点发展经济适用住房,建立和完善以经济适用住房为主的住房供应体系,加快解决城镇住房困难居民的住房问题。

2003年,国务院《关于促进房地产市场持续健康发展的通知》,进一步明确了经济适用住房是具有保障性质的政策性商品住房,并提出了完善住房供应政策,加强经济适用住房的建设和管理。

2005年,国务院办公厅《转发建设部等部门关于做好稳定住房价格工作意见的通知》,强调了加强经济适用住房建设。

2006年,国务院办公厅《转发建设部等部门关于调整住房供应结构稳定住房价格工作意见的通知》,再次强调了规范发展经济适用住房。

为贯彻落实国务院有关通知精神,加快经济适用住房建设,建设部会同有关部委先后下发了《关于进一步规范经济适用住房建设和销售行为的通知》、《关于印发经济适用住房价格管理办法的通知》、《关于印发〈经济适用住房管理办法〉的通知》、《关于落实新建住房结构比例要求的意见》等一系列文件,对经济适用住房建设作出了明确规定。

2006年12月,江西省人民政府颁发《关于积极推进经济适用住房建设和完善廉租住房制度的若干意见》。意见规定:

从2007年起,设区市人民政府要根据当地经济社会发展水平、居民住房状况和实际需求,按照城市总体规划和土地利用总体规划,对当年房地产开发指标实行严格的总量控制,保持房地产市场供需基本平衡,保护消费者和投资者的利益,促进房地产业健康、规范、有序发展。设区市人民政府应当将本地区每年的商品住房开发总量于上年底报省人民政府核准。

经济适用住房是由政府提供政策优惠,限定建设标准、销售价格,面向中低收入的住房困难家庭出售,具有保障性质的政策性住房。设区市人民政府应当在当地年度商品住房开发指标总量中,按不低于20%的比例建造经济适用住房(不包括拆迁还建房)。建造的经济适用住房可部分用于廉租住房。

经济适用住房建设可由政府直接组织,也可以按照政府组织、企业市场运作的原则,实行项目法人招投标。参与投标的房地产开发企业必须具有二级以上资质、充足的资本金、良好的开发业绩和社会信誉。经济适用住房建设和经营中的行政事业性收费、相关税收实行依法减免。金融机构对经济适用住房建设应当给予大力支持。

建设经济适用住房要做到标准适度、功能齐全、质量优良、经济适用、环境优美、便利节能。设区市人民政府要严格控制经济适用住房面积标准,以每套建筑面积80平方米左右为主,最高不得超过90平方米。

合理确定经济适用住房价格标准。

经济适用住房的最高限价应以当地中低收入家庭通过8~10年的努力,基本具有买得起80平方米左右住房的能力为标准来计算。

继续完善廉租住房制度。

廉租住房制度是政府采取住房租赁补贴、实物配租和租金减免等方式,向符合城镇居民最低生活保障标准且住房困难的家庭提供社会保障性质的住房制度。各级人民政府要逐步扩大廉租住房制度覆盖面，有计划、分步骤解决最低收入家庭住房困难。城镇最低收入家庭廉租住房保障方式要以发放租赁住房补贴为主，实物配租、租金核减为辅。

2012年城镇保障性安居工程目标任务完成情况：

2012年，国家下达乐安县城镇保障性安居工程开工任务0.0199万套，竣工任务0.0488万套，上报完成城镇保障性安居工程开工任务0.0379万套，上报完成城镇保障性安居工程竣工任务0.0518万套，上报基本建成套数0.0522万套，上报完成城镇保障性安居租赁补贴任务0.0953万套；经审计核实，实际完成开工任务0.0379万套，竣工任务0.0274万套，实际完成套数0.0542万套，租赁补贴0.0953万户。

2012年实际完成面积3.8275万平方米，其中：经济适用住房0.3305万平方米，廉租住房1.320万平方米，城市棚户区（危旧房）改造1.827万平方米，国有垦区危房改造0.35万平方米。

2012年乐安县城镇保障性安居工程资金筹集使用情况：

2012年，乐安县各级政府共筹集保障性安居工程资金2756.14万元，其中：中央财政预算安排资金1172.17万元，省级财政预算安排资金180万元，市县财政预算安排资金129万元，土地出让收益安排资金1256.82万元，其他渠道筹集资金18.15万元。当年支出1831.82万元，其中：廉租住房建房支出804.97万元，廉租住房租赁补贴支出227.28万元，公共租赁住房支出482.01万元，棚户区改造支出245.52万元，其他支出72.04万元。年末累计结存4770.67万元。此外，保障性安居工程建设通过银行贷款融资90万元。至2012年年底，融资需归还本息余额为95.33万元。

2008～2012年中央、省专项指标和县级资金安排情况

表2－183 单位：万元

项目 / 金额 / 年度	经适房	廉租房	公租房	城市棚区	合计
2008年县安排	—	—	—	—	—
出让金拨付	80	—	—	—	80
省指标	—	—	—	—	—
中央指标	—	—	—	—	—
小计	80	—	—	—	80
2009年县安排	8	—	—	—	8
出让金拨付	—	—	—	—	—
省指标	—	262	—	—	262
中央指标	—	524	—	—	524
小计	8	786	—	—	794
2010年县安排	—	—	—	—	—
出让金拨付	—	50	—	—	50
省指标	—	510	—	48	558
中央指标	—	1464	—	57	1521
小计	—	2024	—	105	2129
2011年县安排	—	—	—	—	—
出让金拨付	—	—	—	—	—
省指标	—	93	—	—	93
中央指标	—	885	—	181	1066
小计	—	978	—	181	1159
2012年县安排	—	129	—	—	129
出让金拨付	—	100	—	—	100
省指标	—	120	60	—	180
中央指标	—	838.2	189	—	1027.2
小计	—	1187.2	249	—	1436.2
合计	—	—	—	—	5598.20

第二节　住房改革支出

反映行政事业单位用财政拨款资金和其他资金等安排的住房改革支出。乐安反映的是住房公积金，指行政事业单位按人事部和财政部规定的基本工资和津贴补贴以及规定比例为职工缴纳的住房公积金。

1996 年 12 月，《乐安县深化城镇住房制度改革实施方案》经江西省住房制度改革领导小组和抚州地区住房制度改革工作管理委员会审批通过，乐安县人民政府决定从 1997 年 1 月 1 日起施行。《乐安县深化城镇住房制度改革实施方案》的配套政策就有《乐安县住房公积金管理办法》（以下简称办法）。办法规定：实行公积金制度的单位由在职职工个人及其所在工作单位，按职工个人工资的一定比例逐月缴纳，为职工个人所有。实施范围为房改实施范围内的行政、事业和外商投资企业单位及其在职职工（含中央、省、地属驻县单位）均按照“个人存储、单位资助、统一管理、专项使用”的原则，建立住房公积金制度。离退休干部职工及外商投资企业中的外籍职工均不实行公积金办法。1996 年度住房公积金缴交率，职工个人和所在工作单位均为 5%。外商投资企业中的中方职工个人和所在企业均为 7%。以后随着经济发展和个人收入的提高适时进行调整，每年公布一次。

职工个人应缴纳的住房公积金由所在单位在每月发放工资时代为扣收，缴入县住房公积金管理中心，并与单位应缴纳的住房公积金一并记入职工个人公积金账户，为职工个人所有。公积金作为职工购建住房的调剂资金，只能用于职工支付家庭购买自住住房、自建自住住房、私房翻建和大修理等费用以及以政策性抵押贷款的形式贷给有购建房条件的单位、职工个人新建或购买住房。

职工离退休及调出本县，其积累的公积金本息一次性结清，退还给职工个人。

2007 年 2 月，江西省建设厅下发《关于住房公积金政策向中低收入家庭倾斜的指导意见》。提出努力扩大住房公积金覆盖面，做到应建尽建，应缴尽缴。要在非公有制经济组织、有条件的进城务工人员、城镇个体工商户、自由职业者等群体积极推行住房公积金制度，使更多群众享受住房公积金优惠政策。各级财政部门要确保财政补助行政事业单位依法为职工建立住房公积金制度，对于历年因财政困难拖欠的住房公积金，要求采取措施逐年予以补齐，并逐年提高住房公积金最低缴存标准。

随着经济的发展和个人收入的提高，乐安县对行政事业单位的住房公积金缴存比例由 1997 年的 5%，2010 年提高到 7%，2012 年提高到 9%。

2010～2012 年乐安县住房保障支出明细表

表 2－184　　单位：万元

项目 / 金额 / 度年	2010	2011	2012	合计
住房保障支出	3481	6158	3893	13532
一、保障性安居工程支出	3025	5439	3235	11699
1. 廉租住房	2334	2105	817	5256
2. 棚户区改造	48	2368	118	2534
3. 农村危房改造	625	966	1589	3180
4. 公共租赁住房	—	—	249	249
5. 其他保障性安居工程支出	18	—	462	480
二、住房改革支出	456	719	658	1833
住房公积金	456	719	658	1833

第十七章　粮油物资储备事务

反映用于粮油物资储备管理事务方面的支出。

乐安县反映的主要是粮油物资管理事务支出，从 1998 年至 2012 年共支出 1765 万元。

第一节　粮油事务

反映粮油事务方面的支出。乐安县在 1997 年以前，财政对粮食部门没有经费拨款。从 1998 年以后才将县粮食局机关人员按地区核定编制人数拨付经费。1998年到2006年均列流通部门事业费支出类,2007年、2008年列工业商业金融等事务类,2009、2010年列粮油物资储备管理事务支出类,2011年又将粮油物资、储备与管理事务分开,2012年列粮油物资储备事务。本节反映的粮油事务支出不包括粮食风险基金。粮食风险基金在政策性补贴章节中反映。但在2008~2011年中包括储备粮库建设支出(2008年32万元、2009年38万元、2010年61万元、2011年38万元,合计169万元),储备粮油利息费用补贴121万元(其中:2008年28万元、2009年22万元、2010年71万元)。附表所反映的其余支出均为行政运行及其他粮油事务支出。

第二节 物资事务

本节反映乐安县物资管理部门的经费支出。乐安县物资局在2004年以前都是靠收取下属公司缴纳的企业管理费而维持机关开支。特别是在计划经济时期,物资部门统一向县财政上缴利润。企业改制后,局机关经费只能由财政拨款解决。

2004年至2012年物资事务支出共137万元。

1998~2012年乐安县粮油物资储备事务支出明细表

表2-185

单位:万元

项目 / 金额 / 项目	粮油事务	物资事务	其他	合计
1998	11	—	—	11
1999	18	—	—	18
2000	21	—	—	21
2001	34	—	—	34
2002	30	—	—	30
2003	31	—	—	31
2004	34	3	—	37
2005	36	4	—	40
2006	38	8	—	46
2007	54	8	—	62
2008	146	17	—	163
2009	398	65	—	463
2010	451	9	—	460
2011	235	12	—	247
2012	91	11	—	102
合计	1628	137	—	1765

第十八章 国债还本付息支出

乐安县反映的是国内债务付息和财政部代理发行地方政府债券付息两方面,主要是国内债务付息支出。

国债专项资金,是指1998年以来,中央政府为了扩大内需、拉动经济增长,通过增发国债专项用于加大基础设施建设等方面投入的资金。国债专项资金分为两类:一类列入中央预算支出,用于中央建设和补助地方项目建设;一类转贷给地方政府和中央部门,用于地方和中央部门项目建设,由地方政府和中央部门还本付息,不列入中央预算,也不作财政赤字处理。也就是说,国债专项资金一类是无偿的,一类是有偿的。有偿的国债转贷资金一般还款期比较长,利率也比较低。2004年全县共争取国债项目12个,争取补助资金1050.3万元,2005年全县共争取国债项目7个,争取补助资金791万元,2006年争取国债项目24个,争取补助资金727.44万元,2007年争取国债项目9个,争取补助资金763.4万元,2008年争取国债项目34个,争取补助资金1389.72万元,2009年争取国债项目39个,争取补助资金3931.91万元。2010年以后,全部列入中央预算,从2004年到2009年共争取国债补助资金8653.77万元。

2002年11月26日乐安县人民政府办公室关于印发《国债资金等管理办法》的通知。

国债专项资金拨款按现行基本建设预算内资金

的拨付程序拨付，转贷地方的国债资金，按财政部《国债转贷地方政府管理办法》的规定拨付。

从2009年起，反映国债还本付息支出，到2012年止共支出878万元，其中2009年2万元，2010年78万元，2011年102万元，2012年696万元。

第十九章　基本建设及简易建筑费支出

基本建设支出和简易建筑费支出都是1968年和1979年至2006年所列的预算科目，2007年之后均已取消。乐安县分别从1969年和1979年财政决算报表反映支出。1969年到2006年共反映支出9218万元。其中基本建设支出9083万元，占98.5%，简易建筑费支出135万元占1.5%。

1969～2006年乐安县基本建设及简易建筑费支出表

表2－186　　单位：万元

项目／金额／年度	基本建设	其中			简易建筑费	其中				合计
		生产性	非生产性	其他		商业	外贸	粮食	其他	
1969	133	119	—	14	—	—	—	—	—	133
1970	314	314	—	—	—	—	—	—	—	314
1971	162	145.65	1.8	14.55	—	—	—	—	—	162
1972	—	—	—	—	—	—	—	—	—	—
1973	—	—	—	—	—	—	—	—	—	—
1974	3	—	3	—	—	—	—	—	—	3
1975	—	—	—	—	—	—	—	—	—	—
1976	—	—	—	—	—	—	—	—	—	—
1977	—	—	—	—	—	—	—	—	—	—
1978	6	—	—	6	—	—	—	—	—	6
1979	7	—	4	3	2	—	—	—	2	9
1980	11	10	1	—	—	—	—	—	—	11
1981	—	—	—	—	—	—	—	—	—	—
1982	—	—	—	—	—	—	—	—	—	—
1983	—	—	—	—	—	—	—	—	—	—
1984	—	—	—	—	—	—	—	—	—	—
1985	—	—	—	—	—	—	—	—	—	—
1986	—	—	—	—	—	—	—	—	—	—
1987	—	—	—	—	—	—	—	—	—	—
1988	—	—	—	—	—	—	—	—	—	—
1989	—	—	—	—	11	—	—	—	11	11
1990	—	—	—	—	8	—	—	8	—	8
1991	—	—	—	—	—	—	—	—	—	—
1992	—	—	—	—	—	—	—	—	—	—
1993	—	—	—	—	—	—	—	—	—	—
1994	—	—	—	—	5	—	—	5	—	5
1995	47	10	37	—	—	—	—	—	—	47
1996	13	1	12	—	10	1	—	9	—	23
1997	44	40	—	4	15	3	3	9	—	59
1998	206	50	31	125	11	1	—	10	—	217
1999	69	35	34	—	15	—	—	15	—	84

续表 2－186

项目 金额 年度	基本建设	其中			简易建筑费	其中				合计
		生产性	非生产性	其他		商业	外贸	粮食	其他	
2000	468	7	—	461	10	—	—	10	—	478
2001	314	257	57	—	10	—	—	10	—	324
2002	910	565	345	—	—	—	—	—	—	910
2003	1711	1279	382	50	12	—	—	12	—	1723
2004	1522	1005	517	—	16	—	—	16	—	1538
2005	1176	821	340	15	—	—	—	—	—	1176
2006	1967	1156	499	312	10	—	—	10	—	1977
合计	9083	5814.65	2263.8	1004.55	135	5	3	114	13	9218

第一节 基本建设支出

基本建设支出是以新增、扩大生产能力和社会服务设施为主要目的的生产性、经营性固定资产再生产和行政、事业单位增添非经营性固定资产。生产性、经营性基本建设主要用于国营企业的厂房建筑物工程费用、机器设备、大型生产工具、交通工具的购置和安装费用、国营商业服务设施的建设，农业和水利的基础设施建设等；非经营性基本建设主要用于教育、卫生、文化、公检法和行政机关的建筑物兴建和设施改善。它包括新建、扩建、改建、恢复工程等方面的支出。

政府预算科目的财政决算报表从1968年起单独设立基本建设支出，1969年改为基本建设投资，1971年又改为基本建设拨款，以后又多次反复修改科目名称，至2006年仍称为基本建设支出。它包括按规定属于基本建设范围的基建有偿使用支出、基建拨款支出、国家资本金、基建贷款贴息支出和专项建设支出等，2007年取消该科目。

民国时期的基本建设资金包括在经济建设支出、建设费、建设基金支出、营业投资及基金支出中。支出数并未单独反映，有关数据在支出总额中。

基本建设资金亦同样包括在经济建设支出类和社会文教支出类以及行政管理支出类的经费拨款之中。

乐安县1952至1956年各类经费拨款中的基本建设资金为342639元。分年度，分项目具体数详见附表。1957年至1968年，因资料缺失，无法统计。

1968年开始设立基本建设支出科目，乐安县当年没有此项支出。从1969年至2006年乐安县基本建设支出共9083万元。

1952～1956年乐安县基本建设支出明细表

表 2－187　　单位：元

项目 金额 年度	生产经营性					非经营性					合计
	农业	林业	水利	气象	小计	文化馆	卫生	行政	市政	小计	
1952	5993	700	10966	—	17659	—	—	—	—	—	17659
1953	18977	—	—	—	18977	—	14800	24	254	15078	34055
1954	70000	—	60000	—	130000	—	—	—	—	—	130000
1955	2500	—	1300	—	3800	—	—	19055	197	19252	23052
1956	15800	—	73000	1605	90405	11943	—	35525	—	47468	137873
合计	113270	700	145266	1605	260841	11943	14800	54604	451	81798	342639

一、生产经营性基本建设支出

党和人民政府十分重视生产性和经营性基本建设，乐安县从1952年有财政决算起，在各项经济建设支出类科目中列有基本建设资金项目，1952年至1956年，生产经营性基本建设支出260841元，占基本建设支出的76%，主要是用于农业和水利方面的投资，其中农业113270元，水利145266元。

1968年设立基本建设支出科目以后，从1969年开始到2006年止，乐安县用于生产经营性基本建设支出5814.65万元，占整个基本建设支出的64%。其中用于工业方面608.20万元，主要集中在1969年至1974年：

用于兴建洞口水电站（1969年江西省水电勘测设计院设计坝高58.20米，储水3.8亿立方米，装机43200千瓦，投资2361万元的大型水电站。1970年经省批准，当年动工完成浆砌块石大坝12米，同时将有2265人的招携街全部拆迁以备储水。次年因经费困难被迫停工。迄1983年，报请省批拨120万元资金，就已筑成的12米高大坝储水，装机640千瓦发电）。酒精厂（1969年），计划利用稀有金属矿区附近受放射污染的稻谷提炼酒精，经中央第一轻工业部批准后，于当年4月着手筹建，建筑面积7.2万平方米，工艺与机械设备投资128.35万元，年产酒精3000吨。不久因经费困难，以致机械设备尚未安装完毕就被停工。迄1978年10月，省财政先后两次拨款80万元续建完工（改称溶剂厂），正准备试产时，又值市场酒精饱和而第二次停产，由省轻化工业厅年支7.19万元以资维持。1984年省轻化工业厅将生产酒精的机械设备调南昌溶剂厂，拨款20万元交县承办，县经委接办后转产白酒，汽水等。1986年2月与县化工厂合并称乐安县化工总厂，生产松香、松节油、后因松脂资源减少而停办）。水泥厂（1970年在1958年创办的嘟咀坳石灰厂改产水泥。年产量从初期的715吨，到1980年达4540吨。后因种种原因与县磷肥厂合并，厂址迁至公溪镇江边村）。制药厂、洞口木竹加工厂等。

用于交通方面1547万元，包括2004年、2005年抚八公路改造应由县负担的征地、拆迁安置费等450万元。

用于农业804.6万元。

用于林业768.45万元。

用于水利建设1498万元等。

二、非经营性基本建设支出

非经营性基本建设包括教育、卫生、文化、行政和公检法等部门兴建添置非经营性固定资产的投资。

1952年至1956年列入社会文教经费支出的基本建设资金81798元。其中文化馆建设支出11943元；卫生支出14800元，属基层卫生院建设支出；行政部门54604元；市政工程建设支出451元。

1968年设立基本建设支出科目以后，非经营性基本建设支出2263.8万元。其中用于教育方面426万元，主要是县乡中小学校建设和乡村小学的危房改造；用于卫生方面支出602万元；用于文化方面支出344.80万元；用于公检法系统基本建设支出329万元；用于旅游业365万元等。

第二节　简易建筑费

简易建筑费是国家拨给商业、粮食、外贸企业和供销社、农业部门的农机、农垦、农业企业和其他部门企业用于简易建筑的支出。

1963年，江西执行国家关于企业若干费用划分的规定，商业、粮食、外贸、物资部门（包括供销企业）的简易建筑分别由利润留成四项费用支出。

1978年，贯彻国务院批转国家计委、财政部《关于改革商业部门简易建筑费开支办法的报告》，从1月起国家预算科目中增设商业简易建筑费科目。

1979年，江西根据商业部、财政部下达《关于在商业系统实行利润留成办法的通知》实行利润留成以后，为使简易建筑费的增减同企业经营成果挂钩，将全省的简易建筑费核定到企业利润留成比例中，不再由财政拨款，其后，财政支出的简易建筑费，主要用于粮食、农机、县以上供销社和其他部门企业，同年3月，执行财政部、商业部颁发的《粮食企业简易建筑管理办法》，规定粮食企业简易建筑费主要用于粮油散运，土园仓机械化配套、工厂机械化以及解决人民群众吃饭问题所需设备等。当年支出2万元，是拨给农机局及大马头垦殖场各1万元。

1980年起，商业简易建筑费改称简易建筑费，主要用于商业、粮食、外贸、农机等企业和县以上供销社的简单建筑、土园仓、小油罐以及购置国家分配的运输车辆等开支，企业商品流费用中不再开支此项费用。

1984年2月，执行财政部、商业部、中国人民银行、国家计委、国家物资总局、中国人民建设银行、国家统计局《关于集中使用简易建筑费建造粮食仓库的通知》要求集中使用的简易建筑费，主要用于新建和扩建粮区的粮库、增加粮食接收、保管、调运能力。疏通商品流通渠道，解决农民“卖粮难”问题。

1987年1月1日起，执行财政部关于外贸企业简易建筑费管理办法。简易建筑费使用，首先安排用于改善那些不宜露天存放的易损、易变、易霉和经济价值较高的商品的储存条件，及重点收购地区的需要。以增加外贸仓储能力，适应外贸事业的发展。

1979年至2006年，乐安县简易建筑费支出共计135万元。其中商业企业5万元，占3.7%；外贸企业3万元，占2.2%，粮食企业114万元，占84.4%；

其他企业13万元,占9.6%。

第二十章 企业生产流通及政策性补贴

本章是建立公共财政之前的科目反映的支出,其中包括财政用于企业生产流通支出和财政对各项政策性补贴的支出两部分。

第一节 企业生产流通支出

企业生产流通支出是财政支持企业发展生产的经费支出,内容包括挖潜改造资金支出、流动资金支出、新产品试制费、"五小企业"补助等。

一、挖潜改造资金支出

挖潜改造资金支出(又称固定资产更新改造资金)是财政拨款或企业上缴财政的基本折旧基金;由财政用于企业挖潜、革新、改造(简称"挖、革、改")方面的资金。

1967年起,根据财政部规定,将四项费用中技术组织措施费、零星固定资产购置费、劳动安全保护费等三项费用与固定资产更新及基本建设中属于简单再生产性质的投资,合并为一个渠道,统称"固定资产更新和技术改造资金"。这项资金不再由财政直接拨款,改为由基本折旧基金抵留的办法解决。

1976年起,江西执行国家计委、财政部的规定,工业、交通企业提取的更新改造资金按"四、三、三"的比例分管,即企业留用40%,由国家集中30%,地方集中30%,分别安排用于企业挖潜改造。1979年3月,省计委、经委、财政局《关于一九七九年国家财政继续集中一部分基本折旧基金的通知》,规定自1979年1月起,财政集中的基本折旧基金,只能用于现有企业固定资产的更新和技术改造,不能安排基本建设支出和其他支出。1980年6月,国务院批转国家经委、国家计委、财政部《关于加强现有工业交通企业挖潜、革新、改造工作的暂行办法》规定,财政继续集中一部分基本折旧基金,主要用于保证实现节约能源等重点措施项目。地方集中的基本折旧基金,应当全部用于更新现有技术装备和挖潜、革新、改造的重点措施项目。1980年起,江西执行国家经委、财政部、中国人民银行的规定,将国家财政安排的挖潜改造资金中的一部分,由国家拨款改为建设银行贷款。

1981年起,贯彻责、权、利相结合的原则,财政压缩预算拨款,企业急需的挖潜、革新、改造资金的不足部分,改为向银行申请专项贷款的办法解决。1985年2月,国务院批转国家经委、财政部、人民银行《关于推进国营企业技术进步若干政策的暂行规定》指出:为了加速现有企业的技术改造,国家酌情拨款是企业的技术开发费用来源之一。1987年起,企业提取的基本折旧基金全部留给企业使用。各级财政根据财力每年从预算支出中安排一定的挖潜改造资金。

乐安县1978年起才反映有挖潜改造资金支出,1978~1982年期间全县挖潜改造资金支出150万元,1983、1984年两年没有此项支出。从1978年到2005年全县挖潜改造资金支出共526万元。其中1998年支出155万元,是乐安有史以来最多的一年,主要是拨给县电力公司(另基建拨款50万元,共200万元)用于洞口至县城3.5万伏输电线路改造。

二、流动资金支出

从1951年起,江西国营企业在进行清产核资工作的基础上对企业所需要流动资金,实行定额供应办法。流动资金不足部分由财政拨款;流动资金多余的,一律上缴财政,季节性的生产或经营,超定额储备,以及其他特殊原因临时需要的非正常周转资金,由银行贷款解决。

1957年,江西省财政厅、省人民银行规定工业企业核定的定额资金不足部分由财政拨足,季节性与非季节性的超定额资金以及结算资金由银行贷款。

1959年1月,国营企业流动资金改由人民银行统一管理,实行全额信贷办法,其中定额流动资金由财政部门统一划拨给人民银行,由人民银行分别供应各企业。

1961年7月,改进国营企业流动资金管理办法,企业所需定额流动资金80%由财政部门拨给,作为自有流动资金;20%由财政部门统一拨给人民银行,向企业发放定额贷款。

1962年起,江西实行财政资金与信贷资金分口管理。凡企业生产正常进行所必须最低限额的资金由财政拨给;属于临时性、季节性等超定额储备和产品结算所需资金由银行贷款。

1983年起,江西国营企业流动资金改为人民银行统一供应和管理。过去财政拨给企业的流动资金移交银行统一管理。此后,财政不再增拨流动资金。

1980年以后,乐安县没有流动资金拨款。乐安县1966~1979年财政拨付的流动资金85万元。

三、新产品试制费支出

新产品试制费是科技三项费用之一,科技三项费用包括新产品试制费、中间试验费和重要科学研究补助费，由于乐安仅有新产品试制费一项支出，因此仅就此项志述。

1953 年，江西根据财政部的规定，对地方国营工业实行三项费用制度，即技术组织措施费、新产品试制费和零星固定资产购置费。

1957 年，增加安全技术劳动保护措施费，改称四项费用。这项支出，除构成固定资产或增加固定资产价值部分由财政拨款解决，列在基本建设支出科目内，其余部分均由企业摊入生产成本或列入营业外支出。

1958 年起，实行企业利润留成制度，四项费用全部由企业从利润留成中自行解决。财政不再拨款，企业也不得摊入生产成本。

1962 年起，停止执行企业利润留成制度，四项费用又改由财政拨款解决。

1966 年起，将新产品试制费、中间试验费和科学研究费合并称科学试验费。1968 年起，科学试验费又改为新产品试制支出。

1973 年，改为科技三项费用，即在新产品试制费的基础上，增加中间试验费和重要科学研究补助费。

1976 年又改为新产品试制费。

1979 年起，将新产品试制费再改为科技三项费用。6 月省财政厅、省科委制定《科技三项费用管理办法》，规定科技三项费用的使用范围：1. 新产品试制费，包括设计费、工艺规程制定费、设备调整费，必须增添的非主要设备和相应的土建工程、专用工具、原材料、半成品和产品的试验费，样品、样机购置费，新产品试制成本高于售价的支出，以及试制失败发生的损失。2. 中间试验费，包括土建安装，必要的设备仪器购置和试验费用。3. 重要科学研究补助费，主要用于非通用性仪器设备、药品和原材料试验费等。

1990 年 4 月，省财政厅、省科委修订《科技三项费用管理办法》，凡有一定技术设备条件的全民、集体所有制企、事业单位均可申请使用科技三项费用。主要内容：(1) 科技三项费用使用范围：①直接为科技项目必须添置的单价在 5 万元以下的专用设备、专用仪器购置费。②科研项目试验研究必需的原材料、样品、样机、元器件的购置费用。③中间试验项目经过预算核准的改造或新建中试车间及试验建筑项目等所需单项工程在 5 万元以内的零星土建费用。一般土建费用不得超过该项目科技三项费用预算的 20%。④科技项目研究所需进行的各种试验、化验、测试分析等发生的费用。⑤科技项目所需的设计、论证考察、调研及所需的资料、咨询等费用。⑥科技项目所需要支付的鉴定、验收、检查、论证等费用。⑦科研项目直接需要的技术资料购置费、印刷费、复印费。⑧科研项目必须支付的上列未包括的科研活动其他费用。(2) 每年从省财政预算安排的科技三项费用中划出一部分资金建立科技发展基金，实行有偿使用，以支持技术先进、效益显著的开发性科研项目。

1996 年，财政部下发《关于加强科技三项费用有偿使用管理有关问题的通知》，其内容：(1) 省下达给各地的科技三项费用支出指标，各地一律不得作为有偿使用资金使用；(2) 科技三项费用有偿使用经费的回收工作由科技计划管理部门和财政部门共同委托金融机构办理。(3) 对未经财政批准，擅自将科技三项费用转为有偿使用的，项目承担单位可拒绝还款，已回收的资金一律追回上缴财政。

1999 年，省财政厅、省科委下发的《省级科技三项费用管理办法实施细则》。省级科技三项费用管理办法实施细则主要内容：(1) 省财政预算安排的科技三项费用，除省政府有指定用途的专项资金外，主要用于省级各类科技（或基金）项目计划的实施；重点科技计划（含工业、农业、社会发展等）；星火计划；火炬计划；自然科学基金、中青年科学基金；软科学计划；国际合作交流科技计划；重点科技成果转化及科技成果推广计划项目计划；省级重点实验室科研设备项目计划。(2) 科技三项费用的开支范围包括：设备购置费；能源材料费；试验外协费；资料印刷费；租赁费；差旅费；鉴定验收费；管理费；其他费用。(3) 项目承担单位的财务部门应加强对科技三项费用的使用监督管理，严格遵守国家规定的开支范围。(4) 科技三项费用主要用于各类科研院所、高等院校、国有企业及经有关部门认定的民营科技企业承担的各类科技计划（或基金）项目。(5) 除“星火计划”和推广计划可适当安排一部分培训经费，用于培训农村适用技术和管理人才外，其他各类计划不得安排培训经费。(6) 项目完成以后，项目承担单位必须及时清理，并区别不同情况按国家规定进行财务处理。

乐安县新产品试制费 1968 ~ 1982 年共支出 17 万元。1982 年以后没有此项支出。

四、“五小”企业补助

1971 年起，江西财政设置“县办五小企业的技术改造补助资金”，即对农业生产服务的县办小水电站、小煤矿、小化肥厂、小水泥厂、小冶炼厂（简称

“五小”企业）的技术改造，财政给予投资性的补助。

1981 年，江西省人民政府决定将县办“五小”企业技术改造补助与企业挖潜改造资金统筹安排使用，只保留小部分仍作为县办“五小”企业技术改造补助用于小煤矿的改造配套资金。由于 1981 年以后乐安县没有县办小煤矿企业，因此，乐安 1980 年以后便没有此项支出。从 1971 年至 1980 年全县“五小”企业补助支出 96 万元，主要是用于县办水泥厂的补助。

第二节　政策性补贴支出

1985 年，政府预算收支科目增设“财政价格补贴支出类”，乐安县财政决算中从这一年开始列有副食品政策性补贴（调整肉价补贴支出）。

价格补贴支出类科目一直延续到 1997 年才改为政策性补贴支出。其中包括粮油政策性补贴、副食品政策性补贴、民用煤价差补贴、棉花价差补贴、石油价格改革财政补贴和其他政策性补贴支出。

一、粮油政策性补贴

粮食是人民生活必需品。1965 年，国家为了建设需要和增加储备，在丰收地区，向社队超购一部分粮油，并实行加价的办法。超购粮油的加价款支出，作为粮油企业亏损的组成部分，当时粮食企业的财务收支（于 1962 年）收归中央管理，纳入中央财政预算。同年，江西决定在提高粮食统销价格的同时，从 1965 年 4 月 1 日开始，对职工实行粮食提价补贴，列入补助工资。1974 年 3 月，财政部、商业部发出《关于改变超购粮油价款结算管理办法的通知》，将超购粮油加价款，改由商业部管理，列入中央财政预算。1985 年以前，包括 1982 年至 1984 年实行粮食征购、销售、调拨 3 年包干的粮食超购加价款支出，均由地区粮食局和县粮食局结算。

1. 粮油加价款。

1985 年，江西省财政厅、省粮食局发出《关于改进粮油超购加价款财务管理的通知》，规定从 4 月 1 日起，粮食取消统购，改按合同定购，合同定购内的粮食，按“倒三七”（三成按原统购价，七成按原超购价）比例计价；食用油脂、油料除棉子、棉油按“顺四六”计价外，其余的按“倒四六”（即四成按原统购价，六成按原超购价）比例计价。收购后，粮油加价幅度仍为原统购价的 50%，粮食企业在合同定购内按实际收购的粮、油品种、等级、数量、价格和加价比例同农民结算加价款，并从 1985 年粮食年度（当年 4 月 1 日至翌年 3 月 31 日）起，对粮食加价款改列财政支出，省人民政府委托各级财政代管，省财政逐级下达预算支出指标，由县财政局核拨给同级粮食局。粮食年度终了后，县财政局根据上级核批的决算，同县粮食局就粮油加价款收支数进行清算，多退少补，各级财政部门逐级按体制同省财政结算。

1986 年 3 月 19 日财政部通知规定：1986 年粮食年度对地方实行粮食包干办法，为鼓励完成合同定购任务，完成国务院下达的定购任务中 90% 的部分，按实际收购的数量、品种、等级比例价计算，拨给加价款，其余 10% 的部分中央财政对地方按实际收购的原超购加价计算，拨给加价款。实行销售包干，力争少销，地方实际销售数量小于包干数的部分，其粮食归地方支配；实际销售数量大于包干数的部分，以及合同定购任务完不成 90%，又不能减少销售的部分，均由地方自行购入解决，所需差价款由地方财政补贴。国家委托收购粮（粮食议转平），议转平的价差款，由中央财政负担，按各地实际收购品种的原超购加价计算，拨给价差款，但各地对农民还是议价收购。财政部门对拨付给粮食企业的议转平粮食价差款，列入国家预算支出“粮油加价款”中。同年 8 月 19 日规定：改进粮食加价款的核算办法，为了堵塞加价款管理上的漏洞，要把加价款由补在收购环节改为补在销售环节。同年 10 月 8 日通知：合同定购粮食和国家委托代购粮食的收购价格，必须严格按照国务院文件执行，即“合同定购的粮食，按规定的比例价收购，对国家委托代购的粮食，按不超过原超购价收购”。地方不得自行提高合同定购粮食计价比例，国家委托代购粮食的价格不得超过原超购价，否则增加的开支由地方的自有财力解决。同年 12 月 23 日对合同定购加价款的结算中规定：合同定购 10% 的部分，中央财政对地方实行全年统算，按当年实际收购的粮食，在平均原超购价的基础上每 0.5 公斤贸易粮加 0.03 元钱结算。对委托代购粮食差价款的结算：从 1986 年 10 月份开始，委托代购粮食通过议价收购方式完成，议购粮食的价格，在原超购价的基础上，每 0.5 公斤贸易粮加 0.03 元钱结算。各地收购委托代购粮食（包括以议购方式完成部分）后，要随即转为国家平价粮食库存，并按月将应拨补的加价款（包括 0.03 元钱），列入超购粮油加价款内报请拨补。

从 1987 粮食年度起，中央实行粮食购、销、调拨财务包干的规定，凡国家下达的粮食合同定购任务，地方必须保证完成，完不成合同定购任务的，由地方购买议价粮补足。地方超额完成合同定购任务上缴中央的部分，由中央财政补给议转平差价款，即每

50 公斤贸易粮在合同定购价的基础上另加 6.4 元，或者按规定由中央拨给挂钩的化肥、柴油和预购定金利息(即三挂钩)。乐安当年粮油加价款支出 24 万元,1988 年议转平粮食收购,按 1987 年的水平增加 4 元价差进行结算。

国务院决定,1988 ~ 1990 年实行粮食购、销、调拨包干一定三年,财政部要求进一步搞好财务包干,压缩平价粮油销售,逐步减少财政补贴。乐安县 3 年粮油加价支出分别为 551 万元、248 万元和 407 万元。

1990 年 10 月 13 日,省财政厅、省粮食局、省人民银行《关于食油收购价格调整后有关财务处理问题的通知》,按统销价供应的油脂,自 1990 年 4 月 1 日起,一律按调高后的统购价与现行的统购价的差价申报提价补贴,补贴标准:每 50 公斤花生油 67.69 元,菜子油 53.54 元,精棉油 62.33 元,大麻油 69.85 元,茶油 36.77 元,精茶油 56.08 元,由省财政负担。

1991 年 1 月 12 日,国务院关于调整粮食购销政策有关问题的通知,其主要内容:(1)继续实行粮食购销调拨包干办法,取消销区调入每公斤大米增加 3 分钱补贴的规定。国家定购和“议转平”粮食加价款、差价款,以及中央转地方进口粮食的补贴款,继续由中央财政对地方财政实行总额包干。(2)稳定国家粮食定购任务,继续实行“三挂钩”政策。(3)压缩平价粮食销售,保证基本口粮和军粮等供应。(4)压缩平价食油销售,力争做到食油收支平衡。同年 4 月 16 日省人民政府《关于调整粮油销售价格的通知》:近十年来为了促进粮油生产发展,国家多次提高收购价格,粮油购销价格倒挂差额随之扩大,国家用于粮油的补贴逐年增加,财政负担很重,影响了流通和粮食企业的正常经营,也助长了不合理的消费。根据《国务院关于调整统销价格的规定》精神,省政府决定从 1991 年 5 月 1 日起调整全省粮油销售价格。对职工给予适当的补偿,国家决定,按照国家、企业、个人共同负担的原则,给城镇居民适当的补偿。这次对职工及其家属的提价补偿纳入职工基本工资,每人每月提高 6 元。同年 10 月 22 日,省财政厅、省粮食局,根据财政部、商业部通知,食油实行购销同价后,财政对粮食企业不再补贴食油加价款。乐安县当年粮油加价款支出 436 万元。

1992 年 3 月 13 日,省人民政府《关于提高粮食统销价格的通知》:国务院决定自 1992 年 4 月 1 日起提高粮食统销价格,城镇居民口粮、口油继续实行凭证、凭票、定量供应。对职工适当给予粮食提价补偿,国家继续按照国家、企业、个人三者共同负担的原则,每人每月发给粮价补贴 5 元。从 1992 年 4 月 1 日起,适当提高粮食定购价格,同时提高统销价格,实现购销同价。这是国务院经过反复研究,权衡利弊作出的决策,是继 1991 年调整粮油统销价格后为进一步理顺粮食价格体系所采取的又一项重要措施。同年 4 月 28 日,省财政厅、省粮食局、省人民银行联合发出通知,从 1992 年 4 月 1 日起,国家适当提高粮食购销价格,实现购销同价,财政取消对粮食企业的加价款补贴。粮食企业按国家计划收购的议转平粮食,其价格高于国家定购价的部分,财政仍继续给予补贴。1992 年乐安县支出粮油加价款 36 万元。

1993 年 3 月 11 日,省人民政府《关于落实粮食产销政策做好粮食收购工作的通知》,1993 年是全省放开粮食价格和放开经营的第一年,及早明确粮食产销政策,做好粮食收购工作,对于稳定粮食生产,保护农民利益和生产积极性,加快农业结构调整,进一步搞活粮食流通,促进农村经济发展有着十分重要意义。取消粮食定购任务后,从 1993 年起采取经济合同办法组织收购,是保护广大粮农利益的需要,是稳定粮食种植面积,支持粮食生产的重要措施,也是国家掌握粮源,稳定粮食市场的重要调控手段。实行粮食收购保护价和价外加价办法,合同收购以外的粮食一律实行随行就市,由粮食收购单位与农户协商定价。为了保护落实粮食收购保护价制度,建立中央和省两级粮食风险基金制度,当粮食市价低于保护价时,按保护价收购,当市场价高于保护价时,保留合同收购数量,收购价格随行就市。改进粮食“三挂钩”兑现办法,由按平价供应实物,改为以货币方式在收购价格之外将平议差以加价形式付给农民。价外加价范围同样限于所签订的合同收购粮食的品种和数量,价外加价的标准,每 50 公斤大米 5.2 元(其中中央财政负担 3.175 元,省财政负担 2.025 元)。价外加价中央财政负担部分,由中央下拨到省粮食局后,逐级下拨到基层粮食收购部门,省财政负担部分,由省财政拨给省粮食局后,下拨到基层粮食收购部门。凡价外加价收购的粮食,粮权属省。

财政部关于做好 1994 年度国有商业粮食企业会计决算编审工作的通知中指出:做好粮食购销价格改革的财政处理工作,国务院决定,从今年 6 月 10 日起,适当提高国家定购粮食收购价格,粮食销售实行顺价政策,粮食定购价格提高以后,原粮食价外加价直接进入收购价格,财政不再给予补贴。粮食销售价格按“保本微利”原则确定,销售环节原则上不再给予补贴(国家另有规定的除外)。

根据省人民政府和财政部的上述规定,1994 年至 1998 年支出 126 万元,是省财政厅贯彻国务院关于深化粮食购销体制改革的通知精神,粮食经营实行政策性业务和商业性经营两条线运行机制,业务、机构、人员彻底分开,为扶持乐安县国有粮食企业拓宽经营渠道,增强企业自我发展能力,而追加的转换经营机制补助款,并规定列入"粮油加价款"科目。

2. 粮油价差补贴。

1979 年国家对主要农副产品收购价提高,而粮油销价不动,购销倒挂,粮食部门因此发生政策性亏损,财政相应增加补贴。

1986 年 10 月 21 日,财政部关于《粮食企业政策性亏损定额补贴办法》的通知中指出:对粮食企业的政策性亏损试行定额补贴办法和粮食企业财务下放到市、县级财政管理,是对粮食企业财务管理进行改革的两个重要方面。政策性亏损定额补贴的范围,主要包括:(1)按照国家计划经营平价粮油合理的商品流通费和 1979 年以前粮油购销价格倒挂的价差;(2)营业外支出中的编外和长期病假人员工资,离休干部经费支出等;(3)国家储备粮油和供应军用粮油发生的费用。

实行政策性亏损定额补贴以后,对 1979 年粮油统购价格提高以后的补贴,财政部门仍在"粮油价差补贴"支出科目反映;如果有将粮油价差补贴纳入政策性亏损定额补贴范围内的,财政部门也将此项补贴款列入"粮油价差补贴"支出科目处理。财政部规定本办法从 1987 年起执行。

1991 年 10 月 22 日,省财政厅、粮食局根据财政部、商业部下发的通知,对粮油销价提高后有关财务处理:根据国务院和国家物价局、商业部文件规定,凡低于比例价销售的粮油均属提价范围,粮油销价提高以后,粮食企业由此增加的收入,要全部作销售收入处理,计入盈亏,财政部门相应取消粮食企业的粮油价差补贴。

乐安县从 1988 年开始列粮油价差补贴,至 1991 年共计支出 615 万元。

3. 国家储备粮油费用和利息补贴。

1985 年 9 月 5 日省财政厅通知,在上半年粮食计划收购量的中央财政拨的"2 分 2 厘费用补贴"总额控制下,县财政部门根据上级财政部门下达的补贴指标,从县"粮食企业收入"科目退库,预拨给同级粮食部门。同年,抚州地区财政局通知,为了改善和加强对粮食企业的财务管理,1985 年对粮食企业的结算补贴,改为由当地财政部门按上级财政、粮食部门下达的补贴指标核拨,从县金库退库拨给粮食部门,相应增加粮食企业亏损指标,影响县市财政收入的部分,年终按体制进行结算。

1986 年省财政厅在关于粮食企业决算编审工作的通知中又指出:财政部拨给江西省的超储粮油费用补贴(即每斤 2 分 2 厘费用补贴)是全省粮食企业结算补贴的资金来源之一。根据财政部的规定,地方财政原则上应在当年全部拨给粮食企业,用于抵顶平价粮食亏损的比例不得低于 70% 到 80%。

1991 年省人民政府规定:中央下拨的粮食补贴专项资金(包括国家专项储备粮费用补贴及利息补贴,预购定金利息补贴等),由省财政厅统一转拨给省粮食局逐级分配下拨到粮食企业,省对各地市(地对县也比照)以 1990 年度平价粮油的实际平均库存量为基数,实行超基数库存每年每 50 公斤粮食(贸易粮)给 4 元、油脂给 24 元补贴。

国家储备粮油费用和利息补贴,乐安县自 1991 年 1 月 1 日起实行,其资金由粮食企业向农发行承借,按银行同期利率计算,由粮食企业向财政申请补贴。2003 年起专项储备粮,改为中央储备粮由储备粮总公司直管,其贷款由中央储备粮直属企业承借,地方粮食企业负责代储,保管费按 0.08 元/公斤·年,2011 年 1 月 1 日起中央调高了保管费标准为 0.10 元/公斤·年。

根据抚州市政府文件规定,下达乐安县建立县级储备粮指标 750 万公斤,分三年落实。经县人民政府下达抄告单计划,2008 年计划收购稻谷 150 万公斤,实际完成 150 万公斤,2010 年计划收购稻谷 500 万公斤,实际完成 380 万公斤,保管费 0.08 元/公斤·年,2011 年计划收购稻谷 150 万公斤,实际完成 150 万公斤。资金由粮食企业向农发行承借,由县财政局担保,本金及利息,保管费 0.10 元/公斤·年。

1991 年 4 月 1 日前,专储粮统购价部分的贷款利息由地方财政负担,规定入库结算价与统购价的差价由中央财政负担。1991 年 4 月 1 日起由中央财政按规定的入库结算价补贴利息。对 1991 年 5 月 1 日前的商品储备油,按统购价的贷款由中央财政给予贴息。国家专储油和临时储备油利息补贴,按实际占用资金和同期粮食收购贷款 1 年期利率结算。

根据地区财政局通知,1991 年粮食年度的费用补贴,按国家专储粮平均库存,每年每 0.5 公斤补贴 0.03 元,同时对平价粮油实际平均库存量大于核定库存,相应调增库存粮油费用补贴,乐安县当年该项支出 195 万元。1992 年支出 619 万元,是该项目中支出最多的一年,1992 年 4 月 28 日,省财政厅、省粮食局、省人民银行通知,与国家定购粮食挂钩的预购定金,按提高后的定购价格和现行有关规定发放,粮食企业由此增加的利息支出,由中央财政负担。1993 年国家专项储备粮食新增费用补贴,即每 0.5 公斤专储粮费用补贴奖励 0.02 元,主要用于解决国家专项储备粮食推陈储新所发生的开支以及弥补当年财政应补亏损,如有结余要用于解决以前年度财政应补粮食挂账,当年支出 479 万元,1994 年粮食企业按省级储备粮食(原平价粮),每年每 0.5 公斤 0.1 元,食油每年每 0.5 公斤 0.45 元,甲字粮(由中央统一管理的特种储备粮油)每年每 0.5 公斤 0.06 元,甲字油每年每 0.5 公斤 0.24 元的标准补贴。当年支出 457 万元。

1995 年 7 月 19 日,国家粮食储备局、财政部关于调整国家专项储备粮省间调拨经营费标准的通知,从 1995 年 8 月 1 日起,将国家专项储备粮省间调拨经营费由原规定每 50 公斤 4 元提高到 5 元,省间调拨经营费由调入方负担,不进入库存成本,中央财政按规定的结算价进行补贴。

根据规定,1995 年 6 月 1 日前按贸易粮(即小麦、大米、玉米、大豆)数量计算费用补贴,1996 年 4 月 1 日起,国家专储粮费用补贴每年每 0.5 公斤 0.04 元,国家专项储备食油费用标准按实际库存数每年每 0.5 公斤 0.2 元补贴,利息由中央全额贴息。1996 年国家储备粮油费用补贴 107 万元,是地区财政追加预算支出规定列入该项目的最后一年,此后的补贴在粮食风险基金中反映。

4. 地方粮油价外补贴。

1987 年 7 月 11 日,财政部印发《关于加强粮食企业财务管理工作意见的通知》,其中加强对地方粮油价外补贴的管理中规定:为了加强管理,便于分析,从 1987 年 1 月 1 日起,各地自定的各种粮油价外补贴支出,如自行提高加价比例和收购粮油价外补贴,自行议转平及在中央规定的议转平收购价(即在合同定购比例价基础上每 0.5 公斤加 0.064 元)之外增加补贴的部分,全部由地方自有财力解决。为了便于核算,1987 年国家预算支出科目新增“地方粮油价外补贴”科目。

1991 年 7 月 13 日,财政部通知规定,省间调拨和中央计划内进出口粮油改按比例价结算后,凡调出和供应出口粮油地区增加的收入,粮 74%、油 77%的部分留给地方;凡调入和接收进口粮油地区增加的开支,由地方财政自有财力解决,列入“地方粮油价外补贴”科目。同年 12 月 20 日省财政厅关于粮食企业会计决算编审工作通知中指出:专项储备粮食实际收购价高于结算价所增加的开支,由当地自有财力负担,财政部门拨补这部分亏损补贴时,在“地方粮油价外补贴”预算科目列支。

乐安县财政决算仅在 1993 年反映有此项支出,共计支出地方粮油价外补贴款为 2 万元。

5. 其他粮食政策性补贴。

在政策性补贴支出类中,2000 年和 2009 年度财政决算报表中列有“粮食风险金”支出共计 2761 万元。2006 ~ 2012 年石油加价补贴支出 2094.91 万元。

(1)粮食风险金。1994 年 5 月 9 日,国务院关于《粮食风险金实施意见》的通知中指出:从 1994 年粮食年度起,中央和各省市自治区都必须建立足够的粮食风险基金。同年 11 月 23 日省人民政府印发了《江西省粮食风险基金实施细则》。省财政厅根据上述文件精神和财政部的规定于 1995 年制定了《江西省粮食风险基金财政、财务管理办法》。办法规定:县(市)根据自身财力和实际情况统筹考虑,确定其规模,资金由同级财政筹集。关于资金来源县(市)级粮食风险基金由同级政府确定,县财政必须在农业发展银行开设粮食风险基金专户。

1995 年 7 月 3 日省财政厅、省粮食局、省物价局《关于对定购粮实行价外补贴有关问题的通知》:1995 年江西省农业生产资料价格上涨幅度较大,粮食生产成本提高,粮食的定购价与市场价差价进一步扩大,为维护农民的利益,促进农民增产增收,省政府决定从 1995 年新粮上市起,对全省定购粮收购价格实行价外补贴,补贴标准在 1994 年国家规定的定购粮收购价格的基础上,每 50 公斤稻谷价外补贴 10 元,对定购粮价外补贴的资金,在粮食风险基金中列支。省政府下达的粮食定购任务,必须确保完成,并坚决执行统一的价格政策,定购粮的粮权属国家,由省政府使用。

1996 年 1 月 19 日省财政厅、省粮食局就粮食部门两线运行财政财务管理中规定:粮食部门承担的粮油政策性业务与商业性经营分开,实行两条线运行,用好国家对粮食企业的财政补贴,更好地发挥财政补贴的作用。中央财政负担的粮油政策性补贴包括:国家专项储备粮费用、利息补贴,国家新增储备粮油费补贴,按规定由中央财政负担的军供粮油补贴,对地方粮食风险基金的补贴和国务院规定应由中央财政负担的其他补贴,国家储备粮油(即甲字粮油)费用补贴,按规定由省财政负担的军供粮油补贴,应由省财政从省级粮食风险基金中垫付的国家定购粮价外补贴和按规定应由省财政负担的其他补贴。中央储备粮油按国家政策调拨、抛售实现的价差收入,由承担政策性业务的单位专项上缴中央财政;按省政府规定抛售省级储备粮油实现的差价收入由承担政策性业务的单位通过粮食主管部门逐级专项上缴省财政。省内定购销售提价收入由当地粮食主管部门集中交当地财政部门再逐级上缴省级粮食风险基金专户,此项管理规定从1995年1月1日实行。

1996年国务院决定,从1996年新粮上市起,适当提高国家定购粮收购价格,同时以粮食定购价为基础,按照打紧费用,保本微利的原则,合理确定政策性粮食销售价格,并从7月1日起,按不高于市价的要求下浮出台,今后择机微调,逐步理顺。同年,地区财政局、粮食局、农发行下达省级储备粮议价销售计划,其转议价销售差价款通过银行汇票形式全部上缴地区粮食局。对国家专储粮费用利息补贴,为了缩短资金在途时间,在抵扣定购粮销售提价收入和应上缴的库存升值款以后,资金通过粮食局系统逐级下拨。

1997年12月22日,省财政厅等五家联合下发《关于进一步完善粮食风险基金使用管理办法实施意见的通知》。为了贯彻落实国务院关于按保护价敞开收购议价粮的通知,充分发挥中央和地方共同建立的粮食风险基金的调控作用,合理确定对超储粮食实行利息费用补贴的范围和标准,对国有粮食企业收购的定购粮和按保护价收购的议价粮,其超过正常周转库存部分发生的利息、费用,用粮食风险基金给予补贴。按照中央规定,对本省粮食风险基金的使用范围进行调整,调整后的省级粮食风险基金使用范围为:省级储备粮食利息、费用补贴;省政府为平抑粮食销售价格,以低于成本价抛售储备粮油发生的价差损失:供应贫困地区农村返销粮和水库移民口粮差价补贴(此项补贴执行到1997年12月31日);以及超储粮食利息、费用补贴。超出以上使用范围的补贴,由当地在预算中安排。

1998年5月10日,国务院《关于进一步深化粮食流通体制改革的决定》中指出,加快完善中央和地方两级粮食储备体系,建立健全储备粮管理制度,对储备粮与企业经营周转粮食实行分开管理。中央储备粮财务亦实行垂直管理。中央储备粮粮权属国务院,国家粮食储备局负责中央储备粮管理。各地区要根据国家的要求,逐步建立省级粮食储备,粮权属省政府。

省人民政府为贯彻国务院关于进一步深化流通体制改革的有关精神,决定从1999年4月1日起,国家储备粮油补贴资金,即中央财政拨付的委托地方代管的国家专项储备粮油、临时储备粮油利息和费用及差价补贴等资金,即中央财政拨付的委托地方代管的国家专项储备粮油、临时储备粮油利息和费用及差价补贴等资金,由省财政厅会同省粮食局直接将补贴资金下达到按规定需要补贴的粮食企业。省财政、粮食部门负责补贴资金的分配、清算、使用管理和监督。农业发展银行负责资金专户设置和柜台划拨监督工作。

1999年9月8日,省计委、粮食局、财政厅、农发行规定销售处理陈化粮所发生价差亏损的补贴办法:属于中央储备粮的,由中央财政负担,属于省级储备粮的,由省财政负担,属于国有粮食购销企业商品周转库存的,由粮食风险基金适当补助。同年12月9日抚州地区财政局、粮食局为进一步规范国家与国有粮食企业的关系,促进全区国有粮食企业加快粮食顺价销售,防止国有粮食企业坐享超储补贴,进一步搞活流通,根据上级文件精神,地区对县实行粮食风险基金补贴包干,并对国有粮食企业补贴政策进行适当调整:①省级储备粮油补贴。根据全省省级储备粮油品种不同,省级储备粮油利息费用补贴分开计补,利息按库存成本和同期银行贷款利率据实补贴,费用按每年每50公斤原粮4元的标准进行补贴,食油费用按每年每50公斤20元的标准进行补贴;轮换费用按省下达每年轮换计划,并且粮食轮换后给予补贴。②超储粮食补贴。将现行粮食超储费用补贴每年每0.5公斤原粮0.03元,调整为超库存粮食每年每0.5公斤原粮按0.02元的标准进行补贴,销售按每年每0.5公斤原粮补贴0.015元;超储库存粮食所需利息按库存成本和银行同期贷款利率据实结算。

1999年12月15日,抚州地区财政局、计划委员会、粮食局、农业发展银行联合下发《关于粮食风险基金筹集和补贴包干办法的通知》,按照省包干精神,根据粮食风险基金的使用方向和库存周转粮食的粮权归属,合理确定各县市粮食风险基金筹集负担。县市负担的粮食风险基金,由省财政厅通过上下级财政结算逐级上划到省财政,再由省财政逐级拨付到各县市粮食风险基金专户,对省下拨的粮食风险基金必须实行封闭运行,要专款专用,及时拨补到位。从1999年开始,地区对县市粮食风险基金补贴实行总额包干,包干范围包括超储库存利息、费用补贴,销售粮食费用补贴,地方自营出口大米补贴。

(2)粮食政策性财务挂账。乐安县粮食企业政策性财务挂账12271万元，在2006年划归县粮食局承借，利息由中央和省粮食风险基金解决。经市审计、市粮食、市农发行、市财政联合下文，规定核定的政策性财务挂账12271万元，由粮食企业划转到县粮食局，利息由中央和省粮食风险基金拨付到农发行。总共由上级拨付专款消化政策性财务挂账5259.9万元，还有借款7011万元未消化。

二、副食品政策性补贴

副食品价格补贴主要是肉食价格补贴。1985年财政部在制订价格补贴支出科目中列有“调整肉价补贴支出”，1986年1月17日又下发《关于国家批准的政策性价格补贴支出预算管理问题的规定》中再次明确为以下科目：“市镇居民肉食价格补贴”“平抑市价肉食价格补贴”和“平抑蔬菜市价价格补贴”。1988年5月31日财政部根据《国务院关于主要副食品零售价格变动给职工适当补贴的通知》精神，就试行主要副食品价格补贴由暗补改明补的有关财务问题作出规定，列入补贴范围的品种严格掌握在猪肉、大路菜、鲜蛋和白糖4种之内。同年6月17日通知：在1988年国家预算支出目级中增设第十二个目级科目，即“主要副食品价格补贴”。按照规定，由事业行政单位发放的4种主要副食品价格补贴支出，在各有关经费“款”“项”“目”中列报。

1. 市镇居民肉食价格补贴

1985年根据省财政厅关于猪价放开后对城镇居民实行价格补贴的通知精神，抚州地区规定对肉价补贴实行“定额补贴、核定来源、差额包干、一年一变”的原则，按地区粮食部门1984年底吃商品粮人口和各类补贴标准，从1985年4月至12月计算加3%机动数核定，再加由于猪价放开食品企业盈利减少而影响财政收入的一部分，并考虑了全区统一规定先放购价，后放销价的增亏因素。在猪价放开后，由于生猪和猪肉的购销价格上升而增加的税收和食品企业的减亏金额应作为肉价补贴的资金来源，由地区核定抵补一部分肉价补贴，抵补后，地区财政追加专款包干使用，超支不补，节余留用。同时又规定：发给居民的肉价补贴和购价放开而销价未放之前，食品公司按原牌价和计划定量供应猪肉价格倒挂的亏损，应全额列“市镇居民肉食价格补贴”。当年按吃商品粮的人口每人每月1.2元的标准委托粮食部门发放，以及按牌价定量供应猪肉的价差补贴，1985年共支出54万元。根据一年一变的原则，地区财政1986年追加的此项经费增长了42.6%，1986年实际支出77万元。

1989年省委、省政府决定，从4月份起，改变城镇居民肉价补贴发放办法，将现由财政委托粮食部门按吃商品粮人口发放肉价补贴改由单位按职工人数发放。补贴发放对象和标准：(1)国营、集体企、事业、行政单位吃商品粮的职工和离退休人员，每人每月6元；(2)大、中专、技校在校学生(不含自费生)，每人每月3元；(3)优抚、社会救济对象中无工资收入享受固定补助、救济的吃商品粮人员(不含临时对象)，每人每月2元；(4)无职工赡养、吃商品粮的享受遗属补助人员，每人每月2元。补贴发放办法改变后，职工肉价补贴，由本单位随同工资按月发放；行政事业单位补贴按财务隶属关系领拨，财政和单位均统一在“市镇居民肉食价格补贴”科目列支；大、中专、技校学生由学校随同生活补贴发放；优抚、社会救济人员的补贴由民政部门随同优抚救济费发放；遗属人员补贴由支付遗属补助的单位，随同遗属补助发放。补贴经费的财务处理和负担办法：企业在职职工的补贴全部进入成本(费用)，离退休人员的补贴列营业外支出；自收自支的事业单位从自己组织的收入中列支；地方行政、事业单位职工按原标准1.8赡养系数由上级财政计算补贴；中央和地方财政拨款的各类在校学生和优抚、救济对象中无工资收入享受固定补助、救济吃商品粮人员的补贴，由省、地核定基数专项补给，其余部分按财务隶属关系负担。

列入市镇居民肉食价格补贴支出部分，乐安县一直执行至1993年9月30日，即工资制度改革后上述价格补贴予以取消，优抚、社救和遗属补助在调整提高补助标准时也一并冲销。

1985～1993年，乐安县市镇居民肉食价格补贴支出569万元。

2. 平抑市价肉食价差补贴

1986年9月8日，财政部下发《关于平抑市价肉食价差补贴改列支出有关问题的通知》中规定，把“平抑市价肉食价差补贴”纳入支出预算管理，不再从预算收入中退库。由当地政府决定为平抑市场肉价“高价进、低价出”的价格倒挂和为保证淡季市场供应储备猪肉的费用补贴，均列入“平抑市价肉食价差补贴”预算支出科目。按照现行财政体制应由中央财政负担的部分，年终根据财政支出数或有关规定，单独结算，由中央财政退还地方财政。

1990年1月13日，省人民政府办公厅关于贯彻国务院办公厅转发商业部、农业部、财政部关于稳定生猪生产和搞好猪肉供应报告的通知中指出，发展养猪生产，是稳定猪肉市场的基础，要稳定养猪政策，保护生产者养猪积极性。为了稳定生猪生产和肉食市场，对生猪购销实行计划指导和市场调节相结合，对城市居民的猪肉供应，原来实行凭票定量供应的要继续坚持定量供应，定量标准由当地政府确定，由此形成的购销价格倒挂的政策性亏损，由当地财政补贴。定量以外的部分，随行就市，可按略低于市价的原则议价供应。

随着改革开放的步伐加快，各地猪肉价格也陆续放开，平抑市价肉食价差补贴也相应地逐年减少。

20 世纪 90 年代，各级政府为了搞好"菜篮子"工程，稳定市场，扶持发展猪禽蛋等副食品生产，丰富人民群众的物质生活，保障市场供应，上级财政追加的副食品专项资金指定列入平抑市场价肉食价差补贴，县级财政根据自身财力也作出预算安排。

三、民用煤价差补贴

民用煤是现阶段人民群众日常生活的必须品，涉及千家万户的切身利益。

按照国务院的规定，市场用煤的供应范围包括：城市和集镇的生活用煤，城市和集镇的饮食、服务业用煤等。1986 年 12 月 29 日财政部、国家物资局下发《关于市场用煤实行定额补助办法的通知》。1990 年 4 月，财政部《关于调整民用煤补贴范围》中规定，除城镇居民、部队生活用煤价格补贴继续保留外，取消城市饮食业、服务业用煤补贴。但是，由于煤炭进价不断攀升，补贴总额仍降不下来。

乐安县财政根据上述两个文件精神，每年对县煤炭公司的销量进行核实。从 1986 年起，到 1994 年止，全县民用煤价差补贴 97 万元。

四、棉花价差补贴

棉花是关系到国计民生的重要商品，乐安县从 1986 年起按规定实行棉花价差补贴。1985 年抚州地区财政局、商业局就下发通知规定，全区絮棉调拨由地区土产公司统一管理，负责质量检验，并签发检验证书，从省外、地区外购进的絮棉一律不给财政补贴。财政补贴办法：从 1985 年 1 月 1 日起各县财政局凭地区土产公司签发的检验证书和棉花定额补贴表，按销县国家规定的调拨价，由调入县按实际供应量进行补贴。

1986 年 12 月 25 日，省财政厅、商业厅下发通知，对贫困地区人民赊销纯棉布、絮棉进行利息补贴。同月，地区财政局、商业局追加絮棉支出指标列"棉花价差补贴"。包括普通絮棉补贴、新追加絮棉补贴和赊销絮棉补贴。

1989 年 1 月 8 日，《国务院关于调整棉花收购政策的通知》和同年 2 月 28 日的通知下发以后，财政部、商业部、纺织工业部、国家物价局等部门和江西省人民政府先后发出一系列文件，有关价格补贴的主要内容有：棉花是国家管理的计划商品，实行调拨包干以后，仍必须坚持国家统一计划规定的收购、供应价格，坚持由供销社统一经营，不放开棉花市场，不搞价格双轨制。实行棉花价格补贴，在统一的棉花生产扶持基础上，即 1988 年度（1988 年 9 月至 1989 年 8 月）棉花生产扶持费统一按每 50 公斤 20 元计入供应价格，1989 年度再增加 10 元价格补贴，由中央财政和地方财政各负担一半，调出省外的棉花，地方财政负担的价格补贴，由调入地区财政负担。棉花生产扶持费和价外补贴均在国家规定的价格基础上价外加价。棉花供应价格提高的部分，工业用棉主要由工厂消化，民用絮棉价格相应提高。乐安县 1986 ~ 1990 年棉花价格补贴共 20 万元。

棉花奖售政策，按供销社棉麻收购部门实际收购数奖售平价化肥和平价柴油，同时实行棉花预购定金利息补贴。超基数收购的部分，以县为单位，省同县结算，每担皮棉在国家统一收购价格基础上，给予超购奖励金 20 元，谁用棉谁负责。棉农口粮补贴，每收购 50 公斤皮棉补贴棉农 12.5 元，连同棉花价款一并向用棉单位收取。中央财政负担的加价款仍按 1988 年标准执行，即标准级皮辊棉每 50 公斤 30.62 元，其他等级按等级差率计算。每 50 公斤亏损补贴由原 5.8 元，1989 年调整到 8.2 元，1990 年又调整到 10.8 元。1990 年以县为单位，对超过定购基数部分的棉花，按每 50 公斤皮棉奖售稻谷的平议差价款（每 50 公斤稻谷平议差价按 12.5 元计算）补给棉农，同时取消每 50 公斤超定购棉花奖 20 元的规定。以上费用谁用谁负担。

五、石油价格补贴

由于石油价格的提高，国家为了支持农业、林业、渔业生产的发展，保证城市公共交通和农村道路客运的正常运转，从 2006 年起每年对县级财政追加石油提价补贴，2006 ~ 2012 年，乐安县财政支出石油价格补贴共计 2094.91 万元，其中用于林业方面支出 672 万元，交通运输（包括城市公共交通和农村道路客运）的支出 1331 万元，其他 91.91 万元。由于各个时期石油价格补贴支出所反映的科目不同（2006 年列政策性补助支出，2007 ~ 2008 年列工业商业金融事务支出，2009 年以后分别列林业、交通运输支出），因此附表中所列数字与其他相关表格反映的数字不一定会衔接。

1966～2012 年乐安县企业生产流通及政策性补贴支出明细表

表 2－188　　单位:万元

年度 \ 金额 \ 项目	挖潜改造资金支出	流动资金支出	新产品试制费	"五小企业"补助	粮油政策性补贴	副食品政策性补贴	民用煤价差补贴	棉花价差补贴	石油价格改革财政补贴	其他政策性补贴支出	合计
1966	—	1	—	—	—	—	—	—	—	—	1
1967	—	3	—	—	—	—	—	—	—	—	3
1968	—	2	3	—	—	—	—	—	—	—	5
1969	—	3	1	—	—	—	—	—	—	—	4
1970	—	20	—	—	—	—	—	—	—	—	20
1971	—	16	1	21	—	—	—	—	—	—	38
1972	—	7	3	28	—	—	—	—	—	—	38
1973	—	1	1	11	—	—	—	—	—	—	13
1974	—	5	2	11	—	—	—	—	—	—	18
1975	—	5	—	13	—	—	—	—	—	—	18
1976	—	7	1	4	—	—	—	—	—	—	12
1977	—	4	1	—	—	—	—	—	—	—	5
1978	68	8	2	—	—	—	—	—	—	—	78
1979	28	3	—	—	—	—	—	—	—	—	31
1980	24	—	1	8	—	—	—	—	—	—	33
1981	20	—	—	—	—	—	—	—	—	—	20
1982	10	—	1	—	—	—	—	—	—	—	11
1983	—	—	—	—	—	—	—	—	—	—	0
1984	—	—	—	—	—	—	—	—	—	—	0
1985	12	—	—	—	—	54	—	—	—	—	66
1986	16	—	—	—	—	77	10	8	—	—	111
1987	8	—	—	—	24	86	10	3	—	—	131
1988	20	—	—	—	624	83	9	3	—	—	739
1989	14	—	—	—	600	46	9	3	—	—	672
1990	6	—	—	—	535	76	9	3	—	—	629
1991	15	—	—	—	719	56	9	—	—	—	799
1992	15	—	—	—	655	53	12	—	—	—	735
1993	15	—	—	—	505	50	14	—	—	—	584
1994	15	—	—	—	543	51	15	—	—	—	624
1995	15	—	—	—	—	3	—	—	—	—	18
1996	17	—	—	—	141	5	—	—	—	83	246
1997	26	—	—	—	—	5	—	—	—	—	31
1998	155	—	—	—	6	4	—	—	—	—	165
1999	7	—	—	—	—	—	—	—	—	—	7
2000	5	—	—	—	794	16	—	—	—	—	815
2001	3	—	—	—	544	—	—	—	—	7	554
2002	3	—	—	—	251	1	—	—	—	—	255
2003	3	—	—	—	251	—	—	—	—	—	254
2004	3	—	—	—	251	—	—	—	—	—	254
2005	3	—	—	—	251	—	—	—	—	—	254
2006	—	—	—	—	251	—	—	—	48	50	349
2007	—	—	—	—	251	—	—	—	69	193	513
2008	—	—	—	—	251	—	—	—	196	281	728
2009	—	—	—	—	251	—	—	—	—	—	251
2010	—	—	—	—	71	—	—	—	—	—	71
2011	—	—	—	—	—	—	—	—	—	—	—
2012	—	—	—	—	—	—	—	—	—	—	—
合计	526	85	17	96	7769	666	97	20	313	614	10203

1987～2012 年乐安县粮油政策性补贴明细表

表 2－189

单位:万元

项目 金额 年度	粮油加价款	粮油价差补贴	国家储备粮油费用和利息补贴	地方粮油价外补贴	其他政策性补贴	其中				合计
						粮食专项基金	粮食风险基金	消化粮食政策性财务挂帐	新增粮食财务挂帐	
1987	24	—	—	—	—	—	—	—	—	24
1988	551	73	—	—	—	—	—	—	—	624
1989	248	326	26	—	—	—	—	—	—	600
1990	407	128	—	—	—	—	—	—	—	535
1991	436	88	195	—	—	—	—	—	—	719
1992	36	—	619	—	—	—	—	—	—	655
1993	24	—	479	2	—	—	—	—	—	505
1994	86	—	457	—	—	—	—	—	—	543
1995	—	—	—	—	—	—	—	—	—	—
1996	34	—	107	—	—	—	—	—	—	141
1997	—	—	—	—	—	—	—	—	—	—
1998	6	—	—	—	—	—	—	—	—	6
1999	—	—	—	—	—	—	—	—	—	—
2000	—	—	—	—	794	—	502	214	78	794
2001	—	—	—	—	544	—	251	200	93	544
2002	—	—	—	—	251	—	251	—	—	251
2003	—	—	—	—	251	—	251	—	—	251
2004	—	—	—	—	251	—	251	—	—	251
2005	—	—	—	—	251	—	251	—	—	251
2006	—	—	—	—	251	—	251	—	—	251
2007	—	—	—	—	251	—	251	—	—	251
2008	—	—	—	—	251	—	251	—	—	251
2009	—	—	—	—	251	—	251	—	—	251
2010	—	—	71	—	—	—	—	—	—	71
2011	—	—	—	—	—	—	—	—	—	—
2012	—	—	—	—	—	—	—	—	—	—
合计	1852	615	1954	2	3346	0	2761	414	171	7769

1985～2002 年乐安县副食品政策性补贴明细表

表 2－190

单位:万元

项目 金额 年度	市镇居民肉食价格补贴	平抑市价肉食价差补贴	其他政策性补贴	其中		合计
				生猪风险基金	副食品价格调节基金	
1985	54	—	—	—	—	54
1986	77	—	—	—	—	77
1987	86	—	—	—	—	86
1988	83	—	—	—	—	83
1989	46	—	—	—	—	46
1990	75	1	—	—	—	76
1991	45	11	—	—	—	56
1992	53	—	—	—	—	53
1993	50	—	—	—	—	50
1994	51	—	—	—	—	51

续表 2－190

项目 金额 年度	市镇居民肉食价格补贴	平抑市价肉食价差补贴	其他政策性补贴	其中 生猪风险基金	其中 副食品价格调节基金	合计
1995	3	—	—	—	—	3
1996	5	—	—	—	—	5
1997	5	—	—	—	—	5
1998	3	1	—	—	—	4
1999	—	—	—	—	—	0
2000	16	—	—	—	—	16
2001	—	—	—	—	—	0
2002	1	—	—	—	—	1
合计	653	13	0	0	0	666

第二十一章　其他支出

其他支出，是预算内财政支出的最后一个支出项目，预算内的财政支出，除上述第一章至第二十章的支出外，其他都统归于其他支出项目。在政府预算支出科目中，经常有改变科目名称的现象，有时有些科目由类改款或由款改类，比较频繁，有时有些科目的类或款属于过渡性质，甚至在若干年的决算报表中只使用过一次。1982 年设立的其他事业费类，之后几经修改，至 1999 年改为税务等部门的事业费。从 1952～1981 年期间，列入其他支出中的税务事业费、工商管理事业费、统计事业费、公社（后改乡镇）财政干部事业费、幼托事业费、财务费（后改财政事业费）、农业税征收经费、其他事业费等支出项目，为志述方便，将以上列举的这些事业费从原其他支出中划出分别在各有关章节中志述。

1952～2012 年，其他支出共计 23890 万元。

1952～2012 年乐安县其他支出明细表

表 2－191　　单位：万元

项目 金额 年度	城镇人口下乡经费	其中 城镇居民下乡补助费	其中 城镇知识青年下乡补助	城镇青年就业经费	干部下放劳动锻炼经费	预留和缴回的资金	其他（杂项）支出	合计
1952	—	—	—	—	—	—	1	1
1953	—	—	—	—	—	—	2	2
1954	—	—	—	—	—	—	—	—
1955	—	—	—	—	—	—	5	5
1956	—	—	—	—	—	—	—	—
1957	—	—	—	—	—	—	1	1
1958	—	—	—	—	—	—	1	1
1959	—	—	—	—	—	—	35	35
1960	—	—	—	—	—	—	2	2
1961	—	—	—	—	—	—	2	2
1962	—	—	—	—	—	—	5	5
1963	—	—	—	—	—	—	6	6
1964	—	—	—	—	—	—	9	9
1965	—	—	—	—	1	—	5	6
1966	—	—	—	—	1	—	8	9
1967	—	—	—	—	—	—	8	8
1968	5	—	5	—	3	—	5	13
1969	36	—	36	—	44	—	2	82

续表 2 - 191

项目 / 金额 / 年度	城镇人口下乡经费	其中		城镇青年就业经费	干部下放劳动锻炼经费	预留和缴回的资金	其他（杂项）支出	合计
		城镇居民下乡补助费	城镇知识青年下乡补助					
1970	40	—	40	—	42	—	5	87
1971	—	—	—	—	38	—	2	40
1972	1	—	1	—	7	—	1	9
1973	41	—	41	—	4	—	7	52
1974	31	—	31	—	2	—	3	36
1975	23	—	23	—	2	—	5	30
1976	9	—	9	—	2	—	2	13
1977	13	—	13	—	1	—	7	21
1978	10	—	10	—	1	—	4	15
1979	11	—	11	—	1	—	7	19
1980	25	—	25	—	—	—	10	35
1981	8	—	8	—	—	4	9	21
1982	5	—	5	—	—	—	33	38
1983	—	—	—	16	—	-4	9	21
1984	—	—	—	7	—	—	14	21
1985	—	—	—	4	—	—	48	52
1986	—	—	—	3	—	—	52	55
1987	—	—	—	5	—	—	42	47
1988	—	—	—	2	—	—	79	81
1989	—	—	—	2	—	—	123	125
1990	—	—	—	2	—	—	121	123
1991	—	—	—	2	—	—	159	161
1992	—	—	—	2	—	—	72	74
1993	—	—	—	4	—	—	68	72
1994	—	—	—	2	—	—	25	27
1995	—	—	—	3	—	90	74	167
1996	—	—	—	3	—	-90	166	79
1997	—	—	—	2	—	130	160	292
1998	—	—	—	—	—	-130	429	299
1999	—	—	—	—	—	—	302	302
2000	—	—	—	—	—	—	142	142
2001	—	—	—	—	—	—	553	553
2002	—	—	—	—	—	—	668	668
2003	—	—	—	—	—	—	882	882
2004	—	—	—	—	—	—	1095	1095
2005	—	—	—	—	—	—	1989	1989
2006	—	—	—	—	—	—	6158	6158
2007	—	—	—	—	—	—	973	973
2008	—	—	—	—	—	—	904	904
2009	—	—	—	—	—	—	4009	4009
2010	—	—	—	—	—	—	2414	2414
2011	—	—	—	—	—	—	914	914
2012	—	—	—	—	—	—	588	588
合计	258	—	258	59	149	—	23424	23890

第一节　城镇人口下乡经费

为了顺利地进行国民经济调整工作，完成精减职工任务，1962 年 6 月 1 日国务院全体会议第 116 次会议通过的《关于精减职工安置办法的若干规定》。精减下来的职工，主要应当安置到农村，凡是来自农村，能够回乡的，都应当说服他们回到本乡的生产队中去参加农业生产，一些原来就生长在城里的职工，凡是愿意下乡落户的，可以安置到有亲朋照顾的生产队去，或者有组织地安置一批到条件较好的生产队去，或者由干部带头率领一批到缺乏劳力的公社去安家落户，参加农业生产。同时，对上述回乡、下乡的职工，根据不同情况规定了各种待遇。

1963 年 8 月 19 日，中共中央、国务院批转中央安置工作领导小组关于城市精简职工和青年学生安置工作领导小组会议的报告中指出：分散插入人民公社生产队，是今后安置城市下乡生产人员的主要方式。其次是插入国营农、牧、林、渔场，再其次才是建立新的国营农、牧、林、渔场，并且要各级安置工作领导小组把插队工作统管起来。

一、城镇居民下乡补助费

1961 年 7 月至 9 月 20 日全县精简职工及城镇居民共 1875 人（其中职工 1328 人、干部 116 人、居民 38 人、家属 299 人、社会知识青年 94 人），下放农村参加农业生产。1962 年精简干部 446 人、职工 92 人，城镇居民 2534 人，参加农业生产。乐安县对精简职工的待遇及旅费问题进行了明确规定：

（1）1958 年以来参加工作的职工，除了发给他们精减的当月的工资以外（当月工资的发法，工作不满半个月的发给半个月的工资，工资超过半个月的，发给全月的工资），另按以下标准发给补助费：①临时工和合同工：工作在半年以上不满两年的，发给半个月的本人标准工资；工作在二年以上不满三年的，发给 1 个月的本人标准工资；工作在三年以上不满四年的，发给一个半月的本人标准工资；工作在四年以上的，发给 2 个月的本人标准工资；工作不满半年的不享受生产补助金的待遇，五月底以前精简下放的不再补发。②长期工和学徒工：工作（或学习，下同）不满一年的，发给一个月的本人标准工资（学徒为生活补贴，下同）；工作在一年以上不满两年的，发给 1 个半月的本人标准工资；工作在二年以上不满三年的，发 2 个月的本人标准工资；工资在三年以上不满四年的，发给 2 个半月的本人标准工资；工作在四年以上的，发给 3 个月本人标准工资，5 月底以前精简下放的不再补发。

（2）1957 年底以前参加工作的职工，精简回家时，除由原单位发给本人当月应得工资外，并按照下列规定发给其退职补助费：工作十年以内，每满一年发给一个月的本人标准工资，十年以上，从第十一年算起，每满一年，发给一个半月的本人标准工资。

（3）退职职工应领退职补助费不超过 300 元的，在精简时一次发给；超过 300 元，不足 600 元，在精简时发给 300 元，其余在办理退职手续满两年时发给；退职费在 600 元以上者，超过 600 元的部分在办理退职手续满两年时发给；第二期或者第三期应发的金额在 50 元以内的，可以在前一期一并发给。少数职工因特殊原因（如需要归还借款）经主管部门或当地精简办公室批准，第一期发放金额可酌情放宽。但以前分二期发给，已办理了手续，可以不必重新处理。分期发放的退职补助费，应在精简时由原单位分别发给证明。为了便于到期领取，凭证明书可以委托职工退职后居住地的人民银行代为托收，兑领现金。外省按银行规定办理。

（4）国务院规定下达以后（1962 年 6 月 1 日）精简安置在各场劳动的职工，一律按调职处理，不办理退职手续，并按农场职工工资标准重新确定工资，也不发给退职补助费或加发安家补助费。新确定工资低于原来工资的，第一年仍执行本人原来工资标准；满一年后，改行农场职工工资标准，并按如下办法加发津贴一年：凡 1958 年 1 月以后参加工作的职工，可以加发本人原来标准工资 30% 的津贴；1953 年 1 月至 1957 年年底间参加工作的职工，可以加发 40% 的津贴；1952 年年底以前参加工作的职工，可加发 50% 的津贴，按照农场职工工资标准加上加发的津贴，如高于本人原来标准工资的，应按原来工资发给。

凡是安置在各场劳动的职工，其工资及津贴全部由场支付。各场支付这些职工的差额工资和津贴，有盈余的场，可以顶上缴利润；利润不足或无盈余的场，可以报当地财政部门批准开支。1963 年 1 月 1 日列入经费预算计划。

（5）对于那些因本乡是灾区，或者回乡职工过多，无法安置，而安置到外乡的职工，原来就生长在城镇里，现在自愿下乡落户的职工，和因工部分丧失劳动能力原来享受因工残废补助待遇的回乡、回家职工，为了便于解决他们的实际困难，可以由原单位或者原单位主管部门根据节约的原则，在他下乡的时候，于他们应得的生产补助费或退职补助费之外，另酌情一次加发一个月至三个月的本人标准工资的安家补助费。

(6)职工本人及其随行的供应亲属回乡时所需的车费和途中伙食补助费,由原工作单位按照现行规定的标准发给。

1983年对精简人员符合退职条件的办理退职手续,一律每月按原工资的40%发给退职金,全县共3500元。1984年每月发给退职金,全县共5600元,对其余生活确有困难的定时发给补助款,全县共2.16万元(计205人),1985年每月发给退职金,全县计5650元,对其余生活有困难的定期发给补助款,全县共2.31万元。以上支出均在社会救济支出中反映。

1968年10月4日,贯彻毛泽东"五七"指示,将干部职工651人、城镇居民849人下放到农村安家落户,参加农业劳动。

二、城镇知识青年下乡补助费

1964年1月16日,中共中央、国务院《关于动员和组织城市知识青年参加农村社会主义建设的决定(草案)》:"为了进一步贯彻执行毛泽东同志提出的以农业为基础以工业为主导的发展国民经济的总方针,进一步加强农业战线,建设现代化的农业,建设社会主义的新农村,中共中央、国务院认为,在今后一个相当长的时期内,有必要动员和组织大批的城市知识青年下乡参加农业生产。"

1969年1月18日,财政部军管会、中央安置办公室《关于1969年下乡计划和安置经费问题的请示报告》,关于安置经费开支范围问题:今年各地城镇人员下乡面广,安置形式较多,出现不少新的情况,为了便于各级革委会的一元化领导,统筹安排,简化供应资金渠道,除安置家居城镇的初、高中毕业生、社会青年、闲散劳动力和脱离劳动的居民的经费,统由城市人口下乡安置经费中开支外,下乡落户的大学毕业生和随同城镇知识青年一起下乡落户的干部、医务人员及其他职工,所需路费和建房补助费,也由城市人口下乡安置经费中解决。

由于1973年和1974两年来知识青年下乡补助经费大量下拨,多数地方都注意按中央和省有关规定做好管理、使用工作,但也有少数地方为了省事,不区别对待全部下拨,有的随便开支,乱花滥用。为此,江西省革命委员会知识青年上山下乡办公室、省财政局于1974年10月5日下发了《城镇知识青年上山下乡经费管理使用的暂行规定》。知识青年上山下乡经费,是国家为了支持城镇知识青年上山下乡,建设社会主义新农村的专项补助费,必须切实用于上山下乡知识青年的住房和生活等方面,不准挪作他用,超过国家规定开支标准的所需经费由各地自行解决。经费标准和使用范围:(1)到农建师和国营农、林、牧、渔场的知识青年每人补助400元,扣除旅途费10元由动员城市掌握外,实为390元,具体开支项目由本单位自行规定。(2)回农村老家落户,到农村插队和建立集体所有制队、场的知识青年,每人补助480元。其中:①建房补助220元,主要用于木材、砖瓦等基本材料的开支,平均每人建8平方米~10平方米坚固适用的房屋;②生活补助费160元,下乡头一年补助80元左右,其余由县统一掌握,用于下乡青年在正常出勤情况下收入低或因病等特殊困难,生活不能自给的补助;③农具家具费55元,由县或公社掌握使用;④学习材料费10元,由县统一掌握;⑤医疗补助费10元,由县统一掌握,用于下乡青年参加合作医疗和重大疾病的补助开支;⑥旅运费10元,由动员县、市掌握,用于下乡青年从动员地区到安置地点所需的车船费、行李运费、住宿费,结余的旅运费可用于知识青年的其他开支;⑦其他费用15元,其中省掌握10元,地、市掌握5元,用于下乡青年丧葬费等特殊开支。各级知青办的业务费,列入各级地方财政预算,不在知识青年经费内开支。

1968~1978年,全县有下放知识青年4588人,其中江西2人,抚州419人,乐安1904人,上海市2263人。1968年至1982年共支出城镇知识青年下乡经费258万元。

1979年,江西省知青办会同省财政局召开了知青财务工作会议,对于历年来结存的知青经费的使用问题作了研究。

1980年,江西省人民政府赣政发(1980)183号文件,批转省知青办、省财政厅《关于清理知青经费、物资的请示报告》。抚州地区行署抚行发(1980)83号文件发出了《关于加强"双清"工作领导的通知》。抚州地区农业银行、抚州地区行政公署知青办、抚州地区财政局联合发出了《关于成立"双清"工作小组的通知》要求各县参照地区做法,组织"双清"小组,切实把"双清"工作全面开展起来。

至1981年,这些被下放农村的知识青年,陆续通过参军、升学、提干、招工、调遣等途径先后离开了农村。

第二节　城镇青年就业经费

1980年2月20日,国务院知青领导小组、财政部关于实行新财政体制后知青经费管理使用问题的通知,1980年起国家实行新的财政体制,为了切实解决好下乡知识青年的问题,促进安定团结的大好形势,知青经费划归地方财政支出后,其开支范围、标准和管理使用的规定不变,可结合本地区实际情况贯彻执行。知青经费对地方财政实行包干指标的基数,在保证城镇知识青年下乡需要的安置费、扶持生产资金和业务费后,如有多余,可用于解决城镇待业青年的就业问题,但在地方财政预、决算中要分别反映。

1981年10月17日,中共中央、国务院下发关于广开门路,搞活经济,解决城镇就业问题的若干决定。城镇青年就业是国民经济中的一个重大问题,中共十一届三中全会以后,对于解决城镇劳动就业问题,曾经提出要注意广开门路,发展集体所有制经济,之后又进一步提出"在国家统筹规划和指导下,实行劳动部门介绍就业,自愿组织起来就业和自谋职业相结合"的方针。从历史经验、目前需要和今后趋势看,结合各地具体条件,发展与人民生活关系密切的商业、服务性行业和消费品生产行业的前景是广阔的,解决城镇劳动就业的潜力是很大的。今后在调整产业结构的同时,必须着重开辟集体经济和个体经济中的就业渠道。建立和健全劳动服务公司的机构,充实人员更好的发挥它的作用,劳动服务公司既担负着组织社会劳动力进行经济活动的任务,又担负着劳动部门的部分行政职能。根据规定1981年8月乐安县劳动局和县工商系统分别组建了劳动服务公司以安排待业青年就业。

鉴于城镇知青由上山下乡为主转到以城镇安置为主,原财政包干的知青业务费的使用,也要相应转变,包干数仍应保证为城镇知青就业所需的知青培训费与必要的业务活动费,在安排的知青业务费中开支。1982年知青经费和劳动服务公司补助,大部分作为安置城镇待业青年,扶持生产周转金使用。

为了统筹解决好知青工作问题,国务院于1978年召开了知青工作会议,经中央批准发出了文件,江西省委也于1979年召开了全省知青工作会议,发出了文件。根据文件精神各级政府广开就业门路,安排了大量的待业青年就业,各级都制定了一系列优惠政策。能够做到在城市安排的,可以不下乡,不能在城市安排的,就要鼓励知青上山下乡。新办的以知青为主的集体所有制场(厂)队和农工商联合企业,从创办之日起,五年内不交税,不上缴利润,不负担农付产品的统购派购任务。在1980年以前办起来的场队,仍按中央〔1978〕74号文件规定,在1985年以前实行"三不"政策。

1985年10月4日,省劳动人事厅、财政厅印发《江西省城镇青年就业补助费管理使用的实施办法》。城镇青年就业补助费(简称就业经费)包括劳动人事部、财政部分配的劳动服务公司补助费和省劳动人事厅、财政厅安排给各地的就业经费(含省财政包干给各地、市的业务费)以及省地市县结存知青经费,是国家规定用于安置城镇青年就业的专项资金,要专款专用,年终结余,转下年度继续使用。对于原知青部门结存的知青安置费和扶持生产资金,各地应转作就业经费中的扶持生产资金使用;预算外结存的清理回收知青结余款及知青财产变价收入款,则应转作解决下乡老知青遗留问题及扶持生产资金使用。就业经费使用范围分为扶持生产资金、就业培训费、业务费、其他费用四个项目:(1)扶持生产资金,用于地方各级劳动服务公司扶持、兴办、安置城镇青年就业的集体企业所必须的资金,扶持生产资金是周转性质的实行借款办法,到期收回,回收资金仍属财政资金作为预算外资金管理,继续周转使用;(2)就业培训费。用于组织城镇青年就业前培训的教学材料、教学设备、教师补贴和租用教学场地等所必须的费用;(3)业务费,用于县以上劳动人事部门开展安置城镇青年就业工作的业务活动费用,包括培训劳动服务公司主要业务干部、编印学习宣传材料和统计资料、印刷业务表册等;(4)其他费用,用于县以上劳动人事部门组建的劳动服务公司在开办初期必须购置的低值办公用具和经过批准开支的行政、事业编制人员经费等方面。

为了加强城镇青年就业扶持生产资金管理,提高资金使用效益,促进城镇劳动就业工作,根据劳动人事部、财政部有关规定,1988年6月9日江西省劳动人事厅、财政厅印发了《江西省城镇青年就业扶持生产资金管理使用暂行办法》。扶持生产资金是国家财政用于扶持发展各种形式的集体经济、安置城镇青年就业的专项资金,是就业经费的组成部分,它属于有借有还,周转使用的性质,必须坚持专款专用原则。(1)扶持生产资金的来源:①上年度结转的预算内外扶持生产资金;②当年财政预算内外安排的扶持生产资金(包括上级追加和本级安排);③当年收回的扶持生产资金;④劳动部门其他各项预算外收入用于扶持生产资金部分。(2)扶持生产资金的使用范围和投放原则;扶持生产资金用于各级劳动服务公司扶持、兴办为安置城镇青年就业而举办独立核算的集体企业;重点扶持那些投资少、见效快、安人多的企业,扶持发展第三产业、加工业和种植业;推动企业实行经济联合,促进经济事业发展,做到扶持一个点,带动一大片。(3)借用扶持生产资金的集体企业,必须具备的条件:①有工商行政管理部门发给的营业执照;②以安置城镇就业青年为主(占职工总数60%以上);③实行独立核算、自负盈亏,有一定的自有资金,在银行立有结算账户;④具有一定的生产条件,有发展前途,在短期内有能力偿还借款,并有主管单位承担还款责任;⑤管理制度健全,配有专职会计人员。(4)扶持生产资金的借用手续和还款期限:借用扶持生产资金,由借款单位提出申请,内容包括需要扶持的生产经营项目的可行性报告,安置效果和经济效益预测,资金筹集情况,借款数额和还款计划等。经主办单位审查同意后,报县劳动部门(劳动服务公司)和财政部门,劳动部门(劳动服务公司)和财政部门对申请扶持的项目,要认真从市场、资源、技术和资金等方面进行深入考察和核实,经审查同意的借款,由财政部门委托劳动部门(劳动服务公司)与借款单位签订借款合同,办理借款手续。合同一经签订,就具有法律效力,借款单位必须按合同规定范围使用扶持生产资金,按期归还借款,担保的主办单位要监督借款单位合理使用资金,履行合同,承担经济责任。扶持生产资金借款期限,一般为1~2年,对就业难度较大,生产周期长的项目,还款期限为3年,一般按"3∶7"或"2∶4∶4"的比例归还借款。对新借出的扶持生产资金,向用款单位按月收取2‰的资金占用费,对逾期不还的,从到期之日起。按月收取8‰的逾期占用费(含历年的扶持生产资金),收取的资金占用费和逾期占用费,增加劳动部门扶持生产资金基数。

城镇青年就业经费从1982年至1993年为政府预算支出科目中类级科目。1994年至1997年取消该类级科目,改在其他支出类科目(杂项支出)中反映。

乐安县城镇青年就业经费从1983年至1997年共支出59万元。1998年至2002年无此项支出。2003年以后在社会保障和就业支出类反映。2003年以后的支出在本篇第六章第六节中志述。

第三节　干部下放劳动锻炼经费

1957年12月12日,乐安县县属各机关和企事业单位,抽调干部、教师200人,下放至本县大马头垦殖场劳动锻炼。下放人员经过一定时间的劳动锻炼,仍回原单位工作。

1958年2月2日,继续抽调各机关单位职工224名,下放到农村、厂矿和商店轮流锻炼。

1961年7月至9月20日,精简干部116名,1962年精简干部446名。

本节所述的干部下放劳动锻炼经费,不包括上述干部下放和精简干部的经费支出。

1968年10月4日,乐安县为贯彻毛泽东"五·七"指示,将干部职工615人,下放到农村安家落户,参加农业劳动。同时接受省、地下放的干部、教师、文艺工作者及医务人员来乐安参加劳动锻炼。共计1200多名。对上述下放干部,从1972年起陆续调回原单位或者另行安排工作。

1968年11月4日,乐安县革命委员会转发了江西省革命委员会《关于下放人员经费开支、粮油供应问题的通知》,并结合乐安现行情况作了如下补充规定:

1. 县属各单位下放人员经费开支

凡原属财政预算拨款的行政、事业单位人员,由原供给单位开列下放人员名单、工资金额、下放地点和工资发放起止时间,填写清单一式两份,一份存查,一份报送财政局,由县财政局收回分配预算指标,追加下放人员所在下放公社预算,由财政拨款给公社并入公社行政支出报销。属于厂矿企业不属财政预算拨款的商业、粮食、供销等企业事业单位,由原供给单位或合并新建单位开列下放人员名单、工资金额、下放地点分月拨寄下放人员所在公社代发,列代管经费。

2. 下放人员医疗、福利、公用经费

属公费医疗的下放人员可凭公费医疗证转移所在公社卫生院(所)诊治,按公费医疗规定向县卫生部门报支;不属公费医疗的企事业单位下放人员的医疗费用,医疗单位可采取记账方法向下放人员原属单位托收取款。福利费仍集中统一掌握,下放人员遇有生活困难,需要组织照顾时,由本人提出申请再交公社审批签署意见,分别由下放人员工资供给隶属单位研究补助。公用经费一律按县、社干部年度预算分配标准,统一由原属供给经费的隶属单位并同工资一起划拨公社统一掌握使用,不分发到下放个人。

3. 省、专下放人员的经费开支

按省革委会通知的预算划转规定,由县财政局按下放人员名单、工资、下放地点拨给公社发放,并入公社行政经费列报。医疗、福利、公用经费按县属行政、事业财政预算拨款单位下放人员同样处理。

乐安县自1980年以后就没有干部下放劳动锻炼经费支出,全县从1965年至1979年共支出149万元,支出较大的是1969年44万元,1970年42万元,

1971年38万元。从1972年起下放干部陆续调回原单位或另行安排工作，因此经费支出明显减少，1972年仅支出7万元，并逐年减少。

第四节　其他（杂项）支出

乐安县从1952年开始有财政决算，其他支出的内容主要包括未划分项目的或临时性的开支，随着支出项目的规范，上世纪50年代至70年代的临时性支出相对较少，尽管财政决算报表中根据当时的情况统一规定了一些项目，但是除表列内容之外的临时性杂支仍然不少，从上世纪80年代决算报表中可以看出逐渐增加的趋势，尤其是90年代中后期在规定项目之外的支出猛增。

1981～2012年，乐安县其他（杂项）支出23274万元，占本章其他支出总额的97.4%。这里只是对使用时间较长或金额较大以及重点项目分述如下：

一、兵役征集费

1954年11月2日，江西省人民政府、省军区联合通知《关于兵员报到登记及征集费开支范围标准的规定》：（1）征集报到登记费，包括体格检查费、公杂费、应征者体格检查时伙食费；（2）征集费，包括途中伙食费、车船费（以上指由村到县集中期间）、伙食费、炊事员工资、公杂费（以上指在县集中期间）、招待费（在县集中期间新兵家属、村干部来县探望的伙食招待费）、会餐费（由县交部队前之会餐费，只限一次）。征集报到登记费及征集费，由省财政厅根据各地报告登记及征集兵员数计算经费，专案拨给县财政科掌握，作为代管经费处理，根据县征集委员会需要编制预算，经审核拨给，由县征集委员会于经费开支后及时办理决算报县财政科，专案转省财政厅报销。

1955年11月，省人民委员会、省军区联合通知，对兵役登记、征集经费开支作了调整：（1）兵役登记费，包括登记工作人员训练费、兵役登记公杂费；（2）征集费，包括体格检查费（含医务人员费用）、征集办公费和征集站的费用、新兵车船费、新兵途中伙食补助费、新兵集中期间伙食费、炊事员工资、新兵会餐与欢送费、新兵集中期间的公杂费、其他费用。开支标准比上年有所提高。以上均指部队从县接兵前之费用。

1985年10月24日，国务院、中央军委发布的《征兵工作条例》中关于经费开支：国防部开展征兵工作所需经费，列入中央预算；省征兵和兵役登记工作所需经费，列入地方预算“兵役征集费”科目。县下发新兵被服所需的运输费由兵役征集费开支。送兵人员在部队办理新兵交接期间的伙食补助费和返回的旅差费，由县兵役征集费开支。

从2006年起，兵役征集费在其他一般公共服务支出列支。

二、人武部营房修缮费

原县民兵大队于1951年12月改为县人民武装部，1954年8月县人民武装部撤销，成立县兵役局，1959年2月县兵役局仍改为人民武装部。

财政决算报表中其他支出科目，从1957年起根据上级有关文件规定，乐安县开始有地方兵役局营房修缮费，后改为人武部营房修缮费至1984年止。1986年人民武装部改归地方建制后，人武部的各项经费均列入行政支出，至1996年人民武装部又收归军队建制为止。此后由地方安排的人武部事业编制经费列入其他支出杂项中的其他支出反映。

三、少数民族地区补助

乐安县金竹乡是该县畲族群众聚居的乡。中华人民共和国成立之后，党和国家对少数民族群众的生产和生活非常关心，从社会救济、粮食返销到扶贫开发，从1983年起每年都给予少数民族地区专项补助。

2002年10月，经江西省人民政府批准，金竹乡改设“金竹畲族乡”之后，各级政府对该乡的专项补助越来越多，特别是中共江西省委办公厅、江西省人民政府办公厅颁发了《关于促进民族乡经济社会又好又快发展的意见》之后，各级政府都加大了对少数民族乡的各方面的投入。

为规范和加强资金的管理，2006年7月，抚州市财政局、抚州市民族宗教事务局转发了财政部、国家民族事务委员会印发《少数民族发展资金管理办法》的通知。《少数民族发展资金管理办法》指出：少数民族发展资金是中央财政设立的用于支持贫困少数民族地区推进兴边富民行动、扶持人口较少民族发展、改善少数民族生产生活条件的专项资金，是中央财政扶贫资金的组成部分。

少数民族发展资金的使用范围：

（1）改善生产生活基础条件，包括修建乡村人畜饮水、电、路、便桥、农村能源等设施，以及改造特困群众的茅草房、危房；

（2）培训少数民族群众劳动技能、推广先进适用的生产技术；

（3）发展具有一定资源优势和地方特色的种植业、养殖业、农产品加工业，手工业和民族特色旅游产业。

少数民族发展资金纳入财政国库单一账户统一管理,实行分账核算。少数民族发展资金实行报账制管理,当年结余,可结转下年继续使用。

中央财政每年从少数民族发展资金中提取1.5%的管理费,分配给地方使用,管理费是少数民族发展资金的一部分,主要用于县级项目规划编制、项目库建设、项目管理与培训、项目公示公告、资金报账管理等方面开支。省以下财政部门、民族工作部门不得再从中提取管理费用。

2010年4月,江西省财政厅、江西省民族宗教事务局印发了《民族乡生产扶助资金管理暂行办法》:

(1)民族乡生产扶助资金(以下简称"扶助资金"),是指省委、省政府为加快民族乡经济发展,改善少数民族生产生活条件,筹集并设立的专项资金。

(2)扶助资金原始资金总额为2400万元。民族乡所在地市、县(市、区)政府可根据需要和自身财力情况,逐步增加资金总量。

(3)扶助资金按照"有偿使用、无息扶持、定期周转、按期偿还"的原则,作为小额贷款滚动使用。

(4)扶助资金的使用范围:①对有一定资源优势和地方特色的种植业、养殖业、农产品加工业、手工业和具有民族特色的旅游业等项目发放小额贷款。贷款项目应确保有经济效益、有市场前景、有偿还能力。贷款期限一般为1~2年,最长不超过3年。②其他有必要扶持的项目。

民族乡主要负责同志离任时,要将扶助资金使用结存情况纳入离任审计范围。

财政对少数民族地区的补助,乐安县从1983年起财政决算报表有反映支出,当年支出0.3万元,列其他支出。1984~1987年列其他支出9万元;1988~1990年列支援不发达地区支出4万元;1991~1997年列其他支出11万元;1998~2006年列支援不发达地区支出102万元;2007~2012年列一般公共服务中的民族事务支出165万元,从1983年到2012年共列支291万元。除此之外,2003年以来财政在文化、教育、卫生、行政政法及农林水事务方面列支的少数民族乡的专项经费有:农村公路建设506万元、文化113万元、教育627万元、卫生88万元、公共安全25.1万元、基础设施建设268.24万元、农林水事务方面627万元,合计2254.14万元。

四、住房改革支出

该节部分详细内容已在第十六章志述,这里只反映2007年至2009年三年住房公积金支出754万元。其中2007年37万元,2008年425万元,2009年292万元。

五、对村民委员会补助

该节部分详细内容已在第十章第六节中已志述,这里只反映2002年至2006年的支出数为4363万元。2007~2009年列农业支出,2010年至2012年列农村改革支出。

六、杂项支出

其他支出项目中的杂项支出名目繁多,其中已经成为历史的支出项目有打虎经费。1955年、1957年江西省人民委员会规定打死虎、豹1只奖现金30元,打死野猪1只奖3元,打死豺狼1只奖10元,打死狗熊1只奖15元。1983年江西省人民政府办公厅、江西省军区司令部通知停止执行消灭害兽发给奖金的规定。此项经费可由各地用于奖励保护和发展野生动物,特别是珍稀野生动物有成绩的单位。

杂项支出中支出金额较大的项目有:招商引资、市场建设、城镇基础设施建设、工业园区建设等。

1981~2012年乐安县其他(杂项)支出明细表

表2-192　　单位:万元

年度\金额\项目	兵役征集费	人武部营房修缮费	少数民族地区补助	住房公积金	村委会补助	杂项支出	其中:决算表中列有的项目	其中:表上未列属一次性支出	其中:其他	合计
1981	1	1	—	—	—	7	7	—	—	9
1982	1	2	—	—	—	30	—	—	30	33
1983	1	2	—	—	—	6	6	—	—	9
1984	1	2	3	—	—	8	4	4	—	14
1985	1	—	2	—	—	45	—	—	45	48
1986	1	—	2	—	—	49	—	—	49	52
1987	1	—	2	—	—	39	39	—	—	42
1988	2	—	—	—	—	77	—	—	77	79
1989	2	—	—	—	—	121	27	—	94	123

续表 2－192

项目／金额／年度	兵役征集费	人武部营房修缮费	少数民族地区补助	住房公积金	村委会补助	杂项支出	其中			合计
							决算表中列有的项目	表上未列属一次性支出	其他	
1990	5	—	—	—	—	116	116	—	—	121
1991	3	—	2	—	—	154	154	—	—	159
1992	3	—	1	—	—	68	34	—	34	72
1993	2	—	5	—	—	61	5	—	56	68
1994	2	—	—	—	—	23	8	—	15	25
1995	2	—	—	—	—	72	72	—	—	74
1996	3	—	1	—	—	162	75	—	87	166
1997	5	—	2	—	—	153	27	126	—	160
1998	7	—	—	—	—	422	—	—	422	429
1999	8	—	—	—	—	294	15	—	279	302
2000	6	—	—	—	—	136	10	—	126	142
2001	9	—	—	—	—	544	11	—	533	553
2002	8	—	—	—	273	387	11	—	376	668
2003	9	—	—	—	273	600	12	—	588	882
2004	2	—	—	—	985	108	16	—	92	1095
2005	8	—	—	—	1295	686	11	—	675	1989
2006	—	—	—	—	1537	4621	1902	—	2719	6158
2007	—	—	—	37	—	936	—	—	936	973
2008	—	—	—	425	—	479	—	—	479	904
2009	—	—	—	292	—	3717	—	—	3717	4009
2010	—	—	—	—	—	2414	—	—	2414	2414
2011	—	—	—	—	—	914	—	—	914	914
2012	—	—	—	—	—	588	—	—	588	588
合计	93	7	20	754	4363	18037	2562	130	15345	23274

第二十二章　财政部门管理的预算外资金支出

财政部门管理的预算外资金支出，主要是根据国家财政制度的规定，按照预算外资金项目的性质，由财政部门支配的资金。其资金来源主要是各项附加收入，财政部门集中的县办企业资金（利润留成，更改折旧基金等）、财政部门集中、统管的事业收入和杂项收入等。资金支出分类，根据有关年度财政决算报表反映分为：经济建设类、社会文教科学类、行政管理类和其他支出。但从 1992 年以后则分为固定资产投资、城市维护、行政事业费和其他四类。从 1997 年起，财政部门管理的预算外资金收入纳入财政预算管理。按照国家农村税费改革的规定，2004 年农业税减征 43%，从 2005 年起农业税停止征收。随之按比例征收的农业税附加也相应减征和停止征收。

乐安县从 1953 年开始有预算外资金支出，到 1997 年（除 1961 年未找到资料外）共支出 1624.5 万元。

第一节　经济建设支出

本节主要反映财政部门管理的预算外资金用于经济建设方面的支出。具体包括用于工业，农林水、交通邮电、城市维护和其他经济建设方面的支出。从 1953 年到 1991 年共支出 547.6 万元。

一、用于工业方面的支出

从 1953 到 1991 年共支出 237.5 万元，其资金来源主要是财政部门集中的县办工业企业利润留成、企业更新改造资金和基本折旧基金、工业集资（1958 年全县工业集资 1.8 万元）和从集中的各项附加中安排用于工业建设等。1959 年全县用于工业方面的支出12.4万元。其中县印刷厂3.35万元、发电厂4.5万元、第一机瓦厂1.3万元、第二机瓦厂1万元、罗陂铁矿及和平铁矿等2.25万元。1960年全县用于工业方面的支出24.5万元。其中:牛田、沙堆等铁厂7.2万元、农机厂8.5万元、印刷厂2万元、酒厂1.1万元、第一机瓦厂1.2万元、仲溪煤矿3.4万元、发电、石灰等厂1.1万元。1970年全县用于工业方面的支出19.8万元,其中县钢铁厂17万元、电机厂2.3万元、制药厂0.5万元。1972年全县用于工业方面的支出45.6万元。其中包括水泥厂建车间、改球磨机,无线电厂建水井、厕所及钨矿、水泥厂、机砖厂补充流动资金等。1973年支出22万元,其中包括农机厂流动资金4万元、江边石灰厂流动资金3.4万元,松香厂流动资金5万元及其他等。1981年支出31.4万元,主要是将集中的企业利润留成,更改资金用于各企业的更新改造支出。1982年全县工业支出28.6万元,用于兴办县针织内衣厂10万元,其他各有关工业企业18.6万元。1983年支出10万元,其中县针织内衣厂5万元,县胶合板厂5万元,1984年支出24万元。

二、用于农林水方面的支出

从1953年到1991年共支出22万元,主要集中在1956年至1960年。1956年用于水利建设1.1万元。1957年用于水利建设0.7万元。1959年支出6万元,其中用于水利建设1万元;县拖拉机站1万元;兴办县畜牧场4万元。1960年支出14.2万元,其中用于兴办县水产场10万元;兴建增田农业指挥部2.6万元;兴办万头猪场1.6万元。

三、用于交通邮电方面的支出

从1953年到1991年共支出111.2万元。

主要是每年用集中的农业税附加资金,安排乡村道路桥梁维修,其中1975年用于兴建县城至金竹公路5万元。

四、用于城市维护方面的支出

从1953到1997年共支出471.1万元。其中1953年到1991年支出174.9万元;1992年到1997年支出296.2万元。支出主要内容是用于县城路灯、县城环境卫生及县城道路建设方面的支出。其中1982年20.2万元、1983年11.2万元、1984年1.2万元、三年共支出32.6万元,用于县城水泥道路铺设。1983年用于公产房维修3.7万元。在1994年的支出中包括在县城安装高杆灯4只,在1995年的支出中包括抚州至乐安公路,乐安境内由沙石路面改铺柏油路面的贷款贴息支出。

第二节　社会文教科学支出

该节主要反映财政部门管理的预算外资金用于社会文教科学方面的支出。具体包括教育、广播电视、卫生等支出、从1953年到1991年共支出228.7万元。

一、教育支出

按照上级有关规定,农业税附加、工商税附加的一部分,控购商品附加的全部用于教育方面的支出。主要是用于乡村中小学校舍维修等。乐安县从1955年起有教育方面的支出,到1991年共支出53.7万元。从1992年到1997年合并在行政事业费中反映。

二、广播电视支出

乐安县从1956年开始反映有广播支出,到1991年广播电视支出共163.3万元。主要是乡镇广播人员经费、维修经费,县广播站、县电视台维修经费等。

三、其他支出

主要是反映1980年兴建县影剧院支出7.7万元。

第三节　行政管理费支出

本节反映财政部门管理的预算外资金,用于行政管理方面的支出,1959年开始有支出,到1991年共支出49.3万元。

一、干部训练经费

主要反映按上级规定,县集中培训农村非脱产人员经费,在农业税附加经费中开支。此项支出共16.2万元。

二、其他支出

此项内容较杂,主要有:(1)1959年支出县委办公楼、宿舍建设6万元;县委常委办公楼建设3万元;县法院的法庭建设1.2万元。(2)1967年支付全县文化大革命活动经费23487元,其中拨各乡镇22400元;(3)上缴上级财政部门有关经费等。

1953～1991年乐安县财政部门管理的预算外资金支出表

表2－193　　　　　　　　　　　　　　　　　　　　单位:万元

年度	合计	经济建设类						社会文教科学类					行政管理类			其他
		小计	工业	农林水	交通邮电	城市维护	其他	小计	教育	广播电视	卫生	其他	小计	干部培训	其他	
1953	2.1	—	—	—	—	—	—	—	—	—	—	—	—	—	—	2.1
1954	0.1	—	—	—	—	—	—	—	—	—	—	—	—	—	—	0.1
1955	2.7	1.2	—	—	0.2	1	—	1.5	1.5	—	—	—	—	—	—	—
1956	3.8	2.9	—	1.1	1.8	—	—	0.8	0.1	0.7	—	—	—	—	—	0.1
1957	0.8	0.8	—	0.7	—	0.1	—	—	—	—	—	—	—	—	—	—
1958	0.3	0.3	—	—	—	0.3	—	—	—	—	—	—	—	—	—	—
1959	46.9	21.5	12.4	6	—	3.1	—	9.8	9.7	0.1	—	—	10.2	—	10.2	5.4
1960	45	41.1	24.5	14.2	1	1.4	—	—	—	—	—	—	—	—	—	3.9
1961	0	—	—	—	—	—	—	—	—	—	—	—	—	—	—	—
1962	4.4	4.3	0.7	—	3.6	—	—	—	—	—	—	—	—	—	—	0.1
1963	3.8	—	—	—	—	—	—	3.5	—	2.5	—	1	—	—	—	0.3
1964	6.5	2.7	—	—	0.8	1.9	—	3.5	—	3.5	—	—	0.3	—	0.3	—
1965	5.3	2.3	—	—	1.8	0.5	—	3	—	1.9	1.1	—	—	—	—	—
1966	13.1	1.7	1.5	—	0.2	—	—	5.2	1	4.2	—	—	1.4	—	1.4	4.8
1967	10.9	1.4	0.4	—	—	1	—	4.2	—	4.2	—	—	5.3	—	5.3	—
1968	13.6	4.4	1.8	—	0.5	2.1	—	8.8	1.3	7.5	—	—	0.4	—	0.4	—
1969	13.9	4.2	0.2	—	4	—	—	5.6	—	5.6	—	—	4.1	—	4.1	—
1970	34	24.6	19.8	—	—	2.8	2	9.4	3	6.4	—	—	—	—	—	—
1971	13.3	5	1.5	—	2.1	1.4	—	6.8	1.3	5.5	—	—	1.5	1.5	—	—
1972	55.2	47.4	45.6	—	—	1.8	—	7.8	1.4	6.3	0.1	—	—	—	—	—
1973	33.1	25.6	22	—	2.6	1	—	6.8	1.3	5.5	—	—	0.7	0.7	—	—
1974	9.3	3.2	1.1	—	—	2.1	—	4.9	1.7	3.2	—	—	1.2	1.2	—	—
1975	13.1	7	—	—	5	2	—	4.4	2	2.4	—	—	1.7	1.5	0.2	—
1976	12.3	3.3	—	—	—	3.3	—	5.9	1.3	4.6	—	—	3.1	1.6	1.5	—
1977	16.6	7.7	3.2	—	3	1.5	—	4.6	1.3	3.3	—	—	3	1.8	1.2	1.3
1978	17.1	7.9	2.8	—	2.1	3	—	6.2	1.3	4.9	—	—	3	2.2	0.8	—
1979	25.9	18	6	—	9.9	2.1	—	5.7	1.3	4.4	—	—	1.8	1.3	0.5	0.4
1980	19.1	2.4	—	—	—	2.4	—	15.9	1.3	6.9	—	7.7	0.8	0.8	—	—
1981	44.9	36	31.4	—	2.5	2.1	—	8.4	1.3	5.3	1.8	—	0.5	0.5	—	—
1982	83.3	67.4	28.6	—	11.5	27.3	—	7.3	1.3	6	—	—	2.6	2.6	—	6
1983	35.3	24	10	—	3.6	10.4	—	7.1	2.5	4.6	—	—	0.5	0.5	—	3.7
1984	53.1	38.7	24	—	2.4	12.3	—	6.7	1.3	5.4	—	—	5.2	—	5.2	2.5
1985	29.4	11.4	—	—	—	11.4	—	7.5	1.5	6	—	—	—	—	—	10.5
1986	25.1	17.6	—	—	6.1	11.5	—	6.6	—	6.6	—	—	—	—	—	0.9
1987	32.6	22.8	—	—	8	14.8	—	9.8	1.8	8	—	—	—	—	—	—
1988	39.4	27.1	—	—	17.4	9.7	—	12.3	1.8	10.5	—	—	—	—	—	—
1989	45.9	28	—	—	13.6	14.4	—	17.9	8.4	9.5	—	—	—	—	—	—
1990	33.2	18.2	—	—	6.5	11.7	—	11.6	3	8.6	—	—	—	—	—	3.4
1991	26.7	15.5	—	—	1	14.5	—	9.2	—	9.2	—	—	2	—	2	—
合计	871.1	548	238	22	111	175	2	229	53.7	163.3	3	8.7	49.3	16.2	33.1	45.5

1992～1997 年乐安县财政部门管理的预算外资金支出表

表 2－194

单位:万元

年度	合计	固定资产投资	城市维护	行政事业费	其他
1992	121	55	24	38	4
1993	146.4	24.5	49.5	58.4	14
1994	182.1	25.1	51	91	15
1995	176.6	—	134.7	24.9	17
1996	12.2	—	—	12.2	—
1997	115.1	—	37	53.3	24.8
合计	753.4	104.6	296.2	277.8	74.8

第二十三章　社会保险基金支出

本章根据乐安实际所反映的项目有:基本养老保险基金支出、失业保险基金支出、基本医疗保险基金支出、工伤保险基金支出、生育保险基金支出、新型农村合作医疗基金支出、城镇居民基本医疗保险基金支出、新型农村社会养老保险基金支出、城镇居民养老保险基金支出等 9 项。其支出总额包括统筹基金账户支出和个人(家庭)账户基金支出。

1997～2012 年乐安县社会保险基金支出表

表 2－195

单位:万元

项目/金额/年度	基本养老保险基金支出	失业保险基金支出	基本医疗保险基金支出	工伤保险基金支出	生育保险基金支出	新型农村合作医疗基金支出	城镇居民基本医疗保险基金支出	新型农村社会养老保险基金支出	城镇居民养老保险基金支出	合计
1997	925.5	—	—	—	—	—	—	—	—	925.5
1998	1829.4	—	—	—	—	—	—	—	—	1829.4
1999	2272.9	61.1	—	—	—	—	—	—	—	2334
2000	2512	21	—	—	—	—	—	—	—	2533
2001	2735	3	—	—	—	—	—	—	—	2738
2002	3699	9	257	6.5	5.5	—	—	—	—	3977
2003	3556	102	288	8.7	8.7	—	—	—	—	3963.4
2004	3405.6	200.8	543.5	5.8	9.6	—	—	—	—	4165.3
2005	4091	603.9	1018	3	14	—	—	—	—	5729.9
2006	5571.8	573.01	501	4.5	—	—	—	—	—	6650.31
2007	6476.6	420.93	595.5	15.3	—	—	114.6	—	—	7622.93
2008	9155.9	393.8	982.1	16.5	—	1589.83	215.4	—	—	12353.53
2009	9897.46	375.57	1303.38	28.13	—	2175.7	379.19	264	—	14423.43
2010	11589.95	144.56	1326.16	29.96	1.89	3163	441.11	1719.82	—	18416.45
2011	13741.94	162.38	1785.61	63.77	11.11	5485.1	501.11	2076.73	24.35	23852.1
2012	18637.94	186.9	1963.58	41.69	10.39	6852.61	478.09	2065.82	143.17	30380.19
合计	100097.99	3257.95	10563.83	223.85	61.19	19266.24	2129.5	6126.37	167.52	141894.44

第一节　基本养老保险基金支出

养老保险是社会保障制度的重要组成部分。

1958 年 2 月,国务院公布《关于工人、职员退休处理的暂行规定》。4 月,劳动部发布《国务院关于工人、职员退休处理的暂行规定实施细则(草案)》,对国营、公私合营、企事业单位和国家机关,人民团体的干部、工人普遍实行按规定退休的制度。

1978年,国务院发布《关于安置老弱病残干部的暂行办法》和《关于工人退休、退职的暂行办法》。规定,党政机关、群众团体、企业、事业单位的干部,符合下列条件的,都可以退休:(1)男满60周岁,女满55周岁,参加革命工作年限满10年的;(2)男满55周岁,女满50周岁,工作年限满10年,经过医院证明完全丧失工作能力的;(3)因公致残,经过医院证明完全丧失劳动工作能力的。干部退休后,每月按下列标准发给退休费,直至去世为止:符合上述1.2项条件,抗日战争时期参加革命工作的,按本人标准工资的90%发给,解放战争时期参加革命工作的,按本人标准工资80%发给。新中国建立后参加革命工作,工作年限满20年的,按本人标准工资的75%发给;工作年限满15年不满20年的,按本人标准工资的70%发给;工作年限满10年不满15年的,按本人标准工资的60%发给;退休费低于25元的按25元发给。

1991年6月,国务院颁布《关于企业职工养老保险制度改革的决定》,对职工养老保险作出具体规定。

2002年3月,省劳动和社会保障厅、财政厅联合下发《关于江西省2001年调整企业退休人员基本养老金的通知》,决定从2001年7月1日起适当提高我省企业退休人员基本养老金水平。(1)调整基本养老金的人员范围:2000年12月31日前已办理退休手续的退休人员。(2)上述人员按下列办法调整基本养老金:①1993年12月31日以前退休,缴费年限(含视同缴费年限,下同)男满35年、女满30年的,每人每月增加43元;男满30年不满35年、女满25年不满30年的,每人每月增加38元;男不满30年、女不满25年的,每人每月增加33元。1994年1月1日以后退休,缴费年限男满35年、女满30年的,每人每月增加33元;男满30年不满35年、女满25年不满30年的,每人每月增加28元;男不满30年、女不满25年的,每人每月增加23元。②1952年12月31日以前参加工作的退休人员,在上述增加基本养老金的基础上,厅级退休干部每人每月再增加43元;县处级退休干部,每人每月再增加33元;科级退休干部,每人每月再增加23元;科以下退休人员(包括工人),每人每月再增加18元。③企业退休人员在按1、2项规定增加基本养老金后,月基本养老金仍不足300元的,每人每月再增加10元。为平衡增资中可能出现的新矛盾,按此项增资超过300元的,按300元的标准发给。④按国发〔1978〕104号文办理退职的人员和2000年12月31日前未达到法定正常退休年龄的病退人员,每人每月增加20元。(3)按照本通知规定增加基本养老金所需费用,凡参加了基本养老保险费用社会统筹的,从统筹基金中支付,对少数基本养老保险基金特别困难,历年结余已全部垫空的市、县,由省财政通过转移支付的形式予以适当补助;未参加统筹的,按原资金渠道解决。

9月30日,省劳动和社会保障厅、省财政厅联合下发《关于江西省2002年调整企业退休人员基本养老金水平的通知》,决定从2002年7月1日起为我省2001年12月31日前已按规定办理退休手续的企业退休人员调整基本养老金水平:(1)退休人员按下列办法调整基本养老金:①1993年12月31日以前退休,缴费年限(含视同缴费年限,下同)男满35年、女满30年的,每人每月增加36元;男满30年不满35年、女满25年不满30年的,每人每月增加31元;男不满30年、女不满25年的,每人每月增加26元。②1994年1月1日以后退休,缴费年限男满35年、女满30年的,每人每月增加26元;男满30年不满35年、女满25年不满30年的,每人每月增加21元;男不满30年、女不满25年的,每人每月增加16元。③军队转业干部、1953年12月31日以前参加革命工作的退休人员,在按1、2项规定增加基本养老金的基础上,厅级干部每人每月再增加41元,处级干部每人每月再增加36元,科级干部每人每月再增加31元,科以下(含工人)每人每月再增加26元。军队转业干部、1953年12月31日以前参加革命工作的退休人员,退休前被评为中高级职称、并被单位聘任了的,在按1、2项规定增加基本养老金的基础上,获得高级职称的每人每月再增加36元,获得中级职称的每人每月再增加31元。如果同时兼有行政职务,按照就高的原则掌握,但两者不得合并累加。④原工商业者按1、2项规定增加基本养老金后,每人每月再增加20元。⑤退休人员按上述规定增加基本养老金后,月基本养老金仍不足300元的,每人每月再增加10元。为平衡增资中可能出现的新矛盾,按此项增资超过300元的,按300元的标准发给。⑥按国发〔1978〕104号文办理退职的人员和2001年12月31日前未达到法定正常退休年龄的病退人员,每人每月增加15元。(2)按照本通知规定增加基本养老金所需费用,凡参加了基本养老保险费用社会统筹的,从统筹基金中支付。对少数基本养老保险基金特别困难、历年结余已全部垫空的市、县,由省财政通过转移支付的形式予以适当补助;未参加统筹的,按原资金渠道解决。

2012年底,乐安县基本养老保险基金支出18637.94万元。

1997~2012年乐安县基本养老保险基金支出表

表2-196 单位:万元

年度	金额	年度	金额	年度	金额
1997	925.5	2003	3556	2009	9897.46
1998	1829.4	2004	3405.6	2010	11589.95
1999	2272.9	2005	4091	2011	13741.94
2000	2512	2006	5571.8	2012	18637.94
2001	2735	2007	6476.6	合计	100097.99
2002	3699	2008	9155.9		

第二节 失业保险基金支出

1999年1月,国务院颁布《失业保险条例》规定,(1)失业保险基金用于下列支出:①失业保险金。②领取失业保险金期间的医疗补助金;③领取失业保险金期间死亡的失业人员的丧葬补助金和其供养的配偶、直系亲属的抚恤金;④领取失业保险金期间接受职业培训、职业介绍的补贴,补贴的办法和标准由省、自治区、直辖市人民政府规定;⑤国务院规定或者批准的与失业保险有关的其他费用。(2)具备下列条件的失业人员,可以领取失业保险金:①按照规定参加失业保险,所在单位和本人已按照规定履行缴费义务满1年的;②非因本人意愿中断就业的;③已办理失业登记,并有求职要求的。失业人员在领取失业保险金期间,按照规定同时享受其他失业保险待遇。(3)失业人员在领取失业保险金期间有下列情形之一的,停止领取失业保险金,并同时停止享受其他失业保险待遇:①重新就业的;②应征服兵役的;③移居境外的;④享受基本养老保险待遇的;⑤被判刑收监执行或者被劳动教养的;⑥无正当理由,拒不接受当地人民政府指定的部门或者机构介绍的工作的;⑦有法律、行政法规规定的其他情形的。(4)领取数额与标准:①失业人员失业前所在单位和本人按照规定累计缴费时间满1年不足5年的,领取失业保险金的期限最长为12个月;累计缴费时间满5年不足10年的,领取失业保险金的期限最长为18个月;累计缴费时间10年以上的,领取失业保险金的期限最长为24个月。重新就业后,再次失业的,缴费时间重新计算,领取失业保险金的期限可以与前次失业应领取而尚未领取的失业保险金的期限合并计算,但是最长不得超过24个月。②失业保险金的标准,按照低于当地最低工资标准、高于城市居民最低生活保障标准的水平,由省、自治区、直辖市人民政府确定。失业人员在领取失业保险金期间患病就医的,可以按照规定向社会保险经办机构申请领取医疗补助金。医疗补助金的标准由省、自治区、直辖市人民政府规定。③失业人员在领取失业保险金期间死亡的,参照当地对在职职工的规定,对其家属一次性发给丧葬补助金和抚恤金。④单位招用的农民合同制工人连续工作满1年,本单位并已缴纳失业保险费,劳动合同期满未续订或者提前解除劳动合同的,由社会保险经办机构根据其工作时间长短,对其支付一次性生活补助。补助的办法和标准由省、自治区、直辖市人民政府规定。⑤城镇企业事业单位成建制跨统筹地区转移,失业人员跨统筹地区流动的,失业保险关系随之转迁。⑥失业人员符合城市居民最低生活保障条件的,按照规定享受城市居民最低生活保障待遇。(5)社会保险经办机构所需经费列入预算,由财政拨付。(6)罚则:①不符合享受失业保险待遇条件,骗取失业保险金和其他失业保险待遇的,由社会保险经办机构责令退还;情节严重的,由劳动保障行政部门处骗取金额1倍以上3倍以下的罚款;②社会保险经办机构工作人员违反规定向失业人员开具领取失业保险金或者享受其他失业保险待遇单证,致使失业保险基金损失的,由劳动保障行政部门责令追回;情节严重的,依法给予行政处分;③劳动保障行政部门和社会保险经办机构的工作人员滥用职权、徇私舞弊、玩忽职守,造成失业保险基金损失的,由劳动保障行政部门追回损失的失业保险基金;构成犯罪的,依法追究刑事责任;尚不构成犯罪的,依法给予行政处分;④任何单位、个人挪用失业保险基金的,追回挪用的失业保险基金;有违法所得的,没收违法所得,并入失业保险基金;构成犯罪的,依法追究刑事责任;尚不构成犯罪的,对直接负责的主管人员和其他直接责任人员依法给予行政处分。

2003年10月,经县委、县人民政府研究同意,对改制企业职工失业保险金发放做出规定:

1. 失业保险金发放对象:

国有企业转制、破产前已参加了失业保险，并足额缴纳了失业保险费且办理了失业登记的职工：(1)转制、破产后未发放安置补偿费或经济补偿费的企业职工，且经劳动保障部门鉴证，与企业解除劳动关系；(2)转制、破产后发放了部分安置补偿费或经济补偿费的企业职工，其安置补偿费超过了应领失业保险金的不予发放，其安置补偿费或经济补偿费少于应领失业保险金的，采取补差办法给予补齐失业保险金。

2. 有下列情形之一的下岗失业职工，不发失业保险金：

(1)按照县委、县人民政府(乐发〔2002〕51 号)文件规定，企业转制时已作了一次性安置，享受了安置费或经济补偿费。并与企业解除了劳动关系，经劳动保障部门鉴证的；(2)拒不服从劳动保障部门 2 次以上推荐就业或企业重组安置的；(3)无正当理由 2 次以上不接受劳动保障部门安排的职业培训的；(4)已同新的用人单位企业签订了劳动用工合同的；(5)实现了再就业的。

3. 失业人员在领取失业保险金期间有下列情形之一的下岗失业职工，停止发放失业保险金同时停止享受其他失业保险待遇：

(1)被劳教、判刑的；(2)重新就业、升学、出国、应征服兵役；(3)享受基本养老保险金待遇的；(4)无正当理由拒不接受当地劳动保障行政部门认可的机构介绍工作的；(5)有法律、行政法规规定的其他情形的。

4. 失业人员领取失业保险金的期限：

累计缴费时间满 1 年不满 2 年的领 3 个月，满 2 年不满 3 年的领 6 个月，满 3 年不满 4 年的领 9 个月，满 4 年不满 5 年的领 12 个月，满 5 年不满 6 年的领 14 个月，满 6 年以上的，每增加 1 年，领取失业保险金的时间在 14 个月的基础上增加 1 个月，但最长不超过 24 个月。

5. 失业保险金发放程序和要求：

(1)企业转制后，应及时将职工档案、户口本或身份证，经县劳动保障部门鉴证的《解除劳动关系证明书》，以及企业对职工的安置补偿情况，如实由企业主管部门统一到县劳动就业管理部门进行失业登记，核发《江西省城镇人员失业证》。(2)凡要求申领失业保险金的下岗失业职工，须按《失业保证金申请发放办法》规定，失业人员失业前所在单位应将失业人员的名单自终止或解除劳动合同之日起 7 日内报受理其失业保险业务的经办机构备案，并提供相应的证明材料等，对符合申领失业保险金条件的失业人员，由县劳动就业服务管理局核发失业保险金。(3)凡在申领失业保险金中弄虚作假、欺上瞒下，骗取失业保险待遇的，除追究有关人员的责任外，取消申领失业保险金资格。

2011 年 5 月，省人力资源和社会保障厅、省财政厅下发《关于调整失业保险金发放标准的通知》，决定从 2011 年 5 月 1 日起，对全省失业保险金发放标准进行调整。乐安县划为五类区域，失业保险待遇为每月 380 元。

2012 年年底，全县失业保险金共支出 186.9 万元。

历年来，全县累计为 196323 名失业人员发放失业金 2475 万元，发放医疗补助金 252 万元。确保了失业人员的基本生活待遇，为企业改制，社会稳定发挥了积极的作用。

1999～2012 年乐安县城镇职工失业保险基金支出表

表 2－197　　单位：万元

年度	金额	年度	金额	年度	金额
1999	61.1	2004	200.8	2009	375.57
2000	21	2005	603.9	2010	144.56
2001	3	2006	573.01	2011	162.38
2002	9	2007	420.93	2012	186.9
2003	102	2008	393.8	合　计	3257.95

第三节　基本医疗保险基金支出

城镇职工基本医疗保险基金支出，包括基本医疗保险统筹基金安排的支出、由医疗保险个人账户基金安排的支出及用基本医疗保险基金安排的其他支出。

根据省、市的部署，2002 年 2 月，乐安县人民政府印发《乐安县城镇职工基本医疗保险实施细则》，文件规定：

(1)基本医疗保险基金的使用，实行个人账户与统筹基金相结合的制度。

①个人账户：参保人员的个人账户，按年龄段划分为三个定额：

45岁（含45岁）以下在职职工按缴费工资的3%划入（个人缴纳的2%＋单位缴纳的1%）。

46岁以上的在职职工按缴费工资的4%划入（个人缴纳的2%＋单位缴纳的2%）。

退休人员按本人退休金（基本养老金）的4.5%划入。

离休人员按本人离休费的6%划入。

②统筹基金：用人单位为职工缴纳的医疗保险费划入个人账户后的剩余部分为社会统筹医疗基金。其所有权属参加基本医疗保险的全体人员，由医疗保险经办机构集中管理，调剂使用。

（2）统筹基金与个人账户划定各自的支付范围，分别核算，分开管理使用，原则上不得相互挤占。

①个人账户：用于支付职工门诊就诊时的医疗费用，超支自付，节余可结转使用和继承。

②统筹基金：主要用于职工患大病、重病住院的医疗费用中，应由统筹基金按规定支付的部分。医疗保险经办机构给参保人员进行疾病的预防、健康保健的费用，在统筹基金中列支。

统筹基金的支付，确定起付标准，起付标准以下的医疗费用，由职工本人自付，起付标准：

a. 在职人员：在一级医院（乡、镇）住院的起付标准为350元；在二级医院（县、区）住院的起付标准为400元；在三级医院（省、市）住院的起付标准为450元。当年住院次数每增加一次，起付标准每次降低50元，但最低不得低于250元。

b. 退休人员：在同级医院住院，起付标准比在职人员降低100元。但最低不得低于150元。

③起付标准以上的医疗费用，由统筹基金支付，但个人和单位要负担一定比例（单位主体不存在的，单位负担部分由医疗保险基金支付），按"分段计算，累加支付"的办法计算，具体比例如表。

乐安县医疗费用分段负担比例表

表2－198

人员类别 / 负担比例（%） / 医疗费用分段	在 职	退 休	单位负担
起付标准以上至5000元	20	15	10
5001元至10000元	15	10	10
10001元至最高支付限额	10	7	10

④统筹基金的最高支付限额为上年度职工年平均工资的4倍。超过最高支付限额的医疗费用，统筹基金不支付，由为职工建立的大病医疗保险统筹基金按规定支付。支付方式参照统筹基金的结算方法。

（3）根据保障基本医疗的原则，特殊病种、特殊检查和特殊治疗及转外地医院治疗的，个人负担的比例适当提高。

①经批准进行特殊检查和特殊治疗（单项费用在100元以上）个人先自付20%，单位负担10%，然后再按本细则第2条的规定结算报销。

②确因病情需要，经医疗保险机构批准，进行人体器官、组织移植全过程的医疗费用（购买人体器官或组织的费用，医保基金不支付）和安装人工器官、心脏起博器所需的医疗费用，个人先负担30%，单位负担20%。其中人工器官和心脏起博器的费用，医保基金不支付。

③参保人员因病情需要，使用国家和江西省《基本医疗保险药品目录》内的乙类药品，个人先负担20%，单位负担20%，使用打"＊"号的乙类药品，个人必须先负担30%，单位负责20%，再按本细则第2条的规定审核报销。

④经医疗保险经办机构批准，转外地医院就医，在医疗保险经办机构指定的医院诊治的，个人先负担外诊医疗费总额的15%，在非指定医院诊治的，个人先负担外诊医疗费总额的30%，然后再按本细则第2条的规定审核报销。

（4）参保人员住院床位费，按以下标准据实报销。低于规定标准的，由医疗保险经办机构据实结算，高于规定标准以上的部分，由个人自负。

乐安县参保人员住院床位费报销标准表

表 2-199

人员类别 \ 医院 标准(元)	当地医院	省内医院	省外医院
一般参保人员	5	8	10
离休人员、享受县级待遇人员	8	12	18
老红军、抗日老同志享受地级待遇人员	10	18	24

退休人员与在职人员的报销标准相同。

(5)参保人员发生的下列费用,医疗保险基金不予支付。

①打架、斗殴、自杀自残、吸毒、酗酒、性病、交通肇事、医疗事故、意外伤害等造成伤残所发生的医疗费用。

②挂床住院、住家庭病床的医疗费用。

③《国家基本医疗保险诊疗项目范围》和《医疗服务设施范围》(劳社部发〔1999〕22 号文)及省、市、县有关规定不予支付的费用。

④凡因公、因私出国访问、学习、考察、工作或赴港、澳、台地区期间发生的医疗费用。

⑤挂号费、急诊费、出诊费、就医路费、救护车费、住院陪护费、会诊费及会诊交通费、特别护理费、新生儿的一切费用、产妇卫生费、赔偿费、医疗单据费、担架费、押瓶费、煎药费、药引子费、中药加工费、取暖费、空调费、电话费、电视费、电冰箱费、生活用品费。

⑥医疗咨询费、医学科研费、中风预测、健康预测、疾病预测等各种预测费,气功费、食疗费、体疗费、不育症及性功能检查、治疗费、避孕药品、用具费、超计划生育费、围产期保健费。

⑦非医疗保险机构组织和批准的各种体格检查、预防服药、预防接种、疾病普查普治、疾病跟踪随访的费用,各种会议的医疗费。

⑧各种整容、矫形、减肥、生理缺陷、健美的手术、检查治疗、药品、用具等一切费用。如治疗雀斑、老人斑、白发、对眼、斜眼、近视眼矫正术、重睑成形术、打耳眼、平疣、腋臭、洁齿、镶牙、牙列不整矫正费;配眼镜、假眼、假发、假肢、各种磁疗用品的费用;各种牵引带、弹性绷带、拐杖、钢背心、钢腰围、钢头颈的费用。

⑨凡病人自用的诊治材料和器具费用,如注射器、药枕、药垫、助听器、按摩器、健脑器、胃托、肾托、阴夷托、子宫托、疝气带、护膝带、留置导尿袋、人工肛门袋,各种导管等。

⑩未经批准,自行就医、自行检查、自行购药的一切费用。

(6)参保人员在国内因急诊、出差、下乡、外出学习进修、探亲、休假、在外地门诊的费用,凭门诊病历、处方和有效发票(发票需所在单位负责人签字,盖有单位公章)由医疗保险经办机构审核报销,冲减个人账户定额。患急病需住院的,应就近到当地非营利性医院治疗,并在一周内报告单位和医疗保险经办机构,回来后及时补办审批手续,所发生的医疗费用参照转外地医院就诊的规定报销。其个人先行自负的 15% 或 30% 可由单位承担。

(7)单位缴纳的医疗保险费,在税前列支;个人按规定缴纳的基本医疗保险费不计征个人所得税。医疗保险基金及其利息免征税费。用人单位未参加基本医疗保险前的医疗费欠账,按原资金渠道解决。同时,对医疗保险经办机构的管理费,规定按收缴医保基金总额的 2% 的比例,由财政列入安排(企业单位的管理费由企业经营收入中列支),用于业务活动的费用开支。

(8)离休人员、老红军、二等乙级以上革命伤残军人的医疗不纳入城镇职工基本医疗保险实施范围,原医疗待遇保持不变,其医疗费在规定的范围内实报实销。

离休人员、老红军的医疗经费按每人每年 5000 元的标准,属财政拨款的机关事业单位的人员,由财政专项拨款;其他单位的人员,由其单位专项拨款给医疗保险经办机构管理,经费单列,单独核算。支付确有困难的,由同级人民政府帮助解决。

二等乙级以上革命伤残军人的医疗经费按原资金渠道解决,由医疗保险经办机构单独列帐管理,医疗费不足支付部分,由当地人民政府帮助解决。

(9)国家公务员在参加基本医疗保险的基础上享受医疗补助政策,其个人账户在相应的基础上增加工资总额的 1%,经费由财政专项拨款。

(10)对确因患慢性病,需长期服药的参保人员,给予照顾。其个人账户用完后,治疗慢性病的门诊医疗费用,参照抚医办〔2001〕02号《抚州市城镇职工医疗保险慢性病管理暂行办法》,并结合乐安县的实际情况执行。

(11)现有职工医疗消费水平较高的行业,可从职工福利费中提取职工工资总额的4%为职工建立补充医疗保险。

(12)本细则施行后的退休人员,退休时缴纳的基本医疗保险的最低年限必须达到男满30年,女满25年;不足年限的,须由用人单位和退休人员分别以统筹地区上年度在职职工平均工资为基数一次性缴足基本医疗保险费后,方可享受基本医疗保险待遇;不补足的,不享受基本医疗保险待遇,其个人账户资金可一次性退还本人。本细则施行以前符合国家认可的连续工龄或工作年限,在本细则实施后连续参保可视同缴费年限。

(13)参保人员看病,必须在医疗保险经办机构公布的定点医院就诊。全县范围的医疗保险定点医院由劳动保障行政部门确定后,由县医疗保险经办机构另行公布。

(14)参保职工门诊医疗,可持医疗证(磁卡或IC卡)就近选择定点医院就诊,也可持定点医院医师开具的有效处方到医疗保险经办机构确定的定点零售药店购药。个人账户定额内,实行记账医疗,使用医疗保险专用处方。

(15)经门诊医师诊断,需住院医疗的人员,由医师开具住院证明,参保人员(或其家属)持入院卡到医疗保险经办机构办理住院审批手续。

(16)承担医疗保险任务的定点医院和定点药店,必须与医疗保险经办机构签订《医疗保险协议书》,对参保人员的医疗服务范围,医疗服务质量,医疗费用控制,明确管理责任和义务,配合医疗保险经办机构加强管理。

(17)定点医院和定点药店提供给参保人员使用的药品,必须是国家和江西省《基本医疗保险药品目录》范围内的药品。

(18)参保人员门诊医疗,实行处方金额控制,原则上门诊处方额不超过:西药20元/张,中药30元/张,住院处方70元/张。处方药量:常见病限定在1~3天,慢性病限定在7天以内,不宜分装的中西药品,每次只能一瓶(盒),严禁开人情方和开与治病无关的药品,更不允许代人开方取药。超过处方金额限制的,需经医疗保险经办机构批准(危重病人抢救时可先用后批)。

(19)乡、镇参保人员因病情需要转诊、转院和转外地医院就诊的,经批准后方可转诊转院。

(20)劳动保障行政部门负责本行政区域内的职工基本医疗保险工作的领导和管理,并会同卫生、财政、医药等部门对医疗机构、药店进行定点资格审定。

(21)劳动保障行政部门所属的医疗保险经办机构,承担职工基本医疗保险的具体事务管理。所需管理经费,按实际收缴医保基金总额的2%的比例,由县财政列支。

(22)建立统筹基金超支预警报告制度,当统筹基金出现超常支出时,医疗保险经办机构应及时向主管部门和同级政府报告,并认真分析原因,提出防止医疗保险基金"出险"的建议和对策。

(23)定点医疗机构及其工作人员在提供基本医疗服务过程中,不得有下列行为:

①将非定点医疗机构的医疗费用,非基本医疗保险基金支付范围的医疗费用列入基本医疗保险基金支付范围的;

②不核验医疗保险证卡,将非参保职工的医疗费用纳入基本医疗保险基金支付的;

③拒绝收治本医疗机构有能力收治范围内的病人,或拒绝使用基本医疗保险证卡结算医疗费用的;

④采取分解门诊人次或住院人次,套取基本医疗保险基金的;

⑤不按规定结算医疗费用,或不执行医疗服务收费标准的;

(24)定点零售药店及其工作人员在提供基本医疗服务过程中,不得有下列行为:

①不按处方剂量配药的;

②将处方药品换成基本医疗保险药品目录以外的药品或其他物品的;

③不执行有关药品价格规定的。

(25)用人单位在办理基本医疗保险业务过程中,不得有下列行为:

①将不属于基本医疗保险的人员列入基本医疗保险范围的;

②少报工资总额,多报退休金(基本养老金)的;

③将不符合健康条件人员临时招聘到单位工作,并为其办理城镇职工基本医疗保险的;

④参保人员出现变更情况而未及时办理医疗保险关系变更手续的;

⑤向医疗保险经办机构提供虚假凭证的。

(26)参保人员在就医、购药和医疗费用结算过程中,不得有下列行为:

①将本人的基本医疗保险证卡,转借给他人就

医、购药以及进行医疗费用结算的；

②冒用他人的基本医疗保险证卡就医、购药以及进行医疗费用结算的；

③伪造、涂改处方和医疗费用单据等凭证虚报冒领医疗费的。

(27)参保人员调换工作单位或死亡等原因与单位中断劳动关系，要及时到医疗保险经办机构办理转移变更手续，注销参保资格，交回医疗证件。

(28)当年新参加医疗保险的人员，单位和个人应缴纳的医疗保险基金，在办理参保手续时，必须一次性按全年的征缴数额向医疗保险经办机构缴纳。

(29)办理退休医疗证，规定在年初办理参保手续时办理，当年退休，下年度办理，其他时间不受理。内退、病退、退职、退养、提前退休的人员，不属办理退休医疗保险范围。

2012 年，乐安县共支出医疗保险基金 1963.58 万元。

2002～2012 年乐安县基本医疗保险基金支出表

表 2－200　　单位：万元

年度	金额	年度	金额	年度	金额
2002	257	2006	501	2010	1326.16
2003	288	2007	595.5	2011	1785.61
2004	543.5	2008	982.1	2012	1963.58
2005	1018	2009	1303.38	合计	10563.83

第四节　工伤保险基金支出

工伤保险基金支出，包括按规定支付给工伤人员的治疗费、安装假肢费、护理费、一次性伤残补助费、伤残津贴等。

1991 年 12 月，乐安县人民政府批转县退休费用统筹管理委员会关于《乐安县工伤保险实施办法》，规定工伤保险费用发放标准如下。

(1)工伤补助费：按伤残的不同等级每月发给 5～15 元伤残补助费(一级 15 元、二级 14 元、三级 13 元、四级 12 元、五级 11 元、六级 10 元、七级 9 元、八级 8 元、九级 7 元、十级 6 元)，对由于个人有违章作业负伤的职工按所定的残废等级，其伤残补助费少发或不发；对临危不惧，见义勇为，为国家和社会做出积极贡献而负伤的职工按所定的残废等级，其伤残补助费按最高补助标准或超标准发放(均由县劳动鉴定委员会审定)。

(2)护理费：经确定为完全丧失劳动能力等及大部分丧失劳动能力的，根据伤残程度按月发给 35－45 元的护理费(由县劳动鉴定委员会确定)。

(3)退休费：经县工伤鉴定委员会确认，因公致残而批准退休的职工纳入全县退休费统筹，退休费标准按国务院国发〔1978〕104 号文件执行。

(4)因工(公)死亡丧葬费、抚恤费：丧葬补助费按本单位职工平均工资三个月的数额发给，不足三百元按三百元计。抚恤费按职工死亡时二十个月基本工资作为抚恤费，低于两千元，按两千元计发，事故发生当时造成死亡的再加七百元。

(5)工伤残废等级的评定：由各单位将因公伤残职工的情况及时报送县工伤保险办公室后呈县劳动鉴定委员会按照《乐安县职工因工(公)负伤评残试行标准》确定工伤、残废等级和审批伤残待遇。

(6)发放办法：根据县劳动鉴定委员会的审批情况，将工伤保险金及时转入各有关单位，由单位发至个人。

1990 年始，工伤保险由县社保局组织实施，2001 年底划归县医保中心管理。

2003 年 4 月，国务院颁布《工伤保险条例》。2010 年 12 月，国务院对《工伤保险条例》作了修订，并从 2011 年 1 月 1 日施行。抚州市根据新修改的《工伤保险条例》对工伤保险基金管理、工伤认定、工伤保险待遇作出了具体规定。

一、工伤保险基金管理

工伤保险基金存入社会保障基金财政专户，用于《条例》规定的工伤保险待遇、劳动能力鉴定、工伤预防的宣传培训等费用，以及法律、法规规定的用于工伤保险的其他费用的支付。

任何单位和个人不得将工伤保险基金用于投资运营、兴建或者改建办公场所、发放奖金，或者挪作其他用途。

二、工伤认定

(1)职工有下列情形之一的，应当认定为工伤：

①在工作时间和工作场所内，因工作原因受到事故伤害的；

②工作时间前后在工作场所内，从事与工作有

关的预备性或者收尾性工作受到事故伤害的;

③在工作时间和工作场所内,因履行工作职责受到暴力等意外伤害的;

④患职业病的;

⑤因工外出期间,由于工作原因受到伤害或者发生事故下落不明的;

⑥在上下班途中,受到非本人主要责任的交通事故或者城市轨道交通、客运轮渡、火车事故伤害的;

⑦法律、行政法规规定的应当认定为工伤的其他情形。

(2)职工有下列情形之一的,视同工伤:

①在工作时间和工作岗位,突发疾病死亡或者在48小时之内经抢救无效死亡的;

②在抢险救灾等维护国家利益、公共利益活动中受到伤害的;

③职工原在军队服役,因战、因公负伤致残,已取得革命伤残军人证,到用人单位后旧伤复发的。

(3)职工有下列情形之一的,不得认定为工伤或者视同工伤:

①故意犯罪的;

②醉酒或者吸毒的;

③自残或者自杀的;

④法律、行政法规规定的其他情形。

三、工伤保险待遇

(1)工伤职工可享受:治疗工伤的医疗康复费用、辅助器具费用、住院伙食补助费、到统筹地区以外就医的交通住宿费(由于第三人原因造成的工伤除外)。

工亡职工近亲属可以从工伤保险基金中领取丧葬补助金、供养亲属抚恤金和一次性工亡补助金(全国上年度城镇居民人均可支配收入的20倍)。

(2)职工发生工伤,经治疗伤情相对稳定后存在残疾、影响劳动能力的,可申请劳动能力鉴定,享受伤残待遇。

(3)伤残待遇

职工伤残补助标准表

表2-201

伤残等级	伤残一级	伤残二级	伤残三级	伤残四级	伤残五级	伤残六级	伤残七级	伤残八级	伤残九级	伤残十级
一次性伤残补助金	27个月的本人工资	25个月的本人工资	23个月的本人工资	21个月的本人工资	18个月的本人工资	16个月的本人工资	13个月的本人工资	11个月的本人工资	9个月的本人工资	7个月的本人工资
按月伤残津贴	本人工资90%	本人工资85%	本人工资80%	本人工资75%	—	—	—	—	—	—
一次性医疗补助金	—	—	—	—	—	工伤职工本人提出与用人单位解除或终止劳动关系后,由工伤保险基金支付一次性工伤医疗补助金,由用人单位支付一次性伤残就业补助金				

2002~2012年乐安县工伤保险基金支出表

表2-202

单位:万元

年度	金额	年度	金额	年度	金额
2002	6.5	2006	4.5	2010	29.96
2003	8.7	2007	15.3	2011	63.77
2004	5.8	2008	16.5	2012	41.69
2005	3	2009	28.13	合计	223.85

第五节 生育保险基金支出

1990年10月,乐安县人民政府批转县退休费用统筹管理委员会关于《乐安县国营企业、非财政拨款事业单位女职工生育保险基金社会统筹实施办法》规定,生育保险基金统筹后生育女职工的待遇及发放办法:

(1)国营企业、事业单位职工(含合同制工人),女满20周岁,结婚后生育的女职工享受产假90天,产假期间工资由社会保险局拨付,并发给每人医药费70元;女满24周岁,结婚后生育的女职工享受产假124天,除付给产假期间工资外,另发给每人医药费90元。

(2)女职工生育保险金的发放，按女职工生育保险金统筹项目，根据生育女职工的产假工资总额，由社会保险局一次性拨付给所在单位发放。

1990年10月，生育保险由县社保局组织实施，2001年底划归县医保中心管理。

2012年3月，抚州市人民政府办公室印发《抚州市职工生育保险实施办法》，规定：

1. 生育保险待遇包括

(1)生育医疗费。包括从怀孕至住院分娩期间发生的检查费、接生费、手术费、住院费、药费等费用以及生育出院后三个月内因生育引起的疾病的医疗费。

(2)生育津贴。女职工在产假(含流产)和实行计划生育手术休假期间享受生育津贴。生育津贴是对职业妇女因生育而离开工作岗位期间给予的生活费用，是对工资收入的替代。生育津贴按照职工所在用人单位上年度职工月平均工资除以30再乘以产假天数计算。

(3)计划生育手术费用。包括职工实施计划生育避孕节育情况检查、实施避孕节育手术及符合生育政策实施复通手术所需的医疗费用。

(4)法律法规规定的与生育保险有关的其他费用。

2. 职工享受生育保险待遇，必须同时具备下列条件

(1)已参加生育保险且在享受生育保险待遇前由用人单位为该职工连续缴费满一年以上(含一年)。

(2)符合法定生育条件并履行规定手续生育(含流产)或实施计划生育避孕节育情况检查、避孕节育手术和复通手术。

3. 参保职工(含职工未就业配偶，以下同)因生育和实施计划生育手术发生的医疗费，由生育保险基金按以下限额标准支付

(1)产前检查:200元/例。

(2)正常分娩、难产、剖宫产按基本医疗保险单病种定额结算标准支付。

(3)宫内节育器放置(取出)术:一、二、三级医疗机构分别为32、36、40元/例。

(4)避孕药皮下埋植(取出)术:一、二、三级医疗机构分别为48、54、60元/例。

(5)输精管结扎术:一、二、三级医疗机构分别为240、270、300元/例。

(6)输卵管结扎术:一、二、三级医疗机构分别为280、315、350元/例。

(7)输精(卵)管复通术:一级医疗机构2000元/例;二、三级医疗机构3000元/例。

(8)刮宫术:一、二、三级医疗机构分别为100、113、125元/例。

(9)人工流产:一、二、三级医疗机构分别为100、113、125元/例，钳刮术另加40元;

(10)妊娠中期引产:一级定点医疗机构500元/例;二、三级医疗机构550元/例。

(11)环孕检:10元/例。

实际医疗费低于上述限额标准的据实支付，实际医疗费高于或等于上述限额标准的，按上述限额标准支付，超出限额标准部分由个人自行负担。

以上支付标准均按《江西省医疗服务价格手册》(2005版)标准拟定。今后，国家和省出台新的医疗服务价格标准，再按新标准进行相应调整。

4. 参保职工因生育引起并发症、合并症、生育出院后三个月以内符合规定的医疗费用，参照基本医疗保险的报销标准，由生育保险基金支付。生育出院后三个月以后符合规定的医疗费用，参加了基本医疗保险的，按基本医疗保险规定由医疗保险基金支付;未参加基本医疗保险的，由用人单位支付。

5. 符合第2条规定的，按照下列期限享受生育津贴

(1)取宫内节育器的，享受1天生育津贴。

(2)放置宫内节育器的，享受3天生育津贴。

(3)结扎输精管，享受7天生育津贴。

(4)结扎输卵管，享受21天生育津贴。

(5)妊娠三个月以内(含三个月)流产的，享受15天的生育津贴。

(6)妊娠三个月以上四个月以下(含四个月)流产的，或患子宫外怀孕实施手术的，享受30天的生育津贴。

(7)妊娠四个月以上七个月以下流产或施行计划生育补救措施的，享受42天的生育津贴。

(8)妊娠七个月(含七个月)以上生产或妊娠七个月以上胎儿子宫内死亡或婴儿出生后死亡的，享受90天的生育津贴。

符合前款规定享受生育津贴的女职工，还可以按照下列规定增加享受生育津贴:

(1)分娩时遇有难产实施助产手术或剖宫产手术的，增加15天生育津贴;

(2)正常受孕生产多胞胎的，每多生产一个婴儿，增加15天生育津贴;

(3)符合晚育条件的，增加30天生育津贴;

(4)怀孕不满三个月施行计划生育补救措施

的，增加10天生育津贴；怀孕三个月以上，四个月以下（含四个月）施行计划生育补救措施的，增加12天生育津贴。

6. 因用人单位未参加生育保险、中断缴纳生育保险或生育保险缴费时间不足，影响参保职工享受相应生育保险待遇的，其生育保险待遇由用人单位按本办法规定的标准足额支付。

7. 符合本办法享受生育保险待遇的职工，应在生产（含流产）、实施计划生育避孕节育检查、手术或实施符合计划生育政策规定的复通手术之日起六个月内到参保的经办机构申请相应的生育保险待遇。

8. 以下费用生育保险基金不予支付

（1）不符合计划生育政策规定的。

（2）超出江西省基本医疗保险、工伤保险和生育保险药品目录、诊疗项目、医疗服务设施项目规定的。

（3）妊娠、分娩、产假期间因疾病发生的医疗费用。

（4）因自杀、自残、斗殴、酗酒、吸毒、违法行为、交通事故、医疗事故等造成妊娠终止的医疗费用。

（5）因生育或计划生育手术造成的医疗事故所发生的费用。

（6）治疗不孕症发生的医疗费用。

（7）除新生儿常规处理以外的婴儿医疗、护理、保健、生活用品等费用。

（8）实施辅助生殖术（如试管婴儿）发生的医疗费用。

（9）在国外及港、澳、台地区发生的生育费用。

（10）超出生育保险规定范围和标准的医疗费用。

2002～2012年乐安县生育保险基金支出表

表2－203 单位：万元

年度	金额	年度	金额	年度	金额
2002	5.5	2006	—	2010	1.89
2003	8.7	2007	—	2011	11.11
2004	9.6	2008	—	2012	10.39
2005	14	2009	—	合计	61.19

第六节 新型农村合作医疗基金支出

新型农村合作医疗基金支出管理的原则是“以收定支、保障适度、略有节余、结余留用”。新型农村合作医疗基金分为家庭账户基金、统筹基金和风险基金。风险基金的规模保持在年筹资总额的10%。新农合医疗基金只能用于参加合作医疗农民的基本医疗服务及孕产妇住院分娩补偿，不能用于计划生育、计划免疫、妇幼保健、健康教育等公共卫生服务和医疗救助。

家庭账户基金用于门诊治疗，实行总量包干，节余可转下年使用，但不得抵缴下年度合作医疗个人缴费，也不得返还现金。

统筹基金用于住院治疗、住院分娩和门诊大病（慢性病）治疗且可报费用达到起付线标准的补偿。

乐安县实行“门诊家庭账户补偿＋门诊统筹补偿＋住院可报费用按比例补偿＋门诊大病（慢性病）补偿”模式，各年度补偿比例略有不同。

乐安县各年度新农合医疗基金支出（补偿）情况如下：

1. 2008年补偿情况

（1）补偿情况：截至2008年12月底，全县新农合已补偿61265人次，资金1589.83万元，占统筹基金总量69.4%，其中门诊补偿（家庭账户）38184人次，资金96.51万元，占家庭账户基金33.36%；住院补偿22308人次，资金1469.43万元，占大病统筹基金82.93%；正常分娩补偿530人次，资金7.95万元，占大病统筹基金0.45%；大病门诊补偿243人次，资金15.94万元，占大病统筹基金0.9%。

（2）大额补助人数：截至9月底，全县新农合参合农民获得大额补助情况为：超过3000元以上有564人，占住院总人数的2.53%，超过5000元以上的有204人，占住院总人数的0.91%，超过10000元以上的有46人，占住院总人数的0.21%，超过15000元以上的有7人，获得最高补偿额2万元有2人。

（3）大病门诊审批情况：截至9月底，已申报审批六种慢性病534人，其中糖尿病115人，占21.53%；精神病64人，占11.2%；类风湿关节炎61人，占11.42%；恶性肿瘤56人，占10.49%；尿毒症17人，占3.18%；高血压二期以上221人，占41.39%。

2. 2009 年补偿情况

(1)补偿情况:截至 2009 年 12 月底,全县新农合已补偿 88734 人次,资金 2175.7 万元,占统筹基金总量 88.94%。其中:门诊补偿(家庭账户)55398 人次,资金 200.72 万元,占家庭账户基金 54.70%,与去年同期相比人次增加 17214 人,补偿金额增加 104.21 万元;住院补偿 27214 人次,资金 1919.84 万元,占大病统筹基金 92.33%,与去年同期相比人次增加 4906 人,补偿金额增加 450.41 万元;正常分娩补偿 888 人次,资金 22.765 万元,占大病统筹基金 1.09%,与去年同期相比人次增加 358 人,补偿金额增加 14.815 万元;大病门诊补偿 451 人次,资金 27.26 万元,占大病统筹基金 1.08%;门诊统筹补偿 5.11 万元,占大病统筹基金 0.25%。

(2)大额补助人数:截至 12 月底,全县新农合参合农民获得大额补助情况为:超过 3000 元以上有 896 人,占住院总人数的 1.67%,超过 5000 元以上有 354 人,占住院总人数的 1.26%,超过 10000 元以上有 71 人,占住院总人数的 0.19%,超过 15000 元以上有 20 人,超过 2 万元有 12 人,超过 2.5 万元有 7 人,获得 3 万元封顶的有 4 人。

(3)大病门诊审批情况:截至 12 月底,已申报审批十种慢性病 894 人。其中糖尿病 169 人;精神病 67 人;类风湿关节炎 65 人;恶性肿瘤 80 人;尿毒症 16 人;高血压二期以上 403 人;心脏病 65 人;脑卒中 22 人;系统性红斑狼疮 7 人;再生性障碍贫血 0 人。

3. 2010 年补偿情况

(1)补偿情况:截至 2010 年 12 月底,全县新农合已补偿 116194 人次,资金 3163 万元,占统筹基金总量 83.32%。其中:门诊补偿(家庭账户)67377 人次,资金 350.17 万元,占家庭账户基金 57.65%;住院补偿 32025 人次,资金 2676.83 万元,占大病统筹基金 83.94%;住院分娩补偿 1533 人次,资金 55.92 万元,占大病统筹基金 1.75%;门诊统筹补偿 14466 人次,补偿金额 24.17 万元,占大病统筹基金 0.75%;大病门诊补偿 793 人次,资金 50.92 万元,占大病统筹基金 1.74%;补偿中心卫生院国家基本用药药事费 4.99 万元。2010 年使用大病统筹基金共计 2812.9 万元。

(2)大额补助人数:截至 11 月底,全县新农合参合农民获得大额补助情况为:超过 5000 元以上有 154 人,超过 10000 元以上有 57 人,超过 30000 元以上有 4 人。

(3)大病门诊审批情况:截至 12 月底,已申报审批 10 种慢性病 979 人。其中糖尿病 194 人;精神病 66 人;类风湿关节炎 52 人;恶性肿瘤 73 人;尿毒症 43 人;高血压二期以上 435 人;心脏病 79 人;脑卒中 34 人;系统性红斑狼疮 2 人;再生性障碍贫血 1 人。

4. 2011 年补偿情况

(1)补偿情况:截至 2011 年 12 月底,全县新农合已补偿 160567 人次,共补偿资金 5485.1 万元,占统筹基金总量 92.48%。其中:门诊补偿(家庭账户)66708 人次,共补偿资金 471.9 万元,占家庭账户基金 76.25%;住院补偿 34902 人次,共补偿资金 4739 万元,占大病统筹基金 89.22%;正常分娩补偿 1936 人次,资金 72.1 万元,占大病统筹基金 1.36%;门诊统筹补偿 56390 人次,补偿金额 111.6 万元,占大病统筹基金 2.1%;大病门诊补偿 631 人次,资金 37.1 万元,占大病统筹基金 0.69%;药事服务费补偿 53.4 万元,占大病统筹基金 1.0%。

(2)大额补助人数:截至 12 月底,全县新农合参合农民获得大额补助情况为:超过 5000 元以上有 816 人,占住院总人数的 2.33%,超过 10000 元以上有 196 人,超过 30000 元以上有 10 人,获得 5 万元封顶补助的有 6 人。

(3)2010 年二次补偿情况,乐安县按政策开展了 2010 年二次补偿,共计补偿资金 211.35 万元。

(4)2011 年 1~4 月追加补偿情况,乐安县 2011 年 1~4 月合计追加补偿未达到补偿比例的住院农民住院补助资金 104.26 万元。

(5)大病门诊(慢性病)审批情况:截至 12 月底,已申报审批 10 种慢性病 826 人。其中糖尿病 222 人;精神病 55 人;结核病 4 人;帕金森 0 人;慢性肾病 25 人;高血压二期以上 287 人;心脏病 166 人;脑卒中 60 人;系统性红斑狼疮 3 人;再生性障碍贫血 4 人。

5. 2012 年补偿情况

(1)补偿情况:截至 2012 年 12 月底,全县新农合已补偿 135282 人次,共补偿资金 6852.61 万元,占统筹基金总量 88.77%。其中:门诊补偿(家庭账户)64449 人次,共补偿资金 663.43 万元,占家庭账户基金 83.08%;住院补偿 37754 人次,共补偿资金 5874.3 万元,占大病统筹基金 84.88%;正常分娩补偿 1625 人次,资金 64.68 万元,占大病统筹基金 0.93%;门诊统筹补偿 30713 人次,补偿金额 109.02 万元,占大病统筹基金 1.58%;大病门诊补偿 741 人次,资金 42.27 万元,占大病统筹基金 0.61%;药事服务费补偿 98.91 万元,占大病统筹基金 1.43%。

(2)大额补助人数:截至 12 月底,全县新农合参合农民获得大额补助情况为:超过 5000 元以上有

581人,占住院总人数的1.53%,超过10000元以上有201人,超过30000元以上有78人,超过50000元以上有3人。

(3)大病门诊审批情况:2012乐安县将以下疾病列入门诊大病补偿范围:精神病、糖尿病、心脏病、高血压病二期以上、慢性肾病、脑卒中后遗症、再生障碍性贫血、帕金森氏综合症、系统性红斑狼疮、结核病、甲亢、类风湿关节炎。门诊大病的补偿比为40%,起付线为0元、封顶线为3000元。截至2012年12月底共审批门诊大病1007人。

新农合基金对解决参合农民患特殊病、大病、重病医疗费全免治疗方面发挥主导和支撑作用。在已有的“光明·微笑”工程、儿童两病(儿童先天性心脏病、白血病)、农村孕产妇、尿毒症血透免费救治的基础上,2012年年底将救治病种扩大到耐多药肺结核等15类重大疾病,重性精神疾病免费救治惠民工程。15类重大疾病救治实行按病种付费,新农合实际报销比例达70%以上,加上民政救助和医疗机构减免部分,患者实际自付部分不到10%,家庭成员患大病放弃治疗的家庭和患大病患者失去生活信心的现象明显减少。

2008~2012年,全县新农合统筹基金支出总额19266.24万元。

第七节 城镇居民基本医疗保险基金支出

2006年7月,抚州市人民政府决定选择乐安县为全市城镇居民医疗保险工作先行试点单位。

2006年9月,乐安县人民政府印发《乐安县城镇居民医疗保险暂行规定》。文件规定如下。

一、城镇居民医疗保险待遇

城镇居民参加基本医疗保险的,按照《抚州市城镇职工基本医疗保险实施方案》文件和《抚州市城镇职工基本医疗保险实施细则》规定执行,享受相应的基本医疗保险待遇。

城镇居民参加住院医疗保险的,按照《抚州市城镇职工住院医疗保险费用统筹管理暂行办法》执行,具体规定如下:

(1)住院医疗保险不设立个人账户,居民门诊的医疗费用,统筹基金不支付,由居民个人自付。

(2)住院医疗保险费只用于居民患大、重病住院的医疗费用。大、重病范围为:①各种内脏疾病,慢性疾病,恶性肿瘤。②非因公(工)负伤紧急抢救及入院治疗的各种严重外伤,骨折、烧伤。③精神病。

(3)凡因工伤、女职工生育、难产及《抚州市城镇职工基本医疗保险实施细则》中第十七条规定的基本医疗保险基金不予支付的项目,住院医疗保险基金也不予支付。

(4)住院医疗保险起付标准为300元,超过300元以上的部分,按以下比例“分段计算,累加支付”,比例为:

300元~1000元,统筹基金支付55%。

1000元~2000元,统筹基金支付65%。

2000元~4000元,统筹基金支付70%。

4000元~6000元,统筹基金支付75%。

6000元~8000元,统筹基金支付80%。

8000元~10000元,统筹基金支付85%。

10000元~20000元,统筹基金支付90%。

统筹基金支付最高限额为2万元,住院医疗保险费用除医疗保险经办机构支付以上部分外,其余部分由个人负担。

二、在校学生参加医疗保险

其医疗保险待遇按《抚州市职工子女及学生住院医疗保险费用统筹管理暂行办法》执行,具体规定如下:

(1)学生参加医疗保险,因病住院所发生的,符合规定范围的医疗费用,按下列比例“分段计算,累加支付”,具体标准为:

300元~1000元,统筹基金支付55%。

1000元~5000元,统筹基金支付65%。

5000元~10000元,统筹基金支付75%。

10000元~20000元,统筹基金支付80%。

20000元~60000元,统筹基金支付85%。

(2)学生医疗保险费年度内的最高累计支付限额为6万元。

(3)参保学生因病需转往上级医院诊治的,需办理转诊转院手续,到指定医院就诊,其医疗费在规定范围内需先付15%后,再按上述规定结算。

(4)因疾病或意外伤害死亡的,由医疗保险经办机构一次性支付死亡补偿金10000元,死亡补偿金由法定受益人领取。

(5)学生在校内发生的意外伤害,因自身责任由自己承担的门诊、住院医疗费,在规定的范围内按50%的比例报销,年度内最高累计支付限额为5000元。

(6)参保学生的医疗费用报销范围,参照我市城镇职工基本医疗保险有关规定执行。凡《抚州市城镇职工基本医疗保险实施细则》中第十七条规定的不予支付的项目,学生医疗保险基金也不予支付。

三、城乡居民医疗保险实行定点医疗管理

其转诊转院,诊疗项目和医疗服务设施范围,用

药范围,审核、报销等有关手续的办理,按抚州市城镇职工基本医疗保险的有关规定执行。

2010 年 12 月,抚州市人民政府印发《抚州市基本医疗保险市级统筹实施办法》,决定从 2011 年 1 月起,抚州市实行全市基本医疗保险市级统筹。基本医疗保险医疗待遇分为三个档次,一档为原城镇职工基本医疗保险,二档为原城镇职工住院医疗保险,三档为原城镇居民基本医疗保险。

(一)一档医疗待遇

(1)个人账户划入。个人账户按照法定退休年龄划分为两段:法定退休年龄以下按本人缴费基数的 3.2% 划入(个人缴纳的 2% + 单位缴纳的 1.2%);达到法定退休年龄并办理了退休手续的人员按本人退休金(或养老金)基数(无本人养老金作为基数的,以本市上年度退休人员平均养老金为基数)的 3.8% 划入。

(2)慢性疾病门诊。个人账户用完后,对特殊慢性疾病的门诊医疗费用可由统筹基金适当支付。特殊慢性病暂定以下十九种,分为两大类:

第一类:恶性肿瘤、系统性红斑狼疮、再生障碍性贫血、帕金森氏综合症、慢性肾功能衰竭(尿毒症期)、器官移植等后期抗排斥治疗。

患有上述六种一类慢性病的参保人员个人账户用完后进入统筹基金,不设自付段,统筹基金支付比例为 90%。其中慢性肾功能衰竭(尿毒症期)的患者实行按月限定 10 次内(含 10 次)的血透费用全额由统筹基金支付,免除个人负担;超过 10 次的血透费用,按甲类治疗进行核算支付。

第二类:精神病、原发性高血压病、糖尿病、肺结核、慢性肝炎、类风湿关节炎、风湿性心脏病、脑卒中后遗症、慢性肾小球肾炎、慢性堵塞性肺气肿、冠状动脉硬化性心脏病、痛风、血友病。

患有上述十三种二类慢性病的法定退休年龄以下人员,个人账户用完后,进入统筹基金支付时,设置 300 元的自付段,统筹基金支付比例为 85%;患有二类慢性病的达到法定退休年龄并办理了退休手续的人员,个人账户用完后,进入统筹基金支付时,设置 100 元的自付段,统筹基金支付比例为 90%。

(3)住院医疗待遇。①统筹基金起付标准。起付标准以下的医疗费用,由参保人员本人自付;每次住院都应按就诊医院级别支付起付金额。起付标准如下表。

乐安县参保人员住院医疗费自付标准

表 2－204　　单位:元

医疗机构级别 / 人员类别	乡镇卫生院(一级)	县、区医院(二级)	省、市医院(三级)
法定退休年龄以下人员	300	400	500
达到法定退休年龄并办理了退休手续人员	240	320	400

年度内两次及两次以上住院逐次降低起付标准 100 元,第四次起住院取消起付标准。

②统筹基金支付比例。具体如下表。

乐安县一档医疗统筹基金支付比例表

表 2－205

统筹基金支付比例 / 医疗机构级别	法定退休年龄以下人员	达到法定退休年龄并办理了退休手续人员
乡镇卫生院(一级)	95%	95%
县、区医院(二级)	90%	93%
省、市医院(三级)	85%	90%

在公务员医疗补助资金未到位时,行政事业单位应为单位职工负担医药费的 5%。

③建立基金缴费与医疗待遇挂钩制度。参保人员缴费基数达到上年度全市在岗职工平均工资的 100% ~150%(不含 100%,含 150%)的,其职工住院统筹基金支付比例在相应报销标准上提高 1 个百分点;150% ~200%(含 200%)的,提高 2 个百分点;200% ~250%(含 250%)的,提高 3 个百分点;

250%以上的，提高4个百分点。

④统筹基金最高支付限额为上年度职工年平均工资的6倍。

(4)大病补充医疗。参保人员患大病，当年统筹基金累计支付超过最高限额以上的符合支付规定的医疗费用，由大病补充医疗保险基金支付90%。一个年度内统筹基金及大病医疗保险基金最高支付限额为16万元。

(5)灵活就业人员自参保缴费之日起，设定90天的医疗等待期，等待期后方可享受基本医疗保险待遇。

(二)二档医疗待遇：

二档年度内统筹基金最高支付限额为6万元。统筹基金支付比例如表。

乐安县二档医疗统筹基金支付比例表

表2-206

类别	医院级别	起付线	补偿比例
疾病住院医疗	乡镇卫生院(一级)	300元	85%
	县、区医院(二级)	400元	80%
	省、市医院(三级)	500元	75%
慢性病门诊医疗	社区及乡镇医院(一级医院)	200元	85%
	市、区医院(含二、三级医院)	300元	75%

(三)三档医疗待遇

(1)城镇居民以三档参保自缴费之日起，设定90天的医疗等待期，等待期后方可享受相应医疗待遇。新生儿等新出现的符合参保条件的人员，可即时参保缴费享受待遇。学校整体参保的全日制在校学生参保的时间为当年9月1日至次年8月31日，参保后即时享受相应医疗待遇，不设医疗等待期。

本办法实施两年后取消灵活就业人员和城镇居民的医疗等待期。

(2)三档主要保障大病住院医疗和门诊慢性病医疗。对参保居民适当兼顾普通门诊医疗，对未成年人和全日制在校学生适当兼顾意外伤害门诊医疗。

①疾病住院医疗和门诊慢性病医疗的补偿办法具体见下表：

乐安县三档医疗统筹基金支付比例表

表2-207

类别	医院级别	起付线	补偿比例	年度最高补偿限额
疾病住院医疗	乡镇卫生院(一级)	300元	70%	成年人5万元、未成人6万元(含门诊和意外伤害医疗补偿金额)
	县、区医院(二级)	400元	65%	
	省、市医院(三级)	500元	60%	
慢性病门诊医疗	社区及乡镇医院(一级医院)	200元	80%	
	市、区医院(含二、三级医院)	300元	70%	

②以家庭为单位参保的居民普通门诊实行社区首诊负责制和门诊统筹包干管理。具体办法另行制定。全日制在校学生按每人每年30元的标准划入个人账户，年度包干使用，超支不补，结余结转下一年度使用，毕业后仍有结余，全额退回给个人。

③未成年人和全日制在校学生发生意外伤害(无第三者责任)的门诊及住院医疗费列入报销范围，按本款第1项的补偿办法报销；因疾病或意外伤害事故死亡的，由医疗保险经办机构一次性支付补偿金，3周岁以下的补偿3000元，3周岁以上的每增加一岁增加1000元补偿金，最高补偿12000元，死亡补偿金由法定受益人领取。

(3)一、二、三档的慢性病分类相同。一类慢性病年门诊费用视同住院费用报销，二类慢性病统筹基金一档和二档最高支付限额为4000元，三档为2000元。

(4)未成年人和全日制在校学生因交通事故发生的医疗费，应按《中华人民共和国道路交通安全法》有关规定由责任人给予赔偿，赔偿的医疗费达不到基本医疗保险基金支付标准的，由基本医疗保险基金补足差额。

其他具有民事侵权伤害引发的意外伤害，应按有关规定先取得民事赔偿，民事赔偿达不到基本医疗保险基金支付标准的，由基本医疗保险基金补足差额。

根据保障基本医疗的原则，特殊病种、特殊用药、特殊检查和治疗及转外地医院诊治的，个人负担适当提高。

确因病情需要，经医疗保险经办机构批准，进行人体器官或组织移植全过程的医疗费用（购买人体器官或组织的费用医保基金不支付）和安装人工器官、心脏起搏器等所需的特殊治疗材料费用，个人先负担15%，所属单位为机关事业单位的由单位先负担10%，然后再按有关规定核报。特殊治疗材料费限额标准如下：

（1）永久性心脏起搏器最高限额25000元/个；离休干部最高限额30000元/个；心脏瓣膜、射频消融材料的最高限额20000元/个；离休干部最高限额25000元/个；将扩张球囊、导管、导丝、动脉鞘、压力泵等辅助材料列入乙类报销范围；冠脉支架最高限额15000元/个；离休干部最高限额18000元/个；主动脉支架最高限额50000元/个；其他血管支架参照冠脉支架标准。

（2）人工关节最高限额15000元；离休干部最高限额18000元/个；骨科钢板最高限额8000元/块。

（3）将吻合器、缝合器、切割器、疝气补片等贵重医用材料纳入医保乙类报销范围，疝气补片的最高限额限定在1000元以内，其他最高限额为2500元以内。

（4）将单病种白内障超声乳化术调整为甲类，人工晶体列入乙类报销范围，最高限额定在1000元以内。

（5）将人工喉列入医保乙类报销项目，最高限额限定在2000元以内。

（6）将颅骨缺损修补用钛网列入医保乙类报销范围，最高限额限定在8000元以内。

（7）将颈椎内固定、腰椎内固定、钢板、融合器等列入乙类报销范围，最高限额限定在12000元以内。

确因病情需要，使用国家和《江西省基本医疗保险、工伤保险和生育保险药品目录》内的乙类药品、进行特殊检查和特殊治疗、经医疗保险经办机构批准转外地医院就医的，个人和单位须承担一定比例的医疗费用，然后再按有关规定核报。个人和单位须承担的医疗费用比例如下：

（1）确因病情需要，使用国家和《江西省基本医疗保险、工伤保险和生育保险药品目录》内的乙类药品，个人必须先负担15%；所属单位为行政事业单位的由单位负担10%；使用打“＊”号的乙类药品，个人必须先负担25%，所属单位为行政事业单位的由单位负担20%。

（2）确因病情需要，进行特殊检查和特殊治疗（单项费用在100元以上），个人先负担15%，所属单位为行政事业单位的由单位负担10%。

（3）经医疗保险经办机构批准，转外地医院就医，在省内定点医院诊疗的，个人先负担外诊医疗费总额的5%；在省内非定点医院诊治的，个人先负担外诊医疗费总额的15%；在省外定点医院诊治的，个人先负担外诊医疗费总额的10%；在省外非定点医院诊治的，个人先负担外诊医疗费总额的20%。转外诊个人负担最低标准为500元，起付线与转诊费不同时计算。

参保人员住院床位费，按以下标准核报。低于规定标准的，由医疗保险经办机构据实结算，高于规定标准以上的部分，由个人自负。

乐安县参保人员住院床位费报销标准

表2－208

医院级别 / 人员类别	一级医院	二级医院	三级医院
一般参保人	13元	18元	20元
离休人员、享受县级待遇人员	20元	25元	30元
享受地级待遇人员、老红军、抗日老同志	25元	30元	40元

参保人员发生的下列费用，医疗保险基金不予支付。

（1）打架、斗殴、自杀自残、吸毒、酗酒、性病、交通肇事、医疗事故、工伤等造成伤残所发生的医疗费用。

（2）挂床住院、住家庭病床的医疗费用。

（3）《江西省基本医疗保险、工伤保险和生育保险药品目录》《江西省城镇职工基本医疗保险诊疗项目范围》和《江西省城镇职工基本医疗保险医疗服务设施范围和支付标准》范围以外的费用。

(4)凡因私出国访问、学习、考察或赴港、澳、台地区期间发生的医疗费用。

(5)未经医疗保险经办机构同意,自行就医的一切费用。

2011年6月,抚州市人力资源和社会保障局下发《关于进一步完善城镇基本医疗保险政策和加强规范管理工作的通知》(抚人社字〔2011〕104号),文件对城镇基本医疗保险三档(原城镇居民基本医疗保险)的住院报销比例进行调整。全市城镇基本医疗保险三档政策范围内住院费用统筹基金支付比例在《抚州市基本医疗保险市级统筹实施办法》(抚府发〔2010〕32号)规定标准的基础上,一级医疗机构提高报销比例20个百分点,二级医疗机构提高报销比例10个百分点,三级医疗机构报销比例不变,使新的报销比例达到:一级定点医疗机构90%,二级定点医疗机构75%,三级定点医疗机构60%,以确保2011年城镇居民基本医疗保险政策范围内住院费用统筹基金支付比例达到70%左右。同时,将城镇基本医疗保险一档(原职工基本医保)年度内统筹基金封顶线从16万元提高到20万元;二档(原职工住院医保)封顶线从6万元提高到7万元;三档(成年人和未成年人)封顶线统一提高到6万元。

为切实减轻慢性病人员的医疗负担,提高慢性病人员的医疗待遇水平。从2011年7月1日起,凡我市患有一类慢性病的城镇基本医疗保险一、二档参保人员在进行住院费用报销结算时,政策范围内住院费用基金支付低于85%的,统一按85%报销。三档同类参保人员在政策范围内住院费用基金支付低于70%的,统一按70%报销(全额自费部分除外)。

2012年年底,乐安县城镇居民参加医疗保险40068人,医疗保险基金支出478.09万元,其中:上解支出64.9万元。

2006～2012年乐安县城镇居民医疗保险基金支出表

表2－209　　单位:万元

年度	金额	年度	金额	年度	金额
2006	—	2009	379.19	2012	478.09
2007	114.6	2010	441.11		
2008	215.4	2011	501.11	合计	2129.5

第八节　新型农村社会养老保险基金支出

2009年12月,县人民政府印发《乐安县新型农村社会养老保险试点实施方案(试点)》(乐府发〔2009〕16号),决定从2009年12月1日起,实施新型农村社会养老保险。实施方案规定了新农保基金领取标准和条件、基金管理与监督等内容。

1. 养老金待遇

养老金由基础养老金和个人账户养老金组成,按月发放至参保人终身。

基础养老金标准为每人每月55元,由中央财政支付。

个人账户养老金的月计发标准为本人到60周岁时个人账户全部储存额除以139(与现行城镇职工基本养老保险个人账户养老金计发系数相同)。参保人死亡,个人账户中的资金余额(包括个人账户中政府补贴部分)可以依法继承,参保人领取的养老金超过养老金计发寿命年限所出现的支付缺额由县财政负担。

2. 养老金待遇领取条件

(1)新农保养老金领取年龄男女均为60岁,领取时间为本人满60周岁次月起开始。

(2)新农保制度实施日前,已年满60周岁的参保对象,不需缴费,可以按月领取基础养老金,但符合参保条件本县农业户籍的配偶、儿子、女儿应当参保缴费。

(3)从新农保制度实施日开始计算,距领取年龄不足15年的(45～59周岁),应按年缴费,也允许补缴,累计缴费不超过15年,距领取年龄超过15年的(16～44周岁),应按年缴费,累计缴费不少于15年,累计缴费达不到15年的允许补缴。为鼓励中青年农民积极参保、长期缴费,缴费年限超过15年的,在规定基础养老金的基础上,每超过一年,每月县财政增加1元基础养老金。参保人员达到待遇领取年龄,其养老保险关系不能转移。

3. 待遇调整

根据国家、省相关政策规定,结合乐安县的实际,适时调整乐安县新农保基础养老金的最低标准。

4. 基金管理

建立健全新农保基金财务会计制度。新农保基金纳入社会保障财政专户，实行收支两条线管理，单独记账、核算，按有关规定实现保值增值。试点阶段，新农保基金以县级为统筹单位，实行新农保资金预决算制度。年初，财政部门要会同人事劳动和社会保障部门编制新农保资金年度收支预算，报县人民政府批准后执行，并将年度决算表上报上级财政、人事劳动和社会保险主管部门审核。

5. 基金监督

县人事劳动和社会保障行政部门要切实履行职责，制定完善新农保各项业务管理规章制度，规范业务程序，建立健全内控制度和基金稽核制度，对基金的筹集、上解、划拨、发放进行监控和定期检查，并定期披露新农保基金筹集和支付信息，做到公开透明，加强社会监督。财政、审计、监察部门按各自职责实施监督，严禁挤占挪用，确保基金安全。村民委员会每年在本村范围内对村内参保人缴费和待遇领取资格进行公示，接受群众监督。

2009～2012 年，乐安县新农保基金总支出 6126.37 万元，其中：2009 年支出 264 万元，2010 年支出 1719.82 万元，2011 年支出 2076.73 万元，2012 年支出 2065.82 万元。

第九节　城镇居民养老保险基金支出

2011 年 9 月，乐安县人民政府印发《乐安县城镇居民社会养老保险试点实施方案》，决定从 2011 年 7 月 1 日启动试点工作。实施方案规定了城镇居民社会养老保险基金领取标准和条件，基金管理与监督等内容。

1. 养老金待遇

养老金待遇由基础养老金和个人账户养老金构成，支付终身。

目前基础养老金标准为每人每月 55 元。由中央财政支付。

个人账户养老金的月计发标准为个人账户储存额除以 139（与现行职工基本养老保险及新农保个人账户养老金计发系数相同）。参保人员死亡，个人账户中的资金余额（含政府补贴），可以依法继承。

2. 养老金待遇领取条件

参加城镇居民养老保险的城镇居民，年满 60 周岁，可按月领取养老金。

从 2011 年 7 月 1 日起，已年满 60 周岁，未享受职工基本养老保险待遇以及国家规定的其他养老待遇的，不用缴费的，可按月领取基础养老金；距领取年龄不足 15 年的，应按年缴费，也允许补缴，累计缴费不超过 15 年；距领取年龄超过 15 年的，应按年缴费，累计缴费不少于 15 年。

为鼓励中青年城镇居民积极参保、长期缴费，对缴费年限超过 15 年的，在规定基础养老金的基础上，每超过一年，每月增加 1 元基础养老金。鼓励和引导城镇居民养老保险待遇领取人员的子女按规定参保缴费。

3. 待遇调整

根据国家、省厅相关规定，结合我县实际，适时调整全县城镇居民养老保险基础养老金的最低标准。

4. 基金管理

建立健全城镇居民养老保险基金财务会计制度。城镇居民养老保险基金纳入社会保障财政专户，实行收支两条线管理，单独记账、核算，按有关规定实现保值增值。试点阶段，城镇居民养老保险基金以县级为统筹单位，实行城镇居民养老保险资金预决算制度。年初，财政部门要会同人力资源和社会保障部门编制城镇居民养老保险基金年度收支预算，报县人民政府批准后执行，并将年度决算表上报上级财政、人力资源和社会保障主管部门审核。

5. 基金监督

县人力资源社会保障部门要切实履行城镇居民养老保险基金的监管职责，制定完善城镇居民养老保险各项业务管理规章制度，规范业务程序，建立健全内控制度和基金稽核制度，对基金的筹集、上解、划拨、发放进行监控和定期检查，并定期披露城镇居民养老保险基金筹集和支付信息，做到公开透明，加强社会监督。财政、监察、审计部门按各自职责实施监督，严禁挤占挪用，确保基金安全。各乡（镇、场）社会保险经办机构和社区每年在辖区范围内对城镇居民的待遇领取资格进行公示，接受群众监督。

2011～2012 年，乐安县城镇居民基本养老保险基金总支出 167.52 万元，其中 2011 年支出 24.35 万元，2012 年支出 143.17 万元。

第三编　政府性基金收入和支出

政府性基金收入和支出是国家对政府收支分类改革以后设置的分类科目,1997 年至 2006 年称财政基金收支,2007 年以后为政府基金收支。2006 年以前基金收支金额都很小。自 2007 年之后收支金额较大,并有逐年增长趋势。按照财政部要求,基金收支决算每年都单独编制,故本志将政府性基金收入和支出单独列编志述。

2007～2012 年乐安县政府性基金收支总表

表 3－1　　单位:万元

年度	收入方					支出及结余方				
	本年收入	上级补助	上年结余	调入资金	收入合计	当年支出	上解支出	调出资金	年终结余	支出合计
2007	10960	1954	218	—	13132	11124	160	—	1848	13132
2008	5568	2246	1868	332	10014	6388	216	—	3410	10014
2009	8601	2020	3413	—	14034	9144	189	71	4630	14034
2010	23307	2060	4630	12	30009	24477	247	—	5285	30009
2011	26454	3809	5285	—	35548	27137	482	—	7929	35548
2012	23977	4622	7929	15	36543	29647	1262	—	5634	36543
合计	98867	16711	23343	359	139280	107917	2556	71	28736	139280

第一章　政府性基金收入

政府性基金,是指各级人民政府及其所属部门根据法律、国家行政法规和中共中央、国务院有关文件的规定,为支持某项事业发展,按照国家规定程序批准,向公民、法人和其他组织征收的具有专项用途的资金。包括各种基金、资金、附加和专项收费。

2007～2012 年乐安县政府性基金收入明细表

表 3－2　　单位:万元

项目＼金额＼年度	2007	2008	2009	2010	2011	2012	合计
地方教育附加收入	175	160	329	—	—	—	664
新增建设用地土地有偿使用费收入	—	—	—	—	—	—	—
地方水利建设基金收入	—	—	—	—	—	167	167
残疾人就业保障金收入	—	—	23	41	51	66	181
政府住房基金收入	—	—	—	—	—	—	—

续表 3－2

项目 \ 金额 \ 年度	2007	2008	2009	2010	2011	2012	合计
城市公用事业附加收入	—	—	—	—	—	—	—
国有土地收益基金收入	184	33	217	1459	584	1029	3506
农业土地开发资金收入	28	20	9	155	83	53	348
国有土地使用权出让收入	9832	4225	7638	20877	24987	22237	89796
彩票公益金收入	—	—	81	45	76	61	263
城市基础设施配套费收入	—	—	—	—	—	—	—
育林基金收入	530	1050	200	557	263	198	2798
森林植被恢复费收入	—	—	—	—	—	—	—
散装水泥专项资金收入	9	9	16	27	64	25	150
新型墙体材料专项基金收入	47	46	88	146	346	141	814
其他各项政府性基金收入	155	25	—	—	—	—	180
合　计	10960	5568	8601	23307	26454	23999	98867

第一节　残疾人就业保障金收入

残疾人就业保障金是政府性基金，征收残疾人就业保障金是落实分散按比例安排残疾人就业的必要措施，是扶助残疾人就业，改善残疾人生存状况，促进社会和谐发展的有效途径。

1995 年 1 月，财政部发布《残疾人就业保障金管理暂行规定》，规范了残疾人就业保障金收支管理办法。

1999 年 11 月，乐安县财政局下发实施《江西省残疾人就业保障金管理办法》的通知，规定本县行政区域内的机关、团体、企业（国有企业、集体企业、私营企业、联营企业、股份制企业等）事业单位和其他经济组织，从 1998 年 1 月 1 日起，均应按本单位在职职工总数（正式工、合同制工、有一年以上用工合同的临时工）1.5% 的比例接收安置残疾人就业。凡安排残疾人就业未达到规定比例的单位，均应按规定缴纳“保障金”。文件还就加强我县残疾人就业保障金的征收、使用和管理作出了具体规定。

2004 年 4 月，乐安县人民政府印发《乐安县按比例安排残疾人就业实施办法》，从 2004 年 1 月 1 日起施行。

2008 年 3 月，乐安县人民政府办公室下发《关于进一步加强残疾人就业保障金征收工作的通知》，文件规定如下。

1. 征收范围

乐安县行政区域内未安排残疾人就业和安置残疾人就业达不到在职职工总数 1.5% 比例的机关、团体、企业（国有企业、集体企业、股份合作制企业、“三资企业”等）和事业单位以及中央、省、市驻县单位和其他经济组织（以下简称各单位）。

在职职工总数是指用人单位上年度平均职工人数；已安排的残疾职工是指单位正式职工或与单位依法签定 1 年以上劳动合同，并按国家规定为残疾人缴纳基本养老保险、基本医疗保险费，持有《中华人民共和国残疾人证》或《伤残军人证》的残疾职工。

2. 征收标准

根据《江西省实施〈中华人民共和国残疾人保障法〉办法》第 25 条、《江西省残疾人就业保障金征收使用管理办法》和《抚州市按比例安排残疾人就业实施办法》的规定，各单位应不低于在职职工总数 1.5% 的比例安排残疾人就业，凡未安排残疾人就业或达不到比例的单位，每少安排 1 名残疾人，应按当地职工上年度年平均工资的 100% 缴纳，按比例达不到 1 人的单位按实际差额人数缴纳，计算方法为：残疾人就业保障金应缴数＝（本单位干、职工总人数 1.5% －本单位在岗残疾干、职工人数）×本单位干、职工年人均工资数。2007 年乐安县干、职工年人均工资数为 10000 元。

3. 征收程序及征收手续

（1）由财政全额拨款的行政单位和由财政全额补助或部分补助的事业单位，由财政局代扣保障金。

中央、省、市驻县单位和各类企业单位以及其他经济组织，由地税局按属地原则及现行税收管理体制统一代征保障金。

(2)保障金按年征收,定期缴纳,每年4月份为年审期。年审期间,各单位必须按规定提供本单位上年度干、职工编制统计报表或统计年报表,安排了残疾人的单位还须提供“四证”(工资表、残疾证、基本养老保险证、基本医疗保险证)及时到残疾人劳动服务中心办理年审手续。逾期未办理年审的单位,按无残疾职工计算应缴纳保障金。

(3)由地税局代征保障金的单位,必须在征收期内向地税局缴纳保障金。

4. 征收管理

(1)机关、团体、事业单位应缴纳的保障金,从单位收入或事业经费中列支;各类企业及其他单位应缴纳的保障金从管理费中列支。

(2)保障金实行专户管理,接受财政、审计部门的检查和监督。

2007~2012年乐安县残疾人就业保障金收入统计表

表3-3　　　　单位:万元

年度	金额	年度	金额	年度	金额
2007	—	2009	23	2011	51
2008	—	2010	41	2012	66
				合计	181

第二节　国有土地使用权出让收入

为了进一步促进土地使用制度改革和房地产市场的发展,根据《中华人民共和国城镇国有土地使用权出让暂行条例》和国务院其他有关文件,财政部于1992年9月颁发《关于国有土地使用权有偿使用收入征收管理的暂行办法》和《关于国有土地使用权有偿使用收入若干财政问题的暂行规定》,1993年5月江西省人民政府办公厅印发了江西省国有土地使用权有偿使用有关实施细则。上述一系列法规的制定,使国有土地使用权有偿使用收入有法可依,从1994年起,国有土地使用权有偿使用收入正式纳入县财政征收管理的轨道。1994~2006年,乐安县土地使用权有偿使用收入共计1662万元。

为加强国有土地收入管理,规范土地收储财务收支行为,维护土地资产权益,促进乐安县土地市场健康有序发展,根据《江西省人民政府关于进一步加强我省土地管理工作的意见》和《江西省国有土地储备机构土地收储财务管理办法》,2005年12月,乐安县财政局、国土资源局联合下发《关于进一步加强我县国有土地财务收支管理的实施意见》。

1. 进一步提高对加强国有土地收入管理工作重要性的认识

2. 加强政府性基金收入、土地税收和规费收入的管理

(1)加强对国土资源基金收入管理。土地出让金、土地收益金、新增建设用地土地有偿使用费是政府的基金预算收入,由县财政局清算后全部纳入财政基金预算管理。

(2)加强对土地税收收入征管。要加强对城镇土地使用税、营业税、土地增值税、契税、耕地占用税的征收和管理。在县城、建制镇、工矿区范围内使用土地的单位和个人,必须依法缴纳土地使用税;转让国有土地使用权、地上建筑物及其附着物并取得收入的单位和个人,必须依法缴纳营业税、土地增值税;占用耕地建房或者从事其他非农业建设的单位和个人,必须依法缴纳耕地占用税;转移土地、房屋权属,承受的单位和个人,必须依法缴纳契税。任何单位不能擅自减免税收、规费和基金收入,各类招商引资项目经依法批准享受优惠政策的,应实行先缴后拨。

(3)加强对国土资源收费收入管理。征地管理费、新增建设用地有偿使用费、耕地开垦费、土地登记费等行政性收费,是财政收入的组成部分,按规定纳入财政预算管理。由缴款人全额直接缴入财政预算外专户。土地使用权交易服务费属经营性收费也应一并缴入预算外专户管理。

3. 加强土地收入的财务管理制度建设

建立土地财务收支预、决算制度,健全土地的财务监管、成本和收益核算,加强对土地收支财务的制度建设。

(1)县土地收储中心在收购土地前和出让土地后,须按宗地向县财政局分别报送宗地财务收支预算和决算。宗地财务收支预、决算由县财政局或县财政局委托有资质的中介机构审核,审核后由县财政局出具审核批复意见。县土地收储中心在办理土地储备支出时,应严格按照财政部门批准的预算执行。

(2)县国土资源局的机关管理费用与土地收储业务实行一个单位,两套帐本,两个账户,独立核算

的办法管理。在县会计管理核算中心分设两套帐薄,实行独立核算,国土资源局机关和土地收储中心各配一名报账员。

(3)土地收储业务执行收支两条线政策,按照"收入财政集中、支出财政监管、收益分宗核算,结余上缴国库"的原则进行管理。县财政局在预算外专户内设立"土地收入财政清算明细户"办理土地收入清算业务。土地出让的全部价款由缴款人全额直接缴入财政清算明细户,在收储或出让土地过程中收取的押金、定金、保证金由缴款人全额直接缴入县会计核算中心押金专户,其他部门不得以任何借口设立资金过渡户、收入清算户或预收定金户。对每宗土地清算,必须提取以下专项资金和费用:

①按每宗土地出让价款的1%提取社会保障基金,专项用于县社会保障事业开支。

②按每宗地出让面积每平方米15元标准的20%提取农业土地开发资金,专项用于农业土地开发资金。

③按土地出让合同价款的0.05%提取土地清算费。

④按土地收益总额的20%提取土地储备金。

⑤按土地收益总额的3%提取出让金业务费及奖励经费,其中:出让金业务费2%,完成出让金收入任务奖励1%。

每宗地的土地收益总额在扣除提取的土地储备金和出让金业务费后的余额缴入国库。土地储备支出仅限土地储备机构在土地收储过程中发生的应计入土地收储成本的全部支出。土地储备成本按权责发生制核算,补偿支出、开发费支出、税费支出按宗地核算,分别列入各宗地支出成本,利息支出和其他支出按受益宗地进行分摊。

4. 建立土地存量土地有偿使用收入财务统计报告制度

从2006年1月始,县国土局将编印《乐安县土地存量土地有偿使用收入明细表》月报,对土地存量和国有土地有偿使用收入进行动态反映,定期向县政府报告,以便县政府及时掌握国有土地收入进度,为县委县政府提供决策依据。

2006年12月,国务院办公厅下发《关于规范国有土地使用权出让收支管理的通知》,就土地出让收支纳入地方预算,实行"收支两条线"管理,加强土地调控作出了明确规定。

2007年3月,江西省人民政府办公厅下发《贯彻国务院办公厅关于规范国有土地使用权出让收支管理的实施意见》,其主要内容:

1. 统一思想认识,明确收入范围,加强国有土地使用权出让收入征收管理

(1)规范土地出让收支管理,将土地出让收支纳入地方预算,实行"收支两条线"管理,是落实科学发展观,构建社会主义和谐社会,加强土地宏观调控和党风廉政建设的一项重要举措。各地、各部门必须高度重视,把思想统一到党中央、国务院决策部署上来,采取积极有效措施,确保规范土地出让收支管理政策的贯彻落实。

(2)国有土地使用权出让收入(以下简称土地出让收入)是指政府以出让等方式配置国有土地使用权取得的全部土地价款。具体包括:以招标、拍卖、挂牌和协议方式出让国有土地使用权所取得的总成交价款(不含代收代缴的税费);转让划拨国有土地使用权或依法利用原划拨土地进行经营性建设应当补缴的土地价款;变现处置抵押划拨国有土地使用权应当补缴的土地价款;转让房改房、经济适用住房按照规定应当补缴的土地价款;改变出让国有土地使用权土地用途、容积率等土地使用条件应当补缴的土地价款,以及其他和国有土地使用权出让或变更有关的收入等。

国土资源管理部门依法出租国有土地向承租者收取的土地租金收入;出租划拨土地上的房屋应当上缴的土地收益;土地使用者以划拨方式取得国有土地使用权,依法向市、县人民政府缴纳的土地补偿费、安置补助费、地上附着物和青苗补偿费、拆迁补偿费等费用(不含征地管理费);在土地招标、拍卖、挂牌和协议出让过程中按规定收取的违约金,一并纳入土地出让收入管理。

按照规定依法向国有土地使用权受让人收取的定金、保证金和预付款,在国有土地使用权出让合同(以下简称土地出让合同)生效后可以抵作土地价款。划拨土地的预付款也按照上述要求管理。

(3)土地出让收入由财政部门负责征收管理,国土资源管理部门负责具体征收。国土资源管理部门和财政部门应当督促土地使用者严格履行土地出让合同,确保将应缴的土地出让收入及时足额缴入地方国库。地方国库负责办理土地出让收入的收纳、划分、留解和拨付等各项业务,确保土地出让收支数据准确无误。对未按照合同约定足额缴纳土地出让收入,并提供有效缴款凭证的,国土资源管理部门不予核发国有土地使用证。对违规核发国有土地使用证的,要收回土地使用证,并依照有关法律法规追究有关领导和人员的责任。

(4)严格土地出让收入征收管理。任何地区、部门和单位都不得以"招商引资""旧城改造""国有

企业改制”等各种名义减免土地出让收入，实行“零地价”，甚至“负地价”，或者以土地换项目、先征后返、补贴等形式变相减免土地出让收入；也不得违反规定通过签订协议等方式，将应缴地方国库的土地出让收入，由国有土地使用权受让人直接将征地和拆迁补偿费支付给村集体经济组织或农民等。

2. 建立预决算制度，将土地出让收支全额纳入预算，实行“收支两条线”管理

（1）土地出让收支全额纳入地方政府基金预算管理。从2007年1月1日起，土地出让收入全部缴入地方国库，支出一律通过地方政府基金预算从土地出让收入中予以安排，实行彻底的“收支两条线”管理。

各级地方国库在国库中设立专账（即登记簿），专门核算土地出让收入和支出。

各级财政和国土资源管理部门要建立土地收支宗地台账，做到定期对账，账目清楚。

（2）建立健全年度土地出让收支预决算管理制度。每年第三季度，有关部门要严格按照财政部门规定编制下一年度土地出让收支预算，并分别纳入政府性基金收支预算，报经同级财政部门按规定程序批准后执行。

编制年度土地出让收支预算要坚持“以收定支、收支平衡”的原则。土地出让收入预算按照上年土地出让收入情况、年度土地供应计划、地价水平等因素编制；土地出让支出预算根据预计年度土地出让收入情况，按照年度土地征收计划、拆迁计划以及规定的用途、支出范围和支出标准等因素编制。其中：属于政府采购范围的，应当按照规定编制政府采购预算，并严格按照政府采购的有关规定执行。

每年年度终了，国土资源等有关部门应当严格按照财政部门规定编制土地出让收支决算，并分别纳入政府性基金收支决算，报财政部门审核汇总后，向同级人民政府报告。地方人民政府依法向同级人民代表大会报告。

根据国务院、省、市政府文件规定，乐安县从2007年起，国有土地使用权有偿使用收入全额纳入政府基金预算管理。

2007年5月，乐安县财政局、国土资源局联合下发《关于贯彻落实〈国有土地使用权出让收支管理办法〉的实施意见》。主要内容包括：

1. 收入管理

（1）从2007年1月1日起，所有土地出让收入都必须全部直接缴入地方国库。所有土地出让支出都必须全部通过地方基金预算从土地出让收入中予以安排，土地出让收支实行彻底的“收支两条线”管理。按照赣财综〔2007〕19号文件精神，原设立的“土地收入财政清算专户”要在2007年5月底以前进行清算，并将清算后的余额全部缴入地方国库，并撤销“土地收入财政清算专户”。为便于土地招标、拍卖、挂牌和协议出让过程中的保证金等资金的缴存，县财政局在财政国库支付中心设立“保证金专户”，专门办理相关资金的收缴、划拨和退付。

（2）土地出让收入由县财政局负责征收管理，县国土资源局负责具体征收。县国土资源局与国有土地使用权人签订的土地出让合同，应将副本抄送县财政局；下达的划拨用地批准文件，应抄送县财政局。县国土资源局依据签订的土地出让合同或划拨用地批准文件，开具“国有土地使用权出让缴款通知单”和“一般缴款书”。将应缴入国库的土地出让收入总额按土地出让收入总成交价款的5%计提国有土地收益基金和按出让总面积3元/平方米计提农业土地开发专项资金。计提后的余额即国有土地使用权出让金收入连同国有土地收益基金和农业土地开发专项资金按对应的科目缴入县国库。

（3）严格土地出让收入征收管理。任何单位和部门都不得以“招商引资”“旧城改造”“国有企业改制”等各种名义减免土地出让收入，实行“零地价”，甚至“负地价”，或者以土地换项目、先征后返、补贴等形式变相减免土地出让收入；也不得违反规定通过签订协议等方式，将应缴地方国库的土地出让收入，由国有土地使用权受让人直接将征地和拆迁补偿费支付给村集体经济组织或农民等。

2. 监督检查

县财政局、县国土资源局以及监察审计机关要建立健全对土地出让收支情况的定期和不定期监督检查制度，强化对土地出让收支的监督管理，确保土地出让收入及时足额上缴国库，支出严格按照财政预算管理规定执行。

对国有土地使用权人不按土地出让合同、划拨用地批准文件等规定及时足额缴纳土地出让收入的，应按日加收违约金额1‰违约金。违约金随同土地出让收入一并缴入国库。

对违反规定，擅自减免、截留、挤占、挪用应缴国库的土地出让收入，不执行国家统一规定的会计、政府采购等制度，要严格按照《中华人民共和国土地管理法》《中华人民共和国会计法》《中华人民共和国审计法》《中华人民共和国政府采购法》和《财政违法行为处罚处分条例》（国务院令第427号）和《金融违法行为处罚办法》（国务院令第260号）等有关法律法规规定处理，并依法追究有关责任人的责任。

触犯《刑法》的，要依法追究有关人员的刑事责任。

2011年，财政部《关于土地出让收益中计提教育资金有关事项的通知》规定：

教育资金收入，从2011年1月1日起，各省、自治区、直辖市、计划单列市(以下简称各地区)所辖市、县(区)，统一按照当年实际缴入地方国库的招标、拍卖、挂牌和协议出让国有土地使用权取得的土地出让收入，扣除当年从地方国库中实际支付的征地和拆迁补偿支出、土地开发支出、计提农业土地开发资金支出、补助被征地农民社会保障支出、保持被征地农民原有生活水平补贴支出、支付破产或改制企业职工安置费支出、支出土地出让业务费、缴纳新增建设用地土地有偿使用费等相关支出项目后，作为计提教育资金的土地出让收益口径，严格按照10%的比例计提教育资金。从土地出让收益中计提的教育资金，作为各地区计算财政性教育经费来源之一，各地区不得由此减少应当由公共财政预算安排的教育经费。为确保各地区及时足额从土地出让收益中计提教育资金，在《2011年政府收支分类科目》中，增设"103014804 教育资金收入"科目，反映从土地出让收益中计提的教育资金，并在地方国库中实行分账核算。全年计提的教育资金=(全年国有土地收益基金收入+全年国有土地使用权出让收入-全年补缴的土地价款-全年划拨土地收入-全年其他土地出让收入-全年征地和拆迁补偿支出-全年征地和拆迁补偿支出-全年土地开发支出-全年土地开发支出-全年补助被征地农民支出-全年土地出让业务支出-全年支付破产或改制企业职工安置费支出)10%。

2011年，财政部《关于从土地收益中计提农田水利建设资金有关事项的通知》规定：

农田水利建设资金收入，从2011年7月1日起，各省、自治区、直辖市、计划单列市(以下简称各地区)所辖市、县(区)，统一按照当年实际缴入地方国库的招标、拍卖、挂牌和协议出让国有土地使用权取得的土地出让收入，扣除当年从地方国库中实际支付的征地和拆迁补偿支出、土地开发支出、计提农业土地开发资金支出、补助被征地农民社会保障支出、保持被征地农民原有生活水平补贴支出、支付破产或改制企业职工安置费支出、支付土地出让业务费、缴纳新增建设用地土地有偿使用费等相关支出项目后，作为计提农田水利建设资金的土地出让收益口径，严格按照10%的比例计提农田水利建设资金。全年计提的农田水利建设资金=(全年国有土地收益基金收入+全年国有土地使用权出让收入-全年补缴的土地价款-全年划拨土地收入-全年其他土地出让收入-全年征地和拆迁补偿支出-全年征地和拆迁补偿支出-全年土地开发支出-全年土地开发支出-全年补助被征地农民支出-全年土地出让业务支出-全年支付破产或改制企业职工安置费支出)10%。

新增建设用地土地有偿使用费(以下简称土地有偿使用费)是指国务院或省级人民政府在批准农用地转用、征用土地时，向取得出让等有偿使用方式的新增建设用地的县、市人民政府收取的平均土地纯收益。土地有偿使用费30%上缴中央财政，70%上缴地方财政入省库，年终结算全额返还到县。县、市人民政府依法取得新增建设用地后，应依法向用地者供应土地。

2007~2012年乐安县国有土地使用权出让收入表

表3-4　　单位:万元

年度	全额	年度	金额	年度	金额
2007	9832	2010	20877		
2008	4225	2011	24987		
2009	7638	2012	22237	合计	89796

2007~2012年乐安县国有土地使用权出让收入明细表

表3-5　　单位:万元

项目/金额/年度	土地出让价款收入	补缴的土地价款	划拨土地收入	教育资金收入	农田水利建设资金收入	缴纳新增建设用地有偿使用费	其他土地出让收入	合计
2007	9719	24	89	—	—	—	—	9832
2008	4168	57	—	—	—	—	—	4225

续表 3－5

年度＼金额＼项目	土地出让价款收入	补缴的土地价款	划拨土地收入	教育资金收入	农田水利建设资金收入	缴纳新增建设用地有偿使用费	其他土地出让收入	合计
2009	6589	199	—	—	—	—	850	7638
2010	20012	865	—	—	—	—	—	20877
2011	20960	1408	273	1173	1173	—	—	24987
2012	19178	796	43	1110	1110	—	—	22237
合计	80626	3349	405	2283	2283	—	850	89796

第三节　国有土地收益基金收入

2007 年 3 月，省政府确定，国有土地收益基金，从招标、拍卖、挂牌和协议方式出让国有土地使用权所取得的总成交价款中，按照 5% 的比例计提国有土地收益基金，主要用于土地收购储备。乐安县国有土地收益基金比例为按土地出让收入总成交价款的 5% 计提。2007 年 1 月 1 日起执行，2007～2012 年，乐安县国有土地收益基金共收入 3506 万元。

第四节　农业土地开发资金收入

农业土地开发资金，从招标、拍卖、挂牌和协议出让国有土地使用权所取得的价款中计提。2004 年 1 月 1 日起，省政府根据各地农业发展、土地出让收入等情况确定：南昌、新余、萍乡、景德镇、鹰潭五个设区市本级按土地出让平均纯收益 15% 的比例提取农业土地开发专项资金；其他设区市和县全部按土地出让平均纯收益 20% 的比例提取农业土地开发专项资金。乐安县的征收标准为按出让总面积 3 元/平方米计提农业土地开发专项资金。2007～2012 年，乐安县农业土地开发专项资金收入 348 万元。

第五节　育林基金收入

育林基金是发展林业的主要资金，由林业部门从木材、竹材销售收入中按规定收取的育林专项资金。

1951 年 7 月，江西省人民政府发出 107 号令，为保护森林，严防滥采滥伐，对存山、存滩的木材，征收特种育林费。

1952 年规定征收标准为各专区木材调拨价的 10% 征收。

1954 年将征收标准调整为按木材交易所或国营木材企业的牌价征收 5% 的育林费。

1955 年 5 月，省人民政府颁发《国有林征收育林费施行办法》，规定按肩运里程分 6 级征收，各地征收的育林费除提留 3% 奖励费外，其余专用于造林育苗及护林工作的经费开支。

1956 年，上述办法停止执行。

1955～1956 年育林费征收 6 级标准

表 3－6

肩运里程		征收率（元）		
等级	里程（公里）	杉木每两码	杂木每立方米	竹子每百根
一级	0.5～2.5	8.3～10	5～6	6～9
二级	3～5	6.6～8.3	4～5	3～6
三级	5.5～7.5	4.9～6.6	3～4	<3
四级	8～10	3.2～4.9	2～3	—
五级	10.5～12.5	1.5～3.2	1～2	—
六级	>13	<1.5	<1	—

1958 年，江西省恢复征收育林费制度，其征收标准为：按 1956 年 9 月颁发的木材的价格标准，再按林区所得价的 40% 向林主征收，并同意林业部门在预算外从木材收入中提取迹地更新费。

1963 年 1 月，停止征收集体林价的育林费，1964 年 7 月，依据省人民委员会颁发的《江西省育林基金征收，使用，管理实施细则》，规定育林基金划分为国有林和集体林两大类，集体林育林基金又按不同征收对象分为甲、乙两种，甲种由木材经营单位缴纳，乙种从林农所得的价中征收。育林基金每立方米征收标准，国有林 10 元，集体林甲种 5 元。

1972 年 5 月，农林部、财政部规定，国有林育林基金，凡采伐国有林，一律按每立方米木材或每百根毛竹（南竹）征收 10 元。集体林育林基金，凡收购或组织采伐集体林的单位，一律按每立方米木材或每百根毛竹（南竹）征收 7 元。

其中，国营收购或国营采伐木材的单位缴纳 5 元，从付给社队的林价（山价）款中代扣 2 元。

1981 年根据财政部、林业部规定，提高育林基金征收标准，国有林每立方米提高到 15 元，集体林甲种为 8 元/立方米，乙种为 4 元/立方米。

1986 年，对育林基金、林业更新改造资金，由过去的按固定金额征收改按林农出售价的 25% 计征：其中育林基金 15%，更改资金 10%。

1988 年，征收标准调整为按产区木材经营单位第一次销售价的 20% 征收，其中育林基金 12%，更改资金 8%。

1998 年，《江西省育林基金和维简费征收使用管理办法》，各地（市）、县（市、区）林业主管部门应当按下列规定征收育林基金、维简费，不得擅自提高收取标准。

（1）国有森工企业、林场、垦殖场等企事业单位经营（包括联营山场）的木竹以及批准注册的木竹经营单位经销的木竹分别按第一次销售价或收购后第一次销售价的 20%（其中育林基金 12%、维简费 8%）计征。

（2）乡村集体林场、林农直接销售给用户或木竹市场的木竹，以及委托国有木竹经营单位代销的木竹均按第一次成交价 25%（其中育林基金 15%、维简费 10%）计征。

（3）木竹制品及半成品按规定标准折算原木、原竹计征。具体折算标准由省物价部门、省林业主管部门另行制定。

计划定额内育林基金、维简费各级的使用分成比例：

（1）集体（包括个体）林的育林基金、维简费，其省、地（市）、县（市、区）的使用分成比例为 2∶2∶6。

（2）国有林的育林基金、维简费，省、地（市）、县（市、区）、场的使用分成比例为 2∶1∶1∶6。

（3）省级分成部分的 40%，按林业建设工程项目年度实施计划安排给地（市）、县（市、区）使用。其中，优先安排给国家林业建设项目作地方配套资金。

2004 年，省财政厅、省林业厅联合下发《关于取消涉林违规收费和调整育林基金分成比例等有关问题的通知》，统一了全省育林基金计费价格：定向培育的工业原料林、10 厘米以下间伐材按每立方米 180 元，10 厘米以上商品材按每立方米 360 元。育林基金按照林木产品计费价格的 20% 计征。

2009 年 5 月，财政部、国家林业局《关于印发〈育林基金征收使用管理办法〉的通知》要求，育林基金征收比例从 2009 年 7 月 1 日开始由原来的 20% 调整为 10%。10 月 27 日，省财政厅、省林业厅联合下发了《江西省育林基金征收使用管理办法》，从 2010 年 1 月 1 日起，江西省育林基金按照林木产品计费价格的 10% 计征。全省育林基金计费价格：定向培育的工业原料林、10 厘米及 10 厘米以下商品材计费价格为每立方米 350 元，10 厘米以上商品材计费价格为每立方米 700 元。标准竹每根征收育林基金 1 元，小于标准竹的竹材按围径每 1 寸 0.1 元的标准征收育林基金。育林基金的分成比例。国有林育林基金按省、县（市）、场三级分成，比例分别为 10%、20%、70%；集体育林基金按省、县（市）、乡（镇）三级分成，比例分别为 8%、85%、7%。

育林基金由林业局组织征收，征收后资金上缴财政，专项用于植被保护和迹地改造更新。

2007～2012 年乐安县育林基金收入表

表 3－7　　单位：万元

年度	金额	年度	金额	年度	金额
2007	530	2010	557		
2008	1050	2011	263		
2009	200	2012	198	合计	2798

第六节 地方水利建设基金收入

水利建设基金是用于水利建设的专项资金，由中央水利建设基金和地方水利建设基金组成。中央水利建设基金主要用于关系经济社会发展全局的重点水利工程建设。地方水利建设基金主要用于地方水利工程建设。

1997 年，江西省人民政府关于印发《江西省水利建设基金筹集和使用管理办法》的通知，规定水利建设基金的来源：

(1)从收取的政府性基金(收费、附加)中提取 3%。应提取水利建设基金的政府性基金(收费、附加)项目包括：养路费、交通重点建设费中的公路建设基金、车辆通行费、公路运输管理费、交通及公安部门的驾驶员培训费、省级分成的电力建设基金、市场管理费、个体工商业管理费、征地管理费、市政设施配套费。

(2)国务院确定的有重点防洪任务的南昌市、九江市以及省确定的有重要防洪任务的景德镇、鹰潭、新余、萍乡、赣州、吉安、上饶、宜春、临川等市从城区征收的城市维护建设税中划出 15% 的资金，用于城市防洪建设；地(市)确定的有重要防洪任务的城市从城区征收的城市维护建设税中划出 10% 的资金，用于城市防洪建设。

(3)经省人民政府批准征收的防洪保安资金，仍按《江西省人民政府关于印发〈江西省征集防洪保安资金暂行规定〉的通知》(赣府发〔1995〕63 号)规定征集，统一纳入各级水利建设基金。

(4)来自国内外及香港特别行政区、澳门、台湾地区对省内各级人民政府抗洪抢险的捐资，统一纳入各级水利建设基金。

(5)其他经省人民政府批准可用于水利建设基金的资金。自 1997 年 1 月 1 日起实行，到 2010 年 12 月 31 日止。

1998 年，《财政部关于征收水利建设基金有关问题的批复》规定：(1)凡有销售收入或营业收入的企事业单位和个体经营者，按上年销售收入或营业收入的 1.2‰征收；(2)银行(含信用社)按上年利息收入的 0.7‰征集；保险公司按上年保费收入的 0.7‰征集；各类信托投资公司、财务公司等非银行金融机构按上年业务收入的 1.2‰征集。

2011 年，根据《财政部、国家发展改革委、水利部关于印发〈水利建设基金筹集和使用管理办法〉的通知》，结合江西省实际，制定了《江西省水利建设基金筹集和使用管理办法》。水利建设基金是用于水利建设的专项资金。省水利建设基金由省级水利建设基金和市、县(市、区)水利建设基金组成。

水利建设基金的来源：

(1)从收取的政府性基金和行政事业性收费收入中提取 3%。应提取水利建设基金的政府性基金和行政事业性收费项目包括：车辆通行费、城市市政公用设施配套费、征地管理费，以及省政府确定的其他政府性基金和行政事业性收费项目。

(2)经省人民政府同意并报财政部批准征收的防洪保安资金，统一纳入水利建设基金。

(3)省人民政府按规定从中央对地方成品油价格和税费改革转移支付资金中足额安排资金，划入水利建设基金。

(4)指定用于全省水利建设的各种捐资，统一纳入水利建设基金。

(5)有重点防洪任务的城市从征收的城市维护建设税中划出 15% 的资金，用于城市防洪和水源工程建设。实行水务一体化管理和城乡水务统筹的城市可将提取标准提高到 30%。

有重点防洪任务的城市包括：国务院确定的南昌市、九江市，省人民政府确定的景德镇市、鹰潭市、新余市、萍乡市、赣州市、吉安市、上饶市、宜春市、抚州市，省人民政府确定的县级政府所在地城市。

水利建设基金实行分级征收。水利建设基金的具体计提、划转办法由省财政厅会同省发改委、省水利厅参照国家的有关规定另行制订。自 2011 年 1 月 1 日起实行，到 2020 年 12 月 31 日止。

2012 年，乐安县地方水利建设基金收入 167 万元。

第七节 散装水泥专项资金收入

发展散装水泥是一项节约资源、保护环境的重要经济、技术措施，对促进水泥生产、流通、使用领域经济增长方式由粗放型向集约型转变具有十分重要的意义。

1997 年 1 月，国务院原则同意《进一步加快发展散装水泥的意见》，由内贸部、国家计委、国家经贸委、财政部、建设部、国家建材局下发施行。

1998 年，国家经贸委、财政部制定《散装水泥专项资金管理暂行办法》，2002 年 4 月，重新修订了《散装水泥专项资金征收和使用管理办法》。

2003 年 2 月，江西省财政厅、江西省经贸委联合下发《关于重新印发〈江西省散装水泥专项资金管理办法〉的通知》，规定：

(1)凡在全省行政区域内从事袋装水泥生产的企业(包括国有、集体、乡镇、村办、股份制、私营、合资、外资企业、水泥粉磨站等,下同),使用袋装水泥的单位,均应按本办法缴纳散装水泥专项资金。

(2)散装水泥专项资金征收标准:

①水泥生产企业销售(含自用,下同)袋装水泥(包括纸袋、塑料袋、复合袋等,下同)按每吨1元的标准缴纳散装水泥专项资金。

②使用袋装水泥的单位(含个人),按工程项目建设概算预计水泥使用量每吨3元(或按建筑面积每平方米1.5元)预缴散装水泥专项资金。

(3)散装水泥专项资金由各级散装水泥行政管理部门(指散装水泥办公室,下同)负责征收,也可委托有关部门代征。代征手续费按实际缴入国库数额0.2%的比例,由同级财政部门按规定计提和拨付,纳入预算管理。

(4)征收散装水泥专项资金按下列规定办理:

①中央驻赣及省属水泥生产企业应缴纳的散装水泥专项资金,由省散装水泥行政管理部门负责征收;其他水泥生产企业、水泥制品企业、预拌混凝土生产企业、建设单位应缴纳的散装水泥专项资金,由其所辖地散装水泥行政管理部门负责征收。

②工程建设项目使用袋装水泥,由建设单位在投资项目办证中心办理工程立项或施工许可证前,按照工程项目建设概算预计袋装水泥使用量或建筑面积预缴散装水泥专项资金,由所辖地散装水泥行政管理部门负责征收。

不需到投资项目办证中心办理报建手续的道路、桥梁、水利等工程项目袋装水泥使用者应缴纳的散装水泥专项资金,由所辖地散装水泥行政管理部门负责征收,具体办法由各级散装水泥行政管理部门会同有关部门制订,报上级散装水泥行政管理部门备案。

③各级散装水泥行政管理部门应加强对征收项目的管理。在工程项目竣工之日起30日内,缴款单位凭有关部门批准的工程决算以及购进散装水泥或商品砼原始凭证等资料,经地方财政部门和原预收散装水泥专项资金机构核实无误后,办理散装水泥清算手续,由各级散装水泥行政管理部门按照权限实行多退少补,逾期和弄虚作假的不予办理退返手续。

④水泥制品和预拌混凝土生产企业,在当年3月底前,按上年水泥实际使用量每吨3元预缴散装水泥专项资金;次年3月底前,凭购买水泥的原始凭证等资料,到缴款单位办理多退少补手续。

(5)水泥生产企业、水泥制品和预拌混凝土企业缴纳的散装水泥专项资金在管理费用中列支;建设单位缴纳的散装水泥专项资金计入建安工程成本。

(6)水泥生产企业应缴纳的散装水泥专项资金,按月在"其他应付款—散装水泥专项资金"科目下核算,按征收散装水泥专项资金的隶属关系填报"江西省散装水泥专项资金统计报表",于次月5日前上报有关散装水泥行政管理部门。各设区市散装水泥行政管理部门审核汇总后,于每月10日前报省散装水泥行政管理部门。省散装水泥行政管理部门于每月20日前将全省汇总表报主管部门审核后,送各有关部门。

水泥生产企业应于每月10日前将上月应缴纳的散装水泥专项资金,及时足额地缴入各级散装水泥行政管理部门。各设区市散装水泥行政管理部门征收的散装水泥专项资金,按规定使用一般缴款书,缴入同级国库,作为同级财政基金收入,上缴省级20%部分,年终单独结算。

(7)代征单位征收的散装水泥专项资金,应于次月10日内,将上月代征的专项资金缴入各级散装水泥行政管理部门;各级散装水泥行政管理部门及其委托代征单位征收的散装水泥专项资金,就地全额缴入同级(省、市)地方国库,纳入同级财政预算管理。具体缴库办法,依照《财政部关于印发政府性基金预算管理办法的通知》有关规定执行。地方各级财政部门负责监督散装水泥专项资金收缴和入库。

散装水泥专项资金缴入国库,填列"基金预算收入"科目第80类"工业交通部门基金收入"第8016款"散装水泥专项资金收入";财政部门拨付散装水泥专项资金,填列"基金预算支出"科目第80类"工业交通部门基金支出"第8016款"散装水泥专项资金支出"。

(8)除国务院、财政部规定外,任何地方、部门和单位不得擅自改变散装水泥专项资金征收对象、扩大征收范围、提高征收标准或减免散装水泥专项资金。

(9)征收散装水泥专项资金必须统一使用省财政厅印制的"江西省征收散装水泥专项资金专用票据",由省散装水泥行政管理部门统一申报和管理。

2008年11月,江西省财政厅、江西省经贸委关于《江西省散装水泥专项资金管理办法》补充规定指出:

县(市)征收的散装水泥专项资金(扣除当年返退部分),年终按10%的比例上缴市级财政国库。其中:省直管县(市)按当年实际征收专项资金的10%年终上缴省级国库入"散装水泥专项资金收入"科目,省财政返回8%给设区市财政入"散装水泥专项资金收入"科目;非直管县(市)按当年实际征收入库专项资金10%的比例年终上缴设区市本级国库入“散装水泥专项资金收入”科目。

2009年1月1日起，县(市)实际征收(扣除当年返退部分)的散装水泥专项资金，按2%的比例年终结算上缴省级国库。设区市不再参与对县(市)的分成。

2010年4月，乐安县人民政府印发《乐安县促进散装水泥和预拌混凝土发展实施意见的通知》规定：散装水泥专项资金的征收：

(1)水泥生产企业销售袋装水泥，水泥制品生产企业或者工程建设项目使用袋装水泥，应当按照国家和省人民政府的规定缴纳专项资金。其中，水泥生产企业销售袋装水泥的散装水泥专项资金由市散装水泥和预拌混凝土管理机构征收，水泥制品生产企业和工程建设项目使用袋装水泥的散装水泥专项资金由县散装水泥和预拌混凝土管理机构征收。

(2)凡新建、扩建、改建建筑工程的建设单位在办理开工手续之前，应根据工程概算确定的建筑面积或袋装水泥使用量，按照国家和省人民政府规定的标准足额缴纳散装水泥专项资金，专项资金纳入行政服务中心统一收缴。

2007～2012年乐安县散装水泥专项基金收入表

表3－8　　单位：万元

年度	金额	年度	金额	年度	金额
2007	9	2010	27		
2008	9	2011	64		
2009	16	2012	25	合计	150

第八节　新型墙体材料专项基金收入

墙体材料革新与建筑节能工作不仅对节约能源、改善建筑功能具有重大意义，而且是保护耕地、保护环境的重要措施。

1992年11月，国务院批转国家建材局等部门关于加快墙体材料革新和推广节能建筑的意见。

1999年，财政部下发《关于加强新型墙体材料专项基金管理有关问题的通知》。

2002年，财政部、国家经贸委发布《新型墙体材料专项基金征收和使用管理办法》。

2005年，江西省人民政府办公厅印发《进一步推进墙体材料革新和推广节能建筑实施意见》。

2007年12月，财政部、国家发展改革委下发《关于印发〈新型墙体材料专项基金征收使用管理办法〉》的通知。规定自2008年1月1日起，未使用新型墙体材料的建筑工程，由建设单位在工程开工前，按照规划审批确定的建筑面积以及每平方米最高不超过10元的标准，预缴新型墙体材料专项基金。

2008年9月，江西省财政厅、江西省经贸委印发《江西省新型墙体材料专项基金征收和使用管理办法》。规定自2008年9月1日起：

(1)在全省行政区域内凡新建、扩建、改建建筑工程的建设单位，应按照本办法规定缴纳专项基金。

(2)建设单位在工程开工前，按照规划审批确定的建筑面积以每平方米10元的标准，按属地的原则向当地墙体材料革新办公室或委托机构一次足额预缴专项基金。不能用建筑面积计算的建筑工程(如：大门、围墙等)，依据设计所用标准砖数量计算预缴数，标准为每块砖0.05元。

农村村民使用集体土地建自住房，不需缴纳专项基金。

(3)专项基金不得向施工单位重复收取，也不得在墙体材料销售环节征收，严禁在专项基金外加收任何名目的保证金和押金。

建设单位预缴的专项基金，计入建筑安装工程成本。

(4)征收专项基金，必须使用省财政厅统一印制的“江西省新型墙体材料专项基金专用票据”，专用票据的发放和管理由同级财政部门负责。

(5)墙体材料革新办公室对建筑工程面积或标准砖使用量核实后，通知建设单位到银行或办证中心征预缴专项基金。新型墙体材料管理机构凭建设单位缴款证明开具“江西省新型墙体材料专项基金专用票据”，建设单位持专用票据到有关部门办理建筑规划许可证或施工许可证。

(6)专项基金由各级墙体材料革新办公室负责征收，也可由各级墙体材料革新办公室委托其他单位代征。

(7)各级墙体材料革新办公室及委托其他单位征收的专项基金，应当全额缴入地方国库，纳入地方财政预算管理。各级财政部门负责监督同级专项基金收缴和入库。

(8)专项基金缴入国库,填列"政府收支分类科目"列103类"非税收入"01款"政府性基金收入"19项"新型墙体材料专项基金收入"。

(9)除国务院、财政部和省人民政府规定外,任何地方、部门和单位不得擅自改变专项基金征收对象、扩大征收范围、提高征收标准或减、免、缓征新型墙体材料专项基金。

(10)专项基金代征手续费按实际代征额的2‰比例,由同级财政部门按规定计提和拨付,纳入预算管理。

(11)建设单位必须使用本省公布的《江西省新型墙体材料生产企业及产品目录》内的墙体材料。应用比例达到下列规定比例的,按实际应用比例返退专项基金。

①在禁止使用实心黏土砖的城市规划区内,建筑工程应用新型墙体材料的比例达到80%以上的;

②在禁止使用实心黏土砖的规定范围以外的建筑工程应用新型墙体材料总量的比例达到40%以上的;

③在禁止使用实心黏土砖的城市规划区内,使用空心黏土砖的部分,不返退专项基金;

(12)建设单位使用了《江西省新型墙体材料生产企业和产品目录》内的新型墙体材料,申请返退专项基金,应当在建筑主体工程竣工后30日内、墙体粉刷前,向预缴专项基金的墙体材料革新办公室申报《新型墙体材料专项基金返退申请表》,并出具专项基金预缴款收据及购进新型墙体材料的原始凭证和新型墙体材料质量认证书,经墙体材料革新办公室和同级财政部门现场审核无误后,办理专项基金清算手续。

(13)墙体材料革新办公室和财政部门应当自收到建设单位申请之日起5个工作日内核验完毕,对符合返退条件的,应当自核验之日起15个工作日内返退专项基金;不符合条件的,应当自核验结束之日起3个工作日内作出书面答复。

(14)返退的专项基金由财政部门直接拨付到建设单位。

(15)建筑工程墙体已进行粉刷而无法核验的,不予返退专项基金。

(16)建设单位在开工前未按规定预缴专项基金,由经济贸易行政主管部门申请人民法院强制执行征收或上一级墙体材料革新办公室依法追缴专项基金,其建筑工程使用新型墙体材料即使达到返退规定比例的,也不予返退。

(17)设区市(含县、市上缴部分)当年实际征收(扣除当年返退部分,下同)的专项基金,按20%的比例年终结算上缴省级国库入103类"非税收入"01款"政府性基金收入"19项"新型墙体材料专项基金收入"(以下简称"新型墙体材料专项基金收入")科目;省直管的县(市)当年实际征收的专项基金,按10%的比例年终结算上缴省级国库入"新型墙体材料专项基金收入"科目,由省财政返回8%给设区市财政入"新型墙体材料专项基金收入"科目。非省直管的县(市)当年实际征收入库的专项基金,按10%的比例年终结算上缴市本级国库入"新型墙体材料专项基金收入"科目。

2009年4月,江西省财政厅、江西省工业和信息化委员会《关于调整新型墙体材料专项基金和散装水泥专项资金分成比例的通知》规定,自2009年1月1日起,县(市)实际征收(扣除当年返退部分)的新型墙体材料专项基金,按2%的比例年终结算上缴省级国库。设区市不再参与对县(市)的分成。

2007～2012年乐安县新型墙体材料专项基金收入表

表3－9　　金额:万元

年度	金额	年度	金额	年度	金额
2007	47	2010	146		
2008	46	2011	346		
2009	88	2012	141	合计	814

第九节　彩票公益金收入

发行彩票是国家筹集公益资金的一种重要手段。目前,经国务院批准发行的彩票有两种,即福利彩票和体育彩票。福利彩票包含社会福利有奖募捐券、福利奖券、电脑福利彩票,体育彩票包含亚运奖券、体育发展基金奖券、电脑体育彩票。福利彩票和体育彩票分别由隶属于民政部的中国福利彩票发行中心和隶属于国家体育总局的体育彩票管理中心发行,按省级行政区域组织实施,并由隶属于省和省以下各级民政、体育部门销售,也可以由彩票发行机构直接销售。彩票遵循公开、公平、公正的原则操作运行。彩票不记名、不挂失、不流通、不返还本金、不计付利息。江西省自1988年8月开始进行社会福利有奖募捐试点工作,以后逐步铺开。乐安县从1992年开始发行即开型体育彩票。从2001年开始,乐安县正式开通并销售电脑福利彩票,且销售量逐年增长。2008年福利彩票销售为311.2万元;2009年福利彩票销售为439.5万元;2010年福利彩票销售为860万元;2011年福利彩票销售为448.4万元;2012年福利彩票销售为523.6万元。

2001年10月,国务院《关于进一步规范彩票管理的通知》规定:

(1)彩票发行的审批权集中在国务院,任何地方和部门均无权批准发行彩票。

(2)财政部负责起草、制定国家有关彩票管理的法规、政策;管理彩票市场,监督彩票的发行和销售活动;会同民政部和国家体育总局研究制定彩票资金使用的政策,监督彩票资金的解缴、分配和使用。

民政部、国家体育总局根据国家有关法规、政策和制度,分别研究制定福利彩票和体育彩票的发行、销售和资金管理的具体办法并组织实施;负责研究制定本系统彩票发展规则;研究提出发行额度并经审核批准后组织实施;确保及时足额向财政专户解缴彩票公益金;加强对彩票发行与销售机构的管理,努力降低成本,扩大发行规模。

(3)国务院对年度彩票发行规模仍实行额度管理。民政部、国家体育总局发行彩票要向财政部提出额度申请,财政部审核汇总后报国务院,经国务院批准后由财政部将发行额度分别下达给民政部和国家体育总局,由民政部和国家体育总局据此制定具体分配方案并组织实施。年度执行中,财政部可根据彩票市场情况,会同民政部、国家体育总局提出调整彩票发行额度的意见,报请国务院批准后执行。

(4)从2001年起,适当扩大彩票发行规模,并对彩票公益金的分配比例进行调整。财政部会同民政部、国家体育总局分别确定民政部门和体育部门的彩票公益金基数,基数以内的彩票公益金,由民政和体育部门继续按规定的范围使用;超过基数的彩票公益金,20%由民政和体育部门分别分配使用,80%上缴财政部,纳入全国社会保障基金,统一管理和使用。

(5)从2002年1月1日起,彩票发行资金构成比例调整为:返奖比例不得低于50%,发行费用比例不得高于15%,彩票公益金比例不得低于35%。今后随彩票发行规模的扩大和品种增加,进一步适当调整彩票发行资金构成比例,降低发行费用,增加彩票公益金。

(6)按照"收支两条线"的原则,对彩票发行收入实行专户管理。彩票公益金和发行费用必须纳入财政专户,支出应符合彩票发行与销售机构财务管理制度和彩票公益金管理制度。彩票公益金不得用于平衡预算,发行费用结余不得用于补充民政、体育部门的行政经费。国家审计机关要加强对彩票发行以及彩票公益金筹集、分配和使用情况的审计,年度审计结果向社会公布。

财政部要会同有关部门尽快起草《彩票管理条例》,报国务院审批后公布执行。财政部要尽快制定统一的彩票发行与销售管理、彩票发行与销售机构财务管理以及彩票公益金管理的办法,规范彩票发行与销售机构的行为,加强对彩票资金的监督及管理。

2006年3月,财政部《关于调整彩票公益金分配政策的通知》规定,从2005年起,对彩票公益金分配政策作如下调整:

(1)彩票公益金在中央与地方之间,按50∶50的比例分配。

(2)中央集中的彩票公益金,在社会保障基金、专项公益金、民政部和国家体育总局之间,按60%、30%、5%和5%的比例分配。

(3)地方留成的彩票公益金,将福利彩票和体育彩票分开核算,坚持按彩票发行宗旨使用,由省级人民政府财政部门商民政、体育部门研究确定分配原则。

2007年11月,财政部《关于印发〈彩票公益金管理办法〉的通知》,对彩票公益金筹集、分配和使用管理作出了具体规定。

2008年2月,江西省财政厅《关于调整电脑体育彩票公益金分配比例的通知》规定:

1. 从2008年起筹集的电脑体育彩票公益金,除上缴中央部分外,其余按50%∶50%的比例在省与销售市或销售县之间进行分配。

2. 体育彩票公益金按政府性基金管理办法纳入预算,实行"收支两条线"管理,专项用于体育等社会公益事业,结余结转下年继续使用,不得用于平衡一般预算。

2008年12月,江西省财政厅《关于印发〈江西省彩票公益金管理办法〉的通知》规定,彩票公益金收入包括:(1)按规定比例从彩票发行销售收入中提取的公益金；(2)上级财政补助的彩票公益金；(3)应纳入彩票公益金管理的其他资金。

2009年5月，国务院颁布《彩票管理条例》，自2009年7月1日起施行。《条例》是我国1987年发行彩票以来第一部全面、系统规范彩票管理的专门性行政法规，对彩票管理体制、彩票发行和销售、彩票开奖和兑奖、彩票资金管理以及彩票违法行为的法律责任等作了明确规定。制定并施行《条例》，是我国彩票管理法制化、规范化的重要标志，是加强彩票管理、规范彩票市场发展的重要举措，是维护彩票参与者合法权益、提升国家彩票公信力的重要保障。

一、福利彩票公益金收入

经乐安县人民政府批准，2004年春节期间，县民政局在县城流坑宾馆进行公开销售即开型中国福利彩票6万元，由县民政局委托贵州大利医药保健有限公司经销，按协议规定，乙方向甲方(民政局)上缴的公益金和彩票印制发行费39%，即上缴国家、省35%，市1%，印制费3%，实提资金额23400元，其他一切费用均由经销商承担。

2009年5月，为纪念“5·12”抗震救灾一周年，筹集更多的公益金支援地震灾区重建家园，经国务院同意，民政部、财政部决定，将中国即开型福利彩票作为筹集“福彩赈灾公益金”的专项彩票在全国发行，所筹集的彩票公益金将用于地震灾区恢复重建。为切实做好乐安县赈灾福利彩票的发行销售工作，经县委、县人民政府同意，确定2009年5月份为赈灾福利彩票销售宣传月。要求各乡(镇)、各部门要高度重视赈灾彩票销售工作，抓好宣传发动，号召并动员本乡(镇)、本单位干部职工和群众本着奉献爱心的原则，积极认购赈灾彩票，各级领导干部要积极带头认购赈灾彩票，自觉成为爱心奉献的表率。原则上要求单位在职干部职工每人认购50元以上，乡镇以村委会为单位，发动群众积极认购，原则上要求各个村委会认购2000元以上，全县共要求认购838300元。经过全县上下努力，全县较好地完成了认购赈灾福利彩票任务，有力地支援了灾区抗震救灾重建家园建设。

2009年，乐安县福利彩票公益金收入40万元，2010年公益金收入30万元，2011年公益金收入55万元，2012年公益金收入52万元。

二、体育彩票公益金收入

根据江西省、抚州市体育局安排，乐安县从1992年开始发行即开型体育彩票至2003年，共发行体育彩票8次，销售额为300万元。由于彩票销售方式改变，从2001年开始发行电脑体育彩票，县城共设置了10个销售网点，乡镇共设置4个销售网点，累计销售总额500万元。

2004年“五一”节期间，经乐安县人民政府批准，县体委在县城广场进行公开销售即开型中国体育彩票。县体委委托江西国彩营销策划有限公司经销，经销商领票20万元，实际销售115736元，剩余部分全部收回。根据销售协议，乙方向甲方(县体委)上缴公益金27%，计31248.72元，即上缴国家、省、市17360.40元，印制费6000元，销售人员工资2314.72元，剩余部分留给甲方。所提公益金进入财政专户。

2006年1～12月，乐安县电脑彩票销量2101182元，足球彩票销量221000元。根据省财政厅《关于调整我省彩票公益金分配政策的通知》文件规定，2006年电脑彩票按销量的35%提取公益金，其中上缴中央17.5%，省留成17.5%，省留成的17.5%中省级分成60%、市县40%，乐安县电脑彩票销量2101182元，分得公益金147082.74元；足球彩票按销量的22%提取公益金，其中上缴中央11%，省级留成11%，省级留成的11%中省级分成60%，市县40%，乐安县足球彩票销量221000元，分得公益金9724元。

2010年乐安县体育彩票公益金收入15万元，2011年公益金收入21万元，2012年公益金收入9万元。

第二章　政府性基金转移收入

政府性基金转移收入包括政府性基金补助收入和政府性基金上解收入。

政府性基金补助收入反映下级政府收到的上级政府性基金补助收入。

2007～2012年乐安县政府性基金补助收入表

表3－10　　单位:万元

项目／金额／年度	地方教育附加补助收入	大中型水库移民后期扶持基金补助收入	小型水库移民扶助基金补助收入	残疾人就业保障金补助收入	国有土地使用权出让补助收入	农业土地开发资金补助收入	新增建设用地土地有偿使用费补助收入	森林植被恢复补助收入	彩票公益金补助收入	中央水利建设基金补助收入	地方水利建设基金补助收入	其他补助收入	合计
2007	—	205	—	—	23	—	1609	78	—	—	14	25(对外贸易)	1954
2008	—	1224	—	2	233	16	494	69	109	30	44	25(对外贸易)	2246
2009	—	1181	47	2	—	—	316	154	135	—	105	80(旅游)	2020
2010	—	1272	21	—	—	—	317	134	224	50	42	—	2060
2011	834	1235	23	7	914	313	130	205	148	—	—	—	3809
2012	266	955	30	9	—	—	673	395	1966	74	254	—	4622
合　计	1100	6072	121	20	1170	329	3539	1035	2582	154	459	130	16711

第三章　政府性基金支出

政府性基金支出，按照政府收支分类科目，支出分为：一般公共服务、公共安全、教育、科学技术、文化体育与传媒、社会保障和就业、城乡社区事务、农林水事务、交通运输、资源勘探电力信息等事务、商业服务业等事务、金融监管等事务支出、其他支出。现根据乐安实际发生的支出，仅就有关支出项目志述。

2007～2012年乐安县政府性基金支出明细表

表3－11　　单位:万元

项目／金额／年度	2007	2008	2009	2010	2011	2012	合计
地方教育附加支出	—	183	—	—	802	794	1779
新增建设用地土地有偿使用费支出	1450	—	192	—	130	300	2072
地方水利建设基金支出	14	44	105	42	3	25	233
中央水利建设基金支出	—	30	—	14	—	110	154
残疾人就业保障金支出	—	2	18	35	49	33	137
政府住房基金支出	—	—	—	—	—	—	—
城市公用事业附加安排的支出	—	—	—	—	—	—	—
国有土地收益基金支出	160	—	—	—	—	2174	2334
农业土地开发资金支出	—	17	—	—	313	—	330
国有土地使用权出让收入安排的支出	8744	3865	7005	22586	23951	23308	89459
彩票公益金安排的支出	—	336	277	—	309	1771	2693
大中型水库移民后期扶持基金支出	205	1224	1181	1272	1234	955	6071
小型小库移民扶助基金支出	—	—	47	21	23	30	121
育林基金支出	470	592	166	376	179	60	1843
森林植被恢复费安排的支出	6	—	68	100	62	67	303
散装水泥专项资金支出	—	2	—	—	—	—	2

续表 3－11

项目 \ 金额 \ 年度	2007	2008	2009	2010	2011	2012	合计
新型墙体材料专项基金出支	—	9	5	19	82	20	135
其他各项政府性基金收出支	75	84	80	12	—	—	251
合　计	11124	6388	9144	24477	27137	29647	107917

第一节　社会保障和就业

一、大中型水库移民后期扶持基金支出

乐安县大中型水库移民主要包括我县兴建的东元水库、山坑水库、龙潭水库和湖南韶山灌区迁入乐安安置的农村水库移民。全县大中型水库移民约1.4万人(其中韶山灌区移民4503人)。

2006年12月,乐安县为了做好大中型水库及湖南韶山灌区移民后期扶持工作,认真核定我县大中型水库移民的人数,界定移民后期扶持对象,保障水库移民的合法权益,根据《国务院关于完善大中型水库移民后期扶持政策的意见》、《江西省大中型水库移民后期扶持实施方案》精神,制定了《乐安县大中型水库移民核定登记办法》,主要内容:

1. 移民核定登记的原则、范围和对象

(1)移民人数核定登记的原则。坚持贯彻省政府制定的统一政策;坚持移民人数分级核定;坚持以原始文件、设计资料、户籍证明为依据;坚持实事求是,公开、公正和公平。

(2)移民人数核定登记范围。移民人数核定登记的范围为大中型水库的农村移民。2006年6月30日前搬迁的水库移民为农村现状人口,包括我县兴建的东元水库、山坑水库、龙潭水库和湖南韶山灌区迁乐安置的农村水库移民;2006年7月1日以后搬迁的水库移民为原迁人口,搬迁后的繁衍人口不列入扶持范围。

(3)移民人口登记的对象。符合扶持范围的水库移民都可以进行登记。2006年6月30日户籍在我县的原迁农村移民及繁衍人口(含依法收养的人口)、娶入和入赘到移民户的非移民人口、嫁出和入赘到非移民户的原迁移民本人,以及上述人员中参军、入学的现役义务兵、接受国民教育的大中专院校在校学生。

(4)对已核定为扶持对象,在2006年7月1日以后死亡,转为非农业户口,繁衍人口中嫁出、入赘到非移民户的移民人口不再列为扶持对象。

(5)自主外迁安置的移民和嫁出、入赘到非移民户原迁移民本人的移民人口登记,由本人提出申请,回原籍登记。

2. 移民人数核定的办法

移民人数核定的办法。2006年6月30日前搬迁的水库移民为农村现状人口;2006年6月30日以前开工并正在建设的水库,扶持人口按照批准的移民安置规划设计文件确定的规划水平年农村移民人口核定,其中2006年6月30日以前尚未搬迁的农村移民人口,按移民搬迁实施方案,分年度核定;2006年7月1日以后搬迁的水库移民为原迁人口,繁衍人口不作核定;2006年7月1日以后新开工建设的水库,扶持人口按照实际动迁的农村移民人口核定,每年核定一次。

3. 移民人口登记的办法

(1)移民户申请。以户为单位提出书面申请,申请内容包括移民户户主及家庭成员姓名、性别、年龄、文化程度、身份证编号,水库名称,搬迁时间,安置地点,原迁人口和现状人口等。

(2)入户登记。根据移民户的申请,工作人员以户籍为依据入户核定登记。登记后,向申请人当面宣读,确认无误后,由移民户签字认可。

(3)张榜公示。登记人口必须在登记的村民小组、行政村张榜公示,接受群众监督。

(4)核实认定。公示无误后,由移民户所在村民小组、行政村、乡(镇)人民政府、户籍管理部门签章认可,上报县移民管理机构核实。

(5)建档立卡。经核实后,县移民管理机构以户为单位建立移民分户卡,每人一卡。并将人口核查登记表以水库为单位,装订成册,并附移民身份证明,一式三份。同时将移民人口信息输入全省大中型水库移民人口管理系统。

(6)上报审批。县将移民人口核查登记表汇总资料报市人民政府核实、审批、签章后,上报省水库移民工作领导小组,经批准后列入扶持范围。

(7)对移民身份难以确认的,可以通过召开移民代表座谈会讨论,经公示和绝大多数移民群众认

可,逐级上报,由县级移民管理机构认定。

(8)对确实无法核实到人的,要说明无法核实到人的原因,并以村组为单位登记造册,登记内容包括村组名称、扶持人数、所属水库名称、搬迁时间等。并将资料汇总逐级审批、签章后,上报省水库移民工作领导小组,经批准后列入扶持范围。

(9)对跨省水库的人口核定登记,要与湖南省相关部门沟通协商,确保人口核定登记"同库同策"。

2006 年 12 月,乐安县人民政府印发《乐安县大中型水库移民后期扶持政策实施方案》,主要内容:

(1)后期扶持工作的指导思想、目标和原则

①指导思想。以邓小平理论和"三个代表"重要思想为指导,坚持以人为本,全面贯彻落实科学发展观。围绕江西在中部地区崛起,按照"建设富裕、生态、文化、和谐乐安"的战略部署,结合社会主义新农村建设,做到工程建设,移民安置与生态保护并重。继续坚持开发性移民方针,完善扶持方式,加大扶持力度,改善移民生产、生活条件,逐步建立促进库区经济发展,水库移民增收、生态环境改善、农村社会稳定的长效机制,使水库移民共享改革发展成果,实现库区和移民安置区经济社会可持续发展。

②目标。近期目标是,用 5 年时间,基本解决移民的温饱问题,重点解决移民的口粮、危房、饮水等生计问题,库区和移民安置区基础设施得到改善,移民人均收入达到当地群众平均水平的 60% 以上。中长期目标是,到 2026 年,妥善处理移民遗留问题,库区和移民安置区基础设施和生态环境明显改善,拓宽增收渠道,形成特色产业,基本做到"居有房、耕有田、生产有技能、致富有门路",移民生活水平不断提高,基本达到当地农村平均水平,移民安置区经济社会全面持续发展。

③基本原则。坚持统筹兼顾水电和水利移民,新水库和老水库移民、中央水库和地方水库移民,所有大中型水库移民均列入后期扶持范围。

坚持前期补助与后期扶持相结合。在按国家规定提高前期补偿补助标准的基础上,加大对移民的后期扶持力度,帮助移民尽快达到当地农村平均生活水平。

坚持解决温饱问题与解决长远问题相结合。在近期主要解决移民基本生存问题,并通过扶持移民发展种植业、养殖业和加工业等短、平、快项目,解决移民的温饱问题。在此基础上,通过科学规划,加大投入,解决库区和移民安置区的长远发展问题。

坚持国家帮扶与移民自力更生相结合。加强对移民的科技培训,提高移民素质和致富本领。在国家扶持下,积极引导移民自力更生,艰苦创业,解决好生存和发展问题。

坚持统一政策,分类指导。实行统一的扶持标准和扶持年限,各乡镇根据移民安置的实际情况和移民群众的意愿,采取切合本地实际的扶持方式和扶持措施。

坚持县为基础,分级负责。移民后期扶持工作的主要任务和责任在县级人民政府。各乡镇人民政府是移民扶持工作的责任主体、工作主体和实施主体,分别对本地区的移民工作和社会稳定负总责。

2. 后期扶持范围、标准、期限和扶持方式

(1)后期扶持范围。后期扶持范围为大中型水库的农村移民。

2006 年 6 月 30 日前搬迁的水库移民为农村现状人口,包括乐安县兴建的东源、山坑、龙潭水库移民以及湖南省韶山灌区迁入乐安安置的大中型水库移民。

2006 年 7 月 1 日以后搬迁的水库移民为实际动迁的人口,搬迁后的繁衍人口不列入扶持范围。

2006 年 6 月 30 日前搬迁的水库移民现状人口一次核定,不再调整。已列为扶持对象的移民实行动态管理。在 2006 年 7 月 1 日以后死亡、转为非农业户口、繁衍人口中嫁出和入赘到非移民户的移民人口不再列入扶持范围。

(2)后期扶持标准。纳入扶持范围的移民每人每年补助 600 元。

(3)后期扶持期限。对 2006 年 6 月 30 日前搬迁的符合扶持范围的水库移民,自 2006 年 7 月 1 日起再扶持 20 年;对 2006 年 7 月 1 日以后搬迁的符合扶持范围的水库移民,从其完成搬迁之日起扶持 20 年。

(4)后期扶持方式。移民后期扶持资金能直接发放给移民个人的应尽量发放到移民个人,用于移民生产生活补助,并将扶持对象准确核定到人。对下列移民必须将扶持资金直接补助给移民个人:年满 55 周岁的女性移民和年满 60 周岁的男性移民;未成年的移民孤儿;接受全日制非义务教育的在读移民学生;因残因病丧失劳动能力的移民;嫁出和入赘到非移民户的原迁移民;人数少于所在村民小组人口总数 20% 的插花安置移民;需要进行危房改造的贫困移民。对上述实行现金直补的移民,实行动态管理,并在移民安置区张榜公示。

对难以将扶持对象准确核定到人,难以协调处理好移民与为移民无偿调整土地的原住农民的关系,基础设施条件较差的地方,也可以实行项目扶

持,解决移民村组(自然村)群众生产生活中存在的突出问题;还可以采取现金直补与项目扶持相结合的方式。

2007年3月,乐安县人民政府《关于我县大中型水库移民后期扶持方式的批复》规定:(1)按照充分尊重移民意愿的原则,同意对能够核定到人的移民人口全部采取现金直补的扶持方式。(2)要严格资金的管理和使用,不得克扣、挤占和挪用扶持资金,确保扶持资金按时足额发放到移民手中、确保社会和谐安定。(3)要加强对移民资金使用的指导,使扶持资金发挥最大的经济效益和社会效益。

2007年6月,乐安县人民政府《关于印发乐安县大中型水库移民后期扶持资金使用管理办法》,主要内容是:

(1)大中型水库移民后期扶持基金(以下简称后期扶持资金)由县财政局和县民政局移民管理机构(以下简称县移民管理机构)共同管理。

县财政局的主要职责:管理和及时拨付资金,加强对资金使用过程的监管。

县移民管理机构的主要职责:会同发改委、财政、水利等部门核定移民人数,建立和管理移民后期扶持资金账册和账户,按规定使用和管理后期扶持资金,负责水库移民后期扶持项目的规划、实施和验收等工作。

(2)后期扶持资金由县财政局和县移民管理机构设立后期扶持资金专户管理,县财政局实行全过程监管。县移民管理机构后期扶持资金专户的开设情况须报县财政局备案。

(3)县移民管理机构应编制后期扶持资金年度支出预算,填制水库移民后期扶持资金预算申报表,经县财政局审核并报县人民政府批准,于每年10月15日前报送市财政局和市移民管理机构。县移民管理机构报送预算时,必须附编报说明,内容包括本县移民基本情况,本年度前三个季度的预算执行情况分析等。

(4)后期扶持资金拨付方式和要求。

①直接将资金发放给移民个人的。县财政局在收到上级财政部门下拨后期扶持资金的5个工作日内,根据县移民管理机构提供的资金请款报告,将后期扶持资金拨付到县移民管理机构设立的后期扶持资金专户上。县移民管理机构在收到县财政局拨付的后期扶持资金5个工作日之内,负责督促发放代理机构将后期扶持资金按照现金直补移民名单和国家规定的补助标准,将后期扶持资金拨付到每个移民户专门开设的存折上,并由乡镇人民政府同步在公告栏公布现金直补发放表,以方便移民查询和监督。

为了确保后期扶持资金迅速、安全发放到移民手中,县移民管理机构在选定的国有金融机构为符合条件的移民统一开设存折,并将移民个人存折账号报同级财政部门备案。

②实行项目扶持的。县移民管理机构根据项目扶持资金管理需要,在国有金融机构设立水库移民后期扶持资金专户。在收到上级移民管理机构下拨的项目资金后,县移民管理机构根据各项目实施进度的需要,将后期扶持资金拨付到相关项目实施单位。具体拨款程序是:项目建设单位根据项目实施计划和施工要求,分期提出用款计划,填报《乐安县水库移民后期项目扶持资金申请拨付单》,经乡镇人民政府根据工程进度签署拨款意见,县移民办审核,同时报分管县长和县长审批后,由县移民管理机构将移民后期项目扶持资金直接拨付到项目建设单位账户。同时将拨付项目资金文件抄送县财政局,接受县财政局的监督。

县大中型水库移民后期扶持项目规划,由县移民管理机构负责制订,报请县人民政府批准后,上报市移民管理机构和市财政局审核汇总。同时,县移民管理机构将批准后的项目扶持规划抄送县财政部门备案。

乐安县移民项目资金管理,根据省、市移民办的有关文件精神和要求,全面推行县级报帐制度。

(5)县移民管理机构要建立健全财务管理制度,配备专职的财务会计人员,对后期扶持资金实行专人专账管理,并根据需要对直补资金和项目扶持资金实行分账管理,建立完整的移民个人档案和发放账册。对于直补到人的,必须建立完整的移民个人档案和后期扶持资金发放记录;用于项目扶持的,必须按项目制订年度资金使用计划。

对于直补到人的移民人口,要分季度实行动态管理。各乡镇人民政府应及时掌握辖区内移民人口的增减变动,如繁衍移民女外嫁非移民男、大中专毕业生未返回农村及移民死亡等情况。要求各乡镇于每季度终了前5天向县移民管理机构报送《乐安县__乡镇__季度移民后期扶持资金直补到人申请拨款表》和《乐安县__乡镇__季度移民人口增减变动情况表》。

(6)后期扶持资金存款产生的利息纳入后期扶持资金统一管理,继续用于移民的后期扶持。

直补到人的移民人口实行动态管理结余的资金,由县移民管理机构与财政部门每年清算一次。

直补结余余资金由县移民管理机构提出项目使用计划，报县政府领导审批，继续用于移民的后期扶持；

(7)移民管理机构和移民后期扶持工作具体组织实施单位的工作经费，由同级财政预算安排，严禁在后期扶持资金中列支。

(8)县移民管理机构应按规定编制后期扶持资金年度决算，经县财政局审定后，于每年的1月底前将上年度的财务决算报告、后期扶持资金使用情况表、后期扶持基金项目资金情况表，上报市移民管理机构和财政局审核汇总。后期扶持基金决算必须附编报说明，决算说明，包括年度资金收支情况、年度预算执行情况、项目效益评估、存在的问题及改进意见等。

(9)财政、审计和移民管理机构应按职责分工，定期开展后期扶持资金拨付和使用情况的专项检查、审计，确保资金的及时拨付和合理使用，并及时将检查情况报告上级财政部门和移民管理机构。

(10)对于违反本规定，擅自改变后期扶持资金使用范围、标准、对象和期限，以及截留、挤占、挪用后期扶持资金的单位及责任人，按照《财政违法行为处罚处分条例》(国务院令第427号)的有关规定进行处罚。触犯刑法的，移送司法机关处理。

2007年8月，乐安县人民政府办公室转发《乐安县大中型水库移民后期扶持规划实施细则》规定：规划实施工作实施“政府领导、归口管理、分级负责、县为基础、投资包干”的管理体制。

现金直补管理：

(1)列入现金直补的移民必须核定登记到人。扶持人口核定工作由县级移民主管机构负责，以移民搬迁原始资料为依据，由移民提出申请，并经过组织审核、登记、公示等环节确认无误后，列入直补对象。

(2)列入现金直补对象的移民扶持人口实行动态管理，只减不增，一季度核定一次。对按规定核减的扶持人口从下一季开始算起发放半年后停止发放后期扶持资金。

(3)对已登记列为后期扶持对象的下列人员从下一季度开始发放半年后停发后期扶持资金。

①列为扶持对象后死亡的。

②在读大中专学生已经毕业(肄业)离校的(毕业后考取了硕士或博士研究生的也不再列入扶持范围)。

③移民繁衍人口中嫁出(或入赘)到非移民户的。

④转为非农户口的。

⑤现役士兵转为士官或提拔为军官的。

⑥服刑人员在服刑期间不享受直补资金。

原迁移民嫁出(入赘)后和繁衍人口嫁出(入赘)到移民户的，继续在原户籍所在地领取直补资金。

(4)移民扶持人口的动态管理工作由县移民管理机构和相关乡镇政府负责实施。乡镇人民政府应及时向县移民管理机构上报移民人口动态情况；对拟核减的扶持人口名单，应在移民安置区公示，公示时间不得少于7天，接受群众监督。县移民管理机构要以书面形式将核减情况告之当事人。当事人如认为核减不公表示不服的，可以向市移民主管机构申请复核。

(5)县移民管理机构于每年的1月上旬将本年度核减的扶持人口名单上报，经市移民管理机构核准后报省移民办备案。核减的直补资金留县统筹使用，转入项目扶持，不得挪作他用。

(6)直补资金按季度实行社会化发放。直补资金的拨付、管理和发放程序，按照《乐安县大中型水库移民后期扶持资金使用管理办法》执行。

项目管理：

(1)移民人数无法核定到人的实行项目扶持，项目重点安排基础设施建设。库区和移民安置区基础设施建设和经济发展规划项目主要安排基础设施、经济发展和科技培训项目。

(2)项目管理的主要内容包括：项目前期工作、实施和验收。

(3)项目前期工作主要包括项目的确定、可行性研究和初步设计。

项目确定的主要内容包括：项目确定的办法和程序、征求群众意见等内容。

可行性研究报告的主要内容包括：项目建设背景，项目建设的必要性及可行性，项目建设地点，建设规模，建设内容，主要工程量，工程平面布置图，投资估算及筹资方案、综合效益评价、组织实施和运行管理措施等。

初步设计的主要内容包括：设计依据，建设规模，建设内容，工程概算，工程设计图等。

(4)项目实行分级管理。县移民主管机构负责后期扶持资金投资在20万元以下项目的立项审批、实施监督和验收工作；设区市移民主管机构负责后期扶持资金投资在20万元以上(含20万元)、50万元(不含50万元)以下项目的立项审批、实施监督和验收工作。省级移民主管机构负责后期扶持资金投资在50万元以上(含50万元)项目的立项审批、实施监督和验收工作。

(5)项目实施管理根据投资规模的大小，按照有关规定推行项目法人责任制、招投标制和建设监理制。总投资中移民后期扶持资金规模在10万元以下的项目，在乡镇人民政府的指导下，由移民项目管理小组择优确定实施单位或个人，经乡镇人民政府盖章确认后，报县移民机构备案。后期扶持资金规模在10万元以上的项目由相关乡镇人民政府牵头组织工程设计、编制预算；县移民机构负责审查承包方资质、监督实施，并会同县纪委、有关乡(镇)、部门及移民项目管理小组组织10万元以上项目的招投标工作。

(6)项目竣工后，应按照项目管理权限进行验收。

2007～2012年乐安县大中型水库移民后期扶持基金支出表

表3－12　单位：万元

项目/金额/年度	移民补助	基础设施建设和经济发展	其他大中型水库移民后期扶持基金支出	合　计
2007	—	—	205	205
2008	—	—	1224	1224
2009	—	—	1181	1181
2010	869	403	—	1272
2011	601	358	275	1234
2012	640	290	25	955
合　计	2110	1051	2910	6071

二、小型水库移民扶助基金支出

财政决算报表从2007年起就有此支出项目，而乐安县仅从2009年开始有此项支出，每年支出金额都不大。支出的主要内容是用于小型水库移民的基础设施建设和经济发展。

2007～2012年乐安县小型水库移民扶助基金支出表

表3－13　单位：万元

项目/金额/年度	移民补助	基础设施建设和经济发展	其他小型水库移民扶助基金支出	合　计
2007	—	—	—	0
2008	—	—	—	0
2009	—	47	—	47
2010	—	21	—	21
2011	—	23	—	23
2012	—	30	—	30
合计	—	121	—	121

三、残疾人就业保障金支出

残疾人就业保障金专项用于下列开支：(1)就业和培训；(2)职业康复；(3)扶持农村残疾人生产；(4)奖励残疾人就业单位；(5)其他残疾人就业保障金支出。“保障金”必须按照上述规定用途使用，任何部门和单位不得平调或挪作它用。

2007～2012年，乐安县残疾人就业保障金支出137万元。

第二节　城乡社区事务

一、国有土地使用权出让收入安排的支出

2007年5月，为规范国有土地使用权出让收支管理，按照《江西省财政厅、江西省国土资源厅、中国人民银行南昌中心支行关于转发《财政部、国土资源部、中国人民银行关于印发〈国有土地使用权出让收

支管理办法〉的通知》的通知》和《江西省人民政府办公厅贯彻国务院办公厅关于规范国有土地使用权出让收支管理的实施意见》等文件的精神，结合乐安县目前的国有土地使用管理状况，乐安县财政局、国土资源局下发《关于贯彻落实〈国有土地使用权出让收支管理办法〉的实施意见》，实施意见就我县国有土地使用权出让金收入的使用范围和支出标准作出了明确规定。

（一）国有土地使用权出让金收入的使用范围和支出标准

土地出让收入的使用范围包括征地和拆迁补偿支出、土地开发支出、支农支出、城市建设支出以及其他支出。

（1）征地和拆迁补偿支出。包括土地补偿费、安置补助费、地上附着物和青苗补偿费、拆迁补偿费。支出拨付按县政府批准的征地补偿方案、拆迁补偿方案以及县财政局核定的预算执行。

（2）土地开发支出。包括前期土地开发性支出以及与前期土地开发相关的费用等，含因出让土地涉及的需要进行的相关道路、供水、供电、供气、排水、通讯、照明、土地平整等基础设施建设支出、以及相关需要支付的银行贷款本息的支出。支出拨付按照县财政局核定的预算执行。土地前期开发要积极引入市场机制、严格控制支出，通过政府采购招投标方式选择评估、拆迁、工程施工、监理等单位，努力降低开发成本。

（3）支农支出。包括用于保持被征地农民原有生活水平补贴支出、补助被征地农民社会保障支出、农业土地开发支出、以及农村基础设施建设支出。

①保持被征地农民原有生活水平补贴和补助被征地农民社会保障资金，两项合计按国有土地使用权出让金收入8%的标准计提。

②用于农业土地开发支出，按县政府批复文件和县财政局核定的预算执行。

③农村基础设施建设支出，用于农村饮水、沼气、道路、环境、卫生、教育以及文化等基础建设项目支出，按县政府批复文件执行。

（4）城市建设支出。含完善国有土地使用功能的配套设施建设以及城市基础设施建设支出。具体包括：城市道路、桥涵、公共绿地、公共厕所、消防设施等基础设施建设支出，按县政府批复文件执行。

（5）其他支出。包括土地出让业务费、缴纳新增建设用地土地有偿使用费，国有土地收益基金支出、城镇廉租住房保障资金、支付破产或改制国有企业职工安置费用等。

①土地出让金业务费。包括出让土地需要支付的土地勘测费、评估费、公告费、业务培训费、宣传费、场地租金、招拍挂代理费和评标费用、宗地预决算审查费、报表资料印刷费、办公用具购置费等以及查处违法违规出让土地费用、征收土地收益所需经费。其费用按国有土地使用权出让金总收入2%的标准计提，并按照县财政局核定的预算执行。

②缴纳新增建设用地土地有偿使用费。根据江西省财政厅、江西省国土资源厅等四部门《关于转发〈财政部　国土资源部　中国人民银行关于调整新增建设用地土地有偿使用费政策等问题的通知〉的通知》规定，按10元/平方米计提上缴。

③国有土地收益基金支出。从国有土地收益基金收入中安排用于土地收购储备的支出，包括土地补偿费、安置补助费、地上附着物和青苗补偿费、拆迁补偿费，按县政府批准的征地补偿方案、拆迁补偿方案以及县财政局核定的预算执行。

④城镇廉租住房保障资金。根据江西省财政厅、江西省建设厅、江西省国土资源厅《关于转发〈财政部　建设部　国土资源部关于切实落实城镇廉租住房保障资金的通知〉的通知》规定，按当年实际收取的土地出让总价款扣除实际支付的征地补偿费、拆迁补助费、土地开发费、农业土地开发的资金以及土地出让业务费后的余额5%执行。

⑤支付破产或改制国有企业职工安置费用支出。根据县政府批准的破产或改制方案，从破产或改制国有企业国有土地使用权出让收入中，安排用于支付破产或改制国有企业职工安置费用支出。

用于支付破产企业和国有改制困难企业安置职工的土地出让收入，其收入不足以安置职工的，经县政府批准，可以不计提国有土地收益基金、农业土地开发专项资金、补助被征地农民原有生活水平补贴、补助被征地农民社会保障资金、城镇廉租住房保障资金等专项资金。

（二）拨付程序

征地和拆迁补偿支出、土地开发支出、支农支出、城市建设支出以及其他支出的拨付根据县政府的批复文件和县财政审核的预算均按国库集中支付执行。

2001～2006年，乐安县土地有偿使用支出共计935万元。

2007～2012 年乐安县国有土地使用权出让收入安排的支出

表 3－14　单位:万元

年度	金额	年度	金额	年度	金额
2007	8744	2010	22586		
2008	3865	2011	23951		
2009	7005	2012	23308	合计	89459

说明:2012 年上解上级支出 444 万元

2007～2012 年乐安县国有土地使用权出让收入安排的支出明细表

表 3－15　单位:万元

年度 \ 项目 金额	征地和拆迁补偿支出	土地开发支出	城市建设支出	农村基础设施建设支出	补助被征地农民支出	土地出让业务支出	廉租住房支出	教育资金安排的支出	支付破产或改制职工安置费	棚户区改造支出	公共租赁住房支出	农田水利建设资金安排的支出	其他国有土地使用权出让收入安排的支出	合计
2007	1082	341	3056	—	315	5	181	—	—	—	—	—	3764	8744
2008	657	190	842	—	—	70	—	—	—	—	—	—	2106	3865
2009	506	150	3353	—	230	176	170	—	—	—	—	—	2420	7005
2010	2607	544	6625	—	2109	462	982	—	—	—	—	—	9257	22586
2011	2567	31	4656	—	2007	466	1129	—	447	—	—	—	12648	23951
2012	6976	182	4976	1097	2943	452	1257	45	20	—	—	384	4976	23308
合　计	14395	1438	23508	1097	7604	1631	3719	45	467	—	—	384	35171	89459

二、国有土地收益基金支出

国有土地收益基金支出,从国有土地收益基金收入中安排用于土地收购储备的支出,包括土地补偿费、安置补助费、地上附着物和青苗补偿费、拆迁补偿费,按县政府批准的征地补偿方案、拆迁补偿方案以及县财政局核定的预算执行。2007 年乐安县国有土地收益金支出 160 万元,2012 年国有土地收益基金支出 2174 万元,其中征地和拆迁补偿支出 92 万元、其他国有土地收益基金支出 2082 万元。

三、农业土地开发资金支出

从计提的农业土地开发资金中安排用于农业土地开发的支出。2008 年乐安县农业土地开发资金支出 17 万元,2011 年支出 313 万元。

四、新增建设用地有偿使用费安排的支出

新增建设用地土地有偿使用费是指国务院或省级人民政府在批准农用地转用征用土地时,向取得出让等有偿使用方式的新增建设用地的县、市人民政府收取的平均土地纯收益。

1999 年,财政部、国土资源部制定了《新增建设用地土地有偿使用费收缴使用管理办法》,规定自 1999 年 1 月 1 日起,土地有偿使用费 30% 上缴中央财政,70% 上缴地方财政。上缴中央财政的土地有偿使用费作为中央财政基金预算收入,上缴地方财政的土地有偿使用费作为地方财政基金预算收入,均专项用于耕地开发,不得平衡财政预算,结余结转使用。

2004 年,财政部、国土资源部、中国人民银行《关于进一步加强新增建设用地土地有偿使用费征收使用管理的通知》,将土地有偿使用费缴库方式调整如下:

(1)自 2005 年 1 月 1 日起,土地有偿使用费实行先缴后分。申请用地的市、县人民政府应缴的新增建设用地土地有偿使用费,由市县人民政府财政部门负责缴纳。缴款时,由市、县财政部门填制一份“一般缴款书”,填列《2005 年政府预算收支科目》“基金预算收入科目”第 85 类“土地有偿使用收入”中的第 8502 款“新增建设用地土地有偿使用费收入”,就地全额缴入国库。办理缴库手续时,“一般缴款书”中收款单位栏填写“财政部门”,预算级次填写“共享”,收款国库填写实际收纳库款的国库名称,并在缴款书中注明各预算级次的分成比例。

(2)各级国库收到库款时,按规定的分成比例,将库款的30%逐级上划中央总金库；将库款70%的部分，按各省、自治区、直辖市人民政府规定的省、市、县具体分成比例进行划解。

2004年12月，江西省财政厅、省国土资源厅、省人民银行根据财综〔2004〕85号文件精神，提出以下贯彻意见：从2005年1月1日起，新增建设用地土地有偿使用费实行先缴后分，按规定的标准就地全额缴入国库，并由国库按规定的比例就地分成划缴。其中地方部分缴入省国库20%部分，在2007年底之前，省财政通过财政年终结算全额返还市县，2008年起省财政返还比例再行研究。市县部分按规定比例就地缴库。

2006年8月，抚州市财政局、市国土资源局、市人民银行转发江西省财政厅等4单位《关于新增建设用地土地有偿使用费征缴有关问题的再次补充通知》，同时报经市政府批准：各县组织报批的新增建设用地项目（或批次用地），其缴纳的新增建设用地土地有偿使用费各预算级次的分成比例为：国务院（即中央级）30%，省人民政府（即省级）14%，设区市人民政府（即市级）10.5%，县（市）人民政府（即县级）45.50%。

2009年5月，江西省财政厅、江西省国土资源厅关于转发《财政部　国土资源部关于调整部分地区新增建设用地有偿使用费征收等别》的通知，决定从2009年5月1日起，对部分地区的新增建设用地土地有偿使用费征收等别进行调整。调整后乐安县仍为15等，每平方米10元。

2011年4月，乐安县人民政府研究决定，同意乐安县实施新征地最低补偿标准（见附表）：

乐安县各乡（镇）新征地最低补偿标准表

表3－16

单位：元/亩

乡镇	水田	菜地、果园、茶叶园、人工高产油茶园、棉地、精养鱼塘	旱地、宅基地	林地及其他农用地、其他集体建设用地	未利用地
鳌溪镇	30000	30000	20100	10500	6000
戴坊镇、龚坊镇、公溪镇、山砀镇	27810	27810	18633	9734	5562
牛田镇、万崇镇、湖坪乡、罗陂乡	27786	27786	18617	9725	5557
增田镇、南村乡、招携镇	27615	27615	18502	9665	5523
湖溪乡 大马头垦殖场	27474	27474	18408	9616	5495
谷岗乡 金竹畲族乡	27360	27360	18331	9576	5472

注：（1）该新征地补偿标准由土地补偿费和安置补助费两部分构成，不包含青苗补偿费、地上附着物补偿费和社会保障费用

（2）国有农用地补偿安置参照执行

（3）新增的乡（镇）、村，参照像邻乡（镇）、村中较高征地补偿标准执行

（4）该补偿标准自2011年3月1日起开始执行，原征地补偿标准同时废止

2007年乐安县新增建设用地有偿使用费安排的支出1450万元；2009年安排的支出192万元；2011年安排的支出130万元；其中土地整理支出130万元；2012年安排的支出300万元，其中基本农田建设和保护支出200万元，土地整理支出100万元。2007年至2012年共支出2072万元，2012年上解上级支出795万元。

第三节　农林水事务

一、育林基金支出

育林基金专项用于森林资源的培育、保护和管理。使用范围包括：种苗培育、造林、森林抚育、森林病虫害预防和救治、森林防火和扑救、森林资源监测、林业技术推广、林区道路维护以及相关基础设施建设和设备购置等。任何单位和个人不得截留或挪作他用。

育林基金应严格按照预算安排使用，实行专款专用，年终结余结转下年度继续使用。育林基金的支付按照财政国库管理制度有关规定执行。

育林基金支出在“政府收支分类科目”列第213类“农林水事务”02款“林业”29项“育林基金支出”。

2007～2012年乐安县育林基金支出表

表3－17　　　　单位:万元

年度	金额	年度	金额	年度	金额
2007	470	2010	376		
2008	592	2011	179		
2009	166	2012	60	合计	1843

说明:2012年上解上级支出19万元

二、森林植被恢复费安排的支出

2003年1月,江西省财政厅、江西省林业厅转发财政部国家林业局《关于印发〈森林植被恢复费征收使用管理暂行办法〉的通知》规定:

(1)森林植被恢复费实行专款专用,专项用于林业主管部门组织的植树造林、恢复森林植被,包括调查规划设计、整地、造林、抚育、护林防火、病虫害防治、资源管护等开支,不得平调、截留或挪作他用。省、自治区、直辖市林业主管部门收取的森林植被恢复费,纳入省级财政预算管理。其中:省、自治区集中用于全省(自治区)范围内异地植树造林、恢复森林植被的比例不得高于20%;通过省、自治区财政专项转移支付返还被占用或征用林地所在地县、地(州、市)级财政,用于植树造林、恢复森林植被的比例不得低于80%。直辖市集中用于全市范围内异地植树造林、恢复森林植被的比例可高于20%。具体比例由各省、自治区、直辖市财政部门商林业主管部门制定。县、地(州、市)级林业主管部门收取的森林植被恢复费,纳入同级财政预算管理,全部用于本区域范围内的植树造林、恢复森林植被。

(2)县级以上林业主管部门应当按照规定编制森林植被恢复费收支预决算报同级财政部门审核,并按照批准的预算以及财政部门核拨的资金安排使用。

(3)森林植被恢复费支出时,列“基金预算支出”科目中的第84类“农业部门基金支出”第8409款“森林植被恢复费支出”。

该规定自2003年1月1日起执行。

2007～2012年乐安县森林植被恢复费安排的支出表

表3－18　　　　单位:万元

年度	金额	年度	金额	年度	金额
2007	6	2010	100		
2008	0	2011	62		
2009	68	2012	67	合计	303

三、地方水利建设基金支出

地方水利建设基金专项用于:大江大河主要支流、中小河流、湖泊治理;病险水库除险加固;城市防洪设施建设;地方水资源配置工程建设;地方重点水土流失防治工程建设;农村饮水和灌区节水改造工程建设;地方水利工程维修养护和更新改造;防汛应急度汛;其他经省级人民政府批准的水利工程项目。

水利建设基金收支纳入政府性基金预算管理,实行专款专用,年终结余结转下年度安排使用。

2007～2012年乐安县地方水利建设基金支出表

表3－19　　　　单位:万元

年度	金额	年度	金额	年度	金额
2007	14	2010	42		
2008	44	2011	3		
2009	105	2012	25	合计	233

第四节 资源勘探电力信息等事务

一、散装水泥专项资金支出

散装水泥专项资金使用范围包括:(1)新建、改建和扩建散装水泥、预拌混凝土、预拌砂浆专用设施;(2)购置和维修散装水泥、预拌混凝土、预拌砂浆专用设备;(3)散装水泥、预拌混凝土、预拌砂浆建设项目贷款贴息;(4)散装水泥、预拌混凝土、预拌砂浆的科研与新技术开发、示范与推广;(5)散装水泥宣传奖励支出;(6)代征业务费支出;(7)经地方同级财政部门批准与发展散装水泥有关的其他开支。其中1、2、3和4项开支合计,不得少于当年散装水泥专项资金支出总额的90%。

2008年,乐安县散装水泥专项资金支出2万元。2012年上解上级支出1万元。

二、新型墙体材料专项基金支出

新型墙体材料专项基金必须专款专用,使用范围包括:(1)新型墙体材料生产技术改造和设备更新的贴息和补助;(2)新型墙体材料新产品、新工艺及应用技术的研发和推广;(3)新型墙体材料示范项目和农村新型墙体材料示范房建设及试点工程的补贴;(4)发展新型墙体材料的宣传、培训;(5)代征手续费;(6)经地方同级财政部门批准与发展新型墙体材料有关的其他开支。

专项基金支出填列“政府收支分类科目”列第215类“工业商业金融等事务”03款“建筑业”04项“新型墙体材料专项基金支出”。

2007~2012年乐安县新型墙体材料专项基金支出表

表3-20

单位:万元

年度	金额	年度	金额	年度	金额
2007	—	2010	19		
2008	9	2011	82		
2009	5	2012	20	合计	135

说明:2012年上解上级支出3万元

第五节 其他支出

彩票公益金安排的支出

2008年12月,江西省财政厅根据财政部《彩票公益金管理办法》,制定了《江西省彩票公益金管理办法》,对彩票公益金安排的支出作出了明确的规定:

(1)彩票公益金的支出安排,应遵循“当年筹集、下年使用、专款专用、余额结转”的原则。

(2)彩票公益金应严格按照国家财务管理的规定控制支出使用,主要用于:①本级政府确定的社会福利和体育公益事业;社会福利公益事业支出的公益金,主要用于扶老、助残、救孤、济困等。体育公益事业支出的公益金,主要用于全民健身活动和奥运争光计划等的实施。②上级财政安排的专项公益金项目的配套;③青少年学生校外活动场所建设与维护;④国家和省确定的其他社会公益事业。

(3)彩票公益金不得用于:①平衡财政一般预算;②补充行政事业单位经费;③以盈利为目的的对外投资、出借、参与股票和期货交易等活动,以及为经济合同提供担保;④国家规定的其他用途。

2007~2012年乐安县彩票公益金安排的支出表

表3-21

单位:万元

项目 / 金额 / 年度	社会福利支出	体育事业支出	教育事业支出	残疾人事业支出	城市医疗救助支出	农村医疗救助支出	文化事业支出	扶贫支出	法律援助支出	其他支出	合计
2007	—	—	—	—	—	—	—	—	—	—	—
2008	—	—	—	—	—	—	—	—	—	336	336
2009	185	11	—	—	—	—	—	—	—	81	277
2010	—	—	—	—	—	—	—	—	—	—	—
2011	217	22	—	—	31	39	—	—	—	—	309
2012	100	19	58	29	26	39	—	1500	—	—	1771
合计	502	52	58	29	57	78	—	1500	—	417	2693

第四编　财政管理

财政管理伴随国家财政的产生而出现，随着社会的发展不断变革和加强。财政管理涉及财政政策和规章制度的制定和执行，贯穿于财政收支的每个环节。

历代封建王朝的财政，均以向农民课赋税为主，供给朝廷和官府以及军队的开支，政策、制度主要由帝王御旨颁行。明清时期，财政管理机构，有中央和地方之分，中央设户部［清光绪三十二年（1907）改称度支部］，户部直接向皇帝负责，统揽全国财政，地方财政管理范围和权限很小。

国民政府成立后，建立中央和地方财政收支系统。乐安县也先后建立了若干适应当时财政情况，以征收赋税开支行政管理经费为主要内容的预算、会计规章制度。

新中国成立后，中国处在计划经济时期，中央高度集权，资源计划配置，地方大部分财政收入上缴中央，其提供公共产品（服务）的资金由中央核定拨给。随着国民经济的发展，国家收支范围的拓宽，地方财政管理的范围逐步扩大到生产、建设事业的各个领域。乐安县财政管理在上级的统一领导下，实行了各个发展阶段相适应的财政体制。在20世纪50年代，先是实行统收统支，收入大部分上解，支出报账制。随着县域经济的发展和管理水平的提高，乐安县的财政管理体制也由高度集中的统收统支，逐步过渡到实行“划分收支，分级管理”。预算管理、税收管理、会计管理和企业事业行政财务管理等各项财政制度逐步建立和完善，财政管理工作不断加强。特别是中共十一届三中全会以来，根据中央、省、地精神，结合乐安县实际，不断改进、完善和深化改革乐安县的财政管理，使全县的财政管理水平不断提高。

该编分财政体制、预算管理、农业税征收管理、工商税收管理、企业财务管理、非税收入管理、行政事业财务管理、财政专项资金管理、会计管理、综合财政管理、国有资产管理、财务监督与财务检查共十二章志述。

第一章　财政体制

财政体制是处理政府间财政关系的基本制度，包括政府间支出责任划分、收入划分和财政转移支付等基本要素。

第一节　县级财政体制

一、新中国成立之前的县财政体制

宋、元、明、清各朝代基本上施行中央集权，在其政权巩固、经济发展时期，间或将部分粮、帛、银、钱留归地方政府使用，地方财政极小。由此可见，清以前的财政，实行的是中央集权财政制度，无省县财政之分，地方财政全盘统收统支，尽收尽解。但地方亦有财政管理机构。进入明朝，县由知县掌管县之政，并设税课司主管工商税收、契税；河泊所主管渔课；茶、盐引批验所验看茶、盐引。清朝，知县下设县丞、主簿，“分掌粮马、征税、户籍”，设库大使1人掌主税事，从设置上看，管理机制较全，但地方政府并无财权。

清朝前期中央政府通过制定统一的收支科目、标准和报销制度来保证一切财政收支都由中央控制。这一时期的经常性财政收入由地丁、杂赋、盐课、常关税等10项，其中田赋、杂赋由地方按照户部规定的税额和税率组织征收，地方不得另立名目征收地方税或地方附加税。经常性财政支出为官吏俸食、军队饷乾等15项，均由户部定额，层层分解到部门、地方（直至州、县），并必须严格按部定科目和数额开支，报户部核销。这种财政体制，在顺治雍正年间逐步形成并完善,直至咸丰三年(1851)太平天国起义爆发,本体制没有变动。清朝后期,商品经济迅速发展,引起了清政府财政收入构成的变化,打破了财政收入的稳定性。

据同治十年(1872)《乐安县志》田赋记述:宋代淳熙(1174~1190)、咸淳(1265~1275)至元代延祐(1314~1321)年间,乐安县征粮的数额增、减与近代记录相同。当时的税法叫"苗",有"正苗""三分苗""支移苗""军粮苗""州苗""云苗",钱有:"免疫钱""经总制钱""月椿钱""宽利钱";那时交税用钱钞。夏税有绢、棉、布、麦、钱;秋粮收粳米及各项苗米;又有茶课、盐课、银课、酒课、醋课。所立名目虽多,但总归于轻赋税。

明朝从洪武年(1368~1399)到万历年(1573~1620)年间,乐安县主要派征田赋税。以万历三十八年(1611)为定列。全县田、塘、土地、山岭原定额缴官与民的粮米为五万九千九百五十一石一升七勺。其中除掉优待免征粮米外,实编定征收五万九千一十一石五升,累计派征折色粮银子二万二千一十三两六钱二分六厘七毫。

清朝田、地、山岭、水塘都是因袭明朝规制,只有土地田亩税银各有增加不等。田、塘则每亩增加税银一分一厘七毫六丝七忽七徽六纤,土地则每亩增加税银二厘九毫三丝三忽九徽,山岭则每亩增加税银一厘五毫八丝四忽九徽六纤。那时,乐安县有成熟田、地、山、塘共八千八百二顷四十四亩七分,实际征收赋税银三万九千三百九十两三钱二分四厘。全县丁口、田亩等总共征收起解和库存的正、杂等钱款银四万三千七百七十八两五钱贰分一厘。遇逢闰年增加征收银子一百五十五两九钱七分七厘。折色、起解户部、礼部、兵部、工部四部总额银子为二万四千二百二十八两七钱一分一厘。

明代初期,主要税收"田赋"并不征收钱币,而是征收粮食。而乐安县由于地处偏僻的万山之里,蹋居云雾之间,通道如鸟道,不通航运,交租赋肩挑背负十分困难,所以,自建县以来,历朝历代地方官员体恤民生疾苦,均据实上奏朝廷,经皇上恩准,改本色为折色,即用钱币、粮食折色上解,直至明朝结束,将近三百年没有改变。

八国联军侵华战争后,清政府决定变法维新,推行"新政",容许府、厅、州、县发掘本地财力,自筹自办本地事业,自办捐税,自筹自用,自行收支。宣统元年(1909),正式划分中央、地方财政范畴,开始划分国家税和地方税(包括地方附加),国家经费和地方经费,后因辛亥革命爆发而终止。

辛亥革命推翻中国封建王朝,建立了中华民国政府。初期,县地方财政是由省统收统支。乐安县公署设钱谷科(后改为二科),管理全县的财政收支。征收机构设有"库粮房",是都书承包的合伙组织形式。由于军阀混战,财政收支极为混乱。民国15年(1926)县公署改为县政府,内设财政科,开始实行省、县两级地方财政制度,但县级的财政实际是由省统制(除契税外,其余营业、屠宰、烟酒、硝磺等税都是由省招商承包),县财政支出由省核定拨给。民国17年(1928)全国财政会议通过了《划分国家收入地方收入标准案》和《划分国家支出地方支出标准案》。将收入划为现行收入和将来新收入。划分给地方的现行收入有:田赋、契税、牙税、当税、屠宰税、内地渔业税、船捐、房捐、地方财产收入、地方营业收入、地方行政收入及其他属于地方性质之现有收入等十二种,划分给地方之将来新收入有:营业税、市地税、所得税之附加税等三种。并规定:税惟所得税得征附加税,但不得超过正税的20%;省市县收入之分配由各省及各特别市自定,由该管理厅册报财政部查核。划分给地方支出范围包括:地方党务费、地方立法费、地方行政费、公安费、地方司法费、地方教育费、地方农矿工商费、公有事业费、地方工程费、地方卫生费、地方救恤费、地方债款偿还费等十三项。以上支出项目除地方立法费至市级外,其余均包含县级在内。民国22年(1933)年上级颁发《整理地方财政章程》,成立了"乐安县财务委员会"后,当时的财政大体上是行政经费由省统收统支;县地方的武装军警开支,则由县财务委员会根据规定,在省指定税种中征收。民国23年(1934)5月,国民政府召开第二次全国财政会议,决定限制附加,废除杂娟,除营业税外,将烟酒、印花等税的一部分划归地方,以资抵补。民国24年(1935),立法院制定《财政收支系统法》,使民国各级政府的财政收支的划分、配置、调剂及分类有法可依。在收入分类方面,划分给县的收入有:税课收入(土地税、房产税、营业牌照税、行为取缔税,由中央分给市县之遗产税的25%和所得税的20%~30%,由省分给市县的30%营业税)、特赋收入、惩罚及赔偿收入、规费收入、代管项下收支、代办项下收入、物品售价收入、租金使用费及特许费收入、利息及利润收入、公有营业及事业盈余收入、补助收入(省或中央补助本县的收入)、赠与或遗赠收入、财产及权利售价收入、收回资本收入、公债收入、长期赊借收入、其他收入共十七类。在支出方面,县支出共有十六类:(1)政权行使支出;(2)行政支出;(3)立法支出;(4)教育及文化支出;(5)经济及建设支出;(6)卫生及治疗支出;(7)保育及救济支出;(8)营业投资及维持支出;(9)保安支出;10. 财务支出;(11)债务支出;(12)公务人员退休及抚恤支出;(13)损失支出;(14)信托管理支出;(15)普通协助及补助支出;(16)其他支出。民国26年(1937)3月,国民政府颁布《财政收支系统法施行案例》,从当年起,乐安县开始编报年度县地方岁入岁出预算,经省府审查核定后执行。当时的岁入为省核定的田赋附加及屠宰税、房捐等属县税,后来开辟了新税种,如"营业牌照税""使用牌照税"及"筵席娱乐税"列为县级的独立税;岁出为自治、民训、公安、财务、教育、建设、卫生、救济等费。民国28年(1939),乐安县实行普通岁入(出)预算和非常时期临时收入支出两种体制。非常时期的财政收入包括"殷富乐捐""增加田赋附加""特产捐(米谷、竹木)";非常时期的财政支出有:武装自卫经费、难民经费、抗敌后援会经费、征集壮丁伙食费等开支。民国30年(1941)江西省各县实行新县制,县地方财政改为自治单位,将县地方税划归县地方财政收入,县地方经费和事业费均列为县地方预算开支。从此,乐安县才有独立的地方财政体制。

二、新中国成立后的县财政体制

中华人民共和国成立后,随着各个时期的政治环境和经济条件的变化,中国的财政体制经历了多次调整。总体来看可以分为三个阶段,一是1950～1979年的统收统支阶段;二是1980～1993年的包干阶段;三是1994年以来的"分税制"阶段。

(一)新中国成立初期到改革开放之前的县财政体制

这三十年县级财政体制大致经历了以下几个演变过程:

1. 高度集中、统收统支(1950～1952年)

1949年新中国刚刚成立,国民经济支离破碎,百废待兴,国家财政因战争而处于分散管理、分散经营、收支脱节以及不平衡的状况,为了平衡财政收支,稳定市场物价,安定人民生活,保证解放战争彻底胜利,国家采取了统一财政经济管理的重大决策,以加速国民经济的恢复和发展。1950年3月,政务院先后发布了《关于统一国家财政经济工作的决定》《关于统一管理1950年度财政收支的决定》,财政工作实行了"高度集中、统收统支"的财政体制。主要内容:(1)财政管理权限集中在中央。一切财政收支项目、收支程序、税收制度等均由中央统一制定。(2)财力集中在中央。在财政收入方面,公粮、关税、盐税、货物税、工商业税、国营企业收入、公债收入等大宗收入均属中央财政收入,其他地方税收、码头使用费以及其他零星收入,由中央财政部根据地方预算划归地方留用,抵充地方财政支出;农业税和工商业税超过中央任务部分实行分成,留归地方的比例农业税为8%,工商业税为70%。地方财政支出均由中央统一审核,逐级拨付;(3)各项财政收支除地方附加外,全部纳入统一的国家预算。根据中央的规定,县一级的一切财政收入均须上缴中央,机关团体的经费支出,按编制定员定额,实行实报实销制度,全部由中央拨款。乐安县的财政收支,是采取向抚州地区报账的办法进行结算。县以下的财政收支,是采取半级财政制度,收入由省划出"附加收入、房税收入、契税、公产、规费、罚没及其他"等项目为半级财政收入。支出主要是乡一级的开支,即"乡镇行政经费、民兵经费、县卫生经费、县文化教育经费、经济建设费、市政建设费、生产奖励金及其他"等项目。

1951年1月,省人民政府先后发出《关于一九五一年县地方财政收支的通知》和《关于市地方财政收支问题的通知》,在全省建立县、市半级财政,主要是将原由统一管理的乡村财政收支划归县、市管理,县及县以上收支仍由省统一管理。县财政收入范围是:地方粮附加15%(地方粮附加率为20%,内5%由省调剂),工商税附加(工业税附加7.5%,商业税附加15%),屠宰税附加20%,县区所管的公产学产收入,房捐及其他经批准的收入。支出范围是:乡政经费(包括乡干部生活费、乡政府办公费),县区代表会议费,乡干部训练费,民兵费用,文化生活费(包括教育、卫生),交通小型修补费,县立农场试验费,小型优抚救济费,小型水利事业费,生产奖励费及其他临时性地方事业费等。上述财政体制延续到1952年。

2. 划分收支、分级管理(1953～1957年)

1953年,中国进入第一个五年计划时期,开始进行有计划的大规模的经济建设,继续实行统收统支的管理办法已不能适应经济建设的客观要求。从当年开始,国家财政划分为中央、省(市)、县三级(取消了大区一级财政),下放地方财权,建立了县一级财政。中央提出:"六条方针":一是预算归口管理;二是支出包干使用;三是自留预备费,结余不上缴;四是控制人员编制;五是动用预备费要经中央批准(指中央级预备费),地方财政的预备费由地方支配;六是加强财政监督。这六条方针,一方面强调统一领导,逐级负责,严格控制预算;另一方面又给予地方和部门一定的机动财力和管理权限。

1954年,对财政体制又做了改进,实行划分财政收支范围,收入分类分成的办法,把地方收入分为三类：一是地方固定收入；二是固定比例分成收入；三是调剂分成收入。固定收入根据收入的性质和企业的隶属关系划分，地方固定收入全部属于地方所有。(1)财政收入：其时，本县预算收入有：①固定收入：印花税、利息所得税、屠宰税、牲畜交易税、城市房地产税、文化娱乐税、车船使用牌照税、地方国营企业收入、公私合营企业收入、事业收入、其他收入等；②固定比例分成收入（中央和地方按固定的比例分成的收入）主要是：农业税、工商营业税、工商所得税，这些收入由中央与地方共享，中央划给地方一定比例；③调剂分成收入（中央用于调剂地方财政的分成收入）主要是：商品流通税和货物税。(2)预算支出：按企业、事业、行政单位的隶属关系和业务范围，划分为中央预算支出和地方预算支出。具体做法是把地方支出分为正常支出与中央专案拨款，以地方经常性支出作为地方正常支出，对于基本建设、重大的灾荒救济等支出，作为中央专案拨款。在平衡地方预算收入时，以地方固定收入与地方正常支出互抵，不足支出时，划给固定比例分成收入，再不足，划给调剂分成收入，如仍不足时，则由中央拨款解决，分成比例一年一变。

1955年，乐安县除工商所得税、公债收入全额上解外，工商营业税分成比例为40%、农业税分成比例为27%。

1956年，县级固定收入进一步扩大，其中：工商营业税、工商所得税分成比例各40%，农业税分成比例为42%，企业收入100%划为县收入。除原有各项收入外，增加契税、公产收入、规费收入、公债分成收入和其他杂项收入。超征的固定收入全部归县。商品流通税、工商所得税、农业收入超征部分根据完成情况县得提成奖。县级财政支出，首先用固定收入和固定比例分成收入抵补，不足差额由调剂收入弥补，以平衡预算收支，地方预算年终结余可转作下年度安排使用，不再上缴。

1957年，七种地方税及其他收入100列为县固定收入，县属企业收入60%、工商营业税及工商所得税各50%、农业税42%、公债收入40%划县固定收入比例分成。

3. 以收定支，五年不变(1958年)

1958年，国家进入第二个五年计划时期，中央对财政管理体制相应地进行改革。实行“以收定支，五年不变”的财政体制，下放财权适当增加地方机动财力。在五年内，地方可以根据收入情况统筹安排支出，多收可多支，少收则少支，收入仍实行分类分成的办法。为保证地方正常支出的需要，在收入项目和分成比例划分上，根据各地不同情况分别对待，如各类分成收入仍不能满足正常支出需要时，中央另外拨款补助。财政支出安排必须“量入为出，自求平衡”，但用于基建、灾荒救济和移民垦荒的支出，仍由省专项拨款。其时，由于“大跃进、高指标”“瞎指挥”和“刮共产风”的错误影响，合理规章制度受到冲击，造成经济秩序的严重混乱，致使“以收定支，五年不变”财政体制只实行了短短一年。当年乐安县收入分成比例为56%（即商品流通税、货物税、工商营业税、所得税、农业税和公债收入），划给乐安县的分成收入后上解数为0，尚需补助1585元。

4. 总额分成，一年一变(1959～1970年)

针对1958年财政管理体制执行中存在的问题，国务院于1958年9月颁布了《关于进一步改进财政管理体制和改进银行信贷管理体制的几项规定》，决定从1959年起实行“收支下放、计划包干、地区调剂、总额分成、一年一变”的财政管理体制，简称“总额分成，一年一变”。“收支下放”：即在收入方面，除少数的由中央直接管理的企业收入和不便于按地区划分的收入以外，其他各种收入全部划给所在的省（市、自治区）管理，作为地方财政收入；在支出方面，除中央各部门直接办理的少部分经济建设支出（包括基本建设拨款）、中央级行政和文教支出、国防费、援外支出和债务支出以外，所有其他各种支出，全部划给省（市、自治区），作为地方的财政支出。“计划包干”：即根据国民经济计划和其他有关指标计算地方的财政收支，收支相抵后，收大于支的地方按比例上解中央；收小于支的地方，不足部分由中央给予补助。在预算执行中，超收部分按原定比例解留，中央补助款按原计划数额拨补，年终结余，归地方自行安排。“地区调剂”：即地方上解中央的收入，除少数用于中央的开支以外，主要用于补助经济落后、少数民族和收入少、建设多的地区。“总额分成”：即地方负责组织的总收入和地方财政总支出挂钩，以省（市、自治区）为单位，按地方财政总支出占地方财政总收入的比例，作为地方总额分成比例。“一年一变”：即地方当年的财政收支指标、分成比例和补助数额，由中央每年核定一次。按照“总额分成、一年一变”的财政体制，县财政的总收入和总支出，由省核定，收大于支的，按省确定分成比例上缴，收小于支的，由省定额补助。“总额分成，一年一变”的办法，执行起来比较灵活，所以维持时间较长。

1960年1月，江西省委批转省财政厅党组《关于1960年财政管理体制的报告》，提出1960年的财政管理体制，在1959年的基础上适当地加以调整。

一是将收入项目中的商业收入(甲)(指除饮食服务行业以外的商业收入)(包括国营、公私合营的商业、中西药材的利润和折旧及商业附属企业的收入),实行省、专、县(市)三级固定的比例分成;以商业收入的10%缴行、专署,20%缴县、市,70%缴省,收入大的南昌、景德镇两市收入的20%缴市、80%缴省,不再把商业收入全部作为行、专、县、市的收入。当年,抚州专区财政收入总额地市留成比例调整为40%。二是在基本建设投资管理方面,根据省计划确定由行、专、县、市管理的重点项目,一律列入省级财政预算;对非重点的建设项目的投资,仍然列入各地区预算。三是为了使各项事业计划同各级的财政计划密切结合起来,1960年的预算收支指标采取由省级各业务主管部门提出指标,报经省人委批准后,分类分款下达。各地区在保证完成各项既定事业计划的前提下,有权调剂。各级政府年终的预算结余,仍归各级政府在下一年度统一安排使用。但由于三年"大跃进"中经济工作的失误和连续几年自然灾害的影响,我国国民经济发生了严重困难。乐安县财政也出现严重困难,财政收不保支。

1961年,党中央提出了"调整、巩固、充实、提高"的八字方针,为贯彻这个方针,财政部党组于同年1月向中央提交了《关于改进财政体制,加强财政管理的报告》,针对当时在财政管理和财政体制方面,相当突出地存在的财政纪律松弛、财政管理偏松、资金使用分散和财权分散等现象,提出了改进措施,强调财政管理的集中统一。其主要内容是:(1)国家财政权基本上集中在中央、大区和省(市、自治区)三级,缩小专区、县、公社的财权;(2)继续实行"总额分成,一年一变"办法,将一部分重点企业、事业单位的收入收回作中央的固定收入,将基本建设拨款改为中央专案拨款;(3)实行从中央到地方"上下一本账""全国一盘棋"国家预算,各级预算安排,应坚持收支平衡、略有结余,一律不准打赤字预算,④对各地区、各部门和单位的预算外资金,采取"纳、减、管"办法进行整顿,加强管理。从当年1月起,商业收入列入各地预算参与总额分成,抚州专区财政收入总额地市留成比例为40%。

1962年,各地预算收入划分为分成收入和固定收入。固定收入全部列入各地预算,省不参与分成;分成收入按规定留成部分列入各地预算。各地固定收入项目为地方各税和其他收入;分成收入项目为企业收入(不包括商业收入(甲))、工商统一税、工商所得税、农业税。抚州专区财政收入总额地市留成比例继续为40%。

1963年,省人民委员会根据国务院《关于1963年预算管理制度的几项规定》,对行、专、市、县(市)的财政管理体制作了调整。收入方面:国营垦殖场、国营农场(试验性农场除外)、劳改企业、水产养殖以及农垦、农业主管部门所管的工交企业收入、国营商业饮食服务行业的高价饮食收入,均列入各该级财政预算,参与总额分成。县以下邮电收支实行以收定支的办法。

1964年,县企业收入、饮食服务收入、工商税收、农业税和其他收入,作为省和各地区的总额分成收入,上解省比例为55%。各县上解地区比例,由行专署确定。

1965年起,取消了地区管县(市)的办法,改为省管县(市)体制,行、专署只保留本级预算。实行"总额分成加小部分固定收入"的办法,分成的收入为:县企业收入、工商统一税(乙)[(甲)系捐卷烟税一项,当时规定全部上缴中央财政]、工商所得税、农业税等,分成比例一年一变,当年乐安县为30%。按此比例计算的收入与核定支出相比,多出部分上解省,不足部分由省补助。

1966年,县级的财政管理体制基本上仍是按上年度的规定办理。即:在收入方面实行:"大部分总额分成(60%上解,40%留县),小部分固定收入"的办法。小固定收入部分包括:(1)五种地方税(屠宰税、文化娱乐税、车船牌照税、牲畜交易税、集市交易税):(2)饮食服务企业上缴的利润和折旧费;(3)其他收入。这种小固定收入收多收少全部抵地方支出,不分成上解。超收部分由地方支配,完不成由地方负责,上面不给补贴。县级供销社缴交所得税改为缴纳利润,所缴交的收入亦参与县收入分成,在支出方面仍按上年体制办理。

1967年,财政体制将原来实行的"总额分成加小部分固定收入"的办法改为完全的"总额分成",即取消了原来将地方五种税收、饮食服务业收入和其他收入作为固定收入的做法,不再划分"固定收入"和"分成收入",除城市房地产税全部留作地方安排城市维护费用外,其余各项收入一律纳入总额分成。

1968年,省对专、县财政按"收归收、支归支,收支分别算账"办法,即收入按分成比例全部上缴,支出按预算指标全部拨给县。

1969年9月,省财政金融局下发了《关于1969年财政预算实行"收支挂钩、总额分成"办法的通知》,规定收入和支出均按上级下达的收支预算计算(以前体制是按决算数计算),年终按上级下达的收入预算指标4:6分成,县级40%,省级60%,没有完成收入任务歉收部分县负担40%,省负担60%。支出按全年上报核定支出预算指标减去县得总额分成收入,不足差额为上级补助收入,超收部分仍按上述分成比例分成。

1970 年 3 月,省革命委员会下发了《关于建立专(市)一级财政的决定》,恢复地区一级财政,县财政收支纳入地区预算管理。省对地、地对县实行"收支挂钩、总额分成"的财政体制。房地产税参与总额分成,城市维护支出列入各地预算统一管理。抚州留成比例为 40%。

5. 定收定支、收支包干(1971 ~ 1973 年)

1970 年,国务院提出了《第四个五年计划发展纲要(草案)》,对经济体制提出了"大下放、大包干"的改革设想,1971 年财政体制也相应改为"定收定支,收支包干,保证上缴(或差额贴补),结余留用,一年一变"简称"收支包干"的体制。即每年核定地方收支总额,实行包干,收入大于支出的地区,由地方包干上缴,支出大于收入的地区,由中央按差额包干补助,超收和支出结余全部留给地方安排使用,短收或超支地方自负。经过一年实践,超收全部归地方支配,短收地区中央补不过来,此办法不利于调剂地区之间余缺。

1972 年,在原财政收支包干的基础上作了一些改进,即中央对省、市、自治区仍然实行"定收定支,收支包干,保证上缴(或差额贴补),结余留用,一年一变"的办法,但省、市、自治区对地、市、县不宜层层包干,可以采取收入分成办法或其他办法;年终支出结余仍留地方使用,但收入超收部分凡超收一亿元以上的上缴中央 50%,用于地区之间调剂,进行必要的平衡。1973 年仍然执行这个体制。在此期间抚州地区核定本县留解比例为 100%。

1973 年,各地(市)财政收入仍采取"总额分成"的办法,抚州上缴与留成各 50%。

6. 收入按固定比例留成,超收另定分成比例,支出按指标包干(1974 ~ 1975 年)

由于"文化大革命"的影响,国民经济受到了很大损失,很多地区生产下降,财政任务完成不了,地方的机动财力没有保障,财政收支包干办法难以执行。为此,1974 ~ 1975 年财政体制改为"收入按固定比例留成,超收另定分成比例,支出按指标包干"的办法,即地方预算收支计划由中央分别核定,收入与支出脱钩,地方收入按固定比例留成作为地方一项比较稳定的机动财力。抚州地区核定乐安留解比例仍为 100%,地方收入超过部分另定分成比例,地方预算支出除其基建拨款外,按中央核定指标包干,年终结余留地方继续使用。

7. "定收定支,收支挂钩,总额分成"和"收支挂钩,增收分成"(1976 ~ 1979 年)

1976 年,财政改为"定收定支,收支挂钩,总额分成,一年一变"的体制,即每年根据核定的地方财政收支指标,按支出总额占收入总额的百分比,确定地方分成比例,收入超收可以多分成,收入少了要相应紧缩开支,自求平衡。

1978 年,财政体制改为"增收分成,收支挂钩",这种体制是在"定收定支,收支挂钩,总额分成"的基础上的一种改进,这种体制有利于发挥各地管理财政的积极性,增收分成比例一定三年不变,有利于地方心中有数,努力增产增收,既为国家多作贡献,又能为地方增加机动财力。

1979 年,仍执行"增收分成、收支挂钩"财政体制,抚州地区财政局规定乐安县当年财政收入 60% 上解,40% 留县。

(二)改革开放以后的县财政体制

中共十一届三中全会,明确提出要在彻底清理"左"倾错误思想的基础上,认真总结历史经验,决定对经济体制逐步进行全面改革,并首先以财政体制改革为突破口。为此,改革开放以来,我国财政体制进行了一系列的改革。总体上看大致经历了改革初期的包干体制以及明确社会主义市场经济体制目标后的分税制财政体制两个阶段。

1. 划分收支,分级包干(1980 ~ 1984 年)

1980 年国务院为继续贯彻"调整、改革、整顿、提高"的经济工作方针,巩固中央统一领导和统一计划,在确保中央必不可少的开支前提下,明确各级财政的权利和责任,充分发挥中央和地方两个积极性,决定从当年起,对我省实行"划分收支,分级包干"的财政管理体制。即实行"分灶吃饭"的财政体制。中国人民银行抚州中心支行、抚州地区财政局联合下发了《关于实行新的财政体制金库收入划分报解留成比例的通知》,对实行"划分收支、分级包干"的财政体制后乐安县预算收入缴库的划分和留解比例明确如下:县直属企业收入、农业税、林业税、工商所得税、其他工商税、滞纳金、补税、罚款收入和其他收入为该县的固定收入 100% 缴入县金库作为县预算收入。县所属商业、供销收入作为省和县固定比例分成收入,其中:80% 归省预算收入,20% 归县预算收入。地区对县的工商税和盐税作为调剂收入,100% 留县。乐安县的财政支出,省政府颁发的《关于实行"划分收支,分级包干"的财政管理的具体办法》规定:基本建设支出,挖潜改造资金,特大自然灾害救济费(包括防汛抗旱),人防经费,旅游事业费,知青安置费,民兵事业费,监所修缮费,武装民警经费,以及一次性追加经费等,归省财政支出。除列省财政支出以外的各项行政事业费和地市县企业流动资金等，归各地、市财政支出。没有包给各地方的财政支出以及一次性追加经费，应专款专用，不得自行调剂。对于企业上缴基本折旧基金以及相应安排的挖潜改造资金另行下达计划，单独结算，不在上述包干范围之内。按照划分的收支范围，以1979年财政收支执行数为基础，经过合理调整后，确定计算基数。本地区的预算支出，首先用本地区的固定收入和固定比例分成收入抵补，不足则用调剂收入弥补，仍不足，则由省给予差额补助。分成比例或补助数额确定以后，5年不变。按照这个财政体制，抚州地区财政局核定当年乐安县包干支出总额为546万元，固定收入为168万元；分成收入17万元；支出大于收入361万元，其中用调剂收入弥补303万元，上级定额补助为58万元。

1981年，抚州地区财政局核定划给乐安县预算收入470.0万元，其中：固定收入177.6万元，调剂收入279万元，固定比例分成收入13.4万元。核定补助收入58.1万元，按包干体制划给乐安县净收入528.1万元，负担中央借款和上缴省基数67.1万元，乐安县当年可用财力461万元。

1982年，抚州地区财政局核定划给乐安县预算收入476.6万元，其中：固定收入171万元，调剂收入292万元，固定比例分成收入13.6万元。核定定额补助收入58万元，上解支出22.1万元，乐安县当年可用财力512.5万元。

1983年，根据上级文件规定，对乐安县的收入基数，留成比例作了部分调整，如：乐安县药厂的收入，从1983年1月1日起列入省财政预算，财政收入包干基数上划；森林工业、医药商业企业，从1983年1月1日起取消二、八分成办法，上划到省，不列入地、县预算；商业、供销、粮食企业收入，下放给各县、市管理，全额计算增加各县市基数，同时将原县市财政款分成20%的部分减少各县市基数；遵照国务院关于改进财政管理体制的通知，从1983年起，县办工业亏损企业的负担比例由原来的二、八负担的办法改为同盈利企业的留成比例相一致，即40%亏损纳入预算内，60%亏损归县财政预算外负担；按国务院改革财政管理体制的有关规定：从1983年起卷烟和酒两项工商税收比上年增长部分的40%上缴中央财政，对这部分收入各县要专项上缴，不能安排支出，从1983年7月1日起，各级财政不再增拨企业流动资金，全部改由银行贷款，将包干流动资金按1979年基数收回一半。按以上规定：当年本县上划减少收入基数（原分成20%）9.2万元，其中：商业6.3万元，医药商业0.7万元，供销社2.2万元。下放增加收入基数-13.1万元，其中：商业24.5万元，供销3.4万元，粮食-41万元，中央收回流动资金减少支出基数1.1万元。

1984年，抚州地区财政局按包干体制划给乐安县的预算收入489.7万元，定额补助58万元，其他各项补助17.5万元，上解27.8万元，核定可用财力537.4万元。

2. 划分税种，核定收支，分级包干（1985～1987年）

1985年，国务院为贯彻落实中共十二届三中全会《关于经济体制改革的决定》，决定从当年起，实行“划分税种、核定收支、分级包干”的财政管理体制。江西省人民政府规定，县财政收入基本上按照利改税第二步改革后的税种设置，其固定收入有：县属国营企业所得税、调节税和承包费、未实行利改税的县属企业收入；县级事业收入，工商所得税，农牧业税，车船使用牌照税，城市房地产税，屠宰税，牲畜交易税，集市交易税，契税，地方经营的粮食供销企业亏损，城市维护建设税和其他收入等。同时列为县财政固定收入的还有营业税（不含石油部、电力部、石化总公司、有色金属总公司四部门所属企业及铁道部、各银行总行、保险公司缴纳的部分）、资源税、建筑税、个人所得税、国营企业奖金税、县合资企业的工商统一税、所得税和石油部、电力部、石化总公司、有色金属总公司四部门所属企业缴纳的产品税、营业税、增值税的30%。除上述四部门所属企业缴纳的产品税、增值税外，则作为省财政和县财政共享收入。

县财政支出：县办企业挖潜改造资金、县农口各部门事业费、支援农村生产支出、工交商部门事业费、城市维护费、知青业务费、文教科学卫生事业费、抚恤和社会救济费、行政管理费、其他部门事业费、环境保护补助资金和其他支出（包括兵役征集费、招收飞行员经费等），列入县财政支出包干范围。不宜实行包干的支出，仍由中央和省财政专案下拨。乐安县属常年补贴县，预算收入100%留成。地区财政对乐安县财政的定额补助为82万元（从1986年起每年递减10%）。

3. 实行包干财政体制（1988～1993年）

实行“划分税种，核定收支，分级包干”体制后，由于多种因素影响，财政运行出现了一些新问题，所以1988年在原定财政管理体制的基础上，地区对县财政的收入范围和包干办法作了调整，把城乡个体工商户所得税、个体户营业税、个人收入调节税、个人所得税、国营企业工资调节税、契税、农林特产税、屠宰税、牲畜交易税、集市交易税、车船使用税、房产税、国营企事业单位奖金税等13种小税全部划归县财政，不列入收入基数，并以1986年为基数列收列支，增收部分全留地方。调整后改定额补助为定额上解，1988年，定额上解数为24万元，以后逐年增长。这种财政管理体制一直延续到1993年。

4. 分税制（1994～2012年）

1994年开始，江西省人民政府根据国务院《关于实行"分税制"财政管理体制的决定》，决定从当年1月1日起改革现行包干财政体制，实行"分税制"财政管理体制，在划分事权的基础上，确定省与县的支出范围，按照财权与事权相结合的原则，划分税种，实行省对地县的税收返还。

按照抚州地区拟定的对县市的分税制财政管理体制实施方案，划分给县市的固定收入有：增值税25%的部分、县属企业所得税（不含地方银行和外资银行非银行金融企业所得税）、固定资产投资方向调节税、城市维护建设税、车船使用税、屠宰税、农牧业税、农业特产税、耕地占用税、契税，县属企业（不含地方银行和外资银行及非银行金融企业所得税）和行政事业单位缴纳的其他收入；地、县（市）共享收入有：土地增值税、国有土地有偿使用税、其他资源税、印花税、个人收入所得税、房产税、遗产和赠予税等八种，分别按省40%、地区20%、县市40%分享；证券交易税按中央50%、省20%、地区10%、县市20%分享。地区八种小税的分享部分，平时入县市国库，作为县收入，年终结算上解。划分给乐安县的财政支出范围主要包括：县级企业挖潜改造资金、地方地质勘探费、支援农业生产支出、县级农口各部门的事业费、工交商部门的事业费、城市维护和建设经费、文教科学卫生事业费、其他部分的事业费、抚恤和社会救济费、县级行政管理费、公检法支出、价格补贴支出、环境保护补助资金和其他支出。

实行分税制后，地区对县市税收返还数额，按照全省统一的口径和依据计算，以1993年县市实际收入及税制改革和收入划分来核定县市净上划的收入数额（即：上划中央消费税＋上划中央75%的增值税＋其他资源税、个人所得税、房产税上划省40%和上划地区20%－中央和省下划的收入），1993年净上划收入，全部返还县市，保证既得财力，并以此作为地区对县市税收返还基数，1994年以后税收返还额在1993年基数上逐年递增，递增率为1∶0.15，即省对抚州税收返还增长1%，地区对县市税收返还增长0.75%，地级集中0.25%。如果1994年以后上划中央收入达不到1993年基数或达不到上级下达的"两税"目标的，省扣减地区税收返还基数，地区也相应扣减县市收入返还基数。

实行分税制后，原体制分配办法比照省对地区的办法执行。对全区县的定额补助1994年补助总额为101万元，1995年为70万元，1996年原则上取消补助。对实行总额分成上缴的县市，按1993年实际计算的上解数作为体制上解基数，按确定的递增率，实行递增包干上解的办法。区别情况全区确定三个档次的递增比例：全区县递增比例为10%，广昌、乐安县为11%，临川、南城、黎川、南丰、资溪、崇仁、宜黄、东乡八个县为13%。各县市每年按确定的上解基数和递增率递增上解，地区不再参与县市收入分成，增收全部留归各县市。这次核定上解基数时，地区考虑到乐安县财政比较困难，在分成比例上提高了二个百分点计算，并对金溪、乐安、广昌三个县给予一块固定的补助基数，其中给予乐安县的固定补助基数为34万元。对地区在1988年核定各县财政体制时，给九个县304.1万元基数额，不抵减体制上解基数，列入固定补助，对各县市的增收分成，不抵减体制上解基数，新体制后相应取消增收分成。

2000年，为了进一步加强县市活力，推动县市经济发展，中央、省、市对分税制财政体制进行了调整，国务院决定，从当年起分三年将证券交易印花税分享比例逐步调整到中央97%、地方3%。2002年，所得税分享改革，中央保证各地区2001年地方实际所得税收入基数，实施增量分成，2002年，所得税中央与地方各分享50%，2003年以后，中央分享60%、地方分享40%。2003年，城镇土地使用税、土地增值税、房产税、其他资源税和印花税，省级得40%部分的增量全部下放给县级，增量部分省级不再参与分成，设区市本级原集中部分增量也相应下放；耕地占用税省级不再分成，全部留给县级。

2005年，为了适应社会主义市场经济和公共财政发展的要求，进一步理顺和规范省以下财政分配关系，加大省财政对县市财政的支持力度，提高县市财政管理水平，有效保证县级财政资金的及时足额供给，增强县级财政的保证能力，激发县域经济发展的内在活力和动力，省委、省政府根据国务院关于推进"省直管县"财政管理方式改革的精神，决定从2005年起，在全省21个国家扶贫开发工作重点县市实行"省直管县"财政体制改革试点，乐安县为试点县之一。改革试点工作按照"保持现行既得利益的原则；共同支持县市发展的原则；坚持权责统一的原则；坚持积极稳妥、循序渐进的原则"，确定以"八个到县，两个不变"为主要内容的改革试点，即体制基数直接固定到县（以2003年体制性补助〈上解〉为基数）、收入计划直接下达到县、基金收入分成直接到县、转移支付及专项资金补助直接下达到县、财政结算直接办理到县、资金调度直接拨付到县、各项债务直接落实到县、财政工作直接部署到县，市对县支持不变、数据报送汇总程序不变。2007 年新增了 38 个县为“省直管县”财政体制试点县，2009 年全省 80 个县全部实行“省直管县”财政体制（原计划 2010 年）

1951 ~ 2012 年乐安县财政总收入和体制分成收入及上缴补助情况

表 4 - 1　　　　单位：万元

年度	总收入合计	其中				上级补助收入	上解支出	抵除补助后净上缴收入	抵除补助后实得上级补助
		划县收入	上缴上级收入	%					
				划县	上缴				
1951	87.5	0.1	87.4	0.11	99.89	3.18	—	—	3.18
1952	140.4	0.4	140	0.28	99.72	65.6	—	—	65.6
1953	136	19	117	13.97	86.03	48	—	—	48
1954	150	17	133	11.33	88.67	44	—	—	44
1955	114	43	71	37.72	62.28	23	1	—	22
1956	144	62	82	43.06	56.94	38	—	—	38
1957	114	56	58	49.12	50.88	50	—	—	50
1958	196	128	68	65.31	34.69	24	5	—	19
1959	229	229	—	100.0	—	58	—	—	58
1960	258	258	—	100.0	—	83	163	80	—
1961	161	161	—	100.0	—	40	97	57	—
1962	190	190	—	100.0	—	54	114	60	—
1963	205	205	—	100.0	—	62	147	85	—
1964	224	224	—	100.0	—	68	134	66	—
1965	238	238	—	100.0	—	20	108	88	—
1966	241	241	—	100.0	—	64	142	78	—
1967	231	231	—	100.0	—	82	139	57	—
1968	259	259	—	100.0	—	70	155	85	—
1969	281	281	—	100.0	—	255	169	—	86
1970	283	283	—	100.0	—	465	198	—	267
1971	229	229	—	100.0	—	337	137	—	200
1972	361	361	—	100.0	—	163	232	—	-69
1973	340	340	—	100.0	—	226	204	—	22
1974	334	334	—	100.0	—	274	201	—	73
1975	340	340	—	100.0	—	270	204	—	66
1976	332	332	—	100.0	—	244	209	—	35
1977	366	366	—	100.0	—	244	219	—	25
1978	411	411	—	100.0	—	421	252	—	169
1979	479	479	—	100.0	—	422	287	—	135
1980	482	482	—	100.0	—	186	—	—	186
1981	493	493	—	100.0	—	117	59	—	58
1982	478	478	—	100.0	—	338	26	—	312

续表 4－1

年度	总收入合计	其中				上级补助收入	结算上解支出	上级补助－上交、上解后实得上级补助	其中：粮油加价、价差及国家储备粮补助
		划县收入	上缴上级收入	%					
				划县	上缴				
1983	485	485	—	100.00	—	304	7	297	—
1984	608	608	—	100.00	—	228	28	200	—
1985	803	803	—	100.00	—	369	46	323	—
1986	978	978	—	100.00	—	437	47	390	—
1987	1128	1128	—	100.00	—	459	151	308	24
1988	1357	1357	—	100.00	—	994	85	909	624
1989	1587	1587	—	100.00	—	973	100	873	514
1990	1840	1840	—	100.00	—	1040	129	911	516
1991	2346	2346	—	100.00	—	1423	104	1319	719
1992	1936	1936	—	100.00	—	1401	42	1359	655
1993	2756	2178	578	79.03	20.97	1235	54	1181	503
1994	2955	2338	617	79.12	20.88	1754	220	1534	635
1995	3583	2875	708	80.24	19.76	1414	262	1152	—
1996	3797	3048	749	80.27	19.73	1826	279	1547	213
1997	4130	3657	473	88.55	11.45	2415	324	2091	—
1998	4329	3775	554	87.20	12.80	3326	372	2954	—
1999	4151	3582	569	86.29	13.71	3538	397	3141	—
2000	4166	3550	616	85.21	14.79	6755	543	6212	—
2001	4586	3972	614	86.61	13.39	7462	593	6869	—
2002	4606	3879	727	84.22	15.78	14080	530	13550	—
2003	5248	4021	1227	76.62	23.38	14602	582	14020	—
2004	4816	3359	1457	69.75	30.25	19871	728	19143	—
2005	5886	3972	1914	67.48	32.52	25750	882	24868	—
2006	8988	6211	2777	69.10	30.90	30294	942	29352	—
2007	13159	9336	3823	70.95	29.05	39722	1419	38303	—
2008	16366	12050	4316	73.63	26.37	51682	1194	50488	—
2009	22168	18207	3961	82.13	17.87	68733	1697	67036	—
2010	30488	25889	4599	84.92	15.08	75779	2078	73701	—
2011	42664	36009	6655	84.40	15.60	85994	1408	84586	—
2012	46130	38464	7666	83.38	16.62	108725	1484	107241	—

1981～1993年乐安县财政体制分成情况

表4－2　　单位:万元

年度	财政总收入	县分成收入					上级补助收入
		小计	固定收入	固定比例分成收入	调剂收入	专项收入	
1981	493	493	173	13	307	—	117
1982	478	478	—	—	—	—	338
1983	485	485	174	—	311	—	304
1984	608	608	266	—	342	—	228
1985	803	803	—	792	—	11	369
1986	978	978	—	958	—	20	437
1987	1128	1128	—	1059	—	69	459
1988	1357	1357	—	—	—	40.2	994
1989	1587	1587	—	1551	—	36	973
1990	1840	1840	—	—	—	—	1040
1991	2346	2346	—	2291	—	55	1423
1992	1936	1936	—	1878	—	58	1401
1993	2178	2178	—	2110	—	68	1235

1994年乐安县实行“分税制”体制后分级收入及税收返还和定额上缴情况

表4－3　　单位:万元

年度	总收入	其中			共上缴中央、省收入	税收返还补助	上缴中央、省税收多于税收返还补助	定额上解
		县乡收入	中央收入	省分享收入				
1994	2995	2338	580	37	617	523	94	190
1995	3583	2875	678	30	708	536	172	211
1996	3797	3048	712	37	749	540	209	234
1997	4130	3657	420	53	473	507	－34	260
1998	4329	3775	476	78	554	517	37	288
1999	4151	3582	479	90	569	517	52	304
2000	4166	3550	518	98	616	523	93	337
2001	4586	3972	504	110	614	521	93	354
2002	4606	3879	684	43	727	573	154	286
2003	5246	4021	1187	40	1227	630	597	354
2004	4816	3359	1411	46	1457	638	819	354
2005	5886	3972	1850	64	1914	660	1254	354
2006	8988	6211	2651	126	2777	715	2062	354
2007	13159	9336	3617	206	3823	764	3059	354
2008	16366	12050	4079	237	4316	765	3551	354
2009	22168	18207	3653	308	3961	943	3018	354
2010	30488	25889	4599	—	4599	962	3637	354
2011	42664	36009	6655	—	6655	1009	5646	354
2012	46130	38464	7666	—	7666	1080	6586	354

乐安县分税制后定额上解情况

表4－4　　单位:万元

年度	定额体制上缴	农业配套资金(结算上解)	合计	年度	定额体制上缴	农业配套资金(结算上解)	合计
1994	190	31	221	2004	354	374	728
1995	211	38	249	2005	354	528	882
1996	234	51	285	2006	354	588	942
1997	260	64	324	2007	354	1065	1419
1998	288	84	372	2008	354	840	1194
1999	304	93	397	2009	354	1341	1697
2000	337	86	423	2010	354	1722	2078
2001	354	239	593	2011	354	1045	1408
2002	286	244	530	2012	354	1120	1484
2003	354	228	582				

乐安县执行地区"定额上缴、增收全留"体制情况

表4—5　　单位:万元

年度	按省体制上缴	地区下达定额上缴(结算上解)	年度	按省体制上缴	地区下达定额上缴(结算上解)
1987	55.9	1991	52.2	52	
1988	24	61.5	1992	60.3	－18.7
1989	32	68.3	1993	72.7	－18.6
1990	45.3	95.1	1994	190	30

第二节　乡(镇)财政体制

乐安县乡(镇)财政,自乡镇作为独立的自治团体开始,始于清朝末年,光绪三十四年(1908)颁布《城镇乡自治章程》,规定城镇董事会和乡董管理乡镇收支。乡镇公款公产和公益捐以及依自治规约收取的罚金为乡镇的收入。公益捐包括:官税附加的附捐和以劳力或物品举办自治事宜折价计算的特捐。

一、民国期间乡镇财政体制

民国3年(1914),北洋政府颁布地方自治试行条例,规定区设区董,管理乡镇收支,收入项目沿用清制。

民国10年(1921)7月,国民政府推行乡自治制,规定乡长、乡董管理乡的收支。收入项目有财产收入,附加税和杂捐,规费及使用费,公共营业收入等4项。凡由国家拨给的土地、山林及其他不动产,应以其收益用作于乡自治经费。

民国18年(1929),国民政府公布《区自治施行法》,建立区财政,区以下设乡镇。

民国23年(1934),县自治法改为县以下设乡、镇和区,均为同级。属于区乡镇的公有财产的孳息、公营事业的纯利、依法征收或募集的款项、省县拨给的补助金,均为区、乡镇的收入。

民国28年(1939),国民政府颁行《县各级组织纲要》,确定乡镇为法人,并规定乡镇收支项目。规定了乡镇屠宰税、契税、公款公产孳息、公营事业收入、迷信捐、罚锾、特赋、杂收入、县补助费等为乡镇收入;乡镇范围内的自治、财务、教育、文化建设、自卫救恤、卫生等经费为乡镇支出。

民国29年(1940),江西省政府颁行《江西省县乡镇财政划分办法及划分原则》,划归乡镇的财源共10项,主要有:县委托征收的屠宰税溢额及契税提成收入,在乡镇范围内试办的行为取缔税及特赋收入,不属于全县性质的区有公学款产收入,乡镇原有的公学款产和寺庙款产收入,无主产业及批准利用荒田(地、山)的收入,乡镇公营事业收入,乡镇征收的规费、罚金、赔偿金,乡镇民代表会决定经县政府特许征收的临时性收入,乡镇民赠与收入,上级政府特许征收的税捐,以及县对乡镇的补助金。划归乡镇支出也有10项,国民党区分部经费,乡镇公所和保办公处及乡(镇)户籍经费,乡镇民代表会经费,乡镇中心小学和保国民学校以及其他文教事业经费，乡镇造产及修筑的道路、桥涵、通讯、水利等经济建设经费，卫生、保健、防疫等经费，育幼、养老和救灾抚恤等经费，保卫和消防经费，经征和财产保管等财务费，其他杂项开支。

民国33年（1944），江西省政府规定各乡镇收支由乡镇编制单位预算纳入县总预算。

民国35年（1946），财政收支系统法规定乡镇收支纳入县总预算，支出应占县预算支出的50%至70%。

民国36年（1947），省政府为救济乡镇财政，公布了《江西省各县统一筹措乡镇自治临时费办法要点》。

二、新中国成立后乡镇财政体制

新中国成立后，乐安县区政府配备了专职或兼职人员办理乡村财政工作。

1951年，江西省人民政府发布《关于1951年县财政收支的决定》，规定乡村小学应本着乡小乡办、村小村办的方针，经费由乡、村自筹解决。乡政府将乡村小学的全年收支做出预算，经区县人民政府批准后，由乡人民代表会讨论通过自筹经费来源。自筹办法由县制定，交区乡代表会议讨论实施。

1952年，省财政厅下发《1952年度乡（镇）财政会计科目》和《关于1952年乡（镇）地方财政支出批准及收支概算》两个文件，规定乡（镇）收入包括：地方附加收入（农业税附加、乡小学教育附加、工商税附加、临商税附加、房地产税附加）、房租收入（不征房地产税的征收房租）、契税收入、投资收回、规费收入、罚没收入、其他收入、上年度结余、调剂收入等。乡（镇）支出包括：行政经费、民兵经费、卫生经费、文化教育经费、经济建设费、市政建设费、社会事业费、生产奖励费、粮政经费、财务费、其他支出等。下半年，对乡（镇）财政进行整顿，实行统筹统支，停止摊派，乡行政费按每乡3.5人计算，实行包干。当时乡（镇）财政称为半级财政。

1953年，为贯彻中央整顿乡财政“包、筹、禁”方针，县成立一级财政，将原属国家部分以及原属乡（镇）地方财政部分的收入合并列入县总预算。乡（镇）一级独立的财政实际上已被取消。同年，省财政厅下发了《江西省乡（镇）财政收支管理办法》，取消一切地方附加，杜绝乡村“乱摊派”现象，以减轻农民负担。办法规定：凡属国家预算财政经常性开支，包括乡干部生活补助，乡人民政府及自然村公杂费列入国家财政预算，由县统一管理，按时供给。乡（镇）财政，非经常性事业，但为民必须兴办的项目，在群众自愿的原则下，通过乡人民代表大会，可在以乡为单位的公粮总量的7%，最多不能超过10%的限比内筹措，且必须在年初提出计划，报县人民政府审查提出意见，经专署批准。所筹措的经费由乡财粮供销信贷合作委员会管理，并由乡财政监察委员会监督本乡筹款收支情况。

1954年3月，乐安县人民政府根据省人民政府1953年11月颁发的《加强乡村财政管理工作的几项规定》精神，就进一步加强乡级财政管理，逐步健全乡级财政制度，作出了具体规定，进一步明确了乡村财政收入范围：一是乡村公有山林、土改留田、学田、桥田、公渡田、土改未分的村祠堂房屋收入；二是省统一规定的自筹粮（按农业税实际负担，以户为单位附征一定比例）收入。其支出范围是：（1）乡村小学所必须的校舍修缮与添置必要的教学设备费用；（2）乡人民政府必要的修补费用；（3）在本乡范围内或乡与乡之间联合举办必须修筑或修补之道路桥梁必须的材料费用；（4）在本乡范围或乡与乡之间举办的公渡经费；（5）乡村民校识字班冬学及读报组的补助费用；（6）乡村人民集体的文化娱乐活动必须的经费。要求县财政部门加强对乡村财政的领导和监督，为逐步建立乡级财政奠定基础。同年10月全国财政会议提出：为逐步培养乡财政以便实现宪法所规定的乡地方人民委员会所应该管理的财政任务，以杜绝摊派现象，正确贯彻负担政策，合理解决乡村公益事业及其必须开支，以进一步发挥广大劳动人民管理财政的积极性，逐步建立乡预算。为此，1955年江西省人民政府指示各县选择一、二个条件具备的乡试办预算。同年2月省财政厅制定了乡预算管理试行办法。同年3月，抚州专区在各县选择了12个乡（镇）（乐安增田乡为其中之一）为乡预算试办乡，并制定了《抚州专区乡村自筹经费的使用管理试行办法》（草案）。办法对乡村自筹经费的筹集比例、使用范围、报批程序及审查监督等作出了明确规定。

1958年7月，省财政厅下发了迅速建立乡（镇）财政的通知，并选择萍乡、万载、靖安、乐平四个县为建立乡（镇）财政的试点。之后，要求全省范围及有条件的地区都应争取在8月份以前把乡（镇）财政全面建立起来。同年9月，全县实现人民公社化，实行政社合一，乡（镇）财政演变为公社财政。同年12月，中共中央、国务院发布了《关于改进农村财贸管理体制的决定》，提出农村财贸体制应根据“集中领导，分级管理的方针”，实行“两放、三统、一包”的办法，即：放人员、放资产，统一政策、统一计划、统一流动资金的管理，财政收入由公社包干。

1959年5月，中共乐安县委、乐安县人委根据省委、省人委《关于农村财政贸易管理体制问题的通知》精神，作出三项规定：一是原规定的财政任务包干办法加以改变，根据国家预算要求和公社负担能力，向公社分配财政任务，由人民公社负责组织国家财政收入，应税产品和社内外的一切交易行为都应该根据政策和税法规定，照章纳税，一切税款全数直接上缴县金库；原来属于县开支的行政费和事业费，由县财政如数按月下拨给公社。二是将原下放给人民公社的商业、粮食、银行、税务等机构的人员和资金（包括固定资产和流动资金）一律收回，由县财贸主管部门直接管理。三是明确设在公社的财贸机构，实行受上级业务主管部门和人民公社的双重领导，以上级业务主管部门的领导为主。与此同时，乐安县还组织力量，对各公社进行了全面的清理旧账、建立新账工作，在此基础上，建立健全了各级财务管理制度，当年乐安县的公社财政体制实际执行的是“收支两条线”办法，即国家收入一律上缴，公社开支一律下拨。

1960年4月，为适应人民公社巩固提高的要求，乐安县人委下发了《关于自1960年1月1日起建立公社一级财政，实行收支下放、比例分成的通知》，确定从1960年1月1日起建立人民公社一级财政，实行“收支下放，核定计划，收支相抵，比例分成”的办法，也就是以“收支下放，比例分成”的办法取代了上年的“收支两条线”办法。具体内容是：“收支下放，核定计划”，即把工商税收及附加，国家下放给公社管理的企业收入及其他属于国家的收入，下放给公社。把原来由国家开支的办学（包括农村中学）教职员工资、公杂费和福利费以及公社干部的工资、福利费公用经费和会议费等下放给公社开支。“收支相抵，比例分成”，即按照确定的收支计划，如果下放给公社的总收入小于核定的支出时，由县给予补助平衡。公社由于积极增加生产，增加收入，厉行节约，收入超过年度计划，按照分成比例部分以及支出的结余，都归公社安排使用。

1962年，中央制定了《农村人民公社工作条例六十条》，乐安县调整公社财政体制，将公社财政包干办法改为“统收统支”的管理办法，明确划分国家财政收支与公社财务收支的界限，为国家集中财力，更好地贯彻“八字”方针和促进农村经济发展创造条件。

1966～1975年，“文化大革命”时期，公社财政实际上不复存在。

1978年6月，省财政局根据省革命委员会批转《关于建立公社财政的报告》颁发了《江西省农村人民公社财政管理试行办法》，确定公社财政收支范围由国家财政预算内收支、预算外收支和社办企业收支3部分组成。并规定公社对国家预算内收支，实行“定收定支，超收分成，收入上解，支出下拨，结余留用，一年一变”的办法。部分收支统一管理，分别立账，严格划分，全面反映，进一步完善“政社合一”的体制，加强公社对财政工作的领导，更好地发挥资金使用的效果，促进社队企业的发展。

中共十一届三中全会后，经过几年对农村进行全面的经济体制改革，农村经济蓬勃发展，乡（镇）财政进入了一个新阶段。

1983年10月，中共中央国务院发布《关于实行政社分开，建立乡政府的通知》，提出“随着乡政府的建立，应当建立乡一级财政和相应的预决算制度，明确收入来源和开支范围”。同年11月，全国财政会议上，对乡财政建设的试点工作进行部署。

1985年，乐安县根据国务院和省人民政府关于建立乡（镇）财政的要求，在牛田镇开展了建立乡财政的试点工作。同年12月县人民政府批转了县财政局《关于建立乡（镇）财政的意见报告》。

1986年，全县各乡镇建立了乡（镇）级财政，并相继成立了乡镇财政所，乡（镇）财政实行“统一领导，分级管理”，责、权、利结合，财权与事权相结合，受乡（镇）人民政府和县财政局双重领导，业务上以县财政局领导为主。从当年1月1日起，县对乡（镇）实行“定收定支，收入上解，支出下拨，超收分成，短收抵支，超支不补，结余留用，收支挂钩，一年一变”的财政管理体制。乡（镇）财政超额完成预算内全年总收入任务，其超收部分，县与乡（镇）“五五”分成；短收部分抵减定支补助，年终由县财政照数与乡（镇）进行结算。

1988～1994年，乐安县实行划分税种，核定收支，定额补助的财政预算管理体制。

1995年11月5日，国务院发布《中华人民共和国预算法实施条例》，规定县级以上地方各级政府应当根据中央和地方分税制的原则和上级政府的有关规定，确定本级政府对下级政府的财政管理体制。

1996年，乐安县人民政府为了适应市场经济和“分税制”财政体制的需要，充分调动乡（镇）发展经济，当家理财的积极性，根据统一政策、分级管理的原则，按照抚州地区统一布置，结合该县的实际情况，决定从当年起对乡（镇）财政实行“划分收支，核定基数，比例上解或补助，增长分成，一定三年”的分税制财政体制，即第一轮乡（镇）分税制财政体制。其指导思想是：在保证乡（镇）既得财力的前提下，适当增强乡(镇)财政活力,进一步促进乡(镇)财政与事权的统一,充分调动乡(镇)大力发展农村经济、组织财政收入的积极性,理顺县乡财政分配关系。其体制的具体内容如下:(1)划分收支。乡(镇)财政收入范围包括:乡(镇)及驻乡的营业所、信用社、林业站、基层供销社、粮管所乡镇缴纳的25%的增值税,以及营业税、城市维护建设税、车船税、屠宰税、固定资产投资方向调节税、集体企业所得税、个体私营企业所得税,八种小税的60%和税款滞纳金等地方工商税、农业税、耕地占用税、农业特产税、契税、教育附加收入和其他收入。乡(镇)级财政支出范围包括:农林水等部门事业费、公费医疗经费、文教科学卫生事业费、抚恤和社会救济费、其他部门事业费、价格补贴支出,城市维护费、行政管理费、教育附加支出和乡(镇)所属单位的其他支出。(2)核定基数。乡(镇)财政收入基数,按照上述财政收入范围,以1995年乡(镇)收入总数除以乡(镇)1993年、1994年、1995年收入决算总数的平均数为收入系数,再以各乡(镇)收入平均数乘以收入系数作为乡(镇)收入基数,(公溪镇不分县、镇级收入,实行统包〈国营预算内工业企业所实现的所得税和利润作为县级收入〉。鳌溪镇划分县级、镇级收入,县级基数不在鳌溪镇包干基数内)。乡(镇)财政支出基数以1995年决算数(剔除专项及追加数),另加2%的预备费计算确定。(3)比例上解或补助。以乡(镇)所确定的收、支基数为依据,计算乡(镇)上解或补助比例,乡(镇)财政支出除以财政收入,所得百分比为乡(镇)留成比例,1减留成比例作为乡(镇)上解或补助比例。设立乡(镇)国库的,凭此比例进行资金划解,尚未设立国库的,收入全额上解县国库。县财政以收入进度乘于上解或留成比例,作为财政支出拨付依据。各乡(镇)所实现的"两税"收入务必全额及时上解县国库。(4)增长分成。对当年实际收入超过收入基数的,实行增长分成。

乡镇财政收入增长分成比例表

表4－6

增收(%) 交留比例(%) 收入档次	增收20%以内		增收20%～30%部分		增收30%～40%部分		增收41%以上部分	
	上缴县	乡留	上缴县	乡留	上缴县	乡留	上缴县	乡留
201万元以上	40	60	35	65	30	70	25	75
101万元～200万元	35	65	30	70	25	75	20	80
51～100万元	30	70	25	75	20	80	15	85
50万元以上	25	75	20	80	15	85	10	90

(5)一定三年。为与乡(镇)政府任期相适应,本轮乡(镇)分税制财政体制执行期为三年(1996～1998年)。在执行期限内,除遇国家调整较大税率或计价、开征新税种、增加新的财政收入项目和调整"分税制"财政体制需要对包干体制作较大变动外,财政收入基数和增长分成办法一般不做调整和变动。对于增加人员,按编委确定的编制数,缺编不减经费,超编不增加经费。

1999～2001年为第二轮乡(镇)分税制财政管理体制实施期。本轮体制的形式是:"划分收支,核定基数,递增上解(或递减补助),一定三年"。与第一轮相比,取消了"增长分成"的内容,更加体现了"进一步理顺县乡财政分配关系,在稳定县本级财政的基础上,充分调动乡(镇)发展经济、增收节支的积极性"的指导思想和"统一政策,分灶吃饭""县乡共同发展"的原则。在体制内容上,乡镇财政收入范围增加了"工业小区各厂创税收,按照谁投资、谁受益的原则来划分收入范围和确定税收归属管理"内容,乡镇级财政支出范围增加了"支农支出"和"财政税务事业费"项目。在核定基数的测算方法上做出了较大的修改。具体测算方法如下:(1)收入基数:通过三种因素综合而定,即用三年收入计划收入因素的60%,人均财政收入基数因素的20%,国税、地税、财政分口收入基数因素的20%进行综合核定。[测算程序是:①三年收入系数基数因素:收入基数＝1996年地方收入计划50%＋1997年地方收入计划30%＋1998年地方收入计划20%＋1998年农业税提价款;②人均财政收入基数因素:收入基数＝三年收入系数收入基数÷1997年末乡镇总人口各乡镇1997年人口数;③国税、地税、财政分口收入基数因素:收入基数＝国税口地方收入基数(按县国税局测算数,以1998年国税地方收入计划递增10%

左右确定)+地税口收入基数(按县地税局测算数,以1996~1998年三年各乡镇地税收入计划的平均数确定)+财政口收入基数(基数=1996~1998年三年财政口收入计划,〈除农业税〉加权平均数÷乡镇资源利用面积各乡镇资源利用面积60%+三年财政口收入〈除农业税〉计划加权平均数÷乡镇1997年末总人口各乡镇1997年末人口数40%+1998年农业税〈含正税和提价款〉)]。(2)支出基数:乡镇财政支出基数按1998年支出标准重新核定,具体包括5个部分:①个人经费(含工会经费):乡镇所属单位按1998年11月底实际人数(超编限额数)和新标准重新核定,具体标准为:全额单位在职职工年人均0.4万元;中小学在职教师年人均0.45万元;代培教师年人均0.4万元;卫生院在职职工年人均0.25万元(防、妇保人员按年均0.5万元);乡企办在职职工人均0.32万元;全额和差额单位退休职工年人均0.5万元;民办教师农业粮年人均0.08万元、商品粮年人均0.1万元;遗补对象农业粮年人均0.08万、商品粮年人均0.1万元。②公务费:按实际人员(乡镇财税人员除外)每人每年300元的标准定额核定。③公费医疗经费:按实际人员(超编限额数)工资总额的5%核定。④优抚和社救费:按县民政局确定的实有享受人员和标准核定。⑤预备费:按核定的支出基数的5%设置,用于体制实施期间增人增资。乡镇上解(补助)基数=地方收入基数-支出基数,上解(补助)递增(递减)比例是:收入基数在100万元以下,递增比例为15%,在100万元(含100万元)~200万元之间的递增比例为14%,在200万元(含200万元)~300万元之间的递增比例为13%,在300万元(含300万元)~300万元以上的递增比例为12%。资金上解比例=(上解基数+公费医疗上解全额)/收入基数100%,比例小于30%按30%,大于30%小于40%按40%,大于40%小于50%按50%,大于50%小于60%按60%,大于60%小于70%按70%,大于70%按70%。第三轮乡镇财政体制本应从2002年开始,但为了与乡(镇)政府的任期相适应,2002年乡(镇)上解仍按2001年上解额执行。

2003~2004年为第三轮乡(镇)分税制财政管理体制实施期。本轮的体制形式为"划分收支、核定基数、定额上解、一定两年"。本轮乡镇财政体制在第二轮的基础上,进行了大幅度的调整,在内容上改"递增上解(或递减补助)"为"定额上解",改"一定三年"为"一定两年"。坚持了"比例适当、集散有度、收支合理、统筹兼顾"的理财原则。在收支的划分上,采取按现行分税制要求划分税种以及税收属地原则划分县乡收入范围,不搞层层分税。各乡镇税收征管范围原则上参照第二轮乡镇财政体制执行,县域范围内的契税和乡镇发展中的大宗工商税源由县本级负责征收。

乡镇地方财政收入基数以2000~2001年各种项目的实际收入以及农村税费改革后乡镇财政收入增减变化因素为依据,结合国民经济和社会发展计划,按一定增长比例计算确定。乡镇工资补助收入、农村税费改革补助收入、一般性转移支付补助收入均纳入乡镇收入基数范畴,以县下达有关文件确定的补助数额为准。

乡镇财政支出基数项目包括乡镇所属各单位人员工资、工会经费、公费医疗经费、公务费、优抚和社会救济经费、预备费、农村税费改革专项支出等。

地方财政收入核定的具体办法是:(1)增值税按2000、2001两年实际收入的平均数扣除上划中央75%部分后再增长10%。(2)营业税、企业所得税、个人所得税、资源税、房产税、印花税、土地使用税、土地增值税、城建税、车船使用税、耕地占用税、契税、教育附加收入按2000年、2001年两年实际收入的平均数扣除上划中央和省级收入后再增长10%。(3)农业税按税费改革后乡镇落实的农业税正税扣除10%的减免,乡镇落实的农业税超过县下达的指导性任务部分不计入收入基数,因水毁导致不可复耕的农田减少的农业税在农业税减免中给予相应的补助。(4)农业特产税按2001年各乡镇木材、毛竹、烟叶、蚕桑的实际销量和税改后征收标准计算的农业特产税再增长10%,农业特产税附加不计入基数。为鼓励乡镇培植税源和加强征管,按上述方法计算的农特税基数超过33万元的按33万元计算,超过部分不计入基数,不足3万元的按3万元计算。(5)罚没收入按2000、2001两年实际收入的平均数下调30%核定。(6)其他收入核定:工资补助收入按县下达给乡镇的调资补助数额核定,包括1999年7月、2001年1月、2001年10月三次工资普调补助;农村税费改革转移支付补助按2002年县下达给乡镇的税改补助额核定;困难乡转移支付补助按乡镇2002年9月财政供养人数和人均650元的标准计算。

支出基数,为贯彻落实农村税费改革政策,乡镇计划生育经费、优抚经费、民兵训练经费、五保户补助费、村级管理费、危房改造经费等专项支出项目纳入乡镇财政支出范畴。支出基数项目包括乡镇所属各单位人员工资、工会经费、公费医疗经费、公务费、优抚和社会救济经费、预备费、农村税费改革等项支出。具体核定办法是:(1)人员工资按2002年9月财政供养人数和机构改革工资政策以及国家规定的工资项目和标准折算成全年工资。乡企办在岗人员按工资额的80%计算;乡镇卫生院的防保人员和全民退休人员按全额计算,其他全民职工工资按40%计算;土管所和卫生院的集体职工工资由所在单位自行解决;教育部门外出打工和脱产学习的人员工资的55%列入支出基数,县城中小学借用的乡镇教师工资的20%计入支出基数,县城中小学支付借用乡镇教师的工资由乡镇、县直教育系统调控资金和借用单位按2:3:5的比例共同负担。(2)工会经费按人员工资总额的0.8%计算。(3)公费医疗经费按乡镇年工资总额的4%核定。(4)公务费按行政编制1000元/人、年,事业编制500元/人、年核定,乡镇卫生院和中小学校的公务费在单位预算外资金中解决,不列入财政支出基数。(5)优抚和社会救济费按2002年9月县民政局提供的人数和国家规定的标准核定。(6)预备费按上述五项支出总额的1%核定。(7)农村税费改革专项支出包括计划生育经费、优抚经费、民兵训练经费、五保户补助费、村级管理费、危房改造经费等,支出标准按县下达给乡镇的农村税费改革转移支付中的相关项目补助金额核定,危房改造经费按税费改革补助中的教育集资补助的60%核定。乡镇退耕还林视工程进展情况给予奖励。县财政按照核定的收入基数减去支出基数的余额全部作为上解基数。

本轮财政体制本应从2002年开始,但为了与乡(镇)政府的任期相适应致使第三轮乡镇财政体制推迟了一年出台,因此,本轮财政体制期限为2003至2004年,在此期限内,乡(镇)财政收支范围和基数以及上解额均保持不变,增人、增支除国家下达的补助外,均由乡镇统筹安排,自求平衡。

2005~2007年为第四轮乡(镇)分税制财政管理体制实施期。本轮财政管理体制形式,除"一定两年"改为"一定三年"外,其他均与上一轮内容相同。但在具体实施中更加体现了"以人为本,条块结合"和"量入为出,适度从紧"的理财原则。2005年1月起,乡镇干部工资由县财政统发,确保干部职工工资都能按时足额发放;上划卫生和民政经费,确保困难群体的基本生活和必需的医疗卫生服务。收入基数的核定充分考虑了乡镇的收入增长潜力和产业发展的要求。本着量入为出的原则,公务费的标准适度从紧,促进乡镇增收节支,勤俭办一切事业。各乡(镇)税收征管范围和乡(镇)财政支出范围原则上参照第三轮乡(镇)财政体制执行。乡(镇)所属单位、企业和个人缴纳的增值税25%部分和其他工商税收地方留成部分,农业四税、行政事业性收费、罚没收入、专项收入和其他收入等划入乡(镇)地方收入范围。县城范围的乡的契税和乡(镇)实施以国家投资为主的国债项目、以工代赈和扶贫项目税收以及发展中其他大宗工商税源划归县本级。

乡(镇)地方财政收入基数的核定原则:以2002年和2003年各种收入项目的实际收入以及乡镇财政收入增减变化为依据。其中:(1)增值税、营业税、企业所得税、个人所得税、资源税、房产税、、印花税、土地使用税、、土地增值税、城建税和车船使用税等工商税收基数按2002年和2003年实际实际收入的平均数扣除上划中央和省级收入后按7%~8%的增长比例计算确定,其中湖溪、罗陂、金竹、谷岗和南村5个乡(镇)的增长比例为7%,其余乡(镇)为8%;(2)农业税按2004年农业税降低3个百分点后的农业税正税计算(不含10%减免);(3)农业特产税按2002~2004年三年烟叶特产税乡(镇)完成的平均数下调50%计算;(4)耕地占用税、契税和专项收入(教育附加)分别按2002年、2003年两年实际收入的平均数计算;(5)收费收入和罚没收入按2002年、2003年两年实际收入的平均数下调35%计算。

补助收入的核定:(1)工资补助按2004年11月份乡(镇)财政供养人数和上级补助标准计算;(2)一般性转移支付补助按2004年11月份乡(镇)财政供养人数和人均850元的标准计算;(3)税收补助按2002年农村税费改革时下达的补助数额计算;(4)农业税补助和村级附加补助按2004年下达的补助数额计算。

支出基数核定时间依据和计算方法如下:(1)人员工资按2004年11月份财政供养人数、国家规定的工资项目和标准折算成全年工资,其中:乡(镇)政府机关、计生所、农业综合服务站和社会事务业服务中心编内在职人员按人均800元/月的标准计算,超编人员按在职人员标准的50%计算。乡(镇)广播站临时人员工资按2004年实际发放标准列入乡镇支出基数,并由乡(镇)负责发放。离退休人员和遗属补助人员按现行标准全额计算。乡镇卫生院的防保人员和全民退休人员工资按全额计算,卫生院的其他全民职工工资按40%计算,卫生院的集体职工工资由所在单位自行解决。乡(镇)中小学校在职人员工资按在岗人员和现行标准计算,外出打工和脱产学习人员工资按50%计入支出基数,乡(镇)教师借用到县城机关和学校的,按其工资的50%计入乡(镇)支出基数,其余50%由借用单位负担(但乡镇中心小学从2006年起全部纳入县本级管理,支出预算由县本级安排)。(2)医疗保险经费:在职人员按年工资总额的2%、离退休人员按年工资总额的4%,差额单位在职人员按年工资总额的1%计入支出基数。(3)优抚和社会救济经费按2004年乡(镇)实际发放标准全额计算,2004年县财政负担的部分经费也计入乡(镇)支出基数,2005年开始,县财政预算不再安排。(4)工会经费按在职人员工资总额的0.8%计算。(5)公务费按《乐安县县乡党政机构改革实施方案》确定的行政和事业编制数和人均1000元/年的标准计算(不含乡镇卫生院和中小学校),超编人员公务费按人均500元/年的标准计算。(6)税改专项经费按税收补助中制定的项目全额计算,实行专款专用。(7)公共卫生支出按(2003)58号文件规定的标准计算。(8)预备费按乡镇人员经费和公用经费总额的1%核定。

在本轮乡镇分税制财政管理体制实施期内,从2005年起对全县15个乡镇实行了“乡财县管乡用的财政管理新模式,在坚持“三个不变”(乡镇独立核算主体不变,乡镇资金的所有权、使用权和财务审批权不变,债权债务关系不变)的基础上,创新乡镇财政管理模式。其主要内容是:预算共编(县级财政部门按有关政策,结合财力实际,明确预算安排顺序和重点,乡镇政府根据县级财政部门的指导意见,编制本级综合财政预算草案并按程序报批)、账户统设(取消乡镇财政总预算会计,由财政局报账中心代理乡镇财政总预算会计核算和专项资金核算业务;乡镇财务核算中心仅办理行政事业单位财务收入和乡级财务收支业务)、集中收付(乡镇各项财政收入全部缴入县国库,由县报账中心进行核算。按照“保工资、保运转、保重点、促发展”的原则,优先保障人员工资。其他支出由乡镇行政事业单位编制用款计划,经乡镇领导签批后报县报账中心审批,单笔一万元以上的日常开支,还需报县政府分管财贸的领导批准。村级补助资金,由县级财政部门拨入村级资金专户)、采购统办(乡镇各项采购支出,由乡镇提出申请和计划,经县报账中心按照预算审核后,交由县采购中心集中采购)、票据统管(乡镇使用的行政事业性收费票据全部上收到县财政局统一管理,实行票款同行、以票核收,严禁坐收坐支,严禁转移、隐匿各项收入)。与此同时,在全县实行了“村账乡代理”的财政管理方式。2007年,为确保涉农资金及时足额发放到农民手中,在全县范围内全面推行了财政惠农补贴“一卡通”发放方式改革。

2008~2011年为第五轮乡镇分税制财政管理体制实施期(2011年为续年)。其体制形式与三、四轮乡镇分税制财政管理体制完全相同。在指导思想上突出强调了“建立公共财政”“深化乡财县管乡用管理方式改革”“规范乡镇财政收支行为”等原则,在“划分收支范围”“核定收入基数”方面,既充分考虑乡镇收入增长潜力,又切实保障乡镇基本支出,做到应保尽保,足额安排,为乡镇财政预留财力空间,确保乡镇财政平稳运行。

在乡镇收入范围的划分上:将乡(镇)所属单位、企业和个人缴纳的增值税、营业税、所得税等税收收入和行政事业性收费、罚没收入及其他收入等非税收入,原则上全部列入乡镇收入范围。专项收入(教育附加)不纳入乡镇收入范围,由县本级集中,全部用于义务教育项目资金配套。

在乡镇支出范围的划分上:明确乡镇财政主要承担本乡镇所属单位人员经费和政权机关运转所需支出以及乡镇事业发展支出。具体包括:一般公共服务、文化体育与传媒、社会保障和就业、医疗卫生、城乡社区事务、农林水事务、其他支出等。

乡镇地方财政收入基数的核定以2006年、2007年各种收入项目的实际收入以及乡镇财政收入增减变化因素为依据,结合国民经济和社会发展计划,按一定增长比例计算确定。乡镇取消的农业税补助、农村税费改革补助、乡镇转移支付补助、村级转移支付补助等均列入乡镇收入基数。具体计算办法如下:(1)税收收入基数按2006年、2007年两年实际收入平均数扣除上划中央和省级收入后按52%的增长比例计算确定。(2)烟叶税按2006年、2007年两年烟叶税的平均数增长52%后下调50%计算。(3)非税收入按2006年、2007年两年实际收入剔除一次性收入因素后的平均数增长52%后下调20%计算。(4)补助收入:①税改补助按2002年农村税费改革时下达的补助数额计算;②农业税补助和“两税”附加补助按2007年下达的补助数额计算;③乡镇和村级转移支付补助按2007年省财政下达的补助数额计算。乡镇支出基数项目包括乡镇所属各单位的人员工资、遗属补助、津贴补贴、工会经费、医疗保险经费、失业保险经费、公用经费、优抚和社会救济经费、农村税费改革专项支出、公共卫生支出、事业发展经费和预备费等,具体核定办法是:(1)工资福利支出:①基本工资:人员工资按2008年1月份财政实际发放的人数和标准计算,外出和外借人员按其工资标准的50%计算确定。乡镇卫生院全民退休人员和防疫妇保人员工资按全额计算，卫生院的其他全民职工工资按60%计算，外出打工和脱产学习人员不列入支出基数，卫生院的集体人员工资由所在单位自行解决。②津贴补贴：在岗人员及离休人员按0.6万元/人年、退休人员按0.4万元/人年的标准计算。③社会保障缴费、乡镇干部职工医疗保险基金按年工资总额的4%计算；失业单位人员的失业保险基金按基本工资总额的2%计算。④其他工资福利支出：乡镇广播站临时人员及兽医站人员工资按2007年实发标准列入乡镇支出基数，并由乡镇负责发放。上述工资福利支出涉及差额单位的，按差额拨款比例计算确定。（2）遗属补助按2008年1月份实有人数及标准，优抚和社会救济支出按民政部门2007年实际发放的人数和标准列入支出基数。（3）公用经费和专项经费：①乡镇所属全额拨款单位公用经费按2008年1月份实有人数和人均6000元/人的标准计算（包括省财政对乡镇的转移支付补助）；②工会经费按在职人员工资总额的1%计算；③社区人员工资、办公费及专项经费据实安排，县城社区县财政负担部分亦列入乡镇支出基数；④税改专项经费，按税改补助中指定的项目和金额计算确定；⑤村级补助支出，按省财政下达的税改转移支付补助中的村级管理费、省财政安排村级转移支付补助、“两税”附加补助标准确定；⑥住房公积金，按在职人员工资总额的5%计算确定；⑦公共卫生支出，村级防保和疾病控制经费、村级动物防疫经费按县政府有关文件规定的标准计算，农村合作医疗工作经费，按乡镇农业人口人均1元的标准计算确定；⑧计划生育专项经费包括农村放弃生育奖、农村一女户及二女户考取大学奖、农村二女户结扎养老保险、农村四项手术统筹、农村独生子女平安保险及农村中心户长补助，按现有的人数和标准计算；⑨事业发展支出、预备费分别按乡镇人员经费和公用经费总额的1.5%和3%核定定额上解（或补助）计算方法与上轮相同。

为了巩固完善本县“乡财县管”改革成果，2009年县财政局先后印发了《乐安县乡镇财政资金报账管理办法》和《乡财县管财务管理制度》。

2012年，乡（镇、场）执行的是“核定收支、保障运转、以奖代补、自求平衡”的财政体制。这一管理体制，是在确保乡（镇、场）财政刚性支出需要的基础上，采取“以奖代补”的方式支持乡（镇、场）发展经济和培植财源，在体制上做到对乡（镇、场）财政“管而不死，活而不乱”，建立起“谁发展、谁受益，发展快、收益多，培财源、促增收，保支出、促平衡”的收入分配与激励机制。在取消原体制上解和补助的基础上，乡（镇、场）财政收入全部上缴县级财政，执行中按比例奖励；对乡（镇、场）人员经费、公用经费等基本支出，年初由乡（镇、场）财政根据县乡财政体制和县财政预算原则安排预算，执行中由县财政按月均衡拨付，对村级补助等项目支出按时间进行拨付。为提高财政资金使用绩效、加强财政资金安全管理、防范财政风险，按照财政部和省财政厅的要求，全面实行了国库集中支付制度，乡（镇、场）财政资金所有权、使用权和审批权不变。

乡（镇、场）收入范围和支出范围均与上轮体制划分范围相同。该体制的具体内容：

一是足额安排基本支出预算：（1）人员工资按照国家工资标准和单位实有人数安排，行政在职人员增发1个月奖励工资，卫生院在职人员工资按编制数及13780元/人年的标准安排，遗属补助按260元/人月、社区人员按600元/人月安排，广播站临时人员按实有人数和发放标准据实安排。（2）津贴项目，在职人员的津补贴及绩效工资按标准为16000元/人年，其中：政府机关、站所人员由财政预算安排10000元/人年，另6000元/人年在县财政奖励给乡镇的各项资金中安排；卫生院在职人员津补贴在该单位非税收入中安排；离休人员按15200元/人年、退休人员按12000元/人年的标准，由财政预算安排。（3）社会保障缴费项目，医疗保险基金，按在职人员基本工资总额的7.5%、退休人员基本退休费的1.5%安排；此外，退休人员安排600元的一次性风险储备金。失业保险基金：按事业单位在职人员基本工资总额的2%安排。（4）工会经费项目，按在职人员基本工资总额的2%安排。（5）住房公积金项目，按在职在岗人员基本工资总额的9%安排。（6）公务费项目，按在职在岗人数和4000元/人年的标准安排。（7）社区工作经费项目，安排每个社区1万元工作经费。

二是适当安排项目支出预算。（1）公共卫生支出：村级防保和疾病控制经费按县政府有关文件规定的标准计算，农村合作医疗工作经费按乡镇农业人口和人均1元的标准安排。（2）村级补助支出：按每个行政村平均6.6万元的标准安排，由各乡镇根据行政村情况具体分配，但每个行政村最低要达到6万元。（3）村书记和村主任养老保险支出：按其参加养老保险应缴保费的50%安排，其余50%由市财政负担10%、个人负担40%。（4）优抚和社会救济支出：按民政部门实际发放人数和标准安排。（5）预备费支出：按乡（镇、场）支出总额的2%安排。

三是建立以奖代补机制。在对乡(镇、场)财政收入进行目标考评的同时,建立以奖代补激励机制。(1)地方税收奖罚:按乡(镇、场)2011年国税、地税入库数扣除烟叶税收、物流税收、虚收成分和客商奖励(按乡镇上报客商税收的50%计算奖励)后地方实际留成数为地方税收基数。从2012年开始,乡(镇、场)每年的地方税收基数在上一年的基础上递增15%,地方税收超基数部分全额奖励给乡(镇、场),未完成当年核定的地方税收基数的乡(镇、场)由县财政如数扣缴歉收部分。(2)物流税收奖励:按乡(镇、场)当年实现的物流税收地方留成部分全额奖励给乡(镇、场)。(3)烟叶税收的80%奖励给乡(镇、场)。(4)社会抚养费的70%奖励给乡(镇、场),用于发展当地经济社会事业。(5)其他非税收入(社会抚养费除外)按60%划拨给乡(镇、场),用于基础设施建设。(6)国土收入奖励按乡(镇、场)实现的国有土地出让金收入的62%奖励给乡(镇、场),用于基础设施建设,其余38%用于计提各项基金,基金计提标准随国家规定调整而相应调整。

第二章 预算管理

该章所志述的预算管理是指财政预算管理。财政预算管理是政府的一项重要职能,也是现代国家的公共财政体制建设的基本内容。财政预算是政府活动计划的一个反映,它体现了政府及其财政活动的范围、政府在特定时期所要实现的政策目标和政策手段。它作为一种管理工具,在日常生活乃至国家行政管理中被广泛采用。就财政而言,财政预算就是由政府编制,经立法机关审批、反映政府一个财政年度内的收支状况的计划,它有编制、审批、执行和决算等四个阶段的基本程序。

第一节 预算编制

一、明清时期的预算制度

明清时期的预算制度资料缺乏,只是从同治十年(1872)《乐安县志》田赋中看到了一些记载。如对乐安县田赋税明朝称编定差(役)粮银、清朝称统编税银。现摘录于后:

明朝从洪武年(1368~1399)到万历年(1573~1620)年间,乐安县所列项的官与民的所缴粮米、田亩数各有不同。后奉上司命令,官与民的田、土地、山岭、水塘所征粮米及亩数,都以万历三十八年(1611)为定例。具体记载如下:

田740541.7亩,每13.56亩为征粮一石;

水塘28721.7亩,与田一样照亩派粮;

土地(旱地)38134.1亩,每52.746亩为征粮一石;

山岭71194.1亩,每97.636亩为征粮一石。

以上田、塘、土地、山岭实编定征粮59011.5石,每石粮派缴折色银0.3665两,累计派征折色粮银子22013.6267两。(注:当时的计算单位为:面积:亩,亩以前为顷,100亩为1顷,亩之后的小数点依次为:分、厘、毫;粮米:石,石之后的小数点依次为:斗、升、勺;税银:两,两之后的小数点依次为:钱、分、厘、毫、丝、忽、微、纤。清朝亦相同)。

清朝田、地、山岭、水塘都是因袭明朝规制。只有土地、田亩、税银各有增加不等。其中:田、塘每亩增加税银0.0176776两,土地每亩增加税银0.0029339两,山岭每亩增加税银0.00158496两。田、地、岭历年开垦有新增,并在壬辰年全部清查丈量,造册上报。全县有成熟田、地、山、塘共880244.7亩,实际征收赋税银39390.324两。统编具体数目如下:

成熟田746999.46554亩(含历年新开垦面积,旱地、山林相同),实征收赋税银37297.54888两;成熟旱地38727.933亩,实征收赋税银482.1238两;成熟山林地71949.2437486亩,实征收赋税银483.853两;水塘22568.06亩,实征收赋税银1126.8192两。全县丁口、田亩(含旱地、山岭、水塘)两项共统编征收赋税银43579.34两。加上征收各种工匠的正脚银、折色时价增征的地脚银,本色时价增征的正脚银等,总共(统编)征收起(解)、(库)存的正、杂、等钱款银43778.521两(遇逢闰年增加征收银子155.977两)。

乐安县实征收赋银42564.629两,四部(户、礼、兵、工)一起裁定上解税赋款银42528.274两,实际上解起运土地、丁口赋银40540.229两(遇闰年增加赋银190.55两)。

《赋役全书》还记载了同治二年(1863)乐安县地方(开载解送和存留本县银钱)岁出数目。主要分三个部分;第一部分是解送各衙门俸禄及工食银。第二部分是存留乐安县支付给各项目的银钱。第三部分是驿站项下供银。以三部分共支赋税银1484.9728两(遇闰年加银46.219两)。

光绪三十四年(1908),颁布了《清理财政章程》,规定度支部设清理财政处,主持编制预决算工作,各省设清理财政处(局),审核编报预决算。预算册收支分"经常门"与"临时门",门分类,类分款,款分项,数额以库"平足银"为标准,以"两"为记账单位,小数至“厘”。

宣统二年(1910),江西省按度支部规定《各省试办预算报告总册》,编制当年预算,这是江西省预算编制的起始。同时,对中央、地方预决算编制的程序、内容、表报、审核等都有了原则规定,要求在宣统四年(1912)正式实行,因辛亥革命推翻清政府而告终。

二、民国时期的预算制度

民国元年(1912),江西省财政司内设预决算处,按照地方收支划分规定,编制1913年预算,送中央备查,预算年度改为7月制,即每年7月1日至次年6月30日为预算年度。

民国3年(1914),北洋政府公布《中华人民共和国会计法》,其中第二章〈预算〉是我国预算法的最初形式。但在北洋军阀统治时期,全国各省军阀割据,各自为政,国家、地方均无统一的预决算可言。

民国5年(1916),江西省议会正式成立,此后编制年度预算均须经过议会议决。

民国16年(1927)2月,省政府省务会议通过预算审查委员会组织章程,由各厅派委员1人,组成预算审查委员会,审查全省岁入岁出预算。6月,国民政府财政部公布《十六年预算编案例言》,规定预算按系统办理。

民国20年(1931)11月,国民政府公布《预算章程》,江西省政府确定建立预算,统一收支,严令各机关停止支拨款项。全部收支按会计年度编制地方岁入岁出收支报告表。

民国21年(1932)9月,国民政府公布《预算法》,规定预算未经立法程序称为拟定预算,经立法程序公布的为法定预算,收入分为经常性收入与非经常性收入。江西省于民国21年着手改进预算编审工作,设立预算委员会负责编制预算,并成立江西省财政委员会进行监督和审议。同年,江西省各县改设财务委员会,接管县财政,确定预算制度,由省政府监督管理。当年11月,江西省政府编印了《江西田赋问题》,正式确立县级财务行政制度,规定:财务行政采取四权分立牵制制度,即设经收、出纳、会计、审计四种职位,明确划分了各自的职责;建立县地方预算,统一收支。以县预算为主体,所有乡镇预算,均属于县预算之内,收支不能平衡的乡镇,则由县统筹补助。

民国22年(1933),乐安县成立县财务委员会,并负责编造县地方预算。颁订县地方款项收支程序,县地方各级机关收支计算之审核,依照县地方财政章程之规定,应由县财务委员会审核办理。当年乐安县地方的财政预算收入主要有:田赋附加、学产收入、公产田庄收入、杂项收入及其他收入(包括各种摊派),支出主要有:地方团队经费。重大的收支仍是由省支配。但当年乐安县预决算编造比较草率,而且账册亦采用老式簿记,很难反映当年的真实财政状况,及至乐安县成立会计室以后,才建立了各项财政收支制度。

民国23年(1934),江西省按照财政部《办理地方预算标准》的规定编制预算,地方财政按照“量入为出”的原则,在不影响事业的范围内切实紧缩开支,以保持收支平衡。如入不敷出,须压缩机构,减少开支。

民国24年(1935),立法院制定的《财政收支系统法》中,以法律条文规定,各级政府之收支,非经预算程序不得为之;区、乡、镇之各类费用(支出),应依类分别列入各市县经费预算;教育、文化、经济、建设、卫生、治疗、保育、救济经费(支出)之总额的最低限度,县不得少于预算总额的60%。同年,江西省政府颁行《江西省各县地方预算编审章程》,县地方预算编造程序,以县属各机关为单位,分别编制县地方岁入岁出第一级概算,并按其性质分为经常门和临时门,由县财务委员会召集全体委员和有关人员,由县长主持审核第一级概算,编成各分类概算,为县地方第二级概算。县地方概算,应取量入为出原则编制后呈报专员公署审核转报省政府核定。县级概算还分设第一、第二预备费。第一预备费按岁出概算总额的2%编列,岁出岁入有余额悉数列为第二预备费。

民国26年(1937)3月,国民政府颁布《财政收支系统法施行条例》,对地方在预算编制和决算过程中准确的理解和执行《财政收支》作出了明确具体的解释。当年,江西省在财政预算管理方面,开始建立“经征”“出纳”“会计”“审核”四权分立制度,各县一律设立“经征处”,负责征收所有省款和县款,收支由金库统一办理出纳,禁止坐支收入款项,各县政府设立会计室,依法编制县地方预算和办理收支会计事务。乐安县从当年起开始编报年度县地方岁入岁出预算,经省政府审查核定后执行。当时乐安县的岁入预算项目主要有:田赋附加、杂收入和省库补助费以及少量的公产、学产收入和房铺捐、留县屠宰税等,乐安县财政(自治)普通岁出预算项目有:自治、公安、财务、教育、建设、卫生、救恤、杂支及预备费共9项。

民国27年(1938),江西省执行国民政府1937年修正公布的《预算法》和1938年公布的《预算法实行细则》,对原公布的《预算法》作了补充修改:(1)预算名称改为:“概算”“拟定预算”“法定预算”。“行政预算”改称“分配预算”。(2)预算年度改为日历年制,即从每年1月1日至12月31日止。(3)预算分为:总预算,单位预算,附属单位预算三种。(4)县政府每年拟编下年度总概算于7月1日前送省政府核定发还,县政府据此拟定预算,经县议会议决后公布施行,并报省政府主计处、财政部备查。

民国28年(1939),乐安县岁入预算分:田赋捐税(〈属省〉田赋地价税、契税、普通营业税、屠宰税、牙当税、烟酒牌照税)、普通岁入(〈属县〉田赋附加、公产收入、学产收入、房铺捐、杂收入、省库补助费)、非常时期临时收入(〈属县〉普通预算岁出节减经费,殷富乐捐、增加田赋附加、特产捐)。

民国29年(1940)9月,江西省政府根据《预算法》制定了《江西省各县地方预算规则》,自1941年起执行。规定县预算按其收支性质分为经常门和特殊门(临时门)。岁入除长期债务、收回资本及处理永久性财产等收入属特殊门外,其余为经常门。岁出除偿还长期债本、营业投资及增加永久性财产支出属特殊的外,其余为经常门。

民国30年(1941),乐安县地方岁入岁出预算分为四种:即《乐安县三十年度县地方普通岁入概算书草案》《乐安县三十年度县地方普通岁出概算书草案》和《乐安县三十年度县地方非常收入概算表》《乐安县三十年度县地方非常支出概算表》。普通岁入概算中包括:税课收入(地税、溢额田赋、战时土地增益捐、土地改良物税、营业税、营业牌照税)、惩罚之赔偿收入(罚锾)、规费收入(行政规费、事业规费)、代捐项下收入(代捐省事务收入)、租金使用费及特许费收入(学产收入、公产收入)、粮食管理收入(粮食手续费)、其他收入、补助收入共八项,为岁入经常门。普通岁出概算中包括:政权行使支出、行政支出、立法支出、教育文化支出、经济及建设支出、卫生及治疗支出、保育及救济支出、保安支出、财务支出、普通协助及补助支出、禁烟支出、其他支出、总预备金共十三项,为岁出经常门。非常收入概算中包括:特产捐、增加田赋附加、富户乐捐共三项。非常支出概算中包括:人民自卫队大队部经费、人民自卫队常备中队经费、人民自卫队后备中队经费、特务分队经费、侦缉班经费、侦缉班活动费、人民自卫队士兵服装费、动员委员会经费、动员委员会临时费、无线电分队经费、儿童教养所经费、中医诊疗所补助费、难民收容所经费、难民救济费、防护团经费、修理枪械经费、乐安报社补捕助费、人民服役伤亡抚恤费、监所人犯口粮补助费、非常收支经理处经费、特产捐征收费、第一预备费、第二预备费共二十三项。同年,乐安县还建立了财政预决算及其执行监督制度,如:县级财政预算,必须经过县参议会审核通过,才能报批;执行收支预算,应受参议会监督,没有经过参议会的财务处理,视为不合法。各乡镇的财政,应受县参议员及乡镇代表会主席的监督与检查。各机关单位开支经费,统一由县会计室、检查核实后,再签发。以避免虚报偏额之弊。

民国31年(1942),实行国家财政与自治财政两级管理体制,省财政收支并入国家财政,省预算成为国家预算中的单位预算。但县预算仍由省核定。省政府颁布编审1942年县预算办法,规定各县按自治财政的收支范围编制预算。贫困县收不敷支的由中央给予特别补助费。县市因实行地方自治,收支不能平衡,经紧缩支出、整理捐税、积极造产、增加一切法定收入仍有不敷的,其收支差额得依自治经费筹补办法的规定征收自治户捐。当年乐安县的补助收入达296541万元(法币),为上年补助收入的15.5倍。

民国34年(1945),江西省政府通令各地执行行政院颁发的整理自治财政办法,规定县市一切财政收支列入县市总预算、依法送审。乡镇一切收支均编造单位概算,呈送县市政府审核列入县市总预算。县市财政每年度的收支以自行平衡为原则,如收支不能适应,应停办一切不急需的事业,裁减一切不必要的机关,预算满收满支,不得在预算外再有收支。

民国35年(1946),江西省修订《江西省各县预算规则》,规定各机关在省预算核实后编制分配预算,职员人数按上年裁减后实有人数、工役人员裁减20%;并规定各县总预算编审办法及编制要点,严守量入为出的原则,禁止摊派,各项国税及附加照核定数编制。乡镇收支由乡镇公所编制预算,经县政府审核列入县预算,保国民学校经费收支列入乡镇预算,第二预备金按岁出经常门常时部分总额的5%编列,乡镇临时事业费按收入总数5%至15%酌情编列。还规定县总预算附总说明书,就施政方针、财政状况、本年重要工作及与上年不同的要点作出说明。岁入由财政厅审核,岁出分别由省各厅处提出审核意见,提交省政府县市地方预算审查委员会审定,报省务会议决定。同年,本省各县预算设置乡镇临时事业费,规定各乡镇不能再向人民摊派经费。乡镇临时事业费的动支,由乡镇编制计划,呈经县市政府核准支用,主要用于乡镇生产、教育、文化、卫生、建设等自治事业方面的开支。如当年,竹溪乡向县编报了《竹溪乡三十五年度地方津贴经费岁入

(出)总预算书》,分岁入经常门常时部分和经常门临时部分、岁出经常门的常时部分和经常门临时部分,岁入岁出总额分别为2090000元,其中岁入项目主要有:殷富乐捐、公学款产、造产收入、毛边纸和杉树贸易手续费、猪屠溢征费(税)、乡民代表会节余经费及违警罚锾、行为取缔税。岁出项目主要有:乡行政经费、教育文化支出、乡农林场经费、简易卫生所事业费、乡预备金和乡财务簿表印刷费等。此外还编报了《竹溪乡三十五年度地方岁入(出)津贴食谷总预算书》,岁入岁出总数612石,均列为经常门常时部分,其中岁入项目为各保公有公学四产和分户造垦荒,岁出项目为乡公所支出、各保办公费、乡中心国民学校、保国民学校、乡农林场支出。

民国36年(1947)起,因物价飞涨,货币急剧贬值,预算编制流于形式,“收支平衡,量入为出”成为空话,收支差距越来越大,最基本的经费开支已无法安排。省政府制定的《三十六年度预算编制要点》规定,机关学校员工生活补助费,如财力不足,可酌量降低,最低可以减少到50%。为救济乡镇财政,同年6月,省政府制定了《江西省各县统一筹措乡镇自治临时费办法要点》。同年12月,乐安县向省政府呈报追加三十六年度岁入(出)经常门总预算4475800元。其岁入主要追加猪屠宰税4470000元、牙行牌照税5800元;岁出主要预算支付经征处2215000元、公务员役生活补助费2260800元。岁出预算总额超出了岁入预算总额的17%。

民国37年(1948),乐安县岁入岁出预算在上年的基础上继续猛增,岁入岁出预算总额为5620848680元,为上年岁入总额的7.21倍,是上年岁出总额的6.17倍。其中岁出临时门占当年岁入总额的12.2%。这种预算数字的增长现象,并非当时经济增长的真实反映,而是国民政府处于崩溃,国民经济瓦解,物价飞涨,货币贬值所至。此外,当年还编制了《乐安县政府民国37年度地政部分岁入经费预算表》和《乐安县农地补登处民国37年度编制经费表》《乐安县政府民国37年度地政部分事业经费支付预算表(书簿表册费)》,其中岁入总额为163800000元,主要项目有农田补登处增收权状经费、农地补行登记规费、农地移转变更登记规费、租佃契约登记费、代管农地租金等事项;岁出总额为79013700元,主要项目为农田补登处人员工资、办公费、旅费及书簿表册印刷费等。

1937、1939、1940年乐安县财政岁入(出)预算

表4-7　　单位:法币·元

岁入预算

岁入项目		民国26年(1937)	民国28年(1939)	民国29年(1940)
田赋捐税(属省)	田赋地价税	57500	96412	—
	契税	122	2310	—
	普通营业税	8976	8976	—
	屠宰税	1821	9072	—
	牙当税	—	140	—
	烟酒牌照税	—	1000	—
	小　计	68419	117910	—
普通岁入(属县)	田赋附加	51510	48960	48960
	公产收入	380	380	200
	学产收入	180	180	180
	房铺捐	912	812	812
	杂收入	14100	12204	12324
	留县屠宰税	1200	—	7076
	省库补助费	10184	12052	52919
	小　计	78466	74588	122471
常时期临时收入(属县)	普通预算岁出节减经费	—	2350	—
	殷富乐捐	—	48000	6358
	增加田赋附加	—	5440	—
	特产捐(谷、米、纸、木、竹)	—	2000	—
	小　计	—	57790	6358
岁　入　合　计		146885	250288	128829

岁出预算

岁出项目	民国26年(1937)	民国28年(1939)	民国29年(1940)
自治费	23860	23480	46633
公安费	23000	21760	21760
财务费	1020	1020	2358
教育费	20298	18268	28883
建设费	2808	3228	3228
卫生费	2634	2528	2468
救济费	868	868	868
杂支费	2478	1936	1956
预备费	1500	1500	1500
民训费	—	—	19175
—	—	—	—
岁出合计	78466	74588	128829

民国30年至37年(1941~1948)乐安县岁入预算

表4-8 单位:法币·元

预算收入项目		民国30年(1941)	民国31年(1942)	民国32年(1943)	民国33年(1944)	民国34年(1945)	民国35年(1946)	民国36年(1947)	民国37年(1948)
税课收入		82480	84478	308380	1026870	7713763	—	415811125	3064917900
分配县市国税收入		16320	106920	380583	825275	4269726	—	—	—
国税附加收入		—	—	23074	37613	148920	—	—	—
规费收入		2384	4309	12553	12553	10069241	—	1616000	18226000
财产及权利之孳息收入		4360	10920	14640	32557	43732	—	101000	401000
其他收入		120371	206644	27300	1924440	15329720	—	1851000	88300000
惩罚及赔偿收入		660	1620	1620	1620	1620	—	20000	20000
补助收入		190099	296541	20659	20377	—	—	19774296	102900000
捐献及赠与收入		110437	4000	4000	3000	3000	—	224916739	1925953780
造产收入		—	—	—	—	—	—	45000000	45000000
县级公粮收入		—	—	—	—	—	—	69511000	315000000
信托受理收入		—	—	—	—	—	—	732000	60130000
本年收入合计		527111	715432	792809	3884305	37579722	—	779333160	5620848680
其中	岁入经常门	401354	206627	716156	3828108	37575102	—	554045421	3694874900
	岁入临时门	125757	508805	76653	56197	4620	—	225287739	1925973780

注:表中民国30年(1941)岁入临时门收入系指当年地方非常岁入概算,主要收入项目有:特产捐、增加田赋附加、富户乐捐

民国30年至37年(1941~1948)乐安县地方岁出概算

表4-9 单位:法币·元

岁出项目	民国30年(1941)	民国31年(1942)	民国32年(1943)	民国33年(1944)	民国34年(1945)	民国36年(1947)	民国37年(1948)
政权行使支出	—	—	—	—	—	24511640	116843640
行政支出	144111	216140	292172	500268	8935386	48466235	266756040
立法支出	—	5304	—	—	—	—	—
经济及建设支出	15688	42300	73112	177551	609660	11869400	21934960
教育文化支出	69764	106051	179596	338486	1382520	50983890	384659300
卫生支出	10018	20980	31490	79920	315960	9522840	46245120
社会救济支出	31117	21084	27034	45979	63787	8622900	17625460
保安警察支出	47627	44073	71382	173348	885576	7193772	32050160
财务支出	18162	14185	30678	62684	287138	16765140	48933000
补助及协助支出	—	—	—	—	192000	41876000	83752000
公务员役薪响补助	—	—	—	—	—	655685835	4344580000
公务员退休及抚恤支出	—	—	—	2000	38000	134600	3319400
预备金	33117	19160	77985	213980	905845	34404000	250000000
战时特别预备金	—	10000	—	—	—	—	—
其他支出	138326	216155	9360	2290089	73040	1567360	3989600
债务支出	—	—	—	—	5000	40000	160000
营业投资及基金支出	—	—	—	—	400000	—	—
公务员警生活补助支出	—	—	—	—	8689450	—	—
公教员警公粮支出	—	—	—	—	14263000	—	—

续表4－9

岁出项目		民国30年(1941)	民国31年(1942)	民国32年(1943)	民国33年(1944)	民国34年(1945)	民国36年(1947)	民国37年(1948)
岁出合计		507930	715432	792809	3884305	37046362	911643612	5620848680
其中	岁出经常门	373136	715432	673322	3433655	28600023	792816288	4932855552
	岁出临时门	—	—	119487	450650	8046339	118827324	687993128
	岁出特殊门	134757	—	—	—	400000	—	—

注：表中民国30年(1941)岁出特殊门支出概算系指当年地方非常支出，主要列人民自卫队等方面的支出

三、中华人民共和国成立后的预算制度

1949年8月，江西省人民政府颁发《关于财政预决算制度的规定》，规定县市经费支出均分季编造预算，并于当月1日以前将预算报送到专署，经专署审核后，送省财政厅审计处审核。乐安县每季向抚州专署编报一次该县经费预算并结算上季经费。支出分为经常费和事业费两部分。

1950年，政务院发布《关于编制1950年财政收支预算的决定》，乐安县各项经费均按上级核定的编制标准执行，并按本月10日实有人数及物价编造下月预算，每月分别向省财政厅和抚州专署作一次预决算，预算于上月20日前，决算于次月5日前送省财政厅。

1951年9月，江西省人民政府转发政务院《预算决算暂行条例》。同年10月，省人民政府在《关于一九五一年县地方财政收支的决定》中强调要严格预决算报核制度，规定各县应在量入为出、分别轻重缓急、节约开支的原则下，精确计算，合理使用，严禁无计划的随便乱支乱用与浪费人民财产的现象发生。一是县人民政府必须于年初编造全年县地方财政概算，交由县人民代表大会或县人民政府委员会讨论通过，呈报专署核准，并转报省备查；二是必须保证经批准后的概算的贯彻执行，非特殊原因不得变更。

1952年，江西省各县(市)预算仍为省总预算中的单位预算。在收支管理尚未完全纳入正轨的情况下，自上而下分配控制指标，再自下而上的编制预算。行政费预算由财政机关编制，报上级财政机关核定；事业费预算按系统逐级报省主管部门汇总，转报省财政厅核定。同年，江西省人民政府颁发《预决算暂行办法草案》，并颁行江西省各专县市会计科目。当年抚州专区各县均实行半级财政。

1953年，省人民政府颁发《江西省一九五三年县(市)财政收支范围及预算管理的几项规定》，自当年1月起在全省普遍建立县一级财政，将原分别属国家部分及乡(镇)地方财政部分的收支合并编制县市总预算。预算编制要保证收支平衡。县市总预算核定后，财政科局应将核定数分别通知各单位主管机关，编造全年、分季、分月单位预算，送经县市财政科局核准后，由各单位主管机关负责执行。当年乐安县预算收入70.3万元，实际执行67.3万元，执行数占预算数的96%；核定预算支出72.10万元，实际执行64万元，执行数为预算数的88.9%。

1954年，江西省人民政府颁发《1954年县(市)财政预算收支范围及预算管理的规定》，县支出预算经省核定后，划归县财政的固定收入及固定比例分成收入仍不能平衡预算时，由省补助弥补。在预算确定后，如因上级人民政府命令减少收入或增加支出时，应由原发布命令的上级机关增加补助平衡预算。县年度预算核定之后为保证其贯彻执行，县市财政部门应根据全年收支任务，及收入季节性和各项事业的进度，制定分季、分月的财务收支计划，便于有计划掌握资金调度与检查收支计划的执行的情况。县财政部门应对各单位预算划清系统，逐级负责，各事业主管科局及区级单位直接向财政部门发生领报关系，各学校及卫生所等单位预算分别由主管科局统一管理。同年8月，乐安县人民政府对全县收支预算管理和会计报表中的情况进行了通报，分别对组织预算收入、管理预算支出和预算收支会计报表方面做得较好和做得较差的单位进行了通报表扬或批评。

1955年1月，江西省人民政府指示：1955年预算的编造必须贯彻增加生产、培养财源、增加收入、节约开支，以保证国家重点建设，加强国防力量，把预算建立在稳妥可靠的基础上。继续贯彻执行“统一领导、分级管理”的方针，进一步健全县市预算，加强单位预算管理：(1)各单位预算均对本级总预算负责，下级单位预算，对上级单位预算负责，不同隶属级次的单位预算之间，不发生任何财务关系和预算关系。各县市财政指标，由省级各主管部门与财

政厅共同负责研究分配，由财政厅汇总下达，各部门不应条条下达，亦不得条条上报。(2)预算编造方法：县市总预算由所属单位预算汇总编成，地方国营企业，都应编制企业财务收支计划，由主管机关汇总，作为编制总预算的根据。各项收入，必须摸清财源，根据国民经济计划的有关指标认真核算。各项支出必须制定切合实际又符合节约原则的定员定额标准和财务开支标准，认真计算编制。保证各项事业计划所需资金。(3)各县上年净结余留成比例由专署核定，用于设置预备费和补充预算周转金，各单位预算年终结余，应缴回同级财政部门。(4)各县市城市公益事业自筹经费及乡镇自筹经费，不列入1955年县市总预算，另行上报。(5)各县市其他收入，均按纯收入编制总预算。(6)县市总预算草案应由县市人民政府领导主持编制，经县市人民政府核定报县人民代表大会审查批准，并于1955年2月10日前送达省财政厅。当年3月，乐安县还按照省专署关于重点试办乡预算的要求选择条件比较成熟工作比较好的增田乡作为重点试办乡预算点。

1956年，乐安县预算编制按照江西省人民委员会“必须执行增产节约的方针，把收入打足，支出打紧，建立必要的财政后备力量”的指示，将农业税收入改按预算年度编列计划，即按收付实现制，包括1955年秋征在1956年征收入库的部分列入当年预算。进一步划清企业单位和事业单位的界限，事业单位按收支全额编造经费预算和收入计划，财政机关核定后按差额列入总预算，电影院、电影放映队、印刷厂、报社、剧团等单位，按企业化经营管理，编造财务收支计划；医院、等按全额管理差额补助。从当年起，育林费收入列入县预算，育林费分别由森林工业部门代征和税务局征收缴交县金库。为了正确执行年度预算，加强预算管理，乐安县人民委员会就预算收支计划编报规定下发通知，规定：(1)各单位的预算收支必须编造收支计划于本月28日前报送同级财政部门，以便根据事业需要按审定计划及时供应资金，无计划则停拨该单位用款。(2)中途变更计划，必须依照手续重编计划，并说明原因，报同级财政部门审查。(3)各单位在报销财政拨款开支时，必须要有事业效果，否则退回重报，并不能超过规定期限(特别是过年度)。

1957年，乐安县预算编制，依据江西省人民委员会统一颁布的事业计划和财政收支指标，由抚州专署提出的分县收支数，按照乐安县国民经济计划和实际情况，依照省文件规定在保证收入总额不减少，支出总额不突破的条件下，作适当调整。在预算收入方面，中央、省、县税收项目之间不能调整，以避免以地方收入挤中央收入。在预算支出方面，除优抚救济支出、工资、人民助学金支出以及基本建设资金不能另作调剂以外，其他支出项目可以根据实际情况统筹安排。收入预算的编造，主要根据国民经济计划各项指标，精细核算，努力挖掘潜力，充分估计增加收入的各种积极因素。支出预算，凡是在国民经济年度计划之外，举办事业所需的开支，原则上谁出主意谁出钱，先安排钱再布置工作，并考虑到不增大下年度的支出。编造行政经费支出的行政人员编制，以1956年11月17日国务院关于国家机关停止增设机构，扩大编制的通知以及1956年12月10日省人委的补充通知所规定的时间内实有人数计算；乡干部编制按1957年3月9日省委、省人委关于正确处理精简乡干部问题的联合指示为准。并应厉行节约，大力降低各项开支定额，紧缩各项费用，县市预算总预备费，减按预算支出指标总额的0.5%设立。按照省里的规定，各单位上年度年终结余，一律缴回各级财政或抵作本年度拨款，各县市总预算结余，一律转作1957年预算收入。县级总预算的调整报专署批准，各县属单位预算调整报县人民委员会审查批准。

1958年是中国第二个五年计划的第一年，中共八届二中全会制定了“鼓足干劲，力争上游，多快好省地建设社会主义”的总路线，中共江西省委向全省人民提出“快马加鞭、全面跃进、十年规划、争取五年完成”和“地方工业总产值七年赶上农业产值”的奋斗目标。当年江西省预算编制的指导思想是：在工农业生产飞跃发展的基础上，依照国家政策，积极挖掘收入潜力，大力组织收入，努力节减非生产开支，保证最大限度地满足工农业建设所需的资金，促进生产的高速度发展。

1959年3月，江西省人民委员会指示：1959年全省各级财政预算的编制：(1)必须按照国民经济计划各项指标详细核算，把财政收入打足，并且积极可靠；把财政支出打紧，本着保证重点兼顾一般的原则合理分配。(2)1959年各地区预算的收支范围，应当根据本会“关于1959年财政管理体制的几项规定”办理。1958年各级财政预算的年终节余，仍留归各级使用，并列入1959年预算。(3)各地区编制1959年财政预算应按国务院五办规定的原则，一律不准安排赤字，以保证财政收支资金的平衡。(4)各地在编造预算时，应帮助人民公社编造年度财务收支计划，并将公社财务收支计划汇总，作为各该地区年度预算草案的附件，还应同时编造附件，一并上报。(5)根据国务院规定各地区各部门在编报1959年预算草案外,还应同时编造预算外资金计划。为了促进农村人民公社发展生产,从1959年起在预算内安排“支援人民公社支出”,帮助经济基础较差的人民公社和生产队发展生产,改变落后面貌。为了适应财政和银行信贷体制下放,自1959年起,各地人民银行的行政费用,列入同级财政预算支出。同年,抚州专署分配给乐安县财政收支指标分别是:收入指标251.41万元,支出指标160.48万元,其中基建支出55.21万元,行政事业费支出105.27万元(流动资金15万元,行政事业费90.27万元)。收入上缴比例36.17%,留成比例63.83%。

1960年4月,江西省人民委员会关于编造1960年预算草案指示:(1)省对各地区的预算收支,原则上继续实行“收支下放、计划包干、收支相抵、比例分成”的办法。商业企业财务实行省级主管部门和各地区双重管理的办法,商业收入以20%作为县市收入,10%作为专署级财政收入,其余作为省级财政收入。工商税收入、农业税收入、企业收入、公债收入、其他收入实行省县总额分成。(2)1960年各地区的社会文教事业费预算,由省提出分款指标,各地区在保证完成各项事业计划的前提下,可以作必要的调剂。(3)各专署对所属县(市)1960年编造预算草案要求,可以根据该指示规定,结合本地区情况具体布置。当年抚州专署分配乐安县年度行政事业费为87万元,实际分配给各单位是89.5万元,超过上级分配指标2.5万元,通过把县报社当年预算开支2.5万元,列为由印刷厂开支,采取以厂养报的办法解决。

1961年,乐安县财政收支预算是根据中央提出的“以农业为基础、全党全民大办农业、大办粮食”和“调整、巩固、充实、提高”的方针,贯彻“全国一盘棋、上下一本账”的原则和实事求是的精神,并充分考虑到各种有利条件或困难,对抚州专署分配乐安县1961年度财政收支指标,进行了详细的核算,在此基础上编列出本年度的财政预算计划。专署分配乐安县1961年财政收入任务为151.8万元,其中:企业收入27.5万元,工商税收入56万元,农业税66.8万元,其他收入1.5万元;财政支出62.96万元,其中:经济建设类12.43万元,社会文教费类13.29万元,行政管理费类34.04万元,其他支出2万元,预备费1.2万元。本年度预算的收和支都比上一年减少。省对县规定财政收入分成比例为30%,其余70%上解省、专。

1962年,乐安县贯彻执行中共中央、国务院《关于严格财政管理的决定》和《关于厉行节约的紧急通知》,编制预算的原则是:扭转企业大量赔钱,严禁侵占国家资金,制止互相拖欠,维护应上缴国家的财政收入,严格控制各项支出,达到当年收支平衡略有结余。1962年,专、县财政结余实行专户存储,经省批准后方可动用。

1963年1月,国务院颁发《1963年预算管理制度的几项规定》,江西省人民委员会作了补充规定。预算编制,继续贯彻执行当年收支平衡略有结余的方针,1963年国营垦殖场、国营农场、水产养殖场所实现的利润、基本折旧、固定资产变价收入均纳入预算,参与总额分成。县以下邮电企业以收定支单列预算。原属省管的商业饮食服务行业的高价饮食收入,按隶属关系分别纳入专、县收入参与总额分成。同年,专、县财政结余留归本级财政。除跨年度经费外,安排新的支出应逐级报省批准。

1964年,乐安县财政预算编制,进一步贯彻执行以农业为基础、以工业为主导的发展国民经济的总方针,按照“挖掘潜力、增加收入、扩大积累、克勤克俭、量入为出、精打细算、当年平衡、略有节余”的要求,本着“收入按政策、支出按预算、追加按程序”的原则,做好年度收支预算。当年抚州专署分配乐安县财政收入总指标为217.1万元(其中:企业收入13万元,工商税收110万元,农业税91.1万元,其他收入3万元),财政支出总指标为96.7078万元(其中:经济建设事业费0.25万元,农林水事业费6.666万元,社会文教费48.2074万元,行政管理经费38.2684万元,其他支出3.316万元)。为确保财政收入任务的完成,乐安县及时将专署分配的任务指标,全额下达到收入预算单位。在落实支出预算指标时,根据少花钱办好事的精神,本着专项指标专项分配的原则,将支出指标全额分配到单位,未作丝毫调整,保证了国家预算的衔接性。

1965年,乐安县预算是在国民经济全面发展,出现了工农业生产新高潮的情况下编制的。

1966年是第三个五年计划的头一年。当时,为贯彻“备战、备荒、为人民”的战略方针,强调财政工作必须积极为备战服务,为生产、为人民生活服务。财政预算按照全国财政会议提出的:“以大抓革命化、大抓增产节约为中心,保证五个重点(国防、援外、农业、大小三线、基础工业),增收节支,积极平衡,支援国防备战和工农业的加速发展”的总体要求进行编制。抚州专署对乐安县的预算安排,收入任务是积极而留有余地,通过努力可以完成;支出安排比较紧,在资金安排上,有保有减,特别是行政经费,安排很紧。具体分配指标是：财政收入任务总指标为225.6万元。其中：企业收入任务18.6万元，工商税收112万元，分别比上年实际完成数增加5.1%、7%；农业税92.5万元，其他收入2.5万元，均与1965年相同。支出指标为：133.829万元，比1965年实际支出减少14.6%。其中：经济建设事业费26.557万元，社会文教事业费57.8017万元，行政管理费42.8637万元，其他支出3.9338万元，分别比1965年实际支出减少47.23%、13.12%、8.17%、49.13%；预备费2.6728万元，与1965年实际支出相同。当年，"文化大革命"开始，预算管理工作受到一定的影响。

1967年，根据国务院通知，将地方企业基本折旧基金全部留给地方，列入本年度的预算收入，用于固定资产的更新和改造。当年，取消了商业企业留成办法，相应增列了商业企业收入预算。本年度乐安县安排：收入预算指标总额为：229.9万元，其中：工交企业收入13万元，工商税收107万元，农业税收108.2万元，其他收入1.7万元；支出预算指标总额为：148.89万元，其中：经济建设事业费0.5万元，农林水事业费24.06万元（用于水利设施建设支出15.6万元），文教卫生事业费60.3万元（用于教育事业费支出42.43万元），优抚救济事业费9.41万元，行政费45.09万元，其他支出5.19万元，预备费4.34万元。

1968年，乐安县财政预算编制工作，一方面强调坚决贯彻"抓革命、促生产"和"节约闹革命"的方针；另一方面也强调大力发展生产，增加收入，坚决厉行勤俭节约支出。当年抚州专区革委会分配（建议数）下达给乐安县的财政收入任务是241.4万元，财政支出指标为122.8万元。其中收入任务中尚不包括农垦、水产、文教卫生企业收入任务和农业税（未确定）；支出指标不含工交企业、农业企业流动资金、四项费用、支援人民公社和城市下放安置支出，乐安县在分配下达支出指标中，除应发工资部分外，补助工资、粮价补贴、职工福利及公用经费等均在1967年预算指标的基础上，按〔1968〕31号中央紧急通知执行节减40%编制下达。

1969年，乐安县只下达了财政支出预算分配指标，抚州专区革委会分配给乐安县各项支出指标总额为193.4万元，结合乐安县的具体情况，分配给各单位支出指标总额为212.45万元，其中：流动资金3万元、工交事业费0.5万元、农水事业费23.49万元，林垦事业费0.75万元，文化事业经费2万元，教育事业经费34.05万元，卫生事业经费10.2万元，抚恤救济费7.6万元，城市人口下放安置费23.02万元，行政经费35.9万元，下放干部经费70.38万元，其他支出1.56万元。

1971年，乐安县的财政预算是根据"鼓足干劲、力争上游，多快好省地建设社会主义"和"发展经济，保障供给"的方针，本着"抓紧收入，节约支出，坚持收支平衡，不打赤字预算"的原则进行编制的。年度财政收支预算按照抚州地区革委会分配给乐安县的任务指标如数编制下达。即财政收入指标259万元，其中：工商税收、农业税收各110万元，企业收入及其他收入39万元；财政支出指标213.5万元，其中：增拨企业流动资金13万元，工交商事业费1万元，支援农业支出25万元，文教卫生事业费68万元，抚恤救济费11万元，行政管理费46万元，干部下放劳动经费26万元（省专级下放干部），"五小"企业补助费18万元，总预备费5.5万元。

1972年，中央对省、地、县的财政收支包干办法在上年的基础上作了一些改进，乐安县的财政收支安排是根据抚州地区分配给乐安县的财政收支指标和乐安县国民经济发展情况，贯彻"以农业为基础，工业为主导""发展经济，保障供给"的方针，正确处理农业、轻工业和重工业的关系，按照"抓紧收入、节约支出、加速资金周转、坚持收支平衡、不打赤字预算"的原则和要求，进行预算编制。全县安排财政收入预算329.5万元，其中：企业收入83.5万元，工商税收134万元，农业税110万元，其他收入2万元。安排财政支出预算211.3万元，其中：流动资金2万元，工交商事业费1万元，支援农业支出27.4万元（其中：农业、水利是大头，分别为15万元、10万元），文教卫生事业费83.5万元，抚恤和社会救济12万元，行政管理费58万元，干部下放劳动锻炼经费22.5万元，预备费4.9万元。当年地区先后追加乐安县财政支出指标38.8万元，其中：增拨国营企业流动资金指标17万元和县电讯企业亏损指标1.5万元；追加文教卫生事业费14.9万元、预备费2.3万元、抚恤社会救济经费1.5万元。银行、税务经费0.9万元、农业事业费和气象经费0.7万元。

1973年，乐安县财政预算，继续贯彻"发展经济，保障供给"和"促进国民经济有计划、按比例地发展"的方针，按照"国营工矿企业要努力增加生产、降低成本费用，力争超额完成收入上缴任务；亏损企业要千方百计添增扭亏措施，扭转企业亏损，力争不亏有盈或少亏；行政、事业部门要大力节约公用经费"的要求，依据抚州地区分配给乐安县的财政收支任务指标，结合乐安县的具体情况进行编制的。

即：财政收入指标287.5万元，其中：企业收13.5万元，工商税收160万元，农业税110万元，其他收入4万元。财政支出指标152.95万元，其中：科技三项费用1.4万元，工交商事业费1万元，农业事业费15万元，林业事业费1.2万元，水利事业费16万元，气象事业费1.4万元，支援人民公社支出21万元，文化支出4.5万元，教育支出70.1万元，科学支出0.64万元，卫生支出18.51万元，体育支出0.6万元，广播支出1.6万元。

1974年，乐安县财政收支预算，按照“在大力支援和促进生产发展的基础上，认真组织收入；加强各项税收的管理；厉行节约，控制支出，少花钱，多办事；坚决制止计划外基本建设，严格控制和压缩社会集团购买力；认真管好和用好支援农业资金，充分发挥支援农业的效果”的要求进行编制。按照抚州地区下达给乐安县的财政收支指标，全县安排收入预算指标360.2万元，其中企业收入37.5万元，工商税收209万元，农业税收110.2万元，其他收入3.5万元。工业企业成本降低率2.5%，亏损企业扭转亏损指标：工业扭转30%，农业计划亏损2万元，加速资金周转指标5%。安排支出预算指标283.43万元，其中：流动资金4万元，新产品试制费0.5万元，工交商事业费1万元，支援农业支出71.77万元（水利事业费和支援农村人民公社支出是大头，分别为33万元、19.4万元），文教卫生事业费121.02万元，抚恤社会救济费9.17万元，行政管理费60.54万元，干部下放劳动锻炼经费0.63万元，县办“五小”技术改造经费6万元，其他支出0.5万元，预备费8.26万元。

1975年，乐安县财政收支预算是按照“收入略有增加，支出略有减少”的要求进行编制的。抚州地区下达给乐安县的财政收入任务366.2万元，其中：企业收入43.5万元，工商税收209万元，农业税收110.2万元，其他收入3.5万元。财政支出指标293.161万元，其中：流动资金4万元，工交商事业费1万元，新产品试制费0.2万元，支援农业支出73.45万元（乐安县调整安排122.12万元），城市维护费2万元，文教卫生事业费122.2万元（乐安县压缩到122.12万元），抚恤和社会救济费10.57万元，城市居民下乡补助费0.641万元，干部下放劳动锻炼费0.57万元（乐安县增加到1.57万元），行政支出60.5万元（乐安县压缩到59.66万元），其他支出0.57万元，“五小”企业投资9万元，预备费8.46万元。

1976年，乐安县财政预算编制如下：财政收入总额：地区下达374万元，乐安县预算安排374.2万元。其中：企业收入地区下达33.3万元，县预算安排33.5万元；工商税收227万元，农业税收110.2万元，其他收入3.5万元。财政预算支出总额：268.64万元，其中：流动资金2万元，新产品试制费0.6万元，工交商事业费0.3万元，支援农业支出67.66万元，文教卫生事业费124万元，优抚社会救济费10万元，城市人口下乡经费0.96万元，行政管理费62.1万元，其他收入0.93万元。

1977年，乐安县在预算的安排上，着眼于企业扭亏增盈、加强财政管理、积极清理收缴企业欠交税利，并从冻结存款中清缴应上缴财政的收入。

中共十一届三中全会以后，乐安县财政预算管理制度逐渐完善，预算编制先由财政部门根据本年度预算的执行情况和下一年度的国民经济计划初步安排的指标，并按照现行的财政管理体制和新的收支变化因素，测算出下一年度的财力状况，再根据需要和可能以及轻重缓急，提出预算方案，报县人民政府审核后，作为新年度收支预算的建议指标。然后汇总报上级财政部门核定，乐安县财政部门按照上级核定收支指标，结合乐安县的具体情况正式编制年度预算，报经县人民政府审定后，提交县人民代表大会讨论批准，报抚州地区财政部门审核备案。

1979年年初，抚州地区给乐安县下达了1979年财政收支计划，同年6月又作了调整。调整后乐安县的财政收入计划为435.4万元，比年初下达计划459.8万元减少24.4万元，调减了5.31%；调减的项目是企业收入由年初计划的33.5万元，调整为9.1万元。但乐安县分配到企业单位时，仍按原任务不变。只是根据地区调整意见增加了农垦企业亏损1万元。调整后的收入计划为458.82万元，其中，企业收入32.52万元，工商税收入307万元，农业税收入115.8万元，其他收入3.5万元；支出指标为374.44万元，调减了11.01万元，比原计划调减了2.36%。其中安排“五小”工业技术改造费12万元，工商事业费0.8万元，文教卫生事业费184.62万元，抚恤社会救济费14.05万元，城市人口下乡经费1万元，行政管理费69.31万元，科技三项费用0.55万元，其他支出4.38万元，支农支出87.28万元，农场事业费0.45万元。但在当年9月份地区又给该县追加了“预备费”支出指标11.23万元。这样又与年初地区下达给该县的财政支出指标持平。

1980年，乐安县的财政预算是按照江西省财政局《关于编制1980年预算草案的通知》中提出的：“1980年预算，应当根据1980年国民经济计划指标和上级分配的收支任务，以及国家统一的财政规章制度，参照上年预算执行情况，考虑财力物力可能，瞻前顾后，统筹安排；收入预算应当按照包干体制有关收入划分的规定办理，支出预算应在确保完成国家计划的前提下，支配使用划归本地区的财力，对于包干范围的支出必须保证，不留缺口”的原则和要求进行编制的。当年9月，抚州地区财政局核批乐安县的财政收入总指标为：602.3万元，其中：固定收入175.1万元（企业收入6.5万元，所得税收入33万元，地方税收入7.5万元，农业税121.1万元，林农所得税3.5万元，其他收入3.5万元）、固定比例分成收入17万元（商业企业收入9.4万元、供销收入7.6万元）、调剂收入274.5万元（工商税）、定额补助收入58万元、1979年结余收入77.7万元（结转经费32.7万元、净结余45万元）。支出总额为602.3万元，其中：科技三项费用4.3万元，支援农业支出148.21万元，工业交通商业等部门的事业费1万元。城市维护费3万元、城镇人口下乡经费23万元（其中知青补助费22.3万元）、文教卫生科学事业费245.62万元、抚恤和社会救济费30.38万元、行政管理费89.42万元、其他支出3.49万元。总预备费57.75万元。但在同年4月份，抚州地区财政局核定乐安县的财政体制包干支出基数是546万元，其中：固定收入168万元（100%留县），固定比例分成收入86万元，20%归县财政计17万元（80%归省财政），调剂收入303万元（100%留县），地区给予定额补助58万元。

1981年，乐安县财政预算按照“坚决贯彻中央关于调整和稳定经济的方针，大力推动增产增收，坚决压缩财政支出，实现财政收支平衡”的总要求和保证总收入及上缴地区财政计划任务的完成、确保包干范围内项目的支出、不虚列收入加大支出、不超过可用财力安排支出预算的原则进行编制。抚州地区财政局核定乐安县本年度总收入任务456.6万元（不包括固定比例分成收入），其中：企业收入9.5万元，工商税收3.9万元，农业税收124.6万元，其他收入3.5万元。按体制核定乐安县预算收入470万元，其中：固定收入177.6万元，调剂收入279万元，固定比例分成收入13.4万元。核定补助收入58.1万元。按包干体制划给乐安县净收入528.1万元，其中：减中央向地市借用的财力48.9万元，减调整基数专项上解18.2万元，核定乐安县当年可用财力即当年预算支出461万元（其中解控1980年财政结余10.4万元）。

1982年，乐安县财政预算，主要依据抚州地区财政局核定乐安县当年财政收支预算的下列指标进行编制。即：核定总收入数476.6万元（企业收入25.6万元、工商税收320万元、农业税127.5万元、其他收入3.5万元）；核定划给本县预算收入476.6万元（固定收入171万元、调剂收入292万元、固定比例分成收入13.6万元）；核定定额补助58万元，核定上解支出22.1万元（1981年年底省决定已经收回支出基数18.1万元，1982年地区决定按省财政厅通知，小水电补助经费集中地区统筹安排重点使用，列入地级预算，不再作县财政支出预算安排，为此地区收回乐安县小水电补助基数4万元）；核定乐安县当年可用财力即当年预算总支出512.5万元。

1983年，乐安县以中共十二大提出的“全面开创社会主义现代化建设新局面，从1983年起五年实现国家财政经济状况的根本好转”为指导思想，以现行的财政体制和乐安县的财力情况为依据，严格按照地区下达的年度计划指标和要求，量入为出，坚持收支平衡，编制全县的财政预算。当年开始实行国营企业利改税，农业税起征点减负期满恢复征税，加强企业扭亏增盈和工商税收征管。因此，地区下达的财政收支计划较之上年有多项作了调整。按照地区财政局《关于下达1983年财政收入计划和编制1983年预算草案的通知》中的有关说明，县药厂已上划省管，其收入从1983年1月1日起划入省财政预算，其包干基数也一并上划。森林工业、医药商业企业，从1983年1月1日起取消二、八分成的办法，上划到省，不列入地、县预算。商业、供销、粮食企业管理体制和财务体制改革下放给县以后，其收入任务改为地、县的固定收入100%归县。国务院关于改进财政管理体制的通知规定，从1983年起：县办工业亏损企业的负担比例，由原来的二八负担办法改为同盈利企业的留成比例相一致，即40%亏损纳入预算内，60%亏损归县财政预算外负担。从1983年7月1日起，各级财政不再增拨企业流动资金，全部改由银行贷款，因此相应减少了县的支出基数。卷烟和酒两项工商税收比1982年增长部分的40%上缴中央财政，县不能安排支出。当年抚州地区财政局下达给乐安县的财政收入计划为：（1）收入计划指标总额为491.2万元（企业收入15万元、工商税收329万元、农业税收入143.7万元、其他收入3.5万元），其中上缴省财政农业税起征点减免6万元，净收入485.2万元。1983年度期成数为336万元（不分税种）。（2）工业企业成本降低，扭亏资金加速及压缩管理费计划：工业产品成本降低率1.4%，扭转亏损比例15%，亏损控制指标10万元，定额流动资金周转加速率12%，企业管理计划压缩率4%。(3)1983年中央借款改为调减支出包干基数分配数额10万元。预算支出按照量力而行、有多少钱办多少事、少花钱多办事的原则进行安排，对包干范围以内的各项支出，根据乐安县可用财力，首先安排人员工资，补助工资、职工福利费、人民助学金、退休人员退休金、定期定量抚恤救济等人头经费和一些必不可少的开支。对文教卫生事业费和支农资金，则根据本县财力情况进行适当安排，比上年有所增加，在保证重点的情况下，统筹安排，兼顾各方，不留缺口。并按当年预算支出的3%设置总预备费。为贯彻"厉行节约、反对浪费"的精神，对本年度的公用经费在核定的财政包干指标内节减5%以上，会议费用开支以上年度的实际开支为基数节减10%以上，事业单位的公务费节减5%以上。

1984年，财政预算编制主要依据以下几项原则：(1)努力增收节支，保证必要的开支，坚持财政收支平衡；(2)对包干范围内分项目支出进行妥善安排，不安排包干范围以外的支出；(3)对于分项目的支出预算，原则上确保国家规定的人员经费和重点支出，教育经费有较多的增加，公费医疗经费按国家规定的标准编预算，行政管理费按照节约公用经费的要求，比上年有较大的压缩，预备费按支出总额2.5%～3%设置。具体预算：核定总收入489.7万元，可用财力即支出预算总额537.4万元。

1985年，抚州地区财政局下达给乐安县的财政收入奋斗目标为735.8万元(企业收入46.2万元，工商各税440万元，农业税收189.6万元，其他收入60万元)；财政支出控制指标890万元。

1986～1993年，乐安县财政预算编制以"先吃饭，后建设"为总原则，全县安排用于个人部分经费占财政收入总额的76%，随着财政负担人数的不断增多，个人经费占比重逐年上升，因而在年初安排预算时，除确保个人经费外，其他支出量力而行，有多少钱办多少事，大力压缩非生产性支出及社会集团购买力，严格控制会议费、小车费及办公费用，确保财政收支平衡。1987年，乐安县的财政收入预算是按照抚州地区财政局下达的收入奋斗目标数992.6万元安排编制的，其中：工商税收入766万元，农业税收142.1万元(剔除老区特困乡减免47.5万元)，企业所得税75.5万元，企业调节税及利润11万元，企业亏损补贴19万元，其他收入15万元，排污费收入2万元。以上收入预算在安排时，将企业所得税调整为78.5万元，企业调节税及利润调整为8万元。支出预算在"双增双节"的前提下，本着"量入为出，自求平衡，不打赤字预算"的原则，首先保人头经费，其次保发展农业后劲，剩余部分再按教育、科学事业费节减10%，其余节减20%来安排。当年可用财力即支出控制指标为959.1万元。1988年，乐安县财政预算以"增收节支，增产节约"为指导思想，把财政收入建立在国民经济持续稳定发展的可靠基础之上，而财政支出只能量入为出进行安排，在预算编制中把握"一增加、二确保、三压缩、四控制"的原则。一增加：为了继续改善工农业基础设施，对工农业的投资仍有一定幅度的增加；二确保：即确保文教科学事业的发展对经费的正常需要，确保深化改革对财力的要求；三压缩：即彻底压缩非生产性建设，继续压缩行政、事业单位的公用经费及部分事业费，压缩各种专项奖金；四控制：即严格控制行政、事业单位增加人员，严格控制购买专控商品，严格控制会议费的增加，控制其他不合理开支。当年财政收入预算为1108.8万元，其中：工商税收825万元，农业税收入155.8万元，企业收入110万元，其他收入及排污费收入18万元。财政支出预算为1067.2万元，比上年实际数减少58.5万元，减少5.2%。1992年安排预算时，对各拨款单位的业务费进行大刀阔斧的压缩，统一按1991年的基数压缩40%；对个人经费，财政只安排编内人员经费，超编人员经费由各单位自行解决；小车经费亦按各单位定编车辆安排预算。1993年，由于财政形势严峻，收支逆差大，对各单位人头经费进行了分配制度改革，解决各单位贫富悬殊现象，分类划等，区别对待，所有拨款单位根据不同情况分为五类，共压缩财政支出279万元，为当年财政收支平衡奠定了基础。

1999年，乐安县财政预算是按照"大力支持重大改革措施的实施，落实积极的财政政策；严格依法理财，加强税收征管；逐步调整财政收支结构，规范财政资金供给，保证重点，压缩一般，加强管理；强化财政调控，进一步整顿财税秩序，硬化预算约束，确保财政收支平衡"的指导思想和原则进行编制。当年，抚州地区下达乐安县财政收入计划为4750万元(国税730万元，财政1800万元，地税2220万元)，与上年持平。其中：地方财政收入4122.5万元，省级收入80万元，中央收入547.5万元。具体安排是：工商税收2268.5万元(含国税征收数的25%部分)，农业四税1387万元，国土收入45万元，分别比上年预算数增长0.9%、7.9%、12.5%；企业收入和企业所得税共安排163万元，专项收入20万元，其他收入239万元，分别比1998年下降3.4%、42.4%、10%。当年县级可用财力为4360.5万元，其中：地方财政收入 4122.5 万元，地区补助收入 653 万元（中央税收返还 517 万元，固定补助 136 万元），减去上解支出 415 万元。全县财政支出实际安排 4360.5 万元。

2000 年，乐安县在支出预算的安排时，本着加大调整财政支出结构力度，坚持“有进有退、有保有压、量入为出、量力而行、收支平衡”的原则，不编赤字预算。确保人员工资的及时、足额发放，保证教育、支农、科技“三项”法定支出增长，确保政权建设和社会稳定等重点支出项目的需要。履行节约、严格控制会议费、电话费，人员机构经费等一般性支出，大力压缩行政管理费支出。全县共安排一般预算支出 24 项计 7186 万元，其中：基本建设支出 319 万元、企业挖潜改造资金 5 万元、科技三项费用 6 万元、支援农村生产支出 97 万元、农业综合开发支出 40 万元、农村水利气象等部门事业费 336 万元、工业交通等部门事业费 8 万元、流通部门事业费 25 万元、文体广播事业费 166 万元、教育事业费 2260 万元、科学事业费 2 万元、卫生经费 399 万元、税务等部门的事业费 396 万元、抚恤和社会福利救济费 142 万元、行政事业单位离退休经费 358 万元、社会保障补助支出 426 万元、行政管理共 988 万元、武装警察部队支出 7 万元、公检法司支出 539 万元、城市维护费 154 万元、政策性补贴支出 79 万元、支援不发达地区支出 205 万元、专项支出 46 万元、其他支出 183 万元。

2001 年，乐安县财政预算编制，贯彻“继续落实积极的财政政策，发挥财政职能作用；深化财税改革，牢固树立‘比例适当，集散有度，收支合理，使用得当’的理财观念，加快构建公共财政初步框架；加强征管，健全收入机制，确保财政收入稳定增长；加大调整支出结构力度，保证重点支出需要；完善社会保障制度，推动农村税费改革顺利进行；强化财政监管，依法理财治税，努力做到收支平衡，促进经济发展和社会全面进步，实现‘十五’计划的良好开局”的指导思想和原则，按照乐安县当年的国民经济和社会发展计划指标，安排全县财政收支预算。安排全县财政收入计划 4580 万元（国税 810 万元，财政 1815 万元，地税 1955 万元）。其中：地方财政收入 3872.5 万元，省级收入 100 万元，中央收入 607.5 万元；县本级安排 1331 万元，乡镇级安排 3249 万元。按税种分：工商税收 2030.5 万元（含国税征收数的 25%部分），农业四税 1471 万元，国有资产收益 18 万元，国有企业亏捐补贴 12 万元，企业所得税 27 万元，专项收入 30 万元（教育费附加 20 万元、排污费 10 万元），其他收入 308 万元。全县可用财力即当年财政支出预算安排 6424.5 万元（其中：县本级地方可用财力及支出预算安排 3570.8 万元）。预算支出在确保个人工资的情况下，保证农业、科技、教育的三个法定增长，保证社会基本生活保障支出，其中：教育事业费 2447.4 万元，支农等事业费 492 万元，科技三项费用（含科学事业费）8.1 万元，分别增长 13.3%、12.7%、6.6%。在县本级地方支出中，个人工资部分达 2404.4 万元，专项经费 1166.4 万元，分别占整个预算支出的 67.3%和 32.7%；当年县本级支出硬性缺口 969 万元，其中：粮食风险基金 251 万元，新增粮食亏损挂账和不合理占用贷款利息 93 万元，归还国债转贷项目贷款利息和本金 105 万元，世界银行借款到期扣款 127 万元，增人增支 60 万元，2001 年公务员考评称职增加 1 个月工资 150 万元，公费医疗经费 43 万元，检察院、法院服装经费 20 万元，党校教学大楼及学员楼维修经费 40 万元，六套班子办公自动化设备经费 20 万元，检察院计算机网络建设经费 60 万元。

2002 年，乐安县的财政预算编制，依据“继续实施积极的财政政策，保持财政收入的稳定性增长；加大调整财政支出结构的力度，保证重点支出的需要；大力推进预算管理制度改革，严格支出管理；加强预算外资金管理，严格实行‘收支两条线’制度，进一步完善社会保障体系，保证社会稳定”的原则和要求，按照当年国民经济和社会发展计划指标来安排的。年度财政收入计划 4980 万元（国税 790 万元、财政 2016 万元，地税 2174 万元），为减轻乡镇财政压力，壮大县本级财力，提高了县本级财政收入占全县财政收入的比重，县本级安排收入 1554 万元，占全县财政收入的 31.2%，比 2001 年增长 16.8%。在年度财政收入计划中，安排地方财政收入 4277.5 万元，省级收入 110 万元，中央收入 592.5 万元。年度全县可用财力测算为 8682.7 万元（即地方收入 4277.5 万元 + 补助收入 4329 万元 + 预算外调控收入 699.2 万元 - 上解支出 623 万元）。在支出的具体安排中，除优先保证个人工资部分外，保证农业、科技、教育的三个法定增长，保证社会基本生活保障支出，其中：教育事业费 3321.1 万元，农业、支农等事业费 308.3 万元，科技三项费用 6.7 万元，分别比上年增长了 35.7%、23.6%、3.1%。在县本级预算支出中，个人工资部分达 2882.1 万元，专项经费 1669.3 万元，分别占整个预算支出的 63.3% 和 36.7%。当年县级和县本级的预算支出虽然做了平衡预算，但县乡两级均没有财力安排预备费，并且还存在支出硬性缺口 1717 万元(粮食风险基金 251 万元,新增粮食亏损挂账和不合理占用贷款利息 128 万元,世界银行借款到期扣款 413 万元,城镇低保对象补差经费 235 万元,计划生育经费 139 万元,调资款 245 万元)。

2003 年,乐安县财政预算按以下原则进行编制,财政收入预算安排的原则:(1)加快发展的原则。江西省财税工作会议明确提出要创新财政体制,加快发展步伐,让发展快的地方多受益。当年抚州市政府下达给乐安县的财政收入计划是 5300 万元,考虑到乐安县的实际,乐安县当年财政收入计划安排 5100 万元,奋斗目标为 5300 万元,分别比 2002 年增长 10.1%、15%。(2)壮大县本级收入的原则。为减轻乡镇财政收入压力,当年县本级财政收入安排 1834 万元,增幅为 45.1%,占全县财政收入的比重为 36%,比 2002 年提高了 8.6 个百分点。乡镇级财政收入安排 3266 万元,与 2002 年完成数相比下降了 2.3%,占全县财政收入的比重为 64%,比 2002 年下降了 8.6 个百分点。乐安县级财政收入的增长点主要是逐步增加招商引资企业上缴税收、加强契税征管和行政性收费以及罚没收入收缴力度。(3)压缩收入水份的原则。财政支出预算安排的原则:当年乐安县县级可用财力为 9981 万元(地方收入 4181 万元 + 各种补助收入 5704 万元 + 调入资金 592 万元 - 上解支出 496 万元),比 2002 年增加 1012 万元,扣除农村税费改革专项补助,实际可用财力比 2002 年预算减少 486 万元。而乐安县本级可用财力为 4992 万元(地方收入 1301 万元 + 上级补助收入 5704 万元 + 乡镇上解收入 986 万元 + 调入资金 592 万元 - 上解支出 496 万元 - 补助乡镇支出 3095 万元),比 2002 年预算增加了 155 万元。由于本年度的人员经费支出增加额超过可用财力增加额,为此,2003 年度财政支出预算本着以下原则进行安排:一是量入为出的原则。将财政支出预算控制在可用财力范围内。各单位超编或无编人员一律不在预算内安排经费;县林业局实行定额补助,县医院和中医院在编人员按工资总额的 30% 补助;工会经费按各单位年工资总额的 0.8 计提,由县总工会统筹,各单位的工会经费由单位解决。二是履行节约的原则。本着勤俭节约的原则,从严控制各项公用经费支出,各项公用经费支出预算基本保持零增长。三是防范风险的原则。一些财政必须负担的利息支出尽可能安排,如油路贷款贴息和国债资金利息。四是收支平衡的原则。严格执行《中华人民共和国预算法》有关地方财政预算不列赤字的规定,为体现财政收支平衡,一些无财力保障的项目在本年度支出预算中未作安排,如预备费、行政事业单位增人、工资上档经费等。由于财力缺口较大,当年各项应安排而未作安排的支出总额达 1545 万元。

2004 年,乐安县财政预算编制基本上按 2003 年度的原则不变。2004 年度财政收入增长受政策性制约较强,如农业税率下调 1 个百分点全县将减收 195 万元(实际下调 3 个百分点);除保留烟叶农特税、原木、水产、水果和茶叶改征农业税外,其余农特产品的农特税全部取消,全县预计减收 379 万元,仅此两项减收 574 万元。但是,当年的财政收入预算仍然本着自我加压、加快发展的要求进行安排。按照省市要求,结合实际,2004 年度全县财政收入计划安排 5670 万元,奋斗目标为 6119 万元,分别比 2003 年完成数增长 8% 和 16.6%。为减轻乡镇财政收入压力,2004 年度财政增收计划全部安排在县本级。即:本年度县本级财政收入安排 2481 万元,增长 23.3%,占全县财政收入的比重为 43.8%,比 2003 年提高 5.5 个百分点;乡镇级财政收入安排 3189 万元,与 2003 年完成数相比下降 1.5%,占全县财政收入的比重为 56.2%,比 2003 年下降了 5.5%。

2005 年,乐安县财政收入预算按以下原则进行安排:一是挖潜增收,促进财政收入快速增长。按照抚州市的财政工作要求,为适应省财政的奖励政策,充分考虑财政增长因素,2005 年度财政收入计划实行满打满算,总收入安排 5530 万元,按可比口径增长 31%,比 2004 年增收 1493 万元。二是壮大县本级收入,缓解乡镇收入压力。当年增长的财政收入计划,主要安排在县本级,即:县本级财政总收入安排 3851 万元,同比增长 50.5%,增收 1292 万元;乡镇财政总收入安排 1679 万元,同比下降 25.6%,减收 578 万元,扣除取消农业税减收因素的影响,增长 12.8%,增收 190 万元。三是优化收入结构,提高"两个比重"。当年工商税收计划为 4281 万元,占财政收入的比重由 2004 年的 69.9% 提高到 77.4%;县本级财政收入占全县财政收入的比重由 2004 年的 53.1% 提高到 69.6%。各口收入安排:国税口 1825 万元,地税口 2456 万元,财政口 1249 万元,同比增长分别为 25.1%、28.7%、40.1%。各级收入安排:中央收入 1795 万元,省级收入 50 万元,地方收入 3685 万元(其中:县本级地方收入 2505 万元),同比增长分别为 27.2%、8.7%、9.7%。全县可用财力 13936 万元(其中:县本级可用财力为 7846 万元)。当年的财政支出预算则按照确保人头经费、确保机构运转、确保收支平衡、增加投入加快发展、适度从紧提高效益的原则进行安排，县本级财政支出预算总额为7846万元，其中人员经费安排4494万元，公用支出安排3352万元。

2006年2月，抚州市财政局印发《关于编制部门预算的通知》。该通知指出：根据《中华人民共和国预算法》、《中华人民共和国预算法实施条例》和《江西省财政厅关于编制2001年部门预算的通知》的有关规定，市财政局积极推行预算编制改革，实行部门预算。市本级从2002年开始实行部门预算改革。该通知针对部分县（区）推行这项改革进度缓慢的情况，强调2006年要全面铺开。乐安县从2006年起全面编制部门预算，当年县级部门预算编制贯彻以下原则：（1）综合财政原则。财政预算内拨款、罚没收入、基金收入、预算外资金均属于财政性资金，全部作为部门预算收入编入预算。单位人员工资在预算内拨款中安排，单位公用经费、保留津贴及剩余奖、医保基金、项目经费等优先在单位的罚没收入、基金收入、预算外纯收入中安排，不足部分由预算内拨款安排。（2）零基预算原则。各部门年度预算不考虑以前年度的支出基数。按照单位性质及所承担的工作职能核定，用罚没收入、基金收入、预算外纯收入安排支出的单位以其实现的收入来安排预算。（3）收支平衡原则。（4）保证重点和统筹兼顾原则。2006年度预算收入总额31079万元，其中，县本级23096万元，乡镇级7983万元。按收入项目分：预算内收入17733万元（一般预算收入即地方收入5034万元〈含工商税、农业四税、国有企业亏损补贴、行政性收费收入、罚没收入、专项收入、其他收入〉、结算补助收入12699万元、上解收入3924万元），基金收入524万元（育林基金收入224万元、土地有偿使用收入300万元）。预算外收入2597万元（农业收入69万元、水利和气象收入26万元、工商部门的收入21万元、流通部门的收入15万元、文体广播收入30万元、教育收入1793万元、卫生医疗收入287万元、其他部门收入22万元、社会保障收入6万元、行政管理收入62万元、公检法收入266万元）。2006年度预算支出总额为31079万元，其中：县本级23096万元，乡镇级7983万元。基金支出、预算外支出项目数额均与收入项目数额相同。

2007年，乐安县级部门预算编制的原则与2006年度基本相同。

收入预算的编制坚持实事求是，积极稳妥。各项收入参照历年收入情况和年度收入增减变动因素，按不同的收入来源，分别采取科学的方法进行测算。经费拨款（补助）收入按县财政核定的经费拨款（补助）控制数编制；行政事业性收费收入、罚没收入、政府性基金收入及其他收入（以下简称非税收入），除因国家取消收费项目、降低收费标准、缩小收费范围等政策性减收外，年度收入按2004～2006年三年平均数编制预算，对于预算执行中的超收或短收，按《乐安县非税收入征收管理暂行办法》规定执行，即所有非税收入必须纳入预算或预算外专户管理，完成年度非税收入计划的，其扣除成本性支出的结余收入在安排超编人员工资、保留津贴、单位负担部分医保基金及人均标准公用经费等刚性支出后，政府按最后结余数的50%调控；超年度收入计划的，超收部分扣除成本性支出的结余收入，政府调控30%，70%由单位支配使用（其中：30%用于弥补办公经费不足，60%用于津补贴发放，10%用于专项支出）。成本性支出包括政府调剂，上缴中央、省、市，部门划缴，工本费等支出，数额以县人代会批准的预算为准，预算执行过程中，实际成本支出数超过预算数的，超过部分由财政扣减调控数或增加补助；实际成本支出数低于预算数的，节余部分由政府进行调控。

支出预算包括基本支出预算、项目支出预算、上缴上级支出预算、对附属单位补助支出预算、事业单位经营支出预算等五部分。安排原则是：按照机构编制主管部门批准的编制内实有人员的基本工资、工资性津补贴、年终一次性奖金及对个人和家庭补助支出由经费拨款（补助）安排。其余支出按照政府批准的项目和定额标准先由非税收入资金安排，安排不足的，由经费拨款（补助）补足；非税收入资金安排仍有结余的，政府对结余部分按《非税收入管理办法》确定的比例征收政府调控资金后，留单位按有关规定使用。

2007年度收支预算安排的具体数额是：一般预算收支总额为20921.4万元。收入预算项目为：地方收入7001.4万元（各种税收收入5290.4万元，非税收入1711万元），结算补助收入13920万元。一般预算支出安排19529.4万元（一般公共服务3383.5万元、公共安全824.4万元、教育6142.4万元、科学技术54.5万元、文化体育与传媒278.2万元、社会保障和就业1035.9万元、医疗卫生1145.5万元、环境保护15.6万元、城乡社区事务234.6万元、农林水事务2431.9万元、交通运输252.1万元、工业商业金融等事务1820.9万元、其他支出1909.9万元）。收入分口：国税口665.20万元、地税口3850.2万元、财政口2486万元（烟叶税340万元、契税400万元、其他收入1746万元)。收入分级:中央收入3485.5万元、省级收入119.1万元、地方收入7001.4万元(县级收入4860万元,乡级收入2141.4万元),测算当年全县总财力(土地收入十上级补助收入一上解支出)为19529·4万元,此外,用纳入预算管理的行政事业性收费、罚没收入安排拨款支出合计1335.46万元,其中:用于工资福利、商品和服务等基本支出738.81万元,用于项目支出327.17万元,上缴上级支出269.48万元。预算外拨款支出1666.99万元,其中:基本支出1122.15万元,项目支出292.78万元,事业单位经营支出82.34万元、上缴上级支出169.72万元。

2008年,乐安县预算的编制按照建立社会主义和谐社会和公共财政体制的要求,继续坚持"五个确保"和保障"民生工程"等重点支出需要,严格控制一般性支出,从严从紧编制各项支出预算。不断完善预算管理制度,优化财政支出结构,实施财政支出绩效考评,提高部门预算管理水平和预算资金使用效益,努力实现预算编制的科学化、规范化和透明化。

编制原则:(1)尽力而为,量力而行。本年度财政收入继续保持稳健增长,增幅略高于地区生产总值的增幅。财政支出与国民经济和社会发展规划相适应,符合经济社会发展和深化财政改革的要求,既服务于经济发展大局,又根据社会经济发展阶段合理安排社会事业投入。(2)保障重点,压缩一般。预算安排优先保证工资发放、津贴补贴和社会保障支出,以及政权机关正常运转的资金需要,其次要力保科技、教育、农业等重点支出依法增长,力保政法部门保障经费全面落实。同时县委、县人民政府确定的为民办实事项目也要力争纳入预算。严格控制一般性财政支出,支出的安排要体现厉行节约、勤俭办事的方针。(3)'综合平衡',确保效益。预算单位的各项收支按综合预算的要求统筹编制,项目经费的安排体现事业计划和财力可能。

收入预算的编制坚持实事求是,积极稳妥。各项收入参照历年收入情况和年度收入增减变动因素,按不同的收入来源,分别采取科学的方法进行测算。行政事业性收费收入、罚没收入、政府性基金收入及其他收入等非税收入(以下简称非税收入),除因国家取消收费项目、降低收费标准、缩小收费范围等政策性减收外,年度收入计划按该单位2006年实际收入数的40%和2007年实际收入数的60%编制预算,对于预算执行中的超收或短收,按《乐安县政府非税收入征收管理暂行办法》有关规定执行,即所有非税收入必须全额纳入预算或预算外专户管理,完成年度非税收入计划的,其扣除成本性支出的结余收入在安排超编人员工资、单位负担部分医保基金及人均标准公用经费等刚性支出后,政府按最后结余数的50%调控;超年度收入计划的,超收部分扣除成本性支出的结余收入,政府调控30%,70%由单位支配使用(其中:30%用于弥补办公经费不足,60%用于津补贴发放,10%用于专项支出)。成本性支出包括政府调剂,上缴中央、省、市,部门划缴,工本费等支出,借鉴其他兄弟县区先进经验,成本性支出行政单位按收入总额的20%计算,事业单位30%,医疗服务单位70%,同时主管部门附属非独立核算自收自支单位及卫生系统借用人员按人均1.5万元直接从成本中剔除,数额以县人代会批准的预算为准。

支出预算的安排原则:按照机构编制主管部门批准的编制内实有人员的基本工资、国家出台的津补贴、年终一次性奖金及对个人和家庭补助支出由经费拨款(补助)安排。其余支出按照政府批准的项目和定额标准先由非税收入资金安排,安排不足的,由经费拨款(补助)补足;非税收入资金安排仍有结余的,政府对结余部分按《非税收入管理办法》确定的比例征收政府调控资金后,留单位按有关规定使用。当年全县一般预算收支总额为30825万元收入预算项目为:地方收入12231万元(税收收入9361万元、非税收入2870万元),结算补助收入1.8594亿元,支出预算项目为:一般预算支出28889万元,上解支出1936万元。收入分口:国税口4700万元(增值税4100万元、企业所得税600万元),地税口8400万元(企业所得税400万元、个人所得税2400万元、其他税收5600万元),财政口4500万元(耕占税130万元、契税1500万元、其他收入2870万元),合计17600万元(含中央及省级收入)。收入分级:中央收入5115万元,省级收入254万元,地方收入1.2231亿元(县级收入7827万元,乡级收入4404万元)。当年,测算全县总财力为28889万元,测算县本级财力22602万元。此外,用纳入预算管理的行政事业性收费、罚没收入安排拨款支出合计:1433.27万元,其中:用于工资福利、商品和服务等基本支出592.16万元,用于项目支出475.13万元,上缴上级支出365.98万元。预算外拨款支出767.63万元,其中:基本支出455.98万元,项目支出154.89万元,上缴上级支出156.76万元。

2009年,乐安县县级部门预算编制紧紧围绕县委、县政府确定的工作重点和财政改革目标,坚持创业富民、创新强县,改善民生和促进社会和谐;努力完善公共财政体系,促进财政管理民主透明;调整和优化财政支出结构,继续向民生倾斜,继续保证重点支出,严格控制一般性支出,有保有压,从严从紧编制支出预算;继续推进预算编制改革和制度创新,完善预算管理制度,努力实现预算编制的科学、规范、精细和透明,提高预算资金分配、支付和使用过程中的规范性、安全性和有效性,促进全县经济和社会事业又好又快地发展的指导思想和积极稳妥、依法理财、关注民生、收支脱钩原则。

收入预算的编制根据《乐安县执收执罚部门收支完全脱钩改革试点工作实施方案》文件精神,具有执收执罚职能的县直行政及全额事业单位收取的行政事业性收费、政府基金、罚没收入与其支出安排完全脱钩,不列入部门和单位的收入预算,单位履行职责所需经费由财政统筹安排。为进一步调动执收执罚单位依法依规征收政府非税收入的积极性,县政府出台《乐安县政府非税收入征收奖励办法》,激励执收执罚单位做到应收尽收、应缴尽缴。2009 年非税收入计划剔除因取消收费项目、降低收费标准、缩小收费范围等政策性减收因素,按 2007 年实际完成数的 40% 和 2008 年 1 ~ 6 月实际完成数的 2 倍的 60% 核定收入计划,预算执行中的非税收入出现歉收的单位,则扣除其相应数额的公用经费;非税收入超收的,超收部分的 70% 奖励给单位,但超收部分不另行核定成本性支出,奖励资金主要用于改善办公条件、弥补办公经费、发放津补贴等。经物价部门批准的经营性收入和其他收入参照上述非税收入奖励办法执行。

支出预算的编制:按照机构编制主管部门批准的编制内实有人员的基本工资、行政事业单位津补贴、特殊岗位津贴、年终一次性奖金及对个人和家庭补助支出、定额公用经费、政府批准的项目支出按财政补助比例安排。非税收入征缴过程中的上缴上级支出和成本性支出由非税收入安排。当年全县一般预算收支总额为 35090 万元。收入预算项目为:地方收入 14677 万元(税收收入 10866 万元、非税收入 3812 万元),结算补助收入 20413 万元。减去上解支出 1861 万元后,全县财力测算数为 33229 万元(县本级 25070 万元)。支出预算安排为 33229 万元。

2010 年,乐安县县级部门预算编制以"继续实施积极财政政策,促进经济平稳较快发展;坚持'四个倾斜',优化财政支出结构,保证法定支出和重点支出需要,切实加大以改善民生为重点的社会建设投入力度,集中财力办大事;坚持统筹兼顾、增收节支的方针,牢固树立过紧日子的思想;深化财政改革,创新体制机制,强化绩效考评,全面推进财政科学化精细化管理"的要求为依据。编制原则是:(1)积极稳妥,收支平衡。部门预算的编制坚持量入为出,收支平衡。财政收入预算安排与国民经济发展相适应,按规定必须列入财政预算的收入应列尽列。支出预算安排与财政收入增长相适应,逐步优化和调整财政支出结构,提高财政对基本支出的保障水平,确保法定支出项目增长要求。(2)统筹兼顾,突出重点。以提高公共财政服务能力为着力点,进一步整合财政资源,妥善安排各类预算支出,不断调整和优化财政支出结构,坚持以人为本,突出加大以民生工程为重点的社会建设投入。积极推进经济发展方式转变,努力提高经济社会运行质量。(3)艰苦奋斗,厉行节约。继续贯彻落实中央和省市关于厉行节约的各项要求,反对铺张浪费,发扬艰苦奋斗、勤俭办一切事业的优良传统和作风,从严控制一般性支出,切实降低行政成本。(4)规范运作,收支脱钩。执收执罚单位收取的行政事业性收费、政府基金和罚没收入与其支出安排完全脱钩,其履行职能所需的经费由财政予以适度保障。

收入预算的编制根据省市财政工作会议精神,乐安县 2010 年财政总收入预算安排 27700 万元,比 2009 年执行数增长 25%;财政总收入奋斗目标 28800 万元,比 2009 年执行数增长 30%。地方财政收入预算安排 19100 万元。其中:国税部门收入预算安排 8300 万元,比 2009 年执行数增加 5238 万元,增长 171.1%;地税部门收入预算安排 12700 万元,比 2009 年执行数增加 4395 万元,增长 52.9%;财政部门收入预算安排 6700 万元,比 2009 年执行数减少 4101 万元,下降 38%;县本级收入预算安排 17301 万元,比 2009 年执行数增加 4419 万元,增长 34.3%;乡镇级收入预算安排 10399 万元,比 2009 年执行数增加 1114 万元,增长 12%。同时,根据《乐安县执收执罚部门收支完全脱钩改革试点工作实施方案》精神,具有执收执罚职能的县直行政及全额事业单位收取的行政事业性收费、政府基金、罚没收入与其支出安排完全脱钩,不列入部门和单位的收入预算,单位履行职责所需经费由财政统筹安排。

支出预算的编制以 2009 年的安排原则相同。当年全县一般预算收支总额为 39880 万元。收入预算项目为:地方收入 19130 万元(税收收入 13925 万元,非税收入 5205 万元),结算补助收入 20750 万元,全县财力测算数 36657 万元(其中县本级 26360 万元)。一般预算支出 36657 万元。上解支出 3223

万元。

2011 年县级部门预算按照"紧密围绕对接海西经济区建设和加快经济发展方式转变的重大决策，与单位履行行政职能及事业发展计划相协调，与县级财力相适应。做好预算外收入纳入预算管理工作，切实提高收入预算的完整性。进一步优化财政支出结构，保证重点支出，控制和降低行政运行成本。推进绩效考评结果与项目支出预算管理相结合、预算编制与预算执行相结合，不断提高部门预算科学化精细化管理水平"的要求进行编制。编制原则：(1)综合预算原则。财政预算内经费、非税收入(包括行政事业性收费收入、罚没收入、教育事业收入和基金收入，下同)核拨资金和其他各项收入，均作为部门预算收入；在安排支出时，综合考虑财政预算内经费、非税收入核拨资金和其他各项收入等情况，统筹安排。(2)收支平衡原则。按照公共财政要求，调整和优化支出结构，合理改变资金投向，满足社会公共需要，坚持量入为出，收入平衡，从严控制各项支出。(3)统筹兼顾原则。优先保障单位基本支出的合理需要；确保机关事业单位职工工资和离退休人员离退休费正常发放；保证部门正常运转需要；确保民生工程等重点支出需要。在此基础上，本着"有多少钱办多少事"的原则，安排各项事业发展所需的项目支出。集中财力办大事，最大限度地发挥财政资金的使用效益。(4)细化预算原则。对人员经费按单位编制内实有人数和离退休实有人数以及国家规定的有关标准核定到人；对日常公用经费按确定的公用经费标准定额核定；对项目支出按照事业发展需要及财力可能，区分轻重缓急。

收入预算的编制根据省市财政工作会议精神，乐安县 2011 年财政总收入预算安排 42600 万元，比 2010 年执行数增长 39.7%；地方财政收入预算安排 33000 万元，比 2010 年执行数增长 27.5%。其中：国税部门收入预算安排 8000 万元，比 2010 年执行数增加 4008 万元，增长 100.4%；地税部门收入预算安排 26600 万元，比 2010 年执行数增加 10336 万元，增长 63.6%；财政部门收入预算安排 8000 万元，比 2010 年执行数减少 2232 万元，下降 21.8%；县本级收入预算安排 26783 万元，比 2010 年执行数增加 7981 万元，增长 42.4%；乡镇级收入预算安排 15817 万元，比 2010 年执行数增加 4131 万元，增长 35.4%。同时，从 2011 年起，除教育收入实行专户管理外，其余预算外资金全部纳入预算管理。各部门(单位)2011 年非税收入计划按财政局综合股提供的 2011 年预测数进行确定。

预算内支出预算的编制包括基本支出预算和项目支出预算。基本支出预算由工资福利性支出和商品服务性支出构成。财政预算内经费安排的项目主要有：(1)县委、县人民政府研究确定的项目；(2)上级出台政策规定必须配套的民生工程等项目；(3)到期需偿还的政府性债务；(4)其他常规性专项。部门(单位)要求解决的一般性项目经费，根据财力可能，分轻重缓急综合安排。当年全县一般预算收支总额为 54084 万元，收入预算项目为：地方收入 33017 万元(税收收入 25017 万元，非税收入 8000 万元)结算补助收入 21067 万元，全县财力测算数为 47746 万元(其中县本级为 31852 万元)。上解、还贷支出 6338 万元。

2012 年，乐安县级部门预算编制的指导思想是：贯彻落实科学发展观，按照构建和谐社会和建立公共财政体系的要求，坚持发展是硬道理，大力整合财政资金，促进全县经济跨越式发展；坚持民生优先，进一步优化财政支出结构，确保重大政策落实和重点支出需要；坚持厉行节约，从严从紧编制预算，控制行政运行成本；坚持改革创新，健全预算决策机制，推进基本支出和项目支出改革；坚持科学理财，推进综合预算，加强预算执行管理，提高财政管理绩效，增强财政资金使用的规范性、安全性和有效性。编制的原则是：(1)依法编制、完整规范原则。部门预算的编制既要符合《预算法》和国家其他法律、法规的要求，又要充分体现国家有关方针、政策，并在法律赋予部门的职能范围内编制。县直各部门的财政补助收入、非税收入和其他收入等均纳入部门预算，统筹安排支出，实现预算统编。(2)优化结构、收支平衡原则。按照公共财政要求，调整和优化支出结构，合理改变资金投向，满足社会公众需要，坚持量入为出，收入平衡，从严控制各项支出。(3)保障民生、支持发展原则。充分发挥公共财政的职能作用，逐步加大对公共支出的投入，在保障各行政事业单位基本支出的基础上，重点保障民生支出和县委、县政府已出台政策的落实。(4)强化约束、讲究绩效原则。切实控制和减少执行中追加等调整事项。对部门预算的执行情况进行跟踪问效，并将部门预算执行和重点项目完成情况的绩效评价结果，作为下年度安排预算的重要依据。

收入预算的编制，坚持实事求是、积极稳妥，做到不少报、不漏报。各部门(单位)2012 年非税收入计划根据本部门(单位)2010 年及 2011 年非税收入实现情况和后期增减收因素进行预测确定。

财政预算内支出预算的编制与上年度相同。当年全县一般预算收支总额为62138万元。收入预算项目为:地方收入38864万元(税收收入28864万元、非税收入10000万元),结算补助收入23274万元。一般预算支出55710万元,上解和还贷支出6428万元。

第二节 预算科目

预算科目是预算收支内容的科学分类,它反映预算资金积累的来源和分配使用的方向,是体现国家财政状况必不可少的要素,也是研究国民经济发展变化的重要参考资料。

清代岁入岁出科目分为门、类、款3级,民国时期岁入岁出先后分为门、类、款、项、目、节6级,新中国成立后,收支科目分为类、款、项、目、节5级。

清末乐安县岁入岁出科目分为经常门临时门两门。岁入经常门下分9类:(1)部拨各款;(2)受协各款(部门或外县协助款);(3)田赋(分地丁、漕粮、租课);(4)盐、茶课税(分盐课税厘、茶课税厘);(5)关税(分常关和海关);(6)正杂各税(分契税、当税、牙税、印花税、烟酒税、杂税);(7)厘捐(分厘金、正杂项捐);(8)官业收入(分各制造厂、盐务官运、电报电话局、官矿局、官银钱局、造纸印刷等官局厂及官商合办事业官股利益);(9)杂收入(分衙门办公费、司法入款、官款生息)。岁入临时门下分7类:部拨各款、受协各款、田赋、捐输各款、公债、杂收入(官场变价、罚款等)、上年结存各款。岁出经常门下分14类:解款(上解上级)、协款(协助外县)、行政总费(指县衙门经费)、交涉费、民政费、财务费、典礼费、教育费、司法费、军政费、实业费、交通费、工程费、官业支出。岁出临时门下分10类:解款、协款、交涉费、财政费、民政费、典礼费、军政费、工程费、公债费、预备金。

民国时期,县级财政预算科目随着体制的改变而变更。民国24年(1935)7月24日公布的《财政收支系统法》,规定县收入科目有:税课收入、特赋收入、惩罚及赔偿收入、规费收入、代管项下收入、代办项下收入,物品售价收入、租金使用费及特许费之收入、利息及利润收入、公有营业及事业之盈余收入、补助及协助收入、赠与及遗赠收入、收回资本收入、财产及权利售价收入、公债收入、长期赊借收入、其他收入共17类;县支出科目有:政权行使支出、行政支出、立法支出 、教育支出、文化支出、经济及建设支出、卫生及治疗支出、保育及救济支出、营业投资及维持之支出、移殖支出、财务支出、债务支出、公务人员退休及抚恤支出、损失支出、信托管理支出、普通协助及补助支出、其他支出共17类。民国26年(1937),乐安县岁入预算科目分2款11项,即:田赋捐税(属省)有:田赋地价税、契税、普通营业税、屠宰税;普通岁入(属县)有:田赋附加、公产收入、学产收入、房铺捐、杂收入、留县屠宰税、省库补助费。岁出预算科目有9项,即:自治费、公安费、财务费、教育费、建设费、卫生费、救济费、杂支费、预备费。民国28年(1939),岁入预算科目:田赋捐税增设了牙当税、烟酒牌照税,同时还增列了非常时期临时收入项(属县)科目有:普通预算岁出节减经费、殷富乐捐、增加田赋附加、特产捐共4项。民国29年(1940),只分普通岁入科目和非常时期临时收入科目中的殷富乐捐;岁出预算增加了民训费科目。民国30年(1941),乐安县岁入岁出预算科目均作了较大的调整。岁入分经常门、非常门,岁入经常门的科目有:税课收入、规费收入、代捐项下收入、租金使用费及特许费收入、粮食管理收入、其他收入、惩罚及赔偿收入、补助收入共8项;非常收入科目有:特产捐、增加田赋附加、富户乐捐共三项。岁出分地方普通(经常费)岁出、地方非常支出,地方普通岁出的科目有:政权行使支出、行政支出、立法支出、教育文化支出、经济及建设支出、卫生及治疗支出、保育及救济支出、保安支出、财务支出、普通协助及补助支出、禁烟支出、其他支出、总预备金共13项,地方非常支出科目有:人民自卫队大队部经费、人民自卫队常备中队经费、特务分队经费、侦缉班经费、侦缉班活动费、人民自卫队士兵伕服装费、动员委员会经费、动员委员会临时费、无线电分队经费、儿童教养所经费、中医诊疗所补助费、难民收容所经费、难民救济费、防护团经费、修理枪械经费、乐安报社补助费、人民服役伤亡抚恤费、监所人犯口粮补助费、非常收支经理处经费、特产捐征收费、第一预备费、第二预备费共22项。民国31年(1942),乐安县岁入预算科目有:税课收入、分配县市国税收入、规费收入、财产及权利之孳息收入、其他收入、惩罚及赔偿收入、补助收入、捐献及赠与收入共8项,岁出预算科目有:行政支出、立法支出、经济及建设支出、教育文化支出、社会救济支出、保安警察支出、财务支出、预备金、战时特别预备金、其他支出共9项。民国32年(1943)以后的岁入岁出科目与民31年相比,略有增减。其中岁入概算科目:民国32年至34年,增设了"国税附加收入"项目,民国34年(1945)又减少了"补助收入"项目;民国36年(1947)及以后减少了"分配县市国税收入""国税附加收入",增加了

“补助收入”；民国37年(1948)新设了“造产收入”“县级公粮收入”“信社受理收入”。岁出概算科目：民国31年(1942)新增了“立法支出”和“战时特别预备金”；民国33年(1944)及以后新增了“公务员退休及抚恤支出”；民国34年(1945)及以后，新增了“补助及协助支出”，当年还新增了“营业投资及基金支出”和“公务员警生活补助支出”“公教员警公粮支出”；民国36年(1947)及以后新增了“政权行使支出”“公务员役薪饷补助”；民国37年(1948)，乐安县还编制有《乐安县政府卅七年度地政部分岁入经费预算》，列收入科目5项：农地补登处增收权状经费、农地补行登记规费，农地移转变更登记规费，租佃契约登记费、代管农地租金；《乐安县政府卅七年度地政部分事业经费支付预算表》，列支付科目2项：农地登记总簿印刷费、办理各项登记书簿表册及杂用费。

新中国成立以后，收支预算科目的变更、调整、增补，主要根据历年来国家预算收支科目及历年度财政总决算制定的收支科目进行调整变更的(包括江西省增补修订的部分预算收支科目)。但在科目的运用过程中，乐安县主要是根据抚州市(地区)财政局的布置并结合乐安县的具体情况确定的。

1949年乐安县新政权建立后，为适应当时财政工作的需要，收入科目设置税收、田赋收入、公营事业收入、其他收入、杂项收入、物资变价以及领入款、借入款等，支出科目设置军事费、行政费、财务费、建设费、教育费、公安特费、社会事业费、民运费、优抚费、服装费、临时费用、其他费用等。

20世纪50年代的新中国成立之初，国家预算收支科目由中央财政部统一制定和修改、颁发全国执行。江西在执行统一的国家预算收支科目时，根据具体情况和工作需要做部分补充，乐安县按照江西省的有关科目规定执行，现将预算科目主要变动情况记述如下：

1950年，收入科目设置：工商业税收入、税收超额提成收入、农业税超额留成、企业收入、税收附加提成、其他收入、上级补助收入、上年结余收入；支出类分为类、款、项等几个层次：(1)经济建设费类，下分地方工业、农业、林业、水利、交通、市政建设等款；(2)社会文教费类，下分文化、教育、卫生、社会救济等款；(3)行政管理费类，下分行政经常费、行政临时费、政治业务费、地方支前费、粮务经费、财务经费、乡政经费等款；(4)其他支出类；(5)上解支出。

1951年，收入科目增加农业税收入和契税，工商税分为货物税、工商业税(营业税、所得税)、利息所得税、印花税、交易税、屠宰税、房地产税、特种消费行为税、使用牌照税。取消税收超额提成和农业税超额留成。支出科目分为款、项、目3级，除地方工业分部门设款和增加合作、新闻、出版和民主党派、人民团体补助等支出外，其余不变，项级科目按各款的内容分设；目级科目统一规定为：工资、供给生活费、工资补助费、公杂费、旅差费、财务印刷费、文教补助费、图书购置费、给养费、医药卫生费、科学、教育实验用品购置及修理费、器具设备购置费、修缮费、建设资金、流动资金、其他支出、刑具费、解差费、宣教费、宣传活动费、文艺活动费等22个目。

1952年，收入科目增设土地证照费、专卖收入、企业提缴基本折旧基金收入、事业收入等款，将屠宰税、交易税、房地产税、特种消费行为税、车船使用牌照税、契税、地方附加等合并为地方税收入款；支出科目主要增加银行支出、公安司法检察支出、财务支出等款，目级科目调整为24个。

1953年全省全面正式建立县一级财政，实行统一设置，设置类、款、项、目4级科目。收入分为各项税收、企业收入、债款收入、其他收入4类。企业收入类分利润、基本折旧基金、固定资产变价、缴回流动资金4款；上级补助和上年结余包括在其他收入类，各为1款。支出分为经济建设费、社会文教费、国防费、行政管理费、其他费、总预备费6类。

1954年，企业收入类以下改按工业、农业等企业部门分款，并增设支出收回、上年结余以及预算调拨收入、支出等科目。

1955年，增设公私合营企业收支科目，支出统一目级科目简化为工资、工资补助费、包干生活费、职工福利费、公务费、固定资产设备购置费、人民助学金、给养费、业务费、基本建设资金、流动资金、弥补计划亏损和其他费用等13个科目。

1956年，公安、司法、检察支出从行政管理费内分出单独设立类级科目，社会文教费类增设“科学支出”，取消“出版支出”款级科目，统一目级科目设19个。1957年增设“农垦支出”一款。

1958年，支出科目分9类，即：经济建设费类、社会文教费类、国防费类、行政管理费类、债务支出类、对外援助支出类，其他支出类、总预备费类、调拨支出类，原列入各“款”的中等专业学校、技工学校、干部训练、科学研究等经费，并入教育、干训、科学支出各“款”。

1959年支出科目增设“支援人民公社支出”和“银行信贷支出”两款，目级科目改为11个。

1960年，收入科目增设林业企业收入、水产企业收入、文教卫生企业收入。支出科目增设农业机械工业支出、水产支出、气象支出。

1961年,支出科目增设退赔公社平调款支出和炼钢、铁、铜、铅补贴。

1962~1966年,设置统一的6个收入目级科目,即:利润、基本折旧基金、固定资产变价、缴回多余流动资金、弥补计划亏损和事业收入;增设民用航空企业、水库移民建房、农业长期贷款、城市人口下乡安置费、小型技措贷款基金、兑付期票支出等款级科目。

1967年,在其他支出中增设"文化大革命"经费。

1968年,因"文化大革命"合并机构,人员下放,财政决算表格及预算收支科目大量简化。将经济建设费类各支出划分为基本建设支出、地质勘探费、固定资产更新和四项费用、增拨流动资金、经济建设事业费等5大类。增设下放干部经费支出、农村退赔期票支出、城市维护费支出。

1969年、1970年,收入科目增设地方企业干部下放经费(退库)。

1971年,预算科目作了全面精简和重大修改,取消了一部分"项""目"级科目,收支科目总数由原来的1750个减少到225个,减少了87,支出科目改变了按支出性质分类的办法,采用按支出用途分为19类。即:基本建设投资类、流动资金类、新产品试制费类,地质勘探费类,工业、交通、商业部门事业费类,支援农业支出类,城市维护费类,文教卫生事业费类,抚恤和社会救济费类,城市人口下乡安置费类,干部下放劳动锻炼费类,国防支出类,行政管理费类,对外援助支出类,国家物资储备支出类,其他支出类,"五小"企业投资类,总预备费,调拨支出类。

1972~1974年,增设"民兵装备和事业费",计划生育、知识青年安置费单设一"款"。"新产品试制费类"改为"科技三项费用",下分"新产品试制费""中间试验费""重要科研补助费"等"款";支出统一目级科目简化为10个:工资、补助工资、职工福利费、人民助学金、公务费、修缮费、设备购置费、业务费、差额补助费、其他费用,其中1973年,原"工业、交通、商业部门事业费"目下增列"建设银行经费","抚恤支出"改为"社会救济支出"科目。"电信、企业收入"改为"邮电企业收入"另增设"邮政企业收入"和"电信企业收入","电信基建投资"改为"邮电基建投资",下设"邮政"和"电信"。

1975年,在农业事业费、文化支出款下分设若干项级科目。在社会救济支出款下分设农村社会救济费,落实政策救济费两个项级科目,在其他支出类下恢复农业税征收费。

1976年,增补了一些企业收入"款"级科目,并在企业收入各"款"之下统一使用"利润""事业收入""弥补计划亏损"3个目级科目;支出增设"企业挖潜改造资金类"和水产、地震、文物等"款"。

1978年,支出部分增加"商业简易建筑费类"。

1979年,根据政府增设机构和财政财务制度的改进,将原在企业收入内的折旧基金划出单列一类,知青业务费、公费医疗经费以及华侨、旅游、税务、工商等事业费提为"款"级科目,同年7月,在企业收入类下增设"国家批准粮油价差补贴""国家批准肉蛋价差补贴""国家批准其他商品价差补贴"3个款级科目。

1980年,增设"支援不发达地区发展资金"科目。

"六五"期间,国家预算科目根据第五届全国人民代表大会历次会议通过的国家机构和有关法律、法令及财政、财务体制改革的要求,每年作一些适当的修订。

1981年,根据国营企业利改税和征收资金占用费的需要,在企业收入类分别按国营工业、交通、商业、其他企业设"款","款"下分设7个目:利润、弥补计划亏损、国营企业所得税、国营企业收入调节税、国营企业资源税、固定资产占用费、流动资金占用费。各项税收类下增设中外合资经营企业所得税、个人所得税、增值税。

1982年,增设"其他事业费"和"武装警察部队经费类",原"目"级科目"职工福利费"分解出"离休退休人员费用"科目。

1983年,收入科目增设"国营企业所得税类","国家能源交通重点建设基金收入类""烟草专营收入""烧油特别税""外国企业所得税类"等科目,支出将农业方面的科目分为"农林水利气象等部门事业费类"和"国家支援农村生产支出类"。

1984年,县办五小企业补助类并入"企业挖潜改造资金"类;根据第二步利改税的要求,增设"产品税""营业税""资源税"3款,并增设"国营企业奖金税"科目。

1985年,根据扩大企业自主权的规定,取消"企业上缴基本折旧基金类",根据工作需要,将纳入预算管理但又不列入国家预算的征收排污费等收支,单设"专款收入类"和"专款支出类";支出科目取消"人民防空经费类"。国家批准的政策性价格补贴,由收入退库改列支出，增设“价格补贴支出类”；企业亏损补贴由收入退库暗扣改为预算收入科目明扣，增设“国营企业计划亏损补贴类”。

“七五”期间，每年都对收支科目作了部分修订。

1986年，将“各项税收类”一分为二，即税务部门征管的“工商税收类”，财政部门征管的“农业税类”。

1987年，收入科目增设“耕地占用税”款，支出增设“农业发展专项资金支出”“土地管理事业费”和“对国营企业职工待业保险基金补贴支出”等款，为适应科研事业费归科委统一管理，增设“科学事业费类”下设“自然科学事业费”“科协事业费”和“社会科学事业费”，原分散在各“款”的科学事业费科目全部取消。为适应承包经营制的需要，反映企业比“利改税”多得的“好处”，增设“国营企业改革支出类”。

1988年，公检法支出从行政管理费类分出单设一类，下分公安安全、司法检察、武警部队3个款级科目，取消离退休人员费用“款”，离退休费用分别列入有关科目。支出目级科目增设“主要副食品价格补贴”。国营企业超承包目标多得的部分，由原列支出改为收入退库，设置“国营企业承包收入退库类”科目，在工商税收类中，增设私人企业所得税、印花税、城镇土地使用税、筵席税各“款”，并在农业税类下增设“农林特产税”款。

1989年，增设“国家预算调节基金类”，在支农支出类中增设“发展粮食生产专项资金支出”款。

1990年在专款收入类和专款支出类中分别增设教育附加收入和教育附加支出款。在其他收入类中取消审计违纪罚没收入和财务大检查收入，增设清查小金库收入，国有土地使用权有偿出让收入。在其他支出类中增设城市土地开发建设支出。

1991年收入科目在产品税和增值税中增设地方外贸出口退税。增设外商投资企业和外国企业所得税。固定资产投资方向调节税两款。增设社会保障基金收入和支出类，下设养老保险基金和待业保险基金收入和支出。将检法司支出款分解为司法支出、法院支出、检察院支出3款。

1992年，专项收支类中取消电力建设资金专项收入和专项支出，增加煤炭城市建设附加费收入和支出。增加股份制企业所得税类。在文教卫生事业费支出类中增加对外宣传事业费，下设6个项级科目，价格补贴类中增设化肥价差补贴。取消社会保障基金类收支科目。

1993年，收入科目增设商业零售营业税，城乡个体工商户零售营业税。其他收入类中增设缉私罚没收入。支出科目增加特大自然灾害救济补助款，增设收购粮棉价外补贴，在统计事业中增设人口普查经费项，其他支出类中增设行政管理补助支出，预留机关等单位工资应支未支数2款。

1994年，根据分税制财政管理体制改革的要求，一、税收收入科目变动较大。(1)增加的收入项目有：①在工商税收类中增设消费税、证券交易税、遗产税、土地增值税、4个款级科目。②在收入合计线下补助收入增设税收返还收入。③在支出合计线下补助支出中增设税收返还支出。(2)取消收入项目：①取消工商税收类中的产品税、工商统一税、个人收入调节税、牲畜交易税、集市交易税、国有企业奖金税、国有企业工资调节税、事业单位奖金税、集体企业奖金税、烧油特别税减征退税、盐税、城乡个体工商户所得税、以及增值税、营业税款中不适用的项级科目。②取消国营企业调节税类科目，取消国营企业上缴利润类中的税后上缴利润款级科目。③取消股份制企业所得税类。④取消其他收入类中的专项收入。(3)根据国务院关于所得税税制改革的有关规定，对下列科目进行调整和修改，将国有企业所得税类改为企业所得税类，将原工商税类中的集体企业所得税、私营企业所得税2个款级科目，移入企业所得税类中。二、支出科目：(1)在水利事业费款中增设水政管理费、水资源保护费2项。(2)在气象事业费款中增设气象探测费、气象信息传输及加工处理费、技术推广费3项。(3)将森林工业事业费款由工交事业费并入农林水气事业费类中。(4)取消城镇青年就业经费类，作为一个款级科目并入其他支出类。(5)在公检法支出类中增设公检法办案补助费用款及3个项。(6)将其他支出类中的办案补助费划出设置一款，下设海关、工商、其他部门办案补助3个项。(7)在其他支出类中增加文教企业发展专项资金一款，下设3个项。(8)抚恤和社会救济类中的退职费款中增设军队退休人员退休费一款。

1995年，收入科目，在其他收入中取消规费收入、清查小金库收入，增设竣工项目结余资金收入、投资包干结余收入两项。将其他收入中各项罚没收入和行政事业性收费收入取消，另设罚没收入、行政事业性收费收入类，并在罚没收入下设7个专款。支出科目取消支援农村生产支出类中的农业发展专项资金支出款，增设农业综合开发支出类，下设若干款。将对外宣传事业费，从文教卫生事业费中划出，列入其他部门事业费类中,并在其他部门事业费类中增设劳动事业费。增设特大自然灾害后重建补助费款。在价格补贴中增加国家赔偿费用支出。

1996年,收入科目在其他收入类中取消国有住房出售收入,划入专项收入类中,在专项收入类中取消煤炭城市建设附加收入,增设灌溉水源灌排工程补偿收入。支出科目增设武装警察部队支出类、卫生经费类、行政事业单位离退休经费类三大类支出科目。在行政事业离退休经费类下分设行政单位、公检法部门、事业单位离退休经费款。劳改事业费改监狱事业费。其他事业费中增设国有资产管理事业费,矿产经费。储量管理经费。抚恤和社会福利救济费类中取消离休费、退休退职费,增设军队移交地方安置的退休人员费用。其他支出类中取消办案费用补助,行政管理补助支出。增加政府特殊津贴。专项支出类增设住房建设专项支出、矿产资源补偿费支出,灌溉水源排灌工程补偿支出。在卫生经费类增设其他卫生经费款。

1997年,收入科目,由于停止征收"两金",取消国家能源交通重点建设基金收入类、国家预算调节基金类。专项收入类和专项支出类同时取消,将价格补贴支出类更名为政策性补贴支出类。在其他收入类中增设国家能源交通重点建设基金清歉收入和国家预算调节基金清歉收入。支出科目中,发展粮食生产专项资金改名为粮食自给工程资金,在农林水气等部门事业费类下增设森林警察部队经费款,将原救灾3款合并为救灾支出款,下分设原3款改为3项。在其他支出类中增设国有企业集中留利支出,引进国外人才专项费用,财政对社会保险基金补贴支出(下设养老、失业、医疗、其他补贴支出4项)及抗震加固补助经费等款级科目。

1998年,收支科目为了与《中华人民共和国预算法》相适应,将《国家预算收支科目》改名为《政府预算收支科目》。税收收入科目在满足财政体制和国库管理分类需要的基础上,再按所有制性质明细分类,将国有企业上缴利润类改名为国有资产经营收益类,将罚没收入、行政性收费收入类,分为行政收费收入,罚没收入两类科目。取消工商税款滞纳金罚没收入。将国有土地使用权有偿使用收入、海域使用金等款级科目,从其他收入类中单列出来,设置土地和海域有偿使用收入类级科目。恢复专项收、支类科目。支出科目将商业部门事业费改名为流通部门事业费类。专设教育事业费类,从文教事业费类中划出。文教事业费类改名为文体广播事业费类,将其他部门事业费类改名为税务统计财政审计等部门事业费类。在抚恤和社会福利事业费类中将残疾人事业费项从社会救济福利事业费款中划出成立款级科目。增设社会保障补助支出类及帮困解困资金、社会保险经办机构经费、下岗职工基本生活补助费等款级科目。将其他支出类中财政对社会保险基金补贴支出、城镇青年就业补助费转为社会保障补助支出的款级科目。在其他支出中增设增发国债支出项。

1999年,收入科目取消外商投资企业和国外企业所得税类,将有关科目划入企业所得税类科目内。将车船使用税类更名为车船使用和牌照税类。支出科目取消简易建筑费。在农业综合开发支出类中增设农业综合开发事业费款,在农林水气事业费类中增设天然林保护经费款下设5个项。将卫生经费中药品检验机构经费项改名为药品监督管理事业费款。将税务统计财政审计部门的事业费类更名为税务等部门的事业费类;劳动事业费改名为劳动保障事业费,增设社会保险事业费项。将行政事业单位离退休经费类下的事业单位离退休经费分解为农业、教育、科学、其他事业单位离退休经费4个款级科目。在支援不发达地区支出类中增设扶贫贷款贴息支出款。

2000年,土地和海域有偿使用收入更名为海域场地矿区使用收入,土地和海域开发建设支出更名为海域开发建设和场地使用费支出。在罚没收入类中增设税务部门其他罚没收入。支出科目取消农业综合开发类中的上年增设的农业综合开发事业费款。公费医疗经费更名为行政事业单位医疗经费。在其他民政事业费中增设拥军优属慰问经费、勘界经费、民间组织管理经费、行政区划和地名管理费4项。在政策性补贴支出类中,取消粮食加价款,增加处理陈化粮补贴。

《2002年政府预算收支科目》在《2001年政府收支科目》的基础上,根据政府收支分类改革总体安排和预算管理的实际需要,作了下列修改和调整:(1)为进一步细化预算编制,结合政府收支分类改革情况和财政支出特点,制定了新的一般预算支出目级科目。(2)根据预算管理需要,增减了部分收支科目,并对部分收支科目说明作了修改。(3)调整了部分预算科目编码。

2003年,支出科目调整较大。(1)根据所得税收入分享改革情况,对企业所得税、企业所得税退税科目进行了调整。(2)对一般预算支出科目支援农村生产支出、农业综合开发支出、农林水利气象等部门的事业费、教育事业费、科学事业费、卫生事业费、抚恤和社会福利救济费、社会保障补助支出等目级科目，由原按用途分类改按支出功能分类，分别设置07类农业支出、08类林业支出、09类水利和气象支出、15类医疗卫生支出、17类抚恤和社会福利救济、18类行政事业单位离退休支出、19类社会保障补助支出，各类级科目下按功能重新设置款、项级科目。为保证预算支出口径的衔接，2003年，按功能设置的各科目不包括基本建设支出、科技三项费用、行政管理费、外交外事支出等内容。(3)在一般预算支出科目中增加32类债务支出，反映国外债务的付息支出。(4)根据实际情况，对一般预算支出目级科目进行了修改完善。(5)适应规范政府性基金管理的需要，在基金预算收支科目中增减了部分科目。(6)调整了部分预算科目编码，对部分收支科目说明作了修改。

2004年，删除科目较大。(1)根据政府机构改革情况，对部分预算科目名称、说明做了调整。(2)根据所得税收入分享改革和跨地区经营、集中纳税企业的变化情况，对企业所得税有关款、项科目进行了修订。(3)根据预算管理实际需要，增减了部分预算科目，并对部分预算收支科目的名称和说明进行了修改。(4)删除了下列科目：一般预算收入科目040802项葛洲坝集团所得税、040803项国家电力公司所得税、041002项西电集团所得税、046109项其他国家森林工业企业所得税、4222款经贸委行政性收费收入、7104款港澳台和外商投资企业中方职工补贴收入、7107款外事服务收入等科目。一般预算支出科目0134款外贸基建支出、0229款外贸企业挖潜改造资金、0533款外贸科技三项经费、057901项科技型中小企业技术创新基金、057909项其他、080403项禁牧舍饲粮食折现、1104款外贸事业费、170301项城市居民最低生活保障、170309项其他、190110项社会保险办机构、2609款棉花发展补贴款、262701项中央食品企业亏损挂账消化款、6109款出版企业发展专项资金等科目。基金预算收支科目8008款邮电附加费收入(支出)、8010款市话初装基金收入(支出)、8803款渔业建设附加收入(支出)科目。

2005年，在《2004年政府预算收支科目》的基础上，主要根据出口退税制改革情况和有关预算管理实际需要，增设了部分预算收支科目，并对原有科目说明作了少量调整。

2006年，在《2005年政府预算收支科目》的基础上，主要根据预算管理的实际需要，作了少量调整。一、对一般预算收入科目的调整。(1)删除了3101款农业特产税下310101项茶叶、310103项原(竹)、310104项水果、310105项养殖、310106项捕捞、310109项其他。(2)在42类行政收费收入下增设了4209款广播电影行政性收费收入、4248款南水北调办行政性收费收入、在4225款信息产业行政性收费收入下增设了422502项资源占用费。另对该类的有关科目说明作了调整。(3)在7201款一般预算补助收入下增设了720111项民族地区转移支付补助收入、720112项缓解县乡困难转移支付补助收入。二、对一般预算支出科目的调整。(1)在1023款环境保护事业费下增设了102303项环境保护专项管理、102304项环境监察执法、102305项环境监测与信息、102306项环境宣传教育、102307项放射性与危废物管理、102308项自然保护区管理。(2)将150107款农民医疗更名为新型农村合作医疗。(3)在1704款农村及其他社会救济下增设了170404项农村医疗救助、170405项城市医疗救助。(4)在1902款就业补助下增设了190208项对农民工的就业服务支出、190209项特定政策补助支出。(5)删除1903款国有企业下岗职工补助和款下的项级科目。(6)将2628款供销社挂账消化款修改为2628款中央处理供销社挂账补贴，下设262801项处理供销社挂账本金消化款、262802项处理供销社挂账利息补贴款。(7)将2629款处理供销社新增挂账补贴修改为2629款地方处理供销社挂账补贴。下设262901项处理供销社挂账本金消化款、262902项处理供销社挂账利息补贴款。(8)将2631款国家化肥淡季商业储备利息费用补贴下设263101项中央化肥淡季商业储备利息费用补贴、263102项地方化肥淡季商业储备利息费用补贴。(9)删去了6109款出口退税欠款贴息支出，增设了6109款外经贸发展专项支出。(10)在6601款一般预算补助支出下增设660111项民族地区转移支付补助支出和660112项缓解县乡困难转移支付补助支出。三、在基金预算收支科目中增设了8410款南水北调工程基金收入、南水北调工程基金支出。删去了8014款碘盐基金收入、碘盐基金支出。

2007年，财政部、国家税务总局、中国人民银行《关于做好政府收支分类改革工作的通知》，为进一步改革和完善政府预算管理制度，建立和完善公共财政体制，促进从源头上治理腐败和社会主义民主政治建设，经国务院批准，对原政府预算收支科目进行重大改革，新的政府收支分类科目定于2007年全面实施。

改革的主要内容：一是对政府收入进行统一分

类,全面、规范、细致地反映政府各项收入,同时,全面反映政府收入的来源和性质,不仅包括预算内收入,还包括预算外收入、社会保险基金收入等应属于政府收入范畴的各项收入。二是建立支出功能分类体系,更加清晰地反映政府各项职能活动。支出功能分类设类、款、项三级,分别为17类、172款和1152项,类级科目综合反映政府职能活动,款级科目反映为完成某项政府职能所进行的某一方面的工作,项级科目反映为完成某一方面的工作所发生的具体支出事项。

改革后的政府收支分类体系由“收入分类”“支出功能分类”“支出经济分类”三部分构成。

(一)收入分类

1. 税收收入

分设20款:增值税、消费税、营业税、企业所得税、企业所得税退税、个人所得税、资源税、固定资产投资方向调节税、城市维护建设税、房产税、印花税、城镇土地使用税、土地增值税、车辆使用和牌照税、船舶吨税、车辆购置税、关税、耕地占用税、契税、其他税收收入。(在当年财政决算报表中增加了烟叶税科目)

2. 社会保险基金收入

分设6款:基本养老保险基金收入、失业保险基金收入、基本医疗保险基金收入、工伤保险基金收入、生育保险基金收入、其他社会保险基金收入。

3. 非税收入

分设8款:政府性基金收入、专项收入、彩票资金收入、行政事业性收费收入、罚没收入、国有资本经营收入、国有资源(资产)有偿使用收入、其他收入。

4. 贷款转贷回收本金收入

分设4款:国内贷款回收本金收入、国外贷款回收本金收入、国内转贷回收本金收入、国外转贷回收本金收入。

5. 债务收入

分设2款:国内债务收入、国外债务收入。

6. 转移性收入

分设8款:返还性收入、财力性转移支付收入、专项转移支付收入。政府性基金转移支付收入、彩票公益金转移收入、预算外转移收入、上年结余收入、调入资金。

(二)支出功能分类

1. 一般公共服务

分设32款:人大事务、政协事务、政府办公厅(室)及相关机构事务、发展与改革事务、统计信息事务、财政事务、税收事务、审计事务、海关事务、人事事务、纪检监察事务、人口与计划生育事务、商贸事务、知识产权事务、工商行政管理事务、食品和药品监督管理事务、质量技术监督与检验检疫事务、国土资源事务、海洋管理事务、测绘事务、地震事务、气象事务、民族事务、宗教事务、港澳台侨事务、档案事务、共产党事务、民主党派及工商联事务、群众团体事务、彩票事务、国债事务、其他一般公共服务支出。

2. 外交

分设8款:外交管理事务、驻外机构、对外援助、国际组织、对外合作与交流、对外宣传、边界勘探联检、其他外交支出。

3. 国防

分设3款:现役部队及国防后备力量、国防动员、其他国防支出。

4. 公共安全

分设10款:武装警察、公安、国家安全、检察、法院、司法、监狱、劳教、国家保密、其他公共安全支出。

5. 教育

分设10款:教育管理事务、普通教育、职业教育、成人教育、广播电视教育、留学教育、特殊教育、教师进修及干部继续教育、教育附加及基金支出、其他教育支出、

6. 科学技术

分设9款:科学技术管理事务、基础研究、应用研究、技术研究与开发、科技条件与服务、社会科学、科学技术普及、科学交流与合作、其他科学技术支出。

7. 文化体育与传媒

分设6款:文化、文物、体育、广播影视、新闻出版、其他文化体育与传媒支出。

8. 社会保障和就业

分设17款:社会保障与就业管理事务、民政管理事务、财政对社会保险基金的补助、补充全国社会保障基金、行政事业单位离退休、企业关闭破产补助、就业补助、抚恤、退役安置、社会福利、残疾人事业、城市居民最低生活保障、其他城镇社会救济、农村社会救济、自然灾害生活救助、红十字事业、其他社会保障和就业支出。

9. 社会保险基金支出

分设6款:基金养老保险基金支出、失业保险基金支出、基本医疗保险基金支出、工伤保险基金支出、生育保险基金支出、其他社会保障和就业支出。

10. 医疗卫生

分设10款:医疗卫生管理事务、医疗服务、社区

卫生服务、医疗保障、疾病预防控制、卫生监督、妇幼保健、农村卫生、中医药、其他医疗卫生支出。

11. 环境保护

分设10款:环境保护管理事务、环境监测与监察、污染防治、自然生态保护、天然林保护、退耕还林、风沙荒漠治理、退牧还草、已垦草原退耕还草、其他环境保护支出。

12. 城乡社区事务

分设10款:城乡社区管理事务、城乡社区规划与管理、城乡社区公共设施、城乡社区住宅、城乡社区环境卫生、建设市场管理与监督、政府住房基金支出、国有土地使用权出让金支出 、城镇公用事业附加支出、其他城乡社区事务支出。

13. 农林水事务

分设7款:农业、林业、水利、南水北调、扶贫、农业综合开发、其他农林水事务支出。

14. 交通运输

分设4款:公路水路运输、铁路运输、民用航空运输、其他交通运输支出。

15. 工业商业金融等事务

分设18款:采掘业、制造业、建筑业、电力、信息产业、旅游业、涉外发展、粮油事务、商业流通事务、物资储备、金融业、烟草事务、安全生产、国有资产监管、中小企业事务、可再生能源、能源节约利用、其他工业商业金融等事务支出。

16. 其他支出

分设4款:预备费、年初预留、住房改革支出、其他支出。

17. 转移性支出

分设8款:返还性支出、财力性转移支付、专项转移支付、政府性基金转移支付、彩票公益金转移支付、预算外转移支付、调出资金、年终结余。

(三)支出经济分类:

1. 工资福利支出

分设7款:基本工资、津贴补贴、奖金、社保保障缴费、伙食费、伙食补助费、其他工资福利支出。

2. 商品服务支出

分设30款:办公费、印刷费、咨询费、手续费、水费、电费、邮电费、取暖费、物业管理费、交通费、差旅费、出国费、维修(护)费、租赁费、会议费、培训费、招待费、专用材料费、装备购置费、工程建设费、作战费、军用油料费、军队其他运行维护费、被装购置费、专用燃料费、劳务费、委托业务费、工会经费、福利费、其他商品和服务支出。

3. 对个人和家庭的补助

分设14款:离休费、退休费、退职(役)费、抚恤金、生活补助、救济费、医疗费、助学金、奖励金、生产补贴、住房公积金、提租补贴、购房补贴、其他对个人和家庭的补助支出。

4. 对企事业单位的补贴

分设4款:企业政策性补贴、事业单位补贴、财政贴息、其他对企业事业单位的补贴支出。

5. 转移性支出

分设2款:不同级政府间转移性支出、同级政府间转移性支出。

6. 赠与

分设2款:对国内的赠与、对国外的赠与。

7. 债务利息支出

分设6款:国库券付息、向国家银行借款付息、其他国内借款付息、向国外政府借款付息、向国际组织借款付息、其他国外借款付息。

8. 债务还本支出

分设2款:国内债务还本、国外债务还本。

9. 基本建设支出

分设9款:房屋建筑物购建、办公设备购置、专用设备购置、交通工具购置、基础设施建设、大型修缮、信息网络购建、物资储备、其他基本建设支出。

10. 其他资本性支出

分设9款:房屋建筑物购建、办公设备购置、专用设备购置、交通工具购置、基础设施建设、大型修缮、信息网络购建、物资储备、其他资本性支出。

11. 贷款转贷及产权参股

分设6款:国内贷款、国外贷款、国内转贷、国外转贷、产权参股、其他贷款转贷及产权参股支出。

12. 其他支出

分设5款:预备费、预留、补充全国社会保障基金、未划分的项目支出、其他支出。

2008年,与《2007年政府收支分类科目》相比,《2008年政府收支分类科目》的体系、涵盖范围未作调整,仅就部分具体科目及其说明作了适当修改、补充。同时增加了烟叶税科目。

2009年,政府收支分类科目与上年度相比体系设置、涵盖范围未作调整,仅就部分具体科目及说明作了适当修改、补充。

2010年政府收支分类科目在上年的基础上作了以下内容的调整:

1. 取消或细化了政府性基金科目

一是删去煤代油基金、下放港口以港养港收入、对外承包工程保函风险专项资金、农业发展基金、林业基金、灌溉水源灌排工程补偿费收支科目。二是根据相关基金使用管理办法,并结合原基金支出科目设置情况,细化基金支出科目。

2. 为准确反映政府职能,相应调整有关科目

一是根据医药卫生体制改革方案,重新设置210类"医疗卫生",分设"医疗卫生管理事务""公立医院""基层医疗卫生机构""公共卫生""医疗保障"等科目,以全方面反映医疗卫生支出情况。二是根据全国人大批准的《2008年全国预算执行情况和2009年全国预算执行情况和2009年全国预算(草案)》中"2009年中央对地方税收返还和转移支付预算表",将原转移性收支类02款"财力性转移收入(支付)"修改为"一般性转移收入(支付)"。分设01项"体制补助收入(支出)"、02项"均衡性转移支付收入(支出)等科目。三是按政府在金融监管等事务方面的职能支出情况,将原217类"金融监管支出"名称修改为"金融监管等事务支出",分设金融部门行政支出、金融监管、金融调控、金融发展、农村金融发展等款级科目,并细化至项级。

3. 其他科目调整

一是根据《财政部、中国人民银行关于将全国性及中央部门和单位预算外行政事业性收费纳入预算管理的通知》规定,调整了有关收费和基金科目。二是为与细化后的地方教育附加(基金)科目设置方式一致,对一般预算管理的"教育费附加支出"科目进行细化。三是根据国务院有关文件,增设了一些支出项级科目。如为推进减轻农业用水负担综合改革,在21301款"农业"下新增46项"实施减轻农业用水负担综合改革补助"。

《2011年政府收支分类科目》在2010年的基础上主要调整了以下内容:

1. 按照预算外资金管理的收入纳入预算管理的有关规定,删除了全部预算外收入科目,增设了政府性基金和教育收费科目,并调整了有关支出功能科目

2. 单设储备类支出类级科目

为集中反映储备类支出,将分散在"商业服务业等事务"和"粮油物资储备管理事务"两个类科目下反映的带有储备性质的科目调出,单独增设一个223类"储备事务支出"科目下设 "能源储备""粮油储备"和"重要商品储备"3个款级科目及若干个项级科目。

3. 拆分共产党事务科目

为满足预算管理和信息公开的需要,将201类27款"共产党事务"拆分为党委办公厅(室)及相关机构事务、组织事务、宣传事务、统战事务、其他共产党事务支出、其他一般公共服务支出等6个款级科目,在各款级科目下分设"行政运行""一般行政管理事务"和"机关服务"等项级科目。

4. 增设了款级科目集中反映政府性基金支出

根据政府性基金预算编制和管理的需要,对育林基金,森林植被恢复费等只设置了支出项级科目的政府性基金,统一增设款级支出科目,以便反映一项基金的整体支出情况。

5. 将行政单位离退休支出全部集中到一个大类下反映

按照将同类性质支出进行适当归并的原则,对208类05款01项"行政单位离退休"科目修改为"归口管理的行政单位离退休"同时增加208类05款04项"未归口管理的行政单位离退休",反映原散落在其他类、款、项级科目下的未归口管理的行政单位离退休支出,将行政单位离退休支出统一在208类05款"行政事业单位离退休"款级科目反映。

6. 细化了车辆购置税科目

将原"车辆购置税支出"项级科目提升为款级科目,下设5个项级科目,分别为"车辆购置税用于公路等基础设施建设支出""车辆购置税用于农村公路建设支出""车辆购置税用于老旧汽车报废更新补贴支出""车辆购置税用于地震灾后恢复重建的支出"和"车辆购置税其他支出"。

7. 增设国有资本经营预算收支科

8. 调整了部分支出科目名称

对部分政府性基金预算支出科目和专项收入对应的支出科目名称进行了规范,将"地方教育附加支出""草原植被恢复费支出"等科目的名称调整为"地方教育附加安排的支出""草原植被恢复费安排的支出"等。

2012年政府收支分类科目在2011年政府收支分类科目的基础上进行了修订。修订的内容详见后表。

2012 年科目修订情况

一、收入分类科目

表 4－10

2011 年政府收支分类科目						修订情况	2012 年政府收支分类科目					
类	款	项	目	科目名称	科目说明		类	款	项	目	科目名称	科目说明
101	04	33	11	广发银行股份有限公司所得税		修改科目名称	101	04	33	11	广发银行股份有限公司所得税	
101	05	32	04	广东发展银行股份有限公司所得退税		修改科目名称	101	05	32	04	广东发展银行股份有限公司所得税退税	
101	14	01		车船税	反映按《中华人民共和国车船税暂行条例》征收的车船税	修改科目说明	101	14	01		车船税	反映按《中华人民共和国车船税法》征收的车船税
	—	—		—	—	新增	101	17	01	01	进口关税	中央收入科目。反映海关按《中华人民共和国进出口关税条例》征收的除特定区域进口自用物资关税外的进口关税
	—	—		—	—	新增	101	17	01	02	出口关税	中央收入科目。反映海关按《中华人民共和国进出口关税条例》征收的出口关税
	—	—		—	—	新增	102	09	—	—	城镇居民养老保险基金收入	中央和地方共用收入科目。反映城镇居民养老保险基金的政府补贴和个人缴费等收入
103	01	04		山西省电源基地建设基金收入		删除	—	—				
103	01	07		福建省铁路建设附加费收入		删除	—	—				
103	01	28		江苏省地方教育基金收入		删除	—	—				

续表 4－10－1

2011 年政府收支分类科目						修订情况	2012 年政府收支分类科目					
类	款	项	目	科目名称	科目说明		类	款	项	目	科目名称	科目说明
103	01	41		山西省水资源补偿费收入		删除	—	—		—	—	
103	01	43		政府住房基金收入	地方收入科目	修改科目说明	103	01	43		政府住房基金收入	中央与地方共用收入科目
103	01	48	01	土地出让价款收入	反映以招标、拍卖、挂牌和协议方式出让国有土地使用权所确定的成交价款，扣除财政部门已经划转的国有土地收益基金和农业土地开发资金后的余额	修改科目说明	103	01	48	01	土地出让价款收入	反映以招标、拍卖、挂牌和协议方式出让国有土地使用权所确定的成交价款，扣除财政部门已经划转的国有土地收益基金和农业土地开发资金后的余额。按规定计提教育资金，农田水利建设资金后，该科目发生额需相应调减
	—	—		—	—	新增	103	01	48	04	教育资金收入	反映从土地出让收益中计提的教育资金
	—	—		—	—	新增	103	01	48	05	农田水利建设资金收入	反映从土地出让收益中计提的农田水利建设资金
103	01	65	02	认证费		删除	—	—		—	—	
103	01	65	04	涉外（台）经济贸易争议调解费		删除	—	—		—	—	
	—	—		—	—	新增	103	02	02	01	三峡电站水资源费收入	中央与地方共用收入科目
	—	—		—	—	新增	103	02	02	99	其他水资源费收入	中央与地方共用收入科目
103	04	01	07	往来港澳小型船舶查验簿收费		删除	—	—		—	—	
103	04	08	02	税务登记证工本费		删除	—	—		—	—	
103	04	09	03	施封锁成本费		删除	—	—		—	—	
103	04	19	02	科学技术档案信息资源收费		删除	—	—		—	—	

续表 4－10－2

2011 年政府收支分类科目						修订情况	2012 年政府收支分类科目					
类	款	项	目	科目名称	科目说明		类	款	项	目	科目名称	科目说明
103	04	22	01	ATA 单证册收费	中央与地方共用收入科目	修改科目说明	103	04	22	01	ATA 单证册收费	中央收入科目
103	04	26	02	音像制品防伪标识费		删除	—	—		—	—	
103	04	27	01	中小学阅读图书评审费		删除	—	—		—	—	
103	04	33	04	城市排水设施有偿使用费		删除	—	—		—	—	
103	06	04	98	其他国有资本预算企业清算收入		修改科目名称	103	06	04	98	其他国有资本经营预算企业清算收入	
	—	—		—	—	新增	103	06	04	99	其他清算收入	中央与地方共用收入科目
	—	—		—	—	新增	105	02	04	01	地方向外国政府借款收入	反映地方政府通过中央政府直接转贷或委托银行转贷向外国政府借款的收入
	—	—		—	—	新增	105	02	04	02	地方向国际金融组织借款收入	反映地方政府通过中央政府直接转贷或委托银行转贷向国际金融组织借款的收入
	—	—		—	—	新增	110	02	26		重点生态功能区转移支付收入	反映下级政府收到的上级政府的重点生态功能区转移支付收入
110	03	22		粮油物资管理事务		修改科目名称	110	03	22		粮油物资储备事务	
110	03	23		储备事务		删除	—	—		—	—	
110	08	01		一般预算上年结余收入	反映一般预算资金的上年结余	修改科目名称和说明	110	08	01		公共财政预算上年结余收入	反映公共财政预算资金的上年结余
110	09	01		一般预算调入资金	反映从其他预算调入一般预算的资金	修改科目名称和说明	110	09	01		公共财政预算调入资金	反映从其他预算调入公共财政预算的资金

二、支出功能分类科目

续表 4－10－3

2011 年政府收支分类科目					修订情况	2012 年政府收支分类科目				
类	款	项	科目名称	科目说明		类	款	项	科目名称	科目说明
201	06	04	预算编制业务	反映财政部门用于预算编制方面的支出	修改科目名称和说明	201	06	04	预算改革业务	反映财政部门用于预算改革方面的支出
205	11		江苏省地方教育基金支出		删除	—	—			
	—	—			新增	208	03	07	财政对城镇居民养老保险基金的补助	反映财政对城镇居民养老保险基金的补助支出
	—	—			新增	208	04	02	用公共财政预算补充基金	反映用公共财政预算补充全国社会保障基金的支出
208	04	99	用其他财政资金补充基金	反映用除国有股减持收入以外的其他财政资金补充全国社会保障基金的支出	修改科目说明	208	04	99	用其他财政资金补充基金	反映除用公共财政预算、国有资本经营预算和彩票公益金以外的其他财政资金补充全国社会保障基金的支出
208	05	01	归口管理的行政单位离退休	反映实行归口管理的行政单位开支的离退休经费	修改科目说明	208	05	01	归口管理的行政单位离退休	反映实行归口管理的行政单位（包括实行公务员管理的事业单位）开支的离退休经费
208	05	04	未归口管理的行政单位离退休	反映未实行归口管理的行政单位开支的离退休支出	修改科目说明	208	05	04	未归口管理的行政单位离退休	反映未实行归口管理的行政单位（包括实行公务员管理的事业单位）开支的离退休经费
208	12		城市居民最低生活保障	反映财政对城市居民最低生活保障对象的救济支出	修改科目说明	208	12		城市居民最低生活保障	反映对城市居民最低生活保障对象的救助支出
208	12	01	城市居民最低生活保障	反映财政对城市居民最低生活保障对象的救济支出	修改科目名称和说明	208	12	01	城市居民最低生活保障金支出	反映城市居民最低生活保障金支出
	—	—			新增	208	12	02	城市居民最低生活保障对象临时补助	反映对城市居民最低生活保障对象的价格补贴、节日补助等临时或者一次性补助支出

续表 4-10-4

2011 年政府收支分类科目					修订情况	2012 年政府收支分类科目				
类	款	项	科目名称	科目说明		类	款	项	科目名称	科目说明
208	13		其他城镇社会救济	反映除城市居民最低生活保障之外，用于城镇贫困人员基本生活保障的其他支出	修改科目名称和说明	208	13		其他城市生活救助	反映除城市居民最低生活保障之外，用于城市贫困人员基本生活救助的其他支出
208	13	99	其他城镇社会救济支出	反映用于城镇临时救济，归侨、外侨人员生活救济等方面支出	修改科目名称和说明	208	13	99	其他城市生活救助支出	反映用于城市临时救助，归侨，外侨人员生活救助等方面支出
208	17		农村最低生活保障	反映用于农村最低生活保障方面的支出	修改科目说明	208	17		农村最低生活保障	反映对农村最低生活保障对象的救助支出
208	17	01	农村最低生活保障	反映用于农村最低生活保障方面的支出	修改科目名称和说明	208	17	01	农村最低生活保障金支出	反映农村最低生活保障金、支出
	—	—			新增	208	17	02	农村最低生活保障对象临时补助	反映对农村最低生活保障对象的价格补贴、节日补助等临时或者一次性补助支出
208	18		其他农村社会救济	反映农村五保户及其他用于农村社会救济方面的支出	修改科目名称和说明	208	18		其他农村生活救助	反映农村五保供养对象及其他用于农村生活救助方面的支出
208	18	01	五保供养	反映用于农村五保供养对象的救济支出	修改科目名称和说明	208	18	01	农村五保供养	反映用于农村五保供养对象的救助支出
208	18	99	其他农村社会救济支出	反映除上述项目以外其他用于农村社会救济方面的支出	修改科目名称和说明	208	18	99	其他农村生活救助支出	反映除上述项目以外其他用于农村生活救助方面的支出
	—	—			新增	209	09		城镇居民养老保险基金支出	反映城镇居民养老保险基金支出
212	08	08	农村中小学危旧房改造支出	反映土地出让收入用于农村中小学危旧房改造等支出	修改	212	08	08	教育资金安排的支出	反映从土地出让收益中计提的教育资金安排的支出
	—	—			新增	212	08	12	农田水利建设资金安排的支出	反映从土地出让收益中计提的农田水利建设资金安排的支出

续表 4－10－5

2011年政府收支分类科目					修订情况	2012年政府收支分类科目				
类	款	项	科目名称	科目说明		类	款	项	科目名称	科目说明
212	12		新增建设用地有偿使用费安排的支出		修改科目名称	212	12		新增建设用地土地有偿使用费安排的支出	
213	03	14	防汛	反映防汛业务支出。有关事项包括防汛物资购置管护，防汛通信设施设备、网络系统、车船设备运行维护，防汛值班、水情报汛、防汛指挥系统运行维护、水毁修复以及防汛组织（如防汛预案编制、检查、演习、宣传、培训、会议等），汛期调用民工及劳动保护，灾后重建，退田还湖，蓄滞洪区补偿、水情、雨情、决策支持，视频会商等	修改科目说明	213	03	14	防汛	反映防汛业务支出。有关事项包括防汛物资购置管护，防汛通信设施设备、网络系统、车船设备运行维护、防汛值班、水情报汛、防汛指挥系统运行维护、水毁修复以及防汛组织（如防汛预案编制、检查、演习、宣传、培训、会议等），汛期调用民工及劳动保护，水利设施灾后重建，退田还湖，蓄滞洪区补偿、水情、雨情、决策支持，防汛视频会商，山洪灾害防治等
213	03	15	抗旱	反映抗旱业务支出，对各级抗旱服务组织的补助以及抗旱设施设备的运行维护、应急水源建设等支出	修改科目说明	213	03	15	抗旱	反映抗旱业务支出。有关事项包括旱情检测及报旱，抗旱预案编制修订，抗旱物资购置管护，抗旱设施设备运行维护，抗旱应急水源建设以及对各级抗旱服务组织的补助等
	—	—			新增	213	03	22	水利安全监督	反映水利系统纳入预算管理的事业单位开展水利安全生产监督和水利建设项目稽查业务支出
213	65		山西省水资源补偿费安排的支出		删除	—	—			
214	65		福建省铁路建设附加费安排的支出		删除	—	—			
215	04	15	山西省电源基地建设基金支出		删除	—	—			

续表 4-10-6

2011 年政府收支分类科目					修订情况	2012 年政府收支分类科目				
类	款	项	科目名称	科目说明		类	款	项	科目名称	科目说明
220	01	09	国土资源大调查	反映国土资源大调查工作支出	修改科目名称和说明	220	01	09	国土资源调查	反映国土资源调查工作支出
	—	—			新增	220	99		其他国土资源气象等事务支出	反映除上述项目以外其他用于国土资源气象等事务方面的支出
222	—	—	粮油物资管理事务	反映用于粮油物资储备管理事务方面的支出	修改科目名称和说明	222	—	—	粮油物资储备事务	反映粮油物资储备事务方面的支出
	—	—			新增	222	03		能源储备	反映国家能源储备的有关支出
	—	—			新增	222	04		粮油储备	反映国家粮油储备的有关支出
	—	—			新增	222	05		重要商品储备	反映除能源、粮油项目以外的其他重要商品物资储备支出
223	—	—	储备事务支出		删除	—	—			
	—	—			新增	228	07	01	地方向外国政府借款还本	反映地方政府用于归还向外国政府借款本金所发生的支出
	—	—			新增	228	07	02	地方向国际金融组织借款还本	反映地方政府用于归还向国际金融组织借款本金所发生的支出
228	09		国外债务付息	反映用于偿付国外债务利息所发生的支出	修改科目说明	228	09		国外债务付息	反映用于偿付国外债务利息（含管理费）所发生的支出
	—	—			新增	228	09	01	中央向外国政府借款付息	反映中央政府用于偿还外国政府借款利息（含管理费）所发生的支出
	—	—			新增	228	09	02	中央向国际金融组织借款付息	反映中央政府用于偿还国际金融组织借款利息（含管理费）所发生的支出

续表 4－10－7

2011 年政府收支分类科目					修订情况	2012 年政府收支分类科目				
类	款	项	科目名称	科目说明		类	款	项	科目名称	科目说明
	—	—			新增	228	09	03	地方向外国政府借款付息	反映地方政府用于偿还外国政府借款利息（含管理费）所发生的支出
	—	—			新增	228	09	04	地方向国际金融组织借款付息	反映地方政府用于偿还国际金融组织借款利息（含管理费）所发生的支出
229	60	02	用于社会福利的彩票公益金支出	反映彩票公益金资助社会福利（含残疾人事业）和社会救助方面的支出	修改科目说明	229	60	02	用于社会福利的彩票公益金支出	反映用于社会福利和社会救助的彩票公益金支出
229	60	09	用于地震灾后恢复重建的彩票公益金支出		删除	—	—			
					新增	229	99	51	其他国有资本经营预算支出	反映国有资本经营预算不能划分到具体功能科目的其他支出项目
					新增	230	02	26	重点生态功能区转移支付支出	反映上级政府对下级政府的重点生态功能区转移支付支出
230	03	22	粮油物资管理事务		修改科目名称	230	03	22	粮油物资储备事务	
230	03	23	储备事务		删除					
230	08	01	一般预算调出资金	反映从一般预算中调出的资金	修改科目名称和说明	230	08	01	公共财政预算调出资金	反映从公共财政预算中调出的资金
230	09	01	一般预算年终结余	反映一般预算收支年终形成的结余	修改科目名称和说明	230	09	01	公共财政预算年终结余	反映公共财政预算收支年终形成的结余

三、支出经济分类科目

续表 4－10－8

2011 年政府收支分类科目					2012 年政府收支分类科目			
类	款	科目名称	科目说明		类	款	科目名称	科目说明
302	22	军用油料费	反映军队(含武警)军事装备的油料费支出。其他交通支出列入交通费	修改科目说明	302	22	军用油料费	反映军队(含武警)军事装备的油料费支出
302	39	其他交通工具运行维护	反映单位除公务用车外的其他各类交通工具(如船舶、飞机)燃料费、维修费、过桥过路费、保险费、安全奖励费用等支出	修改科目名称和说明	302	39	其他交通费用	反映单位除公务用车运行维护费以外的其他交通费用。如飞机、船舶等的燃料费、维修费、过桥过路费、保险费、出租车费用等
307	04	向国外政府借款付息		修改科目名称	307	04	向外国政府借款付息	
309	19	其他交通工具购置	反映单位除公务用车外的其他各类交通工具(如船舶、飞机)购置支出(含车辆购置税)	修改科目说明	309	19	其他交通工具购置	反映单位除公务用车外的其他各类交通工具(如船舶、飞机等)购置支出(含车辆购置税)
310	19	其他交通工具购置	反映单位除公务用车外的其他各类交通工具(如船舶、飞机),购置支出(含车辆购置税)	修改科目说明	310	19	其他交通工具购置	反映单位除公务用车外的其他各类交通工具(如船舶、飞机等)购置支出(含车辆购置税)

注:以上收支科目变更、调整、增补,主要是根据历年来国家预算收支科目及历年财政总决算制定的收支科目表整理,包括我省增补修订的部分预算收支科目。但在使用以上科目的过程中,乐安县主要根据抚州市财政局的布置并结合本县的具体情况而定

第三节　国家金库

国家金库是国家财政资金收支出纳机构,简称国库或金库。国家金库是国家财政预算工作的重要组成部分。国家预算的收入全部纳入国家金库,支出由国家金库拨付。国家金库的主要职责是:负责收纳各级收入款项;办理各级预算收入的划分和留解;办理各级预算支出的库款支拨;编报各级预算收入和库存情况的金库报表。国家金库,分为中央金库和地方金库。中央金库负责中央预算资金的收纳、划分、报解和支拨。地方金库负责办理各级地方预算资金的收纳、划分、报解和支拨。国家金库按组织结构划分为总金库、分金库、中心支库、支金库四级。新中国的金库工作,历年来委托中国人民银行代理。

中国金库制度在前清时代,政府收入都归各库保管,而支出依大清会典所规定,当时中央收入,不限于金钱尚有物品贡纳,故设置库藏,有户部所属银库、缎疋库、颜料库。各省有藩库、道库、府库、州库、县库及按察司库等9种。

清初,乐安县设置保管出纳财政收支款物的机

构称藩库、粮通库。咸丰年间设官钱局,办理本县金库事宜,宣统二年(1910)朝廷制定国库章程,在京师大清银行内设总库,各地方在大清银行分号内设支库,国库统归度支大臣管理,现款出纳保管事务委任大清银行掌理,国家岁入岁出各款,统由国库收纳支付。

民国元年(1912),财政部要求各地中国银行暂行代理国库现金出纳。9月,公布《国库计算暂行章程》,规定以银元为单位所收银两折算入账。由县财务委员会出纳组负责。

民国17年(1928),成立中央银行,经理国库特权,总行成立国库局,各地设立分支行办事处,附设分支库。江西省各县地方财政款项的出纳保管,民国初年由县财务委员会出纳组负责。1928年起,各县设立财政局,管理地方公款、公产收支保管事项。

民国22年(1933),江西省财政厅制订各县收支程序,规定县财政经收各种地方附加税款,累计数达500元以上,即应拨交县财务委员会出纳组核收;各机关请款由县政府审核后发出支付命令,送财务委员会出纳组付款。

民国24年(1935)6月21日,江西省政府制定《江西省各县分金库章程》及《各县金库收支保管暂行办法》。规定已设分金库各县撤销财委会出纳组,有关县地方一切收支保管事项,划归县金库办理。江西省金库在本县设立分金库办理预算经费收支报解及出纳等事宜。各县分金库委托江西裕民银行分支处代为办理,其经费由省库酌予补助。地方财政收入如田赋、契税附加、牙当税附加、屠宰税附加、县城房铺捐、学费收入、地方行政罚金等收入,均应填制缴款书缴库。县金库库款,由县政府支配,非经县政府发出支付命令,县金库不得付款。县金库应编制收支日、旬、月报表报县政府查核。

民国26年(1937)7月,江西省政府颁发《江西省县金库规则》及《江西省省县款收支程序》,于省会设金库、各县设省分金库兼县金库。未成立金库之县,所有省地方公款收支保管事务,由省财政厅指定邻县金库兼办,县地方公款收支保管事务,仍由该县财务委员会处理。全省共有县金库68所,另有33个县未设分金库,指定向就近19个县分金库领解款。

民国27年(1938)6月,国民政府正式公布《公库法》及《公库法施行细则》,于翌年1月执行。《公库法》规定,中央与地方政府的公库分别称为国库、省库、市库、县库,以同级财政机关为主管机关。公库存款按收入总存款,普通经费存款,特种基金存款分别存管。政府预算内、预算外一切收入,除依法归入特种基金存款以外,均归入收入总存款。一切经费依据预算或依法以紧急命令由收入总存款拨入普通经费存款或特种基金存款。拨付时,由公库主管机关会同主计机关通知知领机关,才能支取。收支数字由公库主管机关及公库逐日汇总报各该级主计机关及审计机关。同年 ,乐安县成立了“江西省裕民银行乐安办事处”,代行县公库职能。

民国31年(1942)10月,设在泰和(战时省政府驻地)的中央银行江西省分行代理江西分库,全省共建立70处县支库,其中60处为江西裕民银行代理。当年本县仍由裕民银行乐安办事处代理。

民国35年(1946)9月,江西裕民银行改组为江西省银行。江西省金库及县金库均委托省银行及其分支机构代理。乐安县亦设立江西省银行乐安办事处,并由其代理金库。

1949年6月,江西省人民政府成立,省财政厅于1949年9月拟定金库条例,各地陆续建立金库,10月,省人民政府公布实行《江西省金库暂行办法》,主要内容是:(1)财政厅委托人民银行代理金库,省分行设省金库,各支行设分库,各县办事处设支库。(2)一切地方财政收入均解缴当地金库逐日解拨省金库。(3)各级金库除根据省财政厅的通知付出款项外,其他机关不得动用金库款。(4)金库收纳解拨财政款项,不计息不收费。(5)分支金库向上级金库逐日编送分类收支报表,省金库向财政厅编送报表。

1949年9月16日,乐安县人民政府成立,同年11月,县人民政府财粮科接管了江西省银行乐安县办事处,同时成立了“乐安县金融队”,接管了乐安县金库。

1950年3月,政务院公布《中央金库条例》和《中央金库条例施行细则(草案)》,江西省人民政府通知全省各级财政部门、税务局、金库,严格贯彻执行,规定1950年1月1日起的一切收入均分别纳入国库与省库。中国人民银行江西省分行代理中央金库江西省分库,各县(市)支行代理中央金库支金库。当年初改组成立“中国人民银行乐安办事处”,同年3月,由办事处扩升为“中国人民银行乐安县支行”,代理中央金库支金库。

1951年实行中央、大区、省三级财政,执行中央财政部第一次修订的《中央金库条例施行细则》,省设省地方金库总库,各县市设省地方金库分库。同年9月,省人民政府制定《江西省县(市)地方金库暂行办法》及施行细则。暂行办法规定:(1)根据政务院之规定及县(市)财政之需要,设立江西省县(市)地方金库,县人民政府设县地方金库总库,不另设分支库,区乡款项一律由当地中央金库经收处代理。(2)县(市)金库由中国人民银行县支行代理,县(市)金库主任由县支行行长兼任。(3)县(市)一切地方财政收入款项均须由经收机关按照规定全部缴纳同级金库,各级经收机关一律不得坐支抵解及自行保管。(4)金库款之支配权统属于县(市)人民政府财政科(局),县市地方金库除依照各县(市)财政科(局)支付命令付款外,无权动用库款。(5)金库款之支拨应根据中央政务院财政经济委员会《货币管理实施办法》执行,不得直接支付现款。(6)县市人民政府对县(市)地方金库应负监督检查之责,除财政科(局)外,无权支配库款。(7)县(市)地方金库须将收支情况,按日按月向当地财政科(局)编造报告表。

1953年,实施财政部第二次修订的《中央金库条例施行细则》,同年4月,江西省财政厅、中国人民银行江西省分行联合发文修改原省颁发的县(市)地方金库施行细则。将前颁发之地方金库施行细则有关账务事项,收付手续,处理事项,金库报表进行修改。规定在大集镇设经收处。但入库收入仍以支库收纳的数额和时间为准,收入机关缴款单位与收款金库均以缴款书或收入统计表为记账根据。取消"暂付款"科目,设立往来和财政存款科目和账簿。报表改为收入统计表,财政存款余额表,收入月报,收入对账单。财政系统,企业系统的缴款,由金库编制对账单送收入机关核对;税务系统、农业税系统的缴款,由收入机关编制对账单送金库核对。

1954年,执行财政部第三次修订的《中央金库条例施行细则》,补充修改的主要内容有:支库以下普遍设立经收处;金库收纳款项最迟应于次日上午报解;支库对分成收入的划分,采用"分割制",对下级预算分成部分不作支出处理;明确各收入系统的机关为收入机关;收入统计表逐日累计改为按旬累计。同年3月,省财政厅、中央金库江西分库对库款收支等问题作补充规定:(1)自3月份起凡由省库通过银行拨补县市地方财政款项,其收款单位名称,一律改为县(市)地方金库,支库接到信拨结算凭证后,主动转入地方金库存款账户,以"省级预算补助收入"科目处理。(2)县(市)属单位预算机关支领库款原凭领款单位印鉴验付,改为今后拨付地方财政存款,支库除验对财政机关签发拨款书预留印鉴即凭以支付外,一律不另掌握单位领款印鉴。(3)县(市)地方库款如因拨付乡村机关经费或其他特殊用途,必须付现时,须经财政机关在支付命令上加盖"提付现金"字样戳记,金库始得付现。其余拨款,只限转账,不得直接支付现款。

1958年起,执行财政部第四次修订的《中央金库条例施行细则》,修改内容为:金库不设独立会计,金库财务作为银行财务的一部分,通过银行会计科目核算,企业收入缴款分为基层企业缴纳和主管部门集中缴纳两种。

1959年,江西省建立地区一级财政,相应成立地区一级金库。由当地人民银行中心支行办理,定名为中央金库某某中心支库,各县市支库均向所属地区中心支库报解。上下级金库应详细核对上解库款,库款支拨凭同级财政机关填发的拨款书办理。同年11月,财政部第五次修订《中央金库条例施行细则》,修订的要点是:年度终了时,支库设一个库款报解整理期,一般不得超过5天,即1月5日前,将所属经收处12月31日前所收款项并入上年收入报解。

1962年,执行财政部《关于严格收入退库管理的几项规定》,江西省作出补充规定:(1)收入退库必须由退库单位申请,经财政机关或主管收入机关审查批准,退给申请单位,财政机关和金库不得自行退库存储。(2)收入退库按财政体制规定的级次,从同级金库款中退付。(3)收入退库的范围:①因工作疏忽发生的技术性差错;②企业按计划缴库超过实际收入的部分;③经批准应弥补企业的亏损;④按国家政策法令需退库的收入。(4)批准退库的权限,按照有关规定及收入预算级次,由同级财政机关或收入机关审定办理。(5)各级金库应严格审查退库凭证,凡不符合规定的,有权拒绝退付,如与审批机关意见不一致,应报上一级财政机关和金库审定。

1963年11月,财政部第六次修订《中央金库条例施行细则》,主要补充规定:金库有权要求有关部门正确按照金库制度和国家预算管理制度办事,对违反制度的,有权提出意见拒绝执行,对零星小额税款的收纳,凡在农村集市市场零星小额税款,由税务机关自收汇款。

1964年,江西省财政厅、人民银行江西省分行规定严格企业收入退库审批制度:(1)企业多交、错交确实需要退库的,由同级财政部门审批。(2)计划内亏损指标退库的,由同级财政部门审批;计划外和超计划亏损退库,逐级报省扭亏领导小组批准。(3)季节性的亏损,先盈后亏并累计盈利的,由同级财政部门审批;属累计亏损的,报省扭亏领导小组批准。(4)由于处理积压物资和"三项"损失列入营业外损益，影响企业发生亏损的，由同级财政部门审批，并报上级财政部门备查。(5)关停企业的维护费必须编制年度计划，由同级财政部门审批，按月退库。(6)各项退库都必须由基层企业提出书面申请，经主管部门审核后再报批。

1968年，执行财政部军事管制委员会和中国人民银行关于改进金库制度的通知规定，收入统计表的月份累计数，只在月终报一次，各级预算收入对账单平时一律免报，改为年终编报一次。

1970年，省财政金融局规定专区金库工作要有专人负责，库款的报解由县(市)、专(市)逐级上解省分库。实行专区金库“定期报解”办法，每5天报解一次，财、税、库三方按月对账改为每季核对一次。收入库款实行年度划期，平时不再划期对账。

1971年，执行财政部第七次修订《中央金库条例施行细则》的新规定：支库及其经收处的报解，平时一般不超过5天，月终日扫数报解。

1972年5月，省财政金融局发出关于加强财政预算收入管理工作的通知，要求加强对财政收入和金库工作的领导，认真纠正误列预算收入级次和科目，坚持库款逐级汇总按期上划，防止积压。

1973年，省财政局、人民银行省分行对企业收入退库规定，预算内企业发生亏损和由于多交、错交等而要求退库的，经同级财政机关审查批准。对预算外企业亏损和其他名目要求退库的，金库应拒绝办理。

1975年，省财政局、人民银行江西省分行补充规定：地市县企业发生的超计划亏损，在省下达超计划亏损控制指标内，20万元以下的报地(市)审批。20万元以上的由地(市)审核汇总报省财政局审批，财政部门自已申请退库的，以及超出现规定退库范围的，一律先由地(市)审核报省财政局审批。

1978年，执行财政部第八次修订的《中央金库条例施行细则》，主要内容是：(1)中央金库即国库，分为总库、分库、中心支库、支库四级，省分库及其所属各级金库，既是中央金库的分支机构，也是地方金库。(2)金库工作是国家预算工作的重要组成部分，担负办理国家预算收支，反映国家预算执行情况的重要任务。(3)金库应准确及时地收纳国家预算收入，审查办理同级财政库款的支拨，反映和分析预算执行情况，协助财政、税务机关组织收入及时缴库，扣缴催收无效的税款和利润。(4)严格执行收入退库制度，加强收入退库的管理，各级财政机关不得自行申请，自已批准自已退库，自已存款。(5)没有分成上解任务的地方金库，应按本级收入编报分成收入计算表。同年12月，财政部重申严格执行1962年关于严格收入退库的各项制度，并补充规定：对国家预算收入不得坐支、挪用、拖延不交、中途截留、不得库外设库、化大公为小公。

1979年6月，江西省财政局与省人民银行联合通知进一步加强收入退库的管理。严禁计划外或超计划亏损退库；财政部门和主管部门不得预退企业亏损；财政部门应向金库提供亏损企业名单和计划亏损指标，否则金库应拒绝办理退库；各级财政部门、监交机关、国家金库对于不按规定办理退库的，一律拒绝办理。同时规定支库库款每天报解一次，收入较少的县，支库可以3天报解一次。

1980年，省财政厅规定各县(市)支库，不论有无上解任务，一律要编报“调剂收入划分计算表”。同年6月，省财政厅纠正各地退库提取超收奖励的办法。所需支付的资金，一律在各地预算中安排支出。

1985年7月，国务院颁布《中华人民共和国国家金库条例》，其主要内容是：(1)国家金库(简称国库)工作，由人民银行经理，国库设总库、分库、中心支库、支库四级，支库以下在专业银行基层机构设经收处，代理国库业务。各级国库的正副主任由各级人民银行正副行长兼任。国库实行垂直领导。(2)各级国库库款的支配权，分别属于同级财政机关，一级财政设立一级国库，中央金库乐安支库，同时改为国家金库乐安支库，规定财政在国库分设预算内、外两个账户。(3)一切预算收入全部缴入国库，任何单位不得截留、坐支或自行保管。收入的退付，严格按有关规定办理。(4)一切预算支出，国库凭各级财政机关的拨款凭证办理，在同级财政存款余额内拨付，只予转账，不支付现金。

1986年，江西省财政厅、人民银行江西省分行转发财政部和中国人民银行颁发的《中华人民共和国国家金库条例实施细则(试行)》，并作补充规定；县级人民银行机构尚未设置前，支库业务暂由专业银行办理(当时由工商银行办理)。各级财政机关都要在同级国库设立“地方财政存款”和“财政预算外存款”账户。财政部门的各种专项基金存款，一律通过财政总会计办理，不得库外设库，自立账户，财政机关需要在国库增设账户，须经上级财政机关和国库审查批准。同年，乐安县人民银行成立国库股，负责本县国库工作。

1987年，江西省财政厅，人民银行分行与各专业银行省分行联合发出进一步认真贯彻执行国库条例实施细则(试行)的通知，主要内容是：(1)认真填写缴款书杜绝差错。(2)国营企业所得税、调节税缴款书必须有6联,依次为收据、付款凭证、收款凭证、税收会计凭证、税务核销凭证、财政机关核查对账凭证,并及时分送有关单位。(3)对预算收入及时办理划转和报解,经收处所收库款不足300元的,可不逐日上划。企业支付款项实行"税、贷、货、利"的顺序办理。专业银行经收的待报解国库款,不得作为自己的资金来源使用,必须及时划缴入库,不得拖延、积压、挪用。凡不按规定时间解缴的,每逾期一天,按延压挪用资金的万分之三罚款。(4)严格按规定办理退库手续。

1989年12月13日,财政部、中国人民银行颁发《中华人民共和国金库条例实施细则》,共8章80条,从1990年1月1日起执行。同原有的规定比较,主要增加的内容有:(1)加强国库机构人员,明确规定县支库设国库股,专人负责,配备2~5人。(2)具体规定国库的基本职责和主要权限。(3)加强国库的会计核算工作,规定国库统一的会计科目、账簿、凭证和报表。(41)加强对库款支拨的审核,财政机关拨款凭证内容不完整,拨款用途不符合规定的,不得受理。(5)明确规定财政机关牵头定期举行财政、征收机关和国库的联席会议,及时互通情报,协调解决问题。据此规定,由县财政局牵头,建立财、税、库每季联席会议制度,组织辖内经收处开展业务竞赛,建立国库会计辅导制度,每年检查两次。中国人民银行江西省分行、省财政厅、省税务局补充规定:(1)对小额税款额度的规定。城镇居民和个体工商业户用现金缴纳的小额税款规定应不少于100元,由国库经收处收纳,不足100元的,由税务机构自收汇缴。有的地方财税库已经商定小额税款额度的,仍可继续执行,但不得高于省规定的额度。(2)关于预算收入的及时征缴问题。各级征收机关,国库及经收处应尽量为缴纳人、缴款单位提供方便,做好服务工作,及时办理预算收入征收、缴纳和划转,不得以任何借口拒收或延解积压,如有违反,处以万分之五的罚金。(3)准确填写和审核缴款科目和级次。(4)各级国库、经收处加强对国库缴款书的审核工作。对错级次、串科目及库款分成发生的错误,按谁错谁更正的原则及时办理。(5)国营企业所得税和国营企业调节税收入凭证,必须有一联随同收入日报表报送同级财政部门。(6)加强平时月份对账工作。

1990年,乐安县国库实行微机处理,软件采用上级《国家金库统一县(市)支库版本》,资金报解实行微机联网,大大缩短了国库资金的在途时间。

1994年,乐安县支库业务分为国家金库和地方金库,负责国家与地方财政收入的收纳报解业务。

1997年,乐安县支库设立记账、复核事后监督岗,并签订责任状。

1998年10月,中国人民银行、财政部、国家税务总局,下发《关于进一步加强国库监管工作的通知》。规定:(1)各级国库依法对预算资金的收纳、报解、入库、支拨、退付等事项实施监督管理。各级征收机关、各级国库必须遵守国家有关预算收入缴库规定,及时办理预算收入的缴库、收纳、报解、入库,不得延解、占压缴入国库的预算收入款。(2)各级财政、税务等预算收入征收部门依法征收的预算收入,必须及时缴入中央国库或地方国库,不得以任何方式延误收入入库工作。(3)各级国库要加强对金融机构办理国库经收业务的管理,对占压税款情况较为严重,经检查指出仍不纠正的,由人民银行当地分支国库部门取消其办理国库经收业务的资格。(4)征收、审计机关未经财政部门批准,不得将预算收入存入国库之外,设立过渡性账户,对违反规定设立的,要予以撤销。(5)各级国库在办理库款支拨时要严格审核拨款凭证,对凭证要素不全,擅自涂改,大小金额不符,拨款超过库存余额,印章不全不符等差错凭证应拒绝办理。(6)加强库款退付管理和监督,各级预算收入退库的审批权属本级政府的财政部门,预算收入退库,应退给申请单位或申请人,任何单位个人不得截留、挪用退库款项。税务机关从税款中计提的代征代扣税款费用,必须按照审批程序办理退库手续,不得自行从税款中抵扣。各级国库在办理退库和收入更正时,必须要有文件依据,有收入退还书,收入更正通知书等凭证。(7)财政部门要切实加强对预算收入对账的组织和监督工作,定期组织国库、征收机关与财政部门举行联席会议,加强相互之间协调、沟通工作。

1998年,中国人民银行、财政部、国家税务总局联合下发国库与财政、征收机关对账办法,共4章26条。规定各级国库与同级财政、征收机关,原则上按月、年进行对账。由财政、税务等有关对账单位,在3日内核对完毕签章后返回国库,在对账中坚持谁有差错谁更正的原则。各级国库应按日与会计部门核对"行库往来"账务。各级财政机关对预算收入对账工作负有组织和监督责任。财政机关应定期组织同级征收机关和国库召开对账工作联席会议,及时协调解决对账工作中存在的问题。

2001年3月,《财政部、中国人民银行关于转发〈国务院办公厅关于财政国库管理制度改革方案有关问题的通知〉的通知》,《财政国库管理制度改革方案》已经国务院第95次总理办公会议原则同意:建立以国库单一账户为基础、资金缴拨国库集中收付为主要形式的财政国库管理制度,有利于规范财政收支行为,加强财政收支管理监督,提高财政资金的使用效率,从制度上防范腐败现象的发生。3月,财政部、中国人民银行下发关于印发《财政国库管理制度改革试点方案》的通知转发《财政国库管理制度改革试点方案》规定:(1)建立国库单一账户体系:①财政部门在中国人民银行开设国库单一账户,按收入和支出设置分类账,收入账按预算科目进行明细核算,支出账按资金使用性质设立分账册。②财政部门按资金使用性质在商业银行开设零余额账户;在商业银行为预算单位开设零余额账户。③财政部门在商业银行开设预算外资金财政专户,按收入和支出设置分类账。④财政部门在商业银行为预算单位开设小额现金账户。⑤经国务院和省级人民政府批准或授权财政部门开设特殊过渡性专户(以下简称特设专户)。建立国库单一账户体系后,相应取消各类收入过渡性账户。预算单位的财政性资金逐步全部纳入国库单一账户管理。(2)规范收入收缴程序:①直接缴库程序。直接缴库的税收收入,由纳税人或税务代理人提出纳税申报,经征收机关审核无误后,由纳税人通过开户银行将税款缴入国库单一账户。直接缴库的其他收入,比照上述程序缴入国库单一账户或预算外资金财政专户。②集中汇缴程序。小额零散税收和法律另有规定的应缴收入,由征收机关于收缴收入的当日汇总缴入国库单一账户。非税收入中的现金缴款,比照本程序缴入国库单一账户或预算外资金财政专户。③规范收入退库管理。涉及从国库中退库的,依照法律、行政法规有关国库管理的规定执行。(3)规范支出拨付程序:支付程序。①财政直接支付程序。预算单位按照批复的部门预算和资金使用计划,向财政国库支付执行机构提出支付申请,财政国库支付执行机构根据批复的部门预算和资金使用计划及相关要求对支付申请审核无误后,向代理银行发出支付令,并通知中国人民银行国库部门,通过代理银行进入全国银行清算系统实时清算,财政资金从国库单一账户划拨到收款人的银行账户;财政直接支付主要通过转账方式进行,也可以采取"国库支票"支付。财政国库支付执行机构根据预算单位的要求签发支票,并将签发给收款人的支票交给预算单位,由预算单位转给收款人。收款人持支票到其开户银行入账,收费人开户银行再与代理银行进行清算。每日营业终了前由国库单一账户与代理银行进行清算;工资性支付涉及的各预算单位人员编制、工资标准、开支数额等,分别由编制部门、人事部门和财政部门核定;支付对象为预算单位和下级财政部门的支出,由财政部门按照预算执行进度将资金从国库单一账户直接拨付到预算单位或下级财政部门账户。②财政授权支付程序。预算单位按照批复的部门预算和资金使用计划,向财政国库支付执行机构申请授权支付的月度用款限额,财政国库支付执行机构将批准后的限额通知代理银行和预算单位,并通知中国人民银行国库部门。预算单位在月度用款限额内,自行开具支付令,通过财政国库支付执行机构转由代理银行向收款人付款,并与国库单一账户清算。(4)改革的配套措施:①进一步推进预算编制改革。参照国际通行做法并结合我国国情,改革政府收支分类,科学地反映各类财政收支活动,细化预算编制,全面推行部门预算制度,逐步使所有财政资金的支付建立在明晰的预算基础上,为顺利实施国库单一账户制度创造条件。②建立财政管理信息系统和国库管理操作系统,主要包括:预算编制系统和预算执行管理系统,保证预算资金的拨付符合预算安排和支出进度要求:收入管理系统,监控税收和非税收入征收情况;国库现金管理系统,及时反映国库每天的收支和平衡状况;国库收支总分类账系统,做到所有收支账目在一个系统中反映;债务管理系统,全面反映国债发行、偿还和余额情况。通过上述管理系统,使各类财政收支在国库单一账户体系中实现高效、安全运行。③建立健全现代化银行支付系统。要改变目前我国全国性电子化银行清算系统尚不完善的状况,逐步建立健全中国现代化支付系统,加快财政资金拨付的到账时间,提高国库单一账户清算业务的效率。④建立财政国库支付执行机构。借鉴国际通行做法,建立财政国库支付执行机构。适当充实中国人民银行国库部门人员。财政国库支付执行机构专门负责办理财政直接支付和国库现金管理的具体业务,并进行相关的会计核算和监督检查等工作。机构人员主要从预算单位现有财务人员中选派。⑤加强监督制约机制。财政部门要加强对预算单位资金使用的监督,认真审核预算单位资金使用计划和资金使用申请:建立健全财政国库支付执行机构的内部监督制约制度。财政国库部门要定期对财政国库支付执行机构的相关业务进行内部审计:中国人民银行国库部门要加强对代理财政支付清算业务的商业银行的监控,充分发挥中央银行对商业银行办理财政支付清算业务的监管作用:审计部门要结合财政国库管理制度的建立，进一步加强对预算执行情况的年度审计检查，促进政府部门和其他预算执行部门依法履行职责。通过建立和完善科学合理的监督制约机制，确保财政资金安全。

2002 年 6 月，财政部、中国人民银行印发《预算外资金收入收缴管理制度改革方案》的通知指出，根据国务院办公厅《关于财政国库管理制度改革方案有关问题的通知》和《财政部、中国人民银行关于印发〈财政国库管理制度改革试点方案〉的通知》的精神，制订《预算外资金收入收缴管理制度改革方案》，规范收入收缴程序，加强财政票据监管，强化预算外资金“收支两条线”管理，增强预算外资金收入收缴的透明度，从制度上防范腐败现象的发生。方案规定：(1)财政部门设立预算外资金财政专户。取消主管部门和所属执收单位设立的收入过渡性账户，由各级财政部门分别在代理银行总行或分支机构设立预算外资金财政专户(以下简称财政专户)。对于所属单位级次多、分布比较广的部门，可由财政部门委托代理银行为其所属的每个独立核算的执收单位设立预算外资金财政汇缴专户(以下简称财政汇缴专户)。财政专户用于记录、核算和反映预算外资金收支活动；按执收单位，分收入项目进行核算；与财政汇缴专户清算；向国库单一账户缴款以及拨付预算外资金。财政汇款专户只能用于执收单位预算外资金的收入收缴，不得用于执收单位的支出。已经建成财政管理信息系统的地方，在确保收入及时、足额缴入财政专户，并保证财政部门、执收单位、代理银行准确核对信息的基础上，可以不设置财政汇缴专户，通过代收银行网点将收入直接缴入财政专户。随着财政国库管理信息系统和银行支付系统的建立和完善，逐步取消财政部门为执收单位开设的财政汇缴专户，实现预算外资金收入直接缴入财政专户。(2)规范收入收缴程序，改革现行预算外资金收入由执收单位通过过渡性账户层层上解主管部门，再由主管部门汇总定期缴入财政专户或国库单一账户的收缴方式，实行直接缴库和集中汇缴，规范收入收缴程序。(3)健全票据管理体系。预算外资金收入来源中的行政事业性收费、政府性集资、以政府名义获得的各种捐赠收入等按照财务隶属关系使用财政部或省、自治区、直辖市财政部门统一监(印)制的票据。票据的印制、发放、使用、管理、核销等，按照省级以上财政部门的有关规定执行。预算外资金来源中按照财政部和国家税务总局规定需要纳税的，应使用省级以上税务部门统一监(印)制的税务发票。《非税收入一般缴款书》要纳入票据管理体系，其信息包含执收单位开票日期、缴款书编号、执收单位编码、组织机构代码、缴款人名称、收入项目编码、缴款金额等内容。《非税收入一般缴款书》式样由财政部会同中国人民银行统一制定，由中央和省级财政部门负责监(印)制，印制费用由中央和省级财政安排。(4)加强收入收缴监督管理。财政部门要加强对财政专户、财政汇缴专户以及票据的监督管理；财政部驻各地财政监察专员办事处要加强对中央部门和执收单位收缴情况的监督检查；各级主管部门及执收单位要严格按照国家规定，确保资金及时、足额缴入财政专户或财政汇缴专户；代理银行要按照国家有关规定和与财政部门签订的代理协议，及时办理预算外资金收入收缴、汇划清算和信息反馈业务；中国人民银行要加强对代理银行代理预算外资金收缴的汇划清算业务的监督管理。为规范和加强对财政性资金收入收缴的管理，已纳入预算管理但仍实行集中缴库的行政事业性收费、政府性基金和执罚单位罚没收入的收缴，可参照本方案执行。上述收入缴入财政专户后，由财政部门按规定在 10 日内划转国库单一账户。(5)改革的配套措施。①建立健全预算外资金收入收缴监管机制。财政部门要利用票据监控手段，加强对执收单位收缴行为的监督管理。同时，要建立健全收入收缴体系的监控机制，确保预算外资金及时、足额地缴入财政专户。②加快政府收支分类改革步伐。预算外资金收入收缴管理制度改革，要求逐步细化现有政府预算收支科目，并对其涵盖范围作适当调整，以全面、系统地反映政府各项收入活动，保证改革顺利实施。③加快财政管理信息系统和银行支付系统建设步伐。按照新的预算外资金收入收缴管理制度的要求，要尽快建立管理先进、操作可靠的财政管理信息系统和银行支付系统，为财政资金收缴、汇划清算的高效运作提供技术保障。2002 年 12 月，财政部、中国人民银行印发自 2003 年 1 月 1 日起施行的《国库存款计付利息管理暂行办法》规定：(1)国库存款计付利息利率，按现行中国人民银行规定的单位活期存款利率计付。利率发生调整时，按调整后的利率计付。(2)国库存款利息，分财政级次、按日库款余额(日积数)累计积数计算，按季结算利息。(3)各级财政机关应当加强对利息收入的使用管理。库款计息收入纳入各级财政预算，按照一般预算收入统筹安排使用，不得转为账外收入。应当支付的代理银行资金汇划手续费、代理业务费等相关费用，以及与财政国库管理制度改革相关的其他费用，通过各级财政预算安排，不与国库存款利息收入挂钩。

(4)各级财政机关在中国人民银行的国库存款利息,由中国人民银行直接计付;在商业银行、信用社代理国库的存款利息,由商业银行、信用社于结息日(每季度最后一月的20日,下同)后的次日向中国人民银行报送计息积数,中国人民银行据以计算并及时计付。(5)每季度的结息日,中国人民银行根据本结息期内各级财政库款的累计积数,按照规定的利率,计算应付各级财政的利息,并于次日向同级财政机关提供有关库款计息凭证等记账依据。代理国库业务的商业银行、信用社收到中国人民银行划付的国库存款利息后,应于次日向同级财政机关提供有关库款利息入账凭证等记账依据。(6)各级库款按季结息的收入,转增同级财政库款。各级财政机关根据有关库款计息凭证等记账依据,登记国库存款账。(7)中国人民银行各级国库应当及时向同级财政报送库款结存情况日报表,反馈有关信息,并接受同级财政机关对库款结存情况的查询与监督。(8)各级库款利息收入,在《2003年政府预算收支科目》中填列"一般预算收入科目"第71类"其他收入"第7101款"利息收入",用于反映各级财政国库存款计付的利息收入。(9)各级财政机关用于财政国库管理制度改革中资金支付和预算外资金等非税收入收缴的费用支出,在《2003年政府预算收支科目》中填列"一般预算支出科目"第16类"其他部门事业费"第1633款"财政事业费",用于反映实行国库集中收付制度改革中向代理财政国库集中收付业务的商业银行支付的资金汇划手续费、代理业务费等费用支出。(10)各级财政机关发现库款结存数额、库款计息积数、利息计算有误的,应及时通知中国人民银行各级国库办理更正。(11)各级财政机关应当规范和加强库款资金调度管理,按照正常的预算收支进度调度和使用资金。

2004年12月,财政部关于印发自2005年1月1日起施行《财政国库管理制度改革单位年终结余资金财务处理暂行规定》的规定:(1)设立"财政应返还额度"科目。在资产类(资金占用类)增设"财政应返还额度"科目(事业单位编号125,行政单位编号115,建设单位编号235)。财政直接支付年终结余资金财务处理时,借方登记单位本年度财政直接支付预算指标数与财政直接支付实际支出数的差额,贷方登记下年度实际支出的冲减数;财政授权支付年终结余资金财务处理时,借方登记单位零余额账户注销额度数,贷方登记下年度恢复额度数(如单位本年度财政授权支付预算指标数大于零余额账户用款额度下达数,借方需同时登记两者差额,贷方登记下年度单位零余额账户用款额度下达数)。(2)财政直接支付年终结余资金账务处理。行政事业单位、建设单位年终依据本年度财政直接支付预算指标数与当年财政直接支付实际支出数的差额作相关会计财务处理。

2006年10月,县人民政府下发《乐安县财政国库管理制度改革实施方案》,对财政内预算资金(包括转移支出,基建支出,各种专项资金,政府采购等)、纳入财政预算管理的政府性基金、纳入财政专户管理的非税收入,其他财政性资金(含各种往来款项和配套资金等)等所有财政性资金统一纳入国库单一账户体系管理,收入直接缴入国库或财政专户,支出通过国库单一账户直接支付到商品和劳务供应者或用款单位,形成"管钱的不拨款,拨钱的不花钱,花钱的不见钱"的资金管理模式。在基本不改变预算单位财务管理和会计核算权限的前提下,进一步增强了财政收支活动的透明度,实施了对财政资金收付全过程的有效监督管理。

2007年8月,乐安县财政局设立国库股,与局预算股合署办公。同年9月,财政部下发《关于深化地方国库集中收付制度改革的指导意见》,提出:(1)推进和深化国库集中支付改革。县级国库集中支付制度改革总体要求是,结合本地特点,积极创造条件,稳步推进。鉴于县级的基础条件、管理情况、技术水平差异很大,县级改革不搞统一模式。具备条件的县,可加快步伐,按规范化要求尽快实行国库集中支付制度;采用会计集中核算模式或向国库集中支付转轨的县,按照以下三项要求逐步规范。一是坚持以国库单一账户体系为基础,将会计核算中心的财政性资金账户改为零余额账户,实行先支付后清算,不得将资金实拨到会计核算中心账户沉淀。二是对一些具备条件的县,应当加快从会计集中核算向国库集中支付制度转轨;尚不具备条件的县,可因地制宜,采取适宜的过渡性措施,做好国库集中支付与会计集中核算的衔接。三是省级财政国库部门要按照积极引导、创造条件、督促推进的要求,制定县级改革规划,明确步骤,加强宣传,做好培训,建立有效的督查机制,促进县级改革健康发展。(2)推进和深化国库集中收缴改革。一是推进财税库银税收收入电子缴库横向联网,二是推进非税收入收缴管理改革。各地财政部门要按照《财政部、国家税务总局、中国人民银行关于印发〈财税库银税收收入电子缴库横向联网实施方案〉的通知》和《财政部、国家税务总局、中国人民银行关于印发〈财税库银税收收入电子缴库横向联网管理暂行办法〉的通知》,抓好横向联网工作。税收收入实行电子缴库，财政、税务、人民银行国库网络实行横向联网，建立联网信息系统，实行税款信息共享。横向联网初期，可暂时采取纳税人应税信息和税款入库信息由人民银行按照规定当日传送财政部门的方式。随着横向联网工作的推进，在办理税收收入电子缴库时，税务部门应将应税信息同时发送人民银行国库和财政部门，人民银行国库应将税款入库信息同时发送税务部门和财政部门。横向联网涉及面广，情况复杂，应当先行试点，分步实施。财政部门是横向联网工作的牵头单位，要与税务部门、人民银行国库分工负责，共同抓好组织实施工作。(3)建立健全预算执行动态监控机制。各地财政国库部门要逐步建立以国库单一账户体系为基础、以信息化技术为支撑的预算执行动态监控机制。要按照完善现代国库管理制度改革和预算执行监控功能的要求，逐步拓展预算执行动态监控范围，建立健全财政国库内部监控机制，保障财政国库体系安全运行；要将外部监控范围逐步扩大到实施财政国库管理制度改革的所有资金和单位，以及上级政府补助下级政府的专项转移支付资金，保障财政资金规范运行。要逐步完善预算执行动态监控运行机制，以实时动态监控为重点，建立起综合核查、动态监控信息披露、监控检查通报、处理整改相配合的监控运行机制，大力提升预算执行动态监控水平，充分发挥预算执行动态监控机制的威慑作用。要建立预算执行动态监控分析报告制度，对财政国库运行进行综合分析，反映预算执行管理存在的问题和成因，为加强和完善预算执行管理提供监督反映机制。(4)研究推进国库现金管理。国库现金管理直接关系到财政资金的安全性、流动性，敏感性强，风险防范及管理要求高，因此，务必稳妥扎实进行。一是抓紧培养人才，为国库现金管理的运作做好人力资源储备。二是研究建立国库现金收支基础数据库，建立资金收支分析预测体系，研究国库现金余额变动规律，对国库现金流量进行准确预测。三是研究建立国库现金管理风险控制和披露机制，按照合理分工和相互制约的原则，建立后台、中台、前台相互监督制约的风险管理体系。(5)进一步规范银行账户管理。财政国库部门作为银行账户的主管机构应当高度重视并切实抓好银行账户规范管理工作。一是确定零余额账户的定位，二是研究将预算单位实有资金账户(住房改革、党费、工会经费专用存款账户除外，下同)纳入国库单一账户体系管理，三是加强和规范财政资金专户管理，按照目前的零余额账户管理方式做好账户管理工作。(6)各级推行公务卡制度。建立公务卡制度，有利于减少现金支付结算、提高支付透明度和加强监控管理，是完善国库集中收付制度的重要措施。一是财政资金在公务消费前应保留在国库单一账户体系之内，不得脱离国库单一账户体系。二是实行公务卡要有利于强化预算执行动态监控，不能削弱监控管理。三是公务卡的使用要方便操作，提高效率，减少预算单位工作量。(7)推进财政直接支付的规范化管理。按照国务院批准的《财政国库管理制度改革方案》规定的支付程序和职责分工，规范财政直接支付业务，坚持财政直接支付业务的规范化操作程序，不得擅自改变财政部门、人民银行、代理银行(商业银行，下同)等相关主体的职责和财政直接支付业务流程。财政部门负责审核财政直接支付申请，并按照规定程序向代理银行签发支付指令，通知代理银行付款；代理银行要按照委托代理协议，根据财政部门签发的支付指令，及时、准确、快捷地办理资金支付，并按规定与中国人民银行及时办理资金清算业务；中国人民银行负责按照财政部门签发的汇总清算通知书，审核代理银行资金清算申请，及时、准确地与代理银行办理资金清算工作，监督代理银行代理财政性资金支付的有关业务。

2008 年 3 月，省财政厅下发《关于进一步加强国库工作组织保障和机构建设的通知》，强调国库工作：(1)统一观念，加强领导，全面强化财政国库组织保障：(2)健全职能，加强管理，加快完善国库管理运行机制；包括健全国库管理职能、强化专户国库归口管理、着力加强预算执行管理。(3)充实队伍，加强培训，深入推进国库干部队伍建设。7 月，省财政厅转发财政部《新型农村合作医疗补助资金国库集中支付管理暂行办法》规定，此项资金预算管理由各级财政社会保障、预算部门负责，国库部门负责新型农合补助资金的支付工作。12 月，省财政厅、国家税务局、地方税务局、人行南昌中心支行联合下发《江西省财税库银税收收入电子缴库横向联网实施方案》，规定通过财政部门、税务部门、国库间建立横向联网系统，在确保安全、准确、快捷、高效的前提下，实行税收收入电子缴库、实行财政部门、税务机关、国库间的信息共享。

2009 年 4 月，乐安县财政局国库股单独办公，确定配备工作人员 5 名，其中：股长 1 名，总预算会计 1 名，专户会计 3 名。股长当月到位，总预算会计同年 10 月到位。

2010 年 3 月，乐安县财政局下发《乐安县财政局关于县级财政资金收缴与拨付管理内部操作规程暂行办法的通知》,确定所有县级财政资金账户统一纳入国库单一账户体系管理,实行所有财政资金"统一管理、分账核算和统一调度";同年7月,乐安县财政局又下发《乐安县行政事业单位公务卡管理暂行办法》的通知,在全县全面推广公务卡制度改革;

2011年4月,乐安县财政局专项资金会计配备到位,从各专业股室接交专项资金账套共计40余套,国库股统一账务处理;同年6月,乐安县财政局下发《乐安县财政局关于清理整顿财政专户的实施方案》,明确财政国库管理机构是唯一持有和管理财政专户的职能部门,全面清理整顿全县财政资金专户,户名统一为乐安县财政局,县本级财政专户数量控制在35个以内。同年12月,乐安县财政局又下发《关于乡镇设立财政资金国库集中支付银行账户的通知》,确定县信用联社为乡镇财政资金国库集中支付代理银行。统一在各乡镇分别设立预算单位零余额账户及乡镇村级财务经费账户。

2012年5月,乐安县人民政府下发《关于转发乐安县预算单位银行账户清理工作实施方案》,决定对全县预算单位银行账户进行全面清理、整顿。共清理预算单位银行账户153个,撤销账户89个,保留64个。

第四节 预算执行

预算执行是各级财政部门实现收入、支出、平衡和监督过程的总称。把预算由计划变为现实的具体步骤,其内容是各级执行预算机关和单位对预算收入、预算支出和预算平衡的组织实施工作。

民国时期,逐步建立完善预算编审制度,县级预算编制后,要报省政府审查批准,再换编正式预算,经省政府批准后的预算要严格执行,非经法定程序核准,不得有所增减,预算成为法定数据。经省档案馆、图书馆提供民国各年度财政收支资料,均为预算资料,无系统的决算资料,这是民国时期财政资料的一个特点,应该说也是一个缺陷。

民国19年(1930),国民政府公布《民国19年度试办预算章程》,对地方预算之执行,规定如下:(1)岁入预算核定后,各级征收机关应负责足额征收,非有重大事故或特殊变迁,不得短少,税收收入应按法定科目、税率征收,非经法定程序核准修改不得有所增减。(2)岁出预算核定后,各级支付机关应按照预算核实支出,不得超过。如因特殊原因或国家政策之变更,必须缩减时由省政府决定施行。(3)岁出预算核定后,因特殊应急措施,动用预备金仍不敷应用时,由省政府决定可在预算外支出。(4)预算执行支大于收需要举办新税或加征旧税或募集公债或缩减支出予以抵补时,应按预算编审法令程序办理。(5)本年度预算已上报,但支出预算尚未核定,可暂参照上年度核定预算执行,未编报预算的单位,不得领拨经费。(6)各机关遇有意外事故或新增设施,原列预算不敷应用时,经主管机关核准,可动用第一预备金。

民国22年(1933),乐安县成立县财务委员会,接管全县收支,审核全县增加捐税和各机关的月份预算书和计算书。当月计算书未编送的,停发下月经费。县财务委员会按月向县政府报告实收实支清册。

民国23年(1934),江西省政府规定县长负有监督地方财政之责,如对未列预算或超过预算的经费,妄发支付命令的,责成该县长赔还,财务委员会未奉县长支付命令擅自核放款项的,责成该会委员长及审核,出纳两组长共同赔还。

民国24年(1935),江西省规定各县经费按照核定预算数支给。预算外支出动用预备费,200元内,经专署批准,200元以上由专署报省政府核准。追加预算应筹足收入来源报专署转呈省政府核准,收入短收应相应缩减支出。

民国26年(1937),江西省规定各县政府经费以及保甲、警察、善举、卫生院、地政处等项经费,由县政府编报预算,呈送省政府核定,经费支用后,按月编制支出计算书连同单据送县财务委员会审核。

民国29年(1940)9月24日,省政府颁发《江西省各县地方预算规则》,第五章"预算执行"规定,县属各机关收到公布之预算,应于10日内照预算数额,编造岁入岁出月份分配预算表,送县政府核定。分配各机关预算,科目之间余缺,经县政府核准,可以流用,但事业费不得流为办公费,办公费不得流用于人员经费。县级机关动用第二预备金时,不满3万元的,编具追加预算,提经县行政会议决定,3万元以上的经县行政会议报省政府核准,如第二预备金不敷动用时,得另筹收入,提出追加岁入岁出预算,经立法程序,呈送省政府核准。县因特殊原因或收入短少过巨,无法调整,必须核减经费时,得由县召集行政会议,议定缩减办法,呈省政府核准。

民国36年(1947),乐安县财政日益困难,为满足政府开支需要,各种地方摊派,苛捐杂税盛行,民众苦不堪言。

民国37年(1948)初,江西省政府第05232号训令,整顿县市财政收支办法,要求各县严格遵守税法和公库法的规定办理财政收支，违者以渎职论罪。同年七月省参考物价变动情况修正县市动支预备费报批数额，2000万元以下的由县政府决定，2000万元以上的呈请省政府核准。

1949年，乐安县人民政府成立后，即明确预算执行程序：向县财粮科直接领报行政费的有县委会（包括工会、青年团、妇代会）、县人民政府、各区公所（包括直辖乡镇）；向县财粮科领报事业费的有：民政科、教育科、财粮科、公安局、建设科、工商科、县委宣传部、组织部。

1951年3月，执行江西省人民政府关于县财政收支问题的通令：县年度预算经批准后，必须保证贯彻执行，由于特殊原因需要变更的，经申述充分理由报上级批准。预算的执行，于每季做一次收支计算，季终后15日内送专署核准后转报省核查，征收机关验收的各项收入，一律使用财政部门印制的正式3联收据进行查核，现金须存入银行，财政支出的事业费与行政费不准混淆和互相挪用。同年2月，执行省政府转发政务院的决定，各项事业费及经济建设投资，经由省级各有关部门及经建主管部门确定的计划，并根据已核定及已拨付的事业费和投资数额统一作出全年计划，通过财政部门拨款，此通令自1951年1月1日起一律贯彻执行。

1952年，乐安县预算执行是在全国开展"三反"运动的背景下进行的。当年除补助收入外全年完成预算收入0.2万元，比1951年增长150%。财政支出，在供给方面的支出掌握控制得比较好，胜利完成全年预算任务59.8万元。

1953年，江西省人民政府加强对县预算执行管理作出规定，其主要内容：(1)按政策法令积极组织收入，保证按期完成；(2)预算的执行必须保持收支平衡；(3)对中央和省的收入不得挪用；(4)支出预算的执行要配合事业计划，厉行节约，合理使用；(5)财政部门应经常检查单位预算执行情况，分析事业效果；(6)县总预算核定后，如因重大变故必须追加追减的，应报省财政厅审核批准；(7)支出科目的使用应遵照预决算条例的规定执行；(8)对总预算数字及其增减使用，都应作出记录；(9)每季编制分月收支计划作为控制预算拨款的依据；(10)各单位月底积存现金除必须保留下期继续开支的外，均应扣抵其下期预算拨款；(11)县预备费要报县政府批准动支，一次动用500元的报专署批准；(12)县属单位应建立单位预算，经财政局批准执行。

1954年起，乐安县直各单位建立季度经费计划制度，各用款单位自下而上编制季度经费计划，经财政机关核定作为申请拨款的依据，各机关按月申请拨款。

1955年，乐安县预算执行工作，是按照中央关于厉行节约，反对浪费的方针进行的。4月份就发动各有关部门订立节约计划，6月份县委决定在县、区两级开展"反贪污、反浪费、反违反财政制度"检查运动，在检查出不少问题的基础上，各机关单位纷纷制定节约计划，对平衡本县总预算收支起到很大作用。

1956年的预算执行，在强调分级负责之后，出现了某些控制不严，管得过松的现象，有些单位把事业费调剂出来用于修建办公楼和宿舍，购买不必要的设备，影响必办事业的举办，年终时仍有一些单位乱花钱抢购物资现象。

1957年4月，试行银行开户的规定，规定各机关按资金性质分别在银行开立"预算存款户""预算资金户""差额预算资金户""预算外资金户"，由财政机关或上级机关核定，开户银行定期将各户存款余额编制报表送财政机关。

1958年，中共八届二中全会制定了"总路线"，乐安县的预算执行是在"大跃进"的背景下进行的。这一年的预算执行情况良好，财政收支都超过了原定计划。财政收入完成128万元，比1957年增长128.6%，财政支出完成134万元，比1957年增长27.6%。

1959年，预算执行强调贯彻"勤俭建国、勤俭办企业、勤俭办社、勤俭办一切事业"的方针，深入开展增产节约，改进各项管理制度，对基本建设坚决执行"全国一盘棋"的原则，专款专用、降低造价、保证质量、按时按计划完成，对事业、行政费降低经费定额，做到"花钱少、事办好"。该年度预算执行结果，财政收入完成229万元，支出完成191万元，分别比1958年增长78.9%和42.5%。

1960年，是我国三年经济困难的头一年，乐安县在预算执行过程中，广泛深入开展反对贪污、浪费、官僚主义的斗争，进一步厉行节约，加强财务管理和经济核算，降低成本费用。根据缩短基本建设战线的要求，推迟部分建设项目，削减基建投资，压缩社会集团购买力，节减事业费和行政费，确保预算收支平衡。当年乐安县财政收入比1959年增长12.7%，支出与1959年比出现负增长-18.8%。

1961年，是我国三年经济困难的第二年，乐安县的预算执行，严格控制了各项支出，对1960年底冻结的各单位银行存款，一律停止使用，上年未完的基建工程，其结余的投资不得继续开支，另从1961

年预算中安排。历年财政结余除归还占用银行贷款和对人民公社退赔以外，一律不安排支出。当年预算执行的结果是：收支与1960年相比都出现较大的负增长比，其中：财政收入 -37.6%，支出 -32.3%。

1962年，是中国三年经济困难的第三年，乐安县财政执行中央、国务院发布《关于严格控制财政管理的决定》，坚持收入按政策、支出按预算、追加按程序，坚决维护应当上缴国家的财政收入，严格控制各项支出。对企业的亏损，实行严格的审查批准制度，按不同情况，分别提出扭转亏损的期限，全县所属全民所有制生产企业，基本建设单位，事业单位，机关团体、学校普遍开展清仓核资工作，对多余物资进行调剂处理。同年1月，为贯彻中央关于"1962年财政信贷当年平衡略有回笼"的方针，对1961年结余资金实行控制使用的办法。

1963年，预算的执行继续贯彻勤俭建国、勤俭办企业和勤俭办一切事业的方针。各项支出的管理贯彻"紧中有活、以紧为主"的原则。重申财政资金与信贷资金分别管理，一切财政性开支都必须通过财政渠道解决。同年1月，江西对1961年以前的存款继续冻结，并控制使用1962年各机关、团体、企业事业单位的结余资金。

1964～1965年，预算执行是在我国国民经济调整任务已经基本完成的基础上进行的，由于乐安县认真贯彻以农业为基础，以工业为主导的发展国民经济的总方针，财政预算执行情况良好，实现了中央提出的"当年收支平衡，略有结余"的财政方针。1964年、1965年财政收支与1963年、1964年的增长比分别是：收入分别比1963年、1964年增长9.3%和6.3%；支出分别比1963年、1964年增长6.7%和 -1.3%。

1966年，是我国实行第三个五年计划的第一年，乐安县贯彻江西省《关于加强财政管理，改进财政管理体制的规定》，(1)对县市各项财政收支指标由"专署提出分配意见，报省综合平衡"改为"省吸收专署意见，省直接分配下达"。(2)支出指标除了抚恤救济费、城市人口下乡安置费、水库移民建房支出、四项费用和增拨流动资金等专款专用外，其余各项事业费，行政费在保证事业计划必须经费的前提下，由各地区统筹安排，总额不能突破。(3)1966年各项行政费和事业费的公用经费要求节约3%～5%，留归各级财政统一安排使用。(4)各级财政在管理收支方面，继续贯彻中共中央、国务院"关于严格控制财政管理的十条禁令"。当年乐安县财政收支完成数分别比1965年增长1.3%和5.1%。

1967年，乐安县的财政收支仍然分别比1966年增长3%和4.2%。

1968年2月，江西省执行中央《关于进一步实行节约闹革命，坚决节约开支的紧急通知》，对各机关、团体、学校、企业、事业单位1967年底各项经费和资金的节余存款，除未完工程基本建设投资，企业流动资金、大修理基金、设备更新基金、农田水利、优抚救济、安置移民经费等7个项目外，一律按1967年12月31日银行存款账面数字，由银行实行冻结，不再动用。

1968～1970年，乐安县按上级分配的预算指标编制和执行。在预算执行工作中，坚持"历行节约"的方针。这三年预算执行结果分别是：1968年的财政收入比上年增长12.0%，支出负增长7%；1969年收入比1968年增长8.5%，支出突破较大，增长123.1%；1970年比1969年收入增长0.7%，支出也增长60%

1971年，在预算执行中，进行了清产核资，清仓查库，企业扭亏增盈，促穷队变富队和清理超支等工作，但当年的收支与1970年比均出现负增长，分别是 -19.1%、-23.3%。

1972年12月，中共江西省委决定，对1972年底江西省各机关、团体、企业、事业单位的存款6.90亿元进行清理。当年乐安县的财政收支分别比1971年增长57.6%和 -36.5%。

1973年，针对企业欠税欠利情况，年底进行了一次全面检查催交，对无故不交税利的企业，由银行扣款。预备费不安排支出，超收的收入留下年使用。并贯彻上级精神，重申反对铺张浪费，严禁用公款请客、送礼。同年8月，省财政厅、中国人民银行江西省分行发出通知，对各地尚在冻结的1972年财政结余，经省批准全部继续使用。

1976年，财政工作拨乱反正，为了搞好收支平衡，中共中央于10月28日发出《关于冻结各单位存款的紧急通知》，各机关、团体、企事业单位在银行的存款，均按规定予以冻结。12月，贯彻全省财政工作会议精神，执行"发展经济保障供给"的方针，在预算管理方面，要求把该收的收入都收上来，对企业欠交利润压缩到最低限度，企业由于领导不力发生亏损，财政一律不予弥补。

1977年，企业亏损比1976年有所减少，税收管理和各项财务管理以及控制社会集团购买力和财经纪律大检查，都取得很大成绩，预算收支情况好转。

1978年，贯彻执行国家经济调整、改革、整顿、提高的方针，预算执行情况良好。

1979年，贯彻执行“增产节约”“勤俭办一切事业”的精神，当年财政收支分别比1978年增长16.5%和28.3%。

1980年起，实行财政分级包干体制，根据上级规定，乐安县在预算执行中坚持“收入按政策、支出按预算、追加按程序”的原则，当年超收原则上不在当年安排支出，不得寅吃卯粮，不得搞平调摊派，对预算的收支严格管理，凡是应当纳入预算的收入都要纳入预算，任何单位和部门不得随意减免税收，不得挤占国家财政收入，不得化大公为小公。当年财政收支分别比1979年增长0.6%和3.5%。

1981年，乐安县财政收入完成年初预算的104.2%，支出实际完成数占年初预算的98.7%，比1980年实际支出减少了11.3%。同年1月，江西根据国务院《关于控制各单位上年结余存款的紧急通知》，除了企业流动奖金以外，一切机关、团体、部队、企业、事业单位1980年底在银行的存款，包括预算外资金一律按银行账面数字予以控制，文到之日账面数字少于1980年年底数字的差额，由银行补控。

1982年，全县国民经济进行调整，对一些高税利产品实行限产降价，减少了财政收入，但经过增产节约，年终仍完成收入任务。支出方面，适应农村联产承包责任制的需要，改进了支农资金的管理，及时拨付了各项生产建设资金，促进了各项事业的发展，预算执行结果，实现了收支平衡略有结余。

1983年，由于落实企业经济责任制，企业经济效益普遍提高，亏损企业扭亏为盈，商业、供销粮食企业利润回升，扭转了近年来商业、供销利润连年下降，地方背基数包袱的状况。支出方面，采取年初留有余地安排，实行个人部分财政包干，公用经费单位包干，指标安排前紧后松等措施。

1984年，预算执行贯彻了中央纪律检查委员会关于《坚决纠正干部职工借用拖欠公款的歪风》的通报精神和财政部的有关具体规定，对借用拖欠公款进行清理检查。已借支的公款一律追回，一时追不回的，转入本单位职工福利基金继续清理。对利用职权挪借公款的，以及长期拖欠不还的，从严处理，对少数确有实际困难无偿还能力的，经群众讨论、领导批准，从单位福利中酌予补助，归还欠款。同年12月起，执行上级规定，财政部门不得为合同提供担保，不得对经济合同发生的纠纷承担连带的经济责任。

1985年，预算的执行较多地增加了对生产建设资金的投入，积极支持改革、开放、搞活。这一年推行新的工商税制，开征新的税种。预算管理方面，加强了对收入进度的考核，各项收入及时足额入库；严格管理支出，改革拨款制度，逐步扩大有偿使用范围，增强财政后备力量和应变能力，分析研究预算执行情况向政府和人民代表大会报告。对预算收支中的问题，实行分级负责。当年，是乐安县财政工作大踏步的一年，财政收入增幅大，财政支出首次跨过千万元的大关。财政收入完成802.5万元，占预算的139.2%，比1984年增长32%。财政支出完成1124.3万元，占预算的164.3%，比1984年增长29.9%。

1986年是“七五”计划的头一年，也是实行乡财政管理体制的第一年。乐安县乡级财政成立，乡镇人民政府当家理财的积极性得到了充分调动。全年财政收入完成978.2万元，占预算的128.8%，比1985年增长22%。财政支出完成1357.9万元，占预算的171.9%，比1985年增长20.8%。

1987年乐安县财政预算执行工作认真贯彻执行改革、开放、搞活的方针和政策，深入广泛地开展“增收节支、增产节约”运动，使全县经济改革得到了进一步的发展，财政收入又一次呈现超上年、超计划、超历史的好形势，全县财政收入首次突破1000万元大关。财政收入完成1128.5万元，完成预算112.1%，比1986年增长15.4%。财政支出完成1426.3万元，完成预算147.4%，比1986年增长5%。

1988年，县乡财政实行“分灶吃饭、分级管理”，执行“划分税种、核定收支，定额补助”的财政预算管理办法。财政收入完成1357万元，占预算的106.1%，比1987年增长21%。财政支出完成2285.9万元，占预算的108.9%，比1987年增长18.3%。全年资金供求矛盾突出，财政收入增长主要依赖森林资源的采伐及一些不稳定的罚没收入。而支出需求较大，当年个人部分增支人均400元，另外还有增人增机构的情况，这些都对财政收支平衡增加极大的压力。

1989年财政收入完成1586.7万元，占预算102.9%，比1988年增长16.3%。财政支出完成2446.6万元，占预算的104.7%，比1988年增长7.4%。全年认真贯彻治理整顿，深化改革的方针。广泛开展“双增双节”运动，做到全年收支平衡，略有节余。

1990年财政总收入完成1839.9万元，占预算的100%，同比增长16%。财政支出完成2625.3万元，占预算的93.8%，同比增长7.3%。

1991年财政收入完成1777.4万元，占预算的

100.9%，比1990年同期增长11.6%，财政支出完成3127万元，占预算的96.2%，比1990年同期增长19.1%。

1992年财政收入完成1935.8万元，占预算的100.8%，比1991年同期增长8.9%，财政支出完成3132.3万元，占预算的97.2%，比1991年同期增长0.2%。其中：工商税收完成1203.3万元。

1993年财政收入完成2178.1万元，占预算收入105.4%，比1992年同期增长12.5%，财政支出完成3320.9万元，占预算的90.7%，比1992年同期增长6%。

1994年分税制财政体制全面铺开，全年共完成财政收入2338万元，占预算的107.2%，同比增长49%，财政支出完成3979万元，占预算的92.1%，同比增长19.8%，全年收支相抵，年终滚存结余286万元。

1995年完成财政收入2875万元，比1994年增长23%。财政支出完成4029万元，比1994年增长1.3%。

1996年完成财政收入3048万元，比1995年增长6%。财政支出完成4943万元，比1995年增长22.7%。

1997年完成财政收入3657万元，比1996年增长20%，财政支出完成4943万元，比1996年增长24.5%。

1998年全县完成财政总收入4329万元（县本级收入940万元，占总收入的21.7%，乡镇级收入3389万元，占总收入的78.3%），占调整预算的100.1%，比1997年增长4.1%。其中：中央收入完成476万元，占调整预算的88.8%，歉收60万元，歉收因素是食品公司和新华书店等政策性退库形成的，同比增长13.6%，省级收入78万元，占调整预算的156%，同比增长47.2%，是分税制实施以来增幅最高的年份。地方一般预算收入完成3775万元，占调整预算的103.8%，其中：县本级收入完成780万元，占调整预算的106.4%，乡镇级收入完成2995万元，占调整预算的100%。财政收入分部门完成情况是：国税口完成635万元，占调整任务的88.8%，同比增长19.2%，地税口完成2080万元，占调整任务的102.5%，同比增长6.3%，财政口完成1614万元，占调整任务的102.2%，同比下降1.8%，减收因素主要是今年受特大洪涝灾害，上级核定农业税减免退库比1997年增加68万元。全县财政支出7338万元，占预算的90.6%，同比增长18%，其中：一般预算支出7320万元，占预算的90.6%，同比增长17.7%，（县本级一般预算支出4791万元，同比增长34.3%；乡镇级一般预算支出2529万元，同比下降2.3%）；基金预算支出18万元，占预算的94.7%，同比增长5倍，属上级追加专项支出。全年一般预算收支相抵，年终滚存结存763万元。基金预算收支相抵，年终滚存结余1万元。

1999年全县完成财政总收入4151万元（县本级收入966万元，占总收入的23.3%，比1998年提高1.6个百分点，同比增长2.8%；乡镇级收入3185万元，占总收入的76.7%，同比下降6%），占调整预算的100%，超收1万元，比1998年同期下降4.1%，减收178万元。其中：中央收入完成479万元，比1998年同期增长0.6%，增收3万元，占预算的87.6%，歉收68万元，按不扣除食品和新华书店退税69万元，实际完成548万元，占预算的100.2%，超收1万元；省级收入完成90万元，占预算的112.5%，超收10万元，比1998年同期增长15.4%，增收12万元。地方收入完成3582万元，占调整预算的103.3%，超收115万元，比1998年同期下降5.1%，减收193万元。其中：县本级收入821万元，占预算的105.4%，超收22万元，同比增长5.3%，超收21万元；乡镇级收入完成2761万元，占调整预算的102.7%，超收94万元，同比下降7.8%，减收234万元。全县经常性收入完成3749万元，同比增长4.1%。财政收入分部门完成情况是：国税局完成638万元，占预算的87.4%，歉收92万元，歉收因素是食品公司和新华书店政策性退税形成，同比增长0.5%，增收3万元；地税局完成1777万元，占预算的100.4%，超收7万元，同比下降14.6%，减收303万元；财政口完成收入1736万元，占预算的105.2%，超收86万元，同比增长7.6%，增收122万元，增收因素主要是实行罚没收入“收支两条线”管理和加强监督检查增加财政收入。全县财政支出完成7684万元，占预算的90.3%，同比增长4.7%，其中：县本级一般预算支出4868万元，同比增长1.6%，增长77万元；乡镇级一般预算支出2816万元，同比增长11.3%。

2000年全县完成财政总收入4166万元（县本级收入1029万元，占总收入的24.7%，同比增长6.5%；乡镇级收入3137万元，占总收入的75.3%，同比下降1.5%），占预算的100.1%，比1999年同期增长0.4%。其中：中央收入完成518万元，比1999年同期增长8.1%，占预算的90.9%，按扣除食品公司和新华书店退税52万元，实际完成570万元，占预算的100%；省级收入完成98万元，占预算的98%，比1999年同期增长8.9%。地方收入完成3550万元，占预算的101.7%，比1999年同期下降0.9%。其中：县本级收入889万元，占预算的103.3%，同比增长8.3%；乡镇级收入完成2661万元，占预算的101.1%，同比下降3.7%。财政收入分部门完成情况是：国税口完成690万元，占预算的90.8%，歉收70万元，歉收因素是食品公司和新华书店政策退税形成，同比增长2.9%，增收因素主要是实行罚没收入"收支两条线"管理和加强监督检查增加了财政收入。全县基金预算收入完成531万元，文教部门基金收入完成531万元，占预算的100%，其中：农村教育附加费收入471万元，国土收入60万元。全县一般预算支出完成9198万元，占预算的92.9%，同比增长19.7%，其中：县本级一般预算支出6546万元，同比增长34.5%，乡镇一般预算支出2652万元，同比下降5.8%。基金预算支出477万元，占预算的100%。

2001年全县首次试行国库集中支付制度改革，取消预算单位银行账户，成立会计管理核算中心。全年财政总收入完成4586万元，占预算的100.1%，同比增长10.1%。其中：中央收入完成504万元，占预算的82.9%，比2000年同期下降2.7%；省级收入完成110万元，占预算的110%，同比增长12.2%；地方一般预算收入完成3972万元，占预算的102.6%，同比增长11.9%。其中：县本级完成1200万元，占预算的114%，同比增长35%；乡镇级完成2772万元，占预算的98.3%，同比增长4.2%。财政收入分部门完成情况是：国税口完成672万元，占任务的83%，比2000年同期下降2.6%；地税口完成1920万元，占任务的98.2%，同比增长13.6%；财政口完成1944万元，占任务的107.1%，同比增长11.6%。基金预算收入完成589万元，占预算的100%，其中：农村教育附加费收入509万元，国土收入80万元。一般预算支出完成13316万元，占预算的92.6%，同比增长44.8%，其中：县本级一般预算支出8988万元，同比增长37.3%；乡镇级一般预算支出4328万元，同比增长63.2%。基金预算支出544万元，占预算的97.3%，其中：农村教育附加费支出509万元，土地有偿使用支出35万元。

2002年全县完成财政收入4606万元，占预算的100.1%，同比增长0.4%。其中：中央收入完成684万元，占预算的100%，比2001年同期增长36%；省级收入完成43万元，占预算的100%，同比下降61%，减收原因主要是地税部门征收的个人所得税由中央和县乡各分成一半，不计入省级收入；地方一般预算收入完成3879万元，占预算的100.2%，同比下降2%。减收原因主要是实行农村税费改革取消了屠宰税和降低了农业特产税的征收标准。财政收入分部门完成情况：国税口完成791万元，占预算的100.2%，比2001年同期增长18%；地税口完成1392万元，占预算的70%，同比下降27%；财政口完成2423万元，占预算的130%，同比增长21%。全县基金收入完成100万元，其中国土收入100万元，占预算的100%。一般预算支出完成18386万元，占预算的99%，同比增长38%，其中：县本级一般预算支出12375万元，同比增长38%；乡镇级一般预算支出6011万元，同比增长39%。基金预算支出100万元，占预算的56%，其中：文教部门基金支出15万元，农业部门基金支出50万元，土地有偿使用支出35万元。

2003年财政总收入完成5248万元，比2002年同期增长13.9%。其中：中央收入1187万元，省级收入40万元，地方收入4021万元。分部门完成情况，国税口完成1283万元，地税口完成1664万元，财政口完成2301万元，基金预算收入完成260万元，占预算的86.7%。一般预算支出完成18656万元，比2002年同期增长1.5%。基金预算支出完成173万元，占预算的92%。

2004年全县一般预算收入完成3359万元，占调整预算的100.6%，扣除农业税收政策调整影响（农业税降点减收587万元，取消烟叶以外农业特产税减收465万元），同比增长13.1%；上划中央收入1411万元，同比增长18.9%，增收224万元；上划省级收入46万元，同比增长15%，增收6万元。全县财政总收入完成4816万元，完成调整预算的101.4%，超收67万元。分级完成情况：县本级财政收入2559万元，占全县财政总收入的比重为53.1%，完成调整预算的102.7%，同比增长27.2%，增收547万元。乡镇级财政收入2257万元，占全县财政总收入的比重为46.9%，完成调整预算的100%，同比下降30.2%，减收979万元，分部门完成情况：国税部门完成1459万元，占调整预算的102.2%，同比增长13.7%，增收176万元；地税部门完成1909万元，占调整预算的107%，同比增长14.8%，增收245.5万元；财政部门完成1448万元，占调整预算的94%，同比下降37.1%，减收853万元。一般预算支出完成21816万元，同比增长16.9%，增支3160万元。主要支出项目完成情况是：基本建设支出1522万元，同比下降11%；科技支出33万元，同比增长22%，增支6万元；支农支出

1778万元，同比增长43%，增支538万元；教育支出4202万元，同比增长12.3%，增支460万元；社会保障支出4656万元，同比增长14.7%，增支596万元；行政管理费支出2119万元，同比增长9%，增支175万元；公检法司支出完成1253万元，同比增长15.3%，增支166万元；其他支出完成1095万元，同比增长24.1%，增支213万元。基金支出完成335万元，同比增长93.6%，增支162万元。主要支出项目是：土地有偿使用支出300万元，农业部门基金支出30万元。

2005年全县财政总收入完成5886万元，占预算的106.4%，同比增收1070万元，增长22.2%，剔除取消农业税影响同口径增长45.8%。其中：上划中央收入1850万元，增长31.1%；上划省级收入64万元，增长39.1%；地方一般预算收入完成3972万元，增长18.2%，剔除取消农业税影响同口径增长54%。分级完成情况：县本级完成3891万元，占预算的101%，同比增收1332万元，增长52%；乡镇级完成1995万元，占预算的118.8%，同比减收262万元，下降11.6%。分部门完成情况：国税部门组织收入1850万元，占预算的101.4%，同比增收391万元，增长26.8%；地税部门组织收入2432万元，占预算的99%，同比增收523万元，增长27.4%；财政和其他部门组织收入1604万元，占预算的128.4%，同比增收156万元，增长10.8%。一般预算支出完成2.695亿元，同比增支5134万元，增长23.5%，基金预算支出完成860万元，增支525万元。

2006年乐安县财政工作取得了长足的进步，财政总收入和地方财政收入分别完成8988万元和6211万元，增幅双双超过50%，取得了历史性的突破；财政支出累计完成3.74亿元，增幅达到38.8%，全县财政总收入实现8988万元，完成预算的122%，同比增收3102万元，增长52.7%。其中：上划中央收入2651万元，完成预算的117%，增长43.3%；上划省级收入126万元，完成预算的177.5%，增长96.9%；一般预算收入实现6211万元，完成预算的123.4%，增长56.4%，分级完成情况：县本级实现收入6373万元，完成预算的125.7%，同比增收2479万元，增长63.7%；乡镇级实现收入2615万元，完成预算的113.6%，同比增收623万元，增长31.3%。分部门完成情况：国税部门组织收入2587万元，完成预算的108.4%，同比增收737万元，增长39.8%；地税部门组织收入3719万元，完成预算的121.1%，同比增收1287万元，增长52.9%；财政等部门组织收入2682万元，完成预算的140.3%，同比增收1078万元，增长67.2%。一般预算支出完成37406万元，比上年增加10456万元，增长38.8%。基金预算支出完成810万元，同比减支50万元。

图4－1　　2006年乐安县财政收入分征收部门构成图

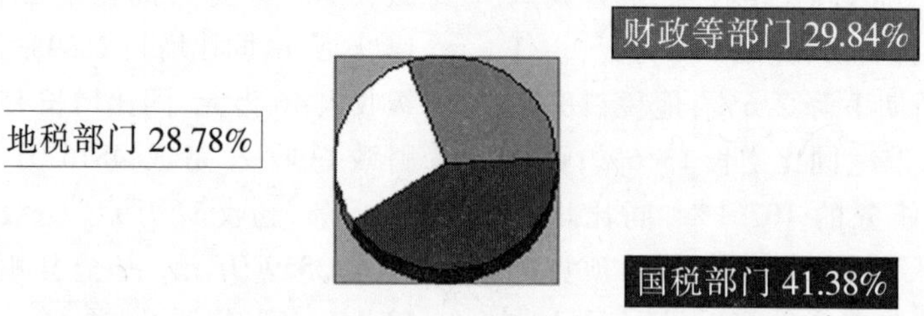

图4－2　　2006年乐安县财政收入分级次构成图

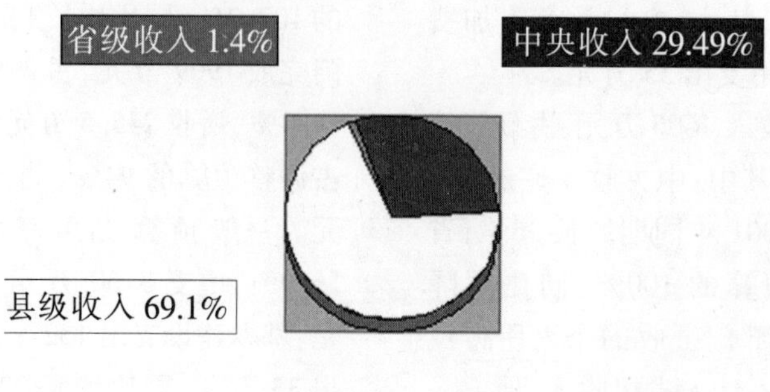

图 4－3　　2006 年乐安县财政总收入分大类构成图

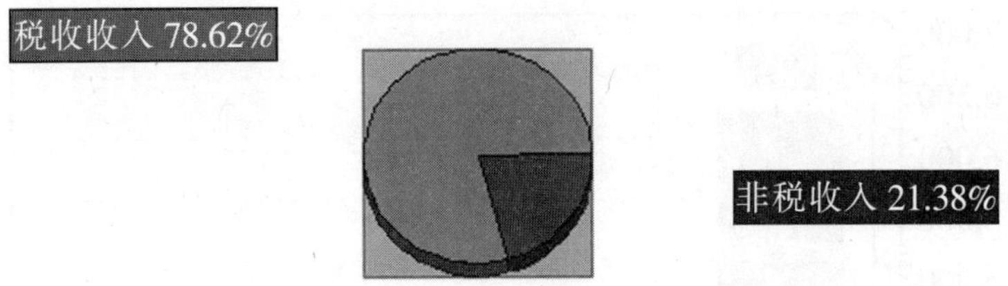

图 4－4　　2006 年乐安县财政总收入分主要项目构成图

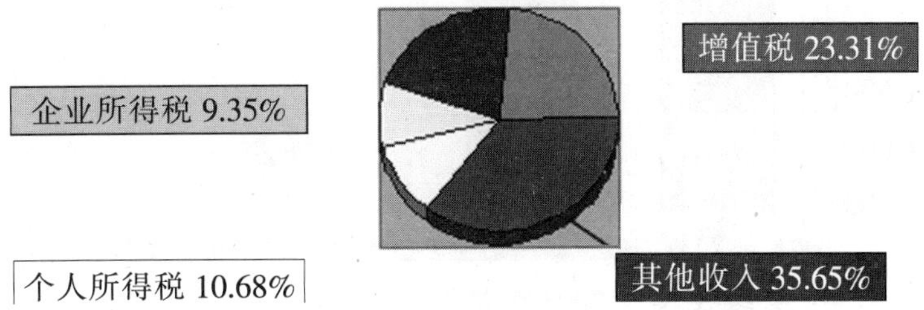

图 4－5　　2006 年乐安县财政总收入变化图表(单位:万元)

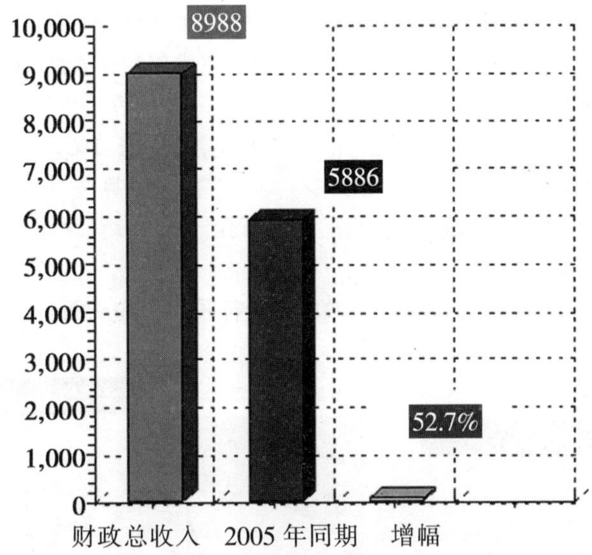

图 4－6　　2006 年乐安县县级收入变化图表(单位:万元)

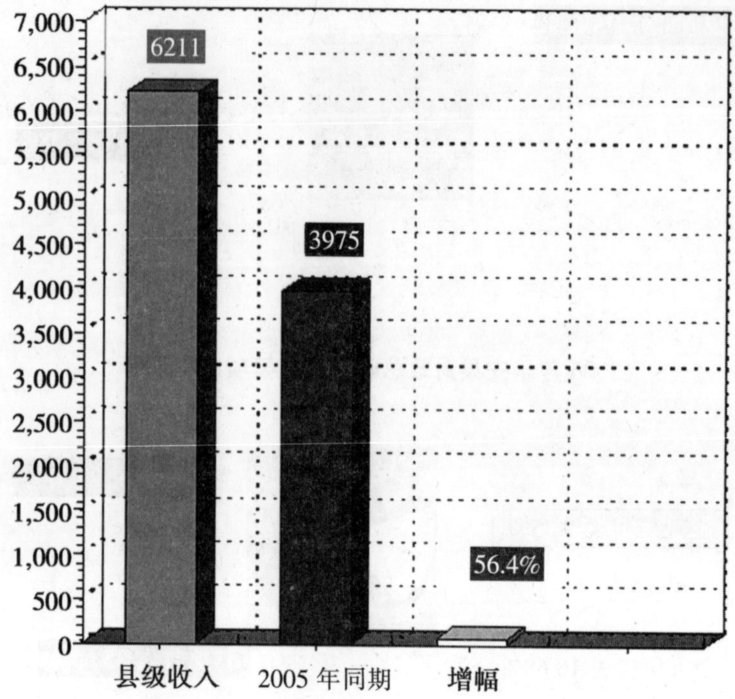

2007 年全县财政总收入实现 13159 万元,财政收入实现新跨越。完成年初预算的 124.1%,同比增收 4171 万元,增长 46.4%。其中:上划中央收入 3617 万元,完成年初预算的 103.8%,增长 36.4%;上划省级收入 206 万元,完成年初预算的 173.1%,增长 63.5%;地方一般预算收入 9336 万元,完成年初预算的 133.4%,增长 50.3%。

分级完成情况。县本级实现收入 9444 万元,完成年初预算的 122.9%,同比增收 3071 万元,增长 48.2%;乡镇级实现收入 3715 万元,完成年初预算的 127.2%,同比增收 790 万元,增长 39.2%。

分部门完成情况。国税部门组织收入 3355 万元,完成年初预算的 102.9%,增长 29.7%;地税部门组织收入 5734 万元(含烟叶税),完成年初预算的 110.3%,增长 41.3%;财政等部门组织收入 4070 万元,完成年初预算的 189.7%,增长 73.8%。

一般预算支出完成 47376 万元,同比增长 9970 万元,增长 26.7%。

基金预算支出完成 11124 万元,增支 10314 万元。

图 4－7　　2007 年乐安县财政收入分征收部门构成图

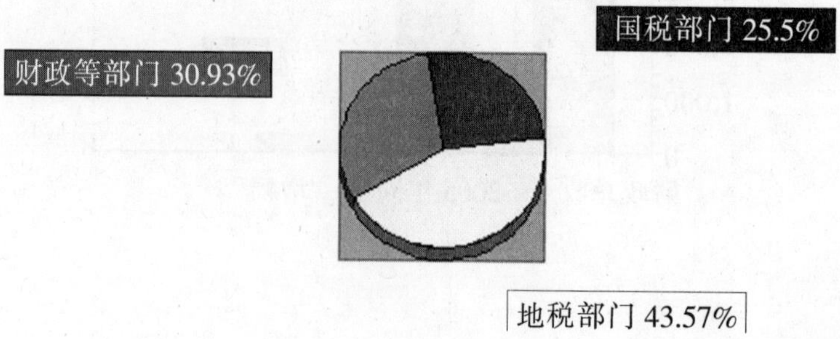

图4－8　　2007年乐安县财政收入分级次构成图

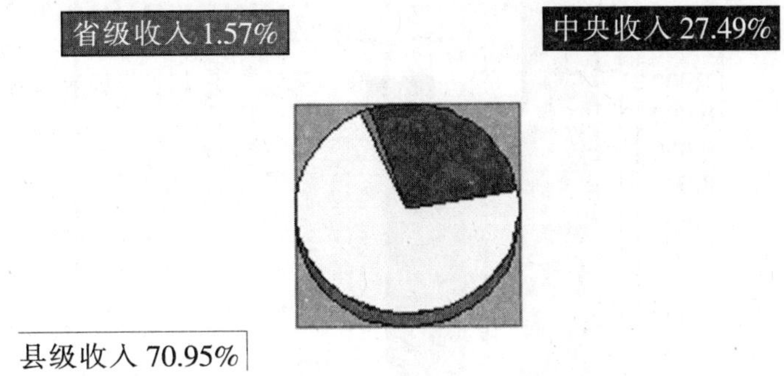

图4－9　　2007年乐安县财政总收入分大类构成图

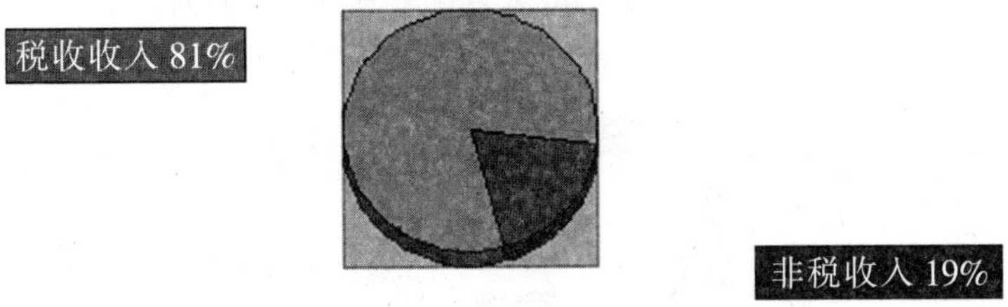

图4－10　　2007年乐安县财政总收入分主要项目构成图

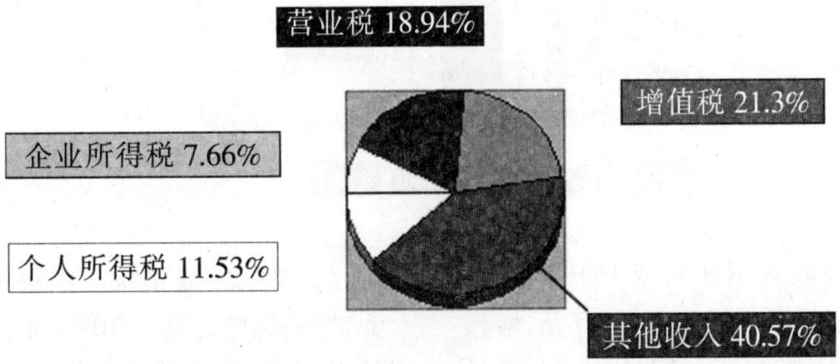

图 4 - 11　　2007 年乐安县财政总收入变化图表(单位:万元)

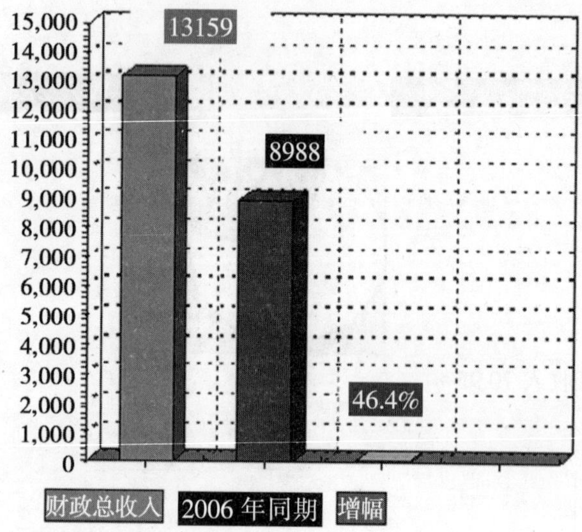

图 4 - 12　　2007 年乐安县县级收入变化图表(单位:万元)

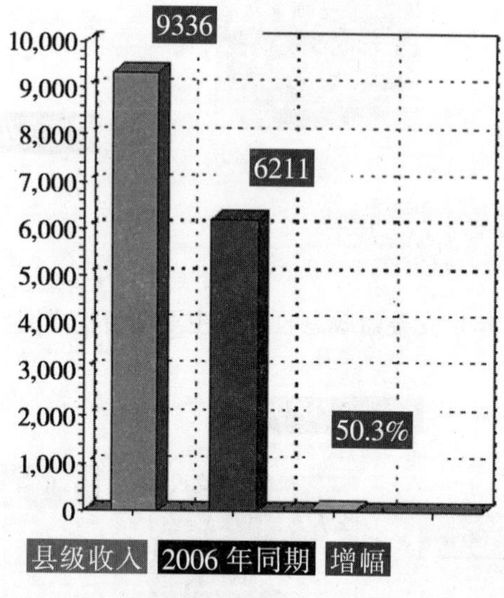

2008 年全县财政总收入累计实现 16366 万元,完成调整计划的 105. 9%,同比增收 3207 万元,增长 24. 4%。其中:上划中央收入 4079 万元,增长 12. 8%;上划省级收入 237 万元,增长 15%;一般预算收入 12050 万元,增长 29. 1%。

分级完成情况。县本级实现收 10827 万元,完成调整计划的 101. 4%,同比增收 1383 万元,增长 14. 6%;乡镇级实现收入 5539 万元,完整调整计划的 115. 9%,同比增收 1824 万元,增长 49. 1%。

分部门完成情况。国税部门组织收入 3830 万元,完成调整计划的 109. 3%,同比增收 475 万元,增长 14. 1%;地税部门组织收入 6906 万元,完成调整计划的 102. 3%,同比增长 1172 万元,增长 20. 4%;财政等部门组织收入 5630 万元,完成调整计划的 108. 3%,同比增收 1560 万元,增长 38. 3%。

一般预算支出完成 63655 万元,同比增加 16279 万元,增长 34. 3%。

基金预算支出完成6544 万元,同比减支4580 万元。

图 4 - 13　　2008 年乐安县财政收入分征收部门构成图

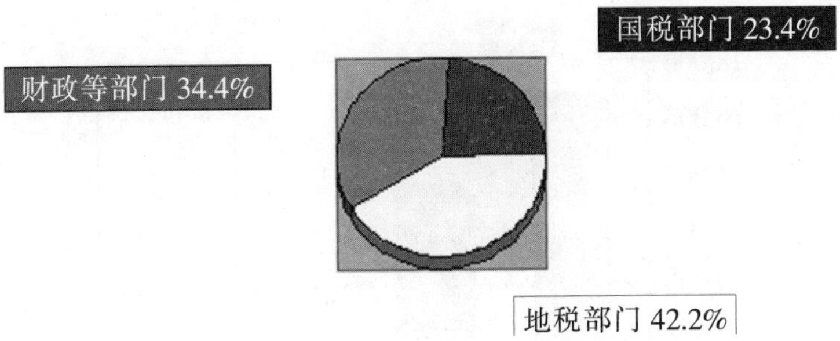

图 4 - 14　　2008 年乐安县财政收入分级次构成图

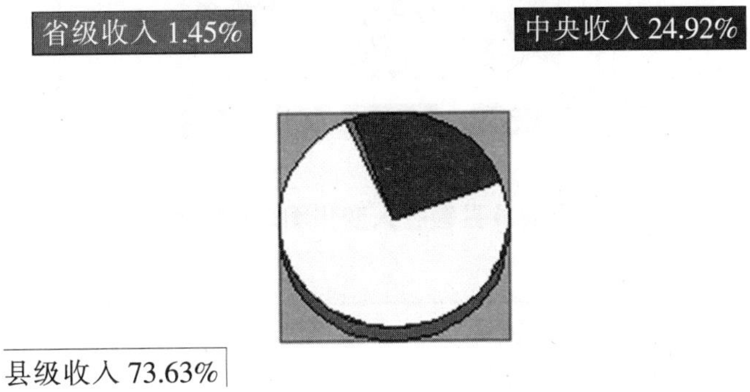

图 4 - 15　　2008 年乐安县财政总收入分大类构成图

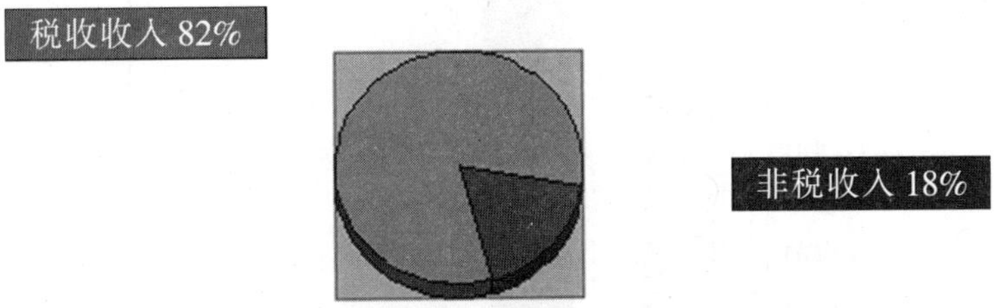

图 4 - 16　　2008 年乐安县财政总收入分主要项目构成图

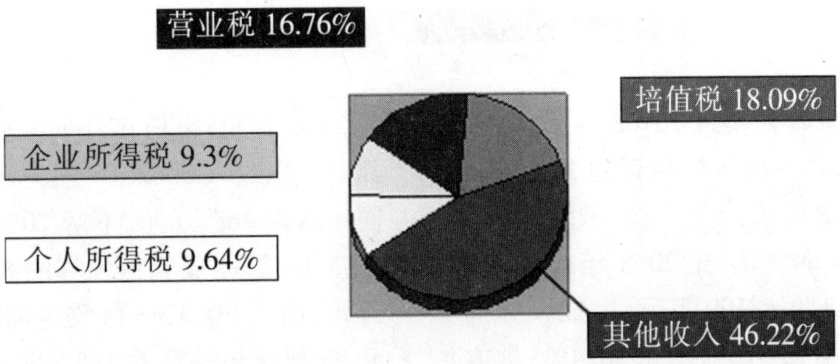

图 4－17　2008 年乐安县财政总收入变化图表（单位：万元）

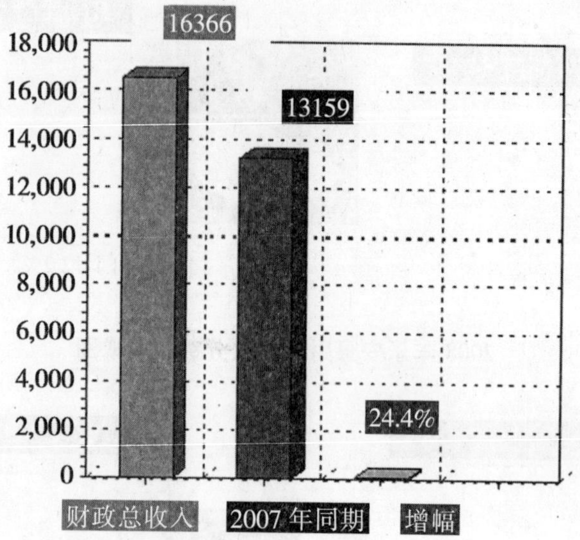

图 4－18　2008 年乐安县县级收入变化图表（单位：万元）

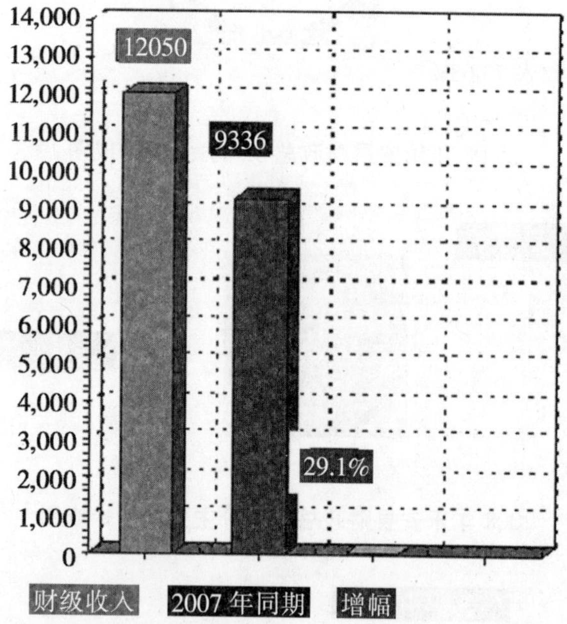

2009 年全县财政总收入实现 22168 万元，突破 2 亿元大关，创历史新高，完成年初预算的 109.7%，同比增收 5802 万元，增长 35.5%。其中中央收入 3652 万元，完成预算的 69.7%，比 2008 年减收 427 万元，下降 10.5%；省级收入 309 万元，完成预算的 108.4%，比 2008 年增收 72 万元，增长 30.4%；地方财政收入 18207 万元，完成预算的 124.1%，比 2008 年增收 6157 万元，增长 51.1%。分级完成情况：县本级实现收入 12882 万元，完成年初预算的 105.1%，同比增收 2056 万元，增长 19%；乡镇级实现收入 9286 万元，完成年初预算的 116.9%，同比增收 3746 万元，增长 67.6%。分部门完成情况：国税部门组织收入 3062 万元，完成年初预算的 63.8%，同比减收 768 万元，下降 20%；地税部门组织收入 8305 万元，完成年初预算的 83.9%，同比增收 1399 万元，增长 20.3%；财政等部门组织收入 10801 万元，完成年初预算的 196.4%，同比增收 5171 万元，增长 91.8%。分税种完成情况：税收收入完成 13436 万元，增长 0.1%，占财政总收入比重为 60.6%，同比下降 21.4 个百分点。主要税种完成情况：1. 增值税实现 2644 万元，同比减收 316 万元，下降 10.7%；2. 营业税实现 3806 万元，同比增收 1063

万元,增长 38.8%;3. 企业所得税实现 1497 万元,同比减收 25 万元,下降 1.6%;4. 个人所得税实现 1298 万元,同比减收 279 万元,下降 17.7%;5. 契税实现 1788 万元,同比减收 591 万元,下降 24.8%;6. 耕地占用税实现 280 万元,同比减收 25 万元,下降 8.2%。非税收入实现 8732 万元,同比增收 5786 万元,增长 196.4%。其中:行政性收费收入 5155 万元,同比增收 3824 万元,增长 287.3%;罚没收入 1906 万元,同比增收 1303 万元,增长 216.1%;专项收入 260 万元,同比减收 68 万元,下降 20.7%。基金收入实现 8601 万元,同比增收 3033 万元,增收主要因素是加大了土地出让金收入的清收力度。其中:国有土地使用权出让金收入 7865 万元,同比增收 3587 万元;地方教育附加收入 329 万元,同比增收 169 万元。全县财政支出为 87136 万元,比 2008 年增加 23481 万元,增长 36.9%。基金预算支出完成 8853 万元,同比增支 2465 万元。

2010 年全县财政总收入跨越 3 亿元大关,实现历史性突破,财政收入从 2 亿元跨到 3 亿元仅用了一年的时间,为历史以来跨越最快的一年,地方财政收入 2.59 亿元,税收收入占财政总收入比重达到 66.4%。全县财政总收入实现 30488 万元,首次突破 3 亿元大关,创历史新高,完成调整预算的 100%,同比增收 8320 万元,增长 37.5%。其中中央收入 4598 万元,完成调整预算的 50.4%,比 2009 年增收 945 万元,增长 25.9%;地方财政收入 25889 万元,完成调整预算的 121.3%,比 2009 年增收 7683 万元,增长 42.2%。分级完成情况:县本级实现收入 18802 万元,完成调整预算的 96.5%,同比增收 5919 万元,增长 45.9%;乡镇级实现收入 11686 万元,完成调整预算的 106.2%,同比增收 2401 万元,增长 25.9%。分部门完成情况:国税部门组织收入 3991 万元,完成调整预算的 43.7%,同比增收 929 万元,增长 30.3%;地税部门组织收入 11264 万元,完成调整预算的 80.6%,同比增收 2959 万元,增长 35.6%;财政等部门组织收入 15233 万元,完成调整预算的 206.4%,同比增收 4432 万元,增长 41%。分税种完成情况:税收收入完成 20255 万元,增长 50.8%,占财政总收入比重为 66.4%,同比上升 5.8 个百分点。主要税种完成情况:1. 增值税实现 3063 万元,同比增收 419 万元,增长 15.8%;2. 营业税实现 6255 万元,同比增收 2449 万元,增长 64.3%;3. 企业所得税实现 2485 万元,同比增收 987 万元,增长 65.9%;4. 个人所得税实现 1350 万元,同比增收 52 万元,增长 4%;5. 契税实现 4480 万元,同比增收 2692 万元,增长 150.6%;6. 耕地占用税实现 520 万元,同比增收 240 万元,增长 85.7%。非税收入实现 10233 万元,同比增收 1501 万元,增长 17.2%。其中:行政性收费收入 3315 万元,同比减收 1840 万元,下降 35.7%;罚没收入 3476 万元,同比增收 1570 万元,增长 82.4%;专项收入 660 万元,同比增收 400 万元,增长 153.8%。基金收入实现 23307 万元,同比增收 14706 万元,增收主要因素:一是今年房地产市场交易活跃,成交的土地多、单价高、成交额大;二是加大了土地出让金旧欠的清收力度;三是积极开展了土地集中整治。其中:国有土地使用权出让金收入 20876 万元,同比增收 13011 万元;育林基金收入 557 万元,同比增收 357 万元,全县财政支出为 101128 万元,比 2009 年增加 13992 万元,增长 16.1%。基金预算支出完成 24477 万元,同比增支 15624 万元。

2011 年全县财政总收入实现 42664 万元,完成预算的 100.2%,同比增收 12176 万元,增长 39.9%。其中中央收入 6655 万元,完成调整预算的 103.5%,比 2010 年增收 2057 万元,增长 44.7%;地方财政收入 36009 万元,完成调整预算的 99.6%,比 2010 年增收 10119 万元,增长 39.1%。分级完成情况:县本级实现收入 24074.8 万元,完成调整预算的 94.5%,同比增收 5273 万元,增长 28%;乡镇级实现收入 18589.2 万元,完成调整预算的 108.6%,同比增收 6903 万元,增长 59.1%。分部门完成情况:国税部门组织收入 5114 万元,完成调整预算的 102.3%,同比增收 1123 万元,增长 28.1%;地税部门组织收入 22514 万元,完整调整预算的 93.8%,同比增收 6250 万元,增长 38.4%;财政等部门组织收入 15036 万元,完成调整预算的 110.6%,同比增收 4803 万元,增长 46.9%,税收收入完成 27628 万元,增长 36.4%,同比下降 1.7%;非税收入实现 15036 万元,同比增收 4803 万元,增长 46.9%。基金收入实现 26454 万元,同比增收 3147 万元,增长 13.5%,其中国有土地使用权出让金收入 25654 万元,同比增收 4778 万元,增长 22.9%。财政一般预算支出为 126088 万元,比上年增加 24960 万元,增长 24.7%。基金预算支出完成 27137 万元,同比增长 2660 万元。其中:国有土地使用权出让金支出 23951 万元,同比增支 1660 万元。

2012 年全县财政总收入实现 46130 万元,完成调整任务的 100%,同比增收 3466 万元,增长 8.1%。其中中央收入 7666 万元,完成调整预算的 105.5%,比 2011 年增收 1011 万元,增长 15.2%;地方财政收入38464万元,完成调整预算的99%,比2011年增收2455万元,增长6.8%。分级完成情况:县本级实现收入21854.7万元,完成调整预算的99.1%,同比减收2220.1万元,下降9.2%;乡镇级实现收入24275.3万元,完成调整预算的100.9%,同比增收5686.1万元,增长30.6%。分部门完成情况:国税部门组织收入7604万元,完成调整预算的101.4%,同比增收2490万元,增长48.7%;地税部门组织收入29535万元,完成调整预算的100.1%,同比增收7021万元,增长31.2%;财政等部门组织收入8991万元,完成调整预算的98.5%,同比减收6045万元,下降40.2%。分税种完成情况:税收收入完成37139万元,增长34.4%,占财政总收入比重为80.5%,同比增长15.8个百分点。主要税种完成情况:(1)增值税实现5891万元,同比增收1858万元,增长46.1%;(2)营业税实现15258万元,同比增收4709万元,增长44.6%;(3)企业所得税实现4265万元,同比减收145万元,下降3.3%;(4)个人所得税实现1148万元,同比减收492万元,下降30%;(5)契税实现1211万元,同比减收212万元,下降14.9%;(6)耕地占用税实现1960万元,同比增收1254万元,增长1.8倍。(7)烟叶税实现1981万元,同比增收211万元,增长11.9%。(8)土地增值税实现872万元,同比减收283万元,下降24.5%。非税收入实现8991万元,同比减收6045万元,下降40.2%。其中:行政性收费收入4728万元,同比减收4363万元,下降48%;罚没收入482万元,同比减收481万元,下降49.9%;专项收入969万元,同比减收127万元,下降11.6%。基金收入实现23977万元,同比减收2477万元,下降9.4%。其中:国有土地使用权出让金收入23319万元,同比减收2335万元,下降9.1%。全县财政一般预算支出为143201万元,比2011年增加17113万元,增长13.6%。基金预算支出完成29647万元,同比增支2510万元。其中:国有土地使用权出让金支出25482万元,同比增支1531万元。

第五节　决算编报

财政决算是预算执行的总结,是年度预算收支的最终结果。新中国成立后,江西省人民政府和省财政厅每年都对财政决算编制问题发出指示、通知,就财政收支的截至期、年终对账、财产物资的清理、年终结余的处理、决算编报原则及办法等,作出一系列规定。每年财政决算收入,均以12月31日止缴入基层金库数为准,决算支出按同期的银行支出数编列。各预算单位按实际支出数和银行支出数编报单位决算。差额补助单位则按财政机关或主管部门的拨款数列报决算。

在前清时代,州县知事,征其管内租税,以一部分充当自己经费,又以一部分依定例储存金库,其余剩额解送布政司,同时报告决算,称为销算,而布政司收集各州县官所送来的报告书,加以省政府收支作成决算书,以督抚名义上奏于皇帝,同时报告度支部,度支部的报告,称为报销,向皇帝上奏,称为奏销。

民国18年(1929)11月,江西省政府制定各机关编制1928年决算实施办法,规定各机关分类编制普通会计及特别会计决算。

民国20年(1931),江西省按国民政府公布的《编制十九年度决算章程》,分别编制普通会计决算和营业会计决算。各机关决算内容包括收支对照表及财产目录。

民国21年(1932),国民政府公布《暂行决算章程》,关于地方决算作如下规定:各机关单位的决算为第一级决算,各省市总决算为第二级决算,国家汇总各省市决算编成全国地方总决算为第三级决算。决算书内容包括岁入岁出的预算数,追加预算数,已收讫岁入数,岁入减免数,未收讫岁入数,上年度剩余数,岁入预算实支数,岁出剩余数,并附收支对照表,借贷对照表及财产目录。

民国22年(1933),江西省各县市开始编制年度决算。但本次编志,赴省档案馆、省图书馆搜集资料,未发现江西省民国时期县财政有系统决算资料,仅有预算资料。

民国25年(1936)起,省财政每年规定年度收支结束办法或收支整理办法,作出编报决算的指示,应缴未缴收入和经费结余,限期缴回金库。

民国27年(1938)起执行《预算法》,关于决算编报的规定,年度终了时,国库剩余及尚未收得的收入,均转作下年度的收入,各机关未使用的经费已发生债务,经政府核定转作下年度支出。同年8月9日,国民政府公布《决算法》规定:(1)政府之决算分总决算;单位决算;单位决算之分决算;附属单位决算;附属单位决算之分决算五种。(2)政府之决算,每一会计年度办理一次,于年度终了后二个月,为会计年度结束期。(3)政府主计机关应就各单位及公库决算之报告,参照总会计簿籍之记录,编成总决算书及说明书。(4)政府总决算书编成后,应送各该主管审计机关最终审定。

民国30年(1941)1月1日,《决算法》随同公布的《决算法施行细则》正式施行。并补充要求:(1)各机关决算应具备全年度现金出纳表,全年度岁计平衡表,财产目录,有关各种统计,有关说明。(2)总决算应附说明书。

1949年8月,江西省人民政府颁发《关于财政决算制度的规定》,任何机关领取经费、粮秣与被服均须先造预算,事后编造决算,送财政机关审查核定。9月,省人民政府颁布《预算决算编审暂行规定(草案)》,对决算编写程序作出规定。

1950年12月,中央人民政府政务院作出关于决算制度的决定,江西省人民政府通令全省各地区各部门各单位一律贯彻执行。同年11月,江西省财政厅转发中南财政部1950年各省市办理财政收支决算应注意事项:(1)各机关1950年度根据财政收支账簿就截至年度终了之日收付实现数编造。收入以12月31日缴入基层金库或经收处为限,支出以各级机关12月31日实际支出数为限。(2)各机关经费应向财政部门办理结算,年终结余现金、粮食、实物,应悉数缴回财政部门。(3)各机关应收、应付、暂收、暂付往来款项加紧催收、催付处理,逐笔查清结算。(4)决算单据之审核规定县级报送省财政厅审核,或由省财政厅委托专署负责审核后,交审核结果报省财政厅,原始单据由省财政厅保存。(5)各机关单位本年度支出决算,应根据规定编制内实有人数,分别供给制、薪给制人数,实有天数,现职人员分类,实行包干报销。(6)年终决算整理期,县级收支机关20日,县级总决算年度终了后30日送出。(由于中华人民共和国成立初期,财政体制尚未健全,县级财政实行报账制,因此1950年、1951年未编制财政决算)。

1951年9月,江西省人民政府转发中央人民政府政务院公布《预算决算暂行条例》规定:(1)决算必须依据每月评定物价造报。(2)经常费编造决算时,个人生活包干费用薪金,在编制内按实有人员及包干标准逐年上报,不必报原始单据,但需每月附花名册,由本人盖章。公杂费按包干定量造报,原始单据由各机关存查。财政部门上报决算时,须附审核后的所属单位原决算表,事业费必须报原始单据。

1953年,江西省各县(市)单独编制财政总决算报省汇编。(1)收支决算总表及收入支出分类决算表,均应编列"预算数""决算数"上报。(2)仅将划县分成收入部分列入决算。(3)总决算表内容包括三个方面:一是收入支出决算数字部分;二是各项支出基本数字部分;三是各项支出效果部分。

1954年,省人民政府发出关于1954年年终财政收支清理期及年度决算编报办法指示。划清年度收支截至,在决算编报前做好年终清理决算工作,自12月1日起停止预算的追加追减。基本建设拨款预算结余一律注销,下年度续建工程拨款列入下年预算重新核定。各单位行政事业费结余,除工会经费和干部福利费结余可以跨年度继续使用外,其余均于年终后十五日内主动缴回各级财政,逾期由银行代缴。预付购置费和差旅费,可按预支数列入决算,实际结余在下年按"以前年度支出收回"处理。县(市)财政结余除按省规定比例留成外,其余上缴省财政。县(市)决算报达省财政厅期限为一个月。

1955年决算按江西省人民委员会的决算指示编报,单位预算机关以"实际支出数"列入决算,各单位年终一律不预付下年度经费。对固定资产和库存材料全面清点作价入账,未完基建工程结余现金、材料结转下年度作为内部资源使用,相应减少预算拨款。文化、卫生部门所属差额预算单位年终结余,全部缴回财政机关。各预算单位12月31日经费存款余额及库存现金,应缴回同级财政机关。

1956年12月,江西省人民委员会发出关于1956年年终清理和年度结算编报工作的几项规定:(1)江西省各级总决算支出数改按各预算单位的"银行支出数"编报,单位决算以"实际支出数"和"银行支出数"同时并列编报。(2)各县市地方自筹经费,应单独编报年度决算。(3)要做好年终前的清理工作,清理上下级之间往来款项,及时结清暂收、暂付、应收、应付款。各预算单位应严格清理预算内外资金存款。(4)各预算单位的年终结余,除差额单位外,应一律缴回同级财政。(5)从12月20日起停止办理追加预算,12月25日起停止拨付当年经费。(6)1956年基本建设拨款限额一律注销,未完基建工程经批准跨年度的在1957年预算内支付。行政事业单位原列基本建设支出单价在200元以上的购置费改列设备购置费。各县(市)总决算于2月15日前派专人送省财政厅。

1957年12月10日,江西省人民委员会颁发关于1957年年终清理和年度决算编报工作的规定;(1)1957年年终预算单位存款余额,年终一律由开户银行自动缴还同级财政金库。各预算单位的库存现金年终前应全数缴还开户银行的预算存款内。(2)各县市财政资金的年终结余,转作下年度的预算收入。(3)为了保证新年度开始不至发生经费中断的情况,财政机关可在年终前预拨下年度1月份经费,但必须在1月1日后支取。(4)除福利费以外，其余各项经费款项不得以任何“以领代报”的形式列报决算。

1958年12月11日，江西省人民委员会发出关于编报1958年决算工作的通知，除按1957年上述规定执行外，并规定凡是人民公社财政已实行财政收支办法的，各地在编报1958年决算时，应将人民公社内原属于国家预算收支部分汇总列入，以便保持决算的完整性和正确性，检查年度预算执行的结果。

1959～1967年，江西省人民委员会和江西省财政厅在关于年终财政决算编报工作的通知中规定：(1)划清年度收支范围：财政收支，按照收付实现制的原则处理。收入以12月31日缴入基层金库为限，各支库年终结账日应推迟3～5天，以便使经收处和营业所在年底汇出款，能汇解到支库。预算支出，到12月31日人民银行营业时间终了为止。(2)各专县(市)的财政总决算，以银行支出数编列支出预算，各单位预算机关的决算，以银行支出数和实际支出数同时并列决算，财政机关对单位机关，以实际支出数结算。(3)各单位机关年终结余，全部缴回财政。“职工福利费”的结余，可转入下年继续使用。(4)基本建设投资结余，截至12月31日未支用的限额予以注销，属跨年度的工程，列入下年度财政预算。(5)省预拨下年度农田水利经费，不列当年决算。小型农田水利经费、自然灾害救济费和冬令救济费的年终结余，准予结转下年继续使用。(6)严格划分预算内外资金界限，预算内的收入不应列在预算以外，预算外的支出，不应列在预算以内。(7)各专县(市)的财政收支结余，全部留给地方，作为各级财政后备，应先处理遗留问题，再安排支出。(8)国家支援人民公社的投资，在年终前应按预算数全部拨给公社帮助穷队发展生产，以拨交公社数，列作本年决算，未支用部分，结转下年继续使用。(9)各单位应当继续贯彻厉行节约的原则，切实防止年终乱花钱现象发生。(10)从1963年起年终结算各县市设置20天的清理期(1967年设置一个月清理期)，以处理上下级之间往来结算和弥补企业亏损退库等事项。(11)各级财政部门管理的附加收支，应当按规定单独编造决算，作为总决算的一个组成部分上报。(12)各级财政部门和各单位编报的支出决算，除了金额数字之外，应必须要有相应的基础数字和事业效果。并应编写详细的决算说明书，对预算执行情况，进行综合分析，随同决算上报。

1968～1971年处于“文化大革命”期间，由于各级财政机构精减合并，人员大批下放，4年总决算的内容大部分被简化(1968年财政决算只编报财政收支总表及附加收支决算表)。由于总决算的大量简化，造成决算资料不全，对汇编资料造成极大困难，成为一个历史遗留问题。江西省革命委员会抓促部《关于做好1968年财政决算编审工作通知》指示：为了集中财力保证1968年财政预算平衡，当年财政体制改为收归收、支归支，收支分别算账办法，各专区、市、县凡属国家预算范围内的财政收入，应全部上缴省；各专、市、县的行政事业费支出，按照省分配的预算指标，由省财政拨款，年终如有结余，全部留给地方。财政支出结转项目，除“城市人口下乡安置费”和“救济费”两个项目可以结转下年使用外，其他项目不再实行专项资金结转办法，年终结余资金，由各级革命委员会统一安排。

1969年，财政编审工作通知规定：今年实行“收支挂钩、总额分成”的办法结算，年终总收入任务完成或超额完成的，超收分成和支出结余，均留归地方支配使用。县(市)收入任务完不成而影响地方分成的，应首先拿出支出结余来弥补，自求平衡。如果不能平衡的，省根据情况考虑解决。

1970年，财政决算编报要求做好年终对账工作，财政预算指标应当在年终后进行一次全面核对，对上下级财政之间的上解、补助和往来借款结算清楚。各级财政、金库和监交机关，应当按照规定对1970年各项收入决算数分科目相互核对，编制对账单，必须做到双方数字完全一致，才能上报。

1971年，江西省财政金融局革命委员会关于做好1971年财政决算编审工作的通知指出，财政总决算要反映真实情况，不准弄虚作假，应当在当年缴库的收入，不能拖到明年缴库；应当在当年退库的企业亏损，不能推到明年的收入中退库。不准拿银行贷款缴财政收入，不准用计划内的结余办计划外的事，不准修建楼、堂、馆、所或购置非生产性器具。1971年的财政决算，要以地区为单位集中互审汇编。1971年粮食企业亏损，以地(市)为单位单独算账，由于粮食外调任务增加而使亏损扩大，先由地(市)平衡解决，地(市)平衡不了，超过省给的亏损指标部分，由省调减预算。由于国家调整物价而影响收入的部分，相应调减各地(市)预算，1971年支出结余，除城市人口下乡安置经费结转使用外，其他项目概不结转。行政事业单位下放干部经费列支出决算，地方企业干部下放经费由收入退库解决，中央企业干部下放经费由县代垫，待中央拨款后由省统一归还，南昌市等外县企业下放干部经费，由县财政按统一标准向原下放单位收取。由于下放干部人数较多，经费数额较大，资金来源复杂，故在1969～1979年每年财政总决算中有专表反映下放干部收支数字及人数情况。

1972年，江西省财政金融局《关于做好1972年财政决算编审工作的通知》指出：1972年财政决算必须做好以下几项工作：抓紧增收节支，清理收回拖欠税收和利润，严格收支退库制度，认真审查亏损补贴。严格执行各种专项基金的提取比例和福利待遇标准，清理预算外收支，严格财政纪律等7项工作。

1973年，江西省财政局关于1973年财政决算编审工作的通知要求，各地市县结合决算编审工作，对截至1972年底的城镇人口下乡和知识青年上山下乡经费的结余，进行一次全面的清理，要弄清情况，核实数字，总结经验，写出清理报告。乐安县认真贯彻了上级的文件精神，并展开了一次较大规模的对全县上山下乡经费的全面清查工作。

1974年，江西省财政局关于1974年决算编审工作，强调要狠抓增收节支工作，努力做到当年收支平衡，抓紧清理欠税欠利，制止擅自冲退收入的现象，把该收的钱一定要坚决收上来，既不要"寅吃卯粮"，也不要"卯吃寅粮"对各项支出要严格控制，制止年终突击花钱。对非法占用国家收入，任意扩大支出，乱摊乱挤成本，乱挪乱用资金等违反财经纪律的行为，必须立即检查纠正。

1975年决算工作，贯彻江西省革委会《关于狠抓财政收入节约支出的通知》，对任意减免税款，扣留国家收入，乱摊乱挤成本，虚报亏损以及化大公为小公的，进行清理，补缴入库；对采取预付等形式虚列支出，将预算外支出转预算内开支，以及转移资金等，认真审核追回；充分发动群众对决算进行全面审查，对财政收支完成情况进行分析。

1976年，省革委会财贸办公室对1976年财政决算编审工作通知要求：抓紧清理财政收入，应当当年入库的财政收入，要如数缴入国库。要严格审查企业财务决算，严格制止乱摊成本，乱列入营业外开支和随便挤占国家收入，任意退库的现象，要认真进行年终清理，清查账目，清理财产，清理往来。1976年财政收入超收县，仍按往年办法，给县（市）30%的超收分成，以更好发挥县（市）的积极性。1976年地方财政支出结余，全部留给地方。1976年决算不要处理以前年度的财政遗留问题。决算清理期为一个月，用于办理在审计决算中发现有应补缴收入入库和应剔除的财政支出冲减，以及经过批准确实属于1976年度的企业亏损退库。

1977年，省革委会财贸办公室关于决算编报工作的通知要求：发动群众，认真审查决算，各级财政部门要会同主管部门，组织财会人员对业务相同的单位进行联审互查。对预算外单位应当作为重点组织审查。要坚持实事求是的优良传统，说老实话，办老实事，严格执行财政制度；不准随便以预算代决算，以拨款作支出报销；不准将预算外的开支挤入预算内开支；不准将预付下年的经费列入当年决算报销，以保证决算数字真实。1977年规定10天决算清理期。

1978年，省革委会财贸办公室关于年终决算编报工作的通知，要求恢复实事求是的优良传统，切实做到账表相符，数字正确，不漏列、不掺假、不虚报。注意检查总结财税部门在促进企业挖掘改造，发挥经济效益，反映行政事业费的使用效果。各行政事业单位在人民银行的年终存款结余，不能结转下年度，在12月31日营业终了后，缴回财政。"五种地方税"从1978年起划归县作地方预算固定收入。五种地方税比1977年增收部分，不再计算增收分成。1978年年终仍设置10天决算清理期。

1979年，财政决算是在执行国民经济调整、改革、整顿、提高方针的形势下进行的，当年乐安县财政收入完成479万元，比1978年增长16.5%，财政支出完成662万元，比1978年增长28.3%。

1980～1984年江西省各级财政实行"划分收支，分级包干"的财政体制，实行这一体制后，调动了各级财政增收的积极性，多收可以多支，少收则应少支，收入任务完不成的，按照"分灶吃饭"的原则，相应压缩支出，自求平衡。各级行政事业单位实行预算包干的办法，包干结余，视同跨年度经费，结转下年使用，不缴回财政。

1981～1984年，江西省财政厅关于编报年终财政决算的通知规定：（1）狠抓增收节支，保证预算收支平衡。收入方面，对那些有交款能力而拖欠税利的企业，应通知银行扣交，把欠税欠利的金额压缩到年初欠交数以下；对于收入退库必须严格审查，不得虚报和预提；经核实应退的，也不要遗留到下年度处理。支出方面：严格控制支出，把支出总额控制在可用财力之内，保证个人经费及生产建设事业和救灾等必不可少的开支，厉行节约，反对浪费，制止滥发奖金，防止年终突击花钱。各地区在12月10日以后一律停止办理追加预算。（2）一切行政事业、企业单位都应编报财务决算。县以上的集体所有制单位应向税务局编报决算，并应组织单位对决算进行联审互查。（3）做好年终清理工作，各部门，各单位要对本年度各项预算收支，往来款项和财产物资进行全面清理。不得以暂存款科目长期挂账,打埋伏私设"小钱柜",一经查出,应全部冻结上缴财政。(4)年终财政结余,仍留归各级财政,包干范围内的结转项目和金额,限制在财政结余的范围内,坚持有钱就结转,无钱不结转的原则。(5)预留行政事业单位职工调资款。(6)1981~1984年设置年终结算清理期除1983年15天外,其余年度为10天清理期限。(7)为了提高财政总决算的质量,从1984年起,对地(市)县财政总决算开展评比竞赛。

1985~1993年实行"划分税种、核定收支、分级包干"的财政体制,随着体制的变动,对财政决算工作增加了新的内容和要求。1985年决算要求务必做好收支平衡,把该收的钱足额清缴国库,严格把住收入退库和企业还贷两个口子,凡是冲退国库收入要严格按政策和有关规定办理,企业必须用新项目投产后新增加的利润归还贷款。要结合财务大检查,认真清理各项罚没收入和各单位的"小钱柜"资金,对随意以拨作支、以领代报、虚报冒领、由预算外开支的转预算内列支,以及其他违反财政制度的支出都要坚决纠正,一律不准列入财政决算支出。认真审查各部门各单位的财务决算,对企业财务决算,着重审查企业还贷、留利、价差补贴、企业亏损等情况。对行政单位财务决算,要严格审查行政经费压缩任务的完成情况,要审查设备购置费、修缮费、会议费、超编人员经费开支情况,严格执行费用开支标准的规定。对事业单位财务决算要着重审查事业费支出效果、资金用途是否合理,坚决纠正以各种名义乱收费用、乱发奖金补贴和实物的情况。1985年决算设置7天清理期。

1986年省财政厅关于财政决算编审工作通知的基本要求大致与1985年相同,补充了以下内容:(1)1986年是各县全面建立乡镇财政的第一年,在县总决算中应将乡镇财政预算内的收支情况包含在县总决算内(未单独分列决算)。(2)从1986年起国家批准的政策性价格补贴由收入退库改列预算支出。(3)根据财政部及省财政厅的"紧急通知",罚没收入一律上缴国库,不提成、不退库,办案费用补助由财政机关专项拨付。县财政总决算于1987年2月15日前报送地区财政局。

1987年决算,(1)增列乡(镇)财政收入、支出结余平衡表;乡(镇)财政预算内、预算外、自筹资金收支情况表。(2)当年财政收入首次突破1000万元大关。(3)地区通知,实行"定额上缴、超收全留"的财政决算办法。(4)从1987年度开始社会文教行政财务单独编制决算上报。

1988年省财政厅关于年终编审工作通知及年终决算办法规定:(1)国营企业超承包上缴利润应多得部分改由财政部门从收入中退库。当年乐安县国营企业承包收入退库11.2万元。(2)从1988年起乡财政决算工作由省统一布置,预算内、预算外、自筹资金收入情况由乡财政所编报。(3)由于实行了"分级管理、分灶吃饭"的财政体制,充分调动了乡镇培植财源,组织收入的积极性,当年乐安县19个乡镇都实现了财政收支平衡,略有节余。(4)从1988年起中央借款进基数,超基数部分年终返还50%。(5)同年10月开征印花税和城镇土地使用税,中央与地方实行"五五"分成。(6)从1988年度起在预算支出科目中增设"主要副食品价格补贴"科目。

1989年,省财政厅关于年终财政决算编审工作通知:(1)要抓紧新开征的预算调节基金、粮食专项基金及耕地占用税等专项收入任务完成,把清理拖欠和占压税款作为当前一项重要工作做好。(2)财政支出,除价格补贴外,其他各项支出一律在年初预算的基础上压缩20%。贯彻各项廉政措施,坚决刹住滥发奖金和实物的歪风,防止年终突击花钱。(3)各级财政总决算的编审,经以"三清"为重点,即清理收支、清理往来、清理结转。(4)当年财政结余,留归各级财政,各级行政事业单位年终"预算包干结余"经核实后,可结转下年继续使用,但要坚持有钱可结转,无钱不结转的原则。(5)乡镇财政总决算表格按全国统一规定,由省厅统一印发,由乡镇财政所编制,并编写说明书。(6)1989年财政决算设置7天整理期。

1990年财政决算编制:(1)将教育附加收入预算外收入转入预算内列收列支,列专款收入和专款支出。(2)契税收入全部留给地方,已上解部分,年终决算返还。(3)1990年农业税调价增收50%上缴,50%留县。

1991年财政决算编制:(1)新增专项收入类城市水资源收入和专项支出类城市水资源支出。(2)省财政厅1991年决算编审工作通知规定,职工养老保险基金和职工待业保险基金收支编入财政决算,乐安县收入568.4万元,支出432.6万元,由于只有一年编入总决算内,无可比性,故乐安县在编纂财政志资料时已剔除此收支数字。(3)财政总决算设置7天整理期。

1992年财政决算编制:(1)1992年财政收入实现1935.8万元,上级各项补助收入1386.1万元,1991年结余收入1439万元,上解上级支出41.6万元，总收入为3950.8万元，决算总支出为3132.3万元，结转下年支出306.9万元，净结余0.8万元。(2)从1992年起取消中央借款进基数后多交借款返还50%的规定，此款用来解决对贫困县的补助。(3)同年4月份起提高粮食统销价格后，对职工及有关人员发给粮价补贴，增加补贴基数159.1万元。(4)看守所下放地方，补贴基数3.3万元。(5)社会保险基金收支从合计线内改为决算总表合计线以下。

1993年财政决算编制：(1)从1993年5月1日起，将"商品零售营业税"和"其他饮食营业税"税率由3%提高到5%，提高税率后增加的收入60%归中央财政，40%归地方财政，年终决算上缴收入15.6万元。(2)粮食企业挂账结算上解39万元。(3)乐安县决定对各单位公用经费一律调减20%(包括公务费、业务费、小车经费)。(4)农林特产税超过基数部分，按县市负担中央借款比例返还6.2万元。

1994年财政决算编制：(1)1994年是实行分税制财政管理体制的第一年，对其收入划分为中央收入和地方收入两大块。(2)为适应分税制财政管理体制改革的需要，县委、县政府决定对乡镇财政实行定额上缴的财政体制，上解数根据各乡镇核定的财政收支基数确定。

1996年财政决算编制：(1)财政部关于完善分税制财政管理体制意见的通知，从1996年起各级财政资金的正常调度，各地区必须按中央财政对省级财政的办法，将资金调度比例逐级核定至县。(2)财政部通知从1996年起停止征收国家能源交通重点建设基金和国家预算调节基金。对以前年度各地欠缴的"两金"，都应按规定补缴，不分隶属关系，一律实行中央与地方"五五"分成。

1997年财政决算编制：1997年财政总决算表增列财政基金收支决算总表及财政基金收支决算明细表两种。

1998年财政决算编制：(1)新设"社会保障补助"支出科目，1998年发放企业下岗职工基本生活保障补助支出147万元。(2)1998年是不同寻常的一年，财政工作经历了不少困难和问题：一方面是六月份的特大洪涝灾害，给农业生产、农民增收、财政增长带来了极大困难；另一方面受亚洲金融危机不断加深的影响，市场价格持续低位运行，产品销售及商品流通市场受到严重制约，尽管如此，全县的财政工作在县、乡二级党委、政府正确领导下，经过全县上下的共同努力，实现财政总收入4329万元。地方财政收入3775万元。

1999年财政决算编制：(1)为平衡县级预算，调入资金605万元。(2)因增加工资，上级财政调资增资补助372万元。(3)国债转贷收入300万元。(4)1999年7月1日起固定资产投资方向调节税率减半征收，同比减少收入由中央补助乐安县77万元，列入年终结算补助。

2001年财政决算编制：(1)自2001年1月1日起，暂停征收固定资产投资方向调节税，地方财政由此减少的收入，中央财政适当补助，乐安县固调税停征补助基数为308万元。(2)农业税再次调整计税价格，每50公斤下调4元，减少农业税收入48万元，为弥补因调价而造成的减收，年终补助乐安县48万元。(3)上级财政补助增资744万元。(4)农业特产税增幅较大，当年实现805万元，同比增收139万元，增长20.9%。

2002年财政决算编制：(1)2002年实行农村税费改革，严格按照税改"减负、规范、稳定"的六字方针，经广泛宣传、反复测算、适时调整工作思路，使税改工作平稳进行。税改后取消屠宰税、"三提五统"、减征农业特产税，全县农民总体减负比例达到38.3%，税改带来乡村两级的收入缺口，中央财政给予乐安县农村税改转移支付补助1498万元，以保证乡村两级的正常运转。(2)五个共享税入省库数：资源税5万元、房产税41万元、印花税4万元、城镇土地使用税14万元、土地增值税无。

2003年财政决算编制：(1)从2003年起中央对所得税按6:4比例分成，即中央60%、地方40%。(2)省政府《关于进一步改革财政管理体制的通知》，从2003年起，以2002年为基数，电力企业的增值税和企业所得税地方分成增量部分，省与市、县五五分成。(3)省五个共享税，即土地增值税、其他资源税、城镇土地使用税、印花税、房产税从2003年起，以2002年为基数，省级40%的增量全部下放给县(市、区)，市得10%部分的增量也让利给县(市、区)，省市不再分成，收入平时仍按原缴库办法入库，其中入省库超基数部分年终结算返还。(4)省财政厅重新印发《江西省散装水泥专项资金管理办法》，规定对市、县散装水泥专项资金收入按20%比例上缴省财政部分，通过年终结算上缴。(5)省政府从2003年起对增值税25%部分、营业税、个人所得税40%部分、车船使用税、房产税、印花税、土地增值税、城镇土地使用税、资源税、城市维护建设税、契税等11个税种实行按增幅给予考核奖励。

2004年财政决算编制：(1)省财政厅、省林业厅《关于取消涉林违规收费和调整育林基金分成比例等有关问题的通知》,规定集体育林基金、维简费省分成8%,市分成15%,国有育林基金、维简费省分成10%,市分成10%,省、市应得部分年终通过结算上解。(2)省财政厅、省经贸委《关于新型墙体材料专项基金征收标准和上解比例的通知》,规定新型墙体材料专项基金收入按20%分成比例缴交省财政部分,年终通过结算上缴。(3)当年中央、省、市各项补助收入19871万元。

2005年财政决算编制:(1)从2005年起取消农业税。(2)当年全县实现财政总收入5886万元(一般预算收入3972万元)。(3)当年全县完成财政总支出26950万元。(4)当年中央、省、市各项补助收入25750万元。(5)财政供养人员10999人,其中:在职人员8825人、离休人员32人、退休人员2102人、其他人员40人。

2006年财政决算编制:(1)当年全县实现财政总收入8988万元(县本级完成6373万元,乡镇级完成2479万元),同比增收3102万元,增长52.7%(一般预算收入6211万元)。(2)当年全县完成财政总支出37406万元,比2005年增加10456万元,增长38.8%。(3)当年中央、省、市各项补助收入30294万元。(4)财政供养人员14605人,其中:在职人员12356人、离休人员30人、退休人员2061人、其他人员158人。

2007年财政决算编制:(1)从2007年起全国财政决算报表统一改为五部分:第一部分一般预算,第二部分政府性基金,第三部分预算外财政专户资金,第四部分政府性收支及资产负债总况,第五部分补充材料。修改后的财政决算报表更为科学实用,完全符合部门预算的要求。(2)当年中央、省、市各项补助收入39722万元。(3)财政供养人员14950人,其中:在职人员12343人、离休人员27人、退休人员2191人、其他人员389人。

2008年财政决算编制:(1)从2008年起全国财政决算报表统一改为六部分:第一部分一般预算,第二部分政府性基金,第三部分国有资本经营预算,第四部分预算外财政专户资金,第五部分政府性收支及资产负债总况,第六部分补充材料。修改后的财政决算报表更为科学实用、明晰。(2)当年中央、省、市各项补助收入51682万元。(3)财政供养人员15042人,其中:在职人员12337人、离休人员27人、退休人员2346人、其他人员342人。

2009年财政决算编制:(1)当年全县实现财政地方一般预算收入18207万元,同比增收6157万元,增长51.1%。(2)当年全县完成财政总支出87136万元,比2008年增加23552万元,增长36.9%。(3)当年中央、省、市各项补助收入68733万元。

2010年财政决算编报:(1)当年全县实现财政地方一般预算收入25889万元,同比增收7682万元,增长42.2%。(2)当年全县完成财政总支出101128万元,比2009年增加13992万元,增长16.1%。(3)当年中央、省、市各项补助收入75779万元。(4)财政供养人员15218人,其中:在职人员12441人、离休人员23人、退休人员2472人、其他人员282人。

2011年财政决算编报:(1)当年全县实现财政地方一般预算收入36009万元,同比增收10120万元,增长39.1%。(2)当年全县完成财政总支出126088万元,比2010年增加24960万元,增长24.7%。(3)当年中央、省、市各项补助收入85994万元。(4)财政供养人员15398人,其中:在职人员12557人、离休人员23人、退休人员2493人、其他人员325人。

2012年财政决算编报:(1)当年全县实现财政地方一般预算收入38464万元,同比增收2455万元,增长6.8%。(2)当年全县完成财政总支出143201万元,比2011年增加17113万元,增长13.6%。(3)当年中央、省、市各项补助收入108725万元。(4)财政供养人员15184人,其中:在职人员12519人、离休人员20人、退休人员2645人。

第三章 农业税征收管理

农业税征收管理,包括公粮、农业特产税、耕地占用税、契税的征收管理。由财政部门具体征收管理。

第一节 田赋的征收管理

明代田赋征解制度包括民收民解制和官收官解制两类。明代在实行"一条鞭法"之前,一直以赋役黄册为征解的依据,实行民收民解制。田粮的征解,由粮长负责,粮长按粮区设置,官收官解制。"一条鞭法"颁行之后,由于粮长制度被破坏,官府便直接派胥吏下乡催征,然后由官府派士卒将田赋粮米押解至指定地点。

清代初期编制《赋役全书》,详载地丁原额,逃亡人丁和抛荒地亩数,实征数,起运和存留数,开垦土地亩数和招来人丁数。此书每州县存留两部,其具体催课办法有：易知由单法，又称“滚单法”，即将一甲百姓应纳赋额书写明白，并按户挨次传递，通知其按期纳税；截票法，即将赋额分为十限缴纳，每交一次，便截去该期之票，又称分限法；联单法，也称印票法，即当百姓缴纳完毕之后，官府开出单据，一式三联；亲输法，又称自封投柜法，即百姓亲自将税银交给官府，避免胥吏舞弊。上述四种方法称“催课四法”，自此，征收方法达到封建社会的最高水平。

田赋当年未交者，每石加收钱500文。

自民国16年(1927)，中央将田赋收入改为地方税之后，当局锐意改制、限制附加、豁免旧欠、整顿岁赋、严禁附捐、土地申报等等规定出台。

一、限制附加

民国17年(1928)10月，中央财政部为防患未然，制订限制田赋附加办法，八项规定如下：(1)田赋正税附捐之总额，不得超过孙中山先生遗教中所言，现时地价的1%。其已经超过此数之县，不得再增，并应陆续设法核减适合地价1%为度。(2)田赋附捐的总额不得超过旧有正税之数，其已经超过者，不得再加附加，并应设法核减至与正税同数为止。(3)忙银应改两为元，将每亩旧时应完银数及改折银元之数，并入粮串之中。(4)漕米改为银元，应将每次旧时应完石数及改折银元之数，及各种附捐之数，注明通知单及漕单。(5)忙漕折合银元，均以分为止。(6)各县征收忙漕，仍可分期起征，照旧例办理。(7)在实行清丈报价以前，地价分类，暂以各县现时地价为标准。(8)前项地价，高于他县者，以各地平均数为准，同时财政部声明，凡现在田赋，附税或亩捐，高于上述办法之标准者，应速降低减至与标准相符，各县县长对于此项标准，若故意顽抗者，应由财政厅会同民政厅，即将该县长撤职惩办，是故不难看出当局锐意改革之决心，法纪严明之所在。

二、豁免旧欠

凡民国16年(1927)以前所欠田赋，一律豁免，以恤民艰。务期实惠小民，而对于土豪劣绅，故意拖欠抗税者，仍应彻底追缴。

三、禁止附捐

(1)继续遵照财政部整理田赋附加办法，实行减轻田赋附加，以苏民困。(2)各省田赋，只分省正税、县附捐两项，其余一切名目，概行删除。(3)分年递减田赋附加必须实现。(4)整理田赋及田赋附加、地方费不足，由中央另筹抵补，民国23年(1934)6月8日国府明令，自颁布之日起，对于田赋永远不准再有附加，永远不准再立不合法之税捐名目，著为定例。

四、田赋征收

田赋征收方法大致可分：(1)委任制，所谓委任制，即将征收之任务，委之于征收员或粮书，分赴各乡镇征收，尽收尽缴。(2)包征制，乃预计丁粮成数，由粮书认额承包征收，如有短征，负责垫缴。(3)官征制，由县政府设柜(收粮点)直接征收，不必催请粮书，此外尚有自愿投柜及义图制纳税人自携应纳税款，亲赴粮柜完纳，随取收据执照，完成纳税义务。为此民国时期改进田赋之征收，采取调整征收机构，设置田赋股长掌管全县征收事宜，内设稽征组，执掌征册，核算事务；收款组掌收粮款，记账事宜，并设稽征员、管串员，督促农户限期投纳，改组粮柜，设立分柜及流动分柜，由县确定具体日期，先行布告通知，届时派员经征入库，养成良好的纳税习惯，再者改进征收底册，建立业主表格，完善田赋联单等等，以上就是民国时期田赋改革之具体做法，也是民国时期，田赋制度之革新，但由于当局腐败，政令不畅，收效不大，苛杂未减，积欠颇多。

民国24年(1935)6月，省政府颁布《江西省征收田赋之章程》，规定应征田赋正税未实行地价税以前，仍照原科则银每两三元，米每石四元折合银元征收，两数合并，为全年征收额，田赋按会计年度第一、第二期各半征收。第一期七月一日起开征，第二期十一月一日起开征，两期均自开征之日起至十二月底为初限，次年一月为二限，三月为三限，花户逾初限不完者，按正税征收10%的滞纳罚金，逾期二限不完者，征15%的滞纳罚金，逾期三限者，征收20%的滞纳罚金。各县随正带征之附加税，均按省核定税率征收，田赋经征费按正税征收3%，由分柜征收之田赋，应按正税加征1%的经征费。同年十一月江西省政府颁布《江西省整理田赋征收暂行办法》和《江西省各县征收田赋人员奖惩规则》，并通令执行。“暂行办法”规定，田赋经过整理，征收数目超过省县预算额以外者，一概拨作县(市)保甲经费，对已查出粮户姓名住址者，按户催征。未查清者，限最短查清具报。所有清查任务，必要时应由县长亲自赴乡督办外，并派义图图长、甲长区长、联保主任、保长以及县政府经征处催收员担任，清查事项主要是粮户姓名住址、田亩坐落地点、亩数应纳粮额，清查完毕后，由清查人员造具清册，报县核办，对开垦熟地田亩，尚未升科者责成照亩承粮，对水冲沙塞不能垦复，或建路、建碉堡、建机场征用之田亩，列具清册，以凭复核免税。对恃势抗粮或包庇亲族者，照章取缔，切实追办，可将其土地充公，拨作保田，要求公务人员率先将本身田赋完清，并负责规劝本族本村之粮户，悉数完清。对阻挠抗税者，由县政府解押省府严办。《江西省各县征收田赋人员奖惩规则》规定，对征收田赋人员每年进行两期考核，进行奖惩。分别给予记功，记大功，发给奖励金，晋升级别；征收田赋工作失误，则视其短征程度给予记过、记大过，停职，降薪、撤职等处分。对义图、保甲、区长由县考核给予奖惩，对县长、二科科长，经征主任由省核定，给予奖惩。民国30年（1941）第三次全国财政会议决议田赋收回中央接管，各项田赋整理工作，一律限于次年底办毕。1945年政府为了控制粮食、采购军粮、稳定粮价、调剂余缺，省政府颁布了《江西省民国35年度县（市）级应得田赋征实，及带征公粮稻谷划拨办法》，规定各县级应得田赋征实及带征公粮稻谷，依据征收赋税情况，分别划拨。甲项：征收田赋及航测地价税县（市）份每税银一元，应划拨征实稻谷一斗八升县（市）公粮稻谷五升五合，合计二斗三升五合。乙项：土地陈报地价税县份，每税银一元，应划拨征实稻谷九升，县级公粮稻谷三升，合计一斗二升。丙项：折征法币县份，征实稻谷无县级公粮稻谷，应依照各该县赋税征收情况，分别比照前甲乙两项标准划拨之。各县（市）应得田赋征实及带征公粮之稻谷，其收购、仓储运输事项，由县粮处办理；有关稻谷之使用及结报事项，概由县财政科办理。

当局对每年入库按期完成，无拖欠者，奖励领队500元，未完成任务者，属工作不力，限期完成，否则摘掉乌纱帽，其时对公粮欠交，催缴办法有：（1）发串票通知限期缴交；（2）派员上门催交；（3）派警上门追交。

第二节　农业税的征收管理

一、农业税

农业税是国家向一切从事农业生产有农业收入的单位和个人征收的一种税。农业税一直由财政部门负责征收，“文化大革命”期间，曾一度由税务部门征管，直到1973年5月省财政厅下文，将农业税征收工作重新划归县财政部门征管。同年乐安县革委会转发了上述通知，决定由财政部门征收，粮食部门代收实物，折算价款，报解县金库。

1950年省人民政府指示，县、区、乡建立征粮委员会，在各级党委领导下，负责领导征粮工作，并充分发动群众，依照条例计征农业税。凡自种、出租、或佃种土地的收入均为课税对象，纳税户的计税人口、土地、产量，由乡征粮委员会调查田亩，评议产量，计算各户应交税额，报县政府核定后列榜公告，通知各纳税户，按期送交指定粮库缴纳，并取得正式收据。纳税户送交公粮单程其超过义务里程25公里部分的运价，肩挑运送者，50公里50公斤，付价不超过大米10公斤；车运者，50公里50公斤，不超过大米8公斤；船运者，载重2500公斤以下船只，50公里50公斤，最高不超过大米2公斤。

1951年农业收入，以土地面积常年产量为计算标准，以市亩、市斤为计量单位（志书均改为公斤），对于同等土地，因勤劳耕作，善于经营，其收获量超过常年产量的，仍照常年产量计算，不多征。因怠于耕作，其收获量不及常年产量的，也按常年产量计算，不少征。对于兴修水利或以其他方法改良土壤、科学种田而提高常年产量的给予优惠照顾，鼓励增产不增税。对于农业人口按填报农业税清册时农户实有农业人口计算，唯对于革命烈士、革命军人及供给制工作人员给予优惠照顾，均按在家人员计算人口，其他不以农业收入为主要生活来源的，不计算农业人口，至于以其他职业当作农村副业的，即农闲时为之，农忙时又从事农业耕作的，可以农业人口计算。对于政府供给的半公费生、军事学校的学员及地方干训班的学员、乡村自办小学的义务教员、包干制的工作人员等均可在本家计入农业人口。1952年乡（村）合作社的工作人员及乡（村）干部也在家计算农业人口。1954年义务运送公粮修改为当日往返单程在15公里（往返30公里）以内，超过15公里的按一般运价发给运费，对道路崎岖运送特别困难的山区，经县批准，可减至12.5公里。

1957年对高级社以社为单位，按上年常产计算，实行地区差别比例税率，由县人委在其计税收入11%～20%范围内分别规定其税率。1958年因为不计人口而又无免征额比例税制，是由省人民委员会根据地区经济不同情况确定平均税率，抚州专区平均税率为17.9%，课税对象，具体确定为粮食作物和薯类作物的收入、棉花、麻类、烟叶、油料、糖料和其他经济作物的收入，园艺作物的收入以及按规定经批准征收农业税的其他收入。1961年公粮义务运送里程又修订为：从粮食起运点算起，平原、丘陵地区为往返20公里，道路崎岖的山区，为往返15公里。国家为了减轻农民负担，鼓励和促进农业生产的发展，在提高粮价的同时，对全国农业税的常年计税产量和税率都进行了较大幅度的调整。1964年对义务运送粮在规定里程基础上，粮食重量规定为100公斤，超重部分，付给运费以减轻负担。1971年根据上级的政策规定乐安县农业税征收任务，从1971年起继续稳定五年不变。农业税额全年一次计算，一次下达（指征收稻谷），其余粮食予以折征。

按照“先征后购”的原则，先交公粮，然后购粮。纳税户对税负认为调查不实，评议不公或计算错误，可由乡申请复议、复核，如仍不服，可越级申诉，由县人民政府依法裁定。惟在申诉期间，纳税户应按原定税额如期入库，不得拖延。中共十一届三中全会以后，乐安县农村普遍实行了多种形式的生产责任制，农业税的征收由“队交队结”改变为“户交户结”或“户交队结”。1982 年 7 月 11 日省财政厅重新印发了省财政厅与省劳动厅两家联合通知：在农业税征收期间，可由当地财政局根据征收农业税工作的实际需要，招用临时助征人员。1986 年全县建立了乡财政所，各财政所配备了 1 ~ 2 名农税干部，负责该乡农税的征管工作。由于农业四税征收任务繁重，农税干部不够，1988 年、1989 年招用了 12 名临时助征人员，该 12 名临时助征人员 1993 年 6 月招聘为合同工。1993 年 6 月 25 日省人民政府办公厅转发省财政厅关于做好农业税征收工作的请示通知，农业税的征收除经济作物和林牧渔集中产区以及缺粮地区继续折征代金外，一般粮食产区原则上都应以粮食抵缴农业税（即继续征收实物）。各地粮食部门在与农民签订粮食收购合同时，应按照国务院有关规定，将农业税的征实部分纳入粮食收购合同，并享受粮食收购合同的一切优惠政策（含粮食“三挂钩”优惠政策照顾）。农民用粮食抵缴农业税，粮食部门必须保证优先接收，不得以任何理由拒收，也不得压级压价，损害群众利益，粮食供销等收购部门应积极协助国家代征代扣农业税款，并按照“先征后购、先税后贷”的原则，按实际征收入库数，在规定的期限内及时与当地财政部门结算税款，不得打白条，拖延国家税款缴库，对逾期不办理结算缴库的，按国家税收征管法规定，由县以上财政机关通知其开户银行或其他金融机构扣缴，各级银行部门应保证农业税结算资金的供应，任何单位和部门都不得任意占用农业税结算资金。各地在落实农业税任务时，应坚持以粮食为计税本位，同时按照农业税的计税单价将金额任务落实到纳税单位和农户。落实农业税任务时，不得层层加码，也不得将其他收费混在农业税任务内，一起下达。严禁任何单位和个人借征农业税的名义加重农民负担。农业税的征收方法，实行“实物征收、货币结算”，纳税单位和农户以粮食抵缴农业税时，按照“以质论价、多退少补”的原则进行征收。继续贯彻“依率计征、依法减免、合理负担、鼓励增产”的征收政策，认真协调有关部门的关系，积极组织收入，确保征收任务的完成。

2000 年 1 月 18 日，国家税务总局下达关于印发《农业税收票证管理办法》的通知，从票证印刷、尺寸样片、票证保管领发、结报、核销，重新下达了二十三条规定。要求从 2000 年 1 月 1 日起实行，原有关农业税收票证管理规定，同时废止。从而为切实加强农业税收票证管理，奠定了扎实基础。乐安县财政局根据省、地通知精神，要求全县各财政所于 2000 年普遍建立健全农业税收纳税户底册，按乡（镇）村、村民小组、农户分门别类，加总统计，同时农业税票据也要随征时开票到农户，至于农业税减免，亦应将减免农户姓名张榜公布。

2004 年 4 月，省财政厅、省农业厅发布《关于 2004 年降低农业税率有关问题的通知》，确定全省 2004 年降低农业税率 3 个百分点，并规定：对每个农户，按其《农民负担监督手册》上确定的农业税任务（含附加，下同）调减 43%，重新核定任务；对国有农场以及有农业收入的机关、部队、企业、学校，果园场、林场、茶场等，按农村税费改革中确定的农业税任务调减 43%，重新核定新的农业税任务。对依法耕种河床、河滩、淌江地、湖洼地等无固定收益土地的，税率由 4% 下降到 2%。8 月，根据财政部、国家税务总局《关于取消除烟叶外的农业特产税有关问题的通知》精神和江西省实际，经省政府同意，取消除烟叶外的农业特产税。（1）从 2004 年起，对上年在农业税计税土地上生产农业特产品改征的农业税，按农业税相关政策继续征收农业税；对上年在非农业税计税土地上生产农特产品改征农业税的，取消征收农业税；对烟叶仍按规定征收农业特产税。（2）取消农业特产税后减少的实际收入，由省财政按中央政策规定安排转移支付资金予以补助。（3）此规定从 2004 年 1 月 1 日起执行。

2005 年年初，县财政局转发《江西省财政厅关于暂停征收 2005 年度农业税有关问题的通知》，先暂停征收 2005 年度农业税及附加。同时，贯彻中央财政对地方实施“三奖一补”政策，通过继续增加财力性转移支付和不断创新省对县及县对乡财政管理模式，使县乡财政困难状况有明显的缓解。2 月，县财政局转发《江西省财政厅关于免征农业税有关事项的通知》，经江西省委十一届八次会议决定，从 2005 年 1 月 1 日起在全省范围内免征农业税及附加，对已征收的 2005 年度农业税必须退还给纳税人，免征农业税后减少的实际收入，按 2002 年决算数，一部分由中央财政安排专项转移支付解决，另一部分由省财政安排专项转移支付解决。至此，农业税（田赋）正式退出了历史舞台。

二、农业特产税

它的前身林业税，又称山林特产税、农林特产税、林农所得税，是农业税的组成部分之一，新中国成立初期，林业收入与农业收入一并征收农业税。

林业税的计税价格1949～1956年均按实际售价计征。1957年2月起，凡是林权已确定，在出卖原木时已将山价与砍运工资分别计算的，一律按照山价计征。对林权尚未确定，在出卖原木时没有将山价与砍伐工资分开计算的，仍按实际销售收入计征。原竹在未实行统一山价前按实际山价计征。1974年起，省税务局规定对不单独计算林价（山价）的原木、原竹和国营、商业、供销社收购农村社队、社员、国营垦殖场、农场的各种杂木棍，各种原木坯料，各种小山竹、竹杠、竹梢和各种竹坯料等均按林主的实际售价（收购单位的实际收购价）的30%作为山林价计征林农所得税。

林业税1949～1952年由县财政部门按实际售价直接征收。1953年起，改由税务机关代征。1957年起由国营商业、供销社收购的原木、原竹，统由收购单位按次代扣代交。1961年起，通过农林垦殖部门收购或经营的木、竹，由农林垦殖部门代扣代交，不通过农林垦殖部门收购或经营的即林主直接在集市上或农村中零星出售的木、竹，仍由税务机关代征，并按规定付给代征单位手续费。1986年，乐安县普遍建立了乡镇一级财政所，每乡配备了1～2名农税专管员，从此对农业特产税加强了征管力度。

随着农村产业结构的调整和农业生产的发展，农村特产品的种植业和养殖业大量增多。乐安县人民政府根据上级有关文件精神，于1987年就冬笋、春笋、笋干（含玉兰片）、香菇、柑桔、塘库养鱼六个品种征收农林特产税。其税率暂定5%，加上地方附加0.5%，合计5.5%，一并征收。计税单价：冬笋每公斤单价0.60元，春笋每公斤单价0.30元，笋干每公斤4.00元，香菇每公斤20.00元，柑桔每公斤0.60元，鲜鱼（库鱼）每公斤1.60元。计征办法，以各乡（镇）1985年、1986年报加权平均压缩10%，作计税常产。

从2005年1月1日随着农业税取消，农业特产税除烟叶税外也免征。

三、耕地占用税

1987年8月，江西省人民政府根据国务院发布的《中华人民共和国耕地占用税暂行条例》，制发了江西省征收耕地占用税实施办法，规定从1987年4月1日起在全省范围内开征耕地占用税。所谓耕地是指国家所有和集体所有的原来用于种植农作物的土地，占用时虽未种植农作物，但在前三年内曾用于种植农作物的土地，亦视为耕地。占用鱼塘、苗圃、菜地、果园、桑园和种植其他林木或其他农业用地建房或从事其他非农业建设，也视同占用耕地。部队非军事用途和从事非农业生产经营的用地，铁路沿线以外的堆货场、仓库、招待所、职工宿舍用地、厂矿企业铁路专用线路用地、职工夜校、学习班、培训中心、函授学校、养老院等用地，以及以发电或旅游为主的水利工程用地、城镇居民（非农业户口居民）占用耕地，新建住宅或者农村居民联户占用耕地，从事非农业生产也应全额征收耕地占用税。其纳税范围，简言之，就是凡在1987年4月1日后，占用耕地建房或从事其他非农业建设的单位和个人都是耕地占用税的纳税义务人。

根据国务院关于发布《中华人民共和国耕地占用税暂行条例》的通知，第五条耕地占用税的税额规定如下：（1）以县为单位（以下同）人均耕地在一亩以下（含一亩）的地区，每平方米为2元至10元；（2）人均耕地在一亩至二亩（含二亩）的地区，每平方米为1.6元至8元；（3）人均耕地在二亩至三亩（含三亩）的地区，每平方米为1.3元至6.5元；（4）人均耕地在三亩以上的地区，每平方米为1元至5元。经省人民政府核定乐安县耕地占用税每平方米平均税额为4.6元（除鳌溪镇为5元外，其他各乡镇均为4.6元）。根据《耕地占用税暂行条例》第九条之规定，耕地占用税由财政机关负责征收；土地管理部门在批准单位和个人占用耕地时，应及时通知所在地同级财政机关；批准征用或者占用耕地的单位和个人，应当持县级以上土地管理部门的批准文件向财政机关申报纳税；土地管理部门凭纳税收据或者征用批准文件划拨用地。乐安县为了加强源头控制，增加地方财政收入，报经县人民政府批准同意，由县财政委托土地管理部门征收。县土管局必须使用江西省财政统一印制的耕地占用税完税证。

江西省耕地占用税完税证格式

表 4－11

江 西 省 财 政 厅

耕 地 占 用 税 完 税 证

填票日期： 年 月 日 (93)赣财耕税字 Na

<table>
<tr><td>纳税人</td><td></td><td>地址</td><td colspan="11"></td></tr>
<tr><td>批准占地机关</td><td></td><td>批准日期</td><td colspan="3">年 月 日</td><td colspan="8">批准文号</td></tr>
<tr><td rowspan="2">批准占用耕地</td><td rowspan="2">亩折合 平方米</td><td rowspan="2" colspan="2">每平方米税额 元</td><td colspan="10">金 额</td></tr>
<tr><td>千</td><td>百</td><td>十</td><td>万</td><td>千</td><td>百</td><td>十</td><td>元</td><td>角</td><td>分</td></tr>
<tr><td colspan="4">应纳税额</td><td></td><td></td><td></td><td></td><td></td><td></td><td></td><td></td><td></td><td></td></tr>
<tr><td>滞纳金</td><td colspan="3">逾期 天，每天按税额加收 5%</td><td></td><td></td><td></td><td></td><td></td><td></td><td></td><td></td><td></td><td></td></tr>
<tr><td colspan="4">金额合计(大写)</td><td></td><td></td><td></td><td></td><td></td><td></td><td></td><td></td><td></td><td></td></tr>
<tr><td>征收机关公章</td><td>(征收机关未盖公章无效)</td><td>复核人</td><td></td><td>经办人</td><td colspan="2"></td><td>备注</td><td colspan="6"></td></tr>
</table>

江西省财政厅印制说明：1. 规格：外 1811cm，内 157.5cm，左侧开。

2. 本证共四联，第一联：存根，经收单位存查(黑色)

第二联：收据，纳税人完税凭证(红色)

第三联：记账，征收机关记账凭证(蓝色)

第四联：报查，报县财政机关(绿色)

3. 由省厅统一印制

县土管局每月旬末将所有税款向县财政局报送征收进度，县土地管理部门必须做到“先征税后划地”，县财政局每年按解缴所收耕地占用税税额付给一定数额的劳务费给土地管理部门。

从 2010 年 12 月 1 日起，根据江西省人民政府办公厅赣府厅〔2010〕172 号文件规定，乐安县耕地占用税征收管理职能，已由乐安县财政局划转至乐安县地税局。

四、契税

中华人民共和国成立后，政务院于 1950 年 3 月 31 日发布《契税暂行条例》，江西省相应制订了《江西省契税暂行条例施行细则(修订本)》，明确提出“全省契税由各县人民政府财政部门征收”。

乐安县财政局根据省财政厅 1951 年 9 月 20 日发出的通知，契税自 1951 年 8 月 9 日起，一律由财政部门征收，并及时向税务部门接办，不再委托代征。此后财政部门按照国家有关契税的法规，逐步开展契税征收工作。自 1952 年至 1959 年每年均有小额零星契税入库，如 1952 年契税收入 1929 元，1953 年契税收入 2327 元，1954 年契税收入 805 元，1955 年契税收入 530 元，根据“契税暂行条例”规定，契税的征税对象为土地、房屋产权转移变动行为，由于当时农村已基本实现合作化，1956 年国务院通知停办土地所有权变动登记工作，但对未参加农业合作社的农民或其他居民的土地产权转移，仍照征契税。因而 1959 年以后几年，没有什么契税收入。

1966 年“文化大革命”开始，契税工作中断。1987 年 7 月省财政厅发出《关于恢复和加强契税征收管理的通知》，此后财政部、省财政厅又陆续颁发了一些补充规定。根据上述规定，1989 年 9 月 3 日，乐安县人民政府办公室批转了《县财政局“关于恢复和加强契税管理工作的请示”的通知》，决定在全县范围内恢复征收契税工作，并仍由县财政委托房产管理部门代征。

1991年贯彻财政部规定，凡以房屋作为投资或入股转让与外商及其他企业合资经营办理房屋产权交易和产权变更登记手续的，以及取得房屋所有权的外国企业和外国人，均由承受方按买契税率缴纳契税。以房屋抵债、房屋所有权发生转移的，视同房屋买卖缴纳契税。1992年对房地产公司以及其他房屋经营开发单位或个人，以集资方式建房，其房屋产权，已属个人所有，均应照章缴纳契税。对已实施住房制度改革的城镇，其全民、城镇集体所有制单位，有当地城镇户口的职工，按规定的标准价第一次购买本单位公有住房在规定住房标准面积以内的，免征契税。行政、企事业单位向本单位职工集资建房，其房屋产权归出资职工所有的，也免征契税，但上述免征每户只能享受一次。

1998年1月19日，省人民政府印发《江西省契税实施办法》，从1997年10月1日起发生的房屋土地权属转移，一律按新的《契税暂行条例》执行，税率为4%，降低了2个百分点，对多收的契税税款可以退库，由征收机关退还纳税人。为了认真贯彻财政部、国家税务总局《关于调整房地产市场若干税收政策的通知》，乐安县财政局根据县人民政府指示于1999年8月30日发出《关于贯彻执行契税减免政策的通知》，从1999年8月1日起，对个人购买自用普通住宅应交契税，按现行税率减半征收，即按2%的税率执行。对1999年7月31日以前签订购房合同的，仍按契税4%税率执行。随着住房制度的改革，房地产业的兴起，为加强契税征管，乐安县财政局于2001年4月成立了契税征收管理所，直接征收县城契税和管理全县契税工作，各乡镇则由各乡镇财政所征收。至2010年12月，根据江西省人民政府办公厅赣府厅〔2010〕172号文件精神，乐安县契税征收管理职能，从2010年12月1日起，已由乐安县财政局划转至乐安县地税局。

五、农业四税的征管职责

农业四税是财政收入的重要组成部分，其征收管理稽查办法，随着经济体制改革、征收环节改变，财政部和省厅、地局下达了很多征管文件，为使四税征管纳入正规化、科学化、法制化的轨道，结合乐安县实际情况，制定了《乐安县农业四税征收管理实施细则》，在全县范围内贯彻执行。力求做到“收之有据、征之适度、管之有序、归之有档”，其征管实施细则比较具体，便于操作，并制订了农业四税征管十项制度，一是纳税登记制度，二是账簿凭证管理制度，三是纳税申报和税款缴纳制度，四是代征代扣管理制度，五是欠税缴纳滞纳金制度，六是税务检查制度，七是违章处理制度，八是票证管理制度，九是征收经费管理制度，十是税款入库及结算制度。与此同时，并对农业四税征收管理人员的管理职责，进行了全面具体的规范。

（一）县农税股的主要职责

（1）根据同级以上人民政府和上级财政部门关于农业四税的有关政策、法令，制定具体的执行办法。（2）按照上级财政部门分配的农业四税任务，负责组织征收及完成。（3）宣传、解释农业四税的有关政策与法令。（4）处理违犯农业四税法规、偷税、漏税、抗税的违法违纪案件和行为，与财政检查室一起担当本县范围内农业四税违法案件的诉讼、调查事宜。（5）检查和监督乡镇财政所执行农业四税政策的情况，指导财政所正确办理农业四税征收、缴解、结算、减免等工作。（6）负责农业四税预决算编制工作，及时准确地填报上级要求的各种报表。（7）负责农业四税票证的分发、保管、监察、核销和农业四税档案与纳税资料的整理，培训乡镇级农业四税干部。

（二）乡镇财政所的主要职责

（1）宣传、解释农业四税的有关政策与法令。（2）按照上级财政部门分配的农业四税任务，直接从事征收管理工作，并按照规定分别及时缴纳上解。（3）对违犯税法规定的行为，对照处罚条例进行处罚。（4）组织对受灾农户的摸底、核实，办理减免农业四税手续。（5）处理征收工作中出现的矛盾和纠纷。（6）负责定期向县级财政部门报告征收进度，报送有关报表。（7）建立农业四税册籍，负责农业四税票证的领、用、存和保管。（8）核查群众监督、检举内部工作人员违纪违法的行为。

（三）农税专管员的主要职责

（1）准确理解和执行国家关于农业四税的有关政策与规定，严格按照税法规定进行征税，同一切违犯财经法纪的行为作斗争。（2）掌握农业四税征收管理工作中的有关业务知识与技能，正确核查税源，深入调查研究农村税负的发展变化情况，努力完成农业四税的征收任务。（3）办理农业四税的征缴业务，按照规定税率计征税额填写纳税票证，填报各类报表。（4）熟悉分管工作范围的农村经济的基本情况，包括纳税对象、纳税户数、纳税人的变动情况、生产、经济发展的特点，积极开展农业四税征收，预测分析和决策分析。（5）研究、草拟农业四税征收管理办法和其他文书，办理农业四税资料的收集、整理、存档、保管等事宜。（6）严格执行处罚条例和适度运用处罚规则，正确处理国家、集体与个人的关系，维护税法和农业四税政策法规的严肃性。

通过上述职责规范，进一步充实完善了农业四税征管稽查办法，对农税人员提出了更高要求。

第四章　工商税收管理

工商税收管理，封建时代没有形成系统的制度体系，权限集中于朝廷；民国时期有所发展，有所进步；新中国成立后，经过曲折的发展过程，至2012年，已形成比较完整的税收管理体系。

工商税收征收管理，是征税机关依照国家税收法律，行政法规的规定，按照统一的标准，通过一定的程序，对纳税人应纳税额组织入库的一种行政活动，是贯彻税收政策落实到纳税人，有效地组织工商税收入及时、足额入库的重要途经。

工商税收管理主要内容包括：工商税收管理体制，工商税收征管制度和办法两个方面。从1949年至2012年，工商税收管理体制先后进行了8次大的调整。工商税收征管制度和办法，经过多次曲折的发展，逐步完善。特别是1993年3月《中华人民共和国税收征收管理法》的颁布实施和2001年5月1日施行修正后的《中华人民共和国税收征收管理法》，使整个税收征管工作纳入了规范化、法制化的轨道。

第一节　工商税收管理体制

工商税收管理体制是税收管理以划分中央与地方的税收管理权限的一种行政规范。主要中心内容包括：税收政策的确定，税法的制定、颁布与解释，税种的开征与停征，调整税目、税率，减税、免税、加税的确定。

封建时期：自秦汉至清初，税收的管理权、支配权集中在朝廷，没有划分中央财政与地方财政。赋税法规的制定，减免税权限均集中于中央。

民国时期：民国2年（1913），北洋政府公布：划分国家税与地方税，税法由中央颁布。中央管理的国家工商税有：盐税、关税、常关税、统捐（税）、厘金、矿税、牙税、当税、牙捐、当捐、烟税、酒税、茶税、糖税、渔业税等15项（另计划开征的印花税、登录税、继承税、营业税、所得税、出产税、纸币发行税）。地方管理的地方工商税有：田赋附加税、商税、牲畜税、粮米捐、土膏（鸦片）捐、油捐及酱油捐、船捐、杂货捐、店捐、房捐、戏捐、车捐、乐户（娼）捐、茶馆捐、饭馆捐、肉捐、鱼捐、屠捐、夫行捐及其他杂捐杂税等20项（另有计划开征的房屋税、入市税、使用物税、使用人税、营业附加税、所得税附加税）。民国3年（1914）6月，取消国、地税划分，改为由主管官署统筹支配，实行地方向中央解款的中央专款制度。民国4年（1915）至民国6年（1917），中央专款有：印花税、烟酒牌照税、烟酒税（附加税）、验契税、契税（附加税）、屠宰税、牲畜税、加成厘金、牙税、矿税。民国8年（1919），烟酒3税划归烟酒事务局主管，上解中央专款只有契税、牙税、矿税3项。民国17年（1928），江西省管理的地方工商税有：契税、牙税、当税、内地渔业税、屠宰税、市地税、船捐、房捐、所得税附加及地方其他捐税10项。民国31年（1942），自治财政管理的地方工商税有：契税、屠宰税、营业牌照税、使用牌照税、筵席和娱乐税、其他杂捐等6项。民国35年（1946）起实行中央、省、县3级税收管理体制，县市管的工商税有：契税、屠宰税、营业牌照税、使用牌照税、筵席及娱乐税、房捐、土地税及特别课税等8项。

中华人民共和国成立后：税收的立法，强调税权集中、税政统一。有权制定税法或税收政策的国家机关有：制定法律是全国人民代表大会；制定行政法规是国务院；制定部门规章是财政部、国家税务总局、海关总署、国务院税则委员会。税制经过了三个时期的改革1949～1957年中国税制建立和巩固时期，1958～1978年中国税制曲折发展时期，1978～1994年中国税制全面加强，不断改革前进时期），从1950～2012年，税收管理体制先后进行了8次调整变化。

一、1950年起，实施集中统一和因地制宜的税收管理体制

1950年1月31日，政务院颁布《全国税政实施要则》，统一规定了税收法规的制定权限：

（一）凡有关全国性的税收条例法令，均由中央人民政府政务院统一制定颁布实施。

（二）凡有关全国性之各种税收条例之施行细则，由中央税务机关统一制定，经财政部批准施行。

（三）凡有关地方性税收之立法，属于县范围的，得由县人民政府拟议报请省人民政府核转大行政区人民政府或军政委员会批准，并报中央备案；属于省范围的，由省人民政府拟议报大行政区人民政府或军政委员会核转中央批准。

同年3月起，除批准征收的地方税外，关税、盐税、货物税、工商业税的一切收入，均归中央统一调度使用。税则、税目、税率统由政务院决定实行，税收减免权限属于中央。

从1951年起,国家财政的收支系统实行“统一领导、分级管理”的方针,实行中央、大行政区、省(市)3级财政。

1955年3月18日,财政部通知凡属地区性的个别的或临时性的减税、免税,可由省、市税务局报请省、市人民政府核定施行。

二、1958年起,改进税收管理体制

1958年6月9日起,实施国务院《关于改进税收管理体制的规定》。

(一)印花税、利息所得税、屠宰税、牲畜交易税、城市房地产税、文化娱乐税、车船使用牌照税等7种税收划为地方固定收入。有权采取减税、免税或加税的措施;有权对这些税种的税目、税率作必要的调整。

(二)商品流通税、货物税、营业税、所得税等4种税收划为按比例由中央和地方实行分成,税收管理权限归中央集中掌握。省也可在规定范围内,根据实际情况,采取减税、免税或加税的措施。

(三)试行工商统一税,国营企业试行“税利合一”,人民公社试行“财政包干”。

三、1961年,调整税收管理权限

1961年1月,中共中央批转财政部党组《关于改进财政体制加强财政管理的报告》,将一部分原下放给地方的税收管理权限收回中央及省。具体规定为:

(一)工商统一税税目的增减和税率的调整;盐税税额的调整;涉及两个大行政区或两省、市以上工商统一税纳税环节的变动。报经中央批准。

(二)开征地区性的税收,地方各税税目税率的变动及在中央规定的所得税的税率范围内确定具体税率,须报经中央局批准。

(三)工商统一税中有关新试制的产品或新建企业减免税,或县属企业减免税,由省、自治区批准。

(四)对少数个体手工业者,小商小贩以及对残存的资本主义工商企业、行商、居民缴纳的房地产税,个人缴纳的车船使用牌照税的减免,个别合作组织,营业收入不足支付工资的少数个体手工业者,小商小贩实际收入少,征税后影响家庭生活,需给予临时性的减免税,由专、县一级掌握。

四、1970年起,下放税收分级管理权限

1970年4月,财政部军管会在试点的基础上,向国务院报送《关于下放工商税收管理权限的报告》提出扩大地方减税、免税的批准权;下放对农村人民公社征税的管理权;对投机倒把罚款和个体经济加成征税;下放城市房地产税、屠宰税、车船使用牌照税、牲畜交易税、集市交易税的管理权;上述四项管理权下放到省、市、自治区革命委员会。

1972年3月,国务院对工商税管理体制规定是:(一)需要报经国务院决定的有三条:(1)税目的增减;(2)税率的调整;(3)全国统一的减税免税规定。(二)属于省、市、自治区管理的主要有五条:(1)核定纳税单位的税目和税率;(2)批准个别纳税单位减税免税;(3)规定对农村人民公社的具体办法;(4)对资本主义势力采取加成征税措施;(5)规定对“五小”企业的减税免税。

1972年12月,江西省革命委员会发布《江西省试行工商税征收办法》规定:(1)税目的增减和税率的调整执行国务院决定。(2)纳税单位适用的税目、税率,由县(市)革命委员会或税务局确定,报地(市)税务机关备案。县(市)以上工业企业适用的税目、税率,报地(市)革委会审查批准,抄送省财税机关备案。(3)纳税单位纳税环节和计算纳税的程序和办法,由省财税机关确定。(4)新产品投产初期发生亏损要求减免税的,1年内由县(市)革委会批准,期满后再需照顾,逐级报省革委会批准。(5)新办企业初期亏损需减免税的,凡省、地(市)所属企业报省革委会批准,县(市)所属企业减免税6个月以内的报地(市)革委会批准,6个月以上的报省革委会批准。(6)县办“五小”企业(小化肥、小水泥、小水电、小农药、小农机)亏损要求减免税的,1年内由县(市)革委会批准,1年以上的由地(市)革委会批准。1973年起,凡上报省革委会审批的减免税,授权省税务局签注意见,省财政局审批。

五、1977年,实施新的税收管理体制

1977年11月13日,国务院批准的《关于税收管理体制的规定》重申“统一领导、分级管理”的原则,对税收管理体制规定如下:

(一)凡属国家税收政策的改变,税法的颁布和实施,税种的开征和停征,税目的增减和税率的调整,都由国务院统一规定。

(二)下列情况,报财政部批准:(1)全省范围内停(免)征或开征某一税种。(2)全省范围内对某种应税产品,或者对某个行业进行减免税。(3)对卷烟、酒、糖、手表四种产品需要减免工商税。(4)盐税税额的调整(不包括土盐税额),不属农牧业、渔业、工业用盐范围的其他用盐,需要减免税。(5)涉外征税,免税。

(三)下列情况,由省革委会掌握审批:(1)个别纳税单位生产的产品或经营的业务,因生产、经营价格发生较大变化,纳税有困难,给予定期减税、免税。

(2)企业利用"三废"(废渣、废液、废气)和废旧品作主要原料生产的产品,纳税有困难,给予定期减税、免税。(3)县办"五小"企业,初办纳税有困难,减征或免征工商税1年,期满仍需减税、免税,应另行报批。(4)社队企业生产直接服务农业的产品,服务于社员生活的业务收入,视实际情况,列举具体产品和服务项目,免征工商税。(5)社队企业直接为农业生产服务,生产经营化肥、农药、兽药、农机具修造等所得的利润,队办企业生产经营直接为社员生活服务的豆腐坊、粉坊、油坊、酱醋坊、粮棉加工及理发、缝纫等所得的利润,需免征所得税。(6)新办社队企业开办初期纳税有困难,减征或免征工商税、所得税1年或2年的。(7)对灾区社队从事自救性生产,需予一定期限减征或免征工商税和所得税照顾的。(8)对未经批准或违法从事工业、商业、运输、建筑等经营活动的单位和个人,其经营收入除按工商税税目中的"临时经营"税率征税外,加成1到10成,加倍1到5倍征收。对投机倒把除补税罚款外,严重违法需送人民法院依法惩处的。(9)对城市房地产税、车船使用牌照税、牲畜交易税和集市交易税决定减税、免税、变更税率、税额或停征,以及对屠宰税确定征税范围,调整税额和采取某些减税、免税措施。

1977年12月,江西省革委会对减免税作出具体规定:(1)新产品试制成功后,在正式投产初期,纳税有困难的,可由企业提出材料,经县(市)革委会批准,给予1年的免税照顾。(2)县(市)所属新建企业,在生产初期,纳税有困难的,由县(市)革委会提出意见,报经地(市)革委会批准,可免征工商税6个月。(3)县办"五小"企业,开办初期纳税有困难,由县(市)革委会提出意见,报经地(市)革委会批准,可免征工商税1年。(4)大、中、小学(包括共产主义劳动大学、校办工厂(车间)、农场及组织学生勤工俭学生产的产品,纳税有困难,可以给予定期的减税、免税照顾属于县以下领导的学校,由县(市)革委会审批属于县(市)领导的学校,由县(市)革委会提出意见,报地(市)革委会批准。(5)对不利于社会主义经营活动,可以加成或加倍征税。对投机倒把活动,必须补税罚款,其加成或加倍的倍数,补税罚款数额,由县(市)税务局提出意见,经县(市)革委会批准。县(市)革委会也可授权县(市)税务局办理。以上各项均须报省革命委员会备案。

六、1986年起,调整部分税收管理权限

1986年,国务院颁布了《税收征收管理条例》,税务登记,纳税检查,税收计、会、统等各项管理制度和办法得到全面恢复和加强,调整部分税收管理权限,并建立与健全了涉外税收征管办法,使整个税收征管工作逐步纳入规范化、法制化的轨道。

1987年10月,江西省人民政府同意财政厅的请示,下放审批权限的一部分。

(一)下列情况的减免税由地(市)税务局审批报省税务局备案:(1)经国家或省、地(市)确认的新产品,试产试销发生亏损或只有微利,需减免产品税、增值税的。(2)利用"三废"生产的产品,纳税有困难,需减免产品税、增值税的。(3)新办的国营企业和城镇集体企业纳税有困难,在1年内给予减免产品税、增值税、营业税的。(4)社会福利企业,需减免产品税、增值税、营业税的。(5)其他临时性困难,每年每户减免产品税、增值税、营业税、合计税额1万元以下的(1989年5月改为3万元的,由地(市)税务局审批,3万元以上的报省税务局审批)。新产品减免税从1989年起改由省税务局审批。(6)地、市、县(市)属国营企业因临时性困难,每户每年减免所得税4万元以下的。(7)新办集体企业及个别老集体企业纳所得税有困难,按文件规定,需要减税(含定率减税)免税的。(8)企业按规定缴纳房产税、车船使用税确有困难,需给予减免税照顾的。(9)纳税人受自然灾害而进行恢复性建设投资,按规定纳税有困难,需国家扶持照顾的。

(二)下列情况的减免税,由县(市)税务局审批,报地、市税务局备案:(1)县(市)属国营企业因临时性困难,每户每年减免所得税1万元以下的。(2)按明文规定对集体企业所得税已明确有减免税期限的。

七、1989年起,调整各级减免税审批权限

从1989年起,国务院对减免税审批权限先后进行了调整,经过多次调整,严格划分中央、省地(市)、县(市)的四级税收管理权限。其中:

属于县(市)(包括政府和税务局)的权限:(1)乡(镇)企业和农民个人纳税有困难,要求减免产品税、增值税、营业税的;县(市)属国营企业因临时性困难,每户每年减免所得税额在1万元以下的;按税法规定的减免年限逐年审批,除知青企业、福利企业、校办企业外的其他集体企业所得税的减免税额。(2)城乡个体工商户要求减免税的,纳税人按税法规定缴纳城市维护建设税、城乡个体工商业户所得税、牲畜交易税、房产税、车船使用税有困难,要求减免的。

八、1994年起,统一税法、公平税负、简化税制、合理分权、理顺分配的税收管理体制

1994 年 1 月 1 日,国务院对工商税进行全面改革,全国统一税法,实行分税制,合理分权,明确划分各级政府的税收立法权和管理权。中央税和全国统一实行的地方税立法权集中在全国人大,中央税的管理权限集中在中央,地方税的管理权限下放给地方。

(一)税种的开征、停征以及减税、免税、退税、补税由国务院规定。

(二)中央税收由各级国家税务部门负责征收和管理。其税种有:增值税(中央分享 75%,地方分享 25%);消费税;进出口产品消费税、增值税、直接对台贸易调节税(委托海关代征);铁道、各银行总行、保险总公司集中缴纳的营业税、所得税和城市维护建设税;中央企业所得税;地方和外资银行及非银行金融企业所得税;海洋石油企业所得税、资源税;证券交易税(中央和地方五五分享);境内外商投资企业和外国企业的各项税收及外籍人员缴纳的个人所得税(按税种分别入中央库和地方库);出口产品退税;集贸市场和个体户的各项税收(按税种入中央库和地方库);中央税的滞纳补罚收入。

(三)地方税收由各级地方税务局负责征收和管理。其税种有:营业税、个人所得税、土地增值税、城市维护建设税、车船使用税、房产税、屠宰税、资源税、城镇土地使用税、固定资产投资方向调节税、地方企业所得税、印花税、筵席税、地方税的滞补罚收入。

省与地市共享收入有:其他资源税、证券交易税留地方 50% 部分、城镇土地使用税、印花税、土地增值税、个人所得税、房产税、遗产税等 8 个小税种省分成 40%。

县级收入有:地方营业税、增值税 25% 部分、共享 8 个小税种留成 60%。县(市)企业所得税、城市维护建设税、车船税、屠宰税、固定资产投资方向调节税、地方税的滞补罚收入。

1996 年 2 月,国务院办公厅转发国家税务总局报送的《关于调整国家税务局、地方税务局税收征管范围的意见》规定,个体工商户税收征管范围的划分,按照收入归属原则,由国家税务局和地方税务局分别征收管理。即增值税、消费税由国家税务局负责征收管理;营业税、个人所得税和其他税收由地方税务局负责征收管理。同时,对涉外税收、联营企业、股份制企业、证券交易税、教育费附加征收管理范围进行了调整。该通知自当年 2 月 1 日起执行。3 月 17 日,第八届全国人民代表大会第四次会议批准《中华人民共和国国民经济和社会发展"九五"计划和 2010 年远景目标纲要》提出,第九个五年计划期间,要努力做好以下税收工作:(1)继续完善税制,统一内外资企业所得税,取消各种区域性税率,巩固完善以增值税为主体的流转税体系,适当扩大增值税和资源税征收范围;建立覆盖全部个人收入的分类与综合相结合的个人所得税制;调整地方税制结构,健全地方税收体系;依法征税,严格控制税收减免;逐步开征遗产和赠与税、利息所得税和社会保障税。(2)完善税收征管制度,强化管理监督。制定与征管法律相配套的税务登记、纳税申报、稽查、税收保全、强制执行、离境消税、协税护税等综合法规,以及增值税稽核检查、出口退税、个人所得税、地方税等的单项征管制度和办法。进一步完善纳税申报制度。建立健全税务稽查制度和规程。加快应用计算机进行税收征管的步伐。(3)完善分税制,合理划分中央与地方的事权,划清支出范围,建立规范的转移支付制度。5 月 27 日,国家税务总局发出《关于印发〈加强地方税收工作的意见〉的通知》。该通知指出:地方税收工作既是税收工作的重要组成部分,又是分税制的有机组成部分。各级地方税务机关要紧紧依靠各级党委、政府的领导和支持,严格执行国家税务总局制定的地方性税收法规、规章和规范性文件;处理好统一税法与分级管理的关系、执行税收政策与完成征收任务的关系,切实保证地方税务局的独立执法权。积极参与地方税收制度的改革、完善,加大力量抓好营业税、个人所得税和个体私营税收等重点税种和重点环节的税收征管,切实加强对农业税收征管工作的领导;进一步加强地方税务队伍建设。采取各种切实有效的措施,努力开创地方税收工作的新局面。

1997 年 1 月,国务院办公厅转发国家税务总局《关于深化税收征管改革的方案》指出:(1)深化税收征管改革是为了更好地贯彻落实工商税制改革的各项规定,增强国家财力,促进国民经济持续、快速、健康发展。各级人民政府要高度重视,加强领导,切实抓好深化税收征管改革方案的组织实施。(2)税收征管改革的任务是:建立以申报纳税和优化服务为基础,以计算机网络为依托,集中征收、重点稽查的新的征管模式。到 20 世纪末,先在全国的城市和县城实施,并逐步向农村推进,力争在 2010 年基本完成这项改革。(3)遵循的基本原则包括:依法治税、规范统一、整体协调、实用易行和监督制约。(4)征管改革的主要内容包括:建立纳税人的自行申报纳税制度、建立税务机关和社会中介组织相结合的服务体系、建立以计算机网络为依托的管理监控体系、建立人工与计算机结合的稽查体系、建立以征管功能为主的机构设置体系。为实施征管改革方案,并要求各地采取分类、分步实施:一是城市的市区、县城和沿海地区发达的乡镇,在1996年完成征管改革试点工作的基础上,1997年开始推行新的征管模式;二是内陆农村地区,1997年前主要立足于建立新的征管运行机制。即扩大自行申报纳税面,建好纳税服务场所实行集中征收、逐步改为按经济区划设置税务分局或中心税务所,设计适合农村征管工作流程,规范执法文书。10月21日,国务院发出《关于地方税务机构管理体制问题的通知》,决定对省(自治区、直辖市)以下地方税务局实行上级税务机关和同级政府双重领导,以上级税务机关垂直领导为主的管理体制,即地、市以及县(市)地方税务局的机构设置、干部管理、人员编制和经费开支由所在省(自治区、直辖市)地方税务机构垂直管理。

2001年4月,《中华人民共和国税收征收管理法(新征管法)》经第九届全国人民代表大会常务委员会第二十一次会议修订,自2001年5月1日起施行。

第二节　工商税征管制度

工商税收征管制度,是税务机关督促纳税义务人依法履行纳税义务的规章。历代税务机关都制订过一套相适应的征收管理制度,责成纳税人遵照执行。

自秦汉以来,即有赋税征管制度。秦代规定税吏收到税款后,每千钱1袋,加盖县令、县丞印章备用。唐代县设有财政税收管理机构,对盐、茶、酒实行专卖并建立税课征管制度。宋代工商杂税的征管,对盐、茶、酒等大宗税课实行专卖制,官府通过专卖,控制生产、运销、征收税课。行商查实所携货物,征收过税2%;住商按其营业额计征住税3%,对典卖房屋则由官府统一印造契纸,通过控制契纸征收印契税。元代工商杂税的征管,主要执行税课法与包税制。明代,实行一条鞭法,赋役合一,正杂统筹。由实物征收转化货币征收,民收民解转化官收官解。明代府、县两级设有税课司(局),为工商杂税征收机构。食盐实行专卖,并征收盐课。茶课实行茶引制度,茶商纳税后取得茶引,方可贩销茶叶。酒醋课数额较少,酒税按酒曲数量计征,税款留地方自用。商税包括对行商、坐贾贩卖商品征收的贾税,对河泊所产征收的鱼课,对买卖田地、房产、牲畜征收的契税,对作坊、行店、车辆征收的市肆门摊税。课征税款有本色、折色,课征手段有从价、从量、定额,税率一般为三十分之一。明后期,大增天下商税,从市镇到乡村,水陆道路到处设立税卡,几乎无物不税。清代承袭明制,盐课实行官督商销,发展为引岸制。工商税收以盐课、商税、牙税、当税、田房契税为主,清末,厘金、统税占重要地位。清初,无统一税法,商税由地方官随时酌收。对各行号商铺采取按营业大小按年定额摊派的办法,对细微难征商税予以免征。牙税通过控制牙贴分级计征;当税通过控制当贴分级定额征收。厘金、统税以生产地、通过地、销售地、分别征收起捐、验捐和门厘;茶课、鱼课沿袭明征管办法;牛税按买卖额从价计征;矾税按熬矾产量定额计征;肉厘按屠宰头定额征收。

民国初期,征收税款多是招商包办之法,后发展为划片管理,重点税源则实行驻厂(场、矿)征收的专责管理形式。民国16年(1927),《江西征收当商登录营业税章程》规定:凡当商开业,须向县署请领印贴,并缴纳登录税,未经领到印贴前不得先行开设。印贴应载明业户姓名、籍贯、开设地点、当铺牌名、有效期等。且规定当户领贴有效期以7年为限,期满仍开设者,换领新贴。典当户领贴后,因事故歇业或年限届满无力开设者,均应停当待赎。并将原贴缴送县署。转呈注销止税。倘已满年限照旧开设。抗不缴换贴者,追贴缴销,并处以50元以上100元以下罚金。民国20年(1931),实施《烟酒营业牌照税章程》。民国21年(1932),取消地方税捐包办制,采用按县核定比额,包缴包解的征收方法。民国24年(1935),县设营业税征收经征处,由县政府酌定征数额,组织调查,核定商户应纳税额。民国25年(1936)10月实施《所得税暂行条例施行细则》。民国26年(1937)1月,对所得税规定征收程序为:登记—申报—调查—复查及诉讼—纳税。其征收方法有课源法和申报法两种。对遗产税由评价委员会对遗产估值、评定税额、税务机关负责征收。民国29年(1940),扩大货物统税征收范围,改从量征收为从价征收。民国30年(1941)施行《商货运销登记办法》,民国31年(1942)施行《营业税法》,民国35年(1946)6月执行《所得税法施行细则》,对纳税义务人均有规定必须进行申请开业登记、资本登记、发行登记、及停、歇业、改组、合并、迁移、变更行号的税务登记事项和纳税申报制度,课税期限规定。民国时期,在交通要道设税卡,稽查应税货物,在货物集散地设立查征机关,负责货物查验征税事宜。县设有税警队,一应税务走私案件稽查、案犯缉拿工作,须由税警队负责办理。省局设督察室,下派督导员常驻分局,督导县税务工作。民国时期工商税征收方法:统税沿用清末旧制,实行招商包办,一物一税。民国35年(1946)11月,改货物统税为货物税。征收方法有起运征收,驻厂(场)征收和查定产额征收。民国有办理税务登记之手续及拒办登记之罚则。

民国初期,税收计划和税收票证大体沿用清制。民国30年(1941),县财政实行经征、金库、会计、审核四权独立,县设经征处,裕民银行(金库)、财务审核委员会。经征处内设有计、会、统、票工作机构。金库经省、县两级正税杂捐款之出纳事宜。财务审核委员会专司审核之职。税收计划:民国初期,由政府下达征收比额包收包缴。民国26年(1937)后改比额为预算数,由县政府编造预算送省政府审核确定,下达执行。民国时期的税收会计核算工作内容主要包括:税捐的收入核算,税捐的报解缴库,税务各种报表的填送。民国24年(1935),县政府征收之税款解缴省金库核收,民国28年(1939)改为解缴县分金库核收。县经征处征收的各项税收编造"册串"以资查考。根据"册串"由税务统计编造统计表上报。民国前期,税收票证管理混乱,票案时有发生。从民国27年(1938)始,税收票证的管理使用制度趋于建立、健全、责任明确。

中华人民共和国成立后,乐安的税收征收管理基本制度建立有:

一、实行专责管理制度

中华人民共和国成立后,乐安县对工商各税实行专责管理,采用管业、管片2种专管形式。

管业:乐安县行业管理主要在县城区的鳌溪镇,因税比较集中,实行按行业管理,便于掌握同行业企业的经营管理情况和纳税情况,系统掌握本行业的税收政策法规和征管办法。

1955年以前,乐安县实行对农业、手工业、资本主义工商业的社会主义改造时期,对工商业者缴纳的工商税采取"自报营业额,工商业者同行业民主评议,税务部门核定征收"的方法。

1957年开始,全面建设社会主义时期,城镇工商业户实行"三自办税",由企业自行结算,自行填票,自行缴库。

1958年,全县实行人民公社化,基层税务所撤并到人民公社财务股,农业税以生产大队为对象开票纳税,出现过高指标的"放卫星"的浮夸风,屠宰税一项1957年实收7万元,1958年增到11.2万元,1959年重新结算,退回部分,1959年屠宰税只收到5.1万元。

管片:对农村实行管片。乐安县农村山区多、范围广、税源分散,因此,按地理情形和交通条件进行划片,按片定人,便于提高征收管理效率的农村税收征管方法。

二、实行税务登记制度

税务登记又名纳税登记。从1950年1月政务院公布《工商业税暂行条例》和1986年4月国务院发布的《税收征收管理暂行条例》,1993年1月,颁布《中华人民共和国税收征收管理法》至2001年5月1日起施行修订后的《中华人民共和国税收征收管理法》的颁布,在历次税制改革中,税务登记都有一个时期的相应的规定。凡工商企业和个人开业、转业、停业、歇业、复业、合并、迁移、变更、注销,按规定须办理税务登记,方能营业。按税务登记规定:凡经国家工商行政管理部门批准,从事生产、经营的单位和个人都必须自领取营业执照之日起30日内,向税务机关申报办理税务登记。凡纳税人发生解散、破产、撤销以及其他情形,依法终止纳税义务的须自宣告终止之日起15日内,申报办理注销税务登记。凡纳税人纳税内容产生变化,自宣布变更之日起30日内,申报办理变更税务登记。税务登记验证实行一年一次。税务登记证件的有效期限届满前,纳税人应向原税务登记机关申报办理换发新证。

乐安县工商企业进行纳税登记,1979年全县工商业户323户。其中:国营企业65户,占20%;集体企业221户,占68.4%;个体户27户,占8.4%;其他10户,占3.2%。

1980年全县工商企业纳税329户,比1979年增加6户。其中:国营企业66户,集体企业226户,个体户27户,其他10户。

1982年,县税务局对全县进行税务登记发证工作,全县登记纳税户816户,比1980年增加486户。其中:国营企业110户,集体企业243户,个体工商户463户。

1985年8月至9月,县税务局贯彻执行江西省税务局《关于全面换发税务登记证的通告》,全县进行换证工作,全县登记发证1261户。其中:全民所有制企业101户,集体所有制企业187户,个体经营957户,其他16户。

1993年1月,《中华人民共和国税收征收管理法》规定:凡从事生产、经营的纳税人自领取营业执照之日起30日内,持有关证件,向税务机关申报办理税务登记:凡税务登记内容发生变化,纳税人在工商行政管理机关办理注册登记的,自变更登记之日起30日内,持有关证件,向原税务机关申报办理变更税务登记;凡纳税人发生解散、破产、撤销以及其他情形,应当自有关机关批准或者宣告终止之日起15天内,持有关证件,向原税务登记机关申报办理注销税务登记。纳税人住所、经营地点变动而涉及改变税务登记机关的,应在住所、经营地点变动前向原税务登记机关申报办理注销税务登记。纳税人被工商行政管理机关吊销营业执照的,应自营业执照吊销之日起15天内,向原税务登记机关办理税务登记。对转业、合并、分设、联营的,应重新办理税务登记。

1994年,全县税务登记纳税户数3298户。其中:国有企业253户,集体企业324户,联营企业5户,股份制企业17户,私营企业36户,外商投资企业9户,港澳台投资企业3户,个体经营2651户。同年9月27日,实行新税制(分税制),成立县国家税务局和县地方税务局,随之,征管范围及纳税户也同时发生变化,国、地两税务机关对纳税户也相应要各自登记发证,于是出现1个纳税户持有两个纳税登记证。

1996年,全县国税系统登记纳税户数1440户。其中:国有企业103户,集体企业170户,股份合作企业3户,私营公司2户,外商投资企业2户,个体经济1160户。

1998年7月1日起施行国家税务总局制定的《税务登记管理办法》,纳税人凡开业,变更30日内,停业、终止之日起15日内,须办理税务登记、税务变更、注销税务登记。

2000年,全县国税登记户数1901户,纳税户数1901户。其中:国有企业81户,集体企业82户,股份合作企业3户,股份公司8户,私营公司3户,港澳台投资企业1户,个体经济1723户。

2006年全县国税系统登记户数1181户,纳税户数594户。其中:企业86户,个体经营508户。全县地税登记户数2377户。其中:企业409户,个体经营1968户。

2011年全县国税系统登记户数1621户,纳税户数861户。其中:企业169户,个体经营692户。全县地税登记户数2034户。其中:企业409户,个体经营1625户。

三、实行纳税鉴定制度

纳税鉴定是税务机关对纳税人的纳税事项作出的书面鉴定,是把税收政策和征税规定落实到纳税人的一种具体形式,是征纳双方须共同遵守的一项征管制度。1950年1月,在国营、合作企业订立纳税合同,定期宣讲税法,辅导纳税。1955年,推行纳税鉴定制度,先重点国合企业实行,再推广其他企业。全县的模式纳税鉴定,始于20世纪60年代初期,纳税鉴定要求"三到"(到企业、到产品项目、到账面科目)、"五明确"(纳税环节明确、适用税率明确、计税价格明确、纳税期限明确、减免规定明确)。1962年执行江西省税务局《城乡工商税收征收管理工作意见》,规定纳税鉴定包括:税种税目、征免界限、适用税率、纳税环节、计税价格、纳税期限、纳税手续、减免事项、违章处理等9项内容。1964年起对国营、集体企业必须全面建立纳税鉴定制度并须每年检查,修订1次纳税鉴定。1972年恢复乐安县税务局,试行工商税制,纳税鉴定制度逐步恢复和健全。

1986年,执行国务院发布的《税收征收管理暂行条例》,进一步完善纳税鉴定制度:(1)充实纳税鉴定申报内容,印发《纳税鉴定申报表》,填报纳税单位的名称、所有制形式、乡镇名称、乡镇范围、职工人数和人均标准工资以及适用的财务会计制度类别等。(2)制定《纳税鉴定书》,由税务机关按税法鉴定、填发,内容主要是鉴定适用的税种税目、税率、纳税环节、计税依据、纳税期限、缴款日期、征收方式,以及纳税户应报送的纳税申报表、财务报表和其他相关资料。(3)变更纳税鉴定,纳税户的生产经营或纳税鉴定项目发生变化时,应自变化之日起15日内,向税务机关申请修订纳税鉴定,国家税法规定有变动时,税务机关应对《纳税鉴定书》的有关事项进行修改或补充,及时通知纳税户。

纳税鉴定适用范围有两种形式:有针对性的企业纳税鉴定,即由税务所、站根据某企业的经营范围,有这个项目,就作出这个项目的纳税鉴定,没有的项目,就不作纳税鉴定;模式纳税鉴定,即由税务局根据经济性质或不同行业,分别作出全县适用的纳税鉴定,供基层运作参考。税法有变动,及时修订并通知纳税单位。

企业纳税鉴定,通常情况应由企业专管员初作,送税务所、分局集体审查。重要税源大户,要分别报县、地税务局审批后,才能正式执行。

纳税鉴定制度于1993年《中华人民共和国税收征收管理法》颁布后中止。

四、实行纳税申报制度

新中国成立后,税务机关从1951年起在工商业户中实行纳税申报制度。规定工商企业的查账计征户,分别于每月终了后7日内填报营业额申报表,于年度终了后1个月内填报所得额申报表,连同资产负债表、损益表和财产目录,一并送税务机关。经税务机关派员驻征的厂商,应按日填具日报表,送经驻征员查核转报，日报表的内容包括：主要原材料购、用及储存数量，产成品、销售及存储数量，半成品、成品的转厂、进出数量，纳税金额及领用照证情况。1953年规定，产制商品流通税应税商品的企业，于每月终了后10日内，填具纳税情况月报表，将完税产品的产、销、纳税情况，向税务机关申报查核。

1963年，根据国务院《关于调整工商所得税负担和改进征收办法的试行规定》，每季终了后15日内，年度终了后1个月内，由纳税单位向税务机关报送所得税申报表和财务报表。

1973年实施《江西省试行工商税征收办法》，工商税纳税单位和个人按税务机关所核定的期限，自行计划应纳税款，向税务机关申报缴纳。

1983年实施财政部《关于对国营企业征收所得税的暂行规定》，纳税单位不论盈利或亏损，应在每月终了后10天内，年度终了后5天内，向税务机关报送所得税申报表和会计报表。

1984年10月，试行国务院发布的产品税、增值税、营业税、国营企业所得税、国营企业调节税等5个《条例（草案）》，规定产品税、增值税、营业税的申报期限和入库期限均为次月7日前；所得税、调节税的申报纳税期，为季（月）度终了后10日内，年度终了后35日内。此后，开征新税种，相继规定申报纳税制度。

1986年4月，按国务院《税收征收管理暂行条例》，把纳税申报制度纳入征管法规。

1988年11月，执行省税务局规定，所有的个体工商业户，无论采取何种征收方式，都必须按月向税务机关报送纳税申报表，对不按规定填报的，除责令限期纠正外，还处以5000元以下的罚款。

1993年1月起，实施《中华人民共和国税收征收管理法》，规定纳税人办理纳税申报时，须如实填写纳税申报表及报送有关证件、资料：(1)财务会计报表及其说明材料；(2)与纳税有关的合同、协议书；(3)外出经营活动税收管理证明；(4)境内或境外公证机构出具的有关证明文件；(5)税务机关规定应当报送的其他有关证件、资料。

纳税人享受减税、免税待遇的，在减税、免税期间应当按照规定办理纳税申报。纳税人到税务机关办理纳税申报有困难，须经税务机关核实批准，可在核准的延期期限内办理延期申报。

1997年推行纳税人自行申报纳税制度，实行个体工商户持申报纳税手册和信用卡（专用缴税卡），进行划卡报缴税款。

1999年7月修订执行《增值税一般纳税人纳税申报办法》，纳税人必须认真填报纳税申报资料（增值税纳税申报表及附列资料、发票领用存月报表、分支机构销售明细表）和具备备查资料（已开具的各种税收发票存根联、增值税专用发票抵扣联、收购凭证存根及报查联、代扣代缴税款凭证存根联、进料加工申报表和来料加工免税证明单、出口货物免抵退税申报表、退税机关免抵退税审批通知单、主管税务机关规定的其他备查资料）。

2000年1月施行《增值税防伪税控系统管理办法》，以保障金税工程实施，加强增值税征收管理，实现对增值税一般纳税人税源监控的计算机管理系统。规范了认定登记、系统发行、发放发售、购票开票、认证报税、技术服务、安全措施、监督检查等八个方面的税收管理工作内容和程序。

五、实行发票管理制度

发票（又名发货票或统一发票）管理是税务机关对纳税人印制、使用、保管、发票的一种管理规范。

1950年，执行中南税务局制定的《建立发票制度及建账实施办法》，对发票的管理作出如下决定：凡工商业户发生交易行为时，须开具发票，格式不拘，但至少两联，一联交买方，一联为存根，凡交易零星频繁的业户，可经同业工会呈请税务机关酌定起开点，不达起开点的交易，于每晚总开一张发票，作为内部记账凭证，确无开发票能力的，经同业工会证明，税务机关核准，可暂免开。

1952年起，乐安县实行工商业户使用统一发票的制度，工商企业统一发票、摊贩业统一发票和临时商业统一发票，均由县税务机关分别设计格式，统一印制，统一编号，供商贩购领使用。

1963年起，实行新的发票管理办法，国营企业供销合作社可根据本身业务需要自行印制有企业名称及顺序编号的专用发票；公私合营企业、合作工厂和手工业生产合作社，报经税务机关批准后可自行印制有企业名称及顺序编号的专用发票；其他集体企业、个体户和临时经营者，一律使用税务机关统一编号，印有税务机关"统一发票专用章"的统一发票。

1966年4月，严格按照上级通知精神，控制统一发票的发放，切实加强发票管理，防止投机倒把分子套用统一发票牟取暴利。

1975年10月，执行江西省税务局对加强统一发票管理提出的新要求，县税务局健全了发票的管理制度，指定专人负责，严格领发手续，每季进行1次检查。

1981年12月，贯彻执行省发布的《江西省发票管理暂行办法》,该办法规定一切单位购进或销售产品,取得支付劳务,加工修理,服务性项目,均应使用正式统一发票,国营企事业单位需自行印制发票,应事先向税务机关申请,经批准后到指定的印刷厂承印,并套印税务机关统一发票专用章。城镇集体企业和农村社队及其企业,所需发票凭企业介绍信到税务机关购买,个体工商户所需发票,凭工商行政管理部门核发的营业执照,向当地税务机关购买,从事临时性经营业务的,应购用临时经营统一发票。

1985年7月,贯彻执行省税务局发出的《关于进一步加强发票管理工作的通知》,通知要求严格控制企业自印发票的数量和范围,对指定承印发票的印刷厂进行审查,使用发票的单位要专人管理发票,不准携带发票到外地使用,不准转借他人,不准代开发票,严禁倒卖发票。

1986年12月,贯彻执行财政部《全国发票管理暂行办法》和江西省财政厅《江西省发票管理实施办法》,健全发票管理制度,加强发票检查。

1989年,乐安县税务机关设立发票管理所,进行发票的专项管理。

1989年,乐安县税务局为加强个体户发票管理工作,杜绝转借、倒卖发票现象,规定每个个体户均刻制1枚营业专用章,刻明业户姓名、地址、行业、经营范围等。个体户购买发票时,均须持各自的营业专用章向税务机关购买,并当面在发票上逐一加盖专用章,以便稽查核对。

1993年12月23日起,执行财政部颁布《中华人民共和国发票管理办法》规定:发票由省税务机关指定的企业印制;增值税专用发票由国家税务总局统一印制;发票防伪专用品由国家税务总局指定的企业生产;发票监制章由省税务机关制作;发票实行不定期换版制度。

税务机关对纳税户领购发票的方式采用:批量供应、交旧购新、验旧购新等三种方法。对发票的开具和保管实行了专人专责专柜管理,税务机关设有专人管理,配备了票证库或票证柜,建立了发票专用印、领、发、存、销账簿制度和检查制度,各纳税人购置了保险柜并有专人专责保管发票。

对违反发票管理法规的行为处罚规定:非法携带、邮寄、运输或存放空白发票的处以1万元以下的罚款;对私印、伪造、倒买倒卖发票,私自制作发票监制章,防伪专用品,处以1万元以上5万元以下罚款,并没收上述非法所得;对构成犯罪的,依法追究刑事责任。对未按照规定印制发票或者生产发票防伪专用品的;未按照规定领购发票的;未按规定开具发票的;未按规定取得发票的;未按规定保管发票的;未按规定接受税务机关检查的。有上列行为之一的单位和个人,由税务机关责令限期改正,没收非法所得,并处1万元以下的罚款。有所列两种或者两种以上行为的,可分别处罚。

违反发票管理法规,导致其他单位或者个人未缴、少缴或者骗取税款的,由税务机关没收非法所得,可以并处未缴、少缴或者骗取的税款1倍以下的罚款。

对违反发票管理法规的行政处罚,由县以上税务机关决定;罚款额或没收非法所得款额在1000元以下的,可由基层税务分局、所自行决定。

1994年1月1日,按《中华人民共和国发票管理办法》规定:实行申请领购增值税专用发票的单位和个人,必须凭持盖有“增值税一般纳税人”专章的税务登记证(副本)。非增值税纳税人和增值税小规模纳税人不得领购增值税专用发票。1月31日起,实施江西省增值税专用发票管理办法共5章25条规定。4月8日,施行国家税务总局对商业零售企业开具增值税专用发票的管理规定。7月,实行对专用发票使用无色莹光油墨套印防伪字和团花进行防伪。统一更换使用新版专用发票。

1995年2月,全面启用新版《全国统一发票监制章》。3月,执行统一普通发票防伪措施。5月,执行开具增值税专用发票必须填写购销双方的开户银行账号和电话号码,便于专用发票的稽核检查,对不按规定开具的专用发票,一律不能作为税款的抵扣凭证。实施国家税务总局印发的《利用增值税专用发票违法犯罪案件查报制度》。执行增值税专用发票案件的分类标准及查报处理规定。7月1日起,执行省国家税务局制订检发的《江西省增值税专用发票管理办法》的59条规定。10月30日,全国人大决定、国家主席令第57号公布《惩治虚开、伪造和非法出售增值税专用发票犯罪的决定》:

(一)虚开、伪造、出售增值税专用发票,处3年以下有期徒刑或拘役,处2万元以上10万元以下的罚金。虚开税款数额、伪造数量较大、情节严重,处3年以上10年以下有期徒刑,并处5万元以上50万元以下罚金。虚开税款数额、伪造数量巨大、情节特别严重的,处10年以上有期徒刑或无期徒刑,并没收财产。

(二)非法购买增值税专用发票或者购买伪造的增值税专用发票处5年以下有期徒刑、拘役、并处或者单处2万元以上20万元以下罚金。

(三)伪造、擅自制造或者出售伪造、擅自制造的可以用于骗取出口退税、抵扣税款的其他发票的，处3年以下有期徒刑或者拘役，并处2万元以上20万元以下罚金，数量巨大的，处3年以上7年以下有期徒刑，并处5万元以上50万元以下罚金，数额特别巨大的，处7年以上有期徒刑，并处没收财产。

（四）税务工作人员玩忽职守，致使国家利益遭受重大损失的，处5年以下有期徒刑或者拘役，损失特别重大的，处5年以上有期徒刑。

1996年1月1日起，取消百万元版、千万元版、大面额专用发票。凡一次开票其销售额达到百万元以上的，均纳入防伪税控系统，开具电脑版发票。启用千元版、百元版专用发票（改版发票）。同年3月1日起，企业取得的大面额版专用发票抵扣联，不得作为扣税凭证。同年4月1日起执行《出口货物恢复使用增值税税收专用缴款书管理的办法》。同年，对发票的领购采用：凡跨县外从事经营活动的纳税人，应凭所在地税务机关的外出经营税收管理证明，向经营地税务机关申请领购经营地发票。同时缴纳保证金（本地固定户不超过1千元，外来户不超过1万元），或提供担保人。并规定发票领购时必须加盖专用章才能有效。

1997年，更换采用统一防伪措施的新版普通发票。对零售、加工、修理修配及加油站等行业，实行统一使用剪裁式限额普通发票，解决“大头小尾”填开发票的问题，达到“以票管税”的目的。

统一使用电力企业增值税（专用/普通）发票电费和价外费用清单，以计算用电企业的进项税额。

1998年3月26日，执行江西省增值税专用发票违章行为处罚实施三类标准规定（处罚标准见本章第九节违章处罚管理）。同年4月1日起，执行《省发票保证金管理办法》，发票保证金收取标准：领购普通发票的单位和个人每户收取1000元以下；领购增值税专用发票每户收取1000元～5000元。退还发票保证金，由用票单位和个人办理缴销发票和发票领购簿后，将发票保证金收据复印件退付。同年7月30日，执行省国家税务局《关于加强普通发票定点印刷规范管理》的生产责任制、保密制度、保管制度、检验制度。

2011年2月，国家税务总局下发《中华人民共和国发票管理办法实施细则》规定：（1）发票的基本联次包括存根联、发票联、记账联。存根联由收款方或开票方留存备查；发票联由付款方或受票方作为付款原始凭证；记账联由收款方或开票方作为记账原始凭证。（2）发票的基本内容包括：发票的名称、发票代码和号码、联次及用途、客户名称、开户银行及账号、商品名称或经营项目、计量单位、数量、单价、大小写金额、开票人、开票日期、开票单位（个人）名称（章）等。（3）税务机关对领购发票单位和个人提供的发票专用章的印模应当留存备查。（4）税务机关在发售发票时，应当按照核准的收费标准收取工本管理费，并向购票单位和个人开具收据。（5）填开发票的单位和个人必须在发生经营业务确认营业收入时开具发票。未发生经营业务一律不准开具发票。（6）开具发票后，如发生销货退回需开红字发票的，必须收回原发票并注明“作废”字样或取得对方有效证明。开具发票后，如发生销售折让的，必须在收回原发票并注明“作废”字样后重新开具销售发票或取得对方有效证明后开具红字发票。（7）单位和个人在开具发票时，必须做到按照号顺序填开，填写项目齐全，内容真实，字迹清楚，全部联次一次打印，内容完全一致，并在发票联和抵扣联加盖发票专用章。

六、实行税务账簿管理制度

1952年始，税务机关辅导企业进行建账：（1）企业会计工作力量较强的业户，须设立总账、日记账、商品账、资本账及辅助账；（2）一般业户，须设置总账和日记账；（3）无记账能力的业户，经税务机关批准可免予建账。1956年县税务机关重点转向指导帮助工、商业合作组织，公私合营企业建账，开展财务辅导、帮助健全财务管理制度。1963年，县税务机关开展对个体工商业户建账辅导。自报核实征收户建立现金日记账和总账；民主评议征收户建立简易日记账和进货（进料）登记簿；定期定额征收户设置进货发票粘贴簿。1966年因“文化大革命”，中断了对工商业户的账簿管理工作。1985年，县税务机关恢复对工商业户建账的督导工作。

1987年8月起，执行省税务局制订的《江西省个体工商业户账簿管理办法（试行）》规定：（1）凡从事工业、商业、服务业、建筑安装业、交通运输业及其他行业的城乡个体工商业户，须按规定建立，使用和保管账簿、凭证，接受税务机关辅导和督查。（2）雇工经营、合伙经营、合作经营、承包经营和经营规模较大的个体户须建立复式记账。（3）不具备建立复式账条件的个体户，建立简易单式账、并建立销货登记卡、进货（进料）登记簿和发票粘贴簿。（4）生产经营规模小无建账能力的个体户，经县税务机关批准建立进货（料）登记簿和发票粘贴簿。（5）个体户复式记账的账簿，由县税务机关统一设计格式印制；简易单式账、销货登记卡，进货（料）登记簿和发票粘贴簿由省税务机关设计格式，由县税务机关统一印制。

1993年8月起,国务院发布《税收征管法实施细则》对账簿、凭证管理规定:从事生产、经营的纳税人自领取营业执照之日起15日内设置账簿(总账、明细账、日记账、辅助账)。规模小无能力建账的个体户可聘请会计师或税务机关认可的财会人员代为建账和办理账务。扣缴义务人自扣缴义务发生之日起10日内,分别设置代扣代缴、代收代缴税款账簿。对实行增值税的企业必须建立:应缴税金一应缴增值税,科目和明细科目,设置《进项税额》《已缴税金》《销项税额》《出口退税》《进项税额转出》专栏。

七、1993年1月1日起实行税款征收管理措施

(一)执行纳税保证措施。责令提缴纳税保证金,责令提供纳税担保(提供纳税保证人担保,以财产担保)。

(二)执行税收保全措施。经县以上税务局(分局)局长批准,税务机关可以采取下列税收保全措施:(1)书面通知纳税人开户银行或者其他金融机构冻结纳税人的金额相当于应纳税款的存款。(2)扣押、查封纳税人的价值相当于应纳税款的商品、货物或者其他财产。

(三)施行税收强制执行措施。经县以上税务局(分局)局长批准,税务机关可采取下列税收强制执行措施:(1)书面通知纳税人开户银行或者其他金融机构从其存款中扣缴税款。(2)扣押、查封、依法拍卖或者变卖其价值相当于应纳税款的商品、货物或者其他财产,以拍卖或者变卖所得抵缴税款。

八、工商税征收管理相关规定

1994年1月1日起,施行增值税部分货物征税范围注释共十六项具体规定。执行国家税务总局印发的《增值税专用发票使用规定(试行)》共20条。施行营业税税目注释共三十八项规定。施行消费税征收范围注释共十一项规定。

(一)规定执行对增值税下列项目的进项税额不得从销项税额中抵扣:(1)购进固定资产;(2)用于非应税项目的购进货物或者应税劳务;(3)用于免税项目的购进货物或应税劳务;(4)用于集体福利或者个人消费的购进货物或者应税劳务;(5)非正常损失的购进货物;(6)非正常损失的在产品、产成品所耗用的购进货物或者应税劳务。

(二)规定执行消费税的纳税环节:(1)生产销售应税消费品,由生产者于销售环节纳税,金银首饰为零售环节纳税,非金银首饰在生产销售环节纳税。(2)用于连续生产应税消费品不纳税,用于其他方面,于移送使用时纳税。(3)委托加工的应税消费品由受托方向委托方交货时代收代缴税款。(4)进口的应税消费品于报送进口时纳税,进口金银首饰在零售环节征税。

(三)规定计算企业所得税准予应纳税所得额扣除的项目有:(1)利息支出;(2)工资支出;(3)职工工会经费;(4)职工福利费;(5)职工教育经费;(6)公益救济性的捐赠;(7)保险费用;(8)业务招待费;(9)租赁费。不得扣除的项目有:(1)资本性支出;(2)无形资产受让、开发支出;(3)违法经营的罚款和没收财物的损失;(4)各项税收的滞纳金、罚金和罚款;(5)自然灾害或者意外事故损失有赔偿的部分;(6)超过国家允许扣除的公益救济性的捐赠,以及非公益救济性的捐赠;(7)各种赞助支出;(8)与取得收入无关的其他各项支出。

(四)执行省税务局印发《个人所得税征收管理办法》共20条规定和对纳税人在县城以下经营的娱乐业和舞场的税率为5%,在城市的娱乐业的税率为10%的规定。

(五)执行中国人民保险公司所得税税率为55%,其他保险企业所得税税率为33%。对未核定的行业和企业,计税工资的月扣除最高限额为500元/人。

(六)1994年4月6日,执行省国家税务局对增值税起征点规定:(1)销售货物的起征点为月销售额(城市1000元、县城镇800元、农村600元);(2)销售应税劳务的起征点为月销售额(城市400元、建制镇300元、农村200元);(3)按次纳税的起征点为每次(日)销售额50元。

(七)规定营业税起征点为:(1)月销售额(城市400元、县城、镇300元、农村200元);(2)按次纳税的为每次(日)营业额50元。

(八)1994年10月31日起执行对1994年11月1日以后取得的原版专用发票抵扣联,无论何种原因,一律不得作为增值税进项税额抵扣凭证,购货方纳税人必须向销货方纳税人更换新版专用发票,方可作为扣税凭证。

1995年4月1日起,执行《个人所得税代扣代缴暂行办法》共25条规定。5月1日起,执行《个人所得税自行申报纳税暂行办法》共16条规定。同年6月1日起,执行对销售除啤酒、黄酒外的其他酒类产品而收取的包装物押金,均应并入当期销售额征税。同年6月27日,执行省国税局印发的《江西省增值税征收管理暂行办法》共28条和《江西省消费税征收管理暂行办法》共20条,并从1月1日起执行。规定年纳增值税、消费税分别达到500万元以上或欠税50万元的企业，建立“税款过渡账户”，留足应纳税款保证金，有计划的压缩欠税。同年10月1日起执行《农业产品征税范围注释》共两类16项的规定。

1996年1月1日起，执行省增值税防伪税控系统业务管理暂行办法（试行）规定，实施“金税卡”和“税控IC卡”两卡。停止执行新产品所缴增值税实行先征后返的政策。同年6月1日起，执行财政部、国家税务总局规定对国有粮食企业销售的政策性粮油免征增值税，经营销售和加工非政策性粮油取得的收入照章征收增值税。

1997年1月1日起，实施城乡信用社年度发生代办手续费、固定资产修理费、列入递延资产的各项费用支出的管理，各分别数额在10万元以下的由县国税局审批；10万元～50万元报地（市）国税局审批；50万元以上报省国税局审批。执行金融保险业的营业税税率由5%提高到8%，提高的部分作为中央财政收入。

1998年2月29日执行对企业改制后，纳税主体均以改制后的分别核算的新企业为纳税义务人。并对原企业的期初进项税金，留抵税款，欠税等进行清算，重新办理增值税一般纳税人认定。企业改制后，纳税主体不发生变动的，其尚未摊销的期初进项税金，留抵税款及欠税，经县国税局审核批准，转移到改制后的企业。企业改制后，纳税主体发生变动的，应对原企业纳税情况进行核算：(1)欠缴的增值税、消费税应在改制前积极清缴入库。确实无力清缴的，经县国税局批准，冲抵期初进项留抵税款。对破产企业，按民法通则规定清偿顺序清缴欠税。(2)核实后尚未摊销的期初进项税金和留抵税款应用有销售实现的销项税金进行抵扣，未抵扣完的经县国税局批准可用欠税进行抵扣。企业母体裂变，应将原企业尚未摊销的期初进项税金，留抵税款用欠税进行抵减，抵减后的余额按资产转移比例分配到裂变的各企业承担和企业重组或兼并成的新企业承担。

同年3月4日，停止执行县以上民政部门对本辖区的福利企业按其年免税总额的10%提取生产发展基金的规定。同年3月17日，对纳税人的认定，执行年审规定：(1)从事商业经营（包括兼营的），年应税销售额在180万元以上，工业生产年应税销售额在100万元以上，为增值税一般纳税人征税。(2)从事商业经营（包括兼营的），年应税销售额50万元以下，从事工业生产的，年应税销售额在30万元以下，改按小规模纳税人征税。同年5月5日，执行省国税局《举报税务违法行为奖励实施办法》，规定奖励标准按查补税款和罚款入库数2%给予奖励，最高奖励不超过2万元。所需奖金从稽查办案补助经费中按5%至10%的比例计提的基金中列支。同年7月1日起，执行对商业企业小规模纳税人和商业个体经营者的增值税征收率由6%调减为4%。同年8月1日起，执行对寄售商店代销寄售物品，典当业销售死当物品、销售旧货、免税商店零售免税货物的增值税征收率由6%调减为4%。规定：农村信用社自1998年1月1日起至12月31日止，减按6%的税率征收营业税；1999年1月1日起至12月31日止，减按7%的税率征收营业税。

1999年1月22日，执行国家税务总局印发《税务违法案件举报奖励办法》规定：(1)举报奖金按实际追缴税款的5%以内掌握计发；没有应纳税款的，按实际追款罚款数额的10以内掌握计发；每案奖金最高数额不超过10万元；重大贡献的举报人，经省国税局批准，奖金限额可适当提高。(2)举报奖金在5万元以下的，由县、市国税局审批；5万元以上的10万元以下的，由地、市国税局审批；10万元以上的，报省国税局审批。同年3月11日，施行拍卖行受托拍卖增值税应税货物，向买方收取的全部价款和价外费用，按4%的征收率征收增值税。拍卖免税货物免征增值税。拍卖行向委托方收取的手续费征收营业税。同年5月1日起，执行省国家税务局延期缴纳税款审批管理办法，对申请延期缴纳税款30万元（含）以上的，必须逐级报地（市）国税局审批，经地（市）局局长同意后，方可延期。一个年度申请延期1次，需再次延期的逐级报省国税局审批，省国税局局长同意后方可延期。延期期限最长不超过3个月。同年9月，执行国家税务总局关于增值税期初存货已征税款余额抵缴欠税的审批权限：10万元以下由县、市国税局审批；10万元以上50万元以下由地、市国税局审批；50万元以上由省国税局审批。同年11月25日，省国税局对延期缴纳税款审批管理规定：同一纳税人应纳的同一个税种的税款，符合法定条件的，在同一个纳税年度只能申请延期1次；需再次延期的，由省国税局授权各地（市）国税局审批后方可延期。同年11月30日，规定农村信用社管理机构按收入的2%的比例提取的管理费，在计算企业所得税时准予扣除。同年12月1日，省国税局制定印发《汇总（合并）缴纳企业所得税监督管理暂行办法》共54条，从1999年度起执行。

2000年1月1日起，农村信用社恢复按8%的税率征收营业税。对随同营业税附征的城市维护建设税和教育费附加，仍按营业税税率5%的部分计征。

第三节　纳税检查与税务稽查

纳税检查与税务稽查是税务机关对纳税单位和个人履行纳税义务真实情况的一项重要监督措施，是对纳税人了解和查实纳税情况的一个重要手段，是税收征管工作中一个极其重要的中心环节。

乐安县税务检查基本方法采用有9种：(1)核对法：通过对会计凭证、账簿、报表以及实物的相互核对来检查账证、账簿、账表、账实是否相符。(2)审阅法：对会计凭证、账簿、报表的内容和数据进行详细的审查和分析研究，为查证落实提供线索。(3)详查法：对纳税单位一定时间内所有会计凭证、账簿、报表、会计资料进行全面地、系统地、详细地检查。(4)抽查法：有针对性地对纳税人一定时期的账簿、凭证进行抽样检查。(5)顺查法：按会计核算的记账程序，从审核凭证开始进而检查账簿，再核对报表，后检查纳税情况的检查。(6)逆查法：即倒查法，从逆记账程序进行，由报表核对总账，明细分类账，再核对有关凭证的检查。(7)调查法：借助调查，发现问题和证实问题，采取观察、查询、外调方法的检查。(8)对比法：将企业报表或账面资料的早期实际完成数同企业的各项计划指标，历史资料或同类型企业的相关资料进行动态或静态进行分析对比的检查。(9)盘查法：对货币、材料、商品产品、固定资产和其他物资的盘存和清查，与账面记录相比较的检查。

税务检查方式采用6种：(1)日常采用“征前辅导、征后检查”。由企业专管员和农村专管员对所管业户，按预定时间进行检查，重点企业每月核查1次，一般企业每季核查1次，农村税收和小型企业每半年检查1次。(2)查账与揭发问题相结合。(3)督促企业“自查补报”。(4)实行“征管与检查分离”的稽征。(5)联合行动、交叉检查。(6)重点税案稽查。

纳税检查形式有：定期检查和不定期检查，有日常检查和全面检查，税收专项检查，有旺征税收检查，有半年评比和年终评比检查，有反偷、漏税大检查，有全区税收大检查，有财务、物价、税收专项三大检查，有所得税半年结算和年终汇算清缴大检查。

税务稽查形式有：日常稽查、专项稽查、专案稽查等三种。

税收检查主要采用：调账检查、实地检查(账务检查、场地检查、外部调查)。委托协查(函件协查、网络协查)等方式。1953年以后，县税务局设立监察股，其职能转为内部监察，税政股的外勤组，负责税务检查工作。

1985年，县税务局成立稽查队，负责税务案件的稽查和处理。为防止税收的偷、漏，还在交通要道设立检查站。同年，遵照国务院关于开展税收、财务、物价大检查的指示精神，县成立税务检查办公室，负责税务检查工作。

1988～1997年，10年“三大检查”查出违纪金额1730.11万元，已缴交金库金额1106.07万元。

1998年，“三大检查”终止。2004年，县“三检办”取消。终止“三大检查”后，转变为加强审计监督和财经制度法规的日常监督管理工作，专业性、专项性、针对性的小规模监督检查仍然没有松懈。

2006年，乐安县地税局稽查局查处各类涉税案件46宗，结案44宗，查补税款、处以罚款、加收滞纳金合计入库278.1万元，其中：税收265.8万元，滞纳金1.9万元，罚款10.4万元。有效促进了税收征管，净化了税收秩序。

2009年，乐安县地税局稽查局检查43户，有问题42户，结案42户，查补税款240.33万元，滞纳金0.02万元，罚款9.06万元，合计入库249.41万元。

2010年，乐安县地税局稽查局检查33户，有问题33户，结案33户，查补税款297.36万元，滞纳金3.18万元，罚款4.98万元，合计入库305.52万元。

2011年，乐安县地税局稽查局检查32户，有问题32户，立案32户，结案32户，查补税款732.41万元，滞纳金2.16万元，罚款63.94万元，合计入库798.51万元。

2012年，乐安县地税局稽查局检查27户，有问题27户，立案27户，结案27户，查补税款1718.72万元，滞纳金2万元，罚款4.21万元，合计入库1724.93万元。

第四节　工商税征收方式与管理形式

中华人民共和国成立后，由于工商税制多次变革，乐安县工商税征管方式也经历了一个曲折过程，1993年，颁布实施《中华人民共和国税收征收管理法》，工商税征管方式方法才逐步得到完善。

从中华人民共和国成立初至今，乐安县税款征收方式主要采用：查账征收、查定征收、查验征收、定期定额征收、代扣代缴与代收代缴、税控网络申报转账金税卡和IC卡刷卡纳税等6种。

征收的管理形式主要有:驻厂征收管理(适用大中型企业生产过程和产品较杂、税额大,由税务机关派驻厂小组和驻厂员驻厂管理),行业征收管理(适用对口主管部门,实行行业化的可比性的专业管理),分片征收管理(适用地域集中、纳税户稀、行业分散,实行行业和分片结合的管理),巡回征收管理(适用纳税工商户分散、税源零星、范围宽的农村税收管理)等4种。

从中华人民共和国成立以来至20世纪80年代末期,乐安县一直沿用"一员进厂、各税统管、征管查合一"的税收征管模式。20世纪80年代至20世纪90年代初的征管模式则表现为"征、管、查"分离模式。20世纪90年代初至1995年,税收征管模式则采用典型的"纳税申报、税务代理、税务稽查"三位一体模式。从1997年年初至今,则实行"以纳税申报和优化服务为基础,计算机网络为依托,集中征收,重点稽查"的新的税收征收管理模式。建立"一个制度(纳税人自行申报纳税制度),四个体系(即服务、监控、稽查、组织)",实现税收征管职能。

从1950年年初,乐安县对农村零散应税货物(如竹、木、茶叶)由纳税人于货物起运或运往第一道税务机关地点时,报请"查验征收"。对工商业营业税采取"查账征收、民主评定、定期定额"3种征收方法。对屠宰税农村委托区、乡政府代征,城区屠宰税,由税务机关按屠宰场集中地点控制征收。

1951年,对大规模生产应税货物的厂、场,由税务机关派员驻厂、场征收。临时商业税及座商外销的税收管理,采用登记发证、委托代征,统一使用"固定工商业外销证明单",实行源泉控管。对不具备查账条件的私营工商业户,采用"自报公议、民主评定"的方法。

1952年,对屠宰税取消代征,改雇用乡村税务员征收。

1954年,实施《中南区税务专责制试行办法》的管、查、征合一的税务专责制。对私营工商企业实行税源控制,加强进货、进料管理。

1956年,实行查账、双定、代扣代缴的工商业税征收方法,取消民主评议和单定方法。对无法采用查账计征的小商小贩,一律采用定期定额,一年一变不变,由国营(供销社)批发站或中心店汇交。

1958年,基层税务机构撤销,税务干部精简下放,企业普遍实行"三自"办税法(企业自行计算应纳税款,自填缴款书,自行缴纳税款)。

1962年,实行在集贸市场采取四连锁(即商业局、公安局、鳌溪镇、税务局共同管理市场)、三联合(市场管理员、市场交易员、税收代征员的联合行动)、三承包(包管理、包成交、包征税)的征管方法。同时,对车站、码头、旅店、行栈采取一登记(来往客商的货物进行全面登记)、二查验(对销售货物当天查验)、三代征(对应税货物销售后帮助代扣)、四报告(发现有偷漏税和投机倒把的及时向税务局报告,作出处理),对农村、社队有专人管理税收。

1963年,执行国务院《关于改进征收办法的试行规定》,对个体经济征收所得税采取按季核定,分月征收的办法。对集体经济征收所得税采取按季预征,年终汇算清缴,多退少补的办法。对集市和农村工商税收,使用农副产品自产自销证明,实行应税产品报验、盖章,临商统一发票,座商外销证明单。

1966年1月,试行国营企业工商税(故又名积累税),停征工商统一税及地方附加、城市房地产税、车船使用牌照税,按企业,产品积累设计一个企业一个税率,在企业取得销售利润后,按50%提取依率计征,征税后所属50%的积累,仍以利润上缴形式解缴国库,对积累水平在5%以下的不征税。

1970年3月,按"四税合一"将企业缴纳的工商统一税及地方附加、城市房地产税、车船使用牌照税合并的经验,全面实行一厂(店)一税,并在部分工业、商业企业试行一个企业用一个税率征收综合税。

1971年7月,试行"行业税",一个行业使用一个税率征税。

1973年,国营、集体企业实行"三自"纳税,部分企业实行查账征收,个体工商户实行定期定额征收方法。同年12月,对县森工部门木材公司、供销社收购的原木、原竹,由收购单位按照工商税森林采伐工业分别缴纳10%和5%的工商税。对森工部门直接经营的原木、原竹,在对外销售时纳税。

1979年,对农村边远区零散税收由县税务机关委托代征单位和代征人员代征。

20世纪70年代,印刷使用各种申报表,检查记录,征收台账。

1980年,对固定的个体工商业户,采取民主评议,实行"双定"或"单定"征税,即定营业额、综合率,或定综合率不定营业额,或定税额不定综合率。同年12月,将木、竹纳税环节由原销地纳税改为产地纳税。生产销售单位按实际销售收入、收购单位在产地调拨、销售时分别按销售平价及加价,调拨价,就产地纳税。对屠宰税征管采取"三证"(完成派购任务证、大队准宰税、完税证)经税务机关查验,实行先税后宰的方法。

1982年，对统一核算，共负盈亏的社队企业采用查账征收，工商税按月申报入库，所得税按季预征、年终汇交。对统一核算，毛利分成的社队企业，工商税查账征收，按月入库，所得税按季查实征收。对专业、承包或合伙承包经营，按比例分成及收缴积累的社队企业，采取按月查实征收。对个体承包交钱至大队生产队参与分配的工副业，也采取查实征收。按月计算工商税和小型所得税。实行发票查验、产销两头控制，与集体脱勾的个体手工业和工副业，采取按季双定，发给纳税商定证，按月征收工商税和小型所得税，实行发票查验，产销控管的方法。

1983年，开征增值税，采取定期定率征收方法，企业按税务机关年度或季度核定的应税产品征收率或征收额依期内销售收入计算纳税。也可定期定率预征，年终汇算清缴，多退少补。同年对城乡个体商贩和以现金或现金支票进货的集体企业，凡向国营和集体商业批发单位，国营工业企业和县集体工业企业购进货物的，其零售环节的工商税，由售货单位代扣代缴。屠宰生猪上市，必须先到税务所登记查验，加盖查验印章，先税后售。

1984年，对国营、集体收购单位收购的应税农、林、牧、水产品一律由收购单位在收购起运环节纳税。同年，逐渐停止企业“三自纳税办法”。

1985年，对原木、原竹产品税实行销售、运输须有林业部门的放行证（或砍伐证）外，还必须有统一发货票和完税证（或“外销产品税收管理证明”）随货同行。

1986年，实行对账册不健全或经常不固定的纳税人实行查定征收或查验征收。对认真执行财务会计制度，账册健全，能提供计税依据的纳税人，采用自报查账方法，征收工商税。对城乡个体工商业户所得税分别采用：(1)核定纯益率征收（由纳税人按月申报营业额，税务机关核定纯收益率计算所得额，依率计征）；(2)定期定额征收（由税务机关核定1季或半年的课税所得额，按月征收所得税）；(3)核定附征率征收（依照定期定额的计算方法，先算出一定时期的应纳所得税额，再计算其占同期核定营业收入或产品销售收入的百分比，即附征率，随同营业税或产品税一并征收）。

1987年，对城镇税收实行驻厂、行业管理和分片管理三种方式。对重点税源大户派税务驻厂员进行征管，专管员按行业分工进行征管，对经济区域划片辖区内的工商业户，进行统一管理。

1988年，对采取“定期定额”征税个体工商业户，采用全额核定其营业额，既包括从批发单位进货的部分和其他渠道进货部分。批发环节已扣的税款可凭证扣税发票抵税。“双定”征税，采取个人自报、民主评议、调查审核、初定张榜、合理调整、半年一定的办法。

1989年，实施《江西省税收征管改革试行办法》，将原来“一员进厂、各税统管”征、管、查一条线的征管方式改为征管、检查两分离和征、管、查3分离的征管方式。各税务分局、所设置征管组、检查组或征收组、管理组、检查组。对城区个体工商户、集贸市场和临时经营者，设立集贸分局、所、专门负责其各项税收征管。专管员实行“定点划片、各负其责、按期轮换、联收计酬”的方法。对农村税收，实行“专人征管、专人检查”或“分片管理、交叉检查”以及“委托代征、定期检查、集中清理”的征管方式。

1994年1月1日起施行税收征管的三个转变（由“粗放”管理向重点稽查转变；由税务机关“单一管理”向申报、代理、稽查相结合的全方位管理转变；由手工操作为主向运用现代化手段为主转变的税收征管），建立层层岗位责任制和实现目标化管理的征管新模式，实行税务机关工作的宣传、管理、服务和税务稽查的四个职能。

1996年4月，对增值税管理一律启用新版“税收出口货物专用缴款书”和“出口货物完税分割单”。同年5月，实行换发税务登记证件，统一纳税人识别号，采用国标统一代码标识。同年6月，实施商业零售企业统一实行销货记录卡的税收管理办法。同年10月31日起，执行国家税务总局印发的《税务代理试行办法》，全县开展税务代理试点工作。

1997年4月，在全县范围内普遍推行个体私营经济业户建账，正确核算盈亏，采用查账征收与定期定额征收两种征收户籍式管理方法。规定2人以上合伙经营且注册资金达到10万元以上。请劳工5人以上，从事应税劳务月营业额在1.5万元以上或月销售收入在3万元以上都应设置复式账。请帮工2人以上5人以下，应税劳务月营业额在5000元至1.5万元或月销售收入在1万元至3万元的，设置简易账。同年建立双层稽查，强化稽查制约机制，使用计算机设置管理服务、征收监控、税务稽查、政策法制等系列的征管方式。建立申报纳税和优化服务为基础，以计算机网络为依托，集中征收、重点稽查的征管新模式。

1998年1月实施《增值税日常稽查办法》，筛选检查对象分为一级稽核和二级稽核。

1999年7月，全县开展对实行定期定额征收税款的个体工商户进行重新核定和调整定额，调整税负增幅控制在5%～10%。

第五节　护税协税

中华人民共和国成立后的初期，五种经济成分并存，资本主义工商业大量存在，且偷税漏税严重。因此，税收工作不仅由税务部门承担，也既有广大职工护税，又有各职能部门协税，共同开展稽征管理工作。乐安县群众性的护税协税（代征、代扣、代缴制度）活动始于20世纪50年代初期。

1953年，实行依靠职工店员，各地均成立组织职工护税委员会，作为护税协税的领导机构。

1973年新税制改革后，在实际工作中建立和健全了管理制度：对城镇和农村的国营、集体企业建立了企业纳税申报制度、纳税定额和辅导检查制度、重点产品的查验制度。对边远地区、税源分散、税收不多的地方，为了便于群众纳税，工商税和其他工商税（包括屠宰税）委托企业、银行、信用社、生产大队代征。

1972～1981年乐安县代征税款统计表

表4－12　　单位：元

年度	合计		其中：			
	代征单位（个）	税额	农村代征（个）	税额	城镇代征（个）	税额
1972	189	117872	152	50317	37	67055
1973	203	170898	166	67176	37	103722
1974	155	192670	112	66307	43	126363
1975	200	235815	157	80568	43	155247
1976	249	175972	200	63558	49	112414
1977	238	220714	189	81287	49	139427
1978	241	260026	192	74229	49	135797
1979	247	323881	196	81003	51	242878
1980	247	316209	196	77180	51	230079
1981	247	395443	196	85884	51	309559

对个体工商户实行“双定”或“单定”征收（定营业额、定综合率，包括所得税），也可以定综合率不定营业额。对集市贸易税收办理货物申报登记销后纳税的征收方法。

从1982年起，委托各林站、林场代征对原木、原竹出售放行的工商税、产品税、增值税实行代扣代缴。

从1988年8月起，县税务局与县检察院联合成立税检室，检察院专门委派干部1人驻税务检察室，从事开展缉查税案工作至1997年止。

1989年，县税务部门与县工商部门建立了工作联系制度，双方定期提供营业执照和税务登记发证的发放、变更、注销、工商户增减变化情况。

第六节　农村工商税收征收管理

民国24年（1935）以前，县设“库粮房”为专门征收机构，基层以原编都、图为单位，都设“都书”1～2人，图设图长1人。各“都书”负责本都范围田赋税收包征包解任务。

同年，县政府成立了“经征处”，取消都书制，裁撤了“库粮房”，催收任务由图长负责。

民国30年（1941）田赋改征实物后，又增设“田赋粮食管理处”，下设八个征收办事处（后改为五个处），负责征收、保管、运输专责。经征处则专负征收其他工商税之责。

新中国成立后，根据上级颁布的各个税种条例和有关农村税收的政策精神，对农村工商税收实行了从宽从简、低税轻负的基本政策，手续简便易行。

一、征免界限

1957年以前，乐安县对农村工商税收未单独制定征收办法，只在执行上级有关规定时，结合农村经济基础较薄弱实际情况，作一些照顾性的规定。

按照1957年2月发布的《江西省农村工商税收暂行规定》，对农村工商税收的征管主要从以下几个方面入手：（1）农业社自产的农林渔牧业产品，社内公用或分配给社员的，免纳商品流通税、货物税、营业税和临时商业税。（2）对农业社、社员或个体农民在完成粮食、油料、统购任务后，留作社内自用或自己食用的，一定数量的植物油、麦粉，暂予免纳商品流通税和货物税。(3)属于应纳商品流通税和货物税的手工业产品，其销售收入和加工收益不再缴纳营业税、工商所得税和临时商业税。实行这一暂行规定的第一年，乐安县农村税收实收税额比1956年减少。

1961年12月，中共江西省委发布《江西省农村工商税收试行办法》规定：农村社队及其企业和农民个人对外销售自产应税产品，都应缴纳工商统一税，有利润还应缴纳工商所得税。凡直接为农业生产服务，为社员生活服务的加工、修配业务收入实行列举项目免税。

1966年1月，中共江西省委颁发的《江西省改进农村人民公社，生产大队，生产队工商税征收办法的规定》，调整农村集体经济税收征免界限，减轻农村社队及其企业的税收负担。

1966年11月，江西省人民委员会下发《关于改进农村人民公社、生产大队、生产队办企业征收工商所得税问题的通知》规定：社队企业工商所得税从1967年1月起，由超额累进税率改按20%的固定比例税率征收，全年所得额1000元以下的免税，1000元以上，就超过部分征税。

1971年，为巩固、发展农村集体经济、限制资本主义自发势力，结合工商税试点工作，对农村工商税及政策作了调整，贯彻《江西省农村工商税征收试行办法》，对社员个人的税收，不再比照集体单位给予减免。对社队企业所得税的税率也由超过1000元部分按20%计征改为按3级超额累进税率计征。

1977年12月，江西省革命委员会重新颁布《江西省农村工商税收征收办法(试行)》，办法扩大免税产品的品种，增列免税项目，社队及其所属企业生产的农、林、牧、水产品和工业、手工业产品，在本核算单位内公用，分配或售给社员自食自用的产品，除白酒、烟丝、鞭炮应征收工商税外，其余都免征工商税。

1981年1月起，实施国务院《关于调整农村社队企业工商税收负担的若干规定》，对社队办小铁矿、小煤炭窑、小水泥等恢复征收工商税；对城镇上山下乡知识青年办的场、队生产的烟、酒、糖、棉纱、鞭炮照章征收工商税，对同先进企业争原料的以盈利较多的社队企业，一律照章征收工商所得税。对为农业生产服务的农机具、农药、肥料和自产的电力，以及销售给本公社范围内用于集体生产的原木、砖瓦、水泥、草袋等仍免征工商税；为农业生产服务若干项目所得税的利润，仍免征工商所得税。

1982年4月，对郊区及设在城镇的社队企业，适用二轻企业增长利润减半征收所得税的规定，此规定直至1993年12月31日停止执行。

1984年起，对农村社队企业的盈利，可先以60%归还银行贷款后，按超额累进税率征收工商所得税，新办社队企业经营有困难的，可给予免征所得税1年的照顾，又对于利用“三废”生产的产品及新办独立核算的小水电、小水泥厂，从投产之日起给予免征所得税5年的照顾。

1985年，按江西省规定对贫困乡、特困乡新办的乡镇企业，除中央明文规定不能减免税的以外，都从投产之日起免征所得税5年，从1985年1月起5年内(后改为7年内)，免征牲畜交易税减半征收屠宰税。

1988年，按省税务局的规定，用借款、贷款新办乡镇企业所产生销售的产品，在归还借款、贷款期间按规定纳税有困难的可给予3年内减免产品税、增值税的照顾；用借款、贷款进行扩建，技术改造的乡镇企业所生产销售的产品，还款期间按规定纳税有困难的，可给予2年以内减免新增产品税、增值税的照顾。所减免的税款一律转作生产发展基金，由税务局监督使用。对生产国优、部优、省优产品的乡镇企业，在获得优质产品称号两年内，分别减征所得税额的20%、10%、5%。

1990年，根据《国务院关于整顿税收秩序加强税收管理的决定》，以及江西省人民政府发出的《关于调整部分减免税问题的通知》，对农村税收的减免作了如下调整：(1)国营卷烟厂收购烤烟支付的烟叶补贴属于财政补贴的，不计征产品税。(2)取消乡镇企业从1986年起暂不征收奖金税的规定，从1990年起恢复征收奖金税。(3)地方煤矿随销售煤炭吸收的开发基金，从1990年1月1日起按规定征收产品税。(4)恢复1987年规定免征的农技推广的生产资料营业税。(5)对乡镇企业减免税，规定：①村和村以下企业，凡是新办或以农为主兼营其他的，免征所得税3年。②新办乡镇企业，纳税确有困难的，可由税务局批准，给予减免产品税、增值税1年。(6)农民庭院收入除鞭炮、夏布、毛笔、水产品、烟叶、茶叶、生鲜等应税项目，按税法规定征税外，其余免税。

二、农贸税收管理

1951年，乐安县实施《中南区牲畜交易税征收暂行办法》，牲畜交易税由税务机关派员征收，或指定交易员代扣代缴税款，交易员开业、转业或停业前

10日内须向当地工商、税务机关申请并办理登记、变更登记或注销手续。同年7月，农民自产品在乡村小集镇销售的，免征临时商业税，运往城市销售的，须向当地乡、村政府请领自产自销证明书，凭证运销。8月起，执行税务总局《关于自由市场税收征管工作的指示》，对于流入自由市场的应税产品，除暂时保留照证的烟丝、鞭炮等，在最低分运量以上的，仍须查验完税照或分运照外，其余的，以进入市场前报验原发凭票的办法进行控制。对于农民贸易，采取核发自产自销证、农业社外销证的办法加以管理。

1963年，根据财政部《关于改进临时商业税征税办法的通知》，对农民利用农余时间，从事季节性零星鲜活商品的短距离运销，照章征收临时商业税。

1973年，根据省税务局通知，凡流入集市的应税产品，要事先向税务机关申报，办理入市货物登记，销售后向税务机关纳税，农村社员出售自产自销的少量应税产品，税款不到0.5元的不征税。

1977年8月规定，农村社员在集市上出售自产的少量应税产品，可以不征工商税。

1980年，根据省税务局《关于集市贸易税收和个体工商户税收管理八个问题的通知》规定：对上市的应税产品，实行入市报验登记，并按规定征收产品工商税，对农村社员部分自产零星产品，内部掌握不征税。

1983年，根据财政部《关于加强集市贸易市场税征收管理的规定》，具体规定如下：对城乡从事商品贩运的临商和无营业执照的个体工商业户，包括自产自销，一律按"临时经营"的规定征税，对属于工商税条例列举的产品，还应征收产品工商税；对获利较多的，可加成加倍征收。农民在集市上出售自产的应税产品，仍在经营所在地征收产品工商税，不征零售工商税；对农民出售自产或贩运的蔬菜、柴草、饲料、种籽、种苗、种畜和仔猪等，暂不征税。

第七节 税收计划、会计、统计、票证管理

税收计划、会计、统计、票证管理历来是税收工作的一个重要组成部分，是体现政策，组织、检查、核算收入，反映税源，实现税收科学管理的必要手段和方法。

乐安县税收计划、会计、统计工作在中华人民共和国成立初期成立税务局时便设有会计股，负责全县税收计会统的核算工作，但当时还没有一套统一的工作制度，仍按旧税制统计口径进行分类统计、核算。

1949年11月至1957年，具体列表会统核算的项目有货物税（又称间接税），直接税（包括工商营业税、临时商业税、摊贩业税），利息所得税、印花税、地方税（包括屠宰税、娱乐税、车船牌照税）。在计会统的核算过程先后因税收政策变动，会统项目内容也随之变更，工作制度逐步建立。

1958年，机构简并，计会统制度简化，下放了部分会计处理权限。1959年，实施全国计会统工作专业会议制订的计会统各项制度，计会统工作内容、任务、管理得到明确。

1964年7月，贯彻实施财政部颁布的《工商税收计划、会计、统计工作制度》，税收计会统工作任务，管理更为明确。

在"文化大革命"期间，出现制度被冲断、冲乱、收入无计划，收税不记账，票证不审核，会统数字不完整，税收票证管理手续混乱的非正常状况。

1973年全面试行工商税，实施《江西省税收计会统工作暂行规定》，税收计会统的结算、报解、税种、税额项目核算统一口径也相应进行了调整变动。

1978年10月和1986年10月，财政部两次改进和修订税收计会统制度，制定试行《税收计会工作人员岗位责任制》，规定县（市）税务局直接负责贯彻，执行上级各项计会统制度和规定；税务所负责了解税源变化，掌握收入进度，严格税款入库报解，票证领发使用管理，及滞纳欠税控管工作。

1979年起，开展实行两条渠道的按日报解计会统报表优质快报制度。

1987年1月1日，全面实行财政部修订的《税收计划、会计、统计工作制度》。

1992年，税务分局、所实行微机开票，县局计会股实行微机对会统登账与报表，实施软盘和报表相结合的上报各种会统报表。1994年10月，实行分税制，分设国税和地税，合并废止了一些税种和项目，税收计划、会计、统计工作产生了很大变化，国税和地税分别按所辖征管范围和税种项目进行计划、会计、统计核算制度。1995年，对税务经费报表实行微机程序编印上报。1997年，对税收票证实行微机管理。同年，全县取消手工操作，从基层至县局，全面使用计算机网络系统，进行微机开票，登账、记账、报表、文字报告、互联互动的信息网络。1999年1月1日，实行国家税务总局颁布新的《税收会计制度》。

该节对税收会计按归类的原则并入第十章第二节之三专述外，谨将税收计划管理、税务统计和税收

票证分述：

一、税收计划

税收计划是税务部门在一定时期内组织税收收入的奋斗目标，同时也是考核税收工作的重要依据。是税务机关据经济发展、税源变化、对季度、年度税收收入的综合预测和规划。税收计划管理是对组织收入、执行政策，进行工作指导、监督、检查和考核。

（一）税收计划的中心任务

掌握经济税源，分析税收发展走势，编制分配计划，检查考核计划的执行。

（二）开展经济税源调查

研究各种经济成分的发展变化；研究产品产销状况；研究物价与税价；研究掌握各种经济规律；研究税负；研究税制与稽征管理；研究分析经济发展与税收发展走势；增强税收预见性、主动性。调查采用经常性和专题两种方法。全面重点税源调查全年不少于2次。

（三）检查税收计划执行

分旬、月、季、年度的税收计划执行情况专题报告，阶段性的税收分析简报，重点税源的检查执行政策和经济发展变化，为组织收入采用的措施，分析税收超收或短收因果及问题，总结、指导、推广组织收入经验，每月召开经济分析例会，为各级政府及部门提供税收、经济信息。

（四）编制和分配、调整税收计划

编制和分配计划立足“从经济到财政、积极可靠、从实际出发”的原则。本县税收计划一般采用“两上一下”的方法，先由下提建议数报上级，由上审定下达分配计划指标，再按上级分配计划，自下而上编制年度执行计划数，一年一变，基本不变，重大政策因素影响变化，第4季度适当进行调整。计划完成要求：首季开门红入库25%，半年超过半，3季达75%～80%，全年实现满堂红。从1995年开始税收计划采用“一下一上”，由上直接分配下达执行计划指标，再由县进行分解下达，上报执行。

1995年，新税制实施，税收计划的管理，贯彻统一管理的原则，实行全额计划、全额下达、全额考核。首先由下而上提出年度计划建议数，然后由上而下分配下达，层层落实，责任到位、到人。

二、税务统计

乐安县税务统计工作从20世纪50年代至70年代均由税收会计兼管，80年代才开始设立专职税务统计人员。担负税收分经济性质、分税种、分项目的分类统计、整理资料、税务统计报表工作。税务统计内容包括税收统计、税源统计、税政统计三个部分：

（一）税收统计

是对税款征收、入库数字的统计，依照与财政预算、结算、金库对账一致的原则，分税种、款项、税收品名、分地区、时间及征收方式所产生的税款预交、汇算、退税、补税、减免税的统计。

（二）税源统计

是对经济、税源情况的统计。按税种、地区、时序、征收方式及经济成分变化，分类、分组、分业、分课税数量、计税总值、价格、分历史比较求出比率的统计。

（三）税政统计

是对机构设置，人员配备以及税收政策执行及征收费用，证照管理，违章缉私与申诉案件、罚金没收、税务着装、欠税的统计。

税务统计报表分旬、月、季度、年度，总的要求是资料完整、数字准确、口径统一、报送及时。报送方式有电信报、书面报表、电子传输、计算机网络。税务统计报表50年代初有25种（税收统计5种、税源统计20种）。

1955年分税种的会统结合报表有9种。1956年报表修改，统计报表为16种（税源11种、税政5种）。1958年合并税种，统计报表除税政统计报表外有7种（税收3种，税源4种）。1966年统计报表削减为3种（税收1种，税源2种）。1978年按计会统制度规定的统计报表有8种（税收4种，税源2种，税政2种）。1988年税务统计报表共有28种（税源16种，税收6种，税政6种）。1996年税务统计报表共13种。2000年税务统计报表共18种。其中：国税8种，地税10种。

三、税收票证

税收票证是税务机关依法征收工商各税使用的一种特殊专用凭证。税收票证在填用前属无价证券，填用后是纳税人依法缴税的重要凭证，又是税收会计、税源统计、税收监督的原始凭证。

税收票证管理是开展税收征管工作的一项重要内容。它包括票证的印制、领发、保管、使用填写、审核、缴销、查库。从中华人民共和国成立初期至今，乐安县税务机关严格实施省税务机关制订的统一税收票证管理制度。

（一）税收票证的印制

1950年货物税、印花税票由国家税务总局设计，中南区印发；直接税、地方税交省局印发。1954年，中南区撤销，由总局授权湖北省税务局代印制。1979年票证设计，印制权限下放到省税务局，一直至今,税收票证的印制由省级税务机关统一印制下发,地(市)、县(市)级税务局无权印制。

(二)税收票证的领发

由各级税务机关建立票证使用计划制度,做到存票不过多,而又防止脱用。领发票证时,必须建立发放、领取双方专责制度。坚持当面点数,当面及时记账,当面签名盖章。专管员和代征单位,代征员领取票证,凭票款结报手册亲自办理,不准委托他人代办。

(三)税收票证的保管

保管安全制度规定实行“四专”(专人保管、专库、专柜、专袋)。“六防”(防火、防盗、防霉、防鼠、防蛀、防丢失)。“十不”(非因税收专业工作,不准带票外出;不准带票回家;不准带票走亲访友;不准带票参加与工作无关的会议;不准带票进行非工作性活动;不准带票到公共娱乐场所;外出征收,不准把票袋挟放在自行车、摩托车后衣架上;专管员未办理票证交接手续,不准调离工作;代征员未办理票证交接手续,不准随意调换;已填开的票证未到保管年限和未办好审批手续,不准销毁)。

(四)税收票证的填写使用

坚持专票专用,一税一票,先领先用,后领后用,先收税后填票,全套一次复写填全,字迹清晰无涂改刮补。坚持“十不”(不跳号使用、不同时使用几本同一票证、不借用、不赊税、不白条收税、不无票收税、不代用票证、不将税票代为他用、不窜用税票、不准用缴款书收取现金)守则。作废的票证单独登记反映,经审查后方可缴销。

(五)税收票证的缴销

乐安县严格实行“三带”(一带票证—空白票和填用票,二带税款,三带结报手册)。坚持做到及时清点、不缺不漏、限期上缴、当面销号。征收、代扣、代征人员须按期将已填用的票证存根联和报查联上缴给税务分局、所,由会计装订成册,编制“票证填用汇总表”,分旬、月上报县税务局缴销、整理保存。作废的票证要各联全份上缴,不准留页和短页。丢失和毁损票证,须备案上报,待调查立案审批后方能核销处理。

(六)税收票证的种类

50年代乐安县使用的票证有7种(屠宰税证、通用完税证、货物税证、印花税票、罚款票证、专用缴款书、汇总缴款书)。

1964年、1978年实施《工商税收计划、会计、统计工作制度》,乐安县使用管理的税票归类6种(工商税收完税证、工商税收专用缴款书、汇总缴款书、罚金收据、收入退还书、自收税款退税凭证)。另用于代征单位代征税款提取报酬的使用提支手续费领据。

1987年,乐安县管理使用的税收票证共12种:税收完税证(通用完税证、限额完税证、定额完税证)、工商税收专用缴款书、国营企业所得税专用缴款书、能交基金缴款书、建筑税专用缴款书、汇总缴款书、罚金收据、自收税款退税凭证、收入退还书、税票调换证、提支手续费领据、提支奖金领据。此外列入票证管理范围的还有:外销商品证明单、企业单位税务登记证、个体经营税务登记证、税务检查证等4证。

2000年,乐安县使用列入管理的税收票证共有38种。其中:国税14种:六联税收通用缴款书、五联税收汇总缴款书、五联税收收入退还书、三联税收通用完税证、三联税收限额完税证、三联税收罚款收据、三联代征税款手续费领据、四联税收转账专用完税证、二联纳税保证金收据、二联税票调换证、二联税务提支奖金领据、二联固定工商业户外经证、六联税收出口货物专用缴款书、二联税收出口货物完税分割单。地税24种:六联税收缴款书、七联固定资产投资方向调节税专缴书、五联税收汇总缴款书、三联税收完税证、三联税收限额完税证、三联屠宰税定额(肆元)完税证、三联屠宰税定额(捌元)完税证、五联税收收入退还书、三联小额退税凭证、三联固定资产投资方向调节税零税率项目凭证、三联代征代扣税款凭证、二联印花税票销售凭证、三联税收罚款凭证、二联税收保证金收据、三联提支手续费领据、二联税票调换证、车船使用税完税标志、车船使用税免税标志、三联屠宰税定额完税证(16元、12元、6元、2元)等4种、文化事业建设费收入凭证、税收转账完税证。

(七)税收票证的审核

实行定期票证盘库清查制度,分局、所1月清查1次,县局1季1次,地局半年1次,省局1年1次。对填用票证税务分局、所须做到专管员自审、互审、会计复审,分局、所长抽审、县局按月逐票普审,县局组织基层会计集中汇审、地局每年组织部分票证进行交叉汇审,省局进行不定期的调审。对票证的审核乐安县建立了严格的审票稽核制度,严格控制收入退库,税款长短损失的处理制度[30元以下小额退税,由税务所长批准,其他税款退库,须报经县(市)税务局长批准]。票证发生损失,须查明票证字别、号码、数量及损失原因,及时进行追查、并逐级报告。

第八节　工商税减免管理

工商税减税、免税是对某些纳税人和征税对象依照税法给予鼓励和照顾的一种特殊规定，也是通过税收起经济杠杆作用发展经济的重要一环。

一、民国时期的税收减免

在民国23年(1934)以前，苛捐杂税名目繁多，人民负担奇重，至民国23年6月，全国财政会议通过各省市废除苛捐杂税办法，规定各县田赋附加税不得超过正税百分之七十(以百分之四十作为团队经费，百分之三十作为教育建设、自治经费)，但乐安县的田赋附加税原先未曾超过百分之七十，仍照原额征收。只在工商税方面，撤销了百货捐16760元，食盐火油捐9050元，食盐公卖捐78元，电料公卖捐766元。

1945年抗日战争胜利，国民党政府颁布全国免缴田赋税一年，乐安县也获得免征。

二、新中国成立后的税收减免

从中华人民共和国成立初至今，根据税法有关规定，乐安县给予一大批纳税户实行减税、免税照顾。为促进增收、培植税源，支农促工，发展经济，发挥了重要调节作用。

(一)有关政策性的减免

农村税收有下列情况者给予减免税

(1)社队企业为农业生产服务的农机及其零配件、农具、农药、兽药、肥料、糖化釉。

(2)自产的电力。

(3)售给本公社范围内用于集体修理农机具农田水利建设、防洪抢险、修桥修路、修建猪牛栏、仓库、厕所、晒谷场和知识青年点、合作医疗站、民办学校的原木、原竹、砖瓦、沙石、石灰、水泥、水泥制品、陶瓷、涵管、草袋。

销售给本公社范围内社员零星修建房屋的原木、原竹。

(4)农村专业手工业者从事工业、手工业和服务性业务收入，其收入参加农业统一分配的免税。

(5)社办兽医站、广播站、电影队、代办邮政、电话总机、合作医疗的业务收入和信用社存款所得的利息收入均不征工商税和工商所得税。

(6)社队排灌站、拖拉机站的排灌收入、机耕收入，拖拉机运输收入，以及修理修配、出租农机具的收入均不征收工商税和工商所得税。

(7)农村社队新办企业从1979年起免征工商税和工商所得税三年。

(8)安置城市上山下乡知识青年的农、工、林、牧、付、知青场、队或生产基地对其生产经营的各项应税产品和业务收入一律自1979年1月份起至1985年底止免予缴纳工商税和工商所得税。(包括屠宰税)

(9)安置待业知青、新办的从事劳务、修理服务等集体企业单位的业务收入，从经营之月起免征工商税及工商所得税2~3年。

(10)老革命根据地的经济特困区的社队及其所属企业和社员个人、个体手工业出售的自产应税农、林、牧水产品和工业手工业产品以及从事工业加工、运输、服务性业务收入，除生产销售烟丝、酒、糖、鞭炮和议购出售的原木、原竹外，其余自1980年7月至1983年底免征工商税。

(二)乐安县厂矿企业税收对下列情况给予减免税

(1)县办水泥厂自1979年起，一律按税率15%减半(7.5%)征收工商税。

(2)酿酒厂用稗子和糠壳酿酒，由原税率60%减为30%，薯类酿酒由原税率60%减为42%，饲料粮酿酒由原60%减为48%，复制酒由原税率30%减为25%。

(3)钨矿：自1963年1月起由原税率10%减按8%征税。

(4)饮食业：自1965年10月1日起由5%减为3%。

(5)城镇新办大集体企业对其劳务修理服务等业务收入从经营之月起给予免征工商税一年的照顾。

(6)榨糖企业：机制糖由原税率40%减按30%，土糖由30%减为20%，甜蔗糖由30%减为8%。

(7)基层供销社：经营的农业机械及其零配件、半机械化及农业机具的零配件、农副产品加工机械、农药、排灌用油、农牧业用盐、种籽、种苗、汽油、柴油、润滑油、肥料、农药等免征零售环节工商税。

(三)特殊情况减免

减免范围：

(1)纳税人因遭受自然灾害，确实无力交清或无力缴纳的。

(2)纳税人因遭受意外事故，补交部分或全部的欠税后，生活确有困难的。

(3)纳税人因死亡或因其他特殊原因，确实无法追交拖欠税款的。

(4)纳税人因其他拖欠税款确实无力交清或无力缴纳的。

(5)纳税人因营业亏损，拖欠税款在一年以上，经过屡次催交确实无法交清或无力缴纳的。

减免权限：

每户欠税1000元以上省局审批，1000元以下300元以上专区局审批，300元以下县(市)局审批。

工商税减免权限表

表4－13

对象	拖欠时间	金额	批准权限
单位	3年以上	10000元以上	省税务局审批
单位	3年以上	5000元以上	地区局审批
单位	3年以上	5000元以下	县局审批
单位	3年以内	10000元以上	财政部审批
单位	3年以内	5000元以上	省税务局审批
单位	3年以内	5000元以下	地区局审批
单位	3年以内	2000元以下	县局审批
个体			县局审批

1981年乐安县拖欠减免税统计

表4－14　　单位：元

项目	合计	省局批	地局批	县局批
总计	34207		6755	27452
1. 工商税	32371		6755	25516
鞭炮	10000			10000
陶器	918			918
砖瓦	9909			9909
森林工业	2154			2154
针织品	1732			1732
其他	7558		6755	803
2. 工商所得税	1936			1936
农村社队	1936			1936

1983年3月，国务院办公厅发布对农村社队企业征收工商所得税，一律按照八级超额累进税率计征；取消原来社队企业按20%的比例税率和3000元的起征点征收工商所得税的规定。同年9月，对能源(包括节约能源)、交通、学校的教学设施、医院的医护设施等的投资；科研部门的科研设施的投资；中外合资企业的投资；国际金融组织、外国政府贷款进行的项目以及相应配套工程的投资；国际组织、外国政府、国外社团和华侨赠款进行的项目以及相应配套工程的投资；经财政部专案批准免征建筑税的投资；一律免征建筑税。同年11月18日，财政部规定：社队企业生产经营直接为农业生产服务的化肥、农药、农机具修造以及社办企业经营直接为社员生活服务的豆腐坊、粉坊、油坊、酱醋坊等所得，可免征工商所得税。

1984年扩大建筑税免税范围：对基层供销社用自筹资金在农村安排的投资；对用地方自筹资金，排污费，为解决污染而迁厂另建的环保建设项目；对地方财政拨给不发达地区的发展资金和边境事业建设费安排的建设项目；对地方财政和企事业单位用自筹资金安排的落实私房政策而修建房屋的投资；对用地方自筹资金修建的少年宫、儿童活动中心；对中外合作经营企业建设项目的投资；对补偿贸易建设项目的投资；对属利用外商提供的生产技术、设备、建筑材料或资金；均免征建筑税。同年8月29日，省财政厅实行对基层供销社从1984年1月1日起以后兴建的独立核算的冷库、仓库的所得收入，从投产使用之日起，给予免征工商所得税3年的照顾。同年9月18日，国务院规定：对生产单位直接出口，国家鼓励出口的应税产品，避孕药品，列入国家计划试制的新产品，利用废渣、废液、废气生产的产品，给予定期的减免产品税和增值税。对其他产品因特殊情况需要在一定时期内减税、免税的按税收管理权限办理。对国家粮食企业按国家规定平价销售粮食、食油的收入，农业机械站、排灌站的机耕和排灌收入，外贸出口商品的调拨和出口销售收入，医疗保健、育婴托儿、婚姻介绍、殡葬服务、农牧保险的收入，博物馆、文化宫（馆、站）、体育馆（场）、展览馆、公园的门票收入，免征营业税。对需要鼓励和照顾的小煤矿，经省、市人民政府审批，可以应纳资源税额50%的范围内适当减税。某种特殊情况需减免税的，须经财政部批准。对用于本煤矿取暖用煤及职工食堂、浴池用煤，免征资源税。同年9月28日，国务院规定：对用于生产甲类产品的铸锻件，暂减按6%的税率征收增值税。对医疗单位和医学院校生产的原料药、成剂药，用于本院校医疗、实验的，民政部门所属工厂生产的供残疾人专用的产品，免征增值税。同年10月1日起，试行对国营企业当年利润比基期利润增长部分，减征70%的调节税。利润增长部分按定比计算，一定七年不变。同年10月18日，财政部规定对税后利润不足核定合理留利的微利国营企业，经过批准免征所得税3年；对商办工业中专门生产酱醋调味品、小糕点、儿童食品等的企业，定期减半征收所得税；对新办饲料工业企业，免征所得税3年；新办食品工业企业，免征所得税1年。对纳税人遇有风、火、水等自然灾害，需减免税的，按规定批准权限，可给予一次性或定期的减、免税。

1985年，对乡镇企业、街道企业、个体经济及各类经济联合体到城市郊区（包括县城、县属镇和工矿区）内进行建设的自筹投资；对不纳入固定资产投资计划的房屋翻修和拆迁工程（按原面积）；对兴建科研部门的科研设施、社会公共图书馆、博物馆、县以下（包括县）文化馆、社会公共体育设施等自筹投资，省以上政府确定保护的文物古迹、寺庙等自筹投资，以及用自筹投资新建学校、医院、科研单位的生活配套设施，各级计委批准的项目设计任务书确定的投资；对建设单位使用由地方财力安排拨款，改为银行贷款的基建投资，按国家计划确定的数额；对纳税有困难的需照顾的建设投资，金额在50万元以下的，经省审批，在应征税款五成以内，酌情减免；同年11月，对教育部门用地方财政资金和自筹资金安排中小学教师宿舍的投资、工商行政管理部门收取的管理费用于农贸市场的售货亭、棚等简易建筑，均免征建筑税。同年1月21日，财政部规定对国营城乡集体企业使用议价或加价粮食，议价和加价薯类酿酒，可给予以下减产品税照顾：（1）粮食白酒、黄酒减按30%的税率征税。（2）土甜酒、啤酒、薯类白酒减按20%的税率征税。对用筛漏粮、落地粮、库底粮、秕谷粮、碎米糁以及霉烂变质粮食或薯类酿酒，利用野生植物等代用品为原料生产的酒，按规定税率征税纳税有困难，可由省、市税务局批准，给予适当产品税照顾。同年3月8日，省税务局规定对乡镇企业1985年比1984年增长的利润部分减半征收所得税1年。对乡镇企业的技术转让年净收入总计没有超过10万元的免征所得税，全部留给企业。对专门生产酱油、醋、豆制品、腌腊制品、酱、酱菜、糖制小食品、小糕点、果脯蜜饯、果汁果酱、干菜调料（不包括味精）和饲料加工的乡镇企业，在1990年前减免征收所得税。对贫困乡、特困乡原有的乡镇企业，除享受一般乡镇企业减免所得税的照顾外，其纳税仍有困难，经县税务局审查，报县政府批准，可给予定期减征或免征所得税的照顾；新办企业从投产之日起免征所得税5年；归还银行各种技术措施贷款，在税前用新增利润归还贷款本息的60%，其余40%用税后利润归还。

1985年3月22日，财政部规定以下免征产品税和增值税：（1）经国家批准进口的粮食、原糖、化学肥料、农药；（2）直接用于科学研究、科学实验和教学的仪器、设备；（3）外国政府、国际组织无偿援助的物资和设备；（4）来料加工、来料装配和补偿贸易所需进口的设备、原材料、零部件；（5）经国务院和财政部特案批准免税的产品；（6）专为制造出口产品而进口的原材料、零部件，分别不同产品按85%或95%的比例免税。同年4月11日，国务院规定以下减免集体企业所得税：（1）开办初期，纳税有困难的；（2）新办的进行饲料生产的；（3）乡镇集体企业，生产经营直接服务于农业的化肥、农药、农机具修理修配的；（4）利用废水、废气、废渣等废弃物品为主要原料进行生产的；（5）在革命根据地，少数民族地区、边远地区，贫困地区兴办的乡镇集体企业。经营确有困难的；（6）由于自然灾害或者其他特殊原因，纳税确有困难的；（7）经财政部批准其他需要减税免税的。

1985年7月3日和11月2日，国务院修正发布国营、集体企业免缴奖金税的规定：（1）发给矿山采掘工人、搬运工人、建筑工人、石油和天然气开采工人的奖金；（2）按国家规定颁发的创造发明奖、合理化建议奖和技术改进奖，自然科学奖；（3）经国务院批准免缴奖金税的单项奖金；（4）从事农牧业生产（包括农垦、农业、林业、畜牧、水产及劳改、劳教企业），对职工实行大包干联产计酬或家庭承包的集体所有制农牧企业；（5）经批准试行的特定的燃料、原材料节约奖；（6）外轮速遣奖。同年7月19日，税务总局规定对酸碱工业用盐、制革工业用盐、肥皂工业用盐、饲料工业用盐、农牧业用盐、渔业用盐等用盐实行减税盐。对经营出口盐,供应本盐场(厂)职工食盐,实行免税盐。同年9月20日,国务院规定对事业单位自费工资改革的,在增发工资外,全年发放奖金总额人均不超过3个月基本工资金额的;国家核拨部分事业经费的,全年发放奖金总额人均不超过2个月基本工资金额的;部分自费部分依靠国家拨款进行工资改革的,全年发放奖金总额人均不超过1.5个月基本工资金额的,实行免缴奖金税。同年10月26日,财政部对基层供销社和合作商店专门经营饮食、服务、修理行业,按规定纳税有困难,由企业申请,县税务局审核,地(市)税务局审批,可给予1年以内的减税照顾。对城镇上山下乡知青举办的集体企业,设在农村或城镇郊区的,继续免征集体企业所得税到1985年底。新办的乡镇集体饲料工业企业免征所得税3年。对经营农产品初加工、小水电、小火电、开矿的乡镇集体企业纳税有困难,可申请,经县税务局审查,县政府批准,报批定期减征所得税照顾。灾区乡镇从事自救性生产,可申请报批减征或免征所得税照顾。

1986年1月7日,国务院规定下列可由省、市人民政府确定定期减征、免征城乡个体工商业户所得税:(1)孤老、残疾人员和烈属从事个体生产经营的;(2)某些社会急需、劳动强度大而收入又低于一定标准的。

1986年4月18日,财政部规定以下免征所得税:(1)按规定标准收费的私人诊所、个体医生、牙医、镶牙所的所得收入;(2)以医疗为主附带为就诊病人开方售药的收入;(3)个体户经营种养业的、个体兽医所得的利润不大的收入;(4)归侨、难侨办农场、从事生产经营所得,三年内免征所得税;(5)个体户从事水上运输、纳税有困难,由县、市税务局可按应纳税额30%的幅度内酌予减征照顾。(6)从同年1月1日起,对个体工商业户不再征收所得税附加。

1986年9月15日,国务院规定对下列车船免纳车船使用税:(1)国家机关、人民团体、军队自用的车船;(2)由国家财政部门拨付事业经费的单位自用的车船;(3)载重量不超过一吨的渔船;(4)专供上下客货及存货用的趸船、浮桥用船;(5)各种消防车船、洒水车、囚车、警车、防疫车、救护车船、垃圾车船、港作车船、工程船;(6)按有关规定缴纳船舶吨税的船;(7)经财政部批准免税的其他船。同日并规定对国家机关、人民团体、军队的房产,由国家财政部门拨付事业费的单位的房产、宗教、寺庙、名胜古迹的房产,个人拥有非营业用的房产免征房产税。

1986年9月25日,国务院规定下列个人收入,免征个人收入调节税:(1)省级人民政府、国务院部委以上单位颁发的科学、技术、文化成果等奖金;(2)国库券利息、国家发行的金融债券利息;(3)在国家银行、信用合作社、邮政储蓄存款利息;(4)按照国家统一规定发给的补贴、津贴;(5)福利费、抚恤金、救济金;(6)保险赔款;(7)军队干部和战士的转业费、复员费;(8)按照国家统一规定发给干部、职工的安家费、退职费、退休金、离休工资、离休干部生活补助费;(9)经财政部批准免税的其他收入。同年,乐安县对特困乡潭港、航桥、牛田、万崇、湖坪、罗陂、招携、坪溪、金竹、谷岗10个乡(镇)实行屠宰税减半征收照顾。

1987年,由县税务机关对乡镇企业减免税推行"专户储存、计划拨付、监督使用"的管理办法。同年7月,按照《建筑税暂行条例》,属于社会福利项目和治理污染、保护环境项目的投资,以及因遭受各种自然灾害而进行的恢复性建设投资,免征建筑税。对需要国家扶持和照顾的其他自筹建设投资,应税总投资额在50万元以下的,逐级报省税务局审批减免建筑税。同年财政部发布规定:对兴建收养孤老烈属、残废军人、麻风、精神犯病的社会福利事业单位的自筹建设投资;对兴建社会公共体育文化设施的自筹建设投资及修复投资;对国内各种形式的捐赠款,用于体育、文化、教育、科研、福利、救灾方面的投资;对单位按规定标准修建的简易建筑;对国家计划安排的金银生产性基本建设投资;对公安、劳教部门附属的看管人犯的设施的自筹建设投资;对乡政府修建本身需用的办公室、宿舍等自筹建设投资;对火葬场、骨灰堂、殡仪馆的自筹建设投资;对农村基层供销社农业银行所属的农村信用社安排的自筹建设投资;对军队离退休、转业干部的住房建设投资;均免征建筑税。

1988年8月6日,对已缴纳印花税的凭证副本或抄本;财产所有人将财产赠给政府,抚养孤老伤残的社会福利单位及学校书立的书据;国家指定的收购部门与村民委员会、农民个人签订的农副产品收购合同;无息、贴息贷款合同;外国政府或国际金融组织向我国政府及国家金融机构提供优惠贷款所立的合同;经财政部批准免税的其他凭证;免征印花税。同年9月27日,国务院规定对国家机关、人民团体、军队自用土地,国家财政部门拨付事业经费的单位自用土地,宗教寺庙、公园、名胜古迹自用的土地,市政街道、广场、绿化地带等公用的土地,直接用于农、林、牧、渔业的生产用地,规定免税的能源、交通、水利设施用地和其他用地免征城镇土地使用税。

1986 至 1989 年,全县减免流转税 321.3 万元。

1989 年 3 月执行豁免 1988 年以前欠税的审批权限:5000 元以下由县(市)局审批、报地(市)局备案;5000 元以上 1 万元以下的,由地(市)局审批,报省局备案;1 万元以上的,逐级报省局审批。

1991 年,对县国营食品公司,经营生猪和猪肉实行减免产品税和营业税。

1994 年 1 月 1 日起,执行国务院决定,经税务机关审核,符合下列条件的企业,按下述规定给予减税或免税优惠:

(1)批准的高新技术开发区的高新技术企业减按 15% 的税率征收企业所得税。属新投产年度起免征所得税 2 年。

(2)对乡村的农技、植保、水管、林业、畜牧兽医、水产、种子、农机、气象等站及农民技术协会、专业合作社,提供的技术服务或劳务所得收入,以及城镇其他各类事业单位开展上述技术服务或劳务取得的收入暂免征所得税。对科研单位和大专院校服务于各业的技术成果转让,技术培训、技术咨询、技术服务、技术承包所取得的技术性服务收入暂免征所得税。自开业之日起,对新办的独立核算的从事咨询业、信息业技术服务的单位免征所得税 2 年。从事交通运输业、邮电通信业的第一年免征所得税,第二年减半征收所得税。对新办的独立核算的从事公用事业、商业、物资业、对外贸易业、旅游业、仓储业、居民服务业、饮食业、教育文化事业、卫生事业的企业和单位,自开业之日起,可减征或免征所得税 1 年。

(3)企业利用三废(废水、废气、废渣)等废弃物为主要原料进行生产的,可在 5 年内减征或免征所得税。

(4)国家确定的"老、少、边、穷"地区新办的企业,可在 3 年内减征或免征所得税。贫困县的农村信用社在 1995 年底前可继续免征所得税。

(5)企事业单位进行技术转让有关的技术咨询、服务、培训所得年净收入在 30 万元以下,暂免征所得税。超过 30 万元的部分,依法缴纳所得税。

(6)企业遇有风、火、水、震等自然灾害,可在一定期限内减征或免征所得税 1 年。

(7)新办的劳动就业服务企业,当年安置城镇待业人员达到规定的超过企业从业人员总数 60% 的比例的,可在 3 年内减征或免征所得税。企业免税期满后,当年安置待业人员占企业原从业人员 30% 比例的,可减半征收所得税 2 年。

(8)高校和中小学校办工厂,农场自身从事生产经营所得,暂免征所得税。

(9)民政部门举办的福利生产企业可减征或免征所得税。安置"四残"人员占厂生产人员总数比例超过 10% 未达 35% 的,减半征收所得税。

(10)乡镇企业可按应缴税额减征 10%,用于补助社会性开支的费用,不再执行税前提取 10% 的办法。

(11)对水利工程管理单位取得的收入在"八五"期间免征所得税。

(12)新成立的对外承包公司的境外收入免征 5 年所得税,执行到 1995 年底。

(13)生产副食品的企业在"八五"期间减征或免征所得税。①对专门生产酱油、醋、豆制品、腌制品、酱、酱腌菜、糖制小食品、儿童食品、小糕点、果脯蜜饯、果汁、果酱、干菜调料(不包括味精)和饲料加工的企业减半征收所得税。②对新办的某些食品工业企业,免征所得税 1 年。③对专门生产婴、幼儿食品和直接供应大、中、小学生的快餐,方便食品的企业或车间,其产品不进入市场,实行内部供应价格,免征所得税。④对新恢复的传统名特食品业,减半征收所得税。

(14)对新办的饲料工业企业,在 1995 年底以前免征所得税。

1994 年,对保险公司开展的一年期以上的返还性人身保险业务的保险收入免征营业税。个人转让著作权,免征营业税。将土地使用权转让给农业生产者用于农业生产免征营业税。

福利企业和学校办企业均应按规定依法缴纳增值税、消费税、营业税。原福利企业和学校办企业享受的流转税优惠政策仍然保留,由税务机关采取先征后返还的办法。

从 1994 年 1 月 1 日起,规定下列项目可以免征增值税:

(1)农业(包括种植业、养殖业、林业、牧业、水产业)生产单位和个人销售的自产初级农业产品。

(2)来料加工复出口的货物。

(3)下列企业(项目)进口的规定的自用设备和按照合同随同设备进口的技术及配套件、备件:①国家鼓励、支持发展的外商投资项目和国内投资项目在投资总额以内进口的;②企业为生产《国家新技术产品目录》中所列的产品而进口的;③软件企业进口的;④已经设立的鼓励类和限制乙类外商投资企业、外商投资研究开发中心,先进技术型和产品出口型外商投资企业的技术改造,在批准的生产、经营范围以内,利用投资总额以外的自有资金进口的;⑤外商投资设立的研究开发中心在投资总额以内进口的;⑥符合中西部省、自治区、直辖市利用外资优势产业和优势项目目录的项目,在投资总额以内进口的(在投资总额以外利用自有资金进口者也可以享受一定的税收优惠)。

(4)集成电路生产企业引进集成电路技术和成套生产设备、单项进口集成电路专用设备和仪器,符合国家规定的。

(5)企业为引进《国家高新技术产品目录》中所列的先进技术而向境外支付的软件费。

(6)利用外国政府和国际金融组织贷款项目进口的设备。

(7)避孕药品和用具。

(8)向社会收购的古旧图书。

(9)国家规定的科学研究机构和学校,在合理的数量范围以内,进口国内不能生产的科研和教学用品,直接用于科研或者教学的。

(10)直接用于农业科研、试验的进口仪器、设备。

(11)外国政府、国际组织无偿援助的进口物资和设备。

(12)中国境外的自然人、法人和其他组织按照规定无偿向受赠人捐赠进口的直接用于扶贫、慈善事业的物资。

(13)符合国家规定的进口的供残疾人专用的物品。

(14)个人(不包括个体经营者)销售的自已使用过的物品,但是不包括摩托车和属于消费税征税范围的汽车等(上述项目应当按照6%的征收率计算缴纳增值税)。

(15)承担粮食收储任务的国有粮食购销企业销售的粮食,其他粮食企业经营的军队用粮,救灾救济粮和水库移民口粮,销售政府储备食用植物油。

(16)军事工业企业、军队或公安、司法等部门所属企业和一般企业生产的规定的军、警用品。

(17)专供残疾人使用的假肢、轮椅、矫形器。

(18)个体残疾劳动者提供的加工和修理、修配劳务。

(19)符合国家规定的利用废渣生产的建材产品。

(20)血站供给医疗机构的临床用血。

(21)非营利性医疗机构自产自用的制剂。营利性医疗机构取得的收入直接用于改善医疗卫生条件的,自其取得执业登记之日起3年以内,自产自用的制剂也可以免征增值税。

(22)校办企业生产的应税货物、用于本校教学、科研方面的。

(23)经国务院批准成立的电影制片厂销售的电影拷贝。

(24)废旧物资回收经营企业。

1994年1月1日起,施行对减免增值税、消费税、营业税而发生的退税、应同时退还已纳的城市维护建设税。对纳税人出口的应税消费品除国务院另有规定外,免征消费税。对鼓励外商投资的行业、项目,省、市人民政府可以根据实际情况决定免征、减征地方所得税。对下列项目暂免征收个人所得税:(1)外籍人员取得规定的各种补贴、探亲费等;(2)个人举报,协查各种违法、犯罪行为而获得的奖金;(3)个人按规定取得的代扣代缴税款的手续费;(4)转让符合规定的生活用房取得的所得;(5)延长离休、退休年龄的高级专家,在延长离退休期间的工资、薪金所得;(6)外籍个人从外商投资企业取得的股息、红利所得;(7)符合条件的外籍专家取得的工资、薪金所得;(8)股票转让所得。

此外,种子、种苗、饲料、农用塑料薄膜、农业机械、化肥、农药等农业生产资料、国家机关报刊、大中小学课本、为少儿出版发行的报刊、科学技术书刊、县以下新华书店和农村供销社销售的出版物、增值税一般纳税人销售自行开发生产的计算机软件产品、自产的集成电路产品、企业生产的黄金、校办企业、民政福利生产企业、民族贸易企业,在增值税方面也可以享受一定的优惠(定期减税、免税或者先征后退、即征即退、先征后返)。

个人纳税人销售额未达到财政部规定的起征点,可免征增值税。规定销售货物的起征点月销售额600元~2000元;销售应税劳务的起征点月销售额200元~800元;按次纳税的起征点为每次(日)销售额50元~80元。

1994年1月1日起(期限暂定2年),对民政福利企业流转税的具体优惠政策规定:(1)安置的“四残”人员占企业生产人员50%以上的福利工业企业,其生产应税货物实行先征后返还。(2)安置的“四残”人员占企业生产人员35%以上,未达50%的民政福利工业企业,全年发生亏损,可实行部分或全部已征增值税返还照顾。(3)安置的“四残”人员占企业生产人员35%以上的(含35%)福利企业,其经营属于营业税“服务业”税目范围内(除广告)业务,免征营业税。(4)属于小规模纳税人的民政福利工业企业,安置"四残"人员比例达到比例规定的,可按6%的征收率返还已征税款。停止执行企业以留利再投资退40%所得税的规定。执行按国家税务总局对已认证的校办工厂免缴企业所得税、增值税、营业税两年政策的优惠。小学校办企业对外销售的增值税应税货物如发生亏损,在1995年年底以前可给予部分或全部退还已征增值税的照顾。同年5月1日起,执行农业产品的增值税税率由17%调整为13%。同年8月25日,对外商投资企业生产的货物直接出口(除原油、国家禁止出口的货物、糖)免征增值税、消费税。销售给国内出口企业或委托国内出口企业代理出口的或直接内销的应照章纳税。对具备三个条件执行流转税享受优惠政策的校办企业,生产应税货物用于本校教学科研的,免征增值税。为本校教学、科研服务所提供的应税劳务免征营业税。属小规模纳税人的校办企业,可按6%的征收率返还已经征收的增值税。

1995年1月1日起,执行《江西省国家税务局企业所得税征收管理暂行办法》共39条。对纳税人发生的年度亏损,经批准可以在规定的期限内进行弥补。年弥补亏损额在10万元以下的由县国税局批准;10万元以上至20万元以下的由地、市国税局批准;20万元以上的,由省国税局批准。

1995年年底以前实行下列货物免征增值税:(1)国有粮食商业企业销售给军队的粮食、食用植物油、返销农村的粮油。国有粮食批发企业销售给国有粮食零售企业的粮食和食用植物油。国有粮食零售企业销售给城市居民的粮食和食用植物油。(2)饲料。(3)农膜。(4)化肥。(5)农药。(6)批发和零售的种子、种苗、化肥、农药、农机。(7)残疾人员个人提供加工和修理修配业务。同年,实行批准减免税先征后返管理办法。并对下列情形:残疾、孤老人员和烈属的所得、因严重自然灾害造成重大损失的,经财政部门批准,减征个人所得税。同年7月1日起,执行"农业生产者销售的自产农业产品即直接从事植物的种植、收割和动物的饲养、捕捞的单位和个人销售的注释所列的自产农业产品免征增值税。

1996年1月1日起,执行列入江西省新产品试制试产计划的新产品,可享受返还部分增值税的优惠。对生产副食品的企业和饲料加工企业,专门生产酱油、醋、豆制品、腌制品、酱、酱腌菜,在1997年12月31日以前减半征收企业所得税。对直接供应中、小学生的快餐,方便食品在1997年12月31日以前免征企业所得税。对饲料、农膜、农用化肥、生产农药、批发和零售种子、种苗、化肥、农药、农机等货物自1996年1月1日至1997年12月31日继续免征增值税。同年11月7日,对体育彩票不征增值税和营业税。

1997年1月1日起,按国务院调整金融保险业税收政策规定:对金融、保险企业的所得税统一降为33%的税率。同年5月8日起,对国有农口企事业单位从事种植业、养殖业和农林产品初加工业取得的所得免征企业所得税。同年5月21日起,对社会团体收取的会费收入不征营业税。同年按省国税局补充规定:地方企事业单位和集体金融企业的减免税,年实现应纳税所得额在10万元以下的,由县级税务机关审批;10万元以上20万元以下,报地、市级国税局审批;20万元以上,报省国税局审批。

1998年1月1日起执行省国家税务局印发的《企业所得税减免税管理办法》共19条。执行对农村电管站向用户收取的农村电网维护费给予免征增值税的照顾。执行企业所得税向1998年遭受洪涝灾害地区的捐赠(包括现金和实物),共捐赠额在年度应纳所得额3%以内的部分,准予税前扣除。同年3月2日,国务院批准对在2000年12月31日之前,农村信用社年应纳税所得额在3万元(含3万元)以下的,减按18%的税率征收所得税。年应纳税所得额在10万元(含10万元)以下至3万元的,减按27%的税率征收所得税。同年4月1日起,施行对个人购买体育彩票中奖凡一次中奖收入不超过1万元的,暂免征收个人所得税。同年4月8日,继续施行对1998年底前废旧物资回收经营企业等实行增值税先征后返70%的优惠政策规定。同年7月1日,实行商业企业小规模纳税人的增值税征收率由6%调减为4%。同年7月17日,施行中保人寿保险有限公司开办一年期以上返还性人身保险险种免征营业税。同年,对农村信用社自1998年1月1日起至12月31日止,减按6%的税率征收营业税。同年6月1日至2000年12月31日,对生产销售新调增的甲基异柳磷等16种农药免征增值税。

1999年1月1日起执行省国税局印发的《江西省民政福利企业增值税先征后返管理办法》。同年2月23日,施行福利企业,校办企业的税收优惠政策继续执行到1999年底。同年6月9日,国家税务总局规定对农业生产者销售自己饲养的生猪免缴增值税。非农业生产者销售生猪应按照规定征收增值税。非专业养猪户取得的养猪收入,暂不征收个人所得税。同年8月1日起施行对粮食企业下列项目免征增值税:(1)供应军队用粮;(2)销售救灾救济粮;(3)销售水库移民口粮;(4)销售政府储备食用植物油。同年10月8日,施行对住房公积金、医疗保险金、基本养老保险金、失业保险基金、个人账户存款利息免征个人所得税。同年12月,执行对地方商业银行转贷用于清偿农村合作基金会债务的专项贷款利息收入免征营业税。对承储企业取得的国家储备肉和储备粮财政补贴收入免征营业税。

1999年,施行对农业生产者销售自已饲养的生猪免缴增值税。对销售饲料生产企业、饲养单位及个体养殖户的饲料免征增值税。对下岗职工从事社区居民服务业(持有当地劳动和社会保障部门核发的下岗证明和税务备案登记),为家庭清洁卫生服务;初期卫生保健服务;婴幼儿看护和教育服务;残疾儿童教育训练寄托服务;养老服务;病人看护和幼儿、学生人工接送服务;避孕节育咨询;优生教育教化咨询等项行业服务活动实行税收优惠。下岗职工占企业人员60%以上的企业,3年内免征营业税、城市维护建设税、教育费附加。从事个体和独立劳务服务的免征个人所得税。对个人转让自用5年以上,并且是家庭唯一生活用房取得的所得,免征个人所得税。

2000年1月1日起继续执行对福利企业的税收优惠政策。实行对高校后勤社会改革、高校后勤经济实体经营学生公寓和教师公寓,提供的后勤服务获得的租金和服务性收入免征营业税。为师生提供粮食、食用植物油、蔬菜、肉、禽、蛋、调味品和食堂餐具,免征增值税。经营师生食堂、餐饮收入免征营业税。为高校提供快餐的外销收入,免征增值税。对高校后勤实体所得免征企业所得税、城镇土地使用税和房产税。建学生公寓的耕地免征耕地占用税。同年3月24日,实行对勘察设计企业和进行技术转让的技术咨询、技术服务、技术培训所得年净收入在30万元以下的免征企业所得税。对勘察设计单位改为企业的,自2000年1月1日起至2004年12月31日止,5年内减免征收企业所得税。同年6月1日起,执行对大豆粕、菜子粕、棉子粕、向日葵粕和花生粕,按照单一饲料免征增值税。同年7月18日,按财政部、国家税务总局规定,从2000年1月1日起对公益性青少年活动场所暂免征收企业所得税。同年9月1日起,执行对住房公积金管理中心,用住房公积金在指定的委托银行发放个人住房贷款取得的收入免征营业税。用住房公积金购买国债,在指定的委托银行发放个人住房贷款取得的利息收入免征企业所得税。同年9月18日,按财政部,国家税务总局规定,从2000年1月1日起,对校办企业生产的应税货物,凡用于本校教学、科研方面的,经严格审核确认后,免征增值税。校办企业为本校教学、科研服务所提供的应税劳务(除旅店业、饮食业、娱乐业外),免征营业税。同年10月1日起执行对老年服务机构有关税收政策优惠:(1)对政府部门和企事业单位、社会团体以及个人等社会力量投资兴办的福利性,非营利性的老年服务机构,暂免征收企业所得税。对老年服务机构自用的房产、土地、车船免征房产税、城镇土地使用税、车船使用税。(2)对企事业单位、社会团体和个人等社会力量通过非营利性的社会团体和政府部门向福利性、非营利性的老年服务机构的捐赠,在缴纳企业所得税和个人所得税前准予全额扣除。

1998年至2000年,全县国税系统共减免税117.9万元。

2003年3月,省劳动和社会保障厅、发展计划委员会、经济贸易委员会、财政厅、建设厅、国家税务局、地方税务局、工商行政管理局、中国人民银行南昌中心支行联合下发《关于进一步落实再就业优惠政策有关问题的通知》规定:(1)凡在2005年底之前,下岗失业人员凭《再就业优惠证》从事个体经营和吸纳有《再就业优惠证》的下岗失业人员再就业的企业,符合赣发〔2002〕13号文件规定条件的,都可以享受三年时间的优惠政策。(2)吸纳下岗失业人员就业的劳动就业服务企业中的加工型企业和街道社区具有加工性质的小型企业实体,以及赣发〔2002〕13号文件规定的其他劳动密集型中小型企业,可以享受服务型企业和商贸企业吸纳下岗失业人员就业的税收优惠政策。中小型工业企业按职工人数在300人以下计算。上述企业中的现有企业享受现有服务型企业和商贸企业的优惠政策,新办企业享受新办服务型企业和商贸企业的优惠政策,吸纳下岗失业人员的比例和人数按赣发〔2002〕13号文件的规定执行,有关手续按江西省地方税务局、国家税务局、劳动和社会保障厅转发国家税务总局、劳动和社会保障部《关于促进下岗失业人员再就业税收政策具体实施意见的通知》(赣地税发〔2002〕10号)的规定办理。(3)服务型企业和商贸企业,以及本通知第3条规定的享受服务型企业和商贸企业税收优惠政策的企业,当年新招用下岗失业人员并与之签订1年以上劳动合同的,可按照赣发〔2002〕13号文件享受相应期限的社保补贴和税收减免政策,不再执行原定需签订3年以上期限劳动合同的规定。(4)下岗失业人员凭《再就业优惠证》从事个体经营已经享受了政策优惠，如其新办连锁店、分店时，吸收下岗失业人员占该店职工总数30%以上的，可享受新办的服务型企业优惠政策。（5）吸纳下岗失业人员就业的"商贸企业"指设有商品营业场所、柜台，不自产商品，直接面向最终消费者的商业零售企业，包括直接从事综合商品销售的百货商场、超级市场和零售商店等。对于只从事商品零售业务的零售企业（商品批发、批零兼营的企业除外），按照赣发〔2002〕13号文件规定执行。对于从事商品零售兼营批发业务的商业零售企业，采用定额税收优惠办法。即凡安置下岗失业人员并签订一年以上期限劳动合同的，经劳动保障部门认定，税务机关审核，符合上述条件的可享受相应期限的定额税收扣减优惠，税收优惠按安置下岗失业人员数核定，并一律从企业应缴纳的企业所得税税额中扣减，当年扣减不足的结转至下一年度继续扣减。具体扣减数额＝企业安置下岗失业人员数量2000元/年。

2005年8月，国家税务总局发布自2005年10月1日执行的《税收减免管理办法（试行）》规定：（1）为规范和加强减免税管理工作，根据《中华人民共和国税收征收管理法》（以下简称税收征管法）及其实施细则和有关税收法律、法规、规章对减免税的规定，制定本办法。（2）本办法所称的减免是指依据税收法律、法规以及国家有关税收规定（以下简称税法规定）给予纳税人减税、免税。减税是指从应纳税款中减征部分税款；免税是指免征某一税种、某一项目的税款。（3）各省、自治区、直辖市计划单列市国家税务局、地方税务局可根据该办法制定具体实施方案。

2006年1月，省国税局印发《江西省国家税务局税收减免管理实施办法》规定：（1）减免税分为报批类减免税和备案类减免税。报批类减免税是指应由国税机关审批的减免税项目；备案类减免税是指取消审批手续的减免税项目和不需国税机关审批的减免税项目。（2）纳税人享受报批类减免税，应提出书面申请，提交相应资料，经具有审批权限的国税机关（以下简称有权国税机关）审批确认后执行。未按规定申请或虽申请但未经有权国税机关审批确认的，纳税人不得享受减免税。纳税人享受备案类减免税，应提请备案，经国税机关登记备案后，自登记备案之日起执行。纳税人未按规定备案的，一律不得享受减免税。（3）纳税人同时从事减免项目与非减免项目的，应分别核算，独立计算减免项目的计税依据以及减免税额度。不能分别核算的，不能享受税收减免。核算不清的，须向主管国税机关提供相关资料，由主管国税机关按下列方法核定计算其减免税的具体数额。（4）纳税人依法可以享受减免税待遇，但未享受而多缴税款的，凡属于无明确规定需经税务机关审批或没有规定申请期限的，纳税人可以在税收征管法第五十一条规定的期限内申请减免税，要求退还多缴的税款，但不加算银行同期存款利息。（5）减免税审批机关由税收法律、法规、规章设定。凡规定应由省级国税机关明确审批期限的，以省国税局有关规定确定减免税审批权限。各级国税机关应按照规定权限和程序进行减免税审批，禁止越权和违规审批减免税。（6）县级国税机关负责审批的减免税，必须在20个工作日作出审批决定；省、市级国税机关负责审批的必须在30个工作日内作出审批决定。在规定期限内不能作出决定的，经本级国税机关负责人批准，可延长15个工作日，并将延长期限的理由告知纳税人。（7）主管国税机关和税源管理部门应设立纳税人减免税管理台账，详细登记减免税的标准或备案时间、减免项目、减免年限、减免依据、减免金额，建立减免税动态管理监控机制。纳税人享受的减免税情况必须及时、准确地录入综合征管软件。

2007年1月，财政部、国家税务总局发出《关于广播电视村村通税收政策的通知》。通知中规定：2007～2009年，经营有线电视网络的单位从农村居民用户取得的有线电视收视费收入和安装费收入可以免征营业税等。8月7日，国务院发出《关于解决城市低收入家庭住房困难的若干意见》提出：社会各界向政府捐赠廉租住房房源的，执行公益性捐赠税收扣除的有关政策。7月10日，国务院发出《关于开展城镇居民基本医疗保险试点的指导意见》。意见中提出：国家对个人缴费和单位补助资金制定税收鼓励政策。2月25日，国务院公布《残疾人就业条例》。条例中规定：国家对集中使用残疾人的用人单位和从事个体经营的残疾人依法给予税收优惠。6月，民政部、中国残疾人联合会同意，财政部、国家税务总局发出《关于促进残疾人就业税收优惠政策的通知》。通知中规定：在全国统一实行以下促进残疾人就业的税收优惠政策：（1）对于安置残疾人的单位，由税务机关按照单位实际安置残疾人的人数限额即征即退增值税或者减征营业税。（2）安置残疾人的单位可以按照支付给残疾人的实际工资的100加计扣除，按照规定取得的增值税退税或者营业税减税收入可以免征企业所得税。（3）残疾人个人提供的加工、修理修配劳务免征增值税，为社会提供的劳务免征营业税，取得的劳动所得按照所在省、自治区、直辖市人民政府规定的减征幅度和期限减征个人所得税。上述规定从当年7月1日起施行，但是外商投资企业适用企业所得税优惠政策的规定从2008年起施行。

1994年至2008年，乐安县地税系统全面落实税收优惠政策，充分运用税收优惠政策，支持地方经济发展，全县累计办理享受再就业优惠政策减免户数587户，减免地方各税累计336.25万元，税务登记证工本费1.86万元。2008年，受冰冻灾害影响，对县供电有限责任公司灾后重建房产税、城镇土地使用税进行了减免，其中减免房产税1.53万元，城镇土地使用税7.71万元。

2009年至2012年乐安县地税系统对下岗失业人(失业就业)从事个体经营减免营业税共计528人次，共计减免营业税159.1万元，未达到起征点减免税共计769.8万元。

2011年至2012年度减免困难企业乐安县邮政局房产税10.34万元，城镇土地使用税5.74万元。

第九节 税款滞纳与违章处罚管理

严格控制滞纳欠税，惩治处罚税收违章行为及犯罪，是国家保证取得财政收入的措施和极其重要手段，也是税务管理的重要内容，历代律法注重对纳税人违反税法而采取的税务违章处理，其主要措施有：(1)加收滞纳金；(2)处以罚款；(3)罚没并处；(4)提请司法机关处理。

一、税款滞纳管理

民国24年(1935)6月，对营业税逾期1个月以上者，处所欠税额10%的罚金；逾期2个月以上者，处20%的罚金；逾期3个月以上者，停止其营业，并追缴税款。

民国31年(1942)，对所得税欠缴，逾期1个月的处所欠金额1倍以下罚金；逾期2个月的，处2倍以下罚金；逾期3个月的，处3倍以下罚金。并强制执行追缴。对营业税逾期10日以上的处以所欠税额20%的罚金；逾期20日以上处40%的罚金；逾期30日以上的处50%的罚金(1947年改为60%)。

民国35年(1946)改所处罚金由法院裁定执行。

民国36年(1947)2月24日，对逾限1个月者、2个月者、3个月者照所欠捐额可分别加征滞纳金20%、50%、一倍。对逃漏屠宰税，除追缴应纳税款外，可处以1~5倍罚款。

对不按规定贴用印花税票或不贴印花税票者，酌情处以20倍以上60倍以下罚款。对贴用不足者，贴用印花税票不在税票与原件低面骑缝处加盖图章或画押者，减半处罚。

中华人民共和国成立后，1951年对城市房地产税逾期欠缴按日处以应纳税额1%的滞纳金。1952年7月16日起，工商各税逾期按日处以应纳税款0.5%的滞纳金。1958年9月，实施工商统一税，逾期按日处以应纳税款1‰的滞纳金。1972年执行工商税按日加收拖欠税款1‰的滞纳金。1973年实施逾期税款，屡催无效从其单位银行存款中扣交税款。1979年6月，执行工商税逾期按日加收1‰的滞纳金，所得税按日加收5‰的滞纳金。1984年实施第二步利改税，对滞纳税款加收5‰的滞纳金。1989年对一时缴纳税款困难户实行申报延期，延期10天以内由所长批准，10天至30天的由县税务局长批准，在批准期内可不加收滞纳金。超过30天以上的，应按日加处所欠税款5‰的滞纳金。1993年1月，按《中华人民共和国税收征收管理法》规定：纳税人因有特殊困难，不能按期缴纳税款的，经县以上税务局(分局)批准，可以延期缴纳税款，但最长不得超过3个月，未按规定期限缴纳税款，从滞纳税款之日起，按日加收滞纳税款2‰的滞纳金。2001年5月修订后的《中华人民共和国税收征收管理法》改为按日加收滞纳税款5‰的滞纳金。

二、税务违章处罚管理

税务违章处罚针对漏税、欠税、偷税、抗税、违反税收征管法规的其他行为等5种行为进行处罚。

宋代禁私盐、禁犯界(指越过规定的销售地区)。凡私自刮碱煎盐者，贩私盐至外地界者，3人以上结伙盗贩私盐者，受杖脊、刺面以至死刑。有私茶之禁、伪茶之禁，没收茶叶后还要计值论罪，从杖刑到死刑。禁私卖酒、酒曲、禁犯酒界。违犯者处以不同刑罚。还有告赏制度，检举人所得赏金视犯酒数量而定。对矿课、市舶均有禁例。禁止私自与外商交易市舶，违者计值满100文即治罪，过15千钱以上者，黥面后发配海南岛。

元代禁私盐、犯者杖七十，徒二年，财产一半没收入官。禁犯界，犯者减私盐一等论罪。犯私盐及犯界者，判处徒刑期间，带镣于盐场充盐夫服役。私造盐引者斩。私酿酒者杖七十，徒二年，财产一半没收入官。禁犯酒界。隐匿税课者，笞五十，物资一半没收入官府。对未经批准下海贩卖或未经按率抽税、课税者，杖一百七十，财物没收。元代刑罚规定蒙古人轻于其他人，民族歧视非常明显。

明代灶丁将所煎余盐夹带出盐场及私卖者绞。贩私盐者绞。携带军器私盐者斩，车及牲畜没入官府。窝巨藏私盐者杖一百,发烟瘴之地充军。挑担驮载者杖一百、充军。自首者免罪。贩盐者的盐引,无批验盖印者,笞五十,押回盘验。军民权豪势要之人乘坐无引盐船而不让盘验者,杖一百,军民发配烟瘴之地充军,有官者断罪罢职。客商贩盐不许盐、引相离,违者同私盐追断。卖完盐,需在5天内缴纳退引,不退者杖六十。将旧引再去领盐者,同私盐罪。伪造盐引者斩。买私盐食用者,减私盐一等论罪,买私盐再去贩卖者绞。贩私茶者同私盐法。贩茶客商必须先赴产茶府县申报、纳课、买引,给凭证准其出境贩卖。卖毕即到所在官府缴纳原引,如藏旧引再去购茶,同私盐罪。茶户将茶卖给无引客商,受笞刑以至杖刑,加倍追价没官。茶引相离或多余夹带,以私茶论。客商运茶经批验所,要依例批验,将引截角,违者笞二十。伪造茶引者处死,籍没当房家产。明代除盐、茶课法较为完备外,其他各类赋税均有违章处理条例。

清代大体沿袭明制,同治八年(1869),江西刊颁(停税缉私告示),对贩盐入境而又持械拒捕者,格杀勿论。凡伪造茶引,或贩卖假茶,以及私自同外国人买卖的,皆按律科罪。违禁酿酒,照律杖一百。

民国时期对有意偷漏营业税款,除责令补税领证外,并处所漏税款5至10倍之罚金。对抗不纳税者,送法庭依法惩处。对不请领营业税证照,或转卖证照,不设账簿的处100元以上、500元以下罚金。对不按期填报收入额,资本额或违抗检查账簿的处500元以上,1000元以下罚金。对伪造账簿、虚报收入额、资本额的,除责令补税外,处以所漏税1~5倍罚款,情况严重者,处以1年以下有期徒刑或拘役。对所得税处以偷漏税款2~5倍以下罚款,情节严重处以1年以下有期徒刑或拘役。对利得税处以1~5倍以下罚金,情节严重者科6个月以下有期徒刑或拘役。

中华人民共和国成立后,乐安县对税务违章处罚采用主要形式有:对漏、欠税者按日加收滞纳金;对偷抗税者处以偷抗税款5倍以下的罚款;对纳税人违反税收法规,情节严重,构成犯罪的,由税务机关提请司法机关追究其刑事责任;对违章行为采取吊销税务登记证,收回税务机关发给的票证,限期缴纳,通知银行扣缴税款,提请工商管理部门,吊销其营业执照,停止其营业。中华人民共和国成立至2012年全县累计滞纳补税罚款49.3万元。

1986年7月1日起施行《税收管理暂行条例》,执行对纳税人有下列违章行为之一的:未按照暂行条例规定办理税务登记,注册登记和使用税务登记证的;未办理纳税鉴定的;未办理纳税申报的;未建立、使用和保存账务、票证的;未提供纳税资料的;拒绝接受税务机关监督检查的。由税务机关责令限期纠正外,可酌情处以5000元以下的罚款。

对有漏税、欠税、偷税、抗税行为的,按下列规定处理。漏税:由税务机关令其漏税者限期补缴逾期未缴的税款,并从漏税之日起,按日加收所漏税款5‰的滞纳金。欠税:由税务机关令其欠税者限期补缴欠税款外,并从滞纳之日起,按日加收所欠税款5‰的滞纳金。偷税:由税务机关令其偷税者限期补缴所偷税款外,并处以所偷税款5倍以下的罚款;对直接责任人和指使、授意、怂恿偷税行为者,可处以1000元以下的罚款。抗税:由税务机关令其抗税者限期补缴税款和处以所抗税款5倍以下罚款外,并可根据纳税人的具体情况,加罚5万元以下的罚款;对直接责任人和唆使、包庇、支持抗税行为者,可处以1000元以下的罚款。

1993年1月1日起,执行对纳税人有下列行为之一的,由税务机关责令限期改正,逾期不改正的,可以处以2000元以下的罚款;情节严重的,处以2000元以上1万元以下的罚款。(1)未按照规定的期限申报办理税务登记、变更、或者注销登记的。(2)未按照规定设置,保管账簿或者保管记账凭证和有关资料的。(3)未按照规定将财务、会计制度或者财务、会计处理办法报送税务机关备查的。对未按期办理纳税申报的,扣缴义务人未按期报送代扣代缴、代收代缴税款报告表的,可处以2000元以下的罚款,逾期不改正的,处以2000元以上1万元以下的罚款。

执行对税务代理人越权,违反税收法规,造成纳税人未缴或者少缴税款的,除由纳税人缴纳或者补缴应纳税款、滞纳金外,对税务代理人处以2000元以下的罚款。执行对扣缴义务人未按照规定设置、保管代扣代缴、代收代缴税款账簿或者保管代扣代缴、代收代缴税款记账凭证及资料的,可处2000元以下罚款,情节严重的,处2000元以上5000元以下的罚款。

1993年1月1日起施行全国人大常委会《关于惩治偷税抗税犯罪的补充规定》:

(1)纳税人采取伪造、变造、隐匿、擅自销毁账簿、记账凭证、在账簿上多列支出或者不列、少列收入或者进行虚假的纳税申报的手段,不缴或者少缴应纳税款的是偷税。偷税数额占应纳税款的10%以上并且偷税数额在1万元以上的,或者因偷税被税务机关给予二次行政处罚又偷税的,处3年以下有期徒刑或者拘役，并处偷税数额5倍以下的罚金；偷税数额占应纳税额30%以上，并且偷税数额在10万元以上的，处3年以上7年以下有期徒刑，并处偷税数额5倍以下的罚金。

扣缴义务人采取前款所列手段，不缴或者少缴已扣、已收税款，数额占应缴税款的10%以上并且数额在1万元以上的依照前款规定处罚。

对多次犯有前两款规定的违法行为未经处罚的，按照累计数额计算。

（2）纳税人欠缴应纳税款，采取转移或者隐匿财产的手段，致使税务机关无法追缴欠缴税的税款，数额在1万元以上不满10万元的，处3年以下有期徒刑或者拘役，并处欠缴税款5倍以下的罚金；数额在10万元以上的，处3年以上7年以下有期徒刑，并处欠缴税款5倍以下罚金。

（3）企业事业单位犯有上述两条规定，除判处罚金，并对负有直接责任的主管人员和其他直接责任人员，处3年以下有期徒刑或者拘役。

（4）纳税人向税务人员行贿，不缴或者少缴应纳税款的，按照行贿罪追究刑事责任，并处不缴或少缴税款5倍以下的罚款。

（5）企业事业单位采取对所生产或者经营的商品假报出口等欺骗手段，骗取国家出口退税款，数额在1万元以上的，处骗取税款5倍以下的罚金，并对负有直接责任的主管人员和其他直接责任人员，处3年以下有期徒刑或者拘役。

前款规定以外的单位或者个人骗取国家出口退税款的，按照诈骗罪追究刑事责任，并处骗取税款5倍以下的罚金；单位犯本款罪的除处以罚金外，对负有直接责任的主管人员和其他直接责任人员，按照诈骗罪追究刑事责任。

（6）以暴力、威胁方法拒不缴纳税款的是抗税，处3年以下有期徒刑或者拘役，并处拒缴税款5倍以下的罚金；情节严重的，处3年以上7年以下有期徒刑，并处拒缴税款5倍以下的罚金。

以暴力方法抗税，致人重伤或者死亡的，按照伤害罪、杀人罪从重处罚、并依照前款规定处以罚金。

（7）对犯该规定之罪的，由税务机关追缴不缴、少缴、欠缴、拒缴或者骗取的税款。对依法免予刑事处罚的，除由税务机关追缴不缴、少缴、欠缴、拒缴或者骗取的税款外，处不缴、少缴、欠缴、拒缴或者骗取的税款5倍以下的罚款。

执行对税务人员玩忽职守、违反法律、行政法规的规定，擅自决定税款的开征、停征、减税、免税、退税、补税、受贿，致使国家税收遭受重大损失的，追究刑事责任，未构成犯罪的，给予行政处分。

1994年10月10日，财政部、国家税务总局对印花税的处罚办法规定：对应纳税凭证上未贴或少贴印花税票的，税务机关除责令其补贴印花税票外，可处以应补贴印花税票金额3倍至5倍的罚款；对已粘贴应纳税凭证上的印花税票未注销或者未画销的，税务机关可处未注销或者未画销印花税票金额1倍至3倍的罚款；对已贴用的印花税票揭下重用的，税务机关可处以重用印花税票金额5倍或者2000元以上1万元以下的罚款。

1997年1月起，执行《外商投资企业和外国企业所得税汇算清缴管理办法》。对企业不按期限办理申报可处以2000元以下罚款，逾期仍不申报的，可处以2000元以上1万元以下罚款。对发生税款滞纳的，按日加收2‰的滞纳金。

1998年3月26日，执行江西省增值税专用发票违章行为处罚实施三类标准规定：一类违章处以1万元以上5万元以下罚款；二类违章处以1000元以上1万元以下罚款；三类违章处以50元以上1000元以下罚款。

2000年2月22日，执行国家税务总局印发施行稽查《偷税案件行政处罚标准（试行）》规定：

（1）纳税人采取擅自销毁或者隐匿账簿，会计凭证的手段进行偷税的，处以偷税数额2倍以上5倍以下的罚款。

（2）纳税人偷税有下列情形之一的，处以偷税数额1倍以上3倍以下的罚款：①伪造、变造账簿，会计凭证的；②不按照规定取得，开具发票的；③账外经营或者利用虚假合同，协议隐瞒应税收入项目的。

（3）纳税人偷税有下列情形之一的，处以偷税数额0.5倍以上至2.5倍以下的罚款；①虚列成本费用减少应纳税所得额的；②骗取减免税款或者先后退税款等税收优惠的。

（4）纳税人偷税有下列情形之一的，处以偷税数额0.5倍以上1.5倍以下的罚款：①实现应税收入项目不按照规定正确入账且不如实进行纳税申报的；②销售收入或者视同销售的收入不按照规定提销项税金的；③将规定不得抵扣的进项税率申报抵扣或者不按照规定从进项税额中转出的；④超标准列支或者不能税前列支的项目不按照规定申报调增应纳税所得额的；⑤境内外投资收益不按照规定申报补税的；⑥应税收入、项目擅自从低适用税率的；⑦减免、返还的流转税款不按照规定并入应纳税所得额的。

(5)纳税人偷税有上述标准未列举的其他情形的,处偷税数额0.5倍以下的罚款。法规另有规定的,从其规定。

(6)纳税人实施二种以上偷税行为的,分别按档确定处罚数额。

(7)初次实施偷税行为,能积极配合税务机关调查并补缴所偷漏税款及滞纳金,照标准最低档次处罚。

(8)有下列情形之一的,按相应档次从重处罚。①因偷税被处罚又采取同样的手段进行偷税的;②妨碍追查、干扰检查、拒绝提供情况,或者故意提供虚假情况,或者阻挠他人提供情况的;③为逃避追缴税款、滞纳金而转移,隐匿资金,货物及其他财产的。

第十节　出口退税管理

1985年4月1日起,根据产品税、增值税等条例规定,对出口产品实行退税和免税,退(免)税的范围开初限于产品税、增值税。1988年1月1日起,扩大到出口产品在国内仓储、调拨环节缴纳的营业税,即对外贸企业和其他单位出口的已税产品除原油和成品油外,实行彻底退税的政策。

1994年2月18日起,执行国家税务总局印发《出口货物退(免)税管理办法》。凡企业报关离境的出口货物,按原退税率退税。

1995年6月30日以后执行报送离境的出口货物。按下列税率计算进项税额或退税款:(1)农产品、煤炭退税率为3%;(2)以农产品为原料加工生产的工业品适用13%增值税率的其他货物退税率为10%;(3)适用17%增值税税率的其他货物退税率为14%。

1996年1月1日(含1月1日)以后报关离境的出口货物按下列税率计算退税:(1)煤炭、农产品退税率仍为3%;(2)农产品为原料加工的工业品按13%税率征收增值税的其他货物,出口退税率由10%调减为6%;(3)按17%征收增值税的其他货物,出口退税率由14%调减为9%。

1998年1月1日起,执行下列纺织品(各类服装、针织品、印染布、坯布、纱布、地毯、毛纱、麻纱、生丝、纯棉纱、化纤纱及各类混纺纱等)的出口退税率提高到11%。执行纺织机械出口退税率提高到17%。同年7月1日起,执行机电产品、五类轻工产品的出口退税率从9%提高到11%。

1999年1月1日起,执行对部分货物提高出口退税率:机械及设备、电器及电子产品、运输工具、仪器仪表4大类机电产品的出口退税率提高到17%;纺织原料及制品、钟表、鞋、陶瓷、钢材及其制品、水泥、农机提高到13%;有机化工原料、无机化工原料、涂料、染料、颜料、橡胶制品、玩具及运动用品、塑料制品、旅行用品及箱包的出口退税率提高到11%;原执行6%退税率的货物提高到9%;农产品提高到5%。同年7月1日起,服装的出口退税率提高到17%;服装以外的纺织原料及制品,四大类机电产品以外的其他机电产品及法定征收率为17%且现行退税率为13%或11%的货物的出口退税率提高到15%;法定征税税率为17%且现行退税率为9%的其他货物和农产品以外的法定征税率为13%且现行退税率未达到13%的货物的出口退税率提高到13%;农产品的出口退税率维持5%不变。

第十一节　工商税征收机构设置

宋代:县征收商税的机构是“务”。

元代:由州县正官主管赋税,其下设钱谷官,负责具体税务。

明代:明洪武三年(1370),县设税课局,主管税务官员为税课大使,属知县官辖的税收佐属官吏。

清代:县官掌管赋税,县署设有户房,为赋役、漕务、盐课、工商杂税的征收机构。

民国政府前期(1935年以前),各县地方财政收支,概系省政府统筹规划。因而税收也是由省直接管理。在县里只设“库粮房”统率各都书、图长,负责核算和催收全县田赋税收和验证房产契税。

民国18年(1929),乐安县政府曾在航桥、小陂二地设立征收卡,征收进出品商品税,不久即撤销。

民国21年(1932)建立保甲制度后,保甲长负责征收田赋税。

民国24年(1935),乐安县正式成立了税收机构——“经征处”,取消“库粮房”和各都的都书。经征处设主任一人、组长二人、办事员十二人,负责征收田赋税、营业牌照税、屠宰税、特产税、殷富捐及养猪牌照税等。

民国31年(1942),直属中央财政部税务局的乐安税务查征所成立。设主任、股长、会计、税务员等职。办理营业税和货物税的征收。

民国36年(1947),“经征处”和“税务查征所”裁并成立税捐稽征处。县长兼处长,设专职副处长一人。下设股长、办事员等职。统一征收工商税和地方各项捐税。

1949年9月15日乐安县解放，成立人民政府。10月即建立乐安县税务局，由县政府秘书苏英兼任局长，留用三名旧职人员办理税务。后来地区调派三人到县局管理全县税务工作。

1959年3月县财政局和税务局合并，成立县财政税务局。负责全县农业税及工商税的征收工作。

1962年1月恢复县税务局建制。

1968年7月县财政局、税务局合并为乐安县财政税务局。

1970年3月县财政税务局与人民银行合并，成立县财政金融局。管辖全县财政、税务、银行、工商行政管理、标准计量、物价、房产管理等。

1972年9月恢复乐安县税务局建制。

1994年9月组建乐安县地方税务局，原乐安县税务局分设为乐安县国家税务局和乐安县地方税务局。乐安县国家税务局主要负责增值税、消费税等中央税征收和管理。乐安县地方税务局主要负责营业税、个人所得税等地方税征收和管理。

乐安县国家税务局，内设办公室、人教股、监审股、计会股、税政股、发票管理所、信息中心、稽查分局、直属税务分局、公溪税务分局、招携税务分局、戴坊税务所、龚坊税务所、湖坪税务所、南村税务所、谷岗税务所。

乐安县地方税务局，内设办公室、税政一股、税政二股、征收管理股、计划会计股、稽查分局、直属分局和各乡镇驻征站。

第五章 企业财务管理

企业财务管理，是组织财务活动，处理财务关系的一项管理工作，是对企业资金使用，成本核算和利润分配等进行管理。

清末乐安县有少数官办农业、工业、商业和矿业，但没有统一的财务管理制度。民国时期有少数官营企业，主要执行上级颁发的一些财务制度。1941年，江西省政府公布《江西省公有营业机关员工奖励金分配办法》。

新中国成立后，随着国有企业的不断发展，乐安县根据上级的统一规定，逐步建立健全了一系列完整的企业财务管理制度。

第一节 企业财务管理体制

企业财务管理体制是在处理资金运动中企业同各方面发生的财务关系，主要是处理企业同国家之间的财务关系所形成的制度。

1950年，县人民政府接管建国前的地方官绅私营企业“鳌溪文化商店”，改为地方国营企业“鳌溪文化社”（“乐安印刷厂”的前身），同时筹建了乐安发电厂并附设粮食加工部（电力公司和粮油公司的前身）。直至第一个五年计划末（1957年），乐安县的国营和集体企业仍很薄弱，仅仅新建了1所砖瓦厂和1个松香厂。

1953年，根据江西省确定的企业财务分级分型管理，乐安县企业归抚州专署管理。

1954年，省财政厅颁发《江西省专、县地方国营企业财务管理制度暂行规定》，确定分级管理体制，原则上按三级财政体制管理，为适应当时实际情况，企业财务管理以抚州专署财政机关为主，逐渐培养县级财政机关管理职能，县企业收入不列入县财政预算，而用于企业生产投资，以工业养工业。

1955年起，县农场一律改为企业经营，实行经济核算，要求做到自给自足，争取盈余。从1957年起，文化企业下放地方管理，文化企业收入纳入县财政预算。

1958年9月，根据省粮食厅、财政厅通知精神，乐安县粮食加工企业归县粮食局管理，企业财务由财政局进行管理和监督，企业收入作为县固定收入。

1959年起，农垦企业根据“统一领导、分级管理、统一制度、分别核算”的原则，实行场、县、专、省四级管理，其财务受县农业局和财政局直接领导。

1960年起，农垦企业按照“统一盈亏”的原则，分别建立了总场领导下的总场、分场、生产队三级核算制。

1962年，邮电粮食企业上划中央管理。

1966年“文化大革命”开始后，国营、合作商业企业财务一度处于混乱状态。

1968年，根据财政部、商业部通知，以及省财政厅、商业厅制发的《江西省商业企业财务管理办法试行方案》：商业企业财务管理重新收归省管，饮食服务业收入纳入县财政预算，其余商业企业收入均纳入省级财政预算。

1969年4月，江西省革命委员会抓革命促生产指挥部通知，省属工业企业除少数骨干企业由省直接管理外，大部分下放给地（市）、县管理，其财务由各级财政部门管理和监督。

1970年，中央将物资企业和电信系统财务体制下放给地方管理。

1973年，电信企业又重新收回条管。

1975年2月，根据国家计委，财政部，文化部改变电影发行财务管理体制，县电影管理站属于文化企业性质，其经费来源从放映收入和发行收入留成中解决，盈亏均纳入县财政。

1976年，县森林工业企业财务体制收归省管，实行“统一领导、统一计划、分级管理、分级核算、集中调度、统一盈亏”的管理体制，财务收入列入省财政预算。

1977年9月，省革委文办文化组、财政局发出《改变电影发行体制管理办法》的规定，县电影管理站是独立核算单位，盈亏纳入县财政。

1980年，江西省改革国营电影发行放映企业管理体制的规定，乐安县电影公司为独立核算单位，文化系统的电影院、放映队，在财务上单独核算和考核。电影公司的发行，放映利润实行二、二、六分成办法，即利润的20%缴县财政，20%留给企业，60%上缴省电影公司，用于发展电影事业。新华书店实行由省新华书店统一管理，县书店月度实现的利润，扣除应抵缴利润后，按月上缴省新华书店。

1983年，粮食企业财务体制下放到县，以县粮食局为缴库单位，财政部门对粮食部门实行盈亏包干责任制。当年1月1日起：县供销社财务管理体制下放给县，供销社企业收入纳入县级财政预算；森林工业、医药商业企业取消二、八分成；乐安药厂的收入列入省财政预算，财政包干基数上划。

1984年，国务院颁发《国营企业成本管理条例》，规范了进入生产成本和销售成本的各项费用。同年森工企业体制下放。

1985年，省财政对粮食企业实行盈亏包干办法规定，县粮食企业实行经营承包责任制；烟草企业从1985年1月1日起全部就地解缴省财政。

1986年，财政部、国家体改委关于商业体制改革规定，继续放开国营小型商业企业：(1)实行国家所有集体经营的小型商业企业，第二步利改税核定上缴的承包费，从1月1日起减收一半，其余上缴给商业局。(2)转为集体所有制的小型企业，占用国家的固定资产和流动资金，其偿还金在税后列支，偿还期间的占用费，自1月1日起免缴。(3)租赁给集体和个人经营的企业，租赁费从1月1日起改用税前列支，缴商业主管部门，以业养业。(4)凡能为集体经营和个人租赁经营的小型企业，其新增加的资产，分别归集体和个人所有。企业为扩大经营，可以向店内外集资，实行股份制，按股分红。(5)开放的小型企业，在完成各项缴纳后，留利部分按一定比例提取公积金和公益金，偿还金未交完以前，企业财产不准转租、转卖。(6)以劳务为主的理发、浴池、修理、饮食服务等小型企业，实行全额提成工资或超额提成工资，在税前列支，不属于奖金范围。(7)恢复按二、八比例同财政算账的办法，即企业缴纳的所得税，超过20%的部分，由财政部门返还给商业主管部门。8. 缴给商业主管部门的承包费、偿还金等主要用于商业网点建设，不得用于行政费和奖金，福利开支。

1987年，在国营企业实行利改税和盈亏包干的基础上，逐步推行企业承包经营责任制，企业对国家承包的范围是上缴国家的所得税和调节税，此后，在总结经验的基础上，按国家规定，对进行了3年一期为期6年(1988～1993年)的两轮承包。

1988年起，江西省人民政府决定，将粮食企业财务管理体制，下放到地县，划分收支，分级管理，省、地、县三级粮食企业的财务收支，按隶属关系纳入同级财政预算管理。当年，乐安县推行“工资总额同经济效益挂钩”，初始参与的企业很少，后来逐年增加。

1991年，乐安县人民政府贯彻省政府《关于完善粮食财务管理体制和加强粮食财务管理办法》，财政部门对粮食企业按照“盈亏分开算、收支两条线”的原则，实行分行业管理。粮油加价款、预购定金贷款利息补贴等，由财政拨至粮食局；粮油企业和饲料企业按核定基数向税务部门缴纳所得税；粮贸公司的议价企业、运输企业、其他有利润企业分别向财政缴交利润。

1993年，乐安县执行《关于全省国有小型商业企业实行“国有民营”改革试点的意见》，坚持“国家所有、集体(个人)经营、照章纳税、定额上缴、超收归已”的原则。同年7月1日起，凡设立在国境内的所有企业，不分经济类型，都必须严格按财政部颁发的《企业财务通则》和《企业会计准则》执行。

1995年，粮食企业按国务院规定实行政企分开，划清政策性业务与经营性业务，建立两条线运营机制。

1997年11月，《国务院批转财政部〈关于加强国有企业财务监督意见〉的通知》规定：(1)企业应本着先生产、后消费的原则，合理安排各项支出。各项消费资金的使用，应编制项目预算和费用开支计划，报经职工代表大会或董事会审批，并据实向职工代表大会或董事会报告执行情况；(2)企业必须在优先满足生产经营资金需要的基础上进行固定资产投资，并按照国家规定足额安排铺底生产经营资金；(3)企业对外投资要做好可行性研究，坚持集体讨论，建立严格的审查和决策程序；(4)企业与关联企业之间的业务往来，要坚持分账管理，独立核算，并建立必要的报表报告制度；(5)企业应建立产品（商品）、原材料、设备等资产购销活动的内部控制制度；(6)企业要根据资金的性质、额度大小等情况，建立必要的资金调度内部控制制度，确保资金调度的安全；(7)企业应严格执行国家规定的成本开支范围和费用开支标准，正确核算成本费用，严禁少计少摊成本或乱挤乱进成本，并建立科学、严密的内部成本控制制度；(8)企业各项资产损失的处置，必须按照财政部有关规定建立严格的鉴定和审批制度；(9)企业依法缴纳所得税后，应按国家规定的税后利润分配秩序进行利润分配；(10)企业年度财务报告必须按照国家规定的要求编制，并在规定的时间内上报主管财政机关审批。

1997年12月，中国建设银行《关于转发财政部〈印发〈关于加强国有企业财务监督若干问题的规定〉的通知〉的通知》强调，要提高预算约束的刚性和财经纪律的严肃性，严禁违规违纪和越权行事，对转移截留收入超预算开支、违规超指标购建、乱支乱挂等行为要加大查处力度：(1)积极会同有关部门，切实开展企业财务监督工作，建立健全企业外部财务监督与企业内部财务约束相结合的监督机制，把企业各项财务活动纳入法制化轨道；(2)督促企业全面执行国家的财政财务政策，引导企业正确运用国家赋予的各项理财自主权，利用企业提供的月报、季报、年报等财务报表信息，跟踪企业资金运动和资产使用过程，全面加强企业日常财务活动的监督和检查；(3)认真分析考核企业的财务状况、经营成果以及资金变动情况，发现问题，要及时提出解决办法，并切实提高企业财务监督的有效性；(4)建立重要财务事项的备案和审批制度。企业应自觉接受主管财政机关依法实施的监督检查，如实提供完整的财务账目、凭证、报表和相关资料，不得拒绝、隐匿、谎报。对企业财务制度中要求企业备案或审批的重要财务事项，必须严格履行手续，及时向主管财政机关备案或报批。对企业公司制改建、兼并、破产等过程中的财产清查、债权债务清理、利润分配等重要财务事项的处理，要以主管财政机关的审批意见为依据；(5)根据国家现行有关规定，帮助企业制定内部管理办法，完善包括厂长（经理）、财务负责人以及财务部门和其他职能部门在内的企业内部财务监督管理责任制。厂长（经理）应积极支持、保障财务部门履行好财务监督职责，严格遵守和执行国家财经法规，接受企业财务部门和职工代表大会或董事会、监事会的监督检查。企业重大财务决策必须报经职工代表大会或董事会审议决定。企业财务部门要忠于职守，认真行使法律、法规赋予的监督职权，确保对企业内部各项经济活动和财务收支进行有效的财务监督和检查。

2002年，乐安县执行《财政部关于印发〈企业公司制改建有关国有资本管理与财务处理问题的暂行规定〉的通知》，对企业公司改建有关国有资本管理和财务处理作出规定：(1)企业实行公司制改建，应当由国有资本持有单位负责组织实施，并遵循《企业国有资本与财务管理暂行办法》第十条规定的内部议事规范。(2)改建企业的产权应当清晰。对于权属关系不明确或者存在产权纠纷的改建企业，应当按照国家有关规定先进行产权界定或者产权纠纷调处。对于出资证据齐全但尚未明确产权归属关系的，应当由原占有单位按照国家规定补办相应手续。(3)改建企业应当对各类资产进行全面清查登记，对各类资产以及债权债务进行全面核对查实，编制改建日的资产负债表及财产清册。在资产清查中，对拥有实际控制权的长期投资，应当延伸清查至被投资企业。资产清查的结果由国有资本持有单位委托中介机构进行审计。委托中介机构所发生的费用由改建企业支付。(4)改建企业清查出来的资产损失，包括坏账损失、存货损失、固定资产及在建工程损失、担保损失、股权投资损失或者债权投资损失以及经营证券、期货、外汇交易损失等，按照财政部有关企业资产损失管理的规定确认处理。(5)企业实行公司制改建，国有资本持有单位应当按照国家有关规定委托具有相应资格的评估机构，对改建企业所涉及的全部资产，应当按照《国有资产评估管理办法》（1991年11月16日国务院令第91号）、《国有资产评估管理若干问题的规定》（2001年12月31日财政部令第14号）等有关规定进行评估。(6)资产评估结果是国有资本持有单位出资折股的依据，自评估基准日起一年内有效。自评估基准日到公司制企业设立登记日的有效期内，原企业实现利润而增加的净资产，应当上缴国有资本持有单位，或经国有资本持有单位同意，作为公司制企业国家独享资本公积管理，留待以后年度扩股时转增国有股份；对原企业经营亏损而减少的净资产，由国有资本持有单位补足，或者由公司制企业用以后年度国有股份应分得的股利补足。(7)企业实行公司制改建，不得将国有资本低价折股或者低价转让给经营者及其他职工个人。企业实行合并式改建的，经过评估后的净资产折合的国有股份，合并前各方如果属于同一投资主体，应当由原共同的国有资本持有单位一并持有；如果分属不同投资主体，应当由合并前各方原国有资本持有单位分别持有。企业合并后没有纳入改建范围的资产，按照本规定第十四条进行处理。(8)企业实行公司制改建的股权设置方案，应当由国有资本持有单位制定；在存在两个或者两个以上国有资本持有单位的情况下，应当由具有控制权的国有资本持有单位会同其他的国有资本持有单位协商制定。(9)企业国有资本持有单位应当按照《企业国有资本与财务管理暂行办法》第九条规定的权限，向国有资本变动的审批单位提出书面报告，并附送改建企业工会或者职工代表大会通过的职工安置方案。(10)经批准实行内部职工持股的企业，内部职工股份的认购应当符合《中华人民共和国公司法》的有关规定。改建企业或者公司制企业不得为个人认购股份垫付款项，也不得为个人贷款提供担保。内部职工(包括经营者)持有股份尚未缴付认股资金的，不得参与分红；超过法律规定期限尚未缴付认股资金的，应当调整公司制企业的股权比例，并依法承担出资违约的责任。(11)企业实行公司制改建，对占有的国有划拨土地应当进行评估并按照土地主管机关的规定履行相关手续后，区别以下情况处理：①采取作价入股方式的，评估后将国有土地使用权作价投资，随同改建企业国有资本一并折股，增加公司制企业的国有股份；②采取出让方式的，由公司制企业购买国有土地使用权，按照规定支付土地使用权出让金；③采取租赁方式的，由公司制企业租赁使用，按照规定支付租金。(12)国有资本持有单位对没有纳入改建企业范围、具备经营条件的剥离资产，可以其组建企业法人，独立核算，依法经营；对不具备经营条件的剥离资产，可以按以下方法处置：①整体出售，即以资产评估结果为作价基础，向其他单位和个人公开出售。出售价格低于评估结果10%以上的，国有资本持有单位应当向国有资本变动的审批单位作出书面说明。所得出售净收益，应当作为本期损益处理。②租赁经营，即向公司制企业或者有条件的其他单位和个人租赁经营，并签定租赁合同。租赁费可以参照同期银行贷款利率约定。国有资本持有单位所得租赁收益，应当按照规定纳入财务预算管理。③无偿移交，即与当地政府部门充分协商后，将改建企业原承担社会职能的相关资产，无偿移交当地政府有关部门或所在社区管理，相应核减改建企业的国有资本。凡是不能按照前款规定处置的剥离资产，可以由存续企业管理，也可以由国有资本持有单位直接管理。(13)改建企业清理核实的各项债权债务，应当按照以下要求确定债权债务承继关系，并与债务人或者债权人订立债务保全协议：①企业实行整体改建，应当由公司制企业承继原企业的全部债权债务；②企业实行分立式改建，应当由分立的各方承继原企业的相关债权债务；③企业实行合并式改建，应当由合并后的企业承继合并前各方的全部债权债务。(14)企业实行公司制改建时，经批准或者与债权人协商，可以实施债权转为股权。①经国家批准的各金融资产管理公司持有的债权，可以实行债权转股权，原企业相应的债务转为金融资产管理公司的股权，企业相应增加实收资本或者资本公积；②经银行以外的其他债权人协商同意，可以按照有关协议和公司章程将其债权转为股权，企业相应增加实收资本或者资本公积。改建企业经过充分协商，债权人同意给予全部豁免或者部分豁免的债务，应当转作资本公积。(15)改建企业账面原有的应付福利费、职工教育经费余额，仍作为流动负债管理，不得转为职工个人投资。因医疗费超支产生的职工福利费不足部分，可以依次以公益金、盈余公积金、资本公积金和资本金弥补。改建企业账面原有应付工资余额中欠发职工工资部分，在符合国家政策、职工自愿的条件下，依法扣除个人所得税后可转为个人投资。不属于欠发职工工资的应付工资余额，作为工资基金使用，不得转为个人投资。改建企业未退还的职工集资款、欠缴的社会保险费，应当以现有资产清偿。在符合国家政策、职工自愿的条件下，改建企业也可以将未退还的职工集资款转作个人投资。(16)改建企业原由国家财政专项拨款、其他各类财政性资金投入以及实行先征后返政策返给企业的税收等，按照规定形成资本公积的，应当计入国有资本。对其中尚未形成资本公积而在专项应付款账户单独反映的部分，继续作为负债管理，形成资本公积后作为国家投资单独反映，留待以后年度按规定程序转增国有股份。公司制企业享受国家财政扶持政策，收到财政拨给的资本性补助资金按照前款规定执行。(17)企业实行公司制改建后，应当及时依法办理国有产权登记。(18)主管财政机关对企业实行公司制改建中涉及的国有资本变动行为，应当进行检查监督。

2005年，乐安县执行《财政部关于〈企业公司制改建有关国有资本管理与财务处理的暂行规定〉有关问题的补充通知》和财政部制定的《企业公司制改建有关国有资本管理与财务处理的暂行规定》：(1)关于企业应付工资、应付福利费、职工教育经费余额的财务处理改建企业账面原有的应付工资余额中，属于应发未发职工的工资部分，应予清偿；在符合国家政策、职工自愿的条件下，依法扣除个人所得税后，可转为个人投资。属于实施"工效挂钩"等办法提取数大于应发数形成的工资基金结余部分，应当转增资本公积金，不再作为负债管理，也不得转为个人投资。改建企业账面原有的应付福利费、职工教育经费余额，应当转增资本公积金，不再作为负债管理，也不得转为个人投资。因医疗费超支产生的职工福利费不足部分，可以依次以公益金、盈余公积金、资本公积金和资本金弥补。(2)关于预提企业内退人员生活费及社会保险费等的财务处理。改建企业根据国家有关规定，对未达到法定退休年限的在册职工实行内部退养的，所需内退人员生活费及社会保险费等，应当作为管理费用，据实处理。国有企业在分立式改建情况下，改建企业内退人员实行统一管理的，经批准可以从改建企业国有净资产中预提所需的内退人员生活费及社会保险费等，并实行专户管理。预提数额以改建企业可支付的国有净资产为限，不足部分作为管理费用，由内退人员的统一管理单位据实承担。(3)关于母公司对子公司在公司制改建中核销国有权益的财务处理。在企业集团内部，子公司实行公司制改建，由于资产损失或产权转让等原因，经核实批准实际折股的国有权益或国有产权转让作价少于原有账面价值的，母公司相应核销对子公司的股权投资，投资损失可以转入年初未分配利润，依次以结余的年初未分配利润及公益金、盈余公积金、资本公积金弥补，不足部分用以后年度实现的税后利润弥补。

第二节　固定资产管理

固定资产是企业的主要劳动资料和物质技术基础，对企业固定资产管理主要是制定固定资产的划分标准、调拨、报废、及折旧基金、大修理基金的提取、使用等方面的政策。

一、固定资产划分标准

新中国成立后，乐安县国营企业经过接管、工业普查、清理仓库后，其资产已经初步登记。

1950年，根据中财委规定，对国营企业的财产包括房屋、地产、未完工程、矿产、机器、工具、设备、车辆等进行检查、登记、估价。

1951年，根据政务院决定，对国营企业进行清理资产核定资金的工作，规定国营企业将实有的一切固定资产重行清理，登记，估价，并核定资金。固定资产范围包括生产用房屋，建筑物，动力设备，传导设备，生产机器设备，工具和生产上应用的器具，运输工具，家具用品，预备固定资产，对土地的投资等。固定资产的估价以1951年6月底的"重置完全价值"为标准，为正确计算固定资产的价值和折旧，企业根据固定资产的新、旧程度、能力和使用情况等重新鉴定使用年限，并根据1951年度国家所给予的生产任务，按生产组织，设备能力，综合技术经济定额，计算最低必需保有的固定资产，列为使用的固定资产，凡未使用及不需要的固定资产另列资产科目。

1952年1月，执行财政部的规定，企业拥有各种劳动资料，凡单价超过100元，使用年限在1年以上的，原则上作为固定资产。

1953年11月，执行国家计委《关于固定资产标准的通知》规定，凡单位价值在200元以上的为固定资产，在200元以下的为低值易耗品。

1958年，放宽资产标准划分权限，企业可以在财政部规定的标准内，自行制订固定资产目录，经主管部门审定后，按目录归类管理，凡列入固定资产目录的，使用价值低于部颁标准，也按固定资产管理。

1959年，规定企业使用的工具、器具和物品，使用年限在1年以上，单位价值在200元或500元以上，同时具备两个条件的，为固定资产。

1962年，根据财政部、粮食部下发的《关于改进粮食企业财务管理体制的联合通知》规定，粮食企业的全部财产(包括固定资产、流动资金)，按照61年年终决算数转归中央管理。

1963年继续执行上述规定，但国营拖拉机站所有的农业机具、动力设备、贮油设备及房屋建筑，无论价值大小都列为固定资产。其他器具、工具等单位价值在200元以上，使用年限在1年以上的作为固定资产。

1965年，执行江西省对工业、交通企业生产费用范围的改革规定：(1)使用年限较短，数量较多，更换比较频繁的物品，如玻璃器皿、工具性仪表、卡具、模具等。不再作固定资产，改按低值易耗品处理，直接在生产成本中开支。(2)同一规格、型号的低值易耗品，由于采购地点、时间不同、单价达到固定资产标准的，也作低值易耗品处理。(3)各种技术图书、资料可以在企业管理费中开支，低值易耗品和固定资产划分界限规定为：小型企业仍按200元，中型企业仍按500元，大型企业为500元提高到800元。

1966年，根据江西省颁发的《江西省地方国营工业、交通企业财务管理的几项规定》的规定，企业生产过程中所使用的工具、卡具、模具等辅助性生产工具和其他低值易耗品，每件购置费、大型企业在

800元以内,中型企业在500元以内,小型企业在200元以内的,作为低值易耗品处理,有些企业的主要生产设备单位价值虽达不到上述规定标准的,仍应作为固定资产。同年还规定,国营农场的机械设备,工具等,单位价值在500元以上的划为固定资产。小型农场也可将固定资产标准规定为200元。

1973年,固定资产仍按使用年限在1年以上,单位价值在200元,500元或800元以上为标准。

1979年,规定国营农场种植的果、桑、茶,到成林投产可采摘鲜果、鲜叶,面积在30亩以上又连片的,应作为固定资产,其价值可按从育苗到定植成林的全部费用计算。30亩以下或不连片的,作为零星经济林木,不列入固定资产。

1985年,规定国营对外承包企业在国外的固定资产,应同时具备使用年限在2年以上和单位价值在1000美元以上两个条件,不同时具备这两个条件的为低值易耗品,公司在国内使用的固定资产,按国内施工企业固定资产标准办理。

1992年7月1日开始,执行财政部规定,国营企业固定资产单位价值由原来的200元、500元和800元分别提高到1000元、1500元和2000元。提高固定资产标准后,国营企业原固定资产价值低于新标准的应相应调整为低值易耗品,其原有净值按低值易耗品摊销办法摊入成本。

二、固定资产的调拨和报废。

1954年,江西省对企业单位房地产调拨和转卖做出的规定:国营企业部门的房地产,如该主管单位不需要时,应即交当地政府房管机构,不得私自转卖,更不得卖给私人。国营企业部门的房地产,同一系统内可以调拨使用。不属于同一系统内的调拨与转卖,应报请上级主管机构批准,当地政府同意后并报同级财政机关核备。国营企业部门之间过去有将房地产自由买卖并已照章完纳契税的,作为有效,不予退还税款,此后不准再自由买卖。

1955年,规定国营企业与合作社系统间不需用固定资产相互转移调拨时,应由交接双方洽商同意后报主管部门会商同意,批准调拨作为资产转移处理,批准时抄致财政部门备查。调拨双方在办理交接后的会计处理,合作社以增减国家拨付基金处理;国营企业以增减政府资金处理,手工业生产合作社与国营企业不需要固定资产的调拨按上述规定办理。

1956年,财政部规定,凡中央与地方国营公路运输企业间,地方与地方国营公路运输企业间,中央或地方国营公路运输企业与其他单位间,经上级主管机构批准的随着车辆调拨而必须转移的专用轮胎、工具及其他同一厂牌的配件等物资可作为转账调拨处理。随车调拨物资,于办妥交接手续后,交接双方应根据调出单位的账面折余价值,作出资产与物资增减的会计记录。非必须调拨物资,由调入物资单位付款,不得作为转账调拨处理。

1958年,为充分发挥固定资产的效用,对各部门管理的固定资产的转拨调用,在财务处理手续上作了原则性规定:(1)企业及主管部门有权处理固定资产的调拨和调换。(2)各部门调给手工业生产合作社和农业合作社的固定资产,原则上收钱,价格由双方协商。(3)放宽报废权限,固定资产报废由企业自行确定,但企业必须保证提足折旧。固定资产变价收入,不再上缴,用于企业重置固定资产。

1961年,根据江西省的规定,停产、撤销、迁并企业的固定资产,调拨给国营企业及实行定息的公私合营企业,应按账面净值作转账处理,由调入调出单位分别办理增减国家基金的手续。调给集体所有制和行政、事业、基建单位的固定资产,应抵作预算拨款或作价付款,其价款作为固定资产变价收入上缴县财政,企业和企业主管部门不得留用。

1962年4月,执行江西省对企业在清仓核资中处理多余固定资产的审批权限的规定:(1)多余的固定资产,省属企业调给县企业使用时,由省主管部门批准,县企业调给省属企业使用时,由省主管部门同县人委协商后报省计委批准,并报财政厅和县财政局备案。县企业固定资产的调拨由县人委批准。(2)企业成套设备的调拨,均不得拆散调换,如有特殊需要,县属企业报告专署批准。(3)国营企业之间固定资产调拨,均按调出时账面价值计算。(4)国营企业清出的多余固定资产,原则上不能调拨给行政事业单位,如本部门所属试验研究事业单位确实需要的,应经省主管部门或专、县人委批准。而粮食企业财务管理体制收归中央后,粮食企业的全部财产除企业主管部门按照国家规定有权调动以外,任何部门和个人都不得侵占挪用。

1963年,规定企业除已满使用年限,或意外事故毁损不能使用的固定资产,经鉴定,可作报废处理外,一般不能报废处理。

1964年,江西省规定企业固定资产报废的批准权限,属于自然灾害毁损的固定资产,由企业主管部门批准核销,属于正常自然淘汰的固定资产,提足折旧的,由企业主管部门批准核销,未提足折旧的,经主管部门和县财政部门批准核销。

1965年,规定对国营企业、事业单位与供销合作社之间由于调整业务经营分工和其他原因发生的固定资产转移，双方经主管部门批准交接后，一律按账面价值通过转账办理结算。

1979 年，江西省对国营企业的固定资产实行有偿调拨办法的规定：(1)国营企业经主管部门批准调给其他单位的固定资产，都要作价收款，但有几种情况可实行无偿移交：①因管理体制、组织机构的调整；②经国家特殊批准无偿调拨的。(2)实行有偿调拨的固定资产要合理作价。(3)调拨固定资产发生的包装、运输费用由调入企业负担。(4)调入固定资产所需资金，属于基建项目需要的固定资产，在更新改造资金中开支。(5)调出固定资产所得价款，一律留给企业用于固定资产更新改造，不准挪作他用。(6)企业暂时不用的固定资产，可出租给其他单位，收取租金。12 月，根据江西省对地方国营企业财产盘盈、盘亏和报废损失的审批权限作出的规定，县企业财产净损失金额在 5 万元以内的，由主管部门审查，报财政部门批准。

1980 年，根据规定，国营企业按照每月月初和固定资产的账面余额计算缴纳固定资金占用费，征收固定资金占用费的比例为石油化工、纺织、轻工等工业企业月率为 5‰；冶金、化工、机械、电子、城市公用企业月率 3‰，农机、煤炭、矿山开采、建材、森工、交通企业月率 2‰，县办企业、实行亏损补贴包干的小钢铁、小氮肥、小磷肥企业，经批准的计划亏损企业、实行部门包干的军工企业和省属煤矿、物资企业、主管部门供销企业，及当年实际产值利润率为 3% 以下的企业，均暂免征收固定资金占用费。

1981 年，江西省对企业固定资产的管理、核算和收费作了如下改进：(1)企业占用的全部固定资产，所有权仍属于国家，但在核算上可区分属国拨的固定资产和企业自筹的固定资产两种。国拨的固定资产包括：1980 年底以前的全部固定资产；1981 年起，用国家和上级拨款添置的固定资产，按规定用应交利润和固定资产占用费归还基建款和专项借款所增加的固定资产，以及无偿调用的固定资产。(2)国拨的固定资产，应按规定缴纳固定资金占用费，企业自筹的固定资产，可暂时免缴占用费。(3)从 1981 年起，企业提取基本折旧基金，更新改造资金，不再相应冲减国拨的固定资金，也不再增减国拨的固定资金。企业批准关停后，所有固定资产和流动资产要彻底清查、盘点、核价、登记、分类整理，切实加强资产的维护、保管工作。资产的维护、保管所需费用，从原来的银行存款现金结余，处理财产物资收入中解决，不足部分按企业隶属关系，经财政部门批准，在财政预算相应的企业收入科目中退库解决。

1983 年，国营工交企业实行利改税后，企业不再缴纳固定资金占用费。

1988 年，江西省对企业闲置设备调剂利用作出规定：企业闲置设备是指企业中除了在用、备用、维修、改装、抢险救灾经核定封存的和动员生产等所必须的设备以外，其他连续停用 1 年以上不用的设备或新购进厂 2 年以上不能投产的设备，企业有权把属于自己管辖范围内的闲置设备出租和有偿转让。企业转让、出租闲置设备应合理作价，经双方协商同意，签订合同，按合同办事，出租和转让闲置设备的收益，应用于企业设备更新和设备改造，不准挪用。

1989 年，江西省执行财政部关于出售国有小型企业产权财务处理的决定：确定被出售的企业，在被出售前，应对企业的各项资产负债进行全面清理，由国有资产管理部门委托具有公证性和权威性的资产评估或组织专门小组，对被出售企业的固定资产、流动资产、专项资产、无形资产进行评估、核实债权债务，评估资产价值由国有资产管理部门核准确认。被出售企业按照核准确认的评估资产价值，相应调整有关资产。

1990 年，财政部规定：(1)确定撤销和合并的全民所有制公司，必须对固定资产、流动资产、专项资产彻底清查盘点，编造清册、核对账目，清查中发生盘盈、盘亏、报废和其他损失，应核定数额，查明原因和责任。(2)合并公司的资产按下列规定办理转移手续：①公司在同一主管部门内部并转，或在不同主管部门之间并转的，公司的资产经国有资产管理部门会同财政部门审核，计价划转。②公司合并方和并入方的主管部门属不同预算级次的，或不同地区之间的，其资产的有偿转让和行政划拨，由双方主管部门提出意见，经双方国有资产管理部门会同财政部门审核后，报当地人民政府批准。③全民所有制公司的资产并入非全民所有制公司的，一律实行有偿转让。

对按规定实行无偿调出的固定资产，应按以下规定办理国有资产划转手续：(1)属于当地管理的国有资产，在本县范围内划转，由划入、划出单位的主管部门提出申请，报同级国有资产管理部门审批；(2)属于同一部门管理的国有资产，在部门内的单位之间划转，由主管部门审批，报同级国有资产管理部门备案。当时乐安县国有资产管理机构尚未建立，有关工作由财政部门办理。

三、固定资产基本折旧基金和大修理基金的提存、使用

1952 年，财政部颁发的《国营企业折旧基金提

缴办法》规定:(1)固定资产提缴折旧基金的范围,包括房屋、仓库、桥梁、码头、船坞、油井、矿坑、生产上使用的机器及其附属设备、运输及通讯设备、工具、器具及仪器,职工福利设备及其他固定资产等。(2)各项固定资产的起点价值及最短使用年限,由企业主管部门会同财政机关规定。(3)折旧基金分基本折旧基金和大修理基金,折旧率按月分别计算提缴。(4)企业按照计划将所提基本折旧基金于当月底前解缴国库,每季度终了后30日内结算1次,多退少补。(5)企业按照计划将大修理基金于当月底前提存银行专户保管、使用。(6)固定资产已满使用年限仍继续使用的,在继续使用期间,仍按原折旧率计算提缴,备用及停用部分免提折旧基金。

1954年,根据江西省规定:(1)凡已完成清资估价的基层企业,应按照核实的折旧率计提折旧基金,未完成清估工作的,可比照以前年度提取标准进行计提。(2)县企业以前年度未提折旧的,应按固定资产重置价值总额10%计提折旧额,其中折旧基金应占70%,大修理基金占30%。(3)固定资产已满使用年限仍继续使用的,应按原折旧率继续提缴折旧基金。

1955年,对固定资产的计价和折旧作出规定:除土地外,固定资产都应以原价减除基本折旧进行估价,按使用年限平均计提固定资产折旧,季节性停用或大修理停用的固定资产照提折旧。

1958年,规定在保证大修时资金能供应的前提下,取消大修理基金由银行专户存储的办法,允许企业作周转性占用,相应地减少银行贷款。

1961年,规定企业年度中途间断性停工可以照提折旧,连续13个月以上停工的企业,除使用的房屋折旧外,其余未用设备可不提折旧。

1963年,规定大修理基金须专款专用,不得用于基本建设和其他开支、商业部门的企业、除较大的工业企业外,可不提存大修理基金,但必须事先编制大修理计划,报经主管部门批准后,在批准数额范围内,按实际使用数直接计入商品流通费。数额较大的可分期摊销。交通运输企业的汽车、船舶,凡已经提足折旧仍在继续使用的,不再计提基本折旧基金,但大修理基金照提。

1964年,规定卫生、交通企业主管部门,可按隶属关系,把某些企业暂时积存的大修理基金,借给大修理费用不足的企业使用,以后由使用单位从自己的大修理基金中逐年偿还,工业、交通企业设备更新,主要依靠基建投资和四项费用来解决,个别设备的一次大修费用,如果相当于或超过购买新设备的费用,在不影响其他固定资产的正常大修,不提高大修理折旧率的前提下,可用大修理基金购买新设备,从1964年起,国营垦殖场、水产场的果、桑、茶等经济林木可不提折旧,更新和零星种植的费用,直接在生产成本中列支。

1965年,规定企业的固定资产折旧,一般可按固定资产类别,确定固定资产的分类综合折旧率,报主管部门核定后,按分类综合折旧率计提折旧,个别小型企业,经主管部门批准,也可按全厂综合折旧率计提折旧。

1966年,规定将以上的大修理基金和中小修理费用合并为一个科目,称修理费用。按照1963～1965年3年实际开支的大修理资金和中小修理费用,并结合1966年设备修理的情况,确定提取比例和金额。农场的固定资产折旧基金,除汽车按行驶公里外,其他的固定资产按使用年限计提折旧。所提的折旧,50%留给农场和主管部门使用,50%上缴财政。并规定企业的固定资产更新资金和三项费用,可合并使用。

1967年,江西省将零星固定资产购置等三项费用,固定资产更新和基本建设中属于简单再生产性质的投资,合并为一个渠道,统称为“固定资产更新和技术改造资金”。此项资金采取基本折旧基金抵留的办法,不再由预算拨款和利润留成解决。自1967年起,取消利润留成办法及固定资产更新由商业部拨给更新资金的办法。把原简易仓库、四项费用、设备更新等合并,称“固定资产更新及零星修建购置费”,由企业基本折旧基金抵充。

1969年,江西省实行大修理费用直接列入成本的办法,企业大中小修理费用一律改按实际开支数,以“固定资产修理费”直接列入生产成本,个别项目修理费用较大的,可分次摊入成本。实行新办法后,原来大修理基金用于备料部分,可转作流动资金,原提取大修理基金的结余部分,应首先偿还银行大修理贷款,其不足部分,可在生产成本中一次或分次偿还。没有银行大修理贷款的企业,应将其结余基金全部冲减成本。

1970年,上级规定:(1)商业企业基本折旧基金,均按固定资产总值的5%分季提取,其中,生产加工企业自留60%,上缴商业局40%。(2)镇以下(包括镇)基层国营商店和粮管所的“四项费用”,由商业局按镇以下基层商店和粮管所的商品零售额的2‰计算,分季在上缴利润中抵留,镇以上国营商店和粮管所不提。(3)饮食服务业的“四项费用”按饮食服务业实际利润的30%,由主管商业局在上缴利润中抵留。上述三项专项基金用于:固定资产更新、简易仓库、技术改造和四项费用,中药材生产试验费也在四项费用中开支。

1973年,规定农牧企业固定资产不提大修理基金,所需大修理费用,计入当年生产成本,粮食企业,固定资产折旧费按原值年度综合折旧率3.1%计算,工商企业按季初固定资产总值分季提取,独立核算企业按2.1%计算,商业企业固定资产按综合折旧率5%分季提取折旧基金。

1976年,按照国家规定,更新改造资金试行统一计划,分级管理的办法,工业、交通企业提取的基本折旧基金实行按国家、地方、企业"三、三、四"的比例分管。

1979年,企业出租的固定资产,应照提折旧,在企业管理费列支;所得租金应冲减费用,不得挪作他用,租赁期间的修理费用,由租用单位负担,企业调出的固定资产,应减少国家资产原值和已提折旧,并相应减少国家固定资金;所得价格和支付的装卸费、应增减更新改造资金,企业调入的固定资产,应按现行调拨价格作为固定资产原值,其中已使用过的固定资产的实际支付额低于现行调拨价格的差额,可作为已提折旧;支付的包装费、运杂费和安装费,均应计入固定资产原值。

1980年,财政部规定,凡经国家经委、财政部批准按国务院统一办法进行利润留成试点的工交企业,可以在降低成本,提高盈利的基础上,将机器设备的折旧率提高0.5%,房屋建筑物和管理用具的折旧率不予提高。试点企业的固定资产折旧率已超过6%的,不再提高折旧率。

1986年,《国营企业固定资产折旧试行条例》规定:(1)应提折旧的固定资产为:房屋和建筑物在用的机器、设备、车辆。不应提取折旧的固定资产为:土地、通过局部轮番大修理实现整体更新的固定资产,未使用和不需用的设备;(2)计算提取折旧的办法,采取平均年限法和工作量法。折旧应当按月提取,并计入当月成本。(3)固定资产的折旧率和单位折旧额的确定办法是:①平均年限法的年折旧率,根据固定资产原值减去净残值后的余额和折旧年限确定。②专业设备的工作量折旧额按设备的原值减去净残值后的余额和规定的总工作量确定。各类固定资产的净残值比例,在原价3% ~5%的范围内,由企业主管部门确定,报财政部门备案。(4)折旧基金的用途包括:机器设备的更新和房屋建筑物的重建。

1990年,为促进企业的技术进步和更新改造,对国营企业计提固定资产折旧中几项优惠政策在1990年到期后如何处理,做出规定:(1)在《国营企业固定资产折旧试行条例》公布以前,已提足折旧的逾龄在用固定资产,1990年之前还继续提取折旧,个别行业因逾龄设备较多,技术性能尚好,一时又无先进设备替换,需继续使用,并要求计提折旧和大修理基金的,应报经财政部门批准后执行。(2)财政部门关于"个别企业实行分类折旧办法后,按分类折旧计算全年提取的折旧额,低于按财政部门原核定的综合折旧率计算提取的折旧额的,这部分差额,可由企业主管部门审查,报财政部门批准,在1990年以前,允许在成本中单独列支"的规定,在调整固定资产分类折旧率以前可继续执行。

1995年7月,国务院关于《严格限制新开工项目、加强固定资产投资资金源头控制的通知》要求,坚决控制新开工项目,缩短建设战线,除国家批准个别关系重大的项目外,各地一概不得擅自新开工大中型基本建设项目,更不允许将大中型基本建设项目化整为零、抢先开工或在国家批准项目可行性研究报告前违反规定程序对外签约造成既成事实。小型基本建设项目,除农业、水利、环保和普通住宅等项目外,其他项目由省(自治区、直辖市)人民政府负责控制,实行严格的责任制,一般不得开工。地方小型基本建设项目新开工,总投资1000万元以上的须经省级人民政府审批,1000万元以下的由省级(含计划单列市)计委从严审批。中央小型基本建设项目新开工,由国务院各部门、各直属机构审批。技术改造项目,要把调整结构、提高效益、促进国有企业改革放在首位。国家专项贷款要集中安排已列入国家重点技术改造计划的新开工项目。限额以上技术改造项目必须经过国家经贸委审批后方能开工建设;限额以下技术改造项目要经国家经贸委严格审核,下达年度计划后,方能开工建设及进行设备订购等。技术改造一般设备贷款项目,也要集中用于符合国家产业政策、产品有销路、经济效益好的项目,各地经贸委要从严审批。要按照《国务院关于严格控制高档房地产项目的通知》规定,有效地控制住高档房地产项目的开工建设,其他房地产项目开工建设必须是配合住房制度改革安排的解困、解危商品住宅项目,要切实组织好"安居工程"的建设实施。各地区今年的投资规模不得超过国家下达的计划。从1995年起,国家要全面推行建设项目资本金制度,新的建设项目必须有一定比例的自有资金或国家注入资金作为注册资本金,资本金不落实、不到位的项目不能开工建设。

1996年9月，国务院关于《固定资产投资项目试行资本金制度的通知》规定：从1996年开始，对各种经营性投资项目，包括国有单位的基本建设、技术改造、房地产开发项目和集体投资项目，试行资本金制度，投资项目必须首先落实资本金才能进行建设。个体和私营企业的经营性投资项目参照该通知的规定执行。

2003年1月，省财政厅转发《财政部关于印发〈企业资产损失财务处理暂行办法〉的通知》附发《老旧汽车报废更新补贴资金管理暂行办法》规定：(1)所称老旧汽车，是指根据《报废汽车回收管理办法》第二条规定，经公安车辆管理部门认定达到相关报废标准规定，依法办理了报废手续，并按规定送资质认定企业回收拆解的汽车(不包括因事故造成的报废车)。(2)所称补贴资金，是指根据《国务院批转财政部、国家计委等部门〈交通和车辆税费改革实施方案〉的通知》规定，从车辆购置税中安排的专项用于老旧汽车报废更新补贴的资金。

第三节　流动资金管理

流动资金是企业以货币购买劳动对象、支付职工劳动报酬和其他生产费用所垫支的资金。对流动资金的管理，主要是制定清查资金，核定资金定额和资金供应办法等方面的政策。

一、流动资金清查

1950年，根据中财委的规定，对国营企业进行财产清理。流动资金清理范围包括：原料、助料、物料、器材、半制品、在制品及其他物资的数量与质量，并进行登记及估价，现金收支的清算及余额的登记、应收、应付账目的及时清算与结算。

1951年，根据政务院做出的《关于国营企业清理资产核定资金的决定》，规定了国营企业均应将实有一切流动资金重新清理，登记，估价并核定资金，并规定资产的效用期间在1年以下的和易碎物品，不论价值多少，一律列入流动资产；物品的效用期间在1年以上，单位价值在100元以下的应列入流动资产。

1962年，江西省人民委员会发出《关于进一步做好清仓核资工作的通知》，对清仓工作提出的具体要求，乐安县当年对主要工业企业进行了全面调整，并抓好清仓核资工作，对全县国营企业进行了清查。粮食企业管理体制改变后，粮食企业在1961年年底以前已经用流动资金搞的基本建设、垫付的退赔和地方摊派等各项应清理的资金，仍应按规定先用利润留成等自筹资金解决，不足部分由地方财政负责拨还。

1964年6月，贯彻《关于加强国营企业流动资金管理，积极处理积压物资，减少资金占用，认真核定资金定额的通知》的规定：(1)企业要把1962年3月底以前的积压物资从正常周转物资中划出来，转作“特种积压物资”专户管理，单独核算，今后只准减少，不准增加。(2)划出来的积压物资所需资金，可区别不同情况，采取不同的办法加以处理。凡过去已划分清楚的，可按过去划分的资金来源办理，不再重划，未划分清楚的，可采取按现状划分的原则，即按1963年底数字，占用财政资金的，仍然占用财政资金，占用银行贷款的，仍然占用银行借款，由财政银行和企业协商划分。(3)企业处理积压物资，不论企业自用，还是对外销售，均应按质论价。(4)企业待核销的“三差”(质差、量差、价差)损失，凡在批准数字以内的，冲账核销，批准数字之外的“三差”损失，在企业自有资金有余的情况下，经批准，可从多余的自有资金中冲减核销一部分，无多余自有资金的，应将这些损失随着今后积压物资处理，在营业外损失中核销。

1970年，在全县范围内开展清仓查库工作，要求对库存物资进行全面清理。

1974年，贯彻全国清产核资领导小组《关于拨款国营工交企业，物资供销企业流动资金盘亏、报废损失资金的规定》。

1979年，执行上级关于清产核资工作的有关规定，凡是国营企业的财产须进行清理盘点。清查内容包括：流动资产，固定资产，库存现金，银行存款，各种证券，债权债务。清查的要求：对全部财产包括账内外，库内外，都要全面地，彻底地进行清查，做到账物相符，家底清楚。10月，执行财政部关于财产盘盈，盘亏和报废的规定：(1)企业的盘盈、盘亏和报废损失金额在5万元以下，由主管部门审查，报财政部门批准。(2)财产削价损失，削价幅度在原价30%以下，削价损失金额在10万元以下的，由企业党委批准报主管部门备案，削价幅度在30%以上，削价损失全部金额在10万元以上的，报企业主管部门批准，并报财政部门备案。削价损失应按实际发生的金额列营业外支出。

通过1979～1980年的清产核资，乐安县全面清查了企业财产物资，核定了物资消耗定额和库存周转定额。划出超储积压物资9200万元，其中流动资金5300万元；处理了超储积压物资1540万元，其中流动资金1300万元，核定了企业流动资金定额和部分企业的固定资产需用量，以划转银行贷款方式补充了企业定额流动资金 1900 万元。

1981 年年底，执行财政部的规定：所有生产企业，建筑单位，供销企业，物资部门降价销售经清仓查库、清产核资划出来的超储积压钢材和机电产品后，发生的损失金额，首先冲销国家基金，即企业自有流动资金，冲完还不足的，再冲销银行贷款。

1982 年，贯彻国务院批准财政部等单位《关于加强企业流动资金管理的报告》，为了改变流动资金占用过多的状况，加速资金周转，提出要加强生产的计算管理，搞好产销平衡，严格禁止计划外布点和重复建设；减少流动资金占用，减少流动环节，疏通流通渠道，扩大商品销售，限期处理积压物资，加强流动资金管理，建立流动资金考核制度，在资金供应上采取区别对待的措施。

1983 年，在全县工业企业中开展了清仓利库和清理、报废、降价处理 1980 年底以前入库的库存积压物资工作，对由于粗制滥造，质量低劣，技术落后，耗能高，效率低，以及保管不善造成严重锈损或超过存放期限过期失效等原因需报损的库存机电产品和非机电产品等物资，在数量清、责任明、手续全的前提下，进行核销。

1985 年，财政部，中国工商银行关于处理国营工业企业流动资金损失的规定：(1)核销资金的范围：①1979 年清产核资时经财政部门批准，列入企业 1980 年度会计决算"待核销流动资金损失"科目，至今尚未处理的；②1980 年底以前入库的机电半成品，已无法改制利用的；③1980 年年底以前入库的机电产品，钢材以外的已经失去原有使用价值的其他物资。(2)核销办法：由工商银行、人民银行、财政部门联合下达核销资金损失控制额度，只能节约，不许突破，企业要负责对本企业需报废物资的鉴定、账务核实和物资处理工作。

1996 年 11 月，国家税务总局、财政部、国家经济贸易委员会发布《城镇集体所有制企业、单位清产核资财务处理暂行办法》规定，集体企业清产核资中的有关财务处理工作，在各级人民政府统一领导下，原则上由各级税务部门按照财务隶属关系分级负责。中央、国务院各部门、各直属单位直接管理的集体企业由国家税务总局负责。各级清产核资机构要与税务部门加强联系，密切配合。该办法还对集体企业清产核资财务处理的具体事项作出规范、统一的规定。

二、流动资金定额的核定

1951 年 6 月，根据政务院的规定，国营企业应根据 1951 年度上半年实际执行情况，与下半年度生产和供销计划，及加速资金周转的要求，分别计算流动资金定额。

1956 年，执行财政部规定，文教卫生部门所属工业和商业性企业所需流动资金定额以最低季度定额作为年度定额。

1961 年，江西省对工业企业流动资金定额核定的规定：工业企业流动资金定额，是生产所需的经常周转使用的最低数额的资金，就是为了保证生产正常进行的必需的一定天数的原材料储备、在产品和产成品占用资金的总和。凡与当年生产计划的完成无关，不应列入流动资金定额，根据财政、信贷资金分口管理的原则，一切属于财政性和专用基金的开支，都不应挪用流动资金。为便于管理，已发生的财政性开支，可采取摸清情况，专户存储，限期清理。同时将企业利润留成资金，大修理基金，附加工资等一律专户存储，不参加流动资金周转，过去参加周转的部分，应按账面余额一律转出来，转入新户继续使用。

1962 年，执行江西省的规定：(1)在清查仓库，落实资金的基础上，必须合理核定企业正常生产所必需的资金。(2)企业在核定资金定额后，多余的流动资金上缴县财政专户存储，作为今后增拨企业定额流动资金的后备，不得用于其他开支。

1964 年，对核定工交企业流动资金定额作了具体规定：(1)原材料、燃料储备期：由本地(县、市内)采购的为 10～15 天；跨县在本省境内进料的一般不超过 30 天；从外省进料的，一般为 40～50 天。(2)在产品、自制半成品等生产资金定额，应根据企业正常的生产过程和生产周转，并按生产费用发生情况计算系数后，进行核定。(3)产成品资金定额，经按照当年生产，当年销售的产销平衡原则，核定定额。

1965 年，对零售商店和小批发商店流动资金的核定，提出改进的原则：(1)零售企业应按年度销售额和当地同类型商店的中等水平周转次数计算，银行平日对零售企业不予贷款，如因节日增加供应，需增加资金时，经商业局批准，方可向银行办理定额贷款解决。(2)小批发企业首先应核定经营范围，经营商品目录，制定商品合理库存，核定流动资金，实行定额管理，每年核定一次。(3)加工企业和农牧企业在核定年度资金定额时，同时核定一个季节性贷款指标，解决旺季资金的需要。

1966 年，为便于全面考核资金运用情况，将过去核定企业流动资金计划，只核财政资金定额，改为核定企业生产所需的正常的、合理的、平均的流动资金总额计划、核定资金采取简便易行的“一根据，两考虑，三参照”的方法。

1979年，贯彻上级《关于开展清产核资工作的规定》，在清仓查库，弄清家底的基础上，核定物资消耗定额和库存周转量，并核定流动资金和固定资产需用量。核定方法是先核总额，再核定额。

1980年，通过清产核资，核定了全县预算内工业企业流动资金定额，以划转银行贷款方式补充了企业定额流动资金。

1983年，对工业企业流动资金定额，由按储备生产成品三个过程和主要物资的合理周转需要核定，改为按平均先进的销售收入资金率核定，且每年按销售计划调整一次。

三、流动资金供应办法

1951年，政务院规定，企业定额流动资金由财政拨给，凡季节性生产或营业及其他特殊原因的需用作非正常周转的流动资金，应由银行短期贷款解决。

1956年，财政部规定，文教卫生部门的工业企业定额流动资金由财政拨给，超定额资金向人民银行申请超定额贷款；商业性企业定额流动资金由财政拨给30%作为自有流动资金，其余70%及超定额部分，向人民银行申请贷款解决；供销机构商品流动资金定额由财政拨给50%，其余50%部分向银行申请贷款解决。

1957年，规定国营、公私合营工业企业核定的定额资金不足部分由财政拨足。

1959年起，国营企业流动资金由原来财政、银行两家管理，改由银行统一管理，国营企业所需流动资金一律改由银行以贷款方式提供，即全额信贷办法，自本年度起，财政局将全县企业需增加的定额流动资金进预算，全额拨交县人民银行作为信贷基金。

1961年8月，国务院批复财政部关于改进国营企业流动资金供应办法规定：(1)财政部门，企业主管部门和人民银行须认真核定企业的流动资金定额。(2)工业交通运输部门所需的定额流动资金，经核定后，总额的80%由财政部门拨给，作为企业自有流动资金，其余20%由财政部门统一拨给银行，向企业发放定额贷款。(3)商业、外贸、粮食、水产、国营农牧场、劳改企业，不实行新的流动资金供应办法，仍按原办法办理。

1962年起，银行不再参与20%的定额信贷，将20%的定额借款转作企业自有流动资金，实行财政资金和信贷资金分口管理，划清定额资金和超定额资金的界限，凡生产正常进行所必需的最低限额资金，由财政核定拨给，属临时性、季节性等超定额储备和产品结算所需资金，应申请银行贷款解决。

1966年，企业的流动资金由财政、银行分别按比例供应。即在核定资金总额计划范围内，由县财政局、人民银行协商确定各部门的比例，企业在执行过程中，对原计划外超产所需要的资金，可由银行另给贷款解决。

1973年，农林部、财政部规定，农牧企业的流动资金，由财政拨款和银行贷款解决。维持企业生产正常周转最低需要的定额流动资金由财政拨款，季节性、临时性的需要，由银行贷款。

1979年，在清产核资基础上，对国营工交企业超定额的流动资金实行定额贷款办法，并实行国拨流动资金有偿占用制度：(1)国营工交企业清产核资划转的定额贷款，从1979年起，银行按月利率2.1‰向企业按季收取利息。(2)国拨流动资金，按月利率2.1‰向县财政局缴纳流动资金占用费。不按规定及时缴纳的企业，从滞纳之日起，每日加收相当于滞纳金1‰的滞纳金。(3)企业核定流动资金定额后，自有资金多余部分应当上缴，用于企业资金余缺调剂。

1980年，规定国营工交企业核定流动资金定额后，由银行从超定额贷款中划转一部分作为银行对企业定额流动资金贷款，并对企业的国拨资金实行有偿占用的办法。

1981年，规定凡纳入财政预算的国营工业、交通、城市公用、文教和物资供销企业，均按月率2.1‰计算缴纳流动资金占用费。

1983年11月，执行《关于国营企业流动资金改由银行统一管理》的通知，全县国营企业流动资金改由县人民银行统一供应和管理，过去财政拨给企业的流动资金，按1983年6月末实际数额，移交给银行统一管理，以后财政不再增拨流动资金。同时建立企业补充自有流动资金制度，对企业补充流动资金区别情况采取不同办法：(1)新建、扩建企业投产所需的流动资金，属县安排基建投资的，可由县财政解决30%的铺底流动资金，其余的由银行贷款；(2)小型企业和供销社、饮食服务等企业，留用的利润较多，其生产发展所需的流动资金，按集体企业的办法，自行补充一定比例的自有流动资金；实行利润包干和承包的企业，应在企业生产发展基金中拿出10%～30%，用于补充自有流动资金；(3)实行利改税的企业，应在留给企业支配的资金中，规定一定比例用于补充自有流动资金。

1987年，执行江西省人民政府发出的《关于进一步加强流动资金管理，提高企业资金使用效益的通知》，加强流动资金使用效益。

1990 年，规定承包企业都必须安排一定比例的企业留利补充流动资金。凡企业按利改税办法提取的企业留利，年人均留利在 1000 元以下的，应按企业留利中生产发展基金的 30% 转作流动资金；年人均留利在 1000 元以上的，应按企业留利中生产发展基金的 40% 转作流动资金；承包企业的超收返还资金，其用于生产发展的部分，应按 50% 转作流动资金。以上从留利中划转的流动资金，均属国家流动资金，一律不准抽回。

第四节　成本费用管理

一、成本费用开支范围

新中国成立初期，乐安县国营企业无统一成本管理制度，企业采用实报实销或以收抵支，差额计算盈亏的办法。

1953 年，财政部颁发的《国营工业企业统一成本计算规程》，规定企业产成品成本项目为：原材料、辅助材料、生产工人工资等，各种产品的商品成本，除包括上述项目外，还包括销售费用。

1954 年，确定农场产成品成本项目为种籽、肥料、农药、畜力费、生产工资、其他直接费用和企业管理费等项。

1957 年，财政部规定：将企业不增加固定资产而开支的技术组织措施费和劳动保护措施费，列入生产费用，分期摊销。劳动保护措施费数额较小的，列入当年开支，数额较大的，分两年摊销。

1959 年，按照规定：(1)成本项目为原材料、辅助材料、燃料、动力、生产工人工资、附加工资、企业管理费、销售费；(2)对费用划分规定有：①企业的四项费用；②企业开工生产准备费；③企业固定资产大修理费；④试验费和奖金；⑤企业各种文教经费。

1961 年，贯彻国民经济“调整、巩固、充实、提高”的方针，对企业若干费用划分作了修改与补充：(1)企业进行基建所需资金，均应由国家批准的基建投资中开支，不得挤入生产成本。(2)基建计划规定为新建企业或改建车间进行生产准备而购入的低值易耗品和修理用零件等，应在基建投资内开支，并在投入生产时，全部移交生产部门，转作流动资金。(3)大修理基金不得移作基本建设，也不能作为参加流动资金周转。(4)凡增加的固定资产，不论自制或外购所需费用应列入基建计划，由基建投资或企业利润分成资金中开支。(5)企业举办的公共福利事业，应按规定标准收费，力求自给自足，略有结余，不得挤入生产成本。

1962 年，规定企业职工食堂炊事人员的工资改由工资基金中开支，并列入企业管理费，计入成本，不在职工福利费中开支。

1964 年，根据商业部《商品流动费用管理办法》的规定，将商品流动费用的核算分为两大类：第一类为直接费用，包括运费、搬运费、保管费、包装费、检验签证费、利息等；第二类为间接费用，包括工资、工资附加费、下放人员补助费、干部培养费、固定资产折旧费、低值易耗品摊销、租赁费、修缮费、经营管理费及退职退休金等。

1965 年，执行上级规定，企业修建零星、小型简易的建筑物，单位面积不超过 20 平方米，可在生产成本中开支。企业开展群众性技术革新，对原有固定资产进行小量改进，单项措施总值不超过 500 元的，可在生产成本中开支。企业进行大修理时，如进行技改所需费用不超过该项固定资产正常大修理费用的 10%，可在大修理基金中开支；超过 10% 的技术改造的全部费用，应在四项费用或固定资产更新基金中开支。

1969 年，由按率提取大修理基金改为修理固定资产的费用，不论大中小修，一律按实际开支，列入生产成本。

1970 年，规定商业企业固定资产修理不分大中小都作费用处理。但房屋的原地重建、移地改建、扩大面积，增加层次的，应在固定资产基本折旧基金或基建投资中解决。临时性的简易货棚、畜禽棚、养鱼池等设备，每平方米价不超过 15 元的，分期摊入费用处理，上述修理费和简易仓棚等费用审批权限，县商业局为 2000 元，超过 2000 元的报县革委会审批。

1971 年，商业企业修理费用开支的审批权限为：500 元以上 2000 元以下的由商业局会同财政局共同审批，500 元以下的由商业局审批。

1973 年，产品成本开支范围是：为制造产品而耗用的原料、材料和外购半成品；燃料和动力；生产工人、管理人员的工资福利；固定资产基本折旧基金，大修理折旧基金和中小修理费用；低值易耗品购置费用。产品包装费用和销售费用；每平方米造价不超过 20 元的简易料棚修建费及其他生产费用，同年还规定：不提大修理基金的商业企业，应从“商品流通费——修理费”科目开支。单位审批权限为：县以下独立核算的食品购销店、医药商店可自行核销修理费为 100 元。县公司自行核销和审批权限为：生产性的修理费 1000 元，非生产性的修理费 200

元,县以下基层商店可自行核销修理费100元,超过自行核销权限,生产性修理费在2000元内,非生产性修理费在500内的,报县商业局审批。房屋的原地重建、扩大面积、增加层次的都不得在大修理基金和“商品流通费——修理费”科目开支。同年规定:粮食企业仓库修理费用每项工程在3000元以下,其他生产性的财产修理费和每项工程在2000元以下,以及非生产性的财产修理费每项工程在500元以下的,均由县粮食局审批。

1979年,执行财政部关于试行特定燃料、原材料节约奖励办法,试行范围为:煤炭、焦炭、电力、汽油、柴油、木材、有色金属等,奖金计入成本。

1981年,规定企业单位和统一核算的公司的职工教育经费,可在工资总额1%的范围内掌握开支,直接列入生产成本。同年,要求严格控制奖金和发放范围,并积极推行计件工资制,对企业实行有偿转让技术一般可采取两种方式,一种是由受让方支付一次性技术转让费,在企业管理费列支;一种是根据转让的技术在一定期间内取得的经济效益,按受让方利润的一定比例分成,由受让方在采用新技术所增加的利润中支付。

1982年,依据上级规定:(1)企业试制新产品发生的费用,按下列办法处理:①试制新产品耗用的原材料、工资、费用计入新产品成本。②试制新产品所发生的新产品设计费、设备调整费、成品试验费、样品购置费,在企业管理费中开支。(2)企业进行新技术研究发生的费用,按下列资金渠道解决:①企业内部的科研机构所需费用,在企业管理费中开支,按利润留成办法规定纳入利润留成的科研机构经费,由生产发展基金解决。②企业支付的技术转让费应按不同的支付方式分别处理。③为进行新技术研究必须购建的固定资产,在企业更新改造资金或生产发展基金中解决。同年6月规定,对超过规定标准排放污染物的企业、事业单位征收排污费。企业排污费,可从生产成本中列支。12月,对租赁设备所有权不转移的承租单位所付租赁费,可在成本中列支。

1983年,试行利改税后,乐安县执行上级规定:凡实行利改税的企业,现行按工资总额11%提取的职工福利基金,均在成本中列支。超过11%的部分,在税后留利中列支,不准计入成本。职工福利基金原在利润留成中列支的企业,改在成本中列支后,须将相当于工资总额11%的职工福利基金,从留利中扣除,并相应地调整留利数额,加大成本,减少企业实现利润。企业单位所发生的广告费用,可列入企业销售费用中开支。

1984年,贯彻国务院颁发的《国营企业成本管理条例》规定:(1)以下企业费用开支,列入成本:①工业企业包括生产经营过程中实际消耗的各种原材料、辅助材料、外购半成品、燃料、包装物、低值易耗品的原价和运输、装卸、整理等费用。②商业、外贸和物资供销企业,除与工业企业相同者外,另包括购进、储存、销售商品中的运杂费、广告费等费用。③交通运输企业,除与工业企业相同者外,另包括生产营运中所消耗的各种原料、润料、材料、轮胎、轮箍、备品备件、燃料、动力、装卸工器等费用。④农业企业,除与工业企业相同者外,另包括种籽、种苗、幼畜、饲料、肥料、农药、燃料、动力、修理用零件、其他材料,以及农业机械作业费、畜力作业费、运输费等。(2)成本开支范围和开支标准,任何单位不得改变;(3)规定不得列入生产、销售成本的各项费用:①应在基本建设资金、各种专项资金和专项经费中开支的费用。②应在企业留用利润中开支的奖金。③超出国家规定开支标准部分的各项费用支出。④基本建设借款和专项借款的利息,以及流动资金贷款的罚息。⑤应在企业留用利润中开支的各项赔偿金、违约金、滞纳金和罚款。⑥与本企业生产经营活动无关的其他费用。

1985年,国家经委、财政部、人民银行《关于推进国营企业技术进步若干政策的暂行规定》,企业为开发研制新产品、新技术所必需的单位价值在5万元以下的测试仪器、试验装置、试制用关键设备购置费,数额较小的,可摊入当年成本,数额较大的,允许企业在3~5年摊入新产品成本或全部产品成本。

1986年,国务院修订《合理化建议和技术改进奖励条例》的规定,对被采用的,可直接计算经济效益的合理化建议和技术改进项目奖励分5个等级:年节约或制造价值1万元以下的,奖金为300元以下;1万元以上10万元以下的,奖金为300元~500元;10万元以上50万元以下的,奖金为500元~1000元;50万元以上100万元以下的,奖金为1500元~2500元;100万元以上的,奖金为2500元~4000元。

1987年,按上级通知要求,对本县凡荣获国家设备管理优秀单位称号的企业,可按本企业当年月平均工资的3%给予奖励。荣获省设备优秀单位称号的企业,可按本企业当年月平均工资的2%给予奖励。水泥生产企业实行单位产品工资含量包干办法。

1988年,企业缴纳耕地占用税的列支办法:由国家拨款建设的，从拨款中支付；贷款或自筹资金建设的，从企业税后留利或更新改造资金中支付。企业缴纳的耕地占用税，不计入固定资产价值，不计入生产成本，企业缴纳的印花税、土地使用税在企业管理费中列支。

1989年，上级规定：授予专利权后，专利权持有单位对发明人或者设计人要给予奖励，一项发明专利的奖金最少不低于200元，一项实用新型专利或者外观设计专利奖金最少不得低于50元。同年，县人民政府规定：凡荣获省级先进企业或国家二级企业称号的，从荣获先进称号的年份起，在以后年度里连续保持先进称号，则厂长给职工的奖励工资晋级面，每年均可由原3%分别提高到5%和7%；荣获地区先进企业称号的；且年年保持先进称号每年均可由原2%分别提高到4%和6%；荣获县先进企业且以后年度年年保持先进的，每年均可由原1%分别提高到3%和5%。

1990年，江西省决定，凡以木材为原料的造纸企业按每立方米木材5元提取育林费，列入企业生产成本，作为原料林基地建设专项基金。2月，财政部颁发的《国营商业企业成本管理办法》规定：1. 财政部负责全国商业企业成本的管理，地方财政部门、各级商业企业主管部门按照本办法和财政部制定、批准的规章，负责当地或所属商业企业成本的管理。2. 商业企业成本管理办法的实施范围：(1)商业部门的商业批发、零售企业、华侨商店、友谊商店、贸易货栈、信托商店、饮食、服务、修理企业、仓储企业和贸易中心等；(2)非商业部门的商业企业；(3)国营、集体联营的商业企业，股份制商业企业(不包括中外合资、合作企业)；(4)城镇集体所有制商业企业、县以上供销社及其他商业企业的成本管理，可比照本办法执行。3. 商业企业成本的范围和内容：商品进价和商品流通费。(1)商品进价成本是指企业购进商品的原始进价和购入环节缴纳的税金。具体包括：①商业企业以国家定价、国家指导价或市场价格等形式购进商品的原始进价；②商业企业收购不含税农副产品时支付的税金以及进口商品时按规定缴纳的关税、产品税、增值税等。(2)商业企业的商品流通费是指企业在从事商品购进、调拨、储存、销售活动或提供劳务过程中所发生的费用支出：①运杂费。指购进商品在整个运输过程中发生的运费、保险费、装卸搬运费，以及既不独立核算又不作附营业务核算的车船和牲畜的燃料、饲料、物料消耗以及同运输有关的各项杂费，如调车费、放空费、养路费、过渡费、车船清扫费、港务费、过驳费、结合装卸进行的灌装封口过磅费和专用线、站台、码头租用费等；②保管费。指商品在储存过程中所支付的费用。包括倒库、凉晒、冷藏、保暖、消防、护仓、照明、保管用品和委托保管费以及商品畜禽的饲料费等费用；③挑选整理费。指商品的挑选、整修、分类、分等过程中支付的费用，包括商品检验、化验、修理等材料、工具消耗费用等；④包装费。指包装用品费、包装物折损费、挑选修补费、包装用品租用费以及不能列入包装物进价的运杂费等。包装物回收、出租等收入应冲减包装费。⑤商品损耗。商品损耗包括：a. 商业主管部门按照平均先进的原则，对商业企业制定的商品及物资在运输、保管、销售等过程所发生的定额内的商品损耗；b. 非责任事故造成的，并经批准的超定额商品损耗。对超定额商品损耗的损失要严格审批，分清造成损失的原因、性质和责任。对由于自然灾害、责任事故原因造成的超定额商品损耗的损失，一律不得在商品流通费中列支。凡属自然灾害原因造成的损失，投保的企业由保险公司补偿，补偿不足的部分经主管部门批准后列入财产损失；未投保的企业，经主管部门批准后列入财产损失。凡属责任事故造成的损失，由责任方承担。责任在外单位的，应向外单位索赔；责任在本企业的，除对责任人进行必要的教育或纪律处分外，还应由直接责任人赔偿部分损失，赔偿后的净损失，经主管部门批准后列入财产损失；⑥手续费。指委托其他单位代购、代销商品、代办业务事项时按有关规定所支付的手续费；⑦业务费。指为扩大商品购销业务支付的广告费、样品宣传费、商标注册费、会议费、公证费、诉讼费、邮电费、电传费、电脑软件设计费、单个系统价值在五万元以下的会计电算化微型电子计算机购置费以及符合规定的其他业务活动费，处理样品、样机收入应冲减业务费支出。⑧利息。指企业支付流动资金借款的利息、商业汇票贴现利息、经财政部门批准支付给职工的集资(指内部债券用于生产经营部分)相当于银行同期贷款利率部分的利息、代管合作店组股金的利息以及实行税利分流试点企业按有关规定支付的已竣工交付使用项目的专用借款利息等。实行银行存贷款分户管理的企业，流动资金存款的利息收入，应冲减借款利息支出；实行存贷款合户管理的企业，应按利息净支出数列入商品流通费；⑨保险费。指企业财产向保险公司投保所支付的保险费。保险公司给予企业的保费优待，应冲减保险费支出；⑩工资。指按规定的标准支付给企业职工的基本工资(不包括应列入运杂费、保管费、包装费、修理费和简易建筑费等的部分)，浴池、理发行业的提成工资及以工资形式支付的各种津贴(包括经批准进入成本的副食品价格补贴和一九八八年十月一日以前经劳动部、财政部批准实行工资总额与经济效益“总挂总提”办法企业的效益工资中的奖金部分;⑪职工福利费。按企业职工工资总额扣除各种价格补贴、各种奖金以及落实政策补发工资后数额的11%提取;⑫工会经费。成立工会的企业按企业职工工资总额扣除各种价格补贴、落实政策补发工资数额后的2%提取;⑬职工教育经费。按企业职工工资总额扣除各种价格补贴、各种奖金以及落实政策补发的工资后数额的1.5%提取;⑭折旧费。指按企业计提折旧的固定资产原值和规定的分类折旧率计提的折旧费。包括由综合折旧率改为分类折旧率后按有关规定准许补提的折旧费;⑮修理费。按企业计提折旧的固定资产原值的4%预提,作为修理基金管理,专项用于固定资产的大、中、小修理(低值易耗品必要的维修支出暂时也在此列支)。年终结余(超支),结转下年度使用(冲抵)。承包企业在承包期内,如修理基金超支,经财政部门批准可列入成本,但不得因此调整承包基数;⑯低值易耗品摊销。指企业按规定的标准和摊销办法摊销的低值易耗品。国营商业企业使用年限在一年以下或单位价值在800元(不含800元)以下的物品作为低值易耗品,但苫布(包括篷布、油布、塑料布)、熏蒸布、枕木(包括垫木、垛架)、水泥条(墩)、风车、跳板、生猪车架、劳动役畜、各种非机动车(包括大车、手推车、三轮车、板车)、磅秤(不包括地磅)、五立方米以下的酒罐、腌制池、灭火机、七千瓦以下的电动机、消防泵、地毯、货架、柜台、电子秤、收款机等物品不论使用年限长短和单位价值大小,均作为低值易耗品进行管理;⑰租赁费。指企业租赁办公用房、营业用房、仓房、低值易耗品等的租赁费用。出租房屋的收入应冲减租赁费支出;⑱劳动保护费。指按照劳动保护的有关规定发给职工的劳保用品费、办公、营业用房的烤火费等;⑲差旅费。指因业务、工作需要出差按规定所支付的差旅费;⑳涉外费。指按规定支付的出国费用、接待外宾费和驻外代表等开支;㉑税金。指按规定在费用中列支的房产税、车船使用税、土地使用税和印花税;㉒职工待业保险金。指按规定缴纳的职工待业保险金;㉓售后服务费用。指商品出售后实行包修、包换、包退等售后服务费用。应由工业生产企业承担的,按定额包给商业企业的“三包”费用,有结余的应冲减商品流通费,不足部分在商品流通费中列支;㉔其他费用。指除以上项目以外的各项费用,包括:文具纸张费、印刷费、公用书报资料费、水电费、企业党费开支不足部分以及经财政部批准列入商品流通费的其他费用。(3)以提供劳务服务为主的饮食、服务、修理等企业的成本由原材料、辅助材料、燃料进价成本和商品流通费组成:①原材料、辅助材料的原始购价及其市外购进的运杂费;②生产过程耗用的煤、煤气等燃料的原始购价。③商品流通费的开支项目:a. 水电费。指生产和营业耗用的水电费。b. 保管费。指生产和营业用原材料的保管费。c. 清洁卫生费。指按规定支付给职工的清洁卫生费。d. 运杂费。指购进原材料及消耗品的市内运杂费、企业自备但不独立核算的车船、牲畜等运输工具的燃料、饲料等费。(4)仓储企业商品流通费的开支项目:①燃料及动力费。指运输工具和动力机械耗用的各种燃料费用。②饲料费。指运输用牲畜耗用的饲料等费用。③轮胎消耗。指运输车辆耗用的内外轮胎。④养路及过路费。指支付的养路费、过桥费、过路费。按季支付的养路费可按月分摊。⑤保管费。指仓库保管中支付的保管、保护商品的各项费用。⑥储运工具摊销。指按规定摊销的储运工具。⑦其他低值易耗品摊销。指按规定摊销的其他低值易耗品。4. 商业成本的核算。商业企业进价成本按商品品目进行归集与核算;商业企业商品流通费原则上按照实际发生额进行核算,所列费用按权责发生制进行核算。

二、成本管理的原则和要求

1959年起,乐安县贯彻“统一领导,分级管理”的原则,加强成本计划管理工作。

1961年,省计委、省财政厅发出《关于加强企业成本管理工作的通知》,提出要从5个方面加强成本的管理:(1)加强成本计划管理;(2)加强原材料管理;(3)加强劳动力定员定额管理;(4)节约企业管理费用和车间经费,大力压缩社会集团购买力;(5)加强经济核算,严格遵守财政纪律。

1964年,省财政厅转发《关于加强1964年工业、交通企业成本管理工作的几点要求》:(1)做好成本管理的基础工作;(2)准确及时地核算成本;(3)分析、对比、找差距、挖掘内部潜力。

1981年,执行《国营工交企业经济核算工作试行办法》,要求加强成本的管理,降低产品成本。企业根据国家关于成本开支范围和费用划分的规定,正确计算产品成本,不准乱挤成本,大力压缩企业管理费和商品流通费。严格按国家规定发放奖金、津贴和劳保用品。

1982年8月,国务院批转财政部《关于加强国营企业财务会计工作的报告》,强调进一步加强成本费用的核算。

1984年,国务院颁发的《国营企业成本管理条例》规定,实行成本管理责任制,厂(矿、场)长要对本企业生产经营的经济效果负完全责任。

1990年,财政部《关于贯彻〈国营商业企业成本管理办法〉有关问题的通知》中补充规定:从1991年起,国营商业企业的固定资产修理不再区分大、中、小修理,改为实行预提修理。

1998年11月,财政部《关于印发〈基本建设财务管理若干规定〉的通知》规定:待摊投资支出是指建设单位按项目概算内容发生的,按照规定应当分摊计入交付使用资产价值的各项费用支出,包括:建设单位管理费、土地征用及迁移补偿费、勘察设计费、研究试验费、可行性研究费、临时设施费、设备检验费、负荷联合试车费、包干结余、坏账损失、借款等利息、合同公证及工程质量监理费、土地使用税、汇兑损益、国外借款手续费及承诺费、施工机构转移费、报废工程损失、耕地占用税、土地复垦及补偿费、投资方向调节税、固定资产损失、器材处理亏损、设备盘亏及毁损、调整器材调拨价格折价、企业债券发行费用、概(预)算审查费、(贷款)项目评估费、社会中介机构审计费、车船使用税、其他待摊投资等。建设单位要严格按照规定的内容和标准控制待摊投资支出,不得将非法的收费、摊派等计入待摊投资支出。

2009年12月,省财政厅转发《财政部关于企业加强职工福利费财务管理的通知》就企业职工福利费财务管理作如下规定:(1)企业职工福利费是指企业为职工提供的除职工工资、奖金、津贴、纳入工资总额管理的补贴、职工教育经费、社会保险费和补充养老保险费(年金)、补充医疗保险费及住房公积金以外的福利待遇支出,包括发放给职工或为职工支付的以下各项现金补贴和非货币性集体福利:①为职工卫生保健、生活等发放或支付的各项现金补贴和非货币性福利,包括职工因公外地就医费用、暂未实行医疗统筹企业职工医疗费用、职工供养直系亲属医疗补贴、职工疗养费用、自办职工食堂经费补贴或未办职工食堂统一供应午餐支出、符合国家有关财务规定的供暖费补贴、防暑降温费等。②企业尚未分离的内设集体福利部门所发生的设备、设施和人员费用,包括职工食堂、职工浴室、理发室、医务所、托儿所、疗养院、集体宿舍等集体福利部门设备、设施的折旧、维修保养费用以及集体福利部门工作人员的工资薪金、社会保险费、住房公积金、劳务费等人工费用。③职工困难补助,或者企业统筹建立和管理的专门用于帮助、救济困难职工的基金支出。④离退休人员统筹外费用,包括离休人员的医疗费及离退休人员其他统筹外费用。企业重组涉及的离退休人员统筹外费用,按照《财政部关于企业重组有关职工安置费用财务管理问题的通知》执行。国家另有规定的,从其规定。⑤按规定发生的其他职工福利费,包括丧葬补助费、抚恤费、职工异地安家费、独生子女费、探亲假路费,以及符合企业职工福利费定义但没有包括在本通知各条款项目中的其他支出。(2)企业为职工提供的交通、住房、通讯待遇,已经实行货币化改革的,按月按标准发放或支付的住房补贴、交通补贴或者车改补贴、通讯补贴,应当纳入职工工资总额,不再纳入职工福利费管理;尚未实行货币化改革的,企业发生的相关支出作为职工福利费管理,但根据国家有关企业住房制度改革政策的统一规定,不得再为职工购建住房。企业给职工发放的节日补助、未统一供餐而按月发放的午餐费补贴,应当纳入工资总额管理。(3)职工福利是企业对职工劳动补偿的辅助形式,企业应当参照历史一般水平合理控制职工福利费在职工总收入的比重。按照《企业财务通则》第四十六条规定,应当由个人承担的有关支出,企业不得作为职工福利费开支。(4)对实行年薪制等薪酬制度改革的企业负责人,企业应当将符合国家规定的各项福利性货币补贴纳入薪酬体系统筹管理,发放或支付的福利性货币补贴从其个人应发薪酬中列支。(5)企业职工福利一般应以货币形式为主。对以本企业产品和服务作为职工福利的,企业要严格控制。国家出资的电信、电力、交通、热力、供水、燃气等企业,将本企业产品和服务作为职工福利的,应当按商业化原则实行公平交易,不得直接供职工及其亲属免费或者低价使用。

第五节 利润分配管理

一、利润分配

乐安县国营企业的利润分配,在1949～1952年实行统收统支制度时期,企业实现的利润,全部上缴财政,发生的亏损由财政全额拨补。

1949年12月,根据江西省人民政府发出的《省府首届财政科长会议上的总结报告》要求,乐安县财政科在扶助机关生产的同时,积极帮助兴办小型工矿和加工厂,以担负一定的财政任务。

1950年,按财政部《关于公营企业缴纳工商税的通知》精神,乐安县国营企业实现的利润全额上缴财政。

1952年,根据《国营企业提用企业奖励基金暂行办法》的规定,乐安县国营企业实现的利润在5%的范围内提取奖励基金后,上缴财政。

1953年,根据国家统一规定,对国营企业实行企业奖励基金制度。实行独立核算的国营企业和建设单位,在完成生产总值,利润及利润上缴计划的前提下,可按不同行业,分别从计划利润中提取1% ~ 3.5%,从超计划利润中提取8% ~20%的企业奖励基金,提取的总额,最高不得超过工资总额的6% ~ 12%;最低不得低于工资总额的3% ~5%。提取的奖励基金,企业可留用60% ~70%,用于改善物质、文化生活的各种福利设施、集体福利及安全措施,奖励先进工作者、劳动模范及先进集体。其余30% ~ 40%由主管部门集中调剂使用。企业奖励基金提取标准为:矿山开采业、煤焦工业、金属业、化工、石油业、林木采伐业,从计划利润提取3.5%,从超计划利润提取20%;建筑安装、机器制造、电讯器材、机械修配、水泥类从计划利润提取3%,从超计划利润提取18%;林木加工、铁道运输、海河运输、汽车运输、航空运输、公共交通业、邮电、纺织、造纸、皮革、水产业等从计划利润提取2.5%,从超计划利润提取15%;农业、食品、印刷、出版、自来水供应业从计划利润提取2%,从超计划利润提取12%;商业、粮食、外贸及供销单位从计划利润提取1%,从超计划利润提取8%。

1955年,农场一律改为企业经营,实行经济核算,要求自给自足,争取盈余。

1956年,按照国务院公布《关于一九五六年国营企业超计划利润分成和使用的规定》,乐安县对超计划利润在扣除企业奖励基金和企业社会主义竞赛奖金后,60%上缴财政。

1962年,国营商业企业和供销社分开,供销社恢复缴纳所得税,不上缴利润。11月,规定农垦企业实现的利润、折旧和固定资产变价收入按时上缴国库,简化手续,企业可抵扣政策性亏损,余额上缴,差额由财政退库拨补。

1963年,省计委、省财政厅对地方国营工业交通企业提取企业奖励金的办法制定了暂行规定:(1)一般奖金:企业全面完成国家批准的主要产品的产量和质量计划,成本计划,利润计划和上缴企业收入计划、新品种计划后,可按工资总额计划的3.5%计提一般奖金。未完成计划的企业,每少完成一项指标,扣提奖金的六分之一,若无新品种计划的按5个指标计算,每少完成一项指标,扣提奖金五分之一。各项均未完成的,不提奖金。(2)超额奖金:企业超额完成利润计划的,同时具备下列3个条件,可提超额奖金:①完成主要产品产量和质量计划;②完成主要产品成本降低计划;③已实现的利润、折旧及其他收入,要在本年度内上缴95%,其余5%在下年1月20日以前入库。

1964年,对企业奖励金办法进行了修改:(1)未全面完成计划的企业,可按各指标所占奖金的比重,计提一般奖金。主要产品产量和质量计划、成本计划、利润及上缴企业收入计划、流动资金周转计划各占20%,工资总额计划、新品种计划各占10%。(2)奖金用途按原范围增加弥补职工福利费和医药卫生费超支。

1965年,按规定对国营垦殖场实行财务收支包干。包干的范围是:(1)计划利润和计划亏损。(2)应上缴的基本折旧基金。(3)超额完成上缴收入包干指标,超收部分70%留场,30%上缴县农垦主管部门。(4)核定由上级拨补的场,超过不补,节约归场。

1966年4月,中共中央批转《关于政治挂帅问题的意见》指出,奖金制度不符合政治挂帅精神。“文化大革命”时期,奖励基金制度被当作资本主义的东西进行批判;国营工交企业实现的利润又改回为全额上缴国家。

1973年,按上级《关于供销社利润上缴办法的通知》精神,基层供销社由上缴利润改为缴纳所得税。

1975年,规定企业应在贷款项目完工投产后,盈利企业从实现超计划利润中归还;亏损企业从减少计划亏损的数额中归还。

1978年,对国营企业试行企业基金制度,(1)主要内容:①凡是全面完成国家下达的产量、品种、质量、原材料、燃料、动力消耗、劳动生产率、成本、利润、流动资金占用等8项年度计划指标及供货合同的工业企业、可按职工全年工资总额的5%提取企业基金。未全面完成计划指标,但完成产量、品种、质量、利润等4项指标和供货合同的工业企业,可按工资总额的3%提取企业基金。在完成产量、品种、质量、利润等4项指标和供货合同前提下,其他指标每多完成1项,按工资总额增提0.5%的企业基金,未完成4项指标和供货合同的,不能提取企业基金。经国家批准政策性亏损企业,比照盈利企业提取企业基金。其他计划亏损企业全面完成各项计划指标的,可按工资总额3%提取企业基金,计划外亏损企业,一律不能提取企业基金。商业企业完成商品销售额、利润额、购销额、流通水平,损耗率等5项年度计划指标的,可按职工全年工资总额的5%提取企业基金,未完成5项指标但完成商品销售额、利润额、购销额3项主要指标的,可按3%提取,未完成3项主要指标的,不得提取企业基金。国营农场全面完成国家下达的主要产品产量、交售量、成本、利润和流动资金周转速度等5项年度计划指标的,按5%提取企业基金。只完成产品产量、交售量、利润等3项主要指标的可按3%提取,未完成3项主要指标的,不得提取企业基金。②企业主管部门,盈亏相抵后的利润,超过国家年度利润指标的部分,可提取企业基金。③企业的企业基金从实现利润中提取,亏损企业在财政拨补的亏损额中提取。④企业提取的企业基金主要用于兴办职工集体福利设施、弥补职工福利基金的不足及发给职工社会主义劳动竞赛奖金等项开支。主管部门提取的企业基金,50%用于奖励超额完成利润指标的企业;50%用于生产技术措施和集体福利。同年,乐安县对商业系统饮食服务行业实行利润留成办法,全县饮食、服务、修理企业实现的净利润80%留给企业,20%上缴县财政。(2)利润留成基金的使用范围:①补充流动资金。②用于企业技术设备改造、改善卫生条件及劳动安全保护措施等方面开支。③用于固定资产购置、技术革新和科研、技术培训的开支。④用于扩、改建和新建小型营业网点及属于简易建筑费开支范围的项目。同年年底,全县预算内农垦企业实行亏损财务包干。

1979年,财政部对利润分配有新的规定:(1)对国营企业提取企业基金办法作了改进:①国营企业提取企业基金,由按8项计划指标和供货合同考核,改为按产量、质量、利润和供货合同4项计划指标考核。全面完成4项计划指标的,可按职工工资总额5%提取企业基金。未全部完成4项指标的,在完成利润计划指标的前提下,每多完成1项指标,可按职工工资总额1.25%提取企业基金。经国家批准的政策性亏损企业,比照盈利企业提取企业基金。其他计划亏损企业,全面完成4项计划指标的,在完成扭亏计划指标的前提下,每多完成1项计划指标,可按职工工资总额0.75%提取企业基金。②原来规定由企业主管部门从超计划利润中统一提取的部分,改为由基层企业从当年利润增长额中提取。③企业按规定提取的企业基金,应在年度终了时列入决算,并从实现的利润中预留。④企业基金仍主要用于职工福利设施等方面。(2)国营电影发行放映企业试行利润留成办法比例按20%上缴财政,80%企业自留。(3)新华书店实行利润留成办法,取消按工资总额11%提取的职工福利基金,按标准工资10%提取的职工奖励基金,并停止执行提取企业基金和超计划利润企业基金的制度。(4)农垦企业实行财务包干,采取"独立核算,自负盈亏、盈利留用、亏损不补"的办法。(5)对县办工业企业利润,实行留成办法,利润留成和亏损负担的比例为:工业盈利企业的利润60%留给县、40%上缴国家财政,对于县办工业企业,汽车运输队的计划亏损,80%由财政弥补,20%从所得利润留成中弥补。

1980年,国家经委、财政部对国营工业企业利润留成试行办法做了修改:(1)把原规定的全额利润留成办法改为基数利润留成加增长利润留成的办法。(2)企业增长利润留成的比例,按不同行业分别规定为:石油、电力等盈利水平较高的企业为10%;冶金、机械、电子、纺织、交通运输等和其他企业20%;煤炭、邮电、农机企业30%;(3)工业企业必须完成产量、质量、利润和供货合同4项计划指标,才能按照核定的留成比例提取全部利润留成资金。(4)企业从基数利润中提取的利润留成资金,按核定的生产发展基金,职工福利基金和职工奖励基金的留成比例分别提取,分别管理和使用。

1980年,乐安执行财政部、国务院环保领导小组《关于工矿企业治理"三废"开展综合利用产品利润提留办法》规定:(1)企业为消除污染,治理"三废",开展综合利用项目的产品实现的利润,可在5年内不上缴。(2)企业用自筹资金治理"三废"的产品利润,全留给企业。

1981年,实行经营责任制的商业企业仍继续执行利润留成办法,按盈亏相抵后的利润总额和核定的比例,提取全额利润留成。联营企业实现的利润,按规定提取企业基金后,再由联营各方根据平等互利的原则,按协议确定的分享利润的比例,合理进行分配,同年9月,执行上级的规定:科研单位与企业间或企业与企业间,实行有偿转让科技成果或先进技术的,让出方所得的收入,让出方可与国家实行分成办法,让出方每年收入在5万元以下的可留给企业使用,超过5万元部分,企业单位留用40%、60%上缴国家。

1982年,江西省规定对国营工交企业和主管部门实行多种形式利润分配办法:(1)实行扩大自主权利润留成的企业,原来是按环比计算的,从1982年起,改按前3年平均利润滚动计算。(2)实行按部门、按行业盈亏包干,各部门对所属企业实行何种盈亏包干办法,可自行确定,但一个部门,一个企业只能实现一种形式的盈亏包干办法。凡经批准实行利润留成办法的扩权企业，不能在利润留成基础上又搞盈亏包干。

1983年3月，财政部发出《关于抓好国营企业增产节约增收节支和扭亏增盈工作的通知》，对国营中、小型企业试行利改税和盈亏包干的基础上，逐步推行企业承包经营责任制。5月，贯彻国务院《关于深化企业改革增强企业活力的若干规定》制定的实施办法规定：对全民所有制小型商业、服务企业、应从实际出发自主选择“转、改、租”等多种经营方式，也可实行职工集资入股。严重亏损和濒临破产的，可由主管部门、财政、银行进行拍卖或折价出售，允许购买者分期偿付资产价款，出售企业的收入按国家有关规定执行。同年，按省政府颁布的《关于工业企业租赁经营试行办法》规定，租赁的工业企业利润分配须兼顾国家、集体、职工和承租人的利益、合理使用。企业在租赁年度留利中扣除当年租金后，剩余盈利在企业和承租人间按合同规定比例分成。

1983年，乐安县国营企业实行第一步利改税办法：(1)凡有盈利的国营中型企业，实现的利润均按55%的税率缴纳所得税。(2)凡有盈利的国营小型企业，根据实现的利润，按8级超额累进税率缴纳所得税，交税以后，由企业自负盈亏，国家不再拨款。对税后利润较多的企业，可收取一定的承包费，或按固定数额上缴一部分利润。(3)营业性的宾馆、饭店、招待所和饮食服务公司都缴纳15%的所得税。(4)以县公司和县供销社为单位按8级超额累进税率缴纳所得税。(5)邮电、粮食、外贸、农牧和劳改企业，仍按原定办法执行，暂不实行利改税办法。(6)国营企业归还各种专项贷款时，经财政部门审查同意后，可用缴纳所得税之前该贷款项目新增的利润归还。(7)企业税后留用的利润，应合理分配使用。

1983年10月，县属国营企业实行第二步利改税：(1)将现行的工商税按纳税对象，划分为产品税，增值税，盐税和营业税，将第一步利改税设置的所得税和调节税加以改进，增加资源税，城市维护建设税，房产税，土地使用税和车船使用税。(2)对盈利的国营大、中型企业，按55%的固定比例税率计算缴纳所得税，对盈利的小型企业，按新的8级超额累进税率计算缴纳所得税，税后一般由企业自负盈亏。(3)盈利的国营大中型企业在缴纳所得税后，按核定的调节税率，计算缴纳调节税，税率以1983年实现的利润为基数，调整由于变动产品税、增值税、营业税税率以及开征资源税而增减的利润之后，作为核定的基期利润，基期利润扣除按55%计算的所得税和1983年合理留利后的部分，占基期利润的比例，为核定的调节税税率。(4)国营小型企业的标准是：①固定资产不超过300万元，年利润不超过30万元，两条件同时具备的为小型工交企业。②以独立核算的自然门店为单位，年利润不超过8万元，职工人数不超过30人的，为小型商业零售企业。(5)对亏损企业和微利企业的补贴或减税、免税按以下办法处理：①属国家政策允许的亏损，实行计划补贴的办法，超亏不补，减亏分成。②属经营管理不善造成的亏损，由企业主管部门责成企业限期扭亏。③1983年的盈利企业，由于调增税率和开征新税，使1983年由盈变亏的或利润不足当年合理留利的，可在3年内减征产品税、增值税和营业税。

1985年，乐安县对所属企业留用的利润按照上级核批的利改税方案，核定各企业留利中生产发展基金、新产品试制基金、后备基金、职工福利基金和职工奖励基金等5项基金的使用比例。

1986年，执行国务院深化企业改革增强企业活力规定：(1)今后企业用税后留利进行生产性投资所增加的利润，按40%的税率征收所得税，对计划亏损企业继续实行“亏损包干，超亏不补，减亏留用”或递减包干的办法。(2)为了放开小型商业企业，对国有集体经营的企业重新核定承包费，以1985年实现利润为基础，扣除可按工资总额12%的奖金进入成本的部分，减除按8级超额累进税档次所得税率计算的应税额，视为企业1985年的税后利润，凡税后利润人均不到500元的单位，免除上缴承包费；人均税后利润达500元以上的部分，缴一半给商业主管部门。(3)粮油工业企业税后留利分配使用办法：年利润在100万元以上企业，其税后留利应分设生产发展基金、新产品试制基金、后备基金、职工福利基金和职工奖励基金。

1988年，执行财政部颁发的《全民所有制工业企业推行承包经营责任制有关财政问题的规定》：(1)盈利企业承包上缴利润的范围是所得税、调节税、利润、实行所得税后承包的，为所得税后的调节税、利润。(2)承包上缴国家利润的主要形式：①上缴利润递增包干；②上缴利润递增承包，超收分成；③上缴利润基数包干、超收分成；④微利企业上缴利润定额包干；⑤亏损企业定额补贴包干；⑥企业上缴所得税后利润承包。(3)上缴国家利润承包基数和承包目标的确定：①核定承包基数的原则：盈利企业一般不能低于承包前1年的实际应上缴利润，亏损企业一般不能高于承包前1年的实际应补贴数。②企业承包上缴利润目标，有条件的应采取上缴利润递增承包办法。③企业实行承包后，执行中仍按现行税法规定，缴纳产品税，所得税，调节税和其他各项税收。④签订承包合同时，对企业尚未归还的基建和专项技术措施贷款余额，必须在合同中规定还贷期限。⑤财政部门应会同企业主管部门认真核定承包企业留利中的生产发展基金、福利基金和奖励基金的分配比例。为此，乐安县人民政府印发了《乐安县地方国营工业企业承包经营责任制实施办法》，决定对国营企业实行承包经营责任制，由县人民政府委托企业主管部门和财政局发包，通过公开招标招聘或选聘企业经营者承包。自1988年至1990年为乐安县国营企业第一轮承包合同期。

1989年，规定凡承包合同到期的大中型企业，在对前一轮承包调查摸底的基础上，按照"大稳定、小调整"的原则，对能够完成承包合同的，可进入下一轮承包或试行滚动承包。

1990年，取消以利润还贷提取"两金"（福利基金和奖励基金）的办法。并规定，超承包目标返还给企业的资金，凡实行工效挂钩办法，效益工资全部进成本的企业，90%用于发展生产，10%用于集体福利；其他企业，75%用于发展生产，25%用于集体福利和奖励，联营企业在签订联营合同，协议过程中涉及国有资产的转移，估价和利润分配等条款，未经财政部门审查的，财政部门在审查年终决算时，对利润分配中"分给其他单位的利润"，一律不予承认，其分出去的利润由本企业税后留用利润补足。对"其他单位分来的利润"一律没收，上缴国库。同年11月，乐安县人民政府印发了《乐安县企业第二轮承包实施细则》，从1991年起开展了第二轮承包，以1990年为基数，盈利企业按各厂不同情况协商递增比例以上缴利润为主要指标，亏损企业则以递减为主要指标，签订了为期3年（1991～1993年）的承包合同。

二、扭亏增盈工作

扭亏增盈工作是提高企业经济效益的重要措施，也是企业财务管理的一项重要工作。

1962年，为积极贯彻国民经济调整、巩固、充实、提高的方针，乐安县加强对亏损企业的财务管理工作，要求亏损企业改善经营管理，加强经济核算，提高劳动生产率，努力降低成本，争取在短期内减少亏损和扭转亏损局面，并对全县所有亏损企业进行逐个排队审核，经批准后，实行计划弥补办法。未经批准的企业亏损，财政不予弥补，银行不予贷款。

1966年起的"文化大革命"期间，企业财务管理受到干扰，企业亏损增加，盈利水平下降。

1977年为扭转企业大量亏损局面，当年，县政府成立了扭亏增盈领导小组，并以财政局为主成立了扭亏增盈领导小组办公室，开展全县企业的扭亏增盈工作，当年扭亏为盈取得显著成效。

1980年起，为继续扭转企业亏损，增加企业盈利，乐安县在抓好企业调整、整顿的同时，在工业企业中实行盈亏包干办法，对亏损企业和重点亏损行业采取了"亏损包干，超亏不补，减亏留用"或递减亏损包干办法。

1984年，乐安县贯彻执行江西省人民政府提出的8条扭亏补充规定。

1986年，按照江西省人民政府发出的《关于进一步抓好工业企业扭亏增盈工作的通知》精神，乐安县对计划亏损企业当年实现扭亏为盈的，原核定的当年亏损指标照拨，当年盈利全留。第二和第三年实现的利润，根据不同情况减半征收所得税或免征所得税，对生产短线产品因为设备落后而发生亏损的企业，视具体情况，当年的亏损指标提前预拨或将第二年、第三年的亏损指标预借给企业，用于扭亏性的技术改造，促进企业扭亏增盈。

三、企业工资总额同经济效益挂钩

1985年，国务院《关于国营企业工资改革问题的通知》，主要是在国营大中型企业中，实行职工工资同企业经济效益按比例浮动的办法。

1988年9月，财政部《关于国营企业实行工资总额同经济效益挂钩有关财务问题》的通知，其主要内容：（1）1988年以前由原劳动人事部、财政部批准试行工效挂钩的企业，其奖金已核入工资总额基数，并列入成本的，仍按原办法继续实行。（2）实行工效挂钩的企业，挂钩后奖励基金不得计入成本，可采取"工资、奖金总挂分提"的办法，即：奖金核入工资总额基金与经济效益挂钩，其资金来源分别渠道解决，成本列支的工资部分计入成本，奖金部分仍在税后留利中开支。实行"分挂分提"办法的企业，即：列支成本的工资与经济效益挂钩；新增效益工资在成本中开支，奖金按第二步利改税办法规定，仍在企业留成中提取。（3）凡是实行工效挂钩的国营企业，无论采取哪种挂钩形式，一律征收国营企业工资调节税。同年，江西省印发《关于推行工资总额同经济效益挂钩的实施细则》，其主要内容。一是关于工资总额同经济效益总挂钩的问题，（1）工资总额同经济效益总挂钩的范围。根据国家关于工资体制改革，实行工资分级管理的规定，省对地、市和部门所属国营企业，逐步实行工资总额同经济效益总的挂钩办法（以下简称总挂）。总挂的范围应包括本地区（部门）的全部国营企业。具体包括工业、交通运输、建筑施工、商业、粮食、饮食和服务业、城市公用、物资供销、农林水（不包括家庭承包的职工）、文化、教育、卫生、出版等所有企业,但不包括三资企业。(2)总挂钩的经济指标范围和基数的计算。①以实现税利挂钩的,其指标范围包括下列项目:全部挂钩企业的产品税、增值税、营业税、城市建设维护税、教育费附加、房产税、车船使用税、资源税和实现利润。实行上缴税利挂钩的,其指标范围包括:除以上各种税费以外,加上所得税、调节税,承包费和上缴利润,还有用新增利润归还技措贷款和基建改扩贷款,可以按50%的比例视同上缴税利。②实现税利或上缴税利基数的计算,一般以上年度实际完成数为基数,并适当考虑今后一、二年内发展趋势,进行合情合理的核定。(3)工资总额的范围和计算的问题。工资总额的范围,原则上按照劳动工资统计年报关于工资总额构成的规定为基础(不包括付食品价格补贴,调价性的补贴及原材料、燃料节约奖和其他免征奖金税的奖金)。增加合理的因素,剔除不合理的因素。(4)挂钩浮动总比例。以工资税利率、劳动生产率、人均税利等经济指标为主要依据进行对比确定。一般是挂钩的经济指标每增长1%,工资总额增长0.5%~0.8%,如挂钩指标没有完成,要适当扣减工资总额基数。(5)考核指标。为了保证全面完成国家计划,促进经济效益提高,省对地、市和部门实行总挂钩的同时,还必须实行考核指标。具体要求是:①以实现税利总挂的,必须保证完成上缴税利任务(系指当年下达的财政收入任务),没有完成的,按新增效益工资一定比例扣减新增效益工资。②人均实现税利,按上年实际考核,每下降1%,扣减新增效益工资1%。③工业企业全员劳动生产率,以上年实际为基数,每下降1%,扣减新增效益工资2%。二是关于单个企业工资总额同经济效益挂钩的问题(以下简称单挂钩)。(1)企业工资总额同经济效益挂钩的范围和形式,凡是有条件的国营企业,首先是实行了承包经营责任制的企业,都应实行工资总额同经济效益挂钩的办法。企业单挂钩的形式可以多种多样,当前推行挂钩的主要形式有以下几种:①工资总额同上缴税利挂钩。主要适用于上缴税利能够基本稳定增长的企业。②工资总额同实现税利挂钩。实行了承包经营责任制,确定了上缴财政基数或递增包干比例的企业,在保证完成上缴利润任务的前提下,可以实行这种形式。③工资总额同实物量挂钩,实行实物量挂钩办法的企业,原则上以销售出去的合格产品计提工资。④百元产值工资含量包干。目前主要在建筑施工企业实行。⑤工资总额同实际工作量挂钩。如自来水厂可以实行工资总额同吨水销售量挂钩;有条件的公共交通,公路运输等企业,可实行工资总额同实际工作量及利润指标双挂钩,⑥以出口创汇为主的企业,可实行总额同创汇额挂钩,或同创汇额和税利指标双挂钩。⑦微利企业或亏损企业,可实行实现利改税绝对额或减亏额的分成办法。即:实现税利(或上缴税利)多少万元,或者扭亏、减亏多少万元,增加一定工资总额。(2)实行上缴税利和实现税利挂钩的企业,税利的范围按总挂的项目一样计列。(3)挂钩浮动比例的确定。以工资税利率、资金税利率、劳动生产率、销售利润率、人均税利等经济指标,一般是挂钩经济指标每增长1%,工资总额增长0.3%~0.7%,对于以社会效益为主的微利企业浮动比例可适当高一些,对于亏损企业也可以实行扭亏、减亏总额的绝对额度,给予一定的工资总额绝对增长数,但必须保证国家多得。挂钩企业,按其挂钩的经济指标增长幅度和核定的浮动比例(工资系数)提取效益工资,如没有完成挂钩经济指标的,也要按浮动比例相应地扣减工资总额基数,为了保证职工的生活,下浮幅度最多不得超过工资总额基数的20%。三是关于奖金进成本和效益工资的提取使用问题。(1)实行总挂钩的地区、部门按规定核入工资总额基数的全部奖金进入成本。单挂钩企业的奖金原则上也按规定进入成本,实行除奖金外的工资同经济效益挂钩的企业,奖金则不得进入成本。(2)效益工资的使用。总挂钩地区、部门对所属企业的工资总额基数和效益工资,要留有一定的机动数,以便解决某些突出问题。单挂钩的企业效益工资如何使用,要本着“瞻前顾后,留有余地,以丰补欠”的原则,由企业自主安排,实发工资增长幅度,超过国家规定的要照章缴纳工资调节税。

乐安县从1988年开始实行工资总额同经济效益挂钩。

1989年,乐安县执行省财政厅《关于国营企业实行工资总额同经济效益挂钩有关财务问题》的通知。规定如下:(1)1988年及其以前已经由省或地(市)工改领导小组批准实行工资总额同经济效益挂钩的企业,仍按原办法继续实行。(2)自1989年1月1日起实行工资总额同经济效益挂钩的企业,均不能采取“总挂总提”办法,而只能采取“总挂分提”或“分挂分提”办法。所谓“总挂分提”办法,即指奖金核入工资总额基数同经济效益挂钩。工资总额基数中在成本中列支的工资仍由成本开支,奖金仍在企业留利中开支。新增效益工资按第一年挂钩核定的工资总额基数中工资和奖金的比例,分别由成本和企业留利开支。所谓“分挂分提”办法。即指列支成本的工资同经济效益挂钩,新增效益工资在成本中开支,奖金按第二步利改税办法规定,仍在企业留利中提取。

1989 年 12 月,省财政厅关于工交企业工资总额同经济效益挂钩财务处理规定的通知,其主要内容:(1)关于采取总挂分提办法企业工资基金的列支办法。①采取总挂分提办法的企业,当年在成本中列支的工资,包括当年工资总额基数中的成本工资和在成本中列支的新增效益工资;当年在企业留利中列支的工资,包括当年核入工资总额基数中的奖励基金和在企业留利中列支新增效益工资。②采取总挂分提办法后,企业留利仍应按挂钩前财政部门核定的比例提取生产发展基金、新产品试制基金、后备基金、职工福利基金和职工奖励基金。(2)挂钩企业均应当以当年承包上缴任务或上缴利润计划作为主要考核指标,凡未完成上缴任务的,必须用自有资金足额弥补,但企业用自有资金弥补部分不得计提效益工资。(3)挂钩企业职工福利基金的提取办法由原来按提取工资总额计提,改为按实发工资总额计提。(4)实行工资总额同实物(工作)量(包括同产值、销售收入等挂钩的,下同)上缴税利或实现税利复合挂钩的企业,在工资基金清算时,首先应计算与实物(工作)量挂钩提取的工资基数,上缴税利或实现税利中均应扣除与实物(工作)量挂钩在成本中列支的新增效益工资。(5)效益下降的挂钩企业工资总额的扣减办法:

效益下降幅度	工资总额扣减幅度
60%以上(不含60%下同)	20%
50% ~60%	15% ~18%
30% ~50%	10% ~14%
20% ~30%	7% ~9%
10% ~20%	4% ~6%
10%以下	2% ~3%

1991 年 11 月,执行江西省财政厅、江西省劳动厅《关于进一步改进和完善企业工资总额同经济效益挂钩办法的若干意见》的通知。其主要内容:(1)要逐步建立国家对企业工资的分级管理体系,实行国家对地区所属企业工资总额同经济效益挂钩。(2)凡实行了承包制的企业,原则上都要实行工效挂钩。(3)企业挂钩经济效益指标的选择。目前除采用的上缴税利,实现税利、实物量(工作量)等单项指标挂钩外,还可视企业选择资金税利率、劳动生产率、创汇额等经济效益指标与税利指标复合挂钩。(4)企业挂钩经济效益指标基数的核定。经济效益指标基数原则上以上年实际完成数为基础,上年实际完成数低于前三年(含上年数)平均数的以前三年平均数为基础,并适当考虑今后一二年内发展趋势,进行合理的核定。(5)合理调整和核定挂钩的工资总额基数。企业年度工资总额基数的确定,原则上按照上年核定的挂钩工资总额基数,加上应提取的新增效益工资和合理追加的工资,减去应扣工资调节税进行确定,对于经济效益下降的企业,工资总额基数的扣减办法按 1989 年 12 月省财政厅通知执行。按照上述规定扣减效益工资的最高额度,一般不超过企业挂钩年度内累计提取新增效益工资的额度。(6)改进新增效益工资提取和基数确定办法。从 1991 年起,对于进入第二轮工效挂钩的企业和新实行工效挂钩的企业在提取新增效益工资和确定下年基数时,企业采用以下几种办法:①分级递减法。②限额环比法。③定比法。(7)挂钩浮动比例的确定。浮动比例一般在 1:0.3 ~1:0.7。对严重倒挂的企业一般只能实行分成法,分成比例一般不能超过 35% ~40%。

1992 年,江西省根据劳动部、财政部规定,从 1992 年起将付食品等价格补贴纳入企业挂钩工资总额基数。

1993 年对"工效"挂钩企业进行了清算。

1994 年 1 月 1 日起,执行财政部规定,原"总挂分提"企业改为"总挂总提",单列人员的工资按 1993 年实际在册平均人数和实际支付工资额核入工资总额基数。1994 年 10 月,县国有资产管理局向各工效挂钩的企业发出《关于 1994 年工效挂钩企业国有资产保值增值否决指标的通知》,核定的 1994 年国有资产保值增值有关考核指标为:(1)1993 年年底国有资产总额;(2)核定 1994 年国有资产总额基数;(3)国有资产保值增值率。

1997 年,执行上级财政部门通知,实行工效挂钩企业所有增资均由效益工资列支,除劳动、财政部门核定的工资总额以外,不得再以其他形式在成本中列支任何工资性项目。

1999 年,乐安县根据上级有关国有企业工效挂钩的通知,除把国有资产保值增值作为企业提取新增效益工资的否决指标外,还必须考核下列两项指标:(1)必须完成财政下达的利润或减亏计划;(2)职工养老保险金和失业保险金缴交率达 100%。

第六节 利润监交

利润监交是对企业严格财政纪律加强财政监督的一项任务。1956 年以前,江西省各级国营企业的利润上缴，均由财政部门直接管理。

1956 年 9 月，根据财政部的规定，全省各级税务机关接办当地中央和地方国营企业利润监交工作。主要职责是：经常督促国营企业按规定足额地向国家预算解缴利润、基本折旧基金、固定资产变价收入和多余流动资金等；对企业实际缴库数额进行记录，核对和报告。1957 年，江西省贯彻执行财政部《关于监督国营企业解缴利润的临时规定》，监交机关的职责，增加了企业交款计划的执行情况、监督企业补缴超计划利润，办理错缴退库和监缴利润的会计核算与监缴情况报告等内容。

1957 年，乐安县执行企业缴款和利润分成暂行办法，其主要内容：企业利润和基本折旧基金缴库办法：(1)企业利润、基本折旧基金等收入，一律采取就地缴库的方式，以会计独立核算企业为缴款及结算单位，在各公社的县属企业，应以汇报方式将应缴款项送汇财政局，并由当地公社财政科监汇。(2)缴款单位应按照核定的年度上解利润。各主管部门应监督企业及时按计划缴库。

1958 年"大跃进"，机构撤并，人员减少，利润监交工作趋于停顿。

1960 年，抚州专署财政处、商业处、抚州中心支行，先后发出关于 1960 年度商业企业收入临时解缴办法和中西医药企业收入解缴办法。其主要内容：(1)各县的商业企业和中西医药企业应交的企业收入，就地以 20% 入县金库，10% 入专署金库，70% 解缴省金库。(2)饮食服务业企业收入，仍作县财政收入，就地解缴县金库，在 1960 年工矿区、城市、农村、林垦区新增的饮食服务业网点，对所需投资，应由当地县财政参照省厅下达指标给予适当安排。(3)1966 年各级国营商业和国营中西医药企业应按实际利润金额缴库，不就地计提利润留成。(4)公私合营商业(中西医药)企业收入，统一汇交县商业局和县中西医药公司，由商业局和中西医药公司扣除股息、奖励金、培训费、合作商店、小组亏损弥补后，其净利润 40% 为企业留成，由商业局和中西医药公司提取，全部逐级上缴省商业厅和省卫生厅药政局，由省商业厅和省卫生厅药政局统一分配拨付使用，其余 60% 按规定比例分别缴入各级金库。(5)有亏损的商业企业和中西医药企业，由各级财政部门核实后，按以上所定的入库比例，分别从省、专、县金库内退库拨补。

1960 年，抚州专署财政处、商业处关于县属商业中的饮食、服务企业的收入解库办法的补充通知：(1)凡独立核算的饮食、服务企业的收入，直接解缴县金库。(2)县城和集镇以下不能独立核算的饮食、服务企业的收入，如分开独立核算确有困难，各地财政部门应协助商业部门，将商业收入和饮食服务企业收入分清，分别列报上缴县商业局，再由商业局统一分别上缴县金库。

1962 年，恢复和加强对国营企业解缴预算收入的监督，执行财政部的规定，由各级税务局进行监交。监交的职责是：监督国营企业按期、正确、足额地解缴预算收入；检查企业交款计划的执行，了解企业生产财务活动以及亏损企业的亏损变化等情况；初审企业会计报表，办理结算和亏损弥补工作；办理监缴收入的对账签证和报告监交工作情况。凡是按计划交款的企业，由主管部门核定季度计划，抄送企业所在地的监交机关，企业编制分月计划报当地监交机关监交；凡是按实现利润解缴的部门，将月份会计报表送当地监交机关监交。1963 年 5 月，江西省财政厅《关于实行由税务机关监督地方国营企业解缴利润的通知》，决定自 1963 年 6 月份起，全省县以上地方国营工业、交通、文教等企业的利润监交工作，统一由各级税务机关办理。

1972 年 12 月，财政部发布《国营企业利润缴库办法》，其主要内容：(1)企业上缴利润(弥补亏损)，由当地财政税务机关监督缴库(建筑安装企业由当地建设银行进行监交)。监缴单位有权检查企业的财务收支情况。(2)润按照下列办法缴库：工业、交通企业的利润，应当按照季度分月计划上缴。月份会计报表编出后，按照实际数进行结算，多退少补。商业、粮食、水产、物资、供销企业的利润，在月份终了后 10 日内，按照实际数一次上缴。如果不能按期编出会计报表的，可以先参照上月实际数与本月情况估缴，然后再根据实际数进行结算，多退少补。(3)企业无故拖欠上缴利润的，监缴单位有权通知银行从企业存款中扣交。(4)企业发生的亏损，按照下列办法处理：工业、交通企业的计划亏损，按照批准的季度分月计划分次或一次弥补。建筑安装企业、农牧企业、生产建设兵团的计划亏损，按照批准的计划分季弥补。商业、粮食、水产、物资、供销企业的计划亏损，在批准的季度亏损指标以内的，根据实际发生的亏损数，于月份终了后 10 日内给予弥补。(5)文教、劳改等企业上缴利润(弥补亏损)办法，根据不同行业，分别按照工业、商业、农牧企业的办法处理。(6)企业有下列情况的，可以办理收入退库：①由于工作的差错而多交、错交的利润；②按照计划预交的利润多于实际利润的部分；③经批准应当弥补的亏损；④按照国家规定需要办理退库的款项。

企业上缴的利润,除上述情况外,任何单位都不得任意退库,确实需要退库的,应当报经财政部批准。(7)企业应当上缴财政的其他款项,按其隶属关系,分别上缴中央金库和地方各级金库。

1973年5月,根据《江西省地方国营企业收入缴库试行办法》的规定,国营企业的利润按企业的隶属关系分别上缴财政金库;国营商业和粮食企业上缴利润或弥补亏损,仍由当地税务机关监交、管理。

1977年10月,江西省财政厅《关于交接利润监交工作的通知》,其主要内容:(1)对省属企业利润监交工作的移交。全省商业、粮食系统企业的利润监交工作,由地(市)、县(市)级税务局分别移交给同级财政局接管。(2)各税务局即应将现行监交工作制度和办法向同级财政局作介绍和移交。乐安县财政部门从此执行1977年7月财政部颁发的《国营企业上缴利润的监交办法》,监督本地国营企业上缴利润的及时入库,核实亏损企业的亏损。

1978年1月1日起,江西省规定直属商业系统的企业按级次由地(市)、县(市)财政局分别就地进行财政监督。财政监督的任务是"促、审、查、报"4个方面;促进企业改善经营管理,审核企业的生产财务活动情况,查企业是否正确贯彻国家财政政策和制度,报送财政监督工作经验和报送企业、财政监督、金库3方对账单。

1979年1月1日起,省直属粮食系统企业改由地、县财政局实行就地财政监督,缴拨款关系就地办理,粮食企业的会计报表,直接报县财政局。财政部门逐级汇总粮食企业利润、折旧报表上报。

1982年4月,国务院批转财政部《关于在国营企业恢复财政驻厂员制度》,其主要内容:(1)财政驻厂员的主要任务为:①按照党的方针政策和国家财政法规,帮助企业全面整顿和加强财务会计工作,健全财会制度,加强经济核算,加强成本资金和财产的管理;②通过财务分析,揭露企业经营管理中的问题,促进企业增产节约,改善经营管理,克服损失浪费,提高经济效益;③督促企业按时上缴利润,监督企业遵守国家财经纪律。(2)财政驻厂员列为事业编制,其经费按驻在企业的隶属关系分别由中央财政和地方财政从工交商事业费中解决("文化大革命"以前,只有中央国营企业实行财政驻厂员制度)。

1983年国营企业推行第一步利改税,1984年10月起实行第二步利改税。国营企业实行利改税后,利润监交工作的重点,转向国营企业所得税的征收管理。

1986年2月,省财政厅制订《江西省国营企业财政驻厂员工作管理暂行规定》,主要内容:对国营大中型工矿企业、商业二级批发站、大型商店、大型国营农垦、水产、劳改劳教等企业可以企业为单位派驻财政驻厂员,对地(市)、县(市)的小型工业企业和商业、粮食、供销、文教、农牧、水产和其他国营企业一般不按企业派驻财政驻厂员,可在地市财政局内设立财政驻厂员机构,组织巡回检查和监督。县财政驻厂员是财政机关派驻企业的财政监察人员。财政驻厂员的主要工作任务是:帮助企业加强财务会计工作;对企业的生产经营和财务情况进行调查研究;帮助企业建立健全各项经济责任制;督促企业及时编报会计报表;定期向上级机关和有关部门报告工作。同年5月,抚州地区财政局批准乐安县财政局配备财政驻厂员6名,1996年又批准乐安县财政局增配财政驻厂员1名,共7名。

乐安县的财政驻厂员按地级财政办理:人员和编制统一放在县财政局内使用。由于改革开放不断深入,扩大企业自主权得到落实,同时,随着机构改革的进行,此项工作交由财政部门有关业务股和后来设立的财政监督股共同实施。

第七节 实行《企业财务通则》新制度下的企业财务管理

企业财务管理是企业管理的中心环节,是一项重要的综合性、职能性管理工作。

1992年11月16日,全国实行企业财务、会计核算改革,财政部发布施行《企业财务通则》12章共46条,制定出台各类行业企业财务规章制度。规定从1993年7月1日起,凡设立在中国境内的所有各企业,不分经济类型,都必须严格遵行。按照新制度规范的对商业、粮食、外贸、供销合作社、图书发行、物资供销、工业、旅游、饮食服务、施工、房地产、运输(交通)、邮电通信、对外经济合作等14个行业分别按照归类所属的工业企业、商品流通企业、施工企业、旅游饮食服务企业、运输(交通)企业、邮电通信企业、对外经济合作企业等企业所制定的财务制度,全县从1993年7月1日起严格照章执行。

一、资金筹集的管理

凡企业设立时必须有法定的资本金。资本金可以采取吸收货币资金、实物和无形资产或发行股票等方式筹集。

企业资本金可以一次或分期筹集。一次筹集的,企业从营业执照签发之日起6个月筹足;分期筹集的,第一次筹集的资金不得低于投资者认缴出资的15%，并且在营业执照签发之日起3个月内缴清。但对工业、运输（交通）、邮电通信、施工、房地产等企业分期筹集的，最后一期出资当在营业执照签发之日起3年内缴清。

企业以无形资产（不包括土地使用权）投资的，其所占比例一般不得超过注册资金的20%，应由中国注册会计师验资并经工商行政管理机关审查批准，但最高不得超过注册资金的30%。

企业不得吸收投资者的已设立有担保物权及租赁资产的出资。企业筹集的资本金，必须聘请中国注册会计师验资，出具验资报告。企业在经营期内，投资者对其投入企业的资本金，除依法转让外，不得以任何方式抽走。属商品流通企业、旅游、饮食服务企业的中外合作企业，一方先行收回投资的必须承担企业的债务责任。涉及税前收回投资的，须报经主管财政机关审批。

企业在筹集资本金活动中，投资者缴付的出资额超出资本金的差额（包括股票溢价），法定财产重估增值以及接受捐赠的财产等，计入资本公积金。

投资者对企业的净资产按照出资比例或合同、章程、协定的约定分享企业利润和分担风险及亏损。

企业长期负债的应计利息支出，筹建期间的，计入开办费；生产、经营、营运期间的，计入财务费用；清算期间的，计入清算损益。

企业流动负债的应计利息支出，计入财务费用。

二、流动资产的管理

流动资产包括现金、各种存款、应收及预付款、存货等。规定工业、商品流通企业建立健全现金及各种存款的内部控制制度。现金收入做到日清月结，确保现金的账面余额与库存金额核对相符，银行存款与银行对账单金额核对相符。

企业应收及预付款，待摊费用按实际发生额计价；应收票据按面值计价；发生的贴现利息支出，计入财务费用。

企业预提坏账准备金：（1）工业、商品流通企业按月预提，于年度终了再按年末应收账款的余额的3‰～5‰清算，计入当期费用。未提的，发生的坏账损失，据实计入当期费用。企业当年发生的坏账损失，超过上一年计提的坏账准备金部分，计入当期费用；少于上一年计提的坏账准备金部分和收回已核销的坏账时，冲减当期费用。（2）运输（交通）、邮电通信、旅游、饮食服务企业可于年度终了，按年末应收账款余额的1%，对外经济合作企业按年末应收账款余额的2%，分别提取坏账准备金，计入管理费用。上述企业发生的坏账损失，冲减坏账准备金。收回已经核销的坏账，增加坏账准备金。不计提坏账准备金的，发生的坏账损失，计入管理费用。收回已核销的坏账，冲减管理费用。

企业超过3年确实不能收回的应收账款列作坏账损失，报经财政机关批准。

企业存货（为销售、耗用而储备的商品、材料物资、低值易耗品、包装物等）按下列原则计价：（1）购入的，商品按取得时的实际成本即商品进价成本计价；材料物资、低值易耗品、包装物等按原始进价加由企业负担的可直接认定的运杂费等计价。（2）自制的，以制造过程中的各项实际支出（商业为净支出）计价。（3）委托外单位加工的，按照实际耗用的原材料或者半成品加运输费、装卸费、保险费和加工费用等计价。（4）投资者投入的，按照评估或者合同、协议确定的价值计价。（5）盘盈的，按同类存货的实际成本计价；没有同类存货的，按照市价计价。（6）接受捐赠的，按照发票，账单所列金额加企业负担的运输费、保险费、缴纳的税金等计价；无发票账单的，按照有关协议或同类存货的市价计价。（7）同一种存货的计价方法一经确定，年度内不得随意变更。（8）按照计划成本核算存货的企业，对存货的实际成本与计划成本之间的差异，应单独核算。

对企业存货进行定期或不定期盘点，年度终了前必须进行一次全面盘点清查。盘盈的存货，冲减管理费用；盘亏和毁损的存货，扣除过失人或保险公司赔款和残料价值后，计入管理费用；存货毁损属于非常损失的部分，扣除保险公司赔款和残料价值后，计入营业外支出。但对外经济合作企业的存货盘盈、盘亏、毁损的净收益和净损失，计入当期损益。

企业领用的低值易耗品，周转使用的包装物和材料，实行一次或者分期摊销。摊销期一般不超过1年。

对商品流通企业可按月预提商品削价准备金，年末再按库存商品余额的3‰～5‰清算，计入当期商品销售成本。商品削价准备金专项用于弥补商品削价损失（商品销价低于进价的损失）。使用时作抵扣削价商品的进价处理。

三、固定资产的管理

企业的固定资产。必须加强管理，确保固定资产的安全与完整，充分发挥固定资产应有的效用。

1. 固定资产划分标准规定

对企业凡使用年限在1年以上的房屋、建筑物、机器、机械、运输工具、设备、器具、工具等及不属于生产、经营、营运主要设备的物品、单位价值在2000元以上，并且使用期限超过2年的，都应作为固定资产，并应分别进行经营性与非经营性固定资产核算。

2. 固定资产的计价

（1）购入的固定资产，以购入价加由企业负担的运输、装卸调试、保险等费用计价，国外购入的还包括进口税金。（2）自制、自建的固定资产，应按建造过程中的实际净支出计价。（3）改扩建的固定资产，按固定资产原值加上改扩建发生的净支出计价。（4）投资者投入的固定资产，按评估确认价值或按合同、协议约定的价值计价。（5）以融资租赁方式租入的固定资产，按租赁协议规定的价款加由企业负担的运输、装卸、保险等费用计价。（6）接受捐赠，从境外调入或引进的固定资产，以所附单据确定的金额加上由企业负担的运输费、保险费、安装调试费，缴纳的税金等计价；无所附单据的，按照同类固定资产市场价格计价。（7）盘盈的，按照同类固定资产的重置完全价值计价。（8）企业购建固定资产缴纳的固定资产投资方向调节税，耕地占用税，计入固定资产价值。

在建工程支出按实际成本计价。在建工程发生报废或毁损，在扣除残料价值和过失人或保险公司的赔款后的净损失，计入未完工程支出。单项工程报废或毁损的净损失，筹建期间发生的计入开办费；投入使用后发生的计入营业外支出。对虽已交付使用但尚未办理竣工决算的工程，估价转入固定资产，并计提折旧，竣工决算办理完毕后，按决算数调整原估价和已提的折旧。在建工程完工以前因试行运转发生的支出和营业性收入，属工业、交通（运输）、邮电通信、施工、房地产、对外经济合作企业的，应分别计入或者冲减在建工程成本；属商业、旅游、饮食服务企业的计入当期损益。

3. 固定资产折旧

（1）固定资产折旧，从固定资产投入使用月份的次月起，按月计提。停止使用的固定资产，从停用月份的次月起，停止计提折旧。（2）计提折旧的固定资产有：房屋、建筑物、在用的机器、机械、设备、仪器仪表、运输工具；季节性停用、修理停用的设备；融资租入和以经营租赁方式租出的固定资产。（3）下列固定资产不计提折旧的是：土地；房屋、建筑物以外的未使用、不需用的固定资产；以经营租赁方式租入的固定资产；在建工程交付使用以前的固定资产；已提足折旧继续使用的固定资产；未提足折旧提前报废的固定资产；国家规定不提折旧的其他固定资产；按规定提取维简费的固定资产；破产、关停企业的固定资产；以前已经估价单独入账的土地等。（4）折旧方法一般采用各企业分类折旧平均年限法和工作量法，部分设备也可采用双倍余额递减法和年数总和法，并按月计提。折旧方法和折旧年限一经确定，不得随意变更。（5）固定资产的净残值率为固定资产原值的3% ~5%，由企业自主确定，报主管财政机关备案。

4. 固定资产的清查

企业必须定期或不定期对固定资产进行盘点清查。年度终了前须全面盘点清查一次。对盘盈、盘亏、毁损、报废的净收益或净损失，计入营业外收入或营业外支出。毁损、报废损失较大的，可分期摊销，但期限不得超过2年。工程施工中发生的固定资产清理净损益，计入有关工程成本。筹建期间发生的与工程不直接有关的固定资产盘盈、盘亏和清理净损益，以及由于非常原因造成的固定资产清理净损失，计入开办费。

5. 固定资产的修理

固定资产修理费用，计入当期成本、费用。修理费用发生不均衡、数额较大，采取分期摊销或预提的方法，报主管财政机关备案。

6. 固定资产的损失处理

固定资产盘亏、报废、毁损和出售的净损失，非季节性和非修理期间的停工损失，职工子弟学校经费和技工学校经费、非常损失、公益救济性捐赠、赔偿金、违约金等列“营业外支出”。

四、无形资产、递延资产和其他资产的管理

企业的无形资产包括专利权、商标权、著作权、土地使用权、非专利技术、商誉等。无形资产计价规定：（1）以取得的实际成本计价；（2）投入的无形资产，按评估确定、合同、协议约定的金额计价；（3）购入的无形资产，按实际支付的价款计价；（4）自行开发的按照法律认可的无形资产，按开发过程中实际支出计价；（5）接受捐赠的无形资产，按所附单据或参照同类市场价格计价；（6）企业合并，商誉作价入账。

无形资产自开始使用之日起在有效使用期限内分期摊入管理费用。有效使用期限确定：（1）按法定有效期限与合同规定的使用年限；（2）按合同规定的受益年限；（3）按预计受益期限；（4）难以预计受益期限按不短于10年的期限。

企业出售、转让的无形资产所取得的收入，工业企业计入其他销售收入，旅游、饮食服务企业计入营业收入，商品流通、运输（交通）、邮电通信、施工、房地产、对外经济合作等企业按净收入计入其他业务收入。

递延资产是指不能全部计入当年损益，在以后年度内分期摊销的各项费用，包括开办费、租入固定资产的改良支出等。递延资产的开办费分别规定商品流通、对外经济合作企业自投产营业之日起，旅游、饮食服务企业开始营业之月起，工业、施工、房地产、运输（交通）、邮电通信等企业自开始生产、经营、营运月份的次月起，都必须按不短于5年的期限分期摊入企业管理费用。以经营租赁方式租入的固定资产改良支出，在租赁有效期限内分期摊入制造费用或者管理费用。

其他资产包括特准储备物资等以发生的实际支出计价。

五、对外投资的管理

对外投资可采用货币资金、实物、无形资产或者购买股票、债券等有价证券的方式进行。对外投资包括长期投资和短期投资。但企业不得以国家专项储备的物资和规定的其他财产向其他单位投资。

企业对外投资必须按下列原则确定：(1)以现金、存款等货币资金向外投资的，按实际支付金额计价；(2)以实物、无形资产向外投资的，按评估确认或合同、协议约定的价值计价；(3)企业认购的股票，按实际支付款计价，实际支付的款项中含有已宣告发放但尚未支付股利的，按实际支付的价款扣除应收股利后的差额计价；(4)企业认购的债券，按实际支付的价款计价。实际支付款项中含有应计利息的，按扣除应计利息后的差额计价；(5)溢价或折价购入的长期债券，其实际支付的款项（扣除应计利息）与债券面值的差额，在债券到期以前，分期计入投资收益，在债券到期前分期摊销或转销。

企业以实物，无形资产方式对外投资的，其资产重估确定价值与账面净值的差额，计入资本公积金。

企业对外投资取得的利息、利润和股利，计入投资收益，按国家规定缴纳或补交所得税。

企业收回的对外投资与长期投资账户的账面价值的差额，计入投资收益或者投资损失。

六、成本和费用的管理

企业为生产经营商品和提供劳务等发生的各项直接支出，包括直接工资、直接材料、商品进价以及其他直接支出，直接计入生产经营成本。企业为生产经营商品和提供劳务而发生的各项间接费用，分配计入生产经营成本。

(1)企业计入成本、费用的规定。工业企业生产过程中实耗的直接材料（原材料、辅助材料、备品配件、外购半成品、燃料、动力、包装物、其他直接材料）、直接工资（生产人员的工资、奖金、津贴、补贴）、直接支出（生产人员的职工福利费）、制造费用，计入产品制造成本。

企业在工程施工、提供劳务作业、房地产开发、销售产品等过程中发生的各项支出，计入成本、费用。

旅游、饮食服务、邮电通信企业在生产经营过程中发生的各项直接支出和其他业务活动发生的各项支出，计入营业成本。运输（交通）企业营运生产过程中发生的直接有关的各项支出，计入营运成本。邮电、通信企业生产过程中发生的直接有关的各项支出及从事其他业务发生的各项支出，计入营业成本。

对外经济合作企业为承包工程、劳务合作、技术服务、房地产开发及其他业务发生的各项支出（工资、材料、直接费用）、直接计入项目成本。发生的间接费用，分配计入项目成本。在境外发生的管理费用和财务费用直接计入当期损益。

商品流通企业在经营中发生的与经营活动有关的支出（包括商品进价、为经营商品提供劳务而发生的商品流通费），计入成本、费用。

(2)经营费用。商品流通企业在整个经营环节所发生的各种费用（运输费、装卸费、整理费、包装费、保险费、差旅费、展览费、保管费、检验费、中转费、劳务手续费、广告费、商品损耗、进出口商品、累计佣金、经营人员工资及福利费），计入当期损益。

(3)销售费用。工业企业在销售产品，自制半成品和提供劳务中所发生的各项费用和各项经费，分别按有关标准和发生金额，计入当期损益。

(4)营业费用。旅游、饮食服务企业的营业部在经营中所发生运输费、装卸费、包装费、保管费、保险费、燃料费、水电费、展览费、广告宣传费、邮电费、差旅费、洗涤费、清洁卫生费、低值易耗品摊销、物料消耗、经营人员的工资（含奖金、津贴和补贴）、职工福利费、工作餐费、服装费、其他营业费用的各项费用、直接计入当期损益。

(5)管理费用。企业行政管理部门为管理和组织经营活动的各项费用，按下列有关规定提取和支付计入当期损益。①业务招待费：工业企业销售净额，商品流通、邮电通信、施工、房地产、旅游、饮食服务企业营业收入、运输企业营运收入，全年在1500万元以下，限额标准为5‰；1500万元至5000万元以下的部分限额3‰；5000万元至不足1亿元的，限额2‰；超过1亿元的部分，限额1‰。②工会经费，按职工工资总额的2%计提拨交工会。③职工福利费，按职工工资总额的14%提取。④职工教育经费，按职工工资总额的1.5%提取。⑤商品流通企业的低值易耗品实行一次摊销，数额较大的实行分期摊销。发生的修理费计入当期管理费用,数额大、发生不均衡,在2年内平均分摊。⑥劳动保险费:离退休人员退休金、价格补贴、医药费、易地安家补助费、退职金、6个月以上病假人员工资、职工死亡丧葬补助费、抚恤费、退休统筹基金,按规定支付和提取。⑦待业保险费按国家规定标准支付。⑧其他管理费用(诉讼费、技术开发费、董事会会费、审计费、咨询费、排污费、土地使用费、土地损失补偿费、技术转让费、绿化费、税金、无形资产摊销、上级管理费)按国家有关规定支付。⑨公司经费(总部管理人员工资、职工福利费、差旅费、办公费、折旧费、修理费、物料消耗、低值易耗品摊销,其他公司经费)按国家财务制度有关规定标准提取和列支。

(6)财务费用—企业为筹集资金而发生的各项费用包括生产、经营期间发生的利息支出(冲减利息收入),汇兑净损失,调剂外汇手续费、金融机构手续费,加息及筹资发生的其他财务费用,分别按有关标准和发生金额计入当期损益。

(7)职工工资分别列入企业的制造成本费用、经营费用和管理费用。商品流通企业职工奖金逐步计入成本费用。税利分流企业的职工奖金全部计入费用。工效挂钩企业的奖金按有关部门审批的工效挂钩办法计提的奖励基金数控制。非工效挂钩企业的奖金,按有关部门审批的工资计划或工资包干总额数应提的奖金数控制。实行工效挂钩总挂、总提的企业,提取的新增效益工资列入管理费用。

(8)下列支出,不得列入成本、费用:为购置和建造固定资产、无形资产和其他资产的支出;对外投资的支出;被没收的财物,支付的滞纳金、罚款、违约金、赔偿金、以及企业赞助、捐赠支出;国家法律、法规规定以外的各种付费;国家规定不得列入成本、费用的其他支出。

七、营业收入、利润及其分配的管理

营业收入是指企业在生产经营活动中,销售商品、提供劳务等所取得的收入。企业取得营业收入必须据实入账。发生的销售退回、销售折让、销售折扣、应冲减当期营业收入。

企业营业收入以销售、发出商品、提供劳务、营运生产、施工作业、房地产开发、邮电通信生产业务、承包工程、技术服务、其他业务时,收讫价款,以收取实际价款凭证时,确认为企业营业收入的实现。

企业利润总额包括营业利润,投资净收益,营业外收支净额,营业利润为营业收入扣除成本、费用,税金及附加税费后的数额。投资净收益为投资收益扣除损失后的数额。营业外收支净额为营业外收入减去营业外支出后的数额。

企业发生的年度亏损,可用下一年度的利润弥补;下一年度利润不足弥补的,可在5年内延续弥补;延续5年未弥补的亏损,用缴纳所得税后的利润弥补。

企业的利润按照国家规定做相应的调整后,必须依法缴纳所得税。所得税后的利润,按下列顺序进行分配:(1)被没收的财物损失,支付各项税收的滞纳金和罚款。(2)弥补企业以前年度亏损。(3)提取法定盈余公积金(按税后利润10%提取,法定盈余公积金已达注册资金50%时不再提取),法定公积金用于弥补亏损,按国家规定转增资本金,但转增后留存企业的盈余公积金不得低于注册资金的25%。(4)提取公益金(用于企业的职工集体福利设施支出)。(5)向投资者分配利润。企业以前年度未向投资者分配的利润,可以并入本年度向投资者分配。其中,股份有限公司按下列顺序分配:①支付优先股股利。②按公司章程或股东会议决议提取和使用任意盈余公积金。③支付普通股股利。

企业当年无利润时,不得向投资者分配利润,但股份有限公司在用盈余、公积金弥补亏损后,经股东会议特别决议,可以按照不超过股票面值6%的比率用盈余公积金分配股利。分配股利后,企业法定盈余公积金不得低于注册资金的25%。

实行税前还贷办法的企业,"八五"期间继续按照原办法执行。归还借款的利润转作盈余公积金。

八、外币业务的管理

企业的外币业务是指以记账本位币以外的货币进行的款项收付,往来结算以及计价等业务。企业以人民币为记账本位币。业务收支以外币为主的企业,可以选定某种外币作为记账本位币。本位币一经确定,不得随意变更,需变更,当报主管财政机关批准。

企业各种外币项目的期末余额,按照期末国家外汇牌价折合为记账本位币金额并与账面记账本位币金额的差额作为汇兑损益,计入当期损益。

企业发生的的汇兑净损益,按下列原则处理:筹建期间发生的计入开办费,自企业投产营业起,按不短于5年的期限分期摊(转)销,或者留待弥补企业生产经营期间发生的亏损,或者留待并入企业的清算损益;生产经营期间发生的,计入财务费用;清算期间发生的,计入清算损益。其中,与购建固定资产或者无形资产有关的,在资产尚未交付使用或者已交付使用但尚未办理竣工决算以前,计入购建资产的价值。竣工决算以后发生的,计入当期损益。商品流通企业接受外汇投资时发生的，计入待转外汇价差；对外投资及收回投资时发生的，企业支付投资者利润发生的，分别计入当期损益。

企业发生外币调剂业务时，外币金额按照调剂价折合为记账本位币金额与账面记账本位币金额的差额，计入当期损益。

企业买入外汇调剂价单独记账的，支用时，按照买入时的账面调剂价折合为记账本位币金额记账。

企业不实行外汇调剂单独记账的，买入的调剂外汇按照国家外汇牌价折合为记账本位币金额，外汇调剂价与国家外汇牌价的差额，作为调剂外汇价差。在支用调剂外汇时，属于购买资产或者支付费用的，调剂外汇价差计入资产价值或者有关费用；属于偿还债务的，调剂外汇价差计入财务费用。卖出调剂外汇时，实际取得款项与按国家外汇牌价折合的记账本位币的差额，应冲销调剂外汇价差，有余额，作为汇兑损益处理；卖出其他外汇时作为汇兑损益处理。

商品流通企业购入外汇用于进口商品的，待转外汇价差计入进口商品进价成本。购入外汇用于归还外汇借款的，待转外汇价差计入汇兑损益。购入外汇用于对外投资的，待转外汇价差计入投资成本。

旅游、饮食服务、对外经济合作企业所得外汇收入，按国家外汇管理规定分配使用。

对外经济合作企业在境外所取得外汇净收入，从企业办理工商登记的下一个财政年度起，5 年内全额留用。5 年期满后，20% 的外汇额度上缴国家。在境内所得外汇净收入，40% 的外汇额度上缴国家。承包工程带动机电产品及零配件出口所得外汇，按出口收汇金额的全部留用；出口一般物资所得外汇，按 20% 的外汇额度上缴国家。

九、企业清算

企业解散、破产、宣布终止时，应当成立清算机构。对企业财产、债权、债务必须进行全面清查。妥善处理各项遗留问题。清算期间，未经清算机构的同意，不得处置企业财产。

企业在宣布终止前 6 个月至终止之日的期间内，对下列行为：隐匿私分或者无偿转让财产，非正常压价处理财产，对原来没有财产担保的债务提供财产担保，对未到期的债务提前清偿，放弃自己的债权，清算机构有权追回其财产清算入账。

清算期间发生的清算机构的人员工资、差旅费、办公费、公告费等，计入清算费用，由企业现有财产优先支付。清算期间发生的财产盘盈或者盘亏、变卖、无力归还的债务或者无法收回的债权，以及清算期间的经营收入或者损失等，计入清算损益。

企业财产拨付清算费用后，按下列顺序清偿债务：(1)应付未付的职工工资、劳动保险费等。(2)应缴未缴国家的税金。(3)尚未偿付的债务。(4)在同一顺序内不足清偿的，按比例清偿。

清算终了，对企业的清算净收益，依法缴纳所得税的剩余财产，按照投资者出资比例或者合同，章程规定进行分配。

清算完毕，清算机构将清算报告，清算期内的收支报表，连同中国注册会计师查账验证报告，一并报送工商行政管理部门和主管财政机关办理注销登记。

十、相关企业财务管理

新的企业财务制度实行以后，上级主管部门相继对相关的企业下发了若干财务补充规定：

（一）调整离退休金和生活费

1993 年 10 月 1 日起，执行省人民政府规定：(1)国有企业中 1993 年 9 月 30 日以前离退休的人员从 1993 年 10 月起，分别按下列标准增加退休金。1978 年 12 月 31 日以前离退休人员，每月分别增发 100 元离休金和 60 元退休金。1979 年 1 月 1 日至 1985 年工资改革前离退休的人员，每月分别增发 85 元离休金和 45 元退休金。1985 年工资改革后至 1988 年 12 月 31 日离退休的人员，每月分别增发 70 元离休金和 30 元退休金。1989 年 1 月 1 日至 1993 年 9 月 30 日离退休的人员，每月分别增发 60 元离休金和 20 元退休金。(2)国有企业中按国发〔1978〕104 号文件规定办理退职的人员，按下列标准增加退职生活费。1985 年工资改革前退职的人员，每月增发 35 元退职生活费。1985 年工资改革后至 1988 年 12 月 31 日退职的人员，每月增发 25 元退职生活费。1989 年 1 月 1 日至 1993 年 9 月 30 日退职的人员，每月增发 15 元退职生活费。1993 年 10 月 1 日以后退职的人员和已实行岗位技能工资为基数计发退职生活费的人员，此次不增加退职生活费。(3)1993 年 10 月 1 日至 12 月 31 日离退休、退职人员，从领取离退休费之月起，按离休人员每月 60 元，退休人员每月 20 元，退职人员每月 15 元的标准增发离退休金和退职生活费。已实行以岗位技能工资为基数计发离退休金，退职生活费和 1994 年 1 月 1 日以后离退休、退职的人员，这次不增加离退休金和退职生活费。

（二）企业效益工资

1994 年 1 月 1 日起，执行财政部规定：凡实行工效挂钩的企业，不再采取上缴税利挂钩办法，一律采用工资总额同实际利润和上缴所得税复合挂钩形式。实现利润和上缴所得税的比重各为50%。1993年度追加工资的范围和标准:(1)规定发放给职工的物价补贴,按1993年底企业固定职工人数计算全年增资额核入工资总额基数。(2)实行艰苦岗位津贴的企业,按劳动部门批准的实际增资额核入工资总额基数。(3)实行岗位技能工资制试点的企业,可适当调整工资总额基数。(4)统配人员追加工资及其他追加工资的标准仍按1992年的规定执行。(5)原"总挂分提"企业改为"总挂总提",单列人员的工资按1993年实际在册平均人数和实际支付工资额核入工资总额基数。对企业的工资总额基数中属于生产产品提供劳务的直接人员工资,计入制造费用,属于企业管理人员的工资计入管理费用,新增工资均在企业管理费中列支。对1992年从留利中提留的奖励基金数较多的企业,其核入工资总额基数的奖金,一般不超过本企业6个月标准工资。不足标准的,按1992年实际提留的奖励基金数额,核入工资总额基数,亏损企业,不准核入奖金。

1997年,实施劳动部、财政部印发《关于改进完善企业工资总额同经济效益挂钩办法》,规定挂钩的经济效益指标以实现利润、实现税利、上缴税利等指标为主。少数行业、企业可结合本行业,企业特点继续实行复合指标挂钩办法。未完成国有资产管理部门、财政部门核定的国有资产保值增值考核指标的,不得提取新增效益工资,上缴税利不达指标要求的企业,不得提取新增效益工资。坚持工资总额增长低于经济效益增长,工资增长低于劳动生产率增长。建筑施工企业实行由百元产值工资含量包干办法改为工资总额的与实现产值,实现利润(税)复合指标挂钩。企业发展多种经营安置富余人员而减少职工的,要按减少的人数乘以上年度企业平均实发工资水平的50%~70%核减工资总额基数。挂钩企业的所有增资均由效益工资列支。工资挂钩企业除劳动、财政部门核定的工资总额以外,不得在成本中列支任何工资性项目。

(三)福利待遇

1994年7月1日起,执行省劳动厅、财政厅下发《关于提高企业中、晚班津贴的通知》规定标准:企业中班津贴由原来每人每班0.8元提高到2.0元,晚班津贴(深夜12点钟以后)由1.2元提高到3.0元。同年10月10日,按财政部规定国有企业洗理卫生费、交通费补贴纳入工资总额基数,按职工工资开支渠道列支。

1995年1月1日起,执行省劳动厅、财政厅、总工会调整国有企业职工死亡待遇标准:(1)因工死亡的,丧葬费为4个月的上年度公布的当地社会平均工资,一次性抚恤费为36个月的上年度公布的当地社会平均工资。(2)非因工及因病死亡的一次性抚恤费、没有直系亲属的不发。符合供养条件的直系亲属定期生活困难补助标准调整为:(1)因工死亡、城镇户口的,每人每月补助110元,农村户口的,每人每月补助100元。(2)非因工和因病死亡,城镇户口的,每人每月补助100元,农村户口的,每人每月补助90元。(3)死亡职工供养直系亲属系鳏寡孤独者,每人每月另增加10元。

上述费用分别按参加工伤保险费用社会统筹的社会保险机构单位的统筹基金列支和没纳入社会统筹项目从企业管理费用中列支。

(四)交际应酬费和业务招待费

1993年12月23日,执行财政部对外商投资企业的交际应酬费列支标准规定:(1)工业制造、种植、养殖、商业等企业,全年销货净额在1500万元以下的,不得超过销货净额的5%,全年销货净额超过1500万元的部分,不得超过该部分销货净额的3%。(2)旅游、饮食、运输、建筑、安装、设计、咨询、金融、租赁企业和其他服务企业,全年业务收入总额在500万元以上的部分,不得超过该部分业务收入总额的5%。

1994年1月1日起,执行财政部规定:对外经企业发生确定无法收回的对外投资,在报经主管财政机关批准后,计入"投资损益"。业务招待费按全年营业收入在1500万元以下,限额标准为5‰;1500万元至5000万元以下的部分,限额4‰;5000万元至不足1亿元的部分,限额3‰;1亿元以上部分,限额1.5‰。

(五)纳税规定

1994年1月1日起,执行税制改革,对企业实行先征税后返还照顾优惠政策,其企业收到返还税款项的财务处理:(1)按规定用于经济建设的,作为国家投资处理。其中用于新建项目的,直接转作国家资本金;用于改扩建和进行技术改造的,视同国家专项拨款处理,建设项目完工后,属规定准予核销的部分,报经财政机关批准冲销,其余部分在资本金中单独反映。(2)按规定直接用于归还长期借款的,全部转作国家资本金。(3)按规定用于亏损补贴的,计入企业利润总额。(4)外商投资企业收到的返还税款,计入企业利润总额。同年1月1日起,增值税实行价外税后,商品流通企业从境内外购进商品或者接受加工,修理修配等应税劳务,应按照实际应付的全部款项扣除增值税专用发票或完税凭证上注明的增值税和有关的价外费用后的金额计价，据此进行成本、费用的核算。企业购进货物或接受应税劳务直接用于非应税项目，免税项目和集体福利或者个人消费以及企业购进的固定资产等，其进项税额按规定不得从销项税额中抵扣，应将其从进项税额中转出，作为待处理财产损失处理。企业销售货物或者提供应税劳务时，按照应收的全部款项扣除增值税专用发票上注明的增值税后的金额作为企业的营业收入，企业按照销项税额扣除允许抵扣的进项税额后的余额为应纳增值税税额。企业出口适用的零税率货物，不计算销售收入应缴纳的增值税，其出口销售收入仍按《商品流通企业财务制度》的有关规定计算确认。小规模纳税人缴纳增值税实行按规定的征收率计算的简易办法。对企业按规定缴纳的营业税计入其他业务支出；企业报关进口时缴纳的消费税，计入有关进口应税消费品的进价成本，企业委托加工应税消费品所缴纳的消费税，计入委托加工应税消费品的加工成本。企业按规定缴纳的城市维护建设税、教育费附加、计入商品销售税金及附加。企业缴纳的资源税，作为企业的其他业务支出。

对企业各类捐赠支出全部计入营业外支出，其中公益、救济性的捐赠在当年应纳税所得额3%以内的部分，在缴纳所得税时准予扣除，超过3%部分以及非公益、救济性捐赠在纳税时予以调整。企业各种罚款、滞纳金、违约金等全部计入企业营业外支出，但没收财物损失、违法经营罚款和违反税法支付的滞纳金，罚款等，纳税时予以调整。企业向非金融机构的借款利息支出计入财务费用，但其利息高于金融机构同类、同期贷款利率的部分，在纳税时进行调整。企业实行计税工资，企业支付给职工的工资总额超过核定的计税工资部分，在计算应纳税所得额时予以调整。实行工效挂钩办法的企业，由主管财政机关对工效挂钩方案审核、清算，按核定的工资基数及新增效益工资作为计税工资。对未实行工资挂钩办法的企业，计税工资的具体扣除标准按企业所在地政府确定的标准执行。

1995年起，对外商投资企业的期初存货已征税款尚未抵扣的增值税，实行5年内按比例分期抵扣，每年抵扣比例为1995年期初存货已征税款中尚未抵扣部分的20%，最高不超过25%。对新成立的外经合作企业的境外收入免征5年所得税的政策，执行到1995年年底，减免的所得税金额转作盈余公积金。

2000年，按国家税务总局规定：建立工会组织的企业，按每月全部职工工资总额的2%，向工会拨交的经费，凭工会组织开具的“工会经费拨缴专用收据”在税前扣除，凡不能出具“工会经费拨缴款专用收据”的，其提取的职工工会经费不得在企业所得税前扣除。

（六）财务处理

1994年7月6日，按财政部规定：(1)企业支付滞纳金、罚款和违约金，计入营业外支出。(2)购入材料因未收到发票账单而于月终暂估入账时，可只估材料成本，不须将增值税的进项税额暂估入账。(3)自产自用的产品按成本结转，不作销售处理。(4)对逾期未收回包装物而没收的押金的处理：①出租、出借包装物收取的押金，因逾期未收回包装物而没收的部分，计入其他业务收入。②包装物已作价随同产品销售，但为促使购货人将包装物退回而另外加收的押金，因逾期未收回包装物而没收的部分，计入营业外收入。(5)据《增值税暂行条例》规定：企业购进免税农业产品准予买价和10%的扣除率计算进项税额。企业收购的废旧物资不能取得增值税专用发票的，据经税务机关批准使用的收购凭证上注明的收购金额和10%的扣除率计算进项税额。

1994年9月，执行对商品流通企业发生的因债务人资不抵债而逾期3年以上不能收回的应收账款，列作坏账损失时，超过以下权限的必须报主管财政机关审核批准。(1)实行就地纳税的企业，按独立纳税企业确认，大型企业每笔金额超过20万元或年度内累计处理金额超过100万元的，中小型企业每笔金额超过5万元或年度内累计处理金额不超过20万元。(2)实行统一纳税的企业集团或实行国有资产授权经营的大型企业，在年度内累计处理金额超过1993年年末企业净资产0.5%。对不超过上述权限的逾期3年以上不能收回的应收账款，以及债务人破产，死亡造成的坏账损失，由企业自行按规定处理。

1995年对外经企业改造中各类财产损失以及待摊费用、递延资产等，经财政机关批准后，按下列情况处理：(1)原按国家规定统一清理挂账而仍未处理的潜亏、亏损挂账、产成品清查损失、冲减盈余公积金和资本公积金、不足部分冲销资本金。(2)清理出的各项资产盘盈、盘亏、毁损、报废等，计入企业当期损益。(3)已转入企业递延资产挂账的长期借款、利息以及其他待摊费用、递延资产等，应区别不同改建方式处理：实行整体改建和合并改建的，由改建后公司制企业分期摊销；实行分立式改造的，据改建后的债务归属和费用性质分别由公司制企业和分离企业，分期摊销。

1995年2月17日，财政部下发《关于对外经济合作企业财务管理若干问题的通知》规定：从1994年1月1日起执行对境外应收账款确应列作坏账损失，每笔损失在20万美元以上或全年累计坏账损失达到50万美元以上的；对境内应收账款应列作坏账损失，每笔损失在人民币20万元以上或全年累计坏账损失达到50万元以上的，报经主管财政机关审批。低于上述标准的由企业按规定列作坏账损失。

1996年3月，按照财政部规定，商品流通企业非经营用房折旧年限35～45年。同年5月22日，执行省财政厅转发财政部《印发关于商品流通等六个行业外商投资企业制定内部财务管理制度的指导意见》。同年6月28日，实施财政部印发《外商投资企业财政登记管理办法》，规范外商投资企业的财务管理和财政监督。

1998年1月1日起，执行省"九五"期间城镇集体工业企业技术改造项目财政贴息暂行办法。每年按省、地、县各1/3的比例安排财政贴息资金。投向以国家产业政策为导向，重点用于城镇集体工业企业的技术改造、新产品开发、节能降耗等项目。同年1月起，执行省财政厅、国有资产管理局印发《对国有小型企业改革中国有资产管理的指导意见》。对企业改制时企业转让国有资产产权底价，允许成交价在底价的基础浮动，但下浮比例超过10%的应征得国有资产管理部门同意。产权转让收入由同级国有资产管理部门会同财政部门确认和收缴。一次性上缴有困难，可在一定时期分期上缴，并由改制企业签订借款合同，收取相应的资金占用费。

2000年4月6日，实施财政部印发修正的《企业国有资产产权登记管理办法实施细则》，确定国有企业改革和发展的"国家所有、分级管理、授权经营、分工监督"的原则。同年8月3日，实行财政部下发《关于企业买断项目优先收益权财务问题的处理》规定：(1)企业取得的买断项目优先收益权作为无形资产管理。按实际支付的金额计价，按合同约定的年限摊销。(2)企业按合同约定的时间和比例(或数额)计算优先取得合作项目的收益，作为实现的营业收入处理。(3)企业以买断项目优先收益权方式开展业务，应当符合合作领域有关市场准入的政策规定，做好经营决策，防止造成资产损失。

第六章 非税收入管理

非税收入(政府非税收入)是指除税收以外，由各级政府、国家机关、事业单位、代行政府职能的社会团体及其他组织依法利用政府权力、政府信誉、国家资源、国有资产或提供指定公共服务、准公共服务取得并用于满足社会公共需要的财政资金，是政府财政收入的重要组成部分，是政府参与国民收入分配和再分配的一种形式。

该章结合乐安县非税收入的实际，仅就非税收入的综合管理、专项收入管理进行志述。

第一节 非税收入的综合管理

2005年1月，乐安县财政局转发财政部《关于加强政府非税收入管理的通知》。为贯彻落实财政部的通知精神，2007年3月，乐安县人民政府结合本县的实际制定了《乐安县政府非税收入征收管理暂行办法》(以下简称暂行办法)，《暂行办法》明确规定：从当年开始乐安县所有的非税收入必须纳入预算和财政专户管理。政府非税收入是政府财政收入的重要组成部分，不是单位和部门的自有资金，其所有权属于国家，调控和支配权属于政府，管理权属于财政。政府非税收入应当纳入财政预算管理和财政专户管理，并严格执行"收支两条线"的管理规定。县财政局是县政府非税收入征收管理的行政主管机关，具体行使县政府非税收入的日常征收、管理、监督职能。政府非税收入可以由县财政局直接征收，也可以由县财政局委托单位征收。并规范了以下管理办法：

(一)确定了非税收入的管理范围

政府非税收入管理范围包括下列各项：(1)行政事业性收费；(2)政府性基金；(3)国有资源有偿使用收入；(4)国有资产有偿使用收入；(5)国有资本经营收益；(6)彩票公益金；(7)罚没收入；(8)以政府名义授受的捐赠收入；(9)主管部门集中收入；(10)政府财政资金产生的利息收入等；(11)各单位所取得的赞助收入。社会保障基金、住房公积金不纳入政府非税收入管理范围。

(二)明确了收缴管理规定

《暂行办法》规定：(1)行政事业性收费和政府性基金应当依据法律、行政法规、国务院和江西省人民政府或财政部的规定征收。(2)罚没收入应当依据《中华人民共和国行政处罚法》和其他有关法律、法规、规章的规定收取。(3)国有资产收益按照国有资产权属关系由县级以上人民政府依据法律、法规、规章、国务院和省人民政府的规定征收。(4)国有资源收益应当依据法律、法规、规章的规定征收。(5)其他非税收入应当依据法律、法规、规章、国务院和省人民政府的规定征收。(6)任何单位不得违反上述规定非法设定政府非税收入项目、范围、标准。不得随意扩大收费项目,擅自提高收费标准。不得将国家明令取消的行政事业性收费、政府性基金转为经营服务性收费。对国有资源资产类收入要通过公开招标、拍卖等市场化形式运作,以实现资源、资产收益的最大化,确保应收尽收,防止收入流失。(7)法律、行政法规规定了政府非税收入执收单位的,由法定执收单位征收。执收单位依据规定委托其他部门和单位征收的,应当签订委托协议,并报县财政局备案。法律、行政法规没有规定政府非税收入执收单位的,由县财政局直接征收;也可以由县财政局委托有关部门和单位征收。委托其他部门或单位征收政府非税收入的,委托单位应当对被委托单位的征收行为实施监督,并承担该征收行为的法律责任;被委托单位应当在委托范围内,以委托单位的名义征收政府非税收入。执收单位应当严格依照规定征收政府非税收入,不得多征、少征或者擅自减征、免征。缴款义务人确因特殊情况需要缓、减、免政府非税收入的,应当提出书面申请,依照规定办理相关手续。(8)政府非税收入实行收缴分离制度。禁止执收单位或者受委托单位当场收取现款,但依照法律、法规、规章规定可以当场收取的除外。(9)缴款义务人应当按照执收单位规定的时间、数额,到指定银行缴款,不得逃避缴纳义务。执收单位或者受委托单位不得隐匿、转移、截留、坐支、挪用、私分或者变相私分所收款项:(10)经依法确认为误征、多征的政府非税收入,由县财政局直接退还缴款义务人。(11)执收单位应当履行下列职责:①按县政府下发的《关于加强行政服务中心建设意见》规定,向社会公布本执收单位负责征收政府非税收入的具体项目、范围、标准、时间、程序及其依据,并进入行政服务中心收费;②在规定时间内向县财政局编报本部门、本单位政府非税收入年度计划草案;③按照规定足额征缴政府非税收入款项;④记录、汇总、核对并向县财政局定期报告本部门本单位政府非税收入收缴情况。

(三)确立了资金管理方式。

政府非税收入按照下列方式纳入财政统一管理:(1)行政性收费、罚没收入、国有资产有偿收入、国有资源有偿使用收入、国有资本经营收益及产生利息收入,全部纳入财政一般预算管理;(2)政府性基金纳入基金预算管理;(3)事业性收费、其他政府非税收入,纳入财政专户管理。(4)县财政局在中国建设银行乐安县支行开设非税收入财政专户,执收单位不得开设政府非税收入过渡性账户,所有非税收入先全额解入非税收入财政专户,对应纳入预算管理的收入项目,按月或按季解入县国库。(5)非税收入的支出拨付程序,按照《乐安县国库管理体制改革实施方案》和《乐安县预算资金管理办法》实行国库集中支付,凡财政在综合预算未作具体安排的非税支出项目由县政府分管财贸副县长审批后拨付,对成本性各类支出,各执收单位必须要提供政策依据或文件,作为财政局实行资金划缴的依据。(6)上下级分成的非税收入,按照"就地缴款、分级划解、及时结算"的原则,由县财政局通过国库集中支付账户定期划解、结算,不得拖延、滞压、隐瞒、截留。

(四)非税收支实行计划管理

非税收入、支出和收支结余年度计划的编制、收入、支出、结余计划一年一变。收入计划以各单位上年和历年实际非税收入完成情况作为收入基数,结合当年收费政策变动及宏观环境影响来确定;支出计划包括成本性支出和按部门预算编制口径的抵支项目支出,其中成本性支出包括政府调剂、部门划缴、工本费、上缴上级支出、补助下级支出和其他支出,抵支项目包括公用经费、单位负担的医保支出、40元/人、月津贴和剩余奖金;结余计划为收入计划减去成本计划后的余额。

(1)编制程序。各单位每年的9月开始编制下一年的非税收入、支出和结余年度预算,10月前报至县财政局汇总上报县政府审核后,再正式下达次年各单位的非税收入、支出和结余年度预算。

(2)收入计划。2007年收入计划按照各单位2004年至2006年9月实际非税收入平均数确定。

(3)支出计划。2007年支出计划按照各单位2004年至2006年9月实际非税成本性支出平均数加上2007年抵支项目支出确定。

(4)结余计划。2007年结余计划按照各单位2007年收入计划减去支出计划的余额确定。

(5)计划执行。征收计划一经批准,必须严格执行。执收单位应当在依法筹集的基础上,努力挖掘收入潜力,要做到尽收尽缴,确保完成计划。

(6)计划调整。因征收政策发生重大变化等原因,确需调整征收计划的,先经财政部门审核后再报县政府批准。

(五)考核与奖惩办法

(1)每年年终,财政部门将按照本办法的规定对各执收单位组织的非税收入、支出和结余计划完成情况进行考核。对于完成和超额完成收支结余的单位,县政府按该单位收支余额,进行奖励:①对完成全年非税收入收支结余计划的单位,县政府按该单位收支余额的50%返还奖励。②对超额完成非税收入全年收支结余计划的单位,县政府再按超收余额部分的70%返还奖励。返还资金的30%用于弥补办公经费不足,60%用于按国家规定标准发放的津贴和补贴,10%用于专项支出。发放津贴和补贴后若有结余,可根据单位的实际需要进行调剂,但必须先由单位提出申请,报县政府审批后,由财政局实行国库集中支付。

对年初收支结余计划为负数的单位,县财政将按部门预算编制原则补足。

(2)非因政策性减收原因完不成收支结余计划的部门和单位,要向财政部门作出书面说明,并由财政部门按等额比例扣减该单位的公用经费支出和项目支出预算。

(3)对随意减免造成政府非税收入流失的,一经查实,财政部门可根据收入减少的数额,相应扣减该执收单位的业务经费或专项拨款。

(六)票据管理办法

(1)政府非税收入必须使用省财政厅统一印制或监制的政府非税收入票据。县财政局负责政府非税收入票据的保管、发放、使用核销、检查等日常管理工作,对执收执罚票据按照“统一管理、凭证领购、定期核销、限量供应、以旧换新、票款同行”的原则进行管理。

(2)执收单位应当按照收入级次或者财务隶属关系向县财政局申领政府非税收入票据。①执收单位收费项目及相关业务在本单位办理的非税收入票据由其财务管理部门票据管理人员统一领取。②执收单位纳入县行政服务中心办理的非税收入收费项目,非税收入票据由县财政局驻县行政服务中心票据管理人员统一领取。③乡镇所属各单位使用的非税收入票据由各乡镇财政所票据管理人员统一领取。④执收单位应当建立健全政府非税收入票据领用、保管缴销、审核等制度,确定专人负责,保证政府非税收入票据安全。⑤禁止转让、出借、代开政府非税收入票据;禁止私自印制、伪造政府非税收入票据;禁止使用非法票据或者不按照规定开具政府非税收入票据。⑥遗失政府非税收入票据的,应当及时报告县财政局,并公告作废。

(3)非税收入票据领取实行票据准购制度。执收单位将国家的法律、法规、有关部门批准文件、物价部门核发的《收费许可证》等交县财政局审核后,由财政局发放《票据购领证》,执收单位凭《票据购领证》核领非税收入票据。

(4)非税收入票据应在非税收入收费项目规定的范围内使用。使用时应如实填写开票日期、交款人名称、征收项目、征收标准、金额小计、金额合计、开票单位及责任人和加盖单位公章或财务专用章。

(5)执收单位对非税收入的收缴均在执收时开具《乐安县非税收入缴款转账单》和《乐安县非税收入现金缴款进账单》。《转账单》和《进账单》上必须写明收费项目、金额明细。

(6)县财政局要加强非税收入征管的信息化建设,将手工票据逐步向电脑票据过渡。

(七)严格监督检查

(1)县财政局应当加强对政府非税收入征收、汇缴、划解、管理的日常监督、专项稽查,依法及时查处政府非税收入管理中的违法行为。执收单位应当如实提供账证、报表、政府非税收入票据等有关资料,如实反映有关情况,接受县财政局的监督检查。

(2)县审计局、发改委、监察局应当按照各自法定的职责,做好政府非税收入的有关监督工作。

(3)任何单位和个人都有权举报政府非税收入管理中的违法行为,财政、审计、物价、监察等有关部门应当按照各自法定的职责,查明事实,依法作出处理,并为举报人保密。

(4)对在政府非税收入管理工作中作出突出贡献的、举报违法问题有功的单位和个人,由县人民政府或者县财政局给予表彰、奖励。

(八)法律责任追究

(1)政府非税收入执收单位及其工作人员有下列违反政府非税收入管理规定的行为之一的,责令改正补收应当收取的政府非税收入,限期退还违法所得。对单位给予警告或者通报批评,对直接负责的主管人员和其他直接责任人员给予警告、记过或者记大过处分;情节严重的给予降级或者撤职处分:①违反规定设立政府非税收入项目;②违反规定擅自改变政府非税收入项目的范围、标准、对象和期限;③对已明令取消、暂停执行或者降低标准的政府非税收入项目,仍然依照原定项目、标准征收或者变换名称征收;④缓收、不收政府非税收入;⑤其他违反政府非税收入管理规定的行为。

(2)政府非税收入执收单位及其工作人员有下列违反政府非税收入上缴规定的行为之一的,责令改正,调整有关会计科目,收缴应当上缴的政府非税收入,限期退还违法所得,对单位给予警告或者通报批评。对直接负责的主管人员和其他直接责任人员给予记大过处分;情节较重的,给予降级或者撤职处分;情节严重的,给予开除处分:①隐瞒应当上缴的政府非税收入；②滞留、截留、挪用应当上缴的政府非税收入；③坐支应当上缴的政府非税收入；④不依照规定的政府非税收入预算级次、预算科目入库；⑤违反规定退付政府非税收入；⑥其他违反政府非税收入上缴规定的行为。

（3）单位和个人有下列违反财政收入票据管理规定的行为之一的，销毁非法印制的政府非税收入票据，没收违法所得和作案工具。对单位处5000元以上10万元以下的罚款；对直接负责的主管人员和其他直接责任人员处3000元以上5万元以下的罚款。属于国家公务员的，还应当给予降级或者撤职处分；情节严重的，给予开除处分：①违反规定印制政府非税收入票据；②转借、串用、代开政府非税收入票据；③伪造、变造、买卖、擅自销毁政府非税收入票据；④伪造、使用伪造的政府非税收入票据监（印）制章；⑤其他违反政府非税收入票据管理规定的行为。

（4）其他属于政府非税收入的违法行为，依照《中华人民共和国行政许可法》（中华人民共和国主席令第7号）、《违反行政事业性收费和罚没收入收支两条线管理规定行政处分暂行规定》（国务院令第281号）和《财政违法行为处罚处分条例》（国务院令第427号）规定处理。

第二节 专项收入管理

专项收入是指国家和地方政府用于专项开支的非税收入。它包括专项收入和基金等。本县财政预决算中从1990年起列有排污费收入和教育附加收入，2006年起又增加了矿产资源专项收入。为此，本节仅就以上三项专项收入管理进行志述。

一、排污费收入管理

1984年，乐安县人民政府颁发《乐安县城镇建设管理条例》，该条例规定：为保护和改善环境，防止环境污染，依照国家颁发的有关规定、条例，对环境污染物超标排放者，征收一定金额的环境补偿费。

1985年7月，乐安县人民政府批复县城乡建设环境保护局、县财政局《关于在全县范围内全面开展征收排污费工作的请示》。规定：（1）对超过《工业“三废”排放试行标准》和《工业、企业设计卫生标准》排放污染物的企事业单位，一律征收排污费；对其他排污单位，征收采暖锅炉烟尘排污费。（2）征收排污费的标准按省人民政府1982年颁布的《江西省征收排污费暂行实施办法》执行。（3）排污费从1985年1月1日起征。（4）排污单位按月如实向县城建局环境保护办公室申报，登记排放污染物的种类、数量和浓度，经核定后，由县环保办通知排污单位缴纳。排污单位长期拖欠或拒交排污费，由环保部门发通知，银行从排污单位账户内扣收，并且每天增收滞纳金千分之一。（5）县环保部门收取的排污费纳入预算内，上缴县财政，专项用作环境保护补助资金，80%用于补助重点排污单位治理污染源，以及环境的综合性治理措施，其余部分和收取的中央、省、地属排污单位排污费中留县的20%部分，主要用于补助环境监测仪器设备购置及监测业务活动经费。

2001年1月，抚州市财政局、环保局转发财政部、国家环保总局《关于加强排污费征收使用管理的通知》，该《通知》要求：各级财政部门和环境保护部门要严格执行中发〔1997〕14号文件规定的收费项目，不得擅自设定排污收费项目、扩大收费范围、提高或降低收费标准。排污费要全部纳入地方财政预算，实行“收支两条线”管理。省财政厅、环保局为此规定：鉴于目前排污收费的特殊情况，仍保留排污收费过渡账户，待国家颁布新的《排污费管理条例》后，按规定执行。

2003年2月，国家计划委员会、财政部、国家环保总局、国家经贸委根据国务院《排污费征收使用管理条例》，制定了《排污费征收标准管理办法》。《办法》规定：直接向环境排放污染物的单位和个体工商户（以下简称“排污者”）必须按规定缴纳排污费。

县级以上地方人民政府环境保护行政主管部门应按下列排污收费项目向排污者征收排污费：

（1）污水排污费。对向水体排放污染物的，按照排放污染物的种类、数量计征污水排污费；超过国家或者地方规定的水污染物排放标准的，按照排放污染物的种类、数量和本办法规定的收费标准计征的收费额加一倍征收超标准排污费。

对向城市污水集中处理设施排放污水、按规定缴纳污水处理费的，不再征收污水排污费；

对城市污水集中处理设施接纳符合国家规定标准的污水，其处理后排放污水的有机污染物（化学需氧量、生化需氧量、总有机碳）、悬浮物和大肠菌群超过国家或地方排放标准的，按上述污染物的种类、数量和本办法规定的收费标准计征的收费额加一倍向城市污水集中处理设施运营单位征收污水排污费，对氨氮、总磷暂不收费。对城市污水集中处理设施达到国家或地方排放标准排放的水，不征收污水排污费。

（2）废气排污费。对向大气排放污染物的，按照排放污染物的种类、数量计征废气排污费。对机动车、飞机、船舶等流动污染源暂不征收废气排污费。

（3）固体废物及危险废物排污费。对没有建成工业固体废物贮存、处置设置或场所，或者工业固体废物贮存、处置设施或场所不符合环境保护标准的，按照排放污染物的种类、数量计征固体废物排污费。对以填埋方式处置危险废物不符合国务院环境保护行政主管部门规定的，按照危险废物的种类、数量计征危险废物排污费。

(4)噪声超标排污费。对环境噪声污染超过国家环境噪声排放标准，且干扰他人正常生活、工作和学习的，按照噪声的超标分贝数计征噪声超标排污费。对机动车、飞机、船舶等流动污染源暂不征收噪声超标排污费。

排污费征收标准及计算办法见附件。

县级以上地方人民政府环境保护行政主管部门应到指定的价格主管部门申领、变更《收费许可证》，使用省、自治区、直辖市财政部门统一印制的行政事业性收费票据。并要严格执行本办法的规定。各级价格主管部门，财政部门要加强对排污费征收行为的监督检查，对违反规定乱收费的，应按照有关法规规定进行查处。

该办法自2003年7月1日起施行。原国家物价局、财政部《关于发布环保系统行政事业性收费项目及标准的通知》中有关排污收费的规定；国家计委、财政部《关于征收污水排污费的通知》；国家计委、财政部《关于实施按排放水污染物总量征收排污费试点工作的批复》；国家环境保护总局、国家计委、财政部、国家经贸委《关于在酸雨控制区和二氧化硫污染控制区开展征收二氧化硫排污费扩大试点的通知》；国家环境保护总局、国家计委、财政部《关于在杭州等三城市实行总量排污收费试点的通知》等，以及地方制定的排污收费标准的规定同时废止。

污水排污费征收标准及计算方法

(1)污水排污费按排污者排放污染物的种类、数量以污染当量计征，每一污染当量征收标准为0.7元。

(2)对每一排放口征收污水排污费的污染物种类数，以污染当量数从多到少的顺序，最多不超过3项。其中，超过国家或地方规定的污染物排放标准的，按照排放污染物的种类、数量和本办法规定的收费标准计征污水排污费的收费额加一倍征收超标准排污费。

对于冷却水、矿井水等排放污染物的污染当量数计算，应扣除进水的本底值。

(3)水污染物污染当量数计算

①一般污染物的污染当量数计算

$$某污染物的污染当量数=\frac{该污染物的排放量(千克)}{该污染物的污染当量值(千克)}$$

一般污染物的污染当量值见表1和表2。

②pH值、大肠菌群数、余氯量的污染当量数计算

$$某污染物的污染当量数=\frac{污水排放量(吨)}{该污染物的污染当量值(吨)}$$

③色度的污染当量数计算

$$色度的污染当量数=\frac{污水排放量(吨)色度超标倍数}{色度污染当量值(吨\cdot倍)}$$

④禽畜养殖业、小型企业和第三产业的污染当量数计算

$$污染当量数=\frac{污染排放特征值}{污染当量值}$$

(4)排污费计算

①污水排污费收费=0.7元前3项污染物的污染当量数之和

②对超过国家或者地方规定排放标准的污染物，就在该种污染物排污费收费额基上加1倍征收超标准排污费。

第一类水污染物污染当量值表(1)

表4-15

污染物	污染当量值(千克)
1. 总汞	0.0005
2. 总镉	0.005
3. 总铬	0.04
4. 六价铬	0.02
5. 总砷	0.02
6. 总铅	0.025
7. 总镍	0.025
8. 苯并(a)芘	0.0000003
9. 总铍	0.01
10. 总银	0.02

第二类水污染物污染当量值表(2)

表 4 – 16

污染物	污染当量值(千克)
11. 悬浮物(SS)	4
12. 生化需氧量(BOD)	0.5
13. 化学需氧量(COD)	1
14. 总有机碳(TOC)	0.49
15. 石油类	0.1
16. 动植物油	0.16
17. 挥发酚	0.08
18. 总氰化物	0.05
19. 硫化物	0.125
20. 氨氮	0.8
21. 氟化物	0.5
22. 甲醛	0.125
23. 苯胺类	0.2
24. 硝基苯类	0.2
25. 阴离子表面活性剂(LAS)	0.2
26. 总铜	0.1
27. 总锌	0.2
28. 总锰	0.2
29. 彩色显影剂(CD – 2)	0.2
30. 总磷	0.25
31. 元素磷(以 P 计)	0.05
32. 有机磷农药(以 P 计)	0.05
33. 乐果	0.05
34. 甲基对硫磷	0.05
35. 马拉硫磷	0.05
36. 对硫磷	0.05
37. 五氯酚及五氯酚钠(以五氯酚计)	0.25
38. 三氯甲烷	0.04
39. 可吸附有机卤化物(AOX)(CI 计)	0.25
40. 四氯化碳	0.04
41. 三氯乙烯	0.04
42. 四氯乙烯	0.04
43. 苯	0.02
44. 甲苯	0.02
45. 乙苯	0.02
46. 邻 – 二甲苯	0.02
47. 对 – 二甲苯	0.02
48. 间 – 二甲苯	0.02
49. 氯苯	0.02
50. 邻二氯苯	0.02
51. 对二氯苯	0.02
52. 对硝基氯苯	0.02
53. 2.4 – 二硝基氯苯	0.02
54. 苯酚	0.02
55. 间 – 甲酚	0.02
56. 2.4 – 二氯酚	0.02

续表 4 – 16

污染物	污染当量值(千克)
57. 2. 4. 6 – 三氯酚	0. 02
58. 邻苯二甲酸二丁脂	0. 02
59. 邻苯二甲酸二辛脂	0. 02
60. 丙烯晴	0. 125
61. 总硒	0. 02

说明:1. 第一、二类污染物的分类依据为《污水综合排放标准》(GB8978 – 1996)

2. 同一排放口中的化学需氧量(COD)、生化需氧量(BOD_5)和总有机碳(TOC),只征收一项

pH 值、色度、大肠菌群数、余氯量污染当量值表(3)

表 4 – 17

污染物		污染当量值
1. pH 值	1. 0 – 1, 13 – 14	0. 06 吨污水
	2. 1 – 2, 12 – 13	0. 125 吨污水
	3. 2 – 3, 11 – 12	0. 25 吨污水
	4. 3 – 4, 10 – 11	0. 5 吨污水
	5. 4 – 5, 9 – 10	1 吨污水
	6. 5 – 6	5 吨污水
2. 色度		5 吨水 · 倍
3. 大肠菌群数(超标)		3. 3 吨污水
4. 余氯量(有氯消毒的医院废水)		3. 3 吨污水

说明:1. 大肠菌群数和总余氯只征收一项

2. PH5 – 6 指大于等于 5, 小于 6; PH9 – 10 指大于 9, 小于等于 10, 其余类推

禽兽养殖业,小型企业和第三产业污染当量值表(4)

表 4 – 18

类型	污染当量值		
禽畜养殖场	1. 牛		0. 1 头
	2. 猪		1 头
	3. 鸡、鸭等家禽		30 羽
	4. 小型企业		1. 8 吨污水
	5. 饮食娱乐服务业		0. 5 吨污水
	6. 医院	消毒	0. 14 床
			2. 8 吨污水
		不消毒	0. 07 床
			1. 4 吨污水

说明:1. 仅适用于计算无法进行实际监测或物料衡算的禽兽养殖业、小型企业和第三产业等小型排污者的污染当量数

2. 仅对存栏规模大于 50 头牛、500 头猪、5000 羽鸡、鸭等的禽兽养殖场收费

3. 医院病床数大于 20 张的按本表计算污染当量

废气排污费征收标准及计算方法

(1)废气排污费按排污者排放污染物的种类、数量以污染当量计算征收,每一污染当量征收标准为 0. 6 元。

其中，二氧化硫排污费，第一年每一污染当量征收标准为0.2元，第二年（2004年7月1日起）每一污染当量征收标准为0.4元，第三年（2005年7月1日起）达到与其他大气污染物相同的征收标准，即每一污染当量征收标准为0.6元。氮氧化物在2004年7月1日前不收费，2004年7月1日起按每污染当量0.6元收费。

（2）北京市二氧化硫排污费仍按经国务院同意，1999年国家计委批准的收费标准执行，即高硫煤每公斤二氧化硫排污费1.20元，低硫煤每公斤二氧化硫排污费0.50元。2005年7月1起，低硫煤二氧化硫排污费标准为每一污染当量0.6元。

该办法实施前两年，杭州、郑州和吉林三个城市的二氧化硫排污费标准，按当地人民政府批准的总量排污收费标准执行，即杭州、吉林二个城市的二氧化硫排污费标准为每一污染当量0.6元，郑州市二氧化硫排污费标准为每一污染当量0.5元。2005年7月1起，三个城市的二氧化硫排污费标准均按本办法规定执行。

（3）对每排放口征收废气排污费的污染物种类数，以污染当量数从多到少的顺序，最多不超过3项。

（4）大气污染物污染当量数计算

$$\text{某污染物的污染当量数} = \frac{\text{该污染物的排放量（千克）}}{\text{该污染物的污染当量值（千克）}}$$

大气污染物污染当量值见表（5）

（5）排污费计算

废气排污费征收额 = 0.6元 × 前3项污染物的污染当量数之和。

大气污染物污染当量值表（5）

表4－19

污染物	污染当量值（千克）
1. 二氧化硫	0.95
2. 氢氧化物	0.95
3. 一氧化碳	16.7
4. 氯气	0.34
5. 氯化氢	10.75
6. 氟化物	0.87
7. 氰化氢	0.005
8. 硫酸雾	0.6
9. 铬酸雾	0.0007
10. 汞及其化合物	0.0001
11. 一般性粉尘	4
12. 石棉尘	0.53
13. 玻璃棉尘	2.13
14. 碳黑尘	0.59
15. 铅及其化合物	0.02
16. 镉及其化合物	0.03
17. 铍及其化合物	0.0004
18. 镍及其化合物	0.13
19. 锡及其化合物	0.27
20. 烟尘	2.18
21. 苯	0.05
22. 甲苯	0.18
23. 二甲苯	0.27
24. 苯江（a）花	0.000002
25. 甲醛	0.09
26. 乙醛	0.45
27. 丙烯醛	0.06
28. 甲醇	0.67
29. 酚类	0.35

续表4－19

污染物	污染当量值(千克)
30. 沥青烟	0.19
31. 苯胺类	0.21
32. 氯苯类	0.72
33. 硝基苯	0.17
34. 丙烯氢	0.22
35. 氯乙烯	0.55
36. 光气	0.04
37. 硫化氢	0.29
38. 氨	9.09
39. 三甲胺	0.32
40. 甲硫醇	0.04
41. 甲硫醚	0.28
42. 二甲二硫	0.28
43. 苯乙烯	25
44. 二硫化碳	20

(6)对难以监测的烟尘,可按林格曼黑度征收排污费。每吨燃料的征收标准为:1级1元、2级3元、3级5元、4级10元、5级20元。

固体废物及危险废物排污费征收标准

(1)对无专用贮存或处置设施和专用贮存或处置设施达不到环境保护标准(即无防渗漏、防扬散、防流失设施)排放的工业固体废物,一次性征收固体废物排污费。每吨固体废物的征收标准为:冶炼渣25元、粉煤灰30元、炉渣25元、煤矸石5元、尾矿15元、其他渣(含半固态、液态废物)25元。

(2)对以填埋方式处置危险废物不符合国家有关规定的,危险废物排污费征收标准为每次每吨1000元。

危险废物是指列入国家危险废物目录或者根据国家规定的危险废物鉴别标准和鉴别方法认定的具有危险特征的废物。

噪声超标排污费征收标准

对排污者产生环境噪声,超过国家规定的环境噪声排放标准,且干扰他人正常生活、工作和学习的,按照超标的分贝数征收噪声超标排污费,征收标准见表6。

噪声超标排污费征收标准表(6)

表4－20

超林分贝数	1	2	3	4	5	6	7	8
收费标准(元/月)	350	440	550	700	880	1100	1400	1760
超林分贝数	9	10	11	12	13	14	15	16……16
收费标准(元/月)	2200	2800	3520	4400	5600	7040	8800	11200

说明:1. 一个单位边界上有多处噪声超标,征收额应根据最高一处超标声级计算,当沿边界长度超过100米有二处及二处以上噪声超标,则加1倍征收

2. 一个单位若有不同地点的作业场所,收费应分别计算、合并征收

3. 昼、夜均超标的环境噪声,征收金额按本标准昼、夜分别计算,累计征收

4. 声源一个月内超标不足十五天的,噪声超标排污费减半征收

5. 夜间频繁突发和夜间偶然突发厂界超标噪声排污费,按等效声级和峰值噪声两种指标中超标分贝值高的一项计算排污费

6. 一个工地同一施工单位多个建筑施工阶段同时进行时,按噪声限值最高的施工阶段计收超标噪声排污费

7. 该标准以每分贝为计征单位,不足一分贝的按四舍五入原则计算

8. 对农民自建住宅不得征收噪声超标排污费

2003年8月，江西省财政厅、江西省计委、江西省环保局转发《财政部、国家发展改革委、国家环保总局关于减免及缓缴排污费等有关问题通知》。通知为加强排污费征收管理，规范排污费减免及缓缴行为，就减免及缓缴排污费等有关问题作出如下规定：

(一)排污者遇台风、火山爆发、洪水、干旱、地震等不可抗力自然灾害以及因突发公共卫生事件、火灾、他人破坏等遭受重大直接经济损失，可以按照本通知规定申请减缴或者免缴排污费；排污者因未及时采取有效措施，造成环境污染的，不得申请减缴或者免缴排污费。

符合本条规定的排污者申请减免排污费的最高限额不得超过1年的排污费应缴额。

(二)排污者遇不可抗力自然灾害和其他突发事件申请减免排污费，由市(地、州)及以上财政、价格主管部门会同环保部门审批

(1)装机容量30万千瓦以上的电力企业申请减免二氧化硫排污费，按照下列权限审批

①减免排污费数额在500万元以下(含500万元)的，由省、自治区、直辖市财政、价格主管部门会同环保部门审批。

②减免排污费数额在500万元以上的，由省、自治区、直辖市财政、价格主管部门会同环保部门提出审核意见，报国务院财政、价格主管部门会同环保部门审批。

(2)除本条1规定以外，申请减免排污费，按照下列权限审批

①减免排污数额在50万元以下(含50万元)的，由市(地、州)财政、价格主管部门会同环保部门审批。

②减免排污费数额在50万元以上500万元以下(含500万元)的，由省、自治区、直辖市财政、价格主管部门会同环保部门审批。

③减免排污费数额在500万元以上的，由省、自治区、直辖市财政、价格主管部门会同环保部门提出审核意见，报国务院财政、价格主管部门会同环保部门审批。

(三)减免排污费按照下列程序办理：

(1)排污者自遇不可抗力自然灾害和其他突发事件之日起30日内，向本通知第二条规定具有审批权限的市(地、州)级以上财政、价格、环保部门提出减免排污费的书面申请。书面申请包括排污者名称、减免理由、减免数额、减免期限等内容。其中，属于国务院财政、价格主管部门会同环保部门审批减免的排污费，排污者应当自遇不可抗力自然灾害和其他突发事件之日起30日内，将书面申请报送省、自治区、直辖市财政、价格、环保部门，由省、自治区、直辖市财政、价格主管部门会同环保部门提出审核意见，并将书面申请连同审核意见报国务院财政、价格、环保部门。排污者申请减免排污费数额超过负责征收排污费的环保部门和同级财政、价格主管部门审批权限的，其书面申请应当同时抄送负责征收排污费的环保部门和同级财政、价格主管部门。

(2)市(地、州)级以上财政、价格、环保部门收到排污者减免排污费的书面申请后，应当在30日内由环保部门先进行调查核实，并提出审核意见报同级财政、价格主管部门。

(3)市(地、州)级以上财政、价格主管部门应当在收到环保部门审核意见的30日内按照本通知第二条规定的权限，会同环保部门作出是否批准减免排污费的决定，并以书面形式批复申请减免排污费的排污者，同时抄送上级财政、价格、环保部门以及负责征收排污费的环保部门和同级财政、价格主管部门。其中，属于国务院财政、价格主管部门会同环保部门审批减免的排污费，由国务院财政、价格主管部门会同环保部门批复省、自治区、直辖市财政、价格、环保部门，同时抄送申请减免排污费的排污者。

(四)养老院、残疾人福利机构、殡葬机构、幼儿园、特殊教育学校、中小学校(不含其所办企业)等国务院财政、价格、环保部门规定的非营利性社会性公益事业单位，在达标排放污染物的情况下，经负责征收排污费的环保部门核准后可以免缴排污费。

(五)排污者有下列情形之一的，可以按照本通知规定申请缓缴排污费

1. 遇不可抗力自然灾害和其他突发事件，正在申请减免排污费以及市(地、州)级以上财政、价格、环保部门正在批复减免排污费期间。

2. 企业由于经营困难处于破产、倒闭、停产、半停产状态。

符合本条规定的排污者申请缓缴排污费的最长期限不超过3个月。在批准缓缴后1年内不得再重新申请。

(六)缓缴排污费按照下列程序办理

(1)排污者自接到排污费缴纳通知单之日起7日内，向负责征收排污费的环保部门提出缓缴排污费的书面申请，书面申请包括排污者名称、缓缴理由、缓缴期限等内容。

(2)负责征收排污费的环保部门自接到申请之日起7日内。

（七）批准减免或缓缴排污费的排污者名单，由环保部门会同同级财政、价格主管部门每半年公告一次。公告应当包括批准机关、批准文号、批准减免或缓缴排污费的主要理由等内容

（八）对批准减免或缓缴排污费的排污者，不免除其防治污染的责任和法律、行政法规规定其他责任

（九）各地区和有关部门应当严格按照本通知规定执行，不得以任何名义擅自扩大排污费减免及缓缴的范围，也不得超越审批权限或违反审批程序批准减免及缓缴排污费

（十）对排污者以欺骗手段骗取减免或缓缴排污费，以及县级以上财政、价格、环保部门违反本通知规定批准减免或缓缴排污费的，按照《排污费征收使用管理条例》（国务院令第369号）的规定进行处罚

（十一）该通知自2003年7月1日起执行。过去有关规定与本通知不一致的，一律以本通知为准

（十二）各省、自治区、直辖市可根据本通知规定制定减免及缓缴排污费的具体办法，报国务院财政、价格、环保部门备案

二、教育附加收入管理

1986年4月，国务院发布《征收教育费附加的暂行规定》旨在贯彻落实《中共中央关于教育体制改革的决定》，加快发展地方教育事业，扩大地方教育经费的资金来源。该《暂行规定》规定：(1)凡缴纳产品税、增值税、营业税的单位和个人，除按照《国务院关于筹措农村学校办学经费的通知》的规定，缴纳农村教育事业费附加的单位外，都应当缴纳教育费附加。(2)教育费附加，以各单位和个人实际缴纳的产品税、增值税、营业税的税额为计征依据，教育费附加率为1%，分别与产品税、增值税、营业税同时缴纳。对从事生产卷烟和经营烟叶产品的单位，减半征收教育费附加。(3)依照现行有关规定，除铁道、人民银行、专业银行和保险总公司等汇总缴纳营业税的单位集中向指定的银行缴款外，其余的单位和个人，向其所在地银行缴款。(4)教育费附加由税务机关负责征收，各级银行要为同级教育部门设立教育费附加专户。(5)教育费附加的征收管理，按照产品税、增值税、营业税的有关规定办理。(6)企业缴纳的教育费附加，一律在销售收入（或营业收入）中支付。(7)地方征收的教育费附加，按专项资金管理，由教育部门统筹安排，提出分配方案，商同级财政部门同意后，用于改善中小学教学设施和办学条件，不得用于职工福利和发放奖金。铁道、人民银行、专业银行和保险总公司等汇总缴纳营业税的单位集中缴纳的教育费附加，由国家教育委员会按年度提出分配方案，商财政部同意后，用于基础教育的薄弱环节。地方征收的教育费附加，主要留归当地安排使用。省、自治区、直辖市可根据各地征收教育费附加的实际情况，适当提取一部分数额，用于地区之间的调剂、平衡。(8)地方各级教育部门每年应定期向当地人民政府、上级主管部门和财政部门，报告教育费附加的收支情况。(9)凡办有职工子弟学校的单位，应当先按本规定缴纳教育费附加；教育部门可根据它们办学的情况酌情返还给办学单位，作为对所办学校经费的补贴。办学单位不得借口缴纳教育费附加而撤并学校，或者缩小办学规模：(10)征收教育费附加以后，地方各级教育部门和学校，不准以任何名目向学生家长和单位集资，或者变相集资，不准以任何借口不让学生入学。对违反前款规定者，其上级教育部门要予以制止，直接责任人员要给予行政处分。单位和个人有权拒缴。规定从1986年7月1日起施行。

1990年5月，国务院将1986年发布的《征收教育费附加的暂行规定》修订为《中华人民共和国征收教育费附加的暂行规定》，并重新发布。自1990年8月1日起施行。其具体内容如下：

(1)为贯彻落实《中共中央关于教育体制改革的决定》，加快发展地方教育事业，扩大地方教育经费的资金来源，特制定本规定。

(2)凡缴纳产品税、增值税、营业税的单位和个人，除按照《国务院关于筹措农村学校办学经费的通知》的规定，缴纳农村教育事业费附加的单位外，都应当按照本规定缴纳教育费附加。

(3)教育费附加，以各单位和个人实际缴纳的产品税、增值税、营业税的税额为计征依据，教育费附加率为2%，分别与产品税、增值税、营业税同时缴纳。对从事生产卷烟和经营烟叶产品的单位，减半征收教育费附加。除国务院另有规定者外，任何地区、部门不得擅自提高或者降低教育费附加率。

(4)依照现行有关规定，除铁道系统、中国人民银行总行、各专业银行总行、保险总公司的教育费附加随同营业税上缴中央财政外，其余单位和个人的教育费附加，均就地上缴地方财政。

(5)教育费附加由税务机关负责征收。教育附加纳入预算管理，作为教育专项资金，根据“先收后支、列收列支、收支平衡”的原则使用和管理。地方各级人民政府应依照国家有关规定，使预算内教育事业费逐步增长，不得因教育费附加纳入预算专项

资金管理费抵顶教育事业费拨款。

(6)教育费附加的征收管理,按照产品税、增值税、营业税的有关规定办理。

(7)企业缴纳的教育费附加,一律在销售收入(或营业收入)中支付。

(8)铁道系统、中国人民银行总行、各专业银行总行、保险总公司随同营业税上缴的教育费附加,由中国教育委员会按年度提出分配方案,商财政部同意后,用于基础教育的薄弱环节。

(9)地方各级教育部门每年应定期向当地人民政府、上级主管部门和财政部门,报告教育费附加的收支情况。

(10)凡办有职工子弟学校的单位,应当先按本规定缴纳教育费附加;教育部门可根据它们办学的情况酌情返还给办学单位,作为对所办学校经费的补贴。办学单位不得借口缴纳教育教育费附加而撤并学校,或者缩小办学规模。

(11)征收教育费附加以后,地方各级教育部门和学校,不准以任何名目向学生家长和单位集资,或者变相集资,不准以任何借口不让学生入学。对违反前款规定者,其上级教育部门要予以制止,直接责任人员要给予行政处分。单位和个人有权拒缴。

(12)本规定由财政部负责解释。各省、自治区、直辖市人民政府可结合当地实际情况制定实施办法。

1994年10月,国务院印发《关于教育费附加征收问题的补充通知》,通知指出:由于新税制税种变化事项补充通知如下:(1)根据新税法规定,收购烟叶环节改征农业特产税。现将《紧急通知》第一条中"对从事卷烟和烟叶生产的单位,减半征收"的规定,修改为"对从事生产卷烟的单位,减半征收"。(2)根据《国务院关于外商投资企业和外国企业适用增值税、消费税、营业税等税收暂行条例有关问题的通知》精神,对"三资企业"暂不征收教育费附加。

三、矿产资源专项收入管理

乐安县矿产资源专项收入管理,在2006年之前均列为预算外收入管理,2007年起才纳入预算内管理。

为了保障和促进矿产资源的勘查、保护与合理开发,维护国家对矿产资源的财产权益,国务院于1994年2月,根据《中华人民共和国矿产资源法》的有关规定,颁布了《矿产资源补偿费征收管理规定》。同年7月,乐安县人民政府印发《乐安县矿产资源开采管理暂行办法》。该暂行办法规定:国家对矿产资源实行有偿开采,开采矿产资源,必须按照国家有关规定缴纳矿产资源税和资源补偿费。凡在本县境内开采矿产资源的单位和个人,必须按照国家和省、地、县人民政府的相关规定,按时缴纳税费和补偿费。开采煤炭,必须缴纳煤炭开发基金。

1997年5月,乐安县人民政府印发了《关于全面贯彻执行矿产资源法,切实加强矿产资源补偿费征收工作的通知》,该通知规定:(1)县地质矿产局是人民政府负责全县矿产资源勘查、开发利用和保护的监督管理行政主管部门,行使法律法规赋予管理矿产资源国家所有权的职责,负责具体征收矿产资源补偿费工作。为配合做好此项工作,各乡镇企业办公室应确定一人为兼职矿管员。(2)凡在行政区域内从事地质勘查活动(含水文、工程、环境地质勘查)的单位或个人,必须经勘查许可到县地质矿产局登记,依法接受监督管理,经审查同意后方可勘查施工;开采矿产资源的各类矿山企业和个体采矿者,均必须到县地质矿产局办理《采矿许可证》,获取采矿权资格后并凭此证到工商行政管理部门办理《营业执照》,到公安部门核发《爆炸物品使用许可证》。未办理采矿许可证的,工商部门不得办理《营业执照》,公安部门一律不予审批爆炸物品。已经在开采资源但未办证的,必须在规定期限内(1997年10月31日前)补办手续,并依法足额缴纳资源补偿费。否则,视为无证勘查、开采,将依照矿产资源管理的有关法律法规,追究其经济、行政和法律责任。(3)凡在行政区域内的各类采矿权人和待履行采矿补办登记手续的资源开采单位或个人,都必须依法按照国务院150号令和省政府35号令,向县地质矿产局缴交矿产资源补偿费。凡从事矿产品运销的全民、集体企业或个人都必须经县地质矿产局批准,领取《矿产品经营许可证》,并凭此证到县工商行政管理局申办《营业执照》,未办许可证的经补办批准方可经营。(4)乐安县对开采矿产资源征收矿产资源补偿费的主要矿种有:铀、钨、锡、钼、铋、铜、金、银、铝、锌、煤、萤石、石英、花岗岩、建筑采石、挖淘河沙石、石灰石、白云石、瓷土、烧制水泥和砖瓦用黏土、日用陶瓷用黏土、矿泉水、地下水等国家规定的168种资源。征收时间和费率标准按国务院150号令、省政府35号令规定执行。(5)根据规定,县地质矿产局有权依法检查、调取采矿权人与计算矿产资源补偿费有关的原始单据、票据、会计账目、记录及其他资料,可以进行生产现场调取有关数据资料、地质勘查、采矿权人、矿产品运销者,应当如实、及时并按规定的方式向县地质矿产局提供所需的资料。(6)矿产资源补偿费(煤矿还应缴纳煤炭开发基金和乡镇煤矿维简费），由采矿权人每月到县地质矿产局缴纳一次，于下个月的10日前缴纳上个月的资源补偿费，7月31日前缴清上半年的资源补偿费，次年1月31前缴清上年度下半年的资源补偿费。其他单位不得乱收费。（7）地质勘查、采矿权人、矿产品运销者，如违犯矿产资源法律法规，在规定期限内未足额缴纳矿产资源补偿费，或伪报矿种、隐匿产量、销售数量、伪报销售价格、实际开采回采率及拒绝接受县地质矿产局依法检查、拒不按规定提供所需资料的，由县地质矿产局或其他执法部门，根据矿产资源管理的有关法律法规，分别给予警告、收取滞纳金、罚款、吊销许可证、治安拘留等处罚，情节严重的追究其刑事责任。（8）各乡（镇、场）、县直有关单位要切实加强领导，全面贯彻执行矿产资源管理法律法规，提高我县依法行政水平。要齐心协力，相互配合，积极协助县地质矿产局做好全县矿产资源补偿费的征收工作，以确保矿产资源补偿费全额征收入库。

为进一步加强矿产资源工作的管理，使矿产资源补偿费征收工作更加规范、更加正常，1999年7月，乐安县人民政府再次下发了《关于全面贯彻执行矿产资源法，切实加强矿产资源补偿费征收管理工作的通知》，全县矿产资源补偿费的收入逐年增加。

第七章　行政事业财务管理

党政机关，其他团体等行政单位以及一切非生产经营的公营事业单位，开展工作，举办各项事业所需资金的取得、使用和管理，属行政、事业财务的范围。其管理的项目包括行政管理费支出和经济建设、文教卫生、抚恤救济等各项事业费支出以及相关的收入。

明清时期，乐安县财政支出的绝大部分，用于官吏俸禄和公务费用的行政管理，未形成制度化的财务管理工作。民国时，财政支出中行政管理费占主要部分，财务管理工作较简单，仍未建立单独的财务管理制度。

新中国成立后，国家举办的各项事业迅速发展，逐步建立和健全了财务管理工作制度。由于各单位的财务状况不同，行政单位和一部分事业单位只有支出没有收入，一部分事业单位有收有支，在财务管理上分别采取全额管理，差额预算管理，自收自支管理和事业单位企业化管理等多种管理形式。

第一节　全额预算单位财务管理

国家财政对于没有稳定的经常性收入或收入很少的单位，为保证其必须的经费开支，将其各项财政收支全部纳入预算，实行全额管理，这些单位乐安县包括：国家机关、政协、人民团体、公立学校、图书馆、文化馆、博物馆、卫生防治防疫站所、公费医疗、广播电视台站、计划生育、抚恤救济等机构，全额管理的基本形式有3种：（1）所需经费按标准核拨，在此范围内实报实销，年终结余经费全部上缴财政。（2）经费按定员定额核定，实行预算包干，结余留用超支不补。（3）经常性经费实行预算包干，非经常性经费，按实核拨实报实销结余上缴。

一、一般性全额管理

1949年，乐安县在县人民政府成立初期，财政支出主要是县级政府机关的行政费及较少的事业费，全部实行全额预算管理，按实际情况供给和报销。其中对人员经费和公杂费，按实有人数和全国统一的供给制、薪金制两种标准核拨，每月由用款单位编造名册请领。临时性经费，一般是随需随报随批随领，事后由用款单位检送名册和原始单据报县财粮科，由县财粮科上报抚州专署财政科。

1950年，实行分项供给的人员生活费和公杂费，按总额实行包干。人员生活费以米计算，一部分发给实物，一部分折款发放，其中薪金制人员薪金的折款部分，同机关掌握代办必需品以保证正当用途。公杂费包干，也以米折款计算。以上包干的个人生活费和公杂费，均由各单位按实际人数报领，财粮科每月按上月10日的米价计算拨发，按当月10日的米价计算结账。事业费按实际需要核发，不实行包干。各单位逐月检送人员花名册和单据，送县财粮科审查，汇总上报审核，未经审批的，财粮科不予拨款，不予核销。次年6月，将公杂费的一部分，包干给单位自行掌握开支，另一部分由财粮科统一调剂拨付。

1952年8月，各机关的工资、生活费、津贴、妇幼、卫生、生育、保育、保姆等项经费，按规定标准和物价计算包干发给个人，其他一切费用，在标准范围内，节约开支实报实销，不准超支。财务审核权限分级管理：（1）县财政科审定本县的工资、供给生活费、工资补助费、家属补助费、公杂费、旅差费、交通运输费、会议费、给养费及杂项费用。（2）试行四级财政的县市收支预算核定后，其对下的预决算批核权及支出凭证的保存，除修建费、设备购置费、基本建设资金3个目，开支经费满1000元以上经专署批准，基本建设满5000元，经省批准外，其余权限均属于县市财政部门。

1953年，省财政厅作出《关于党群事业补助费开支范围的暂行规定》。(1)党委事业补助费。①会议费。县以上党代会议及县召开乡村支部书记联席会议的公杂费,伙食补助费及不在职人员伙食费的开支。②业务费。包括党内刊物印刷稿费、邮寄费、参考资料购置费等。(2)宣传事业补助费。①会议费。县市以上宣传员代表会议,县全年召开二次,代表人数按区数计算,第一次按每区15~20人,会期3~5天;第二次按每区12~15人,会期3天;②业务费。包括参考资料购置费、宣传刊物印刷、稿费、邮寄费、纪念节日及平时宣传活动费、理论学习、教员酬劳金等。(3)农协事业补助费。①会议费。包括县以上农民代表会,县全年开农代表会一次,代表200~250人,会期3天。②业务费。包括参考资料购置费、宣传教育文件印刷、邮寄费等。(4)妇联事业补助费。①会议费。包括县以上妇女代表会,执委扩大会及有关业务工作座谈会等,县市镇妇代会全年召开二次,会期各3天,代表名额,丙、丁县每次120~150人。②业务费。包括参考资料购置费,宣传教育及节日活动费,宣传品印刷、邮寄费,国际友人之招待馈赠费,劳模奖励费。③其他费用。包括不在职干部和妇女出省旅费,其他必要开支。(5)青年团事业补助费。①会议费。包括县以上团员代表大会和团员代表会议,各种青年工作会议费,县每年召开1次,丙等县代表100人,会期3天。②业务费。包括参考书籍杂志及宣教器材购置费,青年节日活动费,青年文化活动补助,团内刊物印刷邮寄费,模范团员或组织奖励费,国际友人招待馈赠费,劳模奖励费。(6)统战事业费。①会议费。召开各民主党派、无党派民主人士座谈会及有关专业性会议等开支;②业务费。包括参考资料购置费,宣教联络材料印刷邮寄费,民主党派成员和社会民主人士之招待及生活救济补助费。③其他费用。其他临时必要开支。(7)政治宣传事业费。包括法定节日庆祝费及有关政治宣传教育活动费等。

1955年,执行财政部《关于1955年在全国各县推行报销单位办法的指示》,报销单位的特点,在行政上是一个独立的机关或者单位,在财务上不是一个单位会计,而是上级机关单位会计的一个组成部分。单位会计对于报销单位的定额经费,按照实有编制人数和开支标准拨付,对非定额经费则按照批准的计划拨付。在行政费方面。(1)县人民政府的所属单位,除办公室,税务局和公安局需要建立单位会计直接向总会计发生领拨关系外,其余都可以作为报销单位向办公室领报关系,由办公室统一办理单位会计事务。(2)区、乡都确定是报销单位,由区向办公室发生领报关系,由办公室统一办理单位会计事务,乡的经费,由区总领转发,乡的单据整理好报送给区,再由区汇总向办公室报销。(3)县委会是单位会计,县委会所属的区、乡单位是报销单位,为了简化财务工作,其他党派团体都作为报销单位,向县委会或县人民政府办公室发生领报关系。

1956年,规定临时办公室的经费开支。凡临时调用的在职工作人员,个人工资、福利费及旅费由原单位开支,办公费亦从原单位带交。

1957年,行政编制实行分级统一管理,按编制人数核定行政经费,并按农村人口比例每800人配备干部1名。

1958年,随着财政经济体制改革,进一步明确财务为事业服务的方针,通过财务活动积极支持和促进事业的发展。(1)在统一领导下实行分级管理。(2)实行单位预算经费包干。(3)密切上、下、左、右的联系和协作。(4)总结交流财务工作经验,开展财务工作评比竞赛。(5)坚持勤俭办事业的方针,做到少花钱、多办事、事办好。

1959年,中共江西省委、江西省人民委员会通知要求,紧缩机关团体企、事业各单位的行政费和事业费开支,购置费停发,公用经费减半发放。

1960年,实行"统一领导,分级管理,条块结合,块块为主"的财务管理制度,预算指标分配由主管部门根据事业计划,提出分"款"数字由财政部门共同协商后,报县人委统一下达。

1962年,行政事业财务管理,贯彻执行中央、国务院关于厉行节约的紧急规定:(1)停止购买家具和非生产性设备。(2)清理招待部门物资仓库。(3)对撤并的行政事业单位物资财产,进行清理结算办好交接手续。(4)大力精简会议、减少开支。(5)压缩旅差费。(6)加强电讯费用管理,严格车辆编制。(7)办公用房和宿舍一律不得扩建、改建。(8)严格办公用品的领用制度,节约水、电、控制公费订报刊。

1963年,遵照上级规定,所有公款一律不准用于职工借支,预支旅差费在出差返回后3天内结算,余款收回。

1966年,"文革大革命"开始,行政事业财务管理工作遭到严重破坏。中共十一届三中全会以后,才得以恢复并逐步加强。

1979年,行政事业单位之间实行的相互无偿调拨固定资产的规定,改为部分有偿调拨。

1980年,乐安县行政机关和事业单位普遍实行经费包干。

1981年,执行国务院关于严格财政管理的8条规定,大力节约事业费和行政经费,对人员编制严格控制。各项业务费和办公经费,须在支出预算内节约使用,严禁用公款请客送礼,游山玩水。

1982年,试行定额包干,专项管理和实报实销相结合的行政费管理办法。

1984年,贯彻执行财政部关于控制行政事业经费开支的规定:(1)严格编制,实行定编定员,按编制人数核拨经费。(2)努力节约公用经费,精简会议费、车辆费等。(3)严禁挪用行政、事业费搞基本建设。(4)加强物资管理,控制购买高级设备。(5)加强定额管理,调整单位预算基数。

1987年,改进事业费行政费的管理:(1)年度经费预算核定后,由各单位统筹安排包干使用。(2)在有条件的事业单位,扩大有偿服务项目,合理组织收入,提高事业经费的自给水平。全额预算管理的事业单位,积极组织收入,用于抵顶一部分预算拨款。(3)对有偿还能力的事业单位,实行财政资金有偿使用。(4)规定各事业部门、单位不得把预算内收入划作预算外,也不得把预算外支出挤入预算内。(5)逐步实行按事业计划、工作任务和费用定额核定预算。

1988年,按照《江西省行政文教事业单位专项经费跟踪反馈试行办法》,主管部门接到财政部门分配的专项经费后,转知用款单位填报《江西省专项经费项目申报表》,报主管部门核签后报财政部门审查核定拨款,批准下拨的专项经费,严格按照申报用途,专款专用。

1989年,进一步加强财务管理,变单一包干为分类包干,合理确定包干基数,防止出现"包而不干"等问题:(1)包干范围是职工的人员经费和正常公用经费等;(2)包干形式主要有经费和任务挂钩,一年一变,核定基数、比例递增。包干基数,一定几年,核定基数,比例递减;(3)科学合理地核定包干基数;(4)自主安排包干经费;(5)预算包干经费核定后一般不作调整。

1990年,在有条件的事业单位开展有偿服务。事业单位开展有偿服务,须按照国家的方针、政策及财政、税务、工商、物价的有关规定合理经营,不能乱收费,滥收费,损失群众利益,增加社会负担。

1991年,各级党政群机关的机构、编制一律实行冻结,停止增设机构和提高机构规格,增加人员编制和领导职数。对于实行经费自理单位,其机构编制由机构编制部门从严控制。对各种学会、协会、基金会等社会组织,一律不给编,不定级,不拨经费。凡已满编、超编的机关、事业单位,不再增加人员,确因工作需要必须增人的,经组织领导研究同意后,财政安排经费。

1992年11月,财政部关于印发《社会文教事业全额预算管理单位财务管理暂行办法》的通知,全额预算管理单位是指没有稳定的经常性收入或收入较少,一般占单位经常性支出的30%(不含以下),各项支出占全部或主要由国家预算拨款供应的预算单位。其主要内容:(1)预算管理:①国家对全额预算管理单位实行预算包干、结余留用、超支不补的预算管理办法。主要形式有:经费和任务挂钩,一定一年;核定基数,比例递增(减);包死基数,一定几年等。各事业单位可结合本单位实际情况,报经主管部门或财政部门批准,执行其中一种形式。②预算结余的计算和分配。事业单位预算拨款数与"抵支收入"数之和大于决算支出数部分,为预算结余数,结转下年预算继续使用。事业单位的年终预算结余,扣除专项资金结余后,应按有关规定提取事业发展基金,职工福利基金和职工奖励金。其中,事业发展基金一般不低于50%。三项基金的具体比例由主管部门会同财政部门核定。凡是按国家有关规定,从收入中提取了职工福利基金和职工奖励基金的,在年终提职工福利基金和奖励基金时,应如数扣除;执行国家特殊优惠政策而减免的税金、基金,应如数提出并全部转入事业发展基金。(2)收入管理:①收入管理的原则。a.事业单位在保质保量完成事业计划和工作任务的前提下,凡是有条件组织收入的,都应在国家法律、法规和政策规定允许的范围内,充分利用单位的人才、技术、设备等条件,积极、合理地组织收入。b.事业单位组织收入,必须将社会效益放在首位。开展组织收入活动,必须有利于事业的发展,有利于丰富人民群众物质文化生活,有利于社会主义精神文明建设,在获得社会效益的同时获得较好的经济效益。c.事业单位组织收入,必须严格执行国家有关行政事业性收费政策及管理制度,按国家规定的收费范围和标准合理收费;增减收费项目,制定和调整收费标准必须按规定报批。各种收支都必须交由单位财务部门入账,不得坐支。②事业单位组织收入,应实行独立核算,收入数应按扣除取得收入过程中所消耗的材料、劳务和设备仪器折旧费用及照章缴纳的税金后的纯收入计算。③事业单位通过开展有偿服务和其他活动取得的各项收入,附属的独立核算的经费服务单位上缴的收入及其他收入全部纳入预算内,与预算拨款统一核算、管理。④事业单位的"抵支收入",与预算拨款统筹安排使用；实行限额拨款的单位，年终一次转入预算内账户，列收列支。(3)支出管理。①支出管理的原则：a.事业单位安排各项支出，必须贯彻勤俭建国、厉行节约和量力而行的原则，执行国家有关方针、政策，遵守财政、财务制度和财经纪律。b.支出管理要贯彻供给、服务的原则，各项资金的安排、使用都要有利于事业的发展。c.资金使用要在注重社会效益的同时，注重经济效益，做到少投入、多产出，促进事业发展。②支出管理的要求，a.事业单位的各项支出要按批准的预算和规定的经费开支范围、标准执行，建立健全各项支出管理制度，严格审批手续，不得以领代报，以拨代支。b.事业单位发给职工的各种奖金、津贴、补贴、职工的各种福利待遇，应按国家有关规定执行，不得自行规定。c.事业单位要严格执行国家控制社会集团购买力的有关规定，购买国家专项控制商品，必须按规定报批。③专项资金管理。专项资金是指财政部门或主管部门拨给事业单位的指定项目和用途、单独核算的资金。事业单位应加强对专项资金的管理，严格按批准的用途专款专用，不得挪作他用。专项资金的使用实行追踪反馈责任制。用款单位应按要求定期向财政部门或主管部门报送专项资金使用情况；项目完成后，应报送专项资金支出决算和使用效果的文字报告，接受财政部门或主管部门的检查验收。(4)财产物资管理：①财产物资是资金的实物形态。事业单位的财产物资是事业单位开展业务活动，实现事业计划必需的物质条件。②事业单位的财产物资管理要贯彻统一领导、计划供应、定额配备、归口管理的原则，既要保证事业发展的需要，又要防止财产物资的积压和损失浪费，最大限度地发挥财产物资的效益。事业单位财产物资管理包括：固定资产管理、材料管理和低值易耗品管理。③固定资产管理。事业单位的设备、单位价值在规定标准以上，耐用时间在一年以上的，作为固定资产管理；单位价值虽未达到规定标准，但耐用时间在一年以上的大批同类物资，也应作为固定资产管理；单位价值虽已超过规定标准，但易损坏，更换频繁的，也不作固定资产管理。固定资产一般分为六类：房屋和建筑物；专用设备；一般设备；文物和陈列品；图书；其他固定资产。固定资产报废、调出，确属不能或不宜作的固定资产，可以作报废处理；确属闲置不需要的固定资产，应按规定程序调出，避免积压，造成损失浪费。事业单位固定资产报废和调出，一般由财产管理部门报经本单位行政领导批准。固定资产的变价收入转入专用基金，用于重购固定资产。④材料和低值易耗品管理。材料是指使用后就消耗或逐渐消耗掉，不能保护原有形态的物质资料，低值易耗品是指单位价值较低、容易损耗、不够固定资产标准，不属于材料范围的各种工器具等。各事业单位应建立健全材料和低值易耗品的购买、验收、进出库、保管等管理制度，对材料的使用实行定额管理，对低值易耗品的使用实行以旧换新办法。(5)财务分析和财务监督。①财务分析的主要内容包括：预算执行情况，资金运用情况，财产物资的使用、管理情况等。各事业主管部门及事业单位可根据本部门、本单位工作的特点，建立科学、合理的财务分析指标。财务分析可采用对比分析、因素分析、动态分析等多种方法。通过分析，反映单位业务活动和经济活动效果，并将分析结果及时反映给单位领导和有关部门，为其进行经济决策提供科学、可靠的依据。②事业单位的财务部门要通过收、支审核，财务分析等，对单位的财务收、支资金运用，财务物资管理等情况进行监督检查。对违反国家财政、财务制度和财经纪律的行为，要及时予以制止、纠正，性质比较严重的，要向单位领导及有关部门报告，并按有关规定严肃处理。《社会文教事业全额预算管理单位财务管理暂行办法》对考核与奖惩、财务机构和财务人员等均作出了详细规定，自1993年起施行。

1993年，江西省转发财政部《关于提高事业行政单位固定资产会计核算起点的通知》，事业行政单位固定资产会计核算起点为：专用设备，单价在500元以上(含500元)；一般设备，单价在200元以上(含200元)，且耐用时间在一年以上。

1995年9月，财政部发布文教行政财务管理和经费使用效益考核办法(试行)，其主要内容：(1)按1993年执行的考核原则，重点考核和一般考核相结合。对重点指标进行重点考核，突出工作重点。全面、真实地反映财务管理和经费使用效益的实际情况。(2)考核范围。文教行政财务管理工作，财政部门拨付给文教行政单位的经费，单位组织的各项收入，文教行政周转金。(3)考核对象。财政部门、财务主管部门，基层预算单位。(4)考核级次。①财政部门对本部门和下级财政部门的考核；②财政部门对财务主管部门、基层预算单位的考核；③财务主管部门对基层预算单位的考核。④基层预算单位对自身的考核。(5)考核指标体系。文教行政财务管理和经费使用效益考核指标体系，按其适用范围分为综合指标，单项指标两大类；按其性质和用途又可分为政策性指标、结构性指标、收入管理指标、定额指标、周转金指标、辅助指标六大类。(6)考核办法。各级财政部门、财务主管部门和基层预算单位在考核工作中，应实行综合考核与单项考核、重点考核与一般考核相结合。主要采用主要指标百分制量化考核办法。(7)该办法自1995年度起执行。财政部1992年考核办法，同时废止。

文教行政财务管理和经费使用效益考核指标项目表

表4－21

序号	项目名称	计算公式	适当款项	说明
1	一、政策性指标 (一)经费增长速度比同期财政收入增长速度增减百分点	经费增长速度—同期财政收入增长速度	教育、科学事业费	财政收入是指本地区经常性财政收入
2	(二)经费增长速度比同期财政支出增长速度增减百分点	经费增长速度—同期财政支出增长速度	教育、科学事业费、行政管理费	财政支出是指本地区经常性财政支出
3	(三)中小学生均经费增长速度(%)	$(\frac{\text{本年生均经费}}{\text{上年生均经费}}-1)100\%$	教育中、小学经费	反映实际支出数(含民师补助)
4	(四)中小学生均公用经费增长速度(%)	$(\frac{\text{本年生均公用经费}}{\text{上年生均公用经费}}-1)100\%$	教育中、小学经费	
5	(五)行政管理费增长速度(%)	$(\frac{\text{本年银行支出数}}{\text{上年银行支出数}}-1)100\%$	行政管理费	
6	二、结构性指标 (一)经费支出占财政支出的比重(%)	$\frac{\text{银行支出数}}{\text{同期财政支出数}}100\%$	教育、科学事业费、行政管理费、公检法支出	财政支出是指本地区经常性财政支出
7	(二)人员经费占实际支出的比重(%)	$\frac{\text{人员经费实际支出数}}{\text{实际支出合计数}}100\%$	教育、科学事业费、行政管理费、公检法支出(全额单位)	人员经费包括工资、补助工资、职工福利费、离退休人员费用、主要副食品价格补贴、人民助学金。
8	(三)中小学经费支出占教育事业费支出的比重(%)	$\frac{(\text{中学经费}+\text{小学经费}+\text{民办教师补助费})}{\text{教育事业费}}100\%$	教育事业费	银行支出数
9	(四)基础研究经费支出占自然科学事业费支出的比重(%)	$\frac{\text{基础研究经费}}{\text{自然科学事业费}}100\%$	自然科学事业费	
10	(五)图书馆购书费占经费支出的比重(%)	$\frac{\text{图书馆购书费实际支出}}{\text{图书馆经费实际支出数}}100\%$	图书馆经费	
11	(六)公检法部门办案费占公检法支出的比重(%)	$\frac{\text{公检法部门办案费实际支出}}{\text{公检法支出实际支出数}}100\%$	公检法支出	
12	三、收入管理指标 (一)全额单位收入抵支率(%)	$\frac{\text{抵支收入数}}{\text{纯收入数}}100\%$	文化、教育、体育、广播电影电视、科学事业费	
13	(二)差额单位经费自给率(%)	$\frac{(\text{业务收入}+\text{其他收入})}{\text{支出合计}}100\%$	文化、教育、体育、广播电影电视、科学事业费	
14	(三)抵支收入支出占实际支出数的比重(%)	$\frac{\text{抵支收入支出数}}{\text{经费实际支出数}}100\%$	文化、教育、体育、广播电影电视、科学事业费	

续表4－21

序号	项目名称	计算公式	适当款项	说明
15	四、定额指标 (一)“工资”目职工年均支出(元/人)	$\frac{\text{实际支出数}}{\text{“工资”目全年平均人数}}$100%	行政管理费	实际支出数是指“工资”目职工开支数,不包括人民助学金、离退休人员费用、差额补助费。
16	(二)每校平均学生人数(人/校)	$\frac{\text{年末在校学生人数}}{\text{年末学校机构数}}$	教育事业费	高等、中等、中、小学校分别考核
17	(三)教职工与学生的比例(%)	$\frac{\text{年末在校学生人数}}{\text{年末教职工总人数}}$100%	教育事业费	年末教职工总人数包括民办教师;高等、中等、中、小学校分别考核。
18	(四)专任教师与学生的比例(%)	$\frac{\text{年末在校学生人数}}{\text{年末专任教师人数}}$100%	教育事业费	年末专任教师数含民师、高等、中等、中、小学校分别考核
19	(五)专任教师占教职工的比例(%)	$\frac{\text{年末专任教师人数}}{\text{年末教职工总人数}}$100%	教育事业费	高等、中等、中、小学校分别考核
20	(六)中小学危房比例(%)	$\frac{\text{年末危房面积}}{\text{年末房屋面积}}$100%	教育部门中、小学经费	
21	(七)平均每例计划生育手术费(元/例)	$\frac{\text{手术减免经费实际支出数}}{\text{手术减免经费开支的四术例数}}$	计划生育事业费	
22	(八)科研人员占职工总人数的比重(%)	$\frac{\text{年末科学研究人员数}}{\text{年末科研单位职工总人数}}$100%	科学事业费	
23	(九)小汽车与职工的比例(%)	$\frac{\text{年末“工资”目人数}}{\text{年末小汽车数}}$100%	行政管理费公检法支出	
24	(十)车均燃修费(元/辆)	$\frac{\text{燃修费实际支出数}}{\text{年末机动车辆数}}$	行政管理费、公检法支出	
25	五、周转金指标当年回收率(%)	$\frac{\text{当年实际回收数}}{\text{当年应回收数}}$100%		
26	六、辅助指标 (一)学龄儿童入学率(%)	$\frac{\text{年末实际入学学生数}}{\text{年末学龄儿童数}}$100%	教育事业费	
27	(二)科研成果转化率(%)	$\frac{\text{应用成果数}}{\text{成果数}}$100%	科学事业费	
28	(三)破案率(%)	$\frac{\text{当年破案数}}{\text{当年立案数}}$100%	公安安全支出	
29	(四)每百人年均图书册数(册/百人)	$\frac{\text{年末公共图书馆馆藏图书总册数}}{\text{所辖地区年末总人口数}}$100%	文化事业费	

1996年10月,财政部8号令《事业单位财务规则》,从1997年1月1日起执行。新的事业单位财务制度取消“三种预算管理形式”,故1997年以后的全额管理和差额管理、自收自支管理合并在一起。(详见本章第六节)

二、专项事业费全额管理

(一)公费医疗经费管理

新中国成立初期,对供给制人员实行公费医疗,在所在单位的经费中开支,未单独进行管理。1952年6月,中央人民政府政务院公布关于国家工作人员实行公费医疗预防的指示,江西省成立了公费医疗管理委员会,规定全省国家工作人员自7月份起实行门诊公费医疗制度,住院公费从10月起实行。公费医疗经费由省财政厅统一列入预算核发,分别由省财政厅、卫生厅掌握开支。7～10月采取按人数每人2元包干,其中30%用于门诊,70%用于住院。11月份起改为实报实销。因公在外地工作发生急症的,持原证及出差证明到指定医院诊治,医药费向原医疗机关报销。

1953年,省地驻县的机关工作人员公费医疗,由县卫生科负责办理。凡不属公费医疗范围的单位,可商得卫生科同意,按本单位人数,交付一定的医疗费后,视同享受公费医疗待遇,所交医药费与公费医疗经费合并调剂使用。

1954年,对享受公费医疗的流动人员在外地就医,规定尽可能到当地公立医疗单位就诊,回原单位报销药费时须检附原处方,申请在外地治疗的,须经县卫生科备文报告抚州专署卫生科批准。

1957年12月,采取改进公费医疗管理的措施:(1)设置机关保健箱解决小伤小病问题;(2)实行门诊挂号收费由个人负担;(3)中药煎药费、会诊费、出诊费,除抢救急重病人外,费用一律由个人负担;(4)药瓶押金由病人自己垫付;(5)住院病人,经确认可出院仍继续住院的,一切费用由病人自理。

1963年,规定对享受公费医疗人数定期进行清查,核实发证工作,因驻地偏远,不便到医院就医的,将经费转给所在单位。

1965年,改进公费医疗管理,对营养滋补药品收费范围和品种作出规定。

"文化大革命"开始后,公费医疗管理机构停止工作,不久被撤销,公费医疗制度仍继续执行。

1975年,乐安县恢复公费医疗管理机构,严控和切实掌握享受公费医疗待遇的范围和人数,坚决执行划区定点制度,遵循按就近就医原则。报支出差期间医疗费,要附处方或病历表审核。公费医疗费超支的,由公费医疗管理委员会、卫生局、财政局共同审核,合理超支部分报请县革委会研究解决。

1977年,规定营养滋补药品自费,不得从公费医疗经费开支。

1978年8月,财政部、卫生部下发《关于整顿和加强公费医疗管理工作的通知》,全面推行定点医疗经费包干到医疗单位的管理办法,公费医疗经费年终结转,下年继续使用,坚决执行自费药品规定,对未经批准而转诊转院的,一切费用由个人自理。

1985年,进一步加强公费医疗管理,认真检查整顿公费医疗工作,健全各项制度,严格执行公费医疗范围和医药报销范围,实行定点的医疗制度,纠正看病"满天飞"的现象,县人民医院、县中医院为全县公费医疗定点医院。乡(镇)卫生院为乡(镇)公费医疗定点医院。

1990年,江西省下发《加强公费医疗管理和深化改革的通知》,要求加快医疗改革步伐,实现既保证享受人员的基本医疗需要,又克服浪费的目标。

1991年,江西省公费医疗管理委员会、省卫生厅、财政厅印发《江西省公费医疗享受人员医药费开支范围规定》和《江西省享受公费医疗人员自费药品范围补充规定》,对享受公费医疗待遇的人员报销范围和比例以及公费医疗不予报销的项目作了详细规定。对自费药品的内容和不属公费医疗部分的中成药、西药均列出其药品名称,不予报销,此后,省三部门对上述规定又多次作出修改。

1999年10月,财政部《关于加强职工基本医疗保险财务管理工作的通知》,其主要内容如下:(1)认真做好城镇职工基本医疗保险缴费率的测算确定工作。各地应根据上一年度或前三年用人单位和财政支付职工医疗费用的实际或平均数额(不含个人负担的医疗费部分),在进行必要的扣除后合理确定一般职工医疗费支出基数。具体扣除因素如下:①离休人员、老红军、二等乙级以上革命伤残军人以及大学生的医疗费开支。②已参加工伤、生育保险企业的职工工伤医疗费,生育医疗费以及职工家属半费医疗费。③一次性弥补以前年度非正常超支、突击看病等非均衡性支出以及浪费因素。④非医疗费支出项目,如公费医疗、劳保医疗管理机构经费,职工赴外地就医路费及伙食补助等。各地要在认真测算的基础上,根据一般职工医疗费支出基数占职工工资总额的比例,考虑企事业单位,财政的实际承受能力,个人缴费情况等因素,合理确定城镇职工基本医疗保险的单位缴费率。用人单位缴费率实际测算小于6%的,按实际测算数确定;实际测算高于6%的,要按国家规定的6%左右的缴费率从严控制,严格审批后确定。职工工资总额口径按国家统计局有关规定执行。(2)妥善安排财政应负担的职工基本医疗保险支出。①国家公务员和依照公务员序列管理的有关人员,其单位应缴纳的基本医疗保险缴费,由同级财政部门按规定在预算中足额安排。②原享受公费医疗的事业单位职工的基本医疗保险缴费按应缴纳职工基本医疗保险费的一定比例由同级财政在各项事业费预算中适当补助,由单位预算一并下达事业单位,由事业单位按规定的缴费率向税务机关或社会保险经办机构缴纳职工基本医疗保险费。今后财政部门不再单独安排事业单位的公费医疗经费。基础教育等主要由财政拨款的特殊类型的事业单位,其医疗保险缴费主要由财政拨款安排。③职工基本医疗保险基金按照国家规定全部用于职工基本医疗。(3)职工医疗保险支出的列支渠道。①单位缴纳的职工基本医疗保险费:行政机关列“经常性支出的“社会保障费”支出;事业单位列“事业支出”的“社会保障费”;专职从事经营活动的职工缴费列“经营支出”;企业在职职工列“应付福利费”,企业离退休人员列支“劳动保险费”。②企业职工补充医疗保险费;国家批准建立补充医疗保险的特定行业,其补充医疗保险费在职工工资总额4%以内部分,列支企业“应付福利费”,“应付福利费”不足列支部分,经同级财政部门核准后可以列入成本。③实行医疗保险制度改革后,取消政府预算收支科目中“公费医疗经费”款级科目,设立“行政事业单位医疗经费”款级科目。财政部门安排的公务员基本医疗保险缴费,公务员医疗补助的支出,原享受公费医疗待遇的离休人员、老红军、二等乙级以上革命伤残军人、大学生的医疗费,财政对原不享受公费医疗待遇的离休人员、老红军、二等乙级革命伤残军人医疗费超支给予的补助等支出在“行政事业单位医疗经费”款列支。财政对事业单位职工基本医疗保险缴费的补助在有关事业中列支。(4)加强职工基本医疗保险基金管理。①按照“以收定支、收支平衡”的原则,既要保障职工的基本医疗,又要量入为出,合理有效的使用医疗统筹基金,做到统筹基金不出赤字,略有结余。②按照社会统筹和个人账户分开核算的原则,严格界定各自的支付范围和责任。③按照保证职工基本医疗需求的原则,严格执行国家有关职工医疗保险基金支出范围和标准的规定。④各级财政部门要配合劳动保障部门及社会保险经办机构按照医疗保险制度的有关规定,定期对定点医疗机构和定点药品进行考核检查。⑤职工基本医疗保险基金纳入单独的社会保障基金财政专户,实行收支两条线管理,专款专用。(5)加强特殊人群的医疗费用管理。①离休人员和老红军医疗费由原资金渠道解决。②二等乙级以上革命伤残军人医疗费可以参照离休人员和老红军医疗管理办法,加强支出管理,减少浪费。(6)加强医疗保险基金监督管理工作。各地要严格按照财政部与劳动和社会保障部联合制定的《社会保险基金财务制度》和财政部制定的《社会保险基金会计制度》的规定,规范社会保险经办机构经办医疗保险基金的财务会计行为,加强对两个制度执行情况的检查和监督。

(二)抚恤和社会救济事业费管理

1949年新政权建立之初,乐安县用于社会救济的经费和粮食,由县统一掌握,专款专用,及时逐级分配到区、乡,由区、乡干部进行调查登记并发动群众民主评定救济对象,提出救济粮款的数额,报县审核发放。

1952年,按民政部关于社会事业费管理使用的几项规定草案执行,除经常性的救济费按一般事业费管理的规定办理外,临时紧急性救灾经费,可在办理预算前提出使用计划,报民政部门先行拨款。

1954年,自然灾害的救济费为中央预算支出,由县民政科直接向抚州专区民政部门直接领报,其他各项救济费分级管理。

1956年,省民政厅、财政厅下发《优抚、社会救济事业费管理使用暂行规定》:(1)县民政部门掌管的优抚社会救济事业费列入县财政预算,财政科拨交民政科,按有关规定编造预决算,并同时报上级民政部门。(2)如发生严重灾害必须救济时,应按受灾田亩、成灾人口编具救济费预算报请追加救济经费。(3)对优抚和救济费分别规定了使用范围,灾款除可以用于灾民生活外,还可以用于被毁的小学房屋修缮和种子补助。(4)救济费的发放,一般先由县分配控制指标,乡订出使用计划报县核定拨款。(5)县民政、财政部门对优抚救济费的发放和使用情况经常检查,监督。(6)救灾费可跨年度使用。

1961年,因连续自然灾害,国家增加了医药救济专款,将灾区群众疾病医疗困难补助费,改由卫生部门负责管理。

1962年,执行民政部、财政部制定的《抚恤、救济事业费管理使用办法》。

1964年,对加强农村救济费的管理做出规定:(1)从1964年起,自然灾害救济费、农村社会救济费均列入县财政预算。(2)自然灾害救济费和农村社会救济费,应用于新灾救济,春、夏荒救济,困难户救济,敬老院补助等。(3)救济费的使用,要贯彻“生产自救为主,国家救济为辅”的原则。(4)救济费的分配和下拨,采用“两条线、三联单”的办法。(5)民政部门需将救济费改以实物发放时,应向农业银行提交有关文件作为取款购买实物的依据。(6)银行支付救济费应逐笔审核直接付给救济户。(7)民政、财政、农业银行密切配合,加强监督,坚持做到十不准:不准干部贪污多占;不准虚报冒领和代领转发;不准滥支挪用;不准用于生产投资;不准当作集体收入按劳分配;不准平均发放;不准干部私自专权决定;不准从中抵押贷款;不准以信贷资金垫付救济费;不准将救济款和信用社自有资金混淆使用。(8)对救济费的使用效果,至少每季检查一次,作出报告,年终进行全面总结。

1966年起的“文化大革命”期间,抚恤和社会救济事业费的管理遭到破坏。

1979 年起，抚恤和社会救济事业费的管理工作逐步恢复。

1984 年，继续贯彻《民政事业费使用管理办法》，规定民政事业费使用原则须专款专用，民政事业费的安排，要保证优抚救济对象的生活切实得到保障。使用民政事业费，除必须严格遵守国家的财经纪律外，还须遵守如下规定：不许个人或单位私自借占民政事业费；不许民政机关直接向个人发放临时性救济或补助；不许机关工作人员向下属民政部门为自己或亲友索要救济款物等。

1990 年，为加强民政事业费的管理，作如下规定：(1)县以下民政事业费是国家预算安排的民政事业费的一部分，是做好优抚安置，救灾救济，社会福利等工作的主要财力保证。(2)民政部门每年应根据上年度民政业务统计年报的有关数据，商同财政局，向乡(镇)人民政府提出民政事业费年度预算的建议。(3)县财政局下达乡(镇)民政事业费年度预算指标，县民政局须出面通知民政助理员，以便及时掌握发放。(4)乡民政助理员须建立民政事业费专账，坚持按月或季度凭发放花名册，三联单或单据，附汇总核销单，分别向乡(镇)财政所和县民政局报账。(5)民政助理员工作调动时，须办理移交手续。(6)县民政局、财政局应密切配合，定期或不定期进行检查。

2000 年，民政部、财政部下发《关于加强特大自然灾害救济补助费使用管理有关问题的通知》，其主要内容：(1)各级民政、财政部门要认真核报受灾情况，准确掌握受灾严重的地市、县、乡、村的灾情和受灾群众的生活情况，特别是群众缺粮情况。并按照“专款专用、重点使用”的原则，分配救灾救济资金，确保特大自然灾害救济补助费重点用于重灾区和重灾户。(2)救灾工作的主要责任在地方政府，各级财政部门要加大自然灾害救济资金的投入。(3)特大自然灾害救济补助费的使用要严格按照 1999 年 6 月印发的《关于进一步加强救灾款的使用管理工作的通知》规定执行。(4)县级民政、财政部门接到上级民政、财政部门的拨款通知后，要在半月内将救灾款(物)发放到灾民手中，发放救济物的金额、数量和救济对象的名单要张榜公布。(5)各级民政、财政部门要严格执行救灾资金使用情况报告制度。(6)各级的民政、财政部门要定期对特大自然灾害救济资金的分配使用情况进行监督检查。

第二节 差额预算单位财务管理

国家财政对于有一定数额、稳定、经常性的业务收入，但不足以支付其经常性支出，需财政补助的单位，实行“核定收支、差额补助、增收节支留用、减收超支不补”的差额预算管理办法。具体补助的形式有定项补助、定额补助和收支差额补助 3 种，实行差额管理的单位，主要是艺术表演团体、医院、各乡镇卫生院，所有实行差额预算管理的单位，必须将本单位的收入和预算拨款的经费以及所有支出，全部列入本单位的预算，报主管部门审核送财政部门核定。从 1980 年起，差额管理单位实行“定收定支、定额补助或上缴，增收节支留用，短收超支不补”的办法。

一、艺术表演团体财务管理

乐安县地方剧团成立于 1956 年 9 月。1958 年 6 月成立“乐安采茶剧团”。开始三年，即 1956～1958 年实行差额补助。至 1959 年，全省国营剧团全部实行企业化管理，要求逐步达到经费自给。1962 年 5 月，根据中央“文艺八条”精神，县采茶剧团改为国营体制，集体经营，其经费不足部分，按差额补助。1963 年，江西省财政厅、文化厅规定，剧团应加强经济核算，改进经营管理，增收节支，力求做到自给自足。对国营剧团的预算管理，采取“核定收支、差额补助”的办法。1968 年 10 月，县采茶剧团撤销；1969 年 12 月，成立“毛泽东思想宣传队”；1971 年改称“县文工团”；1976 年又改称“乐安县采茶剧团”。直至 1988 年 5 月撤销。在此期间，乐安县艺术表演团体都属差额预算管理单位。

二、一般性差额补助单位财务管理

中华人民共和国成立初期，各级医疗机构经费由财政拨款，采取统收统支的管理办法。

1952 年，中南财政部、卫生部和省财政厅、卫生厅规定，地方卫生事业费的经费来源为省拨卫生事业费，地方政府所拨粮款及医疗收入。公立医院、诊所、县区卫生院、所实行统收统支的原则，县区卫生院、所的业务收入全部交县财政，卫生院、所的工资、公杂费、差旅费等由乡镇财政开支。医药收支通过预决算程序，由县(市)财政部门根据实际情况，将原缴医疗收入拨回一部或全部，作为补充药品器材等经费，以保证医疗卫生事业的发展。卫生机关的行政费、一部分业务及紧急防治设备等项经费，由同级财政拨款。省拨卫生事业费由医疗卫生机关专款专用。

1953 年，江西省财政对各级医疗机构实行“以收抵支，差额补助”的管理办法。医疗机构的业务收支：(1)县卫生科为初审机关，负责监督业务收支的正确使用。(2)业务收入上解主管机关，业务支出由主管机关拨款。药材费收入由主管机关上解领导机关,所需药品器械由领导机关统一发实物。(3)药材费收入每月10日、20日、月底3次上缴,编制收费和缴款报告表报领导机关。(4)上缴收入下拨经费均通过银行划拨。(5)财政部门负该项业务收支检查监督的责任

1955年,贯彻卫生部、财政部《关于改进医院财务管理的指示》,将“定额补助”改为“全额管理、差额补助”。在增加生产,厉行节约的原则下,收入打足,支出核紧,核定切合实际需要的补助差额。

1960年起,国家对县以上各级医院实行“全额管理、定项补助、预算包干”的财务管理制度。医院工作人员的基本工资和附加工资由财政拨给,其余各项开支仍由医院收费解决。年终结余不上缴,用于添置必要的器材设备和兴办卫生事业。

1963年,执行省财政厅、卫生厅《关于加强卫生事业财务管理若干问题的规定》,对县以上医院补助按工资的70%安排,差额部分由医院历年结余弥补解决。乐安县只补在职人员工资总额的30%,离退休人员100%。

1973年起,改变对农村卫生院的管理制度,国家办的实行“全额管理、定额补助、结余留用”。农村集体办的实行“社办公助、结余留用”,一般按社区卫生院正常支出的35%或集体人员工资60%给予补助。但在执行中,乐安对集体人员未补助。

1979年,国家办的公社卫生院,在财务上实行“全额管理、定项补助、结余留用”的制度,集体办的公社卫生院,国家给予一定的经费补助。公社卫生院的基本建设,发挥国家和集体两方面的积极性,全面规划统筹安排,属于国家投资部分,纳入地方基本建设计划。严格执行省统一规定的医疗收费标准和药品批零差价的原则。合理组织收入,节省开支,坚持勤俭办院。

1988年,江西省人民政府颁发《关于加强农村基层卫生组织建设与管理的意见》,对医院实行“经费包干、超支不补、结余留用”的财务管理办法。各单位在保质保量完成核定的年度工作后,其包干经费若有结余,50%用于事业发展基金,其余分别单位性质按比例用于集体福利基金和职工奖金。同年12月,执行省卫生厅、省财政厅制定的《医院财务管理办法》实施细则。财会工作岗位与财务人员编制要充实,县以下所有医疗单位必须配备专职会计人员。各级医院年初编制预算,报经卫生主管部门批准后,认真按照执行。医院开展的家庭病床、各种形式的承包责任制、业余医疗服务、横向医疗联合,咨询服务等所得收入,均应纳入当年预算内管理。医院按权责发生制的要求严格执行收取住院预交金和定期结算病人的住院费用制度,严格控制病人欠费的发生。医院的大型贵重仪器购置和大型修缮费,按照《医院财务管理办法》的规定加强管理。医院的周转金按规定的原则和方法进行核定,医院的专用基金按以下办法提取和分配:(1)一般修购基金,每月按医疗收入、药品收入和制剂纯收入3项总额计提,县医院按4%提取;乡卫生院按2%提取。(2)大型设备更新维护基金,凡已按成本收费的大型设备,每月按其原值的1%提取,如系使用贷款、群众集资或借用周转金购置的器械,比例可提高到4%左右。(3)事业发展基金、福利基金、职工奖励基金和院长基金根据当月收支结余,按以下比例分配:县级及县级以下医院为40:18:40:2。

1990年8月,江西省财政厅、卫生厅关于对《医院财务管理办法》实施细则有关条款修改、补充的通知,其主要内容:(1)重新核定医院周转金限额。确需增加的周转金可在医院收支结余中补充解决。(2)调整医院“一般修购费”提取比例。县(市)医院不低于7%。(3)明确划分医院职工奖金列支科目。医院属于事业单位,各医院原随工资发放的每人每年一个半月奖励工资,应列入“补助工资”科目开支。超过一个半月部分的奖金支出,在医院的专用基金“奖励基金”中列支。

1992年11月,财政部印发《社会文教事业差额预算单位财务管理办法》,该办法自1993年起执行。差额预算管理单位是指有一定数量的稳定的经常性收入[一般占单位经常性支出的30%(含)以上],但还不足以解决本单位的经常性支出,支大于收的差额需国家预算拨款补助的预算单位。其财务管理范围包括:预算管理、收入管理、支出管理、财产物资管理、财务分析和财务监督等内容,基本和全额预算管理大体一致,只有以下几个方面有所不同:(1)预算管理方面:①差额预算管理单位实行的是核定收支、差额(定额或定项)补助,增收节支留用,减收超支不补的管理办法。有条件的事业单位可实行多种形式的承包经营责任制,实行承包经营责任制的事业单位,采取确定差额(定额或定项)补助,一定几年不变或逐年递减的管理办法,并逐步建立健全合理的内部运行机制。②预算结余的计算和分配。其中,事业发展基金一般不低于40%。(2)收入管理:①事业单位的各项收入,以及附属的独立核算的经营服务单位上缴的收入,全部缴入预算内,与财政拨款统一核算、管理。②事业单位的收入可按毛收入计算,满收满支。(3)支出管理,差补单位增加专用

基金管理。专用基金是指事业单位按国家有关规定,由单位提存和设置的专款专用基金。包括事业发展基金、职工福利基金、职工奖励基金、医疗基金和修购基金等。专用基金管理实行计划管理,先提后用,量入为出,专款专用的原则。凡未纳入公费医疗经费开支范围的单位,按当地财政部门规定公费医疗经费开支标准从收入中提取医疗基金,参照公费医疗制度有关规定,用于职工公费医疗开支。事业单位应建立修购基金制度,以积累一定的大修理基金和设备购置基金,增强自我发展能力。修购基金从收入中提取,具体比例由主管部门会同同级财政部门规定。

1999 年,卫生部、财政部印发《医疗机构“医疗分开核算分别管理”暂行办法》。其主要内容:(1)医疗机构实行医药分开核算、分别管理,目的是规范医疗行为,促进医疗机构因病施治,合理用药和收入结构的调整,降低药品收入在医院收入中所占的比重,促进医疗机构为群众提供优质、经济的医疗服务。(2)医疗机构要严格执行《医院财务制度》和《医院会计制度》,对医疗收支和药品收支分开核算。(3)为控制药品费用过快增长,医院在实行医药分开核算的基础上,按照《医院财务制度》《医院会计制度》的要求,对医院机构药品收入实行“核定收入、超收上缴”的办法。(4)各医疗机构的年度药品收入总额(包括药品成本、加成收入、折扣、让利等各项收入)由卫生主管部门和同级财政部门根据一年一变的原则,在每年初分别核定。医疗机构年度药品收入超过核定收入总额的部分,要全部上缴卫生行政部门。药品超收款按年度上缴,各级各类医院不得以任何理由拒缴,否则,由财政部门从预算中直接扣拨。

2012 年,乐安县人民政府印发关于进一步完善乡(镇、场)财政管理体制实施意见的通知规定,对乡镇卫生院在职人员工资由财政全额安排,离休人员津补贴财政安排 15200 元/人、年,退休人员津补贴财政安排 12000 元/人、年,其他均由卫生院收入中解决。乐安县对县第二人民医院按在职人员工资总额的 80% 补助,国家离退人员 100% 补助,集体退休人员列入社保开支,津补贴由单位收入中解决。对县中医院按国家在职人员工资 30% 补助,退休人员 100% 补助;在职集体人员工资津补贴财政都没有补助,退休人员列入社保,其余均由本单位收入中解决。

第三节 自收自支单位财务管理

国家财政对有稳定的经常性收入,可以解决本单位的经常性支出,但尚未具备企业管理条件的事业单位,实行“核定收支,增收节支留用,减收超支不补”的自收自支的管理办法,实行自收自支管理的事业单位仍属于预算内事业单位。随着情况的发展和管理制度的改革,自收自支单位的数量在不断变化,一部分原来实行差额预算管理的单位改为实行自收自支,一部分自收自支单位又逐步向企业化管理过渡。自收自支收大于支较多的单位,在核定其收支时,规定其收入的一部分上缴财政或上缴主管部门。

1973 年,省财政局规定各级招待所的财务管理办法。对当时所有招待所,进行一次认真整顿。原来将饭店改为招待所的,改回为饭店,原属商业部门经营的,仍归商业部门经营。县招待所为县革委会的附属单位,贯彻执行勤俭办一切事业的方针,实行经济核算自收自支。招待所的收费标准由招待所会同财政部门研究确定报县革委会批准后执行。招待所的收入只能用于招待所的人员工资、房屋修缮、增添设备和必要的公用经费,不得扩大开支范围。年底收支相抵的盈利,上缴财政列其他收入。招待所管理人员和服务人员经县革委会核定编制,不得超编或雇请临时人员,招待所要严格财政管理,接受财政部门监督,编报收支计划和决算,严格经费开支审批手续,加强财产物资管理,遵守财经纪律,不得随意提高收费标准,不得以住宿费用于伙食补贴,不得搞计划外基建,不得请客送礼。

1981 年,财政部颁发《关于行政机关招待所财务管理暂行办法》的通知,其精神:(1)招待所实行事业单位企业经营办法。(2)招待所职工的工资福利待遇,实行国家机关工作人员的有关规定,所需费用由招待所从收入内开支。(3)招待所的房屋、家具和设备应属于固定资产。固定资产基本折旧基金,一般可按固定资产的现值每年提取 4%,全部留归招待所专款专用。招待所的床上用品、卫生用具和茶具、餐具等应属于低值易耗品。单价在 10 元以上的,当年摊销 50%,其余 50% 报损时全部摊销。单价在 10 元以下的,当年全部摊销。招待所的财产物资从采购、验收、保管、领发、调拨、盘点、清查、维修、赔偿到报废,都要规定管理制度,必须专人负责管理,按制度办事,招待所的周转金,主要由自有资金解决。用于招待所正常经营周转,严禁挪用。(4)招待所应根据国务院〔1981〕121 号批转财政部《关于机关、团体等单位所属宾馆、饭店、招待所征税的规定》,向当地税务部门缴纳工商税。(5)招待所交税后利润较多的单位,还应上缴一定比例的利润。少数亏损单位要限期扭亏为盈,国家不再补助。盈利单位实行利润留成成法,用于改善设备条件,职工集体福利和奖励。招待所职工的奖金,要按照按劳分配的原则办理,不得平均分配。各种奖金总额应低于当地国营旅馆业职工的奖金额度。(6)招待所要严格执行财务制度,遵守财经纪律,各项费用要严格按照标准掌握开支。要坚决执行社会集团购买力的规定。不得用公款请客送礼,看戏、看电影;不得免费供应烟、茶、糖果等物品。各级领导机关不得将招待所当作自己的"小钱柜"滥支滥用资金。

1978年,执行财政部关于市场管理费收支范围和财务管理的规定。市场管理费按成交商品价款征收,大牲畜征收1%,其他商品不超过2%,按照取于市场用于市场原则用于市场管理的各项开支。

1989年按省规定,自收自支单位从收入中提取2%~5%作为修购基金。各项基金按预算外资金管理办法进行管理。收大于支较多的单位,在核定其收支时,规定一部分收入上缴财政,或主管部门抵顶财政对该部门的事业费拨款。

1992年11月,财政部关于印发《社会文教事业自收自支管理单位财务管理暂行办法》的通知,自1993年起执行。财务管理范围包括:预算管理、收入管理、支出管理、财产物资管理、财务分析和财务监督等内容基本和全额预算管理大体一致,只有以下几个方面有所不同:(1)预算(财务收支计划)管理。①国家对自收自支管理实行核定收支、增收节支留用、减收超支不补的办法。收大于支较多的单位,在核定其收支数时应规定其收入的一部分上缴财政或主管部门。②预算收支结余的计算和分配。事业单位年终预算收支结余,应按有关规定,提取"四金",其中:事业发展基金按30%,后备基金按5%,职工奖励基金按40%,职工福利基金按25%的比例提取。(2)收入管理,与全额和差额管理相同。(3)支出管理,除与全额、差额管理相同外,只是专用基金增加了后备基金。(4)增加成本(费用)管理。①为了正确核算、反映和监督事业单位生产经营和服务过程中的各项成本(费用)、税金和收益情况,事业单位实行成本核算制。②成本核算制的基本任务是:通过预测、计划、控制、核算、分析和考核,反映单位生产经营和服务成果,合理安排和节约使用人力、物力、财力,降低成本(费用),改善经营管理,为事业发展积累资金。③成本(费用)的开支范围一般包括材料、工资、费用三部分。此外还规定了对成本(费用)管理的要求。

第四节　企业化管理

一、文化企业财务管理

事业单位企业化管理问题,乐安县始于1955年。

1955年,财政部召开第二届全国文教财务管理工作会议,提出"对剧团与电影放映队,应贯彻企业化经营的方针"。江西省文化局、财政厅根据上述方针对电影放映队的财务管理制定了试行办法,规定放映队为各级政府所属文化企业单位,实行经济核算制,由省文化局统一核算。放映队为基层核算单位。由上而下逐级下达财务收支指标,由下而上逐级编报财务收支计划,再由上而下逐级核定折旧和利润上缴。放映队超额完成收入计划的,超额盈余部分12%作为企业奖励基金,50%上缴省文化局,其余38%由行专署主管部门掌握使用;不能完成任务的,原则上由本队紧缩支出自求平衡,确有困难经县人民政府审核报行专署文化主管部门酌予补助。

1959年,全省国营剧团全部实行企业化管理,由于入不敷出改为实行差额管理。1963年1月1日起,电影院、放映队,均按实际映出场数从放映收入中提用"设备更新基金"列入成本,每场提取标准是:电影院放映长片5元,短片专场3元;35毫米放映队长片4.5元,短片专场2.5元;16毫米放映队长片3.5元,短片专场1.5元。更新基金缴省文化局集中上报,专户存储,统筹使用于电影队房屋设备的重点修缮及放映机的调换,以及放映队的机器更新。提取更新基金后,放映设备不再提取固定资产折旧和大修理折旧。但放映设备之外的房屋等固定资产仍照常提取固定资产折旧(不提取大修理基金)。1963年7月,贯彻全国发行收入集中上缴的精神,电影站有专职会计,此时,放映报表改报抚州地区电影公司。

1989年8月,根据省财政厅各处的职责分工,原由各级商贸财务科(股)管理的文教企业财务从1989年起,移交到各级文教财务科(股)管理。

1990年10月,财政部、广播电影电视部发布《国营电影发行放影企业开展多种经营活动财务管理暂行办法》,其主要内容:(1)国营电影发行放映企业应坚持"以影为主、多种经营、以影带副、以副促影"的方针,在保证完成电影发行放映任务的前提下,可以利用现有设施、场地、设备、人力等条件开展多种经营活动。(2)企业开展多种经营活动的各项收入,均作为本企业的业务收入,纳入预算内统一管理。以收抵支后的纯收入全部纳入本单位的预算管理。(3)企业开展多种经营活动的收入按国家有关规定缴纳各种税金。(4)企业开展多种经营项目的收入,其税后留利50%以上应用于扩大再生产,并按上级主管部门和同级财政部门核定的比例分别建立生产发展、后备、职工集体福利和职工奖励基金(简称"四项基金")。(5)已开展的多种经营要加强经济核算和成本管理,严格执行《国营企业成本管理条例》和《国营电影企业成本管理实施细则》。(6)开展多种经营活动的收入和利润,必须按照国家的有关规定分配和使用。生产发展基金和后备基金应主要用于电影发行放映设备更新、技术改造、业务用房维修改造等。

1990年12月,省财政厅、文化厅根据江西省情况,对财政部、广播电影电视部的通知,提出以下补充意见:(1)国营电影发行放映企业(以下简称企业)利用自有资金开展多种经营活动,其经营活动的各项收入均应纳入单位预算内统一管理,收支分别列"多种经营收入"和"多种经营支出"科目核算。(2)企业出租多余闲置的房屋设备,其资金收入应作为单位的更新改造资金入账,不得列为企业经营收入,提取留利,发放奖金。(3)企业实行独立经济核算开展的多种经营活动,其税后留利三项基金原则上按5∶3∶2的比例进行分配,即50%为发展生产基金,30%为福利基金,20%为奖励基金。具体比例在生产发展基金不低于50%的前提下,由同级财政部门核定。(4)企业为解决职工家属子女就业而开办的小集体企业,应实行单独核算。企业可从自有资金中借给一定的开办资金,但最高不超过一万元,限两年内归还,并按银行同期利率计算收取利息,小集体在生产经营过程中企业不得向其贷款,小集体企业要遵守国家政策法令,其税后留利提取三项基金的比例原则上亦按5∶3∶2的比例进行分配,具体分配比例由同级财政部门核定。保证企业积累,不得分光用光。该办法从1991年元月1日起执行。

2007年,江西省《关于开展农村文化活动有关事项的通知》下发后,全省农村全面实行行政村一月放一场电影,所需资金由省财政解决。因此,从2007年起,财政不但没有利润可收,反而每年按放影场数给予拨款,至2012起共拨款108.2万元。

二、农业三场财务管理

乐安县的农业三场一直是财政补助的事业单位,列入差额预算单位管理,并采取"核定收支、差额补助、增收节支留用、减收超支不补"的差额管理形式。其具体做法:(1)采取定项补助,结余留用;(2)定额补助,结余留用;(3)差额补助、结余留用。对有稳定的经常性收入,可以解决本单位经常性支出,但尚未具备企业化管理的事业单位,财政则列入自收自支单位管理,实行"核定收支、增收节支留用、减收超支不补"的办法。

1979年,财政部、农业部、农业银行规定,国营良(原)种繁殖场、种畜(蜂、禽)场、蚕桑茶果、药、园艺特产场(以下简称农业三场)是实行企业管理的事业性生产单位,农业三场在保证完成上级主管部门下达的良种数量、质量、任务的同时,贯彻以繁殖良种为主,有计划地开展多种经营的方针,充分利用农闲劳动力和三场资源,开展多种经营和综合利用,增加生产,增加收入,在财务管理上,根据具体情况,采取不同的包干办法,省财政局根据两部一行的通知,制定了江西省农业三场财务管理的补充规定,并从1980年1月起试行企业化管理。(1)农业三场编制年度财务收支计划,应由主管部门参照上年事业费指标,提出预算指标的意见,商同财政部门下达,三场根据指标和生产、科研任务编制财务计划报主管部门审核、汇总,经同级财政部门核定,纳入本级预算管理,三场的政策性、社会性支出和小型农田水利补助,另在农业事业费中安排,单独编列经费预算,不列入财务收支计划。(2)农业三场的财务包干办法,分为"独立核算、自负盈亏、盈余留用、亏损不补","包干上缴、一年一变、结余留用、短收不补",和在一、二年内酌情给予照顾的"定额补贴、一年一变、结余留用、超亏不补"三种形式。至于那个场采取那种形式,以及上缴、补贴数额,都要由主管部门会同财政部门核定,盈余和包干结余的使用,均应报主管部门会同财政部门审查批准。包干上缴的收入,应于下年初上缴主管部门,由主管部门会同财政部门分配用于资金困难的三场定额补贴、生产性建设和增加生产周转金等。(3)农业三场的生产周转金由财政拨款和银行贷款组成,其中定额周转金由财政拨款解决,其余向银行贷款,资金年周转率,按生产总值计算,规定农牧业为1.5次,工副业为3次。(4)专用基金。包括职工福利基金、更新改造基金、企业基金、包干结余等,先提后用,专户存储。(5)固定资产单位价值的起点改为500元,原账面单价200元至500元的仍然保留不予调账,按规定提取的折旧(房屋建筑2.5%,设备等4.5%)和固定资产变价收入,作为更新改造资金,全部留场使用,固定资产盘盈、盘亏、报废,报同级农业主管部门和财政部门审批，但损失单项金额一万元以上的大案件，县属场应专题报地（市）农业局、财政局审批。

1992年12月22日，财政部发出"农业企业财务制度"和"农业企业会计制度"的通知，为了适应社会主义市场经济发展的需要，规范农业企业财务行为，有利于公平竞争，加强财务管理和经济核算，提高经济效益，根据《企业财务通则》，结合农业企业实际情况，制定了十三章八十一条的农业企业财务制度。对农业企业从事种植业、养殖业，或以其为依托，农、工、商综合经营，实行独立核算和具有法人地位的农业社会经济组织单位，包括：全民所有制、集体所有制、私营、外商投资等各类经济性质的企业，应当完善内部经营责任制，各种类型的农业承包经营单位，包括家庭农场在内，都应当实行"自主经营、单独核算、定额上缴、自负盈亏"的办法，认真履行承包合同，完成上缴任务，合理分配收益。企业应当建立健全财务管理制度，如实反映企业财务状况，依法计算和缴纳国家税收。根据财务制度规定，企业应当根据生产经营特点和成本管理要求，确定成本核算的重点和对象。主要产品成本应单独核算，次要产品成本可适当合并核算。企业主要农产品确定为小麦、水稻、大豆、玉米、棉花、糖料、烟叶、牛奶、羊毛、肉类（分猪、牛、羊、禽肉）、禽蛋、蚕茧、林产品（原木锯材、干胶、水果、茶叶）、水产品（鱼、虾、贝、藻类）等。企业的畜牧业生产应核算饲养成本和产品成本，如县畜牧良种场原则上要分群核算，条件不具备的可按畜禽类别混群核算。企业的水产养殖生产，应核算苗种培育和成品饲养成本。

2008年，乐安县根据上级文件精神，对县内九家国有农场全面进行了税费改革，做到了农业税取消、承包费免除，农工负担明显减轻。

第五节 各类专项资金管理

各类专项资金管理，内容较多，主要是单位职工教育经费、居民身份证经费、办案经费、人口普查经费等，还有一些临时性的开支，按专项经费进行管理。

一、职工教育经费管理

为了尽快实现干部革命化、年轻化、知识化、专业化要求，适应四化建设的需要，1984年7月，省财政厅印发《江西省党政机关、事业部门干部职工教育经费开支暂行规定》，县以上党政机关及事业部门开办的干部培训班和各级行政、事业单位举办的脱产、半脱产或业余的文化补习学校（班）其所需经费，凡是培训本机关（单位）干部职工的，在本单位的"职工教育经费"内开支；凡是培训本系统干部职工的，在举办部门的"干部训练费"内开支；几个部门联合举办的，由其协商分担，分别按上述原则，在"职工教育经费"或"干部训练费"内开支。委托高等学校、中等专业学校举办的中等专修科、干部培训班，按中央和省有关规定，由派遣单位向受委托培训干部的学校缴纳进修培训费，在各自的"职工教育经费"内开支。按规定应由学员自理的费用，单位不得报销。"职工教育经费"按职工工资总额的1.5%计提，已成立工会组织的单位，工会经费中按照规定用于职工业余教育的部分，单独划出，与本单位"职工教育经费"统筹安排使用。上述经费如不敷开支，可从各部门的包干经费和预算外收入中调剂解决。

1992年7月，按照省财政厅规定，凡经组织批准参加各类院校学习，毕业后拿文凭承认学历的，学习期间一律不发给伙食补助费。组织决定参加省和省以上部门举办的各种短训班，学习结束后，不承认其学历的，按规定标准发给补助费，凡在工作单位所在地就学的，原则上回家或单位食堂用膳，不开支伙食补助费。如就学往返路途较远，需在学习单位用膳的，按规定标准减半发给伙食补助费。

二、居民身份证经费管理

公安部、财政部、国家计委《关于颁发居民身份证工作经费问题的通知》，1985年12月24日国务院第93次常务会决定，第一次颁发的居民身份证不向个人收费，制证所需费用由中央和地方财政共同负担，其主要内容：（1）集中发证期间，所需证件成本费（不含证件所需相片费用）和办公经费，由中央和地方财政各负担一半。证件成本费按每证0.5元计算，办公经费按每证0.35元计算，由中央财政拨款。办公经费不足部分，由地方财政拨款。（2）日常的发证工作，即集中发证完成后进入16周岁的人发证，以及换证、补发证件，所需的证件成本费和办公经费，由地方财政列支予以保证。（3）居民身份证丢失，补领新证的，应向申请人收取相当于证件工本费二倍的费用。收取证件工本费标准为：经济特区每证2元；广东、福建省每证1元；其他地区每证0.6元。（4）收取的证件工本费，作为地方预算收入（规费收入）全部上缴国库。（5）颁发居民身份证工作经费开支范围主要是：各种制证材料的购置费、制证设备的安装维修费和技术培训、专业会议、资料编印、包装运输、宣传组织、核对户口的费用，以及借调工作人员的误餐、夜餐补助和交通费用等。集中发证期间，借调的工作人员，应以机关、企业、事业单位的干部、职工为主。借调工作人员的工资奖金、福利等由原单位开支。

1986年5月,江西省公安厅、财政厅、省计划委员会就颁发居民身份证作出补充规定:(1)集中发证期间,由地方财政承担的部分,按现行财政体制,也应由省、地、市、县各级财政共同负担。由省里集中进行居民身份证的扩印、印刷等工作,集中制订期间所需的各项费用,包括制证必须添置的设备购置费、材料费和办公费等,大部分由省级财政开支,小部分由各地、市、县财政开支。(2)日常的发证,即对集中发证完成后进入16周岁的人发证,以及换发、补发证件,所需的证件成本费、办公费和设备更新费分别由省、地、市县解决。(3)各市、县公安局颁发居民身份证所需翻拍,塑封办公用房,由地、市、县自行安排解决。

1995年,公安部决定从7月1日起制发具有防伪性能的居民身份证。同年7月,国家计委、财政部《关于防伪居民身份证收费标准的通知》规定:居民申领、换领新的具有防伪标志的身份证,交工本费每证10元,经济特区每证20元,遗失补领防伪身份证,交工本费每证20元,经济特区每证40元。列入《国家八七扶贫攻坚计划》的贫困县,1994年人均收入在500元以下的贫困户每证5元,确实负担不了证件工本费的,予以免收。其他地区的贫困人员,参照上述办法执行。防伪居民身份证收费资金的管理和使用,仍按公安部、国家计委、财政部、原国家物价《关于颁发居民身份证转入日常工作后有关经费问题的通知》有关规定执行。

2006年2月,江西省发改委、省财政厅《关于对换发第二代居民身份证有关问题的通知》,针对近来一些地方在办理第一代居民身份证时,违反国家规定向居民收取了照像费等费用,群众反映强烈的问题,就有关事项作出如下规定:(1)严格执行国家规定收费政策。按照国家发展和改革委员会、财政部《关于居民身份证收费标准及有关问题的通知》和国家发展和改革委员会、财政部、公安部《关于规范居民身份证工本费标准等有关问题的通知》文件精神,在申领,换领第二代居民身份证时,只能收取工本费20元,对丢失补领或损坏换领第二代居民身份证居民只能收取工本费40元(两项收费均含照像费)。除此之外不能收取任何费用。严禁公安机关与企业合作建立人像采集系统并收取照像费。(2)坚决纠正地方自行出台收费规定的行为。各地自行出台的有关收取第二代居民身份证照像费及相关费用的规定,必须立即予以纠正。(3)各级价格、财政部门要加强对第二代居民身份证收费的监督检查,对违反规定乱收费的行为,要依法严肃查处。

三、办案补助经费管理

1982年8月,财政部制发了经国务院批准的《关于罚没财物管理办法》,政法机关和行政执法机关,因办案需要增加的费用,由案件主办单位定期编报用款计划,由财政机关核准后在入库的罚没收入中20%~30%以内掌握退库,统一安排使用,按照上缴罚没收入机关的隶属关系,由财政核拨。任何部门、单位和个人都不得从经管的罚没收入中坐支截留。但江西省人民政府在转发该通知时,关于罚没收入和办案经费,已征得财政部同意,全部金额纳入预算,不作退库处理。

1986年4月,省财政厅转发财政部《对关于罚没财物管理办法作两点原则修改的紧急通知》,其主要内容:(1)罚没收入一律上缴国库,不得实行提取,不准办理退库。(2)因办案需要增加的补助费用,由政法机关和行政执法机关编造经费预算,报同级财政部门核准后,在财政支出预算中专项拨付。

1986年年底,省财政厅、省烟草专卖局,转发《关于烟草专卖罚没收入上缴问题的联合通知》,其主要内容:(1)各级烟草专卖局依法查处案件的罚没款及没收物资变价款一律作为国家罚没收入,及时足额上缴国库,不得拖延或坐支挪用。(2)根据《烟草专卖条例》,其罚没收入全部作为地方预算收入上缴地方财政,所需办案费用补助由同级财政专项核拨。

1990年执行国家执法机关办案费用补助的有关规定:(1)各级财政部门要认真执行财政部《罚没财物和追回赃款赃物管理办法》的有关规定,以同级执法机关查处的上缴国库的罚没收入的一部分,作为办案费用补助,安排支出预算。(2)各执法机关办案费用补助的比例,规定为:①公安(刑侦队单列为70%)、法院、检察院、纪委、监察、工商行政管理局、交警队、交通稽查征费站、林业公安分局、税务局的发票管理所按上缴国库罚没财物收入的30%补助。②物价、土地管理、文化、卫生防疫、药检、标准计量等机关按上缴国库罚没财物收入的20%补助。③交通、城建等机关按上缴国库罚没财物收入的15%补助。④税收财务物价大检查办公室和会计事务所查处的违纪金额,按上缴国库收入的10%补助。(3)办案费用补助要坚持收支两条线,不得按比例提成退库,更不得坐支抵缴。(4)办案费用补助是为了解决执法机关办案经费困难,由财政核拨的一种专项补助款。应当单独立账,专户核算。其开支范围要严格按财政部颁发的《罚没财物和追回赃款管理办法》的有关规定执行。此后,根据工作开展的难易程度,办案经费的补助多次进行了调整。

1998 年,执行《关于贯彻〈罚款决定与罚款收缴分离实施办法〉的实施细则》,执法机关所需办案经费,按照国家有关"收支两条线"的规定执行。所需办案经费由县财政局依据有关规定进行审核后,再由财政预算内予以安排。

第六节 行政事业单位财务规则及相关行业财务制度

一、事业单位财务规则及相关行业财务制度

为了规范事业单位的财务行为,加强事业单位财务管理,提高资金使用效益,保障事业单位健康发展。《事业单位财务规则》经国务院批准于 1996 年 10 月以财政部部长 8 号令颁发,从 1997 年 1 月 1 日起执行。其主要内容有:

(一)事业单位财务管理的基本原则

执行国家有关法律、法规和财务规章制度;坚持勤俭办事业的方针;正确处理事业发展需要和资金供给的关系,社会效益和经济效益的关系,国家、集体和个人三者利益的关系。主要任务是:合理编制单位预算,如实反映单位财务状况;依法组织收入,努力节约支出;建立健全财务制度,加强经济核算,提高资金使用效益;加强国有资产管理,防止国有资产流失;对单位经济活动进行财务控制和监督。

(二)单位预算管理

预算由收入预算和支出预算组成。国家对事业单位实行核定收支、定额或定项补助,超支不补,结余留用的预算管理办法。定额或者定项补助标准根据事业特点,事业发展计划、事业单位收支状况以及国家财政政策和财务可能确定。定额或者定项补助可以为零。少数非财政补助收入大于支出较多的事业单位,可以实行收入上缴办法。具体办法由财政部门会同有关主管部门制定。

(三)收入管理

收入是指事业单位为开展业务及其他活动依法取得的非偿还性资金。各项收入全部纳入单位预算,统一核算、统一管理。事业单位收入包括:(1)财政补助收入。(2)上级补助收入。(3)事业收入,即开展专业活动及其辅助活动取得的收入,其中:按照国家有关规定应当上缴财政的资金和应当缴入财政专户的预算外资金,不计入事业收入;从财政专户核拨的预算外资金和部分经核准不上缴财政专户管理的预算外资金。(4)经营收入,即在专业业务活动及其辅助活动之外开展非独立核算经营活动取得的收入。(5)附属单位上缴收入,即附属独立核算单位按照有关规定上缴的收入。(6)其他收入,即上述规定范围以外的各项收入,包括投资收益、利息收入、捐赠收入等。

(四)支出管理

支出是指事业单位开展业务及其他活动发生的资金耗费和损失。支出应当严格执行国家有关规章制度规定的开支范围及开支标准;国家有关财务规章制度没有统一规定的,由事业单位规定报主管部门和财政部门备案。事业单位的规定违反法律和国家政策的,主管部门和财政部门应当责令改正。(1)事业单位支出包括:①上缴上级支出,即实行收入上缴办法的事业单位按照规定的定额或者比例上缴上级单位的支出。②事业支出,即开展专业业务活动及其辅助活动发生的支出,包括工资、补助工资、职工福利费、社会保障费、助学金、公务费、业务费、设备购置费、修缮费和其他费用。③经营支出,在专业业务活动及其辅助活动之外开展非独立核算活动发生的支出。事业单位在开展非独立核算经营活动中,应当正确归集实际发生的各项费用数;不能归集的,应当按照规定的比例合理分摊。经营支出应当与经营收入配比。④对附属单位补助支出,用财政补助收入之外的收入对附属单位补助发生的支出。(2)事业单位从财政部门和主管部门取得的有指定项目和用途并且要求单独核算的专项资金,应当按照要求定期向财政部门或者主管部门报送专项资金使用情况;项目完成后,应当报送专项资金支出决算和使用效果的书面报告,接受财政部门或者主管部门的检查、验收。

(五)结余及其分配

1. 结余是指事业单位年度收入与支出相抵后的余额。经营收支结余应当单独反映。(2)事业单位的结余(不含实行预算外资金结余上缴办法的预算外资金结余),除专项资金按照国家规定结转下一年度继续使用外,可以按照国家有关规定提取职工福利基金,剩余部分作为事业基金用于弥补以后年度单位收支差额;国家另有规定的,从其规定。

(六)专用基金管理

专用基金是指事业单位按照规定提取或者设置的有专门用途的资金。各项基金的提取比例和管理办法,国家有规定的,按照统一规定执行;没有统一规定的,由主管部门会同同级财政部门确定。专用基金包括:(1)修购基金,即按照事业收入和经营收

入的一定比例提取，在修缮费和设备购置费中列支（各列50%），以及按照其他规定转入，用于事业单位固定资产维修和购置的资金。（2）职工福利基金，即按照结余的一定比例提取以及按照其他规定提取转入，用于单位职工的集体福利设施，集体福利待遇等的资金。（3）医疗基金，即未纳入公费医疗经费开支范围的事业单位，按照当地财政部门规定的公费医疗经费开支标准从收入中提取，并参照公费医疗制度有关规定用于职工公费医疗开支的资金。（4）其他基金，即按照其他有关规定提取或者设置的专用资金。

（七）资产管理

（1）资产是指事业单位占有或者使用的能以货币计量的经济资源，包括各种资产，债权和其他权利。（2）事业单位的资产包括流动资产、固定资产、无形资产和对外投资等。①流动资产是指可以在一年内变现或者耗用的资产，包括现金、各种存款、应收款项、预付款项和存货等。②固定资产是指一般设备单位价值在500元以上、专用设备单位价值在800元以上，使用年限在一年以上，并在使用过程中基本保持原有物质形态的资产。单位价值虽未达到规定标准，但是耐用时间在一年以上的大批同类物资，作为固定资产管理。固定资产一般分为六类：房屋和建筑物；专用设备；一般设备；文物和陈列品；图书；其他固定资产。事业单位固定资产报废和转让，一般经单位负责人批准后核销。大型、精密贵重的设备、仪器报废和转让，应当经过有关部门鉴定，报主管部门或者国有资产管理部门，财政部门批准。固定资产的变价收入应当转入修购基金；但是，国家另有规定的除外。③无形资产是指不具有实物形态而能为使用者提供某种权利的资产，包括专利权、商标权、著作权、土地使用权、非专利技术、商誉以及其他财产权利。事业单位转让无形资产，应当按照有关规定进行资产评估，取得的收入除国家另有规定的外计入事业收入。事业单位取得无形资产发生的支出，应当计入事业支出。④对外投资是指事业单位利用货币资金、实物、无形资产等方面向其他单位的投资。以实物、无形资产对外投资的，应当按照国家有关规定进行资产评估。

（八）负债管理

（1）负债是指事业单位所承担的能以货币计量，需要以资产或者劳务偿还的债务。（2）负债包括借入款项、应付款项、暂存款项、应缴款项等。应缴款项包括事业单位收取的应当上缴财政预算的资金和应当上缴财政专户的预算外资金，应缴税金以及其他按照国家有关规定应当上缴的款项。

（九）事业单位清算

（1）事业单位发生划转撤并时，应当进行清算。（2）清算应当在主管部门和财政部门、国有资产管理部门的监督指导下，对单位的财产、债权、债务等进行全面清理，编制财产目录和债权、债务清单，提出财产作价依据和债权、债务处理办法，做好国有资产的移交、接收、划转和管理工作，并妥善处理各种遗留问题。（3）划转撤并的事业单位清算结束后，经主管部门审核并报国有资产管理部门和财政部门批准，其资产分别按照下列办法处理：①因隶属关系改变，成建制划转的，全部资产无偿移交，并相应划转事业经费指标。②转为企业管理的，全部资产扣除负债后，转作国家资本金。③撤销的，全部资产由主管部门和财政部门核算处理。④合并的，全部资产移交接收单位或者新组建单位，合并后多余的国有资产由主管部门和财政部门核准处理。

此外，财务规则对财务报告和财务分析也作出了规定。

1996年12月，财政部关于贯彻实施《事业单位财务规则》有关政策衔接问题的通知指出，新的事业单位财务制度取消“三种预算管理形式”，其有关政策衔接问题有：（1）取消“三种预算管理形式”并不等于取消财政对各类事业单位拨款数额的差别，财政部门将根据事业特点、事业发展计划、事业单位收支状况以及国家财政政策和财力可能，确定对不同事业单位不同补助标准。（2）取消“三种预算管理形式”后，凡是与“三种预算管理形式”挂钩的有关政策，应在体现国家现有政策连续性的前提下，结合财政对事业单位的支持强度和事业单位的经费自给率确定，在国家出台有关具体衔接政策之前，可暂维持国家现有政策不变。

根据《事业单位财务规则》，1997年财政部和各有主管部门分别制订各事业单位财务制度，《科学事业单位财务制度》《文化事业单位财务制度》《文物事业单位财务制度》《体育事业单位财务制度》《计划生育事业单位财务制度》《高等学校财务制度》《中小学校财务制度》《广播电视事业单位财务制度》等，这些部门的事业财务制度都是以《事业单位财务规则》为基础，根据行业的不同特点，增加及补充了一些内容。

《科学事业单位财务制度》增加的主要内容：（1）收入管理。①科学事业单位的事业收入包括：a. 科研收入。b. 技术收入，即单位对外提供技术转让，技术咨询、技术报务、技术培训和技术承包取得的收入。c. 学术活动收入，即单位开展学术交流、学术期刊出版等活动取得的收入。d. 科普活动收入，即单位开展科学知识宣传，讲座和科技展览等活动取得的收入。e. 试制产品收入，即单位从事中间试验产品的试制取得的收入。科学事业单位上述 5 项收入中属于从财政专户领拨的预算外资金以及经财政部门核准不上缴财政专户管理的预算外资金，作为单位的预算外收入计入事业收入，同时，在预算外资金收支计划表中反映。②科学事业单位的经营收入包括：a. 产品（商品）销售，即单位通过销售定型、批量产品（不包括试制产品）和经销产品取得的收入。b. 经营服务收入，即单位对外提供餐饮、住宿和交通运输等经营服务活动得的收入。c. 工程承包收入，即单位承包建筑、安装、维修等工程取得的收入。d. 租赁收入，即单位出租、出借暂时闲置的仪器、设备、房屋、场地等取得的收入。e. 其他经营收入，即单位取得的除上述收入以外的经营收入。（2）支出及成本费用管理：①自筹基本建设支出。即单位用国家财政补助收入以外的资金安排自筹基本建设发生的支出。事业单位自筹资金安排基本建设，应先落实资金来源，并按审批权限，报经有关部门列入基本建设计划。并报主管部门和财政部门核批。核定的自筹基本建设资金纳入基本建设财务管理。②实行内部成本费用管理办法的科学事业单位，成本费用开支划分为：a. 直接费用，即单位在科研生产过程中直接耗用的材料，支付的工资及其他直接支出所发生的费用，直接费用计入科研课题、项目、产品等成本中。b. 间接费用，即单位内各研究室、业务部、车间等部门为组织和管理科研生产活动所发生的费用。间接费用按一定比例分配计入各课题、项目和产品等成本中。c. 期间费用，即单位行政管理部门为组织和管理科研生产经营活动所发生的管理费用，销售费用和财务费用等。期间费用计入当期结余。（3）专用基金管理：科技成果转化基金，即单位按照事业收入的一定比例提取，在业务费中列支，以及在经营收支结余中提取转入，用于科技成果转化的资金。（4）资产管理。科学事业单位对外单位投入的要求回报的投资，应当用于兴办具有法人资格的经济实体，并按照国家有关规定，依法签订投资协议或者合同，明确投资者、受资者与经营者之间的责任，权利和利益。（5）负债管理。事业单位的负责包括：合同预收款项，即单位与国家有关部门及外单位签订研究和试制合同以及其他经济合同后，按合同规定预收的款项。包括政府专项合同款项和委托合同款项及其他合同款项等。

《文化事业单位财务制度》增加的主要内容：（1）收入管理。①事业收入包括：a. 演出收入。b. 演（映）出分成收入。c. 技术服务收入，即提供各种技术指导、技术咨询、技术服务取得的收入。d. 委托代培收入，举办各种文化艺术培训班取得的收入。e. 复印复制收入，即图书馆、文化馆、群艺馆、展览馆、美术馆、纪念馆等对外提供馆藏资料的复印复制等项目服务取得的收入。f. 无形资产转让收入，按照国家有关规定，经过中介机构评估后转让无形资产取得的收入。g. 外借人员劳务收入，对外提供演职人员，技术人员等取得的劳务收入。h. 合作分成收入，与外单位合作演出，摄制电影、电视剧取得的收入。i. 其他事业收入，开展专业业务活动及辅助活动取得的上述各项收入以外收入。上述九项收入中，属于从财政专户领拨的预算外资金以及经财政部门核准不上缴财政专户管理的预算外资金，作为单位的预算外收入计入事业收入，同时在预算外资金收支计划表中反映。②经营收入包括：a. 销售收入，即文化事业单位非独立核算部门销售商品取得的收入。b. 经营服务收入，非独立核算部门对外提供经营服务取得的收入。c. 租赁收入，对外出租房屋、场地和设备等取得的收入。d. 其他经营收入，在专业业务活动及其辅助活动之外取得的除上述各项收入以外的收入。（2）支出管理。①自筹基本建设支出，内容同科学事业单位财务制度。②有条件的文化事业单位应当根据开展业务及其他活动的实际需要，实行内部成本核算办法。其支出根据成本费用开支范围划分为直接费用、间接费用和期间费用，a. 直接费用是指直接从事文艺创作，剧目排练、演出等业务活动和非独立核算生产经营活动所产生的费用。直接费用计入成本。b. 间接费用是指内部各业务部门为组织文艺创作，剧目排练和演出等业务活动和非独立核算生产经营活动所发生的费用。间接费用按一定比例计入成本中。e. 期间费用是指内部行政后勤管理部门发生的各项费用。期间费用计入当期结余。③实行内部成本核算办法的范围：a. 艺术表演团体、艺术表演场所。b. 附属的非独立核算的音像制作部、商品销售部、餐饮部等。④实行内部成本核算办法的单位，单位内部实行成本核算的部门，其成本费用须按支出用途分别归集到单位事业支出和经营支出的相应科目中支。⑤基本建设支出，对外投资支出以及国家规定不得列入成本费用的其他支出，不得计入成本费用。同年 9 月，江西省财政厅、文化厅《对文化事业单位财务制度》还作出了补充规定，其补充规定如下：文物事业单位专用基金包括修购基金、职工福利基金、医疗基金。①修购基金，分别按事业收入和经营收入的5% ~10%提取。在修缮费和设备购置中各列支50%，用于文物事业单位固定资产维修，购置和文物保护单位的维护资金。文物事业单位的固定资产变价收入和有偿调拨收入，直接转入修购基金。②职工福利基金，按照结余的一定比例提取转入，即扣除实际预算外资金结余上缴办法的预算外资金结余及专项资金结余后的余额，按不超过35%的比例提取，用于单位职工的集体福利设施，集体福利待遇等。③医疗基金，对未被纳入公费医疗经费开支范围的单位，按照当地财政部门规定的公费医疗经费开支标准从收入中提取。

《文物事业单位财务制度》增加，(1)收入管理，①文物事业单位的事业收入包括：a.门票收入。b.展览收入。c.文物勘探发掘收入。d.文物维修设计收入。e.文物修复、复制收入，对外提供文物修复、复制取得的收入。f.文物咨询鉴定收入，对外提供的文物咨询鉴定取得的收入。g.影视拍摄收入。经批准为影视拍摄提供文物藏品和文物场所取得的收入。h.文物导游收入，提供文物导游服务取得的收入。i.无形资产转让收入，按照国家有关规定，经过中介机构评估后转让无形资产取得的收入。j.其他事业收入，开展专业业务活动及辅助活动取得的除上述各项收入以外的收入。文物事业单位上述十项收入中，属于从财政专户领拨的预算外资金以及经财政部门核准不上缴财政专户管理的预算外资金，作为单位的预算外收入，计入事业收入，同时在预算外资金收支计划表中反映。②经营收入包括：a.销售收入，即文物事业单位非独立核算部门销售商品取得的收入。b.经营服务收入，非独立核算部门对外提供经营服务取得的收入。c.租赁收入，出租房屋、场地和设备等取得的收入。d.其他经营收入，在专业业务活动及其辅助活动之外取得的除上述各项收入以外的收入。(2)支出管理。①自筹基本建设支出，内容同科学事业。②有条件的文物事业单位应当根据开展业务及其他活动的实际需要，实行内部成本核算办法。其支出可以划分直接费用，间接费用和期间费用。a.直接费用是指直接从事文物考古、发掘、维修、修复、复原等业务活动和非独立核算生产经营活动所发生的费用。直接费用计入成本中。b.间接费用是指内部各业务部门为组织和管理考古、发掘、维修、修复、复原等业务活动和非独立核算生产经营活动所发生的费用。间接费用按一定比例计入成本。c.期间费用与文化事业相同。(3)对实行内部成本核算办法的范围。也作了具体规定。同年9月，江西省财政厅、文化厅《对文物事业单位财务制度》作出了补充规定，其补充规定内容与《文化事业单位财务制度相同》。

《体育事业单位财务制度》增加：(1)收入管理：①事业收入包括：a.竞技体育比赛收入。b.门票收入。c.出售广播电视转播权收入。d.广告赞助收入。e.体育技术服务收入，即对外提供技术指导、技术咨询、技术培训、信息服务和推广体育科研成果等取得的收入。f.体育相关业务收入，即组织与体育相关的各种体育交流、体育展览、体育旅游等活动取得的收入。g.无形资产转让收入，即按照国家有关规定，经过中介机构评估后转让无形资产取得的收入。h.其他体育事业收入，即开展专业业务活动及其辅助活动取得的除上述各项收入以外的收入。体育事业单位上述八项收入中，属于从财政专户领拨的预算外资金以及经财政部门核准不上缴财政专户管理的预算外资金，作为单位的预算外收入计入事业收入，同时在预算外资金收支计划表中反映。②经营收入包括：a.销售收入，即体育事业单位非独立核算部门销售商品所取得的收入。b.经营服务收入，即非独立核算部门对外提供经营服务取得的收入。c.租赁收入，出租房屋、场地、大型设备等取得的收入。d.其他经营收入。在专业业务活动及其辅助活动之外取得的除上述各项收入以外的收入。(2)支出管理。①自筹基本建设支出内容同科学事业。②有条件的体育事业单位应当根据开展业务及其他活动的实际需要，实行内部成本核算办法。其支出可以划分为直接费用、间接费用和期间费用。a.直接费用是指直接从事体育场、馆经营，竞技体育表演、体育商业比赛、体育技术报务、体育宣传品制作和非独立核算生产经营活动所发生的费用，直接费用进入成本中。b.间接费用是指内部各业务部门的组织和管理以上内容所发生的费用。间接费用按一定比例计入成本中。c.期间费用与文化事业相同。③对实行内部成本核算办法的范围也作出了具体规定。

《计划生育事业单位财务制度》增加的主要内容：(1)收入管理。①事业收入包括：a.技术服务收入。b.病残儿鉴定收入。c.代培进修收入。d.宣传品制作收入。e.无形资产转让收入。f.其他事业收入，即计划生育事业单位开展专业业务活动及其辅助活动所取得的除上述各项收入以外的收入。计划生育事业单位上述六项收入中，属于从财政专户领拨的预算外资金以及经财政部门核准不上缴财政专户管理的预算外资金，作为单位的预算外收入计入事业收入，同时在预算外资金收支计划表中反映。②经营收入包括：a. 销售收入，即计划生育事业单位非独立核算部门销售商品取得的收入。b. 经营服务收入，非独立核算部门对外提供经营服务取得的收入。c. 租赁收入，出租房屋、场地和设备取得的收入。d. 其他经营收入，在专业业务活动及其辅助活动之外取得的除上述各项收入以外的收入。(2)支出管理。①自筹基本建设支出，内容同科学事业。②国家计划生育委员会和财政部联合拨付地方的计划生育事业补助费和计划生育避孕药具专款的管理和使用，分别执行《计划生育事业补助费管理办法》和《计划生育避孕药具专款管理办法》。③有条件的计划生育事业单位应根据开展业务及其活动的实际需要，实行内部成本核算办法。其支出根据成本费用开支范围可以划分直接费用、间接费用和期间费用。a. 直接费用是指从事计划生育服务、药具贮藏、运输和发放、宣传品制作等业务活动和非独立核算生产经营活动所发生的费用。直接费用计入产品成本中。b. 间接费用是指内部各业务部门为组织和管理计划生育业务和非独立核算生产经营活动所发生的费用。间接费用按一定比例计入成本中。c. 期间费用同文化事业相同。④对实行内部成本核算办法的范围作出了具体规定。

《中小学校财务制度》增加或调整的主要内容：(1)财务管理体制：①单独设置财务机构的中小学校，实行“统一领导、统一管理”的体制。学校的财务活动在校长的领导下，由财务部门统一管理。不具备条件或不需要单独设置财务机构的中小学校，实行“集中管理、分校核算”的体制。即在一定区域内，设置中心财务机构，统一管理区域内中小学校的财务活动，学校只设报账员，在校长领导下，管理学校的财务活动，统一向中心财务机构报账。②中小学财务人员的工作职责、工作权限、技术职称、任免奖罚、应严格按照《中华人民共和国会计法》规定执行。③中小学校校办产业、勤工俭学项目的财务活动，由学校财务机构统一领导。(2)收入管理与事业单位财务规则内容相同。(3)支出管理。建设性支出，即中小学校用于建筑设施方面的支出。包括用专项资金和社会捐赠等新建，改扩建建筑设施发生的支出。(4)专用基金管理。①修购基金在修缮费和设备购置费中列支(未明确各列50%)。②奖教奖学基金。奖教奖学基金是指接受社会捐赠，专门用于奖励教职工和学生的无须保留本金的资金。(5)负债管理。中小学的负债为代管款项。代管款项是指中小学校接受委托代为管理的各类款项。

《广播电视事业单位财务制度》增加或调整的内容：(1)收入管理。①事业收入包括：a. 广告收入。b. 有线电视收入。c. 节目交换收入，即广播电台、电视台与国内外单位和机构之间进行节目交换取得的收入以及节目版权收入。d. 合作合拍收入，与国内外单位和机构合办广播电视节目或合拍影视剧对方投资形成的收入。e. 节目传输收入，向用户传送广播电视节目，按规定收取的终端安装费及维护费。f. 门票收入，开展业务活动按规定出售门票取得的收入。g. 技术服务收入，对外提供技术服务、技术咨询、翻译服务、设备技术安装和维修等取得的收入。h. 无形资产转让收入，按照有关规定，经过中介机构评估后转让无形资产取得的收入。i. 其他事业收入，开展专业业务及其辅助活动取得的除上述各项收入以外的收入。事业单位上述九项收入中，属于从财政专户领拨的预算外资金以及经财政部门核准不上缴财政专户管理的预算外资金，作为单位的预算外收入计入事业收入，同时在预算外资金收支计划表中反映。②经营收入包括：a. 销售收入，即事业单位非独立核算部门销售商品取得的收入。b. 经营服务收入，非独立核算部门对外提供经营服务取得的收入。c. 租赁收入，出租房屋、场地和设备等取得的收入。d. 其他经营收入，在专业业务活动及其辅助活动之外取得的除上述各项收入以外的收入。(2)支出管理。①自筹基本建设支出内容同科学事业。②实行内部成本核算支出：a. 直接费用是指直接从事广播、电视节目制作、发射、传输、转播等业务活动和非独立核算生产经营活动所发生的费用。b. 间接费用是内部各业务部门为组织广播、电视节目制作、发射、传输、转播等业务活动和非独立核算生产经营活动所发生的费用。c. 期间费用是内部行政后勤管理部门发生的各项费用。③对实行内部成本核算办法的范围，也作出了具体规定。

二、行政单位财务规则

经国务院批准1998年1月19日财政部9号令发布《行政单位财务规则》，自发布之日起施行。其主要内容：

（一）行政单位财务管理的基本原则

执行国家有关法律、法规和财务规章制度；厉行节约，制止奢侈浪费；量入为出，保证重点，兼顾一般；注重资金使用效益。基本任务是：(1)合理编制行政单位预算，统筹安排、节约使用各项资金，保障行政单位正常运转的资金需要；(2)定期编制财务报告，如实反映行政单位预算执行情况，进行财务活动分析;(3)建立、健全内部财务管理制度,对行政单位财务活动进行控制和监督;(4)加强行政单位国有资产管理,防止国有资产流失。(5)对行政单位所属并归口行政财务管理的单位的财务活动实施指导、监督;(6)加强对非独立核算机关后勤服务部门的财务管理,实行内部核算办法。(7)行政单位人员编制少、财务工作量小的单位,可以实行单据报账制度。

(二)单位预算管理

(1)行政单位预算是行政单位根据其职责和工作任务编制的年度财务收支计划。预算由收入预算和支出预算组成。(2)各级预算单位应当按照预算管理级次报领、核拨经费,并按照批准的预算组织实施,定期将预算执行情况向同级财政部门或者上一级预算单位报告。(3)财政部门对行政单位实行收支统一管理,定额、定项拨款,超支不补,结余留用的预算管理办法。(4)各项收入和支出应当全部纳入单位预算统一管理,统筹安排使用。预算外资金收入和其他收入应当首先用于弥补经常性支出不足和必要的专项支出。

(三)收入管理

(1)收入是指行政单位依法取得的非偿还性资金,包括财政预算拨款收入、预算外资金收入以及其他合法收入。行政单位的各项收入必须统一管理。(2)各项收入的取得,应当符合国家规定,及时入账,并按照财务管理的要求,分项如实填报。(3)依法取得的应当纳入财政预算的罚没收入、行政性收费收入和基金,以及应当缴入财政专户的预算外资金,不属于行政单位的收入,必须及时足额上缴。

(四)支出管理

(1)支出是指行政单位为开展业务活动所发生的资金耗费。(2)支出包括经常性支出、专项支出和自筹基本建设支出。(3)支出应当严格执行国家规定的开支范围及开支标准,保证人员经费和单位正常运转必须的开支,并对节约潜力大、管理薄弱的支出项目实行重点管理和控制。行政单位用于职工待遇的方面的支出,不得超出国家规定的范围和标准。(4)应当严格控制自筹基本建设支出。确需安排支出的,应当按照规定程序履行报批手续。核批后的自筹基本建设资金,纳入基本建设财务管理。

(五)结余管理

行政单位结余不提取基金,全额结转下年使用;其中,已完成项目的专项经费结余,报经主管预算单位或者财政部门批准后,方可使用。

(六)资产管理

资产是指行政单位占有或者使用的、能以货币计量的经济资源,包括流动资产和固定资产。(1)流动资产是指可以在一年以内变现或者耗用的资产,包括现金、银行存款、库存材料、暂付款等。(2)固定资产是指在单位价值在规定标准以上,使用期限在一年以上,并且在使用过程中基本保持原有物质形态的资产,包括房屋及建筑物、一般设备、专用设备、文物和陈列品、图书、其他固定资产。一般设备单位价值在500元以上,专用设备单位价值在800元以上,为固定资产。单位价值虽未达到规定标准,但是使用时间在一年以上的大批同类物资,按固定资产管理。固定资产增加时,应当及时登记入账;减少时,应当按照国有资产处置规定办理报批手续,进行账务处理。行政单位的固定资产不计提折旧。固定资产处置、出租收入,首先用于单位固定资产的更新改造。(3)应当建立、健全资产管理制度,由财务部门统一建账、核算,由资产管理部门统一登记、管理。行政单位应当明确财务部门、资产管理部门以及使用部门的责任,定期或者不定期进行清查盘点,保证账账相符,账实相符。年度终了,应当进行全面清查盘点。

(七)应缴款项和暂存款项的管理

(1)应缴款项是指行政单位依法取得并应当上缴国库的预算资金和应当缴入财政专户的预算外资金等款项,包括按照国家规定应当纳入预算管理的罚没收入、行政性收费、基金以及暂未纳入预算管理但应当缴入财政专户的预算外资金。(2)行政单位取得罚没收入、行政性收费、基金等收入,应当使用合法票据。取得各种应缴款项,应当及时、足额上缴国库或者同级财政专户,不得挪用、截留或者坐支。

(八)行政单位划转撤并的财务处理

(1)行政单位划转撤并的财务处理,应当在财政部门、国有资产管理部门和主管预算单位的监督指导下进行。划转撤并的行政单位应当全面清查资产,编制有关财务报表,提供资产目录以及往来款项清单,提出资产作价依据和往来款项的处理意见,办理国有资产的移交、接收、划转手续,并妥善处理各项遗留问题。(2)划转撤并的行政单位的资产经主管预算单位审核并上报财政部门和国有资产管理部门批准后,分别按照下列规定处理:①转为事业单位和改变隶属关系的行政单位,其资产无偿移交,并相应调整、划转经费指标。②转为企业的行政单位,其资产按照国有资产管理的有关规定进行评估作价后,转作企业的国家资本金。③撤销的行政单位,其全部资产由财政部门或者财政部门授权的主管预算单位处理。④合并的行政单位，其全部资产移交新组建单位；合并后多余的资产，由财政部门或者财政部门授权的主管预算单位处理。《行政单位财务规则》对财务报告和财务分析以及财务监督等均作了较详细的规定。

第八章　财政专项资金管理

财政专项资金，是指上级人民政府拨付本行政区域和本级人民政府安排用于社会管理、公共事业发展，社会保障、经济建设以及政策性补贴等方面，具有指定专门用途的财政性资金，包括中央、省、市财政专项拨款（含有偿）和本县财政安排的项目资金。这种资金都要求专款专用，不能挪作他用。

为此，乐安县财政局于2011年2月25日，转发并要求认真遵照执行《江西省财政厅关于进一步加强和规范财政专项资金管理的通知》，该通知规定：(1)加强专项资金项目立项审批工作。各级财政部门要加强与主管部门的沟通、协调、配合，积极主动参与到项目的设立、申报、审批等环节，加强各类专项资金项目的申报审批工作。要按照"公平、公正、公开、科学、效率"的原则，规范项目申报流程，完善项目申报内容，健全项目前期研究和论证、决策机制，严格项目审批程序，从源头上控制弄虚作假，骗取冒领财政专项资金的行为。要加强专项资金项目库管理和建设，区分轻重缓急申报、审批项目，科学、规范地管理项目。对资金性质相同或相近的项目，财政部门要会同有关主管部门统筹平衡，避免重复申报、多头申报，堵塞项目申报、审批环节漏洞。(2)严格专项资金管理与使用。专项资金要按照财政资金管理的有关规定及相关的专项资金管理办法存储和拨付。实行专户管理的专项资金，必须专户存储，专账核算。专项资金要专款专用，任何单位或个人不得超越权限，违反程序擅自拨付、使用专项资金，不得擅自变更资金使用范围。专项资金必须纳入预算管理，列入部门年度预算，对相对固定的转移支付资金，上级财政要按规定提前下达给下级财政。预算经批准后，要尽早下达专项资金项目计划，及时足额拨付资金，严禁滞留、挤占和挪用。要进一步深化国库集中支付制度改革，精简资金拨付环节，切实加快财政专项资金拨付进度。凡属于政府采购范围的专项资金项目，应当实行政府采购；对救灾、应急等专项资金，要按照急事急办、特事特办的原则，在第一时间将资金拨付到位。各主管部门和项目单位要建立健全内部财务管理和会计核算制度，加强专项资金监管，定期向财政部门报送专项资金管理使用情况。(3)加大专项资金监督检查力度。要建立健全财政信息公开制度，对与人民群众密切相关的专项资金的管理和使用要定期向社会公开，确保群众的知情权。认真贯彻执行《江西省财政监督条例》，创新监督机制，加大工作力度，把财政监督融入财政专项资金管理的全过程、全方位，特别是对大额专项资金要实行动态跟踪问效。完善部门、单位内部审计监督和风险控制制度，主动配合监察、审计等部门依法开展的审计、监察工作，积极发挥社会舆论的监督作用，形成监督合力。加大对专项资金管理使用中违法违纪违规行为的处罚力度，对虚报冒领、截留挪用、铺张浪费等行为，视情节轻重，给予通报批评或经济处罚；触犯刑律的，移交有关部门依法处理。(4)积极推进专项资金绩效考评。对专项资金实施科学有效的绩效考评，是加强财政支出管理，提高财政资金效益的重要手段和发展方向。各级财政部门要加快建立财政考评与部门考评相结合的绩效考评体系，完善制度，明确责任，逐步扩大财政专项资金绩效考评范围。要建立绩效考评奖优罚劣机制，将绩效考评结果作为以后年度编制和安排预算的重要参考依据，对于绩效优良的项目单位，在安排预算时给予优先考虑；对于无正当理由没有达到预期绩效目标或绩效差劣的项目单位，在安排预算时应从紧考虑或不予安排。各地要充分认识加强和规范财政专项资金管理的重要性、必要性和紧迫性，加强领导、明确责任，积极采取措施，确保财政专项资金安全、规范、有效。省财政厅将进行调查研究，尽快出台全省财政专项资金管理办法，各地也要结合实际，建立健全加强和规范财政专项资金管理的长效机制。

该章分社会保障和就业资金管理，社会保险基金管理，农林水事务专项资金管理、住房保障资金管理、国债资金及以工贷赈资金管理、公共安全转移支付资金管理、革命老区转移支付专项资金管理、彩票公益金专项资金管理、重点工程项目资金管理共九节进行志述。

第一节　社会保障和就业资金管理

一、就业补助资金管理和小额担保贷款贴息资金管理。2009年，为贯彻落实《中华人民共和国就业促进法》和《国务院关于做好促进就业工作的通知》，根据《财政部　人力资源社会保障部关于就业专项资金使用管理及有关问题的通知》和省委省政府有关文件，江西省财政厅、江西省人保厅印发《关于就业专项资金使用管理及有关问题的通知》，通知结合江西实际，就就业专项资金使用管理及有关事宜通知如下：

（一）资金安排

县级以上人民政府要根据就业状况和就业工作目标，在财政预算中安排就业专项资金用于促进就业工作。各级财政要调整支出结构，通过预算内外各种资金渠道积极筹集资金，加大就业专项资金投入。

失业保险基金在确保失业保险金额支付后剩余资金，按照有关政策规定执行。

（二）资金使用范围

就业专项资金用于职业介绍补贴、职业培训补贴、社会保险补贴、公益性岗位补贴、职业技能鉴定补贴、特定就业政策补助、小额贷款担保基金和小额担保贷款贴息，扶持公共就业服务。

（三）中央财政补助和地方筹集的就业专项资金

中央财政补助的就业专项资金用于职业介绍补贴、职业培训补贴、社会保险补贴、公益性岗位补贴、职业技能鉴定补贴、特定就业政策补助，以及扶持公共就业服务资金。地方各级政府筹集的资金（包括从失业保险基金转入）用于应由地方资金补助的职业介绍补贴、职业培训补贴、社会保险补贴、小额担保贷款贴息、小额贷款担保基金、劳动密集型小企业小额担保贷款呆账损失补助资金、小额担保贷款手续费、公益性岗位补贴、职业技能鉴定补贴、扶持公共就业服务、特定政策补助的部分资金、青年见习岗位补贴。

（四）预算管理

各级劳动保障部门要根据财政部门规定的预算编制要求，向同级财政部门申请就业专项资金年度预算，经同级财政部门审核后列入年度财政预算并报同级人民代表大会批准。就业专项资金要严格按照批准的预算执行，执行中确需调整预算的，要按照国家预算管理制度的有关规定办理。

（五）资金申请及支付管理

1. 职业介绍补贴

登记失业人员、进城求职农村劳动者可享受职业介绍补贴。职业中介机构可按其就业服务后实际就业人数向当地劳动保障部门申请职业介绍补贴。职业中介机构在申请职业介绍补贴时，按每位符合免费服务条件的人员每年享受一次职业介绍补贴计算，不得重复申请。职业介绍补贴资金申请材料应附：经职业中介机构就业服务后已实现就业的登记失业人员名单、接受就业服务的本人签名及《居民身份证》复印件、就业失业登记证（以下简称登记证）复印件、劳动合同等就业证明材料复印件、职业中介机构在银行开立的基本账户等凭证材料。经劳动保障部门审核、财政部门复核后，由财政部门在7个工作日内将资金拨至劳动保障部门就业专项资金支出专户，劳动保障部门在7个工作日内直接划入职业中介机构在银行开立的基本账户。

对纳入财政补助的公共就业服务机构，地方各级财政部门要根据其享受财政补助编制内实有人数，并结合考虑其承担的免费公共就业服务工作量，安排人员经费、工作经费（含设备购置、修缮、基本建设等支出）和项目经费，上述经费由同级财政在部门预算中统筹安排（包括公共就业服务机构上缴财政的服务收费收入）。对未纳入财政补助的公共就业服务机构，可暂按职业中介机构申领职业介绍补贴的规定申请职业介绍补贴。公共就业服务机构享受职业介绍补贴政策的执行期限不超过2011年底。公共就业服务机构是指县级以上地方人民政府设立的，依据《中华人民共和国就业促进法》第三十五条规定，为劳动者提供免费就业服务的机构。公共就业服务机构不得从事经营活动。地方各级人民政府要按照统一、规范和效能的原则，整合公共就业服务机构、资产、人员、服务和信息等资源，合理布局公共就业服务机构，职业介绍补贴标准为120元/人至150元/人。

2. 职业培训补贴

登记失业人员、进城求职农村劳动者参加职业培训的，根据其参加培训和就业状况，可向职业培训所在地劳动保障部门申请职业培训补贴。每人每年只能享受一次职业培训补贴，不得重复申请。享受职业培训补贴的培训期限最长不超过12个月。

登记失业人员、进城求职的农村劳动者参加6个月以内培训后申请职业培训补贴的，可凭借职业培训补贴申请材料，向当地劳动保障部门提出申请，经劳动保障部门审核、财政部门复核后，由财政部门在7个工作日内将资金拨至劳动保障部门就业专项资金支出专户，劳动保障部门在7个工作日内直接将补贴资金（培训券）支付给申请者本人。

对用人单位吸纳进城求职的农村劳动者并与其签订6个月以上期限劳动合同，在劳动合同签订之日起6个月内由用人单位组织到职业培训机构进行培训的，给予用人单位最高不超过培训费用50%补助。用人单位自主培训的，给予100%补助。用人单位凭借职业培训补贴资金申请材料，向当地劳动保障部门提出申请，经劳动保障部门审核、财政部门复核后，由财政部门在7个工作日内将资金直接划入用人单位在银行开立的基本账户。

对进城求职农村劳动者中的应届初高中毕业生参加6个月至12个月培训后申请职业培训补贴的，可采取由职业培训机构代为申请的办法，职业培训机构代为申请必须与申请人签订代为申请协议书。职业培训机构凭借职业培训补贴资金申请材料，向所在地劳动保障部门提出申请，经劳动保障部门审核、财政部门复核后，由财政部门在7个工作日内将资金拨至劳动保障部门就业专项资金支出专户，劳动保障部门在7个工作日内直接拨至职业培训机构在银行开立的基本账户。职业培训补贴资金申请材料应附：本人《居民身份证》、登记证等复印件、职业培训合格证书（职业技能资格证书）或劳动合同复印件等培训或就业证明等材料、职业培训机构开具的行政事业性收费票据（或税务发票）等。对用人单位集中申请的，申请材料还应附培训人员名单、劳动合同复印件等。对职业培训机构代为申请的，申请材料还应附培训人员名单、代为申请协议等。

对登记失业人员、进城求职农村劳动者参加职业培训后，由申请者本人取得职业培训合格证书（职业技能资格证书），6个月内没有实现就业的，按最高不超过职业培训补贴标准的60%给予补贴；对6个月内实现就业的，按职业培训补贴标准的100%给予补贴。对用人单位组织到职业培训机构进行培训，并取得职业培训合格证书（职业技能资格证书）的，职业培训补贴标准最高不超过培训费用的50%。对进城求职农村劳动者中的应届初高中毕业生申请职业培训补贴的，由职业培训机构按照参加培训人数以及取得职业培训合格证书（职业技能资格证书），6个月内就业达不到60%的，按最高不超过职业培训补贴标准的60%给予补贴；对6个月内就业达到60%的，按职业培训补贴标准的100%给予补贴。

职业培训补贴标准根据培训工种、技术等级、培训时间等内容在600元/人～1600元/人范围以内确定，其中创业培训不低于1000元/人。各地根据培训专业（工种）、培训时间，合理确定职业培训补贴标准。按照公开、公平、公正的原则，面向社会各级各类职业培训机构，通过招投标方式确定承担培训任务的职业培训机构。要建立职业培训机构动态管理机制和退出机制，加强对职业培训机构的监督管理。

3. 社会保险补贴

对就业困难等人员的社会保险补贴实行先缴后补的办法。

（1）企业（单位）吸纳就业困难人员的社会保险补贴。对各类企业（单位）招用就业困难人员，与之签订劳动合同并缴纳社会保险费的；以及在公益性岗位安排就业困难人员，并缴纳社会保险费的，按其为就业困难人员实际缴纳的基本养老保险费、基本医疗保险费和失业保险费给予补贴，不包括就业困难人员个人应缴纳的基本养老保险费、基本医疗保险费和失业保险费，以及企业（单位）和个人应缴纳的其他社会保险费。社会保险补贴期限，除对距法定退休年龄不足5年的就业困难人员可延长至退休外，其余人员最长不超过3年。

企业（单位）应按规定按时足额缴纳各项社会保险费，在申报缴费时应将符合享受社会保险补贴条件人员的缴费情况单独列出。每季度终了后，按规定向当地劳动保障部门申请对上季度已缴纳的社会保险费给予补贴。社会保险补贴资金申请材料应附：符合享受社会保险补贴条件的人员名单及登记证复印件、劳动合同等就业证明材料复印件、社会保险征缴机构出具的上季度企业（单位）为这部分人员缴纳有关社会保险费的单据、企业（单位）在银行开立账户的付款单等凭证材料，经劳动保障部门审核、财政部门复核后，由财政部门在7个工作日内将资金拨至劳动保障部门就业专项资金支出专户，劳动保障部门在7个工作日内直接将补贴资金支付给企业（单位）在银行开立的基本账户。

（2）对灵活就业的就业困难人员的社会保险补贴。对就业困难人员灵活就业后申报就业并以个人身份缴纳社会保险费的，给予一定数额的社会保险补贴，补贴数额原则上不超过其实际缴费的2/3。具体补贴标准为按单位为所招用人员缴纳的基本养老保险、失业保险和医疗保险（以下简称“三项保险”）费计算，个人应缴纳的三项保险费由本人负担。社会保险补贴期限，除对距法定退休年龄不足5年的就业困难人员可延长至退休外，其余人员最长不超过3年。各地要加强对灵活就业人员社会保险补贴的审核管理。

就业困难人员实现灵活就业后，要向街道（社区）申报就业。灵活就业人员应按规定按时足额缴纳社会保险费。每季度终了后，按规定向当地劳动保障部门申请对上季度已缴纳的社会保险费给予补贴。社会保险补贴资金申请材料应附：由本人签字、劳动部门盖章确认的、注明具体从事灵活就业的单位、岗位、地址等内容的相关证明材料，本人《居民身份证》复印件、登记证复印件、社会保险征缴机构出具的上季度社会保险费缴费单据等凭证材料，经劳动保障部门审核、财政部门复核后，由财政部门在7个工作日内将资金拨至劳动保障部门就业专项资金支出专户，劳动保障部门在7个工作日内直接将补贴资金支付给申请者本人。

（3）对在本地工业园区新招用40岁以上本省劳动力、贫困户劳动力和被征地农民就业并与其签订六个月以上劳动合同和缴纳社会保险的企业给予一定额度的社会保险补贴。社会保险补贴资金申请材料应附：符合享受社会保险补贴条件的人员名单及登记证复印件、劳动合同等就业证明材料复印件、社会保险征缴机构出具的上季度企业（单位）为这部分人员缴纳有关社会保险费的单据、企业（单位）在银行开立账户的付款单等凭证材料，经劳动保障部门审核、财政部门复核后，由财政部门在7个工作日内将资金拨至劳动保障部门就业专项资金支出专户，劳动保障部门在7个工作日内直接将补贴资金支付给企业（单位）在银行开立的基本账户。

4. 小额贷款担保基金和小额担保贷款贴息

有关小额贷款担保基金和小额担保贷款贴息资金的具体管理办法按财政部、人民银行有关规定及省财政厅会同省人力资源和社会保障厅、人民银行南昌中心支行制定的《江西省小额担保贷款财政贴息资金管理办法》执行。

5. 公益性岗位补贴

（1）政府投资开发的公益性岗位、机关事业单位工勤岗位、各类企业后勤服务岗位和街道社区组织开发的服务性岗位，为安置就业困难人员的并与签订六个月以上（含六个月）劳动合同的，按实际安排就业困难人员人数给予用人单位岗位补贴。岗位补贴标准为：每人每月不超过200元，期限与劳动合同一致，除对距法定退休年龄不足5年的就业困难人员可延长至退休外，最长不超过3年。用人单位支付招用就业困难人员的工资总额不得低于当地（市、县）最低工资标准。

（2）青年见习岗位补贴。对使用大中专见习生的单位给予岗位补贴，补贴标准为见习单位所在地（市、县）城镇职工最低工资标准的50%，补贴期限最长不超过一年。

安排就业困难人员、青年见习生就业的单位，可按规定向当地劳动保障部门申请岗位补贴。岗位补贴资金申请材料应附：符合享受岗位补贴条件的人员名单及登记证复印件、上季度为这部分人员发放工资的单据、单位在银行开立账户的付款单等凭证材料，经劳动保障部门审核、财政部门复核后，由财政部门在7个工作日内将资金拨至劳动保障部门就业专项资金支出专户，劳动保障部门在7个工作日内直接将补贴资金支付给单位在银行开立的账户。

6. 职业技能鉴定补贴

对登记失业人员、就业困难人员、进城求职的农村劳动者通过初次技能鉴定（限国家规定实行就业准入制度的指定工种）、取得职业资格证书的，可向职业技能鉴定所在地劳动保障部门申请一次性职业技能鉴定补贴。职业技能鉴定补贴资金申请材料应附：本人《居民身份证》复印件、登记证复印件、职业资格证书复印件、职业技能鉴定机构开具的行政事业性收费票据（或税务发票）等凭证材料，经劳动保障部门审核、财政部门复核后，由财政部门在7个工作日内将资金拨至劳动保障部门就业专项资金支出专户，劳动保障部门在7个工作日内直接将补贴资金支付给申请者本人。

职业技能鉴定补贴的具体补贴标准按国家和省规定的鉴定收费标准的50%给予补助，但最低不少于200元/人。

7. 特定就业政策补助

现行特定就业政策是指经国务院批准，省人民政府对国有困难企业与下岗职工解除劳动关系给予的经济补偿金补助和为国有困难企业“4050”下岗职工缴纳社会保险费给予适当补助的政策。其中经济补偿金补助政策执行到2008年底，社会保险费补助政策的执行期限不超过2011年底。

8. 扶持公共就业服务

县级以上财政可安排扶持公共就业服务资金，对下级公共就业服务机构用于加强其人力资源市场信息网络方面的支出（具体包括计算机及网络硬件、软件购置，以及开发应用支出）给予必要支持。扶持公共就业服务资金作为就业专项资金的组成部分，必须单独安排，单独核算，单独管理，不得与其他就业专项资金相互调剂使用。2008年各级财政用于扶持公共就业服务的支出，列入《2008年政府收支分类科目》中第2080701项“劳动力市场建设”科目。从2009年开始，各级财政用于扶持公共就业服务的支出列入《2009年政府收支分类科目》中第2080701项“扶持公共就业服务”科目。以后年度政府收支分类科目如有修改，按修改后科目列入。

各地应逐步建立健全人力资源信息网络系统，实现各级公共就业服务机构的信息联网，为求职者、用人单位等提供方便快捷的信息服务。要以此加强对各级各类职业培训、职业中介、公共就业服务等机构、用人单位和享受政府就业扶持政策人员就业状况的监督管理，杜绝各种弄虚作假行为的发生。

（六）决算管理

各地劳动保障部门在年度终了后，要认真做好就业专项资金的清理和对账工作，并按规定向同级财政部门报送就业专项资金年度资金使用情况和说明，就业专项资金使用说明要做到内容完整、数据真实、报送及时。各地劳动保障部门、财政部门要将审核汇总后的就业专项资金年度决算及时报送省财政厅、省人力资源和社会保障厅。

就业专项资金年度终了如有结余，需详细说明原因，经财政部门批准后，按规定结转下一年度继续使用。

（七）账户管理

各地财政部门要按规定将财政预算安排的就业专项资金及时转入“社会保障基金财政专户”，按具体用途进行分账核算。各级就业服务机构在同级国有商业银行开设就业专项资金支出专户。实行专户管理，专户储存。

（八）监督管理

就业专项资金必须坚持专款专用的原则，严格按照规定的范围、标准和程序使用，不得用于人员经费、公用经费、差旅费、会议费等应由部门预算安排的支出，严禁用于或变相用于房屋建筑物购建、交通工具购置等各项基本建设支出。各级财政部门要切实履行职能，加强财政管理和监督，建立和完善就业专项资金支出绩效评估机制，努力提高就业专项资金使用管理的规范性、安全性和有效性。

各地财政、劳动保障部门要建立健全财务管理规章制度，强化内部财务管理和审计监督。要以建立和完善职业介绍补贴、职业培训补贴、社会保险补贴等各项就业专项资金发放台账为重点，进一步加强资金使用管理的基础工作。通过建立享受各项补贴补助政策人员、单位的基础信息和数据系统，有效甄别享受补贴政策人员、单位的真实性，防止出现造假行为。每年年中，各地劳动保障部门要通过适当方式向社会公开本地上年度各项就业专项资金的使用管理情况（包括享受补助的单位名称、享受补助的人数、具体补助数额等），并自觉接受监察、审计部门的监督检查。对有虚报、套取、私分挪用各种补贴资金等行为的单位和个人，要按有关规定严肃处理。对审核不严，违规操作的，要按有关规定追究相关部门和单位的责任。涉嫌犯罪的，要依法移交司法部门处理。

各地财政、劳动保障部门要密切配合、通力合作，及时掌握和通报有关情况，定期向省财政厅、省人力资源和社会保障厅报告就业人数、就业专项资金管理使用等有关情况，定期对就业专项资金管理使用情况进行检查，共同研究解决就业专项资金管理使用中存在的实际问题。

（九）《国务院关于进一步加强就业再就业工作的通知》（国发〔2005〕36 号）规定的对持《再就业优惠证》人员的社会保险补贴、公益性岗位补贴政策继续执行，审批截至到 2008 年底，期限最长不超过 3 年。其所涉及的社会保险补贴、公益性岗位补贴资金管理事宜，按本通知有关规定执行。

（十）各设区市、直辖县财政局、劳动保障局可根据本通知规定，结合本地实际制定具体实施办法，并报省财政厅、省人力资源和社会保障厅备案。

（十一）该通知自发布之日起执行。江西省财政厅、江西省劳动和社会保障厅关于印发《江西省就业再就业资金管理办法》的通知（赣财社〔2006〕31 号）同时废止。

2009 年 2 月，江西省财政厅、中国人民银行南昌中心支行、江西省劳动和社会保障厅印发《江西省小额担保贷款财政贴息资金管理办法》。

（一）该办法所称小额担保贷款财政贴息资金（以下简称贴息资金），是指国家对符合规定条件的小额担保贷款借款人（以下简称借款人）用于从事微利项目的小额担保贷款、经办银行对符合规定条件的劳动密集型小企业、再就业基地和非正规就业劳动组织（小企业孵化基地视同再就业基地）发放的小额担保贷款给予的财政贴息资金。根据国家规定，贴息资金可用于支持完善地方担保基金的风险补偿机制和小额担保贷款奖励机制

该办法所称微利项目是指由下岗失业、大中专毕业生、残疾人、返乡农民工等人员在社区、街道、工矿区等从事的商业、餐饮和修理等个体经营项目（国家明令严禁的项目除外）。

（1）贷款，是指按照《关于转发〈中国人民银行、财政部、人力资源和社会保障部关于进一步改进小额担保贷款管理积极推动创业促就业的通知〉的通知》（南银发〔2008〕212 号）有关规定，由经办银行发放的小额担保贷款。

（2）担保机构，是指在省、市、县（区）劳动保障部门设立的小额贷款信用担保中心。

（3）经办银行，是指与担保机构签订合作协议的国有独资商业银行、股份制商业银行、城市商业银行、城乡信用社等金融机构。

(4)劳动密集型小企业是指对当年新招用持有"就业失业登记证"的失业人员达到企业现有在职职工总数30%(超过100人的企业达到15%)以上,并与其签订1年以上劳动合同的小企业。

(5)再就业基地和非正规就业劳动组织是指经设区级劳动保障、财政部门认定为吸纳安置持有《就业失业登记证》的失业人员占企业职工人数50%以上的劳动组织。

(6)财政贴息具体额度

①个人创业即南银发〔2008〕212号文件有关规定,可享受中央财政据实全额贴息;

②劳动密集型小企业可享受200万元额度以内的50%据实财政贴息(中央、地方财政各负担一半);

③就业基地和非正规就业组织及小企业孵化基地可享受200万元额度以内据实全额财政贴息(其中中央财政负担25%,地方财政负担75%)。

(二)贴息资金的预算管理

(1)贷款贴息资金中央贴息部分,由省财政厅根据贷款预计发放额度和国家规定贴息标准,向设区市财政局、省直管县和省本级财政预拨中央专项贴息资金,年终进行清算。各设区市财政部门向所属县(市、区)财政部门预拨贴息资金。

贴息资金地方负担部分由地方财政预算安排。

(2)各级财政部门按季据实向经办银行、劳动密集型小企业、再就业基地和非正规就业组织拨付贴息资金。

省财政厅按季据实向省担保中心拨付贴息资金,再由省担保中心据实向经办银行、劳动密集型小企业和非正规就业组织拨付贴息资金。

(3)各级财政部门要根据有关就业专项资金管理的规定,做好贴息资金的决算。各设区市财政部门应于年度终了后1个月内编制全市贴息资金年度决算报省财政厅。省财政厅于年度终了后2个月内编制贴息资金年度决算,并附财政部驻当地财政监察专员办事处(以下简称专员办)审核意见,报财政部审核清算。

(三)贴息贷款的申请和审核

(1)小额担保贷款展期和逾期不贴息。小额担保贷款贴息,在规定的借款额度和贴息期限内,按实际借款额度和计息期限计算。

(2)借款人、劳动密集型小企业、再就业基地和非正规就业劳动组织须凭劳动保障部门审核确认意见,向经办银行办理贴息贷款申请。

(3)经办银行对借款人、劳动密集型小企业、再就业基地和非正规就业劳动组织的贷款申请进行审核,符合有关规定的,发放贴息贷款,在贷款合同中加盖贴息贷款专用章,并在与担保机构签订的担保合同中注明。

(四)贴息资金的审核和拨付

经办银行按照国家财务会计制度和小额担保贷款政策有关规定,计算微利项目、劳动密集型小企业、再就业基地和非正规就业劳动组织小额担保贷款应贴息金额。计算贴息的时间按照经办银行贷款的结息时间确定。

贴息资金的申请、审核与拨付按如下程序办理:

(1)微利项目财政贴息,按如下程序办理:每季度结息日后3个工作日内,各级经办银行将贴息资金申请和明细表报送各级担保机构,并附微利项目计收利息清单。

贴息资金申请应包括贷款发生额,季初余额、贷款发生笔数、申请贴息资金等内容。明细表包括每笔贷款的项目名称、贷款金额、发放时间、期限、借款人名称和户籍所在地等内容。

(2)劳动密集型小企业,再就业基地和非正规就业组织贷款申请财政贴息,按如下程序办理;每季度结息日后的3个工作日内,由符合条件的上述单位将贴息资金申请和明细表报送同级担保机构、并附单位认定证明、贷款合同、借款借据(首季提供)和经办银行出具的上季度利息回单。

(3)各级担保机构收到经办银行、劳动密集型小企业、再就业基地和非正规就业组织申请后3个工作日内初审贴息资金情况并及时将初审意见报送同级财政部门。

(4)各级财政部门收到担保机构审核后的材料5个工作日内审核拨付贴息资金,同时将贴息资金的拨付使用情况上报上一级财政部门。

(5)各设区市担保机构将经财政部门审核,包括县区在内的全市贴息资金拨付使用情况并附经办银行的申请材料,上报省担保机构,由省担保机构审核后统一上报省财政厅和财政部驻江西省财政监察专员办事处(以下简称专员办)备案。

(6)年度终了后20日内,经办银行将上一年度贴息资金申领汇总情况及明细表报送设区市担保机构;各设区市担保机构将按经办银行分类汇总的小额贷款担保发放情况表报至同级财政部门审核清算。

小额贷款担保发放情况表包括每笔贷款担保的项目名称、贷款金额、担保金额、发放时间、期限、借款人名称和户籍所在地等内容。

(7)各设区市财政部门收到同级经办银行和担保机构的材料后，在10个工作日内对有关情况进行审核出具意见，并附经办银行和担保机构材料，报省级财政部门和专员办。

(8)省级财政部门和专员办对省担保中心报送的材料进行审核出具意见，在年度终了后2个月内编制贴息资金年度决算报财政部审核清算。

(五)奖补资金的审核和拨付

各级财政部门要安排相应资金，建立小额贷款担保基金持续补充机制。根据各级小额担保贷款年度决算情况，经审核后，对于担保基金规模当年增长5%以上的，中央财政将从贴息资金中安排风险补偿资金。该资金按当年新增担保基金总额的5%给予资金支持，全部补充担保基金。

根据各级小额担保贷款年度决算情况，经审核后，按照当年新发放小额担保贷款总额含个人贷款和企业贴息贷款的1%给予奖励性补助资金，由中央和省级财政各承担一半，其中中央财政承担部分从中央贴息资金预算中安排拨付，省财政承担部分从省财政安排的再就业资金的贴息资金中拨付。奖补资金由省财政统一管理，用于全省小额担保贷款工作突出的经办银行、担保机构和信用社等单位的工作经费补助。奖补标准和程序按有关文件规定执行。

(六)报告制度

各级财政部门应按季向省财政厅报送贴息贷款发放情况统计表，反映本市区贴息贷款的季度发生额、余额、发放笔数、本年累计发放笔数、应贴息金额、实际贴息金额和按照经办银行类型分类的明细情况，以及中央财政拨付安排的贴息资金使用和结余情况。报送时间为下一季度10日之前。

省财政厅每半年对各设区市贴息贷款发放和贴息资金的审核拨付情况，以及存在的问题进行认真分析，以书面形式报财政部。

(七)监督管理和责任

财政部门应认真履行以下职责：(1)指导辖区内贷款贴息的申请、审核工作；(2)做好与有关部门及经办银行的协调、配合工作；(3)按有关规定认真审核贴息申请，及时拨付贴息资金，提高贴息资金使用效率；(4)加强对贴息资金的监督与管理，保证贴息资金专款专用。定期或不定期检查贴息资金使用情况，及时处理和反映工作中存在的问题，确保贴息政策落到实处；(5)加强对担保基金风险补偿资金和贷款奖励性补助资金的管理；(6)根据规定需要履行的其他职责。

借款人、劳动密集型小企业、再就业基地和非正规就业劳动组织提供虚假证明材料、财政部门、担保机构和经办银行等有关机构未能认真履行审核职责，导致骗取财政贴息资金的，由财政部门、担保机构和经办银行等机构按各自的职责承担责任，并共同负责追回贴息资金，登记借款人、劳动密集型小企业、再就业基地和非正规就业劳动组织的不良信用记录。

对经办银行虚报材料，骗取财政贴息资金的，财政部门应追回贴息资金，同时按国家有关规定进行处罚，并通过媒体予以曝光。

各级财政部门和担保机构未认真履行职责，或虚报材料、骗取挪用财政贴息资金的，财政部将采取责令纠正、追回已贴息资金等措施，并按国家有关规定进行处罚。

二、城市居民最低生活保障资金管理

城市居民最低生活保障资金(以下简称低保资金)是为保障城市居民维持基本生活水平，专项用于家庭人均收入低于当地城市居民最低生活保障标准的救助对象的补助资金。

2005年7月，江西省财政厅、民政厅印发《江西省城市居民最低生活保障资金管理办法》(以下简称《办法》)。该《办法》旨在为加强城市居民最低生活保障资金的管理，确保城市居民最低生活保障制度的顺利实施。《办法》规定：低保资金的财务管理工作，必须贯彻党和国家的方针政策，严格执行有关财经法规和财经制度。低保资金由各级人民政府按照属地管理的原则负担，并纳入同级财政预算。其资金来源包括：本级财政预算安排的资金，上级财政补助的资金、社会组织和个人捐赠的资金和其他资金。该资金只能用于低保对象的生活救助，不得用于其他支出，严禁挤占和挪用。为此，《办法》作出以下规定：(1)财政部门应将开展低保工作发生的工作经费和人员经费列入民政部门的经费预算。任何个人或部门不得从上级下拨的低保资金及本级预算安排的低保资金中开支低保工作经费，也不得向低保对象收取任何低保管理费用。(2)财政部门必须在“财政社会保障基金专户”下开设“城市居民最低生活保障资金”分户，对低保资金进行账务核算。民政部门应设立低保资金支出专户，用于核算低保资金的发放情况。财政专户和民政支出专户均实行专项管理、专款专用，确保资金不被截留、挤占和挪用。(3)上级下达的财政低保补助资金及本级财政预算安排的低保补助资金纳入同级国库内的“财政社会保障补助资金专户”，资金实行专项调拨、封闭运行。纳入补助专户的低保资金,原则上指标一次下达,资金按季拨付至财政专户。(4)县(市、区)、乡镇、街道办事处和社区居委会必须建立城市低保资金台账制度。财政部门应加强对低保资金的监督、检查,建立严格的资金审批程序。(5)民政部门在每年年底前,根据核定的保障对象人数和补差金额编制下一年度低保资金预算,经财政部门审核,报当地政府批准后,列入财政年度预算,专款专用。(6)民政部门在执行年度预算过程中,若遇到保障标准提高,需增加低保资金的,应根据实际需要,编制预算调整方案,经同级财政部门审核,报当地政府批准后,追加预算。(7)民政部门应按照批准的低保资金预算,编制用款计划。财政部门提供资金预算和用款计划及时将低保资金从财政专户拨付民政部门使用。(8)民政部门要准确核实低保对象家庭的实际收入,严格按当地低保标准和低保家庭收入的差额发放低保金,不得降低水平和平均发放。低保资金实行按月定时发放制度,不得推迟和拖欠。低保资金的发放主要为货币形式,必要时也可给付实物。(9)民政部门必须逐步完善低保金发放制度:(10)有条件的地方,低保资金应实行社会化发放。常补对象的低保资金一律通过银行或邮政直接将低保金发放到低保对象个人账户。对于特殊人员可上门服务,上门发放城市低保资金必须有两名以上工作人员。(11)低保资金的收支管理和发放,应坚持公开、公正、公平的原则,主动接受上级或同级财政、民政、监察、审计等部门的监督检查,保证低保工作运行的公开、透明,自觉接受社会监督。(12)对低保资金使用不当,贪污、私分、挪用、乱支、虚报、冒领的单位和个人,除追回经济损失外,视情节追究责任,严肃处理。

2009年8月,乐安县财政局、民政局印发的《乐安县社会救助资金管理办法》(暂行)中,将本县城乡低保资金的内容包括在内,其主要内容均贯彻执行《江西省城市居民最低生活保障资金管理办法》精神。

三、农村最低生活保障资金管理

2009年9月,乐安县人民政府印发《乐安县农村居民最低生活保障制度实施办法》(以下简称"办法")。该《办法》规定:为保障农村居民基本生活,推进城乡社会救助体系建设,根据《江西省人民政府关于完善城乡社会救助体系的意见》和省民政厅、财政厅《关于建立农村居民最低生活保障制度实施办法》精神,结合乐安实际,决定对持有乐安县农业户口家庭人均收入低于当地最低生活保障标准的农村居民实施差额救助的制度。办法规定农村低保制度实行各级人民政府负责制。县政府是农村居民最低生活保障的责任主体。县民政局是本县实施农村低保工作的主管部门。财政、劳动、农业、统计、物价等部门应当分工负责做好相关工作。

办法规定财政部门负责农村低保资金的筹集和拨付,定期督促、检查县农村低保资金的拨付和使用情况,为民政部门落实农村低保制度提供必要的工作经费。审计部门要依法监督农村低保资金的使用情况,定期进行审计。

《办法》规定:农村低保标准,按照乐安县维持农村居民基本生活,所必需的衣、食、住等费用,并适当考虑水电、燃煤(柴)及未成年人的义务教育费用确定。农村低保标准为每人每年840元,月人均补差不低于25元。随着社会经济的发展、农村居民生活水平的提高和物价指数的变动,农村低保标准可进行适时调整,调整标准时,由县民政部门提出初步调整方案,经与县财政部门协商后,报县人民政府批准后公布,并报上一级人民政府备案。

《办法》对资金筹集、拨付、发放作出以下规定:农村低保所需保障资金,由省、县两级财政按照8:2的比例负担,县财政按规定将农村低保资金列入预算,实行专项管理,专款专用。省财政按照农村低保对象人数每人每月补助20元,县财政按月人均5元以上的标准配套,并随着财政收入的增加和群众生活水平的提高逐步增加投入。财政部门在"财政社会保障基金专户"下开设"农村居民最低生活保障资金"分户(以下简称财政专户),资金实行专项调拨,封闭运行。(1)上级下达的农村低保补助资金及本级财政预算安排的低保补助资金,均纳入同级国库内设立的"财政社会保障补助资金专户";(2)财政部门根据当地政府批准的年度农村低保资金预算和民政部门提出的用款计划,将资金由"财政社会保障补助资金专户"拨至财政专户,同时,县、乡财政部门应保障开展农村低保工作必须的工作经费。民政部门应按期将核定批准的农村低保资金发放人数及金额情况报送同级财政部门。财政部门据此在每月20日前将资金从财政专户拨到乡镇金融网点,直接存入低保对象的存折,实行按月社会化发放。

到2012年,乐安县农村低保标准达到平均每人每月123.39元。

第二节　社会保险基金管理

一、新型农村合作医疗基金管理

2007年12月,乐安县人民政府印发《乐安县新型农村合作医疗实施办法》(以下简称《办法》),自2008年1月1日起施行。该《办法》对新型农村合作医疗基金管理作出如下规定:(1)合作医疗基金实行全县统筹,专户管理、专款专用,封闭运行。任何单位和个人不得挤占和挪用。(2)县财政局、县农医中心应共同建立健全《合作医疗基金管理办法》,不断完善财务、会计、统计、审核制度,规范基金的支付、查询、转移程序。

二、城镇居民基本医疗保险基金管理

2010年12月,抚州市人民政府为贯彻落实人力资源和社会保障部《关于做好人社系统承担的2010年度医疗卫生体制改革工作的通知》和《江西省人民政府办公厅关于城镇居民基本医疗保险设区市统筹的意见》的要求,结合抚州市实际,印发了《抚州市基本医疗保险市级统筹实施办法》(以下简称《办法》)。

该《办法》确定抚州市基本医疗保险市级统筹坚持以下原则:坚持保基本、建机制、可持续的原则,坚持实行属地参保及一卡通服务原则;坚持覆盖范围统一、筹资标准统一,待遇水平统一、基金管理统一、经办流程统一、信息系统统一、实行分级管理、风险调剂的"六统一分一调"的管理原则;坚持推进市级统筹与分步实施到位相结合的原则。先实行风险调剂金制度,待条件成熟后逐步过渡到统收统支模式;坚持医疗保障水平与经济承受能力相适应的原则。《办法》对该基金的征集和管理作出以下规定:

(一)基本医疗保险基金的征集

(1)基本医疗保险分为三个档次,分别实行不同的筹资标准。其中一档为原城镇职工基本医疗保险,二档为原城镇职工住院医疗保险,三档为原城镇居民基本医疗保险。

(2)一档的范围和对象为:抚州市行政区域内的国有企业、城镇集体企业、外商投资企业、城镇私营企业和其他城镇企业及其职工,国家机关、事业单位、民办非企业单位及其职工,社会团体及其专职人员,城镇个体经济组织业主及其从业人员以及灵活就业人员。筹资标准为:用人单位按本单位上年度法定退休年龄以下职工的工资总额(以国家统计局发布的计算口径为准)的6%缴纳,职工个人缴费按本人上年度工资总额的2%缴纳,个人缴纳部分由单位代扣代缴。达到法定退休年龄并在用人单位按规定办理了退休手续的人员不缴纳基本医疗保险费。

(3)二档范围和对象为:连续停产停业一年以上的困难企业事业单位。上述单位因整体参加一档确有困难,经同级人力资源和社会保障行政部门及医疗保险经办机构审批同意后,可参加二档。筹资标准为:法定退休年龄以下人员按用人单位上年度法定退休年龄以下职工工资总额的3%缴纳,达到法定退休年龄并按规定办理了退休手续的人员由用人单位按上年度退休费(或养老金)总额的3%缴纳,个人不缴费。所缴保险费全部进入统筹基金。

(4)在实行基本医疗保险的同时,开展大额医疗费用统筹。凡参加一档的用人单位,必须同时为职工办理大病补充医疗保险。大病补充医疗保险费的筹资标准按职工上年度工资总额的1.5%提取,达到法定退休年龄并按规定办理了退休手续的人员按本人上年度退休费总额的1.5%计算,未参加养老保险的达到法定退休年龄人员按上年度退休人员平均养老金的1.5%计算。大病补充医疗保险费由单位缴纳,职工个人不缴费。灵活就业人员参保由个人缴纳大病补充医疗保险费。

(5)基本医疗保险基金的缴费基数,应严格按照国家统计局规定的职工工资总额统计口径计算。

(6)职工月平均工资高于全市上年度职工月平均工资的300%的,个人和单位均以全市职工月平均工资的300%为基数缴纳基本医疗保险费;职工月平均工资低于全市上年度职工月平均工资的60%的,个人和单位均以全市职工月平均工资60%为基数缴纳基本医疗保险费。

(7)请长假、停薪留职、外借、外聘等仍与单位保留劳动关系的人员的基本医疗保险费由其单位缴纳。

(8)建立退休职工医疗保险风险储备金制度。为增强基本医疗保险基金的抗风险能力,凡参加一档的用人单位,按本单位达到法定退休年龄并办理了退休手续人员的实际数,每人600元的标准一次性缴纳基本医疗保险风险储备金。用人单位今后每增加一位到达法定退休年龄的人员按以上标准缴纳基本医疗保险风险储备金。

(9)参加一档的参保人员,连续参保并足额缴费至法定退休年龄时,缴费年限应男满30年、女满25年以上,方可享受退休的基本医疗保险待遇,不足年限的基本医疗保险费应由用人单位和职工个人一次性缴足后才能享受待遇;不补缴的,不再继续享受基本医疗保险待遇,其个人账户资金可一次性退还本人。抚州市城镇职工基本医疗保险制度实施(2002年1月1日)以前符合国家认可的连续工龄或工作年限,在2002年1月1日以后连续参保可视同缴费年限。

(10)用人单位和职工应缴纳的基本医疗保险费,原则上在年初办理参保手续时一次性缴清。确有困难的单位,经当地医疗保险经办机构批准,可在当年的一月和七月分两次缴清。企业单位因用工变动频繁,可选择按月、季缴纳医疗保险费,在每月25日前应申报次月的参保人员及缴费基数(原则上不低于按照上年度在岗职工平均工资),在次月的5日前缴足当月的基本医疗保险费。

用人单位和职工应按时缴纳基本医疗保险费,不得拖欠、拒付。不按期缴纳或者少缴基本医疗保险费的,由当地医疗保险经办机构责令限期补缴欠缴数额,并自欠缴之日起,按日加收万分之五的滞纳金,滞纳金纳入基本医疗保险统筹基金管理;恶意拖欠医疗保险费6个月及以上的,视为自动退保,重新参保需补足间断期间的医疗保险费,并按首次参保的医疗保险规定享受待遇。

(11)财政拨款的行政事业单位,应由当地财政按规定预算安排医疗保险费。

(12)用人单位因破产、撤销、解散、分立、改制或其他原因造成原单位主体不存在的,在资产变现以后,应首先清偿欠缴的基本医疗保险费,并按有关规定办理参保手续。

(13)抚州市辖区范围内的灵活就业人员(是指在劳动年龄范围内,具有劳动能力的个体工商户及其从业人员、自由职业者,与用人单位解除劳动关系的失业人员、下岗自谋职业人员),可自愿参加一档或三档。完全丧失劳动能力的人员(含患有本办法规定的一类慢性病人员),应选择参加三档。

灵活就业人员选择一档可先到当地医疗保险经办机构填写《抚州市城镇灵活就业人员参加医疗保险申请表》,经当地医疗保险经办机构审核批准后即可办理。灵活就业人员参保全部由个人缴费,以抚州市上年度在岗职工平均工资为缴费基数,按8%的比例缴纳当年的基本医疗保险费,另按1.5%的比例缴纳大病补充医疗保险费。一般在当年第四季度缴纳下一年的医疗保险费。

原关闭、破产、改制的国有及国有控股企业职工或具有国家认可的连续工龄或工作年限的人员,可按照灵活就业人员身份选择一档参保。若从2002年开始连续缴费,其2002年以前的工龄视同缴费年限,连续缴费至男满60周岁、女满55周岁时,缴费年限(含视同缴费年限)男满30年、女满25年以上且实际缴费年限满15年以上的,可享受退休的基本医疗保险待遇。以后每年只缴纳1.5%的大病补充医疗保险费。

(14)流动就业人员按规定先后参加了基本医疗保险或新型农村合作医疗,进行不同档次或制度间转保的,以当地、当年各档次间医疗保险费的差额为基数,补足相应年限的费差,其连续缴费年限可累计计算。

(15)三档的范围和对象为:不属于一档和二档覆盖范围的城镇所有常住居民(含学龄前儿童、中小学阶段的学生、大中专院校的学生)。三档主要以家庭为单位整体参保。按成年人每人每年220元、未成年人每人每年150元的标准筹资。其中成年人每人每年个人缴费100元,未成年人每人每年个人缴纳30元。中央、省、市、县各级财政按规定对参保人员每人每年补助120元。

(16)财政按规定对参加了三档的特殊人群实行重点补助,具体标准为:

享受城镇最低生活保障人员、省政府规定的失业的十四类参战退役人员、重度残疾人、以及其他符合补助条件的人员由财政每人每年补助220元。其他符合补助条件的人员由当地医保部门予以审核。

在校大学生由财政每人每年补助150元。

财政补助资金由各级财政按季度划拨到各地城镇居民基本医疗保险基金财政专户。

(17)参加三档的城镇居民参保缴费,由以下单位负责组织办理:

①全日制在校学生(含大学生)及托幼机构在册儿童(身份为农业户口的除外)的参保缴费,由所在学校、托幼机构与各级医保经办机构共同负责组织办理;

②老年居民、其他优抚对象、城镇非从业人员以及其他少年儿童的参保缴费,由其户籍所在地医保经办机构或者居住地街道劳动保障事务所按家庭为单位负责组织办理。

(二)基本医疗保险基金的管理

(1)基本医疗保险基金实行个人账户和社会统筹相结合的管理制度。其中二档实行单建统筹管理,不设立门诊个人账户。

(2)基本医疗保险基金纳入财政专户,实行收支两条线管理,专款专用,不得挤占挪用。财政部门应在确保基金支付和安全的前提下,采取购买国债、转存定期一年或三年存款等方式最大限度实现基本医疗保险基金的保值增值。

(3)基本医疗保险基金目前实行风险调剂金管理制度,风险调剂金主要用于弥补各县(区)医疗保险待遇支付风险。风险调剂金在本年度筹集的基本医疗保险统筹基金中按5%的比例逐年提取,风险调剂金累计达到当年征缴基金的20%,不再提取。市级统筹风险调剂金管理使用办法另行制定。

(4)条件成熟后,实行基本医疗保险基金统收统支管理制度。市、县(区)设立基金收入户、支出户和财政专户,各县(区)和市本级医疗保险经办机构向用人单位征收的医疗保险费,先进入本级基金收入户,由本级医疗保险经办机构缴至本级财政专户,再由各县(区)财政专户按月全部缴至市级医疗保险财政专户。基金支出由市财政专户拨至市本级及各县(区)医疗保险经办机构支出户(具体操作流程和细则另行制定)。

(5)个人账户和统筹基金划定各自的支付范围分别核算,分开管理使用,不得相互挤占。

个人账户:用于支付参保人员门诊就诊时的医疗费用。统筹基金不予支付的就诊相关费用可纳入个人账户支付范围。个人账户余额和利息归参保人员个人所有,不得提取现金,不得透支,超支自付,结余可结转使用和继承。参保人员工作变动,个人账户随本人转移。

统筹基金:用于支付参保人员患重大疾病住院的医疗费用及患规定范围内的特殊慢性病个人账户用完后的门诊费用。为参保人员进行疾病预防、健康宣传及体检、参加市政府规定的其他补充医疗保险等费用可在统筹基金中列支。列支比例控制在当年征收统筹基金的20%以内。

《办法》附则还规定:

国家公务员医疗补助、1~6级革命伤残军人医疗补助以及企业(单位)补充医疗保险等继续实行分级管理,暂不列入市级统筹。

医疗保险经办机构年度工作经费列入同级财政预算,最低不少于10万元。激励经费以上年度城镇职工医疗保险基金实际征缴收入(剔除财政补助部分)为基数,基数内按1%提取,当年超基数部分按2%提取,由同级财政列入预算,按季度拨付。城镇居民医疗保险以当年参保人数为基数,按每人每年2元的标准建立专项工作经费,医保经办机构与街道(乡镇)劳动保障事务所(或教育部门),按照1:1的原则进行分配,由同级财政预算拨付并监督执行。如省政府出台医疗保险激励政策按省政策执行。

该办法由市、县(区)人力资源和社会保障行政部门负责组织实施。各级医疗保险经办机构具体负责基本医疗保险参保登记和基金的征收、支付及管理等业务工作。市直相关部门按照各自工作的职责,协同做好基本医疗保险工作。财政部门负责做好财政资金的安排、拨付和基金的监督管理;教育部门负责协同做好在校学生参保宣传;民政部门负责做好城镇低保对象身份确认,残联负责做好残疾人身份确认;审计部门负责做好基本医疗保险基金收支和管理的定期审计;卫生部门负责合理布局城镇社区卫生服务机构,加强对医疗服务机构的监督管理,制定并落实就医优惠政策;发改委、公安局、统计局等部门,按照各自的工作职责,协同做好基本医疗保险工作。

该《办法》从2011年元月1日起执行。

三、新型农村社会养老保险基金管理

2009年12月,乐安县人民政府印发《乐安县新型农村社会养老保险试点实施方案》(试行)。

2010年10月,乐安县人民政府办公室印发《乐安县新型农村社会养老保险基金财务管理暂行办法》(以下简称《办法》)。

该《办法》就加强新型农村社会养老保险基金的财务管理,维护参保对象的合法权益,根据《江西省人民政府关于印发江西省新型农村社会养老保险试点工作实施办法的通知》和《乐安县新型农村社会养老保险试点实施方案的通知》,参照社会保险基金财务管理制度,结合乐安县实际,对乐安县新型农村社会养老保险基金财务管理作出如下规定:

(一)乐安县负责管理新农保基金的财政部门和负责新农保基金收缴、支付工作的人力资源和社会保障部门经办机构(以下简称经办机构),对新农保基金管理适用该办法。

(二)该办法所称新农保基金是指由个人缴费、县财政补贴、中央财政、省财政安排专项补贴、利息以及通过其他合法方法筹集的专项资金,新农保基金用于参保人员达到领取年龄后基本的生活保障。

(三)新农保基金财务管理的任务是认真贯彻执行国家有关法律、法规和方针、政策,按规定筹集和使用新农保基金;建立健全财务管理制度,努力做好基金的计划、控制、核算、分析和考核工作,并如实反映基金收支状况;严格遵守财经纪律,加强监督和检查,确保新农保基金安全。

(四)新农保基金纳入县财政社会保障基金财政专户管理(以下简称财政专户),实行收支两条线管理,专款专用,任何部门、单位和个人均不得挤占、挪用、也不得用于平衡财政预算。

(五)基金预算

新农保基金预算是指经办机构根据新农保工作的实施计划和任务编制的,经规定程序审批的年度基金财务收支计划。

(1)基金预算的编制。年度终了前,经办机构应按照财政部门规定的表式、时间和编制要求，编制本年度预算执行草案。

(2)基金预算的审批。经办机构编制的年度基金预算草案，由人力资源和社会保障部门审核汇总并报财政部门审核，经县政府批准后，由财政部门及时向人力资源和社会保障部门批复执行。

(3)基金预算的执行。经办机构要严格按照批准的预算执行，并认真分析基金的收支情况，定期向财政和人力资源和社会保障部门报告预算执行情况。人力资源和社会保障部门和财政部门要加强基金监督，发现问题应立即采取措施予以纠正。

(4)基金预算的调整。遇特殊情况需调整预算时，经办机构要及时编制预算调整方案，调整后的预算方案由人力资源和社会保障部门报财政部门审核，经县人民政府审批后，由财政部门及时向人力资源和社会保障部门批复执行。

(六)基金筹集

新农保基金按规定标准、按时筹集。任何部门、单位和个人不得截留筹集的基金。

(1)新农保基金收入包括：①参保人员缴纳保险费收入；②县级政府安排的保险费补贴；③上级财政安排的专项补贴；④利息收入、以及购买国债等方式取得的本息收入、转移收入、其他收入。

(2)经办机构要将收缴的新农保基金及时缴入财政部门指定的财政专户，并于每月底之前将过渡户收入基金缴入财政专户。

(3)县财政部门根据当年新农保基金预算情况，按预算进度拨付资金。年末，由县人力资源和社会保障、财政部门共同对当年养老保险金收支情况进行清算，差额部分在下年度新农保基金预算中予以调整。

(七)基金支付

新农保基金支出是指按规定从新农保基金中列支的各项支出。经办机构应按规定范围、标准及时足额支付新农保基金。

(1)新农保基金支出包括：养老金、待遇调整金、退保金、转移支出、继承金。

养老金是指支付给达到领取年龄的参保人员按个人账户本息额计发的养老保险金和中央财政补助的基础养老保险金。

待遇调整金是指支付给领取养老金人员的调整待遇支出。

退保金是指支付给按照有关政策规定退出新农保制度的参保人员退保金支出。

转移支出是指参保人员因跨地区流动、跨险种参保而转出新农保基金的支出。

继承金是支付给不满领取养老金年龄或个人账户未领完去世的参保人员，由法定继承人或指定受益人一次性领取个人账户余额的支出。

(2)经办机构在国有或国有控股商业银行设立新农保基金支出户(以下简称支出户)。

支出户的主要用途是：接受财政专户拨入的基金；暂存新农保支付基金及该账户的利息收入；支付各项基金支出款项；将该账户资金利息收入缴入财政专户。支出户除接受财政专户拨付的基金及该账户的利息收入外，不得发生其他收入业务。

(3)经办机构要根据财政部门核定的基金年度预算及月度支付计划，按月填写财政部门统一格式的用款申请书，加盖本单位公章后，在每月 5 日前报送县级财政部门。对不符合规定的用款申请，财政部门有权责成经办机构予以纠正。财政部门对用款申请审核无误后，在每月 8 日前将基金从财政专户拨入支出户。

(八)基金结余

新农保基金结余是指新农保基金收支相抵后的期未余额。

基金结余经县经办机构和县财政部门商定后，除预留三个月的支付金外，可用于购买国家债券或办理定期存款。任何部门、单位和个人不得动用新农保基金结余进行任何形式的直接或间接投资。

(九)财政专户

财政专户是财政部门按照有关规定，在国有商业银行开设的社会保障基金财政专户下设立的新农保基金账户。

(1)财政专户的主要用途是：接收经办机构从收入户转入的保险费收入；接收收入户转入的其他收入；接收支出户转入的利息收入；接收用新农保基金购买国家债券、办理定期存款兑付的本息收入以及该账户资金的利息收入；接收县财政安排的专项资金；接受上级财政安排的专项补贴；根据经办机构的用款计划，向支出户拨付资金。

(2)财政专户发生的利息收入直接计入财政专户。支出户的利息收入由经办机构定期全额转入财政专户。

(3)财政部门及经办机构凭银行出具的原始凭证记账和备案。

(十)资产与负债

资产包括新农保基金运行过程中形成的现金、银行存款(含收入户存款、财政专户存款、支出户存款)、债券投资、暂付款项等。经办机构一是认真做好现金的保管、押运、管理工作，建立健全现金的内部控制制度。现金的收付和管理，要严格遵守中国人民银行发布的《现金管理暂行条例》，当天征收、当天缴存，对支付的养老金一律实行银行社会化发放。二是应及时办理新农保基金存储手续，按月和开户银行对账，同时，要定期和财政部门相互对账，保证账账、账款相符。

用新农保基金购买的国家债券应视同货币资金，由财政部门、人力资源和社会保障部门协商后，委托开户银行代为妥善保管，确保账实相符。暂付款项应定期清理，及时收回。

负债是指新农保基金运行过程中形成的临时性借款和暂收款项等。临时借款和暂收款项应定期清理，及时偿付。

（十一）基金决算

（1）年度终了后，经办机构应根据财政部门规定的表式、时间和填报要求编制年度新农保基金财务报告。财务报告包括资产负债表、收支明细表、有关附表以及财务情况说明书。编制年度新农保基金财务报告必须做到数字真实、计算准确、手续完备、内容完整、报送及时。（2）经办机构编制的年度新农保基金财务报告应在规定期限内经人力资源和社会保障部门审核并汇总，按财政部门的要求报财政部门审核，并报政府审批，批准后的年度新农保基金财务报告为基金决算。

（十二）监督检查

（1）经办机构和财政部门要建立健全内部管理制度，定期或不定期向社会公布新农保基金收支和结余情况，接受社会监督。

（2）人力资源和社会保障、财政和审计部门等要定期或不定期地对支出户、财政专户的新农保基金收支和结余情况进行监督检查，发现问题及时纠正，并向政府报告。

（3）下列行为属于违纪或违法行为：

①截留、挤占、挪用、贪污新农保基金；

②不按时、按规定标准支付各项新农保养老金；

③未按时将新农保基金收入缴入财政专户；

④未按时、足额将财政专户基金拨付到支出户；

⑤其他违反国家法律、法规规定的行为。

（4）发生上列行为的，应区别情况限期纠正，并作账务处理：

①及时追回新农保基金；

②及时足额补发或追回各项新农保养老金；

③及时缴存财政专户；

④及时足额将财政专户基金拨付支出户；

⑤国家法律、法规及财政部规定的其他处理办法。

对以上所列违纪或违法行为的处罚，依照有关法律、法规执行。

该《办法》自2010年1月1日起执行。

四、城市居民养老保险金管理

根据《江西省人民政府关于印发江西省城镇居民社会养老保险试点实施办法的通知》精神，乐安县人民政府于2011年9月印发了《乐安县城镇居民社会养老保险试点实施方案》（以下简称《方案》）。该《方案》确定了乐安县城镇居民养老保险试点的基本原则是“保基本、广覆盖、有弹性、可持续”。一是从城镇居民的实际情况出发，低水平起步，筹资标准和待遇标准要与经济发展及各方面承受能力相适应；二是个人（家庭）和政府合理分担责任，权利与义务相对应；三是政府主导和居民自愿相结合，引导城镇居民普遍参保；四是中央确定基本原则和主要政策，地方制定具体办法，城镇居民养老保险实行属地管理。其任务目标是：建立个人缴费、政府补贴相结合的城镇居民养老保险制度，实行社会统筹和个人账户相结合，与家庭养老、社会救助、社会福利等其他社会保障政策相配套，保障城镇居民老年基本生活。2011年7月1日启动试点工作，实施范围与新型农村社会养老保险（以下简称新农保）试点基本一致，2012年基本实现城镇居民养老保险制度全覆盖。其参保范围为：年满16周岁（不含在校学生）、不符合职工基本养老保险参保条件的城镇非从业居民，可以在户籍地自愿参加城镇居民养老保险。

该《方案》对乐安县城市居民最低生活保障资金管理作出了以下规定：

（一）基金筹集

城镇居民养老保险基金由个人缴费、政府补贴构成。

（1）个人缴费。参加城镇居民养老保险的城镇居民应当按规定缴纳养老保险费。缴费标准目前设为每人每年100元～1000元10个档次（每百元为一档次），县人民政府可以根据实际情况增设缴费档次。参保人自主选择档次缴费、多缴多得。

（2）政府补贴。①养老金补贴。中央财政对符合领取条件的参保人全额支付城镇居民养老保险基础养老金，标准为每人每月55元。②缴费补贴。参保人按规定缴清本年度保费后，省、县财政对参保人缴费给予每人每年30元的基本补贴，所需资金由省、县按8:2比例分担。即省财政负担24元，县财政负担6元。对选择较高档次标准缴费的，可比照新农保办法给予适当鼓励，对参保人缴费的补贴标准从缴费100元补贴30元起步，每增加一个缴费档次多补贴5元（即缴费200元，财政补贴35元，缴费300元，财政补贴40元，依此类推，缴费1000元，财政补贴75元）。补贴标准原则上不超过75元。其中：对200元至500元档次的超基本补贴30元的缴费补贴所需资金全部由试点县财政负担；对600元至1000元档次的超基本补贴30元的缴费补贴所需资金由省、县财政按2∶8负担。城镇居民养老保险制度实施时，距离领取年龄不足15年的人员，允许其补缴，补缴部分可按规定享受政府补贴，城镇居民养老保险制度实施后，应按年缴费，中途中断缴费的，允许其补缴，但补缴部分不享受政府补贴。③代缴保费。城镇重度残疾人（1～2级，以所持有的第二代《中华人民共和国残疾证》为依据）省、县财政为其代缴最低标准的养老保险费每人每年100元，其中省财政负担80元，县财政负担20元。城镇低保常补对象县财政为其代缴养老保险费每人每年100元。城镇享受国家抚恤补助的重点优抚对象：烈士遗属，因公牺牲军人遗属、病故军人遗属、残疾军人、在乡老复员军人、带病回乡退伍军人、城镇户籍参战退役人员、8023部队及涉核退役士兵由县财政为其代缴养老保险费每人每年50元，对符合上述几类情况人员，只能按一种对象享受待遇，不能重复享受，上述人员情况发生变化或取消了原待遇将不再享受代缴待遇。④鼓励其他经济组织、社会组织和个人为参保人缴费提供资助。

（二）建立个人账户

县级经办机构为每个参保人员建立终身记录的养老保险个人账户。个人缴费、地方人民政府对参保人员缴费补贴及其他来源的缴费补助，全部记入个人账户。个人账户储存额目前每年参考中国人民银行公布的金融机构人民币一年期存款利率计算。

（三）养老金待遇

养老金待遇由基础养老金和个人账户养老金构成，支付终身。目前基础养老金标准为每人每月55元，由中央财政支付。个人账户养老金的月计发标准为个人账户储存额除以139（与现行职工基本养老保险及新农保个人账户养老金计发系数相同）。参保人员死亡，个人账户中的资金余额（含政府补贴），可以依法继承。

（四）养老金领取条件

参加城镇居民养老保险的城镇居民，年满60周岁，可按月领取养老金。从2011年7月1日起，已年满60周岁，未享受职工基本养老保险待遇以及国家规定的其他养老待遇的，不用缴费，可按月领取基础养老金；距领取年龄不足15年的，应按年缴费，也允许补缴，累计缴费不超过15年；距领取年龄超过15年的，应按年缴费，累计缴费不少于15年。为鼓励中青年城镇居民积极参保、长期缴费，对缴费年限超过15年的，在规定基础养老金的基础上，每超过一年，每月增加1元基础养老金。鼓励和引导城镇居民养老保险待遇领取人员的子女按规定参保缴费。

（五）待遇调整

根据国家，省厅相关规定，结合乐安县实际，适时调整全县城镇居民养老保险基础养老金的最低标准。

（六）基金管理

建立健全城镇居民养老保险基金财务会计制度。城镇居民养老保险基金纳入社会保障财政专户，实行收支两条线管理，单独记账、核算，按有关规定实现保值增值。试点阶段，城镇居民养老保险基金以县级为统筹单位，实行城镇居民养老保险资金预决算制度。年初，财政部门要会同人力资源和社会保障部门编制城镇居民养老保险基金年度收支预算，报县人民政府批准后执行，并将年度决算表上报上级财政、人力资源和社会保障主管部门审核。

（七）基金监督

县人力资源社会保障部门要切实履行城镇居民养老保险基金的监管职责，制定完善城镇居民养老保险各项业务管理规章制度，规范业务程序，建立健全内控制度和基金稽核制度，对基金的筹集、上解、划拨、发放进行监控和定期检查，并定期披露城镇居民养老保险基金筹集和支付信息，做到公开透明，加强社会监督。财政、监察、审计部门按各自职责实施监督，严禁挤占挪用，确保基金安全。各乡（镇、场）社会保险经办机构和社区每年在辖区范围内对城镇居民的待遇领取资格进行公示，接受群众监督。

该实施方案自2011年7月1日起施行。

第三节 农林水事务专项资金管理

一、扶贫资金管理

2002年2月，经国家院批准，乐安县被列为新阶段扶贫开发工作重点县。

2002年11月，乐安县财政局为了切实加强财政扶贫资金和项目的管理，提高资金使用效益，根据财政部、国务院扶贫开发领导小组、国家发展计划委员会印发的《财政扶贫资金管理办法》和《财政扶贫资金报账制度管理办法》,结合乐安县实际,制定了《乐安县财政扶贫发展资金和项目管理办法》。该办法共八章十六条,对财政扶贫资金和项目管理提出了以下主要管理办法:

(一)项目资金使用范围、分配原则、立项原则和申报要求

(1)项目资金的使用范围:财政扶贫发展资金,重点用于改善贫困地区贫困群众基本生产条件,发展种植业、养殖业,科技扶贫;基本农田建设,兴建农田水利,解决人畜饮水问题;发展农村基础教育、医疗、卫生、文化、广播电视事业。

(2)项目资金的分配原则:中央、省级财政扶贫资金80%用于重点村、10%用于科技扶贫,10%用于面上扶贫。重点村按照规划安排项目、安排资金,资金总量保持相对平衡,但可突出重点适当倾斜,同时,根据项目完成情况、资金使用效益及各项扶贫目标完成情况进行奖优罚劣。

(3)项目的立项原则:按照规划编制项目,建立项目库。在项目选择上,一要调查研究、理清思路,二要尊重民意、发扬民主,三要突出重点、量力而行,四要立足公益、着眼长远。逐步建立科学、规范的项目库,做到项目等资金。项目立项前要搞好调查、设计、论证、评估,做好可行性分析。

(4)项目申报要求:乡村负责项目申报,每年年底做好下一年度项目立项申报工作,老建办牵头对每个项目都要进行实地调查论证,并提出初步意见,经扶贫开发领导小组研究确定上报。

(二)项目的实施和落实

关于项目实施。一是确保公正、公平、公开;二要确保工程质量、速度和效益;三要保证借力、出力、合力。

(1)做好项目前期准备工作,落实人员、组织劳力、办好有关手续;做到不等不靠、不误农时、不误季节。

(2)实行项目责任制,项目主管部门与项目实施单位签订合同书或责任状,每个项目县、乡、村三级都应落实好项目责任人,县老建办、乡镇长、村主任为县、乡、村三级项目负责人;技术上由相关职能部门负责,各级负责人承担相应责任,一抓到底。

(3)实行项目进度报表制,以乡(镇)为单位每个月底向县老建办报一次项目进度表,及时反映项目实施情况和建设进度,项目进度表分别由相关负责人签署意见。项目必须按实施计划按时开工,按时完工。

(4)基础设施建设项目必须采取公开招投标或议标的方式确定项目承建单位或承建人。

(5)明确对象,抓好到户项目的落实:扶贫工作的基本对象是贫困户,目标是解决贫困户的温饱问题,因此,要切实抓好到户项目的落实,真正体现真扶贫、扶真贫,到户项目,必须如实到户。要根据各类项目的不同要求,及时将资金、种苗或其他生产资料发放到户,并造具花名册存档。扶助示范户的项目要能起到示范、服务、辐射功能,能为周边农民提供产前、产中、产后等社会化服务,其生产的种苗要优惠提供给贫困户。

(三)项目资金的使用、拨付和报账

(1)财政扶贫资金必须专项用于已批准的扶贫项目,不得挤占、挪用或随意调整。

(2)在财政扶贫资金管理的过程中,财政部门主要负责资金的收支管理、报账和监督检查;扶贫项目主管部门负责项目的实施管理、检查验收和费用支出的审核。

(3)财政扶贫资金不得用于下列各项支出:

①行政事业机构开支和人员经费;

②各种奖金、津贴和福利补助;

③弥补企业亏损;

④修建楼、堂、馆、所及住宅;

⑤各部门的经济实体;

⑥弥补预算支出缺口和偿还债务;

⑦大中型基础建设项目;

⑧交通工具及通讯设备(汽车、手机、传呼机等);

⑨小额信贷及其他形式的有偿使用;

⑩城市基础设施建设和城市扶贫;

⑪其他与财政扶贫资金使用范围不相符的支出。

(4)项目资金的拨付:县财政扶贫资金实行专户管理、封闭运行。当财政专户收到上级财政拨付的扶贫资金时,应及时通知老建办等有关部门,老建办通知项目实施单位,项目实施单位根据项目的实施计划和施工要求,提出用款计划,经老建办审核,财政局审批后拨付资金。财政部门可根据不同项目需要预付不同比例的项目启动资金。

①种养业项目:单项金额在2万元以内的根据项目实施需要可预付35%～40%项目启动资金;单项金额在2万元以上、5万元以下的可预付30～35%的启动资金;5万元以上的可预付30%的启动资金,以后根据项目的实施进度,分次拨付余下的项目资金。

②基础设施、生态保护、学校、卫生院等建设性

项目不论项目金额多大，拨款比例一律按2:5:2:1进行，即开工前拨启动资金20%，开工后按进度拨50%，竣工验收拨20%，余下10%的资金作为项目质量保证金，工程交付使用一年后，如果未发现质量问题，项目实施单位提出请款申请，报项目主管部门同意，财政部门方可拨10%的质量保证金，否则转作项目维修费处理，并按项目实施责任书或项目实施合同书规定的有关条款进行相应处置。

(5)项目资金的报账。

(1)财政扶贫资金实行报账制管理，扶贫项目实施单位是财政扶贫资金的报账人，乡(镇)确定一名领导具体负责，保证资金安排到项目、支出核算到项目。

(2)财政扶贫资金专户所有的资金支出，都必须按有关规定报账销款，非财政扶贫资金不得借用财政扶贫资金专户。

(3)报账办法：凡使用财政扶贫资金的单位和个人，无论是种养业还是基础设施等建设性项目都必须按有关规定报账。项目实施单位根据项目实施计划和项目施工进度，定期提出用款计划，填写《江西省财政扶贫资金请款单》(一式三份，请款单位、老建办、财政局各执一份)，备好原始支出凭证和原始支出凭证复印件，报老建办审核、财政局审批后报账拨款。财政局对有关报账发票号码，费用金额逐项进行登记，同时加盖《财政扶贫资金审核专用章》，原始支出凭证退回项目单位建账，复印件留存财政局建备查账。

为了使不同类型的项目便于报账、操作，特补充如下规定：

a. 种养业项目。贫困户使用项目资金的报账，必须附有正式发票，但聘请专家指导、咨询、雇工等允许发生小金额的白条领款。农村集体和服务组织使用项目资金的报账，集体组织造林、绿化及服务组织为该村村民进行项目技术培训，聘请专家指导、示范、雇工所开支的白条领款，经主管部门认可，允许小金额白条代发票，除此之外，发生的项目支出均应附正式发票报账。对服务性组织按项目规划要求将自己培育的种子、种苗、繁殖畜禽，将低于市场价格卖给农民的，不作统一要求向农民开销售发票，但要作为考核项目完成工作量的依据。

b. 基础设施、生态、教育、卫生院等建设性项目。对这类项目一般都承包到经过招标、投标的项目施工单位，无论怎么承包，项目施工单位都必须按规定报账。如果项目总投资由几项拼盘资金组成，要按资金来源列出总的投资计划明细表，以便有关部门考核、审计、检查，对拼盘项目的报账，原则上按资金来源所列报的项目分别报账，但项目竣工时必须附项目总投资的费用发票的复印件和项目决算单的复印件，如发现拼盘项目中的其他资金不及时足额到位的对财政扶贫资金可暂缓报账和拨款。

④对以下情况，财政部门不予报账或拨付资金

a. 未列入年度财政扶贫资金项目计划的；

b. 不按要求提供有效报账文件和凭证的；

c. 扶贫项目主管部门没有审签的；

d. 拼盘项目中其他资金不及时、足额到位的；

e. 违反国家有关法律、法规和规章支出的。

(四)项目的竣工验收

项目竣工后，财政、老建办等有关部门要根据各自的职责对项目组织验收，财政部门根据项目建设进度拨付资金，汇审财务决算、监督资金使用。老建会同财政、审计、监察等有关部门应及时对财政扶贫发展资金项目进行竣工验收。根据竣工验收结果，财政部门建立资产登记档案。

(五)项目资金的决算

项目乡镇、项目建设单位要对上级拨(借)资金使用把关，每批资金使用结束后，须将资金决算情况编制包含各种资金来源和资金使用的去向为主要内容的资金报表，报县财政局和县老建办。

(六)项目资金的监督检查

县财政、老建办等有关单位要依法加强对财政扶贫资金的监督和检查，配合审计等有关部门做好审计、检查、稽查工作，防止以下几种情况发生：

(1)挥霍、浪费、截留、克扣、挤占财政扶贫资金的；

(2)骗取、套取、挪用、贪污财政扶贫资金的；

(3)假配套和配套不到位的。

如检查发现以上几种行为的，如数抵减下年度拨款，并依法对单位领导和直接责任人员进行处罚，构成犯罪的移交司法部门依法追究刑事责任。

以上办法自2002年11月13日起执行。

之后，财政部、省、市财政部门还先后下发过有关扶贫资金管理文件，包括2012年乐安县被列为中央苏区县，上级对支持中央苏区和特困片区扶贫攻坚产业化资金管理办法，这些管理办法大体均与上述办法相同。因此，乐安仍严格执行上述办法。

二、农业综合开发资金管理

国家立项的农业综合开发是政府保护、支持农业发展，对农业实施宏观调控的重要手段之一。农业综合开发资金，必须达到投入与效益、使用与管理的协调统一。随着农业综合开发实施十多年来，尤

其是近几年随着农业产业结构调整和我省实行“一县一业”的开发战略部署以来，项目进展顺利，为发展农村经济，调整农业产业结构，增加农民收入发挥了积极作用，但在资金管理方面也存在一些问题。为进一步抓好资金管理工作，规范财务行为，为此，乐安县财政局于2002年11月根据《国家农业综合开发资金管理办法》和抚财农〔2001〕97号文件的精神，结合乐安县的实际，制定了《乐安县农业综合开发资金管理办法》，该办法共九章二十二条，主要内容如下：

（一）农业综合开发资金是指纳入国家批准的农业综合开发项目总投资计划内的各种资金，包括中央财政投入的资金，地方财政（省、市、县财政）投入的配套资金，农业综合开发专项贷款，单位和群众自筹的资金

财政无偿资金（含中央财政和地方财政配套的无偿资金）以及项目区单位和群众自筹的资金，实行县级报账制。财政有偿资金实行财政统借统还，严格按国家批复的项目进行投放。银行专项贷款，由农行实行信贷管理。

（二）项目资金的筹集办法

（1）乐安县农业综合开发领导小组办公室在择优筛选项目的基础上，按上级下达的投资额度、项目规模和工程量，预计项目资金需求量，汇总编制总项目开发投资计划，报县农业综合开发领导小组审批。送市农业开发办和省农业开发办。

（2）各项目乡（镇）要采取多层次、多渠道筹集农业综合开发资金，保证各项目资金按比例落实到位。

（3）财政配套资金和农业综合开发专项事业经费要列入财政当年预算，并确保及时拨付。

（4）项目单位和农民自筹资金中现金缴入应通过银行转账方式至报账专户进行统一管理和核算：以物折资应按要求造花名册，在报账专户建立台账。

（三）项目资金的使用和管理办法

（1）中央财政、地方财政配套资金、单位和群众自筹的资金，70%用于改善农业生产基本条件，30%用于发展多种经营和龙头项目，带动农产品的系列开发。银行专项贷款，30%用于改善农业生产基本条件，70%用于发展多种经营和龙头项目，带动农产品的系列开发。

（2）财政资金包括中央财政投入农业综合开发资金和地方财政投入农业综合开发配套资金。财政资金必须坚持资金跟着项目走，专款专用，不得挤占挪用，对挤占挪用者要从严制裁。财政资金使用严格按《国家农业综合开发资金管理办法》第六条所规定的范围安排使用。

（3）财政资金采取无偿与有偿相结合的方式投入。有偿资金由乡镇财政所向县财政统借统还，并收取年费率3%的资金占用费。

（4）在农业综合开发资金管理过程中，财政部门主要负责资金的收支管理、报账和监督；农业综合开发办负责项目的实施管理、检查验收和费用支出的审核。

（5）严格制度，实行“五专”。在项目资金管理方面，要建立严格的县级报账制度，实行“五专”，即专户存储、建立专账、专人管理、专项核算、专款专用。专户存储：财政部门设立农发资金专户，与其他各类专项资金分开建账，并设置总账、明细账、资金回收明细账，具体负责资金的拨借、报账、回收和其他事宜。建立专账：设置规范的财务专账，专户分别设立项目总账、明细账，做到账账，账表相符、账实相符。专人管理：县财政局农财股全面负责资金拨付、报账和账目处理工作。专项核算：对每一个单项工程明细账，实行单独核算。专款专用：项目资金严格用于计划项目，不得用于非计划项目，坚决杜绝项目资金“农转非”。

（四）项目资金的拨付和报账程序

（1）农业综合开发资金的拨（借）实行“先配后投，不配不投”的运行原则。即“先用单位和群众自筹的资金，后用本级配套，再用上级拨款和专项贷款”，以确保资金专款专用。

（2）县级报账资金必须坚持以下原则：一是根据工程进度和工程质量情况拨付资金的原则；二是资金拨付必须与项目计划相衔接的原则；三是先检查自筹资金到位情况后拨付资金的原则。

（3）项目资金的拨付

①县财政局自收到市财政局下达的上级资金指标文件后，及时将资金拨入财政专户，财政局农财股根据工程进度，按3:5:2比例分期分批拨款，即前期垫底工程完成总工程量的50%并符合质量要求拨30%，工程项目竣工通过验收合格，凭竣工验收合格证明及项目财务决算等有关文件再拨50%，余下的20%款额作为工程质量保证金，经省、市检查验收和一年的正常运转，工程无质量问题，再将工程质量保证金如数拨付给承包单位或承包人，若工程质量有问题，将工程质量保证金，用于因工程质量出现问题所需的维修费。

②项目建设要实行法人责任制，招投标制和工程监理制。对主要单项工程的设计、施工实行公开

招投标，对主要设备、材料的采购实行政府采购公开招标。

（五）建立定期检查制度

财政部门和开发部门要定期、不定期地对用款单位的资金使用情况和项目建设情况进行检查和抽查，规范资金使用范围，及时堵塞漏洞，对截留、挪用资金等违规违纪部门和个人要追究责任。

（六）项目的竣工验收

项目竣工后，财政、农业开发办等有关部门要根据各自的职责对项目组织验收，财政部门根据项目建设进度拨付资金、编审财务决算、监督资金使用。农业开发办会同财政、审计、监察等有关部门应及时对农业综合开发项目进行竣工验收。根据竣工验收结果，财政部门建立资产登记档案。

（七）项目资金的决算

项目乡镇、项目建设单位要对上级拨（借）资金使用把关，每批资金使用结束后，须将资金决算情况编制包含各种资金来源和资金使用的去向为主要内容的资金报表，报县财政局和县农业开发办。县财政要编制年度资金收支结余对照报表和项目竣工财务决算报表。报表包括：农业综合开发资金收支情况表，资金平衡表，在建工程投资支出明细表，竣工工程投资支出明细表。

（八）项目资金的监督管理

在农业综合开发资金使用上，要严肃财经纪律，强化监督和审计，做到事前监督、事中监督、事后监督相结合。首先，要强化事前监督，在项目计划的编制、项目的立项筛选过程中进行监督，严把资金投放关。认真评估论证，听取专家意见，研究项目可行性及经济效益性，做好项目工程实施前的各项准备工作。其次，要强化事中监督，主要是项目执行中的监督检查，包括：上级到位资金情况；配套资金落实情况；自筹资金到位情况；资金支出情况，有无截留挪用、乱支滥用、擅自拆借项目资金现象。第三要强化事后监督，主要是对项目竣工后的监督、审计。包括：对会计凭证进行检查；对账簿进行检查；对工程决算进行检查；对登记账簿进行检查；对会计报表进行检查。同时，结合农业综合开发资金日常业务，通过签订合同、处理账务、审核凭证、拨付资金等活动进行监督、检查。通过日常的监督检查，了解项目资金的使用情况，以及在执行过程中出现的问题。针对存在的问题，提出改进意见和解决问题的措施，限期整改，缓拨直至停止拨款，收回资金，制止资金损失的发生，促进项目的顺利实施。

该办法自2002年11月17日起执行。

财政部先后于2004年、2005年、2010年修订重发《农业综合开发资金和项目管理办法》。

从2004年开始，取消了中央财政有偿资金的投入，加大了无偿资金的投入，到2012年中央财政资金占总投资的66.7%。

从2006年开始，银行也不再为土地治理项目贷款，减轻了地方财政压力。

三、农村综合改革资金管理

（一）对村级“一事一议”补助资金管理

2010年7月，乐安县人民政府为进一步巩固我县农村税费改革成果，完善村级公益事业建设“一事一议”筹资筹劳制度，构建村级公益事业建设投入新机制，根据《国务院农村综合改革工作小组、财政部、农业部关于开展村级公益事业建设“一事一议”财政奖补试点的通知》《国务院农村综合改革工作小组、财政部、农业部关于扩大村级公益事业建设“一事一议”财政奖补试点的通知》和《江西省村级公益事业建设“一事一议”财政奖补试点工作方案》精神，结合乐安县实际印发《乐安县村级公益事业建设“一事一议”财政奖补试点工作方案》（以下简称《方案》）。该《方案》对村级“一事一议”补助资金的管理作出了以下规定：

1. 村级公益事业建设“一事一议”财政奖补范围

“一事一议”财政奖补范围主要包括以村民“一事一议”筹资筹劳为基础，目前支农资金没有覆盖的村内水渠（灌溉区支渠以下的斗渠、毛渠）、堰塘、桥涵、机电井、小型提灌或排灌站等小型水利设施，村内道路（行政村到自然村或居民点）、环卫和文体公共设施、植树造林等村级公益事业建设。林区作业道路建设、生物防火林带建设、村级防火应急设备和林业有害生物防控设备等林业生产性公益事业列入奖补范围。国有林场、农垦企业代管的村、实行总分场管理体制改革后的分场公益事业建设参照村级公益事业建设列入奖补范围。跨村以及村以上范围的公益事业建设项目投入和农民房前屋后的修路、建厕、打井、植树等投资投劳不属于奖补范围。

违背村民意愿、超过省人民政府规定的筹资筹劳限额标准，超过村民承受能力兴办的村内公益事业建设等项目，不得列入奖补范围。

2. “一事一议”财政奖补办法

“一事一议”财政奖补的具体标准为：对通过“一事一议”筹资筹劳完成的村级公益事业项目，在村民每人每年筹资30元或每个农村劳动力每年出劳6个标准工日的限额内，政府按照筹资筹劳额40

的比例予以补助，所需政府奖补资金由中央、省和县财政共同承担。有条件的乡镇也要加大对村级公益事业建设支持力度，形成"一事一议"财政奖补资金的稳定来源。同时，以新农村建设规划为平台，鼓励有条件地方，结合实际，将支农专项资金和"一事一议"奖补资金捆绑使用，分别管理，各记其功；鼓励村级组织发展集体经济，提高自我发展和自我建设能力，倡导社会各界捐赠赞助开展村级公益事业建设。

3. "一事一议"财政奖补工作程序

（1）"一事一议"项目建设申请。由拟开展需财政奖补的"一事一议"筹资筹劳的村通过所属乡镇政府向县农村综合改革（以下简称综改或综改办）、农业、财政部门提出"一事一议"项目建设申请，县综改办会同农业和财政部门审批后，村民委员会收取筹资，组织筹劳，开展项目建设。

（2）"一事一议"财政奖补资金申请。乡镇财政所在村级账户中分村设立"一事一议"筹资专账。村民委员会在将收缴的用于"一事一议"项目的村民集资、捐资及其他筹资一并全额交存财政所在村级账户中设立的"一事一议"筹资专户后，向县综改、财政和农业部门提出财政奖补申请。县综改办会同县级财政和农业生产门按职责分工对奖补申请审核后，汇总上报省、市综改、财政和农业部门。

（3）"一事一议"财政奖补资金的拨付。省财政厅将奖补资金拨付到县以后，统一由县人民政府负责，实行专账管理，列入政府收支分类科目中的"农村综合改革"款"对村级'一事一议'补助"项反映。奖补资金的发放实行专项资金县级集中支付和报账。"一事一议"项目竣工后，由所属乡镇人民政府在组织财政所、农业综合服务站开展乡级验收和审计，然后向县综改办提出验收申请。县综改办牵头组织农业、林业、水利、交通、财政等部门验收，对验收合格的项目，出具验收报告。奖补金额较大的，由村委会申请，县级财政部门可以按项目建设进度分期报账，完工验收后清算补齐；奖补金额较小的，项目完工验收后，由村委会申请，由县级财政部门一次性拨付。

4. "一事一议"财政奖补的配套措施

（1）落实和完善"一事一议"筹资筹劳制度。农业部门要切实加强对"一事一议"财政奖补项目筹资筹劳的指导和监督管理，依照国家有关规定和《江西省农民负担监督管理条例》，严格掌握政策界限。及时纠正不符合"一事一议"筹资筹劳的有关问题。防止重奖补项目申报，轻议事项目审核；防止不经村民本人和其家属提出书面申请，将自愿以资代劳变成强行以资代劳，变筹劳为变相筹资；防止超标准、超范围、不经民主议事程序进行筹资筹劳。对资金需求量较大的议事项目，可以一次议事，按规定的筹资限额标准筹集两年的资金，但须经全体村民同意，并上报省级农民负担监督管理部门审核批准后方可实施，且第二年不准再筹。

（2）实行"一事一议"奖补项目建设情况公示制。"一事一议"村要成立"一事一议"资金管理村理财小组，全面公开"一事一议"财政奖补政策、实施办法、办事程序和服务承诺，由村民对"一事一议"建设项目进行全程监督和管理。已建成的"一事一议"奖补项目，村级要将筹资筹劳的数量、项目资金（实物）的安排使用等情况进行公示，得到村民认可，提高财政奖补工作的透明度和有效性。

（3）建立档案管理制度。一是要建立"一事一议"财政奖补项目库，乡村两级要紧密结合经济社会发展总体规划、新农村建设规划和文明生态村创建活动，科学论证、民主讨论"一事一议"规划项目，优先从村民需求最迫切、反响最强烈、利益最直接的村级公益事业中确定上报第一批项目，作为项目库和试点工作启动的基础项目。今后每年年初要进行一次动态申报，适当调整项目库备案项目。县乡两级要建立"一事一议"奖补项目档案或数据库将村民"一事一议"筹资筹劳的会议记录、村民签字、筹资筹劳方案、奖补项目的申请表、项目验收结算报告等相关原始材料汇总归档、规范管理。

（4）加强监督检查。县综改办要设立和公布举报电话，充分发挥社会监督作用，县综改办、财政、农业部门每年要对"一事一议"奖补项目及资金使用的合规性、规范性和有效性进行检查。严禁超范围、超标准进行"一事一议"，加重农民负担。对试点工作成效显著的要予以奖励，对违规操作、截留挪用"一事一议"筹资筹劳资金和奖补资金的行为，要责令纠正，追回资金，并按照规定，追究相关当事人的责任。

（5）建立村级公益事业设施管理和养护制度。按照"谁投资、谁受益、谁所有、谁养护"的原则，对"一事一议"财政奖补项目形成的资产，落实管护责任主体和养护资金来源，提高资产的使用效率和养护水平，发挥资产的长期效用。

5. "一事一议"财政奖补资金的监督。财政部门主要负责财政奖补政策的制定，奖补资金的分配、管理和监督，指导各乡（镇、场）开展财政奖补工作；纪检监察机关、审计部门要加强对"一事一议"财政奖补工作的跟踪检查和审计监督，对群众举报和违反相关政策的问题，要及时查处，坚决维护农民群众的合法利益。

2010 年 7 月乐安县农村综合改革领导小组办公室根据《江西省村级公益事业建设“一事一议”财政奖补试点工作方案》《江西省农民负担监督管理条例》《江西省关于村级组织“一事一议”筹资筹劳管理暂行规定》和《乐安县村级公益事业建设“一事一议”财政奖补试点工作方案》精神，为指导全县村级公益事业建设一事一议财政奖补工作的有序开展，制定了《乐安县农村公益事业建设“一事一议”财政奖补工作实施办法》，该办法对全县农村公益事业建设“一事一议”财政奖补资金管理办法作出以下具体规定：

1. 村级公益事业建设“一事一议”财政奖补资金管理实行专项资金县级报账管理制度。

2. 村级公益事业建设“一事一议”财政奖补资金统一由县人民政府负责，实行专账管理。

财政局将上级下达的一事一议奖补资金列入政府收支分类科目的“农村综合改革”款“对村级一事一议补助”项反映目。县财政局专项资金报账中心设立一事一议报账专账进行集中支付报账。乡镇财政所在村级账户中分村设立一事一议筹资专账。村民委员会将收缴的村民集资、捐资及其他筹资一并全额交存所在乡镇财政所在村级账户中设立的一事一议筹资专账后，可向县综改、财政和农业部门提出财政奖补申请，县综改办会同县级财政和农业部门按职责分工对奖补申请审核后，汇总上报省、市综改、财政和农业部门审定。

3. 资金拨付

(1)总体上坚持先建后补的原则；(2)根据项目实施情况，采取适当的建补同行措施预拨奖金；(3)报账审批完成后，县财政按财政专项资金拨付程序拨付奖补资金，报账专户支付项目资金；(4)严禁拖欠项目资金或形成债务。

4. 资金报账。

项目报账需提供以下资料：(1)项目结算书或结算列表；(2)乡镇政府组织财政所、农经站开展乡级验收，对筹资筹劳和农民负担进行检查、审核、项目决算、对项目进行财务审计验收等报告；(3)县级项目验收组验收表；(4)项目资金进账单据及复印件；(5)一事一议奖补资金申领表。

2012 年 3 月，乐安县农村综合改革领导小组办公室印发了《乐安县村级公益事业建设一事一议财政奖补监督检查工作制度》，明确县乡综改办具体负责本辖区村级公益事业建设一事一议财政奖补监督检查工作的组织实施。监督检查包括日常督查检查和政府监督检查相结合，由村民代表对一事一议建设项目进行全程监督和管理。乡镇政府对一事一议项目进行合理规划、项目实施、项目的真实性、合理性负总责。县政府对一事一议奖补项目及资金筹集使用的规划性和有效性进行检查，县每年都要组织开展一次全面的检查，其中：奖补资金拨付流程，奖补资金拨付的及时性和到位情况(是否存在滞留)、乡(镇)一事一议专户管理使用情况、项目预决算及账务处理等为检查的主要内容之一。

(二)农业补贴资金管理

1995 年 12 月，财政部关于印发《关于促进财政支农专项资金及时到位的若干意见》的通知规定：(1)各级财政部门要进一步提高对农业投入落实到位的重要性和迫切性的认识。各级财政部门要牢固树立支持和保护农业的意识，发挥职能作用，采取有效措施，切实保证支农专项资金及时到位。(2)推广财政支农资金专户核拨管理办法。地方各级财政部门都要专户存储专户核拨、专款专用，并结合当地实际，研究制定相应的实施管理办法。(3)加快项目资金计划申报审批和预算资金拨付。资金使用单位应在上年度末向主管部门报送项目及资金使用计划，主管部门集中汇总后在 1 月份之前报送财政部门，财政年度预算确定后，要抓紧资金拨付工作。生产性支农专项资金年度预算未确定前，可预先拨付一部分，以保证农业生产项目建设的正常进行，其余资金可根据农业生产季节性特点予以拨付，最迟拨付期限不得超过第三季度。

2001 年，江西财政厅印发的《关于切实加强农业财政资金管理的通知》指出，农业财政资金在分配、使用和管理中仍然存在一些问题，如支农预算不落实，资金分配缺乏规范的程序，资金下拨延缓滞后，擅自变更项目计划，专项资金被挤占挪用，财务核算比较混乱等。这些问题不仅影响了资金使用效益和政策执行效果，而且对财政和有关主管部门的声誉造成了不良影响。因此，全省各级财政部门和农口主管部门要进一步强化整政措施，把农业财政资金管理作为当前一项十分重要而紧迫的工作来抓。并提出：(1)健全制度，严格规范农业财政资金管理行为。要按照发展的要求，有计划、有步骤地对农业财政资金的分配、使用、核算、监督等制订和完善新的管理办法，建立一套完整的资金申报、评估、立项、监控和效绩评价管理体系，提高资金管理的规范性、科学性、公正性和公开性，从而推动全省农业财政资金管理工作率先走上阳光财政之路。(2)创新机制,提高农业财政资金的安全性、规范性和有效性。第一,深化支出管理改革。要认真总结部门预算编制、国库集中支付、工资统发和政府采购等工作中的成功经验,进一步改革和规范农业财政资金的分配和使用方式。第二,推行项目管理,要统一规范项目申报程序,对所有项目进行可行性研究、评估论证和专家评审,加强资金运行和项目实施的跟踪问效,做好项目竣工验收和项目后续管理工作。第三,加强资金管理。突出抓好财政扶贫、农业综合开发、退耕还林、防汛抗旱救灾等重点支农专项资金的管理工作,严格执行报账制管理、专户管理、预决算管理等办法,严禁挤占、挪用、截留、滞拨资金,确保资金安全运行。第四,落实资金管理责任。各级项目和资金管理部门必须确定专人负责.项目承担主体也要明确管理使用的责任,通过工作合同、公示等方式,明确和公开各方面在管理工作中的责任和义务。(3)加强农业财政资金的监督检查。要积极探索监督管理的新方式,提高监督管理的质量。一是强化社会监督。各级财政部门要根据实际情况,选择一部分农业财政专项资金和项目,利用相关媒体或乡村公共场所,将项目建设内容、投资额度等进行公示,接受社会公众和广大群众的监督。二是强化执法监督。要充分利用系统内部监督机构和审计部门的力量,把农业财政资金运行的事前事中事后监控、日常检查和重点检查有机地结合起来,形成有效的监督制度。三是加大查处力度。按照国务院有关违反财政法规处罚的规定等法律法规要求,加大对违规违纪问题的查处力度,不得姑息迁就。四是加强监督后的总结分析。不仅要及时纠正和处理查出的问题,还要找出问题产生的原因,涉及政策机制的要提出改进对策,从源头和制度上堵塞漏洞。

2008 年 6 月,省财政厅、农业厅转发财政部、农业部《关于印发农村沼气项目建设资金管理办法的通知》的通知,对农村沼气项目建设资金作如下管理规定:(1)补助地方农村沼气项目的中央预算内固定资产投资要纳入地方同级财政预算管理。(2)主要建材需实施集中采购的,由项目县根据农户意愿,按政府采购有关规定执行。(3)财政部门、项目主管部门应指导和督促建设单位做好基本建设财务管理的基础工作。建设单位要做好基本建设财务管理的基础工作,严格按照批准的概预算建设内容,做好账务设置和账务管理工作,对农村沼气项目建设资金单独核算。(4)严禁从农民自筹资金中列支建设单位管理费。(5)项目主管部门、财政部门要加强对农村沼气项目建设资金的监督和检查,确保资金按规定安排使用。对发现的问题,要按照有关规定做出检查结论,对不属于本部门职权范围的事项依法移送,并将相关情况上报财政部和农业部。(6)凡违反规定,弄虚作假,骗取、挤占、滞留、挪用资金或项目未按规定实施的,除将已拨付资金全额收缴国库外,各级财政部门要立即停止对项目单位所在地区的资金拨付,并进行全面核查,直至纠正。对有关人员要根据《财政违法行为处罚处分条例》等有关规定进行处理并依法追究行政责任。

2008 年 12 月,乐安县财政局印发《乐安县贯彻〈中央财政现代农业生产发展资金管理暂行办法〉实施细则》

(1)中央财政现代农业生产发展资金是指中央财政设立的用于支持我县发展粮食生产和优势物色、安全高效农业,促进农业稳定发展和农民持续增收的专项资金。以现代农业生产发展资金为引导,将相关支农资金逐步加以归并,统筹安排和整合使用,提高财政支持现代农业生产发展的总体投入水平。现代农业生产发展资金安排应围绕我县优势特色农业发展规划和区域布局,推进项目区集中连片、规模化开发,促进形成粮食等优势特色农业产业带和重点生产区域,不断提高现代农业生产的示范引导效应。

(2)现代农业生产发展项目编制遵循以下基本原则:①突出粮食生产、支持优势产业的原则。着力保障粮食生产发展,重点支持优势特色、安全高效农业产业的生产发展。②突出区域优势、促进规模发展的原则。根据优势农产品区域规划,择优选择重点地区,集中连片,规模发展。

(3)资金使用。①现代农业生产发展资金围绕粮食等优势主导产业,重点支持先进实用农业技术推广应用。重点支持农业(含畜禽、水产等)新品种繁育、新技术引进推广以及节水节肥、先进耕作、健康养殖、病虫害防治等重大农业技术的推广应用,大力推进科技入户,提高农业科技贡献率。②集中资金重点支持水稻高产集成技术推广,采取以奖代补、实物补助等支持方式。③现代农业生产发展资金必须专项用于所确定的主导产业,不得用于建造办公场所、购置车辆和通讯器材以及发放人员工资补贴等与主导产业发展无关的支出。

(4)项目管理。①成立由县人民政府分管领导任组长,财政局局长和农业局局长为副组长,财政分管领导、农业分管领导、乡镇分管领导为成员的现代农业生产发展资金项目领导小组,办公室设在农业局。同时,建立由财政部门牵头的项目实施相关单位联系制度，定期召开协调会，沟通情况，加强交流，衔接工作，并根据各时期工作需要，及时向领导小组汇报工作进展情况。②在项目实施过程中，建立项目监管责任制和责任追究制，积极推行"项目公示制、项目法人负责制、重点工程项目建设招投标制、项目建设监理制"，确保项目顺利实施。③项目完成后，农业局和财政局组织对项目进行验收，办理验收手续，建立项目档案，形成书面验收报告（附图片资料）报设区市农口主管部门和财政部门。

（5）资金监管。①现代农业生产发展资金实行县级报账制管理。项目实施单位在县财政核算中心设立专账进行资金核算，严格执行县级报账制管理，资金使用中需要采购器材、货物等，属于政府采购范围的，应按规定实行政府采购。财政部门应及时拨付资金，保证项目顺利实施。②县财政局应切实加强现代农业生产发展资金的监督、检查，做到事前、事中、事后全过程的监控，确保专款专用。同时，充分发挥审计、纪检监察等部门以及社会监督作用，积极配合有关部门做好审计、稽查等工作。对弄虚作假或挤占、挪用、滞留资金的，一经查实，应立即责令改正，追回资金，并按照《财政违法行为处罚处分条例》和有关法律法规，追究有关单位和个人的责任。③县财政局和农业局应在每年2月底以前，对上一年度的项目实施和资金使用情况进行自查和总结，并形成文字材料上报市财政局和市农业局，同时抄报省级财政和农口主管部门。

2009年10月，省农业厅、发改委、财政厅下发《关于印发〈江西省农村沼气建设项目管理实施细则（试行）的通知〉》规定，财政部门负责沼气项目预算管理和资金监管。依据有关规定审核、下达沼气项目预算，依法对资金进行管理与监督。有关部门应按照预算管理、国库集中支付、政府采购、基本建设项目管理等相关规定共同管理和使用资金。

（三）新农村建设资金管理

2007年5月，江西省社会主义新农村建设领导小组办公室、省财政厅印发了《2007年全省新农村建设试点配套资金管理办法》，该《办法》现就加强2007年全省新农村建设试点配套资金管理工作制定如下办法。

（1）资金筹集：①2007年新农村建设试点实行省、市、县三级共建，全省共选择确定1万个试点自然村，通过直接统筹和衔接统筹两条渠道筹集试点配套资金16亿元以上。②安排省级直接统筹配套资金6.58亿元，其中：省扶贫办安排整村推进扶贫资金1.08亿元；省发改委安排以工代赈资金0.5亿元；省交通厅安排村级道路资金2亿元；省财政厅安排新农村建设专项资金3亿元。③安排市级直接统筹配套资金1亿元，即各设区市按每个试点村1万元安排市本级财政专配资金（其中调剂增加试点村按每个村2万元安排市本级财政专配资金）。④安排县级直接统筹资金3亿元，即各县（市、区）按每个村3万元安排县本级财政专配资金（其中调剂增加试点村按每个村4万元安排县本级财政专配资金）。⑤直接统筹等配套资金是试点村建设的铺底资金，必须予以足额安排。市、县两级财政专配资金应列入2007年度财政预算，确保每个试点村的省、市、县三级配套资金至年达到10万元。⑥安排省级衔接统筹配套资金4.45亿元，其中：省发改委安排以工代赈资金0.9亿元；省水利厅安排农村饮水安全资金1亿元，小型农田水利建设资金0.2亿元；省农业厅安排农村沼气资金1亿元；省"一村一品"引智工作领导小组办公室（省外专局）安排"一村一品"专项资金0.1亿元；省农业综合开发办公室安排农业综合开发土地整治资金1亿元；省卫生厅安排农村改水改厕资金0.25亿元。⑦安排市县衔接统筹配套资金1亿元，即统筹市、县两级土地出让收入中"用于农业土地开发和农村基础设施建设"部分资金1亿元。各市县按照市本级不少于300万元、县级不少于70万元的最低额度予以筹集落实。⑧衔接统筹配套资金由各有关部门和市县政府负责筹集。以上确定的资金额度是用于支持新农村建设试点村的最低限额，应予以确保，各有关部门和各设区市、县（市、区）要千方百计增加试点投入，使试点村建设获得更多的资金支持。

（2）资金安排：①直接统筹配套资金保证了每个试点村有稳定的铺底资金，衔接统筹资金可以根据试点村的不同要求进行灵活安排，使实际需求与资金性质相吻合。②省扶贫办安排的扶贫资金1.08亿元，按照在整村推进扶贫行政村中安排1080个试点自然村的要求，按省扶贫办、省新村办《关于做好贫困地区2007年新农村建设试点工作的通知》确定的各县（市、区）分配数量为准，每个扶贫试点自然村安排10万元。③省发改委安排的以工代赈资金0.5亿元，按照在21个扶贫开发重点县安排500个试点自然村的要求，按省发改委、省新村办《关于做好2007年以工代赈项目建议计划编报工作的通知》确定的各县（市、区）分配数量为准，每个试点村安排10万元。④省交通厅安排的新农村建设改路资金2亿元，省财政厅安排的新农村建设专项资金2.88亿元（扣除了垫付2006年农村沼气等资金），合计4.88亿元,按照全省7500个铺面试点村每个村6万元,860个调剂增加试点村每个村4万元,省农业厅、省林业厅、省农垦办所属场站60个试点村每个村6万元的额度进行分配。分解到市县的这两块资金中,交通资金约占41% ~42%,财政资金约占58% ~59%。⑤2007年省级直接统筹配套资金,省发改委、省财政厅、省交通厅、省抚贫办已下达了试点资金。⑥市、县两级财政共安排专配资金4亿元,按照本实施意见第一条"资金筹集"中确定的市、县专配资金额度予以安排。⑦各级直接统筹配套资金实行定量安排,即对扶贫试点村、以工代赈试点村、铺面试点村和调剂增加试点村等不同类别,严格按照像应的规定数额进行配置安排,各试点村之间不得增减调剂资金。⑧各级衔接统筹配套资金实行总量考核。省新农村建设办公室向省有关部门提供2007年1万个试点村的名册,省、市、县有关部门在申报和落实项目时,安排到1万个试点村的资金总量不得少于确定的扶持总额。对试点村的选择和具体资金安排,由相关部门和市县按各自项目资金的管理要求和试点村申报情况自行确定,省新农村建设办公室将组织考核其在1万个试点村的资金到位率。为切实做好省级衔接统筹配套资金的安排落实,省政府已召集有关资金管理部门进行了专项协调。

(3)资金拨付:①省抚贫资金,由省财政厅、省扶贫办联合行文,逐级下达到县(市、区);资金由省财政转入省扶贫资金专户,然后逐级拨付到县级扶贫专户(省直管县直接到达)。②省以工代赈资金,由省发改委、省财政厅联合行文,直接下达到21个扶贫开发重点县市,资金由省财政转入省扶贫资金专户,然后直接拨付到县级扶贫专户。③省交通资金,由省交通厅行文至省公路局,省公路局逐级下达到县(市、区),由县级财政拨入县级新农村建设资金专户。④省财政资金,由省财政厅通过转移支付逐级下达到县(市、区)(省直管县直接到达),由县级财政拨入县级新农村建设资金专户。⑤设区市专配资金,由市级财政下达到县(市、区),由县级财政拨入县级新农村建设资金专户;县级专配资金,由县级财政直接拨入本级新农村建设资金专户。⑥省级衔接统筹配套资金由省有关部门按原渠道和方式下达拨付,不进入新农村建设资金专户;市县的衔接统筹配套资金通过新农村建设资金专户进行拨付。⑦各级、各类直接统筹配套资金在2007年3月底之前下达并拨入县级新农村建设资金专户或扶贫专户,各级、各类衔接统筹配套资金在2007年6月底之前拨付到试点村。

(四)家电下乡和汽摩下乡资金管理

2008年5月,省财政厅转发《财政部、商务部等部门印发〈家电下乡操作细则〉》规定:(1)家电下乡产品包括:彩电、冰箱(含冰柜)、手机、洗衣机、电脑、空调、热水器(含储水式电热水器、燃气热水器、太阳能热水器)、微波炉、电磁炉九类。汽车、摩托车从2009年2月起纳入下乡补贴渠道。购买汽车、摩托车有限额规定。(2)家电下乡产品最高限价:彩电3500元,冰箱(含冰柜)2500元,手机1000元,洗衣机2000元,壁挂式空调2500元,落地式空调4000元,储水式电热水器1500元,燃气热水器2500元,太阳能热水器4000元,电脑3500元,微波炉1000元,电磁炉600元。2010年年初,国家提高了部分产品的最高限价。(3)享受补贴的每类家电下乡产品每户农民限购1台(件),随后中央将购买上限扩大至每户每类产品2台(件)。江西省从2009年2月1日起,开展家电下乡工作。

为简化家电下乡补贴程序,加快家电下乡补贴程序,加快家电下乡补贴资金兑付进度,进一步调动农民购买家电下乡产品的积极性,2009年10月,乐安县财政局转发并执行江西省财政厅、江西省商务厅印发的《江西省家电下乡销售网点代办申领并垫付补贴资金操作办法(试行)》(以下简称《办法》)。

该《办法》对家电下乡销售网点代办申领并垫付补贴资金操作办法规定如下:

1. 销售网点代办申领并垫付

农民持身份证、户口簿"一卡通"存折到备案的家电下乡销售网点购买家电下乡产品,销售网点须当场审核购买人身份相关证件,查询已购家电下乡产品情况。对符合补贴条件的,为购买人开具发票,留存产品标识卡原件和购买人户口簿(户主页及本人页)、购买人身份证、购买产品发票"一卡通"存折复印件,并将相关证件原件当场退还购买人。销售网点须与购买人签订《家电下乡补贴资金代办申领委托书》,购买人拿到补贴后,现场在委托书上签字或按手印确认。若因手续不全等原因不能在购买时当场领取补贴的,可以由购买人本人在15日内补齐手续后到销售网点领取补贴。对不符合补贴条件的,当场告知并做好解释说明。

2. 销售网点录入销售信息

销售网点销售家电下乡产品后,应及时将相关信息录入家电下乡信息管理系统。销售网点必须保证所提供的购买人的住址、联系方式和"一卡通"账号等信息真实有效,其中住址和联系方式将为有关部门进行回访和实地调查提供条件，“一卡通”账号将作为财政所核实购买人农民身份的重要依据。

3. 销售网点整理申领补贴资料

销售网点应按照申领家电下乡补贴资金的相关要求，将申领补贴资金的资料整理成册，资料包括：

(1)销售网点垫付资金结算申请表

(2)购买人已签字或按指纹确认的《家电下乡补贴资金代办申请领委托书》原件；

(3)购买家电下乡产品的发票复印件；

(4)购买人户口簿(户主页及本人页)、购买人身份证、“一卡通”存折复印件；

(5)家电下乡产品标识卡原件；

(6)财政部门需要的其他资料。

4. 垫付补贴资金的结算

财政部门收到销售网点结算材料后，应当场审核购买人相关证件及购买资料，对购买人身份证进行核实，对销售网点垫付情况进行审核。在此基础上进行补贴资金结算。对符合补贴条件的结算资金，由财政部门通知指定的金融机构将资金拨付到销售网点的账户，随后应在家电下乡信息管理系统上办理补贴信息审核确认，并将产品标识卡原件及相关复印件留存备查。对不符合补贴条件的，财政部门不得结算，由此发生的损失由销售网点自行承担。具体结算办法由各地结合实际自行制订。

5. 资料保存与监督检查

县、乡财政部门要妥善保管归档补贴资料，对于实行销售网点代办申领并垫付补贴资金的，各地可根据需要选择是否打印留存补贴资金申请表。县、乡财政部门要将补贴结果及时进行公示，并根据购买人地址和联系电话，定期对已享受家电下乡补贴的购买人进行电话回访、实地调查，同时对销售网点代办申领并垫付补贴资金工作进行检查，确保财政补贴资金安全。

到2013年1月31日止，家电下乡和汽摩下乡、家电及汽车以旧换新等政策陆续到期。一系列的补贴消费均已划上句号。

四、农田水利经费管理

(一)病险水库维修经费管理

2007年11月，财政部下发《关于印发〈重点小型病险水库除险加固项目财政专项补助资金管理暂行办法〉的通知》，规定：(1)专项资金是中央财政为支持全国重点小型水库除险加固工程建设设立的专项补助资金。(2)重点小型水库是指国家规划内按标准确定的水库，主要有：①中部地区影响建制镇以上城镇安全、西部地区影响建制镇或人口密集村屯安全的小型水库；②危及下游重要交通干线以及国家级大型厂矿企业和重要的军事、通讯设施的小(一)型水库；重点小型水库原则上不包括1990年以后建成和1998年以来中央补助投资已销号的项目。(3)专项资金的补助范围是《全国病险水库除险加固专项规划》范围内的重点小型病险水库除险加固项目。(4)重点小型病险水库每座按平均投资450万元计算，专项资金补助标准：中部地区每座按平均投资额的1/2进行补助，补助金额225万元/座；西部地区每座按平均投资额的2/3进行补助，补助金额300万元/座。项目投资额较高地区，适当提高补助水平。(5)地方财政部门要加强对专项资金的管理，确保专款专用，并将专项资金纳入地方同级财政预算管理。

2008年1月，省财政厅、水利厅转发《财政部水利部关于印发〈重点小型病险水库除险加固项目管理办法〉的通知》附发《重点小型病险水库除险加固项目管理办法》规定：(1)补助范围是列入《专项规划》确定的小型病险水库项目。专项资金不得用于《专项规划》以外的项目和规划内前期准备不充分的项目；(2)补助标准按《专项规划》内小型病险水库项目实行定额补助。

(二)农村安全饮水资金管理

2008年6月，省财政厅、水利厅转发财政部、水利部《关于印发〈农村饮水安全项目建设资金管理办法〉的通知》附发《农村饮水安全项目建设资金管理办法》规定：(1)补助地方农村饮水安全项目的中央预算内固定资产投资补助资金要纳入地方同级财政预算管理。(2)有关部门应按照预算管理、国库集中支付、政府采购、基本建设项目管理等相关规定管理和使用资金。(3)项目建设资金必须严格按照批复建设内容和标准安排使用，专款专用，主要用于材料费、设备费、人工费、按国家规定开支的其他费用，以及农户补贴等。

2009年12月，省发改委、水利厅、财政厅、卫生厅联合下发《〈江西省农村饮水安全项目建设管理实施细则〉的通知》规定：(1)财政部门统筹协调各有关部门及时落实建设资金，负责农村饮水安全项目预算，依法加强资金监管。卫生部门负责项目建成前后的水质检测、监测，并提出地氟病、地砷病、血吸虫疫区需要解决饮水安全问题的范围。(2)农村饮水安全工程投资由中央补助、地方投资及受益群众自筹组成。按照中央投资计划下达规模，省级配套负责地方配套资金的50%．市级配套负责地方配套资金的50%。县(市、区)配套资金和受益群众可根据项目建设资金缺口承担相应的投资。对群众自筹部分的资金，应当按照国家和省有关规定，遵循村民自愿、量力而行、合理负担的原则进行确定。

五、国有土地收入安排的项目资金管理

2004年12月，省财政厅、国土资源厅下发《关于印发〈江西省国有土地出让金用于农业土地开发专项资金管理办法〉的通知》(以下简称《办法》)规定：(1)该办法所称用于农业土地开发专项资金是指市、县从本级土地出让金中按规定比例划出的专账管理的资金。(2)从2004年1月1日起，省政府根据各地农业发展、土地出让收入等情况确定：南昌、新余、萍乡、景德镇、鹰潭五个设区市本级按土地出让平均纯收益15%的比例提取农业土地开发专项资金；其他设区市和县按土地出让平均纯收益20%的比例提取农业土地开发专项资金。乐安县的征收标准为按出让总面积3元/立方米计提农业土地开发专项资金。(3)土地出让金用于农业土地开发的专项资金纳入财政预算，实行专项管理。市、县财政部门应分别对农业土地开发专项资金实行专账核算，按规定的标准和用途足额划缴及使用，不得截留、坐支和挪用，并实行社会公示制度。

2008年9月，省财政厅、国土资源厅下发《关于印发〈江西省土地开发整理项目资金会计核算暂行办法〉的通知》(以下简称《办法》)，对土地开发整理项目资金会计核算进行了规范；(1)办法适用于土地开发、土地整理、土地复垦以及造地增粮富民工程项目的项目承担单位或会计核算主体(含实行县级报账制或纳入会计核算中心统一核算的会计机构)。(2)办法核算的土地整理项目资金，从其来源包括各级财政资金、银行贷款、项目承担单位自筹资金以及其他专项资金；从其性质包括新增建设用地土地有偿使用费、耕地开垦费、土地出让金用于农业开发的资金等专项资金。(3)土地开发整理项目承担单位或会计核算主体应建立专账，设立土地开发整理资金专户，对项目资金实行专款专用。单独设账。按项目进行全成本核算。不得截留、挪用或挤占。(4)办法规定的会计科目，是依据《事业单位会计制度》以及相关的会计制度规定，结合土地开发整理资金管理办法所规定的一级会计科目。项目承担单位或会计核算主体可以根据实际作需要选用，但未经省财政厅、省国土资源厅同意不得自行增设或更改一级会计科目名称。(5)办法规定的会计科目为5大类、16款。

2009年8月，省财政厅、国土资源厅下发《关于印发〈江西省农村土地整治示范建设资金管理办法〉的通知》规定：(1)农村土地整治示范建设资金，是指国家和省确定的用于土地整治重大工程和示范项目的各类资金。包括新增建设用地土地有偿使用费(以下简称"新增费")、土地出让金用于农业土地开发的资金、耕地开垦费、土地复垦费、用于农村土地整治的其他涉农(农业综合开发、农田水利、退耕还林、中低产田改造、以工代赈、农业扶贫、小流域治理、农村公路建设、血吸虫病防治、农村危房改造等)资金和社会资金。(2)县(市、区)财政部门主要职责：①筹措、安排县(市、区)配套资金；②负责项目资金的审核、支付与使用监管；③批复项目年度财务报表和竣工财务决算。农村土地整治示范建设项目资金由中央财政和地方财政按1∶1的比例共同投资。

2009年10月，财政部、国土资源部下发《关于加强土地整治相关资金使用管理有关问题的通知》规定：(1)规范管理，严格审核土地整治项目支出预算。(2)统筹安排，提高土地整治相关资金使用效率和效益：①发挥规划控制使用，合理引导资金投向。②严格控制资金支出范围，减少资金闲置和结余。③突出工作重点，充分发挥资金组合效力和规模效益。④加强监督，促进土地整治相关资金管理规范化、精细化。

根据财政部文件规定，从2011年1月1日和7月1日起，分别从土地出让收益扣除相关支出项目后，提取10%的教育资金和农田水利建设资金。

同时还需提取城镇保障性安居工程资金等。

六、林业专项资金管理

(一)退耕还林资金管理

退耕还林补助资金，均为中央财政资金，乐安县从2002年始有此项补助资金。

2003年，江西省财政厅印发《关于进一步做好退耕还林等林业专项资金管理工作的通知》提出：(1)确保资金及时足额到位。对2001年度、2002年度未到位的资金，在2003年4月20日前必须足额拨付到位，不得拖延和滞留。今后各级财政部门在收到上级财政部门指标文件的10日必须将资金足额下拨到位。(2)强化资金管理和监督。要对资金使用单位实行跟踪管理，进行定期或不定期地检查，发现问题及时纠正。督促资金使用单位严格执行国债资金管理制度和《基本建设财务管理规定》，按规定范围开支和使用资金。(3)严格规范财务行为。要督促资金使用单位加强日常财务管理、实行专户专账核算，设立台账，健全会计账目。对每项支出必须取得合法有效的原始凭证，并尽量采取转账支付方式，对确需发生现金支付的应严格控制在《现金管理条例》确定的范围之内。

（二）育林基金管理

2009年10月，江西省财政厅、江西省林业厅根据《财政部 国家林业局关于印发〈育林基金征收使用管理办法〉的通知》精神，结合江西省实际，制定了《江西省育林基金征收使用管理办法》（以下简称《办法》）。该《办法》就全省育林基金征收使用管理作出如下规定：

（1）凡采伐林木的单位和个人应按照该《办法》规定缴纳育林基金。

（2）育林基金按照林木产品计费价格的10%计征。林木产品是指木材和竹材（包括木竹制品及半成品），不包括林副产品、经济林产品以及其他林产品。

（3）统一全省育林基金计费价格。定向培育的工业原料林、10厘米（含10厘米）以下商品材计费价格为350元/立方米，10厘米以上商品材计费价格为700元/立方米。标准竹（含尺竹以上）每根征收育林基金1元，小于标准竹的竹材按周围每1寸0.1元的标准征收育林基金。

（4）采伐林木单位和个人缴纳育林基金，由各设区市、县（市、区）林业主管部门按照管理权限负责收取。

（5）育林基金在林木产品的销售环节征收，自产自用或直接用于加工的林木产品，在移送使用环节征收。

林业主管部门不得在多次销售林木产品时重复征收育林基金。对进口林木单位和个人不得征收育林基金。严禁在育林基金外加收任何名目的费用。

（6）农村居民采伐自留地和房前屋后（不包括自留山、责任山）个人所有的零星林木，免征育林基金。高速公路、铁路围栏外，以及国道、省道、县道边沟等非规划林地上营造的杨树，免征育林基金。

（7）国有林育林基金按省、县（市）、场三级分成，比例分别为10%、20%、70%。集体林育林基金按省、县（市）、乡（镇）三级分成，比例分别为8%、85%、7%。

各设区市的区征收育林基金的，国有林育林基金按省、设区市、区、场四级分成，比例为10%、10%、10%、70%；集体育林基金按省、设区市、区、乡（镇）四级分成，比例分别为为8%、15%、70%、7%。

（8）各级林业主管部门征收的育林基金，全额缴入同级国库。

（9）育林基金收入在“政府收支分类科目”列第103类“非税收入”01款“政府性基金收入”35项“育林基金收入”。

（10）育林基金专项用于森林资源的培育、保护和管理。使用范围包括：种苗培训、造林、森林抚育、森林病虫害预防和救治、森林防火和扑救、森林资源监测、林业技术推广、林区道路维护以及相关基础设施建设和设备购置等。任何单位和个人不得截留或挪作他用。

（11）林业部门行政事业经费，由同级财政部门通过部门预算予以核拨，不得从育林基金中列支。

（12）各级林业主管部门应按规定编制育林基金收支预算，报同级财政部门审核。财政部门根据林业主管部门开展森林资源培育、保护和管理等工作需要核定育林基金支出预算。场、乡（镇）育林基金收支预算由县（市、区）林业主管部门负责代编。

（13）育林基金应严格按照预算安排使用，实行专款专用，年终结余结转下年度继续使用。育林基金的支付按照财政国库管理制度有关规定执行。

（14）育林基金支出在“政府收支分类科目”列第213类“农林水事务”02款“林业”29项“育林基金支出”。

（15）征收育林基金，使用省财政厅统一印制的育林基金征收专用票据。

（16）育林基金征收、使用和管理应当接受财政、审计和上级林业主管部门的监督检查。

（17）对违反本规定，多征、减征、缓征、停征、或者侵占、截留、挪用育林基金的单位及责任人，依照《财政违法行为处罚处分条例》（国务院令第427号）和《违反行政事业性收费和罚没收入收支两条线管理规定行政处分暂行规定》（国务院令第281号）进行处罚或行政处分，涉嫌犯罪的，移送司法机关处理。

（18）煤矿企业自营坑木林基地的育林基金提取和使用管理，仍按照原煤炭部、财政部《关于颁发〈煤矿企业造林费用和育林基金管理办法〉的通知》的规定执行。

（19）本办法由江西省财政厅商江西省林业厅负责解释。

该《办法》自2010年1月1日起执行。原《江西省财政厅 江西省林业厅关于取消涉林违规收费和调整育林基金分成比例等有关问题的通知》以及其他有关育林基金管理规定与该《办法》不一致的，一律废止。

（三）公益林资金管理

为进一步加强全县生态公益林建设、保护和管理,改善生态环境,促进经济和社会可持续发展,维护生态公益林所有者、经营者的合法权益,2011 年 5 月,乐安县人民政府办公室根据《江西省生态公益林管理办法》《江西省生态公益林补偿资金管理办法》等有关规定,结合乐安县实际,制定了《乐安县生态公益林管理实施细则》。

该实施细则所称生态公益林,是指生态区位重要、生态状况脆弱,对国土生态安全、生物多样性保护和经济社会可持续发展具有重要作用,以提供公益性、社会性产品或者服务为主要利用目的,并按照国家有关规定和标准划定的防护林和特种用途林。

该实施细则适用于乐安县辖区内国家重点生态公益林、省级生态公益林、市级生态公益林建设、保护和管理。

生态公益林的建设、保护和管理遵循政府主导、社会参与、统一规划、分步实施、依法保护、严格管理、分类补偿和分级负责的原则。该《实施细则》对生态公益林补偿资金管理作出了以下规定:

(1)县财政部门对生态公益林补偿资金计划、发放、使用情况行使监督管理职权。

(2)生态公益林实行森林生态效益补偿制度。

县财政、林业主管部门按照补偿方案,根据年度自查结果,安排每年度的补偿和管护资金,资金补偿应遵守以下规定:

①集体补偿资金,打入该集体账户;

②个人补偿资金,一律打入惠农"一卡通"账号;

③集体林权聘请的生态公益林专职护林员护林工资根据乡(镇)人民政府和林业工作站考核结果,由财政部门将护林工资打入护林员个人账户;

④国营林场的补偿和管护资金打入该单位账号,国营林场聘请的生态公益林护林员工资由国营林场发放;

⑤县林业部门、乡(镇)人民政府及村级管护补贴分别打入各单位账号,实行专款专用;

⑥当年的补偿和管护资金应当在次年的元月份前发放完毕;

⑦县财政局、乡(镇)财政所对生态公益林补偿资金设专账核算;

⑧县财政、林业、审计部门应加强对生态公益林项目管理经费和补偿资金的计划、发放、使用情况的监督检查;

⑨任何单位和个人不得截留、挤占、贪污森林生态公益林补偿资金;

(3)县财政主管部门,每年应组织一次生态公益林补偿资金和管护资金使用和发放情况检查,并将检查结果通报有关部门。检查内容如下:

①生态公益林补偿资金设专户情况;

②生态公益林补偿资金开通"一卡通"情况;

③上年度生态公益林补偿资金发放情况;

④上年度生态公益林管护补偿资金发放情况;

(4)有关主管部门及其工作人员截留、挤占、挪用、贪污森林生态效益补偿资金或因玩忽职守、滥用职权、徇私舞弊等行为造成生态公益林毁坏的,追究有关责任人和当事人的行政责任,涉嫌犯罪的移送司法机关依法追究其刑事责任。

(四)现代农业油茶资金管理

为加强和规范中央财政现代农业生产发展资金使用管理,建立健全约束机制,提高资金使用效益,保障油茶产业项目资金安全,2009 年 9 月,乐安县财政局、林业局根据中央、省、市关于中央财政现代农业生产发展资金使用管理的有关要求,结合乐安县实际,制定了《乐安县实施中央财政现代农业生产油茶产业发展资金管理实施细则》(以下简称《实施细则》)。该《实施细则》所称中央财政现代农业生产发展资金是指中央财政现代农业生产发展粮食生产和优势特色、安全高效农业,促进农业稳定发展和农民持续增收的专项资金。为此,《实施细则》就乐安县实施中央财政现代农业生产油茶产业发展资金的管理作出以下规定。

(1)资金整合。整合优化各类财政支农资金,打破行业界限,部门分割,发挥项目资金的集聚优势,按照"渠道不乱、用途不变、优势互补、形成合力"的原则,资金整合的重点:财政发展资金、测土配方施肥、财政扶贫(用于产业发展部分)、土地资源开发整理、低产林改造、劳动力转移培训、水保治理、农业综合开发(水土保持林)、新农村建设资金、育林基金、森林植被恢复费、退耕还林荒山造林补助资金。

(2)资金使用。突出区域优势、促进集中连片、规模发展的原则,重点支持油茶苗木、肥料、林间道路、水利设施等,苗木由县林业局统一采购,分配供应,其余资金实行惠农政策"一卡通"直补种植户。新造油茶林每亩补助 250 元,其中中央财政每亩补助 200 元,集中用于优质苗木良种购置补助;省财政每亩补助 50 元,集中用于肥料及抚育补助。县财政预算安排配套资金主要用于新造油茶林间道路、水利等配套基础设施建设。

(3)项目管理。乐安县成立由县人民政府主要领导任组长,县财政和农口有关主管部门成员的现代油茶产业发展资金项目领导小组。同时,建立由财政和林业牵头的项目实施单位联系制度,定期召开协调会,沟通情况,加强交流,衔接工作,并根据各时期工作需要,及时向领导小组汇报工作进展情况。县财政和县林业负责督促项目乡镇按实施方案组织项目实施。县林业主管部门要与实施乡镇签订项目实施责任书。项目乡镇在项目实施过程中,要建立项目监管责任追究制,积极推行“项目公示制、项目法人负责制、重要工程项目建设招投标制、项目建设监理制”,确保项目顺利实施。项目完成后,由县林业和财政组织对每个项目进行验收,办理验收手续,建立项目档案,形成书面验收报告(附图片资料)报市林业局和财政局。

(4)资金监管。①现代农业油茶产业发展资金实行县级报账制管理。要实行专账管理、单独核算、专款专用。资金使用中需要采购器材、货物等。属于政府采购范围的,应按规定实行政府采购。②要切实加强现代农业油茶产业发展资金的监督、检查,做到事前、事中、事后全过程的监控。同时,充分发挥审计、纪检监察等部门以及社会监督作用,积极配合有关部门做好审计、稽查等工作。对弄虚作假或挤占、挪用、滞留资金的单位或个人,一经查实,应立即责令改正,追回资金,并按照《财政违法行为处罚处分条例》和有关法律、法规,追究有关单位和个人的责任。③项目乡镇财政所和林管站应对项目实施和资金使用的情况进行自查和总结。并形成文字材料联合上报县财政局和林业局。④项目乡镇财政所、林管站要有计划地通过广播、电视、网络等方式,宣传现代农业的政策和成效,扩大社会影响力。随时掌握和总结各地发展优势特色、安全高效农业的好经验、好做法。及时向上级部门报送项目实施进展情况,资金使用管理情况和其他相关信息,加强工作沟通。

第四节 住房保障资金管理

一、保障性安居工程资金管理

2006年10月,中共十六届六次全会通过的《中共中央关于构建社会主义和谐社会若干重大问题的决定》提出:拓宽资金筹集渠道,加快廉租住房建设,规范和加强经济适用房建设,逐步解决城镇低收入家庭住房困难。同年12月,江西省人民政府印发《关于积极推进经济适用住房建设和完善廉租住房制度的若干意见》。决定积极推进全省经济适用房建设,继续完善廉租房制度,让符合条件的中低收入家庭买得起、住得上经济适用住房和廉租住房。

(一)廉租住房资金管理

廉租住房是政府采取住房租赁补贴、实物配租和租金减免等方式,向符合城镇居民最低生活保障标准且住房困难的家庭提供社会保障性质的住房。为此,省人民政府提出:廉租住房资金实行财政专户管理,专项用于租赁住房补贴发放,廉租住房的购建、维修和物业管理费补贴等。据此,2010年1月,省财政厅下发《关于加强廉租住房保障专项补助资金管理的通知》,就各设区市、县(市)上报2009年、2010年廉租住房保障情况及加强廉租住房保障专项补助资金管理有关情况提出如下要求:(1)各地要如实上报廉租住房保障相关数据。(2)各地要严格按照规定使用专项补助资金。廉祖住房保障专项补助资金要严格按照财政部和江西省的规定用途使用,主要用于补助廉租住房保障工作中的租赁补贴开支,用于租赁补贴开支后仍有结余的,可以用于购买、改建、租赁廉租住房支出。财政部门要积极主动配合有关部门及时下达购买、改建、租赁廉租住房计划。确保补助资金用于租赁补贴以及购买、改建、租赁廉租住房。各地不得将专项补助资金用于弥补廉租住房保障工作经费以及其他开支。各地购买、改建和租赁廉租住房,应编制政府采购预算,并纳入政府采购范围。其中,购买廉租住房可以购买旧房,也可以购买新房。设区市、县(市、区)财政部门要加强对廉租住房专项补助资金专项管理,实行分账核算。严禁将专项补助资金公款私存或计入个人账户。违反上述规定的,一律视同“小金库”处理。(3)各地要积极筹措廉租住房保障资金。要切实加强住房公积金增值收益管理,确保该项资金扣除计提贷款风险准备金和管理费用后的余额全部用于廉租住房保障;要落实好土地出让净收益用于廉租住房保障的资金;加大一般预算支持廉租住房保障的资金力度。(4)各地要及时报送廉租住房保障相关资料。为确保2010年廉租住房保障专项补助资金及时分配下达,各级财政部门要严格按照规定时间,会同同级廉租住房行政主管部门、民政部门,对本地区上年度廉租住房保障相关资料加盖部门印章、附文字说明,上报给上级对口部门。为支持配合财政部专员办做好廉租住房保障专项补助资金审核工作,县级上报设区市时间为2010年1月底前,设区市上报省级时间2010年2月10日前,逾期不报送的,视同该地区自动放弃申请廉租住房保障专项补助资金。

(二)棚户区改造资金管理

根据住房城乡建设部、国家发展改革委、财政部、国土资源部、人民银行《关于推进城市和国有工矿棚户区改造的指导意见》的规定，为支持地方做好城市棚户区改造工作，中央财政设立补助城市棚户区改造专项资金（以下简称城市棚改补助资金）。为规范城市棚改补助资金管理，提高资金使用效益，财政部、住房城乡建设部于2012年8月制定了《中央补助城市棚户区改造专项资金管理办法》（以下简称《办法》）。该《办法》对中央补助城市棚户区改造专项资金管理作出如下规定：

1. 资金管理的原则

（1）城市棚改补助资金的补助范围为城市规划区内已纳入省级人民政府批准的棚户区改造规划和年度改造计划的城市棚户区改造项目，不包括城市规划区内的煤矿、垦区和林区棚户区改造项目。（2）城市棚改补助资金按照公开、公平、公正、透明的原则分配给实施城市棚户区改造的省、自治区、直辖市、计划单列市（以下简称地区），专项用于纳入补助范围的城市棚户区改造项目征收（收购）、安置、建设以及相关的基础设施配套建设等开支，不得用于城市棚户区改造中回迁安置之外的住房开发、配套建设的商业和服务业等经营性设施建设支出。（3）各地区应当按照“专项管理、分账核算、专款专用、跟踪问效”的原则，加强城市棚改补助资金管理，确保资金安全、规范、有效使用。（4）城市棚改补助资金分配使用管理根据城市棚户区改造工作进展情况适时调整。

2. 资金的计算与分配

（1）城市棚改补助资金实行多改造多补助、不改造不补助的分配政策。（2）城市棚改补助资金按照各地区城市棚户区改造的征收（收购）面积、征收（收购）户数等两项因素以及相应权重，并结合财政困难程度进行分配。征收（收购）面积、征收（收购）户数两项因素权重分别为30%、70%，根据城市棚户区改造情况，财政部可以会同住房城乡建设部适时调整两项因素权重征收（收购）面积和户数，以征收（收购）人与被征收（收购）人签订的征收补偿（收购）协议或者市、县级人民政府作出的征收补偿决定为依据。征收（收购）面积包括住房和非住房建筑面积；征收（收购）户数包括实物安置住房户数（原地安置和异地安置）和货币补偿户数，均为永久安置住房户数，不包括临时安置住房户数。财政困难程度参照财政部均衡性转移支付测算的财政困难程度系数确定，作为中央财政分配城市棚改补助资金的调节系数。（3）城市棚改补助资金按公式法分配。计算公式如下：分配给某地区的专项补助资金总额＝［（经核定的该地区年度征收（收购）面积该地区上一年财政困难程序系数）÷∑（经核定的各地区年度征收（收购）面积相应地区上一年财政困难程度系数）相应权重＋（经核定的该地区年度征收（收购）户数该地区上一年财政困难程度系数÷∑（经核定的各地区年度征收（收购）户数相应地区上一年财政困难程度系数）相应权重］年度城市棚改补助资金总规模。公式中，经核定的该地区年度征收（收购）面积是指该地区当年计划征收《收购》面积，减去上年度未完成的计划征收（收购）面积，加上上年度超计划完成的征收（收购）面积；经核定的该地区年度征收（收购）户数是指该地区当年计划征收（收购）户数，减去上年度未完成的计划征收（收购）户数，加上上年度超计划完成的征收（收购）户数。上述有关计划征收（收购）面积和户数的完成情况，以是否签订征收补偿（收购）协议或市、县级人民政府作出征收补偿决定为准。（4）各地区省级财政部门应会同同级城市棚户区改造主管部门汇总审核各市、县申报资料，并于每年2月28日之前向财政部驻当地财政监察专员办事处（以下简称专员办）提交下列资料：①经省级人民政府批准的本地区城市棚户区改造规划及本年度改造计划，各市、县城市棚户区改造规划和本年度改造计划；规划计划和列入规划计划的项目发生变更的，以市县政府出具的文件为准。②加盖部门印章的该办法附表1、附表2。③上年度各市、县的城市棚户区改造计划，城市棚户区改造项目征收补偿（收购）方案，以及签订的征收补偿（收购）协议和补偿决定复印件。④省级财政部门、城市棚户区改造主管部门对市、县申报材料审核情况的说明。⑤与审核有关的其他材料。（5）专员办应对地方报送的相关资料进行认真审核，确保实地抽查审核比例不少于3个地级市（含省直管县），抽查城市棚户区改造数据比例不低于全省（自治区、直辖市）申报数据的20%。重点核查征收补偿（收购）协议的签订、实施情况。抽查审核结果与报送数据相差较大的，应当及时将申报材料退回，要求省级财政部门会同同级城市棚户区改造主管部门核实数据后重新报送。对于未按规定时限向专员办报送审核资料、审核发现严重弄虚作假或重大违规等问题，应及时向财政部报告。专员办审核工作结束后，应于3月31日前将审核意见表报送财政部，并于4月30日前上报审核总结报告。（6）每年3月31日之前，各地区省级财政部门会同同级城市棚户区改造主管部门将专员办审核认定后的该办法附表1、附表2和相关文字说明，分别报送财政部、住房城乡建设部。未附专员办审核意见的,不予受理。对于未按规定时间报送有关资料的地区,视同不申请城市棚改补助资金处理。

3. 资金的拨付和使用

(1)财政部会同住房城乡建设部在对各地区报送的有关资料进行审核汇总后,于每年4月30日之前将城市棚改补助资金分配下达各地区省级财政部门。根据各地区城市棚户区改造任务完成情况、补助资金使用管理情况、是否按时向专员办报送审核资料、上报数据是否及时准确等因素,财政部会同住房城乡建设部在下一年度分配城市棚改补助资金时采取适当的奖惩措施,适当增加或减少相关地区的补助资金。(2)各地区省级财政部门收到中央财政下达的城市棚改补助资金数额后,应当参照中央财政的分配方案,于每年5月31日前会同同级住房城乡建设部门一次下达已经实施城市棚户区改造的市、县财政部门,并将下达文件同时抄送专员办。市、县财政部门收到城市棚改补助资金后,应会同住房城乡建设部门尽快将资金分解或明确到具体建设项目并报上级财政部门、住房城乡建设部门备案。(3)各地区县级以上财政部门应当对城市棚改补助资金实行专项管理、分账核算,并严格按照规定用途使用;不得截留、挤占、挪作他用,不得用于平衡本级预算。城市棚户区改造主管部门及项目实施单位应当严格按照本办法规定使用城市棚改补助资金,不得挪作他用。(4)城市棚改补助资金的支付,按照财政国库管理制度的有关规定执行。(5)各地区要切实提高资金使用效率,根据城市棚户区改造工作进度及时下达预算并拨付资金,保障预算执行进度,确保城市棚户区改造资金需要。对于年底城市棚改补助资金结余较多的地区,中央财政将酌情减少安排该地区下一年度补助资金数额。(6)市、县财政部门安排使用城市棚改补助资金时,填列《政府收支分类科目》221类“住房保障支出”01款“保障性安居工程支出”03项“棚户区改造”支出科目。

4. 监督管理

(1)专员办应当对城市棚改补助资金申报基础数据的真实性、城市棚改补助资金分配使用情况开展监督检查,确保城市棚改补助资金按照规定用途使用。实施城市棚户区改造的各地区财政部门应当加强对本地区城市棚改补助资金使用情况的监督检查,防止发生挤占、挪用等违法违纪行为。(2)违反本办法规定,弄虚作假,违规虚报城市棚改补助资金申请数据问题严重的,在全国范围内通报,并按有关规定追究相关人员的责任。(3)违反本办法规定,采取虚报、多报等方式骗取城市棚改补助资金,或者不按规定分配使用城市棚改补助资金的,由财政部收回已安排的城市棚改补助资金或者扣减下一年度该地区城市棚改补助资金,并依照〈财政违法行为处罚处分条例》(国务院令第427号)等国家有关规定追究法律责任。

该《办法》自2012年1月1日起施行,《中央补助城市棚户区改造专项资金管理办法》(财综〔2010〕46号)同时废止。

(三)农村危房改造资金管理

为加强农村危房改造资金的管理,杜绝挤占挪用、虚报冒领等问题发生,提高专项资金的使用效益,保证农村危房改造工程顺利完成,乐安县财政局、建设局于2009年10月印发《乐安县农村危房改造专项资金管理办法》。规定:

(1)农村危房改造资金的使用范围。农村危房改造资金是指对有农村户籍居住于危房中的分散供养五保户、低保户和其他贫困户进行危房改造给予补助的财政专项资金。危房是指依据住房和城乡建设部《农村危险房屋鉴定技术导则(试行)》鉴定属于整栋危房(D级)或局部危险(C级)的房屋。

(2)农村危房改造资金的补助标准。原则上新建房屋每户补助1万元~1.5万元,家庭最贫困、住房最危险的可按上限补助。维修住房补助标准,可根据房屋破损程度实施分档补助,最高不得超过15000元。

(3)农村危房改造资金的使用原则。按照省批复的危房改造总体规划,农村危房改造资金实行“省拨、县用、市监管”的办法,财政部门开设“农村危房改造补助资金”专户,实行专户管理,封闭运行。上级下达的补助资金及本级财政预算安排的补助资金,均纳入“农村危房改造补助资金专户”管理。

(4)建设部门要定期将核定的资金发放人数及金额报送同级财政部门,财政部门根据审核无误的补助对象将资金通过惠农补贴“一卡通”拨付补助对象,补助资金全部实行社会化发放。项目动工时,按审批补助额度先支付50%补助资金,项目竣工验收合格后一次性付清余款。

(5)项目主管部门和乡镇要建立农村危房改造资金台账,内容包括:农村危房改造资金收入和支出明细账册,资金审批、发放表、补助对象家庭情况备案表等。

(6)农村危房改造资金的收支、管理和发放,必须严格执行国家有关财经法规和财务制度,坚持公开、公正、公平的原则,实行补助政策、补助标准、补助对象、补助金额“四公布”，主动接受社会各界及审计部门的监督检查，确保资金不被截留、挤占和挪用。

(7)对农村危房改造资金使用不当、贪污、私分、挪用、乱支、虚报、冒领的单位和个人，除追回经济损失外，视情节追究责任，严肃查处。对涉嫌违法的，依法追究其民事和刑事责任。对补助对象骗取农村危房改造资金的，要取消其补助资格，并及时追回其所领取的全部农村危房改造资金。

该《办法》自2009年10月12日起施行。

二、住房改革资金管理和住房公积金管理

(一)住房改革资金管理

1988年，国务院决定在全国城镇分期分批推行住房制度改革，同年财政部下发了《关于财政部门要积极参加住房制度改革工作的通知》。

1990年12月，县人民政府决定：乐安县住房制度改革按一步到位模式推行，并同意成立乐安县住房资金管理所、房地产信贷部、房地产交易所，暂定为非常设机构。住房资金管理所挂靠县财政局。

1992年，乐安县出台第一批房改政策，推行购买部分产权。

1997年1月，乐安县出台第二批房改政策，推行购买全部产权。

2000年3月，江西省人民政府印发《关于进一步深化城镇住房制度改革加快住房建设的实施方案》。至此，乐安县停止住房实物分配，逐步实行住房分配货币化，建立和完善以经济适用房为主的多层次城镇供应体系，发展住房金融，培育和规范住房交易市场。

(二)住房公积金管理

1997年1月，乐安县建立住房公积金，同时成立乐安县住房公积金管理中心，管理全县住房公积金。2004年，该管理中心上收市管。

2005年12月，《财政部关于加强住房公积金财政监督管理的通知》就加强住房公积金财政监督管理，保障住房公积金安全运行，维护住房公积金所有人的合法权益，通知如下：

1. 切实履行财政职能，依法对住房公积金实施监督管理

对住房公积金实行财政监督管理，是〈条例〉赋予各级财政部门的职责，各级财政部门要认真贯彻落实，切实履行好各项监督管理职能。

设区城市财政部门应当加强对本行政区域内住房公积金归集、提取和使用情况全过程的监督。包括：对住房公积金管理中心编制的住房公积金归集、使用计划提出意见，参与审批住房公积金归集、使用计划和计划执行情况报告，审核住房公积金管理中心编制的住房公积金和管理费用年度预算、决算和财务报告并提交住房公积金管理委员会审议，监督住房公积金管理中心执行财政部制定的财务会计核算办法，监督住房公积金增值收益的真实性、分配的合法性，以及住房公积金管理和城市廉租住房补充资金管理和使用等情况。

2. 规范归集和使用行为，确保住房公积金安全运行

各级财政部门要严格按照《建设部、财政部、中国人民银行关于住房公积金管理若干具体问题的指导意见》规定的缴存比例和工资基数，核定本行政区域的住房公积金归集计划。对单位和职工住房公积金缴存比例低于5%或超过12%的，缴存住房公积金月工资基数超过职工工作地所在设区城市统计部门公布的上一年度职工月平均工资3倍的，应当按照规定程序，配合建设等部门采取相应措施予以纠正。

各级财政部门要加强对住房公积金提取、发放贷款以及购买国债的监督管理。使用住房公积金购买国债，必须确保住房公积金正常提取和贷款，经同级财政部门审核，并报住房公积金管理委员会批准。各级财政部门应明确要求住房公积金管理中心只能在银行间债券市场或商业银行柜台购买一级市场新发行的国债并持有到期，要禁止和纠正住房公积金管理中心从事国债回购或委托理财业务，严禁将住房公积金管理中心购买的国债用于质押、抵押等担保行为。要注意防范和化解住房公积金使用过程中可能出现的各种风险，确保住房公积金的安全运行。

3. 规范增值收益分配，加强住房公积金财务监督管理

各级财政部门要监督同级住房公积金管理中心严格按照规定比例和范围计提住房公积金贷款风险准备金。住房公积金增值收益扣除计提住房公积金贷款风险准备金后的余额属于政府非税收入，各级财政部门要监督住房公积金管理中心将这部分资金金额上缴同级国库。实行“收支两条线”管理，并实行专款专用，不得挪作他用。其中：上缴管理费用，填列政府预算收支科目基金预算收入科目第8601款“上缴管理费”收入科目；使用管理费用，填列政府预算收支科目基金预算支出第8603款“管理费用支出”科目。上缴城市廉租住房资金等其他收入，填列政府预算收支科目基金预算收入第8603款“其他收入”科目，使用城市廉租住房资金，填列政府预算

收支科目基金预算支出第8602款“廉租住房支出”科目。

各级财政部门应加强对住房公积金管理中心银行账户的管理。住房公积金管理中心是不以盈利为目的的事业单位，其开设的账户应当严格按照规定报经同级财政部门批准，不得随意开设账户或转存资金。

各级财政部门应合理核定住房公积金管理中心管理费用开支，有条件的地方要积极探索对住房公积金管理中心实行基本支出定员定额预算管理、项目预算管理制度和预算支出绩效考评制度，加强住房公积金管理中心预算管理。

各级财政部门要严格按照财政部颁发的《住房公积金财务管理办法》和《住房公积金会计核算办法》等文件规定，加强对住房公积金管理中心财务会计执行情况的监督。住房公积金管理中心年度收支决算，应经财政部门委托的会计事务所或审计事务所审定后，再报送同级财政部门。

4. 建立定期专项检查制度，及时纠正和查处违反住房公积金管理规定行为

各级财政部门应结合住房公积金管理中心业务管理工作考核情况，每年选择1～2个住房公积金管理中心（或中心分支机构），对其在住房公积金归集、使用、增值收益分配、费用开支以及发放个人贷款等情况进行专项检查，专项检查的具体工作可组织本行政区域内的财政部门专业人员办理，也可委托会计事务所或审计事务所等中介机构办理。对于检查发现的各种违反住房公积金管理规定的行为，要严格按照《条例》以及国务院《财政违法行为处罚处分条例》（国务院令第427号）的有关规定进行处理。同时，还要追究有关单位和责任人员的行政责任。对于专项检查中发现的重大事项，应当及时向上级财政部门报告。构成犯罪的，依法追究其刑事责任。

2006年4月，抚州市财政局转发了《江西省财政厅关于加强住房公积金财政监督管理的通知》。该《通知》就认真贯彻执行《财政部关于加强住房公积金财政监督管理》提出如下意见：

（1）各级财政部门应切实加强对本行政区域内住房公积金归集、提取和使用情况全过程的监督。

（2）各级财政部门要认真执行《建设部 财政部 中国人民银行关于住房公积金若干具体问题的指导意见》，对于不按规定比例和工资基数缴存的，应配合建设部门按规定程序予以纠正。

（3）凡需对现行缴存比例进行调整的地方，必须按照规定程序，由住房公积金管理委员会拟订调整意见，经本级人民政府审核后，报省政府批准。严禁各单位或公积金管理中心擅自变更缴存比例。

（4）各级财政部门要严格按照财政部的规定，加强对住房公积金管理中心银行账户、管理费用和财务收支预决算的管理，建立健全监督检查机制。

第五节 国债资金及以工代赈资金管理

一、国债资金管理

为使国债专项资金发挥应有的社会效益和经济效益，切实加强监管力度，并从制度建设、资金使用等方面加强管理，保证国债专项资金投资项目建设顺利进行，2002年11月，乐安县人民政府办公室根据财政部关于印发《基本建设财务管理若干规定》的通知、财政部关于印发《财政基本建设支出预算管理办法》的通知、《财政部关于加强国债专项资金财务管理与监督》的通知的文件精神，结合乐安县的实际情况，印发了《乐安县国债资金管理办法》（以下简称《办法》）。

该《办法》对项目资金的使用与管理规定如下：

（1）财政部门主要负责资金的收支管理和监督检查，项目主管部门负责项目的实施管理、检查验收和费用支出的审核。

（2）设立专户。凡经计划委员会批准的国债项目，项目建设单位必须在收到项目资金批复后，到财政部门指定的银行开设基建项目国债专户，并单独做账，单独管理，同时向财政部门提交项目建议书、施工预算、施工合同、开工通知单等资料的复印件。

（3）拨款程序。项目建设单位根据项目的实施计划和施工要求分期提出用款计划，填报“乐安县国债项目资金申请拨付单”，经县计委根据工程进度签署拨款意见，财政部门审核后，将国债资金直接拨付到项目建设单位国债专户。

（4）专款专用。项目建设单位必须严格按照项目概算确定的内容和项目专款专用，严格执行基本建设财务制度的有关规定，坚决不得挪作他用。

（5）报表要求。项目建设单位，要做好基建财务管理的基础工作，按时向财政部门报送国债项目报表，月报每月终了后三日之内报送，季报每季度终了后四日之内报送。

该《办法》对项目竣工决算与监督作如下规定：

（1）项目的竣工财务决算。

①项目竣工后财政部门会同项目主管部门对项

目进行财务竣工决算，在办理工程财务决算前，预留部分工程用款，待项目竣工财务决算审查得出结论再予以清算。

②财政部门会同项目主管部门对重点项目可直接进行预、决算审查，也可以委托有审计资格的社会中介机构进行审查。审查结论及处理意见由财政部门确定。

(2)国债资金的监督。财政、计委对建设项目财务管理进行定期、不定期的检查和监督，配合审计等有关部门做好审计工作。防止以下几种情况发生：

①挪用国债专项资金，用国债资金去置换其他已投入的资金；

②挥霍、浪费、贪污国债资金；

③假配套和配套不到位的。

④其他与国债资金使用范围不相符的支出。

如在监督和检查中发现以上几种行为的和对不按财政部门要求提供有关资料、报表，接受检查的，财政部门停止拨付国债资金，对违规、违纪、挤占、挪用、截留国债专项资金或由于工作失职造成资金损失浪费的要追究有关领导和当事人的责任，情节严重构成犯罪的要追究刑事责任。

该《办法》自2002年11月13日起执行。

二、以工代赈资金管理

2003年9月，乐安县人民政府办公室印发了《乐安县以工代赈项目管理办法》(以下简称《办法》)。该《办法》第四章财务管理规定：以工代赈资金是国家扶贫资金，计委、财政和项目实施单位要按专项资金管理要求管好用好这项资金。资金管理按《乐安县国债资金管理办法》执行。即：由县财政在指定的银行设立以工代赈资金专户，并将全部项目资金存入专户，县计委负责项目的实施管理，县财政局负责资金拨付。资金拨付程序为：项目单位向县计委提出用款计划，县计委根据项目建设进度要求和实际需要资金情况，提出审核意见，县财政局根据县计委提出的审核意见拨付项目资金。

第六节 公共安全转移支付资金管理

2005年2月，抚州市财政局、公安局转发了省财政厅、省公安厅《关于建立和完善我省县级公安机关经费保障机制的意见》，该《意见》就认真贯彻落实《中共中央关于进一步加强和改进公安工作的决定》，切实加强县级公安机关经费保障工作，确保基层公安机关依法履行职责的经费需要，建立和完善县级公安机关经费保障机制提出以下意见：

(1)建立和完善保障机制的基本原则：①收支脱钩，全额保障。县级公安机关各项罚没收入和行政性收费等政府非税收入按规定全额上缴财政，实行综合预算管理，公安机关履行职能所需经费由政府予以全额保障。②突出重点，确保基本。县级公安机关所需的办案经费、特别业务费等作为重点业务支出项目切实予以保障，履行职能、开展工作所必须的日常开支足额给予保障。③因地制宜，分类制定。根据经济发展和社会治安状况的不平衡性，以及财产保障能力的差异等情况，在规定的开支范围内，制定不同地区、不同类别的保障标准。④适时调整，合理增长。保障标准随着社会经济的发展、公安工作任务的增加和财政保障能力的提高，适时进行调整，保持公安机关公务经费的合理增长，保证县级公安机关公用经费开支。⑤建立机制，提高效益。通过制定县级公安机关公用经费保障标准，认真落实各项保障措施，建立激励和约束机制。同时，加强公安经费管理，切实提高资金使用效益。

(2)县级公安机关公用经费保障标准：公用经费开支范围。县级公安机关公用经费包括行政经费、公安业务经费和特别业务经费三个部分：①行政经费：包括办公费、印刷费、水电费、邮电费、交通费、差旅费、维修费、招待费、福利费、劳务费、租赁费、办公设备购置费、物业管理费和其他费用等。②公安业务经费：包括侦察破案费、遣送费、警犬训养费、消耗费(含公安专线租费、交通工具消耗费、侦察设备消耗、武器弹药消耗费、通信信息设备消耗费)、宣传资料费、教育培训费、治保费、专业补助费、奖励费、业务会议费和其他费用等。③特别业务经费：包括特别办案费、特情耳目费、情报费等。公用经费保障标准：县级公安机关公用经费保障标准划分为四类，其中：一类2.6万元/人·年，二类2.1万元/人·年，三类1.9万元/人·年，四类1.7万元/人·年，乐安县为三类保障标准。抚州市要求确保保障标准从2005年开始实行，力争在两年内达到要求，两年达到确有困难，三年内必须达到。

2007年9月，抚州市财政局、抚州市委政法委印发了《抚州市省级政法转移支付资金管理办法具体实施细则(试行)》。就进一步规范我市省级政法转移支付资金的使用管理，作出了如下规定：

(1)由省财政安排的省级政法转移支付资金，是为了帮助贫困地区提高政法部门经费保障水平，促进不同地区政法工作协调发展。

(2)省级政法转移支付资金管理原则是：重点

保贫困、保基层、保基本的原则；体现公开、公正、透明的原则；专款专用原则；讲究使用效益的原则。

(3)投向重点是：县级贫困地区政法部门，包括国家扶贫开发工作重点县、省级转移支付县（区）和其他经费保障能力较低的困难县（区）公（含森林公安）、检、法、司等政法部门及派出机构，不含武警、消防部门。

(4)使用范围：主要用于弥补办案经费、执行公用经费标准后的经费不足和帮助购置基本装备设施等需要，不得用于基本建设项目支出、小车购置支出和干警个人工资、福利支出等。

(5)省级政法转移支付资金由省财政厅、省委政法委共同分配和管理。市财政局、市委政法委共同对下拨的省级政法转移支付资金的分配、管理、监督，确保资金及时足额到位和专款专用。

(6)省级政法转移支付资金预分配指标下达到县（区）后，县（区）财政局和县（区）委政法委要及时将预分配指标具体分配到公、检、法、司等政法部门，并将分部门预分配意见汇总上报省财政厅和省委政法委，同时抄报市财政局和市委政法委。

(7)财政部门要及时将资金下达到基层政法部门，不得跨年度拨付，任何地区和部门不得截留或挪作他用，也不得冲抵预算拨款。省直管试点县财政局在收到省政法转移支付资金指标文件后10个工作日，将资金下达到政法部门。

(8)县（区）政法部门收到省级政法转移支付资金后，应严格按规定用途使用，做到专款专用。

(9)县（区）政法部门应于每年度终了后1个月内，将此项资金使用情况报送同级财政局和政法委；县、（区）财政局和县（区）委政法委于每年度终了后2个月内汇总上报市财政局和市委政法委。

(10)省级政法转移支付资金使用管理绩效纳入市财政局政法专款管理工作考核体系，并纳入市综治工作年度考核内容，实行专项考评。考评结果报省财政厅和省委政法委，并根据考评情况建议对有关县（区）下年度资金分配数额实行奖惩。

(11)县（区）财政部门和政法委要按照分工负责、通力合作、密切配合的原则，共同管理好资金；要加强对政法部门资金使用情况的监督，建立定期或不定期监督检查制度，及时发现资金使用管理中存在的问题并督促整改到位，确保专款专用。

2010年6月，江西省公安厅、财政厅转发《公安部、财政部关于加强公安转移支付资金使用管理工作的意见）。就切实加强公安转移支付资金使用管理，充分发挥公安转移支付资金效益，不断提高公安机关的经费保障能力和水平，提出如下意见：

(1)各级公安机关和财政部门要按照两办32号文件的有关要求和各自职能，按照分工负责、通力合作、密切配合的原则，切实做好公安转移支付资金管理工作。①各省级财政部门要按照“明确责任、分类负担、收支脱钩、全额保障”的公安经费保障体制要求，以及中央确定的省级财政应承担的资金数额，采取切实有效措施，保证省级应负担的公安转移支付资金及时足额到位。同时，要按照中央有关规定及分类管理等办法，制定和完善相关分配管理办法，将中央下达和省级安排的公安转移支付资金一并分配下达、及时拨付。分配时，要充分考虑公安工作性质、任务和特点，以及各地社会稳定形势等因素。坚持“保基本、保基层、扶贫困”，以及“按责任、按类别、按标准”的原则，保证将中央和省级公安转移支付资金重点用于市、县级公安机关开展业务工作所必需的基本手段和条件的装备及办案（业务）需要，严禁截留、挤占、挪用或抵顶。市、县级财政部门要按规定落实本级保障责任，同时要按规定将中央和省级公安转移支付资金纳入公安机关部门预算。市、县级财政本级预算安排公安机关的经常性支出不得低于改革前水平，并根据公安工作的实际需要和财力可能建立正常增长机制。②各级公安机关要建立健全本系统、本单位经费管理各项规章制度及内控机制，加强经费收支和财务管理；要牢固树立执法为民和勤俭节约的思想，严格执行各项经费的开支范围和标准，努力控制执法成本；要严格执行财经纪律，厉行节俭，杜绝浪费。③省级财政部门要会同省级公安机关制定和完善公安经费绩效考评实施细则、本地区基层公安机关公用经费保障标准和装备配备实施标准、业务装备配备规划和年度实施计划等，统筹规划、合理配置、有效利用资金，在保证公安业务工作需要的同时，实现资金使用效益的最大化。

(2)各级公安机关和财政部门要切实加强公安转移支付资金使用管理。①确保公安办案（业务）需要。县级公安机关在使用办案（业务）经费时，要重点保障涉及国家安全的国内安全保卫、反邪教、反恐怖、重大案件侦破、大型活动安保、公安教育训练等所需经费，对于严重影响社会治安稳定的群体性事件处置、严重经济犯罪案件和刑事犯罪案件办理所需经费要优先予以保障。要按照“重心下移、保障下倾、投入下沉”的要求，切实加大对派出所等基层所队和一线实战单位的倾斜力度，确保基层和一线的办案（业务）需要。②规范公安业务装备建设。要按照有关装备配备标准和当地公安工作实际，将业务装备经费优先用于配备工作最需要而又最缺少的业务装备，优先用于指挥通信、刑侦技术、执法勤务等基本装备，严禁超标准、超规模、超范围配备装备，严禁使用业务装备经费超标准购置交通工具；要严格装备配备的新购、调拨、报废和更新等审批程序；加强各项资产的台账设置等基础管理工作，做到装备配备底数清、情况明，同时要加强对资产购置、使用和调拨等变化的适时监控。③强化公安应急保障。省级财政部门可按规定在政法转移支付资金中预留部分预备费，重点用于保障公安机关办理跨区域重特大案件，以及市、县级公安机关处置不可预见的突发事件等支出，提高公安机关应急保障能力。④加强资金管理监督。各级财政部门和公安机关要按照财政部关于政法专项转移支付资金使用情况报告制度的有关规定，建立本地区公安转移支付资金管理的监督检查机制，不断提高公安转移支付资金的管理监督水平，确保资金安全、规范、有效使用，努力提高资金使用管理效益。各级公安机关要增强反腐倡廉意识，建立资金使用效益监控机制，不断加强事前风险评估预警防范、事后绩效考核和责任追究工作，把反腐倡廉工作与资金管理使用工作有机结合起来，有效防止腐败问题的发生。⑤健全管理工作机制。加强公安转移支付资金使用管理工作，是公安机关和财政部门的共同责任。各级公安机关、财政部门既要认真履行各自职责，又要加强沟通、密切配合，建立和完善日常管理工作机制，确保管好用好中央和省级公安转移支付资金；要充分利用资金信息管理系统等手段，提高管理工作的效率和水平。

2011 年 5 月，江西省财政厅将 2007 年印发的《江西省省级政法转移支付资金管理办法》修订为《江西省政法转移支付资金管理办法》，增加了部分内容，由原先的二十一条增加到二十四条。主要修改内容是：由“省级政法转移支付资金”改为“政法转移支付资金”，由“帮助贫困地区”改为“帮助基层”。进一步明确了：“办法所称政法部门是指人民法院、人民检察院、公安机关、司法行政机关、森林公安机关等”，“政法转移支付资金分为办案(业务)经费和业务装备经费两类用途”，其“经费安排比例，视财政部规定确定”，资金分配办法，由原来的“采取两上一下”的方式改为“由省财政厅　省委政法委和省级政法部门提出分配方案，报省政府审定”，对资金使用管理作出了更明确的规定，如：政法部门收到政法转移支付资金后，应按中央政法转移支付资金和省级政法转移支付资金分别设置辅助账，实行单独核算管理，并严格按照规定的项目和用途使用。办案(业务)经费应用于与办案(业务)直接相关的办案(业务)支出，不得用于购置固定资产、弥补日常运行公用经费和基础设施建设经费不足。业务装备经费应用于购置各类业务装备支出，并应优先保障基本装备需要。业务装备经费由市、县政法部门根据省财政厅和省级政法部门提出的使用重点，结合当地装备配备规划和年度实施计划，提出具体项目，经同级财政部门审核同意，逐级上报省级主管部门审核汇总。采购项目经省财政厅批复后，由省级主管部门按照政府采购管理的有关要求，实施集中统一采购，以实物配发方式下达。各级政法部门要建立健全业务装备动态管理机制。对配备的业务装备，要按照资产管理的有关规定，及时登记入账，确保账实相符。同时，严格按照规定的装备使用年限，并本着节俭效率的原则进行报废和更新。各级财政部门要优化政法部门资源配置，鼓励装备项目共建共享共用，提高装备利用率，减少重复配备。装备共建项目实施管理办法另行制定。政法转移支付资金使用情况实行报送制度，纳入政法部门经费保障情况统计报表系统体系。各级政法部门应于每年 4 月 15 日前，将上年度政法转移支付资金使用情况报送同级财政部门，各县(市、区)财政局应于每年 4 月底前汇总上报设区市财政局，各设区市财政局应于每年 5 月底前汇总上报省财政厅。

第七节　革命老区转移支付专项资金管理

革命老区专项转移支付资金(2012 年开始改称革命老区转移支付资金)，是指中央财政设立，省财政根据中央有关要求统筹安排，主要用于加强革命老区专门事务工作和改善革命老区民生的一般性转移支付资金。党中央、国务院为促进革命老区各项社会事业和谐发展，中央自 2001 年起在对地方一般性转移支付中设立了革命老区转移支付。江西省按财政部的有关规定，从 2002 年起在下达一般性转移支付时将革命老区转移支付单独列出，并要求各地按规定管理使用好该项资金。

2005 年之前，乐安县主要按照上级有关革命老区专项转移支付资金管理的文件执行。

2006 年 9 月，乐安县财政局为进一步规范革命老区专项转移支付资金管理，提高资金使用效益，根据江西省财政厅《革命老区专项转移支付资金管理办法》，结合实际，制定了《乐安县革命老区专项转移支付资金管理办法》(以下简称《办法》)。该《办法》对革命老区专项转移支付资金的管理作出如下规定：

（一）革命老区专项转移支付资金的管理应当遵循原则

（1）突出重点。资金主要用于发展乡、村公益事业和解决与人民生产生活密切相关的突出问题。

（2）公开透明。资金使用和项目选择应当按照规定程序进行，纳入政务公开范围。

（3）注重实效。坚持办实事、重实效，以社会效益为目标，强化绩效考评。

（4）专款专用。资金不得用于平衡预算，不得截留或挪做他用。

（二）革命老区专项转移支付资金的使用实行县级管理

县革命老区专项转移支付资金三年项目规划，年度申报项目由乡镇上报县，县审核后直接上报省。

（三）资金安排和分配

（1）革命老区专项转移支付资金分配对象为全县各乡镇。

（2）根据革命老区专项转移支付资金管理的需要，县财政和乡镇财政可以在本级年度预算中，按照补助额的3%安排项目管理费，用于本级财政委托或聘请有关单位和评审机构进行项目评估、评审、检查验收、绩效评价等开支。

（四）资金使用范围

革命老区专项转移支付资金主要用于革命老区专门事务、革命老区公益事业和基础设施建设。具体包括：

1. 专门事务

（1）革命遗址保护；

（2）革命纪念场馆的建设和改造；

（3）烈士陵园的维护和改造；

（4）老红军、军烈属活动场所的建设和维护。

2. 公益事业

（1）村容村貌及环境整治；

（2）农村义务教育学校建设及设备更新；

（3）农村医疗卫生机构建设及设备更新；

（4）农村文化站建设及设备更新；

（5）农村敬老院建设及设备更新。

3. 基础设施建设

（1）人畜安全饮水设施建设及维护；

（2）群众安居工程；

（3）乡村道路建设及维护；

革命老区专项转移支付资金不得有偿使用，不得用于行政事业单位人员支出和公用支出，不得提取任何形式的项目管理费、手续费、赞助费，不得用于投资经商办企业，不得用于购置交通工具（专用车船等除外）、通讯设备以及其他与革命老区专项转移支付资金使用原则及范围不相符的各项开支。

（五）三年项目规划

三年项目规划应当在深入调查研究、广泛征求意见的基础上编制，符合革命老区资金的使用原则及范围，符合本地区经济社会发展的总体规划，符合革命老区人民的愿望和需求。

（1）三年项目规划的内容包括总体目标、实施计划及步骤、资金和项目管理措施、预期效果分析及监督检查措施等。

（2）县财政局汇总乡镇上报的三年项目规划，编制县级三年项目规划，并上报省财政厅。

（3）三年项目规划经上级财政部门批准后不得随意变更。

（六）项目申报和审定

（1）乡镇财政根据本地区三年项目规划和县财政下达的革命老区专项转移支付资金控制数申报年度项目，单个项目资金不低于50万元，同时，按照县下达资金控制数的150%申报，由县财政根据本办法有关规定择优安排。

（2）项目申报书文本范本及指南按财政部统一制定的格式执行。

（3）乡镇财政所应当按照本办法规定及项目申报指南，组织各项目单位填制项目申报书，经审核后提出审核意见，将审核意见及项目申报书于每年2月底前一并上报县财政局。

（4）县财政局根据财政厅批准的三年项目规划，审定乡镇财政所上报的具体申报项目，并于每年3月底前将审定意见及项目申报书报财政厅备案。

（七）项目实施

（1）乡镇财政所根据县财政局批复的项目和下达的项目资金，组织项目实施。

（2）乡镇财政所应当严格按照项目实施计划、预算和规定用途使用资金，不得随意调整。如因特殊情况确需变更的，由乡镇财政所提出申请报告，县财政局将变更申请上报省财政厅，经省财政厅批准后方可变更。

（3）依法应当实行政府采购的项目，应当按照政府采购法及相关规定执行。

（4）乡镇财政所应当与项目单位签订项目实施责任书，并根据项目进度或合同要求拨付资金。项目单位根据批复的项目预算，组织项目实施，基本建设类项目应当建立工程监理制度。

（5）项目完工后，乡镇财政所组织对项目的技术、财务、资产等进行审核验收，出具项目验收报告，对国有资产进行产权登记。

（6）乡镇财政所应当按照省财政厅的规定编制年度项目实施报告，于年度终了后三个月内上报县财政局。年度项目实施报告应含绩效自评内容，具体包括项目完成的质量、结果、及时性和耗费的成本及产出效益等绩效目标完成情况，专项资金的使用及财务管理情况，为完成绩效目标而采取的管理措施、风险控制措施及其他有效措施等。

（7）利用革命老区专项转移支付资金实施的项目，应当统一设立革命老区专项转移支付资金项目标志，标志的具体样式按财政部统一规定执行。

（八）监督检查

（1）县财政局负责组织对乡镇财政所使用革命老区专项转移支付资金的绩效评价和监督检查，对完工项目进行项目评审，对资金使用和项目实施进行日常检查，编制年度项目绩效评价和检查报告，于次年六月底前上报财政厅。

（2）对革命老区专项转移支付资金管理和使用中的违法行为，依据《财政违法行为处罚处分条例》等有关规定追究法律责任。

该《办法》自2006年9月19日起执行。

2012年7月，乐安县财政局根据江西省财政厅印发的《江西省革命老区转移支付资金管理办法》精神，制定了《乐安县革命老区转移支付资金管理办法》（以下简称《办法》）。该《办法》在2006年《乐安县革命老区专项转移支付资金管理办法》的基础上主要作了以下内容上的修改：一是由原来的“革命老区专项转移支付资金”改为“革命老区转移支付资金”。二是对资金的主要用途由原来的“主要用于改善革命老区人民生产生活条件”改为“主要用于加强革命老区专门事务工作和改善革命老区民生”。三是管理权责的表述由原来的“革命老区专项转移支付资金三年项目规划，年度申报年度项目由乡镇上报县，县审核后直接上报省”改为“县革命老区转移支付资金实行项目规划，年度申报项目由乡镇上报县，县审核后上报市”。县财政部门负责对乡镇申报年度项目管理，安排和使用革命老区转移支付资金，组织实施省财政厅批复的项目。四是将资金安排和分配中的革命老区专项转移支付资金分配对象为“全县各乡镇”改为“县本级及全县各乡镇”，并增加了“县财政应将上级财政部门提前通知的革命老区转移支付预算，全额列入年初预算”。五是将资金使用范围中的（二）“公益事业”改为“民生事务”。六是将原“三年项目规划”改为“项目规划”。七是将原项目申报和审定中的审核意见及项目书于每年2月底前改为“1月中旬前”、将原县财政局审定乡镇财政所上报的具体申报项目，并于每年“3月底前将审定意见及项目申报书报财政厅备案”改为“1月下旬前将审定意见及项目申报书报市财政局”。八是增加了资金拨付。具体内容为：（1）革命老区转移支付资金拨付按照专项资金管理办法审批程序办理，按进度和合同要求进行拨付。（2）革命老区转移支付资金能实行国库集中支付的按国库集中支付程序办理，不能实行国库集中支付的采取直拨方式拨付。（3）依法应当实行政府采购的项目，应当按照政府采购法及相关规定执行。新《办法》自2012年7月29日起执行。

2003～2012年乐安县革命老区转移支付资金拨付情况

表4－22　　单位：万元

年度	金额	年度	金额	年度	金额	年度	金额	年度	金额
2003	77	2004	108	2005	259	2006	314	2007	314
2008	364	2009	364	2010	424	2011	404	2012	605

第八节　彩票公益金专项资金管理

彩票公益金是从彩票发行销售收入中按规定比例提取的，专项用于社会福利、体育等社会公益事业的资金。

2008年12月，江西省财政厅为规范和加强彩票公益金筹集、分配和使用管理，建立健全彩票公益金监督机制，根据财政部《彩票公益金管理办法》等有关规定，制定了《江西省彩票公益金管理办法》（以下简称《办法》）。该《办法》规定：

（一）收入管理

彩票公益金实行“收支两条线”管理，收入全部上缴财政国库。

（1）彩票公益金收入包括：①按规定比例从彩

票发行销售收入中提取的公益金;②上级财政补助的彩票公益金;③应纳入彩票公益金管理的其他资金。

(2)各级彩票机构和彩票销售站(点)在销售彩票后,将彩票销售资金汇缴至省级彩票机构。省级彩票机构按以下程序向省级财政主管彩票部门(简称"财政部门",下同)申报、缴交彩票公益金。①省级彩票机构于每月5日前(节假日顺延,下同)向省级财政部门报送《彩票公益金上缴省财政申报表》及有关材料,申报上月彩票实际销售情况和应上缴省财政的彩票公益金金额。②省级财政部门于每月10日前完成对省级彩票机构申报资料的审核工作,核定应缴省财政的彩票公益金金额。③省级彩票机构于每月15日前,按照省级财政部门核定的彩票公益金应缴金额,向省财政彩票专户缴款。

(3)省级财政部门在每季度终了20日内,对彩票公益金进行清算,并将省级分成资金缴入省财政国库,将市、县分成资金下拨至当地财政彩票专户。

(4)市、县财政部门在收到上级财政部门下拨的彩票公益金后,应及时缴入同级财政国库。

(二)预决算管理

(1)彩票公益金纳入政府性基金预算管理。

(2)拟申请彩票公益金的使用部门或单位,应向同级财政部门提交彩票公益金项目使用申请报告。财政部门审核后,汇编彩票公益金年度使用计划报同级人民政府批准。

(3)财政部门根据同级人民政府批准的彩票公益金使用计划,批复项目使用部门或单位。

(4)彩票公益金的支出使用应编入部门预算以及补助地方支出预算。

(5)列入补助地方支出的彩票公益金,由财政部门按项目计划分地区下达。

(6)经财政部门批准下达的彩票公益金项目使用计划和预算原则上不作调整。在年度执行中,因国家政策变动等原因确需调整预算的,应报财政部门审批。因特殊原因形成的项目结余资金,经财政部门批准后可以结转下一年度继续使用。

(7)彩票公益金的使用部门或单位应在年度结束一个季度内,向同级财政部门报送上一年度彩票公益金年度使用决算报告,详细说明公益金的收支和结余、项目执行、社会效益等情况。

(三)支出管理

(1)彩票公益金的支出安排,应遵循"当年筹集、下年使用、专款专用、余额结转"的原则。

(2)彩票公益金应严格按照国家财务管理的规定控制支出使用,主要用于:①本级政府确定的社会福利和体育公益事业;社会福利公益事业支出的公益金,主要用于抚老、助残、救孤、济困等。体育公益事业支出的公益金,主要用于全民健身活动和奥运争光计划等实施。②上级财政安排的专项公益金项目的配套;③青少年学生校外活动场所建设与维护;④国家和省确定的其他社会公益事业。

(3)彩票公益金不得用于:①平衡财政一般预算;②补充行政事业单位经费;③以盈利为目的的对外投资、出借、参与股票和期货交易等活动,以及为经济合同提供担保;④国家规定的其他用途。

(4)财政部门会同相关部门逐步建立彩票公益金的项目库,对彩票公益金的使用推行项目管理。

(5)彩票公益金的使用部门或单位,根据财政部门批复的项目使用计划和年度预算,按照基金预算管理规定组织实施和管理。

(6)彩票公益金项目因特殊原因被中止、撤销、变更或改变用途,必须由项目申报部门按原立项程序报批。项目中止、撤销后的资金,由使用部门或单位负责收回并缴入财政国库。

(7)彩票公益金资助的基本建设设施、设备或社会公益活动,应以"彩票公益金资助—中国福利彩票""彩票公益金资助—中国体育彩票"或"彩票公益金助—中国福利彩票和中国体育彩票"的标识在显著地方明示。

(四)监督管理

(1)财政部门应加强对彩票公益金筹集、分配和使用的监督,保证彩票公益金及时、足额上缴财政和专款专用。

(2)彩票机构应严格按照本办法规定缴纳彩票公益金,不得拒缴、拖欠、截留、挤占、挪用彩票公益金。

(3)彩票公益金使用部门或单位,必须按照财政部门批准的项目使用计划和预算执行,不得挤占、挪用彩票公益金,不得擅自改变彩票公益金使用范围。

(4)各级财政部门应向同级人民政府提交上一年度本行政区域内彩票公益金的筹集、分配和使用情况报告,并向社会进行公告以及报备省级财政部门。

(5)违反该办法规定,拒缴、拖欠、截留、挤占、挪用、改变使用彩票公益金的,依照《财政违法行为处罚处分条例》(国务院令第427号)的有关规定处理。

该《办法》自2008年12月9起施行。各地可根据本《办法》制定实施细则。

2009年7月,江西省财政厅、江西省民政厅为充分调动各地积极性,促进我省福利彩票销售,根据《江西省财政厅关于调整我省彩票公益金分配政策的通知》等规定,结合江西省当前福利彩票销售情况,就进一步加强我省福利彩票公益金和机构业务费管理等有关问题通知如下:

(1)为调动各地销售彩票的积极性,从2009年起,对电脑型福利彩票年实际销量超过上年的,将彩票发生销售收入增量部分提取的公益金省级分成部分,按增幅分段奖励给销售地,奖励资金通过年终结算办理。具体办法由省财政厅、商省民政厅另行下文。

(2)为加强福利彩票机构业务费的管理,提高资金使用效率,从2009年起,电脑型福利彩票机构业务费由原来的省、市、县三级管理调整为省、设区市两级管理;设区市福利彩票中心对所辖县(市、区)的电脑型福利彩票机构业务费管理实行报账制。

设区市财政部门应会同市民政部门尽快制定本地彩票机构业务费管理使用办法,依法依规确定业务费使用的审批程序、使用范围、开支标准等相关事宜,并报省财政厅备案。

(3)为调动基层网点销售网点即开型福利彩票的积极性,从2009年8月1日起,将网点即开型福利彩票发行费省以下分配比例由原省中心0.35%、设区市10.5%(其中:市中心2.5%、中心站1.5%、分销站6.5%),调整为省中心3.5%、设区市10.5%(其中:市中心1.5%、中心站2%、分销站7%)。其中,中心站和分销站9%的代销费可以进行内扣。内扣的中心站专指通过公开招标确定的社会中心站;由民政部门和彩票机构自身组成的机构中心站,其分配的2%的发生费应纳入同级财政专户,实行收支两条线管理。各级彩票机构应加大工作力度,逐步取消机构中心站,实现彩票机构、社会中心站和分销站的销售管理模式。

2009年12月,江西省财政厅对《江西省彩票公益金管理办法》的有关内容作了修改,将原"彩票公益金的支出安排,应遵循当年筹集下年使用、专款专用、余额结转的原则",改为"彩票公益金的支出安排,应遵循以收定支、收支平衡、专款专用、余额结转的原则"。并强调各地要严格按照彩票公益金管理办法管好、用好资金,确保专项用于公益事业。

第九节 重点工程项目资金管理

为加强乐安县中心城区重点建设项目资金管理,控制投资成本,明确资金使用程序和范围,规范项目建设,根据《基本建设财务管理规定》《建设工程价款结算暂行办法》《财政部关于加强国债专项资金财务管理和监督的通知》《江西省重点建设项目管理办法》等有关规定,结合乐安县实际,出台了一系列重点工程项目管理办法。

2008年,乐安县委办、县人民政府办印发《关于成立城市重点项目建设协调领导小组的通知》和《关于成立和调整城市重点项目建设领导小组的通知》,同年县委、县人民政府印发《关于进一步加快城市重点项目建设的实施意见》。

2010年,乐安县委办印发《关于成立乐安县城市重点项目建设领导小组的通知》和《关于切实推进2010年度城市重点项目建设工作的通知》,乐安县人民政府办公室下发《关于印发乐安县城市重点项目建设督查方案的通知》。

2011年,乐安县委办印发《乐安县2011年下半年度城市重点项目建设工作实施意见》的通知,明确规定了"乐安县重点工程主要档案资料目录"。同年,乐安县委办印发《关于成立乐安县城市重点项目建设领导小组的通知》和《乐安县重点工程项目管理办法》。

2012年乐安县委办印发《2012年城市重点项目建设工作的实施意见》《乐安县重点工程建设管理暂行办法》、乐安县委办、县人民政府印发《关于调整乐安县城市重点项目建设领导小组的通知》、县编委印发《关于乐安县重点项目办公室隶属关系的通知》。

2012年8月,乐安县正式成立乐安县重点项目管理办公室(简称重点办),为正科级事业单位。至此所有重点工程的项目管理、资金拨付移交到重点办办理。

2009年前乐安县支付重点工程款6149万元,2010年支付重点工程款6001万元,2011年支付重点工程款3267万元,2012年支付重点工程款7680万元。

2008年10月,省财政厅、林业厅下发《关于印发〈江西省林业重点工程建设资金管理办法〉的通知》规定:(1)林业重点工程建设资金包括:中央预算内固定资产投资补助资金(含国债项目资金,下同)、中央预算内财政专项补助资金、地方预算内财政资金、单位自筹资金和其他属于基本建设投资性质的资金。(2)林业重点工程包括:退耕还林工程、长江珠江流域防护林体系建设工程、野生动植物保护及自然保护区建设工程、湿地保护工程、林木种苗工程、重点森林火险区综合治理工程、防沙治沙工程以及以改善或保护森林生态环境为主要建设目的的其他林业重点工程。(3)财政部门按“先审核,后下达预算”的原则,将建设资金预算及时下达到工程建设单位。财政部门按有关规定对不符合要求的项目,可以暂缓或停止下达预算。(4)预算下达后,必须严格执行。未经批准,任何单位和个人不得擅自调整。对确需调整的,应严格按照预算调整的相关规定执行。(5)林业重点工程建设资金的支出范围,应严格按照批准的建设内容、标准、用途、额度和条件等规范使用。有关部门应按照部门预算、国库集中支付、政府采购等相关规定加强项目建设资金管理。各地区、各单位不得以任何方式挤占、截留、滞留、挪用建设资金。(6)林业重点工程中飞播造林、补助群众造林、退耕还林、封山育林、病虫害防治、防火隔离带建设、营林道路、科技支撑以及不能分摊到项目中的前期工作经费等,不能形成资产的投资,作待核销基建支出处理,能形成资产的投资,计入交付使用资产价值。(7)因不可抗拒自然因素和其他客观原因导致单项工程发生报废损失的,建设单位必须报请有关部门调查、鉴定、评估、审计和确认其报废损失价值,并报同级财政部门审批。(8)凡违反规定,弄虚作假,骗取、挤占、滞留、挪用资金或项目未按规定实施的,除将已拨付资金全额收缴国库外,各级财政部门要立即停止对建设单位所在地区的资金拨付,直至纠正。对有关责任人要根据《财政违法行为处罚处分条例》(国务院令第427号)等有关规定进行处理并依法追究行政责任。(9)县(市、区)林业部门会同同级财政部门于每年1月底前将上一年度的林业重点工程建设情况、资金到位和使用情况分别报各设区市林业部门和财政部门。各设区市林业部门会同同级财政部门于每年2月底前将上一年度的林业重点工程建设情况、资金到位和使用情况分别报省财政厅和省林业厅。

第九章 会计管理

会计作为对钱、物的记录和计算,古已有之。从宋元以后,实行“四柱”法,即中式簿记。清末,西式簿记传入并逐渐推广。民国时已普遍采用。清和民国时,乐安县企业很少,当时对企业会计的规范基本附属于预算会计的法规和制度。新中国成立之后,会计已成为经济管理和财政管理的重要手段。在一段时间里,会计分预算会计和企业会计两大类。

1949年后,乐安县企业逐步增加,企业会计随之发展,预算会计日益健全,在全县范围内,逐步建立起完整的会计网络。

第一节 会计事务管理

一、会计管理制度

清代,会计沿用宋朝以来的“四柱”清册方法核算钱物,“旧管、新收、开除、实在”,即上期结转、本期收入、本期支出、期末结余。全国会计工作属户部统管,各省会计由布政司分理。

民国初年,中央总会计职权属财政部会计司执管。

民国3年(1914)3月,北洋政府财政部公布《会计条例》,同年10月施行《中华人民共和国会计法》,内容为总则、预算、收入、支出、决算、期满免除、工程及买卖借贷、出纳官吏、附则共9章37条。1915年修正会计法,改会计年度为历年制,即会计年度7月制改为1月1日至12月31日为一会计年度。1917年因历年制与国会会期不相衔接,经众议院建议,仍恢复会计年度7月制。1927年7月,国民政府财政部公布《会计则例》。1928年3月,《会计则例》经过修正,内容为3章38条,会计年度仍实行7月制。

民国20年(1931),全国推行“超然会计”。规定省以下各级机关设会计室,会计主任由省政府会计处任命。1932年6月,江西省政府颁布《江西省会计规程》,共7章49条,以统一全省会计工作,规定一切收支均通过金库办理。1935年,国民政府制定《中华人民共和国会计法》,1936年7月1日起施行。内容为通则、会计报告、会计科目、会计簿籍、会计凭证、会计人员、会计事务程序、会计报表程序、会计交代、附则,共10章127条。规定下级政府的会计事务,受上级政府主计机关的直接监督与指挥。

民国26年(1937),江西省政府着手筹备成立独立的会计机构,在省财政厅内设置会计委员会,在各县机关设置会计室。1938年3月,成立江西省政府会计处,省直各机关、各专署及各县政府会计人员均由省政府会计处派遣,在全省实行会计工作垂直领导。同年8月,修正会计法,会计年度按预算法规定改为历年制。

民国28年(1939)11月,修正江西省政府所属各机关会计人员服务规则,以规范会计人员之纪律、职权、会计事务、会计交接等共25条。

1949年新中国成立后,乐安县人民政府非常重视会计工作,财政部对全国实行的会计制度作出统一规定之后，乐安县据此建立了总预算会计制度和行政、事业单位预算会计制度。内容包括总则、会计报表、会计科目、会计簿籍、会计凭证、会计事务处理程序，会计组织系统，附则等8个部分。

1950年，根据财政部关于财政会计几个具体问题的规定，乐安县实行历年制会计年度，并以3个月为一季，6个月为一期，以人民币为记账本位；会计科目分岁入、岁出、资产、负债和资产负债共同类5类。

1951年11月，财政部召开第一次全国企业财务管理及会计会议，研究了企业实行经济核算制后的财务会计制度建设问题。

1952年10月，第二次全国企业财务管理及会计会议研究解决大规模经济建设情况下的财务会计管理问题，陆续公布了十几项财务会计制度。县财政科贯彻了两次会议精神，并组织科机关干部及全县会计人员学习、培训。

1954年4月，乐安县人民政府印发了《关于乡人民政府会计事务简易处理办法（简称处理办法）草案》，就乡级财政范围收支事务、会计年度采用的历年制、会计记账单位，会计收支科目分类，会计报表分类、会计凭证、会计账簿等作出了具体的规定。

1958年8月，会计核算制度“彻底放权”，“大力简化”，对基层会计制度的继续使用或废止的权限交由地方自行决定。有些单位对会计科目无原则地简化，许多单位的财会机构被撤销、合并，大批会计人员下放劳动，账目混乱、财产不清、收支不实，心中无数，出现“以表代账”“无账会计”等不正常情况。

1959年，国务院颁发了《关于国营企业会计核算工作的若干规定》和《国营企业会计核算工作规程》，乐安县认真贯彻执行，恢复和加强了会计核算必须遵守的手续、程序、规章，规定了对会计凭证、账簿的设置和物资、现金、往来账款的管理以及编送会计报表的要求，逐步恢复了会计工作的正常秩序。

1963年，贯彻“调整、巩固、充实、提高”方针，对会计工作提出了更高的要求。同年，国务院颁布《会计人员职权条例》（以下简称《条例》），县财政局组织了全县会计人员学习，《条例》极大调动了广大会计人员做好本职工作的积极性。

1964年，根据中央领导指示精神，简化会计核算制度，做到“算要有用，管要合理，改而不乱”。

1965年，财政部对会计制度进行了改革，颁发了新的行政事业单位会计制度。将资产负债对应平衡改为资金来源减资金运用等于资金结存的平衡方法。取消借贷记账法，实行以资金活动为主体的收付记账法。商业企业、工业及其他企业实行增减记账法，被不合理简化的会计制度逐步恢复和完善，会计工作得到加强。

1966年起的“文化大革命”期间，会计制度遭到严重破坏，不少会计机构被撤销、合并，大量会计人员被转业、下放。会计管理、核算、分析、监督等职能被大大削弱。

1968年，乐安县革委会抓革命促生产指挥部就贯彻执行省革委会省军区9·28布告的若干规定，结合乐安县的具体情况，对各单位的财务清理和会计交接工作作出了部署和规定。

1972年，财政部颁发《全国清产核资实施办法》。

1973年12月，《国营企业会计工作规则》颁发。

1974年7月，江西省转发并执行《国营企业会计工作规则》，明确企业会计的基本任务及会计核算方法。

1978年9月，国务院修订颁发《会计人员职权条例》。

1980年，省财政厅转发财政部《预算会计工作改革要点和调查提纲》，并就全省开展总预算会计制度、预算会计工作改革等下发了通知。

1982年，县财政局对全县各行业会计举行了一次业务培训，参加学习人员有120人，占全县财务人员100%。

1984年6月，《会计档案管理办法》颁发。

1985年1月，第六届全国人民代表大会常务委员会第九次会议通过《中华人民共和国会计法》，同年5月1日起施行，这是新中国成立以来的第一部会计立法，标志着会计工作进入法制建设的新阶段。

1988年起，按国家规定，从事财务会计工作满30年，属会计专业职务评聘范围的现职会计人员，颁发“会计荣誉证书”，以增强职业荣誉感。荣誉证书由财政部统一制发，以财政部名义颁发。此项工作在90年代后期停止。

1990年，贯彻执行《会计证管理办法（试行）》，会计证是会计人员从事会计工作的资格证书，取得会计证的基本条件：(1)坚持四项基本原则。(2)遵守会计法规制度。(3)具备一定的会计专业知识。(4)热爱会计工作，秉公办事。会计证由本人申请，所在单位签署意见，经上级主管部门审核同意后，报发证机关批准颁发。

1993年12月，第八届全国人民代表大会常务会员会第五次会议对《中华人民共和国会计法》进行了修订。

1999年10月,第九届全国人民代表大会常务会员会第十二次会议通过了第二次修订后的《中华人民共和国会计法》,并从2000年7月1日起施行。该法分总则,会计核算,公司、企业会计核算的特别规定,会计监督,会计机构和会计人员,法律责任,附则等7章、52条。其中,在规范会计行为,保证会计资料的真实、完整,完善会计核算规则,规范会计监督制度,加大违法、违纪的法律惩治力度等方面作了补充,并重新规定:(1)国家机关、社会团体、公司、企业、事业单位和其他组织(以下统称单位)必须依照会计法办理会计事务;(2)各单位必须依法设置会计账簿,并保证其真实、完整;(3)单位负责人对本单位的会计工作和会计资料的真实性、完整性负责;(4)会计机构、会计人员依照会计法规定进行会计核算,实行会计监督,任何单位或者个人不得以任何方式授意、指使、强令会计机构、会计人员伪造、变造会计凭证、会计账簿和其他会计资料,提供虚假财务会计报告。任何单位或者个人不得对依法履行职责、抵制违反本法规定行为的会计人员实行打击报复。(5)国务院财政部门主管全国的会计工作,县级以上地方各级人民政府财政部门管理本行政区域内的会计工作。(6)财政、审计、税务、人民银行、证券监督、保险监管等部门应当依照有关法律、行政法规规定的职责,对有关单位的会计资料实施监督检查。

2000年5月,财政部印发《会计从业资格管理办法》,从本年7月1日起施行。办法规定:凡在2000年7月1日前已经按照规定取得有效会计证的人员,视同其已具备会计从业资格,经审核认可后,可以直接换发会计从业资格证。会计从业资格证书实行定期年检制度,原则每2年进行一次。

2012年12月,财政部对《会计从业资格管理办法》又进行了修订并公布,自2013年7月1日起施行。办法规定:在国家机关、社会团体、企业、事业单位和其他组织中担任会计机构负责人,以及从事出纳、稽核、资本和基金核算、收入支出债权债务核算,职工薪酬成本费用、财务成果核算、财产物资的收发和增减核算、总账、财务会计报告编制,会计机构内会计档案管理,其他会计工作等人员应当取得会计从业资格;单位不得使用(聘用)不具备会计从业资格的人员从事会计工作;县级以上地方人民政府财政部门负责本行政区域内的会计从业资格管理;申请参加会计从业资格考试的人员必须符合下列条件:(1)遵守会计和其他财经法律、法规;(2)具备良好的道德品质;(3)具备会计专业基础知识和技能。

二、会计专业技术职称

民国时期与新中国成立后,都实行了会计专业职称。会计师名称相同,但性质有别。民国时的会计师是社会中介职业;新中国的会计师,是对现任财会工作人员评定或通过考试取得的专业职称。会计专业技术职称,在1998年之前分为高级会计师、会计师、助理会计师、会计员四级;1999年以后改为高级会计师、中级、初级三级。

1927年,国民政府财政部颁布了《会计师注册章程》;不久会计师划归工商部管理,并颁布《会计师章程》;

1929年,立法院公布了《会计师条例》;

1945年和1946年,又先后颁布《会计师法》和《会计师检核办法》,对会计师资格的取得、会计师事务所的开设和业务范围、会计师公会、会计师的惩戒处分等,都作了规定。

1951年10月,政务院财政经济委员会制定《核定会计师管理规则》,规定经所在地方工商局或县人民政府核准的会计师,可以在当地执行业务。

1963年,国务院首次公布《会计人员职权试行条例》,除对会计人员的职责、权限作出明确规定外还规定"对于会计人员,应当根据本人的工作能力,确定技术职称和等级"。当时因种种原因,对会计人员的技术职称和等级还未来得及作出具体规定。

1978年9月,对会计人员评定技术职称作了原则规定:凡具备条件的会计人员应分别授予总会计师、会计师、助理会计师和会计员的技术职称。

1980年2月,财政部通知,将总会计师改为高级会计师。1980年12月,财政部颁发了《关于成立会计顾问处的暂行规定》,规定具有一定会计专业知识和工作能力的人员,经居住地的省、自治区、直辖市财政厅、局考核批准,可以取得注册会计师资格,在执行工作任务时,用注册会计师称号。注册会计师承办业务,由主册会计师组成的会计师事务所统一接受委托。

1981年,江西省人民政府根据国务院批转的《会计干部技术职称暂行规定》,批转人事局《关于做好评定社会科学人员业务技术职称的报告》,对会计职称的评定工作做了具体的规定。

1983年5月14、15两日,全省会计专业职称进行了统一考试,会计师及助理会计师由地区组织统考,会计员由县进行统考。同年8月国务院决定把全国评定技术职称工作暂停下来。

1986年,财政部发出《会计专业职务试行条例》和《实施意见》,改革会计职称评定工作,实行专业技术职务聘任制度和以职务工资为主要内容的结构工资制，充分调动广大专业技术人员的积极性。

1987年，乐安县成立会计专业职称初级评审委员会，开展了全县会计专业技术职务的评审工作。根据国务院国发〔1986〕27号文件第八项规定，对1983年参加了统考合格的人员，根据工作需要直接聘任了相应专业职务。

1992年3月，财政部、人事部印发《会计专业技术资格考试暂行规定》和《实施办法》。会计专业技术资格实行全国统一考试制度，不再进行相应会计专业职务任职资格的评审工作。

2002年，江西申请参加高级会计师资格考试的人员，必须符合省人事厅《关于印发江西省高等学校教授等122个专业技术资格条件（试行）的通知》（赣人发〔2002〕31号）中《江西省会计专业高级会计师资格条件》规定的申报高级会计师条件。

1992～2012年，全县取得会计专业技术职称的人员共计692人，其中：高级会计师2人，中级会计专业技术职称129人，初级会计专业技术职称561人。取得会计从业资格证的718人。另注册会计师5人。

1992～2012年乐安县会计专业技术职称情况一览表

表4－23

年度	会计师		助师		会计员	注册会计师	中级	初级	高级会计师	从业资格证
	企业类	预算类	企业类	预算类						
1992	7（师甲）	—	17	13	—	—	—	—	—	—
1993	12	—	36	27	—	—	—	—	—	—
1994	26	2	78	1	62	—	—	—	—	—
1996	12	—	35	—	39	—	—	—	—	—
1997	3	—	21	—	17	—	—	—	—	—
1998	7（A类）	—	31（A类）	—	15	5	—	—	—	—
1999	—	—	—	—	—	—	8	49	—	—
2000	—	—	—	—	—	—	2	44	—	—
2001	—	—	—	—	—	—	1	30	—	81
2002	—	—	—	—	—	—	8	9	—	75
2003	—	—	—	—	—	—	5	4	—	35
2004	—	—	—	—	—	—	10	12	—	353
2005	—	—	—	—	—	—	6	4	2（高级会计师合格证）	79
2006	—	—	—	—	—	—	7	6	—	38
2007	—	—	—	—	—	—	7	—	—	25
2008	—	—	—	—	—	—	4	3	—	24
2009	—	—	—	—	—	—	—	2	—	8
2010	—	—	—	—	—	—	—	3	—	6
2011	—	—	—	—	—	—	2	3	—	9
2012	—	—	—	—	—	—	—	—	—	5
合计	67	2	218	41	133	5	60	169	2	718

第二节 预算会计

预算会计称机关会计，预决算条例颁布后，改称预算会计。预算会计以执行国家预算财政收支进行核算为主要内容，按其适用范围分为：（1）总预算会计。（2）单位预算会计。（3）工商税务会计。（4）农业税征解会计。

一、总预算会计

1949年，县人民政府在全县建立了一致的账簿，统一会计科目以便立账，记账与结账，规定总账会计科目为收入、支出两部分。收入部分为领款、税收、公营事业收入、物资变价、杂项收入、暂收入6个科目；支出部分设行政费、军事费、教育费、财务费、公安特费、建设费、优抚费、社会事业费、民运费、解缴费、暂付款、临时费用12个科目。

1950年,全国统一了预算会计制度,乐安县执行中央财政部规定:(1)会计年度实行历年制。(2)以人民币为记账本位,以粮食(九二米)为记账辅助。(3)会计事务处理采用“收付实现制”。(4)会计科目定为岁入、岁出、往来3类。(5)会计凭证规定为原始凭证和记账凭证两种。(6)会计账簿,设置日记账、总账、各种明细账。(7)会计报表规定编报旬报、月报、季度经费总结表和年度决算。

1953年,县建立了一级财政,成立了总预算会计。这一年总会计制度作了如下修改:(1)科目改为资产、负债两类。(2)取消传票,改为记账凭单,日记账改为记账凭单登记簿。(3)县总会计对拨付各乡乡干部、乡小学经费可以拨款数列支。(4)会计报表取消日报表,向上级增报月报表。

1954年,执行财政部颁发的《各级人民政府总预算会计制度》,会计科目有改变:资产类科目改设地方预算存款,地方预算支出,地方预算基建,地方预算经费拨款,上下级往来、其他往来;负债类科目改设地方预算收入,暂收款项、上下级往来、其他往来,地方预算本年结余。会计账簿增设序时账。月份预算执行情况表的支出数,按拨给单位的拨款数编列,季报增加定员定额情况表。

1955年,简化总会计报表,改月报为季报。

1956年,改收付记账法为借贷记账法。会计报表的支出数均以单位银行支出累计数汇总编列,统一全县乡镇会计制度,建立预算的乡镇,其预算资金的管理及会计事务的处理受乡镇的领导和监督,乡镇预算会计任务是:办理本乡镇预算收支以及资金存款和暂收暂付款项的会计事务,采用单式记账法、记账科目设置农业税自筹收入,公产收入,其他收入,屠宰税分成收入等。

1958年,根据财政部规定,简化总会计报表,季度报表全部取消,月报取消分项支出,将6项往来科目合并为2个科目。

1959年,江西省财政厅对专、县预算管理工作和会计工作,作了具体规定。

1960年执行财政部修订《地方财政机关总预算会计制度》,总预算会计的基本任务修订为办理预算收入、支出、拨款、存款、借出款、借入款和周转金等会计事务,监督检查金库的工作,组织收入机关同金库及时对账,按期编送总会计报表,在县人民政府领导下,指导县各机关和乡镇财政机关的预算会计工作。

1961年起,恢复编报季报,对全县各预算单位实行集中互审汇编办法,并加强对各类报表的分析研究。

1963年,总预算会计旬报由12个项目减为9个项目。

1964年,为加强对单位的资金管理,规定总会计账登记上年“银行支出数”与“实际支出数”的差额,限期结报或收回。

1966年,对总预算会计制度作了重要修改:(1)实行“收付实现制”的结账基础原则,取消借贷记账法,改为收付记账法。将资产、负债对应平衡,改为资金来源减资金运用等于资金结存的平衡关系。(2)为加强对单位“银行支取未报数”的管理,经常督促清理结算,应建账监督核销。(3)会计科目相应修改为资金来源,资金运用和资金结存3类。

1968年,旬报只报中旬本月累计数,上旬、下旬免报。旬报均用电报报地区财政局。

1970年7月起,恢复编报预算执行情况旬报,下旬免报由月报代替。

1976年起,执行《江西省地方财政总预算会计制度》。

1979年,规定对财政部门设置的各项周转金的会计账务处理:(1)由省下达支出预算指标中安排设置的周转金,财政第一次拨给单位时,作为直接支出列入决算,同时在预算外账户按借款单位和项目设往来账,收回时增加预算外存款,冲销往来借款。(2)地方机动财力设置周转金,作预算支出转预算外暂存款。(3)上级直拨的周转金,直接存入财政预算外账户。

1981年起,为适应发行国库券,增设了相应的总账科目。

1984年,执行财政部制定的《财政机关总预算会计制度》,与实行“划分收支、分级包干”的财政管理体制相配套。

1986年,执行《江西省乡镇财政总会计制度》,会计核算业务根据乡镇财政收支范围,设置预算内、预算外、自筹资金3套账分别核算,在银行开立3个存款账户,乡镇财政所配备1名专职总会计办理总会计工作。

1987年起,财政部门集中管理行政、事业单位预算外资金的会计事务,会计科目规定为:代管资金收入,利息收入,其他代管资金,资金盈余,代管资金拨款,利息支出,预算外支出,暂付款,代管资金存款,库存现金,并相应设置会计账簿。

1988年,加强对预算执行情况的分析工作,提高信息分析质量,对生产、财务、税收等资料进行分析,作出准确判断。为适应深化经济体制改革,加强预算管理的要求。是年对总会计制度作了进一步的修改,其要点是:(1)以《中华人民共和国会计法》为依据,使预算会计管理进一步纳入法制轨道。(2)明确总会计的主要职责。(3)规定了总会计人员配备的最低限度,县至少2人。(4)财政机关专项周转金,可由总会计在有关专业银行单设账户。(5)财政机关直接经办的支出,除原规定之外,还包括包干使用的专项资金,科技三项经费,挖潜改造资金,简易建筑费,价格补贴,建立各种财政周转金。(6)会计账簿设置总账,明细账。(7)会计报表、旬报、收入报到"类"和"小类",或主要"款"。月报,列报到"款"的入库数,此制度自1989年起施行。

1997年6月,财政部下发《关于印发(财政总预算会计制度)的通知》规定:(1)总预算会计是各级政府财政部门核算、反映、监督政府预算执行和财政周转金等各项财政性资金活动的专业会计。(2)总预算会计的主要职责是进行会计核算,反映预算执行,实行会计监督,参与预算管理,合理调度资金。基本任务如下:①处理总预算会计的日常核算事务。办理财政各项收支、资金调拨及往来款项的会计核算工作;及时组织年度政府决算、行政事业单位决算的编审和汇总工作,进行上下级财政之间的年终结算工作。②调度财政资金。根据财政收支的特点,妥善解决财政资金库存和用款单位需求的矛盾,在保证按计划及时供应资金的基础上,合理调度资金,提高资金使用效益。③实行会计监督,参与预算管理。通过会计核算和反映,提出预算执行情况分析,并对总预算、部门预算和单位预算的执行实施会计监督。协调参与预算执行的国库会计、收入征解会计等之间的业务关系,共同做好预算执行的核算、反映和监督工作。④组织和指导本行政区域预算会计工作。省、自治区、直辖市(含计划单列城市,下同)总预算会计在与本制度不相违背的前提下,负责制定或审定本行政区域预算会计有关具体核算办法的补充规定;组织预算会计人员的培训活动;组织检查、辅导本单位会计和下级总预算会计工作,不断提高政策、业务水平。⑤做好预算会计的事务管理工作。负责预算会计的基础工作管理,参与预算会计人员专业技术资格考试、评定及核发会计证工作。(3)各级财政部门应当根据工作需要,设置与其工作任务相适应的总预算会计机构,配备一定数量的专职总预算会计,负责组织与管理预算会计工作,并要保持相对的稳定。

2001年,财政部下发《(财政总预算会计制度)暂行补充规定》:财政总预算会计核算以收付实现制为主。

二、单位预算会计

1949年新中国成立之初,无完整统一的单位预算会计制度。

1950年,开始参照总会计制度,处理单位会计事务,财政部制定《各级人民政府暂行单位预算会计制度》公布以后,乐安县才起用新的单位预算会计体系。

1951年,规定单位会计的职责是负责编制本机关和审核汇编所属单位的预算、计划、决算,反映和监督预算的执行,办理现金、票券、财产的增减转移及债权债务的记录与清理,编制各项会计报告,单位会计凡与总会计直接发生领报关系的为一级单位会计,按隶属关系,其下依次为二级、三级单位会计。

1952年执行财政部为贯彻政务院关于统一处理机关生产的规定,自1952年5月1日起取消单位预算会计的预算外收支科目。

1953年,单位预算会计科目改为资产、负债两大类,资产类包括固定资产、库存材料、银行存款、库存现金、拨出所属经费、暂付款、预算支出、基建支出、特种资金支出及各项往来,负债类包括固定资产基金、投入经费、专业银行基本建设拨款,上级拨入经费,暂存款,应缴预算收入,各项往来及特种资金收入。

1954年,单位预算会计科目仍分资产、负债两方面,资产方则分固定资产、材料、货币资金、往来、支出5类,负债方分基金、拨款、往来3类。

1956年执行财政部制定的《各级国家机关单位预算会计制度》和试行《江西省各级国家机关固定资产清查管理暂行规定》。

1958年按上级规定,单位预算会计的基本任务是:办理经费的领拨和支出的会计事务,根据核定的预算用途和有关制度,监督预算资金的使用。

1959年,修改单位会计科目,资产科目和负债科目下不再分类,34个总账科目减为28个。

1960年执行《单位预算机关会计制度》,单位预算会计的任务在1958年制度基础上增加两条:一是办理特种资金收支的会计事务和往来款项的结算。二是凡不编制单位预算不设置独立会计的,作为报销单位,不执行该制度。

1966年执行财政部制定的《行政事业单位会计制度》《行政事业单位简易会计制度》和《报销单位财务收支处理办法》。单位会计制度比原制度有较大改变,规定的基本任务是:(1)根据计划保证及时、合理供应资金、正确执行预算,发挥资金使用效果。(2)进行会计监督。(3)严格执行会计制度。(4)熟悉本单位业务情况当好领导参谋。(5)制定本系统本单位财会制度。(6)原一级单位改称主管会计单位,二级单位改称基层会计单位。(7)会计核算内容,主要是将资产负债对应平衡改为资金来源减资金运用等于资金结存的平衡方法,取消借贷记账法,实行收付记账法。

1976年,继续贯彻《江西省行政事业单位会计制度》,补充了开展财务会计工作的审查和比学赶帮运动,组织政策和业务学习,提高会计人员的思想和工作水平。

1980年,为适应对行政事业单位试行预算包干办法,核算单位预算包干结余,在资金来源类增设“经费包干结余”科目。

1988年,财政部对事业单位预算会计制度进行了全面系统的修订,从1989年起1月1日起执行,修改的要点是:(1)扩大适用范围。(2)提高会计核算的广度和深度。(3)根据《中华人民共和国会计法》的规定充实依法理财的内容。

1991后9月,江西省财政厅转发财政部印发《会计改革纲要(试行)》的通知。要求:基层单位会计改革在促进会计工作,做好记账、算账、报账的基础上,充分发挥会计在经济管理中的职能作用,逐步向“管理型会计”转变。

1996年11月,财政部关于《事业单位财务规则》与现行《事业行政单位预算会计制度》衔接问题的通知规定,由于各种原因作为与《事业单位财务规则》配套的新的事业单位会计制度目前暂不能出台,近期仍需继续执行现行事业单位会计制度。各地不得擅自修改出台新的事业单位会计制度。为了基本满足《事业单位财务规则》关于事业单位实行收支统一管理的要求,在编制预、决算时,对《事业单位财务规则》中有关项目按照现行会计制度的科目做相应转换,但日常会计核算暂不按《事业单位财务规则》有关项目记账。

1997年5月,财政部发布《事业单位会计准则(试行)》,从1998年1月1日起执行。准则内容为总则、一般原则、资产、负债、净资产、收入、支出、会计报表、附则共9章54条。事业单位会计准则是在1988年事业单位会计制度的基础上补充、修订和发展的,是事业单位会计工作的最高指导原则。总则及一般原则对会计核算的对象、目标、时间、依据、要求、原则作了明确详细的规定。较1988年会计制度增加资产、负债、净资产章节,将原制度中的全额预算收支核算、差额预算收支核算、预算外收支核算,分解为收入与支出两个章节。同年7月,财政部根据《事业单位会计准则》制定《事业单位会计制度》,原财政部1988年制发的《事业行政单位预算会计制度》同时废止。该制度与前1988年颁发的事业单位会计制度作了重大的改变,属于原则性的制度规定,制定会计准则,属于会计业务的具体操作如会计核算方法等制定会计制度,原1998年颁发的事业行政单位预算会计制度一分为二,将事业与行政分设为两个会计制度。

1998年2月,财政部印发《行政单位会计制度》,原1988年财政部制发的《事业行政单位预算会计制度》同时废止。新制度增加了会计核算要求,将原资金活动情况表的资金来源类、资金运用类、资金结存类改为资产负债表的资产类、负债类、净资产类、收入类、支出类。由收付记账法改为借贷记账法。

三、工商税收会计

1949年10月,根据省税务局颁发的《关于征课会计事务暂行统一规定》,规定了税款报解,现金管理和旬、月报制度。

1950年7月,按照税务总局制定的《各级税务机关暂行会计制度》的规定,县局以下采用收付记账法。

1954年起,国家税务总局颁发《各级税务机关税收会计制度》规定,税收会计采用历年制。税款解缴数以基层银行入账数为准。年度收入以截至12月31日止缴入基层银行数为限,收入退还及各项提支以截至12月31同止已实际支付数为限。税务所设两种账簿:税收日结表,每日根据规定凭证分别按预算科目及专栏项目汇总入账,报解时作为日报或期报;税收征纳登记簿,登记已事先核定限期缴纳的各项应征税款。县局设置税收征解明细分类登记簿,税收征纳登记簿,以前年度退税登记簿、补税登记簿、没收品实物登记簿、采用简易簿记法,直接依规定的原始凭证分别按预算科目及专栏项目汇总登记账目,不设会计科目。县局按月根据账簿结算数编制税收计算表,送银行核对签证,至迟不得超月过后3天上报。

1958年,税收计、会、统机构撤并,人员减少,大部分规章制度废除,税收会计工作严重削弱。

1959年11月,恢复和加强计会统工作。

1964年规定税收会计账簿的种类为:票款结报手册,税收日记分类账,税收日记分类总账和滞纳欠税登记簿。

1966年“文化大革命”开始后,税收计会统工作受到干扰。

1972年12月,按省税务局颁发的《江西省税收计划、会计统计工作制度暂行规定》,重申了过去行之有效的计会统工作制度,在全县逐步恢复和健全税收会计工作。

1978 年,税收计会统工作进入新的发展阶段,根据有关会议精神,从 1979 年 1 月起试行“税收计会人员岗位责任制”,同时,乐安县全面执行财政部制定的《工商税收计划、会计、统计工作制度》,规定税款征收入库,一般应由纳税人直接向金库经收处交缴,无经收处的,可自收或委托代征税款,并按照限期限额办理票款结报手续。

1980 年上级要求,税收会计工作逐步做到按日缴库,按日报解,按日记账。

1986 年,贯彻执行税务总局制定的《税收计划、会计、统计工作制度》,新制度规定:税收会计采用资金收付复试记账法;税收会计原始凭证有应征凭证、征收凭证、解缴凭证、提退凭证和其他凭证 5 种,税收会计账薄为:(1)总账;(2)明细账;(3)辅助账。

1987 年,税收会计核算工作实行全面改革,主要内容是:在记账方法上,由单式记账改为复式记账,实行“资金收付记账法”;核算起点,由征收数改为应征数。会计科目划分为资金收入、资金付出、资金结存 3 大类。县税务局资金收入类设 6 个总账科目,资金付出类设 7 个总账科目。

1994 年 9 月,税制改革实行分税制,乐安县国、地两税分设,税收会计沿用 1987 年改革后的税收会计核算实施办法,两家单独核算,单独报表。

1995 年 8 月,工商税收会计进行重大改革:(1)改革核算办法,将原来的“收付记账法”改为“借贷记账法”。(2)理顺了税收会计核算单位的关系。明确了税收会计核算单位按征管业务的不同,分为上解单位、入库单位、混合业务单位、和双重业务单位。税收会计核算分为上解单位与入库单位的两级核算和双重业务单位的一级核算。(3)扩大了核算范围,增加了明细账的设置。(4)把纳税保证金,发票抵税押金等纳入税收会计核算。(5)调整了部分税收会计报表,报送的会计报表统一规定为:税收资金平衡表,应征、欠缴、在途、查补税金明细报表,入库税金明细报表,减免税金明细报表,提退税金明细报表等 5 种。

1999 年 1 月,国家税务总局颁发新的《税收会计制度》,对 1995 年 8 月 21 日颁发的《税收会计核算办法》及有关规定同时废止。

四、农业税收征解会计

1950 年,县人民政府规定公粮征收机构对征集的粮食,在当晚进行结算,核对登账,每 5 天将征收数额上报。

1951 年,贯彻《江西省关于公粮收入制度的决定》和《江西省 1951 年农业税征解与接收会计制度执行办法》,乐安县遵照办理。以上制度规定:县财政部门均设立农业税征解会计人员或机构,其任务是:负责本地区应纳、已纳、尾欠、减免的统计:整理粮库、金库、贸易物资库 3 种入库数字与凭证;编送征解报告表;统一掌握现金、物资的管理与处理,粮库会计分为征解会计员与接受会计员,分别办理公粮收据,入库并编制征收入库报表,收支报表,向财政,粮食报解,征解会计与接受会计应分别按时记账,对账。

1953 年 9 月,财政部颁发的《农业税征解业务会计制度》规定,采用会计年度和征收年度两种计算方法,会计年度自 1 月 1 日起至 12 月 31 日止,征收年度自 4 月 1 日起至下年 3 月 31 日止。

1958 年,乐安县实行“征购粮统一入库,依质论价,分别结算”的办法,农业税以征收粮食为主,纳税人应缴农业税,凡有余粮的必须缴售粮食,由粮食部门在其粮食价款中扣缴。全年征购粮食按“先征后购”的原则结算。同年 7 月,贯彻财政部《关于农业税征解会计工作的规定》。

1959 年,修订农业税征解会计工作的几项规定:(1)农业税征解会计改用历年制。(2)会计科目设置“上年结转收入”“预送收入”“秋征收入”。(3)县附加粮仍随同农业税正税一并入库上报,在征解月报表中按先完成正税后完成附加原则严格划分。(4)粮食价款由县财政局与粮食局按旬结算。(5)县财政局在 8 月至 12 月底,每月上、中旬编制“农业税征收进度旬报表”,报专署财政局。(6)县财政局月终后 5 天内同支库、粮食局对账后编制“农业税征解月报表”报行署。(7)县人委会于年度终了后 10 天内编制“农业税征收年度结算表”报行署汇总上报省。

1960 年,将征收年度划分为预送期(1 ~ 9 月底)和秋征期,设“预送收入”和“秋征收入”两个会计科目。公粮由县财政局与粮食局每 10 天结算付款一次。

1961 年,农业税一律征收实物不征代金,征收的粮食和经济作物分别由粮库和商业收购站接受,财政部门分别与粮食、商业部门进行结算。

1962 年,乐安县农业税征解会计业务由县财政部门主管农业财务人员办理,基层征解会计工作,在征收期间由县财政部门督促公社会计人员和助征人员办理征收、入库、换据结算、报解等工作。

1964年,简化农业税征解会计报表,将1963年的8种表格减为4种,即农业税负担情况表,农业税征解月报表,农业税决算表,农业税价款对账单。

1985年农业税由征粮为主改为折征代金为主,折征代金和征粮同时并存,采取“倒三七”的折征方法。

1986年,执行《江西省农业税征解会计制度实施细则》,该实施细则规定:财政部门是农业税的征收机关,配备征解会计人员,汇总农业税计税基础资料:向领导提供分配征收任务,减免指标的试算方案和征解进度;办理农业税的征收、结算、解报及退税业务的核算和账务处理,编审会计报表,负责办理会计资料的整理归档和票证管理工作。征解会计年度以国家预算年度为准,1~9月为春、夏征期,10~12月为秋征期,以粮食为计算单位并按国家规定的稻谷价格折征代金。会计报表设置旬报、月报和年报,征解会计事务按不同的征收方法分别处理,仍征收粮食的地方,执行“先征后购”的原则,按“倒三七”比例结算价款,价款达到300元即时缴国库,不足300元的,解库期限不超过10天,年度终了时,应减未减的退税款,可在总会计“预算暂存”科目设立“农业税减免待退款存款”账户,在次年3月底前处理完毕。对农业税征收票征,建立和健全领发管理制度。

1992年,财政部下发《关于印发(农业税收征解会计制度)的通知》规定:(1)农业税收(包括农业税、农林特产税、耕地占用税、契税、牧业税)征解会计(以下简称为征解会计)是财政总预算会计的分支,是反映、核算、监督农业税收的征收、解报、提退等业务的重要手段,是农业税收征收管理工作的重要组成部分。建立健全农业税收征解会计制度,对正确执行政策,维护财经纪律,考核任务完成情况,确保国家税款和票证安全都具有重要作用。根据《中华人民共和国会计法》、现行农业税收法规和国家其他有关规定,结合目前农业税收征收管理的实际情况,制定本制度。(2)各级人民政府的财政部门是农业税收的征收机关(以下简称征收机关)。各级征收机关(特别是乡镇征收机关)必须配备征解会计人员。征解会计人员受本单位负责人领导,在业务上受上级征解会计和同级财政总预算会计的指导。(3)各级征解会计人员,根据《中华人民共和国会计法》和《会计人员工作规则》行使职权,进行工作。从事农业税收征解会计工作的人员可以按照国家有关会计专业职务、职称评聘的规定,评聘会计专业职务或职称。(4)征解会计的基本任务和职责:①认真执行国家政策和有关规章制度,维护财经纪律,保守国家机密,如实反映情况,同一切损害国家利益和群众利益的行为作斗争。②记录、计算、整理、核实、汇总农业税收计税基础资料;向领导提供分配征收任务、减免指标的试算方案和征收进度。③办理农业税收的征收、结算、解报、以及退税业务的核算和账务处理,办理农林特产税源发展基金及农业税收征收经费的提取划解,编制报送会计报表,并负责办理会计资料的整理归档和票证管理。④向同级财政预算编报税收计划。向上级征收机关及时提供数据资料和报送农业税收征收情况。⑤指导、监督、检查、评比所属征解会计的业务工作,培训所属征解会计人员。(5)农业税收征解会计年度,以国家财政预算年度为准,即每年1月1日起至12月31日止。农业税根据征收季节,划分为夏征期和秋征期,具体划分时间由各省、自治区、直辖市自定。农林特产税、耕地占用税、契税、牧业税不划分征收期。(6)农业税以核定的常年产量为计算依据,以粮食(当地主粮)为计算本位核定征收任务。农林特产税以农林特产品实际产品收入为计税依据。耕地占用税以占用耕地面积为计税依据。契税按房屋产权转移面积和规定的价格计征。牧业税以计税牲畜头数或牧业收入为计税依据。(7)粮食以公斤为计算单位,公斤以下四舍五入;货币以人民币元为计算单位,元以下计算到角分,分以下四舍五入。(8)农业税收是国家财政收入的组成部分,任何单位和个人不得擅自动用。征收的税款,必须及时解缴国库或国库经收处。(9)该制度自1993年起执行。

1998年12月,国家税务总局根据《中华人民共和国会计法》,为了规范农业税收会计核算,加强农业税收会计工作,以适应农业税会计工作发展变化的要求,在充分征求各地意见的基础上国家税务总局重新修订了《农业税收会计制度》。并印发全国各地自1999年1月1日起执行,对于1992年财政部印发的《农业税收征解会计制度》同时废止。新的农业税收会计制度是以“收付实现制”记账原则,采用“借贷记账法”反映农业税收资金的运动变化。

2005年取消农业税,农业税会计成为历史。

第三节　企业会计

新中国成立后,除规定企业通用的会计制度外,又分别制定适用于农、工、商业的专业企业会计制度,乐安县按有关制度执行。

一、企业通用会计

1950年3月,政务院发布训令,要求各部门分别就所属企业拟定统一的会计制度及有关的章则和账簿,会计报表规定为资产负债表,损益表、现金收支表,成本计算表。

1951年11月,贯彻江西召开的第一次企业财务会计会议精神,修订国营企业统一会计制度。

1952年,贯彻财政部、中国人民银行发出的《关于规定国营企业在银行存款应分别专款各开各户的联合通知》规定:(1)国营企业以流动资金的收支为范围在银行建立结算户。(2)国营企业的各项专款,除指定存入专业银行以外,其余均应在银行专户储存。(3)企业在银行设立大修理基金、企业奖励基金、福利基金等专户。同年12月,财政部公布《国营企业统一登记会计簿籍会计凭证办法》,规定会计簿籍、凭证均适用复式借贷方法和统一会计科目。

1956年,执行财政部修订颁发的国营企业统一会计科目,从原来的221个科目合并为85个科目。

1958年,财政部制订《公私合营企业基本业务简易会计制度》。是年,在"左"的思想影响下,对企业会计制度进行"改革",实行"放权""简化",并废止了几项企业会计制度。

1959年,执行财政部颁发的国营企业会计核算工作的规定,主要内容是:企业会计须有合法、真实、完整的凭证;设置必要的账簿、账目应以会计凭证为据及时记载;固定资产必须入账,提取折旧、增减、转移都应报经批准;基建与生产的资金划分清楚分别核算;现金和存款须逐月结算,核对、账实相符;按规定编送报表;加强会计交接和监督。

1961年,国务院颁发《国营企业会计核算工作规程》:(1)企业必须切实做好会计核算工作。(2)企业会计核算的任务是正确、全面、及时记录反映企业各项财产和资金的增减变化情况。(3)企业和企业管理机关须单独设置财务会计机构,配备必要的会计人员。(4)企业须通过会计核算工作,加强经营管理责任制。(5)企业的厂长、经理须重视会计核算工作,加强领导和督促检查。(6)企业会计核算须依靠群众,建立在群众参加管理、参加监督的基础上,发挥职工群众积极性。

1962年,对国营企业会计填制凭证、登记账簿有严格要求:(1)建立健全记账工作责任制。(2)会计人员调动,须将凭证、账簿做好移交工作。(3)记账凭证应有专人负责审核。(4)出纳须根据会计主管人员审核批准的收款凭证和付款凭证收付款项。(5)记账凭证应连同原始凭证及汇总表按期归档保管,不得丢失。(6)未用的凭证应登记、妥善保管、防止丢失。(7)每本账簿应做好目录、盖好印鉴,并加盖公章。

1966年11月,财政部印发《关于建立新账和编制度年会计报表的通知》,认为借贷记账法难学难懂,难查难用,企业可根据实际情况采用增减记账法、行政事业单位实行财产收付记账法、现金收付记账法,乐安全面执行。

1974年,财政部印发《国营企业会计工作规则》,明确企业会计工作的任务:遵循党的线路、方针,执行国家计划和财政制度,促进企业多快好省发展生产,正确记录,核算、反映企业财务情况和经营成果,实行财务监管,保护国家财产,维护财经纪律。记账方法分别采用"增减记账法""收付记账法""借贷记账法",乐安全部执行"增减记账法"。会计科目设资金占用类科目18个,资金来源类科目10个。

1976年,根据《江西省1976年国营企业年度汇总会计报表》的规定,县财政局于年终后45天内报出企业年度汇总会计报表,内容包括全县国营企业及财政部门,主管部门集中掌握尚未拨给企业的各项资金。并对生产、利润、成本完成情况,固定资产增减利用情况,流动资金运用情况等,写出文字分析说明。

1987年起,国家统一乡镇企业会计制度,规定乡镇企业会计工作的具体任务是:认真贯彻执行国家的财经政策和法令,执行财务计划;做好核算工作,提供经营管理所需的会计资料,乡镇企业会计采用增减记账法,逐步推行借贷记账法,会计年度采用公历制,每年1月1日至12月31日止,以人民币"元"为记账单位,"元"以下记角分。乡镇企业会计科目分两类:(1)资金占用类;(2)资金来源类。乡镇企业须重视凭证、账簿的设置、使用和保管工作,会计账簿设置现金和银行存款。各种账簿的记录,定期核对,做到账证相符,账实相符,账账,账表相符。会计人员调动时需办理交接手续,在未办移交手续前,不得离职。

2005年3月,抚州市财政局转发财政部《企业公司制改建有关国有资本管理与财务处理行为,促进现代化制度的建立的暂行规定》,就规范企业公司制改建中有关国有资本管理与财务处理行为,促进现代企业制度的建立和国有经济结构的调整作出了如下规定:(1)关于企业应付工资、应付福利费、职工教育经费余额的财务处理、改建企业账面原有的应付工资余额的处理:属于应发未发职工的工资部分,应予清偿;在符合国家政策、职工自愿的条件下,依法扣除个人所得税后,可转为个人投资。属于实施"工效挂钩"等办法提取数大于应发数形成的工资基金结余部分，应当转增资本公积金，不再作为负债管理，也不得转为个人投资。改建企业账面原有的应付福利费、职工教育经费余额，应当转增资本公积金，不再作为负债管理，也不得转为个人投资。因医疗费超支产生的职工福利费不足部分，可以依次以公益金、盈余公积金、资本公积金和资本金弥补。(2)关于预提企业内退人员生活费及社会保险费等的财务处理：改建企业根据国家有关规定，对未达到法定退休年限的在册职工实行内部退养的，所需内退人员生活费及社会保险费等，应当作为管理费用，据实处理。国有企业在分立式改建情况下，改建企业内退人员实行统一管理的，经批准可以从改建企业国有净资产中预提所需的内退人员生活费及社会保险费等，并实行专户管理。预提数额以改建企业可支付的国有净资产为限，不足部分作为管理费用，由内退人员的统一管理单位据实承担。(3)关于母公司对子公司在公司制改建中核销国有权益的财务处理：在企业集团内部，子公司实行公司制改建，由于资产损失或产权转让等原因，经核实批准实际折股的国有权益或国有产权转让作价少于原有账面价值的，母公司相应核销对子公司的股权投资，投资损失可以转入年初未分配利润，依次以结余的年初未分配利润及公益金、盈余公积金、资本公积金弥补，不足部分用以后年度实现的税后利润弥补。

二、工业企业会计

乐安县工业企业会计，贯彻执行了国家制定的通用企业会计和工业企业会计的具体规定。

1953年，按照财政部颁发的《国营工业企业统一会计科目及会计报表格式》《国营工业统一成本计算规程》《国营工业企业材料会计处理办法》执行：(1)工业企业会计科目分为25类。(2)工业企业编报会计报表有资产负债表等22种表格。(3)工业企业核算成本以监督，反映执行成本计划的过程与成果，揭示成本降低的原因，提供考核各车间、部门工作成绩的尺度，保证国家财产的完整。(4)成本项目分材料成本、人工成本、折旧、其他生产费用。(5)对国营工业企业材料会计的基本任务作了详细说明，对材料的购入、保管、领发工作作了具体规定。

1954年，乐安县工业企业执行全国《国营工业企业统一简易会计科目及会计报表格式》，会计科目分为21类、54个科目，会计报表月报编送资产负债表、销售利润表和损益表，季报和年报除编送月报3种表外，增加流动资金周转计算表，政府资金增减表，生产费用表和商品产品成本计算表。

1955年，对工业企业编送报表作了具体规定，要求企业领导督促并组织财务部门会同计划、统计、劳动、生产、供销等部门，根据有关资料分析编制“财务情况说明书”，内容包括本期主要情况的介绍与生产、劳动、成本、销售、利润、折旧各项计划的完成情况和财务任务解缴情况及对流通资金来源运用的分析等进行全面总结。

1958年起，小型工业企业实行《地方国营工业企业基本业务简易会计制度》，设置52个一级账户，会计核算简化，材料核算采用实际成本，一般不预提固定资产大修理基金，在实际发生时摊入费用；低值易耗品不论使用与否，原则上购入时摊销50%。会计报表编制8种：资产负债表、流动资金周转计算表，固定基金增减表，商品产品成本表，产品成本表，损益表，企业奖励基金提成计算表，财务主要指标表，同年废止工业企业统一成本计算规程等规定。将原来的97个科目减为32个，对会计报表进行大力简化。

1959年，加强工业企业会计管理工作：对一些主要问题作如下规定：(1)办理现金收付，往来款项结算须取得会计凭证，会计凭证须真实、完整，并认真审核。(2)设置必要的账簿，账目必须以凭证为依据，做到及时记账，不以凭证代账。(3)固定资产须入账。(4)对各种物资建立验收、领发退库、记账制度，并有专人负责管理。(5)现金和银行往来，须逐日记账，并做好对账工作。(6)对支票严格管理，不得签发空白支票，7. 对固定资产和材料、产成品定期清查。(8)按月季年编制会计报表，不得提前结账。(9)财务人员和保管人员对保护国家财产负重要责任。

1962年，贯彻执行国民经济“调整、巩固、充实、提高”方针，进一步改进工业企业会计制度：(1)将会计科目统一设置为固定资产、材料、生产费用、产品销售、货币资金、结算、待处理财产盈亏等58个科目。(2)会计报表分资金平衡表，生产费用等14种表格。

1966年，对规模较小的工业企业，改为执行《工业企业简易会计制度》，科目只设17个。会计凭证分原始和记账凭证，会计账簿设出纳账，明细账和总账。会计报表分成本指标表、利润表、成本和资金表。记账方法采用增减记账法。

1971年，根据财政部颁发的《国营工业企业会计科目》规定，将会计科目分设为资金占用及支出类，和资金来源及收入类，在执行中，各单位可结合本企业的生产特点，增设专用基金银行存款，专用基金工程支出等科目。

1977年,国营工业企业会计按月编报9项主要财务指标快报,由企业月终后2天内报县财政局。

1981年,为适应资金有偿占用和加强管理的需要,将会计科目增设到50个。

1985年,科目报表修改如下:资金占用科目、取消应收产品和原材料价格科目,增加基本生产,自制半成品,辅助生产,车间经费,企业管理费,待摊税金,应弥补亏损、收款发出商品、销货款、应缴利润、待扣税金、应缴能交基金、会计报表增设应上缴及应弥补款项情况表,应缴调节税金。

1989年,按照财政部修订的国营工业企业会计制度的规定执行。企业记账方法可根据实际情况自行规定或由主管部门规定。会计科目、报表在1985年基础上作了修改。资金占用科目增加:长期投资,调进外汇价差、应收票据。资金来源科目增加:投资借款、专用借款、应付债券,应付引进设备款,应付票据,工资基金,未分配承租收入,会计报表取消应交调节税及企业留利计算表,增加固定资产和流动基金增减表。

1990年,国营工业企业完善承包经营责任制的会计处理,按以下规定办理:企业实行承包后,按税法规定,缴纳产品税、所得税、调节税、和其他各项税收和盈利企业完成承包上缴利润后的超目标利润,照章缴纳的各税均记入利润分配应缴税金科目,超年度承包目标多得部分由财政部门采取收入退库方式返还企业部分,作为企业留利,不试行风险抵押承包办法的企业,应在其他应收款科目下,增设承包风险抵押金明细科目。

1993年,财政部颁发《工业企业会计制度》,并自是年7月1日起执行。

三、农业企业会计

20世纪50年代初期,农垦企业的会计核算沿用简单的收付记账方法。

1956年,农垦部制定国营农场财务会计制度,设置固定资产、大修理、农产品、幼畜及育肥畜、材料、工资、生产费用、商品、销售、货币资金、结算、提出资产、基金、拨款、固定资产大修理的资金来源,财务成果,基本建设投资及基本建设的资金来源等类,共59个一级账户和必要的二级账户,报表分为季报和年报。

1963年,农垦部、财政部制定的《国营农场会计科目》,分固定资产、产成品、幼畜及育肥畜,财务成果、货币资金、材料、基金、生产费用、结算、工资、销售、待处理财产盘盈盘亏、专用拨款、银行借款等类,共55个科目。会计账簿设置总分类账,明细分类账及必要的登记簿。

1966年,将大中型国营农场的会计科目,分为两大类37个科目,另设5个备用科目。资金来源及收入类科目有:固定资产、流动资金、更新改造基金、企业基金、幼畜饲养费拨款,其他专用基金,银行贷款,应付款,固定资产折旧、预提费用,生产收入,经营利润等。资金占用及支出类科目有:固定资产、肥料和农药、燃料和润滑油、修配用零件,其他材料、产成品、待摊费用等,备用科目有应付工资、饲料、工资、公共和福利事业经营和拨付所属企业资金。

1979年,贯彻执行财政部、农垦部制定的国营农场5项财务会计制度,国营农场会计科目分为资金占用类和资金来源类。资金占用类设固定资产,种子等37个科目,资金来源类设资产折旧等12个科目,记账方法分别采用增减记账法,收付记账法及借贷记账法,会计报表仅设资金平衡表。

1987年起,新《国营农场财务会计制度》颁发,新制度适应经济改革的新情况,适用于农垦主管部门所属独立核算的工业、商业、交通运输,账簿按照会计科目设置,规定采用借贷记账法,有困难的可暂用增减记账法。

1992年12月,财政部下发《农业企业会计制度》,从1993年7月1日起执行,规定:(1)企业应按制度的规定,设置和使用会计科目。在不影响会计核算要求和会计报表指标汇总,以及对外提供统一的会计报表格式的前提下,可以根据实际情况,自行增设、减少或合并某些会计科目。凡制度统一规定会计科目的编号,以便于编制会计凭证,登记账簿,查阅账目,实行会计电算化。各企业不要随意改变或打乱重编。在某些会计科目之间留有空号,供增设会计科目之用。企业在填制会计凭证、登记账簿时,应填列会计科目的名称,或者同时填列会计科目的名称和编号,不应只填科目编号,不填科目名称。(2)月份会计报表应于月份终了后6天内报出;年度会计报表应于年度终了后35天内报出。法律、法规另有规定者从其规定。

四、商业企业会计

1951年,《中央人民政府贸易部所属国营贸易企业系统暂行会计制度》颁布后,逐步统一了国营商业企业会计制度。(1)会计事项、均以复式簿记借贷方式进行记录。(2)会计科目分设资产、负债、经营收支、资产负债表外科目4大类211个科目。(3)会计簿籍分为序时账、分类账和补助登记簿。(4)会计凭证分原始凭证和记账凭证。(5)会计报表分月报、季报、年报。(6)会计处理程序是:根据合法的原始凭证编制记账凭证,根据合法的记账凭证登记账簿,根据合法的账簿编制报表。

1955年,商业企业会计按商业部颁发的《国营商业企业统一会计制度》执行。会计科目设置4大类,其中基本业务类设商品、费用及税金等项下设143个科目,基本建设类设基本建设资产和负债项,下设25个科目;大修理类设大修理资产和负债项,下设13个科目;资产负债表外类只设资产负债表外项,下设14个科目。会计账簿分总分类账、明细分类账和补助登记簿,会计凭证分原始凭证,原始凭证汇总表及记账凭证,报表分月、季、年报。

1957年,商业企业会计制度作了较大改进,一是在科目设置上,取消了类级科目,项级科目简化为商品储备、原材料及用品、生产与加工、待摊费用等,项以上科目简化为68个。二是简化了各类报表。三是年终决算财务情况说明口径保留商品流转与商品流通费计划完成情况、财务状况的分析及损益原因的分析。

1960年,执行《中华人民共和国商业系统财务会计制度》,实施范围包括商业行政部门,企业单位、人民公社商业企业等。会计科目分为商品储备、原材料及用品、生产、待摊及预提费用、货币资金、结算、固定资产、盈亏结算、基金、银行借款、销售费用及税金、损益、基本建设等项,下设89个一级科目。会计报表分商业企业报表、饮食服务企业报表、公私合营企业报表和会计主要指标报表4类。

1963年,商业企业会计科目分商品储备、原材料、待摊费用、固定资产、银行存款、基金等类,类下根据商品流通、生产加工等不同业务分别制订各种专业核算科目。相同的经济业务,设置通用的会计科目,不同的经济业务,设置专用科目,共设科目94个。会计报表属各行业通用的主要有资金平衡表等7种,只属商业、工业、服务业通用的有饮食品主要指标表。

1966年,废止借贷记账法,推行增减记账法,会计科目划分为资金来源及收入,资金占用及支出两大类。资金来源及收入类设来源和收入两类28个科目;资金占用及支出设占用、支出、备查3类41个科目。

1971年,商业部补充修改制订的《商业会计制度》颁发,并于1973年正式推行。

1976年,商业部颁发的《国营商业会计制度》,科目中大类和类不变,类下科目增设到58个。同时对部分科目名称作了修改,另设表外代管商品物资科目,会计报表设财务主要指标电讯报告、资金表等9种报表。

1983年7月起,为适应商业企业实行利改税的需要,增设企业留利基金,留归企业利润,税前扣减利润,商业自补损亏等会计科目。并对部分缴拨款科目名称,核算内容作了修改,会计报表增加企业留利基金分配使用情况表,利润分配和亏损拨补情况表。

1985年,根据第二步利改税需要,商业会计增设应缴税金、应缴承包费或利润、待扣税金、利润分配和弥补亏损等科目,取消预缴所得税,缴国库利润,国家拨补亏损,留归企业利润,利润留成,税务扣减利润,抵缴利润,商业自补亏损等科目,会计报表增设利改税企业利润分配表和企业亏损弥补情况表,取消利润分配和亏损拨补情况表。

1988年起,执行商业部、财政部修订的《国营商业会计制度》,规定商业会计工作的基本任务是:(1)严格按本制度进行会计核算,为企业提供准确、真实、完整的会计资料。(2)认真编制,执行财务计划,管好用好资金,提高企业经济效益。(3)根据会计资料分析企业经营情况和财务状况,考核分析财务计划的执行情况。(4)根据《中华人民共和国会计法》做好稽核工作,实行会计监督,保护公共财产安全与完整。商业企业会计凭证要着重审核所反映的经济业务是否符合党和国家的政策法令和有关的计划、预算、合同协议的规定以及财经纪律和财会制度。商业企业会计账簿应根据核算需要设置总账、序时明细账、分户明细账及辅助账。

1992年12月,财政部下发《商品流通企业会计制度》(1993年7月1日起执行)。规定:(1)此制度适用于设在境内的所有从事商品流通的独立核算的企业,包括商业、粮食、物资供销、供销合作社、对外贸易、医药(石油、烟草)商业、图书发行等企业。(2)企业应按本制度的规定,设置和使用会计科目。在不影响会计核算要求和会计报表指标汇总,以及对外提供统一的会计报表格式的前提下,可以根据实际情况自行增设、减少或合并某些会计科目。制度统一规定会计科目的编号,以便于编制会计凭证,登记账薄,查阅账目,实行会计电算化。企业不要随意改变或打乱重编。在某些会计科目之间留有空号,供增设会计科目之用。企业在填制会计凭证、登记账薄时,应填制会计科目的名称,或者同时填列会计科目的名称和编号,不应只填科目编号,不填科目名称。(3)月份会计报表应于月份终了后8天内报出,年度会计报表应于年度终了后35天内报出。法律、法规另有规定的从其规定。

五、集体企业会计

1956年,社会主义三大改造基本完成以后,乐安县企业主管部门对成立的商业、手工业合作组织,分别不同情况制订了会计核算办法。此后,随着集体经济的发展变化,不断改进会计管理,健全制度。

1. 集体工业企业会计

1963年起，乐安县贯彻执行中华全国手工业合作社制定的《手工业生产合作社会计制度》。(1)会计事务的处理，一律按照权责发生制的原则进行；(2)采取“借贷记账法”；(3)设置25个会计科目，会计账簿分总账，明细分类账，补助登记簿3种；(4)每月编报月报表、产品成本报告表、资产负债表、损益表，年报以第四季度报表代替。

1966年，《江西省手工业企业会计科目记账方法账表说明》下发，乐安县所有手工业企业，一律采用“增减记账法”。会计科目划分为“资金来源”和“资金占用”两大类。一般设置20个会计科目。

1977年，省二轻工业局制定的《江西省二轻企业会计制度》规定：资金运用科目增加专用基金工程支出、门市商品、现金等科目；资金来源增加拨入资金、门市商品差价、销售等科目；取消股金科目，并增设现金账。

1981年，财政部、轻工业部联合印发《二轻集体所有制工业企业会计制度》。制度设置39个科目，其中资金占用科目23个，资金来源科目16个。

1984年起，财政部、轻工业部联合颁发的《二轻集体所有制工业企业会计制度》，在1981年基础上作了补充，会计科目资金占用方增设拨出联营资金、材料成本差异、自制半成品、门市部商品、其他应收款、国库券等科目；资金来源方增设股金、投入联营基金、应付工资、应交款项、其他应付款等科目。

2. 集体商业企业会计

1985年以前，乐安县商业系统集体所有制企业的会计核算，一般比照国营零售商店的执行，记账方法统一采用增减记账法。会计科目有资金来源及收入类23个科目，其中来源科目18个，收入科目5个；资金占用及支出类设26个科目，其中占用科目20个，支出科目6个，会计报表为指标月报表；季报，年报为资金平衡表以及集体企业利润分配表。

1990年9月，财政部下发《关于城镇集体商业企业会计制度》规定：(1)此制度适用于商业主管部门和非商业主管部门所属的城镇集体商业企业。(2)此制度是城镇集体商业企业重要的管理制度之一，是城镇集体商业企业会计核算工作的规则，集体商业企业都必须认真执行。①各级财政、税务部门和企业主管部门对城镇集体商业企业贯彻执行本制度负有监督、检查、指导的责任。②城镇集体商业企业的主要领导负有组织领导本企业各部门和所属企业贯彻执行本制度的责任。③城镇集体商业企业的财会部门负有具体贯彻、执行本制度的责任，并对其他部门的资金使用、费用开支、柜组核算、财产管理、账册建立和单证流转及会计档案管理工作，负有监督、检查和指导的责任。(3)城镇集体商业企业会计工作的基本任务：①严格按照本制度进行会计核算，为国家和企业提供真实、准确、完整的会计资料。②积极参与企业的经营管理工作，参与拟订企业的业务计划，认真编制、执行财务计划，并根据会计资料分析企业经营情况和财务状况，考核、分析财务计划的执行情况，及时总结经验，揭露矛盾，提出改进的建议和措施，管好用好资金，促进企业增收节支，搞好商品流通，提高企业经济效益。③根据该制度结合本企业的具体情况，拟订本单位办理会计事务的具体办法，建立、健全和不断完善企业内部稽核制度和会计制度。④依据《中华人民共和国会计法》的基本原则，以及其他有关的法律、法规，做好稽核工作，实行会计监督保护集体财产的安全与完整。(4)企业的会计年度自公历每年1月1日起至12月31日止。会计年度的分月、分季与公历相同。

城乡集体经济组织会计工作的管理体制由财政部门实行“统一领导、分级管理”，财务收支审批实行“一支笔”审批，即主管财务的行政领导或设有总会计师的单位，由总会计师统一审批。重大财务收支按章程或规定审批。城乡集体经济组织必须接受财政部门、税务部门、主管部门进行的经济监督。

1993年7月1日，实施全国会计制度改革，执行财政部发布的《企业会计准则》和制定的各行业的企业会计制度。集体企业会计核算从1993年7月1日起按所属行业执行相关新的会计制度，原集体企业会计核算各制度同时废止。

六、实行《企业会计准则》新制度下的分行业企业会计

1992年11月16日，全国实行企业会计核算模式改革，财政部发布施行《企业会计准则》10章共66条。规定凡设立在中国境内的所有企业从1993年7月1日起都必须遵循，严格执行新制度所规范的各类企业新的会计制度。加强各类企业会计核算管理。新制度规定会计核算以权责发生制为基础，各类企业会计统一采用“借贷”记账法、统一实行分行业会计科目的分类、科目的设置、编号、科目的核算，统一实行报表的编制种类、报表的结构、报表项目设置的具体格式和编送规定，新制度从根本上改变了企业会计核算模式。

（一）商品流通企业会计

新制度规定商业、粮食、外贸、供销合作社、图书发行、物资供销企业等6行业为商品流通企业。会计核算设资产类科目30个:现金、银行存款、其他货币资金、短期投资、应收票据、应收账款、坏账准备、预付账款、其他应收款、商品采购、库存商品、受托代销商品、商品进销差价、商品削价准备、加工商品、出租商品、分期收款发出商品、材料物资、包装物、低值易耗品、待摊费用、长期投资、特准储备物资、固定资产、累计折旧、固定资产清理、在建工程、无形资产、递延资产、待处理资产损益。设负债类科目16个:短期借款、应付票据、应付账款、预收账款、代销商品款、其他应付款、应付工资、应付福利费、应缴税金、应付利润、其他应交款、预提费用、特准储备资金、长期借款、应付债券、长期应付款。设所有者权益类利目5个;实收资本、资本公积、盈余公积、本年利润、利润分配。设损益类科目14个:商品销售收入、销售折扣与折让、商品销售成本、经营费用、商品销售税金及附加、代购代销收入、其他业务收入、其他业务支出、管理费用、财务费用、汇总损益、投资收益、营业外收入、营业外支出。规定会计报表有:资产负债月报表,损益月报表、财务状况变动年报表、利润分配年报表、商品销售利润明细年报表等5种。月份会计报表于月份终了后8天内报出;年报表于年度终了后35天内报出。

(二)工业企业会计

新制度规定工业企业会计核算设资产类科目27个:现金、银行存款、其他货币资金、短期投资、应收票据、应收账款、坏账准备、预付账款、其他应收款、材料采购、原材料、包装物、低值易耗品,材料成本差异、委托加工材料、自制半成品、产成品、分期收款发出商品、待摊费用、长期投资、固定资产、累计折旧、固定资产清理、在建工程、无形资产、递延资产、待处理财产损溢。设负债类科目15个:短期借款、应付票据、应付账款、预收账款、其他应付款、应付债工资、应付福利费、应缴税金、应付利润、其他应交款、预提费用、待扣税金、长期借款、应付债券、长期应付款。设所有者权益类科目5个:实收资本、资本公积、盈余公积、本年利润、利润分配。设成本类科目2个:生产成本、制造费用。设损益类科目11个:;产品销售收入、产品销售成本、产品销售费用、产品销售税金及附加、其他业务收入、其他业务支出、管理费用、财务费用、投资收益、营业外收入、营业外支出。规定会计报表有5种(与商品流通企业会计报表相同)。月份会计报表于月份终了后6天内报出;年报表于年度终了后35天内报出。

(三)施工企业会计

新制度规定施工、房地产开发企业会计核算设资产类科目31个:现金、银行存款、其他货币资金、短期投资、应收票据、应收账款、坏账准备、预付账款、内部往来、备用金、其他应收款、物资采购、采购保管费、库存材料、周转材料、低值易耗品、材料成本差异、委托加工物资、库存产成品、待摊费用、长期投资、拨付所属资金、固定资产、累计折旧、固定资产清理、临时设施、临时设施摊销、专项工程支出、无形资产、递延资产、待处理财产损溢。设负债类科目14个:短期借款、应付票据、应付账款、预收账款、其他应付款、应付工资、应付福利费、应缴税金、应付利润、其他应交款、预提费用、长期借款、应付债券、长期应付款。设所有者权益类科目6个:实收资本、上级拨入资金、资本公积、盈余公积、本年利润、利润分配。设成本类科目4个:工程施工、工业生产、机械作业、辅助生产。设损益类科目10个:工程结算收入、工程结算成本、工程结算税金及附加、其他业务收入、其他业务支出、管理费用、财务费用、投资收益、营业外收入、营业外支出。规定会计报表有:资产负债月报、年报表,损益月报表、年报表,财务状况变动年报表,利润分配年报表等4种。月份会计报表于月份终了后15天内报出;年度会计报表于年度终了后45天内报出。

(四)运输(交通)企业会计

新制度规定运输(交通)企业会计核算设资产类科目25个:现金、银行存款、其他货币资金、短期投资、应收票据、应收账款、坏账准备、预付账款、其他应收款、材料采购、材料、燃料、轮胎、低值易耗品、材料成本差异、委托加工材料、待摊费用、长期投资、固定资产、累计折旧、固定资产清理、在建工程、无形资产、递延资产、待处理财产损溢。设负债类科目14个:短期借款、应付票据、应付账款、预收账款、其他应付款、应付工资、应付福利费、应缴税金、应付利润、其他应交款、预提费用、长期借款、应付债券、长期应付款。设所有者权益类科目5个:实收资本、资本公积、盈余公积、本年利润、利润分配。设成本类科目5个:辅助营运费用、营运间接费用、船舶固定费用、船舶维护费用、集装箱固定费用。设损益类科目18个:运输收入、运输支出、装卸收入、装卸支出、堆存收入、堆存支出、代理业务收入、代理业务支出、港务管理收入、港务管理支出、其他业务收入、其他业务支出、营运税金及附加、管理费用、财务费用、投资收益、营业外收入、营业外支出。规定会计报表有:资产负债月报、损益月报表、财务状况变动年报表、利润分配年报表、主营业务收支明细报表等5种。月份会计报表于月份终了后6天内报出;年度会计报表于年度终了后35天内报出。

（五）邮电通信企业会计

新制度规定邮电通信企业会计核算设资产类科目31个：现金、银行存款、其他货币资金、短期投资、应收票据、应收账款、坏账准备、营业款结算、备用金、其他应收款、在途材料、材料采购、库存材料、低值易耗品、材料成本差异、委托加工材料、附属生产、通信商品、集邮商品、待摊费用、长期投资、拨付所属资金、固定资产、固定资产清理、累计折旧、在建工程、无形资产、递延资产、特准储备物资、待处理财产损溢、待转销汇兑损益。设负债类科目19个：短期借款、应付票据、应付账款、预收账款、其他应付款、应付工资、应付福利费、应缴税金、应付利润、应缴上级收支差额、所属上缴收支差额、其他应缴款、预提费用、长期借款、应付债券、长期应付款、递延税款、特准储备基金、专项应付款。设所有者权益类科目6个：实收资本、资本公积、盈余公积、上级拨入资金、收支差额、收支差额分配。设损益类科目13个：通信业务收入、共同费用、通信业务成本、营业税金及附加、其他业务收入、其他业务支出、管理费用、财务费用、投资收益、营业外收入、营业外支出、所得税、以前年度损益调整。规定会计报表主要有：财务主要指标月报，资产负债季报、年报表，损益季报、年报表，现金流量季报、年报表等4种。

（六）旅游、饮食服务企业会计

新制度规定旅游、饮食服务企业会计核算设资产类科目21个：现金、银行存款、其他货币资金、短期投资、应收账款、坏账准备、其他应收款、原材料、燃料、低值易耗品、物料用品、库存商品、待摊费用、长期投资、固定资产、累计折旧、固定资产清理、在建工程、无形资产、递延资产、待处理财产损溢。设负债类科目12个：短期借款、应付账款、其他应付款、应付工资、应付福利费、应缴税金、应付利润、其他应交款、预提费用、长期借款、应付债券、长期应付款。设所有者权益类科目5个：实收资本、资本公积、盈余公积、本年利润、利润分配。设损益类科目9个：营业收入、营业成本、营业费用、营业税金及附加、管理费用、财务费用、投资收益、营业外收入、营业外支出。规定会计报表有：资产负债月报表、损益月报表、财务状况变动年报表、利润分配年报表、营业收支明细年报表等5种。月份会计报表于月份终了后6天内报出；年度会计报表于年度终了后35天内报出。

（七）对外经济合作企业会计

新制度规定对外经济合作企业会计核算设资产类科目26个（子目29个），负债类科目18个（子目2个），所有者权益类科目4个（子目27个），成本费用类科目4个，损益类科目15个（子目22个）。规定会计报表有：资产负债月报表、损益月报表、财务状况变动年报表、利润分配年报表、经营业务收支明细年报表5种。月报于月份终了后10天内报出；年报于年度终了后4个月内报出。

对外经济合作企业会计科目表

表4－24

序号	科目名称和编号	序号	科目名称和编号
	一、资产类		01 原材料
	10～15 流动资产		02 设备
1	101 现金		03 低值易耗品
2	102 银行存款		04 周转材料
3	109 其他货币资金		05 商品
4	111 有价证券		06 产成品
5	121 应收票据		07 生活物资
6	122 应收票据贴现		08 实物结算物资
7	123 应收账款		09 其他存货
8	124 分期应收账款	16	155 在途物资
9	125 坏账准备		16 长期投资
10	126 预付款	17	161 长期投资
11	127 内部往来		01 股票投资
12	128 备用金		02 债券投资
13	129 其他应收款		03 其他投资
14	131 待摊费用		04 拨付所属资金
15	145 存货		17 固定资产

续表 4－24－1

序号	科目名称和编号	序号	科目名称和编号
18	171 固定资产		01 应付引进设备款
	01 房屋及建筑物		02 融资租人固定资产应付款
	02 船舶等大型设备		三、所有者权益类
	03 施工机械	45	301 实收资本
	04 生产设备	46	321 资本公积
	05 运输设备	47	331 盈余公积
	06 生活及管理设施	48	351 本年利润
19	172 累计折旧		01 承包工程利润
20	173 固定资产清理		02 劳务合作利润
21	174 融资租人固定资产		03 技术报务利润
22	175 融资租人固定资产累计折旧		04 房地产经营利润
23	179 固定资产购建支出		05 产品销售利润
	18～19 无形资产、递延资产及其他资产		06 物资销售利润
24	181 无形资产		07 自营出口利润
	01 专利权		08 代理出口利润
	02 非专利技术		09 服务业经营利润
	03 商标权		10 其他经营利润
	04 著作权		11 内部结算差额
	05 土（场）地使用权		12 营业税金
	06 商誉		13 进货费有
25	185 递延资产		14 销售折扣与折让
	01 开办费		15 销售费用
	02 租人固定资产改良支出		16 管理费用
	03 租固定资产大修理支出		17 财务费用
	04 长期待摊费用		18 投资收益
26	191 其他资产		19 营业收支
	二、负债类	49	361 未分配利润
	20～26 流动资产		01 应缴所得税
27	201 短期借款		02 应缴财政特种基金
28	205 短期债券		03 盈余公积补亏
29	211 应付票据		04 提取盈余公积
30	212 应付账款		05 应付利润
31	213 预收款		06 应付股利
32	219 其他应付款		07 未分配利润
33	221 应付工资		08 上年利润调整
34	222 应付福利费		四、成本费用类
35	223 应付创汇奖励金	50	401 生产成本
36	231 应缴税金	51	405 出国人员费
37	239 其他应交款	52	411 建造费用
38	241 应付利润	53	421 辅助生产费用
39	243 应付股利		五、损益类
40	251 预提费用		50～56 经营损益
41	261 递延收益	54	501 营业收入
	27 长期负债		01 承包工程收入
42	271 长期借款		02 劳务合作收入
43	277 长期债券		03 技术服务收入
44	279 长期应付款		04 房地产经营收入

续表 4-24-2

序号	科目名称和编号	序号	科目名称和编号
	05 产品销售收入		09 服务业经营成本
	06 物资销售收入		10 其他经营成本
	07 自营出口收入		11 内部结算成本
	08 代理出口收入	57	551 递延营业成本
	09 服务业经营收入	58	561 营业税金
	10 其他经营收入	59	563 进货费用
	11 内部结算收入	60	565 销售折扣与折让
55	521 递延营业收入	61	566 销售费用
56	531 营业成本	62	567 管理费用
	01 承包工程成本	63	568 财务费用
	02 劳务合作成本		57~59 营业外损益
	03 技术服务成本	64	571 投资收益
	04 房地产经营成本	65	581 营业外收入
	05 产品销售成本	66	585 营业外支出
	06 物资销售成本	67	591 清算费用
	07 自营出口成本	68	595 清算损失
	08 代理出口成本		

第十章　综合财政管理

综合财政管理，是社会主义经济加强宏观控制的重要手段之一。而县级财政虽说是衔接宏观和微观管理的中间层次，但是在现阶段，在综合财政管理方面，县级财政仍属于微观管理层次。通常是在国家制定的重大财政方针、政策指导下，按照上级财政部门制订的管理制度或办法，有的按分配下达的指标，由县级财政部门具体实施。

中华人民共和国成立初期及此后很长一段时间，县级财政部门的职能股室，由于编制有限，人员很少，有关综合性业务均采取兼管或统管的办法，随着经济的发展，业务范围不断增多，工作量大，人员增加，分工逐渐细化。如基本建设财务管理，先是由建设银行管理，后来基建中的预算拨款和自筹基本建设，分别由县财政部门的预算股和综合股管理，20世纪90年代中期设立基建财务股，基本建设财务管理工作才归口到该股统一管理，乐安县由于受财力不足的影响，基本建设投资极具有限，业务工作量较小，为了志述方便，将其列入综合财政管理。按照县级财政部门的综合财政管理职能，如控制社会集团购买力、国债推销与兑付、国家能源交通重点建设基金的征集与管理、财政债务管理均属于综合财政管理范围，县财政部门的综合股设立之前由预算股管理，综合股设立之后统一交由综合股管理。财政周转金涉及财政业务的多个部门，长期以来在支持生产发展、经济繁荣、事业兴旺以及财政增收、农民致富等诸多方面，均产生了明显的效果，财政周转金可谓功不可没，因此将其列入综合财政管理。20世纪90年代后期又新增加了政府采购和彩票管理的业务，亦一并列入该章。

第一节　基本建设财务管理

基本建设财务管理的主要内容是基本建设支出预算和决算的编制和执行，对基本建设资金的筹集、分配、供应、使用及其效益实行核算与监督。民国及其以前的财政不划分基本建设支出，没有单独的基本建设财务管理制度。新中国成立初期，基本建设资金包括在经济建设支出类和社会文教支出类以及行政管理支出类的经费拨款之中，因此，有关这方面的管理均合并在事业费和行政费之内进行管理。1968年基本建设资金开始单列科目进行管理。

一、基本建设拨款管理

1952年8月，中央财经委员会颁发我国基本建设拨款第一个法规《基本建设拨款暂行办法》，对基本建设拨款实行限额管理。1953年按照国家规定统一领导、分级管理的原则，实行中央与地方两级管理。根据财政部通知，江西试行《基本建设拨款暂行办法》，其中规定基本建设资金和生产资金（或机关经费）不得互相流用。1954年省财经委员会对基本建设拨款的管理作出两项规定:(1)购置零星固定资产,单价200元~2000元,且在年度内全部购置总值不超过2万元的,作为零星基本建设处理。(2)专、县所属单位简易建筑安装工程,其单项工程所需资金不超过1万元,年度内零星工程连同零星购置不起过2万元的,亦可作为零星基本建设处理。

1956年5月,省财政厅发文有关执行国务院基本建设拨款暂行条例(草案)中的几个具体问题,要求县级基建拨款,由县人民委员会决定,亦可参照处理:即经济建设费类及社会文教卫生费类的基层建设单位,按照省计委核定的基建工程项目进行基建时,对工程预算经建设银行审核出来的高估部分,在此一基建单位先行补足低估和漏估部分后,如仍有结余,在计划年度内可由主管部门统一安排,但所安排的基建项目应经省计委批准基建计划,方能使用,到年终未用的建设工程竣工后的结余款,作为预算结余处理。同年6月5日省财政厅下发《关于行政费基本建设资金报审手续的函》,关于行政机关、党群团体由行政管理费类开支的基本建设资金的审核手续,从1956年6月份起重新规定为:县、市的基建工程限额在1万元以下者,可由县、市人民委员会审核批准;限额在1万元以上3万元以下的工程,统由行署、专署负责审核批准;限额在3万元以上的工程,应由行、专署提出审核意见后,再转送省财政厅核定:报核基建工程时,必须附送工程图样(包括平面、立面、剖面、结构大样、基础大样和门窗大样等图),施工说明书,估价单和分析单价表等各两份,以便核算。乐安县照此执行。

1957年5月,省人民委员会根据1956年国务院颁发的《基本建设拨款暂行条例(草案)》和财政部的补充通知,规定江西省各级地方基本建设均由当地建设银行办理拨款和监督,未设建设银行的县、市,由行署、专署所在地建设银行办理。

1958年7月,省财政厅《关于改进基本建设财务拨款工作的通知》,主要内容有:(1)拨款依据是有批准的年度计划和建设预算的,按照计划和预算拨款;没有年度计划和建设预算的,只有投资限额的也可以拨款,但是限额以上的单位,要由省人民委员会或省计委批准后拨款;限额以下单位,县级的凭县委、县人民委员会同意的通知拨款。(2)简化拨款结算办法,取消过去分旬预支按月结算的办法,改为分次付款的办法,凡是本年内完工的,完工后一次结算;本年内不能完工的跨年度工程,年底结算一次。(3)建设单位完工后,必须办理基建财务决算,由各级财政或建设银行进行审查。

1959年8月,省人民委员会印发《关于基本建设财务管理工作中几个问题的通知》,对基本建设财务管理工作中的几个问题作出规定,其中县级应做好以下工作:(1)认真地把1958年的基本建设跨年度工程进行一次清理。(2)对1959年的基本建设投资,在已经核定的投资总额之内,在不减少工程项目,不推迟工程日期,不降低工程质量的原则下,一律节约8%。(3)为保证基本建设任务顺利完成,各级政府必须加强基本建设的管理,财务部门、建设银行必须加强基本建设资金使用的监督。

1960年3月,省财政厅印发关于基本建设投资包干办法,基本建设投资包干是1958年“大跃进”“大搞群众运动”的产物,是基本建设财务管理制度的重大改革,也是基本建设管理制度的一项重大改革。基本建设实行投资包干是按照国民经济计划的要求,在党的统一领导下,下放责权,在保证不降低生产能力、不推迟交工日期、不降低工程质量、不突破投资总额的条件下,把基本建设投资交给建设单位包干使用。此后,抚州地区也印发《抚州地区基本建设投资包干办法》,投资包干办法在全区推行。

1961年,根据国务院关于紧缩财政支出控制货币投放的补充通知精神,加强对基本建设财务的管理,凡是没有纳入国家基本建设计划的项目,建设银行一律不得拨款。1965年基本建设管理体制作了改变,地方基建资金纳入财政预算,由地方自行安排。当时乐安县的财力,只能“保吃饭”,上级不安排拨款,根本无钱搞建设,因此,从1961年起至1968年乐安县无基本建设项目经费安排。

1963年10月,国家计划委员会、财政部印发《基本建设投资和各项费用划分规定》,主要内容有:(1)基本建设计划的组成。①国家基本建设预算拨款安排的投资,包括a.国家年度基本建设计划中确定的各项基本建设投资;b.上年度国家基本建设计划中应完未完结转的投资;c.中央专案批准的各项基本建设投资。②国家基本建设预算拨款以外各项资金安排的投资,包括:a.中央批准军委系统用国防经费安排的各项基本建设;b.用专项资金安排的基本建设投资;c.按照专门规定批准的基本建设投资。③集体所有制的基本建设和华侨投资的基本建设。(2)基本建设投资与四项费用的划分;(3)与大修理费用的划分;(4)与生产费用的划分;(5)与事业、行政费的划分;(6)与农业经费的划分;(7)与交通经费的划分;(8)与设备储备费的划分。

1971年,江西省革委会批转省财金局的报告,加强基建资金的管理,基本建设的安排,要做到计划、物资、资金的落实,不留缺口。企业自制设备,要纳入计划,不准挤占生产材料和生产资金,不准用流动资金、贷款和坐支税利搞基本建设,严禁搞计划外的基本建设,严禁搞楼、堂、馆、所和高标准的生活设施。县以上基本建设拨款,均按同级主管部门和财政金融局联合通知的年度计划办理,不得超过。加强成本管理和定额管理,采取"上存下支"的办法,年终一次上划省建设银行统一结算。

1976年起,全省各建设单位实行自下而上编制基本建设财务计划,逐级审查汇总,据以核定年度基本建设财务拨款指标。财务计划编制的内容包括:(1)基本建设投资额;(2)基本建设财务拨款;(3)动员内部资源;(4)为以后年度储备。

1978年,执行财政部、国家计委、国家建委关于加强基本建设概、预、决算管理工作的几项规定,认真整顿和加强"三算"的管理工作,即工程建设必须由设计单位编制设计总概算,施工管理编制施工图预算,建设单位编制竣工决算。

1980年,江西省基本建设资金按国家制定的《基本建设拨款暂行条例》执行。省财政厅与省计委、建委、建设银行作了补充规定,主要内容是:(1)一切用于基本建设的资金均由银行监督拨付。(2)基本建设切实做到设计有概算,施工有预算,成本有核算,竣工有决算。(3)建设银行按程序、按计划、按预算、按进度拨款;预算的追加或核减,通过财政部门办理;建设银行根据主管部门提出的拨款计划向建设单位分配拨款限额,各级建设银行据以拨付资金,不得超过。(4)建设单位工程全部竣工后,结余的银行存款和现金交同级建设银行;库存设备、材料、配件、债权移交生产单位抵作流动资金;无法处理的积压物资报省财政厅作为特种积压处理,由原单位负责保管维修,积极处理,收回款项交主管部门解决本系统基建遗留问题。乐安县按此规定执行。

1982年5月,国家计委、建委、财政部和建设银行颁发《关于进一步实行基本建设拨款改贷款的通知》,江西省从1982年起,凡实行独立核算,有还款能力的企事业单位进行基本建设,所需拨款一律改为建设银行贷款。

1984年9月,省财政厅、省计委转发财政部、国家计委关于基本建设与行政事业费划分问题的补充通知规定:行政事业单位购置零星设备、仪器、器具和进行零星土建工程,凡是单台设备或单项工程不超过5万元的,由行政事业费开支;超过5万元的,由基本建设开支。同年,根据省财政厅、地区财政局通知精神,规定单项土建、单项设备购置和房屋建筑物修缮资金审批权限:凡行政事业单位5万元以下的报县财政局审批,5万元以上的由县财政局审查报地区财政局审批。行政事业单位不得以单项土建工程为名,采取集零为整的手法,搞变相的基本建设。

1986年,国家计委、财政部、中国人民银行根据工作实践和国务院领导的指示精神,改变"拨改贷"的范围,对豁免本息的建设项目,不再采用"拨改贷",恢复拨款办法,即国家预算直接安排的基本建设投资实行拨款和拨款改贷款双轨并存的管理体制。

1989年7月,省财政厅转发财政部关于委托中国人民建设银行代行部分财政职能的通知,其主要内容有:根据国家有关管理制度规定,严格审查国家预算内"拨改贷"投资本金和利息的豁免,严格核定和办理基建贷款贴息;负责督促各基建单位及时上缴应缴财政的基建收入、基建竣工项目结余资金、投资包干结余、项目提前竣工投产期间所实现利润等;催交到期的预算内"拨改贷"投资的本金和利息;负责审查建设工程概、预、决算,会同有关部门制定工程取费标准,参与工程造价、材料预算价格和工程预算定额的管理工作,办理和监督工程价款结算。

1996年5月,财政部下发《关于加强基本建设财务管理若干意见的通知》,其主要内容有:(1)通过加强基本建设投资财务管理,进一步控制投资规模,改善投资结构,提高投资效益,逐步建立起适应社会主义市场经济发展的基本建设投资宏观调控机制。(2)基本建设支出预算是国家管理基本建设,实施宏观调控的主要手段之一,是拨付资金的依据,要加强基本建设支出预算管理。(3)建立基本建设预算资金审核制度,财政部门要加强对基本建设预算资金来源的审查监督;各单位向财政部门申请预算资金时,按财政部门规定提供有关资料;建设项目前期阶段可拨付前期工作费用,工程款必须经批准开工后才能拨付。(4)严格执行各项基本建设财务管理制度,凡"拨改贷"资金本息余额转为国家资本金的项目,按国务院和国家计委、财玫部的有关规定办理,其余项目的贷款余额要收回上缴财政。乐安县按上述通知执行。

1998年4月,省财政厅转发《基本建设财务管理若干规定》,其主要内容有:(1)基本建设财务管理的基本任务是:贯彻执行国家有关法律、法规、方针政策,做好基本建设的预算、控制、监督和考核工作,依法、合理及时筹集、使用建设资金,严格控制建设成本,提高投资效益。(2)各级财政部门是主管基本建设财务的职能部门,对基本建设的财务活动实施财政财务管理和监督。(3)经营性项目,应当按照国家关于项目资本金制度的规定,在项目总投资(以经批准的动态概算计算)中筹集一定比例的非负债资金作为资本金;非经营性项目筹集建设资金仍按现行制度管理。(4)经营性项目收到投资者投入项目的资本金,要依照投资主体的不同,分别以国家资本金、法人资本金、个人资本金和外商资本金单独反映。项目建成交付使用并办理竣工决算后,相应转为生产经营企业的国家资本金、法人资本金、个人资本金、外商资本金。国家资本金包括中央财政预算拨款、地方财政预算拨款、政府设立的各种专项建设基金、其他财政性资金等。(5)经营性项目筹集的资本金,在项目建设期间和生产经营期间,投资者除依法转让外,不得以任何方式抽走,法律、法规另有规定的从其规定。省财政厅转发上述通知时,并作出补充规定:审查建设工程概算和竣工决算是国家赋予财政都门的一项重要职责,是各级财政部门进行基本建设财政财务管理的重要手段。通过审查工程概、预算和竣工决算,既可防止高估冒算、片面压价,以维护建设单位和施工企业的合法权益,又能正常核定投资,提高投资效益,节约国家建设资金;同时对于严肃财经法纪、促进廉政建设具有重要的意义。县财政局及时转发此文,县财政局基建财务股按照"地方级基本建设项目竣工财务决算由同级财政部门审批"的规定办理。

1998年8月至9月期间,财政部先后下发《国债转贷地方政府管理办法》《关于增发国债预算管理问题的通知》《关于加强国债专项资金财政财务管理与监督的通知》。为了扩大有效内需,促进国家经济持续稳定发展,国务院决定1998年增发一定数量的国债,由财政部转贷给省级政府,用于地方的经济和社会发展建设项目。转贷资金要直接落实到具体项目,项目的确定既要考虑到本地区经济和社会发展的需要,又要考虑到本地区综合还款能力。转贷资金应当用于以下方面的建设项目:(1)农林水利投资;(2)交通建设投资;(3)城市基础设施和环境保护建设投资;(4)城乡电网建设和改造;(5)其他国家明确的建设项目。根据《中央向地方转贷协议》,省级财政部门与有关同级主管部门,或下级人民政府签订《建设项目利用转贷资金协议》。为提高国债专项资金的使用效益,切实加强对国债专项资金的财政财务管理与监督工作,通知的主要内容有:(1)国债专项资金纳入国家预算内基本建设资金管理范围;(2)按规定及时足额将国债专项资金拨付到项目建设单位;(3)确保配套资金及时足额到位;(4)切实加强国债专项资金使用项目的财务管理;(5)切实加强国债专项资金的监督管理;(6)统筹规划,确保按期归还国债专项资金;(7)及时准确反馈国债专项资金的使用信息;(8)认真做好国债专项资金项目的投资效益分析。乐安县于1998年1999年两年由国家安排国债转贷,自来水公司600万元,焦乐公路580万元,湖坪公路100万元,2006年龙潭水库200万元,专项用于水利建设项目和公路建设,财政部门作为人民政府的债权、债务人的代表,负责对财政部的还本付息工作,并层层签订国债转贷协议,内容包括转贷资金的使用项目、项目行政隶属关系、转贷数额、转贷期限、转贷利率、还款承诺、违约处罚等内容,转贷给中西部地区的还贷期限为10年,年利率为5%,经过各方努力,安排乐安县的项目已经完成。

1998年抚州地区财政局转发省财政厅、建设银行省分行关于继续代行部分业务的通知给各县财政局和建设银行,按照政府机构改革和转变职能的需要,根据财政部文件精神,省财政厅仍委托省建行办理有关业务的规定,并通知如下:(1)省财政厅仍选择建设银行江西省分行作为省财政预算内基本建设资金的开户行,资金拨付形式不变。建设银行江西省分行应按有关规定和省财政厅的要求,做好服务工作。(2)建设银行继续协助财政部门做好"拨改贷"资金本息余额转为国家资本金和经营性基金转为国家资本金的工作。同时对以前年度的财政性资金进行清理结算。(3)财政部门在进行投资项目的评审、调查和工程概、预算审查等有关业务时,可根据工作需要选择委托建设银行承办。同年,抚州地区财政局委托县、市财政部门审查国家大型商品粮基地建设项目竣工决算,内容包括:资金的审核,竣工决算的审查,资产的移交等。地区商品粮基地办作为项目建设单位,应由地区财政审查;鉴于工程投资规模大、连续投资时间长、单项工程多,因此地区财政局委托各县市财政部门审查,由地区财政局进行部分复查。县财政局在1999年工程竣工后,进行了验收和决算审核,发现有挪用资金的情况,并及时向县政府写出书面汇报,项目单位的负责人受到了处罚。

2000年7月,财政部印发《财政性投资基本建设项目工程概预算审查若干规定》,为了进一步规范财政委托投资评审工作,充分发挥评审效益,主要内容有:(1)财政部门应严格按规定审查申请财政投资项目评审任务的评审机构是否具备承担工程概、预、决算审查的资格及能力，对不具备审查资格及能力的评审机构，不予安排审查任务。(2)已接受财政部门委托审查任务的评审机构，应根据项目的不同情况向财政部门报送审查情况；对评审过程中发现的重大问题，评审机构应及时向委托评审的财政部门反映。(3)接受财政部门委托的评审机构应按照委托工作的要求，在规定的时间内报送工程概、预、结算审查报告和竣工财务决算审查报告。(4)重大财政性投基本建设项目，在评审机构出具审查报告前，财政部门应参加评审机构与建设单位、施工企业等单位的汇审会，听取各方意见。(5)建设项目因提高建筑标准，重大设计变更，不可预见支出等原因提高工程造价，应征得财政部门同意，未经财政部门同意的，在工程概、预、决算审查时应予剔除。

2002年9月，财政部印发《基本建设财务管理规定》。该规定针对新形势下基本建设财务管理中反映出的问题。对1998年的《基本建设财务管理若干规定》有关内容进行了修订。

其主要内容有：

(1)基本建设财务管理的基本任务是：贯彻执行国家的有关法律、行政法规，方针政策；依法合理、及时筹集、使用建设资金；做好基本建设资金的预算编制、执行、控制、监督和考核工作，严格控制建设成本，减少资金损失和浪费，提高投资效益。

(2)各级财政部门是主管基本建设财务的职能部门，对基本建设的财务活动实施行政财务管理和监督。

(3)经营性项目，按照国家关于项目资本金制度的规定，在项目总投资(以经批准的动态投资计算)中筹集一定比例的非负债资金作为项目资本金。

(4)经营性项目筹集的资本金，须聘请中国注册会计师验资并出具验资报告。投资者与实物、工业产权、非专利技术、土地使用权等非货币资产投入项目的资本金，必须经过有资格的资产评估机构依照法律、行政法规评估作价。经营性项目筹集资本金，在项目建设期间和生产经营期间，投资者除依法转让外，不得以任何方式抽走。

(5)经营性项目收到投资者投入项目的资本金，要按照投资主体的不同，分别以国家资本金、法人资本金、个人资本金和外商资本金单独反映。项目建成交付使用并办理竣工财务决算后，相应转为生产经营企业的国家资本金，法人资本金、个人资本金、外商资本金。

(6)凡使用国家财政投资的建设项目应当执行财政部有关基本建设资本金支付的程序，财政资金按照批准的年度基本建设支出预算到位。实行政府采购和国库集中支持的基本建设项目，应当根据政府采购和国库集中支付的有关规定办理资金支付。

(7)建设单位管理费是指建设单位从项目开工之日起至办理竣工财务决算之日止发生的管理性质的开支，实行总额控制，分年度据实列支。

(8)建设单位应当严格执行工程价款结算的制度规定，坚持按照规范的工程价款结算程序支付资金。建设单位与施工单位签订的施工合同中确定的工程价款结算方式要符合财政支出预算管理的有关规定。工程建设期间，建设单位与施工单位进行工程价款结算，建设单位必须按工程价款结算总额的5%预留工程质量保证金，待工程竣工验收一年后再清算。

(9)基本建设项目竣工时，应编制基本建设项目竣工财务决算。项目竣工财务决算是正确核定增加固定资产价值，反映竣工项目建设成果的文件，是办理固定资产交付使用手续的依据。建设单位应在项目竣工后三个月内完成竣工财务决算的编制工作。在竣工财务决算未经批复之前，原机构不得撤销，项目负责人及财务主管人员不得调离。

(10)基本建设项目的竣工财务决算执行要求：中央级项目：①小型项目：经国家确定的基本项目，其竣工财务决算经主管部门审核后报财政部审批，或财政部授权主管部门审批；其他项目竣工财务决算报主管部门审批。②大中型项目：经营性项目投资额在5000万元(含5000万元)以上，非经营性项目投资额在3000万元(含3000万元)以上：中央级大、中型基本建设项目竣工财务决算，经主管部门审核后报财政部审核。地方级由各省、自治区、直辖市、计划单位市财政厅(局)确定。

(11)本规定自发布之日起30日后施行。财政部1998年印发的《基本建设财务管理若干规定》(财基字〔1988〕4号文)同时废止。乐安县还规定：10万元以上的基本建设项目都要通过招投标(2007年成立乐安县招投标中心，2011年改为乐安县公共资源交易中心)，基本建设项目预算都要通过县审计部门审计。

二、自筹基本建设资金管理

凡是在国家预算安排的基本建设拨款之外，另筹资金作为基本建设投资的，按照自筹基本建设资金进行管理。

江西省尽管从1954年开始集中一部分预算外资金投资于基本建设，但乐安县当时尚不具备条件。1959年6月，省财政厅在江西省基本建设拨款管理的规定中，对基本建设中的预算外资金和预算资金，实行分别立户管理。

1961年，江西省规定，各单位自筹基建资金都要报省计委审批列入国民经济计划。1963年3月省计委、财政厅《关于1963年用自筹资金安排基建有关问题的通知》转知上级精神：用自筹资金安排基本建设时，非经中央批准不得动用上年结余，不得解冻存款，也不得动用各级财政预备费；用自筹资金安排的基本建设，不得挤占国家计划内建设项目的物资，如利用积压的库存物资，必须按价付款，不得无偿调用。

1964年，江西省贯彻中共中央、国务院《关于加强基本建设拨款监督工作的指示》，提出几点措施，加强对自筹基建资金的管理，主要内容：(1)凡是用自筹资金进行基本建设的，必须纳入计划，逐级审查报省批准，大、中型项目报国家计委审查批准。(2)自筹基建，应先由同级财政部门审查资金来源是否可靠，再由同级计划部门审查工程项目是否需要，报经行、专署审查同意后报省计委、省财政厅。(3)自筹基建计划经批准后，必须将所需资金存入建设银行，专户存储，先存后用，由建设银行监督拨款。4.使用各种专项资金安排基建投资的，应先保证国家规定该项资金用途的正常需要，如资金确有多余，才能安排急需的建设项目。

1973年，江西省进一步加强自筹基本建设管理，规定自筹资金搞基本建设，主要安排农业和支援农业的项目。省分配下达自筹基建控制指标，由各级计委、财政局和主管部门编制计划逐级上报至省计委、省财政局，自筹基建项目设计文件报省审批，所需材料由省地市统一平衡安排。

1977年10月，省计委、省建委、省财政局规定：自筹基本建设，必须先将资金存入建设银行，取得存款证明后，计划部门再考虑安排基建计划。

1978年，财政部、国家计委、国家建委规定：自筹资金来源要正当、要落实。一切用于自筹基建的资金，都必须经同级财政部门审查，不得挪用流动资金、银行贷款及应当上缴的税款和利润，不得向企业、社队摊派、平调或用赊购、预收货款等办法搞基本建设。

1979年10月，省建设银行、省税务局规定：集体所有制企业自筹基建资金，必须经当地税务部门审查证明"税后积累"，建设银行才准予办理存款。

1983年，省财政厅和省建设银行对自筹基本建设资金的审批作出新的规定：(1)用于自筹基建的资金，必须按照先审后存，先存后批，先批后用的程序办理，资金来源的具体内容，报同级财政部门审查，由财政部门汇总逐级上报。其中各级财政自筹资金均须报省财政批准；部门和单位自筹资金，地、县级报行署财政部门批准。(2)资金来源确实正当，并缴纳能源交通重点建设基金和认购国库券完成交款任务后，才能批准用于自筹款基建。(3)按照省人民政府的规定，省计委下达自筹基建计划指标时，应经省财政厅和省建设银行会签才能有效。

1986年，为加强对预算外资金自筹基建的审查，凡用于基本建设的预算外资金，财政部门要认真审查其来源是否符合国家规定，对符合规定用于基本建设的，纳入国家下达给地方和部门的基本建设计划，资金要在建设银行存足半年后使用，并由建设银行按规定监督拨款。对于用预算外资金搞基本建设的要严格控制，并按规定程序批准。

1989年12月，省计委、省人民银行、省财政厅、省审计局转发国家计委等四部门《关于进一步加强自筹基建资金管理的补充规定》的通知中指出：对于自筹基建资金来源的审查和程序问题，江西省从1987年起根据省政府常务会议决定，为简便审查手续，自筹基建资金由各级审计机关事先审计，并将资料抄送同级财政部门，现根据国家规定改为按补充规定第三条执行，即由财政部门审查其资金来源，审计部门对其进行审计监督。具体程序是：由单位向财政部门提出自筹基建的资金来源报告，经财政部门严格审查批准后，送同级审计部门审计。建设银行凭审计后的资金办理存款手续。计划部门凭建设银行提供的存款证明按照"先存后批"的有关规定审批自筹基建计划。补充规定第二条和第四条：除建设银行以外的其他专业银行、金融机构都不得办理自筹基建的存款、拨(贷)款业务。各级建设银行必须恪尽职守，严格执行国务院和有关部门的规定，加强对全民、集体自筹基建资金的全面管理，及时为财政、审计部门审查资金提供方便。

1990年，县计委、县人民银行、县财政局、县审计局根据省、地文件精神，发出《关于贯彻国家计委、中国人民银行、财政部、国家审计署〈关于进一步加强自筹基建资金管理的补充规定〉的通知》，主要内容有：(1)各部门、各单位凡用自筹资金安排的基本建设，包括新建、扩建、改建、搬迁、危房改造及零星土建项目(下同)，必须经财政部门严格审查其资金来源是否符合国家有关规定，并由审计部门对其进行审计监督。具体程序：①建设单位首先向计划部门提出自筹基建计划指标的报告，内容包建设理由、建设地点、建设性质(新建、扩建或改建)、建设内容及规模（项目名称、建筑面积、层次、宿舍含套数）、投资额、资金来源6个方面，计划部门视基建指标情况发一式六份自筹基建资金审批表，由建设单位自填，报主管部门审批；②建设单位向财政部门提出自筹基建的资金来源报告，抄送审计部门，经财政部门严格审查批准后，送审计部门审计；③建设银行凭审计后的资金办理存款手续；④计划部门凭建设银行提供的存款证明审批自筹基建计划。（2）金融机构要从有利于国家宏观控制，稳定金融管理秩序的大局出发，及时办理自筹基建资金转存建设银行的手续；各建设单位存入其他银行的自筹资金，都不准用于基本建设，如有搞基本建设的，开户银行应拒绝付款，否则要追究开户银行的责任。（3）进一步加强基建计划管理，不论是5万元以上的基建项目，还是2万元以上、5万元以下的零星土建（村及村以下的校舍建设除外），都要计划部门审批，列入计划，并严格按计划办事，未经批准，不得突破计划规模和投资，否则不予补批计划；对计划外工程，实行经济制裁，严肃处理。

第二节　控制社会集团购买力

社会集团购买力，是社会集团（包括机关、团体、学校、部队、全民和集团企业、事业及基本建设单位）用国家或集体的资金从市场上购买供集体非生产性消费商品的资金。控制社会集团购买力，就是对社会集团非生产性消费进行限制和管理，是国家对积累和消费关系进行宏观调节，控制消费基金过快增长，缓和市场供应紧张状况，增收节支平衡预算的一项重要措施。

1959年6月，中共中央鉴于社会商品购买力急剧膨胀，造成市场供应紧张，为了缓和这一状况，发出《大力紧缩购买力和在群众中解释当前经济情况的紧急指示》，提出在发展工农业生产增加商品供应的同时，必须大力压缩社会集团购买力，节约公共开支。

1960年，中共江西省委、江西省人委根据中央关于大力压缩社会集团购买力的指示，规定：（1）全省一切单位的行政经费必须严格节约，其中商品性支出部分，省、地、市级单位按预算数紧缩35%～40%；县级紧缩30%～35%；公社紧缩30%。（2）大力节约办公杂支、业务费、购置费和会议费。各单位对职工奖励，一般不采取实物奖励办法。禁止用公款公务请客送礼，修正降低招待费开支标准。（3）对各单位应节约的支出由各级财政部门在拨付经费时预先扣除。

1961年11月，江西省人民委员会印发《贯彻执行国务院进一步压缩社会集团购买力和严格控制财政支出》的通知。指示：（1）进一步压缩社会集团购买力。比原来的压缩指标再增加30%，比1960年实际购买力压缩42%，各地区各部门都必须按照这个压缩比例，层层落实到基层单位。（2）坚决停止一切计划外的非生产性建设，中央重申：今后七年内一律不准修建办公楼、大礼堂、宾馆、招待所等非生产性建设。各级财政部门应当坚决拒付行政建房的拨款。坚持今年不购置非生产性的用品、沙发、桌椅、自行车及文具、纸张等办公用品。新建单位所需家具设备办公用品，首先从各单位调剂解决，个别不能调剂需要购置的必须报省人委批准。（3）财政、银行和各主管部门，应密切协作共同控制社会集团购买力。各单位的公用经费经财政部门和主管部门分项核定，交由银行逐项监督支付，并核发各基层单位购货手册，商业部门凭购货手册核定的金额供应物资。同年4月，乐安县人民委员会下发了《关于分配1961年压缩社会集团购买力指标的通知》，全县压缩社会集团购买力指标12.4万元。

1962年4月，乐安县人民委员会转发《国务院关于进一步压缩和控制社会集团购买力的紧急通知》，就贯彻执行中共中央、国务院“关于厉行节约的紧急规定”作出具体规定，1962年压缩社会集团购买力的指标，均由所在地人民委员会统一分配，并规定3年内一律停止购买家具和非生产性的设备，个别单位确有特殊情况非添置不可的，只能在清理仓库中调剂解决，调剂解决不了的，须逐级报省人委审核批准购买。为了切实有效地压缩社会集团购买力，制定《江西省各机关、团体企业和事业单位公用商品供应试行办法》，从5月份起试行供应证，由县市商业局发给，财政部门核定各单位商品供应限额，单位凭证和批准的购物计划购置商品。凡没有商品供应证或超过核定的商品供应限额的，商业部门不得供应商品。同时规定沙发、地毯、桌椅、轿车、摩托车、录音机、扩音机、收音机、打字机、自行车、电风扇、照像机、计算机等13种商品和其他非生产性的设备用品必须经省委、省人委审查批准，商业部门才可供应。同年7月，江西省计委、省财政厅、省商业厅、人民银行省分行《修改社会集团购买力包括的范围和改进审批手续》，规定区分社会集团购买力的4条原则。（1）凡是社会集团用国家资金或集体资金购买商品作为集体消费的，算作社会集团购买力；用个人的钱购买商品不算。（2）凡是社会集团在市场上购买商品的资金,算作社会集团购买力;不通过市场由国家调拨物资的资金不算。(3)凡是社会集团购买商品的资金,算作社会集团购买力;用于支付劳务或服务的费用不算。(4)凡是社会集团购买非生产性消耗商品的资金,算作社会集团购买力;购买直接用于生产经营的商品的资金不算。社会集团购买力的审批手续,规定:对全民所有制单位集团购买力划分为两类,有区别地进行管理。第一类为非生产性设备,从严控制,按规定分品种、数量、价格和购买理由,按季报计划,经财政部门核定后发给购物证,持证向银行和商店凭以取款和购货。除第一类外,其余商品为第二类,分9大项,按项编造计划,实行总额控制,经财政部门审查批准,在不超过总金额的范围内,由单位持证向银行取款,商业部门凭证供应商品。对于没有供应证或购货限额已满的单位,不予供应。

1963年3月,江西省人民委员会发出贯彻执行国务院关于继续严格控制社会集团购买力的通知规定。各地区、各部门仍应按照1962年的规定,实行核定限额,发给购物证,凭证按限额供应的管理办法,严格控制,绝不能放松。但审批手续适当简化,将原按季编报计划改为核定年度限额。因当地缺货,必须到外地采购属于控购范围的商品,要持县以上商业部门证明。携带购物证方可到外地购买,否则外地商店应拒绝供应。中共中央、国务院和省委、省人委规定,从1962年起,在3年内不准用公款购买非生产性设备和高级物品。如:沙发、地毯、钢丝床、自行车、摩托车、小汽车、收音机、电唱机、电视机、照像机、录音机、扩音机、计算机、打字机、电影放映机、电冰箱、电风扇、风琴、手风琴、钢琴、绸缎呢绒等21种商品应坚决停止购买,也不许采取"自料加工"。如因业务发展需要,非添置不可的,首先清仓调剂,调剂不足需到市场购买的,须逐级报省人委批准。违反规定擅自购买的,除将购买物资全部上缴外,对有关人员给予必要的处分。同年9月,省人委根据国务院"改进社会集团购买力审批手续"的规定,上述批准权限改为省财政厅审批。对单位添置的桌椅床柜,到市场购买的,各县(市)所属单位报当地县政府批准。

1964年3月,江西省人民委员会通知继续执行1963年严格控制社会集团购买力的规定,并下达1964年社会集团购买控制指标,为了改进管理,简化审批手续,规定:(1)原规定三年内不准购买的扩大机、录音机、扬声器、计算机、打字机、科研用的照像机等业务必需用品,可在1964年社会集团购买力控制指标内自行购买,不必报省审批。(2)属于三年内不准购买以外的"三清商品",可以不列入社会集团购买力控制指标范围,购买这类商品可不凭集团购物证购买,但购买资金单位自行解决。(3)个别单位急需添置自行车的,各地区由省财政厅核定控制指标,县级报地区财政局审批。

1965年11月,省财政厅、省商业厅、人民银行省分行改进社会集团购买力控制管理办法。随着国民经济情况全面好转,市场商品供应日益充裕,原制定对社会集团购买力管理手续显得烦琐复杂。根据财政部、商业部、人民银行总行关于改进社会集团购买力控制管理办法,将全省控制社会集团购买力具体办法作如下改进:(1)财政部门不再下达社会集团购买力控制指标,各单位本着节约的精神自行控制掌握。(2)取消商品供应证,按正常办法购买商品。(3)原规定不准购买的非生产性设备和高级商品,仍应继续禁止购买。个别特殊情况,需购买小汽车的,应经省人委批准;购买沙发、地毯、摩托车的应经省财政厅批准;购买钢丝床、电冰箱、照像机和绸缎呢绒的各地市经专署审查批准。

1967年,贯彻中共中央、国务院、中央军委、中央文革小组关于控制社会集团购买力的规定,重申任何单位,任何人都不准使用国家资金购买高级消费品,暂时禁止使用国家资金购买油印机、打字机、家具、自行车等商品。

1972年,执行财政部、商业部关于严格控制社会集团购买力的规定:(1)大力压缩非生产性商品购置。控制购买的商品共30种(按1963年控购项目增加高低音喇叭、速印机、钟表、大型或高级乐器、高级针棉织品、大型或高级体育用品、保险箱、手提喊话器、藤器)。凡需购买控购商品须报经省革委会批准。(2)加强计划管理,核定各单位集团购买力的总额,不得突破。(3)严格管理非生产性家具设备的销售。(4)做好非生产性设备的余缺调剂。(5)各级银行加强现金管理,协同控制集团购买力。(6)凡是违反社会集团购买力管理制度的,财政部门拒绝拨款,银行拒绝提款结算,财会人员拒绝付款报销,商业部门拒绝供应商品。

1973年10月,江西省革命委员会转发商业部、财政部通知,电视机不列入控制社会集团购买的商品目录,不须再报省革命委员会批准。同年12月,省革委会授权省财政局负责办理购买控制商品的审批工作。

1974年2月,省商业局、省财政局、人民银行省分行关于社会集团购买力控购商品审批权限和审批手续规定,地市县属各单位购买控购商品的审批权一律报地市革委会审批。同年4月,抚州地区革委会授权地区财政局负责办理审批控购商品,地直单位由主管部门签注意见，县属单位由县财政局审查签注意见，报地区财政局根据省规定的审批权限分别审批和报省批准。县属集体单位购买控购商品仍由县革委会审批。控购商品审批每季度审批一次。

1977年4月，江西省革命委员会颁发贯彻国务院通知，坚决压缩和严格控制社会集团购买力的几项规定：(1)1977年全省社会集团购买力，要求比1976年压缩20%。自5月1日开始全省各机关团体企业事业单位购买非生产性商品，一律实行核定限额，发给购货证，凭证定点供应的办法。(2)社会集团购买商品限额指标，由各级财政局核定，社会集团购货证由各地商业局按统一格式印制分发。指定商店负责凭证供货，进行登记。(3)〔1977〕计财字第82号文规定28种专项商品近几年原则上不许购买，项目为沙发、地毯、钢丝床、家具(包括木制、藤制家具)、小汽车、摩托车、电冰箱、电视机、电影放映机、扩大机、收音机、录音机、电唱机、电风扇、照像机、自行车、缝纫机、公文包、大型或高级乐器、大型或高级体育用品、保险箱、呢绒及其制品、绸缎及其制品、的确良及其制品、毛线及其制品、毛毯、毛巾被、高价针棉织品等28种。

1978年1月，江西省革委会财贸办公室，对专控商品审批有关事项作如下规定：专项控制商品原规定28种，现增加卷烟和各种酒共30种，划为二类。第一类：小汽车、摩托车、大轿车、沙发、地毯、钢丝床、电冰箱、电影放映机、录音机、照像机和放大机、电视机、电风扇、自行车、呢绒及其制品、化纤布及其制品共16种。第一类专控商品，逐级审查，由地区汇总报省财政局审批。第二类：收音机、扩大机和多用机、电唱机、缝纫机、大型或高级乐器(单价200元以上)、大型或高级体育用品、家具、公文包、毛线及其制品、毛毯、毛巾被、高级针织品、卷烟、各种酒共14种。第二类专控商品报送地区革命委员会审批(地区革委会授权地区财政局审批)。同年3月1日起，全省统一使用供应社会集团商品专用发票。同年9月，解除对电视机、电影放映机、扩大机的专项控制，专控商品由30种改为27种。并对医疗用的电冰箱、教学用的录音机及顶替棉布指标用作劳保用布的的确良，不再办专项报批手续。

1979年11月，省财办等6家联合下文贯彻国务院坚决压缩社会集团购买力的规定：(1)各单位社会集团购货证的指标余额，从文到之日起一律作废，重新分配12月和明年一季度的购买力指标，这段时间的指标比平时水平压缩70%。(2)27种专控商品，从现在起到明年6月止一律停止审批，停止供应集团单位。(3)各地区在今冬明春要组织力量，对控制社会集团购买力的执行情况，进行一次检查，对违章套购的商品，财办可酌情予以没收，价款上缴国库。

1980年8月，省人民政府批转省控制社会集团购买力办公室认真做好1980年控制社会集团购买力的工作报告：(1)切实加强控制社会集团购买力工作的领导。各县市人民政府应指定一位负责同志抓这项工作，以财政局为主，财办、计委、经委、统计局、商业局、物资局、供销社、人民银行等有关单位的领导同志参加，成立社会集团购买力领导小组。(2)设置固定的常设办事机构，确定人员编制。设立控购办公室(设在地、县市财政局，乐安县先后设在财政局预算股、综合股)。人员编制以地区3名，县市2名为宜。工作人员由财政局统一管理，经费开支由当地财政从工交商事业费中列支。(3)实行“计划管理、限额控制、凭证购买、专项审批”的办法。无控购指标的不供货，不符合规定的不结算转账，凡属集团购买的车辆要检验“专控审批单”，无省控购办“专项审批单”的不能发牌照。(4)改进审批程序，规定3种控购商品划为三类，第一类共18种由省控购办审批；第二类9种由地市控购办审批，第三类7种县控购办审批。第一类控购商品：小汽车、摩托车、大轿车、沙发、地毯、钢丝床、电冰箱、空气调节器及立式电扇、洗衣机、电影放映机、电视机、录音机、照像机和放大机、自行车、复印机、呢绒及其制品、绸缎。第二类控购商品：电风扇、收音机和多用机、电唱机、电子计算器、缝纫机、大型或高级乐器、大型或高级体育用品、化纤布及其制品、毛毯。第三类控购商品：家具：公文包、毛线及其制品、毛巾被、高级针织品、绸缎制品、烟及各种酒。

1980年11月，省人民政府办公室转发省控购办《关于严格控制社会集团购买力的请示报告》，对社会集团专项控制商品的购买作出规定：自现在起到明年三月底，除新成立单位(指在1980年下半年成立的单位)有特殊情况外，其他都停止审批。小汽车(包括吉普车、面包车、旅行车、工具车、小轿车)一律停止审批购买。

1980年12月，省控制社会集团购买力办公室修订社会集团购买力管理办法，从1981年1月起，改进限额控制办法。由于商品流通渠道已经发生了较大变化，出现市场竞争，扩大企业自主权，行政事业单位实行经费包干，要求对原控购管理办法作相应的改变，社会集团购买对一般商品，取消“购货本”“定点供应”和“专用发票”等规定，将原来由买、卖双方共同控制限额的方法，改为以花钱单位控制为主,加强对购买专控商品的审批和"定额供应"工作。对社会集团购买力,采取计划管理,指标控制,专项审批,定额供应的办法。

1982 年,江西省控制社会集团购买力办公室通知,抓好小汽车的整顿定编控购工作,今后一律凭核定的小汽车定编证,批准购买新车或更新汽车。各单位购买小汽车都要经过省物资局计划分配,其他渠道购进的车辆一律不予办理审批。控制客货两用车,凡载重 1.75 吨以下的客货两用车和国产 1 吨以下双排座客货两用车都要实行控制,单位购买要经省控办批准。从 8 月份起对 34 种专控商品中的小汽车、电冰箱、空调器、高级复印机、高级录音机、照像机、录像机、沙发、地毯等高档专控商品一律停止审批。

1983 年 3 月,省政府批转省控制社会集团购买力领导小组关于继续控制社会集团购买力的报告。1983 年所有各单位都要按上级分配控购指标,编制商品购置计划,把控购指标同财务管理和经济责任制结合起来。对专控商品要从严控制审批。除用于生产经营和新建单位经批准可以购买少量专控商品外,一般不予审批。严格执行小汽车的定编审批制度。下达给各地区各部门的专项控制商品指标,要严格掌握,不得突破。各专业银行要加强对集团购买力的结算监督,未经审批机关开具"准购证"的,银行不得办理结算。各商品供应部门,都要坚持凭"准购证"供应专控商品。

1984 年 8 月,江西省计委等 6 家联合下文,改革全省控制社会集团购买力管理办法,从 9 月 1 日起执行。(1)取消社会集团购买力控制指标,对各单位也不再实行限额控制。(2)缩小专项控制商品的管理范围,江西省专控商品由 33 种缩小到 14 种,其余解除专项控制。缩小后的专控商品包括:第一类:小汽车、大轿车、摩托车、空气调节器、录像机 5 种由省控制社会集团购买力办公室审批。第二类:沙发、地毯、沙发床、照像机和放大机、录音机和多用机 5 种由地市控办审批。第三类:大型或高级乐器、家具、呢绒及其制品、纯毛毯 4 种由县控制社会集团购买力办公室审批。全省专项控制商品"准购证"由省控办统一编号印制,由审批单位填发。各地市主管部门及各级审批机关,应按季汇总编报专项控制商品审批情况统计表,于季度终了后 10 天内报省控办。

1985 年 2 月,江西省控制社会集团购买力办公室贯彻国务院关于严格控制社会集团购力的紧急通知,并作了补充规定。从去年下半年以来,社会集团购买力猛增,超过当年工农业生产总值增长水平,是近年来增长最多的一年,必须引起高度重视。(1)坚决压缩社会集团购买力,要求做到比上年减少 20% 左右。(2)专控商品增加彩色电视机、电冰箱、洗衣机三项,重新确定专控商品为 17 项:小汽车、大轿车、摩托车、沙发、地毯、沙发床、空气调节器、录音机和多用机、录像机、照像机和放大机、大型高级乐器(单价 300 元以上)、家具(单价 100 元以上)、呢绒及其制品、纯毛毯、彩色电视机、电冰箱、洗衣机。(3)适当收回专控商品审批权限,当年县以上单位购买国家规定的 17 种专控商品,都要逐级上报省控购办公室审批。(4)加强控购监督,各级财政、银行、商业、交通监理、审计部门,共同加强对社会集团购买力的监督管理工作。对未经批准而购买专控商品,商业物资部门不予出售,财政、财务部门不予报销,银行不予付款,交通监理部门不发牌照,审计部门加强监督检查。由于全省 1985 年上半年社会集团购买力比 1984 年同期猛增 44.2%,某些专控商品违控现象比较严重,同年 9 月,省财政厅贯彻财政部关于进一步做好控购工作提出如下办法:(1)迅速恢复指标管理,坚决压缩集团购买力,控购指标只能节约,不能超过。(2)立即建立集团购买力辅助账,严格坚持报表制度。(3)进一步完善小汽车管理,逐步建立汽车档案。(4)加强控购管理,全面进行一次控购工作检查。

1986 年 1 月,江西省控制社会集团购买力办公室对 1986 年社会集团购买力的工作提出如下安排意见。(1)加强控购指标管理,切实建立集团购买力辅助账。(2)调整专控商品审批权限,将 17 种专控商品分为两类。第一类:小汽车、大轿车、摩托车、空气调节器、录像机、照像机和放大机、录音机和多用机(单价 500 元以上)、彩色电视机、洗衣机、电冰箱 10 种由省控办审批。第二类:沙发、沙发床、地毯、纯毛毯、大型或高级乐器(单价在 300 元以上)、家具、呢绒及其制品 7 种由行专署控办审批。(3)加强小汽车管理,建立小汽车档案,对现有小汽车进行清理,一边重新按规定核发定编通行证。各级控办在审查单位购买小汽车时,一定要符合省委、省政府办公厅规定的定编范围和数量标准,汽车来源要有省物资部门的分配单,购车资金一定要正当落实。各单位小汽车报废更新时,一定要经有关部门鉴定,将旧车交给金属物资回收公司后,才可重新报批购买。

1987 年 1 月,江西省控制社会集团购买力领导小组,调整专项控购商品目录和审批权限,专控商品由 17 种调整为 18 种增加电取暖器。适当下放专控商品的审批权限,原省控办审批的 10 种专控商品再下放 4 种,录音机和多用机、照像机和放大机、电冰箱、洗衣机加上新增的电取暖器,共 5 种商品加上第二类原 7 种专控商品。调整后省控办审批的第一类为 6 种专控商品,行专署控办审批的为第二类12种专控商品。

1988年2月,国务院鉴于1987年社会集团购买力大大超过同期生产增长的幅度,发出了严格控制社会集团购买力压缩开支的紧急通知。(1)各单位1988年的社会集团购买力指标,一律在1987年实际支出的基础上压缩20%。(2)重新逐步核定社会集团购买力控制指标,不得超过。如有超过,行政事业单位从经费包干结余或预算外资金中解决,一律不准在当年经费内报销超过数,并扣减下年度控购指标。(3)1988年内停止购买19种(原18种增加复印机)国家规定的专控商品一年。用于生产经营、科研、教学、特殊原因需要购买的,必须逐项审查,从严审批。(4)对各类房屋1988年内一律不准改建、扩建、购置安装空调和其他装饰。(5)严禁用公款购买实物和购货券发给职工。(6)要坚决压缩各种会议,缩短会期,减少人员,严禁以开会出差为名,搞公费旅游。(7)国家规定统一着装单位一定要严格按标准执行,不许扩大范围提高标准。(8)要搞好清仓查库,修旧利废,桌椅板凳家具及办公器材不再添置。

1988年10月,国务院发布关于从严控制社会集团购买力的决定。将现在的19种专控商品增加到29种。在今明两年内,严禁购买彩色电视机,国产13种名牌卷烟和进口烟,国产13种名牌酒和进口酒。在原19种专控商品基础上增加电子打字机、电传机、羽绒服、风雨衣、吸尘器、丝绸及其制品、50元以上的各种钟表,100元以上的各种灯具,国产13种名牌烟和进口烟,国产13种名牌酒和进口酒10种。

1989年1月,江西省控制社会集团购买力办公室规定从今年1月1日起增加3种三类专控商品,布匹及其制品,针织品、书写印刷纸。上述3种三类专控商品由县(市区)控购办审批。专控商品共为32种。

1989年12月,江西省控制社会集团购买力办公室,调整专控商品的审批权限和附加费征收比例,以及加强控购管理工作的通知规定:(1)关于专控商品的审批权限,省控办审批目录,由10种减为8种,将电冰箱和沙发2种划为地区控办审批目录;地区控办审批目录由原10种增加为11种,增加电冰箱、沙发2种,将丝绸及其制品划为第三类管理;县控办审批目录由原12种增加丝绸及其制品调整为13种。(2)调整购买专控商品附加费征收比例:①根据省人民政府办公厅赣府厅发〔1989〕49号文件规定,购置上海桑塔纳、天津夏利、广州标致、北京213吉普、奥迪、上海伏尔加、拉达、波罗乃茨、菲亚特、达西亚等十一种轿车,因国家已经征收了特别消费税,各级控办应停止征收购买专控商品的附加费。②购买进口和外省产的各种吉普车、旅行车、面包车、工具车、大客车、摩托车、在省内购买的按购价10%征收。③购买省产小汽车、大客车(大轿车)一律按购价5%征收,以上仍需征收购买专控商品附加费的车辆,征收方法按省政府办公厅赣府〔1988〕121号文件规定执行。任何单位不得超越文件规定另外征收教育附加费。④其他专控商品。a.按购价30%征收的有:录像机、彩电、空调器、沙发、照像机和放大机、名烟和进口烟、名酒和进口酒。b.按购价的20%征收的有:电冰箱、洗衣机、羽绒衣、风雨衣、沙发床、地毯。c.按购价10%征收的有:复印机、电子打字机、电传机、录音机、和多用机,100元以上的各种灯具、50元以上的各种钟表。d.按购价5%征收的有:家具、吸尘器、毛毯、呢绒毛料及其制品、丝绸及其制品、电煮水和电取暖设备、大型或高级乐器。e.免征附加费的有:布匹及其制品、针织品、书写印刷纸。(3)加强控购管理的几项制度。①建立专人管理控购工作的制度。县以上各级政府要尽快设立控购办公室,确定编制充实人员。②建立完备的申请制度。各单位购买小汽车及32种专控商品,都必须分别填写"申请购买小汽车专项审批表"和"购买专控商品申请表",要求要填写清楚、完整、并加盖单位财务部门和主管部门财务主管单位的印章。③建立有秩序的办事制度。地、市县单位申请购买省控办审批的专控商品,一律经地控办邮寄,单位自带不予受理。审批后的批准单一律寄回地控办。④加强指标管理和"登记卡"的使用制度。各单位要将上级分配的指标登入"指标使用登记卡",在申请购买专控商品时,要交验登记卡。⑤建立健全报表制度。属于指标管理单位,都必须按规定向同级控办报送社会集团购买力执行情况月、季、年报表。⑥建立严格的专控商品审批制度。建立集体审批制度,一般在一个月内办复,省控办每星期一、三、四、五为对外接待时间。

1990年7月,省财政厅贯彻执行全国控制社会集团购买力领导小组关于审批专项控制商品有关规定:简化部分专项控制商品审批手续,一次购买布匹及其制品10米以下免予审批,部分指定的针织品,书写印刷纸、新闻出版行业的生产用纸及生产、经营、科研、教学用的复印机、彩色电视机免予审批。各级控办在审批专控商品时,要区别对待,对党政机关、事业单位和社会团体从严,对企业适当放宽;对国营企业适当从严,对集体单位和乡镇企业适当放宽;对购买国产商品比购买进口商品可适当放宽。省财政厅并针对江西省实际情况作如下补充规定:

(1)对一次购买50元以上各种钟表,100元以上的各种灯具5个的免予审批。(2)对企业单位和非财政预算拨款的事业单位,购买省产汽车、摩托车、彩电、电冰箱、照像机、收录机等专控商品可放宽限制,不计算社会集团购买力指标。(3)凡购买省产品的专控商品(包括小汽车)的申请,必须注明购省产字样,暂停专控商品附加费的征收。

1992年,江西省控制社会集团购买办公室转发全国控制社会集团购买力领导小组关于调整专项控制商品品目通知。省控办审批的品目有7种;小汽车;大轿车;摩托车;录像设备;空气调节器;复印机;微型电子计算机。地市控办审批的品目有10种:办公用印刷系统;彩色电视机;照像机和放大机;电子打字机;电传机;电冰箱;电冰柜;沙发及沙发床;地毯;各种音响设备;无线寻呼机和无线移动电话。县市控办审批的品目有12种;家具(单价300元以上);钟表;灯具;大型或高级乐器(单价在800元以上);各种电取暖、电煮水设备;毛毯;呢绒、毛料丝绸及其制品;套价在100元以上的针织品;羽绒服和风雨衣;皮革及其制品;国产13种名牌烟和进口烟;国产13种名牌酒和进口酒。共计29种。

1992年,江西省控制社会集团购买力办公室调整购买专控商品附加费征收比例,用于解决部分中、小学危房修缮费。(1)按购价15%征收附加费的有5种;空气调节器、录像设备、沙发及沙发床、国产13种名烟和进口烟、国产13种名酒和进口酒。(2)按购价10%征收附加费的有12种:小汽车(吉普车、旅行车、大客车)、摩托车、彩色电视机、电冰箱、电冰柜、复印机、电子打字机、电传机、办公用印刷系统、各种音响设备、照像机和放大机、羽绒服和风雨衣。(3)按购价5%征收附加费的有11种;家具、地毯、钟表、灯具、各种电取暖电煮水设备、大型或高级乐器、无线寻呼机和无线移动电话、毛毯、呢绒毛料、丝绸及其制品、皮革及其制品、针织品。(4)按购价2%征收附加费的有1种:微型电子计算机。调整后的征收比例从1992年5月1日起执行。

1992年,江西省控制社会集团购买力办公室规定29种专控商品,从1992年8月1日起重新划分审批权限:省控办审批的有小汽车等5种;地区控办审批的有空气调节器等8种;县控办审批的品目有16种(增加4种):家具,沙发及沙发床,地毯,钟表,灯具,电冰箱、电冰柜,各种电取暖、电煮水设备,大型高级乐器,各种音响设备,毛毯,呢绒、毛料、丝绸及其制品,皮革及其制品,针织品,羽绒服和风雨衣,国产13种名牌烟和进口烟,国产13种名牌酒和进口酒。

1993年5月,地区控制社会集团购买力办公室转发省控制社会集团购买力办公室关于调整专控商品品目和划分专控商品审批权限通知。国务院决定,对国家现行专项商品品目作较大幅度调减,由29种调减为8种,省控办审批的有3种;小汽车、大轿车、摩托车。地市控办审批的有5种;录像设备、空气调节器、各种音响设备,照像机和放大机(单价在500元以上),无线寻呼机和无线移动电话。

1993年6月,省政府办公厅转发征收购买专控商品附加费的通知,(1)凡江西省境内各单位购买专控商品按以下规定缴纳专控商品附加费:①小汽车按每辆单价10万元以下,10万元~20万元,20万元~30万元及30万元以上分别按购价10%、15%、20%、30%四个档次征收。②大轿车按购价10%征收。③摩托车、三轮摩托车按购价10%征收。(2)直接用于生产、经营及电台、电视台专用设备的专控商品;省外旧车过户,减半征收专控商品附加费。(3)下列专控商品免征附加费:①省产的小汽车、大轿车、摩托车;②城市公交公司和汽车出租公司的大、小公共汽车、出租车、交通运输部门用于长途客运的大客车;③国外及海外同胞赠送家乡养老院、福利院、中小学校、保育院、幼儿园等自用的专控商品;④用于科研、教学、医疗的专控商品;⑤直接用于森林防火、防汛抗旱、计划生育的专用车辆;⑥省内各单位之间旧车过户或转证。(4)专控商品附加费,由省、地、县控制社会集团购买力办公室按现行办法分级征收。(5)对违控购买专控商品加倍征收附加费,供货部门不凭控办批准单售给专控商品,处以销售总额10%的罚款;车辆管理部门不凭控办批准单挂牌照的,处以车辆购价10%的罚款,罚款收入当地留50%,上缴省财政50%。(6)征收专控商品附加费属于预算外资金,由各级控制社会集团购买力办公室专户储存,免缴能源交通基金,主要用于中小学危房修缮改善办学条件。本通知自1993年7月1日起施行。

1993年7月,省人民政府办公厅发出从严控制社会集团买力的明传电报,指示:(1)各地市和省直各部门的会议费要在年初预算的基础上再压缩20%。(2)突出抓好对小汽车的控购,下半年一律不增加小汽车编制,原则上不得购买小汽车,尤其要严格控制购买高级豪华轿车。县级行政单位原则上不新增加小汽车编制。

1996年,省控办下发《关于专控商品审批问题的有关通知》:凡财政供给经费的党政机关、行政、事业单位所在地,县拖欠职工工资的停止专控商品审批;各社会集团单位凡不能按时报送有关专控商品审批情况统计表的专控商品不予审批;高档小汽车暂停审批。

1997年,江西省财政厅、省控制社会集团购买力办公室下发《关于加强对预算外资金购买专控商品资金来源审查工作管理的通知》,要求有关部门和单位用预算外资金购买国家规定的专控商品,其资金都必须经财政部门严格审查,经查符合规定的,方可办理专控商品审批手续。

1998年,执行国家规定的8种专项控购商品品目,控购申报程序,征收专控商品附加费的标准,以及违控处理等有关规定。其时,江西省规定的专控商品及审批权限表规定的专控8种商品是:(1)小汽车(包括小汽车、吉普车、旅行车及属于小轿车型、吉普车型、旅行车型的各种封闭式车辆)。(2)大轿车(指车内座位在20个以上或长6米以上旅行车)。(3)摩托车(不包括后三轮货运摩托车)。(4)录像设备(包括录像机、放像机、摄像机等)。(5)空气调节器(指用于调节室内温度、湿度的各种设备、包括制冷、制热、增湿、除湿机、负氧离子发生器等,不包括中央空调)。(6)各种音响设备。(7)单价在500元以上的照像机和放大机。(8)无线寻呼机和无线移动电话。

专控商品审批权限表

表4-25

省审批范围及品目	地市控办审批范围品目	县审批范围品目
1. 小汽车(包括小轿车、旅行车及属于小轿车型吉普车型各种封闭式车辆) 2. 无线移动电话	1. 小汽车(包括小轿车、旅行车及属于小轿车型、吉普车型各种封闭式车辆)价格在十万元以下 2. 大轿车　(3)摄录像设备　(4)空气调节器 (5)照像机和放大机　(6)无线和手机	1. 录像设备 2. 各种音响设备 3. 照像机和放大机及镜头 4. 摩托车

征收专控商品附加费标准表

表4-26

省审批范围及品目		单价	征收百分比(%)
小汽车		10万元以下	10
		10万元以上,20万元以下	15
		20~30万元	20
		30万元以上	30
大轿车		—	10
摩托车	摩托车(二轮)	—	15
	摩托车(三轮)	—	10
录像设备、寻呼机等		—	15

第三节　国债推销与国债兑付

国债又称公债,它是国家凭其信誉,以政府名义,采用信用方式,吸收资金的一种形式。通常以发行国债券(国库券)的方式募集。发行国债收入与偿还国债本息支出,都列入国家财政预算。中华人民共和国成立后,为支援人民解放战争和国家经济建设,先后发行人民胜利折实公债、国家经济建设公债、国库券(国债券)、保值公债、特种国债。人民胜利折实公债、国家经济建设公债已在财政收入编第二章第七节中志述。

一、国库券发行与推销

1981年,为了适当集中各方面的财力,进行社会主义现代化建设,国务院决定从1981年开始,发行中华人民共和国国库券,1997年后改称国债。此后,每年发行一次或多次国库券(国债),国家把发行国债券作为筹集财政资金的长期方针。国库券由财政部代表国家发行,国库券的推销和还本付息事宜,由各专业银行,财政国债服务部及邮政储蓄网点多渠道办理。

(一)发行对象

1981年国库券发行主要面向国营企业、集体所有制企业、企业主管部门和各级地方政府、机关、团体、部队、事业单位和农村富裕社队,个人也可自愿认购。1982年起发行对象扩大到城乡人民个人,1986年起扩大到个体工商户,1988年起扩大到私营企业。1989年起为适应调整债务结构的需要,国库券发行对象范围缩小为城乡居民和个体工商户,对企业事业单位改为发行特种国债。1992年国库券发行对象范围有所扩大,为农民、居民个人、个体工商户、企事业单位、机关、社会团体和其他组织。由银行、财政国债服务部承购包销,采取自愿认购的方式。1993年起发行对象在1992年规定范围的基础上扩大到金融机构,社会保险机构。发行形式有所改变,采取承购包销和分配任务认购,组织单位职工集中认购与银行柜台贴现销售,代办销售等多种形式。从1995年起,国库券改变发行方式,改向社会公开发行。由金融机构、证券经营机构(包括财政部门证券服务部、各证券交易所)承购包销,向社会公开销售,采取自愿认购,发行结束后即可上市流通。

(二)发行面额及券种

国库券以人民币为计价货币,券面额根据购买者和推销工作需要确定。1981年为10元、50元、100元、500元、1000元,1万元、10万元、100万元8种;1982年为1元、5元、10元、50元、100元、1000元6种;1983年至1989年为5元、10元、50元、100元4种。1982年至1984年单位购买国库券开给收据,1985年至1988年个人购买1000元以上的也开给收据。1990~1991年发行面额为5元、10元、20元、50元、100元5种;1992年面额为50元、100元、500元、1000元4种;1993~1994年面额为100元、500元、1000元3种,1996~1997年发行少量面额债券为100元、1000元、5000元3种。1995年起国库券发行逐渐改为凭证式的国库券,认购者姓名、购买数额由销售网点填写,国库券凭证一般不再使用固定票额。

(三)利率

国库券利率根据发行不同年限,参照同期银行存款利率由财政部确定。1981年发行10年期国债券年息4%。1982~1984年10期国库券,单位购买年息4%;个人购买年息8%。1985年发行5年期国库券,单位购买年息5%,个人购买年息9%。1986~1987年发行5年期国库券,单位购买年息6%;个人购买年息10%。1988年发行3年期国库券,单位和个人购买年息与上年相同。1989~1990年发行3年期国库券,年息14%。1991年发行3年期,年利率10%。1992年发行5年期,年利率10.5%,发行3年期,年利润9.5%。1993年3年期年利率10%;5年期年利率11%(实行保值贴息,3年期为年利率13.96%,5年期为年利率15.86%)。1994年2年期年利率13%,3年期年利率13.96%,5年期特种定向保值债券年利率15.86%。1995年1年期年利率11.98%;3年期无记名国库券年利率14.5%,不保值;3年期凭证式国库券年利率14%,实行保值贴息。1996年发行贴现债券低于面额发行,一年期债券每百元票面按89.2元发行,半年期债券每百元票面按95元发行,3个月债券每百元票面按97.58元发行;3年期记账式国库券年利率10.96%,5年期年利率13.06%,7年期年利率8.56%,按年支付利息;10年期年利率11.83%,按年支付利息。1997年发行2年期国债,年利率8.64%;3年期年利率9.18%;5年期年利率10.17%;10年期国债实行浮动利率,按年支付利息。1998年由于银行当年从7月1日起调整利率,7月3日以前购买的国债券3年期年利率7.11%;5年期年利率7.86%。7月3日以后购买的国债3年期年利率5.85%;5年期年利率6.42%。1999年3年期国债年利率4.72%;5年期年利率5.13%。本年6月10日调整利率后,3年期年息调为3.02%;5年期年息调为3.25%;8年期年息为3.28%;10年期年息为3.3%;按年支付利息。本年10月份发行的国债券3年期年利率下调为2.78%;5年期下调为2.97%。

(四)发行年限及偿还办法

1981~1984年的国库券发行年限为10年,个人购买的从第六年起一次抽签,按购买额分5年作5次偿还。每次偿还20%,单位购买的从1982年起不抽签,分5年作5次偿还,后因控制货币投放推迟3年偿还,利息照付。1985~1987年,发行年限均为5年,到期一次偿还本息,后对单位购买的分别推迟3~5年归还,延期照付利息。1988~1991年发行年限为3年,均为个人购买,到期一次偿还本息。1992~1995年,由于银行利率不够稳定,国债实行保值贴补利息,发行年限分3年和5年,国债利息随银行存贷款利息调整而调整,实行利息补贴。如1993年3年期保值国债原发行时利息为年息10%,兑付时加保值贴补率后为13.96%,5年期保值国债原发行时利息为年息11%,兑付时加保值贴补率为15.86%。1996年以后国债发行品种复杂,由票面式、记账式、凭证式、特种国债、专项国债。各式国债又分期数,发行年限有1年、2年、3年、5年、7年、8年、10年,最多的有30年(1998年向银行发行,不向社会出售的特别国债)。偿还由贴现,低于票面额发行,一次性到期偿还本金,由固定利率,按年支付利息,由浮动利率按年支付利息。

(五)发行与推销办法

党和政府非常重视国债发行,各级政府都成立了国库券推销委员会,做好宣传动员、认购、缴款工作。由于国债资金用于国家建设,按期支付本息,且利息略高于同期银行存款利率,因而国债在人民群众中享有很高的信誉,逐步由逐级分配任务、动员认购、派购到自愿认购,个人自行到网点购买。为确保国债任务完成,国债推销采取了以下办法:(1)以行政手段下达推销任务。一方面落实到各部门各单位,一方面落实到财政局各职能股室,分片包干,负责检查督促任务完成。同时防止平均摊派,经济收入好的应该多买,确实有困难的可以少买,根据各人经济条件和承受能力考虑。(2)承购包销。对金融、保险机构及机关团体,可以采取承购包销办法,由财政按包销数额给手续费。(3)单位统一组织购买。预算外资金较多的可以由单位购买,职工经济条件好的由个人购买。(4)代购代销。委托个体劳动者协会及私营企业协会代理推销。(5)财政部门国债推销机构上门服务。(6)国债服务部开展柜台销售。

1981～1991年国库券对单位发行,实行分配任务的办法。按单位可支配资金的比例分配任务,必须保证完成。对个人发行的实行计划分配任务与自愿认购相结合的办法,即由财政部门以政府名义根据职工、居民的收入水平,按一定的比例向职工所在单位分配任务,由单位发动职工自愿认购,居民可在居委会认购,数额不限。1990年国库券于1991年1月1日起,可以在国家批准的转让中介机构上市转让。1992年以后国债发行方式有较大的改变。由以往分配任务派购,改为由银行系统及财政国债服务部承购包销,向社会公开发行,群众自愿到销售网点购买,由于国家发行的债券信誉高,人民群众称其为"金边债券"。到了20世纪90年代只要国债券发行一经公布,群众到销售网点排队购买。

二、保值公债

为了筹集国家建设资金,缓解国家财政困难,国务院决定发行1989年保值公债,全国发行总额120亿元。发行对象为城乡职工、居民、个体工商户、各种基金会、保险公司以及有条件的某些公司。债券偿还期为三年。年利率随着人民银行规定的三年定期储蓄存款利率浮动,加保值贴补率,外加一个百分点。实际兑付年利率为14.14%。公债利息自购买之日起计算,期满三年一次还本付息,不计复利。票面分别为20元、50元、100元3种,不记名,不挂失,可以向银行抵押,可在国家指定的场所转让,保值公债从7月1日起发行,12月31日结束,当年保值公债分配江西省推销任务2.74亿元。乐安县实际完成保值公债任务146万元。

此后,1992年发行3年期国债券及1993～1995年发行国债,均实行保值贴补利息。

三、特种国债和定向债券

由于1989年和1990年国债券的发行对象范围缩小到城乡居民个人和个体工商户,因此,国务院决定,从1989年起发行特种国债。特种国债的发行对象是:经济条件较好的全民和集体所有制企业、私营企业、企业主管部门、金融机构、事业单位和社会团体,企业职工退休养老基金管理机构、待业保险基金管理机构等。特种国债采取逐级分配任务的办法,各单位对分配的认购任务,必须按期完成。特种国债采取收款单形式发行,收款单可以记名、挂失,向银行抵押贷款。但不得作为货币流通。特种国债的发行和还本付息事宜由各地财政部门办理。

1981～1993年乐安县国库券、保值公债、特种国债完成情况

表4－27　　单位:万元

年度	国库券		特种国债		保值公债	
	任务	完成	任务	完成	任务	完成
1981	—	24	—	—	—	—
1982	—	40.9	—	—	—	—
1983	—	121.3	—	—	—	—
1984	—	106.8	—	—	—	—
1985	—	123.2	—	—	—	—
1986	87	89.4	—	—	—	—
1987	90	91	—	—	—	—
1988	140	140.9	—	—	—	—
1989	310	310.5	—	—	其中保值公债完成	146万元
1990	170	174.9	—	—	—	—
1991	189	194.3	—	—	—	—
1992	133	143	—	—	—	—
1993	330	330	—	—	—	—

四、国债服务部

随着国债业务的不断扩大和国债事业的不断发展，根据财政部通知精神，各地财政部门可在地级以上城市设立国债服务部，办理国债柜台销售业务、到期国债兑付工作和国债转让业务。有条件的县经批准可设立国债服务部代办点。乐安县根据省、地要求，经县财政局请示县人民政府同意，于1991年4月设立国库券兑付窗口，挂牌营业（即国债服务部），人员从财政局内部调剂。实行独立核算，依法保护持券人的利益，负责国债的发行、兑付和转让工作。

（一）国债兑付

根据财政部关于财政部门国债管理工作职能的规定："组织本地区国债兑付工作，统一部署协调当地银行、财政、邮政、证券经营机构的国债兑付业务，负责对财政部核拨的国债兑付资金的使用进行管理和监督，落实各项兑付措施，了解兑付进度，并汇总本地区国债兑付报表。按照方便国债投资人，维护国债信誉的要求，组织开展本地区国债常年兑付业务。"这是财政部赋以各级国债服务部的权责和任务。国债兑付工作在县人民政府统一领导下，实行银行、财政和邮政部门多渠道办理兑付，邮政部门兑付网点，视同财政部门本身的兑付网点。乐安县财政部门从1991年开始办理国债兑付工作，每年集中兑付时间从7月1日开始，9月30日结束，时间3个月，同时还设置了常年兑付点，长年办理国债兑付业务。乐安县国债服务部配备3名熟悉国债业务的人员，开设专柜，组织国债兑付工作。兑付点只限办理国家历年对个人发行的到期国库券。为了方便群众，在办理柜台直接兑付的同时，组织单位集体统一办理兑付，要求各单位由财会人员收集票券，填好兑付表，可优先在6月20日前提前兑付。利息按持有券面年限和规定利率计算，超过国库券最后一个兑付期，其超过时间不再计息。1994年在兑付工作中还根据财政部通知可实行"以旧换新"，鼓励持有到期国债券的投资者，提前兑付旧券。根据上级规定，在兑付工作中还应遵循以下几点：（1）查验国库券是否伪造，颜色、号码是否正常，有无涂改、挖补、粘贴等问题。（2）发现可疑券面，应交当地人民银行代为鉴别。（3）审查无误后填写"个人国库券兑付清单"加盖名章、复核无误后，在国库券正面加盖"付讫"戳记，凭此付款。（4）已兑付的国库券按不同发行年度和券别进行捆扎，并盖经办人名章，加贴封签，及时入库，兑付结束后专车上解地区财政局，同时结清专款。地区集中各县上缴券面上解省财政厅。（5）财政部门办理国库券还本付息业务的资金由财政部专款拨付，统一结算。（6）兑付工作结束后，省财政厅按各地兑付金额，拨付3‰的手续费，其中省、地各为0.4‰，县为2.2‰，国债兑付劳务费按兑付个人部分本金数额的1‰拨付，特种定向债券手续费为1.2‰。（7）国债服务部应在银行单独开设现金账户，单独核算。

购买凭证式的国债，可以记名、挂失，但不能上市流通。在持有期内持券人如遇有特殊情况，需要变现时，可随时到原购买网点提前兑取，提前兑取时除偿还本金外，利息按实际持有天数及相应的利率档次计付，持有时间不满半年的一律不付息，持有时间超过半年的按一年一个档次计息，利率略低于同期定期存款档次利息。提前兑取按兑取本金的2‰收取手续费。

（二）国债转让

为了适应改革开放的需要，进一步加强国债市场管理，打击不法票贩子的黑市交易，保护国债信誉，维护持券人的利益。充分发挥财政中介机构在国债流通市场中的作用，促进国债流通市场的健康发展。财政部批准江西省国债服务部1990年开办国债转让业务。抚州地区财政局于1991年下发《抚州地区国债服务部国债转让业务管理办法》。同年4月，抚州地区批准乐安县国债服务部开始办理国债转让业务。把国债券发行年度、买进、卖出、转让价格通过广播电视和挂牌公告，根据省国债服务部提供的信息，一般每周调整一次，有时每周调整2～3次，使投机分子无利可图，很快就刹住了国债券倒卖风。国债服务部收支结余建立各项基金，其中：业务发展基金50%；职工奖励基金25%；职工福利基金20%；风险基金5%。财政部门通过国债转让业务开展，对提高国债信誉，打击和取缔国库券黑市交易，保护群众的投资利益，促进国债发行，起到了积极作用。

（三）国债服务部撤销

根据财政部2000年关于加强财政国债中介机构整顿工作的通知精神，"各省财政厅要加强国债工作的管理"，国债行政管理职能应由各级财政厅（局）职能处、室负责，禁止以一套机构，两块牌子等形式将国债职能处、室和国债服务部合二为一。除国债一级自营商及拟转为证券公司营业部的机构外，财政国债中介机构不再办理国债发行业务，不得从事国债转让及其他金融业务。从此乐安县财政局国债服务部不再办理国债业务。

第四节　财政周转金

财政周转金是指财政部门设置的以信用方式有偿使用的资金，它是财政资金的一个组成部分，也是财政支出分配的一种辅助形式。主要有，支农周转金，工业周转金，商贸周转金，社会文教行政事业周转金，财政周转金等。

新中国成立以后，国家财政资金的使用，基本实行无偿拨款办法。实行改革开放后，为使有限的财政资金发挥更大的效益，积极开展财政信用，改革财政资金的使用办法，将部分财政资金逐步由无偿拨款改为有偿借款。

1971 年，江西省财政厅试行支农资金从无偿支援改为有偿周转（无息）使用的办法，建立财政支农周转金制度这是财政支农资金管理上的重大改革，提高了资金的使用效果，促进了农业发展。资金的使用原则是：重点用于发展本地区的农村商品经济，改变贫困面貌，扶持具有开发性、示范性、能直接获得经济效益的项目，一般以中期（三、五年）能受益的项目为主，适当支援一些短期（一、二年）能收益的项目，由财政部门负责发放和回收，回收期限原则上不超过 5 年，一般不超过 3 年。

1995 年 10 月，财政部制定地方财政周转金管理暂行办法，其要点是：(1)周转金的使用、管理要坚持“统一政策、分级管理”的原则。(2)周转金本金总额不得超过本级财政当年预算内可用财力的 15%。财政有赤字的地区和工资发放有困难的地区，原则上不再新增本级周转金；(3)地方财政周转金的来源，主要包括。①地方财政预算支出中按规定可以由无偿拨款改为有偿使用的资金；②从上级财政部门借入的财政周转金；③周转金占用费和存款利息。(4)地方财政周转金的使用范围：①支持农业发展；②支持教育、文化、科学、卫生事业的发展；③扶助老、少、边、穷地区经济的发展；④支持企业技术改造，产品开发，临时性资金周转；⑤适合财政周转金扶助的其他项目。(5)周转金的借款期限，应根据扶助项目的性质和实现效益时间确定，一般为 1 至 3 年。(6)适当收取资金占用费，遵循“低率、优惠”的原则，对不同行业实行差别费率，占用费率要低于银行同类同期贷款利率，逾期未还的，应加收一定比例的占用费。(7)周转金管理由财政部门负责，实行“集中管理、集体决策、分工负责、互相监督”的办法。核算办法和有关制度，由财政部门统一组织制定。各类财政周转金由预算部门统一开户、统一核算。做到手续完备、账目清楚、内容真实、结算准确。周转金的立项、投放与回收，主要由财政各业务部门负责。

1996 年 8 月，财政部印发《地方财政周转金会计制度（试行）》，规定地方财政周转金的会计核算统一由各级财政的预算部门或专门机构办理。周转金放款和回放，应按实际发生数及时入账。乐安县财政周转金根据上级“统一计划、统一制度、统一管理、统一开户、统一核算”的原则，集中由预算股统一管理，统一建立周转金账簿。各专业股具体管理各口周转金的发放考核、审查、资金回收等工作。

1999 年 1 月，财政部下达《整顿财政周转金方案》，所有财政周转金从 1998 年 12 月起一律只收不贷。回收的财政周转金一律由财政部门统一安排使用，全部用于归还从上级财政部门借入的周转金。

截至 2012 年年底，乐安县建立财政有偿使用资金 1620.07 万元。其中：借入上级周转金 582.37 万元，本级 1037.7 万元。累计放款 1518.84 万元。其中支农周转金 152.3 万元、工交周转金 391.49 万元、预算周转金（含商贸、文教等）966.65 万元、农税周转金 8.4 万元。

2012 年底乐安县财政周转金资金平衡表

表 4－28　　　　单位：万元

科目	借方	贷方
借入财政周转金	—	582.4
财政周转基金	—	304.8
暂存	—	732.9
财政周转金收入	—	27.5
财政周转金放款	841.3	—
待处理财政周转金	566.4	—
财政周转金支出	6.9	—
暂付	111.1	—
其他财政存款	121.9	—
合计	1647.6	1647.6

一、支农周转金

中华人民共和国成立后，国家支援各项事业的发展，基本上都是无偿拨款扶助，为使有限的财政资金发挥更大效益，将部分财政资金逐步由无偿拨款改为有偿借款，相继建立了各项财政周转金，实行有偿使用定期收回的制度。

支农周转金是国家为了促进农村商品生产发展、帮助农口解决资金迫切需要，对一部分无偿支援的资金，实行有偿周转使用，使之周而复始，永续循环。

1985年4月，省财政厅发出清理财政支农周转金的通知，凡属1985年4月底以前财政部门或委托主管部门发放的各项支农周转金都应进行全面清理。其方法“谁发放、谁清理”，财政部门发放的由财政部门清理；委托主管部门发放的由主管部门按照财政要求清理；由内及外逐户逐级，对账查账核实。据此，乐安县人民政府发出“关于清理财政支农周转金的通知”要求各主管部门及乡镇要加强对这项工作的领导，组织力量把这项清理周转金工作做好，把到期周转金全部收回。对借款时已明确是周转金，但未签订合同的，应向财政部门补订合同。受援单位关、停、并、转的要做好债务落实，属于关停的企业其到期周转金担保单位负责归还；没有担保单位的企业，由所在地的乡镇场人民政府归还；属于并转的企业，由并转的企业负责归还。对周转金到期不还者，可采取下列措施：(1)抵扣借款单位或担保单位的财政拨款。(2)委托所在地开户银行办理扣款。(3)对逾期不还者，按月加收8‰的逾期占用费，直到归还为止。(4)凡是不讲信誉，不按时归还者一律不再借。

1987年省财政厅建立和健全了对财政支农周转金管理制度：(1)明确财政支农周转金是财政资金，是各级财政建立的支援农业的一种专项资金。为保证发挥这项基金的作用，各地不得改变资金的性质和用途，也不得用于平衡预算。应继续积累，使之逐步增加。(2)财政支农周转金，坚持由财政部门统一管理的原则，由各级财政部门负责分配、借出、监督、回收、核算等各项工作，不得脱离财政管理轨道。为进一步提高支农周转金管理水平和使用效益，省财政厅要求各县财政部门要切实加强支农周转金管理力量，并因地制宜建立管理机构，促使其逐步的建立经济实体性的财政支农投资组织。(3)财政支农周转金是财政支农资金实行综合平衡，统筹安排，发挥整体效益，不得把各项财政支农专款作为银行信贷基金或其他非财政性的投资。(4)加强支农周转金的财务管理与会计核算工作，严格按经济合同办事，提高资金使用效益和到期回收率，对过去发放的财政支农周转金要认真清理回收。各项支农周转金的投放逐步实行严格的计划效益目标管理和项目效益目标管理。(5)各级财政部门将财政支农周转金的使用情况及效果随同年终决算上报。

1988年4月，省财政厅转发财政部关于发布《财政支农周转金占用费管理试行办法》的通知，对于周转金占用费的月费率：种植业、养殖业为1.5‰，工矿业及加工业为2‰，对扶贫、良种繁育、农业技术推广、植物保护，畜禽疫病防治等服务性项目给予优惠，亦实行1.5‰的低费率。对到期周转金，从到期之日起，按月加收8‰逾期占用费。

1991年省财政厅印发《关于进一步加强财政支农周转金项目效益考核的通知》，要求各县立即实行目标管理，建立财政支农资金项目“目标管理卡”。

1993年6月，省财政厅《关于加强支农周转金管理的通知》明确指出：发展财政信用，建立支农周转金是财政支农资金管理制度的一项重要改革，十多年来，实践证明，此项改革，对促进江西省农村经济发展，培养财源，壮大地方财政支农力量，提高支农资金的使用效益，都起了积极作用，为了巩固扩大这一改革成果，充分发挥支农周转金作用，(1)坚持财政部门支农周转金的所有权和管理使用权，财政支农周转金是财政资金的重要组成部分，其管理和分配权属财政农业财务管理机构，任何部门单位，均不得以改革开放，搞活经济名义，肢解财政支农周转金，也不得将财政支农周转金，转作其他融资性经营机构的资本金，改变支农周转金的投向。(2)实行优惠费率，体现政府行为。目前支农周转金占用费，费率普遍低于同期银行贷款利息，这是政府行为在支农周转金发放中的主要体现，也是财政部门利用费率杠杆减轻农民负担，保护农民生产积极性的主要措施，今后支农周转金的发放仍要坚持实行优惠费率更好地体现政府行为，各级财政部门或业务主管单位转借上级或同级财政周转金，均应严格执行借出方规定的占用费率，不得层层加码，不得预收预扣占用费。(3)减少中间环节，提高办事效率，确保资金及时到位。目前支农资金中间环节较多，加上银行信贷资金到位困难，压款现象严重，这既不利于农业生产，又增加了用款单位占用费负担。为了加速资金周转，提高办事效益，从7月1日起，省本级周转金发放作如下调整：即县要求省厅借款项目，仍由县评估、论证，逐级担保上报省厅。省厅审查同意后，由所在县财政与省厅签订借款合同，由县财政担保后，省厅将款汇入有关县财政周转金账户，到期后，由县财政本息直汇省厅还款。各单位借款手续及归还程序按原不变。

1994年4月，省财政厅颁发《江西省财政支农周转金管理办法实施细则》,进一步规范了资金来源和使用范围。财政周转金的来源:(1)当年预算安排的各项支援农村生产资金中的有偿使用部分;(2)各级财政用机动财力安排的各项支农资金中有偿周转部分;(3)农垦企业财务包干增缴财政利润和减亏补贴转作财政支农周转金部分;(4)财政支农周转金占用费、逾期占用费收入和银行存款利息收入,转作财政支农周转金基金部分;(5)从上级财政部门借入的资金;(6)其他用于支农的有偿资金。财政支农周转金的使用范围:(1)种植业、养殖业;(2)农业科技成果推广、应用;(3)农副产品的工业和利用当地其他资源的工副业;(4)农业社会化、服务体系建设;(5)发展"三高"农业项目;(6)适合财政支农周转金支持的其他项目。至于财政支农周转金的使用期限,应根据项目的建设期和实现效益的时间长短确定,一般为一至两年,最长不得超过三年。

1995年12月15日财政部又对国家农业综合开发财政有偿资金印发了使用管理暂行规定,在中央或地方农业综合开发的项目区内,对安排的土地治理项目和多种经营项目,以及为农业综合开发项目服务的龙头项目,均可申请借用有偿资金,同时申请借款的项目,必须具有较好的社会效益和经济效益,申请借款的单位或经济实体要具有一定的还款能力。有偿资金的占用费率,中央和地方财政借出的有偿资金,实行统一差别占用费费率;1. 土地治理项目月费率为1‰;(2)多种经营项目月费率为2.5‰;(3)龙头项目月费率为3.5‰。地方财政部门和中央农口部门,转借有偿资金一律不得再加收占用费。

此外,江西省支援老区建设办公室根据全国支援不发达地区资金管理办法,用发展资金扶助的项目,实行百分之百的有偿扶助,并收取资金占用费,资金占用费从签订合同的次月起,直到发展资金的本息还清为止。该项周转金合同期内的占用费,月费率按扶助项目划分:种植业、养殖业3‰,工矿企业、加工业、服务业4.5‰,逾期发展基金占用费的月费率,比照银行同类贷款计收,占用费在归还本金时,一次收取。这部分周转金数额较小,同时回收较低,资金安排由县财政与县支援老区建设办公室共同调查项目,联合发文,下达资金借款,对资金回收管理,则由支援老区建设办公室执行。

二、工交周转金

工交周转金主要用于国营工交企业的技术改造和技术进步以及流动资金短期周转困难;用于物资供销企业为工交企业生产服务而购进物资时发生的临时周转困难。工交企业借款项目必须符合中央和地方技术改造发展规划和方向,工艺合格,技术过关。项目实施所需材料、设备、设计、施工力量都已落实,以及投产后所需的材料、燃料、动力和交通运输条件、销售市场等都有保证,项目建设周期短、效益高、有偿还借款的能力。企业需要时,先写出项目可行性报告,报财政部门审定,财政可在自己设立的周转金内借给,并订立借款合同;自身资金不足时,向上级财政部门申请借款,到期负责偿还

1989年省财政厅印发关于对《国营工业企业技术改造周转金有偿使用暂行办法》修订的补充通知,对所安排的周转金借款,一律改为按月费率6‰收取,逾期加收8‰,借款从批准之日起一个月后开始计收使用费。使用费以月计算,按年缴纳。

1991年3月,江西省财政厅印发《江西省工交事业周转金的设置使用和管理的暂行规定》的通知,其主要内容:(1)周转金的来源:①上级财政拨入(或借入)的资金;②本级财政用当年预算安排的工交事业经费1%~3%改无偿为有偿的资金。③本级财政当年机动财力安排的资金。④实行自收自支管理和向企业管理过渡的事业单位抵减的预算资金。⑤按规定收取的资金占用费和逾期资金占用费。⑥其他用于周转金的资金。(2)周转金的使用范围:①解决自收自支管理的事业单位生产经营资金的不足。②扶持有条件的事业单位向自收自支管理过渡。③帮助有偿还能力的事业单位解决更新改造和不属于基本建设性质的大型设备以及开办收益等项目资金临时短缺。④支持有条件的大、中专学校和技工学校为解决学生实习所创办的实习工厂增收项目急需的借款。(3)周转金的借用原则:①周转金支持的项目,必须符合国家的方针政策和有关规定,经过充分论证,预测可以取得较好的经济利益。②申请借用周转金的单位,有比较稳定的经济收入,必须具有偿还周转金的能力。③申请周转金的单位,领导和财务人员责任心强,财务管理制度健全,具有管好用好周转金的主、客观条件。④主管部门负责担保偿还。(4)周转金的借出和收回:①借出周转金以经济合同形式实施,单位的借款项目经过主管部门审查,报财政部门批准后,由财政部门与用款单位签定借款合同。②周转金借用期一般为一年,少数周期较长的项目,借用期可适当延长。③周转金应坚持有借有还,按期归还的原则。财政部门对借出的周转金按月率4.5‰收取资金占用费,对逾期不还款者,财政部门将借款和占用费一并从担保部门当年经费拨款中扣还。④收回的周转金和收取的资金占用费及逾期资金占用费,由财政

部门存入周转金专户，按照规定继续周转使用。(5)周转金的管理。各级财政部门要加强对借出周转金的管理，建立必要的财务、统计管理制度，记载、考核周转金的发放、回收效益等情况，对违背合同规定使用周转金又不肯改正的，应终止合同，提前收回周转金。用款单位无力归还的，从担保部门当年经费拨款中扣还。

三、商贸周转金

1988年省财政厅印发了《商贸周转金管理办法的通知》。其主要内容是：商贸周转金主要用于安排国营商业、粮油、饲料、加工等企业的技术改造及粮油副产品的综合利用；用于修建商业、粮食仓储设施和零售网点建设以及购置生产性器具等。商业企业周转金必须认真审核项目的社会和经济效益，择优扶持投资少、见效快、效益好的项目。借款单位使用周转金，必须提出书面申请并提供项目可行性研究报告说明全部资金来源、自筹和借款数额、项目预期效益、归还期限及保证条件等。经主管局签注意见报财政部门，财政部门必须经过调查认可后，属本级周转金借款，由本级财政部门审批后借给并签订借款合同；需向上级财政借款的，由本级财政部门以正式文件并附企业报告上报上级财政。借款期限为1~2年。占用费率：商业网点、仓库等生产性设备技术改造，借款按月率4.8‰计收；商品短期周转借款按月费率6‰计收。到期不还的，加收逾期月占用费8‰。并不再给新的借款。财政部门定期检查周转金的使用情况，对借款项目进行跟踪监督。

四、社会文教行政事业周转金

社会文教行政事业周转金使用范围广泛，主要是用于解决自收自支管理的事业单位生产经营资金不足，扶持有条件的事业单位向自收自支管理过渡，帮助有偿还能力的事业单位解决更新改造及开办有效益项目等临时资金短缺问题。借款手续与工业周转金相同。(1)社会文教周转金来源：①上级财政拨入(或借入)的资金；②本级财政当年预算安排无偿的资金改有偿的资金；③本级财政当年机动财力安排的资金；④事业单位按规定上缴财政用于周转的资金；⑤实行自收自支管理和向企业过渡的事业单位抵减的预算资金；⑥按规定收取的资金占用费和逾期资金占用费；⑦其他用于周转金的资金。(2)周转金借用期一般为1年。(3)周转金坚持有借有还的原则，从1989年暂定按月收取资金占用费2‰，逾期不还者，加收8‰。

1995年2月，江西省教育委员会、江西省财政厅转发国家教委、财政部《中小学校校办产业周转金管理暂行办法》，其主要内容：(1)周转金的性质，周转金是中央财政用于地方中小学校(包括农业、职业中学)发展校办产业的财政资金，按照“专款专用、有借有还、择优投放、追踪反馈”的原则管理。(2)周转金借款主要用于临时周转，帮助校办企业解决资金周转的困难。(3)在规定的借款期限内，周转金按年率3%收取资金占用费，由借款单位在借款到期时与本金一并还清。对逾期不还款者，除不可抗力原因外，加收不低于银行贷款利率的逾期资金占用费。(4)周转金的管理：①按规定收取的资金占用费及逾期资金占用费，用于补充周转金及支付有关咨询机构的收费和聘请专家及评估、论证等费用支出。②归还周转金借款时，应由借款企业先将借款归还省教育主管部门，然后由省教育主管部门将借款汇入国家教委周转金专户。

五、财政(预算)专项周转金

财政专项周转金从1980年起财政总决算表中列有“补充周转金”的项目，1985年报表将其改为“增设预算周转金”。1989年11月25日省财政厅下发《1989年财政决算编审工作的通知》中指出；对利用历年财政结余的周转金性质的借垫款，属于国家政策制度允许的，可在1989年财政决算“支出合计”线下，以增设“财政专项周转金”科目列支，同时列入财政预算外“财政专项周转金”账户控制周转使用。

1998年，按照《中人民共和国预算法》的要求，从预算结余中设置和补充预算周转金，凡没有达到本级预算支出4%的，应在2~3年补足。由于乐安县是吃上级财政补助的县，县级可用财力有限，故从未作过“财政预算周转金”的预算安排。县历年财政总决算报表中只有：1956年上级拨给乐安县预算周转金2.9万元，1960年增至20万元，1962年公溪镇移交到县管时，同时移交预算周转金1万元，直至2012年全县预算周转总额均为21万元。

第五节 国家能源交通重点建设基金的征集与管理

国家能源交通重点建设基金是用税收强制性和无偿性的原则，从预算外资金中筹集的，用于国家能源开发和交通建设的专项基金。

中共十一届三中全会以后，国家整个经济形势很好。但是，能源和交通运输非常紧张，已经成为制约我国经济发展的一个重要因素。为了集中必要的资金，进行能源交通重点建设，促进国民经济的发展，中共中央、国务院于1982年12月1日发布《关于征集能源交通重点建设基金的通知》,12 月 15 日,国务院颁发《国家能源交通重点建设基金征集办法》,1983 年 1 月 17 日,财政部颁发《国家能源交通建设基金征集办法实施细则》,决定从 1983 年 1 月 1 日起开征国家能源交通重点建设基金。1983 年 2 月 5 日,江西省人民政府批转省财政厅《关于认真做好征集国家能源交通重点建设基金的报告》。要求各级人民政府要切实加强领导,保证完成和超额完成征集任务。

(一)征收范围

国家能源交通重点建设基金的征集范围是:一切国营企业事业单位、机关团体、部队和地方政府的各项预算外资金,以及这些单位所管的城镇集体企业缴纳所得税后的利润,都属于能源交通重点建设基金的征集范围。具体来说,共有以下 6 项:(1)地方财政的预算外资金;(2)事业行政单位的预算外资金;(3)国营企业及其主管部门提取的各项专项基金;(4)其他没有纳入预算管理的资金;(5)城镇集体企业缴纳所得税后的利润;(6)城乡集体企业和个体工商户缴纳所得税后的利润。

(二)免征范围

该项基金免予征集的范围包括以下各项:(1)地方财政的农(牧)业税附加;(2)中、小学校的学杂费;(3)国营企业的大修理基金;(4)国营石油企业的油田维护费;(5)林业部门的育林基金;(6)民政部门管的社会福利企事业收入;(7)中、小学校除校办企业利润外的勤工俭学收入;(8)行政事业单位的经费包干结余;(9)城乡集体企业和个体工商户缴纳所得税后年利润不足 5000 元的(含 5000 元),免征。(10)根据国务院贫困地区经济开发领导小组《国务院贫困地区地经济开发领导小组第四次全体会议纪要》〔1987〕国开发第 1 号中确定为 271 个贫困县的城乡集体企业、个体工商业户、农村信用合作社的税后利润免征;(11)因遭受自然灾害需要在恢复生产期间给予减免征收照顾的缴纳单位,由各省、自治区、直辖市税务局,根据缴纳单位的申请报告,审查核准后,给予定期的减征或免征照顾。

(三)基金征集率

国家能源交通重点建设的征集率:1983 年 1 月起为 10%,同年 7 月 1 日起提高到 15%,1987 年 5 月起,对扩大征集范围部分的征集率为 7%。

(四)征收管理

1983 年起,国家能源交通重点建设基金的征集任务由各级人民政府负责分配,具体分配工作由各级财政机关办理。具体征集工作由各级税务机关办理;具体收纳、报解和入库工作由各级国库和专业银行办理。

随着商业、粮食、供销、医药、森工等企业的财务管理体制的改变,这些企业的能源交通重点建设基金征集任务同时划转各县市。

根据国务院 1982 年发布的《国家能源交通重点建设基金征集办法》规定,国家能源交通重点建设基金征集任务,全国每年为 40 亿元。全部上缴中央财政安排使用,地方超额完成任务的部分,全部留给地方使用。1983 年和 1984 年省与地、县实行五、五分成;1985 年和 1986 年超额完成任务部分改为 30% 上缴中央,70% 留省,留省分配部分省 30%、地区 20%、县 20%。1987 年江西省财政厅改进能源交通重点建设基金收入分成办法,根据财政部规定,从 1987 年起中央与省地(市)能源基金的分配由原来超收分成办法,改为实行总额分成办法,即 70% 上缴中央、30% 留归地方财政,留归地方的 30% 部分,省与地、县(市)实行六、四分成,即 18% 归省财政,12% 归地、县财政(其中县得 6%)。实行总额分成办法后,为了鼓励各地征收积极性,对当年超额完成任务的部分,财政部多给地方分成 20%,经研究决定省和地市各得一半。即超收部分中央财政得 50%;省财政得 25%;地市、县财政得 25%(地区决定地、县市对半分成),省政府关于“适当提高能源交通基金省集中比例”的精神,县应得分成收入按 50% 扣借电力建设借款。地方分成均在年终办理财政决算时逐级结算作补助返还。

1994 年 1 月,江西省财政厅根据财政部通知,由于当年税制改革和企业利润分配制度的改革,对能源交通建设基金和预算调节基金,(简称“两金”,下同)的征管政策作相应调整,按照分税制改革的有关规定,当年对依法缴纳所得税,取消包税办法的国有企业,免征“两金”,但对企业以前年度欠缴的“两金”仍应按规定补交。由于“两金”征收数额减少很多,原规定的超过结算任务的部分提高分成比例的办法不再执行,从本年起各地实际缴纳的“两金”都按原决算任务内的分成比例分成,即:能源交通基金分成比例为中央 70%、省 18%、地县(市)12%(其中县 6%)。地市县应得的能源交通基金年终通过结算由省财政返回地市。

财政部决定从 1994 年 1 月 1 日起,对国有企业停征“两金”。但对 1994 年以前欠缴“两金”应进行清理,清欠工作由各级国家税务局负责,各级财政部门应积极配合其做好清理欠缴和结算工作。对个别缴纳所欠“两金”确有困难的企业,由所在地国家税务局商同级财政部门提出处理意见后,逐级上报国家税务总局,由国家税务总局和财政部审批。1995

年1月1日起,对非国有企业,免征“两金”,对以前年度欠交的,仍应按规定补交。

国务院决定,从1996年起,全面停止征收“两金”。对以前年度各企业事业单位、行政机关、社会团体以及部队欠缴的“两金”,都应按规定补缴。各级财税部门应继续做好欠缴“两金”的清理入库工作。对1996年各地清欠上来的“两金”收入,不分隶属关系,一律实行中央与地方“五五”分成办法,即上缴中央财政50%,地方财政留用50%。对以前年度欠缴的“两金”,各地不得擅自减免,符合政策规定,确有困难无力补缴的,应按规定的程序报财政部和国家税务总局审批。由于1996年“两金”清欠的难度和工作量很大,1996年“两金”征收业务经费的提取比例由原来7‰,提高到2%。

乐安县能源交通重点建设基金征收从1985年起征收,1994年停征。1985年至1993年,共征收能源交通重点建设基金468万元。

1985～1993年乐安县国家能源交通重点基金征收情况

表4－29　　单位:万元

年度	完成数	上缴上级	上级返还
1985	8.67	7.37	1.3
1986	57.33	48.73	8.6
1987	48.00	40.80	7.2
1988	49.33	41.93	7.4
1989	44.00	37.40	6.6
1990	59.33	50.43	8.9
1991	136.00	115.60	20.4
1992	33.33	28.33	5
1993	32.00	27.20	4.8
合计	468.00	397.80	70.20

第六节　政府采购

政府采购又称公共采购。政府采购是指各级国家机关实行预算管理的行政事业单位和社会团体,使用财政性资金,以购买、租赁、委托或雇用等形式,获取货物、工程和服务行为。它是公共财政的一个组成部分,是实现公共资源优化配置的一种机制,是提高财政资金使用效益,促进廉政建设,深入开展反腐败抓源头的一项重要措施。加强政府采购的管理和监督,是各级财政部门的一项重要职责。

1999年4月17日,财政部发出《关于印发〈政府采购管理暂行办法〉的通知》。根据上级财政部门的通知精神,经乐安县人民政府讨论通过,并于2001年10月9日发出《乐安县政府采购管理实施细则》(试行)的通知,旨在规范乐安县政府采购行为,加强财政支出管理,提高财政资金使用效益,促进廉政建设和经济社会发展。其总体要求是:在全县县乡党政机关,试行预算管理的行政事业单位和社会团体,使用财政性资金(含预算内和预算外资金)以购买、租赁、委托和雇用等方式获取货物、工程和服务的行为,都应遵守公开、公平、公正、效益及维护公共利益的原则实行政府采购。为切实加强对政府采购管理工作的领导,成立“乐安县政府采购管理领导小组”,由县人民政府常务副县长任组长,县委办、政府办主任和财政局局长为副组长,县监察局、审计局、工商局、技术监督局、物价局、建设局、司法局、交警大队、商业局等单位的主要领导为成员。下设“乐安县政府采购中心”(简称采购中心)于县财政局,由县财政局一名副局长兼任办公室主任。县政府采购中心履行下列职责:(1)拟定政府采购规章制度和具体管理办法;(2)管理和监督政府采购活动;(3)收集、发布和统计政府采购信息;(4)审批进入政府采购市场的供应商资格;(5)确定和调整政府采购目录和公共招标采购范围的限额标准;(6)将政府采购预算纳入部门预算统一编制;(7)处理政府采购中的投诉事项;(8)办理其他有关政府采购的事务。采购机关分为集中采购和非集中采购机关。集中采购机关为县采购办,负责下列政府采购事务:(1)统一组织纳入集中采购目录的政府采购项目;(2)组织由财政拨款的大型政府采购项目;(3)受其他采购机关委托,代其采购或组织投标事宜;(4)办理财政部门交办的其他政府采购事务。凡具备下列条件的,可以申请取得政府采购的供应资格;1. 具有法人资格或具有独立承担民事责任能力者;(2)遵守国家法律、行政法规,具有良好信誉者;具有履行合同的能力和良好的履行合同记录者;(3)具有良好的资金、财务状况者;(4)财政部门规定的其他条件。政府采购范围分为物资(设备)、服务和工程三大类。主要包括:(1)房屋、会场设施的构建、改造及维修;(2)公务用车的购置、维修、保险和车辆燃油;(3)办公、医疗、科研、教学、文化体育、通信等设备器材,专用设施、专用设备的采购、安装、维修;(4)办公用品、会议和公务接待;(5)其他应纳入政府采购的商品和劳务。政府采购的主要方式采取公开招标、邀请招标、竞争性谈判、询价、单一来源等方式。属于下列情形之一的单项批量采购项目应实行公开招标采购方式或邀请招标采购方式:(1)采购目录规定应当集中采购的项目;(2)合同价值10万元以上物资(设备);(3)合同价值10万元以上的服务项目;(4)合同价值10万元以上的建设、租赁、修缮、装潢、绿化等工程项目。

2001年10月,乐安县人民政府本着“抓住重点,先易后难,积极实践,稳步推进”的原则,决定首批纳入政府采购目录的主要内容有以下几个方面:一是公务用机动车辆配置(含各类轿车、面包车、越野车、大客车、货车、专用车等);二是办公通用设备及用品:计算机及计算机显示终端设备、复印机、传真机、打印机、单价在500元或批量在3000元以上的需列入固定资产管理的办公用品,三是高档电器、器材、空调机、电视机、摄录像设备、仪器。

为加强政府采购资金的管理,规范单位政府采购行为,提高资金的使用效率,县财政局在2002年至2012年先后制定和颁发了《关于明确全县乡镇场人民政府采购工作流程的通知》《关于实施全县行政事业单位公务用车定点加油有关事项的通知》《关于对全县行政事业单位公务用车实行政府采购定点保险的通知》《关于乐安县行政事业单位办公用家具政府采购协议供货有关事宜的通知》《关于公开聘请政府采购评审专家的通知》《关于实行全县电子化政府采购推进实施方案的通知》等文件。政府采购规模及数量逐年增长。2001年政府集中采购金额79万元,比预算资金84万元,节约了5万元,节约率5.9%。2002年政府集中采购金额217.37万元,比预算资金251.85万元,节约了34.48万元,资金节约率为13.7%;2003年政府集中采购金额444.22万元,比预算资金502.30万元,节约了58.07万元,资金节约率为11.6%;2004年政府集中采购金额479.6万元,比预算资金546.51万元,节约了66.91万元,资金节约率为12.24%;2005年政府集中采购金额606.63万元,比预算资金700.72万元,节约了94.09万元,资金节约率为13.42%;2006年政府集中采购金额758.71万元,比预算资金886.31万元,节约了127.6万元,资金节约率为14.4%;2007年政府集中采购金额1041.17万元,比预算金额1195.91万元,节约了154.74万元,资金节约率为12.94%;2008年政府集中采购金额1232.04万元,比预算资金1422.46万元,节约了190.42万元,资金节约率为13.39%;2009年政府集中采购金额1468.36万元,比预算资金1697.54万元,节约了229.18万元,资金节约率为13.5%;2010年政府集中采购金额1822.44万元,比预算资金2139.30万元,节约了317.46万元,资金节约率为14.8%;2011年政府集中采购金额1920万元,比预算资金2255万元,节约了335万元,资金节约率为14.86%;2012年政府集中采购金额4102.51万元,比预算资金4771.22万元,节约了668.71万元,资金节约率为14.02%。

第七节　彩　票

中华人民共和国成立后发行和销售的彩票,初始称“有奖募捐券”,亦称“奖券”,后改称为“彩票”。彩票(含奖券)是经中共中央和国务院批准,为支持社会公益事业而特许专门机构垄断发行、供人民自愿选择和购买,并按照事前公布的规则取得中奖权利的有价凭证。彩票遵循公开、公平、公正的原则操作运行。彩票不记名、不挂失、不流通、不返还本金、不计付利息。彩票种类可分为社会福利彩票(含社会福利有奖募捐券、福利奖券、电脑福利彩票)和体育彩票(含亚运奖券、体育发展基金奖券、电脑体育彩票)两大类型。福利彩票和体育彩票分别由隶属于民政部的中国福利彩票发行中心和隶属于国家体育总局的体育彩票管理中心发行,按省级行政区域组织实施,并由隶属于省和省以下各级民政、体育部门销售,也可以由彩票发行机构直接销售。江西省自1988年8月开始进行社会福利有奖募捐试点工作,以后逐步铺开。彩票市场的监督管理,根据2000年1月28日中国人民银行南昌市中心支行、江西省财政厅《转发中国人民银行、财政部〈关于移交彩票监管工作的通知〉的通知》和省财政厅转发财政部《关于接受彩票监管职能有关事项的通知》规定,自2000年1月28日起,省内各级人民银行不再履行彩票市场的监管职责,改由各级财政部门承担。地方财政部门对彩票市场监管的职能范围是：管理彩票市场，打击非法发行彩票，查处违规发行和销售彩票行为；监督和控制彩票发行额度，审批彩票发行和销售方案；监督和管理彩票公益金（社会福利基金）分配使用。彩票市场监管的主要内容及其规定是：（1）未经国务院批准，任何地方和部门不得擅自发行和变相发行彩票。不得无额度或超额度发行彩票。（2）民政部和国家体育总局在对地方下达彩票发行额度时，要同时抄报地方财政部门，地方财政部门要按此监督和控制当地民政和体育部门的彩票发行规模。（3）不得擅自改变彩票资金分配比例。奖金返还比例不得低于50%，公益金比例不得低于30%，发行印刷成本比例不得高于20%。（4）未经财政部和民政部、国家体育总局所属彩票发行机构同意，任何地方不得擅自变更彩票发行方法和游戏规则。即开型彩票奖金额最高不超过50万元。电脑传统彩票累积最高奖单注不得超过500万元。销售方案不符合规定，安全措施不落实，财政部门不予批准发行和销售。（5）严格执行返奖规定，500元以下的奖级要全部用现金方式兑奖，500元以上的奖级兑奖，可由中奖者任选现金兑奖或实物兑奖。用于兑奖的实物必须是家庭实用、质量好、当前市场畅销的名优产品，且其公布价值必须低于市场批零售价中间价。凡以批发价购买实物产生的实际差价，必须计入奖金，全部用于奖励中奖者。兑奖时必须在销售现场的重要位置以醒目的方式张榜公告，并在其他宣传媒体上明确公布。（6）体育和福利彩票的公益金（社会福利基金）必须严格按照1998年国家体育总局、财政部、中国人民银行共同发布的《关于印发〈体育彩票公益金管理暂行办法〉的通知》和1998年财政部与民政部共同发布的《关于印发〈社会福利基金使用管理暂行办法〉的通知》中规定的范围使用，实行收支两条线管理。并要向社会公布公益金和社会福利基金的分配、使用情况。同时还规定，财政部门要及时查处违反规定的行为，可视情节分别给予警告、责令停止违规行为、通报批评、扣减彩票发行额度、暂停彩票发行资格等处罚，并将处理结果上报上一级财政部门，重大违规问题要上报财政部。

一、社会福利彩票

民政部门发行社会福利奖券是改革、开放、搞活的新形势下，依据社会事业社会办的原则，向社会筹集社会福利资金的一条长期稳定的渠道，民政部要求各级民政部门把它当作一项重要任务来完成。

1989年12月，成立"乐安县社会福利有奖募捐委员会"。

1990年春节，县民政局开始销售奖券，至1993年底，共销奖券43万元，除上缴中央、省捐委员会和地区福利基金外，为县提供福利基金9.03万元。同年9月25日，省募委发出《关于调整全省社会福利奖券资金分配比例的通知》，规定面值1元的奖券，奖金返还率调整为50%，发行成本调整为20%（其中：中募委6%，省募委4%，地区1%，县（市）5%，代销费4%），福利资金调整为30%；面值2元的奖券，奖金返还率调整为55%，发行成本15%（其中：中募委5%，省募委3%，地区1%，县（市）4%，代销费2%），福利资金调整为30%。还规定上述两种面值奖券的福利资金，中募委、省募委、市县（市）募委仍按2:1:7的比例分成。

1991年1月，江西省社会福利募捐委员会发出《关于印发〈江西省有奖募捐社会福利资金使用管理办法〉的通知》，规定有奖募捐社会福利资金的使用范围是：（1）兴办为残疾人、老年人、孤儿服务的社会福利事业，帮助有困难的人。（2）资助社会福利企业。（3）发展社区服务。并规定了社会福利有奖募捐的福利资金不冲抵国家预算和地方财政安排的社会福利事业费及固定资产投资额、以及有奖募捐社会福利资金使用审批权限等。

1997年5月，省募委办公室发出《关于转发中募委〈关于福利彩票小奖不再以实物设奖的通知〉的通知》，规定自1996年7月1日起，奖额在200元（含200元）以下的奖，原则上不再以实物设奖，而改为现金。

2000年12月11日，江西省民政厅、财政厅、建设厅、公安厅、省工商行政管理局、省地方税务局和省广播电视局联合发出《关于加强"江西风采"电脑福利彩票发行工作的通知》，经财政部同意，江西省人民政府批准，按中国福利彩票发行中心的统一部署，江西省将发行销售"江西风采"电脑福利彩票，以筹集更多社会福利资金，满足社会福利事业迅速发展的需要。电脑福利彩票是对传统福利彩票销售手段、销售方式的改革。电脑福利彩票由省福利彩票发行中心直接管理和监控全省各地所有电脑福利彩票销售终端（投注站），采取网点销售方式、多处设点、同步销售、要求全省各级民政部门认真抓好所辖投注站的建设和管理，要按省福利彩票发行中心制定的《投注站建设标准》，并领取省福利彩票发行中心统一印制的销售许可证，销售员必须经省福利彩票发行中心统一培训合格后，发给销售员证，持证上岗。全省各投注站的电脑福利彩票发行收入免征营业税；对全省各级电脑福利彩票发行机构的发行收入，自2001年1月1日起，全额计征企业所得税；对单注中1万元（含1万元）以上的人，其应缴纳的个人所得税，由省福利彩票发行中心依法代扣代缴；城建、公安部门应对各地投注站设置加强指导，提供帮助；电脑福利彩票投注站由省福利彩票发行中心颁发销售许可证，各地工商管理部门办理投注站登记，不另收取个体工商户管理费。按照社会福利基金管理使用有关规定，福利基金全部用于本县维修、改建福利院、敬老院的房屋，完善各种社会福利设施，资助社会福利企业，改善孤儿、孤寡老人、残疾人的生活等，从而赢得了社会各界广大人民群众的信赖和支持，

二、体育彩票

1990年乐安县广泛动员全县各界人民群众自愿购买亚运会奖券和集资捐款，开展1人1元赞助活动。

2000年2月25，江西省体育彩票管理中心发出《关于加强体育彩票销售管理的紧急通知》，强调2000年1月28日起，省内各级人民银行不再履行当地彩票市场监督管职责，彩票市场监管工作由各级财政部门承担，并规定要积极推行现金返奖销售形式，维护彩票公平、公正、公开发行的销售原则，保证体育彩票销售活动规范进行等。同年8月，江西省体委、省财政厅、公安厅、省工商行政管理局、省地税局、建设厅、司法厅、审计厅等8个单位和部门联合发出《关于做好中国电脑体育彩票发行工作的通知》，经中国人民银行、财政部、国家体育总局批准，省人民政府同意，由省体委统一组织在全省范围内发行中国电脑体育彩票。中国电脑体育彩票是中国体育彩票进程中具有较高科技含量、深受广大人民群众喜爱的一种发行方式，既可宣传精神文明，为体育事业发展筹措资金，又可促进内需，增加就业机会，为国家增加税收，是一项利国利民的举措。中国电脑体育彩票按照“统一标准、统一游戏的规则、统一软件、统一组织管理”的原则进行。中国电脑体育彩票不记名、不挂失、不返还本金、不能流通使用，并遵循公平、公正、公开的原则，开奖仪式在公证人员和群众代表的监督下公开进行，开奖结果向社会公众公布。对中奖者单注取得1万元以上偶然所得应征收个人所得税。获得特等奖在省体育彩票管理中心兑奖，个人所得税由省体育彩票中心代扣代缴，一、二等奖在地市分支站兑奖，个人所得税由其代扣代缴。所得税税款由代扣单位交所在地主管地方税务局。各地财政、体育部门是中国电脑体育彩票发行的管理部门，对销售工作具有领导、协调、监督和管理职能。销售中国电脑体育彩票所筹集的公益金进入财政专户管理，任何部门、单位、个人不得以任何理由截留或挪用。公益金的使用按1998年省体委、省财政厅、中国人民银行江西省分行1998年的相关文件的规定执行。中国电脑体育彩票的发行，销售等有关活动，应接受上级审计部门的抽审和同级政府审计部门的审计监督。

第八节　地方政府债券管理

地方政府债券是政府债券的形式之一，在我国建国初期就已经存在。如早在1950年，东北人民政府就发行过东北生产建设折实公债，但1981年恢复国债发行以来，却从未发行过地方政府债券。由于我国1995年起实施的《中华人民共和国预算法》规定，地方政府不得发行地方政府债券（除法律和国务院另有规定外），因此，我国目前的政府债券仅限于中央政府债券。但地方政府在诸如桥梁、公路、隧道、供水、供气等基础设施的建设中又面临资金短缺的问题，于是形成了具有中国特色的地方政府债券，即以企业债券的形式发行地方政府债券。

一、地方政府债券的分类

地方政府债券按资金用途和偿还资金来源分类，通常可以分为一般债券（普通债券）和专项债券（收益债券）。前者是指地方政府为缓解资金紧张或解决临时经费不足而发行的债券，后者是指为筹集资金建设某项具体工程而发行的债券。对于一般债券的偿还，地方政府通常以本地区的财政收入作担保，而对专项债券，地方政府往往以项目建成后取得的收入作保证。

二、地方政府债券的发行主体

地方政府债券是由地方政府发行并负责偿还的债券，简称“地方债券”，也可以称为“地方公债”或“地方债”。地方政府债券是地方政府根据本地区经济发展和资金需要状况，以承担还本付息责任为前提，向社会筹集资金的债务凭证。筹集的资金一般用于弥补地方财政资金的不足，或者地方兴建大型项目。地方政府债券的发行主体是地方政府，地方政府一般又由不同的级次组成，而且在不同的国家有不同的名称。美国地方政府债券由州、市、区、县和州政府所属机关和管理局发行。日本地方政府债券则由一般地方公共团体和特殊地方公共团体发行，前者是指都、道、府、县、市、村政府，后者是指特别地区、地方公共团体联合组织和开发事业团等。

三、地方政府债券预算管理办法

2009年2月，根据国务院有关规定，为规范地方政府债券收支预算管理，提高资金管理的科学化、精细化水平，财政部制定了《2009年地方政府债券预算管理办法》。其主要内容有以下12条：

(1)为实施好积极的财政政策，增强地方安排配套资金和扩大政府投资的能力，根据国务院有关规定，制定本办法。

(2)本办法所称地方政府债券，是指经国务院批准同意，以省、自治区、直辖市和计划单列市政府为发行和偿还主体，由财政部代理发行并代办还本付息和支付发行费的2009年地方政府债券。

(3)地方政府债券收入可以用于省级(包括计划单列市、下同)直接支出，也可以转贷市、县级政府使用。

(4)地方政府债券收支实行预算管理。地方政府债券收入全额纳入省级财政预算管理，市、县级政府使用债券收入的，由省级财政转贷，纳入市、县级财政预算。地方政府债券收入安排的支出纳入地方各级财政预算管理。

用地方政府债券发行收入安排支出的部门和单位，要将支出纳入部门预算和单位预算，严格按照预算制度管理。

(5)地方政府债券收入根据省级政府报请国务院批准同意的额度编制。市、县级财政根据省级财政核准的转贷额度编列地方政府债券转贷收入。

地方政府债券支出根据各级财政使用债券收入或者债券转贷收入安排的支出编制，地方政府债券预算支出，要充分体现科学发展观的要求，积极促进经济结构调整和发展方式转变。资金主要用于中央投资地方配套的公益性建设项目及其他难以吸引社会投资的公益性建设项目支出，严格控制安排用于能够通过市场化行为筹资的投资项目，不得安排用于经常性支出。资金使用范围主要包括：保障性安居工程，农村民生工程和农村基础设施，医疗卫生、教育文化等社会事业基础设施，生态建设工程，地震灾后恢复重建以及其他涉及民生的项目建设与配套。

(6)2009年度政府预算未报经本级人民代表大会审查批准的，要将本地区地方政府债券收入或者债券转贷收入和支出纳入预算，报请同级人民代表大会审查批准。2009年度政府预算已经报本级人民代表大会审查批准的，要根据地方政府债券收支计划及时编制预算调整方案，报同级人民代表大会常务委员会审查批准。

(7)各级地方财政部门根据批准的预算，将债券支出批复相关部门和单位。各相关部门和单位要严格按照批复的预算，安排预算支出，实行项目管理，不得随意变更资金用途。

(8)在政府收支分类科目收入分类105类“债务收入”01款“国内债务收入”(科目说明修改为“中央与地方共用收入科目”)下新增04项“财政部代理发行地方政府债券收入”，科目说明为“地方收入科目”。反映财政部代理发行的2009年地方政府债券收入。在110类“转移收入”下新增11款“债券转贷收入”01项“转贷财政部代理发行地方政府债券收入”，科目说明为“反映下级政府收到上级政府转贷的财政部代理发行地方政府债券收入”。

在支出功能分类228类“国债事务”中新增12款“财政部代理发行地方政府债券还本”，科目说明为“反映地方政府安排的财政部代理发行2009年地方政府债券还本支出”；新增13款“财政部代理发行地方政府债券付息”，科目说明为“反映地方政府安排的财政部代理发行2009年地方政府债券付息支出”。在230类“转移性支出”新增11款“债券转贷支出”01项“转贷财政部代理发行地方政府债券支出”，科目说明为“反映上级政府对下级政府转贷的财政部代理发行地方政府债券支出。”地方政府安排财政部代理地方政府发行债券收入时，根据实际使用方向列入政府收支分类相应功能支出科目。

(9)各级地方财政部门要根据预算安排，项目建设进度，及时拨付资金，监控预算执行情况，及时发现和处理预算执行中出现的问题，并做好财政总预算会计收支核算工作。

(10)地方政府债券到期后，由中央财政统一代办偿还。地方财政要足额安排地方政府债券还本付息所需资金，及时向中央财政上缴地方政府债券本息，发行费等资金。如果届时还本确实存在困难，经批准，到期后可按一定比例发行1~5年期新债券，分年全部归还。对于未按时上缴的，中央财政根据逾期情况计算罚息，并在办理中央与地方财政结算时如数扣缴。

(11)财政部门要加强对地方政府债券收支的管理和监督，建立和完善债务项目申报、审批、绩效考评和监督等制度，提高资金管理的科学化、精细化水平，不得挤占、截留和挪用债务资金。

(12)该办法自公布之日起执行。

四、地方政府债券的发行

从2009年到2011年，我国每年发行地方政府债券(以下简称“地方债券”)2000亿元，2012年我国发行地方政府债券2500亿元,4年来累计发行8500亿元。从4年实践情况看,地方政府债券资金对地方政府落实中央应对国际金融危机一揽子政策、保障积极财政政策的有效实施,促进地方经济社会发展、加快改善民生进程等方面发挥了积极作用,同时,也是我国探索建立规范地方政府举债融资机制的破冰之举,为全面加强地方政府性债务管理打下了良好基础。

乐安县地方政府债券整体规模为1250万元,其中2009年度为350万元,2010年度为303万元,2011年度为247万元,2012年度为350万元。为加强中央代理地方政府发行债券资金的使用管理,提高资金使用效益,保障资金安全运行,根据《江西省财政厅关于转发财政部〈2009年地方政府债券预算管理办法〉的通知》精神,每年省财政厅与乐安县人民政府签订了协议。

乐安县地方政府债券情况表

表4-30　　单位:万元

债务名称	发行年度	签订日期	协议金额	债务期限	还本日期
2009年地方政府债务	2009	2009年7月13日	350	3年	2012年7月12日
2010年地方政府债务	2010	2010年6月21日	303	3年	2013年6月20日
2011年地方政府债务	2011	2011年9月27日	247	3年	2014年9月26日
2012年地方政府债务	2012	2012年8月24日	350	3年	2015年8月23日

各年度的转贷资金期限均为叁年。省财政自本协议签订之日起,两个工作日内将资金拨付到市(县)财政国库单一账户。转贷资金发行手续费在资金到账后两个工作日内由省财政通过上下级往来扣缴,发行手续费率为转贷金额的0.05%;转代资金利息按年支付,年利率2009年为1.72%,2010年为2.77%,2011年为4.01%,2012年为2.98%。市(县)应负担的利息,由省财政通过上下级往来资金扣缴。各年度地方政府债券资金使用的范围分别为:2009年规定,首先用于廉租房建设和病险水库除险加固配套,其次用于其他中央投资项目的地方配套等;2010年、2011年规定,首先用于廉租住房建设和棚户区改造配套,其次用于其他投资项目的地方配套;2012年规定,优先用于保障性安居工程等重点公益性项目支出,其次用于其他中央投资项目的地方配套等,县人民政府要足额安排还本付息所需资金,并切实加强对资金使用的管理和监督,充分发挥资金使用效益。

第十一章　国有资产管理

中华人民共和国成立后,国有资产是社会主义公有制经济的物质基础,是国家取得财政收入的主要源泉,也是推进社会建设和改革,不断改善人民物资文化生活的重要保证。加强国有资产的管理,保卫国有资产及其权益不受损害,是财政部门义不容辞的职责。1992年5月以前乐安县国有资产都是由县财政局各相关专业股室进行管理。

随着国家有计划的商品经济体制向社会主义市场经济体制的转变,顺应建立现代企业制度和其他相关改革的需要,国有企业的经营权和所有权逐渐分离。为了加强国有资产管理,保证国有资产保值增值,防止国有资产流失,巩固发展全民所有制经济,乐安县于1992年5月成立乐安县国有资产管理局,为副科级机构,挂靠县财政局,履行对全县国有资产进行管理的职责。1997年机构改革,县国有资产管理局升格为正科级机构,与县财政局合署办公,一个机构两块牌子。2003年4月,县国有资产管理局机构撤销,其工作职能并入县财政局。2010年设立乐安县国有资产监督管理办公室,为县财政局内设副科级机构。

县国有资产管理局的基本任务是:对县境内、外属于本县管辖的国有资产(包括企业和行政事业单位的固定资产、流动资产和其他国有资产)行使管理职能,重点是管理国家投入各类企业(包括中外合资、合作企业)的国有资产。通过逐步完善国有资产管理制度,加强监督管理来促使国有资产使用单位有效地经营和使用国有资产,依法向国家上缴利润和国有资产产权收益,实现资产增值。乐安县国有资产管理局成立后,具体开展了国有资产产权登记,行政事业单位财产清查登记和国有企业清产核资试点,国有资产评估等几项基础工作。

第一节　产权登记

1992年6月,江西省国有资产管理局、省财政厅、省工商行政管理局转发国家国有资产管理局、财政部、国家工商行政管理局印发的《国有资产产权登记管理(试行)办法》。其中对县级:(1)县级国有资产管理部门,负责办理本级企业单位和上级国有资产管理部门委托企业单位的产权登记。(2)占有、所有国有资产新开办的企业单位,应在工商行政管理机关申办工商注册登记前,申报开办产权登记。(3)企业主管单位拨给新开办企业资金超过原注册资金20%的,新开办单位申请开办登记时,其企业主管单位应同时办理变动登记手续。

1993年3月,国家国有资产管理局,国家土地管理局关于国有资产产权登记中有关土地资产登记工作的通知,其主要内容是:(1)凡使用国有土地的企业、行政事业单位及社会团体(以下称土地资产使用人)在向国有资产管理部门申办产权登记(行政事业单位和社团为财产登记)之前,必须先到土地管理部门办理土地登记。(2)资产使用人因分立、合并、迁移、撤销及土地使用权转让等原因,引起土地权属、使用面积、用途等变化的、必须及时到土地管理部门办理变更土地登记,并持变更土地登记后的国有土地使用证或土地管理部门出具的其他证明文件向国有资产管理部门申办变动产权登记或注销产权登记。(3)在国有资产产权登记年度检查时,凡土地登记内容或土地资产情况发生变化,尚未办理变更土地登记的,必须先到土地管理部门办理变更土地登记。(4)资产使用人未按上述规定进行土地资产登记的,国有资产管理部门不予办理国有资产产权登记。

1996年国务院印发《企业国有资产产权登记管理办法》,其主要内容:(1)本办法所称企业国有资产产权登记(以下简称产权登记),是指国有资产管理部门代表政府对占有国有资产的各类企业的资产、负债、所有者权益等产权状况进行登记,依法确认产权归属关系的行为。(2)国有企业、国有独资公司,持有国家股权的单位以及其他形式占有国有资产的企业(以下统称企业),应当按照本办法的规定办理产权登记。(3)企业产权归属关系不清楚或者发生产权纠纷的,可以申请暂缓办理产权登记。企业应当在经批准的暂缓办理产权登记期限内,将产权界定清楚,产权纠纷处理完毕,并及时办理产权登记。(4)县级以上各级人民政府国有资产管理部门,按照产权归属关系办理产权登记。(5)产权登记分为占有产权登记、变动产权登记和注销产权登记。(6)企业应当依照本办法向国有资产管理部门办理占有产权登记。占有产权登记的主要内容;①出资人名称、住所、出资金额及法定代表人;②企业名称、住所及法定代表人;③企业的资产、负债及所有者权益;④企业实收资本、国有资本;⑤企业投资情况;⑥国务院国有资产管理部门规定的其他事项。(7)企业发生下列变动情形之一的,应当自变动之日起30日内办理变动产权登记:①企业名称、住所或者法定代表人改变的;②国有资本占企业实收资本比例发生变化的;③企业分立、合并或者改变经营形式的;④国务院国有资产管理部门规定的其他变动情形的。(8)企业发生下列情形之一的,应当自各该情形发生之日起30日内办理注销产权登记;①企业解散,被依法撤销或者被依法宣告破产的;②企业转让全部产权或者企业被划转的;③国务院国有资产管理部门规定的其他情形的。(9)企业办理产权登记,应当按照规定填报国有资产产权登记表并提交有关文件、凭证、报表等。填报的内容或者提交的文件、凭证、报表等不符合规定的,国有资产管理部门有权要求企业补正:(10)产权登记实行年度检查制度。企业应当于每一年度终了后90日内,办理产权年度检查登记,向国有资产管理部门提交财务报告和国有资产经营年度报告书,报告下列主要内容:①出资人的资金,实际到位情况;②企业国有资产的结构变化、包括企业对外投资情况;③国有资产增、减变动情况;④国务院国有资产管理部门规定的其他事项。(11)企业违反本办法规定,有下列行为之一的,由国有资产管理部门责令改正、通报批评。可以处以10万元以下的罚款,并提请政府有关部门对企业领导人员和直接责任人员按照规定给予纪律处分:①在规定期限内不办理产权登记的;②隐瞒真实情况,未如实办理产权登记的;③不按照规定办理产权年度检查登记的;④伪造、涂改、出卖或者出借国有资产产权登记表的。(12)国有资产管理部门工作人员在办理产权登记中玩忽职守、徇私舞弊、滥用职权、谋取私利、构成犯罪的,依法追究刑事责任;尚不构成犯罪的,依法给予行政处分。(13)该办法自发布之日起执行。国家国有资产管理局、财政部、国家工商行政管理局1992年5月11日发布的《国有资产产权登记管理(试行)办法》同时废止。

2000年财政部修订《企业国有资产产权登记管理办法实施细则》,其主要内容:(1)下列已取得或申请取得法人资格的企业或国家授权投资的机构(以下统称企业),应当按规定申办企业国有资产产权登记(以下简称产权登记)。①国有企业;②国有独资公司;③国家授权投资的机构;④设置国有股权的有限责任公司和股份有限公司;⑤国有企业、国有独资公司或国家授权投资设立的企业;⑥其他形式占有、使用国有资产的企业。(2)产权登记机关是县级以上各级政府负责国有资产管理的部门。(3)产权登记机关依法履行下列职责:①依法确认企业产权归属,理顺企业集团内部产权关系;②掌握企业国有资产占有、使用的状况;③监督企业的国有产权变动;④检查企业国有资产经营状况;⑤监督国家授权投资机构,国有企业和国有独资公司的出资行为;⑥备案企业的担保或资产被司法冻结等产权或有关变动事项。(4)产权登记按照统一政策,分级管理的原则由县级以上政府负责国有资产管理的部门按产权归属关系组织实施。(5)由两个及两个以上国有资本出资人共同投资设立的企业,按国有资本额最大的出资人的产权归属关系确定企业产权登记的管辖机关。(6)已取得法人资格的企业应当在本细则实施后向产权登记机关申办占有产权登记填写企业国有资产占有产权登记表。(7)事业单位和社会团体法人设立企业或对企业追加投资的,应当提交中华人民共和国国有资产产权登记证(行政事业单位)及上级单位批准的非经营性资产转经营性资产的可行性研究报告,产权登记机关审查后直接办理占有或变动产权登记手续。(8)除政府批准设立外,企业的组织形式不得登记为国有独资公司。(9)国有企业设立的全资企业,其组织形式不得登记为集体企业:(10)企业在申办占有产权登记时,实收资本与注册资本相比已发生增减变动的,应当先按实收资本变动前数额办理占有登记,再按本实施细则的规定申办变动产权登记。(11)企业发生下列情形之一的,应当申办变动产权登记:①企业名称、住所或法定代表人改变的;②企业组织形式发生变动的;③企业国有资本额发生增减变动的;④企业国有资本出资人发生变动的;⑤产权登记机关规定的其他变动情形。(12)企业发生下列情形之一的,应当向原产权登记机关申办注销产权登记。①企业解散,被依法撤销或被依法宣告破产;②企业转让全部国有产权或改制后不再设置国有股权的;③产权登记机关规定的其他情形。(13)企业占有、使用国有资产状况以最近一次办理产权登记时产权登记机关确认的数额为准。

第二节 清产核资

1992年,江西省清产核资领导小组办公室印发《国家行政事业单位财产清查登记工作方案》,要求对国家行政事业单位有领导、有计划地进行财产清查登记工作。其主要内容:(1)清查登记工作的具体要求:①以不动产和重要设备(现行会计科目中的固定资产)为主要对象,对单位占有的全部财产进行清查,做到"家底"清楚。②将应归国家所有的财产一律纳入国家财产管理轨道,进行实物为主的财产登记,做到所有权关系清楚。(2)行政事业单位财产清查登记工作的范围:国家行政单位和全民所有制事业单位。按照我国现行行政事业编制和财务管理分类,行政事业单位分为以下四类:行政党团机关;事业单位;社会团体;附属营业单位。(3)行政事业单位财产清查登记工作的内容包括:财产清查、财产价值量确定和登记入账、所有权的必要界定、国家财产清查结果的账务处理和报告、建立健全和完善财产管理等。①财产清查。行政事业单位财产清查登记的重点是不动产和重要设备。同时,对库存材料和低值易耗品、货币资金(银行存款、库存现金、有价证券)、结算资金(往来款项和应缴预算收入)、产成品等也要进行清查。这些财产不论是在用、库存、对外出借出租、投资、联营、集体和个人承包等均作为清查内容。此次财产清查统一规定,行政事业单位的固定资产起点标准为:一般设备单价在200元以上,专用设备单价在500元以上,且耐用时间都在一年以上。单价不满上述起点标准,但耐用时间在一年以上的大批同类财产,也作为固定资产进行管理。固定资产的分类为土地、房屋和建筑物、设备、文物和陈列品、图书资料及其他固定资产。②财产价值量确定和登记入账。财产的价值一般按购建、调入时的原始价值确定。但下列情况应酌情估价和处理:a. 账外财产和无偿调入财产等。查不到原始凭证的,可比照同类财产现行购建价格,结合新旧程度确定。b. 为提高使用价值而改变原有实物形态的财产,因改建、扩建、装修、更换部件等增加的价值,按实际开支费用调增原值;拆除部分,按拆除部分原值调减。c. 征用或购置土地支付的补偿费、价款及其他费用,计入在土地上兴建的房屋和建筑物的价值内;征用或购置后尚未兴建房屋、建筑物的,按实际支付的价款和费用登记入账。d. 难以确定其价值的文物、礼品等,可只登记其实物量,不登记价值,由单位及其主管部门按实物管理的有关规定进行管理。③所有权的必要界定。所有权关系明确的行政事业单位可不进行所有权界定工作,所有权关系需要界定的单位,原则上按照国清〔1992〕6号文所附的《清产核资办法(试行)》第三章的规定办理。并就有关问题明确如下:a. 行政事业单位完全用国家资产开办因某种原因在工商注册时登记为集体性质的营业单位的资产仍为国家资产。b. 凡由乡村集体经济组织兴办,并提供主要资金来源,而国家仅给少量补助的事业单位的财产,属集体性质的可不列入这次财产登记的范围。c.行政事业单位房产和地产的所有权和使用权属的确认,以国家核发的房屋产权证和国有土地使用证为合法凭证。尚未核发两证的单位,按政府房产管理部门和土地管理部门制定的有关政策办理。d.对于情况复杂,一时难以确定其产权关系的财产,可作为“待界定财产”由所用单位单独登记。④财产清查结果的账务处理和报告。a.对账外财产要全部计价入账。对损失短少和需要报废报损的财产,要严格审查,查明原因,按财政部门和国有资产管理部门的有关规定进行处理后,核销财产数额,对收回的赔偿金和变价款应全部入账。对未经批准被个人或其他单位占用的财产应予追回,公物还家,并进行账务处理。经批准而未办理借用手续的,应补办手续。b.所有权界定后,因所有权关系改变,需增加或减少的财产,要相应调增或调减数额。c.由固定资产标准调整,不再属于此类的一切物资,需转作低值易耗品的,要相应调账。

1995年,对全县56户国有企业进行了全面清产核资。此次清产核资工作主要内容:(1)资产清查。指对企业、单位各项资产、负债和所有者权益进行全面的清理、核对和查实。(2)产权界定。指对全民企业、单位投入股份制、合资、联营、集体等各类企业事业单位的应归属国有的资产进行清理和界定。(3)价值重估和土地估价。指对企业、单位的主要固定资产进行重新估价和对企业、单位占用的国有土地进行清查估价。(4)资金核实。指对企业、单位的法人财产占用量进行核实和核定国家资本金。(5)产权登记。指对企业、单位占用的国有资产按核定的资产总额和核定的资本金进行产权登记。(6)建章建制。指建立健全各项国有资产的基础监督管理制度,促进企业、单位全面承担资产保值、增值的责任。

1995年江西省清产核资领导小组、省财政厅、省土地局、省国有资产管理局印发《关于认真抓紧做好清产核资中土地清查估价工作的紧急通知》,其主内容:(1)清产核资中的土地估价工作方式应由企业自行确定,原则上给企业单位自行估价为主,土地部门要加强指导帮助,不得强行要求企业委托中介机构评估。各地要严格执行国家统一规定的工作方法和企业属地编制的有关价格标准,不能自行其是。(2)清产核资土地估价结果是国有企业土地资产重要的价值资料,企业单位自估和委托估价的,要保证地价水平的可比性,当年,江西省县级以上城镇土地分6个等级,乐安为第五个等级。第五等城镇基准地价最低限额、最高级别:商业297元/平方米;住宅151元/平方米;工业77元/平方米。最低级别:商业74元/平方米;住宅53元/平方米;工业46元/平方米。边远的镇基准地价最低限额不得低于每平方米20元。此外,为保证清产核资土地估价成果的可靠性和准确性,清产核资土地估价结果确认后,全省先按基准价格的50%确定入账价格。江西省还规定城镇清产核资土地入账修正指导价最高级别:商业148元/平方米;住宅76元/平方米;工业38元/平方米。最低级别:商业37元/平方米;住宅26元/平方米;工业23元/平方米。边远镇土地最低入账价不得低于每平方米10元。同年国家国有资产管理局颁发《事业单位非经营性资产转经营性资产管理实施办法》,主要内容:(1)非经营性资产是指事业单位为完成国家事业发展计划和开展业务活动所占用、使用的资产;经营性资产是指事业单位用于从事生产经营性活动的资产。(2)非经营性资产转经营性资产的主要方式:①用非经营性资产作为初始投资,在工商行政管理部门领取企业法人营业执照,兴办具有法人资格的经济实体;②用非经营性资产进行投资、入股、合资、合作、联营;③用非经营性资产作为注册资金,在工商行政管理部门领取营业执照,兴办不具有法人资格的附属营业企业;④用非经营性资产对外出租、出借;⑤经国有资产管理部门和财政部门认可的其他方式。(3)下列资产不准转作经营性使用:国家财政拨款;上级补助;维持事业正常发展,保证完成事业任务的资产。(4)非经营性资产转经营性资产的审批程序:单位申报;主管部门审核;国有资产管理部门批准。(5)非经营性资产转经营性资产,在经过主管部门审核同意后,必须按《国有资产评估管理办法》的有关规定进行资产评估。(6)事业单位对批准转作经营的资产,享有收益权、承担投入资产的安全完整和保值增值的监督责任。(7)事业单位对转作经营的资产要建立专项管理制度。专项登记、专项考核。(8)对事业单位非经营性资产转经营性资产,坚持有偿使用原则,以实际转作经营的国有资产总额为基数,按季(按年)度收取一定比例的国有资产占用费。(9)各类占有、使用国有资产的行政机关、党派、社会团体和集体性质的事业单位参照该实施办法执行。

1996年,财政部、国有资产管理局印发《关于国有企业清产核资中土地估价入账价值标准问题的通知》,其主要内容:(1)企业土地估价应按国家规定的范围,在弄清权属,界线和面积等基本情况的基础上，依据国家统一规定的土地估价技术标准进行，并按规定程序予以确认、批复。(2)对于企业过去已作为固定资产单独入账的土地，估价后应按确认、批复的价值调整账面价值。并按调整后的账面价值单独入账，不计提折旧。调整后的土地账面价值高于原账面价值部分，经清产核资机构会同同级财政部门批准后，作为国家投资，在资本公积金中单独反映。(3)对于通过行政划拨方式依法无偿取得的土地，企业按确认、批复后的价值，经清产核资机构会同同级财政部门批准后，作增加固定资产处理。同时增加国家资本公积金企业占用的行政划拨土地在估价入账后，应在固定资产中单独反映，不得计提折旧。(4)以出让方式等取得国有土地使用权，且受让价格低于所在地土地基准价的土地，估价后，在备查簿上进行反映，其土地所用权账面原值不作调整。(5)企业以土地使用权作价投资或入股举办国内联营，股份制企业，其土地未经评估确认或原合同确认作价明显偏低的，经企业主管部门和其他投资人同意，可对该土地进行估价。估价后由企业设备查簿单独反映，暂不调整账务。同年财政部、国家经济贸易委员会、国家税务局、国家工商行政管理局印发《关于开展城镇集体所有制企业、单位户数清理工作的通知》，其主要内容：集体企业户数清理范围统一规定为国家批准的建制镇以上城镇(含建制镇)中，在各级工商行政管理机关登记注册为集体所有制性质的各类集体企业，包括集体和集体控投的联合经济组织，股份合作制企业以及集体企业改制为合作股份企业，各级信用社、供销社及其在农村设立的基层单位和远离城镇的国有工矿企业举办的集体企业，以及各种形式占用、代管集体资产的企业或单位。乡镇企业主管部门所辖的农村各类乡(镇)村集体企业(含设立在城镇的上述企业或分支机构)，不包括在集体企业清产核资户数清理工作范围之内。另外还规定了企业、单位的划分标准。

1997年，对全县城镇集体企业开展清产核资工作。

1998年，江西省清产核资领导小组等两家印发《关于户数清理和清理甄别"挂靠"集体企业工作的补充通知》。

第三节　资产评估

资产评估是国有资产管理的重要环节。根据国家有关规定，县(市)国有资产评估工作由县(市)国有资产管理局负责组织、管理、指导和监督，具体职责包括：审查上报资产评估机构的资格；监督资产评估机构的评估活动；督促应当进行资产评估的国有资产当事人，进行资产评估；负责实施资产评估的立项和审核、验证、确认事项。

1991年11月，国务院91号令发布《国有资产评估管理办法》，其主要内容：(1)国有资产占有单位(以下简称占有单位)有下列情形之一的，应当进行资产评估：①资产拍卖、转让；②企业兼并、出售、联营、股份经营；③与外国公司、企业和其他经济组织或者个人开办中外合资经营企业或者中外合作经营企业；④企业清算；⑤依照国家有关规定需要进行资产评估的其他情形。(2)占有单位有下列情形之一，当事人认为需要的，可以进行资产评估：①资产抵押及其他担保；②企业租赁；③需要进行资产评估的其他情形。(3)国有资产评估范围包括：固定资产、流动资产、无形资产和其他资产。(4)组织管理：①国有资产评估工作，按照国有资产管理权限，由国有资产管理行政主管部门管理和监督；国有资产评估组织工作，按照占有单位的隶属关系，由行业主管部门负责；国有资产管理行政主管部门和行业主管部门不直接从事国有资产评估业务。②持有国务院或者省、自治区、直辖市人民政府国有资产管理行政主管部门颁发的国有资产评估资格证书的资产评估公司、会计师事务所、审计事务所、财务咨询公司、经国有资产管理行政主管部门认可的临时评估机构，可以接受占有单位的委托，从事国有资产评估业务。③资产评估机构进行资产评估，实行有偿服务。评估管理办法对评估程序、评估方法和法律责任均作出了详细规定。

1992年7月，国家国有资产管理局根据国务院1991年91号令发布的《国有资产评估管理办法》，印发《国有资产评估管理办法施行细则》，其主要内容：(1)国有资产占有单位包括：①国家机关、军队、社会团体及其他占有国有资产的社会组织；②国营企业、事业单位；③各种形式的国内联营和股份经营单位；④中外合资、合作经营企业；⑤占有国有资产的集体所有制单位；⑥其他占有国有资产的单位。(2)组织管理：①国有资产管理行政主管部门是指各级政府专门负责国有资产管理的职能部门，地方是指各级国有资产管理局或国有资产管理专门机构；②国家对资产评估工作实行统一领导、分级管理的原则，地方各级国有资产管理行政主管部门按照国家政策法规和上级国有资产管理行政主管部门的规定，负责管理本级的资产评估工作；③委托评估机构进行资产评估的委托方，一般是国有资产占有单位，也可以是经占有单位同意，与被评估资产有关的其他当事人，原则上由申请立项的一方委托，特殊情况由国有资产管理行政主管部门委托。委托方被委托方应签订资产评估协议书，协议书的主要内容包括：被评估项目名称、评估内容、评估期限、收费办法和金额，违约责任等。施行细则对评估程序、评估方法和中外合资、合作资产评估及股份制企业资产评估均作出了具体规定。

1993 年，江西省国资局印发《江西省国有资产评估机构管理暂行办法》，主要内容：(1)国有资产评估机构必须具备下列条件：①必须经政府或主管部门批准成立，并经工商行政管理部门注册登记，具有法人资格，能够独立承担民事责任的资产评估公司、会计师事务所、审计事务所或财务咨询公司。②机构中的评估工作人员不得少于十人，其中有一定在编人员，持有国有资产管理局颁发的评估人员培训合格证的评估人员不得少于 30% ~50%。③评估人员必须具备一定的政策理论水平、专业知识和实际工作经验。其中机械设备类评估人员、房屋建筑物类评估人员、会计经济类评估人员分别不得少于 2 至 5 人。以上各类评估人员具有高、中级以上专业技术职务的应占有一定比例。同时，须经省国有资产管理局资格审定认可后，方可作为资产评估机构出具资产评估报告的签署代表。(2)凡具备上述要求，从事国有资产评估工作的机构，在征得主管部门和同级国有资产管理部门同意后，可向省国有资产管理局申请领取资产评估资格证书。对经审查合格批准同意的，由省国有资产管理局颁发资产评估资格证书。未经批准发给证书的单位，不得承办国有资产评估业务，其评估结果国有资产管理部门不予确认。(3)在没有颁发资产评估资格证书之前，对基本具备条件的会计师事务所、审计事务所等机构经省国有资产管理局批准，可作为临时评估机构授予临时评估资格，临时资格在一年内有效。

1997 年，江西省国资局印发《关于 1997 年资产评估机构年检结果的通告》。

1998 年，江西省国资局印发《资产评估立项、确认审批程序及公开办事制度》的通知，其主要内容：(1)资产评估立项审批程序。一般项目，占有单位提交资产评估立项申请报告，立项申请表及附件一式两份，经主管部门签署意见并盖章后，可以办理资产评估立项手续(无主管部门单位可直接申报、下同)。(2)资产评估结果确认审批程序。资产评估立项批复后，占有单位方可聘请评估机构开展评估工作，待评估工作结束后，占有单位须提交资产评估结果确认申请报告、确认申请表、资产评估报告书(包括正文和附件)及送审专用材料一式两份，经主管部门或地(市)级国有资产管理部门签署意见后，报省国资局确认。

1998 年，省国资局印发《资产评估报告签字制度(试行)的通知》，主要内容：(1)为明确资产评估机构与注册资产评估师的执业责任，规范执业行为，保证资产评估报告质量，根据国家有关法规，凡中国境内执业的资产评估机构，在接受客户委托，完成评估项目后所出具的资产评估报告书，应有资产评估机构法定代表人(合伙制机构为合伙人，以下简称合伙人)和至少两名注册评估师签字。未经资产评估机构法定代表人(合伙人)和注册资产评估师签字的资产评估报告为无效报告。(2)注册资产评估师对签署的资产评估报告书的真实性、客观性、公正性负责，并承担相应的法律责任。(3)资产评估机构法定代表人(合伙人)在本机构注册资产评估师签署的资产评估报告书上明确签署审核意见后签字，资产评估机构对此承担连带法律责任。(4)凡违反本制度的资产评估机构和注册资产评估师，中国资产评估协会根据协会章程及其他规定，给予警告，通报批评，撤销会员资格等处分。

1999 年，乐安县在全县多家企业间开展城镇集体企业清产核资试点工作，清产核资企业资产清查、所有权界定、资产重估、资产核定、产权登记工作按程序全面完成。为清产核资工作在全县铺开取得了经验。

第四节　国有资产整合运作

2012 年 8 月，乐安县人民政府印发了《乐安县县直行政事业单位经营性国有资产整合运作实施方案》(以下简称《办法》)。该《方案》旨在：为满足我县经济发展的需求，通过县直行政事业单位经营性国有资产整合运作，把分散沉淀的国有资产转化成高效流动的国有资本，加快建立国有资源、资产、资本、资金良性循环的运营体系，进一步激活促进发展的外源动力和内在活力，增强政府投融资能力和调控经济的实力，带动社会资本对政府急需发展的产业和重大基础性项目加大投入，实现国有资本裂变扩张、最大程度地保值增值。同月，乐安县国有资产监督管理办公室在县人民政府授权下，将首批 34 家县直行政事业单位经营性国有资产进行了核定，由县财政局出具资产权属划转通知书，在国土、建设、房管等相关部门办理资产产权权属变更登记手续，然后划转至乐安县凌云投资开发有限公司，按市场化运作进行投融资，确保国有资本保值增值，维护了国有资产权益。

乐安县人民政府对此次国有资产整合运作作出了以下规定：

（一）基本原则

县直行政事业单位的经营性国有资产所有权归县政府，县政府授权县国有资产监督管理办公室履行出资人和考核监管职责。

1. 产权集中，专户管理

县直行政事业单位经营性国有资产的产权实行集中划转，统一管理。资金经营所得、押金等缴存县财政、纳入财政专户管理。

2. 授权经营，市场运作

县直行政事业单位经营性国有资产由县政府授权集中运营，遵循市场经济规律，有效运作经营性资产的产权，把资产转化为资本，把资本转化为资金，把存量转化为增量，实现国有资本最大程度地保值增值。经营性国有资产的经营权和使用权根据情况委托原单位负责管理。

3. 搭建平台，裂变扩张

充分发挥经营性资产产权的使用效益，依照法律程序，将产权清晰、优质"干净"的经营性房屋所有权、土地使用权划转给乐安县凌云投资开发有限公司（国有独资公司），搭建投融资担保平台，通过对外引导性、开发性、基础性的投入，支持引进重大产业项目，加快高新技术产业发展，促进重大基础设施建设，推动骨干企业裂变式发展。

（二）实施范围

本方案所指的经营性国有资产是指县人民政府所属行政机关、社团组织、事业单位（以下简称"县直行政事业单位"）的经营性国有资产，包括县人民政府所属行政机关、社团组织下属的经营性独立核算的事业单位（如酒店、招待所、宾馆等）；县直行政事业单位占有使用的非经营性资产转为非独立核算的经营性资产（如店面、商铺等）；县直行政事业单位占有且暂未使用的闲置资产（如闲置土地、烂尾楼等）；县委、县人民政府批准的其他行政事业单位的经营性国有资产，国有企业改制结束后的剩余资产及国有企业破产终结后应归县政府的资产。

学校、医院等单位的经营性国有资产暂不纳入本方案的实施范围。

（三）动作模式

1. 国有资产集中管理及运营

由县财政局牵头，县人民政府授权乐安县国有资产监督管理办公室（以下简称国资办）将县直行政事业单位经营性国有资产进行核定，由县财政局出具资产权属划转通知书，到国土、建设、房管等相关部门办理资产产权权属变更登记手续，后划转至乐安县凌云投资开发有限公司按市场化运作进行投融资，确保国有资本保值增值，维护国有资产权益。

2. 分类盘活经营性国有资产存量

由县政府授权，县国资办监管，乐安县凌云投资开发有限公司运用市场手段对县直行政事业单位的经营性国有资产进行分类处置和经营，实现从实物形态向价值形态转变，从资产向资本转变，在转变中确保经营性国有资产保值增值。

①对闲置土地、"烂尾楼"、转划的国有资产以直接拍卖的方式变现。

②对商铺、店面等资产按照公开、公平、公正的原则，竞价招租，需拍卖的也可以拍卖。

③对酒店、招待所、宾馆等资产委托原单位经营管理。

3. 依托平台开展投融资

①进行引导性投入。通过对政府急需发展的重大产业项目进行引导性投入，吸引社会资本参股和投资，增强全县经济发展后劲。

②进行基础性投入。通过对重大基础设施建设项目、城市污水处理及其他经济发展薄弱环节进行基础性投入，增强全县经济可持续增长能力。

③进行担保性投入。依托乐安县凌云投资开发有限公司按照市场化运作成立乐安县投融资担保股份有限公司，为全县工业园区中的重大项目、成长型中小企业所需的流动资金进行担保，并对发展前景好的高新技术产业项目进行担保，解决企业融资瓶颈。

（四）实施步骤

第一，资产自查（2012 年 8 月 13 日至 8 月 16 日）。由县国资办牵头，各县直行政事业单位对占有或使用的国有房屋、土地和店铺产权进行自查自报，统一以 2012 年 7 月 30 日为产权清查登记截至基准日。并报送县国资办备案核定。

第二，核查界定（2012 年 8 月 17 日至 8 月 24 日）。由县国资办牵头，从国资办、国土局、房管局、城建局抽调 12 人组成工作组对县直各行政、事业单位自查资产进行核实，并对行政事业单位国有资产经营性和非经营性作出界定。分门别类登记造册，建立资产台账。

第三，资产划转（2012 年 8 月 25 日至 9 月 25 日）。资产划转按照先易后难，先经营后非经营，分期分批的原则进行划转。资产划转、权属办证所涉及的各项收费,除必需的工本费外,由国土资源局和房产管理部门统一向国资办结算办证工本费,其余收费予以免收。

(1)各部门、单位移交独立核算的经营性经济实体(如宾馆、酒店、自来水厂等),进行产权划转。

(2)各部门、单位移交非独立核算占有或使用的国有房屋、土地、店铺权属已作登记的,由各部门、单位提供《房屋所有权证》《国有土地使用权证》原件及其他原始档案资料,直接变更登记为乐安县凌云投资开发有限公司。

(3)各部门、单位移交非独立核算占有或使用的国有房屋、土地、店铺权属尚未进行登记的,统一由乐安县凌云投资开发有限公司进行登记办证。

(4)各部门、单位移交非独立核算占有或使用的国有房屋、土地、店铺权属不清的,由乐安县凌云投资开发有限公司提出确认申请,经国土资源和房产管理部门、国资办确认权属后办理。

(5)由于历史、政策调整等原因导致土地、房屋权证资料缺漏,国土、房管、建设等部门在办理资产权属变更登记工作中,要从实际情况出发,从简办理相关手续。

(6)县直各行政事业单位移交经营性国有资产产权时,县财政局、县监察局等部门派人到现场监督交接。

第四,资产运作。上述前期工作完成后,随即开展投融资工作。

(五)组织领导

为了加强对实施行政事业单位经营性国有资产整合运作改革的领导,成立了县国有资产管理及划转工作领导小组,由县委副书记、县长姚飞翔任组长;县委常委、常务副县长张文贵,县委常委、副县长章燕萍,县政协副主席、财政局局长袁国平,县政协副主席、县城投公司董事长徐友洪任副组长,县发改委、国土资源局、建设局、财政局、监察局、审计局、工商局、国资办、房管局、地税局、法制局、金融办、城投公司等相关单位主要负责同志为成员。领导小组下设办公室,办公室设在县财政局(国资办),主任:徐友洪(兼),副主任:欧阳仁,成员:邓起荣、郑方捷、杨乐龙、詹子叶、邹礼英,各县直单位要指定一名副局级干部为联络员,负责日常的联系协调工作。县直各部门、各单位要积极参与经营性国有资产整合运作改革,配备专门人员,做好经营性国有资产的申报、划转等工作。国土资源、房产管理、工商管理等部门要积极配合,简化手续,及时做好产权划转、权属变更等相关移交工作。

为强化监督、严肃纪律,杜绝县直行政事业单位"坐收坐支"的现象,由县国资办核定县直行政事业单位经营性国有资产的经营收益目标,对经营性国有资产收益实施监管。经营性国有资产的经营收益按照"收支两条线"的要求,纳入部门预算管理,首先用于原单位发放统一的津贴补贴,其次用于弥补原单位经费不足和经营发展需要支出。对违反本方案规定,造成严重后果的,对直接负责的主管人员和其他直接责任人员依法依规给予处分。

第十二章　财政监督与财务检查

财政监督(监察)是指财政部门及其内部专门监督机构为保证财政分配活动的正常运行,在财政管理过程中,依照国家有关法律法规,对财政性资金的筹集和使用以及与财政管理内容相关行为进行的监督管理,它是财政管理的重要组成部分,而监察制度的一项重要内容就是财政监察。清代的财政监察权集中于军机处,分职六权在各财政主管机构内设官职掌。同时朝廷在各省派驻财政监察官吏,直接掌握地方财政的职责。乐安县清代的财政监察职权由左堂(又称二衙)及其县丞,师爷等职掌,但实权仍集中在知县一人手中。民国时期,国民政府建立审计制度,审查地方财政收支,监督地方对国家财政政策、法令的贯彻执行,同时赋予各级财政机关对一切与财政收支有关的单位以及对下级财政进行监督检查的职责,后来又推行征收、出纳、会计和审核四权分立制度。中华人民共和国成立后,中央人民政府财政部在1950年10月公布设置财政检查机构办法。乐安县从1956年至2012年间(除"文化大革命"期间中断外),县人委或县人民政府每年都要将全县上一年度财政决算和当年度的财政预算(草案)向县人民代表大会报告,提请大会代表进行审议,并将审议结果作为人民代表大会决议的同时,财政监察与财务监督机制也不断得到加强和逐步完善,并对全县财政财务管理实施经常性的监督和专项性检查。

第一节　财政监察、监督机制和要求

民国元年(1912)3月22日,江西省都督李烈钧发布《统一财政令》,饬各属县征收的丁糟等款悉数解省,不得截留。

民国21年(1932)1月,江西省政府设立江西省财政委员会。同年12月13日,国民政府颁布《修正监督地方财政暂行法》,规定"各县市非依法律不得变更款目,遇有增减税率或募集公债时,应依法律公开讨论,呈报省财政厅审核签注,呈请省政府议决令行,并咨送财政部备案"。同时又规定"各级政府不得预征赋税,新设附加税视同增加税率"。同时还规定"各级地方政府不得呈请举办妨害社会公共利益、妨害中央收入来源、妨害交通、为一地方利益而对于其他地方货物输入的不公平之课税等各种税捐"。

民国22年(1933)上级颁发《整理地方财政章程》,乐安县成立"乐安县财务委员会"。

民国23年(1934),江西省财政委员会改成江西省审核委员会,凡省款收支之机关,都应将收支款项依法定手续编造报表,送财政厅转呈审核。并对县市财政实行监督。

民国27年(1938)6月,江西省政府转发国民政府令,颁发《审计法》。

民国30年(1941),江西省设立审计处,县财务委员会撤销,改为审核委员会,使地方财政、审计机构从此独立。同年,省会计处规定,县市各机关所有公款均应储于该县(市)银行的分行或支行,支款必须有会计人员的副署,厘定、稽核税款由县(市)会计室职掌,就地稽征。同时对执行田赋,工商税收规定的优劣单位和个人实行奖惩。

民国33年(1944)4月,江西省政府发布《严厉制止各县市滥派捐款令》,明令各县(市)政府和区乡保甲,在经费预算之外,如因事必须临时筹派捐款,毋论性质如何重要,名义如何合法,均需由县政府事先将筹款办法、收支实数,提请县参议会通过,并呈报省政府核准后,方可施行。同时由县(市)政府印制四联正式收据。一联给捐款人收执,一联存查,一联县(市)参议会备查,一联呈省政府复核(其他任何组织不得印发收据)。当捐款收齐后,榜示周知。以后各县如有未经省政府核准,又不填发收据,擅自摊派,毋论什么会议通过,其发布征收命令人员,概以贪污论罪。

民国36年(1947)1月,江西省政府奉行政院令,规定《严禁地方摊派补充办法五项》,进一步严格禁止乱摊派。

民国37年(1948),乐安县政府印发《整理财政补充办法》。

1949年10月,县人民政府设立财粮科。1951年11月改为财政科。

1950年10月12日《中央人民政府财政部设置财政检查机构办法》公布施行,规定县设财政检查员,行使本县管辖区域的财政检查权。与此同时,政务院还颁发了《为加强国家财政管理严格执行财政纪律令(草案)》。命令严明:凡中央颁发的各种财经法令、制度、决定、指示,各级人民政府、机关、部队、企业部门、团体、学校、合作组织等,必须坚决执行,各级财经委员会财政部门,应随时随地监督检查,其未执行或贯彻者,必须查明原因,追究责任,分别情况,报请同级或上级政府处理。同月,中央人民政府财政部颁布《设置财政检查机构办法》,要求各级财政部门设立财政检查机构,其中各县设立财政检查人员1人、助理检查员若干人,行使管辖区内的财政检查权。受上级财政检查机关和同级财政机关的双重领导。其职权范围是:(1)检查执行财政政策、法令、制度之事项;(2)检查政府机关、公营企业、公私合营企业、国家拨助基金设立之合作组织和接受政府补助的人民团体的预算、决算、编制之事项;(3)检查政府机关、公营企业、公私合营企业、国家拨助基金设立之合作组织和接受政府补助的人民团体的预算执行、资金运用、经费收支之事项;(4)检查公营企业、公私合营企业和国家拨助基金设立之合作组织完成财政任务及纳税义务之事项;(5)检查财政执行上违法行为之事项;(6)检查会计人员执行会计工作之事项;(7)检查关于人民银行、金库、其他国营金融机构、公私合营金融机构、国家保险公司、海关、粮食、盐局和专卖机关等执行财政任务之事项。并规定了财政检查机构依照职权检查时所需采取的检查措施和工作方法等。同年,江西省人民政府颁发《江西省人民政府暂行审计制度(草案)》。

1951年2月,江西省人民政府通令,要求财政部门建立财政监察机构和经常性的财政检查制度。同年9月,省人民政府转发政务院《预算决算暂行条例》。

1952年7月,省人民政府要求各级财政部门设置财政监察机构,各地市、县财政部门设立财政监察科,配备监察员。同年江西省人民政府发出《第六届财政会议关于财政问题的几项指示》,提出1952年财政监察工作的主要任务是:彻查违法乱纪,提出处理意见,配合各级人民监察和检查部门清查违法乱纪的积案,按期作出结论。并强调其工作重点是财务检查,取得贯彻与改进财政制度的经验,提高财政管理工作水平。

1953年,江西省执行财政部颁发的《各级财政监察机构执行财政监察工作实施细则》(以下简称

《细则》),《细则》规定财政监察工作的任务有9项:监督各级机关对于财政政策、法令、制度的执行;监督检查各级机关及企业单位预算、决算及财务收支计划的依法编造和执行;监督检查国营企业及合作社,对于以各项税款、利润、折旧及其他应缴款项的正确计算与如期缴库;监督检查人民银行执行国家预算出纳业务及交通银行执行基本建设拨款办法是否正确;监督检查国营企业、合作社及各部门内部监察组织是否坚持厉行节约,同一切贪污浪费及违反财政制度、财政纪律行为作斗争;监督检查国营企业及合作社对于各种财务、会计工作的正确处理及预算、决算和各种会计报表的及时造送;监督检查一切财务人员和会计人员是否遵守制度,忠于职守;根据检查对各机关及企事业部门提出改进财会工作的建议;上级财政监察机构定期检查下级财政监察机构的工作。同年3月,抚州地区专员公署财政科下发《抚州专署财政监察组一九五三年工作计划》提出当年财政监察工作四项计划:(1)坚决执行预决算制度,检查三级财政的贯彻执行情况;(2)严格检查违反财政制度和财政纪律的现象,反对贪污、铺张浪费、官僚主义,向偷税漏税等行为作斗争;(3)重点进行整理地方财政,检查违法乱纪现象;(4)检查基建单位的计划执行,及事业单位事业费支出成果。

1959年1月,县财政局与县税务局合并,成立县财政税务局,明确内设股室秘书股兼财政监察职能。

1960年,县财政税务局向全县各供给单位、工厂企业、人民公社(场)发出通知,指出在部分地区和单位,贪污、挪用、铺张浪费等现象有所增长,有的单位还比较严重,为此,要求各地认真检查一次,并将检查结果列表上报,从而制止类似不良行为的发生。

1961年11月,江西省财政厅成立财政监察处,并要求各县财政局配备专职财政监察人员,加强财政监察工作。

1970年6月,江西省革命委员会转发省财政金融局革委会《关于抓紧收入严格财政金融纪律的报告》,要求各地除要抓紧收入,完成和超额完成规定的财政收入任务外,并必须严格财政金融纪律,所有企业单位都不能以任何借口挤占、挪用税收和利润;不准挪用流动资金作财政性开支;不准乱摊成本,不准搞计划外基建和擅自扩大基建。任何单位都不准搞"小金库",现有的"小金库"必须进行清理,不准转移,要全部上缴财政。

1975年7月,江西省财政局、农业局、水电局下发《关于严格财政纪律,加强支农资金管理的通知》,通知针对支农资金使用、管理中存在的乱挪乱用、请客送礼、挥霍浪费等不正之风,作如下通知:(1)管好用好支农资金,不仅是一个经济问题,而且是一个政治问题,路线问题,各级农、水和财政部门,必须要有足够的认识,提高管好用好支农资金的自觉性;(2)要严格财经纪律,加强对支农资金的管理,重申:不准挪用支农资金搞基本建设,不准擅自扩大支农资金的使用范围,不准用公款请客送礼。对以前年度违犯财政纪律,乱挪乱用支农资金的,要严格追查,情节严重的要给予处理,挪用的资金原则上谁挪用的由谁负责归还;(3)建立健全制度,开展检查。(4)加强小型农田水利经费的管理。

1980年3月,江西省财政局印发《一九八〇年江西省财政监察工作的意见》,对当年县(市)的财政监察工作主要提出以下意见:(1)县财政部门要在当地党、政领导下,会同有关部门组织力量,对国务院上年《关于严禁年终突击花钱制止滥发奖金的通知》《关于坚决压缩社会集团购买力的通知》和当年国务院发出不准在今年春节发放年终奖的紧急通知,以及最近中共中央、国务院《关于节约非生产性开支,反对浪费的通知》的贯彻执行情况进行一次检查,发现问题及时请示党政领导进行纠正,情节严重的要严肃处理。(2)做好经常性的财政监察工作。县(市)要根据实际情况到若干个单位进行检查,要特别注意掌握实行新的财政体制后,在执行财政纪律方面出现的新问题。(3)继续抓好各级财政监察机构和人员的建立、健全和配备工作。县(市)一级有半数尚未建立财政监察机构和配备财政监察人员。就是已经健全和配备了干部的单位,也还存在一个数量和提高质量的问题。应尽快按照中央、财政部和省革委会文件的要求抓紧建立,并配备足够的人员。即县(市)应配专职财政监察员1~2人。同年8月,江西省人民政府转发《国务院批转财政部〈关于财政监察工作的几项规定〉的通知》,进一步明确财政监察工作的任务是:监督检查国家机关、团体、企业、事业单位贯彻执行政策、法令、制度的情况和存在的问题;监督检查财政,财务部门的有关人员遵守财政政策、法令、制度的情况和存在的问题;受理和检查有关破坏财政制度、违反财政纪律的案件,以及因坚持财政制度而遭受打击报复的案件;根据监督检查发现的问题,提出改进财政、财务管理工作的建议;开展遵守社会主义法制,维护财政纪律的宣传教育工作。同时对财政监察人员执行任务时行使的职权、财政监察案件的处理、对财政监察人员的要求等都作出了规定。同年9月,省财政局就贯彻《关于财政监察工作的几项规定》和省政府的相关文件下发了通知，要求县财政局有条件的要设立财政监察股，配一定数量的专职干部，当前没有条件设股的，必须配备专职监察员。同年12月10日，江西省财政厅印发《关于聘请财政监察通讯员的几点意见的通知》，指出：为了广泛依靠群众做好财政监察工作，充分发挥监察机构的职能作用，建立财政监察网，同一切违反财政纪律的行为作斗争，省地、市、县财政部门均可在同级行政、事业、企业基层单位及其主管部门，聘请财政监察通讯员，财政监察通讯员由各单位作风正派、工作认真负责和业务熟悉的会计人员担任。其工作任务是：认真贯彻执行国家财政政策、法令和各项规章制度，促进单位预算和计划的顺利完成；认真听取群众意见，根据发现的问题，提出改进的建议，建立健全财务制度，加强财政财务管理监督；经常向单位领导和财政部门汇报本单位执行财政纪律的情况和问题；开展遵守社会主义法制、维护财政纪律的宣传教育工作；协助财政监察人员开展工作。次年，乐安县财政局配备了财政兼职监察员1人，同时在全县县直单位和公社场聘请财政监察通讯员，并开展了财政监察活动。

1981年1月，国务院发出了《关于正确实行奖励制度，坚决制止滥发奖金的几项规定》（国发〔1981〕10号文件），同年5月，国务院又发出了《关于贯彻执行国务院10号文件若干问题的补充规定》。两个文件均针对一九七八年恢复和实行企业奖励制度以来，一些地方和单位存在的滥发奖金问题和平均主义的倾向，作出了明确而又严格的规定。如：认真贯彻按劳分配原则，坚决克服平均主义，要有利于调动企业和职工的积极性，发放奖金必须和企业的综合经济效果紧密结合，和职工劳动贡献大小紧密结合，控制奖金水平，原则上以主管局或相当主管局一级的公司为单位，控制在一至两个月标准工资总额之内（地、县一级所属企业奖金的发放总额，由省、市、自治区人民政府按照上述原则，结合具体情况，自行规定）。明确下列八种情况属于违反国家规定，滥发奖金、津贴实物：（1）企业发生经营性亏损主要经济技术指标均未完成国家计划而发放了奖金的；（2）发放的奖金总额超过本规定和省、市、自治区人民政府、国务院各主管部门的具体规定的；（3）违反国家价格政策，擅自提高物价或者变相提高物价，牟取非法利润，借此发放奖金的；（4）巧立名目，用坐支销售款、挤占成本、套取现金等违法手段发放奖金的；（5）借口推销呆滞商品或采购短缺物资而发放奖金的；（6）企业或单位之间拉关系送“奖”的，以及上级主管部门向所属企业索取“奖金”的；（7）变相发放各种实物奖（如以低价卖给职工台灯、电扇、家具等）的；（8）违反国家规定，滥发津贴、补贴，以及任意扩大津贴和补贴的发放范围、提高津贴和补贴标准的。企业主管局、公司和企业发生上述违反规定的情况时，其上一级主管部门应及进行处理，坚决纠正。各级经委、财贸办公室、劳动部门、财政部门和人民银行也要负起监督检查的责任。同年3月，江西省财政厅发出《关于加强财政监督严格财政纪建的工作分工意见》，规定省财政厅及各地县财政局内部分工是：凡属纯业务方面的群众来信来访和一般性的违反财经纪律案件，由业务主管处、科、股承办；比较严重的案件，以监察处、科、股为主，会同有关处、科、股或部门检查处理。各级财政部门之间的分工：凡属地区级以下单位的群众来信来访和一般性违反财经纪律案件，除涉及到本级财政局内部的案件外，一般均转给各该级财政部门检查处理；涉及到地、市、县领导干部的一般违反财级纪律案件，分别由省财政厅或地区财政局配合有关部门共同进行检查，严重的报请省、地、市纪律检查委员会检查处理。对财会人员的打击报复案件，财政监察机构也应配合检查处理；严重的报请当地纪律检查委员会检查处理。

1982年，江西省财政厅颁发《关于各级财政监察机构联系制度》，为贯彻国务院批转财政部《关于财政监察工作的几项规定》，及时组织交流经验，必须加强各级财政监察机构之间的联系。规定：（1）各级财政监察机构是同级财政部门的职能机构，业务上受上级财政监察机构的指导。（2）财政监察工作会议由各级财政部门召开，主要是总结工作、交流经验、部署任务，一般每年召开一次。（3）各级财政部门的财政监察工作年度计划和年度工作总结，应及时逐级上报。（4）各级财政监察机构调查处理的典型案件，违反财政纪律倾向性问题、苗头，新的动向、工作经验、工作动态（含有关会议报告、简报、动态资料）应及时报送上级财政部门或财政监察机构。（5）各级财政监察机构应将接待来信来访情况，违反财纪律情况、案件检查处理情况、机构设置以及财政监察人员配备情况，随同每年财政监察工作总结及时综合上报。

1983年至1984年，江西省审计局、抚州地区审计局和乐安县审计局先后相继成立。省地县各级财政监察机构随之撤销，财政监察业务转归审计机关。1985年2月，抚州地区财政局、审计局发出《关于试行行政事业财务定期审计的通知》，对地直行政事业单位逐步实行财务按月定期送审制度，其审计的主要内容是：各项计划是否根据财务制度、事业计划、工作任务和有关定员、定额进行编制、支出是否量入为出；各项收入项目、收费标准是否经过有关部门批准，在执行中有无擅自提高收费标准和扩大收费范围；工资、补贴是否按编委、财政部门核定的人数、标准发放；各项费用开支是否符合规定的开支标准；修缮费支出是否有计划，是否按规定报批；各项费用是否按计划使用，专款专用、专账核算；预算外收入是否单独建账；财产物资是否建账，管理制度是否完善；会计账簿是否健全，内部控制制度是否完善；上月审计结论的执行情况。经过审计，对于违反财务制度和财经纪律的采取如下措施：暂时停止财政拨款；追回单位或个人违反规定的所得；扣减当年预算指标；冻结银行存款；建议有关部门给予严重违法乱纪人员党纪政纪处分。

1985年7月，国务院公布《中华人民共和国国家金库条例》，进一步规范和加强了国家金库在负责办理国家预算资金的收入和支出，正确贯彻国家的方针、政策和财经制度，充分发挥其促进和监督作用。其中规定国库的主要权限是：督促检查各级收入和收入机关所收之款，是否按规定全部缴入国库，发现违法不缴的应及时查究处理；对擅自变更各级财政之间收入划分范围，分成留解比例以及随意调整库款账户之间存款余额的，国库有权拒绝执行；对不符合国家规定要求办理退库的，国库有权拒绝办理；监督财政存款的开户和财政库款的支拨；任何单位和个人强令财政办理违反国家规定的事项，国库有权拒绝执行，并及时向上级报告；对不符合规定的凭证，国库有权拒绝受理。

1986年5月，根据江西省财政厅发出的《关于检发〈江西省国营企业财政驻厂员工作管理暂行规定〉的通知》规定，抚州地区财政局批准乐安县财政局配备财政驻厂员6名，人员和编制统一放在县财政局内使用。其主要工作任务是：帮助企业加强财务会计工作；对企业的生产经营和财务情况进行调查研究；帮助企业建立和健全各项经济责任制；督促企业及时编报会计报表；定期向上级机关和有关部门报告工作。

1987年，财政部发出《检发〈关于加强财政监察工作若干意见〉的通知》指出：财政监察工作是加强财政管理，履行财政监督的一项重要工作。规定财政监察工作的主要职责是三个方面：一是通过坚决制止和严肃查处一些地方、部门和单位有法不依、有章不循、挖国家、挤财政、肥自己以及任意挥霍公款，铺张浪费等违反财经纪律的行为，把财政该收的钱及时收缴入库，把不该开支的漏洞切实堵住；二是要坚决站在改革一边，为两个文明建设服务；三是进一步抓好制止和纠正财政系统的不正之风等。

1989年6月，根据江西省人民政府《关于设置税收财务物价大检查办公室的通知》精神，经县人民政府常务会研究同意成立"乐安县人民政府税收财务物价大检查办公室"（简称县政府三检办），定为副局级常设机构，挂靠县财政局。其主要工作任务除组织每年一次的全县税收财务物价大检查工作，处理大检查中查出的违纪问题，催缴违纪收入和扫尾善后工作外，并开展经常性的监督检查工作以及查处人民群众来信来访反映的违反财经纪律的案件等等。

1990年2月，江西省财政厅发出《关于在全省财政内部恢复建立财政监察机构的通知》，规定县（市）有条件的可设财政监察股，条件不具备的可配备专职或兼职财政监察员。财政监察科、股、可以单独办公，也可以同纪检组，行政监察室合署办公。与此同时，省财政厅还印发《江西省1990年财政监察工作要点》，提出1990年全省财政监察工作重点有四项：一是积极开展财政监察工作和进行各种财务专项检查活动；二是深入开展反腐败斗争，认真查处违反财政纪律的重大案件；三是狠抓廉政措施的贯彻落实；四是加强财政监督队伍的自身建设。同年11月，省财政厅转发财政部制定的《财政监察工作规则》，指出财政监察工作规则是适应《中华人民共和国行政诉讼法》实施后的新情况，强化财政监督职能，使监督工作逐步做到规范化，制度化的准则。内容包括财政监察部门的职责任务、工作制度、查处案件的基本程序、财政监察部门及其工作人员的职权和工作要求等。具体工作任务共有8项：(1)监督检查国家机关、社会团体、企事业单位等贯彻执行财政税收政策、法令、制度的情况和问题；(2)办理国家机关、社会团体、企业事业单位等违反财政政策、法令、制度和财经纪律的案件；(3)办理财政干部、财务人员因认真执行财政法规和财务会计制度而遭受打击报复的案件；(4)监督检查财政、财务部门和有关人员遵守财政政策、法令、制度的情况和问题，并根据发现的问题提出健全财政财务制度的建议；(5)办理财政干部以权谋私、弄权渎职，违反财政政策、法令、制度的案件；(6)受理对违反财政政策、法令、制度的举报事宜；(7)配合有关部门开展遵守社会主义法制，维护财政纪律以及财政干部遵纪守法，为政清廉的宣传教育；(8)对下级财政监察工作进行业务指导。

1991年8月，江西省人民政府办公厅发出《关于禁止发放使用各种代币购物券的通知》，指出最近发现一些单位向本单位职工和有关单位发送、赠送“购物券”“礼宾券”等有价代币票券，到指定的商店购买副食、日用百货等商品，这不仅影响了正常的市场供应，扰乱了金融秩序，逃避了国家对工资和奖金的监督管理，扩大了消费基金的支出，而且还助长了社会不正之风，必须采取坚决措施加以制止；一是任何单位不准发放和使用各种代币购物券。已发放尚未使用的购物券一律停止使用，由发放单位立即收回销毁。凡与商业单位签订的购物券合同、协议一律无效；二是进一步加强财务管理和检查监督；三是各级商业部门要加强对所属商店经营工作的管理监督，工商、税务部门要强化对个体经营者的监督管理，杜绝此类问题的再度发生；四是对于再假借各种名义订立购物券合同的单位和商店应公开予以从重处罚，对继续发放、赠送购物券的单位领导和有关人员要追究责任。

1992年2月，乐安县人民政府批转县三大检查办公室《关于加强乡（镇）财务管理的意见》，意见针对当年乡（镇）财务大检查中暴露的问题，为了严格乡（镇）人民政府机关财务管理，完善财务制度，严肃财经纪律，加强财政监督，促进乡（镇）人民机关财务逐步走向正规化的轨道，特提出如下几点整改意见：(1)乡（镇）人民政府领导应带领机关全体工作人员严格执行各项财务制度，遵守财经纪律，接受财务监督，按规章制度报支经费，不得任意扩大各项开支范围，提高开支标准。(2)严格乡（镇）人民政府机关经费管理。乡（镇）人民政府机关经费必须统一由乡财政所按年度计划分月拨款，具体按三大类分拨，即预算内经费，预算外经费和自有资金。不得强令财政所超计划拨款。(3)加强乡（镇）人民政府机关收入管理。凡是政府机关组织的各项资金和收入，应全额解入乡财政所列作财政收入管理，实行监督，不得自收自支或挪用。(4)乡（镇）人民政府机关的经费开支必须严格手续，实行一支笔审批，单项金额在300元以下的由分管财务的领导负责审批，300元以上由乡（镇）人民政府集体研究审批。杜绝多头插手审批，分散资金，管理失控的现象。(5)乡（镇）人民政府必须按规定严格控制各种奖金、津贴（补贴）和实物的发放，不得巧立名目乱发或超标准发放。(6)严格乡（镇）人民政府机关工作人员下乡补助费审批报销手续。凡工作人员下乡至村、组都必须按差旅费规定据实报销，不得多报重报，更不得按人按月平均分配。(7)乡（镇）人民政府机关公用经费，必须实行定额管理，严格控制支出，本着少花钱多办事，节约经费开支的原则，对水电费、邮电费、小车燃料及修理费应从严控制。(8)严格乡（镇）人民政府机关行政性收费、收据的使用和管理。乡政府机关财务等部门必须使用财政部门统一印制的行政事业性收费收据，不得使用现金收据，对违反规定的，自制凭证和白条子，财会人员有权拒绝受理。(9)严格控制乡（镇）人民政府机关招待费开支。凡招待来人来客，应执行县委、县政府和财政部门规定的标准，不得任意提高标准或巧立名目扩大招待费用：(10)控制乡（镇）人民政府机关账户多头设置，加强资金管理。凡乡（镇）人民政府机关各办收取的各项资金，必须纳入机关财会室统一管理，实行财务监督，不得各行其事，另设存折和设“小金库”，更不允许公款私存。(11)建立健全乡（镇）人民政府机关财产物资保管制度。乡（镇）人民政府机关的财产物资单价在50元以上的购置、使用、必须严格手续，有专人负责登记和管理，工作人员调动应办理理财产移交手续，确保公共财物不受损失，节约开支。(12)乡（镇）人民政府机关购置的各种专控商品，必须按规定办理审批手续，不得未批先购，扩大开支。

1995年3月，财政部发出《关于印发财政监察机构工作暂行规定的通知》，对各级财政监察机构、工作权限、工作制度、工作程序以及机构人员和财政监察机构与本级财政部门各业务机构的工作关系等都进一步作出了明确规定。根据上级有关规定和要求，县财政局财政监察股属本局行使财政监察职能的专门机构，负责对全县财政系统各单位及其工作人员执行财政法规、财务会计制度和有关政策情况及违法违纪行为进行监督检查。具体职责范围是：参与本县财政监督、财政财务检查实施办法的拟订与组织实施：参与本局有关股室对乡镇财政预算执行、财政收支以及财政资金使用情况与效益的监督检查。参与县局有关股室开展财政预算内，预算外资金管理的专项审计；加强对本局机关（含本局所属单位）的财务及财政周转金管理的监督，坚持对本局机关各股室（含局所属单位）的财务进行年度审计制度，并协助有关部门开展财政财务审计工作；受理和查处本系统干部职工以权谋私、弄权渎职、违反财政政策、法令和制度的举报事宜；建立健全财政监察网络，指导全县各地财政兼职监察员开展财政监察工作；围绕中心工作，完成上级监察部门和本局领导交办的其他工作。并要求全县兼职监察员要增强工作责任感，认真履行职责，创造性开展财政监察活动。

1996年，抚州地区财政局批准乐安县财政增配财政驻厂员1名，至当年止本局共配备财政驻厂员7名。

1997年7月，县人民政府实施县直机关机构改革，“三定方案”将财政监督股核定为县财政局内设机构。乐安县人民政府税收财务物价大检查办公室改称为乐安县税收财务物价大检查办公室（简称县三检办），为县财政局的内设机构。并将县三检办的工作职能划并到财政监督股内，其主要工作任务是：(1)研究拟订财政监督规划，拟订财政监督具体制度和办法，组织实施全县财政监督。(2)指导并参与全县财政部门开展财政监督工作，负责办理财政行政复议和行政诉讼案事项等。(3)组织实施每年一度的税收财务物价大检查，受中央、省、地委托，检查处理中央、省、地驻县单位和企业违纪问题。(4)监督检查社会经济中介机构执行财税物价政策情况。(5)对人民群众来信来访有关举报违犯财经纪律的行为进行检查处理等。同时县人民政府增设乐安县预算外资金管理局，对全县预算外资金实行统一管理，并对预算外资金收支活动负有监督检查和稽查职责。

1998年6月，省财政厅、省地税局联合通知，根据国务院取消每年一度的税收财务物价大检查，强化税务部门的专项检查，建立科学规范的财政日常监督机制的精神，全县每年一度的三大检查工作即此终止。乐安县税收财务物价大检查办公室机构相应撤销。其人员、财产和账目正式并入县财政局。

1999年，乐安县人民政府研究决定，“乐安县人民政府税收财务物价大检查领导小组”更名为“乐安县人民政府财经监督检查领导小组”。领导小组下设办公室，即乐安县财经监督检查办公室，与县财政局财政监督股合署办公。

2000年，根据上级要求，全县财政纪检监察工作的重点是：开展经常性的党风廉政教育；认真落实党风廉政责任制；进一步推进领导干部廉洁自律工作，进一步从源头上遏制腐败；协助有关部门继续抓好减轻农民负担工作；认真做好群众来信来访工作和积极查办本系统的违纪违法案件以及其他有关工作任务。

第二节 财政预算资金监督管理

财政监督就是依据既定的法律法规制度，对政府整个收支活动过程的每个环节和项目所进行的监督，其实质是对政府权力的约束和规范，使政府只能在法律规章制度允许的范围内开展财政活动。财政活动是由政府所有的各层级机构（包括附属于各级政府的企事业单位和其他机构）及其官员具体进行的，因而财政监督的范围涵盖财政资金运动的全过程以及政府所有各层机构及其官员收支活动的监督。

一、监管原则

财政监管工作的发展思路是坚持财政监督为促进财政管理和财政改革服务，加强财政监管法规建设，完善财政监管机制，强化财政支出监管和会计监督，切实发挥财政监管整体功效，推动财政监管工作的深入开展。预算监管，通过采集、分析预算单位编制、执行和决算等信息，及时发现和纠正预算管理中存在的问题，提出进一步完善预算管理的意见和建议，提高预算编制的规范性、完整性和准确性。督促各单位严格按批复的预算执行，提高财政资金使用效益，建立健全覆盖所有政府性资金的事前审核、事中监控、事后检查和评价有机结合的综合财政监管构架，促进完善预算编制、执行和监督相互制衡、相互协调的财政管理和运行机制。

二、监管职责

（一）财政会计的监管职责

《中华人民共和国会计法》第七条规定：“国务院财政部门主管全国的会计工作，县级以上地方各级人民政府财政部门管理本行政区域内的会计工作”。这是《中华人民共和国会计法》对财政部门管理会计工作职权的明确规定。同时，《中华人民共和国会计法》还赋予了财政部门对会计工作的监督检查权和行政处罚权，不仅是财政部门有效实施会计管理工作的重要前提，而且也是提高会计信息质量的重要保证。

（二）县级财政部门的监管职责

(1)监督检查税收法规、政策的执行情况，反映全县财政收支管理中的重大问题。

(2)承担县本级各项财政收支监督管理的责任。负责编制年度县本级预决算草案并组织执行，受县政府委托，向县人民代表大会报告全县预算及其执行情况，向县人大常委会报告全县决算，组织制订经费开支标准、定额，负责审核部门（单位）的年度决算。完善县对乡（镇）的转移支付制度。

(3)负责全县政府非税收入管理。负责政府性基金管理，按规定管理行政性收费。管理财政票据。制订彩票管理政策和有关办法。管理彩票市场，按规定管理彩票资金。

(4)组织制定全县国库管理制度和国库集中支

付制度，指导和监督全县国库业务，按规定开展国库现金管理工作。负责制定全县政府采购制度并监督管理。

(5)负责制定全县行政事业单位国有资产管理制度，按规定管理行政事业单位国有资产，制定需要全县统一规定的开支标准和支出政策，负责全县财政预算内行政机构、事业单位和社会团体的非贸易外汇管理。

(6)负责审核和汇总编制全县国有资本经营预决算草案，制定全县国有资本经营预算的制度和办法，收取县本级企业国有资本收益，制定并组织执行企业财务制度，参与拟订全县企业国有资产管理相关制度，按规定管理资产评估工作。

(7)负责办理和监督县本级财政的经济发展支出、县本级政府性投资项目的财政拨款，参与拟订县本级建设投资的有关政策，制定基本建设财务制度，负责有关政策性补贴和专项储备资金财政管理工作。

(8)会同有关部门管理全县财政社会保障和就业及医疗卫生支出，会同有关部门拟订全县社会保障资金(基金)的财务管理制度，编制全县社会保障预决算草案。

(9)负责管理全县的会计工作，监督和规范会计行为，指导和监督注册会计师和注册会计师事务所的业务，指导和管理社会审计。

三、县级预算追加经费的申报和审批程序

县级预算追加经费的申报和审批程序有两种方式：

(1)要求追加经费的单位和县财政局联合行文报政府，政府下达抄告单进行追加。

(2)县财政局根据上级及本县出台的各种文件、办法、规定等制作公文处理卡，由县财政局局长签字后报政府，由县常务副县长及县长审批后拨付。

四、财政资金拨付规程

(一)县直单位资金的支付

根据《乐安县财政局关于县级财政资金收缴与拨付管理内部操作规程暂行办法的通知》精神：

(1)对本级公用经费和单位正常使用的专项经费按照年初批准的预算安排，由财政实行按计划进行拨付；

(2)对本级追加经费凭县政府抄告单拨付；突发事项资金拨付，本着特事特办的原则及时拨付，然后再按程序办理审批手续；

(3)上级专项经费按上级追加指标和有关专项资金管理办法的相关要求，按工程进度拨付。

资金拨付示意如下：

“单位提出申请→归口业务股审核→分管领导审签→领导审批→国库股下达指标(国库股办理指标手续)→国库支付中心办理支持→资金直达收款单位”。

(二)涉农资金的支付

根据关于乐安县财政局印发《关于加强惠农补贴资金“一卡通”发放工作的意见》的通知，全县所有涉农资金全部通过“一卡通”发放，业务主管部门提出涉农资金拨付申请，经有关部门同意，乡(镇)财政所审核上网，归口业务股室进行认真的审核，报分管领导及局长审批，归口业务股室将资金直接拨付到乡财管理局，再通过“一卡通”到农户手中。

资金拨付示意如下：

业务主管部门提出申请→归口业务股审核(乡镇财政所)上网→分管领导审签→领导审批→国库股拨付资金→乡财管理局→“一卡通”直达涉农存折。

(三)乡财专项资金的支付

(1)根据乐安县财政局关于印发《乐安县乡镇专项资金报账办法的通知》：凡由乡镇或村委会做业主的工程项目资金，全部通过乡财专项资金报账支付。

(2)资金拨付示意如下：

“项目单位提出拨款申请→乡报账中心接受单位报送的材料→稽核进行稽核→交记账会计→核实资金到位情况→记账会计开具拨款凭证并记账→资金会计核实拨出款项并登记电子账→资金直达项目实施单位”。

五、财政资金监督

财政资金监管是财政管理的主要职能，就是对财政资金的监督和管理。

(一)规范预算约束机制，健全预算管理制度

一是规范管理，狠抓制度建设。严格将资金的分配、拨付、使用、监督等都置于制度的监督约束之下，完善并建立了《乐安县财政局关于县级财政资金收缴与拨付管理内部操作规程暂行办法的通知》《乐安县乡镇财政资金管理办法》和《乐安县人民政府办公室关于印发加强惠农补贴资金“一卡通”发放工作意见的通知》等各项管理办法。二是规范拨付程序，严格预算执行。做到了严格按照年初人大会通过的预算草案执行预算，严格执行预算追加和超预算拨款程序，做到有计划、分阶段、按规程拨付预算资金。三是精细管理，提升管理水平。建立了刚性的预算约束机制，深化部门预算编制改革，突出预算管理精细化，严格节支措施，始终坚持“过紧日子”的思想。

(二)堵塞收入征管漏洞，完善非税收入改革

一是强化非税收入管理，深化“收支两条线”管

理改革,调动执收执罚单位依法依规征收非税收入积极性,切实做到非税收入应收尽受,应缴尽缴,更好地完成财政收入任务,确保财政收支平衡。二是加强票据监管,严格控制乱收费现象及收费不入账的违规违纪行为的发生,有针对性地开展非税收入征收的专项检查。三是将非税收入征管纳入财政工作的重点,加强与各税费征收执收部门的协调沟通,建立长效机制,及时解决收入征管中存在的问题。

(三)打造阳光模式,实施国库集中支付核算改革

财政国库集中支付核算改革,是财政管理体制改革的一项伟大创新,实施改革后,全县行政事业单位所有的财务情况全部置于财政的阳光监控之下,整个财政管理从体制上实现了事前、事中和事后监督,打造了阳光财政的新模式,在一定程度上防止了腐败行为发生。国库集中支付能严格执行财经法规,努力确保各项支出合法、合规,不违背财经纪律。

(四)依法执行财经纪律,加强财政监督检查力度

一是严格执行《财政违法行为处罚处分条例》的规定,每年均有针对性地开展财务监督大检查和小金库清理,并对重点违规违纪财务行为进行查处。二是积极主动地与监察、审计部门建立财务检查的联动机制和共享机制,互通信息,避免重复检查,共创齐抓共管的局面。三是以会计集中核算为支撑,严格按照《中华人民共和国会计法》及其他相关财经法规对单位财务票据进行审核,严格执行公务员津补贴政策,严格履行会计监督职责,全面规范单位的财务行为,提高单位的财务管理水平。

第三节 财务检查

为了严肃财经纪律,加强财政财务监督,同一切违反财经纪律的行为作斗争,从中华人民共和国成立后的初期开始,各级财政机关和政府部门就十分重视和不断开展多种形式的财政财务工作检查或专项大检查,从而保证国家财政增收节支、平衡预算、加强廉政建设、惩治腐败,促进改革和经济建设的顺利进行。

1955年6月15日至7月8日,乐安县委根据上级的指示精神,决定在县、区两级机关、企业中开展"反贪污、反浪费、反违反财政制度"检查运动,参加这次检查运动的人数共703人,其中党员83人、团员173人。检查运动分三个阶段:第一阶段学习,提高认识,作好思想准备;第二阶段暴露、检查、揭发问题,开展批评与自我批评;第三阶段思想建设、制度建设。此次检查运动共查出贪污的有100人,贪污人民币共2786.4元(包括实物折价),其中贪污人民币200元以上的有2人,100元~200元的有5人,30元~100元的有19人,30元以下的有74人。其中行政机关22人,计贪污人民币667.26元;党群部门贪污的计2人,贪污人民币6.76元;事业单位贪污的27人,计贪污人民币847.42元;企业部门贪污的计49人,计贪污人民币1264.99元;党员贪污的1人,贪污人民币4元;团员贪污的14人,计贪污人民币207.85元;县级机关贪污的28人,计贪污人民币810.81元,区级机关贪污的73人,计贪污人民币1975.83元。贪污手段主要有:烧毁凭证、虚报物资报损、账目混乱混水摸鱼、收款不登账或多收少报、抽东补西、涂改单据、虚报冒领、挪用不还等。同年,还开展了一次清理整顿乡财政工作。全县共清理整顿了29个乡,占乡总数的26.13%,发现的主要问题有:应缴未缴款171元,应收未收款4540.38元,应发未发款6元,挪用金额255.96元,贪污10人,其中乡干部12人,村干部8人,贪污金额共1062.55元。对贪污人员的处理情况:刑事处罚2人,警告1人,撤职1人,批评教育1人,追回贪污赃款273.97元,返回金额788.58元。

1959年7月,乐安县人民委员会在全县组织了一次财政税收工作大检查、大竞赛、大评比。旨在"进一步开展增产节约,为更好完成下半年的财税任务,为国家积累更多的建设资金"。此项工作由县财税局时任副局长胡德群同志负总责,抽调各税务所干部组成2个工作组,该项工作从七月上旬开始,至七月下旬结束。

1960年,中共乐安县委财贸小组,自7月6日开始至7月21日结束,在全县开展了为期15天的财税工作大检查,参加检查的人员除财税干部外,还组织和发动了其他财务人员参加共计187人。对全县11个公社和县直属的工商企业和部分行政事业以及重点农业生产大队共159个单位进行了检查,其中:县办工业企业12个,社办工业企业42个,商业企业18个,合营企业24个,行政单位11个,事业及其他单位18个,农业生产大队34个。此次检查发现的问题归纳如下:

(1)贪污挪用。贪污挪用公款计3000余元;(2)损失浪费,计款18047.50元,以商业企业最为严重;(3)短货短款,共计价款7380.17元,以国营商业和公私合营最为严重;(4)开支混乱,这种现象在公社一级财政较为普遍,特别是招待费用最多;(5)违法乱纪,有的单位不顾国家物质供应政策,循私舞弊,有的逃避上缴积累,瞒产私分;(6)制度不健全,这种情况在社办企业和卫生机构较为普遍;(7)经

营管理不善,县办企业和社办企业都有这种情况。针对上述问题,提出了加强公社财务管理,加强基层国营商店的财务管理,加强工业企业的班组核算工作,加强基本建设财务管理等具体意见。

1961年3月,中共乐安县委、乐安县人民委员会下发了《关于当前紧缩财政支出、控制货币投放,积极组织收入的指示》,进一步严明了有关财税工作纪律。同年12月,乐安县人民委员会下发了《关于加强现金管理的通知》,强调用款要有计划,现金库存要核定限额,银行发放的工商企业贷款和企业的流动资金只能用于生产和商品购销周转,不得用于基本建设,不得用于任何财政性支出等。

1963年8月,江西省委、省人委下发了《关于在增产节约和"五反"运动中,认真清理"小钱柜"和"小仓库"的通知》,同年,省委批转了《关于全面彻底做好清理"小钱柜"》工作,进一步整理财政纪律的报告。县人民委员会发出《关于认真清理"小钱柜"和"小仓库"的通知》,要求全县各单位结合增产节约和"五反"运动认真清理"小钱柜"和"小仓库"。

1964年6月,乐安县人民委员会作出了《严格禁止楼馆堂所建设的决定》,强调:今后凡是没有得到国务院正式批准的和没有列入当年国家计划的楼馆堂所工程,都不得施工。擅自动工的就是违法,一经查出,即以纪律论处。并要求各部门和各单位,结合"五反"运动,对于本单位和所属单位1962年以来违反中央指示进行的楼馆堂所建设(不论经过何级批准的),作一次认真的检查。

1977年3月,乐安县革命委员会抓革命促生产指挥部下发《关于在全县开展财贸工作大检查的通知》,决定3月10日在全县范围内开展财贸工作大检查。这次检查重点是在财政、银行、商业、粮食、税务、工商等基层单位进行。检查的主要内容是:支农资金的使用和管理,农业税完成,信贷回笼和各种贷款、耕牛死亡贷款、社队财务管理、执行粮油统购统销政策和"四统一"粮食管理制度,粮油征购完成和社员生活安排等方面的情况,以及有无违犯财政纪律行为。这次检查在县委的领导下,组成工作组,划分龚坊片、湖坪片、金竹片,城关片四个片进行。

1978年5月,乐安县革命委员会下发《关于立即在全县范围内认真开展财经纪律大检查的通知》。

1980年6月,江西省人民政府发出《关于对财政大检查中查出的问题进行认真处理的通知》,就当年四月份全省各地区、各部门对1979年的财政收支进行检查核实为主要内容的财政大检查中,查出的不符合财政制度规定的收支,如截留的国家财政收入,违反国家规定,自行以收入抵拨出;擅自从金库退走国家收入;企业贷款尚未发挥效益,而提前归还或随贷随还,侵占了应缴国家利润;企业乱摊成本,乱列营业外支出冲减了利润或扩大亏损;擅自处理遗留问题和计划外超支;自立奖励名目或提高奖金标准而滥发多发奖金冲减了国家收入或扩大开支;以领代报,以预付作报销,或将经费转作暂存款等弄虚作假列报支出决算;擅自购买控购商品等问题。并确定了处理原则。

1981年12月,乐安县人民政府下发了《关于抓紧开展企业财务检查工作的通知》,决定用20天的时间(1981年12月下旬于1982年1月上旬)对全县国营企业全面开展财务检查。检查的对象是全部国营企业单位,重点是查1981年以来的问题,其主要内容有如下12项:(1)经济核算和财务管理的基础工作是否健全?账簿、凭证、表报是否完善、真实?财产、物资、存款和现金的账面数与实际数是否相符?(2)各项经济技术指标是否达到和恢复到历史最好水平?(3)财务会计机构,人员是否适应加强财务工作的需要?(4)企业的成本,费用和营业外开支是否符合国家规定,有无乱挤、乱摊、乱支的情况?(5)企业实现的利润是否及时足额地上缴国家,有无截留、挤占、挪用、冲减和拖欠的情况?(6)企业的利润留成、超收分成,企业基金以及各项专用基金的提取、使用是否符合国家规定,有无多提、重提和乱支的情况?(7)企业奖金、加班工资、各种津贴及劳保用品,是否符合国家规定,有无多发、滥发以及私分产品、物资的情况?(8)有无擅自购买禁购商品的情况?(9)有无未经批准,乱搞计划外基建的情况?(10)有无铺张浪费,行贿受贿,挖霍国家资财的情况?(11)有无弄虚作假、私设"小钱柜",化大公为为小公,化公为私的情况?(12)借入和归还各种专项贷款是否符合国家规定,有无不计经济效益,乱贷乱还,给国家造成损失的情况?检查方法:按照企业隶属关系,分级分口进行。省、县属企业,均以主管部门为主,县企业财务检查办公室积极配合,采取自查、互查和重点检查相结合,要求做到:企业单位普遍自查;主管部门组织系统内互查;重点单位(指那些盈利、亏损数额较大的企业、财务管理混乱的企业、严重违犯财政纪律的企业)以主管部门为主组织检查组,县企检办密切配合进行重点检查。通过检查必须达到以下几点要求:(1)健全了企业财务管理的基础工作;(2)全面开展了企业经济核算,促进增产增收;(3)健全了企业财务机构,充实了财务管理队伍;(4)模范遵守财政纪律的好人好事受到了支持和表扬;(5)违反财经纪律的问题受到了应得的处理;(6)干部职工受到了一次法纪教育和财务管理基础知识的教育,促进了职工政治思想水平和企业管理水平的提高。为了加强领导,县政府决定成立了由县长张波等县领导和有关部门主要负责人等12位同志组成的乐安县国营企业财务检查领导小组。领导小组下设办公室,负责处理日常工作,由吴汉清、游泽如两位同志分别兼正付主任。办公室设在县财政局,由财政局、经委、人民银行、基建局、税务局、商业局、林业局、供销社各抽调一名精干的熟悉财务工作的干部到县企检办工作。同时,要求各主管局、委确定一名主要负责同志主管此项工作。

1985年9月,乐安县人民政府下发了《关于开展财务大检查的通知》。检查的重点是国营企业,行政、事业单位也不能放松。主要检查1984年度和1985年上半年发生的问题,对个别突出的问题,也可以追溯到以前年度。检查的主要内容是:是否截留、侵吞国家收入(包括偷税、漏税、乱列营业外支出、截留应上缴的利润、转移国家资金等),是否乱挤乱摊成本,是否乱提费用和工资等;财政部门要结合审批1984年度财务决算和所得税汇算清缴进行检查。检查的方法:县直企业的财务大检查从各主管部门聘请一些企业财会人员(包括离、退休人员)组成企业检查队伍。9月底以前以检查企业为主,10月起对乡镇等行政事业单位进行检查,对重点企业要进行逐个检查、逐个落实,并负责组织和监督违纪金额上缴入库。问题处理办法:对于检查中查出的问题应根据财政部《关于财务大检查中处理财务问题的若干规定》精神办理,该缴国家财政的坚决清缴入库,不该上缴的也要妥善处理。同时,对财务大检查查出的违纪金额自查的按50%上缴财政专户,抽查的全部上缴财政,有意拖欠不缴的,财政部门和银行要积极采取措施追缴,保证如数入库。对一些检查后又发现新问题的单位,要加重处理,从严处罚。

第四节　税收财务物价大检查

为了使各行政、企事业单位正确贯彻执行财经政策、法规和各项制度、维护财经法纪的严肃性,中华人民共和国成立后,各级财政、税务和物价管理部门都曾分别组织和多次开展财政财务工作大检查、税收工作大检查、物价管理方面的工作大检查,对一些违反财政、财务、税收和物价政策的行为不断进行查处和纠正。1985年在改革、开放、搞活的过程中,一些部门和单位仍然有令不行、有禁不止,巧立名目乱发钱物、乱涨物价,有的部门和单位财务制度不健全,经营管理不严格,乱挤乱摊成本、费用,税收漏洞较多,同时违反财经纪律的现象时有发生,有的还十分严重。这一年,中共中央、国务院决定在全国范围内统一开展税收财务物价大检查,将税收大检查、财政财务大检查、物价大检查及控购大检查同时进行,将违反国家规定乱涨价,倒买倒卖国家重要工业生产资料和紧俏耐用消费品,炒买炒卖外汇以及未经审批违控购买和供应国家规定的专控商品等列为大检查的内容。此后,县人民政府根据国务院和省、地通知精神,每年都要组织开展税收财务物价大检查(简称三大检查),使大检查成为平衡财政收入、遏制经济领域各种违法违纪行为、惩治腐败现象、改善和加强宏观控制、保证经济体制改革顺利进行、促进国民经济持续、稳定、协调发展的一项重要措施。这样一直延续至1998年国务院决定取消每年一度的三大检查,把强化财政、税务、物价专项检查纳入建立科学规范的常年性监督管理的机制之中。

一、三大检查的内容

从1985年起,在全国范围内开展的三大检查,每年一次,连续进行了13年,其检查的主要内容是:税收方面主要检查偷漏工商各税和越权减免税及“两金”。具体税种有:产品税、增值税、营业税、国营企业、私营企业及个体工商户所得税,调节税、固定资产投资方向调节税、骗取出口退税和其他工商各税等。财务方面主要检查违反财经法纪、法规和财务制度方面的问题。具体内容有:国营企业截留、隐瞒、挤占应交利润;乱挤乱摊成本、虚报亏损、骗取财政补贴;偷漏交通能源建设基金和国家预算调节基金;不按规定用途支用各项财政资金;违反国家外汇规定炒买炒卖外汇;挪用、侵占、私分罚没收入;不按国家规定归还基建贷款;私设“小金库”、滥发奖金、补贴、实物、乱收费、乱罚款、乱集资、乱摊派、乱着装行为;贪污、盗窃、行贿受贿、公款请客送礼、游山玩水挥霍浪费等行为。物价方面主要检查违反国家物价政策和法规、乱涨价、乱收费的行为:具体主要检查违反国家物价监审规定,倒买倒卖国家重要工业生产资料,随意提高农业生产资料价格,擅自提高居民生活必须品价格以及公用事业收费标准、服务价格的乱涨价、乱设卡、乱收费行为。在历年开展的三大检查中,乐安县根据国务院和省、地布置的检查内容,结合党的中心工作和本县实际,每年适当充实或突出一些新的检查重点及具体内容。如1985年三大检查与整党整风相结合。1986年三大检查与突出整顿乱收费、乱罚款、乱集资、乱没收的检查内容。1987年三大检查则与打击经济犯罪和偷税抗税密切配合进行。1988年根据中共十一届三中全会精神，三大检查与治理经济环境，整顿经济秩序，保证价格改革和工资改革顺利进行相结合。1989年至1992年三大检查与搞好反腐倡廉、治理乱收费、乱罚款、乱设卡、乱着装和各种乱摊派相结合，与农村开展社会主义思想教育，整顿乡村财务相结合，与企业上等级、会计达标考核相结合。1993年至1994年三大检查与加强国家宏观调控、整顿金融秩序，开展反腐败斗争和转换企业经营机制，推进财税改革相结合。1995年以后的三大检查则与发展市场经济、整顿经济秩序、惩治腐败相结合。1998年国务院决定取消每年一度的三大检查。将税收财务物价大检查转入常年性的监督管理之中。

二、三大检查的时间、范围

每年开展的全国性三大检查，一般都在下半年的8～10月间开始进行，至第二年春节前后的1～3月底结束，时间大体为四个月完成。三大检查的检查范围为国营企业、集体企业（含个体工商户）、企业集团、行政、事业单位和社会团体。三大检查的时限一般检查单位当年发生的违反财经法纪的行为，以及上一年度发生但未纠正的问题，对某些重大违法违纪的问题，也可追溯到以前年度。

三、三大检查的组织领导

每年一度的税收财务物价大检查都是在国务院和地方各级人民政府统一领导和安排部署下进行的。县财政、审计、税务、物价几个专业检查口每年都要分别成立三大检查领导小组和办公室。1985年，县人民政府设立三大检查领导小组，下设办公室，并配备专人抓管外，县人民政府每年都要成立或及时调整由县财政、审计、税务、物价、工商、人民银行、监察、公检法等部门的主要负责人组成三大检查领导小组，以便互相配合、密切协作。县三大检查领导小组组长由县人民政府常务副县长担任，1993年至1995年间，县人民政府又另增加一名副县长兼任县三大检查领导小组副组长的职务。同时从1990年开始，县人民政府每年都要邀请县人大、县政协部分领导成员及民主党派人士参加县三大检查工作组，深入全县各乡镇进行三大检查工作巡回督促检查。1989年6月，根据国务院和省地有关文件精神，县三检办的机构被正式确定为副局级常设机构，定事业编3名。县三检办的主要工作任务是：组织发动每年一次的三大检查；处理大检查中的各项违纪问题和扫尾善后工作，同时为一下年度的三大检查做好各项准备工作；有组织有重点地开展经常性的监督检查；对人民群众来信来访的重大违纪违法问题进行检查、核实和处理；组织违纪金额缴缴入库；调查研究、交流经验；负责上下之间的联系与部门之间的相互协调、向领导反映情况；抓好典型，开展维护财经法纪的宣传教育，帮助企业和单位建立健全财务管理制度等。在从1985年开始至1997年每年一度的全县三大检查工作中，各乡镇人民政府也都相应成立了三大检查领导小组和办事机构，从而上下形成合力，齐抓共管，共同搞好三大检查。

四、三大检查的方法、步骤

三大检查的方法、步骤分为宣传发动、单位自查阶段，重点检查阶段和整改建制及总结表彰等三个阶段进行。每个阶段分别有不同的工作内容，但又互有不可分割的内在联系。

（一）宣传动员，单位自查阶段

根据国务院三大检查统一部署和安排，各级人民政府立即行动，结合本地实际，制订三大检查具体方案与实施细则，并下发通知，召开动员大会，组织并培训大检查工作骨干，利用广播、电视、宣传车、墙报、简报、标语等大力宣传大检查的指导思想、意义、方法、步骤和时间安排，同时各系统、各单位都要组织开展自查自纠和自报活动，单位自查面每年要求达到100%，但从1996年开始，全国三大检查不再统一安排单位自查环节，而是在宣传发动工作的基础上，直接开展重点检查。

（二）重点检查阶段

重点检查阶段主要是进行重点检查和核实处理工作。重点检查的对象主要是自查不认真，走过场的单位和部门；群众反映强烈的乱涨价、乱收费、乱罚款的部门；规模较大、管理混乱的企业和个体工商户、工交、商业企业中的亏损大户；过去未检查的企业和有群众举报的单位；财会工作基础比较簿弱的国有企业、集体企业及其兴办的各类公司及经济实体等。重点检查面一般每年不少于60%。在历年重点检查中，由县乡两级人民政府组织的大检查工作组累计有53个（含乡镇20个），巡回督导组3个，抽调人200余名；并邀请人大、政协等部门的工作人员参与大检查工作。此外，县纪检、法院、检察院、银行、新闻单位积极配合和支持大检查工作。重点检查中，一是由三大检查领导小组会议统一安排被检单位和由三检办具体组织、协调各检查口及各乡镇的检查进度，以便互相配合，穿插进行，避免多头进点和重复检查。二是实行重点检查组工作责任制，明确每个检查组重点检查的工作任务、职责和工作纪律，实行边检查、边核实、边处理、边纠正、边收缴违纪金额入库。对被检查单位提出相应的整改建议。重点检查组对每个被检查的单位在检查完毕后，都要认真填写三大检查重点检查记录报告表，由被检查单位签章后交三检办审查复核处理。对重大违纪问题，检查组必须及时报告、提交三大检查领导小组研究处理。三是大检查坚持“自查从宽、被查从严、实事求是、宽严适度”的原则，对经过自查出来的以及情节轻微或初犯的问题，可以从宽处理，即按政策规定允许自行调整账户，该留利的留利，该上缴的上缴，对上缴确有困难的，可以暂时挂账；对于被重点检查查出来的，特别是情节严重、性质恶劣或屡查屡犯的问题，必须从严处理，除按规定给予单位经济处罚外，对单位负责人和直接责任人必要的党纪政纪处分；对触犯刑律的要移送司法机关惩处。1996年起，根据上级三大检查要求，在重点检查中，对处理违纪问题，注重从严执法执纪，强调“依法行政、依法监督、执法必严、违法必究”，达到“治标、治本、标本兼治”的目的。据统计从1988年到1997年全县县乡两级重点检查单位累计6913户，全县三大检查查出违纪金额累计1730.11万元，应收缴入库金额1130.53万元，实际入库金额1106.07万元，（分别按收入性质缴库，如列入工商税收入、企业收入、罚没收入或其他收入等相关科目），受到经济处罚的单位3453个，移交司法机关处理的有11人。

（三）整改建制，总结表彰阶段

整改建制是巩固三大检查成果的重要工作环节和措施。除每个重点检查组对被检查单位提出整改建议外，县三检办每年还要根据全县大检查查出的带倾向性问题提出整改方案，由县人民政府办公室批转给全县各行政、企事业单位执行。每年三大检查结束后，县、乡人民政府都要分别写出三大检查工作总结，向上一级人民政府报告当地大检查的工作情况。从1988年起，县人民政府每年都要拨出专款，对在三大检查中的先进单位与个人予以精神和物质方面的奖励。

通过连续13年每年一度的三大检查，不仅查出了大量经济方面存在的问题，挽回了国家的经济损失，增加了财政收入，而且对广大干部、职工进行了一场场的法纪教育，有利于纠正经济领域的不正之风，促进经济体制改革和增产节约的深入开展，同时通过建立和健全财政、税收、物价管理制度，使经济管理工作进一步加强，有利于企业改善经营管理，提高经济效益，促进了国民经济的良性循环。

1988～1997年乐安县三大检查自查、重点检查情况表

表4－31

年度	工作督导组、重点检查组		自查、重点检查户数			
	重点检查组个数	重点检查组人数	应自查户数	已自查户数	重点检查户数	占（%）
1988	28	169	1270	1159	457	39.4
1990	15	72	297	297	152	51.18
1991	23	83	297	297	186	62.2
1992	22	113	1816	1816	687	37.83
1993	33	147	1816	1816	1138	62.66
1994	29	171	1831	1831	883	48.22
1995	37	142	2034	2034	964	47.39
1996	38	182	2812	2812	1378	49
1997	34	128	2321	2321	1068	46

1988～1997年乐安县三大检查查出违纪金额及入库情况

表4－32

年度	查出违纪金额（万元）	应缴入库金额（万元）	已缴缴入库金额（万元）	入库率（%）	受经济处罚单位（个）	受经济处罚等人数	移交司法机关处理人数
1988	148.54	66.22	66.14	99.9	—	—	—
1989	203.67	140.07	139.05	99.3	—	—	—
1990	72.21	44.3	36.97	83.45	18	——	11
1991	93.79	62.07	62.07	100	160	—	—
1992	90.41	90.41	90.41	100	11	—	—
1993	156.10	100.73	96.69	95.99	573	—	—
1994	182.35	117.48	111.64	95.03	694	—	—

续表 4－32

年度	查出违纪金额(万元)	应缴入库金额(万元)	已缴缴入库金额(万元)	入库率(％)	受经济处罚单位(个)	受经济处罚等人数	移交司法机关处理人数
1995	278.34	214.42	212.77	99.23	723	0	0
1996	289.3	184.43	184.43	100	894	0	0
1997	215.4	110.4	105.9	96	380	0	0

第五节　财政监督

一、财政监督检查工作方法

财政监督检查以确保预算任务完成为中心，以促进财政管理为重点，一般以监督检查与规范财政管理相结合的形式实施。实施方式分为日常监督检查、专项监督检查。

（一）日常监督检查

日常监督检查主要是对预算执行和财政管理中的某些重要事项进行日常监控。财政机关业务机构的日常监督检查是结合预算编制，对财政资金分配进行事前的审查、稽核，对资金拨付、使用进行事中的审核、控制，以及对财政资金运行和预算执行中重要环节进行必要的延伸检查核证，及时进行重点监控和实地检查。

（二）专项监督检查

专项监督检查是深化管理、制定政策、加强法治的重要手段，是日常监督的必要补充。从现实情况看，经济转轨时期各种经济关系、经济利益重新调整、组合、变化，但相应的法规制度和约束机制还没有及时建立或不尽完善，为此，财政机关根据财政管理和监督检查工作中暴露的难点、热点和重大问题，坚持指令性计划和指导性计划相结合，有针对性地开展一些专项监督检查。

（三）财政监督检查程序

1. 制订检查方案；(2)组织培训；(3)下达《检查通知书》；(4)实施检查；(5)提出书面报告；(6)立卷归档。

图 4－19　　财政监督检查操作流程图

送达检查通知书：一般于 3 个工作日前送达，或经财政部门负责人批准可在适当时间下达

↓

实地检查：检查人员不得少于 2 人，并出示行政执法证。检查人员根据需要可依法对有关资料进行复制保存

↓

征求单位意见：检查组就检查工作的基本情况，单位存在的问题等事项书面征求意见，被检查单位收到征求意见书后 5 个工作日未提出书面意见或说明的，视为无异议

↓

提出书面财政检查报告：检查组于检查结束后 10 个工作日内提交书面财政检查报告，特殊情况，经批准可延长，但不得超过 30 日

↓

复核：对检查组提交的财政检查报告以及其他有关材料予以复核，形成复核意见书，并经复核人及局领导签字

↓

处理：未发现财政违法行为的做出检查结论；有财政违法行为的依法依规作出处理；不属于本部门职权范围的依法移送

↓

立卷归档：检查工作结束后，做好财政检查工作相关资料的立卷归档工作

二、财政监督检查工作规则

检查规则是财政机关及其工作人员实施财政检查、提出财政检查报告应当遵循的行为规则。(1)财政机关依照国家法律、行政法规和财政规章的规定,根据财政管理需要确定年度财政检查计划,按计划开展财政检查;或根据日常财政管理过程中发现的问题,即时组织开展财政检查。(2)实施财政检查应当组成检查组并指定检查组组长。检查组实行组长负责制,组长对检查工作质量及其提交的财政检查报告负责。(3)财政机关实施财政检查,一般应于3日前向被检查单位送达财政检查通知书。(4)实施财政检查时,检查人员不得少于两人,并应向被检查人出示证件。(5)财政检查人员通过审查被检查单位的有关会计凭证、会计账簿、会计报表,查阅与检查事项有关的文件、资料、合同,检查现金、实物、有价证券,向有关单位和个人进行调查等方式实施检查,并取得有关的证明材料。(6)检查人员在检查中取得的证明材料,应当有提供者的签名或者盖章。(7)检查人员应当将检查内容与事项予以记录和摘录,编制财政检查工作底稿并签字,检查组组长复核,最后由被检查人签字或者盖章。(8)检查组就检查工作的基本情况、被检查人存在的问题等事项制作财政检查征求意见函,书面征求被检查人的意见,并要求被检查人在财政检查征求意见函送达回证上签名或盖章。(9)财政检查人员在检查和调查中向有关单位和个人取得的证明材料,应当有提供者的签名或者盖章。未取得提供者签名或盖章的,检查人员应当注明原因;(10)检查组应于检查结束10个工作日内,根据财政检查工作底稿、财政检查征求意见函及被检查人书面意见或说明等相关材料,编制财政检查报告。提缴财政检查报告时,还应当一并提交行政处理、处罚建议或者移送处理建议。

三、财政违法行为处罚处分条例

2005年2月1日起,乐安县执行国务院公布的《财政违法行为处罚处分条例》。条例规定,为了纠正财政违法行为,维护国家财政经济秩序,县级以上人民政府财政部门及审计机关在各自职权范围内,依法对财政违法行为作出处理、处罚决定。省级以上人民政府财政部门的派出机构,应当在规定职权范围内,依法对财政违法行为作出处理、处罚决定;审计机关的派出机构,应当根据审计机关的授权,依法对财政违法行为作出处理、处罚决定。根据需要,国务院可以依法调整财政部门及其派出机构(以下统称财政部门)、审计机关及其派出机构(以下统称审计机关)的职权范围。有财政违法行为的单位,其直接负责的主管人员和其他直接责任人员,以及有财政违法行为的个人,属于国家公务员的,由监察机关及其派出机构(以下统称监察机关)或者任免机关依照人事管理权限,依法给予行政处分。

(1)财政收入执收单位及其工作人员有下列违反国家财政收入管理规定的行为之一的,责令改正,补收应当收取的财政收入,限期退还违法所得。对单位给予警告或者通报批评。对直接负责的主管人员和其他直接责任人员给予警告、记过或者记大过处分;情节严重的,给予降级或者撤职处分:①违反规定设立财政收入项目;②违反规定擅自改变财政收入项目的范围、标准、对象和期限;③对已明令取消、暂停执行或者降低标准的财政收入项目,仍然依照原定项目、标准征收或者变换名称征收;④缓收、不收财政收入;⑤擅自将预算收入转为预算外收入;⑥其他违反国家财政收入管理规定的行为。《中华人民共和国税收征收管理法》等法律、行政法规另有规定的,依照其规定给予行政处分。

(2)财政收入执收单位及其工作人员有下列违反国家财政收入上缴规定的行为之一的,责令改正,调整有关会计账目,收缴应当上缴的财政收入,限期退还违法所得。对单位给予警告或者通报批评。对直接负责的主管人员和其他直接责任人员给予记大过处分;情节较重的,给予降级或者撤职处分;情节严重的,给予开除处分:①隐瞒应当上缴的财政收入;②滞留、截留、挪用应当上缴的财政收入;③坐支应当上缴的财政收入;④不依照规定的财政收入预算级次、预算科目入库;⑤违反规定退付国库库款或者财政专户资金;⑥其他违反国家财政收入上缴规定的行为。《中华人民共和国税收征收管理法》《中华人民共和国预算法》等法律、行政法规另有规定的,依照其规定给予行政处分。

(3)财政部门、国库机构及其工作人员有下列违反国家有关上解、下拨财政资金规定的行为之一的,责令改正,限期退还违法所得。对单位给予警告或者通报批评。对直接负责的主管人员和其他直接责任人员给予记过或者记大过处分;情节较重的,给予降级或者撤职处分;情节严重的,给予开除处分:①延解、占压应当上解的财政收入;②不依照预算或者用款计划核拨财政资金;③违反规定收纳、划分、留解、退付国库库款或者财政专户资金;④将应当纳入国库核算的财政收入放在财政专户核算;⑤擅自动用国库库款或者财政专户资金;⑥其他违反国家有关上解、下拨财政资金规定的行为。

(4)国家机关及其工作人员有下列违反规定使用、骗取财政资金的行为之一的,责令改正,调整有关会计账目,追回有关财政资金,限期退还违法所得。对单位给予警告或者通报批评。对直接负责的主管人员和其他直接责任人员给予记大过处分;情节较重的,给予降级或者撤职处分;情节严重的,给予开除处分:①以虚报、冒领等手段骗取财政资金;②截留、挪用财政资金;③滞留应当下拨的财政资金;④违反规定扩大开支范围,提高开支标准;⑤其他违反规定使用、骗取财政资金的行为。

(5)财政预决算的编制部门和预算执行部门及其工作人员有下列违反国家有关预算管理规定的行为之一的,责令改正,追回有关款项,限期调整有关预算科目和预算级次。对单位给予警告或者通报批评。对直接负责的主管人员和其他直接责任人员给予警告、记过或者记大过处分;情节较重的,给予降级处分;情节严重的,给予撤职处分:①虚增、虚减财政收入或者财政支出;②违反规定编制、批复预算或者决算;③违反规定调整预算;④违反规定调整预算级次或者预算收支种类;⑤违反规定动用预算预备费或者挪用预算周转金:⑥违反国家关于转移支付管理规定的行为;⑦其他违反国家有关预算管理规定的行为。

(6)国家机关及其工作人员违反国有资产管理的规定,擅自占有、使用、处置国有资产的,责令改正,调整有关会计账目,限期退还违法所得和被侵占的国有资产。对单位给予警告或者通报批评。对直接负责的主管人员和其他直接责任人员给予记大过处分;情节较重的,给予降级或者撤职处分;情节严重的,给予开除处分。

(7)单位和个人有下列违反国家有关投资建设项目规定的行为之一的,责令改正,调整有关会计账目,追回被截留、挪用、骗取的国家建设资金,没收违法所得,核减或者停止拨付工程投资。对单位给予警告或者通报批评,其直接负责的主管人员和其他直接责任人员属于国家公务员的,给予记大过处分;情节较重的,给予降级或者撤职处分;情节严重的,给予开除处分:①截留、挪用国家建设资金;②以虚报、冒领、关联交易等手段骗取国家建设资金:③违反规定超概算投资;④虚列投资完成额;⑤其他违反国家投资建设项目有关规定的行为。《中华人民共和国政府采购法》《中华人民共和国招标投标法》《国家重点建设项目管理办法》等法律、行政法规另有规定的,依照其规定处理、处罚。

(8)国家机关及其工作人员违反《中华人民共和国担保法》及国家有关规定,擅自提供担保的,责令改正,没收违法所得。对单位给予警告或者通报批评。对直接负责的主管人员和其他直接责任人员给予警告、记过或者记大过处分;造成损失的,给予降级或者撤职处分;造成重大损失的,给予开除处分。

(9)国家机关及其工作人员违反国家有关账户管理规定,擅自在金融机构开立、使用账户的,责令改正,调整有关会计账目,追回有关财政资金,没收违法所得,依法撤销擅自开立的账户。对单位给予警告或者通报批评。对直接负责的主管人员和其他直接责任人员给予降级处分;情节严重的,给予撤职或者开除处分。

(10)国家机关及其工作人员有下列行为之一的,责令改正,调整有关会计账目,追回被挪用、骗取的有关资金,没收违法所得。对单位给予警告或者通报批评。对直接负责的主管人员和其他直接责任人员给予降级处分;情节较重的,给予撤职处分;情节严重的,给予开除处分:①以虚报、冒领等手段骗取政府承贷或者担保的外国政府贷款、国际金融组织贷款;②滞留政府承贷或者担保的外国政府贷款、国际金融组织贷款;③截留、挪用政府承贷或者担保的外国政府贷款、国际金融组织贷款;④其他违反规定使用、骗取政府承贷或者担保的外国政府贷款、国际金融组织贷款的行为。

(11)企业和个人有下列不缴或者少缴财政收入行为之一的,责令改正,调整有关会计账目,收缴应当上缴的财政收入,给予警告,没收违法所得,并处不缴或者少缴财政收入10%以上30%以下的罚款;对直接负责的主管人员和其他直接责任人员处3000元以上5万元以下的罚款:①隐瞒应当上缴的财政收入;②截留代收的财政收入;③其他不缴或者少缴财政收入的行为。属于税收方面的违法行为,依照有关税收法律、行政法规的规定处理、处罚。

(12)企业和个人有下列行为之一的,责令改正,调整有关会计账目,追回违反规定使用、骗取的有关资金,给予警告,没收违法所得,并处被骗取有关资金10%以上50%以下的罚款或者被违规使用有关资金10%以上30%以下的罚款;对直接负责的主管人员和其他直接责任人员处3000元以上5万元以下的罚款:①以虚报、冒领等手段骗取财政资金以及政府承贷或者担保的外国政府贷款、国际金融组织贷款;②挪用财政资金以及政府承贷或者担保的外国政府贷款、国际金融组织贷款;③从无偿使用的财政资金以及政府承贷或者担保的外国政府贷款、国际金融组织贷款中非法获益;④其他违反规定使用、骗取财政资金以及政府承贷或者担保的外国政府贷款、国际金融组织贷款的行为。属于政府采购方面的违法行为,依照《中华人民共和国政府采购法》及有关法律、行政法规的规定处理、处罚。

(13)事业单位、社会团体、其他社会组织及其工作人员有财政违法行为的,依照该条例有关国家机关的规定执行;但其在经营活动中的财政违法行为,依照该条例有关企业和个人的规定执行。

(14)单位和个人有下列违反财政收入票据管理规定的行为之一的,销毁非法印制的票据,没收违法所得和作案工具。对单位处5000元以上10万元以下的罚款;对直接负责的主管人员和其他直接责任人员处3000元以上5万元以下的罚款。属于国家公务员的,还应当给予降级或者撤职处分;情节严重的,给予开除处分:①违反规定印制财政收入票据;②转借、串用、代开财政收入票据;③伪造、变造、买卖、擅自销毁财政收入票据;④伪造、使用伪造的财政收入票据监(印)制章;⑤其他违反财政收入票据管理规定的行为。属于税收收入票据管理方面的违法行为,依照有关税收法律、行政法规的规定处理、处罚。

(15)单位和个人违反财务管理的规定,私存私放财政资金或者其他公款的,责令改正,调整有关会计账目,追回私存私放的资金,没收违法所得。对单位处3000元以上5万元以下的罚款;对直接负责的主管人员和其他直接责任人员处2000元以上2万元以下的罚款。属于国家公务员的,还应当给予记大过处分;情节严重的,给予降级或者撤职处分。

(16)属于会计方面的违法行为,依照会计方面的法律、行政法规的规定处理、处罚。对其直接负责的主管人员和其他直接责任人员,属于国家公务员的,还应当给予警告、记过或者记大过处分;情节较重的,给予降级或者撤职处分;情节严重的,给予开除处分。

(17)属于行政性收费方面的违法行为,《中华人民共和国行政许可法》《违反行政事业性收费和罚没收入收支两条线管理规定行政处分暂行规定》等法律、行政法规及国务院另有规定的,有关部门依照其规定处理、处罚、处分。

(18)单位和个人有该条例规定的财政违法行为,构成犯罪的,依法追究刑事责任。

(19)财政部门、审计机关、监察机关依法进行调查或者检查时,被调查、检查的单位和个人应当予以配合,如实反映情况,不得拒绝、阻挠、拖延。违反前款规定的,责令限期改正。逾期不改正的,对属于国家公务员的直接负责的主管人员和其他直接责任人员,给予警告、记过或者记大过处分;情节严重的,给予降级或者撤职处分。财政违法行为处罚处分条例,对财政部门、审计机关、监察机关依法履行职责作出以下具体规定:

①财政部门、审计机关、监察机关依法进行调查或者检查时,经县级以上人民政府财政部门、审计机关、监察机关的负责人批准,可以向与被调查、检查单位有经济业务往来的单位查询有关情况,可以向金融机构查询被调查、检查单位的存款,有关单位和金融机构应当配合。财政部门、审计机关、监察机关在依法进行调查或者检查时,执法人员不得少于2人,并应当向当事人或者有关人员出示证件;查询存款时,还应当持有县级以上人民政府财政部门、审计机关、监察机关签发的查询存款通知书,并负有保密义务。

②财政部门、审计机关、监察机关依法进行调查或者检查时,在有关证据可能灭失或者以后难以取得的情况下,经县级以上人民政府财政部门、审计机关、监察机关的负责人批准,可以先行登记保存,并应当在7日内及时作出处理决定。在此期间,当事人或者有关人员不得销毁或者转移证据。

③对被调查、检查单位或者个人正在进行的财政违法行为,财政部门、审计机关应当责令停止。拒不执行的,财政部门可以暂停财政拨款或者停止拨付与财政违法行为直接有关的款项,已经拨付的,责令其暂停使用;审计机关可以通知财政部门或者其他有关主管部门暂停财政拨款或者停止拨付与财政违法行为直接有关的款项,已经拨付的,责令其暂停使用,财政部门和其他有关主管部门应当将结果书面告知审计机关。

④依照该条例规定限期退还的违法所得,到期无法退还的,应当收缴国库。

⑤单位和个人有该条例所列财政违法行为,财政部门、审计机关、监察机关可以公告其财政违法行为及处理、处罚、处分决定。

⑥单位和个人有该条例所列财政违法行为,弄虚作假骗取荣誉称号及其他有关奖励的,应当撤销其荣誉称号并收回有关奖励。

⑦财政部门、审计机关、监察机关的工作人员滥用职权、玩忽职守、徇私舞弊的,给予警告、记过或者记大过处分;情节较重的,给予降级或者撤职处分;情节严重的,给予开除处分。构成犯罪的,依法追究刑事责任。

⑧财政部门、审计机关、监察机关及其他有关监督检查机关对有关单位或者个人依法进行调查、检查后，应当出具调查、检查结论。有关监督检查机关已经作出的调查、检查结论能够满足其他监督检查机关履行该机关职责需要的，其他监督检查机关应当加以利用。

⑨财政部门、审计机关、监察机关及其他有关机关应当加强配合，对不属于其职权范围的事项，应当依法移送。受移送机关应当及时处理，并将结果书面告知移送机关。

⑩对财政违法行为作出处理、处罚和处分决定的程序，依照本条例和《中华人民共和国行政处罚法》《中华人民共和国行政监察法》等有关法律、行政法规的规定执行。

⑪单位和个人对处理、处罚不服的，依照《中华人民共和国行政复议法》《中华人民共和国行政诉讼法》的规定申请复议或者提起诉讼。

国家公务员对行政处分不服的，依照《中华人民共和国行政监察法》《中华人民共和国公务员法》等法律、行政法规的规定提出申诉。

⑫该条例所称"财政收入执收单位"，是指负责收取税收收入和各种非税收入的单位。

⑬对法律、法规授权的具有管理公共事务职能的组织以及国家行政机关依法委托的组织及其工勤人员以外的工作人员，企业、事业单位、社会团体中由国家行政机关以委任、派遣等形式任命的人员以及其他人员有该条例规定的财政违法行为，需要给予处分的，参照该条例有关规定执行。

该条例自 2005 年 2 月 1 日起施行。1987 年 6 月 16 日国务院发布的《国务院关于违反财政法规处罚的暂行规定》同时废止。

2005 年 1 月底之前乐安县执行的是 1987 年 6 月 16 日国务院发布的《国务院关于违反财政法规处罚的暂行规定》。

第五编　苏区财政

1927年夏，由于国民党右派叛变，国共合作的北伐战争遭到了失败。为挽救革命，8月1日，中共中央组织和领导了八一南昌起义，打响了武装反抗国民党反动派的第一枪，开始了中国共产党独立领导革命武装斗争的新时期。8月7日，中共中央在汉口召开紧急会议（“八七会议”），确定“土地革命和武装反抗国民党反动派的总方针”，决定在大革命时期农民运动基础较好的湘、鄂、赣、粤等省率先组织农民起义，号召农民暴动，“取消重利盘剥者的债务、苛刻的租约与苛约，对于一切新旧军阀政府的捐税实行抗纳，并实行抗租”。“八七会议”后，毛泽东在湘赣边界领导农民秋收起义，创建井冈山革命根据地，开辟“以农村包围城市，最后夺取城市”的中国革命的正确道路。

1929年1月14日，毛泽东、朱德率领中国工农红军离开井冈山，向赣南闽西进军，逐步创建了以瑞金为中心的中央革命根据地，范围包括赣、闽、湘、粤、鄂、浙、皖等7省100多个县，其中江西省达70余县，乐安因此成为中央苏区县之一。

大革命失败后，乐安人民的革命斗争在中共赣西特委领导下，首先在乐安县南部、西南部蓬勃发展起来。到1929年10月，在小金竹村成立了乐安县临时苏维埃政权——乐安县革命委员会。次年6月，在招携港田村召开了乐安县第一次工农兵代表大会，成立了乐安县苏维埃政府。1931年10月第三届乐安县苏维埃政府成立后，内设机构日趋完善，设立了财政、土地、劳动、军事、文化、卫生、工农检察、粮食、内务等部，下辖8个区苏维埃政府。

1932年8月，乐安战役胜利后，成立了中共乐安中心县委，下辖宜黄县委、崇仁县工作委员会，并管辖南城、临川、丰城、新干四县游击区。1933年第四次反“围剿”胜利后，乐安苏区范围达到鼎盛。先后成立了竹溪、善和、望仙、金竹、万崇、水南、招携、增田、太平、竹山、白石、戴坊、西区、高湖14个区苏维埃政府，60个乡苏维埃政府。

1934年6月，随着第五次反“围剿”的失利，中共乐安中心县委决定撤销乐安、宜黄、崇仁三县苏维埃政府，成立乐宜崇苏维埃联合政府，由张连生任主席，刘辉汉、刘川金、曾继栋任副主席。中央红军长征后，三县联合政府干部、战士合编成乐宜崇挺进队，组织突围，开展艰苦卓绝的游击战争，苏区随之消失，联合政府解体。

财政是政权建设的重要组成部分。随着革命政权的建立，乐安县的县、区、乡苏维埃政府相继建立了财政组织机构。各级财政机构在行政系统上隶属于上级财政机构，并受同级苏维埃政府指导。从1929年到1934年的6年间，乐安县苏维埃政府财政部先后有张老兰、邓翔开、曾纪盛、侯家标担任部长。

苏维埃财政的中心任务是保障革命战争的物质供应，解决军政人员的给养，同时支持苏区各项事业建设，改善群众生活。在苏维埃政权建立初期，根据地经济落后，人民生活贫困，不具备征税条件。为克服财政困难，实行主力红军筹款自给的方针，财政收入以打土豪筹款为主要来源，按照土地革命总路线的要求，实行区别对待的筹款政策，对地主豪绅进行没收罚款，对富农和大、中商人实行捐款。同时，取消南京国民政府的苛捐杂税，保护人民利益。

随着根据地的巩固、发展，土地革命的深入，工商业的恢复和发展，相继开征了农业和商业的统一累进税。1930年6月，乐安县苏维埃政府成立后，迅速在苏区开展打土豪分土地，没收地主、豪绅祠庙的土地、山林，把土地分配给无地、少地的农民。1931年11月，中央苏维埃政府颁发《暂行税则》，使苏区的税收政策和制度做到基本统一。1932年5月，江西省第一次工农兵代表大会决定，农业税、商业税、工业税的征收，须遵照中央的税则执行，各城市圩场的商店工厂作坊，立即进行营业登记，发给营业证，以便进行管理和收税。这个时期，除税收收入外，打土豪筹款仍是财政收入的重要来源。

发行公债、借粮、募捐，也是苏区筹集财政收入的一个方面。1932 年，中央苏维埃政府先后发行两期革命战争短期公债，第一期发行 60 万元，乐安县苏区推销了公债票 7000 元；第二期发行 120 万元，乐安县苏区推销了公债票 1 万元。1933 年 3 月，中央苏维埃政府向各省借粮 20 万石，1934 年夏借谷 10 万石，7 月又借谷 60 万石，乐安苏区完成向群众借粮 1 万石。8 月，再次发行经济建设公债 300 万元，其中以三分之二发展对外贸易、调剂粮食、发展合作社及农业与工业生产，三分之一作军事费用。乐安苏区推销了经济建设公债 90000 元。

苏区财政支出，严格执行节省的方针。红军部队和党政工作人员，实行维持最低生活标准的供给制，官兵一致。政府工作人员的供给标准一般低于部队标准，乡以下工作人员有的是自带伙食去办公。对于各项军事费用和办公费开支，均严格按供给标准执行，只能节约，不能超支。在可能的条件下，苏区财政从政策上和财力物力上支持农业、工业生产，发展对外贸易和合作社经济。例如，乐安县金竹乡土地革命前粮食亩产不到 120 斤，苏区分田后，粮食亩产增加到 250 斤。工业、商业和对外贸易均有所发展，解决了苏区的军需和民用必需品，打破了敌人的经济封锁。到 1933 年底，、乐安县苏区兴办了竹棚(造纸)厂、竹篾厂、土硝厂、铁匠厂、泥木厂、榨油厂等小型加工厂，组织手工业合作社 107 个。在商品交易、对外贸易方面，乐安县苏区组织消费合作社、粮食合作社等，其中建立粮食合作社 40 个，6600 人入股；建立消费合作社 47 个，6000 人入股。乐安县对外贸易局收购并外运粮食数十万斤，烟叶 10 多万斤，油料 10 多万斤，苎麻 1 万多斤，换回大批食盐、布匹、棉花、煤油等苏区紧缺物品。同时，文教卫生和社会优抚等事业都有相应发展，工农群众生活有所改善。为使苏区金融流动，使“革命群众与红军对经济上有绝大的充裕”，江西工农银行发行货币 100 万元，所发行的货币在苏区通用无阻。

苏区财政管理工作，经历了由分散到相对统一的过程。在革命根据地建立初期，财政分散经营，各部队，各县、区的财政各自为政，自收自支。“各级苏维埃无财政可言，乱收乱用，随意浪费，更无预算决算和计划①。”1931 年中华苏维埃第一次全国人民代表大会通过了政纲、宪法、土地法、劳动法和经济政策等法令，苏区的各项工作包括财政工作才有了统一的政策原则的指导。1932 年 2 月，颁发了《中华苏维埃共和国暂行条例》和统一财政的训令。同年 5 月，江西省第一次工农兵代表大会作出《财政与经济问题的决议》，要求“执行中央训令和条例，开始实行预算决算，……反对浪费、惩办贪污。”乐安县苏区县、区、乡苏维埃政府建立和逐步健全了各级财政机构，制定和颁布了各项财政规章制度，如预算决算制度、会计制度、税收制度等；并召开各种财政会议，清查账目，集中存款，实行革命竞赛，建立财政工作，逐步使苏区的财政工作走上统一管理的轨道。由于“左”倾错误路线，第五次反“围剿”战争失利，1934 年 10 月苏维埃中央和主力红军实行战略转移，开始了举世闻名的二万五千里长征。1934 年 6 月，乐安苏区的根据地日益缩小，乐安中心县委，江西军区第二分区，乐安、宜黄、崇仁三县苏维埃政府机关，先后转移到谷岗火嵊、小金竹一带，并召开了三县领导骨干和党团联席会议，成立了乐宜崇三县苏维埃联合政府，决定地方干部全部实行军事化，与地方武装联合编成两个挺进大队，组织突围。至 1935 年 3 月，由中心县委书记李福槐率领的队伍在新干县野鸡坪一带失利，李福槐化装逃出，转入地下斗争；由第二分区司令员周昌杰、政治部副主任罗惟赋率领的另一支 100 多人的突围队伍，突围到湘赣边，与湘赣省委领导的地方武装会合，加入了湘赣红军独立第五团，编为“宜乐连”。至此，乐安苏区全部失陷，停止了活动。

乐安苏区人民为第二次国内革命战争作出了巨大的贡献和牺牲，谱写了光辉的历史篇章。苏区财政为支撑革命战争和土地革命作出了很大的成绩。苏区财政工作的宝贵经验和做法，值得认真学习、总结和借鉴。

第一章 财政收入

苏维埃财政收入，建筑于阶级的革命的原则之上，主要财政负担放在剥削者身上。财政收入来源主要有三个方面：一是向一切封建剥削者进行没收或征发，即是向苏区与白区地主富农筹款，这一方面的收入常占绝大比重。二是税收。即征收商业税与农业税。三是发展国民经济增加财政收入。在激烈的反“围剿”战争中，苏维埃政府还采取发行公债，动员群众借谷借粮和捐款，发行货币，募集财力物力以支持革命战争和经济建设。

① 《江西省第一次工农兵代表大会财政与经济问题的决议案》，1932 年 5 月。

第一节　向剥削者筹款

向剥削者筹款有罚款和捐款两种形式。对地主豪绅进行罚款甚至没收其财产，对富农和大中商人实行捐款。

一、打土豪筹款

1927年9月，江西省革命委员会的行动政纲明确宣布："没收军阀、官僚、土豪、劣绅及一切反革命的土地与财产"。同年11月，江西省苏维埃临时政纲又宣布，"没收军阀、官僚、地主、豪绅及一切反革命财产交当地苏维埃"。1928年12月，中共江西省第二次代表大会通过的《关于苏维埃区域决议案》指出，在不具备征税条件下，对于财政的解决，"（1）没收豪绅、地主、资本家、军队及一切反革命财产；（2）游击捉拿外区大豪绅反革命勒款。"1929年2月，毛泽东、朱德率领红军从永丰藤田来到乐安招携，宣传发动群众打土豪、分浮财、筹粮款，没收了豪绅地主谭士杰的财物分给贫苦农民。1930年1月25日，陈毅率红四军第一纵队冒雪从大金竹出发，在乐安游击队的配合下，攻打乐安县城。进城后，召开群众大会，宣传"办农协、建政权、打土豪、除劣绅"，随即逮捕了奸商乐子岭，打了游泰顺当铺，对土豪詹萝卜进行了罚款，并将没收的粮食和财物分给了贫苦农民。1930年11月17日，江西省苏维埃政府发布紧急通令，要求各级政府迅速集中经济节省费用应付阶级决战，集中现金60万元，主要用于战斗兵士伙食上。11月20日，省苏财政委员会又以财字第二号通告，要求赣南、赣东10天内筹集10万元，赣西在一周内筹款20万元。同日，省苏政府又发布秘第一号紧急通告和秘字第一号紧急通令，要求各级政府筹集盐油米3项，以供红军需要，各红军各革命团体到每地时向当地政府领取，"要做到红军一到就要有饭吃"。这期间，苏区各级政府的经费仍是打土豪来的。

打土豪筹款，在"左"倾路线统治时期出现过一些偏向。1932年5月，中共江西省委工作总结报告（一、二、三、四月总结报告）中指出："在全苏大会以前，江西苏区各级苏维埃是没有明确阶级路线的经济政策的，财政的主要或者唯一的来源是打土豪，而对于土地税、商业税的征收，及发展苏区的经济是没有的，因为经济以打土豪为唯一出路，所以有侵犯中农甚至贫农的错误……打土豪的对象由豪绅地主及富农扩大至中农，以至有点余钱的贫农。"对此，1933年江西省苏财政部指出：要阻止乱打土豪打到中农、贫农身上，如查出哪个县不经过调查，在中农、贫农身上打了土豪的，要严厉惩办。

第三次反"围剿"战争胜利后，苏区中央局一度取消红军筹款任务，部队需用粮款统由地方政府负责供给。1932年7月中旬开始，为准备第四次反"围剿"战争，解决财政困难，又恢复打土豪筹款工作。江西省苏维埃政府主席曾山指示："边界县各级县应马上组织一个或几个短小精干的游击队去向白区打土豪捉反动派筹款，筹备充足的款项，最少一个月能筹足二千元以上，交到财政部转省财政部解中央政府送前方。……各县区原存有的土豪要切实清理，加紧催款，故意延玩的要受到严厉的裁判。"①

1933年3月4日，江西省苏维埃政府扩大的第二次全体执委会《关于财政问题决议案》提出，在筹款工作方面，向土豪地主筹款还是财政上的重要收入。特别是宁都、南广（南丰与广昌县）、石城、宜黄、乐安、安远、寻乌以及雩都胜利之一部，必须深入土地斗争中筹一笔大款，专供给红军战费。各县财政部副部长要负起筹款的专门责任，筹款工作一定要与土地斗争同时并进……。《决议》强调指出，"对土豪罚款数目要适当，不要高山起价，落地还钱，土豪有钱者，则交谷款（后）仍可再加。"

同年8月26日，江西省苏维埃政府第十五号训令指出，要广泛的发展游击战争，来配合红军作战与帮助红军筹款，达到江西筹款200万元。9月30日，《红色中华》发表《怎样去筹款？筹款的意义与正确路线》一文，指出："向地主罚款从经济上消灭地主，这是我们的政策"，"因此，地主的钱应该筹个干净。"12月21日在宁都召开江西省第二次工农兵代表大会，在总结前阶段工作时指出："在经济动员供给红军给养与动员广大群众的节省，开展向地主土豪筹款，向富农捐款的斗争，全省在十一个月中筹款二百万的经费，借了十余万担谷子。"由此可见，打土豪筹款为苏区财政的一项主要收入，对支持革命战争的胜利起了积极的作用。

二、富农捐款

苏维埃政府对富农实行捐款始于土地革命前期。1930年江西省苏维埃政府成立后，向富农捐款仍是一项重要政策。乐安苏区每次没收土豪劣绅财产筹款时，均要向富农捐款。向富农捐款是临时性质，捐款次数有限制，不能捐至多次无止境。除国家

---

① 曾山：《我对财政工作的意见》，《红的江西》第3期第3版，1932年7月5日。

财政机关外，其他任何机关不得向富农捐款。捐款的数目，按照富农家况及过去是否交过捐款作适当规定，并以不妨碍富农生产为原则。

1933年，中央苏区因战争需要临时规定富农捐款额最高限度不超过富农拥有活动款项的百分之四十。同年2月28日，江西省苏维埃政府在致各级政府的指示信中规定，如富农有资产兼营商业的，向其捐款时不能以其营业资本为主要标准，而应依其过去平素剥削关系及其经济状况，由区政府协同乡及贫农团、雇农工会等斟酌其实际情形决定，派款数目最少不少于5元。由于"左"的思想影响，对富农捐款发生两种倾向，一种是包庇富农不去捐款，一种是把富农现款捐尽与地主罚款无别。两者都是不对的，而后者则是消灭富农的倾向，并有影响到中农的危险。对此，1933年3月4日，江西省苏维埃政府规定，对富农捐款要调查确实，要发动群众帮助督促，对已确定阶级成分的富农应当捐款，并严格防止侵犯中农利益。据1933年江西省苏区在开展红5月竞赛活动中统计，向富农捐款共计126420元。

三、商人捐款

江西苏区实行保护工商业的政策，但"禁止奸商之高抬物价，操纵金融及垄断粮食等。"①对于有能力的商人实行筹款政策，以增加财政收入。

1929年，在协助工商业发展的情况下，对城市商人不实行经济没收，只是召集商人代表（拒绝与商会接洽）参照当地革命同志或机关的意见提最低额款项，限三日交齐。此款项由商人代表自行摊派，但须依照累进的办法，钱多的多出，"对于资本在千元以下的商店不筹款。"②

1930年，前委赣西特委五、六军军委联席会议规定："商店资本在二千元以下的不筹款，二千元以上的按照比例要求他们捐助军饷。比例：资本有二千五百元捐款三十元，三千元者捐款四十元。此外，资本增加一千元加捐全部资本数百分之一。如资本四千元，除捐四十元外则加捐四千元之百分之一，共捐八十元，……资本增加者以此类推。"③

江西苏区在中央政府成立前对商人筹款发生过一些偏向，由于"没有确立苏维埃的经济政策，对于城市一时期内，是采取破坏政策，因为专为筹款的缘故，以致将商人作为土豪打。随便没收商店铺子，便促成商人借此逃走，加以敌人封锁，苏区商业完全破坏，影响了工农群众的生活。"④1932年5月江西省第一次工农兵代表大会后开始注意纠正，并作出决议"坚决地执行全苏大会的经济政策和中央政府的投资条例，来鼓励私人经营工商业，来发展商业。"同年9月，中共江西省委在《为加强和巩固地方武装发展游击战争的决议》中指出，"要坚决防止地方武装中的盲动主义……对商人只是筹款，不能随便任意没收，以保障苏维埃的经济政策的全部实施，绝对不容许再发生这些现象。"

同年11月，中央财政人民委员部在《筹款大纲》中指出，"发展革命战争必须筹措大批战争经费，故每次占领一个城市，在不违反经济政策的情况下，是必须向大、中商人筹款的。但也不要估量太高，使商人负担不起，反无效果。固然估量低也是不对的。"因此规定资本在三千元以下的不筹款，"可以自三千元资本以上工商业者，按照他的资本大小，以百分数为比例"摊派，"依累进原则，资本越大摊派越多，譬如五千元的派百分之一，则万元的应该派百分之十以上，十万元的派百分之二十，但三千元以下的可以不派"，绝对禁止平均摊派款项。

四、战争缴获

战争缴获是红军和地方武装取得军费装备的一个重要来源。缴获的武器装备，不需财政开支，等于增加了财政收入。

乐安苏区地处中央苏区的北方前线，战事频繁，缴获颇丰。择其要者简述：

1928年12月10日，江西工农红军独立第二团（简称"红二团"），第一次攻打乐安县城。次日将驻守县城的县靖卫队击溃，毙敌6名，俘敌17名，缴获步枪57支，镇压了劣绅游高祥、元传宗。

1929年9月23日，红二团从南丰游击到乐安，第二次攻克乐安县城。25日，部队开赴万崇、池头等地打土豪、筹款。10月1日，张英策反县靖卫队武装起义，将110多名士兵、80多支枪在招携南岭起义成功，大部分士兵加入红二团。

1930年底，国民党第五十师师长谭道源率部进占乐安，配合第十八师张辉赞对中央苏区进行第一次"围剿"。1931年1月初，中央红军在宁都东韶至乐安金竹、引水一带歼灭国民党军第五十师一个旅，俘敌3000余人，缴获无数；1月4日，残部向永丰、乐安方向逃窜，经过善和时，被善和区游击队俘获和击

① 《江西省革命委员会行动政纲》，1927年9月。
② 陈毅：《关于朱毛军的历史及其情况的报告》，1929年9月1日。
③ 《前委赣西特委五六军军委联席会议通告第一号》，1930年2月14日。
④ 《江西省第一次工农兵代表大会——财政与经济问题的决议案》，1932年5月。

毙30多人,缴获枪支10余支。

1931年4月中旬,蒋介石发动对中央苏区的"围剿"后,国民党军第二十七师驻守乐安。21日,第二十七师遭中央红军主力截击,于22日凌晨取道大金竹,向乐安方向撤退,乐安苏区军民乘胜追击,缴获枪支100多支,战马数十匹。

同年8月,国民党第十师奉命由宁都黄陂撤回临川,路过乐安大金竹、招携等地时,沿途放火烧毁民房,大肆抢劫财产,杀害无辜群众。苏区人民拿起梭标、镰刀、锄头、木棍与敌人搏斗,缴获大量枪支、弹药及其他军用品,使乐安苏区的地方武装装备一新。

1932年8月中旬,中央红军发起乐安战役,17日攻克乐安县城,国民党守城部队——第二十七师吕如珂旅全部缴械,俘敌官兵3000余人,缴获各种枪支2000多支,迫击炮10余门,无线电台1台,击落敌机一架。

1933年2月底,在中央苏区第四次反"围剿"的登仙桥大捷中,中央红军歼灭国民党军第五十二、五十九师,五十二师师长李明毙命,五十九师师长陈时骥被俘,共俘敌官兵13000余人,缴获枪支万余支,无线电机一架,其他军用品无数,尤其值得一提的是,截获了中央苏区时期最大的一批军饷。3月20日,在东陂战役中,中央红军歼灭国民党军第十一师大部,第九军一部,缴获步枪万余支,机枪100多挺,无线电一台。

第二节　税　收

苏区的税收,经历了废除苛捐杂税,打土豪没收,募捐,到统一税则的发展过程。1927年9月,江西省革命委员会行动政纲提出"实行统一财政","制定田赋纳税之法定额"。同年11月,中共江西省委发布《江西省苏维埃临时组织法》和《江西省苏维埃临时政纲》提出,要"规定极低征的土地税,废除一切额外征收"。1930年10月7日,江西省苏维埃政府政纲宣告,取消国民党反动政府的一切苛捐杂税,"实行为工农劳苦群众谋利益的统一的累进税"。随着苏维埃政权的巩固发展,土地分配大体完成,工商业有了恢复和发展,具备了实行收税的条件。1931年中央实施财政统一,颁发《暂行税则》,对商业、农业实行统一的累进税制。1932年江西省苏维埃政府先后开征农业税(土地税)、山林税、工商税和屠宰、店租等营业税。纳税重点对象是剥削阶级和富裕者。从这时起,苏区中央两次修改《税则》,提高税率,增加税收,以充裕战争经费。

一、农业税

1928年12月和1929年4月,毛泽东先后主持制定了《井冈山土地法》和《兴国土地法》。这两个土地法都规定,土地税依照生产情形分为3种:(1)百分之十五;(2)百分之十;(3)百分之五。以上3种办法,以第一种为主体。遇特别情形,经最高苏维埃批准,才可以分别选用2、3两种。如遇天灾或其他特殊情形时,得呈报高级苏维埃政府核准,免纳土地税。土地税由县苏维埃征收,交高级苏维埃政府支配。

1930年,苏区各地先后按累进税制原则征收农业税,自定税法,自行征收,税款由各地苏维埃政府支配使用。2月7日,赣西南苏维埃政府颁发的土地法规定,土地税按照农民分田每年收谷数量,分等征税:每人分田收谷5石以下的,免收土地税;收谷6石的,收税1%;收谷7石的,收税1.5%;收谷8石的,收税2.5%;收谷9石的,收税4%;收谷10石的,收税5.5%;收谷11石的,收税7%;收谷12石的,收税8.5%,在此基础上,每加收谷1石,加收土地税1.5%。

1930年3月至6月,乐安县苏区开始了第一次分田。在竹溪、招携、善和等区、乡纵横60平方公里,26000多人口,58000多亩土地的地区,没收地主、豪绅祠庙的土地、山林,把土地分配给无地少地的农民。1931年春,乐安苏区又在中部,北自增田舟坊,南至望仙,东起南村稠溪,西到流坑、水南、牛田、峡圳等地24000多人口,96000多亩土地的地区,进行了分田。1932年,在坪溪、严杭、太平、南村、小池、万崇、谷岗、欧坊、东坑等地40000多人口,96000多亩土地,进行了分田。到1933年,全县80%以上的地区进行了分田,总面积达250000余亩。

土地分配以村为单位,根据每丘田的常年产量划分等级,以原耕为基础,抽多补少,抽肥补瘦,好坏搭配,按人口平均分配。红军、干部家属分好田;地主、富农分坏田;山林是以乡为单位进行分配的,有纸棚的竹山归纸棚所有;油茶山按茶子总产量,以村为单位按人口平均分配;鱼塘等水面按户数、人口分配。

1931年11月,中华苏维埃共和国临时政府颁发《暂行税则》,对苏区农业税征收政策和征收制度作出原则规定,但没有规定统一的税率。因为"现时农村生产与物品价值,极为复杂,不能规定一个统一的税收办法,只能规定农业税征收原则,各省可依据此原则,按照当地情况,定出适当的农业税"。《暂行税则》附发了《江西省农业税征收办法》以作各地参考。《江西省农业税征收办法》规定,农业税征收,以户为单位,按全家每人全年平均的收获量计算,每人平均收获干谷不足4石的免征,4石及以上的税率如下。

江西省农业税税率

表5－1

税级	全家每人平均收获干谷	税率(%)	税级	全家每人平均收获干谷	税率(%)
1	4	1	7	10	8
2	5	2	8	11	9.5
3	6	3	9	12	11
4	7	4	10	13	12.5
5	8	5	11	14	14.5
6	9	6.5	12	15	16.5

《江西省农业税征收办法》还规定，对于富农全家每人平均收获干谷2石的征收1%，3石的征收2%，4石的征收3%，即比中、贫农税率高2%，余类推。

农业税只征收主要生产（谷麦）的税，副产品暂不征税。茶山、棉麻、果园当作稻田麦地分配，成为主要生产的，亦应征税。农业税征收现款或农产品，依据农民的意愿而定。对红军家属、雇农、分得田地的工人的农业收入，以及因改良种子改良耕作而增加的农业收入，均予免税。贫农收入虽达征收标准，但仍不能维持其一家生活的，得由苏维埃政府规定个别减免或免税。遇有水旱等灾或遭受白匪摧残的区域，按照灾情轻重免税或减税。开垦荒地所收获的农产品一般免税3年，但富农则依照收获情形减税或免税1年。对政府工作人员，在服务期间，本人及其家属（即父母、妻子）可按照应纳国税税额，减半征收，用以减轻政府工作人员家庭经济负担，以资鼓励。

1932年，江西省苏维埃政府以《实际征收今年土地税累进税》第三号布告，公布新的农业税率，降低了起征点，贫农、中农由原4石降为3石起征，富农由原2石降为1石起征，税率最低为4%，最高为18%和22%。这次增税，是"因为以前规定的土地累进税率过轻，不能够应付目前革命战争的需要，现在不仅是江西省苏区的革命团体以及政府工作人员要求增加，而且是全江西苏区的广大劳苦群众自动请求当地政府建议来省苏，请求中央政府批准江西苏区今年土地税增加一点，来充裕目前扩大革命战争的战费。"①经中央苏维埃政府批准，江西苏区征收土地税的税率调整如下：

江西省各阶层农业税税率

表5－2

中农贫农		富农	
每家每人平均收入干谷(石)	税率(%)	每家每人平均收入干谷(石)	税率(%)
3	4	1	4
4	5	2	5
5	6	3	6
6	7	4	7
7	8	5	8
8	9	6	9
9	10	7	10
10	11	8	11
11	12	9	12.5
12	13.5	10	14
13	15	11	15.5
14	16.5	12	17
15	18	13	18.5
		14	20
		15	22

① 曾山：《今年土地累进税怎样收法》，《红的江西》第8期，1932年8月8日。

上述税率执行中，如干谷3石9斗9升，亦照3石税率计算起征，但9斗9升还要收税，余类推。1石为100斤，完税以100斤照扣，不以桶量。对于过去已经公布免税的，仍然照免。同时，中央政府指示，农业税不收谷子，一概收国币（革命公债票可以抵缴）。中共江西省委规定，纳税的谷价，以各区中心市场新谷登场第三圩那天的谷价为标准。

1932年7月13日，中央发布《关于修改暂行税则问题》第七号命令，同时颁发《土地税征收细则》。附发了江西省1932年修改后的税率和纳税、免税证明书式样。这实际上使江西规定的税率成为中央新税率。

为加强农业税的征收工作，同年10月江西省财政委员会发出指示，要求县、区税收委员会派员到下级去召开城乡苏维埃代表会议，发动每个代表到群众中去宣传鼓励，提高群众的认识，使群众自觉缴税，“不隐瞒丝毫”。县区税委要协同乡政府主席和代表督促缴款，按期完成税收任务，“绝对反对收税机关工作人员不下乡村的官僚主义方式。”①乐安苏区土地税完成7500元。

1933年9月18日，中央颁发《农业税暂行条例》，9月27日又颁发《土地税征收细则》，修改了农业税税率计算标准。“去年的税率表只按照每人分田多少为标准来决定税率累进的等级，今年税率的决定，则按照两个标准混合来决定”：第一个标准是按照各人分田多少来决定税率，贫农中农每多分一石田税率累加1%（即每石加收1升），富农每多分1石田税率累加1.5%（即每石加收1升半）。第二个标准是按照分田时人口多少（分田后新生或死亡的不计）来决定税率。每个人即使分同样多的田，人少分田少的税率轻，人多分田多的税率重。贫农中农如每人同样分田5石，全家1个人的税率为6%，2个人的税率为6.1%。即全家每多1人税率累加0.1%。（每石加收1合），全家7人以上的每加1人税率累加0.2%（每石加收2合），如每人分田3石的7人家庭其税率为4.4%，8人的家庭为4.6%。富农全家每加1人税率累加0.2%，5个人的家庭税率为7.8%，6人的家庭则为8%。按分田和按人口规定税率，是因为分田多比分田少的家庭生活较丰裕，耕种成本较低，收获较大，所以分田多的家庭征税应较重些。这次提高税率，增加税收，是为第五次反“围剿”做好物质准备。这次修改的农业税税率，各苏区一律遵照执行，税率表见后。

贫农中农税率

表5－3

税率 / 收获量 / 人数		每人的实际收获量														
		1石以上	2石以上	3石以上	4石以上	5石以上	6石以上	7石以上	8石以上	9石以上	10石以上	11石以上	12石以上	13石以上	14石以上	15石以上
每户分到土地的人数	1人	免征	免征	3.8	5.0	6.0	7.0	8.0	9.0	10.0	11.0	12.0	13.0	14.0	15.0	16.0
	2人	免征	免征	3.9	5.1	6.1	7.1	8.1	9.1	10.1	11.1	12.1	13.1	14.1	15.1	16.1
	3人	免征	1.5	4.0	5.2	6.2	7.2	8.2	9.2	10.2	11.2	12.2	13.2	14.2	15.2	16.2
	4人	免征	1.7	4.1	5.3	6.3	7.3	8.3	9.3	10.3	11.3	12.3	13.3	14.3	15.3	16.3
	5人	免征	1.9	4.2	5.4	6.4	7.4	8.4	9.4	10.4	11.4	12.4	13.4	14.4	15.4	16.4
	6人	免征	2.1	4.3	5.5	6.5	7.5	8.5	9.5	10.5	11.5	12.5	13.5	14.5	15.5	16.5
	7人	免征	2.3	4.4	5.6	6.6	7.6	8.6	9.6	10.6	11.6	12.6	13.6	14.6	15.6	16.6
	8人	免征	2.5	4.6	5.8	6.8	7.8	8.8	9.8	10.8	11.8	12.8	13.8	14.8	15.8	16.8
	9人	免征	2.7	4.8	6.0	7.0	8.0	9.0	10.0	11.0	12.0	13.0	14.0	15.0	16.0	17.0
	10人	免征	2.9	5.0	6.2	7.2	8.2	9.2	10.2	11.2	12.2	13.2	14.2	15.2	16.2	17.2
	11人	免征	3.1	5.2	6.4	7.4	8.4	9.4	10.4	11.4	12.4	13.4	14.4	15.4	16.4	17.4
	12人	免征	3.3	5.4	6.6	7.6	8.6	9.6	10.6	11.6	12.6	13.6	14.6	15.6	16.6	17.6
	13人	免征	3.5	5.6	6.8	7.8	8.8	9.8	10.8	11.8	12.8	13.8	14.8	15.8	16.8	17.8
	14人	免征	3.7	5.8	7.0	8.0	9.0	10.0	11.0	12.0	13.0	14.0	15.0	16.0	17.0	18.0
	15人	免征	3.9	6.0	7.2	8.2	9.2	10.2	11.2	12.2	13.2	14.2	15.2	16.2	17.2	18.2

① 《江西省财政委员会给各县财政部并转各级税收委员会指示信》，1932年10月16日。

富农税率

表 5-4

税率＼收获量＼人数		每人的实际收获量														
		1石以上	2石以上	3石以上	4石以上	5石以上	6石以上	7石以上	8石以上	9石以上	10石以上	11石以上	12石以上	13石以上	14石以上	15石以上
每户分到土地的人数	1人	4.0	5.5	7.0	8.5	10.0	11.5	13.0	14.5	16.0	17.5	19.0	20.5	22.0	23.5	25.0
	2人	4.2	5.7	7.2	8.7	10.2	11.7	13.2	14.7	16.2	17.7	19.2	20.7	22.2	23.7	25.2
	3人	4.4	5.9	7.4	8.9	10.4	11.9	13.4	14.9	16.4	17.9	19.4	20.9	22.4	23.9	25.4
	4人	4.6	6.1	7.6	9.1	10.6	12.1	13.6	15.1	16.6	18.1	19.6	21.1	22.6	24.1	25.6
	5人	4.8	6.3	7.8	9.3	10.8	12.3	13.8	15.3	16.8	18.3	19.8	21.3	22.8	24.3	25.8
	6人	5.0	6.5	8.0	9.5	11.0	12.5	14.0	15.5	17.0	18.5	20.0	21.5	23.0	24.5	26.0
	7人	5.2	6.7	8.2	9.7	11.2	12.7	14.2	15.7	17.2	18.7	20.2	21.7	23.2	24.7	26.2
	8人	5.4	6.9	8.4	9.9	11.4	12.9	14.4	15.9	17.4	18.9	20.4	21.9	23.4	24.9	26.4
	9人	5.6	7.1	8.6	10.1	11.6	13.1	14.6	16.1	17.6	19.1	20.6	22.1	23.6	25.1	26.6
	10人	5.8	7.3	8.8	10.3	11.8	13.3	14.8	16.3	17.8	19.3	20.8	22.3	23.8	25.3	26.8
	11人	6.0	7.5	9.0	10.5	12.0	13.5	15.0	16.5	18.0	19.5	21.0	22.5	24.0	25.5	27.0
	12人	6.2	7.7	9.2	10.7	12.2	13.7	15.2	16.7	18.2	19.7	21.2	22.7	24.2	25.7	27.2
	13人	6.4	7.9	9.4	10.9	12.4	13.9	15.4	16.9	18.4	19.9	21.4	22.9	24.4	25.9	27.4
	14人	6.6	8.1	9.6	11.1	12.6	14.1	15.6	17.1	18.6	20.1	21.6	23.1	24.6	26.1	27.6
	15人	6.8	8.3	9.8	11.3	12.8	14.3	15.8	17.3	18.8	20.3	21.8	23.3	24.8	26.3	27.8

1933年10月28日，江西省财政部税务科印发“中农贫农土地税谷扣算表”，在实际征收中，对中农贫农应交土地税谷只算到5升为止，不满5升的“二丢三入”，如分田3石1斗2升，按3石1斗交税，分田3石1斗3升按3石1斗5升交税；分田3石1斗7升只按3石1斗5升交税，分田3石1斗8升则按3石2斗交税。扣算税谷计算到1斤半止，不满1斤半的“四丢五收”，如某家应交税谷44斤4两按44斤收税，应交44斤5两按44斤半收税，应交44斤12两按仍按44斤半收税，应交44斤13两则按45斤收税。税谷计算单位以16两为1斤，100斤为1石，算至“合”止，“合”以下“五去六收”。折款以国币元计算，不准以“毛或铜元”计算。富农则视其劳动多少及分田多少情况，由税委在收税时临时扣算收税。扣算表干谷数以石（100市斤）为单位；全家应纳干谷数以斤为单位；分田人数以人为单位。

中农贫农土地税谷扣算表

表 5-5

每人平均干谷石数＼全家应纳干谷石数＼分田人数	1	2	3	4	5	6	7	8	9	10	11	12	13	14	15
2.00	免	免	9.0	13.5	19.0	25.0	32.0	40.0	48.5	58.0	68.0	79.0	91.0	103.5	117.0
2.05	免	免	9.0	14.0	19.5	26.0	33.0	41.0	50.0	59.5	70.0	81.0	93.0	106.0	120.0
2.10	免	免	9.5	14.5	20.0	26.5	34.0	42.0	51.0	61.0	71.5	83.0	95.5	108.5	123.0
2.15	免	免	9.5	14.5	20.5	27.0	34.5	43.0	52.0	62.5	73.5	85.0	98.0	111.5	126.0
2.20	免	免	10.0	15.0	21.0	27.5	35.5	44.0	53.5	64.0	75.0	87.0	100.0	114.0	128.5
2.25	免	免	10.0	15.5	21.5	28.5	36.0	45.0	54.5	65.0	76.5	89.0	102.5	116.5	131.5
2.30	免	免	10.5	15.5	22.0	29.0	37.0	46.0	56.0	66.5	78.5	91.0	104.5	119.0	134.5
2.35	免	免	10.5	16.0	22.5	29.5	38.0	47.0	57.0	68.0	80.0	93.0	107.0	121.5	137.5
2.40	免	免	11.0	16.5	23.0	30.0	38.5	48.0	58.5	69.5	82.0	95.0	109.0	124.5	140.5
2.45	免	免	11.0	16.5	23.5	31.0	39.5	49.0	59.5	71.0	83.5	97.0	111.5	127.0	143.5
2.50	免	免	11.0	17.0	23.5	31.5	40.0	50.0	60.5	72.5	85.0	99.0	103.5	129.5	146.0
2.55	免	免	11.5	17.5	24.0	32.0	41.0	51.0	62.0	74.0	87.0	101.0	116.0	132.0	149.0

续表5－5－1

每人平均干谷石数 ＼ 全家应纳干谷石数 ＼ 分田人数	1	2	3	4	5	6	7	8	9	10	11	12	13	14	15
2.60	免	免	11.5	17.5	24.5	32.5	42.0	52.0	63.0	75.5	88.5	103.0	118.5	134.5	152.0
2.65	免	免	12	18	25	33.5	42.5	53	64.5	77	90.5	105	120.5	137	155
2.7	免	免	12	18.5	25.5	34	43.5	54	65.5	78.5	92	107	123	140	158
2.75	免	免	12.5	18.5	26	34.5	44	55	67	79.5	93.5	109	125	142.5	161
2.8	免	免	12.5	19	26.5	35	45	56	68	81	95.5	111	127.5	145	164
2.85	免	免	13	19.5	27	36	46	57	69	82.5	97	113	129.5	147.5	166.5
2.9	免	免	13	19.5	27.5	36.5	46.5	58	70.5	84	99	115	132	150	169.5
2.95	免	免	13.5	20	28	37	47.5	59	71.5	85.5	100.5	117	134	153	172.5
3	11.5	23.5	36	49	63	77.5	92.5	110.5	129.5	150	171.5	194.5	218.5	243.5	270
3.05	11.5	24	36.5	50	64	78.5	94	112	131.5	152.5	174.5	197.5	222	247.5	274.5
3.1	11.5	24	37	51	65	80	95.5	114	134	155	177.5	201	225.5	251.5	279
3.15	12	24.5	38	51.5	66	81	97	116	136	157.5	180	204	229.5	255.5	282.5
3.2	12	25	38.5	52.5	67	82.5	98.5	117.5	138	160	183	207.5	233	260	288
3.25	12.5	25.5	39	53	68	84	100	119.5	140.5	162.5	186	210.5	236.5	264	292.5
3.3	12.5	25.5	39.5	54	69	85	101.5	121.5	142.5	165	188.5	214	240	268	297
3.35	12.5	26	40	55	70.5	86.5	103	123	144.5	167.5	191.5	217	244	272	301.5
3.4	13	26.5	41	55.5	71.5	87.5	104.5	125	147	170	194.5	220.5	247.5	276	306
3.45	13	27	41.5	56.5	72.5	89	106	127	149	172.5	197.5	223.5	251	280	310.5
3.5	13.5	27.5	42	57.5	73.5	90	108	129	151	175	200	227	255	284	315
3.55	13.5	28	42.5	58	74.5	91.5	109.5	130.5	153.5	177.5	203	230	258.5	288	319.5
3.6	13.5	28	43	59	75.5	93	111	132.5	155.5	180	206	233	262	292.5	324
3.65	14	28.5	44	60	76.5	94	112.5	134.5	157.5	182.5	208.5	236.5	265.5	296.5	328.5
3.7	14	29	44.5	60.5	77.5	95.5	114	136	160	185	211.5	239.5	269.5	300.5	333
3.75	14	29	45	61.5	78.5	96.5	115.5	138	162	187.5	214.5	243	273	304.5	337.5
3.8	14.5	29.5	45.5	62.5	80	98	117	140	164	190	217.5	246	276.5	308.5	342
3.85	14.5	30	46	63	81	99.5	118.5	141.5	166.5	192.5	220	249.5	280	312.5	346.5
3.9	15	30.5	47	64	82	100.5	120	143.5	168.5	195	223	252.5	284	316.5	351
3.95	15	31	47.5	64.5	83	102	121.5	145.5	170.5	197.5	226	256	287.5	320.5	355.5
4	20	41	62.5	85	108	132	157	185.5	217	248	281.5	317	353.5	392	432
4.05	20	41.5	63	86	109.5	133.5	158.5	188	218.5	251	285	320.5	358	397	437.5
4.1	20.5	42	64	87	110.5	135.5	160.5	190	221.5	254	288.5	324.5	362.5	402	443
4.15	20.5	42.5	64.5	88	112	137	162.5	192.5	224	257.5	292	328.5	367	406.5	448
4.2	21	43	65.5	89	113.5	138.5	164.5	195	227	260.5	295.5	332.5	371	411.5	453.5
4.25	21	43.5	66.5	90	114.5	140	166.5	197	229.5	263.5	299	336.5	375.5	416.5	459
4.3	21.5	44	67	91	116	142	168.5	199.5	232	266.5	302.5	340.5	380	421.5	464.5
4.35	21.5	44.5	68	92	117.5	143.5	170.5	202	235	269.5	306	344.5	384.5	426.5	470
4.4	22	45	68.5	93.5	119	145	172.5	204	237.5	273	309.5	348.5	389	431	475
4.45	22	45.5	69.5	94.5	120	147	174.5	206.5	240.5	276	313.5	352.5	393.5	436	480.5
4.5	22.5	46	70	95.5	121.5	148.5	176.5	209	243	279	317	356.5	398	441	486
4.55	22.5	46.5	71	96.5	123	150	178.5	211	245.5	282	320.5	360.5	402	446	491.5
4.6	23	47	71.5	97.5	124	152	180.5	213.5	248.5	285	324	364.5	406.5	451	497
4.65	23	47.5	72.5	98.5	125.5	153.5	182	215.5	251	288.5	327.5	368	411	455.5	502
4.7	23.5	48	73.5	99.5	127	155	184	218	254	291.5	331	372	415.5	460.5	507.5
4.75	23.5	48.5	74	100.5	128	156.5	186	220.5	256.5	294.5	334.5	376	420	465.5	513

续表5－5－2

分田人数 / 每人平均干谷石数 / 全家应纳干谷石数	1	2	3	4	5	6	7	8	9	10	11	12	13	14	15
4.8	24	49	75	101.5	129.5	158.5	188	222.5	259	297.5	338	380	424.5	470.5	518.5
4.85	24	49.5	75.5	103	131	160	190	225	262	300.5	341.5	384	428.5	475.5	524
4.9	24.5	50	76.5	104	132.5	161.5	192	227.5	264.5	304	345	388	433	480	529
4.95	24.5	50.5	77	105	133.5	163.5	194	229.5	267.5	307	348.5	392	437.5	485	534.5
5	30	61	93	126	160	195	231	272	315	360	407	456	507	560	615
5.05	30.5	61.5	94	127	161.5	197	233.5	274.5	318	363.5	411	460.5	512	565.5	621
5.1	30.5	62	95	128.5	163	199	235.5	277.5	321.5	367	415	465	518	571	627.5
5.15	31	63	95.5	129.5	165	201	238	280	324.5	371	419	469.5	522	577	633.5
5.2	31	63.5	96.5	131	166.5	203	240	283	327.5	374.5	423	474	527	582.5	639.5
5.25	31.5	64	97.5	132.5	168	204.5	242.5	285.5	330.5	378	427.5	478.5	532.5	588	645.5
5.3	32	64.5	98.5	133.5	169.5	206.5	245	288.5	334	381.5	431.5	483.5	537.5	593.5	652
5.35	32	65	99.5	135	171	208.5	247	291	337	385	435.5	488	542.5	599	658
5.4	32.5	66	100.5	136	173	210.5	249.5	293.5	340	389	439.5	492.5	547.5	605	664
5.45	32.5	66.5	101.5	137.5	174.5	212.5	252	296.5	343.5	392.5	443.5	497	552.5	610.5	670.5
5.5	33	67	102.5	138.5	176	214.5	254	299	346.5	396	447.5	501.5	557.5	616	676.5
5.55	33.5	67.5	103	140	177.5	216.5	256.5	302	349.5	399.5	451.5	506	562.5	621.5	682.5
5.6	33.5	68.5	104	141	179	218.5	258.5	304.5	353	403	456	510.5	568	627	689
5.65	34	69	105	142.5	181	220.5	261	307.5	356	407	460	515	573	633	695
5.7	34	69.5	106	143.5	182.5	222.5	263.5	310	359	410.5	464	520	578	638.5	701
5.75	34.5	70	107	145	184	224	265.5	313	362	414	468	524.5	583	644	708
5.8	35	70.5	108	146	185.5	226	268	315.5	365.5	417.5	471.5	529	588	649.5	713.5
5.85	35	71.5	109	147.5	187	228	270	318	368.5	421	476	533.5	593	655	719.5
5.9	35.5	72	109.5	148.5	189	230	272.5	321	371.5	425	480	538	598	661	725.5
5.95	35.5	72.5	110.5	150	190.5	232	275	322.5	375	428.5	484.5	542.5	603.5	666.5	732
6	42	85	129.5	175	222	270	319	374.5	432	492	554.5	619	686.5	756	828
6.05	42.5	86	130.5	176.5	224	272	322	377.5	435.5	496	559	624.5	692	762.5	835
6.1	42.5	86.5	131.5	178	225.5	274.5	324.5	380.5	439	500	563.5	629.5	698	768.5	842
6.15	43	87.5	133	179.5	227.5	276.5	327	384	443	504.5	568	634.5	703.5	775	848.5
6.2	43	88	134	181	229.5	279	330	387	446.5	508.5	573	640	709	781	855.5
6.25	43.5	88.5	135	182.5	231	281	332.5	390	450	512.5	577.5	645	715	787.5	862.5
6.3	44	89.5	136	184	233	283.5	335	393	453.5	516.5	582	650	720.5	794	869.5
6.35	44.5	90	137	185.5	235	285.5	338	396	457	520.5	586.5	655.5	726.5	800	876.5
6.4	45	91	138	187	237	288	340.5	399.5	461	525	591.5	660.5	732	806.5	883
6.45	45	91.5	139.5	188.5	238.5	290	343	402.5	464.5	529	596	665.5	738	812.5	890
6.5	45.5	92.5	140.5	190	240.5	292.5	346	405.5	468	533	600.5	671	743.5	819	897
6.55	46	93	141.5	191.5	242.5	294.5	348.5	408.5	471.5	537	605	676	749.5	825.5	904
6.6	46	93.5	142.5	192.5	244	297	351	412	475	541	610	681	755	831.5	911
6.65	46.5	94.5	143.5	194	246	299	354	415	479	545.5	614.5	686	761	833	917.5
6.7	47	95	144.5	195.5	248	301.5	356.5	418	482.5	549.5	619	691	766.5	844	924.5
6.75	47	96	146	197	249.5	303.5	359	421	486	553.5	623.5	696.5	772	850.5	931.5
6.8	47.5	96.5	147	198.5	251.5	306	362	424.5	489.5	557.5	628.5	702	777	857	938.5
6.85	48	97	148	200	253.5	308	364.5	427.5	493	561.5	633	707	783.5	863	945.5
6.9	48.5	98	149	201.5	255.5	310.5	367	430.5	497	566	637.5	712	789.5	869.5	952
6.95	48.5	98.5	150	203	257	312.5	369.5	433.5	500.5	570	642	717	795	875.5	959

续表 5－5－3

全家应纳干谷石数 / 分田人数 / 每人平均干谷石数	1	2	3	4	5	6	7	8	9	10	11	12	13	14	15
7	56	113. 5	172	232. 5	294	357	421. 5	493	567	644	724	806. 5	892	980	1071
7. 05	56. 5	114	173. 5	234	296	359. 5	424. 5	496. 5	571	618. 5	729	812	898	987	1078. 5
7. 1	57	115	174. 5	235. 5	298	362	427. 5	500	575	653	734	818	904. 5	994	1086. 5
7. 15	57	116	176	237. 5	300. 5	364. 5	430. 5	503. 5	579	658	739. 5	823. 5	911	1001	1094
7. 2	57. 5	116. 5	177	239	302. 5	367	433. 5	507	583	662. 5	744. 5	829. 5	917	1008	1101. 5
7. 25	58	117. 5	178. 5	240. 5	304. 5	369. 5	436. 5	510. 5	587	667	749. 5	835	923. 5	1015	1109
7. 3	58. 5	118	179. 5	242. 5	306. 5	372. 5	439. 5	514	591. 5	671. 5	755	841	930	1022	1117
7. 35	59	119	181	244	308. 5	375	442. 5	517. 5	595. 5	676	760	846. 5	936. 5	1029	1124. 5
7. 4	59	120	182	245. 5	311	377. 5	445. 5	521	599. 5	681	765	852. 5	942. 5	1036	1132
7. 45	59. 5	120. 5	183	247. 5	313	380	448. 5	524. 5	603. 5	685. 5	770. 5	858	949	1043	1140
7. 5	60	121. 5	184. 5	249	315	382. 5	451. 5	528	607. 5	690	775. 5	864	955. 5	1050	1147. 5
7. 55	60. 5	122. 5	185. 5	250. 5	318	385	454. 5	531. 5	611. 5	694. 5	780. 5	869. 5	962	1057	1155
7. 6	61	123	187	252. 5	319	387. 5	457. 5	535	615. 5	699	786	875. 5	968	1064	1163
7. 65	61	124	188	254	321. 5	390	460. 5	538. 5	619. 5	704	791	881	974. 5	1071	1170. 5
7. 7	61. 5	124. 5	189. 5	255. 5	323. 5	392. 5	463. 5	542	623. 5	708. 5	796	887	981	1078	1178
7. 75	62	125. 5	190. 5	257. 5	325. 5	395	466. 5	545. 5	627. 5	713	801. 5	893	987. 5	1085	1185. 5
7. 8	62. 5	126. 5	192	259	327. 5	398	469. 5	549	632	717. 5	806. 5	898. 5	993. 5	1092	1193. 5
7. 85	63	127	193	260. 5	329. 5	400. 5	472. 5	552. 5	636	722	811. 5	904. 5	1000	1099	1201
7. 9	63	128	194. 5	262	332	403	475. 5	556	640	727	817	910	1006. 5	1106	1208. 5
7. 95	63. 5	129	195. 5	264	334	405. 5	478. 5	559. 5	644	731. 5	822	916	1013	1113	1216. 5
8	72	145. 5	221	297. 5	376	456	537. 5	627	720	816	915	1017. 5	1123	1232	1344
8. 05	72. 5	146. 5	222	299. 5	378. 5	459	541	631	724. 5	821	921	1024	1130	1239. 5	1352. 5
8. 1	73	147. 5	223. 5	301. 5	380. 5	461. 5	544. 5	635	729	826	926. 5	1030. 5	1137	1247. 5	1361
8. 15	73. 5	148. 5	225	303	383	464. 5	547. 5	639	733. 5	831. 5	932. 5	1036. 5	1144	1255	1369
8. 2	74	149	226. 5	305	385. 5	467. 5	551	643	738	836. 5	938	1043	1151	1263	1377. 5
8. 25	74	150	227. 5	307	387. 5	470	554. 5	647	742. 5	841. 5	944	1049. 5	1158. 5	1270. 5	1386
8. 3	74. 5	151	229	308. 5	390	473	557. 5	650. 5	747	846. 5	949. 5	1055. 5	1165. 5	1278	1394. 5
8. 35	75	152	230. 5	310. 5	392. 5	476	561	654. 5	751. 5	851. 5	955	1062	1172. 5	1286	1403
8. 4	75. 5	153	232	312. 5	395	479	564. 5	658. 5	756	857	961	1068. 5	1179. 5	1293. 5	1411
8. 45	76	154	233	314. 5	397	481. 5	568	662. 5	760. 5	862	966. 5	1075	1186. 5	1301. 5	1419. 5
8. 5	76. 5	154. 5	234. 5	316	399. 5	484. 5	571	666. 5	765	867	972. 5	1081	1193. 5	1309	1428
8. 55	77	155. 5	236	318	402	487. 5	574. 5	670. 5	769. 5	872	978	1087. 5	1200. 5	1316. 5	1436. 5
8. 6	77. 5	156. 5	237. 5	320	404	490	578	674	774	877	984	1094	1207. 5	1324. 5	1445
8. 65	78	157. 5	238. 5	321. 5	406. 5	493	581	678	778. 5	882. 5	989. 5	1100	1214. 5	1382	1453
8. 7	78. 5	158. 5	240	323. 5	409	496	584. 5	682	783	887. 5	995	1106. 5	1221. 5	1340	1461. 5
8. 75	78. 5	159	241. 5	325. 5	411	498. 5	588	686	787. 5	892. 5	1001	1113	1228. 5	1347. 5	1470
8. 8	79	160	243	327. 5	413. 5	501. 5	591. 5	690	792	897. 5	1006. 5	1119. 5	1235. 5	1355	1478. 5
8. 85	79. 5	161	244	329	416	504. 5	594. 5	694	796. 5	902. 5	1012. 5	1125. 5	1242. 5	1363	1487
8. 9	80	162	245. 5	331	418. 5	507. 5	598	697. 5	801	908	1018	1132	1249. 5	1370. 5	1495
8. 95	80. 5	163	247	333	420. 5	510	601. 5	701. 5	805. 5	913	1024	1138. 5	1256. 5	1378. 5	1503. 5
9	90	182. 5	275. 5	371	468	567	668	777. 5	891	1008	1128. 5	1253. 5	1380. 5	1512	1647
9. 05	90. 5	183	277	373	470. 5	570	671. 5	782	896	1013. 5	1135	1259. 5	1388	1520. 5	1656
9. 1	91	184	278. 5	375	473	573. 5	675	786	901	1019	1141	1266. 5	1396	1529	1665. 5
9. 15	91. 5	185	280	377	476	576. 5	679	790. 5	906	1025	1147. 5	1273. 5	1403. 5	1538	1674. 5

续表 5-5-4

分田人数 / 全家应纳干谷石数 / 每人平均干谷石数	1	2	3	4	5	6	7	8	9	10	11	12	13	14	15
9.2	92	186	281.5	379	478.5	579.5	682.5	795	911	1030.5	1153.5	1280.5	1411	1545.5	1683.5
9.25	92.5	187	283	381	481	582.5	686.5	799	915.5	1036	1160	1287.5	1419	1554	1692.5
9.3	93	188	284.5	383	483.5	586	690	803.5	920.5	1041.5	1166	1294.5	1426.5	1562.5	1702
9.35	93.5	189	286	385	486	589	694	808	925.5	1047	1172.5	1301.5	1434	1571	1711
9.4	94	190	287.5	387	489	592	697.5	812	930.5	1053	1179	1308.5	1442	1579	1720
9.45	94.5	191	289	389.5	491.5	595.5	701	816.5	935.5	1058.5	1185	1315.5	1449.5	1587.5	1729.5
9.5	95	192	290.5	X	494	598.5	705	821	940.5	X	1191.5	1322.5	1457.5	1596	1738.5
9.55	95.5	193	292	X	496.5	601.5	708.5	825	945.5	X	1197.5	1329.5	1465	1604.5	1747.5
9.6	96	194	293.5	X	499	605	712.5	829.5	950.5	X	X	1336.5	1472.5	1613	1757
9.65	96.5	195	295	X	X	608	716	833.5	955.5	X	X	1343	1480.5	1621	1766
9.7	97	196	297	X	X	611	720	838	960.5	X	X	1350	1483	1629.5	1755
9.75	97.5	197	298.5	X	□	614	723.5	842.5	965	X	X	1358	1495.5	1638	1784
9.8	98	198	300	X	□	□	727	846.5	970	1097.5	1229	1364	1503.5	1646.5	1793.5
9.85	98.5	199	301.5	X	□	□	731	851	975	1108	1235	1371	1511	1655	1802.5
9.9	99	200	303	X	□	□	734.5	855.5	980	1109	1246.5	1378	1518.5	1663	1811.5
9.95	99.5	201	304.5	X	□	□	X	859.5	985	1114.5	1247.5	1385	1526.5	1671.5	1821

二、山林税

“山林税是农业税中的一部分，同时又是国家财政一部分收入。”①1930 年 2 月 7 日，赣西南苏维埃政府颁布《赣西南临时苏维埃土地法》，对山林出产纳税作了原则规定。山林出产，只供人民自己食用，没有多余的不收税。自己食用之外，尚有多余的，其多余部分，由苏维埃按照出卖价值，用适当比例收税。

1932 年，第四次反“围剿”期间，为筹措财粮供给，江西省苏维埃政府除提交土地累进税率增加税收外，并于同年 11 月 5 日，颁发《山林税征收细则》，对木梓、竹麻、茶叶、果子等 4 种产品征收山林税。

木梓税：中农、贫农及全家每人每年实收木梓 2 石以上起征，税率分别按 13 个等级累进征收。即 2 石以上的征 4%，最高累进到 13 石以上征 18% 止。富农 1 石以上征 6%，最高累进到 13 石以上征 24% 止。

竹麻税：中农、贫农每人每年实收竹麻 6 石以上起征，税率分别按 14 个等级累进征收，6 石以上征 5%，最高累进到 16 石以上征 18%。富农 3 石以上征 5%，最高累进到 16 石以上征 24% 止。

茶叶税：中农、贫农全家销售 10 斤以上起征，税率分别按 12 个等级累进征收，10 斤以上的征 5%，最高累进 300 斤以上征 18% 止。富农 5 斤以上征 6%，最高累进到 300 斤以上征 22% 止。

果子税：中农、贫农全家每年出售果子价值 10 元以上起征，税率分别按 12 个等级累进征收，10 元以上征 5%，最高累进到 300 元以上征 18% 止。富农 5 元以上征 6%，最高累进到 300 元以上征 22% 止。

1932 年木梓税税率

表 5-6

全家每人平均实收木梓	中农、贫农税率（%）	富农税率（%）
1 石以上	免税	6
2 石以上	4	7
3 石以上	5	8
4 石以上	6	9

① 《关于征收山林税的通知》，江西省财政部训令第 11 号，1933 年 10 月 31 日。

续表 5－6

全家每人平均实收木梓	中农、贫农税率(%)	富农税率(%)
5石以上	7	10
6石以上	8	11.5
7石以上	9	13
8石以上	10	14.5
9石以上	11.5	16
10石以上	13	18
11石以上	14.5	20
12石以上	16	22
13石以上	18	24

1932年竹麻税税率

表 5－7

全家每人平均实收竹麻	中农、贫农税率(%)	富农税率(%)
3石以上	免税	5
4石以上	免税	6
5石以上	免税	7
6石以上	5	8
7石以上	6	9
8石以上	7	10
9石以上	8	11.5
10石以上	9	13
11石以上	10	14.5
12石以上	11.5	16
13石以上	13	18
14石以上	14.5	20
15石以上	16	22
16石以上	18	24

1932年茶叶税税率

表 5－8

全家每人平均实收茶叶	中农、贫农税率(%)	富农税率(%)
5斤以上	免税	6
10斤以上	5	7
20斤以上	6	8
30斤以上	7	9
40斤以上	8	10
50斤以上	9	11.5
60斤以上	10	13
80斤以上	11.5	14.5
100斤以上	13	16
150斤以上	14.5	18
200斤以上	16	20
300斤以上	18	22

1932 年果子税税率

表 5－9

全家每人平均实收果子	中农、贫农税率(%)	富农税率(%)
5 元以上	免税	6
10 元以上	5	7
20 元以上	6	8
30 元以上	7	9
40 元以上	8	10
50 元以上	9	11.5
60 元以上	10	13
80 元以上	11.5	14.5
100 元以上	13	16
150 元以上	14.5	18
200 元以上	16	20
300 元以上	18	22

1933 年,中央财政人民委员部颁布《山林税暂行细则》,规定山林税暂分竹麻税、茶子税、茶叶税、果子税 4 种,其余暂不收税。其税率和征收办法与江西省苏维埃政府制定的基本相同,只是将木梓税改为茶子税,以实收茶子(即未取出茶仁的茶果子)为单位,每人分得茶子 3 石以上的起征,富农则从 1 石起征,税率分别按 13 个等级累进征收。同时规定,山林税不收实物,按实物最高市价折算成当时苏维埃发行的国币征收。茶子价格按榨油率和油价折算。各人实收竹麻、茶子、茶叶多少,果子卖价多少,要由当地区乡政府主席联席会根据年成丰歉决定,纳税人照标准交税。

三、工商各税

(一)商业税

商业税即商业累进税,又称商业所得税、营业所得税或营业税。

1931 年 11 月,中央颁发《暂行税则》,规定了商业税的政策和制度。商业税征收办法,依据商店向政府财政机关所领取的营业证,按登记资本数额分等规定税率,依率征收。资本额在 200 元以下的免征,200 元～300 元的征 2%,直至资本额 80001 元～100000 元的征 18.5% 止。对资本额在 10 万元以上的另定税率征收。依法组织的消费合作社,肩挑小贩,以及农民直接出售其剩余生产品者免税。对商业出入口税和手工业的出厂税暂行免征。

1931 年商业税税率

表 5－10

等　第	资　本(元)	税　率(%)
1	200～300	2
2	301～500	2.5
3	501～700	3
4	701～1000	3.5
5	1001～1500	4.5
6	1501～3000	5.5
7	3001～5000	6.5
8	5001～10000	8
9	10001～20000	9.5
10	20001～30000	11.5
11	30001～50000	13.5
12	50001～80000	16
13	80001～100000	18.5

1932年5月,江西省第一次工农兵代表大会决定,“省政府立即计划首先在宁都、广昌、于都、兴国、石城的县城市中实行商业税,继而推进全苏区。”① 同时决定,“对农业税、商业税、工业税的征收,须遵照中央的税则执行,须得上级命令和颁布收税的时期,始能按期征收。严禁各地违反税则的抽税捐税和扣留税款,各城市圩场之商店、工厂、作坊立即举行营业登记,发给营业证,以便进行收税。”② 1932年7月,中央颁发修改的《暂行税则》,对商业资本(含肩挑商)在100元以下的免税。从101元至50万元共分14个等级,最低税率为6%,最高税率为25%。对于资本在50万元以上的另定税率征收。征收时间由原规定每年2次改为每月征收一次。季节性生意按次征收。

1932年商业税税率

表5-11

等　第	资　本(元)	税　率(%)
1	101~200	6
2	201~400	7
3	401~700	8
4	701~1000	9
5	1001~1500	10
6	1501~3000	11
7	3001~5000	12
8	5001~10000	13
9	10001~20000	15
10	20001~30000	17
11	30001~50000	19
12	50001~80000	21
13	80001~100000	23
14	100001~500000	25

同年8月16日,中央财政人民委员部公布《关于商业所得税征收细则》,对商业资本规定:凡商店股金、公积金、店房,以及1年以上的长期存款,都应算作资本。资本数额以上年盘结簿账为凭,无簿账可凭的,由征收员按期生意大小,周转快慢,斟酌估计其资本数额。外埠商人坐地采货的行寮,以每次办货总值或每年办货总量,按其周转快慢,决定其资本数额。对营利(利润)规定,是指商人交易所得的全部毛利,不是指除开销后的红利。商店营利,要根据交易总额,按照各业生意利息高低计算。生意利息,按照各业分别规定。

为了粉碎敌人对苏区的经济封锁,1932年9月4日,江西省苏维埃财政部规定,凡是从苏区将谷、米、豆子、茶油、木、烟、纸(粮食不够的地方例外)及一切农产品运往白区发卖的,和从白区贩运来苏区的盐、洋油、火柴、棉花、线布、棉布、药品、医药器具、印刷材料、钢铁、兵工厂药料、电话电报材料、手电筒、电池、汽油等,照其应纳营业税额一律减半收税。同时规定:“各商店、各庄客,自9月1日起,每日所卖所买各种减税之物品,买了多少,卖了多少,价值若干,于月终时把它营利所得而减其半税。”

乐安县苏区积极组织建立粮食合作社,消费合作社,其中建立粮食合作社40个,入股6600人;消费合作社47个,入股6000人。到1933年年底,乐安县苏区收购并外运粮食数十万斤,烟叶10多万斤,油料10多万斤,苎麻1万多斤,换回苏区紧缺的大批食盐、布匹、棉花、煤油等物品,有力的打破了敌人对苏区的经济封锁。

(二)工业税

1931年,中央颁发的《暂行税则》规定,工业所得税按其资本大小规定税率征收,其税率较商业税为轻。为了促进苏区的工业发展,暂行免收工业品的出厂税。生产合作社经苏维埃县政府批准备案的得由县政府报告省政府许可免税。1932年规定乡

① 《江西省第一次工农兵苏维埃大会——拥护临时中央政府对日宣战动员的决议案》,1932年5月4日。

② 《江西省工农兵代表大会——财政与经济问题的决议案》,1932年5月。

村中以盈利为目的的纸槽、木排、樟脑厂、铁厂及其他工厂，资本在100元以上的，照商业税税率征收营业税。从这时起，工业所得税按照商业税税率并入营业税征收，没有另定工业税税率。

乐安县苏区因地制宜地创办了一些小工厂，生产工业用品、日常用品和农具等。兴建了竹棚（造纸厂）、竹篾厂、土硝厂、铁匠厂、泥木厂、榨油厂等小型加工厂，组织建立了手工业生产合作社107个。通过公营经济、合作社经济和个体经济三种经营形式，苏区工业经济得到了有效的发展，并在改善人民生活，保证革命战争的供给和粉粹敌人的经济封锁方面发挥了积极的作用。

（三）屠宰、刨烟、酒菜馆税

屠宰税是对从事屠宰业的屠宰商和屠户征收的一种营业税，1931年11月颁布的《暂行税则》规定，屠宰税的征收方法也按资本大小规定税率征税，屠宰、刨烟与洋货、药材、打铁、照像、打银店等行业均属“甲等”，其营业利润率为30%，按此征税。

1933年3月13日，中央人民委员会第37次常务会决议，修改屠宰、刨烟、酒菜馆等营业税征收办法，并发布第十五号布告，之后，中央财政部发出第十四号训令，要求各级财政部及税务机关照新税率征税。同年3月26日，江西省苏维埃政府就执行修改屠宰、刨烟、酒菜馆营业税征收办法问题，由省苏主席兼财政部部长曾山签发给县区各级财政部长的指示，要求“各级政府特别是各级财政部长应马上讨论迅速执行，如故意延迟定给严重处罚。”①指示提出，各级财政部要将修改的屠宰、刨烟、酒菜馆等营业税征收办法向群众解释。特别是县区财政部要召集各业老板开会宣布，使各业老板务要照章纳税。要同屠宰老板说明不许将税负转嫁到工农群众身上。各级政府要防止假借合作社名义瞒漏国税谋私利的企图。为要做好这件事，各级财政部要充实人员，找忠实可靠的同志来专管征收营业税，征收屠宰税要打印，登记各店户杀了多少头猪。有3个市场以上的要有3人专任打印，打印要打到猪背上，每片打1条不断的印，每脚腿上要盖2个印。如逢节时，各级财政部应多派人到各市场去做打印和登记工作。各乡亦应委托乡苏主席和代表或乡苏工作人员负责调查登记各农村中的屠宰老板杀了多少猪，以便照章纳税。屠宰营业税款盖一只印即收1只的税钱，如不能做到则应在10天收1次或半个月收1次，最迟不得超过月底。同时，各级财政部应经常派员下去检查，查出没有盖印的猪肉即停止出卖并罚款。要注意防止打印的同志做人情和受贿。8月12日，江西省苏维埃政府财政部给各县（区）财政部发出指示信指出，营业税根据“不论屠宰、酒菜馆、刨烟税，总是营业税之类”。从9月1日起，一律改用三联收据，以防贪污舞弊。

（四）店租

店租即房租税。1932年10月13日，中央发布《关于战争紧急动员》第十二号命令指出，苏区城市店租虽已陆续征收，但在“一般圩场之店租与商业税尚未进行征收，减少很大收入”。对未收店租的必须立即征收，以开发资源，充分筹划战争的经济和粮食，及一切军用必需品。

1933年3月4日，江西省苏维埃政府扩大的第二次全体执委会《关于财政问题决议案》中提出，“店租未收的地方要马上收，各圩场的要马上收”。江西省苏维埃政府财政部1933年3个月（2～4月）财政经济计划对各县市场均安排了房租收入指标，对尚未征收房租的，如宜黄、乐安、信康（即信丰与南康县）等县则要求“马上建立”收税。

（五）关税

为粉碎敌人的经济封锁，保护苏区经济，苏区建立了关税处，对进出口货物征收关税。

1933年，苏维埃中央政府颁发关税条例，建立关税制度，确定在15个县边境水陆要冲设立24个关税处，其中在江西省境内的11个县设有17个关税处。乐安县苏区的水南、太平寺分别设立了水、陆关税处，为全省17个关税处之列。

苏区关税分为3种，由苏区出口货物征出口税，运入苏区货物征进口税，通过苏区边境的货物征通过税。关税只征1次不征第2次。关税税率由苏维埃中央统一规定，以按照苏区的需要程度能统制货物的进出口为目的。进口货物苏区需要的税轻，甚至免税，不需要的则税重；出口货物苏区有多的税轻，苏区不够的税重；苏区必需的则禁止出口。关税税率最低3%，最高100%。部分进口货物的税率是：中药、杂布3%，西药5%，洋货5%～10%，海货10%～20%，黄烟、香烟、酒、绸缎、化妆品50%，木、竹、纸、洋参、香菇、迷信品100%，盐、洋油、洋火、棉布、米谷、石灰、铁、药材、办公用品、油墨、蜡纸、电池、擦枪油等，免税。部分出口货物的税率是：木、竹、纸、香菇3%，黄烟2%，茶叶、花生、黄豆、焙子、

① 《江西省苏维埃政府财政部给县区各级财政部长的指示——关于修改屠宰刨烟菜馆等营业税征收办法的执行问题》，1933年3月26日。

樟脑、樟油3%～5%，家禽、猪5%，煤30%，钨砂50%。对商人的特殊损失予以照顾。货物因水湿致价格降低的酌量减税。关税计税办法有两种：一是对货物无一定规格的，采取按发票金额从价计征，其应纳税款等于应税货物价值乘以适用税率；二是货物有一定规格和装置的，采取从量计征，即按装载货物的高、宽、长的尺寸算出立方求出货物的数量征税，其应纳税款等于应税货物的数量（计数或重量）乘以单位税额。3月4日，江西省苏扩大的第二次全体执委会通过《关于财政问题决议案》，对关税处的机构人员设置与管理作了规定。关税征收处设主任1人，检查员2人，会计兼写票1人，核算1人，伙夫2人，长夫2人，招待员1人，检查队1个班8人至24人。关税人员由各县政府选报。要求沿河各处对纳税的货物要流通，不要留难或没收使商人不敢通过，违者严办。政府要帮助关税机关检查漏税逃脱的情况，要宣传教育群众自觉纳税。关税机关要设招待处招待客商，特别要招待船夫苦力工人使他们来报告舞弊者。关税处实行收、支两条线管理，收入交支库，开支做预算报中央批拨。关税处伙食按当地武装计算，办公费、特别费等款由关税处做出预算报中央财政部批准发给支票。主要工作人员家属十分困难的，报经中央财政部批准给予补贴。3月26日，江西省苏维埃政府财政部发出指示，强调"关税建立是保障工农利益和苏区发展苏维埃经济之重要，不但是各级政府应快去执行，特别是各级财政部应更细心的去研究，不使商人偷漏丝毫税款"。为了严防偷漏税款，各个关税处在已纳税的商船木板上写一个斗大的字，这个字天天变换，由上级发下来，是已纳税的暗号，武装人员见此就放行，没有这个字就知道是偷关，阻止通行。

第三节　公　债

苏区的公债"是国家对于人民的一种能定期偿还的有利借款。"为充裕战费和募集建设资金，苏维埃中央政府先后发行了两期"革命战争短期公债"和一期"经济建设公债"。

一、第一期革命战争短期公债

第一期革命战争短期公债从1932年7月1日开始发行，发行额为国币60万元。公债条例规定，公债票分5角、1元、5元3种，利率为周年1分，时间半年，1933年1月1日起还本付息。公债票可用于完纳商业税土地税等国家租税，但无利息，公债票准许买卖抵押及作担保品之用。公债发行时鼓励工农群众自动购买，对于富农大中商人可以责令购买。第一期公债原分配江西与福建发行50万元（分5期发行，每期10万元），分配湘赣、湘鄂赣两省10万元，后因江西、福建销数超过原定数目，因而又给江西增加一部分销售任务。同年11月28日，《江西省苏报告》："关于推销公债券，第一期的，发出第六号命令，十五号通令，第二号公函，全省推销第一期公债票三十六万七千一百零五元五角。摊派各县推销，都是酌量各县地域的阔宽和革命历史的新旧来决定。推销数目，推销公债票的方式，都是以革命竞赛，鼓励群众自动的迅速购买公债票。群众初次购买公债票是异常踊跃，后因发行手续不好（碎碎零零增加），群众购买热度稍降低了。加以宣传工作不够，使群众不能了解公债票的意义与作用，发生误会。如有的群众以为公债票与国币一样，可以在市面流通；有的反动分子捣乱，说公债票作不得一点用；有些奸商低价收买公债票，破坏公债票的信誉等。"

由于中央红军8月中旬取得了乐安战役的胜利，8月下旬建立了乐（安）宜（黄）崇（仁）中心县委，乐安苏区的发展进入了鼎盛时期。因此，苏区群众购买公债票的积极性空前高涨。据《红色中华》1932年11月28日报道：乐安苏区推销第一期公债7000元。

二、第二期革命战争短期公债

第二期革命战争短期公债于1932年11月1日起发行，发行额为国币120万元，期限半年，1933年6月1日，还本付息。公债票面额和利率与第一期相同，但对抵缴税款则规定须于期满后始准完纳一切租税。第二期公债由于"胜利动员，各地推销超过原数，""发出128万元，比原定数目超过8万元。"①江西省"推销第二期公债票，省苏发出财字第二号训令，印发小册子，各县召集各区城市乡代表会议，讨论发行手续，联合各群众团体，再开群众大会，以政治上的鼓励，革命竞赛的方法，达到迅速推销的目的。"②

据《红色中华》1932年11月28日报道：乐安县苏区推销第二期公债10000元。

第二期"革命战争短期公债"原定1933年6月1日起还本付息，但在到期前，2月17日中国店员手

① 《红色中华》第40期，1932年11月14日。
② 《红色中华》第42期，1932年11月28日。

艺工人工会筹备会议提出，鉴于政府财政困难，号召全体会员退还第二期公债票，也不要国家还本，作为贡献以充实革命战费。苏区群众响应号召，积极退还公债票。1934年4月3日《红色中华》第170期报道：据中央财政部的统计，已退还的二期公债有895700余元。在江西苏区，“据江西审计分会报告，2月至6月，退还公债的有三万零四百七十一元。”到1934年开展节省运动，苏区群众还在继续退还公债。对此，中央财政部规定，未退还的仍可以退还，也可以换购以后发行的经济建设公债。

三、经济建设公债

第四次反“围剿”胜利结束后，为发展苏区的经济建设事业，改善群众生活，充实战争力量，1933年7月22日，苏维埃中央政府批准瑞金、会昌等8县苏维埃工作人员查田运动大会及8县贫农团代表大会的建议，募集建设资金，发行经济建设公债国币300万元，以三分之二作为发展对外贸易、调剂粮食、发展合作社及农业与工业的生产之用，以三分之一作为军事经费。经济建设公债于1933年8月起发行，公债面额分5角、1元、2元、3元、5元共五种。利率为周年5厘，从1934年7月起分7年支付。1936年10月起还本，分5年偿还。以粮食调剂局、对外贸易局及其他国营企业所得利润为还本付息基金。购买公债交谷交钱听其自便，交谷的谷价照当地县政府公布的价格计算。

江西省在中央召开8县查田运动大会之后，于1933年7月21日至24日召开北线9县（南丰、广昌、宜黄、乐安、永丰、公略、万泰、兴国、赣县）区以下苏维埃负责人查田运动大会，7月26日至30日召开9县贫农团代表大会。乐安县苏区派出了张方说、邓起辉、张家全、曾继栋、邓德贤、邹高生、江年香、吴桂生、贺隆、李远隆等出席了大会。会议讨论并开展了扩大红军、推销经济建设公债、筹款支援红军、建立区、乡生产、粮食、消费合作社等革命竞赛活动。

经济建设公债深得工农群众拥护。1933年8月12日至15日召开的中央苏区南部17县经济建设大会，与会各县共认销公债353.65万元，超过了发行数。因此大会提出，“要求中央政府增发经济建设公债200万元，以便充裕经济建设的力量”。

中央政府没有做出增发经济建设公债的决定。

1933年11月，中共江西省委关于全省推销经济建设公债的初步总结反映，从1933年8月起到11月15日止，全省各县区领去公债票232.06万元，已收到现款（谷不在内）424642.771元。其中乐安县已领公债票90000元，收到现款22380.929元。

这期经济建设公债，由于蒋介石发动了对中央苏区的第五次“围剿”，所收款、谷没有能按原定计划使用，大部分用于充裕战费。

苏区发行的各种公债票，因战争原因有些未能按期偿还本息，1949年中华人民共和国成立后，都一律承认，并按规定偿还。1958年7月4日财政部、中央人民银行《关于由人民银行继续收兑全国解放前苏区、解放区发行的公债的联合通知》，规定“发行的公债按债券条例规定目前未到还本截至日期的，计息时间算至实际还本日期；如以过还本付息日期的；其计息时间，以公债票面规定的还本日期为止”。并随之附发了各苏区、解放区所发行的公债的兑换比价表。江西省人民政府和省财政厅、人民银行对苏区群众热爱红军并冒着生命危险所保存下来的苏区公债一律按比价表的规定，随时予以兑付。

苏区发行公债的兑付比价

表5－12

公债名称	年利率（%）	起息年、月、日	止息年、月、日	每元折付人民币（元）
中央苏区第一期革命战争公债	10	1932年7月1日	1954年8月31日	1.25
中央苏区第二期革命战争公债	5	1932年7月1日	1954年8月31日	1.25
中央苏区经济建设公债	5	1933年10月1日	1954年8月31日	1.25

第四节　其他收入

一、公营经济收入

苏区的公营工业和公营商业，主要以保证革命战争需要和群众生活需要为目的，大都是利用战争缴获或没收的财物因陋就简兴办起来的，收入不多，有些还要财政扶持。

公营经济首先是军需工业。第一次反“围剿”开始后，江西各地均建立了小型兵工厂，生产土枪土炮和炸弹。这些军需工业主要为战争需要服务，并不创造利润。

乐安县苏区因地制宜地兴办了一些土硝厂、铁匠厂等军民两用的小型加工厂，为支援革命战争和改善群众生产、生活发挥了积极的作用。

公营商业有苏维埃商铺、药店、饭店、股份公司等,但利润很少,有的如红色饭店由于经营范围小,加之管理原因,常常赔本,还要政府借给本钱,加重财政负担。1933年后,乐安县苏区建立了对外贸易局,开展进出口贸易,有一定收益,但起步晚,时间短,大都依靠政府帮助而建立起来,并给予减免税照顾。乐安县苏区还恢复和发展各种手工业生产合作社,主要是为了解决失业工人就业问题,打破敌人对苏区的经济封锁。因此,苏区的公营经济除为国家提供一些税收外,上缴财政的利润很少。

二、群众借粮和捐献

为了解决军需困难,苏区政府动员群众借粮和捐款。“这种借谷是有还的…是由群众自愿…所以不必派,大家自然会热心借出来。…多的多借,少的少借,有谷的借谷,没有谷的借米,酱油盐可以折成米谷。”①

第一次借粮正是第四次反“围剿”时期,1933年3月1日中央政府发布第二十号训令,向群众借谷20万担,并印发统一借谷证,分干谷10斤,20斤两种。“这种借谷票今年完土地税时可以抵税,免税的及抵了税的还有多的可将谷票向税收委员会领回款子…票子要有乡主任盖印的,将来方可抵缴土地税……如果米谷没有领到谷票的,要向收谷人补取,不补者是有意贪污,可到县区乡政府控告。”②1933年4月13日,江西省苏维埃政府主席兼财政部部长曾山签发了财政部第4号训令:《为完成借谷向富农捐款事》,提出应切实贯彻7条措施,以纠正借谷工作出现的偏差。这次借谷在3月底前完成。

第二次借粮在1934年夏第五次反“围剿”期间,向群众借粮10万石,要求7月10日完成。分配乐安苏区借粮任务10000石。所借粮食均发给“群众借谷证收据”,以后以公告归还,或在下半年度收土地税抵还。

第三次借粮,是根据1934年7月22日中央作出《在今年秋收中向群众借谷60万石的决定》进行的。印发了干谷50斤和干谷100斤两种借谷票。所借的谷可抵1935年和1936年的土地税。这次借谷中央分配江西苏区的任务是21万石,到9月10日全部完成。

三、没收、拍卖收入

1930年11月17日,江西省苏维埃政府发布秘字第1号紧急通令《迅速集中经济节省费用应付阶级决战》中提出,为了有把握的使第一次反“围剿”决战胜利,争取江西全省苏维埃胜利前途,所有赤色区域内经济无疑的要集中起来,借给战争的需要。为此规定,“赤色区域内没收比较值钱的东西要拍卖”,不准私人拿用。此类拍卖收入按照省财政部通告,列入财政预算管理。凡经过保卫局或肃反会议没收的现金纸票证券金银等,概须就地送交支库,如当地未设立支库,则缴财政部;经过保卫局或肃反会决定没收的物品,须送当地县财政部没委会收管。

第二章 财政支出

苏区财政支出主要是保障革命战争的需要,保证军政人员的给养和政府开支。同时,用于支撑苏区的经济建设,改善工农群众的生活。由于苏区财政经济一直处于困难状况,供给标准只能维持低水平,各项费用开支严格执行节省方针。

第一节 军事经费

一、红军的给养与标准

苏区“财政上最主要的用途,是用在发展战争方面”。军事经费是苏区财政支出的主要部分。由于根据地处于战争境地,经济困难,部队给养标准很低。

1930年开始反“围剿”,江西苏维埃政府规定,自11月20日起,“原来在城市一角五分伙食者,现在每人每天只发菜柴钱五分,而在乡村一角伙食者现在每天每人发菜柴钱三分,其油盐米三项,各红军、各革命团体到每地时则向当地政府领取”。同时规定,领取油盐米时,要先造名册到当地苏维埃政府去,才好发给。如超过规定数目,财政部绝不发给。

1932年起,江西的红军部队的给养与标准按中央革命军事委员会的统一规定执行:(1)伙食费。每人每日暂定大洋1角,供造饭买油、盐、柴(煮饭、炒菜、烧茶、烧洗面水、洗澡水所用的柴)、米、菜及买茶叶之用。后方部队因购买困难,物价昂贵,或为优待住院伤兵时可依照情形临时决定增加。前方部队有些伙食用料可取诸土豪家时则酌量减少。出差人数达8人以上时可自带伙夫煮饭,不另加发津贴;8人或以下时,每人每日带伙食费大洋2角。出差人员可按红军规定每餐客饭费数目缴纳客饭费,在各

① 《江西省苏维埃政府关于革命群众借谷宣传纲要》,江西省苏财政部印,1933年4月9日。
② 《江西省苏维埃政府关于革命群众借谷宣传纲要》,江西省苏财政部印,1933年4月9日。

级政府或红军部队中吃饭时,只带日常伙食费数,不得另外加发津贴。客饭费,每餐数目为经常伙食费数三分之一弱。如每日大洋伙食费1角的,客饭费每餐为大洋3分;每日伙食费大洋1角5分的,客饭费每餐为大洋4分5厘;每日伙食费大洋2角的,客饭费每餐大洋6分。无公事,无机关部队介绍信的,不开客饭。客饭伙食费属于杂支费。(2)津贴费。医官及枪工津贴,每月不得超过大洋10元。有特别情形需要多津贴的,须呈批准。(3)零用钱。指挥员与战斗员同等。每月应发次数和每次应发数目不作规定。

1933年又规定,前方部队在苏区时发现品给养,每人每日发米1斤6两(1斤为16两,下同),如到白区作战,每人每日发大洋1角2分。后方部队工作人员实行现品给养,特殊情形时以代金给养。工作人员和机关部队每人每日发1斤4两。运输队每人每日发米1斤6两,出差时加2两。以上人员每人每日另发油盐柴菜钱大洋4分。伤病员每人每次发米1斤4两,另发柴菜油钱大洋1角。同年12月起发烤火费,伙食单位在100人以下的每月发4元,100人以上的每月发6元。

1934年又规定,前方部队在苏区实行现品给养,每人每日发米1斤6两,折大洋8分,另菜钱6分,共计大洋1角4分;到白区行动时,发给代金。后方部队机关实行现品给养。特殊情形时以代金给养。工作人员和机关部队每人每日发米1斤4两,菜钱5分。警卫连、防空排、运输队、各学校每人每日发米1斤6两,菜钱5分。伤病员每人每日发米1斤4两,菜钱1角,如遇特殊情形得另外规定。

二、军事公用经费标准

1932年,红军部队各项公用经费供给与标准的规定:(1)马干费。每日每匹大洋1角。(2)办公费。包括笔墨、纸张、文具、邮费、宣传费——各伙食单位买石灰、颜料、纸张写标语识字运动费、列宁室用费、纪念会做旗子、写标语、各部开会买茶点、修理零星器具、添置水桶、菜盒、饭桶、菜刀、锅铲、公文箱、买禾草、租客被及买马蹄铁等。步兵连每月大洋20元。各部队的担架队、运输队每月各大洋15元。师卫生队每月大洋22元。步兵团或独立营部无线电大队及军团军医处、师军医处每月大洋各25元。团部、师政治部和军团经理部每月各大洋30元(独立师部政治部同)。军部、军政治部每月各大洋40元。(3)擦枪费。山炮每尊每月大洋3元。迫击炮每尊每月大洋5角。机关枪每挺每月大洋5角。步马枪、手花机关枪,每支每月大洋5分。驳壳枪及各种手枪,每支每月大洋3分。(4)杂支费。包括送信费、向导费、侦察费、架桥费、伕费、官兵回籍旅费、休养费、葬埋费、医药费、购买交通材料出差人员津贴伙食,购置教育用品、印刷军事政治书籍、宣传品,无线电队夜间值班点心费,雕刻印章,购买马灯、马鞍、绳索、扁担、医务器具、军乐器具,修械器具、营舍、马厩、操场,缝制各种旗帜袖章、担架床以及其他零星杂支等。军一级每月大洋1200元,师一级每月大洋800元。(5)特别费。各级部队每月特别费总数不做规定。除俘虏费、新兵费、开办费等项按规定开支外,其他因特别需要或经批准用的,用后向上级机关报销。俘虏、新兵、开办等费用标准:①俘虏费:俘虏敌人,无论遣送回籍或留在红军中工作,每名各发大洋3元。②新兵费:入伍新兵,每月各发大洋1元。③开办费:新成立的军部、军政治部等机构,最多不得超过大洋20元。新成立的师部、师政治部,最多不得超过大洋15元。其余新成立的各伙食单位开办费,均不得超过大洋10元。④负伤费:无论指挥员、战斗员,重伤每名发大洋6元,轻伤每名发大洋4元(敌兵同)。⑤赔偿费:因红军影响使群众受到损害时,由高级军事指挥机关和政治与经理机关临时按照实际情形,决定数目赔偿。⑥残废抚恤:因参加革命战争或因公受伤致成残废,每年发给抚恤金大洋50元,至其本人老死为止。

为了争取第五次反"围剿"战争的胜利,节省经费开支,中央红军在乐安的大湖坪进行整编,整编后,对红军费用标准做了调整。(1)办公费:步兵连、机枪连、迫炮连、工兵连及团的特务队(四个排组织的运输队在外),师的警备连及侦察连、通信连、无线电分队、卫生队、运输队…… 等每月大洋8元。团运输队及卫生队每月大洋6元。步兵营部(包括重机枪排)每月大洋8元(未附有重机枪排的营部则减少3元)。步兵团部(包括政治部供给处在内)每月大洋25元。师部(政治部、供给部、卫生部在内)每月大洋30元。军部每月30元。供给部16元(卫生部同)。政治部30元。(2)杂费:全团每月大洋600元。师一级每月大洋400元。军一级每月大洋1000元(军区同)。兵工厂、被服厂、卫生材料厂各每月大洋200元,草鞋厂、织布厂、通讯材料厂、粮秣厂每月大洋50元。

第二节　行政经费

一、政府工作人员的供给与标准

为保证革命战争的供给,苏区政府工作人员的待遇十分微薄,没有工资,只有少量伙食费和零用钱(困难时没有),官兵一致,人人待遇平等。

1930年以前,政府工作人员每人每日伙食费1角至1角5分,每月零用钱2元。1930年11月17日,江西省苏维埃政府发出《迅速集中经济节省费用应付阶级决战》的《紧急通令》,规定"只发伙食费,不发零用钱——伙食费城市物价较贵,规定每天大洋1角5分。乡村每天大洋1毛。客饭城市每天1毛,乡村客饭每天8分"。同年11月20日,又发出紧急通告,降低标准,"决定地方苏维埃和各革命机关的工作人员,每天伙食三分"。当时,从中央到地方各级苏维埃工作人员,除少量技术人员外,都没有薪饷,只有少量"伙食尾子"。①

1931年11月,中央对各级苏维埃工作人员领取生活费的人数有限制性规定:乡苏维埃工作人员以不脱产为原则,有生活费的每乡最多不超过3人,在狭小或偏僻的乡或经费困难时,只允许1人领生活费,其他人不发或只津贴一部分生活费;城市苏维埃工作人员领生活费的不超过19人,经费困难时或小城市,只允许9人领生活费;区苏维埃工作人员领生活费的不超过15人,经费困难时不超过7人;县一级领生活费的工作人员不超过25人,经济困难时不超过15人;省一级的工作人员领生活费的不超过90人。

1933年,因为农业税(土地税)收谷子,公债也可用谷子抵款,因此对工作人员的伙食采取每人每月发50斤谷子和另发4分油盐钱的办法。每石谷子折价依各县城、乡伙食费标准的不同而不同。

每石谷子折价计发伙食费标准

表5-13

金额单位:元

每人每天伙食费	其中		每人每天谷钱的计算方法		
	油盐菜钱	谷钱	每石谷价标准	每人每月食谷数折钱	
				食谷数(斤)	折钱
0.08	0.04	0.04	2.40	50	1.20
0.09	0.04	0.05	3.00	50	1.50
0.10	0.04	0.06	3.60	50	1.80
0.11	0.04	0.07	4.20	50	2.10
0.12	0.04	0.08	4.80	50	2.40
0.13	0.04	0.09	5.40	50	2.70

1934年3月10日,中共江西省委对县区委伙食费开支规定如下:(1)每人每天发1斤2两米(每月每人谷50斤,月大51斤),另加菜柴等费4分钱。(2)实行每餐每人饭条子制度,饭条子由总务科发,凭饭条子开饭。出差的可凭饭条子换伙食钱或谷条,在本县巡视只带一定的伙食费(谷票、柴菜钱),不再发巡视费和草鞋费等。(3)免除一切应酬伙食开支,尽量减少客饭。工作人员的直系亲属,只招待1天,每月至多只能1次。已领了伙食费的人无论到哪一级机关用膳,伙食费均自理。召开会议时如有的同志需开支伙食以及其他临时费用,须经批准才能在准备费内报销,一次会议每人最多不超过5元。(4)巡视调动费。如省委调动县级干部,伙食和路费由省委负责发放。

二、政府公用经费标准

苏区的党政机关和群众团体组织,实行人员精简、经费节省的原则。1929年10月,建立了乐安县革命委员会,下设军事、财政、土地、粮食等部;1930年分别成立了中共乐安县委、乐安县苏维埃政府,县委下设组织部、宣传部、妇委会等机构;县政府下设军事、财政、土地、内务、文化、粮食、卫生等部。

此时,县级党政机关公用经费虽无统一标准,但大致包括经常费、临时费和特别费三部分。(1)经常费10项:职员伙食费、职员零用费、办公费、购置费、书报费、会议费(代表会另外)、宣传费、应酬费、杂费、邮费。(2)临时费5项:医药费、各种纪念会用费、临时交通费、招待费,其他。(3)特别费7项:修整费、文化教育费、印刷费、党费、补助工会费、儿童团少先队用费,其他。

1934年3月10日,中共江西省委对各县、区的办公费规定统一标准,并要求努力节省开支。(1)县办公费标准。兴国、永丰、广昌、乐安等县,原则上每月文具费2元,邮票费10元,印刷费12元,消耗费8元,杂支费2元,中心县委可加2元邮票

① 食堂按标准领取伙食费,除实际开支后如有结余,称"伙食尾子",可以平均分配,以作零用。

费;各县还可留有5元准备费。对来报告工作或开会的人员,其医药费等实行实支实销,但每次不能超过8元。(2)区办公费标准。大区每月4.5元,小区每月3.5元。(3)群众团体经费标准。县、区两级总工会和工会支部常驻人员分别为3人、2人、1人,每月办公费分别为4元、2元、1元;少先队总队和支队常驻人员分别为3人、2人,每月办公费分别为2元、1元。县级互济会工作人员为27人(常驻3人,财务1人,救护队22人,伙食兼交通1人),区级3人,每月办公费分别为4元、2元。县、区、乡三级反帝大同盟每月办公费分别为1.5元、1元、0.5元。(4)努力节省开支。肃清无用的文件,以减少油印费用,自己做信封,笔墨每人每月1支,不要紧的信不寄快信,各部发往同一收信人的信应共1个信封,拿毛边纸当蜡纸,复写纸自制,灯油买便宜的,晚上工作时才能点灯。

第三节　经济建设费

苏区经济建设主要是发展农业、工业生产,发展对外贸易和合作社经济。第三次反"围剿"战争胜利后,苏维埃政府适时地开展经济建设工作,成立了各级国民经济部。

1932年9月,中共乐安中心县委建立后,乐安县苏维埃政府增设了国民经济部。

1934年,第二次全国苏维埃代表大会后,明确经济建设的方向和任务是,坚持发展公营经济、合作社经济,并与发展私人经济同时并举。为支持经济建设的发展,苏区的经济建设费支出除直接拨的少量经费外,主要是从政策上采取措施间接给予财力帮助。

一、支持农业生产

农业生产是苏区经济建设的第一位。苏区财政从多方面支持农业生产的发展。

(一)实行灾害减免

根据《暂行税则》规定,从1931年起,苏区财政对遭受水、旱灾或白匪摧残的,按其灾害和损失程度,给予减税或免税的照顾。

(二)开展竞赛,奖励先进

1932年5月,江西省第一次工农兵代表大会提出,发展生产以革命竞赛的方式发动个人与个人、乡与乡、区与区、县与县之间开展各种生产的比赛,个人或某乡某区某县生产比一般的特别好的,政府可酌量情形奖励,由财政开支。

(三)鼓励改良生产、种子,开发荒田

因改良种子、改良耕作所增加的农业收入免税。对开垦荒地所收获的农产品,中、贫农免税3年,富农视其收获情况,酌情减税或免税1年。

(四)帮助建立经济组织

帮助建立犁牛合作社,当时乐安苏区大约25%的农民缺少耕牛,严重影响分田后广大农民的生产积极性。加之苏区大部分男子参加了红军,广大妇女担起了农业生产的担子,学会了犁田、耙田等各种农活,还帮助红军家属代耕。解决劳力、耕牛、种子、肥料、农具、工资和水利等实际问题。

(五)采取借款、投资等办法,改善农业生产条件

1933年,根据中央财政人民委员部《关于富农捐款及群众借谷问题》的紧急通令精神,在富农捐款中抽出一部分借给犁牛合作社。富农捐款总数已收到三分之二以上的,抽出百分之十,超过的,将超过数抽出一半,借给犁牛合作社买牛,帮助群众犁田。这项借款3年后还本。

(六)支持群众发展经济作物

对种植棉花的田地免征土地税。在干燥地方及沙填园地种棉,所需种子由政府购买,免费发给农民。

在苏区政府和财政支持下,苏区农民分田后,积极性空前高涨,兴修水利,垦复荒地,农业生产得到恢复和发展。粮食产量大幅度提高。如金竹乡土地革命前,粮食亩产不到120斤,分田后增加到250斤。

二、支持公营经济

(一)支持公营企业

根据地创建时期,利用战争缴获的财物先后兴办了一些军需工业,如修械所、军械处、兵工厂、被服厂等。为适应第一次反"围剿"的需要,1930年11月24日,江西省苏维埃政府发出秘字第三号《紧急通告》,要求各县设立兵工厂,制造土枪土炮炸弹,以增强战斗实力。1932年5月,江西省第一次工农兵代表大会决议,"省政府必须以大的力量,帮助建立被服厂、兵工厂,对于奖励、帮助各地生产的发展,建立小规模的生产合作社,必须有计划的充分进行"。1933年12月28日,江西省第二次工农兵代表大会通过的经济建设决议案提出,"苏维埃还需尽可能的举办各种国有工厂"。乐安县苏维埃政府因地制宜地兴办了一些小型土硝厂、铁匠厂、造纸厂等公营工业,并组织建立专业合作社,为支援革命战争,打破敌人经济封锁,保障苏区人民的生活需要发挥了积极的作用。

(二)支持公营商业

苏区公营商业,是为保障红军供给和群众生活

需要而逐步建立和发展起来的，主要有公卖处、商铺(店)、药店、饭店和股份公司等。

1932年，江西苏区由苏维埃出资或利用没收反动店主的商品开办苏维埃商铺。江西苏区的红色饭店，最初类似招待所，招待过往干部和红军家属，营业范围小，管理不善，常常赔本，加重财政负担。1933年江西省苏维埃政府就办好红色饭店问题发出文件，指示："1. 红色饭店不但是优待红军的重要工作，而且是一个可以赚钱的事业，过去各处政府不管红色饭店，致各处饭店办理不好，而且多数垫本，这是很不好的，以后各处红色饭店要切实整顿，要使他有钱可赚，能自己维持，并能发展，不要天天垫本。(2)饭钱可提高，比市价不便宜太多，不要垫本。(3)地点要找到好的地方，店内设置要好一点，要讲究卫生，要茶水方便。(4)饭店要兼做客商生意，饭钱可比红军贵一点，比普通饭店要便宜一些，以扩大营业。(5)饭店本钱不够，地方可由政府暂借，各级政府要经常讨论和指示饭店工作，没收土豪物品可拿一部分给饭店布置。"

同年12月，江西省苏维埃政府决定，"发动群众创立各种公司承办各种生产事业，……，这些公司应吸收私人投资。"

(三)支持对外贸易

为了打破敌人经济封锁，保证苏区的军需供应，发展苏区经济，苏区财政积极支持对外贸易的发展。

1933年10月，中共江西省委指示各地迅速建立对外贸易分局，开展赤白贸易，活跃苏区经济。同年12月江西省第二次工农兵代表大会的经济建设决议案提出，"建立对外贸易工作，是冲破敌人经济封锁流通苏白区商品，发展苏区经济的重要工作之一。在杨殷、永丰、崇仁、南丰、宜黄、广昌、乐安等县的对外贸易分局应迅速建立起来。这一工作进行，必须依靠赤白交通，从建立这一工作中，高价输出苏区的生产品去换取廉价的群众必需的工业品(盐、布、棉花、洋油等)；抑制农产品较低工业品价高的剪刀现象。如前所述，乐安县对外贸易分局于1933年成立后，并建立了水南、太平寺等两个水、陆关税处。通过对外贸易，收购并外运粮食数十万斤，烟叶10多万斤，油料10万多斤，苎麻1万多斤，换回大批食盐、布匹、棉花、煤油等苏区紧缺物品。

三、支持合作社经济

1930年10月，江西省苏维埃政府成立政纲宣告："政府帮助贫苦农民，组织生产合作社，贩卖合作社，信贷合作社，改良农田水利，增进农村生产。"

1931年苏区政府提出，"要使每一乡至少有一个粮食合作社，一个消费合作社；要使每一区有一个信用合作社，并要在重要生产部门(造纸、制铁、采钨砂、织布、刨烟等)组织生产合作社"。"在手工业和矿产方面，尽量发动并帮助群众组织各种生产合作社。农业方面，多组织肥料生产合作社和农具犁牛等利用合作社。建设信用合作社，贷款给农民来改良并扩大生产。""粮食合作社在江西要发展五十万社员，股权五十万元(每股大洋一元)，……，消费合作社在江西、福建的发展数目也是如此。每一个区的主要圩场上建立一个粮食调剂支局，这应该成为党与苏维埃政府的战斗号召！"同年12月起按照中央《暂行税则》的规定，凡经县政府批准建立的消费合作社和生产合作社，可由县政府报告省政府，许可免税。1932年江西省第一次工农兵代表大会决议："政府应鼓励工农群众来组织合作社，政府对于合作社遵照全苏大会和中央政府规定，实际给以经济上物质上的帮助，并随时加以指导。"决议提出："合作社的发展，首先要鼓励制造农具和日用的生产品具等类(锅厂、碗厂、布厂等)以及红军需要物品的生产合作社(磺硝厂等)的发展，对于其他多种生产合作社(如纸厂夏布石灰煤矿等)同样的要有计划的去发展，特别省财政部与劳动部要随时协商发展生产合作社，来解决失业工人的工作问题。"

1933年11月25日，江西省苏区召开了全省消费合作社第一次代表大会，到年底，全省已有粮食合作社和消费合作社社员25万人。开始建立了省、县的总社，有了统一的系统。乐安县苏区分别建立粮食合作社40个，入股社员6600人；消费合作社47个，入股社员6000人。另外还组建了手工业生产合作社107个。

四、支持金融事业

1927年，江西省苏维埃临时政纲提出："没收军阀官僚地主土豪劣绅及一切反动派财产交当地苏维埃，作工农银行基金，无利息的借款与工农。"1930年11月，江西省苏维埃政府财政部以100万元现金创设江西工农银行，为"使金融有广泛的流动，使我革命群众与红军对经济上有绝大充裕，因此发行钞票100万元。"①并印制铜币券，有十枚、五百文、一千文3种。五百文，合制钱五百枚，或当十铜元五十枚。一千文合制钱一千枚，或当十铜元一百枚。1931年11月以后，在江西工农银行基础上筹建国家

① 《江西省苏维埃政府通令(秘字第四号)》，1930年11月27日

银行，于1932年3月成立，并在各省、县成立分行、支行，发行统一货币，江西工农银行铜币券即停止发行流通。江西工农银行对发展苏区经济，打击高利贷活动，保护群众的生产和生活起了重要作用。

第四节　文教卫生和社会救济费

一、文教体卫事业费

苏区在进行土地革命的同时，发展文化教育事业，财政上给以财力物力的支持。

（一）文化体育事业费

苏区群众文化体育事业在财政支持下均有一定发展。乐安县苏区在县苏维埃政府内设立了文化部，负责文化、教育、体育等工作。县区各机关、团体、工场、学校与区乡村均有俱乐部文体组织。经常开展活动，内容丰富多彩，尤其在纪念日和欢送红军时，都要举办文娱活动。创作并演唱了许多脍炙人口的红军歌曲。乐安苏区流传甚广的红色歌曲有《暴动歌》《送郎当红军》《剪发放脚歌》《乌龟缩颈头不伸》《盼红军》《送军鞋》《日头出来煌煌红》《苏区山歌》等。还经常与主力红军举行联欢会。1933年6月，中央红军在乐安大湖坪完成整编后，举行了一次别开生面的军民联欢晚会——“火线上的快乐晚会”。出席晚会的有红一方面军营以上干部和地方干部群众共600余人；红一军团表演了讽刺剧《工作在箱子里》，红三军团表演了新旧合璧的新剧《东洋人照像》，红五军团创作表演了新鲜而鼓动性强的话剧，总直属队表演了别开生面的《滚出去》话剧等。

苏区政府提倡体育运动。1932年江西省第一次工农兵代表大会提出：“必须在农村中广泛的加紧苏区内的体育运动，以锻炼工农的体魄养成牺牲勇敢威武的革命精神，与苏区人民精神萎靡身体孱弱的不健全现象作斗争，这是扩大红军创造铁的红军在体魄上应有的准备，因此苏区内关于瞄打靶、跳高跳远、足球、天桥、平台杆架等必须逐渐提倡，成为广大群众的游艺”。

乐安县苏维埃政府十分重视在恶劣的环境下因地制宜、因陋就简地开展群众性体育活动，经常组织开展就地、小型活泼的体育比赛。尤其是1933年秋季李福槐担任乐安中心县委书记后，对体育工作极为重视。李福槐身先士卒，热爱运动。中心县委和苏维埃政府不论迁驻何地，不论战争环境如何恶劣，都要在驻地安装单杠、双杠。李福槐带头坚持天天锻炼身体，经常参加跳高跳远和赛跑比赛。他的两门绝技是踢毽子和跳绳。并要求工作人员都要参加体育锻炼，保持乐观向上的精神状态，锻炼强健的身体，战胜敌人。

（二）教育事业费

1930年，江西省苏维埃政府决定，“在城市及农村中普遍设立劳动学校，儿童青年工农失学的工农群众一律免费入学”。1932年江西省第一次工农兵代表大会决议，省政府继续开办列宁师范，当年至少办两期示范班。各县政府文化部也应有计划训练列小教员，各科材料应由省文化部编辑或审定。各级政府努力恢复和创办列宁小学，教科书由省文化部编发，已制定列小、俱乐部、识字运动等组织条例报告中央教育部批准发布。同时要求1000人中建立一个俱乐部，500人中建立一个列宁小学，100人中建立一个夜校，19岁以上的大多加入识字小组。

乐安县苏维埃政府在苏区采取形式多样的教育方式，如兴办列宁小学，工农夜校、识字班、识字牌等。列宁小学主要有区、乡、村3种，均为初级学校，修业期限定3年。工农夜校招收不识字的儿童和青壮年入校学习，学生不受性别限制，整个乐安苏区兴办夜校70多所，学员达1800多人。识字班的学员大都是孩子多，家务重，年龄较大的妇女，他们利用晚上或农闲时间参加识字班学习，学员自备作业本，写上每天所识的生字，月底总结全月识字成绩。识字牌，主要是在通衢大道，街头巷尾设立识字岗，悬挂识字牌，过往行人必须立在岗前，先认识牌上的字，熟记后始可离开。

苏区列宁小学的课程设置有国文、算术、地理、政治等。国文课本有中国工农红军总政治部编印的《士兵识字课本》等，算术则仅有整数和小数及加减乘除四法。此外还开设游艺、唱歌、图画、体育等课。音乐教材，在乐安苏区采用的是红十二军政治部编印的《革命曲本》。

教育经费：1932年5月江西省第一次工农兵代表大会决议，“各县整理财政统一财政，节省浪费浮支，筹定各县教育经费，应根据现在的学校数，教员数及规划办列宁师范训练班，规定文化教育经费，按月先造预算，报告省政府批准支领。”同年12月，对各级学校的办公费规定为：列宁学校每月不得超过8元，红色初小学校每个学期不得超过2元；教职员生活、伙食、衣服、医药等费每月共大洋5元，按月支给。1934年3月15日，江西省教育会议根据中央教育人民委员部关于“在群众中宣传并且切实准备地方教育基金”的建议，决定小学经费各县自己负担比例：乐安百分之三十。并要求在下学期做到教育经费完全由当地自给。

（三）卫生事业费

苏区卫生医疗机构始建于红军部队。经费由军费开支。也为工农群众治病，对生活困难的还免费照顾。各根据地建有地方医院，县、区、乡和机关学校等单位设立了卫生运动委员会，城镇和乡村农户编有卫生小组。地方医院经费除医院收入或群众自筹部分外，多由地方政府财政拨款。

1930年，乐安县苏维埃政府设立了卫生部，并在招携设立了医院。1932年秋，中共乐安中心县委在招携成立，同时建立了江西军区第二分区。医院划归第二分区管辖。1933年夏，中心县委、第二分区分别迁入南村和太平，第二分区又在望仙、前团增设了分区医院分院。

卫生经费：1933年，中央政府调整卫生机构费用标准：办公费，军团卫生部每月大洋16元，方面军卫生部18元，军委总卫生部25元，军区医院、预备医院等院部16元；卫生所以200人为标准，每月大洋10元，不足200人的8元，200人以上12元；红军学校医院每月大洋6元，各所6元。医院杂费，1000～2000人的250元，500人以下的200元。总卫生部杂费每月大洋400元。1934年1月再次调整，办公费：红军医院院部15元（区医院同），残废医院院部12元，休养连8元，红军医院的所18元（疗养所与军区医院的所相同），残废医院的所10元，红军医院休养所4元。杂支费：医院院部每月大洋200元，所部100元；残废医院院部150元，所部80元；卫生材料厂200元。

二、抚恤和社会福利救济事业费

苏区政府为帮助红军及其家属和贫苦群众克服生产和生活中的困难，实施优抚救济，组织社会性的互助互济，实行社会性的救济办法，财政在财力物力上给予支持。

（一）优抚救济

1931年11月，中央苏维埃政府颁发《中国工农红军优待条例》，江西省苏维埃政府指示各县切实执行。红军因伤病在休养所休养期间，一切费用由政府供给。在红军服务5年以上，年龄满45岁的，可退职休养，国家补助其终身生活费，本人不愿退伍，继续服务的，应予特别优待。国家设立残废医院，凡因战争或在红军中服务而致残废的入院休养，一切生活费由政府供给，不愿居残废院的，按年给终身优恤费，由各县苏维埃政府按当地生活情形酌定，每年至少50元大洋。对牺牲或残废红军的子女、弟妹幼小的由政府设立革命纪念学校专门教育他们，并供给他们生活费，直到年满18岁，由政府介绍职业为止。对父母妻子由政府给予相当的津贴。另外，各县苏维埃政府在财力物力上帮助红军家属解决生产和生活上的困难。如将没收豪绅地主的财产谷米衣服物品等分给他们，合作社商品减价“百分之五”优待红军家属，对无劳动力的家属“概行免纳土地税”，子女入列宁小学读书由学校供给课本、纸和笔墨，组织群众捐献和慰劳等。

（二）社会救济

江西省苏维埃政府筹划救济农村贫民失业基金，用于建设各种公众卫生事业，如免费的普通医院、养老院、育婴院、残废院及病院，以养育并医治老弱、儿童及残废病疾者。同时，财政还在筹款收入中把取之于敌和罚没收入的一部分分给贫苦劳动群众，组织革命互济会，开展社会救济活动，帮助他们克服生活困难。

1931年10月，乐安县苏区在招携召开了第一次互济会代表会议，正式成立了乐安县革命互济会，选举刘辉汉任主任。革命互济会是苏区群众互济互助的群众团体，凡年龄在16岁以上的工人、农民和其他劳动人民都可自愿参加。革命互济会的主要任务是，发扬互济互助，进行困难救济，它的基金主要是从打土豪没收的部分财产中解决；其次，是向会员收集会费。

1933年，全县各区、乡先后建立了互济分会，年底参加互济会的人数占全县苏区总人口的60%。1933年9月，江西省十县（兴国、万泰、永丰、乐安、宜黄、石城、博生、零都、赣县、信丰）统计，互济会有会员二十五万六千二百七十一人。①

第五节　节省运动

苏区财政支出执行节省的方针。在苏区的历次反“围剿”战争期间，为克服困难，节约经费，苏维埃政府号召群众开展节俭运动，节省经费和粮食支援革命战争。本地干部大都自带粮食去办公，后方工作人员每日吃两餐，节约一餐口粮支援前线，当时的号召是“节省每一个铜板为着战争和革命事业。”②

---

① 《党的组织状况——全省代表大会参考材料之四》，1933年9月22日。

② 《毛泽东选集》第一卷第134页，人民出版社1991年6月第2版。

1930年11月20日，江西省苏维埃政府发出第二号通告，要求节约伙食费和办公费，支援革命战争的需要。各地机关工作人员无论在城市，或者在乡村，每人每天只发伙食费，暂时不发零用钱，办公费尽力减少（如睡觉熄灯，以毛边纸代替信筒，写标语多画壁）。

1934年，中央发出《为节省运动的指示信》，要求节省粮食7.5万石，各级党和政府及各团体机关的行政费平均比此前减少百分之三十。在机关、部队、工厂企业等单位，还普遍地开展了精简人员的运动。

乐安苏区的干部群众积极响应开展节省运动的号召，中心县委、苏维埃政府机关、地方武装力量、群众团体及其工作人员十分注意节省，省办公费、灯油费，省粮食，改吃两餐，减少开支。1934年春，为支援第五次反"围剿"战争，乐安苏区开展节约3升米运动，共节约粮食12万斤；各级机关节省经费1.6万元，上缴到苏区中央财政部。

第三章　财政管理

第一节　财政体制

苏区财政管理体制经由自收自支分散管理到实行统一收支管理。

一、自收自支的财政体制

苏区创建初期，财政大都各自为政，自收自支，财政来源主要是靠战争缴获和"打土豪筹款子"，随筹随用，没有统一的管理制度。这种自收自支的财政体制，在当时分散游击作战情况下，保证红军部队和苏维埃各项费用开支，对根据地的巩固和发展起到了重要的作用。

但是，财政各自为政自收自支分散经营，使财权分散，财力物力不集中，管理不统一，因而这一时期不少地区发生乱打乱捐、滥收滥支、贪污浪费等违反政策的混乱现象。

1932年5月，江西省第一次工农兵代表大会关于财政与经济问题的决议就指出，江西苏区是由部分农村暴动与发展游击战争逐渐发展起来的。在中央政府成立前，各级政府在经济上各自为政，群众团体都可以自由打土豪罚款。"各级苏维埃无财政可言，乱收乱用，随意浪费，更无预算决算和计划"，财政来源专靠打土豪，最后就靠打富农，土豪富农均已打尽，于是由富农打到中农，甚至有一时期连贫农只有少数现金余存的都打了起来。税则从未确定，对于商业税，是一方面因为商业破坏无税收，同时各级苏维埃也不注意这一问题，有的是乱收小贩或挑担的税，土地税有的是完全不收，有的不分阶级收得很重，甚至有的政府随收随用，从未缴呈上级政府。因此过去"各级政府浪费的情形实可惊人，一乡每月可用至数百元，一区可用数千，一县甚至用万元以上，贪污腐化更是普遍，各级政府的工作人员随便可以乱用隐报存款吞没公款，对所没收来的东西（如金器物品等）随便据为己有，实等于分赃形式"。

随着革命战争胜利发展，根据地日益稳定巩固和扩大，财政收支随之增加，客观发展要求实行统一财政管理，改变各自为政财政分散及纠正由此造成的混乱现象。

二、统一收支的财政体制

为了加强财政管理，克服各自为政分散经营的混乱现象，1931年12月29日苏维埃中央发布统一财政实行预决算制度的训令（财字第2号），指出："财政若不统一，是要影响行政和军事的。"1932年2月又颁布《暂行财政条例》，规定统一财政收支管理，凡一切国家税收概由各级财政机关按照中央规定的税则征收，各级财政机关的一切收入应及时解缴中央财政部，所需经费应根据批准的预算按发款通知书领款，支出应按规定向上级报送决算表，使用规定统一格式的会计账表单据。

1932年2月4日，中共江西省委发出第十六号通知，"动员全党同志坚决执行财政统一政策"，通知指出："为着巩固苏区，积极向外发展，扩大革命战争的需要，苏区就要迫切的实行财政统一。"同年5月，江西省第一次工农兵代表大会就实施财政统一通过决议："（1）严格的执行中央颁布的财政条例和统一财政训令，首先在最短期间，绝对实行决算预算，对于不执行及故意破坏这一制度的，要严厉处罚。（2）国家税收和没收土豪财产以及罚款等均应按数缴报上级机关转解中央财政部，不得自行支配和取用，各级政府一切用费，应由上级统一支配，不得随意开支。严禁各机关群众团体随时挪用政府的经济。一切群众团体，以后绝对遵照中央政府规定，各下级政府概不津贴，以免混乱政府的财政统一。（3）农业税、商业税、、工业税的征收，须遵照中央的税则执行，严禁各地违反税则的抽税捐税和扣留税款。各城市圩场之商店工厂作坊，立即举行营业登记，发给营业证，以便进行收税。（4）努力来计划鼓励和提交农村生产和发达工商业，以增加国家税收，经常有计划的根据苏维埃法令去开展新的财政收入，以充裕国库充实革命战争的经费。（5）由各级政府组织游击到白区去发展游击战争扩大苏区，同时进行写款以增加财政收入，来供给革命战争的费用。(6)严禁一切浪费,凡未得到上级批准而故意浪费者,除依据财政条例惩罚外,并责令该机关赔偿。实行审查制度,组织审查委员会,以核查各级财政账项。对于政府中的贪污腐化份子,要以革命纪律来严厉制裁"。对地方部队的军费统一规定:"建立地方武装的预算决算的制度,对地方武装的开支固然要反对浮支浪费,尤其对于来源要在正确的经济政策下加以检查及督促,对地方武装中的贪污腐化份子要与之作无情的斗争。"①

1933年3月4日,江西省苏扩大的第二次全体执委会《关于财政问题决议案》又提出,统一财政是财政工作第一个重要任务,必须做到:(1)各费分开,按照各个系统向上级支钱,无支票的,无论任何机关任何部队不得乱向支库支钱或借钱。(2)坚决肃清打埋伏现象,严办打埋伏份子,……。(3)一文钱都要交到支库去,留款不交的严办。(4)实行预决算制度。各项费用照规定开支,只准少不准多。(5)政府要帮助国库,维持国库条例。

实行统一财政管理体制,克服了过去各自为政分散经营的缺点,统一收支管理,使有限的财力物力发挥更大的作用。同时,各级苏维埃政府进一步加强了领导,建立了各项管理制度,使财政工作走上正规发展道路。但是也有统的过多,没有照顾到游击区的特殊需要情况,以及制度烦琐的缺点。

第二节　财政制度

1932年,江西省苏维埃政府按照中央统一财政训令和《暂行财政条例》,实施财政统一管理,建立健全财政制度,加强财政管理工作。

一、预算决算制度

1932年5月,江西省苏"一大"决议指出,实行财政预算决算,对于不执行及破坏这一制度的要严厉处罚。

实施预算决算制度是有计划的安排财政收入和支出的一项重要措施。在确定会计年度之后,"必须成立明确的预算,则可以量入为出,不足则设法补足"。"收入总数必须打过折扣,以防天灾人祸不能全部收入时之准备,其次必须将整个收入中提出一部分,作为特别准备费,以备紧急时的需要。……在每一开支等级中,又将总数划分为经常费、临时费等项目。在各预算项目内之预算数目,开支将以不超过为原则。"②

经常费预算一般分10项:职员伙食费,职员零用费,办公费,购置费,书报费,会议费(代表会另外),宣传费,应酬费,杂费,邮费。

临时费预算一般分为5项:医药费,各种纪念费,临时交通费,招待费,其他。

另外还有特别费用,其开支包括修理费、文化教育费、印刷费、党费、补助工会费、儿童团少先队用费及其他特别费。

预算决算的报批规定:各级行政经费各军伙食杂用等经费,统由各该财政机关造具预算报上一级财政机关审查并报告中央财政部批准,统由中央财政部按批准的预算付款。省财政部应在每月25日以前造报下月预算送中央财政部审批,其他各级财政机关均应在每月20日以前造报下月预算送其上一级财政机关审查汇总上报。中央财政部在批准直接下一级财政机关的预算后依据预算签发该财政机关的发款通知书。该财政机关依次批准直接下一级财政机关的预算并依次发给通知书。各级财政机关按发款通知书后填具领款证,由财政机关负责人及其政府机关或军事机关负责人共同署名(如县政府的领款证须有财政部长及政府主席的署名)才能向直接上一级财政机关领款。凡中央财政部直接下一级财政机关须在10日以前将其上月决算表送交中央财政部审查批准。其他各级财政机关须在每月5日以前将其上月决算表送其直接上级财政机关审查批准。一切单据贴在单据簿上随决算表上缴保存(如区财政部的决算单据存县财政部),但上级财政机关有必要时可随时调取。对不能取得单据的用款应由经手人代填单据并申明理由。预算表、决算表均应一式两份,一份自存,一份报上一级。

二、税收制度

统一税收制度就是统一苏区的税收政策、报解和税款支配,权限集中在中央财政部,这是统一财政的一个重要方面。

根据《暂行财政条例》规定,1932年5月江西省第一次工农兵代表大会决议,一切国家税收统由财政机关(省、县、区财政部及城市财政科)"遵照中央的税则执行,须得上级命令和颁布收税的时期始能按期征收,严禁各地违反税则的抽税捐税和扣留税款"。同年8月起,土地税、商业税、山林税以及店租房租矿产租金等各项租税,均要分别收入,另立账簿,税款要按月"缴报上级机关转解中央财政部,不

① 《江西省第一次工农兵代表大会地方武装的决议案》,1932年5月。

② 德峰:《对于财政统一的贡献》,《红色中华》第14期第7版,1932年3月16日。

得自行支配和取用"，或列入本机关的日常收入，以免混乱会计系统。10月，江西省苏财政委员会指示各县苏财政部，限期限额解缴税款，"各区所收到的税款，离县附近的区苏收上二百元以上，就要缴县苏去。比较远点的区苏收上五百元，就要缴县苏。每月到了三十号，无论收到多少税款，分文都要缴县苏。如县苏受到二千元，马上要缴解省苏或直解中央政府。如那县、区不遵照执行，查出以扣税论罪。"①并从1933年9月1日起统一收税收据，凡屠宰、酒菜馆、刨烟等营业税，一律改用三联的收据。

三、会计制度

1932年以前，苏区各级会计工作大都不健全。现金的收、支、管，混在一起没有分开，自收自用，没有预算决算，各项收支经费项目不分，自立会计科目，账表单据不统一，记录紊乱，交接手续不齐备，因而滋生很多贪污浪费舞弊问题。

1932年12月，中央财政人民委员部训令（第十二号）：为防止财政上一切舞弊行为，要求建立健全科学的会计工作，实行统一的会计制度，这是做好财政管理和监督的一项重要的基础工作。统一会计制度，要求做到收钱的、管钱的、领钱的、支配的四个机关分开。收钱机关（税委与财政部）只准收钱，收到的钱全部解缴管钱机关（各级国库），自由动用库款或埋伏短报的要严办。领钱机关（即各级政府、各部队、各级司法教育机关）须按月作预算，按照系统送交支配机关批准，发给支票，才得向国库领款，无批准预算不给支票。国库收到的款，只准送到上级国库或照上级支票付款。无支票乱付款的要严办。各项收入及开支，要确定会计科目，规定名称与一定范围，使收付款项有条有理，一目了然，可以彼此比较互相对照。执行预决算制度，无预决算不给钱。各级政府必须按规定时间编造报表，使会计按月结束收支结算。统一簿记单据，确定记账方法，采用新式簿记，使每项账目都有凭证，每种单据账簿格式大小一致，以防止会计上舞弊以及错漏发生。规定交接章程，防止交卸接管中的舞弊与损失。

1933年1月1日起实行《会计规则》。会计规则共8章56条，规定会计年度为每年7月1日至次年6月30日。国家以租税及其他一切收入为岁入，一切经费支出为岁出。凡各税收机关及各级财政部所收之款均须按规定期限报解当地分支国库。区税收委员会距离分支库所在地20里以内的，每满200元缴纳一次，距离20里以外的，每满500元缴纳一次；省、县财政部每日缴纳一次，区财政部每满100元缴纳一次，每逢月底各机关收入款有余存的，不论多少必须全数缴纳，不得留存分文；省、县政府逐月照预算领去的经费，如有余额，要于月底如数缴还当地分支国库。缴款须填缴款书，如同时有数款的，每款各填1张缴款书。支库收款须填收款书，如同时有数款缴库，则每款各填1张收款书。各机关每月支领经费时，须编制支付预算书连同请款凭单按照行政系统送直接上级机关核定报送财政部审计处核定数目，由财政部最后决定核批总数交国库支发。县级经费向国库管理局指定的支库领取，省级经费向指定的分库领取。《会计规则》规定，会计账簿分两类：一类是主要账，有日记账和总账。日记账记入一切收支，为过入总账的根据。总账，按科目分户，即每日各科目的收付总数，由日记账过入，可根据需要分收入支出往来等项。二类是辅助账，按科目立账，详记每目收付事实。会计对出入款记账应先制成传票凭证。收入现金用收入传票，付出现金用付出传票，转账往来用转账传票。传票及附属单据每日汇订成册由主管人盖章保存。现金收付均以国币为本位币，以元为单位，小数至厘为止，厘以下"五去六收"。不同货币应折合本位币登记。凡一切支出必须取得凭证单据。单据粘存簿按月连同支付计算书送交上一级财政机关存查。会计报告的编制，各级政府财政部门每月分别填制支出计算书，收支对照表各1份连同凭证单据，乡政府于下月2日以前送区财政部，区财政部于5日以前送交县财政部，县财政部于10日前送交省财政部，省财政部于20日前送交中央财政部。一切税收机关于每月或每1期税款结束后，将该月应收税款，实收税款，豁免税款，编报中央及省县财政部备查。营业税、店租、矿租等则按月报告，土地税、山林税等则于税收结束后报告。各种报告的会计科目分类排列应与账簿科目相同。另外，印发了统一的会计科目表和统一格式的账簿表式。

四、国库制度

国库是掌管国家一切款项的收入、保管和支出业务的机构。为了统一财政现金的收支保管，1932年10月苏区政府颁发了《国库暂行条例》，从1933年1月1日起施行。

《国库暂行条例》规定，国家税收及一切收入款项概须缴纳国库分、支金库，各种经费支出要由各机关编定预算按级送缴财政部门审计处审查后经财政部批准交国库管理局发支票，各金库照支票数付款，

① 《江西省财政委员会给各县财政部并转各级税收委员会指示信》，1932年10月16日。

无支票的不得付款。各机关各部队未得支票的不准向各金库支款。其原领款机关新预算尚未批准的，可照上月预算先领半数。分支金库的存款由总金库命令随时提解，银行不得擅自动用库款，但款项有余时，财政部得酌提存款交银行生息。国库总金库每日应填写收支日报表、库存表报送财政部，分金库每3日填写两份报总金库及财政部，支金库则每5日填写3份报总、分金库及财政部。国库由中央财政部国库管理局管理，其金库则委托国家银行代理，总金库设于总行，分金库设于分行，支金库设于支行，其未设分、支行的省、县，由总库指定专人组织国库分、支库，附设在省、县财政部之内，但不受省、县财政部支配。红军中不设国库，由总政治部及各省军区政治部代理国库收集款项，该项金额政治部可托经理部代管。各级金库设主任、会计、出纳各1人，收入少的县份可由主任兼出纳。国库管理局局长由财政部委任，总、分、支库主任由国家银行总分支行行长兼任，未设分支行的省、县分金库主任由总金库主任指定，报财政部委任。国库金库的经费由银行负担，附设在省、县财政部的，由该省、县政府负担。

根据上述要求，乐安县苏区设立了支库，支库主任李本元。

五、审计制度

为加强财政管理，严格财政纪律，1932年5月，江西省第一次工农兵代表大会关于《财政与经济问题》的决议案提出，严禁一切浪费，“实行审查制度，组织审查委员会以核查各级财政账项”。至1933年9月，各级苏维埃政府和部队内部都建立了审计委员会和稽查员。审计委员会的稽查员归各级政府直接领导，不受财政部门制约，有权监督检查各项收入的执行情况，专门负责审计各机关的预算决算和企、事业单位的收支情况，并负责签发发款通知书。审计方法，一般是先组织单位进行互审，查阅账目，按照节省要求，帮助单位核实经费预算和支出决算，并与单位负责人一起研讨确认，然后做出审计结论。建立审计制度对反对贪污浪费严肃财政纪律起了积极作用。

第三节　财政监督与财政纪律

一、财政监督

苏区的财政监督主要有三方面，一是上级党和政府对下级的财务活动和执行制度情况经常进行的检查监督，发现问题责成纠正。1931年以后实行统一财政，实施财政条例以及建立预算决算审批等各项财政制度法规，都是加强财政监督严格财政纪律的有效措施。二是审计监督。对机关、团体、部队及企、事业单位的财务收支进行清查和审计，总结成绩，纠正缺点，发现问题及时报告有关领导部门处理。三是发动群众监督。1932年3月8日，中共江西省委《关于反贪污浪费厉行节俭运动的决议》提出，“发现各级政府有贪污腐化和不执行苏维埃法令的分子，就要动员群众起来批评，动员群众向上级苏维埃请愿要求撤职等”。

二、财政纪律

苏区政府要求严格执行财政纪律。1932年江西省第一次工农兵代表大会决议规定，“严禁一切浪费，凡未得上级批准而故意浪费者，除依照财政条例惩罚外，并责令机关赔偿”。“对于政府中的贪污腐化分子，要以革命纪律来严厉制裁”。

为了严格惩治贪污及浪费，1933年苏区政府规定了惩罚办法。凡苏维埃机关、国营企业及公共团体的工作人员利用自己地位贪污公款在500元以上的处以死刑，300元以上500元以下的处以2年以上5年以下监禁，100元以上300以下的处以半年以上2年以下监禁，100元以下的处以半年以下的强迫劳动。此外，并没收其本人家产的全部或一部，追回其贪污的公款，对于挪用公款为私人营利的按贪污论罪，照以上规定处罚。苏维埃机关、国营企业及公共团体的工作人员，因玩忽职守而浪费公款，致使国家受到损失的，依其浪费程度处以警告，撤销职务以及1个月以上3年以下的监禁。

在1933年2月召开的乐安县第四次工农兵代表大会上以贪污腐化的罪名，逮捕了原县苏维埃政府主席袁福昌、副主席邓培元、裁判部长刘春洪和竹溪区委书记阙文林四人，并在闭会前一天对邓培元执行枪决。虽然有“左”倾路线扩大化错误的影响，但也反映了当时苏区对贪污腐化的零容忍。

1934年初，在财政监督、审计过程中，还发生了乐安县苏区望仙、太平合作社负责人卷款投敌事件。

第四节　财政机构

一、财政机构人员设置

1931年后苏区实行财政统一，江西省苏维埃政府进一步健全各级财政机构，规定财政部门组织系统、领导关系和各级财政职责范围，加强对财政工作的领导和管理工作。

（一）机构设置

省、县、区三级设立财政部，城市设立财政科，乡财政由乡苏维埃负责，不设专门机构。各级财政部、科，隶属上级财政部，为上下级的系统关系，“绝对执行上级财政部的命令”，并按月向上级作工作报告。

但同时要受同级苏维埃政府行政负责人的命令和指挥，发生横的关系，对于预决算及向上级领款或发生大宗支出，均须经同级政府行政负责人批准并署名盖章方可生效。

（二）人员及职责范围

1933年，江西省苏扩大的第二次全体执委会规定："1. 省财政部：财长一人负责计划全省财政收入及指示督促各级财政部工作，副财长一人，帮助财长工作并负筹款专责，农业税征收科科长一人，科员四人（征收并整理土地税、山林税，指示下级税委工作）。商业税征收科科长一人，科员四人。国有财产管理科科长一人，科员二人（登记整理发展或出租全省国有财产如店铺、房屋、杉木、河山没收品，公家借款，国家营业、特种树、油、木梓车寮等）。会计科三人（管账并指示和检查下级账目）。出纳科一人。审评科二人（审查各级预决算）。文书一人。财政指导员二人。（2）县财政部：正、副部长各一人，会计二人，农税科三人，商税科三人，国产科一人至三人，支库二人或三人。（3）区财政部：财长一人，会计一人，国产管理员一人（无杉木地方由会计兼），商税征收员一人（一区内圩场多及有大市镇的可多用一人），土地税征收处三人（收土地税时临时的）。"

（三）干部培训、调配

1932年5月，江西省第一次工农兵代表大会指出，过去各级财政部只做了管钱管账的会计工作，这是很不够的，必须纠正过来。应使财政部有计划去提高生产，发展苏区经济，增加财政收入，经管国家税收与计划整个财政上的收入与支出，执行上级命令与指导下级财政部工作。因此，省财政部要开展对财政专门人才的训练与培养工作，首先要训练会计人才，分配各县办理会计工作，改换旧的账簿实行新的簿记。同时，在调配财政人员时，强调要调"工作好有经验观念好的分子担任"，做到相对稳定。各级财政部长未经上级财政部长批准不能随便调动，工作人员未经部长批准不能乱调，以便全面开展苏区财政工作。

二、财政机关交代规则

1933年，苏区各县、区财政机关负责人员工作交接时，无论本职或代理，按照中央财政部1932年12月制发的《财政机关交代规则》办理。

《交代规则》规定，凡前后任工作人员交接时要请该上级财政机关或该级的行政负责人派员监视盘点。卸职人员在接任人员未到位以前，不得擅离本职。凡因病卸职人员在职病死的，其交代手续由县财政部负责人或科长等代行。

卸职人员自通知卸职日起至离职前1日止，应将在职期间所管文件资料造具清册在15日内移交接任人员（包括各项收入数，各款已解未解数、经管实领实支及余存数、各种单据及其存根、国有财产及物品、各种文件及表册簿账等）。对已收未解的款项一概移交接任人报解。已支未报或已领未支各款，一律按照预算款目将实数表册移交。

接收人员到职后至迟在15天内须将接收的款物盘查清楚办理接收。接收之款限3日内报解。接任人员所报表册要与上任的联接。

移交人如舞弊虚报，接任人要据实报告上级，追究处分，徇私舞弊的一并处分。移交经管款项超过限额不交，限期追款，过期仍不缴清，送司法机关处理。如系调职应将交待手续办理清楚，如逾限1月以下交代不清的，取消其任新职，再送交司法机关。移交不清私自逃跑的，呈请政府查封其私产抵缴，并通缉究办。对挪用款项交代不清的，除撤职外并呈请政府查封其家产抵还。

第六编 财政机构 人员编制 机关建设 中介 学会

第一章 财政机构

第一节 新中国成立前财政机构

民国以前的县级政权机构,是以官职为主来体现的。县级政权集中在知县手里。知县的官衔,在历朝稍有异称,乐安建县(1149)时的南宋称县令;元朝改设达鲁葛齐(蒙古人)和县尹(汉人)2人共管县政;明、清两朝称知县。知县的官衔叫正堂,正堂内设刑、民、钱谷、承发等4个师爷,分管工、刑、兵、吏、户、礼等六房的事务。其次是民社、粮架房、粮差等3个班;其中粮架房、钱谷等又属正衙以下的左堂管辖。

左堂又称二衙,为首的官职是县丞。左堂内设师爷2人,管理粮架房和钱粮两柜。乡设架书和粮差。

民国建立后,撤销府、州建制。民国元年(1912),江西省各县建立知事公署,为首的官职为知事,总揽全县行政兼理司法事务。县公署内设钱谷科,掌管田赋、捐税、会计、出纳、清理官业、公产、公款、预算报告,及筹募公款等事宜。在县公署以外,还另设钱粮两柜及粮架房等(沿用清代旧制)。

民国9年(1920),钱谷科改称第二科,其职能与编制无变动。

民国15年(1926),撤销县公署,改称县政府。县政府设第一科(民政),第二科(财政),第三科(建设),第四科(教育)。在第二科(财政)以下设库粮房和钱粮两柜,以及烟酒、屠宰税、硝磺税等税收机关。

民国16年(1927),第二科改称财政局。税收分为直接税和货物税,均由省局直接管理。

民国17年(1928),省政府公布县政府财政局组织暂行条例,规定县财政局为地方财务行政机关。但省税的征解,仍由县政府负责办理,由县长负责。实际上,县财政局只管理县地方公款公产的收支保管事项,财政局长由省财政厅委派。

民国20年(1931),省政府决定,乐安等32县,原设立的财政局一律裁撤,改设财政科。其余各县是否撤局改科,由县议会议决。

民国22年(1933)1月23日,省政府《修正江西省各县财政局组织暂行规程》规定:“县政府设财政局,掌报经征省税,劝募省公债及管理省有公产事项,其他地方财政由财务委员会管理。”

根据上述精神,民国22年(1933),成立“乐安县财务委员会”,与县政府平行,设委员长1人,委员6人,事务员2人,对本县财务收支实行监察和审核。

民国24年(1935)6月,省政府《修正江西省各县政府组织暂行规程》,其中规定县政府第二科职掌的事项是:(1)编制预算决算事项;(2)征收事项;(3)管理公物公产事项;(4)会计事项;(5)其他财政事项;(6)庶务事项。并规定各县政府内另设经征处,专办各项税捐征收事宜。受第二科之指挥。

民国27年(1938),在县政府内增设了会计助理员1人,办理地方经费的预算和编审。到民国30年(1941),县政府成立会计室。

民国27年(1938),江西裕民银行在乐安设立办事处,1939年代理县公库,公款保管出纳员即行裁撤,业务由公库接办。

民国30年(1941),撤销县财务委员会,成立县行政会。

1939年以后,乐安县级财政分为四个门属:一是县财政科,办理全县财务;二是县会计室,办理概算、预算、决算的编造；三是裕民银行代理的公库，办理现金的收支；四是财务委员会，办理地方经费的审核。这就是当时推行的征收、出纳、会计、审核的“财政四权分立”。

图 6－1　　1941 年乐安县财政机构设置

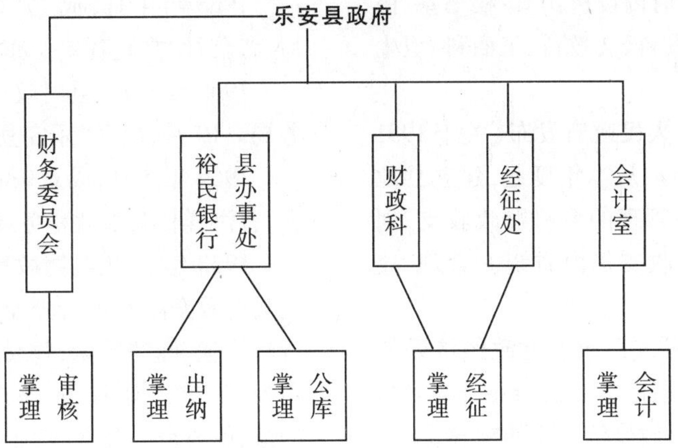

自民国后，即在县公署编制之外附设了“库粮房”，专办田赋。全县 54 个都，每都设都书 1～2 人，办理田赋征收及拨解业务。

民国 30 年（1941），田赋改征实物。县设田赋粮食管理处。在增田、望仙、招携、万崇、水南、戴坊、同富、公溪设立八个征收办事处。次年（1942 年），将招携、万崇、同富三个征收办事处裁撤，保留 5 个征收办事处。

民国 35 年（1946），田赋除省、县公粮照原征实物外，其余一律折币征收。因此，将县田赋粮食管理处及各办事处裁撤。在县政府内增设田粮科，设科长、股长、科员、办事员等，在县城附设鳌溪田赋粮食办事处，在水南、公溪设立临时验收所，负责办理验收征收事宜。直至解放。

税收方面：自民国起，有屠宰税、契税、营业税、烟酒税、硝磺税、牙行税等。

征收机构，民国初，由私人向省承办税务机关投资包定，然后承包人分赴各地征收或转包给第三者。

民国 18 年（1929），在县境北部的陆路通道上的航桥、小陂乡设立行商收税卡，征收本县从丰城和公溪水运进口的商品税，到民国 23 年（1934）撤销。

民国 24 年（1935），取消都书制，裁撤库粮房，成立经征处，接办征收事项。都改为义图，由图长代理原来的都书。县经征处成立后，从 1937 年起，除原牙行税、烟酒税、印花税、硝磺税等，仍由省包给私商征收外，其余如营业税、屠宰税等则由经征处统一征收。

民国 31 年（1942）9 月，中央财政部直接税局在县设立查征所，隶属南城分局管辖。

民国 32 年（1943）9 月，乐安查征所划归临川分局管辖。

民国 35 年（1946），乐安因交通阻塞，经济萧条，税源稀少，年初，裁撤乐安查征所，分别由崇仁、宜黄兼办税收；6 月，直接税划归财政部江西区直接税局宁都分局管辖；10 月，货物税由财政部江西区货物税吉安分局负责征收。

民国 36 年（1947），县经征处改为税捐稽征处。所有一切税收，概由县税捐稽征处征收。并增加了筵席税、娱乐税、遗产税、地价税、地价增值税，使用牌照税、人民捐献（由殷户乐捐改名）等。

民国 37 年（1948）3 月，省财政厅设立木材自卫特捐吴城稽征所，开征木材特捐。乐安县木材特捐隶属于吴城稽征所稽征。

第二节　新中国成立后财政机构

一、县级财政机构

1949 年 9 月 13 日，中共乐安县委、县人民政府组成人员由临川进入县境南村。16 日在南村宣布乐安县人民政府成立，阎兴任县长。

10 月 6 日（农历八月十五日），县委、县人民政府组成人员由南村进入县城办公，接管国民党旧政权。随着接管旧政权工作的顺利进行，同月，县人民政府内设机构也逐渐建立。分别设立了公安局、税务局、粮食局、邮电局和财粮科等机构。财粮科科长由县政府秘书苏英兼任。12 月，成立乐安县金融工作队。

1950 年 1 月，全县建立了区、乡、村政权和各级农民协会，彻底废除了封建保甲制度。同时，县金融工作队改为中国人民银行乐安县办事处。3 月又改为中国人民银行乐安县支行。

4月12日，县人民政府颁布训令，确定县区两级机构编制。并要求在4月20日前，县区两级机构彻底整编完毕。

到11月份，县人民政府内设机构有：秘书室、民政科、财粮科、农林科、建设科、文教科、工商科、卫生科等。

1951年1月18日，省人民政府发布《关于1951年县地方财政收支的通令》，从本年度起，建立县地方财政。将原来由省统一管理的乡村财政收支，划归县（市）管理，县及以上收支仍由省统一管理，故称"半级财政"。

同年7月，成立乐安县人民政府财政经济委员会。由主持县委工作的副书记詹习扬和县长阎兴担任正副主任，统一对全县财政经济工作的领导。

11月6日，县人民政府发出通知，财粮科改为财政科。

1952年7月，省人民政府要求各级财政部门设置财政监察机构，各地市、县财政部门设立财政监察科、组或监察员。

11月，张敏任县财政科科长。

1953年，省人民政府决定各县（市）自本年起，建立一级财政。

1月，成立县保险公司和房产登记处，为县财政科下属单位。

11月，李慕庚接任县财政科科长。

1956年6月，全县机构改革，撤销县财政科，成立县财政局。由李慕庚继任财政局长。县财政局内设预算组、财务组、行政组。

1959年1月，县财政局与县税务局合并，成立县财政税务局。4月，孔祥兴任局长。内设秘书股（兼财政监察）、预算股、税政股、企业财务股、房地产管理股。

1960年7月，县委设立财贸政治部。

1960年8月，抚州地区专员公署在《关于迅速贯彻中央和省委、人委关于加强农村人民公社财务工作的指示的报告》中，规定县（市）财政税务局应设立公社财务股，配备3～5人负责管理全县（市）的公社财政、财务工作。

1961年10月，省编委、省财政厅下发《关于各级财政、税务机构设置及行政编制分配的通知》，规定各级财政、税务机构予以分设。到1962年1月，乐安县财政税务局复分设为财政局、税务局。

1964年9月，县人委设立财贸综合办公室。

1967年初，"文化大革命"在上海"一月风暴"影响下，踢开党委闹革命，批斗"当权派"，全面"夺权"，全县各级党政组织陷于瘫痪。3月8日，成立县"抓革命促生产委员会"，下设办公室、农业组、工交组、财贸组、文卫组，作为临时性的全县权力机构。

1968年4月，成立"乐安县革命委员会"。嗣后，各公社、县直各单位亦相继成立"革命委员会"。

1968年9月，县财政局、税务局又合并为财政税务局。10月，成立"乐安县财政金融站"。

1969年5月，成立乐安县财政税务局革命委员会，曹洪祥任县财政税务局革命委员会主任。

1970年3月，县财政税务局与人民银行合并，成立县财政金融局。管辖全县财政、税务、银行、工商行政管理、标准计量、物价、房产管理等。其内设机构为：政宣组、预算组、城市金融组、农村税政组、房产组、革委会办公室、营业部等。

同月，由曹洪祥继任县财政金融局革委会主任。

1970年10月，由过义昌任县财政金融局革委会主任。

1972年9月，县革委会决定恢复乐安县税务局，将农业税征收工作划入县税务局。县以下设立公溪、戴坊、城关、南村、坪溪、湖坪6个税务所，并在谷岗、增田、龚坊、牛田设立税务驻征站。

1973年1月，工商行政管理职能从县财政局划出，单独设立县工商行政管理局。5月，人民银行亦单独设立，恢复县财政局。5月，由过义昌任县财政局局长。

10月，王明亮任县财政局局长

1973年12月25日，省革委通知，原由省革委会办公室办理的控制社会集团购买力的工作，自通知下达之日起授权省财政局办理。根据上述精神，县革委会将"控制社会集团购买力工作"划归县财政局，"控购办"也并入县财政局。

1979年3月，县革命委员会成立财贸办公室。

1982年6月，吴汉清任县财政局局长。县财政局内设人事秘书股、预算股、企业财务股等。

1983年12月，县人民政府成立县税收、财务大检查办公室。后改称"税收、财务、物价大检查办公室"（简称三检办）。挂靠县财政局。1989年6月，明确为副科级常设机构。

1984年撤销人民公社体制，恢复乡镇建制。6月，周树宗任县财政局局长。

11月，县编委下达体制改革后的机构编制。

1986年2月，省财政厅制定《江西省国营企业财政驻厂员工作管理暂行规定》：对地（市）、县（市）的小型工业企业和商业、粮食、供销、公用、文教、农牧、水产和其他国营企业，一般不按企业派驻财政驻厂员，可在地(市)县(市)财政局内设立财政驻厂员机构，组织巡回检查和监督。5月，地区财政局批准乐安县财政局配置驻厂员6名。到1996年又追加1名，共7名。

1988年5月，县财政局撤销"企业财务股"，分别成立"工交企业财务股"和"商业企业财务股"。

1988年9月，省编委、省财政厅发出《关于加强我省财政文教行政财务建设的意见》，强调建立健全县(市、区)财政局的文教行政财务管理机构，配备必要的工作人员。根据上述精神，县财政局增设"行政文教财务股"。

1990年12月，县编委批复同意县财政局成立"农林特产税征收稽查站"，为股级事业单位，定编4个。

1991年4月，县财政局设立"国债服务部"。其主要职责是：(1)发行国库券和特种国债；(2)办理到期国债的兑付；(3)办理未到期国债的买进和卖出；(4)做好有关单位用国库券抵缴罚没收入的债券收购工作。

1992年4月，经县人民政府研究，成立"乐安县国有资产管理局"。为副科级机构，归口县财政局管理。

8月，县财政局设立"乐安县公费医疗办公室"，为股级机构。

11月，黄凤珍任县财政局局长。

1994年9月，县人民政府决定组建乐安县地方税务局。由财政局长黄凤珍兼任地税局长。

1996年2月，县委同意成立县财政局党组、县地方税务局党组。2月，黄凤珍兼任地税局党组书记；5月，黄凤珍任财政局党组书记。

1997年7月，县人民政府办公室印发《乐安县财政局(国有资产管理局)职能配置、内设机构和人员编制方案(即"三定方案")。核定内设机构为：(1)人秘股；(2)综合与改革股(另挂县控制社会集团购买力办公室和县国库券推销办公室牌子)；(3)预算股；(4)工业交通股；(5)商业财贸股；(6)行政财务股；(7)社会保障股；(8)农业股；(9)农业税征收管理股；(10)会计股；(11)基本建设股；(12)财政监督股。国有资产管理局与财政局一个机构两块牌子，核定国资局内设机构为资产综合统计股、企业资产股、行政事业资产股。县税收、财务、物价大检查办公室挂靠县财政局，县预算外资金管理局归口县财政局。

12月，涂继旗任县财政局局长、党组书记。

2001年4月，县财政局成立"乐安县契税征收管理所"，为股级事业单位。

7月，县政府成立"乐安县人民政府采购中心领导小组"，下设办公室，办公室设在县财政局。县财政局成立"会计管理核算中心"。

11月，撤销局"国债服务部"。

2002年4月，县委副书记、常务副县长吴信根兼任县财政局长。

2003年3月，县人民政府办公室印发《乐安县财政局职能配置内设机构和人员编制规定》(即"三定方案")。

根据上述"三定方案"，成立纪检组；撤销"县国有资产管理局"，其工作职能并入县财政局，成立"企业统评股"；成立县"农业税征收管理局"。

2003年4月，王冬生任县财政局党组书记。

2003年9月，袁国平任县财政局局长。

2004年4月，袁国平任县财政局党组书记。

2005年9月，县财政局增设"信息中心"。

2006年5月，县"会计管理核算中心"，更名为县"财政国库支付中心"，县"农税局"更名为县"乡镇财政管理局"。

2007年8月，县财政局增设"国库股"；国库支付中心内设审核股、支付股、会计股、综合信息股和乡财县管股，为副股级机构。

2008年6月，县财政监督股更名为县财政监督局。

2009年3月，县财政局增设教科文股。

2009年12月，县纪委、监察体制改革，撤销局纪检组，在县直单位设立纪工委和监察分局。县财政局纪检、监察工作隶属于第二纪工委第二监察分局管辖。

2010年10月，成立"乐安县国有资产监督管理办公室"，为县财政局内设机构。

2011年1月7日，县人民政府办公室印发《乐安县财政局主要职责、内设机构和人员编制规定》，即"三定方案"。乐安县财政局，为县人民政府工作部门。

(一)职责调整

(1)改革完善预算管理。将政府非税收入全部纳入预算管理，充分发挥各部门在预算编制中的作用，完善支出标准，细化部门预算，提高预算管理的科学化和透明度。

(2)完善公共财政体系。调整优化财政支出结构，提高保障和改善民生的支出比重，合理界定财政保障范围和标准，重点增加基本公共服务的投入，严格控制一般性开支,降低行政成本。

(3)加强国有资产管理。统一管理县直行政事业单位国有资产,指导乡镇加强国有资产管理;组织实施县级行政事业单位国有资产使用效益评价;对行政事业单位经营性国有资产保值增值进行监督检查。

(4)强化政府采购监管。完善政府采购规章制度,改进采购办法,扩大采购范围,实行"管采分离",加强政府采购全过程的管理和监督,提高政府采购效益。

(二)主要职责

根据以上职责调整,县财政局的主要职责是:

(1)贯彻执行国家的财政、税收法律和政策,拟订全县有关地方性规章草案。分析预测宏观经济形势,参与制定有关宏观经济政策,提出运用财税政策实施宏观调控和综合平衡社会财力的建议。研究全县财税发展战略,拟订国家与企业的分配政策,完善鼓励公益事业发展的财税政策。编制全县中长期财政规划;指导全县财政工作。

(2)承担县本级各项财政收支管理的责任。负责编制年度县本级预决算草案并组织执行,受县人民政府委托,向县人民代表大会报告全县预算及其执行情况,向县人大常委会报告全县决算,组织制订经费开支标准、定额,负责审核部门(单位)的年度决算。完善县对乡(镇)的转移支付制度。

(3)负责全县政府非税收入管理。负责政府性基金管理,按规定管理行政性收费。管理财政票据。制定彩票管理政策和有关办法。管理彩票市场,按规定管理彩票资金。

(4)组织制定全县国库管理制度和国库集中支付制度,指导和监督全县国库业务,按规定开展国库现金管理工作。负责制定全县政府采购制度并监督管理。

(5)负责制定全县行政事业单位国有资产管理制度,按规定管理行政事业单位国有资产,制定需要全县统一规定的开支标准和支出政策,负责全县财政预算内行政机构、事业单位和社会团体的非贸易外汇管理。

(6)负责审核和汇总编制全县国有资本经营预决算草案,制定全县国有资本经营预算的制度和办法,收取县本级企业国有资本收益,制定并组织执行企业财务制度,参与拟订全县企业国有资产管理相关制度,按规定管理资产评估工作。

(7)负责办理和监督县本级财政的经济发展支出、县本级政府性投资项目的财政拨款,参与拟订县本级建设投资的有关政策,制定基本建设财务制度,负责有关政策性补贴和专项储备资金财政管理工作。

(8)会同有关部门管理全县财政社会保障和就业及医疗卫生支出,会同有关部门拟订全县社会保障资金(基金)的财务管理制度,编制全县社会保障预决算草案。

(9)参与研究利用外资的有关政策,管理外国政府和国际金融机构在乐安贷款项目的有关业务。

(10)负责管理全县的会计工作,监督和规范会计行为,指导和监督注册会计师和注册会计师事务所的业务,指导和管理社会审计。

(11)监督检查财税法规、政策的执行情况,反映全县财政收支管理中的重大问题。

(12)制定全县财政科学研究和教育规划;组织和管理全县财政人员业务培训;负责全县财政信息和财政宣传工作。

(13)承办县人民政府交办的其他事项。

(三)内设机构

根据上述职责,县财政局设15个职能股室。

(1)人事秘书股(行政审批股与之合署办公)

(2)综合股(非税收入股)

(3)预算股(条法税政股)

(4)国库股

(5)行政政法股

(6)教科文股

(7)经济建设股

(8)农业股

(9)社会保障股

(10)企业股

(11)会计股

(12)财政监督局

(13)国有资产监督管理办公室(副科级)

(14)政府采购管理办公室

(15)绩效评估股

财政局党风廉政建设和反腐败工作由人事秘书股具体承办。

二、乡镇财政机构

1950年初,全县建立区、乡村政权。4月,县人民政府颁布训令,确定县区两级机构编制,其中规定区公所设财粮助理员2人。

1953年,区公所设财粮干事2人。

1956年4月,省人委公布的机构编制方案中规定:由乡财粮委员会主任管理财经工作。

1975年10月,抚州地区革委会发出《关于配备公社财政干事问题的通知》,要求每个公社要有一位党委副书记分管财贸工作,配备一名专职财政干事,管理公社财政、财务工作。

1980 年 7 月,省财政厅就公社一级财政问题发出通知,提出尚未建立公社财政的县社,今后不再建立。

1985 年 7 月,省人民政府颁发《江西省乡(镇)财政管理实施办法》,规定乡(镇)设立财政所,所长由乡(镇)长兼任,作为一级财政管理。1986 年 3 月,全县 20 个乡(镇)正式建立财政所,由乡(镇)长兼任所长。全县 20 个乡(镇)财政所是:公溪镇财政所、航桥乡财政所、山砀乡财政所、龚坊乡财政所、戴坊镇财政所、鹏州乡财政所、潭港乡财政所、牛田镇财政所、湖坪乡财政所、万崇乡财政所、罗陂乡财政所、增田乡财政所、望仙乡财政所、招携镇财政所、坪溪乡财政所、金竹乡财政所、鳌溪镇财政所、南村乡财政所、谷岗乡财政所、湖溪乡财政所。

1987 年 3 月,地区编委核定全区乡镇党政机关和财政所人员编制,要求乡镇财政所长单独配备,乡镇长不再兼任。

1992 年 5 月,县人民政府批转县财政局、税务局《关于加强农村税收聘用村级助征员意见的通知》,要求在各乡(镇)每个村委聘用一名村级农村税收助征员,负责协助乡(镇)财税部门征收村级以内的农村税收。

1995 年 12 月,地区行署批转地区财政局、地方税务局《关于全区乡镇财政所、地税所实行合署办公意见的通知》。从 1996 年 1 月起,全县乡镇财政所、地税所合署办公。

2001 年 11 月,全县撤乡并镇。撤销潭港乡,并入鳌溪镇;撤销鹏州乡,并入戴坊镇;撤销航桥乡,并入山砀镇;撤销望仙乡,并入招携镇;撤销坪溪乡,并入金竹乡(驻坪溪)。乡镇财政所亦由 20 个,合并为 15 个。且乡镇财税所复分设为财政所、税务所。

2006 年 4 月,根据县委文件精神,设立县工业园区财政所,为县财政局派出机构。

2009 年 12 月,经县编委研究,成立大马头垦殖场财政所。

至此,全县共有财政所 17 个。

图 6－2　　**2009 年乐安县财政局基层财政机构设置**

乐安县财政局

- 湖溪乡财政所
- 谷岗乡财政所
- 南村乡财政所
- 金竹畲族乡财政所
- 招携镇财政所
- 增田镇财政所
- 公溪镇财政所
- 鳌溪镇财政所
- 山砀镇财政所
- 龚坊镇财政所
- 戴坊镇财政所
- 牛田镇财政所
- 万崇镇财政所
- 湖坪乡财政所
- 罗陂乡财政所
- 大马头垦殖场财政所
- 工业园区财政所

第二章　人员编制

第一节　新中国成立前财政人员编制

民国建立初期,县公署设立民政、钱谷科,每科设科长、科员各 1 人。民国 9 年(1920)后,改称第一科、第二科,其职能和编制照旧。先后担任钱谷科和第二科科长的有肖克忠、包骏等。

民国 17 年(1928),省政府公布县政府财政局组织暂行条例,规定县财政局为地方财务行政机关。但省税征解,仍由县政府负责办理。实际上,县财政局只管理县地方公款、公产的收支保管事项,县财政局长由省财政厅委派。

民国 19 年(1930),省财政厅改订征收系统,各县税款由省税务局和各地分设的局、所办理。田赋正税的征解划归县财政局经办,局长由省财政厅委派。嗣后,因税务的整理征收和改革,必须依靠县政府权力,又改为由县长兼任财政局长,另由省财政厅委派副局长。

民国 20 年(1931),县财政局又接办各项税款,局长不再由县长兼任,改由省财政厅遴选人员,呈请省政府委任。同年,省政府决定:广昌、宁都、兴国、石城、于都、瑞金、万安、宁冈、永新、莲花、安福、吉安、遂川、永丰、南丰、吉水、乐安、泰和、会昌、寻乌、铜鼓、修水、万载、新余、分宜、宜春、瑞昌、弋阳、德兴、余江、贵溪、横峰等32县，原设立的财政局一律裁撤，另于县政府增设财政科；其余各县是否撤局设科，由县议会议决。

民国22年(1933)，成立“乐安县财务委员会”。与县政府平行。设委员长1人、委员6人、事务员2人，后增加出纳员1人，对县财务收支实行监察和审核。到民国39年(1940)，财务委员长改称主任委员。先后担任主任委员的有：占信斋、占仁山、王慕唐、何占魁、占鸿飞等。民国30年(1941)，又撤销财务委员会，在县行政会内成立“财务审核委员会”，主任委员为王民磐、副主任委员为邹师孟。民国33年(1944)，县行政会改组为临时参议会，议长为康作群，副议长为邹师孟。次年(1945)，临时参议会正式改为参议会，选举王兆麟为参议长，邹师孟为副议长，直至1949年解放前，县财政大权一直掌握在县参议会手里。

民国27年(1938)，县政府增设会计助理员1人，办理地方经费的预算和编审。民国30年(1941)，成立会计室，设主任1人，科员、事务员各2人。乐安县地方上一切财务开支、都要经过会计主任的签付。民国38年(1949)，会计室分别裁减科员和事务员各1人。

民国27年(1938)，江西裕民银行乐安办事处成立，隶属于江西裕民银行抚州分行。主要承办存、放、汇、兑业务，兼理中央、地、县金库业务。民国36年(1947)，改称江西省银行乐安办事处。作为交通闭塞的山区县，业务量小，人员编制：设主任1人，会计员、出纳员、勤理、行警各1人，工友3人(厨师1人，勤务2人)。

民国30年(1941)，实行新县制，组织扩大，财政科增设科员1人，事务员2人。至民国38年(1949)5月，县政府编制紧缩，财政科又改称第二科，裁撤科员、办事员各1人。

民国30年(1941)，成立县田赋粮食管理处。处长由县长兼任。副处长1人，由省方派遣担任，先后由刘俊才、吴礽之担任。下设科长、科员和事务员等。并在增田等8个征收办事处，各设主任、股长、稽征员、保管员等。次年裁撤3个征收办事处，保留5个征收办事处，各处人员编制照旧。

民国33年(1944)财政科长张国材。

民国34年(1945)财政科长刘炳耀。

民国35年(1946)，田赋除省、县公粮照原征实物外，其余一律折币征收。因此，将田赋粮食管理处及各办事处概行裁撤。另在县政府内增设田粮科，设科长、股长、科员、事务员等。并在县政府内附设鳌溪田赋粮食办事处，在水南、公溪成立临时验收所，增设临时保管员，负责办理验收。

民国36年(1947年)，县政府仍保留财政科，科长傅泓。民国37年(1948)，财政科长倪开文。民国38年(1949)财政科长詹宝卿。

税收方面：民国24年(1935)，成立县经征处，设主任1人、组长2人、办事员12人。先后担任县经征处主任的有：王慕唐、徐宪璋、杨秀三、杨瑞征、占宝卿、江子森等。都改为义图，由图长代理原来的都书。在田赋项外，又加征义图经费，作为图长开支。

民国31年(1942)9月，设立乐安县查征所。隶属于财政部江西区直接税务局南城分局。次年9月，乐安查征所划归临川分局管辖。民国35年(1946)初，裁撤乐安查征所，分别由崇仁、宜黄兼办税收。6月，直接税划归财政部江西区直接税局宁都分局管辖；10月，货物税由财政部江西区货物税局吉安分局负责征收。先后担任乐安查征所主任的有：周舒毅、熊经世、左藩臣等。

民国36年(1947)，县经征处改组为税捐稽征处，处长由县长兼任。副处长1人，由省政府委派，先后由王显麟、何叔连、潘贻元等担任。下设股长、办事员等。

民国37年(1948)3月，省财政厅设立木材自卫特捐吴城稽征所，开征木材特捐。乐安木材特捐隶属于吴城稽征所稽征。

第二节　新中国成立后财政人员编制

1949年10月6日，县委、县人民政府进城办公后，百废待兴，最紧迫的是缺少干部。县委、县人民政府除吸收部分经过培训、审核的旧职人员外，于11月开办了地方干部训练班，招收学员128名，结业录用75名。上述录用人员大部分分配到县、区人民政府从事财粮工作。

1950年4月，县人民政府颁布训令，确定县、区两级机构编制。明确每区设财粮助理员2名。

1951年4月乐安县财政干部名单

表6-1

姓名	职务	性别	籍贯	文化程度
苏　英	兼科长	男		
张　敏	科员	男	辽西义县	高中
杨世武	科员	男	乐安	初中
李慕庚	会计	男	南昌	初中
占世淳	审计	男	乐安	大学
平祥禄	出纳	男	乐安	简师
曾茂成	干部	男	乐安	高小
唐金锭	干部	男	乐安	高小
桂　声	财粮助理	男	临川	高小
王传生	财粮	男	乐安	高小
徐群孙	会计	男	临川	简师
曾师铭	财粮	男	乐安	高小
汪志勇	财粮助理	男	宜黄	高小
占连宗	会计	男	乐安	初小
陈经良	财粮	男	乐安	高中肄业
罗文奎	财粮	男	乐安	简师
宁德麟	会计	男	崇仁	初中一年
董黑生	会计	男	乐安	初中
余祖恭	财粮	男	临川	高师
张怡文	财粮	男	清江	高中
占卓环	会计	男	乐安	简师肄业
陈华柱	财粮	男	乐安	初中
吴自达	财粮	男	乐安	高师

1952年11月，县财政科共8人：科长张敏；副科长李慕庚；干部：曾茂成、胡德群、余文超、游泽如、聂廷辉、平祥禄。

1953年1月，成立县保险公司，为县财政科下属单位。县保险公司共7人：徐佩珍、黄兰英、朱振华、余志德、雷人江、徐斌、蔡新根。

县税务局11人：孔祥兴（副局长）、龚超群、杜吉祥、李海兴、龙经忠、张自强、黄漾福、占财善、周足洪、蔡冲、江龙生。

区级财政23人：一区：李福昌、曾师铭、陈华生；二区：曾政行、王信生、吴自达；三区：黄正莪、彭新士、桂声；四区：占连宗、邹求福、郑长生；五区：黄炳生、邹何生、曾存达；六区：宁德麟、黄昌茂、罗文全；七区：张蓬笑、张怡文；八区：李金祥、汪志汤、龚炳富。

区级税务16人：刘龙发、邬光昊、黄必棠、邹福生、胡家强、杨汉辉、占求玺、李联祥、尧秉仁、尧明华、胡兆祥、翟时球、万莱生、胡久舜、占淑英、鲍逢春。

1956年6月，县委成立财贸政治部。部长，于汶泰；副部长，许尽忠。撤销县财政科，成立县财政局。县财政局人员8名：局长李慕庚；副局长胡德群；审计曾茂成；会计聂廷辉；监察员游泽如；干部邹成镕、邱仁祥（先）、宁德麟（后）、王祖文（注：邱调走后，宁调入）。

1957年紧缩编制，精简机构，动员大批留住机关的干部家属回乡参加生产劳动。1958年核定县财政局行政编制5个、事业编制1个（房管干部），共6个。

1959年1月，县财政局与税务局合并，成立县财政税务局，核定局机关编制13个，实有13人，6人负责税收工作，7人负责财政工作。

1959年12月，全县财税干部（含基层税务所共28人）附下表：

1959年12月乐安县财税干部基本情况

表6-2

单位	职务	姓名	性别	年龄(岁)	籍贯	文化程度	参加工作年月
财税局	局长	孔祥兴	男	37	河南汝南	高中	1948年8月
财税局	副局长	胡德群	男	25	江西乐安	高中	1951年5月
财税局	干部	邹秀华	女	27	江西南城	初中	1951年1月
财税局	干部	占淑英	女	26	江西乐安	初中	1950年12月
财税局	干部	万菜生	男	27	江西临川	初中	1951年7月
财税局	干部	胡久舜	男	31	江西南昌	初中	1951年7月
财税局	干部	傅海	男	29	江西清江	初中	1950年3月
财税局	干部	聂廷辉	男	31	江西乐安	高中	1949年11月
财税局	干部	游泽如	男	25	江西乐安	高中	1951年5月
财税局	干部	任鸿寿	男	25	江西丰城	初中	1952年10月
财税局	干部	曾荣珍	男	21	江西乐安	初中	1956年4月
财税局	干部	熊自栋	男	32	江西靖安	初中	1952年10月
财税局	干部	吴汉清	男	32	江西临川	初中	1952年6月
鳌溪税务所	副所长	李超群	男	34	江西于都	初中	1951年5月
鳌溪税务所	干部	邹端洪	男	25	江西乐安	初中	1958年10月
增田税务所	干部	杨汉辉	男	26	江西临川	初中	1951年10月
招携税务所	负责人	尧秉仁	男	31	江西临川	初中	1951年1月
金竹税务所	干部	徐志龙	男	20	江西乐安	初中	1955年9月
湖坪税务所	所长	刘龙发	男	30	江西乐安	初中	1949年10月
湖坪税务所	干部	黄达清	男	35	江西乐安	初中	1958年10月
牛田税务所	干部	李联祥	男	25	江西临川	初中	1951年1月
戴坊税务所	所长	黄漾福	男	27	江西临川	高中	1951年1月
戴坊税务所	干部	黄近顺	男	27	江西乐安	高小	1956年4月
龚坊税务所	干部	熊秀麟	男	30	江西乐安	高小	1956年4月
公溪税务所	负责人	刘绪洪	男	22	江西乐安	初中	1954年9月
公溪税务所	干部	曾绍香	男	26	江西乐安	高小	1954年12月
南村税务所	副所长	翟时球	男	29	江西奉新	初中	1952年7月
南村税务所	干部	王传栋	男	31	江西乐安	高小	1956年7月

1960年7月，县编委对全县党政群机构设置和人员编制进行调整。县财政税务局系统原定编制30名，现增加5名，共35名，实有人员35名。

8月，县财政税务局增设公社财务股，配备专人负责管理公社财政、财务工作。

1961年1月，各公社税务所改为财政税务所。公社设财务股，人员3~5人，生产大队设财务组，人员2~3人，生产队和社办企业设专职财会统计人员。

1961年10月，省编委、省财政厅在《关于各级财政、税务机构设置及行政编制分配的通知》中。规定：各级财政、税务机构予以分设。乐安县于1962年1月，县财政税务局复又分设为财政局和税务局。分设后，县财政局实有人员9人。

1967年3月，成立县"抓革命促生产委员会"，下设办公室、农业组、工交组、财贸组、文卫组，作为临时性的全县权力机构。

1968年4月，成立县"革命委员会"。之后，全县各公社、县直各单位相继成立"革命委员会"。9月，县财政局、税务局又合并为县财政税务局。1968年10月，成立乐安县财政金融站，领导班子成员曹洪祥、翟时球、王明亮、邓福生，负责人曹洪祥。1969年5月，成立局"革命委员会"，由曹洪祥、江荣春、褚小川、吴汉清为委员(缺1名)，曹洪祥任主任。

1970年3月，县财政税务局与人民银行合并，成立县财政金融局，并成立局革委会，由曹洪祥、李培令、王明亮、毛育山、江荣春、吴汉清(缺1名)等同志组成。曹洪祥为主任，李培令、王明亮为副主任。10月，过义昌继任县财政金融局革委会主任。

"文化大革命"期间，为响应毛泽东关于干部下放的"五·七"指示，县财政局下放到农村的干部4

人：熊志栋、任鸿寿、黄河生、黎向阳。

1972年9月，恢复“乐安县税务局”，将农业税征收工作并入。县以下设立公溪、戴坊、城关、南村、坪溪、湖坪6个税务所，并在谷岗、增田、龚坊；牛田设立税务驻征站。

11月，省革命委员会转发财政部《关于税务助征员列入国家编制的通知》，要求市、县革委会按通知精神办理税务助征员的定编手续。

1973年1月，工商行政管理职能从县财政局划出，单独成立县工商行政管理局。5月，人民银行亦单独分设，又恢复县财政局设置。

1975年10月，地区革委会在《关于配备公社财政干事问题的通知》中，要求每个公社要有一位党委副书记分管财贸工作，配备一名专职财政干事，管理公社财政、财务工作。

1976年底，县财政局工作人员共有16人：王明亮（局长）、吴汉清（副局长）、陈万立（副局长兼房管所长）；局机关：涂继旗、田豫东、黄茂律、唐学海、熊飞云、龚星高、游泽如、黎向阳、戴祐祥；房管所：付维周、占炳煌、曾春英、赵英蕾。

1984年体制改革，撤销人民公社建制，建立乡（镇）人民政府。11月，县编委下达县财政局行政编制16个。

1986年1月，省劳动人事厅、省财政厅决定从原乡（镇）财政干事中选拔录用干部。全省共招收2000名。

2月，省财政厅制定《江西省国营企业财政驻厂员工作管理暂行规定》。5月，地区财政局批准乐安县财政局配置财政驻厂员6名；1996年追加1名，共7名。

3月，全县20个乡（镇）正式建立财政所。所长由乡（镇）长兼任，作为一级财政管理。

1987年3月，地区编委核定全区乡镇党政机关和财政所人员编制，规定原则上按2万人口以下的乡、镇分配1～2个，2万人口以上的乡、镇分配2～3个，各县市财政局根据各自情况，可留乡镇事业编制1个，同时要求乡镇财政所长单独配备，乡（镇）长不再兼任财政所长。核定乐安县财政所编制为35个。

1987年2月，地区编委、地区财政局增加乐安县财政局“国债服务部”编制2名。

同年，根据省人民政府1986年下达的招收乡镇财政干部的精神，经地区劳动人事局批准，乐安县共招收乡镇财政干部23名。

1988年8月，地区财政局、地区劳动人事局、地区编委下达增加农业税干部编制和调配干部的通知：乐安增编9人。

1988年乡镇财政所人员名单

表6－3

单位	财政所长	正式工作人员	临时工作人员
航桥财政所	万辉明	张学军	
山砀财政所	陈新根	周美根	任春萍
龚坊财政所	黄友高	邱淑金	戴玉梅
戴坊财政所	龚生龙	熊晓兰	
鹏州财政所	帅辉德	王丽芳	
潭港财政所		刘二花、黄莲花	周五莲
公溪财政所	沈亚武	万寿保、冯秀、胡高英	徐利明
湖溪财政所	李自发	黄求贤	万琴
牛田财政所	冯书明	黄坚、邓水生	黄轶明
万崇财政所	陈洪根	丁树人	
罗陂财政所	陈传明	王满生、刘志平	
湖坪财政所	李国辉	王小平	
增田财政所	李昌恒	李芳发、邹满强	
望仙财政所	杨毕华	于向荣	梁晓岚
南村财政所	陈友生	梁木杉	陈小明
鳌溪财政所	李善祥	任鸿寿、邹晓红、饶九香、占连芳	杨丽萍
招携财政所	罗凤娇	周福生、谭国华	李秋英
坪溪财政所	李朝东	程仉发	
金竹财政所	董崇明		杨珊秀
谷岗财政所		陈银保、陈茂平	

1989 年,经地区劳动人事局、地区财政局批准,乐安县共选调录用财税人员 11 人,其中选调 8 人,录用 3 人。

1990 年 3 月,地区人事局、地区财政局追加乐安县财政局农业税增干指标 2 名,从现有干部中选调。

1990 年 12 月,县编委核定乡镇财政所事业编制 57 个。为了加强农林特产税的征收工作,县农林特产税征收稽查站留用 4 个编制,其余 53 个编制核定到各乡镇财政所:鳌溪所 6 个　潭港所 2 个　鹏州所 2 个　戴坊所 3 个　龚坊所 2 个、山砀所 2 个、航桥所 2 个、公溪所 4 个、湖溪所 2 个、牛田所 4 个、万崇所 2 个、湖坪所 2 个、罗陂所 2 个、增田所 2 个、望仙所 2 个、招携所 4 个、坪溪所 2 个、金竹所 3 个、南村所 3 个、谷岗所 2 个

1992 年 5 月,县人民政府批转县财政局、税务局《关于加强农村税收聘用村级助征员意见的通知》,全县每个村委聘请 1 名农业四税临时助征员。

1993 年 6 月,地区劳动局、地区财政局下达为部分乡镇财政所招收合同制工人的通知,乐安县招工指标 12 名。用于解决原在乡镇财政所工作的临时人员等。

1997 年 7 月,县人民政府办公室印发《乐安县财政局(国有资产管理局)职能配置、内设机构和人员编制方案》即("三定方案")。核定县财政局机关行政编制 26 名,事业编制 8 名,国资局行政编制 4 名,事业编制 2 名。县财政局领导职数:局长 1 名,副局长 3 名,股级职数 12 名;国资局领导职数:局长 1 名,副局长 2 名,股级职数 3 名。

根据上述"三定方案",成立县预算外资金管理局,为副科级机构,归口县财政局管理。

2003 年 3 月,县人民政府办公室印发《乐安县财政局职能配置内设机构和人员编制规定》即("三定方案")。核定县财政局机关行政编制 26 名,工勤事业编制 2 名,专项事业编制 3 名,农税征管专项事业编制 2 名。核定局领导职数:局长 1 名,副局长 2 名,纪检组长 1 名,农税局长(副科级)1 名,股级职数 11 名。

2011 年 1 月 7 日,县人民政府办公室印发《乐安县财政局主要职责内设机构和人员编制规定的通知》,即"三定方案"。核定县财政局机关行政编制 25 名,工勤编制 2 名。核定领导职数:局长 1 名,副局长 3 名,国有资产监督管理办公室主任 1 名(副科级)、总会计师 1 名;股级职数 15 名(含国有资产监督管理办公室股级职数 1 名)。

第三章　机关建设

第一节　机关制度建设

新中国成立初期,财政工作实行高度集中的管理体制。即统一财政政策、制度、供给标准;财政资金由省统一调拨;人员按统一编制核实;县财政(科)局长由省人民政府省长任命。

对财税人员要求办事认真,廉洁奉公,利民便商,诚恳和蔼,研究政策,遵守纪律。强调要加强财税干部的政策、业务学习,厉行节约;杜绝浪费;对贪污分子要依法严办,好的财税人员要给予奖励。并在财政部门设立监察机构或监察员。

即使在"文化大革命"动乱期间,各级组织也一再要求严格财经纪律,厉行节约,反对浪费,反对经济主义。任何人不得以任何借口拒绝执行国家现行的税收法令;不得以任何借口拖税抗税;不得冲击税务机关,抢劫税款、票证,围攻殴打税务人员和护税群众的必须严肃处理。从而确保了财税机构的正常运作和相对稳定。

进入改革开放的新时期后,各级财政部门更加注重加强财政系统的制度建设,坚持用制度管人管事。2002 年 7 月,县财政局党组就进一步做好党风廉政建设和反腐败工作作出规定。2004 年,省财政厅在全省财政系统推行"八项服务承诺",优化政务环境的活动。2005 年,县财政局先后制定并印发了《优化发展环境追究制度》和《政务公开实施方案》。2008 年,县财政局在全县财政系统开展"提升行政效能,建设服务型政府"主题活动,并下发了《实施方案》。2010 年,县财政局在全县财政系统开展创业服务年活动,制定并下发了《实施方案》。2012 年县财政局党组在局机关和全县财政系统开展集中整治影响发展环境的干部作风突出问题活动。同年,省财政厅在全省财政系统着力推进"五型"财政建设活动,要求建设发展型、公共型、调控型、精细型、效能型财政。

到 2012 年,县财政局制订和完善机关管理方面的制度有:

(1)学习制度。全局坚持周一上午集中学习。

(2)考勤制度。实行上班指纹签到;集体学习手工签到。

(3)请、休假制度。凡请、休假人员一律实行假条审批和销假制度,有事先请假,病假凭医院疾病证

明请假。

(4)卫生管理制度。办公室内每天上班前清扫一次,室外划分责任区,做到“文明、勤奋、卫生、整洁”。

(5)财务、财产管理制度。所有经费、财产实行“一支笔”审批和专人管理,厉行节约,反对浪费。

(6)招待费管理制度。实行统一安排,对口接待,严格控制陪客人数,严格接待标准和接待范围。

(7)小车管理制度。统一管理,保证工作用车,派车实行预约登记,填写派车单,由分管领导审批,核定用油,定点维修,做到安全、准时、整洁、保密。

(8)安全保卫制度。机关设立总值班室,实行24小时值班,法定重大节假日安排领导带班,干部轮流值班。切实落实防火、防盗等措施,预防事故发生,实行社会治安综合治理“一票否决”。

(9)信息工作考核评比制度。要求各财政所每月报送信息不少于1条,局机关各股室每月报送信息不少2条,采用奖励,年终考核评比,评先奖优。

(10)乡镇财政所目标考评制度。每年下达考评任务,年终综合考评,评先奖优。

(11)廉政建设制度。一是建立和落实党风廉政建设责任制和反腐败分工;二是层层签订《党风廉政目标管理责任书》《行风建设目标合同》;三是建立重大事项报告制度。

(12)党组议事规则。对涉及机构设置、人事调整、规章制度的制定,工程招投标以及领导干部重大事项等,均应提交党组会议讨论研究。

第二节　创先争优与创建文明单位活动

1956年,全省财政系统开展先进工作者活动。11月30日,省财政厅决定并发出指示:“为了充分发挥广大财政干部的政治积极性,根据财政部的有关指示和各地方财政系统干部的要求,省财政厅决定在全省财政系统中开展先进工作者运动,交流先进工作经验,推动和提高财政工作水平,更好地完成人民交付财政干部的任务”。还指出“开展先进工作者运动的目的,在于表扬和传播先进的经验,推动改进落后的思想和工作方法,使落后的赶上先进的水平,使先进的更加先进,通过互相学习、竞赛来提高工作水平”。

1958年,县财政局、税务局被评为全区财税工作先进单位。

1959年,戴坊税务所,胡德群、翟时球分别被评为全省财贸系统先进单位和先进工作者。

1960年2月,全省财政会议提出:1960年红旗竞赛运动的口号是:“三大、一高、双五好”。“三大”即大搞群众运动,大力促进生产,大搞共产主义协作;“一高”即力争高速度;“双五好”即“单位五好”(依靠党的领导好,坚持政治挂帅好,开展增产节约运动好,贯彻政策好,完成任务好)和“个人五好”(思想好、工作好、学习好、劳动好、作风好)。

1963年5月,县财政局副局长翟时球出席全省一九六三年财贸系统先进单位和先进工作者会议。

1965年3月,省财政厅发出致全省财政干部的一封信,要求立即掀起广泛深入地学习毛主席著作的新高潮。

1978年5月,县财政局预算组被评为全省财贸系统学大庆学大赛先进单位,组长涂继旗出席会议。

1981年6月,省财政厅、商业厅等单位要求在全省财贸系统造成一个人人讲礼貌,个个讲文明,努力改善服务态度,不断提高服务质量,全心全意为人民服务的风气。并要求开展文明礼貌活动同学雷锋、学劳模、树新风结合起来,同社会主义劳动竞赛结合起来,同为“四化”立功结合起来,同学业务、学技术,大练基本功结合起来。

1991年4月,县财政局组队参加抚州地区财政知识大赛,获团体第二名。

1990年代以后,县财政局深入持久地开展创建文明单位活动。1994年1月,县财政局被评为县级“文明单位”。2005年被评为市级“文明单位”。1996年,县人民政府命名公溪、牛田、龚坊、潭港、鹏州、南村、增田、万崇9个财税所为“文明单位”。县财政局住宅小区2004年被江西省五好文明家庭创建活动协调领导小组授予“文明楼栋”称号;局机关团支部被团省委评为“2003～2006年度全省五四红旗团支部(总支)创建单位”。2006年,县财政局被评为“江西省第十届(2004～2005年度)文明单位。2008年3月,县财政局被评为江西省第十一届(2006～2007年度)文明单位。2010年4月,县财政局被评为江西省第十二届文明单位。2012年12月被国务院扶贫开发领导小组评为全国扶贫开发先进集体。

县财政局各股室在历年的考评中,被上级有关部门评为单项先进的不胜枚举。

2009年3月,县财政局股长张永诚撰写的《喜看家乡变化》一文,荣获全市2008年“财政与改革开放30年征文”活动佳作奖。

局综合股撰写的《当前非税收入管理中存在的

问题及对策》,被省财政厅评为"2012 年全省非税收入管理相关课题调研活动优秀调研报告"。

第三节　机关文化、体育活动

县财政局机关一直重视职工群众文化、体育活动。除组织干部职工积极参加全县性文体活动外,从 2002 年起,县财政局、国税局、地税局连续 11 年在每年的元宵节,联合举办文艺联欢晚会,各自组织文艺节目,干部、职工登台自演自唱,丰富了干部职工的文化生活。

开展全民健身活动。成立太极拳辅导站,组织太极拳爱好者开展活动,并多次在全县性比赛中获奖。组织象棋爱好者,参加全区财政系统象棋比赛,并在全县象棋比赛中,荣获团体第二名。此外还经常举行篮球比赛等。

加强对退休老干部活动的支持。成立老年人体育协会、钓鱼协会、集邮协会等,建立老干部活动室,自我管理、自主活动,帮助解决活动经费等实际困难。

第四节　培训与继续教育

新中国成立后,各级政府和财政部门注重对财政系统人员的政治业务的培训。主要通过上岗前培训、短期集中培训、以会代训等形式,提高干部职工的政治业务素质。对专业技术人员的培训,主要通过函授、职称评聘考试等形式,促进专业技术人才的继续教育、终身教育,提高其专业水平和能力。

(一)培训

新中国成立初期招收的财粮干部,都要经过政治业务培训,经过考核,使其掌握财政政策,熟悉财政业务。

进入新世纪后,财政系统新进入人员大都采取"凡进必考",上岗前培训,使一大批有专业知识的青年干部充实到财政干部队伍中来。

对于原有的财政系统干部职工和全县财会人员,则分别采取集中培训、函授等形式,不断提高其适应新形势新任务的要求。

1996 年 8 月 1 日至 15 日,县财政局用半个月时间举办全县财务人员上岗前培训。

根据国务院的统一部署,从 1993 年 7 月 1 日起,全国企业全面实施新会计制度。从 6 月份起,县财政局组织举办了全县各企业各行业财会人员培训班,共举办了三个班次,参加培训学习人数达 160 多人,占应参加培训人数的 80%。

1993 年至 1994 年,县财政局与县农牧渔业局联合对全县村级财务人员进行了集中培训。共举办了三期,参加培训人员 173 人,占应参训人员 80%。通过培训,使村极财务实现了五统一,即统一会计科目,统一采用借贷记账法,统一账簿、报表格式,统一会计凭证,统一村级会计的培训考试、发证,对会计人员实行凭证上岗。

2006 年 12 月,省财政厅举办了全省乡镇财政干部培训班。县财政局积极组织乡镇财政所人员参加培训,提高他们的政治、业务素质。

(二)函授

1989 年,江西省"中华会计函授学校"抚州分校在全区设立函授站,乐安隶属于临川函授站。当年招收专科生 10 名。1991 年毕业 9 名。

1990 年,成立"中华会计函授学校抚州分校乐安班",招收学员 50 名。1992 年毕业 26 名。

1991 年,开办"中华会计函授全科班"及在财政所现有干部职工中招收 3 名"九江分院专修班"学员。

1995 年,中华会计函授学校抚州分校继续招生。招生对象:具有初中毕业以上文化程度的在职财会人员(含集体、企事业单位财会人员)及有志于财会工作的从业人员和社会青年。全科班 250 名。乐安属临川站。

(三)专业技术职称评聘考试

1983 年,地区财政局首次组织会计资格考试,大规模地解决了原有从事财务人员的职称问题。

1986 年 2 月,国务院发布《关于实行专业技术职务聘任制度的决定》,中央职称改革工作领导小组转发财政部制定下发了《会计专业职务试行条例》和《实施意见》。从 1989 年开始,县财政局对会计专业人才,按照职称改革的统一部署和要求,进行了大规模的集中培训、考试和评聘工作。1989 年,乐安县取得会计师资格人员 7 名。之后,邹细发、任鸿寿、周树宗取得注册会计师资格。

为了做好 1993 年会计专业技术资格考试工作,县财政局认真做好考前的报名发证和考试工作,提供各种学习资料达 1283 册,组织参加考试人员 414 人,其中报考会计师 55 人、注册会计师 45 人、助理会计师 191 人、会计员 123 人。

1994 年,局机关曾招生参加全国会计专业技术资格考试,获得注册会计师全科合格。1996 年又考取注册评估师。

1992～2012年乐安县会计专业技术职称情况一览表

表6-4

年度	会计师		助师		会计员	注册会计师	中级	初级	高级会计师	从业资格证
	企业类	预算类	企业类	预算类						
1992	7(师甲)	—	17	13	—	—	—	—	—	—
1993	12	—	36	27	—	—	—	—	—	—
1994	26	2	78	1	62	—	—	—	—	—
1996	12	—	35	—	39	—	—	—	—	—
1997	3	—	21	—	17	—	—	—	—	—
1998	7(A)类	—	31(A)类	—	15	5	—	—	—	—
1999	—	—	—	—	—	—	8	49	—	—
2000	—	—	—	—	—	—	2	44	—	—
2001	—	—	—	—	—	—	1	30	—	81
2002	—	—	—	—	—	—	8	9	—	75
2003	—	—	—	—	—	—	5	4	—	35
2004	—	—	—	—	—	—	10	12	—	333
2005	—	—	—	—	—	—	6	4	2（高级会计师合格证）	79
2006	—	—	—	—	—	—	7	6	—	38
2007	—	—	—	—	—	—	7	—	—	25
2008	—	—	—	—	—	—	4	3	—	24
2009	—	—	—	—	—	—	—	2	—	8
2010	—	—	—	—	—	—	—	3	—	6
2011	—	—	—	—	—	—	2	3	—	9
2012	—	—	—	—	—	—	—	—	—	5

第五节 改善办公条件 逐步实现办公现代化

（一）办公用房

从1949年10月成立县财粮科到1971年年底，县财粮科、财政科、财政局、财税局等均在县人民政府、县人委、县革委会机关办公。

1970年3月，成立县财政金融局，与人民银行合署办公。办公地址迁入县人民银行办公楼内。即现在的长征路县工商银行办公楼内。

1973年，县财政局与税务、银行分家。经批准，县财政局与税务局在广场路合建办公楼（即原司法局办公楼地址）。兴建期间，县财政局机关借用坐落在鹤栖路的下属单位——房管所的办公房办公。1974年建成办公楼后，搬入新办公楼。

改革开放后，随着经济社会的发展，财政人员的增加，原有的办公房不能满足需要。经批准，县财政局在长征路（县林业局对面）兴建新的办公楼，1980年建成后迁入新址办公。

1985年5月，地区财政局批准乐安县财政局兴建财政驻厂员办公楼（即局办公楼后面），后改为财政局招待所。

随着县城范围的扩大，县城乐安大道的兴建，县财政局根据县委、县政府的统一规划和要求，于1997年在乐安大道（原石油公司办公楼旁）征地2万多平方米，兴建财政局办公大楼、宿舍区及附属设施。办公大楼共7层，建筑面积为2724平方米。11月签订合同，至2000年10月全面竣工，12月9日迁入新址办公。

（二）职工宿舍

1974年12月，地区财政局批复乐安县财政局，同意利用旧房一栋进行翻修作职工宿舍（即原老炸药仓库旁，现县卫生局后面），建好后，移交给县房管所管理。

1980年在长征路（县林业局对面）兴建办公楼的同时，在办公楼后面兴建了四套宿舍；并在东门城墙路兴建了五户干部职工宿舍。

1984年10月，县财政局在东门城墙路原建宿舍区扩建职工宿舍4套，每套122平方米，共488平方米

1989年10月，县财政局在原县消防大队旁，兴建干部职工宿舍，解决了10多户干部职工的宿舍问题（每套55平方米）

1998年，县财政局在乐安大道财政大楼新址后面建设住宅小区，集资兴建单元式宿舍2幢32户，并联式宿舍5幢10户。

此外，利用财政局土地，通过招商引资，兴建"财苑宾馆"。

（三）车辆

从新中国成立后到1981年，县财政系统均未配备车辆。1982年始购买"富奇"吉普车一辆。1986年2月，县财政局"富奇"吉普车作价调拨给县人武部。经批准，购买一辆"五十铃"双排座客货两用车。1991年8月，经县政府批准，县财政局购买一辆"江铃"双排座客货两用车。为了搞好农税稽查，县财政局成立了农税稽查队，于1991年冬和1992年春分两批购置了农税专用摩托车21辆（县农税股购入三轮摩托车1辆，全县20个乡镇财政所购置两轮摩托车20辆），后又购买吉普车1辆，与税务、公安等部门联合执法。1993年省财政厅下达专项经费，县财政局购入"切诺基"农税专用车1辆。

1997年1月，县财政局根据上级财政部门增配农税专用车的精神，购买"桑塔纳"轿车1辆。

1998年12月，购买"富奇"吉普车1辆。

2003年1月，又购买"桑塔纳"轿车1辆。

2005年1月，购买"中华SY7201Z"轿车1辆。

2008年1月，购买"雪佛兰"轿车1辆。

（四）"金财工程"的实施

20世纪90年代初，随着计算机技术的发展，为使财政报表及时准确，县财政局机关开始配备、使用电脑，省、地财政部门也先后多次为县乡财政部门配备电脑。当时的主要功能是用于打字、编制报表和处理一些简单的财政业务。

进入新世纪后，财政部在全国财政系统建立"金财工程"。"金财工程"即政府财政管理信息系统，简称GFMIS，是利用先进的信息技术，支撑以预算编制，国库集中收付和宏观经济预测为核心应用的政府财政综合信息系统。其建设目标由两大部分构成，一是包括预算管理、国库集中收付、国债管理等核心财政业务的管理系统和宏观经济预测系统，即财政业务应用系统；二是覆盖全国各级财政管理部门和财政资金使用的信息网络系统。

为使干部、职工熟练掌握、操作使用电脑，县财政局每年多次派员参加地区财政局的电脑操作培训，或自我组织培训，明确要求县乡财政工作人员都要学会和熟练掌握电脑使用操作技术，对新招考进入财政系统的人员，熟练操作电脑成为必备的条件。从而为全县财政财务工作和财政管理工作实现办公现代化、信息化，打下了良好的基础。同时，为实现"金财工程"，县财政局成立了"信息中心"。

通过实施"金财工程"，县财政局先后实现了本机关内部的电脑联网，实现了省、市、县和全县乡镇财政所的电脑联网，加入了江西省财政系统内部数据传输网。2010年局机关安装了视频会议设备。

"金财工程"的实施，为实现财政工作信息化、网络化，为推进财政一系列改革，加强财政资金全程监管，创造了良好的物质和技术平台。

第四章 中介机构、学会、企业

第一节 中介机构—会计师事务所

为适应社会主义市场经济体制的要求，充分发挥中介机构的服务功能，根据上级财政部门的精神，经县人民政府批准，1990年5月，成立"乐安县会计事务所"，并正式挂牌营业。为挂靠县财政局的中介机构。9月8日，任命邹细发为县会计事务所所长；11月21日，由任鸿寿接任所长。

1994年初，根据省财政厅关于将全省会计事务所更改为会计师事务所的精神，7月，经县人民政府批准，将"乐安县会计事务所"更名为"乐安县会计师事务所"。县财政局任命周树宗为乐安县会计师事务所所长。1997年12月由曾招生兼任所长。

1999年8月，根据财政部关于会计师等中介机构脱钩改制的精神，为了更好地发挥注册会计师在社会主义市场经济中的中介职能以及鉴证和服务作用，县财政局批复：乐安县会计师事务所脱钩改制。在人员、职能、财务、名称四个方面与县财政脱钩，财产、资产以1999年8月31日为基准日期。改制后，由饶翠云任会计师事务所所长。

"会计事务所""会计师事务所"成立几年来，协助县财政局开展了企业实施新会计制度的培训，举办了农村会计培训班，参与会计专业技术资格的报名、发证和考试的组织工作，承担了中华会计函授乐安辅导点中专班的授课工作，参与了"乐安县资产评估小组"的组建工作和财税物价大检查工作。改制后，作为社会中介机构，主要发挥中介职能和鉴证服务作用。

第二节　会计学会、珠算协会

（一）会计学会

1986年10月28日，县财政局成立“乐安县第一届会计学会”。由局长周树宗担任会长，副会长：田予东、黄福生等。

1989年1月，第二届会计学会。会长周树宗。副会长：李想、黄福生、刘春生、郭隆才（林业局会计）。秘书长曾文才。副秘书长：黄茂律、杨六生。常务理事：各乡镇财政所长。

会计学会为群众性学术团体。其宗旨是以马列主义、毛泽东思想为指导，坚持理论联系实际的原则，贯彻“百花齐放、百家争鸣”的方针，团结和组织全体会员，研究会计科学，为提高会计理论和专业水平，促进财政工作更好地为经济建设服务。

1989年7月，根据财政部通知：由华人世界社倡议，中国会计学会、华人世界社、中央人民广播电台、中央电视台决定，联合举办全国首届会计知识大赛。根据上述精神，县会计学会成立了乐安县会计知识大赛组织委员会，并积极组织赛事。要求各单位按50%以上财会人员参赛。第一赛程，由县直主管部门组织进行；第二赛程由县直各主管部门组队参加。第一赛程安排在10月下旬进行，各主管单位于11月15日前将比赛结果报县大赛组委会；第二赛程为选拔赛，每队选出4名队员（1名为候补）参加县选拔，产生3名正式队员（1名候补），代表县参加地区选拔赛。选拔赛时间为1989年11月下旬。最后选出4名代表参加地区首届会计知识竞赛。经过角逐，获团体优秀奖，其中1人获个人赛第6名。

2000年4月，县财政局就认真做好第二届全国会计知识大赛乐安赛区的组织工作作出安排，6月底至7月上旬组织选拔赛，并从优胜者中选拔3人参加地区竞赛，获全区团体一等奖，刘永获“优秀赛手”称号。

（二）珠算协会

为了更好地组织开展珠算学术交流活动，不断提高技术水平。乐安县珠算协会暨第一届珠算技术比赛大会于1985年6月18日在县城举行。出席珠算协会成立大会并参赛的代表共100名，并特邀了七二一矿、二六一队、公溪矿贸公司代表各一名。各系统、乡镇另派一名领队。会议选举了周树宗任县珠算协会会长。

6月17日举行珠算技术比赛，优胜选手出席8月13～14日在宜黄县举行的抚州地区第三届珠算技术比赛。乐安县出席比赛的选手有：县税务局罗凤灵、县工商银行桂华平、吴小平、邓美兰。县财政局游泽如为领队。

1987年8月下旬，举行了县珠算协会年会和全县珠算比赛，选拔参加全区珠算比赛的代表，总结珠算协会两年来的工作，调整充实了协会会员。

1991年3月，县珠算协会举办全县珠算科技知识竞赛。成立组委会和评委会。由县人大副主任杨明华担任名誉主任，周树宗任主任。

1996年5月，县珠算协会组织会员参加1996年“海峡两岸珠算通信比赛”（抚州赛区），以县市为单位设立赛区，比赛分“社会大专组”“中学组”“小学组”三个组进行。比赛设加减算、乘算、除算三项，三项加总为参赛个人成绩。5月26日上午，全国统一试卷，分别组织比赛。乐安县共组织社会大专组300人参赛。

1998年5月24日，县珠算协会组织人员参加“1998年海峡两岸珠算通信比赛”获奖人数100人。

此外，乐安县财政局的涂继旗当选为第一届地区珠算协会理事，曾文才当选为第二、三届地区珠算协会理事。

第三节　企业—德宝经贸公司

1992年邓小平南巡谈话后，全国掀起了新一轮思想大解放热潮，在党政机关中出现了一股兴办公司热。1993年6月，县财政局成立“乐安德宝经贸公司”，公司地址设在桥背街原县土产公司仓库内。7月15日，省财政厅批复同意成立“乐安德宝经贸公司”，并同意参加财政部北京德宝经贸公司江西公司（作为子公司）的活动。

8月10日，财政部根据中共中央、国务院关于清理、整顿党政机关兴办各种公司的布署，下发了“关于财政部门清理各种资金，整顿举办的各种公司的通知，要求在10月底前清理完毕。根据此精神，“乐安德宝经贸公司”即停止业务，注销公司。

大事记

宋

绍兴十九年(1149)

划崇仁县之天授、乐安、忠义三乡和永丰县之云盖乡合置一县,名为乐安县。县治设鳌溪。

绍兴二十年(1150)

县令魏彦林鉴于乐安舟车难通,上书请求获准将59900余石官租(田赋)折交钱币。

元

中统元年(1260)

始立钞法,确定纸币制度。发行纸币,全国通用。

至元元年(1335)

全县水灾严重,大闹饥荒。

至元四年(1338)

田赋拟复征实物,县民刘成德自费赴京,请准仍沿用钱币折交。

明

洪武元年(1368)

民户有田1顷的出丁夫1人,赴京供役30日。田多人少的允许请人代役,每亩出米2升5合,后成定额。

洪武二年(1369)

典史丁与贤上书申奏免征漕税获准。

洪武十三年(1380)

朱元璋以徭役不均,命造黄册(册面用黄纸,故称),备载各户赋役,每10年调整一次。

洪武二十年(1387)

开始对田亩进行丈量,画图编号,编类为册,称鱼鳞图册。

景泰元年至七年(1450~1456)

连年水灾,百姓生活困难。

嘉靖三十五年(1556)

江西巡抚蔡克廉为减轻百姓负担,倡议实行"一条鞭"法。即把各种税捐归并为一条,百姓照定额纳税,不另服役,由官府总收总支,募人充役。

嘉靖三十八年(1560)

知县吴准决定维修县城城墙,为筹集资金,清理县库得银二千余两,请求上司补助银二千五百两,后复得上司批准豁免乐安当年上缴田赋,得秋粮款五千二百余两。历时一年,即全面竣工。

嘉靖年间,乐安浮粮虚税自洪武以来,积弊日深。"问乐安钱粮,积欠一十三万有奇。……而所以致此。罪者其弊有二:一曰钱粮虚浮加额;一曰均平加派逾常。"以致"入监联索,几百十人。污秽成疾,死苦百端;痛痛彻髓,正仰哺求活之日也。"形成了严重的社会问题。

隆庆三年(1569)

“一条鞭”法在江西全省70余县施行。

万历九年(1581)

朝廷推行“一条鞭”法,实行赋税合一,分夏秋两季征收。“一条鞭”法通行天下。

万历十六年(1588)

患水灾,知县盛洪翼带头捐俸赈灾,并劝富户捐资助赈。

万历三十八(1611)

乐安共计田柒仟肆佰五顷肆拾一亩柒分,水塘贰佰捌拾柒顷贰拾壹亩柒分,旱地叁佰捌拾壹顷叁拾肆亩壹分,山地柒佰壹拾壹顷玖拾肆亩壹分。以上田、地、山塘共计捌仟柒佰捌拾五顷玖拾壹亩,共征税银叁万玖仟叁佰陆拾贰两陆钱叁分捌厘六毫。之后,以此为定例。(注:1顷为100亩)

崇祯七年(1634)

维修城墙,名臣詹尔选和时任怀宁县知县黄配元率先捐资,一时士民争相捐助达九千余两。县府见民众捐资踊跃,决定不足部分由县府支付,遂全面动工。

清

康熙二十三年(1684)

清理田赋积弊,筹复仓储,订立乡约,创设圩市。

康熙五十二年(1713)

规定以五十年(1711)的人丁数为准,“续生人丁,永不加赋”。

乾隆四十四年(1779)

天大旱,饥民请赈救灾,知县米锦诬民谋反,把总朱秉智为民伸张正义,被构罪下狱。

雍正二年(1724)

“耗羡归公”,即所征田赋附加,全部上缴朝廷,另按规定发给官吏廉银。

雍正五年(1727)

各县摊丁入地,地丁合一,将丁银按田亩分摊,合并征收。

咸丰五年(1855)

因捐军饷银18000余两,获准增加文武学额各1名(原文武学额各12名)。

咸丰十年(1860)

共捐军费银98406两,获准以90000两永增文武学额9名(至此文武学额增至22名);以8406两暂增文武学额4名。

同治六年(1862)

整顿钱粮,将丁役、漕米两项,一律换制钱,由官兑换银两解部。

同治七年(1868)

米一石,折收银1两9钱,1两3钱解部,6钱留地方。

宣统二年(1910)

清政府颁布《币制例则》,以银为本位,以元为单位,元、角、分、厘,以十进位,永为定价。

中华民国

民国元年(1912)

中华民国成立,撤县署,改置县公署,废知县,改设知事,内设第一(刑民)、第二(钱谷)科,职掌财政、民政、教育等事务。

省军政府决定,宣统二年(1910)田赋旧欠一律豁免,宣统三年(1911)田赋旧欠按8成征收。

5月　遭百年罕见大水灾,冲毁大批房屋,大部分农田被淹没,作物无收。三、四、七都农民奋起向地主进行“要减租、反送租”斗争,烧毁何氏大祠及地主何华堂住宅,县城地主被迫作出让步。

民国2年(1913)

地丁银每两改征银元2元2角,手续料7分。米折每石折银洋2元9角,手续料7分。

民国3年(1914)

乐安划属豫章道(道治设南昌)。

6月28日　江西省巡按公署发布命令,自即日起田赋一律改征银元,同时下达各县征缴数额。

民国4年(1915)

7月　田赋增加上解中央专款,于兵米项下,丁每两增附税3角,米每石增附税5角。所增附税以5成解中央,2成解省,3成留县。

民国6年(1917)

取消田赋遇闰加征的规定。

民国7年(1918)

乐安毛边纸生产达15000余担,外销南昌、九江、汉口、上海等地,驰名海内外。

民国10年(1921)

11月25日　因财政困难,省公署下令,全省所有机关职员一律停薪2个月。

民国12年(1923)

6月23日　江西税案经省议会第三次大会表决通过,规定县府税款3成解省,7成留县自用。

是年　由于苛捐杂税剧增及兵事频繁,乐安夏布生产由萧条而停业。

民国15年(1926)

改县公署为县政府,置县长,内设民政、财政、教育、建设四科。

7月21日　省督决定自即日起,对洋靛、洋糖、洋油、洋纱、匹头、洋杂货等6种商品加征内地商捐。

民国16年(1927)

3月　省政府通令各县,对田赋附税在正税30%以内酌情征收,作为县经费。

民国17年(1928)

省政府公布县政府财政局组织暂行条例,规定财政局为地方财政机关,但省税征解仍由县政府负责办理。

民国18年(1929)

1月　江西省发行短期地方公债50万元,充作"剿匪"经费。

民国中央政府颁布《县组织法》,规定县财政局职责:(1)县预算决算;(2)县公债;(3)县公产处分;(4)县公共事业管理等方面的征税、募债、管理公产及其他财政事项。

是年　在航桥、小陂乡设立行商收税卡,征收本县进口商品税。

民国19年(1930)

1月　田赋及杂税由原县政府经解,改由县财政局经解。

同月　公布施行《会计师条例》。

4月　江西省发行第三次有利短期流通券120万元,应付"剿匪"之用。后又发行加印有利短期流通库券40万元,用于解决财政困难。

民国20年(1931)

11月　按照中央关于一切税款完全由财政局接管的规定,省务会议决定,县财政局长人选由省财政厅提名报省政府委任,并颁发财政局接办税款办法

是年　实行保甲制度。全县5个区公署,30个保联办公处。

乐安县田亩数(民国20年中央统计局调查结果):清初原额879000亩,清同治时成熟亩数:880000亩,民国20年额征丁数亩数:747000亩,中央统计局估计亩数830000亩。

民国21年(1932)

2月　全省"清匪"会议决议征收特种物品"清匪"善后捐。

8月　省政府决定整顿田赋、营业各税及钨砂盈余等收入。为核实耕地面积,决定在南昌、乐安等20个县实行航空测量。

9月　县政府设立"食盐公卖处",封锁食盐进入苏区。

民国22年(1933)

各县开征营业税,次年又收归省办。

11月　临(川)八(都)公路、乐(安)石(塘)公路正式通车。国民党为"剿匪"需要,又修通县城至望仙的临时公路。

12月　县政府成立财务委员会,下设审核、出纳两组,负责审核全县财政收支。

民国24年(1935)

11月7日　省政府布告将中央、中国、交通、农民四家银行发行的纸币定为法币,完粮纳税和流通均使用法币,不再使用银元。

是年　重新制定江西省征收田赋章程,废除过

去的丁米屯粮等名目,统称田赋,并规定正附税数目明注串票上,以便完纳。

是年　取消都书制,裁撤库粮房,成立经征处,接办征收事项;都改为义图,由图长代理都书。在田赋项外加征义图经费,作为图长开支。

民国26年(1937)

6月　省政府行政会决议正式实施财政四权分立制度,将经征、出纳、会计、审核四种职权明确划分,各自执行,互相制约,减少弊端。

同月　取消"清匪"善后捐,将营业、屠宰各税交由省财政厅直接管理。

12月　县政府成立会计室,会计职掌由财政局划出而独立。

民国27年(1938)

1月　取消屠宰税商人包税制,由县经征处统一征收。

7月1日　改革会计制度,由原跨年制改为历年制。

是年　省财政厅颁发各县筹措战时经费的5项规定:(1)酌收地方特产捐;(2)增收城镇铺捐;(3)酌收商品战时利得税;(4)酌收田赋附捐;(5)举办富户乐捐。

是年　江西裕民银行乐安县办事处成立,代行县金库职能。

民国28年(1939)

是年　省改订屠宰税率,猪每头征收3元,羊每头征收1元,牛每头征收10元。

是年　省政府通令,实施县地方总会计制度。

民国29年(1940)

4月　设立难民收容所,收容南昌、新建等九县沦陷区难民。

是年　成立田赋管理处,田赋改征实物。

民国30年(1941)

1月1日　实行省县财政划分,将屠宰等税的全部或一部分划为县地方收入,将县政府行政经费及若干事业经费划由县预算列支。

是年　撤销县财务委员会,新成立县行政会。

是年　开始实施分税制,划分中央、省、县财政,正税收入大部分上解。如规定田赋全部归中央接管统筹。工商营业税70%解缴省库,30%归县收入。县内费用随正税附加、摊派等办法解决。

是年　实行新县制,县政府机构由三科一室改为五科二室:财政、民政、教育、军事、建设科和秘书、会计室。

民国31年(1942)

2月14日　省政府颁布车船使用牌照税通则,分别按自用或营业,依照载重数量分等征税。

4月　国民政府发行的关金券(海关金单位兑换券),开始在全省市面同时与法币流通,关金券1元折合法币20元。

5月　国民政府修订公布契税暂行条例。

9月　公布预算法,自民国32年(1943)1月1日起施行。

同月　设立直接税南城分局乐安查征所。

是年　省财政并入国家财政,以县市为单位建立自治财政,形成国家财政与自治财政两级财政体制。

民国32年(1943)

县金库向全县发放合作贷款4.46万元。

10月　财政部江西税务管理局聘请督察视导员分赴全省各地督导财税工作,许宏璋负责督导崇仁、乐安县,乐安籍杨溯溥被聘为负责新干、峡江县督导工作。

民国33年(1944)

6月30日　省政府制定土地税征收规则,共35条。

8月　乐安查征所划归临川分局管辖。

民国34年(1945)

6月　国民政府公布施行《会计师法》。

7月　省政府转发国民政府食盐专卖条例,并从12月份起实行食盐专卖。乐安初由南城盐务分处管辖,后由黎川盐务分处管辖。

8月15日　日本无条件投降,抗日战争胜利。

秋　县政府奉命宣布豁免田赋一年和停征历年田赋旧欠。同时宣布停止征兵一年。

民国35年(1946)

国民政府将全国财政改划为中央、省(市)、县(市)三级,江西恢复省级财政。

乐安因交通阻塞,经济萧条,税源稀少,年初,裁撤乐安查征所,分别由崇仁、宜黄兼办税收;6月,直接税划归财政部江西区直接税局宁都分局管辖;10月,货物税由财政部江西区货物税局吉安分局负责征收。

民国36年(1947)

2月13日　省政府令各县市自该年度起,营业税严禁摊派包征。

是年　全县人口普查:共15278户,89919人,其中男44302人,女45617人。

民国37年(1948)

3月　省财政厅设立木材自卫特捐吴城稽征所,开征木材特捐。乐安木材特捐隶属于吴城稽征所稽征。

8月　国民政府改革币制,发行金圆券。以金圆券1元折合法币300万元的比例收兑急剧贬值的法币,并大肆收兑民众手中的黄金、白银和银元。

9月　县政府颁发国民身份证。

民国38年(1949)

3月　县长刘守中组成"乐安县应变委员会",趁机苛捐派款,作逃亡之计。

4月　银元价格开始挂牌,并规定全省征税改银元。

9月13日　中共乐安县委和县人民政府工作人员,由临川进入县境南村,16日宣布乐安县人民政府正式成立。阎兴任县长。

是年　全县大水灾,因迫近解放,国民党政府忙于逃命,无心过问灾情。

苏区时期

1928年

春　赣西特委派袁振亚、聂克中、吴鲁观、吴立仁等人先后来到招携和大金竹,创办"夜校班",先后在招携、大金竹发展共产党员,并成立全县第一个党小组。6月,成立第一个党支部,张英任支部书记。

1929年

2月27日　毛泽东,朱德率领红四军从永丰藤田来到乐安招携,宣传发动群众打土豪、分浮财、筹粮款,没收了豪绅地主谭士杰的财物分给贫苦农民。

10月　在小金竹村成立乐安县临时苏维埃政权—乐安县革命委员会。

1930年

1月25日　陈毅率红四军第一纵队冒雪从大金竹出发,在乐安游击队的配合下,攻打乐安县城。进城后,召开群众大会,宣传"办农协、建政权、打土豪、除劣绅",随即逮捕了奸商乐子岭,打了游泰顺当铺,对土豪詹萝卜进行了罚款,并将没收的粮食和财物分给了贫苦农民。

1月26日　毛泽东率领红四军第二纵队从宁都东韶来到大金竹。毛泽东在大金竹"上屋"召见了乐安苏区的张英、张方说等人,详细询问和了解了乐安革命斗争情况。

1月底　中共乐安县第一次党员代表大会在招携召开,正式成立了中共乐安县执行委员会。

3月至6月　乐安苏区开始第一次分田。在竹溪、招携、善和等区、乡纵横60平方公里,26000多人口,58000多亩土地的地区,没收地主、豪绅、祠庙的土地、山林,把土地分配给无地少地的农民。

6月　乐安县第一次工农兵代表大会在招携港田召开,正式成立了乐安县苏维埃政府,取代县革命委员会。

11月27日　江西省苏财政部拨款100万元,创设江西工农银行。该行在1932年3月由中央苏维埃政府改为国家银行。

是年　江西省苏维埃政府决定,"在城市和农村中普遍设立的劳动学校,儿童青年工农失学的一律免费入学"。

1931年

1月初　中央红军在宁都东韶至乐安金竹、引水一带歼灭国民党军第五十师一个旅,俘敌3000余人,缴获无数;4日残部向永丰、乐安方向逃窜,经过善和时,被善和区游击队俘获和击毙30多人,缴获枪支10余支。

从1930年底至本年初,乐安苏区发生了以肃清"AB团"为名的扩大化严重事件—"乐安事件"。乐安苏区早期的共产党员张英、曾友颜、张墨卿等被迫害致死;致使乐安苏区革命出现低潮。

4月　赣西南特委东路行委派人前来乐安整顿恢复各级组织,成立中共临时县委。

4月中旬　蒋介石发动第二次对中央苏区的"围剿"后,敌第26路第27师高树勋部驻守乐安。21日,第27师遭红军主力截击,于22日凌晨取道大金竹,向乐安方向撤退,乐安苏区军民乘胜追击,缴获枪支100多支,战马数十匹。

春　乐安苏区又在中部,北至增田舟坊,南至望仙、东起南村稠溪,西到流坑、水南、牛田、峡圳等地24000多人口,96000多亩土地的地区,进行了分田。

6月下旬　在招携召开了中共乐安县第二次代表大会,重新组建了中共乐安县委员会。

6月底　县独立团政委张方说率独立团战士二百多名,攻打驻守县城的"保卫团",敌逃窜公溪,独立团乘胜追击,追至牛田杨家院将敌击败,缴获步枪十余支及煤油、面粉等大批物资。

8月　敌第10师奉命由宁都黄陂撤回临川,路过乐安大金竹、招携等地时,沿途放火烧毁民房千余栋,大肆抢劫财产,杀害无辜群众,苏区人民拿着梭标、镰刀、锄头、木棍等与敌人搏斗。缴获敌人大量的枪枝、弹药及其他军用品,使县地方武装装备一新。

8月16日　毛泽东、朱德命令罗炳辉、谭震林率红十二军冒充红军主力,迷惑敌人。红十二军由黄陂、小布翻山进至乐安,占领了乐安县城。当敌人被吸引过来后,又开回了小布,把敌人拖得饥疲沮丧,取得了中央苏区第三次反"围剿"的胜利。

11月　乐安县第三次工农兵代表大会在招携举行,选举产生了新一届县苏维埃政府组成人员,同时选举了唐友顺、黄其祥、陈德民3人为出席全国第一次工农兵代表大会的代表。

12月1日　临时中央政府颁发《中华苏维埃共和国暂行税则》。

12月29日　江西省苏维埃政府就执行临时中央政府颁发的《中华苏维埃共和国暂行财政条例》发出训令。规定省、县、区设立财政部,城市设立财政科。各级财政部、科、隶属上级财政部,"绝对执行上级财政部的命令",同时也接受同级政府的命令和指挥。

1932年

2月4日　中共江西省委发出通知,"动员全党同志坚决执行财政统一政策",改变过去财政各自为政,自收自支的混乱现象。

3月8日　中共江西省委作出《关于反对贪污浪费,厉行节俭运动的决议》。

5月1日　江西省苏维埃第一次工农兵代表大会通过的《财政与经济问题》决议中,就严格执行临时中央政府《暂行财政条例》和统一财政训令提出了6条措施:(1)实行预决算制度。(2)一切收入按数上缴,开支费用由上级支配。(3)农业、商业、工业各税按中央《暂行税则》征收。(4)鼓励提高农村生产和发展工商业,以增加税收。(5)发展游击战争,扩大苏区并进行筹款。(6)严禁一切浪费。

7月1日　临时中央政府发行第一期革命战争短期公债60万元。乐安苏区推销公债7000元。

同月　临时中央政府发布修改的《暂行税则》,将其中商业税的起征点由资本200元降到100元,并提高税率。从资本101元~50万元分14个等级,税率最低2%,最高18.5%。

8月15日　周恩来、毛泽东、朱德率领中央红军到达乐安招携,发布《红一方面军攻击乐安城的命令》,林彪为攻城总指挥,聂荣臻为政委。

17日　红军攻克乐安县城,守敌第二十七师第八十旅(旅长吕如珂)3000余人,全数俘获,缴获各种枪枝2000多支,迫击炮10余门,无线电机一台,击落敌机一架。

8月底　中共乐安中心县委(又称乐宜崇中心县委)在招携成立。下辖的中心区域有乐安、宜黄、崇仁三县苏区,游击区和白区包括新干、临川、南城、丰城四县。陈洪时任中心县委书记。同时成立少共乐安中心县委,邓湘君任少共乐安中心县委书记。

9月4日　江西省苏财政部规定,从苏区将米、谷、豆、烟、纸等农副产品运往白区出售,从白区贩运到苏区的盐、布、药等工业品,其营业税减半征收。

同月　为纠正筹款中把商人当土豪打的错误作法,中共江西省委在《为加强和巩固地方武装,发展游击战争的决议》中指出:"要坚决防止地方武装中的盲动主义,对商人只是筹款,不得随便没收,以保障苏维埃的经济政策的全部实施。"

10月16日　江西省苏财政部,为整顿税收发出指示信,要求各县迅速建立税收委员会,一切税款都要集中到临时中央政府。

11月1日　临时中央政府发行第二期革命战争短期公债120万元,实际推销128万元。乐安苏区推销公债1万元。

11月5日　江西省苏维埃政府发布《山林税征收细则》,对木梓、竹麻、茶叶、果子4种产品征收山林税。

12月　临时中央财政部发出统一会计制度的12号训令,指出收钱的、管钱的、领钱的、支配的四个机关分开,不再混在一起。规定各级收入与开支应分别划分,各成系统。确定各项收入开支的会计科目,统一簿记单据,制定财务人员交待(移交)章程。

同月　江西省苏实行免费普及义务教育,对各级学校的经费规定为:列宁学校办公费每月不超过8元,红色初级小学办公费每月不超过2元。教职员伙食、医药费每月共大洋5元,按月支给。

是年　江西省苏维埃政府颁发《实行征收今年土地税累进税的指示》,公布新的农业税率,降低起征点,贫农中农由原4石降为3石起征,富农由原2石降为1石起征,税率最低为4%,最高分别为18%~22%。

是年　乐安苏区在坪溪、严杭、太平、南村、小池、万崇、谷岗、欧坊、东坑等地40000多人口,96000多亩土地的地区,进行了分田。

1933年

1月1日　今起正式实施《国库暂行条例》。由国家银行及其分支行代理各级金库业务。嗣后,乐安县苏区设立了支库。

1月28日　乐安县第四次工农兵代表大会在招携举行。会议期间以贪污腐化罪名逮捕了原县苏主席袁福昌、副主席邓培元、裁判部长刘春洪、竹溪区书阙文林四人,并在闭会前将邓培元枪毙。

2月27日至3月1日　中央红军在周恩来、朱德指挥下,在登仙桥附近,采用大兵团伏击战,歼敌第五十二、五十九师,敌五十二师师长李明负重伤后毙命,五十九师长陈时骥被俘。取得了中央苏区第四次反"围剿"的胜利,缴获了大批军饷。

3月1日　临时中央政府发布第二十号训令,向群众借谷20万担。

3月4日　江西省苏第二次全体执委会作出《关于财政问题决议案》,重申统一财政是财政工作第一项的重要任务,并提出做好财政统一工作的5点要求。

9日　中共乐安中心县委作出《十天工作计划》。(1)猛烈扩大红军;(2)加强赤少队工作;(3)解决土地与提早春耕;(4)借谷问题;(5)慰劳红军等。

20日　中央红军在东陂草台岗战役中,再歼敌第十一师大部、第九师一部。

26日　江西省苏维埃政府就贯彻临时中央政府修改屠宰、刨烟、酒菜馆营业税征收办法,向所属县区发出指示。

同月　江西苏区根据临时中央政府颁发的《关税条例》,在江西苏区设立17个关税处,其中乐安苏区设立了水南、太平寺水陆两个关税处。其职能是按统一规定的关税税率,征收赤、白区进出口货物的进出口税和经苏区过境货物的通过税。

5月中旬　邓小平作为江西罗明路线的代表,被撤销江西省委宣传部长,下放乐安南村任区巡视员。

同月　中央红军在乐安大湖坪、善和一带整编,史称"大湖坪整编"。

7月20~22日　乐、宜、崇三县党的第一次代表大会在乐安望仙召开。

21日　中共乐安中心县委作出《关于秋收秋耕的决议》并决定在乐安各区建立四十个粮食合作社。

8月12日　江西省苏财政部发出指示信,从9月份起,征收营业税一律采用三联收据,改变过去各县不统一的作法,以杜绝贪污舞弊。

8月20日　临时中央政府在瑞金召开南部17县经济建设大会。会后,乐安苏区掀起了创建合作社运动高潮。短期内,乐安县建立了40个粮食合作社,6600人入股,47个消费合作社,6000人入股。

同月　中央苏区发行经济建设公债300万元。乐安苏区推销经济建设公债90000元。

9月15日　江西苏区各县根据中央财政部规定,降低干部供给制待遇,伙食费分6个等级,每人每天最低8分,最高1毛3分。

同月　临时中央政府颁发《农业税暂行条例》和《农业税征收细则》,修改农业税率计算标准,提高了税率。江西苏区各县照此执行。

同月　中共江西省委指示各地,迅速建立对外贸易分局,开展赤、白贸易,活跃苏区经济。乐安苏区成立了对外贸易分局,收购并外运粮食数十万斤,烟叶10万斤,油料10多万斤,盐麻1万多斤,换回大批食盐、布匹、棉花、煤油等苏区紧缺物资。

11月28日　乐安县第五次工农兵代表大会在招携坪头召开,会议着重讨论开展查田运动。会议选举了出席省苏"二大"和全国"苏维埃二大"代表。

12月28日　江西省苏"二大"通过的《经济建设议案》提出发展工业生产,建立生产合作社。乐安苏区先后兴办了竹棚(造纸)厂、竹篾厂、土硝厂、铁匠厂、泥木厂、榨油厂等小型加工厂,组织手工业合作社107个。

至年底　乐安苏区全部进行了分田,占全县80%。以上地区,总面积达250000余亩。

1934年

3月15日　江西省教育会议根据中央教育部关于切实筹备地方教育基金的建议,决定小学经费各县负担比例:乐安百分之三十。并要求在下学期做到教育经费完全由当地自给。

3月10日　为节省经费,支援战争,中共江西省委对经费开支作出具体规定,除减少工作人员外,对县、区委伙食开支规定如下:(1)每人每天1斤2两米,柴菜费4分钱。(2)实行用餐发饭条子制度。(3)尽量减少客饭。工作人员直系亲属来探亲只招待一天,每月最多一次。(4)取消巡视调动费。同时还规定了县、区委办公费标准。

夏　第五次反"围剿"期间,临时中央政府决定第二次向群众借粮10万石。将任务分配到长胜、乐安、于都等21个县,乐安县完成借谷1万石。

7月22日　在第五次反"围剿"进入紧急阶段,临时中央政府作出《在今年秋收中向群众借谷60万石的决定》,分配给江西省苏区各县的借谷任务21万石,于9月10日完成。

年底　中央红军长征后,乐安苏区的根据地日益缩小。乐安中心县委第二分区、乐、宜、崇三县苏维埃政府机关先后转移到谷岗火嵊、小金竹一带,成立三县苏维埃联合政府,组成两个推进大队,组织突围。至1935年3月,乐安苏区全部失陷。

中华人民共和国

1949年

10月1日　中华人民共和国成立。

10月6日(农历八月十五日)　县委、县人民政府由南村进入县城办公,接管国民党旧政权。

同月　江西省人民政府发出通告,禁止各地私自动用税款和不按规定征收、上解税款。

同月　省人民政府颁布《江西省公粮仓库管理暂行规则》。

10月　县人民政府内设机构逐渐建立,县政府秘书苏英兼任财粮科长。

同月　开办地方干部训练班,招收学员128名,结业后录用75名。

12月　成立乐安县金融工作队。

1950年

1月　废除保甲制度,全县成立191个农民协会和村政府。

同月　县金融工作队改为中国人民银行乐安县办事处。3月又改为中国人民银行乐安县支行。

1月4日　省人民政府发出《加强税收工作领导的通令》,指出:(1)各级政府应进一步加强对税收工作的领导,掌握政策,完成任务。(2)税收政策、法令、税目、税率等统一归中央,各地不得擅自修改或拒不执行。(3)在3月份以前配齐税务部门的主要干部,今后税务干部只准增加不准减少。(4)从1月1日起税款完全归中央政府,各地不得擅自动用。(5)税收超额部分给各县提成20%。(6)税收干部要加强政治、政策、业务学习,对贪污分子要依法严办,好的税工人员给予奖励。

2月12日　县人民政府机关发生火灾,烧毁机关办公房及干部宿舍两栋共38间(含两个大礼堂),人民币4550000元(旧币),现金出纳日记簿,实物账,田赋税收据,税票存根和大量的文书档案,损失巨大,无法弥补。

3月3日　中央人民政府公布《中央金库条例》,从即日起施行。

4月13日　省人民政府发出《厉行节约,严禁贪污浪费的通令》,要求各级党政军机关均应厉行节约,反对百废俱举,反对铺张浪费,不请客送礼,不兴建房屋,杜绝任何贪污,违反规定情节严重的处以重刑。

4月18日　省人民政府下发《关于执行〈财政经济统一决定〉的决定》中指出:财政工作实行高度集中的管理体制,即统一财政政策、制度、供给标准;财政资金由省统一调拨;人员按统一编制核实。同时建立统一于中央的金库、粮库以及决算制度。

31日　政务院发布《契税暂行条例》,从发布之日起施行。

同月　原崇仁县管辖的咸口、坳下、谷岗、汤山、欧坊、水口、太平等地,划归乐安县管辖。

8月11日　省人民政府通知,自8月份起,供给制包干标准统一按中央规定标准执行,即每人每月一机米:勤杂人员56.5公斤,一般干部57.5公斤,中灶82.5公斤,小灶107.5公斤。

同月　全县完成建立乡(镇)工作,共建70个乡,1个镇。

9月20日　省人民政府根据中央人民政府颁发的《新解放区农业税暂行条例》,公布《新解放区农业税暂行条例江西省施行细则》,规定农业税以户为单位,按农业人口每人平均全年农业收入累进计征。

10月1日　县城火力发电厂建成并正式向县城供电,这是乐安有电力供应之始。

11月　省人民政府发布关于加强税收工作领导的指示。第3条规定税务人员6项守则:(1)认真办事。(2)廉洁奉公。(3)利民便商。(4)诚恳和蔼。(5)研究政策。(6)遵守纪律。

12月　成立县土地改革委员会,并在鳌溪镇进行土地改革试点工作。

1951 年

1月18日　省人民政府发布《关于1951年县地方财政收支的通令》,从1951年度起,建立县地方财政。将原来由省统一管理的乡村财政收支,划归县(市)管理,县及以上收支仍由省统一管理,故称"半级财政"。

23日　省人民政府发布通令,要求财政部门建立财政检查机构和经常性的财政检查制度。

4月12日　省人民政府为照顾群众生产中的困难,促进生产的发展,结合整顿乡财政制度,宣布免除1949年的公粮、税收及田赋、柴草代金尾欠,严禁向群众继续催收。

6月16日　省人民政府公布实施《江西省屠宰税稽征办法》,规定屠宰猪、牛、羊应缴纳屠宰税。

7月　成立乐安县人民政府财政经济委员会。

8月4日　省人民政府转发中南军政委员会《关于整顿罚款、没收款物收入的决定》。

同月　省人民政府发出《关于征收房捐的指示》,规定凡工商业户在50户以上的城镇征收房捐,作为县地方财政收入。

9月15日　省人民政府发出《江西省土改区与未土改区农业税暂行条例施行细则令》,规定土改区实行20个税级的累进税制;未土改区仍执行40个税级的累进税制。

17日　全县部署第二批土改工作。

20日　省财政厅通知,自本年8月9日起,契税一律由各地财政部门组织征收,由税务部门代征者,分别办理移交手续。

27日　省人民政府转发政务院《预算决算暂行条例》。

10月10日　省人民政府决定,11月1日起开征牲畜交易税。

17日　省人民政府制定《江西省县(市)地方金库暂行办法》和《江西省县(市)地方金库暂行办法施行细则》。

11月6日　县人民政府发出通知,财粮科改为财政科。

是年　全县发起捐献飞机大炮款支援抗美援朝运动,共捐献人民币5.98亿元(旧币)。

是年　省粮油公司在乐安成立购销小组,开展购销业务;全县成立12个粮库。

1952 年

1月12日　县人民政府发出通知,下达县区机构编制。县财政科编制9个。实有人员8人。

2月　全县开展以反偷税、反漏税、反偷工减料、反盗窃国家资财、反盗窃国家经济情报为内容的"五反"运动。

同月　乐安因隐瞒上报私自销售库存旧粮款1亿9千余万元(旧币),用于兴建招携造纸厂和维修机关办公用房,被专署检查发现,对于这种违反财经纪律的本位主义,责令县委、县人民政府作出书面检查,并收缴隐瞒私存款项。

2月28日　财政部颁发《各级人民政府1952年供给制标准》。

3月　全县第二批土地改革胜利结束。

4月22日　省人民政府印发《江西省1953年县(市)财政收支范围及预算管理的几项规定》。

7月30日　省人民政府公布《江西省人民政府公费医疗预防实施暂行办法》。从7月份起,实行公费医疗制度,经费列入财政预算。

同月　省人民政府令各级财政部门设置财政监察机构。各地市、县财政部门设立财政监察科、组或监察员。

8月20日　省人民政府发布《关于进行查田定产工作的指示》。

9月　全县行政区划调整,设8个行政区。

同月　抽调县、区、乡、村干部1400多人组织工作队,开展查田定产工作。

同月　省人民政府公布《江西省公有土地房屋管理暂行办法草案》。

9月9日　省财政厅复函同意乐安县人民政府关于将接受的敌伪政府在南昌市的公产店房5所,地基3亩,因无人管理,移交给南昌市政府接管。

10月17日　江西省人民政府颁发《土地所有证收费工作的指示》,规定在完成土改后,应颁发土地所有证并征收证照费。

同月　省人民政府发布《关于1952年农业税征收工作的指示》,要求本年度农业税征收工作,必须在查田定产基础上做到依率计征,依法减免,保证完成任务。

11月4日　省人民政府公布《江西省车船使用牌照税稽征办法》,自1953年1月1日起施行。

11月22日　省人民政府发出《关于大力开展老根据地重点乡免费医疗工作的指示》。

11月　张敏任县财政科科长。

12月13日　全省第七届财政工作会议提出1953年财政工作基本要求:抓紧组织收入,加强支出的重点管理,在中央的三级财政体制下建立完整的县级财政体制,实现预算立法,坚决贯彻预算条例,贯彻中央整顿财政"包筹禁"的方针,大力贯彻财政监督检查,严格财政纪律,杜绝贪污浪费,厉行节约,为国家工业建设积累资金。

1953 年

1月　成立县保险公司和县房产登记处,为县财政科下属单位。

3月14日　省人民政府发出《1953年度乡镇行政机关经费供给标准的通知》。

4月22日　省人民政府发出《关于1953年县(市)财政收入及预算管理的通知》,决定各县(市)自1953年起,建立一级财政。

6月　全县开展第一次人口普查,全县总人口为125818人。

10月15日　省人民政府发出《关于1953年农业税工作的指示》,要求在查田定产的基础上贯彻"依率计征,依法减免,增产不增税"的负担政策,今后三年内农业税负担稳定在1952年的实际水平上,不再增加,使农民得以休养生息,发展生产。

11月16日　省人民政府发出《关于加强乡村财政管理工作的通知》,规定县、乡自筹粮按特种资金(即预算外资金)管理办法管理。

同月　李慕庚任县财政科科长。

12月　成立县城粮食统购统销办公室。

1954 年

1月29日　省人民政府发出《关于推销1954年国家经济建设公债的指示》。

2月10日　省财政厅发出《1954度专(市)、县地方国营企业财务管理制度暂行规定(草案)》。

5月19日　省人民政府公布《江西省征收育林费暂行办法》,规定按国营木材企业牌价征收5%的育林费。

6月24日　召开县首届人大一次会议,听取和审议财政预决算报告。

8月10日　省人民政府发出《关于1954年公粮工作的指示》,要求公粮征收一次计征,两次入库,即开展公粮预送工作,秋征任务下达后多退少补。

11月　全县共组织初级农业生产合作社620个,入社农户25676户,占总农户的77%。

1955 年

3月1日　根据国务院命令,发行新人民币。新币1元等于旧币1万元。一切财政收支自同日起按法定比率折合新币计算。

同日　县人民政府更名为县人民委员会。

3月下旬　县油脂公司成立,全县实行油脂统购统销。

10月5日　省人民委员会发出贯彻国务院《关于国家机关工作人员全部实行工资制和改行货币工资制的命令》,自7月份起实行。

12月23日　省财政厅转发财政部《地方财政机关总预算会计制度和各级国家机关单位预算会计制度》,从1956年1月起执行。

是年　全县实行粮食统购统销和三定(定产、定购、定销)。

1956 年

1月24日　省财政厅发出通知,规定地方事业单位与行政机关的固定资产设备购置费,由建设银行拨款。

2月3日　国务院发布《基本建设拨款暂行条例草案》。根据省政府安排,在基建部门推行经济核算制。

6月　全县机构改革,财政科撤销,成立县财政局,李慕庚任财政局局长。

7月24日　县人委发出《关于改进对小商小贩工商业税征收方法的通知》,通知要求随着私营工商业改造的发展,应推广查账计征和定期定额征收办法。

8月　成立县工资改革委员会,进行工资改革,由供给制改为薪金制,实行分十一类地区的工资标准。

10月19日　省人委发出《关于1956年农业税工作的指示》,根据农业合作化以来的新情况,对农业税率和征收方法作了改革。其中高级农业社试行以社为单位,按原定常年应税产量,由累进税制改为单一比例税制征收。

11月30日　省财政厅决定,在全省财政系统开展先进工作者运动。

12月13~17日　召开县第二届人大一次会议,听取并审议财政预决算报告。

1957 年

1月23日　县委作出《紧缩编制,精简机构的决定》,动员大批留住机关的干部家属回乡参加生产劳动。县财政局编制6人,实有8人。

2月28日　省人委颁发《江西省农村工商税收暂行规定》,从3月1日起试行。同日,省人委发出关于调整屠宰税税率的通知,将屠宰税率改为8%。

9月7日　省人委发出《关于1957年农业税征收工作的指示》,对高级农业社实行地区差别比例税制,税率最高20%,最低11%。

9月13日　省人委发出《关于清理预算外资金及颁发江西省特种资金管理暂行规定的通知》。

10月17日　县人委对县财政局长李慕庚因隐瞒1940年代加入国民党员的历史问题,给予撤职处分。

12月17日　省财政厅发出《关于加强当前税收工作的指示》,要求各地在动员大批干部加强劳动战线的同时,应考虑组织收入任务繁重的情况,妥善安排税务机关的力量。县级财政税务机关不宜合并,基层税务所也不能一律撤销。

1958年

1月7日　省人委通知,工商税收附加,统一改按商品流通税、货物税、工商营业税、工商所得税的总额附加1%。原有规定同时作废。

1月12日　省人委作出决定,从1959年起,各级地方国营和公私合营企业的流动资金,由原来财政、银行两家供应和管理,改为由银行一家供应和管理。

1月23日　省人委通知,改进小商小贩及个体手工业者的纳税办法。

1月30日　省人委发布《关于改进财政管理体制的规定》,对市县财政收入中的固定收入、比例分成收入、调剂分成收入作了具体规定。

5月19~22日　召开县第三届人大一次会议,听取和审议财政预决算报告。

6月3日　全国人大常委会通过《中华人民共和国农业税条例》,规定农业税征收实行比例税制。

同日　国务院规定江西省的平均税率为15.5%。

7月25日　省人委转发省财政厅《关于改进税收管理体制的报告》,提出将若干税收管理权限下放到行专和县市管理。

7月31日　省人委发布《关于1958年农业税征收工作的指示》,规定农业社的农业税仍实行地区差别比例税制,税率与1957年同。

8月5日　省财政厅函告各地,关于今后规费标准和征收办法,由县市人民委员会自行规定。

9月29日　根据国务院发布的《工商统一税条例(草案)》的规定,货物税、商品流通税、营业税和印花税合并简化为工商统一税。省人委通知从10月1日起全面试行。

9月　在全省财贸会议上,乐安县财政局在会上作了《乐安县是怎样搞好企业财务管理的》经验介绍发言。

10月1日　全县实行人民公社化,组建人民公社27个。

是年　全县共认购经济建设公债8.5万元。

是年　乐安县财政局、税务局被评为全区财税工作先进单位。

1959年

1月6日　贯彻国务院批转财政部报告,从当年起停征存款利息所得税。

1月12日　省人委转发国务院《关于人民公社信用部工作中几个问题和国营企业流动资金问题的规定》,确定地方国营和公私合营工业企业的定额流动资金,自1959年起由人民银行贷款解决。

1月　县财政局和税务局合并,成立县财政税务局。

2月12日　省人委发出《关于1959年财政管理体制的几项规定》,规定行署、专署代表省负责领导所属县、市的财政。

同月　省委、省人委发出指示,对人民公社财贸体制实行"两放三统一包"(下放机构,下放人员;统一政策,统一计划,统一流动资金管理;包上缴财政收入)。5月后停止执行。

4月　省委、省人委作出《关于税务部门下放的机构收回,干部归队的决定》。

同月　孔祥兴任县财政税务局局长。

6月10日　省人委颁发《江西省农村人民公社工商税收征收办法(草案)》。

9月9日　省人委发出《控制计划外基本建设的通知》,规定从9月1日起,凡没有列入计划的基建项目,建设银行一律停止拨款。

是年　乐安县戴坊税务所,财税局副局长胡德群、翟时球被评为全省财贸系统先进单位和先进工作者,并出席全省财贸系统先进单位和先进工作者表彰会。

1960年

1月13日　省人民银行、省财政厅就集资办工业、大炼钢铁占用贷款,企业挪用流动资金进行清理,并收回欠款的问题作出规定。

2月　全省财政会议提出,1960年红旗竞赛运动的口号是:"三大、一高、双五好"。"三大"即大搞群众运动,大力促进生产,大搞共产主义协作:“一高”即力争高速度;“双五好”即单位五好(依靠党的领导好,坚持政治挂帅好,开展增产节约运动好,贯彻政策好,完成任务好)和个人五好(思想好、工作好、学习好、劳动好、作风好)。

5月18日　省人民银行、省财政厅发出《关于建立农村人民公社一级财政有关几个问题的处理意见的通知》,就收支下放问题,银行营业所代理公社金库以及县总会计账务处理问题作出规定。

7月19日　县委、县人委批转县编委《关于全县党政群机构设置和人员编制的报告》。县财政税务局原编制30名,现编制35名,增加5名,实有35名。

7月25日　省人委发出《关于停止新建礼堂、饭店、招待所等非生产性基本建设的通知》。

7月　县委设立财贸政治部。

8月5日　中共中央发出《关于紧缩社会集团购买力的指示》。

8月8日　抚州专员公署《关于迅速贯彻中央和省委、省人委关于加强农村人民公社财务工作的指示的报告》中规定,县(市)财政税务局应设立公社财务股,配备3~5人负责管理全县(市)的公社财政、财务工作。

9月8日　省人委作出《关于加强预算外资金管理的规定》。

11月　公溪镇划属抚州地区直辖。

同月　抚州地委直接处理反瞒产斗争“乐安事件”的主要责任人。

1961年

1月18日　中共八届九中全会宣布对国民经济实行“调整、巩固、充实、提高”的方针。省财政厅提出“缩短基本建设战线,加强薄弱环节,进行工业填平补齐,积极支援农业生产”的意见。

2月5~6日　召开县第四届人大第一次会议,听取和审议财政预决算报告。

3月21日　省税务局发出《提高群众办税与加强税务业务管理的意见》,提出要正确引导“三自办税”的群众运动和专业管理有机结合,以搞好税收工作。

4月12日　省计委、省财政厅发出《关于加强企业成本管理工作的联合通知》。

4月　国家二机部在公溪扩建江西一矿(后改称721矿),开采铀矿,为国家核工业提供铀原料。

5月　全县开展宣传与贯彻《人民公社工作条例》(即农业60条)活动。随后,全县撤销农村公共食堂。

6月2日　省人委转发国务院《关于改进国营企业流通资金供应办法及有关规定》,企业流动资金又改由财政、银行两家供应和管理。

9月2日　省人委发出《1961年农业税征收工作的指示》,贯彻中央关于减轻农民负担,促进农业生产发展的精神,规定本年全省农业税正税任务为大米7亿斤,比1960年减少39.1%。

10月30日　江西省编制委员会、江西省财政厅下发《关于各级财政、税务机构设置及行政编制分配的通知》,规定各级财政、税务机构予以分设。全省基层税务所每所编制平均按4人计算。

11月6日　省人委发出《关于贯彻执行国务院进一步压缩社会集团购买力和严格控制财政支出的通知》。

11月18日　省财政厅发出通知,要求各专(市)、县财政处、局配备专职监察人员,加强监察工作。

12月13日　省人委颁布命令,试行《江西省农村工商税收试行办法》,原《江西省农村工商税收暂行规定》同时作废。

12月29日　省委、省人委根据中央指示,发出《关于冻结清理机关、团体、事业单位在银行存款和企业专项存款的紧急指示》。

1962年

1月25日　省人委转发财政部《关于颁发基本建设拨款管理暂行办法(草案)的通知》。

1月　县财政税务局分设为财政局、税务局。

2月3日　省财政厅党组报请省委根据中央批示精神,将全省公社财务工作划归农业部门管理。

4月4日　省人委转发国务院《进一步压缩和控制社会集团购买力的紧急通知》,要求按照分配的压缩指标,限在4月20日以前逐级分配到专市县,落实到各基层单位,严格控制,只能减少,不能超过。

4月21日　中共中央、国务院作出《关于严格控制财政管理的决定》(即财政6条):(1)切实扭转企业大量赔钱的状况;(2)坚决制止侵占国家资金的错误作法;(3)坚决制止各单位之间相互拖欠贷款;(4)坚决维护应当上缴国家的财政收入;(5)严格控制各项财政支出;(6)切实加强财政监督。

5月19日　省财政厅发出通知,自1962年起,各级地方财政的预算外资金纳入国家预算统一管理。

6月1日　公溪镇由抚州地区直辖划回乐安县管辖。

11月19日　中共中央、国务院发出《关于当前财政金融方面若干问题的通知》,要求加强税收工作和国营企业利润监交工作,抓紧组织财政收入。加强农业税和集市税收工作,可以采取聘请助征人员的办法充实征收力量。

是年　人民公社实行"三级所有,队为基础,统一核算,各计盈亏"的按劳分配制。

1963年

1月3日　国务院发出《关于发布〈会计人员职权试行条例〉的通知》。

4月　县委召开三级干部大会,制定建设乐安的十年规划(1963年至1973年)。

5月8日　县财政局副局长翟时球出席江西省一九六三年财贸系统先进单位和先进工作者会议。

6月3日　省人委批转省财政厅《关于改进集市交易税征收办法和全面开征集市交易税的报告》,同意在全省集镇开征集市交易税。

7月　税务部门的助征人员按临时人员性质纳入工资管理,实行定额标准工资。

9月2日　省人委发出贯彻国务院《关于调整工资区类别和生活费补贴的通知》,乐安县调整为三类工资区、公溪矿区调整为四类工资区。

10月19~21日　召开县第五届人大一次会议,听取和审议财政预决算报告。

10月25日　省人委发出《关于1963年农业税征收工作的指示》,农业税征收任务比上年增加7%。

是年　开展"以增产节约为中心的反对贪污盗窃、反对投机倒把、反对铺张浪费、反对分散主义、反对官僚主义"的"五反"运动。

1964年

1月3日　省商业厅、省财政厅发出《关于工商企业规费的征收标准问题的联合通知》,规定企业开业登记、变更登记和换领证照的规费征收,按国家工商行政管理局规定执行。

2月6日　省人民银行、省财政厅转发财政部、中国人民银行《关于加强1964年工业、交通企业流动资金管理工作的几项措施的通知》。

2月中旬　社会主义教育运动(简称"四清"运动)在全县铺开。

3月1日　向(塘)乐(安)(江边村)铁路正式通车,为乐安县有铁路之始。

3月14日　省财政厅转发财政部《关于"五反"运动中追回脏款脏物财务处理办法的通知》,并作出5条补充规定。

4月4日　省人委发出《关于调整工商统一税的个体经济起征点的通知》。

5月23日　省人委转发国务院《关于严格禁止楼堂馆所建设的规定的通知》,对各地区各部门正在进行的楼堂馆所建设,无论批准与否,均应一律停止施工,听候处理。

6月2日　省商业厅、财政厅发出《关于规定1964年饮食服务企业利润留成比例的通知》,规定饮食服务企业,从1964年起利润留成比例30%归企业,70%上缴财政。

6月　全县第二次人口普查,全县总人口为167591人。

7月23日　省人委转发国家计委、国务院农林办公室、财贸办公室《关于加强支援农业资金计划管理的几点试行意见的通知》。

9月7日　县人委发出通知,设立县财贸综合办公室。

10月20日　省财政厅、省商业厅、省粮食厅、省供销社、省人民银行转发《关于清理农村社队欠国家赊销款、预付款和预购定金有关财务处理和核销拨款手续的几项规定的通知》。

11月24日　省人委在转发国务院《关于继续控制社会集团购买力的通知》中强调指出,必须坚决反对年终突击花钱现象,保证省下达控制指标不得突破。

是年　国务院决定增加5%的农业税附加,作为农村社教经费。

1965年

1月　根据省人委决定,取消地(市)管县(市)财政的办法,改为省直接管县预算。

3月6日　省人委批转省财政厅《关于加强财政管理,改进财政管理体制试行规定(草案)的通知》,改"总额分成"为"大部分总额分成和小部分固定收入"的办法。

3月12日　省财政厅发出致全省财政干部的一封信,要求立即掀起广泛深入地学习毛主席著作的新高潮。

3月25日　中共中央、国务院发出《关于处理1961年以前农村四项欠款问题的通知》,对农村社队在1961年以前欠国家赊销款、预付款、预购定金和农业贷款未归还部分一律豁免。

4月2日　省财政厅、省农垦厅发出《关于国营垦殖场1965年实行财务“收支包干”的几项规定的通知》。

6月22日　省人委转发国务院《关于在财贸系统清理“小钱柜”的几项规定的通知》。

11月　省人委贯彻国务院调低屠宰税率的通知精神，决定全省生猪屠宰税每头定额征收3元。

12月24日　省人委颁发《江西省改进农村人民公社、生产大队、生产队工商税征收办法的规定》，对生产大队、生产队自产自用的工业品和手工业品，在本大队范围内公用或出售给社员的不征税；但对烟丝、酒、植物油、糖、鞭炮等5种产品应就榨就坊征税。

同日　召开县第六届人大一次会议，听取和审议财政预决算报告。

1966年

1月1日　全省财政部门开始执行新的会计制度，其主要内容是：会计出纳分设；会计科目由5类改为8类；各基层单位以“银行支出数”作为财政总预算收支核算基础。

同月　全省在粮食、铁路系统试行“国营企业工商税”，即将原缴纳的工商统一税、城市房地产税、车船使用牌照税合并征收。

2月17日　省供销合作社、财政厅发出通知，规定从1966年1月起，县以上供销合作社所属企业由缴纳所得税改为上缴利润，实行利润留成。并规定以县（市）供销社为缴库单位，并列入地方财政预算，解缴财政金库，再按总额分成。

3月25日　县财政局下发《关于开展民主互审有关事项的通知》。对公社（镇）财务开展分片相互审核，每两个月互审一次。

4月10日　中共中央批转《关于政治挂帅问题的意见》，全省国营工交企业的利润不再提取奖励基金，全额上缴国家。

5月9日　省财政厅、商业厅发出《关于商业系统企业财务管理若干规定》，从1966年1月1日起，饮食服务业实现的利润与财政分成比例改为50%留给企业，50%缴缴财政。

5月26日　县委成立“文化大革命领导小组”，标志着全县“文化大革命”的开始。

10月1日　自该日起，停征文化娱乐税；取消资本家定息。

11月1日　停征牲畜交易税，保留税种。

1967年

1月1日　省人委下发《关于改进农村人民公社、生产大队、生产队办企业征收工商所得税问题的通知》，今起执行。

1月9日　省财政厅发出通知，将本省原用于社会主义教育运动的农业税附加拨给各地，以解决“无产阶级文化大革命”的急需开支。嗣后，省农业税附加5%部分不再汇省，留县作“文化大革命”经费开支。

1月23日　县人委发出《关于下拨各公社农业税附加用以解决无产阶级文化大革命的急需开支的通知》，将原应上缴省5%的农业税附加留县用作“文化大革命”经费，下拨给各公社。

2月18日　省人委发出《关于文化大革命经费开支暂行规定》，要求各地区各部门坚决执行中共中央《关于反对经济主义的通知》《关于制止腐蚀群众的通知》两个文件的精神，立即制止挥霍浪费国家资财的现象，对步行串连不再发补助费。

2月27日　省财政厅发出《关于坚决贯彻执行“要节约闹革命”，把好财政口子，彻底肃清反革命经济主义流毒的紧急通知》。

2月　在上海“一月风暴”影响下，“踢开党委闹革命”，批斗“当权派”，全面“夺权”，县委、县人委及各级党政组织陷于瘫痪。

3月8日　成立县“抓革命促生产委员会”，下设办公室、农业组、工交组、财贸组、文卫组，作为临时性的全县权力机构。

3月10日　县抓革命促生产委员会就做好财政税收工作等发出《关于当前财贸部门几项紧急工作的安排》的文件。

3月30日　县抓革命促生产委员会发出《关于处理文化大革命中红卫兵抄家物资的几项规定的通知》，规定查处地、富、反、坏份子，其他不法分子的财物，一律上缴县抓革命促生产委员会财贸组，统交国库。

4月14日　省财政厅就专市、县动用本级机动财力安排生产性、非生产性开支以及基本建设资金的审批权限作出规定。

春　因红卫兵串连，传染脑脊髓膜炎，全县患者达1200余人。

8月19日　省财政厅转发中共中央、国务院、中央军委、中央文革小组《关于进一步实行节约闹革命，控制社会集团购买力，加强资金、物资和物价管理的若干规定的通知》。

9月12日　大联筹乐安县筹委会后勤部下发《关于转发江西省大联筹抚州筹委会后勤部〈关于财务审批的意见〉的通知》。

10月20日　省革委筹备小组抓促部发出《关于紧急行动起来，抓紧农业税征收入库工作，确保今年农业税任务完成的通知》。

12月19日　省革委会筹备小组发出《关于加强工商税收工作的通知》，指出纳税单位和个人，不得以任何借口拒绝执行国家现行的税收法令；不得以任何借口拖税抗税；不得冲击税务机关，抢劫税款、票证，围攻殴打税务人员和护税群众的，必须严肃处理。

1968 年

2月17日　省革委会抓革命促生产指挥部发出《关于清理上访和串连期间所借钱粮物的通知》，要求将清理收回的钱粮物上缴财政等部门。

2月18日　中共中央、国务院发布《进一步实行节约闹革命，坚决节约开支的紧急通知》。

4月18日　召开县第七届人大一次会议，选举成立"乐安县革命委员会"。嗣后，各公社、县直各单位亦相继成立"革命委员会"。

5月　县房产管理所强行接管277户持有房产权证的私人房屋，合计面积14678.06平方米。

9月　县财政局、税务局合并为县财政税务局。

同月　全县开展扩社并队，由18个公社合并为11个公社，214个大队合并为122个大队，1563个生产队合并为946个生产队。

10月　贯彻毛泽东"五.七"指示，将干部615人，城镇居民849人下放农村安家落户。县财政局下放干部4人。

11月　地处招携的洞口水电站筹建动工，调集各公社3000多劳动力，开展三个月的施工大会战，后因资金缺乏而停建。

10月　成立乐安县财政金融站。

是年　由于"文化大革命"的动乱，乐安县出现建国以来罕见的乱砍滥伐现象，森林资源遭受严重破坏，年砍伐量为生长量的1.6倍。

是年　全县开展粮食超购、换购、议购工作。

1969 年

1月1日　江西省税务部门推行一个企业一种税一个税率的办法，即将企业缴纳的工商统一税、统一税附加、城市房地产税，车船使用牌照税合并，简称"四税合一"。

2月6日　省革委会抓促部发出《关于国营商业企业财务体制下放地方管理的通知》。

5月　成立县财政税务局革命委员会，曹洪祥任县财政税务局革命委员会主任。

6月30日　山洪暴发，鳌溪、公溪等地受灾严重，冲垮房屋1426栋；淹没农作物9.08万亩；冲毁公路桥梁37座。县城金鳌桥亦被冲毁。洪水后，公溪镇改迁古城办公。

7月15日　省革委会抓促部发出《关于改革国家机关、企业、事业单位差旅费、会议补助费标准的通知》。

9月16日　省财政金融局发出《关于1969年财政预算实行"收支挂钩、总额分成"办法的通知》。省对各专(市)县也按"收支挂钩、总额分成"的办法进行结算。

11月25日　省革委会发出《关于贪污投机倒把脏款脏物及破"四旧"中清出的各种物资处理问题的通知》，要求各行政企事业单位追回的贪污、投机倒把脏款等，一律上缴财政。

11月28日　省财金局革委会发出《关于定期减税、免税已经期满的产品应按期恢复征税的通知》。

12月15日　省革委会抓促部批复省财金局报告，同意自1970年1月份起，取消春节期间杀猪减半征收屠宰税和开征农村自行车使用牌照税。

1970 年

3月　县财政税务局与人民银行合并，成立县财政金融局。管辖全县财政、税务、银行、工商行政管理、标准计量、物价、房产管理等。

3月　曹洪祥任县财政金融局革命委员会主任。

4月29日　省革委会抓促部下发《关于抓紧财政收入的通知》。

6月　开展"一打三反"运动(打击反革命分子破坏活动，反对贪污盗窃、反对投机倒把、反对铺张浪费)。

7月1日　省财金局革委会通知，实行"四税合一"后，地方附加不分工商统一税或地方税，每月按税收总额1%提取，归地方使用。

9月1日　省革委会办公室就干部下放、知青上山下乡、移民等安置经费发出《关于贯彻执行中央安置办三个单位(中央安置办公室、中国人民解放军财政部军事管制委员会、中国人民解放军人民银行总行军事代表)〈关于加强安置经费管理使用的通知〉的通知》。

10月　过义昌任县财政金融局革委会主任。

1971年

3月1日　财政部发出《关于实行财政收支包干的通知》,决定自1971年起,实行"定收定支,收支包干,保证上缴(或差额补贴),结余留用,一年一变"的体制。江西按中央规定,财政收入按15%的比例上缴,85%留省。

3月31日　财政部在《关于改进财政收支包干办法的通知》中指出:1971年以来,国家改进了财政管理体制,实行了财政收支包干。1972年中央对各省、市、自治区仍实行"定收定支,收支包干,保证上缴(或差额补贴),结余留用,一年一变"的办法。对地市县不宜层层包干,可采取收入分成或其他办法。

5月12日　省革委会发出《关于抓紧财政收入的通知》。

6月4日　省革委会发出《关于贯彻国务院批转国家计委、财政部〈关于开展清产核资工作的报告〉的通知》。

7月17日　省财金局发出通知,要求各地税务部门自文到之日起,立即对所有国营工矿企业试行行业税。同年9月通知,未试行行业税的暂不试行。

7月20日　省财金局发出《关于严守财政制度,加强成本管理几个问题的通知》。

12月9日　省财金局发出《关于工商税收减免审批问题的通知》,为严格审批手续,以后需经省审批的有关工商税收减免问题,一律先报经省财金局审查后转报省计委批准。

12月15日　省革委会批转省财金局《关于当前财务工作几个问题的请示报告》,提出对全省企业、事业单位、机关和农村人民公社进行一次清理资金的工作。

12月22日　省革委会转发省财金局《关于修订国家机关、事业、企业单位工作人员差旅费和会议费补助标准的通知》。

1972年

1月1日　省革委会颁发《江西省农村工商税征收试行办法》,今起执行。

5月28日　省革委会通知,执行国务院批转的财政部《关于扩大改革工商税制试点的报告》和《中华人民共和国工商税收条例(草案)》。

8月25日　省革委会批转省财金局《关于恢复各级税务机构的请示报告》,决定恢复税务机构。

9月21日　乐安县革命委员会发出《关于恢复各级税务机构的通知》,决定恢复"乐安县税务局",将农业税征收工作并入;县以下设立公溪、戴坊、城关、南村、坪溪、湖坪6个税务所;并在谷岗、增田、龚坊、牛田设立税务驻征站。

11月7日　省革委会转发财政部《关于税务助征员列入国家编制的通知》,要求市县革委会按通知精神办理税务助征员的定编手续。

11月16日　乐安县革命委员会批转县财政纪律大检查领导小组《关于财政纪律大检查工作方案》。

12月6日　省革委会财办批转省财金局《关于加强财政支出管理工作几个问题的报告》。

12月6日　县革命委员会转发地区革委会《关于防止年终突击花钱的紧急通知》。

12月26日　省革委会颁发《江西省试行工商税征收办法》,规定纳税单位适用的税目税率。

12月27日　省革委会授权,凡上报省革委会审批的工商税减免,由省税务局签注意见,报省财金局审批。

是年　乐安县万崇钢铁厂、仲溪煤矿、县砖瓦厂、县灯泡厂、县地质队、县酒精厂等企业因亏损严重而停办。

1973年

1月　工商行政管理职能从县财政金融局划出,单独设立县工商行政管理局。

同月　全国计划工作会议作出加强农业、缩短基本建设战线等项决定,其中农业事业费支出比1972年增长1.6倍。

3月　根据省委决定,省财金局分设为省财政局和中国人民银行江西省分行。5月,乐安县撤销县财政金融局,恢复"县财政局"和"中国人民银行乐安县支行"建制。过义昌任县财政局长

3月31日　省财政局发出《关于农业税征收工作由财政部门管理的通知》。

4月21日　省商业局、省粮食局、省财政局发出《关于国营商业和粮食企业利润缴库(亏损拨补)办法的联合通知》。规定国营企业的利润按企业隶属关系分别上缴财政金库,国营商业和粮食企业上缴利润或弥补亏损,仍由当地税务机关监交、管理。

5月16日　省农业局、省财政局转发农业部、财政部《关于支援农村人民公社投资使用管理试行规定的通知》。

5月21日　根据财政部、商业部发出的《关于

供销社利润上缴办法的通知》精神，基层供销社上缴利润改为缴纳所得税。

10月　王明亮任县财政局局长。

同月　落实私房政策，先后将县房产管理所强行接管的房屋退回给原业主。

11月24日　财政部下发《关于加强城镇知识青年上山下乡经费管理的暂行办法》。

12月7日　抚州地区财政局印发《抚州地区公社级财政、财务会计制度(草案)》。

同月25日　省革委会通知，原由省革委会办公室办理的控制社会集团购买力的工作，自通知下达之日起授权省财政局负责办理。

1974年

2月4日　乐安县试行《乐安县行政事业费经费包干办法(草案)》。经费包干办法总原则是：指标下放，分级管理，计划用款，按月核拨，超支不补，节余归己。包干范围：凡属财政拨款的行政、事业单位。

2月25日　省商业局、省财政局、省人民银行联合发出《关于"社会集团购买力"控制商品的审批权限和审批手续的通知》。

3月　乐安县成立"批林批孔办公室"，开展"批林批孔"运动。

4月27日　省革委会教育组、省卫生局、省财政局转发《全国教育卫生和行政财务座谈会纪要》，以及加强中小学、卫生、行政财务管理的3个办法。

5月30日　省革委会财贸办公室发出《关于切实管好、用好支农资金，严禁用支农资金搞计划外基本建设的通知》。

6月17日　省革委会转发省财政局《关于抓紧组织财政收入意见的报告》，根据本年1～5月份支大于收，资金高度紧张的问题，提出抓紧组织收入的措施。

7月1日　省革委会财贸办公室转发省财政局、省人民银行《关于坚决刹住违犯财经纪律，大搞经济主义的报告》。

8月16日　乐安县洞口电站停工下马，县成立洞口水电站移民安置办公室，安置回迁招携的群众，重建家园。

8月27日　县革委会转发省革委会《关于抓紧财政收入节约支出的紧急通知》。

11月15日　县革委会发出《关于加强工交企业固定资产与更新改造资金管理有关问题的通知》，规定自1974年1月份起，企业自留80%，上缴县财政20%，作全县调剂之用。

12月5日　省卫生局、省财政局、省民政局联合发文，要求进一步做好烈、军属、残废、复员、退伍军人和革命老根据地群众以及少数民族群众的疾病治疗问题。

1975年

1月19日　国务院发出《关于进一步加强财政工作和严格审查1974年财政收支的通知》，要求对1974年12月出现的若干不正常的增支减收问题，必须逐笔核实，不准虚列支出。

2月26日　省机械局、省轻化局、省财政局联合发出《关于农机产品价外补贴审批及有关事项的通知》。

4月16日　省革委会批转省财政局《关于贯彻财政部华东、中南片上海碰头会议意见的报告》，提出要坚决执行农轻重方针，促进农业大干快上。

4月25日　县财政局转发省财政局《关于财政制度上几个问题的通知》。

6月28日　省财政局对抚州地区财政局"关于全面彻底清查其他收入缴库"的做法予以转发。

7月13日　省财政局、省农业局、省水电局联合下发《关于严格财政纪律，加强支农资金管理的通知》。

10月20日　抚州地区革委会发出《关于配备公社财政干事问题的通知》，要求每个公社要有一位党委副书记分管财贸工作，配备一名专职财政干事，管理公社财政、财务工作。

11月15日　省革委会在《关于狠抓财政收入节约支出的通知》中要求，对基层财税干部不要抽调去做其他工作，让他们集中力量促生产抓收入，防止发生有税无人收的现象。

11月27日　省公安局、中国人民银行江西省分行，就乐安等地发生伪造五元券、拾元券人民币重大案件发出通报。

1976年

1月1日　今起使用新税票，原税票作废；开始执行新的《江西省地方财政总预算会计制度》和《江西省行政事业单位会计制度》。

同月　开展"批邓反击右倾翻案风"运动。

2月13日　省革委会批转省委组织部、省财政局《关于国家行政机关工作人员福利费提取标准和掌管使用问题的报告》，从1月份起，改按每人每月1.24元的标准提取。

4月2日 省财政局发出通知，林农所得税附加按林农所得税税额的10%征收，自文到之日起执行。

10月6日 中共中央采取果断措施，一举粉碎江青反革命集团（“四人帮”）。

10月28日 中共中央发出《关于冻结各单位存款的紧急通知》。全县各机关、团体、企业、事业单位的存款立即实行冻结。

12月 试行“计划管理，限额控制，凭证购买，定点供应，专用发票”的管理办法，控制社会集团购买。

1977年

2月14日 省人民银行通知所属，执行总行关于代扣税款的规定，对逾期不缴和偷税漏税的单位，税收部门催收无效的，当地人民银行可以从他们的存款中扣缴。

4月30日 省革委会发出通知，要求全省社会集团购买力比上年压缩20%。

10月24日 省革委会发出《关于坚决制止向企业摊派资金和物资的通知》。

10月27日 省财政局转发财政部《关于进一步加强税收工作的通知》，布置开展税收政策大检查工作。

12月14日 省革委会发出通知，规定新产品，县办“五小”企业（小农机、小水泥、小水电、小化肥、小农药）纳税有困难的，可分别减免工商税，对不利于社会主义的经营活动，则加成或加倍征税。

12月23日 省革委会颁发《江西省农村工商税收征收办法》，自1978年起实施。

1978年

1月1日 全省停征农村牲畜交易税，保留税种。

1月6日 全省城镇集体企业财务工作，今起由税务部门管理。

1月30日 国务院批转国家计委、财政部《关于改进固定资产更新改造资金管理的报告》。江西省从该年1月1日起，集中一部分企业折旧基金，纳入预算管理。

同月 全县开展“一批两打”（揭批“四人帮”反党罪行，打击阶级敌人的破坏活动，打击城乡资本主义势力）运动。

4月8日 省革委会发出通知，在全省范围内开展财经纪律大检查，坚决同一切违法乱纪的行为作斗争。

5月8日 省革委会批转省财政局《关于加强预算外资金管理的规定》。

5月9日 经省委批准，全省财贸系统学大庆学大寨会议在南昌召开，各县财政局长、人民银行支行行长、建设银行支行行长、税务局长及先进单位、先进个人出席。乐安县财政局预算组被评为先进单位，组长涂继旗出席会议。

5月17日 县财政局发出《关于加强财政管理，整顿财政纪律的几点意见》。

6月20日 县革委会抓促部下发《关于加强会议费开支管理，统一会议用膳标准的通知》。

7月5日 省革委会批转省财政局《关于建立公社财政的报告》，公社财政实行“定收定支，超收分成，收入上解，支出下拨，结余留用，一年一变”的办法。

8月1日 省税务局下发《江西省税务部门支持农村社队企业发展生产周转金使用管理试行办法》。

8月7日 省财政局下发《江西省农村人民公社财政管理（试行）办法》。

9月12日 国务院颁发《会计人员职权条例》。从即日起施行。

11月30日 省税务局转发财政部《关于群众检举税务违章案件提奖问题的通知》，规定对群众检举、干部职工检举、税务干部查获违章案件分别情况，给予表扬或物质奖励。

12月7日 省财政局转发财政部《关于国家机关、企业、事业单位工作人员差旅费开支的规定（试行）》，并下发江西省补充规定（试行）的通知。

12月18日 中共十一届三中全会召开，开启改革开放新时代。

是年 全县发生严重旱灾，水稻受灾面积达15万亩。

1979年

1月1日 根据财政部规定，今起地市县税务机关经费，从地方各级财政预算中划出，由省税务局统一管理。

1月25日 抚州地区行政公署下发《关于批转〈全区财政财务工作实现“三高”（即：资金积累高速度、资金使用高效果、财政经济管理高水平）动员大会会议纪要〉的通知》。

2月23日 国务院批转财政部、国家农垦总局《关于农垦企业实行财务包干的暂行规定》，对农垦企业实行"独立核算,自负盈亏,亏损不补,有利润自己发展生产,资金不足可以贷款的包干办法"。

3月7日　省计委、省经委、省财政局发出《关于1979年国家继续集中一部分基本折旧基金的通知》。

3月16日　财政部、商业部联合发出《关于在商业系统试行利润留成办法的通知》,全省从1979年起对商业企业实行利润留成。

3月　乐安县革委会成立财贸办公室。

5月21日　财政部、农业部发出《关于支援农村人民公社投资使用管理暂行规定的通知》,根据规定,从本年起建立支援农业生产发展周转金。

5月28日　财政部修订"基本建设收入分成办法"并下发。

6月2日　省财政局发出《关于清理职工借支公款的通知》。

6月20日　省财政局发出《关于县办工业企业利润实行留成办法的通知》。

8月16日　省财政局要求各市县财政局9月前迅速配备专职财政监察人员1~2名。

9月10日　省革委会清产核资、扭亏增盈领导小组办公室转发国务院扭亏增盈领导小组通知,停止执行企业亏损包干办法。

10月11日　中共乐安县委下发《关于坚决执行省委〔1979〕63号文件,刹住大吃大喝,请客送礼的不正之风的通知》。

11月10日　抚州地区行政公署发出《关于严禁年终突击花钱,制止滥发奖金的通知》。

11月24日　根据国务院批转财政部《关于减轻农村税收负担问题的报告》的精神,全省农业税从1979年起,实行起征点的征收办法,即每人平均口粮在起征点以下的生产队,免征农业税。

1980年

2月8日　省人民政府发出《关于实行"划分收支,分级包干"财政管理体制的具体办法的通知》,财政管理由"一灶吃饭"改为"分灶吃饭";财力分配由"条条"为主改为"块块"为主;分成比例和补助数额,由"一年一变"改为"五年一定"。

2月26日　财政部发出《关于更改会计人员技术职称的通知》,将原"总会计师"一律改称"高级会计师"。

3月16日　省委、省人民政府发出《关于贯彻执行中央〔1980〕6号文件,节约非生产性开支,反对浪费的通知》,要求1980年各单位行政、事业经费的公用开支部分一律按上年预算节减20%。

3月18日　地委、行署下发《关于进一步加强财政、税收工作的通知》。

3月28日　省人民政府根据国务院批转财政部《关于国家机关、企业、事业单位工作人员差旅费开支的规定》精神发出通知,省外出差按国务院规定执行,省内出差仍按省规定执行。

4月26日　地区财政局就贯彻落实省人民政府关于实行"划分收支,分级包干"的财政管理体制,下发了"收入留解和定额补助"的具体办法,规定从1980年起实行。

6月9日　省人民政府发出《关于贯彻国务院〈会计人员职权条例〉的意见》,附发《关于授予会计人员技术职称的试行办法》。

6月　省人民政府决定,从6月份起,农村社队企业的工商所得税改按20%征收。

7月22日　省财政厅就公社财政问题发出通知,提出尚未建立公社财政的县社,今后不再建立。

8月9日　省人民政府转发《国务院批转财政部〈关于财政监察工作的几项规定〉的通知》。

9月13日　省税务局根据省财政厅对革命老根据地放宽税收政策的文件精神发出通知,对全省48个重点老区县中的经济特困区放宽税收政策的问题,提出了具体贯彻意见。

11月18日　国务院批转财政部等《关于基本建设拨款改为贷款的报告》,从1981年起,对部分企业实行"拨改贷"。

12月3日　省人民政府发出《关于严格执行奖励制度,制止滥发奖金的通知》。

12月10~14日　召开县第八届人大一次会议,听取和审议财政预决算报告。

12月20日　省财政厅发出《关于征收工交企业固定资金占用费的补充通知》,规定从1981年起,对国营工交、城市公用、文教及物资、供销企业,全面征收固定资金和流动资金占用费。

1981年

1月8日　国务院发出《关于控制各单位上年结余存款的紧急通知》,规定一切机关、团体、部队、事业单位1980年底的银行存款(含预算外资金)一律按银行账面数予以控制,非经批准不得动用。

1月16日　国务院发布《中华人民共和国国库券条例》,从1981年起发行国库券。乐安县认购国库券24万元。

3月19日　地区财政局下发《关于从1981年起

调整财政包干基数的通知》。

4月3日　省人民政府发出关于整顿税收,加强税收集中统一管理的通知。

4月9日　国务院办公厅印发《国家机关工作人员病假期间生活待遇的规定》。

5月28日　省财政厅发出《关于各级财政、税务部门应认真贯彻国务院决定,带头严格执行财政纪律的通知》。

6月11日　省财政厅转发财政部《关于重申严格执行会议费开支规定的通知》。

8月15日　省老建办、省财政厅、省建设银行、省农业银行发出《关于分配江西省支援革命老根据地建设资金管理使用试行办法(草案)的通知》。9月28日,县人民政府就贯彻落实上述政策下发《关于对革命老根据地放宽税收政策问题的通知》。

11月　省人民政府将乐安县定为林业县。全县开展林业"三定"(定山林权、定自留山、定责任山)工作,颁发山林权证。

12月21日　省财贸委员会颁发《江西省发票管理暂行办法》,规定发票由税务机关统一管理,自1982年起施行。

1982年

3月26日　地区财政局调整各县市1982年财政包干基数。

6月5日　省财政厅发出《关于进一步加强财政监察工作,充分发挥财政监察机构职能作用的通知》。

6月13日至18日　全县降雨量达640.3毫米,发生历史上罕见的水灾。

6月　吴汉清任县财政局局长。

6月16日　地区控制社会集团购买力领导小组发出《关于在各单位设立社会集团购买力辅助账,加强控购指标管理的通知》。

6月　第三次人口普查,全县人口283104人。

7月19日　财政部颁发《关于追回脏款脏物的财务处理办法》。

8月　成立乐安县打击经济领域犯罪活动领导小组办公室。

12月3日　省老干部局、省财政厅发出《关于离休老干部经费的通知》,对离休干部的活动经费和专项业务费开支作出规定。

12月8日　国务院发出《关于改进"划分收支、分级包干"财政管理体制的通知》。

是年　乐安县代理发行国库券40.94万元。

是年　全县普遍实行以包干到户为主要形式的农业联产责任制。

1983年

1月1日　今起执行国务院《国家能源交通重点建设基金征集办法》,试行财政部颁发的《预算外资金管理试行办法》。

同日　遵照国务院发布的《牲畜交易税暂行条例》及省人民政府发布的实施细则,重新开征牲畜交易税。

3月4日　省税务局转发财政部《关于对农村专业户征收工商税收的通知》。

3月30日　地区财政局就贯彻省人民政府《关于进一步厉行节约,反对浪费,压缩各项公用经费的通知》精神,要求1983年各级行政机关公用经费,要在核定的包干指标内节减5%以上,会议费比上年实际节减10%以上。

4月　省财政厅分别与省粮食厅、省商业厅联合发文,就粮食企业、商业企业、县以上供销社财务管理体制下放发出通知,规定从1983年1月1日起下放给地方,实行分级管理。

5月26日　省财政厅转发财政部《关于对国营企业征收所得税的暂行规定》。

6月1日　国务院办公厅转发《江西省人民政府关于坚决控制基本建设规模的紧急通知》。

6月30日　省人民政府批转省财政厅《关于在我省国营企业实行利改税的有关问题的报告》,从1983年起,全省除军工、邮电、粮食、外贸、农牧和劳改企业以外的国营企业,均实行利改税第一步改革,改上缴利润为上缴所得税。

7月1日　今起国营企业流动资金改由人民银行实行"全额信贷"管理。财政不再增拨流动资金。

8月30日　省税务局转发财政部《关于对个体商贩和部分集体商业实行由批发部门代扣零售环节工商税的通知》。

9月28日　省财政厅、省农业银行联合发出通知,规定对农村国营、社队及其他集体企业不按期缴税的,可通过农行或信用社代扣代缴。

12月8日　省财政厅转发国务院发布的《建筑税征收暂行办法》,从1983年10月1日起,对用预算外资金、地方机动财力、企事业单位自有资金、银行贷款以及其他自有资金安排基建投资或更新改造中的建筑工程投资等,征收建筑税。

12月　成立县税收、财务大检查办公室,后改称税收、财务、物价大检查办公室(简称"三检办")。

1984 年

1月1日　税务外勤人员着装执行任务。

3月7日　县财政局发出《关于全县各单位国家工作人员在本县范围内出差，旅差费开支问题的通知》。

4月30日　根据省人民政府通知精神，地市县税务局实行地市县和省税务局双重领导，以省局领导为主。

春　撤销人民公社体制，恢复乡(镇)建制。全县设18个乡，2个镇，1个垦殖场；251个村民(居民)委员会；2184个村民(居民)小组。

6月　周树宗任县财政局局长。

7月4~6日　召开县第九届人大一次会议，听取和审议财政预决算报告。

7月16日　省人民政府转发《关于在萍乡、景德镇两市开展综合改革试点工作座谈会纪要》，其中规定财政上缴以1983年为基数，实行"固定上缴，递增包干，一定四年不变"的财政体制。

8月30日　省财政厅转发财政部《关于坚决纠正干部职工借用、拖欠公款问题的通知》。

9月18日　国务院批转财政部《关于国营企业推行利改税第二步改革的报告》。全省国营企业从10月1日起实行利改税第二步改革，大中型企业在按规定缴纳55%的所得税后，再按核定的调节税税率缴纳调节税。

10月18日　财政部颁发《国营企业所得税条例(草案)》。

11月7日　县编委下达党政群机关工作人员行政编制。县财政局定编16个。

11月21日　省人民政府发出《关于抓紧增收节支，严禁年终突击花钱的紧急通知》，要求大力节约行政经费，并制止滥发奖金、津贴和实物。

1985 年

1月　从1985年1月起，全省国家预算内基本建设投资全部由拨款改为贷款。

1月21日　全国人大常委会审议通过《中华人民共和国会计法》，从5月1日起施行。

1月29日　省财政厅转发财政部《关于财政部门不得为经济合同提供担保的通知》。

2月7日　国务院发出《关于严格控制社会集团购买力的紧急通知》，江西省将下放的专控商品审批权收回到省控购办，专控商品由14种增加到17种。

2月8日　江西省执行国务院批转国家经委、财政部、中国人民银行《关于推进国营企业技术进步若干政策的暂行规定》，从1985年起，折旧基金不再上缴中央财政，由主管部门、地区集中调剂使用。

2月21日　县委办公室、县人民政府办公室下发关于转发《中共中央办公厅、国务院办公厅关于严格控制发放奖金补贴的紧急通知》。

3月9日　省人民政府转发国务院《关于节约行政经费的通知》，强调继续执行预算包干办法，规定1985年预算指标一律在年初核定数额基础上扣减10%。

4月3日　财政部印发《关于进一步加强财政支农周转金管理工作若干问题的意见》。

4月6日　县人民政府办公室批转县财政局、税务局《关于发展地方工业，搞好乐安经济的意见》。

4月25日　省财政厅转发财政部《关于重申国家罚没收入一律上缴国库的通知》。

6月4日　中共中央、国务院发出《关于国家机关和事业单位工作人员工资制度改革问题的通知》。从7月份起，执行新的工资制度。

6月14日　县人民政府办公室批转县财政局《关于执行提高出差伙食补助标准的意见》。

6月26日　省人民政府颁发《江西省城市维护建设税实施细则》，从1985年1月1日起执行。

7月1日　全省今起执行财政部颁发的《中华人民共和国中外合资企业会计制度》。

同月　省人民政府颁发《江西省乡(镇)财政管理实施办法》，规定乡(镇)设立财政所，作为一级财政管理。

7月22日　财政部颁发《中华人民共和国集体企业所得税暂行条例施行细则》。

8月24日　财政部下发《关于改进屠宰税征税办法的若干规定》。

8月31日　省委、省人民政府发出《关于老区特区乡若干政策问题的补充规定》，对全省402个特困乡中人均纯收入不足120元的农户，从本年起3年内减免农业税。

9月16日　县人民政府发出《关于开展财务大检查的通知》。县财政局牵头组织开展全县财务大检查。

9月20日　省税务局转发国务院颁发《中华人民共和国集体企业所得税暂行条例》和财政部制定的施行细则，从本年起实施。

9月23日　县人民政府办公室发出《关于坚决

防止借节日之机滥发奖金、补贴、实物的通知》。

10月　经省政府批准：金竹、坪溪、招携、谷岗、万崇、湖坪、罗陂、牛田、潭港、航桥十个乡(镇)为老区特困乡(镇)。

10月11日　省财政厅下发《关于严格执行行政经费开支范围的通知》。

11月5日　省财政厅转发财政部《关于严禁各级财政部门送礼受礼的通知》。

1986年

1月1日　地区财政局划定各县(市)财政收入国库新的留成比例：乐安县所有收入100%留县。

1月15日　省人民政府发出《关于坚决刹住“三风”(摊派风、集资风、赞助风)，减轻企业负担的通知》。

1月22日　省劳动人事厅、省财政厅发出通知，决定财政部门从原乡(镇)财政干事中选拔录用干部。

1月30日　省人民政府颁发《关于筹措农村学校办学经费的试行办法》，规定可按农业税正税任务的5%，以及按乡(镇)企业、基层供销社和个体工商户的产品税、增值税、营业税和所得税应纳税款的10～15%征收教育事业费附加。

2月18日　省财政厅制定《江西省国营企业财政驻厂员工作、管理暂行规定》。省财政厅开展审批注册会计师工作。

2月　国务院发布《关于实行专业技术职务聘任制度的决定》，中央职称改革工作领导小组转发财政部制定下发《会计专业职务试行条例》和《实施意见》。

3月　全县20个乡(镇)建立财政所，所长由乡(镇)长兼任。

6月1日　省人民政府颁发《江西省收费集资罚款没收管理条例》。

7月3日　国务院发布《中华人民共和国注册会计师条例》，

7月15日　省委、省人民政府发出《关于大力发展乡镇企业若干问题的规定》，提出各级财政每年用于发展乡镇企业的资金，要逐年有所增长。

7月16日　省人民政府颁发《江西省乡(镇)财政管理实施办法》。

8月18日　省人民政府颁发关于在县以上城镇征收教育费附加的实施办法，规定由税务部门征收。

10月1日　江西省贯彻国务院颁发的《中华人民共和国车船使用税暂行条例》和《中华人民共和国房产税暂行条例》，恢复征收车船使用税和房产税。

同日　财政部颁发《全国发票管理暂行办法》，省财政厅12月6日下发《江西省发票管理实施办法》。

10月21日　省人民政府批准，同意在1986年度国家下达的增人指标内，招收2000名乡镇财政干部。

同日　省财政厅颁发《江西省乡镇财政总会计制度》。

11月27日　省人民政府颁发《江西省科研事业费拨款管理暂行规定》，从1987年起，各部门事业费中开支的科研经费，统一由财政部门拨给科委归口管理。

11月29日　省税务局转发国务院发布的《中华人民共和国个人收入调节税暂行条例》，自1987年起执行。

12月19日　省税务局转发国务院颁发的《中华人民共和国税收征收管理暂行条例》和省人民政府制定的实施办法。

1987年

1月1日　按照省人民政府颁发的《江西省行政单位预算外资金管理实施办法》，全省各级行政事业单位的预算外资金，普遍实行在所有权不变的前提下，由同级财政部门“专户储存，计划管理，财政审批，银行监督”的管理方法。

1月23日　地区财政局与人民银行抚州分行等几家银行联合发文，要求认真做好全区行政、事业单位预算外资金实行财政集中专户储存工作。

2月2日　省人民政府发出《关于认真清理“小钱柜”的通知》，对有意隐瞒逾期不报，或者转移资金以及乱支乱用严重违纪的，要追究责任。继续搞公款私存的，以贪污论处。

3月14日　地区编委下发核定全区乡镇党政机关和财政所人员编制的通知，要求乡镇财政所长由原乡镇长兼任改为单独配备。

3月24日　财政部发出《关于抓好国营企业增产节约、增收节支和扭亏增盈工作的通知》，提出对国营中小型企业试行租赁和承包经营。

4月25日　召开全县财政、税务工作会议。

5月1日　从今日起对城乡集体企业和个体工商户按缴纳所得税后的利润征集7%的能源交通重点建设基金。

同月　省人民政府下发《关于印发1987年经济

体制改革安排的通知》提出，国营、集体企业实行承包经营责任制。

7月21～23日 召开县第十届人大一次会议，听取和审议财政预决算报告。

8月29日 省税务局转发国务院颁发的《中华人民共和国建筑税暂行办法》和财政部发布的实施细则。

8月30日 根据国务院的规定，省人民政府发布《江西省征收耕地占用税实施办法》，规定按不同地区占用每平方米耕地面积，固定一个税额征收，全省每平方米平均税额为4.5元。各地征收的耕地占用税50%上解中央财政，50%留给地方。

同日 省人民政府批转省财政厅《关于认真贯彻全国行政财务工作会议精神，紧缩行政开支的报告》，要求各单位进一步完善包干办法，将包干指标层层分解下达，实行民主管理，超支不补，节余留用。

10月17日 省财政厅发布《关于调整部分税收管理权限问题的通知》，将省级审批权限内的一部分减免税项目，授权给地市税务局或县市税务局处理。

同月 省职称改革领导小组发出《关于执行〈会计专业职务试行条例〉的实施细则（试行）》。

是年 根据省人民政府1986年下达的招收乡镇财政干部的精神，经地区劳动人事局批准，乐安县共招收录用乡镇财政干部23名。

1988年

5月13日 县财政局撤销"企业财务股"，分别成立"工交企业财务股""商业企业财务股"。

5月17日 县财政局根据财政部、省财政厅通知精神，就财政支农周转金占用费下发通知。

6月3日 县财政局与牛田镇、招携镇签订综合改革财政包干协议，正式在该两镇进行综合改革试点，在财政管理方面，实行"核定基数，收支包干，上缴递增，超收全留，短收自补"的新体制。

6月8日 省税务局检发《江西省个人收入调节税征收管理试行办法》。

7月7日 省劳动人事厅、财政厅、公安厅、粮食局通知，在全省现有农业税助征员中招收农业税干部。

8月26日 地区财政局、地区劳人局、地区编委下达增加农业税干部编制和调配干部的通知：乐安县增编9人。

9月8日 县财政局成立"行政文教财务股"。

9月27日 国务院发布《中华人民共和国土地使用税暂行条例》，全省从1988年10月1日起执行。

9月30日 省人民政府发出《关于切实压缩社会集团购买力的紧急通知》，规定专控商品由19种扩大到29种，停止购买彩电、地毯以及名烟名酒等高档消费品，不准购买高级和高价小汽车。要求各地本年开支比去年压缩20%。

同日 省编委、省财政厅发出《关于加强我省财政文教行政财务机构建设的意见》强调建立健全县（市、区）财政局的文教行政财务管理机构，配备必要的工作人员。

10月13日 省人民政府办公厅发出关于贯彻《中华人民共和国宴席税暂行条例》的通知，确定起征点为一次筵席支付金额300元，税率为15%。

12月8日 省财政厅下发《关于林业税改由财政部门直接征收的通知》。

12月28日 省委办公厅、省人民政府办公厅发出紧急通知，要求各地在贯彻治理经济环境，整顿经济秩序的工作中保持廉洁，坚决制止元旦、春节期间滥发钱物。

1989年

1月5日 发布财政部令《关于事业单位财务管理的若干规定》，经国务院批准，现予发布施行。

1月12日 县财政局转发省财政厅《关于国家机关、事业单位工作人员差旅费开支的规定的通知》。

1月27日 财政部印发《关于加强会计管理工作，提高会计人员素质的意见》。

2月24日 省财政厅发出《关于农业税征收管理人员统一着装的通知》，自该年起实施统一着装。

3月13日 省委办公厅、省人民政府办公厅发出《关于限期清收干部职工占用拖欠公款的通知》，要求在6月底基本完成收回工作。

3月30日 省财政厅根据国务院发布的《国家预算调节基金征集办法》和财政部有关规定，地方单位缴纳的调节基金50%上缴中央财政，35%上缴省，15%留归地市县财政。

4月 县财政局下派4名干部到农村和厂矿蹲点，时间2年。

4月12～14日 召开县第十一届人大一次会议，听取和审议财政预决算报告。

5月3日 省人民政府发出贯彻国务院《关于建立农业发展基金，增加资金投入的通知》。

5月7日 省人民政府就推销1989年国库券、

特种国债、保值公债发出通知。乐安县本年国库券推销任务133万元,保值公债任务146万元。

5月30日 省委办公厅、省人民政府办公厅发出《关于坚决刹住吃喝风的试行规定》,要求各地狠下决心,采取严厉、具体、配套的措施,坚决刹住党政机关用公款吃喝的歪风。

6月27日 经县委常委会议研究,明确县“税务、财务、物价大检查办公室”为副科级常设机构。

10月22日 省财政厅颁发《江西省财政部门廉政建设的规定》。

10月23日 省财政厅就征收农林特产税有关问题发出通知。

11月9日 省委办公厅、省人民政府办公厅发出《关于严禁用公款送礼的通知》。

12月2日 省人民政府转发国务院《关于清理检查“小金库”的通知》,指出清理“小金库”是惩治腐败,加强廉政建设的重要措施。

12月 乐安县选录财税干部,经地区劳人局、财政局批准分别选调8人,录用3人,合计11人。

12月 县财政局组队参加全国首届会计知识大赛抚州赛区比赛,获团体优秀奖。

1990年

2~3月 省财政厅组织开展对全省乡(镇)财政工作进行全面检查。

2月5日 省人民政府发出《贯彻国务院批转人事部、国家计委、财政部〈1989年调整国机关、事业单位工作人员工资实施方案〉的通知》。

同月 省人民政府发出《关于调整部分减免税问题的通知》,对1985年以来的部分减免税规定作了调整。

3月5日 省人民政府税收、财务、物价大检查办公室发出贯彻落实《国务院办公厅进一步清理检查(小金库)的通知》的通知。

3月8日 省联合清理拖欠税款领导小组发出《关于继续抓好清理拖欠税款工作的通知》。

3月16日 省革命老根据地建设委员会、省财政厅颁发《江西省老区发展基金管理试行办法》。

3月22日 省人民政府发出《关于进一步完善企业承包经营责任制的意见的通知》,要求企业在新订承包合同时,上缴国家财政部分要有所增长。

5月11日 乐安县山砀乡发生罕见的龙卷风,风力达12级,持续10多分钟,损失严重。

5月12日 县人民政府批转县财政局《关于对乡(镇)实行财政收支包干管理办法》,并下发通知。

5月31日 省物价局、省财政厅转发国家物价局、财政部《关于证照收费管理办法》。

5月 “乐安县会计事务所”挂牌成立。

6月14日 省财政厅、省人民银行、省工商局、省公安厅转发财政部等4部行局《关于打击国债非法交易活动的通知》。

6月23日 省人民银行、省财政厅、省税务局发出《关于认真贯彻执行国库条例细则的通知》。

6月26日 省财政厅发出通知,为鼓励财政收入达到5000万元以上的县市继续发展生产,使收入稳定增长,对上述县市给予一次性支持,即由省厅借给100万或300万元生产发展资金,该款使用期限为1年半。

7月30日 省财政厅制定并下发《乡(镇)财政干部的管理与培训》《乡(镇)财政所工作人员守则》《乡(镇)财政所工作人员岗位责任制》三个制度的文件。

8月17日 财政部制定并下发《财政监察工作规则》。

8月 省税务局颁发《江西省外商投资企业办理税务登记办法(试行)》。

10月26日 省税务局发出《关于县(市)税务局减免乡镇企业所得税审批权限的通知》。

12月14日 省委办公厅、省人民政府办公厅批转省治理“三乱”领导小组《贯彻中共中央、国务院关于坚决制止乱收费、乱罚款和各种摊派的报告》。

1991年

1月1日 从即日起,对全民所有制单位的在职财会人员实行会计证管理。

1月30日 省财政厅发出《关于对乡(镇)预算外资金实行财政专户储存管理的通知》。

4月4日 县人民政府办公室抄告:经县政府第18次常务会议研究,同意县财政局设立国债服务部。

4月 县财政局组队参加抚州地区财政知识大赛,获团体第二名。

7月1日 县人民政府批转县财政局《关于加强乡(镇)级预算外资金管理的意见的通知》。

10月 全省乡镇财政工作会议在南昌召开。

12月24日 《江西省会计管理暂行办法》经1991年10月31日省人民政府第115次常务会议通过,从1992年4月1日起施行。

1992年

3月22日 省财政厅转发财政部《关于基层税

务所有关问题的通知》,就财政所代征零散税收、保证税权集中、税法统一等问题作出明确规定。

4月15日 县委办公室、县人民政府办公室发出《关于严格控制支出,真正过紧日子的通知》。

4月25日 县财政局就贯彻实施《江西省会计管理暂行办法》发出通知。

4月 成立乐安县国有资产管理局,为副科级机构,归口县财政局管理。1997年机构改革升格为正科级机构,与财政局合署。

5月4日 县财政局转发省财政厅《关于制订〈财政支农周转金使用管理实施办法〉的通知》。

5月11日 国家国有资产管理局、财政部、工商行政管理局印发《国有资产产权登记管理试行办法》。

5月23日 县人民政府批转县财政局、税务局《关于加强农村税收聘用村级助征员意见的通知》。要求在各乡(镇)每个村委聘用一名村级农村税收助征员,负责协助乡(镇)财税部门征收村级以内的农村税收。

9月15日 县国资局、财政局、工商局联合转发国家国资局、财政部、国家工商行政管理局发布的《企业国有资产所有权界定暂行规定》。

11月24日 县财政局下发修订的《乐安县国家机关事业单位工作人员差旅费开支规定》。

11月 黄凤珍任县财政局局长。

1993年

1月11~13日 召开县第十二届人大一次会议,听取和审议财政预决算报告。

1月14日 省财政厅发出《关于重申财政部门必须强化住房资金管理的通知》。

2月4日 鳌溪镇下大街衙门巷居民区发生重大火灾。

3月20日 地区清产核资领导小组下发关于转发《江西省行政事业单位财产清查登记实施细则》的通知。乐安县从3月底至6月初对全县行政事业单位财产开展清查登记工作。

6月5日 地区劳动局、地区财政局下达为部分乡镇财政所招收合同制工人的通知。乐安县招工指标12名。

6月28日 省财政厅转发财政部《关于进一步做好预算外资金管理工作的通知》。

7月2日 县财政局转发省财政厅《关于加强财政支农周转金管理的通知》。

8月10日 财政部发出《关于财政部门清理各种资金,整顿举办的各种公司的通知》,要求在10月底前清理完毕。

9月27日 省计委、财政厅、城乡建设厅联合下发《关于在所有市县开征公用事业附加的通知》,规定从1994年1月1日起开征。

10月7日 县物价局、县财政局印发《乐安县行政事业性收费暂行管理规定》。

11月20日 县委办公室、县人民政府办公室转发县财政局《关于执行财政部〈关于治理乱收费的规定〉的实施意见》,并下发通知。

12月10日 县农牧渔业局、县财政局联合下发《关于全县村级财务实行五统一的通知》,要求从1994年1月1日起实行统一会计科目,统一采用借贷记账法,统一账簿、报表格式,统一会计凭证,统一村级会计的培训、考试、发证,实行会计人员凭证上岗制度。

是年 全县完成地区下达的赣东经济开发基金购买任务171.8万元。

1994年

1月1日 根据财政部下发的通知精神,从即日起,对国有企业停征国家能源交通重点建设基金和国家预算调节基金。

同日 从即日起,各县经贸企业的财务体制与地区脱钩,下放到县,归口各县经贸局,纳入县财政预算管理。

1月29日 县人民政府命名县财政局为县级文明单位。

2月26日 县财政局制定并印发《乐安县国有资产管理局工作职责范围》。

3月4日 县财政局转发地区财政局《关于转发〈江西省关于加强会计证管理若干规定〉的通知》。

4月1日 省财政厅发文将全省会计事务所更改为会计师事务所。

4月3日 地区财政局就下放外资企业财务管理体制有关问题发出通知。

4月7日 省财政厅转发财政部《关于党政机关与所办经济实体财务脱钩问题的规定》。

4月20日 县财政局发出《关于加强商贸企业周转金管理的通知》。

5月10日 县财政局制定《加强财政工业周转金管理办法》。

6月30日 县纪委、县财政局通报清理干部职工拖欠(借用)公款情况。

7月13日　县人民政府办公室批复同意成立"乐安县会计师事务所"。

8月15日　《江西省会计管理条例》经江西省第八届人大常委会第十次会议通过。

8月16日　县人民政府下发《关于强化财政罚没收入预算管理的通知》。

9月23日　县人民政府下发《关于组建乐安县地方税务局的通知》。撤销乐安县税务局,分别设立乐安县国家税务局和乐安县地方税务局。

10月10日　《江西财政信息》第二十七期,刊登《乐安县实施"二三四"管理办法,减轻农民负担》一文。

11月22日　省财政厅转发财政部《关于贯彻国务院通知精神,严格控制消费基金和财政支出过快增长的通知》。

12月8日　省人民政府下发《关于完善粮食财务管理体制与办法的通知》,提出粮食财务体制实行统一领导,分级管理,政府首长负责的制度;粮食经营实行政策性业务和商业性经营分开核算的原则。从1994年1月1日起执行。

1995年

1月26日　财政部、国家土地管理局发出《关于加强土地使用权出让金征收管理的通知》。

1月27日　财政部印发《中华人民共和国土地增值税暂行条例实施细则》。

2月4日　财政部发出《关于各地区、部门不得擅自制定、修改预算会计制度的通知》。

2月13日　财政部发出《关于下达行政性收费、罚没收入实行预算管理实施办法的通知》。

2月27日　省财政厅转发财政部印发《国有住房出售收入收缴管理实施办法》。省财政厅7月25日出台了具体实施办法。

3月21日　财政部下发《关于财政部门积极参与企业职工养老保险制度改革,加强财务管理工作有关问题的通知》。

3月25日　省人民政府印发《江西省教育费附加征收管理使用若干规定》。县人民政府7月7日就贯彻上述规定下发了实施意见。

5月17日　县人民政府办公室转发地区行署《关于进一步加强行政事业单位预算外资金管理的意见》。

6月19日　县人民政府发出通知,在全县开展对罚没收入、预算外收入大检查。

7月10日　地区行署印发《全区政府目标管理和财政收入实行重奖考核办法》。

7月26日　县人民政府印发《关于建筑行业个人所得税、城乡私人建房税收、房屋租赁税收、车辆税收、生猪屠宰税等五种税收征收管理办法》。

8月25日　县人民政府印发《乐安县自来水建设发展基金征收管理暂行办法》。

10月9日　省人民政府印发《江西省征集防洪保安资金暂行规定》。省水利厅、省财政厅10月18日出台实施办法。

10月11日　财政部下发《关于充分发挥财政职能,进一步加强环境保护工作的通知》。

10月12日　财政部对开展清理财政有偿使用资金工作下发通知。

12月19日　地区行署发出《关于推行乡(镇)财政分税制体制改革意见的通知》。

12月27日　地区行署批转地区财政局、地区地方税务局《关于全区乡镇财政所、地税所实行合署办公意见的通知》,要求合署办公从1996年1月起开始运转。

1996年

1月2日　地区财政局下发《关于切实加强行政事业单位预算外资金支出管理的通知》。

同日　县人民政府印发《乡镇财政体制改革方案》。

1月29日　县人民政府转发县财政局、县人民银行、县农业银行《关于在全县设立乡镇国库的通知》。

1月31日　省财政厅下发《关于加强乡镇财政管理工作的通知》。

1月　全县乡(镇)财政所、地税所合并为财政税务所。

2月16日　县委批复同意成立县财政局党组。

3月18日　地区财政局、地区粮食局印发《抚州地区粮食企业两条线运行财政、财务管理暂行办法》。

4月5日　省财政厅、省地税局发出《关于财政、地税部门进一步加强国有企业所得税征收管理有关问题的通知》。

5月13日　财政部下发《关于加强基本建设财务管理若干意见的通知》。

5月21日　地区财政局、地区老建办就加强县级扶贫配套资金管理发出通知。

5月25日　县财政局党组、地税局党组联合印发《财政、地税干部廉洁自律的有关规定》。

7月19日　财政部印发《会计证管理办法》。

7月22日　地区财政局、地区国资局下发《关于支持搞好我区国有工业改革的几点意见》。

8月20日　财政部印发《企业兼并有关财务问题的暂行规定》和《国有企业试行破产有关财务问题的暂行规定》。

同日　省财政厅印发《江西省财政周转金管理办法实施细则》和《江西省财政周转金会计核算暂行办法》。

10月3日　财政部发布《城市维护建设资金管理办法》。

10月7日　全县财税工作会议。

10月24日　省财政厅转发财政部《支援欠发达地区财政周转金管理办法》。从1997年1月1日起执行。

同日　财政部制定《预算外资金管理实施办法》。

11月18日　省财政厅、审计厅、监察厅、人民银行江西省分行联合发出《关于全面开展行政事业单位账户清理工作的通知》。

11月26日　地区财政局发出《关于严格控制财政支出，确保实现财政收支平衡的紧急通知》。

1997年

1月1日　今起执行财政部制发的《政府性基金预算管理办法》。

同日　根据财政部、国家税务总局通知精神，从即日起继续对宣传文化单位实行增值税优惠政策。

2月14日　财政部、国家计委下发《关于加强涉及外商投资企业行政事业性收费监督管理的通知》。

2月26日　县人民政府发出通知，要求加强财政收入均衡入库工作。

3月17日　省财政厅、省地税局发出《关于做好我省乡镇财政所、地税所合署办公工作的通知》。

3月19日　国家税务总局发出《关于开展农业税收工作检查的通知》。

6月19日　县委、县人民政府下发《关于认真学习江泽民同志在中纪委八次全会上重要讲话，坚决贯彻〈中共中央国务院关于党政机关厉行节约制止奢侈浪费行为的若干规定〉的通知》。

6月25日　财政部发布《财政总预算会计制度》，自1998年1月1日起执行。

7月7日　地区财政局针对行政经费增长过快过猛，制定了《县市行政费考核具体办法》。并下发《关于对县（市）本级行政经费实行定额考核“下管一级”的通知》。

7月22日　县人民政府办公室印发《乐安县财政局（国有资产管理局）职能配置、内设机构和人员编制方案》。县财政局机关核定行政编制26名、事业编制8名，国资局行政编制4名、事业编制2名。同时，成立县预算外资金管理局，归口财政局管理，为副科级机构。

7月28日　财政部发出《关于贯彻〈中共中央国务院关于治理向企业乱收费乱罚款和各种摊派等问题的决定〉的通知》。

9月30日　地区行署下发《关于禁止给公、检、法等执法部门下达罚没任务的通知》。

10月17日　财政部就事业单位新的会计制度衔接问题发出通知，《事业单位会计制度》自1998年1月1日起执行。

10月21日　财政部印发《关于加强国有企业财务监督若干问题的规定》。

11月14日　县财政局转发省财政厅转发《国家税务总局关于进一步做好耕地占用税征管工作的通知》。

11月　在乐安大道南侧征地兴建财政局办公大楼。

12月2日　地区财政局转发省财政厅《关于加强控购管理工作的通知》。

12月21日　财政部、国家审计署、经贸委、税务总局、工商行政管理局联合印发《关于进一步规范会计工作秩序的意见》。

12月27日　省财政厅、省土地管理局联合下发《关于改变国有土地使用权有偿使用收入分成办法的通知》。

12月29～30日　县财政局印发地区财政局《关于事业单位预算管理若干规定》和《关于行政单位预算管理的若干规定》。

12月　涂继旗任县财政局长。

1998年

1月3～5日　召开县第十三届人大一次会议，听取和审议财政预决算报告。

1月14日　财政部印发《违反注册会计师法处罚暂行办法》，自发布之日起执行。

2月23日　财政部印发《基本建设财务管理若干规定》。省财政厅4月23日转发此规定。

3月5日　省财政厅发出《关于严禁财政部门上路设卡收取税费、罚款的通知》。

4月15日　省财政厅向各地发出《关于省财政厅直接参与工程定额管理的函》。地区财政局5月4日转发此文。

5月23日　省财政厅转发财政部《关于进一步做好减轻农民负担工作的紧急通知》。

6月22日　地区财政局转发财政部《关于坚决禁止财政系统干部职工涉足色情和赌博活动的紧急通知》。

7月6日　省财政厅、人民银行江西省分行联合印发《江西省罚款代收代缴管理办法》。

8月13日　省财政厅下发《关于加快粮食政策性补贴资金拨付进度,确保补贴及时、足额到位的紧急通知》。

8月17日　省财政厅就进一步加强国家大型商品粮基地建设财务管理发出通知。

9月3日　地区财政局发出《关于认真做好当前财政工作的紧急通知》。

9月18日　省财政厅印发《江西省公检法工商行政管理部门行政性收费收入和罚没收入监缴暂行办法》。

10月9日　县财政局发出《关于进一步加强对预算外资金集中管理开户的通知》,乐安县对预算外资金进行集中统一管理,对辖区内各国有商业银行代理预算外资金业务进行招标,建行乐安县支行取得代理资格。

10月20日　劳动和社会保障部、财政部联合下发《关于调剂失业保险基金支持企业再就业服务中心有关问题的通知》。

11月10日　地区财政局下发《关于使用统一罚没票据的通知》,规定从1999年1月1日起使用由省财政厅统一制发的专用收据。

11月17日　县财政局、县监察局联合下发《关于严格控制行政事业单位业务招待费支出的通知》。

12月23日　地区财政局、人民银行抚州地区支行就统一使用财政预算拨款专用印章联合发出通知,规定从1999年起,各县财政预算拨款使用统一规格的印章"县财政局预算拨款专用章"。

1999年

1月12日　县财政局试行《县六套班子接待领导用餐经费报付办法》《县级、副县级领导住宅电话、移动电话话费支付办法》《会议费实行专项管理办法》。

3月2日　县财政局转发国家税务总局《关于印发〈农业税收会计制度〉的通知》。

3月28日　县财政局制定并下发《预算外资金拨付与管理的具体规定》。

5月　县财政局开始对县直行政事业单位预算外资金收支计划结余实行政府调控。

5月13日　县财政局、县党风廉政办试行在全县范围内统一使用"接待费代金券"。要求"同城不吃请,乡镇分餐制,下村吃派饭"。县财政局统一印制"代金券":面额早餐为3元,中、晚餐各6元。

6月15日　县财政局转发国家税务总局《关于贯彻国务院〈关于调整烟叶和卷烟价格及税收政策的紧急通知〉》。

8月15日　为了更好地发挥注册会计师在社会主义市场经济中的中介职能以及鉴证和服务作用,县财政局批复"乐安会计师事务所"脱钩改制。在人员、职能、财务、名称四个方面与县财政局脱钩,财务资产以1999年8月31日为基准日期。

2000年

4月10日　县财政局就认真做好第二届全国会计知识大赛乐安赛区的组织工作发出通知,并选拔3人参加地区竞赛,获团体一等奖。

4月20日　县委办公室、县人民政府办公室发出《关于重申严禁聘请社会闲散人员征收税费的紧急通知》。

5月10日　省财政厅下发《关于加强我省基本建设工程投资概预决算审查工作的通知》。

5月12日　县财政局转发地区财政局《关于加强农业特产税征收管理的通知》。

10月20日　财政部、国土资源部联合印发《探矿权价款转增国家资本管理办法》。

10月　县财政局新办公大楼竣工,12月9日迁入新楼办公。

11月24日　省财政厅王世福副厅长、市财政局黄水清局长、李向东副局长一行到乐安鹏州乡、公溪镇进行农村税费改革调查。

12月24日　全省财政工作会议在南昌召开。常务副县长吴信根、财政局长涂继旗出席。

2001年

1月1日　从即日起开征车辆购置税,取代车辆购置附加费。

1月11日　县财政局下发《关于在全县财政系统开展"三个代表"重要思想学习教育活动的工作安排和计划的通知》,并制定实施方案。

1月12日　市人民政府办公室发出《关于切实

解决拖欠乡镇干部、教师工资的紧急通知》。

1月18日 市财政局转发省财政厅《关于转发财政部关于严肃财经纪律,制止以会议等名义公款旅游的紧急通知》。

2月9日 市财政局、市环保局转发财政部、国家环保总局《关于加强排污费征收使用管理的通知》。

3月15日 国务院办公厅下发《关于财政国库管理制度改革方案有关问题的通知》,要求争取在“十二五”期间全面推行财政国库管理制度改革。次日,财政部中国人民银行联合印发《财政国库管理制度改革试点方案》。

3月20日 市财政局、市政法委转发省财政厅、省委政法委《关于进一步加强政法经费保障工作的通知》。

3月26日 中纪委、监察部印发《关于各级领导干部接受和赠送现金、有价证券和支付凭证的处分规定》。

3月27日 财政部、中国人民银行联合印发《政府采购资金财政直接拨付管理暂行办法》。

4月9日 县人民政府办公室抄告:经县长办公会议研究,同意成立“乐安县契税征收管理所”和“乐安县政府采购中心”。为正股级事业单位,隶属县财政局。

4月11日 市财政局转发财政部国家计委《关于事业单位和社会团体有关收费管理问题的通知》。

4月18日 省财政厅就进一步做好行政事业单位财政统一发放工资工作发出紧急通知,明确要求在2001年5月底以前,全面实行财政统一发放工资工作。

4月30日 财政部发出《关于认真贯彻执行国家统一会计制度及相关规定的通知》。

4月 中共中央办公厅、国务院办公厅下发《关于确保机关事业单位职工工资按时足额发放的通知》。

5月1日 《中华人民共和国税收征收管理法》正式施行。从即日起,夜总会、歌厅、舞厅、射击、狩猎、跑马、游戏、高尔夫球、保龄球、台球等娱乐行为的营业税统一按20%的税率执行。

5月11日 市财政局发出《关于加强农业特产税征收管理的通知》。

5月25日 县财政局布置在全县开展《中华人民共和国会计法》执法情况检查,时间从5月下旬至8月下旬。

6月7日 县人民政府办公室印发《乐安县财政预算资金拨付管理暂行办法》。

6月25日 乐安流坑村明清古建筑群被国务院列为第五批全国重点文物保护单位。

7月3日 经县人民政府常务会议研究,同意成立“会计管理核算中心”。

7月22日 县人民政府成立采购中心领导小组,下设办公室,办公室设在县财政局。10月19日印发《乐安县政府采购暂行办法》。

8月2日 财政部印发《财政扶贫资金报账制管理办法》。

8月6日 市财政局就进一步规范农业税征收管理的办法发出通知。

8月29日 县人民政府批转县财政局《关于全面开展契税清查工作的方案》和“实施意见”。

9月6日 省财政厅下发《关于严格执行契税政策的通知》。

9月17日 县会计管理核算中心正式成立。制定《乐安县会计管理核算中心管理办法实施细则》。

9月18日 财政部印发《农业税灾歉减免财政专项补助资金管理办法》。

10月12日 财政部印发《财政投资评审管理暂行规定》。

10月31日 省财政厅发出《关于严格执行政策禁止农业特产税平均摊派的通知》。

11月3日 财政部印发《财政预算资金拨付管理暂行办法》。

11月12日 撤销“乐安县财政局国债服务部”。

11月19日 县人民政府办公室转发市民政局有关乡镇行政区划调整的复函:乐安县撤销潭港乡并入鳌溪镇;撤销鹏州乡并入戴坊镇;撤销航桥乡,并入山砀镇;撤销坪溪乡并入金竹乡(驻坪溪),撤销望仙乡并入招携镇。乡(镇)财政税务所复分设办公。全县为15个乡(镇)财政所。

12月19日 县财政局被评为抚州市群众体育先进单位。

2002年

4月 县委副书记、常务副县长吴信根兼任县财政局长。

4月11~12日 举办全县农村税费改革试点工作培训班。24日,县税改领导小组印发《乐安县农村税费改革试点方案》。

4月27日 县地税局、县财政局转发《江西省财政厅、省地方税务局关于取消屠宰税的通知》。

6月11日　召开全县财政工作会议。

7月6日　县财政局对县直单位实行会计委派工作，制定并下发会计委派的工作职责，考核考评办法。

7月10日　县财政局党组转发抚州市财政局《关于进一步做好党风廉政建设和反腐败工作的意见》。

8月29日　省财政厅针对当前农业税征收工作中存在的征收行为不够规范、粮食部门未履行代扣代缴义务、结算资金不到位、农民等待观望等现象下发通知。

12月31～2003年1月3日　召开县第十四届人大一次会议，审议财政预决算报告。

2003年

2月26日　县财政局制定并下发加强乡镇财政所内部财务管理的几项规定：《关于加强乡镇财政所内部财务管理的规定》《乡镇财政总预算会计职责》《乡镇财政旬、月报制度》。

3月30日　县人民政府办公室印发《乐安县财政局职能配置内设机构和人员编制规定》。核定局机关内设股室和编制，行政编制26名。工勤事业编制2名，专项专业编制3名，农税征管专项事业编制2名。根据“三定”方案，设立县农税局。

4月　撤销“县国有资产管理局”，其工作职能并入县财政局，成立“企业统评股。

5月15日　市委办公室、市人民政府办公室印发《抚州市乡村财务管理和农税征管体制改革实施方案》。

5月30日　全县财税暨农村税费改革工作会议。

7月10日　县委办公室、县人民政府办公室印发《乐安县乡村财务管理和农税征管体制改革实施方案》。

7月17日　省人民政府下发《关于进一步改革财政管理体制的意见》。

9月　袁国平任县财政局长。

10月30日　省财政厅、省税改办公室下发《关于严格执行农业税征收政策，切实做好农业税征收工作的紧急通知》。

11月7日　全县财税工作会议。主要内容：回顾总结农村税费改革工作，并对税改中存在的问题进行认真整改，分析当前财政工作形势。

2004年

1月17～18日　全省财政工作会议。县委副书记、常务副县长吴信根，县财政局长袁国平出席会议。

2月27日　省财政厅印发《江西省财政厅关于在全省财政系统推行“八项服务承诺”优化政务环境的实施意见》。

4月6日　县财政局就进一步加强党风廉政建设和改进干部思想作风制定有关规定。

4月21日　县财政局、县地税局转发财政部、国家税务总局《关于农村税费改革试点地区有关个人所得税问题的通知》。

4月23日　县财政局制定并印发《乐安县核算中心报账审核办法》《乐安县核算中心工作职责》。

4月26日　市财政局、市监察局转发财政部、监察部《关于印发〈集中采购机构监督考核管理办法〉的通知》。

5月28日　县财政局下发《关于明确县直行政、事业单位政府采购工作流程的通知》。

7月23日　财政部下发《关于加强政府非税收入管理的通知》。

8月6日　全省深化农村税费改革工作会议在南昌召开，传达贯彻全国农村税费改革工作会议精神。

8月11日　县财政局、县监察局转发市财政局、市监察局《关于印发〈清理党政干部拖欠公款实施方案〉的通知》。

8月20日　县党风廉政建设领导小组办公室、县财政局发出《关于设立专项治理“红包”收缴专户的通知》。

9月6日　县财政局转发省财政厅、省林业厅、省粮食局、省农发行、省农信社、省农行《关于做好退耕还林粮食改补现金后，补助现金发放与管理工作的紧急通知》。

11月1日　省财政厅发出《关于江西省各级行政事业单位公务用车实行政府采购定点保险有关事宜的通知》。

2005年

1月1日　从即日起，全面取消农业税，结束了两千多年中国农民上缴“皇粮国税”的历史。

1月15日　省财政厅、省公安厅联合印发《关于建立和完善我省县级公安机关经费保障机制的意见》。

1月22日　财政部令，公布《会计从业资格管理办法》，自2005年3月1日起施行。

1月　乐安县财政局被市委、市人民政府评为

"文明单位"。

2月2日　县财政局印发《乐安县乡镇行政事业单位干部职工工资银行代发暂行办法》。

4月13日　省财政厅转发财政部《关于深入开展治理教育乱收费工作的通知》。

4月18日　省财政厅下发《关于尽快落实农村中小学公用经费的通知》。

5月18日　县财政局、县监察局转发江西省财政厅、监察厅关于转发《财政部、监察部关于进一步做好党政领导干部拖欠公款清缴工作的通知》。

7月1日　县财政局制定并印发《乐安县乡财县管乡用实施细则》。

7月15日　县财政局开展清理财政账户工作。

7月18日　省地税局、省财政厅、省监察厅联合发出《关于坚决制止"引税"等严重违法问题的通知》。

7月21日　省财政厅印发《江西省财政部门全面推进依法行政依法理财实施办法》。

7月24日　县财政局下发《2005年政务公开实施方案》。

8月5日　省财政厅、省文化厅联合印发《江西省农村文化事业专项资金暂行管理办法》。

同日　市财政局就进一步加强财政票据管理下发通知。规定财政票据分为行政事业性收费票据、罚没票据、社会团体会费收据、行政事业收款收据和接受社会捐赠票据五种。

8月15日　市财政局开展统一清理财政部门银行账户工作,要求严格执行财政专项资金开户管理有关规定,不得多头开户。

8月23日　召开全县规范津贴补贴工作会议。

8月30日　市农税改革领导小组就全市农村税费改革、乡镇机构改革进程作出安排。

9月6日　省财政厅、科技厅联合转发财政部、科技部《科技富民强县专项行动计划资金管理暂行办法》。

9月26日　经县编委研究,同意成立"乐安县财政局信息中心"。

9月30日　县财政局制定并印发《优化发展环境追究制度》。

10月12日　市财政局下发《关于坚决制止农民建房中乱收费的通知》。

10月19日　县财政局、县农村信用合作联社联合转发《关于进一步规范粮食直补和良种补贴资金发放的紧急通知》。

11月13日　中纪委、中组部、监察部、财政部、人事部、审计署联合发文,要求开展津贴补贴清理情况调研核查工作。

11月18日　市人民政府办公室参阅件〔2005〕8号,刊载常务副市长鲍小慧批示,转发《强化财政管理职能,缓解乡镇财政困难—乐安县乡镇财政管理体制改革探索》一文。

11月21日　省地税局、财政厅、国土厅联合转发国家税务总局、财政部、国土资源部《关于加强土地税征收管理的通知》。

12月8日　市人民政府批转市财政局《关于加强乡镇财政和村级财务管理意见的通知》。

12月15日　县财政局就进一步规范行政性收费收入管理下发通知。

是年　省委、省人民政府决定,从2005年起,在全省21个国家扶贫开发工作重点县市实施省直管县财政体制改革试点。乐安县为试点县之一。

2006年

3月　乐安县财政局被评为"江西省第十届(2004~2005年度)文明单位"。

4月6日　市财政局转发省财政厅《关于加强住房公积金财政监督管理的通知》。

4月11日　省财政厅、省劳动和社会保障厅联合印发《江西省就业再就业资金管理办法》,从2006年1月1日起执行。

4月13日　省财政厅、人行南昌中心支行、省人保厅联合印发《江西省小额担保贷款财政贴息资金管理办法》。

4月18日　县人民政府办公室印发《乐安县机动车辆地方税收征收管理办法》。

同日　县财政局转发省财政厅《关于进一步推动财政部门政务公开工作的意见》。

4月28日　市财政局印发《抚州市财政局行政执法过错责任追究办法》。

4月　根据县委文件精神,设立乐安县工业园区财政所。

5月10日　县编委批复,原乐安县会计管理核算中心,更名为乐安县财政国府支付中心。乐安县农税局更名为乐安县乡镇财政管理局。

5月19日　县财政局成立"乐安县财政局治理商业贿赂领导小组",并印发《乐安县财政局治理商业贿赂专项工作实施方案》。

同日　省财政厅、省教育厅联合印发《江西省农村义务教育经费保障机制改革,中央专项资金支付管理暂行办法》。

5月22日　召开全省政府收支分类改革工作会议。

6月8日　市财政局、市地税局转发财政部、国家税务总局《关于集体土地使用税有关政策的通知》。

6月14日　市财政局转发省财政厅《关于调整地方各级人大代表、政协委员活动经费标准的通知》。

6月23日　省财政厅、省高级人民法院、省高级人民检察院联合印发《关于建立和完善我省县级法院、检察院经费保障机制的意见》。

6月28日　市委组织部、市财政局下达2006年全市村级组织活动场所建设市级配套资金的通知。

7月3日　县人民政府办公室批转县扶贫办、财政局《关于在重点村建立村级发展互助资金试点工作实施意见》。

8月3日　省财政厅、省档案局转发财政部、国家档案局《国家重点档案抢救和保护补助管理办法》。

8月4日　省财政厅转发财政部《关于印发〈大中型水库移民后期扶持基金征收使用管理暂行办法〉的通知》。

8月15日　县财政局转发市财政局《关于推行“八项服务承诺”的实施意见》。

10月16日　县人民政府印发《乐安县财政国库制度改革实施方案》。

11月3日　召开全县财政国库管理制度改革动员会。

12月5日　市财政局、市文化局联合印发《抚州市农村文化事业专项资金管理实施细则》。12月10日,县财政局、县文体广电局联合印发《乐安县农村文化事业专项资金管理实施细则》。

12月11日　全省举办乡镇财政干部培训班。

2007年

1月1日　从即日起全面实施政府收支分类改革。

3月7日　县人民政府印发《乐安县政府非税收入征收管理暂行办法》。

3月12日　市财政局下发《关于开展党政机关所属经营性国有资产管理,治理超标准公务接待和公款大吃大喝调查的通知》。

4月1~4日　召开县第十五届人大一次会议,审议财政预决算报告。

4月10日　召开全县实施《政府非税收入征收管理暂行办法》动员大会。

5月23日　县财政局开展“财政支农资金管理年”活动,并下发实施方案。

7月1日　开始对全县公务员统一发放津贴补贴,对事业单位工作人员实行岗位绩效工资。

7月20日　县减轻农民负担监督管理领导小组办公室、县人民政府纠风办公室联合下发《关于认真做好2007年农民负担监督管理工作的意见》。

8月7日　县编委批复:同意县财政局增设国库股,同意国库支付中心内设审核股、支付股、会计股、综合信息股和乡财县管股,级格为副股级。

8月30日　县财政局印发《乐安县能繁母猪补贴资金管理实施细则》。

9月19日　市财政局、市委政法委联合印发《抚州市省级政法转移支付资金管理办法具体实施细则(试行)》。

12月12日　县财政局、县卫生局联合印发《乐安县新型农村合作医疗基金财务制度(试行)》。

2008年

1月9日　省财政厅、人口计生委联合印发《关于建立完善计划生育利益导向机制的若干规定》。

1月12~2月5日　全县出现历史罕见的持续低温雨雪冰冻天气。全县供电线路设备损失惨重,造成县城停电达20天,金竹、招携等乡镇停电达1个月之久。

1月23日　省财政厅、省教育厅联合转发财政部、教育部《关于印发〈中等职业学校教师素质提高计划专项资金管理暂行办法〉的通知》。

2月26日　全市财税工作会议。各县(区)常务副县(区)长、财政、国税、地税局长、办公室主任、预算股长、各乡镇财政所所长参加会议。

3月　乐安县财政局被评为江西省第十一届(2006~2007年度)文明单位。

4月1日　县人民检察院、县人民法院、监察局、财政局、审计局、人口计生委联合转发《关于进一步加强社会抚养费征收管理使用的实施意见》。

4月10日　县财政局、县民政局就加强救助资金管理使用有关问题联合下发通知。

4月21日　省财政厅、省农业厅联合转发财政部、农业部《关于印发〈现代农业产业技术体系建设专项资金管理试行办法〉的通知》。

5月6日　省财政厅、省体育局联合印发《江西省基层群众体育健身场所建设专项资金管理暂行办法》。

5月12日　省财政厅、省文化厅联合印发《江西省基层文物保护专项资金管理暂行办法》。

5月30日　县财政局、县监察局、县审计局联合开展政府采购执行情况专项检查,并下发实施方案。

6月3日　经县编委研究,同意乐安县财政监督股更名为财政监督局。

6月10日　县财政局党组印发《关于在全县财政系统开展"提升行政效能,建设服务型政府"主题活动的实施方案》。

6月17日　县人民政府印发《乐安县深化国有农场税费改革方案》。

7月18日　县财政局印发《2008年财政局党风廉政建设和反腐败工作任务分工》的通知。

7月25日　财政部印发《中央补助地方文化体育与传媒事业发展专项资金管理暂行办法》。

9月9日　市财政局、市科技局印发《抚州市市级专利专项资金管理暂行办法》。

10月22日　县财政局组织开展会计人员网络远程继续教育并就有关事项下发通知。

是年　全省在31个县(区)开展执收执罚单位收支完全脱钩工作试点。乐安县为试点县之一。

2009年

1月6日　县财政局、县发改委转发省财政厅、省发改委《关于公布取消和停止征收125项行政事业性收费项目的通知》。

1月10~11日　全省财税工作会议在南昌召开,县委常委、常务副县长李以庚、县财政局局长袁国平出席会议。

1月13日　县人民政府办公室印发《县直机关和事业单位差旅费管理办法》。自2009年1月1日起实行。

2月21日　召开全县财政工作会议,贯彻全省财税工作会议精神,布置财政预算编制和政府收支完全脱钩试点工作。

4月15日　县财政局党组组织开展深入学习实践科学发展观活动,并印发《实施方案》。

4月20日　财政部、教育部、总参谋部联合印发《应征入伍服义务兵高等学校毕业生学费补偿国家助学贷款代偿暂行办法》。

4月23日　县财政局发出关于贯彻执行《江西省耕地占用税实施办法》有关问题的通知。

8月　县人民政府办公室批转县财政局、县监察局、县发改委《关于全面推行财政票据电子化管理改革的意见》。

9月7日　县财政局制定并下发《乐安县财政局重大行政决策实施情况后评价制度》。

11月16日　县人民政府办公室印发《乐安县行政事业单位推行公务卡制度实施方案》。

12月15日　县财政局下发《关于禁止报销营业性娱乐场所活动费用的通知》。

12月　县编委批复,同意成立大马头垦殖场财政所。

2010年

2月22日　县财政局在全县财政系统开展创业服务年活动,并制定下发《实施方案》。

3月3日　召开全县财税工作会议。

3月8日　县财政局制定并印发《乐安县乡镇专项资金报账办法》。

3月15日　省财政厅发出《关于进一步严肃会风的通知》。

3月17日　县财政局制定并下发《关于县级财政资金收缴与拨付管理内部操作规程暂行办法》。

4月5日　县财政局转发《关于认真组织学习〈中国共产党党员领导干部廉洁从政若干准则〉以及中央、省、市纪委全会和财政系统反腐倡廉建设工作会议精神的通知》。

4月12日　县财政局印发《关于加强惠农补贴资金"一卡通"发放工作的意见》。

4月　乐安县财政局被评为江西省第十二届文明单位。

5月11日　省财政厅转发财政部《关于印发切实加强乡镇财政资金监督工作的指导意见的通知》。

5月15日　县财政局党组就全县财政系统推行腐败风险预警防控工作制定并下发《实施方案》。

5月25日　县财政局下发《关于进一步加强工资统发集中支付管理工作的通知》。

7月29日　县财政局、县人行、县监察局联合印发《乐安县行政事业单位公务卡管理暂行办法》。

8月30日　省财政厅、省教育厅、省人保厅联合印发《江西省中等职业学校农村家庭经济困难学生、城镇低保家庭学生和涉农专业学生免学费实施方案》。

9月16日　省财政厅就优先保障教育支出发出通知。

10月9日　省财政厅、省教育厅联合出台《江西省地方教育附加使用管理办法》。

10月　成立"乐安县国有资产监督管理办公室",为县财政局内设机构。

11月12日　省财政厅、省人口计生委联合印发《江西省计划生育家庭特别扶助专项资金管理暂行办法》。

12月17日　省财政厅、省教育厅联合印发《江西省普通高中国家助学金实施细则》。

12月28日　省财政厅、省教育厅就进一步加大全省教育经费投入,联合发出通知。

12月　耕地占用税和契税征管职能正式移交至地税局。

2011年

1月7日　县人民政府办公室印发《乐安县财政局主要职责内设机构和人员编制规定》即"三定方案"。

1月21日　全市财税工作会议。

2月25日　县财政局为贯彻落实省财政厅《关于切实加强财政资金安全管理的紧急通知》和《关于进一步加强和规范财政专项资金管理的通知》,开展全县财政资金安全检查工作,并制定下发工作方案。

3月29日　县委、县人民政府转发市委、市政府《关于严格执行涉农收费政策,严禁向农民乱收费,切实加强农民负担监督管理工作的紧急通知》。

4月　乐安县财政局被市委、市人民政府评为2009~2010年度文明单位。

5月12日　省财政厅转发财政部《关于进一步完善制度规定,切实加强财政资金管理的通知》。省财政厅印发《2011年省财政与设区市、省直管县财政年终结算办法》。

6月23日　县财政局开展清理整顿财政专户工作,并下发实施方案,要求县本级财政专户控制在35个以内。

9月13~15日　召开县第十六届人大一次会议,审议财政预决算报告。

10月10日　县人民政府印发《乐安县中小企业信用担保基金管理办法》,成立"乐安县中小企业信用担保中心"和"乐安县中小企业信用担保监督管理委员会"。

11月17日　省财政厅、省教育厅联合印发《江西省农村中小学教师周转房建设奖补资金管理办法(试行)》。

12月19日　省财政厅、省教育厅联合印发《江西省民办教育发展专项资金管理办法(试行)》。

12月　财政部、国家税务总局发出《关于应税服务适用增值税零税率和免税政策的通知》。

同月　省财政厅印发《江西省乡镇财政资金国库集中支付会计核算暂行办法》和《江西省乡镇财政国库集中支付管理暂行办法》。

2012年

乐安县从2012年春季学期起,启动实施农村(不含县城)义务教育学生营养改善计划。

2月7日　财政部令,颁布《事业单位财务规则》。从2012年4月1日起施行。

2月24日　省财政厅发出《关于进一步做好加大财政教育投入有关工作的通知》。

3月1日　县财政局党组印发《乐安县财政局机关和全县财政系统集中整治影响发展环境的干部作风突出问题活动实施方案》。

4月5日　县人民政府办公室下发《关于规范园区企业地方税收征收管理的通知》。

4月25日　省财政厅、省文化厅联合印发《江西省公共图书馆、文化馆(站)免费开放专项资金管理暂行办法》。

5月9日　市财政局印发《关于在全市财政系统开展"增收节支、挖潜增效"活动的实施方案》。

同日　县人民政府办公室印发《乐安县工业企业纳税奖励暂行办法》。从2012年1月1日起施行。

5月24日　省财政厅副厅长潘昌坤深入乐安县调研。

5月25日　县委办公室、县人民政府办公室印发《乐安县构建公务消费一体化监管体系建设实施方案》。

5月　乐安县财政局被市综合治理委员会评为2011年度全市社会治安综合治理工作先进单位。

6月13日　市财政局下发《关于事业单位提取专用基金(职工福利基金和修购基金)比例问题的通知》。

7月5日　市财政局党组印发《抚州市财政局深入推进风险岗位廉能管理工作的实施方案》。

7月10~12日　省人民政府副省长胡幼桃、省人民政府副秘书长林彬杨、省农发行行长李贤文、省财政厅副厅长潘昌坤、省扶贫移民办副巡视员胡跃明、省国税局党组成员、总审计师胥敏锋等一行深入乐安县考察调研扶贫工作。

7月11日　县人民政府印发《关于进一步完善乡(镇、场)财政管理体制实施意见》。

7月19日　县人民政府办公室转发县人民政府纠风办等7部门《关于在全县开展教育收费中突出

问题专项治理工作实施方案》。

7月24日　财政部、教育部联合印发《农村义务教育学生营养改善计划专项资金管理暂行办法》。

7月30日　县财政局党组印发《乐安县财政局加快推进电子监察建设阳光财政工作实施方案》。

7月　县财政局党组决定编修《乐安县财政志》。《财政志》上限为乐安建县(1149年),下限为2012年;并成立编纂工作领导小组,抽调专人编写。

8月5日　财政部印发《事业单位及事业单位所办企业国有资产产权登记管理办法》。

8月7日　省财政厅厅长胡强深入乐安县调研。

8月20日　全省举行财政法规知识竞赛。乐安县财政系统干部职工和财会人员踊跃参赛。

9月9日　省财政厅下发《关于开展事业单位公务用车清查工作的通知》。

10月18日　省财政厅印发《关于着力推进"五型"财政建设实施方案》。要求着力建设发展型财政、公共型财政、调控型财政、精细型财政、效能型财政。

11月20日　财政部、教育部就切实加强义务教育经费管理联合发出紧急通知。

12月21日　省财政厅以特急电发出《关于全省预算执行情况的通报》。要求依法依规组织收入,强化预算支出管理,强化监督检查。

12月28日　抚(州)吉(安)高速公路正式通车,为乐安县有高速公路之始。抚(州)吉(安)高速公路,2011年6月开工,全长179.188公里,乐安境内29.37公里。

12月　乐安县财政局被市委、市人民政府评为2011~2012年度文明单位;被国务院扶贫开发领导小组评为全国扶贫开发先进集体。

附　　录

附录一：古籍选录

虚 税 策

（明）陈振

问乐安钱粮，积欠一十三万有奇。今委本职亲追，急之，则逃窜，勾摄不前，缓之，则观望，分厘不纳。既曰都虚图虚，又曰县虚天虚，是何虚之多也。追积逋之粮。使粮长、里运，排年相率输纳，免官下乡之扰，免差人勾追之烦，其果何，道以致之。

愚生叨养学宫，愧无分毫补报，尝思民这安其乡土，保其亲戚老死而长子孙者，皆君上之赐也。惟输赋供役，庶可酬君恩于万一耳，兹承明问下，及乃以乐安逋欠至十三万有奇，愚生为兹土之民，捧而读之，诚惶惧无地；反而思之，则有痛哭流涕。昧死上陈，惟哀而察之。盖乐之逋欠，虽下民之罪，而所以致此。罪者其弊有二：一曰钱粮虚浮加额；一曰均平加派逾常。何谓钱粮虚浮加额？乐安僻居山谷，舟楫不通，高田则易亢；低田则易潦。昔进因其土瘠地偏，奏赐轻赍，民米一石，仅派银四钱二分。近日每石派银伍钱柒分。昔无三司俸米，今则有矣。昔为苎布轻税，今则重矣。昔驿传机兵每为减额，今则增矣。自洪武以来，积弊日深，里书受贿，洒粮于都图，则谓之图虚都虚，总科受贿，洒粮于一县，则谓之天虚县虚。重之以外县客户，则田去而粮在；加之以死逃之户，则人亡而税存。故一里之内，积无征之粮或十之三四，或十之六七，甚至弱宗单巷死逃相继，则一里尽空虚者有之。夫以无实之虚粮，而乘以额外之加派，何以应其征求，钱粮之至于积逋者，职此也。何谓均平加派逾常？国初会计，一年京费，每里出银六两，谓之均平。彼时数少则民易供。自刘瑾擅权，穆尹临任，即行加派均平之法，多至七八十两，少不下五六十两。数大难完，延捱累积，或未派而贿胥求减；或既派而求搨苟安。额虽倍于昔，入反损于初。自壬辰胡尹来访，复旧规，民无逋银，官无缺用。及胡尹去，复行加派，拖负复如前日均平之。至于积逋者，职此也。夫以钱粮之逋欠如彼，均平之逋欠如此，二弊相乘，一里无完征之甲；一甲无完征之户，有司得以禁囚，吏胥得以吓骗，乡民至县，埋踪闪迹。势同窃盗。官差下追，则夫执而妻号，子拘而母哭，情同送死，或贿追呼，或嘱保歇。以有限之财，止无厌之索，家益无聊，赋益无措，势可逋者，则流移外境，乐为羁旅之魂；势难窜者，则骈首就囚，甘为囹圄之鬼。入监联索，几百十人。污秽成疾，死苦百端；痛痛彻髓，正仰哺求活之日也。而大工告急，京储乏绝，乃欲以积年之逋欠，应今日之营造，至勤委任下追，然大人好生根于性，痌瘝切于身。上恐辜台省之托，下深怀疲困之悲。欲施宽缓，则国计不能给；欲绳严峻，则民力有不堪。日久焦劳，进退维谷，可谓恩法难两全矣。民虽愚冥，亦当感悟。乃所入无十分之一，何哉？忠义固民心，财利亦民命。财不足以副其心，亦付之无可奈何耳。不然民之蓄储将以全身，未有身残而犹惜财者也。且昔之钱粮以一年而输一年，而犹逋欠，况今之钱粮，以十年而责之一旦，民何措纳？如万钧之载，加敝驴之身，鲜不仆矣。虽然这样愚犹有一焉，夫民之倾产以求免者，冀家破而可保耳。今赃银完者，囚禁如故。料价追者，失限数目。民以为，甲完而征乙，丙输而索丁，虽竭锱铢之产，犹不足以需残喘之延，则有宁逃而不思复，宁囚而不悔死者矣。愚以为，朝野所取者，惟折银，大工所需者，惟料价，赃银则出于折银，其已完者，许其保领。以候申请之仁，如崇仁之脱其军徒未完者，分限追征。责其第次以入，令里排并力以并输，则民知已完者，有宁家之乐；未完者，有严追之苦。将去苦而就乐，如此而庄不完者，未有也。料价则出于均平者，计一邑之常额若干，每里之该纳若干，给示限其铢两，使民不得私贿以求损，官不得乘多以邀利，或责保家推纳，或责里运催征，则民知纳者之数少，逋者之费多，将去多而就少，如此而料价不完者，未有也。自赃银料价外，则如冯驩之焚券可也。如尹铎之保障可也，若曰乐安逋欠，出于民俗顽犷，非由于钱粮虚悬，则近奉丈量，赋有实征，如三十四五年，京运刻期而足。岂前日之顽民，即今日之良民耶？无亦，前日之虚悬难贩；今日之实征易纳，非民之顽犷可知矣。

（陈振　今乐安县罗陂乡人）

附录二:乐安县财政系统有关资料

乐安县财政系统地(市)以上先进单位和先进个人名录

表附-1　　　　1949~2012年

年　月	先进单位或个人	授予称号	备　注
1958年	乐安县财政局	抚州地区财税工作先进单位	
1959年	戴坊税务所	全省财贸系统先进单位	财政税务合并为财政税务局
1959年	胡德群	全省财贸系统先进工作者	
1959年	翟时球	全省财贸系统先进工作者	
1963年5月	乐安县财政局	全省财贸系统先进单位	副局长翟时球出席
1978年5月	乐安县财政局预算组	全省财贸系统学大庆学大寨先进单位	组长涂继旗出席
1997年9月	黄凤珍	全省先进会计工作者	省财政厅、省人事厅授予
1998年12月	涂继旗	抚州地区人民满意的公务员	
2005年	袁国平	抚州市目标管理综合工作先进个人	
2007年	袁国平	抚州市目标管理考评先进个人	
2012年12月	县财政局	全国扶贫开发先进集体	国务院扶贫开发领导小组授予

1949年10月至2012年12月乐安县财政机构及领导人员任期表

表附-2

机构及变化时间	正职			副职			备　注
	职务	姓名	任期	职务	姓名	任期	
财粮科(1949年10月~1951年11月)	科长	苏　英	1949年10月~1951年11月	副科长	张　敏	1951年8月~1952年11月	
财政科(1951年11月~1956年5月)	科长	张　敏	1952年11月~1953年4月	副科长	李慕庚	1952年11月~1953年10月	
				副科长	平祥禄	1953年3月~1954年	
	科长	李慕庚	1953年11月~1956年6月	副科长	胡德群	1955年6月~1956年5月	
财政局(1956年6月~1958年12月)	局长	李慕庚	1956年6月~1957年10月	副局长	胡德群	1956年6月~1958年12月	
财政税务局(1959年1月~1961年12月)	局长	孔祥兴	1959年4月~1961年12月	副局长	胡德群	1959年1月~1961年12月	
				副局长	杜吉祥	1959年4月~1960年10月	
				副局长	翟时球	1960年5月~1961年12月	
财政局(1962年1月~1968年8月)				副局长	翟时球	1962年1月~1968年8月	
				副局长	胡德群	1962年1月~1962年7月	
财政税务局1968年9月~1968年10月)				副局长	翟时球	1968年9月~1969年4月	

续表附－2－1

机构及变化时间	正职			副职			备　注
	职务	姓名	任期	职务	姓名	任期	
财政金融站（1968年10月～1969年4月）	负责人	曹洪祥	1968年10月～1969年4月				
财政税务局（1969年5月～1970年3月）	革委会主任	曹洪祥	1969年5月～1970年3月				
财政金融局（1970年3月～1973年5月）	革委会主任	曹洪祥	1970年3月～1970年10月	革委会副主任	李培令	1970年3月～1972年9月	
				革委会副主任	王明亮	1970年3月～1973年5月	
	革委会主任	过义昌	1970年10月～1973年5月	革委会副主任	曾九明	1971年7月～1972年11月	
				革委会副主任	杨震声	1972年2月～1973年5月	
财政局（1973年5月～2012年12月）	局长	过义昌	1973年5月～1973年8月	副局长	王明亮	1973年5月～1973年9月	
财政局	局长	王明亮	1973年10月～1982年6月	副局长	吴汉清	1973年8月～1982年6月	
				副局长	陈万立	1973年9月～1979年8月	兼房管所长
财政局	局长	吴汉清	1982年6月～1984年5月				
财政局	局长	周树宗	1984年6月～1992年11月	副局长	田豫东	1986年4月～1987年8月	
				副局长	李　想	1987年8月～1989年3月	
				副局长	邱关龙	1988年5月～1992年10月	
				副局长	黄凤珍	1990年3月～1992年10月	
				调研员	黄福生	1984年6月～1993年9月	1993年7月享受副县待遇
财政局	局长	黄凤珍	1992年11月～1997年12月 1997年6月任县人民政府副县长	副局长	易华全	1996年2月～1997年12月	正科
				副局长	邱关龙	1992年11月～1997年12月	
				副局长	曾文才	1992年4月～1994年9月	
				副局长	袁国平	1996年2月～1997年12月	
				国资局局长	江小梅	1996年2月～1997年12月	（副科）

续表附-2-2

机构及变化时间	正职			副职			备　注
	职务	姓名	任期	职务	姓名	任期	
				“三检办”主任	杨六生	1996年2月～1997年12月	(副科)
				县人民政府驻沪办事处主任	顾雅鸿	1996年5月～1997年12月	(副科)
				调研员	周树宗	1992年11月～1997年7月	(正科)
财政局	局长	涂继旗	1997年12月～2002年2月	副局长	易华全	1997年12月～1999年12月	(正科)
				副局长	辛光荣	1998年8月～2002月4月	兼任国资局局长(正科)
				副局长	邱关龙	1997年12月～2001年10月	
				副局长	袁国平	1997年12月～2002年2月	1997年8月兼预算外资金管理局长(副科)
				“三检办”主任	杨六生	1997年12月～2002年4月	(副科)
				国资局副局长	曾招生	2000年5月～2002年4月	
				县人民政府驻沪办事处主任	顾雅鸿	1997年12月～2001年10月	(副科)
财政局	局长(兼)(时任县委副书记、常务副县长)	吴信根	2002年4月～2003年8月	党组书记	涂继旗	2002年4月～2003年4月	
				副局长	辛光荣	2002年4月～2003年5月	兼任国资局局长(正科)
				副局长	易登明	2002年3月～2003年8月	(正科)
				副局长	袁国平	2002年3月～2003年8月	2002年3月主持工作
				“三检办主任”	杨六生	2002年4月～2003年8月	(副科)
				国资局副局长	曾招生	2002年4月～2003年5月	
财政局	局长	袁国平	2003年9月～2012年12月 2010年任县政协副主席	党组书记	王冬生	2003年4月～2004年4月	

续表附-2-3

机构及变化时间	正职			副职			备　注
	职务	姓名	任期	职务	姓名	任期	
				副局长	易登明	2003年9月~2008年12月	（正科）
				纪检组长 副局长	黄建华	2003年5月~2012年12月	2003年5月任纪检组长（正科），2008年12月改任副局长（正科）
				副局长	邹禄龙	2003年5月~2012年12月	
				会计核算中心主任 局党组副书记 副局长	郭凌宇	2003年5月 2005年8月 2008年12月~2012年12月	2012年9月兼任县文化旅游发展投资有限公司总经理
				农税局长、乡镇财政管理局局长	涂继玮	2003年5月~2012年12月	（副科）
				党组副书记、副局长	李小政	2008年12月任党组副书记2012年9月~2012年12月任副局长	
				国库支付中心主任	曾金根	2008年12月~2012年12月	（副科）
				纪检组长　党组成员 副主任科员	江泉兴	2009年12月~2010年12月 2010年12月~2012年12月	第二纪工委副书记、第二监察分局副局长
				国资办主任	欧阳仁	2010年11月~2012年12月	（副科）
				总会计师	刘　永	2012年9月~2012年12月	（副科）
				局国库支付中心副科级干部	袁国祥	2011年4月~2012年12月	
				局国库支付中心副科级干部	陈丽华	2011年4月~2012年12月	

1984～2012年乐安县财政局改任非领导职务人员名单

表附－3

姓　名	改任职务	改任年月	改任前职务	备　注
黄福生	县财政局调研员	1984年6月	县建行行长	1993年享受副县级待遇
周树宗	调研员（正科）	1992年11月	县财政局局长	
易华全	主任科员	1999年12月	县财政局副局长（正科）	
饶国卿	主任科员	2001年8月	县经贸委主任	
黄和元	主任科员	2002年5月	县委组织部副部长	
涂继旗	主任科员	2003年5月	县财政局党组书记	
辛光荣	主任科员	2003年5月	县财政局副局长　国资局局长	
李华东	主任科员	2003年5月	县民政局党组书记	
王冬生	主任科员	2004年4月	县财政局党组书记	
缪凤翔	主任科员	2004年10月	县人劳局局长	
沈亚武	主任科员	2005年9月	县粮食局局长	2008年4月调出
周洪员	主任科员	2006年4月	县物价局局长	
陈方针	主任科员	2007年6月	县农业局局长	
易登明	主任科员	2008年12月	县财政局副局长（正科）	
黄卫民	主任科员	2011年5月	县委党校常务副校长	
董小华	主任科员	2011年5月	县审计局党支部书记（正科）	
熊晓兰	主任科员	2011年5月	县第二纪工委副书记、第二监察分局副局长（副科）	
陈兆芳	主任科员	2012年8月	县政协专委会主任	
邱关龙	副主任科员	2001年10月	县财政局副局长	1993年评定为主任科员
顾雅鸿	副主任科员	2001年10月	县人民政府驻沪办事处主任	1993年评定为主任科员
李檀香	副科干部	1999年11月	县委办副科干部	
曾招生	副主任科员	2003年5月	县国资局副局长	
袁国梁	副主任科员	2011年5月	县教育局局长	
杨丽萍	副主任科员	2011年8月	鳌溪镇副镇长	

2012年乐安县财政局机关工作人员基本情况

表附－4

姓名	行政职务	性别	民族	籍贯	出生年月	参加工作年月	政治面貌	文化程度	干部或工人	技术职称	非领导职务或技术等级	备注
袁国平	财政局长、党组书记	男	汉	乐安	1964年4月	1985年7月	中共党员	本科	公务员	会计师		2010年任县政协副主席
黄建华	副局长	男	汉	乐安	1963年10月	1980年10月	中共党员	本科	公务员			
邹禄龙	副局长	男	汉	乐安	1966年11月	1986年7月	中共党员	本科	公务员	会计师		
郭凌宇	副局长	男	汉	乐安	1970年1月	1992年7月	中共党员	本科	公务员	会计师		
涂继玮	乡财局长	男	汉	新建	1966年9月	1989年7月	中共党员	本科	公务员	助理会计师		
李小政	副局长	男	汉	东乡	1970年3月	1988年7月	中共党员	大专	公务员	会计师		
曾金根	支付中心主任（副科）	男	汉	乐安	1974年9月	1995年7月	中共党员	本科	干部	会计师		
江泉兴	党组成员副主任科员	男	汉	乐安	1966年11月	1989年7月	中共党员	本科	公务员	会计师		
欧阳仁	国资办主任	男	汉	吉水	1971年11月	1993年7月	中共党员	本科	公务员	会计师		
刘　永	总会计师	男	汉	乐安	1977年10月	1996年9月		本科	公务员	会计师		注册资产评估师
袁国祥		男	汉	乐安	1965年5月	1988年7月	中共党员	本科	干部	会计师	副科级干部	
陈丽华		女	汉	抚州	1963年1月	1982年11月		大专	干部		副科级干部	
饶国卿		男	汉	南城	1953年4月	1968年10月	中共党员	大专	公务员		主任科员	
李华东		男	汉	乐安	1954年5月	1970年3月	中共党员	大专	公务员		主任科员	
王冬生		男	汉	乐安	1954年1月	1970年12月	中共党员	大专	公务员		主任科员	
缪凤翔		男	汉	乐安	1956年1月	1971年1月	中共党员	大专	公务员		主任科员	
周洪员		男	汉	乐安	1955年5月	1972年1月	中共党员	大专	公务员		主任科员	
陈方针		男	汉	乐安	1956年1月	1975年9月	中共党员	大专	公务员		主任科员	
易登明		男	汉	乐安	1957年11月	1980年5月	中共党员	本科	公务员		主任科员	

续表附-4-1

姓名	行政职务	性别	民族	籍贯	出生年月	参加工作年月	政治面貌	文化程度	干部或工人	技术职称	非领导职务或技术等级	备注
黄卫民		男	汉	乐安	1967 年 3 月	1988 年 7 月	中共党员	本科	公务员		主任科员	
董小华		男	汉	乐安	1959 年 8 月	1976 年 1 月	中共党员	专科	公务员		主任科员	
熊晓兰		女	汉	乐安	1964 年 8 月	1984 年 9 月	中共党员	专科	公务员		主任科员	
陈兆芳		男	汉	乐安	1958 年 11 月	1980 年 8 月	中共党员	本科	公务员		主任科员	
李檀香		男	汉	乐安	1957 年 12 月	1974 年 12 月	中共党员	大专	聘干		副科级干部	
曾招生		男	汉	乐安	1968 年 12 月	1990 年 7 月		本科	公务员	会计师 经济师	副主任科员	注册会计师 注册评估师
袁国梁		男	汉	乐安	1966 年 11 月	1988 年 7 月	中共党员	专科	公务员	助理会计师	副主任科员	
杨丽萍		女	汉	乐安	1972 年 3 月	1988 年 7 月	中共党员	专科	公务员	助理会计师	副主任科员	
张永诚	人秘股长	男	汉	乐安	1967 年 8 月	1986 年 12 月	中共党员	本科	聘干	初级		
梁晓岚		女	汉	乐安	1968 年 12 月	1988 年 7 月	中共党员	大专	聘干	经济师		
张美玲		女	汉	乐安	1987 年 7 月	2008 年 9 月		本科	干部			
周林滚		男	汉	九江	1958 年 1 月	1981 年 11 月	中共党员	高中	工人			
龚　伟		男	汉	乐安	1983 年 1 月	2000 年 12 月		专科	工人			
曾海平	预算股副股长	男	汉	乐安	1978 年 10 月	1999 年 7 月	中共党员	本科	干部	会计师、经济师		主持工作
陈庆荣		男	汉	乐安	1987 年 6 月	2008 年 9 月		本科	干部	初级		
罗青军	国库股长	男	汉	乐安	1976 年 1 月	1992 年 7 月	中共党员	本科	干部	经济师		
杨　兰		女	汉	乐安	1978 年 1 月	1995 年 9 月	中共党员	大专	聘干	助理会计师		
李仁良		男	汉	乐安	1976 年 8 月	1998 年 7 月		本科	干部	经济师		
邓　荣		男	畲	乐安	1981 年 8 月	1999 年 7 月	中共党员	本科	干部	经济师		
陈小平		男	汉	乐安	1974 年 9 月	1998 年 7 月		大专	干部	会计师 经济师		

续表附－4－2

姓名	行政职务	性别	民族	籍贯	出生年月	参加工作年月	政治面貌	文化程度	干部或工人	技术职称	非领导职务或技术等级	备注
刘志平		男	汉	乐安	1989年8月	2010年7月		本科	干部	助理会计师		
邹冠兰	教科文股长	女	汉	乐安	1966年5月	1988年8月	中共党员	大专	公务员	会计师		
谢水红		女	汉	金溪	1973年1月	1991年1月		本科	干部	助理会计师		
邹辉发	社保股长	男	汉	乐安	1964年9月	1987年8月	中共党员	大专	公务员	会计师		注册会计师
刘逸昭		男	汉	乐安	1957年7月	1974年8月	中共党员	本科	公务员		评定为副主任科员	
杨　霞		女	汉	乐安	1965年1月	1982年9月	中共党员	本科	干部	助理会计师		
黄小明		男	汉	乐安	1986年2月	2009年7月		研究生	干部			
谢菊芬	会计股长	女	汉	浙江	1960年6月	1980年6月	中共党员	本科	公务员			
龚晓华		女	汉	乐安	1960年1月	1978年3月		大专	聘干			
黄丽勤	综合股(非税收入股)股长	女	汉	乐安	1963年9月	1980年12月	中共党员	本科	公务员	会计师	评定为副主任科员	
郭　锋		男	汉	湖南	1962年12月	1979年1月		大专	干部	经济师		
周　丽		女	汉	乐安	1966年1月	1985年7月		大专	聘干	经济师		
何爱琼	信息中心主任	女	汉	南城	1966年7月	1982年3月	中共党员	本科	公务员	会计师		
严志雷	农业股长	男	汉	乐安	1978年7月	1996年9月	中共党员	中专	公务员			
赵　慧		女	汉	乐安	1987年7月	2009年9月		本科	干部	初级		
冯　秀	行财股长	女	汉	黑龙江	1959年1月	1977年1月	中共党员	大专	聘干	助理会计师		
黄慧萍		女	汉	临川	1977年1月	1997年7月		本科	公务员	助理会计师		
曾胜华	经建股长	男	汉	乐安	1972年12月	1990年5月	中共党员	大专	工人			

续表附－4－3

姓名	行政职务	性别	民族	籍贯	出生年月	参加工作年月	政治面貌	文化程度	干部或工人	技术职称	非领导职务或技术等级	备注
黄晓玲		女	汉	乐安	1964 年 11 月	1985 年 4 月	中共党员	本科	干部	助理会计师		
戴　虹		女	汉	乐安	1989 年 1 月	2009 年 9 月		本科	干部	初级		
郑方捷		男	汉	乐安	1984 年 7 月	2007 年 7 月		本科	干部	会计师		
黄莲花	乡财副局长（股级）	女	汉	乐安	1964 年 8 月	1984 年 8 月	中共党员	大专	干部	助理会计师		
饶九香		男	汉	乐安	1957 年 1 月	1984 年 5 月	中共党员	大专	公务员	初级		
陈蔚玮		女	汉	乐安	1984 年 11 月	2009 年 9 月		本科	干部	经济师		
董晓明	企业统评股长	男	汉	乐安	1963 年 3 月	1981 年 1 月	中共党员	大专	聘干			
黄仉生		男	汉	乐安	1974 年 8 月	1995 年 7 月	中共党员	本科	聘干	经济师		
陈志争	政府采购中心主任	男	汉	乐安	1969 年 1 月	1987 年 1 月	中共党员	本科	工人	经济师		
朱红霞		女	汉	福建	1971 年 9 月	1991 年 9 月		大专	工人			
杨毕华	绩效评估股长	男	汉	乐安	1966 年 10 月	1982 年 12 月	中共党员	本科	干部	统计师		
游赪云		女	汉	乐安	1979 年 11 月	1996 年 7 月		大专	聘干			
王　俊		女	汉	乐安	1981 年 9 月	1997 年 8 月		本科	工人	初级		
刘慧玲		女	汉	乐安	1975 年 1 月	1995 年 7 月	中共党员	本科	干部	会计师		
雷欢欢		女	畲	乐安	1987 年 11 月	2011 年 6 月		本科	干部	初级		
王　丽		女	汉	乐安	1985 年 2 月	2008 年 6 月	中共党员	本科	干部	初级		
黄　荣	支付中心副主任	男	汉	乐安	1973 年 12 月	1991 年 7 月	中共党员	本科	干部	会计师、经济师		
唐炳明	支付中心副主任	男	汉	乐安	1970 年 5 月	1989 年 7 月	中共党员	大专	干部	经济师		
沈　贞		女	汉	乐安	1981 年 9 月	1997 年 8 月		本科	聘干	会计师、经济师		
戴小琴		女	汉	乐安	1964 年 1 月	1983 年 5 月		大专	聘干	经济师		

续表附－4－4

姓名	行政职务	性别	民族	籍贯	出生年月	参加工作年月	政治面貌	文化程度	干部或工人	技术职称	非领导职务或技术等级	备注
邓仉生		男	汉	乐安	1970 年 1 月	1989 年 7 月	中共党员	大专	干部	会计师		
王乐林		男	汉	乐安	1974 年 2 月	1993 年 7 月	中共党员	本科	干部	经济师		
文友祥		男	汉	乐安	1973 年 11 月	1992 年 7 月	中共党员	本科	干部	会计师		
徐云兴		男	汉	乐安	1969 年 4 月	1993 年 7 月		大专	干部	经济师		
邹丽丽		女	汉	乐安	1971 年 11 月	1990 年 11 月	中共党员	大专	聘干	初级		
易志明		男	汉	乐安	1978 年 12 月	1996 年 8 月		大专	工人	经济师		
柯　敏		女	汉	九江	1982 年 12 月	2001 年 7 月	中共党员	大专	干部	经济师		
邓桂花		女	汉	乐安	1964 年 8 月	1986 年 7 月		大专	干部	助理会计师		
赖　敏		女	汉	石城	1984 年 2 月	2006 年 1 月	中共党员	本科	干部			
张志荣		男	汉	东乡	1983 年 4 月	2003 年 7 月		大专	干部			
黄丽花		女	汉	乐安	1982 年 7 月	2005 年 9 月		本科	干部			

2012年乐安县财政局机关退休人员基本情况

表附－5

姓名	性别	民族	籍贯	政治面貌	文化程度	出生年月	参加工作时间	退休时间	退休前职务	备注
占敏强	男	汉	乐安			1930年5日	1953年4月	1983年5月	财政局干部	
邱仁祥	男	汉	抚州			1930年12月	1952年	1985年5月	财政局干部	
黄福生	男	汉	乐安	中共党员		1931年2月	1951年11月	1993年9月	财政局调研员	享受副县级待遇
戴祐祥	男	汉	乐安			1934年12月	1951年11月	1995年7月	财政局主任科员（评定）	
张春莲	女	汉	乐安			1941年2月	1958年8月	1996年10月	财政局主任科员（评定）	助理会计师
周树宗	男	汉	乐安	中共党员		1937年10月	1955年2月	1997年7月	财政局调研员（正科）	注册会计师
邱春娇	女	汉	乐安			1947年2月	1970年7月	2003年3月	财政局干部	
易华全	男	汉	乐安	中共党员		1945年11月	1967年7月	2005年12月	财政局主任科员	
黄茂律	男	汉	乐安	中共党员		1944年10月	1966年8月	2005年12月	财政局主任科员（评定）	
刘春生	男	汉	乐安	中共党员		1946年6月	1968年12月	2006年7月	财政局主任科员（评定）	会计师
邹细发	男	汉	乐安	中共党员		1947年7月	1966年9月	2007年8月	财政局主任科员（评定）	会计师 注册会计师
张宝珍	女	汉	乐安	中共党员	大专	1954年8月	1974年年1月	2009年9月	财政局干部	
黄和元	男	汉	乐安	中共党员	大专	1950年12月	1969年7月	2011年1月	财政局主任科员	
涂继旗	男	汉	新建	中共党员	大专	1951年5月	1969年8月	2011年7月	财政局主任科员	注册会计师
邱关龙	男	汉	乐安	中共党员	大专	1951年9月	1970年11月	2011年10月	财政局主任科员（评定）	
顾雅鸿	男	汉	上海	中共党员	中专	1951年9月	1968年9月	2011年10月	财政局主任科员（评定）	
辛光荣	男	汉	乐安	中共党员	大专	1952年2月	1968年11月	2012年4月	财政局主任科员	

2012年乐安县财政局基层财政所工作人员基本情况

表附-6

所别	行政职务	姓名	性别	民族	籍贯	出生年月	参加工作年月	政治面貌	文化程度	干部或工人	技术职称	非领导职务或技术等级
鳌溪财政所	所长	周方	男	汉	乐安	1968年9月	1986年12月	中共党员	大专	聘干		
鳌溪财政所		兰金龙	男	汉	乐安	1958年1月	1976年7月		中专	干部	初级	
鳌溪财政所		李桂英	女	汉	乐安	1977年1月	1999年9月		中专	工人		
鳌溪财政所		刘慧琴	女	汉	乐安	1973年8月	1988年9月		大专	聘干	中级	
鳌溪财政所		李昌恒	男	汉	乐安	1959年7月	1978年11月	中共党员	大专	干部		
鳌溪财政所		王瞒生	男	汉	乐安	1957年7月	1984年8月	中共党员	大专	干部		
戴坊财政所	所长	董文亮	男	汉	乐安	1982年11月	2001年7月		大专	干部		
戴坊财政所		周志军	女	汉	乐安	1975年11月	1992年9月		高中	工人		
戴坊财政所		任剑鑫	男	汉	乐安	1967年5月	1986年11月		大专	聘干		
戴坊财政所		刘仪非	女	汉	乐安	1986年12月	2008年9月		本科	干部		
龚坊财政所	所长	王秋平	男	汉	乐安	1977年1月	1995年7月		中专	干部	初级	
龚坊财政所		万琴	女	汉	乐安	1968年8月	1988年7月		大专	聘干		
龚坊财政所		熊朝晖	男	汉	乐安	1974年5月	1998年7月		大专	干部		
龚坊财政所		黄友高	男	汉	乐安	1959年3月	1978年11月	中共党员	大专	干部	初级	
龚坊财政所		康燕如	女	汉	乐安	1969年7月	1991年7月		大专	干部	初级	
山砀财政所	所长	徐利明	男	汉	乐安	1969年11月	1988年7月		高中	工人		
山砀财政所		何晓荣	男	汉	乐安	1969年2月	1989年3月		大专	工人		
山砀财政所		邓思南	女	汉	乐安	1988年4月	2009年9月		大专	干部		
公溪财政所	所长	袁呈龙	男	汉	乐安	1970年6月	1993年7月	中共党员	大专	干部	初级	
公溪财政所		吴淑琴	女	汉	乐安	1969年4月	1990年7月		大专	干部	初级	
公溪财政所		姜乐生	男	汉	乐安	1966年6月	1984年1月		高中	工人		
湖溪财政所	所长（副科）	董国平	男	汉	乐安	1969年12月	1989年7月	中共党员	中专	干部		
湖溪财政所		陈萍荣	女	汉	乐安	1966年4月	1983年12月		大专	聘干	初级	
湖溪财政所		邹建红	女	汉	乐安	1979年6月	1998年7月		中专	干部		
湖溪财政所		邱银艳	女	汉	乐安	1987年8月	2009年9月		大专	干部		
湖溪财政所		龚筱玲	女	汉	乐安	1972年12月	1990年4月		大专	聘干		
牛田财政所	负责人	邹勇发	男	汉	乐安	1973年1月	1993年3月		高中	工人		
牛田财政所		袁小利	女	汉	乐安	1985年12月	2008年9月		本科	干部		
牛田财政所		杨乐平	男	汉	乐安	1973年1月	1992年7月	中共党员	大专	干部	初级	
牛田财政所		元安平	男	汉	乐安	1966年8月	1990年5月		大专	聘干	初级	
万崇财政所	所长	刘牡兰	女	畲	乐安	1969年4月	1990年7月		大专	干部	中级	
万崇财政所		董洪福	男	汉	乐安	1966年1月	1990年7月		中专	干部	初级	
万崇财政所		黄轶民	男	汉	乐安	1971年12月	1988年7月		大专	聘干		
湖坪财政所	负责人	任剑晖	男	汉	乐安	1975年1月	1995年7月		大专	工人		

续表附-6

所别	行政职务	姓名	性别	民族	籍贯	出生年月	参加工作年月	政治面貌	文化程度	干部或工人	技术职称	非领导职务或技术等级
湖坪财政所		王晓平	男	汉	乐安	1957年12月	1976年12月	中共党员	大专	干部	初级	
湖坪财政所		王步云	男	汉	乐安	1955年4月	1983年4月		大专	工人		
罗陂财政所	所长	黄轶华	男	汉	乐安	1976年2月	1997年11月	中共党员	本科	聘干	初级	
罗陂财政所		陈忠伟	男	汉	乐安	1968年10月	1990年7月		中专	干部		
罗陂财政所		黄秀平	女	汉	乐安	1988年5月	2009年9月		大专	干部		
增田财政所	所长	刘美蓉	女	汉	乐安	1965年5月	1983年12月	中共党员	大专	聘干	初级	
增田财政所		戴明星	男	汉	乐安	1969年12月	1991年3月		高中	工人		
增田财政所		曾云芳	女	汉	乐安	1986年8月	2009年9月		本科	干部		
招携财政所	负责人	戴冬兴	男	汉	乐安	1971年12月	1996年8月		中专	工人		
招携财政所		王海滨	男	汉	乐安	1976年1月	1998年7月		中专	干部	初级	
招携财政所		张军文	男	汉	乐安	1972年2月	1989年3月		大专	聘干	初级	
金竹财政所	所长	李国平	男	汉	乐安	1961年5月	1978年7月	中共党员	本科	干部		
金竹财政所		袁泰禄	男	汉	乐安	1966年12月	1989年7月	中共党员	大专	干部	初级	
南村财政所	所长	刘桂丰	男	汉	乐安	1968年5月	1987年1月	中共党员	大专	干部		
南村财政所		邱国平	男	汉	乐安	1978年12月	1998年7月	中共党员	大专	干部	初级	
谷岗财政所	所长	谢新明	男	汉	乐安	1973年7月	1993年7月		中专	干部	中级	
谷岗财政所		詹忠福	男	汉	乐安	1966年2月	1992年8月	中共党员	大专	聘干	初级	
谷岗财政所		黄轶群	男	汉	乐安	1973年1月	1992年8月	中共党员	大专	聘干	初级	
谷岗财政所		黄海平	男	汉	乐安	1966年1月	1983年8月	中共党员	大专	聘干		
谷岗财政所		徐燕琴	女	汉	乐安	1985年4月	2004年9月		大专	干部		
大马头财政所	所长	胡明辉	男	汉	乐安	1970年1月	1987年7月		大专	聘干	初级	
大马头财政所		王 翔	男	汉	乐安	1959年1月	1978年2月	中共党员	大专	聘干	初级	
大马头财政所		邱 玲	女	汉	乐安	1978年11月	1996年8月		大专	工人	初级	

2012年乐安县财政局基层财政所退休人员基本情况

表附-7

姓名	性别	民族	籍贯	政治面貌	文化程度	出生年月	参加工作时间	退休时间	退休前职务	备注
丁树人	男	汉	乐安			1937年	1960年8月	1998年1月		
龚生龙	男	汉	乐安			1940年9月	1964年10月	2000年11月		
万寿保	男	汉	乐安			1944年5月	1959年11月	2002年7月24日	科员	
陈春元	男	汉	乐安			1949年年1月	1970年6月	2002年7年24日	科员	
陈传明	男	汉	乐安			1949年11月	1968年12月	2002年7年24日	科员	
邓水生	男	汉	乐安			1956年年1月	1974年11月	2005年12年26日	科员	
董崇明	男	汉	乐安			1952年10月	1981年1月	2005年12年26日	科员	
温关生	男	汉	乐安			1959年10月	1977年9月	2005年12年26日	科员	
董贵文	男	汉	乐安			1956年2月	1977年8月	2005年12年26日	科员	
戴玉梅	女	汉	乐安			1965年11月	1988年7月	2005年12年26日	会计师	
黄　丽	女	汉	乐安		中专	1980年6月	1999年7月	2005年12年26日	办事员	

附录三：统计资料选录

1951～2012年乐安县财政总决算收支平衡表

表附－8　　　　单位：万元

金额＼项目＼年度	收入								支出及结余					
	本年收入合计	返还性收入	一般性转移支付收入	专项转移支付收入	债券转贷收入	上年结余	调入资金	总计	本年支出合计	一般性转移支付	专项上解	债券还本支出	年终结余	总计
1951	0.1	—	3.1	—	—	6.6	—	9.8	8.9	—	—	—	0.9	9.8
1952	0.4	—	65.6	—	—	0.4	—	66.4	59.8	—	—	—	6.6	66.4
1953	19	—	48	—	—	—	—	67	64	—	—	—	3	67
1954	17	—	44	—	—	—	—	61	55	—	—	—	6	61
1955	43	—	23	—	—	6	—	72	67	1	—	—	4	72
1956	62	—	38	—	—	5	—	105	100	—	—	—	5	105
1957	56	—	50	—	—	5	—	111	105	—	—	—	6	111
1958	128	—	24	—	—	6	—	158	134	5	—	—	19	158
1959	229	—	58	—	—	21	—	308	191	—	—	—	117	308
1960	258	—	83	—	—	1	—	342	155	163	—	—	24	342
1961	161	—	40	—	—	23	—	224	105	97	—	—	22	224
1962	190	—	54	—	—	23	—	267	107	114	—	—	46	267
1963	205	—	62	—	—	45	—	312	149	147	—	—	16	312
1964	224	—	68	—	—	16	—	308	159	134	—	—	15	308
1965	238	—	20	—	—	15	—	273	157	108	—	—	8	273
1966	241	—	64	—	—	9	—	314	165	142	—	—	7	314
1967	231	—	82	—	—	7	—	320	172	139	—	—	9	320
1968	259	—	70	—	—	9	—	338	160	155	—	—	23	338
1969	281	—	255	—	—	22	—	558	357	169	—	—	32	558
1970	283	—	465	—	—	32	—	780	571	198	—	—	11	780
1971	229	—	337	—	—	11	—	577	438	137	—	—	2	577
1972	361	—	163	—	—	—	16	540	278	216	16	—	30	540
1973	340	—	226	—	—	29	—	595	371	204	—	—	20	595
1974	334	12	262	—	—	20	—	628	372	201	—	—	55	628
1975	340	12	258	—	—	56	—	666	398	204	—	—	64	666
1976	332	13	231	—	—	64	—	640	390	199	10	—	41	640
1977	366	—	244	—	—	47	—	657	389	219	—	—	49	657
1978	411	28	393	—	—	51	—	883	516	247	5	—	115	883
1979	479	27	395	—	—	126	—	1027	662	287	—	—	78	1027
1980	482	—	186	—	—	78	—	746	685	—	—	—	61	746
1981	493	—	58	59	—	60	16	686	608	59	—	—	19	686
1982	478	—	338	—	—	20	—	836	800	26	—	—	10	836
1983	485	—	186	118	—	10	—	799	828	7	—	—	-36	799
1984	608	—	102	126	—	-36	60	860	866	28	—	—	-34	860
1985	803	—	154	215	—	-34	—	1138	1124	46	—	—	-32	1138
1986	978	—	173	264	—	-29	—	1386	1358	47	—	—	-19	1386
1987	1128	—	166	293	—	-18	2	1571	1426	151	—	—	-6	1571
1988	1357	—	43	951	—	-4	27	2374	2286	85	—	—	3	2374

续表附－8

项目/金额/年度	收入								支出及结余					
	本年收入合计	返还性收入	一般性转移支付收入	专项转移支付收入	债券转贷收入	上年结余	调入资金	总计	本年支出合计	一般性转移支付	专项上解	债券还本支出	年终结余	总计
1989	1587	—	—	973	—	3	15	2578	2447	100	—	—	31	2578
1990	1840	—	21	1019	—	31	—	2911	2625	129	—	—	157	2911
1991	1777	—	220	1203	—	169	—	3369	3127	104	—	—	138	3369
1992	1936	—	15	1386	—	144	—	3481	3132	—	42	—	307	3481
1993	2178	15	279	941	—	307	—	3720	3321	—	54	—	345	3720
1994	2338	523	322	909	—	349	44	4485	3979	30	190	—	286	4485
1995	2875	536	365	513	6	294	123	4712	4029	51	211	—	421	4712
1996	3048	540	368	918	5	446	630	5955	4943	234	45	—	733	5955
1997	3657	507	496	1412	—	745	738	7555	6153	260	64	—	1078	7555
1998	3775	517	1606	1203	300	1156	641	9198	7320	288	84	300	1206	9198
1999	3582	517	1337	1684	300	1206	605	9231	7684	397	—	80	1070	9231
2000	3550	523	3965	2267	220	850	721	12096	9198	423	120	—	2355	12096
2001	3972	521	4908	2033	100	2255	604	14393	13316	354	239	100	384	14393
2002	3879	573	8372	5135	—	384	766	19109	18386	286	244	—	193	19109
2003	4021	630	9183	4789	680	193	534	20030	18656	354	228	680	112	20030
2004	3359	638	12613	6620	—	112	736	24078	21816	354	374	—	1534	24078
2005	3972	660	15554	9536	—	1534	231	31487	26950	354	528	—	3655	31487
2006	6211	715	18622	10957	200	3655	566	40926	37406	354	588	200	2378	40926
2007	9336	764	24169	14789	—	2378	—	51436	47376	354	1065	—	2641	51436
2008	12050	765	28184	22733	—	3301	—	67033	63655	354	840	—	2184	67033
2009	18207	943	36779	31011	350	3743	718	91751	87136	356	1341	—	2918	91751
2010	25889	962	41616	33201	303	2918	2290	107179	101128	356	1722	—	3973	107179
2011	36009	1009	54774	30211	247	3973	3091	129314	126088	363	1045	—	1818	129314
2012	38464	1080	63555	44090	350	1818	2846	152203	143201	364	1120	350	7168	152203
合计	210642	13030	332854.7	231559	3061	32667	16020	839833.2	779909	10154	10175	1710	37885.5	839833.2

后　　记

《乐安县财政志》的编纂工作，在中共乐安县财政局党组、乐安县财政局的领导下，从2012年7月开始工作，至2014年8月编就，历时2年零2个月。在这段时间内，《乐安县财政志》编写人员团结奋斗，埋头苦干，克服困难，认真编写，做出了巨大努力，付出了辛勤劳动。

《乐安县财政志》编纂工作大体分为搜集资料、拟草目录、编写初稿、反复修改和集体讨论定稿5个阶段。从2012年7月起，编写组人员首先集中了8个多月的时间，先后到南昌市、抚州市，从省内到市内，从县内财政系统外到财政系统内以及局内各股室，查阅了大量的藏籍、文卷、著作和历年财政决算报表、统计资料等共计4050万字，其中摘录和复印文字资料1620万字（其中：省档案馆复印543页，市档案馆复印974页）。2013年3月，大规模集中搜集、查阅资料的工作告一段落，编写组人员对所获取的资料，按志书目录分门别类进行整理，并按目录进行分工，着手志书起草。

《乐安县财政志》编纂人员的分工是：第一编第一章、第四编第三、四章由刘春生执笔。第一编第二、三、四章由邱关龙执笔。概述、第一编第五章、第二编第六、二十三章、第三编和后记由辛光荣执笔。第五编、第六编、大事记、附录由缪凤翔执笔。第二编第一、二、三、四、五、七、八、九、十、十一、十二、十三、十四、十五、十六、十七、十八、十九、二十、二十一、二十二章由涂继旗执笔。第四编第一、二、五、六、七、八、九、十、十一、十二章由李华东执笔。在编写过程中，一方面对已有资料进行认真鉴别、剪裁，同时根据志稿需要，都又陆续做了大量的资料补充搜集工作；另一方面，在实行志书起草分工负责的基础上，按志书内容进行互审、循环初审，经过反复修改形成送审稿。2014年6月，由涂继旗、辛光荣进行逐章逐节修改（少数章、节改写）并统稿，然后，由编写组负责人涂继旗进行审查修改形成志书初稿。2014年8月，志书初稿全部打印成书，分概述、财政收入、财政支出、政府性基金收入和支出、财政管理、苏区财政、财政机构人员编制机关建设中介学会、大事记、附录等装订成册，通过局内网下发，分别送交局领导、各股室以及基层财政所全体人员进行复审，进一步征求意见后，编写组再次全面核对和修改，并由涂继旗逐节细审、总纂成书。最后由乐安县政协副主席、县财政局局长袁国平终审定稿，付梓出版。

《乐安县财政志》是乐安历史上第一部财政专志。这是一项集体性大项目，汇聚了全县财政系统广大干部职工集体劳动的成果与智慧，凝集着全体编修人员的辛勤汗水与心血。同时，此项工作得到了各级领导的高度重视和社会各界的广泛支持与帮助。特别是江西省档案馆、江西省方志馆、抚州市档案馆、乐安县档案馆（局）等单位和部门，均为志书编写提供了大量的有关文字资料。江西省财政厅、抚州市财政局、抚州市地方志办的领导和专家为志书编写给予了业务指导。浙江省台州市财政局、奉新县财政局、宜春市袁州区财政局、万载县财政局、乐安县地方志办、乐安县国家税务局、乐安县地方税务局、乐安县统计局、乐安县星海电脑打印社等单位为志书编写给予了大力支持与协助。王春元为志书古籍翻译，黄清华、李华东为志书摄影、图片编辑给予了帮助。在此，我们一并表示衷心的感谢！

由于从事财政志编纂工作经验不足，加上财政体制复杂多变，以及资料搜集不全等原因，志书还存在这样那样的问题，难免出现疏漏与错误之处，希望各位读者给予批评指正。

《乐安县财政志》编纂委员会
2014年8月